人物物故大年表

外国人編
Ⅰ
（古代～19世紀）

日外アソシエーツ

Chronological Who Was Who in Overseas

Vol.1

Compiled by
Nichigai Associates, Inc.

©2006 by Nichigai Associates, Inc.
Printed in Japan

本書はディジタルデータでご利用いただくことができます。詳細はお問い合わせください。

●編集担当● 安藤 真由子／城谷 浩
装 丁：赤田 麻衣子

刊行にあたって

　歴史は人物の営みによってつくられてきた。既存の歴史年表資料には、時代を創った人物として各年の物故者が数人ずつ紹介されることが多く、また、現代でも毎年末には新聞等でその年の物故者が一覧形式で紹介される。しかしいずれも、掲載されるのはその時代に活躍した人物のごく一部に限られる。

　「人物物故大年表　外国人編」は世界史上の人物を没年月日順に掲載した人物年表で、先に刊行した「日本人編」の姉妹編である。全体はⅠ（古代～19世紀）、Ⅱ（20世紀以降）の2冊で構成される。本書Ⅰ（古代～19世紀）では、文字史料が現れる紀元前27世紀から1900年まで、約4600年間の人物を可能な限り網羅的に収録した。収録人数は3万人で、本文は没年月日順に一覧できるように構成。巻末には人名索引を付し、人名五十音順からも調べられるようにした。

　収録人物は、通常の歴史年表に掲載される王侯貴族・聖職者・政治家等の偉人のみならず、作家・画家・役者・職人・盗賊など市井の人物にいたるまで、時代を彩った幅広い人物群像を一望できるようにした。これにより、例えば「今年没後100年を迎える人物は誰だろうか」、あるいは「フランス革命の起こった1789年に亡くなった人物はどんな顔ぶれだろうか」といった切り口からも簡単に人物を探し出すことができる。

　編集にあたっては遺漏のないよう、また年月日や享年は正確を期すよう調査に努めたが、不十分な点もあるかと思われる。お気づきの点はご教示いただければ幸いである。

　本書が歴史と人物に親しむための、新しいタイプの歴史資料集として、「日本人編」と併せて広く活用されることを期待したい。

2006年4月

日外アソシエーツ

凡　例

1．本書の内容
　　本書は、世界史上の人物を没年月日順に一覧できるように掲載した人物年表である。

2．収録の対象
　1)「外国人編Ⅰ」では、古代から19世紀までの物故者のうち、没年が判明している人物を収録した。
　2) 収録人数は29,663人である。

3．排　列
　1) 収録人物は没年順に排列し、没年が同じ場合は没月日順に排列した。
　2) 同じ年の中で、没月日が不明な人物は この年 として没月日が判明している人物の後に排列し、没年が確定していない人物は この頃 として末尾に排列した。
　3) 同じ没月日の中、また この年 、 この頃 の中は、人名の五十音順とした。

4．記載事項
　1) 没年見出し
　　　西暦
　　　重要な出来事
　2) 人物
　　　人名／没月日（ 異 没年月日異説）／享年／生年（ 異 生年異説）／プロフィール

5．記載形式
　1) 人名は、本名、別名、筆名などのうち、一般に最も多く使用されているものを採用した。

2) 享年は生年不詳の場合には記載していない。

3) 没年月日や生年に異説がある場合は [異] として(　)内に示し、確定していない場合は「？」を付与した。

4) プロフィールは、人物を同定するための最低限の情報として、職業・肩書き等を簡潔な形で記載した。

6．人名索引

1) 本文に収録した人名の読みの五十音順に排列した。濁音・半濁音は清音扱いとし、ヂ→シ、ヅ→スとみなした。また拗促音は直音扱いとした。

2) 読みが同じ人物は没年月日順に排列した。

7．参考資料

「外国人物レファレンス事典　古代-19世紀」
日外アソシエーツ　1999

「外国人物レファレンス事典　20世紀」
日外アソシエーツ　2002

データベース「WHO」　日外アソシエーツ

前2695年

この頃　エジプト第3王朝が興る

＊＊＊

[この頃] **サルゴン**　Sargon　55?歳。前2750?生。バビロニアのアッカド市の王(在位前2350頃～2300頃)。

前2641年

[この頃] **ゼセル**　Zoser　[異]前2615頃没、19?歳。前2660生。古代エジプト第3王朝第2代の王。

前2553年

この年　エジプトでクフ王が即位する

＊＊＊

[この頃] **スネフル**　Snefru　エジプト第3王朝の王。

前2495年

この頃　エジプトでメンカウラー王が即位する

＊＊＊

[この年] **カフレ**　Khafra　エジプト第4王朝第4代の王(在位前2540～14頃)。

前2470年

[この年] **ア・アンニ・パッダ**　A-anni-padda　80歳。前2550生。バビロニアのウル第1王朝の祖メス・アンニ・パッダの子。

[この頃] **メン・カウ・ラー**　Men-kau-Ra　エジプト古王国時代，第4王朝の王。

前2340年

[この頃] **ルガルザゲシ**　Lugalzagesi　バビロニアのウルク第3王朝の王。

前2320年

この頃　インド数学が始まる

＊＊＊

[この年] **サルゴン1世**　Sargon　[異]前2284頃没、50歳。前2370生。アッシリア王(前1850年頃)。

前2275年

[この頃] **リムシュ**　Rimuš　バビロニアのアッカド王朝の王(在位前2355～46頃)。

前2260年

[この頃] **マンイシュトゥス**　Maništusu　バビロニアのアッカド王朝の王(在位前2346～31)。

前2254年

[この頃] **ペピ1世**　Pepi I　エジプト第6王朝3代目の王(在位前2335～15頃)。

前2218年

[この年] **ナラーム・シン**　Naram-Sin　[異]前2223頃没。南メソポタミアのアッカド王朝第4代の王(在位前2331頃～2294頃)。

前2185年

この頃　エジプト第1中間期、混乱時代に入る

＊＊＊

[この頃] **ペピ2世**　Pepi II　[異]前2153頃没、68?歳。前2253生。エジプト第6王朝5代目の王(在位前2310～2215頃)。

前2094年

この年　ウル第3王朝でシュルギが即位する
　　　　　＊＊＊
[この頃] ウルナンム　Ur-nammu　ウル（現バビロニア南部のムカイヤル）の第3王朝初代の王（在位前2068～50）。

前2046年

この頃　エジプト第11王朝による統一が成る
　　　　　＊＊＊
[この頃] シュルギ　Šulgi　古代バビロニアのウル第3王朝（前2050～1950頃）の第2代の王。

前2010年

この頃　ウル第3王朝が崩壊する
　　　　　＊＊＊
[この頃] メント・ホテプ2世　Mentu-hotep II　エジプト第11王朝の王（在位前2061～2011）。

前2003年

この頃　クレタ島中期ミノア時代が始まる
　　　　　＊＊＊
[この頃] イビ・スィン　Ibbi-Sin　ウル第3王朝最後（第5代）の王。

前1991年

この年　エジプト第12王朝が始まる
　　　　　＊＊＊
[この年] メント・ホテプ5世　Mentu-hotep V　古代エジプトの王。

前1962年

[この頃] アメンエムヘト1世　Amenemhet I　エジプト第12王朝の初代ファラオ（在位前1991頃～62頃）。

前1935年

[この頃] セソストリス1世　Sesostris I　45？歳。前1980生。古代エジプト第12王朝の王（在位前1971～30）。

前1928年

[この年] セン・ウセルト1世　Sen-usert I　前1971生。エジプト第12王朝の王（前1971～29）。

前1895年

この頃　バビロン第1王朝が始まる
　　　　　＊＊＊
[この年] アメンエムヘト2世　Amenemhet II　アメンエムヘト1世の孫（在位前1929頃～1895頃）。

前1887年

[この頃] セソストリス2世　Sesostris II　19？歳。前1906生。古代エジプト第12王朝の王。

前1881年

[この頃] スム・アブム　Sumu-abum　バビロン第1王朝の祖（前1831～17）。

前1879年

[この頃] セン・ウセルト2世　Sen-usert II　エジプト第12王朝の王（在位前1896～1879）。

前1864年

この頃 **リピト・イシュタル** Lipit-Ištar ㊞前1924頃没。バビロニアのイシン王朝の第5代国王。

前1849年

この頃 **セソストリス3世** Sesostris III 38？歳。前1887生。古代エジプト第12王朝5代目の王。

前1845年

この頃 **スム・ラ・イル** Sumu-la-ilu バビロン第1王朝第2代の王（在位前1817～1781）。

前1843年

この年 **セン・ウセルト3世** Sen-usert III 前1878生。エジプト第12王朝の王（在位前1878～1843）。

前1797年

この年 **アメンエムヘト3世** Amenemhet III エジプト中王国の王（在位前1842頃～1797頃）。

前1782年

この頃 **シャマシ・アダド1世** Shamshi-Adad I 前1813生。アッシリア王（在位前1750～17）。

前1759年

この頃 **ジムリリム** Zimlilim ユーフラテス河中流の要衝マリの王（在位前1782～59ころ）。

前1750年

この頃 **ハンムラビ** Hammurabi バビロン第1王朝6代の王（在位前18世紀頃）。

前1710年

この頃 **トゥドハリヤシュ1世** Tudhaliyaš I ハッティ（ヒッタイト）国王（在位前1670～40）。

前1650年

この頃 **ラバルナシュ1世** Labarnaš I ハッティ（ヒッタイト）国王。

前1620年

この頃 **ハットゥシリシュ1世** Hattušiliš I ハッティ（ヒッタイト）国王（在位前1650年頃）。

前1590年

この頃 **ムルシリュ1世** Muršiliš I ヒッタイトの王（在位前1620～1590頃）。

前1537年

この年 **アアフ・メス1世** Aah-mes I ㊞前1527頃没。エジプト第18王朝の創始者（在位前1570～50）。

前1507年

この頃 **アメンホテップ1世** Amenhotep I エジプト第18王朝の王（在位前1545～24）。

前1500年

この頃　アーリア人がハラッパの文明を征服する
　　　　　　　＊　＊　＊
|この頃| テリピヌシュ　Telipinuš　ハッティ（ヒッタイト）国王（在位前1470～60）。

前1494年

|この頃| トゥトメス1世　Thutmes I　エジプト第18王朝第3代の王（在位前1525～12）。

前1490年

この年　エジプトでトトメス3世が即位する
　　　　　　　＊　＊　＊
|この頃| トゥトメス2世　Thutmes II　エジプト第18王朝第4代の王（在位前1512～04）。

前1481年

|この頃| ハトシェプスト　Hatshepsut　(殁)前1482頃没、59？歳。前1540生。エジプト第18王朝の女王（在位前1503頃～1482頃）。

前1450年

この年　ギリシャ人がクノッソス王宮を占領する
　　　　　　　＊　＊　＊
|この年| トゥトメス3世　Thutmes III　(殁)前1436頃没。エジプト第18王朝第6代の王（在位前1504～1450）。

前1440年

|この頃| トゥドハリヤシュ2世　Tudhaliyaš II　ヒッタイト国王。

前1412年

この年　エジプトでトトメス4世が即位する
　　　　　　　＊　＊　＊
|この頃| アメンホテップ2世　Amenhotep II　エジプト第18王朝の王（在位前1448～22）。

前1402年

この年　エジプトでアメンホテップ3世が即位する
　　　　　　　＊　＊　＊
|この頃| トゥトメス4世　Thutmes IV　エジプト第18王朝第7代の王（在位前1425～17）。

前1400年

この頃　ミノア文明の最盛期が終わる
この頃　殷王の盤庚が殷墟を都とする
　　　　　　　＊　＊　＊
|この頃| ハットゥシリシュ2世　Hattušiliš II　ヒッタイト国王（在位前1425～05）。

前1380年

|この頃| トゥドハリヤシュ3世　Tudhaliyaš III　ヒッタイト国王。

前1379年

|この年| アメンホテップ3世　Amenhotep III　(殁)前1364頃没、32？歳。前1411（(或)前1434頃）生。エジプト第18王朝の王（在位前1413～1377）。

前1370年

|この年| アメンホテップ（アメノーテス）　Amenhotep (Amenothes)　80？歳。前1450生。エジプトのアメンホテップ3世下の兵籍登録秘書官。

前1362年

|この年| アメンホテプ4世　Amenhotep IV　㊕前1347頃没。エジプト第18王朝の王（在位前1379〜62）。

前1352年

この年　エジプトでツタンカーメンが即位する
＊ ＊ ＊
|この頃| ツタンカーメン　Tut-ankh-Amen　㊕前1338頃没、19？歳。前1371（㊕前1370）生。エジプト第18王朝の王（在位前1361頃〜52頃）。

前1350年

|この頃| トゥシュラッタ　Tušratta　北メソポタミアのミタンニ国王（前1380〜55）。

前1340年

|この頃| シュッピルリウマ1世　Šuppiluliumaš I　㊕前1335頃没。ハッティ（ヒッタイト）国王（前1380〜46）。

前1330年

|この頃| アッシュール・ウバルリト1世　Aššur-uballiṭ I　アッシリア王（在位前1364〜1328）。

前1318年

|この年| ラムセス1世　Ramses I　㊕前1304頃没。エジプト王朝の王（在位前1320〜18）。

前1315年

|この年| ハルムハブ　Harmhab　古代エジプトの王（在位前1350〜15）。

前1308年

|この頃| アリク・デーン・イル　Arik-dinilu　アッシリア王（在位前1318〜06）。

前1306年

|この頃| ムルシリシュ2世　Muršiliš II　ヒッタイトの王（在位前1334〜06頃）。

前1290年

この年　エジプトでラメセス2世が即位する
＊ ＊ ＊
|この頃| セティ1世　Seti I　エジプト第19王朝第3代の王（在位前1317〜01）。

前1282年

|この頃| ムワッタリシュ　Muwattalliš　ハッティ（ヒッタイト）王（前1315〜1290）。

前1277年

|この年| アダドニラーリ1世　Adad-nirāri I　㊕前1275頃没。アッシリア王（在位前1306頃〜1274）。

前1250年

この頃　トロイ戦争が勃発する

＊　＊　＊

[この頃] ハットゥシリシュ3世　Hattušiliš III　ヒッタイト国王(在位前1283頃～50頃)。

前1245年

[この頃] シャルマネセル1世　Shalmaneser I　古代アッシリアの王(在位前1275～45)。

前1233年

[この年] ラムセス2世　Ramses II　㊟前1234没。エジプト王朝の王(在位前1304～1237)。

前1220年

[この頃] トゥドハリヤシュ4世　Tudhaliyaš IV　ヒッタイト国王(在位前1250～20)。

前1208年

[この頃] トゥクルティ・ニヌルタ1世　Tukulti-Ninurta I　アッシリア王(在位前1244～07)。

前1204年

[この頃] メル・エン・プタハ　Mer-en-Ptah　エジプト第19王朝の王(在位前1236～23)。

前1194年

[この頃] セティ2世　Sethi II　エジプト第19王朝第6代の王(在位前1220～10)。

前1190年

[この頃] アルヌワンダシュ4世　Arnuwandaš IV　ヒッタイト国王(在位前1220～1205)。

前1172年

[この年] ラムセス3世　Ramses III　㊟前1164没。エジプト王朝の王(在位前1198～66)。

前1164年

[この頃] メロダクバラダン1世　Melodach-baladan I　古代バビロニアの王(在位1176～64)。

前1110年

[この頃] 管叔　中国，周の文王の子，周公旦の兄弟と伝えられる。

前1105年

[この頃] 周公　中国，周初の摂政。

前1103年

[この年] ネブカドネザル1世　Nebuchadnezzar I　㊟前1123没。バビロニア王。

前1079年

[この年] 成王（周）　36歳。前1115生。中国，周朝の第2代王（在位前1116〜1082／前1020〜990？）。

前1077年

[この頃] ティグラト・ピレセル1世　Tiglath-Pileser I　アッシリア王。

前1050年

[この頃] 紂王　⊗前1027没。中国，殷代の最後（第30代）の王。

前1010年

この頃　ダビデがイスラエル王となる
＊＊＊
[この頃] サウル　Saul　⊗前1000頃没、50？歳。前1060生。イスラエル最初の王（在位前1020〜10頃）。

前1000年

[この頃] アドニヤ　Ādonijah　ダビデの第4子（列王紀略）。
ヨナタン　Jonathan　サウルの長子。

前989年

[この年] 康王　中国，周の第3代王（在位前1015〜989）。

前962年

[この頃] ダビデ　David　⊗前1015頃没。イスラエル王国第2代目の王。

前943年

[この年] ヒラム　Hiram　33歳。前976生。フェニキアのテュロス市の王（旧約）。

前933年

[この頃] ソロモン　Solomon　⊗前928頃没、57？歳。前990（⊗前971頃）生。イスラエル統一王国3代目の王（在位前961〜922）。

前924年

[この年] シェションク1世　Sheshonk I　古代エジプト第22王朝初代の王（在位前945頃〜924頃）。

前917年

[この年] レホボアム　Rehoboam　ユダ王国初代の王（在位前931〜856）（旧約）。

前912年

[この年] ヤラベアム1世　Jeroboam I　北王国イスラエルの創始者（在位前933頃〜912頃）。

前891年

[この年] アダドニラーリ2世　Adad-nirāri II　アッシリア王（在位前910〜889）。

前884年

[この年] トゥクルティ・ニヌルタ2世　Tukulti-Ninurta II　アッシリア王（在位前889〜84）。

前877年

[この頃] シェションク2世　Sheshonk II　古代エジプトの副王(在位前880頃～877頃)。

前874年

この年　イスラエルでアハブが即位する
　　　　　＊　＊　＊
[この年] タケロット1世　Takelot I　古代エジプトの王(在位前895～874)。

前858年

[この年] アシュール・ナシル・パル2世　Aššur-nāsirpal II　アッシリア王(在位前884～59)。

前853年

[この頃] アハブ　Ahab　㊟前852頃没。イスラエル王(前877～856)(旧約)。

前851年

[この頃] ヨシャパテ　Jehoshaphat　分離王国時代のユダの王(在位前874頃～850)。

前850年

[この頃] パールシュバナータ　Pārśvanātha　インドのジャイナ教の24人の救世者(祖師)のなかの一人。

前844年

前843年

[この頃] ヨラム　Jehoram　ユダ王国第5代の王(在位前848～842)。

前843年

[この頃] イゼベル　Jezebel　ツロの王エテバールの娘。

前839年

[この年] アタリア　Athaliah　㊟前836頃没。ユダの女王(在位前844～39)。

前834年

[この年] タケロット2世　Takelot II　古代エジプトの王(在位前860～834)。

前828年

[この年] 厲王　中国, 周の第10代王(在位前878?～828)。

前825年

[この年] サルドゥリス1世　Sarduris I　ウラルトゥ(今のアルメニア)王(在位前840頃)。

前824年

[この年] シャルマネセル3世　Shalmaneser III　古代アッシリアの王(在位前859～824)。

前816年

[この年] エヒウ　Jehu　㊟前814没。イスラエル王（在位前842〜15）。

前810年

この年　アッシリアでアダド・ニラリ3世が即位
＊＊＊
[この年] シャマシ・アダド5世　Shamshi-Adad V　㊟前811没。アッシリア王（在位前824〜10）。

前798年

[この年] ヨアシ　Joash　46？歳。前844生。ユダの王アハジヤとジビアの子。

前785年

[この頃] ヨアシ　Joash　エヒウの孫，エホアハズの子。

前784年

[この年] アダドニラーリ3世　Adad-nirāri III　アッシリア王（在位前810〜782）。

前782年

[この年] 宣王（周）　㊟前781没、45歳。前827生。中国，西周の第11代王（在位前827〜781）。

前780年

この年　襄公が周王に即位する
＊＊＊
[この頃] アマージア　Amaziah　分離王国時代の南ユダの王（在位前798〜780頃）。

前771年

この年　犬戎が周の首都の鎬京を攻める
＊＊＊
[この年] 幽王　中国，周の第12代王（在位前781〜771）。

前766年

[この頃] アルギシュティ1世　Argišti I　カルディア（古代アルメニア）国王（在位前781〜60）。

前765年

[この年] アモス　Amos　70歳。前835生。北イスラエル王国の最初の記述預言者。

前744年

[この頃] ヤラベアム2世　Jeroboam II　前787生。古代ユダヤ北王国エヒウ朝第4代の王（在位前785頃〜744）。

前740年

[この年] ウジヤ　Uzziah　ダビデ王朝12代目，南北王朝分裂後10代目のユダ王国の王（前783〜742頃）。

前735年

[この頃] ホセア　Hosea　15？歳。前750生。旧約聖書中の預言者。

ヨタム　Jotham　南北朝時代のユダの王（在位前740頃〜735頃）。

前734年

[この年] ナボナッサル　Nabonassar　古代バビロニアの王(在位前747〜734)。

前733年

[この頃] サルドゥリス2世　Sarduris II　ウラルトゥ王(在位前765〜33頃)。

前731年

[この年] 荘公　63歳。前794生。中国，春秋初・斉の王。

前727年

[この年] ティグラト・ピレセル3世　Tiglath-Pileser III　㊣前722没，18歳。前745生。アッシリア王(在位前745〜727)。

前722年

この年　「春秋」の記述が始まる
　　　　　　　＊　＊　＊
[この年] シャルマネセル5世　Shalmaneser V　古アッシリアの王(在位前727〜722)。

[この頃] ホセア　Hōsēē　イスラエル王国最後の王(在位前732〜前724)。

前720年

この頃　スパルタがメッセニアを征服する
　　　　　　　＊　＊　＊
[この年] 平王　中国，周の第13代王(在位前771〜720)。

前718年

[この年] アハズ　Ahaz　㊣前720頃没。ユダの王(在位前733〜718)(旧約)。

前717年

[この年] ロムルス　Romulus　㊣前716頃没。ローマ市の伝説的な建設者。

前712年

[この頃] ピアンキ1世　Piankhi　㊣前716頃没。エチオピア王(在位前741〜721)。

前706年

[この年] サルゴン2世　Sargon　㊣前705没，16歳。前722生。サルゴン王朝の始祖(在位前722〜705)。

前700年

この頃　ユダ王国がアッシリアの攻撃を受ける
この頃　青銅器文化が朝鮮半島に伝わる
　　　　　　　＊　＊　＊
[この頃] ホメロス　Homēros　㊣前750没，50？歳。前750(㊣前800頃)生。ギリシアの詩人。

メロダク・バラダン2世　Melodach-baladan II　㊣前694没。バビロニア南部〈海国〉のアラム族の王(前722〜11頃)。

ヤージュニャヴァルキヤ　Yājñavalkya　50？歳。前750生。インドの哲人。

前696年

[この頃] シャバカ　Shabaka　ヌビア王(在位前712〜696頃)。

古代　　　　　　　　　　　　　　　　　　　　　　前626

前692年

[この頃] エゼキア　Hezekiah　48?歳。前740生。ユダヤ王国12代の王。

前690年

[この年] 武王(楚)　50歳。前740生。中国,楚の初代王。

前681年

センナケリブ　Sennacherib　1.?没。前8世紀生。アッシリア帝国の王(在位前705～681)。

前669年

この年　アッシュル・バニパルがアッシリア王に即位
　　　　スパルタがアルゴス王フェイドンに敗れる
　　　　　　　　＊　＊　＊
[この年] エサルハッドン　Esarhaddon　11歳。前680生。アッシリア王(在位前681～69)。

前665年

[この年] ミカ　Micah　70歳。前735生。預言者(旧約)。

前663年

この年　プサメティコスがエジプト人総督に就任
　　　　　　　　＊　＊　＊
[この年] テルハカ　Thirhāqā　㊨前662没。エジプト第25(エチオピア)王朝の王(前690～63)。

前654年

[この年] ギュゲース　Gyges　㊨前657没、38歳。前692(㊨前685頃)生。リュディア王(在位前685頃～657頃)。

前648年

[この年] シャマシュ・シュム・ウキーン　Šamaš-šum-ukīn　バビロンの封侯(在位前668～648?)。

前645年

[この年] 管仲　中国,春秋時代・斉の政治家,思想家。

前643年

桓公　10.?没。中国,春秋時代,斉の君主,春秋五覇の一(在位前685～643)。

前637年

襄公(宋)　5.?没。中国,春秋時代・宋の君主(在位前650～637)。

前630年

[この頃] アッシュルバニパル　Assurbanipal　㊨前626没。アッシリア王(在位前669～626)。

前628年

[この年] 文公(晋)　69歳。前697生。中国,春秋時代・晋の君主(在位前636～628)。

前626年

前625年

|この年| 成王（楚） 中国，春秋時代・楚の王（在位前671〜626）。

前625年

|この年| キュプセロス Kypselos 30？歳。前655生。コリントの僭主。

前621年

この年 アテネでドラコンの成文法が成る
　　　　　　　＊＊＊
|この年| 穆公 中国，春秋時代・秦の君主（在位前659〜621）。

前609年

この年 エジプトでネコ2世が即位する
　　　　　　　＊＊＊
|この年| アッシュール・ウバルリト2世 Aššur-uballiṭ II アッシリア王（在位前612〜06）。

前607年

|この年| 霊公 中国，春秋・晋の王。

前605年

この年 新バビロニア王ネブカドネザル2世が即位
　　　　　　　＊＊＊
|この年| ナボポラッサル Nabopolassar ㊙前604没。新バビロニア王国初代の王（在位前626〜605）。

前597年

3.16 第1回バビロン捕囚が起こる
この年 楚が鄭を包囲し，晋と戦う
　　　　　　　＊＊＊

|この頃| エホヤキム Jehoiakim ㊙前598頃没。ユダの王ヨシア（在位前640〜609）の2男。

前595年

|この年| ネコ2世 Necho II ㊙前593没。エジプト，第26王朝第2代の王（在位前610〜595）。

前591年

|この年| 荘王（楚） 22歳。前613生。中国，春秋時代・楚の君主（在位前613〜591）。

前588年

|この年| プサメティコス2世 Psammetichos II, Nfr-yb-Rʻ ㊙前589没。エジプト第26王朝の王（在位前595〜589）。

前586年

|この頃| エレミヤ Jeremiah ㊙前580頃没，40？歳。前626頃生。旧約聖書中の大預言者。

前585年

5.28 タレスが予言した皆既日蝕が起こる
　　　　　　　＊＊＊
|この年| キャクサレス Cyaxarer 40歳。前625生。古代オリエント，カスピ海南西の山岳国家のメディアの王フラオルテスの子。
ペリアンドロス Periandros ㊙前560頃没，40？歳。前625生。古代ギリシアのコリントの僭主。

前584年

|この年| キャクサレス Kyaxares ㊙前585頃没。メディア王（在位前625〜585頃）。

12 人物物故大年表 外国人編

前581年

2.23 綏靖天皇が即位する

＊ ＊ ＊

[この年] **景公** 中国，晋の第28代君主（在位前600～581）。

前580年

[この年] **ゾロアスター** Zoroaster [異]前583頃没、80歳。前660（[異]前630頃）生。ゾロアスター教の開祖。

[この頃] **サッポー** Sapphō [異]前570頃没、30？歳。前610（[異]前612頃）生。ギリシアの女流詩人。

前578年

[この年] **エゼキエル** Ezekiel バビロン捕囚時代の預言者。

前575年

[この頃] **アルケシラス1世** Arcesilas I 16？歳。前591生。バットス朝第2代の王。

前570年

[この年] **ピッタコス** Pittakos Mytilénaios 80歳。前650生。ギリシア七賢人の一人。

前562年

[この年] **ネブカドネザル2世** Nebuchadnezzar II 68？歳。前630生。新バビロニア帝国の王（在位前605～562）エジプト軍を撃破，シリア，エルサレムにも侵入。

前560年

[この年] **アリアッテス** Alyattes リュディアの王（在位前619～560）。

[この頃] **エホヤキン** Jehoiakin 55？歳。前615生。ユダの王エホヤキムの子。

ソロン Solōn [異]前558頃没、80？歳。前640（[異]前638頃）生。アテネの政治家，立法家，詩人。

前556年

[この年] **ネリグリッサロス** Neriglissaros 新バビロニアの国王（在位前560～56）。

前555年

[この頃] **タレス** Thalēs [異]前546頃没、65？歳。前620（[異]前640頃）生。ギリシアの政治家，哲学者。

前554年

[この年] **ファラリス** Phalaris 古代シチリアのアクラガスの僭主（前570／565頃～554／549）。

前550年

この頃 ピタゴラスが「ピタゴラスの定理」を発見

＊ ＊ ＊

[この年] **クレイティアス** Kleitias 25？歳。前575？生。ギリシアの陶画家。

前549年

8.19 安寧天皇が即位する

＊ ＊ ＊

[この年] **叔梁紇** 孔子の父。

前547年

[この年] **アナクシマンドロス(ミレトスの)** Anaximandros of Miletus [異]前546頃没、64？歳。前611([異]前610頃)生。ギリシアのミレトス学派哲学者。

前546年

[この頃] **クロイソス** Kroisos 49？歳。前595生。リュディア最後の王(在位前560頃～546／540頃)。

前539年

[この年] **ナボニドス** Nabonidos 前555生。新バビロニア王国最後の王(在位前556～540)。

ベルシャザル Bēl-šarra-uṣur 新バビロニア帝国最後の王。

前535年

[この頃] **セルウィウス・トゥリウス** Servius Tullius [異]前534？没、43？歳。前578生。古代ローマの第6代の王。

前529年

[この年] **キュロス2世** Kyros II [異]前530没、71？歳。前600([異]前630頃)生。古代アケメネス朝ペルシアの王(在位前559～530)。

前527年

この年　ヒッピアスがアテネのタイラントになる

＊ ＊ ＊

[この年] **ペイシストラトス** Peisistratos [異]前528頃没、73？歳。前600([異]前605頃)生。アテナイの僭主。

前526年

[この年] **アアフ・メス2世** Aah-mes II [異]前525没。エジプト第26王朝の王(在位前569～26)。

前525年

この年　ペルシアがエジプトを支配する

＊ ＊ ＊

[この年] **アマシス** Amasis 36歳。前561生。エジプト第26王朝の王(在位前569～526頃)。

エクセキアス Exekias 25？歳。前550生。ギリシアの陶工，陶画家。

プサメティコス3世 Psammetichos III, ‘nh-k’-n-R‘ エジプト第26王朝の王(在位前525)。

前522年

[この年] **エウパリヌス** Eupalinos ギリシアの建築家。

カンビュセス2世 Kambyses II [異]前521没。ペルシア国王(在位前530～522)。

子産 [異]前552頃没、63？歳。前585生。中国，春秋時代・鄭の賢人政治家。

[この頃] **ポリュクラテス** Polykratēs 18？歳。前540？生。古代ギリシアのサモスの僭主。

前521年

この年　ペルシアでダレイオス1世が即位する

＊ ＊ ＊

[この年] **ゴウマータ** Gaumata 古代ペルシアの僧。

前515年

[この頃] **季札** 46？歳。前561生。中国，春秋時代の呉王寿夢の末子。

前514年

[この年] **アリストゲイトン** Aristogeiton 古代アテネの貴族。
ハルモディオス Harmodios 古代アテネの貴族。
ヒッパルコス Hipparchos 86？歳。前600（㊟前560頃）生。アテナイの政治家。

前510年

この年　アテネ市民がヒッピアスを追放する
　　　　呉越の抗争が史料に現れる
*　*　*
[この年] **昭公** 31歳。前541生。中国，春秋，魯の王。
[この頃] **ルクレティア** Lucretia 王制期ローマの伝説的婦人。

前504年

この年　アテネがヒッピアスの帰国を拒否する
*　*　*
[この頃] **ポプリコラ** Poplicola, Publius Valerius ローマ共和制設立者の一人。

前501年

この年　孔子が中都の宰となる
*　*　*
[この頃] **哀公（秦）** 中国，春秋末期・秦の王。

前500年

この年　縄文時代晩期に入る
　　　　イオニア12市がペルシアに叛旗を翻す
この頃　アイルランドで製鉄が始まる
*　*　*
[この年] **晏嬰** 中国，斉の政治家。
[この頃] **アナクシメネス（ミレトスの）** Anaximenes of Miletus ㊟前528頃没、85？歳。前585（㊟前611頃）生。ギリシアのミレトス学派哲学者。
孫子 前600？生。中国，春秋時代の兵法家。

前499年

[この頃] **ペレキューデース** Pherekydēs 85？歳。前584生。ギリシアの神話学者，宇宙論者。

前498年

[この年] **アミュンタス1世** Amyntas I ㊟前495没、42？歳。前540生。マケドニアの王（在位前540～498）。

前497年

この年　晋の趙氏に内紛が発生する
*　*　*
[この年] **アリスタゴラス** Aristagoras ミレトスの政治的指導者。
[この頃] **ピュタゴラス** Pythagoras ㊟前500？没、85？歳。前582（㊟前580？）生。古代ギリシアの哲学者。

前496年

[この年] **少正卯** 中国，春秋末期の魯の大夫。

前495年

[この年] **タルクイニウス・スペルブス，ルキウス** Tarquinius Superbus, Lucius 伝説的なローマ第7代かつ最後の王（在位前534～510？）。

前493年

[この年] **ヒスティアイオス** Histiaeus ㊟前494没。小アジア西部・ミレトスの僭主。
メネニウス・アグリッパ Menenius Agrippa, Lanatus ローマの貴族。

前492年

この年　第1回ペルシア戦争が始まる
　　　　　＊＊＊
この年 闔閭　㱿前496没。中国，春秋末期の五覇の一人。

前491年

この頃 ビンビサーラ　Bimbisāra　㱿前494頃没、52？歳。前543（㱿前546）生。中インドのマガダ国王，シャイシュナーガ王朝の第5世。

前490年

9.12　ペルシア軍がマラトンに上陸する
　　　　　＊＊＊
この年 カリマコス　Kallimachos　古代ギリシア，アテネのホレマルコス。
ヒッピアス　Hippias　70？歳。前560（㱿前565頃）生。アテネの僭主（在位前527～510）。

前489年

この頃 ミルティアデス　Miltiadēs　㱿前488没、61？歳。前550（㱿前540頃）生。政治家，軍人。

前487年

この年 クレオメネス1世　Kleomenes I　㱿前488没。スパルタ王（在位前520以後～490頃）。

前486年

この年 ダリウス1世（大王）　Darius I, Hystaspes　72？歳。前558（㱿前550？）生。アケメネス朝ペルシアの王（在位前522～486）。

ダレイオス1世　Dareios I　62歳。前548（㱿前558頃）生。アケメネス朝ペルシアの王（在位前522～486）。

前485年

この年　ペルシアでクセルクセス1世が即位する
　　　　　＊＊＊
この年 伍子胥　㱿前484没。中国，春秋，楚，呉の臣。

前483頃年

この頃 ガウタマ　Gautama　80？歳。前563？生。インド六派哲学の一つ，ニヤーヤ学派の開祖。
ブッダ　Śākyamuni　㱿前386没、80？歳。前563（㱿前466）生。インドの聖者。

前481年

この年　孔子が「春秋」を執筆する
　　　　　＊＊＊
この年 顔回　㱿前483没、40歳。前521（㱿前514）生。中国，春秋時代の儒者。

前480年

7.-　テルモピュライの戦いが起こる
　　　　　＊＊＊
この年 子路　㱿前481没、62？歳。前542（㱿前543）生。中国，春秋時代末期の儒家。
ハミルカル　Hamilcar　カルタゴの将軍。
パウサニアス　Pausanias　古代スパルタ王の子。
レオニダス1世　Leonidas I　古代スパルタの王（前490頃即位）。
この頃 クセノファネス（コロフォンの）
　Xenophanēs　㱿前475頃没、90？歳。前570（㱿前560？）生。ギリシアの哲学者。
ヘカタイオス　Hekataios　㱿前476頃没、75？歳。前555（㱿前550頃）生。ミレトス生れの歴史家，地理学者。

16　人物物故大年表 外国人編

前479年

孔子　10.? 没,72歳。前551(㊚前552頃)生。中国,春秋時代の学者,思想家。
この年 マルドニオス　Mardonios　ペルシアの将軍。

前478年

この年　越が呉を笠沢で大破する
***
この年 ゲロン　Gelon　62?歳。前540生。シチリア島のゲラ(前491～485),シラクサ(前485～478)の僭主。

前476年

この頃 ヘカテーオス　Hecataeus　74?歳。前550生。ギリシアの地理学者。

前475年

2.21　孝昭天皇が即位する
***
この頃 アナクレオン　Anakreōn　㊚前482頃没、95?歳。前570(㊚前572頃)生。ギリシアの抒情詩人。

前473年

この年　越王勾践により呉が滅亡する
***
夫差　11.? 没。中国,春秋時代の呉王(在位前496～473)。

前470年

この年 エウフロニオス　Euphronios　50?歳。前520生。ギリシアの陶工,陶画家。

前469年

この頃 プリュニコス　Phrynichos　前6世紀後半生。ギリシアの悲劇詩人。

前469年

この頃 レオテュキダス　Leotychides　76?歳。前545生。古代スパルタの王(在位前491～69)。

前468年

この年 哀公(魯)　26歳。前494生。中国,春秋末期・魯の君主(在位前494～468)。
この頃 アリステイデス　Aristeidēs　㊚前467没、62?歳。前530(㊚前520以前)生。古代ギリシア,アテネの政治家,将軍。
シモニデス　Simōnidēs　㊚前467頃没、88?歳。前556?生。ギリシアの抒情詩人。

前467年

この頃 ヒエロン1世　Hieron I　㊚前466没。古代シチリアのシラクサの僭主(在位前478～467/6)。
プラティナス　Prātīnās　ギリシアの劇作家(前500年頃活躍)。

前466年

この頃 トルミデス　Tolmidēs　古代ギリシアのアテナイの将軍。

前465年

この年　ペルシアでアルタクセルクセスが即位する
***
この頃 クセルクセス1世　Xerxes I　54?歳。前519生。ペルシア王(在位前486～465)。
勾践　中国,春秋時代・越の王(在位496～465)。
この頃 ドゥリス　Douris　㊚前450頃没、45?歳。前510(㊚前500頃)生。アッチカの赤像式素画家(前500年頃から470年頃に活躍)。

人物物故大年表 外国人編　17

前463年

[この頃] マヤ　Māyā　釈尊の母。

前462年

[この頃] エフィアルテス　Ephialtēs　古代ギリシア、アテネの民主派の政治家。

前460年

[この年] ヘラクレイトス（エフェソスの）Hērakleitos　㊟前475頃没、80？歳。前540（㊟前504？）生。古代ギリシアの哲学者。
[この頃] エピカルモス　Epicharmos　㊟前440頃没、100？歳。前560？（㊟前530頃）生。ギリシアの喜劇作家。
パニュアッシス（パニュアシス）　Panuassis　古代ギリシアの叙事詩人。

前458年

[この頃] アジャータシャトル　Ajātaśatru Vedehiputta　㊟前459没、32？歳。前490？生。中インド、マガダ国ビンビサーラ王の王子。
テミストクレス　Themistoklēs　㊟前462頃没、65？歳。前523（㊟前528頃）生。古代ギリシア、アテネの政治家、将軍。

前456年

[この年] 子貢　64歳。前520（㊟前521）生。中国、春秋末期の儒家。
[この年] アイスキュロス　Aischylos　69？歳。前525（㊟前524）生。ギリシアの三大悲劇詩人の一人。

前454年

[この頃] イナロス　Inaros　エジプトでペルシアに対する反乱を指導したリビア人。

前453年

[この年] 予譲　中国、戦国時代・晋の刺客。

前452年

[この頃] ピュタゴラス　Pythagoras　28？歳。前480生。ギリシアの彫刻家。

前450年

[この頃] カラミス　Kalamis　30？歳。前480生。ギリシアの彫刻家。
バッキュリデス　Bakchylidēs　㊟前405頃没、70？歳。前520（㊟前510頃）生。ギリシアの抒情詩人。
パルメニデス（エレアの）　Parmenidēs　㊟前460没、65？歳。前515（㊟前510頃）生。古代ギリシアの哲学者、エレア派の代表。
メラニッピデス　Melanippidēs　70？歳。前520？生。古代ギリシアのディテュランボス歌詩人。

前449年

この年　アテネがペルシアがカリアスの和平を結ぶ
＊　＊　＊
[この年] キモン　Kimōn　63？歳。前512？（㊟前510頃）生。古代アテネの将軍、政治家。

前447年

[この頃] ポリュグノトス　Polygnotos　㊟前440頃没、53？歳。前500（㊟前475）生。古代ギリシアの

画家。

前445年

|この頃| 子游　61？歳。前506（㊞前517頃）生。中国，春秋末期の儒家。

前440年

|この年| ドゥケティオス　Ducetius　古代シクリ族の指導者。
ミュロン　Myron　㊞前445没、40？歳。前480生。ギリシアの彫刻家。
|この頃| アルケシラス4世　Arcesilas IV　22？歳。前462生。バットス王朝第8代の王。
ピンダロス　Pindaros　㊞前438頃没、82？歳。前522（㊞前518頃）生。ギリシアの抒情詩人。

前439年

|この年| マエリウス，スプリウス　Maelius, Spurius　古代ローマの富裕な平民。

前436年

|この年| 曾子　㊞前435没、69歳。前505（㊞前506）生。中国，戦国時代初期の教育者。

前432年

|この年| カリアス（カリアデスの子）　Kallias　古代ギリシアのアテナイの政治家。

前431年

3.-　ペロポネソス戦争が始まる
＊　＊　＊

|この年| 子思　㊞前402？没、61歳。前492（㊞前483？）生。中国，戦国時代初期の思想家。

前430年

|この年| アリステウス（アリステアス）　Aristeus (-eas)　古代ギリシア，コリントスの指導者。
|この頃| エンペドクレス（アクラガスの）
Empedoklēs　㊞前435頃没、60？歳。前490（㊞495頃）生。ギリシアの哲学者，詩人，予言者。
フェイディアス　Pheidias　㊞前438没、60？歳。前490（㊞前500頃）生。ギリシアの彫刻家。

前429年

|この年| ペリクレス　Perikles　66？歳。前495（㊞前498）生。アテネの政治家。

前428年

12.08　釈迦が悟りを開く
＊　＊　＊

|この頃| アナクサゴラス（クラゾメナイの）
Anaxagoras of Clazomenae　㊞前426？没、72？歳。前500生。ギリシアの哲学者。
|この頃| フォルミオン　Phormion　古代アテネの将軍。

前427年

|この年| パケス　Pakhēs　古代ギリシアのアテナイの将軍。
|この年| アルキダモス2世　Archidamos II　古代ギリシアスパルタの王（在位前469～427）。

前425年

|この年| ヘロドトス　Hērodotos　㊞前428頃没、60？歳。前485（㊞前484頃）生。ギリシアの歴史家。

前424年

この年　ペルシアでクセルクセス2世が即位する

＊＊＊

[この年] **アルタクセルクセス1世**　Artaxerxes I　59？歳。前483生。ペルシアのアケメネス朝の王(在位前465〜424)。

クセルクセス2世　Xerxes II　古代ペルシアの王(在位前424)。

シタルケス　Sitalkēs　トラキアのオドリュサイ王。

前423年

[この年] **クラティノス**　Kratinos　[異]前422頃没、96？歳。前519([異]前490頃)生。ギリシアの喜劇詩人。

[この頃] **ポリュクレイスト**　Polykleitos　[異]前405没、37？歳。前460([異]前452)生。ギリシアの彫刻家。

前422年

[この年] **クレオン**　Kleōn　53？歳。前475生。アテナイの煽動政治家。

ブラシダス　Brasidas　スパルタの名将。

前421年

この年　アテネとスパルタが休戦する

＊＊＊

[この年] **プロタゴラス**　Prōtagorās　[異]前420頃没、69？歳。前490([異]前481頃)生。ギリシアのソフィスト。

前420年

[この年] **子夏**　[異]前425？没、87？歳。前507([異]前518頃)生。中国，戦国時代の学者。

[この頃] **イオン**　Iōn　[異]前422没、70？歳。前490？([異]前480頃)生。ギリシアの悲劇詩人，抒情詩人。

前418年

[この年] **ラケス**　Lachēs　57？歳。前475生。アテネの将軍，政治家。

前415年

この年　アテネ軍がシシリーに遠征し敗北する

＊＊＊

[この年] **ラマコス**　Lamachos　[異]前414没。アテナイの将軍。

前413年

[この年] **デモステネス**　Dēmosthenēs　古代ギリシア，アテネの将軍。

ニキアス　Nikias　57？歳。前470生。アテネの政治家，将軍。

前412年

[この年] **ネヘミア**　Nehemiah　旧約聖書ネヘミヤ記のなかの主要人物。

前411年

5.-　アテネで400人の寡頭政権が成立する

＊＊＊

[この年] **アンティポン**　Antiphōn　69？歳。前480生。ギリシアの雄弁家。

ヒュペルボロス　Huperbolos　古代ギリシアのアテナイの指導者。

フリュニコス　Phrunikhos　古代ギリシアのアテナイの政治家。

[この頃] **エウポリス**　Eupolis　[異]前410頃没、34？歳。前445([異]前446頃)生。ギリシアの喜劇作家。

ヒッピアス　Hippias of Elis　70？歳。前481？([異]前460頃)生。ギリシアのソフィスト。

前410年

6.- 寡頭政権のアテネが民主政に復帰する
　　　　　　＊＊＊
この頃 ヘラニコス　Hellanikos　90？歳。前500？生。ギリシアの歴史家。

前407年

この年 ヘルモクラテス　Hermokratēs　㊟前408頃没。シラクサの政治家，将軍。

前406年

この年 エウリピデス　Eurīpidēs　74？歳。前480？（㊟前485頃）生。ギリシアの三大悲劇詩人の一人。
ソポクレス　Sophoklēs　㊟前405頃没、90？歳。前496（㊟前497）生。ギリシア三大悲劇詩人の一人。
トラシュロス　Thrasullos　古代ギリシアのアテナイの民主派の指導者。
ハンニバル　Hannibal　古代ギリシアのカルタゴ王。

前405年

この年 ダレイオス2世　Dareios II　㊟前404没。ペルシア帝国の王（在位前423～404）。

前404年

4.- アテネがペロポネソス同盟に敗戦する
　　　　　　＊＊＊
この年 アルキビアデス　Alkibiades　46？歳。前450生。アテネの政治家，将軍。
カルミデス　Charmidēs　㊟前403没、46？歳。前450生。古代ギリシア，アテネの貴族。
クレオフォン　Kleophon　㊟前405頃没。アテネの極端民主派の政治家。

前403年

この年 アテネで民主政が復活する
　　　　魏、趙、韓が周から正式に封建される
　　　　　　＊＊＊
この年 クリティアス　Kritias　57？歳。前460生。古代ギリシア，アテネの極端寡頭派の政治家，修辞家，詩人，哲学者。
この頃 テラメネス　Thēramenēs　52？歳。前455？生。アテネの将軍，政治家。

前402年

この年 威烈王　中国，周の第32代王（在位前425～402）。

前401年

この年 キュロス（小）　Kuros ho neōteros　22？歳。前423？生。古代ギリシアのペルシアの太守，王位侵害者。
クレアルコス　Klearchos　49？歳。前450？生。スパルタの将軍。
この頃 アガトン　Agathōn　45？歳。前446？生。ギリシアの三大悲劇詩人の継承者。
キュロス　Kyros　23？歳。前424生。ペルシアの王子，ダレイオス2世の末子。

前400年

この年 縄文時代から弥生時代へ移行する
　　　　スパルタが小アジアでペルシアと開戦する
　　　　　　＊＊＊
この頃 コイリロス（サモスの）　Khoirilos　古代ギリシアの叙事詩人。
ソプロン　Sōphrōn　70？歳。前470生。ギリシアの劇作家。
トゥキュディデス　Thoukydidēs　60？歳。前460（㊟前472）生。ギリシアの歴史家。
ヒッポクラテス　Hippokratēs of Chios　㊟前430没、70？歳。前470（㊟前450頃）生。ギリシアの数学者。

メラニッピデス　Melanippidēs　80？歳。前480生。古代ギリシアのディテュランボス詩人で音楽家。
メリッソス　Melissos　80？歳。前480生。ギリシアの哲学者。
老子　㊗前499頃没、100？歳。前500？（㊗前579頃）生。中国，周の思想家。

前399年

この年　スパルタ王にアゲシラオスが即位する
＊＊＊
この年　キナドン　Kinadōn　古代ギリシアのスパルタの反乱者。
ソクラテス　Sōkratēs　70歳。前469（㊗前470頃）生。ギリシアの哲学者。
この頃　アルケラオス　Archelaos　14？歳。前413生。マケドニア王。
テオドロス（キュレネの）　Theodōros　66？歳。前465生。古代ギリシアの学者，ピタゴラス派。
プロディコス　Prodikos　71？歳。前470？（㊗前465頃）生。ギリシアのソフィスト。

前396年

この年　カリマコス　Kallimachos ho Athenaios　ギリシアの彫刻家。
ヒミルコン　Himilco　カルタゴの将軍。
文侯（戦国魏）　中国，戦国時代・魏の君主（在位前445〜396）。

前395年

この年　趙が邯鄲に遷都する
＊＊＊
この年　ティッサフェルネス　Tissaphernes　ペルシアの総督。
ドリエウス（ロドスの）　Dōrieus　古代ギリシアの運動競技者，政治家。
リュサンドロス　Lysandros　60？歳。前455生。古代スパルタの将軍，政治家。
この頃　李悝　60？歳。前455生。中国，戦国時代の政治家，法家。

前392年

3.03　孝安天皇が即位する
＊＊＊
この年　コノン　Konon　㊗前390頃没、52？歳。前444生。古代ギリシア，アテネの海軍司令官。

前391年

この年　ティブロン　Thibrōn　古代ギリシアのスパルタの将軍。

前390年

この頃　アンドキデス　Andokidēs　㊗前391以後没、50？歳。前440生。アテネの弁論家，政治家。
キネシアス　Kinēsias　60？歳。前450生。アテナイに生れたディオニュソス讃歌の詩人。
墨翟　㊗前420没、90？歳。前480（㊗前470頃）生。中国，戦国時代の思想家。

前388年

この年　トラシュブロス　Thrasybulos　アテネの将軍，政治家。
この年　アリストパネス　Aristophanēs　㊗前385頃没、60？歳。前448（㊗前445頃）生。ギリシア古喜劇の詩人。
マッカリー・ゴーサーラ　Gosāla, Makkhali　㊗前392没。古代インドの思想家。

前382年

この年　イスメニアス　Ismenias　古代ギリシアのテバイの政治家。

前381年

古　代

前380年頃まで

[この年] 呉起　㊙前391頃没、59？歳。前440生。中国、戦国時代の政治家、兵法家。
テレウティアス　Teleutias　古代ギリシアのスパルタの将軍。

前380年

[この年] リュシアス　Lȳsiās　㊙前382以降没、65歳。前445（㊙前459頃）生。古代ギリシアの雄弁家。
ゴルギアス　Gorgias　㊙前375頃没、105？歳。前485？（㊙前483頃）生。ギリシアの代表的ソフィスト、弁論家。
ピロクセノス　Philoxenos　55？歳。前435生。ギリシアのディテュランボス（ディオニュソス讃歌）詩人。

前379年

[この頃] ヘリッピダス　Hērippidas　古代ギリシアのスパルタの将軍。
レオンティアデス　Leontiades　古代ギリシアのテバイの政治家。

前378年

[この頃] フォイビダス　Phoibidas　古代ギリシアのスパルタの将軍。

前376年

[この年] マハービーラ　Mahāvīra, Vardhamana Nigantha Nataputta　㊙前372頃没、72歳。前448（㊙前444）生。ジャイナ教の24代目で最初のチルターンカラ（予言者）。
[この頃] ポリス　Pollis　古代ギリシアのスパルタの提督。

前375年

[この頃] マゴン　Magōn　古代ギリシアのカルタゴの将軍。

前374年

[この年] エバゴラス　Evagoras　キプロス島サラミスの王（在位前410頃～374）。
エウアゴラース1世　Euagoras I　61？歳。前435生。キュプロスのサラミース王（在位前411～374／3）。

前371年

[この年] スフォドリアス　Sphodrias　古代ギリシアのスパルタの将軍。

前370年

[この年] イアソン　Iason　古代北ギリシアのフェライの僭主（在位前380頃～78）。
デモクリトス、アブデラの　Dēmokritos　㊙前380頃没、90？歳。前460（㊙前470頃）生。古代ギリシア最大の自然哲学者。
[この頃] アンティステネス　Antisthenēs　㊙前360頃没、75？歳。前445（㊙前455頃）生。ギリシアの哲学者。
ヒポクラテス（コスの）　Hippokratēs　㊙前337頃没、90？歳。前460？（㊙前475）生。古代ギリシアの医師。
ファラクス　Pharax　古代ギリシアのスパルタの将軍。
ファルナバゾス　Pharnabazus　43？歳。前413生。ペルシアのダスキュリウムの州知事。
パシオン　Pasion　60？歳。前430？生。アテナイの商工業者。

前369年

[この頃] テアイテトス　Theaitētos　㊙前368頃没、45？歳。前414（㊙前410）生。古代ギリシアの数学者。

前367年

この年 アンタルキダス　Antalkidas　スパルタの将軍, 政治家。
この頃 カリアス(ヒッポニコスの子)　Kallias　�前446頃没。古代ギリシアのアテナイの政治指導者。
ディオニュシオス1世　Dionysios I　64？歳。前431(㊥前430頃)生。シラクーザの僭主。

前366年

この年 リュコメデス　Lukomēdēs　古代ギリシアのアルカディアの政治家。

前365年

この年 カミルス, マルクス・フリウス　Camillus, Marcus Furius　82歳。前447生。ローマの救済者, 第2の建設者。
この頃 アルキュタス　Archytas　㊥前347頃没、63？歳。前428(㊥前400頃)生。ギリシア, ピタゴラス派の哲学者, 数学者。
エウクレイデス　Eukleidēs of Megara　㊥前380頃没、70？歳。前435(㊥前450頃)生。ギリシアの哲学者。

前364年

7.13　キュノスケファライの戦いが起こる
　　　＊　＊　＊
この年 ペロピダス　Pelopidas　46？歳。前410生。テーベの政治家, 将軍。

前362年

この年 エパメイノンダス　Epameinondas　56？歳。前418(㊥前420頃)生。古代ギリシアのテーベの政治家, 将軍。
この頃 アリオバルザネス　Ariobarzanēs　ペルシアの太守。

ダタメス　Datamēs　古代ギリシアのペルシアの太守, 謀反人。

前360年

この年 アゲシラオス　Agēsilaos　㊥前366頃没、84歳。前444生。スパルタ王(在位399～360)。
楊朱　㊥前335頃没、80？歳。前440(㊥前395頃)生。中国, 戦国時代前期の思想家。
この頃 ティモテオス　Timotheos　㊥前357没、90？歳。前450(㊥前447)生。ギリシアの抒情詩人。
ティリバゾス　Tiribazos　古代ギリシアのペルシアの太守。

前358年

この年　ペルシアでアルタクセルクセス3世が即位
　　　＊　＊　＊
この頃 アルタクセルクセス2世　Artaxerxes II　㊥前359頃没、78？歳。前436生。ペルシアのアケメネス朝の王(在位前404～358)。

前357年

この頃 カブリアス　Chabrias　63？歳。前420生。古代ギリシア, アテネの傭兵。

前356年

この年 ピリストス　Philistos　74？歳。前430生。古代シラクサの歴史家。

前355年

この年 カリストラトス　Kallistratos　アテナイの政治家, 将軍。
この頃 アリスティッポス(キュレネの, 大と小の)　Aristippos　㊥前350頃没、80？歳。前435生。ギリシアの哲学者。

前354年

[この年] クセノポン　Xenophōn　(歿)前355頃没、81？歳。前435(歿前430頃)生。ギリシアの軍人、歴史家。
ティモテオス　Timotheos　古代ギリシア、アテネの政治家、軍人。
フィロメロス　Philomelos　古代ギリシアのフォキスの将軍。
[この頃] エウデモス(キュプロスの)　Eudēmos　ギリシアの哲学者。
ディオン　Diōn　54？歳。前408生。シラクサのディオニュシオス1世の義弟。

前353年

[この年] イフィクラテス　Iphikratēs　62？歳。前415生。古代ギリシア、アテネの将軍。
[この頃] エウドクソス(クニドスの)　Eudoxos ho Knidios　(歿)前343頃没、55？歳。前408(歿前395頃)生。古代ギリシアの科学者、数学者、天文学者、地理学者。
マウソロス　Mausolos　ペルシア帝国時代カリアのサトラップ(州総督、在位前377/6～53/2)。

前352年

[この年] オノマルコス　Onomarchos　第3次神聖戦争のときのフォキスの指揮官。

前351年

[この年] ファウロス　Phaüllos　古代ギリシアのフォキスの将軍。

前350年

この年　秦が都を咸陽に移す
＊＊＊

[この年] イサイオス　Isaios　70？歳。前420生。ギリシアの雄弁家。
[この頃] アルテミシア2世　Artemisia II　(歿)前351没。カリアの女王(前353～352年)。

前347年

[この年] プラトン　Platōn　(歿)前348頃没、81？歳。前428(歿前427)生。ギリシアの哲学者。

前342年

[この頃] ファライコス　Phalaikos　古代ギリシアのフォキスの将軍。
メントル(ロドスの)　Mentōr　古代ギリシアの傭兵出身の将軍。

前341年

[この年] ヘルミアス　Hermias　(歿)前342没。小アジア、ミュリア地方にあったアタルネウスの僭主。

前340年

[この年] アンドロティオン　Androtiōn　70？歳。前410生。古代ギリシア、アテナイの歴史家、政治指導者。
[この年] スコパス　Skopas　80？歳。前420生。ギリシアの彫刻家、建築家。
マンリウス　Manlius Torquatus, Titus　ローマの将軍。
ムス　Mus, Publius Decius　ローマの平民の氏族デキウス氏出身の軍人。

前339年

[この年] スペウシッポス　Speusippos　61？歳。前400(歿前407)生。ギリシアの哲学者。

前338年

8.07 ギリシア連合がフィリッポス2世に敗れる
この年 アルセスがペルシア王に即位する
＊＊＊
[この年] **アルキダモス3世** Archidamos III 古代ギリシアスパルタの王(在位前360～338)。
イソクラテス Isokratēs 98歳。前436生。ギリシアの著述家,雄弁家,教育者。
孝公(秦) 43歳。前381生。中国,秦の君主(在位前361～338)。
商鞅 中国,戦国時代の政治家,法家。

前337年

[この年] **申不害** 中国,戦国時代の思想家,政治家,法家。
[この頃] **ティモレオン** Timoleōn ギリシアの将軍,政治家。

前336年

この年 アレクサンダーがマケドニア王に即位する
ペルシアでダレイオス3世が即位する
＊＊＊
[この年] **アッタロス** Attalos 古代ギリシアのマケドニアの将軍。
アミュンタス4世 Amyntas IV 29？歳。前365生。マケドニア王(在位前360～59)。
クセルクセス3世 Xerxes III 古代ペルシア王(在位前338～336)。
フィリッポス2世 Philippos II 46歳。前382(関389)生。古代マケドニアの王(在位前359～336)。
パウサニアス Pausanias 古代ギリシアのフィリッポス2世の暗殺者。
[この頃] **バゴアス** Bagoas ペルシア,アルタクセルクセス3世の大臣。

前335年

[この頃] **エウブロス** Eubulos (関前330頃没、70？歳。前405生。古代アテネの政治家,演説家。

恵王 中国,戦国時代,魏の第3代の王,在位前370～335。

前334年

5.- マケドニア軍がペルシア領に侵入する
＊＊＊
[この年] **テオデクテス** Theodektēs 66？歳。前400生。古代ギリシアの弁論家,悲劇作家。
[この頃] **アンティパネス** Antiphanēs (関前332没、74？歳。前408(関前405頃)生。ギリシアの中喜劇作家。

前333年

11.- アレキサンダー王がイッソスの会戦で勝利
＊＊＊
[この頃] **メムノン** Memnon of Rhodes 47？歳。前380？生。ペルシアの傭兵隊長。

前330年

7.- アケメネス朝ペルシアが滅亡する
＊＊＊
[この年] **アレクサンドロス(リュンケスティスの)** Alexandros マケドニアの部将。
エポロス Ephoros 75？歳。前405生。古代ギリシアの歴史家。
ダレイオス3世 Dareios III 50？歳。前380(関前381？)生。ペルシア帝国最後の王(在位前336/335～330)。
フィロタス Philotas 30？歳。前360生。古代マケドニアの貴族。
パルメニオン Parmenion 70？歳。前400生。古代マケドニアの軍人。
[この頃] **アリストフォン** Aristophon (関前335頃没、105？歳。前435？生。古代ギリシア,アテナイの政治家。
サティバルザネス Satibarzanēs 古代ギリシアのペルシアの太守。
ゾイロス Zōilos ギリシアの犬儒派哲学者,修辞家,批評家。
プラクシテレス Praxiteles 70？歳。前400(関前390頃)生。ギリシアの彫刻家。

前328年

[この年] スピタメネス Spitamenēs 古代ギリシアのペルシアの将軍。
[この頃] クレイトス Kleitos 52?歳。前380生。マケドニアの貴族，騎兵親衛隊長。

前327年

[この年] カリステネス Kallisthenēs 43?歳。前370(㊗前360頃)生。ギリシアの歴史家。
[この頃] ネオプロン Neophrōn 古代ギリシアの悲劇作家。

前325年

7.- アレキサンダー王がパッタラに到着する
＊＊＊
[この年] ミーネクモス Menaechmus 50歳。前375生。ギリシアの数学者。
[この頃] アルタバゾス Artabazos 62?歳。前387生。ペルシアの将軍。
リュクルゴス Lykourgos (㊗前324没、65?歳。前390(㊗前396頃)生。古代アテネの政治家、弁論家。

前324年

[この年] 宣王(斉) ㊗前301没。中国，戦国時代・斉の第4代王(在位前319～301)。
ヘファイスティオン Hēphaistiōn 32?歳。前356生。マケドニアの将軍。

前323年

アレクサンドロス3世 Alexandros III 6.13没、32歳。前356生。マケドニア王(在位前336～323)。
[この年] スタテイラ Stateira 古代ギリシアのペルシア王女。
ディオゲネス Diogenes ho Sinopeus ㊗前325頃没、89歳。前412(㊗前400頃)生。ギリシアの哲学者。
ハルパロス Harpalos 32?歳。前355?生。古代マケドニアの貴族。
[この年] レオステネス Leōsthenēs 古代ギリシアのアテナイの将軍。

前322年

[この年] アリストテレス Aristotelēs 62歳。前384生。ギリシアの哲学者。
クレオメネス Kleomenes of Naukratis エジプトの財務官，東部デルタの長官。
デモステネス Dēmosthenēs 61?歳。前383(㊗前384)生。古代ギリシア最大の雄弁家。
ヒュペレイデス Hupereidēs 68歳。前390生。古代ギリシアのアッティカ十大弁論家。
レオンナトス Leonnatos 36?歳。前358?生。アレクサンドロス大王の部将。
[この頃] アイスキネス Aischinēs ㊗前314没、67?歳。前389(㊗前390頃)生。ギリシアの雄弁家，政治家。
ティブロン Thibrōn 古代ギリシアのスパルタの策謀家。

前321年

[この年] クラテロス Krateros 49歳。前370生。マケドニアの武将。
ペルディッカス Perdikkas 44?歳。前365生。マケドニアの将軍。

前320年

[この頃] アナクシメネス(ランプサコスの) Anaximenēs of Lampsakos 60?歳。前380生。古代ギリシアの歴史家，修辞学者。
許行 60?歳。前380生。中国，戦国時代の諸子百家の一人。

前319年

[この年] アンティパトロス Antipatros 79?歳。前398(㊗前397)生。マケドニアの将軍。

デマデス　Dēmadēs　61？歳。前380？生。古代ギリシア，アテネの雄弁家，外交家。

[この年] クセノクラテス　Xenokratēs　82歳。前396生。ギリシアの哲学者。

前318年

この年　韓、魏、趙、楚、燕の5国連合が秦に敗北
* * *
[この年] クレイトス　Kleitos　マケドニアの貴族。
フォキオン　Phōkiōn　84？歳。前402？生。アテネの将軍，政治家。

前317年

[この年] アデア　Adea　マケドニア王妃（別名エウリュディケ）。
蘇秦　中国，戦国時代の政治家，縦横家。
フィリッポス3世　Philippos III　41？歳。前358生。マケドニア王（在位前323〜317）。
ポロス　Poros　西北インドの王。
[この頃] ペウケスタス　Peukestas　古代ギリシアのマケドニアの将軍，太守。
ポリュスペルコン　Polyperchon　63？歳。前380生。マケドニアの将軍。

前316年

[この年] エウメネス　Eumenēs　46？歳。前362生。古代マケドニアの将軍。
オリュンピアス　Olympias　㊞前317没，41？歳。前357（㊞前375）生。古代マケドニア王フィリッポス2世の妻，アレクサンドロス大王の母。

前315年

[この年] 慎子　80歳。前395生。中国，戦国時代の思想家。

前314年

前312年

この年　セレウコス朝が成立する
* * *
[この頃] ネアルコス　Nearchos　48？歳。前360生。古代ギリシア，クレタの人。

前311年

この年　張儀の連衡策が成る
* * *
[この年] ロクサネ　Roxanē　㊞前310頃没。アレクサンドロス大王の妻。

前310年

[この年] 恵施　㊞前250没，60？歳。前370（㊞前300頃）生。中国，戦国時代中期の思想家。
張儀　㊞前309没。中国，戦国時代の縦横家。
[この頃] アレクサンドロス4世　Alexandros IV　13？歳。前323（㊞前322）生。アレクサンドロス大王の遺児。
オフェラス　Ophellas　㊞前309没。マケドニアの貴族。
ヘラクレイデス（ポントスの）　Hērakleidēs Pontikos　㊞前322？没，80？歳。前390（㊞前388頃）生。古代ギリシアの哲学者。

前309年

[この年] クレオパトラ　Kleopatra　古代ギリシアのマケドニアの王女。
バルシネ　Barsinē　古代ギリシアのアレクサンドロス大王の愛人。

前305年

この年　エジプトでプトレマイオス1世が王を称す
*　*　*
[この年] 淳于髠　80歳。前385生。中国、戦国時代の斉の学者。

前303年

[この頃] ポリュペルコン　Poluperkhōn　古代ギリシアのマケドニアの武将。

前302年

[この年] ミトリダテス1世　Mithridates I　古代ポントス(現小アジア北東部)の王。

前301年

[この年] アンティゴノス1世　Antigonos I　㋷前310没、81歳。前382生。アレクサンドロス大王の武将。

前300年

この頃　幾何学者ユークリッドが活躍する
*　*　*
[この年] スティルポン　Stilpōn　80？歳。前380生。ギリシアの哲学者。
[この年] カリッポス　Callippos　70？歳。前370生。ギリシアの天文学者。
クレイタルコス　Kleitarchos　50？歳。前350？生。コロフォン出身のアレクサンドロス史家。
パイニアス　Phainias　75？歳。前375生。古代ギリシアの哲学者、歴史家。
ピュティアス(マッサリアの)　Pytheas of Massalia　80？歳。前380生。ギリシア人の航海者。

前297年

[この年] チャンドラグプタ　Chandragupta　㋷前298没、24歳。前321生。インド、マウリヤ朝の祖(在位前317頃～296頃)。
[この頃] カッサンドロス　Kassandros　㋷前298頃没、61？歳。前358(㋷前388頃)生。マケドニア王(前316～297)。

前295年

[この年] 武霊王(趙)　中国、戦国時代・趙国の王(在位前325～299)。
ムス　Mus, Publius Decius　ローマの平民の氏族デキウス氏出身の軍人。

前293年

この年　秦の白起が韓、魏の連合軍に勝利する
*　*　*
[この頃] ストラトクレス　Stratoklēs　古代ギリシアのアテナイの政治家。

前291年

[この年] メナンドロス　Menandros　㋷前293頃没、52？歳。前343(㋷前342頃)生。ギリシアの喜劇詩人。

前290年

2.19　孝霊天皇が即位する
*　*　*
[この年] オニアス1世　Onias I　30？歳。前320生。ユダヤの大祭司。
宋鈃　70？歳。前360生。中国、戦国時代の思想家。
デイナルコス　Deinarchos　㋷前291頃没、70？歳。前360生。アテネの職業演説作者。
メガステネス　Megasthenes　㋷前280頃没、60？歳。前350生。イオニア出身のギリシア人。

前289年

この年 アガトクレス Agathoklēs 80歳。前369（𣇃前361）生。シラクサの僭主、のちに王。
この頃 孟子 𣇃前305没、82？歳。前371（𣇃前372）生。中国、戦国時代の思想家。

前288年

この年 フィラ1世 Phila 33歳。前321生。古代ギリシアのデメトリオス・ポリオルケテスの王妃。

前286年

この年 荘周 𣇃前290没、83歳。前369（𣇃前365）生。中国、戦国時代の思想家、下級官吏。
テオプラストス Theophrastos 𣇃前287頃没、86？歳。前372（𣇃前371頃）生。ギリシアの哲学者。

前285年

この年 クラテス Kratēs of Thebes 𣇃前286頃没、80？歳。前365（𣇃前336頃）生。古代ギリシアの哲学者。
この頃 尹文 65？歳。前350生。中国、戦国時代・斉の思想家。
ディカイアルコス Dikaiarchos 70？歳。前355生。ペリパトス派の哲学者。

前283年

この年 デメトリオス1世 Dēmētrios I 53歳。前336（𣇃前337頃）生。古代マケドニアの王（在位前294～283）。
この頃 デメトリオス Dēmētrios Phalēreus 𣇃前280没、71？歳。前354（𣇃前350頃）生。古代ギリシアの雄弁家、哲学者、政治家。
プトレマイオス1世 Ptolemaios I, Soter 𣇃前285没、83？歳。前366（𣇃前367頃）生。マケドニア王朝の王（在位前323～285）。

前282年

この頃 アガトクレス（リュシマコスの子） Agathoklēs マケドニアの支配者リュシマコスの長男。

前281年

この年 セレウコス1世 Seleukos I 𣇃前280没、77？歳。前358（𣇃前355）生。セレウコス王朝の始祖（在位前312～280）。
リュシマコス Lysimachos 54？歳。前335（𣇃前360頃）生。マケドニアの将軍。
この頃 アルシノエ1世 Arsinoe I 𣇃前247没、8？歳。前289？（𣇃前300頃）生。エジプト・プトレマイオス朝の女王。

前280年

この年 趙の廉頗と藺相如が「刎頸の交わり」結ぶ
　　　＊＊＊
この頃 鄒衍 𣇃前240没、60？歳。前340（𣇃前305）生。中国、戦国時代の思想家。
陳仲子 70？歳。前350生。中国、戦国時代斉の思想家。
ヘロフィロス（カルケドンの） Herophilos ho chalkedonios 𣇃前300頃没、55？歳。前335（𣇃前325頃）生。ギリシアの外科医、解剖学者。
ルリアヌス Rullianus, Quintus Fabius Maximus ローマの政治家、将軍（前4、3世紀頃）。

前279年

この年 ムス Mus, Publius Decius ローマの平民の氏族デキウス氏出身の軍人。
孟嘗君 中国、戦国時代末期の四君の一人。

前278年

この頃 屈原 ㊚前277没、61？歳。前339（㊚前343頃）生。中国，戦国時代楚の詩人，政治家。
ディノクラテス Deinocrates（Dinocrates） マケドニアの建築家。
メトロドロス Mētrodōros of Lampsacus 53？歳。前331？生。ギリシアの哲学者。

前275年

この年 ギリシャのピュルロス軍がローマに敗北
＊＊＊
この年 デモカレス Dēmocharēs 85？歳。前360？（㊚前355頃）生。古代ギリシア，アテネの雄弁家，政治家。
この頃 クラントル Krantōr 60？歳。前335生。ギリシアの哲学者。
田駢 75？歳。前350生。中国，戦国時代の思想家，道家。
ベレニケ1世 Berenike I ㊚前281頃没、65？歳。前340？生。エジプトの女王。
パトロクレス Patroklēs 55？歳。前330？生。古代ギリシアのセレウコス朝の軍事司令官。

前272年

この年 ピュロス Pyrrhos 46？歳。前318（㊚前319）生。古代エピルスの王。

前270年

この年 アルシノエ2世 Arsinoe II 46歳。前316生。エジプト・プトレマイオス朝の女王。
キネアス Kīneās 古代ギリシアの政治家。
この頃 アレクシス Alexis 102？歳。前372？生。ギリシアの中喜劇作家。
エピクロス Epikouros ㊚前271没、71？歳。前341（㊚前342頃）生。ギリシアの哲学者。
ストラトン Stratōn 70？歳。前340？生。ランプサコス出身のギリシアの哲学者。
ピュッロン Pyrrhōn ㊚前275頃没、90？歳。前360（㊚前365頃）生。ギリシアの哲学者。

前267年

この頃 フィレモン Philēmōn ㊚前262頃没、101？歳。前368？（㊚前361頃）生。ギリシアの喜劇作家。

前266年

この年 甘茂 49？歳。前315生。中国，戦国時代・秦の政治家。
ミトリダテス2世 Mithridates II 36歳。前302生。古代ポントス（現小アジア北東部）の王。

前265年

この年 アレウス1世 Areus 47？歳。前312生。スパルタ王（在位前309～265）。
メネデモス（エレトリアの） Menedēmos 74？歳。前339？生。古代ギリシアの哲学者。
この頃 ゼノン Zenon ho Kypros ㊚前262没、71？歳。前336（㊚前334）生。ギリシアの哲学者，ストア学派の祖。

前263年

この年 第1次ポエニ戦争が勃発する
＊＊＊
この頃 フィレタイロス Philetairos 80？歳。前343？生。ペルガモン王国の基礎を作った人物。

前261年

この頃 アショーカ王がカリンガ国を征服する
＊＊＊
この年 アンティオコス1世 Antiochos I Soter ㊚前262頃没、63歳。前324（㊚前323）生。セレウコス朝シリアの王。

前260年

この年　秦の将軍白起が趙の趙括の軍を破る

＊ ＊ ＊

[この頃] **エウクレイデス**　Eukleidēs of Alexandria　[異]前300頃没、70？歳。前330([異]前356頃)生。アレクサンドリアの数学者。

エウヘメロス　Euhēmeros　80？歳。前340([異]前300頃)生。ギリシアの作家。

ゼノドトス　Zenodotos　65？歳。前325生。ギリシアの文献学者。

ティマイオス　Timaios　96？歳。前356生。古代ギリシアの文法学者。

ドゥーリス　Douris　[異]前280頃没、80？歳。前340生。ギリシアの史家。

ドゥリス　Duris　80？歳。前340生。古代ギリシアの歴史家，文芸批評家。

ピロコロス　Philochoros　80？歳。前340？生。ギリシアの政治家，歴史家。

前256年

[この年] **白起**　[異]前257没。中国，戦国時代の秦に仕えた武将。

前255年

[この頃] **クラテロス(小)**　Krateros　66？歳。前321生。古代ギリシアのコリントスの総督。

前251年

この年　秦で孝文王が即位する

＊ ＊ ＊

[この年] **昭襄王**　中国，戦国時代末期の秦の王。

平原君　中国，戦国末期・趙の公子。

前250年

この年　秦で子楚(荘襄王)が即位する

＊ ＊ ＊

[この年] **ディオニュシオス(ヘラクレイアの)**　Dionusios　80？歳。前330？生。古代ギリシアの哲学者。

[この頃] **カピラ**　Kapila　100？歳。前350？生。インド六派哲学，サーンキヤ学派の開祖。

公孫竜　70？歳。前320生。中国，戦国時代・趙の弁論家。

テオクリトス　Theokritos　[異]前245頃没、60？歳。前310([異]前300頃)生。ギリシアの詩人。

前248年

[この頃] **デメトリオス美公**　DēmētrioshoKalos　38？歳。前286?生。古代ギリシアのマケドニアの王子。

前247年

この年　秦で嬴政が王が即位、呂不韋が相国となる

＊ ＊ ＊

[この年] **アンティオコス2世**　Antiochos II Theos　[異]前246没、39歳。前286([異]前287)生。セレウコス朝シリアの王(在位前261～247)。

前246年

[この年] **プトレマイオス2世**　Ptolemaios II, Philadelphos　62歳。前308([異]前309)生。マケドニア王朝の王(在位前285～246)。

[この頃] **ニュンピス**　Nymphis　古代ギリシアの政治家，歴史家。

前245年

[この頃] **アレクサンドロス(コリントスの)**　Alexandros　45？歳。前290？生。古代ギリシアの総督，王。

前244年

この年　アギス4世がスパルタ王に即位する
***
[この年] **信陵君**　㉓前243没。中国，戦国末期・魏の公子。

前241年

この年　第1次ポエニ戦争が終了する
***
[この年] **アギス4世**　Agis IV　21？歳。前262（㉓前263頃）生。スパルタ王（在位前244～241）。
[この頃] **アルケシラオス**　Arkesilaos　㉓前242頃没、75？歳。前316（㉓前315）生。ギリシアの哲学者。

前240年

[この頃] **アラトス**　Aratos　75？歳。前315（㉓前310頃）生。ギリシアの詩人。
カッリマコス　Kallimachos　㉓前235頃没、65？歳。前305（㉓前310頃）生。ギリシアの詩人，文献学者。

前239年

[この年] **アンティゴノス2世，ゴナタス**　Antigonos II Gonatas　80？歳。前319（㉓前320頃）生。マケドニアの王。

前238年

この年　彗星が出現する（ハレー彗星と推定）
***
[この年] **荀子**　㉓前236？没、75？歳。前313（㉓前315？）生。中国，戦国時代末の儒家。
春申君　中国，戦国末期・楚の政治家。

前236年

[この頃] **アショーカ**　Aśoka　㉓前237頃没、38？歳。前274（㉓前268頃）生。インド，マウリヤ朝第3代の王（在位前268頃～232頃）。

前235年

この年　スパルタでクレオメネス3世が即位する
***
[この頃] **呂不韋**　中国，戦国時代末・秦の政治家。
レオニダス2世　Leonidas II　㉓前236没、81？歳。前316（㉓前285頃）生。スパルタ王。

前233年

この年　秦が韓に侵攻する
***
[この年] **韓非**　㉓前234没、47？歳。前280生。中国，戦国時代末期・韓の貴族，法家。

前232年

[この頃] **クレアンテス**　Kleanthēs　㉓前233頃没、99？歳。前331（㉓前304）生。ストア派の哲学者。

前230年

この年　秦により韓が滅亡する
***
[この頃] **アリスタルコス（サモスの）**　Aristarchos of Samos　㉓前250？没、80？歳。前310（㉓前320？）生。古代ギリシアの天文学者。
ティモン　Timōn of Phlius　㉓前235頃没、90？歳。前320（㉓前325頃）生。フリウス出身の哲学者。

前229年

[この年] **デメトリオス2世**　Dēmētrios II　47歳。前276生。古代マケドニアの王(在位前239～229)。

前228年

この年　秦により趙が滅亡する

＊＊＊

[この年] **ハミルカル**　Hamilcar Barcas　[異]前229頃没、42？歳。前270([異]前290頃)生。カルタゴの将軍。

前227年

この年　燕の荊軻が秦王の嬴政の暗殺に失敗する

＊＊＊

[この年] **アルキダモス5世**　Archidamos V　古代ギリシアスパルタの王。

荊軻　中国，戦国末期・燕の刺客。

リュディアダス　Ludiadas　24歳。前251生。古代ギリシアのメガロポリスの政治家，僭主。

前226年

[この年] **アンティオコス・ヒエラクス**　Antiochos Hierax　37？歳。前263？生。古代小アジアの王。

リュコン　Lukōn　74？歳。前300？生。古代ギリシアの哲学者。

前225年

この年　秦により魏が滅亡する

＊＊＊

[この年] **セレウコス2世**　Seleukos II　[異]前226没、40？歳。前265([異]前260頃)生。シリア王(在位前247～226)。

前223年

この年　秦により楚が滅亡する

＊＊＊

[この年] **セレウコス3世**　Seleukos III　22？歳。前245生。シリア王(在位前226～223)。

宋玉　[異]前222頃没、67歳。前290生。中国，戦国末の文学者。

前221年

この年　ハンニバルがカルタゴ王を継ぐ

秦王の嬴政が中国を統一し始皇帝を名乗る

＊＊＊

[この年] **アンティゴノス3世，ドソン**　Antigonos III Doson　[異]前222没、42歳。前263生。マケドニアの王。

ティリダテス1世　Tiridates I　[異]前211没、27歳。前248生。パルティア王国を創設したアルサケス1世の兄弟。

ハスドルバル　Hasdrubal　カルタゴの将軍。

ベレニケ2世エウエルゲテス　Berenice　52？歳。前273生。古代エジプト王プトレマイオス3世の妻。

プトレマイオス3世　Ptolemaios III, Euergetes　[異]前222没、67？歳。前288([異]前284頃)生。マケドニア王朝の王(在位前246～21)。

メテルス　Metellus, Lucius Caecilius　ローマの将軍。

前220年

この年　始皇帝が渭水上流域へ天下巡行を行う

＊＊＊

[この頃] **ケルキダス**　Kerkidas　70？歳。前290生。古代ギリシアの哲学者，詩人。

前219年

8.-　第2次ポエニ戦争が勃発する

この年　始皇帝が徐福に仙人を求めさせる

始皇帝が山東半島へ第2回天下巡行を行う

＊＊＊

[この年] **クレオメネス3世**　Kleomenes III　41？歳。前260([異]前254頃)生。スパルタ王(在位前235～222)。

前217年

6.23　ハンニバルがトランシヌスでローマ軍破る
　　　＊＊＊
[この年] フラミニウス，ガイウス　Flaminius, Gaius　ローマの政治家。

前215年

[この年] ヒエロン2世　Hieron II　㊟前216頃没、91？歳。前306生。シラクサの王(在位前270頃〜216/5)。
[この頃] アポロニオス　Apollōnios Rhodios　80？歳。前295生。ギリシアの叙事詩人。

前213年

この年　始皇帝が李斯の提言により焚書令を発する
　　　＊＊＊
[この頃] アラトス　Aratus of Sicyon　㊟前214頃没、58？歳。前271生。シキオンの政治家。

前212年

この年　始皇帝が咸陽で460名を穴埋めにする
　　　＊＊＊
[この年] アルキメデス　Archimēdēs　㊟前211没、75？歳。前287生。ギリシアの数学者，物理学者，技術者。

前210年

始皇帝　7.?（㊟前220）没、49歳。前259（㊟前258）生。中国，秦(最初の古代統一帝国)の創設者。
[この年] 蒙恬　中国，秦の始皇帝に仕えた将軍。

前209年

この年　趙高が郎中令となる
　　　＊＊＊
[この頃] アルサケス1世　Arsakes I　㊟前211頃没、30？歳。前239？生。イラン系遊牧民パルニ族の族長。

前208年

[この年] 呉広　中国，秦末期の農民反乱指導者。
孔鮒　44歳。前252生。中国，秦末の学者。
項梁　中国，秦末期，楚の名族。
陳勝　㊟前209没。中国，秦末の農民反乱(陳勝・呉広の乱)の指導者。
田儋　中国，秦末期の豪族。
李斯　㊟前210没。中国，秦の政治家。

前207年

[この年] 秦2世皇帝　22歳。前229生。中国，秦の皇帝(在位前210〜207)。
趙高　中国，秦の始皇帝に仕えた悪臣。
ハスドルバル　Hasdrubal Barka　カルタゴの将軍。

前206年

3.-　項羽が諸侯を立てて王とする
8.-　劉邦が関中侵攻を開始する(楚漢戦争)
この年　プトレマイオス朝に対するエジプト人の反乱が起こる
　　　ローマがヒスパニアを制圧する
　　　＊＊＊
[この年] 子嬰　㊟前205没。中国，秦の王(在位207〜206)。
[この頃] クリュシッポス　Chrysippos　㊟前207頃没、74？歳。前280(㊟前279頃)生。ギリシアの哲学者。
ラキュデス　Lakydēs　ギリシアの哲学者。

前205年

- 3.- 魏と殷が漢に降伏する
- 5.- 彭城に入城した劉邦が項羽に敗退する
- 9.- 韓信が楚に寝返った魏を平定する
- 12.- 項羽が滎陽への本格的な侵攻を始める

＊ ＊ ＊

この年 章邯 中国，秦の武将。

前204年

11.11 漢の韓信軍と楚の龍且軍が濰水で対峙する

＊ ＊ ＊

范増 4.？没。中国，戦国時代・西楚の将軍。
この年 アルシノエ3世 Arsinoe III 17歳。前221（®前235頃）生。エジプト・プトレマイオス朝の女王。
リウィウス・アンドロニクス，ルキウス Livius Andronicus, Lucius ®前240没，86？歳。前290（®前284頃）生。ローマ最初の詩人。
この頃 ソフォニスバ Sophonisba カルタゴのハスドルバルの娘。

前203年

12.- 漢の韓信が垓下で楚の項羽の軍を破る

＊ ＊ ＊

この年 ハスドルバル Hasdrubal カルタゴの将軍。
ファビウス・マクシムス，クイントゥス Fabius Maximus Verrucosus, Quintus, Cunctator 57？歳。前260（®前275頃）生。ローマの政治家，軍人。
プトレマイオス4世 Ptolemaios IV, Philopator ®前205没，41歳。前244生。マケドニア王朝の王（在位前221～03）。
マゴ Mago カルタゴの貴族マーゴー一族の者。
マンリウス Manlius Torquatus, Titus ローマの政治家。

前202年

1.31 劉邦が洛陽で皇帝に即位し，前漢を建国する
この年 スキピオがハンニバルを破る（ザマの戦い）

＊ ＊ ＊

項羽 12.？（®前203）没、30歳。前232（®前233）生。中国，秦末の武将。
この年 虞美人 中国，秦・漢交代期の楚王項羽の愛妃。
張耳 中国，前漢初期の功臣。

前201年

2.- 劉邦が論功行賞を行う
この年 第2次ポエニ戦争が終了する

＊ ＊ ＊

この頃 ナエウィウス，グナエウス Naevius, Gnaeus ®前199頃没，64？歳。前265（®前270頃）生。ローマの詩人，劇作家。

前200年

5.- 前漢の都が長安に移される

＊ ＊ ＊

この頃 エウチデモス1世 Euthydēmos I 古代バクトリア王国の王（在位前235～200？）。
カーティヤーヤナ Kātyāyana 50？歳。前250生。古代インドの文法学者。

前197年

この年 アッタロス1世 Attalos I 72歳。前269（®前261）生。ペルガモン王（在位前241～197）。

前196年

3.27 神殿からの布告がロゼッタストーンに刻まれる

＊ ＊ ＊

この年 韓信 中国，漢の高祖の勇将。
彭越 ®前106？没。中国，前漢の高祖に仕えた功臣。

前195年

5.- 太子盈が前漢の帝位に就く

古代　　　　　　　　　　　　　　　　　　　　　　　　　前180

この年　衛満によって衛氏朝鮮が始まる
*　*　*
劉邦　4.？没、52歳。前247（㊟前258）生。中国，前漢の創始者。
英布　10.？没。中国，秦末漢初の武将。

前194年

この頃　エラトステネス（キュレネの）　Eratosthenes of Cyrene　㊟前200頃没、82？歳。前276（㊟前285頃）生。ギリシアの天文学者，数学者，地理学者。
ナエウィウス，グナエウス　Neavius, Gnaeus　70？歳。前264生。古代ローマの詩人。

前193年

11.-　呂后が斉王の暗殺に失敗する
この年　対アンティオコス3世交渉が決裂する
*　*　*
蕭何　7.5没。中国，漢の開国の功臣。
この年　盧綰　54？歳。前247生。中国，漢初期の武将。

前190年

この年　曹参　中国，漢の高祖の功臣。
この頃　アポロニウス，ペルガの　Apollōnios, Pergais　㊟前200頃没、72？歳。前262（㊟前245頃）生。ギリシアの数学者。

前189年

この年　樊噲　中国，漢の高祖の功臣。

前188年

8.28　前漢で少帝恭の後見人の呂大后が実権握る
*　*　*
この年　恵帝（前漢）　22歳。前210生。中国，前漢の第2代皇帝（在位前195～188）。

前187年

この年　アンティオコス3世　Antiochos III Megas　55歳。前242（㊟前241頃）生。セレウコス朝シリアの王（在位前223～187）。

前184年

この年　プラウトゥス，ティトゥス・マッキウス　Plautus, Titus Maccius　66？歳。前250（㊟前254頃）生。ローマの喜劇作家。
この頃　アポロニス（キュジコスの）　Apollōnis　39？歳。前223？生。古代ギリシア，ペルガモンの王妃。

前183年

この年　スキピオ，大アフリカヌス　Scipio Africanus Major, Publius Cornelius　㊟前184頃没、53歳。前236（㊟前237）生。古代ローマの政治家。

前182年

この年　ハンニバル　Hannibal　㊟前183没、65歳。前247（㊟前246頃）生。カルタゴの名将。
フィロポイメン　Philpoimēn　71？歳。前253？生。アカイア連盟の将軍，政治家。

前181年

この年　プトレマイオス5世　Ptolemaios V, Epiphanes　㊟前180没、29歳。前210生。マケドニア王朝の王（在位前203～181）。

前180年

10.-　呂氏の反乱を抑えて文帝が即位する
*　*　*

呂后　7.？没。中国，前漢高祖の皇后。
この年　デメトリオス　Demetrius　古代ローマのマケドニアの王子。
この頃　アリストファネス　Aristophanēs of Byzantine　77？歳。前257生。ギリシアの文献学者。

前179年

この年　フィリッポス5世　Philippos V　⊛前197没，59歳。前238生。古代マケドニアの王。
この頃　陸賈　中国，前漢開国の功臣。

前178年

この年　陳平　中国，漢代の政治家。

前176年

この年　クレオパトラ1世　Kleopatra I　39？歳。前215生。エジプト王妃。

前175年

この年　セレウコス4世　Seleukos IV　43？歳。前218（⊛前220頃）生。セレウコス王朝シリア王国第7代の王（在位前187～175）。

前174年

この年　フラミニヌス　Flamininus, Titus Quinctius　55？歳。前229（⊛前227？）生。ローマの軍人，政治家。
冒頓単于　匈奴の第2代単于（在位？～前174）。

前172年

この年　夏侯嬰　中国，前漢の高祖劉邦の功臣。

前169年

この年　エンニウス，クゥイントゥス　Ennius, Quintus　70？歳。前239生。ローマの詩人。
周勃　中国，前漢の武将，政治家。

前168年

6.22　ローマ軍がピュドナでマケドニア軍を破る
この年　前漢で田租が減免となる
＊　＊　＊
この年　賈誼　⊛前169没，32歳。前200（⊛前201）生。中国，前漢（文帝時代）の文学者。
カエキリウス・スタティウス　Caecilius Statius　⊛前167頃没，51？歳。前219（⊛前220頃）生。ローマの喜劇作家。
張良　⊛前189没。中国，漢の高祖の功臣。
利蒼　漢代の下級の官吏の妻。
リュコルタス　Lycortas　メガロポリス出身のギリシア人。

前167年

この年　前漢で田租が全廃される
＊　＊　＊
この年　クラウディウス　Claudius Pulcher, Gaius　古代ローマの政治家，軍人。
デメトリオス　Dēmētrios　⊛前185没，64？歳。前231生。バクトリアの王（在位前190～167頃）。

前163年

この年　アンティオコス4世　Antiochos IV Epiphanes　⊛前164頃没，52？歳。前215（⊛前212？）生。セレウコス朝シリアの王（在位前175～163）。
メネラオス　Menelaos　マカベア時代の大祭司。

前162年

古代

|この年| アンティオコス5世　Antiochos V Eupator　11？歳。前173生。セレウコス朝シリアの王（在位前164～62）。

前161年

|この年| リュシアス　Lȳsiās　セレウコス朝シリア王国の高官（将軍）。

前160年

ユダス・マッカバイオス　Judas Makkabaios　4.13？（㊟前161頃）没。ユダヤの英雄（反乱指導者）。

|この年| アエミリウス・パウルス　Aemilius Paullus Macedonicus, Lucius　68歳。前228（㊟前229？）生。古代ローマの将軍。

アルキムス　Alcimus　40？歳。前200生。ユダヤ教の大祭司。

カロプス　Charops　古代エピルスの圧制的指導者。

パウルス　Paulus, Lucius Aemilius　69？歳。前229生。ローマの貴族、軍人。

|この頃| ラエリウス　Laelius, Gaius　ローマの軍人。

前159年

|この年| テレンティウス・アーフェル，プブリウス　Terentius Afer, Publius　31？歳。前190（㊟前195頃）生。ローマの喜劇作家。

|この頃| エウメネス2世　Eumenēs II　㊟前160頃没、62？歳。前221生。ペルガモンの王（前197～160／159）。

前158年

12.22　開化天皇が即位する
　　　　　＊＊＊

|この頃| ペルセウス　Perseus　㊟前166頃没、55？歳。前213（㊟前212頃）生。マケドニア最後の王（在位前179～68）。

前157年

文帝（前漢）　6.？没、45歳。前202（㊟前207）生。中国，前漢の第5代皇帝（在位前180～157）。

前155年

|この頃| クレオパトラ3世　Kleopatra III　エジプトの王妃。

前154年

|この年| 呉王劉濞　61歳。前215生。中国，漢の呉楚七国の乱の指導者。

鼂錯　46歳。前200生。中国，前漢初期の政治家。

前152年

|この年| 張蒼　㊟前161没。中国，前漢の政治家。

前150年

|この年| デメトリオス1世　Dēmētrios I Soter　37歳。前187生。セレウコス朝シリアの王（在位前160～150頃）。

|この頃| ミトリダテス4世　Mithridatēs IV Philopator Philadelphos　古代ポントス（現小アジア北東部）の王。

前149年

|この年| カトー，マルクス・ポルキウス　Cato Censorius, Marcus Porcius　85歳。前234（㊟前239）生。ローマの著述家，政治家，雄弁家。

カリクラテス（レオンティオンの）　Callicrates　31？歳。前180？生。古代ローマのアカイア同盟の政治家。

マシニッサ　Masinissa　91？歳。前240？（㊞前238）生。北アフリカ，ヌミディアの支配者。

前148年

この年 アンドリスコス　Andriskos　古代マケドニアの王位僭称者。
袁盎　中国，前漢の重臣。
周亜夫　㊞前143没。中国，前漢の武将。
プルシアス2世　Prusias II　ビテュニア（小アジア西北地方）の王（前192～48）。
マルケルス　Marcellus, Marcus Claudius　スペイン平定に力を尽したローマの将軍，政治家。
この頃 プシャミトラ　Puṣyamitra　㊞前151頃没、39？歳。前187生。インドのマウリヤ王朝の将軍，シュンガ王朝の創始者。

前146年

この年　カルタゴが滅亡する
＊＊＊
この年 ハスドルバル　Hasdrubal　カルタゴの将軍。

前145年

この年 アリスタルコス　Aristarchos of Samothrace　㊞前144頃没、70？歳。前215（㊞前216）生。ギリシアの文献学者。
アレクサンドロス・バラス　Alexander Balas　前150生。シリアの王（前150～145）。
プトレマイオス6世　Ptolemaios VI, Philomētōr　㊞前146没、41？歳。前186（㊞前184）生。マケドニア王朝の王（在位前181～145）。
この頃 申培　㊞前137頃没、78？歳。前223生。中国，漢代初期の学者。

前143年

この年 ヨナタン　Jonathan　ハスモン家の大祭司。

前141年

2.-　前漢で武帝が即位する
＊＊＊
この年 景帝（前漢）　㊞前144没、48歳。前189（㊞前187）生。中国，前漢の第6代皇帝（在位前157～141）。

前140年

この年 枚乗　㊞前141没。中国，前漢の文人。

前139年

この年 ウィリアトゥス　Viriathus　ルシタニア（ポルトガル）の牧人。
この頃 轅固　95？歳。前234生。中国，漢初の学者。

前138年

この年 アッタロス2世　Attalos II　82歳。前220生。ペルガモン王（在位前160～138）。
アンティオコス6世　Antiochos VI Epiphanes Dionysos　10？歳。前148生。セレウコス朝シリアの王。
この頃 ミトラダテス1世　Mithradates I　㊞前139頃没。古代ペルシアのパルティア王（在位前171頃～138頃）。

前137年

この年 趙佗　中国，前漢時代・南越国の初代王（在位前206～137？）。

前134年

シモン　Simōn, Makkabaios　1.27？没。ユダヤのハスモン王朝の王。

前133年

- この年 アッタロス3世　Attalos III　38？歳。前171（愛前170頃）生。ペルガモン王（在位前138～133）。
- グラックス，ティベリウス・センプロニウス　Gracchus, Tiberius Sempronius　愛前132没，35歳。前168（愛前162）生。古代ローマの政治家。
- この頃 エウヌス　Eunus　シリア出身の奴隷。

前130年

- この年 河間献王　中国，前漢代の人。
- クラウディウス　Claudius Pulcher, Appius　古代ローマの政治家。
- クラッスス　Crassus, Dives Mucianus, Publius Licinius　50？歳。前180生。古代ローマの大神官，コンスル（前131）。
- ファビウス・マクシムス・アエミリアヌス，クイントゥス　Fabius Maximus Aemilianus, Quintus　56？歳。前186生。ローマの軍人，政治家。
- この頃 パクウィウス，マルクス　Pacuvius, Marcus　90？歳。前220生。ローマの悲劇作家，画家。
- メナンドロス　Menandros　35？歳。前165生。アフガニスタン，インドを支配したギリシア人の王。

前129年

- この年 アンティオコス7世　Antiochos VII Sidetes　30？歳。前159（愛前164）生。セレウコス朝シリアの王（在位前138～129）。
- カルネアデス　Karneadēs　85？歳。前214？生。ギリシア，キュレネ出身の哲学者。
- スキピオ，小アフリカヌス　Scipio Aemilianus Africanus Minor, Publius Cornelius　56歳。前185生。ローマの将軍，政治家。
- ブロッシウス　Blossius　古代ローマの哲学者。
- この頃 エウクラティデス1世　Eucratides I　バクトリアの王。
- ラエリウス・サピエンス，ガイユス　Laelius Sapiens, Gaius　61？歳。前190生。ローマの軍人，政治家。

前128年

- この年 アリストニコス　Aristonikos　ペルガモンの王位僭称者。
- フラーテス2世　Phraates II　前138生。パルティア帝国の王（在位前138頃～128）。

前127年

この年　前漢がオルドスを奪取する
＊＊＊
- この年 主父偃　愛前126没。中国，前漢初期の政治家。

前126年

この年　匈奴が代郡，雁門郡に侵入する
＊＊＊
- この年 デメトリオス2世　Demetrios II Nikator　愛前125没，35？歳。前161生。セレウコス朝シリアの王（在位前145～139, 129～125）。

前125年

この年　匈奴が代郡、定襄郡、上郡に侵入する
＊＊＊
- この頃 ヒッパルコス　Hipparchos　愛前120？没，65？歳。前190（愛前170？）生。ギリシアの天文学者。

前124年

この年　武帝が大規模な匈奴討伐に着手する
＊＊＊
- この頃 アルタバノス1世　Artabanos I　パルティア，アルサケス朝第3代の王（在位前211～191）。

前122年

この年 劉安 56?歳。前178(異前179?)生。中国，前漢高祖の孫で，淮南王。

この年 司馬相如 殁前118没、62?歳。前179生。中国，前漢の文学者。
この頃 ヒエンプサル1世 Hiempsal I ヌミディア王ミキプサの子。

前121年

この年 前漢で李蔡が丞相に任命される
　　　　　　　＊＊＊
この年 グラックス，ガイウス・センプロニウス Gracchus, Gaius Sempronius 殁前122没、38?歳。前159(異前153)生。古代のローマの政治家。
この頃 クレオパトラ・テア Kleopatra Thea エジプト王プトレマイオス6世とクレオパトラ2世の娘。
ミトリダテス5世 Mithridates V 殁前120没。古代ポントス(現小アジア北東部)の王。

前120年

この年 公孫弘 殁前121没、80歳。前200(異前199)生。中国，前漢の宰相。
この頃 ポリュビオス Polybios 殁前118以後没、80?歳。前200(異前201頃)生。ギリシアの歴史家。

前119年

この年 武帝が大規模な匈奴討伐を開始，快勝する
　　　　　　　＊＊＊
この年 カルボ Carbo, Gaius Papirius ローマの政治家。
李広 中国，前漢の将軍。

前118年

この年 義縦 中国，前漢時代の官僚。
ミキプサ Micipsa 北アフリカ，ヌミディア王(在位前148～18)。

前117年

霍去病 9.?没、23?歳。前140生。中国，前漢(武帝時代)の武将。

前116年

この年 プトレマイオス8世 Ptolemaios VIII 66?歳。前182生。エジプト王(在位前145～116)。
この頃 クレオパトラ2世 Kleopatra II 殁前115頃没、69?歳。前185(異前186)生。エジプト王妃。

前115年

この年 前漢で均輸の法が制定される
　　　　　　　＊＊＊
この年 張湯 中国，前漢の武帝時代の酷吏。
スカエボラ，ププリウス・ムキウス Scaevola, Publius Mucius ローマの政治家，法学者。

前114年

この年 伊稚斜単于 匈奴の第4代単于(君主)(在位前126～114)。
張騫 殁前107没、46?歳。前160生。中国，前漢の旅行家，外交家。

前113年

この年 中山靖王 中国，前漢の景帝の子。

前112年

この年 異民族の南越と西羌が反乱を起こす
　　　　　　　＊＊＊
この年 汲黯 殁前108没。中国，前漢武帝時代の諫臣。

前110年

この年　前漢で桑弘羊が専売事業の全権を掌握する
　　　　　　　＊＊＊
この頃　クレイトマコス　Kleitomachos　77？歳。前187？生。ギリシアの哲学者。
パナイティオス　Panaitios　㊋前109頃没、75？歳。前185（㊋前180頃）生。中期ストア派の哲学者。

前109年

この年　朱買臣　㊋前115没。中国，前漢武帝期の官僚。
頭曼単于　モンゴル，匈奴の単于（匈奴の君主号）。

前106年

この年　衛青　中国，前漢武帝時代の武将。

前104年

6.-　前漢で官制と暦法の改革が実施される
　　　　　　　＊＊＊
この年　アンティゴノス1世　Antigonos I　31？歳。前135生。ユダヤの王（在位前105～104）。
トゥルピリウス，セクストゥス　Turpilius, Sextus　㊋前103没。ローマの喜劇作家。
ユグルタ　Jugurtha　56？歳。前160生。北アフリカ，ヌミディアの王（在位前118～05）。
この頃　董仲舒　㊋前120頃没、75？歳。前179（㊋前176頃）生。中国，漢の儒学者。
メテルス・ダルマティクス　Metellus Dalmaticus, Lucius Caecilius　ローマ共和末期の将軍，政治家。

前102年

この年　ルキリウス，ガイユス　Lucilius, Gaius　㊋前129没、78？歳。前180（㊋前185）生。ローマの詩人。

前101年

この年　アテニオン　Athenion　第2次シチリア奴隷蜂起の指導者。

前96年

この年　プトレマイオス・アピオン　Ptolemaios Apiōn　古代ギリシアのキュレネの支配者。

前93年

この年　東方朔　61歳。前154生。中国，前漢の文学者。

前92年

この頃　ドミチウス・アヘノバルブス　Domitius Ahenobarbus, Gnaeus　ローマの政治家。

前91年

8.-　前漢で巫蠱の乱が起こる
この年　イタリア同盟市戦争が起こる
　　　　　　　＊＊＊
この年　クラッスス，ルキウス・リキニウス　Crassus, Lucius Licinius　49歳。前140生。古代ローマの政治家，雄弁家。
趙破奴　中国，前漢の将軍。
戻太子　37歳。前128生。前漢の武帝の皇太子。

前90年

この年　カエピオ　Caepio, Quintus Servilius　ローマの政治家。
この頃　スティロ，ルキウス・アエリウス・プラエコニウス　Stilo Praeconinus, Lucius Aelius　㊋前74没、64？歳。前154（㊋前150頃）生。ローマの学者。

センプロニウス・アセツリオ　Semprōnius Aselliō　70？歳。前160生。ローマ共和政期の政治家，歴史家。

前89年

この年　イタリア人全てにローマ市民権を付与する
　　　　　＊＊＊
[この頃] 李広利　⊗前90没。中国，前漢の武将。

前88年

10.27　孝元天皇の皇子の大彦命を北陸道に遣わす
　　　　　＊＊＊
[この年] スカエボラ，クインツス・ムキウス　Scaevola　ローマの政治家，法律家。
プトレマイオス10世　Ptolemaios X　52？歳。前140生。古代エジプト王(在位前107～88)。
ルフス　Rufus, Publius Sulpicius　33？歳。前121生。ローマの政治家。
[この頃] ミトラダテス2世　Mithradates II　⊗前87頃没、36？歳。前124生。古代ペルシアのパルティア王。

前87年

2.15　前漢で皇太子弗陵が即位し昭帝となる
　　　　　＊＊＊
[この年] カエサル　Caesar, Lucius Julius　古代ローマの政治家。
カトゥルス，クイントゥス・ルタティウス　Catulus, Quintus Lutatius　⊗前61没、63？歳。前150(⊗前120頃)生。ローマの政治家。
クラッスス　Crassus, Publius Licinius　古代ローマの政治家。
[この頃] 司馬遷　⊗前86？没、58？歳。前145(⊗前135頃)生。中国，前漢の歴史家。
李延年　中国，前漢の武帝の寵臣。

前86年

10.12　初の人口・戸口調査を行い、調役を課す
　　　　　＊＊＊

マリウス，ガイウス　Marius, Gaius　1.13没、70？歳。前156(⊗前157)生。ローマ共和制末期の将軍。
[この年] 金日磾　48歳。前134生。中国，前漢の政治家。
武帝(前漢)　⊗前87没、55歳。前141(⊗前156)生。中国，前漢の第7代皇帝(在位前141～87)。
[この頃] アッキウス，ルキウス　Accius, Lucius　⊗前85頃没、84？歳。前170生。ローマの悲劇詩人。

前84年

[この年] キンナ，ルキウス・コルネリウス　Cinna, Lucius Cornelius　ローマの政治家。

前82年

11.01　閥族派の将軍スラがローマを攻略する
　　　　　＊＊＊
[この年] ウァレリウス・ソラヌス，クゥイントゥス　Valerius Sōrānus, Quīntus　48？歳。前130生。ローマ共和政期の学者。

前81年

3.-　前漢で塩鉄会議が実施される
　　　　　＊＊＊
[この年] カルボ　Carbo, Arvina Gaius Papirus　ローマの政治家。
プトレマイオス9世　Ptolemaios IX　60？歳。前141生。古代エジプト王(在位前116～107、88～80)。

前80年

[この年] 桑弘羊　72歳。前152生。中国，前漢の武帝，昭帝時代の官僚。
フィロン　Philon ho Larisseos　80？歳。前160？生。ギリシアの哲学者。
[この頃] エウポレモス　Eupolemos　78？歳。前158生。アレクサンドリアのユダヤ人歴史家。

前79年

古　代

この年　ゼノン　Zenon ho Sidon　71？歳。前150生。ギリシアのエピクロス派の哲学者。

前78年

この年　スラ，ルキウス・コルネリウス　Sulla, Lucius Cornelius　60歳。前138（㊥前137）生。ローマの政治家。

前77年

この年　アッタ，ティトゥス・クゥインクティウス　Atta, Titus Quinctius　ローマの喜劇詩人。

前76年

この年　クラウディウス　Claudius Pulcher, Appius　古代ローマの政治家。

前75年

この年　ルフス　Rufus, Publius Rutilius　79？歳。前154生。古代ローマの政治家。

前74年

7.-　前漢で昌邑王劉賀が即位するが廃される
8.-　前漢で宣帝が即位する
　　　　　　＊＊＊
昭帝（前漢）　4.？没、20歳。前94生。中国，前漢の第8代皇帝（在位前87～74）。
この年　ニコメデス4世　Nikomēdēs IV　ビテュニア王（前91～74）。
李陵　㊥前72没、56？歳。前130生。中国，前漢の将軍。

前72年

この年　クリクソス　Crixus　古代ローマの奴隷蜂起の指導者。

前71年

この年　スパルタクスの反乱が鎮圧される
　　　　　　＊＊＊
この年　スパルタクス　Spartacus　ルカニア，ローマ時代の奴隷反乱の指導者。

前70年

この頃　メレアグロス　Meleagros　70？歳。前140生。ギリシアのエピグラム詩人，キニク派哲学者。

前68年

霍光　3.？没。中国，前漢中期を代表する文臣。
この頃　アンティオコス　Antiochos of Ascalon　62？歳。前130生。ギリシアの哲学者。

前67年

この年　サロメ・アレクサンドラ　Salome Alexandra　72歳。前139生。マカベアの王アリストグロス1世の妻。
シセンナ，ルキウス・コルネリウス　Sīsenna, Lūcius Cornēlius　古代ローマ共和政期の歴史家，法務官。

前66年

この年　リキニウス　Licinius Macer, Gaius　44？歳。前110生。ローマの政治家。
この頃　マケル，ガイユス・リキニウス　Macer, Gāius Licinius　52？歳。前118生。古代ローマ共和政期の歴史家，法務官。

前65年

[この年] **趙広漢**　中国，前漢の政治家。
万年　莎車王。

前64年

[この年] **ピソ**　Piso, Gnaeus Calpurnius　ローマの政治家。

前63年

12.05　キケロが陰謀を企てたカティリナたちを捕らえ、元老院に即日処刑を求めるも、シーザーは即日処刑に反対し裁判にかけることを主張する

＊＊＊

レントゥルス　Lentulus Sura, Publius Cornelius　12.3没。ローマのコルネリウス氏出身の政治家。
[この年] **ケテグス**　Cethēgus, Gaius Cornelius　ローマの政治家。
ミトリダテス6世　Mithridatēs VI Eupator Dionysos　69？歳。前132（[異]前131頃）生。古代ポントス（現小アジア北東部）の王。

前62年

カティリナ　Catilina, Lucius Sergius　2.？没、46？歳。前108？生。ローマ共和政末期の「カティリナ事件」の首謀者。
[この年] **ロスキウス**　Roscius, Gallus Quintus　72？歳。前134（[異]前126頃）生。ローマの俳優。

前61年

9.28　ローマでポンペイウスの凱旋式が行われる

＊＊＊

[この年] **王褒**　中国，前漢の文学者。

前60年

[この年] **蘇武**　[異]前30没、83？歳。前143（[異]前142）生。中国，前漢の名臣。
ヒエンプサル2世　Hiempsal II　46歳。前106生。ヌミディア王。

前59年

5.11　前漢の松花江流域で解慕漱が王と名乗る

＊＊＊

[この年] **メテルス**　Metellus Celer, Quintus Caecilius　ローマの軍人，政治家。

前58年

[この年] **オクタウィウス**　Octavius, Gaius　ローマの政治家。

前57年

[この年] **ルクルス，ルキウス・リキニウス**　Lucullus, Lucius Licinius　[異]前56没、53？歳。前110（[異]前117）生。ローマの軍人。

前55年

この年　シーザーが第1回ブリタニア侵寇を行う

＊＊＊

[この年] **ティグラネス1世**　Tigranes I　[異]前56没、85？歳。前140生。古代アルメニア帝国の王（在位前95／4～55頃）。
丙吉　中国，前漢の政治家。
ベレニケ　Berenice　プトレマイオス朝エジプトの皇女。
[この頃] **ルクレティウス・カルス，ティトゥス**　Lucretius Carus, Titus　[異]前51没、39？歳。前94（[異]前95？）生。ローマの詩人，エピクロス派の哲学者。

前54年

[この年] **ミトラダテス3世** Mithradates III 古代ペルシアのパルティア王。

ユリア Julia 古代ローマのカエサルの娘。

[この頃] **カトゥッルス，ガイユス・ヴァレリウス** Catullus, Gaius Valerius [異]前47頃没、30？歳。前84生。ローマの抒情詩人。

メテルス Metellus Creticus, Quintus Caecilius ローマの軍人。

前53年

クラッスス，マルクス・リキニウス Crassus, Marcus Licinius 6.9没、62？歳。前115（[異]前114）生。古代ローマ共和政末期の政治家，富豪。

[この年] **クラッスス** Crassus, Publius Licinius 32？歳。前85生。古代ローマの軍人。

クリオ Curio, Gaius Scribonius ローマの政治家。

前52年

クロディウス Clodius Pulcher, Publius 1.18没、41歳。前93生。ローマの政治家。

[この年] **趙充国** 85歳。前137生。中国，前漢の武将。

前51年

[この年] **プトレマイオス12世** Ptolemaios XII, Aulētēs 65？歳。前116生。マケドニア王朝の王（在位前80～51）。

[この頃] **ポセイドニオス** Poseidōnios [異]前50頃没、84？歳。前135生。ストア派の有力な哲学者，自然学者，数学者，天文学者，地理学者，歴史家。

前50年

1.08 前漢で元帝が即位

＊ ＊ ＊

[この年] **ホルテンシウス・ホルタルス，クゥイントゥス** Hortensius Hortalus, Quintus 64歳。前114生。ローマの雄弁家。

[この頃] **カナーダ** Kanāda 100？歳。前150？生。インド六派哲学の一つ，バイシェーシカ学派の開祖。

パンチャシカ Pañcaśikha 100？歳。前150？生。インドの哲学者。

前49年

1.01 元老院がシーザーの統治する属州の返還要求を決議

1.07 シーザー派が元老院から追放される

＊ ＊ ＊

[この年] **解憂** 71？歳。前120生。中国，前漢の和蕃公主。

クリオ Curio, Gaius Scribonius ローマの政治家。

宣帝（前漢） 42歳。前91生。中国，前漢の第10代皇帝（在位前87～49）。

鄭吉 [異]前48没。中国，前漢の武将。

前48年

4.15 シーザー軍がドゥラキウム包囲を開始する

8.09 ポンペイウスがシーザーと戦い敗走する

10.- シーザー軍がエジプト軍と交戦する

＊ ＊ ＊

カエリウス・ルフス，マルクス Caelius Rufus, Marcus 3.？没、40？歳。前88（[異]前82頃）生。ローマ共和政末期の政治家。

ポンペーイウス・マグヌス，グナエウス Pompeius Magnus, Gnaeus 9.28没、57歳。前106生。ローマの軍人，政治家。

[この年] **レンツルス** Lentulus Crus, Lucius Cornelius ローマのコルネリウス氏出身の政治家。

レントゥルス Lentulus, Publius Cornelius [異]前47没。ローマのコルネリウス氏出身の政治家。

前47年

3.28 クレオパトラがシーザーへの贈り物となる

＊ ＊ ＊

[この年] **カシウス** Cassius Longinus, Quintus ローマ共和制末期の政治家。

常恵　中国，前漢の遣匈奴使。
蕭望之　59？歳。前106生。中国，前漢の学者，政治家。
プトレマイオス13世　Ptolemaios XIII　16歳。前63（㋩前61）生。マケドニア王朝の王（在位前51～47）。
この頃 ファルナケス2世　Pharnakēs II　50？歳。前97生。ポントス王（在位前63～47）。

前46年

4.06　シーザーがポンペイウス派の残党を破る
7.25　シーザーがローマに帰還する
*　*　*
カトー，マルクス・ポルキウス　Cato Uticensis, Marcus Porcius　4.？没、49歳。前95生。ローマの政治家。
この年 ウェルキンゲトリクス　Vercingetorix　26？歳。前72（㋩前82頃）生。ガリアのアルベルニ族の首領。
カエサル　Caesar, Sextus Julius　古代ローマの政治家。
マルケルス　Marcellus, Marcus Claudius　㋩前45没。ローマのクラウディウス家出身の政治家。
ユバ1世　Juba I　39歳。前85生。ヌミディアの王。

前45年

1.01　シーザーがユリウス暦を採用する
3.17　シーザーがムンダでポンペイウス派を破る
*　*　*
この年 ニギディウス・フィグルス，プブリウス　Nigidius Figulus, Publius　55？歳。前100生。ローマの学者。
ポンペイウス・マグヌス，グナエウス　Pompeius Magnus, Gnaeus　31？歳。前76生。ローマの軍人，政治家。
この頃 アルキアス，アウルス・リキニウス　Archias, Aulus Licinius　㋩前62以後没、73？歳。前118？生。ギリシアの詩人。
クロディア　Clodia　50？歳。前95生。古代ローマの女性。

前44年

3.16　ローマ市民がシーザーの暗殺者を追い出す
3.17　元老院会議でシーザー政治の継承が決定

3.19　ブルータス、カシウスらがローマを去る
*　*　*
カエサル，ガイユス・ユリウス　Caesar, Gaius Julius　3.15没、57？歳。前101（㋩前100）生。ローマ共和政末期最大の軍人，政治家。
キンナ，ガイユス・ヘルウィウス　Cinna, Gaius Helvius　3.20没。ローマの詩人。
この年 ブレビスタ　Burebista　ダキア国王。
プトレマイオス14世　Ptolemaios XIV　15？歳。前59生。古代エジプト王（在位前47～44）。
この頃 テオファネス　Theophanēs　古代ローマの歴史家。

前43年

11.27　第2回三頭政治が始まる
*　*　*
ヒルティウス，アウルス　Hirtius, Aulus　4.21没、47？歳。前90生。ローマの軍人，著述家。
ドラベラ，ププリウス・コルネリウス　Dolabella, Publius Cornelius　7.？没、27歳。前70（㋩前80？）生。ローマの軍人。
この年 アンティパトロス　Antipater, the Idumaean　ヘロデ王の父。
ウェレス，ガイウス　Verres, Gaius Cornelius　72？歳。前115（㋩前120？）生。ローマの政治家。
キケロ　Cicero, Quintus Tullius　23歳。前66生。ローマの政治家。
スルピキウス・ルフス，セルウィウス　Sulpicius Rufus, Servius　63？歳。前106生。ローマの法律家，政治家。
トレボニウス　Trebonius, Gaius　古代ローマの軍人，政治家。
ラベリウス，デキムス　Laberius, Decimus　63歳。前106（㋩前115頃）生。ローマのミムス劇作家。

前42年

1.01　元老院がシーザーの神格化を決議する
*　*　*
ブルトゥス，マルクス・ユニウス　Brutus, Marcus Junius　10.23没、43歳。前85生。古代ローマの人。
この年 カッシウス　Cassius Longinus, Gaius　ローマの政治家。
コルニフィキウス，クゥイントゥス　Cornificius, Quintus　ローマの政治家，詩人。
ポルキア　Porcia　ローマの婦人。

古代　　　　　　　　　　　　　　　　前32

前41年

この年 アルシノエ4世　Arsinoe IV　エジプト・プトレマイオス朝の女王。

前40年

この年 張猛　中国，前漢の匈奴使。
デイオタロス　Deiotarus　小アジアのガラティアの王。
フルウィア　Fulvia　古代ローマの女性。
この頃 アスクレピアデス　Asklēpiadēs　86？歳。前126（㊟前124頃）生。ギリシアの医者。
于定国　70？歳。前110没。中国，前漢の政治家。
セネカ，ルキウス・アンナエウス　Seneca, Lucius (Marcus Annaeus)　㊟39頃没，15？歳。前55生。ローマの修辞家。
ピロデモス　Philodēmos　70？歳。前110生。ギリシアのエピクロス派の哲学者，詩人。

前39年

この頃 馮奉世　中国，前漢の遣西域答礼使。

前38年

この年 パコルス　Pacorus　パルチア王オロデス2世（在位前57頃～37頃）の息子。

前37年

この年 アンティゴノス2世，マタティアス　Antigonos II Mattathias　43？歳。前80生。古代ユダヤの王（在位前40～37）。

前36年

この年 韋玄成　中国，漢代の学者。
郅支単于　西匈奴の単于（王）（在位前56～36）。
この頃 ポンペイウス，セクストゥス　Pompeius, Sextus　古代ローマの権力者。

前35年

8.02　前漢で成帝が即位し，王鳳が実権を握る
　　　＊　＊　＊
この年 アリストブロス3世　Aristoboulos III　古代ユダヤの王（在位前36～35）。
ポンペイウス・マグヌス，セクスツス　Pompeius Magnus, Sextus　40歳。前75（㊟前66？）生。ローマの軍人，政治家。

前34年

この年 京房　㊟前37没，43歳。前77生。中国，前漢末の元帝の頃の音楽理論家。
サッルスティウス・クリスプス，ガイユス　Sallustius Crispus, Gaius　㊟前35頃没，52歳。前86生。ローマの歴史家。

前33年

この年　前漢の王昭君が呼韓邪単于に嫁する
　　　＊　＊　＊
この年 元帝（前漢）　42歳。前75生。中国，前漢の第10代皇帝（在位前49～34）。
この頃 ネロ　Nero, Tiberius Claudius　ローマの政治家。

前32年

アッティクス，ティトゥス・ポンポニウス　Atticus, Titus Pomponius　3.31没，77歳。前109（㊟前110頃）生。ローマの著述家。
この頃 ビブルス　Bibulus, Lucius Calpurnius　ローマの政治家，軍人。

人物物故大年表 外国人編　*49*

前31年

9.02 アントニウスらがアクティウム沖で敗北
＊＊＊
[この年] カニディウス・クラッスス　Canidius Crassus　M.アントニウスの腹心の部下。
呼韓邪単于　前58生。東匈奴の単于(在位前58〜31)。
ドミティウス　Domitius Ahenobarbus, Gnaeus　ローマの政治家。

前30年

8.01 プトレマイオス王朝が滅亡する
＊＊＊
アントニウス，マルクス　Antonius, Marcus　8.1没、53？歳。前83(㊅前82)生。ローマの軍人、政治家。
クレオパトラ7世　Kleopatra VII　8.12没、39歳。前69(㊅前70頃)生。プトレマイオス朝エジプトの最後の女王(在位前51〜30)。
[この年] カエサリオン　Caesarion　17歳。前47生。カエサルとクレオパトラの息子。
ヒュルカノス2世　Hyrkanos II　ハスモン家の王・大祭司。
プトレマイオス15世　Ptolemaios XV, Kaisarion　17歳。前47生。プトレマイオス王朝エジプトの最後の王(在位前44〜30)。

前29年

2.04 垂仁天皇が即位する
＊＊＊
[この年] マリアムネ　Mariamne　㊅前30没、31歳。前60生。ユダヤのヘロデ大王の妻。

前27年

1.16 オクタヴィアヌスがローマ帝国皇帝となる
＊＊＊
[この年] ヴァロ，マールクス・テレンティウス　Varro, Marcus Terentius　89歳。前116生。ローマの百科全書的著作家。

前26年

[この年] ガッルス，ガイユス・コルネリウス　Gallus, Gaius Cornelius　㊅前29没、44？歳。前70(㊅前69頃)生。ローマのエレゲイア詩人、政治家。

前25年

[この年] アミュンタス　Amýntas　ガラテヤ王国最後の王。
ネポス，コルネリウス　Nepos, Cornelius　㊅前24頃没、74？歳。前99？生。ローマの伝記作家。
[この頃] ウィトルーウィウス・ポリオ，マルクス　Vitruvius Pollio, Marcus　45？歳。前70生。ローマの建築家、建築理論家。

前23年

[この年] マルケルス　Marcellus, Marcus Claudius　19歳。前42生。ローマのクラウスディウス家出身の軍人。

前22年

[この年] アポロドロス(ペルガモンの)　Apollodōros　82？歳。前104生。ギリシアの修辞学者。
王鳳　中国、前漢の外戚、元帝の皇后王政君の長兄。

前21年

[この頃] スクリボニウス　Scribonius Libo, Lucius　ローマの政治家。
ディオドロス・シクロス　Diodorus Siculus　69？歳。前90生。ローマの歴史家。

前20年

古　代　　　　　　　　　　　　　前8

|この年| アルタウァスデス　Artavasdes　ローマ，メディア，アトロパテネの王。

前19年

ウェルギリウス・マロ，プブリウス　Vergilius Maro, Publius　9.21没，50歳。前70生。ローマの叙事詩人。
|この年| ウェディウス・ポリオ　Vedius Pollio, Publius　古代ローマのアウグストゥスの側近。
東明王　39歳。前58生。朝鮮，高句麗の始祖とされる伝説上の人物。
|この頃| ティブッルス，アルビウス　Tibullus, Albius　㊗19頃没，29？歳。前48？生。ローマのエレゲイア詩人。

前16年

|この年| アエミリウス・マケル　Aemilius Macer　ローマの詩人。

前15年

|この頃| ウァリウス・ルフス，ルキウス　Varius, Rufus Lucius　55？歳。前70生。ローマの叙事詩人。
クリナゴラス　Krinagoras　55？歳。前70？生。ギリシアの挽歌詩人。
グンダフォルス　Gundaphorus　インドの王（新約外典）。
プロペルティウス，セクストゥス　Propertius, Sextus　㊗前16頃没，33？歳。前48（㊗前50頃）生。ローマのエレゲイア詩人。

前14年

|この頃| オルビリウス・プピッルス，ルキウス　Orbilius Pūpillus, Lūcius　100？歳。前114生。古代ローマ共和政期の教師。

前13年

|この年| キケロ，マルクス・トゥッリウス　Cicero, Marcus Tullius　㊗前43没，93歳。前106生。ローマの雄弁家，政治家，哲学者。
|この頃| レピドゥス，マルクス・アエミリウス　Lepidus, Marcus Aemilius　㊗前12没，77？歳。前90生。ローマの政治家。

前12年

3.06　オクタヴィアヌスが大神祇官の称号を得る
＊＊＊
|この年| アグリッパ，マルクス・ウィプサニウス　Agrippa, Marcus Vipsanius　51？歳。前63（㊗前62頃）生。古代ローマの軍人。
ケスティウス　Cestius, Epuls　ローマの富裕層出身の護民官，法務官。

前11年

|この年| オクタウィア　Octavia　58？歳。前69（㊗前70頃）生。アウグストゥスの姉。

前10年

|この年| 段会宗　74歳。前84生。中国，漢の烏孫大昆弥冊立使。

前9年

|この年| ドルスス・ゲルマニクス，ネロ・クラウディウス　Drusus, Nero Claudius　30歳。前39（㊗前38）生。ローマの軍人。

前8年

ホラティウス・フラックス，クゥイントゥス　Horatius Flaccus, Quintus　11.27没，56歳。前65生。古代ローマの詩人。
|この年| 谷永　中国，前漢成帝時代の政治家。
マエケナス，ガイユス・キルニウス　Maecenas, Gaius　㊗前7頃没，62？歳。前70生。ローマの政

前6 古代

治家。
[この頃] ディオニューシオス・ハリカルナッセウス　Dionysios Halikarnasseus　㊙前6頃没，46？歳。前54生。ギリシアの修辞学者，歴史家。

趙飛燕　㊙1？没，33？歳。前34生。中国，前漢成帝（在位前33〜7）の皇后。
[この頃] バーダラーヤナ　Bādarāyaṇa　㊙1頃没、99？歳。前100生。インドの哲学者，宗教家。

前6年

[この年] ティグラネス3世　Tigranes III　14歳。前20生。古代アルメニア帝国の王（在位前6〜2）。
劉向　㊙前8没，71歳。前77（㊙前82）生。中国，漢の学者。
[この頃] 陳湯　中国，前漢末の武将。
班婕妤　42？歳。前48生。中国，前漢の宮女。

1年

[この年] カートヤーヤニープトラ　Kātyāyanīputra　50歳。前50生。インドの哲学者。

2年

[この年] カエサル，ルキウス　Caesar, Lucius Julius　18歳。前17生。古代ローマ皇帝アウグスツスの腹心アグリッパの息子。

前5年

[この年] 張禹　中国，漢代の学者，政治家。

3年

[この年] 何武　中国，前漢の臣。
師丹　前1世紀生。中国，前漢の学者。

前4年

ヘロデス　Herodes　3.？（㊙4）没，69？歳。前73（㊙前74頃）生。ユダヤ王（在位前37〜4）。
[この年] アンティパトロス　Antipatros　ユダヤの王子。
[この頃] ティロ，マルクス・トゥッリウス　Tiro, Marcus Tullius　99？歳。前103生。ローマの著述家。

4年

[この年] カエサル，ガイウス　Caesar, Gaius Julius　古代ローマのアウグストゥスの相続人。
朴赫居世　60歳。前57生。朝鮮，新羅の伝説上の始祖（在位前69〜後4）。
ポッリオ，ガイウス・アシニウス　Pollio, Gaius Asinius　㊙5没，79歳。前76生。ローマの文人，政治家。
ムーサ　Musa　初代ローマ皇帝アウグストゥスがパルティア王ラフアーテース4世に贈った権謀術数に卓越した奴隷女。

前2年

2.05　オクタヴィアヌスが国父の称号を受ける
＊＊＊
[この頃] エウリクレス　Euricles, Gaius Julius　スパルタの支配者。

5年

[この年] マウエス　Maues (Mauas), Moga　34歳。前30生。インドの王。

前1年

10.-　前漢で平帝が即位し，王莽が実権を握る
＊＊＊
[この年] 哀帝（前漢）　25歳。前26生。中国，前漢の第13代皇帝（在位前7〜1）。

古 代

7年

この年 成帝（前漢） ㊳前7没、58歳。前52生。中国、前漢の第12代皇帝（在位前33～7）。

9年

1.10 王莽が新を建国し、前漢が滅亡する
＊＊＊
この年 ウァルス、プブリウス・クインティリウス Varus, Publius Quinctilius ローマの将軍。

10年

この年 サロメ Salome ヘロデ大王の姉妹。

14年

9.17 ティベリウスがローマ皇帝に就任する
＊＊＊
アウグストゥス、ガイユス・ユリウス・カエサル・オクタウィアヌス Augustus, Gaius Octavius 8.19没、75歳。前63生。ローマ帝国初代皇帝（在位前27～後14）。
この年 アグリッパ・ポストゥムス Agrippa Postumus, Marcus Vipsanius 25歳。前12生。アグリッパの子。
ユリア Julia Maior 52歳。前39生。ローマ皇帝アウグスツスとスクリボニアの娘。

15年

この年 アンナス Annas 20歳。前6生。ユダヤの大祭司（新約）。

16年

この頃 スクリボニア Scribonia オクタウィアヌスの2度目の妻。

17年

5.26 ゲルマニクスの凱旋式がローマで行われる
＊＊＊
この頃 オウィディウス・ナソ、ププリウス Ovidius Naso, Publius ㊳前17？没、59歳。前43生。ローマの詩人。
リウィウス、ティトゥス Livius, Titus ㊳12頃没、75？歳。前59（㊳前64頃）生。ローマ最大の歴史家。
この年 ヒュギヌス、ガイユス・ユリウス Hyginus, Gaius Julius ㊳前17没、80？歳。前64生。ローマの学者。

18年

この年 ヘロデス・アルケラオス Hērōdēs Archelaus 39歳。前22生。ヘロデ大王の子。
楊雄 70歳。前53（㊳前58）生。中国、前漢末の文学者。

19年

ゲルマニクス・ユリウス・カエサル Germanicus Julius Caesar 10.10没、33歳。前15生。ローマの軍人、政治家。
この年 アルミニウス Arminius ㊳17没、36？歳。前18（㊳前17頃）生。ゲルマンのチェルスキ族の族長。
この年 フェネステッラ Fenestella 70？歳。前52生。ローマの歴史家。

20年

5.28 ティベリウスの実子ドルススが凱旋する
＊＊＊
この年 アグリッピナ Agrippina, Vipsania アグリッパの娘、ティベリウスの妻。
この頃 シャンマイ Shammai 79？歳。前60生。ユダヤ教の律法学者。

ヒレル　Hillel　㊃10頃没，79？歳。前60（㊃前70頃）生。ユダヤのラビ。

21年

この年　サルスティウス・クリスプス　Sallustius Crispus, Gaius　古代ローマのアウグストゥスの側近。
この頃　ストラボン　Storabon　84？歳。前64生。ローマ時代のギリシア人歴史家，地理学者。

23年

10.-　長安を陥落させた劉玄の軍により新が滅亡
＊＊＊
この年　王莽　67歳。前45生。中国，前漢末の政治家，新（8～24）の建国者。
陳牧　中国，王莽末期の群雄の一人。
ユバ2世　Juba II　㊃24没，72？歳。前50（㊃前51頃）生。ヌミディア王（在位前29～5），マウレタニア王（在位前25～4）。
劉縯　中国，後漢光武帝の兄。
劉歆　㊃10？没，54？歳。前32（㊃前53頃）生。中国，前漢の学者。
この頃　ストラボン　Strabōn　㊃24頃没，86？歳。前64（㊃前63？）生。ギリシアの地理学者，歴史家。

25年

8.05　劉秀が帝位に就き，漢朝を再興する
10.-　赤眉が劉盆子を皇帝に擁立し長安を占領
＊＊＊
この年　クレムチウス・コルドゥス　Cremutius Cordus, Aulus　ローマの歴史家。
更始帝　中国，王莽時代末期の皇帝（在位23～25）。
孺子嬰　21歳。4生。中国，前漢末期の皇太子。
ドミチウス・アヘノバルブス　Domitius Ahenobarbus, Lucius　ローマの政治家。

27年

2.-　赤眉が光武帝に降伏する
＊＊＊

この年　樊崇　中国，前・後漢交替期の赤眉の乱の指導者。

28年

この年　ユリア　Julia　46？歳。前19？生。古代ローマのアウグストゥスの孫娘。

29年

この年　リウィア・ドルシラ　Livia Drusilla　86歳。前58生。ローマ皇帝アウグスツスの妻。

30年

4.05　イエス・キリストの裁判が行なわれる
4.06　イエス・キリストに死刑判決が下される
4.09　イエス・キリストの遺体が墓から無くなる
＊＊＊
この年　邳彤　中国，後漢初期の功臣。
この年　イエス・キリスト　Iēsous Christos　㊃33？没，33？歳。前4？（㊃前6？）生。キリスト教の最高のメシア，イエス。
バプテスマのヨハネ　Joannes Baptista　33？歳。前4生。ユダのヘブロンの人，聖人。

31年

この年　セイアヌス　Seianus, Lucius Aelius　50？歳。前20生。ローマの政治家。
ネロ・ユリウス・カエサル　Nero, Iulius Caesar　25歳。6生。古代ローマの政治家。
この頃　ウェッレイユス・パテルクルス，ガイユス　Velleius Paterculus, Gaius　50？歳。前20（㊃前19頃）生。ローマの歴史家。

32年

この年　ピソ　Piso, Lucius Calpurnius　79歳。前48生。ローマの祭司。

古代

33年

この年 アグリッピナ　Agrippina Major, Vipsania　46？歳。前14生。アグリッパの娘、ゲルマニクスの妻。
隗囂　中国、後漢初期の反乱指導者。
ガルス　Gallus, Gaius Asinius　73歳。前41生。ローマの政治家。
ドルスス・ユリウス・カエサル　Drusus, Julius Caesar　26歳。7生。ゲルマニクスとアグリッピナ（大）の子。

34年

この年 フィリップ　Philip　53？歳。前20生。ヘロデ大王の子。

35年

この年 岑彭　中国、後漢の武将。
この頃 ステパノ（聖）　Stefano　キリスト教最初の殉教聖人。

36年

12.-　蜀が滅亡し、後漢の統一事業が完成する
　　　　＊＊＊
この年 寇恂　中国、後漢の政治家。
公孫述　中国、後漢時代の群雄の一人。

37年

3.18　カリグラがローマ皇帝となる
　　　　＊＊＊
ティベリウス、ユーリウス・カエサル・アウグストゥス　Tiberius, Julius Caesar Augustus　3.16没、77歳。前42生。ローマ皇帝（14～37）。

この年 アントニア　Antonia Minor　72歳。前36生。アントニウスとオクタウィアの娘。
コルネリウス、プブリウス　Cornelius, Publius　78歳。前42生。古代ローマの陶工。

38年

10.-　ローマで火災が発生する
　　　　＊＊＊
この年 ドルシラ　Drusila　22歳。16生。ローマ時代、ゲルマニクスと大アグリッピナの次女。
この頃 オロデス2世　Orodes II　93？歳。前56生。パルチアの王。
チベリウス　Tiberius, Julius Caesar Gemellus　19？歳。19生。チベリウス帝の遺産相続者。
ピラトゥス、ポンティウス　Pilatus, Pontius　㊨36以後没。ユダヤ、サマリアの総督。

39年

この年　後漢で耕地、戸籍の調査が実施される
　　　　＊＊＊
この年 ヘロデス・アンティパス　Hērōdēs Antipas　㊨37以後没、59？歳。前21生。ヘロデ大王の子。

40年

この年 アルタバノス2世　Artabanos II　パルティア王（在位10～40）。
この頃 フィロン・ユダイオス　Philon ho Alexandreios　㊨45頃没、59？歳。前20（㊨前30頃）生。ヘレニズム時代のユダヤ哲学者。
ヘロディアス　Hērōdias　53？歳。前14生。ヘロデス・アンティパスの姪で後妻。

41年

1.24　クラウディウスがローマ皇帝に擁立される
　　　　＊＊＊
カリグラ、ガーイウス・ユーリウス・カエサル・ゲルマーニクス　Caligula, Gaius Julius Caesar Germanicus　1.24没、28歳。12生。ローマ皇帝（在位37～41）。

|この年| カッシウス・カエレア　Cassius Chaerea　古代ローマの暗殺者。
|この頃| クノベリヌス　Cunobelinus　㊼43頃没。古代イギリスのブリトン人の首長。

42年

3.15　金首露が駕洛国(金官伽耶)を開く
***
|この年| アントニウス　Antonius, Gaius　アントニウス・クレチクスの第2子。
スクリボニアヌス　Scribonianus, Lucius Arruntius Camillus　古代ローマの陰謀者。
李通　中国，後漢初期の政治家。

43年

|この年| チュン・ニ　Trung Nhi　ヴェトナムの女性の民族英雄。
徴側　中国，後漢初期の叛乱指導者。
|この頃| シンベリン　Cymbeline　前ローマ時代国王。

44年

9.22　ローマ元老院が投機目的の住宅等売買に罰金を課す決議を行う
***
|この年| 呉漢　中国，後漢初期の武将。
ヘロデス・アグリッパ1世　Hērōdēs Agrippas I　53歳。前10生。ユダヤの王(在位41～44)。
|この頃| ヤコブ　Iakōb　イエス・キリストの十二使徒の1人。

45年

|この年| ケルスス，アウルス・コルネリウス　Celsus, Aulus Cornelius　㊼54頃没、74歳。前30(㊼前10?)生。ローマの医学著述家。
|この頃| フィロン　Philōn　74?歳。前30生。ギリシアの建築家。

47年

|この頃| ポリュビウス，ガイユス・ユリウス・サッビオ　Polybius, Gāius Iūlius Sabbiō　ローマ皇帝クラウディウスの書記官。

48年

11.-　匈奴が南北に分裂する
***
|この頃| メッサリナ，ウァレリア　Messalina, Valeria　26?歳。22?生。クラウディウス帝の3度目の妻。

49年

|この年| 馬援　62歳。前14(㊼前11)生。中国，後漢初期の将軍。

50年

2.25　ネロがクラウディスの養子となる
***
|この年| アブガル5世　Abgar V　53歳。前4生。キリストと文通があったとされるエデッサの王。
スクリボニウス　Scribonius Largus　49?歳。1生。ローマ時代の医者。
|この頃| ガマリエル　Gamaliēl　パリサイ人の律法学者。

51年

|この年| 樊宏　中国，後漢初期の政治家。

54年

10.13　ネロがローマ皇帝に推挙される
***

古代

クラウディウス，ネロ・ゲルマーニクス・ティベリウス　Claudius, Nero Germanicus Tiberius　10.13没、63歳。前10生。ローマ皇帝(在位41〜54)。
[この年] ナルキッスス　Narcissus　ローマ皇帝クラウディウスの通信秘書として仕えた解放奴隷。
班彪　51歳。3生。中国，後漢の歴史家。

55年

[この年] 賈復　中国，後漢の武将。
日逐王比　南匈奴の単于(在位48〜55)。
ブリタニクス　Britannicus, Tiberius Claudius Caesar　14歳。41生。ローマ帝政初期の皇子。
[この頃] パエドルス，ガイユス・ユリウス　Phaedrus, Gaius Julius　⊛50頃没、72？歳。前18(⊛前15頃)生。ローマの寓話詩人。

56年

[この年] 桓譚　78？歳。前23？(⊛前40)生。中国，前漢末，後漢初の学者。

57年

6.-　脱解が第4代王となる
＊＊＊
光武帝(後漢)　2.？没、62歳。前6(⊛前5)生。中国，後漢の初代皇帝(在位25〜57)。

58年

鄧禹　5.？没、56歳。2生。中国，後漢初期の政治家。
[この年] 陰識　中国，後漢の外戚。
耿弇　55歳。3生。中国，後漢の光武帝の部将。

59年

アグリッピナ　Agrippina Minor, Julia　3.？没、43歳。15(⊛16)生。大アグリッピナの娘。
[この年] アフェル，ドミティウス　Afer, Gnaeus Domitius　古代ローマの弁護士。

60年

[この頃] 聖アンドレアス　Andreas　イエスの12使徒の一人。

61年

[この年] 賢　莎車(ヤールカンド)王。

62年

ペルシウス・フラックス，アウルス　Persius Flaccus, Aulus　11.24没、27歳。34生。ローマの詩人。
[この年] オクタウィア　Octavia　22歳。40生。ローマ帝政初期の女性。
サロメ　Salome　48？歳。14生。ヘロデ大王の孫娘，ガリラヤの王ヘロデ・アンティパスと妻ヘロデアの娘。
ブーディッカ　Boadicea　⊛61没。古代ブリタニアにいたイケ人の王プラスタグスの妻。
パラス　Pallas, Marcus Antonius　古代ローマの帝室の解放奴隷。
ルベリウス・プラウトゥス　Rubellius Plautus　古代ローマのティベリウスの帝の曾孫。
[この年] ウィタリス　Vitalis　ローマの騎士。
ヤコブ　Iakōb　イエスの3人の弟の一人。

63年

[この頃] マリア　Maria　84？歳。前22生。イエス・キリストの母。

64年

7.13　ローマで大火が発生する
＊＊＊
[この年] 陰皇后　59歳。5生。中国，後漢の光武帝の皇后。
[この頃] エウオディオス(アンティオキアの)　Euódios　初代教会の主教，聖人。

古代

サビヌス　Sabinus, Massurius　ローマの法学者。
サン‐ピエトロ　San Pietro Petros, Peter　イエスの十二使徒の一人。

65年

4.-　ネロが4月をネロネウスと改名する
8.04　金姓新羅王の祖、金閼智が天降る
　　　　　　＊　＊　＊
ルカヌス，マルクス・アンナエウス　Lucanus, Marcus Annaeus　4.30没、25歳。39生。ローマの詩人。
[この年] セネカ，ルキウス・アンナエウス　Seneca, Lucius Annaeus　㋹64没、69？歳。前5（㋹前4頃）生。ローマの後期ストア派の哲学者、詩人。
ピソ　Piso, Gaius Calpurnius　ローマの政治家。
ポッパエア，サビーナ　Poppaea, Sabina　ローマの王妃。
[この頃] 聖パウロ　Paulos　㋹60？没、55？歳。10（㋹1？）生。キリスト教史上最大の使徒、聖人。

66年

[この年] ウィニキアヌス　Vinicianus, Annius　古代ローマのガイウスおよびネロ治下の陰謀者。
竇融　㋹62没、80歳。前15（㋹前16）生。中国、後漢開国の功臣。
[この頃] ペトロニウス，アルビテル　Petronius Arbiter, Gaius　㋹65没、46？歳。20生。ローマの小説家。

67年

[この年] ケスチウス　Cestius Gallus　ローマのシリア総督。
コルブロ　Corbulo, Gnaeus Domitius　ローマの将軍。
パウロ（聖）　Paolo　57？歳。10生。初期キリスト教の大伝導者。
[この年] 聖ペテロ　Petros　聖人。

68年

ウィンデクス　Vindex, Gaius Julius　5.？没。ネロ帝の治政末期のガリア人の反乱指導者。
ネロ，クラウディウス・カエサル・アウグストゥス・ゲルマニクス　Nero, Claudius Caesar Augustus Germanicus　6.9（㋹86）没、30歳。37生。ローマ皇帝（在位54～68）。
[この年] クロディウス　Clodius Macer, Lucius　ローマの軍人。

69年

1.01　ローマでライン軍団が反乱（4帝乱立）
1.02　ウィテリウスがローマ皇帝に即位する
1.15　シタニア総督オトがローマ皇帝に即位する
　　　　　　＊　＊　＊
ガルバ，セルウィウス・スルピキウス　Galba, Servius Sulpicius　1.15没、70歳。前3（㋹前5？）生。ローマ皇帝（在位68～69）。
オトー，マルクス・サルウィウス　Otho, Marcus Salvius　4.15没、36歳。32生。ローマ皇帝（在位69）。
ウィテリウス，アウルス　Vitellius, Aulus　12.20没、54歳。15（㋹12頃）生。ローマ皇帝（在位69）。
[この年] サビヌス，フラウィウス　Sabinus, Titus Flavius　古代ローマのウェスパシアヌスの兄。
ティゲリーヌス，ガーイウス・オフォニウス　Tigellinus, Gaius Ofonius　古代ローマの政治家。
ピソ　Piso Licinianus, Lucius Calpurnius　31歳。38生。ローマの政治家。

70年

9.25　ローマ軍がエルサレムを陥落させる
　　　　　　＊　＊　＊
[この年] ピソ　Piso, Lucius Calpurnius　ローマの政治家。

71年

8.24　景行天皇が即位する
　　　　　　＊　＊　＊
[この年] 楚王劉英　中国の最初の仏教徒。

73年

5.02　死海の西岸マサダがローマ軍に攻略される
＊＊＊
この頃　ティリダテス1世　Tiridates I　古代アルメニア王（51～60, 63～73？）。

74年

この頃　ケリアリス　Cerialis　ローマの軍人。

75年

明帝（後漢）　8.？没、48歳。27（㊥28）生。中国，後漢の第2代皇帝（在位57～75）。
この年　コギドゥヌス　Cogidubnus　ブリタニアのガリア人部族アルタバデス族の王（在位43～75）。

76年

この年　アスコニウス・ペディアヌス，クゥイントゥス　Ascōnius Pediānus, Quīntus　84歳。前9生。古代ローマ帝政期の文法学者。
この頃　アポリナリス　Apollinaris　㊥75頃没。殉教者，聖人。
馮衍　75？歳。1生。中国，前漢末・後漢初期の賦家。
リヌス　Linus, St.　1生。ペテロを継いだとされる教皇（在位67～76/9），聖人。

78年

この年　耿恭　中国，後漢の西域都護下の戊己校尉。

79年

6.24　ティトゥスがローマ皇帝に即位する
8.24　ヴェスビアス火山の噴火でポンペイが埋没
＊＊＊
ウェスパシアーヌス，ティトゥス・フラーウィウス　Vespasianus, Titus Flavius　6.23没、69歳。9生。ローマ皇帝（在位69～79）。
プリニウス・セクンドゥス，ガイユス（大プリニウス）　Plinius Secundus Major, Gaius　8.29没、56歳。23生。ローマの百科全書学者。
この頃　ボロゲセス1世　Vologaeses I　パルティア帝国，アルサケス王朝の王（在位51/2～79/80）。

80年

この頃　ヨハナン・ベン・ザッカイ　Johanan ben Zakkai　ユダヤ教の律法学者。

81年

9.13　ドミティアヌスがローマ皇帝を継承する
＊＊＊
ティトゥス，フラーウィウス・ウェスパシアーヌス　Titus, Flavius Vespasianus　12.13没、41歳。39生。ローマ皇帝（在位79～81）。

82年

この頃　馬成　㊥81没。中国，後漢初期の武将。

87年

この年　カエサル　Caesar, Strabo Vopiscus　ローマの弁論家。
優留単于　北匈奴の王。

88年

この年　章帝（後漢）　32？歳。56（㊥58）生。中国，後漢の第3代皇帝（在位75～88）。
竇固　中国，後漢の将軍。

89年

[この年] **サトゥルニヌス，アントニウス**　Saturninus, Lucius Antonius　ローマの政治家。
[この頃] **傅毅**　中国，後漢の文人。

91年

[この年] **耿秉**　中国，後漢の武将。
[この頃] **カドフィセース1世**　Kadphises I, Kujūla　[異]70頃没、61？歳。30（[異]前10頃）生。古代インド，クシャン朝の創設者。

92年

竇憲　6.？没。中国，後漢の外戚。
[この年] **クラウディウス**　Claudius, Tiberius　90？歳。2生。古代ローマの解放奴隷。
崔駰　中国，後漢の文人。
班固　60歳。32生。中国，後漢初の歴史家，文学者。
班勇　中国，後漢の武将。

93年

[この年] **アグリコラ，グナエウス・ユリウス**　Agricola, Gnaeus Julius　[異]90没、53歳。40生。ローマの将軍。
[この頃] **ウァレリウス・フラックス，ガイユス**　Valerius Flaccus, Gaius　[異]90頃没。ローマの詩人。
フラビウス　Flavious, Josephus　56？歳。37生。ユダヤの政治家，軍人，歴史家。
ヘロデス・アグリッパ2世　Hērōdēs Agrippas II　[異]100没、66？歳。27生。ユダヤの王（在位48～？）。

95年

8.21　景行天皇が北陸・東北視察を命じる

＊ ＊ ＊

[この年] **エパフロディツス**　Epaphroditus　ネロの秘書官。
[この頃] **グラブリオ，マーニウス・アキーリウス**　Glabrio, Manius Acilius　ローマの政治家。

96年

9.18　ネルファがローマ皇帝に即位（五賢帝時代）

＊ ＊ ＊

ドミティアーヌス，ティートゥス・フラーウィウス　Domitianus, Titus Flavius　9.18没、44歳。51生。ローマ皇帝（在位81～96）。
[この年] **スタティウス，プブリウス・パピニウス**　Statius, Publius Papinius　[異]100頃没、51？歳。45（[異]60頃）生。ローマの詩人。
ドミティア・ロンギナ　Domitia Longina　15歳。81生。古代ローマの皇后。

97年

11.05　景行天皇が日本武尊に熊襲討伐を命じる

＊ ＊ ＊

竇太后　閏8.？没。中国，後漢章帝の皇后。
[この年] **ウェルギニウス・ルフス**　Verginius Rufus, Lucius　83歳。14（[異]15）生。ローマの政治家。
[この頃] **アポロニオス**　Apollōnios of Tyana　94？歳。3生。新ピタゴラス派のギリシアの賢者，宗教家。

98年

1.28　トラヤヌスがローマ皇帝に就任する

＊ ＊ ＊

ネルウァ，マルクス・コッケイウス　Nerva, Marcus Cocceius　1.25没、66？歳。32（[異]30）生。ローマ皇帝（在位96～98）。

100年

1.01　トラヤヌスがローマ皇帝初の執政官に就任

＊ ＊ ＊

[この頃] **王充**　[異]97？没、73？歳。27（[異]30頃）生。中国，後漢初の思想家。
クゥインティリアヌス，マルクス・ファビウス　Quintiliānus, Marcus Fabius　[異]96頃没、65？歳。35（[異]30頃）生。ローマの修辞学者。

ドミティラ，フラーウィア　Domitilla, Flavia　ローマ皇帝ドミティアーヌスの姪。
ヨセフス，フラウィウス　Josephus, Flavius　㉞97頃没、63？歳。37生。ユダヤの歴史家。

101年

この年 賈逵　71歳。30生。中国，後漢の学者。
シリウス・イタリクス，ティベリウス・カティウス・アスコニウス　Silius Italicus, Tiberius Catius Asconius　76？歳。25？（㉞26頃）生。ローマの叙事詩人。
この頃 ムソニウス・ルフス　Musonius Rufus, Gaius　71？歳。30生。ローマ，ストア派の哲学者。

102年

班超　9.？（㉞101頃）没、70歳。32（㉞31頃）生。中国，後漢の武将。

103年

この頃 フロンティヌス，セクストゥス・ユリウス　Frontinus, Sextus Julius　㉞104没、73？歳。30（㉞35？）生。ローマの政治家，著述家。

104年

この頃 マルティアリス，マルクス・ウァレリウス　Martialis, Marcus Valerius　64？歳。40？（㉞38頃）生。ローマのエピグラム詩人。

105年

和帝（後漢）　12.22没、26歳。79生。中国，後漢の第4代皇帝（在位88〜105）。

106年

この年　ナバテア王国がローマ帝国に併合される
＊＊＊
この年 デケバレス　Decebalus　ローマ時代のダキア人の王。

107年

この頃 イグナティオス　Ignatius Antiochenus　㉞115頃没、72？歳。35生。使徒時代の教父，アンチオキア主教。
シメオン　Simeon　エルサレムの教会の指導者。

110年

8.18　景行天皇が日本武尊に東夷討伐を命じる
＊＊＊
この頃 ガマリエル2世・ラバーン　Gamaliēl　30？歳。80生。ユダヤ教のラビ。
ニコマコス　Nikomachos　㉞150頃没、60？歳。50生。ギリシアの哲学者，数学者。

112年

1.01　トラヤヌス広場の竣工式が行なわれる
＊＊＊
この頃 ディオン・クリュソストモス　Diōn Chrysostomos　㉞125頃没、72？歳。40生。ギリシアの弁論家，哲学者。

114年

この年 鄭衆　中国，後漢の宦官。
この頃 プリニウス・カエキリウス・セクンドゥス，ガイユス（小プリニウス）　Plinius Caecilius Secundus Minor, Gaius　㉞113頃没、52？歳。62（㉞61頃）生。ローマの書簡作家。

115年

- [この年] パコルス　Pacorus　パルチア王（在位78～115）。
- [この頃] ガマリエル　Gamaliel　古代ユダヤの民族的指導者。

116年

- [この頃] アレクサンデル1世　Alexander I　ローマ司教（2世紀初頭）。

117年

8.11　ハドリアヌスがローマ皇帝に即位する
＊＊＊
- トラヤヌス，マルクス・ウルピウス　Trajanus, Marcus Ulpius Crinitus　8.10没、64？歳。53（㊗52）生。ローマ皇帝（在位98～117）。
- [この年] 班昭　㊗115？没、72歳。45（㊗40？）生。中国、後漢の才女。
- フォーカス　Phōkâs　ポントス州シノーペーの主教、殉教者、船員の守護聖人。

118年

- [この年] アウィディウス・ニグリヌス　Avidius Nigrinus, Gaius　古代ローマの政治家。
- エウスターキウス　Eustachius　トラヤヌス帝時代のローマの将軍。
- 任尚　中国、後漢の西域都護。
- [この頃] 蔡倫　㊗107頃没、68？歳。50生。中国、後漢中期の宦官。

120年

- [この年] 索班　中国、後漢の西域長史。
- タキトゥス，コルネリウス　Tacitus, Cornelius　㊗115頃没、65？歳。55（㊗56頃）生。ローマの歴史家。

- [この頃] プルタルコス　Plutarchos　㊗125頃没、74？歳。46（㊗45頃）生。ギリシアの哲学者，伝記作家。

121年

6.-　後漢で外戚トウ氏の専権が終わる
＊＊＊
- [この年] 鄧騭　中国、後漢の陟武人。

122年

- [この年] プロティナ　Plotina, Pompeia　古代ローマの皇后。

123年

- [この年] サムソン（アルビルの）　Samson (Arbil)　東方教会最初の殉教者。
- [この頃] タルフォーン（トリュフォーン？）　Tárphōn (Trýphōn？)　ユダヤ教のラビ、学者。

124年

- [この年] 楊震　中国、後漢の儒者、政治家。

125年

- [この年] 安帝　31歳。94生。中国、後漢の第6代皇帝（在位106～125）。

126年

- [この年] 軍臣単于　匈奴第4代単于（在位前160～126）。
- [この頃] サビーナ　Sabina　伝説上のローマの殉教者。

130年

[この年] **アンティノウス**　Antinous　20？歳。110生。ハドリアヌス帝の寵愛を受けた美少年。

パピアス（パピアース）　Papias　70？歳。60生。小アジアのフリュギアのヒエラポリスの主教，使徒教父のひとり。

[この頃] **エピクテトス**　Epiktētos　[異]135頃没、80？歳。50（[異]55頃）生。ストア派の哲学者。

ユウェナリス，デキムス・ユニウス　Juvenalis, Decimus Junius　[異]140没、75？歳。55（[異]60頃）生。ローマの諷刺詩人。

133年

この頃　クシャーナ朝でカニシュカ1世が即位する

＊＊＊

[この頃] **アフラ**　Afra　伝説上の人物かと思われる殉教者，聖人。

135年

[この年] **バル・コクバ，シメオン**　Bar Cochba　ハドリアヌス帝時代，パレスチナにおけるユダヤの第2次反ローマ革命の指導者。

[この頃] **アキバ，ベン・ヨセフ**　Akiba, Ben Joseph　[異]137没、85？歳。50（[異]40頃）生。パレスチナ人の説教師，律法学者。

シンフォローサ　Symphorosa　ローマ時代の殉教者，聖人。

136年

[この年] **テレスフォロス**　Telesphóros　初代教会の殉教者。

[この頃] **サビナ**　Sabina, Vibia　19？歳。117生。ハドリアヌス帝の妻。

138年

7.10　アントニウス・ピウスがローマ皇帝に即位

＊＊＊

ハドリアヌス，プブリウス・アエリウス　Hadrianus, Publius Aelius　7.10没、62歳。76生。ローマ皇帝（在位117～138）。

139年

[この年] **張衡**　[異]142没、61歳。78生。中国，後漢の文学者，科学者。

140年

[この頃] **アリストーン（ペラの）**　Arístōn（Pellaîos）　初期キリスト教弁証家。

バシレイデス　Basileidēs　シリア出身のグノーシス派有数の人物。

ヒュギヌス　Hyginus, St.　教皇（在位136頃～140頃），聖人。

フィローン（ビュブロスの）　Phílōn（Býblos）　[異]141没、90？歳。50（[異]64）生。フェニキアの歴史をギリシア語で著わした著作家。

142年

[この年] **崔瑗**　[異]143没、65歳。77（[異]78）生。中国，後漢の文人。

143年

[この年] **曹娥**　13歳。130生。中国，漢の孝女。

[この頃] **ファウォリヌス**　Favorinus　[異]150頃没、58？歳。85（[異]80頃）生。ローマの懐疑派哲学者，修辞学者。

144年

この年 順帝（後漢） 29歳。115生。中国, 後漢の第8代皇帝。

145年

この頃 王逸 55？歳。90生。中国, 後漢の学者。
ポレモン Polemo, Marcus Antonius 55？歳。90？生。古代ローマ帝政のギリシア人ソフィスト。

148年

この頃 許慎 ⓜ124？没, 88？歳。60（ⓜ30？)生。中国, 後漢の学者。

150年

この頃 チャラカ Caraka 50？歳。100生。インド古代の医者。
フォーキュリデース（偽） Phōkylidēs 50？歳。100生。キリスト教詩人と目される人物で, 230行のギリシア語六歩格詩を書いた。

151年

この年 毛愷 中国, 後漢の伊吾司馬。

152年

この年 王敬 中国, 後漢の西域長史。

155年

この頃 ポリュカルポス Polycarpus 86？歳。69？生。古代ローマの司教, 殉教者。
聖ポリュカルポス Polykarpos ⓜ156頃没, 86？歳。69（ⓜ70頃）生。小アジアのスミルナの司教。

159年

梁冀 8.10没。中国, 後漢の外戚。

160年

この年 スエトニウス・トランクゥイッルス, ガイユス Suetonius Tranquillus, Gaius ⓜ130頃没, 85歳。75（ⓜ70頃）生。ローマの伝記作家。
単超 中国, 後漢の宦官。
この頃 アシュヴァゴーシャ Aśvaghoṣa 60？歳。100生。古代インドのサンスクリット仏教詩人。

161年

3.07 マルクス・アウレリウスが共同統治を開始
* * *
アントーニーヌス・ピウス, ティトゥス（・アエリウス・ハドリアーヌス） Antoninus Pius, Titus Aurelius Fulvus Boionius Arrius 3.7（ⓜ131）没, 74歳。86生。ローマ皇帝（在位137～161）, 5賢帝の一人。
この年 老上単于 ⓜ前166没。匈奴の第3代単于（在位前174～161）。

165年

この頃 アッピアノス Appianos Alexandrios 70？歳。95生。ギリシアの歴史家。
ヴァレンティヌス Valentinus 65？歳。100生。エジプト生れのキリスト教, グノーシス派の代表的哲学者。
マルキオン Marcion ⓜ160頃没, 65？歳。100（ⓜ85頃）生。キリスト教の異端者。
ユスティノス Justinos ⓜ161没, 65？歳。100？生。キリスト教の護教家, 聖人。

166年

10.12　ルキウス・ウェルスの凱旋式が挙行される
この年　百済で肖古が即位する
　　　　　＊＊＊
[この年] 馬融　87歳。79生。中国，後漢の儒家。
[この頃] フロント，マルクス・コルネリウス　Fronto, Marcus Cornelius　66？歳。100？生。ローマの雄弁家。

167年

1.-　後漢で第1次党錮の禁が起こる
　　　　　＊＊＊
[この年] 桓帝　34歳。133(㉟132)生。中国，後漢の第11代皇帝(在位146～167)。

168年

1.25　後漢で霊帝が即位、竇武が大尉となる
　　　　　＊＊＊
陳蕃　9.？没。中国，後漢末の政治家。
[この年] 竇武　中国，後漢の政治家。

169年

11.-　後漢で第2次党錮の禁が起こる
　　　　　＊＊＊
[この年] ウェルス，ルキウス　Verus, Lucius Aurelius　39歳。130生。ローマ皇帝(在位161～169)。
李膺　(㉟160没、59？歳。110生。中国，後漢末期の官僚。

170年

[この頃] アガトニケー　Agathoníkē　ペルガモンの殉教者。
カニシカ　Kaniska　古代インド，クシャン王朝の第3代の国王(130年頃即位)。
カルプス　Carpus　ペルガモンで殉教した聖人。

ゲッリウス，アウルス　Gellius, Aulus　㉟165頃没、47？歳。123？生。ローマの随筆家。
崔寔　㉟168頃没、44？歳。126(㉟107頃)生。中国，後漢の官僚。
パピュルス　Papylus　ペルガモンで殉教した聖人。
モンタノス　Montanus　㉟179以前没。フリュギア生れの預言者。

174年

[この年] 皇甫規　70歳。104生。中国，後漢の武将。

175年

[この年] アッリアノス，フラウィオス　Arrianus, Flavius　㉟170頃没、80？歳。95(㉟90頃)生。ギリシアの歴史家，哲学者。
マエキアヌス，ウォルシウス　Maecianus, Lucis Volsius　法学者。

176年

[この頃] ファウスティナ2世　Faustina, Annia Galeria　㉟175没、51？歳。125生。マルクス・アウレリウス帝の妻。

177年

[この年] アッタロス(ペルガモンの)　Áttalos (Pérgamon)　リヨンの殉教者。
アレクサンドロス(リヨンの)　Alexandros　リヨンの殉教者。
ビブリス(ビュブリス)　Biblís(Byblís)　リヨンの殉教者。
ブランディナ　Blandina　リヨンの殉教者、聖人。
ヘーローデース・アッティクス，クラウディウス　Herodes Atticus　76歳。101生。古代ギリシアの弁論家。
ポテイノス(ポティノス)　Potheinós　89？歳。88生。最初のリヨンの司教，殉教者。

178年

この頃 プトレマイオス,クラウディオス
Ptolemaios, Klaudios ⓘ168没,78?歳。100
(ⓘ90頃)生。ギリシアの天文学者。

179年

この頃 マクシミラ Maximílla 小アジアの脱魂的女性預言者。

180年

3.17 コンモドゥスがローマ皇帝に即位する
この年 後漢で何進の妹が皇后となる
　　　　　＊＊＊
マルクス・アウレリウス・アントニヌス Marcus
Aurelius Antoninus 3.17没,58歳。121生。ローマ皇帝(在位161～80)。

この年 スペラートゥス Speratus アフリカの殉教者。

テオフィロス Theophilos アンチオキアの主教,ギリシア教父,聖人。

ヘゲシップス Hegesippus ユダヤ人教会著述家。

この頃 アリステイデス,アイリオス Aristides
Publius Aelius, Theodorus 62?歳。118生。古代ローマのソフィスト。

アレクサンドロス(モンタノス主義者の)
Alexandros 小アジアの殉教者。

ガイウス Gaius 70?歳。110生。ローマの法学者。

デモナクス Demonax ⓘ170頃没,100?歳。80?(ⓘ70頃)生。古代ギリシア,キニク派の哲学者。

ルキアノス Lukianos ⓘ195頃没,63?歳。117(ⓘ120頃)生。ギリシアの諷刺作家。

181年

この頃 アリステイデース,ププリオス・アイリオス
Aristeídēs, Aílios ⓘ189没,64?歳。117(ⓘ129)生。ギリシアの修辞学者,弁論家。

檀石槐 44?歳。137生。鮮卑族を初めて統一した君長。

182年

この年 何休 53歳。129生。中国,後漢の学者。

184年

4.02 後漢の各地で太平道信徒が蜂起する
　　　　　＊＊＊
アポローニウス Apollonius 9.21没。ローマの殉教者。

この年 張角 中国,後漢末の黄巾の乱の指導者。

185年

この頃 マクシモス(テュロスの) Maximos 60?歳。125生。ギリシアの哲学者。

187年

この年 陳寔 83歳。104生。中国,漢の地方官。

188年

この頃 服虔 中国,後漢の儒学者。

189年

5.15 後漢で劉弁が即位し,何進が実権を握る
9.25 後漢の袁紹が禁衛軍を使って宦官を殺す
9.30 洛陽を占領した董卓が献帝を擁立する
12.- 董卓が相国となり,特権を与えられる
　　　　　＊＊＊
霊帝(後漢) 4.11没,33歳。156生。中国,後漢の第12代皇帝(在位168～189)。

この年 何進 中国,後漢の外戚。

何皇后 中国,後漢の霊帝の皇后。

古代　　　　　　　　　　　　　　199

190年

3.-　董卓が後漢の都を洛陽から長安に移す
　　　　　＊＊＊
この年 廃帝(後漢)　17歳。173生。中国,後漢の第13代皇帝(在位189)。
この頃 アテナゴラス　Athenagoras　アテネの哲学者,キリスト教護教家。
ディオニューシオス(コリントスの)　Dionýsios (Kórintos)　コリントスの司教。
ポリュクラテース　Polykratēs　エフェソスの主教。
パンタイノス　Pantaenus　古代ローマのキリスト教神学者。

192年

7.-　袁紹が董卓の残党に敗れた呂布を受入れる
　　　　　＊＊＊
董卓　4.23没。中国,後漢末の群雄の一人。
コンモドゥス,ルキウス・アウレリウス　Commodus, Lucius Aelius Aurelius　12.31没、31歳。161生。ローマ皇帝(在位180～192)。
この年 王允　中国,後漢の地方官。
蔡邕　60歳。132(㊥133)生。中国,後漢の学者,文学者,書家。
孫堅　㊥193没、36歳。156(㊥157)生。中国,後漢末の将軍。
盧植　中国,後漢末の学者,武人,政治家。

193年

1.01　ペルティナクスがローマ皇帝となる
4.13　ディディウス・ユリアヌスがローマ皇帝に就く
　　　　　＊＊＊
ペルティナクス　Pertinax, Publius Helvius　3.28没、66歳。126生。ローマ皇帝(在位193.1.～193.3.)。
この年 ディディウス・ユリアヌス,マルクス　Didius Julianus, Marcus　58？歳。135生。ローマ皇帝(在位193)。

194年

この年　孫策が袁術の配下に入る
　　　　　＊＊＊
この年 ニゲル　Niger Justus, Gaius Pescennius　ローマの帝位僭称者(193～194)。
この頃 パンタイノス　Pantainos　㊥179？没。ギリシアの哲学者。
メリトン　Melitō　㊥190頃没。小アジア,サルディスの主教。

195年

この年　献帝が曹陽で李傕、郭汜の連合軍に敗北
　　　　　＊＊＊
この年 皇甫嵩　中国,後漢末期の武将。
笮融　中国,後漢末期の仏教徒。

197年

2.19　セウェルスがフランスでアルビヌスを撃破
　　　　　＊＊＊
この年 アルビヌス　Albinus, Decimus Clodius Septimius　ローマの軍人。

198年

2.-　高句麗の丸都城が築かれる
10.-　呂布が劉備の籠もる沛城を陥落させる
　　　　　＊＊＊
この年 禰衡　25歳。173生。中国,後漢末の文人。
呂布　中国,後漢末の武将。

199年

この年　孫策が張紘を許の王宮に派遣する
　　　　　＊＊＊
この年 袁術　中国,後漢末期の群雄。
公孫瓚　中国,後漢末の群雄の一人。

200年

11.16 官渡の戦いで曹操が袁紹軍の混乱を招く
この年 孫策の弟の孫権が政治と軍事を託される
　　　　＊　＊　＊
この年 孫策　25歳。175生。中国，後漢末の武将。
鄭玄　73歳。127生。中国，後漢の学者。
この頃 アレタイオス　Aretaeus of Cappadocia　50？歳。150生。ギリシアの医者。
聖エイレナイオス　Irenaeus　㊟202頃没，70？歳。130(㊟140)生。聖人，反異端的教父。
クレオメデス　Kleomedēs　50？歳。150生。後期ストア派の哲学者，天文学者。

201年

この年 ガレノス　Galēnos, Claudius　㊟199頃没，71？歳。130(㊟129)生。古代ギリシアの医学者，解剖学者，哲学者。
趙岐　93？歳。108生。中国，漢末の学者。

202年

ペルペトゥア　Perpetua, St.　3.7没。アフリカの殉教者，聖女。
袁紹　5.？没。中国，後漢末の群雄の一人。
この頃 ポタミアエーナ　Potamiaena　初代教会時代アレクサンドリアの殉教者。
レオーニデース　Leōnídēs　52？歳。150生。オーリゲネースの父，殉教者，聖人。

203年

この年 フェリーキタース　Felicitas, St.　㊟202頃没。アフリカの殉教者，聖女。

204年

8.- 百済の肖古王が新羅の腰車城を陥落させる
　　　　＊　＊　＊

この年 公孫度　中国，後漢末の武将。

207年

この年 曹操が北方の烏丸を攻める
　　　　＊　＊　＊
この年 蹋頓　古代の遊牧民族烏丸族の君長。

208年

12.14 赤壁の戦いで曹操が孫権と劉備の軍に敗北
　　　　＊　＊　＊
この年 孔融　55歳。153(㊟152)生。中国，後漢末の文学者。
劉表　中国，後漢末期の群雄の一人。

209年

この年 高句麗の王都が卒本から丸都に移される
　　　　＊　＊　＊
この年 荀悦　71歳。138(㊟148)生。中国，後漢の学者。
この頃 アルバーヌス　Albanus　イギリス人最初の殉教者，聖人。

210年

周瑜　12.？没，35歳。175生。中国，三国，呉の武将。
この頃 張仲景　68？歳。142生。中国，後漢の医者。

211年

この年 馬超が反乱を起こすが曹操に討伐される
　　　　＊　＊　＊
セウェルス，ルキウス・セプティミウス　Severus, Lucius Septimius　2.4没，64歳。146(㊟145頃)生。ローマ皇帝(在位193〜211)。
セプティミウス・セウェールス　Septimius Severus, Lucius　2.4没，66？歳。145(㊟146頃)生。ローマ皇帝(在位193〜211)。

古代

この年 セラピオーン Serapion アンティオキアの主教(199～，カイサリアのエウセビオスによれば第8代)。

212年

8.- 曹操が再び孫権に攻撃をかける
＊＊＊
この年 ゲタ Geta, Publius Lucius Septimius 23歳。189生。ローマ皇帝(在位209～212)。
阮瑀 47？歳。165生。中国, 後漢末, 三国魏の文学者。
パピニアヌス, アエミリウス Papinianus, Aemilius 72？歳。140？生。ローマ法学者。

214年

この年 劉備が成都に進撃し, 益州の牧となる
＊＊＊
この年 アブガル9世 Abgar IX 35歳。179生。オスロエネ最初のキリスト者の王。
龐統 35歳。179生。中国, 三国蜀の武将, 政治家。
路粋 中国, 後漢末から建安期の文人。

215年

12.- 巴中に逃れていた張魯らが曹操に降伏する
この年 孫権が劉備に荊州の返還を申し入れる
＊＊＊
この頃 クレーメンス, ティトゥス・フラーウィウス (アレクサンドリアの) Clemens Alexandrinus, Titus Flavius ⓢ211頃没, 65？歳。150(ⓢ140頃)生。アレクサンドリア派のキリスト教神学者。

216年

5.28 曹操が魏公から魏王に昇格する
＊＊＊
この年 張魯 2世紀末生。中国, 後漢の五斗米道の大成者。

217年

この年 曹丕が魏の太子に立てられる
＊＊＊
カラカラ, マールクス・アウレーリウス・セウェールス・アントーニーヌス Caracalla, Marcus Aurelius Antoninus 4.6没、29歳。188(ⓢ186)生。ローマ皇帝(在位198～217)。
この年 王粲 40歳。177生。中国, 後漢末, 三国魏の文学者。
応瑒 32？歳。185生。中国, 後漢の文人。
徐幹 ⓢ218没, 47歳。170(ⓢ171)生。中国, 三国時代魏の文学者。
ゼフュリーヌス Zephyrinus 教皇(在位199～217), 聖人(祝日8.26.)。
陳琳 中国, 六朝時代魏の文学者。
ユリア・ドムナ Julia Domna 24歳。193(ⓢ167頃)生。ローマ皇帝セプチミウス・セウェルスの妻。
劉楨 47？歳。170生。中国, 六朝時代魏の文学者。

218年

5.16 エラガバルスがローマ皇帝に擁立される
＊＊＊
この年 繁欽 中国, 後漢末・建安期の文文人。
マクリヌス Macrinus, Marcus Opellius 54歳。164生。ローマ皇帝(在位217～8)。

219年

12.- 陸遜が関羽から宜都郡の太守の地位を奪う
この年 劉備が漢中王となり劉禅を王太子に立てる
＊＊＊
関羽 10.1没。中国, 三国時代・蜀の武将。
この年 夏侯淵 中国, 三国時代・魏の武将。
楊修 44歳。175生。中国, 後漢末・建安期の文人。
呂蒙 102歳。117生。中国, 三国・呉の名将。

220年

12.10 曹丕が皇帝に即位し, 魏が建国される
＊＊＊

古　代

曹操　1.?没、65歳。155(⑧154)生。中国，三国・魏王朝の始祖。
[この年] 夏侯惇　中国，三国時代・魏の武将。
仲長統　40歳。180(⑧179)生。中国，後漢末の学者。
丁廙　中国，後漢末の文人。
丁儀　中国，後漢末の文人。
テルトゥッリアヌス，クゥイントゥス・セプティミウス・フロレンス　Tertullianus, Quintus Septimius Florens　⑧230頃没、60?歳。160(⑧150頃)生。キリスト教著作家、法律家。
[この頃] セクストス，エンペイリコス　Sextos, Empiricos　⑧250頃没、70?歳。150生。ギリシアの哲学者、医者。
ユダ・ハーナシ　Judah Ha-Nasi　85?歳。135生。パレスティナ・ユダヤ人の指導者，ミシュナー編集者。

221年

5.14　劉備が皇帝に即位し，蜀が成立する
12.-　魏の朝廷が孫権に賞を加え，呉王に封じる
　　　　　＊＊＊
[この年] 張飛　55歳。166生。中国，三国時代蜀の勇将。

222年

2.-　曹丕が許昌宮に行幸する
9.-　蜀の将軍黄権が部下と共に降伏する
11.-　劉備が成都の南北に祭壇の設置を命じる
　　　　　＊＊＊
ヘリオガバルス　Heliogabalus, Marcus Aurelius Antonius　3.11没、18歳。204(⑧213)生。ローマ皇帝(在位218～222)。
[この年] カリクストゥス1世　Calixtus I　217生。教皇(在位217～222)。
馬超　46歳。176生。中国，三国蜀の武将。
バル・ダイサン　Bar-Daisān(Bardēsánēs)　68歳。154生。シリアのエデッサ生れのキリスト教思想家。
バルデサネス　Bardesanes(Bar Daisan)　68歳。154生。古代ローマのアルメニアの異端派キリスト教の指導者，神学者，詩人。

223年

1.-　漢嘉太守の黄元が謀反し挙兵する
2.-　魏の曹真の軍が江陵の長江の中州を占領

6.-　蜀の後主劉禅が皇帝に即位する
　　　　　＊＊＊
劉備　4.?(⑧222)没、62歳。161生。中国，三国・漢(蜀漢)の先主(在位221～223)。
[この年] ウルピアヌス，ドミティウス　Ulpianus, Domitius　⑧228没、53?歳。170生。ローマの法学者。

225年

3.-　曹丕が民間の窮状を調査させる
　　　　　＊＊＊
[この頃] ヘルモゲネス　Hermogenēs　65?歳。160(⑧150頃)生。ギリシアの弁論家。

226年

6.27　明帝が魏の皇帝に即位する
この年　ササン朝ペルシアが成立する
　　　　　＊＊＊
曹丕　5.17没、39歳。187(⑧186)生。中国，三国時代魏の初代皇帝(在位220～226)，文学者。
[この年] 士燮　89?歳。137生。中国，三国の政治家。
シーニェプ　Si Nhiep　39歳。187生。交趾郡(ヴェトナム北部)を支配した中国人太守。

227年

4.-　諸葛孔明が漢中に出征する
　　　　　＊＊＊
[この年] アルタバノス5世　Artabanos V　パルティア，アルサケス朝第37代の王(在位208～26)。

228年

12.-　諸葛孔明が第2次北伐の途につく
この年　孫権が陸遜に魏の曹休を撃破させる
　　　　　＊＊＊
[この年] 賈逵　53歳。175生。中国，三国時代・魏の官吏。
馬謖　38歳。190生。中国，三国時代・蜀漢の武将。

230年

3.- 曹真が大司馬に任命される
　　　　＊＊＊
この年 呉質 52歳。178生。中国,三国魏の文人。
鍾繇 79歳。151生。中国,後漢末魏代の政治家,書家。
この頃 チェチリア(聖) Cecilia ローマ教会の殉教者,聖女(2,3世紀頃)。

231年

9.- 諸葛亮が都護の李平を梓潼郡に追放する
　　　　＊＊＊
この頃 デーメートリオス(デメトリオス) Dēmētrios アレクサンドリアの主教,聖人。

232年

この年 諸葛亮が作戦を休止する
　　　　＊＊＊
曹植 11.28(㉛231)没、40歳。192生。中国,三国時代魏の文学者。

233年

この年 虞翻 69歳。164生。中国,三国呉の学者。

234年

1.- 公孫淵が大司馬・楽浪公に任命される
3.- 諸葛孔明が五丈原に進撃する
10.03 魏の司馬懿仲達が五丈原を退却する
　　　　＊＊＊
諸葛亮 8.？没、53歳。181生。中国,三国時代蜀漢の政治家,戦略家。
この年 献帝(後漢) (㉛220没、53歳。181(㉛180)生。中国,後漢最後の皇帝(在位189～220)。

235年

2.- 司馬懿が大尉(軍事最高官)に任命される
5.- 蜀が蔣琬を大将軍に昇格させる
　　　　＊＊＊
アレクサンデル・セウェールス,マールクス・アウレーリウス Alexander Severus, Marcus Aurelius 5.18没、30歳。205(㉛208)生。ローマ皇帝(在位222～235)。
この年 軻比能 鮮卑の君主。
ヒッポリュトス Hippolytos ㉛236頃没、65歳。170(㉛160頃)生。対立教皇(在位217～235),聖人。
ユリア・マンマエア Julia Mamaea ローマ皇帝アレクサンデル・セウェルスの母。
この頃 アイリアノス,クラウディオス Ailianos, Klaudios ㉛230以後没、65？歳。170(㉛175頃)生。ローマのギリシア語作家。
アエリアヌス Aelianus, Claudius 65？歳。170生。古代ローマの著述家。
アンテルス Anterus ローマ教皇,聖人。
ディオ・カッシウス,コッケイアーヌス Dio Cassius, Cocceianus 85？歳。150(㉛155頃)生。ローマの政治家,歴史家。

236年

この年 陳群 中国,三国魏の政治家。

238年

9.- 孫権が年号を赤烏と改元する
この年 呉で1枚で1000銭の高額貨幣を鋳造する
　　　　＊＊＊
ゴルディアヌス1世 Gordianus I, Marcus Antonius 3.？没、79歳。159(㉛158)生。ローマ皇帝(在位238)。
マクシムス,ガイウス・ユリウス・ウェルス Maximinus Thrax, Gaius Julius Verus 6.？没、65？歳。173生。ローマ皇帝(在位235～8)。
この年 公孫淵 中国,三国時代の燕王。
ゴルディアヌス2世 Gordianus II, Antonius 46？歳。192？生。ローマ皇帝(在位238)。
バルビヌス Balbinus, Decimus Caelius Calvinus 60歳。178生。ローマ皇帝(在位238)。

プピエヌス　Pupienus Maximus, Marcus Clodius 64？歳。174？生。古代ローマの皇帝。
マクシムス　Maximus, Marcus Clodius Pupienus バルビヌス帝の共治帝(在位238)。
[この頃] 聖ウルスラ　Ursula, St. キリスト教の伝説的殉教者、聖女。
ヘロディアノス　Hērōdianos 58？歳。180？生。ギリシア系の歴史家。
劉熙　中国、後漢末の学者。

239年

5.-　邪馬台国の女王卑弥呼が魏に朝貢する
*　*　*
明帝(魏)　1.1没、34歳。205生。中国、三国時代魏の第2代皇帝(在位226～239)。
[この頃] 蔡琰　62？歳。177(⑯162)生。中国、後漢の女流詩人。

240年

1.-　魏王が卑弥呼を親魏倭王となす
*　*　*
[この頃] アフリカヌス、セクストゥス・ユリウス　Africanus, Julius Sextus　80？歳。160生。古代のキリスト教著作家。

242年

3.-　百済の古尓王が南沢に稲田の開墾を命じる
*　*　*
[この年] アルダシール1世　Ardashīr I Pābhaghān ⑯240没。ペルシア、ササン朝の初代王(在位226～241)。
アンモニオス　Ammōnios Sakkas　82？歳。160(⑯175頃)生。アレクサンドリアの哲学者。

243年

この年　卑弥呼が魏王に使者を派遣する
*　*　*

[この年] 薛綜　中国、三国呉の文学者。

244年

2.-　上将軍の陸遜が丞相に任命される
この年　魏が高句麗を攻める
*　*　*
[この年] ゴルディアヌス3世　Gordianus III, Marcus Antonius　20？歳。224(⑯225)生。ローマ皇帝(在位238～244)。
[この頃] 葛玄　80？歳。164生。中国、三国時代呉の仙人。
ベーリュロス(ボストラの)　Bēryllos(Bóstra) アラビアのボストラの司教、サベリウス主義者。

245年

8.-　呉の将軍の馬茂が反逆をはかる
*　*　*
[この年] 繆襲　59歳。186生。中国、三国魏の詩人。
ピロストラトス、フラウィオス　Philostratos, Flavius ⑯249頃没、75？歳。170生。ギリシアの著述家。
陸遜　62歳。183生。中国、三国・呉の名臣。

247年

6.-　司馬懿が曹爽が対立、政治に関わらなくなる
*　*　*
[この年] アッバ・アリカ　Abba Arika バビロニアの注釈者。

248年

この年　卑弥呼が没する
*　*　*
ヘーラクラス　Hēraklâs　12.4没、68？歳。180生。アレクサンドリアの主教。
[この年] チエウ・アウ(趙嫗)　Trieu Au　23歳。225生。ヴェトナムの女性の民族英雄。
[この頃] アポロニア　Apollōnía(Alexandrías) ⑯249没。聖女。

249年

3.- 魏帝が司馬懿を丞相に任命する
***
何晏 1.?没、59歳。190(魏193?)生。中国,三国時代・魏の学者。
この年 王弼 23歳。226生。中国,三国時代・魏の学者。
曹爽 中国,三国時代・魏の政治家。
フィリップス・アラブス,マールクス・ユーリウス・ウェールス Philippus Arabs, Marcus Julius 45?歳。204生。ローマ皇帝(在位244〜249)。

250年

2.- 司馬懿が司馬家の祖廟の建立を命じられる
***
この年 アレクサンドロス(イェルサレムの) Aléxandros (Hierosolýmōn) イェルサレムの主教,聖人。
胡昭 88歳。162生。中国,三国魏の書家。
ピオニオス Piónios スミュルナの司祭,殉教者,聖人。
この年 王叔和 中国,西晋の医者。
聖クリストフォルス Christophorus, St. デキウス帝のときの殉教者。
ゲネシウス(アルルの) Genesius (Arles) ローマ帝国治下のゴールの殉教者。
サートゥルニーヌス(トゥルーズの) Saturninus (Toulouse) フランスの司教,殉教者,聖人。
ディオニューシウス(パリの) Dionysius (Paris) パリの初代司教として知られる同市の守護聖人。
ナーガールジュナ Nāgārjuna (魏)280頃没、100?歳。150?生。インドの大乗仏教を確立した高僧。
バビュラス Babýlas アンティオキアの主教,聖人。

251年

6.- 呉で潘氏が皇后に擁立、大赦が行なわれる
***
司馬懿 8.?没、72歳。179生。中国,西晋王朝の基盤を築いた武将。
この年 デキウス,ガーイウス・メシウス・クウィントゥス・トラーヤーヌス Decius, Gaius Messius Quintus Trajanus 51?歳。200(魏201)生。ローマ皇帝(在位249〜251)。
この頃 牟子 86?歳。165生。中国,後漢末・三国の仏教信者。

252年

ステファヌス1世 Stephanus I 8.2没。254生。教皇(在位254〜257),聖人。
この年 応璩 62歳。190生。中国,三国魏の文人。
孫権 70歳。182生。中国,三国呉の初代皇帝(在位222〜252)。
杜恕 中国,三国魏の政治家。

253年

この年 韋誕 74歳。179生。中国,三国魏の書家。
ガルス Gallus, Gaius Vibius Trebonianus 46?歳。207生。ローマ皇帝(在位251〜253)。
コルネリウス Cornelius 教皇(在位251〜253)。

254年

11.02 魏の司馬師が曹髦を擁立する
***
この年 夏侯玄 45歳。209生。中国,三国時代・魏の政治家。
支謙 (魏)255頃没、59?歳。195(魏196頃)生。中国,三国,呉の訳経家。
ルキウス1世 Lucius I 253生。教皇(在位253〜4),聖人。
この頃 オリゲネス Ōrigenēs Adamantius (魏)251以後没、69?歳。185(魏184頃)生。アレククサンドリア派の神学者。

255年

この年 百済が新羅の烽山城を攻めるも城は落ちず
***
この年 毌丘倹 中国,三国魏の官人出身の武将。

256年

[この年] 王粛　㊗257没、61歳。195生。中国、三国時代・魏の学者。
呂岱　95歳。161生。中国、三国・呉の武将。

258年

4.10　魏の司馬昭が将軍諸葛誕を滅ぼす
　　　　　＊　＊　＊
キュプリアヌス、タスキウス・カエキリウス　Cyprianus, Thascius Caecilius　9.14没、58？歳。200（㊗190頃）生。カルタゴの司教。
[この年] アガピトゥス　Agapitus　ローマの殉教者。
シクスツス2世　Sixtus II　257生。教皇（在位257〜258）、聖人。
フェリキッシムス　Felicissimus　ローマの殉教者。
聖ラウレンティウス　Laurentius, St.　48？歳。210生。ローマの聖人、殉教者、火に関係のある職業に従事する人々の守護聖人。
[この頃] ノウァティアヌス　Novatianus　㊗257頃没、58？歳。200生。ローマの神学者。

259年

[この年] フルクトゥオースス（タラゴーナの）　Fructuosus（Tarragona）　タラゴーナの司教、殉教者、聖人。
モンターヌス　Montanus　ローマ帝国治下、北アフリカのカルタゴの殉教者。
ルーキウス　Lucius　ローマ帝国治下、北アフリカのカルタゴの殉教者。

260年

10.-　蜀の関羽、張飛、馬超らに諡が追贈される
　　　　　＊　＊　＊
[この年] ウァレリアヌス、プブリウス・リキニウス　Valerianus, Publius Licinius　㊗269頃没、70？歳。190（㊗200頃）生。ローマ皇帝（在位253〜260）。
曹髦　19歳。241生。中国、三国魏の第4代皇帝（在位254〜260）。

廃帝亮　17歳。243生。中国、三国呉の第2代皇帝（在位252〜258）。
ポンティウス　Pontius　カルタゴの執事。
[この頃] サベリウス　Sabellius　リビア生れの神学者。
フェーリクス（ノラの）　Felix（Nola）　ローマ時代の司祭、聖人。

262年

この年　新羅で仇道の子の味鄒が王位を継ぐ
　　　　　＊　＊　＊
[この年] 嵆康　㊗266没、39歳。223（㊗224？）生。中国、三国魏の思想家、文学者。
[この頃] マリーヌス　Marinus　ローマ帝国時代の殉教者。

263年

この年　蜀の劉禅が魏に降伏する
　　　　　＊　＊　＊
[この年] 阮籍　53歳。210（㊗201）生。中国、三国魏の思想家、文学者。
諸葛瞻　36歳。227生。中国、三国、蜀の将軍。
[この頃] クセノフォン　Xenophōn　ギリシアの物語作者。

264年

4.-　魏帝が劉禅を安楽県公に任命する
　　　　　＊　＊　＊
[この年] 姜維　62？歳。202生。中国、三国時代の蜀漢の武将。
鍾会　39歳。225生。中国、三国魏の政治家。
ディオニュシオス　Dionysios ho Alexandreia　㊗265没、64？歳。200（㊗190頃）生。アレクサンドリアの司教、聖人。
鄧艾　中国、三国魏の政治家。

265年

この年　邪馬台国の女王壱与が使を西晋に派遣する
　　　　　＊　＊　＊

古代

司馬昭　8.?没、54歳。211生。中国、三国魏の政治家。

267年

この年　オダエナトゥス　Odenathus, Septimius　シリアのパルミラの領主。

268年

2.18　西晋の武帝が泰始律令を頒布する詔を発す
＊＊＊
ディオニシウス　Dionysius, St.　12.26没。教皇（在位259～268）。
この年　ガリエヌス、プブリウス・リキニウス・エグナティウス　Gallienus, Publius Licinius Egnatius　50?歳。218生。ローマ皇帝（在位253～268）。
サロニナ　Salonina Chrysogone, Cornelia　古代ローマの皇后。
フィルミリアーヌス（フィルミリアノス）　Firmilianus　カッパドキアのカイサリア司教（230～没年）、聖人。

269年

この年　応貞　中国、西晋の文人。
この頃　聖ヴァレンティヌス　Valentinus　㊥270頃没。テルニーの司教、聖人。

270年

2.08　応神天皇が即位する
＊＊＊
この年　クラウディウス2世　Claudius II, Marcus Aurelius　50?歳。220（㊥219）生。ローマ皇帝（在位268～270）。
譙周　69歳。201生。中国、蜀の学者。
プロティノス　Plōtinos　㊥269頃没、65?歳。205（㊥204頃）生。新プラトン派最大の哲学者。
この頃　アルテモン（アルテマス）　Artemon（Artemas）　ローマの養子論者。
アールヤ・デーヴァ　Āryadeva　100?歳。170?（㊥172）生。インドの仏教学者。

グレゴリウス・タウマトゥルグス　Gregorius Thaumaturgus　57?歳。213?生。ローマ領アジアの使徒、聖人。
デクシッポス　Dexippus, Publius Herennius　70?歳。200?（㊥210?）生。ローマ帝政期アテネの歴史家、政治家。

271年

この年　裴秀　27歳。244（㊥224）生。中国、魏、西晋の貴族、地理学者。

272年

この頃　シャープール1世　Shāpūr I　㊥271没。ササン朝ペルシアの王（在位241～272）。

273年

この年　韋昭　69歳。204生。中国、三国・呉の政治家。
成公綏　42歳。231生。中国、西晋の文学者。
ロンギノス、カッシオス　Longinos, Kassios　60?歳。213（㊥210頃）生。ギリシアの著述家。

274年

この年　フェリクス1世　Felix I, St.　268生。教皇（在位269～274）、聖人。
この頃　ゼノビア　Zenobia, Septimia　㊥271頃没。古代イランのオアシス国家パルミラの女王（在位267/8～272）。

275年

アウレーリアーヌス、ルーキウス・ドミティウス　Aurelianus, Lucius Domitius　9.?没、60?歳。215（㊥214）生。ローマ皇帝（在位270～275）。
この頃　アレクサンデル（コマーナの）　Alexander（Comana）　ローマ属州ポントスのコマーナの初代司教、殉教者、聖人。

276年

[この年] **タキトゥス，マルクス・クラウディウス** Tacitus, Marcus Claudius ローマ皇帝（在位275〜276）。

フロリアヌス Florianus, Marcus Annius ローマの帝位簒奪者。

マーニー（マニ，マネス） Mānī [異]277没、61？歳。215（[異]216）生。ペルシアの宗教家，マニ教の創始者。

277年

[この年] **拓跋力微** 103歳。174生。中国，五胡鮮卑の拓跋部首長。

278年

[この年] **傅玄** 61歳。217生。中国，西晋の学者，文学者。

280年

5.01 呉王が降伏し、西晋の中国全国統一が成る

＊ ＊ ＊

[この年] **康僧会** 中央アジア，康居国の人。

281年

[この年] **皇甫謐** [異]282没、66歳。215生。中国，西晋の学者。

282年

プロブス，マールクス・アウレーリウス Probus, Marcus Aurelius 9.？没、50歳。232生。ローマ皇帝（在位276〜282）。

[この年] **アナトリオス** Anatólios ラオディキア（現シリア領ラタキア）主教（268〜没年），聖人。

賈充 65歳。217生。中国，西晋の政治家。

[この頃] **テオグノーストス** Theógnōstos アレクサンドリアの教会著作家。

283年

[この年] **カールス，マールクス・アウレーリウス** Carus, Marcus Aurelius [異]284没、60？歳。223生。ローマの皇帝（在位282〜283）。

山濤 78歳。205生。中国，西晋の思想家，政治家。

マクシミリアヌス Maximilianus ノリクム（オーストリア）出身の聖職者。

マリーヌス Marinus ヌメリアーヌス帝の迫害で殉教したとされる聖人。

284年

この年 新羅で儒礼が即位する

＊ ＊ ＊

[この年] **アペル** Aper 古代ローマの親衛隊長官。

孫皓 [異]283頃没、42歳。242生。中国，三国呉の第4代皇帝（在位264〜280）。

杜預 62歳。222（[異]223）生。中国，六朝時代西晋の政治家，学者。

285年

[この年] **カリーヌス，マールクス・アウレーリウス** Cărinus, Marcus Aurelius ローマ皇帝（在位283〜285）。

クラウディウス Claudius キリキアの殉教者。

287年

5.- 倭人が新羅の一礼部を襲撃する

＊ ＊ ＊

[この年] **李密** 63歳。224生。中国，西晋の文学者。

[この頃] **クリスピニアヌス** Crispinianus マクシミリアーヌス帝による迫害の殉教者。

フィデース Fides アジャンの処女殉教者，聖人。

古代

マウリキウス，プリミケーリウス　Mauritius, Primicerius, St.　㲀286頃没。キリスト教殉教者，聖人。

288年

この年　聖セバスティアヌス　Sebastianus　ローマのキリスト教殉教者，聖人。

289年

この年　荀勗　中国，西晋の貴族。

290年

5.16　西晋で恵帝が即位する
＊＊＊
武帝（西晋）　4.?没、54歳。236生。中国，西晋の初代皇帝（在位265～289）。
この頃　ウィクトル（マルセイユの）　Victor (Marceilles)　ローマ帝国時代のマルセイユの殉教者。

291年

この年　衛瓘　71歳。220生。中国，魏晋時代の書家。
衛恒　39歳。252生。中国，西晋の書家。
夏侯湛　48歳。243生。中国，西晋の文学者。

293年

この年　カラウシウス，マルクス・アウレリウス　Carausius, Marcus Aurelius Mausaeus Valerius　48?歳。245生。ブリタニアで皇帝を詐称したローマ人（3世紀末頃）。
孫楚　㲀282頃没、75?歳。218（㲀221頃）生。中国，晋の詩人。

295年

マクシミリアーヌス　Maximilianus　3.12没、21歳。274生。キリスト教の殉教者。
この年　メナス　Menas, St.　3生。エジプトの聖者。

297年

この年　陳寿　64歳。233（㲀232）生。中国，西晋の歴史家。

298年

マルケルス　Marcellus　7.21没。ローマ帝政期アフリカの軍人殉教者。
この頃　カッシアーヌス　Cassianus　古代の殉教者。

299年

この年　ディオファントス（アレクサンドリアの）　Diophantos of Alexandria　㲀330頃没、99?歳。200生。ギリシアの数学者。

300年

5.-　趙王司馬倫が政権掌握を図る
＊＊＊
この年　欧陽建　30?歳。270生。中国，西晋の文人。
賈謐　中国，西晋の政治家。
賈皇后　43歳。257生。中国，西晋第2代恵帝の皇后。
左芬　中国，西晋の詩文家。
石崇　51歳。249（㲀247）生。中国，西晋の富豪。
張華　68歳。232生。中国，六朝時代西晋の文学者，政治家。
裴頠　33歳。267生。中国，西晋の政治家。
潘岳　53歳。247生。中国，西晋の文学者。
この年　向秀　79?歳。221生。中国，西晋の思想家。
ピエリオス　Piérios　アレクサンドリアの司祭，修道士，釈義家，説教者。

メトディオス（オリュンポスの）　Methódios（Ólympos）　3世紀の教会著作家，リュキア地方オリュンポスの主教。
ラーフラバドラ　Rāhulabhadra　100？歳。200生。インドの中観学派の論師。
劉伶　79？歳。221生。中国，西晋の思想家。

301年

2.-　趙王司馬倫が帝を称する
　　　　　＊＊＊
|この年|　エラスムス　Erasmus　アンチオキアの司祭，聖人。
何劭　65歳。236生。中国，西晋の文学者。

302年

|この年|　元帝（魏）　57歳。245生。中国，三国時代魏の五代皇帝。

303年

聖ジョージ　Georgius, St.　4.23没，33？歳。270生。ローマの軍人，14救難聖人の一人。
プロコピウス　Procopius　7.7没。ローマ時代の殉教者。
|この年|　ゴルゴニオス　Gorgónios　ディオクレティアーヌス帝宮廷の奴隷。
索靖　64歳。239生。中国，西晋の書家。
ドーロテオス　Dorotheus　ディオクレティアーヌスの大迫害（313）の殉教者。
ナルセス　Narses　ササン朝ペルシアの第7代の王（在位250～303）。
ペトルス　Petrus　ディオクレティアーヌス治下のローマの殉教者，聖人。
マルケリーヌス　Marcellinus, St.　ディオクレティアーヌス治下のローマの殉教者，聖人。
陸雲　41歳。262（㊥263）生。中国，六朝時代西晋の文学者。
陸機　42歳。261（㊥260）生。中国，六朝時代西晋の文学者。
聖ルキア　Lucia, St.　㊥304頃没，20？歳。283生。シラクサのキリスト教殉教者，聖人。
|この頃|　アンティモス　Ánthimos　ディオクレティアーヌス帝の大迫害の殉教者，聖人。

ウィクトーリヌス（ペッタウの）　Victorinus（Pettau）　パンノニアの司教。
ウィツス　Vitus　南イタリア出身の青年殉教者。
エウフェーミア　Euphēmía　カルケドンの処女殉教者。
エラスムス（エルモ）　Erasmus（Elmo, Ermo, Rasmus）　ディオクレティアーヌス帝による迫害の殉教者。
セルギウス　Sergius　ローマの軍人，殉教者。
束晢　㊥300？没，39？歳。264（㊥260？）生。中国，晋の学者。
テオドールス（アマセアの，エウカイタの）　Theodorus de Amasea St.　㊥306没。ローマの軍人。
バックス　Bacchus　ローマの軍人，殉教者。
マルガレータ（アンティオキアの）　Margareta（Antiochia）　ピシディアのアンティオキア出身の殉教者。

304年

アガペー（テッサロニーキの）　Agápē（Thessaloníkē）　4.1没。ディオクレティアーヌス帝下の大迫害のテッサリアにおける殉教者。
クリスピーナ（タゴラの）　Crispina（Thagora）　12.5没。ディオクレティアーヌス帝の迫害による北アフリカの殉教者。
エウラリア（バルセロナの）　Eulalia　12.10没。スペインの聖女。
エウラリア（メリダの）　Eulalia　12.10没，13？歳。291生。スペインの聖女。
|この年|　アフラ　Afra　ローマ帝国治下のアウクスブルク（現ドイツ）の殉教者。
ウィンケンティウス（サラゴサの）　Vincentius（Saragossa）　㊥303頃没。スペインの殉教者。
郤紹　中国，西晋（セイシン）の政治家。
セウェールス　Severus　ローマの殉教者。
フィリッポス（ヘーラクレイアの）　Phílippos（Hērákleia）　ディオクレティアーヌスの迫害による殉教者，聖人。
ポルピュリオス　Porphyrios　㊥305没，71？歳。233（㊥234頃）生。新プラトン派の哲学者。
パンクラーティウス　Pancratius　14？歳。290生。キリスト教の殉教者，子供の守護聖人の一人。
マルケリーヌス　Marcellinus, St.　296生。教皇（在位296～304），聖人。
|この頃|　アナスタシア　Anastasia　聖女。
アーロン　Aaron　イギリスのブリトン人の伝説的殉教者。
ウィターリス　Vitalis　聖ウィタリス。

古　代

クリュソゴノス　Chrysógonos　古代ローマの聖人。
テオドトス（アンキュラの）　Theódotos（Ánkyra）4世紀の大迫害時の殉教者，聖人。
ナターリア　Natalia　ローマ帝国のニコメディアの殉教者。
ハドリアーヌス　Hadrianus, St.　ニコメディアの聖人。
フィロロームス　Philoromus　ディオクレティアーヌスの大迫害の殉教者。
フローリアーヌス　Florianus　火難よけの聖人。
マリーヌス　Marinus　サン・マリーノ市の守護聖人。
ユーリウス　Julius　大迫害時のブリタニアの殉教者，聖人。
レオ　Leo　サン・マリーノ市の守護聖人。
ロマーヌス　Romanus　パレスティナのカイサリアの執事，祓魔師，聖人。

305年

[この年]　王戎　71歳。234生。中国，西晋の高級官吏。
拓跋猗㐌　38歳。267生。中国，五胡鮮卑の拓跋部首長。
[この頃]　左思　㊟308頃没，55？歳。250生。中国，西晋の詩人。
パンタレオーン　Pantaleon, St.　聖人。
聖ヤヌアリウス　Januarius, St.　イタリアの殉教者。

306年

フィレアス（トゥムイスの）　Philéas（Thmoûis, Thmuis）　2.4没。エジプトの殉教者，主教。
コンスタンティウス1世　Constantius I Chlorus, Flavius Valerius　7.20没，56？歳。250（㊟260頃）生。ローマ皇帝（在位305～306）。
[この年]　恵帝（晋）　47歳。259生。中国，西晋の第2代皇帝。
司馬彪　中国，西晋の王族，学者。
[この頃]　聖バルバラ　Barbara　68？歳。238？生。初代キリスト教会における殉教者，聖女。

307年

アガピオス　Agápios　11.20没。4世紀初めの大迫害の時の殉教者。
[この年]　カタリナ（アレクサンドリアの，聖）　Catharina Alexandrina　㊟309頃没。迫害時代の伝説的殉教者。
[この頃]　メンスリウス　Mensurius　殉教礼賛を戒めたカルタゴの司教。

308年

11.03　匈奴の族長漢王劉淵が皇帝に即位する
　　　　＊　＊　＊
[この年]　挐含　中国，晋の学者。
テオドシア　Theodosia　フェニキアの童貞女。

309年

[この年]　パンフィロス　Pamphilus　69？歳。240生。キリスト教の学者。
[この頃]　マルケルス1世　Marcellus I, St.　308生。教皇（在位308～9），聖人。

310年

[この年]　江統　中国，西晋の政治家。
フィルミリアーヌス　Firmilianus　大迫害時代のパレスティナ総督。
マクシミアーヌス，マールクス・アウレーリウス・ウァレーリウス　Maximianus, Marcus Aurelius Valerius　70？歳。240生。ローマ皇帝（在位286～305）。
劉淵　中国，五胡十六国・漢（前趙）の初代皇帝（在位304～310）。
[この頃]　張協　㊟307没，55？歳。255生。中国，六朝時代西晋の文学者。

311年

4.30　ガレリウスがキリスト教寛容令を出す
7.14　晋の皇帝懐帝司馬熾が捕えられる
　　　　＊　＊　＊
ガレリウス，ウァレーリウス・マクシミアーヌス　Galerius, Valerius Maximianus　5.5没、61？歳。

250(㊗242頃)生。ローマ皇帝(在位305〜311)。
[この年] ウァレリア　Valeria, Galeria　古代ローマの皇后。
王衍　55歳。256生。中国、西晋の貴族、清談家。
摯虞　中国、西晋の学者、文学者。
ペトロス　Petros　アレクサンドリアの主教。
[この頃] 潘尼　㊗310没、60？歳。251生。中国、西晋の詩人。
ペラギア　Pelagía　15？歳。296生。大迫害時代のアンティオキアの少女殉教者、聖人。
ルキアノス(アンティオキアの)　Lucianus　古代ローマのキリスト教聖職者、学者。

312年

4.- 倭国王の使臣が新羅から嫁を迎えたいと申し入れる
　　　　　＊＊＊
ルキアノス　Loukianos　1.7没、72？歳。240生。キリスト教神学者。
マクセンティウス、マールクス・アウレーリウス・ウァレーリウス　Maxentius, Marcus Aurelius Valerius　10.28没、32歳。280生。ローマ皇帝(在位306〜12)。
[この年] 郭象　㊗307頃没、60歳。252生。中国、西晋の学者、清談家。
[この頃] ウァレリア　Valeria　ディオクレティアーヌスの娘。

313年

2.03 コンスタンティヌス1世がミラノ勅令を発する
この頃　高句麗が楽浪郡を滅ぼす
　　　　　＊＊＊
懐帝　1.？没、26歳。287(㊗284)生。中国、西晋の第3代皇帝(在位306〜313)。
[この年] ドロテア　Dorothea　聖女。
マクシミーヌス・ダイア(ダザ)、ガーユス・ガレーリウス・ウァレーリウス　Maximinus Daia, Galerius Valerius　㊗314没。ローマ皇帝(在位308〜13)。
[この頃] テオテクヌス　Theotecnus　4世紀の大迫害時の異教徒、迫害者。

314年

この年　帯方郡が滅び、中国の郡県支配が終わる
　　　　　＊＊＊
[この年] 張軌　59歳。255生。中国、五胡十六国・前涼の事実上の始祖。
チリダテス3世　Tiridates III　76？歳。238生。アルメニアの国王(在位259〜314)。

315年

[この頃] プリスカ　Prisca　ディオクレティアーヌス帝の妃。

316年

12.12 西晋が滅亡する
　　　　　＊＊＊
ディオクレティアーヌス、ガーイウス・アウレーリウス・ウァレリウス　Diocletianus, Gaius Aurelius Valerius　12.3(㊗313)没、71歳。245(㊗230頃)生。ローマ皇帝(在位284〜305)。
[この年] 竺法護　㊗309？没、77歳。239(㊗232？)生。中国、西晋時代の訳経家。
拓跋猗盧　中国、五胡鮮卑の拓跋部首長。
[この頃] 聖ブラシオス　Blasius, St.　セバステ(トルコ)の司教。

317年

[この年] 愍帝　17歳。300生。中国、西晋の第4代皇帝。

318年

4.27 司馬睿が帝位に就き、東晋を建国する
　　　　　＊＊＊
[この年] 劉琨　㊗317没、47歳。271(㊗270)生。中国、六朝時代西晋末の武将、文学者。
劉聡　中国、五胡十六国・漢(前趙)の第3代皇帝(在位310〜318)。

古代

[この頃] 張翰　60?歳。258生。中国,西晋の詩人。

320年

[この年] 張寔　49歳。271生。中国,五胡時代前涼の主。
[この頃] ラクタンティウス,ルキウス・カエキリウス・フィルミアヌス　Lactantius, Lucius Caecilius Firmianus　㱫325没,80?歳。240(㱫250頃)生。キリスト教の護教家。

321年

[この年] 祖逖　55歳。266生。中国,西晋末,東晋初めの武将。
拓跋鬱律　中国,五胡代国の王。

322年

2.17　東晋の王敦が反乱を起こす
＊＊＊
[この年] 王廙　46歳。276生。中国,東晋の書家。
司馬睿　46歳。276生。中国,東晋の初代皇帝(在位317～322)。

324年

9.18　ローマ帝国が再統一される
＊＊＊
[この年] 王敦　58歳。266生。中国,東晋の武将。
郭璞　48歳。276生。中国,六朝,東晋の学者,文学者。
コンスタンティア　Constantia　古代ローマの皇后。
謝鯤　42歳。282生。中国,東晋の政治家。
リキーニウス,ウァレリウス・リキニアーヌス　Licinius, Valerius Licinianus　㱫325没,74?歳。250(㱫270?)生。ローマ皇帝(在位308～24)。

325年

5.20　コンスタンティヌス1世が公会議を開く
＊＊＊

[この頃] イアンブリコス　Iamblichos　㱫330頃没,75?歳。250(㱫283頃)生。新プラトン派の哲学者。
メリティオス(リュコポリスの)　Melítios (Lykopóleōs)　エジプトのリュコポリスの主教。

326年

[この年] ファウスタ　Fausta, Flavia Maxima　古代ローマの皇后。

328年

アレクサンドロス　Alexandros of Alexandria　4.17?没,78?歳。250生。アレクサンドリアの主教。
[この年] 桓彝　52歳。276生。中国,南北朝・東晋の政治家。
劉曜　㱫333没。中国,五胡十六国・漢(前趙)の第5代皇帝(在位318～328)。

329年

[この年] 温嶠　41歳。288生。中国,東晋の文人。

330年

5.11　コンスタンチノープルがローマ帝国の首府となる
10.-　石勒が帝位に即く(後趙の建国)
＊＊＊
[この年] ヘシュキオス　Hēsychios　アレクサンドリアの聖書学者。
[この年] アルノビウス　Arnobius　㱫327頃没,70?歳。260生。ディオクレチアヌス帝時代ローマの修辞学者。
ヘレナ,フラーウィア・ユーリア　Helena, Flavia Julia　㱫328頃没,75?歳。255(㱫250頃)生。コンスタンチウス・クロルスの妃,聖女。

331年

この年 美川王　朝鮮, 高句麗の第15代王 (在位300〜331)。

332年

この年 聖グレゴリウス　Gregorius, Saint, Illuminator　㉚330頃没, 92？歳。240 (㉚260頃) 生。アルメニアの使徒啓蒙者。
陶侃　㉚334没, 75歳。257 (㉚259) 生。中国, 東晋初期の名将。

333年

この年 石勒　㉚332没, 59歳。274 (㉚273) 生。中国, 後趙の初代皇帝 (在位319〜333)。
慕容廆　64歳。269生。中国, 五胡十六国・前燕の始祖。

334年

この年 李雄　61歳。273 (㉚274) 生。中国, 五胡十六国・漢 (成漢) の第3代皇帝 (在位303〜334)。
この頃 マカリオス (イェルサレムの)　Makários (Hierosolýmōn)　イェルサレムの主教, 聖人。

335年

9.17　ゴルゴダでエルサレム聖墳墓教会が建立
＊＊＊
シルヴェステル1世　Silvester I　12.31没。教皇 (在位314〜335), 聖人。
この年 チャンドラグプタ1世　Chandragupta I　インド, グプタ朝の創始者 (在位320〜335頃)。
この頃 オプタティアヌス・ポルフュリウス, プブリウス　Optatianus Porfyrius, Publius　75？歳。260？生。古代ローマ帝政期の詩人, 元老院議員。

336年

この年 アリウス　Arius　86？歳。250？生。ギリシアの神学者。

337年

コンスタンティヌス1世　Constantinus I, Flavius Valerius　5.22没, 63？歳。274 (㉚280頃) 生。ローマ皇帝 (在位306〜337)。
この年 アレクサンドロス (ビザンティオンの)　Aléxandros (Byzántion)　99歳。238生。ビザンティオンの主教。
ハンニバリアヌス　Hannibalianus　コンスタンティヌス1世の甥。

338年

この年 拓跋翳槐　中国, 五胡鮮卑の拓跋部首長・代国の王 (在位329〜35, 37〜38)。

339年

この年 王導　㉚330没, 63歳。276 (㉚267) 生。中国, 東晋の宰相。
郗鑒　70歳。269生。中国, 東晋の名臣。
この頃 コルトス　Kóllouthos　アレクサンドリアで分派を形成した司祭 (長老)。

340年

庾亮　1.1没, 51歳。289生。中国, 東晋の政治家。
コンスタンティヌス2世　Constantinus II, Flavius Claudius　4.？没, 23歳。317 (㉚316頃) 生。ローマ皇帝 (在位337〜340)。
この年 エウセビオス　Eusebios of Caesarea　㉚339没, 76？歳。264 (㉚260頃) 生。神学者。
この頃 ニーノ　Nino　ローマ生れのグルジアの聖人。

古　代

341年

5.07　東晋政府が土断法を施行する
　　　　　＊＊＊
シメオン・バル・サバエ　Simeon Bar Sabba'e　4.17？没。ササン朝ペルシアの司教，殉教者。
[この頃]アステリオス(ソフィストの)　Astérios (Sophistēs)　アリオス(アリウス)派の神学者。

342年

この年　前燕が高句麗を攻めて国内城を破壊する
　　　　　＊＊＊
[この年]シャードスト(サドト)　Shahdost(Sadoth)　ササン朝ペルシアの司教，殉教者。
成帝(東晋)　21歳。321生。中国，東晋第3代皇帝(在位325～42)。
[この頃]エウセビオス(ニコメディアの)　Eusebios of Nicomedia　㊚341頃没。アリウス派の神学者，教会政治家。
カエキリアーヌス　Caecilianus　カルタゴの司教。
パウルス(テーベの)　Paulus　エジプトの隠修士。

344年

3.-　倭が新羅の娘を倭の国王の嫁にしたいと申し入れるが新羅はこれを断る
　　　　　＊＊＊
[この年]康帝　22歳。322生。中国，東晋の第4代皇帝。

345年

[この年]庾翼　40歳。305生。中国，東晋の政治家。

346年

この年　百済で近肖古王が即位する
　　　　　＊＊＊
聖パコミウス　Pachomius, St.　5.14没，54？歳。292(㊚290頃)生。エジプトの修道士。

[この年]張駿　39歳。307生。中国，五胡十六国・前涼の事実上の第4代王(在位324～346)。
マクシミヌス　Maximinus　聖人。

348年

[この年]タイス　Thais　エジプトの聖女，悔悛者。
仏図澄　㊚351没，115？歳。233？(㊚232)生。中国，五胡十六国時代後趙の僧。
慕容皝　51歳。297生。中国，五胡十六国・前燕の初代王(在位333～348)。
[この頃]スピュリディオン　Spyrídion　キュプロスのトレミトス主教。

349年

[この年]衛夫人　77歳。272生。中国，東晋の女流書家。
石虎　54歳。295生。中国，五胡十六国・後趙の第3代皇帝(在位334～349)。

350年

コンスタンス，フラーウィウス・ユーリウス　Constans, Flavius Julius　1.18没，27？歳。323(㊚320頃)生。ローマ皇帝(在位337～350)。
[この年]盧諶　66歳。284生。中国，晋の詩人。
[この頃]アモーン(アムン)　Ammon(Amun)　62？歳。288生。エジプトの隠修士，聖人。
聖ニコラオス　Nicolaus Myranus　㊚345頃没。小アジアの主教。
ハリヴァルマン　Harivarman　100？歳。250？生。インドの小乗仏教学者。
マイトレーヤ　Maitreya　80？歳。270生。仏教の唯識説を説く唯識派の開祖。

351年

9.28　コンスタンチウス2世がムルサの戦いで勝利
　　　　　＊＊＊
[この年]パウロス(コンスタンティノポリスの)　Paûlos(Kōnstantinoupóleōs)　コンスタンティノポリス主教，聖人。

352年

ユリウス1世　Julius I, St.　4.12没。337生。教皇（在位337～52），聖人。
[この年] **冉閔**　中国，五胡後趙の武将。
[この頃] **許詢**　29？歳。323生。中国，東晋の詩人。

353年

4.22　王羲之の呼びかけで曲水の宴が催される

＊＊＊

[この年] **張重華**　26歳。327生。中国，五胡時代前涼の王（在位346～353）。
マグネンティウス，フラーウィウス・マグヌス　Magnentius, Flavius Pupilius　ローマの簒奪帝（在位350～3）。

354年

3.22　東晋の武将桓温が北伐を開始する
12.25　キリストの降誕日が12月25日となる

＊＊＊

[この年] **ガルス・カエサル，フラーウィウス・クラウディウス・コンスタンティウス**　Gallus, Flavius Claudius Constantius　29？歳。325生。ローマの副帝（在位351～354）。

355年

[この年] **苻健**　38歳。317生。中国，五胡前秦の初代皇帝（在位351～355）。
[この頃] **アイデシオス**　Aedesius　75？歳。280？生。古代ローマの新プラトン主義哲学者。
ドナトゥス　Donatus　キリスト教の聖職者。

356年

この年　新羅で奈勿王が即位する

＊＊＊

[この年] **聖アントニウス**　Antonius Eremitus　[異]350頃没、105歳。251（[異]250頃）生。聖人。
虞喜　75歳。281生。中国，東晋の成帝咸康年間の天文学者。

358年

[この年] **王洽**　35歳。323生。中国，東晋の書家。
パウリーヌス（トリーアの）　Paulinus (Trier)　アリオス（アリウス）派に反対したトリーアの司教。
[この頃] **ホシウス**　Hosius　[異]357没、102？歳。256？（[異]257頃）生。コルドバの司教。

359年

[この頃] **エウスタティオス**　Eustathios　[異]337以前没。アンチオキアの総大司教，聖人。
エウセビオス（エメサの）　Eusebios of Emesa　64？歳。295生。東方教会シリアのエメサの司教。

360年

慕容儁　1.？没、41歳。319生。中国，五胡十六国・前燕の第2代王（在位348～360）。
[この頃] **ヒエラカス**　Hieracas　90？歳。270生。エジプトの禁欲主義者。
ポタミウス　Potamius　リスボンの司教，4世紀中葉の西方教会指導者。
パフヌティウス　Paphnutius　上エジプトのテーベの主教。

361年

コンスタンティウス2世　Constantius II, Flavius Julius　9.3没、44歳。317生。ローマ皇帝（在位337～361）。
ゲオルギオス（カッパドキアの）　Geōrgios of Cappadoica　12.24没。アリウス派の司教。
[この年] **李勢**　中国，五胡成漢の第5代皇帝（在位343～347）。
[この頃] **ゲオールギオス（ラオディキアの）**　Geōrgios of Laodicea　アレクサンドリア出身の半アリウス主義の司教。

362年

6.17　ユリアヌスがキリスト教徒追放令を発する
　　　＊＊＊
[この年] マリウス・ウィクトーリウス　Marius Victorius　アフリカ出身の新プラトン学派の哲学者，教父．
[この年] セラピオン　Serapion　キリスト教高位聖職者．
マケドニオス　Macedonius　コンスタンチノープル司教．

363年

ユリアヌス，フラウィウス・クラウディウス　Julianus, Flavius Claudius, Aposta　6.26没，30歳．332（㊟331）生．ローマ皇帝（在位361～3）．
[この年] 葛洪　㊟343？没，80歳．283（㊟255）生．中国，晋の道士．

364年

ヨウィアーヌス，フラーウィウス　Jovianus, Flavius Claudius　2.17没，33？歳．331生．ローマ皇帝（在位363～4）．

365年

哀帝（東晋）　3.？没，24歳．341生．中国，東晋の第6代王（在位361～365）．
[この年] ヒレル2世　Hillel II　35歳．330生．ユダヤ人共同体の総主教職．
[この頃] 王羲之　㊟363？没，58？歳．307（㊟303）生．中国，東晋の書家．

366年

リベリウス　Liberius　9.24没．352生．教皇（在位352～66）．
[この年] 支遁　㊟364没，52歳．314生．中国，東晋代の学僧．

プロコピウス　Procopius　40歳．326生．ローマ帝国の簒奪帝（在位365～66）．
[この頃] アカキオス　Acacius　㊟365頃没．カエサレアの司教．

367年

この年　アイルランド人がブリタニアを襲う
　　　＊＊＊
[この頃] プロアイレシオス　Prohaeresius　91？歳．276？生．古代ローマのキリスト教徒修辞学者．

368年

[この頃] ヒラリウス　Hilarius　㊟367没、53？歳．315（㊟310頃）生．ラテン教父，聖人．

369年

[この年] カイサリオス（ナジアンゾスの）　Kaisários (Nazianzós, Nadiandós)　34？歳．335生．医者，聖人．

370年

[この年] エウドクシオス　Eudóxios　70？歳．300生．アリウス派のコンスタンティノポリス主教．
[この年] アエティオス　Aëtios　キリスト教徒のソフィスト．
ゴルゴニア　Gorgonía　古代のキリスト者婦人，殉教者，聖人．
ルチフェル　Lucifer　サルジニアのカリアリ司教．

371年

10.-　百済の近肖古王の軍が平壌城を攻める
　　　＊＊＊
ゼーノー（ヴェローナの）　Zeno (Zēnōn) (Verona)　4.12没．北アフリカ出身の司教，説教家，聖人．
エウセビウス（ヴェルチェルリの）　Eusebios of Vercelli　8.1没，88歳．283生．ウェルツェリの最

初の司教，聖人。
- この年 ウルサキオス Oursákios シンギドゥヌムの司教。
- 故国原王 朝鮮，高句麗の第16代王(在位331～371)。
- ヒラリオン(ガザの) Hilarion 80？歳。291生。ガザ出身の隠修士。
- マクシモス(エフェソスの) Maximus 古代ローマの新プラトン主義哲学者。

372年

6.- 高句麗に仏教が伝えられる
* * *
- サバス(ゴート人の) Sabas(Goth) 4.12没。ローマ帝国治下，現ルーマニアの殉教者。

373年

この年 百済の禿山城の城主が新羅に投降する
* * *
- 聖アタナシウス Athanasius, Magnus 5.2没，77？歳。296((秘)295頃)生。アレクサンドリアの司教，神学者。
- 桓温 7.？((秘)374)没，61歳。312((秘)313)生。中国，東晋の政治家，武将。
- この年 ネルセース Nersês 40？歳。333生。アルメニア教会第6代総主教(カトリコス)，聖人。

374年

- この年 竺道潜 88歳。286生。中国，晋の僧。
- ノンナ Nonna 古代三賢母の一人。
- マルケロス(アンキュラの) Márkellos(Ankýas) 94？歳。280生。アンキュラの主教。
- この頃 アウクセンティウス Auxentius ミラーノのアリオス(アリウス)派司教。
- マルケロス(アンキュラの) Marcellus 古代ローマの異端の司教。

375年

- サテュルス Satyrus 2.？没，45？歳。330生。イタリアの聖人。

- 王猛 7.？没，50歳。325生。中国，前秦の政治家。
- ヴァレンティニアヌス1世 Valentinianus I 11.17没，54歳。321生。ローマ皇帝(在位364～375)。
- この年 近肖古王 朝鮮，百済の第13代王(在位346～375)。

376年

9.27 前秦が前涼を滅ぼして華北を統一する
* * *
- この年 エルマナリヒ Ermanaric 東ゴート王，アマリング家の開祖。
- 袁宏 48歳。328生。中国，東晋の文人。
- 拓跋什翼犍 56歳。320生。中国，五胡代国の王(在位338～376)。
- フォーティノス Phōteinós パンノニア地方シルミウムの主教。

377年

この年 新羅が高句麗と共に前秦に入貢する
* * *
- この頃 エウスタティオス Eustathius 77？歳。300？生。古代ローマのセバステの司教。

378年

8.09 アドリアノープルの戦いでローマ軍が全滅
* * *
- エフラエム Ephraem 2.1((秘)373)没，72？歳。306((秘)310頃)生。シリア教会の神学者，説教家，著述家。
- ウァレンス，フラーウィウス Valens, Flavius 8.9没，50歳。328((秘)329頃)生。ローマ皇帝(在位364～378)。
- この頃 ティトス Titos マニ教と闘ったボストラ(ローマ支配地シリア南西部の主都)の主教。

379年

1.19 テオドシウス1世がローマの共治帝となる
* * *
- この年 シャープール2世 Shāpūr II 70歳。309生。ササン朝ペルシアの王(在位309～379)。

バシレイオス　Basilius　50？歳。329(㊚330頃)生。聖人，教会博士，カッパドキアの3教父の一人。
マクリーナ(マクリネー)　Macrina　52？歳。327生。信仰と敬虔で知られる古代のキリスト者婦人。

380年

2.28　東ローマ帝国の国教がキリスト教となる
＊＊＊
エウセビオス(サモサタの)　Eusebios of Samosata　6.22没。聖人。
この年　竺法義　73歳。307生。中国の僧。
僧渉　西域出身の仏教僧。
フェストゥス　Festus　古代ローマの歴史家。
この頃　オルシシオス　Orsísios(Orsiésios, Horsi-isi)　エジプトの禁欲主義者，タベンニシの修道院長，聖人。
サムドラグプタ　Samudragupta　㊚375没。インド，グプタ朝第2代の王(在位335頃～376頃)。
聖フルメンティウス　Frumentius, St.　㊚383頃没，80？歳。300生。エチオピアのキリスト教会創立者，シリア人。

381年

この年　アタナリック　Athanaric　西ゴートの族長。
メレチウス　Meletius, St.　アンチオキアの司教，聖人。

382年

この頃　フリティゲルン　Fritigern　ゲルマン民族西ゴート族の族長。

383年

グラティアーヌス，フラーウィウス・アウグストゥス　Gratianus, Flavius Augustus　8.25没，24歳。359生。ローマ皇帝(在位367～383)。
この年　ウルフィラス　Ulfilas　㊚381没，72？歳。311(㊚310？)生。ゴート人の司教。

384年

この年　百済に仏教が伝来する
＊＊＊
セルウァティウス　Servatius　5.13没。ベルギーのトンゲルン(Tongern)の司教，聖人。
ダマスス1世　Damasus I, St.　12.11没，80？歳。304生。教皇(在位366～384)，聖人。
この年　小獣林王　朝鮮，高句麗の第17代王(在位371～384)。
郗愔　71歳。313生。中国，東晋の政治家，書家。
劉庫仁　中国，五胡前秦の武将。

385年

謝安　8.？没，65歳。320生。中国，東晋の名臣。
この年　道安　71歳。314(㊚312)生。中国，五胡十六国時代の僧。
苻堅　47歳。338生。中国，五胡十六国・前秦の第3代王(在位357～385)。
プリスキリアヌス　Priscillianus　㊚386没，45？歳。340生。スペインの司教。
梁熙　中国，秦の涼州刺史。
この年　休密駄　鄯善(チャルクリク)王。
孫綽　㊚380頃没，85？歳。300(㊚301頃)生。中国，晋代の詩人，官吏。

386年

キュリロス　Kyrillos of Jerusalem　3.18(㊚387)没，71？歳。315生。エルサレムの司教，教会博士。
この年　王献之　㊚388頃没，42歳。344生。中国，東晋代の書家。

387年

この年　竺法汰　67歳。320生。中国，東晋の僧。
モニカ　Monnica　54歳。333(㊚332頃)生。聖女，アウグスチヌスの母。

388年

マクシムス, マグヌス　Maximus, Magnus Clemens　8.28没。ローマ皇帝(在位383～8)。
[この年] 謝玄　45歳。343生。中国, 東晋の貴族で武将。
謝石　61歳。327生。東晋の政治家。
パウリーノス(アンティオキアの)　Paulînos (Antiocheías)　アンティオキアの主教。
[この頃] 王徽之　中国, 晋の文人。
テミスティオス　Themistios　71？歳。317没。コンスタンチノープルの修辞学者, 哲学者, 注釈家(360年頃)。
バウト　Bauto, Flavius　フランク族出身のローマ帝国武将。
プロブス, ペトロニウス　Probus, Sextus Claudius Petronius　60？歳。328？生。古代ローマの親衛隊長官。
ユスティーナ　Justina　18？歳。370？生。ローマ皇帝ヴァレンティーニアーヌス1世の妻。

390年

[この年] アミアーヌス, マリケリーヌス　Ammianus, Marcellinus　㉕395頃没, 60？歳。330(㉕325頃)生。ローマの歴史家。
グレゴリウス　Gregorius Nazianzus　㉕389頃没, 61？歳。329(㉕330頃)生。東方の四大博士, カッパドキアの三教父の一人, 聖人。
[この年] アサンガ　Asaṅga　80？歳。310生。インドの仏教僧。
アポリナリオス　Apollinaris　㉕392頃没, 80？歳。310(㉕315頃)生。フォデキアの司教。
王嘉　中国, 東晋の文学者。
ディオドーロス(タルソスの)　Diódōros (Tarsós)　タルソスの主教。
ヒメリオス　Hîmerios　㉕386頃没, 80？歳。310生。ギリシアの雄弁家。

391年

この年　高句麗で好太王(広開土王)が即位する
＊＊＊
[この年] テーレマコス　Tēlémachos　東方の修道士, 殉教者, 聖人。

マカリオス　Makarios　㉕390頃没, 91？歳。300(㉕301頃)生。エジプトの修道士, 聖人。
[この頃] パルメニアーヌス　Parmenianus　カルタゴの司教, ドナトゥス派の神学者。

392年

8.-　高句麗の広開土王の軍が十余城を落とす
＊＊＊
ヴァレンティニアーヌス2世　Valentinianus II　5.15没, 21？歳。371(㉕372)生。ローマ皇帝(在位375～392)。
[この頃] アウソニウス, デキムス・マグヌス　Ausonius, Decimus Magnus　㉕394頃没, 83？歳。309(㉕310頃)生。ローマ帝制末期の詩人, キリスト教徒の世俗文学の始祖。
グレゴリウス(エルビラの)　Gregorius (Elvira)　72？歳。320没。スペインの聖職者, 神学者。
パキアーヌス(バルセローナの)　Pacianus (Barcelona)　82？歳。310生。バルセローナの司教, 聖人。
フォエバディウス　Phoebadius (Foebadius, Foegadius, Segatius, Fitadius)　フランスのアジャンの反アリオス派の司教, 聖人。

393年

[この年] 姚萇　63歳。330生。中国, 五胡十六国・後秦の初代皇帝(在位384～393)。
[この頃] リバニオス　Libanios　㉕394？没, 79？歳。314生。ギリシアの雄弁家。

394年

9.06　テオドシウス1世がローマ帝国を統一する
＊＊＊
[この年] アルボガステス　Arbogast　フランク人のローマ将軍。
エウゲニウス, フラーウィウス　Eugenius, Flavius　ローマ帝国の帝位簒奪者。
ヨーアンネース(エジプトの, リュコポリスの)　Iōánnēs (Aígyptos, Lýkōn pólis)　94？歳。300生。エジプトの隠修士, 聖人。
[この頃] アンフィロキオス(イコニオンの)　Amphilóchios (Ikónion)　54？歳。340生。イコニオンの主教, 聖人。

古代　400

エウノミオス　Eunomios　㋬393頃没、59？歳。335生。カトリック聖職者。
マカリオス（アレクサンドリアの）　Makários（Alexándreia）　エジプトの禁欲主義的隠修士。

395年

テオドシウス1世　Theodosius I, Flavius　1.17没、49？歳。346(㋬347)生。ローマ皇帝(在位379～395)。
[この年] グレゴリウス　Gregorius Nyssenus　㋬396頃没、64？歳。331(㋬330頃)生。カッパドキア三教父の一人、聖人。
[この頃] ゲラシオス　Gelásios　60？歳。335生。カイサリア(パレスティナ)の主教、教会史家。
戴逵　中国、東晋の文人。
ディデュモス　Didymos　㋬398頃没、82？歳。313(㋬308？)生。盲目の神学者。
ファウスツス　Faustus Biuzandatzi　75？歳。320生。カッパドキアの主教、歴史家。

396年

8.-　高句麗と百済の軍勢が礼成江で対峙する
*　*　*
慕容垂　4.？没、70歳。326(㋬316)生。中国、五胡十六国・後燕の初代王(在位383/4～396)。
[この頃] プリスコス　Priscus　91？歳。305？生。古代ローマの新プラトン主義哲学者。

397年

6.-　百済王が倭国と友好関係を結ぶ
*　*　*
アンブロシウス、アウレリウス　Ambrosius, Aurelius　4.4没、58？歳。339(㋬334)生。イタリアの聖職者、教会博士。
ネクタリオス（コンスタンティノポリスの）　Nektários(Kōnstantinoupóleōs)　9.27没。コンスタンティノポリスの主教、聖人。
マルティヌス　Martinus, St.　11.8没、81？歳。316(㋬315)生。フランス、ツールの司教、聖人。
[この年] フィラストリウス　Philastrius(Filastrius)　異端論駁書を著したイタリアのブレーシアの司教。

[この頃] 車胤　㋬400没、67？歳。330生。中国、東晋の官吏、学者。

398年

[この頃] マルケリーナ　Marcellina　68？歳。330生。ミラーノ司教アンブロシウスの姉、聖人。

399年

1.25　北魏の拓跋珪が皇帝を称する
*　*　*
シリキウス　Siricius　11.26没、65？歳。334生。教皇(在位384～399)、聖人。
[この頃] 殷仲堪　中国、東晋の武将。
エウアグリオス・ポンティコス　Evagrius Ponticus　54？歳。345(㋬349)生。初期キリスト教会の苦行者。
王凝之　中国、東晋の書家。
禿髪烏孤　中国・五胡十六国、南涼の初代の王。
呂光　62歳。337生。中国、五胡十六国・後涼の第1代王(在位386/9～399)。
[この頃] ドナトゥス、アエリウス　Donatus, Aelius　99？歳。300生。ローマの文法学者、注釈家。
ファビオラ　Fabiola　キリスト教の聖女。

400年

3.12　履中天皇が即位する
*　*　*
[この年] ガイナス　Gainas　西ゴート人でローマの将軍。
シンプリキアーヌス　Simplicianus　イタリアのミラーノの司教。
テオン（アレクサンドリアの、年下のテオン）　Theon, Alexandria　50？歳。350生。ビザンツの天文学者、数学者。
ファウストゥス（ミレウェ、ミレウムまたはミレウィの）　Faustus(Mileve, Mileum, Milevi)　マニ教の教師。
[この頃] オリバシオス　Oreibasios　80？歳。320(㋬325頃)生。ローマ帝政期の医者。
世親　80？歳。320生。インドの僧。
ティコーニウス　Ticonius(Tyconius)　正統的立場を保持した北アフリカ出身のドナトゥス派神学者。

人物物故大年表　外国人編　89

パウリーヌス（ミラーノの）　Paulinus（Milano）　イタリアのミラーノの助祭。
ボノースス　Bonosus　ナイススの司教、ボノースス派の祖。
聖マルタン　Martin, St.　84？歳。316生。フランスの守護聖人。

401年

12.20　クマーラジーヴァが後秦の都長安に到着
　　　　　＊＊＊
この年　段業　中国、秦の武将。
范甯　62歳。339生。中国、東晋の学者。

402年

この年　会稽王道子　39歳。363生。中国、南北朝・東晋の王族。
シュンマクス、クゥイントゥス・アウレリウス　Symmachus, Quintus Aurelius　㊡410頃没、57？歳。345（㊡340頃）生。ローマの政治家、弁論家、著述家。
孫恩　中国、東晋の道士。
この頃　奈勿王　㊡401？没。新羅の第17代王（在位356？～402？）。

403年

聖エピファニオス　Epiphanius　5.12没、88？歳。315生。サラミスの司教。

404年

パウラ　Paula, St.　1.26没、56歳。347生。聖女。
エウドクシア　Eudocia　10.6没。東ローマ皇帝アルカディウスの妃。
この頃　桓玄　35歳。369生。中国、東晋末の政治家。
クラウディアーヌス、クラウディウス　Claudianus, Claudius　㊡410頃没、54？歳。350？生。ローマ帝国末期の詩人。
弗若多羅　中国、後秦の僧。
フラビアヌス1世（アンチオキアの）　Flavianus I　84？歳。320生。アンチオキア総大司教。

405年

この年　阿莘王　朝鮮、百済の第17代王（在位392～405）。
ニール（9人の人質の）　Niall of the Nine Hostages　アイルランドの王（在位377？～405）。
慕容徳　中国、五胡十六国・南燕の初代王。
この頃　顧愷之　㊡409没、61？歳。344（㊡348）生。中国、晋の画家。
モーセス（黒人の）　Moses　75？歳。330生。イスラエルの歴史上の人物、聖書の登場人物。

406年

2.05　反正天皇が即位する
　　　　　＊＊＊
この頃　ヨウィニアーヌス　Jovinianus　ローマの修道士。

407年

クリュソストモス、聖ヨアンネス　Chrysostomos, Jōhannēs　9.14没、60？歳。347（㊡350頃）生。コンスタンチノープルの大司教、説教家、聖書注釈家、聖人、教会博士。
この年　イオーアンネース・クリューソストモス　Ioannes, Chrysostomos　53？歳。354没。ギリシアの教父。
殷仲文　中国、東晋の文人。
クロマティウス　Chromatius　北イタリアのアキレイアの司教。

408年

この年　広開土王が歩騎5万を送って南を攻める
　　　　　＊＊＊
アルカディウス、フラーウィウス　Arcadius, Flavius　5.1没、31歳。377生。東ローマ皇帝（在位383～408）。
オリュンピアス　Olympias　7.25没、47？歳。361生。コンスタンティノポリスの寡婦。

スティリコ，フラウィウス　Stilicho, Flavius　8.22（[異]407）没、49？歳。359（[異]365頃）生。ローマ帝国の将軍。

[この頃] **セウェーリアーヌス**　Severianus　ガバラ（シリア）の主教。

マクシムス　Maximus　58？歳。350生。トリーノの司教，聖人。

409年

[この年] **鳩摩羅什**　[異]413没、59歳。350（[異]344）生。中国，五胡時代の訳経僧。

道武帝　38歳。371生。中国，北魏の初代皇帝（在位386～409）。

[この頃] **ウィクトリキウス（ルアンの）**　Victricius (Rouen)　79？歳。330生。フランスのルアンの司教聖人。

パンマキウス　Pammachius　69？歳。340生。ローマのキリスト教徒。

メラニア（大）　Melanía　67？歳。342生。イェルサレムの女子修道院設立者，聖人。

410年

8.24　西ゴート軍がローマ市で大掠奪を行う

＊＊＊

社崙　5.？没。柔然の初代可汗（在位402～410）。

マルケラ　Marcella, St.　8.30没、85？歳。325生。ローマの貴婦人。

[この年] **アラリック1世**　Alaric I　40？歳。370生。西ゴート王（在位395～409）。

ラッフィヌス　Raffinus, Tyrannius　65？歳。345生。イタリアの教会著作家。

[この頃] **アステリオス（アマシアの）**　Astérios (Amáseia)　60？歳。350生。アマシアの主教，説教者，聖人。

ルフィヌス　Rufinus, Tyrannrius　65？歳。345生。キリスト教の司教，翻訳者，著述家。

412年

[この年] **慧持**　75歳。337生。中国の僧。

広開土王　[異]413没、38歳。374（[異]375）生。朝鮮，高句麗の第19代王（在位391～413）。

謝混　中国，東晋の詩人。

テオフィロス　Theophilos　アレクサンドリア総主教（385～）。

劉毅　中国，東晋の武将。

[この頃] **アルセニウス**　Arsenius　58？歳。354生。エジプトの砂漠で修行した修道者，聖人。

エウフラシア（エウプラクシア）　Euphrasía (Eupraxia)　30？歳。382生。エジプトの修道女。

オリュンピウス　Olympius　西ローマ政府の高官。

413年

この年　高句麗で巨連が長寿王として即位する

＊＊＊

[この年] **シュネシオス**　Synesios　[異]414頃没、43？歳。370生。ギリシアの哲学者。

ヘラクリアヌス　Heraclianus　ローマ帝国末期の軍人。

[この頃] **マルケリーヌス，フラーウィウス**　Marcellinus, Flavius　ローマの護民官，公証人。

414年

この年　高句麗で「広開土王碑」が建立される

＊＊＊

[この年] **僧肇**　40歳。374（[異]384頃）生。中国，東晋の僧。

[この頃] **アンテミウス**　Anthemius　ローマ帝国東部の官職貴族。

チャンドラグプタ2世　Chandragupta II　[異]415頃没、39？歳。375生。インド，グプタ朝第3代の王（在位385～413頃）。

ニケタス（レメシアーナの）　Nicetas (Remesiana)　74？歳。340生。古代末期の教会著作家，聖人。

415年

[この年] **アタウルフ**　Ataulf　西ゴート王（在位410～415）。

ヒュパティア　Hypatia　40？歳。375（[異]370頃）生。新プラトン派の哲学者。

416年

8.22　日本で記録に残っている最古の地震が発生
　　　　　＊＊＊
慧遠（廬山の）　8.6（㊟417）没、82？歳。334生。中国、東晋時代の代表的な僧。

この年　姚興　50歳。366生。中国、五胡十六国・後秦の第2代皇帝（在位394～416）。

呂隆　中国、五胡後涼の第4代皇帝（在位401～403）。

417年

インノケンティウス1世　Innocentius I　3.12没。401生。教皇（在位401～417）、聖人。

この年　アレクシウス　Alexius　㊟430頃没。〈神の人〉と讃えられた聖人。

道恒　71歳。346生。藍田（陝西省南部）の人。

ヨーアンネース（イェルサレムの）　Iōánnēs（Hierosólyma, Ierousalēm）　イェルサレムの司教。

姚泓　29歳。388生。中国、五胡後秦の第3代皇帝（在位416～417）。

李暠　62？歳。355（㊟357）生。中国、五胡十六国・西涼の初代王（在位400～417）。

418年

ゾーシムス　Zosimus　12.26没。417生。聖人（祝日12.26.)、教皇（在位417～418）。

この頃　オロシウス、パウルス　Orosius, Paulus　スペインの司祭、歴史家。

419年

この頃　エウストキウム、ユーリア　Eustochium, Julia　49？歳。370？生。ローマ貴族の娘、聖人。

420年

7.11　東晋が滅亡して宋が建国される
　　　　　＊＊＊
ポルフュリオス　Porphyrios　2.26没、73？歳。347生。聖十字架の遺物を保管したガザの主教。

ヒエロニュムス、エウセビウス　Hieronymus, Eusebius Sofronius　9.30（㊟419頃）没、78？歳。342（㊟348頃）生。アンチオキアの司教。

この頃　エウナピオス　Eunapios　75？歳。345？生。サルディス出身の弁論家、史家。

スルピキウス・セウェルス　Sulpicius Sevērus　60？歳。360生。古代ローマ帝政期のキリスト教伝記作家。

ペラギウス　Pelagius　㊟418以後没、60？歳。360（㊟354）生。イギリス生れの神学者。

マルータス（マルテュロポリスの）　Marouthas（Martyropolis）　5世紀のペルシアの主教。

ヤズド ガルド1世　Yazdgard I　ササン朝ペルシア第14代の王（在位399～420）。

421年

この年　倭王讃が宋に朝貢し称号を授けられる
　　　　　＊＊＊
コンスタンチウス3世　Constantius III Flavius　9.2没。ローマ皇帝（在位421）。

この頃　謝瞻　34歳。387生。中国、南朝宋の詩人。

マリア（エジプトの）　Maria Aegyptiaca　77？歳。344生。伝説的なエジプトの聖人。

422年

この年　武帝（南朝宋）　59歳。363（㊟356）生。中国、南朝宋の初代皇帝（在位420～422）。

マクシムス　Maximus Tyrannus　ローマの皇帝。

この頃　ホルミズ　Hormidz　ペルシアの殉教者。

423年

ホノリウス、フラウィウス　Honorius, Flavius　8.15没、38歳。384（㊟380）生。西ローマ皇帝（在位393～423）。

古代

[この年] 孔琳之　54歳。369生。中国，劉宋の書家。
周続之　46歳。377生。中国，南朝宋の学者。
[この頃] マローン（キュロスの）　Márōn(Kýros)　シリアの修道士，マロン派教会の精神的父祖，聖人。

425年

2.27　コンスタンチノープルに大学が設置される
＊　＊　＊
アッティコス　Attikós　10.10没。コンスタンティノポリス総主教（406～425），聖人。
[この年] 赫連勃勃　㊟435没，44歳。381生。中国，五胡十六国・大夏の建国者。

426年

[この年] 傅亮　52歳。374生。中国，南朝宋の文学者。

427年

この年　高句麗の長寿王が平壌に遷都する
＊　＊　＊
陶淵明　11.?没，58歳。369(㊟365)生。中国，東晋末期～南朝宋初期の詩人。
シシニオス1世　Sisínnios I　12.24没。コンスタンティノポリスの総主教，聖人。
[この頃] アシ　Ashi　92?歳。335生。バビロニアのアモラ（Gemaraの教師）。

428年

[この年] テオドルス　Theodore of Mopsuestia　㊟429没，78?歳。350生。アンチオキア学派の代表的神学者。
テオドロス（モプスエスティアの）　Theodōros (Mopsuestia)　78?歳。350生。アンティオキア学派の神学者，聖書解釈学者。
[この頃] ポリュクロニオス　Polychrónios　シリアのアパメイアの主教。

429年

5.-　ヴァンダル族が北アフリカに上陸する
＊　＊　＊
[この年] 大檀　柔然国のカガン（在位414～429）。
仏駄跋陀羅　70歳。359生。中国の訳経僧。

430年

アウレーリウス　Aurelius　7.21没。カルタゴの司教，聖人。
アウグスティヌス，アウレリウス　Augustinus, Aurelius　8.28(㊟438)没，75歳。354生。初期西方キリスト教会最大の教父。
[この年] ホノーラートゥス（アルルの）　Honoratus (Arles)　80歳。350生。アルルの司教。
アリピウス　Alypius(Alipius)　北アフリカのタガステの司教，聖人。
アレクサンドロス（アコイメータイ創始者の）　Aléxandros(Akoímētai, Acoimetae)　80?歳。350生。コンスタンティノポリスの最初の修道院長。
ニーロス（ニールス）　Neîlos　アンキュラの修道士，聖人。
法顕　㊟423頃没，70?歳。360(㊟342頃)生。中国，東晋時代の僧，探検家，日記作家。
マケドニオス　Makedónios　5世紀の有名な隠者。
マルコス・エレミーテース　Mârkos Erēmítēs (Monachós)　隠修士，著作家。

431年

6.22　総大司教ネストリウスが国外追放される
＊　＊　＊
パウリヌス　Paulinus of Nola, St.　6.22没，78歳。353生。南イタリアのノラの司教，聖人。
[この年] 阿沙羅　64歳。367生。中国，南朝宋の訳経僧。
仇那跋摩　北西インドのガンダーラ出身の伝法僧。
求那跋陀羅　64歳。367(㊟377)生。中国，南朝宋の訳経僧。
[この頃] ヒエロクレス　Hieroklēs　新プラトン派の哲学者。

432年

ケレスチヌス1世　Coelestinus I　7.27没。第43代教皇（在位422～432）。
[この頃] パラディウス　Palládios　アイルランドの最初の司教、聖人。
プルタルコス（アテナイの）　Plutarchos　㊐431頃没。ギリシアの哲学者。

433年

謝霊運　11.?没、48歳。385（㊐384）生。中国、六朝時代宋の詩人。
[この年] 謝恵蓮　26歳。407（㊐397）生。中国、六朝時代宋の詩人。
沮渠蒙遜　65歳。368生。中国、五胡十六国・北涼の始祖（在位401～433）。
[この頃] アカキオス（ベレアの）　Akákios（Béroia）111?歳。322?生。シリアのベレア（現アレッポ）主教（378）。

434年

[この年] 竺道生　79?歳。355生。中国、南北朝宋の学僧。

435年

ラブラ　Rabbula（Rabulas, Rabboula）　8.3没、85?歳。350生。シリアの神学者。
ラブラス　Rabulas　8.3没。シリア或いはメソポタミアの神学者。
[この年] イシドーロス（ペルーシウムの）　Isídōros（Pelusium, Peloúsion）　75?歳。360生。アレクサンドリア出身の修徳家、釈義家。
文帝（南朝宋）　㊐453没、28歳。407生。中国、南朝宋の第3代皇帝（在位424～453）。
[この頃] カッシアヌス、聖ヨハネス　Cassianus, Johannes　㊐430頃没、75?歳。360生。修道士、神学者。

436年

[この年] グンダハル　Gundahar　史料にあらわれる最初のブルグント王（在位?～436頃）。

437年

[この頃] カプレーオルス　Capreolus　カルタゴの司教（427～）。

438年

2.15　東ローマでテオドシウス法典が発布される
5.-　倭王弥が宋に朝貢し、称号を授けられる
　　　　　＊＊＊
メラニア　Melania　12.31没、55?歳。383?生。ローマの婦人、聖人。
[この頃] バフラム5世　Bahram V　ササン朝ペルシャの王（在位420～438）。
[この頃] アカキオス（メリテネの）　Akákios（Melitēnē）　アルメニアのメリテネ（現トルコ領マラティア）主教。

439年

10.19　ヴァンダル族がカルタゴを占領する
10.19　北魏が北涼を滅ぼし、五胡十六国時代終焉
　　　　　＊＊＊
[この年] 沮渠氏　北涼の王族の女性。

440年

シクスツス3世　Sixtus III　8.18没。432生。教皇（在位432～440）。
[この年] イサーク（サハク）　Isaák（Sahak）　90?歳。350生。アルメニア教会第10代カトリコス（総主教）。
メスロブ　Mesrob　95?歳。345（㊐362）生。アルメニアの総主教。

古代

[この頃] ポシディウス　Possidius　70？歳。370生。アウグスティーヌスの弟子，アフリカのカラマの司教(397)。
マルティアヌス・カペッラ　Martianus Capella　75？歳。365生。ローマの作家。

441年

[この年] 戴顒　63歳。378生。中国，六朝の東晋・宋の学者。
ヨーアンネース（アンティオキアの）　Iōánnēs (Antiócheia)　アンティオキアの主教(429〜)。
[この年] エウドキア　Eudocia, Aelia　20？歳。421生。古代ローマの東方の皇后。

442年

[この年] 畺良耶舎　59歳。383生。中国，南朝宋の仏教者。
僧弼　77歳。365生。呉（江蘇省蘇州）の人。
曇摩密多　86歳。356生。ガンダーラ出身の僧。
羊欣　72歳。370生。中国，東晋末・劉宋の書家。
李順　中国，北魏の政治家。

443年

この年　倭王済が宋に朝貢し，称号を授けられる
＊＊＊
[この年] 慧厳　80歳。363生。中国の僧。
王微　28歳。415生。中国，南朝・宋の画家。
宗炳　68歳。375生。中国，六朝時代の画家。

444年

キュリロス　Kyrillos of Alexandria　6.27没，68歳。376(㊥375頃)生。教会博士，聖人，アレクサンドリアの司教。
[この年] 慧崧　中国，州の沙門。
玄高　42歳。402生。中国の僧。
僧叡　66歳。378生。中国，東晋の僧。
ブリティウス（トゥールの）　Britius (Tours)　74？歳。370生。フランスの司教，聖人。

劉義慶　41歳。403(㊥404)生。中国，六朝時代宋の文学者。

445年

[この年] 道融　73歳。372生。中国，南北朝の僧。
范曄　47歳。398生。中国，南朝宋の政治家，学者。
[この頃] テオドトス　Theódotos　アンキュラの主教。

446年

[この頃] プロクロス　Proklos　コンスタンティノポリス総主教，聖人。

447年

[この年] 何承天　77歳。370生。中国，南宋の学者，政治家。
沮渠牧犍　中国，五胡北涼の第2代王(在位433〜39)。
[この頃] ソーゾメノス，サラマネス・ヘルミアス　Sōzomenos, Salamanes Hermeias　71？歳。376生。ギリシアの初代教会史家。

448年

[この年] ゲルマーヌス（オセールの）　Germanus, St.　70？歳。378生。ペラギウス派から正統信仰を護るためブリタニアに赴いたオセールの司教，聖人。
寇謙之　83？歳。365(㊥363)生。中国，北魏の道士。

449年

8.08　エフェソスで公会議が開かれる
＊＊＊
[この年] 聖ヒラリウス（アルルの）　Hiralius, Saint, of Arles　48歳。401(㊥400頃)生。キリスト教聖職者，聖人。
フラウィアノス　Flavianus, St.　コンスタンチノープル総大司教。
宝雲　73歳。376生。中国，東晋の僧。

[この頃] エウケリウス（リヨンの） Eucherius（Lyon） リヨンの司教。

450年

テオドシウス2世 Theodosius II 7.28没、49歳。401生。東ローマ皇帝（在位408〜450）。
[この年] クリュサフィウス Chrysaphius 古代ローマ、テオドシウス2世治下の宦官。
崔浩 69歳。381生。中国、北魏の宰相。
僧伽羅多 58歳。392生。インドよりの伝法僧。
プラキディア, ガラ Placidia, Galla 29歳。421生。古代ローマの皇后。
[この頃] イーシュヴァラクリシュナ Īsvarakrsna 100?歳。350生。『サーンキヤ・カーリカー』の著者。
ヴィンケンティウス Vincentius Lerinensis 50?歳。400生。ガリアの教会著述家、聖人。
エイレーナイオス（イレーネオス）（テュロスの） Eirēnaîos（Týros） フェニキアのテュロスの司教。
カーリダーサ Kālidāsa 100?歳。350生。インドの詩人、劇作家。
サンガバドラ Samghabhadra 100?歳。350?生。インド、カシューミーラの学僧。
シュリアノス（アレクサンドレイアの） Syrianos ギリシアの哲学者。
セドゥリウス Sedulius, Coelius 25?歳。425生。キリスト教的ラテン詩人。
ノンノス（パノポリスの） Nónnos（Panôn pólis） 50?歳。400生。エジプトの叙事詩人、キリスト教釈義家。
ヘシュキオス（イェルサレムの） Hesýchios（Hierosólyma） イェルサレムの司祭、修道士。
ペトルス・クリュソログス Petrus Chrysologus 50?歳。400（㋑380頃）生。ローマの教父、聖人。
ペトローニウス Petronius ボローニャ司教、聖人。

451年

6.20 フン族がカタラウヌムの戦いで撃退される
11.01 キリスト両性論が正統教義とされる
* * *
[この年] テオドリクス1世 Theodoricus I 西ゴート王。
裴松之 79歳。372生。中国、南朝宋の文人官僚。
[この頃] ネストリウス Nestorius （㋑453頃没、70?歳。381（㋑389頃）生。キリスト教神学者。
バシアノス（エフェソスの） Bassianós（Éphesos） 5世紀のエフェソス主教。

マリウス・メルカートル Marius Mercator 61?歳。390生。ペラギウス派と闘ったアウグスティーヌスの友人、ラテン系神学者。

452年

この年 アッティラ率いるフン族がイタリアに侵入
* * *
太武帝 3.?没、44歳。408生。中国、北魏の第3代皇帝（在位423〜452）。
[この頃] エウセビオス（ドリュライオン, ドリュラエウムの） Eusebios of Dorylaeum フリギアのドリュラエウムの司教、神学者。
[この頃] 古弼 中国、北魏の遺北涼使。

453年

[この年] アッティラ Attila 47?歳。406（㋑405頃）生。フン族の王（在位434〜453）。
プルケリア Pulcheria 39歳。414生。古代ローマのアウグスタ。
プルケリア, アウグスタ・アエリア Pulcheria, Augusta Aelia 54歳。399生。東ローマ皇帝マルキアヌスの妃。
劉鑠 22歳。431生。中国、南朝宋の詩人。
劉劭 27歳。426生。中国、南朝宋の第3代文帝の皇太子。
[この頃] 智猛 （㋑443頃没。中国、東晋劉宋頃の僧。

454年

1.28 安康天皇が即位する
* * *
[この年] アエティウス, フラウィウス Aetius, Flavius 58?歳。396（㋑390頃）生。ローマの軍人、政治家。
ディオスコロス Dióskoros（Alexándreia） アレクサンドリア総主教。
ユリアーヌス（エクラーヌムの） Julianus（Eclanum） 74?歳。380生。イタリアのエクラーヌムの司教（416〜）、神学者。
[この頃] エウテュケス Eutychēs （㋑451以後没、79?歳。375（㋑378）生。コンスタンチノープルの修道院長。

455年

6.02　ヴァンダル族がローマに進軍する
6.16　ヴァンダル族がローマを去り、帰国する
　　　　　＊　＊　＊
ヴァレンティニアヌス3世　Valentinianus III　3.1没、35歳。419生。西ローマ皇帝(在位425〜455)。
[この年] シャクラーディトヤ王(クマーラグプタ1世)　Śakrāditya　41歳。414生。インドのグプタ王朝の王。
蕭思話　49歳。406生。中国、劉宋の書家。
マクシムス　Maximus, Petronius Anicius　59歳。396生。西ローマ皇帝(在位455)。
[この頃] アルノビウス(小)　Arnobius　北アフリカ出身の修道士。
クォドウルトデウス　Quodvultdeus　55？歳。400？生。カルタゴの司教、著作家。

456年

12.25　雄略天皇が即位する
　　　　　＊　＊　＊
顔延之　12.？没、72歳。384生。中国, 南朝宋の文学者。
[この年] アウィートゥス, マールクス・マエキリウス・エパルキウス　Avitus, Marcus Maecilius Eparchius　61？歳。395生。西ローマ皇帝(在位455〜56)。
檀和之　中国, 南朝宋の武将。

457年

マルキアヌス　Marcianus　1.26没、61歳。396(㊥392)生。東ローマ皇帝(在位450〜7)。
プロテリオス1世(アレクサンドリアの)　Protérios I(Alexándreia)　3.28没。アレクサンドリアの総主教、聖人。
イーバス(エデッサの)　Íbas(Édessa)　10.28没。エデッサの主教。
[この年] メロヴェヒ　Merovech　フランク族の一支族・サリ族の首長(448〜457)。
[この頃] タラシオス　Thalássios　カッパドキア地方のカイサリア主教。

458年

アナトリオス　Anatólios　7.3没、58？歳。400生。コンスタンティノポリス総主教(450〜没年)。
[この年] 王僧達　35歳。423生。中国, 南朝宋の文学者。
訥祇王　新羅第19代の王(在位417〜458)。
バルスマス(バル・サウマ)(シリアの)　Barsumas (Bar Sauma)(Syria)　シリアの指導的単性論者、修道院長。
ユウェナリス(エルサレムの)　Juvenalis　イェルサレムの主教(422頃〜), 総主教(451〜)。
[この年] テオドレトス(キュロスの)　Theodoretus (㊥)457以後没、65？歳。393(㊥386頃)生。古代ローマのキュロス(シリア)の司教。

459年

聖シメオン・ステュリテス　Simeon Stylites, St.　7.24？没、72歳。387(㊥390頃)生。大柱頭行者。
[この年] 竟陵王劉誕　26歳。433生。中国, 南朝宋の皇族で政治家。

460年

[この年] アテナイスエウドクシア　Athenais Eudoxia　59？歳。401生。ローマ皇帝テオドシウス2世の妃。
イサク　Isaak　シリアのキリスト教徒。
ウァレリアーヌス　Valerianus　ローマ帝国治下ガリア(現フランス)の司教。
バライ　Balai　シリアの讃美歌作者。
パウリーヌス(ペラの)　Paulinus(Pella)　84？歳。376生。自伝作者。

461年

パトリキウス, マゴヌス・スカトゥス　Patricius, Magonus Sucatus　3.17没、76？歳。385？(㊥387頃)生。アイルランドの使徒、守護聖人。
レオ1世　Leo I, Magnus　11.10没、71？歳。390(㊥400頃)生。大教皇の名をもつ教皇(在位440〜61), 聖人。

古代

この年 マヨリアーヌス，フラーウィウス・ユーリウス・ウァレリウス　Majorianus, Julius Valerius　西ローマ皇帝（在位457〜61）。

463年

プロスペルス（プロスペール），ティロ　Prosperus, Tiro, St.　6.25（㊗455頃）没，63？歳。400（㊗390頃）生。キリスト教の神学者，聖人。
この頃 ロマーヌス　Romanus　63？歳。400生。フランスのジュラ山中の修道団の創立者，聖人。

464年

この頃 慧覽　中国，南朝宋代の入竺求法僧。

465年

11.14　リキメルが西ローマ帝国を支配する
＊＊＊
この年 エウドキア　Eudocia　（㊗460頃没，64歳。401生。東ローマ皇帝テオドシウス2世の妃。
文成帝（北魏）　25歳。440生。中国，北魏の第4代皇帝（在位452〜465）。
リビウス・セウェルス　Libius Severus　ローマ帝国西帝（在位461〜65）。
この頃 劉敬叔　中国，六朝時代宋の文学者。

466年

この年 シェヌーテ　Shenoute（Schenoudi）　118？歳。348？生。エジプトのアトリビスの修道院長。
謝荘　45歳。421生。中国，六朝時代宋の詩人。
テオドリクス2世　Theodoricus II　西ゴート王。
鮑照　㊗465没，52？歳。414（㊗420頃）生。中国，六朝時代宋の詩人。

468年

2.-　長寿王の軍が新羅の悉直州城を陥落させる
＊＊＊

ヒラリウス　Hilarius, Saint　2.29没。461生。教皇（在位461〜468），聖人。
この年 求那跋陀羅　74歳。394生。中国，南朝宋の訳経僧。
この頃 イダティウス（ヒュダティウス）　Idatius（Hydatius）　73？歳。395生。ポルトガルの歴史家。
バシレイオス（セレウキアの）　Basíleios（Seleúkeia）　セレウキアの大主教（444／448〜）。

469年

この頃 マルケロス・アコイメーテース（アキメテス）　Márkellos Akoimētēs　ボスポルス山エイレナイオン修道院長。

470年

3.01　呉から職工や縫工が日本に渡来する
＊＊＊
この年 スカンダグプタ　Skandagvpta　インド，グプタ朝第5代の王。
この頃 サルウィアヌス　Salvianus（Marseille）　㊗480以降没，70？歳。400生。ドイツのキリスト教司祭，著述家。
ヒュダティウス　Hydatius　70？歳。400？生。古代ローマのヒスパニアの司祭，年代記作家。

471年

9.21　北魏の献文帝が孝文帝に位を譲る
＊＊＊
この年 ゲンナディオス1世　Gennádios I　コンスタンティノポリス総主教，聖人。

472年

この年 百済王が北魏に救援を願い出る
＊＊＊
リーキメル，フラーウィルス　Ricimer, Flavius　8.20没。西ローマの将軍。
この年 アンテミウス　Anthemius　西ローマ皇帝（在位467〜472）。

中世

この頃 プリスコス Priskos 62?歳。410生。東ローマの官吏,歴史家。

473年

エウテュミオス(大) Euthýmios 1.20没,96歳。377生。パレスティナの隠修士,修道会の創立者。

474年

レオ1世,フラヴィウス Leo I, Flavius 2.3没,73歳。401(麀400頃)生。東ローマ皇帝(在位457～74)。
この年 呉邁遠 中国,南朝宋の詩人。
この頃 アブラハム(クレルモンの) Abraham (Clermont) ペルシア出身の隠修士,修道院長,聖人。
クラウディアーヌス・マメルトゥス Claudianus Mamertus フランスの神学者。

475年

9.- 高句麗の長寿王の軍が百済の漢城を攻める
* * *
ゲラシモス Gerásimos 3.5没。パレスティナの隠修士,修道院長。
この年 蓋鹵王 朝鮮,麗と闘って敗れた百済第21代の王(在位455～475)。
マメルトゥス Mamertus(Vienne), St. 14?歳。461生。ウィーンの司教(462)。

476年

8.28 オドアケルが西ローマ帝国を滅亡させる
* * *
この頃 曇斌 中国,南北朝時代宋の律僧。

477年

ガイセリック Geiseric 1.25没,87?歳。390(麀389頃)生。バンダル族の王(在位428～477)。

この年 ティモテオス・アイルロス Timótheos Aílouros 単性論派のアレクサンドリア総主教,コプト教会の聖人。
バシリスクス Basiliscus 東ローマの帝位簒奪者。
文周王 百済第22代の王(在位475～477)。
陸修静 71歳。406生。中国,六朝時代・宋の道士。

479年

5.30 蕭道成が高帝として斉を建国,宋が滅亡
* * *
この年 クリュシッポス Chrysippos 74?歳。405生。カッパドキア出身の教会著述家。
ルーブス Lupus 96?歳。383生。トロワの主教,聖人。

480年

2.11 清寧天皇が即位する
* * *
ネポス,ユリウス Nepos, Julius 5.9没。西ローマ皇帝(在位474～480)。
この年 エリセウス Eliseus アルメニアの主教。
親勝 80?歳。400生。インドの唯識十大論師の一人。
ディグナーガ Dignāga 80?歳。400生。インドの仏教論理学者。

482年

セウェリヌス Severinus 1.8没,27?歳。455?生。ノリクム(オーストリア)の使徒,聖人。
この年 太祖(斉) 55歳。427生。中国,南朝斉の初代皇帝(在位479～482)。
この頃 シルデリク1世 Childéric I 45?歳。437生。メロヴィング朝のフランク王。

483年

シンプリキウス Simplicius 3.2?没。468生。教皇(在位468～483),聖人。

484年

- [この年] 玄暢　68歳。416生。中国の僧。
- 褚淵　47歳。437生。中国, 南斉の政治家。
- フネリック　Hunneric　ヴァンダル王（在位477〜84）。
- ペーローズ　Pērōz　457生。ササン朝ペルシアの帝王（在位457／9〜84）。
- [この頃] 顧歓　63？歳。421生。中国, 南北朝時代南朝の道士。

485年

11.06　北魏で初めて均田法が施行される

* * *

- プロクロス　Proklos, Diadochus　4.17没、73？歳。412（⑳410頃）生。新プラトン派（アテネ派）の代表的哲学者。
- [この年] 王僧虔　59歳。426生。中国, 劉宋・南斉の書family。
- 虞玩之　65歳。420生。中国, 南朝斉の政治家。
- ゲロンティオス　Geróntios　イェルサレムの修道者。
- 予言　北アジア, 柔然国のカガン（在位450／64〜485）。
- [この頃] ウィクトル（ウィタの）　Victor　古代ローマの司教, 著述家。

486年

この年　クローヴィスがフランク王国を建設する

* * *

- [この年] シアグリウス　Syagrius　⑳487没、56？歳。430生。ローマ最後のガリア総督。
- [この頃] シドニウス・アポッリナリス, ガイユス・ソッリウス・モデストゥス　Sidonius Apollinaris, Gaius Sollius Modestus　⑳487頃没、56？歳。430（⑳431頃）生。ローマの詩人。

487年

- [この年] 高允　97歳。390生。中国, 北朝北魏の名臣, 学者。

智林　78歳。409生。中国, 南朝宋の僧。

488年

2.02　仁賢天皇が即位する

* * *

- [この年] ペトロス（洗い張りの）　Pétros（Knapheús）アンティオキアの総主教, 単性論者。
- ペトロス（イベリア人の）　Petros　79歳。409生。単性論者として活躍したガザ近郊マイウマスの主教。

489年

- [この年] アカキオス　Akakios of Constantinople　コンスタンチノープルの総主教。
- 王倹　37歳。452生。中国, 南朝宋・斉の学者。
- 法瑗　80歳。409生。中国の僧。

490年

10.17　北魏で孝文帝の親政が始まる

* * *

- ウィクトゥリウス（ルマンの）　Victurius（Le Mans）　9.1没、40？歳。450生。フランスの北西部ルマンの司教, 聖人。
- ペトロス・モンゴス　Pétros Mongós（Moggós）10.29没。アレクサンドリアの主教, 単性論者。
- [この年] 慧次　56歳。434生。中国の僧。
- 胡太后　48歳。442生。中国, 北魏第4代文成帝の皇后。
- [この頃] 周顒　52？歳。438生。中国, 南北朝宋・斉の官吏。
- バル・サウマー　Bar Sauma　70？歳。420生。ネストリウス派教会の指導者。
- バルスマス（バル・サウマ）（ニシビスの）　Barsumas（Bar Sauma）（Nisibis）　70？歳。420生。ニシビスのネストリオス派主教。
- ファウストゥス　Faustus of Riez, St.　85？歳。405（⑳400頃）生。キリスト教教父。

491年

ゼノン　Zēnōn　4.9没、65歳。426（㊗435頃）生。東ローマ皇帝（在位474～491）。
この頃 長寿王　㊗490没、97歳。394生。朝鮮、高句麗の第20代王（在位413～491）。
ペルペトゥウス（トゥールの）　Perpetuus de Tours　トゥールの司教、聖人。

492年

フェリクス3世　Felix III, St.　3.1没。483生。教皇（在位483～492）、聖人。
この頃 ゲンナーディウス（マルセイユの）　Gennadius (Marseille)　フランスのマルセイユの司祭。

493年

3.15　テオドリックが東ゴート王国を建国する
＊＊＊
オドアケル　Odoacer　3.15没、60歳。433（㊗430頃）生。ゲルマンの名門の出身。
この頃 ダニエル（柱頭の）　Daniel (Stylites)　84歳。409生。シリア生れの柱頭行者、聖人。
武帝（南斉）　53歳。440生。中国、南朝・斉の第2代皇帝（在位482～493）。
李安世　50歳。443生。中国、北魏の政治家。
この頃 阿那摩低　中国、南朝宋の僧。

494年

12.06　洛陽の南西部の竜門で石窟の造営が始まる
＊＊＊
この頃 王融　㊗493没、26歳。468（㊗467）生。中国、南斉の文人。
蕭子良　34歳。460生。中国、六朝時代斉の王侯。
僧柔　63歳。431生。南地成実学派。

496年

12.25　クローヴィスがカトリックの洗礼を受ける
＊＊＊
ゲラシウス1世　Gelasius I, St.　11.21没。教皇（在位492～496）。
この頃 慧基　84歳。412生。中国の僧。

道登　84歳。412生。中国、魏代の成実学者。
この頃 エピファニウス　Epiphanius of Pavia　58？歳。438（㊗439）生。イタリア、パビアの司教、聖人。
ドラコンティウス, ブロッシウス・アエミリウス　Dracontius, Blossius Aemilius　46？歳。450生。ローマのキリスト教詩人。

497年

この年 李沖　48歳。449生。中国、北朝後魏の政治家。
劉昶　61歳。436生。中国、南朝宋の王族。

498年

アナスタシウス2世　Anastasius II　11.19没。496生。ローマ教皇（在位496～498）。
この年 紀僧真　中国、南朝斉の政治家。
范諸農　林邑（チャンパー）国王。
法献　中国、斉の入西域求法僧。
この頃 ウォルシアーヌス（トゥールの）　Volsianus de Tours　トゥールの第8代司教、聖人。
ポメーリウス, ユリアーヌス　Pomerius, Julianus　アフリカ出身の修徳書作者。

499年

この年　インドで『アールヤバティーヤ』著される
＊＊＊
孝文帝（北魏）　4.？没、32歳。467（㊗469）生。中国、北魏の第6代皇帝（在位471～499）。
この年 謝朓　35歳。464生。中国、六朝時代斉の詩人。
陸厥　27歳。472生。中国、南斉の詩人。

500年

この頃 ウパヴァルシャ　Upavarṣa　50？歳。450生。インドの哲学者。
サーラマティ　Sāramati　80？歳。420生。インドの仏教者。
祖沖之　㊗501頃没、71？歳。429（㊗430頃）生。中国、南朝宋の科学者。

バルトリハリ　Bhartṛhari　50?歳。450?生。インドの文法学者，哲学者。

501年

この年　孔稚珪　54歳。447生。中国，南朝斉の文人，駢文家。

502年

5.02　蕭衍が武帝と称して即位、梁王朝を樹立
＊＊＊
この年　求那毘地　中インド出身の僧。
この頃　ナルサイ　Narsai(Narses)　103?歳。399生。ペルシアのネストリオス派神学者。

503年

この年　新羅で国号が新羅に統一される
＊＊＊
この年　范雲　52歳。451生。中国，六朝時代斉の詩人。

505年

1.23　梁の武帝が五経博士を設置する
＊＊＊
この年　エウゲニウス(カルタゴの)　Eugenius (Carthago)　アフリカのカルタゴの司教。
江淹　㉘497没、61歳。444生。中国，六朝宋，斉の文学者。

507年

3.03　継体天皇が擁立される
＊＊＊
この年　アラリック2世　Alaric II　57歳。450生。西ゴート王(在位484〜507)。

508年

この年　丘遅　44歳。464生。中国，南朝梁の文臣。
任昉　㉘509没、48歳。460生。中国，六朝時代の文学者。

509年

この年　法亮　65歳。444生。中国の仏教者。

510年

この頃　范縝　㉘515没、60?歳。450生。中国，南朝梁の学者。

511年

クローヴィス1世　Clovis I　11.27没、46?歳。465(㉘466頃)生。メロビング朝フランク王国の初代の王(481〜511)。

512年

この年　聖ジュヌヴィエーヴ　Geneviève, St.　㉘500頃没、90?歳。422(㉘423頃)生。パリの守護聖女。

513年

この年　沈約　72歳。441生。中国，南北朝時代の文学者，政治家。

514年

この年　新羅で法興王が即位する
＊＊＊

シンマクス　Symmachus　7.19没。498生。教皇（在位498～514），聖人。
[この年] カウンディンヤ　Kaundinya Jayavarman　扶南の王(在位？～514)。
智証王　77歳。437生。朝鮮，新羅の第22代王(在位500～514)。
保誌　96歳。418生。中国の仏教者。

515年

[この年] アリアドネー　Ariadnē　58？歳。457生。東ローマ皇帝レオ1世の娘。

516年

[この年] グンドバッド　Gundobad　ブルゴーニュ王（在位473～516)。
鄭道昭　中国，北魏の書家。
明達　55歳。461生。康居(中央アジアのシルダリア北方)出身の伝法僧。

517年

[この年] ティモテオス　Timotheos　コンスタンティノポリスの総主教。

518年

アナスタシウス1世　Anastasius I　7.9没、87歳。431(㊟430頃)生。東ローマ皇帝(在位491～518)。
[この年] 僧祐　73歳。445(㊟435)生。中国，梁時代の僧。
[この頃] 何遜　㊟517頃没、38？歳。480(㊟465頃)生。中国，六朝梁の詩人。
鐘嶸　50？歳。468(㊟469？)生。中国，六朝の文人。
フラビアヌス2世(アンチオキアの)　Flavianus II　アンチオキア総大司教(498～512)。
ユリアノス(ハリカルナッソスの)　Ioulianós　(Halikarnassós)　カリアの主教。

520年

この年　新羅が律令を定め、官位制を整理する
　　　　＊＊＊
[この年] 麴嘉　㊟521没、23歳。497生。高昌国の麴氏の建設者(在位498～521)。
呉均　51歳。469(㊟459)生。中国，六朝梁の文学者。
[この頃] パウロス・カリニコス　Paûlos Kallínikos　エデッサで活躍した単性論者。
劉勰　㊟532没、55？歳。465(㊟466？)生。中国，六朝時代梁の文芸理論家。

521年

12.-　百済王が百済の評価を要望する国書を送る
　　　　＊＊＊
エンノディウス　Ennodius, Magnus Felix　7.17没、48？歳。473(㊟474)生。中世のラテン文学者，聖職者。
[この年] ヤコブス(サルグの)　Jacobus(Sarug)　70歳。451生。シリアの教会著述家，主教。
劉峻　59歳。462生。中国，南朝梁の文人，学者。

522年

[この年] 王僧孺　57歳。465生。中国，南朝梁の文人。
智蔵　㊟552没、64歳。458生。中国，梁代の僧。
霊弁　45歳。477生。中国の僧。

523年

フィロクセノス(マッブークの)　Philóxenos　(Mabboug)　12.10没、73？歳。450生。シリアの主教，キリスト単性論を唱導した重要な神学者。
[この年] 武寧王　61歳。462生。朝鮮，百済の第25代王(在位501～523)。
聖ブリジット　Bridget, St.　70歳。453生。アイルランドの女子修道院長。
ホルミスダス　Hormisdas, St.　514生。教皇(在位514～23)。

524年

この年 ジギスムント（ブルグンドの） Sigismund of Burgundy ブルグンドの国王（在位516～524）。徐悱 29．歳。495生。中国，南朝梁の詩人。
ボエティウス，アニキウス・マンリウス・セヴェリヌス Boethius, Anicius Manlius Severinus ⓓ525没、44？歳。480（ⓓ475？）生。ローマの学者，哲学者，神学者，政治家。

525年

この年 百済で武寧王陵が築造される
＊＊＊
この年 アヴィートゥス，アルキムス・エクディキウス Avitus, Alcimus Ecdicius ⓓ518没、74？歳。451（ⓓ450頃）生。ウィーン司教，聖人。
この頃 シャンファラー Shanfarā イスラム以前の古代アラビアの勇壮詩人。

526年

5.20 トルコのアンティオークで大地震が起こる
＊＊＊
ヨハネス1世 Joannes I, St. 5.18没、56？歳。470生。教皇（在位523～6）、聖人。
テオドリクス Theodoric 8.30没、70？歳。456（ⓓ454頃）生。東ゴート国王（在位471～526）。
この頃 陸倕 56歳。470生。中国，六朝時代斉の詩人。

527年

8.01 ユスティニアヌス1世が東ローマ皇帝に即位
この年 モンテ・カッシノに修道院が創設される
＊＊＊
僧旻 2．？没、60歳。467生。中国，梁時代，呉の人。
ユスティヌス1世 Justinus I 8.1没、77歳。450（ⓓ452）生。ビザンチン皇帝（在位518～27）。
酈道元 10．？没、58？歳。469生。中国，北魏の地理学者。
この頃 異次頓 ⓓ528没。新羅仏教の殉教者。
張率 52歳。475生。中国，南朝梁の文人。

528年

5.17 北魏の爾朱栄が皇族と官僚を大量に殺害
＊＊＊
この頃 プロコピオス（ガザの） Procopius 63？歳。465生。キリスト教弁論家，修辞学者。
マズダク Mazdak ペルシアの宗教改革者。

529年

11.- 高句麗の安蔵王の軍が百済の聖王を破る
この年 『ローマ法大全』の編纂が開始される
＊＊＊
テオドシオス（パレスティナの） Theodósios (Palestina) 1.11没、106？歳。423？生。パレスティナの修道院長。
法雲 3．？没、62歳。467生。中国，梁の僧侶。
この頃 殷芸 58歳。471生。中国，南朝梁の文人。
徐遵明 55歳。474生。中国，南北朝時代北魏の学者。
この頃 ヴィトヌス（ヴァンヌの） Vitonus (Vanne) フランスのヴェルダンの司教，聖人。

530年

フェリクス4世 Felix IV, St. 7.22没。526生。教皇（在位526～530），聖人。
爾朱栄 9．？没、37歳。493生。中国，北魏末の権臣。
この頃 孝荘帝 23歳。507生。中国，北朝・北魏の第9代皇帝（在位528～530）。
ディオスコロス Dioscurus 530生。教皇（在位530）。
裴子野 ⓓ528没、61歳。469（ⓓ467）生。中国，南朝梁の文人。
この頃 タアッバタ・シャッラン Ta'abbaṭa Sharran アラビアの詩人。

531年

昭明太子 4．？没、29歳。501生。中国，南朝梁の文人。
この頃 アマラリック Amalaric 29歳。502生。西ゴート王（526～31）。

中世

カワード1世　Kawādh I　82歳。449生。ササン朝ペルシアの王(在位488～531)。
蕭統　30歳。501生。中国, 南朝梁の文人。

532年

1.18　イスタンブールでニカの反乱が起こる
＊＊＊
ウィンワロー(ランデヴァネクの)　Winwaloe (Landévennec)　3.3没、71？歳。461生。フランスの修道院長, 聖人。
サバス　Sábas　12.5没、93歳。439生。カッパドキア出身の聖人。
|この年| ボニファキウス2世　Bonifacius II　530生。教皇(在位530～2)。

533年

11.21　ユスティニアヌス法典が完成する
＊＊＊
|この年| フルゲンティウス, ファービウス・クラウディウス　Fulgentius, Fabius Claudius Gordianus　(㋐532頃)、65？歳。468(㋐462頃)生。キリスト教教父。
|この頃| エウギッピウス　Eugippius　78？歳。455生。イタリアのルクラヌムの修道院長。
聖レミギウス　Remigius, St.　㋐535頃没、96？歳。437生。ランスの司教。

534年

アタラリクス　Athalaricus　10.2没、18歳。516生。東ゴート王(在位526～534)。
|この年| 賀抜岳　中国, 北朝後魏の武将。
孝武帝(北魏)　24歳。510生。中国, 北魏最後の皇帝(在位532～534)。
チェアディック　Cerdic　イギリスに侵攻したサクソン族の指導者。
|この頃| アンテミウス・オブ・トラーレス　Anthemius of Tralles　ギリシアの建築家。
マルケリーヌス・コメス　Marcellinus Comes　ユスティニアーヌス1世の尚書官, ラテン年代記者。

535年

1.-　武蔵国造の地位を巡る争いが起こる
＊＊＊
アマラスンタ　Amalasuntha　4.30没、37歳。498生。東ゴート王テオドリクスの娘。
エピファニオス(コンスタンティノポリスの)　Epiphanios　6.5没。コンスタンティノポリスの総主教。
|この年| ヨハネス2世　Joannes II　533生。教皇(在位533～5)。

536年

1.26　宣化天皇が即位する
＊＊＊
陶弘景　3.？没、80歳。456(㋐451)生。中国, 南北朝時代の政治家, 学者。
テオダハト　Theodahat　6.12没、46？歳。490生。イタリアの東ゴート王(534～36)。
|この年| 阮孝緒　57歳。479生。中国, 南北朝梁の学者。
セルギオス・レシャイナ　Sergios Reshaina　シリアの宗教家, 医者。
孟威　中国, 北魏の官僚。
|この頃| ザカリーアス・スコラスティコス　Zacharias Scholasticus　㋐553頃没、71？歳。465生。ガザの3傑の一人。

537年

12.27　東ローマ皇帝が聖ソフィア寺院を奉献する
＊＊＊
シルヴェリウス　Silverius　12.2没。教皇(在位536～537), 聖人。
|この年| 慧光　69歳。468(㋐478)生。中国, 後魏の僧。
蕭子顕　48歳。489生。中国, 南朝梁の文学者。
|この頃| ヒュパティオス(エフェソスの)　Hypátios (Éphesos)　東ローマ帝国の神学者。

人物物故大年表 外国人編　105

538年

この年 百済の聖王が王都を泗沘に移す

＊＊＊

セウェーロス(セウェロス，アンティオキアの) Seuêros(Sebêros, Antiocheías) 2.8没、78？歳。460生。単性論の教義体系を整えたアンティオキアの総主教。

[この年] **セウェルス** Severus 73？歳。465生。アンティオキア総主教。

539年

12.30 欽明天皇が即位する

＊＊＊

[この年] **劉孝綽** 58歳。481生。中国，六朝時代梁の文学者。

[この頃] **ヴェダストゥス(ヴァースト)** Vedastus フランスのアラース(Arras)の司教，聖人。

540年

[この年] **悼皇后** 15歳。525生。柔然可汗阿那瓌(勅連頭兵豆伐可汗)の長女。

法興王 朝鮮，新羅の第23代王(在位514～540)。

[この頃] **イムルウ・アル・カイス** Imru'ul-Qais 40？歳。500生。古代アラビアの詩人。

バルサヌフィオス Barsanoúphios ガザ近郊の聖セリドス修道院の修道士。

ブッダパーリタ Buddhapālita 70？歳。470生。インドの中期中観派の思想家。

542年

カエサリウス(アルルの) Caesarius 8.27([異]543)没、73歳。469([異]470頃)生。フランスの司教，聖人。

[この年] **ヴィティゲス** Witiges 東ゴート王(在位536～39)。

曇鸞 66？歳。476生。中国，南北朝時代の浄土教の第一人者。

[この頃] **アブラハム(エフェソスの)** Abraám (Ephésou) エフェソスの主教，聖人。

スコラスチカ Scholastica, St. [異]543頃没、62？歳。480生。ベネディクト会初の修道女，聖女。

ミヒラグラ Mihiragula 40？歳。502生。インドのフン族の王。

543年

[この頃] **レオンティウス** Leontius of Byzantium [異]545頃没、58？歳。485([異]500頃)生。ビザンチンの神学者。

544年

3.- 新羅の王都に興輪寺が竣成される

＊＊＊

[この年] **慧皎** [異]554没、47歳。497生。中国，南梁の僧。

545年

この年 新羅が「国史」を編纂する

＊＊＊

聖クロティルド Clotilde, St. 6.3没、71歳。474([異]475頃)生。フランク王妃，聖女。

[この年] **皇侃** 57歳。488生。中国，梁代の儒者。

546年

[この年] **蘇綽** 48歳。498生。中国，北周の政治家。

トリボニアヌス Tribonianus [異]542頃没、71？歳。475生。ビザンチンの法学者。

[この頃] **ユストゥス(ウルゲルの)** Justus(Urgel) スペインの聖職者，ウルゲルの司教，聖書注解者，聖人。

547年

ベネディクトゥス Benedictus a Nursia, St. 3.21([異]543)没、67？歳。480生。キリスト教の聖人。

中世

この年 アタナギルド　Athanagild　㋰566没。スペインにおける西ゴート王(在位534~47)。
温子昇　51歳。496(㋰471)生。中国, 北朝後魏の文人。
高歓　㋰546没, 51歳。496(㋰495)生。中国, 東魏の実権者, 北斉王朝の事実上の創建者。
テオドラ　Theodora　㋰548没, 47歳。500(㋰508頃)生。東ローマ皇帝ユスチニアヌス1世の皇后。

548年

この年 到漑　71歳。477生。中国, 南朝梁の文人。
李賁　㋰547没。中国, 南朝・梁時代の交州(インドシナ)で起った叛乱の指導者。
この頃 アンティモス1世(トレビゾンドの)　Ánthimos I (Trebizond)　単性論派のコンスタンティノポリス総主教。

549年

この年 王筠　68歳。481生。中国, 南朝梁の文人。
キュプリアーヌス(トゥロンの)　Cyprianus (Toulon)　73?歳。476生。トゥロンの司教(515~), 聖人。
蕭衍　85歳。464生。中国, 南朝梁の初代皇帝(在位502~549)。
蕭子雲　62?歳。487生。中国, 南朝梁の学者。
シンプリキオス　Simplikios　㋰550頃没, 59歳。490生。ギリシアの哲学者。
劉孝威　53?歳。496生。中国, 南朝梁の文人。
梁武帝　85歳。464生。中国六朝時代, 梁の初代皇帝(在位502~49)。
この頃 キアラン(クロンマクノイズの)　Ciaran (Clonmacnois)　33?歳。516生。アイルランドの修道院長, 聖人。
フィニアン(クロナードの)　Finnian (Clonard)　アイルランドの修道院長。

550年

6.11　東魏の高洋が文宣帝となり, 北斉を建国
* * *
この頃 アラートル　Arator　50?歳。500生。キリスト教ラテン詩人。
アールヤバタ1世　Āryabhāṭa　㋰553没, 74?歳。476(㋰475)生。インドの数学者, 天文学者。

スティラマティ　Sthiramati　㋰570没, 80?歳。470(㋰510)生。南インド出身の仏教大学者の一人。
プラシャスタパーダ　Praśastapāda　100?歳。450?生。インドのバイシェーシカ学派の学匠。
ユニリウス・アフリカーヌス　Junilius (Junillus) Africanus　ユスティニアーヌス帝の高官, 聖書学者, 教理学者。

551年

この頃　新羅が朝鮮半島中央部に進出する
* * *
アウレーリアーヌス(アルルの)　Aurelianus (Arles)　6.16没。アルルの大司教, 聖人。
この年 ガル(クレルモンの)　Gall (Clermont)　65?歳。486生。クレルモンの司教, 聖人。
簡文帝　㋰552没, 48歳。503生。中国, 六朝梁の第2代皇帝太宗。
徐摛　77歳。474生。中国, 南朝梁の詩人。
文帝(西魏)　44歳。507生。中国, 北朝・西魏の初代皇帝(在位535~551)。
庾肩吾　㋰550没, 64?歳。487(㋰490頃)生。中国, 六朝時代梁の文学者。

552年

この年 阿那瓌　柔然の最後のカガン(可汗)(在位520~552)。
アバ1世(大)　Aba I　東方教会の総主教。
ヴェレークンドゥス　Verecundus　北アフリカのユンカ(Byzancium地方)の司教。
侯景　49歳。503生。中国, 南北朝時代の武将。
トティラ　Totila　イタリアの東ゴート王(541~52)。
メーナース　Mēnâs　コンスタンティノポリス総主教, 聖人。
この頃 ヨルダネス　Jordanes　52?歳。500生。東ローマ帝国の歴史家。

553年

この頃 イリ-カガン　Ilig Qaghan　㋰552頃没。突厥の初代カガン(在位552~53)。
この頃 プリマーシウス　Primasius　北アフリカのハドルメートゥス(Hadrumetus)の司教。

554年

[この年] **ヴィクトル(カプアの)** Victor (Capua) カプアの司教(541〜没年)，聖人。
元帝(梁) 46歳。508生。中国，南朝梁の第3代皇帝(在位552〜554)。
聖王 [異]552没。朝鮮，百済の第26代国王(在位523〜554)。
[この頃] **ウバイド・ブン・アルアブラス** 'Ubayd bn al-Abraṣ ジャーヒリーヤ時代のアラブ詩人。
リベリウス Liberius 89？歳。465生。イタリアの元老院貴族。

555年

ヴィギリウス Vigilius 6.7没。537生。教皇(在位537〜555)。
[この年] **王僧弁** 中国，南梁の武将。
僧範 79歳。476生。平郷(河北省)の人。

556年

マクシミアーヌス Maximianus 2.21没、58歳。498生。ラヴェンナの司教，聖人。
[この年] **宇文泰** 51歳。505生。中国，西魏の実権者で北周の基礎をつくった政治家，武将。
ディオニュシウス・エクシグウス Dionysius Exiguus [異]550没、59?歳。497生。ローマの司祭。
[この頃] **キュリロス(スキュトポリスの)** Kyrillos of Scythopolis 32？歳。524生。ギリシアの修道士。
リベラートゥス Liberatus アフリカの聖職者，神学者。

557年

11.16 梁の陳覇先が禅譲を受けて陳朝を建国する

＊＊＊

[この年] **キュリアコス(隠者の)** Kyriakós 108歳。449生。パレスティナの隠修士，東方教会の聖人。
道禅 30歳。527生。交阯(ヴェトナム)の僧。
李弼 63歳。494生。中国，北周の武将。
[この頃] **メダルドゥス(ノワヨンの)** Medardus (Noyon) 6世紀初期生。フランスの司教，聖人。
ヨーアンネース(スキュトポリスの) Iōánnēs (Skythópolis) パレスティナのスキュトポリスの主教。

558年

[この年] **テオドーロス・アスキダス** Theódōros Askidâs オリゲネス派の修道士，東ローマ皇帝ユスティニアーヌス1世の神学顧問，カッパドキアのカイサリア総主教。
[この頃] **アブラハム(クラティアの)** Abraám (Kráei) 110？歳。448？生。シリア出身の隠修士，聖人。

559年

武帝(南朝陳) 6.？没、56歳。503([異]530)生。中国，南朝陳の初代皇帝(在位557〜559)。
[この年] **イダ** Ida アングロ・サクソン期，ベルニキア王国の王。
道憑 71歳。488生。中国の僧。
文宣帝(北斉) 30歳。529生。中国，南北朝の北斉初代代皇帝(在位550〜559)。

560年

[この年] **僧稠** 80歳。480生。中国，南北朝時代北斉の僧。
熊曇朗 中国，南朝陳の武将。
[この頃] **クロードヴァルド** Chlodovald 40？歳。520生。フランク人の皇太子，聖人。
ダルマパーラ Dharmapāla [異]561没、30？歳。530生。インド，唯識学派の学匠。

561年

[この年] **クロタール1世** Chlothar I 82歳。479([異]498頃)生。メロビング朝フランク王国の第2代の王(在位511〜61)。
ペラギウス1世 Pelagius I 556生。ローマ貴族出身の教皇(在位556〜561)。

563年

この頃 宗懍 ㊙561頃没,63?歳。500(㊙498頃)生。中国,南朝梁の官吏,学者。

564年

この年 洪偃 60歳。504生。中国の僧。
留異 中国,南朝陳の武将。

565年

11.14 ユスティヌアヌス2世が即位する
　　　＊＊＊
ベリサリウス Belisarius 3.13(㊙563)没,60歳。505(㊙500頃)生。東ローマ,ユスティニアヌス帝時代の将軍。
ユスティニアヌス1世 Justinianus I, Flavius Anicius 11.14没,83歳。482(㊙483)生。ビザンチン皇帝(在位527～65)。
この年 プロコピオス Prokopios ㊙562頃没,66?歳。499(㊙490頃)生。ビザンチンの歴史家。
この頃 サムソン Samson 75?歳。490生。ブルターニュのドルの司教,イギリス人宣教者,聖人。
ヨアンネス・ピロポノス Iōannēs Philoponos 5世紀生。アレクサンドリアのソフィスト,神学者。

566年

この年 新羅で皇龍寺が建立される
　　　＊＊＊
テオドシオス Theodosios 6.19?没。単性論派のアレクサンドリア総主教。
ニケーティウス(トリーアの) Nicetius(Trier) 12.5没。フランク王国時代のトリーア司教,聖人。

567年

この年 宇文貴 中国,北周の遣突厥使。
斛律金 79歳。488生。中国,北斉の武将。

568年

この年 慧愷 50歳。518生。中国,楊都の寺の僧。
慧命 40歳。528生。中国,梁の高僧。

569年

この年 真諦 70歳。499生。西インド出身の中国の僧。
傅翕 72歳。497生。中国,南北朝時代の仏教者。
この頃 タラファ Tarafa 'Amr b.al-'Abdu'l-Bakrī 26?歳。543生。アラビアの詩人。

570年

この頃 イタ(イデ) Ita(Ide) アイルランドの女子修道院長,聖人。
陰鏗 ㊙565頃没,60?歳。510生。中国,六朝・陳の詩人。
聖ギルダス Gildas, St. 70?歳。500(㊙516頃)生。イギリスの修道士,史家,聖人。
バヴィヤ Bhavya, Bhāvaviveka 80?歳。490(㊙500)生。インド大乗仏教の中観派の学僧。

571年

この年 ファクンドゥス Facundus アフリカのヘルミアネの司教。

572年

4.30 敏達天皇が即位する
　　　＊＊＊
この年 宇文護 57歳。515(㊙495)生。中国,北周の政治家。
魏収 66歳。506生。中国,北斉の学者。

573年

[この年] ナルセス　Narses　㊙575頃没、95？歳。478（㊗475頃）生。ビザンチン帝国の将軍。

574年

[この年] アルボイン　Alboin　㊙573没。ランゴバルド王(在位561～72)。

周弘正(政)　78歳。496生。中国，南北朝時代陳の学者。

[この頃] 祖珽　中国，北斉の官僚。

575年

[この年] アエティオス(アミダの)　Aëtios　73歳。502生。ギリシアの医者。

イステミ-カガン　Istämi Qaghan　突厥のカガン(可汗)。

ゴアル　Goar　古代の伝道者。

ジゲベルト1世　Sigebert I　アウストラシア王(在位561～575)。

パウロス・シレンティアリオス　Paulus Silentiarius　ギリシアの詩人。

[この頃] 張正見　48？歳。527生。中国，南朝陳の詩人。

576年

4.23　敏達天皇が後の推古天皇を皇后に立てる

＊　＊　＊

ゲルマーヌス(パリの)　Germanus(Paris)　5.28没、80？歳。496生。フランク王国を政治的・宗教的に指導したパリの司教、聖人。

[この年] シルジブールハン　Silzibul Khan　西突厥(オンオク)の始祖(在位：？～576)。

真興王　42歳。534生。朝鮮，新羅の第24代王(在位540～576)。

法雲　42歳。534生。朝鮮，元，新羅の真興王。

[この頃] 王褒　63？歳。513生。中国，北周の文学者。

577年

聖ブレンダン　Brendanus, St.　5.16(㊙578頃)没、93歳。484生。アイルランドの聖人。

ヨハネス3世(スコラスティクス)　Joannes III Scholasticus　8.31没。コンスタンチノーブル総大司教(565～77)。

[この年] 慧思　62歳。515(㊙514)生。中国，南北朝時代の僧。

孝閔帝　㊙557没、35歳。542生。中国，北周の初代皇帝。

578年

武帝(北周)　6.？没、35歳。543生。中国，北周の第3代皇帝。

ユスティヌス2世　Justinus II　10.5没。ビザンチン皇帝(在位565～78)。

[この年] ヤコブ・バラダイオス　Iakōb Barádaios　78？歳。500生。シリアのヤコブ派の組織者。

熊安生　㊙579頃没、83歳。495(㊙498頃)生。中国，北周の儒学者。

[この年] マララス, ヨアンネス　Malalās, Iōannēs　87？歳。491生。ビザンチンの歴史家。

579年

真智王　7.17没。朝鮮，新羅の25代王。

[この年] 聖フィニアン(モーヴィルの)　Finnian(Moville), St.　84？歳。495生。アイルランドの聖職者，アルスターの守護聖人。

ベネディクツス1世　Benedictus I　575生。教皇(在位574～579)。

ホスロー1世　Khusrō I　ササン朝ペルシアの王(在位531～79)。

580年

[この年] 法上　85歳。495生。中国，南北朝の仏教僧。

マルティーヌス(ブラーガの)　Martinus(Braga)　70？歳。510生。スエヴィ王国で伝道したブラーガの大司教。

中世

この頃 カッシオドルス・セナトル，フラウィウス・マグヌス・アウレリウス　Cassiodorus, Flavius Magnus Aurelius　㊙583頃没、90？歳。490（㊙487頃）生。ローマの政治家、歴史家。

581年

3.04　北周の楊堅が文帝として隋を建国する

* * *

法朗　9.？没、73歳。508（㊙507）生。中国，梁，陳の僧。

この年 顧野王　62歳。519生。中国，南朝・梁，陳の学者。

静帝（北周）　8歳。573生。中国，南北朝・北周の第5代皇帝。

庾信　㊙580没、68歳。513（㊙512）生。中国，六朝時代末期の文学者。

この頃 王慶　中国，北周の遣突厥使。

582年

この年 アガティアス　Agathias　46歳。536（㊙532頃）生。ビザンチン時代の歴史家、詩人。

ティベリオス・コンスタンティノス　Tiberios Kōnstantinos　ビザンティン皇帝（在位578〜82）。

寶毅　63歳。519生。中国，北周の遣突厥使。

武成皇后　31歳。551生。突厥（チュルク）の木扞可汗の娘。

この頃 盧思道　㊙586没、51？歳。531（㊙535）生。中国，南北朝・隋代の学者。

583年

この年 安廩　76歳。507生。中国の仏教者。

慧勇　68歳。515生。中国の僧。

警韶　75歳。508生。中国の僧。

徐陵　76歳。507生。中国，六朝時代梁，陳の文学者，政治家。

日羅　朝鮮，百済の宮廷の官人。

この頃 シャンカラスヴァーミン　Śaṅkarasvāmin　103？歳。480？生。インドの論理学者。

584年

フェレオルス（ユゼの）　Ferreolus (Uzès)　1.4没。ユゼの司教、聖人。

ヒルペリヒ1世　Chilperich I　9.？没、45歳。539生。ネウストリア王（在位561〜584）。

この年 沈重　83歳。501生。中国，南北朝時代北周の学者。

宝瓊　80歳。504生。中国の仏教者。

この頃 アムル・ブン・クルスーム　'Amr bn Kulthūm　古代アラビアの詩人。

デイニョル　Deiniol　ウェールズの聖人、ケルト人への宣教者。

585年

10.03　用明天皇が即位する

* * *

エルメネヒルド　Hermenegildo　4.13没。スペインの聖人。

この年 陰寿　中国，北周から隋初期の武将。

586年

この年　高句麗の平原王が長安城に都を移す

* * *

この年 ヨーアンネース（エフェソスの）　Iōánnēs (Éphesos)　79？歳。507生。小アジアで異邦人宣教に尽力した単性論者、教会史家。

レオビヒルド　Leovigild　西ゴート国王（在位568〜86）。

この年 ヨハネス（アシアの）　John of Asia　80？歳。506生。キリスト単性説派シリア教会の指導者。

587年

9.09　崇峻天皇が即位する

* * *

ラーデグンデ　Radegunde　8.13没、69？歳。518生。フランク王妃、聖人。

この年 ヴァラーハミヒラ　Varāhamihira　㊙585没、82歳。505生。インドの天文学者。

慧布　69歳。518生。中国の高僧。

588年

この年 曇延 72歳。516生。中国, 南北朝時代の僧。

589年

2.02 隋が陳を滅ぼし, 中国を統一する
 * * *
ヴェラヌス(カヴァヨンの) Veranus(Cavaillon) 11.11没。フランスの聖人。
この年 慧皈 74歳。515生。中国, 義興陽羨(江蘇省宜興)の人。
那連提耶舎 99歳。490生。北インド(ウディヤーナ)の仏教者。
この頃 アグネス(ポワティエの) Agnes(Poitiers) フランスの女子修道院長, 聖人。

590年

この年 蜂子皇子が出羽の羽黒山を開く
 * * *
この頃 オーフルマズド4世 Ōhrmazd IV サーサーン朝ペルシアの君主(在位579～90)。
ペラギウス2世 Pelagius II 579没。ローマ生れのゴート人の教皇(在位579～590)。
この頃 顔之推 ㊟591没, 59？歳。531 (㊟529頃)生。中国, 六朝末期の学者。
シメオン・サルス Simeon Salus シリアの聖人。

591年

この頃 スルピキウス1世(ブルジュの) Sulpicius I (Bourges) フランスのブルジュ司教(位624～没年), 聖人。
李徳林 60歳。531生。中国, 隋の文臣。

592年

12.12 崇峻天皇が蘇我馬子に暗殺される
 * * *

この年 慧遠(浄影寺の) 69歳。523生。中国の仏僧。
この頃 シメオン Simeon ㊟596没, 72？歳。520生。小柱頭行者。

593年

1.15 推古天皇が即位する
5.15 聖徳太子が国政に参加する
 * * *
この年 慧可 106歳。487生。中国の禅宗第2祖。
グントラム Guntram 68？歳。525生。メロビング朝のフランク王(在位561～93)。
千金公主 中国, 北周の女性。

594年

エウアグリオス Euágrios 8.？没, 58？歳。536生。ビザンティンの教会史家, 法律家。
グレゴワール・ド・トゥール Gregorius Turonensis 11.17(㊟595)没, 55歳。538 (㊟540？)生。フランクの歴史家, 聖職者, 聖人。
マリウス(アヴァーンシュの) Marius(Avenches) 12.31没, 64？歳。530生。スイスの年代記者, アヴァーンシュの司教, 聖人。
この年 グレゴリウス(トゥールの) Gregorius, Saint, Bpof Tours 56歳。538生。「歴史十巻」の著者。
江総 ㊟590没, 75歳。519(㊟518)生。中国, 六朝時代末の文学者。
信行 54歳。540(㊟541)生。中国, 隋代の三階教の祖。

595年

ヨハネス4世(断食者) Iōannēs IV Nēsteutēs 9.2没。コンスタンチノーブル総大司教(582～95)。
この頃 マグローリウス Maglorius イギリスの司教, 修道院長。

596年

この年 賀若誼 76歳。520生。中国, 北周の遣突厥使。

中 世

この頃 ウルワ・ブン・アルワルド 'Urwa bn al-Ward al-'Absī アラビアの詩人。

斛律孝卿 中国，隋の遣突厥使。
シャバラスバーミン Śabarasvāmin 50？歳。550生。インドの哲学者。
レアンドロ Leandro 50？歳。550生。スペインの大司教，聖人。

597年

この年 修道士アウグスティヌスがケントに上陸
＊＊＊
聖コルンバ Columbanus, St. 6.9没，75歳。521生。スコットランドの使徒。
智顗 11.24没，59歳。538生。中国，天台宗の開祖。
この年 慧哲 58歳。539生。中国の僧。
フレデゴンド Feédégonde フランク王妃。

601年

4.12 高句麗・百済に任那の復興を要請する
＊＊＊
この年 コムガル Comgall, St. 85？歳。516生。北アイルランドのバンガー修道院の創設者，初代院長，聖人。
聖ダヴィト David （殁）589頃没，106？歳。495？生。ウェールズの司教，守護聖人。
レカレド1世 Recared I(Rekkared) 西ゴート(スペイン)の王。

598年

この年 隋の文帝が高句麗征伐を命じる
＊＊＊
この年 劉臻 71歳。527生。中国，南北朝・隋代の学者。

602年

9.- 百済の武王が新羅を攻めるが敗北する
＊＊＊
マウリキウス Mauricius 1.28没、63歳。539生。東ローマ皇帝(582～602)。
この年 ヌアマーン・アブー・カーブース Nu'mān Abū Qābūs 22？歳。580生。イラクのヒーラに都したアラブ族のラハム朝最後の王(580～602または585～607)。
この頃 リウドハルド Liudhard(Letard) イギリスの司祭，聖人。

599年

5.26 大和で地震が起こる
＊＊＊
この頃 アナスタシオス1世(アンティオキアの) Anastásios I(Antiócheia) アンティオキアの総主教，聖人。
ケニス(デリの) Canice(Derry) 78？歳。521生。アイルランドの修道院長，聖人。

603年

11.11 飛鳥の小墾田に都を移す
＊＊＊
聖ケンティガン Kentigern(Mungo), St. 1.13没，85？歳。518生。スコットランドの宣教者，使徒，聖人。
この頃 フィンタン(クロネーナグの) Fintan (Cloneenagh) アイルランドの修道院長，聖人。
庾季才 87歳。516生。中国，北周隋の学者。
この頃 グレゴリウス(アグリゼントゥムの) Gregorius(Agrigentum) 44？歳。559生。アグリゼントゥムの司教，聖人。

600年

この年 百済で法王の子の武が王位を継ぐ
＊＊＊
この年 都藍可汗 東突厥のカガン(在位588～600)。
この頃 アサフ Asaph ウェールズ人の聖人。
ウッディヨータカラ Uddyotakara 50？歳。550生。インドの正理派の学者，論理学者。
ウマースヴァーティ Umāsvāti 50？歳。550生。インドの哲学者，ジャイナ教教理の組織者。
エヴァグリウス Evagrius Scholasticus （殁）594没，64？歳。536生。ビザンチンの歴史家。
カピラル Kapilar 100？歳。500？生。南インドのドラヴィダ語系タミル文学の詩人。

604年

1.11 聖徳太子が冠位十二階を定める
5.06 聖徳太子が「憲法十七条」を制定する
8.- 煬帝が隋の皇帝に即位する
＊＊＊
グレゴリウス1世 Gregorius I, St. 3.12没、64？歳。540生。教皇(在位590〜604)。
アウグスティヌス(カンタベリーの、聖) Augustinus Cantobriensis 5.26(㊥607頃)没。イギリスの聖人。
文帝(隋) 7.13没、63歳。541生。中国、隋朝の初代皇帝(在位581〜604)。
|この頃| アディー・ブン・ザイド 'Adī bn Zayd ㊥587頃没。古代アラビアのキリスト教徒、詩人。
皇甫誕 中国、隋の政治家。
闍那崛多 ㊥600没、77歳。527(㊥523)生。ガンダーラのプルシャプラ(ペシャワル)出身の伝法僧。
陳後主 51歳。553生。中国、六朝時代・陳の最後の天子、文学者。
楊勇 中国、隋の皇族。
|この頃| ナービガ al-Nābighah al-Dhubyānī ㊥603頃没、69？歳。535(㊥530頃)生。イスラム成立に先立つ時代のアラブ詩人。

605年

4.24 推古天皇が鞍作鳥に飛鳥大仏を造らせる
＊＊＊
|この年| アレキサンダー Alexandros(Tralles) 80歳。525生。東ローマ帝国の医学者、医学編述者。
劉方 6世紀中生。中国、隋の将軍。
霊裕 85歳。520(㊥518)生。中国、隋の僧。
|この頃| ザイド・ブン・アムル Zayd bn 'Amr bn Nufayr アラブの宗教思想家。
道荘 80？歳。525生。中国の僧。

606年

5.20 鞍作鳥の丈六仏が法興寺金堂に安置される
＊＊＊
サビーニアーヌス Sabinianus 2.22没。教皇(在位604〜606)。
楊素 7.23没。中国、隋の権臣。
|この頃| 僧璨 中国、隋の僧、禅宗の第3祖。

知矩 71歳。535生。呉郡の人。

607年

8.01 小野妹子らの遣隋使が隋に派遣される
＊＊＊
|この年| 賀若弼 63歳。544生。中国、隋の武将。
高熲 中国、隋の宰相。
智脱 66歳。541生。俗姓は蔡氏。
曇遷 65歳。542生。中国の僧。
ボニファキウス3世 Bonifacius III 607生。教皇(在位607)。
|この頃| デーシーデリウス(ヴィエンヌの) Desiderius(Vienne) フランスの聖人。

608年

10.25 小野妹子が再び遣隋使として隋に赴く
＊＊＊
|この年| 洪遵 78歳。530生。中国の僧。
志念 73歳。535生。中国の僧。
劉焯 ㊥610没、66歳。542(㊥544)生。中国、隋の儒者。
|この頃| 王劭 中国、隋の学者。

609年

10.- 小野妹子が隋から帰国する
＊＊＊
|この年| 啓民可汗 東突厥の可汗(在位？〜609)。
薛道衡 ㊥607？没、69歳。540(㊥538？)生。中国、隋の文学者。
長孫晟 57歳。552生。中国、隋の将軍。
|この頃| アナスタシオス2世(アンティオキアの) Anastásios II(Antiócheia) アンティオキアの総主教、聖人。
エウロギオス(アレクサンドリアの) Eulógios(Alexándreia) シリア生れの神学者、聖人。
フォルトゥナトゥス、ヴェナンティウス Fortunatus, Venantius Honorius Clementianus ㊥600頃没、79？歳。530(㊥540頃)生。古代末期ローマのキリスト教詩人。

中世

610年

1.01　隋で白装束の一団が洛陽の皇城に乱入する
　　　　＊＊＊
フォーカス　Phocas　10.5没、63？歳。547生。東ローマ皇帝(602～10)。
[この年]　牛弘　65歳。545生。中国，隋の政治家。
彦琮　53歳。557生。中国，隋の僧。
[この頃]　ヴィルギリウス(アルルの)　Virgilius(Arle)　6世紀中生。フランスのアルルの大司教，聖人。
ヴェナンティウス，フォルトゥナートゥス　Venantius Fortunatus　80？歳。530生。キリスト教ラテン詩人。
ヘナーナ　Henana　シリアの神学者。

611年

3.14　聖徳太子が勝鬘経義疏を著す
　　　　＊＊＊
[この年]　智通　63歳。548生。中国の仏教者。

612年

2.-　隋の煬帝が高句麗遠征を開始する
　　　　＊＊＊
[この年]　宇文愷　57歳。555生。中国，隋代の建築家。

613年

11.02　聖徳太子が維摩経義疏を著す
　　　　＊＊＊
テオドーロス(シュケオンの)　Theódōros(Sykéōn)　4.22没。ギリシア正教会の修道院長，主教，聖人。
楊玄感　8.？没。中国，隋の叛臣。
[この年]　ジゲベルト2世　Sigebert II　12歳。601生。アウストラシア王(在位613)。
僧粲　84歳。529生。中国の僧。
波若　52歳。561(㊥562)生。朝鮮，高句麗の僧。
ブルンヒルデ　Brunhilda　63？歳。550(㊥534)生。アウストラシア王ジゲベルトの妃。

614年

7.24　犬上御田鍬を隋に派遣する
　　　　＊＊＊
[この年]　靖嵩　77歳。537生。中国の僧。

615年

5.18　聖徳太子が法華経義疏を編纂する
　　　　＊＊＊
コルンバーヌス　Columbanus, St.　11.23没、72？歳。543生。アイルランドの聖人、カトリック伝道者。
[この年]　道判　83歳。532生。中国，北斉の僧。
ボニファキウス4世　Bonifacius IV, St.　608生。教皇(在位608～15)。
[この頃]　アンタラ　'Antara bn Shaddād　古代アラビアの詩人。
マヘンドラヴァルマン　Mahendravarman　カンボジア，古代王国チェンラ(真臘)の王(在位？～615頃)。

616年

エゼルバート　Ethelbert I　2.24没、64？歳。552(㊥550頃)生。アングロ・サクソン期，ノーサンブリアの王。
[この年]　浄業　52歳。564生。中国の仏教者。
智越　73歳。543生。中国の南陽(河南省)の人。
張金称　中国，隋末の農民反乱指導者。
[この頃]　ベルタ　Bartha　56？歳。560生。フランク王ハリベルトの娘，イギリス七王国時代のケント王アゼルベルトの妃。
レドワルド　Raedwald　イギリス七王国時代のイーストアングリア王。

617年

12.12　隋で李淵が長安城を平定する
　　　　＊＊＊
翟譲　11.11没。中国，隋末動乱時の群雄の一人。
[この年]　王通　㊥618没、33歳。584(㊥586)生。中国，隋末の学者。

劉炫　68歳。549生。中国, 隋の学者。
[この頃] ウェンデリヌス　Wendelinus　63？歳。554生。アイルランド人。

618年

6.18　李淵が高祖として即位, 唐が建国される
＊＊＊
煬帝　3.11没、49歳。569(㊗580)生。中国, 隋朝の第2代皇帝(在位604〜618)。
李密　12.30没、36歳。582生。中国, 隋末の群雄の一人。
[この年] ケヴィン　Kevin　アイルランドの聖人。
薛挙　中国, 隋末期の反乱指導者の一人。
薛仁杲　中国, 隋末期の反乱指導者の一人。
デウスデーディトゥス1世　Deusdeditus, St.　615生。教皇(在位615〜618), 聖人。

619年

ラウレンティウス(カンタベリの)　Laurentius (Canterbury)　2.2没。カンタベリの第2代大司教, 聖人。
ヨーアンネース(施与者)　Ioánnēs (Eleēmosynários)　11.11没、59？歳。560生。アレクサンドリア総主教, ギリシア教会の聖人。
[この年] 宇文化及　中国, 隋の叛臣。
恭帝(隋)　中国, 隋第4代皇帝(正統な皇帝には数えられていない)(在位618〜619)。
恭帝(隋)　14歳。605生。中国, 隋第3代皇帝(在位617〜618)。
始畢可汗　中国, 東突厥の王。
達摩笈多　南インド羅囉国の仏教者。
モスクス, ヨハネス　Moschus, Johannes　69？歳。550生。東方教会修道士, 修徳的文書の著者。
李軌　中国, 隋末期の反乱指導者の一人。
[この頃] ハディージャ　Khadīja bint Khuwaylid　マホメットの最初の妻。
フルゲンティウス(エーシハの)　Fulgentius (Écija)　79？歳。540生。スペインのエーシハ司教, 聖人。
マクシムス・デ・サラゴーサ　Maximus de Zaragoza　スペインの司祭。
ヨアンネス・モスコス　Ioánnēs Móschos　69？歳。550生。ビザンティンの修道士。

620年

[この年] 宋金剛　中国, 隋末期の反乱指導者の一人。
沈法興　中国, 隋末の反乱指導者の一人。
劉武周　中国, 隋末期の反乱指導者の一人。

621年

3.03　聖徳太子が死亡する(日本書紀による)
＊＊＊
[この年] 王世充　中国, 隋末唐初の鄭国皇帝(在位619〜621)。
蕭銑　38歳。583生。中国, 隋末期の反乱指導者の一人。
竇建徳　48歳。573生。中国, 隋末の群雄の一人。

622年

4.08　聖徳太子が没す(法隆寺等の資料による)
9.04　マホメットがメッカからメジナに逃れる
＊＊＊
[この年] 李子通　中国, 隋末期の反乱指導者。
林士弘　中国, 隋末期の反乱指導者の一人。

623年

この年　新羅が任那を討伐する
＊＊＊
劉黒闥　1.？没。中国, 唐初の群雄の一人。
[この年] 慧慈　㊗622没。朝鮮, 高句麗の僧。
徐円朗　中国, 隋末期の反乱指導者の一人。
法侃　72歳。551生。中国の仏教者。
[この年] ナドル・ブン・ハーリス　al-Naḍr bn al-Ḥārith　イスラム成立期の講釈師, 医師。

624年

この年　唐から高句麗に道教が伝来する
＊＊＊

メリトゥス　Mellitus of Canterbury, St.　4.24没。
　イングランドの聖職者。
[この年] 慧超　76?歳。548生。中国の僧。
嘉祥大師　⑯623没、74歳。550(⑯549)生。中国、
　隋時代の三論宗再興の祖。
高開道　中国、隋末期の反乱指導者の一人。
杜伏威　⑯623没。中国、隋末期の農民反乱指導者
　の一人。
輔公祏　中国、隋末期の反乱指導者の一人。

625年

ハムザ・ビン・アブドゥル・ムッタリブ
　Abū'Umāra Ḥamza ibn 'Abd al-Muttalib　3.23
　没。イスラムの預言者マホメットの叔父。
[この年] ボニファキウス5世　Bonifacius V　619生。
　教皇(在位619〜25)。
マヘーンドラヴァルマン1世　Mahendravarman I
　⑯630没。インド、パッラヴァ朝の王(在位600〜
　30)。

626年

9.04　唐で李世民が即位し太宗と称する
　　　＊＊＊
[この年] 宝襲　79歳。547生。中国の僧。
李元吉　23歳。603生。中国、唐の初代皇帝高祖の
　第4子。
李建成　37歳。589生。中国、唐の初代皇帝高祖の
　長子。

627年

12.12　ササン朝ペルシアがニネヴェの戦いで敗北
　　　＊＊＊
裴矩　8.19没、70歳。557(⑯548?)生。中国、隋・
　唐初の名臣。
ユストゥス　Justus, St.　11.10没。イギリスの
　ローマ人聖職者、聖人。
[この頃] 袁朗　中国、南北朝・隋・唐時代の文人。
ズハイル　Zuhayr bn Abī Sulmā　97?歳。530生。
　古代アラビアの代表的詩人。

628年

4.15　推古天皇が死去する
　　　＊＊＊
[この年] アナスタシオス(ペルシアの)　Anastásios
　(Persías)　ペルシア生れのキリスト者, 殉教者。
屈突通　71歳。557生。中国、隋末・唐初期の武将。
トン・ヤブグ・ハガン　Ton Yabgn qagan　西突厥
　の君主。
バーバイ・マグニ　Bābai Magni　ネストリオス主
　義の神学者。
ホスロー2世　Khusrō II　ササン朝ペルシアの王
　(在位590, 1〜628)。
[この頃] 祖孝孫　中国、隋・唐初期の学者。
統葉護可汗　西突厥のカガン(在位617/8〜628/
　30)。

629年

この年　玄奘が長安を発ってインドへ旅立つ
　　　＊＊＊
エウスタシウス　Eustasius　4.2没。フランスの修
　道院長。
[この年] クロタール2世　Chlothar II　45歳。584生。
　メロビング朝フランク王(584〜629)。
[この頃] アアシャー　al-A'shā, Maimūn b.Qais　ア
　ラビアの詩人。

630年

1.11　マホメットがメッカに入城する
9.16　犬上御田鍬らが遣唐使として派遣される
　　　＊＊＊
杜如晦　3.19没、45歳。585生。中国、初唐の名相。
[この年] ウマイヤ・イブン・アビーツ・サルト
　Umaiya ibn abī'ṣ-Ṣalt　アラビアの宗教詩人。
円光　⑯640没、99歳。531生。朝鮮、新羅の高僧。
義成公主　中国、隋朝の皇女。
テオフィラクス・シモコッタ　Theophilactos
　Simocattes　50?歳。580生。東ローマ帝国の歴
　史家。
バティルデ　Bathilde, St.　フランク王クロービス
　2世の妃。
陸徳明　⑯628頃没、80?歳。550生。中国、隋、唐
　の学者。

この頃 恵現 百済の僧。
シモカット Simocattes, Theophylact 50？歳。580生。エジプトの歴史学者。

631年

4.07 百済の王子豊璋が人質として来日する
　　　　＊＊＊
ザカリーアス Zacharias 2.21没。イェルサレムの総主教。
この頃 突利可汗 28歳。603没。突厥（チュルク）可汗。
曇徴 52歳。579生。朝鮮，610（推古18）年に来朝した高麗の僧。

632年

ムハンマド Muhammed, Abul Kasemben Abdallah 6.8没，61？歳。570（㊥571頃）生。イスラム教の創始者。
この頃 灌頂 71歳。561生。中国，唐の僧。
真平王 朝鮮，新羅の第26代王（在位579～632）。
張公謹 48？歳。584生。中国，唐の政治家。
この頃 ワラカ Waraguah, b.Nawfal b.Asad al-Qurashi 61？歳。571生。アラビアの伝道者，マホメットの妻ハディージャの従兄弟。

633年

3.11 唐の使節の高表仁らが日本から帰国する
　　　　＊＊＊
聖エドウィン Edwin, St. 10.12（㊥632）没，49歳。584（㊥585頃）生。イギリスのノーサンブリア王（在位616～32），聖人。
この頃 波羅頗迦羅蜜多羅 69歳。564生。北インド出身の唐代伝法僧。
ファーティマ Fāṭimah, bint Muḥammad ㊥634没，28？歳。605（㊥606頃）生。イスラムの始祖マホメットの娘。
フィンバル Finbarr アイルランドの司教，修道院長。
ムサイリマ Musaylima, Abu Thumāmah イスラム勃興前後にアラブ社会に出現したいわゆる「偽預言者」の一人。

634年

3.- 百済で護国寺の王興寺が完成する
この年 新羅で芬皇寺が創建される
　　　　＊＊＊
アブー・バクル Abū Bakr 8.23没，61？歳。573（㊥572頃）生。イスラム国家の初代カリフ（在位632～634）。
この年 袁天綱 中国，隋末・唐初期の予言者。
キャドワロン Cadwallon ㊥633没。イギリス，ウェールズ北部のグゥイネドの王。
頡利可汗 東突厥の第11代可汗（在位620～30）。
この頃 ハーリス・ブン・カルダ al-Ḥārith bin Kaladah アラビアの医者。

635年

7.29 百済の使節が日本に朝貢する
　　　　＊＊＊
高祖（唐） 5.6没，69歳。566（㊥565）生。中国，唐朝の創立者。
法礪 10.？没，66歳。569生。中国，隋，唐の僧。
この年 イーシャーナヴァルマン1世 Icānavarman クメール族真臘王国の王。
王遠知 107歳。528生。中国，唐初期の道士。
智首 68歳。567生。中国，隋・唐代の僧。
道哲 71歳。564生。中国の仏教者。

636年

8.20 イスラム軍がヤルムーク川の戦いで勝つ
　　　　＊＊＊
イシドルス Isidor da Sevilla, St. 4.4（㊥634）没，76？歳。560（㊥570頃）生。聖人，教会博士，神学者，歴史家，ヨーロッパ最後の教父。
この年 玄琬 74歳。562生。中国の北地における涅槃学者。
道岳 68歳。568生。河南省洛陽の人。

637年

この年 蝦夷が反乱を起こす
　　　　＊＊＊

この年　カルタク　Carthac　アイルランドの聖人，修道院長，司教。
道基　60？歳。577生。中国，隋の僧。
姚思廉　80歳。557生。中国，唐の政治家。

638年

ソーフロニオス　Sōphrónios　3.11没、78？歳。560生。イェルサレム総主教、聖人。
虞世南　5.？没、80歳。558(㊙550)生。中国，唐初の書家，詩人，政治家。
ホノリウス1世　Honorius I　10.12没。教皇(在位625～38)。
セルギウス　Sergios　12.9没。コンスタンチノーブル総大司教(在位610～38)。
この年　柴紹　中国，唐初期の功臣。
秦瓊　中国，隋末・唐初期の武人。
この頃　ウトバ・ブン・ガズワーン　'Utba bn Ghazwān　アラビアの武将。

639年

ダゴベルト1世　Dagobert I　1.9(㊙638)没、39？歳。600(㊙605頃)生。メロビング朝フランク王(在位629～639)。
この頃　イシバル・テレス・カガン　Isbar Tölis Khaghan　西突厥の可汗(在位634～639)。
王珪　68歳。571生。中国，唐の政治家。
静琬　中国，隋唐時代の僧。
智正　80歳。559生。定州安喜(真定府定州)の人。
傅奕　85歳。554(㊙555)生。中国，唐の道士。
ピピン1世　Pippin der Ältere　㊙640頃没。フランク王国カロリング朝の始祖。

640年

10.31　学問僧の南淵請安らが唐から帰国する
＊＊＊
セヴェリーヌス　Severinus　8.2没。教皇(在位640)。
杜順　11.？没、83歳。557生。中国，華厳宗の第1祖。
この年　安含　61歳。579生。朝鮮，新羅の入隋僧。
エドバルド　Eadbald　アングロ・サクソン期のケント王。
智皎　67歳。573生。襄陽の人。
法順　83歳。557生。中国，唐代の華厳宗の初祖。

法琳　68歳。572生。中国，唐初の仏僧。
李孝恭　50歳。590生。中国，唐の遣突厥使。
この頃　アルヌルフ(メスの)　Arnulf(Metz)　60？歳。580生。フランスのメスの司教，聖人。
ベウノ　Beuno　ウェールズのクリュノグ(Clynnog)の修道院長，聖人。
マクトゥス　Machutus(Malo, Maclovius, Maclou)　ブルターニュの聖人。

641年

3.02　唐の文成公主が吐蕃に嫁ぐため長安を出発
この年　百済で武王の太子の義慈が王位を継ぐ
＊＊＊
ヘラクリウス　Heraclius　2.10没、66？歳。575生。ビザンチン皇帝(在位610～641)。
この年　アブー・ウバイダ　Abū 'Ubayda al-Jarrāḥ　㊙639没、58歳。583生。初期イスラム教団の有力指導者。
欧陽詢　84歳。557生。中国，唐初の著名な書家。
ヘラクレオナス　Heracleonas　26歳。615生。東ローマ皇帝(在位641.2.～9)。
この頃　トゥライハ　Ṭulaiha b.Khuwailid b.Nawfal al-Asadī al-Faq'adī　アラビアの預言者。
ビラール　Bilāl bn Rabāḥ　イスラム教団最初のムウアッジン(祈りの時を知らせて信徒を呼び集めるもの)。

642年

8.-　百済の義慈王の軍が新羅を攻める
この年　高句麗で淵蓋蘇文が宝蔵王を擁立する
＊＊＊
聖オズワルド　Oswald(Osvald), St.　8.5没、37？歳。605(㊙604)生。ノーサンブリア(昔のイギリスの一王国)王(634～42)，聖人。
この年　僧弁　74歳。568生。南陽(河南省南陽府)の僧。
ハーリド・ブン・アルワリード　Khālid ibnu'l-Walīd　初期イスラム時代のアラブの部将。
プラケーシン2世　Pulakesin II Satyasraya　㊙643頃没、34歳。608生。インド，西チャールキヤ朝第6代の王(在位609～42)。
ヨハネス4世　Joannes IV　640生。ダルマチア生れの教皇(在位640～2)。

643年

魏徴　1.?没、63歳。580生。中国，唐初の功臣，学者。
[この年]　侯君集　中国，唐の武将。

644年

この年　唐の太宗が高句麗を攻撃する
　　　　　　＊＊＊
パウリヌス　Paulinus(York)　10.10没、60?歳。584生。イギリス，アングロ・サクソン時代の聖職者。
ウマル　'Umar bn al-Khaṭṭāb　11.?没、63?歳。581(㊥586頃)生。イスラム国家第2代カリフ(在位634～44)。
[この年]　王績　54?歳。590(㊥585)生。中国，隋末唐初の詩人，隠士。

645年

1.07　玄奘が長安に帰る
7.10　蘇我入鹿が暗殺され、大化の改新が始まる
　　　　　　＊＊＊
道綽　4.27没、83歳。562生。中国，隋唐代の僧。
ガルス　Gallus　10.16(㊥640頃)没、95?歳。550生。アイルランドの聖人。
[この年]　慧浄　67歳。578(㊥587)生。中国，隋の僧侶。
戒賢　㊥644頃没、116歳。529(㊥528頃)生。インドの仏教論師。
顔師古　64歳。581生。中国，唐初の学者。
聖ゴール　Gall, St.　95?歳。550生。アイルランドの修道僧。
法常　78歳。567生。中国の仏教者。
法敏　66歳。579生。中国の僧。
[この頃]　慧休　97?歳。548生。中国の僧。
ハンサー　al-Khansā, Tumādir bint 'Amr bn al-Sharīd　㊥664頃没、70?歳。575生。アラビアの女流詩人。

646年

1.22　孝徳天皇が大化の改新を発詔する
　　　　　　＊＊＊
[この年]　姜確　中国，唐の武将。

647年

2.24　高麗、新羅が日本に朝貢する
　　　　　　＊＊＊
[この年]　安調遮　中国，唐の遣突厥答礼使。
韓華　中国，唐の遣突厥答礼使。
善徳女王　朝鮮，新羅の第27代王(在位632～647)。
ハルシャ　Harsha-Vardhana　㊥646頃没、41歳。606(㊥590頃)生。古代インド，ハルシア王朝の創始者(在位606～647)。
毗曇　新羅の有力貴族。
[この頃]　スルピキウス2世・ピウス　Sulpicius II Pius　フランスのブルジュ司教(位584～没年)，聖人。

648年

2.29　三韓に学問僧を派遣する
　　　　　　＊＊＊
フルサ　Fursa　1.16没。アイルランドの修道士，修院長，聖人。
房玄齢　7.24没、70歳。578生。中国，初唐の宰相。
[この年]　孔穎達　74歳。574生。中国，唐初の学者。
吐迷度　ウイグル(回鶻)部の第3代部長。
李百薬　84歳。564生。中国，隋・唐の学者。
[この頃]　アブー・ズアイブ　Abū Dhu'aib Khuwailid b.Khālid al-Qaṭīl　アラビアの詩人。
ビリヌス　Birinus　イギリスのオックスフォード近くのドーチェスター(Dorchester)の初代司教。
フェーリクス　Felix　イギリスのダニッチの司教，聖人。

649年

7.10　唐で李治が高宗として王位を継ぐ
　　　　　　＊＊＊
マルータス(マルーター)(タグリットの)　Maroutas(Marūthā)(Tagrit)　5.2没、84?歳。565生。ペルシアのヤコブ派単性論者。
テオドルス1世　Theodorus I　5.13没。教皇(在位642～649)。
李靖　5.18没、78歳。571生。中国，唐初の名将。
太宗(唐)　5.26没、49歳。600(㊥598)生。中国，唐朝の第2代皇帝(在位626～49)。

中世

|この年| ソンツェン・ガンポ　Sroṅ-btsan sgam-po　㉚650没、68？歳。581(㉚569)生。チベットの初代の王。
道洪　78歳。571生。河東(山西平陽府蒲州)の人。

650年

3.16　穴戸(長門)国司が白雉を献上する
＊＊＊
|この年| アル・フタイア　al-Ḥuṭai'ah　アラビアの詩人。
豆盧寛　69歳。581生。中国、唐の遣突厥使。
|この頃| ウィニフレッド　Winifred, St.　イギリスの伝説上のウェールズの守護聖人。
チャンドラキールティ　Candrakīrti　㉚680頃没、50？歳。600(㉚610頃)生。スマトラ、シュリーヴィジャヤの高僧。
レオンティオス(ネアポリスの)　Leóntios (Neápolis)　60？歳。590生。キュプロス島のネアポリス(現ネモシア)主教、聖人伝作者。

651年

10.30　唐で永徽律令格式が制定される
＊＊＊
オスウィン　Oswin　8.20没。アングロ・サクソン王。
聖アイダン　Aidan of Lindisfarne, St.　8.31没、46歳。605生。ノーサンブリア司教。
|この年| 道信　71歳。580生。中国の僧。
ブラウリオ　Braulio　66？歳。585生。スペインの司教、著述家、聖人。
ヤズド ガルド 3 世　Yazdgard III　ペルシアのサーサーン朝の王(在位632～51)。

652年

|この年| 李泰　34歳。618生。中国、唐の太宗の第4子。
ロターリ　Rothari　イタリア北部ランゴバルド王国の王(在位636～52)。
|この頃| アッバース　'Abbās　86？歳。566生。バグダッドのカリフ。
アブド・アッラーフ・ブン・マスウード　'Abd Allāh bn Mas'ūd　預言者マホメットの教友。
カアブ・アルアフバール　Ka'b al-Aḥbār, Abū Isḥāq Ka'b bn Māti'　イスラム神学者。

653年

6.12　吉士長丹が遣唐使として入唐する
＊＊＊
ホノーリウス(カンタベリの)　Honorius (Canterbury)　9.30没。イギリスの第5代カンタベリ大司教、聖人。
|この年| 李道宗　54歳。599生。中国、唐の遣吐蕃婚聘使。
|この頃| アッバース　al-'Abbās b.'Abdu'l-Muṭṭalib　74？歳。579生。アラビアの商人。

654年

7.-　唐の柳奭が武昭儀との争いに敗れる
この年　新羅で武烈王が即位する
＊＊＊
|この年| 真徳女王　新羅第28代の王(在位647～654)。
知巌　77歳。577生。中国、丹陽曲阿の牛頭宗僧。
|この頃| ヨアンネス・クリマコス　Joannes Climacus, St.　㉚649没、75？歳。579(㉚570頃)生。聖カテリナ修道院長、聖人。

655年

11.16　唐で武昭儀が皇后となる(則天武后)
＊＊＊
マルティヌス1世　Martinus I　9.16没。教皇(在位649～55)、聖人。
|この年| 阿史那社爾　東突厥の王族、のちに唐の将軍。
王皇后　中国、唐の高宗の廃后。
シゲベルト　Sigeberht　イギリス、アングロ・サクソン時代のエセックス王。
ペンダ　Penda　㉚654没、80？歳。575(㉚600頃)生。イギリス、七王国時代のマーシア王(在位632頃～655)。

656年

ウスマーン　'Uthmān b.'Affān　6.17(㉚655)没、82？歳。574生。イスラム国家第3代カリフ(在位644～656)。
|この年| 閻立徳　中国、唐の工芸家、建築家。

崔敦礼　60歳。596生。中国，唐の回紇部主冊立使。
ジゲベルト3世　Sigebert III　26？歳。630生。アウストラシア王(在位639～656)。
唐倹　80歳。576生。中国，唐の遣突厥使。

657年

7.26　第4代カリフのアリーがシリア総督と戦う
　　　　　＊＊＊
エウヘニオ(トレードの)　Eugenio de Toledo　11.13？没。スペインのトレード大司教，聖人。
[この年] エウゲニウス1世　Eugenius I　654生。教皇(在位654～7)，聖人。
牛頭法融　63歳。594生。中国，唐代の禅僧。

658年

[この年] イシュ・ヤーブ3世　Ishu'-Jab III　58？歳。600生。ペルシアの東方教会総主教。
尉遅恭　73歳。585生。中国，唐初期の武将。
褚遂良　㊟659没，62歳。596(㊟569)生。中国，唐代初期の書家。
道因　71歳。587生。中国の仏教者。

659年

10.07　伊吉連博徳らの遣唐使船が越州に到着する
　　　　　＊＊＊
長孫無忌　7.？(㊟695)没，64？歳。595生。中国，唐初の重臣。
[この年] 阿史那賀魯　西突厥の可汗(在位651～657)。
ゲルトルーディス(ニヴェルの)　Gertrudis, St.　㊟653頃没，33歳。626生。ニヴェルの女子修道院長，聖人。

660年

7.18　百済が唐・新羅に滅ぼされる
　　　　　＊＊＊
バーヴォ　Bavo　10.1没，60？歳。600生。ベルギーのベネディクト会士，聖人。
エリギウス　Eligius　12.1(㊟659頃)没，70？歳。590(㊟588頃)生。北フランスのノアイヨンの司教，金工家。
[この年] 階伯　朝鮮，滅亡時の百済将軍。
義慈王　朝鮮，百済の最後の王(在位641～660)。
[この頃] ドナートゥス(ブザンソンの)　Donatus (Besançon)　ブザンソンの司教，修道規則書の著者。
ブラーマグプタ　Brahmāgupta　㊟665？没，62？歳。598(㊟596)生。インドの数学者，天文学者。
ブルグンドファラ　Burgundofara　フランスの女子修道院長，聖人。

661年

1.24　ムアーウィヤがウマイヤ朝を創始する
　　　　　＊＊＊
アリー　'Alī bn Abī Tālib　1.24没，63歳。598(㊟600頃)生。イスラムの第4代カリフ。
フィナン　Finan　8.31没。イギリスのリンディスファーンの司教，聖人。
[この年] 武烈王　58歳。603(㊟604)生。朝鮮，新羅の第29代王(在位654～661)。
ラビード　Labīd b.Rabi'a Abū 'Aqīl　101？歳。560？生。アラビアの詩人。

662年

2.20　日本が百済の鬼室福信に兵器などを送る
　　　　　＊＊＊
マクシモス　Maximus Confessor　8.13没，82歳。580生。ビザンチンの神学者，聖人。
[この年] 阿史那弥射　西突厥の王。
[この頃] カアブ・ブン・ズハイル　Ka'b bn Zuhayr　イスラム成立期の詩人。

663年

10.04　日本・百済連合軍が白村江で大敗する
　　　　　＊＊＊
[この年] 豊璋王　朝鮮，百済最後の王。

664年

6.16　日本が唐の使者の入京を拒否する
　　　　　＊＊＊

中世

玄奘　2.5(⑭649)没、64歳。600(⑭602)生。中国、唐代の仏僧、訳経家。
デウスデーディトゥス　Deusdedit　7.14没。カンタベリ第6代大司教、聖人。
ケッド(ケッダ)　Cedd(Cedda)　10.26没。東サクソン人の司教、聖人。
この年　アムル・ブン・アル-アース　'Amrū bn al-'Āṣ　⑭663頃没、70歳。594(⑭570頃)生。アラビアの武人、政治家、エジプト征服者。
イルデフォンスス　Ildefonsus　⑭667没、56？歳。608(⑭607頃)生。スペインのトレドの大司教、聖人。
鬼室福信　⑭662没。朝鮮、百済の武将。
上官儀　56？歳。608生。中国、初唐の政治家、詩人。

665年

11.06　唐の劉徳高らが来日し、入京を許される
＊　＊　＊
この年　于志寧　77歳。588生。中国、唐の政治家。
丘行恭　79歳。586生。中国、隋末・唐初期の武将。
泉蓋蘇文　朝鮮、高句麗末期の将軍、宰相。
程知節　中国、唐の軍人。
呂才　中国、唐太宗・高宗の官僚。

666年

11.28　高麗が日本に朝貢する
＊　＊　＊
この年　李義府　52歳。614生。中国、初唐の官僚。
この頃　阿史那歩真　突厥(チュルク)の将軍。

667年

4.17　中大兄皇子が都を大津宮に移すことを発表
＊　＊　＊
道宣　10.3没、71歳。596生。中国、唐代の南山律宗の祖。
この年　蘇定方　75歳。592生。中国、唐の武将。
禄東賛　吐蕃の遣唐使。

668年

2.20　中大兄皇子が天智天皇として即位する
10.23　高句麗が滅亡、新羅が朝鮮半島を統一する
＊　＊　＊
コンスタンス2世　Constans II, Flavius Heraclius　9.15没、38歳。630生。東ローマ皇帝(在位641～668)。
智儼　10.29没、66歳。602生。中国、華厳宗の第2祖。
この頃　アブドゥッラー・イブヌル・アッバース　'Abdullāh ibnu'l-'Abbās　預言者マホメットの従兄弟。

669年

この年　テオドロスがカンタベリ大司教となる
＊　＊　＊
李勣　12.3没、75歳。594生。中国、唐初の名将。
この頃　アブー・アイユーブ・アル・アンサーリー　Abū Ayyūb al-Anṣārī　預言者マホメットの教友。
ハサン・ビン・アリー　al-Ḥasan bn 'Alī bn Abī Ṭālib　45？歳。624(⑭625頃)生。アラビアのシーア派第2代教主。

670年

5.24　法隆寺が落雷により一宇も残さず焼失する
＊　＊　＊
オメール(テルアンヌの)　Omer(Thérouanne)　11.1没。フランスのテルアンヌの宣教司教、聖人。
この年　オスウィ　Oswi　58？歳。612生。イギリス、アングロ・サクソン時代のノーサンブリア王(在位642～70)。
張文収　中国、唐の遣新羅使。
李淳風　68歳。602生。中国、唐の学者。
この頃　王梵志　⑭660頃没、80？歳。590生。中国、唐代の僧侶、詩人。
サード・ブン・アビーワッカース　Sa'd ibn Abī Waqqās　70？歳。600生。預言者マホメットの教友の一人、イスラム教団国家初期の将軍。
聖フィアクル　Fiacre, St.　アイルランドの隠者。

人物故大年表 外国人編　123

672年

1.07　天智天皇が死去する
7.24　大海人皇子が内乱を起こす(壬申の乱)

＊＊＊

ヴィタリアーヌス　Vitalianus, St.　1.27没。教皇(在位657〜672), 聖人。

聖チャド　Chad, St.　3.2没。イギリスの聖者。

[この年] **許敬宗**　80歳。592生。中国, 唐初の政治家, 文人。

レセスビント　Recesvinto　西ゴート王国の王(在位653〜72)。

673年

3.20　大海人皇子が天武天皇として即位する

＊＊＊

金庾信　7.1没、78歳。595生。朝鮮, 新羅の武人, 政治家。

閻立本　10.?没、83歳。590生。中国, 唐代の画家。

フロドベルトゥス　Frodobertus　12.31没、80?歳。593生。メロヴィング朝初期のフランク人修道院長, 聖人。

[この年] **エグベルト**　Egbert　アングロ・サクソン時代のケントとサリーの王(在位664〜73)。

沙宅紹明　来日した百済人。

674年

9.20　唐で高宗と武后を二聖として並称する
この年　イスラム軍がコンスタンチノープルを攻撃

＊＊＊

[この年] **百済王昌成**　朝鮮, 百済の王族。

弘忍　[異]675没、73歳。601([異]602)生。中国の禅宗第5祖, 大満禅師のこと。

ザイド・ブン・サービト　Zaid bn Thābit　[異]665頃没、63?歳。611([異]612頃)生。コーラン編纂者。

[この頃] **アル・アルカム**　*al*-Arqam b.Abī'l-Arqam　預言者マホメットの教友の一人。

ハッサーン・イブン・サービト　Hassān ibn Thābit　111?歳。563?([異]590頃)生。アラビアの詩人。

卑路斯　ペルシアの王子。

675年

2.05　天武天皇が日本初の占星台を建設する

＊＊＊

[この頃] **カイドモン(カエドモン, ケドモン, カドモン)**　Caedmon　[異]680頃没。イギリスの宗教詩人。

676年

3.-　唐の軍勢が朝鮮から撤退する

＊＊＊

聖コールマン　Colman　8.8没。アイルランドのケルト系キリスト教の聖人。

[この年] **王勃**　[異]675没、26歳。650([異]648)生。中国, 初唐の詩人。

[この頃] **エゼルブルガ(アエディブルガ)(バーキングの)**　Ethelburga(Aedilburga, Ædilburh)(Barking)　イギリスの女子修道院長, 聖人。

677年

[この頃] **ペルス**　Pērōz　ササン朝ペルシアの王子。

マデルガリウス　Madelgarius　62?歳。615生。ベルギーの聖人。

678年

アーイシャ　'Ā'ishah bint Abī Bakr　7.13没、65?歳。613([異]614頃)生。預言者マホメットの3番目の妻。

レオデガリウス(オタンの)　Leodegarius(Autun)　10.2没、62?歳。616生。フランスのオタンの司教, 殉教者。

[この頃] **劉希夷**　[異]679没、27?歳。651生。中国, 初唐の詩人。

679年

アマンドゥス　Amandus(Maastricht)　2.6([異]676頃)没、95?歳。584([異]590頃)生。メロヴィング

王朝期のフランドル人への伝道者，聖人。
エゼルドレーダ　Etheldreda, St.　6.23没，49？歳。630生。イギリスのノーサンブリアの女王，聖人。
[この年]　蕭嗣業　中国，唐の遣回紇使。
ダゴベルト2世　Dagobertus II　アウストラシア王（在位656〜659，676〜679）。

680年

12.08　天武天皇が薬師寺建立の願を立てる
＊＊＊
ムアーウィヤ1世　Muʻāwiya I ibn Abī Sufyān 4.？没，78？歳。602生。イスラム，ウマイヤ朝の初代カリフ（在位661〜80）。
フサイン　al-Ḥusayn ibn ʻAlī　10.10没，55？歳。625（㉖626）生。イスラム教シーア派第3代目のイマーム。
聖ヒルダ　Hilda, St.　11.17没，66歳。614生。イギリスの女子修道院院長。
[この年]　智威　中国，宗第三祖。
文成公主　（㉖689没，55歳。625生。中国，唐の王女。
[この頃]　キネブルグ　Cyneburg　イギリスの王女，ベネディクト会女子修道院長。
チャンドラゴーミン　Candragomin　60？歳。620生。インドの仏教徒。
陳行焉　中国，唐の遣吐蕃使。
バルドヒルド　Baldhild　西フランク王クローヴィス2世（在位632〜657）の王妃。
聖ボトルフ　Botolph, St.　イギリスの修道院長。

681年

アガト　Agatho　1.10没，104？歳。577？生。ローマ教皇（在位678〜681），聖人（祝日1.10）。
文武王　7.1没，55歳。626生。朝鮮，新羅の第30代王（在位661〜681）。
[この年]　金法敏　55歳。626生。朝鮮，新羅の遣唐使。
善導　㉖680没，68歳。613（㉖618）生。中国の僧。
宝蔵王　㉖682没。朝鮮，高句麗の最後の王（在位642〜668）。

682年

裴行倹　4.28没，63歳。619生。中国，初唐の名将。
[この年]　基　50歳。632生。唐代の法相宗の僧。
窺基　50歳。632生。中国，唐の学僧。

孫思邈　81？歳。601（㉖581頃）生。中国，唐初に活躍した医者，神仙家。

683年

レオ2世　Leo II, St.　7.3没。シチリア生れの教皇（在位682〜3），聖人。
エッバ（大）　Ebba　8.15没。イギリスの大修道院長，聖人。
高宗（唐）　12.4没，55歳。628生。中国，唐の第3代皇帝（在位649〜683）。
[この年]　ウクバ・ブン・ナーフィー　ʻUqba bn Nāfiʻ ㉖682没。アラビアの武将。
薛仁貴　69歳。614生。中国，唐の武将。
道世　中国，唐の僧。

684年

1.03　唐の李顕が皇帝に即位する（後の中宗）
2.26　唐の皇太后が皇帝中宗の廃位を宣言する
この年　新羅が報徳国を滅ぼし，統一が完了する
＊＊＊
フィリベルトゥス（ルベーの）　Philibertus（Rebais）8.20没，68？歳。616生。フランスの修院長，聖人。
ウァン（オドワン）　Ouen　8.24没，74？歳。610生。フランスのルアンの大司教，聖人。
[この年]　章懐太子　33歳。651生。中国，唐の皇太子。
李敬業　中国，唐の則天武后朝の反乱指導者。
[この頃]　ヴィギリウス（オセールの）　Vigilius（Auxerre）　フランスの司教，聖人。
駱賓王　65？歳。619（㉖640？）生。中国，初唐の詩人。

685年

コンスタンティヌス4世　Constantinus IV Pogonatus　9.？没，31歳。654（㉖648）生。ビザンチン帝国の皇帝（在位668〜685）。
[この年]　エグフリース　Egfrith　アングロ・サクソン期のノーサンブリア王（在位670〜85）。
マルワーン1世　Marwān I bn al-Ḥakam　64？歳。621生。イスラム，ウマイヤ朝第4代カリフ（在位684〜5）。
劉仁軌　85？歳。600生。中国，唐の武将。
[この頃]　アビード・ビン・シャルヤ　ʻAbīd bin Sharya al-Jurhumī　アラビアの歴史家。

シラカツィ　Shirakatsi, Anania　65？歳。620生。
アルメニアのシラカワンの科学者。

[この頃] 盧照鄰　㊡684没、52？歳。637(㊡635)生。
中国，初唐の詩人。

686年

10.01　　天武天皇が死去する
　　　　　　　＊＊＊
[この年] 元暁　㊡687没、69歳。617生。朝鮮，新羅の学僧，浄土教の先駆者。
ヨハネス5世　Joannes V　685生。ローマ教皇(在位685～6)。

690年

2.14　　持統天皇が即位する
10.16　　則天武后が睿宗を廃し国号を「周」とする
10.19　　則天武后が中国初の女帝として正式に即位
　　　　　　　＊＊＊
テオドーロス(カンタベリの，タルソスの)
　Theodoros, Tarsos　9.19没、88？歳。602生。イギリスの高僧。
エウァルド(ヘワルド)　Ewald(Hewald)　10.3没。アングロ・サクソン人宣教師。
[この年] デーヴェーンドラブッディ　Devendrabuddhi　60歳。630生。インドの仏教論理学の思想家。
パウルス・アエギネタ　Paulus Aegineta　70歳。620生。ギリシアの医者。
ユリアーヌス(トレードの)　Julianus(Toledo)　48？歳。642生。スペインの大司教，神学者，聖人。
[この頃] ガウダパーダ　Gaudapāda　50？歳。640生。インドのバラモン教の学者。

687年

この年　新羅の郡県制が確立する
　　　　　　　＊＊＊
聖カスバート　Cuthbert, St.　3.20没、52？歳。635生。スコットランド，リンディスファーンの司教。
[この年] カイス・ビン・ザリーヒ　Qais bin Dharīh　アラビアの詩人。
地婆訶羅　74歳。613生。北インド出身の訳経僧。
ムフタール　al-Mukhtār, b.Abī-ubayd al-Thaqafī　65歳。622生。シーア派の一派カイサーン派の指導者。

691年

この年　エルサレムに「岩のドーム」が完成する
　　　　　　　＊＊＊
[この年] 阿史那骨咄祿　東突厥の可汗(在位682～691)。
欧陽通　中国，唐代の書家。
丘神勣　中国，唐の政治家。

688年

ウァルデトルーディス　Waldetrudis　4.9没、60？歳。628生。ベルギーのモン市の守護聖人。
[この年] アブー・アルアスワド　Abū'l-Aswad ad-Du'ali　㊡681頃没。アラブの言語学者。

692年

アブドゥッラー・イブヌッ・ズバイル　'Abdullāh ibnu'z-Zubair　10.4没、70？歳。622生。アラビアの貴族。
アブドゥッラー・ビン・アルズバイル　'Abd Allāh bn al-Zubayr　10.？没、68歳。624(㊡622)生。ウマイヤ朝時代初期の僭称カリフ。
[この年] イブン・アッズバイル　Ibn al-Zubayr　70歳。622生。メッカの僭称カリフ。
尉遅伏闍雄　于闐(ホータン)国王。
強首　朝鮮，新羅の儒学者。

689年

7.21　　飛鳥浄御原令が完成する
　　　　　　　＊＊＊
聖ベネディクト・ビスコプ　Benedict Biscop, St.　1.12没、61？歳。628生。イギリスのベネディクト派修道士，聖者。
キリアヌス　Kilianus　7.8没、49？歳。640生。アイルランド生れの聖職者，聖人。
[この年] 魏玄同　72歳。617生。中国，唐の政治家。
黒歯常之　朝鮮，百済の降将。
李善　59？歳。630没。中国，唐の学者。

中　世

693年

エルコンワルド（ロンドンの）　Erconwald (London)　4.30没、63？歳。630生。ロンドンの司教。
この年　百済王善光　朝鮮，百済の王子。

694年

12.27　持統天皇が藤原宮に遷都する
＊＊＊
この年　イブン・カイス・アッルカイヤート　Ibn Qays al-Ruqayyāt, 'Ubayd Allāh　ウマイヤ朝期のガザル詩人。
金仁問　65歳。629生。朝鮮，新羅の王族。

695年

この年　ウマイヤ朝の官庁用語がアラビア語に統一
＊＊＊
この年　尹文操　中国，唐代の道士。
薛懐義　中国，唐の僧，武周革命の理論的指導者。
この頃　アデルグンデ　Adelgunde　メロビング家王女。
ヴァレリオ（ビエルソの）　Valerio (Bierzo)　20？歳。675生。西ゴートの修道士，著述家。
楊炯　㊚692没、45？歳。650生。中国，初唐の詩人。

696年

この年　円測　83歳。613生。中国，唐の法相宗学僧。
王孝傑　中国，唐の武将。
来俊臣　46？歳。650生。中国，唐の官吏。

697年

8.21　薬師寺で仏像の開眼供養が行なわれる
＊＊＊
この年　孫万栄　中国，唐初期の契丹族の首領の一人。

698年

この年　中国東北部で震国が建国（後の渤海）する
＊＊＊
この年　武承嗣　中国，唐の政治家。

699年

この年　ハッサーン・ブン・アルヌウマーン　Ḥassān bn al-Nu'mān al-Ghassānī　アラビアのウマイヤ朝の武将。
この頃　ウェルブルグ（ウェルブルガ，ワーバラ，ヴァーバラ）　Werburgh (Werburga, Verburgh, Werbyrgh)　イギリスの古代王国マーシア王ウルフヘレの娘，修道女，聖人。

700年

7.07　刑部親王らに大宝律令を選定させる
＊＊＊
ベルタン　Bertin　9.5没。フランスのモリニ人への宣教師，聖人。
狄仁傑　9.26没、70歳。630生。中国，則天武后朝の名臣。
この頃　アナスタシオス・シナイテース　Anastásios Sinaítēs　シナイ山の聖カタリナ修道院長，聖人。
イサーク（ニネヴェの）　Isaak　ニネヴェのネストリオス派の主教。
聖ジル　Giles, St.　アテネの隠者。

701年

9.09　大宝律令が完成する
＊＊＊
セルギウス1世　Sergius I　9.9没、66？歳。635（㊚630頃）生。教皇（在位687～701），聖人，神恵誦（しんこうしょう）をミサ典礼に取入れた。
この年　イスペリヒ　Isperikh　第1ブルガリア王国の創立者。
懿徳太子　19歳。682生。中国，唐の中宗の長子。
永泰公主　17歳。684生。中国，唐第4代皇帝中宗の第7女。
金所毛　来日した新羅使。

人物物故大年表 外国人編　127

ジャミール Jamīl bn ‘Abd Allāh al-‘Udhrī ウマイヤ朝期のアラブ詩人。

702年

[この年] **義湘** 77歳。625生。朝鮮の華厳宗の開祖。
陳子昂 [異]698没、41歳。661([異]656)生。中国，初唐の詩人。
法持 67歳。635生。牛頭禅宗の第四祖。

703年

1.13 持統天皇が死去する

* * *

[この頃] **孫過庭** 55？歳。648生。中国，唐代初めの書家。

704年

[この年] **アダムナン（イオナの）** Adamnan of Iona, St. [異]703頃没、79歳。625([異]624頃)生。スコットランドのイオナ(現アイオウナ)修道院第9代院長，聖人。
ハーリド・ブン・ヤズィード Khālid ibn Yazīd, ibn Mu‘āwiya アラビアのウマイヤ朝の王子。

705年

2.22 則天武后が退位させられ、国号も唐に戻る

* * *

アーダルベルト（助祭） Adalbert the Deacon 6.25没。イギリス王家出身の宣教師，聖人。
ヘッダ（ヘッディ） Hedda(Heddi) 7.9没。イギリスのウェセックスの第5代司教，聖人。
ランベルト（ランデベルトゥス）（マーストリヒトの） Lambert(Landebertus)(Maastricht) 9.17没、70？歳。635生。オランダの殉教者，マーストリヒトの貴族出身の司教，聖人。
アブドゥル・マリク ‘Abd al-Malik bn Marwān 10.？没、58歳。647([異]646頃)生。ウマイヤ朝第5代カリフ(在位685～705)。
則天武后 11.26没、80？歳。625([異]624)生。中国，唐朝の第3代高宗の皇后。
[この年] **蘇味道** 57歳。648生。中国，唐初の文学者。
張易之 30？歳。675生。中国，唐の則天武后の寵臣。
法明 中国，荊楚(湖北・湖南一帯)出身の僧。

706年

[この年] **韋承慶** 中国，唐の政治家。
桓彦範 53歳。653生。中国，唐の政治家。
崔融 53歳。653生。中国，唐初期の文学者。
神秀 100？歳。606？([異]605？)生。中国，唐の僧。
張柬之 81歳。625生。中国，唐の政治家。

707年

8.18 元明天皇が即位する

* * *

武三思 7.6没。中国，唐代の権臣。
[この年] **臧思言** 中国，唐の遣突厥使。
ヨハネス7世 Joannes VII 705生。ギリシア生れの教皇(在位705～7)。
ライラト・アルアフヤリーヤ Layla al-Akhyalīya ウマイヤ朝下の女流悲歌詩人。
李多祚 中国，唐の軍人。
[この頃] **懐素** [異]697没、73？歳。634([異]624)生。中国，唐初の律宗の僧(長安の西太原寺)。

708年

6.03 和同開珎が発行される(初の国産貨幣)

* * *

ヤコーボス（エデッサの） Iákōbos(Édessa) 6.5没、68？歳。640([異]633頃)生。シリアのエデッサの主教。
[この年] **阿史那忠節** 突騎施国の武将。
イルミーナ Irmina 48？歳。660生。フランク王国王女。
杜審言 [異]710頃没、63？歳。645([異]646？)生。中国，初唐の詩人。
[この頃] **泥涅師** 波斯(ペルシア)の王子。

709年

中世

ハドリアーヌス（カンタベリの）　Hadrianus（Canterbury）　1.9没。北アフリカ出身のベネディクト会修道士。
聖ウィルフリド　Wilfrid, St.　4.24没、75歳。634生。イギリス中世初期の聖職者。
聖アルドヘルム　Aldhelm, St.　5.25没、69？歳。640（㊟639頃）生。イギリスの文学者、聖職者。

710年

4.13　元明天皇が平城京に遷都する
7.28　唐で相王李旦（睿宗）が即位する
＊　＊　＊
[この年]阿羅憾　94歳。616生。ペルシア人。
安楽公主　中国、唐の中宗の娘。
韋氏　50？歳。660生。中国、唐第4代中宗の皇后。
実叉難陀　59歳。651（㊟652）生。コータン出身、中国、唐代の学僧。
上官昭容　46歳。664生。中国、初唐の女流詩人。
僧伽　83歳。627生。中央アジアの何国（クシャーニア）出身の伝法僧。
中宗（唐）　54歳。656生。中国、唐の第4代皇帝（在位683～684, 705～710）。
トゥワイス　Tuwais　78歳。632生。アラビアの歌手。
[この頃]アル・アクタル, ギヤート・ブ・ハーリト　al-Akhtal, Ghiyāth b.Hārith（Ghauth）　㊟708頃没、70？歳。640生。アラブの詩人。

711年

4.28　イスラム教徒がジブラルタルを占領する
＊　＊　＊
ロデリック　Rodrigo　7.？（㊟713頃）没。西ゴート王国最後の王（在位710～11）。
ユスティニアヌス2世　Justinianus II, Rhinotmetus　12.？没、41？歳。670（㊟669）生。ビザンチン皇帝（在位685～95, 705～11）。
[この頃]ウマル・イブン・アビー・ラビーア　'Umar bn Abī Rabī'a　㊟712頃没、67？歳。644生。アラビアの詩人。

712年

9.12　唐の睿宗が帝位を李隆基（玄宗）に譲る
＊　＊　＊

法蔵　11.14没、69歳。643生。中国、唐の僧。
[この年]恒景　78歳。634生。中国、唐代の玉泉天台の継承者。
宋之問　㊟710頃没、56？歳。656生。中国、初唐の詩人。
[この頃]グドゥラ（グディラ）　Gudula（Gudila）　ベルギーのブリュッセル市守護聖人。
ザイヌル・アービディーン　Zain al 'Ābidīn　53？歳。659生。マホメットの曽孫。

713年

この年　震国が国号を「渤海」とする
＊　＊　＊
ズイートベルト　Suidbert　3.1没。ノーサンブリア出身の修道士、ドイツ伝道者。
薛稷　7.？没、64歳。649（㊟645）生。中国、唐初の書家、画家。
慧能　8.3没、75歳。638生。中国の禅家第6祖。
[この年]義浄　㊟712？没、78歳。635（㊟634）生。中国、唐の僧。
玄覚　48歳。665生。中国、唐代の禅僧。
太平公主　50？歳。663生。中国、唐第3代皇帝高宗の娘。

714年

この年　イスラム軍がスペイン南部を支配する
＊　＊　＊
エルフレド　Elfled　2.8没。イギリスの女子大修道院長。
グスラック　Guthlac, St.　4.11没、41？歳。673生。イギリスの隠修士、聖人。
ハッジャージュ・ブン・ユースフ　al-Ḥajjāj ibn Yūsuf, al-Thaqafī　6.？没、53歳。661（㊟660頃）生。ウマイヤ朝の軍人、行政官。
ピピン2世　Pippin der Mittlere　12.16没、79？歳。635（㊟640頃）生。フランク王国の宮宰。
[この年]韋安石　63歳。651生。中国、唐の則天武后から玄宗朝にかけての官僚。
イブン・スライジュ　ibn Surayj, Abū Yaḥyā 'Ubaydallāh　54歳。660生。アラブのウマイヤ朝の音楽家、歌手。
慧沼　64歳。650生。中国、唐の法相宗の僧。
タヤーズーク　Tayādhūq　53？歳。661生。ギリシア系の医学者。アラビア医学史上、初期の人。
煬矩　中国、唐の遣吐蕃使。
楊我支特勒　突厥（チュルク）の遣唐使。

[この頃] **サイード・イブン・ミスジャハ**　Sa'īd ibn Misjaḥ　アラビア(黒人系)の音楽家。

沈佺期　[異]713没、58?歳。656生。中国，初唐の詩人。

李嶠　[異]713没、69？歳。645([異]644)生。中国，初唐の詩人。

715年

10.03　元正天皇が即位する

＊＊＊

コンスタンティーヌス1世　Constantinus　4.9没。教皇(在位708～715)。

クタイバ-ブン-ムスリム　Qutayba ibn Muslim al-Bāhilī　8.？没、46歳。669生。アラブの将軍。

ウィンノク　Winnoc　11.6没。フランドルへのコルンバン修道会の宣教師，聖人。

[この年] **エミール・クテイバ**　Emil Kutayba　45歳。670生。サラサン帝国前オンマヤ朝の武将。

魏知古　68歳。647生。中国，唐の政治家。

ダゴベルト3世　Dagobertus III　ネストリア王(在位711～715)。

ワリードー1世　*al*-Walīd bn 'Abd al-Malik　40？歳。675([異]674頃)生。アラビアのウマイヤ朝第6代のカリフ(705～15)。

[この頃] **イブン・ミスジャフ**　Ibn Misjaḥ，Abū 'Uthmān Sa'īd　イスラム初期のアラブ音楽家。

イブン・ムフリズ　Ibn Muḥriz，Abū al-Khaṭṭāb Muslim　イラン系のアラビアの音楽家。

ムーサー・ビン・ヌサイル　Mūsa ibn Nuṣayr al-Lakhmī，Abū 'Abd al-Raḥmān　アラブの武将。

ムハンマド・ビン・アルカシーム　Muḥammad b.al-Qāsim，al-Ṯhaqafī，'lmād al-Dīn　アラビアの武将でインドの征服者。

716年

睿宗　6.？没、54歳。662生。中国，唐の第5代，第7代皇帝(在位684～690，710～712)。

[この年] **黙啜可汗**　突厥(復興後の)のカガン(在位691～716)。

[この頃] **ガリード**　*al*-Ghārīd，'Abdu'l-Malik　アラビアの音楽家。

ムハンマド-ブン-アルカーシム　Muḥammad bn al-Qāsim　[異]715頃没、23？歳。693生。ウマイヤ朝時代のアラブ軍の部将。

717年

[この年] **道岸**　63歳。654生。光州(河南省)で生れる。

718年

ルーペルト(ザルツブルクの)　Rupert(Hrodpert)(Salzburg)　3.27没。ザルツブルク教会の創立者で同地方の守護聖人。

李思訓　8.？([異]716)没、65歳。653([異]651)生。中国，唐の画家。

[この年] **解琬**　80？歳。638生。中国，唐の突騎施(トゥルギシュ)可汗冊立使。

李失活　契丹首領。

719年

[この年] **大祚栄**　朝鮮，渤海国の始祖(在位699～719)。

[この頃] **ズー・アッルンマ**　Dhū al-Rumma, Ghaylān bn Uqba　[異]735頃没。アラビアのウマイヤ朝の詩人。

720年

7.01　日本書紀が完成し奏上される

＊＊＊

ウマル2世　'Umar bn 'Abd al-'Azīz　2.?没、38?歳。682生。ウマイヤ朝第8代カリフ(在位717～20)。

[この年] **ターリク-ブン-ジャード**　Tāriq ibn Ziyād　スペインを征服したイスラム軍指揮者。

葉法善　[異]722頃没、104歳。616生。中国，唐の道士。

李大輔　奚(東蒙古にいたモンゴル系遊牧民)の首領。

[この頃] **アエギディウス(ジル)**　Aegidius　アテーナイ出身のベネディクト会修道士。

エディ　Eddi　70？歳。650生。アングロ・サクソン期，ケントの修道士，聖歌隊指揮者。

オディーリア　Odilia　60？歳。660生。アルザスの守護聖女。

ゴービンダ　Govinda　50？歳。670生。バラモン教の学者。

ジャミーラ　Jamīla　アラビアの女流歌手。

721年

6.09　ウマイヤ朝の遠征軍がトゥルーズで敗れる
　　　　　＊　＊　＊
姚崇　3.？没、71歳。650生。中国，唐の名相。
[この年] 阿倍真那　迦湿弥羅（カシュミール）の入唐僧。
アナスタシウス2世　Anastasius II　東ローマ皇帝（在位713～15）。
聖ジョン・オヴ・ベヴァリー　John of Beverley, St.　イギリスの修道士。
ヒルペリヒ2世　Chilperich II　46？歳。675生。ネウストリア王（在位715～720），アウストラシア王（在位719～720）。
宝思惟　中国，唐の訳経三蔵。
ヨアネス（ベヴァリの）　Joannes (Beverley)　イギリスのヨークの司教，聖人。
劉知幾　60歳。661生。中国，唐の歴史家。

722年

この年　新羅が百姓に丁田を支給する
　　　　　＊　＊　＊
[この年] 崔日用　49歳。673生。中国，唐の官僚。
智威　76歳。646生。中国，頭禅宗第五祖。

723年

5.25　三世一身の法が施行される
　　　　　＊　＊　＊
[この年] 鬱于　契丹主。
智周　55歳。668生。中国，法相宗の第3祖。
ティリンマーフ　al-Ṭirimmāḥ, Ibn Ḥakīm al-Ṭāʾī　㊞718頃没。ウマイヤ朝期イラクのアラブ詩人。

724年

3.03　聖武天皇が即位する
　　　　　＊　＊　＊
[この年] 王皇后　中国，唐の玄宗の廃后。
ゲオールギオス　Georgios　84？歳。640生。「アラビア人の主教」と呼ばれる，傑出したヤコブ派著作家。

725年

コルビニアーヌス（フライジングの）　Corbinianus (Freising)　9.8？没、55歳。670生。ドイツの司教，修道院長，聖人。
[この年] エジディウス　Egidius　85歳。640生。聖人。
慧朗　63歳。662生。中国の僧。
[この頃] ウィタリス　Vitalis　ベネディクト会士。
オベール（アヴラーンシュの）　Aubert de Avranches　フランスのノルマンディのアヴラーンシュの司教，モン・サン・ミシェル聖堂の創立者。
マンダナミシュラ　Maṇḍanamiśra　50？歳。675生。インドの哲学者。

726年

[この年] イブン・スライジュ　Ibn Suraij　92？歳。634生。アラビアの音楽家。
[この頃] イネ　Ine　イギリス，アングロ・サクソン時代のウェストサクソン王（在位688～726）。
王翰　㊞735？没、39？歳。687生。中国，盛唐の詩人。

727年

10.10　渤海王の使節が出羽の海岸に到着する
　　　　　＊　＊　＊
聖ユベール　Hubertus　5.30（㊞728頃）没、71歳。656（㊞655頃）生。マーストリヒトおよびリエージュの司教，聖人。
一行　10.？没、46？歳。681（㊞683）生。中国，唐代の僧。
[この年] 王君㚟　中国，唐の武将。
高仁義　来日した渤海使。
巨方　80歳。647生。中国の仏教者。
舎航　来日した渤海使。
蘇頲　57歳。670生。中国，初唐～盛唐の政治家，文学者。
徳周　来日した渤海使。
文綱　91歳。636生。中国の菩薩戒師。

728年

2.04 渤海王の使節が国交を求めて入京する

＊＊＊

ハサン - アルバスリー Ḥasan al-Baṣrī 10.10没、86歳。642生。西アジア，イスラム初期のバスラの思想家。

[この年] **ジャリール** Jarīr, Abū Ḥazra b.'Aṭīya 88歳。640生。アラビアの詩人。

大利行 朝鮮，渤海の遣唐使。

[この頃] **シャアビー** *al*-Sha'bī, Abū 'Āmir bn Sharāhīl [異]723頃没、86？歳。642生。ウマイヤ朝期のアラブのイスラム神学者。

729年

3.16 長屋王と妻の吉備内親王が自害する

9.07 藤原不比等の娘が皇后(光明皇后)となる

＊＊＊

エグベルト(イオナの) Egbert(Eckbert)(Iona) 4.24没、90歳。639生。修道士，アイルランドの司教。

[この年] **宇文融** [異]730頃没。中国，唐の政治家。

徐堅 69歳。660生。中国，唐の学者。

730年

5.08 光明皇后が皇后宮職内に施薬院を置く

＊＊＊

フーゴ(ルアンの) Hugo(Rouen) 4.8没、50？歳。680生。フランスのベネディクト会士。

[この年] **袁振** 中国，唐の遣突厥使。

張説 63歳。667生。中国，唐の政治家，文学者。

[この頃] **李通玄** 95？歳。635生。中国，唐の在家仏教者，華厳経学者。

731年

グレゴリウス2世 Gregorius II 2.11没、62歳。669生。教皇(在位715～731)。

[この年] **キュル - テギン** Kül-Tägin 46歳。685([異]686)生。東突厥のビルゲ・カガンの弟。

732年

10.25 トゥール・ポアティエ間の戦いが起こる

＊＊＊

[この頃] **アル・ファラズダク** *al*-Farazdaq Hammām b. Ghālib [異]728頃没、92？歳。640([異]641)生。イスラム初期のアラブ詩人。

義福 74？歳。658生。中国の北宗禅の僧。

ワハブ・ビン・ムナッビヒ Wahb bin Munabbih 南アラビアの歴史家。

733年

この年 新羅が唐の要請によって渤海に出兵する

＊＊＊

[この頃] **ゲルマノス** Germanos [異]740頃没、99？歳。634([異]648頃)生。東方教会の聖人，コンスタンチノープルの総大主教。

734年

タトウィン(カンタベリの) Tatwine(Tatwin, Tetuwini)(Canterbury) 7.30没。イギリスの聖人，カンタベリの第9代司教。

[この年] **ビルゲ・カガン** Bilgä Khaghan 50歳。684生。東突厥のカガン(在位716～734)。

735年

5.22 吉備真備らが留学先の唐の文物を献上する

＊＊＊

聖ベーダ，尊師 Beda, Venerabilis 5.26没、62？歳。673([異]672頃)生。イギリスの歴史家，神学者，科学者，年代学者。

フリデスウィデ(フライズワイド) Frideswide 10.9没、85？歳。650生。オックスフォードの町と大学の守護聖人。

[この年] **金栄** 朝鮮，新羅の遣唐賀正副使。

金相 朝鮮，新羅の遣唐使。

司馬承禎 88歳。647生。中国，唐の道士。

スカイナ Sukainah bintu'l-Ḥusain アラビアの貴婦人。

ベーダ・ヴェネラビリス　Baeda Venerabilis　63？歳。672生。中世ヨーロッパの修道士。
この頃　ズゥ・アッ・ルンマ　Du al-Rumma　39？歳。696生。アラブの砂漠の詩人。

737年

この年　唐で募兵制の長征健児制が採用される
　　　　　　　＊＊＊
ペラヨ　Pelayo　9.18没。アストゥリアス初代の王（在位718頃〜737頃）。
この年　聖徳王　朝鮮、新羅の第33代王。
宋璟　74歳。663生。中国、唐の名相。
大武芸　渤海国の第2代王（在位719〜737）。

738年

11.-　玄宗が南詔王の皮邏閣を雲南王に封じる
　　　　　　　＊＊＊
この頃　ウィグベルト　Wigbert　イングランド出身の修道院長、聖人。
胥要徳　来日した渤海使。
この頃　青原行思　㊟740没、67？歳。671生。中国、唐の禅宗の僧。

739年

聖ウィリブロード　Willibrord, St.　11.7（㊟738頃）没、81？歳。658（㊟657頃）生。イギリス中世初期の伝道者。
ウィルブロルド（ウィリブロルド）　Wilbrord（Willibrord）　11.7没、81歳。658生。宣教師、聖人。
この年　韓休　67歳。672生。中国、唐の政治家。
金義忠　朝鮮、新羅の遣唐使。
金城公主　51歳。688生。中国、唐の中宗の娘。
普寂　88歳。651生。中国の北宗禅僧。

740年

9.28　藤原広嗣が太宰府管下の兵を動員する
　　　　　　　＊＊＊

アンドレアス（クレタの）　Andréas（Krētē, Creta）7.4没、80？歳。660生。クレタ島ゴルテュナの大主教、神学者、讃美歌作者、聖人。
この年　アブドゥッラー・アル・バッタール　'Abdullāh al-Baṭṭāl　アラビアの武人。
張九齢　67歳。673（㊟678）生。中国、初・盛唐の政治家、詩人。
道氤　72歳。668生。中国の僧。
孟浩然　51歳。689（㊟691頃）生。中国、盛唐の詩人。
李昌　60？歳。680生。中国、唐の遣吐蕃使。
この頃　寒山　中国、唐代の高僧。
シャーンティラクシタ　Śāntirakṣita　60？歳。680生。インドの学僧。

741年

3.05　諸国に国分寺、国分尼寺の建立の詔を出す
　　　　　　　＊＊＊
レオ3世　Leo III, Isauricus　6.18没、61？歳。680（㊟675）生。ビザンチン皇帝（在位717〜41）。
金剛智　8.15没、70歳。671（㊟669）生。密教付法相承の第5祖、中国密教の第1祖。
シャルル・マルテル　Karl Martell　10.22没、53？歳。688（㊟689）生。フランク王国の宮宰（在職714〜741）。
グレゴリウス3世　Gregorius III　12.10没。教皇（在位731〜741）。
この年　ズフリー・ブン・シハーブ　al-Zuhrī bn Shihāb　71？歳。670生。ウマイヤ朝のアラブ伝承学者。
登利可汗　突厥のカガン。
この頃　張鷟　㊟740頃没、81？歳。660（㊟657）生。中国、唐前期の文学者。

742年

この年　イブン・シハーブ　Ibn Shihāb　アラビアのイスラム伝承学者。
王之渙　54歳。688（㊟695）生。中国、盛唐の詩人。
牛仙客　68歳。674生。中国、唐の政治家。
玄儼　67歳。675生。中国の僧。
孝成王　朝鮮、新羅の第34代王（在位737〜742）。
審祥　新羅出身の僧。

743年

6.23　墾田永年私財法を定める
　　　　＊＊＊
この年 クマイト　al-Kumayt bn Zayd al-Asadī, Abū Mustahill　64歳。679生。ウマイヤ朝期のアラビア詩人。
達摩戦涅羅　75歳。668生。インドの入唐訳経僧。
ヒシャーム　Hishām bn 'Abd al-Malik　54？歳。689(㊥691)生。西アジア，ウマイヤ朝第10代カリフ(在位724～743)。
マアバド　Ma'bad　アラビアの音楽家。
この頃 慧苑　㊥742？没、70？歳。673生。中国，唐代の法蔵門下の最もすぐれた華厳学者。

744年

4.13　聖武天皇が強引に難波宮を都と定める
　　　　＊＊＊
南岳懐譲　8.11没、67歳。677生。中国，唐の禅僧。
この年 賀知章　㊥758没、85？歳。659(㊥673)生。中国，盛唐の詩人，書家。
リウトプランド　Liutprand　54？歳。690(㊥688頃)生。ロンバルジア(ランゴバルド)王(在位712～44)。
ワリード2世　al-Walīd bn Yazīd bn 'Abd al-Malik　35歳。709生。ウマイヤ朝の第11代カリフ(在位743～44)。

745年

6.15　聖武天皇が都を平城京に戻す
8.19　唐で楊太真が貴妃(楊貴妃)となる
　　　　＊＊＊
この年 静楽公主　中国，唐の和蕃公主。
この頃 ヤショーバルマン　Yaśovarman　インドの王(在位715頃～45頃)。

746年

この頃 祖詠　47？歳。699生。中国，盛唐の詩人。

747年

11.06　東大寺の大仏の鋳造が始まる
　　　　＊＊＊
この年 韋堅　中国，唐の財政官僚。
クトルク‐ボイラ　Khurtluk Boila　ウイグルの初代カガン。
李適之　中国，盛唐の詩人。
李邕　72歳。675(㊥678頃)生。中国，唐の文人，書家。
この頃 ダダン　Dadan　東フランク王国の司教。

748年

この頃 慧日　68歳。680生。中国，唐代の浄土教の僧。
皇甫惟明　中国，唐の遣吐蕃使。
皮邏閣　中国，南詔の第4代王(在位728～748)。
ワースィル・イブン・アター　Wāṣil bn 'Aṭā'　49歳。699生。イスラーム教神学者。

749年

8.19　孝謙天皇が即位する
　　　　＊＊＊
この年 呉兢　79歳。670生。中国，唐の歴史家。
ビ・アファリーズ　Bih 'Afarīz　イランの偽預言者，ビ・アーファリーズ派の開祖。
この頃 イオーアンネース・ダマスケネース　Joannes Damascenus　㊥750頃没、74？歳。675(㊥650頃)生。ダマスカス出身の東方教会の神学者，聖人。

750年

マルワーン2世　Marwān II bn Muhammad bn Marwān　8.5没、59？歳。691生。アラビアのウマイヤ朝第14代，最後のカリフ(744～50)。
この頃 アギロルフス(ケルンの)　Agillofus Coloniensis　ケルンの司教，聖人。
アブド・アル・ハミード・アル・カーティブ　Abū Gālib 'Abd al-Ḥamīd al-Kātib　中世イスラーム時代初期のペルシャ系著述家。
クマーリラ　Kumārila bhaṭṭa　100？歳。650？生。インド六派哲学ミーマーンサー学派の学匠。

呉道子　㊙760頃没、70？歳。680(㊕700頃)生。中国，唐の画家。
シャンカラ　Śaṅkara　㊙732頃没、50？歳。700生。インドのベーダーンタ学派の哲学者。
シャーンティデーヴァ　Śāntideva　100？歳。650生。インドの学匠。
プラバーカラ　Prabhākara　100？歳。650？生。インドの哲学者。

751年

11.-　ペパン3世がカロリング朝を創始する
　　　＊　＊　＊
[この頃] 王湾　58？歳。693生。中国，盛唐の詩人。
李頎　61？歳。690生。中国，盛唐の詩人。

752年

5.26　東大寺の本尊・蘆舎那大仏が開眼する
　　　＊　＊　＊
聖ザカリアス　Zacharias　3.15？没。教皇(在位741～752)，聖人，ギリシア人。
李林甫　11.？没。中国，唐中期の宰相。
[この年] 王鉷　中国，唐の政治家。
玄素　84歳。668生。中国の牛頭禅宗僧。
ステファヌス2世　Stephanus II　教皇(在位752.3.23～3.25)。

753年

2.08　唐で遣唐使が序列について抗議する
　　　＊　＊　＊
ピルミーニウス　Pirminius　11.3没。ライヒェナウの初代の修道院長，聖人。
[この年] 玄朗　㊙754没、81歳。672(㊕673)生。中国，唐の僧，天台宗の第5祖。
ブルヒャルト（ヴュルツブルクの）　Burchard von Würzburg　ドイツの信徒ボニファーティウスの協力者。

754年

2.12　遣唐使が唐僧鑑真らを伴って帰国する

4.14　ペパン3世がラヴェンナ寄進を約束する
　　　＊　＊　＊
アダラール　Adalar　6.5没。アングロ・サクソンの出身の司祭。
エオバ(エアバ，エオバン)　Eoba(Eaba, Eoban)　6.5没。南イングランド出身の宣教師，聖人。
聖ボニファキウス　Bonifatius, Wynfrith　6.5(㊙755)没、74？歳。680(㊕672頃)生。イギリスの宣教者，殉教者，聖人。
アブル-'アッバース　Abū'l-'Abbās as-Saffāḥ　6.？没、30？歳。724(㊕723頃)生。アッバース朝の第1代カリフ(在位750～754)。
[この年] 崔顥　50歳。704年。中国，盛唐の詩人。
ティデ・ツクツェン　Khri lde gtsug brtsan　50歳。704生。チベットの王。
ヒルデリヒ3世　Childerich III　メロビング朝最後のフランク王(在位743～51)。

755年

12.16　唐で安禄山らが蜂起する(安史の乱)
　　　＊　＊　＊
アブー-ムスリム　Abū Muslim al-Khurāsānī　1.？没、28？歳。727生。アッバース家の革命運動の指導者。
[この年] 高仙芝　中国，唐の武将。
[この頃] 崔国輔　68？歳。687生。中国，盛唐の詩人。
スィンバーズ　Sinbādh　イランのゾロアスター教徒。

756年

5.15　コルトバで後ウマイヤ朝が興る
7.10　唐で哥舒翰が安禄山の計略で大敗する
8.-　唐で粛宗が即位し，玄宗を上皇とする
　　　＊　＊　＊
楊貴妃　6.16没、37歳。719生。中国，唐の皇妃。
楊国忠　6.？没。中国，唐中期の権勢家。
[この年] アイストゥルフ　Aistulf　ランゴバルドの王(在位749～756)。
哥舒翰　㊙757没。中国，唐の武将。
顔杲卿　64歳。692生。中国，唐の忠臣。
[この頃] 王昌齡　㊙755？没、62？歳。694(㊕698)生。中国，盛唐の詩人。
ユーヌス・アルカーティブ　Yūnus al-Kātib　アラビア(イラン系)の音楽家。

757年

この年　オファがマーシア王国の国王に即位する

＊＊＊

安禄山　1.2没、52歳。705([異]703?)生。中国，ソグド系突厥の雑胡で唐の節度使，安史の乱の中心人物。

ステファヌス2世(3世)　Stephanus II(III)　4.26没。教皇(在位752～757)。

南霽雲　10.?没。中国，唐の烈士。

[この年] **阿義屈達干**　74歳。683生。康国(サマルカンド)人。

アルフォンソ1世　Alfonso I　37?歳。720([異]693?)生。アストゥリアスおよびレオン王(在位739～57)。

許遠　48歳。709生。中国，唐の官僚。

張巡　48歳。709生。中国，唐の忠臣。

758年

この年　唐の粛宗が塩の専売を行う

＊＊＊

[この年] **クスベルト(カンタベリの)**　Cuthbert (Canterbury)　イギリスの大司教。

ムーサー・ブン・ウクバ　Mūsā ibn ʻUq-bah　アラブ系の歴史家。

無漏　朝鮮，新羅の入竺求法僧。

李承寀　中国，唐の遣回紇使。

759年

この年　新羅が官庁や官職の名を唐風に改称する

＊＊＊

[この年] **安慶緒**　中国，唐代中期の政治家。

葛勒可汗　ウイグル帝国の第2代カガン(在位747～759)。

[この頃] **イブン・アル・ムカッファア**　Ibn al-Muqaffaʻ ʻAbd Allāh　[異]760頃没、35?歳。724([異]720頃)生。アラビア語文学者。

儲光羲　[異]760没、52?歳。707([異]700)生。中国，盛唐の詩人。

760年

[この年] **道璿**　58歳。702([異]697)生。中国，唐の僧。

菩提僊那　56歳。704生。インドの僧。

[この頃] **ジュナャーナガルバ**　Jñānagarbha　60?歳。700生。インドの仏教者。

761年

史思明　3.3没、57?歳。704生。中国，中唐期に起った安史の乱の指導者の一人。

王維　7.?([異]759)没、62歳。699([異]701頃)生。中国，唐代の詩人，画家。

ウィニバルド(ウィネバルド)　Winnibald (Winebald)　12.18没、60歳。701生。ドイツのハイデンハイム初代修道院長，聖人。

[この年] **韓幹**　60歳。701生。中国，唐代の画家。

玄宗(唐)　[異]762没、76歳。685生。中国，唐の第6代皇帝(在位712～756)。

崔光遠　中国，唐の遣吐蕃弔祭使。

孫逖　65歳。696生。中国，初唐の文学者。

762年

この年　唐の代宗が文王を渤海国王に封じる

＊＊＊

粛宗(唐)　4.?没、51歳。711生。中国，唐の第7代皇帝(在位756～762)。

李白　11.?没、62?歳。700([異]701)生。中国，盛唐の詩人。

[この年] **高力士**　78歳。684生。中国，唐の宦官。

夢相　81歳。681生。朝鮮，新羅の入唐伝道僧。

無相　78歳。684生。新羅時代の高僧。

[この頃] **荷沢神会**　[異]760没、92?歳。670([異]668)生。中国の禅僧。

763年

2.-　唐で安史の乱が終結する

11.18　吐蕃軍が長安に侵攻・占拠する

＊＊＊

鑑真　5.6([異]769)没、75歳。688([異]687)生。中国，唐の僧。

[この年] **袁晁**　中国，唐中期の農民反乱指導者。

史朝義　中国，中唐の安史の乱末期の指導者。

764年

11.06 淳仁天皇が廃位され、称徳天皇が即位する
＊＊＊
李光弼 7.5没、56歳。708生。中国、唐中期の武将。

765年

僕固懐恩 9.8没。中国、唐に仕えたトルコ系武将。
[この年] 厳武 39歳。726生。盛唐の詩人。
高適 63？歳。702（㊟701）生。中国、盛唐の詩人。
ジャアファル・アッ・サーディク Ja'far al-Ṣādiq シーア派6代イマーム。
ステファノス（小） Stephanos 50歳。715生。ギリシア正教会の修道士、殉教者、聖人。
[この年] 景徳王 ㊟764没。朝鮮、新羅の第35代王（在位742～765）。
常建 57？歳。708生。中国、盛唐の詩人。

766年

11.26 道鏡が法王となる
＊＊＊
クローデガング Chrodegang(Metz) 3.6没、51？歳。715生。ロートリンゲン（ロレーヌ地方）の首都メッツの大司教。
エグベルトゥス（ヨーク） Egbertus Eboracensis 11.19没、88歳。678生。ヨークの初代大司教。
[この年] イーサー・ブン・ウマル 'Isā bin 'Umar ath-Thaqafī バスラ派のアラビア語学者。
[この頃] 李華 51？歳。715生。中国、盛唐の文学者。

767年

[この年] イブン・イスハーク Ibn Isḥāq, Muḥammad ㊟768没、63？歳。704（㊟705頃）生。イスラムの伝承学者。
パウルス1世 Paulus I, St. 757没。教皇（在位757～767）、聖人。
[この頃] アブー・ハニーファ Abū Ḥanīfa al-Nu'mān Ibn Thābit 68？歳。699（㊟700？）生。イスラムのハナフィー学派の祖。
皇甫冉 53？歳。714生。中国、中唐の詩人。

768年

10.09 シャルルマーニュがイワイヨンで即位する
＊＊＊
ピピン3世 Pippin der Kleine 9.24没、54？歳。714（㊟715）生。フランク王国カロリング朝の王。
[この年] ウスターズスィース Ustādhsīs イランの偽予言者。
蕭穎士 51歳。717生。中国、唐の文学者。
李懐仙 中国、唐の軍人。
[この頃] ジュルジース・イブン・ジブリール Jirjīs Bokhtyeshū' ㊟771没。アラビアの医者。
メギンゴーズ Megingoz 東フランク王国のボニファーティウスの協力者。

770年

9.14 称徳天皇が死去し、道鏡が失脚する
10.23 光仁天皇が即位する
＊＊＊
杜甫 3.？没、58歳。712生。中国、盛唐の詩人。
[この頃] アブー・アムル・ブン・アルアラー Abū 'Amr ibnu'l-'Alā ㊟772没、81歳。689生。バスラ派のアラビア語学者。
魚朝恩 48歳。722生。中国、唐の宦官。
岑参 55歳。715生。中国、盛唐の詩人。
スレーシュバラ Sureśvara 50歳。720生。インドの哲学者。
啖助 ㊟777頃没、47？歳。723（㊟730頃）生。中国、唐代天宝期（742～755）頃の春秋学者。
[この頃] アルト Alto 隠者、修道院設立者、聖人。

771年

[この頃] カルロマン Carloman 20歳。751生。フランク国王（在位768～771）。
曇一 79歳。692生。中国、唐代の相部宗の僧。
[この年] ハンマード・アッラーウィア Hammād al-Rāwiya ㊟772頃没、77？歳。694生。イラン系の詩人。

772年

ステファヌス3世(4世)　Stephanus III(IV)　1.24没、52？歳。720生。教皇(在位768～772)。
マグヌス(フュッセンの)　Magnus (Füssen)　9.6没、73？歳。699生。ドイツの聖人。
[この年] 賈至　54？歳。718生。中国，盛唐の詩人。
元結　53歳。719 (㋰723)生。中国，盛唐の文学者。
[この頃] レーミギウス(ルアンの)　Remigius (Rouen)　フランク人の大司教，聖人。

773年

[この年] 慕昌禄　来日した渤海使。
[この頃] 呉損　中国，唐の遣吐蕃使。

774年

6.04　カール大帝がデシデリウスを屈伏させる
　　　　　　　　＊＊＊
[この年] 金大城　朝鮮，景徳王代の宰相。
金大成　74歳。700生。新羅の大臣。
[この頃] アブー・ミフナフ　Abū Mikhnaf, Lūṭ bn Yaḥyā al-Azdī　85？歳。689生。アラビアの歴史家。

775年

コンスタンティヌス5世　Constantinus V Copronymus　9.14没、56歳。719 (㋰718)生。東ローマ皇帝(在位741～75)。
マンスール　al-Manṣūr, Abū Ja'far 'Abd Allāh b.Muḥammad　10.？没、65？歳。710 (㋰713頃)生。イスラム，アッバース朝第2代カリフ(在位754～75)。
[この年] 慧忠　中国の僧。
[この頃] ダンディン　Daṇḍin　75？歳。700生。インドの詩人，小説家。
張志和　34？歳。741生。中国，中唐の詩人，道士。
ハリバドラ　Haribhadra　70？歳。705生。インドのジャイナ教白衣派の学僧。

776年

グレゴリウス(ユートレヒトの)　Gregorius (Utrecht)　8.25没、69？歳。707生。ドイツ生れのフリースラントへの宣教師，聖人。
[この年] 衛伯玉　中国，唐の武将。

777年

6.02　渤海使が日本に方物を献じる
　　　　　　　　＊＊＊
[この年] アブー・ドゥラーマ　Abū Dulāmah Zand b.aj-Jaun　サラセンのアッバース朝のアラビア語詩人，道化師。
独孤及　52歳。725生。中国，唐中期の文学者。
馬璘　55歳。722生。中国，唐の遣西域使。
鳳迦異　南詔の遣唐使。
良賁　60歳。717生。中国の僧。
[この頃] イブラーヒーム・アル・ファザーリー　Ibrāhīm al-Fazārī　アラビア天文学における初期の人。
聖ヴァルブルガ　Walburga, St.　㋰779没、67？歳。710生。ドイツのハイデンハイムの女子修道院長。

778年

2.15　唐の代宗が用水路の石臼撤廃を命じる
　　　　　　　　＊＊＊
[この年] 呉筠　中国，唐代の正一教の道士。
趙宝英　来日した唐使。
法進　69歳。709生。中国，唐の揚州白塔寺の僧。
ムカンナー　Muqanna'　アラブの預言者，ペルシアのホラーサーン地方の一宗派の創始者。
ローラン　Roland　フランスのなかば伝説上の騎士。

779年

1.26　渤海使が日本に方物を献じる
　　　　　　　　＊＊＊
代宗(唐)　5.20没、52歳。726生。中国，唐朝の第8代皇帝(在位762～779)。
ストゥルミウス　Sturmi　12.17没、69歳。710生。フルダ修道院初代の院長。
[この年] 閣羅鳳　中国，南詔の第5代王(在位748～779)。
神行　76歳。703生。朝鮮，新羅の入唐留学僧。
田承嗣　74歳。705生。中国，唐の軍人。

牟羽可汗　ウイグル国の第3代カガン（在位759～779）。

780年

2.-　　唐の徳宗が新税制として両税法を施行する
この年　新羅で宣徳王が即位する
　　　　　　　＊＊＊
レオ4世　Leo IV, Chazar　9.8没、30？歳。750（㊥749）生。ビザンチン皇帝（在位775～80）。
レブイーヌス　Lebuinus　11.12没。フリージア人とサクソン人に宣教したイギリスのベネディクト会宣教師、聖人。
[この年]　恵恭王　朝鮮，新羅の第36代王（在位765～780）。
劉晏　65歳。715（㊥718）生。中国，唐中期の官僚。
郎士元　53？歳。727生。中国，中唐の詩人。
[この頃]　アル・ムファッダル・アッ・ダッビー　al-Mufaḍḍal b.Muḥammad　㊥786没。アラビアの言語学者。
銭起　58？歳。722（㊥710？）生。中国，中唐の詩人。

781年

4.30　　桓武天皇が即位する
この年　フランクの宮廷学校長にアルクィンが就く
　　　　　　　＊＊＊
エゼルベルト（ヨークの）　Ethelbert of York　11.8没。イギリスのヨーク大司教。
[この年]　王縉　81歳。700（㊥699）生。中国，唐の宰相。
郭子儀　84歳。697生。中国，中唐の武将。
楊炎　54歳。727生。中国，唐中期の宰相。
[この頃]　李嘉祐　62？歳。719生。中国，中唐初期の詩人。

782年

リーオバ　Lioba, St.　9.28没、72？歳。710生。アングロ・サクソン人の女子大修道院長、聖女。
[この年]　惟忠　77歳。705生。中国の仏教者。
徐浩　79歳。703生。中国，唐の官僚。
湛然　71歳。711生。中国，天台宗の第6祖。
李端　㊥792没、50歳。732生。中国，中唐の詩人。

783年

[この年]　キニウルフ（シニウルフ）　Cynewulf　イギリスのリンディスファーン（Lindisfarne）の司教。
サーリフ・イブン・アブドゥルクッドゥース　Ṣāliḥ ibn 'Abdulquddūs al-Azdī　アラブ系の詩人。
シャーンタラクシタ　Śāntarakṣita, Śāntirakṣita　㊥790頃没、58？歳。725生。インドの寂護。
バッシャール・ブヌ・ブルド　Bashshār ibn Burd　87？歳。696（㊥694頃）生。アッバース朝のアラビア語詩人。

784年

12.27　　桓武天皇が長岡京に遷都する
　　　　　　　＊＊＊
顔真卿　8.？（㊥785）没、76歳。708（㊥709）生。中国，唐代の書家。
ヴィルギリウス（ザルツブルクの）　Virgilius (Salzburg)　11.27没、84？歳。700生。ザルツブルクに大聖堂を設立したアイルランド人の司教、聖人。
[この年]　ヴィルギリウス　Virgilius　オーストリアの司教。
朱泚　42歳。742生。中国，唐の軍人。
田悦　33歳。751生。中国，唐の軍人。
バッシャール・イブン・ブルド　Baššār ibn Burd ibn Yarjūk　70？歳。714生。アラブ，ペルシャ系詩人。
李揆　73歳。711生。中国，唐の入蕃会盟使。

785年

[この年]　懐素　60？歳。725生。中国，唐代の書家。
キネウルフ　Cynewulf　㊥786没。イギリスのウェセックス王（在位757～786）。
スィヤート　Siyāt, 'Abdullāh b.Wahb　46歳。739生。アラビアの音学家。
宣徳王　朝鮮，新羅の第37代王（在位780～785）。
マフディー　al-Mahdī, Abū'Abdullāh Muḥammad　42？歳。743生。アラビアのアッバース朝第3代のカリフ（在位775～85）。
李懐光　56歳。729生。中国，唐の軍人。
[この頃]　アル・ムカンナ　al-Muqanna'　アラビア，アッバース朝時代の反乱者。
吉中孚　中国，唐中期の詩人。

皇甫曽　64？歳。721生。中国，中唐の詩人。

劉長卿　[異]780？没、76？歳。709([異]710？)生。中国，中唐の詩人。

786年

9.14　ハールーン・アッラシードがアッバース朝カリフに就く

10.14　渤海使が出羽国に到来する

＊＊＊

アボ(トビリシの)　Abo(Tbilisi)　1.6没。グルジアの殉教者。

ルルス　Lullus　10.16没、76？歳。710生。マインツの大司教，聖人。

[この年] **ウィリバルド(アイヒシュテットの，エアフルトの)**　Willibald　[異]781頃没、86歳。700生。イギリスの聖職者，聖人。

袁高　60歳。726生。中国，唐の政治家。

李希烈　中国，唐中期の節度使。

787年

10.23　ビザンティン帝国の「聖画像論争」決着する

＊＊＊

ムティーウ・ブン・イヤース　Muṭī' bin Iyās　1.?没。アラビアのアッバース朝初期のアラビア語詩人。

[この年] **慧超**　[異]780以後没、83歳。704生。朝鮮，新羅の学僧，旅行家。

韓滉　[異]778没、64歳。723([異]722)生。中国，唐の政治家。

崔造　50歳。737生。中国，唐中期の宰相。

[この頃] **コスマス・メロードス**　Kosmas　讃美歌作家。

788年

馬祖道一　2.4([異]786)没、79歳。709([異]707)生。中国，唐の禅僧。

アブドゥル・ラフマーン1世　'Abd al-Raḥmān I　9.30([異]790)没、57歳。731生。イベリア半島の後ウマイヤ朝の創始者(在位756～788)。

[この年] **神邑**　78歳。710生。中国の仏教者。

潜真　70歳。718生。真言宗。

[この頃] **タッシロ3世**　Tassilo III　[異]794以後没、47？歳。741([異]742)生。アギロルフィング家最後のバイエルン大公(在位749～788)。

789年

2.05　シーア派イスラム王朝イドリース朝が興る

＊＊＊

李泌　3.？没、68歳。721([異]722)生。中国，唐の政治家。

ウィレハッド(ブレーメンの)　Willehad(Bremen)　11.8没、59？歳。730生。ドイツのブレーメン司教，聖人。

[この年] **アッ・サイイッド・アル・ヒムヤリー**　*as*-Sayyid al-Ḥimyarī, Ismā'īl　66歳。723生。アラブ系の詩人。

戴叔倫　57歳。732生。中国，唐の詩人。

天親可汗　ウイグル第4代カガン(在位780～789)。

[この頃] **丘為**　95？歳。694生。盛唐の詩人。

790年

[この年] **石頭希遷**　90歳。700生。中国，唐の禅僧。

[この頃] **皎然**　[異]799没、60？歳。730生。中国，唐代中期の禅僧，詩人。

司空曙　50？歳。740生。中国，中唐の詩人。

791年

[この年] **(アル・)ハリール**　Abū 'Abd al-Raḥmān al-Ḵalīl ibn Aḥmad　73歳。718生。中世イスラーム時代初期のアラブ系言語学者。

アンジルラム(サーンスの，メスの)　Angilram (Sens, Metz)　サーンスのベネディクト会修道院長，ついでロートリンゲンの首都メスの大司教(768～)。

崔縱　61歳。730生。中国，唐中期の官僚。

ザルザル　Zalzal　アラブのウード奏者・音楽理論家。

[この頃] **小寧国公主**　中国，唐の遣回紇和蕃公主。

ハリール・ブン・アフマド　Ḵhalīl bn Aḥmad　[異]786頃没、74？歳。717([異]718頃)生。バスラ派のアラビア言語学者。

792年

中　世

|この年| 法欽　78歳。714生。中国の牛頭禅宗僧。
|この頃| 韋応物　㋰790？没、55？歳。737(㋰735頃)生。中国，中唐の詩人。

793年

3.10　唐の徳宗が茶税法を成立させる
6.08　デーン人がリンディスファーン島を襲う
　　　　　＊　＊　＊
|この年| シーバワイヒ　Sībawaihi　㋰796没、43？歳。750生。アラビアの文法学者。
李晟　66歳。727生。中国，唐の軍人。

794年

11.18　桓武天皇が平安京に遷都する
　　　　　＊　＊　＊
|この年| エゼルベルト　Ethelbert　イギリスの東アングル人王，殉教者，聖人。
神会　74歳。720生。中国，蜀の成都府浄衆寺神会。
大欽茂　㋰793没。朝鮮，渤海国の第3代王(在位737～793)。
トゥルピヌス(ラーンスの)　Turpinus de Reims　ラーンスの大司教。

795年

この年　カール1世がスペイン辺境伯領を設置する
　　　　　＊　＊　＊
ハドリアヌス1世　Hadrianus I　12.25没。教皇(在位772～795)。
|この年| 崔漢衡　中国，唐の遣吐蕃使。
マーリク・ビン・アナス　Mālik bn Anas al-Iṣbaḥī　80？歳。715(㋰710頃)生。イスラムの法学者。

796年

|この年| オッファ2世　Offa II　マーシアの王，アングロ・サクソン王(在位757～796)。
尚結賛　吐蕃の大臣。
裴延齢　68歳。728生。中国，唐の政治家。
樊沢　50歳。746生。中国，唐の入蕃会盟使。

ヒシャーム1世　Hishām I　39歳。757生。後ウマイヤ朝の第2代アミール(在位788～796)。
|この頃| ファザーリー　al-Fazārī, Muḥammad bn Ibrāhīm　アラビアのアッバース朝の天文学者。

797年

7.17　イレネがビザンティン帝国の皇帝となる
　　　　　＊　＊　＊
|この年| コンスタンティノス6世　Konstantinos VI　27歳。770生。ビザンティン帝国皇帝(在位780～97)。
チソンデツェン　Khri-sron ide-brtsan　㋰786没、55歳。742(㋰728)生。古代チベット王国(吐蕃)の王(在位754～797)。
マルワーン・ブン・アビー・ハフサ　Marwān bin Abī Ḥafṣah　76歳。721生。アラビアのアッバース朝の詩人。

798年

ベアートゥス(リエバナの)　Beatus(Liébana)　2.19没。スペインのベネディクト会修道院長、著作家。
アブー‐ユースフ　Abū Yūsuf Ya'qūb　4.21没、67歳。731生。イスラム法学者，ハナフィー学派創設者の一人。
|この年| 元聖王　朝鮮，新羅の第38代王(在位785～798)。
ユーヌス・ビン・ハビーブ　Yūnus bin Ḥabīb aḍ-Ḍabbī　バスラ派のアラビア語学者。

799年

4.25　ローマ教皇レオ3世が逮捕・暴行を受ける
　　　　　＊　＊　＊
|この年| 帰崇敬　80歳。719生。中国，唐の遣新羅使。
渾瑊　63歳。736生。中国，唐の入蕃会盟使。
崔瀚　55歳。744生。中国，唐の遣吐蕃使。
第五琦　㋰780頃没、70歳。729(㋰710頃)生。中国，唐中期の官僚。
ムーサー・アルカージム　Mūsa al-Kāẓim　イスラム教シーア派の代表的分派12イマーム派の認める第7代イマーム。
|この頃| パウルス・ディアコヌス　Paulus Diaconus　㋰797没、79？歳。720生。イタリアの歴史家。

ペトルス（ピーサの） Petrus(Pisa) 8世紀前半生。イタリア出身の文法学者，詩人。

800年

12.25 シャルルマーニュが帝冠を受ける
＊＊＊
[この年] 金俊邕 朝鮮，新羅の遣唐使。
[この頃] アル・バトリーク al-Baṭrīq, Abū Yaḥyā アッバース朝の翻訳家。
エリパンドゥス（トレードの） Elipandus(Toledo) 83？歳。717生。スペインのトレードの大司教。
カマラシーラ Kamalaśīla ㉘795没、60？歳。740生。インドの蓮華戒。
ジュニャーナパーダ Jñānapāda 50？歳。750生。インドの顕密兼修の密教家。
沈既済 50？歳。750生。中国，中唐の伝奇作家，歴史家。
バスカラ Bhāskara 50？歳。750生。インドの思想家。
盧綸 52？歳。748生。中国，中唐の詩人。

801年

12.28 シャルルマーニュがバルセロナを征服する
＊＊＊
[この年] 韋渠牟 52歳。749生。中国，唐の政治家。
郭鋒 中国，唐の遣回紇弔祭使。
ラービア Rābi‘a al-‘Adawīya ㉘780没、87歳。714(㉘713)生。イスラム教徒の女流神秘主義者。

802年

2.14 坂上田村麻呂が胆沢城を築く
＊＊＊
[この年] 王翃 中国，唐の武将。
[この頃] パウリーヌス（アクィレイアの） Paulinus (Aquilaja) 76？歳。726生。イタリアのアクィレイアの司教。

803年

ジャアファル・アルバルマキー Ja‘far bn Yaḥyā al-Barmakī 1.27没、36歳。767生。サラセンのアッバース朝の重臣。
イレーネ Irene 8.9没、51歳。752(㉘753)生。東ローマ皇帝（在位797〜802）。
[この年] 地蔵 99歳。704(㉘705)生。朝鮮，新羅の入唐留学僧。

804年

3.13 坂上田村麻呂が征夷大将軍に再任される
＊＊＊
アルクイン Alcuin 5.19没、67？歳。737(㉘735頃)生。イギリスの神学者，教育家。
[この年] イブラーヒーム・アル-マウスィリー Ibrāhīm'l-Mauṣilī 62歳。742生。アッバース朝の音楽家，詩人。
ジャービル-ブン-ハイヤーン Jabir ibn Hayyan ㉘815頃没、83？歳。721(㉘702？)生。アッバース朝時代の化学者，錬金術師。
ムハンマッド・アッ・シャイバーニー Muḥammad ash-Shaibānī 55歳。749生。イランのイスラム教法学者。
陸羽 ㉘800頃没、84？歳。720生。中国，唐の茶の研究者。
[この頃] 王墨 中国，唐代の画家。

805年

1.27 空海と藤原葛野麻呂が長安に到着する
9.05 最澄が帰国し，仏像を献じる
＊＊＊
エゼルハルド Ethelhard 5.2没。カンタベリー大司教。
[この年] 韋皋 60歳。745生。中国，唐の武将。
賈耽 75歳。730生。中国，唐の政治家，地理学者。
恵果 59歳。746生。中国，唐の僧，密教付法の第7祖。
少康 中国，唐の僧。
張薦 60歳。745生。中国，唐の遣回紇弔祭使。
徳宗（唐） 63歳。742生。中国，唐の第9代皇帝（在位779〜805）。
陸贄 51歳。754生。中国，唐中期の官僚。
[この頃] キサーイー al-Kisā’ī, ‘Alī bn Ḥamza bn Abū al-Ḥasan 68？歳。737生。イランのアラビア言語学者。

中世

806年

10.07　空海が唐から帰国し、真言宗を伝える
この年　白居易（白楽天）が「長恨歌」を作る
　　　　　　　＊＊＊
タラシオス　Tarásios　2.18没、76？歳。730生。コンスタンティノポリス総主教。
[この年]　順宗（唐）　45歳。761生。中国、唐第10代皇帝（在位805）。
牟尼室利　中国の僧。
陸淳　㉑805没、66歳。740生。中国、唐の学者。
[この頃]　イブヌル・アハナフ　Ibnu'l-Aḥnaf　アッバース朝の詩人。
イブン・カースィム　Ibn Qāsim, 'Abd al-Rahmān al-'Itqī　87？歳。719生。アッバース朝初期のエジプトの法学者。

807年

[この年]　道悟　59歳。748生。中国、唐代の禅僧。

808年

[この年]　アッバース・ブン・アフナフ　'Abbās bn al-Aḥnaf, Abū al-Faḍl　アッバース朝の宮廷詩人。
異牟尋　中国、唐の南詔王。
懐信可汗　ウイグル帝国第7代カガン（在位795～808）。
咸安公主　中国、唐の皇女。

809年

5.30　嵯峨天皇が即位する
　　　　　　　＊＊＊
ハールーン・アッ-ラシード　Hārūn al-Rashīd　3.24没、43歳。766（㉑763）生。アッバース朝第5代のカリフ（在位786～809）。
リウドゲルス（リウドゲル、ルートゲル）　Liudgerus, St.　3.26没、67？歳。742（㉑744頃）生。ミュンスターの司教。

810年

10.13　平城上皇と藤原薬子が東国脱出に失敗する
　　　　　　　＊＊＊
[この年]　ゴッドフレッド　Godfred, Gottrik　デンマーク王。
[この頃]　ゲオールギオス・シュンケロス　Gorgios Synkellos　ビザンチンの歴史家。
ダルモーッタラ　Dharmottara　60？歳。750生。インドの仏教論理学者。
鄭叔矩　中国、唐の遣吐蕃使判官。

811年

[この年]　アブーッ・シース・ムハンマッド　Abū'sh-Shīṣ Muḥammad b.Razīn　イラクのアラブ系詩人。
ニケフォルス1世　Nicephorus I Logothus　東ローマ皇帝（在位802～811）。
呂温　39歳。772生。中国、中唐の文学者。

812年

ギヨーム（アキテーヌの）　Guillaume（Aquitaine）　5.28没、57？歳。755生。フランスの聖人、トゥールーズ伯、聖人。
杜佑　11.？没、77歳。735（㉑753）生。中国、唐中期の政治家、学者。
[この年]　ギヨーム・ドランジュ　Guillaume d'Orange　中世フランスの英雄。
[この頃]　ヴィドゥキント　Widukind　㉑785以降没。カルル大帝に対抗したザクセンの指導者。

813年

アル・アミーン　al-Amīn, Muḥammad b.Hārūnu'r-Rashīd　9.？没、26？歳。787生。サラセンのアッバース朝第6代のカリフ（809～13）。
[この年]　イブン・ワフブ　Ibn Wahb, 'Abd Allāh　70？歳。743生。アッバース朝初期、イスラム法学者。
薛怀　中国、唐の遣吐蕃使。

814年

カルル1世　Karl I der Grosse　1.28没、71歳。742生。フランク王(在位768～814)、神聖ローマ皇帝(在位800～814)。
アンギルベルト　Angilbert　2.18没、69？歳。745生。フランク人の詩人。
ヴァルドー　Waldo(Walto, Valdo)　3.29没、74？歳。740生。フランク王国時代の修道院長。
[この年] 智蔵　79歳。735生。馬祖道一門下三大士の一人。
百丈懐海　94？歳。720(㊗749)生。中国、唐の禅僧。
孟郊　63歳。751生。中国、中唐の詩人。
李吉甫　56歳。758生。中国、唐の政治家。

815年

ゲーベル　Geber, Jabir Ibn-Hayyán　3.？没、94？歳。721生。アラビアの錬金術者。
[この年] 安如宝　中国、唐の僧。
王鍔　75歳。740生。中国、唐の官僚。
王孝廉　朝鮮、渤海国の大使。
ティデ・ソンツェン　Khri lde srong btsan　39歳。776生。チベットのティソン・デツェン王の王子。
龐居士　中国、唐代の仏教者。
マアルーフル・カルヒー　Ma'rūfu'l-Kar-khī, ibn Fīrūz　イスラム教神秘派の先駆者の一人。
[この頃] アッバース・マルヴァズィー　Abbās Marvazī　イランの詩人。
アブー・ヌワース　Abū Nuwās, al-Ḥasan bn Hāni' al-Ḥakamī　(㊗814頃没、55？歳。760(㊗756頃)生。アラブの詩人。
イスハーク・ビン・ハッサーン・アル・フッラミー　Isḥāq bin Ḥassān al-Khurramī　ソグド(中央アジア)のイラン系詩人。
イブン・ナウバフト　Ibn Nawbakht, Abū Sahl al-Faḍl　アラビアの占星術者。
王昇基　来日した渤海使。
顧況　90？歳。725(㊗727)生。中国、中唐の詩人。

816年

レオ3世　Leo III, St.　6.12没、66？歳。750生。教皇(在位795～816)、聖人。

817年

レイドラドゥス(リヨンの)　Leidradus(Lyon)　12.28没。リヨンの大司教。
[この年] 呉元済　34歳。783生。中国、唐に反抗した節度使。
李賀　㊗816没、26歳。791(㊗790)生。中国、中唐の詩人。
[この頃] ファーティマ　Fāṭimah al-Ma'sūmah　イランのイスラム教シーア派教長の娘。

818年

5.30　新羅人144人が日本に渡来する
＊＊＊
[この年] アン・ナズル・ビン・シュマイル　an-Naḍr bin Shumail al-Māzīnī at-Tamīmī　バスラ派のアラビア語学者。
イマーム-レザー　Imām 'Ali-al-Reẓā　53歳。765生。イスラムの十二イマーム派第8代イマーム(799即位)。
于頔　中国、唐の政治家。
権徳輿　59歳。759生。中国、中唐の政治家、詩人。
テオファネス　Theophanēs　㊗817頃没、66？歳。752(㊗760頃)生。ビザンチン期の歴史家。
フェーリクス(ウルヘルの)　Felix(Urgel)　スペインのウルヘルの司教。
ヤフヤー・ビン・アーダム　Yaḥyā bn Ādam Abū Zakariyā　61歳。757生。アッバース朝時代イスラムのハディース(伝承)学者。

819年

2.12　唐の憲宗が韓愈の広東左遷を命じる
＊＊＊
柳宗元　10.5没、46歳。773生。中国、中唐の文学者。
[この年] イブン・アル・カルビー　al-Kalbī, Abū'l-Mundhir Hishām　アラビアの歴史家。

820年

この年　アル・フワーリズミーが『al-jabr』を著す
＊＊＊

中世

シャーフィイー　al-Shāfi'ī, Muḥammad bn Idrīs　1.20没、53歳。767生。アラビアのイスラム法学者。

レオ5世　Leo V, Armenicus　12.25没。ビザンチン皇帝(在位813〜20)。

この年　慧琳　52歳。768(㊥737)生。中国、唐の僧。

帰登　66歳。754生。中国、唐の政治家。

憲宗(唐)　42歳。778生。中国、唐の第11代皇帝(在位805〜820)。

周昉　53歳。767生。中国、唐代の画家。

821年

11.08　唐と吐蕃が長安で同盟を結ぶ

＊＊＊

アルノー(ザルツブルクの)　Arno von Salzburg　1.24没、75？歳。746生。ザルツブルクの初代大司教。

ベネディクトゥス(アニアヌの)　Benedictus (Aniane)　2.11没、71？歳。750生。フランスのベネディクト会の改革者、聖人。

この年　クトゥルブ　Quṭrub, Abū 'Alī Muḥammad　バスラ派のアラビア語学者。

テオドゥルフ　Theodulf d'Orléans　71？歳。750 (㊥760頃)生。フランク王国の代表的神学者、詩人。

保義可汗　ウイグル国の第8代カガン(在位808〜821)。

法照　中国、唐の浄土教の僧侶。

822年

この年　新羅の王族の金憲昌父子が反乱を起こす

＊＊＊

アエギル　Aegil(Eigil, Egil)　6.15？没。フルダ(Fulda)の第4代修道院長。

金憲昌　朝鮮、新羅の王族。

ターヒル1世　Ṭāhir b.ul Husain　47？歳。775生。イランのターヒル朝の創始者(在位821〜22)。

ハカム1世　Hakam I　スペイン(コルドバ)の後ウマイヤ朝に属する支配者。

ファッラー　al-Farrā', Abū Zakariyā Yaḥyā bn Ziyād　60？歳。762生。クーファ派のアラビア語学者。

この頃　ワーキディー　al-Wāqidī, Abū 'Abd Allāh Muḥammad b.'Umar　㊥823没、75？歳。747生。アラブの歴史家。

823年

4.-　唐で宰相の牛僧孺と李徳裕の争いが起こる

＊＊＊

この年　王仲舒　62歳。761生。中国、唐の政治家。

ティモテオス1世　Timótheos I　95歳。728生。イラクのネストリオス派の総主教。

トーマス　Tomas　821年に小アジアで起こった民衆蜂起の指導者。

ムスリム・イブン・アル・ワリード　Muslim ibnul-Walīd al-Anṣārī　㊥803没、76？歳。747生。アラビアのアッバース朝の詩人。

824年

この年　共同皇帝ロタール1世がローマ協約を結ぶ

＊＊＊

韓愈　12.2(㊥827)没、56歳。768(㊥766)生。中国、中唐の文学者、思想家、政治家。

この年　穆宗(唐)　29歳。795生。中国、唐の第12代皇帝(在位820〜824)。

パスカリス1世　Paschalis I, St.　817生。ローマ出身の教皇(在位817〜824)、聖人。

825年

この年　『インドの数の計算法』が著される

＊＊＊

この頃　アブー・ウバイダ　Abū 'Ubaida Ma 'mar Ibn al-Muthanna　97歳。728生。アラビア言語学バスラ派の大家。

寿神　朝鮮、新羅の農民暴動指導者。

ベオルンウルフ　Beornwulf　イギリス、七王国時代のマーシア王(在位823〜825)。

この頃　アブー・クッラ, テオードゥールス　abū Qurra, Theōdūrus　75？歳。750生。メルキタイ派ハッラン(現トルコ)主教。

スマラグドゥス(サン-ミイエルの)　Smaragdus (Saint-Mihiel)　ベネディクト会修道院長、著作家、修徳家。

人物故事大年表 外国人編　*145*

826年

この年　ハーラル部分国王がキリスト教に改宗する
　　　　　＊＊＊
アーダルハルト　Adalhard　1.2没、76？歳。750（㋹751）生。北フランスのコルビー大修道院長。
テオドロス(ストゥディオスの)　Theodore Studites, St.　11.11没、67歳。759生。東方教会の修道士、聖人。
この年　金彦昇　朝鮮、新羅の遣唐使。
敬宗　17歳。809生。中国、唐第13代皇帝(在位824～826)。
白行簡　50歳。776（㋹775？）生。中国, 中唐の文学者。
この頃　アブー・アル・アターヒヤ　Abū'l-ʻAtāhiya　㋹825頃没、78？歳。748生。アラブの詩人。

827年

この年　アグラブ朝がシチリアに侵攻を開始する
　　　　　＊＊＊
エウゲニウス2世　Eugenius II　8.27没。824生。教皇(在位824～7)。
ヴァレンティーヌス　Valentinus　9.？没。ローマ教皇。
この年　烏重胤　中国、唐の節度使。
クラウディウス(テュリンの)　Claudius (Turin)　スペインのテュリンの司教。
沈伝師　58歳。769生。中国, 唐代の書家。
この頃　ジブリール・イブン・ブフティーシューア　Jibrīl ibn Bukhtīshūʻ　アラビアの医者。
ドゥンガルス(サン-ドニーの)　Dungalus (Saint-Denis)　フランス中北部サン-ドニーの隠修士、神学者、天文学者。
李益　㋹829？没、78？歳。749（㋹748）生。中国、中唐の詩人。

828年

この頃　アカッワク　al-ʻAkauwak ʻAlī b.Jabala　52歳。776生。アッバース朝のアラビア語詩人。
イドリス2世　Idrīs II　35歳。793生。スーダン王(在位793～823)。

この頃　(アル・)アスマイー　Abū Saʻīd ʻAbd al-Malik al-ʻAṣmaʻī　88？歳。740生。中世イスラーム時代初期のアラブ系言語学者。
クレーメンス(アイルランドの)　Clemens of Ireland　8世紀中生。アイルランド出身の文法学者, カール1世(大帝)の宮廷学校長、聖人。

829年

ミカエル2世　Michael II Psellos　10.？没。ビザンチン皇帝(在位820～9)。
この年　ニケフォロス　Nicephorus of Constantinople　㋹828頃没、71歳。758（㋹750頃）生。コンスタンチノープルの総主教、神学者、歴史家。
李憲　55歳。774生。中国、唐の政治家。

830年

この年　アブー・ザイド・アル・アンサーリー　Abū Zaid al-Anṣārī　アラビアの言語学者。
大仁秀　渤海第10代の王(在位818～830)。
この頃　アッ・ダーラーニー　ad-Dārānī, Abū Sulaimān ʻAbduʼr-Raḥmān b.ʻAṭīya　73？歳。757生。イスラム教神秘派(スーフィー)の先駆者の一人。
王建　62？歳。768生。中国、中唐の詩人。
張籍　62？歳。768（㋹765頃）生。中国, 中唐の詩人。
マダーイニー　al-Madāynī, ʻAlī　78？歳。752生。アッバース朝の歴史家。
ヤフアー　Yahyā, ibn Abī Manṣūr　バグダードの天文学者。

831年

ズバイダ　Zubayda Umm Jaʻfar　6.？没、69？歳。762生。アラビアのアッバース朝のカリフ。
元稹　7.23没、52歳。779生。中国, 中唐の文学者, 政治家。
この年　アル・アスマイー　al-Aṣmaʻī, ʻAbd al-Malik bn Qurayb　㋹828頃没、91歳。740（㋹739）生。アラビアの言語学者(バスラ派)。
薛濤　㋹832歳、63歳。768（㋹770）生。中国、唐の女流詩人。
この頃　沈亜之　㋹832？没、50？歳。781（㋹780頃）生。中国、中唐の伝奇作家、詩人。

833年

6.30　ルイ1世が王子達に降伏する
10.01　王子ロタールが父のルイ1世を廃位する
＊＊＊
アンセギス（フォントネルの）　Ansegis (Fontenelle)　7.20没、63？歳。770生。フランスの修道院長、聖人。
マームーン　al-Ma'mūn, Abū Ja'far 'Abd Allāh b.Hārūn al-Rashīd　8.？没、46歳。786生。イスラム、アッバース朝第7代カリフ（在位813～33）。

834年

3.01　ルイ1世が復位し、内紛が再発する
＊＊＊
この年　惟儼　84歳。750生。中国、唐初期の禅僧、南宗禅第4祖。
イブン‐ヒシャーム　Ibn Hishām　⊛833頃没。アラブの歴史家、文法家。
デウスデーディトゥス（モンテ・カッシーノの）　Deusdeditus (Monte Cassino)　イタリアの修道院長、聖人。
普願　86歳。748生。中国の仏教者。
フレデギッス（フリドゥギス）　Fredegisus (Fridugis)　イギリス出身のフランスの中世神学者。
ライハーニー　al-Rayhānī　アッバース朝期の書家。

835年

12.14　唐の宰相李訓が甘露の変を起こす
＊＊＊
この年　王涯　中国、唐の政治家。
王守澄　中国、唐の宦官。
舒元輿　中国、唐の官僚。
鄭注　中国、唐の政治家。
李訓　中国、唐の政治家。
盧仝　40？歳。795(⊛790？)生。中国、中唐の詩人。
この頃　アル・アハファシュ　al-Akhfash al-Ausat Sa'īd b.Mas'ada　イスラム教バスラ派のアラビア語学者。
章孝標　50？歳。785生。中国、唐中期の詩人。
ナッザーム　al-Nazzām, Ibrāhīm bn Sayyār, Abū Ishāq　⊛845没。アッバース朝イラクの学者、詩人。

ハンザレ・バードギースィー　Hanzale Bādghīsī　イランの詩人。

836年

ハット（ライヒェナウの）　Hatto (Reichenau)　3.17没、73歳。763生。ドイツの司教、修道院長、神学者。
この年　ヴァラ　Wala　⊛835没、71？歳。765生。フランクの修道院長。
王智興　79歳。757生。中国、唐の武将。
興徳王　朝鮮、混乱の時代の新羅第42代の国王（在位826～836）。
李従易　中国、唐の遣吐蕃使。

837年

この年　アブー・ウバイド・アルカースィム　Abū 'Ubayd al-Qāsim bn Sallām　64歳。773(⊛770頃)生。アラビアの言語学者。
イブン・サッラーム　Ibn Sallām, al-Harawī al-Baghdādī　アッバース朝期のイラクの文学者。
バーバク・ホッラミー　Bābak Khurramī　イラン系のイスラム教シーア派の過激分子の一派ホッラミーの指導者。
令狐楚　71？歳。766生。中唐の詩人。
この頃　アブール・ワリード　al-Azraqī, Abū al-Walīd Muhammad　⊛858没。イスラム教徒の歴史家。

838年

この年　殷侑　71歳。767生。中国、唐の遣回紇使。

839年

この年　アル・ジャルミー　al-Jarmī, Abū 'Umar Sālih　バスラ派のアラビア語学者。
アル・ヤズィーディー、イブラーヒーム　al-Yazīdīyūn, Ibrāhīm　アラビアの文法学者。
イブラーヒーム・イブン・アル‐マハディー　Ibrāhīm ibn al-Mahdī, Abū Ishāq　60歳。779生。アラブの音楽家、詩人。

エグバート　Egbert　64？歳。775（[異]770）生。アングロ・サクソン時代のウェセックス王（在位802～39）。

澄観　101歳。738生。中国，唐の僧。

裴度　74歳。765生。中国，唐代の大官。

[この頃] **掘羅勿**　ウィグル国末期の政治家。

サルマワイフ　Salmawayh ibn Bunān　アラビアの医者。

840年

アインハルト　Einhard　3.14没、70？歳。770生。フランク王国の歴史家。

ルートウィヒ1世　Ludwig I, der Fromme　6.20没、62歳。778生。カロリング朝西ローマ皇帝（在位814～40）。

[この年] **アゴバール**　Agobard　61歳。779（[異]769頃）生。フランク人の神学者，聖人。

文宗（唐）　31歳。809生。中国，唐の第14代皇帝（在位826～840）。

ルイ1世　Louis I　62歳。778生。フランスのアキテーヌ王（781～814）。

841年

[この年] **アフシーン**　Afshīn　サラセンのイラン系の将軍。

弓福　[異]846没。朝鮮，新羅の商人，政治家。

宗密　[異]840没、61歳。780生。中国，唐の高僧。

チツクデツェン　Khri-gtsug-1de-brtsan　35歳。806生。チベットの王。

レルパチェン　Ral pa can　35歳。806生。ソンツェンガンポ王に始まる吐蕃（チベット）王朝の第9世（在位815～41）。

842年

8.26　　伴健岑・橘逸勢らが逮捕される（承和の変）

＊　＊　＊

ムータシム　*al*-Mu'tasim, Abū Isḥaq Muḥammad　1.5没、47？歳。795（[異]794頃）生。アッバース朝の第8代カリフ（在位833～42）。

テオフィルス　Theophilus　1.20没。東ローマ皇帝（在位829～842）。

[この年] **アルフォンソ2世**　Alfonso II　83？歳。759生。アストゥリアス王（在位791～842）。

ランダルマ　Glang darma　[異]846没、33歳。809生。古代チベット（吐蕃）の王（在位836～841）。

劉禹錫　70歳。772生。中国，中唐の詩人。

[この頃] **ヨーナス（オルレアンの）**　Jonas（Orléans）　62？歳。780生。フランクの司教，神学著述家。

843年

8.10　　ヴェルダン条約締結でフランク王国が分裂

＊　＊　＊

ニタルト　Nithard　5.15（[異]844）没、53歳。790（[異]800頃）生。フランク王国の歴史家。

[この年] **賈島**　[異]841没、64歳。779（[異]777）生。中国，中唐の詩人。

仇士良　62歳。781生。中国，唐の宦官。

ミカエル1世　Michael I Rhangabe　[異]845没。ビザンチン皇帝（在位811～3）。

[この頃] **ヨーアンネース7世・グラマティコス**　Iōánnēs VII Grammatikós　8世紀末生。コンスタンティノポリス総主教，聖画像破壊運動第2期の指導的神学者。

844年

グレゴリウス4世　Gregorius IV　1.25没。教皇（在位827～844）。

ヒルドゥイヌス（サン-ドニーの）　Hilduinus（St.-Denis）　11.22没、69？歳。775生。フランスのサン・ドニーの修道院長（814～）。

[この年] **志遠**　76歳。768生。中国の五台山華厳寺の僧。

[この頃] **イブヌル・アラビー**　Ibnu'l-'Arabī Muḥammad b.Ziyād　77？歳。767生。アラビアの言語学クーファ派の大家。

李翺　[異]841頃没、72？歳。772生。中国，唐の儒者。

845年

8.-　　唐の武宗が財政難のため仏教を弾圧する

＊　＊　＊

イブン・サアド　Ibn Sa'd　2.17（[異]844頃）没、61？歳。784生。アッバース朝の史家。

テオファネース・グラプトス　Theophánēs Graptós　10.11没、70？歳。775生。ギリシア教会の修道士，ニカイアの府主教。

[この年] **烏介特勤**　ウイグル帝国滅亡時のカガン一族。

中世　852

カンディドゥス(フルダの)　Candidus　ドイツの神学者。
[この頃]ムハーリク　Mukhāriq　アラビアの音楽家。

846年

この年　新羅で張保皐の乱が起こる
＊＊＊
趙帰真　4.?没。中国，唐の道士。
[この年]イブン・サッラーム　Ibn Sallām al-Jumaḥi Muḥammad　アラブの文学者。
白居易　74歳。772生。中国，中唐の詩人。
武宗(唐)　32歳。814生。中国，唐の第15代皇帝(在位840〜846)。
李紳　74歳。772(㊟780?)生。中国，中唐の政治家，詩人。
李宗閔　中国，唐の政治家。
[この頃]アグネルス(アニェッロ)，アンドレアス　Agnellus(Agnello, Aniello), Andreas　41?歳。805生。イタリアのラヴェンナの聖職者，歴史家。

847年

11.13　円仁が弟子や唐人と共に帰国する
＊＊＊
セルギウス2世　Sergius II　1.27没。ローマ教皇。
メトディオス1世(コンスタンティノポリスの)　Methódios I (Kōnstantinoupóleōs)　6.14没、59?歳。788生。コンスタンティノポリス総主教，聖人。
[この年]王起　87歳。760生。中国，唐中期の政治家。

848年

[この年]牛僧孺　(㊟847没、68歳。780(㊟779)生。中国，唐の政治家。

849年

ワラフリド・ストラボー　Walafrid Strabo　8.18没、40歳。809(㊟808頃)生。ドイツのベネディクト会修道院長，神学者，詩人。
[この年]ディーク・アルジン　Dīk al-Jinn, 'Abd al-Salām bn Raghbān　71歳。778生。アッバース朝期のシリアの詩人。
ヤハヤー・イブン・ヤハヤー　Yaḥyā ibn Yaḥyā al-Masmūdī　スペインのアラブ系イスラム教神学者。
李徳裕　62歳。787生。中国，唐の政治家。

850年

[この年]アル-マウスィリー，イスハーク　Isḥāq al-Mawsilī, Abū Muḥammad bn Ibrāhīm　83歳。767生。アッバース朝の音楽家。
慧昭　77歳。773(㊟774)生。朝鮮，新羅の禅僧。
ジャヤバルマン2世　Jayavarman II　アンコール王朝を開いた王(在位802〜850)。
[この頃]アブー・タンマーム，ハビーブ・ブン・アウス　Abū Tammām, Ḥabīb bn Aws al-Ṭā'ī　㊟845没、43?歳。807(㊟804頃)生。アラブの詩人。
アマラーリウス，シンフォーシウス(メスの)　Amalarius, Symphosius(Metz)　70?歳。780生。カロリング・ルネサンス時代の典礼学者。
アル-フワリズミー，アブー・ジャファル・ムハンマド・イブン・ムサ　al-Khwārizmī, Abū 'Abdullāh Muḥammad b.Mūsā　㊟847?没、50?歳。800(㊟780頃)生。アラビアの数学者。
黄檗希運　㊟855?没。中国，唐代の南岳下の禅僧。
李公佐　80?歳。770生。中国，唐の小説家。

851年

エッボ(ラーンスの)　Ebbo(Reims)　3.20没、76?歳。775生。ラーンスの大司教。
[この年]フローラ　Flora　スペインの殉教者。
マリア　Maria　スペインの殉教者。

852年

[この年]アウレーリウス　Aurelius　スペインのコルドバの夫婦殉教者。
アブドゥル・ラフマーン2世　'Abd al-Raḥmān II　60歳。792生。後ウマイヤ朝第4代アミール(在位822〜52)。
張祜　60歳。792生。中国，晩唐の詩人。
杜牧　㊟853没、49歳。803生。中国，晩唐の詩人。
ナターリア　Natalia　スペインのコルドバの夫婦殉教者。

人物物故大年表 外国人編　149

ハーラル　Harald Klak　デンマークの王。

853年

ハイモ（ハルバシュタットの）　Haymo (Halberstadt)　3.28没。8世紀末生。ハルバシュタットの司教，神学者。
コルンバ（コルドバの）　Columba (Córdoba)　9.17没、23歳。830生。スペインの殉教者。
|この年| 潙山霊祐　82歳。771生。中国，唐の禅宗僧。

854年

イブン・ハビーブ　Ibn Ḥabīb, ʻAbd al-Malik　4.5没、58?歳。796生。スペインのアラブ系歴史家。
サハヌーン　Saḥnūn ʻAbd as-Salām　12.1?没、78歳。776生。アフリカのイスラム法学者。
|この頃| アブー・ウスマーン・サイード　Abū ʻUt̲h̲mān Saʻīd　インドの民族主義者。
許渾　63?歳。791生。中国，晩唐の詩人。

855年

9.29　ロタール1世の領土が分割相続される
＊＊＊
レオ4世　Leo IV, St.　7.17没、55?歳。800生。教皇（在位847〜55）。
イブン-ハンバル　Ibn Ḥanbal, Aḥmad　8.1没、74歳。780生。イスラムの神学者，法学者。
ロタール1世　Lothar I　9.29没、60歳。795生。カロリング朝の西ローマ皇帝（在位840〜55）。
ドローゴ（メスの）　Drogo (Metz)　12.8没、54歳。801生。フランスのカロリング朝改革の指導的聖職者。
|この年| 姚合　80歳。775生。中国，中唐の詩人。
|この頃| イブン・サハル・ラッバン　Ibn Sahl Rab-ban　47?歳。808生。アッバース朝の名医。
ハイモ（オセールの）　Haimo (Auxerre)　フランスのベネディクト会修道士，中世の重要な聖書釈義学者。

856年

ラバヌス・マウルス　Hrabanus Maurus　2.4没、72歳。784（⑨780頃）生。ドイツのカトリック聖職者，神学者。
アルドリクス（ル・マンの）　Aldricus Le Mans　3.24没、56歳。800生。フランク王国のル・マンの司教，福者。

857年

3.18　藤原良房が太政大臣に就任する
＊＊＊
イブヌッ・スィッキート　Ibnu's-Sikkīt　11.18没。クーファ派のアラビア語学者。
|この年| イブン・マーサワイフ　Ibn Māsawayh, Yūḥannā　80歳。777（⑨775）生。サラセンのアッバース朝の医学者。
ムハーシビー　al-Muḥāsibī, Ḥārith Abū ʻAbd Allāh　76歳。781生。イスラム神秘主義理論家。

858年

12.25　フォティオスが総司教に任命される
＊＊＊
|この年| エセルウルフ　Aethelwulf　アングロ・サクソン期のウェセックス王（在位839〜58）。
ケネス1世　Kenneth I　イギリスのダル・リアタ王，843年頃からピクト王。
ベネディクツス3世　Benedictus III　855没。教皇（在位855〜858）。
|この頃| 李商隠　46?歳。812（⑨813）生。中国，唐代の詩人。

859年

6.14　渤海使が宣明暦経などを日本に献上する
＊＊＊
エウロギウス（コルドバの）　Eulogius (Córdoba)　3.11没、49?歳。810生。スペインの殉教者。
|この年| 宣宗（唐）　49歳。810生。中国，唐の第16代皇帝（在位846〜859）。

860年

中世

パスカーシウス，ラドベルトゥス　Paschasius, Radbertus　4.26没、75？歳。785生。フランスの神学者。
[この年] 裴甫　中国，唐後期の農民叛乱の指導者。
ディウビル　Diʻbil b.ʻAlī al-Khuzāʻī　95歳。765生。アラビアの詩人。
普化　中国，唐の禅僧。
[この年] ガルシア1世　García I　スペインのパンプローナ王，ナバラ王国初代の王。
フロールス　Florus　70？歳。790生。フランスのスコラ学者，論争家。
李群玉　47？歳。813生。中国，晩唐の詩人。

861年

ズー‐アンヌーン　Dhū al-Nūn al-Miṣrī, Abū al-Fāyḍ　1.19(㋚859)没、65？歳。796(㋚797頃)生。イスラム教神秘派（スーフィー）の先駆者の一人。
マインラード　Meinrad　1.21没。ドイツ，ライヒナウのベネディクト会系隠修士，司祭。
ムタワッキル　al-Mutawakkil ʻAlaʼllāh　12.？没、39歳。822生。アッバース朝第10代のカリフ（在位847～61）。
[この年] 恵哲　76歳。785生。新羅時代の禅僧。
プルーデンティウス（プルゼンシオ）　Prudentius (Prudencio)　イスパニア出身の神学者，歴史家。
[この頃] アブドゥル・アズィーム　ʻAbduʼl-ʻAẓīm　イスラム伝承学者，商人，聖者。
ファルガーニー　al-Farghānī, Abū al-ʻAbbās Aḥmad ibn Muḥammad ibn Kathīr　イスラム教徒の天文学者。

862年

この年　リューリクがノヴゴロド公国を建国する
＊＊＊
聖スウィジン　Swithun, St.　7.2没、60？歳。802(㋚806頃)生。イギリス，アングロ・サクソン時代の聖職者。
[この年] テオドラ　Theodora　52？歳。810生。聖画像破壊論者に反対したビザンティン皇妃，東方正教会の聖人。
[この頃] セルヴァートゥス・ルプス　Servatus Lupus　52？歳。810生。フランスのベネディクト会神学者。

863年

[この年] アリー・イブン・ジャハム・アッ・サーミー　ʻAlī ibn Jahm as-Sāmī　アッバース朝の詩人。
段成式　中国，晩唐の学者，文学者。
[この頃] マーズィニー　al-Māzinī, Abū ʻUthmān Bakr bn Muḥammad　バスラ派のアラビア語学者。
ヨアネス（ラヴェンナの）　Joannes (Ravenna)　51？歳。812生。ラヴェンナの大司教(850～861)。

864年

[この年] スィジスターニー　al-Sijistānī Abū-Ḥātim Sahl bn Muḥammad　(㋚863頃没。アッバース朝期のアラブの言語学者。

865年

11.01　デーン軍がイングランド全土を荒掠する
＊＊＊
聖アンスガール　Ansgar, St.　2.3没、63歳。801生。ハンブルク，ブレーメンの最初の大司教，聖人。
バルダス，カイサル　Bárdas, Kaîsar　4.21没。ビザンティン帝国の政治家。
[この年] エセルベルト　Aethelberht　ウェセックス王アゼルベルト。
徳山宣鑑　85歳。780(㋚782)生。中国，唐代の禅僧。
ミコン（サン‐リクイエの）　Micon (Michon, Mico) (Saint-Riquie)　フランスの文法家，詩人，詞華集編者。
柳公権　87歳。778生。中国，唐の書家。

866年

10.01　藤原良房が皇族以外で初めて摂政になる
＊＊＊
ロベール　Robert le Fort　9.15？没。フランス，カペー王家の祖先にあたる人物。
[この年] オルドニョ1世　Ordoño I　アストゥリアス王（在位850～66）。
魚玄機　(㋚868没、23歳。843(㋚844頃)生。中国，晩唐の女流詩人。

尚恐熱　吐蕃の宰相。

867年

9.23　ビザンチンでバシレイオス1世が即位する
＊＊＊
ミカエル3世　Michael III　9.23？没、31？歳。836生。ビザンチン皇帝(在位842～67)。
ゴデスカールクス(オルベの)　Godescalcus (Orbais)　10.13没、64？歳。803生。ドイツのベネディクト会修道士。
ニコラウス1世　Nicolaus I, St.　11.13没、47？歳。820(⑧800頃)生。教皇(在位858～67)。
[この年]　臨済　⑧866没。中国、唐の禅僧。

868年

ゴットシャルク　Gottschalk, von Orbais　10.13(⑧867頃)没、63？歳。805(⑧810？)生。ドイツの神学者、詩人。
[この年]　玄昱　81歳。787生。新羅時代の禅僧。
崔鉉　中国、唐末期の宰相。
道允　70歳。798生。新羅時代の禅僧。
[この頃]　ジャーヒズ、アブー・ウスマーン・アムル・イブン・バハル・アルキナーニー・アッ　al-Jāḥiz, Abū Uthmān 'Amr ibn Bahr al-Kinānī　⑧869没、92？歳。776(⑧767頃)生。アラブの文学者、思想家。
ラトラムヌス(コルビーの)　Ratramnus (Corbie) フランスの初期スコラ学者。

869年

9.10　アリー・ブン・ムハンマドが反乱を起こす
＊＊＊
キュリッロス　Kyrillos　2.14没、42？歳。827(⑧826頃)生。ギリシアの神学者、言語学者、聖人。
ロタール2世　Lothar II　8.8没、43？歳。826(⑧825頃)生。フランク王。
[この年]　コンスタンチーン　Konstantin　42歳。827生。ギリシア人宣教師。
コンスタンティノス　Constantinos, Konstantin　43歳。826生。ギリシア人宣教師。
洞山良价　62歳。807生。曹洞宗の開祖。
龐勛　中国、唐末の農民兵士の叛乱の指導者。
ムタズ　al-Mu'tazz　21？歳。848没。アッバース朝第13代カリフ(在位866～869)。

870年

8.09　メルセン条約でフランクが東西分割される
＊＊＊
ブハーリー　al-Bukhārī, Abū'Abdullāh Muḥammad　8.31没、60歳。810生。イラン系のイスラム伝承学者。
アエネーアス(パリの)　Aeneas (Paris)　12.27没。禿頭王カール2世の宮廷記録官(843～56)、パリ司教(56～没年)。
[この年]　エッバ(小)　Ebba　イギリスの女子修道院長、殉教者。
聖エドマンド　Edmund, St.　⑧869没、29？歳。841(⑧840頃)生。アングロ・サクソン時代の東アングリア王(在位855～70)、聖人。
ハバシュ・アル・ハースィブ　Ḥabash al-Ḥāsib, Aḥmad ibn 'Abd allāh al-Marwazī　バグダードの天文学者。
[この頃]　温庭筠　⑧872頃没、58？歳。812(⑧818頃)生。中国、晩唐の詩人。
キンディー　al-Kindī, Abū Yūsuf Ya'qūb　⑧880頃没、70？歳。800(⑧796頃)生。東方イスラムのアラブ系哲学者。
裴休　⑧860没、73？歳。797(⑧787頃)生。中国、唐の政治家。
バーチャスパティ・ミシュラ　Vācaspati-miśra　70？歳。800生。インドの哲学者。

871年

4.-　アルフレッドがイングランド王に即位する
＊＊＊
エセルレッド1世　Ethelred I　4.23没、41？歳。830生。アングロ・サクソン期ウェセックス王(在位865～71)。
[この年]　イブン・アブド・アル・ハカム　Ibn 'Abd al-Ḥakam, 'Abd al-Raḥmān　⑧870没、68歳。803(⑧798頃)生。エジプトの歴史家。
[この頃]　アッ・リヤーシー　ar-Riyāshī, Abū'l-Faḍl al-'Abbās b.Faraj　アラビアのバスラ派言語学者。

872年

アタナシウス(ナーポリの)　Athanasius (Napoli)　7.15没、40歳。832生。イタリアの司教、聖人。

ハドリアヌス2世　Hadrianus II　11.？没、80歳。792生。教皇(在位867～872)。
|この年| 薛調　42歳。830生。中国、唐代の文人。
張議潮　中国、唐末の節度使。

873年

フナイン・ブン・イスハーク　Ḥunain ibn Isḥāq, Abū Zaid al-‘Ibādī　11.30(㊚877)没、64？歳。809(㊚808)生。アラビアの学者。
ヨハニティウス　Johannitius　12.1？没、65歳。808生。ペルシアの医師、古典のアラビア語への翻訳者。
|この年| 懿宗　40歳。833生。中国、唐の第17代皇帝(在位860～873)。
ファズル　Faḍl　アラビア生れの女流詩人、歌手。

874年

エルメンリヒ(パッサウの)　Ermenrich von Passau　12.26没、60？歳。814生。ドイツのベネディクト会士、パッサウの司教。
|この年| 酋竜　中国、南詔の君主、大礼国皇帝(在位858～874)。
ビスターミー　al-Bistāmī, Abū Yazīd Tayfūr ibn ‘Isā　イランのイスラム神秘主義者。
|この頃| 張彦遠　59？歳。815生。中国、唐代の書画史論家。
マーハーニー　al-Māhānī, Muḥammad b. ‘Isā, Abū ‘Abdullāh　アラビアの天文学者、数学者。

875年

7.-　黄巣が王仙芝の反乱に呼応する(黄巣の乱)
＊＊＊
ムスリム　Muslim ibnu'l-Ḥajjāj　5.6(㊚865頃)没、58？歳。817生。イスラム教徒のハディース(伝承)学者。
ルートヴィッヒ2世　Ludwig II　8.12没、53？歳。822生。西ローマ皇帝(在位855～875)。
レーミギウス(リヨンの)　Remigius (Lyons)　10.28没。フランスのリヨンの大司教。
アド　Ado　12.16没、75？歳。800生。フランスのヴィエンヌの司教、歴史家、聖人。
|この頃| オトフリート・フォン・ヴァイセンブルク　Otfried von Weißenburg　㊚870頃没、75？歳。800(㊚830頃)生。ドイツ、アルザス地方の修道僧、詩人。

876年

8.28　東フランクが国王の皇子達に分割される
＊＊＊
ルートウィヒ2世　Ludwig II, der Deutsche　8.28没、72？歳。804(㊚806頃)生。東フランク王(在位843～76)、ドイツ王国の建設者。
|この年| ヘイリクス(オセールの)　Heiricus de Auxerre　35？歳。841生。フランスの聖人伝記者、教師。

877年

カルル2世　Karl II der Kahle　10.6没、54歳。823生。西フランク王(在位843～877)。
イグナチウス　Ignatius　10.23(㊚878)没、79？歳。798(㊚799)生。コンスタンチノーブル総大主教(在職846～857、868～878)。
|この年| シャルル1世　Charles I　54歳。823生。西フランク国王、禿頭王の呼称。
詹景全　中国、唐の越州の商人。
ネオト　Neot, St.　イギリスのアングロサクソン人の修道士。
李延孝　中国、唐の商人。
|この頃| エリウゲナ、ヨハネス・スコトゥス　Eriugena, Johannes Scotus　㊚880頃没、67？歳。810(㊚813頃)生。哲学者、神秘主義者。

878年

4.21　出羽で夷俘が反乱を起こす(元慶の乱)
|この年| 王仙芝　中国、黄巣の乱の初期の指導者。
ヤークーブ・ビン・ライス　Ya‘qūb bin Laith　㊚879没。イランのサッファール朝の創始者(在位867～78)。

879年

ルイ2世　Louis II le Bègue　4.10没、33歳。846生。西フランク王(在位877～79)。

[この年] **アブーウッ・サージ・ディーヴダード** Abū's-Sāj Dīwdād　イラン，アッバース朝のアゼルバイジャーンの太守。

ヒンクマールス（ランの） Hincmarus（Laon）　フランスのランの司教。

リューリク Ryurik　[異]873頃没。ロシアの建国者。

880年

12.-　唐で黄巣が洛陽を占拠する

＊＊＊

[この年] **カルロマン** Carloman　52歳。828生。神聖ローマ皇帝（在位876～80）。

薛能　63歳。817生。中国，晩唐の詩人。

体澄　76歳。804生。朝鮮，新羅の入唐留学僧。

マハーヴィーラ Mahāvīra　66？歳。814生。インドの数学者。

[この頃] **アナスタシウス3世** Anastasius III（Bibliotecarius）　70？歳。810（[異]800）生。ベネディクツス3世の対立教皇（855年），司書。

趙隆眉　南詔の遣唐使。

881年

1.-　唐で黄巣が長安で即位、国号を大斉とする

＊＊＊

[この頃] **陸亀蒙**　中国，晩唐の詩人，農学者。

882年

ルードヴィヒ3世（少年王） Ludwig III der Jüngere　1.20没。東フランク（ドイツ）王（876～82）。

ヨハネス8世 Johannes VIII　12.16没、62？歳。820生。教皇（在位872～82）。

ヒンクマル Hincmar de Reims　12.21没、76？歳。806生。ランスの大司教。

[この年] **道憲**　58歳。824生。新羅時代の禅僧。

883年

8.11　サンジュの乱が鎮圧される

＊＊＊

[この年] **アリー・ブン・ムハンマド** ʻAlī bn Muḥammad，Sāḥib al-Zanj　〈ザンジの長〉と呼ばれる黒人奴隷反乱軍の指導者。

仰山慧寂　76歳。807生。中国，唐の禅宗（南宗禅）第6祖。

ダーウード - アッザーヒリー Dāwūd al-Ẓāhirî　68？歳。815生。ザーヒル派の開祖となったスンナ派のイスラーム法学者。

知玄　74歳。809生。中国の仏教者。

ハサン・ビン・ザイド Ḥasan bin Zaid　カスピ海南岸所在のアリー朝の創始者（864～83）。

[この頃] **皮日休**　[異]880没、49？歳。834（[異]833？）生。中国，晩唐の文学者。

ヒラール Hilāl ibn abī Hilāl al-Ḥimṣī　シリアのエメッサ出身の数学者。

884年

7.13　唐で黄巣の乱が終結する

＊＊＊

アブー・スライマーン・ダーウード Abū Sulaimān Dā'ūd　3.？没、69歳。815生。イスラム法学ザーヒル派の創始者。

イブン・トゥールーン Ibn Ṭūlūn，Aḥmad　5.？没、48歳。835生。トゥールーン朝の建設者。

黄巣　6.？没。中国，唐末期の農民反乱指導者。

ブーラーン Būrān　9.？没、77歳。807生。アラビアの貴婦人。

885年

11.24　デーン人の船団がパリで撃退される

＊＊＊

聖メトディオス Methodios　4.6没、60？歳。825（[異]815頃）生。ギリシアのキリスト教伝道師。

ハドリアーヌス3世 Hadrianus III　9.？没。ローマ教皇。

[この年] **アルブマザル** Albumazar　98歳。787生。天文学者，占星術師。

ボージャ1世 Bhōja I　[異]890頃没。北インド，グルジャラ・プラティーハーラ朝第7代目王（最盛期：在位836頃～85頃）。

中世

886年

1.31　デーン人が再びパリを襲撃する
＊＊＊
アブー・マーシャル　Abū Ma'shar Ja'far bn Muḥammad　3.8（䣊885頃）没，100？歳。786？（䣊787）生。アラビアの天文学者。
バシリウス1世　Basilius I　8.29没，74？歳。812（䣊827）生。東ローマ皇帝（在位867～886）。
この年　イブン‐マージャ　Ibn Māja al-Qazwīnī　䣊887没，62歳。824生。イスラム教徒の伝承学者。
サフル・アットゥスタリー　Sahl ibn 'Abdullāh at-Tustarī　䣊896没，68歳。818生。イラン系のコーラン解釈学者。
ヨーセフォス（讃美歌作者の）　Iōsephos　76？歳。810生。ギリシアの讃美歌作者。

887年

12.11　アルヌルフが東フランク王に選ばれる
＊＊＊
高駢　9.21没。中国，唐末期の節度使。
この年　王重栄　中国，唐末期の武将。
朱邪赤心　䣊883没。中国，唐の節度使。

888年

2.29　パリ伯ウードが西フランク王となる
＊＊＊
カルル3世　Karl III der Dicke　1.13没，49歳。839生。東フランクの王（在位876～887）。
僖宗　3.？没，25歳。862生。中国，唐の第18代皇帝（在位873～888）。
この年　アッ‐スッカリー　as-Sukkarī, Abū Sa'īd al-Ḥasan ibn al-Ḥusain　61歳。827生。バスラ派のアラビア語学者。
イブン・フィルナース　Ibn Firnās, Abū'l-Qāsim 'Abbās　スペインのアラブ系音楽家，発明家。
無染　87歳。801生。朝鮮，新羅の禅僧。
レンベルトゥス　Rembertus, St.　ハンブルクの大司教。

889年

アブー・ダーウード　Abū Dā'ūd Sulaimān　2.22（䣊888頃）没，72歳。817生。イスラムの伝承学者。
イブン・クタイバ　Ibn Qutaiba　10.30？（䣊880）没，61歳。828（䣊829）生。イラン系のアラビア語文学者。
この年　インドラヴァルマン1世　Indravarman I　カンボジア，アンコール王朝の君主（在位877～89）。
梵日　70歳。819（䣊810）生。朝鮮，新羅の禅僧。

890年

この年　アショット　Ashot　アルメニアバグラト朝初代の王（在位885～90）。
グットーム　Guthorm　イギリスのイースト・アングリアのデーン人の王。
この頃　ゴラズド　Gorazd　60？歳。830生。ブルガリアの大司教，聖人。

891年

2.11　スポレト公グィードが皇帝の戴冠を受ける
＊＊＊
ポティオス　Phōtios　2.6？没，71？歳。820（䣊815頃）生。コンスタンチノープルの総主教。

892年

この年　甄萱が完山に後百済を建てる
＊＊＊
この年　ティルミジー　al-Tirmidhī, Abū 'Īsā　68？歳。824生。中央アジア出身のイスラム伝承学者。
バラーズリー　al-Balādhurī, Aḥmad bn Yaḥyā　アラビアの歴史家。

894年

11.01　菅原道真の進言で遣唐使の停止が決まる
＊＊＊

|この年| ウィドー2世　Wido II, Herzog von Spoleto　イタリア王(889～894), 西ローマ皇帝(891～894)。
スビヤトプルク　Sviatopluk　64歳。830生。大モラビア王国の王(在位870～894)。

895年

4.11　博多警固所に夷俘50人を増置する
*　*　*
|この年| 王行瑜　中国,唐末期の群雄の一人。
拓跋思恭　中国,唐末のタングート平夏部の族長,西夏の始祖。
ディーナワリー　Dīnawarī, Abū Ḥanīfa Aḥmad　Ⓦ894頃没, 75？歳。820生。アッバース朝期のイラン系歴史家,言語学者。

896年

この年　朝鮮で王建が弓裔に帰服,その部将になる
*　*　*
フォルモスス　Formosus　4.4没, 80？歳。816生。教皇(在位891～896)。
|この年| イブン・アッ・ルーミー　Ibn al-Rūmī, 'Alī bn al-'Abbās　61歳。835(Ⓦ836)生。アッバース朝の詩人。

897年

|この年| アル・ブフトリー　al-Buḥturī, Walīd bn 'Ubayd Allāh　77？歳。820(Ⓦ821)生。シリアのアッバース朝の詩人。
王潮　中国,五代十国・閩(福建)の実質上の建設者。
真聖女王　朝鮮,新羅の第51代王(在位887～897)。
|この頃| ガウデリクス(ヴェルレートリの)　Gauderichus(Velletri)　9世紀後半に活躍したイタリアの司教。
ヤアクービー　al-Ya'qūbī, Aḥmad b.Abī Ya'qūb　アラビアの地理学者。

898年

1.01　シャルル3世が西フランクを単独統治する
*　*　*

ユード　Eudes　1.1没, 38？歳。860生。パリ伯,フランス王(在位888～98)。
アル・ムバッラド　al-Mubarrad Abū'l-'Abbās Muḥammad b.Yazīd al-Azdī　11.？没, 72？歳。826生。アラビアの言語学者。
|この年| エウテュミオス(小)　Euthýmios　74？歳。824生。ギリシア正教会の聖人,修道院長。
道詵　71歳。827生。朝鮮,統一新羅後期の僧。
ビフレド　Vifredo　初期カルターニャの建国者。

899年

アルフレッド大王　Alfred the Great　10.26(Ⓦ901)没, 50歳。849(Ⓦ848頃)生。イギリスウェセックスの王(在位871～899)。
アルヌルフ・フォン・ケルンテン　Arnulf von Kärnten　12.8没, 49？歳。850生。ケルンテン大公,東フランク王(在位887～899)。
|この頃| ティルミーズ・アルキンディー　Tilmīdhu'l-Kindī, Aḥmad　アラビアのアッバース朝の哲学者。
梁吉　朝鮮,新羅の反乱者。
|この頃| ハムダーン-カルマト　Ḥamdān Qarmat, Ibn al-Ash'ath　Ⓦ910以降没。中世イスラムのカルマト派の創設者。

900年

4.-　サーマーン朝がサッファール朝を破る
*　*　*
|この年| 折中　74歳。826生。新羅末期の禅僧。
フルク　Foulques　60？歳。840生。フランスの聖職者。
ヤショバルマン1世　Yaśovarman I　古代クメール王国(アンコール時代)の第4代国王(在位889～900)。
ヨハネス9世　Joannes IX　898生。教皇(在位898～900)。
|この頃| イブン・フルダーズビフ　Ibn Khurdādhbeh　Ⓦ913頃没, 80？歳。820(Ⓦ825頃)生。ペルシアの地理学者。
ナーラーヤナ　Nārāyaṇa　100？歳。800？生。古代インドの説話作者。

901年

2.16 菅原道真が太宰府権帥へ左遷される
この年 弓裔が後高句麗を建国、後三国時代始まる
＊＊＊
サービト・ビン・クッラ Thābit ibn Qurra 2.18没、67？歳。834(㊚830頃)生。イスラムの数学者、医学者、哲学者。
イブン・コルラ(サービト・イブン・クッラ) Ibn Qorra (Thabit ibn Qurra) 12.18没、65歳。836生。アラブの数学者、天文学者、力学者、医者で哲学者。
[この年] シイー al-Shi'ī, Abū 'Abd Allāh al-Husayn イスマーイール派の布教師。
曹松 71？歳。830生。中国、晩唐の詩人。

902年

8.01 シチリアがイスラムの勢力下に入る
＊＊＊
[この年] 雲居 67歳。835生。中国、唐の禅僧。

903年

3.26 菅原道真が太宰府で死去する
＊＊＊
[この年] アムル・ブン・ライス 'Amr bn Layth ㊚902没。イランのサッファール朝第2代の王(878～900)。
モーシェ・バル・ケーパー Mōšeh bar Kēphā 88？歳。815生。シリアのヤコブ派の主教。
イブン・ロステー ibn Rostēh Abū 'Alī Ahmad ペルシャ系の著述家。

904年

サアラブ Tha'lab, Abū'l-'Abbās Ahmad b.Yahyā 4.8没、89歳。815生。クーファ派のアラビア語学者。
[この年] クリストフォルス Christophorus 対立教皇(在位903.9～904.1)。
崔胤 50歳。854生。中国、唐末期の宰相。
昭宗(唐) 37歳。867生。中国、唐の第19代皇帝(在位888～904)。

905年

7.21 ベレンガーリョ1世がイタリア王を追放
＊＊＊
楊行密 11.？没、53歳。852生。中国、五代十国・呉の始祖(在位892～905)。
[この頃] 呉融 55？歳。850生。中国、晩唐の詩人。

907年

6.02 朱全忠が大梁国を建国、五代十国時代開始
＊＊＊
ボリス1世 Boris I, Michail 5.7(㊚903頃)没。ブルガリアのツァー(在位852～89)。
[この年] イスマーイール・ブン・アフマド Ismā'īl bn Ahmad イランのサーマーン朝第2代の統治者(在位892～907)。
[この頃] アールパード Árpád 38？歳。869生。ハンガリーの国民的英雄。
杜荀鶴 ㊚904没、61？歳。846生。中国、唐代末の詩人。

908年

李克用 1.4(㊚906)没、51歳。856生。中国、五代後唐の始祖。
イブン・アルムータッズ Ibn al-Mu'tazz, Abū al-'Abbās 'Abd Allah 12.29没、47歳。861生。アッバース朝の王子、詩人。
[この年] 哀帝(唐) 16歳。892生。中国、唐の第20代(最後の)皇帝(在位904～907)。
義存 86歳。822生。中国、唐代の禅僧。
司空図 71歳。837生。中国、晩唐の詩人。
[この頃] レーミギウス(オセールの) Remigius (Auxerre) 67？歳。841生。フランス中世の哲学者、神学者。

909年

9.02 ブルゴーニュでクリュニー修道院が設立
＊＊＊
ゲラルドゥス(オリアクの) Geraldus (Aurillac) 10.13没、54歳。855生。フランスの信徒の聖人。

[この年] 羅隠　76歳。833生。中国，晩唐の詩人。
[この頃] アッサー，ジョン（メネヴィアの）　Asser, John(Menevia)　㊙910没。イギリスの修道士。

910年

1.- ファーティマ朝が創始される
　　　　　　＊＊＊
アルフォンソ3世　Alfonso III el Magno　12.20没，58？歳。852（㊙838頃）生。アストゥリアス王（在位866～910）。
[この年] 韋荘　㊙920没，74？歳。836（㊙855）生。中国，唐末の詞人。
ジュナイド　al-Junayd, Abū al-Qāsim ibn Muhammad al-Khazzāz　イスラム神秘主義の古典理論の完成者。
[この頃] イスハーク・イブン・フナイン　Isḥāq ibn Ḥunayn, Abū Ya'qūb　アラビアの翻訳家，医者。
鄭谷　㊙896？没，68？歳。842生。中国，晩唐の詩人。

911年

9.24　東フランク王国のカロリング家が断絶する
12.02　オレーグがビザンチンに通商条約締結迫る
この年　朝鮮で弓裔が国号を泰封と称する
　　　　　　＊＊＊
セルギウス3世　Sergius III　4.14没。教皇（在位904～911）。
劉隠　5.10没，37歳。874生。中国，五代十国・南漢の事実上の建国者。
ルートウィヒ4世　Ludwig IV, das Kind　9.24没，18歳。893生。カロリング朝最後の東フランク王（在位900～11）。
[この年] 彦暉　71歳。840生。中国，後梁代の僧。

912年

ノトケル・バルブルス　Notker Balbulus　4.6没，72？歳。840生。ドイツの修道士。
レオ6世　Leo VI, Philosophus　5.11没，45歳。866生。ビザンチン皇帝（在位886～912）。
朱全忠　6.2没，59歳。852（㊙851）生。中国，五代後梁の初代皇帝（在位907～912）。
貫休　12.?没，80歳。832生。中国，唐末五代の禅僧。
[この年] オレーグ　Oleg　㊙911？没。最初のキエフ公（在位879～912）。

クスター・イブン・ルーカー　Qusṭā ibn Lūqā al-Ba'labakkī　92歳。820生。アルメニアのアッバース朝の学者。
トゥオティロ　Tuotilo　17歳。895生。スイスの修道士。
ルドルフ1世　Rudolf I　ブルグント王（在位888～912）。
[この頃] トゥーティロ　Tutilo　62？歳。850生。スイスの修道士，芸術家。

913年

ハットー1世　Hatto I　5.15没，63？歳。850生。ドイツ中世の聖職者。
[この年] 朱友珪　25歳。888生。中国，五代後梁の太祖の庶子。

914年

プレグムンド（カンタベリの）　Plegmund (Canterbury)　8.2没。カンタベリ第19代大司教。
[この年] 劉守光　中国，五代・燕の王。

915年

ナサーイー　al-Nasa'i, Abū 'Abd al-Raḥmān Aḥmad b. Shu'ayb　8.29没，85歳。830生。イスラム伝承学者。
[この年] ジュッバーイー　al-Jubbā'ī Abū Alī Muḥammad bn 'Abd al-Wahhāb　66歳。849生。イスラム神学者。
レギノ　Regino von Prüm　75？歳。840生。ドイツの聖職者。

916年

3.17　耶律阿保機が契丹国（遼）を建国する
　　　　　　＊＊＊
クリメント（オフリドの）　Kliment Ohridski　7.27没，76？歳。840生。ブルガリアの宣教師，主教，聖人。
[この年] 行寂　84歳。832生。朝鮮，新羅の遣唐留学僧。

中世

917年

エウテュミオス1世　Euthýmios I　8.5没、83？歳。834生。コンスタンティノポリス総主教。
[この年] 迴微　53歳。864生。朝鮮、新羅の入唐留学僧。
布袋　㊗916没。中国、唐末頃の僧。
[この頃] アルベリック1世　Alberic I　カメリノとスポレト辺境伯（892／897年以降15年間）。

918年

7.25　王建が弓裔を放逐して高麗を建国する
＊ ＊ ＊
コンラート1世　Konrad I　12.13没。ドイツ国王（在位911～918）。
[この年] エゼルフラッド　Aethelflaed　アルフレッド大王の娘、マーシア伯エセルレッドの妻。
王建　71歳。847生。中国、五代十国前蜀の建国者（在位907～918）。
弓裔　朝鮮、新羅末の武将、泰封国王。

920年

6.11　最後の渤海使が帰国の途につく
10.28　遼の耶律阿保機が契丹大字を制定する
＊ ＊ ＊
[この頃] ラージャシェーカラ　Rājaśekhara　40？歳。880生。インドの詩人。

921年

聖ルドミラ　Ludmila（Ludmilla）, St.　9.15没、61？歳。860生。チェコの聖人。
[この年] 慶猷　50歳。871生。朝鮮、新羅末・高麗初めの禅僧。

922年

[この年] アゾ（モンティエラン-デルの）　Adso（Montier-en-Der）　フランスの修道院長。

アル・ヤズィーディー、ムハンマッド・イブヌル・アッバース　al-Yazīdīyūn, Muḥammad ibnu'l-'Abbās　アラビアの文法学者。
ハッラージュ　al-Hallāj, Abū al-Mughīth al-Ḥusayn ibn Mansūr　64歳。858（㊗857）生。イスラムの神秘主義者。
[この頃] アン-ナイリージー　al-Nayrīzī, Abū al-'Abbās al-Faḍl ibn Ḥatim　アラビアの天文学者、数学者。

923年

6.15　ロベール1世がシャルル3世から王位奪う
7.13　ブルゴーニュ公が国王に選ばれる
＊ ＊ ＊
タバリー　al-Ṭabarī, Abū Ja'far Muḥammad ibn Jarīr　2.16没、84歳。839（㊗838）生。アッバース朝時代の歴史家、神学者、法学者。
ロベール1世　Robert I　6.15没、61？歳。862（㊗865頃）生。フランス国王（在位922～3）。
[この年] 韓偓　79歳。844生。中国、晩唐の詩人。
審希　69歳。854生。新羅末期の禅僧。
末帝　35歳。888生。中国、五代後梁第2代皇帝（在位913～923）。
[この頃] オルドニョ2世　Ordoño II　レオン王（在位914～923／4）。

924年

[この年] エドワード長兄王　Edward, the Elder　㊗925没、54？歳。870生。イングランド王（在位899／901～25）。
ベレンガーリョ1世　Berengario I　最初のイタリア王。

925年

ニコラオス1世・ミュスティコス　Nikólaos I Mystikós　5.15没、73？歳。852生。コンスタンティノポリスの総主教。
ラージー　Rhazes, Abū Bakr Mohammad ibn Zakarīyā　10.27没、60歳。865生。イスラムの医学者、哲学者、錬金術師。
[この年] 王審知　63歳。862生。中国、五代十国・閩の建国者（在位909～925）。

人物物故大年表 外国人編　*159*

サンチョ1世　Sancho I Garces　ナバラ王(在位905～925)。

926年

この年　契丹の耶律阿保機が渤海を滅ぼす
＊＊＊
李存勗　4.1没、40歳。885((興)892)生。中国，五代後唐の初代皇帝(在位923～926)。
この年 王衍　中国，五代前蜀の第2代皇帝。
テオフュラクトゥス　Theophylactus　最初のトゥスクラーニ(Tusculani)伯。
耶律阿保機　54歳。872生。中国，遼(大契丹国)の太祖(在位916～926)。

927年

5.27　ブルガリアでペトルが即位する
＊＊＊
ベルノ(ボームの)　Berno Cluniacensis　1.13没、77?歳。850生。フランスの高僧。
この年 シメオン1世　Simeon I　63?歳。864生。ブルガリア王(在位893～927)。

928年

高季興　12.15没、70歳。858生。中国，五代十国・荊南の始祖(在位907～28)。
この年 霍彦威　56歳。872生。中国，五代，後唐の武将。
ヨハネス10世　Johannes X　68?歳。860生。教皇(在位914～28)。

929年

1.16　アブド・アッラフマーン3世カリフを宣言
＊＊＊
ヴァーツラフ　Václav　9.28?没、18歳。911((興)910頃)生。チェコ人の民族的聖人，殉教者。
シャルル3世　Charles III le Simple　10.7没、50歳。879生。カロリング朝末期のフランス王(在位893～923)。

この年 アル・バッターニー　al-Battānī, Abū 'Abd allāh Muḥammad ibn Jābir ibn Sinān　71?歳。858((興)860頃)生。アラビアの天文学者。

930年

フックバルト　Hucbald　6.25?((興)940頃)没、90?歳。840生。フランス中世の音楽理論家。
馬殷　11.10没、78歳。852生。中国，五代十国・楚の建国者(在位896～930)。
この年 アブー・カーミル　Abū Kāmil Shujā' ibn Aslam　80歳。850((興)830頃)生。イスラム教徒の数学者(エジプトで活躍)。
開清　76歳。854生。朝鮮の禅僧。
麗厳　59歳。871((興)862)生。朝鮮，新羅末，高麗初めの禅僧。

932年

5.06　後唐の明宗が九経の木版印刷を命じる
＊＊＊
銭鏐　3.28没、80歳。852生。中国，五代十国・呉越国の初代国王(在位907～932)。
この年 アル・ハマザーニー　al-Hamadhānī, 'Abdurraḥmān b.'Īsā　イラン系のアラビア語学者。
ムクタディル　al-Muqtadir, Abū al-Faḍl Ja'far　アッバース朝の第18代カリフ(在位908～32)。
この頃 アレタス　Arethas　82?歳。850((興)860)生。東ローマ帝国の聖職者，カイサリアの大主教。
マロツィア　Marozia　(興)945頃没、40?歳。892生。中世ローマ教皇庁のポーノクラシィ(娼婦政治)時代に勢力をもった女性貴族。
ロロ　Rollo the Ganger Walker　(興)933没、72?歳。860生。初代ノルマンディー公(911～27)。

933年

この年　王建が後唐から高麗国王に封じられる
＊＊＊
明宗(後唐)　11.26没、66歳。867((興)899)生。中国，五代後唐の第2代皇帝(在位926～933)。
この年 アルフォンソ4世　Alfonso IV　レオン=アストゥリアス王(在位926頃～931頃)。
杜光庭　83歳。850((興)846)生。中国，唐代末，五代の道士，文学者。

160　人物物故大年表 外国人編

934年

孟知祥　7.?没、60歳。874生。中国，五代十国・後蜀の建国者(在位930～934)。
イブン・ドゥライド　Ibn Duraid　8.12没、97歳。837生。アラブの言語学者，詩人。
アブー・ザイド・アルバルヒー　Abū Zayd al-Balkhī, Aḥmad bn Sahl　10.1没、84?歳。850生。アラビアのアッバース朝の地理学者。
この年　アブー・ムハマッド　Abū Muḥammad ‘Ubaid Allāh al-Mahdī　エジプトのファーテイマ朝の始祖(在位909～934)。
ウバイドゥッラー・アルマフディー　‘Ubaid Allah al-Mahdī　エジプトのファーティマ朝の創始者(在位900～34)。
東丹王　(殺)936没、37歳。897(殺899)生。東丹国の王(在位926～928)。
閔帝　20歳。914生。中国，五代後唐の第3代皇帝(在位933～934)。

935年

この年　新羅が高麗に降伏し、新羅が滅亡する
＊＊＊
この年　聖ヴェンツェスラウス　Wenceslaus, St.　32?歳。903生。ボヘミアの公爵，守護聖人。
マルダヴィージ・ブン・ズィヤール　Mardawīj bin Ziyār　イランのズィヤール朝の創始者(928～35)。
この頃　アシュアリー　al-Ash‘ari, Abū al-Ḥasan ‘Alī　62?歳。873生。イスラム神学者。
ヨハネス11世　Johannes XI　(殺)936没、25?歳。910(殺906)生。教皇(在位931～5頃)。

936年

8.07　オットー1世がドイツ王に即位する
この年　高麗が後百済を滅ぼして後三国を統一する
＊＊＊
ハインリヒ1世　Heinrich I der Vogler　7.2没、60?歳。876(殺875頃)生。ドイツ王(在位919～936)。
この年　帰嶼　74歳。862生。中国の仏教者。
甄萱　朝鮮，統一新羅末期の豪族の一人。
廃帝(後唐)　51歳。885生。中国，五代後唐第4代皇帝(在位934～936)。

ラウル(ロードルフ・ド・ブルゴーニュ)　Raoul (Rodolphe de Bourgogne)　フランク王(在位923～936)。
利厳　66歳。870(殺866)生。朝鮮，新羅末・高麗初めの禅僧。

937年

この年　アルヌルフ　Arnulf von Bayern　バイエルン大公。
シャヒード・バルヒー，アボル・ハサン　Shahīd Balkhī, Abo l-Hasan　イランの哲学者，詩人。
ルドルフ2世　Rudolf II　ブルグント王(在位912～37)。

938年

この年　道育　朝鮮，新羅の入唐僧。

939年

この年　アゼルスタン　Athelstan　(殺)940没、44?歳。895生。アングロ・サクソン時代のイングランド王(在位924～40)。
王昶　(殺)938没。中国，五代十国の閩王(在位935～938)。
レオ7世　Leo VII　936生。教皇(在位936～9)。

940年

この年　高麗で州府郡県の名号が改められる
＊＊＊
イブン・アブド・ラッビヒ　Ibn ‘Abd Rabbihi　3.3没、79歳。860(殺869頃)生。スペインのアラブ系文学者。
エウテュキオス　Eutýchios　5.11没、62歳。877生。アレクサンドリア総主教，メルキタイ派の歴史家，神学者。
アル・アンバーリー　al-Anbārī, Abū Bakr Muḥammad b.al-Qāsim　10.?没、55歳。885生。アラビアの言語学者。
この年　イブン・ムクラ　Ibn-Muqla　54歳。886生。アラビア書道の大家。

中世

忠湛　71歳。869生。朝鮮，新羅末，高麗初期の禅僧。
ラーディー　al-Rādī　31歳。909没。アッバース朝第20代カリフ(在位934～940)。
ルーダキー，アブー・アブドッラー・ジャアファル・ブン・モハンマド　Rūdakī, Abū ʻAbd Allāh Jaʻfar　㊚954没，80？歳。860生。ペルシアの詩人。
この頃 ゴルム(老王)　Gorm den Gamle　デンマーク王。
ハロルド1世　Harold I, Harfager　㊚933没，80？歳。860(㊚850頃)生。ノルウェーを統一した王。

941年

この年 アル・ウザイリー　al-ʻUzairī　アラビアの言語学者。
クライニー　al-Kulainī, Muḥammad b.Yaʻqūb　㊚939没。イランの神学者。
玄暉　62歳。879生。朝鮮，新羅末から高麗初めの禅僧。

942年

石敬瑭　6.13(㊚948)没，50歳。892(㊚895)生。中国，五代後晋の初代皇帝(在位936～942)。
オド　Odo　11.18没，64歳。878生。フランスの修道士，聖人。
オドン・ド・クリュニー　Odon de Cluny　11.18没，63？歳。879生。クリュニーの大修道院長。
この年 サアディア・ガオン　Saadia ben Joseph　60歳。882(㊚892)生。ユダヤ人の哲学者，文学者。
ジャフシヤーリー　al-Jahshiyārī, Abū ʻAbd Allāh Muḥammad bn ʻAbdūs　アッバース朝の文人官僚。
ステファヌス8世(9世)　Stephanus VIII (IX)　教皇(在位939～942)。
ナスル2世　Naṣr II, N. b.Aḥmad　㊚943没，36？歳。906生。イランのサーマーン朝第4代の王(913～42)。

943年

太祖(高麗)　5.？没，66歳。877生。朝鮮，高麗王朝の始祖(在位918～943)。
この年 スィナーン・イブン・サービト　Sinān ibn Thābit ibn Qurra, Abū Saʻīd　63？歳。880生。バグダードの医者。

李昪　55歳。888生。中国，五代十国南唐の始祖(在位937～943)。

944年

この年 アブー・ターヒル　Abū Ṭāhir Sulaimān　カルマト派教団の指揮者。
呉権　46歳。898生。ヴェトナム，呉朝(最初の独立王朝)の始祖(在位939～44)。
段思平　51歳。893生。中国，大理国の始祖(在位937～944)。
マートゥリーディー　al-Māturīdī　イスラムの神学者。

945年

この年　高麗で王位をめぐって王規の乱が起こる
　　　　＊＊＊
この年 イーゴリ1世　Igor I Ryurikovich　68歳。877(㊚875？)生。キエフ大公(在位912～945)。
ハムダーニー　al-Hamdānī, Abū Muḥammad al-Ḥasan ibn Aḥmad　52？歳。893生。南アラビアの地理学者，考古学者。
この頃 カーイム　al-Qāʼim, Abū al-Qāsim Muḥammad　52？歳。893生。サラセン帝国のファーティマ朝第2代君主(在位934～45)。

946年

ムハンマド・ブン・トゥグジュ　Muḥammad bin Ṭughj　6.24没，64歳。882生。エジプトのイフシード朝初代スルタン(935～46)。
この年 アリー-ビン-イーサー　ʻAlī ibn ʻĪsā　87歳。859生。アラビア，アッバース朝の眼科医。
イブラヒム・イブン・シナン　Ibrāhīm ibn Sinān, Abū Isḥāq　38歳。908生。イスラームの数学者，天文学者，光学者。
エドマンド1世　Edmund I　25歳。921(㊚922頃)生。アングロ・サクソン時代のイングランド王(在位940～6)。
劉昫　59歳。887生。中国，五代の政治家。

162　人物物故大年表　外国人編

中　世

947年

太宗(遼)　4.?没、45歳。902生。中国、遼の第2代皇帝(在位926～947)。
[この年]慶甫　79歳。868生。朝鮮、末・高麗初めの禅僧。
ユーグ(プロヴァンスの)　Hugues de Provence　アルル伯(898～947)、イタリア王(926～46)。
霊照　77歳。870生。朝鮮、新羅の入唐僧。

948年

劉知遠　1.27没、52歳。895生。中国、五代後漢の建国者(在位947～948)。
ロマヌス1世　Romanus I Lecapenus　6.8没、78?歳。870生。ビザンチン皇帝(在位920～44)。
[この年]趙延寿　中国、五代の官僚。

949年

[この年]アリー・ブン・ブワイフ　'Alī bn Buwaih, 'Imād al-Dawla　イランのブワイ朝ファールス派の始祖(在位932～49)。
雲門禅師　85歳。864生。中国、唐末五代の禅宗雲門派の祖、文偃。
恒超　79歳。870生。中国の僧。
ムスタクフィー　al-Mustakfī　アッバース朝第22代カリフ(在位944～946)。

950年

[この年]カーヒル　al-Qāhir　アッバース朝第19代カリフ(在位932～934)。
ファーラービー、ムハンマド　al-Fārābī, Abū Naṣr Muḥammad ibn Tarkhān ibn Uzalāgh　78歳。872(⑰870頃)生。中央アジア生れのイスラム哲学者。
[この年]アブー・ザイド　Abū Zayd, al-Hasan al-Sīrafī　イスラム教徒の地理学者。
イスラエリ　Israeli, Isaac ben Solomon　100?歳。850?生。ユダヤ人の医者、哲学者。
イツハク・ベン・サロモー・イスラエリ　Abū Jākūb Isḥāk ibn Suleiman al-Israilī　105?歳。845生。ユダヤ人の医者、哲学者。

951年

[この年]世宗(遼)　33歳。918生。中国、遼第3代皇帝(在位947～951)。

952年

[この年]李建勲　中国、晩唐の詩人。

953年

[この年]応天皇后　74歳。879生。中国、遼の太祖の皇后。

954年

郭威　1.17没、49歳。904生。中国、五代後周の初代皇帝。
馮道　4.17没、72歳。882生。中国、五代後唐、後晋、後漢、後周および遼の宰相。
ルイ4世　Louis IV, d'Outre Mer　9.10没、33歳。921生。フランス、カロリング朝の国王(在位936～54)。
[この年]エーリック(血斧王)　Erik (Bloodaxe)　59?歳。895生。ノルウェー王(940頃)。
マルカム1世　Malcolm I　スコットランド王(在位943～54)。
楊凝式　81歳。873生。中国、五代の書家。

955年

8.12　オットー1世がマジャール人を壊滅させる
＊＊＊
ラーズィー　al-Rāzī, Abū Bakr Aḥmad bn Muḥammad bn Mūsā　11.1(⑰937頃)没、67歳。888生。アンダルシアのアラブ歴史家。
アガペツス2世　Agapetus II　12.?没。ローマ教皇(在位946～955)。

[この年] **サトゥク・ボグラ・ハーン**　Satuq Boghra Khan　カラ・ハン王朝の始祖。

劉旻　60歳。895生。中国，五代十国・北漢の始祖（在位951～955）。

和凝　57歳。898生。中国，五代の詞人。

[この頃] **イスハーク・アル・イスラーイーリー**　Isḥāq ibn Sulmān al-Islā'īlī, Abū Ya'qūb　100？歳。855？生。ユダヤ人の医者，哲学者。

オルドニョ3世　Ordoño III　レオン，アストゥリアス，ガリシア王（在位951～55／6）。

956年

ユーグ　Hugues le Grand, Comte de Paris　6.16？没。フランスの有力諸侯の一人。

マスーディ　*al*-Mas'udī, Abū al-Ḥasan 'Alī b.al-Ḥusayn　9.？（[異]957）没、60？歳。896（[異]895？）生。アラブの歴史・地理学者。

[この年] **アル・ムタッリズ**　*al*-Muṭarriz, Abū 'Umar Muḥammad　82歳。874生。クーファ派のアラビア語学者。

兢譲　78歳。878生。朝鮮，末，高麗初めの禅僧。

マスウーディー　Mas'ūdī　60？歳。896生。アラブの歴史家，地理学者。

957年

[この年] **リウドルフ（シュワーベン公）**　Liudolf, Herzog von Schwaben　神聖ローマ皇帝オットー1世の長子。

958年

この年　高麗で科挙制度が実施される

＊＊＊

[この年] **璨幽**　89歳。869生。朝鮮，末・高麗初めの禅僧。

文益　73歳。885生。中国，五代の禅僧。

[この頃] **クダーマ**　Qudāma b.Ja'far al-Kātiku'l-Baghdādī　[異]948頃没。アラブの著述家。

959年

オド（カンタベリの）　Odo（Canterbury）　6.2没。イギリスのカンタベリの大司教，聖人。

柴栄　6.19没、37歳。921生。中国，五代後周の第2代皇帝（在位954～959）。

コンスタンティヌス7世　Constantinus VII Porphyrogenetus　11.9没、54歳。905（[異]906）生。ビザンチン皇帝（在位913～959），著述家。

[この年] **エドウィ**　Edwy　アングロ・サクソン時代のイギリス王（在位955～59）。

ジェラール（ブローニュの）　Gérard de Brogne　64？歳。895生。ロレーヌ地方の修道院長，貴族。

ナルシャヒー　*al*-Narshakhī, Abū Bakr Muḥammad b.Ja'far　60歳。899（[異]889）生。中央アジアの歴史家。

ハサンワイ　Ḥasanwaih b.Ḥusain Barzikānī　イランのハサンワイ朝の創始者。

960年

2.03　後周の趙匡胤が即位し、北宋を建国する

＊＊＊

[この年] **馮延巳**　57歳。903生。中国，五代南唐の詞人，宰相。

[この頃] **ニケータス・ダヴィド**　Nikētas Dauíd　パフラゴニア（Paphlagōnia）の修辞家。

961年

アブドゥル・ラフマーン3世　'Abd al-Raḥmān III　10.16没、70歳。891（[異]889）生。後ウマイヤ朝第8代の君主（在位912～961）。

アットー（ヴェルチェルリの）　Atto（Vercelli）　12.31没、76？歳。885生。イタリアのヴェルチェルリの司教，教会法学者，神学者。

[この年] **ホーコン1世**　Haakon I den Gode　[異]959？没、47?歳。914生。ノルウェー王（在位935～61頃）。

李璟　45歳。916生。中国，五代十国南唐の第2代王（在位943～961）。

[この頃] **ハムザ・アル・イスファハーニー**　Ḥamza al-Iṣfahānī　68？歳。893生。イラン系の歴史家。

962年

1.31　オットー1世がローマに入る

中　世

2.02　神聖ローマ帝国が成立する
＊　＊　＊
アダルベロ1世(メスの)　Adalbero I (Metz)　4.26没。メス(現フランスのロレーヌ地方)の司教,政治家,修道院改革者。
|この年| 董源　中国,五代南唐から宋初にかけての画家。
ヌプチェン・サンゲ・イェーシェ　gNubs chen sangs rgya ye śes　139歳。823生。チベットのニンマ派仏教者。

963年

12.04　ローマ教皇ヨハネス12世の退位が決まる
＊　＊　＊
|この年| ロマヌス2世　Romanus II　25歳。938生。ビザンチン皇帝(在位959～63)。

964年

ヨハネス12世　Johannes XII　5.14没, 28?歳。936(㊟937頃)生。教皇(在位955～64)。
|この年| 少帝(後晋)　50歳。914生。中国,五代後晋第2代皇帝(在位942～946)。

965年

黄筌　9.2没。中国,五代宋初の画家。
聖ブルーノ　Bruno (Köln), St.　10.11没, 40歳。925生。ドイツの聖職者,聖人。
|この年| ゲロー　Gero　28歳。937生。ソルブ辺境伯。
呉昌文　ヴェトナム,呉朝の第3代王(在位954～965)。
サンチョ1世　Sancho I　㊟966没。レオン王(在位956～965)。
ムタナッビー　al-Mutanabbī, Aḥmad bn al-Ḥusayn　50歳。915(㊟918)生。アラブの詩人。
孟昶　46歳。919生。中国,五代十国の後蜀第2代皇帝(在位934～965)。
|この頃| ベネディクトゥス5世　Benedictus V　964生。教皇(在位964～966)。

966年

フロドアール　Flodoard　3.28没, 72歳。894生。フランスの歴史家。
ベレンガーリョ2世　Berengario II　8.6没。イタリア王(950～963)。

967年

12.22　オットー2世が皇帝の戴冠を受ける
＊　＊　＊
アブー・アル・ファラジ・アル・イスファハーニー　Abū'l-Faraj al-Iṣfahānī　11.21(㊟966頃)没, 70歳。897生。アラブの文学者。
|この年| カーリー　al-Qālī, Abū 'Alī Ismā'īl ibnu'l-Qāsim　66歳。901生。アラビアの言語学者。
サイフ-アッダウラ　Sayf al-Dawla bn Ḥamdān　㊟964頃没, 51歳。916生。北シリア,ハムダーン朝初代の王。
ボレスラフ1世　Boleslav I　ボヘミア公(在位929～67)。
ムイッズ・アッダウラ　Mu'izz al-Dawla, Aḥmad　イランのブワイ朝イラク派の創始者(932～67)。
李成　48歳。919生。中国,五代宋初の画家。

968年

マティルデ　Mathilde　3.14没, 78?歳。890生。ドイツ王ハインリヒ1世の妃。
|この年| アブー・フィラース　Abū Firās al-Ḥārith bn Sa'īd bn Ḥamdān　㊟967頃没, 36歳。932生。シリアの詩人。
カーフール　Kāfūr, Abū'l-Misk　64?歳。904生。エジプトのイフシード朝第4代のスルタン(在位966～68)。
孫光憲　㊟967頃没。中国,五代の詞人。
ムッタキー　al-Muttaqī　62?歳。906生。アッバース朝第21代カリフ(在位940～944)。
ラージェンドラバルマン2世　Rājendravarman II　カンボジア,アンコール王朝の王(在位944～968)。

969年

4.14　源満仲らによる安和の変が起こる
　　　　　　＊　＊　＊
聖オリガ　Ol'ga　7.11（㊟966）没、79？歳。890生。キエフ公イーゴリ1世の妻。
ニケフォルス2世　Nicephorus II Phocas　12.10没、56歳。913（㊟912頃）生。東ローマ皇帝（在位963〜969）。
この年　穆宗（遼）　38歳。931生。中国、遼第4代皇帝（在位951〜969）。

970年

ハットー2世　Hatto II　1.18没。マインツの大司教（968〜70）。
ボーゾ（レーゲンスブルクの）　Boso（Regensburg）11.1没。ドイツ人のスラヴ宣教者。
この年　韓熙載　59歳。911生。中国、五代の南唐の学者、政治家。
フェルナン・ゴンザレス　Fernán González　カスティリャ王国の祖。
この頃　アル・ハージン　al-chazin, Abu-Jafar　ホラーサーン（イラン）出身の数学者。
ハスダーイ　Hasdai ibn Shaprut　㊟975没、55？歳。915生。ウマイヤ朝の指導的ユダヤ人。

971年

この年　尹拙　80歳。891生。中国、五代・宋初期の学者。
欧陽烱　75歳。896生。中国、五代の詞の作者。
何継筠　50歳。921生。中国、五代末・宋初期の武将。
諦観　㊟970没。朝鮮、高麗の天台宗の僧。

972年

この年　スヴャトスラーフ・イーゴレヴィチ　Svyatoslav　㊟971没。古代ロシアの武将、キエフ大公（在位945〜72）。
ヨハネス13世　Johannes XIII　965生。ローマ教皇（在位965〜72）。

この頃　リウトプランド　Liutprand　52？歳。920（㊟922頃）生。イタリアの歴史家。

973年

4.26　北宋で殿試が行なわれる
　　　　　　＊　＊　＊
エッケハルト1世　Ekkehard I　1.14（㊟975頃）没、73？歳。900生。中世ドイツの聖ガレン修道院修道士。
オットー1世　Otto I der Grosse　5.7没、60歳。912生。ザクセン朝第2代ドイツ王（在位936〜973）。
ウルリヒ（アウクスブルクの）　Ulrich von Augsburg　7.4没、83歳。890生。教皇により公式に列聖された最初の人。
この年　イブン・ハーニー　Ibn Hāni', Muḥammad　36歳。937生。アラブ系詩人。
均如　46歳。927（㊟923）生。高麗、光宗代の僧。
継顒　69歳。904生。中国、五代北漢の僧。

974年

ラテーリウス（ヴェローナの）　Ratherius（Verona）4.25没、84？歳。890生。ベルギーのベネディクト会修道士。
この年　王審琦　49歳。925生。中国、五代の後周〜北宋初の武臣。
ベネディクツス6世　Benedictus VI　973生。教皇（在位973〜974）。
ムティー　al-Mutī　アッバース朝第23代カリフ（在位946〜974）。
この頃　徐鍇　㊟975没、53？歳。921生。中国、五代の学者。

975年

エドガー　Edgar　7.8没、32歳。943（㊟944）生。アングロ・サクソン時代のイギリス王（在位959〜75）。
この年　延寿　71歳。904生。中国、宋代の僧。
ゲワ・ラブセル　dGe-ba rab-gsal　83歳。892生。チベットの僧。
光宗（高麗）　50歳。925生。朝鮮、高麗第4代の王（在位949〜975）。
坦文　75歳。900生。高麗時代の華厳僧。

中世

ムイッズ　al-Mu'izz, li-Dīn Al-lāh, Abū Tamīn　45歳。930(⊕931)生。エジプトのファーティマ朝第4代の君主(952～75)。
ヨアネス(ゴルズの)　Joannes(Gorze)　9世紀後半生。フランスの修道院改革者，福者。
李万超　71歳。904生。中国，五代宋初期の武人。
レオ8世　Leo VIII　963生。教皇(在位963～5)。

976年

ヨアンネス1世　Joannes I Zimisces　1.19没、51？歳。925(⊕924)生。ビザンチン皇帝(在位969～76)。
太祖(宋)　10.20没、48歳。928(⊕927)生。中国，北宋の初代皇帝(在位960～976)。
[この年] アル・ハカム2世　al-Ḥakam II al-Mustanṣir　63？歳。913生。スペインのウマイヤ朝第9代の王(在位961～76)。
アルプ・ティギーン　Alptigīn　⊕963没、51？歳。925生。アフガニスタンのトルコ系ガズニー朝権力の創始者(在位962～963)。
ルクヌッ・ダウラ　Ruknu'd-Daulah　イランのブワイ朝の一支朝の統治者(932～76)。
[この頃] ハーラル2世　Harald II Graafeld　46？歳。930生。ノルウェー王(在位961頃～976)。

977年

イブヌル・クーティーヤ　Ibn al-Qūtīya　11.3(⊕978)没。イスラム教徒の文法学者，歴史学者。
[この年] 王溥　60歳。917生。中国，宋の政治家，学者。
郭忠恕　中国，後周，北宋の学者で書画家。

978年

エドワード(殉教者)　Edward the Martyr, St.　3.18没、15？歳。963(⊕962頃)生。イングランド王，殉教者，聖人。
李煜　7.7没、57歳。937生。中国，五代十国南唐の第3代王(在位961～975)。
[この年] 敬順王　⊕979没。朝鮮，新羅最後の王(在位927～935)。
[この頃] ダキーキー，アブー・マンスール・モハンマド・ブン・アフマド　Daqīqī, Abū Manṣār Muḥammad　⊕980頃没、48？歳。930(⊕940頃)生。ペルシアの詩人。

979年

[この年] ディン・ボ・リン　Dinh Bo Linh　55歳。924(⊕925？)生。ヴェトナム最初の独立王朝ディン(丁)朝(968～80)の建設者。

980年

アル・アズハリー　al-Azharī al-Harawī, Abū Manṣūr Muḥammad　10.？没、85歳。895生。イラン系のアラビア語学者。
イブン・アル・ムウタッズ　ibn al-M'tazz 'Abd al-lāh　12.？没、119歳。861生。アラブの詩人。
[この年] 劉鋹　38歳。942生。中国，五代十国南漢の最後(第4代)の王。

981年

アーダルベルト(マクデブルクの)　Adalbert von Magdeburg, St.　6.20没。ドイツのマクデブルクの司教，聖人，ベネディクト会の宣教師。
[この年] 薛居正　69歳。912生。中国，北宋初期の政治家。

982年

[この年] アズド・ウッダラウラ　'Aḍud al-Dawla, Abū Shujā 'Khusrū　⊕983没、47？歳。935(⊕936)生。イランのブワイ朝ファールス分派2代目の王(在位949～982)。
イブラーヒーム・ビン・ヒラール・アッ・サービー　Ibrāhīm bin Ḥilāl aṣ-Ṣābī　イランの歴史家。
景宗　34歳。948生。中国，遼第5代皇帝(在位969～982)。

983年

ベネディクツス7世　Benedictus VII　7.10没。教皇(在位974～983)。

オットー2世　Otto II　12.7没、28歳。955生。ドイツ、ザクセン朝第3代の王(在位961〜983)。

984年

1.24　類書「太平御覧」1000巻が完成する
　　　　　＊＊＊
エゼルウォルド　Ethelwold　8.1没、76?歳。908生。イギリスの修道院長、司教。
この年　イブン・ヌバータ　Ibn Nubāta, Abū Yaḥyā ʻAbd al-Raḥīm　㊗986没、38歳。946生。イスラム教の説教者。
エアドギス(ウィルトンの)　Eadgyth　23?歳。961生。イギリスの王女。
石守信　56歳。928生。中国、宋初の武将。
タミーム　Tamīm ibnuʼl-Muʻizz　36?歳。948生。エジプトのアラビア語詩人。
ヨハネス14世　Joannes XIV　983生。教皇(在位983〜4)。
この頃　シメオン・メタフラステイ　Simeon of Metaphrates　84?歳。900生。ビザンチン教会の神学者。

985年

ハーラル1世　Harald I Blåstand　11.1(㊗984)没、75?歳。910生。デンマーク王(在位940頃〜985)。
この年　ボニファキウス7世　Bonifacius VII　984生。教皇(在位974, 974〜5)。

986年

スーフィー　ʻAbduʼr-Raḥmān aṣ-Ṣūfī　5.?没、82歳。903生。アラビアの天文学者、占星術者。
この年　晤恩　74歳。912生。中国、宋代天台宗(山外派)の僧。
ロテール　Lothaire　45歳。941生。フランク王(在位954〜986)。

987年

7.03　ユーグ・カペーがカペー王朝を開く
　　　　　＊＊＊

オルセオーロ、ペトルス　Orseolo, Petrus　1.10没、59歳。928生。イタリアのヴェネツィア提督、ベネディクト会隠修士、聖人。
ルイ5世　Louis V, le Fainéant　5.21?没、20歳。967生。フランス国王(在位986〜87)。
この年　義寂　68歳。919生。中国、北宋の天台宗山家派の開祖。
潘美　66歳。921生。中国、宋の武将。

988年

アーダルダーク　Adaldag　4.28?没、88?歳。900生。ドイツの大司教、聖人。
聖ダンスタン　Dunstan, St.　5.19没、79?歳。909(㊗910頃)生。イギリスの聖職者、聖人。
この年　義通　61歳。927生。高麗人の高僧。
ムカッダシー　al-Maqdisī, Abū ʻAbd Allāh　㊗985頃没、43歳。945(㊗946)生。アラブの地理学者。

989年

アブー・バクル・アッ・ズバイディー　Abū Bakr az-Zubaidī　9.6没、71歳。918生。スペインにおけるサラセンのアラブ系言語学者。
この年　崔承老　㊗988没、62歳。927(㊗926)生。朝鮮、高麗の政治家。
喩皓　中国、北宋初期の建築家。
陳希夷　104?歳。885?生。中国、五代宋初の道士。

990年

ニコデーモス(モモラの、ツィロの)　Nikódēmos (Mommola, Cirò)　3.25没、90?歳。カラブリア(現イタリア)のギリシア人修道士、聖人。
エッケハルト2世　Ekkehard II　4.23没、70?歳。920生。中世ドイツの聖ガレン修道院修道士。
この年　ナディーム　al-Nadīm, Muḥammad ibn Isḥāq ibn ʻAbī Yaʻqūb　㊗995?没、55?歳。935(㊗936)生。バグダードの人。
この頃　イブン・ハウカル　Ibn Ḥawqal, Abū al-Qāsim al-Naṣibī　70?歳。920生。イスラム教徒旅行家。
エイイットル・スカットラグリームソン　Egill Skallagrímsson　㊗983頃没、80?歳。910(㊗900頃)生。古代アイスランド最大の詩人。

991年

ピルグリム（パッサウの） Pilgrim, Piligrim (Passau) 5.20？没。マジャール人（ハンガリー人）の改宗に努力したパッサウの司教（在位971～没年）。
[この年] 徐鉉 75歳。916生。中国，五代，宋の学者，詩人。
[この頃] イブン・バーバワイヒ Ibn Bābawaih, Muḥammad イスラム教シーア派神学創始者の一人。

992年

オスワルド Oswald 2.29没，67歳。925生。ヨークの大司教，聖人，デーン人。
趙普 7.18没，70歳。922生。中国，北宋建国の功臣。
[この年] ジャウハル・アッ・スィキッリー Jauhar aṣ-Ṣiqillī 89歳。903生。エジプトのファーティマ朝の武将。
ミェシュコ1世 Mieszko I 70？歳。922（㊥931）生。ポーランドの公，初期の国王。
[この頃] レオン・ディアコノス Leon Diakonos 42？歳。950生。ビザンティン帝国最盛期の歴史家。

993年

3.-　四川で「均産」を唱える反乱が勃発する
　　　　　　　＊＊＊
エクベルト Egbert von Trier 3.9？没。中世ドイツの政治家，大司教。
[この年] 王小波 ㊥994没。中国，宋代に起った農民反乱，均産一揆の指導者。
[この頃] アブー・バクルル・フワーリズミー Abū Bakru'l-Khwārizmī, Muḥammad b.al'Abbās 58？歳。935生。イラン系のアラビア文学者。
黄居寀 57？歳。936生。中国，五代末宋初の画家。

994年

マヨールス（クリュニーの） Majolus (Cluny) 5.11没，84？歳。910生。クリュニーの第4代修道院長，聖人。

ヴォルフガング（レーゲンスブルクの，ラティスボナの） Wolfgangus 10.31没，70？歳。924生。ベネディクト会士。
[この年] サービイー al-Sābi'ī, Abū Isḥāq bn Hilāl bn Ibrāhīm 69歳。925生。ブワイフ朝の書記官僚，詩人。
タヌーヒー al-Tanūkhī, Abū 'Alī al-Muḥsin 53歳。941（㊥940頃）生。アラブの作家。
マジューシー 'Alī ibnu'l-'Abbās al-Majūsī ㊥982以後没。イランのブワイフ朝に仕えた医学者。
李順 中国，宋代に四川に起きた均産一揆の指導者。
[この頃] イブン・ジュルジュル Ibn Juljul, Sulaymān ibn Ḥasan 50？歳。944生。ムスリムの医者，薬学者。
サンチョ2世 Sancho II Garcés ナバラ王（在位970～994頃）。

995年

[この年] ムハンマッド・アン・ナディーム Muḥammad an-Nadīm サラセン文化全盛期の文献目録"Kitāb al-Fihrist"（988）の著者。
[この頃] イブン・アン・ナディーム Ibn al-Nadīm al-Warrāq ㊥988頃没，59？歳。936生。イスラム教徒の書誌学者。

996年

5.21　教皇がオットー3世に皇帝冠を授ける
　　　　　　　＊＊＊
ユーゴ・カペー Hugues Capet 11.24（㊥999）没，58？歳。938（㊥941）生。フランス国王（在位987～96）。
[この年] アズィーズ al-'Azīz bi-Allāh, Abū Mansūr Nizār 41歳。955生。ファーティマ朝第5代の君主（在位975～96）。
バルアミー al-Bal'amī, Abū 'Alī ㊥978頃没。ペルシアの宰相。
ヨハネス15世 Joannes XV 985生。教皇（在位985～96）。
李昉 ㊥995没，71歳。925生。中国，五代宋初の学者，政治家。
[この頃] イブン・アビー・ザイド Ibn Abi-Zaid 68？歳。928生。イスラム法学マリク派の大家。

997年

この年 ハンガリーでイシュトヴァーン1世が即位

＊ ＊ ＊

太宗（宋） 3.29没、57歳。939生。中国，北宋朝の第2代皇帝（在位976～997）。

聖アダルベルト Adalbert von Prag, St. 4.23没、41歳。956（[異]955頃）生。聖人。

[この年] **ゲザ** Géza ハンガリー大公（在位972～997）。

成宗（高麗） 37歳。960生。朝鮮，高麗の第6代王（在位981～997）。

ボイチェフ Vojtěch 41？歳。956生。プラハ司教，聖人。

998年

アブ・ル・ワファー Abū'l-Wafā, al-Būzajān 7.1（[異]997頃）没、58歳。940生。イスラム教徒の数学，天文学者。

シシニオス2世 Sisínnios II 8.24没。ギリシア正教のコンスタンティノポリス総主教。

[この年] **徐熙** 56歳。942生。朝鮮，高麗の武臣。

マッキー Makkī, Abū Ṭālib Muḥammad 'Alī al-Ḥārithī al- アラブのイスラム井神秘主義者，伝承学者。

耶律休哥 中国，遼の名将。

[この頃] **エセルウェルド** Athelweard アングロ・サクソン期イギリスの年代記作者。

999年

4.02 シルヴェステル2世がローマ教皇に即位

＊ ＊ ＊

グレゴリウス5世 Gregorius V 2.18没、27歳。972生。教皇（在位996～999）。

曹彬 6.7（[異]1000）没、68歳。931（[異]932）生。中国，北宋初の武将。

聖アーデルハイト Adelheid, St. 12.6没、68歳。931生。神聖ローマ皇帝オットー1世（大王）の后，ブルグント王ルドルフ2世の娘，聖女。

[この年] **ボレスラフ2世** Boleslav II ボヘミア公（在位967～99）。

ワアワー *al*-Wa'wā, Abū al-Faraj Muḥammad シリアのアラブ系詩人。

1000年

12.25 ハンガリーでイシュトヴァーン1世が即位

この年 サンチョ・ガルセス3世がナバラ王に即位

＊ ＊ ＊

オラーフ1世 Olaf I Tryggvesson 9.9？（[異]999頃）没、35？歳。965（[異]960頃）生。ノルウェー王（在位995～999）。

[この年] **アル・クーヒー** *al*-Qūhī, Abū Sahl Wayjan ibn Rustam 30？歳。970生。ペルシア人の天文学者，数学者。

呂端 65歳。935生。中国，北宋の政治家。

[この頃] **アタナシオス（アトス山の）** Athanásios (Athōnítēs) 80？歳。920生。ビザンティン出身のアトス山共住修道院創設者。

プラジュニャーカラマティ Prajñākaramati [異]1030頃没、50？歳。950生。インドの中観派，帰謬論証派（プラーサンギカ派）の仏教学者。

1001年

イブヌル・ハッジャージュ Ibnu'l-Ḥajjāj, Abū 'Abdullāh al-Ḥusain 4.25没。アラブ系の詩人。

[この年] **王禹偁** 47歳。954生。中国，北宋初の詩人。

柳開 [異]1000没、53歳。948（[異]947）生。中国，北宋の文学者。

1002年

11.13 エゼルレッド2世がデーン人虐殺を命じる

＊ ＊ ＊

イブン・ジンニー Ibn Jinnī al-Mawṣilī 1.15？没、61？歳。941（[異]932頃）生。アラビアの言語学者。

オットー3世 Otto III 1.23没、22歳。980生。神聖ローマ皇帝（在位996～1002）。

[この年] **賛寧** [異]1001没、83歳。919生。中国，北宋の僧，仏教史家。

ハージブ・アルマンスール *al*-Manṣūr bn Abī 'Āmir 63歳。939（[異]940）生。アンダルシアのウマイヤ朝の宰相。

フロスヴィタ Hroswitha von Gandersheim [異]973以降没、70？歳。932（[異]935頃）生。ドイツ中世の女流ラテン語詩人。

中 世

[この頃] アル・ジャウハリー　al-Jauharī, Abū Naṣr Ismā'īl　中央アジア生まれのトルコ系のアラビア言語学者。
キサーイー　Kisā'ī　49？歳。953生。イランのサーマーン朝時代の詩人。
ヨーアンネース（イベリアの）　Iōánnēs（Ibēría）ギリシアのアトス山の修道士、聖人。

1003年

ジェルベール　Gerbert d'Aurillac　5.12没、63？歳。940（㊗945頃）生。教皇（在位999～1003）。
タングマル（ヒルデスハイムの）　Thangmar（Hildesheim）　5.25没、53？歳。950生。ドイツの歴史家、サクソン人。
[この年] グリゴル・ナレカツィ　Grigor Narekats'i　52歳。951生。アルメニアの詩人。
ターイ　al-Tā'i　74？歳。929生。アッバース朝第24代カリフ（在位974～991）。
譚延美　82歳。921生。中国、五代・宋初期の武将。
趙元傑　31歳。972生。中国、北宋の第2代皇帝太宗の第5子。
田錫　63歳。940生。中国、北宋の政治家。

1004年

李継遷　1.2没、41歳。963生。中国、西夏国王室の祖。
アッボー　Abbo Floriacensis　11.13没、59歳。945生。フランスの神学者、聖人。
[この年] 李継捧　タングート族の長。
李沆　57歳。947生。中国、北宋の政治家。
梁顥　91歳。913生。中国、北宋の学者。
[この頃] ヴィドゥキント・フォン・コルヴァイ　Widukind von Corvey　㊗973以降没、78？歳。926（㊗925頃）生。ザクセンの歴史家。
エリック・ローエ　Erik Thorvaldsson　54？歳。950？生。グリーンランドの発見者、入植者。
マスラマ・イブン・アフマド　Maslama ibn Aḥmad al-Majirīṭī, Abū-l-Qāsim　㊗1007頃没。コルドバで活躍したスペインの天文学者、数学者、錬金術師。

1005年

1.13　北宋の真宗が契丹の聖宗と盟約を結ぶ
＊＊＊
アダルベロ2世（メスの）　Adalbero II（Metz）　12.14没、50？歳。955生。メスの司教、修道院改革者。
ニーロス（ニールス）（ロッサーノの）　Neilos（Rossao）　12.29没、100？歳。905？生。イタリアでのギリシア修道院制度の普及者、聖人。
[この年] 畢士安　67歳。938生。中国、北宋の政治家。
黎桓　55歳。950（㊗941）生。ヴェトナム前黎朝（980～1009）の創始者（在位980～1005）。
[この頃] イブン・ファーリス・アッ・ラーズィー　Ibn Fāris ar-Rāzī　イラン系のアラビア言語学者。

1006年

[この年] 王延徳　67歳。939生。中国、宋初の武官。
[この頃] ガウデンティウス（グニェズノの）　Gaudentius（Gniezno）　46？歳。960生。ポーランドのグニェズノの初代首都大司教。

1007年

[この年] 楽史　77歳。930生。中国、宋初の歴史家、文学者。
ハマザーニー　al-Hamadhānī, Abū al-Faḍl Aḥmad bn al-Ḥusayn　㊗1008没、40歳。967（㊗979）生。アラビアの詩人、文学者。

1008年

ノートケル　Notker　4.10没、68？歳。940生。リエージュの司教。
[この年] 聖ベルナール（マントンの）　Bernard de Menthon, St.　85歳。923生。フランスの司祭。

1009年

人物物故大年表 外国人編　*171*

聖ブルーノ　Bruno(Querfurt), St.　2.14没、39歳。970(㊗974頃)生。ドイツの聖職者、聖人。
この年 イブン・ユーヌス　Ibn Yūnus　㊗1008没、59歳。950生。イスラム教徒の天文学者。
グンレイグル・オルムストゥンガ　Gunnlaugr Ormstunga　25歳。984(㊗983頃)生。アイスランドの詩人。
承天皇太后　56歳。953生。中国、遼の第5代景宗の皇后。
潘閬　中国、北宋の詞人。
穆宗(高麗)　29歳。980生。朝鮮、高麗の第7代王(在位997～1009)。

1010年

2.25　フィルドゥシーの「シャー・ナーメ」完成
　　　　　＊＊＊
この年 アル・ブスティー　al-Bustī, Abū'l-Faṭh 'Alī b.Muḥammad　39歳。971生。イラン系のアラビア語詩人。
邢昺　78歳。932生。中国、宋代の学者。
康兆　朝鮮、高麗の政治家。
ピンダール(ブンダール)　Pindār(Bundār)　イランの詩人。

1011年

この年　ローザンヌ司教がヴォーの伯権力を得る
　　　　　＊＊＊
ヴィリギス(マインツの)　Willigis(Mainz)　2.23没、66？歳。945生。ドイツのマインツ大司教、政治家、聖人。
この年 耶律隆運　70歳。941生。中国、遼の功臣。
呂蒙正　67歳。944生。中国、北宋の政治家。

1012年

4.19　ヴァイキングがカンタベリ大司教を殺害
　　　　　＊＊＊
アルフェジ(カンタベリの)　Alphege(Elphege, Aelfheah)(Canterbury)　4.19没、58歳。954生。イギリスのカンタベリ大司教、ベネディクト会士。
イブン・アルファラディ　Ibn al-Faraḍī, Abū al-Walīd 'Abd Allah　4.22(㊗1013)没、50歳。962生。アンダルシアのアラブ系歴史家。
セルギウス4世　Sergius IV　5.12没。ローマ教皇。

ギー(アンデルレヒトの)　Guy(Anderlecht)　9.12没、62？歳。950生。ベルギーの信徒聖人。
この年 カーブース　Qābūs bin Washmgīr, Shamsu'l-Ma'ālī　36歳。976生。イランのカスピ海南岸地方を支配したズィヤール朝第4代の王(在位976～1012)。

1013年

12.-　デンマーク王スヴェン1世がイングランド掌握
　　　　　＊＊＊
この年 鄭文宝　60歳。953生。中国、北宋の学者。
李建中　68歳。945生。中国、北宋の政治家、書家。
この頃 ザフラーウィー　Abū'l Qāsim　㊗1009頃没、77？歳。936生。アラビアの医者。
ヨハネス16世　Joannes XVI　997生。対立教皇(在位997～8)。

1014年

2.14　神聖ローマ皇帝ハインリッヒ2世が戴冠
10.06　バシレイオス2世がブルガリア軍に勝つ
　　　　　＊＊＊
スウェイン1世　Sweyn I　2.3没。デンマーク王(在位987頃～1014)。
サムイル　Samuil　10.6没。ブルガリアの皇帝(在位976～1014)。
この年 スベン1世　Svend I　54歳。960生。デンマーク王(在位985頃～1014)。
張斉賢　71歳。943生。中国、北宋の政治家。
ブリーアン　Brian Boru　88？歳。926生。アイルランド王(在位1002～14)。

1015年

ウラジーミル1世　Vladimir I Svyatoslavich　7.15没、59歳。956(㊗955頃)生。キエフの大公(在位980～1015)。
この年 グレーブ　Gleb　ロシアの聖人。
种放　中国、宋初の隠士。
ボリース　Boris, Vladimirovich　ロシアの殉教者、聖人。
この頃 アクィリーヌス　Aquilinus　45？歳。970生。ドイツ出身の殉教者、聖人。

ハルトヴィン　Hartwin(Arduin)von Ivrea　ランゴバルド王(在位1002～14)。

1016年

エセルレッド2世　Ethelred II (the Unready)　4.23没、48歳。968生。イングランド王(在位978～1016)。
エドマンド2世　Edmund II　11.30没、36？歳。980(㊥981頃)生。アングロ・サクソン時代のイングランド王(在位1016)。
この年　アルドイン　Ardoin　㊥1015頃没。イヴレア侯、ロンバルディア王(1002～13)。
ラージャラージャ1世　Rājarāja I　㊥1014没。インド、チョーラ朝第10代の王(在位985～1016)。

1017年

この年　恵崇　中国、北宋初期の詩画僧。
エドリック・ストレイナ　Eadric Streona　アングロ・サクソン期、マーシア伯。
王旦　60歳。957生。中国、北宋の政治家。
金殷傳　朝鮮、高麗の政治家。
慶昭　54歳。963生。中国、宋代の天台宗(山外派)の僧。
陳彭年　58歳。959生。中国、宋代の学者。

1018年

ティエトマール　Thietmar von Merseburg　12.1没、43歳。975生。ドイツの年代記作者。
この年　智宗　88歳。930生。高麗時代の禅僧。

1019年

この年　高麗の美郲賛が契丹を破る(亀州の大勝)
＊　＊　＊
この年　魏野　59歳。960生。中国、北宋の詩人。
ダラズィー　al-Darazī, Muḥammad bn Ismāʻīl　シリアの新宗教ドゥルーズ教の開祖。

1020年

この年　向敏中　㊥1019頃没、71歳。949(㊥948)生。中国、北宋の政治家。
省常　61歳。959生。中国、宋代の僧。
楊億　46歳。974(㊥973)生。中国、宋代の文学者。
この頃　エリクソン　Eiríksson, Leifr　45？歳。975生。アメリカ大陸を最初に探険したアイスランド人。
エリクソン　Eriksson, Leif　50？歳。970生。ノルウェー人。
エルフリック　Aelfric　㊥1010頃没、65？歳。955(㊥950頃)生。イギリスの聖職者、著作家。
ハムザ・ビン・アリー　Hamzah bn ʻAli bn Aḥmad　㊥1021頃没。イスラム教のシーア派、ドゥルーズ派の創始者。
フィルダウシー　Firdausī, Abū al-Qāsim　㊥1025没、80？歳。940(㊥934)生。ペルシアの民族叙事詩人。

1021年

2.13　ファーティマ朝のハーキム行方不明になる
＊　＊　＊
ハーキム　al-Ḥākim, Abū ʻAlī Manṣūr　2.13没、36歳。985生。エジプト、ファーティマ朝の第6代カリフ(在位996～1021)。
ヘーリベルト(ケルンの)　Heribert(Köln)　3.16没、51？歳。970生。ドイツのケルンの大司教、聖人。
この年　アルヌール　Arnoul　ランスの大司教、西フランク王ロテールの庶子。

1022年

真宗(宋)　2.19没、53歳。968生。中国、北宋の第3代皇帝(在位997～1022)。
シメオン　Symeon of Studios　3.12没、73歳。949生。東ローマのキリスト教神秘主義者。
ノートカー・ラーベオ　Notker Labeo　6.29没、72？歳。950(㊥952頃)生。ドイツの修道士。
ベルンヴァルト　Bernward　11.20没、62？歳。960生。中世ドイツの画家、建築家、工芸家。
この年　智円　46歳。976生。中国、宋代の天台宗僧。
この頃　イブン・アルバッワーブ　Ibn al-Bawwāb, ʻAlī　㊥1032没。アラブの書道家。

1023年

ウルフスタン　Wulfstan(York)　5.28没、73？歳。950生。ロンドン(996～1002)とウースター(02～16)の司教、ヨークの大司教(02～23)。

[この年] 寇準　62歳。961生。中国、北宋初の政治家、詩人。

タウヒーディー　al-Tawḥīdī, Abū Ḥayyān　101歳。922生。アッバース朝中期の学者。

1024年

ベネディクツス8世　Benedictus VIII　4.9没。教皇(在位1012～24)。

ハインリヒ2世　Heinrich II der Heilige　7.13没、51歳。973生。ザクセン朝最後のドイツ王、神聖ローマ皇帝(在位1002～24)。

[この年] 劉筠　中国、北宋の官僚、学者。

1025年

ボレスワフ1世　Bolesław I Chrobry　6.17没、59？歳。966生。ポーランド国王(在位992～1025)。

ブルカルドゥス(ヴォルムスの)　Burchardus (Brocardus)　8.20没、60歳。965生。ドイツのヴォルムスの司教、教会法学者。

バシリウス2世　Basilius II　12.15没、67？歳。958(㋐957)生。東ローマ皇帝(在位976～1025)。

[この年] 王欽若　63歳。962生。中国、北宋初の政治家。

[この頃] フェルドウスィー、アボル・カーセム・マンスール　Ferdousī, Abo l-Qāsem Mansūr　91？歳。934生。イランの叙事詩人。

1026年

[この頃] 范寛　中国、宋代の画家。

1027年

3.26　神聖ローマ皇帝コンラード2世が戴冠する
＊＊＊

ロムアルド　Romuald　6.19没、75？歳。952(㋐950頃)生。カトリック聖職者、聖人。

[この年] アルフォンソ5世　Alfonso V　㋐1028没、33歳。994生。レオン王(在位999～1028)。

1028年

フュルベール　Fulbert de Chartres　4.10没、68？歳。960(㋐950頃)生。フランスの聖職者。

林逋　12.7没、61歳。967生。中国、北宋の詩人。

[この年] ゲルショム・ベン・イェフーダ　Gershom, Ben Judah　78？歳。950(㋐960頃)生。ドイツのラビ学校の教師。

コンスタンティノス8世　Konstantinos VIII　68？歳。960生。ビザンティン帝国皇帝(在位1025～28)。

知礼　68歳。960生。中国、北宋の僧。

李公蘊　54歳。974生。ヴェトナム李朝の創始者(在位1009～28)。

1029年

[この頃] カルヒー　al-Karkhī, Abū Bakr Muhammad ibn al-Hasan al-hāsib　㋐1019没。アラブの数学者。

1030年

マハムード・ガズナヴィー　Maḥmūd Ghaznawī　3.？没、58歳。971(㋐970)生。アフガニスタンのガズニー朝第7代の王(在位998～1030)。

オーラフ2世　Olaf II Haraldsson　7.29没、35？歳。995(㋐990頃)生。ノルウェー王(在位1015～30)。

エルンスト2世　Ernst II　8.17没、23歳。1007生。ドイツのシュヴァーベン公。

[この年] ミスカワイフ　Miskawayh, Abu 'Ali　98？歳。932生。イランの歴史学者。

[この頃] ジュニャーナシュリーミトラ　Jñānaśrīmitra　50？歳。980生。インドの後期唯識派の思想家、論理学者。

1031年

ギヨーム・ド・サン-ベニーニュ（ディジョンの） Guillaume de Saint-Bénigne de Dijon 1.1没、69歳。962生。クリュニー改革運動の推進者、聖人。
アリボ（マインツの） Aribo（Mainz） 4.6没、41？歳。990生。ドイツのマインツの大司教。
聖宗（遼） 6.?没、60歳。971生。中国、遼の第6代皇帝（在位982～1031）。
ロベール2世 Robert II, le Pieux 7.20没、61？歳。970生。フランス王（在位996～1031）。
イムレ（ハンガリーの） Imre（Hungary） 9.2没、24歳。1007生。ハンガリーの皇太子、聖人。
この年 カーディル al-Qādir 83歳。948生。アッバース朝第25代カリフ（在位991～1031）。
姜邯贊 83歳。948（🉑947）生。朝鮮、高麗初期の武臣。
顕宗（高麗） 39歳。992生。朝鮮、高麗の第8代王（在位1010～31）。

1032年

この頃 ブルグント王国が神聖ローマ帝国に編入
＊＊＊
李徳明 11.?（🉑1031）没、50歳。982生。タングート族の王（在位1004～31）。
この年 遵式 68歳。964（🉑963）生。中国、北宋の僧。
ヨハネス19世 Joannes XIX 1024生。教皇（在位1024～32）。

1033年

6.- ポーランドのミェシュコ2世が王位を放棄
＊＊＊
クニグンデ Kunigunde 3.3没。ドイツ皇帝ハインリヒ2世の妃、聖女。
この年 アル・イマーム・アン・ナーティク・ビル・ハック al-Imām an-Nāṭiq bil-Ḥaqq 82歳。951生。イスラム教シーア派ザイド宗の法学者。
孫奭 71歳。962生。中国、北宋の儒者。
丁謂 （🉑1037没、71歳。962（🉑966）生。中国、北宋の政治家。
マイマンディー Maimandī, Abu al-Qāsim Aḥmad bn Ḥasan イランの政治家。
この頃 穆修 中国、北宋の学者。

1034年

この年 ガザーエリー Ghazāyerī Rāzī イランの詩人。
マルカム2世 Malcolm II 80？歳。954生。スコット人の王ケネス・マカルビンの直系のスコットランド王（在位1005～34）。
ミェシュコ2世 Mieszko II 20歳。1014生。ポーランド王（在位1025～34）。
ロマヌス3世 Romanus III Argyrus 66？歳。968生。ビザンチン皇帝（在位1028～34）。
この年 銭惟演 🉑1033頃没。中国、北宋初期の政治家。

1035年

ロベール1世 Robert I, le Diable 7.22没。ノルマンディ公（在位1028～35）。
サンチョ3世 Sancho III Garces, el Mayor 10.18没、43？歳。992（🉑970頃）生。ナバラ王（在位1005～35）。
クヌート1世 Cnut I 11.12没、40歳。995（🉑994）生。シャフツベリ＝イングランド王（在位1016／17～35）。
この年 イブン・シュハイド ibn Šuhayd Abū ʿĀmir ʾAḥmad ibn ʿAbd al-Malik 🉑1034没、43歳。992生。中世イスラーム時代スペインのアラブ系詩人、著述家。

1036年

この年 ウトビー al-ʿUtbī, Abū Naṣr Muḥammad 🉑1035頃没、75？歳。961生。イランの歴史家。

1037年

ミヒヤール・ビン・マルズーヤ Mihyār bin Marzūya ad-Dailamī 3.27没。イラン系のアラビア語詩人。
イブン・スィーナー、アブー・アリー Ibn Sīnā, Abū ʿAlī al-Ḥusayn bn ʿAbd Allāh 6.18（🉑1038）没、56歳。980（🉑979）生。ペルシアの哲学者、医者。

中世

1038年

ファッロヒー，アボル・ハサン・アリー・ブン・ジュールーグ　Farrukhī Sītānī, Abū al-Ḥasan Aliibn Julugh　⑲1038頃没。イランの詩人。
ボレスラフ3世　Boleslav III the Red　ボヘミア公（在位999〜1002）。

1038年

ゴーデハルト　Godehard　5.5没、78?歳。960生。ドイツの聖職者，聖人。
イシュトヴァン1世　István I, St.　8.15没、63?歳。975（⑲966頃）生。ハンガリー王（997〜1038），聖王。
エゼルノス（カンタベリの）　Ethelnoth (Aethelnoth) of Canterbury　10.29没。イギリスのカンタベリ大司教，聖人。
アッ・サアーリビー　Thaʻālibī, Abū Manṣūr　⑲1037頃没、77歳。961（⑲960）生。シリアのアラブ文学者。
王曾　60歳。978生。中国，北宋の政治家。
子璿　73歳。965生。中国，北宋時代の華厳学者。
ハイ・ベン・シェリラ　Hai ben Sherira　99歳。939生。バビロニアのユダヤ教学者。

1039年

コンラート2世　Konrad II　6.4没、49?歳。990生。ザリエル朝初代の神聖ローマ皇帝（在位1024〜39）。
アルハーゼン　Alhazen　⑲1038没、74?歳。965生。アラビアの物理学者，天文学者。
オンソリー，アボル・カーセム・ハサン　ʻOnsorī, Abo l-Qāsem Hasan　イランの詩人。

1040年

ハロルド1世　Harold I, Harefoot　3.17没、24?歳。1016（⑲1035）生。デーン王朝第2代のイングランド王（在位1035〜40）。
ウンスリー　ʻUnsrī Balkhī, Abuʼl Qasim　ペルシアの宮廷頌詩人。
ダンカン1世　Duncan I　スコットランド王（1034〜40）。
マヌーチェフリー，アボン・ナジム・アフマド　Manūchihrī, Abū al-Najm Aḥmad　⑲1010頃没。ペルシアの叙事詩人。

アスジャディー，アブー・ナザル・アブドル・アズィーズ・ブン・マンスール　Asjadī, Abū Nazar Abdo l-Azīz bn Mansūr　イランの詩人。

1041年

3.17　ノルマン人がヴェノーサ近くの対戦で大勝
* * *
ミカエル4世　Michael IV　12.10没。ビザンチン皇帝（在位1034〜41）。
マスウード1世　Masʻūd I, Shihāb al-Dīn　アフガニスタンのガズニー朝スルタン（在位1030〜40）。

1042年

6.08　エドワード懺悔王がイングランド王に即位
* * *
ハルデクヌート　Hardeknud　24?歳。1018（⑲1019頃）生。デンマーク王（1035〜42），イングランド王（1040〜42）。

1043年

アブー・ル-ファライ・アブダラー・イブン・アッタイイーブ　Abū ʼl-Faraj ʻAbdallāh Ibn Attayyib　アラビアの哲学者，神学者，医学者，修道士。
ハルヴァルド・ヴェーブヨルンソン　Hallvard Vebjörnsson　ノルウェーの殉教者，オスロー市の守護聖人。
呂夷簡　⑲1044没、65歳。978（⑲979）生。中国，北宋の政治家。

1044年

アッ・シャリーフル・ムルタザー　ash-Sharīfuʼl-Murtaḍā　78歳。966生。イスラム教シーア派の法学者。
シャリーフ・アルムルタダー　al-Sharīf al-Murtaḍā, ʻAlī bn al-Ḥusayn　47歳。997（⑲967）生。エジプトの立憲主義政治家。
陳堯佐　81歳。963生。中国，北宋の政治家。

ラージェーンドラ・チョーラデーヴァ1世 Rajendra Coladeva I 南インド，チョーラ朝第11代の王（在位1014〜44）。

1045年

この年 シーグバト Sigvatr Þórðarson 50？歳。995生。アイスランドのスカルド詩人。
シーグフリード Sigfrid スウェーデンへの宣教師，聖人。
石介 ㊗1043没，40歳。1005（㊗1003）生。中国，北宋の学者。

1046年

ゲレールト Gellért 9.24没，66？歳。980生。ハンガリーの司教，殉教者，聖人。
この年 尹洙 45歳。1001生。中国，北宋の学者，文人。
オリバ Oliba 75？歳。971生。スペイン北東部カタルニャの貴族。

1047年

クレメンス2世 Clemens II 10.9没。教皇（在位1046〜47）。
マグヌス1世 Magnus I Olafson 10.25没，12歳。1035（㊗1024）生。ノルウェー王（在位1035〜47）。
グレゴリウス6世 Gregorius VI 11.？（㊗1048頃）没。教皇（在位1045〜46）。
この頃 グラベル Glaber, Radulfus 62？歳。985生。フランスの年代記作家，修道士。
ロドゥルフス・グラベル Rodulphus Glaber 62？歳。985生。フランスのベネディクト会士，年代記作者。

1048年

ポッポ（スタヴロの） Poppo (Stavelot) 1.25没，70歳。978生。ベルギーのスタヴロの修道院長，修道院改革者，聖人。
李元昊 1.？没，45歳。1003生。中国，西夏国の初代皇帝（在位1032〜48）。

ベルノ（ライヒェナウの） Berno (Reichenau) 6.7没。ドイツのライヒェナウの修道院長。
ヴァゾン（リエージュの） Wazon (Liège) 7.14没，68？歳。980生。ベルギーのリエージュ司教。
オーディロ Odilo 12.31没，86歳。962生。フランスの修道士，聖人。
この年 王則 ㊗1047没。中国，貝州（河北省清河県）における弥勒教の乱（1047）の主謀者。
蘇舜欽 40歳。1008生。中国，北宋の詩人。

1049年

アブー・サアイード・ブン・アビル・ハイル Abū Saʻīd ibn Abī al-khayr 1.12（㊗1048）没、81？歳。967生。ペルシアの神秘主義者，詩人。
この年 アイルランガ Airlangga ㊗1042？没，59？歳。990（㊗992）生。インドネシア，東ジャワ・クディリ朝の王（在位1006〜49頃）。
楊岐方会 53歳。996（㊗992）生。中国，宋の禅宗僧侶。
この頃 エリアス（・バル・シナーヤー） Ēlías (Bar Shināyā) 74？歳。975生。ネストリオス派の府主教，著作家。

1050年

グイード・ダレッツォ Guido d'Arezzo 5.17（㊗1033以後）没，60？歳。990（㊗992頃）生。イタリアの音楽理論家。
この年 スーリヤバルマン1世 Sûryavarman I カンボジア，アンコール時代の君主（在位1002〜50）。
ゾエ Zoe Porphyrogenete 72歳。978（㊗980）生。ビザンチン皇帝ロマヌス3世の皇后。
武宗元 中国，北宋の画家。
本如 69歳。981生。中国，宋代天台宗の僧。
この頃 ヴィポ Wipo 55？歳。995生。ブルゴーニュのラテン語詩人，聖職者。
シャバリパー Śabaripā 100？歳。950生。インド密教の成就者。
ナンビ Nambi, Nambiyāṇḍar 50？歳。1000生。インドの讃歌集編纂者。
ラウール・グラベル Raoul Glaber フランスの年代記者，修道僧。
ラトナキールティ Ratnakīrti 50？歳。1000生。インドの論理学者。

1051年

この年 夏竦 中国、北宋の政治家。
この頃 ビールーニー、アブー・アル・ライハーン al-Bīrūnī, Abū Raihān Muhammad ibn Ahmad ㊗1048没、78？歳。973（㊗970）生。アフガニスタン、ガズニー朝の宮廷文人。

1052年

エンマ Emma 3.6没。イングランド王エセルレッド愚鈍王の王妃。
范仲淹 5.20（㊗1053）没、62歳。989（㊗990）生。中国、北宋の政治家、文学者。
ハリナルドゥス（リヨンの） Halinardus（Lyon） 7.29没。フランスの大司教、教会改革者。
この年 重顕 72歳。980生。中国、雲門宗（禅宗）中興の祖。

1053年

6.17 チヴィターテの戦いでノルマン軍が勝利
＊ ＊ ＊
この年 決凝 89歳。964生。高麗時代の華厳僧。
ゴドウィン Godwin, Earl of Wessex ウェセックス伯。
丁度 63歳。990生。中国、宋代の学者。
この頃 柳永 66？歳。987生。中国、北宋の詞人。

1054年

7.16 東方正教会と西方ローマ教会が分裂する
＊ ＊ ＊
ヤロスラフ1世 Iaroslav I, Mudryi 2.2没、76歳。978（㊗980）生。ロシア、キエフ大公。
レオ9世 Leo IX, St. 4.19没、51歳。1002生。教皇（在位1049〜54）、聖人。
ヘルマヌス・コントラクトゥス Hermannus Contractus 9.24（㊗1053）没、41歳。1013生。中世ドイツの年代記作者。
ラザロス Lazaros 11.8没、86歳。968生。柱上の聖人。

この年 アティーシャ Atīśa, Dīpāṅkara Śrījñāna 72歳。982（㊗980）生。インドの仏教者。
ガルシア4世 García IV スペインのパンプローナ王（1035〜54）。
蘇舜元 48歳。1006生。中国、北宋の文人。
鼎賢 82歳。972生。高麗時代の瑜伽僧。

1055年

コンスタンティヌス9世 Constantinus IX Monomachus 1.11没、55？歳。1000（㊗980頃）生。東ローマ皇帝（在位1042〜55）。
ロベルトゥス（ジュミエージュの） Robertus（Jumièges） 5.26？没。フランス出身のカンタベリ大司教。
この年 晏殊 64歳。991生。中国、北宋の政治家、詞人。
興宗（遼） 39歳。1016生。中国、遼第7代皇帝（在位1031〜55）。
ブレチスラフ1世 Bretislav I ボヘミア大公。
リンチェン・サンポ Rin chen bzang po 97歳。958生。チベットの仏教後伝期初頭に活躍した大翻訳家。
この頃 ソロモン・ビン・ガビーロール Ibn Gabirol, Solomon ben Judah ㊗1058頃没、34？歳。1021（㊗1020頃）生。ユダヤ人の詩人、哲学者。
儂智高 29？歳。1026生。ヴェトナム、李朝の広源州（カオバンの北東）のヌン族の土豪。
バーバー・ターヘル・オルヤーン Bābā Tāhir 'Uryān ㊗1056以後没、55？歳。1000生。ペルシア語詩人。
ベネディクツス9世 Benedictus IX 教皇（在位1032〜45, 45, 47〜48）。

1056年

アンセルムス（リエージュの） Anselmus（Liège） 3.3没。リエージュの年代記者。
ハインリヒ3世 Heinrich III der Schwarze 10.5没、38歳。1017生。ドイツ王（在位1028〜56）、神聖ローマ皇帝（在位39〜56）。
この年 サムエル・ハ－ナギド Samuel Ha-Levy ben Joseph Ha-Nagid ㊗1055没、63歳。993生。中世イスラーム時代スペインの政治家。
シルヴェステル3世 Silvester III 44？歳。1012生。教皇（在位1045）。
ヒラール・アッサービー Hilāl al-Ṣābī 87歳。969生。アッバース朝下イラクの歴史家。

1057年

5.10　ミラノで民衆による教会改革運動が起こる
＊＊＊
アブー‐アルアラーイ　Abū'l-'Alā' Aḥmad al-Ma'arrī　5.10(㊥1058)没、83歳。973生。アラブの詩人。
ヴィクトル2世　Victor II　7.28没、39歳。1018生。教皇(在位1055〜55)。
[この年] エドワード・ザ・アザリング　Edward the Ætheling　イングランド貴族。
孫泰山　65歳。992生。中国、北宋の儒学者。
狄青　49歳。1008生。中国、北宋の将軍。
杜衍　79歳。978生。中国、北宋の政治家。
マクベス　Macbeth　52?歳。1005生。スコットランド王(1040〜57)。
[この頃] アヤーズ・ビン・アイマク　Ayāz bin Aimaq Abū'n-Najm　アフガニスタンのスルタンが愛した美男のトルコ人奴隷。

1058年

ステファヌス9世(10世)　Stephanus IX(X)　3.29没、58?歳。1000生。教皇(在位1057〜58)。
カジミエシュ1世　Kazimierz I, Odnowiciel　10.?没、43歳。1015(㊥1016)生。ポーランド国王(在位1038〜58)。
[この年] ケルラリオス、ミカエル　Kēroullários, Michaēl　58?歳。1000生。コンスタンティノポリス総主教(位1043〜58)。
法護　96歳。962生。インドの仏教学者、訳経家Dharmaraksaの中国名。
マーワルディー　al-māwardī, abū al-Hasan 'Ali-ibn Muhammad　84歳。974生。イスラム の4正統法学派の一つシャーフイイー派の法学者。

1059年

8.-　ギスカールがプーリア公爵に就任する
＊＊＊
[この年] アブドゥッラー・イブン・ヤースィーン　'Abdullāh ibn Yāsīn(Tāshfīn)　北アフリカのアルモラヴィッド朝の創始者(在位1056〜73)。
胡安定　66歳。993生。中国、北宋の儒学者。
李覯　50歳。1009生。中国、北宋の学者、文学者。

1060年

梅堯臣　4.25(㊥1062)没、58歳。1002生。中国、北宋の詩人。
エッケハルト4世　Ekkehard IV　10.21?没、80歳。980生。中世ドイツの聖ガレン修道院修道士。
[この年] アンドレアス1世　Andreas I　アールパード朝のハンガリー王(1046〜60)。
アンリ1世　Henri I　52歳。1008生。フランス王(在位1031〜60)、ユーグ・カペーの孫。

1061年

フンベルト(シルヴァ・カンディダの)　Humbert (Silva Candida)　5.5没、61?歳。1000生。教皇レオ9世の教会改革運動の協力者。
ニコラウス2世　Nicolaus II　7.19?没、81?歳。980生。教皇(在位1059〜61)。
[この年] イサキウス1世　Isaacius I Comnenus　56?歳。1005生。東ローマ皇帝(在位1057〜59)。
允堪　56歳。1005生。中国、北宋時代の南山律宗の僧。
宋祁　63歳。998生。中国、北宋の歴史家、文学者。
李子淵　㊥1086没、58歳。1003生。朝鮮、高麗の武臣。
[この頃] アーデルマンヌス(リエージュの)　Adelmannus(Liège)　ベルギー出身の司教、初期スコラ学者。
イブン・リドワーン　Ibn Riḍwān, Abū al-Ḥasan 'Alī ibn 'Alī ibn Ja'far al-Miṣrī　63?歳。998生。アラビアの医者。

1062年

[この年] 包拯　㊥1063没、63歳。999(㊥1000)生。中国、北宋の名臣。

1063年

仁宗(宋)　3.30没、52歳。1010生。中国、北宋の第4代皇帝(在位1022〜63)。
ラミロ1世(アラゴン王)　Ramiro I　5.8没。アラゴン王国初代の王(在位1035〜63)。

トゥグリル-ベク　Tughril Beg　12.4没、70歳。993(㊊994頃)生。セルジューク朝の始祖(在位1037～63)。

[この年] ベーラ1世　Béla I　ハンガリー国王(在位1060～1063)。

龐籍　75歳。988生。中国, 北宋の官僚。

1064年

イブン・ハズム　Ibn Ḥazm, Abū Muḥammad 'alī　8.16没、69歳。994(㊊993)生。アラブ系のスペインの小説家, 神学者。

[この年] ドムトン　'Brom ston pa rgyal ba'i 'byung gnas　59歳。1005生。チベットの仏教者。

仁岳　82歳。982生。中国, 宋代天台宗の僧。

[この頃] 易元吉　中国, 北宋の画家。

ドクミ・ロツアワ・シャキャ・イェーシェ　'Brog mi lo tsā bā śakya ye śes　チベットの仏教者。

1065年

12.27　フェルナンド1世の遺領が3分割される
12.28　ウェストミンスター修道院が建設される
　　　　＊　＊　＊
フェルナンド1世　Fernando I el Grande　12.27没、49 ? 歳。1016生。カスティリア王(在位1035～65), レオン王(37～65)。

[この年] 唃厮囉　68歳。997生。吐蕃王朝の後裔。

1066年

9.25　マグヌス2世がノルウェー王に即位する
9.28　ヘイスティングスの戦いが始まる
12.24　ウィリアム1世がイングランド王に即位
　　　　＊　＊　＊
エドワード(告解王, 証聖者)　Edward the Confessor, St.　1.5没、63 ? 歳。1003(㊊1002頃)生。イングランド王(在位1042～66)。

アリアルドゥス　Arialdus　6.27没、66?歳。1000生。イタリアのミラーノの助祭, 教会改革者, 聖人。

トスティグ　Tostig, Earl of Northumbria　9.25没。イギリス, アングロ・サクソン時代末期の貴族。

ハロルド3世　Harald III, Haardraade　9.25没、51歳。1015(㊊1016)生。ノルウェー王(在位1045～66)。

ハロルド2世　Harold II　10.14没、44 ? 歳。1022(㊊1002頃)生。アングロ・サクソン時代最後のイングランド王(在位1066)。

[この年] ステンキル　Stenkil　スウェーデン王(在位1060～66)。

蘇洵　57歳。1009生。中国, 北宋の文学者。

タイユフェール　Taillefer　ノルマン人の吟遊詩人。

爛円　67歳。999生。高麗時代の華厳高僧。

1067年

英宗(宋)　1.?没、35歳。1032生。中国, 北宋の第5代皇帝(在位1063～67)。

[この年] コンスタンティヌス10世　Constantinus X Doukas　60 ? 歳。1007生。東ローマ皇帝(在位1059～67)。

蔡襄　55歳。1012生。中国, 北宋の政治家, 学者, 書家。

トゥースィー　al-Ṭūsī, Abū Ja'far Muḥammad bn Ḥasan　72歳。995生。イスラム教シーア派の法学者。

1068年

[この年] 崔冲　84歳。984生。朝鮮, 高麗の儒学者, 政治家。

劉敞　49歳。1019生。中国, 北宋の学者, 政治家。

[この頃] アルギュロス, マリアーノス　Árgyros, Marianos　63 ? 歳。1005生。イタリアにおけるビザンティン領の領事(1051～60頃)。

イブン・ブトラーン　Ibn Buṭlān, Abū al-Ḥasan al-Mukhtār ibn 'Abdūn ibn Sa'dūn　アラビアの医者。

1069年

2.26　北宋の神宗が王安石を参知政事に任命する
　　　　＊　＊　＊
アルドレッド(エアルドレッド)(ヨークの)　Aldred (Ealdred) of York　9.11没。イギリスの国家に忠実に仕えたヨークの大司教。

[この年] 慧南　67 ? 歳。1002生。中国, 北宋の僧。

唐介　59歳。1010生。中国, 北宋の政治家。

マグヌス2世　Magnus II Haraldsson　34歳。1035生。ノルウェー王(在位1066～9)。

1070年

7.14 アルフォンソ6世がサンチョ2世を破る
＊＊＊
オットロー　Otloh(Otloch, Othlo)　11.23没、60？歳。1010生。ドイツのレーゲンスブルクのベネディクト会修道士，神学者。
この年 海麟　86歳。984生。高麗時代の瑜伽高僧。
アヴィケブロン　Avicebron　㋚1037没、50？歳。1020(㋚980)生。アラブの哲学者、医者、音楽理論家。
イブン・ザイドゥーン　Ibn Zaidūn, Abū'l-Walīd Aḥmad　㋚1071没、67？歳。1003生。イスラム教徒の詩人。

1071年

8.26 ロマノス4世がセルジュークの捕虜となる
＊＊＊
フィッツオズバーン　Fitzosbern, William　2.20没。ウィリアム1世の側近の一人。
ハティーブ・アルバグダーディー　al-Khaṭīb al-Baghdādī, Abū Bakr Aḥmad ibn 'Alī　9.5没、69歳。1002生。アラブの歴史家。
この頃 ホノリウス2世　Honorius II　㋚1072没、62？歳。1009生。対立教皇(在位1061～72)。

1072年

1.10 ノルマン人グィスカルドがパレルモを占領
＊＊＊
スティガンド　Stigand　2.22没。カンタベリーの大司教。
ダミアーニ、ピエール　Damiani, Petrus　2.22没、65歳。1007(㋚1000頃)生。イタリア出身のカトリックの隠修士，神学者。
アダルベルト　Adalbert von Bremen　3.16没、72？歳。1000生。ハンブルク、ブレーメンの大司教。
欧陽修　8.？没、65歳。1007生。中国、北宋の政治家，学者，文学者。
サンチョ2世(強力王)　Sancho II el Fuerte　10.7没、34？歳。1038生。カスティリア王(在位1065～72)。
＊＊＊
アルプ・アルスラーン　Alp Arslān, Aḍudu'd-Daulah Abū-Shujā'　11.24没、42歳。1030(㋚1029頃)生。セルジューク朝第2代の統治者。

この年 契嵩　65歳。1007(㋚1011)生。中国、北宋の学僧。
カトラーン、アブー・マンスール　Qaṭrān Tabrīzī, Abū Mansūr　62？歳。1010(㋚1007頃)生。イランの詩人。
ロマヌス4世　Romanus IV Diogenes　ビザンチン皇帝(在位1068～71)。
この頃 アサディー、アブー・マンスール・アリー・ブン・アフマド　Asadī, Abū Mansūr Alī bn Ahumad　㋚1030頃没、52？歳。1020生。ペルシアの叙事詩人。
アズラキー、アブー・バクル・ゼイノッディーン　Azraqī, Abū Bakr Zeynoddīn　イランの頌詩詩人。
セバルドゥス　Sebaldus　ニュルンベルクの守護聖人。

1073年

4.22 グレゴリウス7世がローマ教皇に即位する
＊＊＊
アレクサンデル2世　Alexander II　4.21没。教皇(在位1061～73)。
アントーニイ・ペチェールスキイ　Antonii Pecherskii　5.7没、90？歳。983生。ロシアのキーエフのペチェールスキイ(洞窟)修道院創立者で同修道院初代典院，聖人。
周敦頤　6.7没、56歳。1017生。中国、北宋の学者。
グアルベルトゥス、ヨアンネス　Joannes Gualbertus, St.　7.12没、78？歳。995生。聖人。
この年 スルルドゥルル　Ṣurrdurr, Abū Manṣūr 'Alī b.al-Ḥasan　64？歳。1009生。アラビアのアッバース朝の詩人。
ドミンゴ(シロスの)　Domingo de Silos　スペイン，ナバーラのオニャス・ベネディクト修道院長、聖人。
この頃 グルガーニー、ファフル・ウッ・ディーン　Gurgānī, Fakhr al-Dīn As' ad　ペルシアのロマンス詩人。

1074年

2.02 ゲルストゥンゲンの和約が結ばれる
4.28 ハーラル3世がデンマーク王に即位する
＊＊＊
スウェイン2世　Sweyn II　4.28没、54？歳。1020生。デンマーク王(在位1043～74)。

フェドーシイ・ペチェールスキイ　Feodosii Pečerskii　5.3没、66？歳。1008生。古代ルーシの修道士、著述家。
[この年] スルチュン・シェラプ・タクパ　Zur chung śes rab grags pa　60歳。1014生。チベットのニンマ派仏教者。

1075年

韓琦　6.？没、67歳。1008生。中国、北宋の政治家、文学者。
アル・バーハルズィー　al-Bākharzī, Abū'l-Ḥasan 'Alī　7.？没。イラン系のアラビア語詩人。
ヨーアンネース8世・クシフィリノス　Iōánnēs VIII Xiphilīnos (Iōánnēs ho Xiphilīnos)　8.2没、70？歳。1005生。コンスタティノポリスの総主教、法律家、修道士。
アンノー2世　Anno (Hanno) II (Köln)　12.4没、65？歳。1010生。ケルンの大司教、聖人 (1183)。
[この年] カーイム　al-Qā'im　74歳。1001生。アッバース朝第26代カリフ (在位1031〜75)。
クシフィリヌス　Xiphilinus, Joannes　東ローマ帝国の文人。

1076年

1.24　ハインリッヒ4世が教皇の廃位を宣言する
2.21　教皇がハインリッヒ4世の破門を宣言する
＊＊＊
イブン・ハイヤーン　Ibn Ḥayyān　10.？没、88歳。988 (㊟987頃) 生。スペインの後ウマイヤ朝時代の歴史家。
[この年] サンチョ4世　Sancho IV el Noble　37？歳。1039生。ナバラ王 (在位1054〜76)。
ラモン・ベレンゲール1世　Ramón Berenguer I　53歳。1023生。バルセロナ伯 (在位1035〜76)。

1077年

1.25　ハインリッヒ4世が破門の許しを乞う
1.27　ハインリッヒ4世赦免 (カノッサの屈辱)
3.15　シュワーベン公ルドルフが対立皇帝に即位
＊＊＊
邵雍　9.？没、66歳。1011生。中国、北宋の学者、詩人。

アグネス・フォン・ポアトゥー　Agnes von Poitou　12.14没。神聖ローマ帝国皇帝ハインリヒ3世の2度目の皇后。
[この年] アノーラータ　Anawrahta　63歳。1014生。ビルマ、パガン朝の創建王 (在位1044〜77)。
アルヌルフ (ミラーノの)　Arnulf di Milano　イタリアの歴史家。
ゲザ1世　Géza I　33歳。1044生。ハンガリー王 (在位1074〜77)。
張載　57歳。1020生。中国、宋の学者。
劉恕　46歳。1031生。中国、北宋の学者。

1078年

ヨアネス (フェカンの)　Joannes (Fécamp)　2.22没、88歳。990生。フランスのベネディクト会士、大修道院長、神学者。
ベルトルト1世　Berthold I　11.6没。ツェーリンゲル家興隆の始祖。
[この年] アメ・チャンチュプ・チュンネ　A mes byang chub 'byung gnas　63歳。1015生。チベットのカーダン派仏教者。
イブン・ズフル, アブー・マルワーン　Ibn Zuhr, Abū Marwān　アラビア出身のスペインの医師。
曾公亮　79歳。999生。中国、北宋の政治家。
張先　88歳。990生。中国、北宋の詞人。
ミカエル7世　Michael VII　19歳。1059生。ビザンチン皇帝 (在位1071〜73)。

1079年

文同　1.21没、60歳。1019 (㊟1018) 生。中国、北宋の文学者、画家。
スタニスワフ　Stanisław Szczepanowski　5.8没、48歳。1030生。ポーランドの守護聖人。
[この年] 宋敏求　60歳。1019生。中国、北宋の学者。
陳升之　68歳。1011生。中国、北宋の政治家。

1080年

ルドルフ・フォン・ラインフェルデン　Rudolf von Rheinfelden　10.16没。ドイツの皇帝 (在位1077〜80)。
[この年] 呉充　59歳。1021生。中国、北宋の政治家。
ヘリワード　Hereward　イギリス、ノルマン朝初期のアングロ・サクソン人の反乱者。

中世

[この頃] ゴダイヴァ, レイディ　Godiva, Lady　イングランドの貴婦人, 慈善事業家。
ニケータス・ステタトス　Nikētas Stethâtos　75？歳。1005生。ギリシア正教会の論争神学者, 神秘主義著作家, 修道院長。
ブシェート(ブシェット)　Buscheto(Buschetto)　イタリアの建築家。
ベネディクツス10世　Benedictus X　対立教皇(在位1058～59)。
ランペルト・フォン・ヘルスフェルト　Lampert von Hersfeld　㋄1081頃没, 55？歳。1025生。ドイツの年代記作者。

1081年

4.04　アレクシオス1世がコムネノス朝を開く
* * *
[この年] 王韶　51歳。1030生。中国, 北宋の名将。
[この頃] ベルナルドゥス(モンジューの, マントンの) Bernardus(Montjoux, Menthon)　85？歳。996生。イタリアの司祭, 聖人。

1082年

[この年] ゴンパパ　dGon pa ba　66歳。1016生。チベットのカーダン派仏教者。
祖無沢　79歳。1003生。中国, 北宋の文人, 政治家。
張紫陽　100歳。982(㋄974)生。中国, 宋代の道士。
呂大鈞　51歳。1031生。中国, 北宋の学者。

1083年

10.-　清原氏の内紛に源義家介入(後三年の役)
* * *
曾鞏　4.？没, 64歳。1019生。中国, 北宋の文学者。
富弼　6.22没, 79歳。1004生。中国, 北宋の政治家。
[この年] オットー・フォン・ノルトハイム　Otto von Nordheim　バイエルン公(1061～70)。
文宗(高麗)　64歳。1019没。朝鮮, 高麗の第11代王(在位1046～83)。
ボレスワフ2世(大胆王)　Bolesław II Smiały　44？歳。1039生。ポーランド王(在位1076～79)。
耶律乙辛　中国, 遼の姦臣。
[この頃] ガウニロ　Gaunilo de Marmoutier　フランスの修道僧。

マリアヌス・スコトゥス　Marianus Scotus　55？歳。1028生。アイルランドの年代記作者。

1085年

5.25　アルフォンソ6世がトレドを奪還する
* * *
ヴィリラム・フォン・エーバースベルク　Williram von Ebersberg　1.5没。11世紀初頭生。ドイツの神学者。
神宗(宋)　3.5没, 36歳。1048生。中国, 北宋の第6代皇帝(在位1067～85)。
グレゴリウス7世　Gregorius VII, St.　5.25没, 65？歳。1020(㋄1021頃)生。教皇(在位1073～85)。
王珪　5.？没, 66歳。1019生。中国, 北宋の政治家。
ロベール・ギスカール　Robert Guiscard　7.17没, 70？歳。1015(㋄1016)生。ノルマンのオートビル家タンクレディの3男。
イマーム-アルハラマイン　Imāmu'l-Ḥaramain, Abū'l-Ma'ālī 'Abdulmalik　8.20没, 57歳。1028生。イスラム法学, 神学の大家。
[この年] 王拱辰　73歳。1012生。中国, 北宋の名臣。
程顥　53歳。1032生。中国, 宋の思想家。
[この頃] アダム　Adam von Bremen　㋄1081以後没。ドイツの年代記著述者。
アット－(ミラーノの)　Atto(Milano)　イタリアの教会法学者, 枢機卿。

1086年

8.01　ソールズベリの誓いが成される
* * *
アンセルムス2世(ルッカの)　Anselmus II(Lucca)　3.18没, 50？歳。1036生。イタリアのルッカの司教, 聖人。
クヌード4世　Knud IV　7.10没, 46？歳。1040(㋄1043頃)生。デンマーク王(在位1080～86), 聖人。
司馬光　9.？没, 67歳。1019(㋄1018)生。中国, 北宋の学者, 政治家。
[この年] 王安石　65歳。1021(㋄1019)生。中国, 北宋の政治家, 文人。
スライマーン・ブン・クトゥルミシュ　Sulaimān bin Quṭulmish　㋄1085没。トルコのルーム・セルジューク朝初代のスルタン(1077～86)。

1087年

9.09 ロベールがノルマンディー公領を継承する
9.26 ウィリアム2世がイングランド王に即位
　　　　　＊　＊　＊
ウィリアム1世　William I　9.9没、59？歳。1028(㋹1027頃)生。ノルマン王朝初代のイギリス王(在位1066～87)。
ヴィクトル3世　Victor III　9.16没、60歳。1027生。教皇(在位1086～87)。
この頃 ワッラーダ　al-Wallāda bint al-Mustakfī　㋹1086没。西方イスラム世界の女流詩人。
この頃 カシュガリー　Kashgari　トルコの著述家。
コンスタンティヌス・アフリカヌス　Constantinus Africanus　67？歳。1020(㋹1010頃)生。中世の医師。

1088年

ベレンガリウス　Berengarius　1.6没、89？歳。999(㋹998)生。フランスのカトリック神学者。
ドゥランドゥス(トロアルンの)　Durandus(Troarn)　2.11没、83？歳。1005生。フランスのトロアルンのベネディクト派修道院長。
ヘルマン　Hermann von Salm　9.28没。ドイツ皇帝ハインリヒ4世の対立国王。
この頃 韓絳　76歳。1012生。中国、北宋の政治家。
浄源　77歳。1011生。中国、北宋の高僧、華厳宗中興の祖。
ナーセル・ホスロウ、アブー・モイーン　Naṣir-i-Khusrau, Abū Muʿīn al-Dīn　㋹1074頃没、84歳。1004(㋹1003頃)生。ペルシアの詩人、神学者。
范鎮　80歳。1008生。中国、北宋の政治家。
ロンソム・チョエキ・サンボ　Rom zom chos kyi bzang po　76歳。1012生。チベットのニンマ派仏教者。
この頃 ベルナルドゥス(コンスタンツの)　Bernardus　ドイツの修道士、グレゴリウス改革の支持者。

1089年

ランフランク　Lanfranc　5.24没、84？歳。1005(㋹1004頃)生。中世のイタリア出身のイングランドの神学者、聖職者。

この年 アンサーリー、アブドゥッラー　Anṣārī Herātī　㋹1088没、84歳。1005(㋹1006)生。イランの詩人、神秘主義者。
劉攽　㋹1086没、66歳。1023(㋹1020)生。中国、北宋の学者。
呂公著　71歳。1018生。中国、北宋の官僚。

1090年

9.04 イランでアサッシン暗殺教団が結成される
　　　　　＊　＊　＊
この年 孫覚　62歳。1028生。中国、北宋の官僚。
程珦　84歳。1006生。中国、北宋の学者。
李常　63歳。1027生。中国、北宋の政治家。
この頃 グイトムンドゥス(アヴェルサの)　Guitmundus(Arersa)　11世紀初頭生。フランスの神学者。
蔡確　中国、北宋の政治家。

1091年

ヴィルヘルム(ヒルザウの)　Wilhelm(Hirsau)　7.4？没。ドイツのヒルザウの大修道院長。
アルトマン(パッサウの)　Altmann(Passau)　8.8没、76？歳。1015生。パッサウの司教、聖人。
この年 タパ・ゴンシェチェン　Grva pa mngon śes can　79歳。1012生。チベットのニンマ派仏教者。
張方平　84歳。1007生。中国、北宋の官僚。
ラーマーヌジャ　Rāmānuja　75歳。1016生。インドの宗教家。

1092年

ベレムンドゥス　Veremundus　3.8没、72？歳。1020生。スペインのベネディクト会修道院長、聖人。
ネザーモル・モルク　Nizām al-Mulk　10.16没、75？歳。1017(㋹1018)生。ペルシアの政治家。
マリク・シャー　Malik Shāh, Jalālu'd-Dīn Abū'l-Fath　11.19没、39？歳。1053(㋹1055)生。セルジューク帝国第3代のスルタン(在位1072／3～92)。
この年 世祖(遼)　中国、遼末の生女真完顔部の族長。

1093年

10.09　北宋で哲宗の親政が始まる
＊＊＊
ウルリヒ（ツェルの）　Ulrich（Zell）　7.14没、64歳。1029生。ドイツの修道院長、聖人。
宣仁太后　9.?没、61歳。1032生。中国、北宋第5代英宗の皇后。
マルカム3世　Malcolm III　11.13没、62？歳。1031生。スコットランド王。
マルガレータ（スコットランドの）　Margareta of Scotland, St.　11.16没、47？歳。1046（㊕1045頃）生。スコットランド王マルコム3世の妃、聖人。
この年 王巌叟　50歳。1043生。中国、北宋の諫臣。
オーラフ3世　Olaf III Haraldsson　ノルウェー王（在位1066～93）。
モウブレー、ジョフリー・ド　Mowbrays　44歳。1049生。ノルマンディーのクータンス司教。

1094年

6.15　エル・シッドがバレンシア侯国領主となる
＊＊＊
バクリー　al-Bakrī al-Aunaṣī　11.?没、54歳。1040（㊕1014頃）生。スペインのイスラム系の地理学者。
この年 サンチョ5世　Sancho V Ramìrez　51歳。1043生。アラゴン王（在位1063～94）、ナバラ王（在位76～94）。
馮京　73歳。1021生。中国、北宋の官僚。
ムスタンスィル　al-Mustanṣir, Abū Tamīm　65歳。1029生。エジプトのファーティマ朝第8代カリフ（1035～94）。

1095年

11.27　教皇ウルバヌス2世が十字軍派遣を提唱
＊＊＊
ウルフスタン（ウースターの）　Wulfstan, St.　1.18没、86？歳。1009（㊕1008頃）生。イギリスのウースターの司教、聖人。
ゲラルドゥス（ソヴ・マジュールの）　Gerardus (Sauve-Majeure)　4.5没、70？歳。1025生。フランスのベネディクト会修道院長、聖人。
ラースロー1世　László I　7.29没、55歳。1040生。ハンガリー王（在位1077～95）。

この年 沈括　㊕1094没、64歳。1031（㊕1030）生。中国、北宋の政治家、学者。
ムータミド　al-Mu'tamid, 'alā Allāh Muḥammad ibn 'Abbād　55歳。1040生。セビーリャのムスリム君主。

1096年

4.20　隠者ピエールの民衆十字軍がケルンを出発
8.01　民衆十字軍がコンスタンチノープルに到着
＊＊＊
この年 エウドキア　Eudocia Macrembolitissa　75？歳。1021生。コンスタンチノープル総大主教ミカエル・ケルラリウスの姪。
韶顕　58歳。1038生。高麗時代の瑜伽宗（法相宗）高僧。
朴寅亮　朝鮮、高麗前期の文臣。
この頃 プセロス、ミカエル　Psellus, Michael Constantin　㊕1078頃没、78？歳。1018生。東ローマ帝国の学者、政治家。

1097年

6.19　ニカエアのトルコ軍が東ローマ皇帝に降伏
7.01　十字軍が小アジアのドレリアで勝利する
＊＊＊
オド　Odo of Bayeux　2.?没、61？歳。1036生。イギリスの司祭。
この年 アヌシティギーン　Anushtigīn, Charcha'ī　イランのフワーリズム・シャー朝の創始者（在位1077～97）。
文彦博　㊕1096没、91歳。1006（㊕1005）生。中国、北宋の宰相。
マルパ　mar pa lo tsā ba chos kyi blo gros　85歳。1012生。チベットの仏教者。
劉挚　67歳。1030生。中国、北宋の政治家。
この頃 デウスデーディトゥス　Deusdeditus　フランス出身の教会法学者、枢機卿。

1098年

6.03　アンティオキアが十字軍に占領される
＊＊＊
アデマール（ル・ピュイの、モンテーユの）　Adhémar de Monteil　8.1没。フランス、ルピュイの司教。

[この年] 韓維　81歳。1017生。中国，北宋の政治家，文学者。
范祖禹　57歳。1041生。中国，北宋の学者。
呂大防　㊟1097没、71歳。1027生。中国，北宋の政治家。
[この頃] アボル・ファラジ・ルーニー　Abo l-Faraj Rūnī　インド宮廷に仕えたイランの詩人。
カイ・カーウース　Kai Kā'ūs ibn-Iskandar ibn-Qābus ibn-Washmgīr　77？歳。1021生。ペルシアのズィヤール朝の君主。
フーゴ・カンディドゥス（ルミルモンの）　Hugo Candidus (Remiremont)　78？歳。1020生。枢機卿。

1099年

7.15　十字軍がエルサレムを占領する
7.22　十字軍がエルサレム王国を成立させる
＊＊＊
シッド，エル　Cid Campeador, El　7.10没、56？歳。1043（㊟1030頃）生。中世スペインの名将ロドリーゴ・ディアス・デ・ビバールの通称。
ウルバヌス2世　Urbanus II　7.29没、57？歳。1042（㊟1040頃）生。教皇（在位1088～99）。
オスムンド　Osmund, St.　12.3？没。イギリスのノルマンの聖職者，ウィリアム1世の甥で，チャプレン。

1100年

2.22　北宋で徽宗が即位，母の皇太后が政務代行
8.05　ヘンリー1世がイングランド王に即位する
12.25　ボードゥアンがエルサレム王に即位する
＊＊＊
哲宗（北宋）　1.12没、23歳。1076生。中国，北宋第7代皇帝（在位1085～1100）。
イブン・ジャズラ　Ibn Jazlah, Abū 'Alī Yaḥyā　6.？没、26歳。1074生。アラビアの医学者。
ゴドフロワ・ド・ブイヨン　Godefroy de Bouillon　7.18没、39？歳。1061（㊟1060頃）生。バスロレーヌ公（在位1089～95）。
ウィリアム2世　William II　8.2没、44？歳。1056（㊟1060）生。ノルマン王朝第2代のイギリス王（在位1087～1100）。
クレーメンス3世　Clemens III　9.8没。対立教皇。
ベルノルドゥス（コンスタンツの）　Bernoldus (Konstanz, Constantia, Constance)　9.16没、50？歳。1050生。ドイツの年代記者，教会法学者。

ザルカーリー　al-Zarqālī, Abū Isḥāq Ibrāhīm ibn Yaḥyā al-Naqqāsh　10.15（㊟1087頃）没、71？歳。1029生。スペインの天文学者。
[この頃] 朱長文　59歳。1041生。中国，宋代の学者。
[この頃] イブン・アル・バグダーディ　Ibn al-Bagdadi　アラブの数学者。

1101年

4.-　ボードゥアン1世がアルスーフを奪取する
5.-　ボードゥアン1世がカイザレアを奪取する
＊＊＊
向太后　1.13没、55歳。1046生。中国，北宋第6代皇帝神宗の皇后。
ロジェール1世　Roger I, Guiscard　7.22没、70？歳。1031生。シチリア伯（1072～1101）。
蘇軾　7.28没、64歳。1036（㊟1037）生。中国，北宋の文学者，政治家。
義天　10.5没、46歳。1055（㊟1009頃）生。朝鮮の天台宗の開祖。
聖ブルーノ（ケルンの）　Bruno von Köln, St.　10.6没、71？歳。1030（㊟1032頃）生。カトリック聖職者，聖人。
[この頃] ウェルフ4世　Welf IV　ドイツの貴族。
王存　78歳。1023生。中国，北宋の政治家。
秦觀　㊟1100没、52歳。1049生。中国，北宋の文学者。
蘇頌　81歳。1020生。中国，宋代の官吏，天文学者。
陳師道　㊟1102没、48歳。1053生。中国，北宋の詩人。
道宗　69歳。1032生。中国，遼の第8代皇帝（在位1055～1101）。
范純仁　74歳。1027生。中国，北宋の政治家。

1102年

[この頃] ゴクトン・チョエドル　rNgog ston chos rdor　66歳。1036生。チベットのカーギュ派仏教者。
コンチョク・ギェルポ　dKon cog rgyal po　68歳。1034生。チベットの仏教者。
ユーグ　Hugues de Vermandois　45歳。1057生。フランスの貴族，十字軍騎士。
陸佃　60歳。1042生。中国，北宋の官僚。

1103年

中世

マグヌス3世　Magnus III Barfoett　8.24没、30歳。1073生。ノルウェー王(在位1093～1103)。
[この年] アルファーシー　Alfasi, Isaac Ben Jacob　90歳。1013生。ユダヤ人の律法博士、法典編集者。
エーリック1世　Erik I, Ejegod　47歳。1056生。デンマーク王(在位1095～1103)。
謝良佐　(饒)1130没、53歳。1050生。中国、北宋の儒学者。
チェンガワ・ツゥルティム・バル　sPyan snga pa tshul khrims 'bar　65歳。1038生。チベットのカダン派仏教者。
[この頃] マネゴルト　Manegold von Lautenbach　73？歳。1030生。ドイツの高位聖職者。

1104年

5.26　ボードゥアン1世がアッコン港を奪取する
＊＊＊
[この年] 穆宗(金)　51歳。1053生。中国、遼の女真族完顔部の酋長。
ペドロ1世　Pedro I　36歳。1068生。ナバラ＝アラゴン王(在位1094～1104)。

1105年

4.20　アンティオケア公が外オロンテス地方奪取
＊＊＊
レイモン4世　Raymond IV, Comte de Toulouse　2.28没、62？歳。1043(饒1041頃)生。フランス、ツールーズ伯、プロバンス公。
ラシ　Rashi　7.13没、65歳。1040(饒1030)生。ユダヤ学者、タルムードと聖書の注解者。
黄庭堅　9.30没、60歳。1045生。中国、北宋の詩人、書家。
[この年] 章惇　70歳。1035生。中国、北宋の政治家。
ホーエンスタウフェン(スタウフェン)、フリートリッヒ　Hohenstaufen, Friedrich von　ドイツ王家。
ポトワ・リンチェンセル　Po to ba rin chen gsal　74歳。1031生。チベットのカダン派仏教者。
リイ・トゥオン・キエット　Ly Thu'o'ng-kiêt　85歳。1020(饒1036)生。ヴェトナム、リイ(李)王朝時代の武将。

1106年

ハインリヒ4世　Heinrich IV　8.7没、55歳。1050生。叙任権論争時代のドイツ王(在位1054～77)、神聖ローマ皇帝(1056～1106)。
フーゴ(ディの)　Hugo(Die)　10.7没、66？歳。1040生。教皇グレゴリウス7世の教会改革の推進者。
[この年] ナータン・ベン・イェキエル　Nathan ben Jechiel　71？歳。1035生。ユダヤ人の学者。
プチュンワ・ションヌ・ギェルツェン　Phu chung ba gshon nu rgyal mtshan　75歳。1031生。チベットのカダン派仏教者。
李公麟　57？歳。1049(饒1040頃)生。中国、北宋の画家。
[この頃] 晏幾道　76？歳。1030生。中国、北宋の詞人。
イブン・ターシフィーン　Ibn Tāshifīn, Yūsuf al-Lamthūnī　北アフリカ、モラービド朝の王(在位1061～1106)。
道潜　中国、北宋の僧。
ベノ　Bennovon Meißen, St.　96？歳。1010生。ドイツの聖職者。

1107年

程頤　9.？没、74歳。1033生。中国、宋の思想家。
[この年] イブン・アッターシュ　Ibn 'Aṭṭāsh Aḥmad　イランのイスラム教シーア派のイスマーイール派宣教者。
キリジュ・アルスラーン　Qilij Arslān bn Sulaymān　小アジアのルーム・セルジューク朝第2代のスルタン(1086～1107)。
曹布　71歳。1036生。中国、北宋の政治家。
ビゴット、ロジャー・ゼゴッド　Bigod　イギリスの俗人領主。
米芾　56歳。1051生。中国、北宋の書家、画家。
[この頃] ゴスケリーヌス　Goscelinus　イングランドの聖人伝記者。

1108年

アルベリク(アルベリクス)　Alberic　1.26没。フランスのシトー修道院第2代院長、聖人。
ジェラード(ヨークの)　Gerard of York　3.21没。イギリスのヨーク大司教。
フィリップ1世　Philippe I　6.29没、56歳。1052生。フランス王(在位1060～1108)。
[この年] ガンダルフ　Gundulf　84歳。1024生。イギリスのノルマン人の聖職者、1077年よりロチェスターの司教。

人物物故大年表 外国人編　*187*

この頃 テオフュラクトス（オフリドの）
Theophylaktos　㋸1107頃没、58？歳。1050生。
ビザンティンの神学者。

1109年

7.12　ボードゥアン1世がトリポリを占領する
7.22　十字軍がジャバラを占領する
＊＊＊
聖アンセルム　Anselmus Cantaberiensis　4.21没、
　76歳。1033生。カンタベリーの大司教、神学者。
フーゴ（クリュニーの）　Hugo Cluniensis, St.
　4.28？没、85歳。1024生。クリュニー大修道院第6
　代院長。
アルフォンソ6世　Alfonso VI, el Bravo　6.30没、
　79歳。1030（㋸1040）生。レオン王（在位1065～
　1109）、カスティリア王（在位1072～1109）。

1110年

5.13　ボードゥアン1世がベイルート港を奪取
12.04　ボードゥアン1世がシドンを占領する
＊＊＊
この年 晁補之　57歳。1053生。中国、北宋の文学者。
李誡　75歳。1035生。中国、北宋時代の人。
この頃 イブン・ハッバーリーヤ　Ibn Habbārīya
　al-ʻAbbāsī　イラクのアラブ風刺詩人。
ゴク・ロデン・シェラプ　rNgog blo ldan ʼses rab
　51？歳。1059生。チベットのカーダン派仏教者。

1111年

ボヘムント1世　Bohemund I　3.17没、55？歳。
　1056（㋸1065頃）生。アンティオキア公。
ヴァルラム（ナウムベルクの）　Walram
　（Naumberg）　4.12没。ナウムベルクの司教。
ロベール　Robertus　4.17（㋸1110）没、84？歳。1027
　（㋸1029）生。貴族出身のベネディクト会士、聖人。
ガザーリー、アブー・ハーミド　al-Ghazālī, Abū
　Hāmid Muhammad　12.18没、55歳。1058
　(㋸1059)生。アシュアリー派のイスラム神学者。
この年 尹瓘　朝鮮、高麗の武臣。
ベルトルト2世　Berthold II　シュワーベン公。
呂恵卿　79歳。1032生。中国、北宋の姦臣。

1112年

蘇轍　10.3没、73歳。1039（㋸1035）生。中国、北宋
　の文学者。
シゲベルトゥス　Sigebertus Gemblacensis　10.5没、
　82？歳。1030生。ジャンブルー修道院の修士。
タンクレッド　Tancred　12.12没、34？歳。1078
　生。ノルマン人の勇士。
この年 タンクレアウス　Tancreaus　36？歳。1076
　生。十字軍で活躍したノルマン人の戦士。
チャンジッタ　Kyansittha　㋸1113没、69歳。1043
　（㋸1040）生。ビルマ、パガン朝の第3代王（在位
　1084～1112）。

1113年

オド（カンブレーの）　Odo（Cambrai）　6.19没。フ
　ランスの神学者、哲学者、司教、福者。
この年 アル・アビーワルディー　al-Abīwardī,
　Abū'l-Muzaffar Muhammad b.abī'l-ʻAbbās
　Ahmad　アラブ系の詩人。
興宗（金）　52歳。1061生。中国、生女真の族長。
この頃 ネーストル　Nestor　㋸1114没、57？歳。
　1056生。ロシアの作家、年代記編者。

1114年

この年 エンリケ・ド・ボルゴーニャ　Henrique de
　Borgonha　㋸1112頃没、57歳。1057生。スペイ
　ン国土回復運動の騎士。
張耒　㋸1112没、60歳。1054（㋸1052）生。中国、
　北宋の文学者。

1115年

1.28　女真族の完顔阿骨打が大金国を建国する
＊＊＊
ピエール（隠遁者）　Petrus Amianesis　7.7没、65？
　歳。1050生。フランスの隠修士、説教家。
マティルデ　Mathilde　7.24没、69歳。1046生。イ
　タリア、トスカナ侯ボニファチオとロートリンゲ
　ン伯女ベアトリーチェの娘。

ゴドフロワ（アミアンの） Godefroid (Amiens) 11.8没。11世紀中生。フランスのアミアンの司教，聖人。
[この年] オーラフ Olaf Magnusson 16？歳。1099生。ノルウェー王（在位1103～15）。
カムパ・ルンパ・ガン・シャキャ・ヨンテン Kam pa lung pa sgang Śākya yon tan 90歳。1025生。チベットのカーダン派仏教者。
タンヘルムス（タンヘリーヌス，タンヘルム） Tanchelmus (Tanchelinus, Tanchelm) フランドルの異端視された信徒説教者。
マンスフェルト Mansfeld ドイツの貴族。
[この年] イブヌル・ハッバーリーヤ Ibnu'l-Habbārīya al-'Abbāsī アラブ系の詩人。
シン・アラハン Shin Arahan ビルマの僧侶。

1116年

[この年] 何執中 73歳。1043生。中国，北宋の政治家。
元照 68歳。1048生。中国，宋代南山律宗資持家の僧。
クリシュナミシュラ Kṛṣṇamiśra 66歳。1050生。チャンデッラの宮廷詩人。
コロマン Koloman 㱿1114頃没、46歳。1070生。ハンガリー王（1095～1116）。
劉安節 中国，宋代の学者，政治家。
[この頃] マグヌス（オークニの） Magnus (Orkney) スコットランドの聖人。

1117年

ロベルトゥス（アルブリッセルの） Robertus (d'Arbrissel) 2.25没、62？歳。1055生。フランスのフォントヴロー修道会創立者。
イーヴォ・ド・シャルトル Ivo Carnotensis 12.23（㱿1115頃）没、77？歳。1040生。聖人，神学者。
[この年] アンセルム・ド・ラン Anselmus de Laon 67？歳。1050生。スコラ哲学者。
蔡卞 59歳。1058生。中国，北宋の政治家。
[この頃] ギルバート・クリスピン Gilbert Crispin イングランドのベネディクト会士，ウェストミンスター大修道院長，著述家。

1118年

12.18 アルフォンソ1世がサラゴサ占領する
＊＊＊
パスカリス2世 Paschalis II 1.21没、68？歳。1050生。教皇（在位1099～18）。
ボードゥアン1世 Baudouin I 4.2没、60歳。1058生。エルサレム王（在位1100～18）。
フローレンス・オブ・ウースター Florence of Worcester 7.7没。イギリス中世の修道士，年代記作者。
アレクシウス1世 Alexius I Commenus 8.15没、70歳。1048生。東ローマ皇帝（在位1081～1118）。
[この年] 黄伯思 39歳。1079生。中国，北宋の学者，書家。
ニェウスルパ・イェーシェ・バルワ sNye'u zur pa ye śes 'bar ba 76歳。1042生。チベットのカーダン派仏教者。

1119年

[この年] 仲仁 㱿1120頃没。中国，北宋の禅僧，画家。
鄭俠 78歳。1041生。中国，北宋の政治家。
楽真 69歳。1050生。高麗時代の華厳僧。
林霊素 中国，北宋末期の道士。

1120年

[この頃] フーゴ（フルリーの） Hugo (Fleury) フランスの歴史家，伝記作者。
ロスケリヌス，ヨハネス Roscelinus, Compendiensis 㱿1124没、70？歳。1050（㱿1045頃）生。フランスのスコラ哲学者。

1121年

ギョーム・ド・シャンポー Guillaume de Champeaux 1.18？（㱿1122頃）没、51？歳。1070生。フランスの哲学者，神学者。
ヨウン・エグムンズスン Jón Ögmundsson 4.23没、69歳。1052生。アイスランドの司教，聖人。
方臘 8.24没。中国，北宋末の農民一揆「方臘の乱」の首謀者。

この年 周邦彦 Ⓡ1123没、65歳。1056(Ⓡ1057)生。中国、北宋の詞人。
張商英 78歳。1043生。中国、北宋の政治家。
唐庚 50歳。1071生。中国、北宋末の詩人。
この頃 サルマーン，マスウード・サアド Salmān, Mas'ūd Sa'd 74？歳。1047生。ペルシアの詩人。
トゥグラーイー Ṭughrā'ī 60？歳。1061生。イラン系のアラビア語詩人，文学者，政治家。

アル・マイダーニー al-Maidānī, Abū'l-Faḍl Aḥmad 10.27没。イラン系のアラビア言語学者。
カリクストゥス2世 Calixtus II 12.14没。教皇(在位1119〜24)。
この年 アレグザンダー1世 Alexander I 47？歳。1077生。スコットランド人の王。
陳瓘 64歳。1060生。中国、北宋末期の政治家。

1122年

9.23　ウォルムス平和協定が締結される
＊＊＊
ダニイール・パロームニク Daniil Palomnik 9.9没。11世紀後半生。ロシア正教会の典院，巡礼者。
ハリーリー Hariri 11.9没、68歳。1054生。アラビアの文学者。
この頃 オマル・ハイヤーム 'Umar Khayyām Ⓡ1131没、72？歳。1050(Ⓡ1048)生。ペルシアの詩人，科学者。

1123年

4.18　ボードゥアン2世がバラクにより幽閉
＊＊＊
ブルーノ(セーニの) Bruno(Segni) 7.18没、83？歳。1040生。イタリアのモンテ・カッシーノ修道院長，聖人。
完顔阿骨打 7.1没、55歳。1068(Ⓡ1067)生。中国，金の初代皇帝(在位1115〜23)。
この年 アル・ハイヤート al-Khaiyāṭ, Shihābu'd-Dīn Aḥmad 65歳。1058生。アラビアの詩人。
蘇過 51歳。1072生。中国、北宋の文人。
ミラレーパ Mid-la ras-pa Ⓡ1122没、83歳。1040生。チベットの聖者，詩人。
游酢 70歳。1053生。中国、北宋の学者で文人。
ラン(リ)タンパ・ドルジェ・センゲ Glang(ri) thang pa rdo rje seng ge 69歳。1054生。チベットのカーダン派仏教者。

1124年

7.07　エジプトがティルス港を奪取される
＊＊＊
ハサン-サッバーフ Hasan ibn al-Sabbāh 5.23没。イスラム教イスマイル派のニザール派の指導者。

1125年

6.11　ボードゥアン2世とブルキス・ダマスクスが交戦
＊＊＊
ウラジーミル2世 Vladimir II, Monomakh 5.19没、72歳。1053生。キエフの大公(在位1113〜25)。
ハインリヒ5世 Heinrich V 5.23没、44歳。1081生。ドイツ王(在位1098〜1125)，神聖ローマ皇帝(在位06〜25)。
コスマス(プラハの) Kosmas, von Prag 10.25没、86？歳。1039(Ⓡ1045頃)生。ボヘミアの年代記作家。
この年 賀鋳 73歳。1052生。中国、北宋の文学者。
ダビト4世 Davit IV 52？歳。1073生。グルジア王(在位1089〜1125)。
天祚帝 50歳。1075生。中国，遼の第9代(最後)皇帝(在位1101〜25)。
李資賢 64歳。1061生。高麗睿宗時代の居士。
劉安世 77歳。1048生。中国、北宋の官僚。
この頃 アバヤーカラグプタ Abhayākaragupta 11世紀後半生。インドの末期仏教の学匠，密教者。
エドガー・ザ・アザリング Edgar the Ætheling 75？歳。1050生。イギリスのアングロサクソンの王子，エドワード・ザ・アザリングの息子。
ギベール・ド・ノジャン Guibert de Nogent Ⓡ1124頃没、72？歳。1053生。フランスの神学者，歴史家。
ブラディスラフ1世 Vladislav I 59？歳。1066生。ボヘミアの公(在位1109〜17, 20〜25)。
ベルナルドゥス(トレードの) Bernardus de Toledo 85？歳。1040生。スペインのカトリック教会指導者。
モエッズィー，アミール・アブドッラー・モハンマド Mu'izzī, Amīr 'Abdu'llāh Muhammad Ⓡ1126頃没、77？歳。1048(Ⓡ1049)生。ペルシアの頌詩人。
ランベルトゥス(サントメールの) Lambertus (Saint-Omer) フランスの中世の百科事典の編纂者。

1126年

12.10 金の攻撃で開封が陥落し、北宋が滅亡する

＊＊＊

蔡京 7.21([異]1125)没、79歳。1047([異]1046)生。中国，北宋末の政治家。

童貫 7.27没、72歳。1054生。中国，北宋の徽宗朝の宦官。

朱勔 9.8没。中国，北宋末の佞臣。

李資謙 12.？没。朝鮮，高麗の政治家。

[この年] **アッ・トゥティーリー** *at*-Tuṭīlī スペインのアラブ系詩人。

ウラカ Urraca 46？歳。1080生。レオン＝カスティリア女王(在位1109〜26)。

王黼 中国，北宋の政治家。

[この頃] **イブン・アビー・ランダカ** Ibn abī Randaqa aṭ-Ṭurṭūshī 67？歳。1059生。スペインのアラブ系神学者，政治学者。

1127年

5.24 康王趙構が北宋の再建を図る(南宋成立)

12.18 コンラートがロタール3世の対立王に選出

＊＊＊

ギヨーム・ダキテーヌ Guillaum de Poitiers 2.10([異]1126)没、55歳。1071生。フランスの最古のトルバドゥール宮廷抒情詩人。

陳東 8.25没、41歳。1086生。中国，北宋末の忠臣。

[この年] **シャルル(善良公)** Charles the Good 44歳。1083生。デンマーク王クヌート4世の子。

宗望 中国，金の将軍。

張邦昌 中国，金が北宋を滅ぼして河南に建てた傀儡国家楚の皇帝。

李乾徳 61歳。1066生。ヴェトナム，李朝の第4代王。

李若水 34歳。1093生。中国，北宋の官僚。

[この頃] **フーシェ・ド・シャルトル** Foucher de Chartres 68？歳。1059([異]1058頃)生。フランスの聖職者，年代記作者。

ベルナール・ド・シャルトル(シャルトルの) Bernard de Chartres, Bernardus Carnotensis [異]1124頃没。シャルトル学派のスコラ哲学者。

1128年

6.17 ヘンリー1世の娘のマチルダが結婚する

＊＊＊

宗沢 7.1没、69歳。1059生。中国，北宋末南宋初期の政治家。

[この年] **慧洪** 57歳。1071生。中国，北宋の僧，詩人。

劉安上 中国，宋代の学者。

[この頃] **エドマー** Edmer [異]1130頃没、62？歳。1066([異]1060頃)生。イギリスの歴史家，カンタベリー大司教。

李唐 [異]1130頃没、80？歳。1048([異]1050頃)生。中国，南宋の画家。

1129年

ルーペルト(ドイツの) Rupert(Deutz) 3.4没、59？歳。1070生。ドイツのスコラ学者，聖書釈義家。

[この年] **晁説之** 70歳。1059生。中国，北宋の文人。

趙明誠 48歳。1081生。中国，宋代の金石学者。

マチィク・ラプドゥンマ Ma cig lab sgron ma 98歳。1031生。チベットの仏教者。

1130年

12.25 ノルマン・シチリア王国が建国される

＊＊＊

ホノリウス2世 Honorius II 2.13没。教皇(在位1124〜30)。

イシドロ(農夫) Isidoro 5.15没、60？歳。1070生。スペインのマドリード市の守護聖人。

シメオン(ダラムの) Simeon of Durham 10.14没、70？歳。1060生。ベネディクト修道会士，イギリス中世の年代記作者。

[この年] **イブン・ズフル，アブル・アラー** Ibn Zuhr, Abū al-'Alā' アラビア出身のスペインの医師。

シーグル1世 Sigurd I 40？歳。1090生。ノルウェー王(在位1103〜30)。

[この頃] **イブン・トゥーマルト** Ibn Ṭūmart, Abū 'Abdullāh Muḥammad [異]1131没、53？歳。1077([異]1091頃)生。モロッコのイスラム教の革新者。

イルネリウス Irnerius [異]1140頃没、80？歳。1050([異]1055頃)生。イタリアの法学者。

サナーイー，アボル・マジド・マジドゥード　Sanā'ī, Abū al-Majd Majdūd bn Ādam　㊥1131没、50？歳。1080(㊥1090頃)生。ペルシアの神秘主義詩人。

1131年

10.25　小ルイがフランス王位後継者となる
＊＊＊
ボードゥアン2世　Baudouin II　8.21没。エルサレム王(在位1118〜31)。
[この年]　カマパ・シェラブ・オェ　Ka ma ba 'ses rab 'od　74歳。1057生。チベットのカーダン派仏教者。
タージュ・アルムルーク　Tāj al-Mulūk bn Tughtakīn　シリアのブール朝の王(在位1118〜31)。
ラモン・ベレンゲール3世　Ramón Berenguer III　49歳。1082生。バルセロナ伯(在位1096〜1131)。
ロク・シェラブ・ギャムツォ　Rog śes rab rgya mtsho　72歳。1059生。チベットのカーダン派仏教者。
[この頃]　アルジェー(リエージュの)　Alger de Liège　ベルギーの神学者。

1132年

ゴフリドゥス(ヴァンドームの)　Goffridus (Vendôme)　3.26没、62？歳。1070生。フランスのベネディクト会修道院長、枢機卿。
フーゴ(グルノーブルの)　Hugo (Grenoble)　4.1没、80？歳。1052生。フランスのグルノーブル司教、聖人。
[この年]　イブン・ハムディース　Ibn Ḥamdīs, Abū Muḥammad 'Abduljabbār　77歳。1055生。アラブ系の詩人。
[この頃]　ペトルス(ブリュイの)　Petrus (Bruis)　プロヴァーンス地方の異端的説教者。

1133年

ヒルデベルト(ラヴァルダンの)　Hildebert de Lavardin　12.18没、77？歳。1056生。トゥールの大司教、ラテン語詩人、教会法学者。
[この年]　サイムンドル・シグフースソン　Sæmundr Sigfússon　77歳。1056生。アイスランドの歴史家。

1134年

6.04　エーリック2世がデンマーク王に即位する
＊＊＊
ハーディング、聖スティーヴン　Harding, St.Stephen　3.28没、74？歳。1060(㊥1059？)生。第2代シトー修道院長、第1代シトー修道会院長。
ノルベルト　Norbertus　6.6没、49？歳。1085(㊥1080頃)生。プレモントレ会創立者。
アルフォンソ1世　Alfonso I, el Batallador　9.？没、61？歳。1073生。アラゴン、ナバル王(在位1104〜34)。
[この年]　(アル・)ファトフ・イブン・ハーカーン　Abū Naṣr al-Fatḥ ibn Kāqān al-Qaysī　中世イスラーム時代スペインの法官、文人。
趙令時　中国、宋代の詞人。
ロベール2世(短袴公)　Robert II, Courte-Heuse　80？歳。1054生。ノルマンディ公(在位1087〜1134)。

1135年

12.26　スティーヴンがイングランド王に即位する
この年　高麗で妙清らが西京で反乱を起こす
＊＊＊
徽宗　4.21没、52歳。1082(㊥1081)生。中国、北宋の第8代皇帝(在位1100〜25)。
克勤　8.5没、72歳。1063生。中国、宋の禅僧。
ヘンリー1世　Henry I, Beauclerc　12.1没、67歳。1068生。イングランド王(在位1100〜35)。
マタエウス(アルバーノの)　Matthaeus (Albano)　12.25没、50？歳。1085生。フランスの司教枢機卿。
[この年]　エステ、フォルコ1世　Este, Folco I　75歳。1060生。イタリアの貴族。
鐘相　中国、南宋初の反民。
太宗(金)　60歳。1075生。中国、金の第2代皇帝(在位1123〜35)。
鄭知常　朝鮮、高麗中期の文人。
妙清　朝鮮、高麗の僧。
楊時　82歳。1053生。中国、宋の儒者。
羅従章　63歳。1072生。中国、宋の儒者。
[この頃]　イブン・エズラ、モーシェ・ベン・ヤーコブ　Ibn Esra, Mōšeh ben Jakob　80？歳。1055生。スペイン系のユダヤ人詩人、哲学的著述家。

1136年

グイゴ　Guigo　7.27没、52？歳。1084生。バレンシア地方出身の著述家，法制家。
レーオポルト3世(オーストリアの)　Leopold III (Austria)　11.15没、63？歳。1073生。オーストリア辺境伯(在位1095～没年)，聖人。
[この年] **韓駒**　中国，宋の詩人。
ジュルジャーニー　*al*-Jurjānī, Abū Ibrāhīm Ismā'īl Zain al-Dīn　94歳。1042生。イランの医学者。
宗翰　57歳。1079生。中国，金の将軍。
ハーラル4世　Harald IV Gille　33？歳。1103生。ノルウェー王(在位1130～36)。
ユーグ(パヤンスの)　Hugo de Paganis　66？歳。1070生。シャンパーニュの騎士。

1137年

8.01　フランス王太子ルイがルイ7世として即位

＊＊＊

オルデガール　Oldegar　3.1没、77歳。1060生。スペインの司教，聖人。
グイゴ(カストロの)　Guigo da Castro　7.27没、54？歳。1083生。バレンシア地方出身のカルトゥジオ会の著述家，法制家。
ルイ6世　Louis VI, le Gros　8.1没、56歳。1081生。フランス国王(在位1108～37)。
グレゴリウス8世　Gregorius VIII　8.？没。皇帝ハインリヒ5世にたてられた対立教皇。
ロタール3世　Lothar III　12.3没、62歳。1075([異]1060頃)生。ザクセン家出身のドイツ国王(在位1125～37)，神聖ローマ皇帝(在位33～7)。
[この年] **アデラ**　Adela　75？歳。1062生。イングランドの王女，ウィリアム征服王の末娘。
ブリュエンニオス　Bryennios, Nikephoros ho　75歳。1062生。ビザンチンの将軍，歴史家。
ラーマーヌジャ　Rāmānuja　[異]1250没、120？歳。1017？([異]1018)生。インドの哲人，宗教家。

1138年

アナクレートゥス2世　Anacletus II　1.25没。対立教皇。
ボレスワフ3世　Bolesław III Krzywousty　10.28没、52歳。1086([異]1085)生。ポーランド国王(在位1102～38)。
陳与義　11.29没、48歳。1090生。中国，南宋初の詩人。
[この年] **イブン・ハファージャ**　Ibn Khafājah, Abū Isḥāq Ibrāhīm　80歳。1058生。スペインのアラブ系詩人。
イブン・バーッジャ　Ibn Bājjah, Abū Bakr Muḥammad　[異]1139没、32？歳。1106生。イスラム時代スペインの哲学者，政治家。
胡安国　64歳。1074生。中国，宋の儒者。
チャユルワ・ションヌオエ　Bya yul ba gshon nu 'od　63歳。1075生。チベットのカーダム派仏教者。
[この頃] **エズラ，モイセス・イブン**　Ezra, Moisés ibn　83？歳。1055生。スペインのユダヤ系詩人。

1139年

7.25　エンリケスがポルトガル国王を名乗る

＊＊＊

[この年] **オットー**　Otto of Bamberg　77？歳。1062生。聖人。
キュンポ・ネンジョル　Khyung po rnal 'byor　53歳。1086生。チベットのカーギュ派仏教者。
撻懶　中国，金の将軍。
ハインリッヒ(傲慢公)　Heinrich der Stolze　31？歳。1108生。ザクセン家の神聖ローマ皇帝ロタール2世の娘婿。
マグヌス4世　Magnus IV Blinda　24？歳。1115生。ノルウェー王(在位1130～5)。
呂頤浩　68歳。1071生。中国，南宋初期の政治家。
ロジャー(ソールズベリの)　Roger of Salisbury　イングランドの聖職者，政治家。

1140年

6.03　サンス公会議でアベラールが異端とされる

＊＊＊

李綱　1.15没、55歳。1085([異]1083)生。中国，北宋末～南宋初めの政治家。
[この年] **完顔希尹**　中国，金の重臣。
[この頃] **ペドロ・アルフォンソ**　Pedro Alfonso　78？歳。1062生。スペインの医師。

1141年

- 3.03 マチルダがイングランド女王に推戴される
- 12.26 南宋の宰相秦桧が金と和議を結ぶ

* * *

フーゴー　Hugo　2.11没、45歳。1096生。スコラ哲学者、神学者。
岳飛　12.?（®1142）没、38歳。1103生。中国、南宋の武将。
この年 汪伯彦　72歳。1069生。中国、南宋の政治家。
シャルワパ・ヨンテン・タク　Śar ba pa yon tan grags　71歳。1070生。チベットのカーダン派仏教者。
宗幹　中国、金の政治家。
澄厳　51歳。1090生。高麗前期の華厳の高僧。
ベーラ2世　Béla II　ハンガリー国王（在位1131〜41）。
この頃 イェフダ・ハレヴィ　Halevi, Judah ben Samuel　66?歳。1075（®1085頃）生。ユダヤ人の哲学者、詩人、医師。

1142年

アベラール、ピエール　Abélard, Pierre　4.21没、63歳。1079（®1072）生。フランスの神学者、哲学者。
この年 尹和靖　71歳。1071生。中国、宋の学者。
教雄　66歳。1076生。高麗時代の天台宗僧。
呉激　中国、宋代の書家、詩人。

1143年

- 11.10 ボードゥアン3世がエルサレム王に即位
- この年 ドイツでリューベック市が建設される

* * *

オルデリークス・ヴィターリス　Orderic Vitalis　2.3（®1142）没、67歳。1075生。ノルマンディーの修道士。
ヨアンネス2世　Joannes II Comnenus　4.8没、55歳。1088生。ビザンチン皇帝（在位1118〜43）。
イノケンティウス2世　Innocentius II　9.24没。教皇（在位1130〜43）。
この年 朱松　46歳。1097生。中国、宋の学者。
徳宗（西遼）　56歳。1087（®1057頃）生。西遼国（カラ・キタイ）の建設者（在位1132〜43）。

フルク5世　Fulk V, the Young　51歳。1092生。エルサレムの王（在位1131〜43）。
劉予　®1146没、65歳。1078（®1073）生。中国、金初、華北にあった斉国の皇帝（在位1130〜37）。
この頃 ウィリアム・オヴ・マームズベリ　William of Malmesbury　®1142頃没、53?歳。1090（®1080頃）生。アングロ・ノルマンの歴史家。

1144年

- 12.23 大守ゼンギがエデッサ伯領を滅亡させる

* * *

ケレスティーヌス2世　Coelestinus II　3.8没。ローマ教皇。
ウィリアム（ノーリジの）　William (Norwich)　3.22没、12歳。1132生。ユダヤ教徒に殺害され犠牲として献げられ、のち聖人となったというイギリスの少年。
ザマフシェリー　Zamakhsharī, Abū al-Qāsim Maḥmūd　6.14没、69歳。1075生。イスラムの神学者、言語学者。
この年 王倫　60歳。1084生。中国、宋代の官吏。
学一　92歳。1052生。高麗中期の禅宗高僧。
拓俊京　朝鮮、高麗の武臣。
マンデヴィル、ジェフリー・ド、初代エセックス伯爵　Mandeville, Geoffrey de, 1st Earl of Essex　イギリスのイングランドの男爵。
ラーヘレ　Rahere　聖バーソロミュー病院の建設者。

1145年

この年　高麗で三国史記が編纂される

* * *

ルキウス2世　Lucius II　2.15没。教皇（在位1144〜5）。
この年 呂本中　®1138没、61歳。1084（®1077）生。中国、南宋の詩人、学者。
ルーペルト（オットーボイレンの）　Rupert (Ottobeuren)　ドイツのオットーボイレンのベネディクト会修道院長、福者。
この頃 アンリ（ロザンヌの）　Henri (Lausanne)　フランスの修道士。
セルカモン　Cercamon　10?歳。1135生。フランスのガスコーニュ出身のジョングルール。

1146年

3.31　ヴェズレイ公会議で第2回十字軍が提唱
10.27　ジョスラン2世がエディッサを奪還する
11.03　ヌール・エッディンがエディッサを征服

＊＊＊

プレン(ポラーヌス), ロバート　Pulleyn (Pullen, Polanus), Robert　9.？没、66？歳。1080生。イギリスのスコラ神学者，枢機卿。

[この年] **宇文虚中**　中国，宋の人。

ザンギー　Zangī, 'Imād al-Dīn　61歳。1085生。イラクのザンギー朝の創始者(在位1127〜46)。

仁宗(高句麗)　37歳。1109生。朝鮮，高句麗の第17代王。

ゼンギー，イマードゥッ-ディーン　Zengī, 'Imādu'd-Dīn　61歳。1085生。イラクのゼンギー朝第1代の君主(1127〜46)。

1147年

5.12　ルイ7世らが率いる第2回十字軍が出発
10.04　十字軍がコンスタンチノープルに到着する
10.28　西欧キリスト教国連合軍がリスボンを奪回

＊＊＊

フリードリヒ2世　Friedrich II von Schwaben　4.6没、57歳。1090生。シュワーベン公。

グロスター　Gloucester, Robert, Earl of　10.31没、57歳。1090生。イギリス王ヘンリー1世の庶子。

[この年] **牛皐**　60歳。1087生。中国，南宋の武将。

ジョフレ・リュデル・ド・ブライユ　Jaufré Rudel de Blaye　[異]1149頃没。南フランスの吟遊詩人。

趙鼎　63歳。1084生。中国，南宋初期の政治家。

マルカブリュ　Marcabru　47？歳。1100生。フランスのトルバドゥール。

[この頃] **アディーブ・サーベル**　Adīb Sāber　イランの詩人。

1148年

7.24　ダマスクス攻囲戦が始まる
7.28　十字軍がダマスクス包囲戦失敗、撤退する

＊＊＊

イブヌル・アラビー　Ibnu'l-'Arabī Abū Bakr Muḥammad　8.？没、72歳。1076生。アラブ系のコーラン解釈学者，法学者。

聖マラキ　Malachy, St.　11.2没、54？歳。1094生。アイルランドの聖職者。

[この年] **アーリ，ソルギルソン**　Ari, Porgilsson　80歳。1068([異]1067)生。アイスランドの歴史家，聖職者。

アーリ・ソルギルソン　Ari Thorgilsson　81？歳。1067生。アイスランドの歴史家。

アルフォンス1世　Alphonse I　43歳。1105生。フランス，ツールーズ伯レイモン4世の子。

宗弼　中国，金の将軍。

葉夢得　71歳。1077生。中国，北宋末南宋初の政治家，文学者。

[この頃] **アムアク，シェハーブ・オッディーン**　'Am'aq Bukhārī　大セルジューク朝最後の主サンジャールの時代のペルシア詩人。

アンナ・コムネナ　Anna Comnena　[異]1153頃没、65？歳。1083生。ビザンチン時代の歴史家。

エオン(ステラの)　Éon (Stella)　中世の熱狂的な放浪説教者。

1149年

7.15　エルサレムの聖墓大聖堂の改築が完成する

＊＊＊

ギヨーム・ド・サン・ティエリ　Guillaume de Saint-Thierry　9.8([異]1148頃)没、69？歳。1080生。フランスの哲学者，神学者。

[この年] **イブン・ザディク**　Ibn-Zaddik, Joseph ben Jacob　69歳。1080生。ユダヤ人の新プラトン主義哲学者，詩人，法学者。

エブル・ド・ヴァンタドゥール　Eble de Vantadour　59？歳。1090生。フランスのトルヴァドゥール。

熙宗(金)　30歳。1119生。中国，金朝第3代皇帝(在位1135〜49)。

1150年

[この頃] **王升**　74？歳。1076生。中国，南宋の書家。

ティエリー・ド・シャルトル　Thierry de Chartres　[異]1156頃没、50？歳。1100生。シャルトル学派のフランスの哲学者，神学者。

ルニエ・ド・ユイ　Renier de Huy　40？歳。1110生。フランスのモザン地方の金細工師。

1151年

シュジェル　Suger　1.12没、70歳。1081生。パリ郊外サン=ドニー修道院院長(在職1122〜51)。

韓世忠　8.5没、62歳。1089([異]1088)生。中国，南宋の武将。

ジョフロア・プランタジュネ　Geoffroi Plantagenêt　9.7没、38歳。1113生。アンジュー伯(在位1129〜51)。

[この年] 金富軾　76歳。1075([異]1074)生。朝鮮，高麗の政治家，学者。

[この頃] 米友仁　[異]1165没、79？歳。1072([異]1074)生。中国，南宋の書家，画家。

李清照　[異]1141没、67？歳。1084([異]1081)生。中国，宋の女流詞人。

1152年

3.04　神聖ローマ皇帝にフリードリッヒ3世選出

＊＊＊

[この年] コンラート3世　Conrad III　59歳。1093生。ドイツ国王，ホーエンシュタウフェン家初代君主，シュヴァーベン公フリードリヒ1世の息子。

[この頃] スーリヤバルマン2世　Sūryavarman II　[異]1150？没。カンボジア，アンコール時代の王(在位1113〜45)。

1153年

デーヴィド1世　David I　5.24没、68？歳。1085([異]1084)生。スコットランド王(在位1124〜53)。

エウゲニウス3世　Eugenius III　7.8没。教皇(在位1145〜53)。

ベルナルドゥス(クレルヴォーの，聖)　Bernardus Claravallensis　8.20没、63歳。1090([異]1091)生。フランスの神秘家，修道院改革者，聖人。

イブン・ムニール・アッ・タラーブルスィー　Ibn Munīr aṭ-Ṭarābulsī ar-Raffā'　9.？没、73歳。1080生。シリアのアラブ系詩人。

ヘンリ・マーダク　Henry Murdac　10.14没。イギリスのシトー会修道士，ヨークの大司教。

シャフラスターニー　*al*-Shahrastānī, Abū al-Fatḥ Muḥammad bn 'Abd al-Karīm　11.？没、82？歳。1071([異]1076)生。セルジューク朝時代のイスラエム宗教史家。

[この年] 教雄　74歳。1079生。高麗前期の華厳高僧。

徐兢　62歳。1091生。中国，宋代の官吏，学者。

タクポ・ラジェ　Dwags po lha rje　74歳。1079生。チベットのカーギュ派仏教者。

タバルスィー　*al*-Ṭabarsī, Abū 'Alī al-Fadl　イランの神学者。

[この頃] ペトルス・ディアコヌス(モンテ・カッシーノの)　Petrus Diaconus (Monte Cassino)　46？歳。1107生。モンテ・カッシーノ(イタリア)の司書，偽造文書作者。

プロドロムス　Prodromus, Theodorus　[異]1150頃没、78?歳。1075生。ビザンチンの詩人，散文作家。

1154年

2.26　グリエルモ1世がシチリア王に即位する

12.17　ヘンリー2世がイングランド王に即位する

＊＊＊

ロジェール2世　Roger II　2.26没、61歳。1093([異]1095)生。シチリア王(在位1130〜54)。

ウィリアム(ヨークの)　William (York)　6.8没。イギリスのヨークの大司教，聖人。

張俊　7.2没、69歳。1085([異]1086)生。中国，南宋初の武将。

ポレ　Gilbert de la Porrée　9.4没、84歳。1070([異]1075頃)生。フランスのスコラ哲学者，神学者。

スティーヴン　Stephen of Blois　10.25没、64？歳。1090([異]1097頃)生。ノルマン朝最後のイングランド王(在位1135〜54)。

ヴィツェリーン(オルデンブルクの)　Wizelin (Oldenburg)　12.12没、64？歳。1090生。宣教者，宣教地司教。

[この年] ウバイドゥッラー・イブン・ムザッファル　'Ubaidullāh ibn Muẓaffar　61歳。1093生。スペイン生れのアラブ系詩人，医者。

ウルフリク　Wulfric (Ulric, Ulfrick)　イギリスのハズルベリの隠者，聖人。

汪藻　75歳。1079生。中国，南宋の文章家，官吏。

ジェフリー・オブ・モンマス　Geoffrey of Monmouth　[異]1155没、54？歳。1100生。イギリスのモンマス出身のブリタニア人。

鄭剛中　66歳。1088生。中国，北宋末・南宋初期の官僚。

[この頃] ギヨーム・ド・コンシュ　Guillaume de Conches　74？歳。1080生。シャルトル学派の哲学者。

1155年

6.18　フリードリッヒ1世が皇帝の戴冠を受ける

＊＊＊

秦檜　10.22没、65歳。1090生。中国，南宋の政治家。

[この年] **アルナルド・ダ・ブレシア**　Arnoldus Brixiensis　[異]1154没、55？歳。1100生。イタリアの教会改革運動家。

胡五峰　中国，宋の儒家。

洪皓　66歳。1089生。中国，宋の政治家。

ヘンリー・オヴ・ハンティンダン　Henry of Huntingdon　71？歳。1084（[異]1080頃）生。イギリスの歴史家。

[この頃] **曾慥**　中国，南宋初の文学者。

ファラキー，アボン・ネザーム・モハンマド　Falakī, Abo n-Nezām Mohammad　イランの詩人。

1156年

7.29　保元の乱で平清盛らが崇徳上皇らを破る

＊＊＊

ペトルス・ヴェネラビリス　Petrus Venerabilis　12.25没、62？歳。1094（[異]1092頃）生。第8代目クリュニー大修道院長。

[この年] **アトスィーズ**　Atsīz, 'Alā al-Dīn　48？歳。1108生。イランのフワーリズム・シャー朝第3代の王（在位1127～56）。

オコナー　O'Connor, Turloch　68歳。1088生。アイルランドのコンノート王。

胡寅　58歳。1098生。中国，宋の官僚・儒者。

スベルケル　Sverker I der Aeldre　スウェーデン王（在位1130頃～56）。

[この頃] **ホノーリウス（オタンの）・アウグストドゥネーンシス**　Honorius（Autun）Augustodunensis　76？歳。1080生。中世のスコラ学者。

1157年

ロベルトゥス（ブリュッヘの）　Robertus（Bruges）　4.29没。11世紀末生。フランスのシトー会士，福者，クレルヴォーの第2代修道院長。

サンジャール　Sanjar, Mu'izzu'd-Dīn Abū'l-Ḥārith　5.8没、72歳。1084（[異]1086頃）生。イランにおける大セルジューク朝最後の主（1117～57）。

グウェリクス（イニーの）　Guerricus（Igny）　8.19没、87？歳。1070生。ベルギーのシトー会修道士，霊性神学者。

アルフォンソ7世　Alfonso VII, El Emperador　8.？没、53歳。1104生。レオン＝カスティリア王（在位1126～57）。

[この年] **コンラート・フォン・ウェッチン**　Konrad von Wettin　34歳。1123生。マイセン辺境伯。

天童正覚　66歳。1091生。中国，南宋代の隰州出身の曹洞宗僧。

ユーリー・ドルゴルーキー　Iurii Dolgorukii　古代ロシアの公。

ヨアネス（セビーリャの）　Joannes（Sevilla）　スペインの著述家，翻訳家。

1158年

11.11　ロンカリア帝国会議が開かれる

＊＊＊

アンセルムス（ハーフェルベルクの）　Anselmus（Havelberg）　8.12没。イタリア出身の大司教，ギリシアへの国家全権公使。

オットー・フォン・フライジング　Otto von Freising　9.22没、47？歳。1111（[異]1114頃）生。ドイツのスコラ哲学者，神学者。

[この年] **グラティアヌス**　Gratianus, Franciscus　[異]1160没。イタリアの教会法学の祖。

之印　56歳。1102生。朝鮮，高麗・毅宗代の禅宗の高僧。

法雲　70歳。1088生。中国，南宋の仏僧。

李侗　[異]1163没、70歳。1088（[異]1093）生。中国，宋の儒者。

[この頃] **サンチョ3世**　Sancho III　24？歳。1134生。カスティリア王（1157～58）。

1159年

ロベルトゥス（ニューミンスターの）　Robertus（Newminster）　6.7没。イギリスのシトー会修道院長，聖人。

アマデウス（ロザンヌの）　Amadeus（Lausanne）　8.27没、49？歳。1110生。フランスのシトー会修道士，司教，聖人。

ハドリアヌス4世　Hadrianus IV　9.1没、59？歳。1100（[異]1110頃）生。唯一のイギリス人教皇（在位1154～59）。

[この年] **坦然**　89歳。1070生。高麗毅宗時の禅宗の大家。

[この頃] **モフターリー，オスマーン・ブン・モハンマド**　Mokhtārī, Osmān bn Mohammad　インドのラホール宮廷のイランの桂冠詩人。

1160年

1.19　平治の乱で藤原信頼と源義朝が失脚する
12.30　南宋が会子（手形の一種）初めて発行する
* * *
ウバルド（グッビオの）　Ubaldo（Gubbio）　5.16没、80？歳。1080生。イタリアの司教、聖人。
エーリック9世　Erik IX, Jedvardsson, St.　5.18没。スウェーデン王（在位1150～60）。
この年 アデラード　Adelard of Bath　㋫1150頃没、85歳。1075（㋫1090頃）生。イギリスのスコラ哲学者。
アブドル・ヴァーセ・ジャバリー　Abdo l-Vāse' Jabalī　イランの詩人。
イブン・クズマーン　Ibn Quzmān　㋫1159頃没、82？歳。1078生。アラブ系詩人。
ペトルス・ロンバルドゥス　Petrus Lombardus　㋫1164没、60？歳。1100（㋫1095頃）生。イタリアの神学者。
レーモン・デュ・ピュイ　Raymond Du Puy　80歳。1080生。イェルサレムの聖ヨハネ慈善修道会第2代会長。
この頃 ゾナラス, ヨアンネス　Zōnaras, Ioannes　11世紀生。ビザンチン時代の歴史家。
ニザーミー　Niẓāmī 'Aruzī Samarqandī　ペルシアの詩人。
ハインリヒ・フォン・メルク　Heinrich von Melk　12世紀前半生。南ドイツ出身の中世初期の詩人。
ヘンリク　Henrik, St.　㋫1156？没。スウェーデン、ウプサラ大司教（12世紀中頃）。
ロバート（チェスターの）　Robert　50？歳。1110生。アラビア語からラテン語への翻訳家。

1161年

テオバルド　Theobald　4.18没、71？歳。1090生。カンタベリー大司教。
この年 海陵王　39歳。1122生。中国、金の第4代皇帝（在位1149～61）。
欽宗　61歳。1100生。中国、北宋最後の第9代皇帝（在位1125～27）。
ツァンパ・リンポチェ・ドルジェ・ミキョエ　gTsang pa rin po che rdo rje mi bskyod　84歳。1077生。チベットのカーギュ派仏教者。
レチュンパ　ras chung pa　78歳。1083生。チベットのカーギュ派仏教者。

1162年

5.23　カンタベリ大司教にトマス・ベケット選出
* * *
テオトニウス　Theotonius　2.18没、80歳。1082生。ポルトガルのコインブラの修道院長、聖人。
この年 イブン・ズフル, アブー・マルワーン　Avenzoar　㋫1161没、90？歳。1072（㋫1091頃）生。スペインのアラブ系医師。
ゲザ2世　Géza II　32歳。1130生。ハンガリー王（在位1141～62）。
鄭樵　58歳。1104生。中国、南宋の学者。
ニンバールカ　Nimbārka　100歳。1062生。インドの哲学者。
ボードゥアン3世　Baudouin III　㋫1163没、32？歳。1130生。エルサレム王（在位1143～62）。
ラモン・ベレンゲール4世　Ramón Berenguer IV　48歳。1114生。バルセロナ伯（在位1131～62）。
この年 アリスティップス　Aristippus, Henricus　シチリア島東岸の都市カタニヤの助祭長。
趙伯駒　42？歳。1120生。中国、南宋初期の画家。

1163年

10.01　ベケット大司教とヘンリー2世が対立する
* * *
レオニウス　Leonius　1.26没。フランドル出身のベネディクト会修道士、福者。
アブド・アルムウミン　'Abd al-Mu'min bn 'Alī　5.?没、69?歳。1094（㋫1095頃）生。北アフリカのアル・ムワッヒド朝初代のカリフ（在位1130～63）。
大慧宗杲　8.10没、74歳。1089生。中国、宋代楊岐派の禅僧。

1164年

1.29　イングランドでクラレンドン法が制定する
* * *
ヴィクトル4世　Victor IV　4.20没。対立教皇。
エロイーザ　Eloisa　5.14没、63歳。1101生。フランスの修道女。
エリーザベト（シェーナウの）　Elisabeth（Schönau）　6.18没、35歳。1129生。ドイツのベネディクト会修道女、聖人、神秘家。

中　世

張浚　8.28没、67歳。1097（㊥1096）生。中国、南宋初めの政治家。

フーゴ（アミアンの）　Hugo（Amiens）　11.11没、84？歳。1080生。フランスの大司教。

この年 エロイーズ　Héloïse　63歳。1101生。パラクレトゥス修院長。

この頃 イブン・エズラ、アブラハム　Ibn Ezra, Abraham Ben Meïr　㊥1167没、75？歳。1089（㊥1092）生。スペイン生れのユダヤ教学者、聖書注釈者。

1165年

12.09　ウィリアム1世がスコットランド王に即位
＊　＊　＊

この年 アル・ガーフィキー　al-Ghāfiqī　スペインのアラブ系医学者、本草学者。

マルカム4世　Malcolm IV　24？歳。1141生。スコットランド王（在位1153～65）。

この頃 ニコラオス（メトーネの）　Nikólaos（Methōnē）　東方教会の論争神学者、ペロポネソス半島メトーネの主教。

1166年

この年 アイルレッド　Ethelred　㊥1167没、57歳。1109生。イギリスの聖職者、説教家、歴史家、聖人。

イドリーシー　al-Idrīsī, Abū ʻAbdullāh Muḥammad　㊥1160頃没、66歳。1100（㊥1099）生。アラブ系の地理学者。

子元　中国、宋代白蓮宗の祖。

蕭抱珍　中国、金の道士。

スーザニー、モハンマド・ブン・アリー　Sūzanī, Mohammad bn Alī　イランの詩人。

曾幾　82歳。1084生。中国、南宋初めの詩人。

トゥムトン・ロドエタクパ　gTum ston blo gros grags pa　60歳。1106生。チベットのカーダン派仏教者。

茅子元　中国、南宋の白蓮教の祖。

ヨアネス（スペインの）　Joannes Hispanus　スペインの司祭、哲学者。

この頃 テオドーロス・プロドロモス　Theodoros Prodromos　ビザンティンの詩人。

ブルガルス　Bulgarus, Pisanus　66？歳。1100生。初期注釈学派の法学者。

1167年

3.04　平清盛が武士で初の太政大臣に任じられる
＊　＊　＊

サムアーニー　al-Samʻānī, al-Qāḍī Abū Saʻīd Muḥammad　1.5（㊥1166頃）没、53歳。1113生。アラブのシャーフィイー派法学者、伝承学者。

ロベルトゥス（ムランの）　Robert of Melun　2.27没、67？歳。1100生。初期のスコラ神学者。

アブド・アルカーディル・アルジーラーニー　ʻAbd al-Qādir al-Jīlānī　7.9？（㊥1166）没、89歳。1078（㊥1077）生。イブン・ハンバル派の神学者、法学者、神秘主義者。

ライナルト・フォン・ダセル　Rainald von Dassel　8.14没、47？歳。1120（㊥1118頃）生。ドイツの聖職者、政治家。

マティルダ　Matilda　9.10没、65歳。1102生。イングランド王ヘンリ1世の娘。

この年 呉璘　65歳。1102生。中国、南宋の武将。

タシ・ドルジェ　shang bKra śis rdo rje　70歳。1097生。チベットのニンマ派仏教者。

この頃 ベルナルドゥス・シルウェストリス　Bernardus Silvestris　㊥1153頃没。フランスの人文主義者。

1168年

11.-　チールクーがエジプトでアモーリーを撃退
＊　＊　＊

アッ・スフラワルディー　as-Suhrawardī Ḍiyauʼd-Dīn ʻAbduʼlqāhir b.ʻ Abdullāh　3.？没、71歳。1097生。イスラム教スーフィー派の学者。

ギルベルトゥス・マグヌス　Gilbertus Magnus　10.17没。イギリス出身のシトー修道院の院長。

この年 パスカリス3世　Paschalis III　1164生。アレクサンデル3世に対する対立教皇（在位1164～68）。

1169年

この年　サラディンがファーティマ朝宰相になる
＊　＊　＊

ゲルホー（ライヒャスベルクの）　Gerhoh, Gerhoch（Reichersberg）　6.27没、76？歳。1093生。ドイツの神学的著述家。

ヒラリ(チチェスターの) Hilary (Chichester) 7.13没。イングランドの教会法学者, 司教。
[この年] 普庵 54歳。1115生。中国, 南宋代の臨済宗の僧。。
楊補之 ⓚ1167以後没, 72歳。1097(ⓚ1098)生。中国, 南宋の画家。
[この頃] アブー・ハーミド・アル・ガルナーティー Abū Ḥāmid al-Andalusī ⓚ1170没, 89?歳。1080生。イスラムの旅行家。
イサーク(ステラの, エトワールの) Isaac (Stella, Étoile) 59?歳。1110生。フランスのシトー会士, 哲学者, 神学者。
イブン・ザファル Ibn Ẓafar al-Siqillī, Ḥujja al-Dīn アラビアの文学者。

1170年

7.22 ヘンリー2世がベケット大司教と和解する
9.- 高麗で鄭仲夫らが反乱起こす(庚寅の乱)
9.- 高麗国王の毅宗が追放され, 明宗が即位
    * * *
王重陽 1.4(ⓚ1180)没, 57歳。1113(ⓚ1112)生。中国, 金の道士。
アルブレヒト1世 Albrecht I der Bär 11.18没, 70?歳。1100生。ブランデンブルク辺境伯。
ベケット, トマス Becket, Thomas à, St. 12.29没, 52歳。1118(ⓚ1117頃)生。イギリスの聖職者, 政治家, 殉教者。
[この年] アカルドゥス(クレルヴォーの) Achardus (Clairvaix) フランスのシトー会修道士。
ゴッドリク Godric, St. 101?歳。1069?(ⓚ1065頃)生。イギリスの隠者, 聖人。
ドムシェル・チェンポ Khrom bsher chen po 70歳。1100生。チベットのカーダン派仏教者。
パクモ・ドゥパ・ドルジェ・ギェルポ phag mo gru pa rdo rje rgyal po 60歳。1110生。チベットのカーギュ派仏教者。
[この頃] キムチ, ジョゼフ・ベンイザーク Kimchi, Joseph ben Isaac 65?歳。1105生。ヘブライ語の文法学者。
張孝祥 ⓚ1169没, 38?歳。1132生。中国, 南宋の詞人。
ランベール・ル・ベーニュ Lambert le Bègne ⓚ1177頃没, 50?歳。1120生。ベルギー出身の教会改革者, 神秘思想家。

1171年

この年 ファーティマ朝が滅亡, アイユーブ朝成立
    * * *
アカルドゥス(サン-ヴィクトールの) Achardus (Saint-Victor) 2.?没。12世紀初元。イギリスの神学者, 司教。
ダーマット・マクマロー Dermot Mac Murrough 5.1没, 61?歳。1110生。アイルランドのレンスター王。
ヘンリー(ブロウの) Henry of Blois 8.8没, 72?歳。1099(ⓚ1090頃)生。イギリスのウィンチェスターの司教。
[この年] イブン・カラーキス Ibn Qalāqis 33歳。1138生。エジプトのアラビア語詩人。
王十朋 59歳。1112生。中国, 南宋の政治家, 学者。
タム Tam, Jacob Ben Meïr 71歳。1100生。フランスのタルムード注解者。
ディオニューシウス・バル・サリビ Dionysius bar Salibi シリアのヤコブ派神学者。
[この頃] ディートマル・フォン・アイスト Dietmar von Eist 32?歳。1139生。オーストリアの騎士詩人。

1172年

[この年] イルデギズ Ildegiz, Shamsu'd-Dīn イランのアターベク朝の創始者(在位1136～72)。
キャドウォラダー Cadwaladr イギリスのウェールズのグイネスの王子。
ギルベルトゥス(ホイランドの, ホランドの) Gilbertus (Hoilland, Hoyland, Holland) イギリスのシトー会修道士。
ヘーマチャンドラ Hemacandra ⓚ1173没, 83歳。1089生。インドのジャイナ教の宗教詩人, 学者。

1173年

8.15 リヨンの商人ピエール・ワルドが回心
    * * *
リカルドゥス(サン-ヴィクトールの) Richardus a St.Victore 3.10没, 63?歳。1110生。イギリス生れのスコラ神学者。
毅宗(高麗) 10.1(ⓚ1175)没, 46歳。1127生。朝鮮, 高麗の第18代王(在位1146～70)。

[この年] **ゴトフロワ・ド・ユイ**　Godefroid de Huy　38歳。1135生。フランドルの金銀細工師。

スーザニー　Sūzanī　ペルシアの詩人。

ネルセス，シュノルハリ　Nersês Šnorhali　71歳。1102生。アルメニア教会の首長(katholikós)，聖人。

ベンジャミン　Benyamin ben Yona　スペインのユダヤ教徒の旅行家。

1174年

8.14　モンルイの和約が結ばれる
この年　高麗で西京留守の趙位寵が挙兵する
　サラディンがダマスクスを奪回する

＊＊＊

ブラディスラフ2世　Vladislav II　1.？没、64歳。1110生。ボヘミアの公(在位1140〜74)，ボヘミア国王(在位58〜73)。

虞允文　2.？没。中国，南宋の政治家，武将。

ヌール・ウッディーン　Nūr al-Dīn Mahmūd b.Zangī　5.15([異]1173)没、56歳。1118([異]1117)生。西アジア，ザンギー朝の君主(在位1146〜74)。

アンドレーイ　Andrei Iurievich Bogolyubskii　6.29([異]1175)没、63？歳。1111生。ロシアの東北ルーシ，スズダリの公(在位1157〜74)。

洪遵　11.？没、54歳。1120生。中国，南宋の政治家。

[この年] **アマルリック1世**　Amarlic I　39歳。1135生。第1回十字軍がシリアに建設したイェルサレム王国の王(在位1163〜74)。

ウマラ　‘Umāra, al-Yamanī　53歳。1121生。イスラム教徒の歴史家。

ゴッドフロワ・ド・ユイ　Godfroy de Huy　ベルギー出身の貴金属工芸家。

蔡珪　中国，金の詩人。

徳素　55歳。1119生。高麗天台宗の高僧。

李義方　朝鮮，高麗の武臣。

1175年

アルノー(ライヒャスベルクの)　Arno von Reichersberg　1.30没、75？歳。1100生。ドイツのライヒャスベルクの司教座聖堂参事会長。

アンドレーアス(サン-ヴィクトールの)　Andreas de St.-Victor　10.19没、65？歳。1110生。イギリス出身の修道参事会員，大修道院長，聖書注釈者。

[この年] **チャチェカパ・イェーシェ・ドルジェ**　Bya ’chad kha ba ye śes rdo rje　74歳。1101生。チベットのカーダン派仏教者。

ペトルス(タランテーズの)　Petrus(Tarantaise)　フランスの大司教，聖人。

[この頃] **ワース，ロベール**　Wace, Robert　[異]1183頃没、75？歳。1100([異]1115頃)生。アングロ・ノルマンの詩人。

1176年

5.29　フリードリッヒ1世がイタリア遠征に失敗

＊＊＊

イブン・アサーキル　Ibn ‘Asākir ‘Ali bn al-Ḥasan　1.25没、71歳。1105生。アラブの歴史家。

ヴァルテル(モルターニュの)　Walter(Mortagne)　7.14？没、86歳。1090生。フランドルの神学者，司教。

[この年] **趙位寵**　朝鮮，高麗時代の武将。

林之奇　64歳。1112生。中国，南宋の学者。

1177年

7.23　フリードリッヒ1世が教皇と和解する

＊＊＊

[この年] **スチュアート，ウォルター**　Stewart, Walter　後にスコットランド，イングランド王家となったスチュアート家の祖。

ビゴット，ヒュー　Bigod　82？歳。1095生。イギリスの貴族。

[この頃] **ヘルモルト**　Helmold　52？歳。1125([異]1120頃)生。中世ドイツの年代記作者。

1178年

7.30　ブルグント王がアルルで戴冠を受ける

＊＊＊

ナシュワーン　Nashwān b.Sa‘īdu’l-Ḥimyarī　6.14没。アラビアの言語学者。

[この年] **アンテルム**　Anthelm　71歳。1107生。フランスのカルトゥジオ会士。

林光朝　64歳。1114生。中国，南宋の儒学者。

1179年

ダヴィドゥス（ヒンメロートの） Davidus（Himmerod） 12.11没、79？歳。1100没。イタリア生れのシトー会修道士、福者。

[この年] アブラハム（ナルボンヌの） Abraham Ben Isaac of Narbonne 69？歳。1110生。プロバンス地方ユダヤ神秘主義者の指導者。

宗璘 56歳。1123生。高麗前期の華厳高僧。

鄭仲夫 73歳。1106生。朝鮮、高麗中期の武臣。

ヒルデガルト・フォン・ビンゲン Hildegard von Bingen, St. ⓇR1199没、81歳。1098生。ドイツのベネディクト会修道女。

ペトルス・コメストル Petrus Comestor フランスの聖書学者。

1180年

9.08 フィリップ2世がフランス王に即位する
この年 南宋の朱熹（朱子）が白鹿洞書院を復興
＊＊＊

ルイ7世 Louis VII, le Jeune 9.18没、59？歳。1121（ⓇR1120頃）生。フランス国王（在位1137～80）。

マヌエル1世 Manuel I Comnenus 9.24没、60？歳。1120（ⓇR1123頃）生。東ローマ皇帝（在位1143～80）。

ジョン・オヴ・ソールズベリー John of Salisbury 10.25没、65？歳。1115（ⓇR1120頃）生。イギリスのスコラ哲学者。

ラウレンティウス（ダブリンの） Laurentius (Dublin) 11.14没、52？歳。1128生。アイルランドのダブリンの大司教、聖人。

[この年] アブラハム・イブン・ダウド Abraham ibn Daud Halevi 70？歳。1110生。スペイン、トレドのユダヤ人の史料編纂者、哲学者。

ギョーム・ド・サンス Guillaume de Sens フランス中世の工匠、建築家。

胡銓 78？歳。1102生。中国、南宋の官僚。

張栻 47歳。1133（ⓇR1132）生。中国、南宋の儒者。

ハミードッディーン、オマル・ブン・マフムード Ḥamīdu'd-Dīn Abū Bakr Balkhī ⓇR1160没。イランの法官、散文作者。

ヨアネス（隠修士） Joannes (Eremita) シトー会修道士、クレルヴォーの副院長。

陸九齢 48歳。1132生。中国、南宋の学者。

劉德仁 58歳。1122生。中国、金の道士、真大道教の創始者。

[この頃] アルベール Albert フランスの作曲家。

ツェツェス、ヨアンネス Tzetzes, Johannes 70？歳。1110生。ビザンチン期の文献学者、文人。

ヘルガー（先のシュペールフォーゲル） Herger oder Älterer Spervogel 12世紀前半生。ドイツ中世初期の遍歴詩人。

マインロー・フォン・ゼーヴェリンゲン Meinloh von Sevelingen ドイツ最初期のミンネザングの歌人。

1181年

この年 アンコール朝でジャヤヴァルマン7世即位
＊＊＊

フォルマル Folmar 4.13没、35歳。1146生。中世ドイツの神学者。

アレクサンデル3世 Alexander III 8.30没、76？歳。1105生。教皇（在位1159～81）。

エスキル Eskil 9.6（ⓇR1182）没、81？歳。1100生。デンマーク、ルンドの初代大司教（1138～77）。

[この年] セルロ（ウィルトンの） Serlo (Wilton) 71？歳。1110生。フランスの詩人、文法学者。

趙伯駒 ⓇR1182没、57歳。1124生。中国、南宋の画家。

呂祖謙 44歳。1137生。中国、宋の儒学者。

ロジャー（ボン・レベックの） Roger of Pont l'Evêque ヨーク大司教。

1182年

5.12 クヌート6世がデンマーク王に即位する
＊＊＊

ヴァルデマール1世 Valdemar I 12.5没、51歳。1131生。デンマーク王（在位1157～82）。

[この年] キリール（トゥーロフの） Kirill (Turov) 52？歳。1130生。トゥーロフ公国の主教、説教者、作家、詩人。

ソナム・ツェモ bSod nams rtse mo 40歳。1142生。チベットのサキャ派仏教者。

ラシード・イ・ワトワート Rashīd-i Waṭwāṭ 68？歳。1114（ⓇR1095頃）生。イランの詩人。

李石 中国、南宋の学者。

リファーイー al-Rifāʿī, Aḥmad al-Ḥusaynī 64？歳。1118生。イスラム神秘主義のリファーイー教団創設者。

1183年

この年 サラディンがシリアとエジプトを統一する
＊＊＊

イブン‐バシュクワール　Ibn Bashkuāl al-Qurṭubī　1.5没、81歳。1101生。アラブ系歴史家。

ペトルス(セルの)　Petrus(Celle)　2.20没、68？歳。1115生。フランスのベネディクト会修道士、司教、霊性著作家。

ブーリ・タージュル・ムルーク　Būri Tāju'l Mulūk　6.？没、22歳。1161生。アラビアの詩人。

馬鈺　12.？没、60歳。1123生。中国、金の道士。

[この年] アブー・アブドゥッラー・アル・アブラ　Abū 'Abdullāh al-Ablah　アッバース朝のアラビア語詩人。

アレクシウス2世　Alexius II　14歳。1169生。東ローマ皇帝(在位1180～83)。

慶大升　29歳。1154生。朝鮮、高麗の武臣。

[この頃] クレチヤン・ド・トロワ　Chrétien de Troyes　(㊦)1185頃没、53？歳。1130(㊦1135頃)生。フランスの叙事詩人。

[この年] アンドロニクス1世　Andronicus I Comnenus　62歳。1123(㊦1100頃)生。東ローマ皇帝(在位1183～85)。

イブン・トゥファイル　Ibn Tufail、Abū Bakr Muḥammad ibn A'bd al Malik　75？歳。1110(㊦1105頃)生。スペインのアラビア哲学者。

ガンドゥルフス(ボローニャの)　Gandulphus (Bologna)　イタリアの神学者、教会法学者。

バースカラ2世　Bhāskara Acharya　71歳。1114(㊦1113頃)生。インドの数学者。

ボードゥアン4世　Baudouin IV　25歳。1160生。エルサレム王(在位1174～85)。

[この年] ゴーチエ・ダラス　Gautier d'Arras　フランスの韻文物語作者。

リーテンブルク城伯　Burggraf von Rietenburg　ドイツの初期ミンネザングの歌人。

1184年

李燾　2.5(㊦1183)没、68歳。1115(㊦1114)生。中国、南宋の史学者。

リチャード(カンタベリの)　Richard(Canterbury)　2.16没。イングランドのカンタベリ大司教。

エックベルト(シェーナウの)　Eckbert(Schönau)　3.28没、52？歳。1132生。ドイツのベネディクト会士、ヘッセンのシェーナウ修道院長。

マグヌス5世　Magnus V Erlingsson　6.15没、28歳。1156生。ノルウェー王(在位1162～84)。

バルトロマエウス(エクセターの)　Bartholomaeus (Exeter)　12.15没、74？歳。1110生。イギリスの教会法学者、エクセターの司教。

[この年] 洪适　67歳。1117生。中国、南宋の政治家。

1185年

4.25　壇ノ浦の合戦で平氏が壊滅する
9.12　イサク2世がアンゲロス朝を開く
12.06　サンチョ1世がポルトガル王に即位する
＊　＊　＊

アラーヌス(オセールの、フランドルの)　Alanus (Auxerre, Flandre)　10.14没。フランスのシトー会修道士。

ルキウス3世　Lucius III　11.25没、88？歳。1097生。教皇(在位1181～5)。

アフォンソ1世　Afonso Henriques　12.6没、75歳。1110(㊦1111)生。ポルトガル建国の王(在位1143～85)。

1186年

1.27　ハインリッヒ6世がノルマン王国の相続権を獲得
＊　＊　＊

ミーズ　Meath, Hugh de Lacy, 1st Lord of　7.25没。アイルランド司政官。

[この年] グリエルムス(テュロスの)　Gulielmus de Tyrus　(㊦)1185頃没、56？歳。1130生。中世パレスティナの聖職者、歴史家。

トリニー、ロベール・ド(ロベール・デュ・モン)　Torigny, Robert de(Robert du Mont)　80歳。1106生。フランス、ブルターニュのサン・ミシェル修道院長。

パラッカマバーフ1世　Parakkamabāhu I　セイロン王(在位1153～86)。

1187年

10.02　サラディンがエルサレムを降伏させる
10.21　グレゴリウス8世がローマ教皇に即位する
12.17　クレメンス3世がローマ教皇に即位する
＊　＊　＊

フォリオット、ギルベルト　Foliot, Gilbert　2.18没、77？歳。1110生。イギリスの大修道院長、司教。

高宗(宋)　10.8没、80歳。1107生。中国、南宋の初代皇帝(在位1127～62)。

ウルバヌス3世　Urbanus III　10.20没。1185生。ローマ教皇(在位1185～87)。

イブヌッ・タアーウィージー　Ibnu't-Ta'ā-wīdhī　12.7没、62歳。1125生。アッバース朝のアラビア語詩人。

[この年] ゲラルド　Gherardo Cremonese　73？歳。1114生。アラビア語文献のラテン訳者。

コンスタンティノス・マナセス　Konstantinos Manasses　57？歳。1130生。ビザンティンの歴史家、詩人。

ジェラルド（クレモナの）　Gerardo　73歳。1114生。イタリアの文献校訂家、アラビア語からラテン語への翻訳家。

1188年

エイステイン・エルレンソン　Eystein, Erlendssøn　1.26没、58？歳。1130生。ノルウェー、ニダロス（トロニエム）大司教。

ウサーマ・イブン・ムンキズ　Usāma bn Munqidh　10.25？没、93歳。1095生。シリアの軍人、文学者。

[この年] ガウフリドゥス（クレルヴォーの、オセールの）　Gaufridus（Clairvaux, Auxerre）　68歳。1120生。フランスのシトー会修道士。

リンレパ・ペドマ・ドルジェ　Gling ras pa padma rdo rje　60歳。1128生。チベットのカーギュ派仏教者。

[この頃] グイゴ　Guigo　カルトゥジオ会の霊的著述家。

ナーキド　Ibn al-Nāqid, Abū al-Faḍā'il　カイロの医師、医学者。

1189年

5.-　第3回十字軍が開始する
8.-　フランク軍がアッコン攻囲戦を開始する
9.03　リチャード1世（獅子心王）が戴冠する
＊ ＊ ＊

ギルバート・オヴ・センプリンガム　Gilbert of Sempringham, St.　2.4（㉞1188）没、106？歳。1083？（㉞1110頃）生。イングランドの聖職者、聖人。

ヘンリー2世　Henry II, Curtmantle　7.6没、56歳。1133（㉞1139）生。イングランド王（在位1154～89）。

[この年] 王淮　62歳。1127生。中国、南宋の政治家。

世宗（金）　66歳。1123生。中国、金の第5代皇帝（在位1161～89）。

チルプパ・チョエキ・ギェルツェン　Se sPyil bu pa chos kyi rgyal mtshan　68歳。1121生。チベットのカーダン派仏教者。

[この頃] アンヴァリー，オウハドッディーン・モハンマド　Anwarī, Auhad al-Dīn Muhammad　㉞1191頃没、73？歳。1116（㉞1126頃）生。ペルシア最高の頌詩人。

1190年

3.18　フリードリッヒ1世がイコニウムを攻略
＊ ＊ ＊

フリードリヒ・フォン・ハウゼン　Friedrich von Hausen　5.6没、40？歳。1150生。ドイツのシュタウフェン王朝前期の宮廷歌人。

フリードリヒ1世　Friedrich I, Barbarossa　6.10没、67？歳。1123（㉞1124頃）生。ドイツ皇帝（在位1155～90）。

ボールドウィン　Baldwin　11.19没。イギリスのカンタベリ大司教。

[この年] イザベル・ド・エノー　Isabelle de Hainaut　20歳。1170生。フランス王フィリップ2世の妃。

キムヒ，モーゼス　Kimchi, Moses　ヘブライ語の文法学者。

グランヴィル，ラナルフ・ド　Glanvill, Ranulf de　60？歳。1130生。イギリスの裁判官。

[この頃] ヴァルテル（サン-ヴィクトールの）　Walter（Saint-Victor）　フランスのサン・ヴィクトールの副修道院長、神学者。

ギヨーム（ティルスの）　Guillaume de Tyr　60？歳。1130生。フランスの高僧、年代記作者。

ゴドフロワ（サン-ヴィクトールの）　Godefroy（Godefroid）（Saint-Victor）　65？歳。1125生。フランスの初期スコラ学者。

ハインリヒ・フォン・フェルデケ　Heinrich von Veldeke　㉞1200以前没、50？歳。1140生。中世高地ドイツ語の詩人。

1191年

5.21　リチャード1世がキプロス島を奪取する
7.05　リチャード1世らがアッコン奪回に成功
7.12　十字軍がアッコンを占領する
この年　ツェーリンゲン家がベルンを建設する
＊ ＊ ＊

クレメンス3世　Clemens III　3.20没。教皇（在位1187～91）。

スフラワルディー　al-Suhrawardī al-Maqtūl　7.29没、36歳。1155生。イラン系アラブの神秘主義者。

[この年] 薛道光　113歳。1078生。中国、宋の道士。

中世　　　　　　　　　　　　　　　　　　1195

[この頃] ゴットフリート・フォン・ビテルボ　Gottfried von Viterbo　㊲1200頃没、66？歳。1125生。ドイツ出身のイタリア人年代記作者。

ハインリヒ・フォン・ルッゲ　Heinrich von Rugge　ドイツのシュヴァーベンの従士。

智融　79歳。1114生。中国、南宋の禅僧。
范成大　㊲1192没、67歳。1126生。中国、南宋の政治家、文学者。
ブルグンディオ（ピーサの）　Burgundio(Pisa)　83？歳。1110生。イタリアの法律家、翻訳家。
ベネディクト（ピータバラの）　Benedict (Peterborough)　イギリスの大修道院長、トマス・ベケットの年代記作者。
リンポチェ・ランルンパ　Rin po che glang lung pa　70歳。1123生。チベットのカーダン派仏教者。

1192年

4.24　南宋の中都郊外に盧溝橋が建設される
8.21　源頼朝が征夷大将軍に任じられる
9.03　リチャード1世サラディンと休戦協定締結
　　　　　＊＊＊

陸象山　1.10（㊲1193）没、52歳。1139生。中国、宋の思想家。
ヴィーヒマン　Wichmann　8.25没、77？歳。1115生。中世ドイツの聖職者。
[この年] アダン・ド・サン・ヴィクトル　Adam de Saint-Victor　㊲1177頃没、80？歳。1112（㊲1110頃）生。ブルターニュ出身のフランスの詩人、音楽家、続唱作者。
タンパ・デシェク　Tam pa bde gśegs　70歳。1122生。チベットのニンマ派仏教者。
ニャンレ・ニンマ・オェセル　nyang ral Nyi ma 'od zer　68歳。1124生。チベットのニンマ派仏教者。
プリトヴィーラージ　Prithvīrāj　インド、ラージプート族の勇将。
[この頃] チャンド・バルダーイー　Chāndbardāyī　インドのヒンディー語詩人。
ベルナルドゥス（フォンコードの）　Bernardus　フランスのプレモントレ会の神学者。
ルードルフ・フォン・フェーニス　Rudolf von Fenis　スイスの最初のミンネゼンガー（ミンネザングの歌人）。
ルフィーヌス　Rufinus　12世紀前半生。イタリアのボローニャの教会法学者。

1194年

3.13　リチャード1世がイングランドに帰国する
　　　　　＊＊＊

サンチョ6世　Sancho VI el Sabio　1.27没。ナバラ王（1150～94）。
カジーミエシュ2世（公正王）　Kazimierz II, Sprawiedliwy　5.5没、56歳。1138生。ポーランド国王（在位1177～94）。
孝宗（宋）　6.9没、66歳。1127生。中国、南宋の第2代皇帝（在位1162～89）。
[この年] ギー・ド・リュジニャン　Gui de Lusignan　54歳。1140生。エルサレム王（1186～87）、キュプロス王（1192～94）。
史浩　88歳。1106生。中国、南宋初の宰相、文学者。
ジャイチャンド　Jaychand　インドのカノージの王。
タンクレッド　Tancred　シチリア王。
陳亮　51歳。1143生。中国、南宋の文学者、政論家。
尤袤　67歳。1127生。中国、南宋の詩人、政治家。
[この年] エウスタティオス　Eustathios　㊲1195頃没、84？歳。1110（㊲1115頃）生。ビザンチン時代の神学者、文献学者。

1193年

サラディン　Salāh al-Dīn Yūsuf　3.4没、56歳。1137（㊲1138）生。エジプトのアイユーブ朝の創建者。
トールラク・トールハルソン　Thorlák Thórhallsson　12.23没、60歳。1133生。アイスランドの司教、聖人。
[この頃] カルマ・トゥスム・ケンパ　Karma dus gsum mkhyen pa　83歳。1110生。チベットのカーギュ派仏教者。
シャン・ユダクパ　Shang g-yu brag pa　70歳。1123生。チベットのカーギュ派仏教者。

1195年

ヘルラート（ランツベルクの）　Herrad(Landsberg)　7.25没、65？歳。1130生。ドイツの女子修道院長、百科全書編纂者。
ハインリヒ　Heinrich der Löwe　8.6没、66歳。1129生。ザクセン大公。
[この年] イブヌル・ムアルリム　Ibnu'l-Mu'allim al-Hurthī al-Wāsitī　88歳。1107生。アッバース朝のアラブ詩人。
程大昌　72歳。1123生。中国、南宋の政治家、学者。
リンポチェ・ギェルツァ　Rin po che rgyal tsha　77歳。1118生。チベットのカーギュ派仏教者。

人物物故大年表　外国人編　205

[この頃] **ヴェルナー(テーゲルンゼーの)** Werner von Tegernsee ドイツのテーゲルンゼーの修道士。

バルサモーン, テオドーロス Balsamōn, Theódōros 90?歳。1105生。ビザンティンの教会法学者。

ベルナール・ド・ヴァンタドゥール Bernart de Ventadour 70?歳。1125生。フランスのトルバドゥール。

1196年

この年 高麗で崔忠献が政権を掌握する

＊＊＊

モリース(マウリーキウス)(シュリの) Maurice (de Sully) 9.11没、76?歳。1120生。パリの司教, 神学者。

[この年] **アセン1世** Asen I, Ivan 第2ブルガリア王国のアセン王朝の創建者。

アルフォンソ2世 Alfonso II 44歳。1152生。アラゴン王(64〜)。

趙汝愚 56歳。1140生。中国, 南宋の政治家。

ベーラ3世 Béla III ハンガリー王(在位1173〜96)。

李義旼 朝鮮, 高麗の武臣。

[この頃] **ベルンガー・フォン・ホールハイム** Bernger von Horheim ドイツのミンネゼンガー。

1197年

10.24 エルサレム王がベイルートを奪回する

＊＊＊

ロンシャン, ウィリアム・ド Longchamp, William de 1.31没。イギリスの政治家, 聖職者。

ペトルス・カントール Petrus Cantor 9.22没。パリのスコラ神学者, 聖書釈義家。

ハインリヒ6世 Heinrich VI 9.28没、32歳。1165生。ホーエンシュタウフェン家の王(在位1169〜97), 神聖ローマ皇帝(在位90〜97)。

ホモボーヌス(クレモーナの) Homobonus (Cremona) 11.13没。イタリアの商人, 聖人。

[この年] **アセン** Asen, Peter 第2ブルガリア王国の創建者の一人。

李晏 74歳。1123生。中国, 金の漢人官僚, 詩人。

1198年

1.08 インノケント3世がローマ教皇に即位する
3.06 フィリップが神聖ローマ皇帝に選出される
3.17 フルードリッヒ2世がシチリア王に即位
7.- 神聖ローマ帝国で国王の二重構造が始まる

＊＊＊

ケレスチヌス3世 Coelestinus III 1.8没、92?歳。1106生。教皇(在位1191〜98)。

アヴェロエス Averroës 2.10没、72歳。1126生。アラビア哲学者。

[この年] **オコナー** O'Connor, Rory 82?歳。1116生。アイルランドのアード・リー(上王)。

蔡元定 63歳。1135生。中国, 南宋の儒学者。

マリ・ド・シャンパーニュ Marie de Champagne 53歳。1145生。フランス王ルイ7世の王女。

万積 朝鮮, 武臣政権期の私奴。

ローデリーク Roderic アイルランドのコンノート王(在位1156〜91)。

[この頃] **アブー・バクル・ムハンマッド** Abū Bakr Muḥammad スペインにおけるサラセンのアラブ系医学者, 文人。

イブン・ズフル, アブー・バクル Ibn Zuhr, Abū Bakr 88?歳。1110生。アラビア出身のスペインの医師。

ウィリアム(ニューベリの) William of Newbury 62?歳。1136生。イギリスの聖職者。

ブロカルドゥス Brocardus パレスティナのカルメル会の創立者とされる修道士。

ベルトルドゥス(ソリニャックの) Bertholdus (Solignac) パレスティナのカルメル会の創立者とされる修道士。

1199年

5.27 ジョン王がイングランド王を戴冠する
9.22 ジョン王がブルターニュを攻略する

＊＊＊

リチャード1世 Richard I, Coeur de Lion 4.6没、41歳。1157生。プランタジネット朝第2代のイングランド王(在位1189〜99)。

[この年] **ハーカーニー, アフザロッディーン・バディール・ブン・アリー** Khāqānī, Afdal ad-dīn Badīl [異]1185没、78歳。1121([異]1126頃)生。ペルシアの詩人。

マンスール *al*-Manṣūr, Abū Yūsuf Ya'qūb 北アフリカのムワッヒド朝君主。

中世

ミカエル(シリア人の) Michael 73歳。1126生。アンティオキアのヤコブ派教会総主教，年代記作者。

この頃 シモン(トゥルネーの) Simon de Tournai 中世フランスの神学者。
ロジャー(ハウデンの) Roger of Howden イングランドの年代記作者。

1200年

5.22　ジョン王とフィリップ2世と和平協定締結
＊＊＊
朱子　3.9没、69歳。1130生。中国，南宋の学者，官僚，思想家。
ジョン(オックスフォードの) John(Oxford) 6.2没。イングランドのノーリジの司教，法学者。
ヒュー　Hugh of Lincoln 11.6没、60？歳。1140(㊗1135頃)生。イギリスの聖職者，聖人。
この年 光宗(南宋) 53歳。1147生。中国，南宋の第3代皇帝(在位1189〜94)。
ステファン・ネマーニャ Nemanja, Stefan 86歳。1114(㊗1113頃)生。ラシュカ(セルビア)の大族長(1168〜96)。
タカシュ Takash 中央アジア，ホラズム・シャー朝第6代の王(在位1172〜99)。
この頃 ヴァカリウス Vacarius 80？歳。1120生。イタリアの法学者。
グリュカス・ミカエル Glykas, Michaēl 82？歳。1118生。ビザンチン時代の歴史家，神学者，詩人。
ゴーチエ(シャチヨンの) Gautier de Châtillon 65？歳。1135死。フランスの詩人。
ブロンデル・ド・ネル Blondel de Nesle 50？歳。1150生。12世紀のピカルディー出身のトルヴェール。
ヨアネス(コーンウォルの) Joannes(Cornwall) 75？歳。1125生。イングランドの神学者。
劉完素　90？歳。1110(㊗1120)生。中国，金代の医学者。

1201年

5.02　南宋の臨安で大火災が発生する
＊＊＊
フルコ(ヌイイの) Fulco de Neuilly 3.2没。フランスの中世の説教者。
アブサロン Absalon 3.21没、72歳。1128生。デンマークの大司教。
この年 イマード・アッディーン 'Imād al-Dīn, al-Kātibu al-Isfahānī 76歳。1125生。イランの著作家。
ザヒーレ・ファールヤービー Dhāhir Fāryābī 45？歳。1156生。イランの頌詩人。

1202年

3.09　ホーコン3世がノルウェー王に即位する
4.30　ジョン王が仏国内の所領没収を宣告される
6.-　第4回十字軍がヴェネツィアに集結する
この年　フィボナッチが「算盤の書」を著す
＊＊＊
スヴェリル・シーグルソン Sverri Sigurdsson 3.9没、52？歳。1150(㊗1151？)生。ノルウェー王(在位1177〜1202)。
ヨアキム・デ・フローリス Joachim Floris 3.20(㊗1201頃)没、67？歳。1135(㊗1145)生。イタリアの文献学者，歴史哲学者。
ジョアッキーノ・ダ・フィオーレ Gioacchino da Fiore 3.30没、72？歳。1130生。イタリアの神学者。
クヌート6世 Knud VI Valdemarsson 11.12没、34歳。1168(㊗1163)生。デンマーク王(在位1182〜1202)。
この年 イーゴリ2世 Igor II Svyatoslavich 52歳。1150(㊗1151)生。ロシアのノヴゴロド公。
王庭筠　51歳。1151(㊗1155)生。中国，金代の文人。
洪邁　79歳。1123生。中国，南宋の名臣，学者。
この頃 ムハンマド・グーリー，ギヤースッ・ディーン Muḥammad Ghūrī, Ghiyathu'd-Din アフガニスターンのゴール朝の統治者(在位1162〜1202頃)。

1203年

8.01　アレクシオス4世イサキオスの摂政となる
＊＊＊
マルティーヌス(レオンの) Martinus(León) 1.12没、78？歳。1125生。スペインの禁欲主義者，神学者。
拙庵徳光　3.20没、82歳。1121生。中国，南宋の禅僧。
ヴィルヘルム(エーベルホルトの) Vilhelm (Aebelholt) 4.6没、76？歳。1127生。デンマークの修道院長，聖人。
この年 アラン・ド・リール Alanus de Insulis ㊗1202没、75？歳。1128(㊗1116頃)生。フランスのシトー会修道士，神学者，詩人。

シャトラン・ド・クーシ Châtelain de Couci 38？歳。1165生。フランスの武人(ソワソン北方のクーシ城主)，トルヴェール。

ダッビー aḍ-Ḍabbī, Abū Ja'far Aḥmad b.Yaḥyā アラビアの歴史家。

陳傅良 66歳。1137生。中国，南宋の学者，文人。

トゴリル・ハン Togoril Khan トルコ系ケレイト部の長。

[この頃] **アーサー王子** Arthur of Brittany 16？歳。1187生。ブルターニュ公。

キンナモス Kinnamos, Iōannēs 59？歳。1144生。ビザンチン時代の歴史家。

ネザーミー・ガンジャ Niẓaāmī Ganjawī [異]1209没、62？歳。1141([異]1140)生。ペルシアの詩人。

1204年

1.01 グットルムがノルウェー王に即位する
4.12 十字軍がコンスタンチノープルを占領する
5.09 ラテン帝国の皇帝にボードゥアン1世選出
5.16 ラテン帝国が建国される

＊＊＊

エレオノール(アキテーヌの，ギュイエンヌの) Aliénor d'Aquitaine 4.1没、82歳。1122生。フランス王妃，のちにイングランド王妃。

マイモニデス，モーセス Maimonides, Moses 12.13没、69歳。1135生。ユダヤ人哲学者，立法学者，医者，ユダヤ教ラビ。

[この年] **アレクシウス4世** Alexius IV 東ローマ皇帝(在位1203～04)。

アレクシウス5世 Alexius V 東ローマ皇帝(在位1204)。

イサキウス2世 Isaacius II Angelos 49歳。1155([異]1135頃)生。東ローマ皇帝(在位1185～95, 1203～04)。

周必大 [異]1206没、78歳。1126生。中国，南宋の政治家，文学者。

[この頃] **ビトルージー** *al*-Bitrūjī, Abū Isḥāq Nur al-Dīn スペインのアラブ系天文学者。

ペトルス(ブロワの) Petrus(Blois) 74？歳。1130生。イングランドの宮廷と教会で働いたフランスの神学者。

1205年

4.14 ボードゥアン1世がブルガリア軍に敗れる

＊＊＊

ダンドロ，エリンコ Dandolo, Enrico 6.14没、95？歳。1110([異]1108頃)生。イタリアの政治家。

ウォルター，ヒューバート Walter, Hubert 7.13没、65？歳。1140生。イギリスの聖職者，政治家。

[この年] **ウォルター** Walter, Theobald イギリス王ジョンの側近。

袁樞 74歳。1131生。中国，南宋の学者。

ピエール Pierre de Poitiers 75歳。1130生。フランスの神学者。

マップ Map, Walter [異]1210頃没、65？歳。1140生。イギリスの詩人，聖職者。

梁楷 45歳。1160生。中国，南宋の画家。

[この頃] **イブン・ズフル，アブー・ムハンマド** Ibn Zuhr, Abū Muhammad 24？歳。1181生。アラビア出身のスペインの医師。

ニコラ・ド・ヴェルダン Nicholas de Verdun 75？歳。1130生。ドイツの金工家。

ボードゥアン1世 Baudouin I [異]1206没、33？歳。1172([異]1171)生。東ローマ皇帝(在位1204～05)。

ラインマル・フォン・ハーゲナウ Reinmar von Hagenau [異]1210以前没、45？歳。1160生。中世高地ドイツ語の詩人。

1206年

8.20 ラテン帝国皇帝にアンリ1世が即位する
この年 チンギス・ハーンが即位する

＊＊＊

ヨーアンネース10世・カマテロス Iōánnēs X Kamatērós 6.？没。コンスタンティノポリス総主教。

[この年] **サクソ・グラマティクス** Saxo Grammaticus [異]1222頃没、66？歳。1140([異]1150頃)生。デンマークの歴史家。

シハーブッディーン・ムハンマド・グーリー Shihābu'd-Dīn Muḥammad Ghūrī インド，ゴール朝の王(在位1174～1206)。

彭亀年 64歳。1142生。中国，南宋の官僚。

ムハンマッド・グーリー，シハーブッ・ディーン Muḥammad Ghūrī, Shihab al Din アフガニスターンのグール朝統治者。

楊万里 79歳。1127([異]1124)生。中国，南宋の詩人，学者。

留正 77歳。1129生。中国，南宋の政治家。

[この頃] **アマルリック** Amalricus de Bèna [異]1207頃没。フランスのスコラ哲学者。

バルドゥイヌス1世 Balduinus I [異]1205没、35？歳。1171([異]1172)生。ラテン帝国の初代皇帝(在位1204～06)。

1207年

辛棄疾　9.?（㊙1204）没、67歳。1140生。中国、南宋の詞人、政治家。

[この年] イブヌッ・サーアーティー　Ibnu's-Sā'ātī　47歳。1160生。シリア生れのアラビア語詩人。

カロヤン　Kaloyan　第2ブルガリア王国の王（在位1197～1207）。

韓侂冑　55歳。1152生。中国、南宋の政治家。

呉曦　45歳。1162生。中国、南宋の武将。

[この頃] ナイジェル・ワイアカー　Nigel Wireker　77?歳。1130生。イングランドの風刺家。

1208年

3.23　教皇がジョン王を政権停止とする
8.01　アンリ1世がブルガリア軍を破る
　　　＊　＊　＊

ペトルス（カステルノーの）　Petrus de Castelnau　1.15没。フランス出身のローマ教皇特使、殉教者、尊者。

フィリップ・フォン・シュワーベン　Philipp von Schwaben　6.21没、30?歳。1178（㊙1180頃）生。ドイツ王、神聖ローマ皇帝（1198～1208）。

章宗（金）　11.?没、40歳。1168生。中国、金の第6代皇帝（在位1189～1208）。

1209年

1.02　アンリ1世がテサロニケ王国に入国
7.22　アルビジョア十字軍が南仏のカタリ派攻撃
11.-　教皇がイングランド王ジョンを破門
　　　＊　＊　＊

[この年] ペトルス・リガ　Petrus Riga　69?歳。1140生。フランスのランスの司教座聖堂参事会員、のちサン・ドニの司教座聖堂参事会員。

ラージー　al-Rājī, Fakhr al-Dīn　60歳。1149生。イラン系アラブの神学者、歴史家。

陸游　㊙1210没、84歳。1125生。中国、南宋の詩人。

[この頃] ブリッガー・フォン・シュタイナッハ　Bligger von Steinach　57?歳。1152生。ドイツ中世の抒情詩人。

1210年

7.17　エーリク10世がスウェーデン王に即位する
11.-　教皇がドイツ王オットー4世を破門する
　　　＊　＊　＊

プラエポジティーヌス（クレモーナの）　Praepositinus (Cremona)　2.25没、80?歳。1130生。フランスのスコラ学者、パリ大学の総長。

フグッチョ（ピーサの）　Huguccio da Pisa　4.30没。12世紀前半生。イタリアの教会法学者、神学者、文法学者。

アイバク　Aibak, Qutb al-Dīn　11.?没。インドのムスリム王朝の創始者（在位1206～10）。

[この年] アレクシウス3世　Alexius III Angelus　東ローマ皇帝（在位1195～1203）。

ジャン・ボデル　Bodel, Jean　45?歳。1165（㊙1170）生。フランスの詩人、劇作家。

タクルン・タンパ・チェンポ　sTag lung thang pa chen po　68歳。1142生。チベットのカーギュ派仏教者。

知訥　52歳。1158生。朝鮮の禅僧。

ランボー・ド・ヴァケラス　Raimbaud de Vaqueiras　㊙1207頃没、60歳。1150（㊙1155頃）生。プロヴァンス地方のトルバドゥール。

[この頃] アルブレヒト・フォン・ヨーハンスドルフ　Albrecht von Johansdorf　45?歳。1165生。ドイツ東部バイエルンで活躍したミンネザング（中世ドイツ宮廷叙情詩）の詩人。

ゲルヴァシウス（カンタベリの）　Gervase of Canterbury　69?歳。1141生。イギリスの年代記作者。

ゴットフリート・フォン・シュトラースブルク　Gottfried von Straßburg　㊙1220?没、40?歳。1170?生。ドイツ中世の叙事詩人。

ハルトマン・フォン・アウエ　Hartmann von Aue　㊙1215頃没、50?歳。1160（㊙1165頃）生。ドイツの詩人。

ペール・ヴィダル　Peire Vidal　40?歳。1170生。フランス、プロヴァンスのトルバドゥール。

1211年

3.30　オットー4世が再度破門される
10.15　アンリ1世がラスカリスを破る
　　　＊　＊　＊

[この年] イブン・サナール・ムルク　Ibn Sanā'l-Mulk　61歳。1150生。エジプトのアラビア語詩人。

サンシュ1世　Sancho I　57歳。1154生。ポルトガル国王（在位1185～1211）。
徐照　中国、南宋の詩人。
ツァンパ・ギャレパ　Chos rje gtsang pa rgya las pa 50歳。1161生。チベットのカーギュ派仏教者。
党懐英　77歳。1134生。中国、金代の書家。
婁機　78歳。1133生。中国、宋代の学者、政治家。
[この頃] 翁巻　28？歳。1183生。中国、南宋の詩人。

1212年

7.17　キリスト教徒イベリア半島の国土回復達成
12.09　神聖ローマ帝国でフリードリッヒ2世即位
　　　　　　　＊＊＊
フェリクス　Felix de Valois　11.4没、85歳。1127生。フランスのキリスト教聖職者、聖人。
ジェフリ（ヨークの）　Geoffery of York　12.18没、60？歳。1152生。イギリスの大臣、ヨークの大司教。
[この頃] アダム・スコトゥス　Adam Scotus　62？歳。1150生。スコットランドのカトリック修道会士。
エヴラール（ベテュンヌの）　Evrard（Béthune）フランスの文法家、論争家。
チルク　Chiluku　西遼の第5代（最後の）王（在位1117～1211）。
ピーター（ブロアの）　Peter of Blois　77？歳。1135生。フランスの文筆家、詩人。

1213年

5.15　ジョン王が教皇の封建家臣となる
　　　　　　　＊＊＊
ギベルトゥス（ジャンブルーの）　Guibertus（Gembloux）　2.22没、88歳。1125生。フランスのベネディクト会修道院長、歴史家、聖人伝記作家。
ペドロ2世　Pedro II　9.12没、39歳。1174生。アラゴン王（在位1196～1213）。
フィッツピーター　Fitzpeter, Geoffrey　10.14没。イギリス最高司法官。
ヨアネス（マタの）　Joannes de Matha, St.　12.17没、53歳。1160生。三位一体会の創始者。
[この年] 衛紹王　中国、金の第7代皇帝（在位1208～13）。
タマーラ　Tamara　29歳。1184（㊨1165頃）生。グルジアの女帝（在位1184～1213）。
ニケータス・コーニアテース　Nikētas Chōniātēs　73歳。1140生。ビザンティンの神学者、歴史家。
ニブン　Nyi 'bum　55歳。1158生。チベットのニンマ派仏教者。

廃帝（金）　中国、金第7代皇帝（在位1208～13）。
ムヒタル・ゴーシュ　Mkhitar Gosh　80歳。1133生。アルメニアの思想家、法典編纂者。
楼鑰　76歳。1137生。中国、南宋の学者、文学者。
[この頃] ヴィルアルドゥワン、ジョフロワ・ド　Villehardouin, Geoffroi de　㊨1218頃没、53？歳。1160（㊨1150頃）生。フランスの軍人、年代記作者。
ガース・ブリュレ　Gace Brulé　53？歳。1160（㊨1159頃）生。フランスのトルヴェール。
ホノーリウス・マギステル　Honorius Magister　イングランドの助祭長、教会法学者。

1214年

7.27　ジョン王がブーヴィーヌの戦いで敗れる
9.03　南宋が金に対する歳幣を停止する
12.04　アレクサンダー2世スコットランド王即位
　　　　　　　＊＊＊
ヨアネス（フォードの）　Joannes（Ford）　4.21没、74？歳。1140生。イギリスのシトー会修道院長、神秘家、著述家。
ジョン・ド・グレイ　John de Grey（Gray）　10.18没。イングランドの司教、アイルランドの大司法官。
アルフォンソ8世　Alfonso VIII　59歳。1155生。カスティリア王（在位1158～1214）。
宗暁　63歳。1151生。中国、南宋時代の天台宗の学僧。
徐璣　52歳。1162生。中国、南宋の詩人。

1215年

6.01　モンゴル軍が金の中都に入城する
6.19　ジョン王が大憲章（マグナ・カルタ）公布
11.30　ローマで開催の第4回ラテラノ公会議閉幕
　　　　　　　＊＊＊
シカルドゥス（クレモーナの）　Sicardus（Cremona）　6.8没、65？歳。1150生。イタリアの司教、教会法学者、典礼学者。
[この頃] アコミナトス　Akominatos Niketas　㊨1210頃没、65歳。1150生。東ローマ帝国の歴史家。
[この頃] ギロー・ド・ボルネーユ　Guiraut de Borneil（Giraut de Borneilh）　77？歳。1138生。リムーザン出身のトルバドゥール。
ゴーセルム・フェディト　Gaucelm Faidit　35？歳。1180生。フランスのトルバドゥール。
コニアテス、ニケタス　Khoniates, Niketas　60？歳。1155生。ビザンティンの歴史家。

ベルトラン・ド・ボルン　Born, Bertrand de　[異]1210頃没、75？歳。1140（[異]1145頃）生。フランスの吟遊詩人。

1216年

7.18　ホノリウス3世がローマ教皇に即位する
10.28　ヘンリー3世がイングランド王に即位する
12.22　教皇がドミニコ修道会を承認する

＊＊＊

インノケンティウス3世　Innocentius III　7.16没、56歳。1160（[異]1161）生。教皇（在位1198～1216）。

ジョン　John, Lackland　10.17没、48歳。1167（[異]1166）生。イングランド王（在位1199～1216）。

[この年] **ウラジーミル**　Vladimir　ロシアの武将。

タクパ・ギェルツェン　Grags pa rgyal mtshan　69歳。1147生。チベットのサキャ派仏教者。

[この頃] **コロンナ，ジョヴァンニ**　Colonna, Giovanni　ローマの名門コロンナ家の最初の枢機卿。

ルスタヴェリ，ショタ　Rustaveli, Shota　グルジアの詩人。

1217年

9.12　キングストン条約が締結される

＊＊＊

ヘルマン1世　Hermann I, Landgraf von Thüringen　4.25没、61？歳。1156生。テューリンゲン地方伯。

ヨアネス（モンミレーユの）　Joannes (Montmirail)　9.29没、49歳。1168生。フランスの城主，のちシトー会修道者，福者。

イブン・ジュバイル　Ibn Jubayr, Abū al-Ḥusayn Muḥammad ibn Aḥmad　11.13？没、72歳。1145生。スペインのアラブ系旅行家，文筆家。

[この年] **エンリケ1世**　Enrique I　14歳。1203生。カスティリア王（在位1214～17）。

キョプパ・ジクテン・ゴンポ　sKyob pa 'jig rten mgon po　74歳。1143生。チベットのカーギュ派仏教者。

クンデン・レーパ　Kun ldan ras pa　69歳。1148生。チベットのカーギュ派仏教者。

ネッカム　Neckam, Alexander　60歳。1157生。イギリスの自然科学者。

ピエール・ド・クルトネ　Pierre de Courtney　コンスタンチノープルのラテン帝国皇帝（在位1216～17）。

マテオ，マエストロ　Mateo, El maestro　56歳。1161生。スペインの彫刻家。

ユダ（ハシド派の）　Judah the Hasid　67？歳。1150生。中世ドイツのユダヤ教神秘思想家。

[この頃] **ヴァルデス，ペトルス**　Waldo, Peter　[異]1218頃没、77？歳。1140生。ワルド派を開いた宗教家。

1218年

2.18　ツェーリンゲン家が断絶する

＊＊＊

オットー4世　Otto IV von Braunschweig　5.19没、44？歳。1174（[異]1175頃）生。ドイツ王（1198～1215）。

[この年] **コンスタンチーン**　Konstantin, Vsevolodovich　32歳。1186生。中世ロシアの君主。

シモン4世　Simon IV de Montfort L'Amaury　58？歳。1160（[異]1150頃）生。フランスの貴族。

[この頃] **耶律留哥**　[異]1220没、55？歳。1163（[異]1175）生。中国，金末の叛将。

1219年

2.13　源実朝が暗殺され、源氏の正統が断絶する
11.05　第5回十字軍がダミエッタを占領する

＊＊＊

ペンブルク　Pembroke, William Marshal, 1st Earl of　5.14没、73？歳。1146生。初代ペンブルク伯，イギリス王室の重臣。

[この年] **崔忠献**　70歳。1149生。朝鮮，高麗の代表的武人政治家。

趙師秀　中国，南宋の詩人。

マーシャル，ウィリアム，初代ペンブルック（およびストリガル）伯爵　Marshal, William, 1st Earl of Pembroke (and Strigul)　73？歳。1146生。イギリスの騎士，摂政（1216～19）。

1220年

3.17　チンギス・ハーンがサマルカンドを征服

＊＊＊

[この年] **アラー・ウッディーン・ムハンマド**　'Alā al-Dīn Muḥammad　ホラズム・シャー朝の王（在位1200～20）。

シャムス・イ・カイス　Shams-i-Qais　イランの散文作者。

ベラルドゥス（ベラルド） Berardus イタリアのフランシスコ会の殉教者。
李仁老 68歳。1152生。朝鮮，高麗明宗代の文章家。
レジナルドゥス Reginaldus 37歳。1183生。フランスの修道者。
[この頃] ヴォルフラム・フォン・エッシェンバッハ Wolfram von Eschenbach ⓜ1226頃没，50？歳。1170生。ドイツの詩人。
ウルリヒ・フォン・グーテンブルク Ulrich von Gutenburg 12世紀後半生。ドイツの宮廷詩人。
エメリック・ド・ペギラン Aimeric de Péguilhan 50？歳。1170生。フランスのトルヴァドゥール。
グンテルス（ぺリの） Guntherus (Pairis) スイス出身のシトー会修道士，歴史家。
ゲルヴァシウス（ティルべリの） Gervasius of Tilbury 80？歳。1140生。イギリス中世の著作家。
コノン・ド・ベチューヌ Conon de Béthune 60？歳。1160？生。フランス北方宮廷詩人。
史達祖 70？歳。1150（ⓜ1155頃）生。中国，南宋の詞人。
ジャヤバルマン7世 Jayavarman VII ⓜ1225頃没、95？歳。1125生。アンコール王朝最盛時代を形成した王（在位1181～1220頃）。
フーゴ（バルゼルの） Hugo (Barzelle) 70？歳。1150生。フランスのシトー会修道士。

1221年

6.06　後鳥羽上皇が院宣を下し挙兵（承久の乱）
　　　　　＊　＊　＊
聖ドミニクス Dominicus, St. 8.6没，51歳。1170生。ドミニコ会創立者，聖人。
[この年] アヴラアーミイ（スモレーンスクの） Avraamii Smolenskii ロシア正教会の聖人。
アダムス（ペルセーニュの） Adamus (Perseigne) フランスのシトー会の著述家。
黄榦 69歳。1152生。中国，南宋の学者。
承迥 50歳。1171生。高麗後期の禅宗の高僧。
ビゴット，ロジャー Bigod イギリスの貴族。
[この頃] アッタール，ファリードッディーン・モハンマド Attār, Farīd al-Dīn ⓜ1220没，79？歳。1142（ⓜ1150頃）生。ペルシアの神秘主義者，詩人。
姜夔 ⓜ1203没，66？歳。1155（ⓜ1163）生。中国，南宋の詞人。

1222年

[この年] テオドルス1世 Theodorus I Lascaris 45歳。1177（ⓜ1175）生。東ローマ皇帝（1204～22）。
ナジーブ Najīb al-Dīn al-Samarqandī サマルカンド生れの医者。
ハインリヒ・フォン・モールンゲン Heinrich von Morungen 72？歳。1150（ⓜ1160？）生。中世高地ドイツ語の詩人。
レーモン6世 Raymond VI, le Uieux 66歳。1156生。トゥールーズ伯。
[この頃] コニアテス，ミカエル Chōniatēs, Michaēl 84？歳。1138生。ビザンチン時代の文人。

1223年

6.22　倭寇が高麗の金州に侵入する
8.06　フランスでルイ8世が即位する
　　　　　＊　＊　＊
カドゥウベク，ヴィンツェンティ Kadłubek, Vincentius 3.8没，63歳。1160生。ポーランドの年代史作者。
フィリップ2世 Philippe II, Auguste 7.14没，57歳。1165生。フランス王（在位1180～1223）。
[この年] アフォンソ2世 Afonso II 38歳。1185生。ポルトガル王（在位1211～23）。
ジラルダス・カンブレンシス Giraldus Cambrensis 76？歳。1147（ⓜ1146）生。イギリス，ウェールズの歴史家。
宣宗（金） 60歳。1163生。中国，金第8代皇帝（在位1213～23）。
陳淳 ⓜ1217没，64歳。1159（ⓜ1153）生。中国，宋の儒者。
葉適 73歳。1150生。中国，南宋の政治家，文学者。

1224年

5.05　ルイ8世がイングランドに宣戦布告する
　　　　　＊　＊　＊
[この年] ニョ・ギェルワ・ラナンパ gNyos rGyal ba lha nang pa 60歳。1164生。チベットの仏教者。
寧宗（南宋） 56歳。1168生。中国，南宋の第4代皇帝（在位1194～1224）。

1225年

エンゲルベルト1世 Engelbert I 11.7没，40？歳。1185生。ドイツのケルン大司教（1216～），聖人。

中世　　　　　　　　　　　　　　　　　　　　　　　　　　　　1230

[この年] アルナルドゥス・アマルリキ　Arnaldus Amalrici　65？歳。1160生。フランスのシトー会士、ナルボンヌ(Narbonne)の大司教。
シャークヤシュリーバドラ　Śākyaśrībhadra　98歳。1127生。インドの密教者。
ドプ・ロツアワ・チャンパ・ペル　Khro phu lo tsā ba tshul khrims śes rab byams pa dpal　52？歳。1173生。チベットのカーギュ派仏教者。
ナーシル　Nāṣir, al-　68？歳。1157生。アッバース朝第34代カリフ(在位1180～1225)。
楊慈湖　㊨1226没、84歳。1141(㊨1140)生。中国、宋の儒者。
[この頃] ガルネリウス(ロシュフォールの)　Garnerius(Rochefort)　85？歳。1140生。フランスのシトー会士、司教。
クリスタン・フォン・ハムレ　Christan von Hamle　ドイツ中部チューリンゲンの宮廷歌人。

1226年

11.29　フランスでルイ9世が即位する
＊＊＊
パンダルフ　Pandulph　9.16没。イタリアの聖職者。
フランシスコ、ジョバンニ　Francesco d'Assisi, St.　10.4？没、45歳。1181(㊨1182)生。フランシスコ修道会の創立者。
ルイ8世　Louis VIII, le Lion　11.8没、39歳。1187生。フランス国王(在位1223～26)。
[この頃] ヴァッサッレット、ピエトロ　Vassalletto, Pietro　66？歳。1160生。イタリアの大理石彫刻家。

1227年

3.19　グレゴリウス9世がローマ教皇に即位する
9.29　教皇がフリードリッヒ2世を破門する
＊＊＊
ホノリウス3世　Honorius III　3.18(㊨1226)没。教皇(在位1216～27)。
コンラドゥス(ウラシュの)　Conradus(Urach)　9.29没、50？歳。1177生。ベルギーのシトー会士、枢機卿。
ダニエーレ(ベルヴェデーレの)　Daniele(Belvedere)　10.10没。イタリアのフランシスコ会士、殉教者。
[この年] ギヨーム・ル・ブルトン　Guillaume le Breton　68？歳。1159生。フランスの年代記作者。

長春真人　79歳。1148生。中国、金末・モンゴル国初期の道士。
[この頃] アンロック　Ken Angrok　ジャワ中部、シンガサリ王朝の創始者(在位1222～27)。
コギシャル、ラルフ・ド　Coggeshall, Ralph de　イギリスの年代記作者。
ラルフ(コッゲスホールの)　Ralph(Coggeshall)　イギリスのシトー会修道者、年代記者。
劉松年　中国、南宋の画家。

1228年

6.28　神聖ローマ皇帝率いる第6回十字軍が出発
＊＊＊
ラングトン、スティーヴン　Langton, Stephen　7.9没、78？歳。1150生。イギリスの神学者、枢機卿。
[この年] 天童如浄　㊨1227没、65歳。1163生。中国、宋代の曹洞宗僧。
[この頃] 張従正　72？歳。1156生。中国、金代の医学者。
ルビーン　Rubin　中世ドイツの宮廷歌人。

1229年

3.17　十字軍が解放されたエルサレムに入城する
＊＊＊
アルベルトゥス1世(リガの)　Albertus I(Riga)　1.17没、64？歳。1165生。ブレーメン出身の司教。
サンシア　Sancia　3.13没、49？歳。1180生。ポルトガル第2代王サンショ1世の娘。
ヤークート　Yāqūt bn ʻAbd Allah al-Rumi al-Hamawi　8.20没、50歳。1179生。イスラムの地理学者。
[この年] 志謙　84歳。1145生。高麗後期の禅宗の高僧。
[この頃] 白玉蟾　95？歳。1134生。中国、南宋の道士。
ヘリナンドゥス(フロワモンの)　Helinandus(Froidmont)　69？歳。1160生。フランスのシトー会修道士、福者、詩人。

1230年

9.24　フェルナンド3世がレオン王国を併合
＊＊＊
レオポルト6世　Leopold VI, der Glorreiche　7.28没、53歳。1176生。オーストリア公(在位1198～1230)。

オタカル1世　Otakar I, Přemysl　12.13没。チェコ人プルシェミスル朝ボヘミアの国王(在位1191～93, 1197～1230)。

[この年]　アルフォンソ9世　Alfonso IX　59歳。1171生。レオン王(在位1188～1230)。

ヴァルター・フォン・デア・フォーゲルヴァイデ　Walther von der Vogelweide　㊟1229頃没、60？歳。1170(㊟1160頃)生。中高地ドイツ語時代の抒情詩人。

蔡沈　63歳。1167生。中国、宋の学者。

[この頃]　アーゾ　Azo　80？歳。1150生。中世イタリアの法律学者。

アンテーラミ、ベネデット　Antelami, Benedetto　㊟1233没、80？歳。1150生。イタリア・ロマネスクの彫刻家、建築家。

エンゲルハルト・フォン・アーデルンブルク　Engelhart von Adelnburg　12世紀末生。ドイツ南部の貴族出身の宮廷歌人。

ベレンガリア　Berengaria　65？歳。1165生。イギリスの王妃。

ラウル・ド・ウーダン　Raoul de Houdenc　65？歳。1165生。北フランスの韻文物語作家。

1231年

この年　モンゴル軍が高麗の義州と開城を占領する
＊＊＊

アントニウス(パードヴァの、聖)　Antonius de Padua, St.　6.13没、36歳。1195生。聖人。

ジャラール・ウッディーン　Jalāl-ud-Dīn Mankubirnī　8.15没。ホラズム王朝最後の王(在位1220～31)。

ギヨーム・ドーセール　Guillaume d'Auxerre　11.3没、81？歳。1150没。フランスの神学者、哲学者。

エリーザベト(ハンガリーの、テューリンゲンの)　Elisabeth von Thüringen　11.17没、24歳。1207生。ハンガリー王アンドレアス2世の娘、聖女。

イダ(ニヴェルの)　Ida(Nivelles)　12.11没、41？歳。1190生。ベルギーのシトー会修道女、福者。

フーケ・ド・マルセイユ　Fouquet de Marseille　12.25没、76？歳。1155生。プロヴァンス地方のトルバドゥール。

[この年]　アブド・アル・ラティーフ・アル・バグダーディー　'Abd al-Laṭīf al-Baghdādī　69歳。1162生。バグダードの神学者、哲学者、医者、天文学者。

ジャン・ドルベ　Jean d'Orbais　フランスの建築家。

ショ・バル　Jo 'bar　35歳。1196生。チベットのニンマ派仏教者。

フォルクイヌス(マルセイユの)　Folquinus (Marseille)　76歳。1155没。イタリア出身のシトー会修道士、詩人。

李全　中国、金末の反乱集団の首領。

1232年

5.03　フィランジェリがキプロスに敗北する
＊＊＊

アグネルス(アニェッロ)(ピーサの)　Agnellus　3.3没、38？歳。1194生。イギリスにおけるフランシスコ会の管区創設者、福者。

[この年]　趙秉文　73歳。1159生。中国、金の政治家、文人。

完顔璟　60歳。1172生。金・世宗の孫。

[この頃]　オウフィー、モハンマド　'Aufi, Mohammed　㊟1237没、57？歳。1175生。ペルシアの伝記作家。

1233年

コンラート(マールブルクの)　Konrad von Marburg　7.30没、53？歳。1180生。ドイツの異端審問官。

史弥遠　10.4没、69歳。1164生。中国、南宋の寧宗、理宗両朝の宰相。

[この年]　王若虚　中国、金末の政治家、文学者。

ツルカン・カトン　Turcan Khatoune　トルコ・西域、花剌子の皇后。

フライダンク　Freidank　12世紀末生。中世高地ドイツ語の格言詩人。

蒲鮮万奴　中国、遼東地方に興った大真国の建設者(在位1216～33)。

ヤーサン・チョエジェ　g-Ya' bzang chos rje　64歳。1169生。チベットのカーギュ派仏教者。

[この頃]　アイケ・フォン・レプゴー　Eike von Repkow　㊟1235没、53？歳。1180(㊟1160頃)生。ドイツ(ザクセン)の貴族、法学者。

1234年

2.09　モンゴル軍が蔡州を攻略、金朝が滅亡する
＊＊＊

サンチョ7世　Sancho VII　4.7没。ナバラ王(在位1194～1234)。

イブン・アル・アシール　Ibn al-Athīr, 'Izz al-Dīn Abū al-Ḥasan 'Alī　5.4(㊟1233)没、73歳。1160生。アラブの歴史家。

[この年]　哀宗　36歳。1198生。中国、金の第9代皇帝(在位1223～34)。

慧諶　56歳。1178生。朝鮮、高麗後期の禅宗の高僧。

キュリロス（カルメル会の）　Kyrillos　カルメル会総会長。
バハー・アッディーン　Bahā'u'd-Dīn ibn Shaddād　89歿。1145生。アラブ系の歴史家。
ブラーク・ハージブ・クトルグ・カーン　Burāk Ḥājib Qutlugh Khān　イランのクトルグ汗朝の創始者（1222～34）。
ルツァー（アルトツェレの）　Lutzer（Altzelle）　ドイツのシトー会修道士。
この頃　イブン・アル・ファーリド　Ibn al-Fārid, Umar　㊨1235歿、54？歳。1180（㊨1182）生。イスラム教徒の神秘主義詩人。
ヴィンケンティウス・ヒスパヌス　Vincentius Hispanus　スペイン出身の教会法学者。
スフラワルディー　al-Suhrawardī, Shihāb al-Dīn Abū Hafṣ　89？歳。1145生。イラクの神秘主義者。
タンクレッド　Tancred　49？歳。1185生。イタリアの教会法学者。

1235年

サバ（セルビアの）　Savva（Sava）　1.14歿、60？歳。1175（㊨1176頃）生。初代セルビア大主教、文筆家、聖人。
ゴティエ（オシエ）　Gauthier（Ochies）　1.19歿。フランスのシトー会修道士。
フィッツウォルター　Fitzwalter, Robert　11.9歿。イングランドの貴族。
この年　アンドラーシュ2世　Andras II　ハンガリー王（在位1205～35）。
イブン・サンジャル・アル・ハージリー　Ibn Sanjar al-Ḥājirī　トルコ系のアラビア語詩人。
キムチ、ダヴィード　Kimchi, David　㊨1232歿、75歳。1160生。ユダヤ人のヘブライ語学者、聖書学者。
真徳秀　57歳。1178生。中国、南宋の政治家、儒者。
この頃　ハリージ　al-Harizi, Judah Ben Solomon　65？歳。1170生。スペインの詩人。

1236年

6.29　フェルナンド3世がコルドバを服従させる
＊　＊　＊
ネモラリウス　Nemorarius, Jordanus　2.13歿、51歳。1185生。数学者で力学者。
イレートミシュ　Iltūtmish Shams al-Dīn　4.2歿。インド、奴隷王朝第3代王（在位1210～36）。

ロージャー　Roger of Wendover　5.6歿。イングランドの修道僧、年代記作者。
ゴーチエ・ド・コワンシー　Gautier de Coincy　9.25歿、59？歳。1177生。フランスの吟遊詩人。
この年　ムイーヌッ・ディーン　Mu'īnu'd-Dīn Chishtī Sīstānī　インドのイラン系神秘主義聖者。
この頃　ゴーティエ・ド・ダルジー　Gautier de Dargies　71？歳。1165生。フランスのトルヴェール。
スコット　Scot, Michael　㊨1235頃歿、36？歳。1200（㊨1175頃）生。イギリス（スコットランド生れ）の東洋学者。

1237年

2.03　モンゴル軍がウラジミールに到着する
9.25　ヨーク条約が締結される
＊　＊　＊
ヨルダン（ザクセンの）　Jordan（Sachsen）　2.13歿。ドイツ出身のドミニコ会総会長。
プア、リチャード　Poore（Poor, Poure, Le Poor）, Richard　4.15歿。イギリスのソールズベリの司教。
この年　カイ・クバード1世　Kai-qubād I　ルーム・セルジューク朝第11代のスルタン（1219～37）。
カマール・ウッディーン　Kamāl al-Dīn Ismāīl　ペルシアの詩人。
魏了翁　59歳。1178生。中国、南宋の儒者。
キャマーロッディーン・エスマアイール　Kamāl Ismā'īl Iṣfahānī　65？歳。1172生。イランの諷刺詩人。
ジョン・オヴ・ブリエンヌ　Jean de Brienne　89歳。1148生。エルサレム王（在位1210～25）。
張洽　76歳。1161生。中国、宋の学者。
趙汝談　中国、南宋の官僚、学者。

1238年

ピーター・デ・ロシュ　Peter des Roches　6.9歿。フランスの外交官、騎士、行政家、イングランドのローマ・カトリック教会司教。
この年　エレアザール（ウォルムスの）　Eleazar Ben Judah　62？歳。1176生。ドイツのタルムード学者、カバラ学者。
ゲオルギー・フセヴォロドヴィチ　Georgii Vsevolodovich　49歳。1189生。ロシアのスズダリ侯（在位1212～38）。
マフムード・ターラービー　Mahmūd Tārābī　ブハラ蜂起の指導者。

この頃 オルトラーナ（ホルトゥラーナ）（アッシージの） Ortolana（Hortulana）（Assisi） アッシージの聖クラーラと聖アグネスの母。

1239年

3.20 教皇がフリードリッヒ2世を再び破門する
12.- バトゥがキエフ城への攻撃を開始する
* * *
ヘルマン・フォン・ザルツァ　Hermann von Salza　3.20没、69？歳。1170生。ドイツ騎士団の創設者。

1240年

7.15 ノヴゴロド公国がネヴァ川の戦いで勝つ
12.06 モンゴル軍がキエフを陥落させる
* * *
ヤコーブス（ヴィトリの）　Jacobus（Vitry）　4.30没、70？歳。1170生。アコンの司教、説教者。
ライムンドゥス・ノンナートゥス　Raimundus Nonnatus　8.31没、36？歳。1204生。スペインの修道士、聖人。
ラズィッヤ　Raḍiyya, Bēgum　10.14没。インドの奴隷王朝第5代の女王（1236～40）。
イブン・アル・アラビー　Ibn 'Arabi, Muhyi al-Dīn　11.16没、75歳。1165生。スペインのアラブ系神秘派思想家、詩人。
エドムンド（エドマンド）、リッチ　Edmund, Rich　11.16没、70？歳。1170（Ⓡ1180）生。イギリスの高位聖職者、神学者。
この年 ゲルマノス2世　Germanós II　65？歳。1175生。ニカイア王国のコンスタンティノポリス総主教。
厳実　58歳。1182生。モンゴル朝の武将。
ルウェリン・アプ・イオーワス　Llewelyn ap Iorwerth　大王と呼ばれる。
この頃 カエサリウス（ハイスタバハの）　Caesarius　60？歳。1180生。ドイツのシスティン会修道士、著作家。
ナイトハルト・フォン・ロイエンタール　Neidhart von Reuental　Ⓡ1237以降没、60？歳。1180（Ⓡ1190頃）生。中世高地ドイツ語の抒情詩人。

1241年

4.09 モンゴル軍がワールシュタットで勝利する

10.25 ケレスティヌス4世がローマ教皇に即位
* * *
ヴァルデマール2世　Valdemar II　3.21没、71歳。1170生。デンマーク王（在位1202～41）
ヘルマン・ヨーゼフ　Hermann Joseph　4.7没、91？歳。1150生。ドイツのプレモントレ会の神秘家、著述家、聖人。
グレゴリウス9世　Gregorius IX　8.22没、96歳。1145（Ⓡ1170頃）生。教皇（在位1227～41）。
李奎報　9.2没、72歳。1168生。朝鮮、高麗中期の政治家、学者。
スノッリ・ストゥルルソン　Snorri Sturluson　9.22？没、62歳。1179（Ⓡ1178）生。アイスランドの歴史家、詩人、政治家。
ケレスティーヌス4世　Coelestinus IV　11.10没。ローマ教皇。
この年 イヴァン・アセン2世　Ivan Asen II　ブルガリアのツァーリ（1218～41）。
オゴタイ　Ögödei Khan　56歳。1185（Ⓡ1186）生。大モンゴル国第2代の大汗（1229～41）。
善月　92歳。1149生。中国、宋、天台宗の僧。

1242年

4.05 ノヴゴロド公がチュード湖の戦いで勝利
7.21 ヘンリー3世がフランスに侵入するが失敗
* * *
リチャード・ド・モアズ（モリンズ）　Richard de Mores（Morins）　4.9没、82？歳。1160生。イングランドの教会法学者、司祭、アウグスティヌス修道士。
ジョスリン（ウェルズの）　Jocelin（Wells）　11.19没。イングランドの司教、王室付司法官。
この年 チャガダイ　Chaghatai Khan　Ⓡ1241頃没。チャガタイ・ハン国初代のハン（在位1227～42）。

1243年

4.07 イングランドとフランスで5年の休戦成立
11.20 ベルンとフリブールの都市同盟が成立する
* * *
ヘートヴィヒ　Hedwig　10.15没、69歳。1174生。中世ドイツの女子修道者。
この年 岳珂　60歳。1183生。中国、南宋の学者、政治家。
バー、ヒューバート・ド　Burgh, Hubert de　イギリスの政治家。
耶律楚材　Ⓡ1244没、54歳。1189（Ⓡ1190）生。モンゴル帝国初期の功臣、文学者。

中　世

李心伝　77歳。1166生。中国，南宋の歴史家。
[この頃] ファーバ　Faba, Guido　53？歳。1190生。イタリアの文学者。
ベルリンギエーリ，ベルリンギエーロ　Berlinghieri, Berlinghiero　53？歳。1190生。イタリアの画家。

1244年

7.25　ホラムズ雇兵隊がエルサレムを陥落させる
＊＊＊
[この年] オットー・フォン・ボーテンラウベン　Otto von Botenlauben　64？歳。1180生。ドイツ，バイエルンのボーテンラウベン城に住んだミンネザングの歌人。
ハイモ（ファヴァシャムの）　Haymo（Faversham）　イギリス出身のフランシスコ会総長。

1245年

7.17　フリードリッヒ2世の破門と廃位が宣言
＊＊＊
エーベルハルト（ロールドルフの）　Eberhard（Rohrdorf）　6.10没、85？歳。1160生。ドイツのシトー会士，福者。
アレクサンデル・ハレシウス　Alexander Halesius　8.21（㊞1250）没、75？歳。1170（㊞1175頃）生。フランスのスコラ学者。
クリスティアン（プロイセンの）　Christian von Preußen　12.4没。ドイツのシトー会修道士，プロイセン最初の司教。
[この年] アッ・タヌーヒー　at-Tanūkhī al-Ḥalabī, ‘Abdu’lmuḥsin b.Maḥmūd　71歳。1174生。シリアのアラブ系詩人。
ブルース，ロバート，4代アナンデイル卿　Bruce, Robert, 4th Lord of Annandale　スコットランドの貴族。
了世　82歳。1163生。朝鮮，高麗後期の天台宗の高僧。

1246年

7.22　教皇使節カルピニがカラコルムを訪問する
＊＊＊
シャムス・イ・タブリーズ　Shams-i Tabrīz　3.？（㊞1247頃）没。イスラム教のスーフィーの一人。

万松行秀　4.？没、80歳。1166（㊞1167）生。中国，南宋の曹洞宗の禅僧。
ルトガルディス　Lutgardis　6.16没、64歳。1182生。ベルギー中世の神秘家，聖人。
トマ　Thomas Gallus Vercellensis　12.5（㊞1225）没、46？歳。1200生。フランスのスコラ哲学者，サンビクトル修道院長。
[この年] イザベラ（アングレームの）　Isabella of Angoulême　イギリス王ジョンの王妃。
ベレンガリア　Berengaria　75歳。1171生。カスティリア王アルフォンソ8世の長女。
孟珙　51歳。1195生。中国，南宋の武将。
[この頃] エルモ　Elmo　56？歳。1190生。スペインのドミニコ会の説教師，聖人。
ゴンザロ・デ・ベルセオ　Gonzalo de Berceo　㊞1264以降没、66？歳。1180（㊞1190頃）生。スペインの詩人，司祭。

1247年

10.03　ホラント伯ウィレムが対立皇帝に選ばれる
＊＊＊
ラスペ　Raspe, Heinrich, Landgraf von Thuringen　2.16没、45？歳。1202生。テューリンゲン（ドイツ）の地方伯（1227～39、41～47）。
ヒメネス・デ・ラダ，ロドリーゴ　Jimenez de Rada, Rodrigo　6.10没、76？歳。1171（㊞1170頃）生。スペインのフランシスコ派聖職者，歴史家。
コンラート（マゾフシェの）　Konrad Mazowiecki　8.31没、60？歳。1187生。ポーランドの国王（1229、41～43）。
テオバルドゥス（ヴォ―ド－セルネの）　Theobaldus（Vaux-de-Cernay）　12.7没、47？歳。1200生。フランスのシトー会修道院長，聖人。
[この年] シャールンガデーヴァ　Sārngadeva　37歳。1210生。インドの音楽学者。
宋徳方　64歳。1183生。中国，元代の道士。
[この頃] ロビン・フッド　Robin Hood　87？歳。1160生。イギリスの伝説上の義賊。

1248年

8.25　第7回十字軍がエーグモントから出航する
11.23　セビリャ・カルタヘナが陥落する
＊＊＊
キフティー　al-Qiftī Jamālu’d-Dīn al-Qāḍī’l-Akram　12.30没、76歳。1172生。アラブ系歴史家。

この年 イブヌル・バイタール Ibn al-Baitār イスラム教徒の博物学,薬草学者。
サンチョ2世 Sancho II 41歳。1207生。ポルトガル王(在位1223～46)。
ジョン・ブランド John Blund 68?歳。1180生。イギリスの哲学者,神学者。
天因 43歳。1205生。高麗後期の天台宗高僧。
ベイコン,ロバート Bacon, Robert 98?歳。1150生。イギリスのオックスフォード大学における最初のドミニコ会神学者,著作家。
リチャード・フィシャカー Richard Fishacre イングランドのドミニコ会の神学者。
この頃 戴復古 ㊗1250?没,81?歳。1167生。中国,南宋の民間詩人。

1249年

6.06　十字軍がエジプトのダミエッタを占領する
7.08　アレクサンダー3世スコットランド王即位
　　　　　＊　＊　＊
無準師範 3.18没、71歳。1177生。中国、南宋の臨済宗僧侶。
ギヨーム・ドーヴェルニュ Guillaume d'Auvergne 3.30没、69?歳。1180(㊗1190以前)生。フランスの哲学者,神学者。
レイモン7世 Raymond VII, Comte de Toulouse 9.27没、52歳。1197生。中世初期から続いた南フランスのツールーズ伯家最後の伯。
この頃 アレクサンダー2世 Alexander II 51歳。1198没。スコットランド王(在位1214～49)。
崔瑀 朝鮮、高麗の政治家。
サーリフ al-Ṣāliḥ 44歳。1205生。アイユーブ朝の第7代君主(在位1240～49)。
宋慈 63歳。1186生。中国、南宋の学者、官僚。
ピエール・デッラ・ヴィーニャ Pietro Della Vigna 59?歳。1190生。中世イタリアの文人、外交官。
ボーヌス、ヨハネス Bonus, Johannes 81歳。1168生。イタリアの隠修士。

1250年

4.06　ルイ9世がエジプト人の捕虜となる
5.02　アイユーブ朝が滅亡、マムルーク朝が成立
　　　　　＊　＊　＊
テレジア(ポルトガルの) Theresia(Portugal) 6.17没、72歳。1178生。ルシタニア(ポルトガル)の第2代王サンショ1世の娘、ロルヴァーンのシトー会修道院創立者、聖人。

フリードリヒ2世 Friedrich II 12.13没、55歳。1194(㊗1197)生。ドイツ王(在位1212～50)、神聖ローマ皇帝(在位20～50)。
この年 エーリック11世 Erik XI, Eriksson 34歳。1216生。スウェーデン王(在位1222～29, 34～50)。
ヨアネス(リモージュの) Joannes(Limoges) フランスのシトー会修道者、神秘神学者。
ロレパ Lo ras pa 63歳。1187生。チベットのカーギュ派仏教者。
この頃 イブヌル・アッワーム Ibn al-'Awwān, Abū Zakarīyā Yaḥyā ibn Muḥammad イスラム教徒の農学者。
フィボナッチ、レオナルド Fibonacci, Leonardo ㊗1240以後没、80?歳。1170(㊗1180頃)生。イタリアの数学者。
ユリーアヌス(シュパイアーの) Julianus(Speyer) パリで活躍したドイツ出身の音楽家。
ルナール、ジャン Renart, Jean 80?歳。1170生。フランスの騎士道物語作者。

1251年

アブール・フサイン・ビン・マトゥルーフ Abū'l-Ḥusain bin Maṭrūḥ 10.19没、55歳。1196生。エジプトのアラブ系詩人。
この年 カイサル・イブン・アビル・カースィム Qayṣar ibn Abī al-Qāsim 73?歳。1178生。エジプトの数学者、天文学者、技術者。
サキャ・パンチェン・クンガ・ギェルツェン sa skya pang chen Kun dga' rgyal mtshan 69歳。1182生。チベットのサキャ派仏教者。
李杲 71歳。1180生。中国、金末・元初期の医者。
この頃 アルベリクス(トロワ-フォンテーヌの) Albericus(Trois-Fontaines) フランスのシトー会修道士。

1252年

3.23　ホラント伯ウィレムが再び対立皇帝に即位
5.30　アルフォンソ10世がカスティリャ王即位
　　　　　＊　＊　＊
ローザ(ヴィテルボの) Rosa(Viterbo) 3.6没、17歳。1235生。イタリアの少女聖人。
ペトルス・マルティル Petrus Martyr, St. 4.6没、47?歳。1205生。ドミニコ会士、伝道者、聖人。
フェルナンド3世 Fernando III 5.30没、53歳。1199(㊗1198)生。カスティリア王(在位1217～52)、レオン王(在位30～52)。

ブランシュ・ド・カスティーユ Blanche de Castille 11.？没、64歳。1188生。フランス王ルイ8世の妃。

1253年

10.10 コンラート4世がナポリを征服する

＊＊＊

リチャード（チチェスターの） Richard (Chichester) 4.3没、56？歳。1197生。イギリスのチチェスターの司教，聖人。

エリーアス（コルトーナの） Elias di Cortona 4.22没、73？歳。1180生。イタリアのフランシスコ会総会長。

チボー・ド・シャンパーニュ Thibaut de Champagne 7.7没、52歳。1201生。ナバール王チボー4世（在位1234〜53）。

クララ（アッシージの，聖） Clara Assisiensis 8.11没、59歳。1194生。イタリアの修道女。

アグネス（アッシジの） Agnes d'Assisi, St. 8.27没、56歳。1197生。イタリアのクララ会修道女，聖人。

ベンツェスラウス1世 Wenceslaus I 9.22没、48歳。1205生。ボヘミア王（在位1230〜53）。

グローステスト，ロバート Grosseteste, Robert 10.9没、78？歳。1175（[異]1168）生。イギリスの聖職者，スコラ学者。

[この年] **サアドゥッ・ディーン・ハマヴィー** Sa'du'd-Dīn Ḥamawī 63？歳。1190生。イランの詩人，神秘主義者。

ティーファーシー *al*-Tīfāshī, Shihāb al-Dīn アラブの鉱物学者。

ヘンリー・オブ・レインズ Henry of Reyns イギリスで活躍の建築長。

[この頃] **カルピーニ，ジョヴァンニ・ダ・ピアン・デル** Carpini, Giovanni de Piano [異]1252没、71？歳。1182（[異]1200頃）生。イタリアの旅行家。

1254年

4.26 イングランド政府が全国州代表集会を招集
12.12 アレクサンデル4世がローマ教皇に即位

＊＊＊

コンラート4世 Konrad IV 5.21没、26歳。1228生。ドイツ国王（在位1237〜54）。

ヨアンネス3世 Joannes III Doucus Vatatzes 11.3没、61歳。1193生。ビザンチン帝国皇帝（在位1222〜54）。

インノケンティウス4世 Innocentius IV 12.7没、54？歳。1200（[異]1194）生。教皇（在位1243〜54）。

[この頃] **ルードルフ・フォン・エムス** Rudolf von Ems 54？歳。1200（[異]1220頃）生。ドイツの叙事詩人。

1255年

ニコーラ，パリア Nicola, Paglia 2.11没、58歳。1197生。イタリアのドミニコ会士。

ヒュー（リンカンの） Hugh (Lincoln) 8.27没。イギリスのリンカンで虐殺された少年。

[この頃] **ゴットフリート・フォン・ナイフェン** Gottfried, von Neifen 13世紀前半生。ドイツのシュヴァーベンの貴族，宮廷歌人。

ヨハンネス・デ・ガルランディア Johannes de Garlandia 65？歳。1190生。フランスの音楽理論家。

1256年

ヴィルヘルム Wilhelm von Holland 1.28没、29歳。1227生。神聖ローマ皇帝（在位1247〜56）。

ペトルス・ノラスクス Petrus Nolascus 12.25没、67？歳。1189（[異]1182頃）生。カトリックの聖職者，聖人。

[この年] **史嵩之** 中国，南宋の政治家。

チェラーノ Tommaso da Celano [異]1260頃没、66？歳。1190（[異]1200頃）生。イタリアのフランシスコ会士。

バトゥ Batu [異]1255没、49？歳。1207（[異]1209）生。キプチャク・ハン国の1代ハン（在位1227〜55）。

[この頃] **サクロボスコ** Sacrobosco, Joannes de 56？歳。1200生。イギリスの数学者，天文学者。

ヒルトボルト・フォン・シュヴァンガウ Hiltbolt von Schwangau ドイツの歌人。

1257年

1.13 リチャードが神聖ローマ皇帝に即位する
4.01 神聖ローマ帝国で大空位時代が始まる

＊＊＊

ヒアキントゥス Hyacinthus, St. 8.15没、72？歳。1185生。シュレジア出身のカトリック聖職者，聖人。

[この年] アイバク　Aybak, al-Mu'izz 'Izz al-Dīn　エジプトのバハリー・マムルーク朝第2代スルタン (在位1250～57)。
印簡　55歳。1202生。中国、元の僧、臨済宗第16祖。
元好問　67歳。1190生。中国、金末、元初の文学者。
シャジャル・アッドゥル　Shajar al-Durr　エジプトのアイユーブ朝の王妃。
[この頃] アダムス・マリスクス　Adamus Mariscus　イギリスのフランチェスコ派学僧、神学者。

パリス、マシュー　Paris, Matthew　59？歳。1200生。イギリスの年代記作者。
マシュー・パリス　Matthaeus(Paris)　59？歳。1200生。イギリスの年代記作者、ベネディクト会修道士。
ロランドゥス（クレモーナの）　Rolandus (Cremona)　12世紀末生。イタリア出身のパリ大学で講義した最初のドミニコ会士。

1258年

1.30　モンゴル軍がバグダード攻撃を行う
2.20　アッバース朝が滅亡する
8.10　マンフレディがシチリア王に即位する
＊＊＊
ムスタースィム　al-Musta'ṣim Bi'llah, Abu Aḥmad 'Abdullah ibnu'l-Mustanṣir　2.？没、45歳。1212生。アッバース朝第38代（最後）のカリフ(在位1242～58)。
ユリアーネ（リエージュの）　Juliane(Liège)　4.5没、65歳。1193生。ベルギーの「聖体の祝日」の提唱者。
アダム・マーシュ　Adam Marsh de Marisco　11.18没。イギリスのフランシスコ会神学者。
[この年] ゴェツァンパ・ゴンポ・ドルジェ　rGod tshang pa mgon po rdo rje　69歳。1189生。チベットのカーギュ派仏教者。
シャーズィリー　al-Shādhilī, Nūr al-Dīn Abū al-Ḥasan　62歳。1196生。アフリカのスーフィー教団創設者。
ジュンタ・ピサーノ　Pisano, Giunta　56？歳。1202生。イタリア、ピサ派画家。
テオドロス・ラスカリス　Theodoros Laskaris　36歳。1222生。ビザンティンの神学者。
バハー・アッディーン・ズハイル　al-Bahā al-Dīn Zuhayr ibn Muḥammad al-Muhallabī　72歳。1186(㊥1185)生。エジプトのアラブ系詩人。

1259年

10.13　イングランド諸侯の国政参加が規定される
12.04　ルイ9世がプランタジネット家と和解する
この年　高麗がモンゴル軍に降伏する
＊＊＊
エッツェリーノ・ダ・ロマーノ　Ezzelino da Romano　9.27没、65歳。1194生。イタリアの大領主。
[この年] 高宗（高麗）　67歳。1192生。朝鮮、高麗の第23代王（在位1213～59）。

1260年

3.01　モンゴルでフビライが即位する
＊＊＊
イブン－アルアッバール　Ibn al-Abbār, Abū 'Abd Allāh Muḥammad　1.2没、61歳。1199生。西方のムスリム歴史家、伝承学者、詩人。
ユッタ（ザンガハウゼンの）　Jutta(Sangerhausen) 5.12没。プロイセンの守護聖人。
[この年] ヴィラール・ド・オンヌクール　Villard de Honnecourt　70？歳。1190生。フランスの建築家。
ジョン・オブ・グローチェスター　John of Gloucester　15歳。1245生。イギリスの建築家。
崔滋　72歳。1188生。朝鮮、高麗中期の文臣。
無門慧開　77歳。1183生。中国、南宋の臨済宗僧侶。
[この頃] イダ（レオーの、レーウの）　Ida(Léau, Leeuw)　ベルギーのシトー会修道女、福者。
ケイタ　Sundiata Keita　50？歳。1210生。マリ帝国の創始者、マリンケ族の魔術師の王、国民的英雄とされている。
ペトルス（アイルランドの）　Petrus(Ireland)　60？歳。1200生。トマス・アクィナスの師。
ミンハージ・スィラージー　Minhāj Sirājī Jūzjānī　67？歳。1193生。アフガニスタン生れの歴史家。
ヤーコボ・ダ・レンティーニ　Jacopo da Lentini　㊥1250頃没、50？歳。㊥1210生。イタリアの詩人。
ラインマル・フォン・ツヴェーター　Reinmar von Zweter　60？歳。1200生。ドイツのミンネゼンガー。
リチャード・ルーファス（コーンウォルの）　Richard Rufus(Cornwall)　イングランドのフランシスコ会の神学者、哲学者。

1261年

8.15　ラテン帝国が滅亡、パレオロゴス朝成立
8.29　ウルバヌス4世がローマ教皇に即位する
＊＊＊

アレクサンデル4世　Alexander IV　5.25没。ローマ教皇（在位1254～61）。
アードルフ4世　Adolf IV　7.8没、56？歳。1205生。ドイツのシャウムブルクの伯爵、のちフランシスコ会士。
この頃 秦九韶　59？歳。1202生。中国，南宋の数学者。
ムスタンスィル　al-Mustanṣir, Aḥmad Abū al-Qāsim　エジプトのアッバース朝カリフ。

1262年

スラミー　al-Sulamī 'Abd al-'Azīz bn 'abd al-Salām　4.2没、81？歳。1181生。シリアのイスラム神学者，法学者。
アエギディウス（アッシージの）　Aegidius（Assisi）4.22没、72？歳。1190生。イタリアのフランシスコ会修道士，福者。
この年 方岳　63歳。1199没。中国，南宋の文学者。
ライネリオ，サッコーニ　Rainerio, Sacchoni　イタリア出身のドミニコ会修道士。
李璮　中国，元初の叛乱世侯。
この頃 ヨルダン（ジャーノの）　Jordan（Giano）67？歳。1195生。ドイツのフランシスコ会創始者。

1263年

12.15　マグヌス7世がノルウェー王に即位する
＊　＊　＊
フーゴ（サン-シェルの）　Hugo a St.Caro　3.19（㊟1264）没、63？歳。1200生。フランスの聖職者，神学者。
アレクサンドル・ネフスキー　Aleksandr Iaroslavich Nevskii　11.14没、45歳。1218（㊟1220）生。古代ロシアの英雄，聖人。
ホーコン4世　Haakon IV Haakonsson　12.15没、59歳。1204生。ノルウェー王（1217～63）。
この年 アックルシウス，フランシスクス（アッコルシオ，フランチェスコ）　Accursius, Franciscus　78？歳。1185（㊟1184）生。イタリアの法学者。
張即之　㊟1266没、77歳。1186（㊟1185頃）生。中国，南宋の書家。
ミンドーフク　Mindowe　63？歳。1200生。リトアニア国王（在位1253～63）。
リベルジェ，ユーグ（レ・ベルジェ，ユーグ）　Libergier, Hughues（Le Berger, Hughues）　フランスの建築家。

1264年

5.14　リュイスの戦いでヘンリー3世捕らわれる
＊　＊　＊
ウルバヌス4世　Urbanus IV　10.2没、64？歳。1200（㊟1185）生。教皇（在位1261～4）。
この年 陳守度　㊟1265没、71歳。1193生。ヴェトナム，陳朝の実質的な建国者。
理宗（南宋）　59歳。1205生。中国，南宋の第5代皇帝（在位1224～64）。
この頃 ヴァンサン・ド・ボーヴェ　Vincent de Beauvais　74？歳。1190生。フランス中世の百科全書家。
牧谿　中国，南宋の禅僧，画人。

1265年

1.20　「モンフォールの議会」が召集される
2.05　クレメンス4世がローマ教皇に即位する
2.08　アバーカーがイル・ハン国のハーンに即位
＊　＊　＊
フラグ　Hūlāgū Khān　2.8没、47？歳。1218（㊟1217頃）生。イル・ハン国の建設者（在位1258～65）。
シモン　Simon, Stock　5.16没、100？歳。1165？生。イギリスの隠修士。
モントフォート，サイモン・ド，レスター伯爵　Montfort, Simon de Earl of Leicester　8.4没、57？歳。1208（㊟1206）生。イングランドの貴族。
この年 李冶　㊟1279没、87歳。1178（㊟1192）生。中国，金・元の数学者。

1266年

1.06　シャルル・ダンジューがシチリア王に即位
＊　＊　＊
カンテループ　Cantelupe, Walter de　2.12没。イギリスの高位聖職者。
マンフレート　Manfred　2.26没、35？歳。1231（㊟1232頃）生。シチリア王（在位1258～66）。
ピエール・ド・モントルイユ　Pierre de Montreau　3.17（㊟1267）没、66？歳。1200生。フランスの建築家。
この年 （バーバー・）ファリード・シャカルガンジュ　Bāba Farīd Śakarganj　93歳。1173生。インドのパンジャービー語の神秘主義的詩人。

ビルイェル Birger Magnusson Jahr スウェーデンの領主。

1267年

11.18 モールバラ法令でイングランドの内乱終結

＊ ＊ ＊

シルヴェステル・ゴッツォリーニ Silvester Gozzolini (Guzzolini, Gossolini) 11.26没、90歳。1177生。イタリアのシルヴェステル修道会の創立者，聖人。

[この年] **ベルナルド・デ・コンポステーラ（弟）** Bernardo de Compostela, el Joven スペインの教会法学者。

[この頃] **タンホイザー** Tannhäuser [異]1270頃没、62？歳。1205（[異]1200頃）生。中高ドイツ語時代の抒情詩人。

1268年

5.21 アンティオケア公領が滅亡する

＊ ＊ ＊

アブー・シャーマ Abū Shāma, Shihāb al-Dīn al-Muqaddasī 6.13（[異]1266頃）没、65歳。1203（[異]1199頃）生。シリアの歴史家，文学者。

コンラディーン Conradin, Conrad the Younger 10.29没、16歳。1252生。ドイツ皇帝フリードリヒ2世の孫。

クレメンス4世 Clemens IV 11.29没。教皇（在位1265〜68）。

[この年] **金俊** 朝鮮，高麗の武臣。

張柔 78歳。1190生。中国，金および元の武将。

ブラックトン Bracton, Henry de 52歳。1216生。イギリスの法律家，裁判官。

ピエトロ2世 Pietro II サボイア伯トマゾ1世の子。

[この頃] **イマーミー・ヘラーティー** Imāmī Herātī イランの頌詩人。

トマス（ヨークの） Thomas of York イギリスのスコラ哲学者，フランシスコ会士。

1269年

9.24 キプロス王ユーグがエルサレム王に即位

＊ ＊ ＊

虚堂智愚 10.7没、84歳。1185生。中国，南宋の禅僧。

[この年] **ヘースティングズ，ヘンリー・ド** Hastings イングランドの貴族。

ペレグリヌス(・ド・マリクール)，ペトルス Petrus, Peregrinus de Maricourt [異]1294頃没、29？歳。1240（[異]1220頃）生。フランスのスコラ哲学者。

劉克荘 82歳。1187生。中国，南宋の文学者。

呂文徳 中国，南宋末期の武将。

1270年

7.01 ルイ9世率いる第8回十字軍が出発する

7.25 十字軍がチュニスを占領する

＊ ＊ ＊

マルガレータ（ハンガリーの） Margarete (Hungary) 1.18没、28？歳。1242生。ハンガリーの王女，ドミニコ会聖人。

イブン・アビー・ウサイビア Ibn Abī Uṣaibiʻah 1.？（[異]1269頃）没、67歳。1203（[異]1194頃）生。イスラム教徒の医学史家，医者。

イザベル（フランスの） Isabelle (France) 2.23没、44歳。1225生。フランスの王女，福者。

ベーラ4世 Béla IV 5.3没、64歳。1206生。ハンガリー国王（在位1235〜70）。

ボニファーティウス（サヴォワの） Boniface of Savoy 7.14没、63？歳。1207生。カンタベリー大司教。

ルイ9世 Louis IX, le Saint 8.25没、56歳。1214（[異]1215）生。フランス国王（在位1226〜70）。

[この年] **アンドレー（ロンジュモーの）** André de Longjumeau フランスのドミニコ会宣教師。

イブン・サブイーン Ibn Sabʻīn, Abū Muḥammadʻ Abd al-Ḥaqq [異]1269没、53？歳。1217生。スペインにおけるアラブ系哲学者。

ビゴット，ロジャー Bigod 58？歳。1212生。イギリスの貴族。

林衍 朝鮮，高麗の武臣。

[この頃] **アダン・ド・ジヴァンシー** Adam de Givenchi 50？歳。1220生。アラスのグループのトルヴェール。

アレクサンダー Alexander イギリスの建築長。

ウィレム William (Willem) of Rubruck 55？歳。1215生。ルブルック出身のフランシスコ会修道士。

呉文英 [異]1260？没、60？歳。1210（[異]1200？）生。中国，南宋の詞人。

ジャン・ド・シェル Jean de Chelles フランスの建築家。

ソルデッロ・ダ・ゴーイト Sordello 70？歳。1200生。イタリアの吟遊詩人。

チョエキ・ワンチュク Chos kyi dbang phyug 51？歳。1219生。チベットのニンマ派仏教者。

トマス（カンタンプレーの，シャンタンプレーの）
　Thomas de Cantimpré（de Chantimpré） 70？
　歳。1200生。中世の著作家。
フーゴ（ストラスブールの）　Hugo（Straßburg）
　60？歳。1210生。ドミニコ会修道士，神学者。
モーシェ・ベン・ナハマン　Mōšeh ben Naḥman
　75？歳。1195生。スペインのユダヤ人哲学者，聖
　書釈義家。

1271年

8.07　元の大都に回回司天台を設立する
9.01　グレゴリウス10世がローマ教皇に即位
12.19　モンゴルが国号を元とする
* * *
ホスティエンシス（セグジオの）　Hostiensis
　（Segusio）　10.25没。イタリアの教会法学者。
レオ（アッシージの）　Leo（Assisi）　11.14？没。12
　世紀末生。イタリアの修道士。
この頃　混元　80歳。1191生。高麗後期の禅宗高僧。
道璨　中国，南宋末の禅僧。
裵仲孫　朝鮮，高麗の武臣，三別抄蜂起軍の指導者。

1272年

11.20　イングランドでエドワード1世が即位する
* * *
エンツィオ　Enzo　3.14没、52？歳。1220（㊅1225
　頃）生。神聖ローマ皇帝フリードリヒ2世の実子。
リチャード　Richard, Earl of Cornwall　4.2没、
　63歳。1209生。イングランド国王ジョンの第2子。
ジータ　Zita（Sitha, Citha）　4.27没、57？歳。
　1215生。イタリアの聖人。
ギヨーム・ド・サン・タムール　Guillaume de
　Saint-Amour　9.13没、70？歳。1202（㊅1200頃）
　生。フランスの神学者，托鉢修道会の反対者。
ゲラルドゥス（アブヴィルの）　Gerardus de
　Abbatisvilla　11.8没、52？歳。1220生。フラン
　スの神学教師。
ヘンリー3世　Henry III　11.16没、65歳。1207生。
　イングランド王（在位1216～72）。
ダーヴィト（アウクスブルクの）　David
　（Augsburg）　11.19？没、72？歳。1200生。中世
　ドイツの優れた説教家。
ベルトールト（レーゲンスブルクの）　Berthold von
　Regensburg　12.14没、62？歳。1210（㊅1220頃）
　生。中世ドイツの民衆説教家。

この年　イブン・ビービー　Ibn Bībī　イランの歴
　史家。
キラコス　Kirakos Gandzaketsi　71？歳。1201生。
　アルメニアのガンジャクの聖職者。
謝方叔　中国，南宋の政治家。
ブレミュデース，ニケーフォロス　Blemmýdēs,
　Nikēphóros　75？歳。1197生。ビザンチンの学者。
ヘイトン1世　Haiton I　㊅1271没、71歳。1201生。
　小アルメニア（キリキア）の王（1224～69）。
この頃　オド（ロニの，ロニアコの）　Odo de
　Raniaco　フランスのフランシスコ会士。
ジョン（ガーランドの）　John（Garland）　77？歳。
　1195生。パリで活躍した文法学者，詩人，人文主
　義者。

1273年

9.11　ルドルフ1世が神聖ローマ皇帝に選出
10.01　ルドルフ1世が即位し、大空位時代終わる
* * *
オド（シャトルーの）　Odo de Châteauroux　1.26
　没、65？歳。1208生。フランス人枢機卿。
ルーミー，ジャラーロッディーン・モハンマド
　Rumi, Jalal-ud-din Muḥammad ibn Muḥammad
　12.16没、66歳。1207生。ペルシアの詩人。
この年　アルセニオス・アウトレイアノス　Arsénios
　Autōreianós　73？歳。1200生。コンスタンティ
　ノポリス総主教。
バルドゥイヌス2世　Balduinus II　56歳。1217生。
　コンスタンティノープルのラテン帝国の皇帝（在
　位1228～61）。
マキーン　al-Makīn ibnu'l-'Amīd　68歳。1205生。
　エジプトの歴史家。
ムハンマド1世　Muḥammad I　48歳。1225生。グ
　ラナダ王（在位1232～73）。
この頃　カーニイー・トゥースィー　Qāni'ī Ṭūsī　ペ
　ルシア詩人。

1274年

11.19　蒙古軍が博多に上陸する（文永の役）
* * *
トマス・アクィナス　Thomas Aquinas　3.7没、49
　歳。1225（㊅1224頃）生。イタリアのドミニコ会
　士，神学者。
トゥースィー，ナスィーロッディーン　Naṣīr al-Dīn
　Ṭūsī, Abū Ja'far　6.25没、73歳。1201（㊅1200）
　生。イランの哲学者，天文学者，政治家。

元宗(高麗)　6.?没、55歳。1219生。朝鮮，高麗の第24代王(在位1259〜74)。
ボナヴェントゥーラ　Bonaventura, St.　7.15没、53?歳。1221(㊥1217頃)生。イタリアの神学者。
ソルボン，ロベール・ド　Sorbon, Robert de　8.15没、72歳。1201生。フランスの聖職者。
劉秉忠　8.?没、58歳。1216生。中国，元初の政治家。
ドゥセリーヌ(ミディの)　Douceline(Midi)　9.1没、60?歳。1214生。フランスのベギン会の聖人。
☐この年　アンリ1世(ナバル王国の)　Henri I　64?歳。1210生。ナバル王(在位1270〜74)。
イスマイル　Ismāʻil　イランの砲術家。
度宗　34歳。1240生。中国，南宋の第6代皇帝(在位1264〜74)。

1275年

ライムンドゥス(ペニャフォルテの)　Raimundus de Penafort, St.　1.6没、100?歳。1175?(㊥1185頃)生。スペインの教会法学者。
史天沢　2.?没、73歳。1202生。モンゴル帝国から元初にかけての功臣。
オド・リガルドゥス　Odo Rigaldus　7.2没。フランスの神学者。
賈似道　10.?没、62歳。1213(㊥1220頃)生。中国，南宋末の宰相。
☐この年　郝経　52歳。1223生。中国，元初の政治家，学者，文学者。
セラピオーン　Serapion, Vladimirskii　中世ロシアの評論家。
趙卯発　中国，南宋の官僚。
杜世忠　33歳。1242生。中国，元の日本派遣の使者。
☐この頃　ヴィーテロ　Witelo　㊥1278没、45?歳。1230(㊥1220頃)生。ドイツのスコラ哲学者。
ジョン(ホヴドゥンの)　John(Hovedon)　イングランドの詩人。

1276年

2.-　元の攻撃により南宋の首都臨安が陥落する
7.25　アラゴン王ペドロ3世が即位する
　　　　　＊　＊　＊
グレゴリウス10世　Gregorius X　1.10没、66歳。1210生。教皇(在位1271〜76)。
インノケンティウス5世　Innocentius V　6.22没、51?歳。1225生。ローマ教皇。
ハイメ1世　Jaime I, El Conquistador　7.27没、68歳。1208生。アラゴン王(在位1213〜76)。
ハドリアヌス5世　Hadrianus V　8.18没。教皇(在位1276.7〜8)。
アフマド・アルバダウィー　Ahmad al-Badawī, Ahmad bn ʻAlī bn Ibrāhīm　8.25没、77歳。1199(㊥1200頃)生。イスラム教スーフィー(神秘主義)派の聖者。
グィニツェッリ，グィード　Guinizelli, Guido　11.14?(㊥1274頃)没、41?歳。1235(㊥1230)生。イタリアの詩人。
☐この年　兀庵普寧　79歳。1197生。中国，元の禅僧。
センパッド　Sempad　68歳。1208生。小アルメニアの元帥。
パヌッチョ・デル・バーニョ　Panuccio del Bagno　イタリアの詩人。
☐この頃　ウルリヒ・フォン・リヒテンシュタイン　Ulrich von Lichtenstein　㊥1275頃没、78?歳。1198(㊥1200頃)生。中世の詩人。

1277年

ヨハネス21世　Johannes XXI　5.20没、57?歳。1220(㊥1205頃)生。ローマ教皇(在位1276〜7)。
フンベルトゥス(ローマの)　Humbertus de Romanis　7.14没、83?歳。1194生。オーストリア出身のドミニコ会第5代総長。
☐この年　アセン　Asen, Konstantin Tikh　第2ブルガリア王国の王(在位1257〜77)。
アル・ヒッリー　al-Ḥillī al-Muḥaqqiqu'l-Auwal　72歳。1205生。イスラム教シーア派の法学者。
エンリッケ，マエストロ　Enrique, Maestro　フランス出身の建築長。
サリセタス　Saliceto Guglielmo da　67?歳。1210生。イタリアの医師。
太宗(ヴェトナム陳朝)　59歳。1218生。ヴェトナム，陳朝の創始者(在位1225〜58)。
チャン・カイン　Tran Canh　59歳。1218生。ヴェトナム陳朝初代の皇帝，太宗(在位1225〜58)。
バイバルス1世　Baybars al-Bunduqdārī I　54歳。1223(㊥1228頃)生。エジプト，バフリ・マムルーク朝第4代のスルタン(在位1260〜77)。
マートン，ウォルター・ド　Merton, Walter de　イギリスの聖職者。
☐この頃　ウルリヒ(シュトラースブルクの)　Ulrich von Straßburg　ドイツのスコラ哲学者，神学者。

1278年

8.- アレグザンダー3世が臣従礼を行う
＊＊＊

シャムスッ・ディーン　Shamsu'd-Dīn　1.?没。イランのヘラートのクルト朝の初祖。

マルティヌス　Martinus Polonus　6.22?没、78?歳。1200生。中世のドミニコ会修道士、年代記作者。

蘭渓道隆　7.24没、65歳。1213生。中国、宋の臨済宗の僧。

オタカル2世　Otakar II, Přemysl　8.26没、48?歳。1230生。プルシェミスル朝最盛期の王(在位1253～78)。

この年 ダスーキー　Dasūqī, Ibrāhīm bn Abī al-Majid 'Abd al-'Azīz ㊨1277没、43歳。1235(㊨1234)生。スーフィー教団創立者。

端宗　9歳。1269生。中国、南宋第8代皇帝(在位1276～78)。

董文炳　中国、元の武将。

マドヴァ　Madhva　㊨1276没、79歳。1199(㊨1197)生。インドの哲学者。

この頃 ピサーノ、ニコロ　Pisano, Nicola　㊨1280頃没、53?歳。1225(㊨1210頃)生。イタリアの彫刻家、建築家。

1279年

3.19　南宋が滅亡する
＊＊＊

陸秀夫　2.6没、43歳。1236(㊨1238)生。中国、南宋末の宰相。

アフォンソ3世　Afonso III　2.16没、68歳。1210生。ポルトガル王(在位1248～79)。

張世傑　2.?没。中国、南宋末の武人。

帝昺　2.?没、7歳。1272(㊨1271)生。中国、南宋最後の皇帝(第9代)(在位1278～79)。

タンピエ　Tempier, Étienne　9.3没、69?歳。1210生。フランスの聖職者。

キルウォードビ、ロバト　Kilwardby, Robert　9.12没、69?歳。1210生。イギリスの神学者。

この年 サイド・エジェル　Sayyid-Ejell, Shams al-Dīn　68?没。1211生。ウイグル人の元初期の武将。

ジュワイニー　Juwainī, Bahā'u'd-Dīn　30歳。1249生。イランの政治家。

張弘範　42歳。1237没。中国、元初の武将。

1280年

12.- 郭守敬が天文暦表「授時暦」を完成させる
＊＊＊

マグヌス6世　Magnus VI Lagabøter　5.9没、42歳。1238生。ノルウェー王(在位1263～80)。

ニコラウス3世　Nicolaus III　8.22没、64?歳。1216(㊨1210頃)生。教皇(在位1277～80)。

聖アルベルトゥス・マグヌス、ボルシュテット伯爵　Albertus Magnus, St, Graf von Bollstädt　11.15没、80?歳。1200(㊨1193頃)生。聖人、教会博士、ドミニコ会士。

マルゲリータ・コロンナ　Margherita Colonna　12.30没、26?歳。1254生。イタリアの神秘家、福者。

この年 イヴァイロ　Ivailo　ブルガリアの農民蜂起の指導者。

関漢卿　50?歳。1230生。中国、元の劇作家。

パスパ　Hphags-pa　45歳。1235(㊨1239頃)生。チベットのサキヤ派の法王。

姚枢　77歳。1203(㊨1213)生。中国、元の学者、政治家。

廉希憲　49歳。1231没。モンゴル帝国および元初の政治家、宰相。

この頃 ウルリヒ・フォン・ヴィンターシュテッテン　Ulrich von Winterstetten　13世紀前半生。ドイツ、シュタウフェン王朝後期。

コッポ・ディ・マルコヴァルド　Coppo di Marcovaldo　55?歳。1225生。イタリアの画家。

ダヴァンツァーティ、キアーロ　Davanzati, Chiaro　イタリアの詩人。

1281年

2.22　マルティヌス4世がローマ教皇に即位する
7.03　シャルルがオルヴィエト同盟を締結する
8.16　蒙古軍が再び九州を襲撃する(弘安の役)
＊＊＊

この年 王恂　46歳。1235生。中国、元の学者。

許衡　72歳。1209生。中国、元の代表的学者。

この頃 シジェ・ド・ブラバン　Siger de Brabant　46?歳。1235(㊨1240頃)生。オランダのスコラ哲学者。

1282年

3.30　シチリア島民が島内のフランス人を虐殺
　　　　　＊　＊　＊
アグネス(ボヘミアの)　Agnes(Bohemia)　3.2没、77歳。1205生。ボヘミアのクララ会修道女、福者。
アバーカー　Abāghā Khān　4.1没、48歳。1234生。イル汗朝第2代の王(在位1265〜81)。
トマス・ド・カンテループ　Thomas de Cantelupe　8.25没、64?歳。1218生。イギリスの聖職者、聖人。
イブン・ハッリカーン　Ibn Khallikān, Aḥmad ibn Muḥammad ibn Ibrāhīm　10.30(㊙1281頃)没、71歳。1211生。アラブの伝記作者。
ミカエル8世　Michael VIII Palaeologus　12.11没、58?歳。1224(㊙1234)生。ビザンチン皇帝(在位1259〜82)。
文天祥　12.9没、46歳。1236(㊙1230)生。中国、南宋末の宰相。
[この年]　アクロポリテース、ゲオールギオス　Akropolítēs, Geōrgios　65?歳。1217生。東ローマ帝国の歴史学者、政治家。
ルウェリン・アプ・グリフィズ　Llewelyn ap Gruffydd　北ウェールズを支配。
[この頃]　メヒトヒルト(マクデブルクの)　Mechthild von Magdeburg　㊙1280頃没、70?歳。1212(㊙1209頃)生。ドイツのシトー会修道女、神秘家。

1283年

6.01　ペドロ3世とシャルルの決闘が行われる
　　　　　＊　＊　＊
アラー・ウッディーン・ジュワイニー　Juwainī, 'Alā'u'd-Dīn 'Aṭa Malik　3.6(㊙1286)没、58歳。1225(㊙1226)生。イランの政治家、歴史家。
ヨセフ1世　Ioseph　3.?没、83?歳。1200生。コンスタンティノポリス総主教。
[この年]　イェクノ・アムラク　Yekuno Amlak　エチオピアの王(在位1268頃〜83)。
カズウィーニー　al-Qazwīnī, Abū Yaḥya Zakarīya b.Muḥammad　80歳。1203生。アッバース朝末期のペルシア人博物学者。
カルマ・パクシ　Karma pakśi　79歳。1204生。チベットのカルマ・カーギュ派仏教者。
ダヴィズ・アプ・グリフィズ　Dafydd ap Gruffydd　イギリスの北ウェールズのグイネスの王子、ルウェリン・アプ・グリフィズの弟。

1284年

3.19　エドワード1世がウェールズを併合する
6.26　ハーメルンで子供130人が行方不明になる
　　　　　＊　＊　＊
アルフォンソ10世　Alfonso X, el Sabio　4.4没、62歳。1221(㊙1220頃)生。レオン＝カスティリア王(在位1252〜84)。
ギベルトゥス(トゥルネーの)　Guibertus de Tournai　10.7?没、74?歳。1210生。フランスの神学者、修徳書作者、教師、説教者。
ジュワイニー　Juwainī, Shamsu'd-Dīn Muḥammad　10.16?没。イランの政治家。
[この年]　王積翁　中国、南宋末・元初期の官吏。
ジュワイニー　Juwainī, Sharafu'd-Dīn Hārūn　詩人、また詩人の保護者。
リストーロ, フラ　Ristoro, Fra　イタリアの建築家。
[この頃]　蒲寿庚　中国、南宋末・元初に南海貿易家。
ボエーティウス(ダキアの, スウェーデンの)　Boethius(Dacia, Sweden)　13世紀中生。アリストテレス主義哲学者。

1285年

10.05　フランスでフィリップ4世が即位する
11.02　アラゴン王アルフォンソ3世が即位する
　　　　　＊　＊　＊
シャルル1世　Charles I　1.7没、59歳。1226(㊙1227)生。フランス王ルイ8世の子。
マルティヌス4世　Martinus IV　3.28没、75?歳。1210生。教皇(在位1281〜5)。
ベニーツィ, フィリッポ　Benizi, Filippo　8.23没、52歳。1233生。イタリアの「マリアのしもべ会」第5代会長、聖人。
フィリップ3世　Philippe III, le Hardi　10.5没、40歳。1245生。フランス王(在位1270〜85)。
盧世栄　11.?没。中国、元初の財政家。
[この年]　セルベラ、ギリィエム・デ　Cervera, Guillem de　26歳。1259生。スペイン、カルターニャの吟遊詩人。
真金　42歳。1243生。中国、元の世祖フビライの次子。
トールフィン　Thorfinn　ノルウェーの司教、聖人。
白仁甫　㊙1312以降没、59歳。1226生。中国、元の劇作家、詞人。

中世

フランチェスカ・ダ・リミニ　Francesca da Rimini　㊙1284頃没。イタリアのラヴェンナの城主グイド・ミノーレ・ポレンタの娘。
ペドロ3世　Pedro III el Grande　46歳。1239(㊙1240)生。アラゴン王(在位1276〜85)、シチリア王(在位82〜85)。
耶律鋳　64歳。1221生。中国、元の政治家。
この頃　ギヨーム・ド・ラ・マール　Guillaume de la Mare　イギリスのスコラ学者。
リュトブフ　Rutebeuf　㊙1280頃没、40?歳。1245(㊙1230頃)生。フランスの詩人。

1286年

3.19　スコットランドでマルグレーテが即位する
　　　　　＊　＊　＊
バルヘブラエウス　Barhebraeus, Gregorius　7.30没、60歳。1226生。シリアの文学者。
無学祖元　9.3没、60歳。1226生。中国、南宋代の臨済宗の僧。
この年　アブー・アル・ファラジュ　Abū al-Faraj　60歳。1226生。アルメニア出身の歴史家。
アレクサンダー3世　Alexander III　45歳。1241生。スコットランド王(在位1249〜86)。
趙良弼　69歳。1217生。中国、元の政治家。
天英　71歳。1215生。高麗後期の禅宗の高僧。
バルシャム　Balsham, Hugh de　イギリスのベネディクト会修道士。
ライムンドゥス・マルティーニ　Raimundus Martini　66?歳。1220生。スペインのドミニコ会修道士、神学者、オリエント学者。
この頃　イブン・サイード　Ibn Sa'īd, Nūru'd-Dīn Abū'l-Ḥasan 'Alī　㊙1274頃没、78?歳。1208(㊙1213)生。アラブ系歴史家、地理学者。
ギヨーム・ド・モルベカ　Guillaume de Morbeka　71?歳。1215生。ドミニコ会士。

1287年

5.31　ジェノヴァがアッカ沖の海戦で勝利する
　　　　　＊　＊　＊
ホノリウス4世　Honorius IV　4.3没、77歳。1210生。教皇(在位1285〜87)。
コンラート・フォン・ヴュルツブルク　Konrad von Würzburg　8.31没、57?歳。1230(㊙1220頃)生。ドイツの中世の詩人。
この年　イブヌン・ナビー　Ibnu'n-Nabīh al-Misrī　エジプトのアラビア語詩人。

バルバン　Balban, Ghiyāth al-Dīn　インド、デリー諸王朝最初の奴隷王朝の王(在位1266〜87)。
この頃　エルトゥウル－ベイ　Ertuğrul Bey　㊙1281没、89?歳。1198生。オスマン・トルコ国家の創始者オスマン1世の父。
グィード・デッレ・コロンネ　Guido delle Colonne　77?歳。1210生。イタリアの詩人。

1288年

3.-　陳朝が白藤江の戦いで元軍を破る
　　　　　＊　＊　＊
この年　愛魯　中国、元の武将。
サリンベーネ・ダ・パルマ　Salimbene da Parma　㊙1287頃没、67歳。1221生。イタリアのフランチェスコ派修道士、年代記作者。
この頃　イブン・アンナフィース　Ibn al-Nafīs, Abū al-Ḥasan 'Alī　78?歳。1210(㊙1208頃)生。マムルーク朝時代の医師。
リチャード(クナップウェルの、クラップウェルの)　Richard(Knapwell, Clapwell)　イングランドのドミニコ会士。

1289年

4.28　エジプトがトリポリ伯領を滅ぼす
11.06　ソールズベリ条約が締結される
　　　　　＊　＊　＊
ジョヴァンニ(パルマの)　Giovanni (Parma)　3.19没、80?歳。1209生。イタリアのフランシスコ会総長、福者。
イラーキー・ハマダーニー　'Irāqī Ḥamadānī, Fakhr al-Dīn Ibrāhīm　11.23没、78歳。1211(㊙1213)生。ペルシアの神秘主義詩人。
エラーキー、ファフロッディーン・エブラーヒーム　Erāqī, Frakhroddīn Ebrāhīm　11.23没、78歳。1211生。イランのイスラーム神秘主義者、詩人。
大休正念　11.?没、74歳。1215生。中国、南宋代の禅僧。
この年　一然　83歳。1206生。朝鮮、高麗の僧。
ウード・ド・モントルイユ　Eudes de Montreuil　69?歳。1220生。フランスの建築家、彫刻家。
ゲラルデスカ　Gherardesca, Ugolino della, Conte di Donoratico　89?歳。1200(㊙1220頃)生。イタリア(ピサ)の貴族、伯爵。
謝枋得　63歳。1226生。中国、南宋末の政治家。
ペトルス・デ・ダーシア　Petrus de Dacia　59?歳。1230生。スウェーデンのドミニコ会士。

人物物故大年表　外国人編　227

モントロー　Montreau, Eudes de　フランスの建築家。

1290年

7.-　エドワード1世がユダヤ人を国外追放する
12.18　スウェーデンでビルイェル2世が即位する
　　　　　　　　＊　＊　＊
ラースロー4世　László IV, The Kumanian　7.10没、28歳。1262生。ハンガリー王(在位1272～90)。
エレナー(カスティリャの)　Eleanor of Castile　11.28没、44歳。1246生。イギリス王エドワード1世の王妃。
[この年] カラーウーン　Qalāwūn, Saifu'd-Dīn　70歳。1220生。エジプトのバハリー・マムルーク朝第8代のスルタン(1279～90)。
シスト，フラ　Sisto, Fra　イタリアの建築家。
ベアトリーチェ　Beatrice Portinari　24歳。1266(㊝1265頃)生。フィレンツェの婦人。
マグヌス1世　Magnus I Ladulås　50歳。1240生。スウェーデン王(在位1275～90)。
マリスピーニ，リコルダーノ　Malispini, Ricordano　70？歳。1220生。イタリアの年代記作家。
マルガリトーネ・ダレッツォ　Margaritone d'Arezzo　74歳。1216生。イタリアの画家。
[この頃] 王沂孫　40？歳。1250生。中国、宋末元初の詞人。
グレゴリオス2世・キュプリオス　Grēgórios II Kýprios　50？歳。1240(㊝1241)生。東ローマ帝国のコンスタンティノポリス総主教。
トマス・ザ・ライマー　Thomas of Erceldoune　40？歳。1250生。イギリスの詩人、予言者。
レジナルドゥス(ピペルノの)　Reginaldus(Piperno)　60？歳。1230生。イタリア出身のドミニコ会士。

1291年

5.18　マムルーク帝がイェルサレム王国を滅ぼす
6.18　アラゴン王ハイメ2世が即位する
8.01　スイスの3原初州が「永久同盟」を結ぶ
11.-　スコットランド王にジョン・ベーリオルが決まる
　　　　　　　　＊　＊　＊
アルグン・ハン　Arghūn Khān　3.9没、41？歳。1250(㊝1258？)生。イランを統治したモンゴルのイル・ハン国の第4代ハン(在位1284.8.11～91.3.9)。

エレナー(プロヴァンスの)　Eleanor of Provence　6.25没、68歳。1223生。イギリス王ヘンリー3世の王妃。
ルドルフ1世　Rudolf I, von Habsburg　7.15没、73歳。1218生。ハプスブルク家最初の神聖ローマ皇帝(在位1273～91)。
[この年] アルフォンソ3世　Alfonso III　26歳。1265生。アラゴン王(在位1285～91)。
洪茶丘　47歳。1244生。中国、元の武将。
張宗演　㊝1292没。中国、元の道士。
[この頃] アブラフィア　Abulafia, Abraham Ben Samuel　51？歳。1240生。初期ヘブライ神秘主義者の一人。

1292年

5.10　アドルフが神聖ローマ皇帝に即位する
11.17　エドワード1世がスコットランドに対する主権を認めさせる
　　　　　　　　＊　＊　＊
ニコラウス4世　Nicolaus IV　4.4没、64歳。1227生。教皇(在位1288～92)。
ベイコン，ロジャー　Bacon, Roger　6.11(㊝1294)没、72？歳。1220(㊝1214？)生。イギリスの哲学者、自然科学者。
ベルナルドゥス(トリリアの)　Bernardus(de Trilia, Trille, de la Treille)　8.4没、52？歳。1240生。フランスのドミニコ会士、トマス主義哲学者、神学者。
バーネル　Burnell, Robert　10.25没。中世イギリスの政治家、聖職者。
ペッカム，ジョン(ヨハネス)　Peckham, John　12.8没、52？歳。1240(㊝1210頃)生。イギリスのスコラ哲学者、聖職者。
[この年] クニグンディス　Kunigunde　68歳。1224生。ポーランドおよびリトアニアの守護聖人。
クルタナガラ　Kertanagara　24歳。1268生。ジャワ、シンガサリ王朝第6代(最後)の王(在位1268～92)。
ゲルトルーディス(ハッケボルンの)　Gertrudis (Hackeborn)　60歳。1232生。ドイツの神秘主義者。
沖止　26歳。1266生。高麗後期の禅宗の高僧。
[この頃] ギロー・リキエ　Guiraud Riquier　62？歳。1230生。トルバドゥール。
サアディー　Saʻdī Shīrāzī　㊝1291没、108？歳。1184？(㊝1213没)生。ペルシアの詩人。

1293年

メイル・ベン・バールーク Meīr ben Baruch 4.27没、73？歳。1220生。ドイツのローテンブルクのユダヤ人学者。

アンリ・ド・ガン Henri de Gand 6.29没、76？歳。1217(㊂1213頃)生。フランスのスコラ哲学者。

この年 **胡祇遹** 68歳。1225生。中国，元の政治家。

劉因 44歳。1249(㊂1244)生。中国，元の学者。

リュブリュキ，ギヨーム・ド Rubruquis, Guillaume de ㊂1270頃没、73？歳。1220(㊂1215頃)生。フランスのフランシスコ会修道士。

この頃 **シュタインマル・フォン・クリングナウ** Steinmar von Klingnau 13世紀前半生。北部スイス出身のミンネザングの歌人。

日観子温 ㊂1293頃没。中国，南宋末元初の禅僧。

ヨーアンネース11世・ベッコス Iōánnēs XI Békkos コンスタンティノポリスの総主教。

1294年

5.19 ギエンヌ戦争が始まる
7.05 チェレスティヌ5世が教皇に即位する
8.24 ドイツとイングランドが対フランス同盟締結
12.23 ケレスティアヌス5世が教皇に即位する

＊＊＊

グィットーネ・ダレッツォ Guittone d'Arezzo 8.21没、59？歳。1235(㊂1230頃)生。イタリアの俗語詩人。

この年 **恵永** 66歳。1228生。高麗末期の慈恩宗高僧。

サフィー・アッディーン Ṣafī al-Dīn 西アジアの音楽理論家。

バール・ソーマ Bar Sauma トルコ系オングート人でネストリウス派キリスト教の聖職者。

ラティーニ，ブルネット Latini, Brunetto ㊂1295頃没、74？歳。1220(㊂1212頃)生。イタリアの哲学者，文学者。

1295年

1.23 ボニファティウス8世が教皇に即位する
11.27 エドワード1世が「模範議会」を召集する

＊＊＊

サンチョ4世(勇猛王) Sancho IV el Valiente 4.25没、36歳。1258生。カスティリア王，レオン王(在位1284～95)。

月江正印 12.1没、56歳。1239(㊂1267)生。中国，元の禅僧。

グロスター Gloucester, Gilbert de Clare 12.7没、52歳。1243生。ヘンリー3世時代のイギリスの大貴族。

この年 **ガイハトゥー** Gaykhātū イル・ハン国第5代のハン(在位1291～95)。

謝翶 46歳。1249生。中国，南宋末の詩人。

趙孟堅 ㊂1267頃没、96歳。1199生。中国，宋の理宗帝頃の画家。

デシャン，ジャン Deschamps, Jean 77歳。1218生。フランスの建築長。

ビスコンチ，オットーネ Visconti 88？歳。1207生。ミラノの大司教。

フィーローズ・シャー・ヒルジー Jalāl-ud-Din Khiljī ㊂1296没。インド，デリー諸王朝のハルジー朝の創始者(1290～96)。

この頃 **アレクサンダー，デア・ヴィルデ** Alexander, Der wilde ドイツの遍歴詩人。

イブン・ファラクェラ Ibn Falaquera 70？歳。1225生。スペイン生れのユダヤ数学者。

ニコラ(ゴランの) Nicolas(Gorran) 63？歳。1232生。フランスの説教家，聖書釈義家。

ルスティコ・ディ・フィリッポ Rustico di Filippo 65？歳。1230生。イタリアの詩人。

1296年

1.15 シチリア国王にフェデリコ3世擁立される
2.24 教皇が「クレリキス・ライコス」を発する
7.10 スコットランド王が退位させられる

＊＊＊

バレンス Valence, William de, Earl of Pembroke 1.13没。イギリスの貴族。

ケレスチヌス5世 Coelestinus V, St. 5.19没、81？歳。1215(㊂1209頃)生。教皇(在位1294)。

ランカスター伯 Lancaster, Edmund, Earl of 6.5没、51歳。1245生。イングランドの貴族。

ドゥランドゥス Durandus, Guillelmus 11.1没、66？歳。1230(㊂1232頃)生。フランスの教会法，典礼学者。

この年 **王応麟** ㊂1293没、73歳。1223生。中国，南宋の学者。

カンパヌス Campanus, Novariensis イタリアのノヴァラ出身の数学者，天文学者。

ギャーネーシヴァル Gyāneshvar 25歳。1271生。インドのマラーティー語の聖詩人。

サンゲ・ワンポ・タクパペル・オェセル・サンポ Sangs rgyas dban po grags pa dpal 'od zer bzangs po 46？歳。1250生。チベットのタクルン・カーギュ派仏教者。

ドゥニャーネーシュワル Dñāneśvar 21歳。1275生。インドの宗教詩人。

フローリス5世 Floris V 42歳。1254生。ホラント伯。

ボーマノアール Beaumanoir, Philippe de Rémi, Sire de 50？歳。1246([異]1250)生。フランスの法学者，作家。

ワレル Wareru ビルマ，ベグー朝の第1代王(在位1281〜96)。

[この頃] **ジュニャーネーシュワル** Jñāneśvara 21？歳。1275生。インド，マラーラーシトラの聖詩人。

ブースィーリー *al*-Buṣiri, Sharafu'd-Dīn Muḥammad [異]1295頃没、83？歳。1213([異]1212頃)生。エジプトの詩人。

1297年

10.10 イングランドで「両憲章の確認書」が発表

＊＊＊

マルゲリータ(コルトーナの) Margherita di Cortona 2.22没、48歳。1249生。イタリアの修道女，聖女。

グイゴ・デ・ポンテ Guigo de Ponte 10.29没。カルトゥジオ会の神秘的著述家。

[この年] **安珦** [異]1306没、54歳。1243生。朝鮮，高麗末期の儒臣。

劉辰翁 [異]1294没、65歳。1232([異]1231)生。中国，宋末の学者，文学者。

[この頃] **アウハドゥッ・ディーン** Auḥadu'd-Dīn イランの神秘主義詩人。

1298年

6.23 神聖ローマ皇帝アドルフの廃位が決定する

7.27 アルブレヒト1世が神聖ローマ皇帝に即位

＊＊＊

オリーヴィ，ペトルス・ヨアニス Olivi, Petrus Joannis 3.14没、50歳。1248生。フランシスコ会士の神学，哲学者。

アドルフ・フォン・ナッサウ Adolf von Nassau 7.2没、50？歳。1248([異]1250頃)生。ドイツ王(在位1292〜？)。

ヤコブス・デ・ウォラギネ Jacopo da Varagine 7.13？没、68？歳。1230([異]1228頃)生。イタリアのジェノヴァの大司教。

[この年] **ヴォラジネ，ヤコブス・デ** Voragine, Jacobus de 68？歳。1230生。イタリアの牧師，聖人伝著者。

周密 [異]1308没、66歳。1232([異]1231)生。中国，南宋末の文学者。

ジョヴァンニ・ダ・プロチダ Giovanni da Procida 88歳。1210生。プロチダ島出身の封建領主。

ヤークート・アルムスタアスィミー Yāqūt al-Musta'ṣimī アラビアの書道家。

1299年

9.05 ストラスブールの和約が結ばれる

12.22 ペルシャの合贊汗がマムルーク軍を破る

＊＊＊

メヒトヒルト(ハッケボルンの) Mechthild 11.19([異]1298)没、58歳。1241生。ドイツのベネディクト会修道女，聖女。

1300年

イダ(ルーヴェンの) Ida(Louvain) 4.13没。ベルギーのシトー会修道女，福者。

陳国峻 8.20没、68歳。1232生。ヴェトナムの民族英雄。

カヴァルカンティ，グィード Cavalcanti, Guido 8.29没、70？歳。1230([異]1250頃)生。「清新体」派の詩人。

[この年] **金方慶** 88歳。1212生。朝鮮，高麗の武臣。

盧摯 65歳。1235生。中国，元代の文学作家。

[この頃] **アドネ・ル・ロワ** Adenet "le Roi" 60？歳。1240生。フランスの吟遊詩人。

アラー・ウッディーン 'Alā al-Dīn イランの砲術家。

ボアヌ・ブローク Boine Broke, Jehan ドゥーエーの毛織物商，都市貴族。

ポーロ Polo, Nicolo ベネツィアの商人。

1301年

2.07 エドワード皇太子が称号を与えられる

中世

11.01　ド・ヴァロワがフィレンツェに入る
　　　　　　　　　＊＊＊
[この年] 李承休　77歳。1224生。朝鮮，高麗高宗代の文人，号は動安居士。
鮮于枢　㊨1302没，45歳。1256(㊨1257)生。中国，元代の詩人。
ハイドゥ　Khaidu　㊨1303没，66？歳。1235生。オゴタイ・ハン国の長。
[この頃] ジャマール-アッディーン　Jamāl al-Dīn　ペルシア人の天文学者，暦学者，地理学者。
スルターン・ワラド　Sultān Walad　75？歳。1226生。イランの神秘主義詩人。
銭選　66？歳。1235生。中国，元代の画家。

1302年

4.10　フィリップ4世が初めて三部会を開く
　　　　　　　　　＊＊＊
ジファド，ゴドフリ　Giffard, Godfrey　1.26没，67？歳。1235生。イングランドの大臣，ウースターの司教。
アルノルフォ・ディ・カンビオ　Arnolfo di Cambio　3.8(㊨1310以前)没，57？歳。1245(㊨1232頃)生。イタリアの建築家，彫刻家。
リチャード　Richard of Middleton　3.30(㊨1305頃)没，53？歳。1249生。イギリスの神学者，哲学者。
チマブーエ，ジョヴァンニ　Cimabue, Giovanni　7.4(㊨1300頃)没，62？歳。1240(㊨1250以前)生。イタリア・ルネサンス最初の画家。
マタエウス(アクアスパルタの)　Matthaeus (Aquasparta)　10.29没，67？歳。1235生。イタリアのフランシスコ会のスコラ哲学者。
[この年] ゲルトルーディス・マグナ　Gertrudis, Magna　㊨1301頃没，46歳。1256(㊨1255頃)生。ドイツ，ヘルフタのベネディクト修女。
胡三省　㊨1287没，72歳。1230生。中国，宋末・元初期の歴史学者。
李謙　79歳。1223生。中国，元代の暦学者。
[この頃] ラビイー・ブーシャンジー　Rabi'ī Būshanjī　イランの頌詩人。

1303年

9.07　ボニファティウス8世が監禁される
10.22　ベネディクトゥス11世が教皇に即位する
10.23　ボニファティウス8世が解放される
　　　　　　　　　＊＊＊

イーヴ・エロリ(ケルマルタンの)　Yves Hélory (Kermartin)　5.19没，49歳。1253生。フランスの法律家，司祭，聖人。
ボニファキウス8世　Bonifacius VIII　10.11没，68？歳。1235(㊨1220？)生。教皇(在位1294～1303)。
[この年] 金仁山　71歳。1232生。中国，宋末～元初の儒学者。
朱清　60歳。1243生。中国，元初期の武将。
[この頃] ロジャー・マーストン　Roger of Marston　58？歳。1245生。イギリスの神学者。

1304年

8.18　モンザン・ペヴェールの戦いが起こる
11.01　クレメンス5世がローマ教皇に選出される
　　　　　　　　　＊＊＊
ガザン-ハン　Ghāzān Khan　5.17没，32歳。1271生。イル・ハン国の第7代ハン(在位1295～1304)。
レスキュレル　l'Escurel, Jehannot de (Lescurel, Jehan, de)　5.23没。フランスの詩人・作曲家。
ベネディクトゥス11世　Benedictus XI　7.7没，64？。1240(㊨1204)生。教皇(在位1303～04)。
マネッセ，リューディガー　Manesse, Rüdiger　9.5没。チューリヒの貴族で騎士参事会員。
ペトルス(オヴェルニュの)　Petrus de Alvernia　9.25没，64？歳。1240生。フランスの司教。
[この年] 王惲　76歳。1228生。中国，元の学者，政治家。
オルベリアン　Orbelian, Stephanos　アルメニアのタルサイジュ侯の子。
[この頃] アエギディウス(レシーヌの)　Aegidius (Lessines)　74？歳。1230生。ベルギー出身のドミニコ会哲学者，自然科学者。

1305年

6.05　フランス王がクレメンス5世を擁立する
6.21　ポーランドでヴァーツラフ3世が即位する
　　　　　　　　　＊＊＊
ベンツェスラウス2世　Wenceslaus II　6.21没，34歳。1271生。ボヘミア王(在位1278～1305)，ポーランド王(在位1300～05)。
ウォレス，サー・ウィリアム　Wallace, Sir William　8.23没，35？歳。1270(㊨1274頃)生。スコットランドの愛国者。
ニコラウス(トレンティーノの)　Nicolaus (Tolentino)　9.10没，60歳。1245生。イタリアの司祭，アウグスティヌス会修道士，聖人。

|この年| ジャン・ド・マン　Jean de Meung　55？歳。1250（㊨1235頃）生。フランスの詩人。

ジャンヌ・ド・ナバル　Jeanne de Navarre　32歳。1273生。フランスの王妃。

モーシェ・ベン・シェム・トーブ（レオンの）　Mōšeh ben Šem Ṭōb (de Leon)　65歳。1240生。中世スペインのユダヤ教神秘主義思想家（カバリスト）。

ラウリーア　Lauria, Ruggero di　55歳。1250生。アラゴンの提督。

レオン　León, Moses Ben Shem-Tob de　55？歳。1250生。ユダヤの神秘家。

|この頃| プラヌーデース・マクシモス　Planudes Maximus　㊨1330没、50？歳。1255（㊨1260頃）生。ビザンチン期の文献学者。

1306年

3.25　スコットランドでロバート・ブルース即位
＊＊＊

ベンツェスラウス3世　Wenceslaus III　8.4没、17歳。1289生。ハンガリー王（在位1301～05）、ポーランド王、ボヘミア王（在位05～06）。

ジャン・ド・パリ　Jean de Paris　9.22没、66？歳。1240（㊨1255）生。ドミニコ会士、哲学者。

西礀子曇　10.28没、57歳。1249生。中国、元の人。

ゴドフロワ（フォンテーヌの）　Godefroid de Fontaines　10.29没、56？歳。1250没。ソルボンヌの教授。

ヤコポーネ・ダ・トーディ　Jacopone da Todi　12.25没、76？歳。1230（㊨1236頃）。イタリア13世紀最大の宗教詩人。

|この年| 阿尼哥　62歳。1244生。ネパール王族出身の芸術家。

カミン　Comyn, John　スコットランドの王位要求者。

鏡堂覚円　62歳。1244生。中国、南宋の臨済宗の僧。

鄧牧　59歳。1247生。中国、南宋末・元初期の異端思想家。

ビゴット、ロジャー　Bigod　65？歳。1241生。イギリスの貴族。

方回　79歳。1227生。中国、元の詩人、詩論家。

|この頃| アダン・ド・ラ・アール　Adam de La Halle　㊨1288頃没、56？歳。1250（㊨1235頃）生。フランスの吟遊詩人、劇作家。

1307年

7.08　イングランドでエドワード2世が即位する

8.15　ハインリッヒがボヘミア王に即位する
10.13　フランス国内のテンプル騎士団が解散する

ウァルテル（ブリュッヘの）　Walter (Bruges, Brugge)　1.21没、82？歳。1225生。ベルギーのボナヴェントゥーラ学派に属するフランシスコ会神学者、哲学者。

成宗（元）　2.？没、42歳。1265（㊨1266）生。中国、元の第2代皇帝（在位1294～1307）。

ドルチーノ、フラ　Dolcino, Fra　6.1没。イタリア中世の農民蜂起の指導者。

エドワード1世　Edward I　7.7没、68歳。1239生。イングランド王（在位1272～1307）。

|この頃| 龔開　85？歳。1222生。中国、宋末元初の画家。

ヤコーブス（ヴィテルボの）　Jacobus (Viterbo)　52？歳。1255生。イタリアのアウグスティヌス修道士、ナポリ大司教。

ラングトフト　Langtoft, Peter　イギリスの年代記作者。

1308年

11.27　神聖ローマ帝国でハインリッヒ7世即位
＊＊＊

アルブレヒト1世　Albrecht I　5.1没、52歳。1255（㊨1248頃）生。神聖ローマ皇帝、ドイツ王、オーストリア大公。

忠烈王　7.？没、72歳。1236生。朝鮮、高麗の第25代王（在位1274～1308）。

クラーラ（モンテファルコの）　Clara (Montefalco)　8.17没、33？歳。1275生。イタリアの修道女、聖人。

ドゥンス・スコトゥス、ジョン　Duns Scotus, Johannes　11.8没、43？歳。1265（㊨1266頃）生。イギリス中世最大の神学者、哲学者。

ランベルトゥス（ボローニャの）　Rambertus Bononiensis　11.8？没、58？歳。1250生。イタリアのドミニコ会士、トマス主義の神学者、大司教。

|この年| 愛薛　81歳。1227生。中国、元の科学者、政治家。

1309年

3.09　教皇と教皇庁がアヴィニョンに移される
5.08　ナポリ王ロベルトが即位する
＊＊＊

アンジェラ　Angela (Foligno)　1.4没、61歳。1248生。イタリアのフランシスコ会修道女、神秘思想家。

[この年] **ウォルター・オブ・ヘリフォード** Walter of Hereford 31歳。1278生。イギリスの建築長，軍事エンジニア。

ウーゲンパ・リンチェン・ペル U rgyan pa rin chen dpal 79歳。1230生。チベットのカーギュ派仏教者。

シャントン Śangs ston 75歳。1234生。チベットのカーギュ派仏教者。

ビジャヤ Raden Vijaya ジャワ，マジャパイト王国の第1代王（在位1293～1309）。

1310年

8.30 ハインリッヒ7世がボヘミアを獲得する

＊＊＊

アタナシオス1世 AthanásiosI 10.28没、80歳。1230生。コンスタンティノポリス総主教。

イブン・ダーニヤール Muḥammad bin Dāniyāl 11.7没、45？歳。1265（[異]1248）生。エジプトの眼科医，詩人，バイバルス1世時代の影絵芝居作者。

[この年] **高克恭** 62歳。1248生。中国，元の文人画家。

戴表元 66歳。1244生。中国，元代の文学者。

バイバルス2世 Baybars al-Malik al-Muẓaffar Rukn al-Dīn エジプト，バハリー・マムルーク朝第12代スルタン（在位1309～10）。

ファルコニエーリ，アレッシオ Falconieri, Alessio 110？歳。1200？生。イタリアの＜聖母マリアのしもべ会＞の創立者のひとり。

林景熙 68歳。1242生。中国，宋末元初の詩人。

[この頃] **アドレト** Adret, Solomon ben Abraham 75？歳。1235生。律法編纂者。

グリエルモ，フラ Guglielmo, Fra 75？歳。1235生。イタリアの彫刻家，建築家。

ディートリヒ（フライベルクの） Dietrich von Freiburg 60？歳。1250生。ドイツのスコラ哲学者，自然学者。

バーテ，ハインリヒ（メーヘレンの） Bate, Heinrich（Mechelen） 64？歳。1246生。ベルギーのスコラ哲学者。

パキュメレス Pachymeres, Georgios 68？歳。1242生。ビザンチンの学者。

ポーロ Polo, Maffeo ベネツィアの商人。

1311年

10.16 フランスでヴィエンヌ公会議が開かれる

＊＊＊

ビラノバ，アルナウ・デ Villanovanus, Arnadus 9.？（[異]1312頃）没、73？歳。1238（[異]1235頃）生。スペイン系の医師。

[この年] **アッ・シーラージー** *al*-Shīrāzī, Quṭb al-dīn Maḥmūd ibn Mas'ūd ibn Musliḥ 75歳。1236生。アラビアの天文学者，医者。

アーノルド Arnold of Villanova 76？歳。1235生。スペインの錬金術師。

イブン・マンズール ibn Manẓūr Muḥammad ibn Mukarram 79歳。1232生。アラブ系著述家，辞書編集者。

武宗（元） 30歳。1281生。中国，元の第3代皇帝（在位1307～11）。

マンライ Mangrai 72歳。1239生。タイのラーンナータイ国の王。

姚燧 75歳。1236生。中国，元の文学者。

1312年

3.22 教皇がテンプル騎士団の廃絶を宣言する

＊＊＊

フェルナンド4世 Fernando IV el Emplazado 9.？没、23歳。1289生。カスティリア＝レオン王（在位1295～1312）。

[この年] **スルターン・ヴェレド** Sultan Veled 86歳。1226（[異]1227）生。セルジューク・トルコ時代の神秘主義メヴレヴィー教団の長老。

[この頃] **アンジョリエーリ，チェッコ** Angiolieri, Cecco [異]1313以前没、52？歳。1260（[異]1250頃）生。イタリアの詩人。

1313年

12.23 元の仁宗が科挙の再開を命じる

＊＊＊

ゴンサルヴス・ヒスパーヌス Gonsalvus Hispanus 4.13没。スペイン出身のフランシスコ会15代総会長，哲学者，神学者。

ノガレー，ギヨーム・ド Nogaret, Guillaume de 4.？没、53歳。1260生。フランスの政治家，法律家。

ウィンチェルシー Winchelsey, Robert 5.11没、73？歳。1240生。カンタベリー大司教。

ハインリヒ7世 Heinrich VII 8.24没、38？歳。1275（[異]1274頃）生。ルクセンブルク家のドイツ王（在位1308～13），神聖ローマ皇帝（在位08～13）。

ノートブルガ Notburga, St. 9.14没、48？歳。1265生。農夫や女中の守護聖女。

[この年] **クンパン・トゥクジェ・ツォンドゥ**　Kun spangs thugs rje btson 'grus　70歳。1243生。チベットのカーギュ派仏教者。

タクラ・ハイマーノト　Takla Hāymānot　エチオピア教会の再興者，アブーナ(主教にあたる教会の首長)。

ヘースティングズ，ジョン　Hastings　51歳。1262生。イングランドの貴族。

レンジノー，リチャード　Lenginour, Richard　41歳。1272生。イギリスの建築家，エンジニア。

[この頃] **フーゴー・フォン・トリンベルク**　Hugo von Trimberg　83？歳。1230([異]1235頃)生。中世ドイツの詩人，在俗説教者。

1314年

6.24　バノックバーンの戦いが起こる
10.19　オーストリアでフリードリッヒ3世が即位
10.20　神聖ローマ帝国でルードヴィッヒ2世即位

＊＊＊

ヨアネス(フライブルクの)　Joannes von Freiburg　3.10没、64？歳。1250生。ドイツの神学者，ドミニコ会士。

ジャーク・ド・モレー　Molay, Jacques de　3.18?没、71？歳。1243生。神殿騎士修道会の最後の総長。

クレメンス5世　Clemens V　4.20没、54？歳。1260([異]1264)生。教皇(在位1305～14)。

フィリップ4世　Philippe IV, le Bel　11.29没、46歳。1268生。フランス王(在位1285～1314)。

[この年] **ベリアル**　Balliol, John de　[異]1315没、64歳。1250([異]1249)生。スコットランド王(在位1292～96)。

[この頃] **ヘイトン**　Haiton　小アルメニアの貴族，歴史家。

1315年

11.15　モルガルテンの戦いが起こる

＊＊＊

マリニー　Marigny, Enguerrand de　4.11？没、55？歳。1260生。フランスの政治家，財政家。

アンドレーア・ドッティ　Andrea Dotti　8.31没、59歳。1256生。イタリアの聖母下僕会士，福者。

[この年] **ダバーノ，ピエトロ**　Abano, Pietro d'　[異]1316没、58歳。1257([異]1250)生。イタリアの医学者，思想家。

[この頃] **ボンヴェシン・ダ・ラ・リーヴァ**　Bonvesin da la Riva　75?歳。1240生。イタリアの詩人，著述家。

1316年

8.07　ヨハンネス22世がローマ教皇に即位する
11.14　フランスでジャン1世が即位する
11.20　フランスでフィリップ5世が即位する

＊＊＊

アラー - ウッディーン - ハルジー　'Alā-al-dīn Khiljī　1.2没、50歳。1266生。インド，デリー諸王朝のハルジー朝第2代王(在位1296～1316)。

ルイ10世　Louis X, le Hutin　6.5没、26歳。1289生。フランス国王(在位1314～16)。

ルルス，ライムンドゥス　Lullus, Raimundus　6.29([異]1315頃)没、81？歳。1235([異]1232頃)生。スペインの哲学者，神学者，神秘家。

ウルジャーイトゥー　Uljāitū, Ghiyāthal-Dīn Muḥammad Khudābandah　12.16([異]1317)没、35歳。1281生。イル・ハン国第8代のハン(在位1305～16)。

エギディウス(ローマの)　Aegidius Romanus　12.22没、73？歳。1243生。イタリアのアウグスティヌス会士，スコラ哲学者，神学者。

コロンナ　Colonna, Egidio　12.22没、69歳。1247生。イタリアの神学者。

[この年] **郭守敬**　85歳。1231生。中国，元の科学者。

[この頃] **エッセンブカ**　Essenbukha　察台台汗国の王。

ギアール　Guiart, Guillaume　フランスの年代記作家，詩人。

バイダーウィー　*al*-Baiḍāwī, Abū Sa'd 'Abdullāh ibn'Umar　[異]1286没。西アジアのイスラム教法学者。

モスコプロス，マヌエル　Moschopoulos, Manouēl　[異]1315頃没、51？歳。1265生。ビザンチン期の文献学者。

1317年

アグネス(モンテプルチャーノの)　Agnes di Montepulciano　4.4没、49？歳。1268生。イタリアのドミニコ会修道女，聖人。

ゲラルドゥス(ボローニャの)　Gerardus(Bologna)　4.17没。イタリア出身のカルメル会修道士，同会のスコラ学者。

ヘンリ(ハークレの)　Henry(Harclay)　6.25没、47?歳。1270生。イングランドのスコラ学者，聖職者。

一山一寧　10.25没、70歳。1247生。中国，宋代の禅僧。

中　世

マルコ　Marco　11.？没、72歳。1245生。ウイグル人（あるいはモンゴル人）の景教徒（ネストリオス派キリスト教徒）。
ジョワンヴィル，ジャン・ド　Joinville, Jean de　12.24没、93？歳。1224(Ⓦ1225)生。フランス，ジョアンビルの領主，年代記作者。
この年　マドバ　Madhva　79歳。1238生。インドの哲学者，宗教家。
ラーマ・カムヘン　Rama Khamheng　(Ⓦ1299頃)没、78？歳。1239生。タイ，スコタイ王朝の第3代の王（在位1275～1317頃）。
この年　メンラーイ　Mengrai　79？歳。1238生。タイ，ラーン・ナー・タイの王。

1318年

ラシード・アッディーン　Rashīd al-Dīn Faḍl Allāh　7.18没、71歳。1247(Ⓦ1274頃)生。ペルシアの医師，政治家，歴史家。
ハインリヒ・フラウエンロープ　Heinrich von Meißen　11.29没、68？歳。1250生。中世高地ドイツ語の詩人。
フラウエンロープ　Frauenlob　11.29没、68？歳。1250生。ミンネゼンガー。
エベド・イエス　Ebed Jesus　11.？没。ネストリウス派の神学者。
この年　エルヴィン・フォン・シュタインバッハ　Erwin von Steinbach　74？歳。1244生。ドイツの建築家。
鄭思肖　77歳。1241生。中国，元初の隠士。
ブルース，エドワード　Bruce　スコットランドの貴族。
この頃　史弼　85？歳。1233生。中国，後漢の政治家。

1319年

管道昇　5.10没、57歳。1262生。中国，元代の詩文書画にすぐれた才媛。
ヴァルデマール　Waldemar　8.14没、38？歳。1281生。ドイツのブランデンブルク辺境伯(1303～19)。
この年　ケツウン・ションヌドゥプ　mKhas btsun gshon nu grub　チベットのカーギュ派仏教者。
程鉅夫　69歳。1250生。中国，元の政治家。
ハインリヒ(ヴュルベンの)　Heinrich(Würben)　ドイツの貴族出身のブレスラウ司教(位1302～没年)。
ホーコン5世　Haakon V Magnusson　49歳。1270生。ノルウェー王(在位1299～1319)。
万恒　70歳。1249生。高麗後期の禅宗の高僧。

この頃　ヨーアンネース13世・グリュカス　Iōánnēs XIII Glykás　69？歳。1250生。コンスタンティノポリスの総主教。

1320年

5.05　パリ条約が締結される
＊＊＊
仁宗(元)　1.？没、35歳。1285生。中国，元の第4代皇帝(在位1311～20)。
李衎　10.24没、75歳。1245(Ⓦ1250頃)生。中国，元の画家。
リコルドゥス(モンテ・クローチェの)　Ricoldo de Monte Croce　10.31没、78歳。1242生。イタリアのドミニコ会宣教師。
この年　ヴェルンヘル・フォン・ホーエンベルク　Wernher von Hohenberg　36歳。1284生。スイスのバーゼル近郊に住んだ伯爵，抒情詩人。
王和卿　78歳。1242生。中国，元代の散曲作家。
シャベスタリー，サアドゥディーン・マフムード・ブン・アブドル・キャリーム　Shabistarī, Saʻd al-Dīn Maḥmūd　(Ⓦ1330没)。イランの神秘主義詩人。
この頃　アントニウス・アンドレアス　Antonius Andreas　40？歳。1280生。スペインのフランシスコ会学者。
アンリ(モンドヴィユの)　Henri　60？歳。1260生。フランス人外科医。
張炎　(Ⓦ1314以後没、72？歳。1248生。中国，宋末，元初の詞人。
陳琳　60？歳。1260生。中国，元初の書家。
デュボア　Dubois, Pierre　(Ⓦ1322？没、70？歳。1250生。フランス中世の法律家，政治思想家。
ドゥッチョ・ディ・ブオニンセーニャ　Duccio di Buoninsegna　(Ⓦ1319頃没、60？歳。1260(Ⓦ1255頃)生。イタリアの画家。
馬致遠　(Ⓦ1321没、50？歳。1270(Ⓦ1250頃)生。中国，元初の劇作家。
ピサーノ，ジョヴァンニ　Pisano, Giovanni　(Ⓦ1314以後没、70？歳。1250(Ⓦ1248頃)生。イタリアの彫刻家，建築家。

1321年

ダンテ・アリギエーリ　Dante Alighieri　9.14没、56歳。1265生。イタリア最大の詩人。
この年　アクロポリテース，コンスタンティノス　Akropolítēs, Kōnstantînos　71？歳。1250生。ビザンティン帝国の最高司令官。

人物物故大年表 外国人編　235

イブン・アル・バンナ　Ibn al-Banna　71歳。1250生。モロッコ出身のアラブの数学者。
[この頃] ユヌス・エムレ　Yunus Emre　㊟1307没。トルコの神秘主義詩人。

1322年

1.03　フランスでシャルル4世が即位する
3.16　エドワード2世がランカスター伯軍を破る
9.28　ミュールドルフの戦いが起こる
* * *
フィリップ5世　Philippe V, le Long　1.3没、29歳。1293(㊟1294)生。フランス王(在位1316～22)。
ペトルス・アウレオルス　Petrus Aureoli　1.?没、42?歳。1280生。フランスのフランシスコ会士、神学者、哲学者。
趙孟頫　6.15没、68歳。1254(㊟1252)生。中国、元代の画家、書家。
混丘　72歳。1250生。高麗後期の禅宗高僧。
ビスコンチ, マッテーオ　Visconti　72?歳。1250生。ミラノの僭主。
[この頃] フーゴ(ニューカスルの)　Hugo(Newcastle, Novocastro)　42?歳。1280生。フランシスコ会の神学者。

1323年

ヘルヴェーウス・ナターリス　Herveus Natalis　8.7没。フランスの神学者。
中峰明本　8.14没、59歳。1263生。中国、元の禅僧。
英宗(元)　8.?(㊟1332)没、20歳。1303生。中国、元の第5代皇帝(在位1320～23)。
エルゼアル(サブランの)　Elzéar(Sabran)　9.27没、38?歳。1285生。フランスの聖人。
アマデウス5世　Amadeus V　10.16没、74歳。1249生。イタリアの王室サヴォイア家の祖。
[この年] 馬端臨　69?歳。1254生。中国、南宋末元初の儒者。
楊載　㊟1342没、52歳。1271生。中国、元の文学者。
[この頃] カンツラー, デア　Kanzler, Der　13世紀末生。中世ドイツの格言詩人。

1324年

3.23　ローマ教皇がルードヴィッヒ4世を破門
5.22　ルードヴィッヒ4世が教皇の要求を拒否

7.-　サン・サルド戦争が始まる
* * *
マルコ・ポーロ　Marco Polo　1.8(㊟1342)没、70歳。1254生。イタリアの商人。
[この年] オスマン1世　Osman I　㊟1326没、66歳。1258(㊟1259)生。オスマン・トルコの建国者。
貫雲石　38歳。1286生。中国, 元の散曲作家。
コンパーニ, ディーノ　Compagni, Dino　㊟1323没、64?歳。1260(㊟1257)生。フィレンツェの年代記作者。

1325年

3.13　フリードリッヒがルードヴィッヒ4世に屈伏する
* * *
ディニス　Dinis　1.7没、63歳。1261生。ポルトガル国王(在位1279～1325)。
ギヤースッ・ディーン・トゥグルク1世　Ghiyāthu'd-Dīn Tughluq I　2.?没。インド、デリー王朝3番目のトゥグルク朝の創始者(在位1320～25)。
ヴィスラフ3世　Wizlaw III　11.8没、60?歳。1265生。古いスラヴの貴族で, リューゲン島領主。
シャルル・ド・バロア　Charles de Valois　12.16没、55歳。1270生。バロア伯(在位1285～1325)。
ヒッリー　al-Ḥillī, Jamālu'd-Dīn Ḥasan bn Yūsuf　12.?(㊟1326)没、75歳。1250生。イランのイスラム教シーア派神学者。
[この年] アウリヤ　Auliyā, Niẓāmud Dīn　インド, イスラム支配初期の思想家。
アミール・フスロウ　Amīr khusrau, Dehlvī　㊟1324没、72歳。1253生。インドのペルシア語詩人。
ニザーム・ウッディーン・オーリーヤー　Niẓāmu'd-Dīn, Auliyā　インドのイスラム教神秘主義の聖者。
ヨアネス(エレンボーゲンの)　Joannes(Ellenbogen)　ドイツのシトー会院長。

1326年

4.06　オスマン朝がブルサを征服する
* * *
レオポルト1世　Leopold I　2.28没、36?歳。1290生。オーストリア公。
ギヨーム・ド・ピエール・ド・ゴダン　Guillaume de Pierre de Godin　6.14没、66?歳。1260生。フランスのドミニコ会神学者。

中　世

ステイプルドン，ウォールター・ド　Stapeldon, Walter de　10.15没、65？歳。1261生。イギリスの司教、オックスフォードのエクセター・コレッジ創立者。
ピョートル　Petr　12.21没。ロシア正教会の府主教、聖人。
この年　デスペンサー，ヒュー　Despenser, Hugh　64歳。1262生。イギリスの男爵。
この頃　トロメーオ（ルッカの）　Tolomeo da Lucca　90？歳。1236生。イタリア出身の史料編纂者，司教、ドミニコ会士。
　　　　　　　＊＊＊
モンディーノ，ド・ルッツィ　Mondino, de Liucci　51？歳。1275（㊥1270？）生。イタリアの医師、解剖学の祖。

1327年

1.20　イングランドのエドワード2世が廃位される
1.25　イングランドでエドワード3世が即位する
10.31　アラゴン王にアルフォンソ4世が即位する
　　　　　　　＊＊＊
ニケーフォロス・クームノス　Nikēphóros Choúmnos　1.16没、77？歳。1250生。ビザンティンの政治家、修辞学者、神学的・修徳的文書作者。
チェッコ・ダスコリ　Cecco d'Ascoli　9.16没、58?歳。1269（㊥1257頃）生。イタリアの詩人、天文学者。
エドワード2世　Edward II　9.21没、43歳。1284生。イングランド王（在位1307～27）。
ハイメ2世　Jaime II　11.2没、60歳。1267（㊥1264）生。アラゴン王（在位1291～1327）。
この年　袁桷　60歳。1267生。中国、元の学者、文学者。
ディマシュキー　al-Dimashqī, Shams al-Dīn Abū 'Abd Allāh Muḥammad　71歳。1256生。シリアのアラブ地理学者、博物学者。
任仁発　73歳。1254生。中国、元代の画家。
弥授　87歳。1240生。高麗末期、慈恩宗の高僧。
ロク　Roch　32歳。1295没。フランスの修道士、聖人。
この頃　アシェル・ベン・イェヒエル　Asher Ben Yehiel　77？歳。1250生。ユダヤ人の律法博士、法典編集者。
エックハルト，ヨハネス　Eckhart, Meister Johannes　㊥1328没、67？歳。1260生。ドイツのドミニコ会士、神秘思想家。
馮子振　㊥1315没、70？歳。1257生。中国、元代の散曲作家。

1328年

2.01　フランスのカペー朝が断絶する
3.17　エディンバラ条約が締結される
4.01　フランスでフィリップ6世が即位する
5.04　スコットランドが独立する
5.22　対立教皇にニコラウス5世が擁立される

シャルル4世　Charles IV le Bel　1.31没、34歳。1294生。カペー朝最後のフランス王（在位1322～28）。
アウグスティーヌス・トリウムフス（アンコーナの）　Augustinus Triumphus (Ancona)　4.2没、87？歳。1241生。イタリアのアウグスティヌス会修道士、神学者。
李士行　6.1没、46歳。1282生。中国、元代の文人画家。
イブン・タイミーヤ　Ibn Taimīyah, Abū'l-'Abbās Aḥmad　9.29（㊥1305）没、65歳。1263（㊥1236頃）生。ハンバル派のイスラム神学者、法学者。
この年　泰定帝（元）　㊥1327没、52歳。1276（㊥1293）生。中国、元の第6代皇帝（在位1323～28）。
天順帝　9歳。1319生。中国、元第7代皇帝（在位1328）。
鄧文原　70歳。1258生。中国、元代の書家。
モンテ・コルビーノ，ジョバンニ・ディ　Monte Corvino, Giovanni da　81？歳。1247生。イタリアのフランシスコ会宣教師。
ヨアネス（ジャンダンの）　Joannes a Janduno　28？歳。1300（㊥1286頃）生。フランスの代表的アベロイスト。
この頃　イマヌエル・ベン・ソロモン　Immanuel Ben Solomon　68？歳。1260生。ローマに居住したユダヤの詩人。
トリベット　Trevet, Nicholas　70？歳。1258生。イギリスの年代記作者、ドミニコ派修道士。
フランシスクス（メロンヌの）　Fraciscus (Mayronis)　43？歳。1285生。フランスのフランシスコ会神学者。
フランソア（メイロンヌの）　François de Meyronnes　フランスのフランシスコ会士、スコラ哲学者。

1329年

7.09　スコットランドでデイヴィッド2世が即位
　　　　　　　＊＊＊

ムッサート，アルベルティーノ Mussato, Albertino 5.31没、68歳。1261生。イタリアの文学者，歴史家，政治家。

ロバート1世 Robert I the Bruce 6.7没、54歳。1274生。スコットランド王(在位1306～29)。

明宗(元) 8.6没、28歳。1300生。中国，元の第8代皇帝(在位1328～29)。

[この年] **エーリック** Erik Magnusson 47歳。1282生。スウェーデンの王族。

古林清茂 67歳。1262生。中国，元代の禅僧，書家。

コロンナ Colonna, Sciarra 中世のローマ貴族。

スカラ，カーン・グランデ Scala, Can Grande della 38歳。1291生。イタリアの貴族。

張養浩 60歳。1269生。中国，元の政治家。

[この頃] **ウベルティーノ(カサーレの)** Ubertino (Casalé) 70？歳。1259生。イタリアのフランシスコ会の厳格派指導者。

バナーカティー Banākatī, Abū Sulaimān Dā'ūd [異]1330頃没。イランにおけるイル汗朝期の歴史家，詩人。

1330年

7.25 対立教皇ニコラウス5世が退位する
10.20 エドワード3世が親政開始を宣言する

＊ ＊ ＊

マイターニ，ロレンツォ Maitani, Lorenzo 6.？没、55？歳。1275生。イタリアの建築家，彫刻家。

ダグラス Douglas, *Sir* James 8.25没、44？歳。1286生。スコットランドの貴族。

モーティマー，ロジャー Mortimer, Roger, 8th Baron of Wigmore, 1st Earl of March 11.29没、43歳。1287生。イングランドの貴族。

[この年] **カヴァリーニ，ピエトロ** Cavallini, Pietro [異]1338頃没、80？歳。1250([異]1240頃)生。イタリアの画家。

陳苑 74歳。1256生。中国，元の学者。

范梈 58歳。1272([異]1271)生。中国，元の詩人。

ファップ・ロア Phap Loa 46歳。1284生。ヴェトナム陳朝の僧。

フリードリヒ3世(美王) Friedrich der Schöne 44?歳。1286生。神聖ローマ皇帝(在位1314～30)。

[この頃] **トリウェトゥス** Trivetus, Nicolaus イギリスの神学者。

フォルゴーレ・ダ・サン・ジミニャーノ Folgore da San Gimignano 60？歳。1270生。イタリアの詩人。

ヤコブス・レオディエンシス Jacobus Leodiensis 70？歳。1260生。ネーデルラントの音楽理論家。

1331年

12.08 セルビアでドゥシャンが即位する

＊ ＊ ＊

オドリック Odorico da Pordenone 1.14没、45？歳。1286([異]1265頃)生。イタリアの旅行家。

エンゲルベルト(アドモントの) Engelbert (Admont) 5.12没、81？歳。1250生。オーストリアの修道院長，学者。

アブー・アル・フィダー Abū'l-Fidā' Ismā'īl 10.27([異]1313)没、58歳。1273生。アラブの歴史，地理学者。

ベルナルドゥス・ギドーニス Bernardus Guidonis 12.30没、71？歳。1260生。フランスのカトリック聖職者，宗教裁判判事，ドミニコ会士。

[この年] **ビルゲル** Birger, Magnusson 51歳。1280生。ノルウェー王(在位1290～1318)。

[この頃] **オデリコ** Oderico da Pordenone 45？歳。1286生。ポルデノーネ出身のフランシスコ派修道士。

1332年

9.24 スコットランドでベーリオルが即位する
11.07 ルツェルンがヘルヴェチア連邦に加盟する

＊ ＊ ＊

メトキテス，テオドロス Metochitēs, Theodōros 3.13没、62歳。1270([異]1260頃)生。ビザンチン期の文献学者。

ヌワイリー *al*-Nuwayrī, Shihāb al-Dīn Aḥmad b.'Abd al-wahāb 6.17没、50？歳。1282([異]1279)生。マムルーク朝期のエジプトの学者。

モレー Moray, Thomas Randolf, 1st Earl of 7.20没。スコットランドの貴族。

ジベルトゥス(ベーカの) Sibertus (Beka) 12.29没。ドイツ出身のカルメル会の神学者。

[この年] **アーシュク・パシャ，アリ** Âshik Pasha, Ali [異]1333没、61歳。1271([異]1272)生。オスマン・トルコ帝国初期の詩人。

アンドロニクス2世 Andronicus II Palaeologus 74歳。1258([異]1256頃)生。東ローマ皇帝(在位1282～1328)。

ガッディ，ガッド・ディ・ゼノービ Gaddi, Gaddo di Zenobi [異]1327頃没、72？歳。1260生。イタリアの画家，モザイク制作家。

寧宗(元) 6歳。1326生。中国，元第10代皇帝(在位1332)。

文宗（元）　28歳。1304生。中国，元第9代皇帝（在位1329～32）。
ランドルフ，サー・トマス　Randolph, *Sir Thomas*　イギリスの軍人，政治家。

1333年

3.02　ポーランドでカジミエシ3世が即位する
7.04　北条高時が自殺し，鎌倉幕府が滅亡する
　　　　＊　＊　＊
ヴラディスラフ1世　Władysław I Lokietek　3.2没，73歳。1260生。ポーランド国王（在位1320～33）。
ウィリアム（アルンウィックの）　William (Alnwick)　3.?没。イギリスのフランシスコ会士，神学者，哲学者。
ニコラウス5世　Nicolaus V　10.16没。ヨハネス22世の対立教皇（1328～30）。
この年　アラーエッ・ディン・パシャ　'Alā'ed-din Pasha　オスマン・トルコ帝国最初の立法者。
イブン・ジャマーア　Ibn Jamā'a Badr al-Dīn Muḥammad　92歳。1241生。アラブの法学者。
呉澄　㊟1331没，84歳。1249（㊟1247）生。中国，元の学者。
シジェ・ド・クルトレ　Siger de Courtrai　フランスのスコラ哲学者。
この頃　朱思本　60?歳。1273生。中国，元の道士，地理学者。

1334年

6.12　ニューカースル協定が結ばれる
12.20　ベネディクトゥス12世が教皇に即位する
　　　　＊　＊　＊
デュラン・ド・サン・プルサン　Durand de St.Pourçain, Guillaume　9.10（㊟1332）没，59?歳。1275（㊟1270頃）生。フランスのスコラ哲学者。
シャイフ・サフィー　Shaikh Ṣafī　9.12没，82?歳。1252生。イランのサファヴィー朝の祖。
ヨハネス22世　Johannes XXII　12.4没，85?歳。1249（㊟1245頃）生。教皇（在位1316～34）。
この年　ゼンゼリヌス・ド・カッサニス　Zenzelinus de Cassanis　フランスの教会法学者，民法学者。
ワッサーフ　Waṣṣāf, Sharaf al-Dīn 'Adb Allāh　70歳。1264生。ペルシアの歴史家。
この頃　オピチーノ・デ・カニストリス　Opicino de Canistris　38?歳。1296生。イタリアの写本装飾家，文字装飾家。

ニコラス・トレヴェット　Nicholas Trevet　69?歳。1265生。イングランドのドミニコ会の神学者。

1335年

ジョン・ラッタレル　John Lutterell　7.17没。イギリスのスコラ神学者，哲学者。
この年　アブー・サイード　Abū Sa'īd　30歳。1305（㊟1306）生。イル・ハン国の第9代君主（在位1316～35）。
郭畀　55歳。1280没。中国，元代の画家，書家。
この頃　ニケーフォロス・カリストス・クサントプロス　Nikēphóros Kállistos Xanthópoulos　79?歳。1256生。ビザンティンの教会史家。

1336年

1.24　アラゴン王にペドロ4世が即位する
4.18　インドでヴィジャヤナガル王国が創始する
12.10　足利尊氏が室町幕府を成立させる
　　　　＊　＊　＊
リチャード（ウォリングフォードの）　Richard　5.23没，45?歳。1291（㊟1292頃）生。数学者，天文学者，修道院長。
明極楚俊　9.27（㊟1338）没，74歳。1262（㊟1264）生。中国，元の禅僧。
この年　アルフォンソ4世　Alfonso IV　37歳。1299生。アラゴン王（在位1327～36）。
エリザベス　Elisabeth　66?歳。1270（㊟1271）生。ポルトガル王ディニス王妃，聖女。
ギヤースッ・ディーン　Ghiyāthu'd-Dīn b.Rashīdu'd-Dīn Faḍlu'llāh　イランのイル汗朝の政治家。
この頃　シニバルディ　Sinibaldi, Guittoncino de'　66?歳。1270生。イタリアの法学者，詩人。

1337年

1.30　後醍醐天皇が南朝を開く（南北朝両立）
　　　　＊　＊　＊
ジョット・ディ・ボンドーネ　Giotto di Bondone　1.8（㊟1336頃）没，71?歳。1266（㊟1267頃）生。イタリアの画家，美術史上重要な巨匠。
アンジェルス・クラレーヌス　Angelus Clarenus　6.15没，82?歳。1255生。イタリアのフランシスコ会士（厳格派）。

フェデリコ3世　Federico III　6.25没、65歳。1272生。シチリア王。

[この年] **許謙**　67歳。1270生。中国，元の学者。

チーノ・ダ・ピストイア　Cino da Pistoia　[異]1336頃没、67歳。1270([異]1265頃)生。イタリアの詩人。

[この頃] **アウハディー・マラーギー**　Awḥadī Marāgaī, Rukn al-Dīn　イランの神秘主義詩人。

ティノ・ディ・カマイノ　Tino di Camaino　52？歳。1285([異]1280頃)生。イタリアの彫刻家。

ハジ・バクタシュ　Bektāsh　96？歳。1241生。トルコのベクタシュ教団の始祖。

1338年

7.16　レンゼの選帝侯会議が開かれる

＊＊＊

[この年] **アウハディー**　Auḥadī　[異]1337没、57？歳。1281生。ドイツの詩人。

オウハディー　Ouhadī, Marāghe'ī　67？歳。1271生。イランのイスラーム神秘主義者，詩人。

朱光卿　中国，元末期の反乱指導者。

忠鑑　64歳。1274生。高麗時代の僧。

馬祖常　60歳。1278生。中国，元中期の官僚，文人。

ランチュン・ドルジェ　Rang byung rdo rje　54歳。1284生。チベットのカルマ・カーギュ派仏教者。

[この頃] **マニング，ロバート**　Mannyng, Robert　74？歳。1264生。イギリスの年代記作者。

1339年

6.21　ラウペンの戦いでベルンが勝利する

9.23　ジェノヴァの民衆が蜂起する

＊＊＊

清拙正澄　1.17没、65歳。1274([異]1264)生。中国の渡来僧(臨済宗)。

[この頃] **ウゴリーノ・ダ・シエーナ**　Ugolino da Siena　44？歳。1295生。イタリアの画家。

1340年

6.24　スロイス沖の戦いを契機に百年戦争が勃発

＊＊＊

ハートラウプ，ヨハネス　Hadlaub, Johannes　3.16没。13世紀末生。スイスの吟遊詩人。

イヴァン1世　Ivan I, Danilovich Kalita　3.31([異]1341)没、39歳。1301([異]1303頃)生。モスクワ大公(在位1325～41)。

ハインリヒ(フリーマールの)　Heinrich von Friemar　10.18没、95？歳。1245生。ドイツの神秘主義的神学者。

[この年] **アブー・バクル・アルバイタール**　Abū Bakr al-Baytār bn al-Mundhir　エジプトの獣医学者。

ウズベク・ハン　Uzbeg Khān　[異]1341没、28歳。1312([異]1300)生。キプチャク・ハン国のハン(在位1312～41)。

海円　78歳。1262生。高麗末期の慈恩宗の高僧。

宋旡　80歳。1260生。中国，宋末・元初の詩人。

東明慧日　69歳。1271生。中国，元代の曹洞宗の僧。

[この頃] **薩都剌**　[異]1355？没、68？歳。1272([異]1305？)生。中国，元末の詩人。

ジャック・ド・リエージュ　Jacques de Liège　80？歳。1260生。フランスの音楽理論家。

デーメートリオス・トリクリニオス　Demetrios Triklinios　60？歳。1280生。ビザンティンの文献学者。

ペトルス・トマエ　Petrus Thomae　60？歳。1280生。スペイン出身のフランシスコ会の神学者。

1341年

6.15　ビザンツでヨハンネス5世が即位する

＊＊＊

アンドロニクス3世　Andronicus III Palaeologus　6.15没、45歳。1296生。東ローマ皇帝(在位1328～41)。

ジュリアーナ・デイ・ファルコニエーリ　Juliana Falconieri　6.19没、71？歳。1270生。イタリアの聖女。

[この年] **ゲジミーン**　Gediminas　66歳。1275生。リトアニア大公(1316～41)。

念常　59歳。1282生。中国，元代の仏僧。

ブルボン，ルイ　Bourbon, Louis　62歳。1279生。フランスの王家，ブルボン公。

1342年

5.07　クレメンス6世がローマ教皇に即位する

＊＊＊

ピエール・ド・ラ・パリュ(パルダーヌス)　Pierre de la Palu(Paludanus)　1.31没、65？歳。1277生。フランスのドミニコ会神学者，イェルサレム総大司教。

ベネディクツス12世　Benedictus XII　4.25没。1334生。第3代アビニョン教皇(在位1334〜42)。

ミカエル(チェゼーナの)　Michael(Cesena)　11.29没、72？歳。1270生。フランシスコ会総会長。

[この年] **蒙潤**　67歳。1275生。中国の仏教者。

柳貫　72歳。1270生。中国，元の学者，文学者。

[この頃] **マルシーリオ・ダ・パードヴァ**　Marsiglio da Padova　[異]1343頃没、67？歳。1275([異]1290頃)生。イタリアの学者。

1343年

7.08　ドイツ騎士団がポメラニアを譲渡される

この年　イングランド議会が貴族院と庶民院に分裂

＊＊＊

ロベール　Robert d'Anjou　1.19没、68歳。1275生。アンジュー公，ナポリ王(1309〜43)。

ヤーコポ・ガエターノ・ステファネスキ　Jacopo Gaetano Stefaneschi　6.23没、73？歳。1270生。イタリアの枢機卿，著述家。

[この年] **呉萊**　44歳。1299生。中国，元の学者，文学者。

サヌード(大サヌード)　Sanudo, Marino il Vecchio　73歳。1270生。ベネチアの航海者，文学者。

[この頃] **ヤコーブ・ベン・アシェル**　Jakob ben Ascher　74？歳。1269生。ドイツ生れのタルムード学者。

1344年

3.29　ペドロ4世がバレアス諸島を再び併合する

10.28　ユーグ4世がスミュルナを奪取する

＊＊＊

ゲルソニデス　Gersonides　4.20没、56？歳。1288生。フランスのユダヤ思想家，聖書学者。

パウリーヌス(ヴェネツィアの)　Paulinus (Venezia)　6.？没、70？歳。1274生。イタリアのフランシスコ会士，司教，外交官，歴史家。

掲傒斯　7.11没、70歳。1274生。中国，元の学者，文学者。

マルティーニ，シモーネ　Martini, Simone di Martino　7.？没、60？歳。1284([異]1285頃)生。イタリアの画家。

[この年] **クニグンディス**　Cunigundis　ドイツ皇帝ハインリヒ2世の妃，聖女。

[この頃] **フランシスクス(ラ・マルカの)**　Franciscus de Marchia　54？歳。1290生。イタリアのフランシスコ会神学者。

1345年

ベリー　Bury, Richard de　4.14没、58歳。1287([異]1281)生。イギリスの聖職者，政治家。

ラツィオーシ，ペレグリーネ　Laziosi, Peregrine　5.1没、75？歳。1270生。イタリアの「マリアのしもべ会」修道士，聖人。

ヨアネス(フィクトリングの)　Joannes(Viktring)　7.30？没、70？歳。1275生。オーストリアのシトー会修院長。

ランカスター伯　Lancaster, Henry, Earl of　9.22没、64？歳。1281生。イングランドの貴族。

[この年] **アルテフェルデ，ヤーコプ・ファン**　Artevelde, Jacob van　50？歳。1295([異]1290頃)生。フランドルの政治家。

オーンジャーヴィル，リチャード　Aungerville, Richard　64歳。1281生。イギリスの聖職者。

喬吉　55？歳。1290生。中国，元の劇作家。

康里巎巎　50歳。1295([異]1294)生。中国，元の文人，書家。

[この頃] **アル・ジャグミーニー**　*al*-Jaghmīnī, Maḥmūd ibn Muḥammad ibn ʻUmar　アラビアの天文学者。

フィレス　Philēs, Manouēl　70？歳。1275生。ビザンチン期の詩人。

1346年

7.11　カール4世が対立皇帝に選ばれる

8.26　クレーシーの戦いでフランス軍が敗退する

10.17　デイヴィッド2世が捕虜となる

＊＊＊

ヨハン(盲目王)　Johann von Luxemburg, der Blinde　8.26没、50歳。1296生。ベーメン王(在位1310〜46)。

グレゴリオス(シナイの)　Grēgorios　11.27没。13世紀末生。ギリシア正教会の聖人，静寂主義の神秘家。

[この年] **ヴェントゥリーノ(ベルガモの)**　Venturino de Bergamo　42歳。1304生。イタリアの説教者，ドミニコ会士。

カーザーン　Kazan Khan　チャガタイ=カン国末期の君主(在位1343〜46)。

ギオルギ5世　Giorgi V　グルジア中世のバグラト朝の王(在位1314〜46)。

ジュリアーノ・ダ・リーミニ　Giuliano da Rimini　イタリアの画家。

トライーニ，フランチェスコ　Traini, Francesco　25歳。1321生。イタリアの画家。
ナーシル　Nāsir, al-dīn Muḥammad　㊟1341没，61歳。1285(㊟1283)生。エジプトのバフリー・マムルーク朝の君主(在位1293〜94，1299〜1309，1310〜41)。
マク・ディン・チー　Mac Dinh Chi　74歳。1272生。ヴェトナム陳朝の文人。
この頃 ベーコンソープ，ジョン　Baconthorpe, John　㊟1348没，56？歳。1290生。イギリスの神学者，哲学者。

虞集　76歳。1272生。中国，元の文学者。
竺僊梵僊　56歳。1292生。中国，元の禅僧。
ジョヴァンニ・ダゴスティーノ　Giovanni d'Agostino　37？歳。1311生。イタリアの彫刻家，建築家。
バッサ，フェレール　Bassa, Ferrer　48？歳。1300(㊟1285頃)生。スペインの画家。
バルベリーニ　Barberino, Francesco da　84歳。1264生。イタリアの詩人。
この頃 コロンナ　Colonna, Stefano di Giovanni　中世のローマの貴族。
ジョン(ロウディントンの)　John(Rodington)　58？歳。1290生。イングランドのフランシスコ修道会のスコラ学者。
張可久　74？歳。1274生。中国，元代の散曲作家。
バルラアム　Barlaam　㊟1350没，58？歳。1290生。ギリシアの修道士。
ロレンツェッティ，アンブロージョ　Lorenzetti, Ambrogio　68？歳。1280(㊟1300頃)生。イタリアの画家。
ロレンツェッティ，ピエトロ　Lorenzetti, Pietro　68？歳。1280生。イタリアの画家。

1347年

5.20　コラ・ディ・リエンツォが「護民官」の称号を受ける
8.04　イングランド軍がカレー占領する
＊＊＊
バルトロマエウス(ピーサの)　Bartholomaeus (Pisa)　6.11没，87？歳。1260生。イタリアのドミニコ会の神学者。
ルートウィヒ4世　Ludwig IV, der Bayer　10.11没，60歳。1287生。バイエルン公(1294〜1347)，神聖ローマ皇帝(在位14〜47)。
ヨーアンネース14世・カレカス　Iōánnēs XIV Kalékas　12.29没，64？歳。1283生。コンスタンティノポリス総主教。
この年 バルドゥッチ　Balducci, Giovanni　イタリアの彫刻家，画家。

1348年

4.07　カール4世がプラハ大学を創設する
この年　欧州全土に黒死病が上陸する
＊＊＊
ザハビー　al-Dhahabī, Shams al-Dīn al-Turkumānī　2.5没，73歳。1274生。シリアのトルコ系歴史家。
フアン・マヌエル，ドン　Juan Manuel, Don　6.13？(㊟1349？)没，66歳。1282生。スペインの政治家，著作家。
ストラットフォード，ジョン・ド　Stratford, John de　8.23没。イギリスのカンタベリ大司教。
この頃 アーニョロ・ディ・ヴェントゥーラ　Agnolo di Ventura　イタリアの彫刻家，建築家。
安軸　61歳。1287生。朝鮮，高麗末期の学者。
ヴィッラーニ，ジョヴァンニ　Villani, Giovanni　73？歳。1275(㊟1276頃)生。イタリアの年代記作者。

1349年

3.26　カスティリャ・レオン王にペドロ1世即位
＊＊＊
ブラッドワディーン，トマス　Bradwardine, Thomas　8.26没，49？歳。1300(㊟1290頃)生。カンタベリーの大司教，数学者。
ロール，リチャード(ハンポールの)　Rolle of Hampole, Richard　9.29没，59？歳。1290(㊟1300頃)生。イギリスの作家，隠者。
ニコラウス　Nicolaus Lyranus　10.？没，79？歳。1270(㊟1265頃)生。フランスの聖書釈義学者。
この年 アキンデューノス，グレゴリオス　Akíndynos, Grēgórios　14世紀初期生。プリレプ(マケドニア)出身の神学者。
イブン・アルワルディー　Ibn al-Wardī, Zayd al-Dīn 'Umar　㊟1348没，59歳。1290(㊟1289頃)生。シリアのムスリム学者，詩人。
ヴィスコンティ，ルッキーノ　Visconti, Lucchino　62歳。1287生。イタリアのロンバルディアの貴族，ミラノ領主。
ウィリアム・オブ・ラムセイ　William of Ramsey　イギリスの建築家。
ウマリー　al-'Umarī, Ibn Faḍl Allāh　48歳。1301生。マムルーク朝時代の百科全書的学者。
タクパ・センゲ　Grags pa seng ge　66歳。1283生。チベットのカーギュ派仏教者。

ホウルコット，ロバート　Holcot, Robert　59？歳。1290生。イギリスのドミニコ会のスコラ神学者で聖書注解者。
ピサーノ，アンドレア　Pisano, Andrea　㊥1348以前没、79？歳。1270（㊥1290頃）生。イタリアの彫刻家、建築家。
ボーナー，ウルリヒ　Boner, Ulrich　49？歳。1300生。スイスの作家。
[この頃] オッカム，ウィリアム　Ockham, William of　（㊥1347没、64？歳。1285（㊥1300頃）生。イギリスの神学者。
ペラヨ，アルバロ　Pelayo, Alvaro　74？歳。1275生。スペインの神学者。

1350年

張雨　7.？没、67歳。1283生。中国、元代の道士。
フィリップ6世　Philippe VI de Valois　8.22没、57歳。1293（㊥1294）生。フランス王（在位1328～50）。
[この年] アゴスティーノ・ディ・ジョヴァンニ　Agostino di Giovanni　1310生。イタリアの彫刻家、建築家。
アルフォンソ11世　Alfonso XI　39歳。1311生。レオン＝カスティリア王（在位1312～50）。
イブン・カイイム　Ibn Qayyim al-Jawīyya　58歳。1292生。シリアの法学者。
エイトン，ジョン　Ayton, John　イギリスの教会法学者。
順帝（元）　㊥1370没、30歳。1320生。中国、元末の皇帝（在位1333～70）。
タッデオ・ディ・アルデロットー　Taddeo di Alderotto　50歳。1300生。イタリアの解剖学者。
ナームデーヴ　Nāmdev　80歳。1270生。インドの宗教思想家、マラティー語詩人。
[この頃] オイレンシュピーゲル　Eulenspiegel, Till　㊥1305没。伝説的な農民出身の道化師。
ニコラウス（オトルクールの）　Nicolaus de Ultracuria　50？歳。1300生。フランスのオッカム主義哲学者。
ムリス，ヨハンネス・デ　Muris, Johannes de　㊥1351頃没、50？歳。1300（㊥1290頃）生。フランスの数学者、天文学者、音楽理論家。
ヤーコポ・デル・カゼンティーノ　Iacopo del Casentino　53？歳。1297生。イタリアの画家。
ルイス，フアン　Ruiz, Juan　㊥1353？没、67？歳。1283（㊥1295？）生。スペインの詩人、イータの僧正。

1351年

5.01　チューリッヒがヘルヴェチア連邦に加入
＊＊＊
楊維翰　1.13没、56歳。1294生。中国、元末明初の詩人。
ムハンマド・ビン・トゥグルク　Muḥammad bin Tughluq　3.20没。インド、デリー王朝、トゥグルク朝第2代の王（在位1325～51）。
エーブナー，マルガレータ　Ebner, Margareta　6.20没、60歳。1291生。ドイツのドミニコ会修道女、神秘家。
[この年] 阿魯図　中国、元の宰相。
李穀　53歳。1298生。朝鮮、高麗末期の学者。
カラッチョロ，ランドゥルフス　Caracciolo, Landulfus　64？歳。1287生。イタリアのフランシスコ会神学者。
韓山童　中国、元末の紅巾軍の首領。
ゴンビル　Gonville, Edmund　ケンブリッジのゴンビル・ホールの創立者。

1352年

12.18　インノケンティウス6世が教皇に即位する
この年　シャムがアンコール都城を攻略する
＊＊＊
クレメンス6世　Clemens VI　12.6没、61歳。1291（㊥1295）生。教皇（在位1342～52）。
[この年] 蘇天爵　58歳。1294生。中国、元末期の学者。
ハージュー，キャマーロッディーン・アボル・アター・マフムード・モルシェディー　Khājū, Kamāloddīn Abo l-Atā Mahmūd Morshedī　71歳。1281（㊥1290）生。イランの詩人。
彭瑩玉　中国、元末期の反乱を指導した革命的宗教家。
マテュー・ダラース　Mathieu d'Arras　フランスの建築家。
ムーサー　Musa, Kankan　㊥1337没。マリ大帝国の王。

1353年

3.06　ベルン同盟が締結、8邦同盟が成立する
3.31　ミラノがフィレンツェと和平条約を結ぶ

この年　ボッカッチョの『デカメロン』が完成する
　　　　　＊　＊　＊
この年　賈魯　56歳。1297生。中国，元末期の官吏。

1354年

4.06　フランスがスコットランドと同盟を結ぶ
8.01　リエンツォがローマに帰還，政権を回復
　　　　　＊　＊　＊
バルドゥイーン　Balduin von Luxemburg　1.21没、69歳。1285生。トリエル大司教(1307～54)。
コーラ・ディ・リエンツォ　Cola di Rienzo　10.8没、41歳。1313生。イタリアの政治改革者。
リエンツォ，コラ・ディ　Rienzi, Cola di　10.8没、41歳。1313生。イタリアの愛国者。
この年　ヴィスコンティ，ジョヴァンニ　Visconti, Giovanni　64歳。1290生。イタリアのロンバルディアの貴族，ミラノ領主。
呉鎮　74歳。1280生。中国，元の画家。
ジョルダヌス　Jordanus of Séverac　64歳。1290生。フランスのカトリック宣教師。
この頃　黄公望　㊙1358没、85？歳。1269生。中国，元末の画家，四大家の一人。
ハーダマル・フォン・ラーバー　Hadamar von Laber　54？歳。1300生。中世ドイツのミンネザング詩人。

1355年

4.05　神聖ローマ皇帝カール4世が戴冠を受ける
　　　　　＊　＊　＊
ファリエーロ　Falieri, Marino　4.17没、81歳。1274(㊙1278頃)生。ヴェネツィアの統領(1354～)。
ドゥシャン　Dusan, Stevan　12.20没、47歳。1308生。セルビア王(在位1331～46)、のち皇帝(46～55)。
この年　郭子興　中国、元末の紅巾軍の一部将。
カストロ　Castro, Inés de　35？歳。1320生。ポルトガル王子ペドロ(のちのペドロ1世)の愛人。
カレンダーリオ，フィリッポ　Calendario, Filippo　40？歳。1315生。イタリアの建築家，彫刻家。
曹知白　83歳。1272生。中国、元代の文人画家。
ダッディ，ベルナルド　Daddi, Bernardo　㊙1348頃没、38歳。1317(㊙1280頃)生。イタリアの画家。
復丘　85歳。1270生。高麗後期の禅宗高僧。
この頃　ピュセロ，ジョアン　Pucelle, Jean　㊙1360頃没、55？歳。1300(㊙1320頃)生。フランスの後期ゴシック写実画家。

1356年

1.10　カール4世が「金印勅書」を発布する
1.20　エドワード・ベーリオルが退位する
この年　高麗の恭愍王が反元の運動を展開する
　　　　　＊　＊　＊
エーブナー，クリスティーナ　Ebner, Christina　12.27没、79歳。1277生。ドイツのドミニコ会修道女，神秘家。
この年　メンミ，リッポ　Memmi, Lippo　イタリアの画家。

1357年

5.12　ポルトガルでペドロ1世が即位する
10.03　デイヴィッド2世が解放される
　　　　　＊　＊　＊
アフォンソ4世　Afonso IV　5.？没、66歳。1291生。ポルトガル王(在位1325～57)。
パッサヴァンティ，ヤーコポ　Passavanti, Jacopo　6.15没、55？歳。1302生。イタリアの説教師。
バルトルス　Bartolus de Sassoferrato　7.13(㊙1358)没、43？歳。1314(㊙1313)生。イタリアの法学者。
グレゴリウス(リーミニの)　Gregorius de Rimini　11.20(㊙1358)没、57？歳。1300生。スコラ哲学者。
この年　アブー・イスハーク・インジュー　Abū Isḥāq Injū　イラン国ファールスの統治者，詩人。
欧陽玄　84歳。1273生。中国、元代の学者。
奇轍　朝鮮、高麗の政治家。
倪文俊　中国、元末期の反乱指導者。
黄溍　80歳。1277生。中国、元の儒学者。
ジャニベク　Jani Beg　キプチャク・ハン国の第10代ハン(在位1342～57)。
トマス・デ・アルゲンティナ　Thomas de Argentina　ドイツのスコラ哲学者，アウグスチノ院修士会士。
ハズガン　Khazghan　チャガタイ・ハン国末期のエミール(首領)。
マリニョリ　Marignolli, Giovanni de'　㊙1359没、67？歳。1290(㊙1338頃)生。フィレンツェのフランシスコ会修道士。
この頃　エヴラール・ドルレアン　Évrard d'Orléans　87？没。1270生。フランスの画家，彫刻家，建築家。
トマス(ストラスブールの)　Thomas de Strasbourg　82？歳。1275生。中世のアウグスティヌス会神学者。
バラニー　Baranī, Ziyā'o al-Dīn　72？歳。1285生。イランの歴史家。

1358年

5.28 フランス中北部でジャックリーの乱起こる
6.24 ジャックリーの乱が鎮圧される
9.18 アルボルノス枢機卿が代理教皇に再任する

＊＊＊

アラーウッ・ディーン・バフマン・シャー ʻAlāʼuʼd-Dīn Bahman Shāh 2.11没。インドのトゥグルク朝の武将。

カール Cale, Guillaume 6.?没。フランス，ジャクリーの乱の指導者。

マルセル-エティエンヌ Marcel, Étienne 7.31没、42？歳。1316（[異]1315？）生。フランスの政治家。

[この年] **アダム・ゴッダームス（ウォダム）** Adam Goddamus(Godham, Wodham, Whodam Woodham, de Vodronio) 63？歳。1295生。イギリスのフランシスコ会神学者で唯名論者オッカムのウィリアム（ウィリアム・オッカム）の理解者。

イザベラ（フランスの） Isabella of France 66歳。1292生。イングランドの王妃。

ウォッダム Wodham, Adam イギリスのオッカム主義哲学者。

カイエ Caillet, Guillaume フランスの農民暴動の指導者。

ザファル・ハーン Zafar Khān インド，バフマニー朝の創始者（在位1347～58）。

朱丹渓 77歳。1281生。中国，元代の医者。

鄭玉 [異]1357没、60歳。1298生。中国，元末の学者。

余闕 55歳。1303生。中国，元の政治家。

[この頃] **ビュリダン，ジャン** Buridan, Jean [異]1385頃没、58？歳。1300（[異]1295頃）生。フランスの哲学者。

パーオロ・ヴェネツィアーノ Paolo Veneziano 68？歳。1290生。イタリアの画家。

1359年

この年 高麗に紅巾軍が侵入する

＊＊＊

イヴァン2世 Ivan II, Ivanovich, the Debonair 11.13没、33歳。1326生。モスクワ大公（在位1353～59）。

パラマス，グレゴリオス Palamās, Grēgorios 11.14没、63？歳。1296生。ビザンチン時代の神学者。

[この年] **王冕** 95歳。1264生。中国，元代の画家。

オルハン Orkhan Bey [異]1360没、75？歳。1284（[異]1281）生。オスマン・トルコ第2代スルタン（在位1326～59）。

スュレイマン・パシャ Süleyman Pasha 43歳。1316生。オスマン・トルコ帝国の政治家。

[この頃] **グレゴラス，ニケフォロス** Gregoras, Nikephoros ho [異]1360没、65？歳。1294（[異]1295）生。ビザンチン時代の歴史家，神学者。

1360年

5.08 百年戦争が一時的に休戦する

＊＊＊

フィッツラルフ，リチャード Fitzralph, Richard 11.16没、65？歳。1295生。アイルランドのアーマー大司教，神学者。

[この年] **オーゲン・リンパ** O rgyan gling pa 37歳。1323生。チベットのニンマ派仏教者。

ゴンザーガ，ルイジ Gonzaga, Luigi 92歳。1268生。イタリアの貴族。

シュターゲル，エルスベト（エルベト） Stagel, Elsbeth(Elbethe) 60？歳。1300生。スイスのドミニコ会修道女，年代記作者。

徐寿輝 中国，元末の群雄の一人。

[この頃] **デクシオス，テオドーロス** Déxios, Theódōros ビザンティンの修道士，反パラマス派の神学者。

1361年

1.15 キプロス十字軍がコリコス港を占領する
6.16 教皇軍がミラノ軍をロッシロで破る
11.21 ブルゴーニュ、シャンパーニュ両公領が王領に併合される

＊＊＊

ペトルス（アキラの） Petrus(Aquila) 3.?没、86歳。1275生。イタリアのフランシスコ会神学者，司教。

タウラー，ヨハネス Tauler, Johannes 6.16没、61？歳。1300生。ドイツの神秘思想家，説教家。

ルードヴィヒ（長子伯） Ludwig der Ältere 9.18没、46歳。1315生。バイエルン公（1347～61），ブランデンブルク辺境伯（1323～51）。

[この年] **アスグリムソン** Ásgrímsson, Eysteinn アイスランドの僧侶，詩人。

トルポパ・シェラブ・ギェルツェン Dol po ba śes rab rgyal mtshan 69歳。1292生。チベットのチョナン派仏教者。

フィリップ・ド・ヴィトリ　Philippe de Vitry　70歳。1291生。フランスの理論家。
[この頃] ベルトールト（モースブルクの）　Berthold von Moosburg　ドイツのドミニコ会神学者、新プラトン主義者。

カバシラス，ネイロス　Kabásilas, Neîlos　65?歳。1298生。ビザンティンの神学者。

1362年

9.28　ウルバヌス5世がローマ教皇に即位する
　　　　　＊＊＊
インノケンチウス6世　Innocentius VI　12.18没。1352生。教皇（在位1352～62）。
[この年] 王士誠　中国、元末期の反乱指導者。
田豊　中国、元末期の反乱指導者の一人。
[この頃] ゲラルデッロ・ダ・フィレンツェ　Gherardello da Firenze　42?歳。1320生。イタリアの作曲家。

1363年

了菴清欲　8.13没、75歳。1288生。中国、元の禅僧、号は南堂。
ルーポルト（ベーベンブルクの）　Lupold von Bebenburg　10.28没、66?歳。1297生。ドイツの中世紀の聖職者。
ムバーリズ・ウッディーン　Mubārīz al-Dīn Muḥammad bn al-Muẓaffar　12.?没。イランのムザッファル朝（1313～93）の創始者（1313～57）。
[この年] カリストス1世　Kállistos I　コンスタンティノポリス総主教（1350～54、55～63）。
陳友諒　47歳。1316（㊥1321頃）生。中国、元末の群雄の一人。
テリアッチ，ニコロ・ディ・セル・ソッツォ　Tegliacci, Nicolò di ser Sozzo　イタリアの写本装飾画家、画家。
トゥグルク・ティームール　Tughluk Tīmūr　㊥1362頃没、34?歳。1329生。チャガタイ・ハン国末期の王（在位1348～63）。
ビッラーニ　Villani, Matteo　14世紀生。イタリアの年代記作家。
リチャード・オブ・ファーレイ　Richard of Farleigh　31歳。1332生。イギリスの建築家。
劉福通　中国、元末群雄の一人。
ロンチェン・ラプチャンパ　Klong chen rab 'byams pa　55歳。1308生。チベットのニンマ派仏教者。
[この頃] カバシラス，ニコラオス　Kabasilas, Nikolaos　㊥1391頃没、43?歳。1320（㊥1300）生。ビザンチン帝国テサロニケの大主教。

1364年

4.08　フランスでシャルル5世が即位する
　　　　　＊＊＊
ヒグデン，ラナルフ　Higden, Ranulf　3.12（㊥1363頃）没、84?歳。1280生。イギリスのベネディクト派修道僧、著作家。
ジャン2世　Jean II le Bon　4.8没、44歳。1319生。フランス王（在位1350～64）。
[この年] ガジャ‐マダ　Gadjah Mada　54?歳。1310生。ジャワ、マジャパヒト王国の宰相（1331就任）。
許有壬　77歳。1287生。中国、元の詩人。
チャンチュブギェンツェン　Byaṅ chub rgyal mtshan　62歳。1302生。チベットの王（在位1354～1364）。
ニコラエ・アレクサンドル・バサラブ　Nicolae Alexandru Basarab　ワラヒア侯（在位1338頃～64）。
プトン　Bu-ston　74歳。1290生。チベット、サキヤ派ラマ教の学僧。

1365年

6.04　カール4世がアルル王に即位する
この年　ウィーン大学が創立される
　　　　　＊＊＊
朱徳潤　6.17没、71歳。1294生。中国、元の画家。
[この年] 柯九思　53歳。1312生。中国、元代の画家。
周徳清　88歳。1277生。中国、元代の学者。
東陵永璵　中国、元代の臨済宗の僧。

1366年

3.-　カスティリャ王にエンリケ2世が即位する
　　　　　＊＊＊
ゾイゼ，ハインリヒ　Seuse, Heinrich　1.25没、70?歳。1295（㊥1300頃）生。ドイツの神秘主義者。
明玉珍　3.?没、35歳。1331生。中国、元末の群雄の一人。
韓林児　12.?没。中国、元末の紅巾軍の首領。
[この年] ガッティ，タッデオ　Gaddi, Taddeo di Gaddo　66?歳。1300（㊥1290頃）生。イタリアの画家。

ナルド・ディ・チョーネ　Nardo di Cione　イタリアの画家。

1367年

1.18　ポルトガルでフェルナンド1世が即位する
＊＊＊
ペドロ1世　Pedro I, the Severe　1.18没、46歳。1320生。ポルトガル王(在位1357～67)。
ダンバー　Dunbar Agnes　5.24没、55？歳。1312生。中世スコットランド貴族、ダンバー伯兼マーチ伯のパトリック・ダンバー夫人。
アルボルノス、ヒル・アルバレス・カリリョ・デ　Albornoz, Gil Alvarez Carillo de　8.23没、67？歳。1300(⑩1295頃)生。スペインの聖職者。
[この年] ウベルティ、ファツィオ・デッリ　Uberti, Fazio degli　62？歳。1305生。イタリアの詩人。
コロンビーニ、ジョヴァンニ　Colombini, Giovanni　67？歳。1300生。イタリアのジェズアティ修道会の創始者、聖人。
饒介　中国、元代の文人。
張士誠　46歳。1321生。中国、元末の群雄の一人。
李斉賢　80歳。1287生。朝鮮、高麗末期の朱子学者、政治家。

1368年

1.23　朱元璋が応天府で即位し、明朝を創始する
＊＊＊
ショーリアック、ギー・ド　Chauliac, Guy de　7.25(⑩1370頃)没、68？歳。1300(⑩1290頃)生。中世ヨーロッパ最高の伝説的名外科医。
オルカーニャ、アンドレーア　Orcagna, Andrea　8.25(⑩1375頃)没、60？歳。1308(⑩1310頃)生。イタリアの建築家、彫刻家、画家。
[この年] イブン・バットゥータ、ムハンマド・イブン・アブドゥッラー　Ibn Baṭṭūṭah, Abū ʻAbdullāh Muḥammad　⑩1377没、64歳。1304(⑩1303)生。アラブ化したベルベル系の旅行家。
エブネ・ヤミーン、マフムード・ブン・アミール・ヤミーノッディーン・トグラーイー　Ibn Yamīn, Amīr Mahmūd　82歳。1286(⑩1287)生。イランの詩人。
タドミンビャ　Thadominbya　25？歳。1343生。ビルマ、アヴァ王朝の創始者(在位1364～68)。
ピサーノ　Pisano, Nino　53？歳。1315生。イタリアの彫刻家。

ル・コック　Le Coq, Robert　58？歳。1310生。フランスの聖職者。
[この頃] キュドーネス、プロコロス　Kydōnēs, Próchoros　38？歳。1330生。ビザンティンの修道士、神学者。

1369年

3.14　モンティエルの戦いが勃発、百年戦争再開
＊＊＊
ペドロ1世　Pedro I, el Cruel　2.23没、34歳。1334生。レオン＝カスティリア王(在位1350～69)。
顧徳輝　3.14没、59歳。1310生。中国、元代の文人、画家、収蔵家。
常遇春　7.？没、39歳。1330生。中国、明朝開国の功臣。
フィリッパ・オヴ・エノー　Philippa of Hainaut　8.15没、55歳。1314生。イングランド王エドワード3世の王妃。
コンラート(ヴァルトハウゼンの)　Konrad (Waldhausen)　12.8没、49？歳。1320生。ウィーンの説教家。
[この年] 周伯琦　71歳。1298生。中国、明代の書家。
タレンティ、フランチェスコ　Talenti, Francesco　69？歳。1300生。イタリアの建築家、彫刻家。
陶宗儀　中国、元末明初の学者。
ラーマ・ティボディ1世　Rama Thibodi I　57歳。1312生。タイ、アユタヤ王朝の第1代王(在位1350～69)。
[この頃] セム・トブ　Sem Tob　79？歳。1290生。スペインのユダヤ系詩人、学者。
タンステッド　Tunsted, Simon　69？歳。1300生。イギリスの音楽理論家。

1370年

5.24　シュトラールズント条約が締結される
11.05　ポーランドでラヨシュ1世が即位する
12.30　グレゴリウス11世が教皇に即位する
＊＊＊
カジーミエシュ3世　Kazimierz III, Wielki　11.5没、61歳。1309(⑩1310)生。ポーランド国王(在位1333～70)。
ウルバヌス5世　Urbanus V　12.19没、60？歳。1310(⑩1309)生。教皇(在位1362～70)。
[この年] グアリエント・ディ・アルポ　Guariento, Ridolfo　60？歳。1310生。イタリアの画家。
康茂才　56歳。1314生。中国、元末・明初期の武将。

スブキー　Subkī　43歳。1327生。エジプトの著述家。
楚石梵琦　74歳。1296生。中国、元末・明初の禅者。
ビルイッタ（スウェーデンの）　Brigitta Suecica　67歳。1303生。スウェーデン東部ウップランド出身の修道女。
楊維楨　74歳。1296生。中国、元末明初の文学者。
ル・ベル　Le Bel, Jean　80？歳。1290生。ベルギーの年代記作者。
この頃 ジョヴァンネッティ，マッテーオ　Giovannetti, Matteo　70？歳。1300生。イタリアの画家。

1371年

2.22　スコットランドでロバート2世が即位する
9.25　マリッツァ川の戦いが起こる
9.26　セルビアのネマンニャ朝が滅亡する
　　　　　＊＊＊
デーヴィド2世　David II　2.22没、46歳。1324生。スコットランド王（在位1329～71）。
陳汝言　8.？没、40歳。1331生。中国、元末の画家。
この頃 ウバイド・ザーカーニー　'Ubaid Zākānī, Nizam al-Din Ubayd Allah Qazvini　近世ペルシア文学史上著名な諷刺詩人。
オベイド・ザーカーニ，ネザーモッディーン・オベイドッラー　Obeid Zākānī, Nezāmoddīn Obeidollāh　イランの詩人、散文作家。
辛旽　朝鮮、高麗の僧、政治家。
この頃 イマード・キルマーニー　'Imād Kirmānī　イル汗朝期のペルシア抒情詩人、神学者。

1372年

6.23　フランスがラ・ロシェルの海戦で勝利する
10.12　キプロスでピエール2世が即位する
　　　　　＊＊＊
ロレンツォ・ダ・フィレンツェ　Lorenzo da Firenze　12.？没。イタリアの作曲家、教育者。
この頃 王禕　51歳。1321生。中国、明の学者。
危素　69歳。1303（㋶1295）生。中国、元末、明初の学者。
サイモン・ブレドン　Simon Bredon　イギリスのオックスフォード大学マートン・コレッジのフェロー。
マンデヴィル，ジョン　Mandeville, Sir John　㋶1371頃没、72歳。1300生。イギリスの医師、旅行家。

1373年

6.16　イギリスとポルトガルの同盟が成立する
　　　　　＊＊＊
ビルギッタ　Birgitta, St.　7.23没、71？歳。1302（㋶1303頃）生。スウェーデンの神秘家、聖女。
この年 コルシーニ，アンドレーア　Corsini, Andrea　71歳。1302生。フィレンツェの貴族。
ヌーツィ，アッレグレット　Nuzi, Allegretto　53？歳。1320生。イタリアの画家。
この頃 顧安　中国、元代の文人画家。
ファ・グム　Fa Ngum　㋶1375頃没、57？歳。1316生。ラーンサーン王国の王（在位1353～73／93）。

1374年

コンラート・フォン・メーゲンベルク　Conrad von Megenberg　4.14没、65？歳。1309生。ドイツの科学者、神学者、歴史家。
ミリーチ，ヤン　Milíč, Jan　6.29没。モラビアのカトリック神学者。
ペトラルカ，フランチェスコ　Petrarca, Francesco　7.19（㋶1373）没、69歳。1304（㋶1303）生。イタリアの詩人。
恭愍王　9.22没、44歳。1330生。朝鮮、高麗朝の第31代王（在位1352～74）。
ウワイス　Uwais　10.9没、33？歳。1341生。ジャラーイル朝2代目の王（在位1356～74）。
ソレスビ，ジョン　Thoresby, John　11.6没。イギリスのヨーク大司教。
倪瓚　11.11没、73歳。1301生。中国、元末の画家。
マグヌス2世　Magnus II Eriksson　12.1没、58歳。1316生。スウェーデン王（在位1319～56、59～63）、ノルウェー王（マグヌス7世、在位19～43）。
この年 イブン・アル・ハティーブ　Ibn al-Khatīb, Lisān al-Dīn　㋶1375没、61歳。1313生。スペインのアラブの政治家、歴史家、詩人。
景閑　82歳。1292生。高麗末期の禅宗高僧。
高啓　㋶1370没、38歳。1336（㋶1332）生。中国、明の詩人。
方国珍　55歳。1319生。中国、元末期の佃戸。
この頃 リタイ　Lithai　タイのスコータイ朝第5代の王（在位1347～74？）。

中世

1375年

4.13　マムルークがアルメニア王国を滅亡させる
＊＊＊
ヴァルデマール4世　Valdemar IV, Anotherday
　10.24没、58？歳。1317（㊨1320）生。デンマーク王（在位1340～75）。
ラングマン，アーデルハイト　Langmann, Adelheit
　11.22没、63歳。1312生。ドイツの神秘思想家。
ボッカッチョ，ジョヴァンニ　Boccaccio, Giovanni
　12.21没、62歳。1313生。イタリアの小説家，詩人。
[この年] 王保保　中国，元の軍閥。
デ・サンティ，アンドリオーロ　De Santi, Andriolo　イタリアの彫刻家。
フィリップ（オルレアン家の）　Philippe, d'Orléans
　39歳。1336生。オルレアンの初代の公。
劉基　㊨1376没、64歳。1311生。中国，元末明初の文学者，政治家。
[この年] アルギュロス，イサアク　Árgyros, Isaák　ギリシアの修道士，反パラマス派神学者，天文学者。
イブン・アル・シャーティル　Ibn al-Shāṭir, 'Alā' al-dīn 'Alī ibn Ibrāhīm　70？歳。1305（㊨1306）生。アラビアの天文学者。

1376年

4.28　イングランド議会が「善良議会」を開く
6.10　神聖ローマ皇帝にヴェンツェルを選出する
＊＊＊
エドワード黒太子　Edward, the Black Prince
　6.8没、45歳。1330生。エドワード3世の長子。
サルマーン・サーヴァジー，ジャマーロッディーン　Salmān Sāwajī, Jamāl al-Dīn　7.1没、76？歳。1300生。ペルシアの頌詩人。
ランガム　Langham, Simon　7.22没。イングランドの聖職者。
[この年] 恵勤　56歳。1320生。高麗末期の禅宗高僧。
朱祐（右）　62歳。1314生。中国，明の学者。

1377年

1.17　教皇庁がローマに復帰する
6.22　イングランドでリチャード2世が即位する
＊＊＊
ルードルフ（ザクセンの）　Ludolphus (Sachsen)
　4.10没、82？歳。1295生。ドイツのキリスト教著述家。
ギヨーム・ド・ロリス　Guillaume de Lorris　4.13没、77？歳。1300？生。フランスの詩人。
ギヨーム・ド・マショー　Guillaume de Machaut
　4.13没、77？歳。1300（㊨1305頃）生。フランスの詩人，音楽家。
エドワード3世　Edward III　6.21没、64歳。1312生。イングランド王（在位1327～77）。
[この頃] アルギエルダス　Algirdas　81歳。1296生。リトアニアの大公（在位1345～77）。
オルギエルド　Ol'gerd　リトアニア大公（1341～77）。
[この頃] ムハンマッド1世　Muḥammad I Bahmānī　インド，デッカンのバフマン王朝第2代の王（1358～77/4）。

1378年

4.08　ウルバヌス6世の教皇選出が発表される
4.09　対立教皇にクレメンス7世が選出される
9.20　カトリック教会の大分裂が始まる
＊＊＊
グレゴリウス11世　Gregorius XI　3.27没、49？歳。1329（㊨1331）生。教皇（在位1370～78）。
カルル4世　Karl IV　11.29没、62歳。1316生。神聖ローマ皇帝（在位1347～78）。
[この年] アレクシーイ　Aleksii　85？歳。1293生。モスクヴァおよび全ロシアの府主教，聖人。
ヴィルヘルム　Wilhelm, von Köln　ドイツの画家。
昭宗（北元）　中国，北元の初代皇帝（在位1371～78）。
ルドルフ　Ludolf von Sachsen　㊨1377没、78？歳。1300生。ドイツの教会著述家，カルトウジオ会士。
[この頃] カタリナ（聖）（シエナの）　Catarina da Siena　31？歳。1347生。イタリアの聖ドミニコ懺悔修女会の修道女。

1379年

3.29　カスティリャ王にファン1世が即位する
＊＊＊
[この年] エンリケ2世　Enrique II　46歳。1333生。カスティリャ王（在位1369～79）。
トンマーゾ・ダ・モーデナ　Tommaso da Modena　54？歳。1325生。イタリアの画家。
貝瓊　79？歳。1300生。中国，元末・明初の学者，詩人。

フィロテオス・コッキノス Philótheos Kókkinos 79？歳。1300生。東方教会のヘシュカスム派神学者，コンスタンティノポリス総主教。
[この頃] トマーソ・ダ・モーデナ Tomaso da Modena 54？歳。1325生。イタリアの画家。
ハインリヒ Heinrich von Nördlingen ドイツの神秘家。

1380年

9.08 ロシア軍がキプチャク・ハーン国軍を破る
＊＊＊
カタリナ（シエーナの，聖） Catharina de Siena 4.29（㊥1378）没，33歳。1347生。イタリアのドミニコ会修道女，聖女。
ゲクラン，ベルトラン・デュ Du Guesclin, Bertrand 7.13没，60？歳。1320（㊥1323頃）生。百年戦争前半期のフランスの将軍。
シャルル5世 Charles V le Sage 9.16没，42歳。1338（㊥1337）生。フランス王（在位1364～80）。
ヨハン・フォン・ノイマルクト Johann von Neumarkt 12.23没，70？歳。1310生。ドイツの人文主義者，カルル4世の枢機卿。
[この年] 胡惟庸 中国，明初の政治家。
宋璲 36歳。1344生。中国，明代初期の書家。
ホーコン6世 Haakon VI Magnusson 41歳。1339（㊥1340）生。ノルウェー王（在位1355～80）。
ヨルダン（クヴェートリンブルクの） Jordan (Quedlinburg) 80？歳。1300生。ドイツのアウグスティヌス会士，古典学者，著述家。
[この頃] ウゴリーノ・ディ・ヴィエーリ Ugolino di Vieri イタリアの金銀細工師。
高明 （㊥1370頃没，75？歳。1305生。中国，元末明初の劇作家。
ダヴィズ・アプ・グウィリム Dafydd ap Gwilym 60？歳。1320生。イギリスの詩人。

1381年

6.17 南ドイツ都市同盟が結成される
8.08 トリノ条約が締結される
＊＊＊
テオドリヒ（プラハの） Theodrich von Prag 3.11没，22歳。1359生。ボヘミアの画家。
カタリーナ（スウェーデンの，ヴァステーナの） Katarina (Sweden, Vadstena) 3.24没，50？歳。1331生。ビルギッタ修道女会の統率者。

タイラー，ワット Tyler, Wat 6.15没。イギリス農民反乱の指導者。
サドベリー Sudbury, Simon of 7.14没。イギリスの聖職者。
ボール，ジョン Ball, John 7.15没。イギリスの牧師。
ペドロ・デ・アラゴン Pedro de Aragón 11.4没，76歳。1305生。スペインのアラゴン連合王国国王ハイメ2世の王子。
レイスブルーク，ヤン・ヴァン Ruysbroeck, Jan van 12.2没，88歳。1293（㊥1294）生。オランダの神秘思想家。
[この年] 宋濂 ㊥1380没，71歳。1310生。中国，元末明初の文学者，政治家。
タレンティ，シモーネ Talenti, Simone 41？歳。1340生。イタリアの建築家，彫刻家。
[この頃] テオファネース3世（ニカイアの） Theophánēs III (Nikaías) 66？歳。1315生。ギリシア正教会の神学者。

1382年

3.01 フランスで市民がマイヨタン一揆を起こす
9.11 ポーランドでルートオヴィク1世が即位
＊＊＊
オレーム，ニコル Oresme, Nicole d' 7.11（㊥1383）没，60？歳。1322（㊥1320頃）生。フランスの聖職者・科学者。
メルスヴィン，ルールマン Merswin, Rulman 7.18没，75歳。1307生。ドイツの神秘思想家。
ラヨシュ1世 Lajos I 9.11没，56歳。1326生。ハンガリー王（在位1342～82）。
ルートヴィッヒ1世 Ludwig I, der Grorsse 9.11没，56歳。1326生。ハンガリー王（在位1342～82），ポーランド王（1370～82）。
アルテフェルデ Artevelde, Philip van 11.27没，42歳。1340生。フランドルの愛国者。
[この年] 千煕 75歳。1307生。朝鮮の華厳宗僧。
馬皇后 50歳。1332生。中国，明の初代皇帝洪武帝の皇后。
普愚 81歳。1301生。高麗末期の禅宗高僧。
ランド Lando, Michele イタリアのチョンピー一揆の指導者。
[この頃] フリート，ウィリアム Flete, William 72？歳。1310生。イングランドのアウグスティヌス会士，隠修士。

1383年

10.- ポルトガル国王が空位となる
＊ ＊ ＊
ヨアンネス6世　Joannes VI Cantacuzenus　6.15没、87歳。1296(㊥1292以前)生。東ローマ皇帝(在位1347～55)。
この年　オーブリオ・ユーグ　Aubriot Hugues　フランスの建築家。
戴良　66歳。1317生。中国、元代末の学者、文学者。
バルナバ・ダ・モーデナ　Barnaba da Modena　58?歳。1325生。イタリアの画家。
ルイ2世　Louis II　53歳。1330生。フランドルの伯。
ロルペー・ドルジェ　Rol pa'i rdo rje　43歳。1340生。チベットのカルマ・カーギュ派仏教者。
この頃　王履　51?歳。1332生。中国、元末明初の医学者。

1384年

7.26　西南ドイツ諸侯と都市同盟が和解する
＊ ＊ ＊
フローテ、ヘールト・デ　Groote, Gerhard　8.20没、43歳。1340生。オランダの神秘家、修道会「共同生活の兄弟団」の創設者。
ウィクリフ、ジョン　Wycliffe, John　12.28没、54?歳。1330(㊥1329頃)生。宗教改革の先駆者。
この年　陳遇　71歳。1313生。中国、元末明初の儒学者、画家。
李文忠　45歳。1339生。中国、明の武将。

1385年

4.06　ポルトガルでジョアン1世が即位する
8.12　ジョアン1世がカスティリャ軍を破る
＊ ＊ ＊
ジェフリ・ハーデビ　Geofferey Hardeby　3.21没。イギリスのアウグスティヌス隠修士会の神学者。
陳汝秩　4.1没、55歳。1329生。中国、元末明初の文人、画家。
張羽　6.?没、52歳。1333生。中国、元末明初の政治家、画家、詩人。
王蒙　9.10没、87歳。1298(㊥1308)生。中国、元代の画家。

この年　ウォルワース　Walworth, Sir William　イギリス中世の魚商人、ロンドン市長。
徐達　53歳。1332生。中国、明初の武将。

1386年

6.26　ハイデルベルク大学が創設される
7.09　スイス同盟軍がゼンパハの戦いで勝利する
＊ ＊ ＊
レオポルト3世　Leopold III　7.9没、35歳。1351生。オーストリア公アルブレヒト2世の甥。
この年　ヴィンケルリート、アルノルト・フォン　Winkelried, Arnold von　スイスの愛国者、国民的英雄。
カルロ3世(ナポリ王)　Carlo III　41歳。1345生。ナポリ王。
ゴブリヌス　Goblinus　中世のトランシルヴァニアのドイツ人司教。

1387年

1.05　アラゴン王にフアン1世が即位する
＊ ＊ ＊
ペドロ4世　Pedro IV el Ceremonioso　1.5没、68歳。1319生。アラゴン王(在位1336～87)。
この年　オーラフ4世　Olaf IV Haakonsson　12歳。1375生。デンマーク王(在位1376～87)、ノルウェー王(在位1380～87)。
サーヤナ　Sāyana　インドの思想家。
宋克　60歳。1327生。中国、明代初期の書画家。
ムイーヌッ・ディーン　Mu'īnu'd-Dīn Yazdī　イラン、ティムール朝のペルシア語散文作者、歴史家。
この頃　アントーニオ・ヴェネツィアーノ　Antonio Veneziano　47?歳。1340生。イタリアの画家。
ジュスト・デ・メナブオイ　Giusto de'Menabuoi　67?歳。1320生。イタリアの画家。

1388年

2.03　イングランドで「無慈悲議会」召集される
4.09　スイス同盟軍がネーフェルスの戦いで勝つ
8.23　デッフィンゲンの戦いが起こる
この年　ケルン大学が創立される
　　　　高麗で李成桂が政権を掌握する
＊ ＊ ＊

フィローズ・シャー・トゥグルク Fīrūz Shāh 9.20没、80？歳。1308（[異]1309頃）生。インドのトゥグルク朝第3代王（在位1351〜88）。

[この年] **崔瑩** 72歳。1316（[異]1315）生。朝鮮，高麗末期の武人，政治家。

ジョン・ウェルズ John Welles イギリスの神学者。

プッチ，アントーニオ Pucci, Antonio 78？歳。1310生。イタリアの庶民的詩人。

ボロモラジャ Boromaraja タイ，アユティヤ朝の第3代王（在位1370〜88）。

李仁任 朝鮮，高麗末期の政治家。

林堅味 朝鮮，高麗末期の政治家。

廉興邦 朝鮮，高麗末期の政治家。

1389年

6.20 オスマン軍がコソヴォでセルビア人を壊滅
6.28 大セルビア帝国が滅亡する
11.02 ボニファティウス9世が教皇に即位する

＊ ＊ ＊

ディミートリィ・ドンスコーイ Dmitrii Donskoi 5.19没、38歳。1350生。モスクワの公。

ムラト1世 Murat I 6.15（[異]1385）没、70歳。1319（[異]1326）生。オスマン・トルコ帝国の第3代スルタン（在位1362頃〜89）。

ウルバヌス6世 Urbanus VI 10.15没、71？歳。1318生。教皇（在位1378〜89）。

[この年] **ドンディ，ジョヴァンニ・デ** Dondi, Giovanni de 71歳。1318生。イタリアの天文学者，時計製作者。

ハヤム・ウルク Hayam Wuruk 55歳。1334生。インドネシア，マジャパイト大国の第3代王（在位1350〜89）。

1390年

10.09 カスティリャ王にエンリケ3世が即位する

＊ ＊ ＊

コンラート（ゲルンハウゼンの） Konrad (Gelnhausen) 4.13没、70？歳。1320生。ドイツの教会法学者，神学者。

ロバート2世 Robert II 4.19没、74歳。1316生。スコットランド王（在位1371〜90）。

ベンヴェヌート・デ・ランバルディ・ダ・イーモラ Benvenuto de' Rambaldi da Imola 6.16没、60？歳。1330生。イタリアの人文学者。

[この年] **アルベルト・フォン・ザクセン** Albertus de Saxonia 74？歳。1316生。パリで学んだオッカム主義哲学者，自然学者。

粲英 62歳。1328生。高麗末期の禅宗の高僧。

曹敏修 朝鮮，高麗末期の武臣。

李善長 76歳。1314生。中国，明朝創始の功臣。

1391年

[この年] **トゥヴルトコ1世** Tvrtko I K'otromanich, Stephen ボスニア王（在位？〜1391）。

バラワ・ギェルツェン・ペルサン 'Ba'ra ba rgyal mtshan dpal bzang 81歳。1310生。チベットのカーギュ派仏教者。

ヨアンネス5世 Johannes V 59歳。1332生。パラエオログス朝のビザンティン皇帝（在位1341〜76, 1379〜91）。

1392年

8.05 フランスで国内貴族の台頭が始まる
8.06 李成桂が即位し、李氏朝鮮を建国する

＊ ＊ ＊

エーベルハルト2世 Eberhard II der Rauschebart 3.15没。ドイツのヴュルッテンベルク伯。

沐英 6.？没、47歳。1345生。中国，明初の武将。

セルギー・ラドネーシスキー Sergii Radonezhskii 9.25（[異]1391）没、78歳。1314（[異]1321頃）生。ロシアの修道院改革者，聖人。

[この年] **オックスフォード（伯）** Oxford, Robert de Vere, 9th Earl of 30歳。1362生。イギリスの宮廷政治家，伯爵。

混修 72歳。1320生。高麗末期の禅宗高僧。

鄭夢周 55歳。1337（[異]1338）生。朝鮮，高麗末期の政治家，儒学者。

李崇仁 43歳。1349（[異]1347）生。朝鮮，李朝初の学者，政治家。

1393年

7.10 ゼンパハ協定が成立する

＊ ＊ ＊

ヤン（ネポムクの） Jan (Nepomuk) 3.20没、53？歳。1340生。ボヘミアの殉教者。

マチェイ（ヤノフの） Matěj (z Janova) 11.30没、43？歳。1350生。チェコのプラハの宗教改革者。

[この年] **ジュスト，アントニオ**　Juste, Antoine　53？歳。1340生。イタリヤの彫刻家。

徐賁　58歳。1335生。中国，元末・明初期の詩人。

聖ヨハネス(ネポムクの)　Joannes de Nepomuk, St.　63？歳。1330(異1340頃)生。聖人，殉教者。

藍玉　中国，明初の武将。

1394年

9.28　ベネディクトゥス13世が教皇に即位する
11.-　朝鮮が都を漢陽(ソウル)に移す

＊　＊　＊

クレメンス7世　Clemens VII　9.16没、52歳。1342生。対立教皇(在位1378～94)。

マティアス(ヤーノーの)　Matthias von Janow　11.30没。オーストリアの宗教改革者。

[この年] **アン(ボヘミアの)**　Anne of Bohemia　28歳。1366生。イギリス王リチャード2世の最初の妃。

王弼　中国，元末明初の武将。

恭譲王　49歳。1345生。朝鮮，高麗朝最後の国王(在位1389～92)。

マルコ・クラリエヴィチ　Marko Kraljevich　59？歳。1335生。セルビアの英雄。

1395年

5.11　ジャン・ガレッツォがミラノ大公位を買収
5.19　アラゴン王にマルティネス1世が即位する

＊　＊　＊

バーバー，ジョン　Barbour, John　3.13没、75？歳。1320(異1316頃)生。スコットランドの詩人。

ヒルトン，ウォールター　Hilton, Walter　3.24没。イギリスの神秘家。

湯和　8.?没、69歳。1326生。中国，明朝創業の功臣。

[この年] **崔茂宣**　朝鮮，高麗末から李朝初期の武臣。

祖丘　朝鮮太祖時の天台宗僧。

智泉　71歳。1324生。高麗末期から朝鮮初期の僧。

馮勝　中国，明建国の功臣。

ラメスワン　Ramesuan　タイ，アユタヤ王朝の第2代，5代王(在位1369～70，88～95)。

[この頃] **アルティキエーロ・ダ・ゼヴィオ**　Altichiero da Zevio　異1385没、65？歳。1330生。イタリアの画家。

ニコラウス(バーゼルの)　Nicolaus(Basel)　スイスの異端者。

1396年

9.25　ニコポリスの戦いが起こる

＊　＊　＊

コートネイ，ウィリアム　Courtnay, William　7.31没、54？歳。1342(異1334)生。カンタベリー大司教(1381～96)。

マルシリウス　Marsilius von Inghen　8.20没、66？歳。1330生。ドイツのスコラ学者。

ガッティ，アニョロ　Gaddi, Agnolo di Taddeo　10.16没、46？歳。1350(異1333頃)生。イタリアの画家。

[この年] **サンゲ・リンパ**　Sangs rgyas gling pa　56歳。1340生。チベットのニンマ派仏教者。

ステファーン(ペールミの)　Stefan(Perm)　51歳。1345生。ロシア正教会の主教，聖人。

マッテーオ・ダ・カンピオーネ　Matteo da Campione　イタリアの建築家，彫刻家。

李穡　68歳。1328生。朝鮮，高麗末・李朝初期の儒学者・政治家。

1397年

6.20　カルマル同盟が締結される

＊　＊　＊

ハインリヒ・ハインブーヘ(ランゲンシュタインの)　Heinrich von Langenstein　2.11没、72？歳。1325(異1324頃)生。ドイツのプロテスタント神学者。

ランディーニ，フランチェスコ　Landino, Francesco　9.2没、72？歳。1325(異1335頃)生。イタリアの作曲家。

グロスター　Gloucester, Thomas of Woodstock, Duke of　9.9没、42歳。1355生。イギリスの大貴族。

アダム・イーストン　Adam Easton　9.20没、67歳。1330生。イギリスの司教，枢機卿。

[この年] **傅友徳**　中国，明初の武将。

ボニーノ・ダ・カンピオーネ　Bonino da Campione　イタリアの彫刻家。

[この頃] **デメトリオス・キュドネス**　Dēmētrios Kydōnēs　異1400頃没、74？歳。1323(異1324頃)生。ビザンチン帝国の神学者。

1398年

5.11　ジャン・ガレアッツォが休戦協定を結ぶ
6.24　明で建文帝が即位する
* * *
洪武帝（明）　閏5.?没、70歳。1328生。中国、明の初代皇帝。
文益漸　6.13没、69歳。1329生。朝鮮、高麗の学者、政治家。
鄭道伝　8.26没。朝鮮、高麗末李朝初期の政治家、儒学者。
ゼルボルト、ヘーラルト（ヘールト）（ジュトフェンの）Zerbolt, Gerhard(Geert)(Zutphen)　12.4没、31歳。1367生。オランダの共同生活兄弟団の指導者。
この年 ジャン・ド・バユー　Jean de Bayeux　フランス、ルーアンの建築長。
バルクーク　Barqūq, al-Malik al-Ẓāhir Sayf al-Dīn　㊦1399没、62歳。1336生。エジプトのブルジー・マムルーク朝初代スルタン（1382〜98）。
ブルハネッディン、カディ・アフメト　Burhaneddin, Ahmet　54歳。1344生。小アジアの小侯国の君主、詩人。
この頃 ダンマルタン、ギー　Dampmartin, Guy　フランスの建築家。

1399年

9.29　イングランドでヘンリー4世が即位する
* * *
ジョン・オヴ・ゴーント　John of Gaunt, Duke of Lancaster　2.3没、58歳。1340生。ランカスター公。
パルラー、ペーター　Parler, Peter　7.13没、69歳。1330生。ドイツの建築家、彫刻家。
ヤドヴィガ　Jadwiga　7.17没、30歳。1369（㊦1373頃）生。ポーランド女王（在位1384〜99）。
ライムンドゥス（カプアの）　Raimundus（Capua）10.5没、69?歳。1330生。イタリアのドミニコ会総長、改革者。
この年 思倫発　中国、明初期の百夷の長。

1400年

8.20　ルプレヒト3世が神聖ローマ皇帝に選出

この年　朝鮮で太宗が即位する
* * *
リチャード2世　Richard II　2.14没、33歳。1367生。プランタジネット朝最後のイングランド王（在位1377〜99）。
フローレンティウス・ラーデウェインス　Florentius Radewijns（Radewyns）3.24没、50?歳。1350生。オランダの共同生活兄弟団指導者。
バルドゥス　Baldus de Ubaldis, Baldeschi　4.28没、73?歳。1327生。イタリアの法学者。
チョーサー、ジェフリ　Chaucer, Geoffrey　10.25没、57?歳。1343（㊦1340頃）生。イギリスの詩人。
この年 イェーヴェル、ヘンリー　Yevele, Henry　80?歳。1320生。イギリスの建築家。
羅貫中　70歳。1330生。中国、元末、明初の小説家、劇作家。
この頃 エジディウス　Egidius　60?歳。1340生。フランスの神学者、作曲家。
キャマール・ホジャンディー　Kamāl Khujandī　イランのペルシア詩人。
サッケッティ、フランコ　Sacchetti, Franco　70?歳。1330（㊦1332頃）生。イタリアの詩人、小説家。
ラングランド、ウィリアム　Langland, William　68?歳。1332?（㊦1330頃）生。イギリスの詩人。

1401年

1.18　リトアニアのヴィトルトが称号を受ける
* * *
この年 ソートリ、ウィリアム　Sawtrey, William　イギリスのロラード派殉教者。
沈徳符　73歳。1328生。朝鮮、高麗末、李朝初の政治家。
この頃 アントーニオ・ディ・ヴィンチェンツォ　Antonio di Vincenzo　51?歳。1350生。イタリアの建築家。
クランペ、ヘンリ　Crumpe, Henry　25?歳。1376生。アイルランドのシトー会修道士。
スティトニ　Stitny, Thomas von　76?歳。1325生。オーストリア（ベーメン）の哲学者。

1402年

7.28　オスマン軍がチブカバードの戦いで敗れる
* * *
ヴィスコンティ、ジャン・ガレアッツォ　Visconti, Gian Galeazzo　9.3没、50歳。1351（㊦1347）生。ミラノ公。

中世　1406

[この年] 建文帝(明)　19歳。1383生。中国、明朝第2代皇帝。
黄子澄　43歳。1359生。中国、明初期の政治家。
斉泰　中国、明の政治家。
トレヴィーザ、ジョン　Trevisa, John　イングランドのローマ・カトリック教会司祭、翻訳家。
ファズルッラー・アスタラーバーディー　Faḍlu'llāh Astarābādī　㋱1393没、63？歳。1339生。イランの宗教家。
方孝孺　45歳。1357生。中国、明初の学者、文学者。

1403年

7.10　ヘンリー4世がパーシー家の反乱を鎮圧
この年　フスがプラハ大学で宗教改革を唱える
＊　＊　＊
バヤジット1世　Bayazit I　3.8(㋱1402)没、49？歳。1354(㋱1347)生。オスマン・トルコ帝国4代のスルタン(在位1389～1402)。
パーシー　Percy, Sir Henry　7.？没、39歳。1364生。イングランドのノーサンバランド伯の長子。

1404年

4.27　ジャン無畏公がブルゴーニュ公を継承する
10.17　インノケンティウス7世が教皇に即位する
＊　＊　＊
フィリップ2世　Philippe II, le Hardi, Duc de Bourgogne　4.27没、62歳。1342生。フランス王ジャン2世の第4子。
ウィリアム(ウィッカムの)　William(Wykeham, Wickham)　8.16没、80歳。1324生。イギリスのウィンチェスターの司教。
ウィカム　Wykeham, William of　9.24没、80歳。1324生。イギリスの聖職者。
ボニファーティウス9世　Bonifacius IX　10.1没、49？歳。1355生。ローマ教皇。
[この年] エレオノーラ(アルボレアの)　Eleonora d'Arborea　54？歳。1350生。サルディニアの為政者。
[この頃] フロワサール、ジャン　Froissart, Jean　㋱1410頃没、71？歳。1333(㋱1337頃)生。フランスの年代記作者、詩人。

1405年

5.-　パーシー家の第2次反乱が起こる
9.14　マインツ大司教と選帝侯が同盟を結ぶ
＊　＊　＊
ティムール　Tīmūr　2.18没、68歳。1336生。チムール帝国の創建者。
スクループ(スクロウプ)、リチャード・リ　Scrope, Richard Le　6.8没、59？歳。1346生。イギリスのヨーク大司教。
スリューテル、クラウス　Sluter, Claus　9.24？(㋱1406)没、55？歳。1350(㋱1340頃)生。オランダの彫刻家。
アッ・ダミーリー　ad-Damīrī, Kamālu'd-Dīn Muḥammad b.Mūsā　10.28没、61？歳。1344生。エジプトの博物学者、神学者、詩人。
[この年] イブン・アルフラート　Ibn al-Furāt　71歳。1334生。マムルーク朝時代のエジプトの歴史家。
趙浚　59歳。1346生。朝鮮、高麗末から李朝初期の政治家。
ハーランド、ヒュー(ハーロンド、ヒュー)　Herland, Hugh(Herlonde, Hugh)　45歳。1360生。イギリスの最高の大工。
無学　78歳。1327生。高麗末期から朝鮮初期の高僧。
[この頃] バタイユ、ニコラ　Bataille, Nicolas　75？歳。1330生。フランスのタピスリー作家。
バロヴィエル、バルトロメオ　Barovier, Bartolomeo　イタリアのガラス職人。
レイモン・デュ・タンプル　Raymond du Temple　フランスの建築家。

1406年

10.09　フィレンツェがピサを併合する
11.30　グレゴリウス12世が教皇に即位する
12.25　カスティリャ王にフアン2世が即位する
＊　＊　＊
ウォールデン、ロジャー　Walden, Roger　1.6没。イギリスのカンタベリ大司教。
イブン・ハルドゥーン、アブドゥル・ラフマーン　Ibn Khaldūn, 'Abd al-Raḥmān　3.16没、73歳。1332生。アラビアの歴史学者。
サルターティ、リーノ・コルッチョ　Salutati, Coluccio　5.4没、75歳。1331生。イタリアの人文主義者。
ロバート3世　Robert III　6.6没、66？歳。1340(㋱1337)生。スチュアート家第2代のスコットランド王(在位1390～1406)。

キプリアーン Kiprian 9.16没、70？歳。1336生。ロシアの府主教，聖人。

イノケンティウス7世 Innocentius VII 11.6没、70？歳。1336生。大分裂期のローマ教皇(在位1404～06)。

[この年] **エンリケ3世** Enrique III 27歳。1379生。カスティリア王(在位1390～1406)。

コルッチョ Coluccio，Salutato 76歳。1330生。イタリアの詩人。

トクタミシュ Toqtamish キプチャク・ハン国の王(在位1380～95)。

マグレビー，モハンマド・シーリーン Maghribī，Tabrīzī，Muḥammad Shīrīn 57？歳。1349生。イランの詩人。

[この頃] **デシャン，ウスターシュ** Deschamps，Eustache [異]1410没、61？歳。1345([異]1346頃)生。フランスの詩人。

ベタンクール Béthancourt，Jean de 46？歳。1360生。フランスの航海者，探検家。

1407年

12.02 ジャン無畏公がパリを離れてリールに入る

＊＊＊

ルベイス，レオナルド・ダ Rubeis，Leonardo da 3.17？没。イタリア出身のフランシスコ会の神学者。

[この年] **オルレアン，ルイ** Orléans，Louis 35歳。1372生。フランスの大貴族。

クリッソン Clisson，Olivier de 71歳。1336生。フランスの将軍。

胡季犛 71歳。1336生。ヴェトナム，陳朝の寵臣の一人。

ゴンザーガ，フランチェスコ1世 Gonzaga，Francesco I 41歳。1366生。イタリアの貴族。

徐皇后 45歳。1362生。中国，明第3代永楽帝の皇后。

ノールズ Knollys，*Sir* Robert イギリスの軍人。

[この頃] **ロペス‐デ‐アヤーラ，ペドロ** López de Ayala，Pedro 75？歳。1332生。スペインの政治家，詩人，年代記作者。

1408年

4.25 ナポリ王ラディスラスがローマを占領する
9.23 ジャン無畏公がオテーの戦いで勝利する

＊＊＊

李成桂 5.？没、72歳。1335生。朝鮮，李朝の初代王(在位1392～98)。

ガワー，ジョン Gower，John 10.？没、83？歳。1325([異]1330？)生。イギリスの詩人。

ハインリヒ(カルカルの) Heinrich von Kalkar 12.20没、80歳。1328生。ドイツのカルトゥジオ会の修道院長。

1409年

6.26 ピサ公会議で第3の教皇が擁立される
7.24 マルティネス1世がシチリアを併合する

＊＊＊

[この年] **王冕** [異]1407没、74歳。1335生。中国，明代の画家。

丘福 66歳。1343生。中国，明の武将。

ゴドゥプ・ギェルツェン dNgos grub rgyal mtshan 72歳。1337生。チベットのニンマ派仏教者。

権近 57歳。1352生。朝鮮，高麗末から李朝初期の儒臣。

フッガー，ハンス Fugger，Johannes [異]1408没、61歳。1348生。ドイツの商業財閥の創始者。

[この頃] **スタルニーナ，ゲラルド** Starnina，Gherardo 14世紀後半生。フィレンツェ派の画家。

ブルーデルラム，メルキオール Broederlam，Melchior 1381生。フランドルの画家。

1410年

3.15 明の永楽帝がタタール征伐のため出陣する
5.17 ピサ派の教皇ヨハンネス23世が即位する
9.20 神聖ローマ皇帝にジギスムントを選出する

＊＊＊

バドビ，ジョン Badby，John 3.1没。イギリスの異端とされたローランド派の殉教者。

マタエウス(クラクフの) Matthaeus(Kraków) 3.5没、75?歳。1335生。ヴォルムスの司教，神学者。

スピネロ・アレティーノ Spinello Aretino 3.14没、64？歳。1346([異]1333)生。イタリアの画家。

トレヴォー，ジョン Trevaur，John 4.10？没。ウェールズのローマ・カトリック教会司教。

アレクサンデル5世 Alexander V 5.3没、71？歳。1339([異]1340頃)生。対立教皇(在位1409～10)。

ルプレヒト1世 Ruprecht von der Pfalz 5.18没、58歳。1352生。神聖ローマ皇帝(在位1400～10)。

[この年] **アダム(リューリの)** Adam(Rewley) 80？歳。1330生。イギリスのシトー会修道士。

中世　1414

ウラジーミル　Vladimir Andreevich　57歳。1353生。ロシアの武将。

クレスカス，ハスダイ・ベン・アブラハム　Crescas, Hasdai Ben Abraham　㊼1412頃没、70歳。1340生。ユダヤ人，スペインのラビ，哲学者。

張宇初　中国，明代の道士。

バルトロ・ディ・フレディ　Bartolo di Fredi　80？歳。1330生。イタリアの画家。

ボーフォート，ジョン　Beaufort, John　37？歳。1373生。イギリス中世の貴族。

マヌエル・カレカス　Manouēl Kalékas　ビザンティンの神学者，ドミニコ会士。

この頃　ビッラーニ　Villani, Filippo　85？歳。1325生。M. ビッラーニの息子。

フェオファン・グレク　Feofan Grek　70？歳。1340。(㊼1330頃)生。ギリシア人の聖画像画家。

ヤコブ・ド・サンルシュ　Jacob de Senleches　65？歳。1345生。アラゴン出身という説もある作曲家。

リッゲ，ロバート　Rygge, Robert　イングランドのローマ・カトリック教会神学者，オックスフォード大学総長。

1411年

10.31　カスティリャとポルトガルが講和条約締結
＊＊＊

スレイマン・チェレビー　Süleyman Çelebi, Emir　2.27(㊼1410)没。オスマン・トルコ帝国のスルタン(1403～10)。

ヨアネス・パルヴス　Joannes Parvus　7.15没、51？歳。1360生。フランスの神学者。

ゲルラハ，ペーテルス　Gerlach, Petersz　11.18没、33歳。1378生。オランダ出身で，ドイツに移住した共同生活兄弟団の神秘的神学者。

チコニア，ヨハネス　Ciconia, Johannes　12.？没、76？歳。1335生。ワロン(南ベルギー)の作曲家，音楽理論家。

この頃　ウィリアム・オブ・ウィンフォード　William of Wynford　ウェルズのカテドラルの建築長。

1412年

5.16　フィリッポ・マリアがミラノ公を継承する
6.28　アラゴン王にフェルナンド1世が即位する
＊＊＊

ゴンサレス・デ・クラビホ，ルイ　González de Clavijo, Ruy　4.2没。スペインの外交官、旅行家。

マルグレーテ　Margrete　10.28没、59歳。1353生。ノルウェー(1384～1412)，デンマーク(1387～1412)，スウェーデン王国(1309～1412)の王妃，摂政。

この年　アルベルト　Albert von Mecklenburg　72？歳。1340生。スウェーデン王(在位1363～89)。

クラビホ　Ciavijo, Ruy Gonzaléz de　スペインの騎士，侍従。

シェピ，ジョン・デ　Shepey, John de　イングランドの教会法学者。

ジョン・オヴ・トレヴィサ　John of Trevisa　86歳。1326生。イギリスの翻訳家。

レンダワ・ションヌ・ドェ　Red mda' ba gshon nu blo gros　63歳。1349生。チベットのサキャ派仏教者。

1413年

3.21　イングランドでヘンリー5世が即位する
4.27　パリでシモネ・クートリエが反乱を起こす
＊＊＊

ヘンリー4世　Henry IV, Boldingbroke　3.20没、46歳。1366。(㊼1367)生。ランカスター家出身の初のイングランド王(在位1399～1413)。

この年　アフメディー，タジェッディン・イブラヒム　Ahmedî, Tacedin İbrahim　78？歳。1335(㊼1334？)生。オスマン朝トルコ初期の詩人。

アル・ジョルジャーニー　al-Jurjānī, 'Alī ibn Muḥammad al-Sayyid al-Sharīf　73歳。1340生。イランの音楽理論家，哲学者。

この頃　ジュリアナ(ノリッジの)　Juliana of Norwich　㊼1416頃没、71？歳。1342生。イギリスの神秘家。

ボーヌヴー，アンドレ　Beauneveu, André　㊼1401頃没、53？歳。1360(㊼1330頃)生。フランスの画家、彫刻家。

パラミシュワラ　Paramesvara　㊼1414頃没。マラッカ王国の初代国王(在位1403～14頃)。

メッジェ，ベルナー　Metge, Bernat　68？歳。1345生。スペイン，カタルーニャの詩人，散文家。

1414年

1.09　イングランドでオールドカースルの乱勃発
11.05　コンスタンツで第16回公会議開催される
＊＊＊

アランデル，トマス　Arundel, Thomas　2.19没、61歳。1353生。イギリスのイングランドの聖職者，政治家，アランデル伯リチャード・フィッツアランの3男。

人物物故大年表 外国人編　257

ジャンヌ・マリー・ド・メイエ　Jeanne Marie de Maillé　3.28没、82歳。1332生。フランスの神秘家、隠遁者、福者。

ラディスラオ　Ladislao d'Angió　8.6没、37歳。1377生。アンジュー家のナポリ王（在位1386～1414）。

[この年] 陳季拡　ヴェトナム、後陳朝の第2代皇帝（在位1409～13）。

フィールーザーバーディー　Fīrūzābādī　85歳。1329生。アラビアの辞書編纂者。

ヤクトゥク・サンゲペル　g-Yag phrug sangs rgyas dpal　64歳。1350生。チベットの仏教者。

[この頃] ヴァンニ、アンドレア　Vanni, Andrea　84？歳。1330生。イタリアの画家。

ヨハネス・フォン・テープル　Johannes von Tepl　64？歳。1350（㊞1351頃）生。ドイツの詩人。

1415年

4.30　フリードリッヒ1世が選帝侯に封ぜられる
5.29　教皇ヨハンネス23世の廃位が決まる
7.04　教皇グレゴリウス12世が退位する
＊　＊　＊

クリュソロラス、マヌエル　Chrysoloras, Manuel　4.15没、65？歳。1350（㊞1355頃）生。ビザンティンの貴族、人文学者。

フス、ヤン　Hus, Jan　7.6没、46？歳。1369（㊞1371？）生。ボヘミアの神学者、宗教改革家。

ヨーク、エドマンド　York, Edmund of Langley, 1st Duke of　10.25没（㊞1402）没、74歳。1341（㊞1342）生。初代ヨーク公。

ヨーク、エドワード・プランタジネット　York, Edward, 2nd Duke of　10.25没、42？歳。1373生。イングランドの貴族。

[この年] アンドレアス・デ・フロレンティア　Andreas de Florentia　イタリアの作曲家。

解縉　46歳。1369生。中国、明の政治家。

ダンマルタン、ドルーエ　Dampmartin, Drouet　フランスの建築家。

テシン・シェクパ　De bshin gśegs pa　31歳。1384生。チベットのカルマ・カーギュ派仏教者。

マイスター・ベルトラム　Bertram (Meister Bertram)　㊞1414頃没、70？歳。1345（㊞1340頃）生。ドイツの画家。

マルエル、ジャン　Malouel, Jean　フランスの画家。

1416年

4.02　アラゴン王にアルフォンソ5世が即位する
＊　＊　＊

王紱　2.6没、54歳。1362生。中国、明代の書家。

フェルナンド1世　Fernando I, de Antequera　4.2没、36歳。1380（㊞1379頃）生。アラゴン王（在位1412～16）。

ヒエロニュムス（プラハの）　Hieronymus Pragensis　5.30没、51？歳。1365（㊞1370頃）生。ボヘミアの哲学者J．フスの弟子。

ベリー、ジャン・ド・フランス　Berry, Jean, duc de　6.15没、75歳。1340生。フランスの貴族。

[この年] アブー・イスハーク・シーラーズィー　Abū Isḥāq (Bushaq) Shīrāzī　ティムール朝治下ペルシアの詩人。

グレンダウアー、オーウェン　Glendower, Owen　62？歳。1354生。イギリスのウェールズの首長。

ブラジウス（パルマの）　Blasius　71？歳。1345生。イタリアのスコラ自然哲学者。

リンブルク、イェハネキン・デ　Limbourg, Jan de　オランダの画家。

リンブルク、ヘルマン・デ　Limbourg, Herman de　オランダの画家。

リンブルク、ポル・デ　Limbourg, Pol de　オランダの画家。

1417年

7.26　教皇ベネディクトゥス13世が廃位される
11.11　教会大分裂が終焉する
＊　＊　＊

ハルム、ロバート　Hallum, Robert　9.4没。イングランドの司教。

ツァバレルラ、フランチェスコ　Zabarella, Francesco　9.26没、57歳。1360生。イタリアの教会法学者。

グレゴリウス12世　Gregorius XII　10.18没、90？歳。1327（㊞1325頃）生。教皇（在位1406～15）。

オールドカッスル、サー・ジョン　Oldcastle, Sir John　12.14没、39歳。1378（㊞1377頃）生。ヘレフォードシャー出身の宗教改革者。

[この年] ニッコロ・ダ・ヴォルトリ　Niccolò da Voltri　32歳。1385生。イタリアの画家。

[この頃] ナスィーミー・バーグダーディー　Nasīmī Bāghdādī　ペルシア語・トルコ語詩人。

中世

1418年

4.22　コンスタンツ宗教会議が閉幕する
この年　朝鮮で世宗が即位する
　　　　　＊　＊　＊
ディートリヒ（ニーハイムの，ニームの）　Dietrich von Nieheim, Niem　3.？没、78？歳。1340生。ローマ教皇庁尚書作成者。
カルカシャンディー　al-Qalqashandī, Aḥmad　7.16没、63歳。1355生。エジプトのマムルーク朝の学者。
[この年] 胡広　48歳。1370生。中国、明初期の官僚、学者。
コル，ゴンチエ　Col, Gontier　66？歳。1352生。フランス中世のユマニスト、大法官府書記。
ゼーノ　Zeno, Carlo　84歳。1334生。ベネチアの海軍将官。
フラメル　Flamel, Nicolas　88？歳。1330生。フランスの錬金術師。
ミルチャ1世　Mircea I　ワラヒアの大侯（在位1386～1418）。
姚広孝　83歳。1335生。中国、明初の政治家、僧侶。

1419年

7.30　ボヘミアでフス派の暴動が起こる
8.16　ボヘミアでジギスムントが即位する
この年　朝鮮が対馬に遠征する（応永の外寇）
　　　　　＊　＊　＊
エンジンゲン，ウルリヒ・フォン　Ensingen, Ulrich von　2.10没、60？歳。1359（1350頃）生。ドイツのゴシック建築家。
ヴィンケンティウス・フェレリウス　Vincentius Ferrerius　4.5没、69歳。1350生。スペインのドミニコ会宣教師、聖人。
ドミニチ，ジョヴァンニ　Dominici, Giovanni　6.10没、63？歳。1356生。イタリアのドミニコ会改革者、著述家、枢機卿。
ベンツェスラウス4世　Wenceslaus IV　8.16没、58歳。1361生。ボヘミア王（在位1378～1400、04～19）、神聖ローマ皇帝（1378～1400）。
ジャン　Jean sans Peur, Duc de Bourgogne　9.10没、48歳。1371生。フランスの百年戦争中のブルゴーニュ公（在位1404～19）。
パオロ・ダ・フィレンツェ　Paolo da Firenze　9.？没。イタリアの作曲家。

ヨハネス23世　Johannes XXIII　11.22（1415）没、49？歳。1370（1360？）生。三教皇鼎立期の対立教皇（在位1410～15）。
[この年] イブラーヒーム　Ibrāhīm, Malik　歴史に残る最初のジャワのイスラム聖者。
ガスコイン　Gascoigne, Sir William　69？歳。1350生。ヘンリー4世臣下のイギリスの大法官。
吉再　66歳。1353生。朝鮮、高麗末・李初期の儒者。
ツォンカパ　Tsoṅ-Kha-pa　62歳。1357生。チベット黄帽派（ゲルクパ派）ラマ教の開祖。
ビセンテ・フェレール　Vicente Ferrer　69歳。1350生。スペインのドミニコ派修道僧。

1420年

2.21　フス派の急進グループがタボルに要塞築く
3.01　教皇がフス派に対する十字軍派遣を提唱
5.21　トロア条約が締結される
7.14　ボヘミア軍が神聖ローマ皇帝軍を撃退する
　　　　　＊　＊　＊
アイイ，ピエール・ド　Ailly, Pierre d'　8.9没、70歳。1350生。フランスの枢機卿、神学者。
[この年] カラー・ユースフ　Qarā Yūsuf　イランのカラー・クユーンルー（黒羊）朝第2代の主（1388～1420）。
サリンベーニ，ロレンツォ　Salimbeni, Lorenzo　46？歳。1374生。イタリアの画家。
チャンディーダース　Chaṇḍīdās　40歳。1380生。インドの詩人。
[この頃] ニコラス（ヘリフォードの）　Nicholas of Hereford　イギリスのロラード派の著作家。

1421年

2.02　明の永楽帝が北京に遷都する
10.28　ミラノ公国がジェノヴァを併合する
　　　　　＊　＊　＊
メフメット1世　Mehmet I　5.4没、47？歳。1374生。オスマン・トルコ帝国の第5代スルタン（1413～21）。
[この年] ナンニ・ディ・バンコ　Nanni d'Antonio di Banco　1420頃没、41？歳。1380（1374？）生。イタリアの彫刻家。
ブシコー　Boucicquaut, Jean Le Meingre　55歳。1366生。フランスの武将。
[この頃] グラーボ，マテーウス　Grabow, Matthäus　ドイツのドミニコ会士、神学者、教皇庁審問官。

リッポ・ディ・ダルマージオ・スカンナベッキ　Lippo di Dalmasio Scannabecchi　69？歳。1352生。イタリアの画家。

この頃　サン‐ジョルディ，ジョルディ・デ　Sant Jordi, Jordi de　14世紀末生。スペイン，カタルーニャの抒情詩人。

1422年

4.-　マムルーク朝スルタンにバルスバーイ即位
8.31　イングランドでヘンリー6世が即位する
10.30　フランスでシャルル7世が即位する
＊＊＊
ヘンリー5世　Henry V　8.3没、34歳。1387生。イングランド王(在位1413〜22)。
シャルル6世　Charles VI, le Bien-Aimé　10.21没、53歳。1368生。フランス王(在位1380〜1422)。
シモン(クラモーの)　Simon de Cramaud　12.14没、62？歳。1360生。教会分裂時代のフランスの枢機卿。
この年　ジェリフスキー　Želivský, Jan　ボヘミアの司祭。
スレイマン・チェレビィ，デデ　Süleyman Çelebi, Dede　オスマン・トルコ帝国の詩人。
太宗(李朝)　㊨1423没、55歳。1367生。朝鮮、李朝の第3代王(在位1400〜18)。
この頃　ウォルシンガム，トマス　Walsingham, Thomas　イングランドのベネディクト会士、歴史家。
タッデオ・ディ・バルトリ　Taddeo di Bartoli　60？歳。1362生。イタリアのシエナ派の画家。

1423年

4.15　フォスカリがヴェネツィア統領に就任する
＊＊＊
ウィントン，アンドルー　Wyntoun, Andrew of　2.3没、49歳。1350生。スコットランドの年代記作家。
ウィッテントン，ディック　Whittington, Richard　3.？没、65？歳。1358生。イギリスの商人、ロンドン市長。
フーゴー・フォン・モンフォール　Hugo von Montfort　4.5没、66歳。1357生。オーストリアの詩人。
ベネディクツス13世　Benedictus XIII　5.？(㊨1424)没、81？歳。1342(㊨1328頃)生。対立教皇(在位1394〜1423)。
この年　アラーストン，リチャード　Ullerston, Richard　イングランドのローマ・カトリック教会司祭、神学者。
高稹　73歳。1350生。中国、明代の学者、文人。

1424年

8.12　明で洪熙帝が即位する
＊＊＊
スフォルツァ，ジャコムッツォ・アッテンドロ　Sforza, Giacomuzzo Attendolo　1.4没、54歳。1369生。イタリアの貴族。
セルカンビ，ジョヴァンニ　Sercambi, Giovanni　5.27没、77歳。1347生。イタリアの小説家、年代記作家。
ブラッチオ・ダ・モントーネ　Braccio Da Montone　6.5没、58歳。1366生。イタリアの軍人、傭兵隊長。
ジシュカ，ヤン　Žižka, Jan　10.11没、54？歳。1370(㊨1358頃)生。ボヘミアのフス派指導者、民族的英雄。
この年　永楽帝　㊨1425没、64歳。1360生。中国、明の第3代皇帝(在位1402〜24)。
丁鶴年　89歳。1335生。中国、元末・明初の詩人。
レピントン，フィリップ　Repington (Repyngdon), Philip　イギリスのリンカン教区司教、枢機卿、神学者。
この頃　アルバレス‐デ‐ビリャサンディノ，アルフォンソ　Álvarez de Villasandino, Alfonso　スペインの詩人。
ビディヤーパティ　Vidyāpati Ṭhākur　44？歳。1380生。インドのビハールのヴィシュヌ派詩人。

1425年

3.25　ジェームズ1世が王権を回復する
7.21　ビザンチン皇帝にヨハネス8世が即位する
＊＊＊
ワシーリー1世　Vasilii I　2.？没、54歳。1371生。モスクワ大公(1389〜1425)。
仁宗(明)　5.？没、47歳。1378生。中国、明の第4代皇帝。
マヌエル2世　Manuel II Palaeologus　7.21没、75歳。1350(㊨1348)生。ビザンチン皇帝(在位1391〜1425)。
この年　ペトルス・チャエク(プルカウの)　Petrus Czaech (Pulkau)　55？歳。1370没。オーストリアの神学者。
モーティマー，エドモンド　Mortimer　イングランドの貴族。

中世　　　　　1430

李従茂　56歳。1369(㊙1360)生。朝鮮,李朝の武臣。
[この頃] ケルデルマンス，ヤン　Keldermans, Jan　フランドルの建築家，彫刻家。
ロレンツォ・モーナコ　Lorenzo Monaco　㊙1422頃没，55？歳。1370生。イタリアの画家。

[この年] ベルデマンディス　Beldemandis, Prosdocimus de　48？歳。1380生。イタリアの音楽理論家。
法蔵　77歳。1351生。高麗末，朝鮮初の禅宗の高僧。
マサッチョ　Masaccio, Tomasso Guidi　㊙1429頃没，27歳。1401生。イタリアの画家。
[この頃] パーヴィ，ジョン　Purvey, John　75？歳。1353生。イギリスの聖職者，聖書翻訳者。

1426年

6.16　ボヘミアの急進フス派がドイツ十字軍破る
7.12　キプロスの首都ニコジアが破壊される
この年　エーリク7世がハンザ同盟を攻撃する
＊　＊　＊
エイク，ヒューベルト・ヴァン　Van Eyck, Hubert　9.18没，56？歳。1370？(㊙1366頃)生。フランドルの画家。
[この年] アイク，ファン　Eyck, Hubert van　60歳。1366生。画家。
漢王朱高煦　中国，明前期の皇族。
ボラサ，ルイス　Borrassá, Lluis　㊙1424頃没，66？歳。1360(㊙1380)生。スペインの画家。
ヤーコポ・ディ・パーオロ　Iacopo di Paolo　42歳。1384生。イタリアの画家。

1429年

2.23　シノン城にジャンヌ・ダルクが現れる
6.18　王太子軍がイングランド軍に大勝を収める
7.17　王太子シャルルがシャルル7世として即位
9.08　ジャンヌ・ダルクの軍がパリを攻撃する
＊　＊　＊
アル・カーシー　al-Kathi (al-Kathani), Heijas ad-Din Dgemshid ibnmasyd　6.22没。サマルカンドの数学者，天文学者。
ジェルソン，ジャン　Gerson, Jean Charlier de　7.12没，65歳。1363(㊙1362頃)生。フランスの神学者。
ヤクプ(ミースの)　Jakub (Mies)　8.9没，56歳。1373生。チェコのプラハの神学者。
シメオン(シュメオーン)(テサロニーキの)　Simeon of Tessalonica　9.？没。テッサロニカの大主教。
[この年] アンブロージョ・ディ・バルデーゼ　Ambrogio di Baldese　77歳。1352生。イタリアの画家。
傅安　中国，明の西域使節。
メディチ，ジョヴァンニ　Medici, Giovanni di Bicci de'　㊙1428没，69歳。1360生。イタリアの財閥。
[この頃] シェイヒー　Şeyhî　㊙1439？没。アナトリアのトルコ系詩人。
ハーフィズ・アーブルー　Ḥāfiẓ Ābrū, Nūr al-Dīn Luṭf Allāh　㊙1430頃没。イランの歴史家。

1427年

7.11　エーリク7世がハンザ同盟軍を破る
10.11　カルマニョーラ傭兵隊長がミラノ軍を破る
＊　＊　＊
[この年] 瞿佑　㊙1433没，80歳。1347(㊙1341)生。中国，明の文学者。
ビッティーノ・ダ・ファエンツァ　Bittino da Faenza　イタリアの画家。
[この頃] ジェンティーレ・ダ・ファブリアーノ　Gentile da Fabriano　57？歳。1370(㊙1360頃)生。イタリアの画家。

1428年

10.12　イングランド軍がオルレアンを攻略する
10.-　マムルーク朝が砂糖などを政府専売とする
＊　＊　＊
ツァハリーエ，ヨーハン　Zachariae, Johann　7.25没，66？歳。1362生。ドイツの神学者。
フィラートル，ギヨーム　Fillastre, Guillaume　11.6没，80？歳。1348生。フランスの枢機卿，人文主義者。

1430年

5.23　ジャンヌ・ダルクが捕らえられる
11.21　ジャンヌ・ダルクが売り渡される
＊　＊　＊
ルブリョフ，アンドレイ　Rublyov, Andrei　1.29(㊙1427頃)没，70？歳。1360(㊙1370頃)生。ロシアの代表的聖像画家。
ビータウタス　Vytautas　10.27没，80歳。1350生。リトアニア大公(在位1401～30)。

ネッター，トマス（ウォールデンの） Netter, Thomas of Walden　11.2没，60？歳。1370生。イギリスのカルメル会神学者。

この年　卞季良　61歳。1369生。朝鮮，高麗末から李朝初期の文臣。

この頃　マイスター・フランケ　Francke, Meister　50？歳。1380？生。ドイツの画家。

この年　ダルマ・リンチェン　Darma rin chen, rgyal tshab　68歳。1364生。チベットのゲール派仏教者。

劉淵然　81歳。1351生。中国，明代の道士。

この年　カマールッ・ディーン・フサイン・ビン・ハサン・フワーリズミー　Kamālu'd-Dīn Ḥusain bin Ḥasan Khwārizmī　ペルシア語散文作者，翻訳者，註釈者。

1431年

2.21　ジャンヌ・ダルクの宗教裁判が開廷される
3.03　エウゲニウス4世がローマ教皇に即位する
7.23　バーゼル公会議が開催される
11.27　ディジョンで金羊毛騎士団が設立される
　　　　　＊　＊　＊
フレミング，リチャード　Fleming, Richard　1.25没。イギリスのローマ・カトリック聖職，リンカン司教。

マルティヌス5世　Martinus V　2.20没，75歳。1368生。教皇（在位1417～31）。

聖ジャンヌ・ダルク　Jeanne d'Arc, St.　5.30没，19歳。1412（㊟1411頃）生。フランスの聖女。

ペレイラ　Pereira, Nuno Alvares　11.1没，71歳。1360生。ポルトガルの軍人。

この年　カラッチョーロ　Caracciolo, Giovanni　ナポリの貴族。

ベルンハルト1世　Bernhard I, Markgraf von Baden　71？歳。1360生。バーデン大公国の創設者。

マンデ，ヘンドリク　Mande, Hendrik　71？歳。1360生。オランダの神秘家。

この頃　アンドレーア・ダ・バルベリーノ　Andrea da Barberino　61？歳。1370生。イタリアの騎士道物語作者。

クリスチーヌ・ド・ピザン　Christine de Pisan　㊟1430頃没，68？歳。1363（㊟1364頃）生。フランスの女流詩人，小説家。

1432年

10.-　バルスバーイの専売政策に対してカタルーニャ王から抗議書簡が届く
　　　　　＊　＊　＊
カルマニョーラ　Carmagnola　4.5没，42？歳。1390（㊟1380頃）生。イタリアの傭兵隊長。

シュテトハイマー，ハンス　Stetheimer, Hans　8.10没，72？歳。1360（㊟1350頃）生。ドイツ，後期ゴシックの建築家。

1433年

8.14　ポルトガルでドゥアルテが即位する
　　　　　＊　＊　＊
ニコラウス（ディンケルスビュールの）　Nicolaus (Dinkelsbühl)　3.7没，73歳。1360生。ドイツのスコラ神学者。

ジョアン1世　João I　8.14没，76歳。1357（㊟1358）生。ポルトガル王（在位1385～1433）。

黎利　閏8.？（㊟1434）没，48歳。1385生。ヴェトナム，後黎朝の創始者（在位1428～33）。

この年　己和　57歳。1376生。高麗末期から朝鮮初期の僧。

クラヴァル，パウル　Crawar, Paul　43？歳。1390生。チェコのフス派の殉教者。

陳瑄　68歳。1365生。中国，明初の武官。

鄭和　㊟1434？没，62歳。1371生。中国，明の宦官，武将。

バイソンゴル　Bā'isunqur Mīrzā　37？歳。1396（㊟1397）生。イランのアスタラーバードの太守。

この年　カースィムル・アンワール　Qāsimu'l-Anwār　77？歳。1356生。イラン，ティームール朝期の神秘主義詩人。

1434年

5.31　ポーランドでウワディスワフ3世が即位
　　　　　＊　＊　＊
プロコプ（大），アンドレーアス　Prokop, Holy　5.30没，54？歳。1380生。ボヘミアの将軍。

プロコプ（小）　Prokop the Lesser　5.30没。ボヘミアの将軍。

ヴラディスラフ2世　Władysław II Jagiełło　5.31没，86歳。1348（㊟1351）生。ポーランド国王（在位1386～1434）。

この年　沈度　77歳。1357生。中国，明代の初期の書家。

ビリェーナ，エンリケ・デ　Villena, Enrique de　50歳。1384生。スペインの翻訳家，占星家，作家。

ランベルティ，ピエトロ　Lamberti, Pietro　41？歳。1393生。イタリアの彫刻家。

この頃 アブドゥル・カーディル　'Abdu'l-Qādir Khwājah　イランのティムール朝期の音楽家。

カーティビー・ニーシャープーリー　Kātibī Nīshāpūrī　イランのペルシア詩人。

カラー・ウスマーン　Qarā 'Uthmān, Bahāu'd-Dīn　㊟1435没。イランのアーク・クユーンルー朝の創始者（1378～1406）。

マルティーノ・ディ・バルトロメーオ　Martino di Bartolomeo　イタリアの画家。

1435年

7.17　ウォルデンボル条約が締結される
9.21　フランスのアラスで和約が結ばれる
10.12　アグネス・バルナウアーが魔女としてドナウ川に投込まれる

* * *

パウルス（ブルゴスの）　Paulus（Burgos）　8.29没、84？歳。1351生。スペインのブルゴスの大司祭を務めたユダヤ人。

イザボー　Isabeau de Bavière　9.24没、64歳。1371生。フランス王シャルル6世の妃。

ベルナウアー　Bernauer, Agnes　10.12没。ドイツの婦人。

この頃 アブド・アルカーディル・ブン・トゥジュヤビ 'Abd al-Qādir bn Tujyabī al-Ḥafiẓ al-Marāghī　85？歳。1350生。イラン，ティムール朝の音楽家。

宣徳帝（明）　37歳。1398（㊟1399）生。中国，明の第5代皇帝（在位1425～35）。

チャムチェン・チョエジェ・シャキャ・イェーシェ Byams chen chos rje Śākya ye śes　81歳。1354生。チベットのゲール派仏教者。

バボッチョ，アントーニオ　Baboccio, Antonio 84歳。1351生。イタリアの彫刻家。

ベッドフォード，ジョン・オヴ・ランカスター，公爵　Bedford, John of Lancaster, Duke of　46歳。1389生。イギリスのイングランドの王子。

この頃 シャルチエ，アラン　Chartier, Alain ㊟1430没、50？歳。1385生。フランスの詩人。

ムール，ラモン・デ　Mur, Ramón de　スペインの画家。

1436年

この年　フィレンツェ大聖堂の大ドームが完成する
4.23　ボヘミアでフス戦争が終結する

7.05　イーフラヴァ協約が締結、フス戦争が終結

* * *

フィッツヒュー，ロバート　FitzHugh, Robert 1.15没。イギリスのカトリック聖職者，ロンドンの司教。

アフマッド・シャー　Ahmad Shāh Bahmanī　2.?没。デッカンのバフマン王朝第9代王（在位1422～36）。

ライムンド・サブンデ　Raimundo Sabunde　4.2 没。スペインの哲学者，医者。

エンゲルブレクト　Engelbrekt, Engelbrektsson 4.27没、46歳。1390（㊟1380以後）生。スウェーデンの民衆反乱の指導者。

この年 カジー・ザディ　Kazi-Zadi, Salah ad-Din Musa ibn Muhammad ar-Rumi　72歳。1364生。アラブの数学者。

鄭招　㊟1434没。朝鮮，李朝の文臣。

ラヴェルティ，マッテーオ・デ　Raverti, Matteo de　47歳。1389生。イタリアの彫刻家。

1437年

2.24　ジェームズ2世がスコットランド王に即位
12.09　ルクセンブルク家が終焉する

* * *

カトリーヌ・ド・ヴァロワ　Catherine of Valois 1.3（㊟1438）没、35歳。1401生。イングランド王ヘンリー5世の妃。

ジェームズ1世　James I　2.20没、42歳。1394生。スコットランド王（在位1406～37）。

ジョーン（ナヴァールの）　Joan of Navarre　7.9没、67？歳。1370生。イングランド王ヘンリー4世の妃。

ジギスムント　Sigismund　12.9没、69歳。1368生。ハンガリー王（在位1387～1437），神聖ローマ皇帝（在位1411～37），ボヘミア王（在位19～37）。

この年 ニコラウス（クレマンジュの）　Nicolaus (Clémange)　74？歳。1363生。フランスの人文主義者。

ニッコロ・デ・ニッコリ　Niccolò de Niccoli　73歳。1364生。イタリアの人文主義者。

この頃 デル・ポンテ，ジョヴァンニ　Del Ponte, Giovanni　52？歳。1385生。イタリアの画家。

1438年

1.05　フェラーラ公会議が召集される
1.24　教皇エウゲニウス4世の職権停止が決定
3.18　アルブレヒト2世が神聖ローマ皇帝に即位
7.07　シャルル7世がブールジュの国事詔書発布

9.09　ポルトガルでアッフォンソ5世が戴冠する
＊ ＊ ＊
ニーダー，ヨーハン　Nyder(Nyder, Neider),
　Johann　8.13没，58？歳。1380生。ドイツのドミ
　ニコ会神学者。
クエルチャ，ヤコポ・デラ　Quercia, Jacopo della
　10.20没，64？歳。1374(㊥1364頃)生。イタリア
　の彫刻家。
この年 ケードゥプ・ゲーレク・ペルサンポ　mkhas
　grub dge legs dpal bzang po　53歳。1385生。チ
　ベットのゲール派仏教者。
ジャン・ド・カンブレー　Jean de Cambrai　フラ
　ンスの彫刻家。
ドゥアルテ　Duarte　47歳。1391生。ポルトガル王
　(在位1443～38)。
孟思誠　78歳。1360生。李朝の政治家。
この頃 ステーファノ・ダ・ゼーヴィオ　Stefano da
　Zevio　63？歳。1375生。イタリアの画家。
バルレッタ，ガブリエル　Barletta, Gabriel　中世
　の大衆説教者，ドミニコ会士。
ブリュエンニオス，ヨセフォス　Bryénnios,
　Jōsephos　88？歳。1350生。東方教会の説教家，
　神学者。

1439年

7.-　フィレンツェ公会議で東西教会の合同決定
11.05　フェリクス5世が対立教皇に選出される
＊ ＊ ＊
ハインリヒ(アーハウスの)　Heinrich(Ahaus)
　2.14没，70歳。1369生。ドイツにおける共同生活
　兄弟団運動の組織者。
トラヴェルサーリ，アンブロージョ　Traversari,
　Ambrogio　10.21没，53歳。1386生。イタリアの
　カマルドリ会総長，人文主義者。
アルブレヒト2世　Albrecht II　10.27没，42歳。
　1397生。ドイツ王。
この年 ウォリック，リチャード　Warwick, Richard
　57歳。1382生。イギリスの貴族(伯爵)。
周憲王　60歳。1379(㊥1374)生。中国，明の劇作家。
トゴン　Toghon　オイラートの部長。
ヤコベッロ・デル・フィオーレ　Iacobello del Fiore
　69？歳。1370生。イタリアの画家。
この頃 エスコバル，アンドレス・デ　Escobar,
　Andrés de　73？歳。1366生。ポルトガル出身の
　教会法学者，神学者。

1440年

2.02　神聖ローマ皇帝にフリードリッヒ3世即位
9.08　デンマークでクリストフェル3世が即位
＊ ＊ ＊
フランチェスカ(ローマの)　Francesca Romana,
　St.　3.9没，56歳。1384生。ベネディクト献身修
　女会の創始者，聖女。
フリードリヒ1世　Friedrich I, Markgraf von
　Brandenburg　9.21没，69歳。1371(㊥1372)生。
　ブランデンブルクの総督。
レス，ジル・ド・ラヴァル，男爵　Rais, Gilles de
　10.26没，36歳。1404(㊥1406頃)生。フランスの
　軍人。
この年 イツコアトル　Itzcóatl　アステカ王(在位
　1428～40)。
エイク，ヤン・ヴァン　Eyck, Jan van　50歳。
　1390生。画家。
キワーム・ウッディーン　Qiwāmu'd-Dīn, Ustād
　14世紀生。イランの建築家。
コステル　Coster, Laurens Janszoon　㊥1484没，
　70？歳。1370(㊥1405)生。オランダの印刷業者。
ベルヌヴァル，アレクサンドル　Berneval,
　Alexandre　フランスの建築長。
ヤーコポ・ダ・トラダーテ　Iacopo da Tradate　39
　歳。1401生。イタリアの彫刻家。
楊栄　69歳。1371生。中国，明の政治家。
この頃 ケンプ，マージャリー　Kempe, Margery
　㊥1433以降没，67？歳。1373生。イギリスの神秘
　的自伝の作者。
チェンニーニ，チェンニーノ　Cennini, Cennino
　di Drea　㊥1435頃没，80？歳。1360(㊥1370頃)
　生。イタリアの画家。
ベルショーズ，アンリ　Bellechose, Henri　60？
　歳。1380生。フランドルの画家。
ヤンスゾーン，ラウレンス　Janszoon, Laurens
　70？歳。1370生。オランダの役人。

1441年

2.21　ヴァネツィアがラヴェンナを併合する
9.08　スウェーデンでクリストフェル3世が即位
＊ ＊ ＊
エイク，ヤン・ヴァン　Van Eyck, Jan　6.9没，
　52？歳。1389(㊥1380頃)生。フランドルの画家。
この年 エステ，ニッコーリ3世　Este, Niccoli III
　57歳。1384生。イタリアの貴族。

1442年

6.- アルフォンソ5世がナポリを征服する
11.20 ミラノがヴェネツィアと和平を結ぶ
* * *
マクリージー　al-Maqrīzī, Abū al-'Abbās Aḥmad ibn Ali Taqī al-Dīn　2.9没、78歳。1364生。マムルーク朝時代のアラブの歴史家。
コーション　Cauchon, Pierre　12.18没、71？歳。1371生。ボーベーの司教。
[この年] 況鐘　中国、明の政治家。
グエン・チャイ　Nguyen Trai　62歳。1380（㊕1378）生。ヴェトナムの軍事戦略家、儒学者。
ボン、ジョヴァンニ　Bon, Giovanni　82？歳。1360生。イタリアの彫刻家。
ヤーコポ・ダ・ヴェローナ　Iacopo da Verona　87歳。1355生。イタリアの画家。
ヨハンネス（グムンデンの）　Johannes de Gmunden　62？歳。1380生。ウィーン大学初期の天文学・数学教授。
[この頃] ファスィーヒー　Faṣīḥī Khwāfī　67？歳。1375生。イランの歴史家。

1443年

2.26 アルフォンソ5世がナポリ王を兼任する
5.16 バーゼル公会議が閉会する
この年 朝鮮で訓民正音（ハングル）が創製される
* * *
ガッタメラータ　Gattamelata, Erasmo de'　1.16没、73？歳。1370生。ヴェネツィアの傭兵隊長。
チチェリ、ヘンリー　Chichele, Henry　4.12没、81？歳。1362（㊕1361頃）生。カンタベリー大司教。
バルボ、ルドヴィーコ　Barbo, Ludovico　9.19没、62？歳。1381生。イタリアのベネディクト会改革者、トレヴィーゾの司教。
[この年] 劉球　51歳。1392生。中国、明代の学者。
[この年] ストイコヴィチ、イヴァン　Stojković, Ivan　63？歳。1380生。イタリアのドミニコ会士、神学者、司教。

1444年

8.26 スイス同盟が聖ヤコブの戦いで敗れる
* * *

ブルーニ、レオナルド　Bruni, Leonardo Aretino　3.9没、74？歳。1370（㊕1369）生。イタリアの人文学者、歴史家。
カプレオルス、ヨアネス　Capreolus, Joannes　4.7没、64？歳。1380生。フランスのトマス学派の哲学者、神学者。
カンパン、ロベール　Campin, Robert　4.26没、69？歳。1375（㊕1380以前）生。フランドルの画家。
ベルナルディーノ（シエーナの、聖）　Bernardinus (Siena), St.　5.20没、63歳。1380生。イタリアのフランシスコ会神学者、聖人。
ヴェルジェーリオ、ピエール・パーオロ　Vergerio, Pier Paolo　7.8没、73歳。1370生。イタリアの人文学者。
ヴラディスラフ3世　Władysław III　11.10没、20歳。1424生。ポーランド王（在位1434～44）。
チェザリーニ、ジュリアーノ　Cesarini, Giuliano　11.10没、46歳。1398生。イタリアの枢機卿、教皇遣外使節。
[この年] アルボ　Albo, Joseph　中世ユダヤの哲学者。
楊士奇　79歳。1365生。中国、明の政治家。

1445年

4.23 ヘンリー6世がマルグリートと結婚する
7.07 ヴァーシーリー2世がモンゴル軍に敗北
* * *
パワー、ライオネル　Power, Lionel　6.5没、70？歳。1375生。イギリスの作曲家。
エウゲニコス、マルコス　Eugenikós, Mârkos　6.23没、53？歳。1392生。ギリシア正教会エフェソス府主教、神学者。
オスヴァルト・フォン・ヴォルケンシュタイン　Oswald von Wolkenstein　8.2没、68？歳。1377（㊕1367）生。中世ドイツの抒情詩人。
[この年] 思任発　中国、明代の反徒。
シェラブ・センゲ　Śes rab seng ge　チベットのゲール派仏教者。
パノルミターヌス　Panormitanus　59歳。1386生。イタリアのパレルモの大司教、教会法学者。
[この頃] ヴィッツ、コンラート　Witz, Konrad　㊕1454頃没、45？歳。1400（㊕1390頃）生。ドイツの画家。
ドメーニコ・ディ・バルトロ　Domenico di Bartolo Ghezzi　㊕1447以前没、45？歳。1400生。イタリアの画家。
ネッリ、オッタヴィアーノ・ディ・マルティーノ　Nelli, Ottaviano di Martino　㊕1444頃没、70？歳。1375（㊕1370頃）生。イタリアの画家。

1446年

- 6.12 スイス同盟が神聖ローマ皇帝と和約する
- 10.19 朝鮮の世宗王が「訓民正音」を公布する

* * *

ヴィットリーノ・ダ・フェルトレ　Vittorino da Feltre　2.2没、68？歳。1378生。イタリアの教育者。

ブルネレスキ，フィリッポ　Brunelleschi, Filippo　4.15没、69歳。1377生。イタリアの建築家，発明家。

リンドウッド，ウィリアム　Lyndwood, William　10.21没、71？歳。1375生。イギリスの教会法学者。

この年 楊溥　74歳。1372生。中国、明の政治家。

李安　中国、明の武将。

1447年

- 3.06 ニコラウス5世がローマ教皇に即位する
- 6.25 ポーランドでカジミエシ4世が即位する
- 8.13 ミラノ公国のヴィスコンティ家が断絶する

* * *

エウゲニウス4世　Eugenius IV　2.23没、64歳。1383生。教皇（在位1431〜47）。

グロスター，ハンフリー，公爵　Gloucester, Humphrey, Duke of　2.27没、56歳。1391(㊥1390)生。イギリスの公爵。

コレット（コレッタ），ニコレット・ボワレ　Colette, Nicolette Boillet　3.6没、66歳。1381生。フランスの聖女。

シャー・ルフ　Shāh Rukh　3.12没、69歳。1377(㊥1378)生。チムール王朝第3代の王（在位1404〜47）。

ボーフォート，ヘンリー　Beaufort, Henry　4.11没、73？歳。1374(㊥1375頃)生。イギリスの大法官、枢機卿。

ルートウィヒ7世　Ludwig VII　5.1没、82歳。1365生。バイエルン＝インゴルシュタット公。

リータ（カスキアの）　Rita de Cascia　5.?没、70歳。1377生。イタリアのアウグスティヌス会修道女。

この頃 マゾリーノ・ダ・パニカーレ　Masolino da Panicale　㊥1440頃没、64？歳。1383(㊥1388頃)生。イタリアの画家。

1448年

- 1.06 スカンジナビアの3国同君連合時代が終焉
- 6.20 スウェーデンでカール8世が即位する
- 9.01 クルスティアン1世がデンマークで即位

* * *

ギルバート，ロバート　Gilbert, Robert　6.22没。ロンドンの司教。

ヨアンネス8世　Joannes VIII Palaeologus　10.31没、57歳。1391(㊥1390)生。東ローマ皇帝(在位1425〜48)。

この年 クリストファー（バババリアの）　Christopher of Bavaria　32歳。1416生。デンマーク、スウェーデン王（1440〜48）、ノルウェー王（42〜48）。

シトゥ・チョエキ・ニンチェ　Si tu Chos kyi nyin byed　71歳。1377生。チベットのカルマ・カーギュ派仏教者。

寧王朱権　70歳。1378生。中国、明の演劇研究家。

ボロムラーチャー2世　Boromracha II　タイ、アユタヤ朝の第8代王（在位1424〜48）。

葉宗留　中国、明代の反乱指導者。

この頃 カビール　Kabīr　50？没。1398(㊥1440)生。中世インドの宗教改革者。

1449年

- 4.07 フェリクス5世が対立教皇を退位する
- 9.06 明の正統帝がオイラト軍の捕虜となる
- 10.21 ノルウェーでカール8世が国王に推戴する

* * *

ペドロ　Pedro Coimbra　5.20没、56歳。1392生。ポルトガル王ジョアン1世の子。

ウルグ・ベグ　Ulug-Beg, Muhammad Tūrghāy　10.27没、55歳。1394(㊥1393)生。中央アジアのチムール王家のサマルカンド王（在位1447〜9）。

この年 アーリフィー・ヘラーティー　'Ārifī Herātī　60？歳。1389生。ティムール朝のペルシア神秘主義詩人。

アルベルティ，アントーニオ　Alberti, Antonio　イタリアの画家。

王振　中国、明代の宦官。

ジャムヤン・チョエジェ・タシペルデン　'Jam dbyangs chos rje bkra śis dpal ldan　70歳。1379生。チベットのゲール派仏教者。

張輔　74歳。1375生。中国、明の武将。

鄧茂七　中国、明の農民叛乱の首領。

ヒュルツ，ヨハン　Hültz, Johann　ドイツの建築家。

ブルキエッロ Burchiello 45歳。1404生。イタリアの風刺詩人。

ボウアー Bower, Walter 64歳。1385生。スコットランドの歴史家，インチコム修道院長。

ピエトロ・ディ・ジョヴァンニ・ダンブロージョ Pietro di Giovanni d'Ambrogio 39歳。1410生。イタリアの画家。

ロントン・マベ・センゲ Rong ston smra ba'i seng ge 82歳。1367生。チベットのサキャ派のヤク派仏教者。

[この頃] **キリアクス(アンコーナの)** Cyriacus Ciriacus Anconitanus [異]1452没、58？歳。1391生。イタリアの商人。

サウダーイー・アビーワルディー Saudā'ī Abīwardī, Bābā ティムール朝期のペルシア詩人。

1450年

3.25 スフォルツァがミラノ公になる

＊＊＊

ケード Cade, John 7.12没。イングランドの農民一揆の指導者(1450年)。

イブン・アラブシャー Ibn 'Arabshāh 8.？没、57歳。1392生。アラブ系の歴史家。

[この年] **ケイド，ジャック** Cade, Jack アイルランドの医師。

ジョヴァンニ・ダレマーニャ Giovanni D'Alemagna イタリアの画家。

世宗(李朝) 53歳。1397生。朝鮮，李朝の第4代王(在位1418～50)。

ソレル Sorel, Agnès 28？歳。1422生。フランス王シャルル7世の愛妾。

[この頃] **サッセッタ** Sasetta [異]1451没、58？歳。1392([異]1400頃)生。イタリアの画家。

蔣英実 朝鮮，王朝(李朝)初期の科学者。

バスラン Basselin, Olivier 50？歳。1400生。フランスの詩人。

フォンテーヌ，ピエール Fontaine, Pierre 70？歳。1380生。フランスの作曲家。

ホックリーヴ，トマス Hoccleve, Thomas [異]1426没、82？歳。1368([異]1369？)生。イギリスの詩人，法律家。

1451年

2.18 オスマン朝スルタンにマホメッド2世即位

＊＊＊

フェリクス5世 Felix V 1.7没、67歳。1383生。最後の対立教皇(在位1439～49)。

ムラト2世 Murat II 2.5([異]1481)没、50？歳。1401([異]1405頃)生。オスマン・トルコ帝国第6代のスルタン(在位1421～44，46～51)。

[この年] **クリュソベルゲス，アンドレアス** Chrysoberges, Andreas ビザンティンのドミニコ会士，ロードス大司教。

ナンニ・ディ・バルトロ Nanni di Bartolo 32歳。1419生。イタリアの彫刻家。

ヤズィジザデ・メフメット・エフェンディ Yazijizadeh Meḥmet Efendi 30歳。1421生。オスマン・トルコ帝国の詩人，神秘家。

ランベルティ，ニッコロ Lamberti, Niccolò 81歳。1370生。イタリアの建築家，彫刻家。

李蕆 75歳。1376生。朝鮮，李朝の武臣，学者。

ロヒナー，シュテファン Lochner, Stephan 51？歳。1400([異]1405頃)生。ドイツの画家。

[この頃] **バディーレ，ジョヴァンニ** Badile, Giovanni 72？歳。1379生。イタリアの画家。

リドゲイト，ジョン Lydgate, John [異]1449没、81？歳。1370生。イギリスの詩人。

1452年

3.19 フリードリッヒ3世が戴冠を受ける

6.- 朝鮮で端宗が即位する

＊＊＊

スタッフォード，ジョン Stafford, John 5.25没。イングランドの大法官，カンタベリ大司教。

[この年] **チリーアコ・ダンコーナ** Ciriaco d'Ancona 61歳。1391生。イタリアの旅行家，人文主義者。

ビッチ・ディ・ロレンツォ Bicci di Lorenzo 79歳。1373生。イタリアの画家。

プレトン，ゲオルギオス・ゲミストス Plethōn, Georgios Gemistos [異]1450頃没、92？歳。1360([異]1355頃)生。ビザンチンの哲学者，人文学者。

マルトレル，ベルナルド Martorell, Bernardo 37？歳。1415生。スペインの画家，写本装飾画家。

李禎 76歳。1376生。中国，明代の文人。

盧重礼 14世紀末生。朝鮮，李朝の医学者。

1453年

1.06 オーストリアが大公国に昇格する

5.29 オスマン・トルコが東ローマ帝国を滅ぼす

7.17 カスティヨンの戦いで百年戦争が終結する

この年　朝鮮で首陽大君(世祖)が政権を掌握
　　　　　＊ ＊ ＊
ポルカーロ，ステーファノ　Porcaro, Stefano　1.9没。イタリアの革命家。
コンスタンティヌス11世　Constantinus XI Palaeologus　5.29没、49歳。1404（㊥1403）生。東ローマ帝国最後の皇帝(在位1449～53)。
ルナ　Luna, Alvaro de　6.2没、63？歳。1390（㊥1388頃)生。サンチアゴの太守。
シュルーズベリー伯　John, 1st Earl of Shrewsbury　7.17没、65？歳。1388（㊥1384頃)生。イギリス中世の貴族、政治家。
李璿　10.18没、35歳。1418生。朝鮮、李朝の文人。
周忱　10.？没、72歳。1381生。中国、明の政治家。
ダンスタブル，ジョン　Dunstable, John　12.24没、63？歳。1390（㊥1380頃)生。イギリスの作曲家。
この頃 金宗瑞　63歳。1390生。朝鮮、李朝の政治家。
ゴットフリート　Gottfried　80歳。1373生。ドイツの「共同生活兄弟団」の代表者。
シェミャーカ　Shemyaka, Dimitrii Iurievich　33歳。1420生。ロシアの領主、ガリーチ公。
シャーヒー・サブザワーリー　Shāhī Sab-zawārī, Amīr　イランの詩人。
バロンチェッリ，ニッコロ　Baroncelli, Niccolò　イタリアの彫刻家。
ピッツォロ，ニッコロ　Pizzolo, Niccolò　32歳。1421生。イタリアの画家、彫刻家。
パッリ・ディ・スピネッロ・スピネッリ　Parri di Spinello Spinelli　66？歳。1387生。イタリアの画家。
ヤクエーリオ，ジャーコモ　Jaquerio, Giacomo　78？歳。1375生。イタリアの画家。
この頃 ドメーニコ・ディ・ニッコロ・デ・コーリ　Domenico di Niccolò de' Cori　90？歳。1363生。イタリアの木彫家。
モンストルレ　Monstrelet, Enguerrand de　63？歳。1390生。ベルギーの年代記作家。

1454年

4.11　ミラノとヴェネツィアが和約を結ぶ
7.21　カスティリャ王にエンリケ4世が即位する
　　　　　＊ ＊ ＊
バルバロ，フランチェスコ　Barbaro, Francesco　1.？没、56歳。1398生。イタリアの人文主義者、政治家。
ケンプ，ジョン　Kempe, John　3.22没、74？歳。1380生。イングランドのカンタベリ大司教、枢機卿、政治家。
この頃 エセン　Esen　オイラートの指導者。

シャラフ・ウッディーン　Sharaf al-Dīn Alī Yazdī　チムール朝のヤズド出身の詩人、歴史家。
ダンマルタン，ジャン　Dampmartin, Jean　フランスの建築家。
ファン2世　Juan II　49歳。1405生。カスティリャ王(在位1407～54)。
リイ・トゥ・タン　Ly Tu Tan　76歳。1378生。ヴェトナム黎朝初期の文学者、官僚。
この頃 プーフスバウム，ハンス　Puchsbaum, Hans　64？歳。1390生。ドイツまたはオーストリアの建築家。

1455年

4.08　カリストゥス3世がローマ教皇に即位する
5.22　イングランドでばら戦争が勃発する
　　　　　＊ ＊ ＊
ラウレンティウス・ユスティニアーニ　Laurentius Justiniani　1.8没、73歳。1381生。イタリアの大司教、聖人。
フラ・アンジェリコ　Fra Angelico　3.18？没、55？歳。1400（㊥1387頃)生。イタリアの画家。
ニコラウス5世　Nicolaus V　3.24没、57歳。1397生。教皇(在位1447～55)。
トスタード，アロンソ　Tostado, Alonso　9.3没、55歳。1400生。スペインの注釈家、神学者。
ピサネロ，アントニオ　Pisanello, Antonio　9.？（㊥1450)没、59歳。1395（㊥1380頃)生。イタリアの画家。
ギベルティ，ロレンツォ　Ghiberti, Lorenzo　12.1没、77歳。1378生。イタリアの彫刻家、画家、建築家、文筆家。
この頃 オレシニツキ　Oleśnicki, Zbigniew　66歳。1389生。ポーランドの聖職者、枢機卿。
ジョヴァンニ・ディ・トゥリーノ　Giovanni di Turino　71歳。1384生。イタリアの彫刻家。
ソラリオ，アントニオ　Solario, Antonio　73？歳。1382生。イタリアの画家。
この頃 ペイン，ピーター　Payne, Peter　75？歳。1380生。イングランドのロラード派宗教改革者、フス派宗教改革の協力者。

1456年

7.07　ジャンヌ・ダルクの復権が実現する
7.21　ハンガリー軍がベオグラードの戦いで勝利
　　　　　＊ ＊ ＊

フニャディ，ヤーノシュ　Hunyadi, János　8.11没、69？歳。1387（[異]1407頃）生。ハンガリーの軍人，政治家。

カピストラヌス　Capistranus, Johannes　11.23没、73歳。1383（[異]1386）生。聖人。

クール　Coeur, Jacques　11.25没、61？歳。1395生。フランスの大商人，実業家。

[この年] **金叔滋**　67歳。1389生。朝鮮，李朝の学者。

グルノン，ニコラ　Grenon, Nicolas　76？歳。1380生。フランスの作曲家。

クンガ・サンポ　Kun dga' bzang bo　74歳。1382生。チベットの仏教者。

サグレーラ，ギジェン　Sagrara, Guillén　[異]1452頃没、76歳。1380生。スペインの建築家，彫刻家。

聖ジョヴァンニ（カピストラーノの）　Giovanni da Capistrano, St.　70歳。1386生。イタリアの修道士。

成三問　38歳。1418生。朝鮮，李朝の学者。

チューダー　Edmund Tudor, Earl of Richmond　26？歳。1430生。イギリスの貴族。

ブランコヴィチ　Branković, Djordje　89歳。1367（[異]1375頃）生。セルビアの支配者。

パッラージオ，アンジョロ　Parrasio, Angiolo　イタリアの画家。

メナ，ファン・デ　Mena, Juan de　45歳。1411生。スペインの詩人。

[この頃] **セゴビア，ホアン・デ**　Segovia, Juan de　14世紀末生。スペインの神学者。

1457年

2.11　曹吉祥らのクーデターで明の英宗が復位

＊　＊　＊

ペセルリーノ，フランチェスコ　Pesellino, Francesco　7.29没、35？歳。1422生。イタリアの画家。

ヴァッラ，ロレンツォ　Valla, Laurentius　8.1没、50歳。1407（[異]1405頃）生。イタリアの人文学者。

カスターニョ，アンドレア・デル　Castagno, Andrea del　8.19没、36？歳。1421（[異]1390頃）生。イタリアの画家。

フォスカリ　Foscari, Francesco　11.1没、85歳。1372（[異]1373）生。ヴェネツィアの統領（1423～57）。

ラースロー5世　László V　11.23没、17歳。1440生。ハンガリー王（在位1452～7）。

[この年] **于謙**　59歳。1398（[異]1394）生。中国，明代の政治家。

景泰帝　29歳。1428生。中国，明第7代皇帝（在位1449～57）。

端宗　16歳。1441生。朝鮮王国の第6代国王（在位1452～55）。

チュッファーニ，ベルナルド　Ciuffagni, Bernardo　76歳。1381生。イタリアの彫刻家。

フランキ，ロッセッロ・ディ・ヤーコポ　Franchi, Rossello di Iacopo　81？歳。1376生。イタリアの画家。

ミレイエ，ジャン　Mirailhet, Jean　63？歳。1394生。フランスの画家。

[この頃] **ウゴリーノ・ダ・オルヴィエート**　Ugolino da Orvieto　77?歳。1380生。イタリアの音楽理論家。

1458年

1.24　ハンガリーでマーチャーシュが国王に選出
3.02　ボヘミアでス・ポディエブラトが即位する
6.27　シチリアとナポリが再び分裂する
8.19　ピウス2世がローマ教皇に即位する

＊　＊　＊

ライザー，フリードリヒ　Reiser, Friedrich　3.6没、58？歳。1400生。ドイツのヴァルデス（ワルドー）派説教者。

ガスコイン，トマス　Gascoigne, Thomas　3.13没、55歳。1403生。イギリスの司祭，神学者，教会改革者。

朴堧　3.23没、80歳。1378（[異]1379）生。朝鮮，李朝の音楽家。

サンティリャナ侯爵　Santillana, Iñigo López de Mendoza, Maarqués de　3.25没、59歳。1398生。スペインの詩人。

ロペス・デ・メンドーサ，イニーゴ　López de Mendoza, Iñigo　3.25没、59歳。1398生。スペインの詩人。

アルフォンソ5世　Alfonso V, el Magnánimo　6.27没、62歳。1396（[異]1394）生。アラゴン王（在位1416～58）。

ヴェギウス，マフェーウス　Vegio, Maffeo　6.29没、51歳。1407（[異]1406頃）生。イタリアの人文学者。

カリクスツス3世　Calixtus III, Alfonso Borgia　8.6没、79歳。1378生。教皇（在位1455～58）。

カプラーニカ，ドメーニコ　Capranica, Domenico　8.14没、58歳。1400生。イタリア人の枢機卿，神学者，教会法学者。

[この年] **袁忠徹**　82歳。1376生。中国，明代初期の収蔵家。

ボルジア，アルフォンソ　Borgia　80歳。1378生。スペインの貴族，教皇（カリクスツス3世，在位55～58）。

[この頃] **ハインリヒ（ラウフェンベルクの）**　Heinrich von Laufenberg　68？歳。1390生。ドイツの司祭，聖歌作者。

ヘメルリ（ヘメルリーン）、フェーリクス
　Hemmerli(Hemmerlin), Felix　70？歳。1388生。チューリヒ出身の聖職者。

1459年

6.-　セルビアがオスマン帝国の支配下に入る
　　　　　＊　＊　＊
マルク，アウシアス　March, Ausiàs　3.3(㊗1462以前)没、62？歳。1397(㊗1395？)生。スペインの詩人。
アントニヌス　Antoninus Florentinus　5.2没、70歳。1389生。フィレンツェの大司教(1446～)、聖人。
アウリスパ，ジョヴァンニ　Aurispa, Giovanni　5.？没、83歳。1376(㊗1369頃)生。イタリアの詩人、小説家。
エーリック7世　Erik VII, of Pomerania　6.16没、77？歳。1382(㊗1381)生。カルマル同盟初代王（在位1397～1439）。
マネッティ，ジャンノッツォ　Manetti, Gianozzo　10.27没、63歳。1396生。イタリアの人文学者。
ポッジョ・ブラッチョリーニ，ジョヴァンニ・フランチェスコ　Poggio Bracciolini, Gian Francesco　10.30没、79歳。1380生。イタリアの人文学者、文献学の開拓者。
ファストルフ，サー・ジョン　Fastolf, Sir John　11.15没、81歳。1378(㊗1380)生。イギリスの軍人。
この年 王驥　82歳。1377生。中国、明代の武将。
マウロ（マウラ），フラ　Mauro, Fra　㊗1460頃没。イタリアの地図製作者。
この頃 アンドレーア・ダ・フィレンツェ　Andrea da Firenze　71？歳。1388生。イタリアの彫刻家。

1460年

8.03　スコットランドでジェームズ3世が即位
この年　オスマン軍がペロポネソスを征服する
　　　　　＊　＊　＊
バンショワ，ジル　Binchois, Gilles　9.20没、60？歳。1400生。フランドルの作曲家。
エンリケ　Henrique o Navegador　11.13没、66歳。1394生。ポルトガルの王子。
グァリーノ・デ・グァリーニ　Guarino dei Guarini, da Verona　12.4没、86？歳。1374生。初期人文主義の学者、教育者。

ヨーク，リチャード，3代公爵　Richard, 3rd Duke of York　12.30没、49歳。1411生。ヨーク公家の第3代。
この年 ジェイムズ2世(スコットランドの)　James II　30歳。1430生。スコットランド国王(1437～60)、ジェイムズ1世の息子。
石亨　中国、明の武将。
ドミニクス・プルーテヌス(ルテーヌス)　Dominicus Prutenus(Rutenus)　76歳。1384生。ドイツのカルトゥジオ会士。
バロヴィエル，アンジェロ　Barovier, Angelo　60？歳。1400生。イタリアのガラス職人。
ヘルチツキー，ペトル　Chelčiský, Peter　70？歳。1390生。ボヘミアの俗人神学者。
この頃 ピーコック，レジナルド　Peacock, Reginald　65？歳。1395(㊗1393頃)生。イギリスの聖職者。
ラ・サル，アントワーヌ・ド　La Salle, Antoine de　㊗1461頃没、75？歳。1385(㊗1386頃)生。フランスの物語作家。
ロペス，フェルナン　Lopes, Fernão　㊗1459頃没、80？歳。1380(㊗1385頃)生。ポルトガルの年代記作家。

1461年

2.02　ヨーク公エドワードがランカスター派破る
3.04　イングランド王位がヨーク家に継承される
8.15　フランスでルイ11世が即位する
　　　　　＊　＊　＊
プールバッハ，ゲオルク・フォン　Peuerbach, Georg von　4.8没、37歳。1423生。オーストリアの数学者、天文学者。
ドメニコ・ヴェネツィアーノ　Veneziano, Domenico　5.15没、61？歳。1400(㊗1405頃)生。イタリアの画家。
バーソ，ハイメ　Baço, Jaime　7.16没、48？歳。1413(㊗1410頃)生。スペインの画家。
シャルル7世　Charles VII, le Victorieux　7.22没、58歳。1403生。フランス王(在位1422～61)。
曹吉祥　7.？没。中国、明の宦官。
この年 イオーナ　Iona　モスクヴァ府主教、聖人。
デジデリオ・ダ・セッティニャーノ　Desiderio da Settignano　㊗1464没、33？歳。1428(㊗1430頃)生。イタリアの彫刻家。
ル・フラン，マルタン　Le Franc, Martin　51？歳。1410生。フランスの作家。
この頃 アーザリー・イスファラーイニー　Ādharī Isfarā'inī　イランの詩人。

中　世

1462年

3.27　ロシアでイワン3世が即位する
　　　　　＊　＊　＊
ワシーリー2世　Vasilii II　3.27没、47歳。1415生。モスクワ大公(1425～62)、ワシーリー1世の子。
[この年]　王直　83歳。1379生。中国、明代の学者、政治家。
カヴァルカンティ、アンドレーア・ディ・ラッザーロ　Cavalcanti, Andrea di Lazzaro　50歳。1412生。イタリアの彫刻家、建築家。
ジャンボーノ、ミケーレ　Giambono, Michele　イタリアの画家。
戴進　74歳。1388(⑯1389)生。中国、明代の画家。
ニコーラ・ダ・グアルディアグレーレ　Nicola da Guardiagrele　62？歳。1400生。イタリアの金銀細工師、彫刻家。
ハンス・フォン・テュービンゲン　Hans von Tübingen　オーストリアの画家。
[この頃]　リオネッリ、ニッコロ　Lionelli, Niccolò　72？歳。1390生。イタリアの建築家、金工家。

1463年

1.05　詩人フランソワ・ヴィヨンがパリから追放
10.22　教皇が最後の十字軍提唱の教書を発表する
この年　オスマン帝国がボスニアを支配下に置く
　　　　　＊　＊　＊
ヴィヨン、フランソワ　Villon, François　1.5？(⑯1489頃)没、32歳。1431(⑯1432)生。中世フランスの詩人。
ギヨーム(ヴォリヨンの)　Guillaume de Vorillon, Vaurouillon　1.22没、73？歳。1390生。ベルギー出身のフランシスコ会哲学者、神学者。
カタリーナ(ボローニャの)　Catharina Boloniensis　3.9没、49歳。1413生。聖女。
フラーヴィオ・ブロンド　Flavio Biondo　6.4没、70歳。1392(⑯1388)生。イタリアの考古学者、歴史家。
ディエゴ(アルカラの)　Diego(Alcalá)　11.12？没、63？歳。1400生。スペイン生れのフランシスコ会士。
[この頃]　イシドール　Isidor　⑯1464没、78？歳。1385生。教会合同派のロシア正教会府主教、のちローマの枢機卿。
カッシャウアー、ヤーコプ　Kaschauer, Jakob　オーストリアの彫刻家。

1464年

1.06　キプロス王がファマグーストを奪還する
4.25　エドワード4世がランカスター派を撃破
5.15　ヘクサムの戦いでランカスター派が敗北
　　　　　＊　＊　＊
正統帝(明)　1.？没、37歳。1427生。中国、明の第6代(正統帝)、8代(天順帝)皇帝(在位1435～49、57～64)。
ヴァイデン、ロヒール・ファン・デル　Weyden, Rogier van der　6.18(⑯1466)没、64？歳。1400(⑯1399頃)生。フランドルの画家。
メディチ、コジモ・デ　Medici, Cosimo de'　8.1(⑯1465)没、74歳。1389生。イタリア、フィレンツェの政治家。
ニコラス(クザの)　Nicolaus Cusanus　8.11(⑯1461)没、63歳。1401(⑯1400頃)生。ドイツの哲学者、宗教家。
キャップグレイヴ、ジョン　Capgrave, John　8.12没、71歳。1393生。イギリスの年代記作者、神学者、イギリスのアウグスティヌス会の管区長。
ピウス2世　Pius II　8.14没、58歳。1405生。教皇(在位1458～64)。
ピッコローミニ、エネーア・シルヴィオ　Piccolomini, Alessandro　8.15没、58歳。1405生。イタリアの劇作家、詩人。
フィニグエッラ、マーゾ　Finiguerra, Maso　8.？(⑯1460頃)没、38歳。1426(⑯1418頃)生。イタリアの金工家、版画家。
ロッセリーノ、ベルナルド　Rossellino, Bernardo　9.23没、55歳。1409生。イタリアの建築家、彫刻家。
姜希顔　10.19没、47歳。1417(⑯1419)生。朝鮮、李朝の画家。
[この年]　薛瑄　75歳。1389(⑯1392)生。中国、明の学者。
ニコラウス・クザーヌス、C.　Nicolaus Cusanus, Cardinal　63歳。1401生。「神学綱要」の著者。

1465年

6.05　カスティリャでエンリケ4世が廃位される
10.05　コンフランの和締結、公益同盟が解体する
12.08　教皇がボヘミア王の異端を宣言する
　　　　　＊　＊　＊
シャルル・ドルレアン、公爵　Charles d'Orléans, duc　1.5没、74歳。1391(⑯1394)生。フランスの抒情詩人。

ベキントン，トマス Bekynton（Beckington），Thomas 1.14没。イングランドの国王秘書，司教。

ホウィータムステッド，ジョン Whethamstede, John 1.20没、73？歳。1392生。イングランドのベネディクト会士，セント・オールバンズ大修道院院長。

[この年] **アッポローニオ・ディ・ジョヴァンニ** Apollonio di Giovanni 48歳。1417生。イタリアの画家，写本装飾画家。

ヤコーブス（ユータボクの） Jacobus（Jüterbog）84歳。1381生。ドイツの神学者，教会改革論者。

李純之 朝鮮，李朝の天文学者。

[この頃] **グレバン，アルヌール** Gréban，Arnoul [異]1470頃没、45？歳。1420生。フランスの劇詩人，神学者。

フリー，ジョン Free，John 35？歳。1430生。イングランドの古典学者。

1466年

7.- ヘンリー6世がロンドン塔に幽閉される
12.23 ボヘミア王ス・ポディエブラト破門される
この年 朝鮮で職田法が制定される

＊ ＊ ＊

ドナテーロ Donatello 12.13没、80歳。1386（[異]1382頃）生。イタリアの彫刻家。

[この年] **アルノー・ド・ズヴォル，アンリ** Arnault de Zwolle，Henri フランス系のオランダのオルガン奏者，理論家，技士，天文学者，医者。

スフォルツァ，フランチェスコ Sforza，Francesco 65歳。1401生。イタリアの貴族。

フスト，ヨハン Fust，Johann 66？歳。1400生。ドイツの印刷業者。

李賢 58歳。1408生。中国，明の政治家。

劉通 中国，明中期の荊襄の乱の指導者。

[この頃] **カルトン，アンゲラン** Quarton（Charonton），Enguerrand 51？歳。1415（[異]1410頃）生。フランスの画家。

1467年

2.22 応仁の乱が始まる
7.15 ブルゴーニュ公にシャルルが即位する

＊ ＊ ＊

ムルチャー，ハンス Multscher，Hans 3.13？没、67？歳。1400生。ドイツの彫刻家，画家。

フィリップ3世 Philippe le Bon 7.15没、70歳。1396生。フランス，第3代ブルゴーニュ公（1419～67）。

[この年] **王翺** 83歳。1384（[異]1383）生。中国，明中期の政治家。

ジャハーン・シャー Jahān Shāh イランの黒羊朝第4代の主（1437～67）。

童山 48歳。1419生。中国，建州左衛の長。

李施愛 朝鮮，李朝初期の農民闘争指導者。

李満住 中国，明代満州の建州女直の酋長。

[この頃] **クリトブーロス** Kritoboulos，Michael 57？歳。1410生。東ローマの歴史家。

ブオン，バルトロメーオ Buon，Bartolomeo [異]1464頃没、93？歳。1374生。イタリアの建築家。

マイスターE. S Maister E. S. 67？歳。1400生。ドイツの版画家。

マッテーオ・デ・パスティ Matteo de' Pasti 47？歳。1420生。イタリアのメダル制作家，建築家。

1468年

4.06 ルイ11世がトゥールで全国三部会を開催
10.14 ペロンヌの条約が締結される

＊ ＊ ＊

グーテンベルク，ヨハネス Gutenberg，Johannes Gensfleisch 2.3没、68歳。1400（[異]1394頃）生。ドイツの活字印刷術創始者。

トルケマーダ，ホアン・デ Torquemada，Juan de 9.26没、80歳。1388生。スペイン出身のドミニコ会士。

デュノワ，ジャン・ドルレアン，伯爵 Dunois，Jean，Comte de 11.24没、65歳。1403（[異]1402）生。フランスの軍人，外交官。

[この年] **アブー・アルハイル・ハーン** Abū al-Khayr Khān 56歳。1412生。ウズベク族の統一者。

スカンデルベグ Iskender Bey [異]1467没、63歳。1405（[異]1403頃）生。アルバニアの民族的英雄。

世祖（李朝） 51歳。1417生。朝鮮，李朝の第7代王（在位1455～68）。

[この頃] **スカルチョーネ，フランチェスコ** Squarcione，Francesco [異]1474没、71？歳。1397（[異]1394）生。イタリアの画家。

マルトレリィ，ジョアノー Martorell，Joanot 55？歳。1413生。スペインの小説家。

レニエ，ジャン Régnier，Jean 78？歳。1390生。フランスの詩人。

1469年

5.03 ハンガリー王がボヘミアに侵入する
7.26 エドワード4世が逮捕される
10.19 イサベルとフェルナンドが結婚する
　　　　　　　＊　＊　＊
リバーズ　Rivers, Richard Woodville, Earl　8.12没。イングランドの貴族。
リッピ, フラ・フィリッポ　Lippi, Fra Filippo　10.9没、63？歳。1406生。イタリアの画家。
メディチ, ピエロ・デ　Medici, Piero de　12.3没、53歳。1416（㊨1419）生。ルネサンス朝フィレンツェの大金融業者。
この年 アブー・サイード　Abū Sa'īd Tīmūrīyeh　42歳。1427生。イランのティムール朝第7代君主（在位1452～67）。
イブン・タグリービルディー　Ibn Taghrībirdī, Abū al-Maḥāsin　㊨1470没、58歳。1411（㊨1409頃）生。エジプトのブルジ・マムルーク朝の歴史家。
呉与弼　78歳。1391生。中国、明の朱子学者。
コンティ　Conti, Nicolò de'　74？歳。1395（㊨1396頃）生。イタリアの旅行家。
フッガー, ヤコブ1世　Fugger, Jacob　62？歳。1407（㊨1412）生。ドイツのアウクスブルク市の豪商。
モンテスマ1世　Montezuma I　㊨1464頃没、79？歳。1390（㊨1398頃）生。アステカ族の王（在位1440～64頃）。
この頃 フィラレテ, アントニオ　Filarete, Antonio　69？歳。1400生。イタリアのルネサンスの彫刻家、建築家。

1470年

10.06 ヘンリー6世の幽閉が解かれる
　　　　　　　＊　＊　＊
ホウルズ, アンドルー　Holes, Andrew　4.1没、70？歳。1400生。イングランドの司祭、教会法学者、教皇侍従。
夏㫤　8.16没、82歳。1388生。中国、明代初期の文人画家。
サンチェス・デ・アレバロ, ロドリーゴ　Sánchez de Arévalo, Rodrigo　10.4没、66歳。1404生。スペインの司教、教会法学者、神学者。
ザイヌル・アービディーン（シャーヒー・カーン）　Zainu'l-'Ābidīn (Shāhī Khān)　11.？没。インドのカシュミール王。
この年 カール8世　Karl VIII　62？歳。1408生。スウェーデン王。

ベリーニ, ヤコポ　Bellini, Jacopo　70？歳。1400（㊨1396頃）生。イタリアの画家。
この頃 ジョヴァンニ・フランチェスコ・ダ・リーミニ　Giovanni Francesco da Rimini　50？歳。1420生。イタリアの画家。
ジーリクセー, コルネーリーユス　Zierikzee, Cornelius　65？歳。1405生。オランダのフランシスコ会士、スコットランドのフランシスコ会再建者。
スホラリオス　Scholarios, Georgios　㊨1468頃没、70？歳。1400（㊨1405）生。ギリシアの正教のコンスタンチノープル総大主教、ゲンナディオス2世と称する。
ダレー, ジャック　Daret, Jacques　㊨1441以降没、66？歳。1404（㊨1400頃）生。フランドルの画家。
マルティネス‐デ‐トレード, アルフォンソ　Martínez de Toledo, Alfonso　㊨1466頃没、72？歳。1398生。スペインの聖職者、小説家。
ラーマーナンダ　Rāmānanda　70？歳。1400生。インドの宗教家。
ローゼンプリュート, ハンス　Rosenplüt, Hans　70？歳。1400生。ドイツ中世後期の手工業者、詩人。

1471年

3.22 第2次フス派戦争が終結する
4.11 ヘンリー6世が再び幽閉される
8.10 スウストゥス4世がローマ教皇に即位する
　　　　　　　＊　＊　＊
ロキツァナ, ヤン　Rokycana (Rockyczana), Jan　2.21没、81？歳。1390生。チェコのフス派説教者。
ディオニシウス・カルトゥシアヌス　Dionysius Cartusianus　3.12没、69？歳。1402生。ドイツの神秘主義に属する神学者、哲学者。
バルバロ, エルモーラオ（大）　Barbaro, Ermolao　3.12没、61？歳。1410生。イタリアの聖職者、人文主義者。
マロリー, トマス　Malory, Sir Thomas　3.14没、55？歳。1416（㊨1410頃）生。イギリスの小説家、騎士。
イジー・ス・ポジェブラド　Podiebrad, Georg von　3.22没、50歳。1420生。ボヘミアの王（在位1453～71）。
ウォリック, リチャード・ネヴィル, 伯爵　Warwick, Richard Neville, Earl of　4.14没、42歳。1428生。イギリスの貴族（伯爵）。
ノーサンバーランド伯　Northumberland, John Neville, Earl of　4.14没、40歳。1431生。イギリス中世の貴族。
ヘンリー6世　Henry VI　5.21没、49歳。1421生。イングランド王（在位1422～61, 70～71）。

ソレット，ヨアネス　Sorette(Soreth), Joannes 7.15没、76？歳。1395生。フランスのカルメル修道会改革者。

トマス・ア・ケンピス　Thomas à Kempis　7.25没、92歳。1379(㋐1380頃)生。ドイツの神学者。

パウルス2世　Paulus II　7.26没、54歳。1417生。教皇(在位1464～71)。

[この年] イーリー，レジナルド　Ely, Reginald　33歳。1438生。イギリスの建築家。

エドワード(イギリス皇太子)　Edward Prince of Wales　18歳。1453生。イギリス国王ヘンリー6世の王位継承資格者。

ベッカデリ　Beccadelli, Antonio　77歳。1394生。イタリアの人文学者。

マチンギ・ストロッツィ，アレッサンドラ　Macinghi Strozzi, Alessandra　65歳。1406生。イタリアの女性作家。

李原　中国、明中期の「荊襄の乱」の指導者。

[この頃] ストロッツィ，ザノービ　Strozzi, Zanobi　59？歳。1412生。イタリアの画家、写本装飾画家。

デッリ，デッロ　Delli, Dello　67？歳。1404生。イタリアの画家，彫刻家。

1472年

4.26　ヴォルテラでメディチ家に対する反乱勃発
5.24　ギュエンヌ公領が王領に復帰する
* * *
イーゼンマン，カスパル　Isenmann, Caspar　1.18没。ドイツの画家。

アルベルティ，レオン・バッティスタ　Alberti, Leon Battista　4.25没、68歳。1404生。イタリアの建築家，芸術理論家，人文主義者。

ミケロッツォ・ディ・バルトロメオ　Michelozzo di Bartolommeo　10.7没、76歳。1396生。イタリアの彫刻家，建築家。

ベッサリオン，ヨハネス　Bessarion, Johannes　11.18没、69歳。1403(㋐1395頃)生。ビザンチン出身の人文主義者，神学者。

[この年] 岳正　54歳。1418生。中国、明代の文人画家。

グレゴリウス(ハイムブルクの)　Gregorius von Heimburg　72？歳。1400生。ドイツの法律家。

徐有貞　65歳。1407没。中国、明前期の政治家。

ネサワルコヨトル　Nezahualcóyotl　70歳。1402生。テスココ王国の再興者(在位1431～72)。

ベリー，シャルル　Berry, Charles　26歳。1446生。ベリーを領地とするフランスの公。

プライデンヴルフ，ハンス　Pleydenwulff, Hans　52？歳。1420生。ドイツの画家。

パンノニウス，ヤヌス　Pannonius, Ianus　38歳。1434生。ハンガリーの詩人。

劉珏　62歳。1410生。中国、明初の画家。

1473年

9.30　神聖ローマ皇帝がブルゴーニュ公と会見
* * *
パウマン，コンラート　Paumann, Conrad　1.24没、58？歳。1415(㋐1410頃)生。ドイツの盲目のオルガン奏者，リュート奏者，作曲家。

フィラートル，ギヨーム　Fillastre, Guillaume　8.21没、73？歳。1400生。フランスの司教，政治家。

ゲルハールト，ニコラウス　Gerhaert van Leyden, Nicolaus　11.22？没、43歳。1430生。ドイツのゴシック彫刻家。

ヨアネス(カンティの)　Joannes Cantius　12.24没、83歳。1390生。ポーランドの聖書学者、聖人。

[この頃] ガラッシ，ガラッソ　Galassi, Galasso　50？歳。1423生。イタリアの画家。

パソ・チョエキ・ギェルツェン　Ba so chos kyi rgyal mtshan　71歳。1402生。チベットのゲール派仏教者。

レイデン　Leyden, Nicolaus Gerhaert van　43？歳。1430生。フランドルの彫刻家。

[この頃] クリストゥス，ペトルス　Christus, Petrus　㋐1472頃没、53？歳。1420(㋐1410頃)生。初期フランドルの画家。

グレバン，シモン　Gréban, Simon　中世フランスの聖史劇作者。

パチャクーテク　Pachacútec　インカ帝国成立の基礎を作ったインカ族の族長。

1474年

6.11　ルイ11世がスイスの独立を承認する
* * *
グレゴリウス　Gregorius　8.12没。ボヘミア兄弟団創設者のひとり。

杜瓊　10.26没、77歳。1396生。中国、明代前・中期の詩人，文人画家。

デュファイ，ギヨーム　Dufay, Guillaume　11.27没、74？歳。1400生。ブルゴーニュ楽派の作曲家。

[この年] アズララ　Azurara, Gomes Eanes de　64？歳。1410生。ポルトガルの年代記作家。

アリー=クシチュ　Kuşçu, 'Ali　トルコの天文学者。

エンリケ4世　Enrique IV　49歳。1425生。カスティリア王(在位1454～74)。

中世　1477

ツィンク　Zink, Burkard　78歳。1396生。南ドイツ、アウクスブルクの年代記作者。

この頃 カスタルディ　Castaldi, Pamfilo　㋺1479没、76？歳。1398生。イタリアの印刷術の先駆者。

ダーリオ・ダ・トレヴィーゾ　Dario da Treviso　54？歳。1420生。イタリアの画家。

ベーハイム　Beheim, Michel　58？歳。1416生。ドイツの詩人・歌手。

1475年

3.10　ルイ11世がセルダーニュの反乱を鎮圧
6.22　スイス同盟軍がモラーの戦いで勝つ
8.29　エドワード4世がルイ11世と和約を結ぶ
　　　　　　* * *

シモン（トレントの）　Simon (Trento)　3.23没。イタリアの幼児、仮構の聖人。

プッペル、ヨーハン（ゴッホの）　Pupper, Johann (Goch)　3.28没、75？歳。1400生。オランダの静寂主義的神秘主義者。

パルミエーリ、マッテーオ　Palmieri, Matteo　4.13没、69歳。1406生。イタリアの歴史家、詩人。

バウツ、ディーリック　Bouts, Dierick　5.6没、60？歳。1415（㋺1410頃）生。ネーデルラントの画家。

申叔舟　6.21没、58歳。1417生。朝鮮、李朝の学者、政治家。

アイプ　Eyb, Albrecht von　7.24没、54歳。1420生。ドイツの人文主義者。

アラーヌス（ルペの）　Alanus (Rupe)　9.8没、47？歳。1428生。フランスのドミニコ会士。

コレオーニ　Coleoni, Bartolomeo　11.4（㋺1476）没、75歳。1400生。イタリアの傭兵隊長。

オルシーニ、ジョルジョ　Orsini, Giorgio　11.10没。イタリアの建築家、彫刻家。

ウッチェロ、パオロ　Uccello, Paolo　12.10没、78歳。1397（㋺1396頃）生。イタリアの画家。

この年 ガザ　Gaza, Theodoro　77歳。1398（㋺1400？）生。ギリシアの古典学者。

シャトラン、ジョルジュ　Chastellain, Georges　70？歳。1405（㋺1404頃）生。フランスの年代記作者、詩人。

鄭陟　85歳。1390生。朝鮮、李朝初期の文臣、地図学者。

フアナ・デ・ポルトガル　Juana de Portugal　36歳。1439生。スペインのカスティリャ王妃(1455～74)。

マズッチョ・サレルニターノ　Masuccio Salernitano　65？歳。1410生。イタリアの物語作家。

1476年

3.02　スイス同盟軍がグランソンの戦いで勝利
6.22　スイス同盟軍がモラの戦いで勝利する
12.26　ミラノ公にスフィルツァが後継者となる
　　　　　　* * *

ネヴィル、ジョージ　Neville, George　6.8没、43？歳。1433生。イングランドのローマ・カトリック教会大司教。

レギオモンタヌス　Regiomontanus, Johannes　7.6没、40歳。1436生。ドイツの天文学者、数学者。

ベーム、ハンス　Böhm, Hans　7.19没。中世後期のドイツの熱狂主義者のひとり。

ジャーコモ（ラ・マルカの）　Giacomo (della Marca)　11.28没、83歳。1393生。イタリアのフランシスコ会修道士、巡回説教者、聖人。

スフォルツァ、ガレアッツォ・マリア　Sforza, Galeazzo Maria　12.26没、32歳。1444（㋺1442）生。ミラノ公。

この年 ヴラド3世、ツェペシュ　Vlad III, Ţepeş　46？歳。1430（㋺1431）生。ルーマニアの英雄。

原傑　60歳。1416生。中国、明代の官僚。

ダライラマ1世、ゲドゥン・ドゥプ　Dalai Lama I, Dge-gdun grub　チベット・ラマ教の法王。

この頃 クリストーフォロ・ディ・ジェレミーア　Cristoforo di Geremia　46？歳。1430生。イタリアの金銀細工師。

シモネッタ・ヴェスプッチ　Simonetta Vespucci　23？歳。1453生。イタリア・ルネサンス期の貴婦人。

フォーテスキュ　Fortescue, Sir John　㋺1479没、82？歳。1394（㋺1385頃）生。イギリスの法律家。

モートン、ロバート　Morton, Robert　46？歳。1430生。イギリスの作曲家。

ロレンツォ・ダ・ヴィテルボ　Lorenzo da Viterbo　36？歳。1440生。イタリアの画家。

1477年

1.05　ブルゴーニュ公国の大半がフランスに属す
8.19　オーストリア大公マクシミリアンが結婚
12.16　応仁の乱が実質的に終息する
　　　　　　* * *

シャルル豪胆公　Charles le Téméraire　1.5没、43歳。1433（㋺1403）生。フランスのブルゴーニュ公。

ハルピウス・ヴァン・エルプ　Harphius van Erp　2.22没、72？歳。1405生。オランダの神秘主義的著述家。

人物物故大年表 外国人編　275

ベルナルドゥス（クライブルクの） Bernardus (Kraiburg) 10.17没、62歳。1415生。オーストリアの司教、人文主義者。
この年 カノーツィ・ダ・レンディナーラ、ロレンツォ Canozi da Lendinara, Lorenzo 52歳。1425生。イタリアの寄木細工師、版画家。
カンパーノ、ジョヴァントーニオ Campano, Giovantonio 48歳。1429生。イタリアの修辞学者。
デル・コッサ、フランチェスコ Cossa, Francesco del （㊟1478没、42？歳。1435（㊟1436頃）生。イタリアの画家。
ブイユ、ジャン・ド Bueil, Jean de 71歳。1406生。フランスの作家。

1478年

4.26 パッツィ家のメディチ家への陰謀が発覚
＊＊＊
ウズン・ハサン Uzun Hasan 1.？没、54歳。1424（㊟1427）生。トルクメン系白羊朝の創始者。
ロッチ、ジャウメ Roig, Jaume 4.1？没、78？歳。1400生。スペイン、カタルーニャの作家。
カプラーニカ、アンジェロ Capranica, Angelo 7.3没、78？歳。1400生。イタリアの司教、枢機卿。
鄭麟趾 11.26没、82歳。1396生。朝鮮、李朝初期の学者。
この年 クラレンス、ジョージ、公爵 Clarence, George, 3rd Duke of York 29歳。1449生。イギリスの貴族。
ゾシーマ Zosima ロシアの苦行者、聖人。
ゾッポ、マルコ Zoppo, Marco 45歳。1433（㊟1432頃）生。イタリアの画家。
パーオロ・スキアーヴォ Paolo Schiavo 81歳。1397生。イタリアの画家。
ロドェ・テンパ Blo gros brtan pa 76歳。1402生。チベットのゲール派仏教者。
この頃 クリヴェッリ、タッデーオ Crivelli, Taddeo 53？歳。1425生。イタリアの画家、写本装飾画家。
スフランツェス、ゲオールギオス（ゲオールゲス） Phrantzes, Georgios ㊟1477頃没、77？歳。1401生。東ローマ帝国の政治家、歴史家。
ハーン Hahn(Han)、Ulrich ドイツの印刷業者。

1479年

1.26 ヴェネツィアがオスマン朝と平和協定締結
4.15 ヴェネツィアのオスマン朝への貢納が決定

9.04 スペイン連合王国が成立する
＊＊＊
ルートウィヒ9世（富裕公） Ludwig IX, der Reiche 1.18没、61歳。1417生。バイエルン＝ランツフート公（在位1450～79）。
アントネロ・ダ・メッシナ Antonello da Messina 2.14？（㊟1476）没、49？歳。1430生。イタリアの画家。
マンリケ、ホルヘ Manrique, Jorge 3.27（㊟1478）没、39？歳。1440生。スペインの詩人、軍人。
ホアン（サアグンの） Juan(Sahagún) 6.11没、60歳。1419生。スペインの司祭、聖人。
ドミニク（フランドルの） Dominic de Flandre 7.16没、54？歳。1425生。ベルギーのドミニコ会士、哲学教授。
この年 韓雍 56歳。1423生。中国、明代の官僚。
フアン2世 Juan II 81歳。1398生。アラゴンのフェルナンド1世の次男。
ベグ・アルスラン Beg Arslan 中央アジア、メクリン部の人。
マキアヴェッリ、ザノービ Machiavelli, Zanobi 61歳。1418生。イタリアの画家。
ラウラナ、ルチャーノ Laurana, Luciano da 59？歳。1420（㊟1425頃）生。イタリアの建築家。
ロッセリーノ、アントニオ Rossellino, Antonio ㊟1475没、52歳。1427生。イタリアの彫刻家。

1480年

8.11 オスマン・トルコ軍がオトラントを占領
＊＊＊
ドゥウゴシュ、ヤン Dtugosz, Jan 5.19没、65歳。1415生。ポーランドの聖職者、歴史家。
ヴェッキエッタ Vecchietta 6.6没、68？歳。1412生。イタリアの画家、彫刻家、建築家。
スクアルチャルーピ、アントーニオ Squarcialupi, Antonio 7.6没、64歳。1416生。イタリアのオルガン奏者、作曲家。
ルネ1世 Rene I, le Bon 7.10没、71歳。1409生。フランスの皇太子。
ウルリヒ Ulrich der Vielgeliebte 11.1没、47歳。1433生。ドイツのヴュルテンベルク伯。
この年 アルノルト・フォン・ヴェストファーレン（アルノルト・フォン・ヴェストファーリア） Arnold von Westfalen(Westphalia) ドイツの建築家。
ジャンソン Jenson, Nicolaus 60？歳。1420生。フランスの印刷者、活字彫刻家。
ペロッティ Perotti, Niccolo 50歳。1430生。イタリアの聖職者、人文主義者。

中　世

この頃 ヴィヴァリーニ，アントニオ　Vivarini, Antonio　㊧1476頃没、65？歳。1415（㊧1420頃）生。イタリアの画家。
ヴェーゼル　Johann von Wesel　㊧1481没、60？歳。1420（㊧1400頃）生。ドイツの神学者。
ソラーリ，ジョヴァンニ　Solari, Giovanni　70？歳。1410生。イタリアの建築家。
ナルシンフ・メヘター　Narasimha Mehtā　65？歳。1415生。インド，グジャラートのクリシュナ信仰詩人。
フーケ，ジャン　Fouquet, Jean　㊧1477頃没、60？歳。1420（㊧1415頃）生。フランスの画家。
ブッシュ，ヨハネス（ヤン）　Busch, Johannes (Jan)　81？歳。1399没。オランダ出身の司祭。
メヘター，ナルスィンフ　Mahetā, Narsiṃh　66？歳。1414生。インドの中世グジャラーティー語の宗教詩人。
ユストゥス・ファン・ヘント　Joos van Gent　45？歳。1435（㊧1440頃）生。フランドルの画家。
林良　64？歳。1416生。中国，明の画家。

1481年

8.28　ポルトガルでジョアン2世が即位する
　　　＊　＊　＊
ソラーリ，グイニフォルテ　Solari, Guiniforte　1.？没、52歳。1429（㊧1427）生。イタリアの建築家。
マフムード・ガーワーン　Maḥmūd Gāwān, Maliku't-Tujjār Khwāja　4.5没、78？歳。1403？生。インドの政治家。
メフメット2世　Meḥmet II　5.3没、49歳。1432（㊧1430）生。オスマン・トルコ帝国の第7代スルタン（在位1451～81）。
クリスチャン1世　Christian I　5.21没、27歳。1426生。デンマーク王（1448～81），ノルウェー王（50～81），スウェーデン王（57～71）。
フィレルフォ，フランチェスコ　Filelfo, Francesco　7.31没、83歳。1398生。イタリアの詩人。
リトルトン，Littleton, Sir Thomas　8.23没、74？歳。1407生。イギリスの法律家。
アフォンソ5世　Afonso V　8.28没、49歳。1432生。ポルトガル王（在位1438～81）。
この年 アゴスティーノ・ディ・ドゥッチオ　Duccio, Agostino di　63歳。1418生。イタリアの彫刻家，建築家。
齓祥　83歳。1398生。中国，明代，呉県（江蘇省）の人。
金守温　72歳。1409生。朝鮮，世宗時の文臣，学者。
ケルデルマンス，アンドリース　Keldermans, Andries　フランドルの建築家，彫刻家。

ゴエ・ロツァワ・ションヌペル　Gshon-nu dpal　89歳。1392生。チベットの学僧。
サノ・ディ・ピエトロ　Sano di Pietro　75歳。1406（㊧1405）生。イタリアの画家。
ダルマウ，ルイス　Dalmau, Louis　㊧1460没、53？歳。1428生。スペインの画家。
丁克仁　80歳。1401生。朝鮮，李朝初期の文人。
プラーティナ，バルトロメーテ・デ・サッキ　Sacchi, Bartolommeo de'　60歳。1421生。イタリアの人文学者，歴史家。
この頃 アーシュクパシャザーデ，アフメト　Âshik Pasha Zade, Ahmet　㊧1480頃没、81？歳。1400（㊧1393？）生。オスマン・トルコの歴史家。

1482年

3.27　ブルゴーニュ公家が断絶する
　　　＊　＊　＊
ベーブリンガー，ハンス　Böblinger, Hans der Ältere　1.4没。ドイツの建築家。
ロッビア，ルカ・デラ　Robbia, Luca della　2.10没、82？歳。1400（㊧1399頃）生。イタリアの彫刻家，陶芸家。
ムハンマド・シャー3世　Muḥammad Shāh III　3.22没、28歳。1454生。インド，デッカンのバフマン王朝第13代の王（1463～82）。
ディーター（イーゼンブルクの）　Diether（Dieter）von Isenburg　5.7？没、70歳。1412生。ドイツのマインツ司教，教皇と対立した改革者，マインツ大学の創立者。
トスカネリ，パオロ　Toscanelli, Paolo dal Pozzo　5.15没、85歳。1397生。イタリアの天文学者，医者。
マルグリット　Margaret of Anjou　8.25没、52歳。1430（㊧1429）生。イングランド王ヘンリ6世の妃。
ピエートロ（ベルガモの）　Pietro da Bergamo　10.15没。15世紀初頭生。イタリアの神学者，ドミニコ会士。
ゲディク・アフメット・パシャ　Gedik Aḥmet Pasha　12.18没。オスマン・トルコ帝国の武将，政治家。
この年 アブドゥル・ラッザーク　'Abd al-Razzāq al-Samarqandī　69歳。1413生。イラン，チムール朝の政治家，歴史家。
エッセラー，ニクラウス（老エッセラー（通称））　Eseler, Niclaus　石工兼建築家。
フェデリコ・ダ・モンテフェルトロ　Federico da Montefeltro　60歳。1422生。イタリアの傭兵隊長。
フース，ヒューホー・ヴァン・デル　Goes, Hugo van der　42？歳。1440生。フランドルの画家。

マリア(ブルグントの)　Maria von Burgund　25歳。1457生。ブルゴーニュ公シャルル(果敢公)の娘。
マンテガッツァ, クリストフォロ　Mantegazza, Cristoforo　イタリアの彫刻家。
梁誠之　67歳。1415生。朝鮮, 李朝の学者, 政治家。
この頃 ウースター, ウィリアム(ボトナー)　Worcester, William (Botoner)　67？歳。1415生。イングランドの地誌学者。
ベンボ, ボニファーチョ　Bembo, Bonifacio　62？歳。1420生。イタリアの画家, 写本装飾画家。

1483年

4.10　イングランドでエドワード5世が即位する
6.25　エドワード5世が廃位される
6.26　イングランドでリチャード3世が即位する
8.30　フランスでシャルル8世が即位する
10.17　異端審問長官にトルケマダが就任する
　　　　＊＊＊
エドワード4世　Edward IV　4.9没, 40歳。1442生。イングランド王(在位1461～83)。
リバーズ　Rivers, Anthony Woodville, 2nd Earl　6.25没, 43？歳。1440生。イングランドの貴族。
エドワード5世　Edward V　7.6没, 12歳。1470生。イングランド王(在位1483.4.9～6.25)。
フレミング, ロバート　Flemyng, Robert　8.12没。イングランドの神学者, 古典学者。
ルイ11世　Louis XI　8.30没, 60歳。1423生。フランス国王(在位1461～83)。
この頃 エストゥトビル　Estauteville, Guillaume d'　80歳。1403生。ルーアンの大司教。
姜希孟　59歳。1424生。朝鮮, 李朝初期の学者。
バッキンガム公　Buckingham, Henry Stafford, 2nd Duke of　29？歳。1454生。イギリスの貴族。
フェルナンド2世　Fernando II, Duke of Bragança　53歳。1430生。ポルトガルのブラガンサ公家3代当主。
ヘースティングズ, ウィリアム　Hastings　53？歳。1430生。イングランドの貴族。
ペトルス・ニグリ　Petrus Nigri　49歳。1434生。ボヘミアの哲学者, 神学者, ヘブル語学者, ドミニコ会士。
レーアン, マティウ・ド　Layens, Mathieu de　フランドルの建築家。
レイシャック, フアン　Reixach, Juan　73？歳。1410生。スペインの画家。
この頃 ジョヴァンニ・ディ・パオロ　Giovanni di Paolo　㊥1482没, 80？歳。1403（㊥1400頃）生。イタリアの画家。

1484年

11.12　インノケンティウス8世が教皇に即位する
12.05　教皇が「魔女に関する教書」を発布する
　　　　＊＊＊
ミーノ・ダ・フィエーゾレ　Mino da Fiesole　7.11没, 53歳。1431（㊥1430頃）生。イタリアの彫刻家。
ゲオールギオス・トラペズーンティオス　Geōrgios Trapezuntios　8.12(㊥1486)没, 89歳。1395（㊥1396）生。ギリシアの学者。
シクストゥス4世　Sixtus IV　8.12没, 70歳。1414生。教皇(在位1471～84)。
プルチ, ルイージ　Pulci, Luigi　10.？没, 52歳。1432（㊥1424）生。イタリアの詩人。
この年 エリアス　Elias, de Bourdeilles　77？歳。1407生。聖人。
オルディニ, ピエトロ・デッリ　Ordini, Pietro degli　イタリアの建築家。
カシミルス　Casimirus　26歳。1458生。聖人。
ガーディオ, バルトロメーオ　Gadio, Bartolomeo　70歳。1414生。イタリアの建築家, 軍事技術者。
胡居仁　㊥1495没, 47歳。1437（㊥1434）生。中国, 明の学者。
デル・キエーリコ, フランチェスコ・ダントーニオ　Del Chierico, Francesco d'Antonio　イタリアの写本装飾画家。
フロマン, ニコラ　Froment, Nicolas　㊥1483頃没, 49？歳。1435（㊥1430頃）生。フランスの画家。

1485年

8.22　ヘンリー7世が即位し, ばら戦争終結する
　　　　＊＊＊
リチャード3世　Richard III　8.22没, 32歳。1452（㊥1451）生。イングランド王(在位1483～85)。
アルブエス, ペドロ　Arbués, Petrus de　9.17没, 43歳。1442生。スペイン人の聖人。
アグリコラ, ルドルフス　Agricola, Rodolphus　10.27没, 42歳。1443生。オランダの人文主義者。
この年 チャムチェン・ラブジャムパ・サンギェ・ペル　Byams chen rab 'byams pa sangs rgyas 'phel　71歳。1414生。チベットのサキャ派のヤクトゥ派仏教者。
ハワード(ノーフォークの)　Howard, John, 1st Duke of Norfolk　55？歳。1430生。イングランドの名門。

278　人物物故大年表 外国人編

フィオラヴァンティ，アリストーティレ
　Fioravanti, Aristoteli　㋐1486頃没、70歳。1415生。イタリアの建築家，土木技術家。
フンホーフ，ハインリヒ　Funhof, Heinrich　ドイツの画家。
ペドロ・ファン・サラ　Pedro Van Sarah　カタルーニャ地方の農民蜂起指導者。
ルイスブルック，ヤン・ヴァン　Ruysbroeck, Jan van　ベルギーの建築家。
[この頃] リドルフォ　Ridolfo, Fioraventi　70？歳。1415生。イタリアの建築家。
レギス　Regis, Johannes　55？歳。1430生。フランドルの作曲家。

1486年

2.16　ハプスブルクのマクシミリアン、ローマ王に選出
＊＊＊
ドルチ，ジョヴァンニ・デイ・ピエートロ・デ　Dolci, Giovanni di Pietro de'　2.26没。イタリアの建築家，彫刻家。
スィナン・パシャ　Sinan, Pasha, Hoja　3.1没、48歳。1438(㋐1440)生。オスマン・トルコ帝国のメフメット2世時代の宰相，学者。
ブーシェイ，トマス　Bourchier, Thomas　3.10没、82？歳。1404(㋐1412頃)生。イギリスの枢機卿，カンタベリー大司教。
[この頃] アル・カラサディー　al-Kalasadi, Abu-l-Hasan Ali ibn Mahammad　74歳。1412生。モーリタニアの数学者。
アルギュロプロス，ヨーアンネース　Argyropulos, Johannes　㋐1487没、70？歳。1416(㋐1415)生。西方で教えたビザンティンの学者。
アルブレヒト3世　Albrecht III, Achilles　72歳。1414生。ブランデンブルク辺境伯，選帝。
ウィリアム（ウェインフリートの）　William of Waynflete　91？歳。1395生。イギリスの政治家，聖職者。
カウン　Cão, Diogo　36？歳。1450生。ポルトガル人航海士。
クンガ・トンドゥプ　Kun dga' don grub　67歳。1419生。チベットのゲール派仏教者。
商輅　72歳。1414生。中国，明の政治家。
デ・プレーディス，クリストーフォロ　De Predis, Cristoforo　イタリアの写本装飾画家。
マリク・ハサン・バハリー　Malik Hansan Baḥrī, Niẓāmu'l Mulk Malik Naib　インドの政治家。
[この頃] アポストリス，ミカエル　Apostóles, Michaël　64？歳。1422生。クレタのビザンティン人文主義者。

1487年

5.24　ランパート・シムネルが反乱を起こす
6.16　ヘンリー7世がシムネルを捕虜とする
＊＊＊
ニコラウス（フリューエの）　Nikolaus von der Flüe　3.21没、78歳。1417生。スイスの隠者，国民聖人。
[この年] 成化帝　40歳。1447生。中国，明第9代皇帝(在位1464～87)。
張弼　62歳。1425生。中国，明代初期・中期の詩文家，書家。
ホスビー，ジョン　Hothby, John　77？歳。1410生。イギリスの理論家，作曲家。
ボッホルト，ヨハネス　Bocholt, Johannes　ドイツの共同生活兄弟団の修道士。
ユーヌス・ハン　Yūnus Khān　72？歳。1415生。中央アジア，モグリスタン・ハン国第9代のハン(在位1462～87)。
[この頃] ボルローネ，ジャーコモ　Borlone, Giacomo　イタリアの画家。

1488年

2.03　バルトロメオ・ディアスが喜望峰に達する
6.11　スコットランドでジェームズ4世が即位
＊＊＊
フィッシャー，ヘルマン　Vischer, Herman der Ältere　1.13？没、59？歳。1429生。ドイツの鋳物師。
ジェームズ3世（スコットランド王）　James III　6.11没、36歳。1452生。スコットランド王(在位1460～88年)。
カ・ダ・モスト，アルヴィーゼ　Ca da Mosto, Alvise　7.18(㋐1477頃)没、56歳。1432(㋐1428頃)生。ベネチアの貴族，航海者。
ヴェロッキオ，アンドレア・デル　Verrocchio, Andrea del　10.7没、53？歳。1435(㋐1436)生。イタリアの画家。
[この年] 徐居正　68歳。1420生。朝鮮，李朝初期の学者，官僚。
トライローカナート　Trailokanat　タイ，アユタヤ朝のスワンプナーム王家第6代の王(在位1448～88)。
ボロムトライロカナート　Boromtrailokanat　57歳。1431生。タイ，アユタヤ朝の第9代王(在位1448～88)。

1489年

3.14　キプロス島がヴェネツィアの支配下に入る

＊＊＊

ヴァルトマン　Waldmann, Hans　4.6没、54？歳。1435生。スイスの政治家。

バハロール・ローディー　Bahlōl Lūdhī　7.？没。インドのローディー王朝の始祖(1451～89)。

ウェッセル，ガンスフォルト　Wessel Gansfort, Johannes　10.4没、70？歳。1419([異]1420？)生。オランダの神秘思想家。

[この年] **ハンスフォルト**　Gansfort, Wessel　70？歳。1419生。オランダの人文主義者。

ベンボ，ベネデット　Bembo, Benedetto　27歳。1462生。イタリアの画家。

マルミオン，シモン　Marmion, Simon　69？歳。1420([異]1425)生。フランスの画家。

余子俊　60歳。1429生。中国，明の政治家。

[この頃] **ニコロ・ダ・ヴァラッロ**　Nicolò da Varallo　69？歳。1420生。イタリアの画家ステンドグラスの下絵画家。

1490年

3.16　マクシミリアンがチロルを委譲される

4.06　マクシミリアンがハプスブルク家の旧領奪回

7.11　ハンガリーでウラースロー2世が即位する

＊＊＊

マーチャーシュ1世　Mátyás, Hunyadi　4.6没、47歳。1443([異]1440)生。ハンガリー王(在位1458～90)，ボヘミア王(在位1469～78)。

ジュリアーノ・ダ・マイアーノ　Giuliano da Maiano　10.17没、58？歳。1432生。イタリアの建築家，インターリオ(装飾彫り)作家。

チョーンドラー，トマス　Chaundler, Thomas　11.2没、73?歳。1417生。イングランドの古典学者。

[この年] **張復**　87歳。1403生。中国，明代中期の道士画家。

ドゥリンゲンベルク　Dringenberg, Ludwig　60？歳。1430生。ドイツ人文主義の教育家。

ネシュリー，メフメト　Neşrî, Mehmet　オスマン朝トルコ初期の詩人，歴史家。

貝琳　中国，明代の成化年間，南京欽天監監副となった天文学者。

フェデリーギ，アントニオ　Federighi, Antonio　70？歳。1420([異]1439)生。イタリアの彫刻家，建築家。

ペレス，ヤコーブス(バレンシアの)　Pérez, Jacobus (Valencia)　82？歳。1408生。スペインの神学者。

ヤコベッロ・ディ・アントネッロ・ダ・メッシーナ　Iacobello di Antonello da Messina　12歳。1478生。イタリアの画家。

[この頃] **カルココンデュレス，ラオニコス**　Khalkokondyles, Laonikos　67？歳。1423生。ビザンティンの歴史家。

カルコンディレス　Chalkondyles, Laonikos ho　[異]1461以後没、67？歳。1423([異]1432)生。ビザンチンの歴史家。

ダウラトシャー　Daulatshāh Samarqandī　[異]1494没。ペルシアの伝記作家。

ヘールトヘン・トット・シント・ヤンス　Geertgen tot sint Jans　[異]1485頃没、30？歳。1460([異]1465頃)生。オランダの画家。

プルガル，エルナンド・デル　Pulgar, Hernando del　65？歳。1425生。スペインの著述家。

マンリケ，ゴメス　Manrique, Gómez　78？歳。1412([異]1415頃)生。スペインの詩人，劇作家。

1491年

11.07　プレスブルクの和約が結ばれる

11.25　グラナダがスペインに降伏する

＊＊＊

ショーンガウアー，マルティン　Schongauer, Martin　2.2没、41歳。1450([異]1435頃)生。ドイツの画家，銅版画家。

スティリントン，ロバート　Stillington, Robert　4.？没。イングランドの大法官，ローマ・カトリック教会司教。

バルビロー，ジャック　Barbireau, Jacques　8.8没、71？歳。1420生。フランドルの作曲家。

メシノ，ジャン　Meschinot, Jean　9.12没、71？歳。1420生。フランス大押韻派の詩人。

バザン　Basin, Thomas　12.3没、79歳。1412生。フランスの年代記作者。

ベルトルド・ディ・ジョヴァンニ　Bertoldo di Giovanni　12.28没、71？歳。1420生。イタリアの彫刻家。

[この年] **ジュルリン，イェルク(父)**　Sirlin, Jörg　66？歳。1425生。ドイツの彫刻家。

スピーナ，アルフォンソ・デ　Spina, Alfonso de　スペインの神学者，フランシスコ会士。

ドメーニコ・ディ・ミケリーノ　Domenico di Michelino　74歳。1417生。イタリアの画家。

モンラム・ペル　Smon lam dpal　77歳。1414生。チベットのゲール派仏教者。

レンディナラ，クリストーフォロ　Lendinara, Cristoforo da　71？歳。1420生。イタリアのインタールシオ（寄木細工）師。
婁諒　69歳。1422生。中国，明の儒学者。
この頃　キャクストン，ウィリアム　Caxton, William　69？歳。1422生。イギリス最初の印刷業者。
ネーリ・ディ・ビッチ　Neri di Bicci　72？歳。1419生。イタリアの画家。
ラモス・デ・パレハ　Ramos de Pareja, Bartolomé　51？歳。1440生。スペインの音楽理論家。

南孝温　38歳。1454生。朝鮮，李朝初期の文人。
フュエトラー　Füetrer, Ulrich　ドイツの詩人，画家。
ポンテッリ，バッチョ　Pontelli, Baccio　42？歳。1450生。イタリアの寄木細工師，建築家。
この頃　ベナッリオ，フランチェスコ　Benaglio, Francesco　60？歳。1432生。イタリアの画家。
メンドサ，イニゴ・デ　Mendoza, Fray Íñigo de　70？歳。1422生。スペインの詩人，フランシスコ会修道士。

1492年

1.02　アラゴンとカスティリャがグラナダを奪回
3.31　スペインの全ユダヤ人が退去通告を受ける
8.03　コロンブスが第1回航海に出航する
8.11　アレクサンデル6世がローマ教皇に即位
10.12　コロンブスがアメリカ大陸を発見する
＊　＊　＊
メーディチ，ロレンツォ・デ　Medici, Lorenzo il Magnifico　4.8？没，43歳。1449（㊟1448）生。イタリア，フィレンツェの政治家，文人。
ウォリングフォード，ウィリアム　Wallingford, William　5.19没。イングランドのベネディクト会士，大修道院長。
エリザベス・ウッドヴィル　Elizabeth（Woodville）6.7？没，55歳。1437生。イギリス王エドワード4世（在位1461～83）の王妃。
カジミエシュ4世，ヤギェロニチク　Kazimierz IV, Jagiellónczyk　6.7没，64歳。1427生。ポーランド国王（在位1447～92）。
インノケンティウス8世　Innocentius VIII　7.25没，60歳。1432生。教皇（在位1484～92）。
ピエロ・デラ・フランチェスカ　Piero della Francesca　10.12没，72？歳。1420（㊟1416頃）生。イタリアの画家。
ビュノワ，アントワーヌ　Busnois, Antoine　11.6没，62？歳。1430生。フランドルの作詞家，作曲家。
ジャーミー，ヌーロッディーン・アブドゥラフマーン　Jāmī, Maulānā Nūr al-dīn ʻAbd al-Raḥmān　11.9没，78歳。1414生。ペルシアの神秘主義詩人，学者。
この年　ウゲット，ハイメ　Huguet, Jaime　㊟1495没，77？歳。1415生。スペインの画家。
ガジーニ，ドメーニコ　Gagini, Domenico　72？歳。1420生。イタリアの彫刻家，建築家。
金宗直　61歳。1431（㊟1430）生。朝鮮，李朝成宗時代の学者。
スンニ　Sunni ʼAli　ソンガイ帝国の創設者。
ダンマゼーディー　Dhammazedi　ビルマ南部，ペグー朝の第16代国王（在位1459～92）。

1493年

5.23　サンリス条約でブルゴーニュ公国が分割
8.19　マクシミリアン1世が神聖ローマ皇帝に即位
9.25　コロンブスが第2回航海に出帆する
＊　＊　＊
シャーウッド，ジョン　Shirwood, John　1.14没。イングランドのローマ・カトリック教会司教。
バルバロ，エルモラオ（小）　Barbaro, Ermolao　5.21（㊟1498）没，40歳。1453（㊟1454）生。イタリアの聖職者，人文主義者，外交官。
フリードリヒ3世　Friedrich III　8.19没，77歳。1415生。神聖ローマ皇帝（在位1440～93）。
この年　金時習　58歳。1435（㊟1434）生。朝鮮，李朝の作家。
グルニエ，パスキエ　Grenier, Pasquier　フランドルのタピスリー制作家。
雪岑　58歳。1435生。朝鮮初期生六臣の一人。
ソラーリ，ピエトロ・アントーニオ　Solari, Pietro Antonio　43？歳。1450生。イタリアの建築家，彫刻家。
デ・モッティス，クリストーフォロ　De Mottis, Cristoforo　イタリアの画家。
フェッルッチ，フランチェスコ・ディ・シモーネ　Ferrucci, Francesco di Simone　56歳。1437生。イタリアの彫刻家。
ピンソン　Pinzón, Martín Alonso　53？歳。1440生。スペインの航海者，造船業者。
ヤーコポ・デル・セッライオ　Iacopo del Sellaio　51歳。1442生。イタリアの画家。
李応禎　62歳。1431生。中国，明代中期の書家。
この頃　コロンブ，ジャン　Colombe, Jean　63？歳。1430生。フランスの写本装飾画家。
トゥーパク・ユーパンキ　Tupac Inca Yupanqui　85？歳。1408生。インカ帝国の第10代皇帝。

1494年

6.07　トルデシリャス条約が結ばれる
11.09　フィレンツェで神権政治が確立する
12.31　フランスのナポリ遠征軍がローマに到着

＊　＊　＊

ギルランダイオ，ドメニコ　Ghirlandajo, Domenico di Jommaso Bigordi　1.11没、45歳。1449生。イタリアのフィレンツェ派画家。

フェルディナンド1世　Ferdinando I d' Aragona　1.25没、71歳。1423([異]1431頃)生。アラゴン家出身のナポリ王。

サンティ，ジョヴァンニ　Santi, Giovanni　8.1没、59?歳。1435生。イタリアの画家，詩人。

メムリンク，ハンス　Memling, Hans　8.11没、59?歳。1435([異]1430頃)生。フランドルの画家。

ポリツィアーノ，アンジェロ　Poliziano, Angelo Ambrogini　9.29?没、40歳。1454生。イタリアの詩人，人文主義者，古典学者。

メロッツォ・ダ・フォルリ　Melozzo da Forli　11.8没、56歳。1438生。イタリアの画家。

ピーコ・デッラ・ミランドラ，ジョヴァンニ　Pico della Mirandola, Giovanni　11.17没、31歳。1463生。イタリアの人文主義者。

ボイアルド，マッテーオ・マリーア　Boiardo, Matteo Maria, conte di Scandiano　12.19没、53歳。1441([異]1440頃)生。イタリアの詩人。

セリング，ウィリアム　Selling, William　12.29没、64?歳。1430生。イングランドのベネディクト会士，古典学者。

ラッセル，ジョン　Russell, John　12.30没。イングランドのローマ・カトリック教会司教，大法官。

[この年] **安堅**　76歳。1418生。朝鮮，李朝初期の図画署に所属した専門画家。

スフォルツァ，ジャンガレアッツォ　Sforza, Giangaleazzo　25歳。1469生。ルネサンス時代イタリアのミラノを支配した名門。

成宗(李朝)　37歳。1457生。朝鮮，李朝の第9代王(在位1469〜94)。

ドウラトシャー　Doulatshāh Samarqandī　57?歳。1437生。イランの伝記作家。

トンマーゾ・デ・ヴィジーリア　Tommaso de Vigilia　34歳。1460生。イタリアの画家。

ニッコロ・ダ・バーリ　Niccolò da Bari　54歳。1440生。イタリアの彫刻家。

ニッコロ・デッラルカ　Niccolò dell'Arca　59?歳。1435生。イタリアの彫刻家。

バルバロ　Barbaro, Josafa　イタリアの旅行家，外交官。

[この頃] **エガス，アネキン**　Egas, Hanequin　フランドル出身のスペインの建築家，彫刻家。

ディーブルク，ペーテル　Dieburg, Peter　74?歳。1420生。オランダの歴史家。

1495年

1.20　朝鮮で燕山君が即位する
2.22　シャルル8世がナポリ王国を征服する
3.31　対仏神聖同盟が結成される
5.20　シャルル8世がナポリから撤退する
8.07　神聖ローマ皇帝が永久ラント平和令を発布
10.25　ポルトガルでマヌエル1世が即位する
11.-　シャルル8世がイタリアから撤退する

＊　＊　＊

ゴンサーレス・デ・メンドーサ，ペドロ　Mendoza, Pedro González de　1.11没、66歳。1428生。スペインの聖職者，枢機官，政治家，人文学者。

ジェム・スルタン　Zizim　2.24没、35歳。1459生。オスマン・トルコ帝国の詩人，冒険者。

姚綬　4.10没、73歳。1422生。中国，明代の書画家。

トゥーラ，コズメ　Tura, Cosimo　4.?没、65歳。1430([異]1431頃)生。イタリアの画家。

ジョアン2世　João II　10.25没、40歳。1455生。ポルトガル王(在位1481〜95)。

ビール，ガーブリエール　Biel, Gabriel　12.7没、77?歳。1418([異]1410頃)生。ドイツのスコラ哲学者，神学者。

[この年] **カーイト・ベイ**　Qāit-Bey, Saifu'd-Dīn　[異]1496没、85歳。1410生。エジプトのブルジー・マムルーク朝第18代のスルタン(1468〜95)。

邱濬　75歳。1420生。中国，明の儒学者，政治家。

シュプレンガー　Sprenger, Jakob　59?歳。1436生。ドイツのドミニコ会士。

ファンチェッリ，ルーカ　Fancelli, Luca　65歳。1430生。イタリア初期ルネサンスの建築家，彫刻家，技術家。

フランチョーネ　Francione　67歳。1428生。イタリアの建築家，インターリオ(装飾彫り)作家。

マッテーオ・ディ・ジョヴァンニ　Matteo di Giovanni Bartolo　65?歳。1430([異]1433頃)生。イタリアの画家。

マンテガッツァ，アントーニオ　Mantegazza, Antonio　イタリアの彫刻家。

[この頃] **オケヘム，ジャン・ド**　Ockeghem, Johannes　[異]1497没、65?歳。1430([異]1425頃)生。フランドルの代表的作曲家(初期フランドル楽派)。

クリヴェリ，カルロ　Crivelli, Carlo　[異]1494頃没、65?歳。1430([異]1435頃)生。イタリアの画家。

ヤーコポ・ダ・ピエトラサンタ　Iacopo da Pietrasanta　イタリアの建築家，彫刻家。

ル・モワテュリエ，アントワーヌ　Le Moiturier, Pierre Antoine　㊞1497没、70？歳。1425生。フランスの彫刻家。

1496年

12.15　梅毒がイタリア全土に広がる
　　　　　＊＊＊
エーベルハルト5世　Eberhard V im Bart　2.24没、50歳。1445生。ビュルテンベルク公。
ハインリーン，ヨハネス（シュタインの，ラピーデの）Heynlin, Johannes（von Stein, de Lapide）3.12没、66歳。1430生。ドイツの神学者、説教者。
ボンフィーリ，ベネデット　Bonfigli, Benedetto　7.8没、76？歳。1420生。イタリアの画家。
フェルディナンド2世　Ferdinando II d'Aragone　10.7没、29歳。1467生。アラゴン家出身のナポリ王。
ブオナッコルシ，フィリッポ　Buonaccorsi, Filippo　11.？没、59歳。1437生。イタリアの人文主義者、哲学者、政治家。
この年　カッポーニ　Capponi, Piers di Gino　50歳。1446生。フィレンツェ共和国の政治家、軍人。
ギベルティ，ヴィットーリオ　Ghiberti, Vittorio　80歳。1416生。イタリアの彫刻家。
グアス，ファン　Guas, Juan　㊞1498没、76歳。1420生。スペインの建築家。
陳暹　91歳。1405生。中国、明代中期の画家。
トゥトン・クンガ・ナムギェル　Thuston（Thon mi）kung dga' rnam rgyal　64歳。1432生。チベットのサキャ派のゾン派（コンカル派）仏教者。
ポッライウオーロ，ピエーロ　Pollaiuolo, Piero　53歳。1443（㊞1441？）生。イタリアの画家。
ロベルティ，エルコレ・デ　Roberti, Ercole d'Antonio de　46？歳。1450（㊞1451頃）生。イタリアの画家。
この頃　アフメト・パシャ，ブルサル　Aḥmet Pasha, Bursalı　オスマン・トルコの抒情詩人。

1497年

6.24　航海者ガボットがカナダ東岸に上陸する
7.08　ヴァスコ・ダ・ガマがポルトガルを出発
11.22　ヴァスコ・ダ・ガマの船が希望峰を越える
　　　　　＊＊＊
マネッティ，アントーニオ・ディ・トゥッチョ　Manetti, Antonio di Tuccio　5.26没、73歳。1423生。イタリアの建築家、彫刻家。

マイヤーノ，ベネデット・ダ　Maiano, Benedetto de　5.27没、55歳。1442生。イタリアの彫刻家。
ギルランダイオ　Ghirlandajo, Benedetto di Tommaso　7.17没、39歳。1458生。イタリアの画家。
ゴッツォリ，ベノッツォ　Gozzoli, Benozzo　10.4（㊞1498）没、77歳。1420（㊞1421頃）生。イタリア画家。
この年　クロプトン，サー・ヒュー　Clopton, Sir Hugh　イギリスの絹織物商、慈善家。
ゲラルド・ディ・ジョヴァンニ・デル・フォーラ　Gherardo di Giovanni del Fora　53？歳。1444生。イタリアの写本装飾画家。
サハーウィー　al-Sakhāwī　70歳。1427生。アラブ、マムルーク朝時代の歴史家。
ジローラモ・ダ・トレヴィーゾ（年長）　Girolamo da Treviso, il Vecchio　42？歳。1455生。イタリアの画家。
聖宗（黎朝）　55歳。1442生。ヴェトナム黎朝の第4代皇帝（在位1460～97）。
ベアトリーチェ（エステ家の）　Beatrice d'Este　22歳。1475生。イタリア、フェララ公エルコレ1世の娘でイザベラの妹。
ボッティチーニ，フランチェスコ・ディ・ジョヴァンニ　Botticini, Francesco di Giovanni　51歳。1446生。イタリアの画家。
ボルジア　Borgia, Giovanni　23？歳。1474生。ロドリーゴ・ボルジア（教皇アレクサンデル6世）の息子。
ポンポーニウス・ラエトゥス　Pomponius Laetus　72？歳。1425生。イタリアの人文主義者。
ロイス・デ・コレリィア，ジョアン　Roiç de Corella, Joan　64？歳。1433生。スペイン、カタルーニャの作家。
この頃　ベッラーノ，バルトロメーオ　Bellano, Bartolomeo　63？歳。1434生。イタリアの彫刻家。
ポンティフ，ギョーム　Pontifs, Guillaume　ルーアンのカテドラルの建築長。
マルティーニ　Martini, Johannes　57？歳。1440生。フランドルの作曲家。
リッツォ，アントニオ　Rizzo, Antonio　㊞1498以降没、67？歳。1430生。イタリアの彫刻家、建築家。

1498年

4.08　フランスでルイ12世が即位する
5.22　ヴァスコ・ダ・ガマがカリカットに到着
5.30　コロンブスが第3回航海に出発する
8.01　コロンブスが南米オリノコ河口を発見する

1499年

10.05　ヴァスコ・ダ・ガマがインドを出航する
　　　　　　＊＊＊
ポライウオロ, アントニオ　Pollaiuolo, Antonio　2.4没、66？歳。1432(㋈1433)生。イタリアの鋳金家, 彫刻家, 画家, 版画家。
シャルル8世　Charles VIII　4.7没、27歳。1470生。フランス王(在位1483〜98)。
レート, ジューリオ・ポンポーニオ　Leto, Giulio Pomponio　5.21没、70歳。1428生。イタリアの人文主義者。
サヴォナローラ, ジローラモ　Savonarola, Girolamo　5.23没、45歳。1452生。イタリアの聖職者, 宗教改革者。
ミールフワーンド　Mīrkhwānd　6.22没、66？歳。1432(㋈1433)生。イランの歴史家。
パッハー, ミヒャエル　Pacher, Michael　7.7？没、63？歳。1435(㋈1430頃)生。ドイツの木彫家, 後期ゴシック様式の画家。
トルケマダ, トマス・デ　Torquemada, Tomás de　9.16没、78歳。1420生。スペインの神学者。
ランディーノ, クリストーフォロ　Landino, Christoforo　9.24没、74歳。1424生。イタリアの人文主義者。
ヘーギウス, アレクサンデル　Hegius, Alexander　12.7没、65？歳。1433生。ドイツのルネサンス期の人文主義教育者。
[この年] 金馴孫　34歳。1464生。朝鮮, 15世紀後半の官僚, 政治家。
ビスティッチ, ヴェスパシアーノ・ダ　Bisticci, Vespasiano da　77歳。1421生。イタリアの書籍商, 著述家。
李広　中国, 明の宦官。
ロッセッリ, ドメーニコ　Rosselli, Domenico　59？歳。1439生。イタリアの彫刻家。
[この頃] ヴィドマン　Widmann, Johann　38？歳。1460生。ドイツの数学教師。
クレノフスキー, ヤン　Klenovský, Jan (Johann)　67？歳。1431生。ボヘミア兄弟団の指導者。
サン‐ペドロ, ディエゴ・デ　San Pedro, Diego Fernández de　61？歳。1437生。スペインのルネサンスの小説家, 詩人。
チェンニーニ, ベルナルド　Cennini, Bernardo　83？歳。1415生。イタリアの金工家, 印刷業者。
ディアマンテ, フラ　Diamante, Fra　68？歳。1430生。イタリアの画家。
ベルメーホ, バルトロメ　Bermejo, Bartolomé　73？歳。1425生。スペインの画家。

8.12　オスマン軍がサピエンザの海戦で勝利する
8.23　アメリゴ・ヴェスプッチが南米沿岸を探検
8.29　オスマン軍がレパントを占領する
9.18　ヴァスコ・ダ・ガマがリスボンに帰還する
9.22　スイス連邦がバーゼルの講和で独立を得る
10.06　ルイ12世がミラノに入城する
　　　　　　＊＊＊
ボスティウス, アルノルト　Bostius, Arnold　4.4没、54歳。1445生。ベルギーのカルメル会の神学者, 人文主義者。
バルドヴィネッティ, アレッソ　Baldovinetti, Alesso　8.29没、73歳。1425(㋈1427)生。イタリアの画家。
フィチーノ, マルシーリオ　Ficino, Marsilio　10.1没、65歳。1433生。イタリアのプラトン主義哲学者。
[この年] ウォーベック, パーキン　Warbeck, Perkin　25？歳。1474(㋈1472頃)生。イギリスの王位詐称者。
リヌッチーニ　Rinuccini, Alamanno　73歳。1426生。イタリアの文学者。
[この頃] ヴィヴァリーニ, バルトロメオ　Vivarini, Bartolomeo　㋈1491頃没、67？歳。1432(㋈1430頃)生。イタリアの画家。
ヤーコポ・ダ・モンタニャーナ　Iacopo da Montagnana　56？歳。1443生。イタリアの画家。

1500年

4.22　カブラルがブラジルを発見する
　　　　　　＊＊＊
マルッロ・タルカニオータ, ミケーレ　Marullo Tarcaniota, Michele　4.11没、47歳。1453生。コンスタンティノポリス生れのギリシア系人文主義者。
スコット, トマス　Scot, Thomas　5.29没、76歳。1423生。イングランドのローマ・カトリック教会大司教。
ディアス, バルトロメウ　Dias, Bartholomeu　5.29没、50？歳。1450生。ポルトガルの航海者。
アクィラーノ・セラフィーノ　Aquilano Serafino　8.10没、34歳。1466生。イタリアの詩人, 音楽家。
オールコック, ジョン　Alcock, John　10.1没、70歳。1430生。イギリスの学者, 司教。
モートン, ジョン　Morton, John　10.12没、80？歳。1420生。イギリス, カンタベリー大司教, 枢機卿, 政治家。
[この頃] アルブレヒト3世 (ザクセンの)　Albrecht III, Animosus　57歳。1443生。ザクセン大公, 選帝侯。
陳献章　72歳。1428生。中国, 明の学者。

16世紀

ヒルテン、ヨーハン　Hilten, Johann　75？歳。1425生。宗教改革を予言したドイツのフランシスコ会修道士。

ヘルリン、フリードリヒ　Herlin, Friedrich　㊥1491没、70？歳。1430（㊥1435頃）生。ドイツの画家。

ランディ、ネロッチオ・ディ・バルトロメーオ・デ　Landi, Neroccio di Bartolomeo di Benedetto de'　53歳。1447没。イタリアの画家、彫刻家。

この頃 インフェッスーラ、ステーファノ　Infessura, Stefano　65？歳。1435生。ルネサンス期のイタリアの歴史家。

カボート、ジョヴァンニ　Caboto, Giovanni　㊥1498頃没、75？歳。1425（㊥1450）生。イタリアの航海探検家。

シューケー　Chuquet, Nicolas　55？歳。1445生。フランスの数学者。

モンブリーティウス（モンブリツィオ）、ボニーヌス　Mombritius(Monbrizio), Boninus　76？歳。1424生。イタリアの人文主義者、聖人伝記者。

1501年

6.09　バーゼルがスイス盟約者団に正式に加盟
8.10　シャフハウゼンがスイス盟約者団に加盟
＊＊＊

ナヴァーイー、アリー・シール　Nawāʼī, Mīr ʻAlī-Shīr　1.3（㊥1500）没、60歳。1441（㊥1440頃）生。チムール帝国の政治家、学者、芸術家。

ガガン、ロベール　Gaguin, Robert　5.22没、68歳。1433生。フランスの人文主義者、聖職者。

マウブルヌス、ヨアネス（ブリュッセルの）　Mauburnus, Joannes(Bruxelle)　12.27？没、41歳。1460生。ベルギーの聖アウグスティヌス聖堂参事会員、近代霊性家、修道院改革者、禁欲的著述家。

この年 コルト‐レアル　Côrte-Real, Gaspar　46？歳。1455（㊥1450？）生。ポルトガルの探検家。

ミール・アリー・シール　Mīr ʻAlī Shīr　61？歳。1440生。トルコ・中央アジアのティムール朝の宰相、詩人。

ラスカリス、コンスタンティーヌス　Lascaris, Constantinus　67歳。1434生。イタリアの文法家。

この頃 ニーラカンタ　Nīlakaṇṭha　57？歳。1444生。インドの数学者。

1502年

4.03　ライン川上流で大規模な農民一揆が計画
＊＊＊

ラ・マルシュ、オリヴィエ・ド　La Marche, Olivier de　2.1没、77？歳。1425生。フランスの年代記史家、詩人。

ファブリ、フェーリクス　Fabri, Felix　3.14没、61？歳。1441生。チューリヒ出身の博学なドミニコ会士。

アーサー王子　Arthur　4.2没、15歳。1486生。ヘンリー7世の長子。

ティレル　Tyrrell, Sir James　5.6没。イギリス国王リチャード3世の家臣。

ボバディリャ　Bobadilla, Francisco de　6.？没。スペインの軍人。

ローレヴィンク、ヴェルナー　Rolevinck, Werner　8.26没、77歳。1425生。ドイツのカルトゥジオ会士。

アンニウス、ヨアネス（ナンニ）　Annius, Joannes (Nanni)　11.13没、70？歳。1432生。イタリアの人文主義者、ドミニコ会の神学者、歴史家、オリエント学者。

フランチェスコ・ディ・ジョルジョ　Francesco di Giorgio Martini　11.29（㊥1501）没、63歳。1439生。イタリアの画家、彫刻家、建築家。

シェッファー、ペーター　Schöffer, Peter　12.20？没、77？歳。1425生。ドイツの印刷業者。

この年 アルンノ（ラルンノ）　l'Alunno　72？歳。1430生。イタリアの画家。

コルト‐レアル　Corte Réal Miguel　52？歳。1450生。ポルトガルの探検家、ガスパルの弟。

サン‐ジュレ、オクトヴィヤン・ド　Saint-Gelais, Octovien de　34歳。1468生。フランス大押韻派の詩人。

ディオニシー　Dionisii　72？歳。1430（㊥1440頃）生。ロシアのイコン画家。

バルトロメーオ・デッラ・ガッタ　Bartolommeo dalla Gatta　54歳。1448生。イタリアの画家、建築家。

ベーブリンガー、ルーカス　Böblinger, Lucas　ドイツの建築家。

ラウラーナ、フランチェスコ　Laurana, Francesco da　㊥1500没、82？歳。1420（㊥1430頃）生。イタリアの彫刻家、メダイユ作家、建築家。

この頃 クリヴェッリ、ヴィットーレ　Crivelli, Vittore　62？歳。1440生。イタリアの画家。

ジャラールッ・ディーン・ダワーニー　Jalā-lu'd-Dīn Dawānī　76？歳。1426生。イランの詩人、散文作者。

ダヴァーニー　Dawānī, Jalālu'd-Dīn　イランのティムール朝末期の哲学者、詩人。
フランチェスコ・ダイ・リブリ　Francesco dai Libri　50？歳。1452生。イタリアの写本装飾画家。

1503年

9.22　ピウス3世がローマ教皇に即位する
11.01　ユリウス2世がローマ教皇に即位する
＊　＊　＊
ソーフィヤ・パレオローグ　Zoe Sophia Palaeologa　4.7没。ロシアのイヴァン3世の妃。
プローレス、アンドレーアス　Proles, Andreas　6.5没、73歳。1429生。ドイツの厳修派アウグスティヌス修道会改革者。
オービュソン、ピエール・ド　Aubusson, Pierre d'　7.13没、80歳。1423生。フランスの聖職者。
ダールベルク、ヨハネス・フォン　Dalberg, Johann von　7.27没、47歳。1455（㊗1445）生。ドイツの貴族。
アレクサンデル6世　Alexander VI　8.18没、72歳。1431生。教皇（在位1492～1503）。
ピウス3世　Pius III　10.18没、64歳。1439生。教皇（在位1503.9.～10.）。
メッケネム、イスラエル・ファン　Meckenem, Israhel van　11.10没、53？歳。1450（㊗1445頃）生。ドイツの銅版画家。
ストゥーレ、ステン（大）　Sture, Sten Gustafsson　12.14没、63歳。1440生。スウェーデンの貴族、政治家。
[この年] アウィツトル　Ahuizotl　テノチティトラン・アステカ族8代目の王（在位1486～1502）。
アルブレヒト4世（バイエルンの）　Albrecht IV, der Weise　11.10没、53？歳。1447生。バイエルン大公。
エリザベス・ヨーク　Elizabeth of York　38歳。1465生。イギリス国王エドワード4世の王女。
ズルガント、ヨーハン・ウルリヒ　Surgant, Johann Ulrich　53歳。1450生。スイスのバーゼルのカトリック実践神学者。
曺偉　49歳。1454生。朝鮮、李朝初期の学者。
ハムディー　Hamdî　54歳。1449生。オスマン朝トルコの詩人、神秘主義者。
ブレーニョ、アンドレーア　Bregno, Andrea　85？歳。1418生。イタリアの建築家、彫刻家。
ボルジア、ロドリーゴ　Borgia, Rodrigo　72歳。1431生。スペインの貴族、教皇（アレクサンデル6世、在位92～03）。
メディチ、ピエロ2世　Medici, Piero II　32歳。1471生。ルネサンス期フィレンツェの大金融業者。
ワーグマーケレ、ヘンンマン　Waghemakere, Herman　73？歳。1430生。フランドルの建築家。

[この頃] ジャムヤン・レクパ・チョエジョル　Jam dbyangs legs pa chos 'byor　74？歳。1429生。チベットのゲール派仏教者。
ポンターノ、ジョヴァンニ　Pontano, Giovanni　74歳。1429（㊗1425頃）生。イタリアの詩人、人文主義者、政治家。
ロレンツォ・ディ・アレッサンドロ　Lorenzo di Alessandro　イタリアの画家。

1504年

9.08　ミケランジェロがダビデ像を完成する
＊　＊　＊
ベルゲテ、ペドロ　Berruguete, Pedro　1.6？（㊗1503頃）没、54？歳。1450生。スペインの画家。
リッピ、フィリッピーノ　Lippi, Filippino　4.18没、46？歳。1458（㊗1457頃）生。イタリアの画家。
コドゥッチ、マウロ　Coducci, Mauro　4.？没、64？歳。1440生。イタリアの建築家。
コッレヌッチョ、パンドルフォ　Collenuccio, Pandolfo　6.11没、60歳。1444生。イタリアの人文主義者。
ホウルト、ジョン　Holt, John　6.14？没。イングランドのラテン語学者。
シュテファン　Stephen, the Great　8.2没、71？歳。1433（㊗1435頃）生。モルダビアの総督、シュテファン3世（在位1457～1504）。
ヴェーヘ（テン・ルー）、ヨハネス　Veghe (Ten Loe), Johannes　9.21没、73？歳。1431生。オランダの神学者。
イサベル1世　Isabel I, la Católica　11.26没、53歳。1451生。カスティリア女王（在位1474～1504）。
ゲンナージイ（ノーヴゴロドの）　Gennadij (Novgorod)　12.4没。ロシア正教会のモスクヴァの修道院長、聖人。
スキアヴォーネ、ジョルジョ　Schiavone, Giorgio　12.6没、71？歳。1433（㊗1436頃）生。イタリアの画家。
ベルトルト（ヘンネベルクの）　Berthold von Henneberg　12.21没、62歳。1442生。ドイツのマインツ大司教、選帝侯。
[この年] 金宏弼　50歳。1454生。朝鮮、李朝の学者。
呉寛　69歳。1435生。中国、明代中期の文人。
スペランディーオ・ダ・マントヴァ　Sperandio da Mantova　79？歳。1425生。イタリアの彫刻家、メダル制作家。
成俔　65歳。1439生。朝鮮の学者。
鄭汝昌　54歳。1450生。朝鮮、李朝の文臣、学者。
ノヴァーラ　Novara, Domenico Maria (da)　50歳。1454生。ボローニャ大学の天文学・数学教授。

16世紀　　　　　　　　　　　　　　　　　　　　1506

モントルファノ, ジョヴァンニ・ドナート・ダ　Montorfano, Giovanni Donato da　64？歳。1440生。イタリアの画家。

ワルター　Walter, Bernhard　74歳。1430生。ドイツの天文学者。

[この頃] アレッシ, アンドレーア　Alessi, Andrea　79？歳。1425生。イタリアの建築家, 彫刻家。

カンディダ, ジョヴァンニ　Candida, Giovenni　54？歳。1450生。イタリアのメダル制作家, 政治家。

コタ, ロドリゴ・デ　Cota, Rodrigo de　スペインの詩人。

バルダッサッレ・デステ　Baldassarre d'Este　61？歳。1443生。イタリアの画家, メダル作家。

マッツォーラ, フィリッポ　Mazzola, Filippo　45？歳。1460生。イタリアの画家。

マルミッタ, フランチェスコ　Marmitta, Francesco　55？歳。1450生。イタリアの写本装飾画家, 画家。

[この頃] ヴィヴァリーニ, アルヴィーゼ　Vivarini, Alvise　㊟1503没、59？歳。1446（㊟1445頃）生。イタリアの画家。

カポラーリ, バルトロメーオ　Caporali, Bartolomeo　85？歳。1420生。イタリアの画家, 写本装飾画家。

ペーター・フォン・アンドラウ　Peter von Andlau　85？歳。1420生。ドイツのステンドグラス画家。

マイネーリ, ジャン・フランチェスコ　Maineri, Gian Francesco　イタリアの画家。

1505年

6.19　明で武宗正徳帝が即位する
＊＊＊

エルコレ1世　Ercole I, d'Este　1.25没、73歳。1431生。フェララ公。

ジャンヌ（フランスの, ヴァロワの）　Jeanne (France, Valois)　2.4没、40歳。1464生。フランス王妃, 聖人。

プロディ, レモン　Praudi, Raymond　9.5没、70歳。1435生。フランス出身の枢機卿。

スユーティー　al-Suyūtī, Abū al-Fadl 'Abd at-Rahmān　10.17没、60歳。1445生。エジプトのイスラム学者。

スクリプトーリス, パウル　Scriptoris, Paul　10.21没、55？歳。1450生。ドイツのカトリック神学者。

イヴァン3世　Ivan III, Vasilievich　10.27没、65歳。1440生。モスクワ大公（1462～1505）。

[この年] アーダム・フォン・フルダ　Adam von Fulda　60？歳。1445生。ドイツの作曲家, 評論家。

エンジンガ・エンクウ　Nzinga Nkuwu　最初に洗礼を受けたコンゴ王。

オブレヒト, ヤコプ　Obrecht, Jakob　55？歳。1450（㊟1430頃）生。フランドル楽派の代表的作曲家。

弘治帝　35歳。1470生。中国, 明第10代皇帝（在位1487～1505）。

シュヒリン, ハンス　Schüchlin, Hans　㊟1503頃没、75？歳。1430生。ドイツの画家。

ストロッツィ, ティート・ヴェスパジアーノ　Strozzi, Tito Vespasiano　81歳。1424生。イタリアのフェッラーラ生れの詩人。

ベーブリンガー, マテーウス　Böblinger, Matthäus　ドイツの建築家。

ホセイン・ブン・アリー・ヴァーエズ・カーシェフィー　Husayn Wā'iz Kāshifī　㊟1504没。イランの散文作家。

1506年

12.08　ポーランドでジグムント1世が即位する
＊＊＊

ホサイン・バーイカラー　Husain Bāiqarā　5.5没、70？歳。1436（㊟1438）生。チムール朝最後のイランの支配者（在位1466～1506）。

ブルヒャルト（ブルカルト）, ヨハネス　Burchard (Burckard), Johannes　5.16没、61？歳。1445生。カトリックの歴史家, 典礼学者。

コロンブス, クリストファー　Columbus, Christopher　5.20没、54歳。1451（㊟1446頃）生。イタリアの航海者。

アグリコラ, アレクサンダー　Agricola, Alexander　8.？没、60歳。1446生。オケゲム派作曲家。

マンテーニャ, アンドレア　Mantegna, Andrea　9.13没、75？歳。1431（㊟1430頃）生。イタリアの画家。

フェリペ1世　Felipe I el Hermoso　9.25没、28歳。1478生。カスティリア王（在位1504～06）。

アブドゥル・ガフール・ラーリー　'Abdu'l-Ghafūr Lārī, Mullā　12.21没。イランのティムール朝後期の詩人。

[この年] 燕山君　30歳。1476（㊟1471）生。朝鮮, 李朝の第10代王（在位1495～1506）。

ドルチェブオーノ, ジャン・ジャーコモ　Dolcebuono, Gian Giacomo　66？歳。1440生。イタリアの建築家, 彫刻家。

メッザストリス, ピエル・アントーニオ　Mezzastris, Pier Antonio　76歳。1430生。イタリアの画家。

[この頃] ガリエーゴ, フェルナンド　Gallego, Fernando　㊟1507没、66？歳。1440生。スペインの画家。

人物物故大年表 外国人編　287

1507年

9.21　明の武宗正徳帝が宮中に豹房を作らせる

＊＊＊

ロッセッリ，コージモ　Rosselli, Cosimo di Lorenzo Filippi　1.7没、68歳。1439生。イタリアの画家。

ベリーニ，ジェンティーレ　Bellini, Gentile　2.20没、78？歳。1429生。イタリアの画家。

ボルジア，チェーザレ　Borgia, Cesare　3.12没、31？歳。1476（[異]1475）生。イタリアの政治家。

聖フランチェスコ（パオラの）　Francesco of Paola, St.　4.2没、91？歳。1416生。イタリアのフランシスコ会士，聖人。

タラベラ，エルナンド・デ　Talavera, Hernando de John　5.14没、79歳。1428生。スペインのヘロニモ会士。

ベハイム，マルティン　Behaim, Martin　7.29（[異]1506）没、58歳。1449（[異]1459頃）生。ドイツの航海者，地理学者。

モリネ，ジャン　Molinet, Jean　8.23没、72歳。1435生。フランスの年代記作家，詩人。

[この年] **アーメッド**　Ahmed　土魯蕃（とうるはん）の王。

フリューアウフ，リューラント（父）　Frueauf, Rueland der Ältere　62？歳。1445（[異]1440頃）生。ドイツの画家。

マッテーオ・ダ・グアルド　Matteo da Gualdo　72？歳。1435生。イタリアの画家。

ミーラク・ナカーシュ　Mirak Naqqash　ペルシアのヘルート派の画家。

[この頃] **ドメーニコ・ダ・トルメッツォ**　Domenico da Tolmezzo　59？歳。1448生。イタリアの画家，彫刻家。

ロイ，ハンス（父）　Leu der Ältere, Hans　47？歳。1460生。スイスの画家。

1508年

2.04　マクシミリアン1世が戴冠される
12.10　カンブレー同盟が結成される

＊＊＊

ツェルティス（ツェルテス），コンラート　Celtis, Konrad　2.4没、49歳。1459生。ドイツの人文主義者，ラテン語詩人。

スフォルツァ，ルドヴィーコ　Sforza, Lodovico　5.27（[異]1510）没、57歳。1451（[異]1452）生。ミラノ公。

呉偉　6.13没、49歳。1459生。中国，明の画家。

クローナカ　Cronaca, Il　9.27（[異]1509）没、50歳。1457生。イタリア，ルネサンス期の建築家。

クラフト，アダム　Kraft, Adam　12.13？（[異]1509）没、48？歳。1460（[異]1450頃）生。ドイツの彫刻家。

[この年] **アバルバネル，イザーク・ベン・ジェウーダ**　Abrabanel, Isaac　71歳。1437生。ユダヤ人の政治家，哲学者，神学者，注解者。

王恕　92歳。1416生。中国，明の政治家。

サンタクローチェ，フランチェスコ・ディ・シモーネ　Santacroce, Francesco di Simone　イタリアの画家。

デル・タッソ，ドメーニコ　Del Tasso, Domenico　68歳。1440生。イタリアのインターリォ（装飾彫り）作家。

ニル・ソルスキー　Nilus Sorskii　75？歳。1433生。ロシアの神秘家，聖人。

ヘンリソン，ロバート　Henryson, Robert　[異]1506？没、83？歳。1425（[異]1424？）生。スコットランドのチョーサー派詩人。

プレディス，アンブロージオ　Predis, Giovanni Ambrogio de　[異]1505没、53？歳。1455（[異]1450頃）生。イタリアの画家。

マルシヤル・ドーヴェルニュ　Martial d'Auvergne　78？歳。1430生。フランスの作家。

1509年

4.01　カンブレー同盟がヴェネツィアに宣戦する
4.22　イングランドでヘンリー8世が即位する

＊＊＊

ヘンリー7世　Henry VII　4.21没、52歳。1457生。チューダー朝初代のイングランド王（在位1485〜1509）。

ノートケ，ベルント　Notke, Bernt　5.12？（[異]1508頃）没、69？歳。1440（[異]1430頃）生。ドイツの画家，彫刻家。

沈周　8.2没、81歳。1427（[異]1426）生。中国，明の画家，文学者。

[この年] **ザイファー**　Seyfer, Hans　49？歳。1460生。ドイツの彫刻家。

ジョヴァンニ・ダルマタ　Giovanni Dalmata　69？歳。1440生。イタリアの彫刻家。

ネジャーティー・ベイ　Necâtî Bey　オスマン朝トルコの詩人。

ハメール，アラート・ドゥ　Hameel, Alart du　60？歳。1449生。ベルギーの建築長。

ボーフォート，レイディ・マーガレット，リッチモンド伯爵夫人　Beaufort, *Lady* Margaret, Countess of Richmond　66歳。1443生。イングランド王ヘンリー7世の母。

ヤーコポ・ダ・ヴァレンツァ Iacopo da Valenza 24歳。1485生。イタリアの画家。

ラジビル，ミコワイ1世 Radziwill ウィルノの領主。

[この頃] **スパヴェント，ジョルジョ** Spavento, Giorgio イタリアの建築家。

バウド，ルーカ Baudo, Luca 49？歳。1460生。イタリアの画家。

1510年

11.23 明で劉六・劉七の乱が起こる

＊＊＊

ナウクレールス，ヨハネス Nauclerus, Johannes 1.5没、85歳。1425([異]1430頃)生。ドイツの人文主義者，歴史家。

ビアンキ・フェッラーリ，フランチェスコ Bianchi-Ferrari, Francesco 2.8没、50？歳。1460([異]1457頃)生。イタリアの画家。

コサ Cosa, Juan de la 2.28没、50？歳。1460生。スペインの航海者。

アルメイダ，フランシスコ・デ Almeida, Francisco de 3.1([異]1515)没、60？歳。1450生。ポルトガル領インド初代総督。

ガイラー・フォン・カイザースベルク，ヨハネス Geiler von Kayserberg, Johann 3.10没、64歳。1445生。ドイツの民衆的説教者。

ボッティチェリ，サンドロ Botticelli, Sandro 5.17没、65歳。1445([異]1444頃)生。イタリアの画家。

アリエンティ，ジョヴァンニ・サバディーノ・デッリ Arienti, Giovanni Sabadino degli 6.3没、65？歳。1445生。イタリアの文人。

コルナーロ Cornaro, Caterina 7.10没、56歳。1454生。キプロスの女王。

エンプソン Empson, *Sir* Richard 8.17？没。イングランドの政治家。

ダッドリ Dudley, Edmund 8.17？没、48？歳。1462生。イギリスの政治家。

カタリーナ(ジェーノヴァの) Catharina de Genova 9.15没、63歳。1447生。イタリアの神秘家，聖女。

スタンブリジ，ジョン Stanbrige, John 9.？没。イングランドのラテン語学者。

ジョルジョーネ Giorgione da Castelfranco 10.？没、32？歳。1478([異]1477頃)生。イタリアの画家。

ロブコヴィツ Lobkowicz Buhuslaw von Hassenstein 11.11没、50？歳。1460生。ボヘミアの人文主義者。

シスネーロス，ガルシア・デ Cisneros, García de 11.27没、55？歳。1455生。スペインのベネディクト会修道院長。

シャイバーニー Shaibānī Ḵẖān, Abū'l-Fatḥ Muḥammad 12.2没、59歳。1451生。ウズベク汗国の創立者。

[この年] **安化王朱寘鐇** 中国，明中期の王族。

アンボワーズ，ジョルジュ・ド Amboise, Georges d' 50歳。1460生。フランスの聖職者，政治家。

コキヤール，ギヨーム Coquillart, Guillaume 60？歳。1450生。フランスの詩人。

チヴィターリ，マッテーオ Civitali, Matteo [異]1501没、75歳。1435([異]1436)生。イタリアの建築家，彫刻家。

馬文升 84歳。1426生。中国，明代中期の政治家。

マクリーノ・ダルバ Macrino d'Alba 40？歳。1470生。イタリアの画家。

ユースフ・アーディル・シャー(ユースフ・アーディ・カーン・ザヴァーイー) Yūsuf 'Ādil Shāh インドのデッカンのビージャープル王国の創始者。

劉瑾 中国，明中期の宦官。

[この頃] **アルバレス，フアン** Álvarez Gato, Juan 70？歳。1440生。スペインの詩人。

ザガネッリ，ベルナルディーノ Zaganelli, Bernardino 50？歳。1460生。イタリアの画家。

ジャンフランチェスコ・ダ・トルメッゾ Gianfrancesco da Tolmezzo 60？歳。1450生。イタリアの画家。

タントン・ギェルポ Thang stong rgyal po 125？歳。1385？生。チベットのニンマ派仏教者。

ロンディネッリ，ニッコロ Rondinelli, Niccolò 60？歳。1450生。イタリアの画家。

1511年

8.10 ポルトガルがマラッカを征服する

＊＊＊

パルツ，ヨーハン・フォン Paltz, Johann(Jeuser, Genser) von 3.13没、66？歳。1445生。ドイツの神学者，アウグスティヌス会士でルターの師。

コミーヌ，フィリップ・ド Comines, Philippe de la Clite de, Sieur d'Argenton 10.18([異]1509)没、66歳。1445([異]1447頃)生。フランスの政治家，歴史家。

ティンクトリス，ヨハンネス Tinctoris, Johannes 11.2没、76？歳。1435([異]1436頃)生。音楽理論家，作曲家。

マハムード・シャー・ベーガラー Maḥmūd Shāh Begarhā, Abū'l Faṭh Ḵẖān 11.23没、66？歳。1445生。インドのグジャラート第6代の王(1458〜1511)。

カレピーノ，アンブロージョ Calepino, Ambrogio 11.30没、76歳。1435生。イタリアの辞書編集者，アウグスティノ会修道士。

カルコンデュレス，デーメートリウス Chalcondylas, Demetrius 87？歳。1424(㊟1423)生。ギリシアの人文主義者。
徐禎卿 32歳。1479生。中国，明の文学者。
ガジーニ，エーリア Gagini, Elia イタリアの彫刻家，建築家。
フェヴァン，アントワーヌ・ド Févin, Antoine de 41？歳。1470生。フランスの作曲家。

1512年

7.24 スペインがナバラ王国を併合する
この年 システィナ礼拝堂の天井画を完成する
＊＊＊
ヴェスプッチ，アメリゴ Vespucci, Amerigo 2.22没，58歳。1454(㊟1451)生。イタリアの探検家，地理学者。
アキリニ Achillini, Alessandro 8.2没，48歳。1463生。ルネサンス期イタリアの哲学者，医師。
アンゲルス Angelus(Engel), Johannes 59歳。1453生。天文学者。
ケルデルマンス，アントーン Keldermans, Antoon 62？歳。1450生。フランドルの建築家，彫刻家。
コロンブ，ミシェル Colombe, Michael 82？歳。1430生。フランスの彫刻家。
ジャンクリストーフォロ・ロマーノ Giancristoforo Romano 42？歳。1470生。イタリアの彫刻家，金銀細工師，建築家。
バスティアーニ，ラッザロ Bastiani, Lazzaro 82？歳。1430生。イタリアの画家。
バヤズィト2世 Bayazit II 66？歳。1446(㊟1447)生。オスマン・トルコ帝国のスルタン。
フォワ，ガストン Foix, Gaston 23歳。1489生。フランスの貴族，軍人。
アンドレーア・ディ・ニッコロ Andrea di Niccolò 72？歳。1440生。イタリアの画家。
ブルンシュウィッヒ Brunschwig, Hieronimus ㊟1534没，62？歳。1450生。シュトラスブルク出身のドイツの外科医。
マッソーネ，ジョヴァンニ Massone, Giovanni 79？歳。1433生。イタリアの画家。
モンテシノ，アンブロシオ・デ Montesino, Fray Ambrosio de 64？歳。1448生。スペインの詩人，聖職者。

1513年

3.09 レオ10世がローマ教皇に即位する

4.18 ポンセ・デ・レオンがフロリダ半島に上陸
9.29 バルボアがパナマ地峡を横断し太平洋到達
＊＊＊
ユリウス2世 Julius II, Giuliano Della Rovere 2.21没，69歳。1443(㊟1445)生。教皇(在位1503～13)。
オウファイリ，モリス O'Fihely, Maurice 3.25没，53？歳。1460生。アイルランドのスコトゥス学派のコンヴェントゥアル修道会士，大司教。
朱存理 7.25没，69歳。1444生。中国，明代中期の賞鑑家。
ジェームズ4世(スコットランド王) James IV 9.9没，40歳。1473生。スコットランド王(在位1488～1513年)。
マイナルディ，セバスティアーノ Mainardi, Sebastiano 9.？没，53？歳。1460(㊟1450頃)生。イタリアの画家。
コーベルガー Koberger, Anton 10.3没，73？歳。1440生。ドイツの印刷者。
ピントリッキオ Pinturicchio 12.11(㊟1517)没，59歳。1454生。イタリアの画家。
エスピナール，アロンソ・デ Espinar, Alonso de アンティル諸島のフランシスコ会宣教師。
フォルツ，ハンス Folz, Hans ㊟1515頃没，73？歳。1440(㊟1450頃)生。ドイツの職匠歌人(マイスタージンガー)。
エスコバル Escobar(Scobar), Pedro スペインの作曲家。
ベラール Vérard, Antoine フランスの出版者。

1514年

8.15 司祭ラス・カサスがインディオ救済訴える
8.23 チャルドランの戦いでオスマン朝が勝利
＊＊＊
アンヌ・ド・ブルターニュ Anne de Bretagne 1.9没，38歳。1476(㊟1477)生。ブルターニュ公フランソア2世の娘。
ブラマンテ，ドナート Bramante, Donato d'Angelo 3.11没，70歳。1444生。イタリアの建築家，画家。
ベインブリジ，クリストファー Bainbridge, Christopher 7.13？没，50？歳。1464生。イギリスのカトリック聖職，ヨーク大司教，枢機卿。
ルチェライ Rucellai, Bernardo 10.7没，65歳。1449生。イタリアの学者．フィレンツェの人。
エルフィンストン，ウィリアム Elphinstone, William 10.25没，83？歳。1431生。スコットランドの司教，大法官。

シェーデル，ハルトマン　Schedel, Hartmann　11.28没，74歳。1440生。ドイツの医者，人文学者。

アマバハ，ヨハネス　Amerbach, Johannes　12.25（㋐1513）没，69？歳。1445（㋐1440頃）生。ドイツの印刷業者。

[この年] スピネリ　Spinelli, Nicolo de Forzore　79歳。1435生。イタリアのメダル彫刻家。

ダグラーテ，アントーニオ・フェッレーリ　d'Agrate, Antonio Ferreri　21歳。1493生。イタリアの彫刻家。

ドージャ　Dózsa, György　39歳。1475生。ハンガリーの貴族出身の軍人。

[この頃] ノートン，トーマス　Norton, Thomas　77？歳。1437生。イギリスの錬金術師。

パチョーリ　Paccioli, Luca　69？歳。1445生。「複製・パチョーリ簿記論」の著者。

プリオリス　Prioris, Johannes　54？歳。1460生。フランドル楽派の作曲家。

1515年

9.13　マリニャーノの戦いでフランソワ1世勝利
＊＊＊
ルイ12世　Louis XII　1.1没，52歳。1462生。フランスの国王（在位1498～1515）。

マヌーツィオ，アルド　Manutius, Aldus　2.6（㋐1512）没，65？歳。1450（㋐1449）生。イタリアの印刷業者，古典学者。

コッツァレッリ，ジャコモ　Cozzarelli, Giacomo　3.23没，61歳。1453生。イタリアの彫刻家。

ジョコンド，フラ・ジョバンニ　Giocondo, Fra Giovanni　7.1没，82？歳。1433生。イタリアの建築家，古典学者。

ヨシフ・ヴォロツキー　Iosif Volockij　9.9没，76歳。1439生。ロシア正教の聖人(克肖者)，教会改革者。

アルベルティネッリ，マリオット　Albertinelli, Mariotto　11.5没，40歳。1474生。イタリアのフィレンツェ派の画家。

ゴンサルボ・デ・コルドバ　Gonzalo de Córdoba, Hernandez　12.2没，72歳。1443（㋐1453）生。スペイン軍の指揮者。

アルブケルケ，アフォンソ・デ　Albuquerque, Affonso de　12.16没，62歳。1453（㋐1456）生。ポルトガル領インド第2代総督。

[この年] アルマン，ジャーク　Almain, Jacques　35？歳。1480生。フランスの神学者。

オヘダ　Ojeda, Alonso de　44？歳。1471（㋐1468？）生。スペインの探検家。

フェルナンデス，マテウス　Fernandes, Mateus　ポルトガルの建築家。

フェルナンデス・デ・コルドバ　Fernández de Córdoba, Gonzalo　62歳。1453生。スペインの軍人。

ベーゲルト，デリック　Baegert, Derick　75？歳。1440生。ドイツの画家。

ピンソン　Pinzon, Francisco Martin　スペインの航海者。

ロンバルド，ピエトロ　Lombardo, Pietro　㋐1516没，80？歳。1435生。イタリアの彫刻家，建築家。

[この頃] カンパニョーラ，ジュリオ　Campagnola, Giulio　33？歳。1482（㋐1481頃）生。イタリアの版画家。

ディヴィティス，アントニウス　Divitis, Antonius　45？歳。1470生。フランドル楽派の作曲家。

フォッパ，ヴィンチェンツォ　Foppa, Vincenzo　㋐1516没，87？歳。1428（㋐1427）生。イタリアの画家。

ブリュメル，アントワーヌ　Brumel, Antoine　㋐1520以降没，55？歳。1460（㋐1475頃）生。ネーデルランドの作曲家。

ピペラーレ　Pipelare, Matthaeus　65？歳。1450生。フランドルの作曲家。

ピルグラム，アントン2世　Pilgram, Anton II　55？歳。1460（㋐1450頃）生。ドイツの建築家，彫刻家。

ペンナッキ，ピエル・マリーア　Pennacchi, Pier Maria　51？歳。1464生。イタリアの画家。

1516年

5.30　スペインでカルロス1世が即位する
12.-　トマス・モアが「ユートピア」を出版する
＊＊＊
フェルナンド5世　Fernando V el Catolico　1.23没，63歳。1452生。スペイン統一を実現した王。

ボルトラッフィオ，ジョヴァンニ・アントーニオ　Boltraffio, Giovanni Antonio　6.15没，49歳。1467（㋐1466頃）生。イタリアの画家。

ボッシュ，ヒエロニュムス　Bosch, Hieronymus　8.9？（㋐1518）没，66？歳。1450（㋐1462頃）生。オランダの画家。

ソリース，フワン・ディアス・デ　Solís, Juan Diaz de　9.4没，46歳。1470生。カスティリャ王国の水先案内人，探険家。

サンガッロ，ジュリアーノ・ダ　Sangallo, Giuliano da　10.20（㋐1519）没，71歳。1445（㋐1443頃）生。イタリアの建築家。

ベリーニ，ジョヴァンニ　Bellini, Giovanni　11.29没，86？歳。1430（㋐1426頃）生。イタリアの画家。

トリテミウス(トリタイム)，ヨハネス　Tritheim, Johannes　12.13没，54歳。1462生。ドイツの人文学者，聖職者。

ブーツバハ，ヨハネス　Butzbach, Johannes　12.29没，38歳。1478生。ドイツの人文主義者。

この年　イタルス，フランシスクス　Italus, Franciscus　ポーランドの建築家。

ヴラディスラフ1世　Wladislaw I　60歳。1456生。ベーメン王（在位1471～1516）。

ガウリー　al-Ghawrī, Qānṣawh　86？歳。1430生。エジプトのブルジー・マムルーク朝第22代スルタン（在位1500～16）。

スパニョーリ，バッティスタ　Spagnoli, Giovan Battista　69歳。1447生。イタリアの人文主義者，詩人。

デーヴィ，リチャード　Davy, Richard　49歳。1467生。イギリスの作曲家。

デル・タッソ，クレメンテ　Del Tasso, Clemente　86歳。1430生。イタリアのインターリォ（装飾彫り）作家。

フンガイ，ベルナルディーノ　Fungai, Bernardino　56歳。1460生。イタリアの画家。

ベルトゥッチ，ジョヴァンニ・バッティスタ　Bertucci, Giovanni Battista　51？歳。1465生。イタリアの画家。

李東陽　69歳。1447生。中国，明の文学者。

劉大夏　80歳。1436生。中国，明代の政治家。

ロッセッティ，ビアジョ　Rossetti, Biagio　69？歳。1447生。イタリアの建築家，都市計画家。

この頃　アントーニオ・デル・マッサーロ　Antonio del Massaro　66？歳。1450生。イタリアの画家。

バルバーリ，ヤコポ・デ　Barbari, Jacopo de'　41？歳。1475（㊥1440頃）生。イタリアの画家，版画家。

フィリッピ（ペーデラー），ヤコーブス　Philippi (Paederer), Jakobus　81？歳。1435生。ドイツ出身の，スイスのカトリック司祭。

ロンバルド，アントーニオ　Lombardo, Antonio　58？歳。1458生。イタリアの彫刻家，建築家。

1517年

1.22　オスマン朝軍がエジプトに侵攻する
1.-　王守仁（王陽明）が十家牌法の制度を施行
2.15　オスマン朝のセリム1世がカイロに入城
10.31　ルターが95箇条の提題を呼びかける
10.-　ポルトガル使節トメ・ピレスが広州に上陸

＊＊＊

フランチャ　Francia, Francesco　1.5没，67歳。1450（㊥1460頃）生。イタリアの画家，金工家。

フィッシャー，ヘルマン　Vischer, Herman der Jüngere　2.11？没，31？歳。1486生。ドイツの彫刻家。

イザーク，ヘンリクス　Isaac, Heinrich　3.26没，67歳。1450生。フランドル楽派の作曲家。

アンモーニウス，アンドレーアス　Ammonius, Andreas　8.16没，39歳。1478生。イタリア出身の人文主義者。

コネリアーノ　Conegliano, Giovanni Battista da　9.3没，58？歳。1459生。イタリアの歴史画家。

ムルメリウス，ヨハネス　Murmellius, Johann　10.2没，37歳。1480生。オランダの修道院長。

バルトロメオ，フラ　Bartolommeo, Fra　10.31没，45歳。1472（㊥1475）生。イタリアの画家。

ヒメネス・デ・シズネロ，フランシスコ　Ximenes de Cisneros, Francisco　11.8没，81歳。1436生。スペインの政治家，フランシスコ修道会士。

シカンダル・ローディー　Sikandar Lodī　11.21没。インド，ローディー朝の第2代の王（在位1489～1517）。

この年　ガジーニ，ジョヴァンニ　Gagini, Giovanni　イタリアの彫刻家，建築家。

ガルバウン　Galvão, Durante　72歳。1445生。ポルトガルの歴史家，政治家。

コッツァレッリ，グイドッチョ　Cozzarelli, Guidoccio　67歳。1450生。イタリアの画家，写本装飾画家。

タクシス　Taxis, Franz von　57？歳。1460（㊥1450）生。イタリアの貴族。

トロンベッタ（トゥベタ），アントーニオ　Trombetta (Tubeta), Antonio　81歳。1436生。イタリアのフランシスコ会の哲学者，神学者。

バリーリ，アントーニオ・ディ・ネーリ　Barili, Antonio di Neri　64歳。1453生。イタリアの建築家，木彫家，インターリォ（装飾彫り）作家。

ムスルス，マルクス　Musurus, Marcus　47？歳。1470生。ギリシアの学者。

この頃　アッタヴァンティ，アッタヴァンテ・デッリ　Attavanti, Attavante degli　65？歳。1452生。イタリアの写本装飾画家。

ヴァルテーマ，ルドヴィコ・ディ　Varthema, Ludovico di　47？歳。1470生。イタリアの旅行家，探検家。

モローネ，ドメーニコ　Morone, Domenico　75？歳。1442生。イタリアの画家。

1518年

10.12　教皇使節カエタヌスがルターの審問を行う
＊＊＊

コンペール，ロワゼ　Compère, Loyset　8.16没，73？歳。1445（㊥1450頃）生。フランドル楽派の作曲家。

ラ・リュー，ピエール・ド　La Rue, Pierre de　11.20没，58？歳。1460生。ネーデルラントの作曲家。

16世紀　1520

[この年] アルージュ　'Arūj　44？歳。1474生。トルコの海賊。

グラッサー　Grasser, Erasmus　㋇1526頃没、68？歳。1450生。ドイツの彫刻家。

シィン・マハーティラウンタ　Shin Mahathilawuntha　65歳。1453生。ビルマ、インワ朝時代の作家。

ツァイトブローム、バルトロメーウス　Zeitblom, Bartholomäus　68？歳。1450（㋇1455頃）生。ドイツの画家。

フサインシャー　Husain Shāh, 'Alā al-Dīn　インドのベンガル地方のイスラム君主（在位1493～1518）。

ベーベル、ハインリヒ　Bebel, Heinrich　46歳。1472生。ドイツの人文主義文学者、詩人。

ベンヴェヌート・ディ・ジョヴァンニ　Benvenuto di Giovanni　82歳。1436生。イタリアの画家、写本装飾画家。

パッセリ、アンドレーア　Passeri, Andrea　30歳。1488生。イタリアの画家、彫刻家。

マッツォーニ、グイード　Mazzoni, Guido　68？歳。1450生。イタリアの彫刻家。

[この頃] オバンドー　Ovando, Nicolás de　58？歳。1460生。スペイン領アメリカ植民地総督（1502～09）。

ガスパール・ファン・ヴェールベケ　Gaspar van Weerbeke　73？歳。1445生。フランドル楽派の作曲家。

フリース、ハンス　Fries, Hans　㋇1520頃没、53？歳。1465（㋇1460頃）生。スイスの画家。

1519年

5.15　ハイレッディンがオスマン朝に帰順する
6.28　カール5世が神聖ローマ帝国皇帝に選出
7.10　江西省の寧王宸濠が反乱を起こす
9.20　マゼランが世界一周航海に出発する
　　　　　＊　＊　＊
マクシミリアン1世　Maximilian I　1.12没、59歳。1459生。ドイツ王（在位1486～1519）、神聖ローマ皇帝（在位1493～1519）。

バルボア、バスコ・ヌニェス・デ　Balboa, Vasco Núñez de　1.？（㋇1517）没、44歳。1475生。スペインの冒険家。

レオナルド・ダ・ヴィンチ　Leonardo da Vinci　5.2没、67歳。1452生。イタリアの画家、彫刻家、建築家、科学者。

ボルジア、ルクレツィア　Borgia, Lucrezia　6.24没、39歳。1480生。ロドリーゴ・ボルジア（教皇アレクサンデル6世）の娘。

オウルダム、ヒュー　Oldham, Hugh　6.25没。イングランドのローマ・カトリック教会司教。

ヴィルト、ヴィーガント　Wirt, Wigand　6.30没、59歳。1460生。ドイツのドミニコ会神学者。

テッツェル、ヨハン　Tetzel, Johann　8.11（㋇1529）没、54？歳。1465生。ドイツのドミニコ会士。

コレット、ジョン　Colet, John　9.16没、52歳。1467（㋇1466頃）生。イギリスの聖職者。

バックオッフェン、ハンス　Backoffen, Hans　9.21没、69？歳。1450（㋇1460頃）生。ドイツの彫刻家。

グロウシン、ウィリアム　Grocyn, William　10.？没、73？歳。1446生。イギリスの人文主義者。

ヴォルゲムート、ミヒェル　Wolgemut, Michael　11.30没、85歳。1434（㋇1433頃）生。ドイツの画家。

フランデス、ホアン・デ　Flandes, Juan de　12.16没、54？歳。1465生。フランドル出身のスペインの画家。

趙光祖　12.20没、37歳。1482生。朝鮮、李朝の学者、文臣。

[この年] ゴンザーガ、フランチェスコ2世　Gonzaga, Francesco II　53歳。1466生。イタリアの貴族。

ジェラール　Celâl　小アジアの農民蜂起の指導者。

ジョフル　Joest, Jan　39？歳。1480？生。オランダの画家。

トルートフェッター、ヨドークス　Trutvetter, Jodocus　59？歳。1460生。ドイツの唯名論者。

ファンチェッリ、ドメーニコ　Fancelli, Domenico　50歳。1469生。イタリアの彫刻家。

フィガーニー・シーラーズィー　Fighānī Shīrāzī, Bābā　イランにおけるサファヴィー朝初期の古典派詩人。

ベニング、アレクサンドル　Bening, Alexandre　フランドルの写本装飾画家。

ボンシニョーレ、フランチェスコ　Bonsignori, Francesco　64？歳。1455生。イタリアの画家。

ランゲン（ランギウス）、ルードルフ・フォン　Langen（Langius）, Rudolf von　81歳。1438生。ドイツの人文主義者、司祭。

[この頃] カッラーリ、バルダッサッレ　Carrari, Baldassarre　59？歳。1460生。イタリアの画家。

ホルバイン、アンブロジウス　Holbein, Ambrosius　㋇1520没、25？歳。1494生。ドイツの画家。

1520年

9.30　オスマン朝でスレイマン1世が即位する
　　　　　＊　＊　＊
ラファエルロ、サンティ（サンツィオ）　Raffaello Santi　4.6没、37歳。1483生。イタリアの画家。

セーセル、クロード・ド　Seyssel, Claude de　5.31没、70？歳。1450生。フランスの政治家、歴史家。

人物物故大年表 外国人編　293

1521 　　　　　16世紀

モンテスマ2世　Montezuma II　6.30没、54歳。1466（㋲1480頃）生。アステカ王国最後の王（在位1502〜20）。

セリム1世　Selim I Yâvuz　9.22没、53歳。1467（㋲1470）生。オスマン・トルコ帝国第9代のスルタン（在位1512〜20）。

ビッビエーナ　Bibbiena　11.9没、50歳。1470生。イタリアの劇作家。

ハーティフィー　Hātifī　12.?没。イランの詩人。

[この年] ウィンチコム　Winchcombe, John　イギリスの大織元。

エステ、イッポリト1世　Este, Ippolito I　41歳。1479生。イタリアの貴族。

オルドーニェス、バルトロメ　Ordóñez, Bartolomé　スペインの彫刻家。

金浄　34歳。1486生。朝鮮、李朝の政治家。

宸濠（寧王）　中国、明代の王族。

ストゥーレ、ステン（小）　Sture, Sten the Younger　27?歳。1493（㋲1492）生。スウェーデンの大貴族、摂政（1512〜20）。

デ・プレーディス、ジョヴァンニ・アンブロージョ　De Predis, Giovanni Ambrogio　65?歳。1455生。イタリアの画家、写本装飾画家。

トラウト、ヴォルフ　Traut, Wolf　34?歳。1486生。ドイツの画家、版画下絵師。

[この頃] カブラル、ペドロ・アルヴァレス　Cabral, Pedro Álvarez　㋲1518頃没、53?歳。1467（㋲1460）生。ポルトガルの航海者。

ソラーリオ、アンドレーア　Solari, Andrea　㋲1524没、62?歳。1458（㋲1473頃）生。イタリアの画家。

ダンバー、ウィリアム　Dunbar, William　㋲1513?没、60?歳。1460（㋲1456?）生。スコットランド最大のチョーサー派詩人。

パチョーリ、フラ・ルーカ　Pacioli, Luca　㋲1517没、70?歳。1450（㋲1445）生。イタリアの数学者、フランシスコ会修道士。

ボーテ　Bote, Hermann　ドイツの著述家。

ライヒリヒ、マルクス　Reichlich, Marx　60?歳。1460生。オーストリアの画家。

レナー　Rener, Adam　35?歳。1485生。フランドルの作曲家。

1521年

6.01　明で大礼の議が起こる
6.-　カール5世がイタリア遠征を開始する
8.13　スペイン軍がアステカ帝国を滅ぼす

8.28　カール5世がルターを帝国追放刑に処する
　　　　　　＊　＊　＊

パディリャ、フアン・デ　Padilla, Juan López de　4.24没、31?歳。1490生。スペインの革命家。

マゼラン、フェルディナンド　Magellan, Ferdinand　4.27没、41?歳。1480生。ポルトガルの航海者。

バルボサ　Barbosa, Durte (Odrado)　5.1没、41?歳。1480生。ポルトガルの航海家。

ブラント、セバスティアン　Brant, Sebastian　5.10没、63歳。1458（㋲1457）生。ドイツの詩人、法律家。

ブールディション、ジャン　Bourdichon, Jean　7.29没、64?歳。1457生。フランスの画家。

ジョスカン・デプレ　Josquin des Prés　8.27没、81歳。1440（㋲1450頃）生。フランドル楽派最大の作曲家。

フェアファクス、ロバート　Fayrfax, Robert　10.24没、57歳。1464生。イギリスの作曲家。

レオ10世　Leo X　12.1没、45歳。1475生。教皇（在位1513〜21）。

マヌエル1世　Manuel I　12.13没、52歳。1469生。ポルトガル王（在位1495〜1521）。

[この年] 何景明　㋲1522没、38歳。1483（㋲1484）生。中国、明の文学者。

カゼック、クリストーフォロ　Caselli, Cristoforo　60歳。1461生。イタリアの画家。

江彬　中国、明中期の官僚。

正徳帝（明）　30歳。1491生。中国、明の第11代皇帝（在位1506〜21）。

ブリオーニ、ベネデット　Buglioni, Benedetto　60歳。1461生。イタリアの彫刻家。

ポイニングズ、サー・エドワード　Poynings, Sir Edward　62歳。1459生。イギリスの軍人、外交官。

ポンセ・デ・レオン、フアン　Ponce de León, Juan　61歳。1460（㋲1474?）生。スペインの探検家。

ヤン・ファン・ルーメ　Jan van Roome　23歳。1498生。フランドルの画家。

[この頃] アバルバネル、ユダ　Abarbanel, Judah　61?歳。1460生。スペインのユダヤ系著述家。

アロンソ（アルフォンソ）・デ・マドリード　Alonso (Alfonso) de Madrid　46?歳。1475生。スペインのフランシスコ会士、霊の著述家。

ヴァルトゼーミュラー、マルティン　Waldseemüller, Martin　㋲1518頃没、51?歳。1470（㋲1475頃）生。ドイツの人文学者、地図製作者。

ピエロ・ディ・コジモ　Piero di Cosimo　59?歳。1462（㋲1461頃）生。イタリアの画家。

1522年

3.08　ハドリアヌス6世がローマ教皇に即位する
9.08　マゼランの船がセビリアの港に帰着する
9.-　ルターが新約聖書のドイツ語訳を完成する
12.20　ロードス島騎士がオスマン朝に降伏する

＊＊＊

リリー，ウィリアム　Lily, William　2.25没、54？歳。1468生。イギリスの古典学者，文法学者。

ガフォーリ，フランキーノ　Gafori, Franchino（Gaffurius, Franchius）6.24没、71歳。1451生。イタリアの音楽理論家，作曲家。

ロイヒリン，ヨハネス　Reuchlin, Johann　6.30没、67歳。1455生。ドイツの代表的な人文学者，法律学者，詩人，古典語学者。

アマデオ，ジョヴァンニ・アントニオ　Amadeo, Giovanni Antonio　8.27没、75歳。1447生。イタリア・ルネサンスの建築家，彫刻家。

ダグラス，ギャヴィン　Douglas, Gavin　9.？没、48？歳。1474（[異]1475？）生。スコットランドの詩人，聖職者。

ムトン，ジャン・ド・オルイーグ　Mouton, Jean de Hollingue　10.30没、63歳。1459生。フランスの作曲家。

アンヌ・ド・フランス　Anne de France　11.14没、62？歳。1460生。フランス王ルイ11世の長女。

クルムバッハ，ハンス・ジュース・フォン　Kulmbach, Hans Süßvon　11.29？没、47？歳。1475（[異]1480頃）生。ドイツの画家。

アストン，ヒュー　Aston, Hugh　12.？（[異]1558？）没、42？歳。1480（[異]1485頃）生。イギリスの作曲家，聖職者。

[この年] **ヴィトーニ，ヴェントゥーラ**　Vitoni, Ventura　80歳。1442生。イタリアの建築家。

カヴァッツォーラ　Il Cavazzola　36歳。1486生。イタリアの画家。

シーナー，マテーウス　Schiner, Matthäus　57？歳。1465生。宗教改革期のスイスのカトリック教会政治家。

ネブリハ，エリオ・アントニオ・デ　Nebrija, Elio Antonio de　81？歳。1441生。スペインの人文学者。

ラジビル，ミコワイ2世　Radziwill　52歳。1470生。神聖ローマ帝国の公家を創設。

[この頃] **レオパルディ，アレッサンドロ**　Leopardi, Alessandro　57？歳。1465生。イタリアの彫刻家，建築家。

ロベッタ，クリストーファノ　Robetta, Cristofano　60？歳。1462生。イタリアの彫版師。

1523年

6.06　スウェーデンがデンマークからの独立達成
11.19　クレメンス7世がローマ教皇に即位する
この頃　明で羅貫中の「三国志通俗演義」が刊行

＊＊＊

ペルジーノ，イル　Perugino, Pietro di Cristoforo Vanucci　2.？（[異]1524）没、73？歳。1450（[異]1446）生。イタリアの画家。

ジッキンゲン，フランツ・フォン　Sickingen, Franz von　5.7没、42歳。1481生。ドイツの騎士。

ヴース（ヴォス），ヘンドリク　Voes（Vos）, Hendrik　7.1没。ネーデルラントの最初の福音主義殉教者のひとり。

エッシュ（エッシェン，エッセン），ヨーハン・ヴァン　Esch（Eschen, Essen）, Johann van　7.1没。ベルギーのプロテスタント殉教者。

アンチエタ，フアン・デ　Anchieta, Juan de　7.30没、61歳。1462（[異]1461頃）生。スペインの作曲家。

ダーヴィト，ヘーラルト　David, Gerard　8.13没、63？歳。1460（[異]1450頃）生。フランドルの画家。

フッテン，ウルリヒ・フォン　Hutten, Ulrich von　8.29没、35歳。1488生。ドイツの人文主義者，諷刺詩人，騎士。

ハドリアヌス6世　Hadrianus VI　9.14没、64歳。1459生。唯一のオランダ人教皇（在位1522～23）。

モンターニャ，バルトロメオ　Montagna, Bartolommeo　10.11没、73？歳。1450生。イタリアの画家。

シニョレリ，ルカ　Signorelli, Luca　10.16（[異]1528）没、82？歳。1441（[異]1445頃）生。イタリアの画家。

唐寅　12.2（[異]1559）没、53歳。1470生。中国，明の画家，文学者。

アーデルマン，ベルンハルト　Adelmann, Bernhard　12.16没、64歳。1459生。ドイツの人文主義学者，宗教改革の支持者。

[この年] **コーニッシュ，ウィリアム**　Cornysh, William　58？歳。1465（[異]1468頃）生。イギリスの作曲家，詩人，劇作家，俳優。

プフェファコルン，ヨーハン（ヨハネス）　Pfefferkorn, Johannes　[異]1524頃没、54歳。1469生。ドイツの論争家。

ボーナー　Boner, Hans　60？歳。1463生。ポーランドのドイツ系商人。

[この頃] **アリブランディ，ジローラモ**　Alibrandi, Girolamo　53？歳。1470生。イタリアの画家。

ダウハー，アドルフ　Daucher, Adolf　[異]1524頃没、63？歳。1460生。ドイツの彫刻家。

ブレア，ロドヴィーコ　Brea, Lodovico　[異]1522頃没、73？歳。1450生。イタリアの画家。

ホーズ, スティーヴン　Hawes, Stephen　イギリス、ヘンリー7世の宮廷詩人。
ピーナ　Pina, Rui de　83？歳。1440生。ポルトガルの年代記作家。
プリエリアス, シルヴェステル　Prierias, Sylvester　67？歳。1456生。イタリアのドミニコ会士, 神学者。

1524年

4.17　イタリアのヴェラツァーノがカナダに到着
11.-　フランシスコ・ピサロがパナマ湾から出港
* * *
マルリチ, マルコ　Marulić, Marko　1.6没、73歳。1450生。クロアティアの人文主義者, 詩人, モラリスト。
ヴィアトール　Viator　2.1没、89？歳。1435生。フランスの芸術理論家, 彫刻家。
ジェラルディーニ, アレハンドロ　Geraldini, Alejandro　3.8没。イタリアの人文主義者。
モゼラーヌス, ペトルス　Mosellanus, Petrus　4.19没、31歳。1493生。ドイツの人文主義者, ギリシア語学者。
バヤール, ピエール・デュ・テライユ, 騎士　Bayard, Pierre Terrail, Seigneur de　4.30没、48？歳。1476生(㊞1473頃)。フランスの武将。
イスマーイール1世　Ismā'īl I　5.23没、36歳。1487生。イランのサファビー朝の創始者(在位1501～24年)。
ピレス　Pires, Thomé　5.？没。ポルトガルの薬剤師。
パティニール, ヨアヒム　Patinir, Joachim de　10.5没、39？歳。1485(㊞1495頃)生。フランドルの画家。
リナカー, トマス　Linacre, Thomas　10.21没、64？歳。1460生。イギリスの医師, 古典学者, 人文主義者。
ハインリヒ(チュトフェンの)　Heinrich von Zütphen　12.10没、36歳。1488生。オランダの最初のプロテスタント殉教者。
ヘンドリク(ジュトフェンの)　Hendrik(Zutphen)　12.10没、36？歳。1488生。オランダ出身の宗教改革の初期殉教者。
シュタウピツ, ヨハネス(ヨーハン)・フォン　Staupitz, Johann von　12.28没、64？歳。1460(㊞1469頃)生。ドイツの神学者。
この頃　イブン・イヤース　Ibn Iyās　㊞1522頃没、76歳。1448生。エジプトの歴史家。
洪　洪　1525没。中国, 明の政治家。
サライ, アンドレーア　Salai, Andrea　44？歳。1480生。イタリアの画家。

バイス, コルネリス1世　Buys, Cornelis I　オランダの画家。
ハワード(ノーフォークの)　Howard, Thomas I, 2nd Duke of Norfolk　81歳。1443生。イングランドの名門。
フェルレーリ, ザッカリーア　Ferreri, Zaccaria　45？歳。1479生。イタリアの著述家, 司教。
フーン(ホーニウス), コルネーリウス(コルネーリス), ヘンドリク　Hoen, Cornelius Hendricxz　オランダの法律家。
ベラスケス・デ・クエリャル, ディエゴ　Velazquez, Diego　㊞1522没、59歳。1465生。スペインの軍人, 初代キューバ総督。
ホルバイン, ハンス　Holbein, Hans der Ältere　59？歳。1465(㊞1460頃)生。ドイツの画家。
ペルラン・ル・ヴィアトゥール, ジャン　Pélerin le Viateur, Jean　79歳。1445生。フランスの美術理論家, 司教座聖堂参事会員。
レオニチェノ　Leoniceno, Niccolò　96歳。1428生。イタリアの医師, 古典研究者。
この頃　カリエルギス, ザカリアス　Kalliérgēs, Zacharías　51？歳。1473生。クレタ出身の古典学者, 印刷者。
ケッテンバハ, ハインリヒ・フォン　Kettenbach, Heinrich von　宗教改革期のドイツのフランシスコ会士。
セスト　Sesto, Cesare da　54？歳。1470生。イタリアの画家。
ボッカッチーノ, ボッカッチョ　Boccaccino, Boccaccio　㊞1525没、57？歳。1467(㊞1465頃)生。イタリアの歴史画家。
ボルゴニョーネ　Borgognone, Ambrogio　51？歳。1473生。イタリアの画家。
ピンソン, ビセンテ・ヤニェス　Pinzon, Vicente Yañez　㊞1514没、64？歳。1460(㊞1463)生。スペインの航海者。

1525年

2.24　カール5世がパヴィアでフランス軍を破る
3.06　メンミンゲンで「12箇条綱領」が採択
* * *
デルフィーノ, ピエートロ　Delfino, Pietro　1.16没、81歳。1444生。イタリアのカトリック聖職者。
フランチャビージョ　Franciabigio　1.24(㊞1522)没、43歳。1482(㊞1483頃)生。イタリアの画家。
クアウテモク　Cuauhtemoc　2.26没、30？歳。1495(㊞1496頃)生。アステカ帝国最後の国王。
ルチェッラーイ, ジョヴァンニ　Rucellai, Giovanni　4.3没、49歳。1475生。イタリアの詩人。

16世紀　1526

ギルランダイオ，ダーヴィド　Ghirlandajo, Davide 4.14没、73歳。1452生。イタリアの画家。
ザクセン公フリードリヒ　Friedrich der Weise 5.5(㊙1523)没、62歳。1463生。ザクセン選帝侯。
ライシュ，グレーゴル　Reisch, Gregor 5.9没、58？歳。1467生。ドイツの人文主義者、カルトゥジオ会士。
ポンポナッツィ，ピエートロ　Pomponazzi, Pietro 5.18(㊙1524)没、62歳。1462(㊙1464)生。イタリアの哲学者。
ミュンツァー，トーマス　Münzer, Thomas 5.27没、35歳。1489(㊙1480年代末頃)生。ドイツの急進的宗教改革者、アナバプテスト。
ガイアー，フロリアン　Geyer, Florian 6.10没、35？歳。1490生。ドイツの宗教改革時代の帝国騎士、農民戦争指導者。
ディルクス，ウィレム　Dircksz, Willem 7.10？没。オランダにおける宗教改革最初の殉教者。
デラ・ロッビア，アンドレーア　Robbia, Andrea della 8.4没、89歳。1435生。イタリアの彫刻家、陶芸家。
ピストーリウス，ヨハネス　Pistorius, Johannes 9.25没、26歳。1499生。北オランダ地方宗教改革の最初の殉教者。
ペスカラ　Pescara, Fernando Francisco de Avalos 12.2没、35歳。1490生。ナポリ出身のスペイン系の傭兵隊長。
フッガー，ヤーコプ2世　Fugger, Jacob II 12.30(㊙1522)没、66歳。1459生。ドイツ、アウクスブルクの大商人。
この年 ヴィーティ，ティモーテオ　Viti, Timoteo ㊙1523没、58歳。1467生。イタリアの画家。
ガマ，ヴァスコ・ダ　Gama, Vasco da ㊙1524没、56？歳。1469(㊙1460？)生。ポルトガルの航海者。
グラムマテウス　Grammateus, Heinrich 29歳。1496生。ドイツの数学者、数学教育の著名な活動家。
ゲンゲンバハ，パンフィルス　Gengenbach, Pamphilus 45？。1480生。宗教改革期のバーゼルの作家。
シットウ，ミヒール　Sittow, Michiel 56歳。1469生。フランドルの画家、彫刻家。
常倫　33歳。1492生。中国、明代の文学作家。
ジョヴァンニ・ダ・ヴェローナ　Giovanni da Verona 68？歳。1457生。イタリアの彫刻家、寄木工芸家、木彫家。
宋素卿　中国、明中期の貿易業者。
ロレンツォ　Lorenzo, Fiorenzo di 80？歳。1445生。イタリアの画家。
ワイナ・カパク　Huayna Cápac インカ帝国第11代の皇帝(在位1493～1525)。

この頃 アルテンシュタイク，ヨハネス　Altenstaig, Johannes 45？歳。1480生。ドイツの人文主義者、神学者。
カルパッチョ，ヴィットーレ　Carpaccio, Vittore (㊙1527頃没、65？歳。1460(㊙1472)生。イタリアのベネチア派の画家。
コンティ，ベルナルディーノ・デ　Conti, Bernardino de' 75？歳。1450生。イタリアの画家。
シュリック，アルノルト　Schlick, Arnolt ㊙1521以後没、80？歳。1445(㊙1460頃)生。ドイツの名オルガン奏者、作曲家。
ディアーナ　Diana 65？歳。1460生。イタリアの画家。
トリトニウス　Tritonius, Petrus 60？歳。1465生。オーストリアの作曲家、学者。
ラッファエッリーノ・デル・ガルボ　Raffaellino del Garbo 59？歳。1466生。イタリアの画家。
ルメール・ド・ベルジュ，ジャン　Lemaire de Belges, Jean ㊙1524頃没、52？歳。1473生。ベルギーの詩人。
ロツァー，ゼバスティアン　Lotzer, Sebastian 35？歳。1490生。ドイツの宗教改革者、信徒神学者。

1526年

4.21　バーブルがローディ朝を破る
4.27　バーブルがデリーを占領して皇帝を宣言
8.28　オスマン軍がモハーチでハンガリー軍破る
＊　＊　＊
コロンブス　Columbus, Diego 2.24没、46？歳。1480生。コロンブスの長子。
ユーデンキュニヒ，ハンス　Judenkünig, Hans 3.4没、81？歳。1445(㊙1450頃)生。ウィーンで活躍したリュート奏者、教師。
ムティアーヌス・ルーフス，コンラードゥス　Mutianus Rufus, Conradus 3.30没、55？歳。1470生。ドイツの人文学者。
カノ，ファン・セバスティアン・デル　Cano, Juan Sebastian del 8.4没、66？歳。1460生。スペインの航海者。
ラヨシュ2世　Lajos II 8.29没、20歳。1506生。ハンガリー王(在位1516～26)。
グレーベル，コンラート　Grebel, Conrad 8.？没、28？歳。1498生。スイスの宗教改革者。
アンギエーラ　Anghiera, Pietro Martire d' 10.？没、69歳。1457生。スペインの歴史家。
マルティル・デ・アングレリーア，ペドロ　Martir de Angleria, Pedro 10.？没、69歳。1457生。イタリアの新大陸関係史家、年代記作者。
フェッロ　Ferro, del Scipione 11.16没、61歳。1465生。イタリアの数学者。

[この年] ヴィッテンバハ, トーマス Wyttenbach, Thomas 54歳。1472生。スイスの宗教改革者, ツヴィングリの師。

エルナンデス・デ・コルドバ Hernández de Córdoba, Francisco 51?歳。1475生。スペインの探検家。

祝允明 66歳。1460生。中国, 明の書家, 文人。

ゼナーレ, ベルナルディーノ Zenale, Bernardino 70?歳。1456生。イタリアの画家, 建築家。

テューダー・アレッド Tudur Aled 61?歳。1465生。ウェールズの詩人。

バスティダス Bastidas, Rodrigo de 66歳。1460生。スペインの探検家。

ヒプラー Hipler, Wendel 61?歳。1465生。ドイツ農民戦争の農民層指導者の一人。

ヒル・デ・オンタニョーン, ホアン Gil de Hontañon, Juan Ⓡ1531没, 46?歳。1480生。スペインの建築家。

フィオレンティーノ, ジャコボ(インダコ(通称)) Fiorentino, Jacobo(Indaco) フィレンツェの建築家, 彫刻家, 画家。

フェッルッチ, アンドレーア Ferrucci, Andrea 61歳。1465生。イタリアの画家。

フジーナ, アンドレーア Fusina, Andrea イタリアの彫刻家, 建築家。

ベンボ, ジャンフランチェスコ Bembo, Gianfrancesco イタリアの画家。

マロ, ジャン Marot, Jean 76?歳。1450生。フランス大押韻派の詩人。

ラートゲープ, イェルク Ratgeb, Jörg 46?歳。1480(Ⓡ1485頃)生。ドイツの画家。

ロディー Lodī, Ibrāhīm インド, デリー王朝最後のロディー朝第3代スルタン(在位1517～26)。

[この頃] アイリョン Ayllón, Lucas Vázquez de 51?歳。1475生。スペインの探検家。

アントニアッツォ・ロマーノ Antoniazzo Romano 91?歳。1435生。イタリアの画家。

カラドッソ Caradosso, Cristoforo Foppa 74?歳。1452(Ⓡ1425頃)生。イタリアの金工。

シュトルツァー, トーマス Stoltzer, Thomas 46?歳。1480生。ドイツの重要な作曲家。

スパンツォッティ, ジャン・マルティーノ Spanzotti, Gian Martino 71?歳。1455生。イタリアの画家, 彫刻家。

ル・ルー, ロラン Le Roux, Roland Ⓡ1527没。フランスの建築家, 彫刻家。

1527年

5.06 神聖ローマ皇帝の軍がローマに侵入する

＊＊＊

マンツ, フェーリクス Manz(Mantz), Felix 1.5没, 27?歳。1500生。スイスの再洗礼派指導者。

グリハルバ Grijalva, Juan de 1.27没, 37?歳。1490生。スペインの探検家, 征服者。

ホーホストラーテン, ヤーコプ・ヴァン Hoogstraeten(Hochstraten), Jakob van 1.27没, 73?歳。1454生。オランダ出身のドイツの神学者, カトリック宗教裁判官。

ウーテンハイム, クリストフ・フォン Utenheim, Christoph von 3.16没, 77?歳。1450生。ドイツの人文主義者, バーゼル司教。

ブルボン, シャルル・ド Bourbon, Charles, Duc de 5.6没, 37歳。1490生。フランスの軍人。

ザットラー, ミヒャエル Sattler, Michael 5.18没, 27?歳。1500生。ドイツの再洗礼派の指導者。

ヘルゴット, ヨハネス Hergot, Johannes 5.20没。ドイツの民衆的宗教改革者。

フィンク, ハインリヒ Finck, Heinrich 6.9没, 82?歳。1445(Ⓡ1444頃)生。ドイツの作曲家。

マキアヴェッリ, ニッコロ Machiavelli, Niccolò di Bernardo dei 6.21(Ⓡ1525)没, 58歳。1469生。イタリアの政治家, 政治思想家。

シャッツガイアー, カスパル Schatzgeyer, Kaspar 9.18没, 64?歳。1463生。ドイツのフランシスコ会修道士。

フローベン, ヨーハン Froben, Johann 10.26没, 67?歳。1460生。ドイツの印刷業者, 書籍出版者。

エムザー, ヒエローニュムス Emser, Hieronymus 11.8没, 49歳。1478生。ドイツの神学者, 人文主義者。

デンク, ハンス Denk, Johannes 11.15?没, 32?歳。1495(Ⓡ1500頃)生。ドイツの人文主義者。

シュラッファー, ヨーハン Schlaffer, Johann 12.?没。オーストリア(ティロール)の再洗礼派。

フート, ハンス Hut, Hans 12.?(Ⓡ1525)没, 37?歳。1490生。ドイツの再洗礼派の信者。

[この年] アルーダ, ディエゴ・デ Arruda, Diego de ポルトガルの建築家。

カーラ, マルコ Cara, Marco イタリアの作曲家。

ソラーリオ, クリストーフォロ Solari, Cristoforo 67?歳。1460生。イタリアの彫刻家, 建築家。

デンテ, マルコ Dente, Marco 34歳。1493生。イタリアの銅版画家。

ペーコリ, ドメーニコ Pe-cori, Domenico 47?歳。1480生。イタリアの画家。

ボナーシャ，バルトロメーオ　Bonascia, Bartolomeo　77？歳。1450生。イタリアの画家，寄木細工師，建築家。
プリーゴ，ドメーニコ　Puligo, Domenico　35歳。1492生。イタリアの画家。
モルト・ダ・フェルトレ　Morto da Feltre　47？歳。1480生。イタリアの画家。
羅清　84歳。1443生。中国，明中期の宗教家。
ラッタンツィオ・ダ・リーミニ　Lattanzio da Rimini　42歳。1485生。イタリアの画家。
この頃　オルトラーノ　Ortolano　40？歳。1487生。イタリアの画家。
グラーフ，ウルス　Graf, Urs　42？歳。1485生。スイスの画家，版画家，金工家。
ショア，ジェイン　Shore, Jane　82？歳。1445生。イングランド王エドワード4世の愛人。
ドゥカス，デーメートリオス　Doúkas, Dēmḗtrios　ビザンティン出身の人文学者，コンプルトゥム多国語対訳聖書のギリシア語本文の校訂者。
ラートドルト，エルハルト　Ratdolt, Erhard　(㉘1528没、80？歳。1447(㉘1443頃)生。ドイツの出版業者。

1528年

1.-　バーゼル大学のパラケルススが追放される
　　　　　＊＊＊
シーマー，レーオンハルト（リーエンハルト）　Schiemer, Leonhard(Lienhart)　1.14没。オーストリア（ティロール）の再洗礼派。
シュピッテルマイアー，アンブロージウス　Spittelmayer, Ambrosius　2.6没、31？歳。1497生。オーストリア出身の初期再洗礼派の指導者。
ハミルトン，パトリック　Hamilton, Patrick　2.29没、25歳。1503(㉘1504)生。スコットランド宗教改革の最初の説教者，殉教者。
フープマイアー，バルターザル　Hubmayer, Balthasar　3.10没、43？歳。1485(㉘1480頃)生。ドイツの宗教改革時代の急進思想家，再洗礼派。
デューラー，アルブレヒト　Dürer, Albrecht　4.6没、56歳。1471生。ドイツの画家，版画家，美術理論家。
シュトリーゲル，ベルンハルト　Striegel, Bernhard　5.4？没、68？歳。1460(㉘1461頃)生。ドイツの画家。
ユスティニアーニ（ジュスティニアーニ），パーオロ（トマーゾ）　Justiniani(Giustiniani), Paolo(Tommaso)　6.28没、52歳。1476生。イタリアのカマルドリ会修道院の改革者。
パルマ・ヴェッキオ　Palma Vecchio　7.30没、48？歳。1480生。イタリアの画家。
フルンツベルク　Frundsberg, Georg von　8.20没、54歳。1473生。ハプスブルク家に仕えたドイツの軍人。
グリューネヴァルト，マティアス　Grünewald, Matthias　8.27？没、58？歳。1470(㉘1455頃)生。ドイツの画家。
フェルラリエンシス　Ferrariensis　9.19没、54？歳。1474生。イタリアのドミニコ会神学者。
フォックス，リチャード　Fox, Richard　10.5没、80？歳。1448生。イギリスの司教，政治家。
ルカーシュ（プラハの）　Lukáš(Praha)　11.11没、68？歳。1460生。ボヘミア兄弟団の指導者。
ヴィンプフェリング，ヤーコプ　Wimpfeling, Jakob　11.17没、78歳。1450生。ドイツの人文主義者。
ナルバエス　Narváez, Pánfilo de　11.？(㉘1527頃)没、58？歳。1470(㉘1480)生。スペイン人探検家。
この年　アラルディ，アレッサンドロ　Araldi, Alessandro　68？歳。1460生。イタリアの画家。
アンティーコ　Antico　68？歳。1460生。イタリアの金銀細工師，彫刻家，メダル制作家。
ヴィニュール，フィリップ・ド　Vigneulles, Philippe de　57歳。1471生。フランスの物語作家。
ヴェラッツァーノ，ジョヴァンニ・ダ　Verrazzano, Giovanni da　43歳。1485生。フィレンツェ出身の航海士。
ヴェルナー　Werner, Johannes　(㉘1522？没、60歳。1468生。ドイツの牧師。
カプリオーロ，ドメーニコ　Capriolo, Domenico　34？歳。1494生。イタリアの画家。
コローナ，ジョヴァンニ・アントーニオ　Corona, Giovanni Antonio　47？歳。1481生。イタリアの画家。
サッキ，ピエル・フランチェスコ　Sacchi, Pier Francesco　43歳。1485生。イタリアの画家。
シュワルツェンベルク　Schwarzenberg, Johann von　65歳。1463生。ドイツの刑法改革者。
スパーニャ　Lo Spagna　78？歳。1450生。イタリアの画家。
トリジャーノ，ピエトロ　Torrigiano, Pietro　56歳。1472生。イタリアの彫刻家。
ナバロ　Navarro, Pedro Oliveto, Count of　68？歳。1460生。スペインの軍人，軍事技術家。
フィッシャー，ペーター　Vischer, Peter der Jüngere　41歳。1487生。ドイツの彫刻家。
フェッラモーラ，フロリアーノ　Ferramola, Floriano　48？歳。1480生。イタリアの画家。
ブレトリ，ヨハネス（パニツェルス）　Brötli, Johannes(Panicellus)　スイスの初期再洗礼派。
プレヴィターリ，アンドレーア　Previtali, Andrea　58？歳。1470生。イタリアの画家。
ペンニ，ジョヴァンニ・フランチェスコ　Penni, Giovanni Francesco　40？歳。1488生。イタリアの画家。

マッツォリーノ，ルドヴィーコ　Mazzolino,
　Ludovico　48？歳。1480生。イタリアの画家。
レッドマン，ヘンリー　Redman, Henry　イギリ
　スの建築家。
この頃 ヒラーリー・アスタラーバーディー　Hilālī
　Astarābādī　イランの詩人。

1529年

2.- 神聖ローマ皇帝ルター派禁圧の実施を採択
9.27 オスマン軍がウィーンを包囲する
＊＊＊
フィッシャー，ペーター　Vischer, Peter der Ältere
　1.7没、69？歳。1460生。ドイツの彫刻家。
カスティーリョーネ，バルダッサーレ，ノヴィラーラ
　伯爵　Castiglione, Baldassare, conte di Novilara
　1.17没、50歳。1478生。イタリアの詩人、外交官。
ヘツァー，ルートヴィヒ　Hetzer, Ludwig　2.4没、
　29？歳。1500生。スイスの宗教家。
ベルカン，ルイ・ド　Berquin, Louis de　4.27没、
　38歳。1490生。フランスの宗教改革者、最初のプ
　ロテスタント殉教者のひとり。
カイザー（シュロッサー），ヤーコプ　Kaiser
　(Schlosser), Jakob　5.29没。スイスの宗教改
　革者。
スケルトン，ジョン　Skelton, John　6.21没、69？
　歳。1460生。イギリスの詩人。
エンシナ，ファン・デル　Encina, Juan del
　8.29？（㊥1530）没、61歳。1468（㊥1469？）生。
　スペインの劇作家、詩人。
クラーレンバハ，アードルフ　Clarenbach, Adolf
　9.28没、29？歳。1500生。ドイツの反ローマ的著
　述家。
フリーステデン，ペーター　Fliesteden, Peter
　9.28没、29？歳。1500生。ドイツの宗教改革期殉
　教者。
ミルティツ，カール・フォン　Miltitz (Miltiz),
　Karl von　11.20没、39？歳。1490生。ドイツの
　騎士、教皇の使者。
王陽明　11.29（㊥1528）没、57歳。1472生。中国、
　明代の哲学者、政治家。
この年 クヴァイス，エーアハルト・フォン　Queiß,
　Erhard von　ドイツのプロイセン修道騎士団領ポ
　メザーニエンの司教。
クンガ・レクパ　Kun dga' legs pa　74歳。1455生。
　チベットの詩人。
コロンナ，フランチェスコ　Colonna, Francesco
　㊥1527没、96？歳。1433生。イタリアの文筆家。
サーベドラ・イ・セロン　Saavedra y Ceron,
　Alvaro de　スペインの探検家。

サンソヴィーノ，アンドレア・コントゥッチ
　Sansovino, Andrea　69歳。1460 (㊥1467頃) 生。
　イタリアの彫刻家、建築家。
セルキラハティ，ピエタリ　Särkilahti, Pietari
　フィンランドの宗教改革者。
ブラウロク，ゲオルク　Blaurock, Georg　37？歳。
　1492生。スイスの初期の再洗礼派指導者。
ベッリニアーノ　Bellininano　39？歳。1490生。イ
　タリアの画家。
ベルト・ディ・ジョヴァンニ　Berto di Giovanni
　イタリアの画家。
ピアッツァ，アルベルティーノ　Piazza, Albertino
　54？歳。1475生。イタリアの画家。
ボッカルディ，ジョヴァンニ　Boccardi, Giovanni
　69歳。1460生。イタリアの写本装飾画家。
プロフォスト，ヤン　Provost, Jan　64？歳。1465
　生。フランドルの画家。
マルシャ，ギヨーム・ド　Marcillat, Guillaume de
　59？歳。1470生。フランスの画家、ステンドグラ
　ス画家。
モローネ，フランチェスコ　Morone, Francesco
　58歳。1471生。イタリアの画家。
楊廷和　70歳。1459生。中国、明中期の政治家。
ラーマ・ティボディ2世　Rama Thibodi II　57歳。
　1472 (㊥1471) 生。タイ、アユタヤ王朝の第11代
　王 (在位1491～1529)。
李夢陽　㊥1531没、57歳。1472 (㊥1475) 生。中国、
　明の文学者。
この頃 アームストロング，ジョニー　Armstrong,
　Johnnie　スコットランド国境地方の山賊・牛泥棒。
クリシュナデーヴァ・ラーヤ　Kṛṣṇadevarāya　15
　世紀生。インド、ビジャヤナガル帝国の王 (在位
　1509～29)。
ザッカーニ，ベルナルディーノ（年長）　Zaccagni,
　Bernardino, il Vecchio　74？歳。1455生。イタ
　リアの建築家。
デッラ・ロッビア，ジョヴァンニ　Robbia, Giovanni
　della　60？歳。1469生。イタリアの彫刻家。
ペッレグリーノ・ダ・モデーナ　Pellegrino da
　Modena　65？歳。1464生。イタリアの画家。
リベラーレ・ダ・ヴェローナ　Liberale da Verona
　㊥1526頃没、84？歳。1445生。イタリアの画家。

1530年

6.25 「アウクスブルク信仰告白」が提出される
12.29 ムガル帝国でフマーユーンが即位する
＊＊＊
バーダー，アウグスティーン　Bader, Augustin
　3.30没。ドイツの再洗礼派の指導者。

16世紀　　1531

ランベール，フランソワ　Lambert, François
4.18没、44歳。1486生。プロテスタント神学者。

サンナザーロ，ヤーコポ　Sannazaro, Jacopo　4.27没、74？歳。1455（㊥1456）生。イタリアの詩人。

マヌエル，ニコラウス　Manuel, Niklaus　4.28没、46歳。1484生。スイスの画家、著述家、政治家。

マサイス，クエンティン　Massys, Quentin　7.13？没、63歳。1466（㊥1465頃）生。フランドルの画家。

ウルジー，トマス，枢機卿　Wolsey, Thomas　11.29没、55？歳。1475（㊥1474頃）生。イギリスの聖職者、政治家。

マルガレーテ・フォン・エステルライヒ　Margarete von Österreich　12.1没、50歳。1480生。ネーデルラント総督（1507～30）。

ピルクハイマー，ヴィリバルト　Pirkheimer, Willibald　12.22没、60歳。1470生。ドイツの人文主義者。

バーブル，ザヒールッディーン・ムハンマド　Bābur, Ẓahīr al-Dīn Muhammad　12.26没、47歳。1483（㊥1482）生。インド、ムガル帝国の創始者（在位1526～30）。

[この年]アポルターヌス，ゲオルギウス　Aportanus, Georgius　オストフリースラントの宗教改革者。

ガッティナラ　Gattinara, Mercurino Arborio di　65歳。1465生。ハプスブルク家の政治家。

サバティーニ，アンドレーア　Sabatini, Andrea　46？歳。1484生。イタリアの画家。

シィン・マハーラッターラ　Shin Maha Rahtathara　62歳。1468生。ミャンマー（ビルマ）の仏教詩人。

シュトルヒ，ニーコラウス　Storch, Nikolaus　㊥1525没、40？歳。1490生。ドイツの狂信的宗教運動の指導者。

ストゥニカ，ディエゴ・ロペス・デ　Stunica, Diego Lopez de　スペインのカトリック神学者。

スフォルツァ，マッシミリアーノ　Sforza, Massimiliano　37歳。1493（㊥1491）生。ミラノ公。

セケイラ　Sequeira, Diogo Lopes de　64歳。1466生。ポルトガルの航海者、軍人。

バーブル　Babur　47歳。1483？生。（ムガール皇帝）。

ファーバー，ヨーハン・アウグスタヌス　Faber, Johann Augustanus　55歳。1475生。ドイツのドミニコ会の人文主義者、神学者。

ベッリ，ジョヴァンニ　Belli, Giovanni　イタリアの彫刻家、画家の一族。

ベレンガーリョ・ダ・カルピ　Berengario da Carpi, Jacopo　60歳。1470生。イタリアの医師、解剖学者。

ピンソン，リシャール　Pynson, Richard　フランスの印刷業者。

マリンツィン　Malintzin　㊥1527没。メキシコ、アステカ族のインディアンの女性。

楊一清　76歳。1454生。中国、明中期の政治家。

[この頃]アマンドゥス，ヨハネス　Amandus, Johannes　ドイツの福音主義教会牧師。

タマーニ，ヴィンチェンツォ・ディ・ベネデット・ディ・キエーレ　Tamagni, Vincenzo di Benedetto di Chiele　38？歳。1492生。イタリアの画家。

バザイティ，マルコ　Basaiti, Marco　60？歳。1470生。イタリアの画家。

ブラマンティーノ　Bramantino　㊥1536頃没、75？歳。1455（㊥1465）生。イタリアの画家、建築家。

ペレアル，ジャン　Perréal, Jean　70？歳。1460生。フランスの画家。

マルコ・ドッジョーノ　Oggiono, Marco d'　55？歳。1475生。イタリアの画家。

モンテシーノ，アントニオ　Montesino, Antonio　44？歳。1486生。スペインのドミニコ会宣教師。

1531年

2.27　シュマルカルデン同盟が結成される
12.09　メキシコでグアダルーペの聖母が出現する
この年　タウングー朝がビルマの再統一に着手する
＊　＊　＊

サルト，アンドレア・デル　Sarto, Andrea del　1.22？（㊥1530）没、44歳。1486生。イタリアの画家。

ヴィンピナ，コンラート・コッホ　Wimpina, Konrad Koch　6.16没、71？歳。1460生。ドイツの哲学者、人文主義者。

リーメンシュナイダー，ティルマン　Riemenschneider, Tilman　7.7没、71？歳。1460（㊥1468）生。ドイツの彫刻家。

ビルニ，トマス　Bilney (Bylney), Thomas　8.19没、36？歳。1495生。イングランドの初代プロテスタント、殉教者。

ルイーズ・ド・サボア　Louise de Savoie　9.22没、55歳。1476生。フランス、アングレーム公妃。

カテーナ，ヴィンチェンツォ　Catena, Vincenzo di Biagio　9.？没、61？歳。1470（㊥1480頃）生。イタリアの画家。

ツウィングリ，フルドライヒ　Zwingli, Huldreich Ulrich　10.11没、47歳。1484（㊥1494）生。スイスの宗教改革指導者、チューリヒ教会司祭。

ロイ，ハンス（子）　Leu der Jüngere, Hans　10.24没、41？歳。1490生。スイスの画家、版画家。

エコランパディウス，ヨハネス　Oecolampadius, Johannes　11.23没、49歳。1482生。ドイツの人文主義者、教父学者、バーゼル市の宗教改革指導者。

[この年]ヴァッラバ　Vallabha　52歳。1479（㊥1473）生。インドの哲学者。

ガディエ　Gadier, Pierre　フランスの建築家。

桂萼　中国、明中期の政治家。

人物物故大年表 外国人編　*301*

ケダマイスター，リチャード　Kedermyster, Richard　イングランドのベネディクト会士，修道院長。

ケルデルマンス，ロンバウト2世　Keldermans, Rombout II　フランドルの建築家，彫刻家。

ザガネッリ，フランチェスコ　Zaganelli, Francesco　71？歳。1460生。イタリアの画家。

サモラ，アルフォンソ・デ　Zamora, Alfonso de　57歳。1474生。スペインのヘブル語学者。

フィッツハーバート　Fitzherbert, John　イギリスの農学者。

フォーテスキュー　Fortescue, Sir John　イギリスの政治家。

ペドラリャス　Pedrarias Dávila Pedro Arias de Avila　91？歳。1440生。スペインの軍人，総督。

パレンツァーノ，ベルナルド　Parenzano, Bernardo　94歳。1437生。イタリアの画家。

モチェット，ジローラモ　Mocetto, Girolamo　73？歳。1458生。イタリアの画家，版画家。

この頃 トレス-ナアーロ，バルトロメ　Torres Naharro, Bartolomé de　®1524？没，46？歳。1485生。スペインの劇作家。

ブルクマイア，ハンス　Burgkmair, Hans　®1513没，58？歳。1473生。ドイツの画家，木版画家。

マツィス，クエンティン　Matsys, Quentin　65？歳。1466生。ベルギーの画家。

ラインベルガー，ハンス　Leinberger, Hans　®1530頃没，51？歳。1480（®1470頃）生。ドイツの彫刻家。

ルニョー，ギヨーム　Regnault, Guillaume　81？歳。1450生。フランスの彫刻家。

1532年

7.06　ヘンリー8世が「初収入上納禁止令」発効
7.23　カール5世がニュルンベルクの和約を結ぶ
8.28　オスマン軍が神聖ローマ帝国軍に敗れる
＊＊＊
スリューター，ヨーアヒム　Slüter, Joachim　5.19没，42？歳。1490生。ドイツの宗教改革者。

ルイーニ，ベルナルディーノ　Luini, Bernardino　7.1没，57？歳。1475（®1480頃）生。イタリアの画家。

ヨハン（堅忍不抜公）　Johann der Bestandige　8.16没，64歳。1468生。ザクセンの選挙侯（1525～32）。

ピルクハイマー，カリタス　Pirkheimer, Charitas　8.19没，66？歳。1466生。ドイツのクラーク会女子修道院の院長。

ウォーラム，ウィリアム　Warham, William　8.23没，76？歳。1456生。イギリスのカンタベリ大司教。

シャンビージュ，マルタン　Chambiges, Martin　8.29没。フランスの建築家。

アルノルディ，バルトロメーウス（ウージンゲンの）　Arnoldi, Bartholomäus von Usingen　9.9没，67？歳。1465生。中世末期のドイツの唯名論者。

バルデス，アルフォンソ・デ　Valdés, Alfonso de　10.3？没，42？歳。1490（®1491頃）生。イタリアの人文主義者。

この年 アエギディウス（ヴィテルボの）　Aegidius (Viterbo)　63歳。1469生。イタリアのアウグスティヌス会修道士，ヴィテルボ（中部イタリアのロマーニャ）の司教。

アプト，ウルリヒ1世　Apt der Ältere, Ulrich　77？歳。1455生。ドイツの画家。

ウーゴ・ダ・カルピ　Ugo da Carpi　52？歳。1480生。イタリアの木版画家，画家。

オルダス　Ordaz, Diego de　52？歳。1480生。スペイン人征服者。

ガイスマイアー　Gaismaier, Michael　42？歳。1490生。ドイツ農民戦争におけるチロル地方の指導者。

郭詡　76歳。1456生。中国，明代中期の浙派系の画家。

クラソニツキー，ラウレンティウス　Krasonický, Laurentius　チェコのフス派の司祭。

ヅィマラ，マルコ・アントーニオ　Zimara, Marco Antonio　72？歳。1460生。イタリアのアヴェロエス主義哲学者。

ブリオスコ，アンドレーア　Briosco, Andrea　62歳。1470生。イタリアの彫刻家，建築家。

辺貢　56歳。1476生。中国，明の詩人。

ミケルセン，ハンス　Mikkelsen, Hans　デンマークの政治家，聖書翻訳者。

モルコ　Molcho, Solomon　31歳。1501生。中世末期に輩出したメシアの一人。

リッチョ　Riccio, Andrea　®1530没，62歳。1470生。イタリアの彫刻家，金工家。

ロンバルド，トゥッリオ　Lombardo, Tullio　77？歳。1455生。イタリアの彫刻家，建築家。

この頃 カウツ（クツィウス），ヤーコプ　Kautz (Cucius), Jakob　32？歳。1500生。ドイツの再洗礼派。

コルネーリス　Cornelisz, Jacob　62？歳。1470生。オランダの画家，木版画家。

スパーニャ　Spagna　82？歳。1450生。スペインの画家。

マビューズ，ヤン　Mabusé, Jan　®1533頃没，54？歳。1478（®1470頃）生。フランドルの画家。

モンテ・ディ・ジョヴァンニ・デル・フォーラ　Monte di Giovanni del Fora　84？歳。1448生。イタリアの画家，写本装飾家，モザイク制作家。

ラミーイー，シェイフ・マフムート　Lamî'î, Şeyh Mahmût　オスマン朝トルコの詩人。

1533年

8.29　インカ帝国が消滅する
　　　＊　＊　＊
ケーベル　Köbel, Jakob　1.31没、63歳。1470生。ドイツの算数教師。

フレデリク1世　Frederik I　4.10没、61歳。1471生。デンマーク王（在位1523～33）、ノルウェー王（在位25～33）。

ビュンダリーン（ヴンダール），ヨーハン　Bünderlin(Wunderl), Johann　5.?没、34?歳。1499生。ドイツの再洗礼派。

ザーム（ゾーム，ザウム），コンラート　Sam (Som, Saum), Konrad　6.20没、50歳。1483生。ドイツのウルムの宗教改革者。

フリス，ジョン　Frith, John　7.4没、30?歳。1503生。イギリスのプロテスタントの宗教改革者、殉教者。

アリオスト，ルドヴィーコ　Ariosto, Ludovico　7.6没、58歳。1474生。イタリアの詩人、劇作家。

アタワルパ　Atahualpa Inca　8.29没、33?歳。1500(㊟1502頃)生。インカ帝国の最後の王（在位1532～33）。

ホーフマイスター（エコノムス），ゼバスティアン　Hofmeister(Oeconomus), Sebastian　9.26没、57歳。1476生。スイスの宗教改革者。

エーバリーン，ヨーハン　Eberlin von Günzburg, Johannes　10.13没、63?歳。1470(㊟1465頃)生。ドイツの宗教改革者。

ワシーリー3世　Vasilii III, Ivanovich　12.3没、54歳。1479生。モスクワ大公（1505～33）、イワン3世の子。

この年　エンゲブレヒツ，コルネリス　Engebrechtsz, Cornelis　65?歳。1468生。オランダの画家。

王寵　39歳。1494生。中国、明代中期の書家。

シュトース，ファイト　Stoss, Veit　86?歳。1447 (㊟1450頃)生。ドイツの彫刻家。

チョイトンノ　Caitanya　47歳。1486(㊟1485)生。インドの哲学者。

トリー，ジョフロワ　Tory, Geoffroy　53歳。1480生。フランスの印刷家、書籍の装丁家、版画家。

バーナーズ，ジョン・バウチャー，2代男爵　Berners, John Bourchier, 2nd Baron　66?歳。1467生。イギリスの作家、軍人。

フロシュ（ラーナ），ヨハネス　Frosch(Rana), Johannes　48?歳。67?歳。1485生。ドイツのルター派司教、音楽家。

メアリ・チューダー　Mary Tudor　38?歳。1495生。イギリスの王女。

ルーカス，ファン・レイデン　Lucas, van Leiden　39歳。1494(㊟1489頃)生。ネーデルラントの画家、版画家。

この頃　コルネリスゾーン，ヤコブ　Cornelisz. van Oostsanen, Jacob　56?歳。1477生。オランダの画家、版画家。

デリカド，フランシスコ　Delicado, Francisco　㊟1534?没、53?歳。1480生。スペインの小説家、編集者、医師。

フェルナンデス，ホルヘ　Fernández, Jorge　63?歳。1470生。スペインの彫刻家。

ボアブディル　Boabdil　㊟1518?没。スペインのナスル朝最後の君主（1482～83、86～92）。

ペーレース　Perez de Vargas, Bernardo　33?歳。1500生。スペインの天文学者、冶金学者。

リサーニー・シーラーズィー　Lisānī Shīrāzī　イランの詩人。

1534年

7.24　カナダのガスペ半島がフランス領となる
8.15　ロヨラ、ザビエルらがイエズス会を創立
10.17　パリなどでプラカード事件が起こる
11.28　オスマン朝軍がバグダッドに無血入城する
11.-　イギリス教会が国王至上法により独立する
　　　＊　＊　＊
アヴェンティーヌス，ヨハネス　Aventinus, Johannes　1.9没、56歳。1477生。ドイツの人文主義者、歴史家。

ブリソンネー，ギヨーム　Briçonnet, Guillaume　1.24没、62歳。1472生。フランス宗教改革期の聖職者。

コルレッジョ，アントーニオ　Correggio, Antonio Allegri　3.5没、39歳。1494(㊟1489頃)生。イタリアの画家。

バレンシア，マルティン・デ　Valencia, Martín de　3.21没、61?歳。1473生。スペインのフランシスコ会宣教師。

マティス，ヤン　Matthys(Matthijs), Jan　4.5没。オランダ出身。

バートン，エリザベス　Barton, Elizabeth　4.20没、28?歳。1506生。「ケントの乙女」と称せられたイギリスの神秘家、預言者。

ブッシェ，ヘルマン・フォン・デム　Busche (Buschius), Hermann von dem　4.?没、66歳。1468生。ドイツの宗教改革者。

カイェターヌス，ヤコーブス　Cajetanus, Jacobus　8.9没、65歳。1469生。ルネサンスの神学者、ドミニコ会修道士。

シュペングラー，ラザルス　Spengler, Lazarus　9.7没、55歳。1479生。ドイツの宗教改革者。

ヴァイス，アーダム　Weiß, Adam　9.25没、44？歳。1490生。ドイツの宗教改革者。

クレメンス7世　Clemens VII　9.25没、56歳。1478生。教皇(在位1523～34)。

ブラント，ウィリアム　Blount, William　11.8没。イギリスの人文主義者，政治家。

ブルーンフェルス，オットー　Brunfels, Otto　11.23没、46？歳。1488(㊟1489)生。ドイツの神学者，植物学者。

パウル(ミデルビュルフの)　Paul(Middelburg)　12.15没、79？歳。1455生。オランダ出身の司祭。

[この年] アルフォンソ1世(エステ家の)　Alfonso I d'Este　58歳。1476生。フェララ、モデナ、レッジオの公。

ヴァイセ，ミヒャエル　Weisse, Michael　54？歳。1480生。宗教改革期のドイツ語讃美歌作者。

カポディフェッロ，ジャンフランチェスコ　Capodiferro, Gianfrancesco　イタリアの寄木細工師。

金絿　46歳。1488生。朝鮮、李朝中期の学者，書芸家。

サンガッロ，アントニオ・ダ　Sangallo, Antonio da　81？歳。1453(㊟1455)生。イタリアの建築家。

智厳　70歳。1464生。朝鮮の曹渓宗の禅師。

ビフザード　Bihzād, Kamāl al-Dīn, Ustād ㊟1536頃没、84？歳。1450生。ペルシアの細密画家。

ファルコネット，ジョヴァンニ・マリア　Falconet, Giovanni Maria　66歳。1468生。イタリアの画家，建築家。

マッリーナ　Marrina　58歳。1476生。イタリアの彫刻家。

マルカントニオ　Marcantonio　54歳。1480生。イタリアの彫版師。

リアーニョ，ディエゴ・デ　Riaño, Diego de　スペインの建築家。

リート，ベネディクト　Ried, Benedikt　80？歳。1454生。チェコスロバキアの建築家。

ロール，ハインリヒ　Roll, Heinrich　オランダ出身の再洗礼派。

[この頃] エガス，エンリッケ・デ　Egas, Enrique　79？歳。1455生。スペインの建築家。

デ・ドナーティ，ルイージ　De Donati, Luigi　イタリアの画家，彫刻家。

フワーンダミール　Khwāndmīr, Ghiyāth'd-Dīn ㊟1535頃没、59？歳。1475生。イランの歴史家。

ヘルゲセン，ポウル　Helgesen, Poul　54？歳。1480生。デンマークのカルメル会修道士。

ベレガンプ，ジャン　Bellegambe, Jean　㊟1535没、54？歳。1480生。フランドルの画家。

ピガフェッタ，アントニオ　Pigafetta, Antonio　43？歳。1491(㊟1480頃)生。イタリアの航海者。

モンターヌス，ヤコーブス　Montanus, Jacobus　ドイツの讃美歌作家。

ライモンディ，マルカントーニオ　Raimondi, Marcantonio　46？歳。1488(㊟1480頃)生。イタリアの銅版画家。

1535年

7.-　　カール5世がオスマンからチュニスを奪還
　　　　　　＊＊＊

クロプリス，ヨーハン　Klopriß(Cloprys, Clopreis), Johann　2.1没。ドイツの再洗礼派の指導者のひとり。

アグリッパ・フォン・ネッテスハイム，ヘンリクス・コルネリウス　Agrippa von Nettesheim, Heinrich Cornelius　2.18没、48歳。1486生。ルネサンスのドイツ哲学者。

プレッテンベルク，ヴァルター(ヴォルター)・フォン　Plettenberg, Walter von　2.28(㊟1532)没、85？歳。1450生。リボニア騎士団長(1494～1535)。

ケマル・パシャ・ザーデ　Kemal Pasha-zâde ibn Kemal　4.6(㊟1533)没。トルコの学者，歴史家。

クルーツィガー(クロイツィガー)，エリーザベト　Cruciger(Kreuziger), Elisabeth　5.2没、30歳。1505生。ドイツの讃美歌作者。

コスタ，ロレンツォ　Costa, Lorenzo　5.3没、75？歳。1460生。イタリアの画家。

ベルニ，フランチェスコ　Berni, Francesco　5.26没、38？歳。1497(㊟1498頃)生。イタリアの詩人。

フィッシャー，聖ジョン　Fisher, Saint John　6.22没、66歳。1469(㊟1459生)。イギリスのカトリック司教，枢機卿、聖人。

ロートマン(ロットマン)，ベルンハルト(ベルント)　Rothmann(Rottmann), Bernhard(Bernd, Bernt)　6.25没、40？歳。1495生。ドイツの再洗礼派指導者，著作者。

モア，トマス　More, *Sir* Thomas　7.6没、57歳。1478(㊟1477)生。イギリスの人文学者，政治家。

ヨアヒム1世　Joachim I Nestor　7.11没、51歳。1484生。ブランデンブルク選挙侯(在位1499～1535)。

ツァージウス，ウルリヒ　Zasius, Udalricus　11.24没、74歳。1461生。ドイツの法学者，人文主義者。

コルドゥス，エウリキウス　Cordus, Euricius　12.24没、49歳。1486(㊟1484頃)生。ドイツの人文主義者，医者。

[この年] アブラヴァネール　Abravanel, Leo Hebraeus　70？歳。1465生。ユダヤ人の哲学者，医者。

アポストリス，アルセニオス　Apostólēs, Arsénios　67？歳。1468生。ビザンティンの人文主義者，大主教。

アントネッロ・ダ・サリーバ Antonello da Saliba 69？歳。1466生。イタリアの画家。

ケメナー Kemener, Timann 65？歳。1470生。ドイツのミュンスター本山学校長。

コンセーユ Conseil, Jean（Consilium, Johannes） 37歳。1498生。フランスの作曲家。

バッチョ・ダ・モンテルーポ Baccio da Montelupo 66歳。1469生。イタリアの彫刻家，建築家。

ファルコーネ，シルヴィオ Falcone, Silvio 67歳。1468生。イタリアの建築家，インターリオ（装飾彫り）作家。

ベネディクト，リート・フォン・ピエスティング Benedikt, Ried von Piesting 81歳。1454生。ボヘミアでの後期ゴシックを代表する建築家。

マルティーニ，ジョヴァンニ Martini, Giovanni イタリアの画家，寄木細工師。

ラスカリス，ヤノス Laskaris, Andreas Iōannēs [異]1534没、90？歳。1445生。ビザンティンの学者。

[この頃] **アールフェルト，アウグスティーン・フォン** Alveldt（Ahlfeld, Alfeld, Alefeld）, Augustin von 55？歳。1480生。ドイツのフランシスコ会修道士，神学論争家。

シムネル，ランバート Simnel, Lambert 60？歳。1475生。イギリスの王位詐称者。

デル・パッキア，ジローラモ Del Pacchia, Girolamo 58？歳。1477生。イタリアの画家。

トラメッロ，アレッシオ Tramello, Alessio 80？歳。1455生。イタリアの建築家。

トロンボンチーノ，バルトロメオ Tromboncino, Bartolomeo 65？歳。1470生。イタリアの作曲家。

ファブリ，ピエール Fabri, Pierre 85？歳。1450生。フランスの詩人。

ベルク Berg, Claus 60？歳。1475生。ドイツの彫刻家。

ローデ，ヒンネ Rode, Hinne 45？歳。1490生。オランダの共同生活兄弟団の指導者。

1536年

3.- カルヴァンが「キリスト教綱要」を出版

＊＊＊

ペルッツィ，バルダッサーレ Peruzzi, Baldassare Tommaso 1.6没、54歳。1481生。イタリアの画家，建築家。

キャサリン Catherine of Aragon 1.7没、50歳。1485生。イギリス国王ヘンリー8世の最初の妃。

ヤン・ファン・レイデン Jan van Leiden 1.22没、27歳。1509生。オランダの宗教改革者，再洗礼派指導者。

クニッパドリンク，ベルント Knipperdollinck, Bernt 1.23没。ドイツの再洗礼派指導者。

ルフェーヴル・デタープル，ジャック Lefèvre d'Étaples, Jacques 1.？（[異]1537頃）没、86？歳。1450（[異]1455頃）生。フランスの神学者，ユマニスト。

ハラー，ベルヒトルト Haller, Berchtold 2.25没、44歳。1492生。スイスのベルンの宗教改革者。

フッター，ヤーコプ Hutter（Huter）, Jakob 2.25没。フッター（フッタライト）派の創始者。

アン・ブーリン Anne Boleyn（Bullen） 5.19没、29歳。1507生。イギリス王ヘンリ8世の2番目の妃，エリザベス1世の母。

ラステル，ジョン Rastell（Rastall）, John 6.25没、61？歳。1475生。イングランドの弁護士，著述家，印刷出版者。

エラスムス，デシデリウス Erasmus, Desiderius 7.11？没、69歳。1466（[異]1469頃）生。オランダの人文主義者。

ペイス，リチャード Pace, Richard 7.？没、54？歳。1482生。イングランドのローマ・カトリック教会司祭。

スゴン，ジャン Second, Jean 9.24没、24歳。1511生。オランダのラテン語詩人。

ティンダル，ウィリアム Tyndale, William 10.6没、42？歳。1494（[異]1492頃）生。イギリスの宗教改革家，聖書翻訳家。

ガルシラソ・デ・ラ・ベガ Garcilaso de la Vega 10.11没、35？歳。1501（[異]1503）生。スペインの詩人，軍人。

[この年] **イブラヒム・パシャ** İbrahim Pasha, Damad 43歳。1493生。オスマン・トルコ帝国の宰相，寵臣。

ガジーニ，アントネッロ Gagini, Antonello 58歳。1478生。イタリアの彫刻家。

サヌード（小サヌード） Sanudo, Marino il Giovane 70歳。1466生。ベネチアの外交官，年代記作者。

ホッサールト，ヤン Gossaert, Jan [異]1532頃没、58？歳。1478生。フランドルの画家。

ホップファー，ダニエル Hopf(f)er, Daniel 66？歳。1470生。ドイツの武具装飾家，銅版画家。

レゼンデ，ガルシア・デ Resende, Garcia de 66？歳。1470生。ポルトガルの詩人，歴史家。

[この頃] **アゴスティーノ・ヴェネツィアーノ** Agostino Veneziano 46？歳。1490生。イタリアの版画家。

ヴァイディツ，ハンス Weiditz, Hans 41？歳。1495生。ドイツの画家，版画家。

ヴィンチドル，トンマーゾ Vincidor, Tommaso イタリアの画家，建築家。

カンピ，ガレアッツォ Campi, Galeazzo 59？歳。1477生。イタリアの画家。

ジュスト，アンドレア Juste, André 54？歳。1482生。イタリヤの彫刻家。

ブオンコンシーリオ，ジョヴァンニ　Buonconsiglio, Giovanni　71？歳。1465生。イタリアの画家。

ボイス，ヘクター　Boece, Hector　71？歳。1465生。スコットランドの古典学者，歴史家。

ミケーレ・ダ・ヴェローナ　Michele da Verona　66？歳。1470生。イタリアの画家。

ヤーニェス・デ・ラ・アルメディーナ，フェルナンド　Yañes de la Almedina, Fernando　15世紀末生。スペインの画家。

1537年

この年　デンマークの教会がルター派で組織化する

＊＊＊

クレーディ，ロレンツォ・ディ　Credi, Lorenzo di　1.12（[異]1536頃）没、78？歳。1459（[異]1456）生。イタリアの画家。

フィッツジェラルド　Fitzgerald, *Lord* Thomas, 10th Earl of Kildare　2.3没、24歳。1513生。アイルランドの貴族。

バハードゥル・シャー　Bahādur Shāh　2.14没。インド，グジャラート・ムスリム王朝第11代王（在位1526～37）。

アスク，ロバート　Aske, Robert　7.？没、36？歳。1501生。イギリスの反乱指導者。

ムルナー，トマス　Murner, Thomas　8.23没、61歳。1475生。ドイツの諷刺詩人。

ディーテンベルガー，ヨーハン　Dietenberger, Johann　9.4没、62？歳。1475生。ドイツのカトリック神学者，聖書翻訳者。

ヴレンヴェーヴァ　Wullenwever, Jürgen　9.29没、49？歳。1488（[異]1492頃）生。ドイツハンザ同盟の政治家。

ジェイン・シーモア　Jane Seymour　10.24没、28？歳。1509生。イングランド王ヘンリー8世の第3の妃。

クレイモンド，ジョン　Claymond, John　11.19没、69歳。1468生。イングランドの古典学者，初期人文主義者。

[この年] **アラバ，ファン・デ**　Alava, Juan de　スペインの建築家。

エスピノサ　Espinosa, Gaspar de　62？歳。1475生。スペインの軍人，法律家。

カメーリオ，ヴィットーレ　Camelio, Vittore　82？歳。1455生。イタリアのメダル制作家，彫刻家，金銀細工師。

クラーナハ，ハンス　Cranach, Hans　27歳。1510生。ドイツの画家。

シャンピエ，サンフォリヤン　Champier, Symphorien　65歳。1472生。フランスの人文主義者。

ジローラモ・エミリアーニ（ミアーニ）　Girolamo Emiliani (Miani)　56歳。1481生。イタリアのソマスキ修道会の創立者，聖人。

ブロイ，イェルク　Breu, Jörg　57？歳。1480（[異]1475頃）生。ドイツの画家。

ベルッチ，バルトロメオ　Berucci, Bartolomeo　イタリアの建築家。

ホーフハイマー，パウル　Hofhaimer, Paul　78歳。1459生。オーストリアのオルガン奏者，作曲家。

メンドーサ　Mendoza, Pedro de　50歳。1487生。スペインの軍人，探検家。

ロンバルディ，アルフォンソ　Lombardi, Alfonso　40？歳。1497生。イタリアの彫刻家。

[この頃] **イッケルザーマー**　Ickelsamer, Valentin　[異]1541？没、37？歳。1500生。ドイツの文法家。

ヴィアール，シャルル　Viart, Charles　フランスの建築家。

ヴィセンテ，ジル　Vicente, Gil　[異]1536頃没、67？歳。1470（[異]1465頃）生。ポルトガルの劇作家，詩人。

カヴァーロ，ピエトロ　Cavaro, Pietro　イタリアの画家。

レオンブルーノ，ロレンツォ　Leombruno, Lorenzo　48？歳。1489生。イタリアの画家。

1538年

9.28　オスマン艦隊がプレヴェザの海戦で勝つ

この年　「ウルビノのヴィーナス」が制作される

＊＊＊

アルトドルファー，アルブレヒト　Altdorfer, Albrecht　2.12（[異]1558）没、58？歳。1480生。ドイツの画家，版画家。

アルマグロ，ディエゴ・デ　Almagro, Diego de　4.26没、63歳。1475（[異]1464頃）生。クスコ，ペルーの征服者。

徐霖　7.2没、76歳。1462生。中国，明代中期の文人画家。

ハウスマン，ニーコラウス　Hausmann, Nikolaus　11.3没、60？歳。1478生。ドイツの宗教改革者。

ラハマン，ヨーハン　Lachmann (Lachamann), Johann　11.6？没、47歳。1491生。ドイツのハイルブロンの宗教改革者。

[この年] **アルトハマー，アンドレーアス**　Althamer (Althammer), Andreas　38？歳。1500生。ドイツの宗教改革者。

オリヴェタン（オリヴェターヌス），ピエール・ロベール　Olivétan, Pierre Robert　32？歳。1506生。フランスの宗教改革家。

ガンディーニ，ジョルジュ　Gandini, Giorgio　58？歳。1480生。イタリアの画家。

ストロッツィ，ジャンバッティスタ Strozzi, Giambattista Filippo II 49歳。1489生。ファレンツェの貴族。

ソフィヤ・パレオロク Sof'ya Fomnichna Palelog 東ローマ帝国最後の皇帝コンスタンティノス・パレオロゴス13世の姪。

ダウハー，ハンス Daucher, Hans 53？歳。1485生。ドイツの彫刻家。

ナーナク Nānak [異]1539没、69歳。1469生。シク教の開祖。

ネープヴォー，ピエール Nepveau, Pierre フランスの建築家。

フィッツハーバート Fitzherbert, *Sir* Anthony 68歳。1470生。イギリスの法律家。

ブーフナー，ハンス Buchner, Hans 55歳。1483生。ドイツのオルガン奏者，作曲家。

ムハマッド・トゥーレ Muhammad Ture 95？歳。1443生。西スーダンに栄えたソンガイ帝国の皇帝（在位1493～1528）。

[この頃] **グランゴール，ピエール** Gringore, Pierre 63？歳。1475生。フランスの劇作家，詩人。

ショイフェライン，ハンス・レオンハルト Schäufelein, Hans Leonard 58？歳。1480生。ドイツの画家，版画家。

張路 74？歳。1464生。中国，明代の画家。

デューラー Dürer, Hans 48？歳。1490生。ドイツの画家，版画家。

ニコラウス・フォン・ハーゲナウ Nikolaus von Hagenau 78？歳。1460生。ドイツの彫刻家。

ニーフォ，アゴスティーノ Nifo, Agostino 65？歳。1473生。イタリアの哲学者。

ロハス Rojas, Fernando de [異]1541没、63？歳。1475（[異]1465頃）生。スペインの作家。

1539年

5.- ヘンリー8世が「6ヵ条法」を成立させる
8.10 フランスで公文書のフランス語化を決定

＊＊＊

ポルデノーネ Pordenone, Giovanni Antonio da 1.14没、56？歳。1483（[異]1484頃）生。イタリアの画家。

フォークトヘル，ゲオルク Vogtherr, Georg 1.18没、51歳。1487生。ドイツの宗教改革者。

クノプケン（クネプケン，クノーピウス），アンドレーアス Knopken（Knöpken, Knopius）, Andreas 2.18没、71？歳。1468生。リヴォニアのリガの宗教改革者。

ゲオルク（髭公） Georg（der Bärtige） 4.17没、67歳。1471生。ドイツの宗教改革期のザクセン大公（在位1500～39）。

ペトルッチ，オッタヴィアーノ Petrucci, Ottaviano 5.7没、72歳。1466生。イタリアの出版業者。

ヅァッカリーア，アントーニオ・マリーア Zaccaria, Antonio Maria 7.5没、37歳。1502生。イタリアのバルナバ会の創立者。

フォーテスキュー，アドリアン Fortescue, Adrian 7.8？没、63？歳。1476？生。イングランドの聖ヨハネ騎士団騎士。

カンペッジョ，ロレンツォ Campeggio, Lorenzo 7.25没、64歳。1474生。イタリアの教会政治家。

ランツベルガー，ヨーハン・ユストゥス Landsberger, Johann Justus 8.11没、49？歳。1490生。中世ドイツのカトリックのカルトゥジオ会修道士。

ルーピ Lupi, Johannes 12.20没、33？歳。1506生。フランドルの作曲家。

[この年] **アヤス・パシャ** Ayas Pasha 57歳。1482生。トルコの宰相。

アランド，ミシェル・ド Arande, Michel d' フランスの人文主義者，宗教改革の先駆者。

イサベルラ・デステ Isabella d'Este 65歳。1474生。マントバ公フランチェスコ・ゴンツァガ夫人。

エステバーニコ Estevanico 39？歳。1500生。モロッコ出身の奴隷。

張璁 64歳。1475生。中国，明の政治家，学者。

ビートン，ジェイムズ Beaton, James 69？歳。1470（[異]1473頃）生。イギリスの高位聖職者。

ビリングッチョ，ヴァンノッチョ（・ヴィンチェンツィオ・アグスティーノ・ルカ） Biringuccio, Vannoccio [異]1538頃没、59歳。1480生。イタリアの冶金学者。

パルメッツァーノ，マルコ Palmezzano, Marco 80？歳。1459生。イタリアの画家。

[この頃] **クロートゥス，ルベアーヌス** Crotus Rubianus [異]1545頃没、59？歳。1480生。ドイツの人文主義者。

1540年

3.23 ロンドンのウォルサム修道院が解散する
9.27 ローマ教皇がイエズス会の創設を許可する

＊＊＊

メリーチ，アンジェラ Merici, Angela 1.27没、65歳。1474生。イタリアのウルスラ会の創立者，聖人。

ドゥンゲルスハイム，ヒエローニムス Dungersheim, Hieronymus 3.2没、74歳。1465生。ドイツの宗教改革期の哲学者，神学者。

コールハーゼ Kohlhase, Hans 3.22没。ブランデンブルク，ケルンの商人。

1540　16世紀

ラング, マテーウス　Lang, Matthäus　3.30没、72歳。1468生。ドイツの聖職者, 法学者, 政治家。

ビーベス, ファン・ルイス　Vives, Juan Luis　5.6没、48歳。1492生。スペインの人文主義者, 哲学者。

シュヴェーベル, ヨハネス　Schwebel, Johannes　5.19没、50？歳。1490生。ドイツの宗教改革者。

グィッチャルディーニ, フランチェスコ　Guicciardini, Francesco　5.22没、57歳。1483（㋱1482）生。イタリアの歴史家, 政治家。

サポヤイ　Szapolyai, János　7.22没、53歳。1487生。ハンガリー王(在位1526〜40)。

クロムウェル, トマス, エセックス伯爵　Cromwell, Thomas, Earl of Essex　7.28没、55？歳。1485生。イギリスの政治家。

ビュデ, ギヨーム　Budé, Guillaume　8.20没、72歳。1468（㋱1467頃）生。フランスのヒューマニスト, 古典学者。

パルミジャニーノ　Parmigianino　8.24没、37歳。1503生。イタリアの画家。

クラタンダー・アンドレーアス　Cratander, Andreas　8.？没。バーゼルの印刷業者, 人文主義学者。

ケンペ, シュテファン　Kempe, Stephan　10.23没。ドイツのルター派教会牧師, ハンブルクの宗教改革者。

キニョーネス, フランシスコ・デ　Quiñones, Francisco de　10.27没、60歳。1480生。スペインの枢機卿。

ヘス, ヘーリウス・エオバーヌス　Hessus, Helius Eobanus　11.4没、52歳。1488生。ドイツの人文主義者, 詩人。

ロッソ, フィオレンティーノ　Il Rosso Fiorentino　11.14没、45歳。1495（㋱1494）生。イタリアの画家。

ホルトマン, ヨハネス　Holtmann, Johannes　12.1没、75？歳。1465生。オランダの人文主義者。

[この年] アルバレス, フランシスコ　Álvares, Francisco　ポルトガルの司祭。

ウスタード・マリク・ムハンマド・カースィム　Ustād Malik Muḥammad Qāsim　イランのサファウィー朝の細密画家, 詩人, 書道家。

王艮　57歳。1483生。中国, 明の儒者。

霍韜　53歳。1487生。中国, 明中期の官僚。

クレーヴェ, ヨース・ファン・デル・ベーケ　Cleve, Joos van der Beke　60？歳。1480（㋱1485頃）生。オランダの画家。

康海　㋱1504没、65歳。1475生。中国, 明中期の文人。

ゴンザーガ, フェデリゴ2世　Gonzaga, Federigo II　40歳。1500生。イタリアの貴族。

シュタードラー, ウルリヒ　Stadler, Ulrich　モルヴィアの再洗礼派, フッター(フッタライト)派の指導者。

デンゲル　Dengel, Lebna　42？歳。1498生。エチオピア皇帝(在位1508〜40)。

バッサーノ, フランチェスコ(年長)　Bassano, Francesco, il Vecchio　㋱1541？没、70？歳。1470生。イタリアの画家。

バーンズ, ロバート　Barnes, Robert　45歳。1495生。イギリスのアウグスティヌス隠修士会士。

ファン・ボーデヘム, ルイ　Boeghem, Louis van (Bodeghem, Louis van)　70？歳。1470生。フランドルの建築家。

ブデウス, ググリエルムス　Budaeus, Guglielmus　73歳。1467生。フランスの学者。

ベーハム, バルテル　Beham, Barthel　38歳。1502生。ドイツの画家, 版画家。

ベルナルディーノ・デ・ラレード　Bernardino de Laredo　58歳。1482生。スペインの神秘主義的著述家, 医者。

ボニファーチョ(大)　Bonifacio Veronese　イタリアの画家。

ホルネック(ホルネケン), メルヒオル・フォン　Horneck(Hornecken), Melchior von　ドイツのルター派教会に転会したカトリックの修道院長。

メルチ　Merci, St.Angela　66歳。1474生。聖ウルスラ教団の創設者。

[この頃] アガービティ, ピエトロ・パーオロ　Agabiti, Pietro Paolo　70？歳。1470生。イタリアの画家。

エーアハルト, グレーゴル　Erhart, Gregor　80？歳。1460生。ドイツの彫刻家。

エウゼービオ・ダ・サン・ジョルジョ　Eusebio da San Giorgio　75？歳。1465生。イタリアの画家。

オスナ, フランシスコ・デ　Os(s)una, Francisco de　48？歳。1492生。スペインの厳修派フランシスコ会修道士。

クーニャ　Cunha, Tristão da　80？歳。1460生。ポルトガルの航海者。

クルエ, ジャン　Clouet, Jean　㋱1541頃没、55？歳。1485（㋱1475頃）生。フランスの画家。

ファウスト　Faust, Johann　㋱1536頃没、60？歳。1480生。ドイツの魔術師, 占星術師。

ブリュッゲマン, ハンス　Brüggemann, Hans　60？歳。1480生。ドイツの木彫家。

ヘルプスト, ハンス　Herbst, Hans　70？歳。1470生。ドイツの宗教改革の推進者。

パッキアロッティ, ジャーコモ　Pacchiarotti, Giacomo　66？歳。1474生。イタリアの画家。

ペッリパーリオ, ニッコロ　Pellipario, Niccolò　60？歳。1480生。イタリアの陶画家。

ピレス　Pires, Tomé　㋱1524頃没、72？歳。1468（㋱1466頃）生。ポルトガルの旅行家。

ホーレンバウト, ヘラルト　Horenbout, Gerard　75？歳。1465生。フランドルの画家, 写本装飾画家。

ポワント, アルヌール・ド・ラ　Pointe, Arnoult de la　70？歳。1470生。オランダのガラス画家。

マルケージ，ジローラモ　Marchesi, Girolamo 68？歳。1472生。イタリアの画家。
ラヨール　Layolle, François de　48？歳。1492生。イタリア生れの作曲家。
リツィウス，パウル　Ricius, Paul　ドイツのユダヤ人改宗者，医者，哲学者。
リンク，メルヒオル　Rink, Melchior　47？歳。1493生。ドイツの再洗礼派指導者。

1541年

11.20　カルヴァンがジュネーブで宗教改革を開始
11.-　システィナ礼拝堂の「最後の審判」が完成
＊ ＊ ＊
ヘリンク，ループス　Hellinck, Lupus　1.14？没，46？歳。1495（㊞1496頃）生。ドイツの司祭，教会音楽作曲家。
ファーバー（ファブリ），ヨハネス　Faber (Fabri), Johannes　5.21没、63歳。1478生。ドイツのカトリック論争神学者、ウィーンの司教。
プール，マーガレット　Pole, Margaret　5.27没、67歳。1473生。イングランドのソールズベリ伯爵夫人。
レギウス（リーガー），ウルバーヌス　Rhegius (Rieger), Urbanus　5.27没、52歳。1489生。ドイツの宗教改革者，ルター派神学者。
バルデス，フアン・デ　Valdés, Juan de　5.？没、51？歳。1490（㊞1491頃）生。スペインの宗教改革者。
ピサロ，フランシスコ　Pizarro, Francisco　6.26没、63？歳。1478（㊞1475？）生。スペインのインカ帝国発見、征服者。
アルバラード，ペドロ・デ　Alvarado, Pedro de　7.4没、56？歳。1485生。スペインの中央アメリカ征服者。
グリュナエウス，ジーモン　Grynaeus, Simon　8.1没、48歳。1493生。スイスの人文主義学者、宗教改革者。
パグニヌス（パニーノ），サンテス（サンクテス）　Pagninus (Pagnino), Santes (Sanctes, Xantes)　8.24没、71？歳。1470生。イタリアのドミニコ会修道士、聖書学者。
パラツェルズス，フィリップス・アウレオールス　Paracelsus, Philippus Aureolus　9.24没、47歳。1493（㊞1490頃）生。スイスの錬金術師、医師。
メルラン，ジャーク　Merlin, Jacques　9.26没、61？歳。1480生。フランスのカトリック神学者。
マーガレット・チューダー　Margaret Tudor　10.18没、51歳。1489生。イングランド王ヘンリ7世の長女。

カピト，ヴォルフガング・ファブリツィウス　Capito, Wolfgang Fabricius　11.？没、63歳。1478生。ドイツの旧約学者。
バルベルデ，ビセンテ・デ　Valverde, Vicente de　11.？没。スペイン出身の初代ペルー司教。
カールシュタット　Karlstadt　12.25没、61？歳。1480（㊞1477頃）生。ドイツのピューリタニズムの先駆者。
この年　ヴェント，ヨーハン　Wenth, Johann　46？歳。1495生。ドイツのルター派神学者。
ヴォリック　Wollick, Nicolaus　61？歳。1480生。フランスの教師・理論家。
ガラテーオ，フラ・ジローラモ　Galateo, Fra Girolamo　51歳。1490生。イタリアの神学者。
カールシュタット　Carlstadt　58？歳。1483生。ドイツの宗教改革者。
クエバ　Cueva, Beatriz de la　グアテマラ総督。
コッター，ハンス（ヨハネス）　Kotter, Hans (Johannes)　56？歳。1485（㊞1480頃）生。ドイツのオルガン奏者、作曲家。
ソト　Soto, Hernando de　41？歳。1500生。スペインの探検家。
ハインリヒ（敬虔公）（フライベルクの）　Heinrich der Fromme von Freiberg　68歳。1473生。アルベルト家系列のザクセン大公。
莫登庸　71？歳。1470生。ヴェトナム、後黎朝を簒奪し、莫朝を開いた武将。
ブッシュ，ヴァランタン　Busch, Valentin　ステンドグラスの制作者。
ロッティ，ロレンツォ　Lotti, Lorenzo　51歳。1490生。イタリアの彫刻家、建築家。
この頃　フォルメント，ダミアン　Forment, Damián　61？歳。1480生。スペインの彫刻家。
マーウ　Mahu (Machu), Stephan　61？歳。1480生。ウィーンで活躍した作曲家。

1542年

7.21　教皇パウルス3世が検者聖省を設置する
8.24　オレリャーナがアマゾン河口に到達する
＊ ＊ ＊
ファン・オルレイ，バレント　Orley, Bernaert van　1.6（㊞1541）没、50？歳。1492（㊞1487頃）生。フランドルの画家。
ヘルデンハウアー，ヘルハールト　Geldenhauer, Gerhard　1.10没、60歳。1482生。オランダ出身の人文主義学者。
アレアンドロ，ジローラモ　Aleandro, Girolamo　1.31没、61歳。1480生。イタリア人の枢機卿、人文主義者。

1542

キャサリン・ハワード　Catherine Howard　2.13没、20？歳。1522（㊥1520頃）生。イギリス国王ヘンリー8世の5番目の妃。
ルザンテ　Ruzzante　3.17没、46？歳。1496（㊥1500頃）生。イタリアの喜劇作家。
デ・ソート、エルナンド　De Soto, Hernando　5.21没、46？歳。1496（㊥1500頃）生。スペインの探険家。
グラーティウス、オルトヴィーン　Gratius, Ortwin　5.22没、62？歳。1480生。ドイツのカトリック神学者、人文学者。
ペニコー、レオナール　Pénicaud, Léonard　5.3没、72？歳。1470生。フランスの七宝画師。
ユート（ユデー）、レーオ　Jud(Judae), Leo　6.19没、60歳。1482生。スイスの宗教改革者。
コンタリーニ、ガスパーロ　Contarini, Gasparo　8.24没、58歳。1483生。イタリアの政治家、学者、カトリック改革者。
ドッソ、ドッシ　Dosso Dossi, Giovanni　8.27？没、63？歳。1479（㊥1480頃）生。イタリアの画家。
バニャカヴァッロ　Bagnacavallo　8.？没、58歳。1484生。イタリアの画家。
ボスカン、フアン　Boscán de Almogáver, Juan　9.21没、52？歳。1490（㊥1487頃）生。スペインの詩人。
ワイアット、トマス　Wyat, Sir Thomas　10.11没、39歳。1503生。イギリスの詩人、外交官。
ツヴィック、ヨハネス　Zwick, Johannes　10.23没、46？歳。1496生。コンスタンツの宗教改革者、讃美歌作者。
ゼンフル、ルートヴィヒ　Senfl, Ludwig　12.2？（㊥1543）没、56？歳。1486（㊥1490頃）生。スイスの作曲家。
ジェームズ5世　James V　12.14没、30歳。1512生。スコットランド王（在位1513～42年）。
ピギウス、アルベルトゥス　Pighius, Albertus　12.26没、52？歳。1490生。オランダのカトリック神学者、人文主義者。
この頃　アウエルバハ　Auerbach, Heinrich　60歳。1482生。ドイツのライプチヒ大学医学教授、の市参事会員。
アチュタデーヴァ・ラーヤ　Acyutadeva Rāya　インド、ヴィジャヤナガル王国の王（在位1529～42）。
ヴィザジエ、ジャン　Visagier, Jean　32？歳。1510生。フランスのラテン語詩人。
ガルセース、フリアン　Garcés, Julián　95歳。1447生。メキシコのトラスカラの初代司教、インディヘナの保護者。
シェーン、エーアハルト　Schön, Erhard　51？歳。1491生。ドイツの画家、素描家。
シャー・イスマーイール　Shah Ismāʿīl　イラン・西アジア、サファヴィー朝初代王。

ジローラモ・ディ・ベンヴェヌート　Girolamo di Benvenuto　72歳。1470生。イタリアの画家。
ダライラマ2世、ゲドゥン・ギャムツォ　Dalai Lama II, dGe 'dun rgya mtsho　67歳。1475生。チベットのゲール派仏教徒。
ブラーラー（ブラウラー）、マルガレーテ　Blarer (Blaurer), Margarethe (Margarete)　ディアコニッセの先駆者のひとり。
ベニヴィエーニ、ジローラモ　Benivieni, Girolamo　89歳。1453生。イタリアの詩人。
呂柟　63歳。1479生。中国、明代の学者。
ルーラー、ヨーハン　Rurer, Johann　62？歳。1480生。ドイツの宗教改革者。
この頃　コルテッリーニ、ミケーレ・ディ・ルーカ・デイ　Coltellini, Michele di Luca dei　62？歳。1480生。イタリアの画家。
ジャーエスィー、マリク・ムハンマド　Jāyasī, Malik Muḥammad　㊥1543没、48？歳。1494（㊥1493）生。インドのヒンディー語詩人。
フェーデルマン　Federmann, Nicolaus　㊥1543没、41？歳。1501生。ドイツの探検家。
フェルナンデス、ヴァスコ　Fernandes, Vasco　67？歳。1475生。ポルトガルの画家。
フォークトヘル、ハインリヒ　Vogtherr, Heinrich　52？歳。1490生。ドイツの詩人、画家、彫刻家。
パディーリャ、ホアン・デ　Padilla, Juan de　42？歳。1500生。スペインの宣教師。
ミシェル、ギヨーム　Michel, Guillaume　フランスの著作家、翻訳家。

1543年

3.21　コペルニクス「天球の回転について」出版
8.20　オスマン・フランス連合軍がニースを征服
9.23　ポルトガル船が種子島に漂着、鉄砲が伝来

＊＊＊

カブリリョ　Cabrillo, Juan Rodríguez　1.3没。スペインの航海者。
デュ・ベレー、ギヨーム　Du Bellay, Guillaume, Sieur de Langey　1.9没、52歳。1491生。フランスの軍人、政治家。
エック、ヨーハン・フォン　Eck, Johann von　2.10（㊥1524）没、56歳。1486生。宗教改革期のドイツのカトリック聖職者。
シュターディオン、クリストフ・フォン　Stadion, Christoph von　4.15没、65歳。1478生。ドイツの司教。
フランチェスコ・ダ・ミラノ　Francesco da Milano　4.15？没、45？歳。1497生。イタリアのリュート奏者、作曲家。

コペルニクス，ニコラウス Copernicus, Nicolaus 5.24没、70歳。1473生。ポーランドの天文学者。

エレンボーク，ニーコラウス Ellenbog, Nikolaus 6.6没、62歳。1481生。ドイツのベネディクト会士，人文主義者。

フィレンツオーラ，アーニョロ Firenzuola, Agnolo 6.27没、49歳。1493生。イタリアの文学者。

クリー・クトゥブ・シャー Qulī Quṭb Shāh 9.3没、98？歳。1445生。インドのデッカンのクリー・クトゥブ・シャー王朝の創始者。

クリヒトヴェーウス，ヨドークス Clichtoveus (Clichtovaeus), Jodocus 9.22？没、71？歳。1472生。フランドル出身の人文主義者，神学者。

ホルバイン，ハンス Holbein, Hans der Jüngere 10.7？没、25歳。1497生。ドイツの画家。

アウロガルス，マテーウス Aurogallus, Mattäus 11.10没、53？歳。1490生。ドイツのヘブル語学者。

グラナッチ，フランチェスコ Granacci, Francesco 11.30没、66歳。1477([異]1469)生。イタリアの画家。

ゲオルク(敬虔侯) Georg (der Fromme) 12.27没、59歳。1484生。ドイツの宗教改革を支持した辺境伯。

ジベルティ，ジャン・マッテーオ Giberti, Gian Matteo 12.29没、48歳。1495生。イタリアのカトリック改革者のひとり。

[この年] **アフォンソ，ムヴェンバ-ンジンガ** Affonso, Mvemba-Nzinga [異]1545頃没、88？歳。1455生。コンゴ民族の王。

カラヴァッジョ，ポリドーロ・カルダーラ・ダ Caravaggio, Polidoro Caldara da [異]1546没、51？歳。1492([異]1500頃)生。イタリアの画家。

ザッカーニ，ジョヴァン・フランチェスコ Zaccagni, Giovan Francesco 52歳。1491生。イタリアの建築家。

チェザリアーノ，チェーザレ Cesariano, Cesare 60歳。1483生。イタリアの建築家，建築理論家。

バッチョ・ダーニョロ Baccio d'Agnolo 81歳。1462生。イタリアの建築家，彫刻家。

ヤニツキ，クレメンス Janicki, Klemens 27歳。1516生。ポーランドの詩人。

[この頃] **ゴンサレス・デ・アビラ** González de Avila 探検家。

フランク，ゼバスティアン Franck, Sebastian [異]1542頃没、44？歳。1499生。ドイツの人文主義者，心霊論者。

フロリジェーリオ，セバスティアーノ Florigerio, Sebastiano 43？歳。1500生。イタリアの画家。

ホフマン，メルヒオル Hofmann, Melchior 43？歳。1500([異]1495頃)生。ドイツの再洗礼派。

マンゾーリ，ピエール・アンジェロ Manzoli, Pier Angelo 43？歳。1500生。イタリアの医師，人文主義者。

1544年

4.14	フランス軍がセリゾールの戦いで勝利する
5.03	倭寇が慶尚南道を襲撃する(蛇梁の変)
9.19	第4次独仏戦争がクレピーの和約で終結
この年	フマーユーンがサファヴィー朝に亡命する

＊＊＊

シャンビージュ，ピエール1世 Chambiges, Pierre I 1.19没。フランスの建築家。

モルツァ，フランチェスコ・マリーア Molza, Francesco Maria 2.28没、54歳。1489生。イタリアの宮廷的人文主義者。

レジナーリウス，バルタザル Resinarius, Balthasar 4.12没、59？歳。1485生。ドイツの作曲家。

オードリー(ウォルデンの)，トマス・オードリー，男爵 Audley, Thomas, Baron Audley of Walden 4.30没、56歳。1488生。イギリスの政治家。

ラトームス，ヤコブス Latomus, Jakobus (Jacques Masson) 5.29没、69歳。1475生。ルーヴェンのスコラ神学者。

マロ，クレマン Marot, Clément 9.10？没、47歳。1497([異]1496)生。フランスの詩人。

リー，エドワード Lee, Edward 9.13没、62？歳。1482生。英国教会の大主教。

陳淳 10.2没、60歳。1484([異]1483)生。中国，明代の画家。

フォレンゴ，テオーフィロ Folengo, Teofilo 12.9没、53歳。1491生。イタリアの詩人。

[この年] **王廷相** 70歳。1474生。中国，明代の政治家，学者，詩人。

黄真伊 38歳。1506生。朝鮮，李朝中宗代の開城の名妓。

コルドゥス Cordus, Valerius 29歳。1515生。ドイツの薬物学者。

ジャンニコーラ・ディ・パーオロ Giannicola di Paolo 84？歳。1460生。イタリアの画家。

ジローラモ・ダ・トレヴィーゾ(年少) Girolamo da Treviso, il Giovane 47歳。1497生。イタリアの画家。

ソリアーニ，ジョヴァンニ・アントーニオ Sogliani, Giovanni Antonio 52歳。1492生。イタリアの画家。

チヴェルキオ，ヴィンチェンツォ Civerchio, Vincenzo 74？歳。1470生。イタリアの画家，建築家。

中宗(李朝) 56歳。1488生。朝鮮王朝の第11代国王(在位1506～44)。

16世紀

チョエキ・ギェルツェン（セラジェツンパ） Se ra rje btsun pa chos kyi rgyal mtshan 75歳。1469生。チベットのゲール派仏教者。

ドゥーチス Ducis, Benedictus 54？歳。1490生。ドイツの作曲家。

フォルツ，パウル Volz, Paul 64？歳。1480？生。ドイツの人文主義宗教改革者。

マンコ・カパク2世 Manco Capac II ㉘1545没、44？歳。1500(㉘1516頃)生。インカの最後の皇帝。

陸深 67歳。1477生。中国、明代の文人。

この頃 デ・ペリエ，ボナヴァンチュール Des Périers, Bonaventure 34？歳。1510(㉘1500頃)生。フランスのユマニスト、詩人、物語作家。

フェルシティン，セバスティアン・ズ Felsztyna, Sebastian z 54？歳。1490生。ポーランドの神学者、作曲家。

マイト，コンラート Meit, Conrad ㉘1550頃没、74？歳。1470(㉘1480頃)生。ドイツの彫刻家、木版画家。

タヴァナー，ジョン Taverner, John 10.18没、55？歳。1490(㉘1495頃)生。イギリスの作曲家、オルガン奏者。

この年 カイリーナ，パーオロ(年少) Cailina, Paolo il Giovane 60？歳。1485生。イタリアの画家。

阮淦 ヴェトナム、黎朝時代の貴族、武将。

サッバティーニ Sabbatini, Andrea 65？歳。1480生。イタリアの画家。

シェール・シャー Sher Shāh 73歳。1472生。インド、ムスリム王朝であるスール朝の創始者。

ベルナベイ，ドメーニコ Bernabei, Domenico 75歳。1470生。イタリアの建築家。

マンスール Mansūr 中央アジア、モグリスタン・ハン国のハン (在位1503～45)。

ルドルフ，クリストフ Rudolf, Christoff 45？歳。1500生。チェコの数学者。

この頃 アルフェ，エンリーケ Arfe, Enrique スペインの金工家。

インノチェンツォ・ダ・イーモラ Innocenzo da Imola 56？歳。1489生。イタリアの画家。

ヴァシアーン・コソーイ Vassian Kosoj ロシアの修道士、「清廉派」の指導者、16世紀前半の著名な文筆家。

カロリ，ピエール Caroli, Pierre 65？歳。1480生。フランスの宗教改革者。

クビリャン Covilhão, Pedro de ㉘1525以後没、95？歳。1450生。ポルトガルの旅行家。

ゼーホーファー，アルザーキウス Seehofer, Arsacius 42？歳。1503生。ドイツの宗教改革者。

ファン・カルカル，ヤン・ステーフェン Calcar, Jan Stephan van ㉘1546頃没、46？歳。1499生。オランダの画家。

フリューアウフ，リューラント(子) Frueauf, Rueland der Jünger 75？歳。1470生。ドイツの画家。

1545年

12.13　トリエント公会議が開催される
この年　ボリビアでポトシ銀山が発見される

* * *

シュパーラティーン，ゲオルク Spalatin, Georg Burkhardt 1.16没、60歳。1484生。ドイツの宗教改革者。

ヘルト，ゲオルク Helt, Georg 3.6没、60？歳。1485生。ドイツの宗教改革者。

ゲバーラ，アントニオ・デ Guevara y de Noroña, Antonio de 4.3没、65？歳。1480生。スペインの神学者、作家。

フェスタ，コスタンツォ Festa, Costanzo 4.10没、55？歳。1490(㉘1480頃)生。イタリアの作曲家、歌人。

デーヴァイ Dévai(Devay) 6.？没、45？歳。1500生。「ハンガリーのルター」と呼ばれる宗教改革者。

デュ・ギエ，ペルネット Du Guillet, Pernette 7.17没、25？歳。1520生。フランスの女性詩人。

バーダー，ヨハネス Bader, Johannes 8.10？没、58？歳。1487？生。ドイツの改革派牧師、神学者。

メガンダー(グロスマン)，カスパル Megander (Grossmann), Kaspar 8.18没、50歳。1495生。スイス(ベルン)の宗教改革者。

アルブレヒト2世(ブランデンブルク、またはマインツの) Albrecht von Mainz 9.24没、55歳。1490生。マインツの大司教。

バルドゥング，ハンス Baldung Grien, Hans 9.？没、69？歳。1476(㉘1484頃)生。ドイツの画家。

タヴァナー，ジョン Taverner, John 10.18没、55？歳。1490(㉘1495頃)生。イギリスの作曲家、オルガン奏者。

1546年

2.12　オスマン朝軍がイエメンのタイズを併合

* * *

エルンスト(告白公) Ernst(der Bekenner) 1.11没、48歳。1497生。ドイツのブラウンシュヴァイク・リューネブルク大公。

フェッラーリ，ガウデンツィオ Ferrari, Gaudenzio 1.31没、62？歳。1484(㉘1475頃)生。イタリアの画家、彫刻家。

ルター，マルティン Luther, Martin 2.18没、62歳。1483生。ドイツの宗教改革者。

ウィッシャート，ジョージ Wishart, George 3.1没、33？歳。1513生。スコットランドの宗教改革者。

16世紀　　　　　　　　　　　　　　　　1547

エリオット，トマス　Elyot, *Sir* Thomas　3.2没、56？歳。1490生。イギリスの人文学者、外交官、散文作家。
ミュコーニウス（メクム），フリードリヒ　Mykonius, Friedrich　4.7没、55歳。1490生。ドイツの宗教改革者。
ビートン，デイヴィド　Beaton, David　5.29没、52歳。1494生。イギリスの政治家、聖職者。
アスキュー，アン　Askew, Anne　7.16没、25歳。1521生。イギリスのプロテスタント殉教者。
ファーベル，ペトルス　Faber, Petrus　8.1没、40歳。1506生。フランス生れのイエズス会創立者のひとり。
リッター，エラスムス　Ritter, Erasmus　8.1没。スイスの改革派説教者。
サンガッロ・イル・ジョーヴァネ，アントーニオ・ダ　Sangallo, Antonio Piccioni da　8.3没、63歳。1483（㊗1485）生。イタリアの建築家。
ドレ，エチエンヌ　Dolet, Étienne　8.3没、40歳。1506（㊗1509）生。フランスのユマニスト、詩人、出版者。
ビトリア，フランシスコ・デ　Vitoria, Francisco de　8.12没、63？歳。1483（㊗1486頃）生。スペインの神学者。
フレットナー，ペーター　Flötner, Peter　10.23没、61？歳。1485（㊗1490頃）生。ドイツの彫刻家、工芸家、建築家。
ロマーノ，ジューリオ　Romano, Giulio　11.1没、47歳。1499（㊗1492）生。イタリアの画家、建築家。
この年　オット　Ott, Hans（Otto, Joannes）　ドイツの楽譜出版業者。
シェンク，ヤーコプ　Schenk, Jakob　38？歳。1508生。ドイツのルター派聖職者。
徐敬徳　57歳。1489生。朝鮮、李朝初期の儒学者。
スピーナ，バルトロメーオ・デ　Spina, Bartolomeo de　71歳。1475生。イタリアのカトリック神学者、ドミニコ会士。
ディアス，ホアン　Diaz, Juan　36？歳。1510生。スペイン出身の宗教改革者。
トメー，ニーコラウス　Thomä, Nikolaus　54歳。1492生。ドイツのプファルツ地方の宗教改革者。
ハイレッディン・パシャ　Hayreddin Paşa　73歳。1473生。トルコ・オスマン帝国の総督。
バルバロス　Barbaros Khairettin　73歳。1473生。オスマン帝国の大提督。
バルバロス - ハイレッディン - パシャ　Barbaros Hayreddin　㊗1536没、63歳。1483生。オスマン・トルコ帝国の提督。
バルバロッサ　Barbarossa　バーバリー海岸（アフリカ北岸地域）を縄張りとした海賊。
フェルナンデス，アレーホ　Fernández, Alejo　㊗1545没、71？歳。1475（㊗1470頃）生。スペインの画家。

フッテン　Hutten, Philipp von　ドイツのベネズエラ征服者。
ベッリ，ヴァレーリオ　Belli, Valerio　86歳。1460生。イタリアの宝石細工師、メダル制作家。
ボッカッチーノ，カミッロ　Boccaccino, Camillo　42歳。1504生。イタリアの画家。
この頃　オレリャーナ，フランシスコ・デ　Orellana, Francisco de　（㊗1550頃没、56？歳。1490（㊗1505頃）生。スペインの軍人、探検家。
シャフナー，マルティン　Schaffner, Martin　㊗1547頃没、66？歳。1480（㊗1478頃）生。ドイツの画家、彫刻家。
デーツィウス，ニーコラウス　Decius, Nikolaus　61？歳。1485生。ドイツの宗教改革者、讃美歌作者。
バティジ，アンドラーシュ　Batizi, András　36？歳。1510生。ハンガリーの宗教改革期のルター派指導的神学者。
フルテナーゲル（フォルテナーゲル），ルーカス　Furtenagel(Fortenagel), Lukas(Laux)　41？歳。1505生。ドイツの画家、銅版彫刻師。
ミーラーン・バーイー　Mīrā Bāī　㊗1564頃没、48？歳。1498（㊗1499）生。インドのラジャスターンの女流詩人。
リバン・ズ・レグニツァ，イェジ　Liban z Legnica, Jerzy　82？歳。1464生。ポーランドの理論家、作曲家。

1547年

1.16　イヴァン4世（雷帝）がロシア皇帝に即位
1.28　イングランドでエドワード6世が即位する
3.31　フランスでアンリ2世が即位する
＊＊＊
フィエスコ　Fiesco, Giovanni Luigi, Conte di Lavagna　1.2没、23？歳。1524生。ジェノヴァの貴族。
ヘス，ヨーハン　Heß, Johann　1.5没、56歳。1490生。ドイツのルター派神学者。
シェーナー　Schöner, Johann　1.16没、70歳。1477生。ドイツの数学者、地理学者、天文学者。
ベンボ，ピエートロ　Bembo, Pietro　1.18没、76歳。1470生。イタリアの人文主義者、詩人。
サリー，ヘンリー・ハワード，伯爵　Surrey, Henry Howard, Earl of　1.21没、30？歳。1517生。イギリスの詩人、軍人。
ヘンリー8世　Henry VIII　1.28没、55歳。1491生。チューダー朝第2代のイングランド王（在位1509～47）。
ホルン，ヨーハン　Horn, Johann　2.11没、57？歳。1490生。ボヘミア兄弟団の監督、讃美歌作詞家。

人物物故大年表 外国人編　*313*

コロンナ，ヴィットーリア　Colonna, Vittoria　2.25没、55？歳。1492(Ⓦ1490)生。イタリアの女流詩人。

リンク，ヴェンツェル(ヴェンツェスラウス，ヴィンチラウス)　Linck(Link), Wenzel(Wenzeslaus, Vinicilaus)　3.12没、64歳。1483生。ドイツの宗教改革者。

ヴァターブル，フランソワ　Vatable, François　3.15没、54？歳。1493生。フランスのカトリック神学者、ヘブル語学者。

コルダートゥス，コンラート　Cordatus, Konrad　3.25没、71？歳。1476生。ドイツのルター派牧師。

フランソア1世　François I　3.31没、52歳。1494生。フランス王(在位1515～47)。

オッター，ヤーコブ　Otter, Jakob　3.？没、62？歳。1485生。南西ドイツの宗教改革者。

アグリーコラ，シュテファン　Agricola, Stephan　4.10？没、56？歳。1491生。ドイツの福音主義の神学者。

ロングランド，ジョン　Longland, John　5.7没、74歳。1473生。英国教会のリンカン主教。

セバスティアーノ・デル・ピオンボ　Sebastiano del Piombo　6.21没、62歳。1485生。イタリアの画家。

レナーヌス，ベアートゥス　Rhenanus, Beatus　7.20没、61歳。1485生。アルザス出身の人文学者。

グルエ，ジャーク　Gruet, Jacques　7.26没。ジュネーヴの反カルヴァン派のひとり。

カイエターヌス，ティエネ　Cajetanus, Tiene　8.7没、66歳。1480生。イタリアのテアティノ修道会の創始者のひとり、聖人。

ホーフマイスター，ヨーハン　Hoffmeister, Johann　8.21？没、38？歳。1509生。ドイツのカトリック教会法学者、アウグスティヌス会隠修士。

ピエル・ルイジ(ファルネーゼの)　Pier Luigi Farnese　9.10没、44歳。1503生。パルマ＝ピアチェンツァ公国の初代公。

サドレート，ジャーコポ(ヤーコポ)　Sadoleto, Jacopo　10.18没、70歳。1477生。枢機卿、人文主義的教育学者。

バーガ　Vaga, Perino del　10.19没、46歳。1501生。イタリアの画家。

レドフォード　Redford, John　10.？没。イギリスの作曲家。

コルテス，エルナン　Cortés, Hernán　12.2(Ⓦ1548)没、62歳。1485生。スペインのメキシコ征服者。

ポイティンガー，コンラート　Peutinger, Konrad　12.28没、82歳。1465生。ドイツ人の人文主義者。

この年　ヴィーデンゼー，エーバハルト　Widensee, Eberhard　61？歳。1486生。ドイツ宗教改革期の牧師。

クレンメ，パンクラーティウス　Klemme, Pankratius　72？歳。1475生。ドイツのドミニコ会説教者。

崔世珍　Ⓦ1542没、77歳。1470生。朝鮮、李朝の学者。

シェッファー　Schöffer, Peter　72？歳。1475生。ドイツの出版業者。

周用　71歳。1476生。中国、明代中期の文人画家。

バイフ，ラザール・ド　Baïf, Lazare de　51？歳。1496生。フランスの人文学者、外交官。

バスケーニス，シモーネ2世　Baschenis, Simone II　28歳。1519生。イタリアの画家。

フィエスキ，ジョヴァンニ・ルイジ，伯爵　Fieschi, Gian Luigi　25？歳。1522生。ジェノヴァの貴族。

フリードリヒ2世　Friedrich II　27歳。1520生。リーグニッツの領主。

ピエリン・デル・ヴァーガ　Pierin del Vaga　47？歳。1500生。イタリアの画家。

ボッカルディ，フランチェスコ　Boccardi, Francesco　イタリアの写本装飾画家。

ペッレグリーノ・ダ・サン・ダニエーレ　Pellegrino da San Daniele　80歳。1467生。イタリアの画家。

ホール　Hall, Edward　49？歳。1498生。イギリスの歴史家。

ムーザ(ヴェシュ，ヴェスト)，アントーン　Musa (Wesch, West), Anton　62？歳。1485生。ドイツの宗教改革者、宗教音楽作者。

羅欽順　82歳。1465生。中国、明の政治家、学者。

ラピチダ，エラスムス　Lapicida, Erasmus　102？歳。1445？生。ドイツの作曲家、理論家。

ルイス，フェルナン1世　Ruiz, Fernán I　スペインの建築家。

この頃　カリアーニ，ジョヴァンニ　Cariani, Giovanni　62？歳。1485生。イタリアの画家。

ダグラーテ，ジャン・フランチェスコ・フェッレーリ　d'Agrate, Gian Francesco Ferreri　58？歳。1489生。イタリアの建築家、彫刻家。

リシャフォール，ジャン　Richafort, Jean　67？歳。1480生。フランドル楽派の作曲家。

1548年

5.15　神聖ローマ帝国会議で「仮信条協定」提出

＊＊＊

ツェル，マテーウス　Zell, Matthäus　1.9没、70歳。1477生。ドイツの宗教改革者。

ホンター(ホンテールス)，ヨハネス　Honter, Johannes　1.23(Ⓦ1549)没、50歳。1498生。オーストリアの宗教改革者。

ボヌス，ハルメン（ヘルマン） Bonnus, Harmen (Harmann) 2.15？没、44歳。1504生。低地ドイツの宗教改革者、讃美歌作者。

メーディチ，ロレンツィーノ・デ Medici, Lorenzino de' 2.26没、34歳。1513生。イタリアの作家。

ジグムント1世 Zygmund I Stary 4.1没、81歳。1467（㉚1466）生。ポーランド国王（在位1506～48）。

ピサロ，ゴンサロ Pizarro, Gonzalo 4.10没、42？歳。1506（㉚1511頃）生。スペインの探検家、征服者。

スマラガ，ホアン・デ Zumárraga 6.3没、80？歳。1468生。スペインの聖職者。

カストロ Castro, João de 6.6没、48歳。1500生。ポルトガルの軍人。

カルパントラ Carpentras 6.14没。フランスの作曲家。

ラウ，ゲオルク Rhau, Georg 8.6没、60歳。1488生。ドイツの出版業者、作曲家。

キャサリン・パー Catherine Parr 9.7没、36歳。1512生。イギリス国王ヘンリー8世の6番目の妃。

コルテーゼ，グレゴーリオ Cortese, Gregorio 9.21没、65歳。1483生。イタリアの修道院改革者、神学者、枢機卿。

ディートリヒ Dietrich, Sixtus 10.21没、56？歳。1492生。ドイツの作曲家。

ダンティシェク，ヤン Dantyszek, Jan 10.27没、62歳。1485生。ポーランドの人文主義者、外交官。

クルーツィガー，カスパル Cruciger, Caspar 11.16没、44歳。1504生。ドイツの宗教改革者。

スピエーラ，フランチェスコ Spiera, Francesco 12.27没、46歳。1502生。イタリアの法学者。

この年 エイナルソン Einarsson, Gissur 40歳。1508生。アイスランドの主教。

夏言 66歳。1482生。中国、明代の政治家。

ステウクス（ステウコ），アウグスティーン Steuchus (Steuco), Augustin 51歳。1497生。宗教改革期のイタリアのカトリック神学者。

曾銑 中国、明の政治家、武将。

ドッシ，バッティスタ Dossi, Battista 74？没。1474生。イタリアの画家。

バンバイア Bambaia 65歳。1483生。イタリアの彫刻家。

ブスティ，アゴスティーノ Busti, Agostino 65歳。1483生。イタリアの彫刻家。

ヤン・ズ・ルブリナ Jan z Lublina ポーランドのオルガン奏者。

ラング，ヨーハン Lang, Johann 60？歳。1488生。ドイツのプロテスタント神学者。

この頃 サヴォルド，ジャン・ジローラモ Savoldo, Giovanni Girolamo ㉚1550頃没、68？歳。1480（㉚1485頃）生。イタリアの画家。

フォゴリーノ，マルチェッロ Fogolino, Marcello 68？歳。1480生。イタリアの画家。

ロッシャー，ゼバスティアン Loscher, Sebastian ドイツの彫刻家。

1549年

1.07　ジョアン3世がブラジルに総督制を施行
8.15　フランシスコ・ザビエルが鹿児島に上陸
　　　＊＊＊

エリーアス，レヴィータ（エリヤ・ベン・アシェル・ハ－レーヴィ） Elias, Levita (Elijah ben Asher ha-Lēvi) 1.28没、80歳。1469生。ドイツ出身のユダヤ教のラビ、ヘブル原典研究者。

ソドマ，イル Sodoma, Il 2.15没、72歳。1477生。イタリアの画家。

シーモア（シュードリーの），トマス・シーモア，男爵 Seymour of Sudeley, Thomas Seymour, Baron 3.20没、41？歳。1508生。イギリスの貴族。

ディートリッヒ，ファイト Dietrich, Veit 3.25没、42歳。1506生。ドイツの宗教改革者。

ビュール，イドレット・ド Bure, Idolette de 3.29没。ジャン・カルヴァンの妻。

朱紈 3.？没、57歳。1492生。中国、明中期の官吏。

スタンホールド，トマス Sternhold, Thomas 8.23没、49歳。1500生。イングランドの韻律詩篇作者。

ベタンソス，ドミンゴ・デ Betanzos, Domingo de 9.？没、69歳。1480生。スペインのドミニコ会宣教師。

ブリースマン，ヨハネス Briesmann, Johannes 10.1没、60？歳。1488生。宗教改革期のドイツの神学者。

パウルス3世 Paulus III 11.10没、81歳。1468生。教皇（在位1534～49）。

ファーギウス（ビューヒライン），パウル Fagius (Büchlein), Paul 11.13没、45歳。1504生。ドイツのプロテスタント神学者、ヘブル学者。

マルグリット・ド・ナヴァール Marguerite de Navarre 12.21没、57歳。1492生。フランス、ナバル公妃。

ケット Ket, Robert 12.7没。イギリスノーフォークの農民反乱の指導者。

この年 エヴァンジェリスタ・ディ・ピアン・ディ・メレート Evangelista di Pian di Meleto 91歳。1458生。イタリアの画家。

クローンベルク，ハルトムート・フォン Kronberg, Hartmuth von 61歳。1488生。ドイツの宗教改革期のルター派貴族。

ジュスト，ジョバンニ Juste, Jean 64歳。1485生。イタリアの彫刻家。

スカルパニーノ Scarpagnino イタリアの建築家。

ツィーグラー，ヤーコプ Ziegler, Jokob 79？歳。1470生。ドイツの人文主義神学者。

人物物故大年表 外国人編　*315*

ドメーニコ・ダ・コルトーナ　Domenico da Cortona　79？歳。1470生。フランスで活躍したイタリアの建築家。
バウツ、アルベルト　Bouts, Albert　97？歳。1452生。フランドルの画家。
ファルネーゼ、アレッサンドロ　Farnese, Alessandro　81歳。1468生。北イタリアのパルマ地方を治めた名家。
ベガ、アンドレアス・デ　Vega, Andreas de　51歳。1498生。スペインのフランシスコ会神学者。
[この頃] コジーニ、シルヴィオ　Cosini, Silvio　54？歳。1495生。イタリアの彫刻家。
ハーナー、ヨーハン　Haner, Johann　69？歳。1480生。ドイツの人文主義学者、論争家。
ボッカドーロ、ドメニコ・ベルナベイ（ドメニコ・ダ・コルトーナ（通称））　Boccadoro, Domenico Bernabei (Domenico da Cortona)　イタリアの建築家、インテリア・デザイナー。

1550年

8.15　スペインでバリャドリード論争が起こる
9.21　モンゴルのアルタン・ハーンが北京を包囲
この年　ヴァザーリの「芸術家列伝」が出版される
＊＊＊
ウィルヘルム4世　Wilhelm IV　3.7没、56歳。1493生。バイエルン公（在位1508～50）。
ホアン（神の）　Juan de Dios　3.8没、66歳。1495生。スペインの聖職者。
ペトレイウス　Petreius, Johann　3.18没、53歳。1497生。ドイツの印刷出版業者。
ギーズ、クロード・ド・ロレーヌ、初代公爵　Guise, Claude de Lorraine, Duc d'Aumale　4.12没、53歳。1496生。フランスの武人。
ポーレンツ、ゲオルク・フォン　Polentz, Georg von　4.28没、72歳。1478生。ドイツのザームラント司教。
カスティリェホ、クリストバル・デ　Castillejo, Cristóbal de　6.12没、60？歳。1490生。スペイン、ルネサンスの詩人。
ガンバラ、ヴェローニカ　Gambara, Veronica　6.13没、64歳。1485生。イタリアの女流詩人。
シュパンゲンベルク、ヨーハン　Spangenberg, Johann　6.13没、66歳。1484生。ドイツのルター派神学者。
グランヴェル（グランヴェラ）、ニコラ・ペルノー・ド　Granvelle, Nicolas Perrenot de　8.28没、66？歳。1484（㊟1468）生。フランスの政治家。
ペンツ、ゲオルク　Pencz, Georg　10.11没、50？歳。1500生。ドイツの画家、銅板画家。

ウルリヒ　Ulrich, Reichenweier　11.6没、63歳。1487生。ビュルテンベルク公。
ウルリヒ、ヘルツォーク・フォン・ヴュルテンベルク　Ulrich, Herzog von Württemberg　11.6没、52歳。1498生。ドイツのヴュルテンベルク大公（位1498～没年）。
ベーハム、ハンス・ゼーバルト　Beham, Hans Sebald　11.22没、50歳。1500生。ドイツの画家。
ファン・アールスト、ピーテル　Coecke van Aelst, Pieter　12.6（㊟1532頃）没、48歳。1502生。フランドルの画家、建築家。
トリッシノ、ジャン・ジョルジョ　Trissino, Gian Giorgio　12.8没、72歳。1478生。イタリアの文学者。
レーデラー、ヨルク　Lederer, Jorg　12.？没、80？歳。1470（㊟1475頃）生。ドイツの彫刻家。
[この年] アラソン、ヨウン　Arason, Jón　66？歳。1484生。アイスランドの詩人、最後のカトリックの司教、殉教者。
アルダー、コスマス　Alder, Cosmas　53？歳。1497生。スイスの作曲家。
アルチャート、アンドレア　Alciato, Andrea　58歳。1492（㊟1491）生。イタリアの法学者。
アレソン、ヨン　Aresson, Jon　66歳。1484生。アイスランドのカトリック司教、詩人、殉教者。
イシュトリショチトル2世　Ixtlilxochitl II　50？歳。1500生。アステカ族の同盟市テスココの王。
クラッツァー、ニコラス　Kratzer, Nicolas　64歳。1486生。ドイツの天文学者、占星術師、観測機器製作者。
ジローラモ・デル・サント　Girolamo del Santo　70歳。1480生。イタリアの画家。
タビンシュウェティ　Tabinshweti　33歳。1517（㊟1516）生。ビルマ、トゥングー朝の第2代王（在位1531～50）。
フィッシャー、ハンス　Vischer, Hans　61？歳。1489生。ドイツの彫刻家。
ブライアン　Bryan, Sir Francis　イギリスの詩人、外交官。
ベラルカサル　Belalcazar, Sebastián de　55？歳。1495生。スペインの新大陸征服者。
ベンソン、アンブロシウス　Benson, Ambrosius　55？歳。1495生。イタリア出身のフランドルの画家。
ピーリ‐レイス　Pîrî Reis, Ahmet Muhiddin　㊟1554没。オスマン・トルコ帝国の海軍提督。
ボンベルク、ダーニエル　Bomberg, Daniel　80？歳。1470生。ヴェネツィアの印刷業者。
マチューカ、ペドロ　Machuca, Pedro de　㊟1572没。スペインの建築家、画家。
マリナ　Marina, Doña　49？歳。1501生。メキシコの征服者スペイン人H. コルテスに協力した女性。

メイジャー，ジョン Major, John 80歳。1470生。中世期末スコットランドの歴史家，哲学者。

ルセル，ジェラール Roussel, Gérard 50？歳。1500生。フランスのカトリック教会改革者。

レムニウス，ジーモン Lemnius, Simon 39歳。1511生。ドイツの人文主義的詩人。

[この頃] **アーロン，ピエトロ** Aaron, Pietro [異]1545以降没、70？歳。1480生。イタリアの音楽理論家，作曲家。

アントーニオ・ダ・トレント Antonio da Trento 40？歳。1510生。イタリアの版画家。

グスマン Guzmán, Nuño Beltrán de スペイン人コンキスタドール。

ファントゥッツィ，アントーニオ Fantuzzi, Antonio イタリアの画家，銅版画家。

フッソヴィアーヌス，ニコラウス Hussovianus, Nicolaus 70？歳。1480生。ポーランドの詩人。

ブレス Bles, Henri met de 40？歳。1510生。オランダの画家。

ピネグリエ，ロベール1世 Pinaigrier, Robert [異]1570頃没、60？歳。1490生。フランスのガラス絵師。

マシップ，ファン・ビセンテ Macip, Juan Vicente 70？歳。1480生。スペインの画家。

ムリュ，ピエール Moulu, Pierre 70？歳。1480（[異]1490頃）生。フランスまたはフランドルの作曲家。

リチーニオ，ベルナルディーノ Licinio, Bernardino 60？歳。1490生。イタリアの画家。

レオ Leo, Giovanni 56？歳。1494生。マウルの地理学者。

ロンダーニ，フランチェスコ・マリーア Rondani, Francesco Maria 60？歳。1490生。イタリアの画家。

1551年

8.15 オスマン艦隊がトリポリを奪う

＊＊＊

ヴェナトーリウス，トーマス Venatorius (Gechauf, Jäger), Thomas 2.4没、63？歳。1488生。ドイツの人文主義宗教改革者。

ブーツァー，マルティン Bucer, Martin 2.28没、59歳。1491生。ドイツのプロテスタント宗教改革者。

ヴァディアーン（ヴァディアーヌス），ヨーアヒム Vadian, Joachim 4.6没、66歳。1484生。スイスの人文主義者。

タスト，ヘルマン Tast, Hermann 5.11没、61？歳。1490生。ドイツのシュレースヴィヒ・ホルシュタインの宗教改革者。

申師任堂 5.17没、46歳。1504生。朝鮮，李朝の女流画家。

ベッカフーミ，ドメニコ Beccafumi, Domenico 5.？没、65？歳。1486（[異]1485頃）生。イタリアの画家，彫刻家。

ベルンハルディ，バルトロメーウス Bernhardi, Bartholomäus 7.21没、63歳。1487生。宗教改革期のドイツの神学者，牧師。

イーゼンブラント，アドリアーン Isenbrandt, Adriaen 7.？没。フランドルの画家。

スペーラートゥス，パウルス Speratus, Paulus 8.12没、66歳。1484生。ドイツの宗教改革者，讃美歌作者。

メドラー，ニーコラウス Medler, Nikolaus 8.24没、49歳。1502生。ドイツの宗教改革者。

シャッペラー，クリストフ Schappeler, Christoph 8.25没、79歳。1472生。南ドイツの宗教改革者。

[この年] **王九思** 83歳。1468生。中国，明中期の文人。

オブライエン O'Brien, Murrough, 1st Earl of Thomond アイルランドの首長。

サンガッロ，バスティアーノ・ダ Sangallo, Bastiano da 70歳。1481生。イタリアの建築家，インターリオ（装飾彫り）作家。

ジェンガ，ジローラモ Genga, Girolamo 75歳。1476生。イタリアの画家，建築家。

ハイダル・ミールザー Ḥaidar Mīrzā 52？歳。1499生。東チャガタイ・ハン国に仕えた歴史家。

フッセン，ティレマン・ヴァン Hussen, Tilemann van 54？歳。1497生。宗教改革期のデンマークの神学者。

ベナルカーサル Benalcázar, Sebastián de スペイン人のコンキスタドール（征服者）の1人。

[この頃] **ブルボン，ニコラ** Bourbon, Nicolas 48？歳。1503生。フランスの詩人。

1552年

1.15 フリーデヴァルト条約が締結される
8.02 ドイツがモーリッツとパッサウ条約を結ぶ
10.02 カザン・ハーン国が滅亡する

＊＊＊

コッホレーウス（コッホラエウス），ヨハネス Cochläus, Johannes 1.11没、73歳。1479生。ドイツのカトリック神学者。

サマーセット，エドワード・シーモア，公爵 Somerset, Edward Seymour, 1st Duke of 1.22没、46?歳。1506([異]1500?)生。イギリスの政治家。

ナウゼア（グラウ），フリードリヒ Nausea（Grau），Friedrich 2.6没、62？歳。1490生。ドイツのカトリック論争家。

1552

ラウレンティウス・アンドレー（ラーシュ・アンデション） Laurentius Andreae（Lars Andersson） 4.14没、82？歳。1470生。スウェーデンの宗教改革者、教会政治家。

リーランド、ジョン Leland, John 4.18没、46？歳。1506生。イギリスの古物収集家。

ペートリ、オラーヴス Petri, Olaus 4.19没、59歳。1493生。スウェーデンの聖職者。

アピアヌス Apianus, Petrus 4.21没、51歳。1501（㊥1495）生。ドイツの地理学者、天文学者。

ミュンスター、ゼバスティアン Münster, Sebastian 5.23没、63歳。1489（㊥1488）生。ドイツの地理学者、数学者、天文学者、ヘブライ語学者。

バークリー、アレグザンダー Barclay, Alexander 6.10没、77？歳。1475（㊥1476頃）生。イギリスの聖職者、詩人。

マテオ・ダ・バショ Matteo da Bascio 8.6没、57？歳。1495（㊥1492頃）生。イタリアの聖職者。

ヘルマン・フォン・ヴィート Hermann von Wied 8.15没、75歳。1477生。宗教改革時代のケルン大司教。

ミコーニウス、オスヴァルト Mykonius, Oswald 10.14没、64歳。1488生。スイスの宗教改革者。

オジアンダー、アンドレーアス Osiander, Andreas 10.17没、53歳。1498生。ドイツのルター派神学者。

ヘーディオ、カスパル Hedio, Kaspar 10.17没、58歳。1494生。ドイツの人文主義者、宗教改革者。

ハビエル、フランシスコ Xavier, Francisco de Yasu y 12.3没、46歳。1506生。スペイン出身のイエズス会士。

グライター、マテーウス Greitter（Greiter, Gryter, Greuter）, Matthäus 12.10没、62？歳。1490生。ドイツの讃美歌作曲者。

ジョーヴィオ、パーオロ Giovio, Paolo 12.10没、69歳。1483生。イタリアの歴史家、人文主義者。

カタリーナ・フォン・ボラ Katharina von Bora 12.20没、53歳。1499生。ルターの妻。

[この年] アスペルティーニ、アミーコ Aspertini, Amico 78？歳。1474生。イタリアの画家、彫刻家。

アテニャン、ピエール Attaignant, Pierre ㊥1551頃没、58歳。1494生。フランスの音楽出版家。

ヴェルドロ、フィリップ・デルージュ Verdelot, Philippe Deslouges 82？歳。1470生。フランスの作曲家。

エルブレー・デ・ゼッサール、ニコラ・ド Herberay des Essarts, Nicolas d' スペイン文学のフランスへの紹介者。

仇鸞 中国、明中期の武将。

コルテ、ニッコロ・ダ Corte, Niccolò da 45歳。1507生。イタリアの彫刻家、画家。

サンガッロ、ジャン・バッティスタ Sangallo, Gian Battista 56歳。1496生。イタリアの建築家、インターリオ（装飾彫り）作家。

ファラテハン Falatehan ジャワ北西部、バンテン王国の始祖（在位1526～52）。

ボーラ、カテリーネ・フォン Bora, Katherine von 53歳。1499生。ドイツの修道女。

ミキエル、マルカントーニオ Michiel, Marcantonio 68？歳。1484生。イタリアの収集家、美術著述家。

ミーニオ、ティツィアーノ Minio, Tiziano 35歳。1517生。イタリアの彫刻家。

メンドサ Mendoza, Antonio de 62歳。1490生。スペインの植民地行政官。

[この頃] エルデシ、ヨーハン・ジルヴェスター Erdösi, Johann Sylvester 48？歳。1504生。ハンガリーの人文主義者、聖書翻訳者。

ゼノン・ヴェロネーゼ Zenon Veronese 68？歳。1484生。イタリアの画家。

ベネデット・ダ・ロヴェッツァーノ Benedetto da Rovezzano 78？歳。1474生。イタリアの建築家、彫刻家。

ライフ、レーオンハルト Reiff, Leonhard 57？歳。1495生。ドイツの宗教改革者。

リベイロ、ベルナルディン Ribeiro, Bernardim 70？歳。1482生。ポルトガルの詩人、散文家。

1553年

4.- 中国の王直が江蘇・浙江両省の沿岸を襲撃
7.19 イングランドでメアリー1世が即位する

* * *

オトマイアー、カスパル Othmayr, Caspar 2.4没、37歳。1515生。ドイツの作曲家。

ラインホルト、エラスムス Reinhold, Erasmus 2.19没、41歳。1511生。ドイツの天文学者。

ヒルシュフォーゲル、アウグスティン Hirschvogel, Augustin 2.？没、50歳。1503生。ドイツのガラス絵画家、銅版画家、メダル彫刻家。

ダッハシュタイン、ヴォルフガング Dachstein, Wolfgang 3.7没、66？歳。1487生。ストラスブールの讃美歌作詞者、オルガン奏者。

コルヴィーヌス、アントーニウス Corvinus, Antonius 4.5没、52歳。1501生。ドイツの宗教改革者。

ラブレー、フランソワ Rabelais, François 4.9（㊥1554頃）没、59？歳。1494（㊥1495？）生。フランスの物語作家。

アルベルス、エラスムス Alberus, Erasmus 5.5没、53？歳。1500生。ドイツの詩人、神学者。

16世紀　1554

アエピヌス，ヨハネス　Aepinus, Johannes　5.13没，54歳。1499生。ドイツのルター派の聖職者。

フーバー，ヴォルフ　Huber, Wolf　6.3没，73？歳。1480(㊗1490)生。ドイツの画家。

エドワード6世　Edward VI　7.6没，15歳。1537生。イングランド王(在位1547～53)。

モーリッツ　Moritz　7.11没，32歳。1521生。ザクセン大公ハインリヒの子。

フランツ・フォン・ヴァルデク　Franz von Waldeck　7.15没，61？歳。1492生。ドイツのカトリック聖職者。

ドメーニカ・ダ・パラディーゾ　Domenica da Paradiso　8.5没，79歳。1473生。イタリアのドミニコ会の修道院創設者，神秘家。

フラカストーロ，ジロラモ　Fracastoro, Girolamo　8.6没，75？歳。1478(㊗1483)生。イタリアの医者，詩人。

ダッドリー　Northumberland, John Dudley, Duke of　8.22没，51？歳。1502生。イギリスの貴族。

モラレス，クリストバル・デ　Morales, Cristóbal de　9.？没，53？歳。1500生。スペインの作曲家。

クラーナハ，ルーカス　Cranach, Lucas der Ältere　10.16没，81歳。1472生。ドイツの画家。

ゲオルク3世(敬虔公)　Georg III (der Gottselige)　10.17没，46歳。1507生。ドイツ宗教改革期のアンハルト-デッサウ公，聖職者。

ボニファーチョ・ヴェロネーゼ　Bonifacio Veronese　10.19没，66歳。1487生。イタリアの画家。

セルヴェトゥス，ミカエル　Servetus, Michael　10.27没，42歳。1511(㊗1509頃)生。スペインの医学者，神学者。

シュトゥルム，ヤーコプ　Sturm von Sturmeck, Jacob　10.30没，64歳。1489生。ドイツの政治家，宗教改革の指導者。

ポリトゥス(ランチェロット・デ・ポリティ)　Politus (Lancellotto de' Politi)　11.9？没，69？歳。1484生。イタリアのカトリックの論争者。

フーバー(フベリーヌス)，カスパル　Huber (Huberinus), Kaspar　12.21没，88歳。1500生。宗教改革期ドイツの宗教文書執筆者。

この頃 ウォリック，ジョン・ダドリー，ノーサンバーランド伯爵，公爵　Warwick, John Dudley, Earl of, Duke of Northumberland　51歳。1502生。イギリスの軍人，政治家。

カスティーリョ，ジョアン・デ　Castilho, João de　1515生。ポルトガルの建築家。

サレル，ユーグ　Salel, Hugues　49歳。1504生。フランス，ルネサンス期の詩人，翻訳家。

スフォルツァ，フランチェスコ2世　Sforza, Francesco Maria　(㊗1535没，58歳。1495(㊗1492)生。ミラノ公。

ファルカン　Falcão, Cristóvão　38？歳。1515生。ポルトガルの抒情詩人。

フレーチャ，フアン・マテオ　Flecha, Juan Mateo, el Viejo　72歳。1481生。スペインの作曲家。

ピエリーノ・ダ・ヴィンチ　Pierino da Vinci　33？歳。1520生。イタリアの彫刻家。

モスカ，シモーネ　Mosca, Simone　61歳。1492生。イタリアの彫刻家，建築家。

モンテホ　Montejo, Francisco de　74？歳。1479生。中央アメリカのユカタン半島の征服者。

李彦迪　62歳。1491生。朝鮮，李朝の政治家，学者。

ル・ブルトン，ジル　Le Breton, Gilles　フランスの建築家。

この頃 アルファーニ，ドメーニコ　Alfani, Domenico　73？歳。1480生。イタリアの画家。

アンドレオーリ，ジョルジョ　Andreoli, Giorgio　(㊗1552頃没，88？歳。1465生。イタリアの陶工。

カルロス，フレイ　Carlos, Frey　ポルトガルの画家。

クラベト，アドリアーン・ピーテルス　Crabeth, Adriaen Pietersz　北フランス出身のガラス絵画家。

ブイエ　Bouillé, Charles　(㊗1533頃没，81？歳。1472(㊗1475)生。フランスの人文主義者，哲学者。

パコーミオス・ルサーノス　Pachōmios Rousânos　37？歳。1516生。ギリシア正教会の修道士。

1554年

1.25　ケント州でワイアットの乱が起こる
11.-　イングランドで国王至上法などが消滅する
　　　　　＊ ＊ ＊

ペダーセン，クリスティアーン　Pedersen, Christiern　1.16没，74？歳。1480生。デンマークの宗教改革期の神学者，文筆家。

グレイ，レイディ・ジェイン　Grey, Lady Jane　2.12没，17歳。1537生。イングランド女王。

ボック　Bock, Hieronymus　2.21没，65？歳。1489生。ドイツの植物学者，医者，本草家。

ヨハン(宏量公)　Johann, Friedrich der Grossmütige　3.3没，50歳。1503生。ザクセンの選挙侯(1532～47)。

ワイアット，サー・トマス　Wyat, Sir Thomas, the Younger　4.11没，34？歳。1520(㊗1521頃)生。イギリスの軍人。

ヴィーナー，パウル　Wiener, Paul　4.16没。ドイツのルター派教会改革者。

スタンパ，ガスパラ　Stampa, Gasoara　4.23没，31歳。1523生。イタリアの女流作家。

ビリカーヌス，テーオバルト　Billicanus, Theobald　8.8没，64？歳。1490生。宗教改革期のドイツの神学者，法学者。

人物物故大年表 外国人編　319

1554

ハワード（ノーフォークの） Howard, Thomas II, 3rd Duke of Norfolk 8.25没、81歳。1473生。イングランドの貴族、サリー伯の長男。

コロナド、フランシスコ・バスケス・デ Coronado, Francisco Vásquez de 9.22没、44歳。1510生。スペインの探検家、軍人。

モレット Moretto da Brescia 12.22没、56？歳。1498生。イタリアの画家。

[この年] ウィロビー Willoughby, Sir Hugh イギリスの航海者。

エルナンデス・ヒロン Hernández Girón, Francisco 44歳。1510生。スペインの軍人。

欧陽南野 58歳。1496生。中国、明代の学者。

ギルフォード卿 Guildford, Lord Dudley イングランドの貴族。

サン・マルティン、トマース・デ San Martín, Tomás de 72歳。1482生。スペインのドミニコ会士、聖人。

シエサ・デ・レオン、ペドロ・デ Cieza de León, Pedro de (㊟1560没、33歳。1521 (㊟1518頃)生。スペインの軍人、年代記作者。

スライマーン・アルマフリー Sulaimān al-Mahrī al-Muḥammadī アラビアの航海者。

セルリオ、セバスティアーノ Serlio, Sebastiano 79歳。1475生。イタリアの建築家、建築理論家。

ダドリー、ロード・ギルドフォード Dudley, Lord Guildford イギリスの貴族。

周世鵬 59歳。1495生。朝鮮、李朝中期の文人、学者。

ビッソーロ、フランチェスコ Bissolo, Francesco 84？歳。1470生。イタリアの画家。

ブジャルディーニ、ジュリアーノ Bugiardini, Giuliano 79歳。1475生。イタリアの画家。

ブルック、アルノルト・フォン Bruck, Arnold von 54？歳。1500生。スイス系のフランドルの作曲家。

ベッルッツィ、ジョヴァンニ・バッティスタ Belluzzi, Giovanni Battista 48歳。1506生。イタリアの軍事技術者。

パルスグレーヴ、ジョン Palsgrave, John 74？歳。1480生。イギリスの人文学者。

パンチェン・ソナム・タクパ Pang chen bsod nams grags pa 76歳。1478生。チベットのゲール派仏教者。

ミキョエ・ドルジェ Mi bskyod rdo rje 47歳。1507生。チベットのカーギュ派仏教者。

メット・デ・ブレス、ヘリ Met de Bles, Herri 54？歳。1500生。フランドルの画家。

ラ・ペリューズ、ジャン・バスチエ・ド La Péruse, Jean-Bastier de 25歳。1529生。フランスの詩人。

ルスティチ、ジョヴァンニ・フランチェスコ Rustici, Giovanni Francesco 80歳。1474生。イタリアの彫刻家、画家。

ロセル、イサベル Roser, Isaber ロヨラのイグナティウスの有力なスペインの後援者。

[この頃] アントニス、コルネリス Anthonisz, Cornelis 54？歳。1500生。オランダの画家、版画家、地図制作者。

グルムバハ、アルグーラ・フォン Grumbach, Argula von 64？歳。1490生。ドイツの宗教改革を支持した女性。

セミーノ、アントーニオ Semino, Antonio 69？歳。1485生。イタリアの画家。

ヘーリング、ロイ Hering, Loy 70？歳。1484 (㊟1485頃)生。ドイツの彫刻家。

レオ・アフリカヌス Africanus, Leoni ㊟1526没、69？歳。1485 (㊟1494)生。アラブの旅行家、歴史家、文学者。

1555年

3.01 ノストラダムスが予言詩「諸世紀」を出版
4.09 マルケルス2世がローマ教皇に即位する
5.10 オスマン朝とサファヴィー朝が和平する
5.23 パウルス4世がローマ教皇に即位する
7.23 ムガル皇帝フマーユーンがデリーを奪回
9.25 神聖ローマ帝国がルター派の存在を認める

* * *

シルヴィウス Sylvius, Jacques du Bois 1.3没、77歳。1478生。フランスの解剖学者。

デュボア Dubois, Jacques 1.13没、77歳。1478生。フランスの解剖学者。

ロジャーズ、ジョン Rogers, John 2.4没、55？歳。1500生。イギリスの宗教改革者。

フーパー、ジョン Hooper, John 2.9没、65？歳。1490 (㊟1500頃)生。イギリスのプロテスタントの聖職者。

トロメイ Tolomei, Claudio 3.23没、63？歳。1492生。イタリアの文筆家。

ユリウス3世 Julius III 3.23 (㊟1553)没、67歳。1487生。教皇（在位1550～55）。

フェラー、ロバート Ferrar, Robert 3.30没、55歳。1500生。ウェールズのセント・デイヴィズ主教。

フアナ Juana la Loca 4.11没、75歳。1479生。スペインのカスティリャ女王（1504～55）。

ヴァージル、ポリドア Vergil, Polydore 4.18没、85歳。1470生。イタリア出身のローマ・カトリック教会司祭、イギリスの歴史学者、古典学者。

マルケルス2世 Marcellus II 5.1没、53歳。1501生。教皇（在位1555..4.10～5.1）教会改革の指導者の一人。

ホウルゲイト、ロバート Holgate (Holdegate), Robert 5.11没、74？歳。1481生。英国教会のヨーク大主教。

320 人物物故大年表 外国人編

16世紀　　　　　　　　　　　　　　　　　1556

ブラッドフォード，ジョン　Bradford, John　6.30？没、45？歳。1510生。イギリスのプロテスタント殉教者。
ジローラモ・ダイ・リブリ　Girolamo dai Libri　7.2没、81歳。1474生。イタリアの画家、写本装飾画家。
リンジー，サー・デイヴィド　Lindsay, *Sir* David　8.18没、69歳。1486(㊟1490頃)生。スコットランドの詩人、政治家。
トマス(ビリャヌエバの)　Thomas a Villanova St.　9.8没、67歳。1488生。スペインの宗教家。
ヨーナス，ユストゥス　Jonas, Justus　10.9没、62歳。1493生。ドイツのプロテスタント。
ラティマー，ヒュー　Latimer, Hugh　10.16没、70？歳。1485生。イギリスの主教、宗教改革家。
リドリー，ニコラス　Ridley, Nicholas　10.16没、55？歳。1500(㊟1503頃)生。イギリスの宗教改革者、殉教者。
ガードナー，スティーヴン　Gardiner, Stephen　11.12没、72？歳。1483(㊟1490？)生。イギリスのウインチェスターの主教、大法官。
アグリコラ，ゲオルギウス　Agricola, Georgius　11.21没、61？歳。1494(㊟1490)生。ドイツの医学、哲学、博物学者。
フィルポット，ジョン　Philpot, John　12.8没、39歳。1516生。イギリスのプロテスタント殉教者。
この年　アン・チャン1世　Ang Chan I　50？歳。1505生。カンボジアの君主。
李賢輔　88歳。1467生。朝鮮、李朝初期の文臣、時調歌人。
ウォットン　Wotton, Edward　63歳。1492生。イギリスの博物学者。
ゲンマ・フリシウス　Gemma Frisius, Reiner　47歳。1508生。オランダの地理学・数学者。
コエリョ・ペレイラ　Coelho Pereira, Duarte　70？歳。1485生。ポルトガルの軍人、探検家。
ジョヴェノーネ，ジローラモ　Giovenone, Girolamo　69？歳。1486生。イタリアの画家。
ジョルフィーノ，ニッコロ　Giolfino, Niccolò　79？歳。1476生。イタリアの画家。
タユロー，ジャック　Tahureau, Jacques　28？歳。1527生。フランスの詩人。
デッラ・ポルタ，ジョヴァンニ・ジャーコモ　Della Porta, Giovanni, Giacomo　70？歳。1485生。イタリアの建築家、彫刻家。
デル・タッソ，ジョヴァン・バッティスタ　Del Tasso, Giovan Battista　55歳。1500生。イタリアのインターリオ(装飾彫り)作家。
バリオーニ，ジュリアーノ　Baglioni, Giuliano　64歳。1491生。イタリアの建築家、インターリオ(装飾彫り)作家。
ブロイン，バルテル　Bruyn, Bartholomäus　62歳。1493生。ドイツの画家。

メトゾー(大)　Metezeau, Clément　76歳。1479生。フランスの建築家。
モラータ，オリンピア．フルヴィア　Morata, Olympia Fulvia　29歳。1526生。イタリア出身の作家、人文学者。
ヤムニッツァー，アルブレヒト　Jamnitzer, Albrecht　ドイツの金工家。
楊継盛　39歳。1516生。中国、明の諫臣。
ラッセル，ジョン，初代ベッドフォード伯爵　Russell, John, 1st Earl of Bedford　69？歳。1486(㊟1485？)生。イギリスの貴族。
この頃　アルデグレーファー，ハインリヒ　Aldegrever, Heinrich　53？歳。1502生。ドイツの画家、銅版画家。
アンセルミ，ミケランジェロ　Anselmi, Michelangelo　64？歳。1491生。イタリアの画家。
イザベッロ，ピエトロ　Isabello, Pietro　75？歳。1480生。イタリアの建築家。
ガインサ，マルティン・デ　Gainza, Martín de　55？歳。1500生。スペインの建築家。
ガマ　Gama, Duarte da　ポルトガルの東亜貿易船長。
カロート，ジョヴァン・フランチェスコ　Carroto, Giovanni Francesco　75？歳。1480生。イタリアの画家。
スルターン・ムハンマド　Sultān Muhammad　(㊟1540没、38？歳。1517生。イラン・サファビー朝タブリズ派の画家。
ドライアー　Dreyer, Benedikt　70？歳。1485生。ドイツの彫刻家。
ナルバエス，ルイス・デ　Narváez, Luis de　55？歳。1500生。スペイン独自のビウエラ楽派の代表の一人。
ハインツ　Heintz, Wolff　65？歳。1490生。ドイツのオルガン奏者、作曲家。
レオ-アフリカヌス　Leon L'Africain, Al-Hasan Ibn Muhammad Al-Fa'sidit　72？歳。1483生。アラブの大旅行家。
ロンバルド，クリストーフォロ　Lombardo, Cristoforo　イタリアの建築家、彫刻家。

1556年

1.27　ムガル帝国でアクバルが即位する
9.12　神聖ローマ皇帝カール5世が退位する
*　*　*
フマーユーン　Humayūn, Nāṣir al-Dīn Muḥammad　1.24没、48歳。1508(㊟1507)生。インド、ムガル帝国第2代皇帝(在位1530〜56)。
クランマー，トマス　Cranmer, Thomas　3.21没、66歳。1489生。イギリスの宗教改革者。

人物物故大年表 外国人編　*321*

1556

ペリカーヌス（ペリカン），コンラート　Pellicanus, Konrad　4.6没、78歳。1478生。スイスの神学者、宗教改革者。

アラマンニ，ルイージ　Alamanni, Luigi　4.18没、60歳。1495生。イタリアの詩人。

トロッツェンドルフ，ヴァーレンティーン　Trotzendorf, Valentin　4.26没、66歳。1490生。ドイツの教育家、プロテスタント系人文主義者。

アグリコラ，マルティン　Agricola, Martin　6.10没、70歳。1486生。ドイツの音楽理論家。

イグナティウス・デ・ロヨラ（聖）　Ignatius de Loyola　7.31没、65？歳。1491生。聖人。

ヨーリス（ヨーリスゾーン），ダーヴィト　Joris, David　8.25没、55？歳。1501生。ベルギーの再洗礼派教徒。

シャクストン，ニコラス　Shaxton, Nicholas　8.？没、71？歳。1485生。英国教会のソールズベリ主教。

ロット，ロレンツォ　Lotto, Lorenzo　9.1没、76？歳。1480生。イタリアの画家。

フレヒト，マルティーン　Frecht, Martin　9.14没、62歳。1494生。ドイツの宗教改革者。

クニプストロ，ヨーハン（ヨハネス）　Knipstro, Johann (Johannes)　10.4没、59歳。1497生。ドイツの神学者、ポンメルンの宗教改革者。

アレティーノ，ピエートロ　Aretino, Pietro　10.21没、64歳。1492生。イタリアの詩人、劇作家。

スライダーヌス，ヨハネス　Sleidanus, Johannes　10.31没、50？歳。1506生。ドイツの歴史家。

チャンセラー，リチャード　Chancellor, Richard　11.10没。イギリスの航海家。

デッラ・カーサ，ジョヴァンニ　Della Casa, Giovanni　11.14没、53歳。1503生。イタリアの詩人、思想家。

ユーダル，ニコラス　Udall, Nicholas　12.23没、52歳。1504(㋐1505頃)生。イギリスの劇作家。

リーデマン，ペーター　Riedemann, Peter　12.？没、50歳。1506生。オーストリアのフッタライト派指導者。

この年　ゴットスカルクソン，オドゥール　Gottskalksson, Oddur　56歳。1500生。アイスランドのルター派神学者。

サルディーニャ，ペドロ・フェルナンデス　Sardinha, Pedro Fernandes　60？歳。1496生。ブラジルの初代司教。

シュトルツ，ヨーハン　Stolz, Johann　42？歳。1514生。ドイツの宗教改革期のルター派牧師。

ジローラモ・ダ・カルピ　Girolamo da Carpi　55歳。1501生。イタリアの画家、建築家。

バシュリエ，ニコラ　Bachelier, Nicolas　71？歳。1485生。フランスの建築家、彫刻家。

ヒームー　Hīmū　インドのベンガル王国の大臣。

ブラウン，ジョージ　Brown (Browne), George　アイルランドのダブリンにおける初代の英国教会大主教。

ボークス・オブ・ハローデン　Vaux of Harrowden　46歳。1510生。イギリスの詩人。

ペンニ，ルーカ　Penni, Luca　56？歳。1500生。イタリアの画家、版画家。

マクシム・グレーク　Maksim　81？歳。1475(㋐1470頃)生。ロシアの神学者。

マールベク，ピルグラム　Marbeck, Pilgram　61？歳。1495生。南ドイツの再洗礼派指導者。

モスタールト，ヤン　Mostaert, Jan　㋐1555頃没、81？歳。1475生。オランダの画家。

リスマニーニ，フランチェスコ（フランツ）　Lismanini, Francesco (Franz)　ポーランドの宗教改革者。

この頃　ヴァルディス，ブルクハルト　Waldis, Burkhard　66？歳。1490生。ドイツの宗教改革者、詩人。

クレーメンス・ノン・パパ，ヤコブス　Clemens non Papa, Jacobus　㋐1555頃没、46？歳。1510(㋐1500頃)生。フランドルの作曲家。

ゴンベール，ニコラ　Gombert, Nicolas　㋐1560頃没、66？歳。1490(㋐1495頃)生。フランドル楽派の作曲家。

フズーリー，メフメト・ビン・スレイマン　Fuzuli　㋐1562頃没、62？歳。1494(㋐1506)生。オスマン・トルコ帝国の詩人。

1557年

2.13　フランスで異端審問所が設置される
7.-　アントウェルペンが経済危機に陥る
8.10　サンカンタンの戦いが起こる

＊＊＊

ポントルモ，ヤコボ・ダ　Pontormo, Jacopo da　1.2(㋐1556頃)没、62歳。1494生。イタリアの画家。

ビリク，エーバハルト　Billick, Eberhard　1.12没、58？歳。1499生。ドイツ宗教改革期のカトリック神学者。

ブリュック，グレゴール　Brück, Gregor　2.15没、74歳。1483生。宗教改革期ドイツ・ザクセンの法律家、行政官。

ティマン，ヨハネス　Timan, Johannes　2.17没、57？歳。1500生。ドイツのルター派神学者。

ペデルセン，イェブル　Pedersen (Pederssön), Gjeble　3.9没、67？歳。1490生。ノルウェーの神学者、宗教改革者。

アグリコラ，ミーカエル・オラヴィ　Agricola, Michael Olavi　4.9没、47？歳。1510(㋐1509)生。フィンランドの宗教家。

レーラー，ゲオルク　Rörer, Georg　4.24没、64歳。1492生。ドイツのルター派神学者。

ジョアン3世 João III 6.1没、54歳。1502生。ポルトガル王(在位1521～57)。

ラムージオ, ジョヴァン・バッティスタ Ramusio, Gian Battista 7.10没、71歳。1485生。イタリアの地理学者, 歴史家。

メリュラ, アンジェルス Merula, Angelus 7.26没、75？歳。1482生。オランダの初期プロテスタント。

アン(クレーヴズの) Anne of Cleves 7.28没、41歳。1515生。イギリス王ヘンリー8世の4番目の妃。

オラウス・マグヌス Magnus, Olaus 8.1没、66歳。1490生。スウェーデンのカトリック聖職者, 歴史地理学者。

カルチエ, ジャック Cartier, Jacques 9.1没、66歳。1491([異]1494)生。フランスの探検家, 航海者。

ヴァーグナー, ヴァーレンティーン Wagner, Valentin 9.2没、47？歳。1510生。ドイツの宗教改革者。

チーク, サー・ジョン Cheke, *Sir* John 9.3没、43歳。1514生。イギリスのギリシア語学者。

アマバハ, ファイト Amerbach, Veit 9.13没、54歳。1503生。ドイツの人文主義者。

タルタリヤ, ニッコロ Tartaglia, Niccolò 12.14([異]1559)没、57歳。1500([異]1499頃)生。イタリアの数学者。

[この年] **アルブレヒト・アルキビアデス** Albrecht Alcibiades 35歳。1522生。ブランデンブルク＝クルムバハ辺境伯。

ヴァシーリイ・ブラジェーンヌイ Vasilij Blažennyj 88歳。1469生。モスクワの「ユロージヴイ」(jurodivyj佯狂者)。

エスクリバーノ, フアン Escribano, Juan 77？歳。1480生。スペインの作曲家。

オビエド・イ・バルデス Oviedo y Valdés, Gonzalo Fernández de 79歳。1478生。スペインの歴史家。

カボート, セバスティアーノ Caboto, Sebastiano 83？歳。1474([異]1472)生。イタリアの航海者。

ガルヴァノ Galvano, Antonio 54？歳。1503生。ポルトガルの植民地開拓者, 植民史家。

カールマーンチェヒ・シャーンタ, マールトン Kálmáncsehi Sánta, Márton 57？歳。1500生。ハンガリーの宗教改革者。

クレキヨン, トーマ Crecquillon, Thomas フランドル楽派の作曲家。

コマンダー, ヨーハン Komander(Comander), Johann 73？歳。1484生。スイスのグリソン州の宗教改革者。

サルモン, ジャン Salmon, Jean 67歳。1490生。フランスのラテン語詩人。

ツヴィック, コンラート Zwick, Konrad 57？歳。1500生。スイスの宗教改革者, 信徒。

バッキアッカ Bacchiacca 63歳。1494生。イタリアの画家。

フェルナンデス‐デ‐オビエド, ゴンサロ Fernández de Oviedo, Gonzalo 79歳。1478生。スペインの記録者。

フォンタナ Fontana, Nicolo 58歳。1499生。イタリアの数学者。

プラーン, ヴァレラン Poullain, Valérand 37？歳。1520生。フランスの改革派神学者。

ラウタロ Lautaro 22？歳。1535生。チリのインディオ指導者。

[この頃] **ヴォルセヌス, フロレンティウス** Volusenus, Florentius 57？歳。1500生。スコットランドの古典学者。

カベサ‐デ‐バーカ Cabeza de Vaca, Álvar Núnez [異]1556？没、57？歳。1500([異]1490)生。スペインの探検家。

ケネル, ピエール Quesnel, Pierre フランスの画家。

謝時臣 [異]1518？没、70？歳。1487([異]1488)生。中国, 明の画家。

ストラパローラ, ジョヴァン・フランチェスコ Straparola, Giovan Francesco 77？歳。1480([異]1475？)生。イタリアの小説家。

セティーナ, グティエレ・デ Cetina, Gutierre de 37？歳。1520生。スペインの詩人。

1558年

3.14 フェルディナント1世が神聖ローマ皇帝に

11.16 エリザベス王女の王位継承が承認される

＊ ＊ ＊

アロンソ(アルフォンソ)・デ・カストロ Alonso (Alfonso) de Castro 2.3没、63歳。1495生。スペインの神学者, フランシスコ会士。

ミランダ, サ・デ Sá de Miranda, Francisco de 3.15没、76歳。1481([異]1485？)生。ポルトガルの詩人。

ニザ, マルコス・デ Niza, Marcos de 3.25没、63？歳。1495([異]1500頃)生。イタリアの修道士, 探検家。

ブーゲンハーゲン, ヨーハン Bugenhagen, Johann 4.20没、72歳。1485生。ドイツの宗教改革者。

フェルネル, ジャン・フランソワ Fernel, Jean François 4.26没、61歳。1497生。フランスの病理解剖学者。

ツヴィリング, ガーブリエル Zwilling, Gabriel 5.1没、71？歳。1487生。ドイツの宗教改革者, 牧師。

メーニウス, ユストゥス Menius, Justus 8.11没、58歳。1499生。ドイツの宗教改革者。

クラフト, アーダム Krafft(Kraft, Crafft), Adam 9.9没、65歳。1493生。ドイツのルター派神学者。

カール5世　Karl V　9.21(㊥1556)没、58歳。1500生。神聖ローマ皇帝(在位1519～56)、スペイン国王カルロス1世(在位16～56)。

スカリジェ、ユリウス・カエサル　Scaligero, Giulio Cesare　10.21没、74歳。1484生。イタリア出身の人文学者、自然科学者。

サン‐ジュレ、メラン・ド　Saint-Gelais, Mellin de　10.?没、66歳。1491生。フランス、ルネサンスの詩人。

シュネップフ、エーアハルト　Schnepff, Erhart　11.1没、76歳。1495生。ドイツの宗教改革者。

プラーテンシス、フェーリクス　Pratensis, Felix　11.5没。イタリア出身の聖書編纂者。

プール、レジナルド、枢機卿　Pole, Reginald　11.17没、58歳。1500生。イギリス、カンタベリー大司教。

メアリー1世　Mary I　11.17没、42歳。1516生。イギリス、チューダー朝の女王(在位1553～58)。

ブルンナー(フォンターヌス)、レーオンハルト　Brunner(Fontanus), Leonhard　12.20没、58?歳。1500生。ドイツの人文主義者、厳格なルター派牧師。

クリストファースン、ジョン　Christopherson, John　12.28(埋葬)没。イギリスのカトリック聖職者、チチェスターの司教、宗教改革の反対者。

フィンク、ヘルマン　Finck, Hermann　12.29没、31歳。1527生。ドイツの作曲家、オルガン奏者、著述家。

[この年] ヴェステルブルク、ゲーアハルト　Westerburg, Gerhard　ドイツの福音主義神学者、宗教運動家。

エリーザベト(ブラウンシュヴァイク・リューネブルクの)　Elisabeth von Braunschweig-Lüneburg　48歳。1510生。ドイツの宗教改革期の大公妃。

グラフェウス、コルネーリウス　Grapheus, Cornelius　76歳。1482生。ベルギーの宗教改革期の著作家、人文主義者。

ザッカーニ、ベネデット　Zaccagni, Benedetto　71歳。1487生。イタリアの建築家。

ジャヌカン、クレマン　Janequin, Clément　(㊥1560頃没、73?歳。1485(㊥1473頃)生。フランスの作曲家。

ジョヴァンニ・ダ・ノラ　Giovanni da Nola　70?歳。1488生。イタリアの彫刻家、インターリオ(装飾彫り)作家。

チラコー、アンドレ　Tiraqueau, André　78?歳。1480生。フランスの法律家、人文学者。

トリーボロ　Tribolo　58歳。1500生。イタリアの彫刻家、建築家、技師。

ファン‐コーニンクスロー、コルネリス　van Coninxloo, Cornelis　58歳。1500生。フランドルの画家。

フォルスター、ヨーハン　Forster, Johann　62歳。1496生。宗教改革期のヘブル語学者。

ピートウ、ウィリアム　Peyto(peto), William　81?歳。1477生。イングランドのフランシスコ会原始会則派の修道士、対抗宗教改革運動家。

レコード、ロバート　Recorde, Robert　48?歳。1510生。イギリスの医師、数学者。

ロクソラン　Roksolan, Hurrem Sultan　(㊥1561没、58歳。1500(㊥1502)生。オスマン帝国、スレイマン1世の妃。

[この頃] タイユモン、クロード・ド　Taillemond, Claude de　52?歳。1506生。フランスの詩人。

モンターニャ、ベネデット　Montagna, Benedetto　77?歳。1481生。イタリアの画家、版画家。

ラバッコ、アントーニオ　Labacco, Antonio　63?歳。1495生。イタリアの建築家。

1559年

1.15　エリザベス1世の戴冠式が行われる
4.26　イギリスで国王至上法と礼拝統一法が制定
7.10　フランスでフランソワ2世が即位する
　　　　＊＊＊

クリスティアン3世　Christian III　1.1没、55歳。1503生。デンマーク、ノルウェー王(1534～59)。

ラツェベルガー、マテーウス　Ratzeberger, Matthäus　1.3没、58歳。1501生。ドイツの医師。

クリスティアン2世　Christian II　1.25没、77歳。1481生。デンマーク、ノルウェー王(1513～23)、スウェーデン王(20～21)。

文徵明　2.20(㊥1557)没、88歳。1470生。中国、明代の画家、書家、詩人。

グロッパー、ヨーハン　Gropper, Johann　3.13没、56歳。1503生。ドイツのローマ・カトリック神学者、教会政治家。

カスタニェダ　Castanheda, Fernão Lopes de　3.23没、51歳。1508生。ポルトガルの歴史家。

リーゼ　Ries, Adam　3.30没、67?歳。1492生。ドイツの算術家。

カサリャ、アウグスティン・デ　Cazalla, Augustin de　5.21没、49歳。1510生。スペインのプロテスタントの殉教者。

アンリ2世　Henri II　7.10没、40歳。1519生。フランス国王(在位1547～59)。

パウルス4世　Paulus IV　8.18没、83歳。1476生。教皇(在位1555～59)。

ガロファロ、ベンヴェヌート・ダ　Garofalo, Benvenuto da　9.6没、78歳。1481生。イタリアの画家。

エティエンヌ、ロベール　Estienne, Robert　9.7没、56歳。1503生。フランスの出版業者。

324　人物物故大年表　外国人編

ミクロニウス，マルティーニュス　Micronius（Micron），Martinus（Marten）　9.12没、37？歳。1522生。オランダ出身の改革派教会の牧師。

サンミケーレ　San Micheli　9.？没、75歳。1484生。イタリアの建築家。

ヤケット・ダ・マントヴァ　Jachet da Mantova　10.2没、76歳。1483生。フランスの作曲家。

エルコレ2世　Ercole II, d'Este　10.5没、51歳。1508生。フェララ公。

タンスタル，カスバート　Tonstall, Cuthbert　11.18没、85歳。1474生。イギリスの聖職者、学者、外交官。

サルケリウス，エラスムス　Sarcerius, Erasmus　11.28没、58歳。1501生。ドイツのルター派神学者。

アウリファーバー（ゴルトシュミット），アンドレーアス　Aurifaber（Goldschmidt），Andreas　12.12没、45歳。1514生。ドイツの自然科学者。

デュブール，アーン　Dubourg, Anne　12.23没、39？歳。1520生。フランスのプロテスタント殉教者。

[この年] 王慎中　50歳。1509（㊟1508）生。中国、明中期の文人。

王直　㊟1557没。中国、明代の海寇の首領、密貿易業者。

オニール　O'Neill, Con Becach, 1st Earl of Tyrone　79？没。1480生。アイルランド北部ティロンの首長。

カルケール，ヤン　Karcher, Jan　フランドル出身のタピスリー制作家。

コロンボ，マッテオ・レアルド　Colombo, Matteo Realdo　43？歳。1516生。イタリアの解剖学者。

シュナーベル，ティレマン　Schnabel, Tileman　84？歳。1475生。ドイツの宗教改革者。

ステファヌス　Stephanus, Robert　56歳。1503生。フランスの古典学者。

バルディビア，ペドロ・デ　Valdivia, Pedro de　㊟1554頃没、61？歳。1498（㊟1489頃）生。スペインの軍人。

フェルメイエン，ヤン・コルネリス　Vermeyen, Jan Corneliszoon　59？歳。1500生。ネーデルラントの画家。

マルケージ，アンドレーア・ディ・ピエトロ　Marchesi, Andrea di Pietro　79？歳。1480生。イタリアの建築家、彫刻家、木彫家。

楊慎　71歳。1488生。中国、明の学者、文学者。

リッポマーノ，ルイージ　Lippoomano, Luigi　59歳。1500生。イタリアのカトリックの聖人伝著者。

[この頃] イレーニクス，フランツィスクス　Irenicus, Franciscus　65？歳。1494生。ドイツの宗教改革者。

コーラ・デッラマトリーチェ　Cola dell'Amatrice　70？歳。1489生。イタリアの建築家、画家。

ホウィットフォード，リチャード　Whitford, Richard　イングランドのブリギッタ会士、著述家。

ロイブリーン，ヴィルヘルム　Reublin, Wilhelm　79？没。1480生。南ドイツおよびスイスの再洗礼派指導者。

1560年

3.08　フランスでアンボワーズの陰謀が発覚する
3.-　ムガル皇帝アクバルが親政を開始する
6.12　桶狭間の戦いで織田信長が今川義元を破る
　　　　　＊＊＊

デュ・ベレー，ジョアシャン　Du Bellay, Joachim　1.1没、37歳。1522生。フランスの詩人。

ウァスキ（ラスキ），ヤン　Laski, Jan　1.8没、61歳。1499生。ポーランドの宗教改革者。

バンディネリ，バッチョ　Bandinelli, Baccio　2.7没、67？歳。1493（㊟1488頃）生。イタリアの彫刻家、画家。

デュ・ベレー，ジャン　Du Bellay, Jean　2.15没、68歳。1492生。フランスの枢機卿、外交官。

メランヒトン，フィーリップ　Melanchthon, Philipp　4.19没、63歳。1497生。ドイツの神学者、宗教改革者、教育者。

メアリ（ギーズの）　Mary of Guise　6.11没、44歳。1515生。スコットランド王ジェームズ5世の妃、スコットランド女王メアリ・ステュアートの母。

グスタフ1世　Gustav I Vasa　9.20（㊟1561）没、64歳。1496（㊟1495頃）生。スウェーデン王（在位1523～60）。

カノ，メルチョル　Cano, Melchor　9.30没、51歳。1509生。スペインの神学者。

ロティキウス　Lotichius Secundus, Petrus　11.7没、32歳。1528生。ドイツの新ラテン語詩人。

アークヴィラ（アドラー），カスパル　Aquila（Adler），Kaspar　11.12没、72歳。1488生。ドイツのルター派説教者。

ソト，ドミンゴ・デ　Soto, Domingo de　11.15没、66歳。1494生。スペイン生れの論理学者、自然哲学者。

ドリア，アンドレア　Doria, Andrea　11.25没、93歳。1466（㊟1468）生。イタリアの傭兵隊長。

フランソア2世　François II　12.5没、16歳。1544生。フランス王（在位1559～60）。

[この年] アナスターシア・ロマーノブナ　Anastasia Romanovna　ロシア皇帝イワン4世（雷帝）の最初の妃。

ヴァイアー，マテス　Weyer, Matthes　40？歳。1520生。フランドルの宗教改革期の神秘主義者。

ヴェチェッリオ，フランチェスコ　Vecellio, Francesco　85？歳。1475生。イタリアの画家。

金麟厚 50歳。1510生。朝鮮、李朝の政治家、学者。
黄佐 70歳。1490生。中国、明中期の官僚、学者。
シュテッケル，レオンハルト Stöckel, Leonhard 50歳。1510生。スロヴァキア地方の宗教改革者。
ジュンティ，ドメーニコ Giunti, Domenico 55歳。1505生。イタリアの画家、建築家。
湛若水 94歳。1466（㊗1468）生。中国、明の学者。
チヴィターリ，ニコラーオ Civitali, Nicolao 78歳。1482生。イタリアの彫刻家、建築家。
唐順之 53歳。1507生。中国、明代の学者、文学者。
陶仲文 中国、明代の道士。
フッガー，アントン Fugger, Anton 35歳。1525生。ドイツの大富豪。
ベレー，ジョアシム・デュ Bellay, Joachim du 38歳。1522生。フランスの詩人、散文作家。
パラディウス，ペーダー・エスベアンセン Palladius, Peder Esbernsen 57歳。1503生。デンマークの宗教改革者、監督。
マルベンダ，ペドロ・デ Malvenda, Pedro de 60？歳。1500生。スペインの神学者、ドミニコ会修道士。
モローニ，アンドレーア Moroni, Andrea 60？歳。1500生。イタリアの建築家。
ルュステム・パシャ Rüstem Pasha オスマン帝国の大宰相。
ロブサート Robsart, Amy 28歳。1532生。レスター伯ロバート・ダッドレーの妻。
この頃 カヴァツツォーニ，マルコ・アントニオ Cavazzoni, Marco Antonio ㊗1570以後没、70？歳。1490生。イタリアのオルガン奏者、作曲家。
カポラーリ，ジョヴァン・バッティスタ Caporali, Giovan Battista 84？歳。1476生。イタリアの建築家、画家。
クーザン，ジャン Cousin, Jean le Vieux ㊗1561没、70？歳。1490生。フランスの画家、彫刻家、版画家。
シェパード，ジョン Sheppard (Shepherd), John 45？歳。1515生。イギリスの作曲家。
シプトン，マザー Shipton, Mother 72？歳。1488生。イギリスの女性。
セーヴ，モーリス Scève, Maurice ㊗1566頃没、59？歳。1501（㊗1504頃）生。フランスの詩人。
バスケス Vázquez (Vásquez), Juan 60？歳。1500生。スペインの作曲家。
パストーア，アーダム Pastor, Adam ドイツの再洗礼主義者、アダム派の創始者。
メグレ，ルイ Meigret, Louis 50？歳。1510生。フランスの文法家、翻訳家。

1561年

5.- フェリペ2世が宮廷をマドリードに移す
＊＊＊

ギルランダイオ，リドルフォ Ghirlandajo, Ridolfo 1.6没、78歳。1483生。イタリアの画家。
メノー・シモンズ Menno Simons 1.31（㊗1559）没、65歳。1496（㊗1492）生。オランダの再洗礼派（のちにメノー派と呼ばれた）の理論的指導者。
バイラム・ハーン Bairam Khān 1.？没。インド、ムガル帝国の武将。
モンテマヨル，ホルヘ・デ Montemayor, Jorge de 2.26（㊗1560？）没、41？歳。1520生。スペインの小説家。
ヘルマン，ニーコラウス Herman, Nicolaus 5.3没、81？歳。1480生。ボヘミアの讃美歌作詞者、教会教育家。
ハイデン，ゼーバルト Heyden (Heiden, Haiden), Sebald 7.9没、61歳。1499生。ドイツの音楽理論家、教育者。
ダヴァンテス Davantès, Pierre 8.31没、35歳。1526生。フランスの言語学者、人文主義者。
バンデッロ，マッテーオ Bandello, Matteo 9.13（㊗1562）没、76？歳。1485（㊗1484頃）生。イタリアの小説家。
ヘルディング，ミヒャエル Helding, Michael 9.30没、55歳。1506生。ドイツのカトリック司教。
ベルゲテ，アロンソ Berruguete, Alonso 9.？没、72？歳。1489（㊗1486頃）生。スペインの彫刻家、画家、建築家。
ボイルリーン，ヤーコプ Beurlin, Jakob 10.28没、41歳。1520生。ドイツの神学者。
タウセン，ハンス Tausen, Hans 11.11没、67歳。1494生。デンマークの宗教改革家。
シュヴェンクフェルト，カスパル・フォン Schwenckfeld von Ossig, Kaspar 12.10没、72歳。1489生。ドイツの宗教改革者、説教家。
この年 アギーレ Aguirre, Lope de 43歳。1518生。スペインの探検家。
アダーシエフ Adashev, Aleksei Feodorovich ロシアの政治家。
アノー，バルテルミー Aneau, Barthélemy 56？歳。1505生。フランスの詩人。
ヴェルザー，バルトロメウス Werser, Bartholomäus 73歳。1488生。ドイツの南アメリカ開拓者。
ヴォルマール，メルキヨール Wolmar, Melchior 65歳。1496生。フランスの古典語学者。
カニス・デ・ホント，コルネリウス Canis de Hondt, Cornelius 51？歳。1510生。フランドルの作曲家。

ガラモン　Garamond, Claude　フランスの活字彫刻者。
仇英　[異]1552?没、67?歳。1494生。中国，明の画家。
コスタ，イッポーリト　Costa, Ippolito　55？歳。1506生。イタリアの画家。
サピドゥス　Sapidus, Johannes　71歳。1490生。ドイツの人文主義者。
ソザ　Souza, Fernao de　ポルトガルの澳門（マカオ）総督。
タシュキョプリザーデ・アフメト　Aḥmet Ṭashköpru-Zādeh　66歳。1495生。オスマン・トルコ帝国の伝記作者。
フランコ，バッティスタ　Franco, Battista　51？歳。1510生。イタリアの画家，版画家。
ブロンデール，ランセロート　Blondeel, Lanceloot　63歳。1498生。フランスの画家，版画家，建築家。
ベニング，シモン　Bening, Simon　78？歳。1483生。フランドルの写本装飾画家。
ホウィットチャーチ，エドワード　Whitchurch (Whytchurch), Edward　ロンドンの商人でプロテスタントの印刷業者。
マニー，オリヴィエ・ド　Magny, Olivier de　41？歳。1520生。フランスの詩人。
[この頃] **アンベルガー，クリストフ**　Amberger, Christoph　61？歳。1500（[異]1505頃）生。ドイツの画家。
キャベンディッシュ　Cavendish, George　61？歳。1500生。イギリスの伝記作者。
サンドラン，ピエール　Sandrin, Pierre　71？歳。1490生。フランスの作曲家。
シャンピオン，トマ　Champion, Thomas (Mithou)　フランスのオルガン奏者，スピネット奏者，作曲家。
シュメルツル　Schmeltzl, Wolfgang　61？歳。1500生。ドイツの聖職者。
スザート，ティルマン　Susato, Tylman　61？歳。1500生。アントワープの音楽出版業者，作曲家。
デュヴェ，ジャン　Duvet, Jean　[異]1570頃没、76？歳。1485生。フランスの金銀細工師，版画家。
ブルジョワ，ルイ　Bourgeois, Loys　[異]1560以降没、51？歳。1510生。フランスの作曲家，理論家。
ピエトロ・ダ・サロ　Pietro da Salò　61？歳。1500生。イタリアの彫刻家。
ミラン，ルイス　Milan, Luis　61？歳。1500生。スペインの宮廷音楽家，リュート奏者，作曲家。

1562年

3.01　フランスでヴァシーの虐殺が起こる

＊＊＊

フレーダー，ヨハネス　Freder, Johannes　1.25没、51？歳。1510生。ドイツのルター派の神学者，論争家。
エメケン，ゲルト　Oemeken, Gerdt　3.25没、62？歳。1500生。ドイツの宗教改革者。
アマバハ，ボニファーティウス　Amerbach, Bonifatius　4.24没、66歳。1495生。バーゼル（スイス）の法学者，美術品蒐集家。
ソツィーニ，レリオ（・フランチェスコ・マリア）　Sozzini, Lelio　5.16没、37歳。1525生。イタリアの神学者。
プロープスト，ヤーコプ　Propst (Probst), Jakob　6.30没、67？歳。1495生。ドイツのルター派神学者，ブレーメンの改革者。
ゲッツ・フォン・ベルリヒンゲン　Berlichingen, Götz von　7.23没、82歳。1480（[異]1481）生。ドイツ農民戦争の指導者。
ゾーリス，ヴィルギール　Solis, Virgil　8.1没、48歳。1514生。ドイツの版画家。
ツェル，カタリーナ　Zell, Katharina　9.5没、65？歳。1497生。ストラスブールの宗教改革者の妻。
ファロピウス，ガブリエル　Fallopius, Gabriel　10.9没、39歳。1523生。イタリアの解剖学者。
ペトルス（アルカンタラの）　Petrus de Alcantara, St.　10.19没、63歳。1499生。スペインの神秘的宗教家，聖人。
マルロラート，アウグスティーン　Marlorat, Augustin　10.31没、56歳。1506生。フランスの宗教改革者。
セルミジ，クロダン・ド　Sermisy, Claudin de　10.13没、72？歳。1490（[異]1495頃）生。フランスの作曲家。
スホーレル，ヤン・ヴァン　Scorel, Jan Van　12.5没、67歳。1495生。オランダの画家。
ヴィラールト，アドリアン　Willaert, Adrian　12.7没、72？歳。1490（[異]1480頃）生。ネーデルラントの作曲家。
ヴェルミーリ，ピエートロ・マルティーレ　Vermigli, Pietro Martire　12.12没、62歳。1500生。イタリアの宗教改革家。
[この年] **アルトドルファー**　Altdorfer, Erhard　77？歳。1485生。ドイツの画家，建築家，版画家。
グリマルド，ニコラス　Grimald, Nicholas　43歳。1519生。イギリスの詩人，劇作家。
シュティーゲル，ヨーハン　Stigel, Johann　47歳。1515生。宗教改革期のドイツの詩人。
鄒守益　71歳。1491生。中国，明の儒学者。
トルビド，フランチェスコ　Torbido, Francesco　80？歳。1482生。イタリアの画家。
ナジ・ジェルジ　Nagy György　ルーマニアのセーケイ人農民蜂起の指導者。
ノアイユ，アントアヌ　Noailles, Antoine de　58歳。1504生。フランスの貴族。

ハムステーデ, アードリアン・コルネーリス・ヴァン　Haemstede, Adrian Cornelisz van　37？歳。1525生。オランダの改革派神学者。
フォルティーニ　Fortini, Pietro　62歳。1500生。イタリアの物語作家。
ピアッツァ, カッリスト　Piazza, Callisto　62？歳。1500生。イタリアの画家。
林巨正　朝鮮王朝中期の義賊・民衆反乱の指導者。
[この頃] ヴィックラム, イェルク　Wickram, Jörg　㉠1560頃没、57？歳。1505（㉠1500頃）生。ドイツの劇作家, 小説家。
カロート, ジョヴァンニ　Caroto, Giovanni　74？歳。1488生。イタリアの画家。
ヘッケル　Heckel, Wolf　47？歳。1515生。ドイツのリュート奏者, 作曲家。
ボンタン, ピエール　Bontemps, Pierre　42？歳。1520生。フランスの彫刻家。
マサイス, コルネリス　Massys, Cornelis　51？歳。1511生。フランドルの画家, 版画家。
モデルヌ, ジャック　Moderne, Jacques　67？歳。1495生。フランスの印刷業者（イタリア人）。

1563年

12.04　トリエント公会議が閉会する
＊＊＊
ノイジードラー, ハンス　Neusidler, Hans　2.2没、55？歳。1508（㉠1510以前）生。ハンガリー系のドイツのリュート奏者, 作曲家, リュート製作者。
コクリコ, アドリアン・プティ　Coclico, Adrian Petit　2.9？（㉠1562以降）没、64？歳。1499（㉠1500頃）生。フランドルの作曲家, 音楽理論家。
ギーズ, フランソワ, 2代公爵　Guise, François, 2e Duc de　2.24没、44歳。1519生。フランスの将軍。
ゴンザーガ, エルコーレ　Gonzaga, Ercole　3.3？没、57歳。1505生。イタリアの司教。
セリパンド, ジローラモ　Seripando, Girolamo　3.17没、70歳。1492生。イタリアのアウグスティヌス隠修会総長, 枢機卿。
グラレアーヌス, ヘンリクス　Glareanus, Henricus　3.28没、74歳。1488生。スイスの音楽理論家。
ナルディ, ヤーコポ　Nardi, Iacopo　3.？没、87歳。1476生。イタリアの歴史家, 文学者。
ソト, ペドロ・デ　Soto, Pedro de　4.20？没、68？歳。1495生。スペインのカトリック神学者。
スミス, リチャード　Smith, Richard　7.9没、63歳。1500生。イングランドのローマ・カトリック教会神学者。
ジェッリ, ジャンバッティスタ　Gelli, Giovanni Battista　7.14没、64歳。1498生。イタリアの文学者。

ベルク　Berg, Johann　8.7没。ドイツの楽譜出版業者。
ラ・ボエシー, エチエンヌ・ド　La Boétie, Étienne de　8.18没、32歳。1530生。フランスの法律家, 哲学者。
ムスクールス, ヴォルフガング　Musculus, Wolfgang　8.30没、65歳。1497生。ドイツの福音主義神学者。
シロエ, ディエゴ・デ　Siloé, Diego de　10.22没、68？歳。1495生。スペインの彫刻家, 建築家。
サルヴィアーティ, チェッキーノ　Salviati, Francesco　11.11没、53歳。1510生。イタリアの画家。
ベイル, ジョン　Bale, John　11.15没、67歳。1495生。イギリスの聖職者, 劇作家。
エスコベド　Escobedo (Scobedo), Bartolomé　11.？没、48？歳。1515生。スペインの作曲家。
カステリヨン, セバスチャン　Castellio, Sebastianus　12.29没、48歳。1515生。フランスの神学者, 人文主義者。
ナオゲオルク, トーマス　Naogeorg, Thomas　12.29没、52歳。1511生。ドイツの新ラテン語詩人, 劇作家, プロテスタントの牧師。
[この年] オドンネル　O'Donnell, Manus　カルバハの父。
シュート　Shute, John　イギリス最初の建築書の著者。
スキアヴォーネ, アンドレーア・メルドラ　Schiavone, Andrea Meldola　53？歳。1510（㉠1500頃）生。イタリアの画家, 版画家。
ブルック　Broke, Arthur　イギリスの詩人, 翻訳家。
ヘラクリーデス, ヤコーブス・バシリクス　Herakliedes (Hērakleídēs), Jakobus Basilikus　43？歳。1520生。モルダヴィア侯（在位1561～63）。
マカーリイ　Makarij　81歳。1482生。ロシア正教会の府主教。
モントルソーリ, ジョヴァンニ・アンジェロ・ダ　Montorsoli, Giovanni Angelo da　56？歳。1507生。イタリアの彫刻家。
ラーベンボルフ　Labenwolf, Pankraz　71歳。1492生。ドイツの彫刻家, 鋳金家。
[この頃] ヴァスコンセーロス, フェレイラ・デ　Vasconcelos, Jorge Ferreira de　48？歳。1515生。ポルトガルの喜劇作家, 騎士道物語作家。
コレイア, ガスパール　Correia, Gaspar　73？歳。1490生。ポルトガルの歴史家。
シャルンシュラーガー, レーオポルト　Scharnschlager, Leopold　ストラスブールの再洗礼派, 寛容論の主張者。
シルヴァ　Sylva, Duarte da　㉠1564没、27？歳。1536（㉠1527頃）生。ポルトガルのイエズス会宣教師。

スールダース　Sūrdās　㊗1583頃没、85？歳。1478（㊗1483頃）生。インドのヒンディー語の聖詩人。

1564年

1.01　フランスで年始を1月1日に変更する
* * *
カンペッジョ，トマーゾ　Campeggio, Tommaso　1.21没、83歳。1481生。イタリアのカトリック教会聖職者。
ヒペーリウス，アンドレーアス　Hyperius, Andreas　2.1没、52歳。1511生。ドイツのルター派神学者，説教者。
ミケランジェロ・ブオナッローティ　Michelangelo Buonarroti　2.18没、88歳。1475生。イタリアの画家，彫刻家，建築家。
シュタフィルス，フリードリヒ　Staphylus, Friedrich　3.5没、51歳。1512生。ドイツの神学者。
ブロン，ピエール　Belon, Pierre　4.？没、47歳。1517生。フランスの博物学者。
フロシャウアー，クリストフ　Froschauer, Christoph　5.1没、74？歳。1490生。スイスの印刷業者。
ユーデクス，マテーウス（マティーアス）　Judex, Matthäus（Matthias）　5.15没、35歳。1528生。ドイツのルター派神学者。
カルヴァン，ジャン　Calvin, Jean　5.27没、54歳。1509生。フランスの宗教改革者。
ソーザ　Sousa, Martin Afonso de　7.21没、64？歳。1500生。ポルトガルの航海者，軍人。
フェルディナント1世　Ferdinand I　7.25没、61歳。1503生。ハプスブルク家出身の神聖ローマ皇帝（在位1558～64）。
ベラスコ，L.　Velasco, Luis de　7.31没、53歳。1511生。ヌエバーエスパーニャ（現メキシコ）の副王（在位1550～57）。
プフルーク，ユーリウス・フォン　Pflug, Julius von　9.3没、65歳。1499生。ドイツのカトリック司教。
モンハイム，ヨハネス　Monheim, Johannes　9.9没、55？歳。1509生。ドイツのカトリック教育者，人文主義者。
グリバルディ，マッテオ　Gribaldi, Matteo　9.？没、58歳。1506生。イタリアのパードヴァの法学者。
ビブリアンダー（ブーフマン），テーオドーア　Bibliander（Buchmann），Theodor　9.？没、60？歳。1504生。スイスのヘブル語・セム語学者。
マンシクール，ピエール・ド　Manchicourt, Pierre de　10.5（㊗1562）没、54？歳。1510生。フランドル楽派の作曲家。

ヴェサリウス，アンドレアス　Vesalius, Andreas　10.15（㊗1565）没、49歳。1514（㊗1515）生。ベルギーの解剖学者。
ブラーラー（ブラウラー），アンブロシウス　Blarer, Ambrosius　12.6没、72歳。1492生。ドイツの宗教改革者。
フォスカラーリ（フスカラリウス），エギディオ　Foscarari（Fuscararius），Egidio　12.23没、51歳。1512生。イタリアの宗教改革期カトリック聖職者。
この年　アビラ・イ・スニガ，ルイス・デ　Ávila y Zúñiga, Luis de　64？歳。1500生。スペインの歴史家。
ウディネ，ジョヴァンニ・ダ　Udine, Giovanni da　77歳。1487生。イタリアの画家，装飾家，建築家。
オキーノ，ベルナルディーノ　Ochino, Bernardino　㊗1565没、77歳。1487生。イタリアの宗教改革者。
グイデッティ，グイデット　Guidetti, Guidetto　イタリアの建築家。
グリュネーウス，トーマス　Grynäus, Thomas　52歳。1512生。スイスのルター派的神学者。
コルディエ，マチュラン　Cordier, Mathurin　85歳。1479生。フランスの文法学者，教育学者。
コルデリウス　Corderius, Maturinus　85？歳。1479生。フランスのプロテスタントの教育家。
ジャンドロン，フランソワ　Gindron, François　73？歳。1491生。スイスの作曲家。
ピーノ，パーオロ　Pino, Paolo　30歳。1534生。イタリアの版画家，著述家。
プランダラダーサ　Purandaradāsa　80歳。1484（㊗1494）生。インドのカンナダ語の聖詩人。
ボルハウス，マルティーン　Borrhaus, Martin　65歳。1499生。ドイツの再洗礼派神学者。
羅洪先　60歳。1504生。中国，明の儒学者。
ロスト，ヤン　Rost, Jan　フランドルのタピスリー制作家。
この頃　カンパニョーラ，ドメニコ　Campagnola, Domenico　㊗1581没、74？歳。1490（㊗1500）生。イタリアの版画家，画家。

1565年

4.28　スペイン艦隊がフィリピンのセブ島に上陸
9.05　ブリューゲルの季節画シリーズが完成する
9.20　スペイン軍がフロリダのフランス人を虐殺
* * *
ライネス，ディエゴ（ハコボ）　Lainez, Diego　1.19没、53歳。1512生。イエズス会第2代総会長。
ラーマラーヤ・サールヴァ　Rāmarāya Sāluva　1.25没。インドのヴィジャヤナガル王国の政治家。
ゲスナー，コンラート・フォン　Gesner, Konrad von　3.13没、48歳。1516生。スイスの博物学者，医者。

人物物故大年表 外国人編　329

キローガ，バスコ・デ　Quiroga, Vasco de　3.14没、95歳。1470(㊥1478頃)生。メキシコで活躍したスペインの法律家、司祭。

アレシウス(アレス，アレイン)，アレクサンデル　Alesius (Aless, Alane), Alexander　3.17没、64歳。1500生。スコットランド出身の宗教改革者、ルター派神学者。

ルエダ，ロペ・デ　Rueda, Lope de　3.21(㊥1569)没、60？歳。1505(㊥1519頃)生。スペインの劇作家。

アムスドルフ，ニーコラウス・フォン　Amsdorf, Nikolaus von　5.14没、81歳。1483生。ドイツのプロテスタント神学者。

フサイン・ニザーム・シャー1世　Ḥusain Niẓām Shāh I　6.6没。インドのニザーム・シャー王朝第3代の王(1553～65)。

トゥルネブス，アドリアーヌス　Turnebus, Adrianus　6.12没、53歳。1512生。フランスの古典学者、ギリシア語本文批評家。

ラステル，ウィリアム　Rastell, William　8.27没、57歳。1508生。イングランドの法律家、著述家、印刷出版者。

ブース，ヤーコブ　Buus, Jacques　8.？没、65？歳。1500生。フランドル楽派の作曲家。

ローレ，チプリアーノ・デ　Rore, Cipriano de　9.11没、50？歳。1515(㊥1516)生。フランドルの作曲家。

ファレル，ギヨーム　Farel, Guillaume　9.13没、76歳。1489生。フランスの宗教改革者。

ヴェルジェーリオ，ピエートロ・パーオロ　Vergerio, Pietro Paolo　10.4(㊥1564)没、67？歳。1498(㊥1497頃)生。イタリアのプロテスタント神学者。

フェラリ　Ferrari, Ludovico　10.5没、43歳。1522生。イタリアの代数学者。

マテジウス，ヨハネス　Mathesius, Johannes　10.8没、61歳。1504生。ドイツのプロテスタント神学者。

リボー　Ribault, Jean　10.12没、45？歳。1520生。フランスのアメリカ植民者。

グロリエ(・ド・セルヴィエール)，ジャン，アギジ子爵　Grolier de Servieres, Jean, Vicomte d'Aguisy　10.22没、86歳。1479生。フランス中世末の愛書家。

ピウス4世　Pius IV　12.9没、66歳。1499生。教皇(在位1559～65)。

ヴァルキ，ベネデット　Varchi, Benedetto　12.18没、62歳。1503(㊥1502)生。イタリアの詩人、宮廷学者。

［この年］尹元衡　朝鮮、李朝の文臣。

カラーリオ，ジャン・ヤーコポ　Caraglio, Gian Iacopo　65歳。1500生。イタリアの版画家、メダル制作家。

カルカーニ，ティベーリオ　Calcagni, Tiberio　33歳。1532生。イタリアの彫刻家、建築家。

ケーラー　Köler, David　33？歳。1532生。ドイツの作曲家。
顧応祥　82歳。1483生。中国、明中期の数学者。
胡宗憲　中国、明の武将。
シャイト　Scheidt, Kaspar　45？歳。1520生。ドイツの文学者。
ダニエロ　Daniello, Bernardino　65歳。1500生。イタリアの文芸研究者。
普雨　50歳。1515生。朝鮮明宗時の僧。
ベガレッリ，アントーニオ　Begarelli, Antonio　66歳。1499生。イタリアの彫刻家。
ポリドーロ・ダ・ランチャーノ　Polidoro da Lanciano　51歳。1514生。イタリアの画家。
ユーテンホーフェ，ヤン　Utenhove, Jan　45？歳。1520生。オランダ出身の宗教改革者。
ラジヴィウ，ミコウァイ(黒の)　Radziwiłł, Mikołaj (Czarny)　50歳。1515生。ポーランドの宗教改革を支援した貴族、リトアニアのヴィルノの総督、リトアニアの宰相。
［この頃］デル・バルビエーレ，ドメーニコ　Del Barbiere, Domenico　59？歳。1506生。イタリアの画家、彫刻家、銅版画家。
ベルヘム　Berchem, Jacquet de　60？歳。1505生。フランドルの作曲家。
ベルムード　Bermudo, Juan　55？歳。1510生。スペインの音楽理論家。
モトリニーア，トリービオ・デ・ベナベンテ　Motolinía, Toribio de Benavente　㊥1569？没、70？歳。1495(㊥1482頃)生。スペインの宣教師。

1566年

9.30　オスマン朝のスルタンにセリム2世が即位

＊＊＊

ブロワ，ルイ・ド(ブロシウス)　Blois, Louis de (Blosius)　1.7没、60歳。1506生。ベルギーのベネディクト会士。
カッサンダー，ゲオルク　Cassander, Georg　2.3没、52歳。1513生。ドイツのカトリック神学者。
リッツィオ，ダヴィド　Riccio, David　3.9没、33？歳。1533生。イタリア生れの音楽家。
スピファム，ジャーク・ポル　Spifame, Jacques Paul　3.23没、64歳。1502生。フランスの牧師。
カベソン，アントニオ・デ　Cabezón, Antonio de　3.26没、55歳。1510(㊥1500)生。スペインのオルガン奏者、作曲家。
ボルテッラ　Volterra, Daniele da　4.4没、57歳。1509生。イタリアの画家。
ゴンザーガ，ジューリア　Gonzaga, Giulia　4.16没、53歳。1513生。イタリアのマントバの貴族。

16世紀　1567

ドラコニテス，ヨハネス　Draconites (Drach), Johannes　4.18没，72歳。1494生。ドイツのルター派論争神学者，聖書学者。

サックビル　Sackville, *Sir* Richard　4.21没。イギリスの政治家。

ラベ，ルイーズ　Labé, Louise Charle Perrin　4.25 (㉘1565頃)没，42？歳。1524 (㉘1520頃)生。フランスの女流詩人。

フックス，レオンハルト　Fuchs, Leonhart　5.10没，65歳。1501生。ドイツの植物学者。

ノストラダムス　Nostradamus　7.2没，62歳。1503生。フランスの占星家，医者。

ホービー　Hoby, *Sir* Thomas　7.13没，36歳。1530生。イギリスの外交官，翻訳家。

ラス-カサス，バルトロメ・デ　Las Casas, Bartolomé de　7.17没，92歳。1474 (㉘1484)生。スペインの聖職者。

ロンドレ　Rondelet, Guillaume　7.30没，58歳。1507生。フランスの博物学者。

ロンバール，ランベール　Lombard, Lambert　8.？没，61？歳。1505 (㉘1506)生。オランダ (フランドル) の画家，建築家。

ツッカーリ，タッデオ　Zuccaro, Taddeo　9.2没，37歳。1529生。イタリアの画家。

スレイマン1世　Süleyman I　9.6？没，72歳。1494 (㉘1495)生。オスマン・トルコ帝国第10代のスルタン (在位1520～66)。

ジェンティーレ，ジョヴァンニ・ヴァレンティーノ　Gentile, Giovanni Valentino　9.10没，46？歳。1520生。イタリアの反三一論者。

アグリーコラ，ヨハネス　Agricola, Johann　9.22 (㉘1556)没，74歳。1492 (㉘1494？)生。ドイツ人のルター派の宗教改革者。

ヴィーダ，マルコ・ジローラモ　Vida, Marco Girolamo　9.27没，81歳。1485 (㉘1480頃)生。イタリアの人文主義者。

フンク，ヨハネス　Funck, Johannes　10.28没，48歳。1518生。ドイツのルター派神学者，説教家。

ヘッセルス，ヤン　Hessels, Jan　11.7没，44歳。1522生。宗教改革期のカトリック神学者。

コルレ　Colle, Raffaello dal　11.17没，71？歳。1495生。イタリアの画家。

カーロ，アンニーバレ　Caro, Annibale　11.20没，59歳。1507生。イタリア後期ルネサンスの人文主義者，詩人。

デュムラン，シャルル (カロルス・モリナエウス)　Dumoulin, Charles　12.28没，66歳。1500生。フランスの法学者。

[この年] アコンチオ，ジャーコモ　Aconcio, Giacomo　66？歳。1500 (㉘1520以前)生。イタリアの人文主義法学者，神学者。

エドワーズ　Edwards, Richard　44歳。1522？生。イギリスの劇作家。

オドンネル　O'Donnell, Calvagh　アイルランドの北部ティルコーネルの首長。

世宗(明)　59歳。1507生。中国，明の第11代皇帝 (在位1521～66)。

鄭曉　67歳。1499生。中国，明代の官僚，学者。

ディアーヌ・ド・ポワティエ　Diane de Poitier　67歳。1499生。フランスのアンリ2世の愛人。

トラルバ，ディエゴ・デ　Torralva, Diego de　66歳。1500生。スペインの建築家。

ノストラダムス，ミカエル　Notredame, Michel de　63歳。1503生。「ノストラダムス大予言原典」の著者。

ブーフホルツァー，ゲオルク　Buchholzer, Georg　63歳。1503生。ドイツのルター派牧師。

ブロシウス　Blosius, Franciscus Ludovicus　60歳。1506生。ベルギーの聖職者。

ベルナルディーノ・ディ・マリオット　Bernardino di Mariotto　88？歳。1478生。イタリアの画家。

ヘルベルシュタイン　Herberstein, Sigmund Reichsfreiherr von　80歳。1486生。オーストリアの外交官。

パーボ・ツクラク・テンワ　dPa' bo gtsug lag phreng ba　62歳。1504生。チベットの仏教者。

ラッファエッリーノ・デル・コッレ　Raffaellino del Colle　15世紀末生。イタリアの画家。

ラッファエッロ・ダ・モンテルーポ　Raffaello da Montelupo　61？歳。1505生。イタリアの彫刻家，建築家。

ロマニーノ　Il Romanino　㉘1560頃没，81？歳。1485 (㉘1484頃)生。イタリアの画家。

[この頃] ジャンブ・ド・フェール，フィリベール　Jambe de Fer, Philibert　51？歳。1515生。フランスの作曲家。

シリヴェーストル　Sil'vestr　㉘1560頃没。ロシアの政治家，小説家，僧侶。

ニゾリウス　Nizolius, Marius　78？歳。1488生。イタリアの哲学者，人文主義者。

ファン・ヘメッセン，ヤン・サンデルス　Hemessen, Jan Sanders van　㉘1563以降没，66？歳。1500生。オランダの画家。

═══════════════

1567年

7.25　スコットランドでジェームズが即位する
8.22　ネーデルランドで「血の評議会」が設置
　　　　　　　＊＊＊

ファート　Vaet, Jacobus　1.8没，38？歳。1529生。フランドルの作曲家。

ダーンリー，ヘンリー・スチュワート，卿　Darnley, Henry Stewart, Lord　2.10没，21歳。

人物物故大年表 外国人編　*331*

1567　16世紀

1545生。スコットランド女王メアリ・ステュアートの2度目の夫。

サ，E.　Sá, Estacio de　2.20没。ポルトガルの軍人。

サルバトル・アブ・ホルタ　Salvator ab Horta　3.18没、46歳。1520生。スペインのフランシスコ会助修士、聖人。

ブラーラ（ブラウラー），トーマス　Blarer (Blaurer), Thomas　3.19没、71？歳。1496生。コンスタンツの政治家。

ブルザソルチ，ドメーニコ　Brusasorci, Domenico　3.30没、51歳。1516生。イタリアの画家。

フィリップ1世　Philipp I der Grossmütige　3.31没、62歳。1504生。ヘッセン方伯。

シュティーフェル，ミヒャエル　Stifel, Michael　4.19没、73歳。1487生。ドイツの数学者。

パーミンガー　Paminger(Päminger, Panninger), Leonhard　5.3没、72歳。1495生。オーストリアの作曲家、聖職者。

ブレー，ギー・ド　Brès, Guy de　5.31没、45歳。1522生。南ネーデルラントの宗教改革者、プロテスタント殉教者。

リッチ，リチャード・リッチ　Rich, Richard Rich, 1st Baron　6.12没、71？歳。1496生。イングランドの大法官。

フェルナンデス，ジョアン　Fernandez, João　6.26（㊥1587）没、42歳。1525生。ポルトガルの人。

ビーコン，トマス　Becon, Thomas　6.30没、56歳。1511生。イギリスの宗教改革者。

シェリフ，ローレンス　Sheriff, Lawrence　10.20没。イギリスのラグビー校創立者。

モンモランシー，アン・リュク・ド　Montmorency, Anne, Duc de　11.11没、74歳。1493生。フランスの政治家。

クルツィウス，ヴァーレンティーン　Curtius, Valentin　11.27没、74歳。1493生。ドイツの宗教改革者。

この年　オルデンドルプ，ヨハネス　Oldendorp, Johann　79？歳。1488(㊥1480)生。ドイツの法学者。

ガスカ　La Gasca, Pedro de　82歳。1485生。スペインの聖職者、政治家。

カルネセッキ，ピエートロ　Carnesecchi, Pietro　59歳。1508生。宗教改革期におけるイタリアのカトリック教会離脱者。

クレーヴェ，コルネリス　Cleve, Cornelis　47歳。1520生。ベルギーの画家。

陳建　70歳。1497生。中国、明中期の学者。

ツァルチェン・ロセル・ギャムツォ　Tshar chen blo gsal rgya mtsho　65歳。1502生。チベットのサキャ派（ツァル派）仏教者。

ドゥルジッチ，マリン　Držić, Marin　62歳。1505（㊥1508）生。クロアチアの劇作家。

トレド，ファン・バウティスタ・デ　Toledo, Juan Bautista de　スペインの建築家。

ロボルテロ　Robortello, Francesco　51歳。1516生。イタリアの人文主義者。

この頃　カーヴァー，ロバート　Carver, Robert　㊥1546以後没、77？歳。1490（㊥1487？）生。スコットランドの作曲家。

ベルテリエ，フィリベール　Berthelier, Philibert　ジュネーヴのリベルタン（自由思想家）。

ペレス，ホアン（デ・ピネダ）　Pérez, Juan de Pineda　スペインの聖書翻訳者。

マリヌス・ファン・レイメルスワーレ　Marinus van Reymerswaele　74？歳。1493生。オランダの画家。

リシエ，リジエ　Richier, Ligier　㊥1566頃没、67？歳。1500生。フランスのルネサンス期の彫刻家。

リッチオ　Riccio, Domenico　51？歳。1516生。イタリアの画家。

1568年

10.16　織田信長が足利義昭を奉じて入京する
　　　　＊＊＊

フィーリプス，ディルク（ディートリヒ）　Philips, Dirk (Dietrich)　1.13没、64？歳。1504生。オランダの再洗礼派指導者。

オラー（オラーフス），ミクローシュ　Oláh (Olahus), Mikl´os　1.14没、75歳。1493生。ハンガリーのエステルゴム（グラン）の大司教、人文主義者。

ブレデローデ　Brederode, Hendrik van　2.15没、36歳。1531生。スペインの貴族。

カヴァデイル，マイルズ　Coverdale, Miles　2.19（㊥1569）没、80歳。1488（㊥1487頃）生。イギリスの聖職者。

アルブレヒト　Albrecht II von Brandenburg　3.20没、77歳。1490生。最後のドイツ騎士団長、最初のプロシア公。

パンヴィーニオ，オノフリオ　Panvinio, Onofrio　4.7没、38歳。1530生。イタリアの教会史家。

ウルダネータ，アンドレス・デ　Urdaneta, Andrés de　6.3没、70歳。1498（㊥1508）生。スペインのアウグスティノ会宣教師。

エグモント伯　Egmond, Lamoral, 4th Count of　6.5没、45歳。1522生。フランドルの政治家、軍人。

ホルン　Horn, Philippe de Montmorency, Comte de　6.5没、50歳。1518（㊥1524）生。フランドル地方の伯爵、軍人、政治家。

オポリヌス　Oporinus, Johannes　7.6没、61歳。1507生。ドイツの出版業者、古典語学者。

ターナー，ウィリアム　Turner, William　7.7没、60？歳。1508（㊥1510）生。イギリスの牧師、医者、博物学者。

16世紀　1569

カルロス　Don Carlos de Austria　7.24没、23歳。1545生。スペイン王位継承者。

バーロウ，ウィリアム　Barlow, William　8.13没。英国教会のチチェスター主教。

コストカ，スタニスワフ　Kostka, Stanisław　8.15？没、17歳。1550生。ポーランドの守護聖人。

ラ・ヴァレット，ジャン・パリゾー・ド　La Valette, Jean Parisot de　8.21没、74歳。1494生。イェルサレムの聖ヨハネ騎士団（マルタ騎士団）の指導者。

エリザベト・ド・バロア　Elizabeth de Valois　10.3没、22歳。1545生。スペイン国王フェリペ2世の王妃。

アルカデルト，ジャック　Arcadelt, Jacob　10.14（㊟1557頃）没、68歳。1500（㊟1505）生。ネーデルラントの作曲家。

アウリファーバー，ヨハネス（ブレスラウの）Aurifaber, Johannes（Vratislaviensis）10.19没、51歳。1517生。ドイツの神学者、牧師。

フォルスター，ゲオルク　Forster, Georg　11.12没、58？歳。1510生。ドイツの医者、作曲家、出版者。

タンシッロ，ルイージ　Tansillo, Luigi　12.1没、58歳。1510生。イタリアの詩人。

バルデース，フェルナンド・デ　Valdés, Fernando de　12.9没、85歳。1483生。スペインの大司教、異端審問所総長。

イェレツキー，ヨハネス　Jelecky（Jeletzky, Geletzki），Johannes　12.28没。ボヘミアの讃美歌作詞者、ボヘミア兄弟団の牧師。

クリストフ　Christoph, Duke of Wertenberg　12.28没、53歳。1515生。ドイツのウェルテンベルク公。

アスカム，ロジャー　Ascham, Roger　12.30？没、53歳。1515（㊟1516）生。イギリスの教育家、人文学者。

この年　一禅　80歳。1488生。朝鮮の曹渓宗禅師。

エロエ，アントワーヌ　Héroët, Antoine　76？歳。1492生。フランスの詩人。

グナフェーウス，ウィレム　Gnapheus, Willem de Volder　75？歳。1493生。オランダの人文主義者、宗教改革の教育者。

ケイ，ウィレム　Key, Willem　48？歳。1520生。フランドルの画家。

厳嵩　（㊟1567没、87歳。1481（㊟1480）生。中国、明の政治家。

コロゼ，ジル　Corrozet, Gilles　58歳。1510生。パリ生れの著作家、翻訳家、出版業者。

ドルチェ，ルドヴィーコ　Dolce, Ludovico　60歳。1508生。イタリアの劇作家、評論家、注釈学者。

バルガス　Vargas, Luis de　66歳。1502生。スペインの画家。

フィーリプス，オッベ　Philips, Obbe　68？歳。1500生。オランダの再洗礼派。

モランディ，アントーニオ　Morandi, Antonio　イタリアの建築家。

李開先　67歳。1501（㊟1502）生。中国、明後期の劇作家。

この頃　グージョン，ジャン　Goujon, Jean　㊟1564頃没、58？歳。1510（㊟1520頃）生。フランスの彫刻家、建築家。

シュストリス，ランベルト　Sustris, Lambert　53？歳。1515生。オランダの画家。

1569年

この年　ドイツのメルカトルが世界地図を作成する
＊＊＊

コンデ，ブルボンのルイ1世，親王　Condé, Louis I de Bourbon, Prince de　3.13没、38歳。1530生。フランスの新教徒の政治的軍事的指導者。

フアン・デ・アビラ　Ávila, Juan de　5.10没、69歳。スペインの祭司、神秘派神学者。

シュトリーゲル，ヴィクトリーヌス　Strigel, Victrinus　6.26没、44歳。1524生。ドイツのルター派神学者、フィーリプ派。

タッソ，ベルナルド　Tasso, Bernardo　9.5没、75歳。1493生。イタリアの詩人。

ブリューゲル，ピーテル　Bruegel, Pieter, the Elder　9.5没、49？歳。1520（㊟1525頃）生。フランドルの画家。

ボナー，エドマンド　Bonner, Edmund　9.5没、69？歳。1500生。イギリスの聖職者。

レイ，ミコワイ　Rej, Mikolaj　9.8？没、64歳。1505生。ポーランドの作家。

バーン（ボーン，ブアーン），ギルバート　Bourne, Gilbert　9.10没。イングランドのバース・アンド・ウェルズ最後のローマ・カトリック司教。

ガルダーノ，アントニオ　Gardano, Antonio　10.28没、60？歳。1509生。イタリアの楽譜出版業者、作曲家。

クーリオ，セリウス・セクンドゥス　Curio, Coelius Secundus　11.24没、66歳。1503生。イタリアの宗教改革者。

フェレイラ，アントニオ　Ferreira, António　11.29没、41歳。1528生。ポルトガルの詩人、劇作家。

エーバー，パウル　Eber, Paul　12.10没、58歳。1511生。ドイツのルター派神学者。

フィリープ　Filipp　12.23没、62歳。1507生。ロシアのモスクヴァ府主教、聖人。

この年　カステッロ，ジャンバッティスタ　Castello, Giambattista　60？歳。1509生。イタリアの建築家、画家。

シクストゥス（シエーナの）　Sixtus（Siena）　49歳。1520生。イタリアのカトリック聖書学者。

シャンカラデーヴァ　Śaṅkaradeva　120歳。1449生。インドの詩人。

ターマー, テーオバルト　Thamer, Theobald　67歳。1502生。宗教改革期のルター派からカトリックに転向した牧師。

鄭検　安南黎朝の権臣。

バスケス　Vasquez de Menchaca, Fernando　57歳。1512生。スペインの法律家。

ブラン, ニコラ　Belin, Nicolas　79？歳。1490生。イタリア出身のフランスの画家, 装飾家。

マッツォーラ-ベドーリ, ジローラモ　Mazzola-Bedoli, Girolamo　69？歳。1500生。イタリアの画家。

ルイス, フェルナン2世　Ruiz, Fernán II　54？歳。1515生。スペインの建築家。

1570年

9.09　オスマン軍がキプロス島のニコシアを占領
12.-　デンマークがスウェーデンの独立を承認

＊＊＊

ラトームス, バルトロメーウス　Latomus, Bartholomäus (Steinmetz)　1.3没、80？歳。1490生。ドイツのカトリック人文主義者。

ドロルム, フィリベール　Delorme, Philibert　1.8没、60？歳。1510（㊥1515頃）生。フランス・ルネサンスの建築家, 建築理論家。

マリー, ジェイムズ・スチュアート, 伯爵　Moray, James Stewart, Earl of　1.21没、39歳。1531生。スコットランドの貴族。

ステュアート, ジェイムズ　Stewart, James　1.23没、39歳。1531生。宗教改革期のスコットランドの摂政, マレ伯（Maray）。

パーソンズ　Parsons, Robert　1.25没。イギリスの作曲家。

ヴァルター, ヨーハン　Walther, Johannes　3.25没、74歳。1496生。ドイツの教会音楽家。

バルバロ, ダニエーレ　Barbaro, Daniele　4.12没、57歳。1513生。イタリアの政治家, アクィレーイアの大司教, 科学者。

プリマティッチオ, フランチェスコ　Primaticcio, Francesco　5.15？没、66歳。1504（㊥1505）生。イタリアの画家, 彫刻家, 建築家, 室内装飾家。

ガルス, ニーコラウス　Gallus, Nikolaus　6.14没、55歳。1515生。ドイツの牧師。

パレアーリオ, アオーニオ　Paleario, Aonio　7.3没、67？歳。1503（㊥1500頃）生。イタリアの人文主義者, 宗教改革者。

フェルトン, ジョン　Felton, John　8.8没。イングランドの廷臣。

サールビ, トマス　Thirlby, Thomas　8.26没、64？歳。1506生。英国教会の聖職。

オルモス, アンドレス・デ　Olmos, Andrés de　8.？没、79？歳。1491生。スペイン生れのフランシスコ会宣教師, 言語学者。

ブレンツ, ヨハン　Brenz, Johann　9.11没、71歳。1499生。ドイツの宗教改革者。

ボメリウス, ヘンリクス　Bommelius, Henricus　9.19没、70？歳。1500生。オランダのルター派神学者。

フローリス, フランス　Floris de Vriendt, Frans　10.1没、54歳。1516（㊥1518頃）生。フランドルの画家。

トレス, コスメ・デ　Torres, Cosme de　10.10没、60歳。1510（㊥1497）生。スペインのイエズス会司祭, 日本布教長。

ノブレガ, マヌエル・ダ　Nóbrega, Manuel da　10.18没、57歳。1517生。ポルトガルの宣教師。

バーロス, ジョアン・デ　Barros, João de　10.20（㊥1571）没、74歳。1496（㊥1497）生。ポルトガルの歴史家。

グレヴァン, ジャック　Grévin, Jancques　11.5没、32歳。1538生。フランスの詩人, 劇作家, 医者。

サンソヴィーノ, ヤコポ　Sansovino, Jacopo　11.27没、84歳。1486生。イタリアの彫刻家, 建築家。

アルバー, マテーウス　Alber, Matthäus　12.2没、74歳。1495生。ドイツのヴュルテンベルクの宗教改革者。

李滉　12.4没、69歳。1501生。朝鮮, 李朝中期の儒学者。

この年　アセベード, イグナシオ・デ　Azevedo, Ignacio de　43歳。1527生。ポルトガル出身のイエズス会宣教師。

ヴェストハイマー, バルトロメーウス（バルトロマエウス）　Westheimer, Bartholomäus (Bartholomaeus)　71歳。1499生。ドイツの宗教改革者。

ヴェルステーヘ, ヤン・ヘリッツ　Versteghe, Jan Gerritsz　50？歳。1520生。オランダの改革派神学者。

エンシナス, フランシスコ・デ　Enzinas, Francisco de　50？歳。1520生。スペインのプロテスタント。

ガスパル・ド・ラ・クロア　Gaspard de la Croix　ポルトガルのドミニコ会宣教師。

カーフヒル, ジェイムズ　Calfhill (Calfield), James　40歳。1530生。英国教会聖職。

ゲルレ, ハンス　Gerle, Hans　15世紀末～16世紀初頭生。ドイツのリュート奏者, リュート製造者。

コック, ヒエロニムス　Cock, Hieronymus　60？歳。1510生。フランドルの版画家, 版画出版者, 美術商。

コバルビアス, アロンソ・デ　Covarrubias, Alonso de　㊥1564没、82歳。1488生。スペインの建築家。

コルドヴェロ Cordovero, Moses ben [異]1572没、48歳。1522([異]1532)生。ユダヤ教の神秘主義的神学者，カバラ学者。

サンタ・マリア Santa María, Tomás de 65？歳。1505生。スペインの作曲家，理論家。

ディラー，ミヒャエル Diller, Michael ドイツの牧師，教会行政家，神学者。

ブスタマンテ，バルトロメ・デ Bustamante, Bartolomé de 78？歳。1492生。スペインの建築家。

ベセーラ，ガスパール Becerra, Gaspar 50歳。1520生。スペインの画家，彫刻家。

ボニーヴァール，フランソワ・ド Bonivard, François de 77歳。1493生。スイスの宗教改革者のひとり。

メルツィ，フランチェスコ Melzi, Francesco 77歳。1493([異]1492頃)生。イタリアの画家。

モンチニスキ，ヤン Maczyński, Jan(Johann) 50歳。1520生。ポーランドの反三位一体論者。

李攀竜 56歳。1514生。中国，明の文学者。

[この頃] **オルティス，ディエゴ** Ortiz, Diego [異]1565以後没、60？歳。1510([異]1500頃)生。スペインの作曲家。

カッカヴェッロ，アンニーバレ Caccavello, Annibale 55？歳。1515生。イタリアの彫刻家。

バルデラバノ，エンリケス・デ Valderrábano, Enríquez de [異]1547以後没、70？歳。1500生。スペインの作曲家。

フォンテーヌ，シャルル Fontaine, Charles 56？歳。1514生。フランス，ルネサンスの詩人。

レナート，カミルロ Renato, Camillo 28？歳。1542生。イタリアの反三位一体論者。

1571年

5.19 レガスピがスペイン政庁の首都建設に着手
10.07 レパント沖の海戦でキリスト教国連合勝利

＊＊＊

ヨアヒム2世 Joachim II Hektor 1.3没、65歳。1505生。ブランデンブルク選挙侯(在位1535～71)。

ボルドーネ，パリス Bordone, Paris 1.19没、70歳。1500生。イタリアの画家。

ガレー(ガレティウス)，ジャン Garet(Garetius), Jean 1.21没。16世紀初頭生。ベルギーの神学者。

チェッリーニ，ベンヴェヌート Cellini, Benvenuto 2.13没、70歳。1500生。イタリア・ルネサンス期の彫刻家，金工家，作家。

カステルヴェートロ，ルドヴィーコ(ロドヴィーコ) Castelvetro, Ludovico 2.21没、66歳。1505生。イタリアの詩学者。

アニムッチャ，ジョヴァンニ Animuccia, Giovanni 3.25没、71？歳。1500([異]1514頃)生。イタリアの作曲家。

ハミルトン，ジョン Hamilton, John 4.7没、59歳。1512生。スコットランド，セント・アンドルーズ大主教。

ラ・ポルト，モーリス・ド La Porte, Maurice de 4.23没、41歳。1530生。フランスの文学者。

ヴィレー，ピエール Viret, Pierre 5.4没、60歳。1511生。スイスの宗教改革者。

メルリン，ヨーアヒム Mörlin, Joachim 5.29没、57歳。1514生。ドイツの牧師，論争神学者。

ストーリ，ジョン Story, John 6.1没、61？歳。1510生。ローマ・カトリックの殉教者。

ヌネシュ・バレト Nunes Barreto, Belchior 8.10([異]1570)没、51歳。1520生。ポルトガル出身のイエズス会士。

ラマザン・ザーデ Ramaḍān-Zadeh Meḥmet Pasha 9.12没。オスマン・トルコ帝国の歴史家，政治家。

ヘブラー，マティーアス Hebler, Matthias 9.18没。ドイツのルター派教会監督。

ジューエル，ジョン Jewel, John 9.23没、49歳。1522生。英国教会の聖職，ソールズベリ主教。

ヘルベルト，ペーター(ペトルス) Herbert, Peter(Petrus) 10.1没、36？歳。1535生。モラヴィア兄弟団の牧師，讃美歌作詞者。

ブラホスラフ，ヤン Blahoslav, Jan 11.24没、48歳。1523生。ボヘミア(ベーメン)の一致兄弟団の指導者。

デュイフォプリュカール，ガスパール Duiffoprugcar, Gaspard 12.16没、57歳。1514生。バイエルン地方の小村ティーフェンブルック出身の弦楽器製造者。

[この年] **アッバーテ，ニッコロ・デル** Abbate, Niccolo dell' 59？歳。1512([異]1509頃)生。イタリアの画家。

エストレ，ジャン Estrées, Jean 85歳。1486生。フランスの貴族。

エルプ，(エルベ)，マティーアス Erb(Erbe), Matthias 77歳。1494生。ドイツの改革派従軍牧師。

カルモ，アンドレーア Calmo, Andrea 62？歳。1509([異]1510)生。イタリアの喜劇作家，詩人，俳優。

帰有光 65歳。1506([異]1507)生。中国，明の文学者。

コリニー，オデー・ド Coligny, Odet de 54？歳。1517生。フランスの枢機卿，のちにプロテスタント指導者。

コルテッチャ，フランチェスコ Corteccia, Francesco 69歳。1502生。イタリアの作曲家。

セーターティラート Sethathirat [異]1572没、37歳。1534生。ラオス国王(在位1550～72)。

セバリョス，フランシスコ　Ceballos, Francisco　スペインの音楽家。

デッラバーテ，ニコロ　Dell'Abate, Nicolò　62歳。1509生。イタリアの画家。

ネローニ，バルトロメーオ　Neroni, Bartolomeo　71歳。1500生。イタリアの建築家、画家、写本装飾画家。

ノザデッラ　Nosadella　イタリアの画家。

ヘールズ　Hales, John　イギリスの政治家。

ラジャ・ソリマン　Raja Soliman　フィリピン，マニラのイスラム社会最後の支配者。

ランチ，バルダッサッレ　Lanci, Baldassarre　61？歳。1510生。イタリアの建築家。

霊観　86歳。1485生。朝鮮の禅僧。

レイニールス，アントン　Leyniers, Anton　23歳。1548生。フランドルのタピスリー制作家。

この頃　イヴェール，ジャック　Yver, Jacques　23？歳。1548生。フランスの物語作家。

ダグラーテ，マルコ・フェッレーリ　d'Agrate, Marco Ferreri　イタリアの彫刻家。

1572年

4.01　オランダ独立戦争が勃発する
5.13　グレゴリウス13世がローマ教皇に即位
8.23　フランスで「聖バルテルミーの虐殺」勃発
　　　　　＊＊＊

セルトン，ピエール　Certon, Pierre　2.22？没、62？歳。1510生。フランスの作曲家。

チューディ　Tschudi, Aegidius Gilg von　2.28没、67歳。1505生。スイスの歴史家。

サ，M. de　Sá, Mem de　3.12没、72？歳。1500（㊗1504）生。ポルトガルの政治家。

ペドロ・デ・ガンテ　Pedro de Gante　4.？没、86歳。1486生。メキシコへのフランシスコ会宣教師。

ピウス5世　Pius V, St.　5.1没、68歳。1504生。教皇(在位1566~72)、聖人。

ボンベリ　Bombelli, Rafael　5.5没、42歳。1530（㊗1526）生。イタリアの数学者。

隆慶帝　5.？没、35歳。1537生。中国、明の第13代皇帝(在位1567~72)。

ノーフォーク公　Norfolk, Thomas Howard, 4th Duke of　6.2没、36歳。1536（㊗1538）生。イギリスの貴族。

ジャンヌ・ダルブレー　Jeane d'Albret　6.9没、43歳。1528生。ナヴァール公妃。

ジグムント2世　Zygmunt II Augustus　7.6没、51歳。1520生。ポーランド国王(在位1548~72)。

ルーリア，イツハーク・ベン・シュロモー　Luria, Yiṣḥaq ben Šelomōh　8.5没、38歳。1534生。パレスティナのユダヤ教神秘主義者。

レガスピ　Legazpi, Miguel López de　8.20没、62？歳。1510？生。スペインの政治家、軍人。

パーシ，トマス　Percy, Thomas　8.22没、44歳。1528生。イングランドのノーサンバーランド伯爵。

コリニー，ガスパール2世，シャティヨン卿　Coligny, Gaspard de Châtillon, Comte de　8.24没、53歳。1519生。フランスの提督。

ラムス，ペトルス　Ramus, Petrus　8.26没、57歳。1515生。フランスの人文主義者、論理学者。

グディメル，クロード　Goudimel, Claude　8.27？没、58？歳。1514（㊗1520頃）生。フランスの作曲家。

ランバン，ドニー（ディオニシウス・ランビヌス）　Lambinus, Dionysius　8.？没、52歳。1520（㊗1519頃）生。フランスの古典学者。

スコット　Scotto, Girolamo　9.3没、67？歳。1505生。イタリアの楽譜出版業者。

クルエ，フランソワ　Clouet, François　9.22没、56？歳。1516（㊗1510頃）生。フランスの画家。

トゥパク・アマル1世　Túpac Amaru I　9.24没、18？歳。1554生。インカ族最後の皇帝。

フランシスコ（ボルハの）　Francisco de Borja, San　9.30？没、61歳。1510生。第3代イエズス会総会長、聖人。

ボルジャ，フランチェスコ（フランシスコ）　Borgia, Francesco (Francisco)　9.30没、61歳。1510生。スペインのイエズス会修道士、教会政治家、聖人。

オウドネル，エドマンド　O'Donnell, Edmund　10.25没、30歳。1542生。アイルランドのイエズス会士、殉教者。

ブロンツィーノ，イル　Bronzino, Angiolo　11.23（㊗1573）没、69歳。1503生。イタリアの画家、詩人。

ノックス，ジョン　Knox, John　11.24没、59？歳。1513（㊗1514頃）生。スコットランドにおける宗教改革の指導者、歴史家。

メーリウス，ペーター　Melius, Peter　12.15没、57歳。1515生。ハンガリーの宗教改革者、著作家。

ジルヴァン，ヨハネス　Sylvan (Silvan), Johannes　12.23没。ドイツの反三位一体論者。

アレッシ，ガレアッツォ　Alessi, Galeazzo　12.30没、60歳。1512生。イタリアの建築家。

この年　ヴィルゲニョン，ニコラ・デュラン・ド　Villegaignon, Nicolas Durand de　62？歳。1510生。フランスの植民地経営者。

ヴィレラ，ガスパル　Vilela, Gaspar　㊗1570没、47歳。1525生。ポルトガルのイエズス会宣教師。

カンピ，ジュリオ　Campi, Giulio　70歳。1502（㊗1505頃）生。イタリアの画家、建築家。

16世紀　　　　　　　　1573

サリーム・チシティー　Salīm Chishtī, Shaikh　インドのチシティー派神秘主義聖者。
曹植　71歳。1501生。朝鮮、李朝中期の学者、文人。
ハーディング、トマス　Harding, Thomas　56歳。1516生。イギリスのローマ・カトリック教会司祭。
ファゾーロ、ジョヴァンニ・アントーニオ　Fasolo, Giovanni Antonio　42歳。1530生。イタリアの画家。
フリッチュ-モジェフスキ、アンジェイ　Frycz-Modrzewski, Andrzej　69歳。1503生。ポーランドの宗教改革者、政治家。
ベレッタ、ロドヴィーコ　Beretta, Lodovico　54歳。1518生。イタリアの建築家。
ロペス-デ-ゴマラ、フランシスコ　López de Gómara, Francisco　㋺1565頃没、60歳。1512（㋺1511頃）生。スペインの歴史家。
この頃　アウグスタ、ヤン(ヨーハン)　Augusta, Jan (Johann)　72？歳。1500生。ボヘミア兄弟団の指導者。
ガヴァローリ、ミラベッロ　Cavalori, Mirabello　62？歳。1510生。イタリアの画家。
魏良輔　50？歳。1522生。中国、明代の演劇音楽家。
グラフトン、リチャード　Grafton, Richard　イギリスの出版業者。
ボドゥアン、フランソワ　Baudouin, Fransois　52？歳。1520生。フランスの宗教改革派の法律家。

1573年

5.11　ポーランドのヤギエウォ朝が断絶する
8.15　足利義昭が織田信長に降伏し室町幕府滅亡
　　　　　＊＊＊
プフェフィンガー、ヨーハン　Pfeffinger, Johann　1.1没、79歳。1493生。ドイツのルター派神学者、ライプツィヒの宗教改革者。
プレトーリウス、アブディーアス　Praetorius, Abdias　1.9没、48歳。1524生。ドイツのルター派神学者。
クレーウス、ヨーアヒム　Curäus (Curaeus), Joachim　1.21没、40歳。1532生。ドイツの神学者、歴史家、医者。
ヴィッツェル、ゲオルク　Witzel, Georg　2.16没、72歳。1501生。ドイツのカトリック神学者。
ミューリヒ、ハンス　Müelich, Hans　3.10没、57歳。1516生。ドイツの画家、素描家、写本装飾画家。
ロピタル、ミシェル・ド　L'Hospital, Michel de　3.13没、69？歳。1504（㋺1505頃）生。フランスの政治家。
トルクセス・フォン・ヴァルトブルク、オットー　Truchsess von Waldburg, Otto　4.2没、59歳。1514生。ドイツの対抗宗教改革者、アウクスブルク司教、枢機卿。
マシウス、アンドレアス(マエス)　Masius, Andreas (Maes)　4.7没、58歳。1514生。スペイン領オランダ（現ベルギー）のオリエント学者、釈義家。
タヴァンヌ　Tavannes, Gaspard de Saulx, Seigneur de　4.？没、64歳。1509生。フランスの軍人。
メイトランド(レシントンの)、ウィリアム　Maitland, William of Lethington　6.9？没、45？歳。1528（㋺1525頃）生。スコットランドの政治家。
ウッドハウス、トマス　Woodhouse, Thomas　6.19没。イングランドのイエズス会士、殉教者。
ヴィニョーラ、ジャチント・バロッツィ・ダ　Vignola, Giacinto Barozzi da　7.7（㋺1584）没、65歳。1507（㋺1540）生。イタリアの建築家。
キーズ、ジョン　Caius, John　7.29（㋺1577）没、63歳。1510生。イギリスの内科医。
ジョデル、エチエンヌ　Jodelle, Etienne　7.？没、41？歳。1532生。フランスの劇作家、詩人。
カーコディ、ウィリアム(グレインジの)　Kirkcaldy, Sir William　8.3没、53歳。1520生。スコットランドの軍人。
トムセン、ハンス　Thomsen, Hans　9.22没、41歳。1532生。デンマークの讃美歌作者。
トゥサン(トサーヌス)、ピエール　Toussain (Tossanus), Pierre　10.5没、74歳。1499生。フランスの改革派神学者。
ペートリ、ラウレンツィウス　Petri, Laurentius　10.26没、74歳。1499生。スウェーデンの宗教改革の指導者。
ジャンノッティ　Giannotti, Donato　12.27没、81歳。1492生。イタリアの文学者、外交官。
ジラルディ・チンツィオ、ジャンバッティスタ　Giraldi, Giambattista　12.30没、69歳。1504生。イタリアの劇作家、詩人。
この年　アーガー・リザー　Āgha Riḍā　ペルシアのサファヴィー朝のシャハマースプ1世末期の細密画家。
アーガイル、アーチボルド・キャンベル、5代伯爵　Argyll, Archibald Campbell, 5th Earl of　43歳。1530生。イギリスの政治家。
アルギージ、ガラッソ　Alghisi, Galasso　50？歳。1523生。イタリアの建築家。
アルジェンタ(ラルジェンタ)　l'Argenta　63？歳。1510生。イタリアの画家。
カッターネオ、ダネーゼ　Cattaneo, Danese di Michele　64？歳。1509生。イタリアの彫刻家。
スクラートフ、Malyuta Skuratov　ロシア皇帝イヴァン4世（雷帝）の寵臣。
タイ、クリストファー　Tye, Christopher　㋺1572没、73？歳。1500（㋺1505頃）生。イギリスの作曲家。

フォルノーヴォ，ジョヴァンニ・バッティスタ Fornovo, Giovanni Battista 52歳。1521生。イタリアの建築家。
ブライトミヒェル，カスパル Braitmichel, Kaspar ドイツの再洗礼派。
文彭 75歳。1498生。中国，明代後期の文人，書家，画家。
李球 朝鮮，李朝の学者。
レゼンデ，アンドレ・デ Resende, Lucío André de 73？歳。1500生。ルネサンス期のポルトガルの思想家。
この頃 エヴォルト，ハンス Eworth, Hans 53？歳。1520（㋿1515頃）生。フランドル出身のイギリスの肖像画家。
ファレーズ，ピエール Phalèse, Pierre ㋿1576頃没、63？歳。1510生。オランダの音楽出版業者。
ベーケラール，ヨアヒム Beuckelaer, Joachim 43？歳。1530生。フランドルの画家。
モスカ，ジョヴァンニ・マリーア Mosca, Giovanni Maria イタリアの彫刻家，建築家，メダル制作家。
俞大猷 ㋿1580没。中国，明の武将。

1574年

7.18 ポーランドでアンリ3世が即位する
12.15 オスマン朝スルタンにムラト3世が即位
＊＊＊
ヴェストファール，ヨーアヒム Westphal, Joachim 1.16没、64歳。1510生。ドイツのルター派神学者。
イーゼンマン，ヨーハン Isenmann, Johann 2.18没、79歳。1495生。ドイツのルター派神学者。
ケスラー，ヨハネス Kessler, Johannes 2.24没、72？歳。1502生。スイスの年代記者，宗教改革者。
アレーティウス，ベネディクトゥス Aretius, Benedictus 3.22？没、52？歳。1522生。スイスの神学者，自然科学者。
マヌティウス，パウルス Manutius, Paulus 4.6没、61歳。1512生。イタリアの印刷業者。
カメラリウス，ヨアヒム Camerarius, Joachim 4.17没、74歳。1500生。ドイツの古典学者，ルター派の神学者。
メディチ，コジモ1世 Medici, Cosimo I de' 4.21没、54歳。1519生。イタリアの財閥。
ハルデンベルク，アルベルト Hardenberg, Albert 5.18没、64？歳。1510生。ドイツのルター派神学者。
モンゴメリー伯 Montgomery, Gabriel, Seigneur de Lorges, Comte de 5.27没、44歳。1530生。フランスの軍人。
シャルル9世 Charles IX 5.30没、23歳。1550生。フランス王（在位1560～74）。

デ・マジュール，ルイ Des Masures, Louis 6.17没、59？歳。1515生。フランスの詩人。
ヴァザーリ，ジョルジョ Vasari, Giorgio 6.27（㋿1570）没、62歳。1511生。イタリアの画家，建築家，文筆家。
エウスタキオ，バルトロメオ Eustachio, Bartolommeo 8.27没、54歳。1520（㋿1524？）生。イタリアの解剖学者。
メネンデス・デ・アビレス Menéndez de Avilés, Pedro 9.17没、55歳。1519生。スペインの航海者。
ドーニ，アントン・フランチェスコ Doni, Anton Francesco 9.？没、61歳。1513生。イタリアの著述家。
ヘームスケルク，マルテンス・ヤーコプス・ヴァン Heemskerck, Marten van 10.1没、76歳。1498生。オランダの画家。
スタンカーロ，フランチェスコ Stancaro, Francesco 11.12没、73歳。1501生。イタリアの反三一論神学者，ヘブル語学者。
マーヨル，ゲオルク Major, Georg 11.28没、72歳。1502生。ドイツのルター派神学者。
ホワイト，ロバート White, Robert 11.？没、36？歳。1538生。イギリスの作曲家。
コンディーヴィ，アスカーニオ Condivi, Ascanio 12.10没、49？歳。1525生。イタリアの画家，彫刻家。
ギーズ，シャルル・ド・ロレーヌ Guise, Charles de Lorraine 12.26没、50歳。1524生。フランスの司教。
この頃 エビュスウド・エフェンディ Ebüssuut Efendi 84？歳。1490生。オスマン・トルコ帝国のイスラム法学者。
クラベト，ディルク・ピーテルス Crabeth, Dirk Pietersz 54？歳。1520生。北フランス出身のガラス絵画家。
ゴイス，ダミアン・デ Góis, Damião de 72歳。1502生。ポルトガルの人文主義者。
黄姫水 65歳。1509生。中国，明代後期の書家。
徐階 80歳。1494生。中国，明の政治家。
セリム2世 Selim II 50歳。1524生。オスマン・トルコ帝国第11代のスルタン（1566～74）。
銭徳洪 78歳。1496生。中国，明の陽明学者。
徳清 ㋿1623没、78歳。1496生。中国，明末の学僧。
フェッラボスコ，ドメーニコ・マリア Ferrabosco, Domenico Maria 61歳。1513生。イタリアの作曲家。
ヘルタイ・ガーシュパール Heltai, Gáspár 84？歳。1490（㋿1500頃）生。ハンガリーの宗教改革者。
ベルトイア Bertoia 30歳。1544生。イタリアの画家。

16世紀　1575

ミントゥルノ，アントーニオ　Minturno, Antonio Sebastiano　74歳。1500生。イタリアの詩人，詩学者。
レデスマ，マルティン・デ　Ledesma, Martin de　スペインのドミニコ会神学者。
この頃 ガンバラ，ラッタンツィオ　Gambara, Lattanzio　44？歳。1530生。イタリアの画家。
コルネーユ・ド・リヨン　Corneille de Lyon　69？歳。1505(㊦1510頃)生。フランスの画家。

1575年

6.29　信長・家康の連合軍が長篠の戦いで勝利
　　　　＊＊＊
フラーキウス・イリーリクス，マティーアス　Flacius Illyricus, Matthias　3.11没、55歳。1520生。ドイツのルター派宗教改革者，教会史の開拓者。
アンニバーレ・パドヴァーノ　Annibale Padovano　3.15没、48歳。1527生。イタリアのオルガン奏者，作曲家。
クラーコ，ゲオルク　Clacow, Georg　3.17没、49歳。1525生。ドイツの人文学者，法学者，政治家。
ライフェンシュタイン，ヨーハン・ヴィルヘルム　Reiffenstein, Johann Wilhelm　3.19没、55？歳。1520生。ドイツの画家，学者。
パーカー，マシュー　Parker, Matthew　5.17没、70歳。1504生。イギリスの神学者，カンタベリー大主教。
ルネ・ド・フランス　Renée de France　6.12没、64歳。1510生。イタリア，フェララ公妃。
レナータ(フェルラーラの)　Renata (Ferrara)　6.12没、64歳。1510生。ルイ12世の王女，フランスのフェルラーラ侯エルコレ2世(1508～59)の妻。
タヴァナー，リチャード　Taverner, Richard　7.14没、70？歳。1505生。イギリスの聖書翻訳者。
マウロリーコ(マルルロ)，フランチェスコ　Maurolico, Francesco　7.21没、80歳。1494生。イタリアの数学者。
文伯仁　7.23(㊦1577)没、73歳。1502生。中国，明代の文人画家。
プソーム，ニコラ　Pseaume, Nicolas　8.10没、56歳。1518生。フランスの高位聖職者。
ウルタド・デ・メンドサ，ディエゴ　Hurtado de Mendoza, Diego　8.14没、72歳。1503生。スペインの外交官，詩人，歴史家。
ハラー，ヨハネス　Haller, Johannes　9.1没、52歳。1523生。スイスのベルン教会の福音主義主任牧師。
ブリンガー，ハインリヒ　Bullinger, Johann Heinrich　9.17没、71歳。1504生。スイスの宗教改革者。

フローリス，コルネリス2世　Floris de Vriendt, Cornelis　10.20没、61？歳。1514生。フランドルの建築家，彫刻家。
ロアイサ，ヘロニモ・デ　Loaysa, Jerónimo de　10.25没、77歳。1498生。ペルーの初代大司教。
アウリファーバー，ヨハネス(ヴァイマルの)　Aurifaber, Johannes (Vinariensis)　11.18没、56歳。1519生。ドイツのルター派牧師。
ハープスフィールド，ニコラス　Harpsfield, Nicholas　12.18没、56歳。1519生。イギリスのローマ・カトリック教会司祭。
この年 ヴァロリオ，コンスタンツォ　Varoli, Constanzo　32？歳。1543(㊦1542)生。イタリアの解剖学者。
王杲　46歳。1529生。中国，明後期の建州女直の部長。
ガッティ，ベルナルディーノ　Gatti, Bernardino　80？歳。1495生。イタリアの画家。
カルー　Carew, Sir Peter　61歳。1514生。ジェントリー地主の指導者。
カロ，ヨセフ・ベン・イーフレイム　Qaro, Joseph Ben Ephraim　87歳。1488生。ユダヤ教法典編纂者。
コマンディーノ　Commandino, Federico　66歳。1509生。イタリア・ウルビーノの人文主義者，数学者。
謝榛　80歳。1495生。中国，明の詩人。
スターライ，ミハーイ　Sztárai, Mihály　75？歳。1500生。ハンガリーの宗教改革者，詩人。
スティーヴンソン，ウィリアム　Stevenson, William　イギリスのイングランドの学者。
ズーテル，ヨーハン　Sutel, Johann　71歳。1504生。ドイツの宗教改革期のルター派牧師。
ダンティ，ジューリオ　Danti, Giulio　75歳。1500生。イタリアの建築家，金工家。
デ・フェント　de Vento, Ivo　31？歳。1544生。フランドルの作曲家。
バンデルビーラ，アンドレス・デ　Vandelvira, Andrés de　66歳。1509生。フランドル出身のスペインの建築家。
フッガー，ハンス・ヤコブ　Fugger, Hans Jacob　59歳。1516生。南ドイツの財閥。
ブランダーニ，フェデリーコ　Brandani, Federico　53？歳。1522生。イタリアの彫刻家，装飾家。
ベイエル，アブサロン・ペーデルセェン　Beyer, Absalon Pederssøn　47歳。1528生。ノルウェーの文人，聖職者。
マサイス，ヤン　Massys, Jan　66歳。1509生。フランドルの画家。
メルカード，トマス・デ　Mercado, Tomás de　スペイン生れのドミニコ会士，論理学者。

人物物故大年表 外国人編　*339*

モア，サー・アントニー　More, *Sir* Anthony　[異]1576頃没、56？歳。1519（[異]1517頃）生。オランダの肖像画家。

リック，ジョドーコ　Ricke, Jodoco　80歳。1495生。エクアドルのキトにおけるフランシスコ会建設者，教育者。

[この頃] **カンパーヌス，ヨハネス**　Campanus, Johannes　75？歳。1500生。ドイツの急進的宗教改革者。

ヘイウッド，ジョン　Heywood, John　[異]1580頃没、78？歳。1497生。イギリスの劇作家。

ベソン，ジャック　Besson, Jacques　40？歳。1535生。フランスの数学者，エンジニア，発明家。

ポルタ，ジュゼッペ　Porta, Giuseppe　55？歳。1520生。イタリアの画家。

モル・ファン・ダスホルスト　Mor van Dashorst, Anthonis　58？歳。1517生。オランダの肖像画家。

ロイスナー（ライスナー），アーダム　Reusner (Reißner), Adam　79？歳。1496生。ドイツの宗教改革期の文筆家，讃美歌作者。

1576年

7.-　アクバルが北インド全域を支配下に収める

この年　天文学者ティコ・ブラーエの天文台が完成

＊＊＊

ザックス，ハンス　Sachs, Hans　1.19没、81歳。1494生。ドイツの職匠歌人，劇作家。

ピルキントン，ジェイムズ　Pilkington, James　1.23没、56歳。1520生。英国教会聖職，ダラム主教。

シュテッセル，ヨーハン　Stössel, Johann　3.18没、51歳。1524生。ドイツのルター派神学者。

カランサ，バルトロメ・デ　Carranza, Bartolomé de　5.2没、73歳。1503生。スペインの神学者。

タフマースプ1世　Ṭahmāsp I　5.14没、62歳。1514生。イランのサファビー朝第2代の王（在位1524～76）。

ダンティ，ヴィンチェンツォ　Danti, Vincenzo　5.26没、46歳。1530生。イタリアの彫刻家。

サッバティーニ　Sabbatini, Lorenzo　8.2没、46？歳。1530生。イタリアの画家。

バクファルク，バーリント　Bakfark, Bálint　8.13？没、69歳。1507生。ハンガリーのリュート奏者，作曲家。

ティツィアーノ・ヴェチェッリオ　Tiziano Vecellio　8.27没、86？歳。1490（[異]1485頃）生。イタリアの画家。

カルダーノ，ジロラモ　Cardano, Girolamo　9.21没、74歳。1501生。イタリアの数学者，医者。

エセックス（初代伯）　Essex, Walter Devereux, 1st Earl of　9.22没、35?歳。1541生。イギリスの貴族。

マクシミリアン2世　Maximilian II　10.12没、49歳。1527生。神聖ローマ帝国皇帝（在位1564～76）。

コンラート（ヘレスバハの）　Konrad (Heresbach)　10.14没、80歳。1496生。ドイツのギリシア語学者，人文主義者。

フリードリヒ3世　Friedrich III Pfalzgraf　10.26没、61歳。1515生。プファルツ選帝侯。

レティクス　Rheticus, Georg Joachim　12.4（[異]1574）没、62歳。1514生。オーストリアの数学者，天文学者。

[この年] **ヴェチェッリオ，オラーツィオ**　Vecellio, Orazio　51？歳。1525生。イタリアの画家。

王問　79歳。1497生。中国，明代中期の文人画家。

カルク，ゲオルク　Karg, Georg　64歳。1512生。宗教改革期ドイツのルター派牧師。

クラポンヌ，アダン・ド　Craponne, Adam de　50歳。1526生。フランスの土木技術者。

サルセード　Salceds, Juan de　26歳。1550生。フィリピンの征服者。

サンガッロ，フランチェスコ　Sangallo, Francesco da　82歳。1494生。イタリアの彫刻家。

ジムラー，ヨージアス　Simler, Josias　46歳。1530生。スイスの改革派神学者。

趙貞吉　68歳。1508生。中国，明後期の学者。

デ・マルキ，フランチェスコ　De Marchi, Francesco　72歳。1504生。イタリアの軍事建築家。

デュ・シュマン，ニコラ　Du Chemin, Nicolas　56？歳。1520（[異]1515頃）生。フランスの楽譜出版業者。

ノイザー，アーダム　Neuser, Adam　イスラム教に改宗したドイツの牧師。

ブリオーニ，サンティ　Buglioni, Santi　82歳。1494生。イタリアの彫刻家。

ベルターニ，ジョヴァンニ・バッティスタ　Bertani, Giovanni Battista　60歳。1516生。イタリアの建築家，画家。

ムツィオ，ジローラモ　Muzio, Girolamo　80歳。1496生。イタリアの文人。

ヤンセニウス　Jansenius, Cornelius　66歳。1510生。オランダの聖職者。

陸治　80歳。1496（[異]1495）生。中国，明の画家。

レケセンス　Requeséns, Luis de Zúñiga y　スペインの軍人，政治家。

[この頃] **ヴィチェンティーノ，ニコラ**　Vicentino, Nicola　[異]1572頃没、65？歳。1511生。イタリアの作曲家，理論家。

コイター　Coiter, Volcher　42？歳。1534生。オランダの解剖学者，外科医。

サーム・ミールザー　Sām Mīrzā　59？歳。1517生。イランの詩人，詩人伝作者。

ストロガノフ　Stroganov, Grigori　ロシアの大商人，ストロガノフ家の事実上の創立者。

豊坊　中国，明代中期の書家。

1577年

12.13　イギリスのドレイクが世界周航に出発する
＊＊＊

ウォールシュ，ウィリアム　Walsh, William　1.4没、65歳。1512生。アイルランドのアウグスティヌス会士，司教。

イブラーヒーム・ミールザー　Ibrāhīm Mīrzā　2.24没。イランのサファヴィー朝の王子。

エーリック14世　Erik XIV　2.26没、43歳。1533生。スウェーデン王(在位1560～68)。

ゲスト，エドマンド　Guest (Gheast, Geste), Edmund　2.28没、59歳。1518生。英国教会のソールズベリ主教。

ベロー，レミ　Belleau, Rémy　3.6没、49歳。1528生。フランスの詩人。

フーベルト，コンラート　Hubert, Konrad　4.23没、70歳。1507生。ドイツの宗教改革者。

フニ，ホアン・デ　Juní, Juan de　4.?没、70?歳。1507生。スペインの彫刻家。

ル・メートル，マテーウス　Le Maistre (Le Meitre), Matthaeus　4.?没、72?歳。1505生。フランドルの作曲家。

バイアー，ハルトマン　Beyer, Hartmann　8.11没、60歳。1516生。ドイツの牧師。

モンリュック，ブレーズ・ド　Monluc, Blaise de　8.26没、78?歳。1499(㊉1502)生。フランスの軍人。

バサンダイン，トマス　Bassendyne (Bassendyne, Bassinden), Thomas　10.3没。スコットランドの印刷業者。

ギャスコイン，ジョージ　Gascoigne, George　10.7没、52?歳。1525(㊉1530頃)生。イギリスの政治家，軍人，文人。

メイン，カスバート　Mayne, Cuthbert　11.30没、33歳。1544生。イギリスのローマ・カトリック教会司祭，聖人，殉教者。

マイラント　Meiland (Mayland), Jacob　12.31没、35歳。1542生。ドイツの作曲家。

[この年] イスマーイール2世　Ismā'īl II　26歳。1551生。イランのサファヴィー朝第3代君主(在位1576～77)。

ヴァッレ，アンドレーア・ダ　Valle, Andrea da　イタリアの建築家。

ギルランダイオ，ミケーレ・ディ・リドルフォ　Ghirlandaio, Michele di Ridolfo　74歳。1503生。イタリアの画家。

サマッキーニ，オラーツィオ　Samacchini, Orazio　45歳。1532生。イタリアの画家。

サンクティス，ディオニシオ・デ　Sanctis, Dionisio de　70?歳。1507生。ヌエバ・グラナダのドミニコ会司祭，インディヘナ教育の推進者。

スミス　Smith, Sir Thomas　64歳。1513生。イギリスの政治家，学者。

デッラ・ポルタ，グリエルモ　Della Porta, Guglielmo　77?歳。1500生。イタリアの彫刻家。

ヒル・デ・オンタニョーン，ロドリーゴ　Gil de Hontañon, Rodrigo　77歳。1500生。スペインの建築家。

ラフレーリ，アントーニオ　Lafrèri, Antonio　65歳。1512生。フランスの印刷業者，版画家。

[この頃] カヴァッツォーニ，ジロラモ　Cavazzoni, Girolamo　㊉1565以後没、52?歳。1525(㊉1510頃)生。イタリアのオルガン奏者，作曲家。

リムザン，レオナール　Limosin, Léonard I　㊉1575頃没、72?歳。1505生。フランスの画家，エマイユ工芸家。

1578年

3.12　ジェームズ6世が親政を開始する
7.-　オラニエ公ウィレムの宗教和平案が拒否
8.24　オスマン朝がトビリシを占領する
＊＊＊

クローヴィオ，ジューリオ　Clovio, Giorgio Giulio　1.4?没、80歳。1498生。イタリア・ルネサンス期の画家，ミニアテュリスト。

ロウパー，ウィリアム　Roper, William　1.4没、83?歳。1495生。イングランドの法律家，トマス・モアの伝記記者。

カルロヴィツ，クリストフ・フォン　Carlowitz, Christoph von　1.8没、70歳。1507生。宗教改革時代のザクセンの政治家。

モローニ，ジョヴァンニ・バッティスタ　Moroni, Giovanni Battista　2.5没、53歳。1525(㊉1523)生。イタリアの画家。

ボスウェル，ジェイムズ・ヘップバーン，4代伯爵　Bothwell, James Hepburn, 4th Earl of　4.14没、43?歳。1535(㊉1536頃)生。スコットランドの貴族。

アイゼングライン，マルティーン　Eisengrein, Martin　5.4?没、42歳。1535生。ドイツの神学者。

スーリウス，ラウレンティウス　Surius, Laurentius　5.23没、56?歳。1522生。ドイツのカルトゥジオ修道会士，歴史家。

シナン　Sinan, Mimar　7.1(㊉1587)没、89歳。1489(㊉1490)生。トルコの建築家。

マドルッツォ，クリストーフォロ　Madruzzo, Cristoforo (Christoph)　7.5没、79歳。1512生。イタリア出身のカトリック聖職者。

エッシュ，ニコラス・ヴァン Esch, Nicolas van 7.19没、71歳。1507生。オランダの神秘神学者。

マルティン・デ・ラダ Martin de Rada, Herreda 7.？没、45歳。1533生。スペインのアウグスティノ会宣教師。

ディエゴ・デ・エステリャ Diego de Estella 8.1没、54歳。1524生。スペインの神秘・修道神学者。

セバスティアン Sebastião 8.4没、24歳。1554生。ポルトガル王(1557～78)。

ヌネシュ Nunes, Pedro 8.11没、76歳。1502(㊥1492)生。ポルトガルの数学者。

レスコー，ピエール Lescot, Pierre 9.10没、63？歳。1515(㊥1510頃)生。フランスの建築家。

ビュラン，ジャン Bullant, Jean 10.13？没、63？歳。1515(㊥1510頃)生。フランスの建築家、著述家。

ドン・ファン・デ・アウストリア Don Juan de Austria 11.1没、31歳。1547(㊥1545)生。スペインの軍人。

ヒース，ニコラス Heath, Nicholas 12.？没、77？歳。1501生。イギリスのローマ・カトリック教会最後のヨーク大司教。

[この年] アルフェ，アントニオ Arfe, Antonio 68歳。1510生。スペインの金工家。

ヴァルポット，ペーテル・シェーラー Walpot, Peter Schere 57歳。1521生。モラヴィアの再洗礼派指導者。

クラウバー，ハンス・フーゴー Klauber, Hans Hugo 42？歳。1536生。スイスの画家。

グラッシ，ジョヴァンニ・バッティスタ Grassi, Giovanni Battista イタリアの画家。

高拱 66歳。1512生。中国、明末期の政治家。

コルト，コルネリス Cort, Cornelis 45歳。1533生。オランダの版画家。

スタクリー Stucley, Thomas 53？歳。1525生。イギリスの冒険家。

ゼロッティ，ジャンバッティスタ Zelotti, Giambattista 52歳。1526生。イタリアの画家。

ラッファエッリーノ・ダ・レッジョ Raffaellino da Reggio 28歳。1550生。イタリアの画家。

[この頃] シュトゥンプ Stumpf, Johannes 78？歳。1500生。スイスの歴史家。

銭穀 70？歳。1508生。中国、明代後期の呉派の文人画家。

ピサロ，ヘルナンド Pizarro, Hernando 74？歳。1504生。スペインの探検家。

1579年

1.23　ネーデルランドでユトレヒト同盟が結成
＊＊＊

ヒメーネス-デ-ケサダ Jiménez de Quesada, Gonzalo 2.16没、78？歳。1501(㊥1495)生。スペインの探検家、征服者。

ベーコン，サー・ニコラス Bacon, Sir Nicholas 2.20没、69歳。1510(㊥1509)生。イギリスの政治家。

ナバレーテ，ファン・フェルナンデス・デ Navarrete, Juan Fernández de 3.28没、53？歳。1526生。スペインの画家。

ランダ，ディエゴ・デ Landa, Diego de 4.29没、55？歳。1524生。スペイン出身のフランシスコ会宣教師、司教。

クレリウス(クレル)，パウル Crellius(Crell), Paul 5.24没、48歳。1531生。ドイツの神学者。

ホウィッティンジャム(ホウィッティンハム)，ウィリアム Whittingham, William 6.10没、55？歳。1524生。英国教会のダラム主教座聖堂参事会長。

ホシウス，スタニスラウス Hosius, Stanislaus 8.5没、75歳。1504生。ポーランドのカトリック神学者、聖職者。

フィッツジェラルド Fitzgerald, James Fitzmaurice 8.18没。アイルランドの反乱の指導者。

ソコルル・メフメット・パシャ Sokollu Mehmet Pasha 10.11没、71歳。1508(㊥1505)生。オスマン・トルコ帝国の大宰相。

アルブレヒト5世 Albrecht V 10.24没、51歳。1528生。バイエルン公(1550～79)。

グレシャム，サー・トマス Gresham, Sir Thomas 11.21没、60歳。1519生。イギリスの商人、王室財務官。

ホアーネス，ホアン・デ Juanes, Juan de 12.21没、56？歳。1523生。スペインの画家。

[この年] アールツェン，ピーテル Aeltsen, Pieter (㊥1575没、71？歳)。1508(㊥1507頃)生。オランダの歴史画、風俗画家。

ソーザ，トメー・デ Sousa, Tomé de 初代ブラジル総督。

ダ・ポンテ，アントーニオ Da Ponte, Antonio 67？歳。1512生。イタリアの建築家。

ダーフィト，フランツ David, Franz 69歳。1510生。トランシルバニア地方のドイツ系プロテスタント神学者。

ナシ Nasi, Joseph オスマン帝国のユダヤ教徒の商人、政治家。

バルナヴィス，ヘンリー Balnaves, Henry 67？歳。1512生。イギリスの社会改革者。

16世紀　1580

マシプ，ビセンテ・ホアン　Macip, Vincente Juan　56？歳。1523生。スペインの画家。
梁汝元　62歳。1517生。中国，明末期の思想家。
ロドリゲス（ルズリギシュ），シモン（アゼヴェドの）Rodriguez, Simão de Azevedo　ポルトガルのイエズス会士。
この頃　ケサーダ，ゴンサロ・ヒメネス・デ　Quesada, Gonzalo Jiménez de　82？歳。1497生。スペインの征服者。
バラデス，ディエゴ　Valadés, Diego　66？歳。1513生。メキシコのフランシスコ会修道士。
フエンリャーナ，ミゲル・デ　Fuenllana, Miguel de　79？歳。1500（㊌1510頃）生。スペインの作曲家。
ボニファーチョ　Bonifacio Veneziano　イタリアの画家。

1580年

9.11　フェリペ2世がポルトガル王即位を宣言
12.16　明の張居正が丈量（検地）を完了する
この年　フランスでペストやはしかなどが流行する
＊＊＊
ヴァラレッジョ　Valareggio, Alessandro　1.11没，50歳。1530生。イエズス会のイタリア人宣教師。
スカンデロ，アントーニオ　Scandello, Antonio　1.18没，63歳。1517生。イタリアの作曲家。
メディナ，バルトロメ・デ　Medina, Bartolomé de　1.29没，53？歳。1527生。スペインのドミニコ会神学者。
コウル，ヘンリ　Cole, Henry　2.?没，80？歳。1500生。イングランドの法学者，セント・ポール司教座聖堂参事会長。
ムダラ，アロンソ　Mudarra, Alonso　4.1没，70？歳。1510生。スペインの作曲家，ビウエラ奏者。
ナダル，ヘロニモ　Nadal, Jerónimo (Gerónimo)　4.3没，72歳。1507生。イエズス会の初期の会員，神学者。
アリー・アーディル・シャー　'Alī Ādil Shāh　4.9没。インド，ビージャプルのアーディル・シャー王朝第5代の王（1558〜80）。
カモンイス，ルイース・ヴァズ・デ　Camões, Luís Vaz de　6.10没，56歳。1524（㊌1525頃）生。ポルトガルの詩人。
アルバレス，バルターザル　Alvarez, Balthassar　7.25没，46？歳。1534（㊌1533）生。スペインのイエズス会士。
ボルギーニ　Borghini, Vincenzo　8.15没，64歳。1515生。イタリアの言語学者，評論家。
パラーディオ，アンドレア　Palladio, Andrea　8.19没，71歳。1508（㊌1518）生。イタリアの建築家。

ナバーロ，ホアン　Navarro, Juan　9.25没，50？歳。1530生。スペインの作曲家。
トレメルリオ（トレメーリウス），インマヌエル（エマーヌエール）　Tremellio (Tremellius), Immanuel (Emanuel)　10.9没，70歳。1510生。イタリア出身のヘブル学者，宗教改革者。
イングラシア　Ingrassia, Giovanni Filippo　11.6没，70歳。1510生。イタリアの解剖学者。
ファラント，リチャード　Farrant, Richard　11.30没，50？歳。1530（㊌1525頃）生。イギリスの作曲家。
モローネ，ジョヴァンニ・デ　Morone, Giovanni de　12.1没，71歳。1509生。イタリアの枢機卿。
この年　アク・ナザル・ハーン　Ak Nazar Khān　カザフ族の王（在位1538〜80）。
アグレスティ，リーヴィオ　Agresti, Livio　72？歳。1508生。イタリアの画家。
アマーティ，アンドレア　Amati, Andrea　㊌1611頃没，60？歳。1520（㊌1500頃）生。イタリアのヴァイオリン製作者。
ウォルフ　Wolf, Hieronymus　64歳。1516生。ドイツの教育家。
エタンプ　Etampes, Anne de Pisseleu, Duchesse d'　72歳。1508生。フランス国王フランソア1世の愛妾。
エンリーケ1世　Henrique I　68歳。1512生。ポルトガル王（在位1578〜80）。
カルケール，ルイ　Karcher, Louis　フランドル出身のタピスリー制作家。
シチョランテ，ジローラモ　Siciolante, Girolamo　59歳。1521生。イタリアの画家。
シャルダヴォワーヌ，ジャン　Chardavoine, Jehan　43歳。1537生。フランスの音楽家。
デ・ケンペネル，ピーテル　Kempener, Peter de　77歳。1503生。フランドルの画家。
ティン，サー・ジョン　Thynne, Sir John　イギリスの建築家。
ニクラエス（ニコラエウス），ヘンドリク　Niclaes (Nicholaeus), Hendrik　79？歳。1501生。ドイツ生れの神秘体験家。
バディーレ，ジョヴァンニ・アントーニオ　Badile, Giovanni Antonio　62？歳。1518生。イタリアの画家。
ポルツィオ，カミロ　Porzio, Camillo　54？歳。1526生。イタリアの歴史家。
ロンギ，ルーカ　Longhi, Luca　73歳。1507生。イタリアの画家。
この頃　アクーニャ，エルナンド・デ　Acuña, Hernando de　62？歳。1518生。スペインの詩人，軍人。
ジャン・ド・ルーアン　Jean de Rouen　フランス・ルネサンス期の彫刻家。

人物物故大年表 外国人編　*343*

ナラスィンハ・メヘター　Narasiṅha Mehtā　80?歳。1500生。インドのグジャラートのクリシュナ詩人。
馮惟敏　69?歳。1511生。中国，明代の戯曲，散曲作家。
ホリンシェッド，ラファエル　Holinshed, Raphael　51?歳。1529生。イギリスの年代記作家。

1581年

7.26　ネーデルランド北部7州が独立を表明する
　　　　　＊　＊　＊
マールバハ，ヨハネス　Marbach, Johannes　3.17没、59歳。1521生。ドイツのルター派神学者，教会政治家。
コックス，リチャード　Cox, Richard　7.22没、81歳。1500生。イギリスの牧師，プロテスタントの改革者。
ポステル，ギヨーム　Postel, Guillaume　9.6没、71歳。1510生。フランスの人文主義者，神秘主義者。
ゴネシウス，ペトルス　Gonesius, Petrus　9.15没、56?歳。1525生。ポーランドの反三位一体論者。
プールビュス，フランス1世　Pourbus, Frans　9.19没、36歳。1545生。オランダの画家。
ムスクールス（モイゼル），アンドレーアス　Musculus（Meusel），Andreas　9.29没、67歳。1514生。ドイツのルター派神学者。
ランゲー，ユベール　Languet, Hubert　9.30没、63歳。1518生。フランスの外交官。
ベルトラン，ルイス　Bertrán（Beltrán），Luis　10.9没、55歳。1526生。スペインのドミニコ会士，聖人。
ブリストウ，リチャード　Bristow, Richard　10.21没、43歳。1538生。イングランドのローマ・カトリック教会神学者。
シャコン（キアコニオ），ペドロ　Chacón（Ciaconio），Pedro　10.26没、54歳。1527生。スペインのカトリック神学者。
フロマン，アントワーヌ　Froment, Antoine　11.6没、72歳。1509（㊟1508頃）生。フランスの宗教改革者。
デイヴィス，リチャード　Davies, Richard　11.7没、80?歳。1501生。ウェールズ聖公会のセント・デイヴィス（St.David's）主教，聖書翻訳者。
キャンピオン，聖エドマンド　Campion, St Edmund　12.1没、41歳。1540（㊟1539）生。イギリスのイエズス会士。
ブライアント，アレグザーンダ　Briant, Alexander　12.1没、20?歳。1561生。イングランドのイエズス会士，殉教者。

ビイー，ジャーク・ド　Billy, Jacques de　12.25没、46歳。1535生。フランスの教父学者，ベネディクト会士。
この年　ウィルソン　Wilson, Thomas　56?歳。1525生。イギリスの政治家，外交官，学者。
クールヴィル，ジョアシャン・ティボー・ド　Courville, Joachim Thibaut de　フランスの作曲家，歌手，楽器奏者。
サンダーズ，ニコラス　Sanders, Nicholas　51?歳。1530生。イギリス，エリザベス朝のカトリック神学者。
セバリョス，ロドリーゴ　Ceballos, Rodrigo　56歳。1525生。スペインの作曲家。
チュルネーブ，オデ・ド　Turnèbe, Odet de　29歳。1552生。フランスの劇作家。
デ・ゾーテル，ギヨーム　Des Autels, Guillaume　52歳。1529生。フランスの詩人。
ディアス-デル-カスティリョ，ベルナル　Díaz del Castillo, Bernal　㊟1584没、85?歳。1496（㊟1495）生。スペインの軍人，歴史家。
デュイフヘイス，ヘイベルト　Duifhuis, Huibert　50歳。1531生。オランダの改革派牧師。
バインナウン　Bayinnaung　65歳。1516（㊟1515）生。ビルマ，トゥングー王朝の第3代王（在位1551～81）。
ベルトラン，アントワーヌ・ド　Bertrand, Antoine de　㊟1580頃没、51?歳。1530生。フランスの作曲家。
モートン，ジェイムズ・ダグラス，4代伯爵　Morton, James Douglas, 4th Earl of　65?歳。1516生。スコットランド王ジェイムズ6世の摂生（1572～78）。
ロー（ローエ，フォン・ローエ），ペーター　Lo（Loo, Lohe, von Lohe），Peter　51歳。1530生。ドイツの宗教改革者，元修道院長。
この頃　ファン・スハルト，ヨーハン・グレゴール　van Schardt, Johan Gregor　51?歳。1530生。オランダの彫刻家。

1582年

6.21　織田信長が本能寺で急襲され自害する
10.15　グレゴリウス13世がグレゴリオ暦を施行
　　　　　＊　＊　＊
アルバ，フェルナンド・アルバレス・デ・トレド，公爵　Alba, Fernando Alvarez de Toledo, Duque de　1.12没、74歳。1507（㊟1508）生。スペインの将軍，公爵。
プラッター（プラーター），トーマス　Platter, Thomas　1.26没、82歳。1499生。スイスの作家，人文主義者。

344　人物物故大年表 外国人編

1583年

ダイアー　Dyer, *Sir* James　3.24没、70歳。1512生。イギリスの司法官。
ジェズス　Jesus, Frei Tomé de　4.?没、53歳。1529生。ポルトガルの宗教家。
カービ，ルーク　Kirby, Luke　5.30没、34?歳。1548生。イングランドのローマ・カトリック教会司祭。
張居正　6.20没、57歳。1525生。中国、明の政治家。
ムゼーウス，ジーモン　Musäus, Simon　7.11没、53歳。1529生。ドイツの純正ルター主義論争神学者。
クレーヴェ，ヨハネス・デ　Cleve, Johannes de　7.14没、53?歳。1529生。フランドル楽派の作曲家。
クライトン，ジェイムズ　Crichton, James　7.?(㋗1585頃)没、21歳。1560生。イギリス、スコットランド出身の学者、体育家。
ペルチエ・デュ・マン，ジャック　Peletier du Mans, Jacques　7.?没、65歳。1517生。フランスの詩人，文法学者，数学者。
ブキャナン，ジョージ　Buchanan, George　9.29没、76歳。1506生。スコットランドの歴史家、学者。
テレーサ・デ・ヘスス，サンタ　Teresa de Jesús　10.4没、67歳。1515生。スペインのキリスト教神秘家、女子カルメル会改革者、聖女、最初の女性教会博士。
マーティン，グレゴリ　Martin, Gregory　10.28没、42?歳。1540生。イギリスのカトリック教会の聖職者、『ドゥエ・ランース聖書』翻訳者。
この年　カンビ，ジョヴァンニ・バッティスタ　Cambi, Giovanni Battista　イタリアの美術家、彫刻家、ストゥッコ装飾家。
ギージ，ジョルジョ　Ghisi, Giorgio　62歳。1520生。イタリアの銅版画家。
呉承恩　77歳。1505(㋗1500頃)生。中国、明末期の文人。
トゥー　Thou, Christophe de　74歳。1508生。フランスの貴族。
文嘉　(㋗1583没、83歳。1499(㋗1501)生。中国、明後期の文人画家。
ボカン(ボキィヌス)，ペーテル　Boquin (Boquinus), Peter　フランスの宗教改革者。
白光勲　45歳。1537生。朝鮮、李朝中期の詩人。
ヤヒヤー・ベイ　Yahyâ Bey　オスマン朝トルコの詩人。
ロドニエール　Laudonnière, René Goulaine de　フランスのユグノー植民地建設者。
この頃　ラニーノ，ベルナルディーノ　Lanino, Bernardino　71?歳。1511生。イタリアの画家。

1583年

2.-　ケルン大司教領の帰属巡るケルン戦争勃発
2.-　ビルマ王ナンダバイン軍が雲南地方に侵攻
8.05　英領ニューファウンドランドが宣言される
8.20　リヴォニア戦争が終結する
* * *

エラストゥス，トマス　Erastus, Thomas　1.1没、58歳。1524生。スイスの医学者、ツウィングリ派神学者。
ガゴ，バルタザール　Gago, Balthazar　1.9没、68?歳。1515生。ポルトガルのイエズス会士。
ウルジーヌス，ツァハリーアス　Ursinus, Zacharias　3.6没、48歳。1534生。ドイツの神学者。
ガライ　Garay, Juan de　3.20?没、55?歳。1528生。スペインの南アメリカ征服者。
マルドナド，ホアン　Maldonado, Juan　5.1没、49歳。1534生。スペインのイエズス会修道士、釈義家。
ギルピン，バーナード　Gilpin, Bernard　5.4没、66歳。1517生。イギリス国教会の司祭。
ステュアート，エスメ　Stewart, Esmé　5.26没、41?歳。1542生。スコットランドの貴族、政治家。
ブリル，マテイス(子)　Bril, Mattheus　6.8没、33歳。1550生。フランドルの画家。
ピント，メンデス　Pinto, Fernão Mendes　6.?没、73?歳。1510(㋗1509頃)生。ポルトガルの冒険家。
グリンダル，エドマンド　Grindal, Edmund　7.6没、64?歳。1519生。カンタベリーの大主教。
ギルバート，サー・ハンフリー　Gilbert, *Sir* Humphrey　9.9没、44?歳。1539(㋗1537頃)生。イギリスの軍人、航海者。
リゴリオ，ピッロ　Ligorio, Pirro　10.13没、33?歳。1550(㋗1510)生。イタリアの建築家。
アルメイダ，ルイス・デ　Almeida, Luis de　10.?(㋗1584)没、58歳。1525(㋗1552)生。ポルトガルの貴族、イエズス会士。
この年　アクアヴィーヴァ，ロドルフォ　Acquaviva, Rodolfo　33歳。1550生。インド宣教に献身したイタリアのイエズス会士。
王畿　85歳。1498生。中国、明の学者。
クールプスキィ　Kurbskii, Andrei Mikhailovich　55歳。1528生。ロシアの公爵、作家、政治家。
宋純　90歳。1493生。朝鮮、李朝中期の文人。
崔慶昌　44歳。1539生。朝鮮、李朝中期の詩人。
デズモンド，ジェラルド・フィッツジェラルド，15代伯爵　Desmond, Gerald Fitzgerald, 15th Earl of　45?歳。1538生。アイルランドの武力蜂起の主導者。

ブロックラント・ファン・モントフォールト, アントニー　Blocklandt van Montfoort, Anthonie　51歳。1532生。北ネーデルラントの画家。
ベルフォレ, フランソワ・ド　Belleforest, François de　53歳。1530生。フランスの著述家。
ピストーリウス, ヨハネス　Pistorius, Johannes　83？歳。1500生。ドイツのルター派神学者。
ホルツィウス, ヒューベルト　Goltzius, Hubert　57歳。1526生。フランドルの画家, 版画家, メダル鋳造家。
マッフェーイ, マルカントーニオ　Maffei, Marcantonio　62歳。1521生。イタリアのキエーティの司教, ローマの枢機卿。
ロレンツィ, ストルド　Lorenzi, Stoldo　49歳。1534生。イタリアの彫刻家。
ワハシー・バーフキー　Waḥshī Bāfqī　イランのサファヴィー朝初期のペルシア語詩人。

コハノフスキ, ヤン　Kochanowski, Jan　8.22没、54歳。1530生。ポーランドの詩人。
ルフト, ハンス　Lufft, Hans　9.2没、89歳。1495生。ドイツのヴィッテンベルクの印刷業者。
ヘルヴェトゥス, ゲンティアーヌス　Hervetus, Gentianus　9.12没、85歳。1499生。フランスのカトリック神学者。
フェクナム, ジョン　Feckenham, John de　10.16没、69歳。1515生。イギリスのカトリック聖職者。
グウィン, リチャード（ホワイト）　Gwyn, Richard（White）　10.17没。ウェールズのローマ・カトリック教会信徒, 教育者。
ボロメオ, 聖カルロ　Borromeo, Carlo　11.3没、46歳。1538生。イタリアのカトリック聖職者, 聖人。
トレス（トゥリアーヌス）, フランシスコ　Torres（Turrianus）, Francisco　11.21没、80？歳。1504生。スペイン出身のイタリアのイエズス会士, 教父学者, 論争家。
コメンドーネ, ジョヴァンニ・フランチェスコ　Commendone, Giovanni Francesco　12.25没、60歳。1524生。イタリアの枢機卿, 教皇使節。
この年　アイゼングライン, ヴィルヘルム　Eisengrein, Wilhelm　50歳。1534生。ドイツの教会史家。
アヤラ　Ayala, Balthasar　36歳。1548生。スペインの法学者, 政治学者。
李済臣　48歳。1536生。朝鮮, 李朝中期の文臣。
ヴィンチ　Vinci, Pietro　49？歳。1535生。イタリアの作曲家。
オラニエ公ウィレム　Oranje, Willem van　51歳。1533生。オランダ独立戦争の指導者, ネーデルラント連邦（オランダ）共和国諸州の初代の総督。
カルバハル, ガスパル・デ　Carvajal, Gaspar de　80？歳。1504生。スペイン出身のドミニコ会の宣教師, 探険家。
クリスクオーロ, ジョヴァンニ・フィリッポ　Criscuolo, Giovanni Filippo　84？歳。1500生。イタリアの画家。
サンタクローチェ, フランチェスコ・ディ・ジローラモ　Santacroce, Francesco di Girolamo　68歳。1516生。イタリアの画家。
デ・ヘーレ, リューカス　de Heere, Lucas　50歳。1534生。フランドルの画家, 詩人, 人文主義者。
デイ, ジョン　Day, John　62歳。1522生。イギリスの印刷業者。
トレド, F.　Toledo, Francisco de　69歳。1515生。スペインの植民地行政官。
バロ　Borough, Stephen　59歳。1525生。イギリスの航海者。
ブルック, ジャック　Broeucq, Jacques　84？歳。1500生。フランドルの彫刻家, 建築家。

1584年

7.14　イギリスの探検隊がヴァージニアに到着
9.13　エル・エスコリアルの王宮が完成する
　　　　　＊＊＊
シュティンマー, トビアス　Stimmer, Tobias　1.4没、44歳。1539生。スイスの画家, 木版およびガラス絵の下絵画家。
プールビュス, ピーテル　Pourbus, Pieter　1.30没、74？歳。1510（㋾1523）生。オランダの画家。
グラッツィーニ, アントン・フランチェスコ　Grazzini, Anton Francesco　2.18没、79歳。1504（㋾1503）生。イタリアの詩人, 物語作家。
ノートン, トマス　Norton, Thomas　3.10没、52歳。1532生。イギリスの詩人, 劇作家。
イワン4世　Ivan IV, Vasilievich　3.18（㋾1581）没、53歳。1530生。モスクワ大公（在位1533～84）。
メルリン, マクシミーリアーン　Mörlin, Maximilian　4.20没、67歳。1516生。ドイツのルター派牧師。
シュヴェンディ, ラーツァルス・フォン, フライヘル・フォン・ホーエンランデスベルク　Schwendi, Lazarus von, Freiherr von Hohenlandesberg　5.28没、62歳。1522生。ドイツの政治家, 軍人。
ウィレム1世　Willem I　7.10没、51歳。1533生。スペインに対抗し, オランダの独立に尽した指導者。
スロックモートン, フランシス　Throckmorton, Francis　7.10没、30歳。1554生。イギリスの陰謀家。
パオロ・アレティーノ　Paolo Aretino　7.10没、76歳。1508生。イタリアの作曲家。
シゴーニョ　Sigonio, Carlo　8.12没、60歳。1524生。イタリアの文学者。

346　人物物故大年表 外国人編

ベラ・クルース，アロンソ・デ・ラ Vera Cruz, Alonso de la 80歳。1504生。スペイン生れのアウグスティヌス会士。

ピブラック，ギー・デュ・フォール・ド Pibrac, Guy du Faur, seigneur de 55歳。1529生。フランスの雄弁家，詩人。

ポンセ・デ・レオン Ponce de Léon, Pedro 64歳。1520生。スペインのベネディクト派の司祭。

楊士彦 67歳。1517生。朝鮮，李朝中期の文人。

ラジヴィウ，ミコウァイ(赤の) Radziwiłł, Mikołaj (Rudy) 72歳。1512生。リトアニアの軍指令官。

李珥 48歳。1536生。朝鮮，李朝中期の学者，政治家。

リヴァン，ウィリアム，初代ガウリー伯爵 Gowrie, William Ruthven, 1st Earl of 43?歳。1541生。スコットランドの貴族。

[この頃] **アルメイダ** Almeida, João de ポルトガルの日本貿易船隊司令官。

オランダ，フランシスコ・デ Holanda, Francisco de 67?歳。1517生。ポルトガルの著述家，画家，建築家。

スコット，アレグザンダー Scott, Alexander 59?歳。1525生。スコットランド出身の抒情詩人。

ソールズベリ，ウィリアム Salesbury (Salisbury), William 64?歳。1520生。ウェールズ聖公会の聖職。

デュ・セルソー，ジャック・アンドルーエ1世 Du Cerceau, Jacques Androuet [異]1614没、69?歳。1515([異]1510頃)生。フランスの建築家。

ボルセク，ヒエローニムス・ヘルメス(ジェローム・エルメ) Bolsec, Hieronymus Hermes (Jerôme Hermès) フランスの宗教思想家，カルヴァンの論敵。

ピント Pinto, Frei Heitor 56?歳。1528生。ポルトガルの神学者，文学者。

マスケラ Maschera, Florentio 44?歳。1540生。イタリアの作曲家，オルガン奏者。

レストカール，パスカル・ド l'Estocart, Paschal de 45?歳。1539生。フランスの作曲家。

1585年

7.18 アンリ3世がヌムール王令を発する
8.06 羽柴秀吉が関白に就任する

＊ ＊ ＊

プラウデン，エドマンド Plowden, Edmund 2.6没、67歳。1518生。イングランドのローマ・カトリック教会信徒，弁護士。

サルメロン，アルフォンソ Salmerón, Alfonso 2.13没、69歳。1515生。スペインのカトリック神学者。

グレゴリウス13世 Gregorius XIII 4.10没、83歳。1502生。教皇(在位1572～85)。

ヴィデブラム，フリードリヒ・W Widebram, Friedrich W. 5.2没、52歳。1532生。ドイツの改革派の神学者，詩人。

ムレトゥス Muretus 6.4没、59歳。1526生。フランスの人文主義者，古典学者。

ズルツァー，ジーモン Sulzer, Simon 6.22没、76歳。1508生。ルター派の傾向をもつスイス改革派の神学者。

スコーリ，ジョン Scory, John 6.26没。英国教会の聖職，ヘリフォード主教。

イェルマーク Ermak, Timofeevich 8.6([異]1584)没。西シベリアの征服者。

カンビアーゾ，ルーカ Cambiaso, Luca 9.6没、57歳。1527生。イタリアの画家。

クラート(クラフトハイムの) Crato von Crafftheim 10.19没、65歳。1519生。ドイツの宗教改革者。

タリス，トマス Tallis, Thomas 11.23没、80?歳。1505生。イギリスの作曲家。

ロープヴァッサー，アンブロージウス Lobwasser, Ambrosius 11.27没、70歳。1515生。ドイツの讃美歌作者。

ヤムニッツァー，ヴェンツェル Jamnitzer, Wenzel 12.19没、77歳。1508生。オーストリアの金工。

アッコラムボニ Accoramboni, Vittoria 12.22没、28歳。1557生。イタリアの女流詩人。

ロンサール，ピエール・ド Ronsard, Pierre de 12.27没、61歳。1524生。フランスの詩人。

[この年] **ウィクトリウス** Victorius, Petrus 86歳。1499生。イタリアの古典学者。

カーリー・エズディー Qārī Yazdī イランのサファヴィー朝初期のペルシア詩人。

黄台吉 [異]1587没、40歳。1545生。中国，代の韃靼王。

ドドネウス Dodonaeus Rembert 69歳。1516生。オランダ(現在はベルギー)のマリーヌ生れの植物学者，医師。

ヒル・ポロ Gil Polo, Gaspar 55?歳。1530生。スペインの小説家，詩人。

フェッルッチ，フランチェスコ・デル・タッダ Ferrucci, Francesco del Tadda 88歳。1497生。イタリアの彫刻家。

ポアハ，アンドレーアス Poach, Andreas 70歳。1515生。ドイツのルター派牧師。

パラエオローグス(パライオロゴス)，ヤーコプ Palaeologus (Palaiológos), Jakob 65歳。1520生。エーゲ海キオス島生れの反三位一体論者。

レンカー，ハンス(年長) Lencker, Hans der Ältere ドイツの金工家。

[この頃] **アルカセヴァ** Alcaceva, Pedre de 62?歳。1523生。ポルトガルのイエズス会士。

イェルマク　Yermak Timofeyev　45？歳。1540生。ロシアのコサック人。
ソリタ　Zorita, Alonso de　74？歳。1511生。スペインの法律家、植民地司法官。
ペニコー、ジャン3世　Pénicaud, Jean III　フランスの七宝画師。
プリマヴェーラ　Primavera, Giovanni Leonardo　45？歳。1540生。イタリアの作曲家。
マーベック、ジョン　Merbecke (Marbeck), John　80？歳。1505生。イギリスの作曲家、牧師。

1586年

7.27　イギリスでバビントンの陰謀が発覚する
10.-　ムガル軍がカシミールを併合する
＊　＊　＊

カペル、ルイ　Cappel, Louis　1.6没、51歳。1534生。フランスの改革派神学者。
マルガレータ・ド・パルマ　Margherita di Parma　1.18没、63歳。1522生。パルマ公夫人。
クラーナハ、ルーカス（子）　Cranach, Lucas der jüngere　1.25没、70歳。1515生。ドイツの画家。
アウグスト1世　August　2.11没、59歳。1526生。ザクセン選帝侯（在位1553～86）。
クリザロウ、マーガレット　Clitherow, St Margaret　3.25没、30？歳。1556生。イングランドとウェールズの"40人の殉教者"の一人。
ケムニッツ、マルティン　Chemnitz, Martin　4.8没、63歳。1522生。ドイツのプロテスタント神学者。
シドニー　Sidney, Sir Henry　5.5没、56歳。1529生。イギリスのアイルランド総督。
ヘイダーニュス、カスパル　Heidanus, Caspar　5.7没、56歳。1530生。ベルギーのカルヴァン主義信徒説教者。
モラーレス、ルイス・デ　Morales, Luis de　5.9没、76？歳。1510 (㋿1515頃) 生。スペインの宗教画家。
アスピルクエタ、マルティン　Aspilcueta, Martin　6.21没、93歳。1493生。スペインの教会法学者、倫理神学者。
トゥルバル、プリモジュ　Trubar, Primož　6.29没、78歳。1508生。スロヴァキアの聖職者、文学者。
カラッチョリ、ガレアッツォ・マルケーゼ・ディ・ヴィーコ　Caraccioli, Galeazzo Marchese di Vico　7.5没、69歳。1517生。イタリアのプロテスタント亡命者。
バビントン、アントニー　Babington, Anthony　9.20没、24歳。1561生。エリザベス1世の暗殺を企てた陰謀家。

グランヴェル、アントワーヌ・ペルノー・ド　Granvelle, Antoine Perrenot de　9.21没、69歳。1517生。スペイン皇帝フェリペ2世時代の枢機卿。
シドニー、フィリップ　Sidney, Sir Philip　10.17没、31歳。1554生。イギリスの軍人、政治家、詩人、批評家。
イシュトバン・バトリ　Bathory, Istvan　12.12没、53歳。1533生。ポーランド国王（在位1576～86）。
グヴァルター、ルードルフ　Gwalther, Rudolf　12.25没、67歳。1519生。スイスの神学者、教会指導者。
この年　ガブリエーリ、アンドレーア　Gabrieli, Andrea　53？歳。1533 (㋿1510頃) 生。イタリア、サン・マルコ大聖堂のオルガン奏者、作曲家。
カミッリアーニ、フランチェスコ　Camilliani, Francesco　イタリアの建築家、彫刻家。
居節　59歳。1527生。中国、明代後期の文人画家。
バラード　Ballard, John　イギリスのカトリック教徒。
ビールバル　Bīrbal, Rājā　58歳。1528生。インドのヒンディー語詩人。
プレトリウス、ヤーコプ　Praetorius, Jacob　56？歳。1530生。ドイツのオルガン奏者、作曲家。
ロジーヌス、バルトロメーウス　Rosinus, Bartholomäus　66歳。1520生。ドイツのルター派神学者。

1587年

1.27　羽柴秀吉が太政大臣就任、豊臣姓となる
7.24　豊臣秀吉がキリシタン禁令を発布する
＊　＊　＊

ドラシュコヴィチ、ユライ　Drašković, Juraj　1.31没、61歳。1525生。ハンガリーのクロアティア人神学者、枢機卿、政治家。
メリー・ステュアート　Mary Stuart　2.8没、44歳。1542生。スコットランドの女王（在位1542～67）。
ルッフォ、ヴィンチェンツォ　Ruffo, Vincenzo　2.9没、79？歳。1508生。イタリアの作曲家。
オレヴィアーヌス（オレヴィアーン）、カスパル　Olevianus, Caspar　3.15没、50歳。1536生。ドイツの神学者。
サドラー　Sadleir, Sir Ralph　3.30没、80歳。1507生。イギリスの外交官。
フォックス、ジョン　Foxe, John　4.15没、71歳。1516 (㋿1517) 生。イギリスの宗教家。
ケットラー、ゴットハルト　Kettler, Gotthard　5.17没、70？歳。1517生。ドイツ騎士団最後の団長（1559～61）。

フェリーチェ（カンタリーチェの） Felice（Cantalice） 5.18没、84歳。1515生。イタリアのカプチン修道会初の聖人。
ヨウンソン、ギスリ Jónsson, Gisli 8.30没、72歳。1515生。アイスランドのルター派教会監督、宗教改革者。
キルヒナー、ティモーテウス Kirchner, Timotheus 9.14没、54歳。1533生。ドイツのルター派の神学者。
カペロ Capello, Bianca 10.20没、39歳。1548生。トスカナ大公妃。
ヴィーガント、ヨーハン Wigand, Johann 10.21没、64歳。1523生。ドイツのルター派神学者。
チェッキ Cecchi, Giammaria 10.28没、69歳。1518生。イタリア（フィレンツェ）の戯曲家。
この年 林悌 38歳。1549生。朝鮮、李朝宣祖代の文人。
ウェットストーン Whetstone, George 36？歳。1551生。イギリスの小説家、冒険家。
ヴェルナッツァ、バッティスタ Vernazza, Battista 90歳。1497生。イタリアのアウグスティヌス会修道女、神秘家。
オルシ、レリオ Orsi, Lelio 76歳。1511生。イタリアの画家。
海瑞 73歳。1514生。中国、明代の政治家。
カーシャーニー Kāshānī, Muḥtsham ペルシアの詩人。
カンピ、アントーニオ Campi, Antonio 63歳。1524生。イタリアの画家、銅版画家。
権好文 55歳。1532生。朝鮮、李朝中期の学者、文人。
戚継光 59歳。1528生。中国、明の武将。
沈義謙 52歳。1535生。朝鮮、李朝の政治家。
デ・ロッシ、ヴィンチェンツォ De Rossi, Vincenzo 62歳。1525生。イタリアの彫刻家。
デ・ロッシュ、カトリーヌ Des Roches, C. 45？歳。1542生。フランスの女性詩人。
デ・ロッシュ、マドレーヌ Des Roches, M. 67？歳。1520生。フランスの女性詩人。
フォンターナ、アンニーバレ Fontana, Annibale 47歳。1541生。イタリアの彫刻家。
フランチェスコ1世 Francesco I dei Medici 46歳。1541生。トスカナ大公。
ベレンデン、ジョン Bellenden, John スコットランドの聖職者、文筆家。
パレアーロ、ジャーコモ Paleaaro, Giacomo イタリアの軍事建築家。
ルスコーニ、ジョヴァンニ・アントーニオ Rusconi, Giovanni Antonio 67？歳。1520生。イタリアの建築家、建築理論家。
この頃 莫是竜 49？歳。1538(㊥1539頃)生。中国、明後期の文人画家。
ボージョワユー、バルタザール・ド Beaujoyeulx, Balthasar de イタリア生れのバレー振付師、ヴァイオリン奏者。
ピーノ、マルコ・ダル Pino, Marco dal 62？歳。1525生。イタリアの画家。
マクデブルク、ヨーアヒム Magdeburg, Joachim 62？歳。1525生。ドイツのルター派牧師、讃美歌作者。
モフタシャム・カーシャーニー Mohtasham Kāshānī イランの詩人。

1588年

8.08　スペイン無敵艦隊がイギリス海軍に大敗
10.01　サファヴィー朝でアッバース1世が即位
この年　女真族のヌルハチがマンジュ国を建国する
＊ ＊ ＊
ヴァイアー（ウィア）、ヨハネス Weyer(Wier), Johannes 2.24没、73？歳。1515生。フランドルの宗教改革期の医師。
フィールド、ジョン Field(Fielde), John 3.？没、43歳。1545生。イギリスのピューリタン運動指導者。
フレデリク2世 Frederik II 4.4没、53歳。1534生。デンマーク、ノルウェー王(1559～88)。
ヴェロネーゼ、パオロ Veronese, Paolo 4.19没、60？歳。1528生。イタリアの画家。
ヴァイゲル、ヴァーレンティーン Weigel, Valentin 6.10没、55歳。1533生。ドイツのプロテスタント神学者、宗教哲学者。
クロウリ、ロバート Crowley, Robert 6.18没、70？歳。1518生。イギリスの印刷業者、聖職者。
サンズ、エドウィン Sandys, Edwin 7.10没、72？歳。1516生。英国教会のヨーク大主教。
サンチェス・コエーリョ、アロンソ Sánchez Coello, Alonso 8.8没、57？歳。1531生。スペインの画家。
フェラボスコ、アルフォンソ Ferrabosco, Alfonso 8.12没、45歳。1543生。イタリア生れのイギリスの作曲家。
サッセッティ、フィリッポ Sassetti, Filippo 9.3没、47歳。1540生。イタリアの文学者、商人。
タールトン、リチャード Tarlton, Richard 9.3没。イギリスの俳優。
レスター、ロバート・ダドリー、伯爵 Leicester, Robert Dudley, Earl of 9.4没、56？歳。1532生。イギリス女王エリザベス1世の寵臣。
ヘスフス（ヘスフーゼン）、ティレマン Heßhus(Heßhusen), Tilemann 9.25没、60歳。1527生。ドイツのルター派正統主義神学者。

テレージオ，ベルナルディーノ Telesio, Bernardino 10.2没、80歳。1508([異]1509)生。イタリアの自然哲学者。

ドラ，ジャン Dorat, Jean 11.1没、78？歳。1510([異]1508)生。フランスのユマニスト，詩人。

ギーズ，アンリ，3代公爵 Guise, Henri de Lorraine, 3e Duc de 12.25没、37歳。1550生。フランスの将軍。

グラナダ，ルイス・デ Granada, Luis de 12.31没、84歳。1504([異]1505)生。スペインの宗教家。

[この年] **アマルテーオ，ポンポーニオ** Amalteo, Pomponio 83歳。1505生。イタリアの画家。

アルボー，トワノ Arbeau, Thoinot [異]1595没、69歳。1519生。フランスの司祭，理論家。

イスラエール，ゲオルク Israel, Georg 83歳。1505生。ポーランドにおける一致兄弟団の創始者のひとり。

顧従義 65歳。1523生。中国，明末の収蔵家。

コンデ，アンリ1世 Condé, Henri I 36歳。1552生。フランスの貴族。

スペローニ，スペローネ Speroni, Sperone 88歳。1500生。イタリアの文人。

ソナム・ギャムツォ bSod nams rgya mtsho dpal bzang po 45歳。1543生。チベットのゲール派仏教者。

ダライラマ3世，ソナム・ギャムツォ Dalai Lama III, Bsod-nams rgya-mtsho 45歳。1543生。チベット - ラマ教の法王。

ツールキンデン，ニーコラウス Zurkinden, Nikolaus 82歳。1506生。スイスの教会紛争の調停役。

ドゥラン，ディエゴ Durán, Diego 51歳。1537生。スペインのドミニコ会士，年代記者。

バラール，ロベール Ballard, Robert 63？歳。1525生。フランスの楽譜出版業者。

ブランドラータ，ジョルジョ Blandrata, Giorgio 73？歳。1515生。イタリアの医師，神学者。

ボルギーニ，ラッファエッロ Borghini, Raffaello 47歳。1541生。イタリアの文筆家。

ムフタシャム・カーシー Muḥtasham Kāshī イランのイスラム教シーア派宗教詩人。

メフメット・ナズミー Meḥmet Naẓmī オスマン・トルコ帝国の詩人。

羅汝芳 73歳。1515生。中国，明後期の泰州学派の学者。

[この頃] **ウアルテ - デ - サン - フアン，フアン** Huarte de San Juan, Juan 58？歳。1530生。スペインの文筆家。

1589年

8.04　フランスでアンリ4世が即位する

＊＊＊

カトリーヌ・ド・メディシス Cathérine de Médicis 1.5没、69歳。1519生。フランス，アンリ2世の王妃。

シュトゥルム，ヨハネス Sturm, Johannes 3.3没、81歳。1507生。ドイツのプロテスタント神学者。

ドルスチウス，パウルス Dolscius, Paulus 3.9没、63歳。1526生。ドイツのルター派学者。

許蘭雪軒 3.19没、26歳。1563生。朝鮮，李朝の女流詩人。

クロメル，マルチン Kromer, Marcin 3.23没、77？歳。1512生。ポーランドのカトリック聖職者，歴史家。

ダーザー Daser, Ludwig 3.27没、64？歳。1525生。ドイツの作曲家。

ベネディクトゥス(黒人) Benedictus 4.4没、63歳。1526生。イタリアの聖人。

サンプスン，トマス Sampson, Thomas 4.9没、72？歳。1517生。イギリス宗教改革期のカルヴァン派牧師。

ゾーン，ゲオルク Sohn, Georg 4.23没、37歳。1551生。ドイツの改革派神学者。

プランタン，クリストフ Plantin, Christophe 7.1没、69？歳。1520([異]1514頃)生。フランスの製本家，印刷者，出版者。

アンリ3世 Henri III 8.1没、37歳。1551生。バロア朝最後のフランス国王(在位1574～89)ユグノー戦争の渦中に即位。

コルテス，M. Cortés, Martín 8.13没、56歳。1533生。メキシコ(アステカ族)の征服者エルナン・コルテスの子。

ファルク，ウィリアム Fulke, William 8.28没、51歳。1538生。英国教会の聖職，ピューリタン神学者。

バーユス，ミシェル Baius, Michael 9.16没、76歳。1513生。フランドルの神学者。

サルヴィアーティ，レオナルド Salviati, Leonardo 9.19没、49歳。1540生。イタリアの文献学者，文法学者。

サバレッラ Zabarella, Jacopo 10.15没、56歳。1533生。イタリアの論理学者，自然哲学者。

バイフ，ジャン - アントワーヌ・ド Baïf, Jean Antoine de 10.？([異]1590)没、57歳。1532生。フランスの詩人。

トーダル・マル Tōdar Mall, Rājā 11.20没、66歳。1523生。インド，ムガル帝国アクバル大帝の行政官，軍人。

[この年] アランティウス Arantius, Julius Caesar 59没。1530生。イタリアの解剖学者、医師。
王崇古 73歳。1516生。中国、明後期の政治家。
カラメッカ, アンドレーア Calamecca, Andrea 65歳。1524生。イタリアの建築家、彫刻家。
クレマン Clément, Jacques 22歳。1567生。フランスのドミニコ会修道士。
セビエ, トマ Sébillet, Thomas 77歳。1512生。フランスのユマニスト，詩人。
ドゥディチュ, アンドレアス Dudith(Dudich), Andreas 56歳。1533生。ハンガリーのカトリック聖職者。
文元善 35歳。1554生。中国，明代後期の文人画家。
プフラヒャー, モーゼス Pflacher, Moses 41？歳。1548生。ドイツの宗教改革者。
マガンツァ, ジョヴァン・バッティスタ Maganza, Giovan Battista 80歳。1509生。イタリアの画家，詩人。
マッツォーリ, ジュゼッペ Mazzuoli, Giuseppe 53？歳。1536生。イタリアの画家。
マレスカルコ, ピエトロ Marescalco, Pietro 69？歳。1520生。イタリアの画家。
マロン-デ-チャイデ, ペドロ Malón de Chaide, Fray Pedro 59？歳。1530生。スペインの著述家，神父。
ラ・ビーニュ, マルゲラン・ド La Bigne, Marguerin de 43歳。1546生。フランスの神学者，教父学者。
レオポリタ, マルチン Leopolita, Marcin ポーランドの作曲家。
[この頃] クラベト, ワウテル・ピーテルス1世 Crabeth, Wouter Pietersz I 64？歳。1525生。北フランス出身のガラス絵画家。
ツッキ, ヤーコポ Zucchi, Iacopo 48？歳。1541生。イタリアの画家。

1590年

3.14 アンリ4世がイヴリーの戦いで勝利する
9.19 ウルバヌス7世がローマ教皇に即位する
12.05 グレゴリウス14世が教皇に即位する
＊＊＊
リューディンガー, エスロム Rüdinger, Esrom 1.2没、66歳。1523生。ドイツのルター派神学者，教育者。
アンドレーエ, ヤーコプ Andreä, Jakob 1.7没、61歳。1528生。ドイツのルター派神学者。
サリーナス, フランシスコ・デ Salinas, Francisco de 1.13没、76歳。1513生。スペインの音楽理論家，オルガン奏者。
ベネデッティ, ジョヴァンニ・バッティスタ Benedetti, Giovanni Battista 1.20没、59歳。1530生。イタリアの物理学者。

サパータ・デ・カルデナス, ルイス Zapata de Cárdenas, Luis 1.24没、75？歳。1515生。コロンビアのボゴタ大司教。
カタリーナ(リッチの) Catharina of Ricci 2.2没、67歳。1522(⑲1552)生。ドミニコ会女子修道院長，聖女。
ピロン, ジェルマン Pilon, Germain 2.3没、53歳。1537(⑲1528頃)生。フランスの彫刻家。
オットマン, フランソワ Hotman, François 2.12没、65歳。1524生。フランスの法律学者。
ザルリーノ, ジョゼッフォ Zarlino, Gioseffo 2.14没、72歳。1517生。イタリアの作曲家，理論家。
ダテーヌス, ペトルス Dathenus, Petrus 2.16？没、59？歳。1531生。オランダの改革派神学者。
ウォルシンガム, サー・フランシス Walsingham, Sir Francis 4.6没、60？歳。1530(⑲1536)生。イギリスの政治家。
コエリョ, ガスパル Coelho, Gaspar 5.7没、59歳。1531(⑲1527頃)生。ポルトガル人のイエズス会士。
ランドルフ Randolph, Thomas 6.8没、67歳。1523生。イギリスの外交官。
バルトロメオ, フェルナンデス(ブラーガの) Bartolomeo, Fernandez(Braga) 7.16没、76歳。1514生。ポルトガルのドミニコ会神学者，ブラーガの大司教。
レオーニ, レオーネ Leoni, Leone 7.22没、81歳。1509生。イタリアの彫刻家，鋳金家。
デュ・バルタス, ギヨーム Du Bartas, Guillaume de Salluste, Seigneur 7.？没、46歳。1544生。フランスの詩人，外交官，軍人。
シクストゥス5世 Sixtus V 8.12没、68歳。1521(⑲1520)生。教皇(在位1585～90)。
アゴスティーニ Agostini, Lodovico 9.20没、56歳。1534生。イタリアの作曲家。
ガルニエ, ロベール Garnier, Robert 9.20没、45？歳。1545(⑲1544)生。フランスの悲劇作家。
ボバジリャ, ニコラウス Bobadilla, Nikolaus 9.23没、79？歳。1511生。スペインの最初のイエズス会士のひとり。
ランチェロッティ, ジョヴァンニ・パーオロ Lancelotti, Giovanni Paolo 9.23没、68歳。1522生。イタリアの教会法学者。
ウルバーヌス7世 Urbanus VII 9.27没、69歳。1521生。ローマ教皇。
クーヤキウス Cujacius 10.4没、68歳。1522生。フランスの法学者。
コールンヘルト, ディルク・ヴォルケルツゾーン(ディリク・ヴォルカーツ) Coornhert, Dirck Volckertszoon 10.29没、68歳。1522生。オランダの詩人，散文家，政治家，彫刻家，神学者，哲学者。

人物物故大年表 外国人編 351

ザンキウス，ヒエローニムス　Zanchius, Hieronymus　11.19没、74歳。1516生。イタリアのプロテスタント神学者。

フリッシュリン，ニコデームス　Frischlin, Philipp Nikodemus　11.29？没、43歳。1547生。ドイツの詩人、文献学者。

ハーバマン（アヴェナーリウス），ヨーハン　Habermann (Avenarius), Johann　12.5没、74歳。1516生。ドイツのルター派神学者。

パレ，アンブロワーズ　Paré, Ambroise　12.20没、80？歳。1510（㊙1509）生。フランスの医者。

[この年] アモン，ブラジウス　Amon, Blasius　32？歳。1558生。オーストリアの作曲家。

アルジャントレ　Argentré, Bertrand d'　71歳。1519生。フランスの法学者。

インディア，ベルナルディーノ　India, Bernardino　62歳。1528生。イタリアの画家。

王世貞　㊙1593没、64歳。1526（㊙1525）生。中国、明の文学者。

金孝元　58歳。1532生。朝鮮、李朝の政治家で東人の領袖。

項元汴　65歳。1525生。中国、明の画家。

サアグン，ベルナルディーノ・デ　Sahagún, Bernardino de　91歳。1499生。スペインのフランシスコ会士。

サンチェス　Sánchez, Aires　63歳。1527生。ポルトガルのイエズス会宣教師。

タムマラジャ　T'ammaraja　75？歳。1515生。シャム、アユティヤ朝の王（在位1569～90）。

ノイジードラー，メルヒオル　Neusidler, Melchior　59歳。1531生。ドイツのリュート奏者、作曲家。

フォイエルアーベント　Feuerabend, Sigismund　62歳。1528生。ドイツの木版画家。

プラセンシア　Plasencia, Juan de　フランシスコ会の伝道師。

パリージ，アルフォンソ　Parigi, Alfonso　イタリアの建築家。

パリシー，ベルナール　Palissy, Bernard　㊙1589頃没、80？歳。1510生。フランスの陶工。

ルラーゴ，ロッコ　Lurago, Rocco　89？歳。1501生。イタリアの建築家、彫刻家。

[この頃] ヴェイガ，Veiga, Tristão Vaz da　53？歳。1537生。ポルトガルの日本貿易船隊司令官。

ウルフィー・シーラーズィー　'Urfī Shīrāzī　インドにおけるイラン系ペルシア語詩人。

クァドリオ，ジョヴァンニ・バッティスタ　Quadrio, Giovanni Battista　イタリアの建築職人、建築家。

グリンメル，ヤーコプ　Grimmer, Jacob　64？歳。1526生。フランドルの画家。

ケイ，アドリアーン・トーマスゾーン　Key, Adriaan Thomasz.　46？歳。1544生。フランドルの画家。

コイテル　Koyter, Volcher　56？歳。1534生。オランダの解剖学者。

フィッシャルト，ヨハン　Fischart, Johann　44？歳。1546（㊙1547頃）没。ドイツの作家。

ペニコー，ピエール　Pénicaud, Pierre　75？歳。1515生。フランスの七宝画家。

ラメッリ　Ramelli, Agostino　60？歳。1530生。イタリアの技術者。

1591年

10.29　インノケンティウス9世が教皇に即位する
＊＊＊

ケルレ，ヤコブス・デ　Kerle, Jacobus de　1.7没、60？歳。1531生。フランドル楽派の作曲家。

ハンフリ，ローレンス　Humphrey, Laurence　2.1（㊙1590）没、64？歳。1527生。イギリスのプロテスタント神学者。

シャンデュ，アントワーヌ・ド・ラ・ロシュ　De Chandieu, Antoine　2.23没、57？歳。1534生。フランスの説教者。

ゴムウカ，ミコワイ　Gomółka, Mikołaj　3.5？没、56？歳。1535生。ポーランドの作曲家。

アースキン，ジョン（ダンの）　Erskine, John of Dun　3.12？没、82歳。1509生。スコットランドの宗教改革者。

アマン，ヨースト　Ammann, Jost　5.17没、51歳。1539生。スイスの木版画家、銅版画家。

ブライズマン　Blitheman, John　5.23没、66？歳。1525生。イギリスのオルガン奏者、作曲家。

ゴンザーガ，ルイジ（聖）　Gonzaga, Saint Aloysius　6.21没、23歳。1568生。ローマのイエズス会士。

ガリレイ，ヴィンチェンツォ　Galilei, Vincenzo　7.2没、71？歳。1520生。イタリアの作曲家、音楽理論家、リュート奏者。

デュ・ファイユ，ノエル　Du Fail, Noël　7.7没、71？歳。1520生。フランスの物語作家、法律家。

ガルス，ヤコブ　Gallus, Jacobus　7.18没、41歳。1550生。オーストリアの作曲家。

ラ・ヌー，フランソワ・ド　La Noue, François de　8.4没、60歳。1531生。フランスの軍人。

レオン，ルイス・デ　León, Luis Ponce de　8.23没、64？歳。1527（㊙1528）生。スペインの神秘文学者。

ウルフィー，ジャマールッディーン・ムハンマド　'Urfī, Jamālo d-Dīn Muḥammad　8.？没、36？歳。1555生。インドのペルシャ語詩人。

グレンヴィル，サー・リチャード　Grenville, Sir Richard　9.？没、49歳。1542（㊙1541頃）生。イギリスの提督。

グレゴリウス14世　Gregorius XIV　10.15没、55歳。1535生。ローマ教皇。

アルメイダ, アントーニオ・デ　Almeida, Antonio de　10.17没、35歳。1556生。ポルトガルの来中国イエズス会士。

ハットン　Hatton, *Sir* Christopher　11.20没、51歳。1540生。イギリスの大法官。

リベーラ, フランシスコ・デ　Ribera, Francisco de　11.24没、54歳。1537生。スペインのイエズス会士、神学者、聖書研究の専門家。

ウェルズ, スウィザン　Wells, Swithun　12.10没、55？歳。1536生。イングランドのローマ・カトリック教会信徒、殉教者。

クルス, 聖フアン・デ・ラ　Cruz, San Juan de la　12.14没、49歳。1542生。スペインの詩人。

ホアン(十字架の)　Juan de la Cruz　12.14没、49歳。1542生。スペインの神秘家、詩人、聖人。

この年　カーロイ, ガーシュパール　Károlyi, Gáspár　71？歳。1520生。ハンガリーの改革派神学者、聖書翻訳者。

権文海　57歳。1534生。朝鮮、李朝の学者、文臣。

スタッブズ, ジョン　Stubbs, John　48？歳。1543生。イギリスの熱烈な清教徒。

ソーザ, ガブリエル・ソアレス・デ　Sousa, Gabriel Soares de　51？歳。1540生。ポルトガル出身の探検家、初期ブラジルの年代記作者。

ドノー　Doneau, Hugues　64歳没。1527生。フランスの法学者。

ドミトリー　Dmitrij　8歳。1583生。ロシアの王子、イヴァン雷帝の末子。

ドミンゴ・デ・ラ・アヌンシアシオン　Domingo de la Anunciación　81歳。1510生。スペインのドミニコ会宣教師、探検家。

ナルディーニ, バッティスタ　Naldini, Battista　54歳。1537生。イタリアの画家。

バッシ, マルティーノ　Bassi, Martino　49歳。1542生。イタリアの建築家。

ブライズマン　Blithman, William　イギリスの作曲家、オルガン奏者。

フランコ, ヴェローニカ　Franco, Veronica　45歳。1546生。イタリアの女性詩人。

ブリュディユ, ジョアン　Brudieu, Joan　71？歳。1520生。フランスの作曲家。

パヴェウ, グジェゴシェ　Paweł, Grzegorz　65？歳。1526生。ポーランドの反三位一体論者。

パットナム, ジョージ　Puttenham, George　㊟1590没、62？歳。1529(㊟1530頃)生。イギリスの文学者。

レンカー, エリアス(年長)　Lencker, Elias der Ältere　ドイツの金工家。

ロンギ, マルティーノ(年長)　Longhi il Vecchio, Martino　イタリアの建築家。

この頃　ガルベス-デ-モンタルボ, ルイス　Gálvez de Montalvo, Luis　45？歳。1546生。スペインの小説家。

プロカッチーニ, 大エルコール　Procaccini, Ercole the Elder　71？歳。1520生。イタリア, ボローニャ派の画家。

1592年

1.30　クレメンス8世がローマ教皇に即位する
3.-　明の寧夏でボバイが反乱を起こす
8.14　李舜臣の艦隊が豊臣秀吉の水軍に大勝する
10.-　ボバイの反乱が鎮圧される
＊＊＊

エボリ　Eboli, Ana de Mendoza de　2.2没、51歳。1540生。スペインのフェリペ2世の寵妾。

アダムスン, パトリク　Adamson, Patrick　2.19没、54歳。1537生。スコットランド教会の聖職者、セント・アンドルーズ大主教。

バッサーノ, ヤコポ・ダ　Bassano, Jacopo da　2.13没、82？歳。1510(㊟1517)生。イタリアの画家。

ユーダル, ジョン　Udall(Uvedale), John　3.3没、32？歳。1560生。イギリスのピューリタン。

クラーユス(クライ), ヨハネス　Clajus, Johannes　4.11没、56歳。1535生。ドイツの牧師、文法家。

アンマナーティ, バルトロメーオ　Ammanati, Bartolommeo　4.22没、80歳。1511生。イタリアの建築家、彫刻家。

パスクアル・バイロン　Pascual Bailón　5.15没、51歳。1540生。スペイン出身のフランシスコ会修道士、聖人。

ゼルネッカー, ニーコラウス　Selnecker, Nikolaus　5.24没、61歳。1530生。ドイツのプロテスタント神学者。

カストロ　Castro, Juan de　6.9没、64歳。1527生。スペインのドミニコ会宣教師。

ゾイロ　Zoilo, Annibale　6.30没、55？歳。1537生。イタリアの作曲家。

インジェニェーリ, マルカントニオ　Ingegneri, Marc'Antonio　7.1没、45？歳。1547生。イタリアの作曲家。

ビロン　Biron, Armand de Gontaut, Baron de　7.26没、68歳。1524生。フランスの軍人。

グリーン, ロバート　Greene, Robert　9.3没、34歳。1558(㊟1560頃)生。イギリスの劇作家、物語作家、詩人、パンフレット作家。

モンテーニュ, ミシェル・ド　Montaigne, Michel Eyquem, Seigneur de　9.13没、59歳。1533生。フランスのモラリスト、政治家。

ウォトソン, トマス　Watson, Thomas　9.26没、35？歳。1557生。イギリスの詩人。

サウリ, アレッサンドロ　Sauli, Alessandro　10.11没、58歳。1534生。イタリアのバルナバ会総長、聖人。

ヴァンドヴィル，ジャン　Vendville, Jean　10.15没、65歳。1527生。フランスの司教，宣教師養成神学校創設の主唱者。

ビュスベク　Busbecq, Augier Ghislain de　10.28没、70歳。1522生。フランドル地方出身の外交官。

ヨハン3世　Johan III　11.27(異1597)没、54歳。1537生。スウェーデン王(在位1568〜92)。

コボ，ホアン　Cobos, Juan de　11.？没、46？歳。1546生。スペインのドミニコ会宣教師。

ファルネーゼ，アレッサンドロ　Farnese, Alessandro　12.3没、47歳。1545生。パルマ公(在位1586〜92)。

[この年] アティエンサ，ホアン・デ　Atienza, Juan de　48歳。1544生。スペインのイエズス会宣教師。

ヴィルヘルム4世　Wilhelm IV Landgraf von Hessen　60歳。1532生。ドイツの領主，天文学者。

コクシー，ミヒール　Coxie, Michiel　93歳。1499生。オランダの画家。

ストリッジョ，アレッサンドロ　Striggio, Alessandro　異1589頃没、57？歳。1535生。イタリアの作曲家。

ソミ　Somi, Leon Ebreo dé　65歳。1527生。ユダヤ人の劇作家。

バッサーノ，小フランチェスコ　Bassano, Francesco, il Giovane　43歳。1549生。イタリアの画家。

バーレンツ，ディルク　Barendsz, Dirck　58歳。1534生。オランダの画家。

フィッシャー，ゲオルク　Vischer, Georg　ドイツの彫刻家，ブロンズ鋳造家。

フェイ，アレッサンドロ　Fei, Alessandro　49歳。1543生。イタリアの画家。

哱拝　中国，明代の反徒。

パッサロッティ，バルトロメーオ　Passarotti, Bartolomeo　63歳。1529生。イタリアの画家。

ペーマ・カルポ　Padma dkar po　65歳。1527生。チベットのカーギュ派，ドゥク派仏教者。

ポルタレオーネ・デ・ソンミ　Portaleone de Sommi　67？歳。1525生。イタリアの劇作家，詩人。

マッキエッティ，ジローラモ　Macchietti, Girolamo　57歳。1535生。イタリアの画家。

ムツィアーノ，ジローラモ　Muziano, Girolamo　64？歳。1528生。イタリアの画家。

ライアン，ジョン　Lyon, John　イギリスの慈善家。

霊圭　朝鮮，宣祖時(1568〜1608)の禅僧。

[この頃] カンピ，ベルナルディーノ　Campi, Bernardino　異1591没、70？歳。1522生。イタリアの画家。

キャヴェンディッシュ，サー・トマス　Cavendish, Thomas　37？歳。1555(異1560)生。イギリスの航海家。

サルミエント・デ・ガンボア　Sarmiento de Gamboa, Pedro　60？歳。1532生。スペイン人航海者。

程大位　異1598頃没、59？歳。1533生。中国，明後期の数学者。

テヴェ，アンドレ　Thevet, André　88？歳。1504生。フランスの地誌学者，旅行作家。

1593年

7.25　アンリ4世がカトリックに改宗する

＊＊＊

アミヨ，ジャック　Amyot, Jacques　2.7没、79歳。1513生。フランスの古典学者，翻訳家。

グリーンウッド，ジョン　Greenwood, John　4.6没。イギリスの非国教徒の牧師。

バロウ，ヘンリ　Barrow(Barrowe), Henry　4.6没、43？歳。1550生。イギリスのピューリタン，分離派の指導者。

ペンリ，ジョン　Penry, John　5.29没、34歳。1559(異1563)生。イギリスの清教徒。

マーロー，クリストファー　Marlowe, Christopher　5.30没、29歳。1564生。イギリスの劇作家，詩人。

アルチンボルド，ジュゼッペ　Arcimboldo, Giuseppe　7.11没、63？歳。1530(異1527)生。イタリアの画家。

ダスマリニャス　Dasmariñas, Gomez Perez　10.25没。スペインの植民地行政官。

ペトリス，フランチェスコ・デ　Petris, Francesco de　11.5没、30歳。1563生。イタリアの来中国イエズス会士。

鄭澈　11.？(異1594)没、57歳。1536(異1537)生。朝鮮，李朝の政治家，詩人。

[この年] アッレーグリ，ポンポーニオ　Allegri, Pomponio　71歳。1522生。イタリアの画家。

ウェントワース　Wentworth, Paul　60歳。1533生。イギリス議会の指導者。

カルカーニ，アントーニオ　Calcagni, Antonio　57歳。1536生。イタリアの彫刻家。

金誠一　55歳。1538(異1537)生。朝鮮，李朝中期の学者。

グルグ　Gourgues, Dominique de　63？歳。1530生。フランスの軍人，海賊。

コシーンスキィ　Kosinskii, Krishchtof　ウクライナの農民蜂起の指導者。

ジャマン，アマディス　Jamyn, Amadis　52？歳。1541生。フランスの詩人。

徐渭　72歳。1521生。中国，明の文人。

ハリソン　Harrison, William　59歳。1534生。イギリスの地誌学者，社会史学者。

パレアーロ，ジョルジョ　Palearo, Giorgio　イタリアの軍事建築家。

李時珍　㋸1596？没、75歳。1518（㋸1523？）生。中国、明代の医学者、本草学者。
ルイーニ、アウレーリオ　Luini, Aurelio　63歳。1530生。イタリアの画家。
論介　朝鮮の壬辰・丁酉の乱時の愛国的な女性。
[この頃] エルカー、ラザルス　Ercker, Lazarus　㋸1594？没、63？歳。1530生。ドイツの冶金学者。

1594年

3.01　スウェーデンでジギスムントが即位する
8.-　アイルランドでアルスターの反乱が起こる
12.24　シャテルのフランス国王暗殺計画が失敗

＊ ＊ ＊

パレストリーナ、ジョヴァンニ・ピエールルイージ・ダ　Palestrina, Giovanni Pierluigi da　2.2没、68歳。1525生。イタリアの作曲家。
ペインター、ウィリアム　Painter, William　2.？没、54？歳。1540生。イギリスの翻訳家。
クーパー、トマス　Cooper（Couper, Cowper）, Thomas　4.29没、74歳。1520生。英国教会のウィンチェスター主教。
バラッシャ、バーリント　Balassa, Bálint, Baron　5.30没、39歳。1554（㋸1551）生。ハンガリーの詩人。
ティントレット　Tintoretto　5.31没、75歳。1518生。イタリアの画家。
パニガローラ、フランチェスコ　Panigarola, Francesco　5.31没、45歳。1548生。イタリアのフランシスコ会厳修派の神学者、説教者。
エイルマー、ジョン　Aylmer, John　6.3没、73歳。1521生。ロンドンの聖職者。
ラッシュ、オルランド・ド　Lasso, Orlando di　6.14没、64？歳。1530（㋸1532頃）生。フランドルの作曲家。
タピア、ゴンサロ・デ　Tapia, Gonzalo de　7.10没、33歳。1561生。スペインのイエズス会士、ヌエバ・エスパーニャ（現メキシコ）への宣教師、殉教者。
メイ　Mei, Girolamo　7.？没、75歳。1519生。イタリアの人文主義者、音楽理論家。
アレン、ウィリアム　Allen, William　10.16没、62歳。1532生。イギリスの枢機卿、神学者。
フロビッシャー、サー・マーティン　Frobisher, Sir Martin　11.22没、59？歳。1535（㋸1539）生。イギリスの航海者。
メルカトル、ゲラルドゥス　Mercator, Gerhardus　12.2没、82歳。1512生。ルネサンス期最大の地理学者。
サラサル、フランシスコ・ドミンゴ・デ　Salazar, Francisco Domingo de　12.4没、82歳。1512生。スペインの宗教家。

キッド、トマス　Kyd, Thomas　12.30（㋸1595頃）没、36歳。1558（㋸1557頃）生。イギリスの劇作家。
[この頃] セミーノ、アンドレーア　Semino, Andrea　69？歳。1525生。イタリアの画家。
セレーニ、ヴィンチェンツォ　Seregni, Vincenzo　90？歳。1504生。イタリアの建築家。
トッテル、リチャード　Tottel, Richard　イギリスの印刷業者。
ニザーム・ウッディーン・アフマド　Niẓām al-Dīn Aḥmad　45？歳。1549生。ムガル帝国のアクバル時代の史家。
ボニ、ギヨーム　Boni, Guillaume　79？歳。1515生。フランスの作曲家。
ライナ、カッシオドーロ・デ　Reina, Cassiodoro de　74？歳。1520生。スペイン出身の福音主義神学者。
ロレンツィ、バッティスタ・ディ・ドメーニコ　Lorenzi, Battista di Domenico　67？歳。1527生。イタリアの彫刻家。
[この頃] クーザン、ジャン（子）　Cousin, Jean le Jeune　㋸1590頃没、72？歳。1522（㋸1501頃）生。フランスのルネサンスの画家。
ブーシェ、ギヨーム　Bouchet, Guillaume　81？歳。1513生。フランスの物語作家。
ヤンセン（ヴァン・バルネヴェルト）、ハインリヒ　Jansen (van Barneveld, Barreveldt), Heinrich　オランダの神秘主義者。
梁辰魚　㋸1580没、73？歳。1521（㋸1520）生。中国、明の劇作家。
レーヴェンクラーフ　Löwenklav, Johannes　53？歳。1541生。ドイツの東洋学者、歴史家。

1595年

2.16　アイルランドでオニールの反乱が起こる

＊ ＊ ＊

ルンゲ、ヤーコプ　Runge, Jakob　1.11没、67歳。1527生。ドイツのプロテスタント神学者、ポンメルンの宗教改革者。
ロース、コルネーリーユス　Loos, Cornelius　2.3没、49？歳。1546生。オランダの神学者。
サウスウェル、ロバート　Southwell, Robert　2.21没、34？歳。1561生。イギリスの詩人、殉教者。
スポンド、ジャン・ド　Sponde, Jean de　3.18没、38歳。1557生。フランスの詩人、ユマニスト。
ウォールポウル、ヘンリ　Walpole, Henry　4.7没、37歳。1558生。イングランドのイエズス会士、殉教者。
タッソ、トルクァート　Tasso, Torquato　4.25没、51歳。1544生。イタリアの詩人。
ネアンダー、ミヒャエル　Neander, Michael　4.26没、70歳。1525生。ドイツの教育家。

シェフォンテーヌ，クリストフ・ド
　Cheffontaines, Christophe de　5.26没、83歳。
　1512生。フランスの神学者。
ネーリ，聖フィリッポ　Neri, Filippo de　5.26没、
　79歳。1515生。イタリアの宗教家。
ハーメルマン，ヘルマン　Hamelmann, Hermann
　6.26没、69歳。1526生。ドイツのルター派神学者。
メートランド　Maitland, John　10.3没、52歳。
　1543生。スコットランドの大法官（1587～95）。
ファイズィー　Faizī　10.15没、57？歳。1538生。
　インドのペルシア語詩人。
ファイズィー，アブル・ファズル　Faydī, Abu l-Fadl
　10.15没、47歳。1548生。インドのペルシャ語詩人。
ハワード，フィリプ　Howard, Philip　10.19没、
　38歳。1557生。イングランドのアンデル伯爵。
ギボンズ，ウィリアム　Gibbons, William　10.？
　没、55？歳。1540生。イギリスの音楽家。
メンダーニャ　Mendaña de Neyra, Álvaro de　10.？
　没、54歳。1541(㊟1542？)生。スペインの航海者。
ダノー（ダナエウス），ランベール　Daneau
　(Danaeus), Lambert　11.11没、65歳。1530生。
　フランスの改革派神学者。
ホーキンズ，サー・ジョン　Hawkins, Sir John
　11.12没、63歳。1532生。イギリスの軍人。
ホウィッティカー，ウィリアム　Whitaker,
　William　12.4没、47歳。1548生。英国教会聖職、
　ピューリタンの指導的神学者。
この年 アルデンティ，アレッサンドロ　Ardenti,
　Alessandro　イタリアの画家。
イェレミアス2世　Ieremías II　65？歳。1530
　(㊟1536)生。コンスタンティノポリス総主教。
イレネーウス，クリストフ　Irenäus, Christoph
　73？歳。1522生。ドイツのルター派神学者。
オニール　O'Neill, Sir Turlough Luineach, Earl
　of Clanconnell　65？歳。1530生。アイルランド
　の貴族ヒュー・オニールのいとこ。
ガジーニ，ヴィンチェンツォ　Gagini, Vincenzo
　68歳。1527生。イタリアの彫刻家。
ゴンペ，ニーコラウス　Gompe, Nikolaus　71？歳。
　1524生。ドイツのプロテスト神学者、宮廷付牧師。
周天球　81歳。1514生。中国、明代の書画家。
センピル　Sempill, Robert　65？歳。1530生。ス
　コットランドの詩人、バラード作者。
ディッグズ　Digges, Thomas　49？歳。1546生。
　イギリスの数学者。
ドローヌ，エティエンヌ　Delaulne, Étienne　77？
　歳。1518生。フランスの金銀細工師、版画家。
潘季馴　74歳。1521生。中国、明後期の官僚。
ペテルツァーノ，シモーネ　Peterzano, Simone
　22歳。1573生。イタリアの画家。
プロカッチーニ，エルコレ　Procaccini, Ercole
　80歳。1515生。イタリアの画家。

ムラト3世　Murat III　49歳。1546(㊟1545)生。オ
　スマン・トルコ帝国のスルタン第12代(1574～95)。
この頃 アボンディオ，アントーニオ　Abondio,
　Antonio　57？歳。1538生。イタリアのメダル制
　作家。
エルシリャ，アロンソ・デ　Ercilla y Zúñiga,
　Alonso de　(㊟1594没、62？歳。1533生。スペイ
　ンの詩人、軍人。

1596年

5.26　英仏が対スペイン攻守同盟を締結する
10.23　オスマン軍がハンガリー軍を破る
　　　　　＊　＊　＊
リガーリウス，ヨハネス　Ligarius, Johannes
　1.21没、67歳。1529生。ドイツのルター派神学者。
ドレイク，サー・フランシス　Drake, Sir Francis
　1.28(㊟1595)没、56？歳。1540(㊟1545頃)生。
　イギリス最初の世界周航をした船乗り。
ヴィジュネール，ブレーズ・ド　Vigenére, Blaise
　de　2.19没、72歳。1523生。フランス・ルネサン
　ス期の著作家、翻訳家。
ヴェルト，ジャッシュ・ド　Wert, Giaches de　5.6
　没、61歳。1535(㊟1536頃)生。イタリアフラン
　ドル楽派の作曲家。
ティバルディ，ペッレグリーノ　Tibaldi,
　Pellegrino de' Pellegrini　5.27没、69歳。1527生。
　イタリアの画家、建築家。
レズリ，ジョン　Leslie, John　5.30没、68歳。
　1527生。スコットランドの神学者、ロスの主教。
ロペス，グレゴリオ　Lopez (Lopes), Gregorio
　7.20没、54歳。1542生。スペインの神秘的静寂主
　義者。
ウェントワース，ピーター　Wentworth, Peter
　11.10(㊟1597頃)没、66歳。1530(㊟1524頃)生。
　イギリス議会の指導者、清教徒。
ピトゥー，ピエール　Pithou, Pierre　11.11没、57
　歳。1539生。フランスのガリア主義に立つ人文主
　義法律家。
サ，マヌエル・デ　Sa, Manoel de　12.30没、66？
　歳。1530生。ポルトガルのカトリック神学者、イ
　エズス会修道士。
この年 アルファラーノ，ティベーリオ　Alfarano,
　Tiberio　イタリアの芸術理論家。
ヴァレリアーニ，ジュゼッペ　Valeriani, Giuseppe
　54歳。1542生。イタリアの建築家、画家。
カリアーリ，カルロ　Caliari, Carlo　26歳。1570
　生。イタリアの画家。
顧大典　56歳。1540生。中国、明代の戯曲作家。

トレード（トレート），フランシスコ・デ Toledo（Tolet），Francisco de 64歳。1532生。スペインのイエズス会神学者。

ノケオ Nokeo 25歳。1571生。ラオス，ラーンサーン王国の王（在位1591～96），ビルマの支配から国を解放。

フランク，パウエルス Franck，Pawels 56歳。1540生。フランドルの画家。

ボダン，ジャン Bodin，Jean 66歳。1530（[異]1529頃）生。フランスの政治学者。

ペリーニ，アンニーバレ Perini，Annibale 36？歳。1560生。イタリアの作曲家，オルガン奏者。

ピール，ジョージ Peele, George [異]1597?没、38?歳。1558（[異]1557頃）生。イギリスの劇作家，詩人。

ミンガ，アンドレーア・デル Minga，Andrea del 56歳。1540生。イタリアの画家。

モンパンシエ，カトリーヌ・マリー・ド・ロレーヌ Montpensier，Catherine Marie de Lorraine 44歳。1552生。フランスの公妃。

ランディーニ，タッデーオ Landini，Taddeo 46？歳。1550生。イタリアの彫刻家。

[この頃] **ブリッジウォーター，ジョン** Bridgewater，John 64？歳。1532生。イングランドの神学者。

ポマランチョ Pomarancio 79？歳。1517生。イタリアの画家。

1597年

4.07 豊臣秀吉の軍が朝鮮へ再出兵（慶長の役）

＊ ＊ ＊

エレーラ・イ・グティエレス・デ・ラ・ベーガ，ファン・デ Herrera，Juan de 1.15（[異]1577）没、67？歳。1530生。スペイン・ルネサンスの建築家。

アンマーバッハ，エリーアス・ニコラウス Ammerbach，Elias Nicolaus 1.29没、67？歳。1530生。ドイツのオルガン奏者，作曲家。

ファルケンボルヒ，ルカス・ファン Valkenborch（Falckenburg），Lucas van 2.2没、62？歳。1535生。ネーデルランドの画家。

アッセンシオン Ascension de Aguirre，Martin de la 2.5没、29歳。1567生。スペインの宣教師，聖人。

カサス Las Casas，Felipe de Jesus de 2.5没、22?歳。1575生。スペインのフランシスコ会宣教師。

ガルシア García，Gonzalo 2.5没、39？歳。1558生。スペインのフランシスコ会宣教師。

フェリーペ・デ・ヘスース・カサス・マルティネス Felipe de Jesús Casas Martínez 2.5没、24歳。1572生。日本二十六聖人の一人，メキシコの守護聖人。

ブランコ Blanco，Francisco 2.5没、29？歳。1568生。スペインのフランシスコ会宣教師，聖人。

ペドロ・バプチスタ Pedro Baptista 2.5没、54歳。1542（[異]1545）生。スペイン人のフランシスコ会司祭。

パリリャ Parilla，Francisco 2.5没、52？歳。1545生。スペインのフランチェスコ会宣教師，聖人。

マーシャル，ジョン Martiall（Marshall），John 4.3没、63歳。1534生。イングランドのローマ・カトリック教会司祭，著述家。

クルーツィガー，カスパル Cruciger，Caspar 4.16没、72歳。1525生。ドイツの教会行政家，神学者。

アンチエタ，ホセ Anchieta，José de 6.9没、63歳。1534生。ブラジルのイエズス会修道士。

バレンツ，ヴィレム Barents，Willem 6.30没、47？歳。1550生。オランダの航海者。

フィゲレド Figueiredo，Melchior de 7.3没、67歳。1530（[異]1527頃）生。ポルトガルのイエズス会宣教師。

フロイス，ルイス Frois，Luis 7.8没、65？歳。1532生。ポルトガルの宣教師。

沈惟敬 7.27（[異]1599）没。中国，明の文禄の役の時の使節。

アルフォンソ2世 Alfonso II，d'Este 10.27没、63歳。1533生。フェララ，モデナ，レッジオの公。

マヌティウス Manutius，Aldus 10.28没、50歳。1547生。イタリアの印刷業者。

ナバレテ Navarrete Fajardo，Luis 11.30没。スペインの遣日特派使節。

カニーシウス，ペトルス Canisius，Petrus 12.21没、76歳。1521生。ドイツの神学者，教会博士，聖人。

[この年] **イーザーク，シュテファン** Isaak，Stephan 55歳。1542生。ドイツの牧師，ヘブル語学者。

ヴイェク，ヤクプ Wujek，Jakób 57歳。1540生。宗教改革期ポーランドのイエズス会士。

エレーラ，フェルナンド・デ Herrera，Fernando de 63歳。1534生。スペインの抒情詩人。

石星 中国，明の政治家。

タイリ，ジェイムズ Tyrie，James 54歳。1543生。スコットランドのイエズス会士。

テルツィ，フィリッポ Terzi，Filippo 77歳。1520生。イタリアの建築家，軍事エンジニア。

ナリヴァーイコ Nalivaiko，Severin ウクライナの民族的英雄。

ノリス Norris，*Sir* John 50？歳。1547生。イギリスの軍人。

バウティスタ Bautista，Pedro 55歳。1542生。スペイン人のフランシスコ会士。

バーベージ，ジェームズ Burbage，James 67?歳。1530（[異]1531頃）生。イギリスの俳優，劇場経営者。

フォンターナ，プロスペロ Fontana，Prospero 85歳。1512生。イタリアの画家。

フレミング　Fleming, Klaus Eriksson　62歳。1535生。スウェーデンの将軍。

パトリッツィ　Patrizzi, Francesco　Ⓡ1587没、68歳。1529(Ⓡ1519)生。イタリアの哲学者。

プラターブ・スィンフ　Pratāp Siṃh, Rāṇā　インドのメーワール王。

モランディーニ、フランチェスコ　Morandini, Francesco　53歳。1544生。イタリアの画家。

ラーナー・プラターブ　Rāṇā Pratāp　57歳。1540生。インド、ラージャスターン州旧メーワール王国の王。

[この頃] ターバービル　Turberville, George　57?歳。1540生。イギリスの詩人、翻訳家。

マトライーニ、キアーラ　Matraini, Chiara　83?歳。1514生。イタリアの女性詩人。

1598年

2.17　ボリス・ゴドゥノフがロシア皇帝に選出
4.13　ナントの王令が出され、ユグノー戦争終結
9.18　豊臣秀吉が伏見城で病没する
＊＊＊

フョードル1世　Fëdor I Ivanovich　1.17没、40歳。1557生。ロシアの皇帝(在位1584〜98)。

マルティネス　Martínez, Pedro　2.13没、56歳。1542生。ポルトガルのイエズス会聖職者。

ブリ　Bry, Théodore de　3.28没、70歳。1528生。ドイツの版画家、出版業者。

エティエンヌ、アンリ　Estienne, Henri　3.?没、67?歳。1531(Ⓡ1528)生。フランスの古典学者、出版業者。

ヘルムボルト、ルートヴィヒ　Helmbold, Ludwig　4.12没、66歳。1532生。ドイツの讃美歌作者。

李如松　4.?没。中国、明の武将。

オルテリウス、アブラハム　Ortelius, Abraham　6.28没、71歳。1527生。ベルギーの骨董品収集家、製図家、地理学者。

モンターヌス、アリアス　Arias Montano, Benito　7.6没、71歳。1527生。スペインの神学者、東洋学者。

ジョウンズ、ジョン(バックリ)　Jones, John (Buckley)　7.12没、39歳。1559生。ウェールズのフランシスコ会士。

セシル、ウィリアム、初代バーリー男爵　Cecil, Wilhelm, Baron Burghley　8.4没、77歳。1520(Ⓡ1521)生。イギリスの政治家。

バーリー卿　Burghley, 1st Baron　8.4没、77歳。1520生。イギリスの政治家。

ファーガスン、デイヴィド　Ferguson, David　8.13没、73?歳。1525?生。スコットランドの宗教改革者。

フェリペ2世　Felipe II el Prudente　9.13没、71歳。1527生。スペイン王(1556〜98)。

マヒュー　Mahu, Jacques　9.24没、34歳。1564生。オランダの貿易商、航海家。

ステイプルトン、トマス　Stapleton, Thomas　10.12没、63歳。1535生。イギリスのローマ・カトリック教会司祭、論争神学者。

李舜臣　11.19没、54歳。1544(Ⓡ1545)生。朝鮮、李朝の武将。

マルニクス　Marnix van Sint Aldegonde, Philips van　12.15没、58歳。1540生。フランドルの作家。

マルニクス、フィーリプ・ヴァン　Marnix, Philipp van　12.15没、60歳。1538生。オランダの改革派牧師、政治家。

[この年] アイツェン、パウル・フォン　Eitzen, Paul von　76歳。1522生。ドイツのルター派牧師、神学者。

カリアーリ、ベネデット　Caliari, Benedetto　60歳。1538生。イタリアの画家。

ゴンサルヴェス　Gonçalves, Sebastian　65?歳。1533生。ポルトガルの宣教師。

ジョヴァンニ・デッローペラ　Giovanni dell'Opera　58歳。1540生。イタリアの彫刻家。

トゥー　Thou, Nicolas de　70歳。1528生。フランスの僧侶。

プルツォーネ、シピオーネ　Pulzone, Scipione　48?歳。1550生。イタリアの画家。

ヤコピーノ・デル・コンテ　Iacopino del Conte　88歳。1510生。イタリアの画家。

リュッケルス、ハンス　Ruckers　58?歳。1540生。フランドルのチェンバロ・ヴァージナル製作者。

林兆恩　81歳。1517生。中国、明末の学者。

ル・ロワ、アドリアン　Le Roy, Adrian　78?歳。1520生。フランスの楽譜出版業者、リュート奏者、ギター奏者、歌手、作曲家。

[この頃] チカラ・パシャ　Cicala Pasha　56?歳。1542生。トルコ(イタリア系)の武将。

フェニアン、ノエ　Faignient, Noé　58?歳。1540生。フランドルの作曲家。

1599年

4.29　ホーエンツォレルン家がゲラ協定を結ぶ
＊＊＊

スペンサー、エドマンド　Spenser, Edmund　1.13没、47?歳。1552生。イギリスの詩人。

マルヴェッツィ、クリストファノ　Malvezzi, Cristofano　1.22没、51歳。1547生。イタリアのオルガン奏者、作曲家。

エストレ、ガブリエル　Estrées, Gabrielle d'　4.10没、28?歳。1571(Ⓡ1573)生。アンリ4世の愛妾。

16世紀　　　　　　　　　　　　　　　1600

バーロウ，ピーター　Baro, Peter　4.？没、64歳。1534生。英国教会聖職、反カルヴァン主義の神学者。

サル　Sales, François　7.15没。16世紀中期生。フランドル楽派の作曲家。

マレンツィオ，ルカ　Marenzio, Luca　8.22没、46歳。1553(㋲1554頃)生。イタリアの作曲家。

ハウトマン　Houtman, Cornelis de　9.1没、59歳。1540(㋲1565？)生。ネーデルラントの航海家。

ルニャール，ヤーコプ　Regnart, Jakob　10.16没、59？歳。1540生。フランドル楽派の作曲家。

フォンセーカ，ペテール・ダ　Fonseca, Peter (Pedro) da　11.4没、71歳。1528生。ポルトガルのイエズス会士、哲学者。

タリャコッツィ　Tagliacozzi, Gasparo　11.7没、53歳。1546生。イタリアの外科医。

ゲレーロ，フランシスコ　Guerrero, Francisco　11.8没、71歳。1528生。スペインの作曲家。

コルデス　Cordes, Simon de　11.？没、40？歳。1559生。オランダの貿易商、航海家。

この年 カロン，アントワーヌ　Caron, Antoine　72？歳。1527生。フランスの画家。

サーデッディン，ホジャ　Sadeddin, Hoca　㋲1601没、63？歳。1536生。オスマン・トルコ帝国の学者、シェイヒュル・イスラム(イスラム最高長官)。

スコット，レジナルド　Scott, Reginald　61？歳。1538生。イギリスの著述家。

ズストリス，フリードリヒ　Sustris, Friedrich　75？歳。1524(㋲1540頃)生。ドイツの建築家、画家。

ダヴット，アガ　Davut, Aga　トルコの建築家。

チェンチ，ベアトリーチェ　Cenci, Beatrice　22歳。1577生。イタリアの貴族の婦人。

チャーンド・ビービー　Chānd Bībī　インドの藩王妃。

チョーリ，ヴァレーリオ　Cioli, Valerio　70？歳。1529生。イタリアの彫刻家。

ディッターリン，ヴェンデル　Dietterlin, Wendel　49？歳。1550年。ドイツの画家、建築家、版画家。

メーダ，ジュゼッペ　Meda, Giuseppe　イタリアの建築家、土木技術者、画家。

リングヴァルト，バルトロメーウス　Ringwald, Bartholomäus　69歳。1530生。ドイツの福音主義牧師、詩人。

この頃 エークナート　Eknāth　66？歳。1533生。インド西部、マラーター地方の宗教家。

ディグズ，レナード　Digges, Leonard　79？歳。1520生。イギリスの応用数学者。

ナジャラ　Najara, Israel ben Moses　69？歳。1530生。ユダヤ教徒の詩人、学者。

レゼンデ，ファルカン・デ　Resende, André Falcão de　72？歳。1527生。ポルトガルの詩人。

1600年

10.21　関ケ原の合戦で徳川家康が石田三成を破る
12.31　イギリス東インド会社を設立する
＊＊＊

アコスタ，ホセ・デ　Acosta, José de　2.11？没、61歳。1539(㋲1540)生。スペインのイエズス会宣教師。

ロマッツォ，ジョヴァンニ・パーオロ　Lomazzo, Giovanni Paolo　2.13没、61歳。1538生。イタリアの画家、著作家。

ブルーノ，ジョルダーノ　Bruno, Giordano　2.17没、52歳。1548生。後期ルネサンスの哲学者。

プッシュマン　Puschman(n), Adam　4.4没、68歳。1532生。ドイツのマイスタージンガー。

バーキー　Bākī, Mahmud Abdülbaki　4.7没、74歳。1526生。オスマン・トルコ帝国の宮廷詩人。

ニコ，ジャン　Nicot, Jean　5.5(㋲1604)没、70歳。1530生。フランスの外交官。

ヘーアブラント，ヤーコプ　Heerbrand, Jakob　5.22没、78歳。1521生。ドイツのルター派神学者。

ヘミングセン，ニールス　Hemmingsen, Niels　5.23没、87歳。1513生。デンマークの神学者。

サンデ，ドゥアルテ・デ　Sande, Duarte de　6.22没、68歳。1531生。ポルトガルのイエズス会宣教師。

ヒュトレーウス，ダーフィト　Chyträus, David　6.25没、69歳。1531生。ドイツの神学者。

ル・ジューヌ，クロード　Le Jeune, Claude　9.26(埋葬)没、70？歳。1530(㋲1528)生。フランスの作曲家。

モリナ，ルイス・デ　Molina, Luis de　10.12没、65歳。1535(㋲1536)生。スペインの神学者。

フッカー，リチャード　Hooker, Richard　11.2没、46歳。1554(㋲1553頃)生。アングリカン・チャーチの神学者。

クレイグ，ジョン　Craig, John　12.12没、88？歳。1512生。スコットランドの宗教改革者、J. ノックスの同僚。

この年 アギアル，アレクサンドル・デ　Aguiar, Alexandre de　ポルトガルの作曲家。

アマーティ，アントニオ　Amati, Antonio　㋲1640頃没、60？歳。1540(㋲1555)生。イタリア・クレモナの弦楽器製作家。

ウルマー，ヨーハン・コンラート　Ulmer, Johann Konrad　81歳。1519生。スイスの改革派系宗教改革者。

ウングライヒ，ルーカス　Ungleich, Lukas　74歳。1526生。ドイツのルター派神学者。

袁宗道　40歳。1560生。中国、明末期の詩人。

人物物故大年表 外国人編　*359*

1601

17世紀

ゴウリー　Gowrie, John Ruthven, 3rd Earl of 23？歳。1577生。スコットランドの貴族。

ゴメス　Gómez, Pedro　65歳。1535生。スペイン生れのイエズス会宣教師。

サーデレル，ヤン1世　Sadeler, Jan I　50歳。1550生。フランドルの版画家。

ニルセン，イェンス　Nilssön, Jens　62歳。1538生。ノルウェーの宗教改革者。

バルティクス，マルティーヌス　Balticus, Martinus　68？歳。1532生。ドイツの人文主義者，教育者。

ホーフナーゲル，ゲオルク（ヨリス）　Hoefnagel, Georg (Joris)　58歳。1542生。フランドルの写本画家，版画家。

メトゾー　Metezeau, Thibaut　67？歳。1533生。フランスの建築家。

楊応竜　中国，明代の四川の土司首領。

ラシティウス（ラシツキ），ヨーハン　Lasitius (Lasicki), Johann　66歳。1534生。ポーランドの改革派教会に属する貴族。

ルーシー，サー・トマス　Lucy, Sir Thomas　68歳。1532生。イギリスの地主，国会議員，治安判事。

[この頃] カステロ　Castello, Matteo da　75？歳。1525生。イタリア・ルネサンスの建築家。

カストロ，ジャン・ド　Castro, Jean de　㋝1611以後没，60？歳。1540生。フランドル楽派の作曲家，リュート奏者。

グッチ，サンティ　Gucci, Santi　50？歳。1550生。イタリアの彫刻家，建築家。

ディローニー，トマス　Deloney, Thomas　57？歳。1543（㋝1563頃）生。イギリスのバラッド作者，パンフレット作家。

ラ・グロット，ニコラ・ド　La Grotte, Nicolas de　70?歳。1530生。フランスのオルガン奏者，作曲家。

ラ・バール（シャバンソー・ド），ピエール1世　La Barre Chabanceau de, Pierre I　パリのオルガン奏者。

ルイス，フェルナン3世　Ruiz, Fernán III　44？歳。1556生。スペインの建築家。

ルニャール，フランツ　Regnart, Franz　60？歳。1540生。フランスの教会音楽家。

ロスマン　Rothmann, Christoph　ドイツの天文学者。

エセックス，ロバート・デヴルー，2代伯爵　Essex, Robert Devereux, 2nd Earl of　2.25没、34歳。1566（㋝1567）生。イングランドの貴族。

ライン，アン　Line, Anne　2.27没、41歳。1560生。イングランドのイエズス会士の隠れ家管理人。

ポルタ，コスタンツォ　Porta, Costanzo　5.19没、73？歳。1528生。イタリアの作曲家。

ゲプハルト，トルフゼス・フォン・ヴァルトブルク　Gebhard, Truchseßvon Waldburg　5.31没、53歳。1547生。ドイツの高位聖職者。

ジェルメーヌ（ピブラクの）　Germaine (Pibrac) 6.1没、22？歳。1579生。フランスの羊飼いの少女，聖人。

リーディウス，マルティーニュス　Lydius, Martinus　6.27没、62？歳。1539生。オランダの改革派神学者。

ミハイ　Mihai Viteazul　8.19没、43歳。1558（㋝1557）生。ワラキアの公（1593～1601）。

メレチオス・ペガス　Meletios Pegas　9.14没、52歳。1549生。正教会聖職者，神学者。

ゼロニモ・デ・ゼズス　Jeronimo de Jesus　10.6（㋝1602）没。ポルトガル人。来日宣教師。

クレル，ニーコラウス　Crell (Krell), Nikolaus　10.9没、51歳。1550生。ドイツのザクセン宰相。

ティコ・ブラーへ　Tycho, Brahe　10.24（㋝1555）没、54歳。1546生。デンマークの天文学者。

パッラヴィチーノ　Pallavicino, Benedetto　11.26没、50？歳。1551生。イタリアの作曲家。

[この年] ヴェチェッリオ，チェーザレ　Vecellio, Cesare　80歳。1521生。イタリアの画家，版画家。

サンチェス-デ-ラス-ブロサス，フランシスコ　Sánchez de las Brozas, Francisco　78歳。1523生。スペインの人文学者。

シェイクスピア，ジョン　Shakespeare, John　71？歳。1530生。イギリスの手袋製造業者，羊毛業者。

セーナパティ　Senapati Ingalaga　ジャワ，マタラム王朝の建設者（在位1582～1601）。

ナッシュ，トマス　Nashe, Thomas　34歳。1567生。イギリスの諷刺家，詩人，劇作家。

ファン・ステーンウィンケル，ハンス1世　Van Steenwinkel, Hans I　56歳。1545生。フランドルの建築家。

茅坤　89歳。1512生。中国，明の文学者。

[この頃] サハービー・アスタラーバーディー　Saḥābī Astarābādī　イランのサファヴィー朝前期の詩人。

サンバン，ユーグ　Sambin, Hugues　86？歳。1515（㋝1510頃）生。フランスの建築家，彫刻家，版画家。

シュレーター，レーオンハルト　Schröter, Leonhard　㋝1600頃没、69？歳。1532生。ドイツの作曲家。

ノース，トマス　North, Sir Thomas　㋝1603頃没、66？歳。1535生。イギリスの翻訳家。

1601年

7.05　明の蘇州で反税闘争が起こる（織傭の変）
＊＊＊

ゴンサレス　Gonçalez, Alfonso　2.23没、54歳。1547生。スペインの宣教師。

17世紀

レイサラガ，ヨアネス・デ　Leizarrage, Ioanes de　フランス・バスクの散文作家。

1602年

3.29　オランダが東インド会社を設立する
＊　＊　＊
ラゼーリウス，アンドレーアス　Raselius, Andreas　1.6没、39？歳。1563生。ドイツの作曲家，音楽理論家。
トゥサン（トサーヌス），ダニエル　Toussain (Tossanus), Daniel　1.10没、60歳。1541生。フランスの改革派牧師。
ノウエル，アレグザーンダ　Nowell (Nowel, Noel), Alexander　2.13没、95？歳。1507生。英国教会の聖職、聖パウロ主教座聖堂参事会長。
メルクール　Mercoeur, Philippe Emmanuel de Lorraine, Duc de　2.19没、43歳。1558生。フランスの軍人。
カヴァリエリ，エミリオ・デ　Cavalieri, Emilio de'　3.11没、52？歳。1550生。イタリアの作曲家。
李卓吾　3.15 (㊥1603) 没、74歳。1527生。中国，明の思想家。
カラッチ，アゴスティノ　Carracci, Agostino　3.22没、44歳。1557生。イタリアの画家。
ブラガンサ　Braganza, Theotonio de　3.29没、71歳。1530生。ポルトガルの聖職者。
タファン，ジャン　Taffin, Jean　7.15没、74？歳。1528生。フランス系のオランダ改革派牧師。
ビロン　Biron, Charles de Gontaut, Duc de　7.31没、40歳。1562生。フランスの軍人。
オウドンネル，ヒュー・ロウ　O'Donnell, Hugh Roe　9.10没、29歳。1572 (㊥1571頃) 生。アイルランドのティルコーネルの首長。
ポイツァー，カスパル　Peucer, Kaspar　9.25没、77歳。1525生。ドイツのプロテスタント神学者。
ユーニウス・デュ・ヨン，フランツィスクス（フランツ）　Junius du Jon, Franciscus (Franz)　10.13没、57歳。1545生。ドイツおよびオランダの改革派神学者。
セイヤー，ロバート・グレゴリ（シア）　Sayer, Robert Gregory (Seare)　10.30没、42歳。1560生。イングランドのベネディクト会士、道徳神学者。
モーリー，トマス　Morley, Thomas　10.? (㊥1603?) 没、45？歳。1557生。イギリスの作曲家、オルガン奏者、音楽理論家。
ホルボーン，アントニー　Holborne, Antony　11.29？没、52？歳。1550 (㊥1545頃) 生。イギリスの作曲家，リュート奏者。

パーキンズ，ウィリアム　Perkins, William　12.18没、44歳。1558生。イギリスのピューリタン神学者。
コルシ，ヤコポ　Corsi, Jacopo　12.29 (㊥1604) 没、41歳。1561生。イタリアの貴族、作曲家。
[この年] アブール - ファズル　Abū'l-Fazl　51歳。1551 (㊥1550) 生。インド，ムガル帝国のアクバル大帝の重臣。
カベソン，エルナンド　Cabezón, Hernando　61歳。1541生。スペインのオルガン奏者、作曲家。
カラ・ヤズジュ　Kara Yazici　オスマン帝国をゆるがした農民反乱の首領。
グアーミ，フランチェスコ　Guami, Francesco　58？歳。1544生。イタリアの作曲家。
胡応麟　51歳。1551生。中国，明の学者、詩人。
デュブルイユ，トゥサン　Dubreuil, Toussaint　41？歳。1561生。フランスの画家。
トレルカティウス，ルーカス（父）　Trelcatius, Lucas　60歳。1542生。フランス出身の改革派神学者。
ファッチーニ，ピエトロ　Facchini, Pietro　40？歳。1562生。イタリアの画家。
フォーシェ，クロード　Fauchet, Claude　72歳。1530生。フランスの文献学者。
パスラ　Passerat, Jean　68歳。1534生。フランスのユマニスト，詩人。
ボワサール，ジャン - ジャック　Boissard, Jean-Jacques　74歳。1528生。フランスの考古学者。
マクシモス・マルグニオス　Máximos Margoúnios　72歳。1530生。ギリシア正教会の主教、弁証神学者，詩人，作家，ギリシア・ラテン文化研究家。
ラウレーティ，トンマーゾ　Laureti, Tommaso　72？歳。1530生。イタリアの画家。
レルハイマー，アウグスティーン　Lercheimer, Augustin　80歳。1522生。ドイツの神学者。
[この頃] デュ・セルソー，バティスト・アンドルーエ　Du Cerceau, Baptiste Androuet　㊥1590没、42？歳。1560 (㊥1545頃) 生。フランスの建築家。
バレラ，シプリアーノ・デ　Valera, Cipriano de　スペインのプロテスタント神学者。
モンテメッツァーノ，フランチェスコ　Montemezzano, Francesco　62？歳。1540生。イタリアの画家。

1603年

3.24　徳川家康が征夷大将軍就任、江戸幕府開く
6.20　セーヌ川で最古の石橋ポン・ヌフが完成
＊　＊　＊
チェザルピーノ，アンドレア　Cesalpino, Andrea　2.23没、83歳。1519生。イタリアの博物学者。

人物物故大年表 外国人編　361

エリザベス1世　Elizabeth I　3.24没、69歳。1533生。イギリス、チューダー朝の女王（在位1558～1603）。

アルフェ，フアン　Arfe y Villafañe, Juan de　4.1没、68歳。1535生。スペインの鋳金家。

フニウス，エギーディウス　Hunnius, Ägidius　4.4没、52歳。1550生。ドイツのルター派神学者，論争家。

ビートン，ジェイムズ（ベスーン）　Beaton, James (Bethune)　4.24没、86歳。1517生。スコットランドのカトリック聖職者，宗教改革前最後のグラースゴウ大司教。

グレゴリウス（バレンシアの）　Gregorius a Vallencia　4.25没、54歳。1549生。スペインの神学者。

グスマン　Guzmán, Francisco Tello de　4.?没。スペイン人行政官。

プレトーリウス，シュテファン　Praetorius, Stephan　5.5没、67歳。1536生。ドイツのルター派神学者。

ギボンズ，エリス　Gibbons, Ellis　5.?没、29歳。1573生。イギリスの作曲家。

グッドマン，クリストファー　Goodman, Christopher　6.?没、83?歳。1520生。英国教会司祭，神学者，ピューリタン。

モンテ，フィリップ・デ　Monte, Philippe de　7.4没、82歳。1521生。フランドルの作曲家。

サンティ・ディ・ティート　Santi di Tito　7.24没、66歳。1536生。イタリアの画家，建築家。

シャロン，ピエール　Charron, Pierre　11.16没、62歳。1541生。フランスの哲学者，神学者。

ギルバート，ウィリアム　Gilbert, William　11.30没、59歳。1544（㊥1540）生。イギリスの医者，物理学者。

ヴォス，マルテン・デ　Vos, Marten de　12.4没、72歳。1531生。フランドルの画家。

ヴィエト，フランソワ（フランシスクス・ヴィエタ）　Viète, François　12.13没、63歳。1540生。フランスの数学者。

カートライト，トマス　Cartwright, Thomas　12.27没、68歳。1535生。イギリスの清教徒の指導者。

この年　真可　60歳。1543生。中国，明の学僧。

ダードゥー　Dādū　59歳。1544生。中世インドの宗教家。

デ・フォス，マールテン　de Vos, Maarten　71?歳。1532生。フランドルの画家。

ドナート，バルダッサーレ　Donato, Baldassare　73?歳。1530生。イタリアの作曲家。

ブカーン（ブカヌス，ブクの），ギヨーム　Bucan (Bucanus, du Buc), Guillaume　フランス出身のスイス改革派神学者。

ピーテルズゾーン，ピーテル　Pietersz., Pieter　63?歳。1540生。オランダの画家。

マッフェーイ，ジャンピエートロ　Maffei, Giampietro　68歳。1535没。イタリアの歴史家。

メフメット3世　Meḥmet III　37?歳。1566（㊥1568頃）生。オスマン・トルコ帝国の第13代スルタン（1595～1603）。

レーン　Lane, Sir Ralph　73?歳。1530生。イギリスのバージニア植民地最初の総督。

ワンチュク・ドルジェ　dBang phyug rdo rje　48歳。1555生。チベットのカーギュ派仏教者。

この頃　ケンプ，ウィリアム　Kempe, William　㊥1608頃没、53?歳。1550生。イギリスの道化師。

ファン・ステーンウェイク，ヘンドリック（父）　Steenwijk, Hendrik van　53?歳。1550生。オランダの画家。

1604年

9.25　ネーデルランドのオステンドが侵略される

＊＊＊

シュパンゲンベルク，ツィーリアクス　Spangenberg, Cyriak　2.10没、75歳。1528生。ドイツのプロテスタント神学者，歴史家。

フレーチャ，フライ・マテオ　Flecha, Fray Mateo, el Joven　2.20没、74歳。1530生。スペインの詩人，作曲家。

ペーツェル，クリストフ　Pezel, Christoph　2.25没、64歳。1539生。ドイツのカルヴァン主義改革者。

ウィットギフト，ジョン　Whitgift, John　2.29没、74?歳。1530生。イギリスのカンタベリー大主教。

ソツィーニ，ファウスト・パオロ　Sozzini, Fausto　3.3没、64歳。1539生。ユニテリアン派の神学者。

メルロ，クラウディオ　Merulo, Claudio　5.4没、71歳。1533（㊥1553）生。イタリアの作曲家，オルガン奏者。

メンディエタ，ヘロニモ・デ　Mendieta, Gerónimo de　5.9没、79歳。1525生。スペインのフランシスコ会士。

ベッカー，コルネーリウス　Becker, Cornelius　5.25没、42歳。1561生。ドイツのルター派牧師，神学者，讃美歌作者。

エーリクソン，イォルゲン　Eriksøn, Jørgen　6.5没、69歳。1535生。ノルウェーの宗教改革者。

モーガン，ウィリアム　Morgan, William　9.10没、63?歳。1541（㊥1545頃）生。イギリスの主教，聖書翻訳者。

オジアンダー，ルーカス（父）　Osiander, Lucas　9.17没、69歳。1534生。ドイツのルター派神学者，作曲家。

17世紀　　1605

バスケス，ガブリエル　Vázquez, Gabriel　9.30没、55歳。1549生。スペインのカトリック神学者，スコラ学者。
セラフィーノ（モンテグラナーロの）　Serafino (Montegranaro)　10.12没、64歳。1540生。イタリアのカプチン会の聖人。
バニェス，ドミンゴ　Báñez, Domingo　10.22没、76歳。1528生。スペインの神学者。
ピガフェッタ，フィリッポ　Pigafetta, Filippo　10.26没、72歳。1532生。イタリアの人文学者。
バルビ　Balbi, Lodovico　12.？没、59？歳。1545生。イタリアの作曲家。
|この年|ヴァッロルサ，チプリアーノ　Vallorsa, Cipriano　91？歳。1513生。イタリアの画家。
休静　84歳。1520生。朝鮮，李朝の僧。
セミーノ，オッターヴィオ　Semino, Ottavio　74？歳。1530生。イタリアの画家。
ダビラ・イ・パディージャ，アグスティン　Dávila y Padilla, Agustín　42歳。1562生。サント・ドミンゴの大司教，年代記作者。
ティンティ，ジャンバッティスタ　Tinti, Giambattista　46歳。1558生。イタリアの画家。
デュペラック，エティエンヌ　Dupérac, Etienne　79？歳。1525生。フランスの建築家，画家。
ドーサ　Dousa, Janus　59歳。1545生。オランダの学者，政治家。
フェルナンデス，フアン　Fernández, Juan　68？歳。1536生。スペインの航海士。
ピッコロミニ，フランチェスコ　Piccolomini, Francesco　84歳。1520生。イタリアの学者。
ポルタ，ジャコモ・デラ　Porta, Giacomo della　㋅1602没、63？歳。1541（㋅1540頃）生。イタリアの建築家。
|この年|コンタリーニ，ジョヴァンニ　Contarini, Giovanni　55？歳。1549生。イタリアの画家。
デル・ドゥーカ，ヤーコポ　Del Duca, Jacopo　84？歳。1520生。イタリアの建築家，彫刻家。
ノイジードラー，コンラート　Neusidler, Conrad　63？歳。1541生。ドイツのリュート奏者，作曲家。

1605年

5.16　パウル5世が教皇位に就く
7.01　ロシアで偽ドミートリが即位する
10.24　ムガル朝でジャハーンギールが即位する
11.14　イギリスで火薬陰謀事件が発覚する
　　　　　＊＊＊
グスマン　Guzmán, Luis de　1.10没、62歳。1543（㋅1544）生。スペインのイエズス会宣教師。
ヴェッキ，オラツィオ　Vecchi, Orazio　2.19没、54歳。1550生。イタリアの作曲家，詩人。

クレメンス8世　Clemens VIII　3.5没、69歳。1536生。教皇（在位1592〜1605）。
アイラー，ヤーコブ　Ayrer, Jakob　3.26没、61歳。1544（㋅1543頃）生。ドイツの劇作家。
ストー，ジョン　Stow, John　4.6没、80歳。1525生。イギリスの歴史家，古代研究者。
ゴドゥノーフ，ボリース・フョードロヴィチ　Boris Godunov, Fëdorovich　4.13没、53？歳。1552（㋅1551）生。ロシアの皇帝（在位1598〜1605）。
レオ11世　Leo XI　4.27没、69歳。1535生。ローマ教皇。
アルドロヴァンディ，ウリッセ　Aldrovandi, Ulisse　5.1没、82歳。1522生。イタリアの博物学者。
アリアス，フランシス　Arias, Francis　5.15没、72歳。1533生。スペインのイエズス会神学者。
ザモイスキ　Zamoyski, Jan　6.3没、64歳。1541（㋅1542）生。ポーランドの政治家。
フョードル2世　Fëdor II　6.20没、16歳。1589生。ロシアの皇帝（在位1605.4〜）。
ベナビデス，ミゲル・デ　Benavides, Miguel de　7.26没、53歳。1552生。スペインのドミニコ会宣教師。
チヤール，ポンチュス・ド　Tyard, Pontus de　9.23没、84歳。1521生。フランスの詩人。
ピアーニ　Piani, Julio　9.25没、67歳。1538生。イタリアのイエズス会宣教師。
ベーズ，テオドール・ド　Bèze, Théodore de　10.13没、86歳。1519生。フランスの改革派神学者。
アクバル，ジャラール・ウッディーン・ムハンマト　Akbar, Jalāl ud-Dīn Muhammad　10.17没、62歳。1542生。インド，ムガル帝国第3代皇帝（在位1556〜1605）。
ストラート，ヤン・ヴァン・デル　Straet, Jan van der　11.2没、82歳。1523生。フランドルの画家。
ケイツビー，ロバート　Catesby, Robert　11.8没、32歳。1573生。イギリスの火薬陰謀事件の主犯。
ロペス　Lopes, Balthazar　12.3没、70歳。1535生。ポルトガルのイエズス会宣教師。
デイヴィス，ジョン　Davis, John　12.29？没、55？歳。1550生。イギリスの航海者。
|この年|韓濩　62歳。1543生。朝鮮，李朝中期の書家。
コロナ，レオナルド　Corona, Leonardo　44歳。1561生。イタリアの画家。
屠隆　㋅1590頃没、63歳。1542生。中国，明後期の文人。
ナレスワン　Naresuan Maharat　50歳。1555生。タイ，アユタヤ朝の第20代王（在位1590〜1605）。
フランシスク，アントワーヌ　Francisque, Antoine　35？歳。1570生。フランスのリュート奏者，作曲家。
ブルザゾルチ，フェリーチェ　Brusasorci, Felice　66歳。1539生。イタリアの画家。
ベセーラ，フランシスコ・デ　Becerra, Francisco de　65？歳。1540（㋅1545頃）生。スペインの建築家。

人物物故大年表 外国人編　363

ポルトゥガル　Portugal, Paulo de　ポルトガル領澳門(マカオ)総督，遣日貿易船隊司令官．
プロカッチーニ，カルロ・アントニオ　Procaccini, Carlo Antonio　50歳．1555生．イタリア，ボローニャ派の画家．
[この頃] ゴールディング，アーサー　Golding, Arthur　69？歳．1536生．イギリスの翻訳家．
ファーマー，ジョン　Farmer, John　40？歳．1565生．イギリスのオルガン奏者，作曲家．
フッター，エリーアス　Hutter, Elias　52？歳．1553生．ドイツのルター派聖書学者．
ポッツォセッラート，ロドヴィーコ　Pozzoserrato, Lodovico　55？歳．1550生．フランドルの画家．
ポラック，ヤクブ　Polak, Jacub　65？歳．1540生．ポーランドのリュート奏者，作曲家．

1606年

11.11　シトヴァ・トロク条約が締結される
＊＊＊
ヴァリニャーノ，アレッサンドロ　Valignano, Alessandro　1.20没，68歳．1537(㊥1539)生．イタリアのイエズス会宣教師．
ディグビ，エヴェラード　Digby, Everard　1.30没，27歳．1578生．イギリスの「火薬陰謀事件」共謀者，イングランドの王ジェイムズ1世の廷臣．
フォークス，ガイ　Fawkes, Guy　1.31没，35歳．1570生．イギリスの「火薬陰謀事件」の実行担当者．
コストレ，ギヨーム　Costeley, Guillaume　2.1？没，75歳．1531(㊥1530頃)生．フランスの作曲家．
李楨　2.?没，28歳．1578生．朝鮮，李朝時代の画家．
オウエン，ニコラス　Owen, Nicholas　3.2没．イングランドのイエズス会助修士，殉教者．
モラー，マルティーン　Moller, Martin　3.2没，58歳．1547生．ドイツの牧師，讃美歌作詞者．
トリビオ・アルフォンソ(リマの，モグロベホの)　Toribio Alfonso (Lima, Mogrobejo)　3.23没，67歳．1538生．スペイン出身のリマの司教．
リプシウス，ユストゥス　Lipsius, Justus　3.23(㊥1603)没，58歳．1547生．ベルギーの人文学者．
黄明沙　3.31没，33歳．1573生．中国人のイエズス会士．
マウントジョイ　Mountjoy, Charles Blount, 8th Baron　4.3没，44？歳．1562生．イギリスの軍人，政治家．
ガーネット，ヘンリ　Garnett, Henry　5.3没，51歳．1555生．イギリスのイエズス会士．
アムリング，ヴォルフガング　Amling, Wolfgang　5.18没，64歳．1542生．ドイツの牧師．

ドミトリー1世　Lzhe-Dmitrii I　5.27没．ロシアのツァーリ．
(グル・)アルジャン　Arjun, Guru　5.30没，43歳．1563生．インドのシク教第5祖(1581〜1606)．
アクニャ　Acuña, Pedro Bravo de　6.24没．スペイン人のフィリピン群島長官．
ライナー　Reiner, Jacob　8.12没，46？歳．1560生．ドイツの作曲家．
マンデル，カレル・ヴァン　Mander, Karel van　9.2没，58歳．1548生．オランダの画家，詩人，美術史家．
レヒナー，レーオンハルト　Lechner, Leonhard　9.9(㊥1601)没，53？歳．1553生．オーストリア出身のドイツの作曲家，音楽出版者．
タウレルス，ニコラウス　Taurellus, Nicolaus　9.28没，58歳．1547生．ドイツの哲学者，医学者．
デポルト，フィリップ　Desportes, Philippe　10.5没，60歳．1546生．フランスの詩人．
クアッケルナック　Quackernack, Jacob Jansz　10.22没，52歳．1554生．オランダ船リーフデ号の船長．
リリー，ジョン　Lyly, John　11.20没，52？歳．1554生．イギリスの小説家，劇作家．
ルーデクス，マテーウス　Ludecus, Matthäus　12.12没，79歳．1527生．ドイツの典礼学者．
ボチカイ，イシュトヴァーン　Bocskay, István　12.29没，49歳．1557(㊥1556)生．ハンガリーのプロテスタント指導者(国民的英雄)．
[この年] 袁黄　73歳．1533生．中国，明後期の思想家，官僚．
管東溟　70歳．1536生．中国，明末の思想家．
宋旭　81歳．1525生．中国，明代後期の呉派の画家．
ファリナーティ，パーオロ　Farinati, Paolo　82？歳．1524生．イタリアの画家，彫刻家，建築家．
フィッチ，ラルフ　Fitch, Ralph　(㊥1611没)，56？歳．1550生．イギリスの商人，旅行家．
馮応京　(㊥1607没)．中国，明末の政治家，学者．
ブッテリ，ジョヴァンニ・マリーア　Butteri, Giovanni Maria　66？歳．1540生．イタリアの画家．
ブラント，チャールズ，8代マウントジョイ卿，デヴォンシャー伯爵　Blount, Charles, 8th Lord Mountjoy, Earl of Devonshire　43歳．1563生．イギリスの軍人．
ピネグリエ，ニコラ1世　Pinaigrier, Nicolas I　フランスのステンドグラス制作家．
マスケリーノ，オッタヴィアーノ　Mascherino, Ottaviano　82歳．1524(㊥1542)生．イタリアの建築家．
メルクリアリス，ヒエロニムス　Mercurialis, Hieronymus　76歳．1530生．イタリアの医師．
リバデネイロ　Ribadeneyro, Marcelo de　スペインのフランシスコ会宣教師．

17世紀　　　1608

この頃 ヴリース, ハンス・ヴレーデマン・デ　Vries, Hans Vredeman de　㊥1605頃没、79？歳。1527生。オランダの建築家, 画家, 装飾美術家。
リントマイヤー, ダニエル　Lindtmayer, Daniel　54？歳。1552生。スイスの画家, 版画家, ステインド・グラスの下絵作家。

1607年

12.-　インディアンがジョン・スミスを捕らえる
＊＊＊
コニンクスロー, ヒリス・ヴァン　Coninxloo, Gillis van　1.4没、62歳。1544生。フランドルの風景画家。
クルージウス, マルティーン　Crusius, Martin　2.14没、80歳。1526生。ドイツのルター派人文主義者。
ナニーノ, ジョヴァンニ・マリア　Nanino, Giovanni Maria　3.11没、64？歳。1543(㊥1544頃)生。イタリアの作曲家, 歌手, 教育者。
サーンレダム　Saenredam, Jan　4.6没、42歳。1565生。オランダの版画家, 版画出版者。
ゴエス(ゴイシュ), ベント・デ　Goes, Bento de　4.11(㊥1606)没、45？歳。1562生。ポルトガルの軍人, イエズス会士。
ビュス, セザール・ド　Bus, César de　4.15没、63歳。1544生。フランスの教育者。
柳成竜　5.6没、64歳。1542生。朝鮮, 李朝の政治家, 学者。
ルッジエーリ, ミケーレ　Ruggieri, Michele　5.11没、64歳。1543生。イタリア人イエズス会宣教師。
レノルズ, ジョン　Rainolds(Reynolds), John　5.21没、57歳。1549生。英国教会神学者。
マリーア・マッダレーナ・デイ・パッツィ　Maria Maddalena dei Pazzi　5.25没、41歳。1566生。イタリアのカルメル会修道女, 神秘家, 聖人。
ダイアー, サー・エドワード　Dyer, *Sir Edward*　5.？(㊥1609)没、63歳。1543(㊥1545？)生。イギリスの詩人。
イオヴ　Iov　6.19没。ロシア正教会の初代モスクヴァ総主教。
バロニウス, カエサル　Baronius, Caesar　6.30没、68歳。1538生。イタリアのカトリック教会史家。
ガリアルディ, アキッレ　Gagliardi, Achille　7.6没、70？歳。1537生。イタリアのイエズス会士。
ツェッパー, ヴィルヘルム　Zepper, Wilhelm　8.20没、57歳。1550生。ドイツのプロテスタント神学者, 著作家。
ゴスノールド　Gosnold, Bartholomew　8.22没。イギリスの航海者。

ソエリオ, ジョアン・デ　Soerio, João de　8.？没、41歳。1566生。ポルトガルの来中国イエズス会士。
ルッツァスキ, ルッツァスコ　Luzzaschi, Luzzasco　9.11没、62？歳。1545生。イタリアの作曲家, オルガン奏者。
カステリャーノス, ホアン・デ　Castellanos, Juan de　11.27没、85歳。1522生。スペインの聖職者, 歴史家。
ランク, ヒエロニュムス・ユステセン　Ranch, Hieronymus Justesen　12.3没、68歳。1539生。デンマークの劇作家。
この年 アスペッティ, ティツィアーノ　Aspetti, Tiziano　42？歳。1565生。イタリアの彫刻家。
アローリ, アレッサンドロ　Allori, Alessandro　72歳。1535生。イタリアの画家。
ヴォークラン・ド・ラ・フレネー, ジャン　Vauquelin de la Fresnaye, Jean　㊥1606頃没、72？歳。1535(㊥1536)生。フランスの詩人。
ウバルド　Ubaldo, Guido　62歳。1545生。イタリアの力学・数学・天文学者。
カルヴィ, ラッザーロ　Calvi, Lazzaro　105歳。1502生。イタリアの画家。
顧允成　53歳。1554生。中国, 明末期の学者。
トレルカティウス, ルーカス(子)　Trelcatius, Lucas　34歳。1573生。宗教改革神学者。
フォンターナ, ドメニコ　Fontana, Domenico　64歳。1543生。イタリアの建築家。
ヘームスケルク　Heemskerck, Jacob van　40歳。1567生。オランダの極地探検家。
この頃 クエバ, ファン・デ・ラ　Cueva, Juan de la　㊥1612頃没、57？歳。1550(㊥1543頃)生。スペインの劇作家, 詩人。
チェトル, ヘンリー　Chettle, Henry　47？歳。1560生。イギリスの劇作家, パンフレット作家。
ボスコリ, アンドレーア　Boscoli, Andrea　47？歳。1560生。イタリアの画家。
ラ・タイユ, ジャン・ド　La Taille, Jean de　67？歳。1540(㊥1533頃)生。フランスの詩人, 悲劇作家。

1608年

5.19　新教徒同盟が結ばれる
7.03　ケベック・シティーが建設される
この年　朝鮮で光海君が即位, 北人政権が成立
＊＊＊
エンリケス, エンリケ　Henríquez, Enrique　1.28没、72歳。1536生。ポルトガルのカトリック神学者。
カンディドゥス, パンターレオン　Candidus, Pantaleòn　2.3没、67歳。1540生。ドイツの福音主義神学者, 牧師。

人物物故大年表 外国人編　*365*

ヒルトン, ジョン1世　Hilton, John I　3.8？没。イギリスの作曲家。

サックヴィル, トマス　Sackville, Thomas, 1st Earl of Dorset　4.19没、72歳。1536生。イギリスの詩人, 政治家。

ヴィットーリア, アレッサンドロ　Vittoria, Alessandro　5.27没、83歳。1525生。イタリアの彫刻家。

カラッチョリ, フランチェスコ　Caracciolo, Francesco　6.4没、44歳。1563生。イタリアの聖職者, 聖人。

ブォンタレンティ, ベルナルド　Buontalenti, Bernardo　6.6没、72歳。1536生。イタリアの建築家。

ジェンティーリ　Gentilis, Albericus　6.19没、56歳。1552生。国際法の創始者。

ピストーリウス, ヨーハン　Pistorius, Johann　7.18没、62歳。1546生。ドイツの反プロテスタント論争家。

セスペデス, パブロ・デ　Céspedes, Pablo de　7.26没、70歳。1538生。スペインの画家, 彫刻家。

ボローニャ, ジョヴァンニ・ダ　Bologna, Giovanni da　8.13（㊥1603）没、79歳。1529（㊥1524頃）生。イタリア（フランドル系）の彫刻家。

デル・リオ, マルタン・アントワーヌ　Del Rio, Martin Antoine　10.19没、57歳。1551生。フランドル出身のイエズス会士, 人文主義者, 法学者。

フェントン　Fenton, Sir Geoffrey　10.19没、69？歳。1539生。イギリスの著述家, 政治家。

ニコライ, フィーリプ　Nicholai, Philip　10.26没、52歳。1556生。ドイツのルター派牧師, 讃美歌作詞者。

アヴェルリーノ, アンドレーア　Avellino, Andrea　11.10没、87歳。1521生。イタリアの司祭, 聖人。

デービソン　Davison, William　12.24没、67？歳。1541生。イギリスの政治家。

シャリング, マルティーン　Schalling, Martin　12.29？没、76歳。1532生。ドイツのルター派牧師, 讃美歌作詞者。

ディー, ジョン　Dee, John　12.？没、81歳。1527生。イギリスの錬金術師, 地理学者, 数学者。

この年 アーミン, ロバート　Armin, Robert　38？歳。1570生。イギリスの作家, 喜劇俳優。

アンドレアージ, イッポーリト　Andreasi, Ippolito　60？歳。1548生。イタリアの画家, 銅板画家。

イースト, トマス　East, Thomas　68？歳。1540生。イギリスの印刷業者, 出版業者。

一禅　75歳。1533生。朝鮮の禅僧。

オストローシュスキイ, コンスタンチーン・コンスタンチーノヴィチ　Ostrožskij, Konstantin Konstantinovič　82歳。1526生。ウクライナのマグナート（magnat大領主）, キーエフ公・知事, 反教会合同派の指導者。

カルドゥーチョ, バルトロメ　Carducci, Bartolommeo　㊥1610頃没、48歳。1560生。スペインの画家, 建築家。

宣祖(李朝)　56歳。1552生。朝鮮, 李朝の第14代王（在位1567～1608）。

バークレー　Barclay, William　62？歳。1546生。スコットランド出身の法学者。

バナタイン, ジョージ　Bannatyne, George　63歳。1545生。スコットランドの詩収集家。

フィジーノ, アンブロージョ　Figino, Ambrogio　60歳。1548生。イタリアの画家。

ペロー, シャルル　Perrot, Charles　67歳。1541生。フランス出身のスイス改革派教会牧師。

ボロートニコフ　Bolotnikov, Ivan Isaevich　㊥1607没。ロシアの農民反乱の指導者。

パントーハ・デ・ラ・クルス, フアン　Pantoja de la Cruz, Juan　55？歳。1553生。スペインの画家。

レオーニ, ポンペーオ　Leoni, Pompeo　75？歳。1533生。イタリアの彫刻家。

この頃 ヘリッツス・ポンプ　Gerritsz Pomp, Dirck　63？歳。1545生。初めて日本, 中国を訪れたオランダ船員。

パスクイーニ　Pasquini, Ercole　16世紀後半生。イタリアの作曲家, オルガン奏者。

1609年

1.15　世界初の定期新聞「レラツィオン」が発行
4.19　スペインとネーデルランドが休戦協定結ぶ
5.08　琉球王国が薩摩軍に首里城を攻略される

＊＊＊

ペッソア　Pessoa, André　1.9没。ポルトガル貿易船隊司令官。

スカリジェール, ジョゼフ-ジュスト　Scaliger, Joseph Justus　1.21没、68歳。1540生。フランスの人文主義者。

レクリューズ　Lécluse, Charles de　4.4没、83歳。1526生。フランスの植物学者。

オルガンティーノ, ニェッキ-ソルディ　Organtino, Gnecchi-Soldo　4.22没、79歳。1530（㊥1533）生。イタリアのイエズス会宣教師。

クローチェ, ジョヴァンニ　Croce, Giovanni　5.15没、52？歳。1557生。イタリアの作曲家。

フルーネヴェーヘン　Groenewegen, Jacob van　5.22没。オランダ東インド会社の上席商務員。

カラッチ, アンニーバレ　Carracci, Annibale　7.15没、48歳。1560生。イタリアの画家。

ツッカリ, フェデリーコ　Zuccaro, Federigo　7.20没、66歳。1543（㊥1542頃）生。イタリアの画家。

17世紀　　1610

テデスキ（テデスキーニ），バルトローメオ
　Tedeschi (Tedeschini), Bartolomeo 7.25没、37歳。1572生。イタリアの来中国イエズス会士。
デュ・コロワ，フランソワ・ユスタシュ Du Caurroy, François Eustache 8.7没、60歳。1549生。フランスの作曲家。
ケッカマン，バルトロメーウス Keckermann, Bartholomäus 8.25没、38歳。1571生。ドイツの改革派哲学者、ヘブル語学者。
アルミニウス，ヤコブス Arminius, Jacobus 10.19没、49歳。1560生。オランダの神学者。
リサーラガ，レヒナルド・デ Lizárraga, Reginaldo de 11.?没、70歳。1539生。スペインのドミニコ会司祭、著述家。
[この年] アルメニーニ，ジョヴァンニ・バッティスタ Armenini, Giovanni Battista 79歳。1530生。イタリアの画家、美術理論家。
ヴィアー Vere, Sir Francis 49歳。1560生。イギリスの軍人。
海日 68歳。1541生。朝鮮の僧。
カブラル，フランシスコ Cabral, Francisco 76歳。1533(㊞1528)生。ポルトガル人のイエズス会士。
クローチェ，ジューリオ・チェーザレ Croce, Giulio Cesare 59歳。1550生。イタリアの詩人。
ハインツ，ヨーゼフ（父） Heintz, Joseph der Ältere 45歳。1564生。スイスの画家、建築家。
バーンズ，バーナビー Barnes, Barnabe 40?歳。1569生。イギリスの詩人、劇作家。
フェルディナンド1世 Ferdinando I 60歳。1549生。メディチ家出身のトスカナ大公。
ベンファット，ルイージ Benfatto, Luigi 40歳。1569生。イタリアの画家。
ホアン・デ・ロス・アンヘレス Angeles, Juan de los 73歳。1536生。スペインの神秘文学者。
マレスピーニ，チェーリオ Malespini, Celio 78歳。1531生。イタリアの物語作家。
ロレンハーゲン Rollenhagen, Georg 67歳。1542生。ドイツのプロテスタント牧師、マグデブルクの学校長。
[この頃] ドージオ，ジョヴァンニ・アントーニオ Dosio, Giovanni, Antonio 76?歳。1533生。イタリアの建築家、彫刻家。

1610年

2.12　アンリ4世がドイツの新教同盟と盟約締結
7.01　アンヌシーに聖母訪問修道会が創立される
＊＊＊

フュアルダン，フランソワ Feuardent, François 1.1没、70歳。1539生。フランスの教父学者、フランシスコ会原始会則派修道士。
ライザー，ポリュカルプ Leyser (Leiser, Lyser), Polykarp 2.22没、57歳。1552生。ドイツのルター派神学者。
パーソンズ，ロバート Parsons, Robert 4.18没、63歳。1546生。イギリスのイエズス会宣教師。
リッチ，マッテーオ Ricci, Matteo 5.11(㊞1611)没、57歳。1552生。イタリアのイエズス会士。
アンリ4世 Henri IV 5.14没、56歳。1553(㊞1563)生。フランス国王（在位1589～1610）。
サンチェス，トマス Sánchez, Thomas 5.19没、60歳。1550生。スペインの神学者。
ブルク，ヨーアヒム・ア Burck (Burgk), Joachim a 5.24没、64歳。1546生。ドイツの作曲家、オルガン奏者。
ラヴァヤック Ravaillac, François 5.27没、32歳。1578生。フランス王アンリ4世の暗殺者。
ソラーノ，フランシスコ Solano, Francisco 7.14没、61歳。1549生。スペインのフランシスコ会士、ペルーへの宣教師、聖人。
カラヴァッジョ，ミケランジェロ Caravaggio, Michelangelo Merisi da 7.18(㊞1609)没、36歳。1573(㊞1570頃)生。イタリアの画家。
袁宏道 9.6没、42歳。1568(㊞1569)生。中国、明末の文学者。
フリードリヒ4世 Friedrich IV 10.19没、36歳。1574生。ドイツのプファルツ選帝侯。
バンクロフト，リチャード Bancroft, Richard 11.2没、66歳。1544生。イギリス、カンタベリー大主教。
スクポリ，ロレンツォ Scupoli, Lorenzo 11.28没、80歳。1530生。イタリアのテアティノ修道会の著述家。
エルスハイマー，アダム Elsheimer, Adam 12.11没、32歳。1578生。ドイツの画家。
ドミトリー2世 Lzhe-Dmitrii II 12.21没。ポーランドの権力者。
ケーレン，ルドルフ・ファン Ceulen, Ludolf van 12.31没、70歳。1540生。オランダの数学者。
[この年] 帷政 66歳。1544生。朝鮮、宣祖の時の禅僧。
ヴァンニ，フランチェスコ Vanni, Francesco 47?歳。1563生。イタリアの画家、銅版画家。
エカトーツァロト Ekat'otsarot シャムの王（在位1605～10）。
カリーリョ・イ・ソトマヨル，ルイス・デ Carrillo y Sotomayor, Luis de 29?歳。1581生。スペインの詩人、文芸批評家、貴族、軍人。
朱載堉 74歳。1536生。中国、民末期の音楽理論家。
ステーン，ハンス・クリステンセン Sthen, Hans Christensen 66?歳。1544生。デンマークの牧師、讃美歌作者。

ソマーズ，サー・ジョージ　Somers, *Sir* George　56歳。1554生。イギリスの植民地開拓者，サウス・ヴァージニア会社創設者。
沈璟　57歳。1553生。中国，明末期の劇作家。
陳与郊　66歳。1544生。中国，明代の劇作家。
デュ・アイヤン，ベルナール・ド・ジラール　Du Haillan, Bernard de Girard　75？歳。1535生。フランスの歴史家。
ノールズ　Knolles, Richard　65？歳。1545生。イギリスの歴史家。
ビルエス　Virues, Cristobol de　60歳。1550生。スペイン，バレンシアの劇作家。
フランケン，ヒエロニムス1世　Francken, Hieronymus I　70歳。1540生。フランドルの画家。
フランシスコ（ソラナの）　Franciscus Solanus, St.　61歳。1549生。スペイン生れのフランシスコ会士，聖人。
パップス，ヨハネス　Pappus, Johannes　61歳。1549生。ドイツのルター派のヘブル語学者。
ポラーヌス・フォン・ポーランスドルフ，アマンドゥス　Polanus von Polansdorf, Amandus　49歳。1561生。スイスの改革派神学者。
モーラ，フランシスコ・デ　Mora, Francisco de　スペインの建築家。
リー，ウィリアム　Lee, William　イギリスの聖職者，発明家。
リーリオ，アンドレーア　Lilio, Andrea　55歳。1555生。イタリアの画家。
この頃 アレマン，マテオ　Alemán, Mateo Ⓜ1615頃没，63？歳。1547生。スペインの作家。
シュスタリー　Shustarī, Sayyid Nūru'llah b.Sharīf al-Mar'ashī　インドのイスラム教シーア派の神学者，名士伝作者。
ターン・セン　Tānsen　50？歳。1560生。インドの歌手，詩人。
ディルータ，ジロラモ　Diruta, Girolamo　56？歳。1554（Ⓜ1561頃）生。イタリアの音楽理論家，オルガン奏者。
テソソモク　Tezozomoc, Fernando Alvarado　80？歳。1530生。スペインによるメキシコ征服直後の原住民歴史家。
ベールズ　Bales, Peter　63？歳。1547生。イギリスの書家。

ポッセヴィーノ，アントーニオ　Possevino, Antonio　2.26没，78歳。1533生。イタリアの聖職者。
マルカスター，リチャード　Mulcaster, Richard　4.15没，81？歳。1530（Ⓜ1531頃）生。イギリスの教育家。
ベルトー，ジャン　Bertaut, Jean　6.8没，59歳。1552生。フランスの詩人。
雷安東　6.10没，31歳。1580生。中国人のイエズス会中国宣教師，助修士。
ハドソン，ヘンリー　Hudson, Henry　6.22没，61？歳。1550生。イギリスの航海者，探検家。
ベルリンターニ，マッティーア・ダ・サロ　Bellintani, Mattia da Salò　7.20没，77歳。1534生。イタリアのカプチン会説教者，霊的著述家。
ビクトリア，トマス・ルイス・デ　Victoria, Tomás Luis de　8.27没，63？歳。1548生。スペインの作曲家。
リバデネイラ，ペドロ・デ　Ribadeneyra (Ribadeneira), Pedro de　9.22没，84歳。1526生。スペインの歴史家，修徳的著作家。
マイエンヌ公　Mayenne, Charles de Lorraine, Duc de　10.3没，57歳。1554生。フランスの政治家。
レトワール，ピエール・ド　L'Estoile, Pierre de　10.8没，65歳。1546生。フランスの年代記作者。
コーエル（カウエル）　Cowell, John　10.11没，57歳。1554生。イギリスの法学者。
カルル9世　Karl IX　10.30没，61歳。1550生。スウェーデン王（在位1604～11）。
ペレス　Perez, Antonio　11.3没，72歳。1539（Ⓜ1540？）生。スペインの政治家。
クトゥブ・シャー，ムハンマド・クリー　Qutb Shāh, Muḥammad Qulī　12.10没，45歳。1566生。インドのクトゥブ・シャーヒー朝の第5代スルターン。
この年 ヴェチェッリオ，マルコ　Vecellio, Marco　66歳。1545生。イタリアの画家。
エッカルト，ヨハネス　Eccard, Johannes　58歳。1553生。ドイツの作曲家。
グアーミ，ジョゼッフォ　Guami, Gioseffo　71？歳。1540生。イタリアのオルガン奏者，作曲家。
スプランゲル，バルトロメウス　Spranger, Bartholomäus　65歳。1546生。フランドルの画家。
セスペデス　Céspedes, Gregorio de　60歳。1551（Ⓜ1552）生。スペインのイエズス会宣教師。
孫克恭　Ⓜ1610没，78歳。1533（Ⓜ1532）生。中国，明代の画家。
ホフマン，ダーニエル　Hoffmann, Daniel　71？歳。1540生。ドイツのルター派神学者。
マリアーニ，カミッロ　Mariani, Camillo　44歳。1567生。イタリアの彫刻家。
ラモン，ペドロ　Ramón, Pedro　62歳。1549生。スペインのイエズス会宣教師。
李化竜　57歳。1554生。中国，明後期の官僚。

1611年

5.-　ムガル帝国のジャハンギールが結婚する
6.03　ポーランド軍がスモレンスクを占領する
＊＊＊
リンスホーテン　Linschoten, Jan Huyghen van　2.8没，48歳。1563生。オランダの旅行家。

リャプノーフ　Lyapunov, Prokopii Petrovich　ロシアの武人。
この頃 サクストン，クリストファー　Saxton, Christopher　67？歳。1544生。イギリスの測量家，地図製作者。
ジェンキンソン　Jenkinson, Anthony　イギリスの商人，旅行家。
シュール・ド・モン（ピエール・デュ・ガー・ド・モン）　Sieur De Monts（Pierre Du Guas de Monts）　51？歳。1560生。フランス領カナダにおける恒久的植民地建設に貢献した貿易業者。
マンツィヌス　Mancinus, Thomas　61？歳。1550生。ドイツの作曲家。

1612年

1.20　神聖ローマ皇帝にマティーアスが即位する
10.27　モスクワがポーランド軍から解放される
11.20　オスマン朝がサファヴィー朝と和平を結ぶ
* * *
ルドルフ2世　Rudolf II　1.20没、59歳。1552生。ハプスブルク家出身の神聖ローマ皇帝（在位1576～1612）。
クラーヴィウス，クリストーフォロス（クリストファー）　Clavius, Christopher　2.6没、75歳。1537生。ドイツの数学者。
エルンスト（バイエルンの）　Ernst von Bayern　2.17没、57歳。1554生。ケルンの大司教、選帝侯。
ゲルモゲーン　Germogen　2.17没、82？歳。1530生。ロシアの聖職者。
ジェラード，ジョン　Gerard, John　2.？没、67歳。1545生。イギリスの植物採集家、外科医兼理髪師。
セシル　Salisbury, Robert Cecil, 1st Earl of　5.24没、47？歳。1565（㊥1563）生。イギリスの政治家。
ハスラー，ハンス・レーオ　Hassler, Hans Leo　6.8没、47歳。1564（㊥1562）生。ドイツの作曲家、オルガン奏者。
ピーテルスゾーン，アールト　Pietersz.（Pieterszen）, Aert　6.？没、62？歳。1550生。オランダの画家。
ガブリエリ，ジョヴァンニ　Gabrieli, Giovanni　8.12（㊥1613）没、57？歳。1555（㊥1557）生。イタリアのオルガン奏者、作曲家。
パジオ，フランチェスコ　Pasio, Francesco　8.30没、61歳。1551生。イタリアの東アジア伝道のイエズス会士。
スミス（スマイス），ジョン　Smith, John　8.？没、57？歳。1555（㊥1554頃）生。イギリスのバプテスト派の創始者。
ヴァシーリィ4世　Vasilii, Shuiskii　9.12没、60歳。1552生。ロシアのツァーリ（1606～10）。

モリナ，アントニオ・デ　Molina, Antonio de　9.21没、62？歳。1550生。スペインのカルトゥジオ会の著述家。
スカルガ，ピョトル　Skarga, Piotr　9.27没、76歳。1536生。ポーランドの反宗教改革派の聖職者。
バロッチ，フェデリーゴ　Barocci, Federigo　9.30没、84？歳。1528（㊥1526頃）生。イタリアの画家。
ボットリガーリ，エルコーレ　Bottrigari, Ercole　9.30没、81歳。1531生。イタリアの音楽理論家、作曲家。
バルディ，ジョヴァンニ・デ　Bardi, Giovanni de　9.？没、78歳。1534生。イタリアの作曲家、音楽研究家。
アルティング，メンソー　Alting, Menso　10.7没、70歳。1541生。オランダ出身のドイツの改革派説教者。
グァリーニ，バッティスタ　Guarini, Giovanni Battista　10.7没、73歳。1538生。イタリアの詩人。
ハリントン，サー・ジョン　Harington, Sir John　11.20没、51歳。1561生。イギリスの作家。
この年 ウォルフ（父）　Wolff, Jacob　66？歳。1546生。ドイツの建築家。
王稚登　77歳。1535生。中国、明代後期の文人。
権鞸　43歳。1569生。朝鮮、李朝中期の詩人。
邢侗　61歳。1551生。中国、明代後期の書家。
コリン，アレクサンデル　Colin, Alexander　85？歳。1527生。フランドルの彫刻家。
コルディエ，ニコラ　Cordier, Nicolas　45歳。1567生。フランスの彫刻家。
ゴンザーガ，ビンチェンツォ1世　Gonzaga, Vincenzo I　50歳。1562生。イタリアの貴族。
株宏　㊥1615没、80歳。1532（㊥1535）生。中国、明代の学僧。
ゾーナー，エルンスト　Soner（Sohner）, Ernst　40歳。1572生。ドイツのソッツィーニ主義者。
バルメリノ　Balmerino, James Elphinstone, 1st Baron　59？歳。1553生。スコットランドの政治家。
ヘリッツ，リュベルト　Gerritsz, Lubbert　78？歳。1534生。オランダのメノナイト派説教者。
ヘンリー　Henry　18歳。1594生。イギリスの皇太子。
ポッチェッティ　Poccetti　64歳。1548生。イタリアの画家。
ホンディウス，ヨドクス　Hondius, Jodocus　49歳。1563生。オランダの地図製作者。
ロルカ，ペドロ・デ　Lorca, Pedro de　52歳。1560生。スペインのシトー会総長。
この頃 カッチーニ，ジョヴァンニ・バッティスタ　Caccini, Giovanni Battista　56？歳。1556生。イタリアの彫刻家、建築家。
ナズィーリー・ニーシャープーリー　Nazīrī Nīshāpūrī　イランの詩人。

ヒネス・ペレス，フアン Ginez Perez, Juan 64？歳。1548生。スペインの作曲家。
パッサロッティ，ティブルツィオ Passarotti, Tiburzio 57？歳。1555生。イタリアの画家。
ムハンマド・カーシム Muḥammad Qāsim Hindū Shāh Astrābādī Firishta 42？歳。1570生。インド中世の歴史家。
ラフマ Laffemas, Barthélemy de, Sieur de Beausemblant 67？歳。1545生。フランスの商人，アンリ4世の従者。

1613年

3.03 ミハイル・ロマノフがツァーリに選出
＊＊＊
サラビア，ハドリアン・ア Saravia, Hadrian 1.15没、82歳。1531生。スペイン系のプロテスタント神学者。
ブラックウェル，ジョージ Blackwell, George 1.25？没、68歳。1545生。イギリスのカトリック司祭。
ボドリー，サー・トマス Bodley, Sir Thomas 1.28没、67歳。1545生。イギリスの学者，外交官。
ホアン・バウティスタ・デ・ラ・コンセプシオン Juan Bautista de la Concepción 2.14没、51歳。1561生。スペインの著述家，神秘家。
アルヘンソーラ，ルペルシオ・デ Argensola, Lupercio de 2.28没、53歳。1559生。スペインの詩人。
ロイター，クヴィリーヌス Reuter, Quirinus 3.22没、54歳。1558生。ドイツの宗教改革者。
バートリ Báthory Zsigmond 3.27没、41歳。1572生。トランシルバニア（ジーベンビュルゲン）公（1581～98，1600～01）。
カゼーリウス，ヨハネス Caselius, Johannes 4.9没、79歳。1533生。ドイツの人文主義者。
アバクロンビ，ロバート Abercromby, Robert 4.27没、81歳。1532生。スコットランドのイエズス会士。
ホーキンズ Hawkins, Williams 4.？没、28？歳。1585生。イギリスの航海者，商人。
シュトイアライン，ヨーハン Steuerlein, Johann 5.5没、66歳。1546生。ドイツの宗教詩人，作曲家，オルガン奏者。
チーゴリ，ロドヴィーコ・カルディ・ダ Cigoli, Lodovico Cardi da 6.8没、53歳。1559生。イタリアの画家，建築家。
ピティスクス Pitiscus, Bartholomäus 7.3没、51歳。1561生。ドイツの聖職者，数学者。
ハインリヒ・ユーリウス Heinrich Julius 7.20没、48歳。1564生。ドイツ，バロック初期の劇作家。

アルトゥージ，ジョヴァンニ・マリア Artusi, Giovanni Maria 8.18没、73？歳。1540生。イタリアの音楽理論家，作曲家。
ゲージウス，バルトロメーウス Gesius, Bartholomäus 8.？没、51歳。1562生。ドイツの作曲家，教会音楽家。
バーロウ，ウィリアム Barlow, William 9.7没、48歳。1565生。英国教会のリンカン主教。
ジェズアルド，ドン・カルロ，ヴェノーザ公爵 Gesualdo, Don Carlo, Principe di Venosa 9.8没、53？歳。1560(㊥1561)生。イタリアの作曲家。
オーヴァベリー，トマス Overbury, Sir Thomas 9.15没、32歳。1581生。イギリスの詩人。
エスティウス（ウィレム・ヘッセルス・ヴァン・エスト） Estius（Willem Hessels van Est） 9.20没、71歳。1542生。オランダのカトリック聖書学者。
コンスタブル，ヘンリー Constable, Henry 10.9没、51歳。1562生。イギリスの詩人。
ハイデン，ハンス Heyden（Heiden, Haiden）, Hans 10.22（埋葬）没、77歳。1536生。ドイツの音楽家父子。
レニエ，マチュラン Régnier, Mathurin 10.22没、39歳。1573生。フランスの諷刺詩人。
ボッカリーニ，トライアーノ Boccalini, Traiano 11.16没、57歳。1556生。イタリアの文学者。
この年 カルローネ，タッデーオ Carlone, Taddeo 70歳。1543生。イタリアの芸術家，装飾家，建築家，彫刻家。
コバルビアス・イ・オロスコ Covarrubias y Orozco, Sebastián de 74歳。1539生。スペインの著作家。
コルナロス，ヴィツェンツォス Kornaros, Vitsentzos 60歳。1553生。ギリシアの詩人。
サリンベーニ，ヴェントゥーラ Salimbeni, Ventura 46？歳。1567生。イタリアの画家。
スサーニン Susanin, Ivan Osipovich ロシアの国民的英雄。
張鳳翼 86歳。1527生。中国，明の劇作家。
ナッシンナナウン Natt Shin Naung 35歳。1578生。ミャンマー（ビルマ）の詩人。
バッサーノ，ジョヴァンバッティスタ Bassano, Giovanbattista 80歳。1533生。イタリアの画家。
バトリ Báthory, Gábor 24歳。1589生。トランシルバニア公（1608～13）。
バルラン・ルコント Valleran le Conte フランスの俳優。
ポンツィオ，フラミニオ Ponzio, Flaminio 53？歳。1560(㊥1559頃)生。イタリアの建築家。
ラッセル（ソーンホーの），ウィリアム・ラッセル，男爵 Russell（of Thornhaugh）, William Russell, Baron 55？歳。1558生。イギリスの政治家。
ルーネスラート（リューネシュロス），カスパル Luneslat（Lüneschloß）, Kaspar 57歳。1556生。ドイツの改革派牧師。

レリー　Léry, Jean de　79歳。1534生。フランスの旅行家。
レンカー, クリストフ　Lencker, Christoph　ドイツの金工家。
ロリキウス, ヨドークス　Lorichius, Jodocus　71？歳。1542生。ドイツのカトリック神学者。
この年　エスキベル・デ・バラオーナ, フアン　Esquivel de Barahona, Juan　48？歳。1565生。スペインの作曲家。
グリマルディ, ファブリツィオ　Grimaldi, Fabrizio　70？歳。1543生。イタリアのバロック建築家。
トーレス　Torres, Luis Vaez de　スペインの航海者。
ヘルウィス, トマス　Helwys, Thomas　63？歳。1550生。イギリスの「普遍バプテスト教会」の創設者。

1614年

10.27　パリで全国三部会が召集される
11.12　ユーリッヒ・クレーヴェ戦争が終結する
　　　　＊　＊　＊
セルケイラ, ルイス・デ　Cerqueira, Luis de　2.16没、62歳。1552生。ポルトガル出身のイエズス会士、日本司教。
ヘーゲロン, ペーダー・イェンセン　Hegelund, Peder Jensen　2.18没、71歳。1542生。デンマークの監督、教育家。
エル・グレコ　El Greco　4.7（㋀1613）没、73歳。1541生。スペインの画家。
シルヴァ, フェリシアーノ・ダ　Silva, Feliciano da　5.9没、36歳。1578生。ポルトガルの来中国イエズス会士。
カゾーボン, イザーク　Casaubon, Isaac　7.12没、55歳。1559生。フランスの古典学者。
カミルス　Camillus of Lellis　7.14没、64歳。1550生。カミロ会の創設者、聖人。
レルリス, カミルロ・デ　Lellis, Camillo de　7.14没、64歳。1550生。イタリアの修道会の創立者、聖人。
ブラントーム, ピエール・ド・ブールデイユ・ド　Brantôme, Pierre de Bourdeilles　7.15没、84？歳。1530（㋀1540頃）生。フランスの回想録作者、軍人、廷臣。
プラッター　Platter, Felix　7.28没、77歳。1536生。スイスの医者、精神病理学者。
グラシアン, ヘロニモ　Gracián, Jerónimo　9.21没、69歳。1545生。スペインの司祭、神学者。
アネーリオ, フェリーチェ　Anerio, Felice　9.27没、54歳。1560生。イタリアの作曲家。

マック, ジョヴァンニ・デ　Macque, Giovanni de　9.？没、66？歳。1548（㋀1550頃）生。フランドル楽派の作曲家。
メスキタ　Mesquita, Diogo de　11.4没、60歳。1554生。ポルトガルのイエズス会宣教師。
この年　ヴェルザー, マルクス　Welser, Markus　56歳。1558生。ドイツの古典学者。
ザルーツキィ　Zarutskii, Ivan Martynovich　ドン・コサックの隊長。
スクルテートゥス, ヨーハン　Scultetus, Johann　ドイツの改革派神学者。
スマイズソン, ロバート　Smythson, Robert　79？歳。1535（㋀1536頃）生。イギリスの建築家。
デュボワ, アンブロワーズ　Dubois, Ambroise　71歳。1543生。フランドル出身のフランスの画家。
トレッホ・イ・サナブリア, フェルナンド・デ　Trejo y Sanabria, Fernando de　61歳。1553生。アルゼンチンのトゥクマン司教、コルドバ大学創立者。
ネリ, アントニオ　Neri, Antonio　38歳。1576生。イタリア、フィレンツェの僧。
バートリ　Báthory, Erzsébet　54歳。1560生。ハンガリーの貴族。
フォンターナ, ラヴィーニア　Fontana, Lavinia　62歳。1552生。イタリアの女性画家。
パラディーノ, フィリッポ　Paladino, Filippo　70？歳。1544生。イタリアの画家。
ムニョス　Muños, Alonzo　㋀1620没。スペイン出身のカトリック司祭、フランシスコ会士。
この頃　ネッビア, チェーザレ　Nebbia, Cesare　78？歳。1536生。イタリアの画家。
ハウスマン, ヴァーレンティーン　Haussmann, Valentin　49？歳。1565生。ドイツの作曲家、詩人、編集者。
ベネット　Bennet, John　39？歳。1575（㋀1576頃）生。イギリスの作曲家。

1615年

1.10　英大使トマス・ローがムガル皇帝に謁見
5.30　明で皇太子暗殺未遂事件が発生（梃撃の案）
6.04　大坂夏の陣で豊臣氏が滅亡する
　　　　＊　＊　＊
コールハース, カスパル・ヨーハンソン（ヤンスゾーン）　Coolhaes, Kaspar Johannssohn (Caspar Janszoon)　1.15没、78歳。1536生。オランダの改革派神学者。
アクアヴィーヴァ, クラウディウス　Aquaviva, Claudius　1.31没、71？歳。1543生。イタリアの聖職者。

デッラ・ポルタ，ジャンバッティスタ　Porta, Giambattista della　2.4没、80歳。1535(㊥1538)生。イタリアの自然哲学者，劇作家。
マルグリット・ド・フランス　Marguerite de Valois　3.27没、61歳。1553生。マルゴ公妃(ナバル公妃)。
ヴァン・ルーメン　Roomen, Adriaen van　5.4没、53歳。1561生。オランダ系の医学者，数学者。
ホアン・デ・ヘスス・マリア　Juan de Jesús María　5.29没、51歳。1564生。スペイン出身の神学者，教育者，神秘主義的著述家。
ヴールピウス，メルヒオル　Vulpius, Melchior　8.7?没、45?歳。1570生。ドイツの教会音楽作曲家。
パーキエ，エチエンヌ　Pasquier, Étienne　8.30没、86歳。1529生。フランスの司法官，文筆家。
スチュアート，アラベラ　Stuart, Arabella　9.25?没、40歳。1575生。イギリスの王位継承者の一人。
カルヴィシウス，ゼトゥス　Calvisius, Sethus　11.24没、59歳。1556生。ドイツの音楽理論家，作曲家，数学者，天文学者。
この年 アーヘン，ハンス・フォン　Aachen, Hans von　63歳。1552生。ドイツの画家。
アルベルティ，ケルビーノ　Alberti, Cherubino　62歳。1553生。イタリアの画家，銅版画家。
ヴィスカイノ　Vizcaino, Sebastián　㊥1628没、64?歳。1551(㊥1548)生。スペインの遣日特派使節。
ヴィットッツィ，アスカーニオ　Vittozzi, Ascanio　76歳。1539生。イタリアの建築家，都市計画家。
ヴェッキ，ジョヴァンニ・デ　Vecchi, Giovanni de　79歳。1536生。イタリアの画家。
オーグルヴィー，聖ジョン　Ogilvie, St John　36?歳。1579生。イギリスのイエズス会の聖職者，殉教者。
韓百謙　63歳。1552生。朝鮮、李朝の文臣，学者。
許浚　69歳。1546生。朝鮮、李朝中期の医学者。
クリヨン　Crillon, Louis des Balbis de Berton de　72歳。1543生。フランスの軍人。
シャンビージュ　Chambiges, Pierre II　㊥1616頃没、71歳。1544生。フランスの建築家。
スケドーニ，バルトロメーオ　Schedoni, Bartolomeo　45?歳。1570生。イタリアの画家。
ズフーリー・トゥルシーズィー　Ẓuhūrī Turshīzī　イランの詩人。
善修　72歳。1543生。朝鮮の禅僧。
車天輅　59歳。1556生。朝鮮、李朝中期の文人。
梅鼎祚　66歳。1549生。中国，明代の文人，戯曲作家。
ファブリツィウス　Fabricius, Johannes　28歳。1587没。ドイツの天文学者。
フランケ，パウル　Francke, Paul　78歳。1537生。ドイツの建築家。
メトゾー　Metezeau, Louis　56?歳。1559生。フランスの建築家。

ラ・ファイ，アントワーヌ　La Faye, Antoine　ジュネーヴの神学者。
李成梁　89歳。1526生。中国，明末の武将。
ルビオ，アントニオ　Rubio, Antonio　67歳。1548生。メキシコの近世スコラ哲学者。
この頃 ウアマン・ポーマ・デ・アジャーラ，フェリーペ　Huamán Poma de Ayala, Felipe　81?歳。1534生。ペルーのインディヘナの年代記作者。
ヴェスパン，ジャン　Wespin, Jean　47?歳。1568生。フランドルの彫刻家，塑像制作家。
キロッシュ，ペドロ・フェルナンデス・デ　Quiros, Pedro Fernandez de　50?歳。1565生。ポルトガルの航海士。
ジョーンズ，ロバート　Jones, Robert　45?歳。1570生。イギリスの作曲家，リュート奏者。
ズラーリー・フワーンサーリー　Zulālī Khwānsārī　イランのサファヴィー朝前期の詩人。
ターラナータ　Tāranātha　㊥1634没、42?歳。1573(㊥1575)生。チベットの学僧。
バダーウーニー　Badā'ūnī, 'Abd al-Qādiral　75?歳。1540生。インド，ムガル帝国，アクバル大帝の宮廷に仕えた史家。
フランカヴィッラ，ピエトロ　Francavilla, Pietro　62?歳。1553生。フランスの彫刻家。

1616年

2.17　ヌルハチがヘアトラで即位、後金が成立
***

ヘンズロー，フィリップ　Henslowe, Philip　1.16没、66?歳。1550生。イギリスの劇場経営者。
ドリューシウス，ヨーハネス　Drusius, Johannes　2.12没、65歳。1550生。オランダの神学者，オリエント学者。
ロドリゲス，アロンソ　Rodriguez, Alonso　2.21没、79?歳。1537生。スペインの修道文学著述家。
ロベル，マティア・ド　L'Obel, Matthias de　3.2没、78歳。1538生。フランスの植物学者。
ボーモント，フランシス　Beaumont, Francis　3.6没、32?歳。1584生。イギリスの劇作家。
シルバ　Silva, Juan de　4.19没。スペインの植民地行政官。
セルヴァンテス，ミゲール・デ　Cervantes Saavedra, Miguel de　4.22没、68歳。1547(㊥1549)生。スペインの小説家。
シェイクスピア，ウィリアム　Shakespeare, William　4.23没、71歳。1564生。イギリスの詩人，劇作家。
バルバロ，フランチェスコ　Barbaro, Francesco　4.27没。イタリアの聖職者，アクィレーイアの大司教，改革者。

17世紀　1617

ガルシラーソ・デ・ラ・ベーガ　Garcilaso de la Vega, El Inca　4.？没、77歳。1539生。ペルーの歴史家。

フォスカリーニ，パーオロ・アントーニオ　Foscarini, Paolo Antonio　6.10没、51？歳。1565生。イタリアのカルメル会の哲学者，神学者。

レアリーノ，ベルナルディーノ　Realino, Bernardino　7.2没、85歳。1530生。イタリアの人文主義者，イエズス会士，聖人。

オニール，ヒュー，3代ダンガノン男爵，2代ティローン伯爵　O'Neill, Hugh, 3rd Baron of Dunganone, 2nd Earl of Tyrone　7.20没、76歳。1540(㊗1550)生。アイルランドの貴族。

リバヴィウス，アンドレアス　Libavius, Andreas　7.25没、76？歳。1540(㊗1550頃)生。ドイツの化学者，医者。

スカモッツィ，ヴィンチェンツォ　Scamozzi, Vincenzo　8.7没、64歳。1552(㊗1548)生。イタリアの建築家，建築学者。

ケテル，コルネリス　Ketel, Cornelis　8.8没、68歳。1548生。オランダの肖像，歴史画家。

エレイ，ヘンリ　Airay, Henry　10.6没、56？歳。1560生。イギリスのピューリタン神学者。

ピッツ，ジョン　Pitts, John　10.17没、57？歳。1559生。イングランドのローマ・カトリック教会司祭。

ヒュッター(フッテルス)，レーオンハルト　Hutter, Leonhard　10.23没、53歳。1563生。ドイツの神学者。

フィールド，リチャード　Field, Richard　11.21没、55歳。1561生。英国教会の聖職者。

アルピーニ，プロスペロ　Alpini, Prospero　11.23(㊗1617)没、43歳。1553生。イタリアの植物学者。

この年　カッセリオ　Casserio, Giulio　64？歳。1552生。イタリアの解剖学者。

ガブリエール・セウェーロス　Gabriël Seuros　75歳。1541生。ギリシアの神学者。

ケネル，フランソワ　Quesnel, François　㊗1619没、71？歳。1545(㊗1543)生。フランスの画家。

コート，ディオーゴ・ド　Couto, Diogo de　74歳。1542生。ポルトガルの歴史家，年代記作者。

シャスティヨン，クロード　Chastillon, Claude　56歳。1560生。フランスの建築家，版画家。

ダライラマ4世，ユンテン・ギャムツォ　Dalai Lama IV, Yon-tan rgya-mtsho　27歳。1589生。チベット・ラマ教の法王。

湯顕祖　㊗1617没、66歳。1550生。中国，明代末の文学者。

バイヨー　Baillou, Guillaume de　78歳。1538生。フランスの内科医。

フランケン，フランス1世　Francken, Frans I　74歳。1542生。フランドルの画家。

フランシュヴィル，ピエール　Francheville, Pierre　㊗1615没、68歳。1548(㊗1553)生。フランスの彫刻家，画家。

ホフマン，ハンス・ループレヒト　Hoffmann, Hans Ruprecht　76歳。1540生。ドイツの彫刻家。

ボルジャンニ，オラーツィオ　Borgianni, Orazio　38？歳。1578生。イタリアの画家。

ミーニン　Minin-Sukhoruk, Kuzma Minich　ポーランド支配からモスクワを解放した人物。

モウラ　Moura, Belchior de　74？歳。1542生。スペインのイエズス会宣教師。

ラジヴィウ，ミコウァイ・クシシュトフ　Radziwiłł, Mikołaj Krzysztof　67歳。1549生。ポーランドのカトリック貴族。

ランジャンド，ジャン・ド　Lingendes, Jean de　36？歳。1580生。フランスの詩人。

リーディンガー，ゲオルク　Riedinger(Ridinger), Georg　48歳。1568生。ドイツの建築家。

レデスマ，ペドロ・デ　Ledesma, Pedro de　スペインのドミニコ会神学者。

この頃　沈一貫　中国，明末期の政治家。

1617年

3.09　ロシアとスウェーデンがバルト海沿岸割譲
6.09　イスタンブールのブルー・モスクが完成
　　　＊　＊　＊

ホルツィウス，ヘンドリック　Goltzius, Hendrik　1.1(㊗1618)没、59歳。1558生。オランダの画家，彫刻家，銅版画家。

ウーレンベルク，カスパル　Ulenberg(Uhlenberg), Kaspar(Caspar)　2.16没、68歳。1549生。ドイツのカトリックの論争神学者，聖書翻訳家。

エルズミーア　Ellesmere, Thomas Egerton, Baron　3.15没、77歳。1540生。イギリスの法律家，外交官。

ネイピア，ジョン　Napier, John, Laird of Merchiston　4.4没、67歳。1550生。イギリスの数学者。

アンクル，リュシニ男爵，侯爵　Ancre, Baron de Lussigny, marquis d'　4.24没。原名コンチノ・コンチニ。

トゥー，ジャック-オーギュスト・ド　Thou, Jacques Auguste de　5.7没、63歳。1553生。フランスの歴史家，司法官。

ファブリツィウス，ダーヴィト　Fabricius, David　5.7没、53歳。1564生。ドイツの神学者，天文学者。

シャポーヴィル，ジャン　Chapeauville, Jean　5.11没、66歳。1551生。ベルギーの神学者，歴史家。

ナバレテ　Navarrete, Alonso　5.22没、45歳。1571生。スペインのドミニコ会宣教師。

ペドロ・デ・ラ・アスンシオン　Pedro de la Asunción　5.22没。スペインのフランシスコ会宣教師。

人物物故大年表　外国人編　373

マシャド　Machado e Tavora, João Baptista　5.22没、37歳。1580生。ポルトガルのイエズス会宣教師。

エルナンド・デ・サン・ホセ　Hernando de S. José Ayala　6.1没、41歳。1575（㊥1570）生。スペインのアウグスティノ会宣教師。

ブロウウェル、クリストフ　Brouwer, Christoph　6.2没、57歳。1559生。オランダ出身の歴史家。

グリュネーウス、ヨーハン・ヤーコプ　Grynäus (Gryner), Johann Jakob　8.13没、76歳。1540生。スイスの聖書学者。

ロサ・デ・リマ　Rosa de Lima, St.　8.24没、31歳。1586生。ペルーの聖女。

エヒター・フォン・メスペルブルン　Echter von Mespelbrunn　9.13没、72歳。1545生。ドイツのヴュルツブルクの領主司教。

スアレス、フランシスコ　Suárez, Francisco de　9.25没、69歳。1548生。スペインの哲学者、神学者。

ゲレイロ　Guerreiro, Fernão　9.28没、67歳。1550生。ポルトガルのイエズス会宣教師。

オリヴァー、アイザック　Oliver, Isaac　10.2没、57？歳。1560（㊥1568以前）生。イギリスのミニアチュール肖像画家。

バルディ　Baldi, Bernardino　10.10没、64歳。1553生。イタリアの数学史家、詩人。

ウィンウッド　Winwood, Sir Ralph　10.27没、54？歳。1563生。イギリスの外交官。

ロドリゲス、アルフォンソ　Rodríguez, Alfonso　10.31没、86歳。1531生。スペインの神秘思想家、聖人。

ニューポート　Newport, Christopher　10.？没、52？歳。1565生。イギリスの船員。

リッチ　Rich, Barnabe　11.10没、77歳。1540生。イギリスの軍人、作家。

メルビル　Melville, Sir James　11.13没、82歳。1535生。スコットランドの外交官。

ブリット　Brito, Bernardo de　11.27没、48歳。1569生。ポルトガルの歴史家、システム会修道士。

この年　アフメト1世　Ahmet I　27歳。1590生。オスマン帝国第14代スルタン（在位1603～17）。

エジャトン　Egerton, Sir Thomas, Baron Ellesmere, Viscount Brackley　77歳。1540生。イギリスの法学者、政治家。

エルゼヴィール、ローデウェイク　Elzevir, Lodewijk　77？歳。1540生。オランダの出版家、印刷業者。

郭再佑　65歳。1552生。朝鮮、李朝の義兵将。

コリアット、トマス　Coryate, Thomas　40？歳。1577生。イギリスの旅行家。

スカルツァ、イッポーリト　Scalza, Ippolito　85歳。1532生。イタリアの建築家、彫刻家。

陳第　76歳。1541生。中国、明代の武将、学者。

バッサーノ　Bassano, Giovanni　59？歳。1558生。イタリアの作曲家、コルネット奏者。

黄慎　57歳。1560生。朝鮮、李朝中期の文臣。

ベインズ、ポール　Baynes, Paul　イギリスのピューリタン神学者。

ベランジュ、ジャック　Bellange, Jacques　42歳。1575生。フランスの装飾家。

ポカホンタス　Pocahontas　22？歳。1595生。アメリカンインディアンの酋長ポーハタンの娘。

ボテーロ、ジョヴァンニ　Botero, Giovanni　74？歳。1543（㊥1544）生。イタリアの作家、政治経済学者。

ローテ　Rothe, Peter　37歳。1580生。ドイツの数学者。

この頃　アンドレーア・ヴィチェンティーノ　Andrea Vicentino　78？歳。1539生。イタリアの画家。

ケーシャヴダース　Keśavdās Sanādhya Miśra　62？歳。1555生。インドのヒンディー語詩人。

フィンソン、ルイ　Finson, Louis　37？歳。1580生。フランドルの画家。

メンドーサ、ホアン・ゴンサレス　Mendoça, Juan Gonzalez　㊥1620没、68？歳。1549（㊥1540）生。スペインのアウグスティノ会宣教師。

1618年

5.23　ボヘミアの王宮で窓外投下事件が起こる
6.-　ボヘミアの新教徒が武装蜂起する
＊＊＊

ヴァレリオ　Valerio, Lucca　1.17没、66歳。1552生。イタリアの数学者。

パントーハ、ディダコ・デ　Pantoja, Didaco de　1.？没、47歳。1571生。スペインのイエズス会士。

アカリー、バルブ　Acarie, Barbe　4.18没、52歳。1566生。フランスの神秘体験家。

ポーハタン　Powhatan　4.？没、68？歳。1550生。アメリカ・インディアン。

ランカスター　Lancaster, Sir James　5.？没、68？歳。1550（㊥1554頃）生。イギリスの航海者。

ブレーデロー、ヘルブラント・アドリアーンスゾーン　Bredero, Gerbrand Adriaenszoon　8.23没、33歳。1585生。オランダの詩人、画家。

許筠　8.24没、49歳。1569生。朝鮮、李朝の文臣、小説家。

デュ・ペロン、ジャック・ダヴィ　Duperron, Jacques Davy　9.5没、61歳。1556生。フランスの枢機卿。

シルベスター　Sylvester, Joshua　9.28没、55歳。1563生。イギリスの詩人、翻訳家。

ベニンカーサ、オルソラ　Benincasa, Ursula　10.20没、71歳。1547生。イタリアの修道女。

17世紀　1619

ローリー，ウォルター　Raleigh, Sir Walter 10.28没、66歳。1552（㉑1554？）生。イギリスの軍人，海洋探検家，廷臣，詩人，散文作家。

ハイルブロンナー（ハイルブルンナー），ヤーコプ　Heilbronner(Heilbrunner), Jakob 11.6没、70歳。1548生。ドイツのルター派神学者。

カッチーニ，ジューリオ　Caccini, Giulio 12.10没、68？歳。1550（㉑1545頃）生。イタリアの作曲家，歌手。

この年　アマダス　Amadas, Philip 68歳。1550生。イギリスの航海者，探検者。

李達　57歳。1561生。朝鮮，李朝中期の文人。

カッラッチ，アントーニオ　Carracci, Antonio 35？歳。1583生。イタリアの画家。

姜沆　51歳。1567生。朝鮮の学者。

グエッラ，ジョヴァンニ　Guerra, Giovanni 78？歳。1540生。イタリアの画家，建築家。

スタニハースト，リチャード　Stanyhurst, Richard 71歳。1547生。アイルランドのローマ・カトリック教会司祭，歴史家。

デ・ラ・ウォー，トマト・ウェスト，**12代男爵** de la Warr, Thomas West, 12th Baron 41歳。1577生。イギリスの軍人，植民地開拓者。

デービス　Davies, John, of Hereford 53？歳。1565生。イギリスの詩人。

フランケン，アンブロシウス1世　Francken, Ambrosius I 74歳。1544生。フランドルの画家。

ホルツィウス，ヘルドルプ　Gortzius, Gerdorp 65歳。1553生。ネーデルラントの画家。

マーンスィンフ　Mānsiṃh 83歳。1535生。インドのジャイプル王。

ヤムニッツァー，クリストフ　Jamnitzer, Christoph 55歳。1563生。ドイツ皇帝のお抱え細工師。

呂坤　82歳。1536生。中国，明の儒者。

この頃　ネンナ　Nenna, Pomponio 16世紀半ば生。イタリアの作曲家。

マッツォーニ，ジューリオ　Mazzoni, Giulio 93？歳。1525生。イタリアの彫刻家，画家。

ランドリアーニ，パーオロ・カンミッロ　Landriani, Paolo Cammillo 58？歳。1560生。イタリアの画家。

1619年

4.17　明軍がサルフの戦いで後金軍に大敗する
5.-　オランダ東インド会社がジャカルタを領有
8.28　神聖ローマ皇帝フェルディナント2世即位
この年　フランスの貴族社会でサロンが流行する

＊＊＊

ヒリアード，ニコラス　Hilliard, Nicholas 1.7没、72歳。1547（㉑1537頃）生。イギリスの細密肖像画家。

ミヒャエル，ロジエ　Michael, Rogier 1.25没、67？歳。1552生。ドイツの作曲家，歌手。

ヴァニーニ，ルチーリオ　Vanini, Lucilio 2.9没、34歳。1585（㉑1584頃）生。イタリアの自由思想家，自然哲学者。

ラリヴェー，ピエール・ド　Larivey, Pierre de 2.12（㉑1612）没、69？歳。1550（㉑1540）生。フランスの聖職者，喜劇作家。

アン（デンマークの）　Anne of Denmark 3.2没、44歳。1574生。スコットランド王ジェームズ6世の妃，チャールズ1世の母。

バーベッジ，リチャード　Burbage, Richard 3.13没、50？歳。1569（㉑1567？）生。イギリスの俳優，劇場経営者。

カルヴァールト，デニス　Calvaert, Denis 3.17没、79歳。1540生。フランドルの画家。

ガランティーニ，ヒッポリトゥス　Galantini, Hippolytus 3.20没、53歳。1565生。イタリアのキリスト教教育信徒会の創立者，福者。

マティアス　Matthias von Hapsburg 3.20没、62歳。1557生。ハプスブルク家出身の神聖ローマ皇帝（在位1612〜19）。

オウヴァオール，ジョン　Overall, John 5.12没、59歳。1560生。英国教会のノーリジ主教。

オルデンバルネヴェルト　Oldenbarnevelt, Johan van 5.13没、71歳。1547生。オランダの政治家。

ファブリキウス，ヒエロニュムス　Fabricius ab Aquapendente, Hieronymus 5.20没、73歳。1537（㉑1533頃）生。イタリアの解剖学者。

セール，オリヴィエ・ド　Serres, Oliver de 7.2没、80？歳。1539生。フランスの農業改革者。

ジュールデン　Jourdain, John 7.17没、47？歳。1572生。イギリスの東インド会社重役，航海家。

ラウレンティウス（ブリンディジの）　Laurentius (Brindisi) 7.22没、73歳。1559生。イタリアのカプチン会修道士，聖人。

ソト・デ・ランガ　Soto de Langa, Francisco 9.25没、85？歳。1534生。スペインの作曲家，聖職者。

ハーフェンレファー，マティーアス　Hafenreffer, Matthias 10.22没、58歳。1561生。ドイツのルター派神学者。

ヤング　Yonge(Young), Nicholas 10.23没。イギリスの歌手・編集者。

ダニエル，サミュエル　Daniel, Samuel 10.14没、57歳。1562（㉑1563）生。イギリスの詩人，劇作家。

カラッチ，ルドヴィコ　Carracci, Lodovico 11.13没、64歳。1555生。イタリアの画家。

ヨーハン・ジギスムント　Johann Sigismund 12.23没、47歳。1572生。ドイツのブランデンブルク選帝侯。

[この年] **アルノー，アントワーヌ** Arnauld，Antone 59歳。1560生。フランスのジャンセニスト。

アンダーソン，アレクサンダー Anderson，Alexander 37歳。1582生。スコットランドの数学者。

ガンボア Gamboa，João Caiado ポルトガルの遣日貿易船隊司令官。

シャンビージュ，ルイ Chambiges，Louis フランスの建築家。

シュリュッセルブルク，コンラート Schlüsselburg，Konrad 76歳。1543生。ドイツのルター派正統派神学者。

スターティ，クリストーフォロ Stati，Cristoforo 63歳。1556生。イタリアの彫刻家。

スティーヴンズ，トマス Stephens，Thomas 70歳。1549生。イギリスの宣教師。

ディアーヌ・ド・フランス Diane de France 81歳。1538生。フランスのアングレーム公爵夫人。

トロッティ，ジョヴァンニ・バッティスタ Trotti，Giovanni Battista 64歳。1555生。イタリアの画家。

バルネフェルト，ヤン・ファン・オルデン Barneveldt，Jan van Olden 72歳。1547生。オランダの政治家。

ファン・ステーンウィンケル，ロレンス Van Steenwinkel，Laurens 34？歳。1585生。フランドルの建築家。

フレミネ，マルタン Fréminet，Martin 52歳。1567生。フランスの画家。

メディナ－シドニア，アロンソ・ペレス・デ・グスマン，公爵 Medina Sidonia，Alonso Perez de Guzmán，Duque de [異]1615没、69歳。1550生。スペインの大貴族，海軍軍人。

劉綎 中国，明末の武将。

呂祐吉 52歳。1567生。朝鮮王朝中期の文官。

ロッセ，フランソワ・ド Rosset，François de 49歳。1570生。フランスの小説家，翻訳家。

ロッリ，アントーニオ Lolli，Antonio 69？歳。1550生。イタリアの陶工。

[この頃] **グリンメル，アーベル** Grimmer，Abel 49？歳。1570生。フランドルの画家。

ドウゴライ，アダルベルト・ヴォイチェフ Długoraj，Adalbert Wojciech 69？歳。1550生。ポーランドのリュートの名手。

フィールド，ネイサン Field，Nathan 32？歳。1587生。イギリス，エリザベス朝の俳優，劇作家。

ペレス－デ－イタ，ヒネス Pérez de Hita，Ginés 75？歳。1544生。スペインの著作家。

リッペルスヘイ，ハンス Lippershey，Hans 49？歳。1570生。オランダのゼーランド州ミデルブルフの眼鏡師の親方。

1620年

11.08 フリードリッヒ5世が白山の戦いで勝利
11.19 メイフラワー号がコッド岬に到着する

＊ ＊ ＊

アルバレス，ディエゴ(ハコボ) Álvarez de Paz 1.17没、60歳。1560生。スペインの神秘家，イエズス会士。

キャンピオン，トマス Campion，Thomas 3.1？([異]1619)没、53歳。1567生。イギリスの医師，詩人，作曲家，フルート奏者。

バレット Barreto，Manuel 3.11没、56歳。1564生。ポルトガルのイエズス会宣教師。

サルカンデル，ヤン Sarkander，Jan 3.17没、43歳。1576生。チェコの司祭，告解の秘密を守るため殉教。

ヌキウス Nucius，Johannes 3.25没、60？歳。1560生。ドイツの理論家，作曲家，シトー会修道士。

ベナール，ロラン Bénard，Laurent 4.20没、47歳。1573生。フランスの司祭，ベネディクト会の改革者。

ウルシス，サッバティーノ・デ Ursis，Sabbathino de 5.3没、45歳。1575生。イタリアのイエズス会士。

アダムズ，ウィリアム Adams，William 5.16？没、55歳。1564生。日本に来た最初のイギリス人。

ステヴィーン，シモン Stevin，Simon 5.？没、72歳。1548生。オランダの数学者，物理学者，軍人。

サラチェーニ，カルロ Saraceni，Carlo 6.16没、41歳。1579([異]1585)生。イタリアの画家。

万暦帝 7.？没、57歳。1563生。中国，明朝第14代皇帝(在位1527〜48)。

メツ Metsue，Adriaan(Adriaan Anthonisz) 11.20没、77歳。1543生。オランダの軍事技術者，地図作製者。

[この年] **アルキレーイ，ヴィットーリア** Archilei，Vittoria 70歳。1550生。イタリアの歌手。

ウォルフ(子) Wolff，Jacob 49歳。1571生。ドイツの建築家。

カーティ，パスクアーレ Cati，Pasquale 70歳。1550生。イタリアの画家。

邢雲路 47歳。1573生。中国，明代末期の暦学者。

鐘鳴禮 39歳。1581生。中国人のイエズス会士。

焦竑 79歳。1541生。中国，明の学者，文学者。

スカルセッラ，イッポーリト Scarsella，Ippolito 70？歳。1550生。イタリアの画家。

ゼーテフライシュ，ヨーハン Soetefleisch，Johann 68歳。1552生。ドイツのルター派神学者。

ダイク，ジェレマイア Dyke，Jeremiah 36歳。1584生。英国教会司祭，ピューリタン。

17世紀　　　　　　　　　　　　　　　　　　　　　　　　　　1621

泰昌帝　38歳。1582生。中国、明の第15代皇帝（在位1620）。
ヘラルト，ヒューベルト　Gerhard, Hubert　㊙1622頃没、70？歳。1550（㊙1545頃）生。オランダの彫刻家。
ボネット，ホアン・パブロ　Bonet, Juan Pablo　60歳。1560生。スペインの司祭。
この頃 インパラート，ジローラモ　Imparato, Girolamo　70？歳。1550生。イタリアの画家。
ゲドロン，ピエール　Guédron, Pierre　㊙1619頃没、50？歳。1570（㊙1565頃）生。フランスの作曲家、歌手。
トロトレル，ピエール　Troterel, Pierre　34？歳。1586生。フランスの劇作家。
ベッリ　Belli, Girolamo　68？歳。1552生。イタリアの作曲家。
マンフレーディ，バルトロメーオ　Manfredi, Bartolomeo　34？歳。1586（㊙1580頃）生。イタリアの画家。

1621年

2.09　グレゴリウス15世が教皇に即位する
2.-　ヤン・クーンがバンダ諸島を征服する
9.25　グスタヴ2世アドルフがリガを攻略する
　　　　　＊＊＊

パウルス5世　Paulus V　1.28没、68歳。1552生。教皇（在位1605～21）。
プレトリウス，ミヒャエル　Praetorius, Michael　2.15没、65歳。1571生。ドイツの作曲家、音楽理論家。
アナ・デ・ヘスース　Ana de Jesús　3.4没、75歳。1545生。スペインの跣足カルメル会修道女。
リヌッチーニ，オッターヴィオ　Rinuccini, Ottavio　3.28没、59歳。1562（㊙1563）生。イタリアの詩人、オペラ台本作家。
フェリペ3世　Felipe III　3.31没、42歳。1578生。スペイン王（在位1598～1621）。
カーヴァー，ジョン　Carver, John　4.5没、46？歳。1575（㊙1576頃）生。イギリスの総督。
ウレモン，ヤン・ウレマン　Uremon, Jan Ureman　4.22没。ダルマティア（現ユーゴスラヴィア）出身の来中国イエズス会士。
アルント，ヨーハン　Arndt, Johann　5.11没、65歳。1555生。ドイツのプロテスタント神学者。
ケイゼル，ヘンドリック・デ　Keyser, Hendrik de　5.15没、97歳。1565生。オランダの建築家、彫刻家。
クザントンジュ，アンヌ・ド　Xainetonge, Anne de　6.8没、53歳。1567生。フランスの聖職者。

ハラント，クリストフ　Harant, Krystof　6.21没、57歳。1564生。チェコの作曲家、紀行作家、政治家。
ハリオット，トマス　Harriot, Thomas　7.2没、61歳。1560生。イギリスの数学者、天文学者、測量家。
スリアーノ　Suriano, Francesco　7.19没、72歳。1549生。イタリアの作曲家。
デュ・ヴェール，ギヨーム　Du Vair, Guillaume　8.3没、65歳。1556生。フランスの哲学者、政治家。
バークリー，ジョン　Barclay, John　8.12没、39歳。1582生。スコットランドの詩人。
ベルフマンス，ヤン　Berchmans, Jan　8.13没、22歳。1599生。ベルギーのイエズス会修練生、聖人。
ベラルミーノ，聖ロベルト・フランチェスコ・ロモロ　Bellarmino, Francesco Romulo Roberto　9.17没、78歳。1542生。イタリアの枢機卿、神学者、聖人。
ホトケーウィチ　Chodkiewicz, Jan Karol　9.24没、61歳。1560生。ポーランドの軍人、戦略家。
ペンブルック　Pembroke, Mary Herbert　9.25没、64歳。1557（㊙1561）生。イギリスの女流作家。
モンクレチヤン，アントワーヌ・ド　Montchrétien, Antoine de　10.7没、46？歳。1575生。フランスの劇作家、経済学者。
スヴェーリンク，ヤン・ピーテルスゾーン　Sweelinck, Jan Pieterszoon　10.16没、59歳。1562生。オランダのオルガン奏者、ハープ奏者、作曲家。
シャミエ，ダニエル　Chamier, Daniel　10.17没、56歳。1565生。フランスの改革派正統主義の神学者、論争家。
リュイーヌ　Luynes, Charles d'Albert, Duc de　12.15没、43歳。1578生。フランスの政治家。
この年 アッローリ，クリストーファノ　Allori, Christofano　44歳。1577生。イタリアの画家。
ゲバラ　Guevara, Diego de　スペイン人のアウグスチノ会宣教師。
顧憲成　㊙1612没、71歳。1550生。中国、明末東林党の指導者。
ゴドフロア　Godefroy, Denis Ier　72歳。1549生。フランスの法学者。
臧晋叔　中国、明代の戯曲作家。
ソリアーノ（スリアーノ），フランチェスコ　Soriano, Francesco　73？歳。1548生。イタリアの作曲家。
デ・ケイセル，ヘンドリック　de Keyser, Hendrick　56歳。1565生。オランダの建築家、彫刻家。
デュイフォプリュカール，マーニョ　Duiffoprugcar, Magno　32歳。1589生。バイエルン地方の小村ティーフェンブルック出身の弦楽器製造者。
バッサーノ，ジェローラモ　Bassano, Gerolamo　65歳。1556生。イタリアの画家。
ファン・サンテン，ヤン　van Santen, Jan　71歳。1550生。オランダの建築家、版画家。

人物物故大年表 外国人編　377

ファン・ソーメル，パウル　van Somer, Paul　45？歳。1576生。フランドルの画家。
ボッスハールト，アンブロシウス　Bosschaert, Ambrosius　48歳。1573生。フランドルの画家。
ボルゲーゼ，カミッロ　Borghese　69歳。1552生。ローマの貴族，教皇（パウルス5世，在位05～21）。
マルティーニ，コルネーリウス　Martini, Cornelius　53歳。1568生。ドイツの人文主義者，ルター派神学者。
メイスン，フラーンシス　Mason, Francis　55歳。1566生。英国教会の聖職，対カトリック論争家，ノーフォクの大執事。
リドルフォ，ロベルト・ディ　Ridolfi, Roberto di　㉟1612没，90歳。1531生。イタリア生れの陰謀家。
ルセナ　Lucena, Affonso de　70歳。1551生。ポルトガルのイエズス会宣教師。
ルビヌス　Lubinus, Eilhard Lüben　56歳。1565生。ドイツの学者，教育家。
この頃 ヴィーシェンスキイ，イオアーン（イヴァン）　Višenskii, Ioann (Ivan)　東方正教会の修道士，論争家。
ソッリ，ピエトロ　Sorri, Pietro　65？歳。1556生。イタリアの画家。
ベッリ　Belli, Giulio　61？歳。1560生。イタリアの作曲家。

1622年

1.07　ニコルスブルクの講和が成される
3.22　ヴァージニアで英植民者が虐殺される
5.18　オスマン朝のオスマン2世が退位する
　　　　　＊＊＊
バッフィン，ウィリアム　Baffin, William　1.23没，38？歳。1584生。イギリスの航海家。
ベーム，マルティーン　Behm (Böhm, Boehm, Behemb), Martin　2.5没，64歳。1557生。ドイツの牧師，讃美歌作詞者。
フォンタネッリ　Fontanelli, Alfonso　2.11没，64歳。1557生。イタリアの作曲家。
サヴィル，サー・ヘンリー　Savile, Sir Henry　2.19没，72歳。1549生。イギリスの数学者。
プールビュス，フランス2世　Pourbus, Frans　2.19？没，53歳。1569生。オランダの画家。
ル・ゴディエ，アントワーヌ　Le Gaudier, Antoine　4.14没，50歳。1572生。フランスのイエズス会司祭，神学者，霊性著作家。
パーチェ　Pace (Paci), Pietro　4.15没，63歳。1559生。イタリアの作曲家，オルガン奏者。
ホーキンズ　Hawkins, Sir Richard　4.17没，60？歳。1562（㉟1560頃）生。イギリスの航海者。

フィデーリス（ジークマリンゲンの）　Fidelis (Sigmaringen)　4.24没，43歳。1578生。ドイツのカプチン会士，殉教者，聖人。
ニールセン，ラウレンティウス　Nielsen, Laurentius　5.5没，84歳。1538生。ノルウェー出身の宣教師。
オスマン2世　'Othmān II　5.20没，17歳。1605生。オスマン・トルコ帝国第16代のスルタン（1618～22）。
パーレウス（ヴェングラー），ダーフィト　Pareus (Wängler), David　7.15没，73歳。1548生。ドイツの改革派神学者。
スニガ，ペドロ・デ　Zuñinga, Pedro de　8.19没。スペインの宣教師。
フロレス　Flores, Luis　8.19没。スペインのドミニコ会宣教師。
エーグリ（エーグリーン，エグリヌース），ラーファエル　Egli (Eglin, Eglinus), Raphael　8.20没，62歳。1559生。スイスの改革派神学者。
バハーウッ・ディーン・アル・アーミリー　Bahā'u'd-Dīn al-'Amilī, Shaikh　8.20没，76歳。1546生。イランの哲学者，神学者。
アリアーガ，パブロ・ホセ・デ　Arriaga, Pablo José de　9.6没，58歳。1564生。スペインのイエズス会宣教師。
オルスッチ　Orsucci de Ferrer, Angelo　9.10没，49歳。1573生。イタリアのドミニコ会宣教師。
オルファネール，ヤシント　Orfanel, Jacinto　9.10没，43歳。1578生。スペインのドミニコ会宣教師，殉教者。
スピノーラ，カルロ　Spinola, Carlo　9.10没，58歳。1564生。イエズス会士。
リシャール・ド・サント・アンヌ　Richard de Sainte Anne, Trouvé　9.10没，37歳。1585生。フランドル人のフランチェスコ会宣教師。
コスタンツォ　Costanzo, Camillo di　9.15没，51歳。1571生。イタリアのイエズス会宣教師。
スマラガ　Zumárraga, Tomás de　9.16没。スペインの宣教師，殉教者。
モラレス，フランシスコ・デ　Morales, Francisco de　9.21没，54歳。1567生。スペイン出身のドミニコ会士，殉教者，福者。
ヴォルスティウス，コンラードゥス　Vorstius, Konradus　9.29没，53歳。1569生。ドイツのアルミニウス主義改革派神学者。
ナヴァロ　Navarro, Pietro Paolo　11.1没，62歳。1560生。イタリアのイエズス会宣教師。
ビヤール，ピエール　Biard, Pierre　11.17没，54歳。1568生。フランスのイエズス会修道士，宣教師。
スマルキウス（シュマルツ），ヴァレンティーン　Smalcius (Schmalz), Valentin　12.8没，50歳。

1572生。ポーランドの反三一論者，ソッツィーニ派の神学者。

サル，サン・フランソワ・ド Sales, François de 12.28没、55歳。1567(㊟1576)生。フランスの宗教家、教会博士、聖人。

クルヴェリウス，フィリップ Clüver, Phillipp 12.31没、42歳。1580生。ドイツの地理学者、古代学者。

スクワント Squanto 12.?没。パタラクセット部族のインディアン指導者。

この年 **オーウェン** Owen, John 59?歳。1563生。ウェールズの警句家。

ガストルディ，ジョヴァンニ・ジャコモ Gastoldi, Giovanni Giacomo 72?歳。1550(㊟1555頃)生。イタリアの作曲家。

サントス，ジュアン・ドス Santos, João Dos ポルトガル出身のインドで働いたドミニコ会宣教師。

鐘巴相 60歳。1562生。中国人最初のイエズス会士。

徐鴻儒 中国、明末期の白蓮教の乱の指導者。

スパーダ，リオネッロ Spada, Lionello 46歳。1576生。イタリアの画家。

ナッケリーノ，ミケランジェロ Naccherino, Michelangelo 72歳。1550生。イタリアの彫刻家。

バッサーノ，レアンドロ Bassano, Leandro 65歳。1557生。イタリアの画家。

ブオンヴィチーノ，アンブロージョ Buonvicino, Ambrogio 70?歳。1552生。イタリアの彫刻家、ストゥッコ装飾家。

パエス Paez, Pedro スペインの宣教師。

ロザーティ，ロザート Rosati, Rosato 62歳。1560生。イタリアの建築家。

ローミ，アウレーリオ Lomi, Aurelio 66歳。1556生。イタリアの画家。

ロルフ Rolfe, John ㊟1623没、37歳。1585生。バージニア植民地の開拓者。

この頃 **エインズワース，ヘンリ** Ainsworth, Henry 51?歳。1571生。イギリスのキリスト教分離主義者。

チーマ，ジョヴァンニ・パオロ Cima, Giovanni Paolo 52?歳。1570生。イタリアの作曲家、オルガン奏者。

メルヴィル，アンドリュー Melville, Andrew 77?歳。1545生。スコットランドの学者、宗教改革者。

ローボ，ロドリゲス Rodrigues Lobo, Francisco ㊟1621没、49?歳。1573(㊟1580?)生。ポルトガルの詩人、小説家。

1623年

3.09 インドネシアでアンボン事件が起こる

8.06 ウルバヌス8世がローマ教皇に選ばれる
この年 朝鮮で仁祖が即位する

＊＊＊

サルピ，パーオロ Sarpi, Paolo 1.7没、70歳。1552生。イタリアのカトリック神学者、科学者、歴史家、政治家。

レシーユス(レイス)，レーオンハルト Lessius, Leonardus 1.15没、68歳。1554生。ベルギーの神学者。

オレアーリウス，ヨハネス Olearius, Johannes 1.26没、76歳。1546生。ドイツのルター派神学者を輩出した家系の先祖。

チチェスター Chichester of Belfast, Arthur Chichester 2.19没、59歳。1563生。イギリスのアイルランド総督。

ローシャ，ジョアン・デ Rocha, João de 3.23没、57歳。1566生。ポルトガルの来中国イエズス会士。

ロセター，フィリップ Rosseter, Philip 5.5没、56?歳。1567生。イギリスのリュート奏者、出版者。

バード，ウィリアム Byrd, William 7.4没、80歳。1543(㊟1542頃)生。イギリスの作曲家、オルガン奏者。

グレゴリウス15世 Gregorius XV 7.8没、69歳。1554生。教皇(在位1621〜23)。

ヤン・ヨーステン Yan Joosten van Lodenstijn 10.?没、67?歳。1556?(㊟1557頃)生。オランダの船員。

キャムデン，ウィリアム Camden, William 11.9没、72歳。1551生。イギリスの好古家、歴史家。

デュ・プレッシ-モルネー，フィリップ Mornay, Philippe de, Seigneur du Plessis-Marly 11.11没、74歳。1549生。フランス、ユグノーの指導者。

カンプス Camps, Leonard 11.21没。オランダの平戸商館長。

クンツェーヴィチ，イオサファート Kuncevič, Iosafat 11.23没、43?歳。1580生。ウクライナの帰一教会ポーロック大主教、殉教者、聖人。

サンチェス，フランシスコ Sánchez, Francisco 11.26(㊟1632)没、73?歳。1550(㊟1552?)生。ポルトガル生れの医学者、哲学者。

フレッチャー，ジャイルズ Fletcher, Giles 11.?没、38?歳。1585生。イギリスの詩人。

ウィールクス，トマス Weelkes, Thomas 12.1没、48?歳。1575(㊟1576頃)生。イギリスの作曲家、オルガン奏者。

アンジェリス，ジローラモ・デ Angelis, Girolamo 12.4没、56歳。1567(㊟1568)生。イタリア人イエズス会士。

ガルベス，フランシスコ Gálvez, Francisco 12.4没、46歳。1577生。スペインのフランシスコ会宣教師。

この年 **印悟** 75歳。1548生。朝鮮の僧。

袁中道 ㊟1624没、53歳。1570生。中国、明末の詩人。

人物物故大年表 外国人編 379

ガツィ　Gatsi, Rusere(Gasilusere)　63？歳。1560生。アフリカ南東部のムタパ(別称モノモタパ)の支配者。

カブレラ・ド・コルドバ　Cabrera de Cordoba, Luis　64歳。1559生。スペインの歴史家。

コエフトー，ニコラ　Coëffeteau, Nicolas　49歳。1574生。フランスの神学者，説教師。

サント‐マルト，セヴォル・ド　Sainte-Marthe, Scévole de　87歳。1536生。フランスの詩人，政治家。

ツルシダース　Tulasidasa　91歳。1532生。「ラーマヤン」の著者。

鄭松　安南黎朝の政治家。

ナニーノ，ジョヴァンニ・ベルナルディーノ　Nanino, Giovanni Bernardino　63？歳。1560生。イタリアの作曲家兄弟。

ハサウェー　Hathaway, Ann　68？歳。1555生。イギリスの劇作家W. シェークスピアの妻。

ブーイヨン，アンリ・ド・ラ・トゥール・ドーヴェル　Bouillon, Henri de la Tour d'Auvergne, Duc de　68歳。1555生。フランスの公爵。

ブリッツィ，フランチェスコ　Brizzi, Francesco　49？歳。1574生。イタリアの画家，版画家。

柳夢寅　64歳。1559生。朝鮮，李朝中期の文臣。

ヨザファト　Josaphat, St.　43？歳。1580生。ポーランドの大主教，聖人。

ラ・セペード，ジャン・ド　La Ceppède, Jean de　73？歳。1550生。フランスの詩人。

李三才　中国，明末期の政治家。

ロイヒター，ハインリヒ　Leuchter, Heinrich　65歳。1558生。ドイツのルター派神学者。

[この頃] **アスタラーバーディー**　Astarābādī, Muḥammad Amīn　イスラム教のシーア派神学におけるアクバーリー派の創始者。

トゥルスィーダース　Tulsīdās　80？歳。1543([異]1532)生。インド，バクティ(信愛)派の宗教詩人。

フィリシタ　Firishtah, Qāsim Hindū Shāh　[異]1612没、51？歳。1572？生。インドの宮廷史家。

パイクス　Paix, Jacob　67？歳。1556生。ドイツのオルガン奏者，作曲家。

1624年

4.29　フランスでリシリューが宰相となる
5.10　オランダ艦隊がバイア港に侵入し砲撃する
5.11　デュッセルドルフ協定が締結される

＊＊＊

トルケマーダ，ホアン・デ　Torquemada, Juan de　1.1没、61？歳。1563([異]1557？)生。スペインのフランシスコ会士。

ベカーヌス，マルティーン　Becanus, Martin　1.24没、61歳。1563生。オーストリアのカトリック神学者，宗教改革期の論争家，イエズス会士。

ベルリンツァーガ，イザベルラ・クリスティーナ(ロマッツィ)　Bellinzaga, Isabella Christina (Lomazzi)　1.26没、73歳。1551生。イタリアの霊性著作家。

エスピネル，ビセンテ・マルティネス・デ　Espinel, Vicente Martínez de　2.4没、73歳。1550([異]1551)生。スペインの小説家，詩人。

ゴッソン　Gosson, Stephen　2.13没、69歳。1554生。イギリスの作家，牧師。

マリアナ，フアン・デ　Mariana, Juan de　2.16([異]1623)没、87歳。1536生。スペインの歴史家，神学者。

ルイス・デ・ラ・プエンテ　Luís de la Puente(Ponte)　2.16没、69歳。1554生。スペインの霊性著述家。

カルヴァーリョ，ディエゴ・デ　Carvalho, Diego de　2.22没、46歳。1578([異]1577)生。ポルトガルのイエスズ会司祭。

フーバー，ザームエル　Huber, Samuel　3.23没、77？歳。1547生。スイスのプロテスタント神学者。

コックス　Cocks, Richard　3.27没、58歳。1566生。平戸のイギリス商館長。

フェッティ，ドメーニコ　Fetti, Domenico　4.16([異]1623)没、35？歳。1589([異]1588頃)生。イタリアの画家。

デ・ドミニース，マルコ・アントニーオ　De Dominis, Marco Antonio(Marc'Antonio, Markanton)　8.9没、58？歳。1566生。イタリア出身の神学者，カトリックと英国教会を共に批判した論争家。

アンドレイニ　Andreini, Francesco　8.20没、76歳。1548生。イタリアのコメディア・デラルテの俳優，作者。

カルヴァリョ　Carvalho, Miguel　8.25没、45歳。1579生。ポルトガルのイエズス会宣教師。

ソテロ，ルイス　Sotelo, Luis　8.25没、49歳。1574生。スペイン出身の司祭，フランシスコ会士。

バスケス　Vásquez, Pedro de S. Catharina　8.25没、35歳。1589生。スペインの宣教師。

カペル，ジャーク　Cappel, Jacques　9.7没、54歳。1570生。フランスの改革派神学者。

ドゥカエウス，フロント(フロントン・デュ・デュク)　Ducaeus, Front(Fronton du Duc)　9.25没、66歳。1558生。フランスのカトリック教父学者，イエズス会士の論争家。

ベーメ，ヤーコプ　Böhme, Jakob　11.16？没、49歳。1575生。ドイツの神秘主義的哲学者。

クラカンソープ，リチャード　Crakanthorpe, Richard　11.？没、57歳。1567生。英国教会聖職。

ボーアン，カスパール　Bauhin, Gaspard　12.5没、64歳。1560生。スイスの博物学者，解剖学者。

17世紀　　　　　　　　　　　　　　　　　　　　　　　　　　　　　　1625

ハワード，チャールズ，初代ノッティンガム伯爵　Nottingham, Charles Howard, 1st Earl of　12.14没、88歳。1536生。イギリスの貴族、軍人。
マリウス　Marius, Simon　12.26没、51歳。1573（㊟1570）生。ドイツの天文学者。
[この年] アフマド・シルヒンディー　Aḥmad Sirhindī　60歳。1564生。インドのイスラム神学者。
エルペニウス（ヴァン・エルペ），トマス　Erpenius (van Erpe), Thomas　40歳。1584生。オランダのオリエント語学者。
オニャーテ　Oñate, Juan de　75歳。1549生。スペインの探検家。
オブライエン　O'Brien, Donough, Baron of Ibrickan, 4th Earl of Thomond　アイルランドの首長。
カルプツオフ　Carpzow, Benedikt　59歳。1565生。ザクセンの法律学者。
サウサンプトン，ヘンリー・ライアススリー，3代伯　Southampton, Henry Wriothesley, 3rd Earl of　51歳。1573生。イギリスの廷臣。
鍾惺　㊟1625没、50歳。1574生。中国、明末の詩人。
鄒元標　73歳。1551生。中国、明後期の官僚。
トリスタン，ルイス　Tristán, Luis　39？歳。1585生。スペインの画家。
バイテウェフ，ウィレム　Buytewech, Willem　33？歳。1591生。オランダの画家、版画家。
ファン・バビューレン，ディルク　Baburen, Dirck Van　30？歳。1594（㊟1590頃）生。オランダの画家。
ヘリオット　Heriot, George　61歳。1563生。スコットランド、エディンバラの宝石商人。
ミゼローニ，オッターヴィオ　Miseroni, Ottavio　イタリアの宝石細工師。
モーロ，ジャーコモ・アントーニオ　Moro, Giacomo Antonio　74？歳。1550生。イタリアの彫刻家、メダル制作家、版画家。
楊晋庵　76歳。1548生。中国、明代の学者。
李适　37歳。1587生。朝鮮、李朝の武臣。
[この頃] アッパヤディークシタ　Appayadīksita　72？歳。1552生。インドの大注釈家。

1625年

7.02　オランダの軍事拠点ブレダが陥落する
＊＊＊
ジョヴァンネッリ，ルッジェロ　Giovannelli, Ruggero　1.7没、65？歳。1560生。イタリアの作曲家。

リュッベルトゥス，シブランドゥス　Lubbertus, Sibrandus　1.11没、69？歳。1556生。オランダの改革派神学者。
ブリューゲル，ヤン1世　Brueghel, Jan　1.13没、57歳。1568生。フランドルの画家。
ロビンソン，ジョン　Robinson, John　3.1没、49？歳。1576（㊟1575頃）生。イギリスの牧師。
バイヤー，ヨハン　Bayer, Johann　3.7没、53歳。1572生。ドイツの天文学者。
マリーノ，ジャンバッティスタ　Marino, Giambattista　3.25没、55歳。1569生。イタリアの詩人。
ジェームズ1世　James I　3.27没、58歳。1566生。イギリス、スチュアート朝初代の国王（在位1603～25）、スコットランド王としてはジェームズ6世（1567～1625）。
エレーラ・イ・トルデシーリャス，アントニオ・デ　Herrera y Tordesillas, Antonio de　3.29没、76歳。1549（㊟1559）生。スペインの歴史家。
ライエルスゾーン　Reijerszoon, Cornelis　4.10没。オランダの海軍軍人。
マウリッツ，オラニエ公爵，ナッサウ伯爵　Mauritz, Graaf van Nassau　4.23没、57歳。1567生。ネーデルラント総督（1587～1625）。
ロエラス，フアン・デ・ラス　Roelas, Juan de las　4.23没、65？歳。1560（㊟1558）生。スペインの画家。
カメロ，ジョン　Cameron, John　5.15没、46？歳。1579？生。スコットランドの神学者。
レルマ公爵　Lerma, Francisco Gómez de Sandoval y Rojas, Duque de　5.18没、72歳。1553生。スペインの政治家、枢機卿。
デュルフェ，オノレ　d'Urfé, Honoré　6.1没、58歳。1567生。フランスの小説家、詩人。
ユルフェ，オノレ・ド　Urfé, Honoré d'　6.1没、57歳。1568（㊟1567）生。フランスの小説家。
ギボンズ，オーランド　Gibbons, Orlando　6.5没、41歳。1583生。イギリスの作曲家、オルガン奏者。
ピスカートル，ヨハネス　Piscator, Johannes　7.26没、79歳。1546生。ドイツの改革派神学者。
ロッテンハンマー，ヨハン　Rottenhammer, Hans　8.14没、61歳。1564生。ドイツの画家。
フレッチャー，ジョン　Fletcher, John　8.29没、45歳。1579生。イギリスの劇作家。
デンプスター，トマス　Dempster, Thomas　9.6没、46歳。1579生。スコットランドの教会史家。
ソンク　Sonck, Maarten　9.？没。オランダの初代台湾長官。
ロッジ，トマス　Lodge, Thomas　9.？没、67？歳。1558（㊟1557頃）生。イギリスの詩人、散文作家、劇作家。
グンペルツハイマー　Gumpelzhaimer, Adam　11.3没、66歳。1559生。ドイツの作曲家、理論家。

人物物故大年表 外国人編　381

プロカッチーニ，ジューリオ・チェーザレ Procaccini, Giulio Cesare 11.14([異]1626)没、51？歳。1574([異]1548？)生。イタリア，ボローニャ派の画家，彫刻家。

フエンテ，ミゲル・デ・ラ Fuente, Miguel de la 11.27？没、52歳。1573生。スペインのカルメル会著述家。

[この年] **ヴァレーリウス，アードリアーニュス** Valerius, Adrianus 50？歳。1575生。オランダの法律家。

左光斗 50歳。1575生。中国，明末期の官僚。

サリーニ，トンマーゾ Salini, Tommaso 50？歳。1575生。イタリアの画家。

スハウテン，ヴィレム・コルネリスゾーン Schouten, Wilem Corneliszoon van 45？歳。1580([異]1567)生。オランダの航海者。

スピーゲル Spiegel, Adrian van der 47歳。1578生。ベルギーの解剖学者。

チェローネ Cerone, Domenico Pietro 59歳。1566生。イタリアの音楽理論家，歌手。

デューベン，アンドレーアス1世 Düben, Andreas I 67歳。1558生。スウェーデンのオルガン奏者。

トレッツィ，アウレーリオ Trezzi, Aurelio イタリアの建築家。

フローリオ，ジョン Florio, John 92？歳。1533([異]1553？)生。イギリスの辞典編纂者，翻訳者。

モンカルヴォ Moncalvo 57歳。1568生。イタリアの画家。

熊廷弼 56歳。1569生。中国，明末の武将。

楊漣 53歳。1572生。中国，明末の政治家。

李旦 華僑の指導者。

リシュオム，ルイ Richeôme, Louis 81歳。1544生。フランスのイエズス会士。

[この頃] **ウェブスター，ジョン** Webster, John [異]1638没、45？歳。1580([異]1578頃)生。イギリスの劇作家。

カヴァロッツィ，バルトロメーオ Cavarozzi, Bartolomeo 35？歳。1590生。イタリアの画家。

シュミット，ベルンハルト Schmid(Schmitt, Schmidt), Bernhard 58？歳。1567生。ドイツのオルガン奏者。

シンプソン Simpson(Sympson), Thomas 43？歳。1582生。イギリスの作曲家，ヴァイオル奏者。

バルフォア Balfour, Robert 75？歳。1550生。スコットランド出身の古典学者，教父学者。

ブザール，ジャン-バティスト Besard, Jean-Baptiste [異]1617以後没、58？歳。1567生。フランスのリュート奏者，作曲家。

ポイエルル Peuerl(Bäuerl, Peyerl), Paul 55？歳。1570生。オーストリアの作曲家，オルガン奏者，オルガン製作者。

1626年

2.06 ラ・ロシェルの和約が交わされる
8.27 神聖ローマ帝国軍がルッターで大勝する
10.20 後金でホンタイジ(太宗)が即位する

＊＊＊

ヴィルヘルム5世(バイエルンの) Wilhelm V (Bayern) 2.7没、77歳。1548生。バイエルン王。

カタルディ Cataldi, Pietro Antonio 2.11([異]1629)没、78歳。1548([異]1552)生。イタリアの数学者。

ダウランド，ジョン Dowland, John 2.20没、63歳。1563([異]1562)生。イギリスの作曲家，リュート奏者。

ターナー，シリル Tourneur, Cyril 2.28没、51歳。1575([異]1570頃)生。イギリスの悲劇作家。

ホスピニアン，ルードルフ Hospinian, Rudolf 3.11没、78歳。1547生。スイスの改革派神学者。

コトン，ピエール Coton, Pierre 3.19没、62歳。1564生。フランスのイエズス会司祭，著述家。

ベイコン，フランシス Bacon, Francis, Baron Verulam 4.9没、65歳。1561生。イギリスの哲学者。

ジェイコブ，ヘンリ Jacob, Henry 4.？没、64？歳。1562生。イギリスの清教徒。

カストロ Castro, Gaspar de 5.7没、66歳。1560生。ポルトガルのイエズス会宣教師。

バエザ Baeza, João Baptista 5.7没、68歳。1558生。スペインのイエズス会宣教師。

キルヴィツァー，ヴェンツェスラス・パンタレオン Kirwitzer, Wenzeslaus Pantaléon 5.22没、40歳。1586生。ボヘミア出身の来中国イエズス会士。

サフォーク伯 Suffolk, Thomas Howard, 1st Earl of 5.28没、64歳。1561生。イギリスの廷臣。

プホル，ホアン Pujol, Juan Pablo 5.？没、53？歳。1573生。スペインの作曲家。

アナ・デ・サン・バルトロメー Ana de San Bartolomé 6.7没、76歳。1549生。スペインの跣足カルメル会修道女。

ゾーラ Zola, Giovanni Battista 6.20没、51歳。1575生。イタリアのイエズス会宣教師。

パチェコ Pacheco, Francisco 6.20没、61歳。1565生。ポルトガルのイエズス会宣教師。

レスター伯 Leicester, Robert Sidney, 1st Earl of 7.13没、62歳。1563生。イギリスの軍人，外交官。

パーリツィン，アヴラアーミイ Palicyn, Avraamij 9.13没。ロシアの「動乱」時代の政治活動家，修道士。

アンドルーズ，ランスロット Andrewes, Lancelot 9.25没、71歳。1555生。イギリス国教会の司祭。

17世紀　1627

ヴィヨー，テオフィル・ド　Viau, Théophile de　9.25没、36歳。1590生。フランスのバロック詩人。
ブリル，パウル　Bril, Paul　10.7没、72歳。1554生。フランドルの風景画家。
パーチャス，サミュエル　Purchas, Samuel　10.21没、49歳。1577（㊥1575頃）生。イギリスの宗教家、編集者。
スネル，ヴィレブロルト・ファン・ローエン　Snell van Roijen, Willebrord　10.31没、46歳。1580（㊥1591）生。オランダの数学者。
アレン，エドワード　Alleyn, Edward　11.25没、60歳。1566生。イギリスの名優。
タバラン　Tabarin　11.29没、58？歳。1568生。フランスの笑劇役者。
マンスフェルト　Mansfeld, Peter Ernst II, Graf von　11.29没、46歳。1580生。ドイツの軍人。
デイヴィス，ジョン　Davies, Sir John　12.8没、57歳。1569生。イギリスの詩人、法律家。
ブロス，サロモン・ド　Brosse, Salomon de　12.9（㊥1627）没、61歳。1565（㊥1562頃）生。フランスの建築家。
ガンター，エドマンド　Gunter, Edmund　12.10没、45歳。1581生。イギリスの天文学者、数学者、物理学者、技術者。
マイスナー，バルタザル　Meisner, Balthasar　12.29没、39歳。1587生。ドイツのルター派神学者。
[この年] アセルリ，ガスパーレ　Aselli, Gasparo　(㊥1625没、45歳。1581生。イタリアの医者、解剖学者。
アングイッソラ，ソフォニズバ　Anguissola, Sofonisba　94？歳。1532生。イタリアの女性画家。
アンヘレス，ホアン・デ・ロス　Angeles, Juan de los　スペインのドミニコ会宣教師。
ヴィンケルマン，ヨハネス　Winckelmann, Johannes　75歳。1551生。ドイツのルター派牧師。
ガクワン・ナムギェル　sTag lung pa Shabs drun Ngag dbang rnam rgyal　55歳。1571生。チベットのタクルン・カーギュ派仏教者。
カプラ　Capra, Baldassar (Baldesar)　46？歳。1580生。イタリアの天文学者。
グランマーティカ，アンティヴェドゥート　Grammatica, Antiveduto　55？歳。1571生。イタリアの画家。
クリスティアン・フォン・ブラウンシュバイク　Christian von Braunschweig　27歳。1599生。プロテスタント派の軍人。
高攀竜　64歳。1562生。中国、明末期の学者、政治家。
コケーン　Cockayne, Sir William　イギリスの大商人、ロンドン市長（19～20）。
コペラーリオ　Coperario, John　51？歳。1575生。イギリスのリュート奏者、作曲家。

コペラリオ，ジョヴァンニ　Coperario (Coprario), Giovanni　51？歳。1575生。イギリスの作曲家。
ザルトーリウス，ヤーコプ　Sartorius, Jakob　66？歳。1560生。ドイツの改革派神学者。
タルピーノ，エネーア　Talpino, Enea　76？歳。1550生。イタリアの画家。
チェルネンブル，ゲオルク・エラスムス・フライヘル・フォン　Tschernembl, Georg Erasmus Frhr. von　59歳。1567生。オーストリアのカルヴァン派政治家。
デ・フリース，アドリアーン　de Vries, Adriaan　81歳。1545生。オランダの彫刻家。
ド・コー　Caus, Salomon de　50？歳。1576生。フランスの王室建築家、同技師、物理学者。
バスケーニス，クリストーフォロ　Baschenis, Cristoforo, il Giovane　66歳。1560生。イタリアの画家。
ベロアルド・ド・ヴェルヴィル　Béroalde de Verville　68歳。1558生。フランスの作家。
ポマランチョ　Pomarancio　74歳。1552生。イタリアの画家。
マリカンバル　Malikambar　インドのアハマドナガルの政治家。
モラッツォーネ　Morazzone　53歳。1573生。イタリアの画家。
ラ・バール（シャバンソー・ド），ピエール2世　La Barre Chabanceau de, Pierre II　54歳。1572生。パリのリュート奏者。
リゴッツィ，ヤーコポ　Ligozzi, Iacopo　79歳。1547生。イタリアの画家。
ルスティチ，フランチェスコ　Rustici, Francesco　51？歳。1575生。イタリアの画家。
[この頃] カンパーニャ，ジェローラモ　Campagna, Gerolamo　76？歳。1550生。イタリアの建築家、彫刻家。
ターリブ・アームリー　Ṭālib Amulī　イランの詩人。
ブレトン，ニコラス　Breton, Nicholas　㊥1625頃没、81？歳。1545（㊥1555頃）生。イギリスの詩人。
ベルガンブ，ジャン　Bellegambe le Jeune, Jean　16世紀末生。フランスの画家。
マートン，ジョン　Murton, John　39？歳。1587生。イギリスのジェネラル（普遍）バプテスト派牧師、毛皮商人。

1627年

3.01　後金のホンタイジが朝鮮侵攻を命じる
***
メンツァー，バルタザル　Mentzer, Balthasar　1.6没、61歳。1565生。ドイツのルター派神学者。

人物物故大年表 外国人編　*383*

1627

ノールト　Noort, Olivier van　2.22没、68？歳。1559生。オランダの最初の世界周航船隊司令官。

ザッコーニ　Zacconi, Lodovico　3.23没、71歳。1555生。イタリアの歌手、作曲家、理論家。

ゲタールディ　Ghetaldi, Marino　4.11(㊥1626)没、61歳。1566生。ユーゴスラヴィアの外交官、数学者。

ミドルトン，トマス　Middleton, Thomas　4.?没、57？歳。1570(㊥1580)生。イギリスの劇作家。

ヴィアダーナ，ロドヴィーコ　Viadana, Lodovico Grossi da　5.2(㊥1645)没、63？歳。1564(㊥1560頃)生。イタリアの作曲家。

ヘルベルガー，ヴァレーリウス　Herberger, Valerius　5.18没、65歳。1562生。ポーランドのドイツ系教会の牧師、讃美歌作詞者。

トマス(イエスの)　Tomás à Jesu　5.24没、63歳。1564生。スペインのカルメル会修道士。

ゴンゴラ，ルイス・デ　Góngora y Argote, Luis de　5.29没、65歳。1561生。スペインの詩人。

フリース，アドリアーン・デ　Vries, Adraen de　6.?(㊥1626)没、67？歳。1560(㊥1546頃)生。オランダの彫刻家。

ケイ，リーヴェン・デ　Key, Lieven de　7.17没、67？歳。1560生。オランダの建築家。

カンプヘイゼン，ディルク・ラーファエルスゾーン　Camphuysen, Dirck Raphaelszoon　7.19(㊥1626)没、41歳。1586生。オランダの詩人、神学者、牧師。

モデュイ，ジャック　Mauduit, Jacques　8.21没、69歳。1557生。フランスの作曲家。

サンチェス・コターン，フアン　Sánchez Cotán, Juan　9.8没、67歳。1560(㊥1561？)生。スペインの画家。

ジャハンギール　Jahāngīr　11.7没、58歳。1569生。インド、ムガル帝国第4代皇帝(在位1605～27)。

メーサ，ホアン・デ　Mesa, Juan de　11.26没、44歳。1583生。スペインの彫刻家、建築家。

コンデル，ヘンリー　Condell, Henry　12.?没。イギリスの俳優。

この年　アギレーラ・デ・エレディア，セバスティアン　Aguilera de Heredia, Sebastián　67？歳。1560生。スペインのオルガン奏者、作曲家。

カヴァーニャ，ジョヴァンニ・パーオロ　Cavagna, Giovanni Paolo　71歳。1556生。イタリアの画家。

魏忠賢　㊥1629没。中国、明末の宦官。

シファーイー　Shifā'ī　イランのサファヴィー朝初期の詩人。

シュティーフェル，エザーヤス　Stiefel, Esajas　67？歳。1560生。ドイツの熱狂主義者。

趙南星　77歳。1550生。中国、明末期の官僚。

天啓帝　22歳。1605生。中国、明第16代皇帝(在位1620～27)。

ド・ラ・プランシュ，フランソワ　De la Planche, François　54歳。1573生。フランドル出身のタピスリー制作家。

トムキンズ，トマス(父)　Tomkins, Thomas I　82歳。1545生。イギリスの作曲家、合唱隊長、オルガン奏者。

バルブエナ，ベルナルド・デ　Balbuena, Bernardo de　59歳。1568生。詩人、聖職者。

ハーン・ハーナーン　Khān Khānān, Mīrzā Abdu'r Rahīm　74歳。1553生。インドのムガル王朝の政治家、詩人。

バーンフィールド　Barnfield, Richard　53歳。1574生。イギリスの詩人。

ヘーワード　Hayward, Sir John　63？歳。1564生。イギリスの法律家、歴史家。

パッジ，ジョヴァンニ・バッティスタ　Paggi, Giovanni Battista　73歳。1554生。イタリアの画家。

ピネグリエ，ルイ　Pinaigrier, Louis　フランスのステンドグラス制作家。

葉向高　68歳。1559生。中国、明後期の政治家。

ランターナ，ジョヴァンニ・バッティスタ　Lantana, Giovanni Battista　46歳。1581生。イタリアの建築家。

ロアゾー　Loyseau, Charles　63歳。1564生。フランスの思想家、法論理家。

この頃　シモン・ドミンゲス，ペドロ　Simón Domínguez, Pedro　46？歳。1581生。ベネズエラとコロンビアの年代記作者。

フィアンメンギーニ，ジョヴァンニ・バッティスタ　Fiammenghini, Giovanni Battista　66？歳。1561生。イタリアの画家。

1628年

2.04　シャー・ジャハーンがムガル皇帝に即位
6.17　チャールズ1世が権利請願を裁可する
10.28　ユグノー最後の拠点ラ・ロシェルが陥落

* * *

リバルタ，フランシスコ　Ribalta, Francesco　1.12没、63歳。1565(㊥1555)生。スペインの画家。

グラル，シモン　Goulart, Simon　2.3没、84歳。1543生。ジュネーヴの神学者、歴史家。

アイヒンガー，グレーゴル　Aichinger, Gregor　2.21没、63歳。1564生。ドイツのオルガン奏者、作曲家。

フェラボスコ，アルフォンソ2世　Ferrabosco, Alfonso II　3.11没、53？歳。1575(㊥1578以前)生。イタリアの音楽家。

17世紀　1629

ブル，ジョン　Bull, John　3.12？没、66？歳。1562生。イギリスの作曲家，オルガン，バージナル奏者。
ライング，ヤーコプ　Reihing, Jakob　5.5没、49歳。1579生。ドイツのイエズス会士。
マルベンダ，トマス　Malvenda, Thomas　5.7没、62歳。1566生。スペインの聖書学者，歴史家，ドミニコ会修道士。
ラートマン，ヘルマン　Rahtmann, Hermann　6.30没、43歳。1585生。ドイツの神学者。
メティウス，ヤコブス　Metius, Jacobus　6.？没、48歳。1580生。オランダの光学器具製作者。
プレストン，ジョン　Preston, John　7.20没、41歳。1587生。イギリスのピューリタン説教者。
バッキンガム，ジョージ・ヴィラーズ，初代公爵　Buckingham, George Villiers, 1st Duke of　8.23没、36歳。1592生。イギリスの貴族。
アントニョ・デ・サン・ボナベントゥラ　Antonio de San Bonaventura　9.8没、40歳。1588生。スペインのフランシスコ会宣教師。
カステレト　Castellet, Domingo　9.8没、35歳。1592生。スペインのドミニコ会宣教師。
グレヴィル，フルク　Greville, Sir Fulke, 1st Baron Brooke　9.30没、73歳。1554生。イギリスの詩人，劇作家，政治家。
ソリエ　Solier, François　10.16没、70歳。1558生。フランスのイエズス会宣教師。
マレルブ，フランソワ・ド　Malherbe, François de　10.16没、73歳。1555生。フランスの詩人。
フランツ，ヴォルフガング　Franz, Wolfgang　10.26没、64歳。1564生。ドイツのルター派神学者。
トリゴー，ニコラ　Trigault, Nicolas　11.14没、51歳。1577生。フランスのイエズス会士。
ゴンサーレス，ローケ　González, Roque　11.15没、52歳。1576生。パラグアイ生れのイエズス会の宣教師，殉教者。
クァリアーティ　Quagliati, Paolo　11.16没、73？歳。1555生。イタリアの作曲家，オルガン奏者。
スピラ（スピール），ピエール・ヴァン　Spira (Spiere), Pierre van　12.20没、44歳。1584生。フランスの来中国イエズス会士。
[この年] アシュケナジ　Ashkenazi, Jacob ben Isaac　78歳。1550生。ポーランド系ユダヤ人のイディシュ文学者。
アルスロート，デニス・ヴァン　Alsloot, Denis van　58歳。1570生。フランドルの画家。
カヴェンディッシュ，マイケル　Cavendish, Michael　63？歳。1565生。イギリスのリュート歌曲とマドリガルの作曲家。
ガルセス　Garcés, García　68歳。1560生。スペインのイエズス会宣教師。
カンディド，ピエトロ　Candid, Pieter　80？歳。1548生。オランダの画家。
クローチェ，バルダッサッレ　Croce, Baldassarre　70？歳。1558生。イタリアの画家。
ゴクレニウス　Goclenius, Rudolf　81歳。1547生。ドイツの論理学者。
サーデレル，ラファエル1世　Sadeler, Raphaël I　67歳。1561生。フランドルの版画家。
申欽　62歳。1566生。朝鮮，李朝中期の文人。
ソングターム　Songt'am　シャムの王（在位1610～28）。
丁雲鵬　81？歳。1547生。中国，明末の画家。
フィリップス，ピーター　Philips, Peter　68？歳。1560生。イギリスの作曲家，オルガン奏者。
フェルトン　Felton, John　33？歳。1595生。イギリスの海軍人。
米万鍾　㊟1629没、58歳。1570生。中国，明末期の書家。
パルマ・イル・ジョーヴァネ　Palma Giovane　84歳。1544生。イタリアの画家。
李睟光　65歳。1563（㊟1536）生。朝鮮，李朝の文臣，学者。
リバルタ，フアン　Ribalta, Juan　32？歳。1596生。スペインの画家。
[この頃] アベリャネダ　Avellaneda, Alonso Fernández de　66？歳。1562生。セルバンテス作『ドン・キホーテ』の第1部に対して第2部を書いた（1614）スペインの或る作家の筆名。
ガブリエル，ジャック1世　Gabriel, Jacques I　フランスの建築家。
カーペンター　Carpenter, Nathanael　39？歳。1589生。イギリスの哲学者，地理学者。
デッラ・ヴァッレ，フェデリーゴ　Della Valle, Federigo　68？歳。1560生。イタリアの劇作家，詩人。
ヤンセン　Jansen, Zacharias　40？歳。1588生。オランダの発明者。

1629年

3.12　イギリスで無議会時代が始まる
3.29　フェルディナント2世が回復令を発する
5.22　リューベックの和約が結ばれる
＊＊＊
リーディウス，バルタザール　Lydius, Balthasar　1.20没、53？歳。1576生。オランダの改革派神学者。
タルノ，ヨーハン　Tarnow, Johann　1.22没、42歳。1586生。ドイツのルター派神学者。
アッバース1世　'Abbās I　1.27（㊟1628）没、86歳。1571（㊟1557）生。ペルシアのサファビー朝第5代王（在位1587～1629）。

人物物故大年表 外国人編　*385*

17世紀

プレトリウス, ヒエローニュムス Praetorius, Hieronymus 1.27没、68歳。1560生。ドイツのオルガン奏者。

マデルナ, カルロ Maderna, Carlo 1.30没、73歳。1556生。イタリアの建築家。

李流芳 1.？没、54歳。1575生。中国、明末の画家。

ブルマイスター, ヨーアヒム Burmeister, Joachim 3.5没、65歳。1564生。ドイツの理論家, 作曲家。

トトネス伯 Totnes, George Carew, Earl of 3.27没、73歳。1555生。イギリスの軍人、政治家。

テーリンク, ウィレム Teellinck, Willem 4.8没、51歳。1578生。オランダの改革派神学者、敬虔主義の先駆者。

シモノーヴィチ Szymonowicz, Szymon 5.5没、70？歳。1558生。ポーランドの詩人。

サットン, クリストファー Sutton, Christopher 5.？没、64？歳。1565生。英国教会の聖職, 修徳書作者。

セラノ Serrano, Miguel Garcia 6.4没、60歳。1569生。スペインのアウグスティノ会宣教師。

スピード, ジョン Speed, John 7.28没、77歳。1552生。イギリスの歴史家、地図製作者。

ベルニーニ, ピエトロ Bernini, Pietro 8.29没、67歳。1562生。イタリアの彫刻家。

ブックストルフ, ヨーハン Buxtorf, Johannes 9.13没、64歳。1564生。ドイツのセム学者。

クーン, ヤン・ピーテルスゾーン Coen, Jan Pieterszoon 9.21没、42歳。1587(㊟1586)生。東インド会社の第4代および第6代総督。

チフラ, アントニオ Cifra, Antonio 10.2没、45歳。1584生。イタリアの作曲家。

ベリュル, ピエール・ド Bérulle, Pierre de 10.2没、54歳。1575生。フランスの聖職者、政治家。

アゴスティーニ, パオロ Agostini, Paolo 10.3没、46歳。1583生。イタリアの作曲家、オルガン奏者。

スクルテートゥス, アーブラハム Scultetus, Abraham 10.24没、63歳。1566生。ドイツの改革派神学者。

サンドズ Sandys, Sir Edwin 10.？没、67歳。1561生。イギリスの政治家。

テルブルッヘン, ヘンドリック Terbrugghen, Hendrik 11.1没、41歳。1588(㊟1587頃)生。オランダの画家。

アマーマ, シクスティヌス Amama, Sixtinus 11.9没、36歳。1593生。オランダの改革派神学者。

ベトレン, ガーボル Bethlen, Gábor 11.15没、49歳。1580生。トランシルバニア公(在位1613～29)。

ヴォレプ, ヨハネス Wolleb, Johannes 11.24没、42歳。1586生。スイスの改革派神学者。

この頃 アリエンセ Aliense 73歳。1556生。イタリアの画家。

カステロ, ベルナルド Castello, Bernardo 72歳。1557生。イタリアの画家。

サアカーゼ Saakadze, Georgii 49？歳。1580生。ソ連、グルジアの民族的英雄。

奢崇明 中国、明末の苗族の反乱指導者。

チェージ, バルトロメーオ Cesi, Bartolomeo 73歳。1556生。イタリアの画家。

デ・ヘイン, ヤーコプ2世 de Gheyn, Jacob II 64歳。1565生。フランドルの画家、版画家。

ディンディア, シジズモンド D'India, Sigismondo 47？歳。1582(㊟1580頃)生。イタリアの作曲家。

テーリンク, エドワール(エーウォウト) Teellinck, Eduard(Eewoud) 59？歳。1570生。オランダの改革派神学者、敬虔主義の担い手。

トランブレー, バルテルミー Tremblay, Barthélemy 61歳。1568生。フランスの彫刻家、素描家。

ビナーゴ, ロレンツォ Binago, Lorenzo 73歳。1556生。イタリアの建築家。

ヘイン Hein, Piet 52？歳。1577生。オランダの提督。

ベスラー, バシリウス Besler, Basilius 68歳。1561生。植物学者。

ボージオ, アントーニオ Bosio, Antonio 53？歳。1576生。イタリアの考古学者、カタコンベ(地下墓所)研究の開拓者。

ボネト Bonet, Juan Pablo スペインの聾教育者。

ホファールツ, アブラハム Govaerts, Abraham 40歳。1589生。フランドルの画家。

プロカッチーニ, カミッロ Procaccini, Camillo 78？歳。1551(㊟1546)生。イタリア, ボローニャ派の画家。

マンゴーネ, ファービオ Mangone, Fabio 42歳。1587生。イタリアの建築家。

毛文竜 53歳。1576(㊟1579)生。中国、明末の武将。

楊鎬 中国、明末の武将。

李之藻 ㊟1630没、64歳。1565生。中国、明末の学者。

リス, ヨハン Liss, Johann 34？歳。1595(㊟1597頃)生。ドイツの画家。

1630年

7.06 グスタフ2世アドルフが三十年戦争に参戦
9.07 マサチューセッツ湾にボストンを建設する
11.10 ルイ13世がリシュリュー支持を表明する

＊＊＊

サパータ・イ・サンドバール, ホアン Zapata y Sandoval, Juan 1.9没。グアテマラ司教。

ブリッグズ, ヘンリー Briggs, Henry 1.26(㊟1631)没、68歳。1561(㊟1556)生。イギリスの数学者、天文学者。

17世紀　1630

オレー，ルイス・ヘロニモ・デ　Oré, Luis Gerónimo de　1.30没、76歳。1554生。ペルーのフランシスコ会士、言語学者、司教。

ブレード　Brade, William　2.26没、70歳。1560生。イギリスのヴァイオリン奏者、ヴァイオル奏者、作曲家。

ディアリング，リチャード　Dering, Richard　3.22没、50？歳。1580生。イギリスのオルガン奏者、作曲家。

ロメーロ，ホアン　Romero, Juan　3.31没、71歳。1559生。スペインのイエズス会宣教師。

ベートソン，トマス　Bateson, Thomas　3.？没、60歳。1570生。イギリスの作曲家。

オビニェー，テオドール・アグリッパ・ド　Aubigné, Théodore Agrippa de　5.9没、78歳。1552生。フランスの軍人、詩人、歴史家。

ドービニェ，アグリッパ　D'Aubigné, Théodore Agrippa　5.9没、78歳。1552生。フランスの詩人、小説家。

テレンツ，ジャン　Terrenz, Jean　5.11没、54歳。1576(㊥1575)生。スイスのイエズス会士。

マルティーニ，マティーアス　Martini, Matthias　6.21没、58歳。1572生。ドイツの改革派神学者。

アネーリオ，ジョヴァンニ・フランチェスコ　Anerio, Giovanni Francesco　6.11没、63歳。1567生。イタリアの作曲家、歌手。

カルロ・エマヌエレ1世　Carlo Emmanuele I　7.26没、68歳。1562生。サボイア公(1580)。

チェージ　Cesi, Federico　8.1没、45歳。1585生。イタリアの博学者。

ヒギンスン，フランシス　Higginson, Francis　8.6没、44？歳。1586生。アメリカの会衆派牧師。

ファーブリ(ファベール)，フィリッポ　Fabri (Faber), Filippo　8.27没、66歳。1564生。イタリアの神学者、ドゥンス・スコトゥスの注解者。

アドゥアルデ，ディエゴ・フランシスコ　Aduarde, Diego Francisco　8.？(㊥1636)没、60歳。1570生。スペインの宣教師。

クレースル，メルヒオル　Khlesl, Melchior　9.18没、77歳。1553(㊥1552)生。オーストリアの聖職者。

スピノーラ，アンブロージョ・ディ・フィリッポ，ロス・バルバセス侯爵　Spinola, Ambrogio di, 1st Marqués de Los Balbases　9.25没、61歳。1569生。イタリア出身のスペインの軍人。

ヘミング(ヘミングズ)，ジョン　Heming, John　10.10没、74？歳。1556生。イギリスの俳優。

アマーティ，ジロラモ　Amati, Girolamo (Hieronimus)　11.2没、69歳。1561生。イタリア・クレモナの弦楽器製作家。

ケプラー，ヨハネス　Kepler, Johannes　11.15没、58歳。1571生。ドイツの天文学者。

ファン・デ・フェルデ，エサイアス　Van de Velde, Esaias I　11.18没、40？歳。1590(㊥1587)生。オランダの画家。

シャイン，ヨーハン・ヘルマン　Schein, Johann Hermann　11.19没、44歳。1586生。ドイツの作曲家。

ペドロ・バウチスタ　Pedro Baptista, Parres y Tamayo　12.10没、59歳。1571生。スペインのフランシスコ会宣教師。

バタイユ，ガブリエル　Bataille, Gabriel　12.17没、55？歳。1575(㊥1574頃)生。フランスのリュート奏者、作曲家。

この年　アミダーノ，ジューリオ・チェーザレ　Amidano, Giulio Cesare　64？歳。1566生。イタリアの画家。

アルバネーゼ，ジャンバッティスタ　Albanese, Giambattista　57歳。1573生。イタリアの彫刻家、建築家。

袁崇煥　中国、明末の武将。

オッティーノ，パスクアーレ　Ottino, Pasquale　60？歳。1570生。イタリアの画家。

ガリーツィア，フェーデ　Galizia, Fede　52歳。1578生。イタリアの女性画家。

カルローネ，ジョヴァンニ　Carlone, Giovanni　40歳。1590生。イタリアの芸術家、装飾家。

グランディ，アレッサンドロ　Grandi, Alessandro　53？歳。1577(㊥1575頃)生。イタリアの作曲家。

クレスピ，ダニエーレ　Crespi, Daniele　40歳。1590(㊥1597)生。イタリアの画家。

スピーリンク，フランス　Spierinck, Frans　79歳。1551生。フランドルのタピスリー制作家。

セローディネ，ジョヴァンニ　Serodine, Giovanni　30歳。1600生。イタリアの画家。

大韃元来　55歳。1575生。中国、明末の禅僧。

テンペスティ，アントーニオ　Tempesti, Antonio　75歳。1555生。イタリアの画家、銅版画家。

トゥム(トゥミウス)，テーオドーア　Thumm (Thummius), Theodor　44歳。1586生。ドイツのルター派神学者。

バスケス・デ・エスピノーサ，アントニオ　Vázquez de Espinosa, Antonio　60？歳。1570生。スペインのカルメル会士、著述家。

バッセッティ，マルカントーニオ　Bassetti, Marcantonio　42歳。1588生。イタリアの画家。

ハーバート，ウィリアム，3代ペンブルック伯爵　Herbert, William, 3rd Earl of Pembroke　50歳。1580生。イギリスの詩人。

ハーベー　Harvey, Gabriel　85？歳。1545生。イギリスの学者、批評家。

マンチーニ，ジューリオ　Mancini, Giulio　72歳。1558生。イタリアの美術史家。

モリソン　Moryson, Fynes　64歳。1566生。イギリスの旅行家。

人物物故大年表 外国人編　*387*

游文輝　55歳。1575生。中国人のイエズス会士，助修士（教義解説師）。
リミナルディ，オラーツィオ　Riminaldi, Orazio　44歳。1586生。イタリアの画家。
[この頃] グリマルディ，フランチェスコ　Grimaldi, Francesco　87？歳。1543(Ⓜ1545)生。イタリアの建築家。
徐復祚　70？歳。1560生。中国，明代の劇作家。
ダニエル，ジョン　Daniel, John　65？歳。1565生。イギリスの作曲家，リュート奏者。
ナウヴァッハ　Nauwach, Johann　35？歳。1595生。ドイツの作曲家。
ビアンキ，アンドレーア　Bianchi, Andrea　39？歳。1591生。イタリアの画家。
フォンターナ，ジョヴァンニ・バッティスタ　Fontana, Giovanni Battista　イタリアの作曲家，ヴァイオリン奏者。
ブルネッリ，アントニオ　Brunelli, Antonio　55？歳。1575生。イタリアの作曲家，音楽理論家。
ホロウィッツ　Horowitz, Isaiah　75？歳。1555生。ボヘミア生れのユダヤ人のラビ，神秘主義者。
モン　Monts, Pierre du Guast, Sieur de　70？歳。1560生。フランスのカナダ植民地建設者。
ロッシ，サロモーネ　Rossi, Salomone　60？歳。1570生。イタリアのヴァイオリン奏者，作曲家。
ロドリゲス，ジェローニモ　Rodrigues, Jeronimo　ポルトガルの来中国イエズス会士。

1631年

5.30　フランス最初の新聞「ガゼット」が創刊
6.19　マントヴァ継承戦争が終結する
9.17　ブライテンフェルトの戦いが起こる
　　　　　＊＊＊
アルヘンソーラ，バルトロメ・ルオナルド・デ　Argensola, Bartolomé Leonardo de　2.4没，68歳。1562(Ⓜ1566)生。スペインの詩人。
トゥルレッティーニ，ベネデット（ベネディクト）　Turrettini, Benedetto(Benedict)　3.4没，42歳。1588生。スイスの神学者。
ダン，ジョン　Donne, John　3.31没，59歳。1572(Ⓜ1573)生。イギリスの詩人，聖職者。
コットン，サー・ロバート・ブルース　Cotton, Sir Robert Bruce, Bart　5.6没，60歳。1571生。イギリスの政治家，古物収集家。
スミス，ジョン　Smith, John　6.21没，51歳。1580(Ⓜ1579)生。イギリスの軍人，探検家，作家。
ブルース，ロバート　Bruce, Robert　7.13没，77歳。1554生。スコットランドの牧師。
カストロ，ギリェン・デ　Castro y Bellvís, Guillen de　7.28没，62歳。1569生。スペインの劇作家。

ダヴィラ　Davila, Enrico Caterino　8.8没，54歳。1576生。イタリアの歴史家。
ボルロメーオ，フェデリーゴ　Borromeo, Federigo　9.22没，67歳。1564生。イタリアの枢機卿，カトリック改革の指導者。
ベイリ，ルーイス　Bayly, Lewis　10.26没，66歳。1565生。英国教会の聖職，敬虔文書の著者，バンガー主教。
フレミング，パトリク　Fleming, Patrick　11.7没，32歳。1599生。アイルランドのフランシスコ会士，聖人伝記者。
コンスタンタン・ド・バルバンソン　Constantin de Barbanson　11.25？没，50？歳。1581生。カプチン会の神秘家，修徳神学者。
リシェ，エドモン　Richer, Edmond　11.29没，72歳。1559生。フランスの教会法学者，ガリカニスム（教皇権制限主義）の理論家。
ボウルトン，ロバート　Bolton, Robert　12.17没，59歳。1572生。英国教会の聖職，ピューリタンの説教家，神学者。
メストリン　Mästlin, Michael　12.20没，81歳。1550生。ドイツの天文学者。
ドレイトン，マイケル　Drayton, Michael　12.23没，68歳。1563生。イギリスの詩人。
[この年] アーレンツゾーン，アーレント　Arentsz., Arent　46？歳。1585生。オランダの画家。
王嘉胤　中国，明末の農民叛乱の指導者。
ガラス，フランソワ　Garasse, François　47歳。1584生。フランスのイエズス会説教者。
カルバリョ　Carvalho, Valentin　71歳。1560生。ポルトガルのイエズス会宣教師。
金長生　83歳。1548生。李朝の儒臣。
グレニンガー，ハインリヒ　Gröninger, Heinrich　ドイツの彫刻家。
クレモニーニ　Cremonini, Cezare　81歳。1550生。イタリアのアリストテレス学者。
コンフォルト，ジャン・ジャーコモ　Conforto, Gian Giacomo　イタリアの建築家。
スコルツァ，シニバルド　Scorza, Sinibaldo　42歳。1589生。イタリアの画家。
ダミーニ，ピエトロ　Damini, Pietro　39歳。1592生。イタリアの画家。
譚元春　(Ⓜ1637没，45歳。1586生。中国，明代の詩人。
張復　85歳。1546生。中国，明末の画家。
ファン・デル・ハーメン・イ・レオン，フアン　van der Hamen y León, Juan　35歳。1596生。スペインの画家。
ピシュー　Pichou　35？歳。1596生。フランスの劇作家。
ピナス，ヤン　Pynas, Jan　48？歳。1583生。オランダの画家。

17世紀　1632

ホブソン，トマス　Hobson, Thomas　77？歳。1554生。ケンブリッジの運送および宿屋経営者。

モムターズ・マハール　Mumtāz Mahall　インド，ムガル帝国第5代シャー・ジャハーン帝の妃。

葉茂才　72歳。1559生。中国，明末期の官僚。

[この頃] ダーマード　Dāmād, Mīr　イランのサファヴィー朝の哲学者，イスラム教シーア派神学者。

1632年

この年　「タージ・マハール」の建設が始まる
＊＊＊

ヤンセンス，アブラハム　Janssens, Abraham　1.25没，57？歳。1575生。フランドルの画家。

ビュルギ　Bürgi, Jobst　1.31没、79歳。1552生。スイスの宮廷時計師，数学者，天文学者。

アル・マッカリー　al-Maqqarī, Abū'l-'Abbās Aḥmad b.Muḥammad　1.？没，41？歳。1591生。アラブ系の歴史家，神学者。

ビベス，ホアン・バウティスタ　Vives, Juan Bautista　2.22没，86歳。1545生。スペイン出身の宣教師教育者。

バジーレ，ジャンバッティスタ　Basile, Giambattista　2.23没，57？歳。1575生。イタリアの詩人，小説家。

バシェ・ド・メジリアク　Méziriac, Claude Gaspar Bachet de　2.25（愈1638）没，50歳。1581生。フランスの数学者。

モーリツ　Moritz von Hessen　3.15没，59歳。1572生。ヘッセン・カッセル地方伯。

ルイス・デ・モントヤ，ディエゴ　Ruiz de Montoya, Diego　3.15没，70歳。1562生。スペインのカトリック神学者。

ボルティモア，ジョージ・カルヴァート，男爵　Calvert, George, 1st Baron Baltimore　4.15没，52？歳。1580（愈1578頃）生。イギリスの政治家。

ジグムント3世　Zygmunt III Waza　4.30没，65歳。1566生。ポーランド国王（在位1587～1632）。

ティリ，ヨハン・ツェルクラエス，伯爵　Tilly, Johan Tserclaes Graf von　4.30没，73歳。1559生。バイエルン公国の軍人。

タナー，アーダム・フォン　Tanner, Adam von　5.25没，60歳。1572生。オーストリアのイエズス会神学者。

ソザ　Sousa, Frei Luiz de　5.？没，77？歳。1555生。ポルトガルの歴史家。

ボルリ，クリストフォロ　Borri, Cristoforo　5.24没，49歳。1583生。イタリアのイエズス会宣教師。

ファン・バーレン，ヘンドリック　Balen, Hendrick van　7.17没，57歳。1575生。フランドルの画家。

シュテークマン，ヨーズア　Stegmann, Josua　8.3没，44歳。1588生。ドイツのルター派神学者。

マリヤック　Marillac, Michel de　8.7没，68歳。1563生。フランスの政治家。

ガブリエル　Gabriel de la Madalena　9.3没。スペインのフランシスコ会宣教師。

フランシスコ・デ・ヘスス　Francisco de Jesús　9.3没，42歳。1590生。スペインのアウグスティノ会宣教師。

グティエレス　Gutiérrez, Bartholomé　9.12没，52歳。1580生。スペインのアウグスティノ会宣教師。

宋珏　10.4没，56歳。1576生。中国，明末の文人画家。

マテリーフ　Matelief de Jonge, Cornelis　10.17没，36歳。1596生。オランダの東洋遠征艦隊司令官。

グスタフ2世　Gustav II Adolf　11.16没，37歳。1594生。スウェーデン王（在位1611～32）。

パッペンハイム　Pappenheim, Gottfried Heinrich, Graf zu　11.17没，38歳。1594生。ドイツの将軍。

エリオット，サー・ジョン　Eliot, Sir John　11.27没，40歳。1592生。イギリスの政治家，弁論家。

フリードリヒ5世　Friedrich V　11.29没，36歳。1596生。ライン・ファルツ選帝侯兼ボヘミア王。

ジラール　Girard, Albert　12.8？没，37歳。1595生。フランスの数学者。

マセド　Macedo de Carvalho, Jeronimo　12.？没。ポルトガルの日本貿易船隊司令官。

[この年] アグッキ，ジョヴァンニ・バッティスタ　Agucchi, Giovanni Battista　62歳。1570生。イタリアの美術著述家。

アラウージョ，アントニオ・デ　Araújo, Antônio de　66歳。1566生。ブラジルへのイエズス会宣教師。

王驥徳　中国，明代の戯曲家。

カロン，ジョゼフ・ル　Caron, Joseph Le　46歳。1586生。フランス人カトリック宣教師。

クルティ，ジローラモ　Curti, Girolamo　57歳。1575生。イタリアの画家。

クレスピ，ジョヴァンニ・バッティスタ　Crespi, Giovanni Battista　75？歳。1557？生。イタリアの画家，彫刻家。

敬軒　90歳。1542生。朝鮮中期の禅僧。

ケネル，ニコラ　Quesnel, Nicolas　フランスの画家。

朱国禎　中国，明末期の宰相。

チェラーノ　Cerano　57？歳。1575生。イタリアの画家，建築家。

バランタン・ド・ブーローニュ　Valentin de Boulogne　(愈1634没，41歳。1591生。フランスの画家。

フレヴィンホーヴェン，ニーコラウス　Grevinchoven, Nikolaus　オランダ出身のアルミニウス派神学者。

ベッドウェル　Bedwell, William　71？歳。1561没。イギリスのアラビア学者。

人物物故大年表 外国人編　*389*

ボノーニ, カルロ　Bononi, Carlo　63歳。1569生。イタリアの画家。

ポルセリス, ヤン　Porcellis, Jan　48？歳。1584生。フランドル出身のオランダの画家。

ランスベルグ　Lansberge, Philip von　71歳。1561生。ベルギー生れの数学者。

ルドミナ, アンドレ（アンドレーアス）　Rudomina, André (Andreas)　38歳。1594生。ポルトガルの来中国イエズス会士。

[この頃] アルディ, アレクサントル　Hardy, Alexandre　㊞1630頃没、62？歳。1570(㊞1570)生。フランスの劇詩人。

ジオニーシイ　Dionisij　62？歳。1570生。ロシアの掌院。

邱良禀　51？歳。1581生。中国人のイエズス会士。

ヘーム, ダビット1世　Heem, David I de　62？歳。1570生。オランダの静物画家。

マッジーニ, ジョヴァンニ・パオロ　Maggini, Giovanni Paolo　㊞1630以降没、51？歳。1581(㊞1579)生。イタリアの弦楽器製作家。

ルドヴィージ, ルドヴィーコ　Ludovisi, Ludovico　37？歳。1595生。イタリアの枢機卿で蒐集家。

1633年

6.22　ガリレオ・ガリレイが有罪判決を受ける
＊　＊　＊

マトス　Mattos, Gabriel de　1.13没、61歳。1572生。ポルトガルのイエズス会宣教師。

ナイエンローデ　Neijenroode, Conelis van　1.31没。オランダの平戸商館長。

徐光啓　1.？没、70歳。1562生。中国、明末の政治家、学者。

ハーバート, ジョージ　Herbert, George　3.1没、39歳。1593生。イギリスの詩人、聖職者。

タルノ, パウル　Tarnow, Paul　3.6没、70歳。1562生。ドイツのルター派神学者。

ラストマン, ピーテル　Lastman, Pieter　4.4没、50歳。1583生。オランダの画家。

ゴドウィン, フランシス　Godwin, Francis　4.？没、71歳。1562生。イギリスの司教。

コニンク, ジル・ド　Coninck, Giles de　5.31没、61歳。1571生。フランスのイエズス会神学者。

ブラウン, ロバート　Browne, Robert　6.2？没、83？歳。1550生。イギリスの宗教家。

エスコバル, マリーナ・ド　Escobar, Marina de　6.9没、79歳。1554生。スペインの修道女。

アボット, ジョージ　Abbot, George　8.4没、70歳。1562生。カンタベリー大主教。

マンデイ, アントニー　Munday, Anthony　8.9没、73歳。1560生。イギリスの詩人、劇作家、俳優、パンフレット作家、翻訳家。

ペーリ, ヤーコポ　Peri, Jacopo　8.12没、71歳。1561生。イタリアの作曲家。

ボルヘス　Borges, Manoel　8.16没、47歳。1586生。ポルトガルのイエズス会宣教師。

モア, ヘレン　More, Helen(Dame Gertrude)　8.17没、27歳。1606生。イギリスのカトリック修道女。

ジャノネ　Giannone, Jacob Antonio　8.28没、55歳。1577生。イタリア出身のイエズス会宣教師。

エルキシア　Erquicia, Domingo Ibáñez de　9.1没、44歳。1589生。スペインのドミニコ会宣教師。

フェルナンデス, ベント（ベニート）　Fernandez, Bento　10.2没、54歳。1579生。ポルトガルのイエズス会宣教師。

コスタ　Costa, Joan da　10.8没、57歳。1576生。ポルトガルのイエズス会宣教師。

フィラレート　Filaret　10.11没、80？歳。1553(㊞1554頃)生。ロシア皇帝ミハイルの父、モスクワ総主教。

ルカス　Lucas del Espirito Santo　10.19没、39歳。1594生。スペインのドミニコ会宣教師。

ソザ　Souza, Antonio de　10.20没、44歳。1589生。ポルトガルのイエズス会宣教師。

ティトルーズ, ジャン　Titelouze, Jehan　10.24没、70歳。1563(㊞1562)生。フランスのオルガン音楽の創始者ともいえる重要な作曲家、オルガン奏者。

アダーミ　Adami, Giovanni Malleo　10.26没、56？歳。1577生。イタリアのイエズス会宣教師、殉教者。

コウロス　Couros, Matheus de　10.29没、65歳。1568生。ポルトガルのイエズス会宣教師。

エイムズ, ウィリアム　Ames, William　11.？没、57歳。1576生。イギリスのピューリタン論争神学者。

カストロ, フェルナンド　Castro Palao, Fernando　12.1没、52歳。1581生。スペインの倫理神学者。

スモトリツキー, マクシム　Smotrickij, Meletij　12.27没、55？歳。1578生。ウクライナの著述家、教会合同の唱道者。

ゴーチエ‐ガルギーユ　Gaultier-Garguille　12.？没、60？歳。1573生。フランスの人気役者。

[この年] 一玉　71歳。1562生。朝鮮の仁祖頃の僧。

ジョンソン, ロバート　Johnson, Robert　50？歳。1583生。イギリスのリュート奏者、作曲家。

ティレーヌス, ダニエル　Tilenus, Daniel　70歳。1563生。フランスで活躍したドイツ生れの改革派神学者。

ドレッベル, コルネリス（・ヤコブスゾーン）　Drebbel, Cornelis　㊞1634没、61？歳。1572生。オランダの物理学者。

ブリュレ　Brûlé, Étienne　41？歳。1592生。フランスの探検家。

17世紀　1634

パラビシーノ・イ・アルテアガ，オルテンシオ・フェリックス　Paravicino y Arteaga, Hortensio Félix　53歳。1580生。スペインの贖宥会説教者。
ボルゲーゼ，シピオーネ　Borghese, Scipione　イタリアの貴族。
ボルスヴェルト　Bolswert, Boëtius van　53歳。1580生。オランダの銅版画家。
ル・クレール，ジャン　Le Clerc, Jean　46?歳。1587生。フランスの画家。
ロドリゲス　Rodriguez, Girão João　㊗1629没，75歳。ポルトガル出身のカトリック司祭，イエズス会士。
この頃 コルネット，ペーテル　Cornet, Peter　58?歳。1575生。フランドルのオルガン奏者，作曲家。
チェッレート，シピオーネ　Cerreto, Scipione　82?歳。1551生。イタリアの作曲家，理論家。
ボウルトン，エドマンド　Bolton (Boulton), Edmund　58?歳。1575生。イギリスの詩人，歴史家，翻訳家。
レーヴンスクロフト，トマス　Ravenscroft, Thomas　㊗1635頃没，51?歳。1582生。イギリスの作曲家，音楽理論家，出版業者。

1634年

7.09　スウェーデン議会が最初の政体法を採択
＊＊＊

センツィ・モルナール，アルベルト　Szenczi Molnár, Albert　1.17?没，59歳。1574生。ハンガリーの改革派神学者。
ファブリキウス・ヒルダヌス　Fabricius Hildanus　2.14没，73歳。1560生。ドイツの外科医。
ヴァレンシュタイン，アルブレヒト・ヴェンツェル・オイゼービウス・フォン　Wallenstein, Albrecht Eusebius Wenzel von　2.25没，50歳。1583生。ドイツの軍人。
アンドラデ，アントニオ・デ　Andrada, Antonio de　3.19没，54歳。1580生。ポルトガルのイエズス会宣教師。
ロドリゲス，ツヅ・ジョアン　Rodrigues Tçuzzu, João　3.20?（㊗1633）没，73?歳。1561（㊗1559）生。ポルトガル出身のイエズス会宣教師。
フォーブズ，ウィリアム　Forbes, William　4.12没，49歳。1585生。英国教会のエディンバラの初代主教。
チャップマン，ジョージ　Chapman, George　5.12没，75?歳。1559生。イギリスの詩人，劇作家。
アラマンニ，コスモ　Alamanni, Cosmo　5.?没，74歳。1559生。イタリアの哲学者，神学者。
クルンパー，ハンス　Krumper, Hans　5.?没，64歳。1570生。ドイツの彫刻家，建築家。

ヴィエイラ　Vieira, Sebastiano　6.6没，63歳。1571生。イタリアのイエズス会宣教師，巡察使。
ゴメス，ルイス　Gomes, Luis Palomino　6.6没，80歳。1554生。ポルトガルのフランシスコ会宣教師。
ケサダ　Quesada, Ginés de　6.7没。スペイン人のフランシスコ会宣教師。
マーストン，ジョン　Marston, John　6.25没，57歳。1576（㊗1575?）生。イギリスの諷刺詩人，劇作家，牧師。
コーク，サー・エドワード　Coke, Sir Edward　9.3没，82歳。1552生。イギリスの法律家。
マハーバット・カーン　Mahābat Khān　10.?没。インドの政治家，カーブル大守。
シュターデン，ヨハン　Staden, Johann　11.15没，53歳。1581生。ドイツの作曲家，オルガン奏者。
コベルゲール　Coberger, Wenceslas　11.24没，73?歳。1561生。フランドルの画家，建築家。
この年 アリャス・デ・サーベドラ　Arias de Saavedra, Hernando　73歳。1561生。スペインの植民地総督。
アルヴィンチ，ペーテル　Alvinczi, Péter　64歳。1570生。ハンガリーの改革派教会牧師。
アルトリンゲン　Aldringen, Johann, Graf　46歳。1588生。ドイツの軍人。
ウェスト　West, Francis　48歳。1586生。アメリカ，バージニアの典型的プランター。
カールディ，ジェルジ　Káldi, György　62歳。1572生。ハンガリーのイエズス会神学者，聖書翻訳者。
グラツィアーニ，トマゾ　Graziani, Tomaso　84?歳。1550生。イタリアの作曲家。
グロ-ギヨーム　Gros-Guillaume　80?歳。1554生。フランスの笑劇役者。
スミスソン，ジョン　Smithson, John　イギリスの建築家。
トゥサン，ポル　Toussain, Paul　62歳。1572生。ドイツのフランス系改革派牧師。
バットン　Button, Sir Thomas　イギリスの提督。
バンキエーリ，アドリアーノ　Banchieri, Adriano　67歳。1567（㊗1568）生。イタリアの作曲家。
ファン・フェーン，オットー　Veen, Otto van　㊗1629没，78?歳。1556生。オランダの画家。
ブッツィ，イッポーリト　Buzzi, Ippolito　イタリアの彫刻家。
ブリュスカンビーユ　Bruscambille　フランスの笑劇作者・役者。
文俶　40歳。1594生。中国，明末の女流画家。
ペーテル，ゲオルク　Petel, Georg　43歳。1591生。ドイツの彫刻家。
李永芳　中国，明末・清初期の武将。
李元翼　87歳。1547生。朝鮮，李朝の文臣。
リンダン・ハン　Lingdan Khan　42歳。1592生。内モンゴル，チャハル部のハン（在位1604～34）。

人物物故大年表 外国人編　391

1635　　　　　　　17世紀

この頃 アーベリン　Abelin, Johann Philipp　ドイツの歴史家。
コトグレーヴ　Cotgrave, Randle　64？歳。1570生。イギリスの辞典編集者。
コルビノー，ジャック　Corbineau, Jacques　フランスの建築家。
リザー・イ・アッバーシー　Rizā-i-Abbāssi　㊗1635没、16？歳。1618生。イスラム・ペルシアの画家。

1635年

5.19　フランスが三十年戦争に参戦する
5.30　プラハの和約が締結される
この年　後金のホンタイジが内モンゴルを平定する
　　　　　　　＊　＊　＊
カロ，ジャック　Callot, Jacques　3.24没、43？歳。1592生。フランスの版画家。
ランドルフ，トマス　Randolph, Thomas　3.？没、29歳。1605生。イギリスの詩人、劇作家。
タッソーニ，アレッサンドロ　Tassoni, Alessandro　4.25没、69歳。1565生。イタリアの詩人。
ラティーヒウス(ラトケ)，ヴォルフガング・フォン　Ratke, Wolfgang von　4.27没、63歳。1571生。ドイツの教育家。
ニュージェント，フラーンシス　Nugent, Francis　5.18没、66歳。1569生。アイルランドのカプチン会士、対抗宗教改革指導者。
シッブズ，リチャード　Sibbes(Sibbs, Sibs), Richard　7.5没、58歳。1577生。イギリスのピューリタン神学者。
ヴァイセル，ゲオルク　Weissel, Georg　8.1没、45歳。1590生。ドイツの牧師、讃美歌作詞者。
シュペー・フォン・ランゲンフェルト，フリードリヒ　Spee, Friedrich von　8.7没、44歳。1591生。ドイツの詩人。
ベガ，ロペ・デ　Vega Carpio, Lope Félix de　8.27没、72歳。1562生。スペインの劇作家。
チリーノ　Chirino, Pedro　9.16没、78歳。1557(㊗1559)生。スペインの宣教師。
シッカルト，ヴィルヘルム　Schickard, Wilhelm　10.24没、43歳。1592生。ドイツの科学者。
ツィンクグレーフ，ユーリウス・ヴィルヘルム　Zincgref(Zinkgref), Julius Wilhelm　11.12没、44歳。1591生。ドイツの詩人。
シャンプラン，サミュエル・ド　Champlain, Samuel de　12.25没、68歳。1567(㊗1570頃)生。フランスの探検家。
メーソン　Mason, John　12.？没、49歳。1586生。イギリスの植民地領主、ニューハンプシャーの建設者。

この年 アターイ，ネヴィザーデ　Atâ'i, Nevizâde　52歳。1583生。オスマン朝トルコの学者、詩人。
アレグザンダー　Alexander, Gill　70歳。1565生。イギリスの教育者。
エラール，シャルル（老エラール（通称））　Erard, Charles　65？歳。1570生。フランスの建築家、インテリア・デザイナー、画家。
ゴルダスト，メルヒオル　Goldast, Melchior　57歳。1578生。ドイツの論争家、歴史家、法律家、言語学者。
サラス-バルバディリョ，アロンソ・ヘロニモ・デ　Salas Barbadillo, Alonso Jerónimo de　54歳。1581生。スペインの小説家。
ジェームズ　James, Thomas　42歳。1593生。イギリスの法律家。
シュランドル(シェランドル)，ジャン・ド　Schelandre, Jean de　51？歳。1584生。フランスの劇詩人。
ダイステル，ウィレム・コルネリスゾーン　Duyster, Willem Cornelisz.　37？歳。1598生。オランダの画家。
タンツィオ・ダ・ヴァラッロ　Tanzio da Varallo　55？歳。1580生。イタリアの画家。
デ・モンペル，ヨース　de Momper, Joos　71歳。1564生。フランドルの画家。
ティントレット，ドメーニコ　Tintoretto, Domenico　75歳。1560生。イタリアの画家。
トラヴァーズ，ウォルター　Travers, Walter　87？歳。1548生。イギリスのピューリタン牧師。
ネフィー　Nefi　㊗1634没、63歳。1572生。トルコ帝国の古典派宮廷詩人。
ファウルハーバー　Faulhaber, Johann　55歳。1580生。ドイツの数学教師。
ファフル・ウッディーン2世　Fakhr al-Din II　63歳。1572生。西アジア、レバノンのドゥルーズ族マアーン家の君主（在位1590〜1635）。
フォックス　Fox, Luke　49歳。1586生。イギリスの航海士。
パー，トマス　Parr, Thomas　152？歳。1483？生。イギリスの100歳以上まで生きた人、伝承によれば1483年生れ。
パリージ，ジューリオ　Parigi, Giulio　64歳。1571生。イタリアの建築家。
マジェンタ，ジョヴァンニ・アンブロージョ　Magenta, Giovanni Ambrogio　70歳。1565生。イタリアの建築家。
メディナ　Medina, Juan de　50歳。1585生。スペインのアウグスティノ会宣教師。
ライマン，パウル　Laymann, Paul　61歳。1574生。オーストリア出身のカトリック神学者（道徳神学・教会法学者）。

17世紀

この頃 アルバレス，ディエゴ（ディダクス） Alvalez, Diego (Didacus) 85？歳。1550生。スペインのドミニコ会神学者。

カンタガッリーナ，レミージョ Cantagallina, Remigio 53？歳。1582生。イタリアの画家，版画家。

シャスィニェ，ジャン-バチスト Chassignet, Jean-Baptiste 64？歳。1571生。フランスの詩人。

セーヘルス，ヘルキュレス Seghers, Hercules Pietersz ㊥1645頃没，46？歳。1589（㊥1590頃）生。オランダの画家，銅版画家。

チュルン，イョルク Zürn, Jorg 52？歳。1583生。ドイツの彫刻家。

ベルナルディ，ステッファーノ Bernardi, Steffano ㊥1636没，50？歳。1585生。イタリアの作曲家。

李日華 70？歳。1565生。中国，明代の文人。

ロドリゲシュ・クエリュ Rodrigues Coelho, Manuel 80？歳。1555生。ポルトガルの作曲家，オルガン奏者。

ロハス-ビリャンドランド，アグスティン・デ Rojas Villandrando, Agustín de 63？歳。1572生。スペインの俳優，劇作家。

1636年

5.15　後金のホンタイジが国号を清とする
10.28　ハーバード大学が設立される
＊　＊　＊

フェルナンデス，グレゴリオ Hernandez, Gregorio 1.22没，60？歳。1576生。スペインの彫刻家。

ゲリブランド，ヘンリー Gellibrand, Henry 2.16没，38歳。1597生。イギリスの天文学者，数学者。

サンクトリウス Sanctorius 2.22没，74歳。1561生。イタリアの医学者。

サントリオ Santorio, Santorio 2.24没，74歳。1561生。イタリアの医師。

モルガ Morga, Antonio de 7.21没，76歳。1559生。スペインのフィリピン群島副総督（1595～1603）。

ジャン・ド・サン-サンソン Jean de saint-Samson 9.14没，64歳。1571生。フランスのカルメル会士，神秘家。

メッセーニウス，ユーハネス Messenius, Johannes 11.8没，57？歳。1579生。スウェーデンの歴史家，劇作家。

董其昌 11.11没（㊥1638）没，81歳。1555（㊥1554）生。中国，明代の書家，画家。

アレオッティ，ジョヴァンニ・バッティスタ Aleotti, Giovanni Battista 12.9没，90歳。1546生。イタリアの建築家。

この年 イェリッチ，ヴィンコ Jelić, Vinko 40歳。1596生。クロアティアの作曲家。

オールダム John 36？歳。1600生。アメリカ植民地時代のイギリス人交易業者。

カンタン，フィリップ Quantin, Philippe 36？歳。1600生。フランスの画家。

高迎祥　中国，明末農民叛乱の指導者。

コーティーン Courteen, Sir William 64歳。1572生。イギリスの商人，船主。

ジョヴァンニ・ダ・サン・ジョヴァンニ Giovanni da San Giovanni 44歳。1592生。イタリアの画家。

タルド Tarde, Jean 75？歳。1561生。フランスの聖職者。

ディエゴ・デ・サンタ・カタリナ Diego de Santa Catalina スペイン出身のフランシスコ会司祭。

バーベージ，カスバート Burbage, Cuthbert 70？歳。1566生。イギリスの劇場経営者。

ビッラーニ Villani, Nicola 46歳。1590生。イタリアの詩人，評論家。

ブラン Belain, Pierre 51歳。1585生。フランスの航海者。

文震孟　62歳。1574生。中国，明代後期の書家。

ヘー Hay, James, 1st Earl of Carlisle イギリスの廷臣。

パッシニャーノ Passignano 76？歳。1560生。イタリアの画家。

ボーデンシャッツ Bodenschatz, Erhard 60歳。1576生。ドイツの作曲家。

ボンシ，ピエトロ・パーオロ Bonsi, Pietro Paolo 60？歳。1576生。イタリアの画家。

マデルノ，ステーファノ Maderno, Stefano 60歳。1576生。イタリアの彫刻家。

ロドリゴ Vivero y Velasco, Don Rodrigo de 72歳。1564（㊥1555）生。スペインのフィリピン臨時総督。

この頃 アーフェルカンプ，ヘンドリック Avercamp, Hendrik Berentsz. ㊥1634没，51？歳。1585（㊥1538）生。オランダの風景画家。

ハサン・ベイ・ザデ Ḥasan Bey Zadeh オスマン・トルコ帝国の歴史家。

1637年

2.24　朝鮮の仁祖が清に臣下の礼を行う
6.-　ルネ・デカルトが「方法叙説」を刊行する
＊　＊　＊

ブゾヴィウス（ブゾフスキ），アブラハム Bzovius (Bzowski), Abraham 1.31没，70歳。1567生。ポーランド出身の教会史家，ドミニコ会士。

マーカム　Markham, Gervase　2.3没、69？歳。1568生。イギリスの小説家。

ホランド　Holland, Philemon　2.9没、85歳。1552生。イギリスの古典学者。

フェルディナント2世　Ferdinand II　2.15没、58歳。1578生。神聖ローマ皇帝（在位1619〜37）。

コルネリウス・ア・ラピーデ　Cornelius Cornelii a Lapide　3.12？没、69歳。1567生。オランダの聖書学者。

パーズマーニ，ペーテル　Pázmány, Péter　3.19没、66歳。1570生。ハンガリーの宗教家。

ペレスク，ニコラ‐クロード・ファブリ・ド　Peiresc, Nicolas-Claude Fabri de　6.24没、56歳。1580生。フランスの人文学者。

ジェラード，ジョン　Gerard, John　6.27没、72歳。1564生。イングランドのイエズス会士，宣教師。

グリム　Grimm, Heinrich　7.10没、44歳。1593生。ドイツの作曲家。

ゼンナート　Sennert, Daniel　7.21没、64歳。1572生。ドイツの医者，自然哲学者。

ジョンソン，ベン　Jonson, Ben　8.6没、65歳。1572（[異]1573）生。イギリスの劇作家，詩人，批評家。

ゲーアハルト，ヨーハン　Gerhard, Johann　8.17没、54歳。1582生。ドイツのルター派神学者。

フラッド，ロバート　Fludd, Robert　9.8没、63歳。1574生。イギリスの医者，神秘思想家。

ボーヘルマン，ヤン（ヨーハネス）　Bogermann, Jan（Johannes）　9.11没、61歳。1576生。オランダの改革派教会牧師。

クールテ　Courtet, Guillaume　9.13没、47？歳。1590生。フランスのドミニコ会宣教師。

ヴェルニエ，ピエール　Vernier, Pierre　9.14（[異]1638）没、57？歳。1580（[異]1584）生。フランスの数学者。

ロンバウツ，テオドール　Rombouts, Theodor　9.14没、40歳。1597生。フランドルの画家。

マストリーリ　Mastrilli, Marcello Francisco　10.17没、34歳。1603生。イタリアのイエズス会宣教師。

ブランダウン　Brandão, António　11.27没、53歳。1584生。ポルトガルの年代記作家，聖ベルナルド会修道士。

フェラー，ニコラス　Ferrar, Nicholas　12.4没、45歳。1592生。英国教会の聖職，神秘主義者。

[この年]　**（バーイー・）グルダース**　Bhāī Gurdās　79歳。1558生。インドのスィック教第3代グルの甥。

カラッチョロ，ジョヴァンニ・バッティスタ　Caracciolo, Giovanni Battista　67？歳。1570生。イタリアの画家。

キリアン，ルーカス　Kilian, Lukas　58歳。1579生。ドイツの銅版画家。

チュルリュパン　Turlupin　50？歳。1587生。フランスの人気役者。

フューセンス，ピーテル　Huyssens, Piter　60歳。1577生。ジェスイット会の僧で建築家。

ベークマン　Beeckman, Isaac　49歳。1588生。オランダのカルヴィニスト科学者。

マクシモス（カリポリスの）　Máximos（Kallipolítēs）ギリシア正教会の修道士，神学者。

レンカー，ヨハンネス　Lencker, Johannes　64？歳。1573生。ドイツの金工家。

[この頃]　**デグラー，ハンス**　Degler, Hans　72？歳。1565生。ドイツの彫刻家。

ミュンスターマン，ルートヴィヒ　Münstermann, Ludwig　67？歳。1570生。ドイツの彫刻家。

モレホン　Morejon, Pedro　[異]1639没、75？歳。1562生。スペインのイエズス会宣教師。

1638年

4.12　島原の乱で天草四郎時貞が討死する

12.24　オスマン朝がバグダードを奪還する

＊＊＊

ドナーティ　Donati, Ignazio　1.21没、63？歳。1575生。イタリアの作曲家。

ブローウェル，アドリアーン　Brouwer, Adriaen　1.？（[異]1640）没、33？歳。1605（[異]1606頃）生。フランドルの画家。

ホワイト，フラーンシス　White, Francis　2.？没、74？歳。1564生。英国教会のイーリ主教。

モレールセ，パウルス　Moreelse, Paulus　3.？没、67歳。1571生。オランダの画家。

ロアン　Rohan, Henri, Duc de　4.13没、58歳。1579生。フランスの将軍。

ドレクセーリウス（ドレクセル），イェレミーアス　Drexelius（Drexel）, Jeremias　4.19没、56歳。1581生。ドイツの霊性向上運動の指導者。

ロー，ジャーコモ　Rho, Giacomo　4.26没、45歳。1593（[異]1598）生。イタリアのイエズス会士。

ウゴリーニ　Ugolini, Vincenzo　5.6没、68？歳。1570生。イタリアの作曲家。

ヤンセン，コルネーリーユス・オットー　Jansen, Cornelis Otto　5.6没、52歳。1585生。カトリック神学者，司教。

フォルメ，ニコラ　Formé, Nicolas　5.27没、71歳。1567生。フランスの作曲家，歌手・僧侶。

ペレス‐デ‐モンタルバン，フアン　Pérez de Montalbán, Juan　6.25没、36歳。1602生。スペインの劇作家，小説家，詩人，聖職者。

ルカリス，キュリロス　Loukaris, Kyrillos　6.27没、65歳。1572生。ギリシア正教の神学者。

ミネウィット　Minuit, Peter　6.？没、58？歳。1580生。オランダの植民地行政官。

17世紀　　　　　　　　　　　　　　　　　　　　　1638

トレス・ボジョ, ディエゴ・デ　Torres Bollo, Diego de　8.8没、87歳。1551生。スペインのイエズス会宣教師, パラグアイのレドゥクシオン（インディヘナ保護居留地）創設者。

オジアンダー, ルーカス（子）　Osiander, Lukas　8.10没、67歳。1571生。ドイツのルター派神学者, 論争家。

アルトフージウス, ヨハネス　Althusius, Johannes　8.12没、81歳。1557生。ドイツ人の法学者, 政治学者。

ウィテヴァール, ヨアヒム　Wittewael, Joachim Antonisz　8.13没、72？歳。1566生。オランダの画家。

ハーヴァード, ジョン　Harvard, John　9.14没、30歳。1607生。ハーバード大学基金寄贈者。

レーセン, ハンス・ポウルセン　Resen, Hans Poulsen　9.14没、77歳。1561生。デンマークのルター派神学者。

ウィルビー, ジョン　Wilbye, John　9.？没、64歳。1574生。イギリスの作曲家。

ミード, ジョウゼフ　Mede (Mead), Joseph　10.1没、52歳。1586生。英国教会の聖職, 聖書学者。

キアブレーラ, ガブリエロ　Chiabrera, Gabriello　10.14(㊟1637)没、86歳。1552生。イタリアの詩人。

ビーストン　Beeston, Christopher Hutchinson　10.15？没、68？歳。1570生。イギリスの俳優, 劇場経営者。

ブラウ, ウィレム・ヤンソン　Blaeu, Willem Janszoon　10.18没、67歳。1571生。オランダの数学者, 地理学者, 天文学者。

グリハルバ, ホアン・デ　Grijalva, Juan de　11.4没。メキシコのアウグスティヌス会士, 歴史家。

アルシュテット, ヨーハン・ハインリヒ　Alstedt, Johann Heinrich　11.8没、50歳。1588生。ドイツの改革派教会の神学者。

孫承宗　11.9没、75歳。1563生。中国, 明末期の官僚。

コルネリス・ファン・ハールレム　Cornelisz van Haarlem　11.11没、76歳。1562生。オランダの画家, 版画家。

ブランシャール, ジャック　Blanchard, Jacques　11.？没、38歳。1600生。フランスの画家。

グンドゥリッチ, イヴァン　Gundulic, Ivan　12.8没、49歳。1589生。中世のドブロブニーク（ユーゴスラビア）の劇詩人。

[この年] アロイージ・ガラニーニ, バルダッサッレ　Aloisi Galanini, Baldassarre　61歳。1577生。イタリアの画家, 銅板画家。

アンサルド, ジョヴァンニ・アンドレーア　Ansaldo, Giovanni Andrea　54歳。1584生。イタリアの画家。

ウォード, ジョン　Ward, John　67歳。1571生。イギリスのマドリガル作曲家。

エイトン, サー・ロバート　Ayton, Sir Robert　68歳。1570生。イギリスの詩人, 宮廷人。

温体仁　中国, 明末期の政治家。

ガヴァンティ, バルトロメーオ　Gavanti, Bartolomeo　69歳。1569生。イタリアの典礼学者。

カルドゥーチョ, ビセンテ　Carducho, Vicente　60歳。1578(㊟1560頃)生。イタリア出身のスペインの画家, 芸術理論家。

コリャード, ディエゴ　Collado, Diego　㊟1641没、49歳。1589生。スペインの宣教師。

シャンピオン, ジャック　Champion, Jaqcues　83？歳。1555生。フランスのオルガン奏者, スピネット奏者。

ジョゼフ, 神父　Joseph, Père　61歳。1577生。フランスの外交使節, 神秘家。

セスペデス　Céspedes y Meneses, Gonzalo de　53？歳。1585生。スペインの著作家。

張維　51歳。1587生。朝鮮, 李朝中期の学者, 文人。

テシェマハー, ヴェルナー　Teschemacher, Werner　48歳。1590生。ドイツの改革派神学者, 歴史家。

ファン・スワーネンビュルフ, ヤーコブ・イーサークゾーン　van Swanenburgh, Jacob Isaacz.　67歳。1571生。オランダの画家。

ファン・ネック　Neck, Jacob Cornelisxoon van　74歳。1564生。オランダの東洋派遣艦隊司令官。

フィアレッティ, オドアルド　Fialetti, Odoardo　65歳。1573生。イタリアの画家。

フリッチェ, ゴットフリート　Fritzsche, Gottfried　60歳。1578生。ドイツのオルガン制作者。

フレーゲル, ゲオルク　Flegel, Georg　75歳。1563生。ドイツの画家。

フロエス, ジョウアン（ヨアネス）　Froez, João (Joannes)　48歳。1590生。ポルトガルの来中国イエズス会士。

ペランダ, サンテ　Peranda, Sante　72歳。1566生。イタリアの画家。

ピルキントン, フランシス　Pilkington, Francis　68？歳。1570生。イギリスの作曲家。

パレアーロ, フランチェスコ　Paleavo, Francesco　70歳。1568生。イタリアの軍事建築家。

[この頃] トラディスカント, ジョン　Tradescant, John　68？歳。1570生。イギリスの博物学者, 園芸家, 旅行家。

ブリューゲル, ピーテル2世　Brueghel, Pieter　㊟1637没、74？歳。1564(㊟1565)生。フランドルの画家。

ベスト　Best, Thomas　68？歳。1570生。イギリスの海将。

ヤンセン, ツァハリアス　Janssen, Zacharias　58？歳。1580生。オランダの光学器具製作者。

人物物故大年表 外国人編　*395*

1639年

1.24　「コネティカット基本法」が制定される
5.17　カスル・シーリーン和平条約が結ばれる
　　　　　　　　　＊ ＊ ＊
カルー，トマス　Carew, Thomas　3.22（㋑1640）没，44？歳。1595（㋑1594？）生。イギリスの詩人。
カンパネッラ，トンマーゾ　Campanella, Tommaso　5.21没，70歳。1568生。イタリアの哲学者。
フランク，メルヒオル　Franck, Melchior　6.1没，59？歳。1580（㋑1579頃）生。ドイツの作曲家。
ビネー，エティエンヌ　Binet, Étienne　7.4没，70歳。1569生。フランスの聖職者。
ウァラエウス，アントニウス　Walaeus, Antonius　7.9没，65歳。1573生。オランダの改革派神学者。
ベルンハルト，ヴァイマール公爵　Bernhard von Sachsen-Weimar　7.18没，34歳。1604生。ドイツの三十年戦争新教派将軍。
ルイス-デ-アラルコン，フアン　Ruiz de Alarcón y Mendoza, Juan　8.4没，59？歳。1580（㋑1581頃）生。メキシコ生れのスペインの劇作家。
オーピッツ，マルティン　Opitz von Boberfeld, Martin　8.20没，41歳。1597生。ドイツの詩人，文学者。
ビーダマン，ヤーコプ　Biedermann, Jacob　8.20没，61歳。1578生。ドイツのバロック劇作家。
コレア　Correa, Duarte　8.？没，43歳。1596生。ポルトガルの船長。
バラール，ピエール　Ballard, Pierre　10.4没，64？歳。1575生。フランスの楽譜出版業者。
ランディ，ステファノ　Landi, Stefano　10.28没，53？歳。1586生。イタリアの作曲家，歌手。
ポレス，マルティン・デ　Porres, Martin de　11.4没，59歳。1579生。ペルーのドミニコ会修道士，聖人。
スポッティスウッド，ジョン　Spottiswood, John　11.26没，74歳。1565生。スコットランドの聖職者。
ウォットン，ヘンリー　Wotton, Sir Henry　12.？没，71歳。1568生。イギリスの詩人，外交官。
[この年]　エヴェーニウス，ジーキスムント　Evenius, Sigismund　54歳。1585生。ドイツのルター派学校改革者。
オッディ，ムーツィオ　Oddi, Muzio　70歳。1569生。イタリアの建築家，数学者。
カッフィエーリ，ダニエーレ　Caffieri, Daniele　36歳。1603生。イタリアの家具制作家。
サヴェリー，ルーラント　Savery, Roeland　63歳。1576生。フランドルの画家。
陳継儒　81歳。1558生。中国，明末の学者，文人画家。

ディグズ　Digges, Sir Dudley　56歳。1583生。イギリスの外交官，法律家，政治家。
バラハス　Barajas, Francisco de　スペインのフランシスコ会宣教師。
ファン・ステーンウィンケル，ハンス2世　Van Steenwinkel, Hans II　52歳。1587生。フランドルの建築家。
マネッティ，ルティーリオ　Manetti, Rutilio　68歳。1571生。イタリアの画家。
ムルシウス，ヨハンネス　Meursius, Johannes　60歳。1579生。オランダの歴史家。
メトロファネース・クリトプロス　Mētrophánēs Kritópulos　40歳。1599生。ギリシア正教アレクサンドリア総主教，神学者。
[この頃]　ガッワースィー　Ghawwāṣī　23？歳。1616生。インドのダキニー詩人。
クエリヌス，エラスムス1世　Quellinus, Erasmus I　55？歳。1584生。フランドルの芸術家，彫刻家。
サルヴァドール，ヴィセンテ・ド　Salvador, Vicente do　75？歳。1564生。ブラジルの歴史家。

1640年

4.23　チャールズ1世が11年ぶりに議会を召集
6.07　バルセロナで国王軍と市民が衝突する
11.13　イギリスで13年間の長期議会が始まる
12.01　ポルトガルがスペインから独立宣言
　　　　　　　　　＊ ＊ ＊
カッターネオ，ラッザロ(ラザルス)　Cattaneo, Lazzaro　1.19没，80歳。1560生。イタリアのイエズス会士。
バートン，ロバート　Burton, Robert　1.25没，62歳。1577（㋑1557）生。イギリスの古典文学研究家，牧師。
トゥルン　Thurn, Heinrich Matthias von　1.28没，72歳。1567（㋑1580）生。オーストリアの政治家。
ムラト4世　Murat IV　2.9没，29歳。1611（㋑1610頃）生。オスマン・トルコ帝国のスルタン第17代（1623～40）。
アルテンブルク，ミヒャエル　Altenburg, Michael　2.12没，55歳。1584生。ドイツの作曲家。
スターリング　Stirling, William Alexander, Earl of　2.12没，73？歳。1567生。スコットランドの詩人，政治家。
マシンジャー，フィリップ　Massinger, Philip　3.18没，56歳。1583生。イギリスの劇作家。
フレーミング，パウル　Fleming, Paul　4.2没，30歳。1609生。ドイツの抒情詩人。
アガッツァーリ，アゴスティーノ　Agazzari, Agostino　4.10没，61歳。1578生。イタリアの作曲家。

17世紀　　　　　　　　　　　　　　　　1640

ヴァニョーニ, アルフォンソ　Vagnoni, Alfonso
4.19没、74歳。1566生。イタリアの中国イエズス会士。

アコスタ, ガブリエル　Acosta, Gabriel (Uriel)
4.？没、50？歳。1590生。ポルトガルの主理論者。

アラバスター, ウィリアム　Alabaster, William
4.？没、72歳。1568生。イギリスの詩人、神学者。

デュシェーヌ, アンドレ　Duchesne, André　5.30没、56歳。1584生。フランスの歴史家。

ルーベンス, ペーテル・パウル　Rubens, Peter Paul　5.30没、62歳。1577生。フランドルの画家、外交官。

カヴァリエーレ・ダルピーノ, イル　Cavaliere d'Arpino, Il　7.3没、72歳。1568生。イタリアの画家。

チェザーリ, ジュゼッペ　Cesari, Giuseppe　7.3没、72？歳。1568生。イタリアの画家。

邱良厚　7.26没、56歳。1584生。中国人のイエズス会士。

パチェコ　Pacheco, Luis Paes　8.3没、67？歳。1573生。ポルトガルの遣日特派使節。

ジャクスン, トマス　Jackson, Thomas　9.21没、60歳。1579生。英国教会の聖職、神学者。

アキッリーニ, クラウディオ　Achillini, Claudio　10.1没、66歳。1574生。バロック期イタリアの民法学者、マリーノ派詩人、リンチェイ学会員。

ミラエウス, オベール (ル・ミール)　Miraeus, Aubert (Le Mire)　10.19没、66歳。1573生。ベルギーの教会史家。

ボール, ジョン　Ball, John　10.20没、55歳。1585生。英国教会司祭、神学者。

チャダトン, ローレンス　Chaderton, Laurence　11.3没、102？歳。1538？生。イギリスのピューリタン指導者。

オールサム, ジョン　Altham, John　11.5没、51歳。1589生。イギリスのイエズス会宣教師。

ティシウス, アントーニウス　Thysius, Antonius　11.7没、75歳。1565生。オランダの反アルミニウス主義に立つ改革派神学者。

ファーナビー, ジャイルズ　Farnaby, Giles　11.25没、80？歳。1560 (㉞1565頃) 生。イギリスの作曲家。

フリエ, ピエール　Fourier, Pierre　12.9没、75歳。1565生。フランスの司祭、聖人。

レジース, ジャン・フランソワ　Régis, Jean François　12.31没、43歳。1597生。フランスのイエズス会司祭、対ユグノー宣教者、聖人。

この年　ヴァシュコンセルシュ　Vasconcellos de Menezes, Diogo de　ポルトガルの遣日貿易船隊司令官。

ヴァーステガン, リチャード (ロウランズ)　Verstegan, Richard (Rowlands)　90？歳。1550没。イングランドの出版者、彫版師、著述家。

ヴェーゲリン, ヨーズア　Wegelin, Josua　36歳。1604生。ドイツのルター派牧師、讃美歌作者。

エンポリ　l'Empoli　89？歳。1551生。イタリアの画家。

キメンティ　Chimenti, Jacopo　86歳。1554生。イタリアの画家。

施紹莘　59歳。1581生。中国、明代の散曲作家。

シルヴェイラ　Silveira, Gonçalo da　ポルトガルの日本貿易船隊司令官。

ダ・コスタ, ウリエル　Da Costa, Uriël　55歳。1585生。ユダヤ教異端思想家。

タッカ, ピエトロ　Tacca, Pietro　63歳。1577生。イタリアの彫刻家。

張燮　66歳。1574生。中国、明の学者。

テイシェイラ, ペドロ　Teixeira, Pedro　㉞1641没、65歳。1575 (㉞1587) 生。ポルトガルの軍指揮官。

デュポン, ピエール　Dupont, Pierre　80？歳。1560生。フランスの画家、絨緞制作家。

ハウ, サミュエル　How, Samuel　イギリス・ピューリタン革命前夜の信徒説教師。

ヒリアード　Hilliard, Lawrence　58？歳。1582生。イギリスの肖像画家。

フィアンメンギーニ, ジョヴァンニ・マウロ　Fiammenghini, Giovanni Mauro　65？歳。1575生。イタリアの画家。

プレストン, トマス　Preston, Thomas　73？歳。1567生。イングランドのベネディクト会士。

マガンツァ, アレッサンドロ　Maganza, Alessandro　84？歳。1556生。イタリアの画家。

モッラー・サドラー　Mullā Ṣadrā Shīrazī　㉞1642没、69歳。1571生。イランのサファヴィー朝期の神学者、哲学者。

モーラ, ガスパレ　Mola, Gaspare　60？歳。1580生。イタリアのメダル彫刻家、調版師。

モンフェラー, ジャンヌ・ド　Montferrat, Jeanne de　84歳。1556生。フランスの修道女、聖人。

リベイロ, ペドロ　Ribeiro, Pedro　68歳。1572生。ポルトガルの来中国イエズス会士。

ル・ブラン　Le Bland, Vincent　86歳。1554生。フランスの旅行家。

この頃　カッチーニ, フランチェスカ　Caccini, Francesca　53？歳。1587生。イタリアの歌手、チェンバロ奏者、作曲家。

コレンツィオ, ベリザーリオ　Corenzio, Belisario　82？歳。1558生。ギリシア出身のイタリアの画家。

デイ, ジョン　Day, John　66？歳。1574生。イギリスの劇作家。

ファリーナ, カルロ　Farina, Carlo　40？歳。1600生。イタリアのヴァイオリン奏者、作曲家。

フィンダリスキー　Findariskī, Mīr Abū'l-Qāsim　イランの哲学者、詩人。

フォード, ジョン　Ford, John　㉞1638以後没、54？歳。1586生。イギリスの劇作家。

人物物故大年表 外国人編　397

ペルマイアー，ヨーハン　Permeier（Pyrmeier, Piermeister），Johann　43？歳。1597生。オーストリアの「キリストの王国」の宣教者。
ポーロ　Porro, Giovanni Battista　65？歳。1575生。イタリアのイエズス会宣教師。
ワジヒー　Wajhī　インドのゴールコンダの宮廷詩人。

1641年

2.25　イギリスで3年議会法が成立する
11.02　アルスター地方で旧教徒の反乱が起こる
* * *
ホロックス，ジェレマイア　Horrocks, Jeremiah　1.3没、24？歳。1617（㊥1619頃）生。イギリスの天文学者、聖職者。
コンドラン，シャルル・ド　Condoren, Charles de　1.7没、52歳。1588生。フランスのカトリック聖職者。
ゴマルス，フランシスクス　Gomarus, Franciscus　1.11没、77歳。1563生。オランダのカルバン派神学者。
モンタギュ，リチャード　Montagu（Montague），Richard　4.13没、64歳。1577生。英国教会のノーリジ主教。
ドメニキーノ　Domenichino　4.15没、59歳。1581生。イタリアの画家。
ダヴナント，ジョン　Davenant, John　4.20没、65歳。1576生。英国教会のソールズベリ主教。
バネール　Banér, Johan　5.10没、44歳。1596生。スウェーデンの軍人。
ストラフォード，トマス・ウェントワース，初代伯爵　Strafford, Sir Thomas Wentworth, 1st Earl of　5.12没、48歳。1593生。イギリスの政治家。
ホミユス，フェステュス　Hommius, Festus　6.5没、65歳。1576生。オランダの改革派神学者。
ファン・ミーレフェルト，ミヒール　Mierevelt, Michiel Janszoon van　6.27没、74歳。1567生。オランダの肖像画家。
マン　Mun, Thomas　7.21没、70歳。1571生。イギリスの経済著述家。
ベイカー，オーガスティン　Baker, Augustine　8.9没、66歳。1574生。イギリスのベネディクト会士、著作家。
ヘイウッド，トマス　Heywood, Thomas　8.16没、67？歳。1574（㊥1573）生。イギリスの劇作家、著述家。
クワスト　Quast, Hendricksen Matthijs　10.5没。オランダの航海家。
フェルデ　Van de Velde, Jan　11.4？没、48？歳。1593生。オランダの画家一族の一人。

フィッシャー，ジョン　Fisher, John　12.3没、72歳。1569生。イギリスのローマ・カトリック論争家。
ヴァン・ダイク，アントニー　Van Dyck, Sir Anthony　12.9没、42歳。1599生。フランドルの画家。
シャンタル，ジャンヌ・フランソワ・フレミオー　Chantal, Jeanne Françoise Frémiot, Baronne de　12.13没、69歳。1572生。フランスの宗教家、聖女。
シュリー，マクシミリアン・ド・ベテューン，公爵　Sully, Maximilien de Béthune, Duc de　12.22没、81歳。1560（㊥1559）生。フランスの政治家。
|この年| カステッラモンテ，カルロ　Castellamonte, Carlo　81歳。1560生。イタリアの建築家。
光海君　70歳。1571（㊥1575）生。朝鮮、李朝の第15代王（在位1608〜23）。
徐霞客　55歳。1586生。中国、明代の地理学者。
葉憲祖　75歳。1566生。中国、明代の劇作家。
スペルマン　Spelman, Sir Henry　77？歳。1564生。イギリスの歴史家。
ダイク，ヴァン　Dyck, Sir Anthonie van　42歳。1599生。画家。
タヴァローネ，ラッザーロ　Tavarone, Lazzaro　85歳。1556生。イタリアの画家。
ダウランド，ロバート　Dowland, Robert　55歳。1586生。イギリスのリュート奏者。
張瑞図　㊥1644没、71歳。1570生。中国、明末の画家、書家。
張溥　39歳。1602生。中国、明末期の文人。
ハウレギ，フアン・デ　Jáuregui y Aguilar, Juan de　58歳。1583生。スペインの画家、詩人。
福王朱常洵　55歳。1586生。中国、明末期の皇族。
ボート，アンドリース　Both, Andries　29？歳。1612生。オランダの風俗画家、銅版画家。
マイーノ，ファン・バウティスタ　Mayno, Juan Bautista　63歳。1578生。スペインの画家。
|この頃| デッカー，トマス　Dekker, Thomas　㊥1632没、71？歳。1570（㊥1572？）生。イギリスの劇作家、散文家。
デュケノワ，ヒエロニムス1世　Duquesnoy, Hieronymus I　71？歳。1570生。フランドルの彫刻家。
ブジニャック，ギヨーム　Bouzignac, Guillaume　49？歳。1592生。ラングドック地方出身のフランスの作曲家。

1642年

1.14　チャールズ1世が議会派指導者逮捕に失敗

1643

8.22　イギリスで清教徒革命が始まる
　　　　　　＊　＊　＊
ガリレーイ，ガリレーオ　Galilei, Galileo　1.8没、77歳。1564生。イタリアの物理学者、天文学者。
マイファールト，ヨーハン・マテーウス　Meyfart (Mayfart), Johann Matthäus　1.26没、51歳。1590生。ドイツのルター派神学者、讃美歌作者。
エンゲルブレヒト，ハンス　Engelbrecht, Hans　2.20没、42歳。1599生。ドイツの神秘主義思想家。
ロメイン　Romeijn, Vicent　3.12没、73歳。1569生。オランダの船員、在日貿易商。
ボンフレール，ジャーク　Bonfrère, Jacques　5.9没、69歳。1573生。ベルギーの聖書学者、イエズス会士。
サクリング，ジョン　Suckling, Sir John　5. ?（㊙1641）没、33歳。1609生。イギリスの詩人、劇作家。
マリー（メディシス，メディチの）　Marie de Médicis　7.3没、69歳。1573生。フランス国王アンリ4世の妃。
レーニ，グイード　Reni, Guido　8.18没、66歳。1575生。イタリアの画家。
ブオナメンテ　Buonamente, Giovanni Battista　8.29没。イタリアの作曲家。
サン・マール　Cinq-Mars, Henri Coiffier de Ruzé, Marquis de　9.12没、22歳。1620生。フランス、ルイ13世の寵臣。
グピル，ルネー　Goupil, René　9.29没、34歳。1608生。フランス出身の北アメリカの殉教者。
フィゲレード，ロドリゲス・デ　Figueredo (Figuereido), Rodrigues de　10.9没、48歳。1594生。ポルトガルの来中国イエズス会士。
バルディビア，ルイス・デ　Valdivia, Luis de　11.5没、81歳。1561生。スペインのイエズス会宣教師。
ディユ，ルドヴィークス・デ　Dieu, Ludovicus de　11.13没、52歳。1590生。オランダの東方語学者。
リシュリュー，アルマン・ジャン・デュ・プレシ，枢機卿，公爵　Richelieu, Armand Jean du Plessis, Cardinal et Duc de　12.4没、57歳。1585生。フランスの政治家、枢機卿。
朴仁老　12.6没、81歳。1561生。朝鮮、李朝中期の武人、歌人。
この年　ヴァーニー　Verney, Sir Edmund　52歳。1590生。イギリス王チャールズ1世の式部官。
王次回　中国、明末期の詩人。
カルマ・テンキョン　Karma bstan-skyoṅ　36 ? 歳。1606生。西部チベットの統率者。
コッカパーニ，シジスモンド　Coccapani, Sigismondo　59歳。1583生。イタリアの画家。
沈徳符　64歳。1578生。中国、明代の学者。
ニコレ　Nicolet, Jean　44歳。1598生。フランスの探検家。
フランケン，フランス2世　Francken, Frans II　61歳。1581生。フランドルの画家。
ボジャールスキィ　Pozharskii, Dmitrii Mikhailovich　64歳。1578生。ロシアの公爵。
モンタギュー，ヘンリー　Montagu, Henry, Sir　79 ? 歳。1563生。イギリスの貴族。
ライヒレ，ハンス　Reichel, Hans　72 ? 歳。1570生。ドイツの彫刻家。
ロス，ウィリアム　Wroth, William　67 ? 歳。1575生。ウェールズ最初の非国教派牧師。
この頃　ファン・ラール，ピーテル　van Laer, Pieter　43 ? 歳。1599生。オランダの画家。
ブラント，リチャード　Blunt, Richard　ロンドンのパティキュラー（特定）バプテスト派の牧師。
ローリー，ウィリアム　Rowley, William　㊙1626没、57 ? 歳。1585生。イギリスの劇作家、俳優。

1643年

7.-　ウェストミンスター宗教会議が開催される
この年　トリチェリが気圧計を発明する
　　　　　　＊　＊　＊
フォークトレンダー　Voigtländer, Gabriel　1.22 ? 没、47 ? 歳。1596生。ドイツの作曲家、トランペット奏者。
クリスプ，トバイアス　Crisp, Tobias　2.27没、43歳。1600生。イギリスのアンティノミアン。
マンソン　Monson, Sir William　2. ? 没、74歳。1569生。イギリスの海軍軍人。
フレスコバルディ，ジロラモ　Frescobaldi, Girolamo　3.1没、59歳。1583生。イタリアのオルガン奏者、作曲家。
マルケス　Marques, Francisco　3.25没、35歳。1608生。ポルトガルのイエズス会宣教師。
モラレス，ディエゴ・デ　Morales, Diego de　3.25没、38歳。1604生。スペインのイエズス会宣教師、司祭、福者。
エピスコピウス，シモン　Episcopius, Simon　4.4没、60歳。1583生。オランダのアルミニウス派神学者。
フニウス，ニーコラウス　Hunnius, Nikolaus　4.12没、57歳。1585生。ドイツのルター派神学者。
デマンティウス，クリストフ　Demantius, Johannes Christoph　4.20没、75歳。1567生。ドイツの作曲家、著述家。
リュッケルス，ヨアンネス　Ruckers　4.24没、65歳。1578生。フランドルのチェンバロ・ヴァージナル製作者。
ルイ13世　Louis XIII le Juste　5.14没、41歳。1601（㊙1610）生。フランスの国王（在位1610～43）。

人物物故大年表 外国人編　*399*

ハンプデン，ジョン　Hampden, John　6.24没、49歳。1594（㊥1595）生。イギリスの下院議員，愛国者。
デュケノワ，フランソワ　Duquesnoy, François　7.12没、49歳。1594（㊥1597）生。フランドル出身の彫刻家。
ブローエル　Brouwer, Hendrik　8.7没、62歳。1581生。オランダ領東インド総督。
太宗（清）　8.8没、51歳。1592生。中国，清朝の第2代皇帝（在位1626～43）。
ハチンソン，アン　Hutchinson, Anne　8.?没、52歳。1591（㊥1590頃）生。アメリカの宗教家。
フォークランド　Falkland, Lucius Cary, 2nd Viscount　9.20没、33?歳。1610生。イギリスの政治家。
サン・シラン，アベー・ド　Duvergier de Hauranne, Jean　10.11没、62歳。1581生。フランスの神学者，ジャンセニスト。
ギュルダン　Guldin, Paul　11.3没、66歳。1577生。スイスの数学者。
モンテヴェルディ，クラウディオ　Monteverdi, Claudio　11.29没、76歳。1567生。イタリアの作曲家。
ボエセ，アントワーヌ　Boësset, Antoine　12.8没、57歳。1586生。フランスの作曲家。
ピム，ジョン　Pym, John　12.8没、59歳。1584（㊥1583）生。イギリス清教徒革命初期の指導者。
セーリス　Saris, John　12.11（㊥1646）没、64?歳。1579生。イギリスの東インド会社貿易船隊司令官。
程嘉燧　12.?没、78歳。1565生。中国，明代の画家，詩人。
[この年] アルヴァラード，ディエゴ・デ　Alvarado, Diego de　ポルトガルのオルガン奏者，作曲家。
ヴァンニーニ，オッターヴィオ　Vannini, Ottavio　58歳。1585生。イタリアの画家。
オウクレアリ，マイケル　O'Clery, Michael　53歳。1590生。アイルランドのフランシスコ会助修士，歴史家。
カステッリ　Castelli, Benedetto　65歳。1578生。イタリアの数学者，自然学者。
ガリアーノ，マルコ・ザノービ　Gagliano, Marco da　1642没、61歳。1582（㊥1575頃）生。イタリアのオペラ作曲家。
クローマイアー，ヨハネス　Kromayer, Johannes　67歳。1576生。ドイツの新教宮廷つき牧師，管区総監督。
コーク　Cork, Richard Boyle, 1st Earl of　77歳。1566生。イギリスのアイルランド植民者。
コメス，フアン・バウティスタ　Comes, Juan Bautista　75歳。1568生。スペインの作家。
蔡道憲　28歳。1615生。中国，明の政治家。
ザムソン，ヘルマン　Samson, Hermann　64歳。1579生。ラトヴィアのルター派神学者。

シュトイバー，ヨハネス　Steuber, Johannes　53歳。1590生。ドイツのルター派神学者，ヘッセン・ルター派教会再興者。
張丑　66歳。1577生。中国，明末の収蔵家。
トゥデスキーニ，アウグストゥス　Tudeschini, Augustus　45歳。1598生。イタリアの来中国イエズス会士。
トラデニウス　Tradenius, Paulus　オランダの台湾長官。
ボイル，リチャード　Boyles　77歳。1566生。アイルランドの貴族。
ピーチャム　Peacham, Henry　67?歳。1576生。イギリスの作家。
ミアントノミ　Miantonomi　アメリカのナラガンセット・インディアンの酋長。
メンチンスキ　Mecinski, Wojciech　45歳。1598生。ポーランドのイエズス会神父。
ルビーノ　Rubino, Antonio　65歳。1578生。イタリアのイエズス会宣教師。
[この頃] コマンス，マルク　Comans, Marc　80?歳。1563生。フランスのタピスリー制作家。

1644年

4.25　明朝が滅亡する
6.06　清軍が北京に入り，清朝が始まる
7.12　イギリスでマーストン・ムーアの戦い勃発
9.15　インノケンティウス10世が教皇に即位
　　　　　＊＊＊
チリングワース，ウィリアム　Chillingworth, William　1.30没、41歳。1602生。イギリスの神学者，論争家。
ジェームソン　Jamesone, George　2.8没、58歳。1586生。イギリスの画家。
パッラヴィチーノ，フェッランテ　Pallavicino, Ferrante　3.5没、28歳。1615生。イタリアの文学者，宗教理論家，小説家。
倪元璐　3.17没、50歳。1593生。中国，明末の政治家，画家。
マコーヴィウス（マコフスキ），ヨーハネス　Maccovius (Makowski), Johannes　4.2没、56歳。1588生。ポーランド出身のオランダの改革派神学者。
アシュラル，ピエール・ド　Axular, Pierre d'　4.8没、88歳。1556生。フランスのバスク散文作家の第一人者。
ブルースター，ウィリアム　Brewster, William　4.10没、77歳。1567生。アメリカ初期開拓者の一人。
ホアン（聖トマスの）　Joannes a Thoma, St.　7.17没、55歳。1589生。スペインのトマス主義神学者。

17世紀　1645

ウルバヌス8世　Urbanus VIII　7.29没、76歳。1568生。教皇（在位1623～44）。

スハウテン　Schouten, Joost　7.?没。オランダのシャム商館長。

ストロッツィ、ベルナルド　Strozzi, Bernardo　8.2没、63歳。1581生。イタリアの画家。

アルティング、ヨーハン・ハインリヒ　Alting, Johann Heinrich　8.25没、61歳。1583生。ドイツとオランダの改革派神学者。

ウーテンボーハルト（アイテンボハールト）、ヤン　Wtenbogaert, Johannes　9.4没、87歳。1557生。オランダの神学者。

ベンティボリオ　Bentivoglio, Guido　9.7没、64歳。1579生。イタリアの聖職者、外交官。

クォールズ、フランシス　Quarles, Francis　9.8没、52歳。1592生。イギリスの詩人。

ミラ-デ-アメスクア、アントニオ　Mira de Amescua, Antonio　9.8没、70?歳。1574生。スペインの劇作家。

ベレス-デ-ゲバーラ、ルイス　Vélez de Guevara, Luis　10.10没、65歳。1579生。スペインの劇作家、小説家。

ロー　Roe, *Sir* Thomas　11.6没、63?歳。1581（㊞1580頃）生。イギリスの外交官。

ヘルモント、ヤン・バプティスタ・ヴァン　Helmont, Jan Baptista van　12.30（㊞1635頃）没、65歳。1579（㊞1577）生。オランダの生理学者、化学者、医師。

この年 ガスコイン　Gascoigne, William　32歳。1612生。イギリスの光学機械製造業者、天文学者。

クラベト、ワウテル・ピーテルス2世　Crabeth, Wouter Pietersz II　51?没。1593生。北フランス出身のガラス絵画家。

彥機　63歳。1581生。朝鮮、仁祖時の禅僧。

崔子忠　中国、明末の画家。

崇禎帝　34歳。1610生。中国、明の第16代（最後の）皇帝。

蘇鳴崗　バタヴィア華僑の首長。

タッシ、アゴスティーノ　Tassi, Agostino　64?歳。1580（㊞1565）生。イタリアの風景画家。

バリオーネ、ジョヴァンニ　Baglione, Giovanni　71?歳。1573生。イタリアの画家、著述家。

バン、ヨアン・アルベルト　Ban, Joan Albert　47?歳。1597生。オランダの理論家、作曲家。

ビリヴェルト、ジョヴァンニ　Bilivert, Giovanni　68歳。1576生。イタリアの画家。

ファン・レンセラール　Van Rensselaer, Kiliaen　㊞1643没、49歳。1595（㊞1580頃）生。オランダの商人。

凌濛初　㊞1654没、64歳。1580生。中国、明末の文学者。

この頃 キーティング、ジョフリ　Keating, Geoffrey　74?歳。1570生。アイルランドのローマ・カトリック教会司祭、詩人、歴史家。

クラブトリー　Crabtree, William　34?歳。1610生。イギリスの天文学者。

モンスー・デジデーリオ　Monsu Desiderio　56?歳。1588生。フランスの画家。

李巌　中国、明末の農民反乱の指導者である李自成の協力者。

1645年

6.24　イギリス議会軍がネーズビーの戦いで勝利
7.08　清で全男子に辮髪を命じる薙髪令を発する
8.23　スウェーデンがデンマークと和議を結ぶ
　　　＊　＊　＊

ロード、ウィリアム　Laud, William　1.10没、71歳。1573生。イギリスの聖職者。

オレンテ、ペドロ　Orrente, Pedro　1.19没、65歳。1580生。スペインの画家。

ウォード、メアリ　Ward, Mary　1.20没、59?歳。1585生。イギリスの宗教改革者、女子修道会の創設者。

ホワイト、ジョン　White, John　1.29没、54歳。1590生。イギリスの政治家。

ホーエ・フォン・ホーエネク、マティーアス　Hoë von Hoënegg, Matthias　3.14没、65歳。1580生。ドイツのプロテスタント教会政治家。

ブライティンガー、ヨーハン・ヤーコプ　Breitinger, Johann Jakob　4.1没、69歳。1575生。スイスの神学者、チューリヒ教会の指導者。

フィートリ、ダニエル　Featley（Fairclough), Daniel　4.17没、63歳。1582生。英国教会の聖職。

ファン・ディーメン　Van Diemen, Antonio　4.19没、52歳。1593生。オランダの植民政治家。

史可法　4.20没、43歳。1602生。中国、明末の忠臣。

左良玉　4.?没。中国、明末の武将。

マリアーナ・パレーデス・イ・フローレス（キトの）　Mariana Paredes y Flores（Quito）　5.26没、26歳。1618生。エクアドルの聖人。

文震亨　6.?没、60歳。1585生。中国、明末の文人画家。

グールネー、マリ・ル・ジャール・ド　Gournay, Marie le Jars de　7.13没、78歳。1566生。フランスの女流文学者。

オリバレス、ガスパル・デ・グスマン・イ・ピメンタル、伯公爵　Olivares, Gaspar de Guzmán y Pimental, conde-duque de　7.22没、58歳。1587生。スペイン王国の政治家。

人物物故大年表 外国人編　*401*

17世紀

ミハイル・ロマノフ　Mikhail Fëdorovich Romanov　7.23没、49歳。1596生。ロシアの皇帝（在位1613～45）。

楊文驄　7.？（㊚1647）没、48歳。1597（㊚1587）生。中国、明末期の文人画家。

グロティウス、フーゴ　Grotius, Hugo　8.28没、62歳。1583生。オランダの政治家、法律家、神学者、詩人。

ケベード、フランシスコ・ゴメス・デ　Quevedo y Villegas, Francisco Gómez de　9.8没、64歳。1580生。スペインの詩人、小説家。

ストロード　Strode, William　9.9没、46？歳。1599生。イギリスの議員。

ローズ、ウィリアム　Lawes, William　9.24没、43歳。1602生。イギリスの作曲家。

ヌール・ジャハーン　Nūr Jahān　12.17没、68歳。1577生。インド、ムガル帝国第4代皇帝ジャハーンギールの妃。

この年　アグン　Agung　インドネシア、マタラム王国の第3代王（在位1613～45）。

李明漢　50歳。1595生。朝鮮、李朝中期の文臣。

エステルハージ　Esterházy, Miklós　63歳。1582生。ハンガリーの貴族、伯爵。

応祥　73歳。1572生。朝鮮の僧。

カー　Carr, Robert, Viscount Rochester, Earl of Somerset　スコットランドの政治家。

胡震亨　76歳。1569生。中国、明代の学者。

三昧寂光　65歳。1580生。中国、明の僧。

スタッフォード、アンソニ　Stafford, Anthony　58歳。1587生。イギリスの信仰書著作家。

スルタン・アグン　Sultan Agung　54？歳。1591生。イスラム王国マタラム（15～18世紀中頃ジャワ中部）の第3代王（在位1613～45）。

鄭鳳寿　73歳。1572生。朝鮮、李朝の武臣。

ディーメン　Diemen, Anthony van　52歳。1593生。オランダの植民地経営者。

馬士英　中国、明末の奸臣。

ハル・ゴーヴィンド　Hargobind, Guru　50歳。1595生。インドのスィク教第6祖（1606～45）。

ヒューム、トバイアス　Hume, Tobias　76？歳。1569生。イギリスのヴァイオル奏者、作曲家。

フェンツォーニ、フェッラウー　Fenzoni, Ferraú　83歳。1562生。イタリアの画家。

モガール、アンドレ　Maugars, André　65歳。1580生。フランスのヴィオル（ヴィオラ・ダ・ガンバ）奏者。

李自成　39歳。1606生。中国、明末期の大農民反乱の指導者。

リナール、ジャック　Linard, Jacques　45？歳。1600生。フランスの画家。

劉宗周　67歳。1578生。中国、明末の学者。

リュッケルス、アンドレーアス1世　Ruckers　66歳。1579生。フランドルのチェンバロ・ヴァージナル製作者。

この頃　石宏基　60？歳。1585生。中国人のイエズス会士。

ブラウン　Browne, William　55？歳。1590生。イギリスの詩人。

ブランカ　Branca, Giovanni　㊚1629没、74？歳。1571生。イタリアの建築家、機械技師。

モリネーリ、ジョヴァンニ・アントーニオ　Molineri, Giovanni Antonio　68？歳。1577生。イタリアの画家。

レー　Rey, Jean　63？歳。1582生。フランスの医師、化学者。

1646年

4.-　スウェーデン軍がプラハを占領する
5.15　チャールズ1世がスコットランド軍に投降
*　*　*

ホル、エリアス　Holl, Elias　1.6没、72歳。1573生。ドイツの建築家。

ポリアンデル・ア・ケルクホーヴェン、ヨハネス　Polyander à Kerckhoven, Johannes　2.4没、77歳。1568生。オランダの改革派神学者。

フィールダンク　Vierdanck, Johann　4.1（埋葬）没、41？歳。1605生。ドイツのオルガン奏者、作曲家。

ソラーリ、サンティーノ　Solari, Santino　4.10没、70歳。1576生。イタリアの建築家、彫刻家。

リュードベック、ユハネス　Rudbeck, Johannes　8.8没、65歳。1581生。スウェーデンのルター派聖職者、教育改革者。

ヘンダスン、アレグザーンダ　Henderson, Alexander　8.19没、63歳。1583生。スコットランドの牧師。

シュトベーウス、ヨーハン　Stobaeus (Stobeus, Stoboeus), Johann (es)　9.11没、66歳。1580生。ドイツの作曲家、教会音楽家。

バルベリーニ、アントーニオ　Barberini, Antonio　9.11没、77歳。1569生。イル・ヴェッキオとも呼ばれるイタリアの司教。

エセックス、ロバート・デヴルー、3代伯爵　Essex, Robert Devereux, 3rd Earl of　9.14没、55歳。1591生。イギリスの貴族、軍人。

ホウプ、トマス　Hope, Thomas　10.1没、66？歳。1580生。スコットランドの契約派革命期の政治家。

マッツォッキ、ヴィルジリオ　Mazzocchi, Virgilio　10.3没、49歳。1597生。イタリアの作曲家。

アランデル伯トマス・ハワード　Arundel, Thomas Howard, Earl of　10.4没、60歳。1586生。イギリスの芸術品蒐集家。

17世紀　　　　　　　　　　　　　　　　　　　1647

ジョーグ，イザアク　Jogues, St.Isaac　10.18没，39歳。1607生。フランスのイエズス会士。

ラランド，ジャン・ド　La lande, Jean de　10.19没。フランス出身の北アメリカの殉教者。

ドブソン，ウィリアム　Dobson, William　10.28没，36？歳。1610生。イギリスの画家。

バロウズ，ジェレミ　Burroughes (Burroughs), Jeremy (Jeremiah)　11.14？没，47歳。1599生。イギリスの会衆派の牧師。

スホーテン（大）　Schooten, Frans van　12.11没，65歳。1581生。オランダの数学者。

バッソンピエール，フランソワ・ド　Bassompierre, François de　12.12没，67歳。1579生。フランスの廷臣，軍人。

モギーラ，ピョートル　Mogila　12.22（旧1647）没，50歳。1596生。ロシアの聖職者。

張献忠　12.？没，40歳。1606生。中国，明末の農民叛乱の指導者。

この年　王思任　71歳。1575（旧1576）生。中国，明末の文学者。

艾南英　63歳。1583生。中国，明末の文学者。

カルヴァリョ　Carvalho, Lopo Sarmento de　ポルトガルの日本貿易船隊司令官。

阮大鋮　59？歳。1587生。中国，明末の政治家，劇作家。

黄道周　61歳。1585（旧1589）生。中国，明末の忠臣。

コニエツポルスキ　Koniecpolski, Stanislaw　55歳。1591生。ポーランドの軍人。

ザウベルト，ヨーハン　Saubert, Johann　54歳。1592生。ドイツのルター派牧師。

曹学佺　（旧1647没，72歳。1574生。中国，明末の政治家，学者。

テスティ　Testi, Fulvio　53歳。1593生。イタリアの政治家，詩人。

トウィス，ウィリアム　Twisse, William　68？歳。1578生。英国教会神学者，穏健ピューリタン神学者。

唐王朱聿鍵　44歳。1602生。中国，明滅亡後の亡命王の一人（在位1645～46）。

ファレ，ニコラ　Faret, Nicolas　50歳。1596生。フランスの文人，モラリスト。

馮夢竜　（旧1645没，72歳。1574（旧1575）生。中国，明末の文学者。

福王朱由崧　（旧1648没，45歳。1601生。中国，明末期の皇族。

フリーニ，フランチェスコ　Furini, Francesco　46？歳。1600生。イタリアの画家。

メーナール，フランソワ　Maynard, François　64歳。1582生。フランスの詩人。

林慶業　53歳。1593（旧1594）生。朝鮮王朝の武将。

潞王朱常淓　中国，明末期の宗藩の一人。

この頃　ファン・ユテンブルック，モイセス　van Uyttenbroeck, Moyses　46？歳。1600生。オランダの画家。

1647年

7.07　ナポリでマザニエーローの一揆が起こる

＊＊＊

ミアズ　Meres, Francis　1.29没，82歳。1565生。イギリスの教育家，批評家，神学者。

ヘールマン，ヨーハン（ヨハネス）　Heermann, Johann (Johannes)　2.17没，61歳。1585生。ドイツのルター派教会の牧師，讃美歌作詞家。

フレデリック・ヘンドリック　Frederik Hendrik　3.14没，63歳。1584生。オランニェ＝ナッソウ公，ネーデルラント総督（在位1625～47）。

ミルトン　Milton, John　3.15（埋葬）没，84？歳。1563生。イギリスの作曲家。

ヴルペス，アンジェロ　Vulpes, Angelo　4.19没。イタリアの神学者，マリア学者。

カンディディウス，ゲォルギウス　Candidius, Georgius　4.30没，50歳。1597生。ドイツの改革派教会宣教師。

ホーフト，P. C.　Hooft, Pieter Corneliszoon　5.21没，66歳。1581生。オランダの詩人，劇作家，歴史家。

崔鳴吉　5.？没，61歳。1586（旧1587）生。朝鮮，李朝の政治家。

キャルヴァート，レナード　Calvert, Leonard　6.9没，37歳。1610生。アメリカのメリランド植民地総督。

フッカー，トマス　Hooker, Thomas　7.7没，61歳。1586生。アメリカの組合教会牧師。

マサニエロ　Masaniello　7.16没，27歳。1620生。イタリアの漁夫。

カロ　Caro, Rodorigo　8.10没，73歳。1573生。スペインの詩人，考古学者。

ストーン，ニコラス　Stone, Nicolas　8.24没，60歳。1587（旧1586）生。イギリスの彫刻家，建築家。

アビラ，フランシスコ・デ　Avila, Francisco de　9.17没，74歳。1573生。ペルーのケチュア語学者。

トリチェリ，エヴァンジェリスタ　Torricelli, Evangelista　10.25没，39歳。1608生。イタリアの物理学者。

カヴァリエリ，フランチェスコ・ボナヴェンチュラ　Cavalieri, Francesco Bonaventura　11.30（旧1674）没，49歳。1598生。イタリアの学僧数学者。

ランフランコ，ジョヴァンニ　Lanfranco, Giovanni　11.30没，65歳。1582生。イタリアの画家。

ドーニ Doni, Giovanni Battista 12.1没、53？歳。1594生。イタリアの音楽学者、古典文献学者。

ソールトマーシュ、ジョン Saltmarsh, John 12.11没、35？歳。1612生。イギリスの神秘思想家。

トラバーチ、ジョヴァンニ・マリーア Trabaci, Giovanni Maria 12.31没、72？歳。1575生。イタリアの作曲家、オルガン奏者。

この年 エドワーズ、トマス Edwards, Thomas 48歳。1599生。イギリス・ピューリタン革命期の長老派聖職者、非寛容論者。

カノニカス Canonicus 82？歳。1565生。ナラガンセット・インディアンの酋長。

ガラス Gallas, Matthias, Graf von Campo, Herzog von Lucera 63歳。1584生。オーストリアの将軍。

熙彦 86歳。1561生。朝鮮の僧。

ゴージズ、サー・ファーディナンド Gorges, *Sir* Ferdinando 81？歳。1566生。イギリスのメーン州の地主。

ジェンティレスキ、オラツィオ Gentileschi, Orazio ㊟1639没、85歳。1562(㊟1563)生。イタリアの画家。

スパイデル Speidel, John 40歳。1607生。イギリスの数学者。

セベリン Severin, Christian 85歳。1562生。デンマークの天文学者。

陳子竜 39歳。1608生。中国、明末期の官僚、文人。

チンチョン Chinchón, Luis Jerónimo Fernández de Cabrera, Conde de 58歳。1589生。ペルー第14代の副王。

ノヴェッリ、ピエトロ Novelli, Pietro 44歳。1603生。イタリアの画家。

バダロッキオ、シスト Badalocchio, Sisto 62歳。1585生。イタリアの画家、版画家。

ファーナビィ Farnaby, Thomas 72？歳。1575生。イギリスの古典学者。

フィットン、メアリ Fitton, Mary 69？歳。1578生。イギリスの女官、エリザベス1世の侍女。

ブラーボ、ニコラス Bravo, Nicolás スペインのシトー会修道士、説教者。

フリース Vries, Maerten Gerritsz de オランダの航海家。

メンゲリング、アルノルト Mengering, Arnold 51歳。1596生。ドイツのルター派牧師。

ラ・バール(シャバンソー・ド)、ジェルマン La Barre Chabanceau de, Germain 68歳。1579生。パリのオルガン奏者。

ラ・バール(シャバンソー・ド)、ピエール3世 La Barre Chabanceau de, Pierre III 55歳。1592生。パリのオルガン奏者、スピネット奏者。

この頃 ホワイト、スティーヴン White, Stephen 72？歳。1575生。アイルランドのイエズス会士、歴史家。

モートン Morton, Thomas 57？歳。1590生。アメリカの植民地の初期入植者。

ユセリンクス Usselincx, Willem 80？歳。1567生。オランダのアントワープ出身の商人。

1648年

1.30 オランダ独立戦争が終結する
5.11 イギリスで王党派が各地で蜂起し内乱再発
8.26 パリでフロンドの反乱が起こる
10.24 ウェストファリア条約で30年戦争が終結
12.16 イギリス議会軍のプライドが長老派を追放

＊ ＊ ＊

ロハス-ソリーリャ、フランシスコ・デ Rojas-Zorrilla, Francisco de 1.23没、40歳。1607生。スペインの劇作家。

アボット、ジョージ Abbot, George 2.2没、45歳。1603生。イギリスのピューリタン宗教思想家。

ラモルマイニ、ヴィルヘルム(ラモルマン、ギヨーム) Lamormain, Wilhelm 2.22没、77歳。1570生。リュクサンブール生れの聖職者。

ティルソ・デ・モリーナ Tirso de Molina 2.24没、77？歳。1571(㊟1580頃)生。スペインの劇作家。

クリスティアン4世 Christian IV 2.28没、70歳。1577生。デンマーク、ノルウェー王(1588～1648)。

レーヴェンシュテルン、マテーウス・アペレス・フォン Löwenstern, Matthäus Apelles von 4.11没、53歳。1594生。ドイツの讃美歌作者。

リパルダ、ホアン・マルティネス・デ Ripalda, Juan Martínez de 4.26没、54歳。1594生。スペインのイエズス会士、神学者。

フォーブズ(フォービス)、ジョン Forbes, John 4.29没、54歳。1593生。スコットランドの神学者、「アバディーンの博士たち」のひとり。

クヴィストルプ、ヨーハン Quistorp, Johann 5.2没、63歳。1584生。ドイツのルター派神学者。

ル・ナン、ルイ Le Nain, Louis 5.23没、55？歳。1593(㊟1600頃)生。フランスの画家。

ヴォワチュール、ヴァンサン Voiture, Vincent 5.24？没、51歳。1597(㊟1598)生。フランスの詩人、書簡作家。

ル・ナン、アントワーヌ Le Nain, Antoine 5.25没、60？歳。1588(㊟1600頃)生。フランスの画家。

シュタードルマイヤー、ヨーハン Stadlmayr, Johann 7.12没、78？歳。1570生。ドイツの作曲家。

ハーバート、エドワード Herbert of Cherbury, Edward Herbert, 1st Baron 8.20没、65歳。1583(㊟1581頃)生。イギリスの哲学者、軍人、外交官、詩人、歴史家。

17世紀　　　　　　　　　　　　　　　　　　　　　　　1649

サアベドラ-ファハルド，ディエゴ・デ　Saavedra y Fajardo, Diego de　8.24没、64歳。1584生。スペインの政治家。
ヨゼフ・カラサンクティウス　Josephus Calasanctius, St.　8.25没、91歳。1556生。聖人。
メルセンヌ，マラン　Mersenne, Marin　9.1（㊥1647）没、59歳。1588生。フランスの哲学者，数学者。
フォード，トマス　Ford, Thomas　11.17(埋葬)没、68?歳。1580生。イギリスのリュート奏者，作曲家。
ギレスピ，ジョージ　Gillespie, George　12.17没、35歳。1613生。スコットランド長老制維持同盟の指導的牧師の一人。
この年　アボンディオ，アレッサンドロ　Abondio, Alessandro　78?歳。1570生。オーストリアのメダル制作家，蠟型制作家。
イースト，マイケル　East, Michael　68?歳。1580生。イギリスの作曲家，オルガン奏者。
イブラヒム1世　Ibrahim I　33歳。1615生。オスマン・トルコ帝国第18代のスルタン(1640～48)。
ヴェルメーシオ，ジョヴァンニ　Vermexio, Giovanni　スペイン出身のイタリアの建築家。
ウラディスラフ4世　Wladyslaw IV　53歳。1595生。ポーランド王(在位1632～48)。
カラサンチョ　Calasanzio, San José　90歳。1558生。イタリア(スペイン生れ)のカトリック敬虔派の創立者，貧児救済者。
ゴメス・デ・モーラ，ファン　Gómez de Mora, Juan　㊥1647頃没、62歳。1586(㊥1580)生。スペインの建築家。
シケイラ・デ・ソサ　Siqueira de Sousa, Goncalo de　ポルトガルの対日特派使節。
葉天寥　59歳。1589生。中国，明代末期の文人。
ダニエル，アントワーヌ　Daniel, Antoine　47歳。1601生。フランスのイエズス会士。
フールマン，アウグスティーン　Fuhrmann, Augustin　57歳。1591生。ドイツの神秘主義者。
文從簡　74歳。1574生。中国，明末清初の文人画家。
ベルトロ，ギヨーム　Berthelot, Guillaume　73歳。1575生。フランスの彫刻家。
ホウト，ヘンドリック　Goudt, Hendrick　63歳。1585生。オランダの版画家。
パドヴァニーノ　Padovanino　60歳。1588生。イタリアの画家。
モンテイロ，ジョアン(ヨアネス)　Monteiro, João (Joannes)　45歳。1603生。ポルトガルの来中国イエズス会士。
レーンボロー　Rainborow, Thomas　イギリスの軍人，水平派の指導者。
ロドリゲス，アロンソ　Rodriguez, Alonso　70歳。1578生。スペイン出身のイタリアの画家。

この頃　カスティリョ-ソロルサノ，アロンソ・デ　Castillo Solórzano, Alonso de　64?歳。1584生。スペインの小説家，劇作家。

1649年

2.06　チャールズ1世に死刑判決が下される
3.-　イギリスで貴族院(上院)が廃止される
＊＊＊

チャールズ1世　Charles I　1.30没、48歳。1600生。イギリス，スチュアート朝の国王(在位1625～49)。
サンビアーゾ，フランチェスコ　Sambiaso, Francesco　1.?没、67歳。1582生。イタリアのイエズス会士。
ハミルトン，ジェイムズ　Hamilton, James, 1st Duke of　2.9没、42歳。1606生。スコットランドの政治家。
シルヴィウス，フランシス　Sylvius, Francis　2.27没、68歳。1581生。ベルギー出身の神学者。
ホランド伯　Holland, Henry Rich, 1st Earl of　3.9没、58歳。1590生。イギリスの貴族。
ブレブーフ，ジャン・ド　Brébeuf, Jean de, St.　3.16没、55歳。1593生。フランス出身のイエズス会宣教師。
ヴォス，ヘリット・ヤンス　Vos, Gerrit Jansz　3.17没、72歳。1577生。オランダの人文主義神学者，教会史家，言語学者。
ラルマン，ガブリエル　Laleman, Gabriel　3.17没、39歳。1610生。フランスのイエズス会宣教師，殉教者。
フォシウス　Vossius　3.19没、72歳。1577生。オランダの人文学者，神学者。
ウィンスロップ，ジョン　Winthrop, John　3.26没、61歳。1588(㊥1587頃)生。アメリカの法律家。
フォス　Voss, Gerhard　3.27没、72歳。1577生。ハイデルベルク附近生れの古典語学者。
サルビエフスキ，マチェイ・カジミェシュ　Sarbiewski, Maciej Kazimierz　4.2没、54歳。1595生。ポーランドの詩人，司祭。
ヴァレンティーニ　Valentini, Giovanni　4.29?没、67歳。1582生。イタリアの作曲家，オルガン奏者。
仁祖　5.8没、53歳。1595生。朝鮮，李朝の第16代王(在位1623～49)。
ドリスラス　Dorislaus, Isaac　5.12没、54歳。1595生。オランダ系のイギリスの法律家，外交官。
シュパンハイム，フリードリヒ　Spanheim, Friedrich　5.14没、49歳。1600生。ドイツ出身の改革派神学者。
マルティネス・モンタニェース，ファン　Montañés, Juan Martínez　6.18没、81歳。1568生。スペインの彫刻家。

人物物故大年表 外国人編　*405*

1649 17世紀

ブランドン　Brandon, Richard　6.20没。イギリスの死刑執行人。
ヴーエ，シモン　Vouet, Simon　6.30没、59歳。1590生。フランスの画家。
テニールス，ダーフィト　Teniers, David　7.29没、67歳。1582生。フランドルの画家。
アレーニ，ジューリオ　Aleni, Giulio　8.3没、67歳。1582生。イタリアのイエズス会士。
クラショー，リチャード　Crashaw, Richard　8.21没、36？歳。1613生。イギリスの形而上詩人。
シェパード，トマス　Shepard, Thomas　8.25没、43歳。1605生。アメリカの会衆派牧師、神学者。
ベラスコ，ペドロ・デ　Velasco, Pedro de　8.26没、68歳。1581生。メキシコのイエズス会宣教師。
ダッドリー　Dudley, *Sir* Robert　9.6没、75歳。1574生。イギリスの航海家。
ホルン（ホルネーユス），コンラート　Horn (Hornejus), Konrad　9.26没、58歳。1590生。ドイツのルター派神学者。
オスターデ，イサーク・ファン　Ostade, Isack van　10.16没、28歳。1621生。オランダの風景画家。
ディオダーティ，ジョヴァンニ　Diodati, Giovanni　11.3没、73歳。1576生。スイスのカルバン派の牧師。
オウニール，オウエン・ロウ　O'Neill, Owen Roe　11.6没、67歳。1582(㊌1590頃)生。アイルランドの独立運動戦士、武将。
耿仲明　11.？没。中国、明末清初の武将。
ドラモンド（ホーソーンデンの），ウィリアム　Drummond of Hawthornden, William　12.4没、63歳。1585生。スコットランドの詩人。
ガルニエ，シャルル　Garnier, Charles　12.7没、43？歳。1606生。フランスのカナダへの宣教師。
リンカルト，マルティーン　Rin(c)kart, Martin　12.8没、63歳。1586生。ドイツのルター派牧師、讃美歌作詞者。
ボニー，エティエンヌ　Bauny, Étienne　12.12没、74歳。1575生。フランスのイエズス会の倫理神学者。
フェレイラ，ガスパル　Ferreira, Gaspar　12.27没、78歳。1571生。ポルトガルの来中国イエズス会士。
シャバネル，ノエル　Chabanel, Noël　12.？没、36歳。1613生。フランスのイエズス会宣教師、殉教者。
この年 アッセレート，ジョアッキーノ　Assereto, Gioacchino　49歳。1600生。イタリアの画家。
ウスタッド・イサ・カーン　Ustad Isa Khan　トルコ出身の建築家。
エバンヘリスタ，マリア　Evangelista, Maria　58歳。1591生。スペインのシトー会修道女。
エルフィンストーン　Elphinstone, John, 2nd Baron Balmerino　スコットランド貴族。
何騰蛟　中国、明末期の官僚。

カトナ，イシュトヴァーン　Katona, István　60歳。1589生。ハンガリーの改革派神学者。
カマッセイ，アンドレーア　Camassei, Andrea　47歳。1602生。イタリアの画家、版画家。
ケープル　Capel, Arthur　45歳。1604生。イギリスの清教徒革命における国王派の将軍。
ゴドフロア　Godefroy, Théodore　69歳。1580生。フランスの歴史家。
ジェッシ，ジョヴァンニ・フランチェスコ　Gessi, Giovanni Francesco　61歳。1588生。イタリアの画家。
スキオピウス，カスパル　Scioppius, Caspar　73歳。1576生。ドイツ出身のカトリック神学者。
太能　87歳。1562生。朝鮮仁祖の頃の禅僧。
チェシュ，ヨーハン・テーオドーア（ディートリヒ）・フォン　Tschesch, Johann Theodor (Dietrich) von　54歳。1595生。ドイツの神秘思想家。
ニジェッティ，マッテーオ　Nigetti, Matteo　89歳。1560生。イタリアの建築家。
バーバー，エドワード　Barber, Edward　イギリス・ピューリタン革命期のジェネラル（普遍）バプテスト派牧師、仕立屋。
バルビエーリ，パーオロ・アントーニオ　Barbieri, Paolo Antonio　46歳。1603生。イタリアの画家。
マルチェッリ，パーオロ　Marcelli, Paolo (Mariscelli, Paolo)　55歳。1594生。イタリアの建築家。
マルティーニ，ヤーコプ　Martini, Jakob　79歳。1570生。ドイツのルター派神学者、論理学者。
この頃 セーナーパティ　Senāpati　1589生。インドのヒンディークリシュナ派詩人。
デュ・セルソー，ジャン・アンドルーエ　Du Cerceau, Jean Androuet　64？歳。1585生。フランスの建築家。
トゥルキ，アレッサンドロ　Turchi, Alessandro　67？歳。1582生。イタリアの画家。
ファン・ステーンウェイク，ヘンドリック（子）　Van Steenwijck, Hendrik de Jonge　69？歳。1580生。フランドルの画家。
ヤジェンプスキ　Jarzębski, Adam　59？歳。1590生。ポーランドの作曲家、ヴァイオリン奏者。

1650年

1.-　フランスで反マザラン運動が起こる
9.-　明の遺臣の鄭成功が厦門、金門2島を占領
この頃　オマーンが東アフリカ進出を開始する
　　　　　＊＊＊
デカルト，ルネ　Descartes, René　2.11没、53歳。1596生。フランスの哲学者。

406 人物物故大年表 外国人編

17世紀　　　　　　　　　　　　　　　　　　　　　1651

ヴォージュラ，クロード・ファーヴル・ド　Vaugelas, Claude Favre de　2.27没、65歳。1585（㊗1595）生。フランスの文法学者。

ウィリアムズ，ジョン　Williams, John　3.25没、43歳。1582生。英国教会のヨーク大主教。

ドゥーズ　D'Ewes, Sir Simonds　4.8没、47歳。1602生。イギリスの好古家。

サクラーティ　Sacrati, Francesco Paolo　5.20没。イタリアの作曲家。

モントローズ，ジェイムズ・グレアム，初代侯爵　Montrose, James Graham, 1st Marquis, 5th Earl of　5.21没、38歳。1612生。スコットランドの軍人。

ジビューフ，ギヨーム　Gibieuf, Guillaume　6.6没。16世紀末生。フランスの哲学者、神学者。

トラウトマンスドルフ　Trauttmansdorff, Maximilian von　6.8没、66歳。1584生。オーストリアの政治家。

シャイナー，クリストフ　Scheiner, Christoph　6.18没、74歳。1575（㊗1573）生。ドイツの天文学者、カトリック聖職者。

メリアン，マトイス　Merian, Matthäus　6.19没、56歳。1593生。スイスの版画家、出版業者。

ロトルー，ジャン　Rotrou, Jean de　6.27没、40歳。1609生。フランスの劇作家。

ドロルム，マリオン　Delorme, Marion　7.2没、37歳。1613（㊗1611）生。フランスの官女。

パーキンスン　Parkinson, John　8.6没、83歳。1567生。イギリスの園芸家。

マクマホン，エヴァー　MacMahon, Ever　9.17没、50歳。1600生。アイルランドのローマ・カトリック教会司教、独立運動指導者。

アングレーム　Angoulême, Charles de Valois, Duc d'　9.24没、77歳。1573生。シャルル9世の庶子。

コールダウッド，デイヴィド　Calderwood, David　10.25没、75歳。1575生。スコットランドの契約派革命期の牧師、教会史家。

メー　May, Thomas　11.13没、55歳。1595生。イギリスの詩人、劇作家、翻訳家、歴史家。

カルドーズ　Cardoso, Manuel　11.24没、83歳。1566生。ポルトガルの作曲家。

この年　アクィナス，フィリップス　Aquinas, Philippus　75？歳。1575生。フランスのヘブル語学者。

ヴァレニウス，ベルンハルドゥス　Varen, Bernhard　28？歳。1622生。「日本伝聞記」の著者。

ウィレム2世　Willem II　24歳。1626生。オランダ共和国第4代総督（1647～50）。

ヴェチェッリオ，ティツィアネッロ　Vecellio, Tizianello　80？歳。1570生。イタリアの画家。

睿親王　38歳。1612生。中国、清初の皇族、政治家。

エスピノサ，ペドロ・デ　Espinosa, Pedro de　72歳。1578生。スペインの詩人、散文家。

瞿式耜　60歳。1590生。中国、明末期の官僚。

ケーヴェンヒュラー　Khevenhüller, Franz Christoph　62歳。1588生。オーストリアの貴族。

シャルニゼー　Charnisay, Charles de Menou　46？歳。1604生。カナダ北東部アカディアの総督。

曾鯨　83歳。1567（㊗1568）生。中国、明末期の画家。

テスタ，ピエトロ　Testa, Pietro　38歳。1612生。イタリアの画家、版画家。

トゥカーラーム　Tukārām　㊗1649没、42歳。1608（㊗1607）生。インド、マハーラーシュトラ地方のビシュヌ信仰の一派、バーガバタ派の信仰家。

フランソワ，ギー　François, Guy　70？歳。1580生。フランスの画家。

フレッチャー，フィニアス　Fletcher, Phineas　68歳。1582生。イギリスの詩人。

ペチェヴィー，イブラヒム　Peçevî, İbrahim　76歳。1574生。オスマン朝トルコの歴史家。

ペリエ，フランソワ　Perrier, François　60？歳。1590生。フランスの画家。

ロッセッリ，マッテーオ　Rosselli, Matteo　72歳。1578生。イタリアの画家。

この頃　イシュトリルショチトル　Ixtlilxóchtl, Fernando Alva　75？歳。1575生。植民地期メキシコの歴史家。

ヴァレニウス，ベルンハルト　Varenius, Bernardus　28？歳。1622生。オランダの地理学者。

ウィンフィールド　Wingfield, Edward Maria　50？歳。1600生。イギリスの植民者。

エヴェラード，ジョン　Everard, John　75？歳。1575生。イギリスのスピリチュアリスト。

カッソーラ　Cassola, Francisco　75？歳。1575生。イタリアのイエズス会宣教師。

ギボンズ，エドワード　Gibbons, Edward　83？歳。1567生。イギリスの作曲家。

ストーメル，マティアス　Stomer, Matthias　50？歳。1600生。オランダの画家。

スパダリーノ　Spadarino　55？歳。1595生。イタリアの画家。

ドレースホウト　Droeshout, Martin　49？歳。1601生。イギリスの彫版師。

バラール，ロベール　Ballard, Robert　75？歳。1575生。フランスのリュート奏者、作曲家。

ミラヌッツィ　Milanuzzi, Carlo　60？歳。1590生。イタリアの作曲家、オルガン奏者。

ヤンセンス，ヤン　Janssens, Jan　60？歳。1590生。フランドルの画家。

1651年

2.-　パリ高等法院がマザラン追放を決議する

1651　17世紀

9.13　ウースターの戦いでチャールズ2世が亡命
10.-　イギリス共和国会議が航海条例を可決する
　　　　　　　＊　＊　＊
リヴェー，アンドレー　Rivet, André　1.7没、78歳。1572生。フランス出身のオランダの改革派神学者。
ノービリ，ロベルト・デ　Nobili, Roberto de　1.16(㊗1656)没、73歳。1577生。イタリアのカトリック布教者。
ブルーマールト，アブラハム　Bloemaert, Abraham　1.27没、86歳。1564生。オランダの画家、版画家。
オビエド，フランシスコ・デ　Oviedo, Francisco de　2.9没、50歳。1601生。スペインのイエズス会士、神学者。
オバージェ，アロンソ・デ　Ovalle, Alonso de　3.16没、50歳。1601生。チリのイエズス会司祭、歴史家。
セーヘルス，ヘラルト　Seghers, Gerard　3.18没、60歳。1591生。オランダの画家。
トルステンソン　Torstensson, Lennart, Count of Ortala　4.7没、47歳。1603生。スウェーデンの軍人。
ヴォス，コルネリス・デ　Vos, Cornelis de　5.9没、66歳。1585(㊗1584頃)生。フランドルの画家。
シャルドン，ルイ　Chardon, Louis　8.17没、56歳。1595生。フランスのドミニコ会士、神秘家。
ラヴ，クリストファー　Love, Christopher　8.22没、33歳。1618生。イギリスのピューリタン(長老派)牧師。
キニョネス-デ-ベナベンテ，ルイス　Quiñones de Benavente, Luis　8.25没、62？歳。1589生。スペインの劇作家。
パスカル，エティエンヌ　Pascal, Etienne　9.24没、63歳。1588生。フランスの数学者。
マクシミリアン1世　Maximilian I　9.27没、78歳。1573生。バイエルン大公(1597～1651)。
アルベルト，ハインリヒ　Albert, Heinrich　10.6没、47歳。1604生。ドイツの詩人、オルガン奏者、作曲家。
シルモン，ジャーク　Sirmond, Jacques　10.7没、91歳。1559生。フランスの歴史家、教父学者。
ロヴェニウス，フィリップス　Rovenius, Philippus　10.10没、77歳。1574生。ギリシアのフィリピ(ピリピ)の名義大司教。
プレトーリウス，ヤーコプ　Praetorius (Prätorius), Jakob　10.21？没、65歳。1586生。ドイツの作曲家、オルガン奏者、教育者。
アイアトン，ヘンリー　Ireton, Henry　11.26没、40歳。1611(㊗1610)生。イギリスのピューリタン革命期の軍人、政治家。
カリーム，ミールザー・アブー・ターレブ　Kalīm　11.29没、69？歳。1582生。イランの詩人。

ゴーティエ，エヌモン　Gaultier, Ennemond　12.11没、76歳。1575生。フランスの王室楽団の音楽家。
バサレンケ，ディエゴ　Basalenque, Diego　12.11没、74歳。1577生。スペインのアウグスティヌス会士、年代記者、言語研究家。
この年　アルジャンソン，ルネ・ド・ヴォアイエ伯　Argenson, René de Voyer　55歳。1596生。フランスの外交官。
カイプ，ヤコブ・ヘリットゾーン　Cuyp, Jacob-Gerritsz.　57歳。1594生。オランダの画家。
ガクワン・ナムギェル　Ngag dbang rnam rgyal　57歳。1594生。チベットのカーギュ派仏教者。
カプスベルガー，ヨハネス・ヒエロニムス　Kapsberger, Johannes Hieronymus　㊗1661没、71？歳。1580(㊗1575頃)生。ドイツの音楽理論家。
ガリアーノ，ジョヴァンニ・バッティスタ　Gagliano, Giovanni Battista　㊗1650？没、57歳。1594(㊗1585？)生。イタリアの音楽家。
キョセム・スルタン　Kösem Sultan Mahpeyker　61？歳。1590(㊗1589頃)生。オスマン帝国の政治を動かした皇后。
スティリアーニ，トンマーゾ　Stigliani, Tommaso　78歳。1573生。イタリアの詩人。
ソリーア，ジョヴァンニ・バッティスタ　Soria, Giovanni Battista　70歳。1581生。イタリアの建築家。
ダービー，ジェイムズ・スタンリー，7代伯爵　Derby, James Stanley, 7th Earl of　45歳。1606生。イギリスの兵士。
デュピュイ　Dupuy, Pierre　69歳。1582生。フランスの歴史学者、王立図書館司書。
ヌヴォローネ，パンフィーロ　Nuvolone, Panfilo　70歳。1581生。イタリアの画家。
バッケル，ヤーコプ・アドリアーンスゾーン　Backer, Jacop Adriaensz.　43歳。1608生。オランダの画家。
フランカル，ジャック　Francart, Jacques　68？歳。1583(㊗1582頃)生。ベルギーの建築家。
メルデニウス，ルペルトゥス　Meldenius, Rupertus　69歳。1582生。ドイツの神学者の偽名。
ルースベン　Ruthven, Patrick, Earl of Forth　78？歳。1573生。スコットランドの貴族。
レーバー，パウル　Roeber, Paul　64歳。1587生。ドイツのルター派の牧師。
この頃　ジェンティレスキ，アルテミジア　Gentileschi, Artemisia　54？歳。1597生。イタリアの女流画家。
祝昌　中国、明末清初の画家。
ビアンコ，バルトロメーオ　Bianco, Bartolomeo　㊗1657没、61？歳。1590生。イタリアの建築家。
マルケス　Marques, Pedro　78？歳。1573生。ポルトガルのイエズス会宣教師。

408　人物物故大年表　外国人編

17世紀　1652

1652年

4.06　リーベックがケープタウンに上陸する
6.20　オスマン朝でタルホンジュが大宰相に就任
この年　ダライ・ラマ5世が清の招請で北京を訪問
＊＊＊

ラ・トゥール，ジョルジュ・ド　La Tour, Georges de　1.30没、58歳。1593生。フランスの画家。

アッレグリ，グレゴリオ　Allegri, Gregorio　2.17没、70歳。1582生。イタリアの作曲家。

アストリ　Astley, Sir Jacob, Baron　2.?没、73歳。1579生。イギリスの将軍。

ランキキウス（ウェチッキ），ニコラウス　Lancicius (Leczycki), Nicholaus　3.16没、77歳。1574生。リトアニアのイエズス会司祭。

ド・ボーヌ　de Beaune, Florimond　3.18没、50歳。1601生。フランスの数学者。

ストロッツィ，ジューリオ　Strozzi, Giulio　3.31没、69歳。1583生。イタリアの詩人、作家、台本作家。

ブロクマンド，イェスペル・ラスムスセン　Brochmand, Jesper Rasmussen　4.19没、66歳。1585生。デンマークのルター派神学者。

リズボア，クリストヴォン・デ　Lisboa, Cristóvão de　4.19没、62?歳。1590生。ポルトガル生れの宣教師、ブラジルの博物学者。

ヴァレ　Valle, Pietro della　4.20没、66歳。1586生。イタリアの旅行家。

カミュ，ジャン - ピエール　Camus, Jean-Pierre　4.25没、67歳。1584生。フランスの小説家、司教。

ジョーンズ，イニゴー　Jones, Inigo　6.21没、78歳。1573生。イギリスの建築家、舞台美術家。

フランケンベルク，アーブラハム・フォン　Fran(c)kenberg, Abraham von　6.25没、59歳。1593生。ドイツのシュレージエンの神秘主義者。

ヴェンデリーン，マルクス・フリードリヒ　Wendelin, Markus Friedrich　8.7没、68歳。1584生。ドイツの改革派神学者。

スミス，ジョン　Smith, John　8.7没、34歳。1618生。イギリスの哲学者、神学者、教育者。

ボート，ヤン　Both, Jan　8.9没、34?歳。1618（Ⓡ1615頃）生。オランダの画家。

ヤング，パトリク　Young, Patrick　9.7没、68歳。1584生。英国教会聖職、聖書学者、教父学者。

ホプトン　Hopton, Ralph, Baron　9.?没、54歳。1598 (Ⓡ1596)生。イギリス清教徒革命における国王軍の将軍。

コエーリョ - イ - オチョーア，アントニオ　Coello y Ochoa, Antonio　10.20没、40歳。1611生。スペインの劇作家。

テーラー　Taylor, Joseph　11.4没、67?歳。1585生。イギリスの俳優。

ペトー，ドニー　Petau, Denis　12.11没、69歳。1583生。フランスの教義学者、イエズス会士。

ルゴ，フランシスコ・デ　Lugo, Francisco de　12.17没、72歳。1580生。スペインのイエズス会士、神学者。

コットン，ジョン　Cotton, John　12.23没、67歳。1585 (Ⓡ1584)生。イギリスの牧師。

この年　アセレイン，ヤン　Asselijn, Jan　42歳。1610 (Ⓡ1615)生。オランダの画家。

アンナ　Anna, Sophia　68歳。1584生。シュヴァルツブルク・ルードルシュタットのカール・ギュンスター伯爵の妻。

ウィンスタンリ，ジェラード　Winstanley, Gerrard　Ⓡ1676頃没、43歳。1609生。イギリスの清教徒革命における最左翼党派ディガーズの指導者。

ヴェルデンハーゲン，ヨーハン・アンゲリーウス・フォン　Werdenhagen, Johann Angelius von　71歳。1581生。ドイツの教会改革者。

ウォード，ナサニエル　Ward, Nathaniel　74歳。1578生。イギリスの聖職者。

エルセヴィル，アブラハム　Elzevir, Abraham　60歳。1592生。オランダの出版業、印刷業者。

エルセヴィル，ボナヴェントゥラ　Elzevir, Bonaventura　69歳。1583生。オランダの出版業、印刷業者。

王鐸　60歳。1592生。中国、明末清初の書家。

カイプ，ベンヤミン・ヘリッツゾーン　Cuyp, Benjamin Gerritsz.　40歳。1612生。オランダの画家。

カロゼッリ，アンジェロ　Caroselli, Angelo　67歳。1585生。イタリアの画家。

金尚憲　82歳。1570生。朝鮮、李朝中期の学者。

グレニンガー，ゲルハルト　Gröninger, Gerhard　70歳。1582生。ドイツの彫刻家。

クロッペンビュルフ，ヨハネス　Cloppenburg, Johannes　60歳。1592生。オランダの改革派神学者。

孔有徳　中国、明末・清初期の武将。

ゴドフロア　Godefroy, Jacques　65歳。1587生。フランスの法学者。

ジェール　Geer, Louis de　65歳。1587生。ベルギー出身の鉱業開発者。

陳洪綬　53歳。1599 (Ⓡ1597)生。中国、明末・清初期の文人画家。

テベジウス，アーダム　Thebesius, Adam　56歳。1596生。ドイツの説教者、讃美歌作者。

ニエリウス，カール（カロールス）(子)　Niellius, Karl (Carolus) (der Jüngere)　76歳。1576生。ベルギーのワロン人牧師。

ハイリング，ペーター　Heyling, Peter　45歳。1607生。ドイツで最初のプロテスタント宣教師。

人物物故大年表 外国人編　409

バナージュ，バンジャマン　Basnage, Benjamin
　72歳。1580生。フランスの改革派教会牧師。
万寿祺　49歳。1603生。中国，明代清初の画家。
ブイヨン，フレデリック・モーリス　Bouillon,
　Frédéric Maurice de la Tour　47歳。1605生。フ
　ランスの貴族，武将。
フェレイラ，クリストヴァン　Ferreira, Christovão
　㊞1650没、72歳。1580生。ポルトガルのイエズス
　会司祭。
パーカー　Parker, Henry　48歳。1604生。イギリ
　スの急進的政治評論家。
メトゾー(小)　Metezeau, Clément　71歳。1581
　生。フランスの建築家。
モントーヤ，アントニオ・ルイス・デ　Montoya,
　Antonio Ruis de　67歳。1585没（㊞1582）生。ペ
　ルー出身のイエズス会士。
この頃　ヴァレンタイン　Valentine, Benjamin　イ
　ギリスの議会政治家。
スマート，ピーター　Smart, Peter　83？歳。1569
　生。イギリスのピューリタン，聖画像破壊論者。
デ・グレッベル，ピーテル・フランスゾーン　de
　Grebber, Pieter Fransz.　52？歳。1600生。オラ
　ンダの画家。
バウムガルトナー，ウルリヒ　Baumgartner,
　Ulrich　72？歳。1580生。ドイツの家具制作家。
ブルーム，リチャード　Brome, Richard　62？歳。
　1590生。イギリスの劇作家。

1653年

2.03　マザランがパリへ帰還しフロンドの乱終結
5.31　ローマ教皇がヤンセンの著作を異端と宣言
12.26　イギリスでクロムウェルが護国卿に就任
この年　「タージ・マハル」が完成する
　　　　　＊　＊　＊
ブリストル　Bristol, John Digby, 1st Earl of　1.16
　没、72歳。1580生。イギリスの外交官，政治家。
カレニュ，アンリ　Calénus, Henri　2.1没、70歳。
　1583生。ベルギーの神学者，最初のヤンセン主
　義者。
ヴェッカーリン　Weckherlin, Georg Rudolf　2.13
　没、68歳。1584生。ドイツの詩人。
ロッシ，ルイージ　Rossi, Luigi　2.19没、55歳。
　1598没（㊞1597頃）生。イタリアの作曲家，歌手，
　オルガン奏者。
デ・フリーヘル，シモン　de Vlieger, Simon　3.？
　没、52？歳。1601没（㊞1600頃）生。オランダの画家。
ルイス・デ・モントージャ，アントニオ　Ruíz de
　Montoya, Antonio　4.11没、69歳。1583生。パ
　ラグアイにおけるイエズス会宣教師。

フィルマー　Filmer, *Sir* Robert　5.26没、64歳。
　1589（㊞1590頃）生。イギリスの政治思想家。
ディーン　Deane, Richard　6.2没、42歳。1610生。
　イギリス，清教徒革命期の議会軍の軍人。
ノーデ，ガブリエル　Naudé, Gabriel　7.29没、53
　歳。1600生。フランスの人文学者，自由思想家。
トロンプ，マールテン（・ハルベルスゾーン）
　Tromp, Mearten Harperszoon　8.7没、55歳。
　1598（㊞1597）生。オランダの提督。
ハッパート　Happart, Gilbert　8.8没。オランダ
　の改革派教会の宣教師。
サルマシウス，クラウディウス　Salmasius,
　Claudius　9.3没、65歳。1588生。フランスの古
　典学者。
ソメーズ，クロード　Saumaise, Claude　9.3没、
　65歳。1588生。フランスの古典学者，哲学者。
ゴアール，ジャク　Goar, Jacques　9.23没、52
　歳。1601生。フランスの東方典礼学者。
ルノード，テオフラスト　Renaudot, Théophraste
　10.25没、67歳。1586（㊞1585頃）生。フランスの
　医師，ジャーナリスト。
サリーナス・イ・コルドバ，ブエナベントゥーラ・デ
　Salinas y Córdova, Buenaventura de　11.15没、
　61歳。1592生。ペルーのフランシスコ会著述家。
フルタード，フランシスコ　Furtado, Francisco
　11.21没、66歳。1587生。ポルトガルの来中国イ
　エズス会士。
テーリンク，マクシミリアーン　Teellinck,
　Maximiliaan　11.26没、47歳。1606生。オランダ
　の改革派神学者。
ガウジ，ウィリアム　Gouge, William　12.12没、
　74歳。1578生。イギリスのピューリタン神学者。
リヌッチーニ，ジョヴァンニ・バティスタ
　Rinuccini, Giovanni Battista　12.13没、61歳。
　1592生。イタリアのローマ・カトリック教会大司
　教，アイルランドへの教皇庁大使。
この年　ヴィターリ，フィリッポ　Vitali, Filippo
　16世紀末生。フィレンツェの作曲家，歌手。
シャイブラー，クリストフ　Scheibler, Christoph
　64歳。1589生。ドイツのルター派神学者。
ダドリー　Dudley, Thomas　77歳。1576生。アメ
　リカのマサチューセッツ湾植民地のピューリタン
　の指導者。
チェタム，ハンフリー　Chetham, Humphrey　73
　歳。1580生。イギリスの商人，慈善家。
チドリ，キャサリン　Chidley, Katherine　イギリ
　ス・ピューリタン革命期のパンフレット作家。
テーラー　Taylor, George　75歳。1578生。イギリ
　スの詩人。
バルドゥイン（バルドゥイーヌス），フリードリヒ
　Balduin (Balduinus), Friedrich　ドイツのル
　ター派神学者。

ボイド, ザカリ　Boyd, Zachary　68？歳。1585生。スコットランドの聖職者。
ミスレンタ, ケレスティーン　Myslenta, Cölestin　65歳。1588生。ドイツで活躍したポーランドのルター派神学者。
ローイン　Lowin, John　77歳。1576生。エリザベス朝時代のイギリスの俳優。
[この頃] アダムズ, トマス　Adams, Thomas　63？歳。1590生。英国教会の聖職者、ピューリタン説教家。
エリアス, ニコラース　Elias, Nicolaes　㋿1646頃没、63？歳。1590生。オランダの画家。
サモセット　Samoset　63？歳。1590生。アメリカインディアン部族の酋長。
モンドリー　Montdory　㋿1651没、59？歳。1594生。フランスの俳優。
レッコ, ジャーコモ　Recco, Giacomo　50？歳。1603生。イタリアの画家。

1654年

4.15　第1次英蘭戦争が終結する
6.16　スウェーデンでカール10世グスタヴ即位
この頃　物理学者ゲーリケが大気圧の実験を行う
＊＊＊

カルペパー, ニコラス　Culpeper, Nicholas　1.10没、37歳。1616生。イギリスの占星術師。
ポッター, パウル　Potter, Paulus　1.17没、28歳。1625生。オランダの画家、銅版画家。
モーキ, フランチェスコ　Mochi, Francesco　2.6 (㋿1640)没、73歳。1580生。イタリアの彫刻家。
バルザック, ジャン-ルイ・ゲ・ド　Balzac, Jean Louis Guez de　2.18没、56歳。1597(㋿1595)生。フランスの文人。
カランチャ, アントニオ・デ・ラ　Calancha, Antonio de la　3.1没、70歳。1584生。植民地期ペルーの歴史家、年代記作者。
シャイト, ザームエール　Scheidt, Samuel　3.24没、66歳。1587生。ドイツの作曲家。
トリグラント, ヤーコービュス　Trigland, Jacobus　4.5没、70歳。1583生。オランダの改革派教会神学者。
ルメルシェ, ジャック　Lemercier, Jacques　6.4没、69？歳。1585(㋿1582)生。フランスの建築家。
アルガルディ, アレッサンドロ　Algardi, Alessandro　6.10没、56歳。1598(㋿1602)生。イタリアの彫刻家、建築家。
アンドレーエ, ヨハン・ヴァレンティン　Andreä, Johann Valentin　6.27没、67歳。1586生。ドイツのルター派神学者、宗教的著作家、詩人。

オクセンシェルナ, アクセル・グスタフソン, 伯爵　Oxenstierna, Axel Gustaffsson, Greve　9.7没、71歳。1583生。スウェーデンの政治家。
クラベル, ペドロ　Claver, Petrus　9.8没、73歳。1581(㋿1580)生。スペインの聖職者、聖人。
デュケノワ, ヒエロニームス2世　Duquesnoy, Hieronymus II　9.28没、52歳。1602生。フランドルの彫刻家。
ファブリティウス, カレル　Fabritius, Carel　10.12没、30？歳。1624(㋿1620頃)生。オランダの画家。
ハビントン　Habington, William　11.30没、49歳。1605生。イギリスの詩人。
サラザン, ジャン-フランソワ　Sarasin, Jean François　12.5没、39歳。1614生。フランスの詩人。
ロンゴバルディ, ニコラウス　Longobardi, Nicolo　12.11没、95歳。1559生。イタリアのイエズス会士。
[この年] アベール, ジェルマン　Habert, Germain　50歳。1604生。フランスの詩人。
アンドレイーニ　Andreini, Giovanni Battista　76歳。1578生。イタリアの詩人、俳優。
ヴァレンティーニ, ピエル・フランチェスコ　Valentini, Pier Francesco　84？歳。1570生。イタリアの作曲家、理論家。
カヴァッリーノ, ベルナルド　Cavallino, Bernardo　38歳。1616生。イタリアの画家。
グラッシ, オラーツィオ　Grassi, Orazio　71歳。1583生。イタリアの建築家、数学者。
侯方域　36歳。1618生。中国、明末清初の文学者。
コルドバ・イ・サリーナス, ディエゴ・デ　Córdova(Córdoba) y Salinas, Diego de　63歳。1591生。ペルーのフランシスコ会士、歴史家。
サッバティーニ, ニッコロ　Sabbattini, Nicola　80歳。1574生。イタリアの建築師。
バドアーロ, ジャコモ　Badoaro, Giacomo　52歳。1602生。イタリアのオペラ台本作家。
フェッラーリ, ルーカ　Ferrari, Luca　49歳。1605生。イタリアの画家。
ブルセル　Broussel, Pierre　78歳。1576生。フランスの法官。
パチェーコ・デル・リオ, フランシスコ　Pacheco, Francisco　㋿1644没、90歳。1564生。スペインの画家、著作家。
ホーン　Horne, Thomas　44歳。1610生。イギリスの教育家。
[この頃] アーベリ, ウィリアム　Erbury, William　50歳。1604生。イギリスの非国教派牧師、神学者。

人物物故大年表 外国人編　*411*

1655年

5.- イギリス軍がジャマイカ島を占領する
7.- スウェーデン軍がポーランドに侵入する
＊ ＊ ＊

インノケンチウス10世　Innocentius X　1.7没、80歳。1574生。教皇(在位1644～55)。

ペレス・デ・リバス，アンドレース　Pérez de Rivas, Andrés　3.26没、80歳。1575生。スペインのイエズス会宣教師，歴史家。

ブロンデル，ダヴィッド　Blondel, David　4.6没、64歳。1590生。フランスの改革派神学者，教会史家。

キンダマン，ヨーハン・エラスムス　Kindermann, Johann Erasmus　4.14没、39歳。1616生。ドイツの作曲家，オルガン奏者。

ル・シュウール，ウスタッシュ　Le Sueur, Eustache　4.30没、37歳。1617(㊡1616)生。フランスの画家。

ウィンズロー，エドワード　Winslow, Edward　5.8没、59歳。1595生。ピルグリム・ファーザーズの一人。

ローガウ，フリードリヒ・フォン　Logau, Friedrich Freiherr von　7.24没、51歳。1604生。ドイツ・バロック時代の詩人。

シラノ・ド・ベルジュラック，サヴィニヤン・ド　Cyrano de Bergerac, Savinien　7.28没、36歳。1619生。フランスの詩人，劇作家，小説家。

シュターデン，ジークムント・テオフィール　Staden, Sigmund Theophil　7.30没、47歳。1607生。ドイツのオルガン奏者，作曲家。

ムリニエ，アントワーヌ　Moulinié, Antoine　8.8没。16世紀末生。フランスの歌手。

李参平　8.11没。江戸初期の陶工。

プラス(プラセウス)，ジョスァ・ド・ラ　Place (Placeus), Josua de La　8.17没、59？歳。1596生。フランスの改革派神学者。

ユーニウス，ローベルト　Junius, Robertus　8.28没、49歳。1606生。オランダの改革教会の宣教師。

トリスタン・レルミット　Tristan l'Hermite, François　9.7没、54歳。1601生。フランスの詩人，劇作家。

ガッサンディ，ピエール　Gassendi, Pierre　10.24没、63歳。1592生。フランスの哲学者，科学者，司祭。

マーシャル，スティーヴン　Marshall, Stephen　11.19没、61？歳。1594生。イギリスのピューリタン指導者。

[この年] アリー・ムーライ　'Alī Mūlay　45歳。1610生。アラウィー王朝の祖(17世紀中頃)。

惲向　69歳。1586生。中国，明末の文人画家。

クローツィウス，ルートヴィヒ　Crocius, Ludwig　69歳。1586生。ドイツの神学者。

シェーカリー　Shakerley, Jeremy　29歳。1626生。イギリスのアマチュア天文学者。

ソロルサノ・ペレイラ，ホアン・デ　Solórzano Pereira, Juan de　㊡1653？没、80歳。1575生。スペイン人法律家。

智旭　56歳。1599生。中国，明末の学僧。

張名振　中国，清代の武将。

趙翼　76歳。1579生。朝鮮，李朝の文臣。

トレス，ルイス・デ　Torres, Luis de　93歳。1562生。スペインのイエズス会神学者。

ヌイツ　Nuyts, Pieter　57歳。1598生。オランダ東インド会社の台湾長官(在位1627～29)。

ハインシウス　Heinsius, Daniel　75？歳。1580生。オランダの古典学者。

フレミング，トマス　Fleming, Thomas　62歳。1593生。アイルランドのフランシスコ会士，ダブリン司教。

ベーン(父)　Vane, Sir Henry　66歳。1589生。イギリスの政治家。

プラサートトーン　Prasatthong　55歳。1600生。タイのアユタヤ朝の王(在位1630～55)。

マステッレッタ　Mastelletta　80歳。1575生。イタリアの画家。

ムーイアールト，クラース　Moeyaert, Claes　63？歳。1592生。オランダの画家。

ヤコメッティ，ピエトロ・パーオロ　Jacometti, Pietro Paolo　75歳。1580生。イタリアの彫刻家，画家。

ライナルディ，ジローラモ　Rainaldi, Girolamo　85歳。1570生。イタリアの建築家。

リュートケマン，ヨーアヒム　Lütkemann, Joachim　47歳。1608生。ドイツのルター派神学者。

[この頃] フィッシャー，エドワード　Fisher, Edward　54？歳。1601生。英国教会の神学者。

1656年

7.27　スピノザがユダヤ教団から破門される
9.17　オスマン朝でキョプリュリュが大宰相就任
＊ ＊ ＊

モレ　Molé, Mathieu　1.3没、72歳。1584生。フランスの司法官，政治家。

ルジュアン・アントワーヌ・ド・サン・ピエール　Lejeun Antoine de Saint-Pierre　1.11没。フランスのシトー会修道者。

グッドマン，ゴドフリ　Goodman, Godfrey　1.19没、72歳。1583生。英国教会の主教。

ヴァインズ，リチャード Vines, Richard 2.2没、56？歳。1600生。イギリスのピューリタン神学者。

ヘームスケルク Heemskerck, Johan van 2.27没、59歳。1597生。オランダの文学者。

カリクストゥス(カリクスト)，ゲオルク Calixtus, Georg 3.19没、69歳。1586生。ドイツのルター派神学者。

ホントホルスト，ヘリット・ファン Honthorst, Gerard van 4.27没、65歳。1590生。オランダの画家。

ファン・ゴイエン，ヤン Goyen, Jan Josephszoon van 4.30([異]1657)没、60歳。1596生。オランダの画家。

ヘイルズ，ジョン Hales, John 5.19没、72歳。1584生。英国教会の神学者。

アッシャー，ジェイムズ Usher, James 5.20没、75歳。1581生。アイルランドの神学者。

ハルス，ディルク(ティエリ) Hals, Dirck(Thiery) 5.？没、65歳。1591生。オランダの画家。

トムキンズ，トマス Tomkins, Thomas 6.9没、84歳。1572生。イギリスの作曲家，オルガン奏者。

ロッシ Rossi, Michel-Angelo 7.7(埋葬)没、55？歳。1601生。イタリアの作曲家，ヴァイオリン奏者，オルガン奏者。

グラシウス，ゾロモン(サロモ) Glassius, Solomon(Salomo) 7.27没、63歳。1593生。ドイツのルター派神学者。

ファルコニエーリ，アンドレア Falconieri, Andrea 7.29没、70歳。1586([異]1585頃)生。イタリアの作曲家，リュート奏者。

コーニンク，サロモン Koninck, Salomon 8.8没、47歳。1609生。オランダの画家。

ピッコローミニ Piccolomini, Octavio 8.11没、56歳。1599生。イタリア出身の軍人，外交官。

ホール，ジョーゼフ Hall, Joseph 9.8没、82歳。1574生。イギリス国教会の聖職者，諷刺家。

スモゴレニスキ，ミコウァイ(ニコラス) Smogolenski, Nicolas 9.17没、45歳。1611生。ポーランドの宣教師。

オットー Otto, Stephan 10.2(埋葬)没、53歳。1603生。ドイツの作曲家，理論家。

ヨハン・ゲオルク1世 Johann Georg I 10.8没、71歳。1585生。ザクセン選帝侯(在位1611〜56)。

スカランピ，ピエル・フランチェスコ Scarampi, Pier Francesco 10.14没、60歳。1596生。イタリアのオラトリア会士。

クァレスミオ(クァレスミ)，フランチェスコ Quaresmio(Quaresmi), Francesco 10.25没、73歳。1583生。イタリアの哲学者，神学者，教会法学者。

ジョアン4世 João IV 11.6没、52歳。1604([異]1605)生。ポルトガル王(在位1640〜56)。

ホワイト，アンドルー White, Andrew 12.27没、77歳。1579生。イギリスのカトリック教会宣教師，イエスズ会司祭。

ラ・イール，ロラン・ド La Hire, Laurent de 12.28没、50歳。1606生。フランスの画家。

[この年] **ウインゲート** Wingate, Edmund 63歳。1593生。イギリスの法律家で，数学者。

エレーラ，フランシスコ Herrera, Francisco de el Viejo [異]1657以降没、80歳。1576([異]1585頃)生。スペインの画家。

グシ・ハン Gushi-khan [異]1655没。オイラート四部の一つ，ホショト(和碩特)部の長。

クライ Klaj, Johann 40歳。1616生。ドイツの詩人。

ゲイジ，トマス Gage, Thomas 54？歳。1602([異]1603？)生。イギリスの宣教師，旅行家。

コリャンテス，フランシスコ Collantes, Francisco 57？歳。1599生。スペインの画家。

シャンシー，フランソワ・ド Chancy, François de 56？歳。1600生。フランスの歌手，リュート奏者，作曲家。

スタンツィオーネ，マッシモ Stanzione, Massimo 71？歳。1585生。イタリアの画家。

スタンディッシュ，マイルズ Standish, Myles 72？歳。1584生。アメリカ植民地時代の植民者，軍隊指揮者。

セヴェリヌス Severinus, Marcus Aurelius 76歳。1580生。イタリアの解剖学者。

バラッタ，フランチェスコ Baratta, Francesco 66？歳。1590生。イタリアの彫刻家。

ファルコーネ，アニエッロ Falcone, Aniello [異]1665没、56歳。1600生。イタリアの画家。

フォイアボルン，ユストゥス Feuerborn, Justus 69歳。1587生。ドイツの説教者，神学者。

フォンターナ Fontana, Francesco 71歳。1585生。イタリアのアマチュア天文家。

プラサト・トーング王 Prasat Tong タイ，アユティヤ朝の王(在位？〜1656)。

パリージ，アルフォンソ Parigi, Alfonnso 50歳。1606生。イタリアの建築家。

ボルジ，アンドレーア Bolgi, Andrea 50歳。1606生。イタリアの彫刻家。

モラン Morin, Jean-Baptiste 73歳。1583生。フランスの天文学者。

リベラ，ホセ・デ Ribera, José de [異]1652没、68歳。1588([異]1591)生。スペインの画家。

[この頃] **ウォーカー** Walker, Robert 51？歳。1605生。イギリスの肖像画家。

サアディー *as*-Sa‘dī, ‘Abdu’r-Raḥmān b.‘Abdullāh 60？歳。1596生。アフリカの歴史家。

ステーンウェイク，ヘルマン・ファン Steenwyck(Steenwijck), Herman Evertsz.van 44？歳。1612生。オランダの画家。

1657年

ドゥーヴィル, アントワーヌ・ル・メテル d'Ouville, Antoine Le Métel 66？歳。1590生。フランスの劇作家。
フィダーニ, オラーツィオ Fidani, Orazio 46？歳。1610生。イタリアの画家。

1657年

3.02 　江戸で明暦の大火が発生する
3.23 　英仏がパリ条約を結んでスペインに対抗
* * *

リオラン Riolan, Jean 2.19没、76歳。1580（㊗1577）生。フランスの解剖学者, 生理学者。
ヒルトン, ジョン2世 Hilton, John II 3.21（埋葬）没、58歳。1599生。イギリスの作曲家。
オリエ, ジャン-ジャーク Olier, Jean-Jacques 4.2没、48歳。1608生。フランスのカトリック神学者。
フェルディナント3世 Ferdinand III 4.2没、48歳。1608生。ドイツ皇帝（在位1637～57）。
サン-ジュール, ジャン・バティスト Saint-Jure, Jean Baptiste 4.30没、69歳。1588生。フランスのイエズス会士, 霊性著作家。
ブラッドフォード, ウィリアム Bradford, William 5.9没、67歳。1590（㊗1589頃）生。初期アメリカ移民の一人。
ボボラ, アンジェイ Bobola, Andrzej 5.10没、66歳。1591生。ポーランドのイエズス会士, 殉教者, 聖人。
ハーヴィー, ウィリアム Harvey, Sir William 6.3没、79歳。1578生。イギリスの医学者, 生理学者。
ミヒャエル, トビアス Michael, Tobias 6.26没、65歳。1592生。ドイツの作曲家。
フメリニーツキィ Khmel'nitskii, Bogdan Mikhailovich 8.16没、62？歳。1595（㊗1575頃）生。ウクライナの農民運動指導者。
ブレイク, ロバート Blake, Robert 8.17没、58歳。1599生。イギリスの軍人。
スネイデルス, フランス Snyders, Frans 8.19没、77歳。1579生。フランドルの画家。
リルバーン, ジョン Lilburne, John 8.29没、43？歳。1614（㊗1615）生。イギリス, 清教徒革命における平等派（レベラーズ）の指導者。
カンペン, ヤーコプ・ファン Kampen, Jakob van 9.13没、62歳。1595生。オランダの建築家, 画家。
ユンギウス Jungius, Joachim 9.17没、69歳。1587生。ドイツの哲学者, 自然科学者。
ケーザル Caesar, Cornelis 10.5没、51歳。1606生。オランダの植民地行政官。
ポット, ヘンドリック Pot, Hendrick Gerritsz 10.16没、72？歳。1585生。オランダの画家。

カルプツォフ, ヨーハン・ベーネディクト Carpzov, Johann Benedict 10.22没、50歳。1607生。ドイツの神学者。
ウォディング, ルーク Wadding, Luke 11.18没、69歳。1588生。アイルランド出身のカトリック神学者。
マナセ・ベン・イスラエル Menasseh Ben Israel 11.20没、53歳。1604生。ユダヤ教の神学者。
この年 キャーティプ・チェレビー Kâtip Çelebi ㊗1651没、48歳。1609（㊗1608）生。オスマン・トルコの思想家, 歴史家。
ケイリンクス, アレクサンデル Keirinckx, Alexander 57歳。1600生。フランドルの画家。
コボ Cobo, Bernabé 75歳。1582（㊗1580）生。スペインの自然科学者。
シサット Cysat, Johann Baptist 71？歳。1586生。スイスの天文学者。
ストスコプフ, セバスティアン Stosskopff, Sebastian 60歳。1597生。ドイツの画家。
セルデン, ジョン Selden, John ㊗1654没、73歳。1584生。イギリスの法学者, 政治家, 歴史家。
トロンシャン, テオドール Tronchin, Théodore 75歳。1582生。スイスの改革派神学者。
ビスカイーノ, バルトロメーオ Biscaino, Bartolomeo 25？歳。1632生。イタリアの画家。
ファン・デル・アスト, バルタサール van der Ast, Balthasar 64？歳。1593生。オランダの画家。
ファン・ラーフェステイン, ヤン・アントーニスゾーン van Ravesteyn, Jan Antonisz. 85？歳。1572生。オランダの画家。
フィネッリ, ジュリアーノ Finelli, Giuliano 56歳。1601生。イタリアの彫刻家。
フラカンツァーノ, フランチェスコ Fracanzano, Francesco 45歳。1612生。イタリアの画家。
ブレーンベルフ, バルトロメウス Breenberch, Bartolomeus 58？歳。1599生。オランダの画家。
ベスト, ポール Best, Paul 67？歳。1590生。イギリスのソッツィーニ主義者。
ラヴレイス, リチャード Lovelace, Richard ㊗1658没、39歳。1618生。イギリスの詩人。
ルーアルス, マルティーン Ruarus, Martin 68歳。1589生。ドイツ（ポーランド）のソッツィーニ主義者。
この頃 クランリカード Clanricarde, Ulick de Burgh, Marquess of 53？歳。1604生。アイルランド貴族。
龐天寿 中国, 明末の宦官, キリスト教徒。
ホウィットフィールド, ヘンリ Whitfield (Whitfeld), Henry 60？歳。1597生。イギリスの牧師, アメリカ入植者。

1658年

6.28　ムガル皇帝シャー・ジャハーンが幽閉
7.-　ムガル帝国でアーラムギールが即位する
この年　完全数、素数を定義する数の理論が構築

＊＊＊

ジーベル，カスパル　Sibel, Kaspar　1.1没、67歳。1590生。ドイツの改革派神学者，オランダ語聖書翻訳者。

コルガン，ジョン　Colgan, John　1.15没、66？歳。1592生。アイルランドのフランシスコ会士，聖人言行録編集者。

ラウレンベルク　Lauremberg, Johann Willmsen　2.28没、68歳。1590生。ドイツの学者，諷刺作家。

ムラン，ピエール・デュ　Moulin, Pierre du　3.10没、89歳。1568生。フランスの改革派神学者。

リーヴ，ジョン　Reeve, John　3.29没、50歳。1608生。イギリスのマグルトン派の指導者。

ウォリック，ジョン・リッチ，2代伯爵　Warwick, Robert Rich, 2nd Earl of　4.19没、71歳。1587生。イギリスの植民地行政家。

ゴンザーレス・ダビラ，ヒル　González Dávila, Gil　4.25没、88？歳。1570生。スペインの歴史家。

クリーヴランド，ジョン　Cleveland, John　4.29没、44歳。1613生。イギリスの詩人。

デュ・ムラン，ピエール　Dumoulin, Pierre　5.10没、89歳。1568生。フランスの改革派神学者。

カペルス，ルイ　Cappellus (Capellus), Louis　6.18没、72歳。1585生。フランスの改革派教会の神学者。

セメード，アルヴァレス・デ　Semedo, Alvarez de　7.18(異1685)没、73歳。1585生。ポルトガルのイエズス会宣教師。

ハルスデルファー，ゲオルク・フィーリップ　Harsdörffer, Georg Philipp　9.17？没、50歳。1607生。ドイツの詩人，学者。

プライド，サー・トマス　Pride, *Sir* Thomas　10.23没。イギリス清教徒革命の議会派の軍人。

ル・メートル，アントワーヌ　Lemaistre, Antoine　11.4没、50歳。1608生。フランスのヤンセン派信者。

レーヴィーユス，ヤコービュス　Revius, Jacobus　11.15没、72歳。1586生。オランダの改革派神学者。

グラシアン，バルタサル　Gracián y Morales, Baltasar　12.6没、57歳。1601生。スペインの作家。

ベルギウス，ヨーハン　Bergius, Johann　12.19没、71歳。1587生。ドイツの改革派神学者。

[この年] **アヴァンツィーニ，バルトロメーオ**　Avanzini, Bartolomeo　58？歳。1600生。イタリアの建築家。

イートン　Eaton, Theophilus　68歳。1590生。イギリスの商人。

ウォルター，ルーシー　Walter, Lucy　28？歳。1630生。イギリスのチャールズ2世の愛人。

ギヤン，シモン　Guillain, Simon　77？歳。1581生。フランスの彫刻家。

金堉　78歳。1580生。朝鮮，李朝の政治家，学者。

クアーリオ，ジューリオ1世　Quaglio, Giulio I　57歳。1601生。イタリア出身のドイツの舞台美術家，建築家，画家。

クライン，フランツ　Cleyn, Franz　76歳。1582生。ドイツの画家，素描家。

項聖謨　61歳。1597生。中国，明末清初の画家。

シュミート，ヨーハン　Schmid, Johann　64歳。1594生。ドイツの改革派神学者。

ステパーノフ　Stepanov, Onufrij　コサック隊長。

セクスビー　Sexby, Edward　イギリス清教徒革命の水平派指導者。

ソト－デ－ロハス，ペドロ　Soto de Rojas, Pedro　74歳。1584生。スペイン，バロック期の詩人。

孫可望　58歳。1600生。中国，明末・清初期の武将。

デュ・リエ，ピエール　Du Ryer, Pierre　53歳。1605生。フランスの劇詩人。

ニーレンベルク，ホアン・エウセビオ　Nieremberg, Juan Eusebio (Johannes Eusebius)　63？歳。1595生。スペインの(ドイツ系)学者，神学者，神秘的・修徳的著作家，イエズス会士。

ボルゲーゼ，マルカントニオ　Borghese　60歳。1598生。ローマの貴族。

ポンティウス，パウルス　Pontius, Paulus　55歳。1603生。フランドルの銅版画家。

リキーニ，フランチェスコ・マリーア　Richini, Francesco Maria　75歳。1583(異1584)生。イタリアの建築家。

リドルフィ，カルロ　Ridolfi, Carlo　64歳。1594生。イタリアの画家，美術史家。

ル・メートル，シモン・ド・セリクール　Le Maistre, Simon de Séricourt　47歳。1611生。フランスのヤンセン主義者。

[この頃] **アラトン，アイザク**　Allerton, Issac　72？歳。1586生。メイフラワー号でプリマスに上陸した商人。

王岱与　78？歳。1580生。中国の明末・清初のイスラム学者。

ラール，ピーテル・ファン　Laar, Pieter van　68？歳。1590生。オランダの芸術家。

1659年

9.09　鄭成功が観音山の戦いで清軍に敗れる
11.17　ピレネー条約が締結される

＊＊＊

ラウス，フランシス　Rous, Francis　1.7没、80歳。1579生。イギリスの詩篇の韻律的翻訳者として知られるピューリタン。

コルテ，ギヨーム　Colletet, Guillaume　2.10没、60歳。1598生。フランスの詩人，自由思想家。

ケナーン・パシャ　Ken'ān Pasha　2.17没。オスマン・トルコ帝国の提督。

ダンスター，ヘンリ　Dunster, Henry　2.27没、49歳。1609([異]1612)生。イギリス生れのアメリカの教育者，東洋学者。

モラン(モリヌス)，ジャン　Morin, Jean　2.28没、68歳。1591生。フランスの神学者。

ディアシュ，エマヌエル　Diaz Jr., Emmanuel　3.1没、85歳。1574生。ポルトガルの宣教師。

レサーナ，ホアン・バウティスタ・デ　Lezana, Juan Bautista de　3.29没、72歳。1586生。スペインのカルメル会士，教会法学者，神学者。

ダッハ，ジーモン　Dach, Simon　4.15没、53歳。1605生。ドイツの詩人。

カルディム　Cardim, Antonio Francisco　4.30没、63歳。1596生。ポルトガルのイエズス会宣教師。

ベルニエール-ルヴィニ，ジャン・ド　Bernières-Louvigni(Louvigny), Jean de　5.3没、57歳。1602生。フランスの修徳書作家，神秘家。

ベジャール，ジョゼフ　Béjart, Joseph　5.21没、43？歳。1616生。フランスの俳優。

ルイド，モーガン　Llwyd, Morgan　6.3没、40歳。1619生。ウェールズのピューリタン著作家。

クローツィウス，ヨーハン　Crocius, Johann　7.1没、68歳。1590生。ドイツの神学者，調停的カルヴァン主義者。

ボイム，ミハウ　Boym, Michele　8.22没、47歳。1612生。ポーランドのイエズス会士。

ダーラー・シコー　Dārā shikūh　9.9没、44歳。1615生。インドのイスラム教徒の学者。

モートン，トマス　Morton, Thomas　9.22没、95歳。1564生。英国教会のダラム主教。

ブラッドショー，ジョン　Bradshaw, John　10.31没、56歳。1602生。イギリスの裁判官。

ボルスヴェルト　Bolswert, Schelte van　12.12没、78？歳。1581生。オランダの銅版画家。

アパーツァイ・チェレ，ヤーノシュ　Apáczai Csere, János　12.31没、34歳。1625生。ハンガリーの改革派教会の神学者，教育者，哲学者。

[この年] **カステッロ，ヴァレーリオ**　Castello, Valerio　35歳。1624生。イタリアの画家。

クルセラエウス，ステファヌス　Curcellaeus, Stephanus　73歳。1586生。オランダのアルミニウス派牧師。

クロムウェル，オリヴァー　Cromwell, Oliver　[異]1658没、60歳。1599生。イギリスの政治家。

フェーヴル(ファーベル)，エティエンヌ・ル　Févre(Faber), Étienne Le　61歳。1598生。フランスの来中国イエズス会士。

ブセネッロ，ジョヴァンニ・フランチェスコ　Busenello, Giovanni Francesco　61歳。1598生。イタリアの詩人，オペラ台本作家。

パラフォックス・イ・メンドーサ，ホアン　Palafox y Mendoza, Juan　59歳。1600生。スペインの司教。

毛晋　60歳。1599生。中国，明末の学者。

ラポソ-タバーレス　Raposo Tavares, Antônio　61歳。1598生。ブラジルの奴隷商人。

ワジヒー，アサドゥッラー　Vajhī, Asadullāh　インドのウルドゥー語の詩人。

[この頃] **ヴェルナー，ヨハネス**　Werner, Johannes　61？歳。1598生。ドイツの農民，信徒預言者。

タスマン，アーベル・ヤンスゾーン　Tasman, Abel Janszoon　56？歳。1603([異]1620頃)生。オランダの航海家，探検家。

マジュリスィー　Majlisī, Mullā Muḥammad Taqī　イランのイスラム教シーア派神学者。

ムハンマド・タキー　Muḥammad Taqī　イランのシーア派神学者。

1660年

6.08　チャールズ2世がイギリス国王に即位する
7.24　イスタンブールで大火災が発生する

＊＊＊

シャルフ，ヨーハン　Scharf, Johann　1.7没、64歳。1595生。ドイツのヴィッテンベルクのルター派正統主義神学者，論争家。

フリンク，ホーフェルト　Flinck, Govaert　2.2没、45歳。1615生。オランダの画家。

カルル10世　Karl X Gustav　2.13([異]1623)没、37歳。1622生。スウェーデン王(在位1654〜60)。

マリヤック，ルイーズ(ルドヴィーカ)・ド　Marillac, St.Louise de　3.15没、68歳。1591生。フランスの聖女。

ジョドレ　Jodelet　3.27没、70？歳。1590生。フランスの笑劇役者。

チェルクオッツィ，ミケランジェロ　Cerquozzi, Michelangelo　4.6没、58歳。1602生。イタリアの画家。

17世紀　1660

ハモンド，ヘンリ　Hammond, Henry　4.25没、54歳。1605生。英国教会の神学者。

コリン，フランシスコ　Colin, Francisco　5.6没、67歳。1592生。スペインの宣教師。

ダイアー，メアリ　Dyer, Mary　6.1没。アメリカのクエイカー派信徒、殉教者。

オートレッド，ウィリアム　Oughtred, William　6.30没、85歳。1575(㊥1574)生。イギリスの数学者。

レオン・ピネーロ，アントニオ　Léon Pinelo, Antonio　7.21没、70歳。1590生。スペインのイエズス会士、年代記者。

ベラスケス，ディエゴ・ロドリゲス・デ・シルバ・イ　Velázquez, Diego Rodríguez de Silva y　8.6没、61歳。1599生。スペインの画家。

アーカート，トマス　Urquhart, *Sir* Thomas　8.9没、49？歳。1611生。イギリスの文学者。

ルゴ・ホアン・デ　Lugo, Juan de　8.20没、76歳。1583生。スペインのイエズス会士、枢機卿、近代スコラ学の創始者。

カッツ，ヤーコブ　Cats, Jakob　9.12没、82歳。1577生。オランダの詩人、政治家。

聖ヴァンサン・ド・ポール　Vincentius a Paulo, St.　9.27没、80？歳。1580(㊥1581)生。カトリック聖職者、聖人。

アルバーニ，フランチェスコ　Albani, Francesco　10.4没、82歳。1578生。イタリアの画家、ボローニャ派。

スカロン，ポール　Scarron, Paul　10.7没、50歳。1610生。フランスの詩人、小説家、劇作家。

ハリソン，トマス　Harrison, Thomas　10.13没、54歳。1606(㊥1616)生。イギリス内乱の議会側の指導者。

ピーター・ヒュー　Peter, Hugh　10.16没、62歳。1598生。イギリス独立派の牧師。

ネイラー，ジェイムズ　Nayler, James　10.？没、42？歳。1618生。イギリスの興隆期クエイカー派の伝道説教者。

ロード，アレクサンドル・ド　Rhodes, Alexandre de　11.5没、69歳。1591生。フランスのイエズス会司祭、宣教師。

ウェーニクス，ヤン・バプティスト　Weenix, Jan Baptist　11.19没、39歳。1621生。オランダの画家。

サラザン，ジャック　Sarazin, Jacques　12.3没、68歳。1592生。フランスの彫刻家。

タッケ　Tacquet, André　12.22没、48歳。1612生。ベルギーの数学者。

この年　アゼバード　Azevado, Francisco de　82歳。1578生。ポルトガル人イエズス会士。

カヴェドーニ，ジャーコモ　Cavedone, Giacomo　83歳。1577生。イタリアの画家。

覚性　85歳。1575生。朝鮮の僧。

カルボネル，アルフォンソ　Carbonel, Alonso　スペインの建築家、彫刻家。

カルペパー，ジョン，男爵　Colepeper, John, Baron　60歳。1600生。イギリスのイングランドの王党派の政治家。

クニャ，シモン・デ　Cunha, Simon da　70歳。1590生。ポルトガルのカトリック宣教師。

クーパー　Cooper, Alexander　51？歳。1609生。イギリスの画家。

クレシェンツィ，ジョヴァンニ・バッティスタ　Crescenzi, Giovanni Battista　83歳。1577生。イタリアの建築家、画家。

チェプコ，ダーニエル（ライガスフェルトの）　Czepko, Daniel von Reigersfeld　55歳。1605生。ポーランド系ドイツ詩人。

チコニーニ　Cicognini, Giacinto Andrea　54歳。1606生。イタリアの劇作家。

チマルパイン，ドミンゴ　Chimalpáin, Domingo　81歳。1579生。メキシコの歴史家。

デ・モンペル，フランス　de Momper, Frans　57歳。1603生。フランドルの画家。

ドリュエ，クロード　Deruet, Claude　72？歳。1588生。フランスの画家。

ヘー　Hay, Lucy, Countess of Carlisle　61歳。1599生。イギリスの才媛。

プレトリウス，ヨハンネス　Praetorius, Johannes　65歳。1595生。ハンブルクのニコライ教会のオルガン奏者。

マッフェイ，フランチェスコ　Maffei, Francesco　55？歳。1605生。イタリアの画家。

ミテッリ，アゴスティーノ　Mitelli, Agostino　51歳。1609生。イタリアの画家、版画家、装飾家。

レイステル，ユディット　Leyster, Judith　51歳。1609生。オランダの女流画家。

レイタ　Rheita, Anton Maria Schyrlaeus de　63歳。1597生。ボヘミア生れの天文学者、光学者。

ロンギ，マルティーノ（年少）　Longhi il Giovane, Martino　58歳。1602生。イタリアの建築家。

この頃　ウェルド（ウェルズ），トマス　Weld(Welde, Wells), Thomas　69？歳。1591生。イギリスの会衆派牧師。

オウサリヴァン－ビーア・フィリップ　O'Sullivan-Beare, Philip　70？歳。1590生。アイルランドの歴史家。

カレッティ，ジュゼッペ　Caletti, Giuseppe　60？歳。1600生。イタリアの画家、版画家。

ゲディス，ジェニー　Geddes, Jenny　60？歳。1600生。イギリスの野菜売り。

サヤス－イ－ソトマヨル，マリア・デ　Zayas y Sotomayor, María de　70？歳。1590生。スペインの女性小説家、詩人、劇作家。

人物物故大年表 外国人編　*417*

デ・ヘースト, ウェイブラント・シモンスゾーン de Geest, Wybrand Simonsz. 68？歳。1592生。オランダの画家。

ドゥッフェ, ジェラール Douffet, Gérard 66？歳。1594生。フランドルの画家。

ネーフス, ピーテル1世 Neefs, Pieter I 82？歳。1578生。フランドルの画家。

メイテンス, ダニエル Mijtens(Mytens), Daniel Martensz. 70？歳。1590生。オランダの肖像画家。

レア, アロンソ・デ・ラ Rea, Alonso de la 54？歳。1606生。メキシコのフランシスコ会年代記作者。

1661年

- 2.08 清で聖祖仁皇帝(康熙帝)が即位する
- 3.10 フランスでルイ14世が親政を開始する
- 4.30 鄭成功が台湾でのオランダの根拠地を攻略
- 9.05 フランスの財務長官ニコラ・フーケが失脚

* * *

ヘイズルリグ, サー・アーサー Hesilrig, Sir Arhur Bart 1.7没。イギリスの政治家。

順治帝(清) 1.？没、23歳。1638生。中国、清朝の第3代皇帝(在位1643～61)。

ブーフナー, アウグスト Buchner, August 2.12没、69歳。1591生。ドイツの詩人、詩学者。

ズーチ Zouche, Richard 3.1(㊚1660)没、71歳。1590生。イギリスの法学者。

マザラン, ジュール Mazarin, Jules 3.9没、58歳。1602生。イタリア生れのフランスの枢機卿、政治家。

モレイン, ピーテル・デ Molijn, Pieter de 3.？没、65歳。1595生。イギリス出身のオランダの画家、版画家。

ラザフォード, サミュエル Rutherford, Samuel 3.？没、61？歳。1600生。イギリスの聖職者。

レズリ, アレグザーンダ Leslie, Alexander, 1st Earl of Leven 4.4没、81？歳。1580生。スコットランドの軍人。

鄭芝龍 4.？没、57歳。1604生。中国、明末清初の貿易商。

カンブフォール, ジャン・ド Cambefort, Jean de 5.4没、56歳。1605生。フランスの作曲家。

アーガイル, アーチボルド・キャンベル, 侯爵兼8代伯爵 Argyll, Archibald Campbell, 1st Marquis and 8th Earl of 5.27(㊚1691)没、54歳。1607(㊚1598)生。スコットランドの契約派貴族。

ガスリ, ジェイムズ Guthrie, James 6.1没、49？歳。1612生。スコットランドの契約派革命期の長老派牧師。

マルティーニ, マルティーノ(マルティーヌス) Martini, Martino 6.6没、47歳。1614生。オーストリアのイエズス会士。

ヒュルゼマン, ヨーハン Hülsemann, Johann 6.11没、58歳。1602生。ドイツのルター派神学者。

サッキ, アンドレア Sacchi, Andrea 6.21没、61歳。1599生。イタリアの画家。

グロースゲバウアー, テーオフィール Großgebauer, Theophil 7.8没、33歳。1627生。ドイツのルター派神学者。

アルノー, ジャクリーヌ・マリー・アンジェリーク Arnauld, Jacqueline Marie Angélique 8.6没、69歳。1591生。フランスのヤンセン派の一人、アントワーヌ・アルノーの姉。

フラー, トマス Fuller, Thomas 8.12没、53歳。1608生。イギリスの聖職者、歴史家。

クープラン, ルイ Couperin, Louis 8.29没、35？歳。1626生。フランスの音楽家。

フェイト, ヤン Fyt, Jan 9.11没、50歳。1611生。フランドルの画家。

デザルグ, ジラール Desargues, Gérard 9.？(㊚1662)没、70歳。1591(㊚1593)生。フランスの数学者。

パスカル, ジャクリーヌ Pascal, Jacqueline 10.4没、35歳。1625生。大思想家ブレーズ・パスカルの妹。

シュップ, ヨーハン・バルタザール Schuppius, Johann Balthasar 10.26没、51歳。1610生。ドイツの時代諷刺的著作家、教育運動家。

ハンブルーヒ, アントーニオ Hambroech, Antonio 10.？没、54歳。1607生。オランダの改革派教会の宣教師。

キョプリュリュ・メフメト・パシャ Köprülü Mehmet Pasha 11.1没、78歳。1583生。メフメット4世の宰相(1651～61)。

セーヘルス, ダニエル Seghers, Daniel 11.2没、70歳。1590生。オランダの画家。

ヴィニエ, ジェローム Vignier, Jérôme 11.14没、55歳。1606生。フランスのオラトリオ会の学者。

レベール Rebelo(Rebello, Rabelo, Rabello), João Soares 11.16没、51歳。1610生。ポルトガルの作曲家。

ウォールトン, ブライアン Walton, Brian 11.29没、61？歳。1600生。英国教会のチェスター主教。

サン-タマン, アントワーヌ・ジラール・ド Saint-Amant, Marc Antoine Girard de 12.29没、67歳。1594生。フランスの詩人。

この年 ヴェナー, トマス Venner, Thomas 53？歳。1608生。イギリス・ピューリタン革命期における第五王国派の武闘集団指導者。

ギフトハイル, ルートヴィヒ・フリードリヒ Gifftheil, Ludwig Friedrich 66歳。1595生。ドイツの黙示文学的著述家。

17世紀　1662

金聖嘆　54？歳。1607（㊥1610頃）生。中国、明末清初の文学評論家。
クラースゾーン、ピーテル　Claesz., Pieter　㊥1660頃没、64？歳。1597（㊥1600頃）生。ドイツ出身のオランダの画家。
ジョンソン、コーネリアス　Johnson, Cornelius　68歳。1593生。イギリスの画家。
スホーテン　Schooten, Frans van　㊥1660没、46？歳。1615生。オランダの数学者。
チェッコ・ブラーヴォ　Cecco Bravo　54歳。1607生。イタリアの画家。
ヌヴォローネ、カルロ・フランチェスコ　Nuvolone, Carlo Francesco　52歳。1609生。イタリアの画家。
ブレブフ、ジョルジュ・ド　Brébeuf, Georges de　44？歳。1617生。フランスの詩人。
ホルステーニウス、ルーカス　Holstenius, Lucas　65歳。1596生。ドイツの人文学者、地理学者。
パンチ、ジョン　Punch, John　62？歳。1599生。アイルランド出身のフランシスコ会の哲学者、神学者。
マサソイト　Massasoit　81？歳。1580生。アメリカのワンパノアグインディアンの酋長。
マルテランジュ　Martellange　㊥1641没、92歳。1569（㊥1564頃）生。フランスの建築家。
ミゼローニ、ディオニージオ　Miseroni, Dionisio　54歳。1607生。イタリアの宝石細工師。
明照　68歳。1593生。朝鮮仁祖時（1623〜49）の僧。
ヤンセン、コルネリス　Janssen van Ceulen, Cornelius　㊥1664没、68歳。1593生。オランダの画家。
[この頃] 宋応星　㊥1650頃没、92？歳。1569（㊥1590頃）生。中国、明代の技術書『天工開物』（1637）の著者。
ブレイバーン、セオフィラス　Brabourne (Brabourn), Theophilus　71？歳。1590生。イギリスのピューリタン派の論争神学者。

1662年

1.-　明の遺王の桂王がビルマで捕らえられる
7.25　イギリスで王立協会が設立される

＊　＊　＊

マラッツォーリ　Marazzoli, Marco　1.26没、60？歳。1602生。イタリアの作曲家。
ヴァルター、ミヒャエル　Walther, Michael　2.9没、68歳。1593生。ドイツのルター派神学者。
バロウ、エドワード　Burrough, Edward　2.14没、29？歳。1633生。イギリスのクエイカー派信徒。
ダッパ、ブライアン　Dappa, Brian　3.26没、74歳。1588生。英国教会のウィンチェスター主教。
セー・アンド・シール　Saye and Sele, William Fiennes, 1st Viscount　4.14没、79歳。1582生。イギリスの貴族。
ヤング　Young (Jough), William　4.23没。イギリスのヴァイオル奏者、作曲家。
永明王　4.？（㊥1661）没、37歳。1625生。中国、明滅亡後の遺王。
鄭成功　5.2没、37歳。1624生。中国、明末清初の人。
ヘイリン、ピーター　Heylyn, Peter　5.8没、62歳。1600生。英国教会の反ピューリタン論争家、歴史家。
ヴェイン、サー・ヘンリー　Vane, Sir Henry　6.14（㊥1666）没、49歳。1613（㊥1612）生。イギリスの政治家。
マルカ、ピエール・ド　Marca, Pierre de　6.29没、68歳。1594生。フランスのカトリック教会法学者。
ベイリ、ロバート　Baillie, Robert　7.？没、60歳。1602生。スコットランドの契約派革命期の牧師、神学教授。
パスカル、ブレーズ　Pascal, Blaise　8.19没、39歳。1623生。フランスの科学者、思想家。
ル・プチ、クロード　Le Petit, Claude　9.1没、24？歳。1638生。フランスの風刺詩人。
レントール　Lenthall, William　9.3没、71歳。1591生。イギリスの清教徒革命期の政治家。
グラヴィーナ、ジェローニモ（ヒエローニュムス）・デ　Gravina, Geronimo (Hieronymus) de　9.4没、59歳。1603生。イタリアの来中国イエズス会士。
ゴードン、ジョン　Gauden, John　9.20没、57歳。1605生。英国教会のウースター主教。
ビドル、ジョン　Biddle, John　9.22没、47歳。1615生。イギリスの宗教改革者。
ローズ、ヘンリー　Lawes, Henry　10.21没、66歳。1596生。イギリスの作曲家。
ブルゴワン、フランソワ　Bourgoing, François　10.28没、77歳。1585生。フランスのオラトリオ会の霊的著述家。
[この年] ヴェーヨ　Veillot, Jean　フランスの作曲家。
エリザベト　Elisabeth Stuart　66歳。1596生。イギリス王ジェームズ1世の王女。
エーレンプライス、アンドレーアス　Ehrenpreis, Andreas　73歳。1589生。モラヴィアのフッタライト派監督。
ジアス、エンリーケ　Dias, Henrique　ブラジル黒人の英雄。
デューベン、アンドレーアス2世　Düben, Andreas II　65歳。1597生。スウェーデンのオルガン奏者、指揮者。
トラディスカント、ジョン　Tradescant, John　54歳。1608生。イギリスの園芸家。
潘檉章　34歳。1628生。中国、明末・清初期の学者。
ビアンキ、イジドーロ　Bianchi, Isidoro　72？歳。1590生。イタリアの画家。

人物物故大年表 外国人編　*419*

ファン・デ・フェンネ, アドリアーン　van de Venne, Adrisen　73歳。1589生。オランダの画家, 版画家。

フェルスプロンク, ヤン・コルネリスゾーン　Verspronck, Jan Cornelisz　オランダの画家。

フォスコロス, マルコス・アンリニオス　Phoskolos, Markos Antonios　ギリシアの劇作家。

ホイエル　Goyer, Pieter van　オランダの遣清使節。

ボワロベール, フランソワ・ル・メテル・ド　Boisrobert, François le Métel Seigneur de　73歳。1589生。フランスの劇作家, 小説家。

パンチェン・ラマ (初代)　Panchen Lama　93歳。1569生。チベット西部の政・教両権の長。

ピンチョン　Pynchon, William　72？歳。1590生。アメリカ植民地時代の商人, 官吏。

パンツァーニ, グレゴーリオ　Panzani, Gregorio　イタリアのローマ・カトリック教会司教, イングランドへの教皇庁密使。

マイヤー　Maier, Michael　94？歳。1568生。ドイツの錬金術師。

ラータマン, ヨーハン　Latermann, Johann　42歳。1620生。ドイツの神学者。

李定国　41歳。1621生。中国, 明末の武将。

魯王朱以海　中国, 明末期の遺王。

ロック　Rooke, Lawrence　40歳。1622生。イギリスの天文学者, 自然哲学者。

ロマネッリ, ジョヴァンニ・フランチェスコ　Romanelli, Giovanni Francesco　52歳。1610生。イタリアの画家。

この頃　フェルステーヘン　Verstegen, Willem　52？歳。1610生。オランダの出島商館長。

1663年

2.24　カナダがフランスの直接支配下に置かれる
8.-　イギリス議会で貿易促進法が決議される
この年　清の思想家黄宗義が『明夷待訪録』を著す
　　　　　　＊　＊　＊

サンダスン, ロバート　Sanderson, Robert　1.29没, 76歳。1587生。英国教会のリンカン主教, キャロライン神学者。

クリューガー, ヨーハン　Crüger, Johannes　2.23 (㊙1662) 没, 64歳。1598生。ドイツの作曲家, 音楽理論家, オルガン奏者。

ファン・フリート　Van Vliet, Jeremias　2.？没, 61歳。1602生。オランダの平戸商館長。

隠元隆琦　4.3 (㊙1673) 没, 70歳。1592 (㊙1595) 生。中国, 明末の僧, 日本黄檗宗の開祖。

ペルス, チーロ・ディ　Pers, Ciro di　4.3没, 63歳。1599生。イタリア, バロック期の文人貴族。

ノートン, ジョン　Norton, John　4.5没, 56歳。1606生。アメリカの会衆派牧師。

ジャクスン, ウィリアム　Juxon, William　6.4没, 81歳。1582生。イギリスの聖職者。

ラ・メナルディエール, イポリット・ジュール・ピレ・ド　La Ménardière, Hippolyte Jules Pilet de　6.4没, 53歳。1610生。フランスの文人, 医師。

ブラムホール, ジョン　Bramhal, John　6.25没, 68歳。1594生。英国教会の聖職者。

ゼレ, トーマス　Selle, Thomas　7.2没, 64歳。1599生。ドイツの作曲家。

ボージャン, リュバン　Baugin, Lubin　7.11没, 51？歳。1612 (㊙1610) 生。フランスの画家。

ディアーナ, アントニーノ　Diana, Antonino　7.20没, 78？歳。1585生。イタリアのテアティノ会の倫理学者。

ジョンストン, アーチバルド (ウォリストンの)　Johnston, Archibald of Wariston　7.23没, 52歳。1611生。スコットランドの法律家。

ジュゼッペ・ダ・コペルティーノ　Giuseppe da Copertino　9.18没, 60歳。1603生。イタリアのフランシスコ修道士, 禁欲主義者。

弘仁　12.12没, 53歳。1610生。中国, 明末・清初期の文人画僧。

ベートケ, ヨーアヒム　Betke, Joachim　12.12没, 62歳。1601生。ドイツのルター派神学者, 教育者。

グリマルディ, フランチェスコ・マリーア　Grimaldi, Francesco Maria　12.28没, 45歳。1618生。イタリアの数学者。

この年　アブルガーズィー・バハードゥル・ハーン　Abū'l Ghāzī Bahādur Khān　60歳。1603生。ヒワ・ハン国のハン (1643～)。

ヴィガラーニ, ガスパレ　Vigarani, Gaspare　75歳。1588生。イタリアの建築家, 舞台美術家, 土木技術者。

カニャッチ, グイード　Cagnacci, Guido　62歳。1601生。イタリアの画家。

ゴーリング　Goring, George, Earl of Norwich　80？歳。1583生。イギリスの王党派。

ジェシ, ヘンリ　Jessey, Henry　62歳。1601生。イギリス・ピューリタン革命期のバプテスト派牧師。

シャイデマン, ハインリヒ　Scheidemann, Heinrich　68？歳。1595 (㊙1596頃) 生。ドイツの作曲家, オルガン奏者。

スカンネッリ, フランチェスコ　Scannelli, Francesco　47歳。1616生。イタリアの美術著述家。

ストーン　Stone, Samuel　61歳。1602生。アメリカの清教徒牧師, 植民地建設者。

バイコーフ　Baikov, Fëdor Isakovich　51？歳。1612生。ロシア最初の中国使節団長 (1654)。

プリンス　Printz, Johan Björnsson　71歳。1592生。スウェーデンの軍人。

マリーニ，ビアージョ　Marini, Biagio　[異]1665没、76歳。1587([異]1597頃)生。イタリアの作曲家，楽器(ヴァイオリンなど)奏者。

ミール，ヤン　Miel, Jan　64?歳。1599生。フランドルの画家。

ミールジュムラ　Mīr Jumla　インド，ムガル帝国アウランジーブ帝の宰相，財政家。

ラ・カルプルネード，ゴーチエ・ド・コスト・ド　La Calprenède, Gautier de Costes, Sieur de　53?歳。1610([異]1609)生。フランスの小説家。

[この頃] **コレア・デ・アラウホ，フランシスコ**　Correa de Arauxo, Francisco　[異]1654頃没、88?歳。1575([異]1576頃)生。スペインあるいはポルトガルのオルガンの奏者，作曲家，音楽理論家。

ビハーリーラール　Bihārīlāl　63?歳。1600([異]1603)生。インドのヒンディー(ブラジ・バーシャー)詩人，作詩法の権威，チョーベー(Chaube, 四ヴェーダに通じたバラモン)。

パイク゛　Puyck, Nicolaes　オランダの最初の遣日特使の一人。

1664年

8.01　オスマン帝国軍がオーストリア軍に敗れる
9.08　イギリスがオランダからニューヨーク奪取

＊＊＊

アミロー，モイーズ　Amyraut, Moïse　1.8?没、68歳。1596生。フランスのカルヴァン主義神学者，説教者。

インダイク　Indijck, Hendrick　5.4没。出島のオランダ商館長。

フィリップス，キャサリン　Philips, Katherine　6.22没、33歳。1631生。イギリスの女流詩人。

ベラ，ステファノ・デラ　Bella, Stefano della　7.12没、54歳。1610生。イタリアの銅版画家。

アブラハム，エッケレンシス　Abraham, Ecchellensis　7.15没、59歳。1605生。シリアのマロン派の神学者，言語学者。

グリューフィウス，アンドレーアス　Gryphius, Andreas　7.16没、47歳。1616生。ドイツの詩人，劇作家。

ブックストルフ，ヨーハン　Buxtorf, Johannes　8.16没、65歳。1599生。ドイツのセム学者。

スルバラン，フランシスコ・デ　Zurbaran, Francisco de　8.27([異]1662)没、65歳。1598生。スペインの画家。

ハッチンスン，ジョン　Hutchinson, John　9.11没、48歳。1615生。イギリスの清教徒，軍人。

ケーニヒ，ヨーハン・フリードリヒ　König, Johann Friedrich　9.15没、44歳。1619生。ドイツの神学者。

モラレス，ホアン・バプティスタ・デ　Morales, Juan Baptista de　9.17没、66歳。1598生。スペインのドミニコ会宣教師。

ブラッハト，ティーレマン・ヤンツ・ヴァン　Braght, Tieleman Jansz van　10.7没、39歳。1625生。オランダのメノナイト派指導者。

ズリーニ・ミクローシュ　Zrinyi, Miklós　11.18没、44歳。1620生。ハンガリーの詩人，軍人。

[この年] **アンブロウズ，アイザク**　Ambrose, Isaac　60歳。1604生。イギリスの非国教派の牧師。

袁于令　中国，明末清初の劇作家。

オウヴァトン，リチャード　Overton, Richard　イギリス，清教徒革命におけるレベラーズの指導者の一人。

グラツィアーニ，ボニファーチョ　Graziani, Bonifacio　59?歳。1605生。イタリアの作曲家。

コセ，フランソワ　Cosset, François　54?歳。1610生。フランスの作曲家。

サンズ，ジョージ　Sandys, George　[異]1644没、86歳。1578生。イギリスの旅行家，詩人。

スウェールツ，ミヒール　Sweerts, Michiel　40歳。1624生。フランドルの画家。

銭謙益　[異]1644没、82歳。1582生。中国，明末清初の文人，蔵書家。

張煌言　44歳。1620生。中国，明末の志士。

デ・ブラーイ，サロモン　de Braij, Salomon　67歳。1597生。オランダの画家。

デッラ・ベッラ，ステーファノ　Della Bella, Stefano　54歳。1610生。イタリアの銅版画家。

ベーハ，コルネリス　Bega, Cornelis　33?歳。1631生。オランダの画家，版画家。

ラインキング，テーオドーア・(ディートリヒ・)フォン　Reinkingk, Theodor (Dietrich) von　74歳。1590生。ドイツの重要な法学者，政治家。

ラドロー　Ludlow, Roger　74歳。1590生。アメリカ植民地時代の政治家。

藍瑛　79歳。1585生。中国，明末・清初期の画家。

[この頃] **ストロッツィ，バルバラ**　Strozzi, Barbara　45?歳。1619生。イタリアの歌手・作曲家。

ホスキンズ　Hoskins, John　69?歳。1595生。イギリスの細密肖像画家。

1665年

3.04　第2次英蘭戦争が起こる
この年　フランスでコルベールが財務総監に就任

＊＊＊

フェルマ，ピエール・ド　Fermat, Pierre de　1.12([異]1675)没、63歳。1601生。フランスの数学者。

1665　17世紀

マッツォッキ，ドメーニコ　Mazzocchi, Domenico　1.21没、72歳。1592生。イタリアの作曲家，法律家。

クラウベルク，ヨーハン・クリストフ　Clauberg, Johann Christoph　1.31没、42歳。1622生。ドイツの哲学者，神学者。

エンディコット，ジョン　Endecott, John　3.15没、77？歳。1588(⑲1589頃)生。イギリスのアメリカ植民地総督。

スュラン，シャン-ジョゼフ　Surin, Jean-Joseph　4.22没、65歳。1600生。フランスの神秘主義著述者。

マリア(アグレダの)　Maria da Agreda　5.24没、63歳。1602生。スペインの修道女。

ディグビー，サー・ケネルム　Digby, Sir Kenelm　6.11没、61歳。1603生。イギリスの廷臣。

ボランドゥス，ヨハネス　Bolland, Jean　6.12没、68歳。1596生。フランドルのイエズス会士。

サーンレダム，ピーテル　Saenredam, Pieter Jansz.　8.16没、68歳。1597生。オランダの画家。

グッドウィン，ジョン　Goodwin, John　8.？没、71歳。1594生。イギリスのピューリタン牧師。

バルゴルネーラ，トマース・デ　Vallgornera, Tomás de　9.15没、70？歳。1595生。スペインのドミニコ会士，神学者，著述家。

フェリペ4世　Felipe IV　9.17没、60歳。1605生。スペイン王(在位1621～65)。

ビジャロエル，ガスパール・デ　Villarroel, Gaspar de　10.12没、75？歳。1590生。エクアドル出身のアウグスティヌス会士，司教，著述家。

ヴァンドーム，セザール・ド・ブルボン　Vendome, César de Bourbon, Duc de　10.22没、71歳。1594生。フランスの貴族ヴァンドーム家の祖。

カプリコルヌス　Capricornus, Samuel Friedrich　11.10没、36歳。1628生。ボヘミア生れの作曲家。

アール，ジョン　Earle, John　11.17没、64歳。1601生。イギリスの宗教家，ソールズベリーの監督。

プーサン，ニコラ　Poussin, Nicolas　11.19没、71歳。1594(⑲1593)生。フランスの画家。

ランビエ，カトリーヌ・ド・ヴィヴォンヌ，侯爵夫人　Rambouillet, Cathérine de Vivonne, Marquise de　12.2没、77歳。1588生。フランスの文芸庇護者。

メルラ，タルクイニオ　Merula, Tarquinio　12.10没、71？歳。1594生。イタリアの作曲家，オルガン奏者。

[この年] カイセル　Keyser, Jacob de　オランダの遣清使節。

カイロ，フランチェスコ・デル　Cairo, Francesco del　58歳。1607生。イタリアの画家。

義謙　73歳。1592生。朝鮮の仏教者。

洪承疇　72歳。1593生。中国，明末清初の政治家。

シラーニ，エリザベッタ　Sirani, Elisabetta　27歳。1638生。イタリアの女性画家。

トラーヴィ，アントーニオ　Travi, Antonio　57歳。1608生。イタリアの画家。

ドリニー，ミシェル　Dorigny, Michel　48歳。1617生。フランスの画家，版画家。

寧完我　中国，清代の官吏。

ノーウッド　Norwood, Richard　75歳。1590生。イギリスの数学者，航海者。

ビビエーナ，ジョヴァンニ・マリーア　Bibiena, Giovanni Maria　40歳。1625生。イタリアの建築家，舞台美術家。

プライスラー，ダニエル　Preisler, Daniel　38歳。1627生。ボヘミア出身のドイツの画家，版画家の一族。

ホール，トマス　Hall, Thomas　55歳。1610生。イギリスの長老派神学者。

リッピ，ロレンツォ　Lippi, Lorenzo　59歳。1606生。イタリアの画家，詩人。

[この頃] ケイトン，ウィリアム　Caton, William　29歳。1636生。イギリスの初期のクエイカー派信徒。

レジェー，ジャン　Léger, Jean　50？歳。1615生。フランスのヴァルデス(ワルドー)派教会の指導者。

ロジャーズ，ジョン　Rogers, John　38？歳。1627生。イギリスのピューリタン，「第五王国派」の指導者。

1666年

9.12　ロンドンで大火が発生する
この年　ニュートンが万有引力の法則を発見する
* * *

アンヌ・ドートリシュ　Anne d'Autriche　1.20没、64歳。1601生。フランス国王ルイ13世の王妃。

ヘルプスト　Herbst, Johann Andreas　1.24没、77歳。1588生。ドイツの音楽理論家，作曲家。

シャー・ジャハーン　Shāh Jahān　2.1(⑲1658)没、74歳。1592生。インド，ムガール帝国第5代皇帝(在位1627～58)。

ラニエ，ニコラス　Lanier, Nicolas　2.24(埋葬)没、77歳。1588生。フランス系のイギリスの作曲家，歌手，リュート奏者。

ボーン　Vaughan, Thomas　2.27没、43歳。1622生。イギリスの作家，錬金術学者。

ジーフェルト　Siefert, Paul　5.6没、79歳。1586生。ドイツのオルガン奏者，作曲家。

シニキウス，ヨアネス　Sinnichius, Joannes　5.8没、63歳。1603生。アイルランド出身のジャンセニスム(ヤンセン主義)神学者。

コスタ，イニャシウ・ダ　Costa, Ignácio (Ignatius) da　5.11没、67歳。1599生。ポルトガルの来中国イエズス会士。
ショット，カスパル　Schott, Kaspar　5.22没、58歳。1608生。ドイツ出身の物理学者、数学者。
キャロン，レッドマンド　Caron, Redmond　5.？没、61？歳。1605生。アイルランドのフランシスコ会士、神学者、宣教学者。
フライス　Gruijs, Jacob　6.21没。オランダ人の出島の商館長(1664～65)。
クリーガー，アーダム　Krieger, Adam　6.30没、32歳。1634生。ドイツの作曲家、オルガン奏者。
バルデ，ヤーコブ　Balde, Jakob　8.9(㊥1668)没、62歳。1603(㊥1604)生。アルザス生れのラテン語詩人。
シャル・フォン・ベル，ヨーハン・アーダム　Schall von Bell, Johann Adam　8.15(㊥1668)没、75歳。1591(㊥1592)生。ドイツ人のイエズス会士。
ハルス，フランス　Hals, Frans　8.24(㊥1660)没、86？歳。1580(㊥1581頃)生。オランダの画家。
メーロ，マヌエル・デ　Melo, Francisco Manuel de　8.24没、57歳。1608(㊥1611)生。ポルトガルの作家。
カルプツォフ，ベーネディクト　Carpzow, Benedikt　8.30没、71歳。1595生。ドイツの刑法学者。
ホールンベーク，ヨハネス　Hoornbeek, Johannes　9.1没、48歳。1617生。オランダの改革派神学者。
マンサール，フランソワ　Mansart, François　9.23没、68歳。1598生。フランスの建築家。
キャラミ，エドマンド　Calamy, Edmund　10.29没、66歳。1600生。イギリスの非国教派(長老主義)牧師。
シャーリー，ジェイムズ　Shirley, James　10.29没、70歳。1596生。イギリスの劇作家。
ダンハウアー，ヨーハン・コンラート　Dannhauer, Johann Konrad　11.7没、63歳。1603生。アルザスのルター正統主義の神学者。
ゲルチーノ，イル　Guercino, Il　12.22没、75歳。1591生。イタリアの画家。
この年　アッバース2世　'Abbās II　33歳。1633生。ペルシアのサファヴィー朝第7代王(在位1642～66)。
オルレアン，ガストン　Orléans, Gaston Jean Baptiste d'　㊥1660没、58歳。1608生。フランスの貴族。
コンチ親王　Conti, Armand de Bourbon, Prince de　37歳。1629生。大コンデの弟。
ゴンボー，ジャン・オジエ(オジエ)・ド　Gombauld, Jean Oger de　96？歳。1570生。フランスの詩人。
性聡　56歳。1610生。中国、清代の禅僧。
ハウエル，ジェイムズ　Howell, James　72歳。1594生。イギリスの作家。
范文程　69歳。1597生。中国、清前期の官僚。

モーラ，ピエル・フランチェスコ　Mola, Pier Francesco　54歳。1612生。イタリアの画家。
ルイザ・デ・グジュマン　Luisa de Guzmán　53歳。1613生。ポルトガル王ジョアン4世の妃。
この頃　戴明説　中国、清初の画家。
タッセル，リシャール　Tassel, Richard　83？歳。1583生。フランスの画家、彫刻家、建築家。
ネーリ　Neri, Massimiliano　17世紀初め生。イタリアの作曲家、オルガン奏者。
ペイン，フィリップ　Pain, Philip　アメリカの詩人。

1667年

5.24　フランドル戦争が始まる
6.12　フランスで世界初の輸血手術が行われる
7.31　第2次英蘭戦争が終わる
8.20　ジョン・ミルトンが『失楽園』を刊行する
11.18　オランダがインドネシアのゴワ王国を制圧
* * *
フルテンバハ，ヨーゼフ　Furttenbach, Joseph　1.17没、75歳。1591生。ドイツの建築家、建築理論家。
グレゴリウス(聖ヴァンサンの)　Gregorius a Sanct Vincentio　1.27没、82歳。1584生。ベルギーの数学者で天文学者。
ファーガスン，ジェイムズ　Ferguson, James　3.13没、46歳。1621生。スコットランドの牧師。
ラベー，フィリップ　Labbé, Philippe　3.17没、59歳。1607生。フランスの教会史家、イエズス会士。
ベタンクール，ペドロ・デ・サン・ホセ　Betancur, Pedro de San José　4.25没、41歳。1626生。グアテマラの貧者のための病院、学校の創設者。
ウィザー，ジョージ　Wither, George　5.2没、78歳。1588生。イギリスの詩人。
フローベルガー，ヨハン・ヤーコプ　Froberger, Johann Jakob　5.7没、50歳。1616生。ドイツのオルガン奏者、作曲家。
ウルジーヌス，ヨーハン・ハインリヒ　Ursinus, Johann Heinrich　5.14没、59歳。1608生。ドイツのルター派正統主義神学者。
スキュデリー，ジョルジュ・ド　Scudéry, Georges de　5.14没、65歳。1601生。フランスの作家。
ボシャール，サミュエル　Bochart, Samuel　5.16没、67歳。1599生。フランスの改革派聖書学者。
シルト　Schildt, Melchior　5.18没、75？歳。1592生。ドイツのオルガン奏者、作曲家。
アレクサンデル7世　Alexander VII　5.22没、68歳。1599(㊥1596)生。教皇(在位1655～67)。

1667　17世紀

ホッティンガー，ヨーハン・ハインリヒ　Hottinger, Johann Heinrich　6.5没、47歳。1620生。スイスの言語学者、プロテスタント教会史家、神学者。

パッラヴィチーノ，ピエートロ・スフォルツァ　Pallavicino, Pietro Sforza　6.5没、59歳。1607生。イタリアの文学者、歴史家。

アリアーガ，ロドリーゴ・デ　Arriaga, Rodrigo de　6.7没、75歳。1592生。スペインのイエズス会司祭。

ケイセル，トーマス・デ　Keyser, Thomas de　6.7没、71歳。1596生。オランダの画家、建築家。

サンソン　Sanson, Nicolas　7.7没、66歳。1600生。フランスの地図学者。

カウリ，エイブラハム　Cowley, Abraham　7.28没、49歳。1618生。イギリスの詩人。

マネッリ　Manelli(Mannelli), Francesco　7.?没、72歳。1594生。イタリアの作曲家。

ボロミーニ，フランチェスコ　Borromini, Francesco　8.2没、67歳。1599生。イタリアの建築家、彫刻家。

ファン・プーレンブルフ，コルネリス　Poelenburgh, Cornelisz van　8.12没、81?歳。1586生。オランダの画家。

テイラー，ジェレミー　Taylor, Jeremy　8.13没、53歳。1613生。イギリスの聖職者、著作者。

リスト，ヨーハン　Rist, Johann　8.31没、60歳。1607生。ドイツの詩人、劇作家。

カノ，アロンソ　Cano, Alonso　9.3没、66歳。1601生。スペインの画家、彫刻家、建築家。

ハルチンク　Hartsinck, Carel　9.24没、56歳。1611生。オランダの東インド総督府政務総監。

メツー，ハブリエル　Metsu, Gabriel　10.24没、38歳。1629(㊥1630頃)生。オランダの風俗画家。

トゥンダー，フランツ　Tunder, Franz　11.5没、1614生。ドイツの作曲家。

テヴノ，ジャン　Thévenot, Jean de　11.28没、34歳。1633生。フランスの旅行家。

モンフルーリ　Montfleury　12.11?没、67?歳。1600生。フランスの俳優。

|この頃|ヴィモン，バルテルミー　Vimont, Barthélemy　73歳。1594生。フランスのカトリック宣教師、イエズス会修道士。

ヴェンデリン，ゴットフリート　Wendelin, Gottfried　㊥1697没、87歳。1580生。ベルギーの天文学者。

ウースター，エドワード・サマーセット，2代侯爵　Worcester, Edward Somerset, 2nd Marquis of　66歳。1601生。イギリスの貴族。

ヴラック，アドリアン　Vlacq, Adrian　67歳。1600生。オランダの数学者。

カッファ，メルキオッレ　Caffa, Melchiorre　32歳。1635生。マルタの彫刻家。

ガービア，バルサザー　Gerbier, Balthasar　75歳。1592生。フランドル出身のイギリスの建築家。

クラクソン，ローレンス　Clarkson(Claxton), Laurence　52歳。1615生。イギリスのランター(喧騒派)。

コトシーヒン　Kotoshikhin, Grigorii Karpovich　37?歳。1630生。ロシアの外交官。

ゴリウス　Golius, Jacobus　71歳。1596生。オランダの東洋学者。

サマーセット　Somerset, Edward, 6th Earl and 2nd Marquis of Worcester　66歳。1601生。イギリス王党派の軍人、発明家。

サン・ヴァンサン　Saint Vincent, Grégoire de　83歳。1584生。ベルギーの数学者、神父。

ジャイ・シング1世　Jai, Singh I　58歳。1609生。インド、ジャイプル王国の王。

ショップ，ヨーハン　Schop, Johann　77?歳。1590生。ドイツの作曲家、ヴァイオリン・リュート・トロンボーン・コルネットの奏者、讃美歌作者。

デ・ケイセル，トマス　de Keyser, Thomas　71歳。1596生。オランダの画家。

ハバロフ　Khabarov, Erofei Pavlovich　㊥1670没、57?歳。1610生。ロシアの探検家。

フール　Hoole, Charles　57歳。1610生。イギリスの教育家、宗教家。

文柟　71歳。1596生。中国、明末清初の文人画家。

マーソ，ファン・バウティスタ・マルティネス・デル　Mazo, Juan Bautista Martinez del　㊥1687没、57?歳。1610(㊥1620)生。スペインの画家。

リヒター，ヨハン・モーリッツ1世　Richter, Johann Moritz I　47歳。1620生。ドイツの建築家。

リュッケルス，アンドレーアス2世　Ruckers　60歳。1607生。フランドルのチェンバロ・ヴァージナル製作者。

ルールデ，シモン　Lourdet, Simon　フランスの緞通制作者。

レニエーリ，ニッコロ　Renieri, Niccolò　76歳。1591生。フランドルの画家。

|この頃|キャン，ジョン　Canne, John　77?歳。1590生。イギリス・ピューリタン革命期の独立派牧師、第五王国派。

1668年

1.23　イギリスとオランダがハーグ同盟を結ぶ
5.02　アーヘンの和約締結、フランドル戦争終結
9.16　ポーランドの国王ヤン2世が退位する
　　　＊　＊　＊

デュフレノワ，シャルル－アルフォンス　Dufrésnoy, Charles Alphonse　1.16没、57歳。1611生。フランスの歴史画家、美術理論家。

17世紀　1669

ブーゼンバウム，ヘルマン　Busenbaum, Hermann　1.31没、67歳。1600生。ドイツ生れのイエズス会神学者。

サーロー　Thurloe, John　2.21没、52歳。1616生。イギリスの政治家。

グラウバー，ヨハン・ルドルフ　Glauber, Johann Rudolf　3.10(翌1670)没、64歳。1604生。ドイツの化学者。

ダヴィナント，ウィリアム　Davenant, Sir William　4.7没、62歳。1606生。イギリスの劇作家、劇場支配人。

クロッツ，シュテファン　Klotz, Stephan(Stefan)　5.13没、61歳。1606生。デンマークの神学者、教会行政家。

ヴァウヴェルマン，フィリップス　Wouwerman, Philips　5.19没、48歳。1619生。オランダの風景、風俗、動物画家。

逸然　7.14没、68？歳。1600(翌1601)生。中国、明代の黄檗僧、長崎派の画家。

趙涑　8.5没、73歳。1595生。朝鮮、李朝時代の士人画家。

クェリヌス，アルテュス1世　Quellinus, Artus I　8.23(翌1700)没、58歳。1609生。フランドルの彫刻家。

モレナール，ヤン・ミーンセ　Molenaer, Jan Miense　9.15没、58？歳。1610(翌1605以後)生。オランダの画家。

カルデナス，ベルナルディーノ・デ　Cárdenas, Bernardino de　10.20没、89歳。1579生。ボリビアのフランシスコ会宣教師、作家、パラグアイの司教。

ロヴェッタ　Rovetta, Giovanni　10.23没、73？歳。1595生。イタリアの作曲家、歌手。

ビショップ，ジョージ　Bishop, George　11.7没。イギリスの興隆期クェーカー派指導者のひとり。

ブリセーニョ，アロンソ　Briceño, Alonso　11.15没、81歳。1587生。チリの哲学者、神学者。

アリーン，ジョウゼフ　Alleine, Joseph　11.17没、34歳。1634生。イギリスの非国教派牧師。

この年 ウィング　Wing, Vincent　49歳。1619生。イギリスの天文学者。

カスティーリョ・イ・サーベドラ，アントニオ・デル　Castillo y Saavedra, Antonio del　52歳。1616生。スペインの画家。

守初　78歳。1590生。朝鮮の僧。

ティアリーニ，アレッサンドロ　Tiarini, Alessandro　91歳。1577生。イタリアの画家。

ファン・ブレーケレンカム，クヴィリング　van Brekelenkam, Quiringh　48？歳。1620生。オランダの画家。

ポヤルコフ　Poyarkov, Vasily Danilovich　ロシアの探検家。

ペレーダ・イ・サルガード，アントニオ　Pereda y Salgado, Antonio de　(翌1678没、60？歳。1608生。スペインの画家。

マルチ，エステバン　March, Esteban　58歳。1610生。スペインの画家。

ミニャール，ニコラ　Mignard, Nicolas　62歳。1606生。フランスの画家、銅版画家。

ヤンス，ジャン1世　Jans, Jean I　50歳。1618生。フランスのタピスリー制作家。

ローデンブルク　Rodenburg, Christian　50歳。1618生。オランダの法学者。

この頃 カストロ，マッテーオ・ダ　Castro, Matteo da　65？歳。1603生。ローマ・カトリック教会最初のインド人司教。

スピルズベリ，ジョン　Spilsbury(Spilbury), John　75？歳。1593生。イギリスの牧師、靴下製造師。

張宏　91？歳。1577生。中国、明末清初の文人画家。

1669年

1.-　朝鮮で同姓の結婚が禁じられる
9.27　オスマン軍がクレタ島を占領する

＊＊＊

デナム，ジョン　Denham, Sir John　3.10没、54歳。1615生。イギリスの詩人。

ダヴンポート，ジョン　Davenport, John　3.15(翌1670)没、71？歳。1597生。イギリスの牧師、清教徒。

オウライリ，エドマンド　O'Reilly, Edmund　3.？没、63歳。1606生。アイルランドのローマ・カトリック教会大司教。

モッシェロシュ　Moscherosch, Johann Michael　4.4没、68歳。1601生。ドイツのバロック時代の諷刺作家。

ヴィヴァリウス，ラーシュ　Wivallius, Lars　4.5没、64歳。1605生。スウェーデンの詩人。

ディルヘル，ヨーハン・ミヒャエル　Dilherr, Johann Michael　4.8没、64歳。1604生。ドイツの神学者、オリエント語学者。

マザー(メイザー)，リチャード　Mather, Richard　4.12没、73歳。1596生。アメリカ組合教会の牧師。

ベルターリ，アントニオ　Bertali, Antonio　4.17没、64歳。1605生。イタリアの作曲家。

サンタ・マリア　Santa Maria, Antonio de　5.13没、67歳。1602生。スペインのフランシスコ会宣教師。

コルトーナ，ピエトロ・(ベレッティーニ・)ダ　Cortona, Pietro da　5.16没、72歳。1596生。イタリアの画家、建築家。

エスコバル・イ・メンドーサ，アントニオ・デ　Escobar y Mendoza, Antonio de　7.4没、80歳。

人物物故大年表 外国人編　*425*

1589(㊗1581)生。スペインのイエズス会士，倫理学者。
ヴァンドーム，ルイ　Vendome, Louis, Duc de　8.9没、57歳。1612生。フランスの貴族。
ボル，パウルス　Bor, Paulus　8.10没、69歳。1600生。オランダの画家。
アンリエッタ・マリア　Henrietta Maria　8.31没、59歳。1609生。イギリス王チャールズ1世（在位1625～49）の王妃。
ル・ミュエ，ピエール　Le Muet, Pierre　9.28没、77歳。1591生。フランスの建築家。
キング，ヘンリー　King, Henry　9.30没、77歳。1592生。イギリスの詩人。
レンブラント，ハルメンス・ヴァン・レイン　Rembrandt, Harmensz van Rijn　10.4没、63歳。1606生。オランダの画家。
チェスティ，ピエトロ　Cesti, Marc'Antonio　10.14没、46歳。1623生。イタリアの作曲家。
トラップ，ジョン　Trapp, John　10.16没、68歳。1601生。イギリスの聖書学者。
プリン，ウィリアム　Prynne, William　10.24没、69歳。1600生。イギリス清教徒の政論家。
モレート，アグスティン　Moreto y Cabaña, Agustín　10.28(㊗1618)没、51歳。1618生。スペインの劇作家。
コクツェーユス（コッホ），ヨハネス　Cocceius, Johannes　11.4没、66歳。1603生。ドイツの改革派神学者。
ゲーリンクス，アルノルド　Geulincx, Arnold　11.?没、45歳。1624(㊗1625)生。オランダのデカルト派哲学者。
クレーメンス9世　Clemens IX　12.9没、69歳。1600生。ローマ教皇。
ファインズ，ナサニエル　Fiennes, Nathaniel　12.16没、61?歳。1608生。イギリスの政治家。
クヴィストルプ，ヨーハン　Quistorp, Johann　12.24没、45歳。1624生。ドイツのルター派神学者。
フェリー，ポル　Ferry, Paul　12.28没、78歳。1591生。フランスのプロテスタント神学者。
[この頃] アラッチ，レオ　Allacci, Leo　83歳。1586生。ギリシアの神学者、著述家。
アンギエ，フランソワ　Anguier, François　65歳。1604生。フランスの彫刻家。
ヴァーレンブルフ，アードリアーン（ハドリアーン）・ヴァン　Walenburch, Adrian (Hadrian) van　ドイツのカトリック神学者。
オースティン，ジョン　Austen, John　56歳。1613生。イングランドのカトリック讃美歌作家，著述家。
オットテール，ジャン　Hotteterre, Jean　フランスのファゴット、ヴィオル奏者。
カブラル　Cabral, João　70歳。1599生。ポルトガル人宣教師。

シンプソン　Simpson (Sympson), Christopher　64?歳。1605生。イギリスのヴィオラ・ダ・ガンバ奏者，理論家，作曲家。
デ・クライエル，カスパール　de Crayer, Caspar　85歳。1584生。フランドルの画家。
デ・フェッラーリ，ジョヴァンニ・アンドレーア　De Ferrari, Giovanni, Andrea　71?歳。1598生。イタリアの画家。
デル，ウィリアム　Dell, William　62?歳。1607生。イギリスのファインダー。
ファン・テュルデン，テオドール　van Thulden, Theodoor　63歳。1606生。オランダ出身のフランドルの画家。
ファン・デル・ハーヘン，ヨーリス　van der Haagen, Joris　54歳。1615生。オランダの画家。
ファン・ヘルト，ニコラース　van Helt, Nicolas　51歳。1618生。オランダの画家，版画家。
フィアゼッラ，ドメーニコ　Fiasella, Domenico　80歳。1589生。イタリアの画家。
ブラーケル，ディルク・ヘリッツ　Brakel, Dirk Gerryts　61歳。1608生。オランダ改革派系の敬虔派神学者。
ポスト，ピーテル　Post, Pieter Jansz　61歳。1608生。オランダの画家、建築家。
マンリケ　Manrique, Sebastien　109?歳。1560?生。ポルトガルのアウグスティノ会修道士。
ルフェーヴル，ピエール　Lefebvre, Pierre　フランスのタピスリー制作家。
[この頃] ムリニエ，エティエンヌ　Moulinié (Moulinier, Molinié), Étienne　69?歳。1600生。フランスの歌手，作曲家。
ラ・クロシェ　La Cloche, James de　25?歳。1644生。イギリス国王チャールズ2世の長男と自称した謎の人物。

1670年

この年　パスカルの遺稿『パンセ』が出版される
＊＊＊
モンク　Monck, George, 1st Duke of Albemarle　1.3没、61歳。1608(㊗1618)生。イギリスの軍人。
アクーニャ，クリストバル・デ　Acuña, Cristóbal de　1.4没、73歳。1597生。スペインのイエズス会宣教師，アマゾン探検者。
カルロ（セッツェの）　Carlo (Sezze)　1.6没、56歳。1613生。イタリアのフランシスコ会修道士，神秘家，聖人。
メガポレンシス，ヨハネス　Megapolensis, Johannes　1.14没、67歳。1603生。アメリカのオランダ改革派牧師。

17世紀　　1671

デュヴァル，クロード　Duval, Claude　1.21没，27歳。1643生。フランス人の追いはぎ。

ラカン，オノラ・ド　Racan, Honorat de Bueil, Seigneur de　1.21没，80歳。1589生。フランスの詩人。

フレデリク3世　Frederik III　2.9没，60歳。1609生。デンマーク，ノルウェー王（在位1648～70）。

タックニ，アンソニ（アントニ）　Tuckney, Anthony 2.？没，70歳。1599生。イギリスのピューリタン。

ダイエ，ジャン　Daillé, Jean　4.15没，76歳。1594生。フランスの改革派神学者。

アンリエッタ・アン，オルレアン公爵夫人　Henriette d'Angleterre, Duchesse d'Orléans　6.30没，26歳。1644生。イギリス国王チャールズ1世の娘。

クローマイアー，ヒエローニムス　Kromayer, Hieronymus　7.3没，60歳。1610生。ドイツのルター派正統主義神学者。

ネイル　Neile, William　8.24没，32歳。1637生。イギリスの数学者。

ペン　Penn, Sir William　9.16没，49歳。1621生。イギリスの提督。

ル・ヴォー，ルイ　Le Vau, Louis　10.11没，58歳。1612（㊟1621頃）生。フランスの建築家。

ファン・ライスダール，サロモン　Ruysdael, Salomon van　11.1没，70？歳。1600（㊟1602頃）生。オランダの風景画家。

コメンスキー，ヤン・アモス　Comenius, Johann Amos　11.15没，78歳。1592生。ボヘミアの教育思想家，教育改革者。

ヴァン・ロー　Van Loo, Jacques　11.26没，56歳。1614生。フランスの画家。

ヘルスト，バルトロマウス・ファン・デル　Helst, Bartholomeus van der　12.16没，57歳。1613（㊟1612頃）生。オランダの画家。

この年　ヴァッカーロ，アンドレーア　Vaccaro, Andrea　66歳。1604生。イタリアの画家。

ヴィニョン，クロード　Vignon, Claude　77歳。1593生。フランスの画家，銅版画家。

エスカランテ，ホアン・アントニオ・デ・フリアス・イ　Escalante, Juan Antonio de Frias y　37歳。1633（㊟1630）生。スペインの画家。

エストレ，フランソア　Estrées, François Annibal d', Duc, Marquise de Coeuvres　97歳。1573生。フランスの軍人。

カスティリオーネ，ジョヴァンニ・ベネデット　Castiglione, Giovanni Benedetto　㊟1665没，54歳。1616（㊟1611頃）生。イタリアの画家。

コンティ，ジョヴァンニ・マリーア　Conti, Giovanni Maria　56歳。1614生。イタリアの画家。

ズッキ　Zucchi, Niccolo　84歳。1586生。イタリアの数学者，神学者。

ソルフ，ヘンドリック　Sorgh, Hendrick　61？歳。1609生。オランダの画家。

ネローノフ，イヴァーン　Neronov, Ivan　79歳。1591生。初期のロシア古儀式派指導者。

バローニ，レオノーラ　Baroni, Leonora　59歳。1611生。イタリアの女性歌手，作曲家，ヴィオラ・ダ・ガンバ奏者，テオルボ奏者。

范道生　33歳。1637生。中国，明末・清初の仏師。

ファン・ヘース，ヘリット　van Hees, Gerrit　41歳。1629生。オランダの画家。

フェルディナンド2世　Ferdinando II　60歳。1610生。メディチ家出身のトスカナ大公。

ブリッジ，ウィリアム　Bridge, William　70歳。1600生。イギリスの非国教会派の牧師。

パウエル（ポウエル），ヴァヴァサー　Powell, Vavasor　53歳。1617生。ウェールズのピューリタン神学者，活動家。

マンク，ジョージ，初代アルベマール公爵　Monk, George, 1st Duke of Albemarle　62歳。1608生。イギリスの将軍。

メイテンス，ヤン　Mytens, Jan　56？歳。1614生。オランダの画家。

楊光先　74？歳。1596生。中国，清初期のイスラム暦家。

ル・シュウール，ユベール　Le Sueur, Hubert　75？歳。1595生。フランスの彫刻家。

この頃　ハルトリーブ，ザームエル　Hartlieb, Samuel　70？歳。1600生。イギリスの神秘思想家。

パレハ　Pareja, Juan de　65？歳。1605生。スペインの画家。

柳敬亭　83？歳。1587生。中国，明末清初の講釈師。

劉術　38？歳。1632生。中国，明末清初の画家。

ルスキ，フランチェスコ　Ruschi, Francesco　70？歳。1600生。イタリアの画家。

1671年

11.01　フランスと神聖ローマ帝国が中立条約結ぶ
　　　　　＊＊＊

即非如一　1.20没，55歳。1616生。中国の渡来僧（黄檗宗）。

リナルディ，オドリーコ　Rinaldi, Odorico　1.22没，77歳。1594生。イタリアの歴史家，オラトリオ会士。

フィリップス（聖三位一体の）　Philippus a Sancta Trinitate　2.28没，67歳。1603生。フランス出身の跣足カルメル会士，神学者，哲学者。

ブランカーティ，フランチェスコ（フランシスクス）　Brancati, Francesco（Franciscus）　4.25没，64歳。1607生。イタリアの来中国イエズス会士。

1671年

マンチェスター，エドワード・モンタギュー，2代伯爵　Manchester, Edward Montagu, 2nd Earl of　5.5没、69歳。1602生。イギリスの政治家、軍人。

ブルドン，セバスティアン　Bourdon, Sébastien　5.8没、55歳。1616生。フランスの画家。

耿継茂　5.?没。中国、清初の武将。

陳元贇　6.9没、84?歳。1587(㊟1586)生。中国の学者。

ラージン，ステパン・チモフェエヴィチ　Razin, Stenka Timofeevich　6.16没、41?歳。1630生。ロシアの革命家。

リッチョーリ，ジョヴァンニ・バティスタ　Riccioli, Giovanni Battista　6.26没、73歳。1598生。イタリアの天文学者。

尹善道　6.?没、84歳。1587生。朝鮮、李朝中期の時調作家。

ドラビーク(ドラビキウス)，ニコラウス　Drabík (Drabicius), Nikolaus　7.16没、82歳。1588生。モラヴィアの神秘思想家、狂信的預言者。

リオンヌ　Lionne, Hugues de　9.1没、59歳。1611生。フランスの外交官、政治家。

グリーンヒル，ウィリアム　Greenhill, William　9.27没、80歳。1591生。イギリスの非国教派牧師。

グロノビウス　Gronov, Johann Friedrich　9.28没、60歳。1611生。ドイツの古典文献学者、ラテン語学者。

フェアファックス(キャメロンの)，トマス・フェアファックス，3代男爵　Fairfax of Cameron, Thomas Fairfax, 3rd Baron　11.12没、59歳。1612生。イギリス清教徒革命の議会軍総司令官。

ベイレルト，ヤン・ファン　Bijlert, Jan van　11.13没、68歳。1603生。オランダの画家。

この年　オレアリウス　Olearius, Adam　72歳。1599生。ドイツの文学者。

呉偉業　62歳。1609生。中国、明末清初の文人、画家。

シュトーラー，ヨハン・クリストフォルス　Storer, Johann Christophorus　60?歳。1611生。スイスの画家、素描家。

ファン・オースト，ヤーコプ1世　van Oost, Jacob I　70歳。1601生。フランドルの画家。

ファンチェッリ，ジャーコモ・アントーニオ　Fancelli, Giacomo Antonio　52歳。1619生。イタリアの彫刻家。

馮班　69歳。1602生。中国、清初の文学者。

方以智　60歳。1611生。中国、明末・清初期の学者。

ル・モワヌ，ピエール　Le Moyne, Pierre　69歳。1602生。フランスの詩人。

ワージントン，ジョン　Worthington, John　53歳。1618生。イギリスの神学者。

この頃　フロリドール　Floridor　63?歳。1608生。フランスの俳優。

1672年

3.27　第3次英蘭戦争が勃発する
4.14　アラウィー朝でイスマーイールが即位する
この年　フランスの宮廷がヴェルサイユへ移転開始

＊　＊　＊

カズン，ジョン　Cosin, John　1.15没、77歳。1594生。英国教会の聖職、ダラム主教。

ヴェルデ，アドリエン　Van de Velde, Adriaen　1.21没、37?歳。1635(㊟1636)生。オランダの画家。

セギエ，ピエール　Ségier, Pierre　1.28没、83歳。1588生。フランスの行政官。

ベジャール，マドレーヌ　Béjart, Madeleine　2.17没、54歳。1618生。フランスの女優。

チョーンシ(チャーンシ)，チャールズ　Chauncy, Charles　2.19(㊟1671頃)没、79歳。1592生。アメリカ(イギリス生れ)の牧師、教育者。

ゴドー，アントワーヌ　Godeau, Antoine　4.21没、66歳。1605生。フランスの詩人。

シャーンイェルム，イェオリ　Stiernhielm, Georg　4.22没、73歳。1598生。スウェーデンの詩人、学者。

ギュイヤール，マリ　Guyard, Marie　4.30没、72歳。1599生。新世界への最初の女性宣教者。

シャンピオン・ド・シャンボニエール，ジャック　Chambonnières, Jacques Champion de　5.4?没、71?歳。1601(㊟1602頃)生。フランスのクラブサン奏者、作曲家。

クーパー，サミュエル　Cooper, Samuel　5.5没、63歳。1609生。イギリスの肖像画家。

ラ・モット・ル・ヴァイエ，フランソワ・ド　La Mothe le Vayer, François de　5.9没、83歳。1588生。フランスの哲学者。

サンドウィッチ，エドワード・モンタギュー，初代伯爵　Sandwich, Edward Montagu, 1st Earl of　5.28没、46歳。1625生。イギリスの軍人、政治家。

ニコルズ　Nicolls, Richard　5.28没、48歳。1624生。アメリカ、ニューヨーク植民地の初代総督。

ベネーヴォリ，オラツィオ　Benevoli, Orazio　6.17没、67歳。1605生。イタリアの作曲家。

ソーンダイク，ハーバート　Thorndike, Herbert　7.11没、74歳。1598生。英国教会の聖職、神学者。

クック，ヘンリー　Cooke, Henry　7.13没、56?歳。1616生。イギリスの作曲家、歌手。

ルジューヌ，ジャン　Lejeune, Jean　8.19没、80歳。1592生。フランスのオラトリオ会士、説教家。

ヴィット，ヤン・デ　Witt, Jan de　8.20没、46歳。1625生。オランダの政治家。

コップ，アビーザー　Coppe, Abiezer　8.?没、53歳。1619生。イギリスのランター(喧騒派)。

428 人物物故大年表 外国人編

ブラッドストリート，アン　Bradstreet, Anne　9.16没、60？歳。1612生。アメリカ最初の女流詩人。
ナイ，フィリプ　Nye, Philip　9.？没、76？歳。1596生。イギリスの会衆派牧師，神学者。
ウェッブ，ジョン　Webb, John　10.30没、61？歳。1611生。イギリスの建築家。
シュッツ，ハインリヒ　Schütz, Heinrich　11.6没、87歳。1585生。ドイツの作曲家。
戴曼公　11.6(㊥1671)没、75歳。1597(㊥1596)生。中国の医師。
独立　11.6没、76歳。1596生。中国、明末清初の医師，禅僧。
シルヴィウス，フランシスクス　Sylvius, Franciscus　11.14没、58歳。1614生。ドイツの医師，解剖学者。
ウィルキンズ，ジョン　Wilkins, John　11.16没、58歳。1614生。イギリスの神学者，科学者。
ブルス，エサイアス　Boursse, Esaias　11.16没、41歳。1631生。オランダの画家。
ステリ，ピーター　Sterry, Peter　11.19没、59？歳。1613生。イギリスのピューリタン神学者。
ブルンネマン，ヨハネス　Brunnemann, Johannes　12.15没、64歳。1608生。ドイツの教会法学者。
ヤン2世　Jan II Kazimierz　12.16没、63歳。1609生。ポーランド王(在位1648〜68)。
この年　アームストロング　Armstrong, Archibald　宮廷道化師。
アンダーヒル　Underhill, John　75歳。1597生。植民地時代アメリカ北東部の軍事的，政治的冒険家。
応俊　85歳。1587生。朝鮮の仏教者。
カンプハイゼン，ホーフェルト　Camphuysen, Govert　49？歳。1623生。オランダの画家。
コダッツィ，ヴィヴィアーノ　Codazzi, Viviano　69歳。1603生。イタリアの画家。
ゴーティエ，ドゥニ　Gaultier, Denys　69？歳。1603生。フランスのリュート奏者，作曲家。
サンヴィトレス　Sanvitores, Diego Luis de　45歳。1627生。スペインのイエズス会神父。
周亮工　60歳。1612生。中国、清初の学者，文学者。
ストイフェサント，ペーテル　Stuyvesant, Petrus　80歳。1592(㊥1610頃)生。オランダのアメリカ植民地総督。
宋浚吉　66歳。1606生。朝鮮、李朝の政治家，学者。
デル・グランデ，アントーニオ　Del Grande, Antonio　47歳。1625生。イタリアの建築家。
馮銓　77歳。1595生。中国、明末・清初期の官僚。
フォシエ，ロラン　Fauchier, Laurent　29歳。1643生。フランスの画家。
フラー，アイザック　Fuller, Isaac　66歳。1606生。イギリスの画家。
ボエー　Boë, Franz de le　58歳。1614生。オランダの医学者。
パタン，ギー　Patin, Guy　71歳。1601生。フランスの医学者，思想家。

マッツァ，カミッロ　Mazza, Camillo　70歳。1602生。イタリアの彫刻家。
マルティネ，ジャン　Martinet, Jean　フランスの将校。
陸世儀　61歳。1611生。中国、清の儒学者。
リージング　Rising, Johan Classon　55歳。1617生。スウェーデンの学者，アメリカ植民地行政官。
ローンホイゼ　Roonhuyze, Hendrik van　50歳。1622生。オランダの外科医，婦人科医。
この頃　ウーデン，ルカス・ヴァン　Uden, Lucas van　77？歳。1595生。フランドルの画家，版画家。
カーヴ，トマス　Carve, Thomas　82？歳。1590生。アイルランドのローマ・カトリック教会司祭，三十年戦争史家。

1673年

4.08　イギリス議会が審査法(審査律)を成立
12.28　清で呉三桂が三藩の乱を起こす
＊＊＊
マストリウス，バルトロマエウス　Mastrius, Bartholomaeus　1.3没、70歳。1602生。イタリアのフランシスコ会士，哲学者，神学者。
ロペス，カピラス・フランシスコ　López, Capillas Francisco　1.18？没、58？歳。1615生。メキシコの作曲家。
モリエール　Molière　2.17没、51歳。1622生。フランスの劇作家，俳優。
アルーメーウス，ドミーニクス　Arumäus, Dominicus　2.24没、94歳。1579生。ドイツの法学者。
ローザ，サルヴァトール　Rosa, Salvator　3.15没、57歳。1615生。イタリアの画家，銅版画家，詩人，音楽家。
カロン　Caron, François　4.5没、73歳。1600生。江戸時代初期の平戸オランダ商館長(1639〜41)。
シルマー，ミヒャエル　Schirmer, Michael　5.4没、67歳。1606生。ドイツの讃美歌作者，牧師。
マレーシウス(デ・マレ)，サミュエル　Maresius (Des Marets), Samuel　5.18没、73歳。1599生。フランスの改革派神学者。
アーレ，ヨーハン・ルードルフ　Ahle, Johann Rudolf　7.9没、47歳。1625生。ドイツのオルガン奏者，作曲家。
フラーフ，レイニール・デ　Graaf, Regnier de　8.17没、32歳。1641生。オランダの医師，解剖学者。
バルダッサーレ(シエーナの聖カタリーナの)　Baldassare (di St.Catarina di Siena)　8.23没、75歳。1597生。イタリアの跣足カルメル会司祭，神秘主義著作家。

1673

ゲゼーニウス，ユストゥス　Gesenius, Justus　9.18没、72歳。1601生。ドイツのルター派神学者。

クリフォード　Clifford of Chudleigh, Thomas Clifford, 1st Baron　9.？没、43歳。1630生。イギリス王政復古期の政治家。

ワートン，トーマス　Wharton, Thomas　11.15没、59歳。1614生。イングランドの医師。

パラメデス　Palamedesz, Anthonie　11.27没、72？歳。1601生。オランダの画家。

キャヴェンディッシュ，マーガレット（ニューカッスル公爵夫人）　Cavendish, Margaret, Duchess of Newcastle　12.15没、50歳。1623生。イギリスの自然哲学者。

この頃 遏必隆　中国、清の武将。

李廷熽　60歳。1613生。朝鮮、李朝前期の文人、学者。

ヴィラール，ニコラ・ド・モンフォーコン・ド　Villars, Nicolas de Montfaucon, abbé de　38？歳。1635生。フランスの聖職者。

ヴィルマン　Willman, Olof Eriksson　50？歳。1623生。スウェーデンの海軍士官。

帰荘　60歳。1613生。中国、明末清初の画家。

龔鼎孳　58歳。1615生。中国、明末清初の文学者。

グルーエ，フランチェスコ・アントーニオ　Grue, Francesco Antonio　78？歳。1595生。イタリアの陶芸家。

黄向堅　64歳。1609生。中国、明末清初の文人画家。

コルデツキ　Kordecki, Augustyn　70歳。1603生。ポーランドの聖職者。

蕭雲従　㋐1670没、77歳。1596生。中国、清代の画家。

宋琬　59歳。1614生。中国、清初の詩人。

デ・バロー，ジャック・ヴァレ　Des Barreaux, Jacques Vallée　74歳。1599生。フランスの詩人。

ディースト，ハインリヒ・ヴァン　Diest, Heinrich van　78歳。1595生。オランダの改革派神学者。

トマス　Thomas, Jan　56歳。1617生。オランダの画家、銅版彫刻家。

ニューカースル公爵夫人　Newcastle, Margaret Cavendish, Duchess of　49？歳。1624生。イギリスの女性作家。

馬驌　53歳。1620生。中国、清前期の歴史家。

バラール，ロベール　Ballard, Robert　63？歳。1610生。フランスの楽譜出版業者。

ファブリツィウス，バーレント　Fabritius, Barend　49歳。1624生。オランダの画家。

ペイナッケル，アダム　Pijnacker, Adam　52歳。1621生。オランダの画家、版画家。

ポルポラ，パーオロ　Porpora, Paolo　56歳。1617生。イタリアの画家。

マーリオ・デ・フィオーリ　Mario de' Fiori　70歳。1603生。イタリアの画家。

ライエル　Reyher, Andreas　72歳。1601生。ドイツの教育学者、教育行政家。

ラム，トマス　Lamb, Thomas　イギリス・ピューリタン革命期のジェネラル（普遍）バプテスト派牧師、石鹸製造師。

ラルマン，ジェローム　Lalemant, Jérôme　80歳。1593生。フランスのイエズス会士、カナダへの宣教師。

柳馨遠　51歳。1622生。朝鮮、李朝時代の実学者。

この頃 ジョリー　Jolly, George　73？歳。1600生。イギリスの俳優。

デージネフ　Dezhnev, Semën Ivanovich　㋐1672頃没、68？歳。1605生。ロシアの探検家。

1674年

2.19　第3次英蘭戦争が終結する
5.19　ポーランドでソビエスキを国王に選出する
＊＊＊

カリッシミ，ジャーコモ　Carissimi, Giacomo　1.12没、68歳。1605（㋐1604）生。イタリアの作曲家。

ラバディ，ジャン・ド　Labadie, Jean de　2.13没、63歳。1610生。フランスの神学者。

シャプラン，ジャン　Chapelain, Jean　2.22没、78歳。1595生。フランスの詩人、評論家。

ヴェックマン，マティーアス　Weckmann, Matthias　2.24没、55歳。1619（㋐1621）生。ドイツの作曲家、オルガン奏者。

ペケ，ジャン　Pecquet, Jean　2.？没、51歳。1622生。フランスの医師、解剖学者。

ソレル，シャルル　Sorel, Charles　3.7没、72？歳。1602（㋐1600頃）生。フランスの小説家。

クロムウェル　Cromwell, Henry　3.23没、46歳。1628生。O. クロムウェルの4男。

グラント　Graunt, John　4.18没、53歳。1620生。イギリスの統計学者、商人。

テーリンク，ヤン　Teellinck, Jan　5.7没。オランダの改革派神学者。

リーフェンス，ヤン　Lievens, Jan　6.4没、66歳。1607生。オランダの画家、銅版画家。

ゴンベルヴィル，マラン・ル・ロワ・ド　Gomberville, Marin Le Roy de　6.14没、74？歳。1600生。フランスの作家。

ミドルトン　Middleton, John, 1st Earl of　6.？没、55歳。1619生。スコットランドの軍人。

ハンフリー，ペラム　Humfrey, Pelham　7.14（㋐1678）没、27歳。1647生。イギリスの作曲家。

シャンペーニュ，フィリップ・ド　Champaigne, Philippe de　8.12没、72歳。1602生。フランスの画家。

17世紀　1675

ユーハンソン, ラーシュ　Johansson, Lars　8.13没、35歳。1638生。スウェーデンのバロック詩人。
ルシドール　Lucidor, Lasse　8.13没、36歳。1638生。スウェーデンの詩人。
アルノー・ダンディイ, ロベール　Arnauld d'Andilly, Robert　9.27没、85歳。1589（㊟1588）生。フランスの宗教著作者。
ファン・デン・エークハウト, ヘルブラント　Eeckhout, Gerbrand van den　9.29没、53歳。1621生。オランダの画家。
トラハーン, トマス　Traherne, Thomas　9.27?没、36歳。1637（㊟1636頃）生。イギリスの詩人。
ヘリック, ロバート　Herrick, Robert　10.15没、83歳。1591生。イギリスの詩人。
ピェトルソン, ハットルグリームル　Pétursson, Hallgrímur　10.27没、60歳。1614生。アイスランドの宗教詩人。
ボナ, ジョヴァンニ（聖カタリナ修道院の）　Bona, Giovanni (Santa Catharina)　10.28没、65歳。1609生。イタリアのフイヤン派シトー会修道士、典礼学者、枢機卿。
ミルトン, ジョン　Milton, John　11.8没（㊟1673）没、65歳。1608生。イギリスの詩人。
リンゲルバッハ, ヨハネス　Lingelbach, Johannes　11.?没、52歳。1622生。ネーデルラントの画家。
クラレンドン, エドワード・ハイド, 初代伯爵　Clarendon, Edward Hyde, 1st Earl of　12.9没、65歳。1609（㊟1608）生。イギリスの政治家。
ムーゼウス, ペーター　Musaeus (Musäus), Peter　12.20没、54歳。1620生。ドイツのルター派神学者。
[この年] エーベルハルト3世　Eberhard III　60歳。1614生。ビュルテンベルク公。
オードラン, シャルル　Audran, Charles　80歳。1594生。フランスの銅版画家。
山翁道忞　78歳。1596生。中国、清代の禅僧。
石谿　62歳。1612生。中国、清初期の画家。
張履祥　63歳。1611生。中国、明末清初の文人。
ファン・エフモント, ユストゥス　van Egmont, Justus　73歳。1601生。フランドルの画家。
ブラーメル, レオナルト　Bramer, Leonard　78歳。1596生。オランダの画家。
[この頃] ホエーリー　Whalley, Edward　イギリス清教徒革命の議会軍軍人。

デルボー　Delboe, Simon　1.31没。イギリスの船長。
ゲルンラー, ルーカス　Gernler, Lukas　2.9没、49歳。1625生。スイスの神学者。
ダウ, ヘラルド　Dou, Gerard　2.9没、61歳。1613生。オランダの画家。
テザウロ, エマヌエーレ　Tesauro, Emanuele　2.26没、83歳。1592生。イタリアの文学者。
エルンスト1世　Ernst I　3.26没、73歳。1601生。ザクセン・ゴータ・アルテンブルク公。
ペラン, ピエール　Perrin, Pierre　4.26（埋葬）没、55?歳。1620生。フランスの台本作者。
マルケット, ジャック　Marquette, Jacques　5.18?没、37歳。1637生。フランス出身のイエズス会宣教師。
デュゲ, ガスパール　Dughet, Gaspard　5.25没、60歳。1615生。フランスの画家。
プーサン, ガスパール　Poussin, Gaspard　5.25没、59歳。1615生。フランスの画家。
アントリーネス, ホセ　Antolinez, José　5.30没、40歳。1635生。スペインの画家。
デュレンヌ, アンリ・ド・ラ・トゥール・ドーヴェルニュ, 子爵　Turenne, Henri de la Tour d'Auvergne, Vicomte de　6.27没、63歳。1611生。フランスの軍人。
ベジャール, ジュヌビエーブ　Béjart, Geneviève　7.3没、33歳。1642生。フランスの女優。
フレマール, ベルトレー　Flémal, Bertholet　7.10?没、61歳。1614生。フランドルの歴史画家。
ミュラー, ハインリヒ　Müller, Heinrich　9.17没、43歳。1631生。ドイツのルター派神学者。
コンラール, ヴァランタン　Conrart, Valentin　9.29没、72歳。1603生。フランスの文学者。
タンブリーニ, トマーゾ　Tamburini, Tommaso　10.10没、84歳。1591生。イタリアのイエズス会の倫理神学者。
ロベルヴァル　Roberval, Gilles Personne de　10.27没、73歳。1602生。フランスの数学者。
ハンマーシュミット, アンドレーアス　Hammerschmidt, Andreas　10.29没、64?歳。1611（㊟1612頃）生。ボヘミア生れのオーストリアのオルガン奏者、作曲家。
ホーブルク, クリスティアン　Hoburg, Christian　10.29没、68歳。1607生。ドイツの急進的教会批判者。
グレゴリー, ジェイムズ　Gregory, James　10.?没、36歳。1638生。スコットランドの数学者、発明家。
エフェルディンヘン, アラルト・ファン　Everdingen, Allart van　11.8没、54歳。1621生。オランダの風景画家、エッチング師。
エピファーニイ・スラヴィネーツキイ　Epifanij Slavineckij　11.10没。ウクライナ出身の学僧、「ニーコンの改革」の協力者、説教家。

1675年

8.-　フランス艦隊がシチリアを占領する
この年　グリニッジ天文台が創設される

＊　＊　＊

ウィリス，トマス Willis, Thomas 11.11没、54歳。1621生。イギリスの解剖学者，医師。

キャルヴァート，セシル Calvert, Cecil (Cecilius) 11.30没、69歳。1606生。アメリカのメリランド植民地創設者，第2代ボールティモア卿。

ライトフット，ジョン Lightfoot, John 12.5没、73歳。1602生。イギリスの旧約学者，ユダヤ教学者。

ヴェルメール，ヤン Vermeer, Jan, van Delft 12.15没、43歳。1632生。オランダの画家。

[この年] **アンドレーア・ディ・リオーネ** Andrea di Lione 79歳。1596生。イタリアの画家。

ヴァーレンブルフ，ペーター・ヴァン Walenburch, Peter van ドイツのカトリック神学者。

ウッドワード Woodward, Hezekiah 85歳。1590生。イギリスの教育家。

ガルジューロ，ドメーニコ Gargiulo, Domenico 65？歳。1610生。イタリアの画家。

カルロ・エマヌエレ2世 Carlo Emmanuele II 41歳。1634生。サボイア公(1638)。

ギレスピ，パトリク Gillespie, Patrick 58歳。1617生。スコットランドの牧師，抵抗派の指導者。

金俊明 73歳。1602生。中国，清初の画家。

ゲラルディーニ，メルキオッレ Gherardini, Melchiorre 68？歳。1607生。イタリアの画家，版画家。

コッカー，エドワード Cocker, Edward 44歳。1631生。イギリスの彫版工，習字，算術教師。

ショアズール Choiseul, César, Duc de 77歳。1598生。フランスの元帥。

シルヴァーニ，ゲラルド Silvani, Gherardo 96歳。1579生。イタリアの建築家，彫刻家。

孫奇逢 91歳。1584生。中国，明末清初の学者。

陳瑚 62歳。1613生。中国，明末・清初期の学者。

通琇 61歳。1614生。中国，清代の禅僧。

ディーペンベーク Diepenbeeck, Abraham van 79？歳。1596生。ベルギー(フランドル)の歴史画家。

テーグ・バハードゥル Tegh Bahādur, Guru 53歳。1622生。インドのシク教第9祖(1664～75)。

フェルメール，ヨハネス Vermeer, Johannes 43歳。1632生。画家。

ホア Hoar, Leonard 45？歳。1630生。イギリスの牧師，医学者。

ボルティモア Baltimore, Cecil Calvert, 2nd Baron 70歳。1605生。イギリスの貴族。

ヨンストン Jonstons, Johannes 72歳。1603生。オランダの動物学者。

ラングレン Langren, Michael Florent von 75歳。1600生。ベルギーの天文学者。

[この頃] **カラッティ，フランチェスコ** Caratti, Francesco イタリアの建築家。

ジーゲン，ルートヴィヒ・フォン Siegen, Ludwig van [異]1680？没、66？歳。1609生。ドイツの版画家。

レッコ，ジョヴァン・バッティスタ Recco, Giovan Battista 60？歳。1615生。イタリアの画家。

1676年

4.- ヴァージニア植民地でベーコンの反乱勃発
10.27 ポーランドとオスマン帝国が休戦協定結ぶ

＊＊＊

カヴァッリ，ピエル・フランチェスコ Cavalli, Pietro Francesco 1.14没、73歳。1602生。イタリアのオペラ作曲家。

アレクセイ1世 Aleksei I, Mikhailovich Romanov 1.30没、46歳。1629生。ロシア皇帝(在位1645～76)。

ラ・ペレール，イザアク・ド La Peyrère, Isaac de 1.30没、82歳。1594生。フランスの著作家。

アグリコラ Agricola, Georg Ludwig 2.20没、32歳。1643生。ドイツの作曲家。

ウィンスロップ，ジョン Winthrop, John 4.5没、70歳。1606生。アメリカ植民地時代の行政官，科学者。

ハーバコルン，ペーター Haberkorn, Peter 4.5没、71歳。1604生。ドイツのルター派神学者，論争家。

クラーク，ジョン Clarke, John 4.28没、66歳。1609生。アメリカのバプテスト派牧師。

ロイテル，ミヒール・アドリアーンスゾーン・デ Ruyter, Michiel Adriaanszoon de 4.29没、69歳。1607生。オランダの海軍軍人。

ヴァロワ，アンリ・ド Valois, Henride 5.7没、72歳。1603生。フランスの歴史家。

ゲーアハルト，パウル Gerhardt, Paul 5.27没、69歳。1607生。ドイツの宗教家。

程正揆 5.？没、71歳。1604生。中国，明末清初の文人画家。

ヴラングル Wrangel, Carl Gustav 6.24没、62歳。1613生。スウェーデンの提督，元帥。

ホワイト，トマス White, Thomas 7.6没、83歳。1593生。イングランドのローマ・カトリック教会司祭，神学者。

クレーメンス10世 Clemens X 7.22没、86歳。1590生。ローマ教皇。

ドービニャック，フランソワ・エドラン Aubignac, François Héldin, Abbé d' 7.25没、71歳。1604生。フランスの小説家，劇評家。

レノルズ，エドワード Reynolds, Edward 7.28没、77歳。1599生。英国教会のノーリジ主教。

17世紀　1677

グリンメルスハウゼン，ヨハン・ヤーコプ・クリストフ・フォン　Grimmelshausen, Hans Jakob Christoffel von　8.17没、54？歳。1622(㋐1621)生。ドイツの小説家。

メラーニ　Melani, Jacopo　8.19没、53歳。1623生。イタリアの作曲家。

アルティング，ヤーコプ　Alting, Jakob　8.20没、57歳。1618生。ドイツの改革派旧約学者。

ワイズマン　Wiseman, Richard　8.20没、54？歳。1622生。イギリスの外科医。

サバタイ・ツビ　Sabbatai Zebi　9.30没、50歳。1626生。スペイン系ユダヤ人のカバラ学者、偽メシア。

クニュッファー　Knüpfer, Sebastian　10.10没、43歳。1633生。ドイツの作曲家。

テリル，アンソニ（ボンヴィル）　Terill, Anthony (Bonville)　10.11没、55歳。1621生。イギリス出身のイエズス会の倫理神学者。

バサイア，アイザク　Basire, Isaac　10.12没、69歳。1607生。英国教会の聖職、旅行家。

ギボンズ，クリストファー　Gibbons, Christopher　10.20没、61歳。1615生。イギリスのオルガン奏者。

ショッテル，ユウトゥス・ゲオルク　Schottel, Justus Georg　10.25没、64歳。1612生。ドイツの言語学者、詩人。

ベーコン，ナサニエル　Bacon, Nathaniel　10.26没、34？歳。1642(㋐1647)生。アメリカのベーコンの乱の指導者。

デマレ・ド・サン・ソルラン，ジャン　Desmarets de Saint-Sorlin, Jean　10.28没、81歳。1595生。フランスの詩人、劇作家、小説家。

ファーズル・アフメト・パシャ　Köprülü Fadil Ahmet Pasha　10.30没、41歳。1635生。オスマン・トルコの宰相（1661～76）。

ヴート（ヴォエーティウス），ヒスベルト　Voet, Gisbert　11.1没、88歳。1588(㋐1589)生。オランダの神学者。

ミフナ・ジ・オトラドヴィツ，アダム・ヴァーツラフ　Michna z Otradovic, Adam Václav　11.2没、76？歳。1600生。チェコの詩人、作曲家。

クルトワ，ジャック　Courtois, Jacques　11.4没、55歳。1621生。フランスの画家。

ルジュモン，フランソワ（フランシスクス）・ド　Rougemont, François (Franciscus) de　11.4？没、52歳。1624生。ベルギーの来中国イエズス会士。

エーベリング，ヨーハン・ゲオルク　Ebeling, Johann Georg　12.4没、39歳。1637生。ドイツのプロテスタント教会音楽家。

キャヴェンディッシュ，ウィリアム，ニューカッスル公爵　Newcastle, William Cavendish, Duke of　12.25没、84歳。1592(㋐1593？)生。イギリスの貴族、軍人。

この年 アレリャーノ，フアン・デ　Arellano, Juan de　62歳。1614生。スペインの画家。

オーグルビー，ジョン　Ogilby, John　76歳。1600生。イギリスの地誌作者、印刷業者、地図製作者。

グリーンヒル，ジョン　Greenhill, John　36？歳。1640生。イギリスの画家。

毬永仁　39歳。1637生。中国、清代の劇作家。

孫承沢　84歳。1592生。中国、明末清初の鑑蔵家。

ドゥッベルス，ヘンドリック・ヤーコプスゾーン　Dubbels, Hendrick Jacobsz.　56？歳。1620生。オランダの画家。

フィリップ　Philip　アメリカ・インディアンの酋長、マサチューセッツのワンパノーアグ族酋長マサソイトの息子。

ブランビリエ夫人　Brinvilliers, Marie-Madeleine d'Aubray, marquise de　46歳。1630生。フランスの名高い毒殺犯。

フレアール・ド・シャンブレー，ロラン　Fréart, de Chambrai Roland　フランスの建築家、著述家。

ヘイル，サー・マシュー　Hale, Sir Matthew　67歳。1609生。イギリスの裁判官。

ボス，アブラアム　Bosse, Abraham　74歳。1602生。フランスの版画家。

パテル，ピエール　Patel, Pierre　71？歳。1605生。フランスの画家。

プロカッチーニ，小エルコール　Procaccini, Ercole the Younger　80歳。1596生。イタリア、ボローニャ派の画家。

メゾヌーヴ　Maisonneuve, Paul de Chomedey, Sieur de　64歳。1612生。フランスの植民地行政官。

ラーン　Rahn, Johann Heinrich　スイスの数学者。

ランジェッティ，ジャンバッティスタ　Langetti, Giambattista　51歳。1625生。イタリアの画家。

1677年

1.01　ラシーヌの悲劇「フェードル」が初演
11.01　フランス艦隊がオランダ領ゴレ島を奪う
この年　オランダ軍がマラタム王国の内乱に介入
　　　　　　＊　＊　＊

リーベック　Riebeeck, Jan van　1.18没、57歳。1619(㋐1634)生。オランダの外科医、探検家。

スピノザ，バルフ・デ　Spinoza, Baruch de　2.21没、44歳。1632生。オランダの哲学者。

カンベール，ロベール　Cambert, Robert　2.?没、49？歳。1628(㋐1627頃)生。フランスのオペラ作曲家。

ブリストル　Bristol, George Digby, 2nd Earl of　3.20没、64歳。1612生。イギリスの貴族。

ホラー，ヴェンツェル　Hollar, Wenzel　3.28没、69歳。1607生。ボヘミアの銅版画家。

1677

17世紀

ル・ナン, マテュー　Le Nain, Mathieu　4.20没、70歳。1607(㊥1610)生。フランスの画家。

バロー, アイザック　Barrow, Isaac　5.4没、46歳。1630生。イギリスの聖職者, 古典学者, 数学者, 物理学者。

シュレーダー, ヨーアヒム　Schröder, Joachim　6.1没、64歳。1613生。ドイツのルター派敬虔派の牧師。

フランク, ヨーハン　Franck, Johann　6.18没、59歳。1618生。ドイツの讃美歌作詞家。

アンゲルス・ジレージウス　Angelus Silesius　7.9没、52歳。1624生。シレジアの神秘主義者, 詩人。

ローデンステイン, ヨードクス(ユースト)・ヴァン　Lodenstein (Lodensteijn), Jodocus (Joost) van　8.6没、57歳。1620生。オランダ改革派の説教者, 宗教詩人。

ロック, マシュー　Locke, Matthew　8.?没、47?歳。1630(㊥1621頃)生。イギリスの作曲家。

モンマ, ヴィルヘルム　Momma, Wilhelm　9.9没、34歳。1642生。ドイツの改革派神学者。

ハリントン, ジェームズ　Harrington, James　9.11没、66歳。1611生。イギリスのユートピア思想家。

グリソン, フランシス　Glisson, Francis　10.14没、80歳。1597(㊥1579?)生。イギリスの医学者。

マントン, トマス　Manton, Thomas　10.18没、57歳。1620生。イギリスのクロムウェル時代の長老派神学者, 説教者。

ダスーシー, シャルル・コワポー　d'Assoucy, Charles Coypeau　10.29没、72歳。1605生。フランスの詩人, リュート奏者。

ゴドイ, ペドロ・デ　Godoy, Pedro de　11.2没、77?歳。1600生。スペインのドミニコ会士, 哲学者, 神学者。

シェルドン, ギルバート　Sheldon, Gilbert　11.9没、79歳。1598生。英国教会のカンタベリ大主教。

ネール, アールナウト・ファン・デル　Neer, Aert van der　11.9没、74?歳。1603生。オランダの風景画家。

オードラン　Audran, Claude I　11.18没、80歳。1597生。フランスの銅版画家。

ユーニウス, フランツィスクス　Junius, Franciscus　11.19没、88歳。1589生。イギリスのゲルマン学者, 言語学者。

ゴートン, サミュエル　Gorton, Samuel　11.?没、85歳。1592生。イギリスの植民者, 宗教的指導者。

パヴィヨン, ニコラ　Pavillon, Nicolas　12.8没、80歳。1597生。フランスのヤンセン主義者, ラングドック県アレーの司教。

この年 ヴァイヤン, ヴァルラン　Vaillant, Wallerant　54没。1623生。フランドルの画家, 版画家。

エセニウス, アンドレーアス　Essenius, Andreas　59没。1618生。オランダの改革派神学者。

王鑑　79歳。1598生。中国, 清代の画家。

オルデンブルク　Oldenburg, Henry　59?歳。1618生。ブレーメン生れのドイツ人。

カッツァーティ, マウリツィオ　Cazzati, Maurizio　57?歳。1620生。イタリアの作曲家, オルガン奏者。

カルローネ, ジョヴァンニ・バッティスタ　Carlone, Giovanni Battista　85歳。1592生。イタリアの芸術家, 装飾家, 画家。

グヴェア, アントワーヌ・ド　Gouvea, Antoine de　85歳。1592生。ポルトガルのカトリック中国宣教師。

尚可喜　㊥1676没、73歳。1604生。中国, 明末清初の武将。

張爾岐　65歳。1612生。中国, 清初の学者。

デッラ・グレーカ, フェリーチェ　Della Greca, Felice　51歳。1626生。イタリアの建築家。

バークリー　Berkeley, John, 1st Baron Berkeley of Stratton　67歳。1610生。イギリスのアメリカ植民行政官。

バスケーニス, エヴァリスト　Baschenis, Evaristo　60歳。1617生。イタリアの画家。

范公著　75歳。1602生。安南黎朝の官吏, 史家。

プティ　Petit, Pierre　83?歳。1594生。フランスの物理学者, 天文学者。

ボーブラン, アンリ・ド　Beaubrun, Henri de　74歳。1603生。フランスの画家。

ル・カミュ, セバスティアン　Le Camus, Sébastien　67?歳。1610生。フランスのヴィオル(ヴィオラ・ダ・ガンバ)奏者, テオルボ奏者, 作曲家。

この頃 クレーバーン　Claiborne, William　90?歳。1587生。アメリカの植民者。

サーイブ・タブリーズィー　Sā'ib Tabrīzī　㊥1669頃没、76?歳。1601生。イランの詩人。

フェルゲンハウアー, パウル　Felgenhauer, Paul　84歳。1593生。ドイツの神智学者。

ロンバウツ, ヒリス　Rombouts, Gillis　47?歳。1630生。オランダの画家。

1678年

4.-　呉三桂が清の衡州で即位し、大周と号する
8.10　ナイメーヘンの和約でオランダ戦争が終結

* * *

サブレ夫人　Sablé, Madeleine de Souvré, marquise de　1.16没、79歳。1599生。フランスの女流文人。

ファンツァーゴ, コージモ　Fansaga, Cosimo　2.13没、87歳。1591(㊥1593)生。イタリアの建築家, 彫刻家。

スクーガル, ヘンリ　Scougal, Henry　6.13没、28歳。1650生。スコットランド教会の牧師, 神学者。

1678

トレッリ, ジャーコモ　Torelli, Giacomo　6.17没、69歳。1608生。イタリアの舞台装置家。

バケール, ブノワ・ド　Bacquere, Benoit de　6.28没、65歳。1613生。ベルギーのシトー会修道士、説教者、神学者。

ヴォス, パウル・デ　Vos, Paul de　6.30没、82歳。1595生。フランドルの画家。

ピアスン, エイブラハム　Pierson, Abraham　8.9没、69歳。1609生。アメリカの会衆派牧師。

ファニャーニ, プロスペロ　Fagnani, Prospero　8.17没、90歳。1588生。イタリアの教会法学者、神学者。

マーヴェル, アンドルー　Marvell, Andrew　8.18没、57歳。1621生。イギリスの詩人、政治家。

呉三桂　8.?没、66歳。1612生。中国、明末清初の武将。

ガーレン, クリストフ・ベルンハルト・フォン　Galen, Christoph Bernhard von　9.19没、71歳。1606生。ドイツのカトリック教会政治家。

ベジャール, ルイ　Béjart, Louis　10.13没、47歳。1630生。フランスの俳優。

ヘイダーニュス, アーブラーハム　Heidanus, Abraham　10.15没、81歳。1597生。オランダの改革派神学者。

ヨルダーンス, ヤーコプ　Jordaens, Jacob　10.18没、85歳。1593生。フランドルの画家。

ファン・ホーホストラーテン, サミュエル　Hoogstraeten, Samuel van　10.19没、51歳。1627生。オランダの画家。

ボノンチーニ, ジョヴァンニ・マリア　Bononcini, Giovanni Maria　10.19没、36歳。1642生。イタリアの音楽家。

ジェンキンズ, ジョン　Jenkins, John　10.27没、86歳。1592生。イギリスの作曲家。

ゴドフレー　Godfrey, *Sir* Edmund Berry　10.?没、56歳。1621生。イギリスの治安判事。

エリサルデ, ミゲール・デ　Elizalde, Miguel de　11.18没、62歳。1616生。スペインのイエズス会士、神学者。

デュジャルダン, カーレル　Dujardin, Karel　11.20没、56?歳。1622生。オランダの画家。

コウルマン, エドワード　Coleman, Edward　12.3没、28?歳。1650生。イングランドの「教皇陰謀事件」の犠牲者。

オーフェンス　Ovens, Juriaen　12.9没、55歳。1623生。オランダの画家。

ナントゥイユ, ロベール　Nanteuil, Robert　12.9没、60?歳。1618(ⓜ1623頃)生。フランスの版画家。

ジャスワント・スィンフ　Jasvant Siṃh, Mahārāja　12.20没、53歳。1625生。インドのマールワールの王。

この年 カンタリーニ, シモーネ　Cantarini, Simone　66歳。1612生。イタリアの画家。

クエリヌス, エラスムス2世　Quellinus, Erasmus II　71歳。1607生。フランドルの芸術家、画家。

ケムニッツ　Chemnitz, Bogislaus Philipp　73歳。1605生。ドイツの歴史家。

コディントン　Coddington, William　77歳。1601生。アメリカのイギリス領植民地官吏。

コルビノー, ピエール　Corbineau, Pierre　78歳。1600生。フランスの建築家。

シュールマン, アンナ・マリーア・ヴァン　Schuurman, Anna Maria van　71歳。1607生。オランダの敬虔派信徒、芸術家。

スタンリー　Stanley, Thomas　53歳。1625生。イギリスの哲学史家、詩人、翻訳家。

スミスソン, ハンティドン　Smithson, Huntingdon　イギリスの建築家。

チャーマズ, ウィリアム　Chalmers, William　スコットランドのローマ・カトリック教会神学者、オラトリオ会士。

デラ・ヴェッキア　Della Vecchia　75歳。1603生。イタリアの画家。

ファルダ, ジョヴァンニ・バッティスタ　Falda, Giovanni Battista　30?歳。1648生。イタリアの版画家。

ブリューゲル(子)　Brueghel, Jan　77歳。1601生。フランドルの画家。

ボエット, ジョヴェナーレ　Boetto, Giovènale　75?歳。1603生。イタリアの建築家。

マッツォーニ, セバスティアーノ　Mazzoni, Sebastiano　67?歳。1611生。イタリアの画家、建築家、詩人。

マルセウス・ファン・スリーク, オットー　Marseus van Schrieck, Otto　59?歳。1619生。オランダの画家。

ラ・バール(シャバンソー・ド), ジョゼフ　La Barre Chabanceau de, Joseph　45歳。1633生。パリのリュート奏者、オルガン奏者。

この頃 コイエット　Coyett, Frederik　ⓜ1674没、58?歳。1620(ⓜ1615頃)生。オランダの出島商館長。

トルーナジャヤ　Trunadjaja　インドネシアの貴族。

フェルブルフ　Verburg, Nicolaas　オランダの台湾長官。

フレックノー　Flecknoe, Richard　アイルランドの詩人、劇作家。

ローランドソン, メリー　Rowlandson, Mary White　43?歳。1635生。アメリカの記録文学者。

人物物故大年表 外国人編　*435*

1679年

6.05 イギリス議会で人身保護法が制定される

＊ ＊ ＊

バーボン，プレイズゴッド Barebone(Barbon), Praisegod 1.5(埋葬)没、83？歳。1596生。イギリスの分離派教会牧師，ロンドンのフリート街の鞣皮商人。

ファブリツィウス Fabricius, Werner 1.9没、45歳。1633生。ドイツの作曲家，オルガン奏者。

ステーン，ヤン Steen, Jan Havicksz 2.3没、53歳。1626生。オランダの風俗画家。

ヴォンデル，ヨースト・ヴァン・デン Vondel, Joost van den 2.5没、91歳。1587生。オランダの詩人，劇作家。

アルターレ，ジュゼッペ Artale, Giuseppe 2.11没、51歳。1628生。バロック期南イタリアの文人貴族。

コンブフィス，フランソワ Combefis, François 3.23没、73歳。1605生。フランスの教父学者でドミニコ会士。

ロングビル夫人 Longueville, Anne-Geneviève de Bourbon-Condé, Duchesse de 4.15没、59歳。1619生。フランスの貴婦人。

ホーフマン・フォン・ホーフマンスヴァルダウ，クリスティアン Hofmannswaldau, Christian Hofmann von 4.18没、61歳。1617生。ドイツの詩人。

ロイスナー，エザイアス Reussner, Esaias 5.1没、43歳。1636生。ドイツのリュート奏者，作曲家。

シャープ，ジェイムズ Sharp, James 5.3没、60歳。1618([異]1613)生。イギリス(スコットランド)の宗教家。

ランベール・ド・ラ・モット，ピエール Lambert de la Motte, Pierre 6.15没、55歳。1624生。フランスの外国伝道会宣教師。

コルムブス，サムエル Columbus, Samuel 7.8没、37歳。1642生。スウェーデンのバロック期の文人。

メンツァー，バルタザル Mentzer, Balthasar 7.28没、65歳。1614生。ドイツのルター派神学者，外交官。

シュブルーズ Chevreuse, Marie de Rohan-Montbazon, Duchesse de 8.12没、78歳。1600生。フランスの女性。

レス，ジャン・フランソワ・ポル・ド・ゴンディ Retz, Jean François Paul de Gondi, Cardinal de 8.24没、65歳。1614([異]1613)生。フランスの政治家，文筆家。

メイヨー，ジョン Mayo, John 9.16没、39？歳。1640([異]1641)生。イギリスの医者，化学者。

ドン・フアン・デ・アウストリア Don Juan de Austria 9.17没、50歳。1629生。スペインの軍人。

バニスター，ジョン Banister, John 10.3没、49歳。1630([異]1625頃)生。イギリスのヴァイオリン奏者，作曲家。

ペニントン，アイザク Penington(Pennington), Isaac 10.8没、63歳。1616生。イギリスのクエイカー(フレンド)派の理論家。

プール，マシュー Poole(Pole), Matthew 10.12没、55歳。1624生。イギリスの聖書注解者。

オレリー Orrery, Roger Boyle, first Earl of 10.16没、58歳。1621生。イギリスの政治家，劇作家。

ビュルマン，フランス Burman(n), Frans 11.12没、51歳。1628生。オランダの改革派教会神学者。

ホウィールライト，ジョン Wheelwright, John 11.15没、87？歳。1592生。アメリカの牧師。

ケーザル Caezar, Martinus 11.29没。オランダの出島商館長。

ホッブズ，トマス Hobbes, Thomas 12.4没、91歳。1588生。イギリスの哲学者，政治思想家。

マロ，ジャン Marot, Jean 12.15没、60歳。1619生。フランスの建築家，建築図版画家。

ヨハン・マウリッツ Nassau-Siegen, Joan Mauritz van 12.20没、75歳。1604生。オランダの軍人。

ボレルリ，ジョヴァンニ・アルフォンソ Borelli, Giovanni Alfonso 12.31没、71歳。1608生。イタリアの数学，物理学，天文学，生理学者。

ファン・デ・カペレ，ヤン Cappell, Jan van de 12.?没、55？歳。1624([異]1626)生。オランダの画家。

[この年] **アッバティーニ，アントニオ・マリア** Abbatini, Antonio Maria 70？歳。1609([異]1597頃)生。イタリアの作曲家。

カルピオーニ，ジューリオ Carpioni, Giulio 66歳。1613生。イタリアの画家。

クアドリオ，ジローラモ Quadrio, Girolamo イタリアの建築職人，建築家。

クープラン，シャルル2世 Couperin, Charles [異]1678頃没、41歳。1638生。フランスの音楽家。

コナント Conant, Roger 87？歳。1592生。アメリカの植民者。

ストリーター Streeter, Robert 55歳。1624生。イギリスのフレスコ画家。

ダウジング，ウィリアム Dowsing, William 83歳。1596生。イギリスのピューリタン，聖像撤去者。

チェレーザ，カルロ Ceresa, Carlo 70歳。1609生。イタリアの画家。

デ・コルテ，ヨセ de Corte, Josse 52歳。1627生。フランドルの彫刻家。

デ・ヨング，ルドルフ de Jongh, Ludolf 63歳。1616生。オランダの画家。

バウティスタ，フランシスコ Bautista, Fray Francisco 85歳。1594生。スペインの建築家。

17世紀　　　　　　　　　　　　　　　　　　　　　　　1680

バルベリーニ，フランチェスコ　Barberini, Francesco da　82歳。1597生。ローマの名門家出身の枢機卿。
ファン・ケッセル，ヤン　van Kessel, Jan　53歳。1626生。フランドルの画家。
フェッラボスコ，ジローラモ　Ferrabosco, Girolamo　75？歳。1604生。イタリアの画家。
ブラウン，ジョン（ウォンフレイの）　Brown, John of Wamphray　69？歳。1610生。スコットランドの牧師。
ミニョン，アブラハム　Mignon, Abraham　㋺1697没、39歳。1640生。オランダの画家。
リーディウス，ヤーコプ　Lydius, Jakob　69？歳。1610生。オランダの改革派神学者。

1680年

11.25　英上院が王弟ヨーク公の王位継承権を否決
＊＊＊
カータレト　Carteret, Sir George　1.？没、70？歳。1610（㋺1609頃）生。イギリスの政治家。
スヴァンメルダム，ヤン　Swammerdam, Jan　2.15没、43歳。1637生。オランダの医学者、博物学者。
ホールズ（アイフィールドの），デンジル・ホールズ，男爵　Holles, Denzil Holles, Baron　2.17没、80歳。1599生。イギリスの政治家。
グッドウィン，トマス　Goodwin, Thomas　2.23没、79歳。1600生。イギリスのピューリタン、会衆派教会牧師。
ラ・ロシュフコー，フランソワ・ド　La Rochefoucauld François, Duc de　3.17没、66歳。1613生。フランスのモラリスト。
フーケ，ニコラ，ムラン・エ・ド・ヴォー子爵，ベリール侯爵　Fouquet, Nicolas　3.23没、65歳。1615生。フランス、ルイ14世期の財務卿。
シュメルツァー，ヨハン・ハインリヒ　Schmelzer, Johann Heinrich　3.？没、57歳。1623生。オーストリアの作曲家。
シヴァージー　Shivājī Bhonsle　4.14没、52歳。1627生。インド、マラータ王国の創始者（在位1674〜80）。
テカクウィサ，聖カテリ　Tekakwitha, Blessed Kateri　4.17没、24歳。1656生。アメリカのモホーク・インディアンのカトリック修道女、尊者。
ピュール，ミシェル・ド　Pure, Michel, abbé de　4.？没、59歳。1620生。フランスの小説家、宮廷司祭。
王時敏　6.7没、87歳。1592生。中国、明末清初の画家。
キャメロン，リチャード　Cameron, Richard　7.22没、32？歳。1648生。スコットランド教会の分離小派カメロン派の創始者。

ボル，フェルディナンド　Bol, Ferdinand　7.24没、64歳。1616生。オランダの画家。
ウィルモット，ジョン　Rochester, John Wilmot, Earl of　7.26没、33歳。1647（㋺1648）生。イギリスの詩人。
チャーノク，スティーヴン　Charnock, Stephen　7.27没、52歳。1628生。イギリスのピューリタン説教者。
ユード，ジャン　Eudes, St.Jean　8.19没、78歳。1601生。フランスのカトリック聖職者、聖人。
シメオーン・ポーロツキイ　Simeon Polockij　8.25没、51歳。1629生。ロシアの教会活動家、文筆家、啓蒙家。
セレロールス，ホアン　Cererols, Joan　8.27没、61歳。1618生。カタルーニャの作曲家。
ウッチェッリーニ　Uccellini, Marco　9.10没、77？歳。1603生。イタリアの作曲家、ヴァイオリン奏者。
バトラー，サミュエル　Butler, Samuel　9.25没、68歳。1612（㋺1613）生。イギリスの諷刺詩人。
デュリ，ジョン　Dury, John　9.26没、84歳。1596生。イギリスのプロテスタント神学者、教育者。
ブルックス，トマス　Brooks, Thomas　9.27没、72歳。1608生。イギリスの非国教説教者。
グリューバー，ヨハネス　Grüber, Johannes　9.30没、56歳。1623（㋺1621）生。オーストリアの言語学者、イエズス会士。
エリーザベト（プファルツの）　Elizabeth (Elisabeth) (Pfalz)　10.8没、61歳。1618生。ドイツのパラティネ伯、ヘルフォルト女子修道院長。
ブリニョン，アントワネット　Bourignon, Antoinette　10.30没、64歳。1616生。ベルギーの宗教家、静寂主義者。
グランヴィル，ジョゼフ　Glanvill, Joseph　11.4没、44歳。1636生。イギリスの哲学者、王立学会会員。
モンテクッコリ　Montecuccoli, Raimund, Graf　11.16没、71歳。1609生。イタリア系のオーストリアの軍人。
フェッリ　Ferri, Baldassare (Baldassarre)　11.18没、69歳。1610生。イタリアのカストラート歌手。
キルヒャー，アタナージウス　Kircher, Athanasius　11.27（㋺1690）没、78歳。1602（㋺1601）生。スイスの自然科学者、数学者、考古学者。
グリマルディ，ジョヴァンニ・フランチェスコ　Grimaldi, Giovanni Francesco　11.28没、74歳。1606生。イタリアの画家、建築家、彫刻家。
ベルニーニ，ジョヴァンニ・ロレンツォ　Bernini, Giovanni Lorenzo　11.28没、81歳。1598生。イタリアの彫刻家、建築家。
トールバット，ピーター　Talbot, Peter　11.？没、60歳。1620生。アイルランドの聖職者。
リーリー，サー・ピーター　Lely, Sir Peter　12.7没、62歳。1618生。オランダ生れのイギリスの画家。

人物故大年表 外国人編　437

1680

バルトリン　Bartholinus, Thomas　12.14没、64歳。1616生。デンマークの解剖学者。

[この年]尹鑴　63歳。1617生。朝鮮、李朝の政治家、学者。

ウォルウィン, ウィリアム　Walwyn, William　80歳。1600生。イギリス、ピューリタン革命におけるレベラーズの指導者の一人。

オルジーン・ナシチョーキン　Ordyn-Nashchokin, Afanasii Lavrentievich　㊟1681没、75？歳。1605生。ロシアの外交官、政治家。

カステラモンテ, アメデーオ　Castellamonte, Amedeo　70歳。1610生。イタリアの建築家。

カール・ルートウィヒ　Karl Ludwig　63歳。1617生。ドイツのプファルツ選帝侯(1648～80)。

魏禧　56歳。1624生。中国、清初の代表的文章家。

顧祖禹　㊟1692没、56歳。1624(㊟1631)生。中国、明末清初の学者。

シュナイダー　Schneider, Conrad Victor　66歳。1614生。ドイツの解剖学者。

尚之信　44歳。1636生。中国、清初期の武人。

処能　63歳。1617生。朝鮮、顕宗時の高僧。

薛鳳祚　80歳。1600生。中国、清初期の天文暦学者。

デズバラ　Desborough, John　72歳。1608生。イギリスの軍人。

トルノジョヨ　Trunojoyo　31？歳。1649生。インドネシアのマタラム・イスラム王国に対する反乱指導者。

ナータン(ガザの)　Nathan of Gaza　36歳。1644生。メシアを自称したサバタイ・セビの信奉者。

ネアンダー, ヨーアヒム　Neander, Joachim　30歳。1650生。ドイツの改革派最初の詩人、讃美歌作者、敬虔主義神学者。

ブラッド, トマス　Blood, Thomas　62？歳。1618生。イギリスの冒険家。

ポスト, フランス　Post, Frans　68歳。1612生。オランダの風景画家。

マエストリ, ジョヴァンニ・バッティスタ　Maestri, Giovanni Battista　20歳。1660生。イタリアの彫刻家、ストゥッコ装飾家。

マーテン, ヘンリー　Marten, Henry　78歳。1602生。イギリスの議会派判事。

マンカダン, ヤコブス・シブランディ　Mancadan, Jacobus Sibrandi　78？歳。1602生。オランダの画家。

モレリ　Moréri, Louis　37歳。1643生。フランス人で、カトリックの僧職にあった博学の人。

李漁　㊟1676？没、69歳。1611生。中国、明末清初の文学者。

リケー　Riquet, Pierre Paul de　76歳。1604生。フランスの技術者。

ロベルデー, フランソワ　Roberday, François　56歳。1624生。フランスの作曲家、オルガン奏者。

[この頃]ディレーツキー, ニコラーイ・パーヴロヴィチ　Dyletskii, Nikolai Pavlovich　50？歳。1630生。ウクライナの作曲家、理論家。

ドロスト, ウィレム　Drost, Willem　50？歳。1630生。オランダの画家。

ネクタリオス　Nektários　78？歳。1602生。イェルサレムのギリシア正教会修道士、総主教。

ハッチンソン　Hutchinson, Lucy　60？歳。1620生。イギリスの女流作家。

ヘーダ, ウィレム・クラースゾーン　Heda, Willem Claesz　87？歳。1593(㊟1594頃)生。オランダの画家。

1681年

1.-　ムガル皇帝王子のアクバルが反乱を起こす

＊＊＊

アレストリー, リチャード　Allestree, Richard　1.28没、61歳。1619生。イギリスの神学者。

鄭経　1.28没、39歳。1642生。中国、明末、清初期の武人。

ファン・ミーリス, フランス(父)　Mieris, Frans van　3.12没、45歳。1635生。オランダの画家。

グラヴィウス　Gravius, Daniel　3.？没、65歳。1616生。オランダの改革派宗教宣教師。

ムーゼウス, ヨーハン　Musaeus(Musäus), Johann　5.3没、68歳。1613生。ドイツのルター派神学者、論争家。

カルデロン-デ-ラ-バルカ, ペドロ　Calderón de la Barca, Pedro　5.25没、81歳。1600生。スペインの劇作家、宮廷詩人。

ホムブルク, エルンスト・クリストフ　Homburg, Ernst Christoph　6.2没、76歳。1605生。ドイツの讃美歌作詞者。

ノイマルク, ゲオルク　Neumark, Georg　7.8没、60歳。1621生。ドイツの讃美歌作者。

プランケット, オリヴァー　Plunket, Oliver　7.11没、52歳。1629生。アイルランドのカトリック聖職者。

カーギル, ドナルド(ダニエル)　Cargill, Donald (Daniel)　7.27没、62歳。1619生。スコットランドのキャメロン派の指導者のひとり。

ニコン　Nikon　8.17没、76歳。1605生。ロシアの総主教。

フェッラーリ　Ferrari, Benedetto　10.22没、84？歳。1597生。イタリアの台本作者、作曲家、テオルボ奏者。

テルボルフ, ヘラルド　Terborch, Gerard　12.8没、64歳。1617生。オランダの画家。

17世紀　1682

ボルフ，ヘラルト・テル　Borch, Gera(e)rd ter　12.8没、64?歳。1617生。オランダの肖像画家，風俗画家。
ポーディジ，ジョン　Pordage, John　12.11没、74歳。1607生。イギリスのベーメ主義者。
コンリング，ヘルマン　Conring, Hermann　12.12没、75歳。1606生。ドイツの学者。
アリーン，リチャード　Alleine, Richard　12.22没、70歳。1611生。イギリスの非国教会派の牧師。
[この年] ウォートン　Wharton, George　64歳。1617生。イギリスの暦の製作者。
王輔臣　中国，清初期の武将。
ガルニエ，ジャン　Garnier, Jean　69歳。1612生。フランスのカトリック教父学者。
呉世璠　中国，清初期の帝。
コルベッタ，フランチェスコ　Corbetta, Francesco　66?歳。1615生。イタリアのリュート奏者，ギター奏者，作曲家。
シュステルマンス，ユストゥス　Sustermans, Justus　84歳。1597生。フランドルの画家。
チェッリーニ，ジョヴァンニ・ドメーニコ　Cerrini, Giovanni Domenico　72歳。1609生。イタリアの画家。
チッタディーニ，ピエル・フランチェスコ　Cittadini, Pier Francesco　65歳。1616生。イタリアの画家。
テッシーン，ニコデムス　Tessin, Nicodemus den Äldre　66歳。1615生。スウェーデンの建築家。
ブルゴア，フランシスコ・デ　Burgoa, Francisco de　81?歳。1600生。メキシコの年代記作者，ドミニコ会士。
プエルト，ニコラース・デル　Puerto, Nicolás del　メキシコのオアハカ司教。
パトリュ，オリヴィエ　Patru, Olivier　77歳。1604生。フランスの文人，弁論家。
ラームダース　Rāmdās　73歳。1608生。インドの宗教家。
リリー　Lilly, William　79歳。1602生。イギリスの占星家。
レイシー，ジョン　Lacy, John　66?歳。1615生。イギリスの俳優，喜劇作家。
レズリー　Leslie, John, 7th Earl and 1st Duke of Rothes　51歳。1630生。イギリスの貴族，政治家。
[この頃] ローテン，ヤン　Looten, Jan　63?歳。1618生。オランダの画家。

1682年

4.09　ルイジアナのフランス領有が宣言される

8.-　エドモンド・ハレーがハレー彗星を発見
＊＊＊
顧炎武　1.9没、68歳。1613生。中国，明末清初の学者。
ホールン　Hoorn, Pieter van　1.17没、63歳。1619生。オランダの対清特派使節。
ル・ポートル，ジャン　Lepautre, Jean　2.2没、63歳。1618生。フランスの金工家，工芸意匠家，銅版彫刻家。
ロンゲーナ，バルダッサーレ　Longhena, Baldassare　2.18没、84歳。1598(㊥1596頃)生。イタリアの建築家。
ストラデラ，アレッサンドロ　Stradella, Alessandro　2.25没、40歳。1642(㊥1644)生。イタリアの作曲家，ヴァイオリン奏者，歌手。
ロイスダール，ヤーコプ・ファン　Ruysdael, Jacob Izacksz van　3.14没、53?歳。1628(㊥1625頃)生。オランダの画家。
ジュミヤック　Jumilhac, Pierre Benoît de　3.22没、71歳。1611生。フランスの音楽理論家。
ムリーリョ，バルトロメ・エステバン　Murillo, Bartolomé Esteban　4.3没、64?歳。1618(㊥1617頃)生。スペインの画家。
アヴァクーム，ペトローヴィチ　Avvakum, Petrovich　4.14没、62?歳。1620(㊥1621頃)生。ロシアの僧。
朱舜水　4.17没、81歳。1600生。中国，明末・清初期の学者。
オーフェルワーテル　Overwater, Pieter Anthonij　4.27没、70?歳。1612生。オランダの出島商館長(42～43，44～45)。
フョードル3世　Fëdor III Alekseevich　5.7没、20歳。1661生。ロシアの皇帝(在位1676～82)。
ロー　Lowe, Edward　7.11没、72?歳。1610生。イギリスの作曲家，写譜家。
マリーニ，ジョヴァンニ・フィリッポ・デ　Marini, Giovanni Filippo de　7.17没、74歳。1608生。イタリアのイエズス会宣教師。
ヴィナンツ　Wynants, Jan　8.18没、67?歳。1615生。オランダの風景画家。
ローデーデイル，ジョン・メイトランド，公爵　Lauderdale, John Maitland, Duke of　8.20没、66歳。1616生。イギリスの政治家，スコットランド貴族の出身。
カラムエル，ホアン(ロブコヴィツの)　Caramuel, Juan(Lobkowitz)　9.8没、76歳。1606生。スペイン出身の著述家，建築家。
ブーリオ，ルドヴィーコ(ルドヴィクス)　Buglio, Ludovico(Ludovicus)　10.7没、76歳。1606生。イタリアの来中国イエズス会士。
ピカール，ジャン　Picard, Jean　10.12没、62歳。1620生。フランスの天文学者。

17世紀

フェラボスコ，ジョン　Ferrabosco, John　10.15？没、56歳。1626生。イタリアの作曲家。

ブラウン，トマス　Browne, *Sir* Thomas　10.19没、77歳。1605生。イギリスの医者、作家。

ベッヒャー，ヨハン・ヨアヒム　Becher, Johann Joachim　10.？没、47歳。1635（㊥1625頃）生。ドイツの化学者。

ロラン，クロード　Lorrain, Claude　11.23没、82歳。1600生。フランスの画家。

ルパート，王子　Rupert, Prince　11.29没、62歳。1619生。イギリスの軍人。

ウーウェルマン　Wouwerman, Pieter　59歳。1623生。オランダの画家。

エクルズ，ソロモン　Eccles, Solomon　㊥1683没、65？歳。1617（㊥1618）生。イギリスのヴァージナルおよびヴィオラの教師。

エノク，エティエンヌ　Enocq, Étienne　フランスのオルガン製造者。

王錫闡　54歳。1628生。中国、明末・清初の天文学者。

オフテルフェルト，ヤーコプ　Ochtervelt, Jacob　48歳。1634生。オランダの画家。

ガクワン・ロブサン・ギャムツォ　Ngag dbang blo bzang rgya mtsho　65歳。1617生。チベットのゲール派仏教者。

カータレット　Carteret, Philip　43歳。1639生。イギリス植民地官吏。

耿精忠　㊥1680没。中国、清初の武将、漢軍正黄旗の人。

ダライラマ5世，ロサン・ギャムツォ　Dalai Lama V, Nag-dbaṅ blo-bzaṅ rgya-mtsho　㊥1680没、65歳。1617（㊥1615）生。チベット・ラマ教の法王。

陳維崧　57歳。1625（㊥1626）生。中国、清代初期の文人。

ニエール，ピエール・ド　Nyert, Pierre de　85？歳。1597生。フランスの歌手、作曲家。

ブーティ，フランチェスコ　Buti, Francesco　イタリアの詩人、オペラ台本作家。

レズリ，デイヴィド　Leslie, David, 1st Baron Newark　81歳。1601生。スコットランドの軍人。

祁豸佳　88？歳。1594生。中国、明末・清初期の文人画家。

シェーンフェルト，ヨハン・ハインリヒ　Schönfeld, Johann Heinrich　73？歳。1609生。ドイツの画家、版画家。

テノーリオ，ゴンサロ　Tenorio, Gonzalo　80？歳。1602生。ペルーのフランシスコ会神学者、宣教師。

デュフォ　Dufaut　フランスのリュート奏者、作曲家。

ヤンセンス・エリンガ，ピーテル　Janssens Elinga, Pieter　59？歳。1623生。オランダの画家。

1683年

7.14　オスマン軍がウィーンを包囲する
9.12　オスマン軍がベオグラードへ撤退する

＊＊＊

シャフツベリー，アントニー・アシュリー・クーパー，初代伯爵　Shaftesbury, Anthony Ashley Cooper, 1st Earl of　1.21没、61歳。1621生。イギリスの政治家。

モノワール，ジュリアン　Maunoir, Julien　1.28没、76歳。1606生。フランスのブルターニュ地方の大衆説教者、イエズス会士、福者。

ベルヘム，ニコラース・ピーテルスゾーン　Berchem, Claes Pietersz　2.18没、62歳。1620生。オランダの画家。

グアリーニ，グアリーノ　Guarini, Guarino　3.6没、41歳。1642（㊥1624）生。イタリア・バロックの代表的建築家。

キリグルー，トマス　Killigrew, Thomas　3.19没、71歳。1612生。イギリスの劇場経営者、劇作家。

ウィリアムズ，ロジャー　Williams, Roger　3.？（㊥1684）没、79？歳。1604（㊥1603頃）生。アメリカの政治家、宗教家。

ローエンシュタイン，ダーニエル・カスパー　Lohenstein, Daniel Caspar von　4.28没、48歳。1635生。ドイツの詩人、劇作家、小説家。

コルベール，ジャン・バティスト　Colbert, Jean Baptiste　7.6没、63歳。1619生。フランスの政治家。

メズレー，フランソワ・ウード・ド　Mézeray, François Eudes de　7.10没、73歳。1610生。フランスの歴史家。

ラッセル，ウィリアム，卿　Russell, *Lord* William　7.21没、43歳。1639生。イギリスの政治家。

マリー・テレーズ　Marie Thérèse d'Autriche　7.30没、44歳。1638生。フランス国王ルイ14世の妃。

ポリエッティ，アレッサンドロ　Poglietti, Alessandro　7.？没。トスカナ生れのオーストリアの作曲家、オルガン奏者。

ヘーム，ヤン・デ　Heem, Jan Davidsz de　8.4没、77歳。1606生。オランダの静物画家。

オウエン，ジョン　Owen, John　8.24没、67歳。1616生。イギリスのピューリタン牧師、政治家。

ハート　Hart, Charles　8.？没。イギリスの俳優。

アルフォンソ6世　Alfonso VI　9.12没、40歳。1643生。ポルトガル王（在位1656〜67）。

クリジャニチ，ユライ　Križanić, Juraj　9.12没、65？歳。1618（㊥1617頃）生。クロアティアのカトリック神父。

17世紀　1684

キャンパニアス，ジョン（カンパーニウス，ヨーハン）　Campanius, John (Johan)　9.17没、82歳。1601生。スウェーデン・ルター派教会牧師、新大陸植民地への宣教師。

ヴィルデュ夫人　Villedieu, Madame de　10.20没、43歳。1640生。フランスの女性小説家。

オルティス・デ・サラテ，ペドロ　Ortiz de Zárate, Pedro　10.27没、61歳。1622生。アルゼンチンの殉教者、尊者。

シドニー，アルジャーノン　Sidney, Algernon　12.7没、61歳。1622生。イギリスの政治家。

オールダム，ジョン　Oldham, John　12.9没、30歳。1653生。イギリスの詩人。

ウォルトン，アイザック　Walton, Izaak　12.15没、90歳。1593生。イギリスの随筆家、伝記作者。

シェルツァー，ヨーハン・アーダム　Scherzer, Johann Adam　12.23没、55歳。1628生。ドイツの哲学者、ルター派正統主義神学者。

カラ・ムスタファ・パシャ　Qarah Muṣṭafa Pasha　12.25没、49歳。1634生。オスマン・トルコの政治家。

[この年] アンテルム　Anthelme, Voitulet　65歳。1618生。フランスの天文学者、カルトス派の修道士。

ウィッチコート，ベンジャミン　Whichcote, Benjamin　74歳。1609生。イギリスの神学者、説教者、哲学者。

カルボーネ，ジョヴァンニ・ベルナルド　Carbone, Giovanni Bernardo　69歳。1614生。イタリアの画家。

施閏章　65歳。1618生。中国、清初の詩人、政治家。

ジェンティーレ，ベルナルディーノ2世　Gentile, Bernardino II　イタリアの陶工。

朱鶴齢　77歳。1606生。中国、清初期の学者。

シュタイナー　Stainer, Jakob　66？歳。1617生。オーストリアのヴァイオリン製作者。

チェンバレン，ピーター　Chamberlen, Peter　82歳。1601生。イギリスの社会改良家、セブンスデイ・バプテスト牧師。

ヌスラティー　Nuṣratī, Muḥammad Nuṣrat　インドのビージャプールの宮廷詩人。

万斯大　50歳。1633生。中国、清の経学者。

フィーク，クリストファー　Feak, Christopher　71？歳。1612生。イギリスの牧師。

フェンウィック　Fenwick, John　65歳。1618生。イギリスの軍人、クェーカー教徒。

普荷　90歳。1593生。中国、明末清初の画僧。

モンタヌス　Montanus, Arnoldus　58？歳。1625生。オランダの宣教師。

呂留良　54歳。1629生。中国、清初期の学者。

レイヴンズクロフト，ジョージ　Ravenscroft, George　51歳。1632生。イギリスのガラス製造家。

ロベルリ，アンドレーア（アンドレーアス）　Lobelli, Andrea (Andreas)　73歳。1610生。イタリアの来中国イエズス会士。

[この頃] アンカス　Uncas　95？歳。1588生。アメリカ、モヒカン族の酋長。

シープラート　Si Prat　30？歳。1653生。タイの古典詩人。

ゼバスティアーニ　Sebastiani, Johann　61歳。1622生。ドイツの作曲家。

ファン・アールスト，ウィレム　Aelst, Willem van　58？歳。1625生。オランダの静物画家。

1684年

3.05　神聖同盟が結成される
8.15　フランスと神聖ローマ帝国が休戦協定結ぶ

＊＊＊

オードラン，クロード2世　Audran, Claude II　1.4没、44歳。1639生。フランスの銅版画家。

サシ，ル・メートル・ド　Sacy, Isaac Le Maistre de　1.4没、70歳。1613生。フランスのヤンセン主義者。

ボルト　Borth, Balthasar　1.11没、64歳。1620生。オランダの中国派遣艦隊司令官。

ネッチャー，カスパル　Netscher, Caspar　1.15没、45歳。1639生。オランダの画家。

性珆　1.20（㊞1682）没、72歳。1611生。中国、明の黄檗僧。

アルノー，アンジェリーク・ド・サン-ジャン　Arnauld, Angélique de Saint-Jean　1.29没、59歳。1624生。フランスのヤンセン派の修道女、アントワーヌ・アルノーの姪。

ラロック，マチュー・ド　Larroque, Mathieu de　1.31没、65歳。1619生。フランスの改革派神学者。

マイルズ，ジョン　Myles (Miles), John　2.3没、63？歳。1621生。アメリカで最初のバプテスト教会創設者。

ツィアーニ，ピエトロ・アンドレア　Ziani, Pietro Andrea　2.12没、64？歳。1620生。イタリアのオルガン奏者、作曲家。

ランバート，ジョン　Lambert, John　3.？（㊞1683）没、64歳。1619生。イギリスの清教徒革命の軍人、護国卿政権の中心人物。

アマーティ，ニコラ　Amati, Nicola　4.12没、87歳。1596生。イタリア、クレモナの弦楽器製作家。

コック，ゴンザレス　Coques, Gonzales　4.18没、69歳。1614（㊞1618）生。オランダ（フランドル）の画家。

オレアーリウス，ヨハネス　Olearius, Johannes　4.24没、72歳。1611生。ドイツのルター派牧師、讃美歌作詞者。

人物物故大年表 外国人編　*441*

クラウスニッツァー，トビーアス Clausnitzer, Tobias 5.7没、65歳。1619生。ドイツのルター派牧師，讃美歌作詞者。

デュ・モン，アンリ Du Mont, Henry 5.8没、74歳。1610生。フランスの作曲家，オルガン奏者，クラヴサン奏者。

マリオット，エドム Mariotte, Edme 5.12没、64歳。1620生。フランスの物理学者。

カルデナス，ホアン・デ Cárdenas, Juan de 6.6没、71歳。1613生。スペインのイエズス会士。

レイトン，ロバート Leighton, Robert 6.25没、73歳。1611生。スコットランドの王政復古期の大主教。

ガニング，ピーター Gunning, Peter 7.6没、70歳。1614生。英国教会のイーリ主教。

トマージウス，ヤーコプ Thomasius, Jakob 9.9没、62歳。1622生。ドイツの古プロテスタント・スコラ学者。

ローゼンミュラー，ヨーハン Rosenmüller, Johann 9.12(埋葬)([異]1685)没、64？歳。1620([異]1619頃)生。ドイツの作曲家。

コルネイユ，ピエール Corneille, Pierre 10.1没、78歳。1606生。フランスの劇作家。

コルドモア Cordemoy, Géraud de 10.8没、64歳。1620([異]1628)生。フランスの哲学者。

ダッドリー Dudley, Dud 10.25没、85歳。1599生。イギリスの製鉄業者。

パリュ，フランソワ Pallu, François 10.29没、58歳。1626生。フランスのローマ・カトリック教会司教，アジアへの宣教師.パリ外国宣教会(MEP)創設者のひとり。

モーリ，ジョージ Morley, George 10.29没、87歳。1597生。英国教会のウィンチェスター主教。

ヴェットシュタイン，ヨーハン・ルードルフ Wettstein, Johann Rudolf 12.11没、70歳。1614生。スイスの改革派神学者。

ズイーツァー，ヨーハン・カスパル Suicer, Johann Kaspar 12.29没、64歳。1620生。スイスの改革派神学者，語学者。

メレ，アントワーヌ・ゴンボー・ド Méré, Antoine Gombaud, chevalier de 12.29没、77歳。1607生。フランスの作家。

[この年] **アラウジョ，ペドロ** Araujo, Pedro ポルトガルの作曲家。

アリアス・フェルナンデス，アントニオ Arias Fernández, Antonio 70？歳。1614生。スペインの画家。

于成竜 67歳。1617生。中国，清初期の地方官。

ウェイナンツ，ヤン Wijnants, Jan 59？歳。1625生。オランダの画家。

エーデン Eeden, Hendrik van オランダの清国特派使節。

エンリークエス，クリスティアン Enriques, Christian 60歳。1624生。オーストリアの来中国イエズス会士。

カヌーティ，ドメーニコ・マリーア Canuti, Domenico Maria 64歳。1620生。イタリアの画家。

カルカヴィ Carcavy, Pierre de 84？歳。1600生。フランスの科学アカデミー初代会員。

クレルスリエ Clerselier, Claude 70歳。1614生。フランスの哲学者。

呉嘉紀 [異]1685没、66歳。1618生。中国，清初の詩人。

沈荃 60歳。1624生。中国，清初の書家。

デ・ヘーム，ヤン・ダーフィツゾーン de Heem, Jan Davidsz. 78歳。1606生。オランダの画家。

傅山 [異]1690没、77歳。1607([異]1605)生。中国，明末清初の文人画家。

ファン・コルトラント Van Cortlandt, Oloff Stevenszen 84歳。1600生。オランダの商人。

ベイリー(ジャーヴィスウッドの)，ロバート Baillie of Jerviswood, Robert 50歳。1634生。スコットランドの陰謀家。

ベノーニ，ジュゼッペ Benoni, Giuseppe 66歳。1618生。イタリアの土木技術者，建築家。

プラット，ロージャー Pratt, *Sir* Roger [異]1685没、64歳。1620生。イギリスの古典主義建築家。

マイスナー，ヨハネス Meisner, Johannes 69歳。1615生。ドイツのルター派神学者。

メレンデス，ホアン・デ Meléndez, Juan de ペルーのドミニコ会士，年代記作者。

リヒター，クリスティアン1世 Richter, Christian I ドイツの建築家。

ルラーゴ，カルロ Lurago, Carlo 66？歳。1618生。イタリアの建築家，彫刻家。

レストゥー，マルカントワーヌ Restout, Marc-Antoine 68歳。1616生。フランスの画家。

ワイナンツ Wynants, Johannes 54？歳。1630生。オランダの画家。

[この頃] **エヴリヤ・チェレビィ** Evliya Chelebi [異]1679没、73？歳。1611生。オスマン・トルコ帝国の旅行家。

フルゴーニ，フランチェスコ・フルヴィオ Frugoni, Francesco Fulvio 64？歳。1620生。バロック期イタリアの文人。

ブルーマールト，コルネリス・アブラハムスゾーン Bloemaert, Cornelis Abrahamsz 81？歳。1603生。オランダの版画家。

ホーホ，ピーテル・デ Hooch, Pieter de [異]1683以後没、55？歳。1629([異]1632頃)生。オランダの画家。

1685年

10.18　ルイ14世がナントの王令を廃止する
＊＊＊

バルトリ，ダニエッロ　Bartoli, Daniello　1.12没、76歳。1608生。イタリアのイエズス会宣教師，文学者，歴史家。

ロスコモン　Roscommon, Wentworth Dillon, 4th Earl of　1.17没、52？歳。1633生。イギリスの詩人，批評家。

チャールズ2世　Charles II　2.6没、54歳。1630生。イギリス，スチュアート朝の国王(在位1660～85)。

ブルドロ，ピエール・ミション　Bourdelot, Pierre Michon　2.9没、75歳。1610生。フランスの医者，音楽愛好家。

リッチ，ヴィクトーリオ　Ricci, Victorio　2.17没、64歳。1621生。イタリアのドミニコ会士，中国宣教師。

ハワード (カーライル伯)　Howard, Charles, 1st Earl of Carlisle　2.24没、56歳。1629生。イギリスの軍人，政治家。

ギユラーグ，ガブリエル-ジョゼフ・ド・ラヴェルニュ・ド　Guilleragues, Gabriel-Joseph de Lavergne, comte de　3.4没、56歳。1628生。フランスの作家，駐トルコ大使。

ハイモア　Highmore, Nathaniel　3.21没、72歳。1613生。イギリスの医師，解剖学者。

スリユス　Sluse, René François de　3.29没、62歳。1622生。ベルギーの数学愛好家，司祭。

ブラウンカー　Brouncker, William　4.5 (㊟1684) 没、1620生。イギリスの数学者，政治家。

サッソフェラート　Il Sassoferrato　4.8没、79歳。1605生。イタリアの画家。

オトウェイ，トマス　Otway, Thomas　4.14没、33歳。1652生。イギリスの劇作家。

アシェリー，ジャン・リュク・ド　Achéry, Jean Luc de　4.29没、75歳。1609生。フランスのベネディクト会修道士。

オスターデ，アドリアーン・ファン　Ostade, Adriaen van　5.2 (㊟1684) 没、74歳。1610生。オランダの画家，版画家。

スパロウ，アンソニ　Sparrow, Anthony　5.19没、73歳。1612生。英国教会のノーリジ主教。

キャラミ，エドマンド　Calamy, Edmund　5.？没、50？歳。1635生。イギリスの非国教派牧師。

アーガイル，アーチボルド・キャンベル，**9代伯爵**　Argyll, Archibald Campbell, 9th Earl of　6.30没、56歳。1629生。スコットランドの王党派貴族。

モンマス，ジェイムズ・スコット，公爵　Monmouth, James Scott, Duke of　7.15没、36歳。1649生。イギリス国王チャールズ2世の庶子。

ドットーリ，カルロ・デ　Dottori, Carlo de'　7.23没、66歳。1618生。イタリアの詩人，諷刺作家。

アーリントン，ヘンリー・ベネット，初代伯爵　Arlington, Henry Bennet, Earl of　7.28没、67歳。1618生。イギリスの政治家。

キアーラ，ジュゼッペ　Chiara, Giussepe　7.？没、83歳。1602生。イタリアのイエズス会宣教師。

サッソフェッラート　Sassoferrato　8.8没、75歳。1609生。イタリアの画家。

テチョ，ニコラス・デル　Techo, Nicolás del　8.20没、73歳。1611生。パラグアイの宣教師，歴史家。

エレーラ，フランシスコ　Herrera, Francisco de el Joven　8.25没、63歳。1622生。スペインの画家。

リール　Lisle, Alice　9.2没、71？歳。1614生。イギリスの「血の巡回裁判」の犠牲になった婦人。

カレーニョ・デ・ミランダ，フアン　Carreño de Miranda, Juan　10.3没、71歳。1614生。スペインの宮廷画家。

ロース　Roos, Johann Heinrich　10.3没、53歳。1631生。ドイツの画家。

モンフルーリ　Montfleury　10.11没、46歳。1639生。フランスの劇作家，俳優。

ル・テリエ　Le Tellier, Michel　10.30没、82歳。1603生。フランスの政治家。

ペル，ジョン　Pell, John　12.12没、75歳。1610 (㊟1611) 生。イギリスの数学者，聖職者。

[この年] グイドボーノ，ジョヴァンニ・アントーニオ　Guidobono, Giovanni Antonio　80？歳。1605生。イタリアの陶芸家。

ディヴィーニ　Divini, Eustachio　75歳。1610生。イタリアの光学器械製作者。

デンジャーフィールド，トマス　Dangerfield, Thomas　35歳。1650生。イギリスの陰謀家。

納蘭性徳　31歳。1654 (㊟1655) 生。中国，清代初の文人。

モンテマヨル，ホアン・フランシスコ　Montemayor, Juan Francisco　65歳。1620生。スペインの神学者，法律家。

李因　69歳。1616生。中国，明末清初の女流画家。

リッシ，フランシスコ　Rizi, Francisco　71歳。1614生。スペインの画家。

ルオッポロ，ジョヴァン・バッティスタ　Ruoppolo, Giovan Battista　65歳。1620生。イタリアの画家。

[この頃] セレーソ，マテオ　Cerezo, Mateo　(㊟1666没)、50？歳。1635 (㊟1626) 生。スペインの画家。

1686年

7.09 アウグスブルク同盟が結成される

＊＊＊

キャラミ，ベンジャミン Calamy，Benjamin 1.7(埋葬)没、43歳。1642生。英国教会の聖職者。

ドルチ，カルロ Dolci，Carlo 1.17没、69歳。1616生。イタリアの画家。

ブロンデル，ニコラ-フランソワ Blondel，Nicolas-François 1.21([異]1668)没、69歳。1617([異]1618)生。フランスの建築家，建築理論家。

メーレ，ジャン Mairet，Jean 1.31没、82歳。1604生。フランスの劇作家。

ダグデイル，ウィリアム Dugdale，*Sir* William 2.10没、80歳。1605生。イギリスの好古家，古物収集家。

フェルナンデス・ナバレーテ，ドミンゴ Fernández Navarrete，Domingo 2.16没、68歳。1618生。スペインのドミニコ会宣教師。

シャルル・ド・ブリアス Charles de Bryas 2.23没、61歳。1625生。ベルギー出身の跣足カルメン会の神学者。

エストラード Estrades，Godefroi，Comte d' 2.26没、79歳。1607生。フランスの陸軍元帥。

カローヴィウス(カーラウ)，アーブラハム Calov，Abraham 2.28没、73歳。1612生。ドイツのルター派神学者。

シュトッシュ，バルトロメーウス Stosch，Bartholomäus 3.5？没、81歳。1604生。ドイツの改革派牧師，教会政治家。

ソリス，アントニオ・デ Solís y Rivadeneira，Antonio de 4.19没、75歳。1610生。スペインの詩人，劇作家，歴史家。

ゲーリケ，オットー・フォン Guericke，Otto von 5.11没、83歳。1602生。ドイツの政治家，物理学者。

ネールカッセル，ヨアネス・ヴァン Neercassel，Joannes van 6.6没、63歳。1623生。オランダの第6代代牧，オラトリオ会士。

メンゴリ，ピエトロ Mengoli，Pietro 6.7没、61歳。1625生。イタリアの数学者。

フェル，ジョン Fell，John 7.10没、61歳。1625生。英国教会オックスフォード主教。

ピアスン，ジョン Pearson，John 7.16没、74歳。1612([異]1613)生。イギリスの聖職者。

コトリエ，ジャン-バティスト Cotelier，Jean-Baptiste 8.12没、58歳。1627生。フランスの教父学者。

マンブール，ルイ Maimbourg，Louis 8.13没、76歳。1610生。フランスの歴史家。

ネテーニュス，マティーアス Nethenus，Matthias 10.9没、67歳。1618生。オランダの改革派神学者，論争家。

コンデ，ブルボンのルイ2世，親王 Condé，Louis II de Bourbon 11.11([異]1688)没、65歳。1621生。アンガン公。

アヴァンチーニ，ニコラウス Avancini，Nikolaus 12.6没、75歳。1611生。イタリアのイエズス会神学者，修徳的文書作者。

ステノ，ニコラウス Steno，Nicolaus 12.6([異]1687)没、48歳。1638([異]1631)生。デンマークの解剖学者，地質学者，鉱物学者，神学者。

プレーフォード，ジョン Playford，John 12.？没、63歳。1623生。イギリスの音楽出版業者。

[この年] **アンギエ，ミシェル** Anguier，Michel 74歳。1612生。フランスの彫刻家。

ウォトスン，トマス Watson，Thomas イギリスの長老派教会牧師。

ウシャコーフ，シモン・フョードロヴィチ Ushakov，Simon Fyodorovich 60歳。1626生。ロシアの画家，版画家。

ガブリエル，ジャック4世 Gabriel，Jacques IV 50？歳。1636生。フランスの建築家。

魏裔介 70歳。1616([異]1614)生。中国，清初期の儒学者。

ケッチ，ジャック Ketch，John イギリスの死刑執行人。

コシャン，ニコラ Cochin，Nicolas 76歳。1610生。フランスの版画家。

ジタール，ダニエル Gittard，Daniel 61歳。1625生。フランスの宮廷建築家。

タッカ，フェルディナンド Tacca，Ferdinando 67歳。1619生。イタリアの彫刻家。

チェージオ(チェージ)，カルロ Cesio(Cesi)，Carlo 60歳。1626生。イタリアの画家，版画家。

デ・ムーシュロン，フレデリック de Moucheron，Frederick 53歳。1633生。オランダの風景画家。

バレ Barré，Nicolas 65歳。1621生。フランスの神学者，教育者。

ビッフィ，アンドレーア Biffi，Andrea 41歳。1645生。イタリアの建築家。

フェッラータ，エルコレ Ferrata，Ercole 76歳。1610生。イタリアの彫刻家。

ブスカ，アントーニオ Busca，Antonio 61？歳。1625生。イタリアの画家。

ラウフミラー，マティアス Rauchmiller，Matthias 41歳。1645生。ドイツの彫刻家，画家，建築家。

ラッジ，アントーニオ Raggi，Antonio 62歳。1624生。イタリアの彫刻家。

[この頃] **ストープ，ディルク** Stoop，Dirck 76？歳。1610生。オランダの画家。

ダルトワ，ジャック d'Arthois，Jacques 73？歳。1613生。フランドルの画家。

ロッホマン，ルーラント Roghman，Roeland オランダの画家，版画家。

1687年

8.12 第2次モハーチの戦いでオスマン軍敗れる
9.25 ヴェネツィア軍がパルティノン神殿を破壊

＊ ＊ ＊

クロード，ジャン Claude，Jean 1.13没、68歳。1619生。フランスのルター派神学者。

マウルス，シルヴェステル Maurus，Silvester 1.13没、67歳。1619生。イタリアの哲学者，神学者。

ヘヴェリウス，ヨハネス Hevelius，Johannes 1.28没、91歳。1611生。ドイツの天文学者。

メーリアン(子) Merian，Matthäus 2.15没、65歳。1621生。スイスの画家，銅版画家。

コトン，チャールズ Cotton，Charles 2.16没、56歳。1630生。イギリスの詩人。

グッキン Gookin，Daniel 3.19没、75歳。1612生。アメリカ植民地のイギリス官吏。

ラ・サール，ルネ・ローベル・カヴリエ，卿 La Salle，René Robert Cavelier，Sieur de 3.19没、43歳。1643生。フランスの探検家。

リュリ，ジャン‐バチスト Lully，Jean Baptiste 3.22没、54歳。1632生。イタリア生れのフランスの作曲家。

ハイヘンス，コンスタンテイン Huygens，Constantijn 3.28没、90歳。1596生。オランダの詩人。

バッキンガム，ジョージ・ヴィラーズ，2代公爵 Buckingham，George Villiers，2nd Duke of 4.16没、59歳。1628生。イギリスの貴族。

モア，ヘンリー More，Henry 9.1没、72歳。1614生。イギリスの哲学者。

フランク，ミヒャエル Franck，Michael 9.24没、78歳。1609生。ドイツの讃美歌作詞者。

トゥルレッティーニ，フランソワ Turrettini，François 9.28没、63歳。1623生。スイスの改革派教会牧師，神学者。

ウォラー，エドマンド Waller，Edmund 10.21没、81歳。1606生。イギリスの詩人。

ラパン，ルネ Rapin，René 10.27没、65歳。1621生。フランスのイエズス会士。

グウィン，ネル Gwynn，Nell 11.14没、37歳。1650([異]1642頃)生。イギリスの女優。

オロビオ・デ・カストロ Orobio de Castro，Isaac Balthazar 11.?没、67?歳。1620生。ポルトガルの哲学者，医者，キリスト教弁証家。

ベルナベーイ，エルコレ Bernabei，Ercole 12.5没、65歳。1622生。イタリアの作曲家。

ペティ，サー・ウィリアム Petty，*Sir* William 12.16([異]1689)没、64歳。1623生。イギリスの経済学者，統計学者。

[この年] **ヴィッティヒ，クリストフ** Wittich，Christoph 62歳。1625生。ドイツの改革派神学者。

オールデン Alden，John 88?歳。1599生。メイフラワー号でプリマスに移住した1人。

魏象枢 [異]1686没、70歳。1617([異]1616)生。中国，清初期の官僚，朱子学者。

胡承諾 [異]1681没、74歳。1613([異]1607)生。中国，明末・清初期の学者。

コロンナ，アンジェロ・ミケーレ Colonna，Angelo Michele 87?歳。1600生。イタリアの画家。

スュレイマン・パシャ Süleyman Pasha 80歳。1607生。オスマン・トルコ帝国の武将，政治家。

ダルガーノ，ジョージ Dalgarno，George 61?歳。1626生。イギリスの教育学者。

湯斌 60歳。1627生。中国，清の儒者。

メルカートル，ニコラウス Mercator，Nicolaus [異]1681没、67歳。1620([異]1619)生。デンマーク生れの数学者。

モンスー・ベルナルド Monsù Bernardo 63歳。1624生。デンマーク出身のイタリアの画家。

モンタナリ Montanari，Geminiano 54歳。1633生。イタリアの天文学者。

ラナ Lana，Terzi Francisco 56歳。1631生。イタリアの盲聾教育者。

リーベリ，ピエトロ Liberi，Pietro 73歳。1614生。イタリアの画家。

[この頃] **陳舒** 中国，清初の画家。

バレッリ，アゴスティーノ Barelli，Agostino 60?歳。1627生。イタリアの建築家。

羅文藻 76?歳。1611生。中国人最初のカトリック司教。

1688年

12.29 イギリスで名誉革命が成功する

＊ ＊ ＊

フォッジア Foggia，Francesco 1.8没、84歳。1604生。イタリアの作曲家。

ヴェルビースト，フェルディナント Verbiest，Ferdinand 1.28没、64歳。1623生。ベルギー出身のイエズス会士。

パラヴィチーノ，カルロ Pallavicino，Carlo 1.29没、58?歳。1630生。イタリアの作曲家，オルガン奏者。

デュケーヌ，アブラアム，侯爵　Duquesne, Abraham, Marquis　2.2没、78歳。1610生。フランスの海軍軍人。

レニク，ジェイムズ　Renwick, James　2.17没、26歳。1662生。スコットランドの契約派牧師，殉教者。

ウォールシュ，ピーター　Walsh, Peter　3.15没、73？歳。1615？生。アイルランドのフランシスコ会士，神学者。

フリードリヒ・ヴィルヘルム　Friedrich Wilhelm　5.9没、68歳。1620生。ブランデンブルク選帝侯（在位1640～88）。

フュルチエール，アントワーヌ　Furetière, Antoine　5.14没、68歳。1619生。フランスの小説家，辞書編纂者。

クヴェンシュテット，ヨーハン・アンドレーアス　Quenstedt, Johann Andreas　5.22没、70歳。1617生。ドイツのプロテスタント神学者。

フォールコン　Phaulkon, Constant　6.5没、38？歳。1650生。タイ国アユタヤ王朝の宮廷事件に関係したギリシア系イギリス人。

ナーラーイ王　Somdetphranaaraai Mahaaraat　7.11没、56歳。1632生。タイ国アユタヤ王朝第18代国王，詩人。

オーモンド　Ormonde, James Butler, 1st Duke of　7.21没、77歳。1610生。アイルランド総督。

カドワース，ラルフ　Cudworth, Ralph　7.26没、71歳。1617生。イギリス，ケンブリッジ・プラトン学派の指導的哲学者。

バニヤン，ジョン　Bunyan, John　8.31没、59歳。1628生。イギリスの説教者，宗教文学者。

コーニンク，フィリップス・デ　Koninck, Philips de　10.4没、68歳。1619生。オランダの画家。

ペロー，クロード　Perrault, Claude　10.9没、75歳。1613生。フランスの建築家，科学者。

メーナ・イ・メドラーノ，ペドロ・デ　Mena, Pedro de　10.13没、60歳。1628生。スペインの彫刻家。

ザントラルト，ヨアヒム・フォン　Sandrart, Joachim von　10.14没、82歳。1606生。ドイツ，バロック期の画家。

デュ・カンジュ，シャルル　Du Cange, Charles du Fresne Sieur　10.23没、77歳。1610生。フランスの歴史家，辞書編纂者。

キノー，フィリップ　Quinault, Philippe　11.26没、53歳。1635生。フランスの詩人，劇作家。

バルビン，ボフスラフ　Balbin, Bohuslav (Bohuslaw)　11.29没、66歳。1621生。ボヘミアの歴史家。

フラットマン　Flatman, Thomas　12.8没、51歳。1637生。イギリスの詩人，細密画家。

この年　ヴェルツ，ユスティニアン・エルンスト・フォン　Welz (Weltz), Justinian Ernst von　67歳。1621生。オーストリア出身のプロテスタント海外宣教の開拓者。

ウォラー，サー・ウィリアム　Waller, Sir William　㋸1668没、90？歳。1598（㋸1597）生。イギリスの将軍。

ゲレー，ガブリエル　Guéret, Gabriel　47歳。1641生。フランスの法律家，文芸批評家。

朱用純　74歳。1614生。中国，明末の学者。

デルフェル　Dörffel, Georg Samuel　45歳。1643生。ドイツの天文学者，神学者。

ドライアー，クリスティアン　Dreier, Christian　78歳。1610生。ドイツのルター派神学者。

ナライ　Narai　タイ，アユタヤ朝の第29代王（在位1656～88）。

バイステル，フィリップ・ド　Buyster, Philippe de　93歳。1595生。フランドルの彫刻家。

ヒューズ，スティーヴン　Hughes, Stephen　66歳。1622生。ウェールズのピューリタン。

ファブリ　Fabri, Honoré (Honoratus Fabrius)　81歳。1607生。フランスの神学者，数学者。

ファンチェッリ，コージモ　Fancelli, Cosimo　68歳。1620生。イタリアの彫刻家。

フェルナンデス・デ・ピエドライータ，ルカス　Fernández de Piedrahita, Lucas　64歳。1624生。コロンビアの司教，歴史家。

ベルニエ，フランソワ　Bernier, François　68歳。1620生。フランスの旅行家。

パーカー　Parker, Samuel　48歳。1640生。イギリスの哲学者，神学者。

メラン，クロード　Mellan, Claude　90歳。1598生。フランスの素描家，版画家，画家。

モーガン　Morgan, Henry　53？歳。1635生。イギリスの海賊。

ラ・バール（シャバンソー・ド），アンヌ　La Barre Chabanceau de, Anne　60歳。1628生。パリの声楽家。

1689年

2.23　イギリス議会が提出した権利宣言が承認
9.07　ロシアと清がネルチンスク条約を結ぶ
10.06　アレクサンデル8世が教皇に即位する
＊＊＊
ウォード，セス　Ward, Seth　1.6没、71歳。1617生。英国教会のソールズベリ主教。

フランチェスキーニ　Franceschini, Baldassare　1.6没、78歳。1611生。イタリアの画家。

フォス　Voss, Isaak　2.21没、71歳。1618生。ライデン生れの古典語学者。

17世紀　　　　　　　　　　　　　　　　　　　　1690

ベイン，アフラ　Behn, Aphra　4.16没、48歳。1640生。イギリスの劇作家、小説家。

ジェフリーズ（ウェムの）、ジョージ・ジェフリーズ、男爵　Jeffreys, George, 1st Baron　4.18没、41歳。1648(㊥1644)生。イギリスの裁判官。

クリスティナ　Christina　4.19没、62歳。1626生。スウェーデン女王(1644～54)。

クノール・フォン・ローゼンロート、クリスティアン　Knorr von Rosenroth, Christian　5.4没、52歳。1636生。ドイツのルター派政治家、ユダヤ教神秘主義の信奉者。

宋時烈　6.8没、82歳。1607生。朝鮮、李朝の学者、政治家。

インノケンチウス11世　Innocentius XI　8.11没、78歳。1611生。教皇(在位1676～89)。

フェッリ、チーロ　Ferri, Ciro　9.13没、55歳。1634生。イタリアの画家。

クールマン、クヴィリーヌス　Kuhlmann, Quirinus　10.4没、38歳。1651生。ポーランド出身の神霊主義者。

ツェーゼン、フィーリップ　Zesen, Philipp von　11.13没、70歳。1619生。ドイツの詩人、作家。

リスコ（リスコヴィウス）、ザーロモ　Liscow (Lischkow, Liscovius), Salomo　12.5没、49歳。1640生。ドイツの牧師、讃美歌作詞者。

シデナム、トマス　Sydenham, Thomas　12.29没、65歳。1624生。イギリスの実地医家。

モットヴィル夫人　Motteville, Françoise Bertaut, Dame Langlois de　12.29没、68？歳。1621生。フランスの貴婦人。

ダッパー　Dapper, Olfert　12.？没、53歳。1636生。オランダの医者、地理学者、歴史家。

[この年] ヴォルテッラーノ　Volterrano　78歳。1611生。イタリアの画家。

カルペパー　Culpeper, Thomas　53歳。1636生。イギリスの貴族、ヴァージニア植民地総督。

龔賢　69歳。1620(㊥1619)生。中国、清の画家。

シャンブージー　Shambhūjī　32歳。1657生。インド、マラータ王国第2代の王(在位1680～89)。

ストリート　Streete, Thomas　67歳。1622生。イギリスの天文学普及家。

ゼネルト、アンドレーアス　Sennert, Andreas　83歳。1606生。ドイツのルター派神学者、言語学者。

ダンディー、ジョン・グレアム・オブ・クレイヴァーハウス、初代子爵　Dundee, John Graham of Claverhouse, 1st Viscount　40？歳。1649生。スコットランドの軍人。

張岱　92歳。1597生。中国、明末、清初の文人、歴史人。

ディーンツェンホーファー、ゲオルク　Dientzenhofer, Georg　46歳。1643生。ドイツの建築家。

ル・ボシュ　Le Bossu, René　58歳。1631生。フランスの聖職者。

[この頃] タヴェルニエ　Tavernier, Jean Baptiste　84？歳。1605生。フランスの旅行家、インド貿易の開拓者。

1690年

7.11　ウィリアム3世がボイン湖畔の戦いで勝利
この年　ジョン・ロックが「統治二論」を刊行する
　　　　　　　　＊＊＊

ル・ブラン、シャルル　Le Brun, Charles　2.12没、70歳。1619生。フランスの画家。

アパフィ・ミハーイ1世　Apaffy Mihály I　4.15没、57歳。1632生。トランシルバニア公。

テニールス、ダヴィッド　Teniers, David　4.25(㊥1694)没、79歳。1610生。フランドルの画家。

ポワッソン、レーモン　Poisson, Raymond　5.10没、60？歳。1630生。フランスの喜劇役者、喜劇作家。

ラッシュワース　Rushworth, John　5.12没、78？歳。1612生。イギリスの歴史家。

エリオット、ジョン　Eliot, John　5.21没、85歳。1604生。北米インディアンへのイギリスの伝道者。

シュッツ、ヨーハン・ヤーコプ　Schütz, Johann Jakob　5.21没、49歳。1640生。ドイツの敬虔派信徒、讃美歌作者。

レグレンツィ、ジョヴァンニ　Legrenzi, Giovanni　5.27(㊥1692)没、63歳。1626生。イタリアの作曲家。

ションベルク、フレデリック・ヘルマン、公爵　Schomberg, Friedrich Hermann, Duke of　7.1没、74歳。1615生。ドイツ生れの軍人。

ガブリエッリ、ドメーニコ　Gabrieli, Domenico　7.10没、31歳。1659(㊥1651)生。イタリアのチェロ奏者、作曲家。

ヒメネス・ドノーソ、ホセ　Donoso, José Ximenez　9.14没、62歳。1628生。スペインの画家、建築家。

バークリー、ロバト　Barclay, Robert　10.3没、41歳。1648生。イギリスのクエーカー教徒。

バルデス・レアール、フアン・デ　Valdes Leal, Juan de　10.15没、68歳。1622生。スペインの画家。

アラコク、聖マルグリート・マリー　Alacoque, St Marguerite Marie　10.17没、43歳。1647生。フランスの聖女。

[この年] イェセーリウス、ヨーハン（ヨハンネス）　Gezelius, Johann (Johannes)　75歳。1615生。フィンランドのルター派教会聖職者。

ウォーカー、ジョージ　Walker, George　72歳。1618生。イギリスの牧師、総督。

人物物故大年表 外国人編　447

ヴォルツォゲン，ルドヴィクス　Wolzogen, Ludovicus　57歳。1633没。オランダ改革派牧師，神学者。

惲寿平　57歳。1633生。中国，清時代初期の画家。

王武　58歳。1632生。中国，清初期の文人画家。

ギブソン，リチャード　Gibson, Richard　75歳。1615生。イギリスの細密画家。

サヴァリ　Savary, Jacques　68歳。1622生。フランスの商人，経済学者。

デューベン，グスターヴ1世　Düben, Gustav I　62？歳。1628生。スウェーデンのオルガン奏者，作曲家。

トゥンプ，ミヒャエル　Thumb, Michael　オーストリアの建築家。

トンティ，ロレンツォ　Tonti, Lorenzo　70歳。1620生。イタリアの金融業者。

バシイ，ベニニュ・ド　Bacilly, Bénigne de　65？歳。1625生。フランスの作曲家，歌手，理論家。

ファン・デル・メーレン，アダム・フランス　Meulen, Adam Frans van der　58歳。1632生。フランドルの画家。

ファン・ベイエレン，アブラハム　van Beyeren, Abraham　70？歳。1620生。オランダの画家。

ヘジウス，ウィレム　Hesius, Willem　89歳。1601生。ベルギーの建築家。

ルードラウフ，キーリアーン　Rudrauff, Kilian　63歳。1627生。ドイツのルター派神学者。

[この頃] 諸昇　73？歳。1617生。中国，明末清初の画家。

1691年

7.22　ウィリアム3世がオーグリムの戦いで勝利
8.19　スランカメンの戦いでオスマン軍が敗れる
＊＊＊

フォックス，ジョージ　Fox, George　1.13没、66歳。1624生。イギリスの宗教家。

ローワー，リチャード　Lower, Richard　1.17没、60歳。1631生。イギリスの解剖学者，生理学者。

アレクサンデル8世　Alexander VIII　2.1没、80歳。1610生。教皇(在位1689～91)。

ライナルディ，カルロ　Rainaldi, Carlo　2.8没、79歳。1611生。イタリアの建築家。

フレール・ロラン　Frére Laurent　2.12没、80歳。1611生。フランスのカルメル会の信徒，神秘家。

マッツァフェッラータ　Mazzaferrata, Giovanni Battista　2.26没。イタリアの作曲家，オルガン奏者。

タロン，ニコラ　Talon, Nicolas　3.29没、85歳。1605生。フランスのイエズス会士，著述家。

ダングルベール，ジャン・アンリ　D'Anglebert, Jean-Henri　4.23没、56歳。1635(㊥1628)生。フランスの作曲家，クラヴサン奏者，オルガン奏者。

ライスラー　Leisler, Jacob　5.16没、51歳。1640生。アメリカの反乱指導者。

トロンプ，コルネリス(・マールテンスゾーン)　Tromp, Cornelis　5.29没、61歳。1629生。オランダの提督。

フラヴェル，ジョン　Flavel, John　6.26没、61？歳。1630生。イギリスのピューリタン牧師。

ルヴォワ，フランソワ・ミシェル・ル・テリエ，侯爵　Louvois, François Michel Le Tellier, Marquis de　7.16没、50歳。1641(㊥1639)生。フランスの政治家。

マルシャン，ジャン　Marchand, Jean　7.20没、55？歳。1636生。フランスのヴァイオリン奏者。

スレイマン2世　Süleyman II　7.23没、44歳。1647生。オスマン・トルコ帝国の第20代スルタン(1687～91)。

モルホーフ　Morhof, Daniel George　7.30没、52歳。1639生。ドイツの文学史家。

トールバット，リチャード　Talbot, Richard, Earl of Tyrconnell　8.12没、61歳。1630生。アイルランドのジャコバイトの指導者。

ポウコク，エドワード　Pococke(Pocock), Edward　9.10没、86歳。1604生。イギリスの東洋学者。

キョプリュリュ・ザデ・ムスタファ・パシャ　Köprülü Zadeh Muṣtafa Pasha　9.19没、54歳。1637生。オスマン・トルコの宰相(1689～91)。

ヨーハン・ゲオルク3世　Johann Georg III　9.22没、44歳。1647生。ドイツのザクセン大公(在位1680～1691)。

アベリ，ルイ　Abelly, Louis　10.4没、89？歳。1602生。フランスのカトリック倫理神学者。

バーロウ，トマス　Barlow, Thomas　10.8没、84歳。1607生。英国教会のリンカン主教。

イバニェス，ホアン・ブエナベントゥラ　Ibáñez, Juan Buenaventura　10.11没、84歳。1607生。スペインのフランシスコ会宣教師。

コイプ，アルベルト　Cuyp, Albert Jacobsz　11.15没、71歳。1620生。オランダの画家。

バクスター，リチャード　Baxter, Richard　12.8没、76歳。1615生。イギリスの神学者。

ボイル，ロバート　Boyle, Robert　12.30没、64歳。1627生。イギリスの物理学者。

ノース　North, Sir Dudley　12.31没、50歳。1641生。イギリスの自由貿易論者。

[この年] ウーズー　Auzout, Adrien　69歳。1622生。フランスの天文学者，物理学者。

汪琬　㊥1690没、67歳。1624生。中国，清初の文学者。

カーク　Kirke, Percy　45？歳。1646生。イギリスの軍人。

コスティン　Costin, Miron　58歳。1633生。ルーマニアの年代記作者。
コリアー，トマス　Collier, Thomas　イギリス・ピューリタン改革期のパティキュラー（特定）バプテスト派牧師，従軍牧師。
サシェヴァレル，ウィリアム　Sacheverell, William　53歳。1638生。イギリスの政治家。
徐元文　57歳。1634生。中国，清前期の学者。
程邃　86歳。1605生。中国，清初期の文人画家。
ナルディーニ，パーオロ　Naldini, Paolo　76？歳。1615生。イタリアの彫刻家，ストラッコ装飾家。
ノウルズ，ハンサード　Knollys, Hanserd　92？歳。1599生。イギリスの牧師。
バンスラード，イザーク・ド　Benserade, Isaac de　78歳。1613（㊥1612頃）生。フランスの詩人。
フェイソーン，ウィリアム　Faithorne, William　75？歳。1616生。イギリスの素描家。
ブランディ，ジャチント　Brandi, Giacinto　68歳。1623生。イタリアの画家。
ブロムリ，トマス　Bromley, Thomas　62歳。1629生。イギリスの神秘体験家。
プティト，ジャン　Petitot, Jean　84歳。1607生。スイスのミニアチュール肖像画家。
ミニャール，ポール　Mignard, Paul　53？歳。1638生。フランスの画家，銅版画家。
ライリー　Riley, John　45歳。1646生。イギリスの画家。
梁清標　71歳。1620生。中国，明末清初の収蔵家。
ル・ポトル，アントワーヌ　Lepautre, Antoine　㊥1681没，70歳。1621生。フランスの建築家。
この頃　オトテール，ジャン　Hotteterre, Jean　86？歳。1605生。オーボエおよびミュゼット・ド・ポワトゥー奏者。
ビゼ，シャルル‐エマニュエル　Biset, Charles-Emmanuel　58？歳。1633生。フランドルの画家。

1692年

2.23　グレンコーの虐殺が起こる
5.29　英蘭連合艦隊がラ・オーグの海戦で勝つ
＊＊＊
クラッセ，ジャン　Crasset, Jean　1.4没、74歳。1618生。フランスのイエズス会士，修徳神学者。
ハーメル　Hamel, Hendrik　2.12没。オランダの海員。
レーディング，アウグスティーン　Reding, Augustin　3.13没、66歳。1625生。スイスの大修院長，神学者。
スヘルストラート，エマニュエル・ヴァン　Schelstrate (Scheelstrate), Emmanuel van　4.6没、46歳。1645生。ベルギーの教会史家，教会法学者。
リー，ナサニエル　Lee, Nathaniel　5.6没、43？歳。1649（㊥1650頃）生。イギリスの劇作家。
クプレー，フィリップ　Couplet, Philippe　5.15（㊥1693）没、67歳。1624（㊥1622）生。ベルギーのイエズス会士。
アシュモール，イライアス　Ashmole, Elias　5.18没、74歳。1617生。イギリスの考古学者，古物収集家。
アルノー，アンリ　Arnauld, Henri　6.8没、94歳。1597生。フランスのヤンセン派の聖職者。
メナージュ，ジル　Ménage, Gilles　6.？没、78歳。1613生。フランスの言語学者。
アンシヨン　Ancillon, David　9.3没、75歳。1617生。フランスのユグノー派の牧師，神学者。
サン・レアル，セザール・ヴィシャール・ド　Saint-Réal, César Vichard, Abbé de　9.13没、49歳。1643生。フランスの文人。
フリートウッド　Fleetwood, Charles　10.4没。イギリス清教徒革命の議会派の軍人。
ヴィターリ，ジョヴァンニ・バッティスタ　Vitali, Giovanni Battista　10.12（㊥1696）没、60歳。1632（㊥1644頃）生。イタリアの音楽家。
タルマン・デ・レオー，ジェデオン　Tallemant des Réaux, Gédeon　11.10（㊥1690）没、73歳。1619生。フランスの作家。
ベルンハルト，クリストフ　Bernhard, Christoph　11.14没、65歳。1627（㊥1628）生。ドイツのプロテスタント教会音楽家，理論家。
シャドウェル，トマス　Shadwell, Thomas　11.19没、50？歳。1642（㊥1640頃）生。イギリスの劇作家。
メフメット4世　Mehmet IV　12.17（㊥1691）没、50歳。1641（㊥1642頃）生。オスマン・トルコ帝国の第19代スルタン（1648～87）。
ゼッケンドルフ，ファイト・ルートヴィヒ・フォン　Seckendorff, Veit Ludwig von　12.18没、65歳。1626（㊥1629）生。ドイツの政治家，歴史，経済学者。
この年　アークイラ，ピエトロ　Aquila, Pietro　イタリアの画家，版画家。
ウィッテ，エマヌエル・デ　Witte, Emanuel de　74歳。1618（㊥1617）生。オランダの画家。
エサリッジ，ジョージ　Etherege, *Sir* George　㊥1691没、57歳。1635（㊥1634？）生。イギリスの劇作家。
エッヘルス，バルトロメウス　Eggers, Bartholomeus　62？歳。1630生。オランダの彫刻家。
王夫之　73歳。1619生。中国，明末清初の思想家，文学者。

カイセル Keyser, Louis de　オランダの医者，対清特派使節。

カルネオ，アントーニオ Carneo, Antonio　55歳。1637生。イタリアの画家。

金万重 55歳。1637生。朝鮮，李朝の文臣，小説家。

コッタ，ヨハン Cotta, Johann Georg　61歳。1631生。ドイツの出版業者。

笪重光 69歳。1623生。中国，清前期の文人画家。

デ・ウィッテ，エマニュエル de Witte, Emanuel　75？歳。1617生。オランダの画家。

バッハ，ハインリヒ Bach, Heinrich　77歳。1615生。ドイツの作曲家。

ベルゴンツォーニ，ジョヴァンニ・バッティスタ Bergonzoni, Giovanni Battista　64？歳。1628生。イタリアの建築家。

モテル，ジャーク（ヤコーブス） Motel, Jacques (Jacobus)　74歳。1618生。フランスの来中国イエズス会士。

ラドロー，エドマンド Ludlow, Edmund　75？歳。1617生。イギリスの政治家。

陸隴其 62歳。1630生。中国，清の儒者。

リベラーティ，アンティーモ Liberati, Antimo　75歳。1617生。イタリアの理論家，作曲家。

[この頃] **カプローリ，カルロ** Caproli, Carlo　77？歳。1615生。イタリアの作曲家。

ルベル，ジャン Rebel, Jean　フランスのテノール歌手。

1693年

ウンダアイク，テーオドーア Undereyck, Theodor　1.1没、57歳。1635生。ドイツの初期敬虔主義者。

ブリット，ヨアネス・デ Britto, Joannes de　2.4没、45歳。1647生。ポルトガルのイエズス会宣教師，聖人。

ペリソン，ポール Pellisson, Paul　2.7没、68歳。1624生。フランスの文人。

ケルル，ヨーハン・カスパル Kerll, Johann kaspar　2.13没、65歳。1627生。オランダの作曲家，オルガン奏者。

モンパンシエ，アンヌ・マリー・ルイーズ・ドルレアン，女公爵 Montpensier, Anne-Marie Louise d'Orléans, Duchesse de　3.5没、65歳。1627生。ルイ13世の弟ガストン・ドルレアンの娘。

デ・ラ・バレ De la Vallée, Jean　3.9没、73歳。1620生。スウェーデンの建築家。

スクリヴァー，クリスティアン Scriver, Christian　4.5没、64歳。1629生。ドイツのルター派神学者，信仰文書著述家。

ビュッシー・ラビュタン Bussy, Roger de Rabutin　4.9没、74歳。1618生。フランスの軍人，作家。

コエーリョ，クラウディオ Coello, Claudio　4.20没、51歳。1642（[異]1635頃）生。スペイン，マドリード派最後の画家。

ラ・ファイエット夫人，マリー・マドレーヌ La Fayette, Marie Madeleine Pioche de la Vergne, Comtesse de　5.25没、59歳。1634生。フランスの小説家。

ヴェイヴァノフスキー，パヴェル・ヨセフ Vejvanovský, Pavel Josef　6.24没、60？歳。1633（[異]1640頃）生。チェコの作曲家。

サースフィールド，パトリック Sarsfield, Patrick　7.19没、43？歳。1650（[異]1645）生。アイルランドの軍人。

カルフ，ウィレム Kalf, Willem　7.31没、71歳。1622（[異]1619）生。オランダの画家。

ブラント，チャールズ Blount, Charles　8.？没、39歳。1654生。イギリスの理神論者。

ベルクヘイデ，ヨブ Berckheyde, Job Adriaensz　11.23没、63歳。1630生。オランダの画家。

サンクロフト，ウィリアム Sancroft, William　11.24没、77歳。1616（[異]1617）生。イギリスの聖職者。

マース，ニコラス Maes, Nicolaes　11.24没、59歳。1634（[異]1632）生。オランダの画家。

フェルデ，ヴィレム・ファン・デ Van de Velde, Willem　12.13没、82？歳。1611生。オランダの画家一族の一人。

コパー，ライナー Copper, Reiner　12.18没、50歳。1643生。ドイツの改革派神学者，敬虔主義運動指導者。

[この年] **エルンスト（ヘッセン・ラインフェルスの）** Ernst von Hessen-Rheinfels　70歳。1623生。ドイツの貴族。

靳輔 [異]1692没、60歳。1633生。中国，清初期の官僚。

施琅 [異]1696没、72歳。1621生。中国，清の武将。

スペンサー，ジョン Spencer, John　63歳。1630生。イギリスのヘブル語学者。

戴本孝 72歳。1621生。中国，清初の画家。

チャーノック Charnock, Job　イギリスの植民地開拓者。

鄭簠 71？歳。1622生。中国，清初の書家。

ファントーニ，グラツィオーソ（年長） Fantoni, Grazioso, il Vecchio　63歳。1630生。イタリアの彫刻家，インターリオ（装飾彫り）作家。

法若真 80歳。1613生。中国，清初の文人，画家。

冒襄 82歳。1611生。中国，明末清初の文人。

マルヴァジーア，カルロ・チェーザレ Malvasia, Carlo Cesare　77歳。1616生。イタリアの美術史家。

17世紀　1695

ラ・サブリエール　La Sablière, Marguerite Hessein, *Dame* de　57歳。1636生。フランスの文芸奨励者，文芸サロンの主催者。

ワイルドマン　Wildman, *Sir* John　72？歳。1621生。イギリスの政治家。

1694年

5.05　イングランド銀行が設立される
8.06　サファヴィー朝でフサインが即位する

＊＊＊

モロシーニ　Morosini, Francesco　1.6没、76歳。1618生。ヴェネツィアの将軍。

デズリエール夫人　Deshouliéres, Antoinette du Ligier de La Garde, Madame　2.17没、56歳。1637生。フランスの女性詩人。

コルトホルト，クリスティアン　Kortholt, Christian　3.31？没、62歳。1632生。ドイツのルター派神学者。

ベラルディ　Berardi, Angelo　4.9没、58？歳。1636生。イタリアの作曲家，理論家。

ファン・デン・ボハールト，マルティン　Desjardins, Martin　5.4没、54歳。1640生。オランダ生れのフランスの彫刻家。

ハワード，フィリプ・トマス　Howard, Philip Thomas　6.17没、64歳。1629生。イングランドのドミニコ会士。

ケーニヒスマルク，フィリップ　Königsmark, Philipp Christoph, Graf von　7.1没、29歳。1665生。ドイツの貴族。

アルノー，アントワーヌ　Arnauld, Antoine　8.7没、82歳。1612生。フランスの神学博士，哲学者。

徐枋　9.？没、72歳。1622生。中国，清初の画家。

ペーツェル，ヨーハン・クリストフ　Pezel, Johann Christoph　10.13没、54歳。1639生。ドイツの作曲家，クラリーノ奏者。

プッフェンドルフ，サムエル，男爵　Pufendorf, Samuel, Freiherr von　10.26没、62歳。1632生。ドイツの法学者，歴史家。

ミュラー　Müller, Andreas M.　10.26没、64歳。1630生。ドイツの東洋学者。

フーベル　Huber, Ulrich　11.8没、58歳。1636生。オランダの法学者。

ティロットスン，ジョン　Tillotson, John　11.22没、64歳。1630生。イギリスの聖職者，説教家。

タロン，ジャン・バティスト　Talon, Jean Baptiste　11.24没、69？歳。1625(㊎1626)生。フランスの行政官。

マルピーギ，マルチェロ　Malpighi, Marcello　11.29没、66歳。1628生。イタリアの生理学者，顕微解剖学の創始者。

ピュジェ，ピエール　Puget, Pierre　12.2没、74歳。1620(㊎1622)生。フランスの彫刻家，画家，建築家。

セニェーリ，パーオロ　Segneri, Paolo　12.9没、70歳。1624生。イタリアのイエズス会修道士，説教者，禁欲文献著作家。

メアリー2世　Mary II　12.28没、32歳。1662生。イギリス，スチュアート朝の女王(在位1689〜94)。

[この年]エステ，フランチェスコ2世　Este, Francesco II　34歳。1660生。イタリアの古い貴族。

オトテール，ニコラ　Hotteterre, Nicolas　㊎1693没、57？歳。1637生。フランスのバスーン演奏者。

カラベッリ，アントーニオ　Carabelli, Antonio　46歳。1648生。イタリアの美術家。

呉綺　75歳。1619生。中国，清代の詞人。

ザギタリウス，カスパル　Sagittarius, Kaspar　51歳。1643生。ドイツのルター派敬虔派の神学者，歴史家。

サルデーヌス，グイリエルムス・アントニウス　Saldenus, Guilielmus Antonius　67歳。1627生。オランダの改革派神学者。

シャーイスタ・ハーン　Shaista Khān　ベンガルの太守。

徐乾学　63歳。1631生。中国，清初の学者。

ディースト，サームエル・ヴァン　Diest, Samuel van　63歳。1631生。オランダの改革派神学者。

バッハ，ヨーハン・ミヒャエル　Bach, Johann Michael　46歳。1648生。オルガン奏者，楽器製作者。

フィオリロ　Fiorillo, Tiberio　86歳。1608生。イタリアのコメディア・デラルテの役者。

ブーリオー　Boulliau, Ismael　89歳。1605生。フランスの天文学者。

ムートン　Mouton, Gabriel　76歳。1618生。フランスの天文学者，数学者。

[この項]樊圻　78？歳。1616生。中国，明末清初の画家。

1695年

3.21　カレーリがムガル帝国の衰退を明かす

＊＊＊

リュクサンブール，フランソワ・アンリ・ド・モンモランシー-ブートヴィル，公爵　Luxembourg, François Henri de Montmorency-Boutteville, Duc de　1.4没、66歳。1628生。フランスの軍人。

ホルブ(ホルビウス)，ヨハネス・ハインリヒ　Horb(Horbius), Johannes Heinrich　1.26没、49歳。1645生。ドイツの敬虔派の牧師。

人物物故大年表 外国人編　*451*

クールマン，ヤーコービュス　Koelman, Jacobus　2.6没、63歳。1632生。オランダの改革派教会説教者。

エルベロ・ド・モランヴィユ　Herbelot de Molainville, Barthélemy d'　2.8没、69歳。1625生。フランスの東洋学者。

フィップス，サー・ウィリアム　Phips, Sir William　2.18没、44歳。1651生。アメリカ植民地時代のイギリスの官吏。

オズボーン，ドロシー　Osborne, Dorothy　2.?没、68歳。1627生。イギリスの女性書簡作家。

ウォートン，ヘンリ　Wharton, Henry　3.5没、30歳。1664生。英国教会の司祭、中世史学創始者。

スピノラ，クリストバル（クリストフ）・ロハス・デ　Spinola, Cristobal Rojas de　3.12没、69歳。1626生。ドイツ（スペイン系）のカトリック司教。

ドンデクーテル，メルキオール　d'Hondecoeter, Melchior　4.3没、59歳。1636生。オランダの画家。

サビル　Sabile, Sir George, Marquess of Halifax　4.5没、61歳。1633生。イギリスの政治家、著作家。

ハリファックス　Halifax, George Savile, 1st Marquess of　4.5没、61歳。1633生。イギリスの政治家。

バズビー　Busby, Richard　4.6没、90歳。1605（㊟1606）生。イギリスの古典学者、教育者。

ケットルウェル，ジョン　Kettlewell, John　4.12没、42歳。1653生。イギリスの臣従拒誓者、信仰書著作家。

ラ・フォンテーヌ，ジャン・ド　La Fontaine, Jean de　4.13没、73歳。1621生。フランスの詩人、物語作家。

ランスロー，クロード　Lancelot, Claude　4.15没、80歳。1615（㊟1616）生。フランスの教育者。

クルス，フアナ・イネス・デ・ラ　Cruz, Sor Juana Inés de la　4.17没、43歳。1651生。メキシコの女流詩人。

ヴェッカー，ゲオルク・カスパル　Wecker, Georg Kaspar　4.20没、63歳。1632生。ドイツのオルガン奏者、作曲家。

ヴォーン，ヘンリー　Vaughan, Henry　4.23没、73歳。1622生。イギリスの詩人。

ミニャール，ピエール　Mignard, Pierre　5.30没、82歳。1612（㊟1610頃）生。フランスの画家。

ホイヘンス，クリスティアーン　Huygens, Christiaan　7.8没、66歳。1629生。オランダの物理学者、天文学者、数学者。

カンファイス　Camphijs, Johannes　7.18没、67歳。1634生。オランダの長崎オランダ出島商館長。

バイアー，ヨーハン・ヴィルヘルム　Baier, Johann Wilhelm　10.19没、47歳。1647生。ドイツのルター派神学者。

バナージュ，アンリ　Basnage, Henri　10.20没、80歳。1615生。フランスのプロテスタント指導者。

ニコル，ピエール　Nicole, Pierre　11.16没、70歳。1625生。フランスのジャンセニスト神学者、文法学者。

パーセル，ヘンリー　Purcell, Henry　11.21没、36歳。1659（㊟1658）生。イギリスの作曲家。

ダルリンプル，ジェイムズ　Dalrymple, James　11.25没、76歳。1619生。スコットランドの法律家、政治家、第1代ステア子爵（Viscont Stair）。

コロンナ，ジョヴァンニ・パオロ　Colonna, Giovanni Paolo　11.28没、58歳。1637生。イタリアの作曲家。

ウッド，アンソニ　Wood, Anthony　11.29没、62歳。1632生。イギリスの歴史家。

トマサン　Thomassin d'Eynac, Louis de　12.24没、76歳。1619生。フランスの神学者。

[この年] 屈大均　㊟1696没、65歳。1630生。中国、明末清初の詩人。

グレロン，アドリアン（アンドリアーヌス）　Greslon, Adrien（Adrianus）　81歳。1614生。フランスの来中国イエズス会士。

黄宗羲　85歳。1610生。中国、明末、清初の思想家。

高泉性潡　62歳。1633（㊟1613）生。中国、明の黄檗宗の僧。

デ・ヘーム，コルネリス　Heem, Cornelis de　64歳。1631生。オランダの静物画家。

デ・ロッシ，ジョヴァンニ・アントーニオ　De Rossi, Giovanni, Antonio　79歳。1616生。イタリアの建築家。

デ・ロッシ，マッティア　Rossi, Mattia de　58歳。1637生。イタリアの建築家。

ディオニジ・ダ・ピアチェンツァ　Dionigi da Piacenza　58歳。1637生。イタリア出身のカプチン会士、宣教師。

デルクール，ジャン-ジル　Delcour, Jean-Gilles　63歳。1632生。フランドルの画家。

ネーリング，ヨハン・アルノルト　Nering, Johann Arnold　36歳。1659生。ドイツの建築家。

ハーヴェン，ランベルト・ヴァン　Haven, Lambert van　36歳。1630生。ノルウェーの建築家、画家。

フェリビアン，アンドレ　Félibien, André　76歳。1619生。フランスの美術批評家。

ヤーバッハ，エーヴェルハルト　Jabach, Everhard　85?歳。1610生。フランスの美術収集家。

劉献廷　47歳。1648生。中国、清前期の民間学者。

レッコ，ジュゼッペ　Recco, Giuseppe　61歳。1634生。イタリアの画家。

[この頃] シャウカット・ボハーリー　Shaukat Bukhāri　イランのサファヴィー朝末期の詩人。

ファーガスン，ウィリアム・ゴウ　Ferguson, William Gouw　63?歳。1632生。イギリスの静物画家。

ホンディウス，アブラハム　Hondius, Abraham　70?歳。1625生。オランダの画家。

1696年

7.28　ロシアの新艦隊がアゾフ海地方を攻める

＊＊＊

イワン5世　Ivan V, Alekseevich　1.29没、29歳。1666生。ロシア皇帝（在位1682〜96）。

ウォートン，フィリップ　Wharton, Philip　2.4没、82歳。1613生。イギリスの博愛主義者，非国教派牧師たちの支援者。

マルク・ド・ラ・ナティヴィテー　Marc de la Nativité　2.23没、79歳。1617生。フランスのカルメル会士。

セヴィニェ，マリー・ド・ラビュタン-シャンタル，侯爵夫人　Sévigné, Marie de Rabutin-Chantal, Marquise de　4.17没、70歳。1626生。フランスの女流書簡文作家。

フーシェ　Foucher, Simon　4.27没、52歳。1644生。フランスの哲学者。

ラ・ブリュイエール，ジャン・ド　La Bruyère, Jean de　5.11（[異]1695）没、50歳。1645（[異]1646）生。フランスのモラリスト。

バルディヌッチ，フィリッポ　Baldinucci, Filippo　6.3没、72歳。1624（[異]1625）生。イタリアの美術研究家。

ヤン3世　Jan III Sobieski　6.17没、66歳。1629（[異]1624）生。ポーランド国王（在位1674〜96）。

ヘンリ，フィリップ　Henry, Philip　6.24没、64歳。1631生。イギリスのピューリタン牧師。

ランベール，ミシェル　Lambert, Michel　6.29没、86歳。1610生。フランスのリュート・テオルバ奏者，歌手。

クロアシー　Croissy, Charles Colbert, Marquis de　7.28没、71歳。1625生。フランスの政治家。

ポトツキ，ヴァツワフ　Potocki, Wacław　7.？没、75歳。1621（[異]1625頃）生。ポーランドの詩人。

イントルチェッタ，プロスペロ　Intorcetta, Prospero　10.3没、71歳。1625（[異]1628）生。イタリアのイエズス会士。

モリノス，ミゲル・デ　Molinos, Miguel de　12.28（[異]1697）没、68？歳。1628（[異]1640）生。スペインの聖職者。

[この年] **ウィルソン**　Wilson, John　69？歳。1627生。イギリスの劇作家。

ドーマ　Domat, Jean　71歳。1625生。フランスの法学者。

ハイスマンス，ヤーコプ　Huysmans, Jacob　63歳。1633生。オランダの画家。

フィリプス　Phillips, Edward　66？歳。1630生。イギリスの著作家。

ベッローリ，ジョヴァンニ・ピエトロ　Bellori, Giovanni Pietro　83歳。1613（[異]1615頃）生。イタリアの美術史家，考古学者。

ホワイトヘッド，ジョン　Whitehead, John　66歳。1630生。イギリスの初期クェーカーの指導者。

マトス，グレゴリオ・デ　Matos Guerra, Gregório de　63歳。1633生。ブラジルの詩人。

モワロン，ルイーズ　Moillon, Louise　86？歳。1610生。フランスの女性画家。

ラ・ヴァレー，ジャン・ド　la Vallée, Jean de　76歳。1620生。フランス出身のスウェーデンの建築家。

リシェ，ジャン　Richer, Jean　66歳。1630生。フランスの天文学者。

ロッリ，アントーニオ　Rolli, Antonio　53歳。1643生。イタリアの画家。

[この頃] **グロセイエ**　Groseilliers, Medard Chouart des　78？歳。1618生。フランスの実業家。

フランク　Franck, Johann Wolfgang　52？歳。1644生。ドイツの作曲家。

ミシュラン，ジャン　Michelin, Jean　80？歳。1616生。フランスの画家。

1697年

10.30　ファルツ戦争が終結する

＊＊＊

モール，ゲオルク　Mohr, Georg　1.26没、56歳。1640生。デンマークの幾何学者。

ホーネク，アンソニ　Horneck, Anthony　1.31没、56歳。1641生。英国教会の聖職。

レーディ，フランチェスコ　Redi, Francesco　3.1（[異]1698）没、71歳。1626（[異]1629）生。イタリアの医師，博物学者，詩人。

チャイルド，ウィリアム　Child, William　3.23没、91?歳。1606生。イギリスのオルガン奏者，作曲家。

ブルーンス，ニコラウス　Bruhns, Nikolaus　3.29没、31歳。1665生。ドイツの作曲家，オルガン奏者，ヴァイオリン奏者。

ユエル　Juel, Niels　4.8没、67歳。1629生。デンマークの提督。

カルル11世　Karl XI　4.15没、41歳。1655生。スウェーデン王（在位1660〜97）。

アンテルミ，ジョゼフ　Anthelmi, Joseph　6.21没、48歳。1648生。フランスの教会史家。

オーブリー，ジョン　Aubrey, John　6.？没、71歳。1626生。イギリスの好事家。

ヴィエイラ，アントニオ　Vieira, António　7.18没、89歳。1608生。ポルトガルの宗教学者。

アルベルティ，ヴァーレンティーン Alberti, Valentin 9.19没、61歳。1635生。ドイツのルター派の神学者。

ブリュアン，リベラル Bruant, Léibral 11.22没、62？歳。1635(㊫1637)生。フランスの建築家。

[この年] **ガルダン** Galdan 53歳。1644(㊫1645？)生。ジュンガル王国のハン(在位1671～97)。

カルローネ，アンドレーア Carlone, Andrea 58歳。1639生。イタリアの芸術家，装飾家，画家。

趙良棟 76歳。1621生。中国，清代の軍人。

デ・ブラーイ，ヤン de Braij, Jan 70？歳。1627生。オランダの画家。

ドルベ，フランソワ Dorbay, François 63歳。1634生。フランスの建築家，彫刻家。

梅清 74歳。1623生。中国，明末・清初期の画家。

バッハ，ゲオルク・クリストフ Bach, Georg Christoph 55歳。1642生。ドイツの作曲家。

ファイトヘルブ，ルック Faydherbe, Lucas 80歳。1617生。フランドルの彫刻家，建築家。

フェイデルブ Faidherbe, Lucas 80歳。1617生。フランドルの彫刻家，建築家。

ヘー Hay, John, 1st Marquess of Tweeddale 71歳。1626生。スコットランドの貴族。

1698年

10.11 スペイン領土第1回分割条約が調印される

＊＊＊

ル・ナン・ド・チユモン，ルイ・セバスチヤン Tillemont, Sébastien Le Nain de 1.10没、60歳。1637生。フランスの歴史家。

バルトリン，エラスムス Bartholinus, Erasmus 1.14没、72歳。1625生。デンマークの物理学者。

プラドン，ニコラ Pradon, Nicolas 1.14没、66歳。1632生。フランスの劇作家。

ハイデガー，ヨーハン・ハインリヒ Heidegger, Johann Heinrich 1.18没、64歳。1633生。スイスの神学者。

ケティーフ，ジャーク Quétif, Jacques 3.2没、79歳。1618生。フランスのドミニコ修道会司書。

マグルトン，ロドウィック Muggleton, Lodowick 3.14没、88歳。1609生。イギリスの「マグルトン派」の創始者。

レオノーラ・クリスティーナ Leonora Christina 3.16没、76歳。1621生。デンマークの王女。

シャンメレ，マリ Champmeslé, Marie 5.15没、56歳。1642生。フランスの女優。

ベルクヘイデ，ヘリット Berckheyde, Gerrit Adriaensz 6.10没、60歳。1638生。オランダの画家。

ベッケル，バルターザル Bekker, Balthasar 6.11没、64歳。1634生。オランダの合理主義神学者，改革派の説教者。

シャーデ，ヨーハン・カスパル Schade, Johann Kaspar 7.25没、32歳。1666生。ドイツの牧師，讃美歌作詞者。

ハワード Howard, *Sir* Robert 9.3没、72歳。1626生。イギリスの劇作家，政治家。

モリヌークス Molyneux, William 10.11没、42歳。1656生。アイルランドの哲学者，政治家。

エーレンシュトラール，ダーヴィト・クレッカー・フォン Ehrenstrahl, David Klöcker von 10.23没、69歳。1629(㊫1628)生。スウェーデンの画家。

フロントナック，ルイ・ド・ビュアド，伯爵 Frontenac et Palluau, Louis de Buade, Comte de 11.28没、78歳。1620(㊫1622)生。フランスの軍人。

ケンタル Quental, Padre Bartolomeu de 12.20没、70歳。1628生。ポルトガルの小説家，宗教家。

[この年] **エルンスト・アウグスト** Ernst August 69歳。1629生。ハノーバー侯。

カーヨニ，ヤーノシュ Kájoni, János 71歳。1627生。ハンガリーの人文主義者，音楽家。

キアヴィステッリ，ヤーコポ Chiavistelli, Iacopo 77歳。1621生。イタリアの画家。

グァルネリ，アンドレア Guarneri, Andrea 72？歳。1626生。イタリアのヴァイオリン製作者。

査士標 83歳。1615生。中国，明末・清初期の画家。

シェロン，シャルル-ジャン-フランソワ Chéron, Charles-Jean-François 63歳。1635生。フランスのメダル制作家。

ジョワユーズ，ジャン・ド Joyeuse, Jean de 60歳。1638生。フランスのオルガン製作者。

バーボン Barbon, Nicholas 58？歳。1640生。イギリスの医学者，銀行家，経済学者。

フェルヒュルスト，ロンバウト Verhulst, Rombout ㊫1696頃没、72歳。1626(㊫1624)生。フランドルの彫刻家。

ブルソン，クロード Brousson, Claude 51歳。1647生。フランスのユグノー指導者。

リシュレ，セザール-ピエール Richelet, César Pierre 67歳。1631生。フランスの辞書編纂者。

ロート，ヨハン・カール Loth, Johann Karl 66歳。1632生。ドイツの画家。

1699年

1.26 オスマン帝国がカルロヴィッツ条約を結ぶ

6.11 第2次スペイン分割条約が成立する

＊＊＊

17世紀　　　　　　　　　　　　　　　　　1700

サンタ・クルス　Santa Cruz, Baltazar　1.12没、71歳。1627生。スペインのドミニコ会宣教師、歴史家。
テンプル、サー・ウィリアム　Temple, *Sir* William, Bart　1.27没、70歳。1628生。イギリスの政治家、外交官、著述家。
ワイゲル　Weigel, Erhard　3.21没、73歳。1625生。ドイツの数学者、教育者。
カルプツォフ、ヨーハン・ベーネディクト　Carpzov, Johann Benedict　3.23没、59歳。1639生。ドイツの神学者。
スティリングフリート、エドワード　Stillingfleet, Edward　3.28没、63歳。1635生。イギリスの聖職者。
ラシーヌ、ジャン　Racine, Jean-Baptist　4.21没、59歳。1639生。フランスの劇作家。
マッジ、カルロ・マリーア　Maggi, Carlo Maria　4.22没、68歳。1630生。イタリアの詩人、劇作家。
チャイルド　Child, *Sir* Josiah　6.22没、69歳。1630生。イギリスの商人。
シュレーダー、ヨーハン・ハインリヒ　Schröder, Johann Heinrich　6.30没、31歳。1667生。ドイツの牧師、讃美歌作詞者。
ベイツ、ウィリアム　Bates, Willam　7.14没、73歳。1625生。イギリスの長老派教会牧師。
レーズデン、ヨハン　Leusden, Johann　9.30没、75歳。1624生。オランダの言語学者、旧約聖書刊行者。
コンバー、トマス　Comber, Thomas　11.25没、54歳。1645生。英国教会の聖職者。
カルゲス、ヴィルヘルム　Karges (Carges), Wilhelm　11.27没、86？歳。1613生。ドイツの作曲家、オルガン奏者。
ゴルドン　Gordon, Patrick　12.9没、64歳。1635生。スコットランド兵士。
グリフェンフェルト　Griffenfeld, Peder Schumacher, Count　12.？没、64歳。1635生。デンマークの政治家。
[この年]カニッツ　Canitz, Friedrich Rudolf Ludwig, Freiherr von　45歳。1654生。ドイツの詩人、外交官。
姜宸英　71歳。1628生。中国、清初の文人。
クリスティアン5世　Christian V　53歳。1646生。デンマーク、ノルウェー王(1670～99)。
サルディ、ジュゼッペ　Sardi, Giuseppe　78？歳。1621(㊟1630)生。イタリアの建築家。
ハッカールト、ヤン　Hackaert, Jan　㊟1685没、70歳。1629(㊟1628頃)生。オランダの風景画家。
ビール、メアリ　Beale, Mary　67歳。1632生。イギリスの画家。
ヘルモント　Helmont, Franciscus Mercurius　85歳。1614生。オランダの自然哲学者。
彭春　中国、世紀後半、清の武将。

パジ、アントワーヌ　Pagi, Antoine　75歳。1624生。フランスのカトリック教会史家。
プレーティ、マッティーア　Preti, Mattia　86歳。1613生。イタリアの画家。
モノワイエ、ジャン-バティスト　Monnoyer, Jean-Baptiste　63？歳。1636生。フランスの画家。
レフォールト　Lefort, Frants Iakovlevich　43歳。1656生。ロシアの提督。
ロベール、ピエール　Robert, Pierre　81？歳。1618生。フランスの作曲家。
[この頃]マジュリスィー　Majlisī, Mullā Muḥammad Bāqir　㊟1698頃没、73？歳。1626生。イランのイスラム教シーア派神学者。
ムトン、シャルル　Mouton, Charles　73？歳。1626生。フランスのリュート奏者、作曲家。

1700年

11.30　　北欧で北方戦争が勃発する
＊＊＊

ブルジョワ、マルグリート　Bourgeoys, Marguerite　1.12没、79歳。1620生。フランスの修道会創立者、福者。
ドラーギ、アントニオ　Draghi, Antonio　1.16没、65歳。1635(㊟1634頃)生。イタリアの作曲家。
マイボーム　Meibom, Heinrich　3.26没、61歳。1638生。ドイツの医者、解剖学者。
ドライデン、ジョン　Dryden, John　5.1没、68歳。1631生。イギリスの詩人、劇作家、批評家。
マソン　Masson, Antoine　5.30没、64歳。1636生。フランスの銅版画家。
テン・ライネ　Rhyne, Willem ten　6.1没、53歳。1647生。オランダの医者。
シールズ、アレグザーンダ　Sheilds (Shields), Alexander　6.14没、40？歳。1660生。スコットランドの契約派(covenanters)の指導者。
ベーア、ヨハン　Beer, Johann　8.6没、45歳。1655生。ドイツの小説家。
ル・ノートル、アンドレ　Le Nôtre, André　9.15没、87歳。1613(㊟1612)生。フランスの造園家。
シュトルンク　Strungk (Strunck), Nicolaus Adam　9.23没、59歳。1640生。ドイツのヴァイオリン奏者、オルガン奏者、作曲家。
インノケンチウス12世　Innocentius XII　9.27没、85歳。1615生。教皇(在位1691～1700)。
ランセ、アルマン-ジャン・ル・ブチリエ・ド　Rancé, Armand Jean le Bouthillier de　10.27没、74歳。1626生。シトー会の修道士。
ル・ブティリエ・ド・ランセー、アルマン-ジャン　Le Bouthillier de Rancé, Armand-Jean　10.27

1700

没、74歳。1626生。フランスのトラピスト修道会の創始者。
カルロス2世　Carlos II　11.1没、38歳。1661生。ハプスブルク家最後のスペイン王(在位1665～1700)。
ライコート、ポール　Rycaut(Ricaut)、Paul　11.16没、72歳。1628生。イギリスの著作家。
ベジャール、アルマンド　Béjart, Armande Grésinde Claire Elisabeth　11.30没、58?歳。1642生。フランスの女優。
[この年] ヴェルショール、ヤーコプ　Verschoor, Jakob　54歳。1646生。オランダの改革派系分離派牧師。
クエリヌス、アルトゥス2世　Quellinus, Artus II　74歳。1626生。フランドルの芸術家、彫刻家。
シグエンサ・イ・ゴンゴラ、カルロス・デ　Sigüenza y Góngora, Carlos de　46歳。1654生。メキシコのイエズス会士、文学者、科学者。
シバー、カイ・ガブリエル　Cibber, Caius Gabriel　70歳。1630生。デンマークの彫刻家。
ジョリエ　Jolliet, Louis　55歳。1645生。フランスの探検家。
性聡　69歳。1631生。朝鮮中葉の僧。
ダヴィレ、シャルル-オーギュスタン　Daviller, Charles Augustin　47歳。1653生。フランスの建築家。
トゥービ、ジョヴァンニ・バッティスタ　Tubi, Giovanni, Battista　65歳。1635生。イタリアの彫刻家。
ドーメル、ランベルト　Doomer, Lambert　78?歳。1622生。オランダの画家、素描家。
バンクス、ジョン　Banks, John　50歳。1650生。イギリスの王政復古期の悲劇作家。
ファブレッティ、ラッファエーレ　Fabretti, Raffaele　82歳。1618生。イタリアの考古学者、古代研究家。
ファン・ステーンウィンケル、ハンス3世　Van Steenwinkel, Hans III　61?歳。1639生。フランドルの建築家。
ベタンクール、アグスティン・デ　Vetancur, Agustín de　80歳。1620生。メキシコのフランシスコ会年代記作者。
パジネッリ、ロレンツォ　Pasinelli, Lorenzo　71歳。1629生。イタリアの画家。
ライト、ジョン・マイケル　Wright, John Michael　83?歳。1617生。イギリスの画家、骨董家。
ルフェーヴル、ジャン(1世)　Lefebvre, Jean(I)　38歳。1662生。フランスのタピスリー制作家。
ロルダーン、ペドロ　Roldán, Pedro　76歳。1624生。スペインの彫刻家。
[この頃] オヒテルフェルト、ヤコプ　Ochtervert, Jacob Lucasz.　65?歳。1635生。オランダの風俗画家。
カッフィ、マルゲリータ　Caffi, Margherita　49?歳。1651生。イタリアの女性画家。

スヴラン　Souverain　60?歳。1640生。フランス改革派神学者、正統教理批判者。
ネテーニュス、ザームエル　Nethenus, Samuel　72?歳。1628生。オランダの改革派神学者。
ノックス、ロバート　Knox, Robert　62?歳。1638(㋳1640頃)生。イギリスの海軍人、著述家。
ホプキンズ　Hopkins, Charles　36?歳。1664生。イギリスの劇作家、詩人。
プレーマーナンド　Premānanda　㋳1734没、64?歳。1636生。インドのグジャラート語詩人。
ライト　Wright, Joseph Michael　75?歳。1625生。イギリスの画家。
ルソー　Rousseau Jean　56?歳。1644生。フランスのヴィオル奏者、作曲家、理論家。
レイセ(レイセニウス)、レオナルト・ヴァン　Rijssen(Rijssenius)、Leonard van　64?歳。1636生。オランダの改革派神学者。

1701年

1.18　プロイセンでフリードリッヒ1世が即位
9.07　ハーグで対フランス大同盟が結成される

＊＊＊

メンツェリウス　Mentzelius, Christianus　1.17没、78歳。1622生。ドイツの中国研究家。
シェレ　Schelle, Johann　3.10没、52歳。1648生。ドイツの作曲家、オルガン奏者。
スグレ、ジャン・ルニョー・ド　Segrais, Jean Regnault de　3.25没、76歳。1624生。フランスの詩人、小説家、劇作家。
シュパンハイム、フリードリヒ　Spanheim, Friedrich　5.18没、69歳。1632生。オランダの改革派神学者。
キッド、ウィリアム　Kidd, William　5.23没、56?歳。1645(㋳1650頃)生。イギリスの私掠船船長、のちに海賊。
トゥルヴィル、アンヌ・イラリオン・ド・コンタン、伯爵　Tourville, Anne Hilarion de Cotentin, Comte de　5.28没、58歳。1642生。フランスの提督。
スキュデリー、マドレーヌ・ド　Scudéry, Madeleine de　6.2没、93歳。1607生。フランスの女流作家。
セドリー、チャールズ　Sedley, Sir Charles　8.20没、62歳。1639生。イギリスの詩人、劇作家。
フリッチュ、アハスヴェールス　Fritsch, Ahasverus　8.24没、71歳。1629生。ドイツの法律家、著作家、詩人、讃美歌収集家。
ブルソー、エドム　Boursault, Edme　9.15没、63歳。1638生。フランスの劇作家。
ジェームズ2世　James II　9.17没、67歳。1633生。イギリス、スチュアート朝の国王(在位1685～88)。

456 人物物故大年表 外国人編

パプチニスキ，スタニスウァフ Papczyński, Stanisław 9.17没、70歳。1631生。ポーランドの修道会創立者。

[この年] **アセレイン** Asselijn, Thomas 81？歳。1620生。オランダの劇作家。

オルレアン，フィリップ1世 Orléans, Philippe I, Duc d' 61歳。1640生。フランスのルイ14世の弟。

カリクスト，フリードリヒ・ウルリヒ Calixt, Friedrich Ulrich 79歳。1622生。ドイツの神学者。

キッフィン，ウィリアム Kiffin, William 85歳。1616生。イギリスの毛織物貿易商人。

キャプテン・キッド Captain Kidd 56？歳。1645生。イギリスの海賊。

グイーディ，ドネーニコ Guidi, Domenico 76歳。1625生。イタリアの彫刻家。

シャピュゾー，サミュエル Shappuzeau, Samuel 76歳。1625生。フランスの劇作家，演劇史家，旅行記作者。

ブッシュネル，ジョン Bushnell, John 71？歳。1630生。イギリスの彫刻家。

ブーホルツ，アンドレアス・ハインリヒ Bucholtz, Andreas Heinrich 94歳。1607生。ドイツのルター派神学者。

文掞 60歳。1641生。中国，清初の文人画家。

ペトリーニ，アントニオ Petrini, Antonio 76歳。1625生。イタリア出身の建築家。

ミュリール，ピーテル（子） Mulier de Jonge, Pieter 64歳。1637生。オランダの画家。

[この頃] **エネパン，ルイ** Hennepin, Louis [異]1705？没、75？歳。1626生。ベルギー生れの神父。

1702年

5.04 スペイン継承戦争が始まる

＊ ＊ ＊

厳縄孫 1.？没、79歳。1623生。中国，清初の文人画家。

ウィリアム3世 William III 3.8没、51歳。1650生。イギリスのスチュアート朝の王(在位1689～1702)。

バール Bart, Jean 4.27没、51歳。1650生。フランスの海将。

ブーウール，ドミニク Bouhours, Dominique 5.27没、74歳。1628生。フランスの文人，イエズス会士。

リュンフ Rumph, Georg Everhard 6.15没、74歳。1628生。オランダ(ドイツ生れ)の植民地行政官。

ルベーグ，ニコラ Lebègue, Nicolas-Antoine 7.6没、71歳。1631生。フランスの作曲家，オルガン奏者，クラブサン奏者。

ブドン，アンリ・マリー Boudon, Henri Marie 8.3没、78歳。1624生。フランスの霊性著作家，エヴル教区司祭。

サンダランド Sunderland, Robert Spencer, 2nd Earl of 9.28没、62歳。1640生。イギリスの政治家。

ルートベック，ウーロヴ Rudbeck, Olof 12.12没、72歳。1630生。スウェーデンの医学者，植物学者。

[この年] **アッフネル，エンリーコ** Haffner, Enrico 62歳。1640生。イタリアの画家。

キョプリュリュ・フセイン Köprülü Ḥusein オスマン・トルコの宰相(1697～1702)。

ゲイル，トマス Gale, Thomas 67？歳。1635生。イングランドの古文書学者。

ゲラルディ，アントーニオ Gherardi, Antonio 58歳。1644生。イタリアの建築家，画家。

セバストス・トラペズンティオス Sebastos Trapezuntios 72歳。1630生。ギリシア正教神学者。

道霈 87歳。1615生。中国，明代の禅僧。

バショモン Bachaumont, François le Coigneux de 78歳。1624生。フランスの小説家。

ハバーズ Havers, Clopton 52歳。1650生。イギリスの解剖学者。

バルト，ジャン Barth, Jean 52歳。1650生。フランスの私掠船乗組員。

フィリップス Philips, Frederick 76歳。1626生。植民地時代のニューヨークの商人。

ベンボー，ジョン Benbow, John 49歳。1653生。イギリスの海軍司令官。

パローディ，ジャーコモ・フィリッポ Parodi, Giacomo Filippo 72歳。1630生。イタリアの彫刻家，木彫家。

ポンフレット Pomfret, John 35歳。1667生。イギリスの詩人。

ローテ，ヨハネス Rothe, Johannes 74歳。1628生。オランダの千年王国説の預言者。

1703年

12.27 イギリスとポルトガルが通商条約を結ぶ

＊ ＊ ＊

グレヴィウス Grävius, Johann Georg 1.11没、70歳。1632生。ドイツの古代語学者。

ハイド Hyde, Thomas 2.18没、66歳。1636生。イギリスの東洋学者。

フック，ロバート Hooke, Robert 3.3([異]1702)没、67歳。1635生。イギリスの物理学者。

1703　18世紀

ベッヒマン，フリーデマン　Bechmann, Friedemann　3.9没、74歳。1628生。ドイツのルター派神学者。

クンケル　Kunckel von Löwenstern, Johann　3.20(㋄1702)没、65歳。1638(㋄1630)生。ドイツの化学者，薬学者，ガラス技芸者。

ジェルビヨン，ジャン・フランソワ　Gerbillon, Jean-François　3.22(㋄1707)没、48歳。1654生。フランス出身のイエズス会士，医学者。

バッハ，ヨーハン・クリストフ　Bach, Johann Christoph　4.2没、60歳。1642生。ドイツの作曲家。

ファン・デル・ネール，エグロン・ヘンドリック　Neer, Eglon Hendrik van der　5.3没、68？歳。1635(㋄1634)生。オランダの画家。

ライフェンシュテュール，アナクレートゥス　Reiffenstuel, Anacletus　5.10没、60歳。1642生。ドイツのカトリック神学者，教会法学者。

ペロー，シャルル　Perrault, Charles　5.15？(㋄1707)没、75歳。1628生。フランスの童話作家，詩人，評論家。

ピープス，サミュエル　Pepys, Samuel　5.26没、70歳。1633生。イギリスの政治家。

オードラン，ジェラール1世　Audran, Gérard I　7.26没、62歳。1640生。フランスの銅版画家。

サン・テヴルモン，シャルル・ド　Saint-Évremond, Charles de Marguetel de Saint-Denis, Seigneur de　9.20没、93歳。1610(㋄1614)生。フランスの思想家，評論家，劇作家。

ヴィヴィアーニ，ヴィンチェンツォ　Viviani, Vincenzo　9.22没、81歳。1622生。イタリアの物理学者，数学者。

レーヴェ　Löwe (Löwe von Eisenach)，Johann Jakob　9.？没、74歳。1629生。ドイツの作曲家。

キンゴ，トーマス　Kingo, Thomas Hansen　10.14没、68歳。1634生。デンマークの詩人。

ウォリス，ジョン　Wallis, John　10.28没、86歳。1616生。イギリスの数学者，物理学者，神学者。

マスカロン，ジュール・ド　Mascaron, Jules de　11.20没、69歳。1634生。フランスの説教者。

グリニー，ニコラ・ド　Grigny, Nicolas de　11.30没、31歳。1672生。フランスのオルガン奏者，作曲家。

シュトルム　Sturm, Johann Christopher　12.25没、68歳。1635生。ドイツの数学者，天文学者で物理学者。

ムスタファ2世　Muṣṭafa II　12.31没、39歳。1664生。オスマン・トルコ帝国の第22代スルタン(在位1695～1703)。

この年　ヴェーレンフェルス，ペーター　Werenfels, Peter　76歳。1627生。スイスの改革派神学者。

王熙　75歳。1628生。中国，清初の政治家。

金侃　中国，清初の画家。

クロプファー，バルタザール・クリストフ　Klopfer, Balthasar Christoph　44歳。1659生。ドイツの反教会的神秘主義キリスト者。

ジュリアン，ジル　Jullien, Gilles　50？歳。1653生。フランスのオルガン奏者，作曲家。

ソラン，エーリアス　Saurin, Elias　64歳。1639生。フランス出身のオランダで活躍した改革派神学者。

ダールベルク，エリック　Dahlberg, Erik　78歳。1625生。スウェーデンの軍事エンジニア，建築家。

ドワイト，ジョン　Dwight, John　66？歳。1637(㋄1635頃)生。イギリスの陶芸家。

バルディ，ラッザーロ　Baldi, Lazzaro　79？歳。1624生。オタリアの画家。

バレーム　Barrême, François　63歳。1640生。フランスの数学教育学者。

ヒンケル，ホーデルト・デ　Ginckell, Godert de　73歳。1630生。オランダの将軍。

ピオーラ，ドメーニコ　Piola, Domenico　76歳。1627生。イタリアの画家。

朴世堂　74歳。1629生。朝鮮，李朝の学者。

ペートラーチャー　P'etraja　71歳。1632生。アユティヤ朝に属するタイ国王(在位1688～1703)。

この頃　クラウン，ジョン　Crowne, John　63？歳。1640生。イギリスの劇作家。

シベレヒツ，ヤン　Siberechts, Jan　76？歳。1627生。フランドルの画家。

バーソッグ　Burthogge, Richard　65？歳。1638生。イギリスの哲学者。

1704年

4.24　ボストンでアメリカ初の定期新聞が創刊
＊　＊　＊

ベリーニ　Bellini, Lorenzo　1.8没、60歳。1643生。イタリアの医師，生理学者，解剖学者。

ロピタル(侯爵)，ギョーム・フランソワ・アントワーヌ・ド　L'Hôpital, Guillaume François Antoine de　2.2没、43歳。1661生。フランスの数学者。

ノリス，ヘンリ(エンリコ)　Noris, Henri (Enrico)　2.22？没、72歳。1631生。イタリア出身のカトリック教理史家，聖職者。

ムッファト，ゲオルク　Muffat, Georg　2.23没、50歳。1653(㋄1645頃)生。ドイツの作曲家，オルガン奏者。

シャルパンティエ，マルカントワーヌ　Charpentier, Marc-Antoine　2.24(㋄1702)没、70歳。1634(㋄1645頃)生。フランスの作曲家。

パロセル，ジョセフ　Parrocel, Joseph　3.1没、57歳。1646生。フランスの画家。

458　人物物故大年表　外国人編

1705年

クーホールン，メンノー　Coehoorn, Menno van　3.17没、63歳。1641生。オランダの軍人，軍事技術者。

ブックストルフ，ヨハネス・ヤーコプ　Buxtorf, Johannes Jakob　4.1没、58歳。1645生。スイスのセム語学者。

ボシュエ，ジャック・ベニーニュ　Bossuet, Jacques Bénigne　4.12没、76歳。1627生。フランスの聖職者，説教家，神学者。

フッデ　Hudde, Jan　4.15没、75歳。1628生。オランダの数学者。

文点　4.?没、71歳。1633生。中国，清初の文人画家。

ビーバー，ハインリヒ・イグナーツ・フランツ・フォン　Biber, Heinrich Ignaz Franz von　5.3没、59歳。1644生。ボヘミアのヴァイオリン奏者，作曲家。

ブルダルー，ルイ　Bourdaloue, Louis　5.13没、71歳。1632生。フランスのイエズス会修道士，説教師。

ブラウン　Brown, Thomas　6.16没、41歳。1663生。イギリスの詩人。

閻若璩　6.?没、68歳。1636生。中国，清の学者。

ソフィア・アレクセーエヴナ　Sofiya Alekseevna Romanova　7.14没、46歳。1657生。ロシアの摂政（在位1682～89）。

キーチ，ベンジャミン　Keach, Benjamin　7.18没、64歳。1640生。イギリスのバプテスト教会牧師。

ジェンジェシ　Gyöngyösi, István　7.24没、75歳。1629生。ハンガリーの詩人。

リード，ジェイン　Lead, Jane　8.19没、81？歳。1623生。イギリスの婦人神秘家。

プロヴェンツァーレ，フランチェスコ　Provenzale, Francesco　9.6没、78？歳。1626/（㊥1627頃）生。イタリアの作曲家。

メンジーニ，ベネデット　Menzini, Benedetto　9.7没、58歳。1646生。イタリアの詩人。

バンセス-カンダモ，フランシスコ・アントニオ・デ　Bances Candamo, Francisco Antonio de　9.8没、42歳。1662生。スペインの劇作家。

ゴザー（ゴター），ジョン　Gother (Goter), John　10.2没、94？歳。1610生。イギリスのカトリック聖職者，論争神学者，教父学者。

ロック，ジョン　Locke, John　10.28没、72歳。1632生。イギリスの哲学者。

レストレンジ　L'Estrange, Sir Roger　12.11没、87歳。1616生。イギリスのジャーナリスト。

アイゼンメンガー，ヨーハン・アンドレーアス　Eisenmenger, Johann Andreas　12.20没、50歳。1654生。ドイツのオリエント語学者。

ヘーディンガー，ヨーハン・ラインハルト　Hedinger, Johann Reinhard　12.28没、40歳。1664生。ドイツの敬虔主義著作家。

この年 顔元　69歳。1635（㊥1636）生。中国，清初の儒者。

クレランボー，ドミニク　Clérambault, Dominique　57歳。1647生。フランスのヴァイオリン奏者。

ゲラルディ，フィリッポ　Gherardi, Filippo　61歳。1643生。イタリアの画家。

高士奇　59歳。1645生。中国，清の文学者。

洪昇　59歳。1645生。中国，清初の劇作家。

デュサルト，コルネリス　Dusart, Cornelis　44歳。1660生。オランダの画家。

唐甄　74歳。1630生。中国，清前期の学者。

ドニ　Denis, Jean Baptiste　64？歳。1640（㊥1643）生。フランスの医師。

トンティ　Tonty, Henri de　54？歳。1650生。フランスの探検家。

バード，W.　Byrd, William　52歳。1652生。アメリカ植民地時代の大農園主，商人。

プルーム，トマス　Plume, Thomas　74歳。1630生。イギリスの神学者。

尤侗　86歳。1618生。中国，清初の文学者。

陸希言　73歳。1631生。中国のイエズス会士。

ルードルフ，ヒーオブ　Ludolf, Hiob　80歳。1624生。ドイツのオリエント学者。

この頃 イデス　Ides, Ebert Isbrand　44？歳。1660生。ロシアの貿易商。

ボスキーニ，マルコ　Boschini, Marco　91？歳。1613生。イタリアの美術著述家，画家，版画家。

1705年

ジョルダーノ，ルカ　Giordano, Luca　1.12没、71歳。1634（㊥1632）生。イタリアの画家。

ドーノワ夫人，マリー-カトリーヌ・ル・ジュメル・ド・バルヌヴィル　Aulnoy, Marie Catherine Le Jumel de Barneville　1.13？没、55？歳。1650生。フランスの女流作家。

レイ，ジョン　Ray, John　1.17没、77歳。1627（㊥1628）生。イギリスの博物学者。

シュペーナー，フィーリップ・ヤーコプ　Spener, Philipp Jakcob　2.5没、70歳。1635生。ルター派牧師。

ジル，ジャン　Gilles, Jean　2.5没、37歳。1668生。フランスの作曲家。

ハウ，ジョン　Howe, John　4.2没、74歳。1630生。イギリスの非国教派牧師，ピューリタン。

ヴィンクラー，ヨハネス　Winckler, Johannes　4.5没、62歳。1642生。ドイツのルター派神学者。

洪啓英　4.15没、18歳。1687生。朝鮮，李朝中期の文人。

レオポルト1世　Leopold I　5.5没、64歳。1640生。神聖ローマ皇帝（在位1658～1705）。

1705

フィッシャー, ヨハネス　Fischer, Johannes　5.17没、69？歳。1636生。ドイツのルター派神学者。

ウィグルズワース, マイケル　Wigglesworth, Michael　6.10没、73歳。1631生。アメリカの牧師、詩人。

ボンテンピ, ジョヴァンニ・アンドレア　Bontempi, Giovanni Andrea　7.1没、81？歳。1624生。イタリアの作曲家、理論家、カストラート歌手。

オーツ, タイタス　Oates, Titus　7.12？没、56歳。1649（㊅1648）生。イギリス国教会の聖職者。

ベルヌーイ, ヤーコブ　Bernoulli, Jakob I　8.16没、50歳。1655（㊅1654）生。スイスの数学者。

テケリ　Thököly, Imre　9.13没、47歳。1657生。ハンガリーのプロテスタントの指導者。

アモントン, ギョーム　Amontons, Guillaume　10.11没、42歳。1663生。フランスの実験物理学者。

ランクロ, ニノン・ド　Lenclos, Anne　10.17没、84歳。1620生。フランスの貴婦人。

ゴンサーレス・デ・サンターリャ, ティルソ　González de Santalla, Tirso　10.27没、81歳。1624生。スペインの神学者。

キャサリン　Catherine of Braganza　12.31没、67歳。1638生。ポルトガル王女。

この年 ヴァーゲンザイル, ヨーハン・クリストフ　Wagenseil, Johann Christoph　（㊅1708没、72歳。1633生。ドイツの法学者、オリエント語学者、ユダヤ教学者、歴史家。

カロン（小）　Caron, François　71歳。1634生。オランダの改革派教会宣教師。

グリュック, エルンスト　Glück, Ernst　53歳。1652生。ドイツ出身の聖書翻訳者。

サンギェ・ギャツォー　Saṅs-rgyas rgya-mtsho　81？歳。1624生。チベットの第5代ダライ・ラマの摂政。

ゾフィー　Sophie, Charlotte　37歳。1668生。プロシア王フリードリヒ1世の妃。

トロンシャン, ルイ　Tronchin, Louis　76歳。1629生。スイスの改革派の神学者。

八大山人　㊅1703没、80？歳。1625（㊅1626）生。中国、清の画家。

ベアグル, フィリップ　Behagle, Philippe　フランスのタピスリー制作家。

ピアッツェッタ, ジャーコモ　Piazzetta, Giacomo　65？歳。1640生。イタリアの彫刻家。

ボーシャン, ピエール　Beauchamp, Pierre　㊅1719没、69歳。1636（㊅1639）生。フランスの舞踊家。

パーマー　Palmer, Roger, Earl of Castlemaine　71歳。1634生。イギリスの延臣、外交官。

李顒　78歳。1627（㊅1630）生。中国、清初の儒学者。

リヒター, ヨハン・モーリッツ2世　Richter, Johann Moritz II　58歳。1647生。ドイツの建築家。

廖燕　61歳。1644生。中国、清初の文人。

この項 ウェーファー　Wafer, Lionel　45？歳。1660生。イギリスのバカニア（スペイン植民地を襲った海賊）。

ル・ルー　Le Roux Gaspard　45？歳。1660生。フランスのクラヴサン奏者、作曲家。

* * *

1706年

5.23　ラミーユの戦いでベルギーの大都市が降伏
この年　ジョン・マチンが円周率を100桁計算する
* * *

ハンネケン, フィーリプ・ルートヴィヒ　Hannecken, Philipp Ludwig　1.16没、68歳。1637生。ドイツのルター派神学者。

マスリエ, アントナン　Massoulié, Antonin　1.23没、73歳。1632生。フランスのドミニコ会士、神学者。

ポワトヴァン　Poitevin, Guillaume　1.26没、59歳。1646生。フランスの作曲家。

サックビル　Sackville, Charles　1.29没、68歳。1638生。イギリスの詩人。

イーヴリン, ジョン　Evelyn, John　2.27没、85歳。1620生。イギリスの芸術愛好家。

パッヘルベル, ヨハン　Pachelbel, Johann　3.9（埋葬）没、52歳。1653生。ドイツのオルガン奏者、作曲家。

エーゲダッハー, ヨハン・クリストフ　Egedacher, Johann Christoph　4.5（㊅1747）没、60歳。1646（㊅1664）生。ドイツのオルガン製作者。

オウエン, ジェイムス　Owen, James　4.8没、51歳。1654生。イギリスの非国教徒牧師。

メスエン　Methuen, John　7.2没、56？歳。1650生。イギリスの外交官。

イベルヴィル　Iberville, Pierre Le Moyne, Sieur d'　7.9没、45歳。1661生。カナダ生れのフランスの探検家。

デュアメル, ジャン・バティスト　Du Hamel, Jean-Baptiste　8.6没、82歳。1624（㊅1623）生。フランスの自然科学者、神学者。

ドイッチュマン, ヨハネス（ヨーハン）　Deutschmann, Johannes (Johann)　8.12没、81歳。1625生。ドイツのルター正統派神学者。

ヴィルマン, ミヒャエル・ルーカス・レーオポルト　Willmann, Michael　8.26没、75歳。1630生。ドイツの画家。

マース, ボニファティウス　Maes, Bonifatius　10.3没、79歳。1627生。フランドルの霊性著作家。

ヴェルクマイスター, アンドレーアス　Werckmeister, Andreas　10.26没、60歳。1645生。ドイツのオルガン奏者、音楽理論家。

18世紀　1707

アーレ，ヨハン・ゲオルク　Ahle, Johann Georg 12.2没、55歳。1651生。ドイツのオルガン奏者，作曲家，理論家，詩人。

ペドロ2世　Pedro II　12.9没、58歳。1648生。ポルトガル王（在位1683～1706）。

ベール，ピエール　Bayle, Pierre　12.28没、59歳。1647生。フランスの懐疑論的哲学者。

マルタン　Martin, François　12.31没、66?歳。1640生。フランスの植民地建設者。

[この年] ヴァッカーロ，ロレンツォ　Vaccaro, Lorenzo　51?歳。1655生。イタリアの彫刻家，建築家。

キナストン　Kynaston, Edward　66?歳。1640生。イギリスの俳優。

ゴロヴィーン　Golovin, Fëdor Alekseevich　56歳。1650生。ロシアの政治家。

秋鵬　55歳。1651生。朝鮮の僧。

スハルケン，ホットフリート　Schalcken, Godfried　63歳。1643生。オランダの画家，版画家。

スーラパティ　Surapati　ジャワの武将。

デ・マン，コルネリス　de Man, Cornelis　85歳。1621生。オランダの画家。

バイエ　Baillet, Adrien　57歳。1649生。フランスの司祭。

ハッテム，ポンティアーン・ヴァン　Hattem, Pontiaen van　61歳。1645生。オランダ分離派の神学者。

ボワヴァン，ジャック　Boyvin, Jacques　57?歳。1649生。フランスのオルガン奏者，作曲家。

ランクロ　Lanclos, Ninon de Lencolos, Anne　90歳。1616生。フランスの貴婦人。

リヴァル，ジャン-ピエール　Rivalz, Jean-Pierre　81歳。1625生。フランスの美術家。

[この頃] メース，トマス　Mace, Thomas　93?歳。1613（㊥1612頃）生。イギリスのリュート奏者。

羅牧　84?歳。1622生。中国，清初期の画家。

1707年

5.12　グレート・ブリテン王国が成立する
＊＊＊

ホウディ，ハンフリ　Hody, Humphrey　1.20没、48歳。1659生。イギリスの聖書学者。

ドシテオス　Dositheos of Jerusalem　2.7没、65歳。1641生。エルサレムの総主教。

アウラングゼーブ，ムヒー・ウッディーン・ムハンマド　Aurangzēb, Mohī al-Dīn Mohammed　3.3没、88歳。1618生。インド，ムガル帝国第6代皇帝（在位1658～1707）。

ヴォーバン，セバスティアン・ル・プレトル・ド　Vauban, Sébastien Le Prestre de　3.30没、73歳。1633生。フランスの武将，戦術家，築城家。

エドランク，ジェラール　Edelinck, Gérard　4.2没、66歳。1640生。フランドル出身のフランスの複製画家。

フェルデ，ヴィレム・ファン・デ　Van de Velde, Willem II　4.6没、73歳。1633生。オランダの画家。

ファーカー，ジョージ　Farquhar, George　4.29没、30?歳。1677（㊥1678）生。イギリスの劇作家。

ブクステフーデ，ディデリック　Buxtehude, Dietrich　5.9没、70?歳。1637生。デンマークの作曲家，オルガン奏者。

モンテスパン，フランソワーズ・アテナイース・ド・ロシュシュワール，侯爵夫人　Montespan, Françoise-Athénaïs de Rochechouart, Marquis de　5.27没、65歳。1641（㊥1640）生。フランスの貴婦人。

パトリック，サイモン　Patrick, Simon　5.31没、80歳。1626生。英国教会の聖職，イーリ主教。

シャーロク，ウィリアム　Sherlock, William　6.19没、66歳。1641生。英国教会の聖職，神学者。

ミルズ，ジョン　Mills, John　6.23没、62歳。1645生。イギリスの新約聖書本文批評家。

デヴォンシャー　Devonshire, William Cavendish, 1st Duke of　8.18没、67歳。1640生。イギリスの政治家。

カルプツオフ，ザームエル・ベーネディクト　Carpzov, Samuel Benedikt　8.31没、60歳。1647生。ドイツの神学者。

ダス，ペッテル　Dass, Petter　8.?（㊥1708）没、60歳。1647生。ノルウェーの詩人。

ウィラード，サミュエル　Willard, Samuel　9.12没、68?歳。1639（㊥1640）生。アメリカの牧師，教育者。

シュペーア　Speer, Georg Daniel　10.5没、71歳。1636生。ドイツの作曲家，著述家。

パトクル　Patkul, Johann Reinhold von　10.21没、47歳。1660生。リヴォニア（バルト沿岸の一地方）の貴族，政治家。

ル・セール・ド・ラ・ヴィエヴィル・ド・フレヌーズ，ジャン-ローラン　Le Cerf de la Viéville de Fresneuse, Jean-Laurent　11.9没、33歳。1674生。フランスの作家。

クラーク，ジェレマイア　Clarke, Jeremiah　12.1没、33?歳。1674（㊥1673頃）生。イギリスの作曲家，オルガン奏者。

コワペル，ノエル　Coypel, Noël　12.24没、78歳。1628生。フランスの画家一族コアベル家の祖。

マビヨン，ジャン　Mabillon, Jean　12.27没、75歳。1632生。フランスの文献学者。

人物物故大年表 外国人編　461

バセー，ジャン Basset, Jean 12.？没、45歳。1662生。フランスの来中国宣教師。

[この年] **アルドロヴァンディーニ，ジュゼッペ・アントニオ・ヴィンチェンツォ** Aldrovandini, Giuseppe Antonio Vincenzo 34歳。1673生。イタリアの作曲家。

イヴォーン，ピエール Yvon, Pierre 61歳。1646生。ラバディ派のフランス宣教者。

ウィンスロップ，ジョン Winthrop, John 68歳。1639生。イギリスの軍人，植民地司令官，ジョン・ウィンスロップの息子。

ヴェリオ，アントニオ Verrio, Antonio 67？歳。1640（[異]1639頃）生。イタリアの画家。

グラモン Gramont, Philibert, Comte de 86？歳。1621生。フランスの軍人。

グレニンガー，ヨハン・マウリッツ Gröninger, Johann Mauritz ドイツの彫刻家。

査昇 57歳。1650生。中国，清初の書家。

ジゴー，ニコラ Gigault, Nicolas 80？歳。1627生。フランスのオルガン奏者，作曲家。

ショベル Shovell, *Sir* Cloudesley 57歳。1650生。イギリスの提督。

ダライラマ6世，ツァンヤン・ギャムツォ Dalai Lama VI, Tshaṅ-dbyaṅs rgya-mtsho [異]1706没、24歳。1683生。チベット‐ラマ教の法王。

鄭克塽 37歳。1670生。中国，明末・清初期の武人。

ディーンツェンホーファー，ヨハン・レオンハルト Dientzenhofer, Johann Leonhard 47歳。1660生。ドイツの建築家。

デルクール，ジャン Delcour, Jean 76歳。1631生。フランドルの彫刻家。

バリーヴィ Baglivi, Giorgi [異]1701没、39？歳。1668生。イタリアの解剖学者。

ブルナチーニ，ロドヴィーコ・オッターヴィオ Burnacini, Lodovico Ottavio 71歳。1636生。イタリアの建築家，舞台美術家。

文信 78歳。1629生。朝鮮の僧。

ホイスム，ユストゥス Huysum, Justus van 22歳。1685生。オランダの画家。

ルートウィヒ・ウィルヘルム1世 Ludwig Wilhelm I, Markgraf von Baden-Baden 52歳。1655生。ドイツの将軍。

[この頃] **サージェント，ジョン** Sergeant, John 85？歳。1622生。イングランドのローマ・カトリック教会司祭，著述家。

プレーフォード，ヘンリー Playford, Henry 50？歳。1657生。イギリスの音楽出版・販売業者の一族。

マクドナルド，ジョン MacDonald, John 83？歳。1624生。スコットランドのゲール語吟遊詩人。

マッテイス Matteis, Nicola イタリア出身のヴァイオリン奏者，ギター奏者，作曲家。

ルリエ Loulié, Étienne 52？歳。1655生。フランスの音楽家，理論家。

ワリー，ワリー・ムハンマド Valī, Shamsu'd-Dīn Valī Ullāh [異]1741頃没、39？歳。1668（[異]1667）生。インドのウルドゥー語詩人。

1708年

エツァルドゥス，エスドラ Edzardus, Esdra 1.1没、78歳。1629生。ドイツのルター派オリエント学者。

フリードリヒ2世 Friedrich II 1.24没、74歳。1633生。ヘッセン・ホンブルク地方伯（在位1681～1708）。

スミス，バーナード Smith, Bernard 2.20没、78？歳。1630生。ドイツ生れのイギリスのオルガン建造家。

ベヴァリジ，ウィリアム Beveridge, William 3.5没、71歳。1637生。英国教会のセント・アサフ教区主教。

ル・ゴビヤン，シャルル Le Gobien, Charles 3.5没、54歳。1653生。フランスのイエズス会司祭。

ラヴァル‐モンモランシー，フランソワ・クサヴィエ Laval, François de Montmorency 5.6没、85歳。1623生。フランスのカトリック聖職者。

マンサール，ジュール・アルドゥアン Mansart, Jules Hardouin 5.11没、63歳。1645（[異]1646）生。フランスの建築家。

ブロー，ジョン Blow, John 10.1没、59歳。1649生。イギリスの作曲家，オルガン奏者。

グレゴリ Gregory, David 10.10没、47歳。1661生。スコットランドの数学者，天文学者。

チルンハウゼン Tschirnhaus, Ehre 10.11没、57歳。1651生。ドイツの哲学者，数学者，科学者。

ヴァイゼ，クリスティアン Weise, Christian 10.21没、66歳。1642生。ドイツの教育家，小説家。

ウィツィーウス，ヘルマニュス Witsius, Hermanus 10.22没、72歳。1636生。オランダの改革派神学者。

バックホイセン，ルドルフ Backhuysen, Ludolf 11.17没、76歳。1631生。オランダの海洋画家，版画家。

ペレイラ，トマス Pereira, Thomas 12.24没、63歳。1645生。ポルトガルのイエズス会士。

トゥルヌフォール，ジョゼフ・ピトン・ド Tournefort, Joseph Pitton de 12.28没、52歳。1656生。フランスの植物学者。

[この年] **カルローネ，カルロ・アントーニオ** Carlone, Carlo Antonio イタリアの芸術家，装飾家，建築家。

ゴーヴィンド・シング Govind Simh, Guru 42歳。1666生。インドのシク教第10祖（1675～1708）。

18世紀　1709

コチュベーイ　Kochubei, Vasilii Leontievich　68歳。1640生。ウクライナ・コサックの部将。

シモーネ・デル・ティントーレ　Simone del Tintore　78？歳。1630生。イタリアの画家。

ジャクロー, イザアク　Jacquelot (Jaquelot), Isaac　61歳。1647生。ドイツの改革派神学者、フランス人教会牧師。

徐釚　72歳。1636生。中国、清初の詞人。

スィンフ　Sinh, Govind　42歳。1666生。インド、シク教第10代のグル（教主、在位1675～1708）。

タイソン　Tyson, Edward　58歳。1650生。イギリスの科学者。

チーヴァ　Cheever, Ezekiel　93歳。1615生。アメリカのグラマー・スクールの教師。

張英　71歳。1637生。中国、清代の学者。

ドラーギ, ジョヴァンニ・バッティスタ　Draghi, Giovanni Battista　68？歳。1640生。イタリアのハープシコード奏者、オルガン奏者。

博爾都　60歳。1648生。中国、清初の収蔵家。

ヒギンソン　Higginson, Nathaniel　56歳。1652生。イギリスの軍人。

ファイステンベルガー, アントン　Faistenberger, Anton　45歳。1663生。ドイツの画家。

ブラーヴィン　Bulavin, Kondratii Afanasevich　48？歳。1660生。ドン・コサックの主領。

ブラウン（ブラウニウス）, ヨハネス　Braun (Braunius), Johannes　80歳。1628生。オランダの改革派教会牧師、神学者。

ベルヌイ, ニコラウス　Bernoulli, Nikolaus　85歳。1623生。オランダ出身のスイス・バーゼル市参事会員。

ベルハーベン・アンド・ステントン　Belhaven and Stenton, John Hamilton, 2nd Baron　52歳。1656生。スコットランドの貴族。

マケミ, フラーンシス　Makemie, Francis　50？歳。1658生。アメリカ長老派教会の祖とされる牧師。

ミレスク, ニコラエ・スパタール　Milescu, Nicolae Spătar　72歳。1636生。モルドバ公国（のちのルーマニア）出身の政治家、文学者。

毛際可　75歳。1633生。中国、清初の文人、画家。

ラフィラール, ミシェル　L'Affilard, Michel　52？歳。1656生。フランスの歌手、作曲家、理論家。

この頃　アッセブルク, ロザムンデ・ユリアーネ・フォン　Asseburg, Rosamunde Juliane von　36？歳。1672生。ドイツのルター派の敬虔主義的神秘家。

クープラン, フランソワ1世　Couperin, François　㊙1701没、78？歳。1630生。フランスのオルガンおよびクラヴサン、ヴィオルの奏者。

鄒喆　72？歳。1636生。中国、清初の画家。

ルイス・ブランコ, マティーアス　Ruíz Blanco, Matías　63？歳。1645生。スペインのフランシスコ会宣教師。

ワーヒド・カズヴィーニー　Wāḥid Qazwīnī　イランのサファヴィー朝後半期の政治家、詩人。

1709年

7.08　ロシア軍がポルタヴァの戦いで勝利する

＊＊＊

ラシェーズ, フランソワ・デクス　La Chaise, François d'Aix　1.20没、84歳。1624生。フランスの聖職者。

ルック　Rooke, Sir George　1.24没、59歳。1650生。イギリスの提督。

トレッリ, ジュゼッペ　Torelli, Giuseppe　2.8 (㊙1708)没、50歳。1658 (㊙1650頃)生。イタリアの作曲家、ヴァイオリン奏者。

バチッチア, イル　Baciccio, Giovanni Battista　4.2没、69歳。1639生。イタリアの画家。

ピル, ロジェ・ド　Piles, Roger de　4.5没、74？歳。1635生。フランスの画家、文筆家。

ルイド, エドワード　Lhwyd, Edward　6.30没、49歳。1660生。イギリスの地質学者、植物学者。

コラス, パスカル　Collasse (Colasse), Pascal　7.17没、60歳。1649生。フランスの作曲家。

ダールシャーナ, グンノ　Dahlstierna, Gunno　7.19没、47歳。1661生。スウェーデンのバロック詩人。

ポッツォ, アンドレア　Pozzo, Andrea dal　8.31没、66歳。1642生。イタリアの画家。

ルニャール, ジャン-フランソワ　Regnard, Jean François　9.4没、54歳。1655生。フランスの喜劇作家。

マゼーパ　Mazepa, Ivan Stepanovich　9.8没、65？歳。1644生。ウクライナのコサックの首長 (1687～1709)。

マヨール, ジョゼフ　Mayol, Joseph　9.26没、53？歳。1656生。フランスのドミニコ会哲学者、神学者。

リュイナール, ティエリ　Ruinart, Thierry　9.27没、52歳。1657生。フランスのベネディクト会修道士、歴史家。

ボフォール, ウスターシュ・ド　Beaufort, Eustache de　9.30没、73歳。1636生。フランスの修道士、シトー会改革者。

コルネイユ, トマ　Corneille, Thomas　10.8没、84歳。1625生。フランスの劇作家。

モリソー　Mauriceau, François　10.17没、72歳。1637生。フランスの外科医、産科医。

ドミートリイ・ロストフスキイ　Dmitrii (Dimitrij) Rostovskii　10.28没、58歳。1651生。ロシア正教会ロストーフ府主教、説教家、著作家、聖人。

朱彝尊　10.?没、80歳。1629生。中国, 清の文学者。

ベンティンク, ウィリアム, 初代ポートランド伯爵　Bentinck, William, 1st Earl of Portland　11.23没、60歳。1649生。イギリスの政治家。

アブラハム・ア・ザンクタ・クラーラ　Abraham a Santa Clara　12.1没、65歳。1644生。ドイツの説教者。

ホッベマ, メインデルト　Hobbema, Meindert　12.7没、71歳。1638生。オランダの画家。

カリー, ピエール　Cally, Pierre　12.31没。フランスの哲学者, 神学者。

[この年] アントニウス・トマス　Antonius Thomas　65歳。1644生。ベルギーのイエズス会士。

カストナー, ガスパル　Castner, Gaspar　44歳。1665生。ドイツのイエズス会士。

姜実節　62歳。1647生。中国, 清初の画家。

グイドボーノ, バルトロメーオ　Guidobono, Bartolomeo　55歳。1654生。イタリアの画家, 陶芸家。

クーパー, ウィリアム　Cowper, William　43歳。1666生。イギリスの外科医。

コプリー, サー・ゴドフリー　Copley, Sir Godfrey, 2nd Baronet of　イギリスの博愛主義者。

シュヴァルツ, ヨーズア　Schwarz, Josua　77歳。1632生。ドイツのルター派正統主義の神学者。

陳奕禧　61歳。1648生。中国, 清初の画家。

フィリプス　Philips, John　33歳。1676生。イギリスの詩人。

マヴロコルダートス　Mavrokordatos, Alexandros　73歳。1636生。ギリシアの政治家, 学者, 医師。

モンタギュー, ラルフ　Montagu, Ralph　71?歳。1638生。イギリスの貴族。

モンペッソン, ウィリアム　Mompesson, William　70歳。1639生。イギリスのダービーシャー州イムの教区牧師。

ラ・レニー　La Reynie, Gabriel-Nicolas de　84歳。1625生。パリ市初代警視総監(1667～97)。

[この頃] 禹之鼎　⑮1686没、62?歳。1647生。中国, 清初の宮廷画家, 肖像画家。

スパーサリ　Spathaty, Nikolai Gavrilovich　84?歳。1625生。ギリシアの外交官。

1710年

8.19　イギリスでトーリー党政府が成立する

***

フォンタネー, ジャン・ド　Fontaney, Jean de　1.16没、66歳。1643生。フランスのイエズス会士。

ギヒテル, ヨーハン・ゲオルク　Gichtel, Johann Georg　1.21没、71歳。1638生。ドイツのプロテスタント神秘主義者。

フレシエ, ヴァランタン・エスプリー　Fléchier, Valentin Esprit　2.16没、77歳。1632生。フランスの聖職者。

ブル, ジョージ　Bull, George　2.17没、75歳。1634生。イギリスの神学者。

コドリントン, クリストファー　Codrington, Christopher　4.7没、42歳。1668生。イギリスの軍人, 詩人, 植民地行政官。

ベタートン, トマス　Betterton, Thomas　4.28没、74歳。1635生。イギリスの王政復古期の俳優。

マルシャン, ジャン・ノエル(I)　Marchand, Jean-Noël　5.31没、43歳。1666生。フランスのオルガン奏者, 王室リュート奏者。

ラ・ヴァリエール, ルイーズ-フランソワーズ・ド・ラ・ボーム・ル・ブラン, 女公爵　La Vallière, Louise Françoise de La Baume Le Blanc, Duchesse de　6.6没、65歳。1644生。フランスの貴婦人。

トゥルノン, シャルル・トマ・マヤール・ド　Tournon, Charles Thomas Maillard de　6.8没、41歳。1668生。イタリア人の教皇庁枢機卿。

ドノー・ド・ヴィセ, ジャン　Donneau de Visé, Jean　7.8没、71歳。1638生。フランスの作家。

ベルナルデス　Bernardes, Manuel　8.17没、65歳。1644生。ポルトガルの神学者, 文学者。

レーマー, オーレ・クリステンセン　Rømer, Ole Christensen　9.19没、65歳。1644生。デンマークの天文学者。

シュパンハイム, エツェーヒエール　Spanheim, Ezechiel　11.7没、80歳。1629生。ドイツの改革派信徒, 外交官。

パスクイーニ, ベルナルド　Pasquini, Bernardo　11.21没、72歳。1637生。イタリアの作曲家, チェンバロ・オルガン奏者。

オールドリチ, ヘンリ　Aldrich, Henry　12.14没、63歳。1647(⑯1648)生。英国教会の聖職, 作曲家, 建築家, 神学者。

[この年] エックレス, ソロモン　Eccles, Solomon　70?歳。1640生。イギリスの音楽家。

エンベル, パール　Ember, Pál　50?歳。1660生。ハンガリーの改革派牧師, 歴史家。

王源　62歳。1648生。中国, 清代の学者。

キルヒ　Kirch, Gottfried　71歳。1639生。ドイツの天文学者。

コンデ, ルイ3世　Condé, Louis III　22歳。1688生。フランスの貴族。

サンス, ガスパール　Sanz, Gaspar　70歳。1640生。スペインの作曲家, ギター奏者。

ジンバロ, ジュゼッペ　Zimbalo, Giuseppe (Zingarello)　93?歳。1617生。イタリアの建築家。

デュリュット Dulhut, Daniel Greysolon, Sieur 74歳。1636生。フランスの毛皮商，探検家。

フミアーニ，ジョヴァンニ・アントーニオ Fumiani, Giovanni Antonio 67歳。1643生。イタリアの画家。

ラ・バール(シャバンソー・ド)，ピエール4世 La Barre Chabanceau de, Pierre IV 76歳。1634生。パリの歌手，リュート奏者，スピネット奏者。

ラディソン Radisson, Pierre Esprit, Sieur de 74？歳。1636生。フランスの探検家，毛皮商人。

[この頃] **クライアー** Cleyer, Andreas [異]1697没。ドイツの医者。

石濤 [異]1707没、80？歳。1630([異]1642)生。中国，清の画家。

ルオッポロ，ジュゼッペ Ruoppolo, Giuseppe 89？歳。1621生。イタリアの画家。

1711年

4.30 サトマールの和約が成立する
9.22 ツスカロラ・インディアン戦争が勃発する
10.12 カール6世が神聖ローマ皇帝に即位する

＊＊＊

ヴァズ，ジョウゼフ Vaz, Joseph 1.16没、59歳。1651生。インドのオラトリオ会士，セイロンへの宣教師。

ベラン，ジャン Bérain, Jean Louis 1.25没、73？歳。1637([異]1640)生。フランスの装飾図案家。

メイボム Meibom(Meibomius)Marcus 2.15没、91？歳。1620生。デンマークの音楽学者。

フラッセン，クロード Frassen, Claude 2.26没、91歳。1620生。フランスのフランシスコ会の神学者，哲学者。

ケン，トマス Ken(Kenn), Thomas 3.11没、73歳。1637生。英国教会の主教，臣従拒誓者。

ボワロー，ニコラ Boileau-Despréaux, Nicolas 3.13没、74歳。1636生。フランスの詩人，評論家。

キーノ(キーニ)，エウセビオ・フランシスコ Kino, Eusebio Francisco 3.15没、65歳。1645([異]1644)生。北メキシコ，アメリカ南西部の開拓者。

ブレクリング，フリードリヒ Breckling, Friedrich 3.16没、82歳。1629生。オランダの敬虔主義の先駆者。

ラミー，フランソワ Lamy, François 4.4没、75歳。1636生。フランスのベネディクト会士，哲学者。

ヨーゼフ1世 Joseph I 4.17没、32歳。1678生。神聖ローマ皇帝(在位1705～11)。

ロチェスター伯 Rochester, Lawrence Hyde, Earl of 5.2没、69歳。1642生。イギリスの政治家。

王士禎 5.11没、76歳。1634生。中国，清の詩人。

オレアーリウス，ヨーハン・ゴットフリート Olearius, Johann Gottfried 5.21没、75歳。1635生。ドイツのルター派牧師，讃美歌作詞者。

ドッドウェル，ヘンリ Dodwell, Henry 6.7没、70歳。1641生。アイルランドの神学者，歴史家。

ギュルトラー，ニーコラウス Gürtler, Nikolaus 9.28没、56歳。1654生。ドイツの神学者，言語学者。

リヒター，クリスティアン・フリードリヒ Richter, Christian Friedrich 10.5没、85歳。1676生。ドイツの牧師，讃美歌作詞者。

グラーベ，ヨハネス・エルンスト Grabe, Johannes Ernst 11.3没、45歳。1666生。英国教会の新約学者，教父学者。

リヒター Richter, Ferdinand Tobias 11.3没、60歳。1651生。オーストリアのオルガン奏者，作曲家。

[この年] **アトラーソフ** Atlasov, Vladimir Vasilievich 50？歳。1661生。ロシアのシベリア征服者。

エックレス，ヘンリー Eccles, Henry 71？歳。1640生。イギリスのヴァイオリン奏者。

ゲルベロン，ガブリエル Gerberon, Gabriel 83歳。1628生。フランスのカトリック神学者。

張玉書 69歳。1642生。中国，清代の官吏。

デ・ライレッセ，ヘラルト de Lairesse, Gerard 71歳。1640生。フランドルの画家，版画家，美術理論家。

ドラーギ，カルロ・ドメーニコ Draghi, Carlo Domenico 42歳。1669生。イタリアのオルガン奏者。

ノリス，ジョン Norris, John 54歳。1657生。イギリスの哲学者。

馬注 71歳。1640生。中国，明末・清初のイスラム学者。

ブフレール Boufflers, Louis François, Duc de 67歳。1644生。フランスの元帥。

ブラケル，ウィレム(ヴィルヘルムス) Brakel, Willem(Wilhelmus) 76歳。1635生。オランダの敬虔派の牧師。

メディナ Medina, *Sir* John Baptiste 56？歳。1655生。フランドル生れのイギリスの画家。

ランドルフ Randolph, William 60？歳。1651生。アメリカの植民者。

ルイ・ド・フランス Louis de France 50歳。1661生。フランスの皇太子。

[この頃] **ハンフ，ヨーハン・ニーコラウス** Hanff, Johann Nicolaus 46？歳。1665生。ドイツのオルガン奏者，作曲家。

1712年

3.29　ムガル朝でジャハーンダール・シャー即位
7.24　ドナンの戦いで対仏大同盟軍が敗退する

＊＊＊

カティナ　Catinat, Nicolas de　2.23没、74歳。1637生。フランス最初の元帥。

バハードゥル・シャー1世　Bahādur Shāh I　2.27没、68歳。1644生。インドのムガル王朝の王。

パイアー　Peyer, Hans Conrad　2.29没、58歳。1653生。スイスの医者，解剖学者。

マガロッティ，ロレンツォ　Magalotti, Lorenzo　3.2没、74歳。1637生。イタリアの科学者，文人。

グルー，ニーマイア　Grew, Nehemiah　3.25没、70歳。1641生。イギリスの植物学者。

マイアー，ヨーハン・フリードリヒ　Mayer, Johann Friedrich　3.30没、61歳。1650生。ドイツのルター派神学論争家。

シモン，リシャール　Simon, Richard　4.11没、73歳。1638生。フランスの聖書学者。

ナービー，ユースフ　Nabi, Yusuf　4.12没、70歳。1642生。オスマン・トルコ宮廷文学の第一人者。

カバニリェス，フアン・バウティスタ　Cabanilles, Juan Bautista José　4.29没、67歳。1644生。スペインの作曲家，オルガン奏者。

リンボルヒ，フィリプス・ヴァン　Limborch, Philippus van　4.30没、78歳。1633生。オランダの改革派(アルミニウス派)神学者。

クールチル・ド・サンドラス，ガシヤン・ド　Courtilz de Sandras, Gatien de　5.8没、68歳。1644生。フランスの小説家。

ヴァンドーム，ルイ・ジョゼフ，公爵　Vendome, Louis Joseph, Duc de　6.11没、57歳。1654生。フランスの貴族。

クロムウェル，リチャード　Cromwell, Richard　7.12([異]1721)没、85歳。1626生。イギリスの政治家。

リーズ，トマス・オズボーン，公爵　Osborne, Thomas, 1st Earl of Danby, 1st Duke of Leeds　7.26没、80歳。1632([異]1631)生。イギリスの政治家。

ツァハウ，フリードリヒ・ヴィルヘルム　Zachau, Friedrich Wilhelm　8.14没、48歳。1663生。ドイツのオルガン奏者，作曲家。

キング　King, Gregory　8.29没、63歳。1648生。イギリスの統計家，系譜紋章学者。

ベルナール，カトリーヌ　Bernard, Catherine　9.6没、50歳。1662生。フランスの女性小説家，劇作家，詩人。

マルティーン(リニウス)(コヘムの)　Martin (Linius) von Cochem　9.10没、77歳。1634生。カトリックの民衆伝道者，信仰書著作家。

カッシーニ，ジョヴァンニ・ドメニコ　Cassini, Giovanni Domenico　9.14没、87歳。1625生。イタリア生れのフランスの天文学者，地図学者。

ゴドルフィン，シドニー　Godolphin, Sidney, 1st Earl of　9.15没、67歳。1645([異]1610頃)生。イギリスの政治家。

ハリバートン，トマス　Halyburton, Thomas　9.23没、37歳。1674生。スコットランドの長老派牧師，神学者。

ヘイデン，ヤン・ファン・デル　Heyden, Jan van der　9.28([異]1719)没、75歳。1637生。オランダの画家。

タシャール　Tachard, Guy　10.21没、61歳。1651生。フランスのイエズス会宣教師。

グリマルディ　Grimaldi, Filippo Maria　11.8没、73歳。1639生。イタリアのイエズス会士。

ブリーゲル，ヴォルフガング・カール　Briegel, Wolfgang Carl　11.19没、86歳。1626生。ドイツの作曲家，教会音楽家。

[この年] **アルバン，マティアス**　Alban, Matthias　78歳。1634生。ティロル(オーストリア)のヴァイオリン製作者。

アンドラーデ，ドミンゴ・アントニオ・デ　Andrade, Domingo Antonio de　73歳。1639生。スペインの建築家，建築理論家。

オトテール，マルタン　Hotteterre, Martin　72?歳。1640生。フランスのポワトゥ・ミュゼット製作者。

カセグレン　Cassegrain　[異]1700頃没、60歳。1652([異]1650頃)生。フランスの物理学者。

サービト，アラウッディン　Sâbit, Alauddin　62?歳。1650生。オスマン朝トルコの詩人。

ショーモン　Chaumont　67?歳。1645生。ワロン(ベルギー東南部)のオルガン奏者，作曲家。

ソーンダソン　Saunderson, Mary　イギリス最初の女優の一人。

ダンビー伯　Earl of Danby, Thomas Osborne　81歳。1631生。イギリスの政治家。

チェレスティ，アンドレーア　Celesti, Andrea　75歳。1637生。イタリアの画家。

卞永誉　67歳。1645生。中国，清初の書画論家。

ランツァーニ，アンドレーア　Lanzani, Andrea　73歳。1639生。イタリアの画家。

ルイ・ド・ブルゴーニュ　Louis Duc de Bourgogne　30歳。1682生。フランスの皇太子。

レオンチェフ　Leontiev, Maximus　ロシアの宣教師。

[この頃] **シェンク**　Schenck (Schenk), Johannes (Jan)　52?歳。1660生。オランダ生れのヴィオラ・ダ・ガンバ奏者，作曲家。

18世紀

バスケス・デ・エレーラ, フランシスコ　Vázquez de Herrera, Francisco　65？歳。1647生。グアテマラに生れのフランシスコ会年代記作者。
パパン, ドニ　Papin, Denis　㊟1714没、65？歳。1647生。フランスの物理学者。
ロイター, クリスティアン　Reuter, Christian　47？歳。1665生。ドイツの詩人、劇作家。

1713年

4.11　ユトレヒト条約でスペイン継承戦争が終結
4.19　神聖ローマ帝国で国事詔書が定められる
* * *
トマージ, ジュゼッペ・マリーア　Tommasi, Giuseppe Maria　1.1没、63歳。1649生。イタリアの文献学者、教会音楽史家。
コレリ, アルカンジェロ　Corelli, Arcangelo　1.8没、59歳。1653生。イタリアの作曲家、ヴァイオリン奏者。
ジュリュー, ピエール　Jurieu, Pierre　1.11没、75歳。1637生。フランスのカルバン主義神学者。
シャルダン, ジャン　Chardin, Jean　1.26（㊟1712）没、69歳。1643生。フランスの旅行家。
シャフツベリー, アントニー・アシュリー・クーパー, 3代伯爵　Shaftesbury, Anthony Ashley Cooper, 3rd Earl of　2.15没、41歳。1671生。イギリスの哲学者。
フリードリヒ1世　Friedrich I　2.25没、55歳。1657生。プロイセン国王（在位1701～13）。
フローニウス, マルクス　Fronius, Markus　4.14没、54歳。1659生。ドイツのルター派牧師。
ホラーツ（ホラッツィウス）, ダーフィト　Hollaz (Hollatius), David　4.17没、65歳。1648生。ドイツのルター派正統主義神学者。
エルウッド　Ellwood, Thomas　5.1没、73歳。1639生。イギリスの著述家。
ルーニウス, ユーハン　Runius, Johan　6.1没、73歳。1679生。スウェーデンのバロック詩人。
セニェーリ, パーオロ（小）　Segneri, Paolo　6.25没、39歳。1673生。イタリアのイエズス会宣教師。
ケイヴ, ウィリアム　Cave, William　8.4没、75歳。1637生。イギリスの教父学者、聖公会司祭。
サンタ・イネス　Santa Inés, Francisco de　8.4没。スペインのフランシスコ会宣教師。
オレアーリウス, ヨハネス　Olearius, Johannes　8.6没、74歳。1639生。ドイツのルター派の神学者。
ベリ, アーサー　Bury, Arthur　9.？没、89歳。1624生。英国教会の聖職、神学者。
ロレンツァーニ　Lorenzani, Paolo　10.28没、73歳。1640生。イタリアの作曲家。

デッカー, パウル　Decker, Paul　11.18？没、35歳。1677生。ドイツの建築家、版画家。
ライマー, トマス　Rymer, Thomas　12.14没、72歳。1641生。イギリスの文学者。
マラッティ, カルロ　Maratti, Carlo　12.15没、88歳。1625生。イタリアの画家。
エーベルリン, ダニエル　Eberlin, Daniel　12.？没、66歳。1647生。ドイツの作曲家。
この年　ヴァン・ロー　Van Loo, Abraham Louis　72？歳。1641生。フランスの画家。
ヴィガラーニ, カルロ　Vigarani, Carlo　91歳。1622生。イタリアの建築家、舞台美術家、土木技術者。
ヴィスカル, ジョヴァンニ・アントニオ　Viscardi, Giovanni Antonio　68歳。1645生。イタリアの建築家。
ガローヴェ, ミケランジェロ　Garove, Michelangelo　63歳。1650生。イタリアの建築家。
コンプトン, ヘンリー　Compton, Henry　81歳。1632生。イギリスの聖職者。
ジェンティーレ, ジャーコモ1世　Gentile, Giacomo I　45歳。1668生。イタリアの陶工。
スプラット　Sprat, Thomas　78歳。1635生。イギリスの聖職者。
戴名世　60歳。1653生。中国、清初の文人。
ティル, サロモ（ン）・ヴァン　Til, Salomo(n) van　70歳。1643生。オランダの改革派神学者。
トンピオン, トマス　Tompion, Thomas　74？歳。1639生。イギリスの時計工。
ファン・オースト, ヤーコプ2世　van Oost, Jacob II　74歳。1639生。フランドルの画家。
ペティ・ド・ラ・クロア　Pétis de la Croix, François　60歳。1653生。フランスの東洋学者。
ピトケアン　Pitcairne, Archibald　61歳。1652生。イギリス（スコットランド）の医者、詩人。
ヤーノシーク　Jánošík, Juraj　25歳。1688生。スロバキアの山賊。
ルスナーティ, ジュゼッペ　Rusnati, Giuseppe　63？歳。1650生。イタリアの彫刻家、建築家。
この頃　ホークスビー, フランシス　Hauksbee, Francis　43？歳。1670（㊟1666？）生。イギリスの装置製作者、実験哲学者。

1714年

3.06　ラスタット条約が締結される
9.11　フェリペ5世の軍がバルセロナを占領する
* * *
シャープ, ジョン　Sharp, John　2.2没、68歳。1645生。英国教会のヨーク大主教。

フォンターナ，カルロ　Fontana, Carlo　2.5没、80？歳。1634(㊥1638)生。イタリアの建築家。
アントン・ウルリヒ　Anton Ulrich, Herzog von Braunschweig-Wolfenbüttel　3.27没、80歳。1633生。北ドイツ、ブラウンシュヴァイク地方の公爵。
アルノルト，ゴットフリート　Arnold, Gottfried　5.20没、47歳。1666生。ドイツの神学者。
ソフィア　Sophia　6.8？没、83歳。1630生。イギリス国王ジョージ1世の母。
ヘンリ，マシュー　Henry, Matthew　6.22没、51歳。1662生。イギリスの聖書学者。
シュリューター，アンドレアス　Schlüter, Andreas　6.23没、50歳。1664(㊥1660頃)生。ドイツ、バロックの代表的建築家、彫刻家。
パーペブロホ，ダーニエル　Papebroch, Daniel　6.28没、86歳。1628生。ベルギーのイエズス会修道士、ボランディスト(聖人伝編纂者)。
アン　Anne, Queen of Great Britain and Ireland　8.12没、49歳。1665生。イギリス、スチュアート朝最後の国王(1702～14)。
フィオッコ，ピエール-アントワーヌ　Fiocco, Pierre-Antoine　9.23没、64？歳。1650生。イタリア系のベルギーの作曲家。
ボワギルベール，ピエール・ル・プザン・ド　Boisguillebert, Pierre Le Pesant, Sieur de　10.10没、68歳。1646生。フランスの行政官、経済学者。
ホルニク，フィリップ・ヴィルヘルム・フォン　Hornigk, Philipp Wilhelm von　10.23(㊥1712)没、74歳。1640(㊥1638)生。ドイツの官房学者。
ラマッツィーニ，ベルナルディーノ　Ramazzini, Bernardino　11.5没、81歳。1633生。イタリアの医師。
ダヴェナント　Davenant, Charles　11.6没、58歳。1656生。イギリスの経済学者。
ニヴェール，ギヨーム・ガブリエル　Nivers, Guillaume Gabriel　11.30没、82歳。1632生。フランスのオルガン奏者、作曲家、理論家。
[この年] アンドロス　Andros, Sir Edmund　77歳。1637生。イギリスのアメリカ植民地総督。
カルローネ，ニコロ　Carlone, Nicolò　70歳。1644生。イタリアの芸術家、装飾家、画家。
ケンペル，エンゲルベルト　Kaempfer, Engelbert　63歳。1651生。ドイツの博物学者。
胡渭　81歳。1633(㊥1632)生。中国、清初の学者。
ゴリーツィン，ヴァシーリイ　Golitsyn, Vasilii Vasilievich　71歳。1643生。ロシアの政治家。
ゴリーツィン，ボリス　Golitsyn, Boris Alekseevich　㊥1713没、60歳。1654生。ロシアの貴族、政治家。
テルダク・リンパ　gTer bdag gling pa　68歳。1646生。チベットのニンマ派仏教者。
ビリャルパンド，クリストバル・デ　Villalpando, Cristóbal de　64歳。1650没。スペイン植民地時代のメキシコの宗教画家。

ファーガソン，ロバート　Ferguson, Robert　77？歳。1637生。イギリスの陰謀家。
メニアテース，エリアス　Meniátēs, Ēlías　45歳。1669生。ギリシア正教会の神学者、当時の著名な説教家。
ラドクリフ，ジョン　Radcliffe, John　64歳。1650生。イギリスの医者。
レスタ，セバスティアーノ　Resta, Sebastiano　79歳。1635生。イタリアの収集家。

1715年

4.15　ヤマシー・インディアンの戦争が勃発する
12.25　ファナリオティスがワラキア公国を統治
＊＊＊
フェヌロン，フランソワ・ド・サリニャック・ド・ラ・モット　Fénelon, François de Salignac de la Mothe　1.7(㊥1713)没、63歳。1651生。フランスの宗教家、神秘的神学者。
ネルスン，ロバート　Nelson, Robert　1.16没、58歳。1656生。英国教会信徒。
シェルヴィヒ，ザームエール　Schelwig, Samuel　1.18没、71歳。1643生。ポーランドのルター派神学者。
ツィアーニ，マルカントニオ　Ziani, Marc'Antonio　1.22没、62？歳。1653生。イタリアの作曲家。
蒲松齢　1.22没、75歳。1640(㊥1630)生。中国、清初の小説家、劇作家。
ノイマン，カスパル　Neumann, Kaspar (Caspar)　1.27没、66歳。1648生。ドイツのルター派神学者、讃美歌作者。
ラミー，ベルナール　Lamy, Bernard　1.29没、74歳。1640生。フランスのオラトリオ会の哲学者、神学者。
ヴォペリウス　Vopelius, Gottfried　2.3没、70歳。1645生。ドイツの作曲家。
ガラン，アントワーヌ　Galland, Antoine　2.17没、68歳。1646生。フランスの東洋学者。
ボルティモア　Baltimore, Charles Calvert, 3rd Baron　2.21没、78歳。1637生。イギリスのメリーランド植民地総督。
バーネット，ギルバート　Burnet, Gilbert　3.17没、71歳。1643生。イギリスの聖職者。
ダンピア，ウィリアム　Dampier, William　3.？没、62歳。1652(㊥1651)生。イギリスの航海者。
ハリファックス，チャールズ・モンタギュー，初代伯爵　Halifax, Charles Montague, Earl of　5.19没、54歳。1661生。イギリスの政治家。
バラール，クリストフ　Ballard, Christophe　5.28？没、74歳。1641生。フランスの楽譜出版業者。

セイヴァリー，トマス　Savery, Thomas　5.？没、65？歳。1650生。イギリスの技術家。

ルメリ，ニコラ　Lémery, Nicolas　6.19没、69歳。1645([異]1644頃)生。フランスの化学者，薬学者。

アンシヨン　Ancillon, Charles　7.5没、55歳。1659生。フランスの歴史家。

ホームベルク　Homberg, Wilhelm　7.24没、63歳。1652生。オランダの化学者，医学者。

テイト，ネイアム　Tate, Nahum　7.30没、63歳。1652生。イギリスの劇作家，詩人。

ジラルドン，フランソワ　Girardon, François　9.1没、85歳。1630([異]1628)生。フランスの彫刻家。

ルイ14世　Louis XIV le Grand　9.1没、76歳。1638生。フランス国王(在位1643～1715)。

バーネット，トマス　Burnet, Thomas　9.27没、80歳。1635生。イギリスの神学思想家，著作家。

王原祁　10.8没、73歳。1642生。中国，清初期の文人画家。

マルブランシュ，ニコラ　Malebranche, Nicolas de　10.13没、77歳。1638生。フランスの哲学者。

テニスン，トマス　Tenison, Thomas　12.14没、79歳。1636生。英国教会のカンタベリ大主教。

ドンガン，トマス　Dongan, Thomas　12.14没、81歳。1634生。イギリスのニューヨーク植民地知事，リメリク伯爵。

リマリック　Limerick, Thomas Dongan, 2nd Earl of　12.14没、81歳。1634生。イギリスの軍人，植民地行政官。

シドッティ，ジョヴァンニ・バッティスタ　Sidotti, Giovanni Battista　12.15([異]1714)没、47歳。1668生。イエズス会士。

ヒックス，ジョージ　Hicks, George　12.15没、73歳。1642生。イギリスの聖職者。

カーステアズ，ウィリアム　Carstares (Carstairs), William　12.28没、66歳。1649生。スコットランドの「革命」期の教会政治家。

コーカー，ジェイムズ・モーラス　Corker, James Maurus　12.？没、79歳。1636生。イングランドのベネディクト会士。

[この年] **アッビアーティ，フィリッポ**　Abbiati, Filippo　75歳。1640生。イタリアの画家。

ヴィッター，ヘニング・ベルンハルト　Witter, Henning Bernhard　32歳。1683生。ドイツの旧約学者。

郭琇　77歳。1638生。中国，清初期の官僚。

カムパーニ　Campani, Giuseppe　80歳。1635生。イタリアの装置製作者。

クエリヌス，ヤン・エラスムス　Quellinus, Jan Erasmus　81歳。1634生。フランドルの画家。

ジェンナーリ，ベネデット　Gennari, Benedetto　82歳。1633生。イタリアの画家。

章嘉呼図克図(第一代)　73歳。1642生。モンゴルの僧。

道安　77歳。1638生。朝鮮の華厳宗の僧。

フックス，ヨハン・グレゴル　Fuchs, Johann Gregor　65歳。1650生。ドイツの建築家。

パートリジ　Partridge, John　71歳。1644生。イギリスの暦学者。

ミール・ワイス　Mir Wais Khān　アフガニスタンのカンダハールの支配者。

ラフソン　Raphson, Joseph　67歳。1648生。イギリスの数学者。

[この頃] **ブーシャン・トリパーティー**　Bhūṣaṇ Tripāṭhī　102？歳。1613？生。インドのヒンディー語詩人。

ムーア，フランシス　Moore, Francis　58？歳。1657生。イギリスの占星術師。

ラオンタン，ルイ・アルマン・ド　Lahontan, Louis Armand de Lom d'Arce baron de　49？歳。1666生。フランスの作家，旅行家。

レニャーニ，ステーファノ・マリーア　Legnani, Stefano Maria　55?歳。1660生。イタリアの画家。

1716年

この年　清で『康熙辞典』が完成する

＊＊＊

ウィチャリー，ウィリアム　Wycherley, William　1.1([異]1715)没、76？歳。1640([異]1641)生。イギリスの劇作家。

エルヨー，ピエール(イポリート)　Hélyot, Pierre　1.5没、56歳。1660生。聖フランシスコ会修道士。

ウィリアムズ，ダニエル　Williams, Daniel　1.26没、73？歳。1643生。イギリスの長老派神学者。

ナイーマー　Na'imâ Efendi, Mustafa　1.？没、61？歳。1655生。オスマン・トルコ帝国の歴史家。

ドーロテ・エンゲルブレッツダッテル　Dorothe Engelbretsbatter　2.19没、82歳。1634生。ノルウェーの女性詩人。

ヴァイス，リベラート　Weiss, Liberat　3.3没、41歳。1675生。エチオピアで殉教したドイツ出身のフランシスコ会士。

キース，ジョージ　Keith, George　3.27没、77？歳。1639生。イギリスの英国教会司祭。

トリントン　Torrington, Arthur Herbert, Earl of　4.14没、69歳。1647生。イギリスの提督。

エドワーズ，ジョン　Edwards, John　4.16没、79歳。1637生。英国教会司祭，カルヴァン主義神学者。

ソマーズ(イーヴシャムの)，ジョン・ソマーズ，男爵　Somers, John Somers, Baron　4.26没、65歳。1651([異]1652)生。イギリスの政治家。

グリニョン・ド・モンフォール　Montfort, St.Louis Marie Grignon de　4.28没、43歳。1673生。フランスの司祭，聖人。

フェヒト，ヨーハン Fecht, Johann 5.5没、79歳。1636生。ドイツのルター派神学者，敬虔主義の批判者。
フランチェスコ・ディ・ジローラモ（ジェローニモ） Francesco di Girolamo（Geronimo） 5.11没、73歳。1642生。イタリアのイエズス会士，大衆説教家，聖人。
コーツ，ロジャー Cotes, Roger 6.5没、33歳。1682生。イギリスの数学者。
サウス，ロバート South, Robert 7.8没、81歳。1634生。イギリス国教会の高教会派神学者。
ソーヴール Sauveur, Joseph 7.9没、63歳。1653生。フランスの物理学者。
ヴェネツィアーノ，ガエターノ Veneziano, Gaetano 7.？没、60歳。1656生。イタリアのオルガン奏者，作曲家。
ペッツ，ヨハン・クリストフ Petz, Johann Christoph 9.25没、52歳。1664生。ドイツの作曲家。
パラン Parent, Antoine 9.26没、50歳。1666生。フランスの数学者で力学者。
フレッチャー Fletcher, Andrew 9.？没、61歳。1655生。スコットランドの愛国者。
バッサーニ，ジョヴァンニ・バッティスタ Bassani, Giovanni Battista 10.1没、59？歳。1657生。イタリアの作曲家。
グロノフ Gronov, Jacob 10.21没、71歳。1645生。オランダの古典語学者。
ケンペル Kämpfer, Engelbelt 11.2没、65歳。1651生。ドイツの医者，博物学者。
ライプニッツ，ゴットフリート・ヴィルヘルム Leibniz, Gottfried Wilhelm von 11.14（[異]1719）没、70歳。1646生。ドイツの哲学者，数学者。
シャトー・ルノー Château-Renault, François Louis Rousselet, Marquis de 11.15没、79歳。1637生。フランスの軍人。
ラ・フォッス，シャルル・ド Lafosse, Charles de 12.13没、80歳。1636生。フランスの画家。
[この年] **アルベルティ，ジュゼッペ** Alberti, Giuseppe 76歳。1640生。イタリアの画家。
ヴィユサンス Vieussens, Raymond 75歳。1641生。フランスの解剖学者。
オトテール，ルイ Hotteterre, Louis 71？歳。1645生。フランスのフルート奏者。
カッフィエーリ，フィリッポ Caffieri, Filippo 82歳。1634生。イタリアの家具制作家。
カンタクジーノ Cantacuzino, Constantin Stolnic 56歳。1660生。ルーマニアの人文主義者。
ダーウェントウォーター Derwentwater, James Radcliffe, 3rd Earl of 27歳。1689生。イギリスの貴族。
ドックラ Dockwra, William 76？歳。1640生。ロンドンの商人。
バッグフォード，ジョン Bagford, John 66歳。1650生。イギリスの古物収集家。
ハリス Harris, Benjamin 43歳。1673生。イギリスの印刷業者。
ビュレ，ピエール Bullet, Pierre 77？歳。1639生。フランスの建築家。
ホイスマンス，ヤン・バプティスト Huysmans, Jan Baptist 62歳。1654生。オランダの画家。
ホイスム，ユストゥス Huysum, Justus van 62歳。1654生。オランダの画家。
パガーニ，パーオロ Pagani, Paolo 55歳。1661生。イタリアの画家。
毛奇齢 [異]1713頃没、93歳。1623生。中国，清の学者，詩文家。
陸鳴 中国，清初の画家。
ル・ポートル，ピエール Lepautre, Pierre 68歳。1648生。フランスの建築家，装飾家。
[この頃] **ニッカーボッカー，ハルメン・ヤンセン** Knickerbocker, Harmen Jansen 66？歳。1650生。アメリカの植民地開拓者。
マティラーム・トリパーティー Matirām Tripāṭhī 99？歳。1617生。インドのヒンディー詩人（1650～82年頃活動）。

1717年

8.28 ヴァトー「シテール島への船出」が発表

＊＊＊

メーリアン Merian, Maria Sibylla 1.13没、69歳。1647生。スイスの女流画家。
アリクス，ピエール Allix, Pierre 3.3没、76歳。1641生。フランスの改革派神学者。
ダービー1世 Darby, Abraham I 3.8（[異]1715）没、38歳。1678（[異]1677）生。イギリスの製鉄業者。
ホーホシュテター，アンドレーアス・アーダム Hochstetter, Andreas Adam 4.26没、48歳。1668生。ドイツのルター派敬虔主義神学者，説教者。
ギュイヨン，ジャンヌ・マリー・ド・ラ・モット Guyon, Jeanne Marie Bouvier de la Motte 6.9没、69歳。1648生。フランスの女性神秘思想家。
マルシャネー，ジャン Martianay, Jean 6.16没、69歳。1647生。フランスの教父学者，ベネディクト修道会士。
サルバティエラ，ホアン・マリア Salvatierra, Juan María 7.17没、72歳。1644生。ヌエバ・エスパーニャのイエズス会宣教師。
フォッケロート Vockerodt（Fokkerod）, Gottfried 10.10没、52歳。1665生。ドイツの音楽教育者。
王翬 10.13（[異]1720）没、85歳。1632（[異]1631）生。中国，清代の画家。

18世紀　1718

プリンツ，ヴォルフガング・カスパル　Printz, Wolfgang Caspar　10.13没、76歳。1641生。ドイツの作曲家、理論家。

この年 イストーミン，カリオン　Istomin, Karion　17世紀半ば生。ロシアの詩人。

ヴァルター，ヨーハン・ヤーコプ　Walther, Johann Jakob　67歳。1650生。ドイツの作曲家、ヴァイオリン奏者。

オザナム　Ozanam, Jacques O.　77歳。1640生。フランスの数学者。

オセイ　Osei Tutu　ガーナのアカン王国の創設者。

カレガーリ，サント（年長）　Calegari, Santo, il Vecchio　55歳。1662生。イタリアの彫刻家。

金春沢　47歳。1670生。朝鮮、李朝粛宗代の詩文の大家。

シャヴァニャク，エミリク・ド　Chavagnac, Émeric de　フランスの来中国イエズス会士。

ジューヴネ，ジャン・バティスト　Jouvenet, Jean-Baptiste　73歳。1644生。フランスの画家。

デュカート，ヨゼフ・レオポルド・ヴァーツラフ　Dukát, Josef Leopold Václav　33歳。1684生。チェコの作曲家。

ブレドオルベン　Breadalbane, John Campbell, 1st Earl of　82？歳。1635生。スコットランドの貴族。

ブーローニュ，ボン　Boulogne, Bon　68歳。1649生。フランスの画家。

ベコヴィチ・チェルカッスキー　Bekovich-Cherkasskii, Aleksandr　カフカスの貴族。

パーセル，ダニエル　Purcell, Daniel　54？歳。1663生。イギリスの作曲家。

ボンデッリ，セバスティアーノ　Bomdelli, Seba-stiano　82歳。1635生。イタリアの画家。

ミノレ　Minoret, Guillaume　67？歳。1650生。フランスの作曲家。

この頃 サモラ，アロンソ・デ　Zamora, Alonso de　82？歳。1635生。コロンビアのドミニコ会歴史家。

1718年

7.21　パッサロヴィツ講和条約が締結される
＊＊＊

グラヴィーナ，ジャン・ヴィンチェンツォ　Gravina, Gian Vincenzo　1.6没、53歳。1664生。イタリアの評論家。

シュルーズベリ　Shrewsbury, Charles Talbot, Duke of　2.1没、57歳。1660生。イギリスの政治家。

レラント，ハドリアン　Reland, Hadrian　2.5没、41歳。1676生。オランダのオリエント学者、旧約学者。

イール，フィリップ・ド・ラ　La Hire, Philippe de　4.21没、78歳。1640生。フランスの数学者、天文学者。

メアリ（モデナの）　Mary of Modena　5.7没、59歳。1658生。イギリス国王ジェームズ2世の妃。

アレクセイ2世　Aleksei II, Petrovich, Romanov　6.26没、28歳。1690生。ロシア皇太子。

ルール，ヘルマン・アレクサンデル　Roëll, Hermann Alexander　7.12没、65歳。1653生。オランダの改革派神学者。

バリューズ（バリュシウス），エティエンヌ　Baluze, Etienne　7.28没、87歳。1630生。フランスの歴史家。

ペン，ウィリアム　Penn, William　7.29没、73歳。1644生。イギリスのクェーカー教徒、ペンシルバニア植民地の建設者。

カンバーランド，リチャード　Cumberland, Richard　10.9没、87歳。1631生。イギリスの宗教家、倫理学者。

ティーチ　Teach, Edward　11.22没。イギリスの海賊。

ロー，ニコラス　Rowe, Nicholas　12.6没、44歳。1674生。イギリスの劇作家、詩人。

カルル12世　Karl XII　12.11没、36歳。1682生。スウェーデン王（在位1697～1718）。

この年 イェセーリウス，ヨハンネス　Gezelius, Johannes　71歳。1647生。フィンランドのルター派の神学者。

グリッフィエル，ヤン　Griffier, Jan　73？歳。1645生。オランダの画家。

呉歴　㊟1715頃没、86歳。1632生。中国、清初期の画家。

孔尚任　㊟1708以後没、70歳。1648生。中国、清初の劇作家。

コロネリ　Coronelli, Marco Vincenzo　68歳。1650生。ヴェネツィアの修道士、地理学者。

ザックマン，ヤコーブス（ヨプスト）　Sackmann, Jakobus（Jobst）　75歳。1643生。ドイツの牧師、説教者。

ダッリオ，ドナート・フェリーチェ　Allio, Donato Felice d'　28歳。1690生。イタリアの建築家。

ブロコフ，ヤン　Brokoff, Jan　66歳。1652生。チェコスロヴァキアの彫刻家。

ホア，サー・リチャード　Hoare, Sir Richard　70歳。1648生。イギリスの銀行家。

パーネル　Parnell, Thomas　39歳。1679生。アイルランド生れの詩人、聖職者。

マルティネッリ，ドメニコ　Martinelli, Domenico　68歳。1650生。イタリアの建築家。

ミテッリ，ジュゼッペ・マリーア　Mitelli, Giuseppe Maria　84歳。1634生。イタリアの画家、版画家。

李光地　76歳。1642生。中国、清の学者。

人物物故大年表 外国人編　471

1719年

4.25 「ロビンソン・クルーソー」の初版が刊行
＊ ＊ ＊
キョプリュリュ・ザデ・ヌーマーン・パシャ　Köprülü Zadeh Nü'mān Pasha　1.21没。オスマン・トルコの宰相。
パターソン，ウィリアム　Paterson, William　1.22没，60歳。1658生。イギリスの実業家。
ツィーゲンバルク，バルトロメーウス　Ziegenbalg, Bartholomäus　2.23没，35歳。1683生。ドイツの宣教師。
シェレメーチェフ　Sheremetev, Boris Petrovich　2.28没，66歳。1652生。ロシアの軍人。
ベットガー，ヨーハン・フリードリヒ　Böttger, Johann Friedrich　3.13没，37歳。1682生。ドイツの錬金術師，陶芸家。
ラ・サール，聖ジャン・バティスト・ド　La Salle, Jean Baptiste de, St.　4.7没，67歳。1651生。フランスのカトリック聖職者，教育改革者。
マントノン，フランソワーズ・ドービニェ，侯爵夫人　Maintenon, Françoise d'Aubigné de　4.15没，83歳。1635生。フランスの文人，教育家。
ポワレー，ピエール　Poiret, Pierre　5.21没，73歳。1646生。フランスの神秘思想家。
デュパン，ルイ・エリエ　Dupin, Louis Ellies　6.6没，61歳。1657生。フランスの教会史家。
アディソン，ジョーゼフ　Addison, Joseph　6.17没，47歳。1672生。イギリスの随筆家，評論家，政治家。
シュニットガー，アルプ　Schnitger, Arp　7.24没，71歳。1648生。ドイツのオルガン建造家。
ゴフィネー，レーオンハルト　Goffiné, Leonhard　8.11没，70歳。1648生。ドイツのプレモンストラント派著述家。
コッツェイ　Cocceji, Heinrich von　8.18没，75歳。1644生。ドイツの法学者。
カンシュタイン，カール・ヒルデブラント・フォン　Canstein, Karl Hildebrand von　8.19没，52歳。1667生。ドイツの敬虔主義の聖書学者。
マイ，ヨーハン・ハインリヒ　May, Johann Heinrich　9.3没，66歳。1653生。ドイツの旧約学者。
チニャーニ，カルロ　Cignani, Carlo　9.6没，91歳。1628生。イタリアの画家。
ハリス　Harris, John　9.7没，53？歳。1666生。イギリスの著作家，辞典編集者。
モンモール　Montmort, Pierre de　10.7没，40歳。1678生。フランスの数学者。
ハウブラーケン，アルノルト　Houbraken, Arnold　10.18没，59歳。1660生。オランダの画家。

アンシヨン　Ancillon, Joseph　11.4没，90歳。1629生。フランスのユグノー派の法学者。
ロル　Rolle, Michel　11.8没，67歳。1652生。フランスの数学者。
ケネル，パーキエ　Quesnel, Pasquier　12.2没，85歳。1634生。フランスのヤンセン派神学者。
フラムスティード，ジョン　Flamsteed, John　12.31没，73歳。1646生。イギリスの天文学者。
[この年] ヴェーニクス，ヤン　Weenix, Jan　79歳。1640生。オランダの画家。
カジーニ，ジョヴァンニ・マリア　Casini, Giovanni Maria　67歳。1652生。イタリアの作曲家。
秀演　68歳。1651生。朝鮮中期の僧。
ソーレ，ジョヴァン・ジョゼッフォ・ダル　Sole, Giovan Gioseffo dal　65歳。1654生。イタリアの画家。
ブリュアン，ギョーム・ド　Bruyn, Guillaume de　フランドルの建築家。
ベリー，マリー・ルイーズ・エリザベート・ドルレアン　Berry, Marie Louise Elisabeth d'Orléans　24歳。1695生。フランスの宮廷夫人。
ベルトラ，アントーニオ　Bertola, Antonio　72歳。1647生。イタリアの建築家，軍事技術者。
マッタルノヴィ，ゲオルク・ヨハン　Mattarnovi, Georg Johann　ドイツの建築家。
ル・ブロン，ジャン-バティスト-アレクサンドル　Le Blond, Alexandre Jean Baptiste　40歳。1679生。フランスの造園家，建築家。
ルグロ，ピエール　Legros, Pierre　53歳。1666生。フランスの彫刻家。
レゾン，アンドレ　Raison, André　79？歳。1640（㊗1650以前）生。フランスの作曲家，オルガン奏者。
[この頃] クリコ，ロベール　Clicquot, Robert　74？歳。1645生。フランスの17世紀末から18世紀に仕事をしたオルガン製作者。

1720年

8.24　アメデーオ2世がサルディーニャ王に即位
＊ ＊ ＊
ランチージ，ジョヴァンニ・マリア　Lancisi, Giovanni Maria　1.20没，65歳。1654生。イタリアの医師，植物学者，衛生学者。
バーラージー・ヴィシュワナート　Bālājī Vishvanāth　4.？没，60？歳。1660生。インド，マラータ王国シャーフー王の初代宰相（在職1713～20）。
ショーリュー，ギヨーム・アンフリー・ド　Chaulieu, Guillaume Amfrie, abbé de　6.27没，81歳。1639生。フランスの詩人。

18世紀　　　　　　　　　　　　　　　　　　　　　1721

ダシエ夫人　Dacier-Lefèvre, Anne, Madame　8.17没、66歳。1654生。フランスの古典学者。

ルノドー、ユゼーブ　Renaudot, Eusèbe　9.1没、74歳。1646（㊟1648）生。フランスの神学者、東洋学者。

テンハルト、ヨハネス　Tennhardt, Johannes　9.12没、59歳。1661生。ドイツの神秘的敬虔派信徒伝道者。

コワズヴォクス、アントワーヌ　Coysevox, Antoine　10.10没、80歳。1640生。フランスの彫刻家。

ホーホシュテター、ヨーハン・アンドレーアス　Hochstetter, Johann Andreas　11.8没、83歳。1637生。ドイツのルター派神学者、敬虔主義者。

ライツ、ヨーハン・ハインリヒ　Reitz, Johann Heinrich　11.25没、65歳。1655生。ドイツの敬虔主義に傾いた改革派神学者。

ジャルトゥー、ピエール（ペトルス）　Jartoux, Pierre　11.30没、52歳。1668生。フランスのイエズス会宣教師。

ビーデル、ミールザー・アブドル・カーデル　Bīdel, Mīrzā 'Abd l-Qāder　12.4没、76？歳。1644生。インドのペルシャ語詩人。

この年　イェーガー、ヨーハン・ヴォルフガング　Jäger, Johann Wolfgang　73歳。1647生。ドイツのルター派神学者。

オクリー　Ockley, Simon　42歳。1678生。イギリスの東洋学者。

オトテール、ジャン　Hotteterre, Jean　フランスの音楽家。

グァルネリ、ピエトロ・ジョヴァンニ　Guarneri, Pietro Giovanni　65歳。1655生。イタリアのヴァイオリン製作家。

セガーラ、ジョヴァンニ　Segala, Giovanni　57歳。1663生。イタリアの画家。

タルマン、ウィリアム　Talman, William　70歳。1650生。イギリスの建築家。

ダンジョー　Dangeau, Philippe de Courcillon, Marquis de　82歳。1638生。ルイ14世時代の廷臣。

チュリゲーラ・ホアキン　Churriguera, Joaquín　46歳。1674生。スペインの建築家、彫刻家。

トルデンスギョル　Tordenskjold, Peder　29歳。1691生。ノルウェー出身のデンマーク海軍軍人。

ハミルトン、アントワーヌ（アントニー）　Hamilton, Anthony　（㊟1719没、74？歳。1646（㊟1645頃）生。アイルランドの作家。

バーラージー・ビシュワナート　Bārājī Vishvanāth　60？歳。1660生。インド、マラータ王国の初代ペーシュワー（宰相）。

万斯同　㊟1702没、82歳。1638生。中国、清初の歴史学者。

ファン・ブルーメン、ピーテル　van Bloemen, Pieter　63歳。1657生。フランドルの画家。

マリナーリ、オラーツィオ　Marinali, Orazio　77歳。1643生。イタリアの彫刻家。

モナーリ、クリストーフォロ　Monari, Cristoforo　53歳。1667生。イタリアの画家。

この頃　ケアリー　Cary, John　イギリスの商人、経済学者。

ファリネル、ジャン・バティスト　Farinel, Jean Baptiste（Giovanni Battista）　65？歳。1655生。フランスの奏者一族。

パストーリアス、フラーンシス・ダニエル　Pastorius, Francis Daniel　69？歳。1651生。アメリカのジャーマンタウン創立者、ルター派敬虔主義者。

ルイエ、ジャン・バティスト　Loeillet（L'Œillet）, Jean Baptiste　32？歳。1688生。フランドルのフルート奏者、オーボエ奏者、作曲家。

レーメゾフ　Remezov, Semyon Ulyanovich　78？歳。1642生。ロシアのシベリア学者。

1721年

9.10　ニスタット条約が調印される

＊＊＊

シャル、ロベール　Challe, Robert　1.27没、61歳。1659（㊟1657）生。フランスの作家。

ユエ、ピエール-ダニエル　Huet, Pierre Daniel　1.27没、90歳。1630生。フランスの哲学者、科学者。

スタナップ、ジェイムズ・スタナップ、初代伯爵　Stanhope, James, 1st Earl　2.5没、46歳。1675（㊟1673頃）生。イギリスの軍人、政治家。

クレメンス11世　Clemens XI　3.19没、71歳。1649生。教皇（在位1700～21）。

ラゲール、ルイ　Laguerre, Louis　4.20没、58歳。1663生。フランスの画家。

デマレ　Desmarets, Nicolas, Sieur de Maillebois　5.4没、72歳。1648生。ルイ14世治世下のフランス大蔵大臣（1708～15）。

ダルジャンソン、マルク・ルネ　Argenson, Marc René de Voyer, Marquis d'　5.8没、68歳。1652生。フランスの貴族。

イェール、イライヒュー　Yale, Elihu　7.8没、72歳。1649（㊟1648）生。イギリスの東インド会社役員。

ジャネッティーニ　Gianettini（Giannettini, Zanettini）, Giovanni Antonio　7.12（埋葬）没、73？歳。1648生。イタリアの作曲家。

ヴァトー、ジャン-アントワーヌ　Watteau, Jean Antoine　7.18没、36歳。1684生。フランスの画家。

ギボンズ、グリンリング　Gibbons, Grinling　8.3没、73歳。1648生。イギリスの彫刻家。

人物物故大年表 外国人編　*473*

1721年

ケール　Keill, John　9.1没、49歳。1671生。スコットランドの数学者。

アルノー，アンリ　Arnaud, Henri　9.8没、79歳。1641生。イタリアのヴァルドー派の牧師。

カメラリウス，ルドルフ・ヤーコプ　Camerarius, Rudolph Jacob　9.11没、56歳。1665生。ドイツの植物学者、医者。

プライアー，マシュー　Prior, Matthew　9.18没、57歳。1664生。イギリスの詩人、外交官。

クスタン，ピエール　Coustant, Pierre　10.18没、64歳。1657生。フランスのカトリック教父学者、ベネディクト修道会士。

アイストン，チャールズ　Eyston, Charles　11.5没、54歳。1667生。イングランドのローマ・カトリック教会信徒、歴史家。

セルカーク，アレグザンダー　Selkirk, Alexander　12.12没、45歳。1676生。スコットランド生れの船員。

この年 ウィンチルシー，アン・フィンチ，伯爵夫人　Winchilsea, Anne Finch, Countess of　㋲1720没、60歳。1661生。イギリスの女流詩人。

オードラン，ブノワ1世　Audran, Benoît I　60歳。1661生。フランスの画家、版画家。

金昌業　63歳。1658生。朝鮮、李朝中期の歌人。

ジャムヤン・シェパ・ガクワン・ツォンドゥ　'Jam dbyangs bshad pa ngag dbang brtson 'grus　73歳。1648生。チベットのゲール派仏教者。

朱一貴　中国、清代台湾叛乱の指導者。

ドゲット　Doggett, Thomas　51？歳。1670生。アイルランドの俳優、劇作家。

梅文鼎　88歳。1633生。中国、清初の暦学者、数学者。

バナージュ，サミュエル　Basnage, Samuel　83歳。1638生。フランスの改革派教会牧師。

ヒューム　Hume, Patrick, Earl of Marchmont　80歳。1641生。スコットランドの政治家。

ファン・エーンホルン，ランベルトゥス　van Eenhorn, Lambertus　70歳。1651生。オランダの陶工。

ホーホマン・フォン・ホーヒェナウ，エルンスト・クリストフ　Hochmann von Hochenau, Ernst Christoph　51歳。1670生。ドイツの敬虔主義の説教者。

パラプラ，ジャン　Palaprat, Jean　71歳。1650生。フランスの喜劇作家。

レッヒェンベルク，アーダム　Rechenberg, Adam　79歳。1642生。ドイツのルター派神学者。

1722年

4.17　ロシアのピョートル1世がひげ税を課す

＊＊＊

コワペル，アントワーヌ　Coypel, Antoine　1.7没、60歳。1661生。フランスの画家。

ハルマ　Halma, François　1.13没、69歳。1653生。オランダの書籍商、出版業者。

ブーランヴィリエ，アンリ・ド　Boulainvilliers, Henri, comte de　1.23没、63歳。1658生。フランスの歴史家、哲学者。

ウートレイン，ヤン・ド　Outrein, Jan d'　2.24没、59歳。1662生。オランダの改革派教会牧師。

トーランド，ジョン　Toland, John　3.11没、51歳。1670(㋲1669)生。アイルランドの思想家。

ヴィトリンハ，カンペヒーユス　Vitringa, Campegius　3.31没、62歳。1659生。オランダの改革派神学者、旧約学者。

レズリ，チャールズ　Leslie, Charles　4.13没、71歳。1650生。英国教会の聖職、巨従拒誓者（Nonjuror）。

エルベルフェルト　Erberfelt, Pieter　4.22没、51歳。1671生。ジャワの民族運動の先駆者。

ジロー，クロード　Gillot, Claude　5.4没、49歳。1673生。フランスの画家、装飾美術家。

ベーメ，アントーン・ヴィルヘルム　Böhme, Anton Wilhelm　5.27没、48歳。1673生。イギリスで活躍したドイツ出身の敬虔主義者。

クーナウ，ヨーハン　Kuhnau, Johann　6.5没、62歳。1660生。ドイツのオルガン奏者、作曲家、著述家。

マールバラ，ジョン・チャーチル，初代公爵　Marlborough, John Churchill, 1st Duke of　6.16没、72歳。1650生。イギリスの軍人。

ディーンツェンホーファー，クリストフ　Dientzenhofer, Christoph　6.20没、67歳。1655生。ドイツの建築家。

モラーヌス，ゲーアハルト・ヴァルター　Molanus, Gerhard Walter　9.7没、88歳。1633生。ドイツのルター派神学者、教会政治家。

モンテイロ・ダ・ヴィデ，セバスティアン　Monteiro da Vide, Sabastão　9.7没、79歳。1643生。ブラジルの大司教、立法家。

メリー　Méry, Jean　11.3没、77歳。1645生。フランスの外科医。

康熙帝　11.13没、68歳。1654(㋲1655)生。中国、清の第4代皇帝(在位1661～1722)。

ラインケン，ヨーハン・アーダム　Reinken, Johann Adam　11.24没、99歳。1623生。ドイツのオルガン奏者、作曲家。

474　人物物故大年表　外国人編

ステファーン・ヤヴォールスキイ　Stefan Javorskii 11.27没、64歳。1658生。ロシアの神学者，初代聖宗務院長官。

シャルロッテ・エリザベト　Charlotte Elisabeth de Bavière 12.8没、70歳。1652生。フランス王ルイ14世の弟，オルレアン公フィリップの妃。

ヴァリニョン　Varignon, Pierre 12.22没、68歳。1654生。フランスの力学者で数学者。

<u>この年</u> アルバン，ミハエル　Alban, Michael 45? 歳。1677生。ティロル（オーストリア）のヴァイオリン製作者。

アルバン，ヨゼフ　Alban, Joseph 42歳。1680生。ティロル（オーストリア）のヴァイオリン製作者。

ヴィンクラー，ヨーハン・ヨーゼフ　Winckler, Johann Josef 52歳。1670生。ドイツの敬虔派牧師，讃美歌作者。

何焯 61歳。1661生。中国，清の学者，文学者。

ガッリアーリ，ジョヴァンニ　Galliari, Giovanni 50?歳。1672生。イタリアの画家，舞台美術家。

顧嗣立 57歳。1665生。中国，清の文学者。

コウヴェル，ジョン　Covel, John 84歳。1638生。イギリスのギリシア教会研究家。

施世綸 中国，清の名臣。

ダシエ　Dacier, André 71歳。1651生。フランスの文化史家。

ダンケルマン　Danckelmann, Eberhard von 79歳。1643生。プロシア宰相。

チーノ，ジュゼッペ　Cino, Giuseppe 78歳。1644生。イタリアの建築家。

ファン・デル・ウェルフ，アドリアーン　van der Werff, Adriaen 63歳。1659生。オランダの画家。

パロセル，イニシャス‐ジャック　Parrosel, Ignace-Jacques 55歳。1667生。フランスの画家。

ラグネ　Raguenet, François 62?歳。1660生。フランスの聖職者。

リヒター，クリスティアン2世　Richter, Christian II 67歳。1655生。ドイツの建築家。

ルベル，アンヌ・ルネ　Rebel, Anne-Renée 59歳。1663生。フランスの女性歌手。

<u>この頃</u> アデア，ジョン　Adair, John 67?歳。1655生。スコットランドの測量士，地図製作者。

キン・キッラ　King Kitsarath ラオスのルアンプラバーン王国の創始者。

サモラ　Zamora, Antonio de 62?歳。1660生。スペインの劇作家。

馬元馭 53?歳。1669生。中国，清初期の文人画家。

楊賓 72?歳。1650（㊷1652）生。中国，清初期の書家。

1723年

9.23　ペテルブルク条約が結ばれる
10.10　シャーロッテンブルク条約が締結される
＊＊＊

ヴァルサルヴァ　Valsalva, Antonio Maria 2.1没、56歳。1666生。イタリアの解剖学者。

ヘルンシュミット，ヨーハン・ダーニエル　Herrnschmidt, Johann Daniel 2.5没、47歳。1675生。ドイツの神学者，讃美歌作詞者。

ポッラローロ，カルロ・フランチェスコ　Pollarolo, Carlo Francesco 2.7没、70?歳。1653生。イタリアの作曲家，オルガン奏者。

レン，クリストファー　Wren, *Sir* Christopher 2.25没、90歳。1632生。イギリスの建築家，科学者。

ダーフィー，トマス　D'Urfey, Thomas 2.?没、70歳。1653生。イギリスの詩人，劇作家。

ギュンター，ヨハン・クリスティアン　Günther, Johann Christian 3.15没、27歳。1695生。ドイツの詩人。

プジェー，フランソワ・エメー　Pouget, François Aimé 4.4没、56歳。1666生。フランスのオラトリオ会士，公教要理問答の作成者。

フィッシャー，フォン・エルラッハ，ヨハン・ベルナルト　Fischer von Erlach, Johann Bernhard 4.5没、66歳。1656生。オーストリアの建築家。

カンピストロン，ジャン・ガルベール・ド　Campistron, Jean Galbert de 5.11没、67歳。1656生。フランスの劇作家。

フルーリ，クロード　Fleury, Claude 7.14（㊷1725）没、82歳。1640生。フランスの教会史家。

デュボワ，ギョーム　Dubois, Guillaume 8.10没、66歳。1656生。フランスの枢機卿，政治家。

ビンガム，ジョウゼフ　Bingham, Joseph 8.17没、54歳。1668生。イギリスの教会史家。

カンテミール，ディミトリエ　Kantemir, Dimitrie 8.21没、49歳。1673生。ルーマニアの文学者，政治家。

マザー，インクリース　Mather, Increase 8.23没、84歳。1639生。アメリカの牧師。

モースブルッガー，カスパル　Moosbrugger, Caspar 8.26没、67歳。1656生。オーストリアの建築家。

レーウェンフック，アントニー・ファン　Leeuwenhoek, Antoni van 8.27没、90歳。1632生。オランダの顕微鏡学者，博物学者。

カウパー　Cowper, William, 1st Earl 10.10没、58歳。1665生。イギリスの政治家。

クネラー，サー・ゴドフリー　Kneller, *Sir Godfrey*　10.19没、77歳。1646生。ドイツ生れのイギリスの肖像画家。

ローザン　Lauzun, Antonin-Nompar de Caumont, Duc de　11.19没、90歳。1633生。フランスの軍人。

セントリーヴァー，スザナ　Centlivre, Susannah　12.1没、56？歳。1667生。イギリスの劇作家。

オルレアン，フィリップ2世　Orléans, Philippe II, Duc d'　12.2没、49歳。1674(㊥1647)生。フランスの摂政(1715～23)。

アイヒェル，ヨーハン・ザンティーン　Aichel, Johann Santin　12.7没、56歳。1667生。ドイツの建築家、画家。

バナージュ，ジャック(ド・ボヴァール)　Basnage, Jacques de Beauval　12.22没、70歳。1653生。フランスの改革派牧師。

リヴィヌス　Rivinus, Augustus Quirinus　12.30没、71歳。1652生。ドイツの解剖学者、植物学者。

この年　アルコフォラド　Alcoforado, Sóror Mariana　83歳。1640生。ポルトガルのフランシスコ会修道女。

王鴻緒　㊥1722没、78歳。1645生。中国、清初の学者、政治家。

汪士鋐　65歳。1658生。中国、清初の学者、書家。

クアドリオ，ジョヴァンニ・バッティスタ　Quadrio, Giovanni Battista　64歳。1659生。イタリアの建築職人、建築家。

グッゲンビヒラー，ヨハン・マインラート　Guggenbichler, Johann Meinrad　74歳。1649生。ドイツの彫刻家。

グルーエ，カルラントーニオ　Grue, Carlantonio　68歳。1655生。イタリアの陶芸家。

ゲラルディーニ，アレッサンドロ　Gherardini, Alessandro　68歳。1655生。イタリアの画家。

コンティーニ，ジャンバッティスタ　Contini, Gianbattista　82歳。1641生。イタリアの建築家。

サンティーニ-アイチェル，ジョヴァンニ　Santini-Aichel, Giovanni　56歳。1667生。ボヘミア地方の建築家。

スィラーフタル・フンドゥクルル　Silâhtar Findiklili　65歳。1658生。オスマン朝トルコの歴史家。

陳鵬年　60歳。1663生。中国、清前期の官僚。

ヘバン，ジョン　Hepburn, John　74歳。1649生。スコットランド長老派教会の牧師。

ボルダ，アンドレス・デ　Borda, Andrés de　メキシコの神学者。

1724年

10.16　朝鮮で英祖が即位する
　　　　＊＊＊

セトル，エルカーナー　Settle, Elkanah　2.12没、76歳。1648生。イギリスの劇作家。

インノケンチウス13世　Innocentius XIII　3.7没、68歳。1655生。教皇(在位1721～24)。

ル・ヌーリ，ドニー・ニコラ　Le Nourry, Denis Nicolas　3.24没、77歳。1647生。フランスの教父学者、ベネディクト会士。

サシェヴァレル，ヘンリー　Sacheverell, Henry　6.5没、50？歳。1674生。イギリスの聖職者。

ピクテー，ベネディクト　Pictet, Bénédict　6.10没、69歳。1655生。スイス改革派の神学者。

タイレ，ヨーハン　Theile, Johann　6.24没、77歳。1646生。ドイツの作曲家。

ナターリス，アレクサンデル　Natalis, Alexander　8.21没、85歳。1639生。フランスのドミニコ会神学者、教会史家。

ソールトンストール，ガードン　Saltonstall, Gurdon　9.20没、58歳。1666生。アメリカの会衆派牧師、コネティカット植民地総督。

デュフレニー，シャルル・ド・ラ・リヴィエール　Dufresny, Charles de la Rivière　10.6没、76歳。1648生。フランスの劇作家、ジャーナリスト。

ウラストン　Wollaston, William　10.29没、65歳。1659生。イギリスの倫理学者。

プリドウ，ハンフリ　Prideaux, Humphrey　11.1没、76歳。1648生。英国教会のノーリジ主教座聖堂参事会長、神学者。

クラッセリウス，バルトロメーウス　Crasselius, Bartholomäus　11.10没、57歳。1667生。ドイツのルター派牧師、敬虔派讃美歌作詞者。

シェパード，ジャック　Sheppard, John　11.16没、22歳。1702生。イギリスの犯罪者。

デフェンテル　Deventer, Hendrik van　12.12没、73歳。1651生。オランダの医者。

この年　アベル，ジョン　Abell, John　74歳。1650生。イギリスの作曲家、ファルセット歌手、リュート奏者。

ガイ，トマス　Guy, Thomas　80？歳。1644生。イギリスの慈善家。

ガスパル・デ・サン・アウグスティン　Gaspar de San Augustin　74歳。1650没。スペインのアウグスティノ会宣教師。

ケルシー　Kelsey, Henry　57？歳。1667生。イギリス生れのカナダ探検家。

ショワジー，フランソワ・チモレオン・ド　Choisy, François Timoléon, abbé de　80歳。1644生。フランスの聖職者，著述家。
ハーメルン，グリュッケル　Hameln, Glückel of　78歳。1646生。「ゲットーに生きて」の著者。
ハーリー，ロバート，初代オックスフォード伯爵　Harley, Robert, 1st Earl of Oxford　63歳。1661生。イギリスの政治家。
ファイステンベルガー，ヨーゼフ　Faistenberger, Joseph　49歳。1675生。ドイツの画家。
ファントーニ，ドナート　Fantoni, Donato　62歳。1662生。イタリアの彫刻家，インターリオ(装飾彫り)作家。
マンリー，デラリヴィエ　Manley, Delarivier　61歳。1663生。イギリスの作家。
モーラ，ホセー・デ　Mora, José de　82歳。1642生。スペインの彫刻家。
ルイス1世　Luis I　17歳。1707生。スペイン国王(在位1724)。
ルーティ，ベネデット　Luti, Benedetto　58歳。1666生。イタリアの画家，版画家。
[この頃] ノエラ，フランソワ・ジャン　Noëlas, François-Jean　55？歳。1669生。フランスの来中国イエズス会士。
フリッツ，サムエル　Fritz, Samuel　73？歳。1651生。アマゾン地方へのイエズス会宣教師。

1725年

8.15　ルイ15世とマリア・レシチンスカが結婚
　　　　　＊＊＊
クリーガー，ヨーハン・フィーリップ　Krieger, Johann Philipp　2.6没，75歳。1649生。ドイツの作曲家。
ダンクール，フロラン・カルトン　Dancourt, Florent Carton　2.6没，63歳。1661生。フランスの俳優，劇作家。
ベラーズ，ジョン　Bellers, John　2.8没，71？歳。1654生。イギリスのクェーカー教徒慈善家。
ピョートル1世　Pëtr I Alekseevich　2.8没，52歳。1672生。ロシアのツァーリ，皇帝。
チュリゲーラ，ドン・ホセ　Churriguerra, José Benito de　3.2(㊥1723)没，75歳。1650(㊥1665)生。スペインの建築家，画家。
ワイズ，ジョン　Wise, John　4.8没，72歳。1652生。アメリカの組合教会牧師。
ミール・マハムード　Mīr Mahmūd　4.22没。イランのアフガン朝の創始者(在位1722～25)。
ヴェルニケ，クリスティアン　Wernicke, Christian　9.5没，64歳。1661生。ドイツの詩人。

ブセ　Bousset, Jean-Baptiste　10.3没，63歳。1662生。フランスの作曲家。
スカルラッティ，アレッサンドロ　Scarlatti, Alessandro　10.24没，65歳。1660(㊥1659)生。イタリアの歌劇および教会音楽の作曲家。
ジョンスン，ジョン　Johnson, John　12.15没，62歳。1662生。イギリスの神学者。
[この年] ウルタード，フランシスコ　Hurtado, Francisco　56歳。1669生。スペインの建築家。
汪景琪　中国，清代の文人。
ガリァーノ　Gagliano, Alessandro　65？歳。1660生。イタリアのヴァイオリン製作家。
シェドヴィル，ピエール　Chédeville, Pierre　31歳。1694生。フランスのミュゼット奏者，オーボエ奏者。
スキアッフィーノ，ベルナルド　Schiaffino, Bernardo　47歳。1678生。イタリアの彫刻家。
張伯行　74歳。1651生。中国，清前期の官僚。
張鵬翮　76歳。1649生。中国，清前期の官僚。
フォッジーニ，ジョヴァンニ・バッティスタ　Foggini, Giovanni Battista　73歳。1652生。イタリアの彫刻家，建築家。
プーラン・ド・ラ・バール　Poullain de la Barre, François　78歳。1647生。フランスのフェミニズム理論家。
洪世泰　72歳。1653生。朝鮮，李朝中期の詩人。
マッツオーリ，ジュゼッペ(年長)　Mazzuoli, il Vecchio Giuseppe　81歳。1644生。イタリアの彫刻家。
ワイルド　Wild, Jonathan　43？歳。1682生。イギリスの盗賊。
[この頃] ヴィゼ，ローラン・ローベル・ド　Visée, Robert de　75？歳。1650生。フランスのギター奏者，テオルバ奏者，ヴィオール奏者，歌手，作曲家。
バニスター，ジョン　Banister, John　イギリスのヴァイオリン奏者，作曲家，1677年アン王女の音楽教師であったとみられる。

1726年

11.08　スウィフトの「ガリバー旅行記」が出版
　　　　　＊＊＊
ツィポリ，ドメーニコ　Zipoli, Domenico　1.2没，37歳。1688生。イタリアの作曲家，オルガン奏者。
ドリル　Delisle, Guillaume　1.25没，50歳。1675生。フランスの地理学者，地図学者。
マクシミリアン2世　Maximilian II Emanuel　2.26没，63歳。1662生。バイエルン選帝侯(1679～1726)。

人物物故大年表　外国人編　477

ホウィットビ, ダニエル　Whitby, Daniel　3.24没、57歳。1638生。英国教会の聖職。

ヴァンブラ, ジョン　Vanbrugh, Sir John　3.26没、62歳。1664(㊗1666)生。イギリスの建築家。

コリア, ジェレミー　Collier, Jeremy　4.26没、75歳。1650生。イギリスの牧師。

ピット, トマス　Pitt, Thomas　4.28没、72歳。1653生。イギリスの商人。

ピストッキ　Pistocchi, Francesco Antonio Mamiliano　5.13没、67歳。1659生。イタリアのカストラートの歌手・作曲家。

シュトラニツキー, ヨーゼフ・アントン　Stranitzky, Josef Anton　5.19没、49歳。1676生。ドイツの俳優。

ブレイディ, ニコラス　Brady, Nicholas　5.20没、66歳。1659生。イギリスの牧師, 詩人。

トゥンプ, クリスティアン　Thumb, Christian　6.4没、81？歳。1645生。ドイツの建築家。

ドラランド, ミシェル・リシャール　Lalande, Michel-Richard de　6.18没、68歳。1657生。フランスの作曲家。

ディーンツェンホーファー, ヨハン　Dientzenhofer, Johann　6.20没、63歳。1663(㊗1665)生。ドイツの建築家。

ボノンチーニ, アントニオ・マリア　Bononcini, Antonio Maria　7.8没、49歳。1677生。イタリアの作曲家。

レプニン　Repnin, Anikita Ivanovich　7.14没、58歳。1668生。ロシアの将軍, 公爵。

マルヒル, アントニオ　Margil, Antonio　8.6没、68歳。1657生。スペインのフランシスコ会宣教師。

ベルヌーイ, ニコラス2世　Bernoulli, Nikolaus II　8.9没、31歳。1695生。スイスの数学者。

ムーア, マイケル　Moor, Michael　8.22没、86歳。1640生。アイルランドのローマ・カトリック教会司祭, ダブリンのトリニティ・コレッジ学長。

プランタウアー, ヤーコプ　Prandtauer, Jakob　9.18没、68？歳。1658(㊗1660)生。オーストリアの建築家。

タドウェー　Tudway, Thomas　11.23没、76？歳。1650生。イギリスの作曲家。

[この年] アルデマンス, テオドロ　Ardemáns, Teodoro　62歳。1664生。ドイツの建築家。

ガッビアーニ, アントン・ドメーニコ　Gabbiani, Anton Domenico　74歳。1652生。イタリアの画家。

カドガン　Cadogan, William, 1st Earl　51歳。1675生。アイルランドの軍人, 外交官。

スロッツ, セバスティアン　Slodtz, Sébastien　71歳。1655生。フランドル出身のフランスの彫刻家。

チニャローリ, マルティーノ　Cignaroli, Martino　77歳。1649生。イタリアの画家。

デ・フェッラーリ, グレゴーリオ　De Ferrari, Gregorio　79歳。1647生。イタリアの画家。

デパイスター　Depeyster, Abraham　69歳。1657生。アメリカ, 植民地時代の商人, 政治家。

デュモン　Dumont, Jean　60歳。1666生。フランスの歴史家, 政論家。

年羹堯　㊗1725没。中国, 清前期の武将。

バサンカ, カクペル　Bazanka, Kacper　46歳。1680生。ポーランドの建築家。

ビロップ　Billopp, Christopher　88歳。1638生。イギリスの船長。

ポソシコーフ, イワン・チーホノヴィチ　Pososhkov, Ivan Tikhonovich　74歳。1652生。ロシアの経済学者。

パロミーノ・デ・カストロ・イ・ベラスコ, アントニオ・アシスクロ　Palomino de Castro y Velasco, Antonio Acisclo　71歳。1655生。スペインの画家, 著述家。

モラウン, ジョアン　Mourao, João　45歳。1681生。ポルトガルの来中国イエズス会士。

ラ・フォッス, ルイ-レミー・ド　La Fosse, Louis-Rémy de　ドイツの建築家。

1727年

5.31　オーストリア東インド会社が解散する
＊ ＊ ＊

ヴァンドーム, フィリップ　Vendome, Philippe　1.24没、71歳。1655生。フランスの貴族。

ペータゼン, ヨーハン・ヴィルヘルム　Petersen, Johann Wilhelm　1.31没、77歳。1649生。ドイツの神秘主義者, 詩人。

ニュートン, アイザック　Newton, Sir Isaac　3.20没、84歳。1642(㊗1643)生。イギリスの数学者, 物理学者, 天文学者。

ガスパリーニ, フランチェスコ　Gasparini, Francesco　3.22没、59歳。1668生。イタリアの作曲家。

シェンク, ハインリヒ・テーオバルト　Schenk, Heinrich Theobald　4.11没、71歳。1656生。ドイツの牧師, 讃美歌作詞者。

パリス, フランソワ・ド　Paris, François de　5.1没、37歳。1690生。フランスのヤンセン主義者。

マルテッロ, ピエール・ヤーコポ　Martello, Pier Jacopo　5.10没、6? 歳。1665(㊗1655)没。イタリアの詩人, 劇作家, 評論家。

エカテリーナ1世　Ekaterina I, Alekseevna Romanova　5.17没、43歳。1684(㊗1689)生。ロシア女帝 (在位1725～27)。

ロージングレーヴ，ダニエル Roseingrave, Daniel 5.？没、77？歳。1650生。アイルランド系のイギリスのオルガン奏者，作曲家。

ハイスマンス，コルネリス Huysmans, Cornelius 6.1没、79歳。1648生。オランダの画家。

フランケ，アウグスト・ヘルマン Francke, August Hermann 6.8没、64歳。1663（[異]1633）生。ドイツの敬虔主義者，教育者。

ジョージ1世 George I 6.11没、67歳。1660生。イギリス，ハノーバー朝初代国王（在位1714～27）。

ジュリアーニ，ヴェローニカ Giuliani, Veronica 7.9没、66歳。1660生。イタリアの女子カプチン会（クララ会）の聖人，神秘家。

ウェルズ，エドワード Wells, Edward 7.11没、60歳。1667生。イギリスの数学者，神学者。

ハーコート Harcourt, Simon Harcourt, 1st Viscount 7.23没、66？歳。1661生。イギリスの政治家。

スピンクス，ナサニエル Spinckes, Nathaniel 7.28没、74歳。1653生。英国教会の聖職，臣従拒誓者（Nonjuror）。

ファレンタイン Valentijn, François 8.6没、61歳。1666生。オランダの改革派教会宣教師。

クロフト，ウィリアム Croft, William 8.14没、48歳。1678生。イギリスの作曲家，オルガン奏者。

烏爾臣 8.？没。中国の殉教者。

ヘルデル，アールト・デ Gelder, Aert de 8.28没、81歳。1645生。オランダの画家。

アバディ，ジャック Abbadie, Jacques 9.25？没、73歳。1654生。フランスのカルヴァン主義弁証家。

ブルンナー Brunner, Johann Conrad von 10.2没、74歳。1653生。ドイツの解剖学者。

クラーキン Kurakin, Boris Ivanovich 10.28没、51歳。1676生。ロシアの軍人，政治家，外交官。

アイゼンバルト Eisenbart, Johann Andreas 11.11没、66歳。1661生。ドイツの治療師。

蘇爾金 11.13没。中国の殉教者。

トールバット，ジョン Talbot, John 11.29没、82歳。1645生。アメリカへの英国教会宣教師。

クッサー，ヨーハン・ジーギスムント Kusser, Johann Sigismund 11.？没、67歳。1660生。ドイツの作曲家，指揮者。

ブットシュテット，ヨハン・ハインリヒ Buttstett, Johann Heinrich 12.1没、61歳。1666生。ドイツの作曲家，オルガン奏者，理論家。

サン‐ヴァリエ，ジャン・バティスト・ド・ラ・クロワ・ド・シュヴィエール Saint-Vallier, Jean Baptiste de la Croix de Chevieres 12.26没、74歳。1653生。カナダのカトリック聖職者。

[この年] **オトテール，ニコラ** Hotteterre, Nicolas 74歳。1653生。フランスの音楽家。

オルランディ，ペッレグリーノ・アントーニオ Orlandi, Pellegrino Antonio 67歳。1660生。イタリアの美術著述家。

ガッティ，テオバルド・ディ Gatti, Theobaldo di 77？歳。1650生。イタリア生れのフランスの作曲家。

カンチェネ Khaṅ-che-gnas チベットの宰相。

キアーリ，ジュゼッペ・バルトロメーオ Chiari, Giuseppe Bartolomeo 73歳。1654生。イタリアの画家。

査嗣庭 中国，清代の官吏。

査慎行 77歳。1650生。中国，清の詩人。

ツェワン‐アラプタン Tsewang Araptan 30歳。1697（[異]1665？）生。ジュンガル・ハン国の第5代ハン（在位1697～1727）。

デ・ヘルデル，アールト de Gelder, Aert 82歳。1645生。オランダの画家。

ブッリーニ，ジョヴァンニ・アントーニオ Burrini, Giovanni Antonio 71歳。1656生。イタリアの画家。

ラウレアーティ，ジョヴァンニ Laureati, Giovanni 61歳。1666生。イタリアの来中国イエズス会士。

ラッセル，エドワード Russell 74歳。1653生。イギリスの貴族。

ロイポルト Leupold, Jacob 53歳。1674生。ドイツの機械学者。

1728年

8.26 ベーリングがベーリング海峡を発見する

＊ ＊ ＊

ポルスト，ヨーハン Porst, Johann 1.10没、59歳。1668生。ドイツの敬虔主義の神学者。

ウォール，ウィリアム Wall, William 1.13没、81歳。1647生。英国教会の聖職，神学者。

ストッダード，ソロモン Stoddard, Solomon 2.11没、84？歳。1643生。アメリカの会衆派牧師。

ステッファーニ，アゴスティーノ Steffani, Agostino 2.12没、73歳。1654生。イタリアの作曲家，外交官。

マザー，コトン Mather, Cotton 2.13（[異]1727頃）没、65歳。1663（[異]1662頃）生。アメリカの牧師。

ケーニヒスマルク Königsmark, Maria Aurora 2.16没、65歳。1662生。ドイツの伯爵夫人。

クレッシンベーニ，ジョヴァンニ・マリーア Crescimbeni, Giovanni Mario 3.8没、64歳。1663生。イタリアの詩人，歴史家。

タラール Tallard, Camille, Comte de, Duc d'Hostun 3.20没、76歳。1652生。フランスの軍人。

テュミヒ Thümmig, Ludwig Philipp 4.15没、30歳。1697生。ドイツの哲学者。

ル・コント・アロワシウス，ルイ Le Comte, Louis 4.18没、72歳。1655生。フランスのイエズス会士。

ウッドワード，ジョン Woodward, John 4.25([異]1722)没、62歳。1665生。イギリスの古生物学者。

テッシーン，ニコデムス Tessin, Nicodemus den Yngre 5.10没、73歳。1654生。スウェーデンの建築家。

クープラン，マルグリット・ルイーズ Couperin, Marguerite Louise 5.30没、52？歳。1676生。フランスの声楽家。

ダニエル，ガブリエル Daniel, Gabriel 6.23没、79歳。1649生。フランスの歴史家。

マレ，マラン Marais, Marin 8.15没、72歳。1656生。フランスの作曲家，ビオラ・ダ・ガンバ奏者。

トマージウス，クリスティアン Thomasius, Christian 9.23没、73歳。1655生。ドイツの哲学者，法学者。

エスペン，ゼーヘル・ベルナルト・ヴァン Espen, Zeger Bernhard van 10.2没、82歳。1646生。ネーデルラントのカトリック教会法学者。

フィリドール Philidor, Anne Danican 10.8没、47歳。1681生。フランスのオーボエ吹奏者，作曲家。

リヴィングストン，R. Livingston, Robert 10.？没、73歳。1654生。オランダ生れのアメリカ植民地時代の大地主。

ケネット，ホワイト Kennett, White 12.19没、68歳。1660生。英国教会ピータボロ教区主教。

[この年] アプラークシン，フョードル・マトヴェエヴィチ，伯爵 Apraksin, Fëdor Matveevich, Graf 57歳。1671([異]1661)生。ロシアの提督。

続法 87歳。1641生。中国，清代の華厳宗の僧。

デ・マッティス，パーオロ De Matteis, Paolo 66歳。1662生。イタリアの画家。

モリヌークス Molyneux, Samuel 39歳。1689生。アイルランドの天文学者。

楊晋 84歳。1644生。中国，清初の画家。

李麟佐 朝鮮，李朝の反乱者。

ルスコーニ，カミッロ Rusconi, Camillo 70歳。1658生。イタリアの彫刻家。

1729年

4.15 バッハの「マタイ受難曲」が初演される
11.26 ルイ15世の王子誕生記念コンサート開催

＊ ＊ ＊

ル・ブラン，ピエール Le Brun, Pierre 1.6没、67歳。1661生。フランスのカトリック神学者，典礼学者。

コングリーヴ，ウィリアム Congreve, William 1.19([異]1725)没、58歳。1670生。イギリスの劇作家。

ファブリーツィウス，ヨーハン(ヨハネス) Fabricius, Johann (Johannes) 2.16没、84歳。1644生。ドイツのルター派神学者。

ノデ(ナウダエウス)，フィリップ Naudé (Naudaeus), Philipp 3.7没、74歳。1654生。フランス系ドイツの改革派神学者，数学者。

ロー Law, John 3.21没、57歳。1671生。イギリスの財政家。

ノアーユ，ルイ・アントワーヌ・ド Noailles, Louis Antoine de 5.4没、77歳。1651生。フランスのカトリック神学者。

キング，ウィリアム King, William 5.8没、79歳。1650生。アイルランド聖公会のダブリン主教。

クラーク，サミュエル Clarke, Samuel 5.17没、53歳。1675生。イギリスの神学者，哲学者。

ウィリアムズ，ジョン Williams, John 6.12没、64歳。1664生。アメリカの会衆派牧師。

テイラー，エドワード Taylor, Edward 6.24没、87？歳。1642([異]1645頃)生。アメリカの詩人，牧師。

ジャケ・ド・ラ・ゲール，エリザベト Jacquet de La Guerre, Élisabeth 6.27没、63?歳。1666([異]1664頃)生。フランスの作曲家，クラヴサン奏者。

メリエ，ジャン Meslier, Jean 6.27？没、65歳。1664生。フランスの聖職者，自由主義者。

ハイニヘン，ヨハン・ダーヴィト Heinichen, Johann David 7.16没、46歳。1683生。ドイツの作曲家，理論家。

ホルヒェ，ハインリヒ Horche, Heinrich 8.5没、76歳。1652生。ドイツの改革派系分離派牧師。

ノイキルヒ，ベンヤミン Neukirch, Benjamin 8.15没、64歳。1665生。ドイツの詩人。

ニューカメン，トマス Newcomen, Thomas 8.5没、66歳。1663生。イギリスの技術者。

スティール，リチャード Steele, *Sir* Richard 9.1没、57歳。1672生。イギリスのジャーナリスト，劇作家。

アルドゥワン，ジャン Hardouin, Jean 9.3没、82歳。1646生。フランスのカトリック神学者，古典学者，イエズス会修道士。

ノエル，フランソワ Noël, François 9.17没、78歳。1651生。ベルギーのイエズス会士。

ブラックモア Blackmore, *Sir* Richard 10.9没、75歳。1654生。イギリスの詩人，医者。

ブッデウス(ブッデ)，ヨーハン・フランツ Buddeus (Budde), Johann Franz 11.19没、62歳。1667生。ドイツ啓蒙主義時代の神学者。

メンシコフ Menshikov, Aleksandr Danilovich 11.23没、56歳。1673([異]1670？)生。ロシアの軍人，政治家。

1730年

9.28　オスマン朝スルタンのアフメト3世が退位
　　　　　＊＊＊
シューアル，サミュエル　Sewall, Samuel　1.1没，77歳。1652生。アメリカ植民地時代のセーレムの商人，裁判官。
マグヌースソン，アウトニ　Magnússon, Árni　1.7没，66歳。1663生。アイスランドの文献学者。
ヴァリスニエリ，アントニオ　Vallisnieri, Antonio　1.18没，99歳。1631(㋺1661)生。イタリアの医者，博物学者。
シュトリメジウス，ザームエル　Strimesius, Samuel　1.28没，81歳。1648生。ドイツの改革派神学者。
ピョートル2世　Pëtr II Alekseevich　1.29没，14歳。1715年。ロシアの皇帝(在位1727～30)。
エックハルト　Eckhardt, Johann Georg von　2.9没，65歳。1664生。ドイツの歴史家。
ブレイ，トマス　Bray, Thomas　2.15没，74歳。1656生。イギリスの聖職者。
ベネディクツス13世　Benedictus XIII　2.21没，81歳。1649生。教皇(在位1724～30)。
タンブリーニ，ミケランジェロ　Tamburini, Michelangelo　2.28没，81歳。1648生。イタリア出身の第14代イエズス会総長。
ルクヴルール，アドリエンヌ　Lecouvreur, Adrienne　3.20没，37歳。1692生。フランスの女優。
パルファン　Palfyn, Jean　4.21没，79歳。1650生。フランスの解剖学者，外科学者。
黄鼎　4.25没，70歳。1660(㋺1650)生。中国，清代の画家。
トロア　Troy, François de　5.1没，85歳。1645生。フランスの画家。
ヴィンチ，レオナルド　Vinci, Leonardo　5.27？没，40？歳。1690生。イタリアの作曲家。
ブヴェー，ジョアシャン　Bouvet, Joachim　6.28没，73歳。1656生。フランス出身のイエズス会宣教師。
ヴィルロア　Villeroi, François de Neufville, Duc de　7.18没，86歳。1644生。フランスの軍人。
ルイエ，ジャン・バティスト　Loeillet, Jean-Baptiste　7.19没，49歳。1680生。ベルギーの作曲家。
ブロサール，セバスティアン・ド　Brossard, Sébastien de　8.10没，74歳。1655生。フランスの作曲家，理論家。
ダニカン‐フィリドール，アンドレ　Philidor, André Danican　8.11没，83？歳。1647生。フランスの室内音楽家，音楽図書館司書。

ゲプハルディ，ブランダーヌス・ヘンリクス　Gebhardi, Brandanus Henricus　12.1没，72歳。1657生。ドイツのオリエント学者，敬虔主義神学者，P. J. シュペーナーの弟子。
マイアー，フリードリヒ　Mayer, Friedrich Christopho　12.5没，32歳。1697生。ドイツの数学者で天文学者。
コリンズ，ジョン・アンソニ　Collins, John Anthony　12.13没，53歳。1676生。イギリスの理神論者，自由思想家。
ランペ，フリードリヒ・アードルフ　Lampe, Friedrich Adolf　12.18没，46歳。1683生。ドイツの改革派神学者，教会史家。
バロン　Baron, Michel　12.22没，76歳。1653生。フランスの俳優。
フランチェスキーニ，マルカントーニオ　Franceschini, Marcantonio　12.24没，81歳。1648生。イタリアの画家。
トゥルネリ，オノレ・ド　Tournely, Honoré de　12.26没，71歳。1658生。フランスのカトリック神学者。
[この年] アイム，ニコロ・フランチェスコ　Haym, Nicolo Francesco　51歳。1678生。イタリアの作曲家，作家。
アヴリヨン，ジャン・バティスト・エリー　Avrillon, Jean Baptiste Élie　77歳。1652生。フランスの神学者，修徳書著作家。
ヴェルンスドルフ，ゴットリープ　Wernsdorf, Gottlieb　61歳。1668生。ドイツのルター派神学者。
エオザンダー，ヨーハン・フリードリヒ・フォン　Eosander, Johann Friedrich von　59？歳。1670生。ドイツの建築家。
カルレヴァーリス，ルーカ　Carlevaris, Luca　㋺1731没，66歳。1663(㋺1665)生。イタリアの画家。
キャンベル，コレン　Campbell, Colen　53歳。1676生。イギリス，スコットランドの建築家。
志安　65歳。1664生。朝鮮の仏僧。
シャー・フサイン　Shāh Husain　54？歳。1675生。イランのサファヴィー朝第9代の主(在位1694～1722)。
スペッキ，アレッサンドロ　Specchi, Alessandro　61歳。1668生。イタリアの建築家，版画家。
ペクール　Pécourt, Guillaume Louis　76歳。1653生。フランスの舞踊家。
マラルディ　Maraldi, Giacomo Filippo　64歳。1665生。イタリアの天文学者。
陸楠　中国，清代の官吏。
ロゲベーン　Roggeveen, Jacob　70歳。1659生。オランダの航海士。
[この頃] 王昱　中国，清初の書家。

人物故大年表 外国人編　481

フレデリク4世　Frederik IV　10.12没、59歳。1671生。デンマーク、ノルウェー王（在位1699～1730）。

スナイエ，ジャン・バティスト　Senaillé, Jean Baptiste　10.15没、42？歳。1688生。フランスのヴァイオリン奏者，作曲家。

アントーン，パウル　Anton, Paul　10.20没、69歳。1661生。ドイツのルター派神学者。

ロットマイア・フォン・ローゼンブルン，ヨハン・ミヒャエル　Rottmayer, Johann Franz Michael　10.25没、75歳。1654生。オーストリアの画家。

カッテ　Katte, Hans Hermann von　11.6没、26歳。1704生。プロイセンの士官。

ソラン，ジャーク　Saurin, Jacques　12.20没、53歳。1677生。フランスのプロテスタントの宗教家。

この年 アンマン　Ammann, Johann Konrad　61歳。1669生。アムステルダムで活動したスイスの医者。

イブラヒム・パシャ　İbrahim Pasha, Nevşehirli　オスマン帝国の大宰相。

オールドフィールド　Oldfield, Anne　47歳。1683生。イギリスの女優。

カディヤック，アントワーヌ・ロメ・ド・ラ・モート，卿　Cadillac, Antoine Laumet de la Mothe, sieur de　72歳。1658（㊟1656頃）生。フランス人でデトロイトの建設者。

グルペッロ，ガブリエル　Grupello, Gabriel　86歳。1644生。フランドルの彫刻家。

ゴリーツィン，ミハイル　Golitsyn, Mikhail Mikhailovich　55歳。1675生。ロシアの将軍。

チフロンディ，アントーニオ　Cifrondi, Antonio　73歳。1657生。イタリアの画家。

チャーチル，アラベラ　Churchill, Arabella　82歳。1648生。ヨーク公（のちのジェームズ2世）の愛人。

ネディム，アフメト　Nedim, Ahmet　49歳。1681（㊟1680）生。オスマン・トルコ帝国の宮廷詩人。

フィゲロア，レオナルド・デ　Figueroa, Leonardo de　80？歳。1650生。スペインの建築家。

パトロナ・ハリル　Patrona Halil　オスマン帝国後期の反乱の首謀者。

メグロー，シャルル　Maigrot, Charles　78歳。1652生。フランスの宣教師。

ユースデン，ローレンス　Eusden, Laurence　42歳。1688生。イギリスの詩人。

ラッザリーニ，グレゴーリオ　Lazzarini, Gregorio　75？歳。1655生。イタリアの画家。

リッチ，マルコ　Ricci, Marco　54歳。1676生。イタリアの画家。

この頃 アマン，ヤーコプ　Ammann, Jakob　85？歳。1645（㊟1644頃）生。スイスのメノー派から分かれたアーミッシュ派の創設者。

劉智　70？歳。1660生。中国，清代初のイスラム教学者。

ロイド，エドワード　Lloyd, Edward　㊟1726没。イギリスのコーヒー店経営者。

1731年

7.22　第2次ウィーン条約が結ばれる

＊＊＊

ジョフロア　Geoffroy, Étienne François　1.6没、58歳。1672生。フランスの化学者。

ウルストン，トマス　Woolston, Thomas　1.21（㊟1733）没、62歳。1669（㊟1670）生。イギリスの神学者，理神論者，論争家。

クリストフォリ，バルトロメーオ　Cristofori, Bartolommeo di Francesco　1.27没、75歳。1655生。イタリアのハープシコード製作者。

クリュサントス・ノタラス　Chrýsanthos Notarâs　2.7没。17世紀後半生。ギリシア正教会の神学者、イェルサレム総主教。

ルイシュ　Ruysch, Frederik　2.22没、92歳。1638生。オランダの解剖学者。

ディングリンガー，ヨーハン・メルヒオール　Dinglinger, Johann Melchior　3.6没、66歳。1664生。ドイツの工芸家。

デフォー，ダニエル　Defoe, Daniel　4.24没、71歳。1660（㊟1661）生。イギリスのジャーナリスト，小説家。

リューディガー　Rüdiger, Andreas　6.6没、57歳。1673生。ドイツの哲学者。

エヴドキヤ　Evdokiya Fyodorovna Lopukhina　9.7没、61歳。1670生。ロシアの皇后。

リージウス，ハインリヒ　Lysius, Heinrich　10.16没、60歳。1670生。ドイツのルター派神学者。

ウダール・ド・ラ・モット，アントワーヌ　Houdar de La Motte, Antoine　12.26没、59歳。1672生。フランスの台本作者。

ラモット・ウダール　La Motte, Antoine Houdar de　12.26没、59歳。1672生。フランスの劇詩人。

テイラー，ブルック　Taylor, Brook　12.29没、46歳。1685生。イギリスの数学者。

この年 アステル　Astell, Mary　63歳。1668生。イギリスの女流文筆家。

エイクマン　Aikman, William　49歳。1682生。スコットランドの肖像画家。

オダッツィ，ジョヴァンニ　Odazzi, Giovanni　68歳。1663生。イタリアの画家。

オレリー　Orrery, Charles Boyle　55歳。1676生。イギリスの政治家。

バッハ，ヨーハン・ルートヴィヒ　Bach, Johann Ludwig　54歳。1677生。ドイツの作曲家。

ヒューブナー　Hübner, Johann　63歳。1668生。ドイツの教育者。

18世紀　　　　　　　　　　　　　　　　　　　　　　　　　　　1733

ブロコフ, フェルディナント・マクシミリアン　Brokoff, Ferdinand Maximilian　43歳。1688生。ボヘミアの彫刻家。
ホリス　Hollis, Thomas　72歳。1659生。イギリスの商人。
メッタニヒ, ヴォルフ・デ　Metternich, Wolf de　ドイツの改革派系神秘家。
この頃　トゥトゥ　Tutu, Osei　61?歳。1670生。アシャンティ王国の初代の王(在位1697～1731)。

1732年

9.15　プロイセンで強制徴募制が採用される
＊　＊　＊
ウスタリス　Uztariz, Geronimo de　2.1没、61歳。1670生。スペインの経済学者。
アタベリー, フランシス　Atterbury, Francis　2.15没、68歳。1663(㋰1662)生。イギリスの高位聖職者。
マルシャン, ルイ　Marchand, Louis　2.17没、63歳。1669生。フランスのクラヴサン奏者、オルガン奏者、作曲家。
ペルモーザー, バルタザル　Permoser, Balthasar　2.20没、81歳。1651生。ドイツの彫刻家。
ブール, アンドレ・シャルル　Boulle, André Charles　2.28没、89歳。1642生。フランスの家具製作者。
ベルナベーイ, ジョゼッペ・アントニオ　Bernabei, Giuseppe Antonio　3.12没、83歳。1649生。イタリアの作曲家。
ブライトハウプト, ヨーアヒム・ユストゥス　Breithaupt, Joachim Justus　3.16没、74歳。1658生。ドイツのルター派敬虔主義の神学者。
クラーケヴィツ, アルブレヒト・ヨーアヒム・フォン　Krakevitz, Albrecht Joachim von　5.2没、57歳。1674生。ドイツのルター派神学者。
ボストン, トマス　Boston, Thomas　5.20没、56歳。1676(㋰1677)生。スコットランドの宗教家。
ベルナルディ　Bernardi, Bartolomeo　5.23没、72?歳。1660生。イタリアの作曲家。
キャラミ, エドマンド　Calamy, Edmund　6.3没、61歳。1671生。イギリスの非国教派牧師、歴史家。
ブックストルフ, ヨーハン　Buxtorf, Johann　6.19没、69歳。1663生。スイスのセム語学者。
ロジャーズ　Rogers, Woodes　7.16没、53?歳。1679生。イギリスの私掠船船長。
コンティ, フランチェスコ・バルトロメオ　Conti, Francesco Bartolomeo　7.20没、50歳。1682生。イタリアのテオルボ奏者、作曲家。
アッピアーニ　Appiani, Louis　8.29没、69歳。1663生。イタリアのカトリック宣教師。

ポテノー　Pothenot, Loran　8.31没、72歳。1660生。フランスの数学者。
ブルストロン, アンドレーア　Brustolon, Andrea　10.25没、72歳。1660(㋰1662)生。イタリアの彫刻家。
ビットリオ・アマデオ2世　Vittorio Amadeo II　10.31没、66歳。1666生。イタリアのサヴォイア公(在位1675～1730)。
エイリフ, ジョン　Ayliffe, John　11.5没、56歳。1676生。イギリスの法曹家。
ゲイ, ジョン　Gay, John　12.4没、47歳。1685生。イギリスの劇作家、詩人。
この年　アッフネル, アントン・マリーア　Haffner, Anton Maria　78歳。1654生。イタリアの画家。
アマート, ジャーコモ　Amato, Giacomo　89歳。1643生。イタリアの建築家。
オトテール, ジャン　Hotteterre, Jean　84?歳。1648生。フランスの楽器(管楽器)製作者。
カーター　Carter, Robert　69歳。1663生。アメリカ植民地の大プランター。
カーロ・イドロゴ, ペドロ　Caro Idrogo, Pedro　スペインの建築家。
コリアー　Collier, Arthur　52歳。1680生。イギリスの哲学者。
サブラン, ルイ・ド　Sabran, Louis de　80歳。1652生。フランスのイエズス会司祭、説教者。
蔣廷錫　63歳。1669生。中国、清前期の学者、画家。
セルポッタ, ジャーコモ　Serpotta, Giacomo　76歳。1656生。イタリアの彫刻家、ストゥッコ装飾家。
田文鏡　68歳。1664生。中国、清初の政治家。
トージ　Tosi, Pier Francesco　79?歳。1653生。イタリアのカストラート歌手。
フリジメーリカ, ジェローラモ　Frigimelica, Gerolamo　79歳。1653生。イタリアの建築家。
ベルヴェデーレ, アンドレーア　Belvedere, Andrea　80?歳。1652生。イタリアの画家。
ピンチベック, クリストファー　Pinchbeck, Christopher　62?歳。1670生。イギリスの時計職人、玩具職人。
マー　Mar, John Erskine, 6th Earl of　57歳。1675生。スコットランドの貴族。
ルドルフ, コンラート　Rudolf, Konrad　スペインで活躍の建築家。
この頃　クック, エベニーザー　Cook, Ebenezer　65?歳。1667生。アメリカの詩人。

1733年

1.13　北米で英最後の植民地ジョージアが建設
＊　＊　＊

人物物故大年表 外国人編　*483*

ビング，ジョージ，初代トリントン子爵 Torrington, George Byng, 1st Viscount of 1.17(㋺1773)没，69歳。1663生。イギリスの提督。
マンデヴィル，バーナード・ド Mandeville, Bernard de 1.21没，62歳。1670(㋺1676？)生。イギリスで活躍したオランダの医者，啓蒙思想家。
フリードリヒ・アウグスト1世 Friedrich August I 2.1没，62歳。1670生。ザクセン選帝侯(在位1694～1733)。
ル・キアン，ミシェル Le Quien, Michel 3.12没，71歳。1661生。フランスの教父学者，ドミニコ会士。
デシデーリ Desideri, Ippolito 4.14没，48歳。1684生。イタリアのイエズス会士。
クストゥー，ニコラ Coustou, Nicolas 5.1没，75歳。1658生。フランスの彫刻家。
ベーム，ゲオルク Böhm, Georg 5.18没，71歳。1661生。ドイツのオルガン奏者，作曲家。
ヘルマン Hermann, Jacob 7.14没，54歳。1678生。スイスの数学者。
ティンダル，マシュー Tindal, Matthew 8.16没，77歳。1656(㋺1653頃)生。イギリスの理神論者。
モロー，ジャン=バティスト Moreau, Jean-Baptiste 8.24没，77歳。1656生。フランスの作曲家。
クープラン，フランソワ Couperin, François 9.11没，64歳。1668生。フランスの作曲家，オルガン奏者。
シャイトベルガー，ヨーゼフ Schaitberger, Joseph 10.2没，75歳。1658生。ドイツの信徒伝道者，信仰亡命者，著作家。
サッケリ Saccheri, Giovanni Girolamo 10.25没，66歳。1667生。イタリアの数学者。
ヴェラチーニ，アントニオ Veracini, Antonio 10.26没，74歳。1659生。イタリアのヴァイオリン奏者，作曲家。
ダンドリュー，ピエール d'Andrieu, Pierre 10.?没，73歳。1660生。フランスの作曲家，オルガン奏者。
ムリリョ・ベラルデ Murillo Verarde, Pedro 11.30没，37歳。1696生。スペインの宣教師。
シュテックライン，ヨーゼフ Stöcklein, Joseph 12.28没，57歳。1676生。ドイツ出身のイエズス会宣教師，歴史家。
この年 アヴァンツィーニ，ピエル・アントーニオ Avanzini, Pier Antonio 77歳。1656生。イタリアの画家。
グリムー，アレクシス Grimou, Alexis 55歳。1678生。フランスの画家。
ピカール，B. Picart, Bernard 60歳。1673生。「ロビンソン・クルーソー」の著者。
メル，コンラート Mel, Conrad 67歳。1666生。ドイツの改革派牧師。

モノ，ピエール・エティエンヌ Monnot, Pierre Étienne 76歳。1657生。フランスの彫刻家。
ランベール夫人 Lambert, Anne-Thérèse de Marguenat de Courcelles marquise de 86歳。1647生。フランスの女性作家。
李塨 74歳。1659生。中国，清前期の学者。
ローガル，ゲオルク・フリードリヒ Rogall, Georg Friedrich 32歳。1701生。ドイツの哲学者，神学者。

1734年

デニス，ジョン Dennis, John 1.6没，77歳。1657生。イギリスの批評家。
フロイヤー，サー・ジョン Floyer, Sir John 2.1没，85歳。1649生。イギリスの医師。
ディッペル，ヨハン・コンラート Dippel, Johann Konrad 4.25没，60歳。1673生。ドイツの錬金術師，化学者。
ソーンヒル，サー・ジェイムズ Thornhill, Sir James 5.13没，58?歳。1675生。イギリスの装飾画家。
シュタール，ゲオルク・エルンスト Stahl, Georg Ernst 5.14没，73歳。1660生。ドイツの生理学者，化学者。
カンティヨン Cantillon, Richard 5.15没，54歳。1680(㋺1697)生。アイルランドの経済学者。
リッチ，セバスティアーノ Ricci, Sebastiano 5.15没，74歳。1659(㋺1660)生。イタリアの画家。
オードラン，クロード3世 Audran, Claude III 5.27没，75歳。1658生。フランスの銅版画家。
ベリック，ジェイムズ・フィッツジェイムズ，初代公爵 Berwick, Jacques Fitzjames, Duc de 6.12没，63歳。1670生。フランスの武将。
ヴィラール，クロード・ルイ・エクトル，公爵 Villars, Louis Hector, Duc de 6.17没，81歳。1653生。ルイ14世時代のフランスの軍人。
サラサル，ビセンテ・デ Salazar, Vicente de 6.19没，37歳。1697生。スペインのドミニコ会宣教師。
ベルニエ，ニコラ Bernier, Nicolas 7.6没，69歳。1665生。フランスの作曲家，オルガン奏者。
高其佩 9.?没，62歳。1672(㋺1660)生。中国，清初期の画家。
ケルアル Kéroualle, Louise Renée de, Duchess of Portsmouth and Aubigny 11.17没，85歳。1649生。フランスの婦人。
ポーツマス Portsmouth, Louise Renée de Kerouaille, Duchess of 11.17没，85歳。1649生。イギリス国王チャールズ2世のフランス人の愛人。

18世紀　　　　　　　　　　　　　　　　　　　　　　　　1735

マシャム，レイディ・アビゲイル　Masham, Abigail, Lady　12.6没。イギリスのアン女王の寵人。

チェヴァ，トマス　Céva, Tommaso G.　12.13(㊥1736)没、87？歳。1647(㊥1648)生。イタリアの数学者。

バリントン，ジョン・シュート　Barrington, John Shute　12.14没、56歳。1678生。イギリスの法律家，神学者。

[この年] アントゥネス，ジョアン　Antunes, João　51歳。1683生。ポルトガルの建築家。

ウッドロウ，ロバート　Wodrow, Robert　55歳。1679生。スコットランドの長老派系の歴史家。

ゴルチツキ，グジェゴシ・ゲルヴァツィ　Gorczycki, Grzegorz Gerwazy　67？歳。1667生。ポーランドの作曲家。

実賢　48歳。1686生。中国，清代の蓮宗九祖。

スポルヴェリーニ，ピエル・イラーリオ　Spolverini, Pier Ilario　77歳。1657生。イタリアの画家。

ティレマンス，ピーター　Tillemans, Peter　50歳。1684生。フランドル出身のイギリスの画家。

トレッツィーニ，ドメーニコ　Trezzini, Domenico　64？歳。1670生。スイスの建築家。

ハンター　Hunter, Robert　イギリス領ニューヨークとニュージャージー植民地の総督。

ファントーニ，アンドレーア　Fantoni, Andrea　75歳。1659生。イタリアの彫刻家，インターリオ(装飾彫り)作家。

フィッグ，ジェイムズ　Figg, James　39？歳。1695生。イギリスの剣士，ボクサー。

ロブ・ロイ　Rob Roy　63歳。1671生。スコットランド高地地方の無法者。

1735年

10.18　清で宝親王が乾隆帝として即位する

＊＊＊

エックルズ，ジョン　Eccles, John　1.12没、85？歳。1650(㊥1668頃)生。イギリスの作曲家。

フォルテグエッリ　Forteguerri, Nicolò　2.17没、60歳。1674生。イタリアの詩人。

アーバスノット，ジョン　Arbuthnot, John　2.27没、67歳。1667生。イギリスの詩人，評論家。

ジュド，クロード　Judde, Claude　3.11没、73歳。1661生。フランスのイエズス会司祭，霊性指導者。

ペツ，ベルンハルト　Pez, Bernhard　3.27没、52歳。1683生。オーストリアの歴史家，図書館司書，ベネディクト会士。

ダーラム，ウィリアム　Derham, William　4.5没、77歳。1657生。イギリスの物理学者。

ラーコーツィ・フェレンツ2世　Rákóczy Ferenc II　4.8没、59歳。1676生。ハンガリー独立運動指導者。

ラームバハ，ヨーハン・ヤーコプ　Rambach, Johann Jakob　4.19没、42歳。1693生。ドイツのルター派神学者、讚美歌作詞者。

ハーン，トマス　Hearne, Thomas　6.10没、56歳。1678生。イギリスの中世史家。

ヴェルトー，ルネー・オベール(アベー・ド)　Vertot, René Aubert, Abbé de　6.15没、79歳。1655生。フランスの聖職者，歴史家。

コット，ロベール・ド　Cotte, Robert de　7.15没、79歳。1656生。フランスの建築家。

クリーガー，ヨーハン　Krieger, Johann　7.18没、83歳。1652(㊥1651)生。ドイツの作曲家，オルガン奏者。

ウェスリ，サミュエル　Wesley, Samuel　8.25没、72歳。1662生。英国教会の聖職。

ブラウン，ピーター　Brown, Peter　8.25没、66歳。1669生。イギリスの聖職者，神学者，哲学者。

エッフェン，ユストゥス・ファン　Effen, Justus van　9.18没、51歳。1684生。オランダの著作家。

ゴッター，ルートヴィヒ・アンドレーアス　Gotter, Ludwig Andreas　9.19没、74歳。1661生。ドイツの讚美歌作詞者。

ピータバロ　Peterborough, Charles Mordaunt, 3rd Earl of　10.25没、77歳。1658生。イギリスの軍人，政治家，外交官。

ブリクシ，シモン　Brixi, Šimon　11.2没、42歳。1693生。17〜18世紀のチェコの作曲家，オルガン奏者。

シュマルツグリューバー，フランツ　Schmalzgrueber, Franz　11.7没、72歳。1663生。ドイツのイエズス会教会法学者。

ヴィヴィアン，ジョセフ　Vivien, Joseph　12.5(㊥1734頃)没、78歳。1657生。フランスの画家。

タナー，トマス　Tanner, Thomas　12.14没、61歳。1674生。英国教会の主教，歴史家。

[この年] アルテディ，ペーテル　Artedi, Peter　30歳。1705生。スウェーデンの博物学者。

アルベルガーティ，ピッロ・カパチェッリ　Albergati, Pirro Capacelli　72歳。1663生。イタリアの作曲家。

スヴェードベリー，イェスペル　Svedberg, Jesper　82歳。1653生。スウェーデンのルター派神学者。

曾静　56歳。1679生。中国，清初の学者。

沈宗敬　66歳。1669生。中国，清初の画家。

ドマンジュ，ジャン　Domenge, Jean　69歳。1666生。フランスの来中国イエズス会士。

ファイステンベルガー，アンドレアス　Faistenberger, Andreas　88歳。1647生。ドイツの彫刻家。

フランクリン　Franklin, James　38歳。1697生。アメリカの印刷業者。

フリゾーニ，ドナート・ジュゼッぺ　Frisoni, Donato Giuseppe　52歳。1683生。イタリアの建築家，ストゥッコ装飾家。

法蔵　62歳。1673生。中国，清代の禅僧。

マック，アレグザーンダ　Mack, Alexander　56歳。1679生。アメリカの「ダンカーズ」（ドイツ起源のバプテスト派）創始者。

メッサーシュミット　Messerschmitt, Daniel Gottlieb　50歳。1685生。ドイツの科学者。

雍正帝　57歳。1678生。中国，清朝の第5代皇帝（在位1723～35）。

リヴァル，アントワーヌ　Rivalz, Antoine　68歳。1667生。フランスの美術家。

リヒター，ヨハン・モーリッツ3世　Richter, Johann Moritz III　56歳。1679生。ドイツの建築家。

ルガ，フランソワ　Le Guat, Francois　98歳。1637生。「インド洋への航海と冒険」の著者。

この頃 エクルズ，ヘンリー　Eccles, Henry Ⓡ1742？没，60？歳。1675（Ⓡ1670頃）生。イギリスのヴァイオリン奏者，作曲家。

プレマール，ジョゼフ・マリー・ド　Prémare, Joseph Marie de　Ⓡ1736没，69？歳。1666生。フランスのイエズス会士。

オイゲン，サヴォワ公爵　Eugen, Franz, Prinz von Savoyen　4.21没，72歳。1663生。オーストリアの将軍，政治家。

ファブリーツィウス，ヨーハン・アルベルト　Fabricius, Johann Albert　4.30没，67歳。1668生。ドイツの古典学者。

ウェルドン　Weldon, John　5.7没，60歳。1676生。イギリスのオルガン奏者，作曲家。

メーヌ公　Maine, Louis Auguste de Bourbon, Duc du　5.14没，66歳。1670生。フランスの親王。

パテル，ジャン-バティスト　Pater, Jean Baptiste Joseph　7.25没，40歳。1695（Ⓡ1696）生。フランスの画家。

ポーティアス　Porteous, John　9.7没。イギリス，エディンバラ市の守備隊長。

プロコポーヴィチ，フェオファーン　Prokopovich, Feofan　9.9没，55歳。1681生。ロシアの宗教家，政治家，作家。

ファーレンハイト，ガブリエル・ダニエル　Fahrenheit, Gabriel Daniel　9.16没，50歳。1686生。ドイツの物理学者。

ケイゼルリング　Keyserling, Hans Jurgen　11.？没，40？歳。1696生。オランダ人調馬師。

カルダーラ，アントニオ　Caldara, Antonio　12.26没，66歳。1670生。イタリアの作曲家。

この年 アフメト3世　Ahmet III　63歳。1673生。オスマン・トルコ帝国第23代スルタン（在位1703～30）。

ガリレイ，アレッサンドロ　Galilei, Alessandro　45歳。1691生。イタリアの建築家。

朱軾　72歳。1664生。中国，清初期の政治家，学者。

鄭斉斗　87歳。1649生。朝鮮，李朝の陽明学者。

トンソン　Tonson, Jacob　80？歳。1656生。イギリスの出版業者。

バンビーニ，ニッコロ　Bambini, Niccolò　85歳。1651生。イタリアの画家。

ファン・ウィッテル，ガスパール　van Wittel, Gaspar　83歳。1653生。オランダの画家。

ブージ，サンティーノ　Busi, Santino　73歳。1663生。スイスの画家，ストゥッコ装飾家。

パティニョ　Patiño, José　70歳。1666生。スペインの政治家。

ボナッツァ，アントーニオ　Bonazza, Antonio　38歳。1698生。イタリアの彫刻家。

ボナッツァ，ジョヴァンニ　Bonazza, Giovanni　82歳。1654生。イタリアの彫刻家の一族。

ルフェーヴル，ジャン(2世)　Lefebvre, Jean (II)　36歳。1700生。フランスのタピスリー制作家。

この頃 アモロージ，アントーニオ　Amorosi, Antonio　76？歳。1660生。イタリアの画家。

ダウト，ヨーハン・マクシミーリアーン　Daut, Johann Maximilian　ドイツの信徒伝道者。

1736年

2.12　マリア・テレジアが結婚する
　　　　　　* * *

クレリクス，ヨーハン（ジャン・ルクレール）　Clericus, Johannes　1.8没，78歳。1657生。オランダのプロテスタント神学者。

ル・クレール　Le Clerc, Jean　1.8没，78歳。1657生。フランスのプロテスタント神学者，聖書学者。

ペッペルマン，マテウス・ダニエル　Pöppelmann, Matthäus Daniel　1.17没，73歳。1662生。ドイツの建築家。

ユヴァーラ，フィリッポ　Juvarra, Filippo　1.31没，57歳。1678（Ⓡ1676）生。イタリアの建築家，舞台装置家。

ゲディッケ，ランベルト　Gedicke, Lambert　2.21没，53歳。1683生。ドイツの神学者，讃美歌作者。

グレイ，スティーヴン　Gray, Stephen　2.25没，66？歳。1670（Ⓡ1666）生。イギリスの物理学者。

陳書　3.7没，76歳。1660生。中国，清初の女流画家。

ウォルシュ，ジョン　Walsh, John　3.13没。イギリスの楽譜出版者，楽器製作者。

ペルゴレージ，ジョヴァンニ・バッティスタ　Pergolesi, Giovanni Battista　3.16没，26歳。1710生。イタリアの作曲家。

ホークスムア，ニコラス　Hawksmoor, Nicholas　3.25没，75歳。1661生。イギリスの建築家。

1737年

ウェイク，ウィリアム Wake, William 1.24没、79歳。1657生。英国教会のカンタベリ大主教。

シュモルク，ベンヤミン Schmolck, Benjamin 2.12没、64歳。1672生。ドイツのルター派牧師，讃美歌作者。

ゴリーツィン，ドミートリイ Golitsyn, Dmitri Mikhailovich 4.25没、71歳。1665生。ロシアの貴族，政治家。

トゥルレッティーニ，ジャン・アルフォンス Turretini, Johann Alfons 5.1没、65歳。1671生。スイスのプロテスタント神学者。

アルメルリーニ，マリアーノ Armellini, Mariano 5.4没、74歳。1662生。イタリアのベネディクト派歴史家。

バッジェル Budgell, Eustace 5.4没、50歳。1686生。イギリスの随筆家。

ビュフィエ Buffier, Claude 5.17没、75歳。1661生。フランスの哲学者。

ルモワーヌ，フランソワ Lemoyne, François 6.4没、49歳。1688生。フランスの画家。

トッリ Torri, Pietro 7.6没、87？歳。1650生。イタリアの作曲家。

ハッチンスン，ジョン Hutchinson, John 8.28没、63歳。1674生。イギリスの著述家。

リスト，ヴァレリウス Rist, Varelius 9.15没、41歳。1696生。ドイツ出身のフランシスコ会士，インドシナで活動。

マンチーニ Mancini, Francesco 9.22没、65歳。1672生。イタリアの作曲家，オルガン奏者。

モンテクレール，ミシェル・ピニョレ・ド Montéclair, Michel Pignolet de 9.27没、69歳。1667生。フランスの作曲家，理論家，教育者。

ヴィデルー，クロード・ド Visdelou, Claude de 11.11没、81歳。1656([異]1658)生。フランスのイエズス会士。

キャロライン(アンスバッハの)，ヴィルヘルミーナ Caroline of Ansbach, Wilhelmina 11.20没、54歳。1683生。イギリス王ジョージ2世の妃。

ストライプ，ジョン Strype, John 12.11没、94歳。1643生。英国教会の聖職，教会史家。

ストラディヴァリ，アントニオ Stradivari, Antonio 12.18没、93？歳。1644生。イタリアのヴァイオリン製作者。

[この年] **エストレ，ヴィクトル・マリー** Estrées, Victor-Marie, Marquis de Coeuvres 77歳。1660生。フランスの貴族，将軍。

カビアンカ，フランチェスコ・ペンソ Cabianca, Francesco Penso 72？歳。1665生。イタリアの彫刻家。

クロッツ，ゲオルク Klotz(Kloz), Georg 50歳。1687生。ドイツのヴァイオリン製作者。

サイシサムート Saisisamout ラオス，チャムパーサック王国の創始者。

サントリーニ Santorini, Giovanni Domenico 56歳。1681生。イタリアの解剖学者。

ダルリンプル Dalrymple, *Sir* Hew 85歳。1652生。イギリスの司法官。

ティラーリ，アンドレーア Tirali, Andrea 77？歳。1660生。イタリアの建築家。

ビュレ・ド・シャンブラン，ジャン－バティスト Bullet de Chamblain, Jean-Baptiste 70歳。1667生。フランスの建築家，インテリア・デザイナー。

プライスラー，ヨハン・ダニエル Preisler, Johann Daniel 71歳。1666生。ボヘミア出身のドイツの素描家，画家。

リッペルダ Ripperda, Jan Willem 57歳。1680生。オランダの冒険家。

1738年

ムルシュハウザー Murschhauser, Franz Xaver Anton 1.6没、74歳。1663生。ドイツの作曲家，音楽理論家。

ダンドリュー，ジャン－フランソワ Dandrieu, Jean-François 1.17没、56？歳。1682生。フランスの作曲家。

ジュース・オッペンハイマー Süss-Oppenheimer, Joseph 2.4没、40？歳。1698生。ドイツのユダヤ人財政家。

ミヒャエーリウス，ヨーハン・ハインリヒ Michaelis, Johann Heinrich 3.10没、69歳。1668生。ドイツの旧約学者。

ベーア，ゲオルク Beer, Georg 3.16没、75歳。1663([異]1666)生。ドイツの建築家。

ベール，ゲオルク Bähr, Georg 3.18没、72歳。1666生。ドイツの建築家。

ボソーブル，イザアク・ド Beausobre, Isaac de 6.5没、79歳。1659生。フランスのユグノー派説教者，教会史家。

バルトリン Bartholinus, Casper 6.11没、83歳。1655生。デンマークの解剖学者。

タウンゼント，C. Townshend, Charles, 2nd Viscount 6.21没、64歳。1674([異]1675)生。イギリスの政治家，農業経営専門家。

ロイター，ゲオルク・フォン Reutter, Georg von 8.29没、81歳。1656生。オーストリアのオルガン奏者，作曲家。

チッソ・ド・パト，シモン　Tyssot de Patot, Simon　9.19？没、83歳。1655生。フランスの作家。
ブールハーフェ，ヘルマン　Boerhaave, Hermann　9.23没、69歳。1668生。オランダの医学者。
ザーリヒ，クリスティアン・アウグスト　Salig, Christian August　10.3没、46歳。1692生。ドイツのルター派神学者。
レジース，ジャン-バティスト　Régis, Jean Baptiste　11.24没、75歳。1663（㊥1664）生。フランスのイエズス会宣教師。
ムレ，ジャン・ジョゼフ　Mouret, Jean-Joseph　12.22没、56歳。フランスの作曲家。
この年 アリエータ，ペドロ・デ　Arrieta, Pedro de　メキシコで活躍の建築家。
ヴラジスラーヴィチ・ラグジンスキー　Vladislavich-Raguzinskii, Savva Lukich　68歳。1670（㊥1668）生。ロシアの外交官。
カロラン，トゥーロッホ　Carolan, Turlough　68歳。1670生。アイルランドの作曲家。
タヴェラ，カルロ・アントーニオ　Tavella, Carlo Antonio　70歳。1668生。イタリアの画家。
マルシャン，ギヨーム　Marchand, Guillaume　44歳。1694生。フランスのオルガン奏者。
李衛　52歳。1686生。中国、清初の政治家。
この頃 ウー・カラー　U Kalā　60？歳。1678生。ビルマの第2次インワ王朝時代の史家。
ガスパリ，アントーニオ　Gaspari, Antonio　68？歳。1670生。イタリアの建築家、画家。

1739年

3.20　ナディル・シャーがムガルのデリーを攻略
9.18　ベオグラード条約が締結される
　　　　　＊＊＊
クルトンヌ，ジャン　Courtonne, Jean　1.17没、68歳。1671生。フランスの建築家。
フライリングハウゼン，ヨーハン・アナスタージウス　Freylinghausen, Johann Anastasius　2.12没、68歳。1670生。ドイツの神学者。
シャナート（シャナ），ヨーハン・フリードリヒ　Schannat, Johann Friedrich　3.6没、55歳。1683生。ドイツの教会史家。
タービン，ディック　Turpin, Richard　4.7没、33歳。1705生。イギリスの盗賊。
サンダーソン　Saunderson, Nicholas　4.19没、57歳。1682生。イギリスの数学者。
アザム，コスマス・ダミアン　Asam, Cosmas Damian　5.10没、52歳。1686生。ドイツ、ババリアの建築家、彫刻家。
バッハ，ヨハン・ゴットフリート・ベルンハルト　Bach, Johann Gottfried Bernhard　5.27没、24歳。1715生。ドイツのオルガン奏者。
デュ・フェイ，シャルル・フランソワ・ド・システルニ　Du Fay, Charles François de Cisternay　7.16没、40歳。1698生。フランスの物理学者。
マルチェロ，ベネデット　Marcello, Benedetto　7.24没、52歳。1686生。イタリアの作曲家。
ユゴー，シャルル・ヤサント　Hugo, Charles Hyacinthe　8.2没、71歳。1667生。フランスの史料編纂者。
シエンフエゴス，アルバロ　Cienfuegos, Álvaro　8.19没、82歳。1657生。スペインのイエズス会士。
リロー，ジョージ　Lillo, George　9.3没、46歳。1693生。イギリスの劇作家。
カイザー，ラインハルト　Keiser, Reinhard　9.12没、65歳。1674生。ドイツの作曲家。
シルバ　Silva, António José da　10.18没、34歳。1705生。ポルトガルの劇作家。
マグニツキー　Magnitsii, Leontii Filippovich　10.30没、70歳。1669生。ロシアの数学教育者。
ドルゴルーキー　Dolgorukii, Vasilii Lukich　11.9没、67歳。1672生。ロシアの外交官、政治家。
ファーカーソン　Farquharson, Henry　12.9没、64？歳。1675生。スコットランドの数学者。
この年 カルル・フリードリヒ　Karl Friedrich von Holstein-Gottrop　39歳。1700生。ホルシュタイン・ゴットロプ公。
グルムコウ　Grumbkow, Friedrich Wilhelm von　61歳。1678生。プロシアの政治家、元帥。
ジャーバス　Jervas, Charles　64？歳。1675生。イギリスの肖像画家。
周安士　83歳。1656生。中国、清代の学者、仏教徒。
デイヴィス，クリスチャン　Davies, Christian　72歳。1667生。アイルランドの軍人。
ビビエーナ，フランチェスコ　Bibiena, Francesco　80歳。1659生。フィレンツェの建築家。
プルンナー，ヨハン・ミヒャエル　Prunnar, Johann Michael　70歳。1669生。オーストリアの建築家。
マトヴェーエフ，アンドレイ　Matveev, Andrei Matveevich　38歳。1701生。ロシアの画家。
マルテーヌ，エドモン　Martène, Edmond　85歳。1654生。フランスの典礼学者、ベネディクト会士。
マンフレーディ　Manfredi, Eustachio　65歳。1674生。イタリアの文学者、数学者。
この頃 王澍　71？歳。1668生。中国、清初期の書家。

1740年

2.-　中国の湖南で苗族の反乱が起こる

18世紀　　　　　　　　　　　　　　　　　　　　　　　1741

12.16　　第1次シュレジエン戦争が始まる
　　　　　　　＊＊＊
ロッティ，アントニオ　Lotti, Antonio　1.5没、73歳。1666(㋐1667頃)生。イタリアの作曲家。
ベリンガー，ヨハン・バルトロメウス・アダム　Beringer, Johann Bartholomeu Adam　1.11没、73歳。1667(㋐1677)生。ドイツの古生物学者。
ターナー　Turner, William　1.13没、89歳。1651生。イギリスのテノール歌手・作曲家。
ジャコメッリ　Giacomelli(Jacobelli)，Geminiano　1.25没、48？歳。1692生。イタリアの作曲家。
ブルボン公　Bourbon, Louis Henri de Bourbon-Condé, Duc de　1.27没、47歳。1692生。フランスの政治家。
クレメンス12世　Clemens XII　2.6没、87歳。1652生。教皇(在位1730〜40)。
リューベック，ヴィンセント　Lübeck, Vincent　2.9没、85歳。1654生。ドイツのオルガン奏者，作曲家。
アマーティ，ジロラーモ2世　Amati, Girolamo II　2.21没、90歳。1649生。イタリア・クレモナの弦楽器製作家。
バージー・ラーオ1世　Bājī Rāo I　5.9没、40歳。1700生。インド，マラータ王国の第2代宰相(在職1722〜40)。
チェンバーズ，イーフレイム　Chambers, Ephraim　5.15没、60？歳。1680生。イギリスの辞書編集者。
シュヴァリエ(カヴァリエ)，ジャン　Chevalier (Cavalier), Jean　5.18没、58歳。1681生。フランスの急進的プロテスタント指導者。
フリードリヒ・ウィルヘルム1世　Friedrich Wilhelm I　5.31没、51歳。1688生。プロシア王(在位1713〜40)。
ヴェーレンフェルス，ザームエル　Werenfels, Samuel　6.1没、83歳。1657生。スイスの改革派神学者。
アルベルティ，ドメニコ　Alberti, Domenico　10.14没、30？歳。1710(㋐1717頃)生。イタリアの作曲家，歌手，チェンバロ奏者。
アンナ・イヴァノヴナ　Anna Ivanovna　10.17没、47歳。1693生。ロシア女帝(在位1730〜40)。
カルル6世　Karl VI　10.20没、55歳。1685生。神聖ローマ皇帝(在位1711〜40)。
アルジャントレー，シャルル・デュ・プレシ・ド　Argentré, Charles du Plessis d'　11.27没、67歳。1673生。フランスのカトリック神学者。
ハーナー，ゲオルク　Haner, Georg　12.14没、68歳。1672生。ドイツのルター派教会監督。
ウォータランド，ダニエル　Waterland, Daniel　12.23没、57歳。1683生。英国教会の聖職，神学者。
アバネシ，ジョン　Abernethy, John　12.？没、60歳。1680生。アイルランドの長老派教会牧師。

この年 ヴァンダーリント　Vanderlint, Jacob　イギリスの重商主義経済学者。
キルヒ　Kirch, Christfried　46歳。1694生。ドイツの天文学者。
グアルネーリ，ジュゼッペ・ジョヴァンニ　Guarneri, Giuseppe　㋐1739頃没、74歳。1666生。イタリアのヴァイオリン製作家。
クペツキ，ヨハン　Kupezky, Johann　73歳。1667生。ドイツの画家。
クロザ，ピエール　Crozat, Pierre　75歳。1665生。フランスの美術収集家。
ゼムラー　Semler, Christopher　71歳。1669生。ドイツの教育家，牧師。
デ・サンクティス，フランチェスコ　De Sanctis, Francesco　47歳。1693生。イタリアの建築家。
図理琛　73歳。1667生。中国, 清の官吏。
バレストラ，アントーニオ　Balestra, Antonio　74歳。1666生。イタリアの画家，版画家。
ビアンキ，ピエトロ　Bianchi, Pietro　46歳。1694生。イタリアの画家。
ラフィトー　Lafitau, Joseph François　70歳。1670生。フランスの民族学者。
この頃 アリオスティ，アッティリオ　Ariosti, Attilio　㋐1729？没、74？歳。1666生。イタリアの作曲家。
アリベルティ，ジョヴァンニ・カルロ　Aliberti, Giovanni Carlo　78？歳。1662生。イタリアの画家，建築家。
コルナッキーニ，アゴスティーノ　Cornacchini, Agostino　55？歳。1685生。イタリアの彫刻家。
デュパール，シャルル　Dieupart, Charles　73？歳。1667生。フランスのハープシコード、ヴァイオリン奏者，作曲家。
フーケ　Fouquet, Jean François　75？歳。1665？生。フランスのイエズス会宣教師。
マルシャン，ジャン・ノエル(2世)　Marchand, Jean-Noël　51？歳。1689生。フランスの音楽家。

1741年

4.10　フリードリッヒ2世がシュレジエンを占領
5.08　対オーストリア同盟が成立する
6.25　マリア・テレジアがハンガリー女王に即位
　　　　　＊＊＊
フックス，ヨーハン・ヨーゼフ　Fux, Johann Joseph　2.13没、81歳。1660生。オーストリアの作曲家，音楽理論家。
ドンナー，ゲオルク・ラファエル　Donner, Georg Raphael　2.15没、47歳。1693生。オーストリアの彫刻家。
タル，ジェスロ　Tull, Jethro　2.21没、67歳。1674生。イギリスの農業家。

人物物故大年表 外国人編　*489*

1741

ルソー, ジャン-バチスト　Rousseau, Jean-Baptiste　3.17没、69歳。1671生。フランスの抒情詩人。
ブルマン　Burman, Peter　3.31没、72歳。1668生。オランダの古典語学者。
ル・ブロン　Le Blond, Jacques Christophe　5.16没、73歳。1667生。ドイツの版画家。
ヤブロンスキー, ダーニエル・エルンスト　Jablonski, Daniel Ernst　5.25没、80歳。1660生。ドイツのプロテスタント神学者。
フィオッコ, ジョゼフ-エクトル　Fiocco, Joseph-Hector　6.22没、38歳。1703生。イタリア系のベルギーの作曲家、ヴァイオリン奏者。
アントルコル, フランソワ・グザヴィエ・ド　Entrecolles, François Xavier d'　7.2没、79歳。1662生。フランスのイエズス会士。
ヴィヴァルディ, アントーニオ　Vivaldi, Antonio Lucio　7.28(㊙1743)没、63歳。1678(㊙1680)生。イタリアの作曲家、ヴァイオリン奏者。
ラインベック, ヨーハン・グスタフ　Reinbeck, Johann Gustav　8.21没、58歳。1683生。ドイツのルター派神学者。
デマレ, アンリ　Desmarest, Henry　9.7没、80歳。1661生。フランスの作曲家。
ロラン, シャルル　Rollin, Charles　9.14没、80歳。1661生。フランスの歴史家、教育家。
パルナン, ドミニーク　Parrenin, Dominique　9.27没、76歳。1665生。フランスのイエズス会宣教師。
ポリニャク, メルキョール・ド　Polignac, Melchior de　11.20(㊙1742)没、80歳。1661生。フランスの貴族。
メッツァバルバ, カルロ・アンブロージョ　Mezzabarba, Carlo Ambrogio　12.7没、56？歳。1685生。イタリアの来中国教皇特使。
ベーリング, ヴィトゥス(・ヨナセン)　Bering, Vitus Jonassen　12.19没、60歳。1681(㊙1680)生。デンマーク生れのロシアの航海者。
モンフォーコン, ベルナール・ド　Montfaucon, Bernard de　12.24没、86歳。1655(㊙1665)生。フランスの古典学者、ベネディクト会修道士。
[この年] ウルリーカ・エレオノーラ　Ulrika Eleonora　53歳。1688生。スウェーデンの執政女王(在位1718〜20)。
オベール, ジャン　Aubert, Jean　フランスの建築家。
定慧　56歳。1685生。朝鮮英祖の時の僧。
ドリール　Delisle, Louis　フランスの天文学者。
ハミルトン　Hamilton, Andrew　65歳。1676生。アメリカの法律家。
ペッレグリーニ, ジョヴァンニ・アントーニオ　Pellegrini, Giovanni　66歳。1675生。イタリアの画家。
マッツァ, ジュゼッペ　Mazza, Giuseppe　88？歳。1653生。イタリアの彫刻家、ストゥッコ装飾家。
マラリアーノ, アントン・マリーア　Maragliano, Anton Maria　77歳。1664生。イタリアの彫刻家、木彫家。
ルッジェーリ, フェルディナンド　Ruggeri, Ferdinando　50？歳。1691生。イタリアの建築家、美術著述家。
レ・ニーヴ, ジョン　Le Neve, John　62歳。1679生。イギリスの教会史家。
[この頃] フランクール, ジョゼフ　Francœur, Joseph　79？歳。1662生。フランスのヴァイオリン奏者。

1742年

1.24　オーストリア継承戦争が始まる
7.28　ベルリン条約で1次シュレジエン戦争終結
　　　＊＊＊
ハリー, エドモンド　Halley, Edmund　1.14(㊙1743)没、85歳。1656生。イギリスの天文学者。
ファン・ス-フラーフェサンデ, アーレント　's Gravesande, Willem Jakob　2.28没、53歳。1688生。オランダの物理学者。
オプノール, ジル-マリー　Oppenordt, Gilles Marie　3.13没、69歳。1672生。フランスの建築装飾家、彫刻家。
デュボス, ジャン-バチスト　Dubos, Jean-Baptiste　3.23没、71歳。1670生。フランスの史家、美学者、外交官。
サバティエ, ピエール　Sabatier, Pierre　3.24没、59歳。1683生。フランスの聖書学者。
ヴェネツィアーノ, ジョヴァンニ　Veneziano, Giovanni　4.13没、59歳。1683生。イタリアの作曲家。
フールン　Horn, Arvid Bernhard, Greve av　4.29没、78歳。1664生。スウェーデンの政治家。
ホウィートリ, チャールズ　Wheatley, Charles　5.13没、56歳。1686生。英国教会の聖職。
フィッシャー・フォン・エルラッハ, ヨーゼフ・エマヌエル　Fischer von Erlach, Joseph Emanuel　6.29没、48歳。1693生。オーストリアの建築家。
チェルノホルスキー, ボフスラフ・マチェイ　Černohorský, Bohuslav Matěj　7.1？没、58歳。1684生。チェコのオルガン奏者、作曲家。
グランディ　Grandi, Guido　7.4没、70歳。1671生。イタリアの数学者。
ダラーバコ, エヴァリスト・フェリーチェ　Dall'Abaco, Evaristo Felice　7.12没、56歳。1675生。イタリアのヴァイオリン奏者、作曲家。
ベントリー, リチャード　Bentley, Richard　7.14没、80歳。1662生。イギリスの古典学者。
サマービル　Somervile, William　7.17没、66歳。1675生。イギリスの著作家。

490　人物物故大年表 外国人編

セイシャス，カルロス　Seixas, Carlos de　8.25没、38歳。1704生。ポルトガルの作曲家。
ゴッティ，ヴィンチェンツォ・ロドヴィーコ　Gotti, Vincenzo Lodovico　9.18没、78歳。1664生。イタリアのドミニコ会の哲学者，神学者。
マシヨン，ジャン - バチスト　Massillon, Jean Baptiste　9.18没、79歳。1663生。フランスの聖職者。
ホフマン，フリードリヒ　Hoffmann, Friedrich　11.12没、82歳。1660生。ドイツの医学者。
ブラッドフォード　Bradford, Andrew　11.24没、56歳。1686生。アメリカの印刷出版業者。
[この年] **ガブリエル，ジャック5世**　Gabriel, Jacques V　75歳。1667生。フランスの建築家。
クープラン，マリー・マドレーヌ・セシル　Couperin, Marie Madeleine Cécile　52歳。1690生。フランスの音楽家。
シャープ　Sharp, Abraham　89歳。1653生。イギリスの数学者で天文学者。
デ・グロフ，ウィレム　de Groff, Willem　62歳。1680生。フランドルの彫刻家，ストゥッコ装飾家，家具制作家。
ドリニー，ルイ　Dorigny, Louis　88歳。1654生。フランスの画家。
バッハシュトローム，ヨーハン・フリードリヒ　Bachstrom, Johann Friedrich　ドイツ敬虔派の指導者。
ファジョーリ　Fagiuoli, Giovanni Battista　82歳。1660生。イタリアの喜劇作家。
ベイリー，ネイサン　Bailey, Nathan　イギリスの英語辞書編纂者。
リギーニ，ピエトロ　Righini, Pietro　59歳。1683生。イタリアの建築家，舞台美術家。
リベーラ，ペドロ・デ　Ribera, Pedro de　59？歳。1683生。スペインの建築家。
ロッシ，ドメニコ　Rossi, Domenico　[異]1737没、64歳。1678([異]1657)生。イタリアの建築家。
[この頃] **トメ，ナルシソ**　Tomé, Narciso　21？歳。1721([異]1690頃)生。スペインの建築家，彫刻家。

1743年

6.27　フランス軍がデッティンゲンで敗れる

＊　＊　＊

ビビエーナ，フェルディナンド　Bibiena, Ferdinando　1.3没、85歳。1657生。フェレンツェの建築家。
モーガン，トマス　Morgan, Thomas　1.14没。イギリスの理神論者。
フルーリー，アンドレ - エルキュール・ド　Fleury, André Hercule de　1.29没、89歳。1653生。フランスの枢機卿，政治家。
ピトーニ，ジュゼッペ・オッタヴィオ　Pitoni, Giuseppe Ottavio　2.1没、85歳。1657生。イタリアの作曲家。
ブレット，トマス　Brett, Thomas　3.5没、76？歳。1667生。英国教会主教，典礼学者，臣従拒誓者(Nonjuror)。
ジルバーマン，アンドレアス　Silbermann, Andreas　3.16([異]1734)没、64歳。1678生。ドイツのオルガンおよびピアノ製作者。
ニール，ダニエル　Neal, Daniel　4.4没、64歳。1678生。イギリスのピューリタン歴史家。
バインケルスフーク　Bynkershoek, Cornelius van　4.16没、69歳。1673生。オランダの法律家。
リーガー，ゲオルク・コンラート　Rieger, Georg Konrad　4.16没、56歳。1687生。ドイツの神学者。
デポルト，アレクサンドル - フランソワ　Desportes, Alexandre François　4.20没、82歳。1661生。フランスの画家。
ファルコーヤ，トマーゾ　Falcoja, Tomaso　4.20没、79歳。1663生。イタリアの大衆説教者。
サン - ピエール，シャルル・イレネ・カステル・ド　Saint-Pierre, Charles Irénée Castel, Abbé de　4.29没、85歳。1658生。フランスの著述家。
ラムジ，アンドルー・マイケル　Ramsay, Andrew Michael　5.6没、56歳。1686生。スコットランドの神秘思想家，著述家。
ブレア，ジェイムズ　Blair, James　5.18没、88？歳。1655生。アメリカの牧師，教育家。
アーチャー，トマス　Archer, Thomas　5.23没、75歳。1668生。イギリスの建築家。
ウィルミントン　Compton, Spencer, Earl of Wilmington　7.2没、70歳。1673生。イギリスの貴族，政治家。
サヴェッジ，リチャード　Savage, Richard　8.1没、46？歳。1697([異]1700頃)生。イギリスの詩人。
デュ・アルド，ジャン - バティスト　Du Halde, Jean Baptiste　8.18没、69歳。1674生。フランスの聖職者。
アーガイル，ジョン・キャンベル，2代公爵　Argyll, John Campbell, 2nd Duke of　10.4没、64歳。1678生。スコットランドの貴族。
ケアリ　Carey, Henry　10.4没、58？歳。1685([異]1687？)生。イギリスの道化劇作家，オペラ作家。
ダール，ミカエル　Dahl, Michael　10.20没、84歳。1659([異]1656)生。スウェーデンの画家。
ギスランディ，ジュゼッペ　Ghislandi, Giuseppe, Fra Vittore del Galgario　12.3没、88歳。1655生。イタリアの肖像画家。

リゴー，イアサント　Rigaud, Hyacinthe　12.29没、84歳。1659生。フランスの画家。

この年　アストベリー，ジョン　Astbury, John　55歳。1688生。イギリスの陶工。

ガルガーリオ，フラ　Galgario, Fra　88歳。1655生。イタリアの画家。

ジャイ・シング2世　Jai Sing II　57歳。1686（㊙1688）生。ムガール帝国の属国アンバーの王。

ジュスティーニ，ルイージ　Giustini, Luigi　58歳。1685生。イタリアのチェンバロ奏者、作曲家。

トゥーテル，ヒュー（チャールズ・ドッド）　Tootell, Hugh（Charles Dodd）　72歳。1671生。イギリスのローマ・カトリック教会司祭、教会史家。

ファニエル，ピーター　Faneuil, Peter　43歳。1700生。アメリカの商人、慈善家。

ファン・アウデナールデ，ロベルト　van Audenaerde, Robert　80歳。1663生。フランドルの画家、版画家。

ペラルタ・バルヌエボ，ペドロ・デ　Peralta Barnuevo, Pedro de　79歳。1664生。ペルーの文人。

ペレイラ，アンドレ　Pereira, André　53歳。1690生。ポルトガルの来中国イエズス会士。

レストゥー，ウスターシュ　Restout, Eustache　88歳。1655生。フランスの画家。

この頃　ラ・バール，ミシェル・ド　La Barre, Michel de　68?歳。1675生。フランスのフルート奏者、作曲家。

1744年

3.15　イギリスがオーストリア継承戦争に参戦
4.02　世界初のゴルフオープン競技会が開催
8.15　第2次シュレジエン戦争が始まる
　　　　＊＊＊

ヴェネツィアーノ，ニコラ　Veneziano, Nicola　1.9没、63歳。1680生。イタリアの作曲家。

ジェルヴェ，シャルル‐ユベール　Gervais, Charles-Hubert　1.15没、72歳。1671生。フランスの作曲家。

ヴィーコ，ジャンバッティスタ　Vico, Giambattista　1.22?（㊙1743）没、75歳。1668生。イタリアの哲学者、文学者。

イニス，トマス　Innes, Thomas　1.28没、82歳。1662生。スコットランドのカトリック系の歴史家。

ハドリー，ジョン　Hadley, John　2.14没、61歳。1682生。イギリスの数学者、天文学者。

デザギュリエ，ジョン・シオフィラス　Desaguliers, John Theophilus　2.29没、60歳。1683生。イギリスの科学者。

カンテミール，アンチオフ・ドミトリエヴィチ　Kantemir, Antiokh Dmitrievich　3.31（㊙1774）没、35歳。1708（㊙1709）生。ロシアの詩人、外交官。

セルシウス，アンデシュ　Celsius, Anders　4.25没、42歳。1701生。スウェーデンの天文学者。

ランゲ，ヨーアヒム　Langes, Joachim　5.17没、73歳。1670生。ドイツの敬虔主義神学者。

サナントニオ（サン・アントニオ），ホアン・フランシスカノ・デ　San Antonio, Juan Franciscano de　5.29没、62歳。1682生。スペインのフランシスコ会宣教師。

ポープ，アレグザンダー　Pope, Alexander　5.30没、56歳。1688生。イギリスの詩人、批評家。

カンプラ，アンドレ　Campra, André　6.14没、83歳。1660生。フランスの作曲家。

ピューラ，イマーヌエル・ヤーコブ　Pyra, Immanuel Jakob　7.14没、28歳。1715生。ドイツの詩人。

アンデレ，ロマン　Hinderer, Romain　8.26没、74歳。1669生。フランスの来中国イエズス会士。

バード2世　Byrd II, William　8.26没、70歳。1674生。アメリカ植民地時代の政治家。

シーオボールド　Theobald, Lewis　9.18没、56歳。1688生。イギリスの古典、文献学者。

マールバラ　Marlborough, Sarah Churchill, Duchess of　10.1没、84歳。1660生。マールバラ公ジョン・チャーチルの妻。

フィルミアーン，レーオポルト・アントーン・エリュウテリウス・フォン　Firmian, Leopold Anton Eleutherius von　10.22没、65歳。1679生。ドイツのカトリック聖職者。

レオ，レオナルド　Leo, Leonard　10.31没、50歳。1694生。イタリアの作曲家。

シャトールー　Châteauroux, Marie Anne de Maillynesl　12.8没、27歳。1717生。フランスのルイ15世の寵妃。

この年　エーゲダッハー，イグナーツ　Egedacher, Johann Ignaz　69歳。1675生。ドイツのオルガン製作者。

シュタルケ，クリストフ　Starcke, Christoph　60歳。1684生。ドイツの牧師、著述家。

ジュリアーニ，ジョヴァンニ　Giuliani, Giovanni　81歳。1663生。イタリアの彫刻家。

チャーチル，セアラ　Churchill, Sarah　84歳。1660生。イギリスの貴族、ジョン・チャーチル（初代マールバラ公爵）の妻。

趙執信　82歳。1662生。中国、清の詩人。

デ・フェッラーリ，ロレンツォ　De Ferrari, Lorenzo　64歳。1680生。イタリアの画家。

バルベーラック，ジャン　Barbeyrac, Jean　70歳。1674生。フランスの法学者、新教徒の思想家。

ブッシュ，ペーター　Busch, Peter　62歳。1682生。ドイツのルター派牧師、讃美歌作者。

パスコリ, リオーネ　Pascoli, Lione　70歳。1674生。イタリアの美術史家。

マリエスキ, ミケーレ　Marieschi, Michele　㊞1743没、34歳。1710(㊞1696)生。イタリアの画家。

ミーチャ, フランティシェク・ヴァーツラフ　Míča, František Václav　50歳。1694没。チェコの歌手, 作曲家。

ラウパッハ, クリストフ　Raupach, Christoph　58歳。1686生。ドイツのオルガン奏者, 作曲家。

ラストレッリ, バルトロメオ・カルロ　Rastrelli, Caro Bartolomeo　69？歳。1675(㊞1670頃)生。イタリアの建築家。

ル・ポートル, ピエール　Lepautre, Pierre　84歳。1660生。彫刻家。

1745年

9.13　神聖ローマ皇帝フランツ1世が即位する
12.25　第2次シュレジエン戦争が終結する

＊＊＊

カルル7世　Karl VII　1.20没、47歳。1697生。バイエルン選帝侯。

ファーゴ　Fago, Nicola　2.18没、67歳。1677生。イタリアの作曲家, 教育者。

エフナー, ヨーゼフ　Effner, Joseph　2.23没、58歳。1687生。ドイツの建築家。

ウォルポール, サー・ロバート, オーフォード伯爵　Walpole, Sir Robert　3.18没、68歳。1676生。イギリスの政治家。

張鵬翮　4.14没、56歳。1688生。中国, 清代中期の官僚, 画家。

ヴィターリ, トンマーゾ・アントニオ　Vitali, Tommasso Antonio　5.9(㊞1717以後)没、82歳。1663(㊞1665頃)生。イタリアの音楽家。

リチャードソン, ジョナサン　Richardson, Jonathan　5.28没、80歳。1665(㊞1655)生。イギリスの画家。

クルムス　Kulmus, Johann Adam　5.29没、58歳。1687(㊞1689)生。ドイツの医学者。

フォルクレー, アントワーヌ　Forqueray, Antoine　6.28没、73歳。1672(㊞1671頃)生。フランスの作曲家, ヴィオール奏者。

クロッツ, マティアス　Klotz, Matthias　8.16(㊞1743)没、92歳。1653生。ドイツのヴァイオリン製作者。

ウィルキンズ, デイヴィド　Wilkins(Wilke), David　9.6没、60歳。1685生。英国教会の聖職, 歴史家。

アルトモンテ, マルティーノ　Altomonte, Martin　9.14没、91歳。1654(㊞1657)生。オーストリアの画家。

ランクレ, ニコラ　Lancret, Nicolas　9.14(㊞1743)没、55歳。1690生。フランスの画家。

ヴァンロー, ジャン・バティスト　Van Loo, Jean Baptiste　9.19没、61歳。1684生。フランスの画家。

ツィプリアーン, エルンスト・ザーロモン　Cyprian, Ernst Salomon　9.19没、71歳。1673生。ドイツの哲学者, 教会行政家, 教会史家。

スウィフト, ジョナサン　Swift, Jonathan　10.19没、77歳。1667生。イギリスの作家, 政治評論家。

オーモンド　Ormonde, James Butler, 2nd Duke of　11.16没、80歳。1665生。アイルランドの軍人。

ヒルデブラント, ヨハン・ルーカス・フォン　Hildebrandt, Johann Lucas von　11.16没、77歳。1668生。オーストリアの建築家。

リッパ, マッテーオ　Ripa, Matteo　11.22没、63歳。1682生。イタリアのカトリック宣教師。

デフォンテーヌ, ピエール-フランソワ・ギュイヨー　abbé Desfontaines, Pierre-François Guyot　12.16没、60歳。1685生。フランスの翻訳家, 批評家。

フールモン　Fourmont, Etienne　12.19没、62歳。1683生。フランスの東洋学者。

ゼレンカ, ヤン・ディスマス　Zelenka, Jan Dismas　12.22没、66歳。1679生。チェコの作曲家。

シュミット, ヨーハン・オイゼービウス　Schmidt, Johann Eusebius　12.25没、75歳。1670生。ドイツの牧師, 讃美歌作詞者。

この年　イブラヒム-ミュテフェッリカ　İbrahim Müteferrika　71歳。1674生。オスマン帝国の進歩的知識人。

ヴェルシュ, マキシミリアン・フォン　Welsch, Maximilian von　74歳。1671生。ドイツのバロック末期の建築家。

エックレス, トマス　Eccles, Thomas　73？歳。1672生。イギリスの音楽家。

グアルニエリ, ジュゼッペ　Guarneri, Giuseppe Antonio　㊞1744没、58歳。1687(㊞1698)生。イタリアのヴァイオリン制作者。

クロメル, ジョヴァンニ・バッティスタ　Cromer, Giovanni Battista　80歳。1665生。イタリアの画家。

張照　54歳。1691生。中国, 清代の政治家, 書家。

テナント, ウィリアム　Tennent, William　㊞1746頃没、72歳。1673生。アメリカ(アイルランド生れ)の宗教家。

ドラメル, ピエール-アレクシス　Delamair, Pierre-Alexis　69歳。1676生。フランスの建築家。

ファントーニ, ジョヴァンニ　Fantoni, Giovanni　71歳。1674生。イタリアの彫刻家, インターリオ(装飾彫り)作家。

フランクール, ルイ　Francœur, Louis　53？歳。1692生。フランスのヴァイオリン奏者。

1746　18世紀

ボッド, ジャン・ド　Bodt, Jean de　75歳。1670生。フランスの建築家。

ペルグラン　Pellegrin　82歳。1663生。フランスの台本作者, 詩人, 作家。

ムリナレット　Mulinaretto　85歳。1660生。イタリアの画家。

モラン, ジャン-バティスト　Morin, Jean-Baptiste　Ⓡ1754没, 68歳。1677生。フランスの作曲家。

ルスマイアー, ミヒャエル・クリスティアン　Rußmeyer, Michael Christian　59歳。1686生。ドイツの敬虔主義神学者。

ロストゴー, フレデリク　Rostgaard, Frederik　74歳。1671生。デンマークの讃美歌作詞家。

この頃 デーヴ　Devdatt　72?歳。1673生。インドのヒンディー詩人。

ルッジェーリ, ジョヴァンニ　Ruggeri, Giovanni　イタリアの建築家。

1746年

9.04　カスリ・シーリーン条約が結ばれる
10.20　フランス軍がイギリス領マドラスを占領
　　　　　＊＊＊

ブレア, ロバート　Blair, Robert　2.4没, 46歳。1699生。スコットランドの詩人。

クストゥー, ギヨーム I　Coustou, Guillaume I　2.20没, 68歳。1677生。フランスの彫刻家。

マトー　Matho, Jean-Baptiste　3.16没, 86?歳。1660生。フランスの歌手・作曲家。

ラルジリエール, ニコラ・ド　Largillière, Nicolas de　3.20没, 89歳。1656生。フランスの画家。

フィッシャー, ヨーハン・カスパル・フェルディナント　Fischer, Johann Caspar Ferdinand　3.27没, 76?歳。1670(Ⓡ1665頃)生。ドイツの作曲家。

ケーグラー, イグナーツェ(イグナティウス)　Kögler, Ignaz　3.30没, 65歳。1680生。ドイツのイエズス会司祭。

フィオッコ, ジャン-ジョゼフ　Fiocco, Jean-Joseph　3.30没, 59歳。1686生。イタリア系のベルギーの作曲家。

ルザット, モーゼス・ハイム　Luzzatto, Moses Hayim　5.16(Ⓡ1747)没, 39歳。1707生。イタリア系ユダヤのヘブライ劇作家。

サザン, トマス　Southerne, Thomas　5.26没, 86歳。1660生。アイルランドの劇作家。

ポッラローロ, アントニオ　Pollarolo, Antonio　5.30没, 69歳。1676生。イタリアの作曲家。

レオーニ, ジャコモ　Leoni, Giacomo　6.8没, 60?歳。1686生。イタリアの建築家。

マクローリン, コリン　Maclaurin, Colin　6.14没, 48歳。1698(Ⓡ1695)生。スコットランドの数学者。

フェリペ5世　Felipe V　7.9没, 62歳。1683生。スペイン王(在位1700~24, 24~46)。

ゼンガー　Zenger, John Peter　7.28没, 49歳。1697生。ドイツ生れのアメリカの印刷業者, 新聞発行者。

ハチソン, フランシス　Hutcheson, Francis　8.8(Ⓡ1747)没, 79歳。1694生。イギリスの哲学者。

シュテラー, ゲオルク・ヴィルヘルム　Steller, Georg Wilhelm　11.12没, 37歳。1709生。ドイツの自然科学者。

この年 アンナ・レオポリドブナ　Anna Leopoldvna　28歳。1718生。ロシア皇帝イワン6世(1740~41)の母, 摂政。

エルヴュー, ジュリアン-プラシッド　Hervieu, Julien-Placide　75歳。1671生。フランスの来中国イエズス会士。

ギレンボリー　Gyllenborg, Karl　67歳。1679生。スウェーデンの政治家, 伯爵。

グイドボーノ, ドメーニコ　Guidobono, Domenico　76歳。1670生。イタリアの陶芸家。

クリスティアン6世　Christian VI　47歳。1699生。デンマーク, ノルウェー王(1730~46)。

グルーエ, フランチェスコ・アントーニオ・サヴェーリオ　Grue, Francesco Antonio Saverio　60歳。1686生。イタリアの陶芸家。

ジェイムズ, ジョン　James, John　74?歳。1672生。イギリスの建築家。

葉桂　79歳。1667生。中国, 清代の臨床医家。

張若靄　33歳。1713生。中国, 清代中期の画家。

トレヴィザーニ, フランチェスコ　Trevisani, Francesco　90歳。1656生。イタリアの画家。

バルメリノ　Balmerino, Arthur Elphinstone, 6th Baron　58歳。1688生。スコットランドのジャコバイト。

ベイリー, レイディ・グリゼル　Baillie, Lady Grizel　81歳。1665生。イギリスの詩人。

ペドリーニ, テオドリコ　Pedrini, Theodore　Ⓡ1740没, 76歳。1670生。イタリアのラザリスト会士。

ラフィトー　Lafitau, Joseph François　65歳。1681生。フランスのボルドー生れのイエズス会神父。

ルーベ, ヨーハン・クリストフ　Rube, Johann Christoph　81歳。1665生。ドイツの詩人, 讃美歌作者。

この頃 ガレオッティ, セバスティアーノ　Galeotti, Sebastiano　70?歳。1676生。イタリアの画家。

494　人物物故大年表 外国人編

1747年

5.07　バッハが「音楽の捧げもの」を献上する

＊＊＊

ルベル，ジャン‐フェリ　Rebel, Jean-Ferry　1.2没、80歳。1666生。フランスのヴァイオリン奏者，クラヴサン奏者，指揮者，作曲家。

ブロッケス，バルトルト・ハインリヒ　Brockes, Barthold Heinrich　1.16没、66歳。1680生。ドイツの詩人。

リテレス　Literes(Carrión), Antonio　1.18没、73歳。1673生。スペインの作曲家。

オヤングーレン　Oyanguren de Santa Inés, Melchior　1.?没、59歳。1688([異]1668)生。スペインのフランシスコ会宣教師。

ベスキ，コスタンツォ・ジュゼッペ　Beschi, Costanzo Giuseppe　2.4没、66歳。1680生。イタリアのイエズス会士，南インドへの宣教師。

チャッブ，トマス　Chubb, Thomas　2.8没、67歳。1679生。イギリスの理神論者，自由思想家。

ダングルベール，ジャン‐バティスト・アンリ　d'Anglebert, Jean-Baptiste Henri　3.9没、85歳。1661生。フランスのクラヴサン奏者，オルガン奏者。

サンス，ペドロ　Sanz, Pedro　3.26([異]1748)没、66歳。1680生。スペインのドミニコ会宣教師。

ソリメーナ，フランチェスコ　Solimena, Francesco　4.5没、89歳。1657生。イタリアの画家。

レオポルト1世　Leopold I, der Alte Dessauer　4.9没、70歳。1676生。アンハルト・デッサウ公(在位1693〜1747)。

ロバット　Lovat, Simon Fraser, 11th Baron　4.9没、71?歳。1676生。スコットランドのジャコバイト。

オステルヴァルド，ジャン‐フレデリク　Ostervald, Jean-Fréderic　4.14没、83歳。1663生。スイスの改革派神学者。

ラペロニー　Lapeyronie, François Gigot　4.25没、69歳。1678生。フランスの外科医。

クレル，ザームエル　Crell(Krell), Samuel　5.12没、87歳。1660生。ドイツ，オランダ，イギリスで活動したユニテリアン。

ビュレット　Burette, Pierre Jean　5.19没、81歳。1665生。フランスの音楽家，理論家。

ヴァイスマン，クリスティアン・エーバハルト　Weismann, Christian Eberhard　5.22没、69歳。1677生。ドイツの新約学者，教会史家。

クンバラジュ・アフメト・パシャ　Aḥmet Pasha Humbaraci　5.23([異]1742)没、71歳。1675生。フランスの軍人，冒険者。

ヴォーヴナルグ，リュック・ド・クラピエ・ド　Vauvenargues, Luc de Clapiers, Marquis de　5.28没、31歳。1715生。フランスのモラリスト。

オステルマン　Ostermann, Andrei Ivanovich　5.31没、60歳。1686([異]1657)生。ロシアの外交官，政治家。

ナーディル・シャー　Nādir shāh　6.8没、58歳。1688生。イランのアフシャール朝の創始者(在位1736〜47)。

クレスピ，ジュゼッペ・マリーア　Crespi, Giuseppe Maria　7.16([異]1749)没、82歳。1665生。イタリアの風俗画家。

ボノンチーニ，ジョヴァンニ　Bononcini, Giovanni Battista　7.9([異]1755頃)没、77歳。1670生。イタリアの作曲家。

ディキンスン，ジョナサン　Dickinson, Jonathan　10.7没、59歳。1688生。アメリカのプレスビテリアン派牧師。

ブレイナード，デイヴィド　Brainerd, David　10.9没、29歳。1718生。アメリカのインディアン伝道者。

ポッター，ジョン　Potter, John　10.10没、73歳。1674生。英国教会のカンタベリ大主教。

ルサージュ，アラン‐ルネ　Le Sage, Alain René　11.17没、79歳。1668生。フランスの小説家，劇作家。

[この年] **アダン，ジャコブ‐シジスベール**　Adam, Jacob-Sigisbert　77歳。1670生。フランスの彫刻家。

アンハルト・デッソウ　Anhalt-Dessau, Leopold　71歳。1676生。プロシアの陸軍元帥。

ケルン，アントン　Kern, Anton　37歳。1710生。ドイツの画家。

ストラレンベルグ　Strahlenberg, Philipp Johan von　71歳。1676生。スウェーデンの軍人。

ディレニウス，ヨハン・ヤーコプ　Dillenius, Johann Jacob　60歳。1687生。ドイツの植物学者，植物画家。

バラッタ，ジョヴァンニ　Baratta, Giovanni　77歳。1670生。イタリアの彫刻家。

フィコローニ，フランチェスコ・デ　Ficoroni, Francesco, de'　83歳。1664生。イタリアの美術収集家。

フォーブズ　Forbes, Duncan of Culloden　62歳。1685生。スコットランドの政治家。

ポラネ　Pho-lha-nas　58歳。1689生。チベットの宰相。

プリュチャウ，ハインリヒ　Plütschau, Heinrich　69?歳。1678生。ドイツのルター派牧師。

ペーロニ　Peyronie, François de la　74歳。1673生。フランスの外科医。

ムットーニ，フランチェスコ　Muttoni, Francesco Antonio　79歳。1668生。イタリアの建築家。

レグエラ，エマヌエル・デ・ラ Reguera, Emmanuel de la 79歳。1668生。スペイン出身のイエズス会の神秘神学者。

ロージングレーヴ，ラルフ Roseingrave, Ralph 52？歳。1695生。アイルランド系のイギリスのオルガン奏者，作曲家。

ローゼンバハ，ヨーハン・ゲオルク Rosenbach, Johann Georg 67歳。1680生。ドイツの敬虔主義派信徒。

[この頃] **ハイルブロンナー** Heilbronner, Johann Christoph 41？歳。1706生。ドイツの数学史家，神学者。

1748年

10.18 第2次シュレジエン戦争が終わる

＊ ＊ ＊

ベルヌーイ，ヨハン Bernoulli, Johann I 1.1没、80歳。1667生。スイスの数学者。

ジャンノーネ，ピエートロ Giannone, Pietro 3.7没、71歳。1676生。イタリアの歴史家，法律家。

テーデンス Thedens, Johannes 3.19没、68？歳。1680生。オランダ人。オランダ出島商館長。

ヴァルター，ヨーハン・ゴットフリート Walther, Johann Gottfried 3.23没、63歳。1684生。ドイツのオルガン奏者，作曲家，辞典編集者。

ケント，ウィリアム Kent, William 4.12没、63歳。1685（[異]1684）生。イギリスの画家，建築家，室内装飾家。

ムハンマド・シャー Muḥammad Shāh 4.27没、48？歳。1700生。インドのムガル王朝第12代の王（1719～48）。

ニザームル・ムルク Niẓāmu'l-Mulk, Chīn Qilīch Ḵẖān 6.1没。インドのデッカン太守。

マヤー，ジョゼフ・アン Mailla, Joseph Anne Marie de Moyria de 6.28没、78歳。1669（[異]1679）生。フランスのイエズス会士。

クープラン，ニコラ Couperin, Nicolas 7.25没、67歳。1680生。フランスの音楽家。

トムソン，ジェイムズ Thomson, James 8.27没、47歳。1700生。イギリスの詩人。

ギブソン，エドマンド Gibson, Edmund 9.6没、79歳。1669生。イギリスの神学者。

ブレイスガードル，アン Bracegirdle, Anne 9.12没、85？歳。1663（[異]1673？）生。イギリスの女優。

ウォッツ，アイザック Watts, Isaac 11.25没、74歳。1674生。イギリスの讃美歌作者，非国教徒神学者。

ルイエ，ジャック Loeillet, Jaques 11.28没、63歳。1685生。ベルギーの作曲家。

サマセット Somerset, Charles Seymour, 6th Duke of 12.2没、86歳。1662生。イギリスの政治家。

クライスト Kleist, Ewald Georg von 12.11没、48歳。1700生。ドイツの物理学者。

[この年] **アーサフ・ジャー** Āsaf Jāh 77？歳。1671生。ハイデラーバード王国（1724～1949）の創始者。

アダム，ウィリアム Adam, William 59歳。1689生。イギリスの建築家。

ウェイド，ジョージ Wade, George 75歳。1673生。イギリスの軍人。

カメロン・オブ・ロキール Cameron of Lochiel, Donald 53歳。1695生。スコットランドの貴族。

カンピオン，フランソワ Campion, François 68歳。1680生。フランスのギター奏者，テオルボ奏者。

グラッシ，ニコーラ Grassi, Nicola 66歳。1682生。イタリアの画家。

ゲルラハ Gerlach, Philipp 69歳。1679生。ドイツの建築家。

サンフェリーチェ，フェルディナンド Sanfelice, Ferdinando 73歳。1675生。イタリアの画家，建築家。

ジェルマン，トマ Germain, Thomas 75歳。1673生。フランスの金工家。

チーリコフ Chirikov, Aleksei Il'ich [異]1749没、45歳。1703生。ロシアの探検家，地理学者。

ドアン・ティ・ディエム Doan Thi Diêm [異]1746没、43歳。1705生。ヴェトナムの女流詩人。

ハサン・パシャ Ḥasan Pasha オスマン・トルコ帝国の武将，政治家。

フリーリングハイゼン，シーオドア・ジェイコブ Frelinghuysen, Theodore Jacob [異]1747頃没、57？歳。1691生。アメリカにおけるオランダ改革派教会の指導者。

マッティエッリ，ロレンツォ Mattielli, Lorenzo 68？歳。1680生。イタリアの彫刻家。

ロングリューヌ，ザカリアス Longuelune, Zacharias 79歳。1669生。フランスの建築家。

[この頃] **高鳳翰** [異]1745頃没、65？歳。1683生。中国，清初期の文人画家。

1749年

1.22 清で三殿三閣制が採用される

＊ ＊ ＊

デトゥシュ，アンドレ‐カルディナル Destouches, André Cardinal 2.7没、76歳。1672生。フランスの作曲家。

マニャスコ，アレッサンドロ Magnasco, Alessandro 3.19没、82歳。1667（[異]1677）生。イタリアの画家。

18世紀　　　　　　　　　　　　　　　　　　　　　　　　1750

デンナー，バルタザール　Denner, Barthasar　4.14没、63歳。1685生。ドイツの画家、細密画家。

メチタール　Mechitar, Petro　4.27没、73歳。1676生。アルメニアの修道士、カトリック司祭。

ベーム，ジョン・フィリップ　Boehm, John Philip　4.29没、65歳。1683生。アメリカ植民地時代のドイツ改革派教会の牧師。

シュブレイラス，ピエール　Subleyras, Pierre Hubert　5.28没、49歳。1699生。フランスの画家。

バッハ，ヨーハン・ベルンハルト　Bach, Johann Bernhard　6.11没、72歳。1676生。ドイツの作曲家。

コファン，シャルル　Coffin, Charles　6.20没、72歳。1676生。フランスの讃美歌作詞者。

ジョンズ　Jones, William　7.3没、74歳。1675生。イギリスの数学者。

シュレーゲル，ヨハン・エリーアス　Schlegel, Johann Elias　8.13没、30歳。1719生。ドイツ啓蒙主義の劇作家、評論家。

ベール，マーチャーシュ　Bél, Mátyás (Matthias)　8.29没、65歳。1684生。ハンガリーのルター派に属する歴史家。

シャトレ－ロモン，ガブリエル・エミリー・ル・トヌリエ・ド・ブルトイユ，侯爵夫人　Châtelet, Gabrielle Émilie le Tonnelier de Breteuil, Marquise du　9.10没、42歳。1706生。フランスの女流数学者、物理学者、哲学者。

ベーマー，ユストゥス・ヘニング　Boehmer, Justus Henning　9.29？没、75歳。1674生。ドイツのルター派教会法学者。

トレンク　Trenck, Franz, Freiherr von der　10.4没、38歳。1711生。オーストリアの軍人。

クレランボー，ルイ－ニコラ　Clérambault, Louis Nicholas　10.26没、72歳。1676生。フランスのオルガン奏者、作曲家。

ミュラー　Muralt, Béat Louis de　11.19没、84歳。1665生。スイスの道徳学者。

シュテルツェル，ゴットフリート・ハインリヒ　Stölzel, Gottfried Heinrich　11.27没、59歳。1690生。ドイツの作曲家。

タンサン夫人　Tencin, Claudine Alexandrine, Guérin de　12.4没、67歳。1682 (㊟1685) 生。フランスのルイ15世時代の貴婦人、作家。

ヴェランドリー，ピエール・ゴルティエ・ド・ヴァレンヌ，卿　Verendrye, Pierre Gaultier de Varennes, Sieur de la　12.5没、64歳。1685生。カナダの探検家。

レシャー，ヴァーレンティーン・エルンスト　Löscher, Valentin Ernst　12.12没、75歳。1673生。ドイツのルター派神学者。

シャーフー　Shāhū　12.15没、67？歳。1682 (㊟1680) 生。インド、マラータ王国の第5代の王 (在位1708～49)。

ボンポルティ，フランチェスコ・アントニオ　Bonporti, Francesco Antonio　12.19没、77歳。1672生。イタリアの作曲家、司祭。

シュミット，ヨーハン・ローレンツ　Schmidt, Johann Lorenz　12.20没、47歳。1702生。ドイツのルター派神学者。

[この年] カーサス・イ・ノボア，フェルナンド　Casas y Novoa, Fernando　㊟1751没。スペインの建築家。

クレーティ，ドナート　Creti, Donato　78歳。1671生。イタリアの画家。

ダウニング，サー・ジョージ　Downing, Sir George　65歳。1684生。イギリスの地主、大学創立者。

ファン・ブルーメン，ヤン・フランス　Bloemen, Jan Frans van　㊟1748頃没、87歳。1662生。フランドルの画家。

フィリプス　Philips, Ambrose　74？歳。1675生。イギリスの詩人。

フレーレ　Fréret, Nicolas　61歳。1688生。フランスの言語学者、歴史学者。

ヘルムント，エギーディウス・ギュンター　Hellmund, Egidius Günther　71歳。1678生。ドイツの敬虔主義神学者。

ホイスム，ヤン・ファン　Huysum, Jan van　67歳。1682生。オランダの画家。

方苞　81歳。1668生。中国、清の文学者。

マルタン，ギヨーム　Martin, Guillaume　フランスの塗装工芸の専門職人。

ラ・ベランドリー　La Veréndrye, Pierre de　64歳。1685生。カナダ人の探検家。

ロック，ヨーハン・フリードリヒ　Rock, Johann Friedrich　71歳。1678生。ドイツの神秘主義指導者。

[この頃] 上官周　84？歳。1665生。中国、清代中期の画家。

1750年

ツィーゲルバウアー，マグノアルト　Ziegelbauer, Magnoald　1.14没、60歳。1689生。ドイツ出身のベネディクト会の歴史家。

ムラトーリ，ロドヴィーコ・アントーニオ　Muratori, Lodovico Antonio　1.23没、77歳。1672生。イタリアの歴史家。

シュルテンス　Schultens, Albert　1.26没、63歳。1686生。オランダの東洋学者。

ビルフィンガー，ゲオルク・ベルンハルト　Bilfinger, George Bernhard　2.18没、57歳。1693生。ドイツの哲学者。

ツェリン　Tseren　2.？没。蒙古部族の王。

人物物故大年表 外国人編　*497*

1750　18世紀

トロースト，コルネリス　Troost, Cornelis　3.7没、52歳。1697生。オランダの画家。

テラー，ロマーヌス　Teller, Romanus　4.5没、47歳。1703生。ドイツの牧師，神学者。

プティ，ジャン‐ルイ　Petit, Jean Louis　4.20没、76歳。1674生。フランスの外科医。

アザム，エーギット・クヴィリン　Asam, Egid Quirin　4.29没、57歳。1692生。ドイツ，ババリアの建築家，彫刻家。

エラー，エリーアス　Eller, Elias　5.16没、59歳。1690生。ドイツのヒリアスムスの分派ロンスドルフ派の創立者。

ルツ（ルキウス），ザームエル　Lutz (Lucius), Samuel　5.28没、75歳。1674生。スイスの改革派神学者，敬虔主義の唱導者。

ポルシーレ　Porsile (Porcile, Porsille), Giuseppe　5.29没、70歳。1680生。イタリアの作曲家。

ケーニヒ，ザームエル　König, Samuel　5.31没、80歳。1670生。スイスの敬虔派神学者。

バラール，ジャン‐バティスト・クリストフ　Ballard, Jean-Baptiste Christophe　5.？没、87．歳。1663生。フランスの楽譜出版業者。

ラートゲーバー　Rathgeber, Johann Valentin　6.2没、68歳。1682生。ドイツの作曲家。

スタール，マルグリット・ジャンヌ，男爵夫人　Staal, Marguerite Jeanne, baronne de　7.15没、66歳。1684生。フランスの回顧録作家。

バッハ，ヨハン・ゼバスティアン　Bach, Johann Sebastian　7.28没、65歳。1685生。ドイツのオルガン奏者，作曲家。

ミドルトン，コニャーズ　Middleton, Conyers　7.28没、66歳。1683生。英国教会の聖職。

ジョアン5世　João V　7.31没、60歳。1689生。ポルトガル王（在位1706～50）。

メッソニエ，ジュスト‐オレール　Meissonier, Juste Aurèle　7.31没、57？歳。1693（⑬1695）生。フランスの建築家，室内装飾家，彫刻家，画家，金細工師。

カニザレス　Cañizares, José de　9.4没、74歳。1676生。スペインの劇作家。

スペロンテス　Sperontes　9.30（埋葬）没、45歳。1705生。ドイツの詩人。

モン，マティーアス・ゲオルク　Monn, Matthias Georg　10.3没、33歳。1717生。オーストリアの作曲家，オルガン奏者。

ライス，ラヘル　Ruysch, Rachel　10.12没、86歳。1664生。オランダの女流静物画家。

ヴァイス，ジルヴィウス・レーオポルト　Weiss, Sylvius Leopold　10.15没、66歳。1684（⑬1686）生。ドイツのリュート奏者，作曲者。

イムホフ　Imhoff, Gustaaf Willem van　11.6没、45歳。1705生。オランダの東インド会社総督（1743～50）。

ゼーノ，アポストロ　Zeno, Apostolo　11.11没、81歳。1668生。イタリアの詩人，評論家。

スホルティングイス，ウィレム　Schortinghuis, Willem　11.20没、50歳。1700生。オランダ改革派教会の敬虔主義著作家，フローニンゲンのウィンスホーテンで生れ，ミドウォルダで死去。

サックス，（ヘルマン・）モーリス，伯爵　Saxe, Hermann Maurice, Comte de　11.30没、54歳。1696生。フランスの軍人。

ドッペルマイアー　Doppelmayer, Johann Gabriel　12.1没、73歳。1677（⑬1671？）生。ドイツの天文学者，数学者で物理学者。

この年　アブドゥル・ラティーフ　'Abdu'l-Laṭīf, Sayyid　70歳。1680生。西北インドの詩人。

ヴァッカーロ，ドメーニコ・アントーニオ　Vaccaro, Domenico Antonio　69？歳。1681生。イタリアの画家，彫刻家，建築家。

ガッロ，フランチェスコ　Gallo, Francesco　78歳。1672生。イタリアの建築家。

カルローネ，ディエーゴ　Carlone, Diego　76歳。1674生。イタリアの芸術家，装飾家。

ギュルメ・ナムギエル　Hgyur-med rnam-rgyal　チベット最後の王（在位1747～50）。

クルーザ　Crousaz, Jean Pierre de　87歳。1663生。スイスの哲学者，数学者。

タチーシチェフ，ワシーリー・ニキーチチ　Tatishchev, Vasilii Nikitich　64歳。1686生。ロシアの歴史家，政治家。

チュリゲーラ・アルベルト　Churriguera, Alberto　74？歳。1676生。スペインの建築家，彫刻家。

デ・ドミーニチ，ベルナルド　De Dominici, Bernardo　102歳。1648生。イタリアの画家，著述家。

ファントーニ，ジョヴァン・ベッティーノ　Fantoni, Giovan Bettino　78歳。1672生。イタリアの彫刻家，インターリオ（装飾彫り）作家。

傅清　中国，清中期の将軍。

マルチェッロ，アレッサンドロ　Marcello, Alessandro　66歳。1684生。イタリアの作曲家。

ミソス，デメトリオス　Mysós, Dēmétrios　31歳。1719生。ギリシア正教会の神学者。

モンタニャーナ，ドメーニコ　Montagnana, Domenico　60？歳。1690生。ヴェネツィアの弦楽器製造者。

ルシャ，アブラアム　Ruchat, Abraham　70歳。1680生。スイスの教会史家。

この頃　カネヴァーリ，アントニオ　Canevari, Antonio　69？歳。1681生。イタリアの建築家。

シュナーベル，ヨハン・ゴットフリート　Schnabel, Johann Gottfried　⑬1752没、58？歳。1692生。ドイツの作家。

セネシーノ　Senesino　70？歳。1680生。イタリアのカストラート歌手。

フェケ　Feke, Robert　45？歳。1705生。アメリカの肖像画家。
ブルジョワ　Bourgeois, Thomas Louis Joseph　74？歳。1676生。フランスの作曲家。

1751年

11.05　英軍がインドのアルコットの包囲を破る
＊＊＊
マルシャン, ジャン-バティスト　Marchand, Jean-Baptiste　1.8没、81歳。1670生。フランスのヴァイオリン奏者、リュート奏者。
アルビノーニ, トマゾ　Albinoni, Tomaso　1.17（㊗1750）没、79歳。1671生。イタリアの作曲家。
クヌッツェン　Knutzen, Martin　1.29没、37歳。1713生。ドイツの哲学者。
ダーヴィッド, クリスティアン　David, Christian　2.3没、60歳。1690生。ドイツの宗教家。
サルヴィ, ニッコロ　Salvi, Niccoló　2.8没、53歳。1697生（㊗1699）生。イタリアの建築家。
アゲソー, アンリ・フランソワ・ド　Aguesseau, Henri François d'　2.9没、82歳。1668生。フランスの大法官。
スマイバート, ジョン　Smibert, John　3.2没、62歳。1688生。アメリカの初期の肖像画家。
フレデリク・ルイ　Frederick, Louis　3.20没、44歳。1707生（㊗1701）生。イギリス王ジョージ2世の長子。
フレデリク1世　Frederik I　3.25没、74歳。1676生。スウェーデン王（在位1720～51）。
ラシ　Lassi, Pëtr Petrovich　5.11没、72歳。1678生。ロシア（アイルランド生れ）の将軍、伯爵。
テラデリャス, ドミンゴ　Terradellas, Domingo Miguel Bernabé　5.20没、38歳。1713生。スペインの作曲家。
ハミルトン　Hamilton, William　5.24没、86？歳。1665生。スコットランドの詩人。
バンプトン, ジョン　Bampton, John　6.2没、61？歳。1690生。英国教会の聖職者、「バンプトン講演」の基金寄贈者。
セギュール, アンリ・フランソア　Ségur, Henri François, Comte de　6.18没、62歳。1689生。フランスの将軍。
サンマルティーニ, ジュゼッペ　Sammartini, Giuseppe　6.24？（㊗1750）没、58歳。1693（㊗1695）生。イタリアの音楽家。
ロビンズ, ベンジャミン　Robins, Benjamin　7.29没、44歳。1707生。イギリスの数学者、軍事技術者。
ゴードン, アンドルー　Gordon, Andrew　8.22没、39歳。1712生。ドイツのベネディクト会士、物理学者。

プールヘム　Polhem, Christopher　8.30没、89歳。1661生。スウェーデンの技術者、発明家。
ドッドリジ, フィリプ　Doddridge, Philip　10.26没、49歳。1702生。イギリスの非国教会派の牧師。
ローガン, ジェイムズ　Logan, James　10.31没、77歳。1674生。アメリカ、ペンシルバニア植民地の政治家、学者。
ラ・メトリ, ジュリヤン・オフロワ・ド　La Mettrie, Julien Offray de　11.11没、41歳。1709生。フランスの医者、唯物論哲学者。
レオナルドゥス（ポルト・マウリッツィオの）Leonardus（Porto Maurizio）　11.26没、74歳。1676生。イタリアのフランシスコ会修道士、大衆説教者、聖人。
コサード, ジャン・ピエール・ド　Caussade, Jean Pierre de　12.8没、76歳。1675生。フランスのイエズス会士、修道的著述家。
セント・ジョン, ヘンリー　Bolingbroke, Henry St. John　12.12没、73歳。1678生。イギリスの政治家、文人。
ディーンツェンホーファー, キリアーン・イグナーツ　Dientzenhofer, Kilian Ignaz　12.18没、62？歳。1689生。ドイツの建築家。
この年　ウィレム4世　Willem IV　40歳。1711生。オランダ共和国の総督（1747～51）。
韓元震　69歳。1682生。朝鮮、李朝の学者。
クアーリオ, ジューリオ2世　Quaglio, Giulio II　83歳。1668生。イタリア出身のドイツの舞台美術家、建築家、画家。
グエン・フウ・カウ　Nguyen Huu Cau　ヴェトナムの農民一揆指導者。
グーチ　Gooch, Sir William　70歳。1681生。イギリスの北アメリカ植民地行政官。
グレイアム　Graham, George　77歳。1674生。イギリスの装置製作者。
ゴードゥロー, アントワーヌ・ロベール　Gaudreau（Gaudreaux）, Antoine Robert　71歳。1680生。フランスの家具制作家。
コーラム, トマス　Coram, Thomas　83？歳。1668生。イギリスの慈善事業家。
シェゾー　Cheseaux, Jean-Phillipe Loys de　33歳。1718生。スイスの天文学者。
ジェルヴェーズ, フランソワ・アルマン　Gervaise, François Armand　91歳。1660生。フランスの歴史家。
シュッペン, ヤーコプ・ファン　Schuppen, Jacob van　81歳。1670生。ドイツの画家。
デュ・パキエ, クラウディウス・インノケンティウス　Du Paquier, Claudius Innocentius　ドイツの磁器工場主。
デュ・マージュ, ピエール　Du Mage, Pierre　77。1674生。フランスのオルガン奏者、作曲家。
方士庶　59歳。1692生。中国、清代中期の画家。

[この頃] デュアルテ，ジョウアン　Duarte, João　80？歳。1671生。ポルトガルの来中国イエズス会士。

1752年

6.21　フランクリンが雷の性質の実験をする
* * *
クラメール，ガブリエル　Cramer, Gabriel　1.4没、47歳。1704生。スイスの数学者。
エーゲル，パウル　Egell, Paul　1.10没、60歳。1691生。ドイツの彫刻家。
スカラメルリ，ジョヴァンニ・バッティスタ　Scaramelli, Giovanni Battista　1.11没、64歳。1687生。イタリアの修徳的著作家。
トロワ，ジャン-フランソワ・ド　Troy, Jean François de　1.26没、72歳。1679生。フランスの画家。
チェセルデン　Cheselden, William　4.10没、63歳。1688生。イギリスの外科医、解剖学者。
ブラッドフォード，W.　Bradford, William　5.23没、89歳。1663生。アメリカ（イギリス生れ）の印刷業者。
ツィンツェンドルフ，クリスティアン・レナートゥス　Zinzendolf, Christian Renatus　5.28没、24歳。1727生。ドイツの讃美歌作者。
マロ，ダニエル　Marot, Daniel　6.4没、89？歳。1663（㊍1661）生。フランスの建築家、装飾図案家。
コワペル，シャルル-アントワーヌ　Coypel, Charles Antoine　6.14没、57歳。1694生。フランスの宮廷画家。
バトラー，ジョゼフ　Butler, Joseph　6.16没、60歳。1692生。イギリスの神学者、哲学者。
アルベローニ，ジュリオ　Alberoni, Giulio　6.26没、88歳。1664生。イタリアの枢機卿、政治家。
ペプーシュ，ヨハン・クリストフ　Pepusch, Johann Christoph　7.20没、85歳。1667生。ドイツ生れのイギリスの音楽理論家、作曲家、オルガン奏者。
フェスティング　Festing, Michael Christian　7.24没。イギリスのヴァイオリン奏者、作曲家。
ホイストン，ウィリアム　Whiston, William　8.22没、84歳。1667（㊍1677）生。イギリスの数学者、宗教家。
ベンゲル，ヨーハン・アルブレヒト　Bengel, Johann Albrecht　11.2没、63歳。1689（㊍1687）生。ドイツの神学者。
[この年] アミゴーニ，ヤーコボ　Amigoni, Jacopo　77？歳。1675（㊍1682）生。イタリアの画家。
コッラディーニ，アントーニオ　Corradini, Antonio　84歳。1668生。イタリアの彫刻家。
シェーデル，ゴットフリート　Schädel, Gottfried　72？歳。1680生。ドイツの建築家。

沈彤　65歳。1687（㊍1688）生。中国、清中期の学者。
トゥールニエール，ロベール　Tournières, Robert　84歳。1668生。フランスの画家。
ファン・デン・ヘッケ，ペーテル　Van den Hecke, Peter　フランドルのタピスリー制作家。
フォラール　Folard, Jean Charles, Chevalier de　83歳。1669生。フランスの軍人、戦略家。
ベンダ，ヤン・イルジー　Benda, Jan Jiří　39歳。1713生。ドイツのヴァイオリン奏者、作曲家。
ヘンリ，ジョン　Henley, John　60歳。1692生。英国教会の司祭、著作家。
パロセル，シャルル　Parrocel, Charles　64歳。1688生。フランスの画家。
マイニ，ジョヴァンニ・バッティスタ　Maini, Giovanni Battista　62歳。1690生。イタリアの彫刻家。
リガーリ，ピエトロ　Ligari, Pietro　66歳。1686生。イタリアの画家。
ルートヴィヒ，ヨハン・フリードリヒ（ルードヴィセ（通称））　Ludwig, Johann Friedrich (Ludovice)　82歳。1670生。ドイツ・バロックの建築家。
厲鶚　60歳。1692生。中国、清の文学者。
[この頃] 唐岱　79？歳。1673生。中国、清初の画院画家。

1753年

3.26　ヴォルテールの文書が焚書にされる
* * *
スローン，サー・ハンス　Sloane, Sir Hans　1.11没、92歳。1660生。イギリスの医師。
バークリー，ジョージ　Berkeley, George　1.14没、67歳。1685生。イギリスの哲学者、聖職者。
メーヌ公妃　Maine, Anne Louise Bénédicte de Bourbon-Condé　1.23没、76歳。1676生。フランス、大コンデの孫。
マルセー，シャルル・エクトール・ド・サン-ジョルジュ，マルキ・ド　Marsay, Charles Hector de St.-Georges, Marquis de　2.3没、65歳。1688生。フランスの神秘主義的静寂主義者。
リストーリ　Ristori, Giovanni Alberto　2.7没、61歳。1692生。イタリア出身の作曲家。
オーベール，ジャック　Aubert, Jacques　5.17？没、63歳。1689生。フランスのヴァイオリン奏者、作曲家。
ディートリヒ，ヨーアヒム　Dietrich, Joachim　6.4没。ドイツの彫刻家。
ノイマン，ヨハン・バルタザール　Neumann, Johann Balthasar　7.18没、66歳。1687生。ドイツの建築家。

18世紀　1754

ジルバマン，ゴットフリート　Silbermann, Gottfried　8.4没、70歳。1683生。ドイツの鍵盤楽器製作者。
エサット・エフェンディ　Es'at Efendi　8.22没、67歳。1685生。オスマン・トルコ帝国の法務官、歴史家、音楽家、詩人。
ラ・ブルドネ　La Bourdonnais, Bertrand François Mahé, Comte　9.9没、54歳。1699生。フランスの軍人。
クノーベルスドルフ，ゲオルク・ヴェンツェスラウス・フォン　Knobelsdorf, Georg Wenzeslaus von　9.16没、56歳。1697（㊟1699）生。ドイツの画家、建築家。
バーリントン，リチャード・ボイル，3代伯爵　Burlington, Richard Boyle, 3rd Earl of　12.4没、59歳。1694（㊟1695）生。イギリスの建築家。
メイス，ダニエル　Mace, Daniel　12.？没。イギリスの新約聖書本文批評家。
この年 アクランド　Ackland, John　54歳。1699生。イギリスの救貧法改革者。
グローリア，ジョヴァンニ　Gloria, Giovanni　69？歳。1684生。イタリアの建築家。
サルディ，ジュゼッペ　Sardi, Giuseppe　73歳。1680生。イタリアの建築家。
シモニーニ，フランチェスコ　Simonini, Francesco　67歳。1686生。イタリアの画家。
ハウク，ヨーハン・ハインリヒ　Haug, Johann Heinrich　ドイツの聖書翻訳者、博愛主義的教団の指導者。
バッハ，ヨーハン・ニーコラウス　Bach, Johann Nicolaus　84歳。1669生。ドイツの作曲家。
バリジョーニ，フィリッポ　Barigioni, Filippo　63歳。1690生。イタリアの建築家。
ベンコヴィッチ，フェデリーコ　Bencovich, Federico　76歳。1677生。イタリアの画家。
パルフェ，フランソワ　Parfaict　55歳。1698生。フランスの演劇史家。
メルビル　Melvill, Thomas　27歳。1726生。イギリスの天文学者、物理学者。
リッコボーニ，ロドヴィコ　Riccoboni, Luigi Andrea　77歳。1676（㊟1675頃）生。イタリアの俳優。
この頃 チマローリ，ジョヴァンニ・バッティスタ　Cimaroli, Giovanni Battista　イタリアの画家。

1754年

3.30　山脇東洋が日本初の人体解剖を行う
＊＊＊

ホルベア，ルドヴィ　Holberg, Johan Ludvig　1.28没、69歳。1684生。デンマークの劇作家、歴史家。

ミード　Mead, Richard　2.16没、80歳。1673生。イギリスの医師。
ペラム，ヘンリー　Pelham, Henry　3.6没、58歳。1696（㊟1695頃）生。イギリスの政治家。
ミューリウス，クリストロープ　Mylius, Christlob　3.6？没、31歳。1722生。ドイツの文学者。
ヴェットシュタイン，ヨーハン・ヤーコプ　Wettstein, Johann Jakob　3.9没、61歳。1693生。スイスのルター派聖書学者。
ラ・ショッセ，ピエール - クロード・ニヴェル・ド　La Chaussée, Pierre-Claude Nivelle de　3.14没、62歳。1692生。フランスの劇作家。
ボフラン，ガブリエル - ジェルマン　Boffrand, Gabriel-Germain　3.18没、86歳。1667生。フランスの建築家。
岳鍾琪　3.？没、68歳。1686生。中国、清代の武将。
ヴォルフ，クリスティアン　Wolff, Christian, Freiherr von　4.9没、75歳。1679（㊟1676）生。ドイツ哲学者、数学者。
リッカティ，ヤコボ　Riccati, Jacopo Francesco　4.15没、77歳。1676生。イタリアの数学者。
ピノー　Pineau, Nicolas　4.24没、69歳。1684生。フランスの建築家、彫刻家。
ピアッツェッタ，ジョヴァンニ・バッティスタ　Piazzetta, Giovanni Battista　4.28没、72歳。1682（㊟1683）生。イタリアの画家。
クラーリ　Clari, Giovanni Carlo Maria　5.16没、86歳。1667生。イタリアの作曲家。
ルサン，イグナシオ・デ　Luzán Claramunt de Suelves y Gurrea, Ignacio de　5.19没、52歳。1702生。スペインの作家。
ウッド，ジョン　Wood, John　5.23没、50？歳。1704（㊟1705）生。イギリスの建築家。
アースキン，エビニーザー　Erskine, Ebenezer　6.2没、73歳。1680生。スコットランドの分離派教会の創立者。
エイグヴェド，ニルス　Eigtved, Nicolai　6.7没、52歳。1701生。デンマークの建築家。
デトゥーシュ　Destouches, Philippe Néricault　7.4没、74歳。1680生。フランスの喜劇作家。
クラフト，ゲオルグ　Kraft, Georg Volfgang　7.6没、52歳。1701生。ロシアの数学者で物理学者。
ギブズ，ジェイムズ　Gibbs, James　8.5没、71歳。1682生。イギリスの建築家。
李方膺　9.3没、59歳。1695生。中国、清代中期の画家。
サフダル・ジャング　Safdar Jang, Abū'l Mansūr Khān　10.5（㊟1753）没。インドのオードの太守（1739～54）。
フィールディング，ヘンリー　Fielding, Henry　10.8没、47歳。1707生。イギリスの小説家、劇作家。

人物物故大年表 外国人編 *501*

ハーゲドルン，フリードリヒ・フォン　Hagedorn, Friedrich von　10.28没、46歳。1708生。ドイツの詩人。

ド・モワヴル，アブラアム　De Moivre, Abraham　11.27没、87歳。1667生。イギリスの数学者。

マフムト1世　Maḥmut I　12.13没、58歳。1696生。オスマン・トルコ帝国の第24代スルタン(1730～54)。

この年　カート　Carte, Thomas　68歳。1686生。イギリスの歴史家。

カニアーナ，ジャン・バッティスタ　Caniana, Gian Battista　83歳。1671生。イタリアの寄木細工師、木彫師。

ケイブ　Cave, Edward　63歳。1691生。ロンドンの印刷、出版業者。

呉敬梓　53歳。1701生。中国、清の文学者。

コシャン，シャルル-ニコラ(父)　Cochin, Charles-Nicolas, le Père　66歳。1688生。フランスの版画家。

サン・ピエール，ジョゼフ　Saint Pierre, Joseph　45歳。1709生。フランスの建築家。

スロッツ，セバスティアン-アントワーヌ　Slodtz, Sébastien-Antoine　59歳。1695生。フランドル出身のフランスの彫刻家。

プライスラー，ゲオルク・マルティン　Preisler, Georg Martin　54歳。1700生。ボヘミア出身のドイツの版画家、肖像画家、素描家。

ミケーラ，コスタンツォ　Michela, Costanzo　65歳。1689生。イタリアの建築家。

1755年

11.01　リスボン地震が発生する
*　*　*

ロワイエ　Royer, Joseph-Nicolas-Pancrace　1.11没、50？歳。1705生。フランスの作曲家、クラヴサン奏者、指揮者。

モンテスキュー，シャルル-ルイ・ド・スゴンダ・ド　Montesquieu, Charles-Louis de Secondat, Baron de la Brède et de　2.10没、66歳。1689生。フランスの啓蒙思想家、法学者、歴史家。

マッフェイ，シピオーネ　Maffei, Francesco Scipione　2.11没、79歳。1675生。イタリアの詩人、劇作家。

エスピノーサ，イシドロ・フェリス・デ　Espinosa, Isidro Félix de　2.？没、75歳。1679生。メキシコのフランシスコ会宣教師、歴史家。

サン-シモン，ルイ・ド・ルーヴロワ・ド　Saint-Simon, Louis de Rouvroy, Duc de　3.2没、80歳。1675生。フランスの軍人、文筆家。

ウィルソン，トマス　Wilson, Thomas　3.7没、91歳。1663生。イギリスの主教。

デルガド　Delgado, Juan José　3.24没、75歳。1679生。スペインのイエズス会宣教師。

ウードリー，ジャン-バティスト　Oudry, Jean Baptiste　4.30没、69歳。1686生。フランスの画家。

グメリン　Gmelin, Johann Georg　5.20没、45歳。1709生。ドイツの博物学者、旅行家。

ロングマン，トマス　Longman, Thomas　6.18没、56歳。1699生。イギリスの出版業者。

ポルタ　Porta, Giovanni　6.21没、65？歳。1690生。イタリアの作曲家。

セニック，ジョン　Cennick, John　7.4没、36歳。1718生。イギリスのメソジスト教会信徒説教者。

ハラー　Harrer, Johann Gottlob　7.9没、52歳。1703生。ドイツの作曲家。

ブラドック，エドワード　Braddock, Edward　7.13没、60歳。1695生。イギリスの軍人。

ヴェッツェル，ヨーハン・カスパル　Wetzel, Johann Caspar　8.6没、64歳。1691生。ドイツの讃美歌学者。

モースハイム，ヨーハン・ローレンツ・フォン　Mosheim, Johann Lorenz von　9.9没、61歳。1693（㊇1694頃）生。リュベック生れのドイツ人ルター派神学者。

スティス，ウィリアム　Stith, William　9.27没、48歳。1707生。アメリカの歴史家、英国教会主教。

ドゥランテ，フランチェスコ　Durante, Francesco　9.30没、71歳。1684生。イタリアの作曲家。

コクツェーイ　Cocceji, Samuel von　10.4没、75歳。1679生。ドイツの大司法長官。

マイエルラ，ジェラルド　Majella, Gerardo　10.16没、29歳。1726生。イタリアのレデンプトール会修道士、聖人。

ボワモルティエ，ジョゼフ・ボダン・ド　Boismortier, Joseph Bodin de　10.28没、65歳。1689生。フランス後期バロックの作曲家。

ピゼンデル，ヨハン・ゲオルク　Pisendel, Johann Georg　11.25没、67歳。1687生。ドイツのヴァイオリン奏者、作曲家。

グリーン，モーリス　Greene, Maurice　12.1没、59歳。1696（㊇1695頃）生。イギリスの作曲家、オルガン奏者、音楽学者。

この年　アネ，ジャン-ジャック-バティスト　Anet, Jean-Jacques-Baptiste　79歳。1676生。フランスのヴァイオリン奏者、作曲家。

ウィリアムズ　Williams, Elisha　61歳。1694生。アメリカの牧師。

カッフィエーリ，ジャーコモ　Caffieri, Giacomo　82歳。1673生。イタリアの家具制作家。

カフィエリ，ジャック　Caffiéri, Jacques　77歳。1678生。フランスの彫刻家、鋳金家、彫金家。

カルヴィエール，アントワーヌ　Calvière, Antoine　60歳。1695生。フランスのオルガン奏者、作曲家。

クラシェニンニコフ　Krasheninnikov, Stepan Petrovich　42？歳。1713（㊉1711）生。ロシアの探検家。

ゲッツィ, ピエル・レオーネ　Ghezzi, Pier Leone　81歳。1674生。イタリアの画家。

全祖望　50歳。1705生。中国, 清の学者, 文学者。

タンマティベート王子　Thammathibeet, Caofaa　40歳。1715生。タイのアユタヤ王朝ボロマコート王の第1王子で, 詩人。

張廷玉　83歳。1672生。中国, 清中期の政治家。

ハーフペニー, ウィリアム　Halfpenny, William　イギリスの建築家。

ピアンカ, ジュゼッペ・アントーニオ　Pianca, Giuseppe Antonio　52歳。1703生。イタリアの画家。

マンドラン　Mandrin, Louis　31歳。1724生。フランスの義賊。

リッシャー, ヨハン・ヤーコプ　Rischer, Johann Jakob　93歳。1662生。ドイツの建築家。

柳寿垣　61歳。1694生。朝鮮王朝後期の学者。

この頃　アタワルパ　Atahualpa Juan Santos　インカ帝国最後の皇帝。

ボトゥリーニ・ベナドゥーチ, ロレンツォ　Boturini Benaduci, Lorenzo　53？歳。1702生。イタリア生れの歴史家, メキシコの古物収集家。

1756年

1.28　アフガニスタンがデリーを占領する
2.10　パラグアイで先住民の蜂起が鎮圧される
7.04　イスタンブールで大火事が発生する
8.28　プロイセンのザクセン侵入で七年戦争勃発
　　　　　　＊＊＊

ヘイウッド, イライザ　Haywood, Eliza　2.25没、63？歳。1693生。イギリスの小説家。

アリー・ヴァルディー・カーン　Alī Wardī Khān　4.9没、80歳。1676生。インドのベンガル, ビハール, オリッサ三州の総督。

ペルティ　Perti, Giacomo Antonio　4.10没、94歳。1661生。イタリアの作曲家。

ゴルトベルク, ヨーハン・ゴットリープ　Goldberg, Johann Gottlieb Theophilus　4.13没、29歳。1727生。ドイツのチェンバロ奏者, 作曲家。

カッシニ(2代), ジャック　Cassini, Jacques　4.15没、79歳。1677生。フランスの天文学者。

オードラン, ジャン　Audran, Jean　5.17没、89歳。1667生。フランスの銅版画家。

シュタルク, ヨーハン・フリードリヒ　Starck, Johann, Friedrich　7.17没、75歳。1680生。ドイツの敬虔派牧師。

サレ, マリー　Sallé, Marie　7.27没、49歳。1707生。フランスの舞踊家。

ノイマイスター, エーアトマン　Neumeister, Erdmann　8.18没、85歳。1671生。ドイツの宗教的詩人。

クリスト　Christ, Johann Friedrich　9.3没、56歳。1700生。ドイツの美術史家。

リーベルキューン　Lieberkuhn, Johann Nathanael　10.7没、45歳。1711生。ドイツの医者, 解剖学者。

ノイホーフ　Neuhof, Theodor, Baron　12.11没、62歳。1694生。ドイツの冒険家。

この年　ヴァイナー, チャールズ　Viner, Charles　78歳。1678生。イギリスの法学者。

ウートン, ジョン　Wootton, John　㊉1765没、70？歳。1686生（㊉1677）生。イギリスの風景画家。

キース, ロバート　Keith, Robert　75歳。1681生。スコットランドの歴史家, 主教。

クローネ, ゴットフリート・ハインリヒ　Krohne, Gottfried Heinrich　56歳。1700生。ドイツの建築家。

ツィママン, ヨーハン・ヤーコプ　Zimmermann, Johann Jakob　61歳。1695生。スイスの改革派神学者。

テオドール　Theodor　70歳。1686生。ドイツの儀兵。

デュ・マルセ, セザール・シェノー　Du Marsais, César Chesneau　80歳。1676生。フランスの文法家, 哲学者。

ドリール・ド・ラ・ドレヴチエール, ルイ・フランソワ　Delisle de La Drevetiére, Louis-François　74歳。1682生。フランスの劇作家。

バッキンガムシャー1世, ジョン・ホバート　Buckinghamshire, John Hobart, Earl of　63歳。1693生。イギリスの貴族。

ハラム　Hallam, Lewis　42歳。1714生。イギリス出身の俳優。

ビビエーナ, ジュゼッペ　Bibiena, Giuseppe　㊉1757没、60歳。1696（㊉1695）生。フィレンツェの建築家。

ベルジェ, ジャック　Berger, Jacques　63歳。1693生。フランドルの彫刻家。

プランテーリ, ジャン・ジャーコモ　Plantery, Gian Giacomo　76歳。1680生。イタリアの建築家。

この頃　華嵒　㊉1755没、73？歳。1683（㊉1682）生。中国, 清代の画家。

張宗蒼　70？歳。1686生。中国, 清代・乾隆期の山水画家。

パッラヴィチーニ　Pallavicini, Vincenzo　イタリアの作曲家。

1757年

6.23 イギリス軍がプラッシーの戦いで勝利する
12.05 ロイテンの戦いでプロイセン軍が勝利する
*　*　*

デュシャンジュ　Duchange, Gaspard　1.6没、95歳。1662生。フランスの版画家。

フォントネル、ベルナール・ル・ボヴィエ・ド　Fontenelle, Bernard le Bovier de　1.9没、99歳。1657生。フランスの劇作家, 思想家。

ビルアール、シャルル・ルネー　Billuart, Charles René　1.20没、71歳。1685生。ベルギーのドミニコ会論争神学者。

ダルジャンソン、ルネ-ルイ・ド・ヴォワイエ　Argenson, René Louis de Voyer, Paulmy, Marquis d'　1.26没、62歳、1694生。フランスの貴族, 法律家。

ヘリング、トマス　Herring, Thomas　3.13没、64歳。1693生。英国教会のカンタベリ大主教。

ビング　Byng, John　3.14没、53歳。1704生。イギリスの海軍軍人。

シュターミツ、ヨハン・ヴェンツェル・アントン　Stamitz, Johann Wenzel Anton　3.27没、39歳。1717生。ドイツ, マンハイム楽派の代表的作曲家の一人。

カリエーラ、ロザルバ　Carriera, Rosalba Giovanna　4.15(㊥1758)没、81歳。1675(㊥1676)生。イタリアの女流画家。

シーラージ・ウッ-ダウラー　Sirāju'd-Daulah, Mīrzā Maḥmūd　7.2没、25？歳。1732(㊥1729)生。インドの太守。

バウムガルテン、ジークムント・ヤーコプ　Baumgarten, Siegmund Jacob　7.4没、51歳。1706生。ドイツの神学者。

スカルラッティ、ドメーニコ　Scarlatti, Giuseppe Domenico　7.23没、71歳。1685生。イタリアの作曲家, チェンバロ奏者。

ペーヌ、アントワーヌ　Pesne, Antoine　8.5没、74歳。1683生。フランスの画家。

ケーニヒ　König, Johann Samuel　8.21没、45歳。1712生。オランダの力学者で数学者。

ハートリー、デイヴィド　Hartley, David　8.28没、51歳。1705生。イギリスの医者, 心理学者。

パスクアーリ　Pasquali, Niccolo　10.13没、39?歳。1718生。イタリアの作曲家, ヴァイオリン奏者。

レオミュール、ルネ・アントワーヌ・フェルショー・ド　Réaumur, René Antoine Ferchault de　10.17没、74歳。1683生。フランスの物理学者。

カルメー、オギュスタン　Calmet, Augustin　10.25没、85歳。1672生。フランスのカトリック神学者。

レームヒルト、ヨーハン・テーオドーア　Römhildt, Johann Theodor　10.26没、73歳。1684生。ドイツのオルガン奏者, 作曲家。

ダヴンポート、ジェイムズ　Davenport, James　11.10没、41歳。1716生。アメリカの「大覚醒」期における巡回説教者。

シバー、コリー　Cibber, Colley　12.12没、86歳。1671生。イギリスの俳優, 劇作家。

この年 アストルガ、エマヌエーレ、男爵　Astorga, Emanuele Gioacchino Cesare Rincón d'　㊥1755頃没、77歳。1680生。イタリア(シチリア)の作曲家。

アムルサナ　Amursanā　35歳。1722生。オイラートのホイト部の長。

ヴァーノン、エドワード　Vernon, Edward　73歳。1684生。イギリスの軍人。

グアーラ、ピエル・フランチェスコ　Guala, Pier Francesco　59歳。1698生。イタリアの画家。

グラン、ダニエル　Gran, Daniel　63？歳。1694生。オーストリアの画家。

ゴーリ、アントン・フランチェスコ　Gori, Anton Francesco　66歳。1691生。イタリアの考古学者。

ザイスト、ジョヴァンニ・バッティスタ　Zaist, Giovanni Battista　57歳。1700生。イタリアの建築家, 画家。

大暁実徹　72歳。1685生。中国, 清代の禅僧。

ダミアン　Damiens, Robert François　42歳。1715生。フランスの狂信者。

ダライラマ7世、ケサン・ギャムツォ　Dalai Lama VII, Skal-bzań rgya-mtsho　49歳。1708生。チベット-ラマ教の法王。

フェッシュ、ヴィレム・ド　De Fesch, Willem　70歳。1687生。オランダの作曲家, 演奏家。

フォルクレー、ミシェル　Forqueray, Michel　76歳。1681生。フランスのオルガン奏者。

ムーア、エドワード　Moore, Edward　45歳。1712生。イギリスの劇作家。

この頃 ディドー　Didot, François　68？歳。1689生。フランスの出版業者, 印刷業者。

1758年

6.23 プロイセン軍がクレフェルトの戦いで勝つ
8.25 ツォルンドルフの戦いで神聖ローマが辛勝
*　*　*

ラムジー、アラン　Ramsay, Allan　1.7没、73？歳。1685(㊥1686)生。スコットランドの詩人。

ニコル　Nicole, François　1.17没、74歳。1683生。フランスの数学者。

タンサン，ピエール・ゲラン・ド　Tencin, Pierre Guérin de　3.2没、77歳。1680生。フランスの政治家，枢機卿，ジャンセニスムの敵対者。

ツィンマーマン，ヨハン・バプティスト　Zimmermann, Johann Baptist　3.2没、78歳。1680生。ドイツの画家。

エドワーズ，ジョナサン　Edwards, Jonathan　3.22没、54歳。1703生。アメリカの牧師，神学者。

ブラーヴェ，ヨーアヒム・ヴィルヘルム・フォン　Brawe, Joachim Wilhelm Freiherr von　4.7没、20歳。1738生。ドイツの劇作家。

ジュシュー　Jussieu, Antoine de　4.22没、71歳。1686生。フランスの植物学者。

ダジャンクール，フランソワ　Dagincour (d'Agincour), François　4.30没、74歳。1684生。フランスの作曲家，オルガン奏者。

ベネディクツス14世　Benedictus XIV　5.3没、83歳。1675生。教皇（在位1740〜58）。

恵棟　5.22没、60歳。1697生。中国，清の学者。

ローテ，ヨーハン・アンドレーアス　Rothe, Johann Andreas　7.6没、70歳。1688生。ドイツの牧師。

ブーゲール，ピエール　Bouguer, Pierre　8.15没、60歳。1698生。フランスの天文学者，数学者。

ミジョン2世，ピエール　Migeon II, Pierre　9.4没、57歳。1701生。フランスの家具作家。

プリンス，トマス　Prince, Thomas　10.22没、71歳。1687生。アメリカの会衆派牧師，史料収集家。

エーゲデ，ハンス　Egede, Hans　11.15没、72歳。1686生。ノルウェーの伝道者。

ルーマン，ユーハン・ヘルミヒ　Roman, Johan Helmich　11.20没、64歳。1694生。スウェーデンの作曲家。

ファッシュ，ヨハン・フリードリヒ　Fasch, Johann Friedrich　12.5没、70歳。1688生。ドイツの作曲家。

グラフィニー夫人　Graffigny, Françoise d'Issembourg d'Happoncourt, Madame de　12.12没、63歳。1695生。フランスの女性小説家。

ダイアー，ジョン　Dyer, John　12.15没、58？歳。1700（㊺1699）生。イギリスの詩人。

この年　ウンテルペルゲル，ミケランジェロ　Unterpergher, Michelangelo　63歳。1695生。イタリアの画家。

クロザート，ジャンバッティスタ　Crosato, Giambattista　73？歳。1685生。イタリアの画家，舞台美術家。

胡天游　62歳。1696生。中国，清の文学者。

シャンブレット，ジャック　Chambrette, Jacques　53歳。1705生。フランスの陶芸家。

スロッツ，ポール・アンブロワーズ　Slodtz, Paul-Ambroise　56歳。1702生。フランドル出身のフランスの彫刻家。

チェレビ・ザデ　Chelebi Zade　オスマン・トルコ帝国の歴史家。

デ・ドミーニチス，カルロ　De Dominicis, Carlo　62歳。1696生。イタリアの建築家。

ニッチュマン，ダーフィト　Nitschmann, David, der Wagner　メーレンの兄弟団の一人。

ハーベー　Harvey, James　44歳。1714生。イギリスの宗教家。

ブッレー・シャー　Bullhe Śāh　78歳。1680生。インドのパンジャービー語の神秘主義的詩人。

ヘイステル　Heister, Lorenz　75歳。1683生。ドイツの医学者。

パドルー，アントワーヌ-ミシェル（子）　Padeloup, Antoine-Michel, le Jeune　73歳。1685生。フランスの装丁家。

マンチーニ，フランチェスコ　Mancini, Francesco　64？歳。1694生。イタリアの画家。

ラグランジュ-シャンセル　Lagrange-Chancel　81歳。1677生。フランスの劇作家，風刺作家。

リプリー，トマス　Ripley, Thomas　75？歳。1683生。イギリスの建築家。

1759年

2.12　大英博物館が開館する
9.13　英軍がアブラハム平原で仏軍を破る
　　　　＊＊＊

クローネック　Cronegk, Johann Friedrich, Freiherr von　1.1没、27歳。1731生。ドイツの詩人。

レーゼル・フォン・ローゼンホーフ　Rösel von Rosenhof, August Johann　3.29没、53歳。1705生。ドイツの博物学者。

チン　Zinn, Johann Gottfried　4.6没、31歳。1727生。ドイツの解剖学者。

セロロン　Céloron de Blainville, Pierre Joseph de　4.12没、65歳。1694生。フランスの軍人，探検家。

ヘンデル，ゲオルク・フリードリヒ　Händel, Georg Friedrich　4.14没、74歳。1685生。ドイツ生れのイギリスの作曲家。

ミンゴッティ，ピエトロ　Mingotti, Pietro　4.28没、57？歳。1702生。イタリアのオペラ興行者。

ポール，ルイス　Paul, Lewis　4.？没。イギリスの発明者。

アダム，ランベール-シジスベール　Adam, Lambert-Sigisbert　5.13没、58歳。1700生。フランスの彫刻家。

コリンズ，ウィリアム　Collins, William　6.12没、37歳。1721生。イギリスの詩人。

ペッパレル　Pepperrell, William　7.6没、63歳。1696生。アメリカの商人，軍人。

1759　18世紀

ゴビル，アントワーヌ　Gaubil, Antoine　7.24没、70歳。1689生。フランスのイエズス会士。

モーペルチュイ，ピエール-ルイ・ド　Maupertuis, Pierre Louis Moreau de　7.27没、60歳。1698生。フランスの数学者，天文学者。

グラウン，カール・ハインリヒ　Graun, Carl Heinrich　8.8没、56？歳。1703(㊨1704)生。ドイツの作曲家，歌手。

フェルナンド6世　Fernando VI　8.10没、45歳。1713生。スペイン王(在位1746〜59)。

クライスト，エーヴァルト・クリスチアン・ファン　Kleist, Ewald Christian von　8.24没、44歳。1715生。ドイツの詩人。

ウルフ，ジェイムズ　Wolfe, James　9.13没、32歳。1727生。イギリスの軍人。

モンカルム(・ド・サン・ヴェラン)，ルイ・ジョゼフ・ド・モンカルム-グロゾン，侯爵　Montcalm de Saint-Véran, Marquis Louis Joseph de　9.14没、47歳。1712生。フランスの軍人。

ベルヌーイ，ニコラス1世　Bernoulli, Nikolaus I　11.29没、72歳。1687生。スイスの数学者。

[この年] アラム，ユージン　Aram, Eugene　55歳。1704生。イギリスの学者，殺人者。

アルトニコル，ヨーハン・クリストフ　Altnikol, Johann Christoph　40歳。1719生。ドイツのオルガン奏者，作曲家。

アルビン，エリエイザー　Albin, Eleazar　イギリスの博物学者，水彩画家。

ヴァラディエル，アンドレーア　Valadier, Andrea　64歳。1695生。イタリアの金銀細工師。

エイムズ，ジョゼフ　Ames, Joseph　70歳。1689生。イギリスの書誌学者，古物収集家。

汪士愼　73歳。1686生。中国，清中期の画家。

カユザック，ルイ・ド　Cahusac, Louis de　53？歳。1706生。フランスの台本作家，劇作家，舞踏理論家。

グールネー　Gournay, Jean Claude Marie Vincent de　47歳。1712生。フランスの経済学者。

顧棟高　80歳。1679生。中国，清の学者。

ジスト　Gist, Christopher　53？歳。1706生。アメリカの開拓者。

鄭敾　83歳。1676生。朝鮮，李朝後期の代表的画家。

トゥーラ・ラウリッツ，ラウリーセン　Thura Lauritz, Lauridsen　53歳。1706生。デンマークの建築家。

ファイステンベルガー，ジーモン・ベネディクト　Faistenberger, Simon Benedikt　64歳。1695生。ドイツの画家。

ファンティ　Fanti, Gaetano　72歳。1687生。イタリアの画家。

ブオナミーチ，ジョヴァン・フランチェスコ　Buonamici, Giovan Francesco　67歳。1692生。イタリアの建築家，画家。

フォーブズ　Forbes, John　49歳。1710生。イギリスの軍人。

ブルッキング，チャールズ　Brooking, Charles　36歳。1723生。イギリスの画家。

ボナヴィーア，ジャーコモ　Bonavia, Giacomo　イタリアの画家，建築家。

[この頃] ヴァレンティーニ，ジュゼッペ　Valentini, Giuseppe　㊨1746頃没、79？歳。1680生。イタリアの作曲家，ヴァイオリン奏者，詩人。

コベントリ　Coventry, Francis　イギリスの文学者。

コンセイソン，アポリナリオ・ダ　Conceição, Apolinário da　67？歳。1692生。ポルトガル出身のフランシスコ会助修士(司祭でない修道士)，著作家。

ドッティ，カルロ・フランチェスコ　Dotti, Carlo Francesco　89？歳。1670生。イタリアの建築家。

1760年

8.15　フリードリッヒ2世がオーストリア軍破る
＊＊＊

ソフローノフ　Sofronov, Mikhailo　2.10没、31歳。1729生。ロシアの数学者，作家で翻訳者。

コラン・ド・ブラモン，フランソワ　Colin(Collin) de Blamont, Farançois　2.14没、69歳。1690生。フランスの作曲家。

フィルツ，ヨーハン・アントン　Filtz, Johann Anton　3.14没、26歳。1733生。ドイツの作曲家，チェロ奏者。

ウォフィングトン　Woffington, Peg Margaret　3.26没、45歳。1714生。イギリスの女優。

モーリッツ　Moritz　4.11没、47歳。1712生。アンハルト・デッサウ公，プロイセンの元帥。

フェラーズ　Ferrers, Laurence Shirley, 4th Earl　5.5没、39歳。1720生。イギリスの貴族。

ツィンツェンドルフ，ニコラウス・ルートヴィヒ・フォン　Zinzendorf, Nicolaus Ludwig, Graf von　5.9没、59歳。1700生。ドイツの宗教指導者。

グラウプナー，ヨーハン・クリストフ　Graupner, Christoph　5.10没、77歳。1683生。ドイツの作曲家。

クール，アントワーヌ　Court, Antoine　6.13没、64歳。1696(㊨1695)生。フランス改革派教会の牧師。

宋紫岩　7.？没。江戸中期に中国，清朝より来日した画家。

ウィーバー　Weaver, John　9.24没、87歳。1673生。イギリスのパントマイムの開拓者。

マレー　Murray, *Lord* George　10.1没、66歳。1694生。スコットランドの貴族。

506　人物故大年表 外国人編

1761年

1.16 英軍がインドのポンディシェリを陥落する
8.06 パリ高等法院がイエズス会追放の判決下す
10.05 イギリスのピット国務大臣が辞任する
　　　　　＊　＊　＊

ジョージ2世　George II　10.25没、76歳。1683生。イギリス、ハノーバー朝第2代国王（在位1727～60）。

リスコー、クリスティアン・ルートヴィヒ　Liscow, Christian Ludwig　10.30没、59歳。1701生。ドイツの諷刺文学者。

ノイバー、フリデリーケ・カロリーネ　Neuber, Friederike Caroline　11.30没、63歳。1697生。ドイツの女優。

カチッチ-ミオシッチ、アンドリヤ　Kačić-Miošić, Andrija　12.15没、56歳。1704生。クロアチアの詩人。

この年　アラウンパヤー　Alaungpaya　46歳。1714生。ビルマ、コンバウン朝の初代王（在位1752～60）。

イスラエル・ベン・エリエゼル　Yiśra'el ben 'Eli'ezer　60？歳。1700生。ポーランド系ユダヤ人の神秘主義者、東ヨーロッパのハシディズム運動の創始者。

ウェストン　Weston, William　イギリスの聖職者。

グアルディ、ジョヴァンニ・アントーニオ　Guardi, Giovanni Antonio　61歳。1699生。イタリアの画家。

クリヴェッリ、アンジェロ・マリーア　Crivelli, Angelo Maria　イタリアの画家。

クレランボー、セザール・フランソワ・ニコラ　Clérambault, César François Nicolas　55？歳。1705生。フランスのオルガン奏者。

ケ・デルヴロワ、ルイ・ド　Caix d'Hervelois, Louis de　80？歳。1680(®1670頃)生。フランスのヴィオラ・ダ・ガンバ奏者、作曲家。

ゴダン　Godin, Louis　56歳。1704生。フランスの天文学者。

朱倫瀚　80歳。1680生。中国、清代中期の画家。

バール-シェム-トフ　Baal Shem Tob　61？歳。1699(®1700頃)生。ハシディズムを創唱したユダヤ神秘家。

ハンノング、パウル-アントン　Hannnong, Paul-Anton　60歳。1700生。ドイツの陶工。

ビビエーナ、ジョヴァンニ・カルロ・シチーニオ　Bibiena, Giovanni Carlo Sicinio　47歳。1713生。イタリアの建築家、舞台美術家。

フェントン　Fenton, Lavinia　52歳。1708生。イギリスの女優。

メルシエ、フィリップ　Mercier, Philip　71歳。1689生。フランス系のイギリスの画家。

ローエ　Bhāratchandra　38歳。1722(®1712)生。インドのシャリティ派詩人。

この頃　張庚　75？歳。1685生。中国、清代中期の文人画家。

ヘイルズ、スティーヴン　Hales, Stephen　1.4没、83歳。1677生。イギリスの生理・化学・植物学者、牧師。

ボスコーエン　Boscawen, Edward　1.10没、49歳。1711生。イギリスの提督。

ベリール、シャルル・ルイ・フーケ、公爵　Belle-Isle, Charles Louis Auguste Fouquet, Duc de　1.26没、76歳。1684年。フランスの軍人。

フェーオ　Feo, Francesco　1.28没、70歳。1691生。イタリアの作曲家。

シャルルヴォワ、ピエール・フランソワ・グザヴィエ・ド　Charlevoix, Pierre François Xavier de　2.1没、78歳。1682生。フランスの歴史家、探検家。

デイヴィス、サミュエル　Davies, Samuel　2.4没、37歳。1723生。アメリカの南部長老教会創立者。

シュタインホーファー、マクシミーリアーン・フリードリヒ・クリストフ　Steinhofer, Maximilian Friedrich Christoph　2.11没、55歳。1706生。ドイツのルター派神学者。

テイラー、ジョン　Taylor, John　3.5没、67歳。1694生。イギリスの非国教派牧師、ヘブル語学者。

趙栄祐　3.27没、75歳。1686生。朝鮮、李朝時代の士人画家。

ベイズ、トマス　Bayes, Thomas　4.7没、59歳。1702生。イギリスの数学者。

ジョウンズ、グリフィス　Jones, Griffith　4.8没、78歳。1683生。英国教会の聖職、巡回学校の創始者。

ロー、ウィリアム　Law, William　4.9没、75歳。1686生。イギリスの神秘主義的宗教家。

ホウドリ、ベンジャミン　Hoadly, Benjamin　4.17没、84歳。1676生。英国教会主教。

シンプソン、トマス　Simpson, Thomas　5.14没、50歳。1710生。スコットランドの数学者。

セイエ、ルミ　Ceillier, Remi　5.26没、73歳。1688生。フランスの教父学者。

オルシ、ジュゼッペ・アゴスティーノ　Orsi, Giuseppe Agostino　6.12没、69歳。1692生。イタリアのドミニコ会士、神学者、枢機卿。

バーラージー・バージー・ラーオ　Balājī Bājī Rāo　6.23没、40歳。1721生。インド、マラータ王国の3代目宰相（在職1740～61）。

フレゼーニウス、ヨーハン・フィーリプ　Fresenius, Johann Philipp　7.4没、55歳。1705生。ドイツの説教者。

リチャードソン，サミュエル　Richardson, Samuel　7.4没、71歳。1689生。イギリスの小説家。

パッシオーネイ，ドメーニコ　Passionei, Domenico　7.5没、78歳。1682生。イタリアの枢機卿。

シャーロク，トマス　Sherlock, Thomas　7.18没、83歳。1678生。英国教会のロンドン主教。

ゲスナー　Gesner, Johann Matthias　8.3没、70歳。1691生。ドイツの言語学者。

ミュッセンブルーク，ピーター・ファン　Musschenbroek, Petrus van　9.19没、69歳。1692生。オランダの物理学者。

マラグリーダ，ガブリエル　Malagrida, Gabriel　9.21没、71歳。1689生。イタリア出身のブラジルへの宣教師。

ゼーゲサ，フィーリプ　Segesser, Philipp　9.28没、74歳。1687生。スイス出身のイエズス会宣教師、ピメリーア・アルタで活動。

ミケシュ・ケレメン　Mikes, Kelemen　10.2没、71歳。1690生。ハンガリーの散文家。

シャイト，クリスティアン・ルートヴィヒ　Scheidt, Christian Ludwig　10.25没、52歳。1709生。ドイツの讃美歌作詞者。

プファフ，クリストフ・マテーウス　Pfaff, Christoph Matthäus　11.19(旧1760)没、74歳。1686生。ドイツのルター派神学者。

プリューシュ，ノエル-アントワーヌ　Pluche, Abbé Noël-Antoine　11.19没、73歳。1688生。フランスの古典学者、文筆家。

ウォード，ジョシュア　Ward, Joshua　11.21没、76歳。1685生。イングランドの医師、化学者。

リッチ　Rich, John　11.26没、69？歳。1692生。イギリスの劇場経営者、俳優。

ドロンド，ジョン　Dollond, John　11.30没、55歳。1706生。イギリスの光学者。

[この年] アダン，フランソワ-ガスパール-バルタザール　Adam, François-Gaspard-Balthazar　51歳。1710生。フランスの彫刻家。

アッリオ，ドナート・フェリーチェ　Allio, Donato Felice　94歳。1667生。イタリアの建築家。

ヴァルヴァッソーリ，ガブリエーレ　Valvassori, Gabriele　78歳。1683生。イタリアの建築家。

ヴォルタースドルフ，エルンスト・ゴットリープ　Woltersdorf, Ernst Gottieb　36歳。1725没。ドイツの敬虔派の牧師。

オールディス　Oldys, William　65歳。1696生。イギリスの小説家、古書研究家。

コンカ，セバスティアーノ　Conca, Sebastiano　(旧)1764没、85？歳。1676((旧)1680)生。イタリアの画家。

蔡温　79歳。1682生。近世琉球王国の代表的な政治家，学者。

トルービア，ホセ　Torrubia, José　63歳。1698生。スペインのフランシスコ会宣教師、歴史家、博物学者。

バウムガルトナー，ヨハン・ヴォルフガング　Baumgartner, Johann Wolfgang　49歳。1712生。ドイツの画家、銅版画家。

フォーシャール　Fauchard, Pierre　83歳。1678生。フランスの歯科医師。

フォルクレー，ニコラ・ジル　Forqueray, Nicolas Gilles　58歳。1703生。フランスのオルガン奏者。

ベリドール，ベルナール・フォレ・ド　Bélidor, Bernard Forest de　63歳。1698((旧)1693)生。フランスの土木技術者。

ベルナルト，ダーニエール　Bernard, Daniel　85歳。1676生。オランダ改革派教会の信徒、奨学基金開設者。

マクドネル　Macdonnell, Alestair Ruadh　36？歳。1725生。スコットランドのジェームズ派。

メルロ，カルロ・ジュゼッペ　Merlo, Carlo Giuseppe　71歳。1690生。イタリアの建築家。

ロードリ，カルロ　Lodoli, Carlo　71歳。1690生。イタリアの建築理論家。

1762年

4.13　ルソーの「社会契約論」が刊行される
7.09　ロシアでエカテリーナ2世が即位する
10.05　「オルフェオとエウリディーチェ」が上演
* * *

エリザヴェータ・ペトロヴナ　Elizaveta Petrovna Romanovna　1.5((旧)1761)没、52歳。1709生。ロシアの女帝(在位1741〜62)。

ルビヤック，ルイ・フランソワ　Roubillac, Louis François　1.11没、60歳。1702((旧)1695)生。フランスの彫刻家。

ナッシュ，リチャード　Nash, Richard　2.3没、87歳。1674生。Beau Nashとして知られるイギリスの伊達者。

マイアー，ヨハン　Mayer, Johann Tobias　2.26没、39歳。1723生。ドイツの天文学者。

シェドヴィル，エスプリ・フィリップ　Chédeville, Esprit Philippe　3.9没、66歳。1696生。フランスのミュゼット奏者、オーボエ奏者。

カラス，ジャン　Calas, Jean　3.10没、63歳。1698生。フランスの商人。

ラカイユ，ニコラ・ルイ・ド　Lacaille, Nicolas Louis de　3.21没、48歳。1713生。フランスの天文学者。

チャンピ，ヴィンチェンツォ　Ciampi, Vincenzo　3.30没、43？歳。1719生。イタリアの作曲家。

18世紀　　　　　　　　　　　　　　　　　1763

バウムガルテン，アレクサンダー・ゴットリープ　Baumgarten, Alexander Gottlieb　5.26没，47歳。1714生。ドイツの哲学者，美学者。

アンソン，ジョージ・アンソン，男爵　Anson, George Anson, Baron　6.6没，65歳。1697生。イギリスの提督。

エルクスレーベン　Erxleben, Drothea Christine　6.13没，46歳。1715生。ドイツの最初の女医。

クレビヨン，プロスペール・ジョリヨ・ド　Crébillon, Prosper Jolyot, Sieur de　6.13没，88歳。1674生。フランスの悲劇作家。

エーベルリン，ヨーハン・エルンスト　Eberlin, Johann Ernst　6.19没，60歳。1702生。ドイツの作曲家。

アードルング，ヤーコプ　Adlung, Jakob　7.5没，63歳。1699生。ドイツのオルガン奏者，音楽学者。

シュタインメツ，ヨーハン・アーダム　Steinmetz, Johann Adam　7.10没，72歳。1689生。ドイツの敬虔派の牧師。

ブラッドリー，ジェイムズ　Bradley, James　7.13没，69歳。1693(㊤1692頃)生。イギリスの位置天文学者。

ピョートル3世　Pëtr III Fëdorovich　7.18没，34歳。1728生。ロシアの皇帝(在位1762.1.〜7.)。

トローガー，パウル　Troger, Paul　7.20没，63歳。1698生。オーストリアの画家。

ニヘルマン　Nichelmann, Christoph　7.20没，44歳。1717生。ドイツのチェンバロ奏者，作曲家。

ブーシャルドン，エドム　Bouchardon, Edme　7.27没，64歳。1698生。フランスの彫刻家。

ブレイケンリッジ　Braikenridge, William　7.30没，62歳。1700生。イギリスの数学者，司祭。

ポニアトフスキ　Poniatowski, Stanisław　8.3没，86歳。1676生。ポーランドの政治家。

モンタギュー，メアリー　Montagu, *Lady* Mary Wortley　8.21没，73歳。1689生。イギリスの女流作家。

ラヴィントン，ジョージ　Lavington, George　9.13没，78歳。1684生。英国教会のエクセター教区主教。

ジェミニアーニ，フランチェスコ　Geminiani, Francesco Saverio　9.17没，74歳。1687(㊤1680頃)生。イタリアのヴァイオリン奏者，作曲家。

ダヴィエル　Daviel, Jacques　9.30没，66歳。1696生。フランスの眼科医。

マンフレディーニ，フランチェスコ　Manfredini, Francesco　10.6没，78歳。1684生。イタリアの作曲家。

ヘルゴット，マルクヴァルト　Herrgott, Marquart　10.9没，56歳。1694生。ドイツの歴史家。

ノド　Naudot, Jacques Christophe(Jean-Jacques)　11.25没。フランスのフルート奏者。

この年　ヴァラン夫人　Warens, Louise-Eléonore de, Mme de　63歳。1699生。スイスの女性。

エグゾーデ，アンドレ・ジョゼフ　Exaudet, André Joseph　52歳。1710生。フランスのヴァイオリン奏者，作曲家。

エステルハージ，パウル・アントン　Esterházy, Fürst　51歳。1711生。ハンガリーの侯爵。

グァルネリ，ピエトロ　Guarneri, Pietro　67歳。1695生。イタリアのヴァイオリン製作家。

クエイローロ，フランチェスコ　Queirolo, Francesco　58歳。1704生。イタリアの彫刻家。

クレープス，ヨーハン・トビーアス(父)　Krebs, Johann Tobias　72歳。1690生。ドイツのオルガン奏者。

江永　81歳。1681生。中国，清初の儒者。

シャー・ワリー・ウッラー　Shāh Walī-allāh　59歳。1703生。インドのイスラム思想家。

ソラティーニ，パーオロ　Soratini, Paolo　80歳。1682生。イタリアの建築家。

ダル・レ，ヴィンチェンツォ　Dal Ré, Vincenzo　イタリアの舞台美術家，装飾美術家。

ツィック，ヨハンネス　Zick, Johannes　60歳。1702没。ドイツの画家。

ティトン・デュ・ティエ，エヴラール　Titon du Tillet, Évrard　85歳。1677生。フランスの作家。

ホルテル　Gorter, Johannes de　73歳。1689生。オランダの医学者。

マラン，プルデンティウス　Maran, Prudentius　79歳。1683生。フランスのカトリック教父学者。

メルコム　Melcombe, George Bubb Dodington, Baron　71歳。1691生。イギリスの政治家。

ラ・ププリニエール，ジャン・ジョゼフ・ル・リシュ・ド　La Pouplinière, Jean Joseph Le Riche de　69歳。1693生。フランスの芸術庇護者。

ロタリー，ピエトロ・アントーニオ　Rotari, Pietro Antonio　55歳。1707生。イタリアの画家。

この頃　李鱓　(㊤1750？没，76？歳。1686(㊤1684)生。中国，清中期の画家。

1763年

2.15　ベルトゥスブルクの和約で七年戦争終わる
*　*　*

プラッティ，ジョヴァンニ・ベネデット　Platti, Giovanni Benedetto　1.11没，63？歳。1700(㊤1697)生。イタリアの作曲家。

グランヴィル　Granville, John Carteret, Earl of　1.22没，72歳。1690生。イギリスの政治家。

人物物故大年表 外国人編　*509*

1763　　　　　　　　　18世紀

エギアーラ・イ・エグーレン, ホアン・ホセ・デ　Eguiara y Eguren, Juan José de　1.29没、66歳。1696生。メキシコの書誌学者。

ラシーヌ, ルイ　Racine, Louis　1.29没、70歳。1692生。フランスの作家。

シェンストーン, ウィリアム　Shenstone, William　2.11没、48歳。1714生。イギリスの詩人。

マリヴォー, ピエール・カルレ・ド・シャンブラン・ド　Marivaux, Pierre Carlet de Chamblain de　2.12没、75歳。1688生。フランスの劇作家、小説家。

スメリー, ウィリアム　Smellie, William　3.5没、66歳。1697生。イギリスの産科医。

ダービー2世　Darby, Abraham II　3.31没、52歳。1711生。イギリスの製鉄業者。

スィラージ・オウランガーバーディー, スィラージュッディーン　Sirāj, Sayyid Sirāju'd-Dīn　4.6没、48？歳。1715生。インドのウルドゥー語詩人。

ラーグプ・パシャ　Meḥmet Rāgib Pasha　4.8没、64歳。1699生。オスマン・トルコ帝国の政治家、古典文学者。

ボルコフ　Volkov, Fyodor Grigorievich　4.15没、34歳。1729生。ロシアの劇団組織者、俳優。

ブステッリ, フランツ・アントン　Bustelli, Franz Anton　4.18没、40歳。1723生。スイスの陶器原型作者。

サルマナザール, ジョージ　Psalmanazar, Georges　5.3没、84？歳。1679生。フランスのいかさま著作家。

ヌーデンフリュクト, ヘドヴィグ・シャロッタ　Nordenflycht, Hedvig Charlotta　6.29没、44歳。1718生。スウェーデンの女流詩人。

オトテール, ジャック　Hotteterre, Jacques-Martin　7.16(㊱1762)没、88歳。1674(㊱1684頃)生。フランスの作曲家、フルート奏者。

ゴドフリー, トマス　Godfrey, Thomas　8.3没、26歳。1736生。アメリカの劇作家、詩人。

グリムショー, ウィリアム　Grimshaw, William　8.7没、54歳。1708生。英国教会の聖職。

ダリーン, ウーロヴ・フォン　Dalin, Olof von　8.12没、54歳。1708生。スウェーデンの詩人、評論家。

ソミス, ジョヴァンニ・バッティスタ　Somis, Giovanni Battista　8.14没、76歳。1686生。イタリアのヴァイオリン奏者、作曲家。

バイラム, ジョン　Byrom, John　9.26没、71歳。1692生。イギリスの詩人。

フリードリヒ・アウグスト2世　Friedrich August II　10.5没、66歳。1696生。ザクセン選帝侯。

ブリュール　Brühl, Heinrich, Graf von　10.28没、63歳。1700生。ドイツの政治家。

デュプレクス　Dupleix, Joseph François　11.10(㊱1764)没、66歳。1697生。フランスの植民政治家。

ゼッケンドルフ　Seckendorff, Heinrich, Reichsgraf von　11.23没、90歳。1673生。ドイツの軍人、外交官。

プレヴォー, アントワーヌ・フランソワ　Prévost d'Exiles, Antoine François　11.25没、66歳。1697生。フランスの作家。

この年　エバン, ジャン-フランソワ　Oeben, Jean François　53？歳。1710(㊱1720頃)生。フランスの家具作家。

エレ・ド・コルニ, エマニュエル　Héré de Corny, Emmanuel　58歳。1705生。フランスの建築家。

カータレット, ジョン, 初代グランヴィル伯爵　Carteret, John, 1st Earl Granville　73歳。1690生。イギリスの政治家、国務大臣。

金農　(㊱1764没、76歳。1687生。中国、清の画家、書家、詩人。

ジェンティーレ, カルミネ　Gentile, Carmine　85歳。1678生。イタリアの陶工。

シュルツ, フランツ・アルベルト　Schultz, Franz Albert　71歳。1692生。ドイツのプロイセンの教会政治家。

シラング　Silang, Diego　33歳。1730生。フィリピンの愛国者。

シンマー　Symmer, Robert　イギリスの物理学者。

聖訥　73歳。1690生。朝鮮の僧。

曹雪芹　(㊱1762頃没、48歳。1715(㊱1724頃)生。中国, 清の小説家。

デュボワ, ジャック　Dubois, Jacques　70？歳。1693生。フランスの家具制作家。

ドカル・ツェリン・ワンギェル　mDo mkhar Tshe ring dbang rgyal　66歳。1697生。チベットの政治家、文人。

ノガーリ, ジュゼッペ　Nogari, Giuseppe　64歳。1699生。イタリアの画家。

梅瑴成　82歳。1681生。中国、清中期の数学者。

ピロト, アンドレアス　Pirot, Andreas　ドイツのタピスリー制作者。

ラォホ, クリスティアン・ハインリヒ　Rauch, Christian Heinrich　45歳。1718生。モラヴィア兄弟団から派遣された最初の北米インディアン伝道者。

ラープチェフ　Laptev, Khariton Prokofievich　ロシアの極地探検家。

李瀷　(㊱1764没、82歳。1681(㊱1682)生。朝鮮、李朝時代の実学者。

この頃　パガネッリ　Paganelli, Giuseppe Antonio　53？歳。1710生。イタリアの作曲家。

ミロリオ, ピエール　Miroglio, Pierre　48？歳。1715生。イタリアのヴァイオリン奏者、作曲家。

1764年

9.06 ポーランドでスタニスワフ2世が即位する
10.22 英軍がムガル連合軍をブクサールで破る
　　　　　　＊＊＊
アンドレ　André, Yves-Marie de　2.27没、88歳。1675生。フランスの哲学者。
ロカテッリ，アンドレア　Locatelli, Pietro Antonio　3.30（㊟1741頃）没、68歳。1695生。イタリアのヴァイオリン奏者、作曲家。
ポンパドゥール，ジャンヌ・アントワネット・ポワソン，侯爵夫人　Pompadour, Jeanne-Antoinette Poisson, Marquise de　4.15没、42歳。1721生。フランス国王ルイ15世の愛妾。
マッテゾン，ヨーハン　Mattheson, Johann　4.17没、82歳。1681生。ドイツの作曲家、音楽理論家。
モニス，ジュダ　Monis, Juda　4.25没、81歳。1683生。アメリカのヘブル語学者。
ホイマン，クリストフ・アウグスト　Heumann, Christoph August　5.1没、82歳。1681生。ドイツの神学者、教育家。
アルガロッティ，フランチェスコ　Algarotti, Francesco　5.3没、51歳。1712生。イタリアの思想家、小説家。
ヘンリーツィ　Henrici, Christian Friedrich　5.10没、64歳。1700生。ドイツの詩人・台本作者。
ブローソン，ハンス・エードルフ　Brorson, Hans Adolph　6.3没、69歳。1694生。デンマークの詩人、牧師。
プルトニ　Pulteney, William, Earl of Bath　7.7没、80歳。1684生。イギリスの政治家。
ブラストベルガー，イマーヌエル・ゴットロープ　Brastberger, Immanuel Gottlob　7.13没、48歳。1716生。ドイツのルター派教会説教者。
イワン6世　Ivan VI, Antonovich　7.15没、23歳。1740生。ロシア皇帝（在位1740〜41）。
テナント，ギルバート　Tennent, Gilbert　7.23（㊟1767）没、61歳。1703生。アメリカの宣教師。
ダルジャンソン，マルク・ピエール　Argenson, Marc Pierre de Voyer, Comte d'　8.27没、68歳。1696生。フランスの貴族。
ブリス，ナサニエル　Bliss, Nathaniel　9.2没、63歳。1700生。イギリスの天文学者。
ラモー，ジャン-フィリップ　Rameau, Jean Philippe　9.12没、80歳。1683生。後期バロック時代のフランスの作曲家、音楽理論家。
ドズリー，ロバート　Dodsley, Robert　9.23没、60歳。1704（㊟1703）生。イギリスの出版業者。

フェイホー，ベニート・ヘロニモ　Feijóo y Montenegro, Fray Benito Jerónimo　9.26没、87歳。1676生。スペインの神学者、文明批評家。
フェイホ・イ・モンテネグロ　Fejió y Montenegro, Benito Jerónimo　9.26没、87歳。1676生。スペインの批評家、ベネディクト派の修道士。
ルクレール，ジャン-マリー　Leclair, Jean Marie　10.22没、67歳。1697生。フランスのヴァイオリン奏者、作曲家。
ホーガース，ウィリアム　Hogarth, William　10.26没、66歳。1697生。イギリスの画家、著作家。
チャーチル，チャールズ　Churchill, Charles　11.4没、33歳。1731生。イギリスの詩人。
ゴールドバッハ　Goldbach, Christian　12.1没、74歳。1690生。プロイセンの数学者。
サッケッティ，ジョヴァンニ・バッティスタ　Sacchetti, Giovanni Battista　12.3没、64歳。1700生。イタリア・バロックの建築家。
ポントピダン，エーリク　Pontoppidan, Erik　12.20没、66歳。1698生。デンマークのルター派神学者。
[この年] アイベシュッツ　Eybeschütz, Jonathan　74歳。1690生。ドイツのラビ。
アレン，ラルフ　Allen, Ralph　70?歳。1694生。イギリスの慈善家。
秦蕙田　62歳。1702生。中国、清中期の学者。
スカルファロット，ジョヴァンニ・アントーニオ　Scalfarotto, Giovanni Antonio　64?歳。1700生。イタリアの建築家。
スロッツ，ルネ-ミシェル　Slodtz, René-Michel　59歳。1705生。フランドル出身のフランスの彫刻家。
趙一清　54歳。1710生。中国、清初の学者。
トッレッジャーニ，アルフォンソ　Torreggiani, Alfonso　82歳。1682生。イタリアの建築家。
ハーフナー，フィリップ　Hafner, Philipp　33歳。1731生。オーストリアの劇作家。
ハリス，ジョゼフ　Harris, Joseph　62歳。1702生。イギリスの造幣局検査官。
フィエルストレム，ペール　Fjellström, Pe(h)r　67歳。1697生。スウェーデンのルター派教会牧師、ラップランド宣教師。
ベネフィアル，マルコ　Benefial, Marco　80歳。1684生。イタリアの画家。
ピカンダー　Picander　64歳。1700生。ドイツの詩人、台本作者。
ホレボー　Horrebow, Peder Nielsen　85歳。1679生。デンマークの天文学者。
[この頃] ケイ，ジョン　Kay, John　㊟1780没、60?歳。1704（㊟1733）生。イギリスの飛杼（とびひ）発明家。

1765年

8.25　ボストンで印紙税法に反対する暴動が発生
　　　　　＊＊＊
モルター　Molter, Johann Melchior　1.12没、68歳。1696生。ドイツの作曲家。
ウィグルズワース、エドワード　Wigglesworth, Edward　1.16没、72歳。1693生。アメリカの会衆派牧師、神学者。
ロッリ、パーオロ　Rolli, Paolo Antonio　3.20没、77歳。1687生。イタリアの詩人。
ロモノーソフ、ミハイル・ワシリエヴィチ　Lomonosov, Mikhail Vasilievich　4.4没、53歳。1711生。ロシアの言語学者、詩人。
ヤング、エドワード　Young, Edward　4.5没、81歳。1683生。イギリスの詩人。
クレイロー、アレクシ・クロード　Clairaut, Alexis Claude　5.17没、52歳。1713生。フランスの数学者。
ヴァンロー、シャルル・アンドレ　Van Loo, Charles André　7.15没、60歳。1705生。フランスの画家。
カトラー、ティモシ　Cutler, Timothy　8.17没、82歳。1683 (㋪1684) 生。アメリカの組合教会牧師。
フランツ1世　Franz I　8.18 (㋪1767) 没、56歳。1708 (㋪1707) 生。神聖ローマ皇帝マリア・テレジアの夫、ロートリンゲン公。
クローンステット、アクセル・フレドリック、男爵　Cronstedt, Axel Fredric, Baron　8.19没、42歳。1722生。スェーデンの鉱物学者、化学者。
ケリュス、アンヌ・クロード・フィリップ・ド・チュビエール・ド　Caylus, Anne Claude Philippe de Tubières, Comte de　9.5没、72歳。1692生。フランスの考古学者。
バラール、クリストフ・ジャン-フランソワ　Ballard, Christophe Jean-François　9.5没、64？歳。1701生。フランスの楽譜出版業者。
パンニーニ、ジョヴァンニ・パーオロ　Pannini, Giovanni Paolo　10.21没、74歳。1691生。イタリアの画家。
クリンゲンスティエルナ、サムエル　Klingenstierna, Samuel　10.26没、67歳。1698生。スウェーデンの数学者、物理学者。
カンバーランド、ウィリアム・オーガスタス、公爵　Cumberland, William Augustus, Duke of　10.31没、44歳。1721生。イギリスの軍人。
ボルツィウス、ヨーハン・マルティーン　Boltzius, Johann Martin　11.19没、61歳。1703生。ドイツの宗教指導者。
フルレブッシュ、コンラート・フリードリヒ　Hurlebusch, Conrad Friedrich　12.17没、70？歳。1695 (㋪1696頃) 生。ドイツのオルガン奏者、作曲家。
[この年] アルジャンヴィーユ　Argenville, Antoine-Joseph Dezallier d'　85歳。1680生。フランスの芸術家、博物学者。
クアーリオ、ジョヴァンニ・マリーア1世　Quaglio, Giovanni Maria I　65歳。1700生。イタリア出身のドイツの舞台美術家、建築家、画家。
グラウン、アウグスト・フリードリヒ　Graun, August Friedrich　67？歳。1698生。ドイツの作曲家。
ジェンティーレ、ジャーコモ2世　Gentile, Giacomo II　48歳。1717生。イタリアの陶工。
ジャクイント、コッラード　Giaquinto, Corrado　62歳。1703生。イタリアの画家。
スキアッフィーノ、フランチェスコ・マリーア　Schiaffino, Francesco Maria　75？歳。1690生。イタリアの彫刻家。
鄭燮　72歳。1693生。中国、清代の文人。
トゥリン　Tullin, Christian　37歳。1728生。ノルウェー生れのデンマークの詩人。
ドッブズ　Dobbs, Arthur　76歳。1689生。イギリスの政治家。
ドルネル、アントワーヌ　Dornel, Antoine　80？歳。1685生。フランスのオルガン奏者、作曲家。
ハウクヴィッツ伯　Haugwitz, Friedrich Wilhelm, Graf von　65歳。1700生。オーストリアの政治家。
ランバート、ジョージ　Lambert, George　65？歳。1700生。イギリスの画家。
ルイ　Louis, Dauphin de France　36歳。1729生。フランスの皇太子。
ルラーゴ、アンセルモ・マルティーノ　Lurago, Anselmo Martino　63？歳。1702生。イタリアの建築家、彫刻家。
[この頃] リーゼンブルヒ、ベルナルド2世　Risenburgh, Bernard II van　65？歳。1700生。パリで活躍したオランダ出身の家具職人。

1766年

この年　キャヴェンディッシュが水素ガスを発見
　　　　　＊＊＊
スチュアート、ジェイムズ (・フランシス・エドワード)、王子　Stuart, James Francis Edward　1.2没、77歳。1688生。イギリスの王位僭称者。
ウェア、アイザック　Ware, Isaac　1.3没。イギリスの建築家。
フレデリク5世　Frederik V　1.4没、42歳。1723生。デンマーク、ノルウェー王 (1746～66)。
バーチ　Birch, Thomas　1.9没、60歳。1705生。イギリスの聖職者、著述家。

18世紀　1766

セルヴァンドーニ，ジョヴァンニ・ニコロ　Servandoni, Giovanni Niccolò　1.19没、70歳。1695生。イタリアの建築家、舞台美術家、画家。

クイン　Quin, James　1.21没、72歳。1693生。アイルランド出身の俳優。

カズロン，ウィリアム　Caslon, William　1.23没、74歳。1692生。イギリスの活字彫刻家。

ダウン　Daun, Leopold Joseph Maria, Graf von　2.5没、60歳。1705生。オーストリアの軍人。

スタニスワフ1世　Stanisław I Leszczyński　2.23没、88歳。1677生。ポーランド国王（在位1704〜11、33〜36）。

ヴェルナー　Werner, Gregor (Gregorius) Joseph　3.3没、73歳。1693生。オーストリアの作曲家。

アヴェド，ジャック-アンドレ-ジョゼフ　Aved, Jacques-André-Joseph　3.4没、64歳。1702生。フランスの画家。

トゥンプ，ペーター　Thumb, Peter　3.4没、84歳。1681生。オーストリアの建築家。

ペシェッティ　Pescetti, Giovanni Battista　3.20没、62？歳。1704生。イタリアの作曲家。

ヘムステルホイス　Hemsterhuis, Tiberius　4.7没、81歳。1685生。オランダの古典学者。

ホイット，ロバート　Whytt, Robert　4.15没、51歳。1714生。イギリスの生理学者。

ベストゥージェフ・リューミン　Bestuzhev-Ryumin, Aleksei Petrovich　4.21没、72歳。1693生。ロシアの政治家、外交官、伯爵。

アストリュク，ジャン　Astruc, Jean　5.5没、82歳。1684生。フランスの医学者。

フィッシャー，ヨハン・ミヒャエル　Fischer, Johann Michael　5.6没、75？歳。1691（㊗1692）生。ドイツのバロック建築家。

ラリ　Lally, Thomas Arthur Comte de, Baron de Tollendal　5.9没、64歳。1702生。フランスの軍人。

ブルク，ヨーハン・フリードリヒ　Burg, Johann Friedrich　6.4没、77歳。1689生。ドイツのルター派説教者。

ロージングレーヴ，トマス　Roseingrave, Thomas　6.23没、78歳。1688生。アイルランド系のイギリスのオルガン奏者、作曲家。

メイヒュー，ジョナサン　Mayhew, Jonathan　7.9没、45歳。1720生。アメリカの宗教家。

イサベル・デ・ファルネジオ　Isabel de Farnesio　7.11没、73歳。1692生。スペインのフェリペ5世の王妃。

ファルネーゼ，エリザベッタ　Farnese, Elisabetta　7.11没、73歳。1692生。スペイン王妃。

カスティリョーネ，ジュゼッペ　Castiglione, Giuseppe　7.16（㊗1764）没、77歳。1688生。イタリアのイエズス会士、画家。

フィンリ，サミュエル　Finley, Samuel　7.17没、51歳。1715生。アメリカの長老教会の牧師。

ブラウン　Brown, John　9.23没、50歳。1715生。イギリスの神学者、詩人、著作家。

ファニャーノ，ジュリヨ　Fagnano, dei Toschi Giulio Carlo　9.26没、83歳。1682生。イタリアの数学者。

ナティエ，ジャン・マルク　Nattier, Jean Marc　11.7没、81歳。1685生。フランスの画家。

ツィンマーマン，ドミニクス　Zimmermann, Dominikus　11.16没、81歳。1685生。ドイツの建築家。

ワイアット　Wyatt, John　11.29没、66歳。1700生。イギリスの発明家。

ゴットシェート，ヨハン・クリストフ　Gottsched, Johann Christoph　12.12没、66歳。1700生。ドイツの文学理論家、評論家。

テッサリーニ，カルロ　Tessarini, Carlo　12.？没、76？歳。1690生。イタリアのヴァイオリン奏者、作曲家。

この年　アネージ，パーオロ　Anesi, Paolo　76？歳。1690生。イタリアの画家、版画家。

アプト　Abbt, Thomas　28歳。1738生。ドイツの哲学者。

シバー夫人　Cibber, Mrs　52歳。1714生。イギリスの女優、歌手。

ジルバーマン，ヨハン・ダニエル　Silbermann, J. Daniel　49歳。1717生。ドイツのオルガン・鍵盤楽器制作者、オルガン奏者。

チニャローリ，シピオーネ　Cignaroli, Scipione　51？歳。1715生。イタリアの画家。

ティヤール，ジャン-バティスト　Tilliard, Jean-Baptiste　81歳。1685生。フランスの木彫家、家具制作家。

テージ，マウロ・アントーニオ　Tesi, Mauro Antonio　36歳。1730生。イタリアの画家、舞台美術家、版画家。

ドーズ　Dawes, Richard　58歳。1708生。イギリスの古典学者。

ドーバー，ヨーハン・レーオンハルト　Dober, Johann Leonhard　60歳。1706生。ドイツのモラヴィア兄弟団の指導者。

ドラモンド，ジョージ　Drummond, George　79歳。1687生。イギリスの企業家、慈善家。

フリッカー，ヨーハン・ルートヴィヒ　Fricker, Johann Ludwig　37歳。1729生。ドイツ敬虔派の説教者。

ボイルストン　Boylston, Zabdiel　87歳。1679生。アメリカの医師。

ボグダーノフ，A.　Bogdanov, Andrei Ivanovich　74歳。1692生。「簡略文法について」の著者。

パフ　Pfaff, Phillip　55歳。1711生。ドイツの歯科医学者。

人物物故大年表 外国人編　*513*

ボーモン，クラウディオ・フランチェスコ
　　Beaumont, Claudio Francesco　72歳。1694生。
　　イタリアの画家。
マウロ，ジローラモ　Mauro, Girolamo　41歳。
　　1725生。イタリア出身の舞台美術家，劇場建築家
　　の一族。
マッサーリ，ジョルジョ　Massari, Giorgio　79歳。
　　1687生。イタリアの建築家。
ララメンディ，マヌエル・デ　Larramendi, Manuel
　　de　76歳。1690生。スペインのバスク語学者。

1767年

3.28　タイのアユタヤ朝がビルマ軍の侵入で滅亡
8.11　ロシアで新法典編纂のための委員会が発足
　　　　　　＊　＊　＊
シルエット，エティエンヌ・ド　Silhouette, Etienne
　　de　1.20没，57歳。1709生。フランスの政治家。
エーデルマン，ヨーハン・クリスティアン
　　Edelmann, Johann Christian　2.15没，68歳。
　　1698生。ドイツの自由思想家。
マルフィラートル，ジャック・シャルル-ルイ・ド・
　　クランシャン・ド　Malfilâtre,
　　Jacques-Charles-Louis de Clinchamp de　3.6没，
　　33？歳。1733生。フランスの詩人。
アボジ，フィルマン　Abauzit, Firmin　3.20没，
　　87歳。1679生。フランスの啓蒙哲学者，神学者，
　　科学者。
ジュースミル　Süssmilch, Johann Peter　3.22没，
　　59歳。1707生。ドイツの統計学者。
カルプツォフ，ヨーハン・ゴットロープ　Carpzov,
　　Johann Gottlob　4.7没，87歳。1679生。ドイツ
　　の神学者。
リーディンガー　Ridinger, Johann Elias　4.10没，
　　69歳。1698生。ドイツの銅板彫刻師。
レストック　L'Estocq, Johann Hermann, Graf
　　von　6.23没，75歳。1692生。ロシア女帝エリザ
　　ヴェータの寵人。
テレマン，ゲオルク・フィリップ　Telemann, Georg
　　Philipp　6.25没，86歳。1681生。ドイツの作曲家。
モンロー，アレクサンダー　Monro, Alexander,
　　Primus　7.10没，69歳。1697生。スコットランド
　　の医師。
シャルム，アレクサーンドル・ド・ラ　Charme,
　　Alexandre de la (Charms, Alexandre)　7.28没，
　　71歳。1695生。フランスの来中イエズス会士。
バルテンシュタイン　Bartenstein, Johann
　　Christoph, Freiherr von　8.6没，77歳。1689
　　(㊟1690)生。オーストリアの政治家。

ショーベルト，ヨーハン　Schobert, Johann　8.28
　　没，27？歳。1740(㊟1735頃)生。ドイツの作曲
　　家，チェンバロ奏者。
タウンゼンド，チャールズ　Townshend, Charles
　　9.4没，42歳。1725生。イギリスの政治家。
メナール，レオン　Ménard, Léon　10.1没，61歳。
　　1706生。フランスの歴史学者，古物研究家。
ミュニヒ　Münnich, Burkhard Christoph, Graf
　　von　10.27没，84歳。1683生。ドイツ生れのロシ
　　アの軍人，陸軍元帥。
ニューベリー，ジョン　Newbery, John　12.22没，
　　54歳。1713生。イギリスの児童図書出版業者。
ブリデーヌ，ジャーク　Bridaine, Jacques　12.22
　　没，66歳。1701生。フランスのカトリック説教者。
バッテル　Vattel, Emmerich de　12.28没，53歳。
　　1714生。スイスの法学者。
｜この年｜アルフィエリ，ベネデット　Alfieri,
　　Benedetto　67歳。1700生。イタリアの建築家。
ヴォロンツォフ，ミハイル　Vorontsov, Mikhail
　　Illarionovich　53歳。1714生。ロシアの政治家。
クラップ　Clap, Thomas　64歳。1703生。アメリ
　　カの牧師，教育家。
グルント，ノルベルト　Grund, Norbert　50歳。
　　1717生。ボヘミアの画家。
ソーバージュ　Sauvage, François Boissier de　61
　　歳。1706生。フランスの医学・植物学者。
ディツィアーニ，ガスパレ　Diziani, Gaspare　78
　　歳。1689生。イタリアの画家。
ティッシュバイン，ヨハン・ヴァレンティン
　　Tischbein, Johann Valentin　52歳。1715生。ド
　　イツの画家。
ネッリ　Nelli, Jacopo Angelo　94歳。1673生。イ
　　タリアの喜劇作家，聖職者。
ピットーニ，ジョヴァンニ・バッティスタ　Pittoni,
　　Giovanni Battista　80歳。1687生。イタリアの
　　画家。
パルトック，ロバート　Paltock, Robert　70歳。
　　1697生。イギリスの小説家。
レーマン　Lehmann, Johann Gottlob　48歳。
　　1719生。ドイツの地質学者。
｜この年｜サイ・オン・フエ　Sai Ong Hue　ラオス，ビ
　　エンチアン王国の創始者。
ジョゼフ・カヴァイエ　Joseph Cavaillé　67？歳。
　　1700生。フランスの修道士，オルガン製作者。

1768年

5.15　フランスがコルシカ島を買収する

9.25　第1次ロシア・トルコ戦争が始まる

＊＊＊

クレサン，シャルル　Cressent，Charles　1.10没、82歳。1685生。フランスの家具職人，彫刻家，金工。

アッセマーニ，ジュゼッペ・シモーネ　Assemani，Giuseppe Simone　1.14没、80歳。1687生。シリア出身の東洋学者，司教。

ライマールス，ヘルマン・ザームエル　Reimarus，Hermann Samuel　3.1没、73歳。1694生。ドイツの哲学者。

ポルポラ，ニコラ　Porpora，Nicola Antonio　3.3没、81歳。1686生。イタリアの作曲家，声楽教師。

スターン，ロレンス　Sterne，Laurence　3.18没、54歳。1713生。イギリスの小説家。

フォルチェルリーニ，エジディオ　Forcellini，Egidio　4.4没、79歳。1688生。イタリアの古典学者。

フィールディング，セアラ　Fielding，Sarah　4.9没、57歳。1710生。イギリスの女流小説家。

キュヴィエ，ジャン-フランソワ・ド　Cuvilliés，Jean François de　4.14没、72歳。1695（[異]1698）生。ドイツの建築家，室内装飾家。

カナレット　Canaletto，Antonio　4.20没、70歳。1697生。イタリアの画家，銅版画家。

ブラント，ゲオルク（イェオリ）　Brandt，George　4.29没、73歳。1694生。スウェーデンの化学者。

ヴィンケルマン，ヨハン・ヨアヒム　Winckelmann，Johann Joachim　6.8没、50歳。1717生。ドイツの考古学者，美術史家。

カルポフ，ヤーコプ　Carpov，Jakob　6.9没、68歳。1699生。ドイツの神学者，哲学者。

ヘッカー　Hecker，Johann Julius　6.24没、60歳。1707生。ドイツの教育家。

マリー・レシチンスカ　Marie Leszczynska　6.24没、65歳。1703生。フランス国王ルイ15世の妃。

ハドレー，ジョージ　Hadley，George　6.28没、83歳。1685生。イギリスの気象学者。

ビーセル（バイセル），ジョン・コンラド（ヨーハン・コンラート）　Beissel，John Conrad（Johann Konrad）　7.6没、78歳。1690生。アメリカの「エフラタ共同体」の創始者。

ラードナー，ナサニエル　Lardner，Nathaniel　7.24没、84歳。1684生。イギリスの神学者，カルヴァン主義者。

セッカー，トマス　Secker，Thomas　8.3没、75歳。1693生。英国教会のカンタベリ大主教。

トレジアコフスキー，ワシーリー・キリロヴィチ　Trediakovskii，Vasilii Kirillovich　8.6（[異]1769）没、65歳。1703生。ロシアの詩人。

デリール　Delisle，Joseph Nicolas　9.11没、80歳。1688生。フランスの天文学者。

シムソン　Simson，Robert　10.1没、80歳。1687生。スコットランドの数学者。

アティレ，ジャン-ドニ　Attiret，Jean Denis　10.8没、66歳。1702生。フランスのイエズス会士，画家。

ブラヴェ，ミシェル　Blavet，Michel　10.28没、68歳。1700生。フランスのフルート奏者，作曲家。

ヴェラチーニ，フランチェスコ・マリア　Veracini，Francesco Maria　10.31没、78歳。1690生。イタリアの作曲家，ヴァイオリン奏者。

ファン・マルデレ，ピエール　van Maldere，Pierre　11.1没、39歳。1729生。ベルギーの作曲家，ヴァイオリン奏者。

マーティン　Martyn，John　12.9没、69歳。1699生。イギリスの植物学者。

フルゴーニ，カルロ・インノチェンツォ　Frugoni，Carlo Innocente　12.20没、76歳。1692生。イタリアの詩人。

タマロン・イ・ロメラル，ペドロ　Tamarón y Romeral，Pedro　12.21没、73？歳。1695生。スペインの宣教師。

[この年] **オーラフソン**　Ólafsson，Eggert　42歳。1726生。アイスランドの法律家，博物学者，愛国詩人。

カナレット　Canaletto　71歳。1697生。画家。

カミュ　Camus，Charles-Etienne-Louis　69歳。1699生。フランスの数学者，天文学者。

ショート　Short，James　58歳。1710生。スコットランドの光学技師。

ダンス，ジョージ　Dance，George　73歳。1695（[異]1700）生。イギリスの建築家。

デッラ・ヴァッレ，フィリッポ　Della Valle，Filippo　71歳。1697生。イタリアの彫刻家。

バルコフ，イワン・セミョーノヴィチ　Barkov，Ivan S.　36？歳。1732生。ロシアの詩人，翻訳家。

ハレン　Haren，Willem van　58歳。1710生。オランダの政治家，詩人。

ビアンヴィル，ジャン・バティスト・ル・モワン，卿　Bienville，Jean Baptiste le Moyne de　[異]1767没、88歳。1680生。フランスの植民地開拓者，植民地行政官。

方観承　中国，清朝の官吏。

ペラム（-ホリス），トマス，初代ニューカッスル公爵　Pelham（-Holles），Thomas，1st Duke of Newcastle　75歳。1693生。イギリスの政治家，首相（1754～56，1757～62），ヘンリー・ペラムの兄。

マガッティ，ピエル・アントーニオ　Magatti，Pier Antonio　81歳。1687生。イタリアの画家。

明瑞　中国，清の武将。

モレール・デ・サンタ・クルース，ペドロ・アグスティン　Morell de Santa Cruz，Pedro Agustín　74歳。1694生。キューバの歴史家。

ラベ，ピエール-フィリップ　L'Abbé，Pierre-Philippe　70歳。1698生。フランスのチェロ奏者。

リヒター，ヨハン・アドルフ　Richter, Johann Adolf　86歳。1682生。ドイツの建築家。
リュロフス　Lulofs, Johan　57歳。1711生。オランダの天文・物理学者。
レストゥー，ジャン　Restout, Jean　76歳。1692生。フランスの画家。
[この頃] 黄慎　㊋1760没、81?歳。1687(㊋1686)生。中国，清初期の画家。
ドゥーニ，アントニオ　Duni, Antonio　㊋1766頃没、68?歳。1700生。イタリアの作曲家。

1769年

12.13　清のビルマ遠征が終結する
　　　　　＊＊＊
クレメンス13世　Clemens XIII　2.2没、75歳。1693生。教皇(在位1758～69)。
フェラン　Ferrein, Antoine Aesculape　2.28没、75歳。1693生。フランスの解剖学者。
バルレリーニ，ピエートロ　Ballerini, Pietro　3.28没、70歳。1698生。イタリアの教父学者，教会法学者。
テルステーゲン，ゲーアハルト　Tersteegen, Gerhard　4.3没、71歳。1697生。ドイツの神秘主義思想家，讃美歌作者。
ヒラー，フィーリプ・フリードリヒ　Hiller, Philipp Friedrich　4.24没、70歳。1699生。ドイツの牧師，讃美歌作詞者。
ロージェ，マルク・アントワーヌ　Laugier, Marc Antoine　5.5没、56歳。1713生。フランスの人文主義者，建築理論家。
パトゥッツイ，ジョヴァンニ・ヴィンチェンツォ　Patuzzi, Giovanni Vincenzo　5.26没、68歳。1700生。イタリアのドミニコ会士，護教家，神学者。
董邦達　7.?没、70歳。1699生。中国，清中期の文人画家。
フランケ，ゴットヒルフ・アウグスト　Francke, Gotthilf August　9.2没、73歳。1696生。ドイツの神学者，教会行政家。
ジェノヴェーシ　Genovesi, Antonio　9.22没、56歳。1712(㊋1713)生。イタリアの哲学者，経済学者。
マンシ，ジョヴァンニ・ドメーニコ　Mansi, Giovanni Domenico　9.27没、77歳。1692生。イタリアの教父学者。
沈徳潜　9.?没、96歳。1673生。中国，清の文学者。
クーン　Kuhn, Heinrich　10.8没、78歳。1690生。ドイツの数学者，教師。
ゲラート，クリスティアン・フュルヒテゴット　Gellert, Christian Fürchtegott　12.13没、54歳。1715(㊋1717)生。ドイツの詩人。

[この年] アネット　Annet, Peter　76歳。1693生。イギリスの自由思想家，理神論者。
ヴァッカリーニ，ジョヴァンニ・バッティスタ　Vaccarini, Giovanni Battista　67歳。1702生。イタリアの建築家。
カータレット，フィリップ　Carteret, Philip　㊋1796没、35歳。1734生。イギリスの海軍軍人，航海者。
ダンナ，ヴィート　D'Anna, Vito　49?歳。1720生。イタリアの画家。
沈師正　62歳。1707生。朝鮮，李朝時代の画家。
デルバン，シュヴァリエ　d'Herbain, Chevalier　35歳。1734生。フランスのヴァイオリン奏者，作曲家。
トラヴェルシ，ガスパレ　Traversi, Gaspare　37歳。1732生。イタリアの画家。
バッツァーニ，ジュゼッペ　Bazzani, Giuseppe　79歳。1690生。イタリアの画家。
フォールコナー　Falconer, William　37歳。1732生。スコットランドの詩人。
フォンテバッソ，フランチェスコ　Fontebasso, Francesco　60歳。1709生。イタリアの画家。
フランソア　François, Jean Charles　52歳。1717生。フランスの銅版画家。
フリットクロフト，ヘンリー　Flitcroft, Henry　72歳。1697生。イギリスの建築家。
ホイル，エドモンド　Hoyle, Edmond　97歳。1672生。イギリスのトランプ・ゲームの解説者。
ボードワン，ピエール-アントワーヌ　Baudoin, Pierre-Antoine　46歳。1723生。フランスの画家。
ポンティアック　Pontiac　49?歳。1720生。アメリカインディアン，オタワ族の酋長。
[この頃] ビビエーナ，アレッサンドロ　Bibiena, Alessandro Galli da　㊋1748没、82?歳。1687(㊋1686)生。イタリアの建築家，プファルツ選挙侯の主席建築家(1719)。
モレリ　Morelly　49?歳。1720生。フランスの著述家。

1770年

3.05　ボストン虐殺事件が起こる
5.16　マリー・アントワネットが結婚する
11.04　マムルーク朝がシリアに侵攻する
　　　　　＊＊＊
フォイヒトマイヤー，ヨーゼフ・アントン　Feuchtmayer, Joseph Anton　1.2没、74歳。1696生。南ドイツのロココ彫刻家。
ライスブラック，ジョン・マイケル　Rysbrack, John Michael　1.8没、76?歳。1694生。イギリスの彫刻家。

1770

タルティーニ，ジュゼッペ　Tartini, Giuseppe　2.26没、77歳。1692生。イタリアのヴァイオリン奏者，作曲家。

キアヴェリ，ガエターノ　Chiaveri, Gaetano　3.5没、81歳。1689生。イタリアの建築家。

テレーザ・マルゲリータ・レーディ（イエズスの聖心の）　Teresa Margherita Redi (del Cuor de Gesù)　3.7没、22歳。1747生。イタリアのカルメル会修道女，神秘家，聖人。

ブルク，フィーリプ・ダーフィト　Burk, Philipp David　3.22没、55歳。1714生。ドイツの実践神学者。

メイテンス，マッティン・ファン　Meytens, Martin van　3.23没、74歳。1695生。スウェーデン（オランダ系）の画家。

ティエポロ，ジョヴァンニ・バッティスタ　Tiepolo, Giovanni Battista　3.27没、73歳。1696生。イタリアの画家。

ノレ，ジャン・アントワーヌ　Nollet, Jean Antoine, Abbé　4.12没、69歳。1700生。フランスの物理学者。

エミン，フョードル・アレクサンドロヴィチ　Emin, Fëdor Aleksandrovich　4.18没、35歳。1735生。ロシアの作家。

ブランシャール，エスプリ・アントワーヌ　Blanchard, Esprit Antoine　4.19没、74歳。1696生。フランスの作曲家。

カマルゴ，マリア・アンナ・ド　Camargo, Marie Anne de Cupis de　4.27没、60歳。1710生。フランスのバレリーナ。

クラウゼ，クリスティアン・ゴットフリート　Krause, Christian Gottfried　5.4没、51歳。1719生。ドイツの作曲家。

エイヴィソン，チャールズ　Avison, Charles　5.9？没、61歳。1709（㋱1710頃）生。イギリスのオルガン奏者，作曲家。

ブーシェ，フランソワ　Boucher, François　5.30没、66歳。1703生。フランスの画家。

トレス - ビリャロエル，ディエゴ・デ　Torres Villarroel, Diego de　6.19没、76歳。1694生。スペインの作家。

エイキンサイド，マーク　Akenside, Mark　6.23没、48歳。1721生。イギリスの詩人，医者。

ディンウィディー，ロバート　Dinwiddie, Robert　6.27没、77歳。1693生。イギリスの植民地行政官。

ルエル，ギョーム・フランソワ　Rouelle, Guillaume François　8.3没、66歳。1703生。フランスの化学者。

チャタトン，トマス　Chatterton, Thomas　8.24没、17歳。1752生。イギリスの詩人。

アルビーヌス，ベルンハルト・ジークフリート　Albinus, Bernhard Siegfried　9.9没、72歳。1697生。ドイツの解剖学者，生理学者，外科医。

ウィットフィールド，ジョージ　Whitefield, George　9.30没、55歳。1714生。イギリスの説教者。

ボテトート　Botetourt, Norborne Berkeley, Baron de　10.15没、52歳。1718生。イギリスのバージニア植民地知事。

グランビー，ジョン・マナーズ，侯爵　Granby, John Manners, Marquess of　10.18没、49歳。1721生。イギリスの軍人。

ヴィットーネ，ベルナルド・アントニオ　Vittone, Bernardo Antonio　10.19没、65歳。1705（㋱1702）生。イタリアの建築家。

クルーデン，アレグザンダー　Cruden, Alexander　11.1没、69歳。1701（㋱1699）生。ロンドンの書籍商。

グレンヴィル，ジョージ　Grenville, George　11.13没、58歳。1712生。イギリスの政治家。

マーヨ，ジャン・フランチェスコ・デ　Majo, Gian Francesco de　11.17没、38歳。1732生。イタリアの作曲家。

スターリング，ジェイムズ　Stirling, James　12.5（㋱1776）没、78歳。1692生。イギリス（スコットランド）の数学者。

ムッファト，ゴットリープ　Muffat, Gottlieb Theophil　12.10没、80歳。1690生。オーストリアのオルガン奏者，作曲家。

カスティージョ・アンドラーカ・イ・タマージョ，フランシスコ・デル　Castillo Andraca y Tamayo, Francisco del　12.？没、54歳。1716生。ペルーの詩人。

この年 アタックス　Attucks, Crispus　47？歳。1723生。アメリカの逃亡奴隷。

アリベルティ，カルロ・フィリッポ　Aliberti, Carlo Filippo　イタリアの画家。

アンノーニ，ヒエローニムス　Annoni, Hieronymus　73歳。1697生。スイスの改革派教会牧師。

海源　79歳。1691生。朝鮮，英祖代の僧。

ギルマン，ルイ・ガブリエル　Guillemain, Louis Gabriel　65歳。1705生。フランスのヴァイオリン奏者，作曲家。

クッゾーニ，フランチェスカ　Cuzzoni, Francesca　70歳。1700生。イタリアの女性歌手。

コーツ　Cotes, Francis　45歳。1725生。イギリスの肖像画家。

コルシーニ，ネーリ　Corsini, Neri　85歳。1685生。イタリアの聖職者，収集家。

ストレーマー　Strömer, Märten　63歳。1707生。スウェーデンの物理学者。

ソフィア・マグダレーナ　Sofie Magdalena of Brandenburg-Kulmbach　70歳。1700生。デンマーク王妃（在位1730〜46）。

チニャローリ，ジャンベッティーノ　Cignaroli, Giambettino　64歳。1706生。イタリアの画家。

人物物故大年表 外国人編　517

テッシーン, カール・グスタフ, 伯爵　Tessin, Carl Gustaf, Grev av　75歳。1695生。スウェーデンの宮廷政治家。
傅恒　中国、清中期の満州人武将。
ピオ, アンジェロ・ガブリエッロ　Pio, Angelo Gabriello　80歳。1690生。イタリアの彫刻家。
ピトケアン, ロバート　Pitcairn, Robert　25？歳。1745(㋺1747頃)生。イギリスの航海者。
ボナッツァ, フランチェスコ　Bonazza, Francesco　75歳。1695生。イタリアの画家、カメオ彫刻家。
マルタン, エティエンヌ・シモン　Martin, Étienne-Simon　フランスの塗装工芸の専門職人。
リガーリ, チェーザレ　Ligari, Cesare　54歳。1716生。イタリアの画家。
レ・ズイ・マト　Le Duy Mat　ヴェトナムの反乱指導者。
この頃　アラヤ　Araja, Francesco　61？歳。1709生。イタリアの作曲家。
マクドナルド, アレグザーンダ　McDonald, Alexander　70？歳。1700生。スコットランドの愛国的ゲール語詩作者。

1771年

7.31　ベニョフスキーがロシアの対日侵攻を警告
　　　　　　＊＊＊
アルジャーンス　Argens, Jean-Baptiste de Boyer　1.11没、66歳。1704(㋺1703頃)生。フランスの作家。
ダルジャンス, ジャン-バチスト・ド・ボワイエ　d'Argens, Jean-Baptiste de Boyer marquis　1.11没、66歳。1704生。フランスの文筆家。
ザッセラート, ライナー　Sasserath, Rainer　2.？没、74歳。1696生。ドイツ出身のフランシスコ会コンヴェンツァル派の倫理神学者。
ヴァン・ロー, ルイ-ミシェル　Van Loo, Louis Michel　3.20没、64歳。1707生。フランスの画家。
ラーベナー, ゴットリープ・ヴィルヘルム　Rabener, Gottlieb Wilhelm　3.22(㋺1777)没、56歳。1714生。ドイツの諷刺文学者。
シャーリー　Shirley, William　3.24没、76歳。1694生。イギリスの軍人。
バショーモン, ルイ・プチ・ド　Bachaumont, Louis Petit de　4.29没、80歳。1690生。フランスの文筆家。
スマート, クリストファー　Smart, Christopher　5.21没、49歳。1722生。イギリスの詩人。
ユスティ　Justi, Johann Heinrich Gottlieb von　7.20没、65？歳。1705(㋺1720)生。ドイツの経済学者、官房学の集大成者。

グレイ, トマス　Gray, Thomas　7.30(㋺1770)没、54歳。1716生。イギリスの詩人。
サンデマン, ロバート　Sandeman, Robert　8.2没、53歳。1718生。スコットランドのグラース派教会(サンデマン派教会)の指導者。
ヴァルラルシ, ドメーニコ　Vallarsi, Domenico　8.14没、68歳。1702生。イタリアの教父学者、考古学者。
スモレット, トバイアス　Smollett, Tobias George　9.17没、50歳。1721生。イギリスの小説家。
ギル, ジョン　Gill, John　10.14没、73歳。1697生。イギリスのバプテスト派の聖書学者。
ブリクシ, フランティシェク・クサヴェル　Brixi, František Xaver　10.14没、39歳。1732生。チェコのオルガン奏者、作曲家。
グラウン, ヨーハン・ゴットリープ　Graun, Johann Gottlieb　10.27没、69？歳。1702生。ドイツのヴァイオリン奏者、作曲家。
ガブラー, ヨーゼフ　Gabler, Joseph　11.8没、71歳。1700生。ドイツのオルガン制作者。
アッカーマン, コンラート・エルンスト　Ackermann, Konrad Ernst　11.13没、59歳。1712(㋺1710)生。ドイツの俳優。
スターンズ, シュバル　Stearns, Shubal　11.20没、65歳。1706生。アメリカのバプテスト派牧師。
モルガーニ, ジョヴァンニ・バッティスタ　Morgagni, Giovanni Battista　12.6没、89歳。1682生。イタリアの解剖学者。
エルヴェシウス, クロード-アドリヤン　Helvétius, Claude Adrien　12.26没、56歳。1715生。フランスの哲学者。
クロッツ　Klotz, Christian Adolf　12.31没、33歳。1738生。ドイツの哲学者、文学者。
この年　ウォレス　Wallace, Robert　74歳。1697生。スコットランドの僧、人口理論家。
ヴント, ヨーハン・ヤーコブ　Wundt, Johann Jakob　70歳。1701生。ドイツの改革派の神学者。
ギャンボウルド, ジョン　Gambold, John　60歳。1711生。英国教会聖職者、敬虔派運動指導者。
徐大椿　78歳。1693生。中国、清代の医学者。
陳宏謀　75歳。1696生。中国、清代の官吏。
バーア, フロリアーヌス　Bahr, Florianus　65歳。1706生。ドイツの来中国イエズス会士。
ヒアスル　Hias'l　35歳。1736生。バイエルンの密猟団首領。
ピトー, アンリ　Pitot, Henri　76歳。1695生。フランスの物理学者。
プライスラー, ヨハン・ユスティン　Preisler, Johann Justin　73歳。1698生。ボヘミア出身のドイツの画家。
マソル, ジョゼフ　Massol, Joseph　65？歳。1706生。フランスの建築家。

18世紀

ラグッツィーニ，フィリッポ　Raguzzini, Filippo　91？歳。1680生。イタリアの建築家。

ラストレッリ，バルトロメオ・フランチェスコ　Rastrelli, Varfolomei Varfolomeevich　71？歳。1700生。ロシアの建築家。

ラムール，ジャン　Lamour, Jean　73歳。1698生。フランスの鍛鉄細工師。

ローダー，ウィリアム　Lauder, William　91？歳。1680生。スコットランドの学者，大ぼら吹き。

1772年

2.18　田沼意次が老中に就任する
8.05　第1次ポーランド分割条約が調印される
8.19　スウェーデンで国王の絶対王政がしかれる
＊＊＊

ジョンスン，サミュエル　Johnson, Samuel, S. R.　1.6没、75歳。1696生。アメリカの教育家。

トッケ，ルイ　Tocqué, Louis　2.10没、75歳。1696生。フランスの肖像画家。

リーヒテンシュタイン　Liechtenstein, Joseph Wenzel, Fürst von　2.10没、75歳。1696生。オーストリアの将軍。

ベルンシュトルフ　Bernstorff, Johann Hartwig, Graf von　2.18没、59歳。1712生。デンマークの政治家。

ポティエ　Pothier, Robert Joseph　3.2没、73歳。1699生。フランスの指導的な法学者。

ロイター，ゲオルク（・フォン）　Reutter, (Johann Adam Karl) Georg (von)　3.11没、63歳。1708生。オーストリアのオルガン奏者，作曲家。

カントン，ジョン　Canton, John　3.22(㊥1792)没、53歳。1718生。イギリスの自然科学者。

デュクロ，シャルル　Duclos, Charles Pinot　3.26没、68歳。1704生。フランスの小説家，モラリ

鄒一桂　3.27(㊥1774)没、86歳。1686生。中国，清中期の文人画家。

スヴェーデンボリ，エマヌエル　Swedenborg, Emanuel　3.29没、84歳。1688生。スウェーデンの科学者，哲学者，神学者。

ウルルシュペルガー，ザームエル　Urlsperger, Samuel　4.20没、86歳。1685生。ドイツ，バイエルンの指導的牧師。

ストルーエンセ　Struensee, Johann Friedrich, Count von　4.28没、34歳。1737生。デンマークの政治改革者。

アッヘンヴァール　Achenwall, Gottfried　5.1没、52歳。1719生。ドイツの統計学者。

ダカン，ルイ-クロード　Daquin, Louis Claude　6.15没、77歳。1694生。フランスのオルガン奏者，作曲家。

ファン・スウィーテン　Van Swieten, Gread　6.18没、72歳。1700生。オランダの医師。

ブリンドリー，ジェイムズ　Brindley, James　9.30没、56歳。1716生。イギリスの技術者。

ウルマン，ジョン　Woolman, John　10.7没、51歳。1720生。アメリカのクェーカー伝道者。

モンドンヴィル，ジャン-ジョゼフ・カサネア・ド　Mondonville, Jean-Joseph Cassanéa de　10.8没、60歳。1711生。フランスのヴァイオリン奏者，指揮者，作曲家。

スコット，サミュエル　Scott, Samuel　10.12没、70歳。1702生。イギリスの画家。

イェルザレム　Jerusalem, Karl Wilhelm　10.30没、25歳。1747生。ドイツの法律家。

銭維城　10.？没、52歳。1720生。中国，清中期の官僚。

ガルサウン　Garção, Pedro António Correia　11.10没、48歳。1724生。ポルトガルの詩人。

ビロン　Biron, Ernst Johann　12.28没、82歳。1690生。ラトビア生れのロシアの政治家。

この年　アリベルティ，ジュゼッペ・アメーデオ　Aliberti, Giuseppe Amedeo　62歳。1710生。イタリアの画家。

オードラン，ブノワ2世　Audran, Benoît II　74歳。1698生。フランスの画家，版画家。

金仁謙　65歳。1707生。朝鮮，李朝中期の文臣。

クヴァント，ヨーハン・ヤーコプ　Quandt, Johann Jakob　86歳。1686生。ドイツのルター派神学者。

ケルナー，ヨーハン・ペーター　Kellner, Johann Peter　67歳。1705生。ドイツのオルガン奏者，作曲家。

ザニケッリ，プロスペロ　Zanichelli, Prospero　74歳。1698生。イタリアの画家，舞台美術家。

サルティコーフ　Saltykov, Pëtr Semenovich　74歳。1698生。ロシアの将軍，元帥。

シュヴォテ，ジャン-ミシェル　Chevotet, Jean-Michel　74歳。1698生。フランスの建築家。

トゥッサン，フランソワ-ヴァンサン　Toussaint, François-Vincent　57歳。1715生。フランスの哲学者，文筆家。

ニッチュマン，ダーフィト　Nitschmann, David, der Bischof　76歳。1696生。メーレンの兄弟団の一人。

バルサンティ，フランチェスコ　Barsanti, Francesco　82歳。1690生。イタリアのフルート・オーボエ奏者，作曲家。

ファヴァール，マリー　Favart, Marie　45歳。1727生。フランスの女優，歌手。

人物故大年表 外国人編　519

フォイヒトマイヤー，ヨハン・ミヒャエル Feuchtmayer, Johann Michael　63？歳。1709生。ドイツの彫刻家。

ブリアーティ，ジュゼッペ Briati, Giuseppe　86歳。1686生。イタリアのガラス職人。

プランタ Planta, Martin　45歳。1727生。スイス汎愛学派の教育者。

ポンペイ，アレッサンドロ Pompei, Alessandro　67歳。1705生。イタリアの建築家，画家，建築著述家。

マーダバ・ラーオ1世 Madhava Rao I　インドのマラータ連邦の実権を握った最後の大宰相。

ラルーン，マーセラス Laroon, Marcellus　[異]1774没、93歳。1679生。イギリスの画家。

リッコボーニ，フランチェスコ Riccoboni, Antonio Francesco　65歳。1707生。イタリアの俳優。

[この頃] **パイスィー** Paisii, Khilendarskii　[異]1798没、50？歳。1722生。ブルガリアの修道士。

メンゴッツィ・コロンナ，ジェローラモ Mengozzi Colonna, Gerolamo　84？歳。1688生。イタリアの画家。

1773年

9.17　ロシアでプガチョフの反乱が起こる
12.16　ボストン茶会事件が発生する

＊＊＊

ピロン，アレクシー Piron, Alexis　1.21没、83歳。1689生。フランスの詩人，喜劇作家。

ヴァンヴィテッリ，ルイジ Vanvitelli, Luigi　3.1没、72歳。1700生。イタリアの建築家。

チェスターフィールド，フィリップ・ドーマー・スタナップ，4代伯爵 Chesterfield, Philip Dormer Stanhope, 4th Earl of　3.24没、78歳。1694生。イギリスの政治家，外交官。

アリー・ベイ ʻAlī Bey　4.20没、45歳。1728生。エジプトの支配者。

ファルラーティ，ダニエーレ Farlati, Daniele　4.25没、83歳。1690生。イタリアの教会史家，イエズス会士。

フローレス，エンリケ Florez, Enrique　5.5没、70歳。1702生。スペインのアウグスチヌス派の僧，歴史家，古銭学者。

シュトル，ヨーハン・クリスティアン Storr, Johann Christian　5.8没、60歳。1712生。ドイツの敬虔主義指導者。

バトラー，オールバン Butler, Alban　5.15没、63歳。1710（[異]1711）生。イギリスのカトリック司祭，聖人伝作家。

ザフ，ヤン Zach, Jan　5.24没、73歳。1699生。チェコの作曲家，オルガン奏者。

クヴァンツ，ヨーハン・ヨーアヒム Quantz, Johann Joachim　7.12没、76歳。1697生。ドイツのフルート奏者，作曲家。

ハリス，ハウエル Harris, Howel　7.21没、59歳。1714生。ウェールズのメソジスト教会創始者。

コナルスキ Konarski, Stanisław　8.3没、73歳。1700生。ポーランドの作家，教育改革者。

クレイトン，ジョン Clayton, John　9.25没、63歳。1709生。イギリスのメソジスト派牧師。

シュラウン，ヨハン・コンラート Schlaun, Johann Conrad　10.21没、78歳。1695生。ドイツの建築家。

グラス，ジョン Glas, John　11.2没、78歳。1695生。スコットランドの牧師，グラース派（サンディマン派）の創設者。

ザイドリッツ Seydlitz, Friedrich Wilhelm　11.8没、52歳。1721生。プロシアの将軍。

ラ・ボーメル，ローラン・アングリヴィエル・ド La Beaumelle, Laurent Angliviel de　11.17没、47歳。1726生。フランスの文学者。

[この年] **アフマド・シャー・ドゥッラーニー** Aḥmād Shah Durrānī　[異]1772没、49歳。1724（[異]1722）生。アフガニスタンの創始者，初代の王（在位1747～73）。

カルロ・エマヌエレ3世 Carlo Emmanuele III　72歳。1701生。サルジニア国王（1730）。

カンナビヒ，マルティン・フリードリヒ Cannabich, Martin Friedrich　[異]1757以前没、73？歳。1700生。ドイツのフルート奏者，オーボエ奏者。

グラヴロ Gravelot　74歳。1699生。フランスの画家，版画家。

グリエルミ，グレゴーリオ Guglielmi, Gregorio　59歳。1714生。イタリアの画家。

クローチェ，フランチェスコ Croce, Francesco　77歳。1696生。イタリアの建築家。

杭世駿　77歳。1696（[異]1698）生。中国，清の学者。

トムスン（トンプスン），トマス Thompson, Thomas　65？歳。1708生。イングランド出身の西アフリカへの最初のプロテスタント宣教師。

ナッソーニ，ニッコロ Nassoni, Niccolò　北部ポルトガルで活躍したイタリアの建築家。

ブラッチ，ピエトロ Bracci, Pietro　73歳。1700生。イタリアの彫刻家。

ホークスワース，ジョン Hawkesworth, John　58？歳。1715生。イギリスの作家。

リトルトン Lyttelton of Frankley, George Lyttelton, 1st Baron　64歳。1709生。イギリスの政治家，著述家。

[この頃] **ユースフ・ビン・アハマッド** Yūsuf bin Aḥmad al-Baḥrānī　イランにおけるゼンド朝時代の学者。

1774年

7.21　第1次ロシア・トルコ戦争が終結する
* * *

ブロンデル，ジャック-フランソワ　Blondel, Jacques François　1.9没、68歳。1705生。フランスの建築家，建築史学者。

ギレスピ，トマス　Gillespie, Thomas　1.19没、66歳。1708生。スコットランドの長老教会牧師。

ガスマン，フロリアン　Gassmann, Florian Leopold　1.20没、44歳。1729生。ボヘミアの作曲家。

テルナー，ヨーハン・ゴットリープ　Toellner, Johann Gottlieb　1.26没、49歳。1724生。ドイツの福音主義の神学者。

トゥーマ，フランティシェク・イグナーツ・アントニーン　Tuma, František Ignác Antonín　1.30没、69歳。1704生。チェコのオルガン奏者、ヴァイオリン奏者、作曲家。

ムスタファ3世　Muṣṭafa III　2.1没、57歳。1717生。オスマン・トルコ帝国の第26代スルタン(在位1757～74)。

ラコンダミン，シャルル・マリー・ド　La Condamine, Charles Marie de　2.4没、73歳。1701生。フランスの数学者，探検旅行家。

カロリーネ(ヘッセン・ダルムシュタットの)　Karoline von Hessen-Darmstadt　3.30没、53歳。1721生。方伯ルードヴィヒ9世の妃。

ゴールドスミス，オリヴァー　Goldsmith, Oliver　4.4没、45歳。1728(㊟1730)生。イギリスの詩人，劇作家，小説家。

デシャン，レジェ-マリ　Deschamps, Léger-Marie　4.19没、58歳。1716生。フランスの哲学者、ベネディクト派の修道士。

ヒューソン，ウィリアム　Hewson, William　5.1没、34歳。1739生。イギリスの外科医。

フケ　Fouqué, Heinrich August Freiherr de la Motte　5.3没、76歳。1698生。ドイツ(プロイセン)の将軍。

ルイ15世　Louis XV le Bien-Aimé　5.10没、64歳。1710生。フランス国王(在位1715～74)。

ボガツキー，カール・ハインリヒ・フォン　Bogatzky, Karl Heinrich von　6.15没、83歳。1690生。ドイツの敬虔書著作者、聖歌作者。

ジョンソン，サー・ウィリアム　Johnson, Sir William　7.11没、59歳。1715生。アメリカインディアン監督官。

ライスケ，ヨハン・ヤコブ　Reiske, Johann Jakob　8.14没、57歳。1716生。ドイツの古典学者。

ヨンメッリ，ニッコロ　Jommelli, Niccolò　8.25没、59歳。1714生。イタリアの作曲家。

クレメンス14世　Clemens XIV　9.22没、68歳。1705生。教皇(在位1769～74)。

大鵬正鯤　10.13没、83歳。1691生。中国からの来朝黄檗僧、長崎派画家。

ファーガソン，ロバート　Fergusson, Robert　10.17没、24歳。1750生。イギリスの詩人。

ブノワ，ミシェル　Benoist, Michel　10.23没、59歳。1715生。フランスのイエズス会士。

タッカー，エイブラハム　Tucker, Abraham　11.20没、69歳。1705生。イギリスの倫理学者。

クライブ，ロバート　Clive, Robert, Baron Clive of Plassey　11.22没、49歳。1725生。イギリスの軍人，政治家。

アグリコラ，ヨーハン・フリードリヒ　Agricola, Johann Friedrich　12.2没、54歳。1720生。ドイツの作曲家、オルガン奏者、著述家。

ケネー，フランソワ　Quesnay, François　12.16没、80歳。1694生。フランスの医者，経済学者。

この年　アッケルマン，シャーロッテ　Ackermann, Charlotte　㊟1775没、17歳。1757生。ドイツの女優。

ウーティエ　Outhier, Réginard　80歳。1694生。フランスの天文・地理学者。

王倫　中国、清の清水教の乱の指導者。

カペッラ，フランチェスコ　Capella, Francesco　63歳。1711生。イタリアの画家。

ギニョン，ジャン-ピエール　Guignon, Jean-Pierre　72歳。1702生。イタリア生れのフランスのヴァイオリン奏者、作曲家。

クレーリチ，フェリーチェ　Clerici, Felice　55歳。1719生。イタリアの陶芸家。

泓宥　56歳。1718生。朝鮮の僧。

ディートリヒ　Dietrich, Christian Wilhelm Ernst　62歳。1712生。ドイツの画家、銅版画家。

ビビエーナ，アントーニオ　Bibiena, Antonio　77歳。1697(㊟1700)生。フィレンツェの建築家。

ビービコフ　Bibikov, Aleksandr Ilich　45歳。1729生。ロシアの軍人、大将。

ブラックバーン　Blackburn, Joseph　74？歳。1700生。イギリス生れのアメリカの画家。

ベルナルディ，ジュゼッペ　Bernardi, Giuseppe　80歳。1694生。イタリアの彫刻家。

プレーティ，フランチェスコ・マリーア　Preti, Francesco Maria　73歳。1701生。イタリアの建築家。

マリエット，ピエール-ジャン　Mariette, Pierre-Jean　80歳。1694生。フランスの美術収集家、版画家、著述家。

マルティネス・ド・パスカリ　Martines de Pasqually　64？歳。1710生。フランスの神秘主義的秘密結社エリュ・コーエンの開祖。

ロドリーゲス，ロレンソ　Rodríguez, Lorenzo　70歳。1704生。スペインの建築長。

1775年

4.19　アメリカ独立戦争が開始される
5.22　ワットが蒸気機関の特許を取得する

＊＊＊

コッホ　Koch, Heinrich Gottfried　1.3没、72歳。1703生。ドイツの俳優。

バスカヴィル，ジョン　Baskerville, John　1.8没、69歳。1706生。イギリスの活字鋳造者、印刷者。

ローレンス　Lawrence, Stringer　1.10没、77歳。1697生。イギリスの軍人。

ヴァルヒ，ヨーハン・ゲオルク　Walch, Johann Georg　1.13没、81歳。1693生。ドイツの哲学者、神学者。

サンマルティーニ，ジョヴァンニ・バッティスタ　Sammartini, Giovanni Battista　1.15没、75？歳。1700(㊂1701)生。イタリアの音楽家。

リッカティ，ヴィンチェツォ　Riccati, Vincenzo de　1.17没、68歳。1707生。イタリアの数学者。

プガチョフ，エメリヤン・イヴァノヴィチ　Pugachyov, Emeliyan Ivanovich　1.21没、49歳。1726(㊂1740頃)生。ロシアの農民反乱の指導者。

ヘロルト，ヨハン・グレゴール　Höroldt, Johann Gregor　1.26(㊂1776)没、78歳。1696生。ドイツの陶画家。

アモルト，オイゼービウス　Amort, Eusebius　2.5没、82歳。1692生。ドイツのカトリック神学者、哲学者。

ベロワ，ドルモン・ド　Belloy, Dormont de　3.5没、47歳。1727生。フランスの劇作家、俳優。

クィンシー　Quincy, Josiah　4.26没、31歳。1744生。アメリカの法律家、政治家。

ベーラー，ペーター　Boehler, Peter　4.27没、62歳。1712生。アメリカのモラヴィア兄弟団の宣教師。

ケンドラー，ヨハン・ヨアヒム　Kändler, Johann Joachim　5.18没、69？歳。1706生。ドイツの工芸家。

ドゥーニ，エジディオ・ロムアルド　Duni, Egidio　6.11没、66歳。1709(㊂1708)生。イタリアの重要なコミック・オペラ作曲家。

ギュンター，イグナーツ　Günther, Franz Ignaz　6.26没、49歳。1725生。ドイツ、バババリアの彫刻家。

ゲルバー，ハインリヒ　Gerber, Heinrich Nikolaus　8.6没、72歳。1702生。ドイツのオルガン奏者、作曲家。

エンベリ，フィリプ　Embury, Philip　8.？(㊂1773)没、45？歳。1729(㊂1728)生。アメリカ最初のメソジスト説教者。

トゥロン，アントワーヌ　Touron, Antoine　9.2没、88歳。1686生。フランスの歴史家。

クルージウス，クリスティアン・アウグスト　Crusius, Christian August　10.18没、60歳。1715生。ドイツの哲学者、神学者。

パーオロ（十字架の）　Paulus a Cruce, St.　10.18没、81歳。1694生。イタリアの聖職者。

ドルーエ，フランソワ‐ユベール　Drouais, François Hubert　10.21没、47歳。1727生。フランスの肖像画家。

ルベル，フランソワ　Rebel, François　11.7没、74歳。1701生。フランスのヴァイオリン奏者、テオルボ奏者、作曲家、指揮者。

ヴォワズノン，クロード‐アンリ・ド・フュゼ・ド　Voisenon, Claude-Henri de Fuzée, abbé de　11.22没、67歳。1708生。フランスの小説家、劇作家。

リッチ，ロレンツォ　Ricci, Lorenzo　11.24没、72歳。1703生。イタリアのイエズス会第18代総会長。

モンゴメリー，R.　Montgomery, Richard　12.31没、39歳。1736生。アメリカ独立戦争時代の軍人。

[この年]　ウィリアムズ，ロバート　Williams, Robert　30歳。1745生。アメリカのメソジスト派説教者。

ウォーレン　Warren, Joseph　34歳。1741生。アメリカ独立戦争の愛国派の一人。

カストロ，フェリーペ・デ　Castro, Felipe de　64歳。1711生。スペインの彫刻家。

ガスパリ，ジョヴァンニ・パーオロ　Gaspari, Giovanni Paolo　61歳。1714生。イタリアの舞台美術家。

カルローネ，カルロ・インノチェンツォ　Carlone, Carlo Innocenzo　89歳。1686生。イタリアの芸術家、装飾家、画家。

クロッツ，ゼバスティアン　Klotz(Kloz), Sebastian　79歳。1696生。ドイツのヴァイオリン製作者。

ザーヒル・アルウマル　Ẓāhir al-'Umar　オスマン朝下シリアの地方領主。

ナンダクマール　Nandakumār　インドのバラモン、ベンガルの官吏。

ハリソン，ピーター　Harrison, Peter　59歳。1716生。イギリスの建築家。

ボッターリ，ジョヴァンニ・ガエターノ　Bottari, Giovanni Gaetano　86歳。1689生。イタリアの文献学者、美術批評家。

ラームプラサード・セーン　Rāmprasād Sen　57歳。1718生。インドのベンガルの詩人。

ランドルフ　Randolph, Peyton　54歳。1721生。アメリカ植民地時代末期の法律家、政治家。

リエップ, カール・ジョゼフ　Riepp, Karl Joseph　65歳。1710生。ドイツ生れのフランスのオルガン製作者。
リーデル, フランツ・クサーヴァ　Riedel, Franz Xaver　38歳。1737生。カトリックの讃美歌作者。

1776年

1.10　トマス・ペイン「コモン・センス」が刊行
3.09　アダム・スミス「諸国民の富」が刊行する
7.04　大陸会議がイギリスからの独立宣言を発表
8.17　平賀源内がエレキテルを完成させる
＊＊＊
フレロン, エリ-カトリーヌ　Fréron, Élie Catherine　3.10没、58歳。1718生。フランスの政治経済学者、評論家。
ハリソン, ジョン　Harrison, John　3.24没、82歳。1693生。イギリスの時計師。
シャイベ, ヨーハン・アードルフ　Scheibe, Johann Adolph　4.22没、67歳。1708生。ドイツの作曲家、理論家。
レスピナス, ジュリ・ジャンヌ・エレオノール・ド　Lespinasse, Julie Jeanne Éléonore de　5.22没、43歳。1732(㊟1723)生。フランスの女性。
ティエポロ, ロレンツォ　Tiepolo, Lorenzo　8.8没、76歳。1736生。ベネチアの画家。
ヒューム, デイヴィッド　Hume, David　8.25没、65歳。1711生。スコットランドの外交官、歴史家、哲学者。
ヘルティー, ルートヴィヒ・クリストフ・ハインリヒ　Hölty, Ludwig Heinrich Christoph　9.1没、27歳。1748生。ドイツの詩人。
コールデン　Colden, Cadwallader　9.28没、88歳。1688生。アメリカの医師、哲学者、歴史家、政治家、植民地行政官。
クライエ, ピエール・フランソワ・ル　Courayer, Pierre François le　10.16没、94歳。1681生。フランスの教会史家。
ボルドゥ　Bordeu, Théophile de　11.23没、54歳。1722生。フランスの医師。
ブライティンガー, ヨハン・ヤーコプ　Breitinger, Johann Jakob　12.13?没、75歳。1701生。スイスの神学者、哲学者、教育者、美学者。
この年　アシュケナジ　Ashkenazi, Jacob　79歳。1697生。ドイツ系ユダヤ人の哲学者、タルムッド学者。
ウンテルペルゲル, フランチェスコ　Unterpergher, Francesco　70歳。1706生。イタリアの画家。
英祖(李朝)　82歳。1694生。朝鮮、李朝の第21代王(在位1724～76)。

グルーエ, リボーリオ　Grue, Liborio　74歳。1702生。イタリアの陶芸家。
グレンジャー　Granger, James　53歳。1723生。イギリスの牧師、版画収集家。
ケーヴェンヒュラー　Khevenhüller, Johann Joseph von　70歳。1706生。オーストリアの貴族。
ゲレーロ　Guerrero, Antonio　76?歳。1700生。スペインの作曲家、ギター奏者。
采永　51歳。1725生。朝鮮の僧。
サリー, ジャック-フランソワ-ジョゼフ　Saly, Jacques-François-Joseph　59歳。1717生。フランスの彫刻家。
チュート, ジョン　Chute, John　75歳。1701生。イギリスの建築家。
デ・ハエン　de Haën, Anton　72歳。1704生。オランダの内科医。
バード　Bird, John　67歳。1709生。イギリスの数学者、光学者。
ハンツマン, ベンジャミン　Huntsman, Benjamin　72歳。1704生。イギリスのるつぼ製鋼法の発明者。
ビガーリ, ヴィットーリオ・マリーア　Bigari, Vittorio Maria　84歳。1692生。イタリアの画家。
ヘイル, ネイサン　Hale, Nathan　21歳。1755生。アメリカ独立戦争の将校、英雄。
ヘーマン　Hayman, Francis　68歳。1708生。イギリスの画家。
ペゼナス　Pezenas, Espris　84歳。1692生。フランスの水路学者、天文学者。
ホレボー　Horrebow, Christian　58歳。1718生。デンマークの天文学者。
パロセル, エティエンヌ　Parrocel, Étienne　80歳。1696生。フランスの画家。

1777年

10.17　英軍がサラトガの戦いで米大陸軍に敗北
＊＊＊
ル・デュク, シモン　Le Duc, Simon　1.22?没、29?歳。1748生。フランスのヴァイオリン奏者、作曲家、出版者。
ツァハリーエ, フリードリヒ・ヴィルヘルム　Zachariae, Justus Friedrich Wilhelm　1.30没、50歳。1726生。ドイツの詩人。
ツァハリーエ, ゴットヒルフ・トラウゴット　Zachariae, Gotthilf Traugott　2.8没、47歳。1729生。ドイツの聖書神学者。
ジョゼ1世　José I, Manuel　2.24没、62歳。1714生。ポルトガル王(在位1750～77)。

人物物故大年表 外国人編　*523*

ヴァーゲンザイル，ゲオルク・クリストフ　Wagenseil, Georg Christoph　3.1没、62歳。1715生。オーストリアの作曲家、ピアニスト。

ヤブロノフスキー　Jabłonowski, Joseph Alexander Pruss　3.1没、65歳。1712生。ポーランドの貴族。

ハーナー，ゲオルク・イェレミーアス　Haner, Georg Jeremias　3.9没、72歳。1704生。ドイツのルター派神学者。

ベレゾーフスキー，マクシーム・ソゾントヴィチ　Berezovskii, Maksim Sozontovich　4.2没、31歳。1745生。ロシアの作曲家、テノール。

クレビヨン，クロード・プロスペール・ジョリヨ・ド　Crébillon, Claude Prosper Jolyot de　4.12没、70歳。1707生。フランスの小説家。

ブロス，シャルル・ド　Brosses, Charles de　5.7没、68歳。1709生。フランスの思想家、作家。

グインネット　Gwinnett, Button　5.19没、42歳。1735生。アメリカの商人。

ハーゼンカンプ，ヨーハン・ゲーアハルト　Hasenkamp, Johann Gerhard　6.10没、40歳。1736生。ドイツの敬虔主義的宗教家、教育者。

グレッセ，ジャン-バチスト・ルイ　Gresset, Jean Baptiste Louis　6.16没、67歳。1709生。フランスの詩人、劇作家。

ディーツ　Dietz, Ferdinand　6.17没、68歳。1709生。ドイツの彫刻家。

戴震　7.1没、53歳。1723(㋿1724)生。中国、清の学者、考証学の研究法の確立者。

クストゥー，ギヨーム(子)　Coustou, Guillaume le Jeune　7.13没、61歳。1716生。フランスの彫刻家。

ナトワール，シャルル-ジョゼフ　Natoire, Charles Joseph　8.29没、77歳。1700生。フランスの画家。

バートラム，ジョン　Bartram, John　9.22没、78歳。1699生。アメリカ、ペンシルヴェニア州の植物学者。

ランバート，ヨハン・ハインリヒ　Lambert, Johann Heinrich　9.25没、49歳。1728生。ドイツの哲学者、物理学者、天文学者、数学者。

スマローコフ，アレクサンドル・ペトローヴィチ　Sumarokov, Aleksandr Petrovich　10.1没、59歳。1717(㋿1718)生。ロシア古典主義の代表的劇作家。

セグナー　Segner, Johann Andreas von　10.5没、72歳。1704生。物理学者で数学者。

ジョフラン　Geoffrin, Marie Thérèse　10.6没、78歳。1699生。フランスの名流。

フット，サミュエル　Foote, Samuel　10.21没、57歳。1720生。イギリスの俳優、劇作家。

ジュシュー，ベルナール・ド　Jussieu, Bernard de　11.6没、78歳。1699生。フランスの植物学者。

ロセンコ，アントン・パヴロヴィッチ　Losenko, Anton Pavlovich　11.23没(㋿1773)没、40歳。1737生。ロシアの画家。

ハラー，アルブレヒト　Haller, Albrecht von　12.12没、69歳。1708生。スイスの解剖学者、生理学者、詩人。

クレッテンベルク，ズザンナ・カタリーナ・フォン　Klettenberg, Susanna Katharina von　12.13(㋿1774)没、53歳。1723生。ドイツのヘルンフート派の婦人。

アードルガッサー，アントン・カイエタン　Adlgasser, Anton Cajetan　12.22没、48歳。1729生。ドイツのオルガン奏者、作曲家。

[この年] カレガーリ，アントーニオ　Calegari, Antonio　79歳。1698生。イタリアの彫刻家。

クリスティアン，ヨーゼフ　Christian, Joseph　71歳。1706生。ドイツの彫刻家。

グレゴリーニ，ドメーニコ　Gregorini, Domenico　77歳。1700生。イタリアの建築家。

コンタン・ディヴリー　Contant d'Ivry, Pierre　79歳。1698生。フランスの建築家。

スカルラッティ，ジュゼッペ　Scarlatti, Giuseppe　59?歳。1718生。イタリアの作曲家。

ハーキマー　Herkimer, Nicholas　49歳。1728生。アメリカ独立戦争の指導者。

バッハ，ヨーハン・エルンスト　Bach, Johann Ernst　55歳。1722生。ドイツの作曲家。

ピフェッティ，ピエトロ　Piffetti, Pietro　77?歳。1700生。イタリアの家具制作家。

ボーヤー，ウィリアム　Bowyer, William　78歳。1699生。イギリスの印刷業者、古典学者。

パルフェ，クロード　Parfaict　72歳。1705生。フランスの演劇史家。

余蕭客　48歳。1729生。中国、清代の学者。

ヨーリ，アントーニオ　Joli, Antonio　77?歳。1700生。イタリアの画家、舞台美術家。

ラベ，ピエール　L'Abbé, Pierre　67?歳。1710生。フランスのチェロ奏者。

李匡師　72歳。1705生。中国、李朝時代の陽明学者、書家。

リーバキューン，ザームエル　Lieberkühn, Samuel　67歳。1710生。ドイツのモラヴィア兄弟団の神学者、ユダヤ人伝道者。

ルクレール，ジャン-マリー　Leclair, Jean Marie　74歳。1703生。フランスのヴァイオリン奏者、指揮者。

[この頃] ブランヴィル，シャルル-アンリ・ド　Blainville, Charles Henri de　67?歳。1710生。フランスのチェロ奏者、音楽理論家、作曲家。

1778年

2.06　米仏間で和親通商条約と同盟条約が成立

18世紀　　　　　　　　　　　　　　　　　1778

7.05　バイエルン継承戦争が勃発する
　　　　　＊＊＊
エザン，シャルル　Eisen, Charles-Dominique-Joseph　1.4没、57歳。1720生。フランスの画家，挿絵画家。

リンネー，カール・フォン　Linné, Carl von　1.10没、70歳。1707生。スウェーデンの植物ならびに動物の分類学者。

ルカン　Lekain, Henri Louis　2.8没、48歳。1729（㊕1728）生。フランスの俳優。

アーン，トマス・オーガスティン　Arne, Thomas Augustine　3.5没、67歳。1710生。イギリスの作曲家。

イェール　Geer, Car de　3.8没、57歳。1720生。スウェーデンの昆虫学者。

ピザーリ　Pisari, Pasquale　3.27没、53？歳。1725生。イタリアの作曲家。

ミツラー，ローレンツ・クリストフ　Mizler von Kolof, Lorenz Christoph　3.?没、66歳。1711生。ドイツの音楽評論家，物理学者，数学者。

クレマンセー，シャルル　Clémencet, Charles　4.4没、75歳。1703生。フランスのベネディクト会の歴史家。

ゾルゲ　Sorge, Georg Andreas　4.4没、75歳。1703生。ドイツの音楽理論家，作曲家。

ハーグリーヴズ，ジェイムズ　Hargreaves, James　4.22没、58？歳。1720（㊕1745頃）生。イギリスの発明家。

ピット，ウィリアム，初代チャタム伯爵　Pitt, William, 1st Earl of Chatham　5.11没、69歳。1708生。イギリスの政治家。

ルモワーヌ，ジャン-バティスト　Lemoyne, Jean Baptiste　5.25没、74歳。1704生。フランスの彫刻家。

ヴォルテール　Voltaire　5.30没、84歳。1694生。フランスの作家，啓蒙思想家。

リビングストン　Livingston, Philip　6.12没、62歳。1716生。アメリカの商人，独立宣言署名者。

エークホフ，コンラート　Ekhof, Hans Konrad Dieterich　6.16没、57歳。1720生。ドイツの俳優。

ラクレード　Laclède, Pierre　6.20没、54？歳。1724生。フランスの毛皮取引業者，北アメリカ開拓者。

ルソー，ジャン-ジャック　Rousseau, Jean-Jacques　7.2没、66歳。1712生。フランスの文学者，思想家。

マイコフ，ワシーリー・イヴァノヴィチ　Maikov, Vasilii Ivanovich　7.17没、50歳。1728生。ロシアの詩人。

デュルコープ　Durkoop, Hendrik Godfried　7.28没、42歳。1736生。長崎出島オランダ商館長。

リンリー，トマス　Linley, Thomas　8.5没、22歳。1756生。イギリスのヴァイオリン奏者，作曲家。

ボンデリ　Bondeli, Julie von　8.8没、46歳。1731生。スイスの婦人。

トップレイディ，オーガスタス・モンタギュー　Toplady, Augustus Montague　8.11没、37歳。1740生。イギリスの宗教家。

ペレス　Perez, Davide　10.30没、67歳。1711生。イタリアの作曲家。

ピラネージ，ジョヴァンニ・バッティスタ　Piranesi, Giambattista　11.9没、58歳。1720生。イタリアの版画家。

ベルクール　Bellecour　11.19没、53歳。1725生。フランスの俳優。

ラウパッハ，ヘルマン　Raupach, Hermann Friedrich　12.?没、50歳。1728生。ドイツの作曲家，指揮者。

[この年]アダン，ニコラ-セバスティアン　Adam, Nicolas-Sébastien　73歳。1705生。フランスの彫刻家。

アマル，ジャン-ノエル　Hamal, Jean-Noël　69歳。1709生。ベルギーの作曲家。

ヴォドルイユ　Vaudreuil-Cavagnal, Pierre François de Rigaud Marquis de　80歳。1698生。フランスの軍人，官吏。

オーブレー，ジャン・バティスト（・クリストフ・フュゼ）　Aublet, Jean Baptiste (Christophe Fusée)　58歳。1720生。フランスの植物学者，人文学者。

グルーナー，ヨーハン・フリードリヒ　Gruner, Johann Friedrich　55歳。1723生。ドイツの啓蒙主義神学者。

コブ　Cobb, John　イギリスの指物師，家具製作者。

ザネッティ，アントーニオ・マリーア　Zanetti, Antonio Maria　72歳。1706生。イタリアの美術著述家，版画家。

史震林　86歳。1692生。中国，清の画家，文人。

シャル，シャルル-ミケランジュ　Challes, Charles-Michel-Ange　60歳。1718生。フランスの画家。

チェッティ，フランチェスコ　Cetti, Francesco　52歳。1726生。イタリアのイエズス会士博物学者。

デルヴォー，ローラン　Delvaux, Laurent　82歳。1696生。フランドルの彫刻家。

ナップトン，ジョージ　Knapton, George　80歳。1698生。イギリスの画家，版画家。

ビドル，ニコラス　Biddle, Nicholas　28歳。1750生。アメリカの海軍将校。

ブルマン，ピーター　Burman, Peter　64歳。1714生。オランダの古典学者。

ベゾッツィ，パオロ・ジローラモ　Besozzi, Paolo Girolamo　74歳。1704生。イタリアのファゴット奏者，オーボエ奏者。

マルキオーリ，ジョヴァンニ　Marchiori, Giovanni　82歳。1696生。イタリアの彫刻家，インターリオ（装飾彫り）作家。

レリ　Relly, James　56？歳。1722生。イギリスの普遍救済論者。

[この頃] クープラン，マルグリット・アントワネット　Couperin, Marguerite Antoinette　73？歳。1705生。フランスのクラヴサン奏者。

1779年

4.12　アランフェス秘密条約が結ばれる
5.13　バイエルン継承戦争が終結する
6.16　スペインがジブラルタル包囲作戦を始める
8.10　フランスでルイ16世が農奴廃止令を出す
＊＊＊
ガルランディ，アンドレーア　Gallandi, Andrea　1.2没、69歳。1709生。イタリアのオラトリオ会司祭，教父学者。

ブルジュラ　Bourgelat, Claude　1.3没、66歳。1712生。フランスの獣医。

ギャリック，デイヴィッド　Garrick, David　1.20没、61歳。1717(㊟1714)生。イギリスの俳優。

ジョクール，ルイ・ド　Jaucourt, Louis, chevalier de　2.3没、74歳。1704生。フランスの碩学，文筆家。

ボイス，ウィリアム　Boyce, William　2.7没、69歳。1710(㊟1711)生。イギリスの作曲家，オルガン奏者。

クック，ジェイムズ　Cook, James　2.14(㊟1778)没、50歳。1728生。イギリスの探検家。

ズルツァー，ヨハン・ゲオルク　Sulzer, Johann Georg　2.27没、58歳。1720生。ドイツの美学者，哲学者，心理学者。

ヴァーグナー，ハインリヒ・レーオポルト　Wagner, Heinrich Leopold　3.4没、32歳。1747生。ドイツの劇作家，小説家。

ガスナー，ヨーハン・ヨーゼフ　Gaßner, Joann Josef　4.4没、51歳。1727生。ドイツのカトリック神癒運動家。

ファウレ，ジョヴァンニ・バッティスタ　Faure, Giovanni Battista　4.5没、76歳。1702生。イタリアの神学者。

トラエッタ，トンマーゾ　Traetta, Tommaso　4.6没、52歳。1727生。イタリアの作曲家。

ブカレリ・イ・ウルスア　Bucareli y Ursúa, Antonio María　4.9没、62歳。1717生。スペインの軍人，植民地行政官。

ホウィーロク，エリエイザー　Wheelock, Eleazar　4.24没、68歳。1711生。アメリカの教育家。

ウォーバトン，ウィリアム　Warburton, William　6.7没、80歳。1698生。英国教会の聖職，グロスター主教。

メングス，アントン・ラファエル　Mengs, Anton Raphael　6.29没、51歳。1728生。ドイツの画家。

ロス　Ross, George　7.14没、49歳。1730生。アメリカの法律家，独立宣言署名者の一人。

ペンバトン，エビニーザー　Pemberton, Ebenezer　9.9没、75歳。1704生。アメリカの長老派のち会衆派牧師。

チッペンデイル，トマス　Chippendale, Thomas　9.11没、61歳。1718生。イギリスの家具意匠家。

プワスキ，カジミエシュ　Pulaski, Kazimierz　10.11？没、31歳。1748(㊟1747頃)生。ポーランドの貴族，軍人。

ピニョー・ド・ベエヌ，ジョゼフ・ジョルジュ・ピエール　Pigneau de Behaine, Pierre-Joseph-Georges　11.？(㊟1799)没、38歳。1741生。フランス人の宣教師。

シャルダン，ジャン・バティスト・シメオン　Chardin, Jean Baptiste Siméon　12.6没、80歳。1699生。フランスの画家。

[この年] アームストロング　Armstrong, John　70歳。1709生。スコットランドの医者，文学者。

アリスン，フランシス　Alison, Francis　74歳。1705生。アメリカの長老派教会牧師。

アルバーニ　Albani, Alessandro　87歳。1692生。ローマの貴族。

于敏中　65歳。1714生。中国，清中期の政治家。

ヴィッテンバハ，ダーニエル　Wyttenbach, Daniel　73歳。1706生。スイス出身のドイツの改革派神学者。

ウィンスラップ　Winthrop, John　65歳。1714生。アメリカの天文学者，数学・物理学者。

カリーム・ハーン　Karīm Khān　80？歳。1699(㊟1705頃)生。イランのゼンド朝の創始者(在位1750〜79)。

ザイツ，ヨハネス　Seitz, Johannes　62歳。1717生。ドイツの建築家。

ジュシュー　Jussieu, Joseph de　75歳。1704生。フランスの植物学者。

ディクソン　Dixon, Jeremiah　46歳。1733生。イギリスの測量家。

ニッチュマン，ダーフィト(デア・シンディクス)　Nitschmann, David, der Syndikus　メーレンの兄弟団の一人。

ハズィーン　Ḥazīn, Shaikh ʻAlī　87歳。1692生。イランの詩人伝作者，詩人。

ハート　Hart, John　68？歳。1711生。アメリカの農民，独立宣言の署名者。

ハドソン，トマス　Hudson, Thomas　78歳。1701生。イギリスの画家。

ヒューズ　Hewes, Joseph　49歳。1730生。アメリカの政治家，独立革命の指導者。

ベドス・ド・セル，フランソワ　Bedos de Celles, François　70歳。1709生。フランスのオルガン製作者。

方畹儀　47歳。1732生。中国, 清代中期の女流画家。

18世紀　　　　　　　　　　　　　　　1780

モーティマー，ジョン・ハミルトン　Mortimer, John Hamilton　38歳。1741生。イギリスの画家，版画家。

劉大櫆　㊤1780没、81歳。1698生。中国，清の文学者。

リンチ　Lynch, Thomas, Jr.　30歳。1749生。アメリカ，サウスカロライナのプランター(大農場主)。

1780年

5.11　マドリードでスペインとアメリカが交渉
5.12　英軍がチャールストン市を陥落させる
8.24　ルイ16世が刑務所改革を行うことを言明
　　　　　＊　＊　＊
クレープス，ヨーハン・ルートヴィヒ　Krebs, Johann Ludwig　1.1没、66歳。1713生。ドイツのオルガン奏者，作曲家。

マズハル　Mazhar　1.17(㊤1781)没、80?歳。1700(㊤1698頃)生。インドの初期のウルドゥー語詩人。

サン-トーバン，ガブリエル・ジャック・ド　Saint-Aubin, Gabriel Jacques de　2.14没、55歳。1724生。フランスの画家。

ブラックストン，サー・ウィリアム　Blackstone, Sir William　2.14没、56歳。1723生。イギリスの法学者。

ドネライティス，クリスティヤノス　Donelaitis, Kristijonas　2.18没、66歳。1714生。リトアニアの詩人。

ハイモア，ジョーゼフ　Highmore, Joseph　3.?没、87歳。1692生。イギリスの画家。

ドラ，クロード-ジョゼフ　Dorat, Claude-Joseph　4.29没、45歳。1734生。フランスの作家。

モラティン，ニコラス・フェルナンデス・デ　Moratín, Nicolás Fernández de　5.11没、43歳。1737生。スペインの詩人，劇作家。

ベルトン，ピエール・モンタン　Berton, Pierre Montan　5.14没、53歳。1727生。フランスの作曲家，指揮者。

ハッチンソン，T.　Hutchinson, Thomas　6.3没、68歳。1711生。マサチューセッツ植民地総督。

バレストリエーリ，ドメニコ　Balestrieri, Domenico　6.11没、66歳。1714生。イタリアの詩人。

バトゥー，シャルル　Batteux, Charles　7.14没、67歳。1713生。フランスの美学者。

コンディヤック，エチエンヌ・ボノ・ド　Condillac, Étienne Bonnot de　8.3没、64歳。1715(㊤1714)生。フランスの哲学者。

スフロ，ジャック・ジェルマン　Soufflot, Jacques Germain　8.29没、67歳。1713生。フランスの建築家。

デファン夫人，マリー・ド・ヴィシー-シャンロン　Deffand, Marie de Vichy-Chamrond　9.24没、82歳。1697生。フランスの女流文学者，侯爵夫人。

カナレット　Canaletto, Bernardo Bellotto　10.17没、60歳。1720生。イタリアの画家，銅版画家。

ベロット，ベルナルド　Bellotto, Bernardo　10.17没、60歳。1720(㊤1721頃)生。イタリアの画家。

フーブラケン　Houbraken, Jakob　11.14没、81歳。1698生。オランダの画家，銅版画家。

ジルベール，ニコラ-ジョゼフ-ローラン　Gilbert, Nicolas-Joseph-Laurent　11.16没、29歳。1750生。フランスの詩人。

ステュアート　Steuart, Sir James Denham　11.20没、68歳。1712(㊤1713)生。イギリスの経済学者。

マリア・テレジア　Maria Theresia　11.29没、63歳。1717生。オーストリア大公(在位1740～80)。

フォザギル　Fothergill, John　12.26没、68歳。1712生。イギリスの医師。

この年　アンドレ，ジョン　André, John　29歳。1751生。イギリスの軍人。

カーバー　Carver, Jonathan　70歳。1710生。アメリカの探検家。

カルプ　Kalb, Johann, Baron de　59歳。1721生。ドイツ生れのフランスの軍人。

カレガーリ，サント(年少)　Calegari, Santo, il Giovane　58歳。1722生。イタリアの彫刻家。

カンタルービ，ジョヴァンニ・バッティスタ　Cantalupi, Giovanni Battista　48歳。1732生。イタリアの画家。

クックワージー，ウィリアム　Cookworthy, William　75歳。1705生。イギリスの磁器製造業者。

ジッヘルバルト　Sichelbart, Ignaz　72歳。1708生。オーストリア出身のイエズス会士。

シボー　Cibot, Pierre Martial　53歳。1727生。フランスのイエズス会士。

范懋柱　59歳。1721生。中国，清代の蔵書家。

ファーガソン，パトリック　Ferguson, Patrick　36歳。1744生。イギリスの軍人，発明家。

フェッラーリ　Ferrari, Domenico　58歳。1722生。イタリアのヴァイオリン奏者，作曲家。

ベーア，ヨーハン・ミヒャエール　Beer, Johann Michael　84?歳。1696生。スイスの建築家。

ベル　Bell, Charles　89歳。1691生。イギリスの旅行家。

パッセリ，ジョヴァンニ・バッティスタ　Passeri, Giovanni, Battista　86歳。1694生。イタリアの考古学者。

ペレーラ　Pereira, Jacob Rodriguez　65歳。1715生。スペインの商人，聾教育者。

ホーンブローアー　Hornblower, Jonathan　63歳。1717生。イギリスの技術者。

マク・ティエン・ティック　Mac Thien Tich　74歳。1706生。ヴェトナムの詩人。

人物物故大年表 外国人編　*527*

メレンデス，ルイス　Meléndez, Luis　64歳。1716生。スペインの画家。
リナルド・ディ・カプア　Rinaldo di Capua　75？歳。1705生。イタリアのナポリ楽派の作曲家。
ル・トローヌ　Le Trone, Guillaume François　52歳。1728生。フランスの重農主義経済学者。
ルプランス・ド・ボーモン夫人　Leprince de Beaumont, Jeanne-Marie　69歳。1711生。フランスの童話作家。
ローガン，ジェイムズ　Logan, James John　57？歳。1723（㊟1725頃）生。アメリカインディアンの抵抗者。
この頃　マフトゥムクリ　Makhtumkulí　50？歳。1730（㊟1733頃）生。トルクメニスタンの詩人，思想家。
マンズオーリ　Manzuoli, Giovanni　55？歳。1725生。イタリアのカストラート。
ラカサニュ　Lacassagne, Joseph (de)　60？歳。1720生。フランスの音楽理論家，聖職者。
ランツェッティ　Lanzetti, Salvatore　70？歳。1710生。イタリアのチェロ奏者，作曲家。

1781年

3.13　ハーシェルが天王星を発見する
10.19　ヨークタウンの戦いでイギリス軍が降伏
＊＊＊
チャロナー，リチャード　Challoner, Richard　1.12没、89歳。1691生。イギリスのカトリック司教，著作家。
ミスリヴェチェク，ヨセフ　Mysliveček, Joseph　2.4没、43歳。1737生。チェコの作曲家。
レッシング，ゴットホルト・エーフライム　Lessing, Gotthold Ephraim　2.15没、52歳。1729生。ドイツの劇作家，評論家。
ケイペル，エドワード　Capell, Edward　2.24没、67歳。1713生。イギリスのシェークスピア学者。
エーヴァル，ヨハネス　Ewald, Johannes　3.17没、37歳。1743生。デンマークの詩人。
デュルゴー，アンヌ・ロベール・ジャック　Turgot, Anne Robert Jacques　3.20没、53歳。1727生。フランスの経済学者，政治家。
イグナティウス（ラコーニの）　Ignatius (Laconi)　5.11没、79歳。1701生。イタリアのカプチン会修道士，聖人。
トゥパク・アマル2世　Tupac Amaru　5.18没、39？歳。1742（㊟1740頃）生。ペルーのインディオの反乱指導者。
ウッド，ジョン2世　Wood, John　6.18没、53歳。1728生。イギリスの建築家。

ソウダー，ミルザー・ムハンマド・ラフィー　Saudā, Mirzā Muḥammad Rafī　6.27（㊟1780）没、75歳。1706（㊟1713）生。インドのウルドゥー語の詩人。
ガルセス，フランシスコ・トマス・ヘルメネヒルド　Garcés, Francisco Tomás Hermenegildo　7.19没、43歳。1738生。スペインのフランシスコ会士，アメリカ・インディアンへの宣教師。
ズーブリ，ジョン・ジョアキム　Zubly, John Joachim　7.23没、56歳。1724生。アメリカの長老派牧師。
キース，ヨハネス　Kies, Johannes　7.29没、67歳。1713生。ドイツの数学者。
エルネスティ，ヨーハン・アウグスト　Ernesti, Johann August　9.11没、74歳。1707生。ドイツの神学者，文献学者。
ルイス　Lewis, Andrew　9.26没、61歳。1720生。アメリカの軍人。
ル・プランス，ジャン-バティスト　Le Prince, Jean Baptiste　9.30没、47歳。1734生。フランスの画家。
ホーク（タウントの），エドワード・ホーク，男爵　Hawke, Edward Hawke, Baron　10.17没、76歳。1705生。イギリスの提督。
イスラ，ホセ・フランシスコ・デ　Isla y Rojo, José Francisco de　11.2没、78歳。1703生。スペインの作家。
ボルドーニ，ファウスティーナ　Bordoni, Faustina　11.4没、81歳。1700生。イタリアのメゾソプラノ歌手。
モルパ　Maurepas, Jean Frédéric Phélyppeaux, Comte de　11.21没、80歳。1701生。フランスの政治家。
クリメント，ホセ　Climent, José　11.28没、75歳。1706生。スペインの司教，教育家，慈善家。
カルディエル，ホセ　Cardiel, José　12.6没、77歳。1704生。スペイン出身の宣教師，パラグアイの地理学者。
ニーダム，ジョン・ターバヴィル　Needham, John Turberville　12.30没、68歳。1713生。イギリスの博物学者。
この年　アーザル　Ādhar　70歳。1711生。ペルシア詩人伝作者，詩人。
インガソル　Ingersoll, Jared　59歳。1722生。アメリカの法律家。
エンセナダ　Ensenada, Cenón de Somodevilla　79歳。1702生。スペインの政治家。
オールマック，ウィリアム　Almack, William　イギリスの社交クラブ員。
ガンドルフィ，ウバルド　Gandolfi, Ubaldo　53歳。1728生。イタリアの画家，版画家，彫刻家。
ゲッツ　Götz, Johann Nikolaus　60歳。1721生。ドイツの詩人。
コンドルカンキ　Condorcanqui, José Gabriel　39？歳。1742生。インカ皇帝の末裔。

シェーマーケルス Scheemakers, Peter 90歳。1691生。ベルギーの彫刻家。

朱筠 52歳。1729生。中国，清初の学者。

蘇四十三 中国，清中期のイスラム教徒反乱の指導者。

テーラー Taylor, George 65歳。1716生。植民地時代のアメリカの製鉄業者。

馬明心 中国，清代乾隆年間のイスラム教徒の指導者。

バトラー Butler, Walter アメリカ独立戦争時代の王党派将軍。

フェイト Feith, Arend Willem [異]1782没、34？歳。1747([異]1745)生。オランダの出島商館長。

フーガ，フェルディナンド Fuga, Ferdinando [異]1782没、82歳。1699生。イタリアの建築家。

ベッカリーア Beccaria, Giambatista 65歳。1716生。イタリアの物理学者。

ベンダ，アンナ・フランツィスカ Benda, Anna Franciska 53歳。1728生。ボヘミアの声楽家。

ボーグル Bogle, George 35歳。1746([異]1747)生。イギリスの東インド会社員。

モルライテル，ジョヴァンニ・マリーア Morlaiter, Giovanni Maria 82歳。1699生。イタリアの彫刻家。

[この頃] **ストーラス，スティーヴン** Storace, Stephen 56？歳。1725生。イタリア系のイギリスのコントラバス奏者。

1782年

3.29 清で「四庫全書」が完成する
4.- シャムでラタナコーシン朝が創始される
5.17 第1次マラーター戦争が終わる

＊＊＊

バッハ，ヨーハン・クリスティアン Bach, Johann Christian 1.1([異]1781)没、46歳。1735生。ドイツの作曲家。

ガブリエル，ジャック・アンジュ Gabriel, Jacques Ange 1.4没、83歳。1698生。フランスの建築家。

プリングル Pringle, *Sir* John James 1.18没、74歳。1707生。イギリスの医師。

アンヴィル，ジャン・バティスト・ブルギニョン・ド D'Anville, Jean Baptiste Bourguignon 1.28没、84歳。1697生。フランスの地理学者。

アッセマーニ，ジュゼッペ・アロイージオ Assemani, Giuseppe Aloysio 2.9没、72？歳。1710生。シリアの東洋語学者。

エーティンガー，フリードリヒ・クリストフ Oetinger, Friedrich Christoph von 2.10没、79歳。1702生。ドイツのM. ルター派神学者。

カダルソ，ホセ Cadalso y Vázquez, José de 2.27没、40歳。1741生。スペインの小説家，軍人。

シェーネマン Schönemann, Johann Friedrich 3.16没、77歳。1704生。ドイツの俳優，演出家。

ベルヌーイ，ダニエル Bernoulli, Daniel 3.17没、82歳。1700生。スイスの理論物理学者。

メタスタージョ，ピエートロ Metastasio, Pietro Antonio 4.12没、84歳。1698生。イタリアの詩人。

ゼゲル Seger, Josef (Ferdinand) Norbert 4.22没、66歳。1716生。チェコの作曲家，オルガン奏者。

ポンバル，セバスティアン・(ジョゼ・)デ・カルヴァリョ(・エ・メロ)，侯爵 Pombal, Sebastião José de Carvalho e Mello, Maruquês de 5.8没、82歳。1699生。ポルトガルの政治家。

ウィルソン，リチャード Wilson, Richard 5.15没、67歳。1714([異]1713)生。イギリスの画家。

シュレーター，クリストフ・ゴットリープ Schröter, Christoph Gottlieb 5.20没、82歳。1699生。ドイツのオルガン奏者，作曲家，音楽理論家。

イーゼリーン，イーザーク Iselin, Isaak 6.15没、54歳。1728生。スイスの神学者，哲学者。

ロッキンガム，チャールズ・ウォトソン・ウェントワース，2代侯爵 Rockingham, Charles Watson-Wentworth, 2nd Marquis of 7.1没、52歳。1730生。イギリスの政治家。

ファリネッリ Farinelli 7.15没、77歳。1705生。イタリアの歌手。

ロレンス Laurens, John 8.2没、27歳。1754生。アメリカ独立戦争時代の軍人。

シェドヴィル，ニコラ Chédeville, Nicolas 8.6没、77歳。1705生。フランスのミュゼット奏者。

マルクグラーフ，アンドレアス・ジギスムント Marggraf, Andreas Sigismund 8.7([異]1783)没、73歳。1709生。ドイツの化学者。

フォルクレー，ジャン‐バティスト・アントワーヌ Forqueray, Jean-Baptiste Antoine 8.15没、83歳。1699生。フランスのヴィオラ・ダ・ガンバ奏者。

デュアメル・デュ・モンソー，アンリ‐ルイ Duhamel-Dumonceau, Henri Louis 8.23没、82歳。1700生。フランスの農学者，農業技術家。

アッセマーニ，ステーファノ・エヴォーディオ Assemani, Stefano Evodio 11.24没、73歳。1709([異]1707頃)生。シリア人のヴァティカン図書館司書。

ハイダル・アリー Ḥaidar 'Alī 12.7没、60歳。1722([異]1721頃)生。南インド，マイソール王国の支配者(存位1759～82)。

ベルティエ，ギヨーム・フランソワ Berthier, Guillaume François 12.15没、78歳。1704生。フランスの霊性に関する著作家，イエズス会司祭。

ケームズ Kames, Henry Home 12.27没、86歳。1696生。スコットランドの法律家，哲学者，農学者。

ヒューム Home, Henry, *Lord* Kames 12.27没、86歳。1696生。スコットランドの美学者，文芸批評家。

[この年] **李用休** 74歳。1708生。朝鮮，李朝英祖代の文人。

ヴィゼンティーニ，アントーニオ Visentini, Antonio 94歳。1688生。イタリアの建築家，画家，版画家。

ヴォカンソン，ジャック・ド Vaucanson, Jacques de 73歳。1709([異]1704)生。フランスの発明家。

グティエレス，フランシスコ Gutiérrez, Francisco 55歳。1727生。スペインの彫刻家。

クレープス，ヨーハン・トビーアス(子) Krebs, Johann Tobias 66歳。1716生。ドイツのオルガン奏者，音楽監督。

ケンペンフェルト Kempenfelt, Richard 64歳。1718生。イギリスの提督。

コール Cole, William 68歳。1714生。イギリスの古物収集家。

ザノッティ Zanotti, Eustachio 73歳。1709生。イタリアの天文学者，幾何学者。

タッシ，フランチェスコ・マリーア Tassi, Francesco Maria 66歳。1716生。イタリアの美術史家。

ダルジャンソン，マルク・ルネ Argenson, Marc René, Marquis de Voyer d' 60歳。1722生。フランスの貴族，軍人。

テイショウ Taksin 48歳。1734([異]1733?)生。タイ，トンブリ朝の王(在位1767～82)。

鄭森 安南黎朝の政治家。

ハーティフ・エスファハーニー Hātif Iṣfahānī ペルシアの詩人。

パース，ウィリアム Pars, William 40歳。1742生。イギリスの画家。

パッチ，トマス Patch, Thomas 57歳。1725生。イギリスの画家，版画家。

プラード，ジャン-マルタン・ド Prades, Jean-Martin, abbé de 62歳。1720生。フランスの神学者，文豪家。

モン，ヨーハン・クリストフ Monn, Johann Christoph 56歳。1726生。オーストリアのピアニスト，作曲家。

ラグナート・ラーオ Ragh̲unāth Rāo インドの政治家。

リー，チャールズ Lee, Charles 51歳。1731生。イギリス生れのアメリカの軍人。

ルイザ・ウルリーカ Louisa Ulrika 62歳。1720生。スウェーデン女王(在位1751～71)，グスタフ3世の母。

ルソー Rousseau, Jules Antoine 72歳。1710生。フランスの室内装飾家。

1783年

6.05 フランスで世界初の熱気球が飛ぶ
8.05 浅間山が大噴火を起こす
9.03 パリ条約でイギリスがアメリカ独立を承認
12.19 イギリスで小ピットが首相に任命される

* * *

ボードマー，ヨハン・ヤーコプ Bodmer, Johann Jakob 1.2没、84歳。1698生。スイスの評論家，作家。

カッファレッリ Caffarelli 1.31没、72歳。1710生。イタリアのカストラート歌手。

ブラウン，ランスロット Brown, Lancelot 2.6没、68歳。1715([異]1716)生。イギリスの造園家。

ジルバーマン，ヨハン・アンドレアス Silbermann, Johann Andreas 2.11没、70歳。1712生。ドイツのオルガン建造家。

ハンター，ウィリアム Hunter, William 3.30没、64歳。1718生。スコットランドの医者。

ホルツバウアー，イグナーツ Holzbauer, Ignaz 4.7没、71歳。1711生。オーストリアの作曲家。

パーニン Panin, Nikita Ivanovich 4.11没、64歳。1718生。ロシアの政治家，外交官，伯爵。

エピネ Epinay, Louise Florence Pétronille Tardieu d'Esclavelles 4.15没、57歳。1726生。フランスの女流作家。

デピネー夫人 d'Épinay, Louise-Florence-Pétronille de la Live, Madame 4.15没、57歳。1726生。フランスのサロンの主宰者。

ラブル，ブノワ・ジョゼフ Labre, Benoit Joseph 4.16没、35歳。1748生。フランスの放浪巡礼者，聖人。

オルロフ，グリゴーリ伯 Orlov, Grigorii Grigorievich 4.24没、48歳。1734生。ロシアの貴族，軍人。

クート，サー・エア Coote, *Sir* Eyre 4.28没、57歳。1726生。イギリスの軍人。

アグヤーリ，ルクレツィア Aguiari, Lucrezia 5.18没、40歳。1743生。イタリアのソプラノ歌手。

オーティス，ジェイムズ Otis, James 5.23没、58歳。1725生。アメリカ植民地時代の法律家，政治家。

リヒトヴァー，マグヌス・ゴットフリート Lichtwer, Magnus Gottfried 7.7没、64歳。1719生。ドイツの寓話作家。

シェルファー Scherffer, Karl 7.25没、66歳。1716生。オーストリアの物理学者で数学者。

キルンベルガー，ヨハン・フィリップ Kirnberger, Johann Philipp 7.26?没、62歳。1721生。ドイツの音楽理論家，作曲家。

ハーティム, シェイフ・ズフールッディーン
　Ḥātim　7.?（Ⓦ1781）没、84歳。1699生。インド
　の初期ウルドゥー語詩人。
チーホン・ザドンスキー　Tikhon Zadonskii　8.13
　没、59歳。1724生。ロシアの聖職者。
メッサーシュミット, フランツ・クサファー
　Messerschmidt, Franz Xaver　8.19?没、47歳。
　1736生。オーストリアの彫刻家。
オイラー, レオンハルト　Euler, Leonhard　9.7
　没、76歳。1707生。スイスの数学者。
ケニコット, ベンジャミン　Kennicott, Benjamin
　9.18没、65歳。1718生。イギリスの聖書学者、ヘ
　ブル語学者。
ベズー　Bézout, Étienne　9.27没、44歳。1739生。
　フランスの数学者。
ブルック, ヘンリー　Brooke, Henry　10.10没、80
　歳。1703生。イギリスの小説家、劇作家。
ダランベール, ジャン・バチスト・ル・ロン
　D'Alembert, Jean Le Rond　10.29没、65歳。
　1717生。フランスの物理学者、数学者、哲学者。
リンネ　Linné, Carl von　11.1没、42歳。1741生。
　スウェーデンの植物学者。
トレッサン, ルイ・エリザベート・ド・ラ・ヴェル
　ニュ・ド　Tressan, Louis-Elisabeth de La
　Vergne, comte de　11.2没、77歳。1705生。フラ
　ンスの文学者、科学者。
コレ, シャルル　Collé, Charles　11.3没、74歳。
　1709生。フランスの劇作家、風刺シャンソン作家。
ペロノー, ジャン・バチスト　Perroneau,
　Jean-Baptiste　11.19没、68歳。1715生。フラン
　スの画家。
ハンソン　Hanson, John　11.22没、62歳。1721
　生。アメリカ独立戦争の指導者。
ハッセ, ヨーハン・アードルフ　Hasse, Johann
　Adolph　12.16没、84歳。1699生。ドイツの歌劇
　作曲家。
ソレル, アントニオ　Soler, Antonio　12.20没、54
　歳。1729生。スペインの作曲家。
この年 アデール　Adair, James　74?歳。1709生。
　インディアンとの交易商。
アブレーシモフ, アレクサンドル・オニシモヴィチ
　Ablesimov, Aleksandr Onisimovich　41歳。
　1742生。ロシアの作家。
アルトモンテ, バルトロメーオ　Altomonte,
　Bartolomeo　90歳。1693生。イタリアの画家。
英廉　中国の官僚、大臣。
ガッリアーリ, ジョヴァンニ・アントーニオ
　Galliari, Giovanni Antonio　69歳。1714生。イ
　タリアの画家、舞台美術家。
黄景仁　Ⓦ1818没、34歳。1749生。中国、清の詩人。
洪大容　52歳。1731生。朝鮮、李朝の実学者。
ゴリーツィン, アレクサンドル　Golitsyn,
　Aleksandr　65歳。1718生。ロシアの貴族。

シュラウテンバハ, ルートヴィヒ・カール・フライ
　ヘル・フォン　Schrautenbach, Ludwig Carl
　Freiherr von　59歳。1724生。ドイツの敬虔派に
　属した貴族。
田五　中国、清中期のイスラム新教徒の反乱指導者。
ベンダ, ユリアーナ　Benda, Juliana　31歳。1752
　生。ボヘミアの作曲家。
マイヤー　Mayer, Christian　64歳。1719生。ドイ
　ツの天文学者。
ミュラー　Müller, Gerhard Friedrich　78歳。1705
　生。ドイツの歴史家。
ミールレル　Miller, Gerard Friedrich　78歳。
　1705生。ドイツの歴史家、古文書学者。
ロビラント, フィリッポ・ジョヴァンニ・バッティスタ・
　ニコーリス　Robilant, Filippo Giovanni Battista
　Nicolis　60歳。1723生。イタリアの建築家。
ロンドーニオ, フランチェスコ　Londonio,
　Francesco　60歳。1723生。イタリアの画家、版
　画家。
ワルヘンティン　Wargentin, Pehr Wilhelm　66
　歳。1717生。スウェーデンの天文学者。

1784年

4.27　ボーマルシェ「フィガロの結婚」が上演
＊＊＊
トロンベルリ, ジョン・クリソストム　Trombelli,
　John Chrysostom　1.7没、86歳。1697生。イタ
　リアの神学者。
ドゥラウン　Durão, José de Santa Rita　1.24没、
　47?歳。1737生。ポルトガルの詩人。
ウェブスター, アレグザーンダ　Webster,
　Alexander　1.25没、77歳。1707生。スコットラ
　ンド教会の福音派牧師、人口統計学者。
ベルナスコーニ　Bernasconi, Andrea　1.27?没、
　78歳。1706生。イタリアの作曲家。
プファイル, クリスティアン・カール・ルートヴィ
　ヒ　Pfeil, Christian Karl Ludwig　2.14没、72
　歳。1712生。ドイツの讃美歌作者、法律家。
マケ, ピエール・ジョゼフ　Macquer, Pierre Joseph
　2.15没、65歳。1718生。フランスの化学者。
ヴァルヒ, クリスティアン・ヴィルヘルム・フラン
　ツ　Walch, Christian Wilhelm Franz　3.10没、
　57歳。1726生。ドイツのプロテスタント神学者。
ヘムニッツェル, イワン・イワノヴィチ
　Hemnitser, Ivan Ivanovich　3.19没、39歳。1745
　生。ロシアの詩人。
ビュルラマキ　Burlamaqui, Jean Jacques　4.3没、
　89歳。1694生。スイスの法学者。

人物物故大年表 外国人編　*531*

1784　18世紀

ネイグル，ナノー（ホノラ）　Nagle, Nano　4.20没、56歳。1728生。アイルランドの婦人宗教家，修道女。

ベネゼット，アンソニー　Benezet, Anthony　5.3没、71歳。1713生。アメリカの教育家，慈善家。

トレンブリー，アブラハム　Trembley, Abraham　5.12没、84歳。1700（㊚1710）生。スイスの博物学者。

レ・クイ・ドン　Le Quy Don　6.2(㊚1783)没、57歳。1726生。ヴェトナム黎朝末期の文学者，政治家。

ロドニー　Rodney, Caesar　6.26没、55歳。1728生。アメリカ独立革命時代のデラウェアの大土地所有者，政治家。

バッハ，ヴィルヘルム・フリーデマン　Bach, Wilhelm Friedemann　7.1没、73歳。1710生。ドイツのオルガン奏者，作曲家。

ベリマン，トルビョルン・オラフ　Bergman, Torbern Olof　7.8没、49歳。1735生。スウェーデンの化学者，鉱物学者。

シュトラウプ，ヨハン・バプティスト　Straub, Johann Baptist　7.15没、80歳。1704生。ドイツの彫刻家。

ディドロ，ドニ　Diderot, Denis　7.31没、70歳。1713生。フランスの哲学者，文学者。

マルティーニ，ジョヴァンニ・バッティスタ　Martini, Giovanni Battista　8.3没、78歳。1706生。イタリアの作曲家，音楽理論家。

ラムジー，アラン　Ramsay, Allan　8.10没、70歳。1713生。スコットランドの肖像画家。

ホーン，ナサニエル　Hone, Nathaniel　8.14没、66歳。1718生。アイルランドの肖像画家。

セラ，フニペロ　Serra, Junípero　8.28没、70歳。1713生。スペインのフランシスコ会修道士，宣教師。

カッシニ(3代)，セザール　Cassini de Thury, César François　9.4没、70歳。1714生。フランスの天文学者，地理学者。

リンリー，マリア　Linley, Maria　9.5没、21歳。1763生。イギリスのソプラノ歌手。

パラス，ペドロ・ホセ　Parras, Pedro José　9.7没、74?歳。1710生。スペインのフランシスコ会宣教師，作家。

リー，アン　Lee, Ann　9.8没、48歳。1736生。アメリカのシェイカー派創始者。

ルピシェ　Lepicié, Michel Nicolas Bernard　9.14没、49歳。1735生。フランスの画家。

ル・フラン・ド・ポンピニャン，ジャン-ジャック　Le Franc, marquis de Pompignan, Jean-Jacques　11.1没、75歳。1709生。フランスの詩人，劇作家。

マーシャル，ダニエル　Marshall, Daniel　11.2没、78歳。1706生。アメリカのバプテスト派伝道者。

フリズイ　Frisi, Paolo　11.22没、56歳。1728生。イタリアの物理学者，数学者で天文学者。

レセル　Lexell, Anders Johan　11.30没、43歳。1740生。ロシアの天文学者で数学者。

アルノー　Arnaud, François　12.2没、63歳。1721生。フランスの著述家。

ジョンソン，サミュエル　Johnson, Samuel　12.20没、75歳。1709生。イギリスの批評家，詩人。

ミュラー，オットー・フリードリヒ　Müller, Otto Friedrich　12.26没、54歳。1730生。デンマークの顕微鏡学者。

この年　アライン，ヘンリ　Alline, Henry　36歳。1748生。カナダの信仰復興運動の指導者。

ヴィスコンティ　Visconti, Giovanni Battista Antonio　62歳。1722生。イタリアの考古学者。

エメリゴン　Émérigon, Balthazard Marie　68歳。1716生。フランスの保険業者，保険論研究者。

カプロン，ニコラ　Capron, Nicolas　44?歳。1740生。フランスのヴァイオリン奏者，作曲家。

ザイス，ジュゼッペ　Zais, Giuseppe　75歳。1709生。イタリアの画家。

サン・ジェルマン伯　Saint-Germain, Claude Louis, Comte de　㊚1778没、77?歳。1707生。フランスの将軍，山師。

シャルピ　Charpit, Paul　フランスの数学者。

デ・ムーラ，フランチェスコ　De Mura, Francesco　88歳。1696生。イタリアの画家。

程晋芳　66歳。1718生。中国，清代の学者，蔵書家。

ド・ラ・ロシュ，ジャン-バティスト　De la Roche, Jean-Baptiste　80歳。1704生。フランスの来中国イエズス会士。

ドッドウェル，ヘンリ　Dodwell, Henry　84歳。1700生。イギリスの神学者。

フォッサーティ，ドメーニコ　Fossati, Domenico　41歳。1743生。イタリアの画家，舞台美術家。

マッシー　Massie, Joseph　イギリスの重商主義経済学者。

ルクレール，ピエール　Leclair, Pierre　75歳。1709生。フランスのヴァイオリン奏者。

ロゼルリ，サルヴァトーレ・マリーア　Roselli, Salvatore Maria　イタリアのドミニコ会の哲学者，神学者。

この頃　セントジョージ，ジュディス　St.George, Judith　アメリカの作家。

ポルトラ　Portola, Gaspar de　61?歳。1723生。スペインの軍人。

1785年

8.15　フランスでロアン枢機卿が逮捕される

この年 化学者ラヴォアジェが水の合成に成功する

＊＊＊

ガルッピ，バルダッサーロ Galuppi, Baldassare 1.3没、78歳。1706生。イタリアの作曲家，チェンバロ奏者。

サロモン Salomon, Haym 1.6没、45歳。1740生。アメリカの銀行家。

ダルド，ハワージャ・ミール Dard 1.6没、65歳。1720([異]1719)生。インドのウルドゥー語詩人。

スティーゲル Stiegel, Henry William 1.10没、55歳。1729生。ドイツ生れのアメリカのガラス製造業者。

スチュワート Stewart, Mattew 1.23没、68歳。1717生。スコットランドの数学者，天文学者，自然哲学者。

バスケス，フランシスコ・ハビエル Vázquez, Francisco Javier 2.2没、82歳。1703生。ペルーのアウグスティヌス会著作家。

ボナパルト，シャルル Bonaparte, Carlo Maria 2.21没、38歳。1746生。ナポレオン1世の父。

ホリア Horia, Nicolae 2.28没、55歳。1730生。ルーマニアの愛国主義者。

リード Reed, Joseph 3.5没、43歳。1741生。アメリカの軍人，政治家。

マブリー，ガブリエル・ボノ・ド Mably, Gabriel Bonnet de 4.23没、76歳。1709生。フランスの歴史家，哲学者。

ショワズル(-アンボワーズ)，エティエンヌ・フランソワ，公爵 Choiseul, Étienne François, Duc de 5.8([異]1788)没、65歳。1719生。フランスの外交家。

ロンギ，ピエトロ Longhi, Pietro 5.8没、83歳。1702生。イタリアの風俗画家。

ウレット Woollett, William 5.23没、49歳。1735生。イギリスの版画家。

ホミリウス Homilius, Gottfried August 6.2没、71歳。1714生。ドイツのオルガン奏者，作曲家。

ピラトル・ド・ロージエ Pilâtre de Rozier, Jean François 6.15没、29歳。1756生。フランスの物理学者，航空学者。

ファン・デン・ヘイン van den Gheyn, Matthias 6.22没、64歳。1721生。ベルギーのオルガン奏者，作曲家。

オーグルソープ，ジェイムズ・エドワード Oglethorpe, James Edward 7.1没、88歳。1696生。イギリスの軍人，博愛事業家。

ティーフェンタラー，ヨーゼフ Tieffentaller, Joseph 7.5没、75歳。1710生。イタリア出身のドイツ人のイエズス会宣教師，ヒンドゥスタンに関する著名な地理学者。

ラーシャロテー La Chalotais, Louis-René de Caradeuc de 7.12没、84歳。1701生。フランスの法律家。

シュミット，ゲオルク Schmidt, Georg 8.2没、75歳。1709生。南アフリカで活動したモラヴィア出身の宣教師。

フレッチャー，ジョン・ウィリアム Fletcher, John William 8.14没、55歳。1729生。イギリスのプロテスタント神学者。

ピガル，ジャン・バティスト Pigalle, Jean Baptiste 8.21没、71歳。1714生。フランスの彫刻家。

ロドリーゲス・ティソン，ベントゥーラ Rodríguez, Ventura 8.26没、68歳。1717生。スペインの建築家。

キアーリ，ピエートロ Chiari, Pietro 8.31没、72歳。1712生。イタリアの小説家，劇作家。

モーザー，ヨーハン・ヤーコプ Moser, Johann Jacob 9.30没、84歳。1701生。ドイツの法学者。

ラウテンシュトラオホ，フランツ・シュテファン Rautenstrauch, Franz Stephan 9.30没、51歳。1734生。オーストリアのカトリック神学者，ベネディクト会士。

クロイツ，グスタヴ・フィリップ Creutz, Gustav Philip 10.30没、54歳。1731生。スウェーデンの外交官，詩人。

クライブ Clive, Kitty Catherine 12.6没、74歳。1711生。イギリスの女優。

チプリアーニ，ジョヴァンニ・バッティスタ Cipriani, Giovanni Battista 12.14没、58歳。1727生。イタリアの画家，銅版画家。

ヴェッセル，ヨハン・ヘアマン Wessel, Johan Herman 12.29没、43歳。1742生。ノルウェー生れのデンマークの作家。

[この年] **アッピアーニ，ジュゼッペ** Appiani, Giuseppe 84？歳。1701生。イタリアの画家。

ヴァラディエル，ルイージ Valadier, Luigi 59歳。1726生。イタリアの金銀細工師。

ヴァルケナル Valckenaer, Lodewyk Kaspar 70歳。1715生。オランダの古典学者。

カルラン，マルタン Carlin, Martin 55歳。1730生。フランスの家具制作家。

グアルナッチ，マーリオ Guarnacci, Mario 84歳。1701生。イタリアの文人聖職者，考古学者。

シャイノヴィチ Sajnovics, János 52歳。1733生。ハンガリーの言語学者，天文学者。

ジャーマン Germain, George Sackville, 1st Viscount Sackville 69歳。1716生。イギリスの軍人，政治家。

蒋士銓 60歳。1725生。中国，清の詩人，劇作家。

ジョッフレード，マーリオ Gioffredo, Mario 67歳。1718生。イタリアの建築家，著述家。

ド・ランシー De Lancy, Oliver 67歳。1718生。アメリカ革命期の商人，軍人。

バウマイスター Baumeister, Friedrich Christian 76歳。1709生。ドイツの哲学者。

ハリル・ハミト・パシャ　Halil Hamit Pasha　49歳。1736生。オスマン帝国の改革派政治家。

ビュシ・カステルノー　Bussy-Castelnau, Charles Joseph Pâtissier, Marquis de　65歳。1720生。フランスの軍人。

フィップル　Whipple, William　55歳。1730生。アメリカの商人、政治家。

フロケ、エティエンヌ-ジョゼフ　Floquet, Étienne-Joseph　37歳。1748生。フランスの作曲家。

ヘンダーソン　Henderson, Richard　51歳。1734生。アメリカの土地投機業者。

ホイートリ、フィリス　Wheatley, Phillis　㉗1784没、32?歳。1753生。アメリカの黒人女流詩人。

ホプキンズ　Hopkins, Stephen　78歳。1707生。アメリカの政治家。

ペール、ジョゼフ　Peyre, Marie Joseph　55歳。1730生。フランスの建築家。

ホワイトヘッド、ウィリアム　Whitehead, William　㉗1788没、70歳。1715生。イギリスの詩人。

ランシマン、アレグザンダー　Runciman, Alexander　49歳。1736生。イギリスの画家。

ランプニャーニ、ジョヴァンニ・バッティスタ　Lampugnani, Giovanni Battista　㉗1786没、79歳。1706生。イタリアの作曲家。

リヴァル、ジャン-ピエール2世　Rivalz, Jean-Pierre le Jeune　67歳。1718生。フランスの美術家。

[この頃] ガスパリ、ピエトロ　Gaspari, Pietro　65?歳。1720生。イタリアの舞台美術家。

ミロリオ、ジャン-バティスト　Miroglio, Jean-Baptiste　60?歳。1725生。イタリアのヴァイオリン奏者、作曲家、音楽出版者。

1786年

8.11　フランシス・ライトがペナン島を占領する

＊＊＊

メンデルスゾーン、モーゼス　Mendelssohn, Moses　1.4(㉗1789)没、56歳。1729生。ドイツのユダヤ人哲学者。

ゲタール、ジャン・エティエンヌ　Guettard, Jacques Etienne　1.7没、70歳。1715生。フランスの地質学者。

ツィーテン　Zieten, Hans Joachim von　1.27没、86歳。1699生。プロシアの軍人。

ベンダ、フランティシェク　Benda, Franz　3.7没、76歳。1709生。ドイツのヴァイオリン奏者。

シュテルツィンガー、フェルディナント　Sterzinger, Ferdinand　3.18没、64歳。1721生。ドイツの教会史家。

バイロン　Byron, John　4.10没、62歳。1723生。イギリスの提督。

グッドリック、ジョン　Goodricke, John　4.20没、21歳。1764生。オランダ・イギリスの天文学者。

カズンズ、アレグザンダー　Cozens, Alexander　4.23没、69?歳。1717(㉗1700)生。イギリスの風景画家、文筆家。

ザック、アウグスト・フリードリヒ・ヴィルヘルム　Sack, August Friedrich Wilhelm　4.23没、83歳。1703生。ドイツの神学者。

ゲッツェ、ヨハン・メルヒオーア　Goeze, Johann Melchior　5.19没、68歳。1717生。ドイツのルーテル派神学者。

スタンリー、ジョン　Stanley, John　5.19没、73歳。1713生。イギリスのオルガン奏者、作曲家。

シェーレ、カール・ヴィルヘルム　Scheele, Karl Wilhelm　5.21没、43歳。1742生。スウェーデンの化学者。

ベニョフスキー　Benyowsky Mority August Aladar, Graf von　5.23没、41歳。1744(㉗1746)生。ハンガリーの軍人、冒険家。

グリーン、ナサニエル　Greene, Nathanael　6.19没、43歳。1742生。アメリカ独立戦争期の将軍。

アスペルマイアー、フランツ　Aspelmyr, Franz　7.29没、58歳。1728生。オーストリアの作曲家、ヴァイオリン奏者。

フリードリヒ2世　Friedrich II, der Grosse　8.17没、74歳。1712生。プロシア王(在位1740～86)。

グァダニーニ、ジョヴァンニ・バッティスタ　Guadagnini, Giovanni Battista(Giambattista)　9.18没、75歳。1711生。イタリアのヴァイオリン製作者。

サッキーニ、アントニオ　Sacchini, Antonio Maria Gasparo　10.7没、56歳。1730生。イタリアの作曲家。

シアーズ　Sears, Isaac　10.28没、56歳。1730生。アメリカ植民地時代の商人、貿易業者。

ミール・ハサン、ミール・グラーム・ハサン　Mīr Ḥasan, Mīr Ghulām Ḥasan　11.3没、49?歳。1737生。インドのウルドゥー語の詩人。

ゴッツィ、ガスパロ　Gozzi, Gaspare　12.26没、73歳。1713生。イタリアの詩人。

プラーツマン　Platsman, Martin Martinovich　12.26没、26歳。1760生。ロシアの数学者。

ローガン　Logan, John　12.26没、38歳。1748生。イギリスの詩人。

[この年] アベルリ、ヨハン・ルートヴィヒ　Aberli, Johann Ludwig　63歳。1723生。スイスの画家、版画家。

アーン、マイケル　Arne, Michael　46歳。1740生。イギリスの作曲家。

李蘗　32歳。1754生。朝鮮李朝時代のカトリック教会指導者。

18世紀　1787

ウィルソン　Wilson, Alexander　72歳。1714生。スコットランドの天文学者。
クルース, アンリ - ジャック・ド　Croes, Henri-Jacques de　81歳。1705生。ベルギーの作曲家。
ケトル, ティリー　Kettle, Tilly　51歳。1735生。イギリスの肖像画家。
孔広森　㋺1815没, 34歳。1752(㋺1751)生。中国, 清の学者, 文学者。
章嘉呼図克図(第二代)　69歳。1717生。内モンゴルの宗教的な権威。
ドルドニェス, カルロス　d'Ordoñez, Carlos　52歳。1734生。オーストリアの作曲家。
ヘップルワイト, ジョージ　Hepplewhite, George　イギリスの家具デザイナー。
ピッテーリ, マルコ・アルヴィーゼ　Pitteri, Marco Alvise　84歳。1702生。イタリアの版画家。
ボッラ, ジャンバッティスタ　Borra, Giambattista　39歳。1747生。イタリアの建築家。
ペドロ3世　Pedro III　69歳。1717生。ポルトガル女王マリア1世の叔父, 夫。
マルキオンニ, カルロ　Marchionni, Calro　84歳。1702生。イタリアの建築家, 彫刻家。
ライト　Wright, Thomas　75歳。1711生。イギリスの天文学者。

1787年

4.03　ヘースティングズの弾劾裁判が決定する
4.08　フランスの財務長官カロンヌが罷免される
8.02　松平定信が老中に就任し, 寛政の改革開始
9.17　アメリカで合衆国憲法草案が成立する
＊＊＊
ミドルトン　Middleton, Arthur　1.1没, 44歳。1742生。アメリカの政治家。
マシエル, ホアン・バルターサル　Maziel, Juan Baltasar　1.2没, 59歳。1727生。アルゼンチンの学者, 教育者。
バトーニ, ポンペオ・ジロラモ　Batoni, Pompeo Girolamo　2.4没, 79歳。1708生。イタリアの画家。
グレーフェ　Gräfe, Johann Friedrich　2.5没, 75歳。1711生。ドイツの作曲家。
チョーンシ, チャールズ　Chauncey, Charles　2.10没, 82歳。1705生。アメリカの会衆派牧師, 反リヴァイヴァリズムの神学者。
ヴェルジェンヌ　Vergennes, Charles Gravier, Comte de　2.13没, 69歳。1717生。フランスの外交官, 政治家。
ボスコヴィチ, ルッジェーロ・ジュゼッペ　Boscovich, Ruggiero Giuseppe　2.13没, 75歳。1711生。イタリアの数学者, 天文学者, 物理学者。
ヴィーツェンマン, トーマス　Wizenmann, Thomas　2.22没, 27歳。1759生。ドイツ信仰覚醒運動の哲学者, 詩人。
ガルシア - デ - ラ - ウエルタ, ビセンテ　García de la Huerta y Muñoz, Vicente Antonio　3.12没, 52歳。1734生。スペインの劇作家, 詩人, 劇評家。
コンセプシオン　Concepcion, Juan Romero Lopez de la　3.?没, 62歳。1724生。スペインの宣教師。
ゲイジ, トマス　Gage, Thomas　4.2没, 66歳。1721(㋺1719頃)生。イギリス陸軍将軍。
カルシュテン　Karsten, Welezeslaus Johan Gustav　4.17没, 54歳。1732生。ドイツの数学者。
シューバルト　Schubart, Johann Christian　4.23?没, 53歳。1734生。ドイツの農業改良家。
ウォトソン, サー・ウィリアム　Watson, Sir William　5.10没, 72歳。1715生。イギリスの物理学者, 医学者, 植物学者。
ヴェネマ, ヘルマン(ハルム)　Venema, Herman (Harm)　5.25没, 90歳。1697生。オランダの改革派神学者。
モーツァルト, レーオポルト　Mozart, Leopold　5.28没, 67歳。1719生。オーストリアの作曲家。
ブラウン, ジョン(ハディントンの)　Brown, John of Haddington　6.19没, 65歳。1722生。スコットランドの牧師。
アーベル, カール・フリードリヒ　Abel, Karl Friedrich　6.20没, 61歳。1725(㋺1723)生。ドイツのビオラ・ダ・ガンバ奏者, 作曲家。
ランファン　Lenfant, Pierre　6.26没, 82歳。1704生。フランスの画家。
フィオリッロ, イグナーツィオ　Fiorillo, Ignazio　6.?没, 72歳。1715生。イタリアの作曲家。
スビーズ　Soubise, Charles de Rohan, Prince de　7.4没, 71歳。1715生。フランスの軍人。
ムハンマド - ブン - アブド - アルワッハーブ　'Abd al-Wahhāb, Muḥammad bn　7.20(㋺1791)没, 84?歳。1703生。アラビアの復古主義思想家。
リンリー, メアリー　Linley, Mary　7.27没, 29歳。1758生。イギリスのソプラノ歌手。
リグオーリ, 聖アルフォンソ・マリア・デ　Liguori, Alfonso Maria de　8.1没, 90歳。1696生。イタリアのカトリック神学者, 救世主会の創設者。
フランクール, フランソワ　Francoeur, François　8.5没, 88歳。1698生。フランスの作曲家, ヴァイオリン奏者。
ダルジャンソン, マルク・アントアーヌ・ルネ　Argenson, Marc Antoine René de Voyer, Marquis d'　8.13没, 64歳。1722生。フランスの貴族。
ミューレンベルク, ハインリヒ・メルヒオル　Mühlenberg, Heinrich Melchior　10.7没, 76歳。1711生。アメリカのルター派教会の実質的な創設者, 牧師。

ムゼーウス，ヨハン・カール・アウグスト
　Musäus, Johann Karl August　10.28没、52歳。1735生。ドイツの小説家。
ガリアーニ，フェルディナンド　Galiani, Ferdinando　10.30没、58歳。1728生。イタリアの文筆家、経済学者。
ラウス，ロバート　Lowth, Robert　11.3没、76歳。1710生。英国教会の主教、聖書学者。
グルック，クリストフ・ヴィリバルト　Gluck, Christoph Willibald Ritter von　11.15没、73歳。1714生。ドイツの作曲家。
ジェニンズ　Jenyns, Soame　12.18没、83歳。1704生。イギリスの著述家、政治家。
シュタハ，マテウス　Stach, Matthäus　12.21没、76歳。1711生。ヘルンフート兄弟団宣教師。
この年 エルコ　Elcho, David Wemyss, Lord of　66歳。1721生。スコットランド貴族。
ガルデル　Gardel, Maximilien　46歳。1741生。フランスの舞踊家。
ガルベス　Gálvez, José　58歳。1729生。スペインの植民地行政官。
クーニャ，アナスタシオ・ダ　Cunha, José Anastácio da　43歳。1744生。ポルトガルの詩人、数学者。
シモネッティ，ミケランジェロ　Simonetti, Michelangelo　63歳。1724生。イタリアの建築家。
ツーニョ，フランチェスコ　Zugno, Francesco　79？歳。1708生。イタリアの画家。
デーヴィス，アーサー　Devis, Arthur　76歳。1711生。イギリスの画家。
バラッタ，アントーニオ　Baratta, Antonio　63歳。1724生。イタリアの版画家。
ビビエーナ，カルロ　Bibiena, Carlo　66歳。1721 (㊞1728) 生。フィレンツェの建築家。
フライ，ジョゼフ　Fry, Joseph　59歳。1728生。イギリスのクエーカー派のビジネスマン、活字鋳造業者。
ブラウン，ジョン　Brown, John　35歳。1752生。イギリスの素描家。
ベンダ，エルンスト・フリードリヒ　Benda, Ernst Friedrich　40歳。1747生。ボヘミアのヴァイオリン奏者、チェンバロ奏者。
プラッツァー，イグナツ・フランティシェク　Platzer, Ignác František　70歳。1717生。ボヘミアの彫刻家。
メイソン，チャールズ　Mason, Charles　57歳。1730生。イギリスの天文学者。
ラダット，フランソワ　Ladatte, François　81歳。1706生。イタリア出身のフランスの彫刻家、彫金家。

1788年

1.26　オーストラリアに初の植民が上陸する
4.27　ギボンの「ローマ帝国衰亡史」が完結する
11.-　英国王ジョージ3世が精神異常を起こす
12.27　フランスで第3身分の議員数倍増が承認

* * *

グラス　Grasse, François Joseph Paul, Marquis de Grasse-Tilly, Comte de　1.11没、65歳。1722生。フランス海軍軍人。
ツォリコーファー，ゲオルク・ヨーアヒム　Zollikofer, Georg Joachim　1.22没、57歳。1730生。ドイツの改革派牧師、説教者。
ル・トゥルヌール，ピエール　Le Tourneur, Pierre　1.24没、52歳。1736生。フランスの翻訳家、文学者。
チャールズ・エドワード・ステュアート　Charles Edward Louis Philip Casimir Stuart　1.31没、67歳。1720生。イギリスの王位僭称者。
スチュアート，ジェームズ　Stuart, James　2.2没、75歳。1713生。イギリスの画家、建築家、古代研究家。
ラ・トゥール，モーリス・カンタン・ド　La Tour, Maurice Quentin de　2.17没、83歳。1704生。フランスの画家。
ゲスナー，ザーロモン　Gessner, Salomon　3.2没、57歳。1730生。スイスの詩人、風景画家。
ウェズリー，チャールズ　Wesley, Charles　3.29没、80歳。1707 (㊞1708) 生。イギリスの宗教家、讃美歌作者。
トエスキ　Toeschi, Carlo Giuseppe (Karl Joseph)　4.12没、56歳。1731生。イタリアのヴァイオリン奏者、作曲家。
デレイニー　Delany, Mary　4.15没、87歳。1700生。イギリスの著述家。
ビュフォン，ジョルジュ・ルイ・ド　Buffon, Georges Louis Leclerc, Comte de　4.16没、80歳。1707生。フランスの博物学者。
フェルビガー，ヨーハン・イグナーツ・フォン　Felbiger, Johann Ignaz von　5.17没、64歳。1724生。ドイツのカトリック聖職者、学制改革者。
クラーマー，ヨハン・アンドレーアス　Cramer, Johann Andreas　6.12没、65歳。1723生。ドイツの神学者、詩人。
ハーマン，ヨハン・ゲオルク　Hamann, Johann Georg　6.21没、57歳。1730生。ドイツの哲学者。
フォーゲル　Vogel, Johann Christoph　6.27没、30歳。1758生。ドイツの作曲家。
ミューテル　Müthel, Johann Gottfried　7.14没、60歳。1728生。ドイツの作曲家。

18世紀　　　　　　　　　　　　　　　　　　　　　　　　　　　　　1789

フィランジェーリ　Filangieri, Gaetano　7.21没、35歳。1752生。イタリアの法学者。
ゲインズバラ、トマス　Gainsborough, Thomas　8.2没、61歳。1727生。イギリスの画家。
リシュリュー　Richelieu, Louis François Armand de Vignerot du Plessis, Duc de　8.8没、92歳。1696生。フランスの軍人、外交官。
アレグレ、フランシスコ・ハビエル　Alegre, Francisco Javier　8.16没、58歳。1729生。メキシコの歴史家、ラテン語学者。
ブラウン、ジョン　Brown, John　10.17没、53？歳。1735生。イギリスの医師。
ズッカレリ、フランチェスコ　Zuccarelli, Francesco　10.30？没、86歳。1702生。イタリアの画家。
シュレーター、ヨハン・ザームエル　Schröter, Johann Samuel　11.2没、38？歳。1750（㋾1752頃）生。ドイツのピアニスト、オルガン奏者、作曲家。
エイモリー、トマス　Amory, Thomas　11.25没、97？歳。1691生。イギリスの作家。
レポート　Lepaute, Nicole Hortensius　12.6没、65歳。1723生。フランスの数学者で天文学者、フランスで最初の女性学者。
シュフレーン　Suffren, Pierre André de　12.8没、59歳。1729（㋾1726）生。フランスの海軍提督、戦術家。
ラソーヌ　Lassone, Joseph Marie François　12.8没、71歳。1717生。フランスの医者、化学者。
カルロス3世　Carlos III　12.14没、72歳。1716生。スペイン王（在位1759～88）。
バッハ、カール・フィーリプ・エマーヌエル　Bach, Carl Philipp Emanuel　12.14没、74歳。1714生。ドイツの作曲家。
ポット、パーシヴァル（・パーシヴァル）　Pott, Percival　12.22没、74歳。1714生。イギリスの外科医。
ラ・ペルーズ、ジャン・フランソワ・ド・ガロ、伯爵　La Pérouse, Jean François de Galaup, Comte de　12.？没、47歳。1741生。フランスの航海者。
この年　ウィルソン　Wilson, Benjamin　67歳。1721生。イギリスの肖像、風景画家。
カルドン、ジャン・ギラン　Cardon, Jean-Guillain　66歳。1722生。フランスのヴァイオリン奏者。
カンピオーニ、カルロ・アントニオ　Campioni, Carlo Antonio　68歳。1720生。フランスの作曲家。
ギュンター、マトイス　Günther, Matthäus　83歳。1705生。ドイツの画家。
荘存与　69歳。1719生。中国、清代の公羊学派の始祖。
テイラー、ロバート　Taylor, Robert　74歳。1714生。イギリスの彫刻家、建築家。
トライアン　Tryon, William　59歳。1729生。イギリスのアメリカ植民地総督。

ドールエ、ジャン-ジェルマン　Drouais, Jean-Germain　25歳。1763生。フランスの画家。
潘振承　74歳。1714生。中国、清代の商人。
ファントーニ、ルイージ　Fantoni, Luigi　29歳。1759生。イタリアの彫刻家、インターリオ（装飾彫り）作家。
フーシー　Fouchy, Jean-Paul, Grand-jean de　81歳。1707生。フランスの天文学者。
ボンゼン、レーオポルト・エーバハルト　Bonsen, Leopold Eberhard　89歳。1699生。ドイツ系フランス人を親とするルター派神学者。
林爽文　㋾1778没。中国、清中期の台湾での大反乱の指導者。
この頃　コンフォルト、ニコロ　Conforto, Nicolo　70？歳。1718生。イタリアの作曲家。

1789年

1.30　ベトナムのクアンチュン帝が清軍を破る
4.07　セリム3世がオスマン朝スルタンに即位
4.30　ジョージ・ワシントン初代大統領に就任
5.05　フランスで全国三部会が開会される
5.10　ブラジルでティラデンテスが逮捕される
6.20　フランスでテニスコートの宣誓が成される
7.09　フランス国民議会が憲法制定作業に着手
7.14　フランス革命が始まる
8.27　フランス国民議会が人権宣言を採択する
10.05　パリ市民がヴェルサイユに行進する

＊　＊　＊

バーナム　Varnum, James Mitchell　1.10没、40歳。1748生。アメリカ独立戦争の将軍。
ドルバック、ポール-アンリ・チリ　D'Holbach, Paul Henri Thiry, Baron　1.21没、65歳。1723生。フランスの哲学者。
クレランド、ジョン　Cleland, John　1.23没、80歳。1709（㋾1710）生。イギリスの小説家。
ブルック、フランシス　Brooke, Frances　1.23没、64歳。1724生。イギリスの女性作家。
クープラン、アルマン・ルイ　Couperin, Armand Louis　2.2没、61歳。1727（㋾1725頃）生。フランスの音楽家。
アレン、イーサン　Allen, Ethan　2.21没、51歳。1738（㋾1737）生。バーモントの政治家。
パロウ、フランシスコ　Palóu, Francisco　4.6没、66歳。1723生。フランシスコ会宣教師。
アブドゥル・ハミト1世　'Abdu'l Hamit I　4.7没、63歳。1725生。オスマン・トルコ帝国の第27代スルタン（在位1774～89）。
カンペル　Camper, Pierre　4.7没、66歳。1722生。オランダの解剖学者。

人物物故大年表 外国人編　537

パーニン　Panin, Pëtr Ivanovich　4.26没、68歳。1721生。ロシアの将軍。

バレッティ, ジュゼッペ　Baretti, Giuseppe Marc' Antonio　5.5没、70歳。1719生。イタリアの文芸評論家。

ホーキンズ, ジョン　Hawkins, Sir John　5.21没、70歳。1719生。イギリスの音楽史家、著述家、行政長官。

エンデマン, ザームエル　Endemann, Samuel　5.31没、62歳。1727生。ドイツの改革派牧師、神学者。

エーゲデ, パウル　Egede, Paul　6.6没、79歳。1709生。ノルウェーのグリーンランド宣教師。

リオタール, ジャン-エティエンヌ　Liotard, Jean Etienne　6.12没、86歳。1702生。スイスの画家。

ベルヌーイ, ヤコブ2世　Bernoulli, Jakob II　7.3没、29歳。1759生。スイスの数学者。

ミラボー　Mirabeau, Victor Riqueti, Marquis de　7.13(㊥1787)没、73歳。1715生。フランスの重農主義者。

デュフリ, ジャック　Du Phly, Jacques　7.15没、74歳。1715生。フランスのオルガン奏者、クラヴザン奏者、作曲家。

ティッシュバイン, ヨハン・ハインリヒ　Tischbein, Johann Heinrich, der Ältere　8.22没、66歳。1722生。ドイツ、ヘッセンの画家。

イェルーザレム, ヨーハン・フリードリヒ・ヴィルヘルム　Jerusalem, Johann Friedrich Wilhelm　9.2没、79歳。1709生。ドイツの神学者。

リヒター, フランツ・クサーヴァー　Richter, Franz Xaver　9.12(㊥1787)没、79歳。1709生。オーストリアの作曲家。

ディーン, サイラス　Deane, Silas　9.23没、51歳。1737生。最初のアメリカ使節。

デイ, トマス　Day, Thomas　9.28没、41歳。1748生。イギリスの作家、弁護士。

クープラン, ピエール・ルイ　Couperin, Pierre Louis　10.10没、34歳。1755生。フランスの音楽家。

モーガン　Morgan, John　10.15没、54歳。1735生。アメリカの医師、法医学者、軍医。

ビエーヴル, フランソワ-ジョルジュ・ド　Bièvre, François-Georges, marquis de　10.24没、41歳。1747生。フランスの劇作家。

デーダライン, クリスティアン・アルブレヒト　Döderlein, Christian Albrecht　11.4没、74歳。1714生。ドイツの神学者。

ヴェルネ, クロード・ジョゼフ　Vernet, Claude Joseph　12.3没、75歳。1714生。フランスの画家。

エペ, シャルル・ミシェル, アベ・ド・ラ　Epée, Charles Michel, Abbé de l'　12.23没、77歳。1712生。フランスの聾啞教育家。

[この年] クラビヘーロ, フランシスコ・ハビエル　Clavijero, Francisco Javier　㊥1787没、58歳。1731生。メキシコの歴史家。

ゴウォンベク, ヤクプ　Gołabek, Jakub　50歳。1739生。ポーランドの作曲家。

ジャダン, ジャン・B (バティスト？)　Jadin, Jean B (aptiste？)　フランスのヴァイオリン奏者、作曲家。

ジョーラ, エティエンヌ　Jeurat, Étienne　90歳。1699生。フランスの画家。

ジリー, フィリッポ・サルヴァトーレ　Gilij, Filippo Salvatore　68歳。1721生。イタリアのイエズス会宣教師、オリノコ地方の民族誌家。

セント・レジャー, バリー　Saint Leger, Barry　52歳。1737生。イギリスの陸軍大佐。

ダービー3世　Darby, Abraham III　㊥1791没、39歳。1750生。イギリスの製鉄業者。

デスニーツキィ　Desnitskii, Semyon Efimovich　49？歳。1740生。ロシアの法学者。

テマンツァ, トンマーゾ　Temanza, Tommaso　84歳。1705生。イタリアの建築家、著述家。

任大椿　51歳。1738生。中国、清の学者。

ネルソン　Nelson, Thomas, Jr.　51歳。1738生。アメリカの商人、政治家。

ヘーン　Hähn, Johann Friedrich　79歳。1710生。ドイツの教育者。

方西園　55歳。1734生。江戸中期に来日した中国、清代中期の文人画家。

ボニート, ジュゼッペ　Bonito, Giuseppe　82歳。1707生。イタリアの画家。

ペーン, ジェームズ　Paine, James　73？歳。1716生。イギリスの建築家。

マニョカヴァッロ, フランチェスコ・オッターヴィオ　Magnocavallo, Francesco Ottavio　82歳。1707生。イタリアの建築家。

ムハンマド1世　Sīdī Muḥammad I　77歳。1712生。モロッコのスルタン(在位1757～89)。

リオネ　Lyonnet, Pierre　82歳。1707生。オランダの博物学者。

ルロア　Leroy, Georges　66歳。1723生。フランスの心理学者、観念学者。

[この頃] シュターミツ, アントン　Stamitz, Anton　㊥1809以前没、39？歳。1750生。ボヘミア出身の作曲家、ヴァイオリン奏者、ヴィオラ奏者。

1790年

7.06　幕府が朱子学を正学と定める
7.12　フランス国民議会が聖職者基本法を可決
7.14　フランスで全国連盟祭が行われる

18世紀　1790

8.31　ナンシー駐屯部隊での兵士の反乱が鎮圧
11.01　バークの「フランス革命の省察」が発行
　　　　　＊　＊　＊
ランデン　Landen, John　1.15没、70歳。1719生。イギリスの数学者。
ハワード，ジョン　Howard, John　1.20没、63歳。1726生。イギリスの監獄改革の先駆者。
テンドゥッチ　Tenducci, Giusto Fernando　1.25没、54？歳。1736生。イタリアの歌手（カストラート、ソプラノ）。
カレン，ウィリアム　Cullen, William　2.5没、79歳。1710(㊥1712)生。スコットランドの医師。
クルムフォルツ，ヨーハン・バプティスト　Krumpholtz, Johann Baptist　2.19没、47歳。1742生。チェコの作曲家、ハープ奏者、楽器製作者。
ヨーゼフ2世　Joseph II　2.20没、48歳。1741生。神聖ローマ皇帝(在位1765～90)。
ベラミ，ジョウゼフ　Bellamy, Joseph　3.6没、71歳。1719生。アメリカの組合教会牧師。
ベルジエ，ニコラ・シルヴェストル　Bergier, Nicolas-Sylvestre　4.9没、71歳。1718生。フランスのカトリック神学者。
フランクリン，ベンジャミン　Franklin, Benjamin　4.17没、84歳。1706生。アメリカの政治家、科学者。
コシャン，シャルル - ニコラ　Cochin, Charles Nicolas, le Jeune　4.29没、75歳。1715生。フランスの銅版画家、評論家。
ハイニッケ　Heinicke, Samuel　4.30没、63歳。1727(㊥1729)生。ドイツの聾啞教育家。
ハーン，フィーリプ・マテーウス　Hahn, Philipp Matthäus　5.2没、50歳。1739生。ドイツの敬虔主義者。
パトナム，イズレイアル　Putnam, Israel　5.19没、72歳。1718生。アメリカの軍人。
ウォートン，トマス　Warton, Thomas　5.20没、62歳。1728生。イギリスの学者、詩人。
ゴロヴィーン　Golovin, Mikhail Evsevievich　6.19没、34歳。1756生。ロシアの数学者。
ベルタン，アントワーヌ・ド　Bertin, Antoine de　6.30没、37歳。1752生。フランスの詩人。
エリオット　Eliott, George Augustus, 1st Baron Heathfield　7.6没、72歳。1717生。スコットランドの軍人。
ラウドン　Laudon, Ernst Gideon, Freiherr von　7.14没、73歳。1717生。オーストリアの軍人。
ベルヌーイ，ヨハン2世　Bernoulli, Johann II　7.17没、80歳。1710生。スイスの数学者。
バーゼドー，ヨハン・ベルンハルト　Basedow, Johannes Bernhard　7.25没、66歳。1723(㊥1724)生。ドイツ啓蒙期の教育改革者。

フェブロニウス　Febronius, Justinus　9.2没、89歳。1701生。ドイツのカトリク聖職者。
ホントハイム，ヨハン・ニコラウス・フォン　Hontheim, Johann Nikolaus von　9.2没、89歳。1701生。ドイツの聖職者、神学者、歴史学者。
ヘムステルホイス　Hemsterhuis, Frans　9.3没、68歳。1721生。オランダの哲学者。
プルーケ　Ploucquet, Gottfried　9.13没、74歳。1716生。ドイツの哲学者。
スミス，アダム　Smith, Adam　9.17没、67歳。1723生。イギリスの経済学者、哲学者。
エステルハージ，ニコラウス　Esterházy, Nikolaus Joseph, Fürst von　9.28没、75歳。1714生。オーストリアの将軍。
ホール　Hall, Lyman　10.19没、66歳。1724生。アメリカ独立戦争の指導者。
ベルトッティ - スカモッツィ，オッターヴィオ　Bertotti-Scamozzi, Ottavio　10.25没、71歳。1719生。イタリアの建築家、建築理論家。
シュラッター，ミヒャエル　Schlatter, Michael　10.31没、74歳。1716生。アメリカのドイツ改革派教会の創始者。
カストロ，アグスティン・パブロ　Castro, Agustin Pablo　11.23没、62歳。1728生。メキシコのイエズス会士、科学者、人文主義者。
この年　オルテス　Ortes, Giammaria　77歳。1713生。イタリアの経済学者。
オルロフ　Orlov, Fëdor Grigor'evich　49歳。1741生。ロシアの軍人。
ガッリアーリ，ファブリーツィオ　Galliari, Fabrizio　81歳。1709生。イタリアの画家、舞台美術家。
グラスラン　Graslin, Jean Joseph Louis　63歳。1727生。フランスの経済学者。
クリコ，フランソワ・アンリ　Clicquot, François Henri　58歳。1732生。フランスのオルガン製作者。
クレランボー，エヴラール・ドミニク　Clérambault, Évrard Dominique　80歳。1710生。フランスのオルガン奏者。
最訥　73歳。1717生。朝鮮の僧。
シチェルバートフ　Shcherbatov, Mikhail Mikhailovich　没、57歳。1733生。ロシアの歴史家、政論家、政治家。
ジャク - ドローズ　Jaques-Droz, Pierre　69歳。1721生。スイスの機械工。
ハーデンバーグ　Hardenberg, Jacob Rutsen　54歳。1736生。アメリカのオランダ改革教会の牧師。
フーパー　Hooper, William　48歳。1742生。アメリカの法律家。
ボシャール　Bochart, de Sarom Jean-Baptiste Gaspard　60歳。1730生。フランスのアマチュア天文家。

パッカーシ，ニコラウス・フォン　Paccasi, Nikolaus von　74歳。1716生。オーストリアで活躍の建築家。
ポポフ，ミハイル・イワノヴィチ　Popov, Mikhail Ivanovich　48歳。1742生。ロシアの作家。
マクドナルド，フローラ　Macdonald, Flora　68歳。1722生。スコットランドのジェームズ派の烈婦。
リヴィングストン　Livingston, William　67歳。1723生。アメリカの政治家。
ロウランド，ダニエル　Rowland, Daniel　77歳。1713生。ウェールズのメソジスト派指導者。
この頃 カニアーナ，ジャーコモ　Caniana, Giacomo　40？歳。1750生。イタリアの寄木細工師，木彫師。
クロッツ，ヨハン・カール　Klotz(Kloz), Johann Karl　81？歳。1709生。ドイツのヴァイオリン製作者。
ホナウアー　Honauer, Leontzi　60？歳。1730生。ドイツの作曲家。

1791年

5.03　ポーランド改革派が新憲法を可決する
6.19　イギリスでカナダ法が正式に成立する
6.21　ルイ16世一家がヴァレンヌで逮捕される
8.14　サン・ドマングで黒人奴隷の反乱が起こる
8.27　反フランス革命のピルニッツ宣言が発する
10.01　フランスで立法議会が発足する
11.09　フランスで亡命者処刑法が成立する

＊　＊　＊

ウィリアムズ，ウィリアム（パンティスリンの）　Williams, William of Pantycelyn　1.11没、74歳。1717生。ウェールズのメソジスト派指導者，著作家，讃美歌作者。
クニャジニーン，ヤーコフ・ボリソヴィチ　Kniazhnin, Iakov Borisovich　1.14没、48歳。1742（㊨1740頃）生。ロシアの劇作家，詩人。
リーガー，カール・ハインリヒ　Rieger, Karl Heinrich　1.15没、64歳。1726生。ドイツの神学者，敬虔主義者。
姜世晃　1.23没、78歳。1713生。朝鮮，李朝時代の士人画家。
ファブリーツィウス，ヨーハン・フィーリプ　Fabricius(Fabriezius), Johann Philipp　1.23没、80歳。1711生。ドイツのルター派宣教師，言語学者。
ファルコネ，エティエンヌ・モーリス　Falconet, Étienne-Maurice　1.24没、74歳。1716生。フランスの彫刻家。
レ・ヒュウ・チャック　Le Huu Trac　2.17没、66歳。1724生。ヴェトナム黎朝末期の医者，文学者。

ウェズリー，ジョン　Wesley, John　3.2没、87歳。1703生。メソジスト教会の創設者。
ゼムラー，ヨーハン・ザーロモ　Semler, Johann Salomo　3.14没、65歳。1725生。ドイツのルター派神学者。
ミラボー，オノレ・ガブリエル・リケティ，伯爵　Mirabeau, Honoré Gabriel Victor Riqueti, Comte de　4.2没、42歳。1749生。フランス革命期における立憲王政派の政治家。
プライス，リチャード　Price, Richard　4.19没、68歳。1723生。イギリスの宗教家，哲学者。
ホプキンソン，フランシス　Hopkinson, Francis　5.9没、53歳。1737生。アメリカの著述家，音楽家，政治家。
ホールディマンド　Haldimand, Sir Frederick　6.5没、72歳。1718生。スイス生れのイギリスの軍人。
ゲルトナー　Gärtner, Joseph　6.14没、59歳。1732生。ドイツの植物学者。
ハンティンドン，セリーナ・ヘイスティングズ，伯爵夫人　Huntingdon, Selina Hastings, Countess of　6.17没、83歳。1707生。イギリスの伯爵夫人。
メルク，ヨハン・ハインリヒ　Merck, Johann Heinrich　6.27没、50歳。1741生。ドイツの小説家，評論家。
マニング，ジェイムス　Manning, James　7.29没、52歳。1738生。アメリカのバプテスト派指導者，ブラウン大学初代学長。
デカン　Descamps, Jean Baptiste　7.30没、84歳。1706生。フランスの画家。
ミヒャエーリス，ヨーハン・ダーフィト　Michaelis, Johann David　8.22没、74歳。1717生。ドイツのプロテスタント神学者。
パラディース，ピエトロ・ドメーニコ　Paradies, Pietro Domenico　8.25没、84歳。1707生。イタリア生れの作曲家，音楽教師。
イリアルテ，トマス・デ　Iriarte y Oropesa, Tomás de　9.17没、40歳。1750生。スペインの詩人。
ゴンタルト，カール・フォン　Gontard, Karl Philipp Christian von　9.23没、60歳。1731生。ドイツの建築家。
ブラッドフォード，W.　Bradford, William　9.25没、69歳。1722生。アメリカの出版業者。
シューバルト，クリスティアン・フリードリヒ・ダーニエル　Schubart, Christian Friedrich Daniel　10.10没、52歳。1739生。ドイツの詩人，ジャーナリスト，音楽家。
カスティリオン　Castillion, Giovanni Francesco　10.11没、83歳。1708生。イタリアの数学者で作家。
フォルスター，フロベーニウス　Forster, Frobenius　10.11没、82歳。1709生。ドイツのベネディクト会神学者。
カルシュ　Karsch, Anna Luise　10.12没、68歳。1722生。ドイツの女流詩人。

ポチョムキン，グリゴリー・アレクサンドロヴィチ Potyomkin, Grigorii Aleksandrovich 10.16没、52歳。1739生。ロシアの政治家，軍人，元帥，公爵。

モーツァルト，ヴォルフガング・アマデウス Mozart, Wolfgang Amadeus 12.5没、35歳。1756生。オーストリアの作曲家。

フランク，ヤーコプ Frank, Jacob 12.10没、65歳。1726生。フランク教(Frankists)の教祖。

ベルカン，アルノー Berquin, Arnaud 12.21没、44歳。1747生。フランスの作家。

フラッド，ヘンリー Flood, Henry 12.？没、59歳。1732生。イギリスの政治家。

[この年] **安鼎福** [異]1786没、79歳。1712生。朝鮮，李朝(英祖，正祖時代)の学者。

イヴォン，クロード Yvon, Abbé Claude 77歳。1714生。フランスの神学者，文筆家。

カーニー Kânî 79歳。1712生。オスマン朝トルコの詩人。

権日身 朝鮮李朝時代のカトリック教会指導者。

グロース，フランシス Grose, Francis 60歳。1731生。イギリスの古物収集家。

サイイド・ムルタダー Sayyid Murtaḍā al-Zubaydī 59歳。1732生。オスマン帝国治下のエジプトの学者。

シュヴァンドネル，ヨハン・ゲオルク Schwandner, Johann Georg von 75歳。1716生。「すぐに使えるカリグラフィと飾りケイ」の著者。

シュトルエンゼー，アーダム Struensee, Adam 83歳。1708生。ドイツのルター派神学者，牧師。

尚彦 84歳。1707生。朝鮮の仏僧。

ティッシュバイン，ヤコブ Tischbein, Johann Jacob 66歳。1725生。ドイツの画家。

バハン，エルスペス Buchan, Elspeth 53歳。1738生。スコットランドの宗教家，陶芸家の妻。

ピデリト，ヨーハン・ルードルフ・アントーン Piderit, Johann Rudolf Anton 71歳。1720生。ドイツの哲学者，神学者。

ホートン Houghton, Daniel 51歳。1740生。アイルランドの探検家。

ペニー，エドワード Penny, Edward 77歳。1714生。イギリスの画家。

ラ・モット La Motte, Jeanne de Luz de Saint-Remy de Valois, Comtesse de 35歳。1756生。女ぺてん師。

リュリエール Rulhière, Claude Carloman de 57歳。1734生。フランスの外交官，詩人。

[この頃] **サバーヒー** Ṣabāḥī イランのゼンド朝末期の詩人。

1792年

1.09	第2次ロシア・トルコ戦争が終結する
3.19	インドで第3次マイソール戦争が終わる
3.23	フランスでジロンド派議員による内閣成立
4.02	アメリカで貨幣法が成立する
8.10	ルイ16世らが牢獄に幽閉される
9.02	フランスで9月虐殺事件が発生する
9.20	フランスでヴァルミーの戦いが勃発する
9.20	フランスで国民公会が召集される
10.12	清がチベットの活仏選定方法を変更させる
11.15	スペインで王妃の寵臣ゴドイが宰相に就任

＊　＊　＊

ホーン，ジョージ Horne, George 1.17没、61歳。1730生。英国教会のノーリジ主教。

レノルズ，ジョシュア Reynolds, *Sir* Joshua 2.23没、68歳。1723生。イギリスの画家。

レオポルト2世 Leopold II 3.1([異]1785)没、44歳。1747生。神聖ローマ皇帝(在位1790～92)。

アダム，ロバート Adam, Robert John 3.3没、63歳。1728生。イギリスの建築家，室内装飾家。

カストロ，ホセ・デ・サン・ペドロ・デ・アルカンタラ Castro, José de San Pedro de Alcántara 3.8没、70？歳。1722生。スペインのフランシスコ会神学者。

リュートケ，フリードリヒ・ゲルマーヌス Lüdke, Friedrich Germanus 3.8没、61歳。1730生。ドイツの啓蒙主義神学者。

ビュート，ジョン・スチュアート，3代伯爵 Bute, John Stuart, 3rd Earl of 3.10没、78歳。1713生。イギリスの政治家。

ヴェルネイ，ルイス・アントニオ Verney, Luís António 3.20没、78歳。1713生。ポルトガルの啓蒙作家。

グスタフ3世 Gustav III 3.29没、46歳。1746生。スウェーデン王(1771～92)。

ティラデンテス Tiradentes 4.21没、46歳。1746([異]1748)生。ブラジルの独立運動の先駆者。

バーアト，カール・フリードリヒ Bahrdt, Carl Friedrich 4.23没、50歳。1741生。ドイツのプロテスタント神学者。

サンドウィッチ，ジョン・モンタギュー，4代伯爵 Sandwich, John Montagu, 4th Earl of 4.30没、73歳。1718生。イギリスの政治家。

ガランピ，ジュゼッペ・コンテ Garampi, Giuseppe Conte 5.4没、66歳。1725生。イタリアのカトリックの歴史家，教皇大使。

ファヴァール，シャルル・シモン Favart, Charles Simon 5.12没、81歳。1710生。フランスの劇作家。

ルイ Louis, Antoine 5.20没、69歳。1723生。フランスの外科医。

カッフィエーリ, ジャン・ジャーコモ Caffiéri, Jean Jacques 5.21没、67歳。1725生。フランスの彫刻家, 鋳金家, 彫金家。

レンツ, ヤーコプ・ミヒャエル・ラインホルト Lenz, Jakob Michael Reinhold 5.24没、41歳。1751生。ドイツの劇作家。

ロドニー, ジョージ・ブリッジズ・ロドニー, 男爵 Rodney, George Brydges, 1st Baron 5.24没、74歳。1718([異]1719)生。イギリスの海軍軍人, 男爵。

バーゴイン, ジョン Burgoyne, John 6.3没、70歳。1722([異]1723)生。イギリスの軍人, 政治家, 劇作家。

ストレンジ Strange, *Sir* Robert 6.5没、70歳。1721生。イギリスの版画家。

リンリー, エリザベス・アン Linley, Elizabeth Ann 6.28没、37歳。1754生。イギリスのソプラノ歌手。

ベラスコ・イ・ペトローチェ, ホアン・デ Velasco y Petroche, Juan de 6.29没、65歳。1727生。エクアドルの歴史家。

レスラー - ロゼッティ Rössler-Rosetti, Franz Anton 6.30没、42？歳。1750生。チェコ出身の作曲家, 指揮者, コントラバス奏者。

ロゼッティ, アントニオ Rosetti, Antonio 6.30没、42？歳。1750生。ボヘミアの作曲家, コントラバス奏者。

シャバノン, ミシェル・ポール・ギー・ド Chabanon, Michel Paul Guy de 7.10没、63歳。1729生。フランスの著述家, 作曲家, ヴァイオリン奏者。

オッカム, サムスン Occom, Samson 7.14没、69？歳。1723生。アメリカ・インディアンの牧師, 宣教師。

ジョーンズ, ジョン・ポール Jones, John Paul 7.18没、45歳。1747生。アメリカの海軍軍人。

モープー Maupeou, René Nicolas Charles Augustin de 7.29没、78歳。1714生。フランスの政治家。

アークライト, サー・リチャード Arkwright, *Sir* Richard 8.3没、59歳。1732生。イギリスの発明家, 企業家。

ノース, フレデリック, 8代ノース男爵 North, Frederick, 2nd Earl of Guilford 8.5([異]1790)没、60歳。1732生。イギリスの政治家。

クレルモン・トネール Clermont-Tonnerre, Stanislas Marie Adélaïde, Comte de 8.10没、35歳。1757生。フランスの政治家。

ランバル Lamballe, Marie-Thérèse Louise de Savoie-Carignan, Princesse de 9.3没、42歳。1749生。フランスの貴婦人。

プフェニンガー, ヨーハン・コンラート Pfenninger, Johann Konrad 9.11没、44歳。1747生。スイスの神学者, 説教者。

シュパンゲンベルク, アウグスト・ゴットリープ Spangenberg, August Gottlieb 9.18没、88歳。1704生。ドイツのモラウィア兄弟団の神学者。

カゾット, ジャック Cazotte, Jacques 9.25没、72歳。1719生。フランスの作家。

グエン・フエ Nguyen Hue 9.29没、40歳。1752生。ヴェトナムのタイソン(西山)運動の指導者。

メイソン, G. Mason, George 10.7没、67歳。1725生。アメリカの政治家, 政治思想家。

ボルチン Boltin, Ivan Nikitich 10.17没、57歳。1735生。ロシアの歴史家。

チュルコーフ, ミハイル・ドミトリエヴィチ Chulkov, Mikhail Dmitrievich 10.24没、49？歳。1743生。ロシアの作家, 民謡集編者。

モールス, ザームエル・フリードリヒ・ナターナエール Morus, Samuel Friedrich Nathanael 11.11没、55歳。1736生。ドイツのルター派神学者。

フォンヴィージン, デニス・イワノヴィチ Fonvizin, Denis Ivanovich 12.1没、47歳。1745([異]1744頃)生。ロシアの作家。

デーダライン, ヨーハン・クリストフ Döderlein, Johann Christoph 12.2没、47歳。1745生。ドイツの神学者。

リッコボーニ, マリー Riccoboni, Marie Jeanne 12.6没、79歳。1713([異]1714)生。イタリアの女優。

ロレンス Laurens, Henry 12.8没、68歳。1724生。アメリカの政治家。

ラムジー, ジェイムズ Rumsey, James 12.23没、49歳。1743生。アメリカの汽船研究家。

[この年] **アダム, ジョン** Adam, John 71歳。1721生。イギリスの建築家。

アッケルマン, ソフィア Ackermann, Sophia Charlotta 78歳。1714生。ドイツの女優。

アンティノーリ, ジョヴァンニ Antinori, Giovanni 58歳。1734生。イタリアの建築家。

カストロ, イグナシオ・デ Castro, Ignacio de 60歳。1732生。ペルーの歴史家, 教育者。

グァダーニ, ガエターノ Guadagni, Gaetano 67？歳。1725生。イタリアのカストラート・コントラルト歌手。

グティエレス・デ・サン・マルティン, ペドロ・ルイス Gutiérrez de San Martin, Pedro Luis 87歳。1705生。スペインの建築家。

クラウス, ヨーゼフ・マルティン Kraus, Joseph Martin 36歳。1756生。ドイツの作曲家。

グラミシヴィーリ Guramishvili, David 87歳。1705生。ロシアの詩人。

ゴダン - デ - オドネ Godin des Odonais, Isabel 64歳。1728生。エクアドルに生れる。

ザモイスキ Zamoyski, Andrzej 76歳。1716生。ポーランドの貴族。

サルトーリ，ジュゼッペ・アントーニオ Sartori, Giuseppe Antonio 75？歳。1717生。イタリアの建築家，彫刻家。

シュタイン，ヨーハン・アンドレーアス Stein, Johann Andreas 64歳。1728生。ドイツ・オーストリアのオルガン，ピアノ製造業者。

シルヴァ・シャビエル Silva Xavier, Joaquím José de ブラジルの独立運動先駆者。

ハーン，サミュエル Hearne, Samuel 47歳。1745生。イギリスの旅行家。

ブラウン Braun, Heinrich 60歳。1732生。ドイツのベネディクト会士。

ブレーズ，ブノワ Blaise, Benoît フランスのバスーン奏者，作曲家。

ヘル Hell, Maximilian 72歳。1720生。オーストリアの天文学者。

ベンダ，フリードリヒ・ルートヴィヒ Benda, Friedrich Ludwig 46歳。1746生。ボヘミアのヴァイオリン奏者，作曲家。

ボードー Baudeau, Nicholas 62歳。1730生。フランスの経済学者。

ピーロ，カール・グスタヴ Pilo, Carl Gustav 80歳。1712生。スウェーデンの画家。

マルティ，マリアーノ Martí, Mariano 71歳。1721生。スペインの司祭，教育家。

ラリュエット，ジャン‐ルイ Laruette, Jean-Louis 61歳。1731生。フランスの歌手，作曲家。

ルジャンテル LeGentil de La Galaisiere, Guillaume-Joseph-Hyacinthe-Jean-Baptistie 67歳。1725生。フランスの天文学者。

[この頃] **カルドンヌ，フィリベール** Cardonne, Philibert 62？歳。1730生。フランスの作曲家。

1793年

1.23 第2次ポーランド分割が実施される
2.13 第1次対仏大同盟が結成される
3.10 フランスのヴァンデーで農民が蜂起する
4.06 フランスで公安委員会が創設される
4.22 ワシントンが対仏戦争への中立を宣言する
10.05 フランス国民公会が共和暦を施行する
10.07 イギリスが清に通商条約締結を拒否される
10.28 発明家ホイットニーが綿繊機を発明する
12.19 ナポレオン・ボナパルトが英艦隊を攻撃

＊ ＊ ＊

グアルディ，フランチェスコ Guardi, Francesco 1.1没、80歳。1712生。イタリアの風景画家。

ゴルドーニ，カルロ Goldoni, Carlo 1.6没、85歳。1707生。イタリアの劇作家。

バスビル Bassville, Nicolas Jean Hugou de 1.13没、39歳。1753生。フランスの外交官。

リードネル，ベンクト Lidner, Bengt 1.14没、35歳。1757生。スウェーデン前期ロマン主義の詩人。

デュトワ‐マンブリーニ，ジャン・フィリップ Dutoit-Membrini, Jean Philippe 1.21没、71歳。1721生。スイスの神秘主義者。

ルイ16世 Louis XVI 1.21没、38歳。1754生。フランスの国王（在位1774～93）。

ブリュール Brühl, Alois Friedrich, Graf von 1.30没、53歳。1739生。ドイツの劇作家。

ヴェンツェル，カール・フリードリヒ Wenzel, Carl Friedrich 2.26没、53歳。1740生。ドイツの化学者，冶金学者。

ホーフマン，レーオポルト Hofmann, Leopold 3.17没、54歳。1738生。オーストリアの作曲家，オルガン奏者。

ツェードリッツ Zedlitz, Karl Abraham von 3.18没、62歳。1731生。ドイツ（プロイセン）の政治家。

マンスフィールド（カン・ウッドの），ウィリアム・マリー，初代伯爵 Mansfield, William Murray, 1st Earl of 3.20没、88歳。1705生。イギリスの法律家，政治家。

ミッチェル，ジョン Michell, John 4.9没、69歳。1724生。イギリスの地質学者。

ナルディーニ，ピエトロ Nardini, Pietro 5.7没、71歳。1722生。イタリアのヴァイオリン奏者。

ゲルベルト，マルティン Gerbert, Martin 5.13没、72歳。1720生。ドイツの聖職者。

ボネ，シャルル Bonnet, Charles 5.20没、73歳。1720生。スイスの博物学者，哲学者。

ビュッシング Büsching, Anton Friedrich 5.28没、68歳。1724生。ドイツの地理学者。

ロバートスン，ウィリアム Robertson, William 6.11没、71歳。1721生。スコットランドの歴史家，長老派の聖職者。

マーニエ Meusnier, Jean Baptiste Marie 6.17（㊮1792）没、38歳。1754生。フランスの将軍，科学者。

ホワイト，ギルバート White, Gilbert 6.26没、72歳。1720生。イギリスの博物学者，聖職者。

モーリッツ，カール・フィーリップ Moritz, Karl Philipp 6.26没、36歳。1756（㊮1757）生。ドイツの小説家。

ルースリン，アレクサンデル Roslin, Alexander 7.5没、74歳。1718生。スウェーデン生れのフランスの画家。

カトリノー Cathelineau, Jacques 7.11没、34歳。1759生。バンデーの反乱（1793.5）の指導者。

マラー，ジャン・ポール Marat, Jean Paul 7.13没、50歳。1743（㊮1744）生。フランス革命の指導者の一人。

コルデ（・ダルモン），（マリー・）シャルロット Corday d'Armont, Marie Aline Anne Charlotte 7.17没、24歳。1768生。フランスのジロンド党員。

1793　18世紀

シャーマン，ロジャー　Sherman, Roger　7.23没、72歳。1721生。アメリカの法律家，政治家。

ベゾッツィ，アレッサンドロ　Besozzi, Alessandro　7.26没、91歳。1702生。イタリアのオーボエ奏者，作曲家。

シュルテンス　Schultens, Hendrik Albert　8.12没、44歳。1749生。オランダの東洋学者。

キュスティーヌ　Custine, Adam Philippe, Comte de　8.28没、53歳。1740生。フランスの将軍。

ブラウン，ウィリアム・ヒル　Brown, William Hill　9.2没、27歳。1765生。アメリカの作家。

クック，ベンジャミン　Cooke, Benjamin　9.14没、59歳。1734生。イギリスの作曲家，オルガン奏者。

コローディ，ハインリヒ　Corrodi, Heinrich　9.14没、41歳。1752生。スイスの啓蒙的合理主義神学者。

トリッペル，アレクサンダー　Trippel, Alexander　9.24没、49歳。1744生。ドイツの彫刻家。

ランディーバル，ラファエル　Landívar, Rafael　9.27没、61歳。1731生。グアテマラ生れのイエズス会士，人文主義者。

ハンコック，ジョン　Hancock, John　10.8没、56歳。1737生。アメリカ独立戦争の指導者。

アミオ，ジャン・ジョゼフ・マリー　Amiot, Jean Joseph Marie　10.9没、75歳。1718生。フランスのイエズス会士。

ハンター，ジョン　Hunter, John　10.16没、65歳。1728生。スコットランドの外科医，解剖学者。

マリー-アントワネット　Marie Antoinette Josèphe Jeanne　10.16没、37歳。1755生。フランス国王ルイ16世の妃。

ウィルソン　Wilson, John　10.18没、52歳。1741生。イギリスの数学者。

ボンシャン　Bonchamp, Charles Melchior Artus, Marquis de　10.20没、33歳。1760生。フランスの軍人。

ヴェルニョー，ピエール・ヴィクテュルニアン　Vergniaud, Pierre Victurnien　10.31没、40歳。1753生。フランスの政治家。

ブリソー，ジャック・ピエール　Brissot, Jacques Pierre　10.31没、39歳。1754生。フランス革命期のジロンド派の指導者。

ゴードン，ロード・ジョージ　Gordon, Lord George　11.1没、41歳。1751生。イギリスの反カトリック運動指導者。

オルレアン，ルイ・フィリップ・ジョゼフ，公爵　Orléans, Louis Philippe Joseph, Duc d'　11.6没、46歳。1747生。フランス最後の国王ルイ・フィリップ（在位1830〜48）の父。

マリー，ジョン　Murray, John　11.6没、48歳。1745生。イギリスの出版業者。

ロラン夫人　Roland de la Platière, Jeanne Manon　11.9没、39歳。1754生。フランスの婦人。

バイイ，ジャン・シルヴァン　Bailly, Jean Sylvain　11.12没、57歳。1736生。フランスの政治家，天文学者。

ロラン・ド・ラ・プラティエール，ジャン・マリー　Roland de la Platière, Jean Marie　11.15没、59歳。1734生。フランスの政治家。

バルナーヴ，アントワーヌ（・ピエール・ジョゼフ・マリー）　Barnave, Antoine Pierre Joseph Marie　11.29没、32歳。1761生。フランスの革命家。

ラボー，ジャン-ポル・サンテティエンヌ　Rabaut, Jean-Paul St-Etienne　12.5没、50歳。1743生。フランスの牧師，政治家。

デュ・バリー，マリー・ジャンヌ・ゴマール・ド・ヴォーベルニエ，伯爵夫人　Du Barry, Comtesse　12.8没、50歳。1743生。ルイ15世の寵妾。

デッベリン　Doebbelin, Karl Theophilus　12.10没、71歳。1722生。ドイツの俳優，劇場支配人。

ルグロ　Legros, Joseph　12.20没、54歳。1739生。フランスのテノール歌手・作曲家。

この年　アウワーテル，イサーク　Ouwater, Isaak　43歳。1750生。オランダの画家。

アントレカストー　Entrecasteaux, Joseph-Antoine Raymond Bruni　54歳。1739生。フランスの海軍将校。

李徳懋　52歳。1741生。朝鮮，李朝後期の実学者，画家，文人。

ウシャール　Houchard, Jean Nicolas　55歳。1738生。フランス革命期の将軍。

オズワルド　Oswald, James　スコットランドの哲学者。

グージュ　Gouge, Marie-Olympe de　45歳。1748生。フランスの女性劇作家，政治パンフレット作家。

クラヴィエール　Clavière, Étienne　58歳。1735生。フランスの財政家，政治家。

阮文岳　ヴェトナム，黎朝末期のタイソン（西山）党の乱の首謀者。

コッリーノ，イニャーツィオ・セコンド　Collino, Ignazio Secondo　69歳。1724生。イタリアの彫刻家。

サンマルティーノ，ジュゼッペ　Sammartino, Giuseppe　73歳。1720生。イタリアの彫刻家。

銭載　85歳。1708生。中国，清代後期の文人画家。

宋之清　中国，清代の白蓮教の首領。

チニャローリ，ジャンドメーニコ　Cignaroli, Giandomenico　71歳。1722生。イタリアの画家。

ディートリック　Dietrick, Baron Philippe Frédéric de　45歳。1748生。フランスの鉱物学者，政治家。

ティームール・シャー　Tīmūr Shāh　20歳。1773（㊥1746）生。アフガニスタンのドゥッラーニー朝第2代の王（1773〜93）。

544　人物物故大年表 外国人編

18世紀　　　　　　　　　　　　　　　　　　　　　　　　　　　　　　　　　1794

バッキンガムシャー2世，ジョン・ホバート　Buckinghamshire, John Hobart, Earl of　70歳。1723生。イギリスの貴族。
ハルトマン，ヨハン・エアンスト　Hartmann, Johann Ernst　67歳。1726生。デンマークの作曲家，ヴァイオリン奏者。
憨帝　ヴェトナム，黎氏安南の王。
ボーデ　Bode, Johann Joachim　73歳。1720生。ドイツの翻訳家。
ポリニャック　Polignac, Yolande Martine Gabrielle de Polastron　44？歳。1749生。フランスの貴族。
ピンクニー　Pinckney, Eliza Lucas　71歳。1722生。アメリカの女流農業家。
ボンネ　Bonnet, Louis Martin　26歳。1767生。フランスの版画家。
マッギリブレー　McGillivray, Alexander　34？歳。1759生。アメリカインディアン，クリーク族の酋長。
マッジョット，ドメーニコ　Maggiotto, Domenico　80歳。1713生。イタリアの画家。
モア，ジェイコブ　More, Jacob　53歳。1740生。イギリスの画家。
ライト　Wright, Joseph　37歳。1756生。アメリカの画家。
ルペルシェ　Lepelletier, de Saint-Fargeau, Louis-Michel　33歳。1760生。フランス革命期の政治家，教育思想家。
ルミエール，アントワーヌ-マラン　Lemierre, Antoine-Marin　70歳。1723生。フランスの劇作家，詩人。
ロー，モーリシアス　Lowe, Mauritius　47歳。1746生。イギリスの画家，素描家。
この頃 メルシエ・ド・ラ・リヴィエール　Mercier de la Rivière　㉔1794没，73？歳。1720生。フランスの経済学者，重農主義者。

1794年

6.08　フランスで「最高存在の祭典」が開催
6.10　フランスでプレリアル法が可決される
6.26　フランス軍がフリュールスの戦いで勝利
7.27　フランスで恐怖政治が終息する
11.09　ロシア軍がワルシャワを陥落させる
　　　　　　　＊ ＊ ＊
メーザー，ユストゥス　Möser, Justus　1.8没，73歳。1720生。ドイツの評論家，歴史家。
フォルスター，ゲオルク　Forster, Johann Georg Adam　1.10没，39歳。1754生。ドイツの自然科学者。
ギボン，エドワード　Gibbon, Edward　1.16没，56歳。1737生。イギリスの歴史家。

ブライトコプフ　Breitkopf, Johann Gottlob Immanuel　1.29没，74歳。1719生。ドイツの出版業者。
ロメニー・ド・ブリエンヌ，エティエンヌ・シャルル・ド　Loménie de Brienne, Etienne Charles de　2.16没，66歳。1727生。フランスの聖職者，政治家。
ヴォルフ，カスパール・フリードリヒ　Wolff, Caspar Friedrich　2.22没，61歳。1733（㉔1734）生。ドイツの医学者。
ペロネ，ジャン・ロドルフ　Perronet, Jean Rodolphe　2.27没，85歳。1708生。フランスの土木技術家。
スィンディア　Māhādajī Rāo Sindhia　2.？没，67？歳。1727生。インドの最も有名なマラータ諸侯の一人。
ラ・ロシュジャクラン，アンリ　La Rochejacquelein, Henri Du Vergier, Comte de　3.4没，21歳。1772生。フランスの貴族。
クルス，ラモン・デ・ラ　Cruz, Ramón de la　3.5没，62歳。1731生。スペインの劇作家。
エベール，ジャック・ルネ　Hébert, Jacques René　3.24没，36歳。1757生。フランスの政治家。
クローツ　Cloots, Jean Baptiste du Val-de-Grâce, Baron de　3.24没，38歳。1755生。プロシア生れの狂信的革命家。
エロー・ド・セシェル，マリ・ジャン　Hérault de Séchelles, Marie Jean　4.5（㉔1793）没，34歳。1759（㉔1760）生。フランスの政治家。
シャボー　Chabot, François　4.5没，35歳。1759生。フランスの革命家。
ダントン，ジョルジュ・ジャック　Danton, Georges Jacques　4.5没，34歳。1759生。フランス革命期における山岳党の指導者の一人。
デムーラン，カミーユ　Desmoulins, Camille　4.5没，34歳。1760生。フランス革命期のジャーナリスト。
ファーブル・デグランチーヌ　Fabre d'Eglantine, Philippe Francois Nazaire　4.5没，43歳。1750（㉔1755頃）生。フランスの劇作家，革命家。
コンドルセ，マリ・ジャン・アントワーヌ・ニコラ・ド・カリタ　Condorcet, Marie Jean Antoine Nicolas de Caritat Marquis de　4.7没，50歳。1743生。フランスの哲学者，数学者，革命家。
シャンフォール，セバスティアン・ロシュ・ニコラ　Chamfort, Sebastien Roch Nicolas　4.13没，53歳。1741（㉔1740）生。フランスのモラリスト。
ショーメット　Chaumette, Pierre Gaspard　4.13没，30歳。1763生。フランスの革命家。
マイヤール　Maillart, Stanislas Marie　4.15没，31歳。1763生。フランスの革命家。
マルゼルブ，クレチヤン-ギョーム・ド・ラモワニョン・ド　Malesherbes, Chrétien Guillaume de Lamoignon de　4.22没，72歳。1721生。フランスの政治家。

人物物故大年表　外国人編　*545*

1794 18世紀

ル・シャプリエ　Le Chapelier, Isaac René Guy　4.22没、39歳。1754生。フランスの政治家。

ジョーンズ、サー・ウィリアム　Jones, Sir William　4.27没、47歳。1746生。イギリスの法学者、インド学者。

エスタン　Estaing, Jean Baptiste Charles Henri Hector, Comte d'　4.28没、64歳。1729生。フランスの提督。

ラヴォワジエ、アントワーヌ・ローラン　Lavoisier, Antoine Laurent　5.8没、50歳。1743生。フランスの化学者。

ブロイ　Broglie, Claude Victor, Prince de　5.27没、37歳。1757生。フランスの軍人。

マレシュ　Mareš(Maresch), Jan Antonín　5.30没、75歳。1719生。チェコ生れのホルン奏者、チェロ奏者。

ティラボスキ、ジローラモ　Tiraboschi, Girolamo　6.3没、62歳。1731生。イタリアの文学者。

ビュルガー、ゴットフリート・アウグスト　Bürger, Gottfried August　6.8没、46歳。1747生。ドイツの詩人。

マレー　Murray, James　6.18没、73歳。1721生。イギリスの軍人。

リー　Lee, Richard Henry　6.19没、62歳。1732生。アメリカの政治家。

ペシオン・ド・ヴィルヌーヴ　Pétion de Villeneuve, Jérôme　6.20没、38歳。1756生。フランスの政治家、弁護士。

カウニッツ(‐リートベルク)、ヴェンツェル・アントン、公爵　Kaunitz, Wenzel Anton, Graf von Kaunitz-Rietberg　6.24没、83歳。1711生。オーストリアの政治家。

ブリアン、ジャン・オリヴィエ　Briand, Jean Olivier　6.25没、79歳。1715生。フランス出身のカナダのカトリック教会指導者。

ランゲ　Linguet, Simon Nicolas Henri　6.27没、57歳。1736生。フランスのジャーナリスト、弁護士。

ルキーン、ウラジーミル・イグナチエヴィチ　Lukin, Vladimir Ignat'evich　7.9没、57歳。1737生。ロシアの劇作家。

マショー　Machault d'Arnouville, Jean-Baptiste de　7.13没、92歳。1701生。フランスの政治家。

リンド、ジェイムズ　Lind, James　7.13没、77歳。1716生。イギリスの医師。

ローバック　Roebuck, John　7.17没、76歳。1718生。イギリスの発明家。

ラボルド、ジャン・バンジャマン・ド　Laborde, Jean Benjamin de　7.22没、59歳。1734生。フランスの作曲家、音楽評論家。

ボアルネ、アレクサンドル、子爵　Beauharnais　7.23没、34歳。1760生。フランスの貴族。

シェニエ、アンドレ‐マリ　Chénier, André-Marie de　7.25没、31歳。1762生。フランスの詩人。

トレンク　Trenck, Friedrich, Freiherr von der　7.25没、68歳。1726生。ドイツ(プロイセン)の軍人。

クートン、ジョルジュ　Couthon, Georges　7.28没、38歳。1756(㊥1755)生。フランス革命期の政治家。

サン‐ジュスト、ルイ・(アントワーヌ・レオン・フロレル・)ド　Saint-Just, Louis Antoine Léon de　7.28没、26歳。1767(㊥1769)生。フランス革命期の政治家。

ロベスピエール、マクシミリアン・フランソワ・マリ・イジドール・ド　Robespierre, Maximilien François Marie Isidore de　7.28没、36歳。1758生。フランス革命の指導者。

コールマン、ジョージ　Colman, George　8.14没、62歳。1732生。イギリスの劇作家。

フロリヤン、ジャン‐ピエール・クラリス・ド　Florian, Jean Pierre Claris de　9.13没、39歳。1755生。フランスの寓話作家、小説家。

クラーク　Clark, Abraham　9.15没、68歳。1726生。アメリカ独立戦争の政治運動家。

エラーギン、イワン・ペルフィリエヴィチ　Elagin, Ivan Perfilievich　9.22没、68?歳。1725生。ロシアの詩人、劇作家。

ラボー、ポル　Rabaut, Paul　9.25没、76歳。1718生。フランスのユグノー派牧師。

ドゥラッツォ、ジャコモ　Durazzo, Giacomo　10.15没、77歳。1717生。イタリアの演出家。

アダム、ジェイムズ　Adam, James John　10.20没、62歳。1732(㊥1734)生。イギリスの建築家、室内装飾家。

スコヴォロダー、フリホリイ・サヴィチ　Skovoroda, Gregory Savvich　10.29没、71歳。1722生。ロシア(ウクライナ)の哲学者、宗教的思想家、詩人。

ベルニス、フランソワ‐ジョアシャン・ド・ピエール・ド　Bernis, François Joachim de Pierre de　11.1没、79歳。1715生。フランスの政治家、枢機卿。

ウィザスプーン、ジョン　Witherspoon, John　11.15没、71歳。1723生。スコットランド系のアメリカの牧師、教育家。

ストゥーベン、フレデリック・ウィリアム(・オーガスタス)、男爵　Steuben, Friedrich Wilhelm August, Baron von　11.28没、64歳。1730生。プロシアの軍人。

ベッカリーア、チェーザレ　Beccaria, Cesare Bonesana　11.28没、56歳。1738(㊥1735)生。イタリアの刑法学者、哲学者、経済学者。

カリエ、ジャン・バティスト　Carrier, Jean Baptiste　12.16没、38歳。1756生。フランスの革命家。

この年　ヴェリチコーフスキイ、パイーシイ　Veličkovskij, Paisij　72歳。1722生。ロシア修道主義の復興者。

エステーベ、パブロ　Esteve, Pablo　64?歳。1730生。スペインの作曲家。

汪中　㊙1795没、50歳。1744（㊙1745）生。中国、清の学者。

オーライリ　O'Reilly, Alexander　72歳。1722生。スペインのアイルランド系軍人。

ガッリアーリ、ベルナルディーノ　Galliari, Bernardino　87歳。1707生。イタリアの画家、舞台美術家。

クレメンテ、ステーファノ　Clemente, Stefano　75歳。1719生。イタリアの彫刻家。

ゴーデー　Gaudet, Marguerite Eli　36歳。1758生。フランスの政治家。

ゴベル、ジャン‐バティスト　Gobel, Jean-Baptiste　67歳。1727生。フランス改革期のカトリック聖職者。

シュナイダー、オイロギウス　Schneider, Eulogius　38歳。1756生。ドイツのカトリック聖職者。

シュミット、ミヒャエル・イグナーツ　Schmidt, Michael Ignaz　58歳。1736生。ドイツのカトリック歴史家。

ストルム　Storm, Edvard　45歳。1749生。ノルウェーの詩人。

スミートン、ジョン　Smeaton, John　㊙1792没、70歳。1724生。イギリスの土木技術者。

バドリー　Baddeley, Robert　62歳。1732生。イギリスの俳優。

潘恭寿　53歳。1741生。中国、清代中期の画家。

フェルセン　Fersen, Fredrik Axel, Greve av　75歳。1719生。スウェーデンの軍人、身分制議会議員。

ブルース、ジェイムズ　Bruce, James　64歳。1730生。イギリスの探検家。

ベロール‐ベルカステル、アントワーヌ・アンリ・ジャン・フランソワ・ド　Bérault-Bercastel, Antoine Henri Jean François de　74歳。1720生。フランスの教会史家。

プライスラー、ヨハン・マルティン　Preisler, Johann Martin　79歳。1715生。ボヘミア出身のドイツの画家。

マグヌスソン　Magnússon, Skúli　83歳。1711生。デンマーク王国の支配下で選任された初のアイルランド土着の代官（在任1749～93）。

マリエスキ、ヤーコポ　Marieschi, Iacopo　83歳。1711生。イタリアの画家。

ミーク、リシャール　Mique, Richard　66歳。1728生。フランスの建築家。

ライト　Light, Francis　54歳。1740生。イギリスの植民家、ペナンの建設者。

ラスペ　Raspe, Rudolf Erich　57歳。1737生。ドイツの小説家。

リナルディ、アントニオ　Rinaldi, Antonio　85？歳。1709生。イタリアの建築家。

ルー　Roux, Jacques　42？歳。1752生。フランスの革命期の民衆運動指導者。

ル・バ　Le Bas, Philippe François Joseph　29歳。1765生。フランスの政治家。

ルトゥフ・アリー・ハーン　Luṭf 'Alī Khān　イランのゼンド朝第7代（最後）の王。

ロラン・デルスヴィル　Rolland d'Erceville, Barthélemy　60歳。1734生。フランスの司法官、政治家。

この頃　カボ、アンドレス　Cavo, Andrés　55？歳。1739生。メキシコの歴史家。

クリスチャン、フレッチャー　Christian, Fletcher　30？歳。1764生。イギリスの航海士、1789年にバウンティ号で起きた、ウィリアム・ブライ船長に対する反乱の首謀者。

斉召南　㊙1768没、65？歳。1729（㊙1703）生。中国、清中期の学者。

1795年

4.07　子午線の長さを基にメートル法制定される
5.16　バタヴィア共和国が建設される
6.25　フランス軍がルクセンブルクを占領する
8.22　フランスで共和暦第3年の憲法が採択
9.16　イギリスがケープタウンを占領する
10.24　第3次分割協定でポーランドが消滅する
10.26　フランス国民公会が解散、総裁政府が成立
＊　＊　＊

ドゾー　Desault, Pierre Joseph　1.1没、50歳。1744（㊙1738）生。フランスの外科医。

ウェッジウッド、ジョサイア　Wedgwood, Josiah　1.3没、64歳。1730生。イギリスの陶芸家。

コレット、ミシェル　Corrette, Michel　1.22没、86歳。1709生。フランスのオルガン奏者、作曲家、教師。

ムリエル、ドミンゴ　Muriel, Domingo　1.23没、77歳。1718生。スペインのイエズス会士、哲学者、教会法学者。

バッハ、ヨーハン・クリストフ・フリードリヒ　Bach, Johann Christoph Friedrich　1.26没、62歳。1732生。ドイツの作曲家。

バルテルミー、ジャン‐ジャック　Barthélemy, Jean-Jacques　1.30没、79歳。1716生。フランスの古銭学者、考古学者、作家。

デゾトレ　Deshauterayes, Michel Ange André le Roux　2.9没、71歳。1724生。フランスの東洋学者。

ベルマン、カール・ミカエル　Bellman, Carl Michael　2.11没、55歳。1740生。スウェーデンの詩人。

エルタール、フランツ・ルートヴィヒ　Erthal, Franz Ludwig　2.14没、64歳。1730生。ドイツのヴュルツブルクの領主司教。

カルリ Carli, Giovanni Rinaldo, Conte 2.22没、74歳。1720生。イタリアの天文学者，経済学者，古代研究家。

ジェラード Gerard, Alexander 2.22没、54歳。1728生。イギリス(スコットランド)の哲学者，美学者。

アルデュイノ Arduino, Giovanni 3.21没、82歳。1713([異]1714)生。イタリアの地質学者。

シェルグレン，ユーハン・ヘンリック Kellgren, Johan Henric 4.20没、43歳。1751生。スウェーデンの詩人，評論家。

フキエ・タンヴィル Fouquier-Tinville, Antoine Quentin 5.7没、48歳。1747([異]1746)生。フランスの政治家。

スタイルズ，エズラ Stiles, Ezra 5.12没、67歳。1727生。アメリカの会衆派教会の牧師，イェール・カレッジ学長。

ボズウェル，ジェイムズ Boswell, James 5.19没、54歳。1740生。スコットランド生れの弁護士，著作家。

マルティノヴィチ Martinovics, Ignác 5.20没、39歳。1755生。ハンガリーの化学者。

マールプルク，フリードリヒ・ヴィルヘルム Marpurg, Friedrich Wilhelm 5.22没、76歳。1718生。ドイツの音楽理論家，作曲家。

ヘルツベルク Hertzberg, Ewald Friedrich, Graf von 5.27没、69歳。1725生。プロシアの政治家。

ルイ17世 Louis XVII 6.8没、10歳。1785生。フランスの名目上の王(1793～95)。

ヴィク・ダジール Vicq-d'Azyr, Félix 6.20([異]1794)没、47歳。1748生。フランスの医者，解剖学者。

ウジョーア，アントニオ・デ Ulloa, Antonio de 7.5没、79歳。1716生。スペインの軍人，学者。

ロウメイン，ウィリアム Romaine, William 7.26没、80歳。1714生。英国教会聖職者，説教者。

カルツァビージ，ラニエリ・デ Calzabigi, Ranieri Simone Francesco Maria(de') 7.?没、80歳。1714生。イタリアの詩人。

クローフォード Crawford, Adair 7.?没、47歳。1748生。アイルランドの化学者。

バイェウ・イ・スビアス，フランシスコ Bayeu y Subías, Francisco 8.4没、61歳。1734生。スペインの画家。

フィリドール，フランソワ・アンドレ Philidor, François André Danican 8.24没、68歳。1726生。フランスの音楽家。

カリオストロ，アレッサンドロ，伯爵 Cagliostro, Alessandro, conte di 8.26没、52歳。1743生。イタリアの眼科医，錬金術師，魔術師。

ベイクウェル，ロバート Bakewell, Robert 10.1没、70歳。1725生。イギリスの家畜改良家。

スミス Smith, John Christopher 10.3没、83歳。1712生。イギリスの作曲家，オルガン奏者。

ツィンメルマン Zimmermann, Johann Georg 10.7没、66歳。1728生。スイスの医者，哲学者。

ワラジャー Walajāh, Muḥammad Alī 10.13没。インドの政治家。

ベンダ，イルジー・アントニーン Benda, Georg 11.6没、73歳。1722生。ドイツの作曲家。

ヴァン・ロー Van Loo, Charles Amédée Philippe 11.15没、76歳。1719生。フランスの画家。

リンリー，トマス Linley, Thomas 11.19没、62歳。1733生。イギリスの作曲家，チェンバロ奏者，興業主，声楽教師。

クリントン，サー・ヘンリー Clinton, *Sir* Henry 12.23没、57?歳。1738生。イギリスの軍人。

[この年] **アルグラン，クリストフ - ガブリエル** Allegrain, Christophe-Gabriel 85歳。1710生。フランスの彫刻家。

ウォリス，サミュエル Wallis, Samuel 67歳。1728生。イギリスの海軍士官。

ガニュロー，ベニーニュ Gagneraux, Bénigne 39歳。1756生。フランスの画家。

ガーマ Gama, José Basilio da 54歳。1741生。ブラジルの詩人。

サヤト - ノヴァ Sayat' Nova 83歳。1712生。アルメニアの詩人。

サリヴァン，ジョン Sullivan, John 55歳。1740生。アメリカの軍人。

シェリホフ Shelekhov, Grigori Ivanovich 48歳。1747生。ロシアの商人。

スメリー，ウィリアム Smellie, William 55歳。1740生。イギリスの編集者，印刷業者，古物研究家。

タターソル，リチャード Tattersall, Richard 71歳。1724生。イギリスの競売人。

ディクスナール，ピエール - ミシェル Ixnard, Pierre-Michel d' 69歳。1726生。フランス生れの建築家。

ディクスナール，ミシェル d'Ixnard, Michel 72歳。1723生。フランスの建築家。

バートレット，ジョサイア Bartlett, Josiah 66歳。1729生。アメリカの医師，政治家。

ペン Penn, John 66歳。1729生。ペンシルバニア植民地総督。

マリオン，フランシス Marion, Francis 63?歳。1732生。アメリカの軍人。

モリージャ，カミッロ Morigia, Camillo 52歳。1743生。イタリアの建築家。

羅芳伯 [異]1793没、57歳。1738([異]1736)生。ボルネオの華僑指導者。

レイハ，ヨセフ Rejcha, Josef 43歳。1752生。チェコのチェロ奏者，指揮者，作曲家。

盧文弨 78歳。1717生。中国，清の学者。

ロンム Romme, Charles Gilbert 45歳。1750生。フランスの政治家。

1796年

2.09 嘉慶帝が清皇帝に即位する
2.19 清で白蓮教徒の乱が起る
5.10 フランスでバブーフの反政府革命運動発覚
5.14 ジェンナーが子供に種痘を接種する
7.20 探検家パークがニジェール川を発見する
10.17 ナポレオンがアルコレの戦いで勝利する

＊＊＊

ヴァンデルモンド Vandermonde, Alexis Théophile 1.1没、60歳。1735生。フランスの数学者。

コロー・デルボワ, ジャン・マリー Collot d'Herbois, Jean Marie 1.8没、45歳。1751(異1750)生。フランス，ジャコバン党の革命家。

サムソエ Samsøe, Ole Johan 1.24没、36歳。1759生。デンマークの詩人。

シーベリ, サミュエル Seabury, Samuel 2.25没、66歳。1729生。アメリカ聖公会最初の主教。

ルスト, フリードリヒ・ヴィルヘルム Rust, Friedrich Wilhelm 2.28没、56歳。1739生。ドイツのヴァイオリン奏者，作曲家。

チェンバーズ, サー・ウィリアム Chambers, *Sir* William 3.8没、70歳。1726(異1723)生。イギリスの建築家。

ストーラス, スティーヴン Storace, Stephen 3.19没、33歳。1762生。イタリア系のイギリスの作曲家。

スウェイン, ジョウゼフ Swain, Joseph 4.16没、35歳。1761生。イギリスの讃美歌作者。

ウィルケ, ヨハン・カール Wilcke, Johan Carl 4.18没、63歳。1732生。ドイツ・スウェーデンの物理学者。

ヒッペル, テーオドア・ゴットリーブ・フォン Hippel, Theodor Gottlieb von 4.23没、55歳。1741生。ドイツの作家。

ブランケンブルク, クリスティアン・フリードリヒ・フォン Blankenburg, Christian Friedrich von 5.4没、52歳。1744生。ドイツの文学・美学研究者。

クニッゲ, アードルフ・フォン Knigge, Adolf Franz Friedrich 5.6没、43歳。1752生。ドイツの宮廷哲学者，作家。

レーナル, ギヨーム・トマ・フランソワ Raynal, Guillaume Thomas 5.6(異1793)没、82歳。1713(異1731)生。フランスの著述家。

キャロル, ダニエル Carroll, Daniel 5.7没、65歳。1730生。アメリカの政治家，連合規約および合州国憲法の調印者。

ウーツ, ヨハン・ペーター Uz, Johann Peter 5.12没、75歳。1720生。ドイツの詩人，司法官。

ウムラウフ, イグナーツ Umlauf, Ignaz 6.8没、50歳。1746生。オーストリアの作曲家，ヴィオラ奏者，指揮者。

ジャルディーニ, フェリーチェ・デ Giardini, Felice 6.8没、80歳。1716生。イタリアのヴァイオリン奏者，作曲家。

カロル(クールランド公の) Karol, Ksiqzq Kurlandzki 6.16没、62歳。1733生。クールランド公(1759〜63)。

ロールニヤ Lorgna, Antonio Maria 6.28没、60歳。1735生。イタリアの数学者，力学者で技術者。

ナルシェヴィチ, アダム・スタニスウァフ Naruszewicz, Adam Stanisław 7.8没、62歳。1733生。ポーランドの詩人，歴史家。

ハミルトン Hamilton, William Gerard 7.16没、67歳。1729生。イギリスの政治家。

バーンズ, ロバート Burns, Robert 7.21没、37歳。1759生。スコットランドの詩人。

マウルベルチュ, フランツ・アントン Maulbertsch, Franz Anton 8.8没、72歳。1724生。オーストリアの画家。

マルソー Marceau-Desgraviers, François Severin 9.21没、27歳。1769生。フランスの軍人。

リード, トマス Reid, Thomas 10.7没、86歳。1710生。イギリスの哲学者，常識学派の創始者。

ビットリオ・アマデオ3世 Vittorio Amadeo III 10.16没、70歳。1726生。サヴォイア公，サルデーニャ王(1773〜96)。

エカテリーナ2世 Ekaterina II, Alekseevna Romanova 11.17没、67歳。1729(異1726)生。ロシアの女帝(在位1762〜96)。

マクファーソン, ジェイムズ Macpherson, James 11.17没、60歳。1736生。スコットランド生れの詩人。

ロドリゲス, アンドレ(アンドレーアス) Rodrigues, André(Andreas) 12.2没、67歳。1729生。ポルトガルの来中国イエズス会士。

コストローフ, エルミール・イワノヴィチ Kostrov, Ermir Ivanovich 12.9没、41？歳。1755生。ロシアの詩人。

ウェイン, アンソニー Wayne, Anthony 12.15没、51歳。1745生。アメリカの軍人。

ルミャーンツェフ Rumyantsev, Aleksandrovich 12.19没、71歳。1725生。ロシアの将軍，伯爵。

ルモワーヌ Lemoyne, Jean Baptiste 12.30没、45歳。1751生。フランスの作曲家。

[この年] **アラン, デイヴィド** Allan, David 52歳。1744生。イギリスの画家。

アンジョリーニ Angiolini, Gasparo 73歳。1723生。イタリアの舞踊家。

アンダーソン，ジョン　Anderson, John　70歳。1726生。イギリスの科学者。
エスペーホ　Espejo, Francisco Javier Eugenio　49歳。1747生。エクアドルの文学者。
ガブリエッリ，カテリーナ　Gabrielli, Caterina　66歳。1730生。イタリアのソプラノ歌手。
ガルヴァーニ，ルイジ　Galvani, Luigi　[異]1798没、59歳。1737生。イタリアの生理学者。
義沾　50歳。1746生。朝鮮，正祖時の僧。
ジェラルド　Gerrald, Joseph　33歳。1763生。イギリスの議会改革論者。
シャレット・ド・ラ・コントリー　Charette de la Contrie, François A.　33歳。1763生。フランス，バンデーの反乱の指導者。
邵晋涵　53歳。1743生。中国，清の学者。
孫士毅　76歳。1720生。中国，清中期の官僚。
チチウス　Titius, Johann Daniel　67歳。1729生。ドイツの自然科学者。
チニャローリ，ジュゼッペ　Cignaroli, Giuseppe　70歳。1726生。イタリアの画家。
トレザゲ　Trésaguet, Pierre-Marie-Jérôme　80歳。1716生。フランスの土木技術者。
ハンティントン　Huntington, Samuel　65歳。1731生。アメリカの法律家，政治家。
ベルネーロ，ジョヴァンニ・バッティスタ　Bernero, Giovanni Battiata　60歳。1736生。イタリアの彫刻家。
彭紹升　56歳。1740生。中国，清の在家仏教者。
ピガージュ，ニコラ・ド　Pigage, Nicolas de　73歳。1723生。フランスの建築家。
ピングレー　Pingré, Alexandre-Gui　85歳。1711生。フランスの天文学者。
リッテンハウス　Rittenhouse, David　64歳。1732生。アメリカの科学装置製作者，天文学者。
リンチ　Lynch, Charles　60歳。1736生。バージニアのプランター(大農場主)。

1797年

2.12	ハイドンの皇帝賛歌がブルク劇場で初演
4.15	スピットヘッドに停泊中の英艦隊が反乱
7.09	ナポレオンがチサルピア共和国を建設する
10.17	第1次対仏大同盟戦争が終結する
10.22	ガルヌランのパラシュート降下実験が成功

＊　＊　＊

ドーレス，ヨハン・フリードリヒ　Doles, Johann Friedrich　2.8没、81歳。1715生。ドイツの作曲家，オルガン奏者，指揮者。
ミュンヒハウゼン，(カール・フリードリヒ・ヒエロニュムス)，男爵　Münchhausen, Karl Friedrich Hieronymus, Freiherr von　2.22没、76歳。1720生。ドイツの軍人，狩猟家，冒険家。
ドーヴェルニュ　d'Auvergne, Antoine　2.23没、83歳。1713生。フランスのヴァイオリン奏者，作曲家。
アンフォッシ，パスクアーレ　Anfossi, Pasquale　2.？没、69歳。1727生。イタリアの作曲家。
ウォルポール，ホラス　Walpole, Horace　3.2没、79歳。1717生。イギリスの小説家。
フォルネル，フアン・パブロ　Forner y Sagarra, Juan Pablo　3.17没、41歳。1756生。スペインの著述家，論争家，弁護士。
パシケヴィチ　Pashkevich, Vasilii Alekseevich　3.20没、55？歳。1742生。ロシアの作曲家，ヴァイオリン奏者，指揮者。
ハットン，ジェイムズ　Hutton, James　3.26没、70歳。1726生。イギリスの化学，地質学者。
シュチェパーン　Štěpán, Josef Antonín (Steffan, Joseph Anton)　4.12没、71歳。1726生。ボヘミア生れの作曲家，教師。
シュトルヒェナウ，ジークムント・フォン　Storchenau, Sigmund von　4.13没、65？歳。1731生。ドイツのイエズス会士，哲学者，護教論者。
ウィンチェスター，エルハナン　Winchester, Elhanan　4.18没、45歳。1751生。アメリカの宗教家。
ファニャーノ，ジャンフランシスコ　Fagnano, dei Toschi Jeanfrancisco Onorio　5.14没、82歳。1715生。イタリアの数学者。
スデーヌ，ミシェル-ジャン　Sedaine, Michel Jean　5.17没、77歳。1719生。フランスの劇作家。
バブーフ，フランソワ-ノエル　Babeuf, François-Noël　5.27没、36歳。1760生。フランスの革命家，共産主義者。
フラッティヒ，ヨーハン・フリードリヒ　Flattich, Johann Friedrich　6.1没、83歳。1713生。ドイツの福音派の牧師，教育学者。
アーガー・ムハマンド・ハーン　Āghā Muhammad Khān　6.17没、77歳。1720([異]1742)生。イランのカジャール朝の創始者(在位1796～97)。
ベアンストーフ　Bernstorff, Andreas Peter Count von　6.21没、61歳。1735生。デンマークの政治家。
ヴェン，ヘンリ　Venn, Henry　6.24没、72歳。1725生。英国教会の著名な説教者，牧会者。
ローデ　Rode, Christian Bernhard　6.24没、71歳。1725生。ドイツの画家。
ヴェッリ，ピエートロ　Verri, Pietro　6.28没、68歳。1728生。イタリアの経済学者，文学者。
ヴェンツィンガー，クリスティアン　Wenzinger, Christian　7.1没、86歳。1710生。ドイツのロココ彫刻家，画家，建築家。

18世紀　1798

バーク，エドマンド　Burke, Edmund　7.9没、68歳。1729（㋚1728頃）生。イギリスの政治家，著述家，美学者。

マクリン，チャールズ　Macklin, Charles　7.11没、97？歳。1700（㋚1697頃）生。アイルランド生れのイギリスの俳優。

アマースト，ジェフリー・アマースト，男爵　Amherst, Jeffrey Amherst, Baron　8.3没、80歳。1717生。イギリスの軍人。

シュタットラー，ベーネディクト　Stattler, Benedikt　8.21（㋚1792）没、69歳。1728生。ドイツのカトリック神学者、哲学者。

ルーヴェ・ド・クーヴレー，ジャン-バチスト　Louvet de Convray, Jean-Baptiste　8.25没、37歳。1760生。フランスの小説家。

レス，ゴットフリート　Leß, Gottfried　8.28没、61歳。1736生。ドイツのルター派神学者。

ライト，ジョゼフ　Wright, Joseph　8.29没、62歳。1734生。イギリスの画家。

ウルストンクラーフト，メアリー　Wollstonecraft, Mary　9.10没、38歳。1759生。イギリスの女権拡張論者。

オシュ　Hoche, Louis Lazare　9.19没、29歳。1768生。革命期のフランスの将軍。

ダウベ　Daube, Johann Friedrich　9.19没、67？歳。1730生。ドイツのテオルボ奏者、理論家。

ツィック，ヤヌアリウス　Zick, Januarius　11.14没、65歳。1732（㋚1730）生。ドイツの画家。

フリードリヒ・ウィルヘルム2世　Friedrich Wilhelm II　11.16没、53歳。1744生。プロシア王（在位1786〜97）。

ヴェンドリング　Wendling, Johann Baptist　11.27没、74歳。1723生。ドイツのフルート奏者、作曲家。

ミルナー，ジョウゼフ　Milner, Joseph　12.15没、53歳。1744生。イギリスのプロテスタント神学者、歴史家。

ルティーニ，ジョヴァンニ・マルコ　Rutini, Giovanni Marco　12.22没、74歳。1723生。イタリアの作曲家。

ウィルクス，ジョン　Wilkes, John　12.26没、70歳。1727（㋚1725）生。イギリスの急進主義政論家、政治家。

カズンズ，ジョン・ロバート　Cozens, John Robert　12.？（㋚1799）没、45歳。1752生。イギリスの水彩風景画家。

この年 アガトン　Agathon, Goullieux Joseph　66歳。1731生。フランスのキリスト教学校同胞団の第五代団長。

アルバレス，マヌエル　Alvarez, Manuel　70歳。1727生。スペインの彫刻家。

アンセルミ，ジョルジョ　Anselmi, Giorgio　74歳。1723生。イタリアの画家、装飾意匠家。

ヴァギフ，モラ-パナフ　Vagif, Mólla-Pánakh　80？歳。1717生。アゼルバイジャンの詩人，政治家。

エリヤ・ベン・ソロモン　Elijah Ben Solomon　77歳。1720生。リトアニアのユダヤ学者。

袁枚　81歳。1716生。中国，清の文学者。

王宸　77歳。1720生。中国，清中期の文人画家。

王鳴盛　（㋚1798没、77歳。1720（㋚1722）生。中国，清の学者，詩人。

ケルゲラン-トレマレク，イヴ・ジョゼフ・ド　Kerguélen-Trémarec, Yves Joseph de　52歳。1745（㋚1734）生。フランスの航海者。

ゴッター　Gotter, Friedrich Wilhelm　51歳。1746生。ドイツの劇作家、詩人。

コンパニョン，バルタサール・ハイメ・マルティネス・デ　Compañon, Baltasar Jaime Martínez de　60歳。1737生。ペルーのリマ大聖堂参事会員。

サバティーニ，フランチェスコ　Sabatini, Francesco　76歳。1721生。イタリアの建築家。

ジェリヨット，ピエール・ド　Jélyotte, Pierre de　㋚1787没、84歳。1713生。フランスのテノール歌手。

ストラット　Strutt, Jedediah　71歳。1726生。イギリスの木綿紡績業者、靴下編機改良家。

ティッソ　Tissot, Simon Andreas　69歳。1728生。スイス・ローザンヌの医師。

ディーテリヒ，ヨーハン・ザームエル　Diterich, Johann Samuel　76歳。1721生。ドイツの牧師、讃美歌作者。

デュエーン　Duane, James　64歳。1733生。アメリカの法律家。

デュラニー　Dulany, Daniel　75歳。1722生。アメリカの法律家、植民地指導者。

畢沅　67歳。1730生。中国，清の学者。

フォルマイ　Formey, Johann Heinrich Samuel　86歳。1711生。ドイツの哲学的雑文記述家。

ホッジズ，ウィリアム　Hodges, William　53歳。1744生。イギリスの画家。

マラビッティ，イニャーツィオ　Marabitti, Ignazio　78歳。1719生。イタリアの彫刻家。

ラロンド，リシャール・ド　Lalonde, Richard de　17歳。1780生。フランスの家具制作家。

リー　Lee, Francis Lightfoot　63歳。1734生。アメリカ独立革命時代の政治家。

レストゥー，ジャン-ベルナール　Restout, Jean-Bernard　65歳。1732生。フランスの画家。

1798年

3.29　ヘルヴェティア共和国の樹立が宣言される
6.12　ナポレオンがマルタ島を占領する

7.21 ナポレオンがピラミッドの戦いで勝利する
9.07 近藤重蔵が択捉島に日本領の標柱を立てる

＊＊＊

ジョルダーニ，ジュゼッペ Giordani, Giuseppe 1.4没、54歳。1743生。イタリアの作曲家。

カンナビヒ，ヨーハン・クリスティアン Cannabich, Johann Christian 1.20（[異]1791）没、66歳。1731生。ドイツのヴァイオリン奏者，指揮者，作曲家。

ネーフェ，クリスティアン・ゴットローブ Neefe, Christian Gottlob 1.26没、49歳。1748生。ドイツの作曲家。

オーベライト Obereit, Jakob Hermann 2.2没、72歳。1725生。ドイツの哲学者，外科医。

スタニスワフ2世 Stanisław II August Poniatowski 2.12没、66歳。1732生。ポーランド最後の国王（在位1764～95）。

ヴァッケンローダー，ヴィルヘルム・ハインリヒ Wackenroder, Wilhelm Heinrich 2.13没、24歳。1773生。ドイツの作家，評論家。

シュヴァルツ，クリスティアン・フリードリヒ Schwarz, Christian Friedrich 2.13没、71歳。1726生。ドイツのルター派宣教師。

ビスカルドー，ホアン・パブロ Vizcardó, Juan Pablo 2.？没、49歳。1748生。ラテン・アメリカ独立運動の先駆けとなったペルーのイエズス会士。

ラムラー，カール・ヴィルヘルム Ramler, Karl Wilhelm 4.11没、73歳。1725生。啓蒙主義の時代のドイツの詩人，翻訳家。

ダンツィ，インノチェンツォ Danzi, Innocenzo 4.17没、68?歳。1730生。イタリア系のチェロ奏者。

ヴァンクーヴァー，ジョージ Vancouver, George 5.10没、40歳。1757（[異]1758頃）生。イギリスの航海者。

ズワレツ Svarez, Carl Gottlieb 5.14没、52歳。1746生。プロシアの法学者。

ルーンケン Ruhnken, David 5.14没、75歳。1723生。ドイツの古典学者。

エックヘル，ヨーゼフ・ヒラリウス Eckhel, Joseph Hilarius 5.16没、61歳。1737生。オーストリアの古銭学者。

カルステンス，アスムス・ヤーコプ Carstens, Asmus Jakob 5.25没、44歳。1754生。ドイツの歴史家，肖像画家。

カサノーヴァ，ジョヴァンニ・ジャーコモ Casanova de Seingalt, Giovanni Giacomo 6.4（[異]1789）没、73歳。1725生。流浪と漁色の旅に生きたイタリア人。

フィッツジェラルド，ロード・エドワード Fitzgerald, *Lord* Edward 6.4没、34歳。1763生。アイルランドの革命家。

ヘンミ Hemmij, Gijsbert 6.8没、50歳。1747生。長崎出島のオランダ商館長（1792～98）。

リガス-ヴェレスティンリス Rigas, Konstantinos 6.24没、41歳。1757（[異]1760）生。ギリシアの啓蒙思想家，民族主義者。

フィッチ，ジョン Fitch, John 7.2没、55歳。1743生。アメリカ初期の汽船開発家。

プニャーニ，ガエターノ Pugnani, Gaetano 7.15没、66歳。1731生。イタリアのヴァイオリン奏者，作曲家。

バークリ，ジョン Barclay, John 7.29没、64歳。1734生。スコットランド教会の牧師。

ウェアリング Waring, Edward 8.15没、62？歳。1736（[異]1734）生。イギリスの数学者。

ウィルソン，ジェイムズ Wilson, James 8.28没、55歳。1742生。アメリカの法律学者，政治家。

ブレーカー Bräker, Ulrich 9.11没、62歳。1735生。スイスの作家。

リード Read, George 9.21没、65歳。1733生。アメリカの政治家。

モーザー，フリードリヒ・カール Moser, Friedrich Karl 11.10没、74歳。1723生。ドイツの政治家，敬虔派信徒。

トーン，（シオボルド・）ウルフ Tone, Theobald Wolfe 11.19没、35歳。1763生。アイルランド独立運動者。

ガルヴェ Garve, Christian 12.1没、56歳。1742生。ドイツの哲学者。

キラム，アレグザーンダ Kilham, Alexander 12.20没、36歳。1762生。イギリスの「メソジスト・ニュー・コネクション」の創始者。

ブラウ，フェーリクス・アントーン Blau, Felix Anton 12.23没、44歳。1754生。ドイツのカトリック啓蒙主義者。

[この年] **アレッサンドリ，フェリーチェ** Alessandri, Felice 51歳。1747生。イタリアの作曲家。

アンジェリ，ジュゼッペ Angeli, Giuseppe 88？歳。1710生。イタリアの画家。

ヴェリー，シャルル・ド Wailly, Charles de 68歳。1730生。フランスの建築家。

ウンテルペルゲル，クリストーフォロ Unterpergher, Cristoforo 66歳。1732生。イタリアの画家。

エクスナー，クリスティアン・フリードリヒ Exner, Christian Friedrich 80歳。1718生。ドイツの建築家。

王三槐 中国，清代の白蓮教の乱の首領。

カザビアンカ Casabianca, Louis de 43？歳。1755生。フランスの海軍軍人。

カラベッリ，フランチェスコ Carabelli, Francesco 61歳。1737生。イタリアの美術家，彫刻家。

サンドビー，トマス Sandby, Thomas 77歳。1721生。イギリスの美術家，建築家。

スピナッツィ，インノチェンツォ Spinazzi, Innocenzo イタリアの彫刻家。

18世紀　1799

ソーズ，ムハンマド・ミール　Sōz　75歳。1723
　（㊥1720）生。インドのウルドゥー語詩人，吟詠
　者，能書家。
デュポール　Duport, Adrien Jean François　39
　歳。1759生。フランスの政治家。
ハミルトン，ゲイヴィン　Hamilton, Gavin　75
　歳。1723生。イギリスの画家，考古学者。
ヒューエットソン，クリストファー　Hewetson,
　Christopher　59歳。1739生。イギリスの彫刻家。
ファントーニ，グラツィオーソ（年小）　Fantoni,
　Grazioso, il Giovane　85歳。1713生。イタリア
　の彫刻家，インターリオ（装飾彫り）作家。
フエノー　Fenno, John　47歳。1751生。アメリカ
　の新聞編集者。
フェルスター，ヨハン・ラインホルト　Forster,
　Johann Reinhard　69歳。1729生。ドイツの研究
　旅行者。
ベルトーラ・デ・ジョルジ　Bertola De' Giorgi,
　Aurelio　45歳。1753生。イタリアの詩人。
ポニアトフスキー　Poniatowski, Stanisław
　August　66歳。1732生。最後のポーランド王（在
　位1764〜95）。
マッカルッチ，ベルナルディーノ　Maccarucci,
　Bernardino　70?歳。1728生。イタリアの建築家。
ミューア　Muir, Thomas　33歳。1765生。イギリ
　スの議会改革者。
ミリーツィア，フランチェスコ　Milizia, Francesco
　73歳。1725生。イタリアの建築理論家。
モリス　Morris, Lewis　72歳。1726生。アメリカ
　独立戦争時代のニューヨークの大土地所有者，政
　治家。
ワーリス・シャー　Wāris Śāh　76歳。1722生。イ
　ンドのパンジャービー語の神秘主義詩人。
この頃 ウー，オバータ　U, O Bâ Tha　40?歳。
　1758生。ミャンマー（ビルマ）の仏教文学者。

1799年

2.07　清で嘉慶帝が親政を開始する
3.12　第2次対仏大同盟戦争が開始する
6.05　フンボルトが南米探検に出航する
11.09　ブリュメール18日のクーデターが発生
　　　　　＊　＊　＊
乾隆帝　1.3没、87歳。1711生。中国、清朝の第6代
　皇帝（在位1735〜96）。
アニェシ，マリア（・ガエターナ）　Agnesi, Maria
　Gaetana　1.9没、80歳。1718生。イタリアの数学
　者，学者。
アランダ，ペドロ・パブロ・アバルカ・イ・ボレア，
　伯爵　Aranda, Pedro Pablo Abarca de Bolea,
conde de　1.9（㊥1798）没、80歳。1718（㊥1719）
　生。スペインの政治家，軍人。
ソシュール，オラス・ベネディクト・ド　Saussure,
　Horace Bénédict de　1.22没、58歳。1740生。ス
　イスの植物学者，地質学者，登山家。
ド・ソシュール，ホラース・ベネディクト　de
　Saussure, Horace Bénédict　1.22没、58歳。
　1740生。スイスの物理学者，地理学者。
コーベル，フェルディナント　Kobell, Ferdinand
　2.1没、58歳。1740生。ドイツの画家。
ナデルマン，ジャン・アンリ　Naderman, Jean
　Henri　2.4没、64歳。1735生。フランスの出版者，
　楽器製作者。
ブレー，エティエンヌ・ルイ　Boullée, Étienne
　Louis　2.6没、70歳。1728生。フランスの建築家。
スパランツァーニ，ラザロ　Spallanzani, Lazzaro
　2.11没、70歳。1729生。イタリアの牧師，生理
　学者。
ドゥシェク，フランティシェク・クサヴェル
　Dušek, František Xaver　2.12没、67歳。1731
　生。チェコのピアニスト，作曲家。
パレート・イ・アルカーサル，ルイス　Paret y
　Alcázar, Luis　2.14没、53歳。1746生。スペイン
　の画家。
ボルダ，ジャン・シャルル・ド　Borda,
　Jean-Charles de　2.20（㊥1791）没、65歳。1733
　生。フランスの数学者，天文学者，物理学者。
リヒテンベルク，ゲオルク・クリストフ
　Lichtenberg, Georg Christoph　2.24没、56歳。
　1742（㊥1744）生。ドイツ啓蒙主義の作家，物理
　学者。
エーザー，アーダム・フリードリヒ　Oeser, Adam
　Friedrich　3.18没、82歳。1717生。オーストリア
　の画家，彫刻家，版画家。
ブライトハウプト　Breithaupt, Johann Christian
　4.1没、62歳。1736生。ドイツの測量器械製造業者。
ルモニエ，ピエール・シャルル　Lemonnier,
　Pierre Charles　4.3没、83歳。1715生。フランス
　の天文学者。
ガッテラー　Gatterer, Johann Christoph　4.4没、
　71歳。1727生。ドイツの歴史家。
マルシャン，リュック　Marchand, Luc　4.27没、
　89歳。1709生。フランスの王室リュート奏者。
リーゲル，アンリ‐ジョゼフ　Riegel, Heinrich
　Joseph　5.2没、58歳。1741生。ドイツ生れの作
　曲家。
オギニスキー　Ogiński, MichałKazimierz　5.3没、
　68?歳。1731生。リトアニアの貴族。
ティープー・スルターン　Tipu Sultān　5.4没、50
　歳。1749（㊥1750）生。インド，マイソールの国王。
バルバトル，クロード　Balbastre,
　Claude-Bénigne　5.9没、72歳。1727生。フラン
　スのオルガン奏者，作曲家。

人物物故大年表 外国人編　553

1799　　　18世紀

レビリャヒヘド伯　Revillagigedo, Juan Vicente Güemes Pacheco y Padilla, Conde de　5.12没、59歳。1740生。スペインの貴族。

ボーマルシェ, ピエール-オーギュスタン・カロン・ド　Beaumarchais, Pierre Augustin Caron de　5.18没、67歳。1732生。フランスの劇作家。

ヘンリー, パトリック　Henry, Patrick　6.6没、63歳。1736生。アメリカの政治家。

サン-ジョルジュ, ジョゼフ-ブーローニュ・ド　Saint-Georges, Joseph-Boulogne　6.9？没、60？歳。1739生。フランスの作曲家、ヴァイオリン奏者。

アンドレ, ヨーハン　André, Johann　6.18没、58歳。1741生。ドイツの作曲家、音楽出版人。

カラッチョロ　Caracciolo, Francesco　6.29没、47歳。1752生。ナポリの提督。

羅聘　7.3没、66歳。1733生。中国、清中期の画家。

モンゴルフィエ, ジャック・エティエンヌ　Montgolfier, Jacques-Étienne　8.1没、54歳。1745生。フランスの発明家。

ベーコン, ジョン　Bacon, John　8.4没、58歳。1740生。イギリスの彫刻家。

ハウ, リチャード・ハウ, 初代伯爵　Howe, Richard Howe, Earl　8.5没、73歳。1726生。イギリスの軍人。

ジュベール　Joubert, Barthélemy Catherine　8.15没、30歳。1769生。フランスの軍人。

パリーニ, ジュゼッペ　Parini, Giuseppe　8.15没、70歳。1729（㋾1720）生。イタリアの詩人。

マンフレディーニ, ヴィンチェンツォ　Manfredini, Vincenzo　8.16没、61歳。1737生。イタリアの作曲家。

シュピース, クリスティアン・ハインリヒ　Spieß, Christian Heinrich　8.17没、44歳。1755生。ドイツの小説家。

ジルー, フランソワ　Giroust, François　8.28没、61歳。1738生。フランスの作曲家。

ピウス6世　Pius VI　8.29没、81歳。1717生。教皇（在位1775～99）。

ジャルダン, ニコラ-アンリ　Jardin, Nicolas　8.31没、79歳。1720生。フランスの建築家。

インヘンホウス, ヤン　Ingenhousz, Jan　9.7没、68歳。1730生。オランダの医者。

テンプル　Temple, Richard Grenville-Temple, 1st Earl of　9.12没、87歳。1711生。イギリスの政治家。

クラーマー, ヴィルヘルム　Cramer, Wilhelm　10.5没、54歳。1745（㋾1746）生。ドイツのヴァイオリン奏者。

シルヴァ, クルース・イ　Silva, António Dinis da Cruz e　10.5没、68歳。1731生。ポルトガルの詩人。

ウィザリング, ウィリアム　Withering, William　10.6没、58歳。1741生。イギリスの医者。

シュロッサー　Schlosser, Johann Georg　10.17没、59歳。1739生。ドイツの哲学者。

バッチャーニ, ヨージェフ　Batthyány, József　10.23没、72歳。1727生。ハンガリーのカトリック聖職者、エステルゴムの大司教、枢機卿。

ディッタースドルフ, カール・ディッタース・フォン　Dittersdorf, Karl Ditters von　10.24没、59歳。1739生。オーストリアの作曲家、ヴァイオリン奏者。

アルテアガ　Arteaga, Esteban de　10.30没、51歳。1747生。スペインの文筆家。

タッカー　Tucker, Josiah　11.4没、87歳。1712（㋾1713）生。イギリスの牧師、経済学者。

ルッソ　Russo, Vincenzio　11.19没、29歳。1770生。イタリアの政治思想家。

ペトローフ, ワシーリー・ペトローヴィチ　Petrov, Vasilii Petrovich　12.4没、63歳。1736生。ロシアの詩人。

ブラック, ジョゼフ　Black, Joseph　12.6没、71歳。1728生。スコットランドの化学者。

ガッツァニーガ, ピエートロ・マリーア　Gazzaniga, Pietro Maria　12.11没、77歳。1722生。イタリアのドミニコ会神学者。

ワシントン, ジョージ　Washington, George　12.14没、67歳。1732生。アメリカの軍人、政治家、合衆国初代大統領。

モンチュクラ　Montucla, Jean Etienne　12.18没、74歳。1725生。フランスの数学史家。

マルモンテル, ジャン-フランソワ　Marmontel, Jean François　12.31没、76歳。1723生。フランスの作家、文学者。

[この年] アイアデル　Iredell, James　48歳。1751生。アメリカの法律家、政治家。

アシエ, ミシェル・ヴィクトール　Acier, Michel Victor　63歳。1736生。フランスの彫刻家。

エスパーニャ　España, José María　38歳。1761生。ベネズエラの独立運動指導者。

王啓淑　71歳。1728生。中国、清代中期の印章の収蔵家。

カサノバス, ナルシソ　Casanovas, Narciso　52歳。1747生。スペインのオルガン奏者、作曲家。

カーデス, ジュゼッペ　Cades, Giuseppe　49歳。1750生。イタリアの画家。

ガーリブ・デデ　Galib Dede　㋾1798没、42歳。1757生。オスマン・トルコ時代の宮廷詩人。

カール・テオドール　Karl Theodor　75歳。1724生。プァルツの選帝侯。

江声　78歳。1721（㋾1722）生。中国、清中期の学者。

蔡済恭　79歳。1720生。朝鮮、李朝の政治家。

シャップ・ドテロシュ　Chappe d'Auteroche, Jean-Baptiste　71歳。1728生。フランスの天文学者。

554　人物物故大年表　外国人編

18世紀　　　1800

ジルバーマン，ヨハン・ハインリヒ　Silbermann, J. Heinrich　72歳。1727生。ドイツのオルガン・鍵盤楽器制作者，オルガン奏者。

タッシー，ジェイムズ　Tassie, James　64歳。1735生。イギリスのレプリカ製作者，宝石彫刻家。

張洽　81歳。1718生。中国，清代中期の画家。

ドーズ　Dawes, William　54歳。1745生。ボストンの皮なめし工，雑貨商。

バジェノフ，ヴァシーリー・イヴァノヴィッチ　Bajenov, Vasilij Ivanovich　62歳。1737生。ロシアの建築家。

バッタリア，カルメロ　Battaglia, Carmelo　イタリアの建築家。

ベーヌ　Béhaine, Pierre Joseph Georges Pigneau de　58歳。1741生。フランス人カトリック司教。

ベネット，エイブラハム　Bennet, Abraham　49歳。1750生。イギリスの物理学者。

ヘレンダール，ピーテル　Hellendaar, Pieter　78歳。1721生。オランダのオルガン奏者，作曲家。

ホアレス，ガスパール　Juárez, Gaspar　68歳。1731生。アルゼンチンのイエズス会士，博物学者。

方薫　63歳。1736生。中国，清代後期の画家。

ペーカ　Paca, William　59歳。1740生。アメリカの政治家，独立宣言の署名者。

パガーノ　Pagano, Francesco Mario　51歳。1748生。イタリアの法学者，哲学者。

マックイーン　Macqueen, Robert, *Lord* Braxfield　77歳。1722生。スコットランドの判事。

モンボドー，ジェイムズ・バーネット，卿　Monboddo, James Burnett, Lord　85歳。1714生。イギリスの裁判官，人類学の草分け。

有一　79歳。1720生。朝鮮正祖時の僧。

ラントナ　Lanthenas, François　59？歳。1740生。フランスの政治家。

黎簡　51歳。1748生。中国，清代後期の広東派の画家。

和珅　49？歳。1750生。中国，清の乾隆帝時代の権臣。

シャンピオネ　Championnet, Jean Étienne　1.9没，37歳。1762生。フランスの将軍。

スチーブンズ　Steevens, George　1.22没、63歳。1736生。イギリスのシェークスピア学者。

ウォートン，ジョーゼフ　Warton, Joseph　2.23没，77歳。1722生。イギリスの評論家。

エールトマンスドルフ，フリードリヒ・ヴィルヘルム・フォン　Erdmannsdorff, Friedrich Wilhelm von　3.9没、63歳。1736生。ドイツの建築家。

モンタランベール　Montalembert, Marc René, Marquis de　3.29没、85歳。1714生。フランスの軍人，築城技術者・設計者。

ナーナー・パドナヴィース　Nānā Phadnavīs　3.？没，58歳。1742生。インド，マラータ王国の政治家。

アクレーリウス，イースラエル　Acrelius, Israel　4.25没、85歳。1714生。スウェーデンのルター派教会牧師。

クーパー，ウィリアム　Cowper, William　4.25没、68歳。1731生。イギリスの詩人。

フィッシャー　Fischer, Johann Christian　4.29没、67歳。1733生。ドイツのオーボエ奏者，作曲家。

ピッチーニ，ニッコロ　Piccinni, Niccolò　5.7没、72歳。1728生。イタリアの作曲家。

マレ・デュ・パン，ジャック　Mallet du Pan, Jacques　5.10没、51歳。1749生。フランスのジャーナリスト。

スヴォーロフ，アレクサンドル・ヴァシリエヴィチ　Suvorov, Aleksandr Vasilievich　5.18没、70歳。1729（墺1730）生。ロシアの将軍。

シュルツ，ヨハン・アブラハム・ペーター　Schultz, Johann Abraham Peter　6.10没、53歳。1747生。ドイツの作曲家，指揮者。

クレーベル，ジャン・バティスト　Kléber, Jean Baptiste　6.14没、47歳。1753生。フランス革命期の将軍。

ドゥゼ・ド・ヴェグー　Desaix de Veygoux, Louis Charles Antoine　6.14没、31歳。1768生。フランスの将軍。

ケストナー，アーブラハム・ゴットヘルフ　Kästner, Abraham Gotthelf　6.20没、80歳。1719生。ドイツの数学者，箴言詩作者。

クルクシャンク　Cruikshank, William Cumberland　6.27没、55歳。1745生。イギリスの外科医，解剖学者。

ラ・トゥール・ドーヴェルニュ　La Tour d'Auvergne, Théophile Malo Corret de　6.27没、56歳。1743生。フランスの軍人。

シドニ　Sydney, Thomas Townshend, 1st Viscount　6.30没、67歳。1733生。イギリスの政治家。

マスケローニ　Mascheroni, Lorenzo　7.4没、50歳。1750生。イタリアの幾何学者。

1800年

2.05　ダブリンとウェストミンスター両議会合同
3.20　ボルタが乾電池の原型の研究論文を発表
12.24　ナポレオン暗殺未遂事件が起こる
*　*　*

ドーバントン　Daubenton, Louis Jean Marie　1.1？没、83歳。1716生。フランスの博物学者。

ジョウンズ，ウィリアム　Jones, William　1.6没、73歳。1726生。英国教会の神学者。

1800　19世紀

ラトリジ　Rutledge, John　7.18没、60歳。1739生。アメリカの法律家、政治家。

ジリー、フリードリヒ　Gilly, Friedrich　8.3没、28歳。1772生。ドイツの建築家。

ファッシュ、クリスティアン・フリードリヒ・カール　Fasch, Carl Friedrich Christian　8.3没、63歳。1736生。ドイツの作曲家。

モンタギュー、エリザベス　Montagu, Elizabeth Robinson　8.25没、79歳。1720生。イギリスの女流文学者。

ガヴィニエス、ピエール　Gaviniés, Pierre　9.8没、72歳。1728生。フランスのヴァイオリン奏者、指揮者、作曲家。

ヴェルナー、ヨーハン・クリストフ・フォン　Wöllner, Johann Christoph von　9.10没、68歳。1732生。プロシア王フリードリヒ・ウィルヘルム2世時の宗教大臣。

オイラー、ヨハン　Euler, Johann Albrecht　9.17没、65歳。1734生。ロシアの数学者、物理学者で天文学者。

ビリングズ、ウィリアム　Billings, William　9.26没、53歳。1746生。アメリカの作曲家。

デニス　Denis, Johann Nepomuk Cosmos Michael　9.29没、71歳。1729生。オーストリアの宗教詩人。

ラムズデン、ジェス　Ramsden, Jesse　11.5没、65歳。1735生。イギリスの天文機械製造業者。

マイモーン、シュロモー　Maimon, Salomon　11.22没、47歳。1753(㊙1754)生。ドイツのユダヤ人哲学者。

ムーチェレ、ゼバスティアン　Mutschelle, Sebastian　11.28没、51歳。1749生。ドイツのカトリック神学者。

ボスク・ベルナート - ベリ　Bosch Bernat-Verí Jorge　12.2没、53歳。1747生。スペインのオルガン製作者。

クニプハウゼン　Knyphausen, Baron Wilhelm von　12.7没、84歳。1716生。ドイツの陸軍士官。

ブレア　Blair, Hugh　12.27没、82歳。1718生。スコットランドの聖職者、詩人。

[この年] ヴァラン・ド・ラ・モット、ジャン - バティスト - ミシェル　Vallin de La Monthe, Jean-Baptiste-Michael　71歳。1729生。フランスの建築家。

ヴィクマンソン、ユーハン　Wikmanson, Johan　47歳。1753生。スウェーデンの作曲家。

ウォード　Ward, Artemas　73歳。1727生。アメリカ独立戦争時代のマサチューセッツ植民地軍の指揮者。

ガブリエル　Gabriel　24？歳。1776生。アメリカの黒人蜂起指導者。

ガルニエ、ピエール　Garnier, Pierre　80歳。1720生。フランスの家具制作家。

コート、ヘンリー　Cort, Henry　60歳。1740生。イギリスの製鉄業者。

正祖(李朝)　48歳。1752生。朝鮮、李朝の第22代王(在位1777〜1800)。

チニャローリ、ヴィットーリオ・アメデーオ　Cignaroli, Vittorio Amedeo　70歳。1730生。イタリアの画家。

テオトキス、ニキフォロス　Theotókēs, Nikēphóros　69歳。1731生。ギリシア正教神学者、教育者。

ド・ギーニュ　Guignes, Joseph de　79歳。1721生。フランスの中国学者、東洋学者。

ド・ランシー　De Lancy, James, Jr.　68歳。1732生。アメリカの政治家、商人。

フィンク・フォン・フィンケンシュタイン伯　Finck von Finckenstein, Karl Wilhelm Reichsgraf von　86歳。1714生。プロイセンの政治家。

フォミン、エフスチグネイ・イパトヴィチ　Fomin, Evstignei Ipatovich　39歳。1761生。ロシアの作曲家。

ブレア　Blair, John　68歳。1732生。アメリカの法律家。

マイエロット　Meierotto, Johamm Heinrich Ludwig　58歳。1742生。ドイツ(プロイセン)の古典学者、教育家。

マンチーニ、ジョヴァンニ・バッティスタ　Mancini, Giovanni Battista　86歳。1714生。イタリアのカストラート歌手、音楽教師。

ラトリッジ　Rutledge, Edward　51歳。1749生。アメリカの軍人、立法家。

ロビンソン　Robinson, Mary　42歳。1758生。イギリスの舞台女優、小説家、詩人。

[この頃] オーベール、ルイ　Aubert, Louis　80？歳。1720生。フランスのヴァイオリン奏者・作曲家。

ガーズィーウッ・ディーン・カーン2世　Ghāzīu'd-Dīn Khān II　66？歳。1734生。インドのムガル朝の武将。

クァリーニ、マリオ・ルドヴィコ　Quarini, Mario Ludovico　64？歳。1736生。イタリア出身の建築家。

コービン、マーガレット　Corbin, Margaret　49？歳。1751生。アメリカの独立戦争の女傑。

コンウェー　Conway, Thomas　65？歳。1735生。フランスの陸軍士官。

ダンコフスキ、ヴォイチェフ　Dankowski, Wojciech　40？歳。1760生。ポーランドの作曲家。

劉之協　中国、清の白蓮教徒の指導者。

1801年

2.09　リュネヴィルの和約が結ばれる
2.22　朝鮮がキリスト教禁止の禁教令を出す
3.04　トマス・ジェファーソン米大統領が就任

19世紀　1801

4.02　英艦隊がコペンハーゲン沖での海戦で勝利
　　　　　　＊　＊　＊

エットヴァイン，ジョン　Ettwein, John　1.2没、79歳。1721生。アメリカのモラヴィア（ヘルンフート）兄弟団監督。

ラーヴァター，ヨハン・カスパル　Lavater, Johann Kaspar　1.2没、59歳。1741生。スイスの神学者、新教の牧師。

アビルゴール　Abildgaard, Peter Christian　1.11没、61？歳。1740生。デンマークの獣医。

チマローザ，ドメニコ　Cimarosa, Domenico　1.11（㊙1806）没、51歳。1749生。イタリアの作曲家。

オーム　Orme, Robert　1.13没、72歳。1728生。イギリスのインド近世史家。

ストーントン　Staunton, *Sir* George Leonard　1.14没、63歳。1737生。イギリスの外交官。

ジャラット，デヴァルクス（デヴァルー）　Jarratt, Devereux　1.29没、68歳。1733生。アメリカの英国教会司祭。

ホドヴィエツキ，ダニエル　Chodowiecki, Daniel Nicolas　2.7没、74歳。1726生。ドイツの画家、イラストレーター。

ダルセー　Darcet, Jean　2.12没、75歳。1725生。フランスの医者、化学者。

クラシツキ，イグナツィ　Krasicki, Ignacy　3.14没、66歳。1735生。ポーランドの詩人。

オイギンス　O'Higgins, Ambrosio　3.18没、81？歳。1720生。スペインの商人、政治家、軍人。

パーベル1世　Pavel I, Petrovich　3.24没、46歳。1754（㊙1796）生。ロシアの皇帝（在位1796〜1801）。

ノヴァーリス　Novalis　3.25没、28歳。1772生。ドイツ初期ロマン派の代表的詩人、小説家。

アバクロンビー，サー・ラルフ　Abercromby, *Sir* Ralph　3.28没、66歳。1734生。イギリスの英雄的軍人。

リヴァロール，アントワーヌ　Rivarol, Antoine　4.13没、47歳。1753（㊙1754）生。フランスの作家。

アルテンブルク　Altenburg, Johann Ernst　5.14没、66歳。1734生。ドイツのトランペット奏者、作曲家、理論家。

ヘバーデン　Heberden, William　5.17没、90歳。1710生。イギリスの医師。

レプニン　Repnin, Nikolai Vasilievich　5.24没、67歳。1734生。ロシアの将軍、外交官。

アーノルド，ベネディクト　Arnold, Benedict　6.14没、60歳。1741生。アメリカの軍人。

シュミット，マルティン・ヨーハン　Schmidt, Martin Johann　6.28没、82歳。1718生。オーストラリアの画家、版画家。

ファン・ブラーム・フックヘースト　Van Braam Houckgeest, Andreas Everadus　7.8没、61歳。1739生。オランダの中国派遣使節。

エドワーズ，ジョナサン　Edwards, Jonathan, Jr.　8.1没、56歳。1745生。アメリカのプロテスタント神学者。

サマニエゴ，フェリス・マリア　Samaniego, Félix María de　8.11没、55歳。1745生。スペインの寓話詩人。

ベイジ，ロバート　Bage, Robert　9.1没、73歳。1728生。イギリスの小説家。

ウェークフィールド　Wakefield, Gilbert　9.9没、45歳。1756生。イギリスの神学者。

セギュール，フィリップ・アンリ　Ségur, Philippe Henri, Marquis de　10.3没、77歳。1724生。フランスの将軍。

ナウマン，ヨーハン・ゴットリープ　Naumann, Johann Gottlieb　10.23没、60歳。1741生。ドイツの作曲家、指揮者。

グレーゴル，クリスティアン・フリードリヒ　Gregor, Christian Friedrich　11.6没、78歳。1723生。ドイツの作曲家、讃美歌編集者。

シュターミツ，カール　Stamitz, Carl Philipp　11.9（㊙1804）没、56歳。1745生。ドイツの作曲家、ヴァイオリン・ヴィオラ奏者。

ロー，ニコラ・ジョゼフ　Raux, Nicolas Joseph　11.16没、47歳。1754生。フランスのラザロ会宣教師。

ラシ　Lacy, Franz Moritz von　11.24没、76歳。1725生。オーストリアの軍人。

ドロミュ，デオダ・ギー・グラテ・ド　Dolomieu, Déobat Guy Silvain Tancrède Gratet de　11.26没、51歳。1750生。フランスの鉱物学者、地質学者。

黄嗣永　11.?没、26歳。1775生。朝鮮、李朝時代のキリスト教徒。

バッティシル　Battishill, Jonathan　12.10没、63歳。1738生。イギリスの作曲家、オルガン奏者。

この年　アール　Earl, Ralph　50歳。1751生。アメリカの肖像、風景画家。

アントワーヌ，ジャック-ドニ　Antoine, Jacques Denis　68歳。1733生。フランスの建築家。

カヴァリエーリ，カタリーナ　Cavalieri, Catarina　41歳。1760生。オーストリアのソプラノ歌手。

姜完淑　朝鮮最初の女性カトリック信者。

キンダーマン　Kindermann, Ferdinand　61歳。1740生。ドイツの教育改革家。

グアール　Gual, Manuel　ベネズエラの独立運動指導者。

権哲身　朝鮮カトリック教会創始者のひとり。

クラウアー，マルティン・ゴットリープ　Klauer, Martin Gottlieb　59歳。1742生。ドイツの彫刻家、版画家。

コゼット，ピエール　Cozette, Pierre　87歳。1714生。フランスのタピスリー制作家、肖像画家。

ゴーフィエ，ルイ　Gauffier, Louis　39歳。1762生。フランスの画家。
ゴーリコフ　Golikov, Ivan Ivanovich　66歳。1735生。ロシアの歴史家。
シャポーン　Chapone, Hester　74歳。1727生。イギリスの女流随筆家。
周文謨　49歳。1752（㊥1751）生。中国，清代のキリスト教伝道師。
章学誠　63歳。1738生。中国，清代中期の歴史学者。
丁若鍾　41歳。1760生。朝鮮，李朝の学者。
トゥシュムラン，ジョゼフ　Touchemoulin, Joseph　74歳。1727生。フランスのヴァイオリン奏者，作曲家。
ハウン　Haun, John Ernest Christian　53歳。1748生。ドイツの教育家。
ハーゲナウアー，ヴォルフガング　Hagenauer, Wolfgang　75歳。1726生。ドイツの建築家。
ホイートリー，フランシス　Wheatley, Francis　54歳。1747生。イギリスの画家。
プティト，アンヌモン-アレクサンドル　Petitot, Ennemond-Alexandre　74歳。1727生。フランスの建築家，素描家。
ホーヌマン　Hornemann, Friedrich　29歳。1772生。ドイツの探検家。
ミューレンバーグ，フレデリック・オーガスタス（・コンラッド）　Muhlenberg, Frederick Augustus (Conrad)　51歳。1750生。アメリカの国会議員，牧師。
ミラー　Millar, John　66歳。1735生。スコットランドの法学者。
ムラード・ベイ　Murād Bey　エジプトのマムルーク（白人奴隷）。
ラクンサ・イ・ディアス，マヌエル・デ（イマヌエル）　Lacunza y Dias, Manuel de (Immanuel)　70歳。1731生。スペインの神学者。
李家煥　59歳。1742生。朝鮮李朝後期の天主教徒の学者，政治家。
李承薫　45歳。1756生。朝鮮の最初のキリスト教信者。

1802年

3.23　シーア派の聖地カルバラーが急襲される
3.27　英仏がアミアンの和約を結ぶ
5.01　ハイチの革命指導者ヴァルチュールが逮捕
8.02　ナポレオンが初代終身統領になる
＊＊＊
ターナー　Turner, Samuel　1.2没、53？歳。1749（㊥1759）生。イギリスの外交官，旅行家。

ツムシュテーク，ヨーハン・ルードルフ　Zumsteeg, Johann Rudolf　1.27没、42歳。1760生。ドイツの作曲家，指揮者。
ゲッディス，アレグザーンダ　Geddes, Alexander　2.26没、64歳。1737生。スコットランドのカトリック聖書学者。
ホプキンズ　Hopkins, Esek　2.26没、83歳。1718生。アメリカの軍人。
モーガン，モーリス　Morgan, Maurice　3.28没、76歳。1726生。イギリスの外交官，著作家。
デュプレシス，ジョゼフ・シフレッド　Duplessis, Joseph-Siffred　4.1没、76歳。1725生。フランスの肖像画家。
ダーウィン，エラズマス　Darwin, Erasmus　4.18没、70歳。1731生。イギリスの医師，博物学者，詩人。
ワシントン　Washington, Martha　5.22没、70歳。1731生。アメリカ合衆国初代大統領夫人。
カサノーヴァ，フランチェスコ・ジュゼッペ　Casanova, Francesco　6.8没、75歳。1727生。イタリアの画家。
モーガン，D.　Morgan, Daniel　7.6没、66歳。1736（㊥1735没）生。独立戦争時のアメリカの軍人。
フレロン　Fréron, Louis Marie Stanislas　7.15没、47歳。1754生。フランスのジャーナリスト，政治家。
ビシャ，マリー・フランソワ・クサヴィエ　Bichat, Marie François Xavier　7.21没、30歳。1771生。フランスの解剖，外科医学者。
サルティ，ジュゼッペ　Sarti, Giuseppe　7.28没、72歳。1729生。イタリアの作曲家。
ロッリ，アントニオ　Lolli, Antonio　8.10没、77？歳。1725生。イタリアの作曲家，ヴァイオリン奏者。
シュレーター，コロナ・エリーザベト・ヴィルヘルミーネ　Schröter, Corona Elisabeth Wilhelmine　8.23没、51歳。1751生。ドイツの女流歌手。
ラジーシチェフ，アレクサンドル・ニコラエヴィチ　Radischev, Aleksandr Nikolaevich　9.12没、53歳。1749生。ロシアの小説家，思想家。
ヴェーガ　Vega, Georg　9.26没、48歳。1754（㊥1756）生。オーストリアの数学者。
コズローフスキー，ミハイル・イヴァノヴィチ　Kozlovsky, M. Mikhail Ivanovich　9.30没、48歳。1753生。ロシアの彫刻家。
アーノルド，サミュエル　Arnold, Samuel　10.22没、62歳。1740生。イギリスの作曲家，オルガン奏者，楽譜出版者。
ルクレール　Leclerc, Charles Victor Emmanuel　11.2没、30歳。1772生。フランスの軍人。
ガーティン，トマス　Girtin, Thomas　11.9没、27歳。1775生。イギリスの水彩風景画家。

558　人物物故大年表　外国人編

19世紀　1803

ロムニー，ジョージ　Romney, George　11.15没、67歳。1734生。イギリスの肖像画家。

カロンヌ　Calonne, Charles Alexandre de　11.30没、68歳。1734生。フランスの政治家。

ユエル，イェンス　Juel, Jens　12.27没、57歳。1745生。デンマークの画家。

[この年] アルグノーフ，イヴァン・ペトロヴィチ　Argunov, Ivan Petrovich　73歳。1729生。ロシアの画家。

エピヌス　Aepinus, Franz Ulrich Theodosius　78歳。1724生。ドイツの物理学者。

王文治　72歳。1730生。中国、清中期の文人。

ガンドルフィ，ガエターノ　Gandolfi, Gaetano　68歳。1734生。イタリアの画家、版画家。

龔景瀚　55歳。1747生。中国、清中期の地方官。

グレーブズ　Graves, Thomas　77？歳。1725生。イギリス海軍の提督。

黄易　㊚1801頃没、58歳。1744生。中国、清の画家。

謝啓昆　65歳。1737生。中国、清代の学者。

ジャダン，ヤサント　Jadin, Hyacinthe　33歳。1769生。フランスのピアニスト、作曲家。

シュプリングリ，ニクラウス　Sprüngli, Niklaus　77歳。1725生。ドイツの建築家。

チェラッキ，ジュゼッペ　Ceracchi, Giuseppe　51歳。1751生。イタリアの彫刻家。

張恵言　㊚1806没、41歳。1761生。中国、清代の学者、文学者。

フィッツギボン　Fitzgibbon, John, 1st Earl of Clare　53歳。1749生。アイルランドの大法官。

フェルレンディス　Ferlendis, Giuseppe　47歳。1755生。イタリアのオーボエ奏者。

ベック　Beck, Carl Gottlieb　70歳。1732生。ドイツの出版家。

ベルテオーム，ジュリアン　Bertheaume, Julien　51？歳。1751生。フランスのヴァイオリン奏者、作曲家。

パーマー　Palmer, Thomas Fyshe　55歳。1747生。イギリスの僧侶。

洪良浩　78歳。1724生。朝鮮、李朝後期の学者、文人。

[この頃] 桂馥　㊚1805没、69？歳。1733（㊚1737）生。中国、清の学者。

1803年

2.25　ドイツ連邦体制の再編を行う決議が採択
4.30　アメリカがフランスからルイジアナを購入
8.09　フルトンが蒸気船の航行実験に成功する
8.28　第2次マラーター戦争が勃発する
　　　＊　＊　＊

ベーケ　Beecke, Ignaz von　1.2没、69歳。1733生。ドイツの作曲家、ピアニスト。

ボグダノーヴィチ，イッポリート・フョードロヴィチ　Bogdanovich, Ippolit Fëdorovich　1.6没、59歳。1743（㊚1744）生。ロシアの詩人。

ヘルツ　Herz, Marcus　1.19没、56歳。1747生。ドイツの哲学者、医者。

パスターヴィツ，ゲオルク・フォン　Pasterwitz, Georg von　1.26没、72歳。1730生。オーストリアの作曲家で数学・物理学教授。

クレロン嬢　Clairon, La　1.29没（㊚1802頃）、80歳。1723生。フランスの悲劇女優。

カンポマネス　Campomanes, Conde de, Pedro Rodríguez　2.3没（㊚1802）、79歳。1723生。スペインの政治家、経済学者。

カスティ　Casti, Giambattista　2.5没、78歳。1724生。イタリアの詩人。

サン-ランベール，ジャン-フランソワ・ド　Saint-Lambert, Jean François, Marquis de　2.9没、86歳。1716生。フランスの詩人、哲学者。

ラ・アルプ，ジャン-フランソワ・ド　La Harpe, Jean François de　2.11没、63歳。1739生。フランスの劇作家、評論家。

シュティヒ，ヨーハン・ヴェンツェル　Stich, Johann Wenzel　2.16没、56歳。1746生。チェコのホルン奏者、作曲家。

ロアン，ルイ・ルネー・エドゥアール・ド　Rohan, Louis René Edouard de　2.16没、68歳。1734生。フランスの聖職者。

グライム，ヨハン・ヴィルヘルム・ルートヴィヒ　Gleim, Johann Wilhelm Ludwig　2.18没（㊚1813）、83歳。1719生。ドイツの詩人。

デュメニル　Dumesnil, Mlle.　2.20没、90歳。1713生。フランスの悲劇女優。

デスパード　Despard, Edward Marcus　2.21没、52歳。1751生。アイルランドの軍人。

ブリッジウォーター公　Bridgewater, Francis Egerton, 3rd Duke of　3.8没、66歳。1736生。イギリス最初の内陸航行運河の建設者。

クロップシュトク，フリードリヒ・ゴットリープ　Klopstock, Friedrich Gottlieb　3.14没、78歳。1724生。ドイツの詩人。

ロース，マグヌス・フリードリヒ　Roos, Magnus Friedrich　3.19没、75歳。1727生。ドイツの神学者。

スヴィーテン，ゴットフリート・ヴァン　Swieten, Gottfried van　3.29没、69歳。1733生。オランダ生れの音楽愛好家、男爵。

アルフェン　Alphen, Hieronymus van　4.2没、56歳。1746生。オランダの文学者。

人物物故大年表　外国人編　559

1803　19世紀

アルボガスト　Arbogast, Louis François Antoine　4.3没、43歳。1759生。アルザス出身の数学者。

ハミルトン、サー・ウィリアム　Hamilton, Sir William　4.6没、72歳。1730生。イギリスの外交官、考古学者。

カルプツォフ、ヨーハン・ベーネディクト　Carpzov, Johann Benedict　4.28没、82歳。1720生。ドイツの古典学者、神学者。

スミス、ウィリアム　Smith, William　5.14没、75歳。1727生。アメリカの聖公会司祭、教育家。

ティーデマン　Tiedemann, Dietrich　5.24没、55歳。1748生。ドイツの哲学者。

ハインゼ、ヴィルヘルム　Heinse, Johann Jakob Wilhelm　6.22没、57歳。1746生。ドイツの小説家。

ラスエン、フェルミン・フランシスコ・デ　Lasuén, Fermín Francisco de　6.27没、67歳。1736生。スペインのフランシスコ会士、カリフォルニアのインディアンへの宣教師。

ジャクスン、ウィリアム　Jackson, William　7.5没、73歳。1730生。イギリスの音楽家。

ツルゲーネフ、アンドレイ・イワノヴィチ　Turgenev, Andrei Ivanovich　7.8没、21歳。1781生。ロシアの文芸批評家、詩人。

トゥーサン・ルヴェルテュール　Toussaint L'Ouverture, François Dominique　7.27没、59？歳。1744（㊟1743頃）生。ハイティの黒人奴隷解放者、将軍。

セナック・ド・メイヤン、ガブリエル　Sénac de Meilhan, Gabriel　8.16没、67歳。1736生。フランスのアンシャン・レジーム下の高級官僚、批評家、小説家。

ビーティ、ジェイムズ　Beattie, James　8.18没、67歳。1735生。イギリスの哲学者、詩人。

ギャラウェー　Galloway, Joseph　8.29没、72歳。1731生。アメリカ植民地の政治家。

デ・ガメッラ、ジョヴァンニ　De Gamerra, Giovanni　8.29没、60歳。1743生。イタリアの劇作家、ウィーンの宮廷詩人。

コレンブシュ、ザームエル　Collenbusch, Samuel　9.1没、73歳。1724生。ドイツの敬虔主義神学者、医師。

ドヴィエンヌ、フランソワ　Devienne, François　9.5没、44歳。1759生。フランスのフルート奏者、ファゴット奏者、作曲家。

ラクロ、ピエール・コデルロス・ド　Laclos, Pierre Ambroise François Choderlos de　9.5没、61歳。1741生。フランスの作家、軍人。

バリー、ジョン　Barry, John　9.13没、58歳。1745生。アメリカの軍人。

ジュースマイヤー、フランツ・クサーヴァー　Sussmayr, Franz Xaver　9.17没、37歳。1766生。モーツァルトの『レクイエム』の完成者として知られるオーストリアの作曲家。

エメット、ロバト　Emmet, Robert　9.20没、25歳。1778生。アイルランドの愛国者。

リトソン　Ritson, Joseph　9.23没、50歳。1752生。スコットランドの好古家。

アダムズ、サミュエル　Adams, Samuel　10.2没、81歳。1722生。アメリカ独立戦争における愛国派の指導者。

エルコレ3世　Ercole III, d'Este　10.5没、75歳。1727生。モデナ＝レッジョ公。

ヴァション、ピエール　Vachon, Pierre　10.7没、72歳。1731生。フランスのヴァイオリン奏者、作曲家。

アルフィエーリ、ヴィットーリオ　Alfieri, Vittorio, conte di　10.8没、54歳。1749生。イタリアの詩人、劇作家。

サン-マルタン、ルイ・クロード・ド　Saint-Martin, Louis Claude de　10.14没、60歳。1743生。フランスの光明派神秘家。

アルガン、エメ　Argand, Aimé　10.24没、48歳。1755生。スイスの化学者。

奚岡　10.24没、57歳。1746生。中国、清中期の文人画家。

ウィルトン、ジョーゼフ　Wilton, Joseph　11.25没、81歳。1722生。イギリスの彫刻家。

グルー、ジャン・ニコラ　Grou, Jean Nicholas　12.13没、72歳。1731生。フランスのイエズス会司祭、霊的生活に関する著作家。

ヘルダー、ヨハン・ゴットフリート　Herder, Johann Gottfried von　12.18没、59歳。1744生。ドイツの哲学者、美学者、批評家、言語学者。

ホプキンズ、サミュエル　Hopkins, Samuel　12.20没、82歳。1721生。アメリカの神学者。

リヴォフ、ニコライ・アレクサンドロヴィチ　Lvov, Nikolai Aleksandrovich　12.22没、52歳。1751生。ロシアの詩人。

ヒュセイン・パシャ　Küçük Husein Pasha　12.23没、36？歳。1767生。オスマン・トルコ帝国の政治家。

ルイス　Lewis, Francis　12.30没、90歳。1713生。アメリカの政治家。

この年　ヴァラディエル、ジョヴァンニ　Valadier, Giovanni　71歳。1732生。イタリアの金銀細工師。

ヴォルパート、ジョヴァンニ　Volpato, Giovanni　63歳。1740生。イタリアの版画家、素描家。

エジャートン、フランシス、3代ブリッジウォーター公爵　Egerton, Francis, 3rd Duke of Bridgwater　67歳。1736生。イギリスの貴族。

エッカルツハウゼン　Eckartshausen, Karl von　51歳。1752生。ドイツの神秘思想家。

19世紀　　　　　　　　　　　　　　　　　　　　1804

オラビーデ・イ・ハウレギ，パブロ・デ　Olavide y Jáuregui, Pablo de　78歳。1725生。ペルーの学者，カトリックの弁証家。
カルドン，ジャン-バティスト　Cardon, Jean-Baptiste　43?歳。1760生。フランスのハープ奏者。
クリスティー，ジェイムズ　Christie, James　73歳。1730生。イギリスの競売人。
ゲディケ　Gedicke, Friedrich　49歳。1754生。ドイツの啓蒙思想の代表的教育学者。
ケルナー，ヨーハン・クリストフ　Kellner, Johann Christoph　67歳。1736生。ドイツのオルガン奏者，カントル，教授。
コルヴィ，ドメーニコ　Corvi, Domenico　82歳。1721生。イタリアの画家。
ジョーンズ，トマス　Jones, Thomas　61歳。1742生。イギリスの画家。
ソアーヴェ，フェリーチェ　Soave, Felice　54歳。1749生。イタリアの建築家。
ソブレビエラ，マヌエル　Sobreviela, Manuel　スペイン生れの宣教師，探検家，アマゾン川流域の地図作成者。
ソーントン　Thornton, Matthew　89?歳。1714生。アメリカの医師，政治家。
ダライラマ8世，ジャンペル・ギャムツォ　Dalai Lama VIII, Hjam-dpal rgya-mtsho　㊗1804没，45歳。1758生。チベット・ラマ教の法王。
張敔　69歳。1734生。中国，清代中期の画家。
バス，ジョージ　Bass, George　㊗1812頃没，32歳。1771?(㊗1763頃)生。イギリスの探検家。
ブリクシ，ヴィクトリーン・イグナーツ　Brixi, Viktorín Ignác　87歳。1716生。チェコの合唱指揮者，作曲家。
パルムシュテット，エリック　Palmstedt, Erik　62歳。1741生。スウェーデンの建築家。
ペンドルトン　Pendleton, Edmund　82歳。1721生。アメリカの政治家，法律家。
マレシャル　Maréchal, Pierre Sylvain　53歳。1750生。フランスのジャーナリスト，革命思想家。
ラベ，ジョゼフ-バルナベ　L'Abbé, Joseph-Barnabé　76歳。1727生。フランスのヴァイオリン奏者，作曲家。
この頃　ラクスマン　Laksman, Adam Kirilovich　㊗1796頃没，37?歳。1766生。ロシアの外交官。

3.18　シラーの「ウィリアム・テル」が初演
3.21　ナポレオン法典が公布される
10.09　ロシア使節レザノフが長崎で通商を要求
12.02　ナポレオンの戴冠式が挙行される

＊＊＊

レノックス，シャーロット　Lennox, Charlotte　1.4没，75?歳。1729生。イギリスの女性小説家。
ノアイユ，ルイ・マリー・アントアヌ　Noailles, Louis Marie, Vicomte de　1.9没，47歳。1756生。フランスの政治家，軍人。
ヤーゲマン，クリスティアン・ヨーゼフ　Jagemann, Christian Josef　2.5没，69歳。1735生。ドイツの学者。
プリーストリー，ジョゼフ　Priestley, Joseph　2.6没，70歳。1733生。イギリスの化学者。
カント，イマーヌエル　Kant, Immanuel　2.12没，79歳。1724生。ドイツの哲学者。
ティエーポロ，ジャンドメーニコ　Tiepolo, Giovanni Domenico　3.3没，76歳。1727生。ベネチアの画家。
レーリヒ　Röllig, Carl Leopold　3.4没，59?歳。1745生。オーストリアの作曲家，グラス・ハーモニカ奏者。
ポルトハン，ヘンリーク・ガーブリエル　Porthan, Henrik Gabriel　3.16没，64歳。1739生。フィンランドの哲学者，文学者，歴史家。
アンギアン　Enghien, Louis Antoine Henri de Bourbon-Condé, Duc d'　3.21没，31歳。1772生。フランスの貴族。
サン・アルベルト，ホセ・アントニオ・デ　San Alberto, José Antonio de　3.25没，77歳。1727生。スペインのカルメル会士，司教。
ブロイ，ヴィクトル・フランソワ・ド　Broglie, Victor François, Duc de　3.29没，85歳。1718生。フランスの元帥。
ハンドシキン　Khandoshkin, Ivan Evstaf'evich　3.30没，57?歳。1747生。ロシアのヴァイオリン奏者，作曲家，指揮者。
ギルピン，ウィリアム　Gilpin, William　4.5没，79歳。1724生。イギリスの聖職家，作家，画家。
ピシュグリュ　Pichegru, Charles　4.5没，43歳。1761生。フランスの将軍。
ネッケル，ジャック　Necker, Jacques　4.9没，71歳。1732生。フランス，ルイ16世時代の財務総監。
ロレンサーナ，フランシスコ・アントニオ・デ　Lorenzana, Francisco Antonio de　4.17没，81歳。1722生。メキシコ市とトレードの大司教，枢機卿。
ルジェフスキー，アレクセイ・アンドレーヴィチ　Rzhevskii, Aleksei Andreevich　4.23没，67歳。1737生。ロシアの詩人。
バウチャー　Boucher, Jonathan　4.27没，66歳。1738生。イギリスの聖職者。

1804年

2.06　世界初の蒸気機関車がウェールズで走る
2.14　オスマンに対するセルビア人解放闘争開始
2.16　米海軍が軍艦フィラデルフィアに火を放つ

人物物故大年表　外国人編　*561*

1804　19世紀

シュパルディング，ヨーハン・ヨーアヒム　Spalding, Johann Joachim　5.22没、89歳。1714生。ドイツのプロテスタント神学者。

フランケンベルク，ヨーハン・ハインリヒ・フェルディナント・フォン　Franckenberg, Johann Heinrich Ferdinand von　6.11没、77歳。1726生。ベルギーのカトリック教会政治家，枢機卿。

ヒラー，ヨハン・アダム　Hiller, Johann Adam　6.16没、75歳。1728生。ドイツの作曲家，指揮者。

カドゥダル　Cadoudal, Georges　6.25没、33歳。1771生。フランスの王党反乱指導者。

ハミルトン，アレグザンダー　Hamilton, Alexander　7.12没、47歳。1757（頃1755）生。アメリカの政治家。

ダンカン　Duncan, Adam Duncan, 1st Viscount of　8.4没、73歳。1731生。イギリスの海軍提督。

ヘック，バーバラ　Heck, Barbara　8.17没、70歳。1734生。「メソジストの母」と呼ばれるアイルランド出身の女性。

ボワジュラン，ジャン・ド・ディユー・レモン　Boisgelin, Jean de Dieu Raymond　8.22没、72歳。1732生。フランスの枢機卿。

アダムベルガー　Adamberger, Valentin　8.24没、61歳。1743生。ドイツのテノール歌手。

サヴィオーリ・フォンターナ・カステッリ，ルドヴィーコ・ヴィットーリオ　Savioli Fontana Castelli, Ludovico Vittorio　9.1没、75歳。1729生。イタリアの詩人，歴史家。

メシェン　Méchain, Pierre-François-André　9.20没、60歳。1744生。フランスの天文学者。

キュニョー，ニコラ・ジョゼフ　Cugnot, Nicolas-Joseph　10.2没、79歳。1725生。フランスの軍事技術者。

ベストリス夫人　Vestris, Madame　10.5没、61歳。1743生。フランスの女優。

ボーメ，アントワーヌ　Baumé, Antoine　10.15没、76歳。1728生。フランスの化学者。

銭大昕　10.20没、76歳。1728生。中国，清の学者。

モーランド，ジョージ　Morland, George　10.29没、41歳。1763生。イギリスの画家。

デケン　Deken, Aagje　11.14没、62歳。1741生。オランダの女流小説家。

スカイラー，フィリップ・ジョン　Schuyler, Philip John　11.18没、71歳。1733生。アメリカの政治家，軍人。

グリエルミ，ピエトロ　Guglielmi, Pietro Alessandro　11.19没、75歳。1728生。イタリアの作曲家。

テラー，ヴィルヘルム・アーブラハム　Teller, Wilhelm Abraham　12.9没、70歳。1734生。ドイツの神学者。

ヴァイセ，クリスティアン・フェーリクス　Weisse, Christian Felix　12.16没、78歳。1726生。ドイツの作家。

ボイデル　Boydell, John　12.19没、85歳。1719生。イギリスの版画家，印刷，出版業者。

フーバー，ルートヴィヒ・フェルディナント　Huber, Ludwig Ferdinand　12.24没、40歳。1764生。ドイツの文学者。

ウンガー　Unger, Johann Friedrich　12.26没、51歳。1753生。ドイツの印刷者，出版業者。

この年　アウリチェク，ドミニク　Auliček, Dominik　70歳。1734生。ボヘミアの彫刻家。

ウィラード　Willard, Joseph　66歳。1738生。アメリカの教育者。

ウォルフ・ベッケル　Wolff-Bekker, Elizabeth　66歳。1738生。オランダの女流作家。

エルンスト2世　Ernst II　32歳。1772生。ドイツ・ゴータ公国の名主。

クアーリオ，ロレンツォ1世　Quaglio, Lorenzo I　74歳。1730生。イタリア出身のドイツの舞台美術家，建築家，画家，劇場装飾家。

クノラー，マルティン　Knoller, Martin　79歳。1725生。オーストリアの画家。

ケンプレン　Kempelen, Wolfgang von　70歳。1734生。ハンガリー生れの発明家。

ザイラー，ゲオルク・フリードリヒ　Seiler, Georg Friedrich　71歳。1733生。ドイツのルター派神学者。

シチェドリーン　Shchedrin, Semyon Fyodorovich　59歳。1745生。ロシアの画家。

ジャッザール　al-Jazzār, Aḥmad　84？歳。1720生。オスマン帝国下シリアの地方統治者。

ジュリアン，ピエール　Julien, Pierre　73歳。1731生。フランスの彫刻家。

タイトラー，ジェイムズ　Tytler, James　57？歳。1747生。イギリスのジャーナリスト，気球乗り。

ディド　Didot, François Ambroise　74歳。1730生。フランスの印刷出版業者。

デーズ　Dayes, Edward　41歳。1763生。イギリスの水彩画家，メゾティント版画家。

デプレ，ジャン-ルイ　Desprez, Jean-Louis　61歳。1743生。フランスの建築家，画家，舞台美術家。

デランシー　Delancey, James　58歳。1746生。アメリカの軍人。

バリントン，ジョージ　Barrington, George　49歳。1755生。オーストラリアの著述家，冒険家。

ブーダン，レオナール　Boudin, Léonard　69歳。1735生。フランスの家具制作家。

フランクール，ルイ・ジョゼフ　Francœur, Louis-Joseph　66歳。1738生。フランスの作曲家，指揮者。

フリーリングハイゼン　Frelinghuysen, Frederick　51歳。1753生。アメリカの法律家、独立戦争の際の軍人。

ベンダ，ヨーゼフ　Benda, Joseph　80歳。1724生。ボヘミアのヴァイオリン奏者。

ピゴット　Pigott, Nathaniel　イギリスの測量技師，アマチュア天文家。

ラーナ，カルロ・アメデーオ　Rana, Carlo Amedeo　89歳。1715生。イタリアの建築家，軍事技術者，版画家。

劉墉　85？歳。1719生。中国，清中期の書家。

ルボン　Lebon, Philippe　35歳。1769（®1767）生。フランスの発明家。

1805年

8.06　ムハンマド・アリーがエジプト総督となる
12.02　仏軍がアウステルリッツの戦いで勝利する
12.03　華岡青洲が麻酔手術に成功する
＊＊＊

ラテュード　Latude, Jean Henry　1.1没、79歳。1725生。フランスの将校、山師。

プラット，マッシュウ　Pratt, Matthew　1.9没、70歳。1734生。アメリカの画家。

アンクティル-デュペロン，アブラアム・ヤサーント　Anquetil-Duperron, Abraham Hyacinthe　1.17（®1803）没、73歳。1731生。フランスの東洋学者。

シュトル，ゴットロープ・クリスティアン　Storr, Gottlob Christian　1.17没、58歳。1746生。ドイツのプロテスタント神学者。

シャップ，クロード　Chappe, Claude　1.23没、41歳。1763生。フランスの技術家。

ピフル，ヴァーツラフ　Pichl, Václav　1.23没、63歳。1741生。チェコの作曲家、ヴァイオリン奏者。

チョコナイ-ヴィテーズ，ミハーイ　Csokonai Vitéz, Mihály　1.28没、31歳。1773生。ハンガリーの詩人。

トロムリツ　Tromlitz, Johann Georg　2.4没、79歳。1725生。ドイツのフルート奏者。

紀昀　2.？没、81歳。1724生。中国、清の学者、文学者。

ロホー，フリードリヒ・エーバハルト　Rochow, Friedrich Eberhard von　3.16没、70歳。1734生。ドイツの教育改革者。

ヴルフェン，フランツ・クサーヴァ・フォン　Wulfen, Franz Xaver von　3.17没、76歳。1728生。オーストリアの植物学者、自然科学者。

フォンターナ　Fontana, Felice　3.19没、74歳。1730生。イタリアの生理学者。

グルーズ，ジャン・バティスト　Greuze, Jean Baptiste　3.21没、79歳。1725生。フランスの画家。

ヴィロアゾン　Villoison, Jean Baptiste Gaspard d'Ansse de　4.26没、52歳。1753生。フランスの古典学者。

シェルバーン，ウィリアム・ペティ・フィッツモーリス，2代伯爵　Shelburne, William Petty, 2nd Earl of, 1st Marquis of Lansdowne　5.7没、67歳。1737生。イギリスの政治家。

マルボーン　Malbone, Edward Greene　5.7没、27歳。1777生。アメリカのミニアチュール画家。

シラー，フリードリヒ　Schiller, Johann Christoph Friedrich von　5.9没、45歳。1759生。ドイツの劇作家、詩人。

ペイリー，ウィリアム　Paley, William　5.25没、61歳。1743生。イギリスの牧師、哲学者。

ボッケリーニ，ルイージ　Boccherini, Luigi　5.28没、62歳。1743生。イタリアの作曲家、チェリスト。

ブランク　Brunck, Richard François Philippe　6.12没、75歳。1729生。フランスの古典学者。

マーフィー，アーサー　Murphy, Arthur　6.18没、77歳。1727生。アイルランド生れのイギリスの俳優、劇作家。

アイベル，ヨーハン・ヴァーレンティーン　Eybel, Johann Valentin　6.30没、64歳。1741生。オーストリアのカトリック教会法学者。

ダンネンマイアー，マティーアス　Dannenmayer, Matthias　7.8没、61歳。1744生。ドイツの啓蒙期のカトリック教会史家。

ズガンバーティ，アンドレーアス　Sgambati, Andreas　7.17没、70？歳。1735生。イタリアの神学者。

カーライル，アレグザーンダ　Carlyle, Alexander　8.25没、83歳。1722生。スコットランドの啓蒙主義期の牧師。

ガズデン，クリストファー　Gadsden, Christopher　8.28没、81歳。1724生。アメリカ、サウスカロライナ植民地の商人。

ダッラーバコ，ジュゼッペ　dall'Abaco, Giuseppe Clemente Ferdinando　8.31没、97？歳。1708生。イタリアの作曲家。

グリフィス，アン　Griffiths, Ann　8.？没、29歳。1776生。イギリスの讃美歌作詞者。

プニン，イワン・ペトローヴィチ　Pnin, Ivan Petrovich　9.17没、32歳。1773生。ロシアの詩人、評論家。

エヴァンスン，エドワード　Evanson, Edward　9.25没、74歳。1731生。英国教会の神学者。

モールトリー　Moultrie, William　9.27没、74歳。1730生。アメリカの軍人、政治家。

コーンウォリス，チャールズ・コーンウォリス，初代侯爵　Cornwallis, Charles, 1st Marquis　10.5没、66歳。1738生。イギリスの軍人。

朴趾源　10.20没、68歳。1737生。朝鮮、李朝の思想家，文学者。

ネルソン，ホレイショ　Nelson, Horatio Nelson, Viscount　10.21没、47歳。1758生。イギリスの海軍軍人。

鄧石如　10.？没、62歳。1743生。中国，清の書家。

バキュラール・ダルノー，フランソワ・トマ・マリド　D'arnaud, François Baculard　11.8没、87歳。1718生。フランスの作家。

カザレス　Cazalès, Jacques Antoine Marie de　11.24没、47歳。1758生。フランスの政治家。

ヴォロンツォフ，アレクサンドル　Vorontsov, Aleksandr Romanovich　12.2没、64歳。1741生。ロシアの政治家。

ウッドフォール　Woodfall, Henry Sampson　12.12没、66歳。1739生。イギリスの印刷屋。

ボカージェ，バルボーザ・ドゥ　Bocage, Manuel Maria Barbosa du　12.21没、39歳。1766（㊟1765）生。ポルトガルの詩人。

シャリエール夫人　Charrière, Isabelle Agnès Élisabeth de　12.27没、65歳。1740（㊟1741）生。スイスの女流作家。

[この年] アンスティ，クリストファー　Anstey, Christopher　81歳。1724生。イギリスの作家。

ヴント，ダーニエル・ルートヴィヒ　Wundt, Daniel Ludwig　64歳。1741生。ドイツの改革派神学者。

ヴント，フリードリヒ・ペーター　Wundt, Friedrich Peter　63歳。1742生。ドイツの改革派神学者。

オーギュスト，ロベール-ジョゼフ　Auguste, Robert-Joseph　82歳。1723生。フランスの金工家，ブロンズ制作家。

クロッツ，エギディウス・ゼバスティアン　Klotz (Kloz), Ägidius Sebastian　72歳。1733生。ドイツのヴァイオリン製作者。

シューピン　Shubin, Fedot　65歳。1740生。ロシアの彫刻家。

シュルツ　Schulz, Johann　66歳。1739生。ドイツの哲学者で数学者。

ソブル，ジャン-ニコラ　Sobre, Jean-Nicolas　㊟1802以降没、50？歳。1755生。フランスの建築家。

チャオプラヤー・プラクラン　Cauphrayaa Phrakhrang　タイの宮廷詩人。

バスコ・イ・バルガス　Basco(Vasco)y Vargas, José　スペインの総督（在任1778～87），海軍軍人。

バローズ，ウィリアム（・ウォード）　Burrows, William(Ward)　47歳。1758生。アメリカ海兵隊士官。

パッシュ，ロレンス　Pasch, Lorenz　72歳。1733生。スウェーデンの画家。

ポトツキー，スタニスラフ・シチェンスニ　Potocki, Stanisław Szczesny　53歳。1752生。ポーランドの名家ポトツキー家の出身。

プラ・クラン　Phra Khlang　55歳。1750生。タイの詩人，武将。

メリマン，ブライアン　Merriman, Brian　58歳。1747生。アイルランドのゲール語詩人。

ラグルネ，ルイ-ジャン-フランソワ　Lagrenée, Louis-Jean-François　81歳。1724生。フランスの画家。

ラッセル　Russell, Patrick　78歳。1727生。アイルランドの医師，毒ヘビ研究者。

レーゼウィッツ　Resewitz, Friedrich Gabriel　90歳。1715生。デンマークの教育改革者。

[この頃] グァダニーニ，ジュゼッペ　Guadagnini, Giuseppe　69？歳。1736生。イタリアのヴァイオリン製作者。

1806年

1.10　ケープ植民地が再びイギリスに占領される
8.06　神聖ローマ帝国が滅亡する
9.23　ルイス・クラーク探検隊が帰還する
10.14　フランス軍がプロイセン軍を撃破する

* * *

ヴルガリス，エヴゲニオス　Voulgaris, Eugenios　1.10没、89歳。1716生。ギリシアの思想家。

バウアー，ゲオルク・ローレンツ　Bauer, Georg Lorenz　1.13没、50歳。1755生。ドイツの聖書学者。

リーゼネル，ジャン-アンリ　Riesener, Jean Henri　1.16没、71歳。1734生。ドイツの家具作家。

ルブラン，ニコラ　Leblanc, Nicolas　1.16没、63歳。1742生。フランスの化学者。

ピット，ウィリアム　Pitt, William　1.23没、46歳。1759生。イギリスの政治家。

ムニエ　Mounier, Jean-Joseph　1.26没、47歳。1758生。フランスの政治家。

マルティン・イ・ソレル，ビセンテ　Martín y Soler, Vicente　1.30没、51歳。1754生。スペインの作曲家。

パーク，マンゴ　Park, Mungo　1.？没、34歳。1771生。スコットランドの探検家，外科医。

レティフ，ニコラ・エドメ　Restif de la Bretonne, Nicolas-Edme　2.3没、71歳。1734生。フランスの風俗小説家。

ドーベルヴァル　Dauberval, Jean　2.14没、63歳。1742生。フランスの舞踊家。

カーター　Carter, Elizabeth　2.19没、88歳。1717生。イギリスの文芸愛好家。

19世紀　　　　　　　　　　　　　　　　　　　1806

バリー, ジェイムズ　Barry, James　2.22没、64歳。1741生。イギリスの画家。

オルコック　Alcock, John　2.23没、90歳。1715生。イギリスのオルガン奏者, 作曲家。

コラン・ダルルヴィル, ジャン‐フランソワ　Collin D'Harleville, Jean-François　2.24没、50歳。1755生。フランスの劇作家。

ジョルダーニ, トンマーゾ　Giordani, Tommaso　2.?没、73?歳。1733生。イタリア生れの作曲家。

カンナビヒ, カール　Cannabich, Carl Konrad　3.3没、34歳。1771生。ドイツのヴァイオリン奏者, 作曲家。

ボイエ, ハインリヒ・クリスティアン　Boie, Heinrich Christian　3.3没、61歳。1744生。ドイツの詩人。

ホウィーラン, チャールズ・モリス　Whelan, Charles Maurice　3.21没、65歳。1741生。アイルランドのカプチン会士, アメリカへの宣教師。

バイヤー, ヴィルヘルム　Beyer, Wilhelm　3.23没、80歳。1725生。ドイツの彫刻家, 陶器原型製作者。

マカートニー　Macartney, Earl George　3.31没、68歳。1737生。イギリスの外交家, 政治家。

パーマー, エライヒュー　Palmer, Elihu　4.7没、41歳。1764生。アメリカの理神論者。

ウィレム5世　Willem V　4.9没、58歳。1748生。オランダ共和国の総督(1751～95)。

ゲイツ, ホレイシオ　Gates, Horatio　4.10没、78歳。1728(㊟1729)生。アメリカ合衆国独立戦争期の将軍。

コテリニコフ, セミョーン　Kotelinikov, Semën Kirillovich　4.13没、83歳。1723生。ロシアの数学教育者。

ゴッツィ, カルロ　Gozzi, Carlo　4.14没、85歳。1720生。イタリアの劇作家。

ラッセル　Russell, John　4.20没、61歳。1745生。イギリスの画家。

ヴィルヌーヴ, ピエール・(シャルル・ジャン・バティスト・シルヴェストル・)ド　Villeneuve, Pierre Charles Jean Baptiste Silvestre de　4.22没、42歳。1763生。フランスの海軍司令官。

ガリツィン, アマーリア・フォン　Gallitzin, Amalia von　4.27没、57歳。1748生。ドイツのカトリック信仰復興運動の中心人物。

モリス, ロバート　Morris, Robert　5.8没、72歳。1734生。アメリカの財政家, 政治家。

ウィス　Wythe, George　6.8没、80歳。1726生。アメリカの法律家。

ホランド, ヘンリー　Holland, Henry　6.17没、60歳。1746(㊟1745)生。イギリスの建築家。

ホワットコート, リチャード　Whatcoat, Richard　7.5没、70歳。1736生。アメリカで伝道に尽くしたメソジスト派牧師。

スタッブズ, ジョージ　Stubbs, George　7.10没、81歳。1724生。イギリスの解剖学者, 画家, 版画家。

クァドルパーニ, カルロ・ジュゼッピ　Quadrupani, Carlo Giuseppi　7.14没、67?歳。1739生。イタリアの説教家, 霊性指導者, バルナビト会士。

ギュンデローデ, カロリーネ・フォン　Günderode, Karoline von　7.26没、26歳。1780生。ドイツロマン主義の女流詩人。

アダンソン, ミシェル　Adanson, Michel　8.3没、79歳。1727生。フランスの植物学者。

ハイドン, ミヒャエル　Haydn, Johann Michael　8.10没、68歳。1737生。オーストリアの作曲家。

フラゴナール, ジャン・オノレ　Fragonard, Jean-Honoré　8.22没、74歳。1732生。フランスの画家。

クーロン, シャルル・オーギュスタン・ド　Coulomb, Charles Augustin de　8.23没、70歳。1736生。フランスの物理学者。

パルム　Palm, Johann Philipp　8.26没、39歳。1766(㊟1768)生。ドイツの書籍商。

パターソン　Paterson, William　9.9没、60歳。1745生。アメリカの法律家, 政治家。

アーデルング　Adelung, Johann Christoph　9.10没、74歳。1732生。ドイツの言語学者。

ライゼヴィッツ, ヨハン・アントン　Leisewitz, Johann Anton　9.10没、54歳。1752生。ドイツの劇作家。

ブランド　Brand, John　9.11没、62歳。1744生。イギリスの古物研究家, 歴史家。

フォックス, チャールズ・ジェイムズ　Fox, Charles James　9.13没、57歳。1749生。イギリスの政治家。

ダールベルク, ヴォルフガング・ヘーリベルト・フォン　Dalberg, Wolfgang Heribert Reichsfreiherr von　9.27没、55歳。1750生。ドイツの貴族。

ホーズリ, サミュエル　Horsley, Samuel　10.4没、73歳。1733生。英国教会主教。

ノックス, H.　Knox, Henry　10.6没、56歳。1750生。アメリカの軍人, 政治家。

ミュラー, ヤーコプ・アウレリウス　Müller, Jakob Aurelius　10.7没、64歳。1741生。トランシルヴァニアのドイツ人ルター派教会指導者。

ルイス・フェルディナント　Louis Ferdinand　10.10没、33歳。1772生。プロイセンの王子。

バルテス　Barthez, Paul Joseph　10.15没、71歳。1734生。フランスの医者。

デサリーヌ, ジャン・ジャック　Dessalines, Jean Jacques　10.17没、48?歳。1758(㊟1748頃)生。ハイチ独立運動の指導者, 皇帝(1804～06)。

シェラトン, トマス　Sheraton, Thomas　10.22没、55歳。1751生。イギリスの家具デザイナー。

スミス, シャーロット　Smith, Charlotte　10.28没、57歳。1749生。イギリスの女流詩人, 著作家。

人物物故大年表 外国人編　565

1806

ブレンターノ, ゾフィー　Brentano, Sophie Mereau　10.31没、36歳。1770生。ドイツの女流作家。

ケルロイター　Koelreuter, Joseph Gottlieb　11.12没、73歳。1733生。ドイツの植物学者。

シャー・アーラム2世　Shāh 'Alam II　11.19没。インド、ムガル帝国の皇帝(在位1759〜1806)。

ルドゥー, クロード・ニコラ　Ledoux, Claude Nicolas　11.19没、70歳。1736生。フランスの建築家。

バッカス, アイザク　Backus, Isaac　11.20没、82歳。1724生。アメリカのバプテスト教会の指導者、歴史家。

ウルルシュペルガー, ヨーハン・アウグスト　Urlsperger, Johann August　12.1没、78歳。1728生。ドイツの弁証学者。

カルモンテル　Carmontelle, Louis　12.26没、89歳。1717生。フランスの作家、画家。

この年 王昶　82歳。1724生。中国、清の学者、文学者。

カルル2世　Karl II Wilhelm Ferdinand, Herzog von Braunschweig　71歳。1735生。プロイセンの将軍。

グラビーナ　Gravina, Duque Carlos de　50歳。1756生。スペインの提督。

クリーブランド　Cleaveland, Moses　52歳。1754生。アメリカの西部開拓者。

グルーエ, サヴェーリオ　Grue, Saverio　75歳。1731生。イタリアの陶芸家。

グレー　Gray, Robert　51歳。1755生。アメリカの航海者、探検家。

シムコー　Simcoe, John Graves　54歳。1752生。イギリスの植民地行政官。

朱珪　75歳。1731生。中国、清代の政治家、学者。

スミス　Smith, James　87？歳。1719生。アメリカの法律家。

銭出　65歳。1741(㋀1744)生。中国、清中期の学者。

チャオ・ピャ・チャクリ　Chao P'ya Chakri　71歳。1735生。シャムの王。

デール　Dale, David　67歳。1739生。スコットランドの工場主。

ド・ロルム　De Lolme, Jean Louis　66歳。1740生。スイスの法学者。

ニューディゲイト, サー・ロジャー　Newdigate, Sir Roger　87歳。1719生。イギリスの好古家。

バナカー, ベンジャミン　Banneker, Benjamin　75歳。1731生。アメリカの天文学者、数学者。

バルデッリーノ, ピエトロ　Bardellino, Pietro　75歳。1731生。イタリアの画家。

バンティ, ブリジーダ　Banti, Brigida　50歳。1756生。イタリアのソプラノ歌手。

フラ・ディアヴォロ(悪魔の兄弟)　Fra Diavolo　46歳。1760生。イタリアの山賊、ゲリラ指導者。

フランキ, ジュゼッペ　Franchi, Giuseppe　75歳。1731生。イタリアの彫刻家。

ブレードウッド　Braidwood, Thomas　91歳。1715生。イギリス最初の聾学校設立者。

ポラック, レオポルト　Pollack, Leopold　55歳。1751生。オーストリアの建築家の一族。

プラッツァー, ヨゼフ　Platzer, Jozef　55歳。1751生。ボヘミア出身のオーストリアの画家、舞台美術家。

マジーニ, カルロ　Magini, Carlo　86歳。1720生。イタリアの画家。

ミール・アンマン　Amman, Dehlvī Mīr　61？歳。1745生(㋀1733)。インドのウルドゥー語散文家。

モルライテル, ミケランジェロ　Morlaiter, Michelangelo　77歳。1729生。イタリアの画家。

モロー, ルイ - ガブリエル　Moreau, Louis Gabriel　66歳。1740生。フランスの画家。

ワースフ・エフェンディ　Waṣif Efendi, Aḥmet　オスマン・トルコ帝国の歴史編修官。

1807年

3.23 イギリス議会が奴隷貿易廃止を決議する
5.25 オスマンのセリム3世に反対する反乱勃発
7.07 仏露間でティルジット条約が結ばれる
10.09 プロイセン改革が開始する
11.29 ポルトガル王室一行がブラジルに脱出する
　　　 ＊　＊　＊

パオリ　Paoli, Pasquale di　2.5没、80歳。1726(㋀1725)生。コルシカの愛国者。

スティーヴンズ, ウィリアム　Stevens, William　2.7没、74歳。1732生。英国教会信徒、宗教書著作家。

レントゲン, ダーヴィト　Roentgen, David　2.12没、63歳。1743生。ドイツの家具製作者。

ラ・ロシュ, ゾフィー・フォン　La Roche, Sophie von　2.18没、75歳。1731生。ドイツの女流小説家。

レザノフ, ニコライ・ペトロビッチ　Rezánov, Nikolai Petrovich　3.1没、42歳。1764(㋀1776)生。ロシアの事業家、外交官。

ギルピン, ソウレイ　Gilpin, Sawrey　3.8没、73歳。1733生。イギリスの動物画家、版画家。

ネッセルト, ヨーハン・アウグスト　Nösselt, Johann August　3.11没、72歳。1734生。ドイツのルター派神学者。

ラランド, ジョゼフ・ジェローム・ル・フランセ・ド　Lalande, Joseph Jérôme Le Français de　4.4没、74歳。1732生。フランスの天文学者。

オーピー, ジョン　Opie, John　4.9没、45歳。1761生。イギリスの画家。

566　人物物故大年表 外国人編

19世紀　1807

リヒター　Richter, Jeremias Benjamin　4.14没、45歳。1762生。ドイツの化学者。

マナリング　Mainwaring, John　4.15没、83？歳。1724生。イギリスの著述家。

キング, エドワード　King, Edward　4.16没、72？歳。1735生。イギリスの古代学者、著述家。

ハッケルト, ヤーコプ・フィリップ　Hackert, Jakob Phillip　4.28没、69歳。1737生。ドイツの画家。

ロシャンボー　Rochambeau, Jean-Baptiste-Donatien de Vimeur, Comte de　5.10没、81歳。1725生。フランスの軍人。

アトウッド　Atwood, George　7.7没、62歳。1745（㊟1746）生。イギリスの数学者、物理学者。

ベルヌーイ, ヨハン3世　Bernoulli, Johann III　7.13没、62歳。1744生。スイスの数学者。

ヨーク　York, Henry Stuart, Cardinal Duke of　7.13没、82歳。1725生。ヨーク公、枢機卿。

ムラヴィヨーフ, ミハイル・ニキーチチ　Muraviëv, Mikhail Nikitich　7.29没、49歳。1757生。ロシアの詩人、政治家。

ローゼ　Rose, Valentin　8.9没、44歳。1762生。ドイツの薬学者。

アンナ・アマリア　Amalia, Anna　8.10没、67歳。1739生。ザクセン・ヴァイマル（ドイツ）の公妃。

ピュッター　Pütter, Johann Stephan　8.12没、82歳。1725生。ドイツの法制学者。

テーテンス　Tetens, Johann Nicolaus　8.15没、70歳。1736生。ドイツの哲学者、心理学者、経済学者。

コタン夫人　Cottin, Marie-Sophie Risteau, Madame　8.25没、37歳。1770生。フランスの女性小説家。

ポルタリス　Portalis, Jean Étienne Marie　8.25没、61歳。1746生。フランスの法律家、政治家。

ドーソン　D'Ohsson, Ignace Mouradja　8.27没、67歳。1740生。アルメニア系の外交官、歴史家。

ルブラン - パンダール　Lebrun-Pindare　9.2没、78歳。1729生。フランスの詩人。

ゲヒハウゼン　Göchhausen, Luise von　9.7没、55歳。1752生。ザクセン・ヴァイマル公妃アマーリアの侍女、ゲーテの女友達。

ウェスト, サミュエル　West, Samuel　9.24没、77歳。1730生。アメリカの会衆派牧師。

ヘラスコフ, ミハイル・マトヴェーヴィチ　Kheraskov, Mikhail Matveevich　9.27没、73歳。1733生。ロシアの詩人、小説家。

ミューレンバーグ（ミューレンベルク）, ジョン・ピーター・ゲイブリエル　Mühlenberg, John Peter Gabriel　10.1没、76歳。1746生。アメリカのルター派牧師、軍人、政治家。

マルファッテイ　Malfatti, Gian Francesco　10.9没、76歳。1731生。イタリアの数学者。

カウフマン, アンゲリカ　Kauffmann, Angelika　11.5没、66歳。1741生。スイスの女流画家。

サン - トーバン, オーギュスタン・ド　Saint-Aubin, Augustin de　11.9（㊟1808）没、71歳。1736生。フランスの版画家。

ヘルメス, ヘルマン・ダーニエル　Hermes, Hermann Daniel　11.12没、73歳。1734生。ドイツの神学者。

ルーベル　Rewbell, Jean François　11.23没、60歳。1747生。フランスの政治家。

ブラント, ジョゼフ　Brant, Joseph　11.24没、65歳。1742生。アメリカインディアン、モホーク族の酋長。

エルズワース, オリヴァー　Ellsworth, Oliver　11.26没、62歳。1745生。アメリカ、コネティカットの法律家、政治家。

ラフレンセン, ニクラス　Lafrensen, Niklas　12.6没、70歳。1737生。スウェーデンの画家。

クラーマー　Cramer, Carl Friedrich　12.8没、55歳。1752生。ドイツの評論家、編集者。

グリム, フリードリヒ - メルヒオール　Grimm, Friedrich Melchior von　12.19没、83歳。1723（㊟1722）生。ドイツ生れの文芸評論家。

オルロフ, アレクセイ　Orlov, Aleksei Grigorievich　12.24（㊟1808）没、70歳。1737生。ロシアの軍人、政治家。

ニュートン, ジョン　Newton, John　12.31没、82歳。1725生。イギリスの讃美歌作家。

この年　ウォーカー, ジョン　Walker, John　75歳。1732生。イギリスの辞書編纂者。

汪輝祖　77歳。1730（㊟1731）生。中国、清中期の学者、地方官。

カー, ジョン　Carr, John　84歳。1723生。イギリスの建築家。

ガウ, ニール　Gow, Niel　80歳。1727生。イギリスのヴァイオリン奏者、作曲家。

カロンデレト　Carondelet, Baron Francisco Luis Hector de　59？歳。1748生。スペインの行政官。

クラウス　Kraus, Christian Jakob　54歳。1753生。ドイツの官房学者。

サザビー, ジョン　Sotheby, John　67歳。1740生。イギリスの競売人、好古家。

ティルリッヒ　Tillich, Ernst　27歳。1780生。ドイツの教育家。

ニコラ　Nicola, Lewis　90歳。1717生。アメリカの軍人。

ファントーニ　Fantoni, Giovanni　52歳。1755生。イタリアの抒情詩人。

フォティアディス　Photiádes, Demétrios　77歳。1730生。ギリシア啓蒙主義時代の学者。

ブルトゥイユ　Breteuil, Louis Auguste le Tonnelier, Baron de　77歳。1730生。フランスの政治家、外交官。

人物物故大年表 外国人編　567

ベルトゥー　Berthoud, Ferdinand　80歳。1727生。スイスの時計師，科学機器製作者。
パズワンドオウル　Pazvandoğlu　49歳。1758生。オスマン帝国，ブルガリア地方ビディンのアーヤーン（名望家）。
プレンク　Plenck, Joseph Jakob Edler von　69？歳。1738生。オーストリアの医学者。
マッソン，フランソワ　Masson, François　62歳。1745生。フランスの彫刻家。
李長庚　56歳。1751生。中国，清中期の水軍指導者。
リーヴ，クララ　Reeve, Clara　78歳。1729生。イギリスの女流小説家。
リーゲル，アントン　Rigel, Anton　62？歳。1745生。ドイツ系フランスの音楽家。
ルイ，ヴィクトール　Louis, Victor　㋹1792没、72歳。1735（㋹1731）生。フランスの建築家。
ルルー，ジャン-フランソワ　Leleu, Jean-François　78歳。1729生。フランスの家具制作家。
この頃 サハーブ　Sahāb　イランの詩人。

1808年

5.02　スペインでマドリードの蜂起が発生する
8.15　フランスのカルーゼル広場で凱旋門が完成
10.04　英軍艦フェートン号が長崎港に侵入する
＊＊＊
ディキンソン，J.　Dickinson, John　2.14没、75歳。1732生。アメリカの政治家。
レーク　Lake, Gerard Lake, 1st Viscount　2.20没、63歳。1744生。イギリスの軍人。
ファブリシウス，ヨハン・クリスティアン　Fabricius, Johann Christian　3.3没、63歳。1745生。デンマークの昆虫学者。
チェレッティ　Cerretti, Luigi　3.4没、69歳。1738生。イタリアの詩人。
ヒンデンブルク　Hindenburg, Karl Friedrich　3.17没、66歳。1741生。ドイツの数学者。
イュレンボリ，グスタヴ・フレドリック　Gyllenborg, Gustav Fredrik　3.30没、76歳。1731生。スウェーデンの詩人。
バーク，ジョン・デイリー　Burk, John Daly　4.11没、32？歳。1776生。アメリカの劇作家，ジャーナリスト。
ロベール，ユベール　Robert, Hubert　4.15没、74歳。1733生。フランスの風景画家。
トマジーニ，アロイス・ルイージ　Tomasini, Alois Luigi　4.25没、66歳。1741生。イタリアのヴァイオリン奏者，作曲家。
カバニス，ジョルジュ　Cabanis, Pierre Jean Georges　5.5没、50歳。1757（㋹1758）生。フランスの哲学者，医学者。

ジリー，ダヴィト　Gilly, David　5.5没、60歳。1748生。ドイツの建築家。
オールブライト（アルブレヒト），ジェイコブ　Albright（Albrecht）, Jacob　5.18没、49歳。1759生。北アメリカ福音主義同盟の創始者。
ハード　Hurd, Richard　5.28没、88歳。1720生。イギリスの聖職者，ウスターの主教。
バルディーリ　Bardili, Christoph Gottlieb　6.9没、47歳。1761生。ドイツの哲学者。
エヒメノ　Eximeno y Pujades, Antonio　6.9没、78歳。1729生。スペインの音楽研究家，哲学者。
ウィルキンソン，ジョン　Wilkinson, John　7.14没、80歳。1728生。イギリスの機械技術者，工場主。
バルテレモン，フランソワ・イポリット　Barthélemon, François Hippolyte　7.20没、66歳。1741生。フランスのヴァイオリン奏者，作曲家。
セリム3世　Selim III　7.28没、46歳。1761生。オスマン・トルコ帝国第28代のスルタン（在位1789～1807）。
シュレック，ヨーハン・マティーアス　Schroeckh（Schröckh）, Johann Matthias　8.2没、75歳。1733生。ドイツの歴史家。
ヘッデリヒ，フランツ・アントーン　Hedderich, Franz Anton　8.20没、63歳。1744生。ドイツのカトリック教会法学者。
ヒューム，ジョン　Home, John　9.5没、86歳。1722生。スコットランドの牧師，劇作家。
ベッティネッリ，サヴェーリオ　Bettinelli, Saverio　9.13没、90歳。1718生。イタリアの詩人，悲劇作家。
ポーソン　Porson, Richard　9.19没、48歳。1759生。イギリスの古典学者。
ヴラニツキー，パヴェル　Wranizky, Paul　9.26没、51歳。1756生。チェコ生れの作曲家，指揮者，ヴァイオリン奏者。
ヴェストリス　Vestris, Gaetano　9.27没、79歳。1729生。イタリア生れの舞踊家。
トゥーリルド，トゥーマス　Thorild, Thomas　10.1没、49歳。1759生。スウェーデンの詩人。
ミンゴッティ，レジナ　Mingotti, Regina　10.1没、86歳。1722生。イタリアのソプラノ歌手。
ラングハンス，カール・ゴットハート　Langhans, Carl Gotthard　10.1没、75歳。1732生。ドイツの建築家。
アンダーソン　Anderson, James　10.15没、69歳。1739生。スコットランドの篤農家。
ランドル，ベンジャミン　Randall, Benjamin　10.22没、59歳。1749生。アメリカの牧師，自由意志バプテスト派の創始者。
チェザロッティ，メルキオッレ　Cesarotti, Melchiorre　11.4没、78歳。1730生。イタリアの詩人，評論家。

ドーチェスター Dorchester, Guy Carleton, 1st Baron 11.10没、84歳。1724生。イギリスの軍人。

ムティス，ホセ・セレスティーノ Mutis, José Celestino 11.11没、76歳。1732生。スペインの植物学者，司祭。

アレムダル・ムスタファ・パシャ Muṣṭafa Bairaktar 11.17没、53？歳。1755（[異]1750）生。オスマン・トルコ帝国の宰相。

ザイスバーガー，デイヴィド（ツァイスベルガー，ダーフィト） Zeisberger, David 11.17没、87歳。1721生。アメリカで活動したモラヴィア（ヘルンフート）兄弟団宣教師。

フロリダブランカ Floridablanca, José Moñino y Redondo, Conde de 11.20没、79歳。1729（[異]1728）生。スペインの宰相（1777～92）。

フェルノー Fernow, Karl Ludwig 12.4没、45歳。1763生。ドイツの美学者。

ローコトフ，フョードル Rokotov, Fjodor Stepanovich 12.12？没、73？歳。1735生。ロシアの肖像画家。

リヴァプール Liverpool, Charles Jenkinson, 1st Earl of 12.17没、81歳。1727生。イギリスの政治家。

ベドウズ，トーマス Beddoes, Thomas 12.24没、48歳。1760生。イギリスの医者，文筆家。

[この年] **アスプルッチ，アントーニオ** Asprucci, Antonio 85歳。1723生。イタリアの建築家。

エームズ Ames, Fisher 50歳。1758生。アメリカの政治家。

カークランド Kirkland, Samuel 67歳。1741生。アメリカの組合教会牧師。

カールトン，ガイ，ドーチェスター男爵 Carleton, Guy 84歳。1724生。イギリスの軍人，政治家。

グアラーナ，ヤーコポ Guarana, Iacopo 88歳。1720生。イタリアの画家。

グヴェア，アレクサンドル・デ Govea, Alexandre de ポルトガルのフランシスコ会士。

クリスティアン7世 Christian VII 59歳。1749生。デンマーク，ノルウェー王（1766～1808）。

グルベア Guldberg, Ove Höegh 77歳。1731生。デンマークの政治家，神学者。

コルベ，シャルル-ルイ Corbet, Charles-Louis 50歳。1758生。フランスの彫刻家。

シナイ，ミクローシュ Sinai, Miklós 78歳。1730生。ハンガリーの改革派神学者，教会史家。

スターロフ，イヴァン・エゴロヴィッチ Starov, Ivan Egorovich 64歳。1744（[異]1745）生。ロシアの建築家。

ダルリンプル Dalrymple, Alexander 71歳。1737生。スコットランドの地理学者。

沈復 45歳。1763（[異]1762）生。中国，清の随筆家。

ハラム Hallam, Lewis 68？歳。1740生。イギリス出身のアメリカの俳優。

ビューロー Bülow, Dietrich Adam Heinrich, Baron von [異]1807没、51歳。1757生。プロシアの軍人，軍事著作家。

ピエルマリーニ，ジュゼッペ Piermarini, Giuseppe 74歳。1734生。イタリアの建築家。

ボノーミ，ジョーゼフ Bonomi, Joseph 69歳。1739生。イタリア出身のイギリスの建築家。

ポルテウス（ポーティアス），ベイルビ Porteus, Beilby 77歳。1731生。英国教会の主教。

ピルマン，ジャン Pillement, Jean 80歳。1728生。フランス画家，版画家。

リンジ，セオフィラス Lindsey, Theophilus 85歳。1723生。イギリスのユニテリアン神学者。

ルイス Ruiz, Hipólito 56歳。1752生。スペインの植物学者。

[この頃] **ビッカースタフ，アイザック** Bickerstaffe, Isaac 75？歳。1733生。イギリスの劇作家。

ブルネッティ，ガエターノ Brunetti, Gaetano 68？歳。1740生。イタリアの作曲家。

1809年

7.06　ナポレオンが教皇ピウス7世を逮捕する
7.12　オーストリアがフランスと休戦する
8.21　間宮林蔵が間宮海峡を確認する
10.08　メッテルニヒがオーストリア外相となる

＊＊＊

エーバハルト，ヨーハン・ハインリヒ・アウグスト Eberhard, Johann Heinrich August 1.6没、69歳。1739生。ドイツ啓蒙期の哲学者，神学者。

ヴァーグナー Wagner, Johann Peter Alexander 1.7没、78歳。1730生。ドイツのロココ彫刻家。

ムーア，サー・ジョン Moore, *Sir* John 1.16没、47歳。1761生。イギリスの軍人。

サンテール Santerre, Antoine Joseph 2.6没、56歳。1752生。フランスの革命家，軍人。

セーガ，ゲオウ Zoëga, Georg 2.10没、53歳。1755生。デンマークの考古学者，古銭学者。

コベンツル Cobenzl, Johann Ludwig Joseph, Graf von 2.22没、55歳。1753生。オーストリアの政治家，外交官。

アルブレヒツベルガー，ヨハン・ゲオルグ Albrechtsberger, Johann Georg 3.7没、73歳。1736生。オーストリアの作曲家，オルガン奏者，教育家。

ブランシャール，ジャン・ピエール・フランソワ Blanchard, Jean Pierre 3.7没、55歳。1753生。フランスの気球操縦者。

カヴァイエ，ジャン-ピエール Cavaillé, Jean-Pierre 3.13没、65歳。1743生。フランスのオルガン製作者。

1809　19世紀

ホルクロフト，トマス　Holcroft, Thomas　3.23没、63歳。1745(Ⓟ1744)生。イギリスの劇作家，著作家。

ヴィアン，ジョゼフ‐マリー　Vien, Joseph Marie　3.27没、92歳。1716生。フランスの画家，版画家。

キッテル　Kittel, Johann Christian　4.17没、77歳。1732生。ドイツのオルガン奏者，作曲家。

ヘンケ，ハインリヒ・フィーリプ・コンラート　Henke, Heinrich Philipp Konrad　5.2没、56歳。1752生。ドイツ啓蒙期の教会史家。

パジュー，オーギュスト　Pajou, Augustin　5.8没、78歳。1730生。フランスの彫刻家。

アウエンブルッガー，レオポルト　Auenbrugger von Auenbrugg, Joseph Leopold　5.17没、86歳。1722生。オーストリアの医師。

ミュラー，ヨハネス・フォン　Müller, Johannes von　5.29没、57歳。1752生。ドイツの歴史家。

シル　Schill, Ferdinand Baptista von　5.31没、33歳。1776生。プロシアの軍人。

ハイドン，フランツ・ヨーゼフ　Haydn, Franz Joseph　5.31没、77歳。1732生。オーストリアの作曲家。

ランヌ　Lannes, Jean, Duc de Montebello　5.31没、40歳。1769生。フランスの軍人。

アビルゴー，ニコライ・アブラハム　Abilgaard, Nicolai Abraham　6.4没、65歳。1743生。デンマークの歴史画家。

ペイン，トマス　Paine, Thomas　6.8没、72歳。1737生。イギリス生れのアメリカの思想家，著述家。

エカート，アンセルム・フォン　Eckart, Anselm von　6.29没、87歳。1721生。ドイツ出身のイエズス会士。

ラ・サール　La Salle, Antoine Charles Louis, Comte de　7.6没、34歳。1775生。フランスの軍人。

ニコデーモス（ナクソスの）　Nikodēmos (Náxos)　7.14没、61歳。1748生。ギリシア正教会の神学者，神秘家。

スヌビエ，ジャン　Senebier, Jean　7.22没、67歳。1742生。スイスの牧師，植物学者。

エッカルト　Eckard, Johann Gottfried　7.24没、74歳。1735生。ドイツのピアニスト，作曲家。

ボールトン，マシュー　Boulton, Matthew　8.18没、80歳。1728生。イギリスの技術者，企業家。

シュレーゲル，カロリーネ　Schlegel, Karoline　9.7没、46歳。1763生。ドイツの婦人。

ラーマ1世　Rama I　9.7(Ⓟ1806)没、74歳。1735(Ⓟ1737)生。タイ国チャクリ朝創始者（在位1782～1809）。

シュレーツァー　Schlözer, August Ludwig von　9.9没、74歳。1735生。ドイツの歴史家。

レネーグル　Reinagle, Alexander　9.21没、53歳。1756生。イギリス生れの作曲家。

インピ　Impey, Sir Elijah　10.1没、77歳。1732生。イギリスの裁判官。

フヴォストフ　Khvostov, Nikolai Aleksandrovich　10.5没、33歳。1776生。ロシアの外交官。

レビ・イサーク（ベルディチェフの）　Levi Isaac of Berdichev　10.5没、69歳。1740生。ハシディズムのラビ。

ベンティンク，ウィリアム・ヘンリー・キャヴェンディッシュ，3代ポートランド伯爵　Portland, William Henry Cavendish Bentinck, 3rd Duke of　10.30没、71歳。1738生。イギリスの政治家。

サンドビー，ポール　Sandby, Paul　11.9没、84歳。1725生。イギリスの風景画家。

ルイス，メリウェザー　Lewis, Meriwether　11.11没、35歳。1774生。アメリカの探検家。

ダレーラク，ニコラ‐マリー　Dalayrac, Nicolas-Marie　11.26？没、56歳。1753生。フランスのオペラ・コミックの作曲家。

フールクロワ，アントワーヌ・フランソワ・ド　Fourcroy, Antoine François, Comte de　12.16没、54歳。1755生。フランスの化学者。

ベック，フランツ　Beck, Franz　12.31没、75歳。1734生。ドイツの作曲家，指揮者，ヴァイオリン・オルガン奏者。

この年　イーデン　Eden, Sir Frederick Morton　43歳。1766生。イギリスの経済学者。

ヴェフビー，スュンビュルザーデ　Vehbî, Sünbülzâde　92歳。1717生。オスマン朝トルコの詩人。

カッラーニ，ガエターノ　Callani, Gaetano　73歳。1736生。イタリアの画家，彫刻家。

クロッツ，ヨーゼフ・トーマス　Klotz (Kloz), Josef Thomas　66歳。1743生。ドイツのヴァイオリン製作者。

洪亮吉　63歳。1746生。中国，清の文学者，学者。

蔡牽　中国，清中期の海賊の指導者。

サン‐トゥール，ジャン‐ピエール　Saint-Ours, Jean-Pierre　57歳。1752生。スイスの画家。

シュタイン，アンドレーアス・フリードリヒ　Stein, Andreas Fiedrich　25歳。1784生。ドイツ・オーストリアのピアニスト，作曲家。

シュタインバルト，ゴットヘルフ・ザームエル　Steinbart, Gotthil　71歳。1738生。ドイツの哲学者，道徳哲学者。

シーワド，アナ　Seward, Anna　62歳。1747(Ⓟ1742)生。イギリスの詩人。

ダンモア　Dunmore, John Murray, 4th Earl of　77歳。1732生。スコットランドの貴族。

バルレッティ　Barletti de Saint-Paul, François-Paul　75歳。1734生。フランスの教育家。

570　人物物故大年表 外国人編

19世紀　　　　　　　　　　　　　　1810

ヘーワード　Heyward, Thomas, Jr.　63歳。1746生。アメリカの軍人, 大農園主, 法律家。

ポトツキー, イグナツィ　Potocki, Ignacy　59歳。1750生。ポーランドの名家ポトツキー家の出身。

ムリージョ　Murillo, Pedro Domingo　ボリビア独立運動先駆者。

凌廷堪　52歳。1757生。中国, 清の学者。

1810年

4.02　ナポレオンがマリー・ルイーズと結婚する
7.09　オランダ王国がフランスに併合される
8.18　スウェーデン王継承者にベルナドット指名
9.16　メキシコでインディオの反乱が起こる
　　　　　　　＊＊＊

ダシコヴァ, エカテリーナ・ロマノヴナ　Dashkova, Ekaterina Romanovna Vorontsova　1.16没、66歳。1743(㊥1744)生。ロシアの公爵夫人。

ホップナー, ジョン　Hoppner, John　1.23没、51歳。1758生。イギリスの肖像画家。

リッター, ヨハン・ヴィルヘルム　Ritter, Johann Wilhelm　1.23没、33歳。1776生。ドイツの物理学者。

リッチ, シピオーネ・デ　Ricci, Scipione de　1.27没、69歳。1741生。イタリアのカトリック内改革者。

ホーファー, アンドレアス　Hofer, Andreas　2.20没、42歳。1767生。チロルの愛国者。

マイル　Mayr, Peter　2.20没、42歳。1767生。オーストリア(ティロル)の解放指導者。

ブラウン, チャールズ・ブロックデン　Brown, Charles Brockden　2.22没、39歳。1771生。アメリカ最初の職業小説家。

キャヴェンディッシュ, ヘンリー　Cavendish, Henry　2.28(㊥1801)没、78歳。1731生。イギリスの物理学者, 化学者。

コリンウッド, カスパート, 男爵　Collingwood, Cuthbert Collingwood, Baron　3.7没、59歳。1750(㊥1748)生。イギリスの海将。

シュピットラー, ルートヴィヒ・ティモーテウス・フライヘル・フォン　Spittler, Ludwig Timotheus Freiherr von　3.14没、57歳。1752生。ドイツの啓蒙主義歴史学者, 教会史家。

ボブローフ, セミョーン・セルゲーヴィチ　Bobrov, Semën Sergeevich　3.22没、47？歳。1763？生。ロシアの詩人。

ラウツィーニ, ヴェナンツィオ　Rauzzini, Venanzio　4.8没、63歳。1746生。イタリアのカストラート歌手, 作曲家。

リンカーン, ベンジャミン　Lincoln, Benjamin　5.9没、77歳。1733生。アメリカの軍人。

エオン・ド・ボーモン　Eon de Beaumont, Charles Geneviève Louis Auguste André Timothée d'　5.21没、81歳。1728生。フランスの外交官, 著作家。

ウィンダム　Windham, William　6.4没、60歳。1750生。イギリスの政治家。

ゾイメ, ヨハン・ゴットフリート　Seume, Johann Gottfried　6.13没、47歳。1763生。ドイツの小説家。

フェルセン　Fersen, Hans Axel, Greve av　6.20没、54歳。1755生。スウェーデンの軍人, 外交官。

モンゴルフィエ, ジョゼフ・ミシェル　Montgolfier, Joseph-Michel　6.26没、69歳。1740生。フランスの発明家。

ペニャルベール・イ・カルデナス, ルイス・イグナシオ　Peñalver y Cárdenas, Luis Ignacio　7.17没、61歳。1749生。キューバのカトリック聖職者, ルイジアナとフロリダの司教。

ルイゼ　Luise Auguste Wilhelmine Amalie　7.19没、34歳。1776生。プロイセン王妃。

ムヌー　Menou, Jacques François, Baron de　8.13没、59歳。1750生。フランスの軍人。

コベンツル　Cobenzl, Philipp, Graf von　8.30没、69歳。1741生。オーストリアの政治家。

フュルステンベルク, フランツ・フリードリヒ・ヴィルヘルム・フライヘル・フォン　Fürstenberg, Franz Friedrich Wilhelm Frhr v.　9.16没、81歳。1729生。ドイツのカトリック聖職者, 政治家。

ノヴェール, ジャン・ジョルジュ　Noverre, Jean Georges　10.19没、83歳。1727生。フランスの舞踊家。

ゾファニー, ヨハン　Zoffany, John　11.11没、76歳。1734(㊥1733)生。イギリス(ドイツ生れ)の画家。

フラムリ　Framery, Nicolas Étienne　11.26没、65歳。1745生。フランスの台本作者, 作曲家, 批評家。

ビアンキ　Bianchi, Francesco　11.27没、58？歳。1752生。イタリアの作曲家。

トレヤール　Treilhard, Jean Baptiste Comte　12.1没、68歳。1742生。フランスの法律学者, 政治家。

ルンゲ, フィリップ・オットー　Runge, Philipp Otto　12.2没、33歳。1777生。ドイツの画家。

トリマー, セアラ　Trimmer, Sarah　12.15没、69歳。1741生。イギリスの著述家。

この年　アルビンツィー　Alvinczy, Joseph von Barberek　75歳。1735生。オーストリアのマジャール人将校。

カバルス　Cabarrus, François　58歳。1752生。フランスの財政家。

カプララ　Caprara, Giovanni Battista　77歳。1733生。イタリア人の枢機卿, バチカンの外交官。

ゴンザーガ　Gonzaga, Tomás António　66歳。1744生。ブラジルの詩人。

サイイド・アブダラ・ビン・アリ・ビン・ナシール　Sayyid Abdallah bin Ali bin Nasir　75？歳。1735生。ケニアのスワヒリ語詩人。

ジュルアト, シェイフ・カランダル・バフシュ　Jurat, Sheikh Qalandar Bakhsh　63？歳。1747生。インドのウルドゥー語の詩人。

ショーデ, アントワーヌ-ドニ　Chaudet, Antoine-Denis　47歳。1763生。フランスの彫刻家, 画家。

ダニエル, トーマス　Daniel, Thomas　61歳。1749生。イギリスの建築家。

ダンバー, ウィリアム　Dunbar, William　61歳。1749生。アメリカの植民者, 科学者。

デュビュク　Dubuque, Julien　48歳。1762生。フランスの商人。

ネージョン　Naigeon, Jacques André　72歳。1738生。フランスの作家, 哲学者。

ファン・トローストウェイク, ワウテル・ヨハネス　van Troostwijk, Wouter Johannes　28歳。1782生。オランダの画家, 版画家。

ブキエ　Bouquier, Gabriel　71歳。1739生。フランスの政治家。

ベアリング, フランシス　Baring, Francis　70歳。1740生。イギリスの金融業者。

ベネデッティ, ミケーレ　Benedetti, Michele　65歳。1745生。イタリアの画家。

ボードロック　Baudelocque, Jean Louis　64歳。1746生。フランスの産科医。

ホーンズビー　Hornsby, Thomas　77歳。1733生。イギリスの天文学者。

ミール, ミール・ムハンマド・タキー　Mīr　88歳。1722(㊥1724)生。インドのウルドゥー詩人。

夢東際醒　69歳。1741生。中国, 清の僧侶。

メトカーフ, ジョン　Metcalf, John　93歳。1717生。イギリスのエンジニア。

モワット, ジャン-ギヨーム　Moitte, Jean-Guillaume　64歳。1746生。フランスの彫刻家。

ランツィ, ルイージ　Lanzi, Luigi　78歳。1732生。イタリアの美術史家, 考古学者。

ルッソー, ピエール　Rousseau, Pierre　60？歳。1750生。フランスの建築家。

この頃　ヴァイスヴァイラー, アダム　Weisweiler, Adam　㊥1809頃没、60？歳。1750生。ドイツの家具製作者。

フィスキエッティ　Fischietti (Fischetti), Domenico　85？歳。1725生。イタリアの作曲家。

1811年

3.01　ムハンマド・アリーがマムルークを虐殺
7.05　ベネズエラ共和国が独立を宣言する
7.23　露艦長ゴローニンが国後島で逮捕される
8.04　英軍がジャワ島のバタヴィアを制圧する
12.18　朝鮮で洪景来らが民衆反乱を計画する
*　*　*

ニコライ, クリストフ・フリードリヒ　Nicolai, Christoph Friedrich　1.8没、77歳。1733生。ドイツ啓蒙期の通俗哲学者。

シェニエ, マリ-ジョゼフ　Chénier, Marie Joseph Blaise de　1.10没、46歳。1764生。フランスの詩人, 劇作家, 政治家。

シャルグラン, ジャン-フランソワ・テレーズ　Chalgrin, Jean-François Thérèse　1.20没、72歳。1739生。フランスの古典主義の建築家。

ベックマン　Beckmann, Johan　2.3没、71歳。1739生。ドイツの技術学の創始者。

マキンタイア　McIntire, Samuel　2.6没、54歳。1757生。アメリカの建築家, 工芸家。

マスケリン, ネヴィル　Maskelyne, Nevil　2.9没、78歳。1732生。イギリスの天文学者。

ベシェニェイ　Bessenyei, György　2.24没、64歳。1747生。ハンガリーの詩人, 劇作家。

モレーノ, マリアーノ　Moreno, Mariano　3.8没、32歳。1778生。アルゼンチンの革命家。

グラフトン, オーガスタス・ヘンリー・フィッツロイ, 3代公爵　Grafton, Augustus Henry Fitzroy, 3rd Duke of　3.14没、75歳。1735生。イギリスの政治家。

レイクス, ロバート　Raikes, Robert　4.5没、75歳。1735生。イギリス日曜学校の開祖。

オブラドヴィチ, ドシテイ　Obradović, Dositej　4.7没、69？歳。1742(㊥1740)生。セルビアの作家, 詩人, 教育家。

デーナ　Dana, Francis　4.25没、67歳。1743生。アメリカの法律家, 外交官。

エムリ, ジャーク-アンドレー　Emery, Jacques André　4.28没、78歳。1732生。フランスのサン・スュルピス修道院長。

スマート　Smart, John　5.1没、65歳。1741生。イギリスの細密画家。

カンバランド, リチャード　Cumberland, Richard　5.7没、79歳。1732生。イギリスの劇作家。

ダンダス　Melville, Henry Dundas, 1st Viscount　5.28没、69歳。1742生。イギリスの政治家。

チェイス, サミュエル　Chase, Samuel　6.19没、70歳。1741生。アメリカの法律家。

19世紀　　　　　　　　　　　　　　　　　　　1812

キャンベル　Campbell, John, Baron　6.22没、31歳。1779生。イギリスの法律家、政治家。

トレンティーノ、ニコラウ　Tolentino d'Almeida, Nicolau　6.22没、70歳。1740生。ポルトガルの詩人。

クリュプフェル、エンゲルベルト・アンドレーアス　Klüpfel, Engelbert Andreas　7.8没、78歳。1733生。ドイツのカトリック神学者。

コリーン、ハインリヒ・ヨーゼフ　Collin, Heinrich Josef von　7.28没、39歳。1771生。オーストリアの抒情詩人、劇作家。

イダルゴ・イ・コスティージャ、ミゲル　Hidalgo y Costilla, Miguel　7.31没、58歳。1753生。メキシコの牧師、革命家。

アクトン、サー・ジョン（・フランシス・エドワード）　Acton, Sir John Francis Edward　8.12没、75歳。1736（㊨1737）生。イギリス貴族、海軍将校。

ブーガンヴィル、ルイ・アントワーヌ・ド　Bougainville, Louis Antoine, comte de　8.20（㊨1814）没、81歳。1729生。フランスの航海者、軍人。

ビジャヌエバ、ファン・デ　Villanueva, Juan de　8.22没、71歳。1739生。スペインの建築家。

ザハロフ、アンドレイ・ドミトリエヴィッチ　Zakharov, Adrian Dimitrievich　8.27？没、50歳。1761生。ロシアの建築家。

フレンツル、イグナーツ　Fränzl, Ignaz Franz Joseph　9.3没、75歳。1736生。ドイツのヴァイオリン奏者、作曲家。

パルラース、ペーター・ジーモン　Pallas, Peter Simon　9.8没、69歳。1741生。ドイツの博物学者。

トランブレイ　Trembley, Jan　9.18没、62歳。1749生。スイスの数学者。

パーシー、トマス　Percy, Thomas　9.30没、82歳。1729生。イギリスの聖職者、古典研究家。

ゲンツ、ハインリヒ　Gentz, Heinrich　10.3没、45歳。1766生。ドイツの建築家。

ザルツマン、クリスチャン・ゴットヒルフ　Salzmann, Christian Gotthilf　10.31没、67歳。1744生。ドイツの福音派神学者、牧師、教育家。

ツェレナー、ハインリヒ・ゴットリープ　Zerrenner, Heinrich Gottlieb　11.10没、61歳。1750生。ドイツのルター派牧師。

ピグナテーリィ、ホセ・マリア　Pignatelli, Joseph Maria, St.　11.11没、73歳。1737生。イエズス会士、聖人。

クライスト、ハインリヒ・フォン　Kleist, Heinrich von　11.21没、34歳。1777生。ドイツの劇作家。

ホベリャノス、ガスパル・メルチョル・デ　Jovellanos, Gaspar Melchor de　11.27没、67歳。1744生。スペインの政治家。

この年　アリェンデ　Allende, Ignacio José　32歳。1779生。メキシコの独立革命指導者、軍人。

アンテス、ジョン　Antes, John　71歳。1740生。アメリカの作曲家。

イートン　Eaton, William　47歳。1764生。アメリカの陸軍士官、外交官。

ヴァットムッレル、アドルフ・ユルリク　Wertmüller, Adolf Ulrick　60歳。1751生。スウェーデンの画家。

ヴァーディル、ジョン　Vardill, John　62歳。1749生。アメリカの聖公会司祭、イギリスのスパイ。

ウィリアムズ　Williams, William　80歳。1731生。アメリカの実業家。

カール・フリードリッヒ　Karl Friedrich　83歳。1728生。バーデン公。

ケンプ、ヨハネス・テオドールス・ヴァン・デル　Kemp, Johannes Theodorus van der　63歳。1748生。オランダの宣教師。

弘旿　中国、清代後期の画家。

サバティエ　Sabatier, Raphael Bienvenu　79歳。1732生。フランスの解剖学者、外科学者。

ダンス、ナザニエル　Dance, Nathaniel　76歳。1735生。イギリスの画家。

ネーデルブルフ　Nederburgh, Sebastiaan Cornelis　49歳。1762生。オランダ領東インドの総督。

傅鼐　53歳。1758生。中国、清中期の官僚。

パーカー　Parker, Sir Peter　90歳。1721生。イギリスの提督。

ミークル、アンドリュー　Meikle, Andrew　92歳。1719生。イギリスの水車大工、発明家。

ミーチャ、フランティシェク・アダム・ヤン　Míča, František Adam Jan　65歳。1746生。チェコの作曲家。

メルン、ロバート　Mylne, Robert　78歳。1733生。スコットランド出身の建築家、エンジニア、測量士。

リゴー　Rigaud, André　50歳。1761生。ハイティの軍人。

この項　エフレーモフ　Efremov, Filipp Sergeevich　61？歳。1750生。ロシアの探検家。

1812年

5.28　オスマンがロシアとブカレスト条約を結ぶ
6.19　アメリカがイギリスに宣戦布告する
11.28　ナポレオン軍がベラルーシで壊滅する
＊＊＊
バラゲー・ディリエ　Baraguay-d'Hilliers, Louis　1.6没、47歳。1764生。フランスの軍人。

ピンデモンテ、ジョヴァンニ　Pindemonte, Giovanni　1.23没、60歳。1751生。イタリアの詩人、劇作家。

人物物故大年表 外国人編　573

1812　19世紀

ティツィング　Titsing, Izaac　2.9没、67歳。1744(㋐1745)生。オランダの外科医、長崎出島のオランダ商館長。

ホフマイスター、フランツ・アントン　Hoffmeister, Franz Anton　2.9没、57歳。1754生。ドイツの作曲家、出版者。

マリュス、エティエンヌ・ルイ　Malus, Etienne Louis　2.23没、36歳。1775生。フランスの物理学者。

アルヘンホルツ　Archenholz, Johann Wilhelm von　2.28没、68歳。1743生。ドイツの歴史家。

コウォンタイ　Kołłataj, Hugo　2.28没、61歳。1750生。ポーランドの思想家、政治家。

スミス　Smith, John Raphael　3.2没、60歳。1752生。イギリスの画家。

ルーテルブール、フィリップ・ジェイムズ・ド　Loutherbourg, Philippe Jacques de　3.11没、71歳。1740生。イタリアの画家。

トゥック、ジョン・ホーン　Tooke, John Horne　3.18没、75歳。1736生。イギリスの政治家、言語学者。

ドゥシーク、ヤン・ラジスラフ　Dussek, Jan Ladislav　3.20(㋐1811)没、52歳。1760(㋐1761)生。チェコの作曲家、ピアニスト。

ベイム、マーティン　Boehm, Martin　3.23没、86歳。1725生。18世紀アメリカの信仰復興運動に影響を与えた宗教家。

グリースバハ、ヨーハン・ヤーコプ　Griesbach, Johann Jakob　3.24没、67歳。1745生。ドイツの神学者。

ラ・シュヴァルディエール　La Chevardière, Louis Balthasar de　4.8没、82歳。1730生。フランスの音楽出版業者。

シュミット　Schmid, Karl Christian Erhard　4.10没、50歳。1761生。ドイツの哲学者。

シック、ゴットリープ　Schick, Gottlieb Christian　4.11没、35歳。1776生。ドイツの画家。

ウィラン　Willan, Robert　4.17(㋐1813)没、54歳。1757生。イギリスの皮膚科医。

洪景来　4.19没、32？歳。1780(㋐1784)生。朝鮮、李朝時代の平安道農民戦争の指導者。

クリントン、ジョージ　Clinton, George　4.20没、72歳。1739生。アメリカの政治家。

パーシヴァル、スペンサー　Perceval, Spencer　5.11没、49歳。1762生。イギリスの政治家。

コローレード、ヒエローニムス　Colloredo, Hieronymus　5.20没、79歳。1732生。オーストリアのザルツブルク大司教。

ヴェルフル、ヨーゼフ　Wölfl, Joseph Leopold　5.21没、38歳。1773生。オーストリアのピアニスト、作曲家。

マローン、エドマンド　Malone, Edmond　5.25没、70歳。1741生。イギリスのシェークスピア学者、編者。

カーワン、リチャード　Kirwan, Richard　6.1没、78歳。1733生。アイルランドの化学者。

シュタードラー　Stadler, Anton Paul　6.15没、58歳。1753生。オーストリアのクラリネット奏者、バセットホルン奏者。

ティッシュバイン、ヨハン・フリードリヒ・アウグスト　Tischbein, Johann August Freidrich　6.?没、62歳。1750生。ドイツ、ヘッセンの画家。

プフォル、フランツ　Pforr, Franz　6.16没、24歳。1788生。ドイツの画家。

ハイネ、クリスティアン・ゴットローブ　Heyne, Christian Gottlob　7.14没、82歳。1729生。ドイツの古典学者。

ルモフスキー　Rumovsky, Stephan Iakovich　7.18没、77歳。1734生。ロシアの天文学者。

ダールベルク　Dalberg, Johann Friedrich Hugo von　7.26没、52歳。1760生。ドイツの著述家、作曲家。

クリューゲル　Klügel, George Simon　8.4没、72歳。1739生。ドイツの数学者。

リギーニ　Righini, Vincenzo　8.19没、56歳。1756生。イタリアの作曲家、声楽教師・指揮者。

カークパトリク　Kirkpatrick, William　8.22没、58歳。1754生。イギリスの軍人、東洋学者。

ラインハルト、フランツ・フォルクマル　Reinhard, Franz Volkmar　9.6没、59歳。1753生。ドイツのプロテスタント神学者。

ロートシルト、マイアー　Rothschild, Mayer Amschel　9.19没、69歳。1743生。ユダヤ系の国際的金融資本家。

シカネーダー、エマーヌエル　Schikaneder, Johann Emanuel　9.21没、61歳。1751生。オーストリアの台本作家、劇場支配人。

アブラハムソン、ヴェアナー　Abrahamson, Werner Hans Fredrik　9.22没、68歳。1744生。デンマークの文学者。

バグラチオーン　Bagration, Pëtr Ivanovich　9.24没、47歳。1765生。ロシアの将軍。

クック　Cooke, George Frederick　9.26没、56歳。1756生。イギリスの俳優。

マーティン、ヘンリ　Martyn, Henry　10.6没、31歳。1781生。イギリスの宣教師。

フェーネベルク、ヨーハン・ミヒャエル　Feneberg, Johann Michael　10.12没、61歳。1751生。ドイツの司祭。

プラヴィーリシチコフ、ピョートル・アレクセーヴィチ　Plavilishchikov, Pëtr Alekseevich　10.18没、52歳。1760生。ロシアの作家、俳優。

ヴィスコヴァートフ　Viskovatov, Vasilii Ivanovich　10.20没、32歳。1780生。ロシアの数学者。

マレ　Malet, Claude-François de　10.29没、58歳。1754生。フランスの軍人。

574　人物物故大年表　外国人編

ピチャルド，ホセ・アントニオ　Pichardo, José Antonio　11.11没、64？歳。1748生。メキシコの歴史家。

プラトーン　Platōn　11.11没、75歳。1737生。ロシア正教会モスクヴァ府主教。

ウォルター，ジョン　Walter, John　11.16没、73歳。1739（㊟1738頃）生。イギリスの印刷業者。

バーロー，ジョーエル　Barlow, Joel　12.24没、58歳。1754生。アメリカの詩人。

[この年] アルセード，アントニオ・デ　Alcedo, Antonio de　78？歳。1734生。スペインの地史研究家。

アルベルトッリ，ラッファエーレ　Albertolli, Raffaele　42歳。1770生。イタリアの版画家、美術意匠家。

キャメロン，チャールズ　Cameron, Charles　72歳。1740生。イギリスの建築家、版画家。

クープラン，アントワネット・ヴィクトワール　Couperin, Antoinette Victoire　52？歳。1760生。フランスの歌手・オルガン奏者、ハープ奏者。

クリントン，ジェイムズ　Clinton, James　76歳。1736生。アメリカの軍人。

クレイグ，サー・ジェイムズ(・ヘンリー)　Craig, Sir James (Henry)　64歳。1748生。イギリスの軍人。

サカガウィーヤ　Sacagawea　25？歳。1787生。アメリカインディアンで西部探検隊の有能な女性ガイド。

シュースター，ヨーゼフ　Schuster, Joseph　64歳。1748生。ドイツの作曲家、指揮者。

ジュボエ，ミシェル・ジョゼフ　Gebauer, Michel Joseph　49歳。1763生。サクソン系フランスのオーボエ奏者、作曲家。

銭伯坰　74歳。1738生。中国、清代中期の書家。

デ・ヴィンテル　De Winter, Jan Willem　62歳。1750生。オランダの軍人。

デイヴィドソン　Davidson, Robert　62歳。1750生。アメリカの教育者。

ドヴェ，ローラン-ブノワ　Dewez, Laurent-Benoît　81歳。1731生。フランドルの建築家。

トラバッレージ，ジュリアーノ　Traballesi, Giuliano　85歳。1727生。イタリアの画家。

バックル（公），ヘンリー　Buccleuch, Duke of　66歳。1746生。スコットランドの貴族。

ブロック　Brock, Sir Isaac　43歳。1769生。イギリスの軍人。

ブロードウッド，ジョン　Broadwood, John　80歳。1732生。イギリスのピアノ職人。

ベルタン　Bertin, Rose　68歳。1744生。フランスの婦人服飾仕立家。

ベンダッツォーリ，ジョヴァンニ・バッティスタ　Bendazzoli, Giovanni Battista　73歳。1739生。イタリアの彫刻家。

モレッリ，コジモ　Morelli, Cosimo　80歳。1732生。イタリアの建築家。

[この頃] カザコフ，マトヴェイ・フェオドロヴィッチ　Kazakov, Matvei Fëdorovich　79？歳。1733（㊟1738）生。ロシアの建築家。

コマローフ，マトヴェイ　Komarov, Matvei　82？歳。1730生。ロシアの作家。

1813年

8.04　ベネズエラでボリーバルがカラカスを奪還
8.-　清がアヘンの販売と吸引を禁止する
10.08　清で林清ら白蓮教徒が紫禁城に乱入する
10.14　第1次ロシア・ペルシャ戦争が終結する
10.19　高田屋嘉兵衛と露艦長ゴローニンが交換
11.06　メキシコがスペインからの独立を宣言する

* * *

ベルノラーク，アントン　Bernolák, Anton　1.15没、50歳。1762生。スロヴァキアの標準語制定者。

ヴィーラント，クリストフ・マルティン　Wieland, Christoph Martin　1.20没、79歳。1733生。ドイツ啓蒙主義の作家。

エーケベリ，アンデルス・グスタフ　Ekeberg, Anders Gustaf　2.11没、46歳。1767生。スウェーデンの化学者、鉱物学者。

ホワイト　White, Charles　2.13没、84歳。1728生。イギリスの外科医、産科医。

リヴィングストン，R. R.　Livingston, Robert R.　2.26没、66歳。1746生。アメリカの政治家。

マルティネス・デ・ロサス　Martínez de Rozas, Juan　3.3没、54歳。1759生。チリ独立運動の指導者。

ベルトーニ　Bertoni, Ferdinando　3.12没、87歳。1725生。イタリアの作曲家。

ラグランジュ，ジョゼフ・ルイ，帝政伯爵　Lagrange, Joseph Louis　4.10没、77歳。1736生。イタリア生れのフランスの数学者。

ラッシュ，ベンジャミン　Rush, Benjamin　4.19没、67歳。1745生。アメリカの医師、政治家。

パイク，ゼビュロン(・モンゴメリー)　Pike, Zebulon Montgomery　4.27没、34歳。1779生。アメリカの軍人、探検家。

クトゥーゾフ，ミハイル・イラリオノヴィチ，公爵　Kutuzov, Mikhail Illarionovich Golenishchev-　4.28没、67歳。1745生。ロシアの将軍。

ドリール，ジャック　Delille, Jacques　5.1没、74歳。1738生。フランスの詩人、神父。

ベッシエール　Bessières, Jean Baptiste, Duc d'Istrie　5.1没、44歳。1768生。フランスの将軍。

デュロック　Duroc, Géraud Christophe de Michel, Duc de Frioul　5.22没、40歳。1772生。フランスの将軍、外交官。

人物物故大年表 外国人編　575

1813　19世紀

ムッツァレルリ，アルフォンソ　Muzzarelli, Alfonso　5.25没、63歳。1749生。イタリアのイエズス会神学者、著作家。

ブロンニアール，アレクサンドル - テオドール　Brongniart, Alexandre Théodore　6.6没、74歳。1739生。フランスの建築家。

シナール，ジョゼフ　Chinard, Joseph　6.20没、57歳。1756生。フランスの彫刻家。

グラッフ，アントン　Graff, Anton　6.22没、76歳。1736生。ドイツの肖像画家。

シャルンホルスト，ゲルハルト・ヨハン・ダーフィト・フォン　Scharnhorst, Gerhard Johann David von　6.28没、57歳。1755生。プロシアの軍人。

ヴェン，ジョン　Venn, John　7.1没、54歳。1759生。英国教会の主任司祭。

シャープ　Sharp, Granville　7.6没、77歳。1735生。イギリスの人道主義者。

ジュノー　Junot, Andoche, Duc d'Abrantès　7.29没、41歳。1771生。フランスの将軍。

レルシュターブ，フリードリヒ　Rellstab, Johann Carl Friedrich　8.19没、54歳。1759生。ドイツの著述家、出版者。

ヴァンハル，ヨーハン・バプティスト　Vanhal, Johann Baptist　8.20没、74歳。1739生。チェコの作曲家、弦楽器・オルガン奏者、教育者。

ウィルソン，アレグザンダー　Wilson, Alexander　8.23没、47歳。1766生。イギリスの鳥類学者、詩人。

ケルナー，テーオドア　Körner, Karl Theodor　8.26没、21歳。1791生。ドイツの詩人。

テュルク，ダニエル・ゴットロープ　Türk, Daniel Gottlob　8.26没、63歳。1750生。ドイツの音楽理論家、作曲家。

モロー，（ジャン・）ヴィクトール（・マリー）　Moreau, Jean Victor Marie　9.2没、50歳。1763（㊟1761）生。フランスの軍人。

ワイアット，ジェイムズ　Wyatt, James　9.4没、67歳。1746生。イギリスの建築家。

ランドルフ，エドマンド（・ジェニングズ）　Randolph, Edmund Jennings　9.13没、60歳。1753生。アメリカの法律家。

グレトリー，アンドレ・エルネスト・モデスト　Grétry, André Ernest Modeste　9.24没、72歳。1741生。ベルギーのオペラ作曲家。

テカムサ　Tecumseh　10.5没、45歳。1768生。アメリカインディアンの酋長。

イェルム，ペーター・ヤコブ　Hjelm, Peter Jacob　10.7没、67歳。1746生。スウェーデンの化学者。

ポニャトフスキ，ユゼフ　Poniatowski, Jóseph Antoni　10.19没、50歳。1763生。ポーランドの貴族。

クレヴクール，セント・ジョン・ド　Crèvecoeur, Michel Guillaume Jean de　11.12没、78歳。1735生。フランス系アメリカの著述家。

カプマニ　Capmany y Montpalau, Antonio de　11.14没、70歳。1742生。スペインの政治家、歴史、言語学者。

オッタバイン，フィーリプ・ヴィルヘルム（フィリプ・ウィリアム）　Otterbein, Philipp Wilhelm (Philip William)　11.17没、87歳。1726生。ドイツ改革派教会の牧師、アメリカの「キリストにおける同胞教会」創設者。

ライル　Reil, Johann Christian　11.22没、54歳。1759生。ドイツ（オランダ生れ）の生理学者。

ボドーニ，ジャンバッティスタ　Bodoni, Giambattista　11.30没、73歳。1740生。イタリアの印刷者、活字彫刻者。

サンタンドレー，ジャン - ボン　Saint-André, Jean-Bon　12.10没、64歳。1749生。フランスの牧師、政治家。

パーマンティエ　Parmentier, Antoine Augustin Baron　12.13没、76歳。1737生。フランスの薬学者、栄養学者、農学者。

ストダート　Stoddert, Benjamin　12.18没、62歳。1751生。アメリカの軍人、実業家。

グーリエフ　Guriev, Semën Emelianovich　12.23没、47歳。1766生。ロシアの数学教育者で力学者。

この年 クライマー　Clymer, George　74歳。1739生。アメリカ植民地独立達成期の政治家。

グリーン　Green, Valentine　74歳。1739生。イギリスの版画家。

クリングマン　Klingemann, Ernst August Friedrich　36歳。1777生。ドイツの戯曲家、舞台監督。

クレイグ　Craig, William　68歳。1745生。スコットランドの判事。

コルター　Colter, John　39？歳。1774生。アメリカの毛皮猟師。

ジェンティーレ，ベルナルディーノ（年少）　Gentile, Bernardino, il Giovane　86歳。1727生。イタリアの陶工。

ストダード　Stoddard, Amos　51歳。1762生。アメリカ軍人。

銭大昭　73歳。1740生。中国、清中期の学者。

ソフロニー　Sofronij, Brachanski　74歳。1739生。ブルガリア民族再生運動の先駆者。

デクチャリョフ，スチェファン・アニキエヴィチ　Degtiarëv, Stefan Anikievich　47歳。1766生。ロシアの作曲家。

トモン，トマ・ド　Thomon, Thomas de　59歳。1754生。フランスの建築家、画家、版画家。

ハートリー，デイヴィド　Hartley, David　82歳。1731生。イギリスの発明家。

576　人物物故大年表 外国人編

フィッシャー，ラインハルト Fischer, Reinhard 67歳。1746生。ドイツの建築家。

フランクリン Franklin, William 82歳。1731生。イギリスのアメリカ植民地総督。

法式善 60歳。1753生。中国，清の文学者。

ポーター Porter, Andrew 70歳。1743生。アメリカの軍人。

マッギル，ジェイムズ McGill, James 69歳。1744生。カナダの事業家，慈善家。

マーロー，ウィリアム Marlow, William 73歳。1740生。イギリスの画家。

マンフローチェ，ニコラ・アントニオ Manfroce, Nicola Antonio 22歳。1791生。イタリアの作曲家。

李文成 中国，清中期の天理教の乱の指導者。

林清 43歳。1770生。中国，清中期の天理教徒の乱の指導者。

ロッシウス Lossius, Johann Christian 70歳。1743生。ドイツの哲学者。

ローレンス，ジェイムズ Lawrence, James 32歳。1781生。アメリカの海軍将校。

ロンギ，アレッサンドロ Longhi, Alessandro 80歳。1733生。イタリアの画家，銅版画家，伝記作者。

[この頃] **グーティエール，ピエール - ジョゼフ - デジレ** Gouthière, Pierre 81？歳。1732生。フランスの装飾美術家，彫刻家。

グラッドウィン Gladwin, Francis イギリスの東洋学者。

1814年

4.06	フランス元老院がナポレオンの退位を決議
6.04	フランスでルイ18世が憲章を制定する
8.24	米大統領夫妻の夕食の席に英兵が侵入する
9.18	ウィーン会議が開会する

＊＊＊

ヤコービ，ヨハン・ゲオルク Jacobi, Johann Georg 1.4没、73歳。1740生。ドイツの詩人。

ボシュ Bossut, Charles 1.14没、83歳。1730生。フランスの数学者。

ベルナルダン・ド・サン - ピエール，ジャック - アンリ Bernardin de Saint-Pierre, Jacques Henri 1.21没、77歳。1737生。フランスの作家。

プラッセ Prasse, Moritz 1.21没、45歳。1769生。ドイツの数学者。

フィヒテ，ヨハン・ゴットリープ Fichte, Johann Gottlieb 1.29没、51歳。1762生。ドイツの哲学者。

コジェルフ，ヤン・アントニーン Koželuch, Jan Antonín 2.3没、75歳。1738生。チェコの作曲家，教育者。

ロスキール，ゲオルク・ハインリヒ Loskiel, Georg Heinrich（George Henry） 2.23没、73歳。1740生。アメリカ同胞教会（モラヴィア兄弟団）監督。

セルゲル，ユーハン・トビアス Sergel, Johan Tobias von 2.26没、73歳。1740生。スウェーデンの彫刻家。

ルガロア Legallois, Julian Jean César 2.？没、44歳。1770生。フランスの医者。

ギヨタン，ジョゼフ・イニャス Guillotin, Joseph Ignace 3.26没、75歳。1738生。フランスの医者，政治家。

クロディオン Claudion, Claude Michel 3.28没、75歳。1738生。フランスの彫刻家。

バーニー，チャールズ Burney, Charles 4.12没、88歳。1726生。イギリスのオルガン奏者，音楽学者。

メルシエ，ルイ - セバスチヤン Mercier, Louis Sébastien 4.25（[異]1840）没、73歳。1740生。フランスの劇作家，ジャーナリスト，小説家。

コーク，トマス Coke, Thomas 5.2没、66歳。1747生。イギリスのメソジスト教会最初の主教。

ブリッドポート Bridport, Alexander Hood, 1st Viscount 5.2没、87歳。1726生。イギリスの提督。

フォーグラー，ゲオルク・ヨーゼフ Vogler, Georg Joseph 5.6没、64歳。1749生。ドイツの作曲家，音楽理論家。

ブットシュテット，フランツ・フォルラート Buttstett, Franz Vollrath 5.7没、79歳。1735生。ドイツの作曲家。

ペイン，ロバート・トリート Paine, Robert Treat 5.11没、83歳。1731生。アメリカの政治家，法律家。

リヒノフスキー，カール Lichnowsky, Karl von 5.15没、52歳。1761生。オーストリアの貴族。

オークランド Auckland, William Eden, 1st Baron 5.28没、70歳。1744生。イギリスの政治官，外交官。

ジョゼフィーヌ・ド・ボアルネ Joséphine de Beauharnais 5.29没、50歳。1763（[異]1762）生。フランス皇帝ナポレオン1世の妃。

ヒンメル，フリードリヒ・ハインリヒ Himmel, Friedrich Heinrich 6.8没、48歳。1765生。ドイツの作曲家。

パリソ・ド・モントノワ，シャルル Palissot de Montenoy, Charles 6.15没、84歳。1730生。フランスの文筆家。

ライヒャルト，ヨーハン・フリードリヒ Reichardt, Johann Friedrich 6.17没、61歳。1752生。ドイツの作曲家，音楽理論家。

1814　19世紀

ミラー，ヨハン・マルティン　Miller, Johann Martin　6.21没、63歳。1750生。ドイツの詩人、小説家。

ミントー　Minto, Sir Gilbert Elliot-Murray-Kynynmond, 1st Earl of　6.21没、63歳。1751生。イギリスの外交官、政治家。

ジャコブ，ジョルジュ　Jacob, Georges　7.5没、74歳。1739生。フランスの家具製造業者。

ハウ，ウィリアム・ハウ，5代子爵　Howe, William　7.12没、84歳。1729生。イギリスの将軍。

フリンダーズ，マシュー　Flinders, Matthew　7.19没、40歳。1774生。イギリスの探検家。

ディブディン，チャールズ　Dibdin, Charles　7.25没、69歳。1745生。イギリスの作曲家、作家、劇場支配人。

フェイルケ　Feilke, Johannes Fredericus　7.28没、35歳。1779（㋿1780）生。オランダの長崎オランダ商館付医師。

ミュンシャー，ヴィルヘルム　Münscher, Wilhelm　7.28没、48歳。1766生。ドイツのプロテスタント神学者。

アルムフェルト，グスタフ・マウリッツ　Armfelt, Gustaf Mauritz　8.19没、57歳。1757生。スウェーデンの政治家。

トンプソン，サー・ベンジャミン，ランフォード伯爵　Rumford, Benjamin Thompson, Graf von　8.21没、61歳。1753生。ドイツ（アメリカ生れ）の政治家、物理学者。

フィリップ，アーサー　Phillip, Arthur　8.31没、75歳。1738生。イギリスの海軍軍人。

マルーエ　Malouet, Pierre Victor, Baron　9.7没、74歳。1740生。フランスの政治家。

マリア・カロリーナ　Maria Carolina　9.8没、62歳。1752生。ハプスブルク＝ロートリンゲン家出身のナポリ王妃。

イフラント，アウグスト・ヴィルヘルム　Iffland, August Wilhelm　9.22没、55歳。1759生。ドイツの俳優、劇作家。

アジャンクール，ジャン－バティスト－ルイ－ジョルジュ　Agincourt, Jean-Baptiste-Louis-Georges　9.24没、84歳。1730生。フランスの芸術史家。

チャールズ，トマス　Charles, Thomas　10.20没、59歳。1755生。ウェールズのメソジスト教会指導者。

リズボア，アントニオ・フランシスコ　Lisbôa, António Francisco　11.18没、84？歳。1730（㋿1738頃）生。ブラジルの彫刻家、建築家。

ゲリー，エルブリッジ　Gerry, Elbridge　11.23没、70歳。1744生。アメリカの政治家。

モロー，ジャン－ミシェル　Moreau, Jean-Michel　11.30没、73歳。1741生。フランスの画家、版画家、素描家。

クラフト，リュドヴィク　Kraft, Volfgang Liudvig (Login Iurievich)　12.2没、71歳。1743生。ロシアの物理学者で力学者。

サド，ドナシャン－アルフォンス－フランソワ・ド　Sade, Donatien Alphonse François, Marquis de　12.2没、74歳。1740生。フランスの小説家。

パルニー，エヴァリスト－デジレ・ド・フォルジュ・ド　Parny, Évariste-Désiré de Forges de　12.5没、61歳。1753生。フランスの詩人。

ブラマ，ジョゼフ　Bramah, Joseph　12.9没、66歳。1748（㋿1749）生。イギリスの技術家、発明家。

リニュ　Ligne, Charles Joseph, Prince de　12.13没、79歳。1735生。オーストリア領ネーデルラントの軍人。

フッド　Hood, Sir Samuel　12.24没、52歳。1762生。イギリスの軍人。

サウスコット，ジョアナ　Southcott, Joanna　12.27没、64歳。1750生。イギリスの宗教家。

この年 アストリー，フィリップ　Astley, Philip　72歳。1742生。イギリスの近代サーカスの創始者。

アレイジャディーニョ，アントニオ・フランシスコ・リスボア（オ・アレイジャディーニョ（通称））　Aleijadinho, Antonio Francisco Lisboa　76歳。1738生。植民地時代ブラジルの彫刻家、建築家。

ヴィンター，ファイト・アントーン　Winter, Veit Anton　64歳。1750生。ドイツ・バイエルンのカトリック神学者。

ウォレン，マーシー・オーティス　Warren, Mercy Otis　86歳。1728生。アメリカの歴史家、詩人。

ヴォロニーヒン，アンドレイ・ニキフォロヴィッチ　Voronikhin, Andrei Nikiforovich　55歳。1759生。ロシアの建築家。

サン－ピエール，ベルナルダン・ド　Saint-Pierre, Jacques Henri Bernardin de　77歳。1737生。「インド洋への航海と冒険」の著者。

ジェソップ，ウィリアム　Jessop, William　69歳。1745生。イギリスの土木技師。

スペンス　Spence, Thomas　64歳。1750生。イギリス（スコットランド）の書籍商、土地改革論者。

チェレブラーノ，フランチェスコ　Celebrano, Francesco　85歳。1729生。イタリアの画家、彫刻家。

張問陶　50歳。1764生。中国、清代の詩人。

趙翼　㋿1812没、87歳。1727生。中国、清代の学者、文人。

程瑤田　89歳。1725生。中国、清代の学者。

デュボア・クランセ　Dubois-Crancé, Louis Alexis　67歳。1747生。フランスの軍人、政治家。

ナディ，ジュゼッペ　Nadi, Giuseppe　34歳。1780生。イタリアの建築家。

フッド，アレグザンダー，初代ブリッドポート子爵　Hood, Alexander　87歳。1727生。イギリスの海軍人。

フリーゼン　Friesen, Friedrich　29歳。1785生。ドイツ体操指導者。

ベンダ，フリードリヒ・ヴィルヘルム・ハインリヒ　Benda, Friedrich Wilhelm Heinrich　69歳。1745生。ボヘミアのヴァイオリン奏者，作曲家。

ペイロン，ジャン‐フランソワ‐ピエール　Peyron, Jean-François-Pierre　70歳。1744生。フランスの画家，版画家。

ボエリ，ジャン‐フランソワ　Boëly, Jean-François　75歳。1739生。フランスのテノール，作曲家。

ピストッキ，ジュゼッペ　Pistocchi, Giuseppe　70歳。1744生。イタリアの建築家。

マッジョリーニ，ジュゼッペ　Maggiolini, Giuseppe　76歳。1738生。イタリアの家具制作家。

メルスハイマー，フリードリヒ・ヴァーレンティーン　Melsheimer, Friedrich Valentin　65歳。1749生。アメリカのルター派牧師，昆虫学者。

1815年

3.20　ルイ18世が逃亡，ナポレオンがパリ入城
4.05　インドネシアのタンボラ火山が大噴火する
6.09　ウィーン議定書締結でウィーン会議が終了
6.18　ワーテルローの戦いでナポレオンが敗退
10.14　ナポレオンがセント・ヘレナ島に着く
＊＊＊

メルカディエ　Mercadier de Bélesta, Jean Baptiste　1.14没、64歳。1750生。フランスの技術者，音楽理論家。

ハミルトン，エマ，レイディ　Hamilton, Emma, Lady　1.15没、49歳。1765 (⑱1761頃) 生。イギリスの外交官サー・ウィリアム・ハミルトンの夫人。

クラウディウス，マティーアス　Claudius, Matthias　1.21没、74歳。1740生。ドイツの詩人。

カッピ，ジョヴァンニ　Cappi, Giovanni　1.23没、49歳。1765生。オーストリアの音楽出版者。

ニーコレフ，ニコライ・ペトローヴィチ　Nikolev, Hikolai Petrovich　1.24没、56歳。1758生。ロシアの詩人，劇作家。

ロックスバラ　Roxburgh, William　2.18没、63歳。1751生。イギリス（スコットランド）の医者，植物学者。

テナント，スミスソン　Tennant, Smithson　2.22没、53歳。1761生。イギリスの化学者。

フルトン，ロバート　Fulton, Robert　2.24没、49歳。1765生。アメリカの技術者。

ヴィレール，シャルル・ド　Villers, Charles de　2.26没、49歳。1765生。フランスの哲学者。

アビントン，ファニー　Abington, Frances　3.4没、78歳。1737生。イギリスの女優。

メスマー，フランツ・アントン　Mesmer, Franz Friedrich Anton　3.5没、80歳。1734生。オーストリアの医者。

バルトロッツィ，フランチェスコ　Bartolozzi, Francesco　3.7没、87歳。1727 (⑱1728) 生。イタリアの彫版師。

ローゼンミュラー，ヨーハン・ゲオルク　Rosenmüller, Johann Georg　3.14没、78歳。1736生。ドイツの神学者。

ニーブール　Niebuhr, Carsten　4.26没、82歳。1733生。ドイツの旅行家。

フラー，アンドルー　Fuller, Andrew　5.7没、61歳。1754生。イギリスのバプテスト派神学者。

ニコルソン，ウィリアム　Nicholson, William　5.21没、62歳。1753生。イギリスの科学者，著述家。

ギルレイ，ジェイムズ　Gillray, James　6.1没、58歳。1757生。イギリスの諷刺漫画家。

ベルティエ，ルイ・アレクサンドル　Berthier, Louis Alexandre　6.1没、62歳。1753生。フランスの元帥。

ブリュヌ　Brune, Guillaume Marie Anne　8.2没、52歳。1763生。フランスの元帥。

ハンサム・レイク　Handsome Lake　8.10没、80歳。1735生。アメリカ・インディアンのセネカ民族指導者。

プロヴォウスト，サミュエル　Provoost, Samuel　9.6没、73歳。1742生。アメリカ聖公会主教。

コプリー，ジョン・シングルトン　Copley, John Singleton　9.9没、77歳。1738 (⑱1737) 生。アメリカの画家。

マリ，ジョン　Murry (Murray), John　9.13没、73歳。1741生。イギリス出身の牧師，アメリカにおける「万人救済説」の祖。

デマレ，ニコラ　Desmarest, Nicholas　9.20没、90歳。1725生。フランスの火山地質学者。

セビア　Sevier, John　9.24没、70歳。1745生。アメリカの開拓者，兵士，政治家。

段玉裁　9.?没、80歳。1735生。中国，清代の学者。

ミュラ，ジョアシム　Murat, Joachim　11.13没、48歳。1767生。フランスの軍人，ナポレオン1世の義弟。

ザロモン，ヨーハン・ペーター　Salomon, Johann Peter　11.28没、70歳。1745生。ドイツのヴァイオリン奏者，作曲家，興行主。

ポトツキ，ヤン　Potocki, Count Jan　12.2没、54歳。1761生。ポーランドの旅行家，民族学者。

キャロル，ジョン　Carroll, John　12.3没、80歳。1735生。アメリカのボールチモア初代司教。

ネー，ミシェル，エルヒンゲン公爵　Ney, Michel, duc d'Elchingen　12.7没、46歳。1769生。フランスの陸軍軍人。

ヴォルドマール Woldemar, Michel 12.19没、65歳。1750生。フランスのヴァイオリン奏者，作曲家。

メーリ，ジョヴァンニ Meli, Giovanni 12.20没、75歳。1740生。イタリアの方言詩人。

ヴィンセント，ウィリアム Vincent, William 12.21没、76歳。1739生。イギリスのウェストミンスター大聖堂(abbey)の参事会長。

モレーロス・イ・パボン，ホセ・マリア Morelos y Pavón, José María 12.22没、50歳。1765生。メキシコ独立運動の指導者。

[この年] **アマランテ，カルロス・ルイス・フェレイラ・ダ・クルス** Amarante, Carlos Luiz Ferreira da Cruz 67歳。1748生。ポルトガルの建築家。

伊墨卿 61歳。1754生。中国，清代中期の書家。

ウィットブレッド，サミュエル Whitbread, Samuel 57歳。1758生。イギリスの政治家。

ウラストン Wollaston, Francis 84歳。1731生。イギリスの宗教家で天文学者。

オーベルカンプフ，クリストフ・フィリップ Oberkampf, Christof Philipp 77歳。1738生。ドイツ出身のフランスの染色家。

オリヴィエ Olivier, Louis Henri Ferdinaind 56歳。1759生。スイス生れの教育者。

カルヴィ，ヤーコポ・アレッサンドロ Calvi, Iacopo Alessandro 75歳。1740生。イタリアの画家。

祁韻士 64歳。1751生。中国，清代の学者。

クアーリオ，アンジェロ1世 Quaglio, Angelo I 31歳。1784生。イタリア出身のドイツの舞台美術家，建築家，画家。

シュレッター Schrötter, Friedrich Leopold, Freiherr von 72歳。1743生。プロイセンの政治家。

ソーントン，ヘンリ Thornton, Henry 55歳。1760生。イギリスの銀行家，信用理論家。

ダライラマ9世，ルントク・ギャムツォ Dalai Lama IX, Luṅ-rtogs rgya-mtsho 10歳。1805生。チベット‐ラマ教の法王。

ビュキャナン，クローディアス Buchanan, Claudius 49歳。1766生。英国教会の宣教師。

ブフレール Boufflers, Stanislas Jean 77歳。1738生。フランスの詩人。

パケナム Pakenham, *Sir* Edward Michael 37歳。1778生。イギリスの軍人。

ボッシ，ジュゼッペ Bossi, Giuseppe 38歳。1777生。イタリアの画家，美術理論家。

ホフシュテッター，ロマーン Hoffstetter, Roman 73歳。1742生。ドイツの作曲家。

ホーンブローアー，ジョナサン・カーター Hornblower, Jonathan Carter 62歳。1753生。イギリスの技術者。

モンタギュー，ジョージ Montagu, George 62歳。1753生。イギリスの博物学者，軍人。

姚鼐 [異]1819没、84歳。1731生。中国，清の学者。

ラ・ロシュジャクラン，ルイ La Rochejacquelein, Louis Du Vergier, Marquis de 38歳。1777生。フランスの貴族。

リーバ，ヤクプ・シモン・ヤン Ryba, Jakub Šimon Jan 50歳。1765生。チェコの作曲家，教育者。

梁同書 92歳。1723生。中国，清代中期の書家。

レットサム，ジョン・コークレイ Lettsom, John Coakley 71歳。1744生。「茶の博物誌」の著者。

[この頃] **金弘道** 70？歳。1745([異]1760)生。朝鮮，李朝後期の図画署の専門画家。

朴斉家 [異]1805没、65？歳。1750生。朝鮮の実学思想家。

1816年

2.20	ロッシーニの「セビリャの理髪師」が初演
3.20	ポルトガルでジョアン6世が即位する
7.09	アルゼンチンがスペインからの独立を宣言
8.29	清が英使節アマーストに国外退去を命じる

＊　＊　＊

ギトン・ド・モルヴォー(男爵)，ルイ・ベルナール Guyton de Morveau, Louis Bernard, Baron 1.2没、78歳。1737生。フランスの化学者。

フッド(ウィトリーの)，サミュエル・フッド，初代子爵 Hood, Samuel Hood, 1st Viscount 1.27没、91歳。1724生。イギリスの軍人。

フィッツウィリアム Fitzwilliam, Richard 2.4没、70歳。1745生。イギリスの収集家，メリオンの7代フィッツウィリアム子爵。

レフラー，ヨージアス・フリードリヒ・クリスティアン Loeffler, Josias Friedrich Christian 2.4没、63歳。1752生。ドイツのプロテスタントの合理主義神学者。

マルティーニ，ジャン・ポール・エジッド Martini, Jean Paul Egide 2.10没、74歳。1741生。フランス(ドイツ生れ)の作曲家。

ビュルジャ Bürja, Abel 2.16没、63歳。1752生。ドイツの数学者。

ブレッシヒ，ジャン‐ロラン(ヨーハン・ローレンツ) Blessig, Jean-Laurent (Johann Lorenz) 2.17没、68歳。1747生。フランスのルター派神学者。

ファーガソン，アダム Ferguson, Adam 2.22没、92歳。1723生。イギリスの哲学者，歴史学者。

ビューロー Bülow von Dennewitz, Friedrich Wilhelm, Graf 2.25没、61歳。1755生。プロシアの軍人。

シュタルク，ヨーハン・アウグスト Starck, Johann August 3.3没、74歳。1741生。ドイツのフリーメーソンに所属していた神学者。

デュコ Ducos, Pierre Roger 3.16没、61歳。1754([異]1747)生。フランスの政治家。

ヤンナコーニ Jannaconi(Janaconi), Giuseppe 3.16没、75歳。1741生。イタリアの作曲家。

コッホ，ハインリヒ・クリストフ Koch, Heinrich Christoph 3.19没、66歳。1749生。ドイツの音楽理論家，ヴァイオリン奏者。

マリア1世 Maria I Francisca 3.20没、81歳。1734生。ポルトガル女王(在位1777～1816)。

デュシス，ジャン-フランソワ Ducis, Jean François 3.30没、82歳。1733生。フランスの劇作家。

アズベリー，フランシス Asbury, Francis 3.31没、70歳。1745生。アメリカでのメソジスト監督教会の最初の監督。

シュプレンゲル Sprengel, Christian Konrad 4.7没、65歳。1750生。ドイツの植物，博物学者。

フォーゲル Vogel, Christian Lebrecht 4.11没、57歳。1759生。ドイツの画家。

ウェッブ，サミュエル Webbe, Samuel 5.25没、76歳。1740生。イギリスのオルガン奏者，作曲家。

パイジェッロ，ジョヴァンニ Paisiello, Giovanni 6.5没、76歳。1740([異]1741)生。イタリアの作曲家。

ヴルピウス Vulpius, Christiane 6.6没、51歳。1765生。ゲーテの妻。

オジュロー，ピエール・フランソワ・シャルル，カスティリオーネ公爵 Augereau, Pierre François Charles, Duc de Castiglione 6.11没、58歳。1757生。フランスの軍人。

ライス，デイヴィド Rice, David 6.18没、82歳。1733生。アメリカの長老派教会牧師。

ブラッケンリッジ，ヒュー・ヘンリー Brackenridge, Hugh Henry 6.25没、68歳。1748生。アメリカの詩人，小説家。

シェリダン，リチャード・ブリンズリー Sheridan, Richard Brinsley Butler 7.7没、64歳。1751生。イギリスの劇作家，政治家。

タウン，フランシス Towne, Francis 7.7([異]1806)没、77歳。1739([異]1740)生。イギリスの風景画家。

デルジャーヴィン，ガヴリーラ・ロマノヴィチ Derzhavin, Gavrila Romanovich 7.8没、73歳。1743生。ロシアの詩人。

ミランダ，フランシスコ・デ Miranda, Francisco de 7.14没、60歳。1756([異]1752頃)生。ベネズエラの革命家。

ブリューン，ヨハン・ヌールダール Brun, Johan Nordahl 7.26没、71歳。1745生。ノルウェーの詩人，聖職者。

ミルヴォワ，シャルル - ユベール Millevoye, Charles-Hubert 8.12？没、33歳。1782生。フランスの詩人。

シュレーダー Schröder, Friedrich Ludwig 9.3没、71歳。1744([異]1745)生。ドイツの俳優。

オーゼロフ，ウラジスラフ・アレクサンドロヴィチ Ozerov, Vladislav Aleksandrovich 9.5没、46歳。1769生。ロシアの劇作家。

リー，ジェシ Lee, Jesse 9.12没、58歳。1758生。アメリカのメソジスト監督教会聖職者。

ヴェッリ，アレッサンドロ Verri, Alessandro 9.23没、74歳。1741生。イタリアの小説家，劇作家。

ル・デュク，ピエール Le Duc, Pierre 10.？没、61歳。1755生。フランスのヴァイオリン奏者，出版者。

モリス，ガヴァヌーア Morris, Gouverneur 11.6没、64歳。1752生。アメリカの政治家。

ジャングネ，ピエール - ルイ Ginguené, Pierre-Louis 11.11没、68歳。1748生。フランスの文筆家。

スタナップ，チャールズ・スタナップ，3代伯爵 Stanhope, Charles Stanhope, 3rd Earl of 12.15没、63歳。1753生。イギリスの政治家，自然科学者。

ロプコヴィツ Lobkowitz, Franz Joseph Maximilian 12.16没、44歳。1772生。ボヘミアの音楽愛好家，侯爵。

[この年] **アレグザンダー，ウィリアム** Alexander, William 49歳。1767生。イギリスの素描家，水彩画家。

イングルズ(イングリス)，チャールズ Inglis, Charles 82歳。1734生。カナダのノウヴァ・スコウシアにおける最初の英国教会主教。

ヴァンサン，フランソワ - アンドレ Vincent, François-André 70歳。1746生。フランスの画家。

ウォトスン，リチャード Watson, Richard 79歳。1737生。英国教会の神学者。

オーギュスト，アンリ Auguste, Henri 57歳。1759生。フランスの金工家，ブロンズ制作家。

ギマール Guimard, Maire Madeleine 73歳。1743生。フランスの女流舞踊家。

崔述 76歳。1740生。中国，清中期の史学者，考証学者。

ジャクソン Jackson, Cyril 70歳。1746生。イギリスの司祭。

ジョーダン，ドロシア Jordan, Dorothea [異]1861没、54歳。1762([異]1761)生。アイルランドの女優。

シンカイ Şincai, Gheorghe 62歳。1754生。ルーマニア人の歴史家，言語学者。

張海鵬 61歳。1755生。中国，清代の蔵書家，編集者。

デル，フリードリヒ・ヴィルヘルム・オイゲン Doell, Friedrich Wilhelm Eugen 66歳。1750生。ドイツの彫刻家。

ドフトゥローフ Dokhturov, Dmitrii Sergeevich 60歳。1756生。ロシアの軍人，大将。

トルサ，マヌエル　Tolsá, Manuel　[異]1815没、59歳。1757生。スペイン出身のメキシコの建築家，彫刻家。

バッキンガムシャー4世，ロバート・ホバート　Buckinghamshire, Robert Hobart, Earl of　56歳。1760生。イギリスの貴族。

フィアラ，ヨーゼフ　Fiala, Joseph　68歳。1748生。チェコの作曲家。

フェイガン，ロバート　Fagan, Robert　55歳。1761生。イギリスの画家，考古学者。

フリードリヒ2世　Friedrich II　62歳。1754生。ビュルテンベルク公。

パット，ピエール　Patte, Pierre　93歳。1723生。フランスの建築家，理論家，版画家。

ペルテス　Perthes, Johann Georg Justus　67歳。1749生。ドイツの出版業者。

ポルポラーティ，カルロ・アントーニオ　Porporati, Carlo Antonio　75歳。1741生。イタリアの版画家。

プレボ　Prevost, *Sir* George　49歳。1767生。イギリスの軍人。

マッソー　Massow, Julius Eberhard Wilhelm Ernst von　66歳。1750生。プロイセンの政治家，教育行政家。

ムア　Moore, Benjamin　68歳。1748生。アメリカの監督派牧師，教育家。

ロラン，フィリップ-ローラン　Roland, Philippe-Laurent　70歳。1746生。フランスの彫刻家。

[この頃] リンゲルタウベ，ヴィルヘルム・トビーアス　Ringeltaube, Wilhelm Tobias　46？歳。1770生。ドイツの宣教師。

1817年

2.12　チリ独立軍がチャカブコの戦いで勝利する
10.17　ドイツでワルトブルク祭が開催される

＊ ＊ ＊

クラプロート，マルティン・ハインリヒ　Klaproth, Martin Heinrich　1.1没、73歳。1743生。ドイツの化学者，薬剤師。

ドワイト，ティモシー　Dwight, Timothy　1.11没、64歳。1752生。アメリカの教育家，神学者，詩人。

モンシニ，ピエール・アレクサンドル　Monsigny, Pierre Alexandre　1.14没、87歳。1729生。フランスの歌劇作曲家。

ダラス　Dallas, Alexander James　1.16没、57歳。1759生。アメリカの法律家，政治家。

クンツェン　Kunzen (Kuntzen), Friedrich Ludwig Aemilius　1.28没、55歳。1761生。ドイツの作曲家。

ダールベルク　Dalberg, Karl Theodor Anton Maria von　2.10没、73歳。1744生。ドイツの貴族。

クァレンギ，ジャコモ　Quarenghi, Giacomo Antonio Domenico　2.18没、72歳。1744生。イタリアの建築家。

グリエルミ，ピエトロ・カルロ　Guglielmi, Pietro Carlo　2.28没、52？歳。1765生。イタリアのオペラの作曲家。

マグレディ，ジェイムズ　McGready, James　2.？没、59？歳。1758生。アメリカの長老派リヴァイヴァル運動家，「カンバーランド長老教会」の創立者のひとり。

レングレン，アンナ・マリーア　Lenngren, Anna Maria　3.8没、62歳。1754生。スウェーデンの女性詩人。

ユング-シュティリング，ヨハン・ハインリヒ　Jung-Stilling, Johann Heinrich　4.2没、76歳。1740生。ドイツの作家。

マセナ，アンドレ　Masséna, André　4.4没、58歳。1758([異]1756)生。フランスの軍人。

メシエ，シャルル　Messier, Charles　4.11没、86歳。1730生。フランスの天文学者。

ゾンネンフェルス　Sonnenfels, Joseph von　4.25没、85歳。1732([異]1733頃)生。ドイツの官房学者。

リップス　Lips, Johann Heinrich　5.5没、59歳。1758生。スイスの画家，銅版画家。

シェーネマン　Schönemann, Anna Elisabeth　5.6没、58歳。1758生。ドイツの婦人。

モリー，ジャン・シフラン　Maury, Jean Siffrein　5.11没、70歳。1746生。フランスの聖職者。

クラーマー，カール・ゴットロープ　Cramer, Karl Gottlob　6.7没、59歳。1758生。ドイツの小説家，劇作家。

テロアニュ・ド・メリクール　Théroigne de Méricourt　6.9没、54歳。1762生。フランス革命の女丈夫。

マッキーン　McKean, Thomas　6.24没、83歳。1734生。アメリカの法律家，政治家。

シュルツェ，エルンスト　Schulze, Ernst Konrad Friedrich　6.29没、28歳。1789生。ドイツの詩人。

ヴェルナー，アブラハム・ゴットロープ　Werner, Abraham Gottlob　6.30没、66歳。1750([異]1749)生。ドイツの地質，鉱物学者。

グレガー，ウィリアム　Gregor, William　7.11没、55歳。1761生。イギリスの鉱物学者，牧師。

スタール夫人　Staël, Madame de　7.14没、51歳。1766生。フランスの女流評論家，小説家。

オースティン，ジェイン　Austen, Jane　7.18没、41歳。1775生。イギリスの女流作家。

チェルニ・ジョルジェ　Czerny Djordje　7.24没、65？歳。1752生。セルビア，ユーゴスラヴィアのカラジョルジェヴィチ王家の祖(在位1804～12)。

カラジョルジェ　Karadjordje　7.25没、51歳。1766([異]1768)生。セルビア国家の創建者。

1817

フォーセット, ジョン　Fawcett, John　7.25没、77歳。1740生。イギリスのバプテスト教会牧師、神学者。

オクセンシャーナ, ユーハン・ガーブリエル　Oxenstierna, Johan Gabriel　7.29(®1818)没、67歳。1750生。スウェーデンの詩人, 伯爵。

ヌムール　Du Pont de Nemours, Pierre Samuel　8.6没、77歳。1739生。フランスの経済学者, 政治家。

ストラス, アン　Storace, Ann (Nancy) Selina　8.24没、51歳。1765生。イタリア系のイギリスのソプラノ歌手。

タウシュ, フランツ　Tausch, Franz　9.2没、54歳。1762生。ドイツのクラリネット奏者, バセット, ホルン奏者, 作曲家。

ポリニャック　Polignac, Armand Jules François, Duc de　9.21没、72歳。1745生。フランスの貴族。

ザック, フリードリヒ・ザームエル・ゴットフリート　Sack, Friedrich Samuel Gottfried　10.2没、79歳。1738生。ドイツのプロテスタント牧師, 教会行政家。

モンロー, アレクサンダー　Monro, Alexander, Secundus　10.2没、84歳。1733生。スコットランドの医師。

フィンリ, ロバート　Finley, Robert　10.3没、45歳。1772生。アメリカの長老派牧師, 教育家。

シュテルケル　Sterkel, Johann Franz Xaver　10.12没、66歳。1750生。ドイツの作曲家。

コシチューシコ, タデウシュ・(アンジェイ・)ボナヴェントゥラ　Kościuszko, Tadeusz Andrzej Bonawentura　10.15没、71歳。1746生。ポーランドの軍人, 政治家。

ブルクハルト, J. L.　Burckhardt, Johann Ludwig　10.15没、32歳。1784生。スイスの東洋学者。

メユール, エティエンヌ-ニコラ　Méhul, Étienne Nicolas　10.18没、54歳。1763生。フランスの作曲家。

ド・ルック, ジャン・アンドレ　De Luc, Jean André　11.7没、90歳。1727生。スイスの地質学者。

アッピアーニ, アンドレーア　Appiani, Andrea　11.8没、63歳。1754生。イタリアの画家。

クレーバーン　Claiborne, William Charles Coles　11.23没、42歳。1775生。アメリカの法律家, 政治家。

クネヒト　Knecht, Justin Heinrich　12.1没、65歳。1752生。ドイツのオルガン奏者, 作曲家, 理論家。

ミュラー　Müller, August Eberhard　12.3没、49歳。1767生。ドイツのピアニスト, オルガン奏者, フルート奏者, 作曲家。

シェンケンドルフ, マックス・フォン　Schenkendorf, Max von　12.11没、71歳。1783生。ドイツの愛国詩人。

この年 アースキン　Erskine, Henry　71歳。1746生。スコットランドの法律家, 検事総長。

アラウージョ・ド・アゼヴェドオ　Araújo de Azevedo, Antônio de　63歳。1754生。ポルトガルの外交官, 政治家, 伯爵。

アリックス, ピエール-ミシェル　Alix, Pierre-Michel　55歳。1762生。フランスの版画家。

イブラーヒーム・ベイ　Ibrāhīm Bey　82歳。1735生。エジプトのマムルーク。

インシャー　Inshāh Allāh Khān　インドのウルドゥー詩人, 語学者。

ヴァレフスカ, マリア, 伯爵夫人　Walewska, Comtesse Marie Laczyńska　31歳。1786(®1789)生。ポーランドの婦人。

ヴェロック　Wheelock, John　63歳。1754生。アメリカの教育家。

ウシャコーフ　Ushakov, Fyodor Fyodorovich　73歳。1744(®1743)生。ロシアの提督。

ウスマーン-ダン-フォディオ　'Uthmān Dan Fodio　63歳。1754生。西スーダン(現ナイジェリア)のフラー族首長。

惲敬　60歳。1757生。中国, 清の文学者。

エッジワース　Edgeworth, Richard Lovell　73歳。1744生。イギリスの著述家, 発明家。

ガッリアーリ, ジュゼッペ　Galliari, Giuseppe　65歳。1752生。イタリアの画家, 舞台芸術家。

カラン, ジョン・フィルポット　Curran, John Philpot　67歳。1750生。アイルランドの弁護士, 演説家。

キタイベル　Kitaibel, Pál　60歳。1757生。ハンガリーの化学者, 植物学者, 医者。

クルムフォルツ, ヴェンツェル　Krumpholtz, Wenzel　67 ? 歳。1750生。チェコのヴァイオリン奏者。

コンチョク・ジクメ・ワンポ　dKon mchog 'jigs med dbang po　89歳。1728生。チベットのゲール派仏教者。

ザノイア, ジュゼッペ　Zanoia, Giuseppe　70歳。1747生。イタリアの建築家。

サバチエ　Sabatier, Antoine　75歳。1742生。フランスの詩人, 随筆家。

シャー・ハリールッラー　Shāh Khalīlu'l-lāh　イスラム教シーア派の一派, イスマーイール派の教長。

シャーロット(・オーガスタ), 王女　Charlotte (Augusta), Princess　21歳。1796生。イギリスおよびアイルランドの王女。

ドゥシーク, フランティシェク・ヨセフ・ベネディクト　Dusík, František Josef Benedikt　51歳。1766生。チェコのオルガン奏者, 指揮者, 作曲家。

トル　Toll, Johan Kristoffer, Count　74歳。1743生。スウェーデンの軍人, 伯爵。

19世紀

ファントーニ, ドナート・アンドレーア　Fantoni, Donato Andrea　71歳。1746生。イタリアの彫刻家, インターリオ(装飾彫り)作家。
ブライ, ウィリアム　Bligh, William　63歳。1754生。イギリスの海軍将校。
ベンズリー　Bensley, Robert　75歳。1742生。イギリスの俳優。
ベンダ, カール・フランツ　Benda, Karl Franz　64歳。1753生。ボヘミアのヴァイオリン奏者。
パーマー, ジョン　Palmer, John　79歳。1738生。イギリスの建築家。
メレンデス-バルデス, フアン　Meléndez Valdés, Juan　63歳。1754生。スペインの詩人。
李鋭　49歳。1768生。中国, 清中期の数学者。
ローウェル, フランシス・キャボット　Lowell, Francis Cabot　42歳。1775生。アメリカの紡績業者。
[この頃] 沈宗騫　中国, 清代中期の画家, 画論家。
張賜寧　74?歳。1743生。中国, 清代中期の画家。
ベメツリーデール, アントワーヌ　Bemetzrieder, Antoine(Anton)　74?歳。1743生。フランスの音楽理論家, 作曲家。

ペシオン　Pétion, Alexandre Sabès　3.21没、47歳。1770生。ハイチ独立運動の指導者。
ウェッセル　Wessel, Caspar　3.25没、72歳。1745生。ノルウェーの数学者。
シュルテス　Schulthess, Barbara　4.12没、72歳。1745生。ドイツの婦人。
トラップ　Trapp, Ernst Christian　4.18没、72歳。1745生。ドイツの教育家。
ダーンデルス　Daendels, Herman Willem　5.2没、55歳。1762生。オランダの軍人, 東インド総督(在職1808～11)。
コジェルフ, ヤン・アントニーン　Koželuch, Leopold　5.7没、70歳。1747生。ボヘミアの作曲家, ピアニスト。
リヴィア, ポール　Revere, Paul　5.10没、83歳。1735生。アメリカの愛国者。
コンデ, ルイ・ジョゼフ　Condé, Louis Joseph de Bourbon, Duc de　5.13没、81歳。1736生。フランスの軍人。
バルクライ・ド・トーリー, ミハイル・ボグダノヴィチ, 公爵　Barclay de Tolly, Mikhail Bogdanovich, Prince　5.14没、56歳。1761生。ロシアの軍人。
ルイス, マシュー・グレゴリー　Lewis, Matthew Gregory　5.16没、42歳。1775生。イギリスの小説家。
トゥグート　Thugut, Johann Amadeus Franz de Paula von　5.28没、82歳。1736生。オーストリアの政治家。
ドンブロフスキ　Dombrowski, Jan Henryk　6.6没、62歳。1755生。ポーランドの将軍。
フォール, カール・フィリップ　Fohr, Carl Philipp　6.29没、22歳。1795生。ドイツの画家。
ドゥゴニッチ　Dugonics, András　7.25没、77歳。1740生。ハンガリーの小説家。
モンジュ, ガスパール, ペリューズ伯爵　Monge, Gaspard, Comte de Péluse　7.28没、72歳。1746(㊥1740)生。フランスの数学者, 技術者。
ノヴィコフ, ニコライ・イワノヴィチ　Novikov, Nikolai Ivanovich　7.31没、74歳。1744生。ロシアの啓蒙思想家。
ヘイスティングズ, ウォレン　Hastings, Warren　8.22没、85歳。1732生。イギリスの初代インド総督。
アンコントル, ダニエル　Encontre, Daniél　9.16没、56歳。1762生。フランスの改革派牧師, 神学者。
カンペ, ヨアヒム・ハインリヒ　Campe, Joachim Heinrich　10.22没、72歳。1746生。ドイツの教育家, 文学者。
コーゼガルテン, ゴットハルト・ルートヴィヒ　Kosegarten, Gotthard Ludwig　10.26没、60歳。1758生。ドイツの牧師, 作家。

1818年

9.11　ワッハーブ王国が滅亡する
11.15　四国同盟にフランスが参加、五国同盟結成
＊＊＊

ヴィース, ヨハン・ダーフィト　Wyss, Johann David　1.11没、74歳。1743生。スイスの牧師, 作家。
プラートフ　Platov, Matvei Ivanovich　1.15没、66歳。1751生。ロシアの将軍。
ガッザニーガ, ジュゼッペ　Gazzaniga, Giuseppe　2.1没、74歳。1743生。イタリアの作曲家。
カルル13世　Karl XIII　2.5没、69歳。1748生。スウェーデン王(在位1809～18)、ノルウェー王(在位14～18)。
クラーク, ジョージ・ロジャーズ　Clark, George Rogers　2.13没、65歳。1752生。アメリカの測量技師, 市民兵指揮官。
ハンフリーズ, デイヴィッド　Humphreys, David　2.21没、65歳。1752生。アメリカの軍人, 外交官, 事業家, 詩人。
ズニンガ　Zuñiga, Joaquín Martínez de　3.7没、57歳。1760生。スペインのアウグスティノ会宣教師。
レプトン, ハンフリー　Repton, Humphry　3.14没、65歳。1752生。イギリスの建築家, 庭園技師。
フォルケル, ヨーハン・ニーコラウス　Forkel, Johann Nikolaus　3.20没、69歳。1749生。ドイツの音楽史家。

クラルク Clarke, Henri Jacques Guillaume, Duc de Feltre 10.28没、53歳。1765生。アイルランド系のフランスの軍人。

ロミリー、サー・サミュエル Romilly, Sir Samuel 11.2没、61歳。1757生。イギリスの法律改革者。

ガーン、ヨハン・ゴットリーブ Gahn, Johann Gottlieb 12.8没、73歳。1745生。スウェーデンの化学者、鉱物学者。

フランシス、サー・フィリップ Francis, Sir Philip 12.23没、78歳。1740生。イギリスの政治家、文筆家。

プラートナー Platner, Ernst 12.27没、74歳。1744生。ドイツの生理学者、哲学者。

この年 アダムズ、アビゲイル Adams, Abigail 74歳。1744生。アメリカの書簡作家。

アーノルド、ジョゼフ Arnold, Joseph 36歳。1782生。イギリスの植物学者。

インシャー・アッラー・ハーン Inšā 'Allāh Khān 62?歳。1756生。インドの詩人(ラクナウ詩派第1期)。

ヴィスコンティ、エンニオ・クイリーノ Visconti, Ennio Quirino 67歳。1751生。イタリアの考古学者。

翁方綱 85歳。1733生。中国、清の学者、文学者、書家。

オブカイア(オプカハイア)、ヘンリ Obookiah (Opukahaiah), Henry 26歳。1792生。ハワイ諸島へのアメリカ教会の宣教活動を啓蒙した、ハワイ生れの信徒クリスチャン。

オブライエン、ジェレマイア O'Brien, Jeremiah 74歳。1744生。アメリカの革命の英雄。

ガッリアーリ、ガスパレ Galliari, Gaspare 58歳。1760生。イタリアの舞台美術家、画家。

ガッリアーリ、ジョヴァンニーノ Galliari, Giovannino 72歳。1746生。イタリアの画家、舞台芸術家。

カントーネ、シモーネ Cantone, Simone 82歳。1736生。イタリアの建築家。

クリービン Kulibin, Ivan Petrovich 83歳。1735生。ロシアの機械学者、発明家。

呉錫麒 72歳。1746生。中国、清中期の詩人。

コルダー Calder, Sir Robert, 1st Baronet of 73歳。1745生。イギリスの提督。

ゴンドゥアン、ジャック Gondoin, Jacques 81歳。1737生。ネオ・クラシック時代のフランスの建築家。

シャーロット・ソフィア(メクレンブルク-シュトレリッツの) Charlotte Sophia of Mecklenburg-Strelitz 74歳。1744生。イギリスおよびアイルランドの王妃。

荘述祖 68歳。1750生。中国、清代の学者。

ソグラーフィ Sografi, Simeone Antonio 59歳。1759生。イタリアの劇作家。

孫星衍 65歳。1753生。中国、清の学者。

ドゥシーク、ヤン・ヨセフ Dusík, Jan Josef 80歳。1738生。チェコのオルガン奏者、作曲家。

ニコロ Nicolo 43歳。1775生。フランスの作曲家。

バッチャレッリ、マルチェッロ Bacciarelli, Marcello 87歳。1731生。イタリアの画家。

バディア・イ・レブリク Badia y Leblich, Domingo 51歳。1767生。スペインの旅行家。

ビリントン、エリザベス Billington, Elizabeth 53歳。1765生。イギリスのソプラノ歌手。

フューガー、ハインリヒ Füger, Heinrich Friedrich 67歳。1751生。ドイツの画家。

ブラムウェル、ウィリアム Bramwell, William 59歳。1759生。イギリスのメソジスト教会牧師。

フリース Fries, John 68歳。1750生。アメリカの反乱の指導者。

ベランジェ、フランソワ-ジョゼフ Bélanger, François-Joseph 74歳。1744生。フランスの建築家。

ホーエンローエ・インゲルフィンゲン Hohenlohe-Ingelfingen, Friedrich Ludwig, Fürst zu 72歳。1746生。プロシアの将軍。

マーシャル Marshall, William 73歳。1745生。イギリスの農業改良家。

モーラルト、ゲオルク Moralt, Georg 37歳。1781生。ドイツのヴィオラ奏者。

ラ・ウセ La Houssaye, Pierre 83歳。1735生。フランスのヴァイオリン奏者。

この頃 マチンスキー、ミハイル・アレクセーヴィチ Matinskii, Mikhail Alekseevich 68?歳。1750生。ロシアの劇作家、作曲家。

1819年

1.30 シンガポール島を英植民地とする条約締結
2.24 アメリカがスペインからフロリダを買収
6.20 アメリカの蒸気船が大西洋横断に成功する
8.16 マンチェスターでピータールーの虐殺発生
12.51 コロンビア共和国が成立する

＊＊＊

マリア・ルイザ Maria Luisa Teresa de Parma 1.2没、67歳。1751生。スペイン王妃。

プラウデン、フラーンシス Plowden, Francis 1.4没、69歳。1749生。イギリスの弁護士、歴史家。

モルレ、アンドレ Morellet, André 1.12没、91歳。1727生。フランスの文学者。

ウォルコット Wolcot, John 1.14没、80歳。1738生。イギリスの諷刺詩人。

カルロス4世 Carlos IV 1.19没、70歳。1748生。スペイン王(在位1788〜1808)。

1819　19世紀

ハーン，ヨーハン・ミヒャエル　Hahn, Johann Michael　1.20没、60歳。1758生。ドイツの神智学者。

バストホルム，クリスティアン　Bastholm, Christian　1.25没、78歳。1740生。デンマークの牧師。

ヴァランシエンヌ，ピエール・アンリ・ド　Valenciennes, Pierre Henri de　2.16没、68歳。1750生。フランスの画家。

エリジオ，フィリント　Elísio, Filinto　2.25没、84歳。1734生。ポルトガルの詩人。

ヤコービ，フリードリヒ・ハインリヒ　Jacobi, Friedrich Heinrich　3.10没、76歳。1743生。ドイツ啓蒙主義後期の哲学者。

コッツェブー，アウグスト　Kotzebue, August Friedrich Ferdinand von　3.23没、57歳。1761生。ドイツの劇作家。

エヴァンズ，オリヴァー　Evans, Oliver　4.15没、63歳。1755生。アメリカの発明家。

ゴドフロア　Godefroy, François　4.28没、76？歳。1743生。フランスの銅版画家。

フュルステナウ，カスパー　Fürstenau, Kaspar　5.11没、47歳。1772生。ドイツのフルート奏者，作曲家。

ビヨー・ヴァレンヌ　Billaud-Varenne, Jean Nicolas　6.3没、63歳。1756生。フランスの革命家。

ミルズ，サミュエル・ジョンJr.　Mills, Samuel John, Jr.　6,16没、36？歳。1783生。アメリカの宣教師。

ゲルバー，エルンスト・ルートヴィヒ　Gerber, Ernst Ludwig　6.30没、72歳。1746生。ドイツの音楽学者，オルガン奏者，作曲家。

ウィルキンソン，ジェマイマ　Wilkinson, Jemima　7.1没、66歳。1752生。アメリカの「シェイカー派」女性指導者。

コーンウォリス　Cornwallis, Sir William　7.5没、75歳。1744生。イギリスの海将。

プレイフェア，ジョン　Playfair, John　7.20没、71歳。1748（㊗1754）生。イギリスの数学者，地質学者。

アイレンホフ，コルネーリウス・フォン　Ayrenhoff, Cornelius von　8.15没、86歳。1733生。オーストリアの劇作家。

ワット，ジェイムズ　Watt, James　8.19没、83歳。1736生。スコットランドの技術者。

スミス，サミュエル・スタンホウプ　Smith, Samuel Stanhope　8.21没、69歳。1750生。アメリカの長老派牧師，教育家。

ペリー，オリヴァー・ハザード　Perry, Oliver Hazard　8.23没、34歳。1785生。アメリカの海軍軍人。

デュポール，ジャン・ルイ　Duport, Jean Louis　9.7（㊗1818）没、69歳。1749（㊗1741）生。フランスのチェロ奏者。

ブリュッヒャー，ゲープハルト・レベレヒト・フォン，ヴァールシュタット公爵　Blücher, Gebhard Leberecht, Fürst Blücher von Wahlstatt　9.12没、76歳。1742生。プロシアの軍人。

ラングダン　Langdon, John　9.18没、78歳。1741生。アメリカの革命指導者。

ゾルガー，カール・ヴィルヘルム・フェルディナント　Solger, Karl Wilhelm Ferdinand　10.25没、38歳。1780生。ドイツ・ロマン主義の美学者。

デュクレー-デュミニル，フランソワ-ギヨーム　Ducray-Duminil, François-Guillaume　10.29没、58歳。1761生。フランスの大衆小説家。

ラザフォード，ダニエル　Rutherford, Daniel　11.15没、70歳。1749生。イギリスの化学者。

シュトルベルク-シュトルベルク，フリードリヒ・レーオポルト・ツー　Stolberg, Friedrich Leopold　12.5没、69歳。1750生。ドイツの詩人。

ベントリ，ウィリアム　Bentley, William　12.29没、60歳。1759生。アメリカのユニテリアン派牧師。

この年　オーグルヴィ，ウィリアム　Ogilvie, William　83歳。1736生。イギリスの土地改革論者。

カメハメハ1世　Kamehameha I　66？歳。1753（㊗1758？）生。ハワイ諸島最初の国王（在位1795～1819）。

カルロ・エマヌエレ4世　Carlo Emmanuele IV　68歳。1751生。サルジニア国王（在位1796～1802）。

キャッチポール，マーガレット　Catchpole, Margaret　57歳。1762生。オーストラリアの開拓者。

ジェフリーズ，ジョン　Jeffries, John　75歳。1744生。アメリカの医者，軽気球搭乗者。

スプリング，サミュエル　Spring, Samuel　73歳。1746生。アメリカの会衆派牧師。

セルヴァ，ジョヴァンニ・アントニオ　Selva, Giovanni Antonio　66歳。1753（㊗1751）生。イタリアの建築家。

タプレー　Tapray, Jean-François　81歳。1738生。フランスのオルガン奏者，クラヴサン奏者。

デュプレシ・ベルトー　Duplessi-Bertaux, Jean　72歳。1747生。フランスの版画家，画家。

バラーノフ　Baranov, Aleksandr Andreevich　73歳。1746生。ロシアの貿易商。

ボドーパヤー　Bodawpaya　74歳。1745（㊗1744）生。ビルマ，コンバウン朝の第5代王（在位1782～1819）。

ペリチョリ　Perricholi　71歳。1748生。ペルーの舞台女優。

ボーリュー　Beaulieu, Baron Jean Pierre de　94歳。1725生。オーストリアの軍人。

ミュラー，ヨーハン・ゲオルク　Müller, Johann Georg　60歳。1759生。ドイツの神学者，教育学者。

リューダー　Lueder, August Ferdinand　59歳。1760生。ドイツの経済学者，統計学者。

1820年

1.01　イベリアでリエゴの革命布告が行われる
2.23　イギリス全閣僚の暗殺計画が発覚する
3.06　合衆国連邦議会でミズーリ協定が成立する
6.12　ムハンマド・アリーがスーダン遠征を開始
7.02　ナポリで憲法制定を求める革命が起こる

*　*　*

ウィッテンバッハ　Wyttenbach, Daniel Albert　1.17(㋅1830)没、73歳。1746生。オランダで活躍したドイツ人の古典学者。

クレリソー，シャルル‐ルイ　Clérisseau, Charles Louis　1.20没、98歳。1722(㋅1721)生。フランスの画家、建築家。

ケント　Kent, Edward Augustus Duke of　1.23没、52歳。1767生。イギリスの軍人。

ロビネ　Robinet, Jean Baptiste　1.24没、84歳。1735生。フランスの哲学者。

ジョージ3世　George III　1.29没、81歳。1738生。イギリス、ハノーバー朝第3代国王(在位1760～1820)。

ホーウィス，トマス　Haweis, Thomas　2.11没、86歳。1734生。英国教会司祭、ロンドン宣教会設立者のひとり。

ベリー，シャルル・フェルディナン，公爵　Berry, Charles Ferdinand, duc de　2.13没、42歳。1778生。フランスのルイ18世の王弟アルトア伯の次子。

カンボン，ジョゼフ　Cambon, Pierre Joseph　2.15没、64歳。1756(㋅1754頃)生。フランスの政治家、革命家。

キースリング，ヨーハン・トビーアス　Kießling, Johann Tobias　2.15没、74歳。1745生。ドイツの敬虔派運動で活躍した信徒。

エッシェンブルク　Eschenburg, Johann Joachim　2.29没、76歳。1743生。ドイツの文学史家、小説家、シェークスピア翻訳家。

ウェスト，ベンジャミン　West, Benjamin　3.11没、81歳。1738生。アメリカの画家。

マッケンジー，サー・アレグザンダー　Mackenzie, Sir Alexander　3.11？没、65？歳。1755(㋅1764)生。スコットランド出身の探検家。

ホーフバウアー，クレーメンス・マリーア　Hofbauer, Klemens Maria　3.15没、68歳。1751生。ドイツのカトリック社会事業家、聖人。

ディケイター，スティーヴン　Decatur, Stephen　3.22没、41歳。1779生。アメリカ海軍の軍人。

ブラグデン，サー・チャールズ　Blagden, Sir Charles　3.26没、71歳。1748生。イングランドの医師、化学者。

キューゲルゲン，ゲーアハルト・フォン　Kügelgen, Gerhard von　3.27没、48歳。1772生。ドイツの古典派画家。

シュペックバッハー　Speckbacher, Joseph　3.28没、52歳。1767生。ティロル(ドイツ)の愛国者。

ミルナー，アイザク　Milner, Isaac　4.1没、70歳。1750生。英国教会福音派の司祭。

セルカーク5代伯　Selkirk, Thomas Douglas, 5th Earl of　4.8没、48歳。1771生。カナダのレッドリヴァー植民地(のちマニトバ州に発展)の創設者。

ベル　Bell, John　4.15没、56歳。1763生。スコットランドの外科医、解剖学者。

ヤング，アーサー　Young, Arthur　4.20没、78歳。1741生。イギリスの農業理論家。

ヴォルネー　Volney, Constantin François Chasseboeuf, Comte de　4.25没、63歳。1757生。フランスのアンシクロペディスト哲学者。

シスルウッド，アーサー　Thistlewood, Arthur　5.1没、50歳。1770生。イギリスの大臣暗殺陰謀主謀者。

モーラルト，ヤーコプ　Moralt, Jakob　5.21没、39歳。1780生。ドイツのヴァイオリン奏者。

ベルンハルディ　Bernhardi, August Ferdinand　6.2没、50歳。1769生。ドイツの文学者。

グラタン，ヘンリー　Grattan, Henry　6.4没、73歳。1746生。アイルランドの政治家。

ジョウンズ，トマス　Jones, Thomas　6.16没、64歳。1756生。ウェールズのカルヴァン主義メソジスト牧師、神学者。

バンクス，サー・ジョゼフ　Banks, Sir Joseph　6.19没、77歳。1743生。イギリスの博物学者。

ベルグラーノ　Belgrano, Manuel　6.20没、50歳。1770生。アルゼンチンの革命指導者。

プティ，アレクシ・テレーズ　Petit, Alexis Thérèse　6.21没、28歳。1791生。フランスの実験物理学者。

ブーン，ダニエル　Boone, Daniel　7.26没、85歳。1734生。アメリカの開拓者。

ブラウン，トマス　Brown, Thomas　8.2没、42歳。1778生。イギリスの哲学者。

ヴラニツキー，アントン　Wranitsky(Vranický), Anton(Antonín)　8.6没、59歳。1761生。チェコのヴァイオリン奏者、作曲家。

リーザ，マヌエル　Lisa, Manuel　8.12没、43歳。1772生。アメリカの開拓者、毛皮交易業者。

クラフト，アントン　Kraft, Anton　8.28没、70歳。1749生。オーストリアのチェロ奏者、作曲家。

阮福映　8.?没、58歳。1762生。ヴェトナム、阮朝の初代皇帝(在位1802～20)。

人物物故大年表 外国人編　*587*

ラトローブ，ベンヤミン・ヘンリー　Latrobe, Benjamin Henry　9.3没、56歳。1764生。イギリス生れのアメリカの建築家，エンジニア。

ルフェーヴル　Lefebvre, François Joseph, Duc de Dantzig　9.14没、64歳。1755生。フランスの軍人。

ケレルマン　Kellermann, François Christophe, Duc de Valmy　9.23没、85歳。1735生。フランスの将軍。

ケイア，ジェイムズ　Keir, James　10.11没、85歳。1735生。イギリスの化学者，工業家。

シュヴァルツェンベルク，カール・フィリップ，公爵　Schwarzenberg, Karl Philipp, Fürst zu　10.15没、49歳。1771生。オーストリアの軍人。

タリアン，ジャン・ランベール　Tallien, Jean Lambert　11.16没、53歳、1767生。フランスの革命家。

フーシェ，ジョゼフ，オトラント公爵　Fouché, Joseph, Duc d'Otrante　12.25没、61歳。1759（㊟1763）生。フランスの政治家。

モンティヨン　Montyon, Jean Baptiste Antoine Auget, Baron de　12.29没、87歳。1733生。フランスの法律家，慈善家。

この年　アンドレイス　Andreis, Felix de　42歳。1778生。イタリアの宣教師。

アンリ1世　Henri I　53歳。1767生。ハイチ王（在位1811〜20）。

イペイ　Ijpeij, Adolf　71歳。1749生。オランダの医学・化学教授。

ヴァイグル，ヨーゼフ　Weigl, Joseph　80歳。1740生。オーストリアのチェロ奏者。

エステーベ・イ・マルケース，アグスティン　Esteve y Marqués, Agustín　67歳。1753生。スペインの画家。

エラリー，ウィリアム　Ellery, William　93歳。1727生。アメリカ，ロードアイランド出身の法律家，政治家。

エリコット　Ellicott, Andrew　66歳。1754生。アメリカの土地測量家。

嘉慶帝　60歳。1760生。中国，清朝第7代皇帝。

グエン・ズー　Nguyen Du　54歳。1766（㊟1765）生。ヴェトナムの詩人。

クライン　Klein, Georg Michael　44歳。1776生。ドイツの哲学者。

サランビエ，アンリ　Sallembier, Henri　67?歳。1753生。フランスの装飾意匠家，版画家，画家。

ザント，カール　Sand, Karl　25歳。1795生。ドイツ，イェナの大学生。

焦循　㊟1829没、57歳。1763生。中国，清の考証学者。

ステルン，ラッファエッロ　Stern, Raffaello　46歳。1774生。イタリアの建築家。

ツィマー，パトリーツ・ベネディクト　Zimmer, Patriz Benedikt　68歳。1752生。ドイツのカトリック神学者。

ディンギスワヨ　Dingiswayo　南アフリカのアバテワ族の首長。

デービー　Davie, William Richardson　64歳。1756生。アメリカの法律家。

バッキオキ，マリア・アンナ・エリザ　Bonaparte, Marie Anne Elisa　43歳。1777生。ナポレオン1世の妹。

フィッシャー，ヨハン・マルティン　Fischer, Johann Martin　79歳。1741生。ドイツの彫刻家。

ブラウン　Brown, Francis　36歳。1784生。アメリカの組合教会派牧師，教育者。

ボンツァニーゴ，ジュゼッペ・マリーア　Bonzanigo, Giuseppe Maria　76歳。1744生。イタリアのインターリオ（装飾彫り）作家。

マグレガー，ジェイムズ　MacGregor, James　61歳。1759生。スコットランド長老派教会牧師，ノウヴァ・スコウシアへの宣教師。

マームズベリー伯1世　Malmesbury　74歳。1746生。イギリスの外交官。

1821年

3.08　イプシランディスが蜂起を呼びかける
6.18　オペラ「魔弾の射手」がベルリンで初演
7.28　サン・マルティンがペルー独立を宣言する
9.15　イトゥルビデがメキシコ帝国を樹立する

＊＊＊

シートン，聖エリザベス・アン　Seton, Elizabeth Ann Bayley　1.4没、46歳。1774生。アメリカの女子修道会創設者。

ポルタ，カルロ　Porta, Carlo　1.5没、45歳。1775（㊟1776）生。イタリアの詩人。

カミェニスキ，マチェイ　Kamieński, Maciej　1.25没、86歳。1734生。ポーランドの作曲家，指揮者。

マルテンス　Martens, Georg Friedrich von　2.21没、64歳。1756生。ドイツの外交官，国際法学者。

キーツ，ジョン　Keats, John　2.23没、25歳。1795生。イギリス・ロマン派の詩人。

ハンシュタイン，ゴットフリート・アウグスト・ルートヴィヒ　Hanstein, Gottfried August Ludwig　2.25没、59歳。1761生。ドイツの説教者。

メーストル，ジョゼフ・ド　Maistre, Joseph Marie, Comte de　2.26没、67歳。1753（㊟1754）生。フランスの政治家，哲学者。

ブロートン　Broughton, William Robert　3.13没、59歳。1762生。イギリスの軍人，探検家。

19世紀　1821

フォンターヌ，ルイ・ド　Fontanes, Louis, Marquis de　3.17没、64歳。1757生。フランスの政治家，作家。

ムート，プラキドゥス　Muth, Placidus　3.20没、67歳。1753生。ドイツのカトリック神学者。

ベルク，フランツ　Berg, Franz　4.6没、68歳。1753生。ドイツのカトリック神学者，啓蒙主義的合理主義者。

アッセマーニ，シモーネ　Assemani, Simone　4.8没、69歳。1752生。シリアの言語学者。

スコット，トマス　Scott, Thomas　4.16没、74歳。1747生。イギリスのカルヴァン派神学者。

アシャール，フランツ（・カール）　Achard, Franz Karl　4.20没、67歳。1753生。ドイツの化学者。

クローム，ジョン　Crome, John　4.21（㊙1822）没、52歳。1768（㊙1769）生。イギリスのノリッジ風景画派の画家。

フランク　Frank, Johann Peter　4.22没、76歳。1745生。ドイツの医師。

ピオッツィ，ヘスター・リンチ　Piozzi, Hester Lynch　5.2没、80歳。1741生。イギリスの著述家。

ナポレオン1世　Napoléon I, Bonaparte　5.5没、51歳。1769生。フランス第一帝政の皇帝(在位1804～14)。

ロシオ，ホアン・ヘルマン　Roscio, Juan German　5.10没、51歳。1769生。ベネズエラ独立運動の理論的・思想的指導者，政治家。

フェーダー　Feder, Johann Georg Heinrich　5.22没、81歳。1740生。ドイツの哲学者。

ヴラジミレスク　Vladimirescu, Tudor　5.27没、40歳。1780生。ルーマニアの社会運動家。

コズウェイ，リチャード　Cosway, Richard　6.4没、78歳。1742生。イギリスの細密画家。

プラウデン，チャールズ　Plowden, Charles　6.13没、77歳。1743生。イギリスのイエズス会士。

ガンドルフィ，ピーター　Gandolphy, Peter　7.9没、41歳。1779生。イギリスの神学者，説教者。

ブロイ，モリース・ジャン・ド　Broglie, Maurice Jean de　7.20没、54歳。1766生。フランスのカトリック聖職者。

ヘルメス，ヨーハン・ティモーテウス　Hermes, Johann Timotheus　7.24没、83歳。1738生。ドイツの啓蒙主義神学者，作家。

インチボールド，エリザベス　Inchbald, Elizabeth　8.1没、67歳。1753（㊙1752）生。イギリスの小説家，劇作家，女優。

キャロライン（ブラウンシュヴァイクの），アメリア・エリザベス　Caroline of Brunswick, Amelia Elizabeth　8.7没、53歳。1768生。イギリス王ジョージ4世の妃。

ヴィガーノ　Vigano, Salvatore　8.18没、52歳。1769生。イタリアの舞踊家。

バルチュ，アダム・ベルナルト・フォン　Bartsch, Johann Adam Bernhard, Ritter von　8.21没、64歳。1757生。オーストリアの銅版画家。

ガラン　Galin, Pierre　8.31没、35歳。1786生。フランスの数学者。

カレーラ，J. M.　Carrera, José Miguel de　9.4没、35歳。1785生。チリの政治家，独立運動の指導者。

フィオリロ，ヨーハン・ドーミニク　Fiorillo, Johann Dominik　9.10没、72歳。1748生。ドイツの画家，芸術史家。

コルヴィサール，ジャン-ニコラ　Corvisart des Marets, Jean Nicolas　9.18没、46歳。1775（㊙1755）生。フランスの医学者。

ガルニエ　Garnier, Germain, Marquis　10.4没、66歳。1754生。フランスの経済学者。

レニー，ジョン　Rennie, John　10.4没、60歳。1761生。イギリスの土木技師。

ブーディノー　Boudinot, Elias　10.24没、81歳。1740生。アメリカの法律家，政治家。

ドミトレフスキー　Dmitrevskii, Ivan Afanasevich　10.27没、87歳。1734生。ロシアの俳優，演出家。

ロンベルク，アンドレーアス・ヤーコプ　Romberg, Andreas Jakob　11.10没、54歳。1767生。ドイツのヴァイオリン奏者，作曲家。

タレラン，アレクサーンドル・アンジェリーク　Talleyrand, Alexandre Angélique　11.20没、85歳。1736生。フランスの革命期のカトリック聖職者。

フラット，ヨーハン・フリードリヒ　Flatt, Johann Friedrich　11.24没、62歳。1759生。ドイツの神学者。

レミュザ　Rémusat, Claire Elisabeth Jeanne Gravier de Vergennes, comtesse de　12.16没、41歳。1780生。フランスの婦人。

ファーリントン，ジョゼフ　Farington, Joseph　12.30没、74歳。1747生。イギリスの風景画家。

この年　アッケルマン，ドロテア　Ackermann, Dorothea　69歳。1752生。ドイツの女優。

アンドレ　André, Christian Karl　58歳。1763生。ドイツの教育者，ジャーナリスト。

ヴァン・ロー，ジュール-セザール-ドニ　Van Loo, Jules-César-Denis　78歳。1743生。オランダ出身のフランスの画家。

ウッドハヴ，ウィリアム　Wouldhave, William　70歳。1751生。イギリスの救命ボートの発明者。

金鑢　55歳。1766生。朝鮮，李朝後期の学者，文人。

コロ，マリー-アンヌ　Collot, Marie-Anne　73歳。1748生。フランスの女性彫刻家。

謝清高　56歳。1765生。中国，清代の人。

シュトルツ，ヨーハン・ヤーコプ　Stolz, Johann Jakob　68歳。1753生。スイスの改革派神学者。

1822

ティクナー　Ticknor, Elisha　64歳。1757生。アメリカの教育者，ボストンの小学校の創立者。
デュガゾン，ルイーズ　Dugazon, Louise　66歳。1755生。フランスのメッゾ・ソプラノ。
ノックス　Knox, Vicesimus　69歳。1752生。イギリスの教育者，随筆家。
バランタイン，ジョン　Ballantyne, John　47歳。1774生。イギリスの出版業。
バンクロフト，エドワード　Bancroft, Edward　77歳。1744生。イギリスのスパイ，発明家。
フォイクト　Voigt, Johann Carl Wilhelm　69歳。1752生。ワイマールの官吏。
フロイド　Floyd, William　87歳。1734生。ニューヨークの大地主，アメリカ独立宣言の署名者。
ポーコック，ニコラス　Pocoke, Nicholas　81歳。1740生。イギリスの画家。
ポトツキ，スタニスワフ・コストカ　Potocki, Stanisław Kostka　69歳。1752（㊗1755）生。ポーランドの名家ポトッキー家の出身。
ポリドリ，ジョン・ウィリアム　Polidori, John William　26歳。1795生。イギリスの詩人，医師。
李寅文　76歳。1745生。朝鮮，李朝時代の画家。

1822年

4.25　西アフリカ沿岸にリベリアが建設される
9.07　ドン・ペドロがブラジルの独立を宣言する
9.27　シャンポリオンがヒエログリフ解読に成功

＊＊＊

ヘルメス，ヨーハン・アウグスト　Hermes, Johann August　1.6没、85歳。1736生。ドイツの敬虔主義作家。
コベル　Kobell, Franz, Ritter von　1.14没、72歳。1749生。ドイツの画家，銅版画家。
アリー・パシャ　Ali Pasha, Arslan　2.5没、81歳。1741（㊗1744頃）生。オスマン・トルコ帝国，アルバニアの首領，政治家。
ノイゲボーレン，ダーニエル・ゲオルク　Neugeboren, Daniel Georg　2.11没、62歳。1759生。トランシルヴァニアのドイツ人ルター派牧師，教育者。
ジョアナ・アンジェリカ・デ・ジェズス　Joana Angélica de Jesús　2.20没、60歳。1761生。ブラジル独立期の修道女。
ツァウナー，フランツ・アントン　Zauner, Franz Anton, Edler von Feldpaten　3.3没、76歳。1746生。オーストリアの彫刻家。
クラーク　Clarke, Edward Daniel　3.9没、52歳。1769生。イギリスの鉱物学者，旅行家。
アユイ　Haüy, Valentin　3.18没、77歳。1745生。フランスの聾啞教育者。

エーヴァルト，ヨーハン・ルートヴィヒ　Ewald, Johann Ludwig　3.19没、73歳。1748生。ドイツの改革派の説教者，教会政治家，実践神学者。
ベルビック　Bervic, Charles Clément　3.23没、65歳。1756生。フランスの版画家。
グロトゥス　Grothuss, Christian Theodor, Freiherr von　3.26没、37歳。1785生。ドイツの自然科学者。
レンス，アンドレアス・コルネリス　Lens, Andreas Cornelis　3.30没、82歳。1739生。ベルギーの歴史画家。
フルーリ　Fleury, Abraham Joseph Bernard　3.?没、71歳。1750生。フランスの俳優。
レヴィツキー，ドミトリー・グリゴリエヴィチ　Levitskii, Dmitrii Grigorievich　4.4没、87?歳。1735生。ロシアの画家。
スターク，ジョン　Stark, John　5.8没、93歳。1728生。アメリカ独立戦争時代の将軍。
ルッフィニ，パオロ　Ruffini, Paolo　5.10没、56歳。1765生。イタリアの数学者，医学博士。
ミルン，ウィリアム　Milne, William　5.27没、37歳。1785生。イギリスのロンドン伝道会宣教師。
アユイ，ルネ・ジュスト　Haüy, René Just　6.3（㊗1832）没、79歳。1743生。フランスの鉱物学者，結晶学の建設者。
ホフマン，エルンスト・テーオドア・アマデーウス　Hoffmann, Ernst Theodor Amadeus　6.25没、46歳。1776生。ドイツの小説家，作曲家，音楽評論家，画家，法律家。
シェリー，パーシー・ビッシュ　Shelley, Percy Bysshe　7.8没、29歳。1792生。イギリスの詩人。
ミドルトン，トマス・フランショー　Middleton, Thomas Franshawe　7.8没、53歳。1769生。英国教会初代カルカッタ主教。
カースルレイ，ロバート・スチュワート，子爵　Castlereagh, Robert Stewart, Viscount　8.12没、53歳。1769生。イギリスの政治家。
アルガン，ジャン-ロベール　Argand, Jean Robert　8.13没、54歳。1768生。スイスの数学者。
ドランブル，ジャン・バティスト・ジョゼフ　Delambre, Jean Baptiste Joseph　8.19没、72歳。1749生。フランスの天文学者。
ハーシェル，ウィリアム　Herschel, Sir Frederick William　8.25没、83歳。1738生。ドイツ生れのイギリスの天文学者。
シェプフ，ヨーゼフ　Schöpf, Joseph　9.15没、77歳。1745生。オーストリアの画家。
コトゥーニョ　Cotugno, Domenico　10.6没、86歳。1736生。イタリアの解剖学者。
アーロム，リチャード　Earlom, Richard　10.9没、79?歳。1743生。イギリスの銅版彫刻家。
カノーヴァ，アントニオ　Canova, Antonio　10.13没、64歳。1757生。イタリアの彫刻家。

19世紀　1823

マック　Mack von Leiberich, Karl, Freiherr　10.22没、70歳。1752生。オーストリアの軍人。
ベルトレ、クロード・ルイ、伯爵　Berthollet, Claude Louis, Comte de　11.6没、73歳。1748生。フランスの化学者。
ハルデンベルク、カール・アウグスト、公爵　Hardenberg, Karl August, Fürst von　11.26没、72歳。1750生。プロシアの政治家。
ヤイス、ヨーゼフ・エギディウス　Jais, Joseph Aegidius　12.4没、72歳。1750生。ドイツのカトリック教育家、物語作家、司祭。
コル・イ・プラット、ナルシソ　Coll y Prat, Narciso　12.28没、68歳。1754生。スペインの大司教。
この年　イダルゴ、バルトロメー　Hidalgo, Bartolomé　34歳。1788生。ウルグアイの詩人。
ヴィビツキー　Wybicki, Josef　75歳。1747生。ポーランドの政治家、詩人。
ヴェントゥーリ、ジョヴァンニ・バッティスタ　Venturi, Giovanni Battista　76歳。1746生。イタリアの物理学者。
エリオ　Elío, Francisco Javier　55歳。1767生。スペインの軍人。
カンポレーゼ、ジュゼッペ　Camporese, Giuseppe　59歳。1763生。イタリアの建築家。
カンパン　Campan, Mme.Jean-Louise-Henfiette Genest　70歳。1752生。フランスの女流教育家。
クーツ、トマス　Coutts, Thomas　87歳。1735生。イギリスの銀行家。
ケンブル、スティーヴン　Kemble, Stephen　64歳。1758生。イギリスの俳優。
コンドルセ　Condorcet, Sophie de Grouchy, Marquise de　58歳。1764生。M. コンドルセの夫人。
シカール　Sicard, Roch-Ambroise Cucurron　80歳。1742生。フランスのカトリック司教、聾啞教育者。
ズーボフ　Zubov, Platon Aleksandrovich　55歳。1767生。ロシアの政治家。
荘有可　78歳。1744生。中国、清代の学者。
ダヴォー、ジャン-バティスト　Davaux, Jean-Baptiste　80歳。1742生。フランスの作曲家。
陳鴻寿　54歳。1768生。中国、清代の文人画家。
ディース、アルベルト・クリストフ　Dies, Albert Christoph　67歳。1755生。ドイツの画家、作家。
デブレット、ジョン　Debrett, John　72？歳。1750生。イギリスの出版業者。
デュ・ピュイ、エドゥアール・ジャン-バティスト・カミーユ　Du Puy, Édouard Jean-Baptiste Camille　52？歳。1770生。デンマークの作曲家、ヴァイオリン奏者、歌手、指揮者。
テューク、ウィリアム　Tuke, William　90歳。1732生。イギリスのクエーカー教徒の慈善家。

トラクスタン、トマス　Truxtun, Thomas　69歳。1753（㋺1755）生。アメリカ海軍軍人。
バツ　Batz, Jean, Baron de　68歳。1754生。フランス革命期の王党派の指導者。
フィオリッロ、フェデリゴ　Fiorillo, Fedeligo　㋺1823以降没、67歳。1755生。イタリアのヴァイオリン奏者、作曲家。
フルシト・パシャ　Hurşit Pasha, Ahmet　オスマン帝国の政治家。
ベッカー　Becker, Rudolf Zacharias　70歳。1752生。ドイツの教育著述家。
ベルツフ　Bertuch, Friedrich Justin　75歳。1747生。ドイツの作家、出版業者。
ホーヘンドルプ　Hogendorp, Dirk van　61歳。1761生。オランダの植民行政官。
パル、クリシュナ　Pal, Krishna　52？歳。1770生。インド人のバプテスト派開拓伝道者。
ミシャロン、アシル-エトナ　Michallon, Achille-Etna　26歳。1796生。フランスの画家。
リシュリュー　Richelieu, Armand Emmanuel du Plessis, Duc de　56歳。1766生。フランスの政治家。
ルスカ、ルイジ　Rusca, Luigi　64歳。1758生。イタリアの建築家。
この頃　サバー　Sabā　イランの詩人。
フィンク　Fink, Mike　㋺1823？没、52？歳。1770生。アメリカの伝説的英雄。
ルソー　Rousseau, Jean Siméon　75？歳。1747生。フランスの室内装飾家。

1823年

12.02　モンロー米大統領がモンロー主義を宣言
＊＊＊
ヴェルナー、ツァハリーアス　Werner, Zacharias　1.17没、54歳。1768生。ドイツの劇作家。
ジェンナー、エドワード　Jenner, Edward　1.26？没、73歳。1749生。イギリスの臨床医。
ヘッケウェルダー、ジョン・ゴットリーブ・アーネスタス　Heckewelder, John Gottlieb Ernestus　1.31没、79歳。1743生。アメリカのモラヴィア（ヘルンフート）兄弟団宣教師。
リョレンテ、ホアン・アントニオ　Llorente, Juan Antonio　2.5没、66歳。1756生。スペインの司祭、歴史家。
ラドクリフ、アン　Radcliffe, Ann　2.7（㋺1824）没、58歳。1764生。イギリスの女流小説家。
ヒネース、ホセ　Ginés, José　2.14没、55歳。1768生。スペインの彫刻家。

人物物故大年表 外国人編　591

シヒト Schicht, Johann Gottfried 2.16没、69歳。1753生。ドイツのピアニスト，作曲家。

プリュドン，ピエール・ポール Prud'hon, Pierre-Paul 2.16没、64歳。1758生。フランスの画家。

ウルフ，チャールズ Wolfe, Charles 2.21没、31歳。1791生。アイルランドの牧師，詩人。

スケル Sckell, Friedrich Ludwig von 2.24没、72歳。1750生。ドイツの造園家。

ケンブル，ジョン・フィリップ Kemble, John Philip 2.26没、66歳。1757生。イギリスの俳優。

ペール Peyre, Antoine François 3.7没、83歳。1739生。フランスの建築家。

エッシャー・フォン・デル・リント Escher von der Linth, Johann Konrad 3.9没、55歳。1767生。スイスの自然科学者，技術者。

デュムーリエ，シャルル・フランソワ(・デュ・ペリエ) Dumouriez, Charles François du Périer 3.14没、84歳。1739生。フランスの将軍，政治家。

チャルトルィスキ Czartoryski, Adam Kazimierz 3.19没、88歳。1734生。ポーランドの貴族。

セント・ヴィンセント，ジョン・ジャーヴィス，伯爵 Jervis, *Sir* John, Earl of St.Vincent 3.20没、88歳。1735生。イギリスの軍人。

スタングネーリウス，エーリック・ユーハン Stagnelius, Erik Johan 4.3([異]1822)没、29歳。1793生。スウェーデンの詩人。

シャルル，ジャック・アレクサンドル・セザール Charles, Jacques Alexandre César 4.7没、76歳。1746生。フランスの物理学者。

ラインホルト，カール・レーオンハルト Reinhold, Karl Leonhard 4.10没、64歳。1758生。ドイツの哲学者。

ノレケンズ，ジョゼフ Nollekens, Joseph 4.23没、85歳。1737生。イギリスの彫刻家。

トロイ，ジョン・トマス Troy, John Thomas 5.10没、83歳。1739生。アイルランドのドミニコ会士，大司教。

ル・デュク，オーギュスト Le Duc, Auguste 5.25没、44歳。1779生。フランスの出版者。

ダヴー，ルイ・ニコラ Davout, Louis Nicolas 6.1没、53歳。1770生。フランスの軍人。

ムーア，ゼファナイア・スウィフト Moore, Zephaniah Swift 6.30没、52歳。1770生。アメリカの教育家。

レイバーン，サー・ヘンリ Raeburn, *Sir* Henry 7.8没、67歳。1756生。スコットランドの画家。

ヴェルクマイスター，ベーネディクト・マリーア・フォン Werkmeister, Benedikt Maria von 7.16没、77歳。1745生。ドイツのカトリック神学者。

バートラム，ウィリアム Bartram, William 7.22没、84歳。1739生。アメリカの植物学者，鳥類学者。

カトラー，マナセ Cutler, Manasseh 7.28没、81歳。1742生。アメリカの組合教会牧師，植物学者，居住地建設者。

カルノー，ラザール Carnot, Lazare Nicolas Marguerite 8.2没、70歳。1753生。フランスの政治家，数学者。

ブルームフィールド，ロバート Bloomfield, Robert 8.19没、56歳。1766生。イギリスの詩人。

ブロックハウス，フリードリヒ・アルノルト Brockhaus, Friedrich Arnold 8.20没、51歳。1772生。ドイツの出版業者。

ピウス7世 Pius VII 8.20没、81歳。1742([異]1740)生。教皇(在位1800～23)。

リカード，デイヴィド Ricardo, David 9.11没、51歳。1772生。イギリス古典派経済学の完成者。

ブレゲ Bréguet, Abraham Louis 9.17没、76歳。1747生。フランスの時計製造業者。

シュタイベルト，ダニエル Steibelt, Daniel 9.20没、57歳。1765生。ドイツの作曲家，ピアニスト。

ベイリー，マシュー Baillie, Matthew 9.23没、61歳。1761生。イギリスの医師，病理学者。

カプニースト，ワシーリー・ワシリエヴィチ Kapnist, Vasilii Vasilievich 10.28([異]1828)没、65歳。1758([異]1757)生。ロシアの詩人。

カートライト，エドマンド Cartwright, Edmund 10.30([異]1828)没、80歳。1743生。イギリスの自動織機の発明者。

ゲルステンベルク，ハインリヒ・ヴィルヘルム・フォン Gerstenberg, Heinrich Wilhelm von 11.1没、86歳。1737生。ドイツの詩人，評論家。

リエゴ・イ・ヌニェス Riego y Núñez, Rafael del 11.7没、37歳。1785生。スペインの革命家，軍人。

アースキン，トマス・アースキン，男爵 Erskine, Thomas, 1st Baron, of Restormel 11.17没、73歳。1750生。イギリスの法律家。

ベルツォーニ，ジョヴァンニ・バッティスタ Belzomi, Giovanni Battista 12.3没、45歳。1778生。イタリアの探検家，発掘家。

クォーコ，ヴィンチェンツォ Cuoco, Vincenzo 12.13([異]1828)没、53歳。1770生。イタリアの歴史家，小説家。

ナリーニョ Nariño, Antonio 12.13没、58歳。1765生。コロンビアの革命家。

リーブ Reeve, Tapping 12.13没、79歳。1744生。アメリカの法律家，教育家。

ビララス Vilaras, Ioannis 12.28没、52歳。1771生。ギリシアの詩人。

[この年] **アックイスティ，ルイージ** Acquisti, Luigi 78歳。1745生。イタリアの彫刻家。

アロースミス，エアロン Arrowsmith, Aaron 73歳。1750生。イギリスの地理学者，地図製作者。

19世紀　　　　　　　　　　　　　　　　　　　　　　1824

ヴァルトシュタイン，フェルディナント・フォン
　　Waldstein, Ferdinand von　61歳。1762生。ド
　　イツ・チェコの文芸擁護者，作曲家。
エルフィンストーン　Elphinstone, George Keith,
　　Viscount Keith　77歳。1746生。イギリスの提督。
カイザー，フィーリップ・クリストフ　Kayser,
　　Philipp Christoph　68歳。1755生。ドイツの作
　　曲家。
カボット　Cabot, George　71歳。1752生。アメリ
　　カの政治家。
ガルヌラン，アンドレ・ジャック　Garnerin, André
　　Jacques　54歳。1769生。フランスの気球操縦者。
ガンドン，ジェイムズ　Gandon, James　80歳。
　　1743生。イギリスの建築家。
クーム，ウィリアム　Combe, William　82歳。
　　1741生。イギリスの著述家。
ゴワ，エティエンヌ-ピエール-アドリアン　Gois,
　　Étienne-Pierre-Adrien　92歳。1731生。フランス
　　の彫刻家。
ジャーニ，フェリーチェ　Giani, Felice　65歳。
　　1758生。イタリアの画家。
ジュボエ，エティエンヌ・フランソワ　Gebauer,
　　Étienne François　46歳。1777生。サクソン系フ
　　ランスのフルート奏者，作曲家。
ソリ，ジュゼッペ・マリア　Soli, Giuseppe Maria
　　75歳。1748(㋑1745)生。イタリアの建築家。
トラヴェルソ，ニコロ・ステーファノ　Traverso,
　　Nicolò Stefano　78歳。1745生。イタリアの彫
　　刻家。
ボツァリス　Botsaris, Markos　35？歳。1788生。
　　ギリシア独立革命の英雄。
ユルマンデル，ニコラ・ジョゼフ　Hullmandel,
　　Nicolas-Joseph　67歳。1756生。フランスのピア
　　ニスト，作曲家。
ラザル　Lazăr, Gheorghe　44歳。1779生。ルーマ
　　ニアの教育者。
ランゲ，ザームエル・ゴットリープ　Lange,
　　Samuel Gottlieb　56歳。1767生。ドイツの神学
　　者，教理史の先駆者のひとり。
ロドリゲス，カジェターノ・ホセ　Rodríguez,
　　Cayetano José　62歳。1761生。アルゼンチンの
　　フランシスコ会士，独立運動家，詩人。

1824年

3.17　英蘭協約でイギリスがマラッカを獲得する
5.07　ベートーヴェンの交響曲第9番が初演される
5.11　英軍がビルマ南部のラングーンを占領する

10.04　メキシコが憲法を制定し立憲共和国となる
　　　　　　　　＊＊＊
ストランビ，ヴィンチェンツォ・マリーア
　　Strambi, Vincenzo Maria　1.1没、67歳。1745
　　生。イタリの受難会修道士，聖人，司教。
ビットリオ・エマヌエレ1世　Vittorio Emanuele I
　　1.10没、64歳。1759生。イタリア，サルジニア国
　　王(在位1802～21)。
ジェリコー，テオドール　Géricault, Jean Louis
　　André Théodore　1.18没、32歳。1791生。フラ
　　ンスの画家。
コンサルヴィ，エルコレ　Consalvi, Ercole　1.24
　　没、66歳。1757生。イタリアの枢機卿。
ブラザーズ，リチャード　Brothers, Richard　1.25
　　没、66歳。1757生。イギリスの宗教家，予言者。
ラングレ　Langlès, Louis Mathieu　1.28没、60
　　歳。1763生。フランスの東洋学者。
ネッテルベック　Nettelbeck, Joachim　1.29没、
　　85歳。1738生。プロイセンの愛国者，海軍軍人。
パラディース　Paradis, Maria Theresia von　2.1
　　没、64歳。1759生。オーストリアのピアニスト，
　　歌手，作曲家。
フェイト　Feith, Rhijnvis　2.8没、71歳。1753生。
　　オランダの詩人，劇作家。
エメリヒ，アンナ・カタリナ　Emmerich, Anna
　　Katharina　2.9没、49歳。1774生。ドイツの聖痕
　　をもつ見神者，修道女。
ボアルネ，ユージェーヌ・ローズ・ド
　　Beauharnais, Eugène Rose de　2.21没、42歳。
　　1781生。フランスの政治家，軍人。
ローソン，スーザナ　Rowson, Susanna Haswell
　　3.2没、62？歳。1762生。アメリカの女性作家，女
　　優，教育者。
ヴィオッティ，ジョヴァンニ・バッティスタ
　　Viotti, Giovanni Battista　3.3(㋑1825)没、68
　　歳。1755(㋑1753)生。イタリアの作曲家，ヴァ
　　イオリン奏者。
カンバセレス，ジャン・ジャック・レジ・ド
　　Cambacérès, Jean Jacques Régis de, Duc de
　　Parme　3.5(㋑1823)没、70歳。1753生。フラン
　　スの法律家，政治家。
リー，ソファイア　Lee, Sophia　3.13没、74歳。
　　1750生。イギリスの女性小説家，劇作家。
ヴァルラーフ　Wallraf, Ferdinand Franz　3.18没、
　　75歳。1748生。ドイツの植物学者。
ラ・レベリエール・レポー　La
　　Révellière-Lépeaux, Louis Marie de　3.27没、70
　　歳。1753生。フランスの政治家。
ハウゲ，ハーンス・ニルセン　Hauge, Hans
　　Nielsen　3.29没、52歳。1771生。ノルウェーの説
　　教者，敬虔派の創始者。
テーラー　Taylor, Jane　4.13没、40歳。1783生。
　　イギリスの女流児童文学者。

人物物故大年表 外国人編　*593*

1824　19世紀

ジョーンズ　Jones, Edward　4.18没、72歳。1752生。ウェールズのハープ奏者。

バイロン、ジョージ・ゴードン　Byron, George Gordon Noel, 6th Baron　4.19没、36歳。1788生。イギリスの詩人。

ジュベール、ジョゼフ　Joubert, Joseph　5.4没、69歳。1754生。フランスのモラリスト。

パトナム、ルーファス　Putnam, Rufus　5.4没、86歳。1738生。アメリカの軍人、オハイオ開拓者。

トマジーニ、アントニオ　Tomasini, Antonio (Anton Edmund)　6.12没、49歳。1775生。イタリアのヴィオラ奏者。

ルブラン　Lebrun, Charles François, Duc de Plaisance　6.15没、85歳。1739生。フランスの政治家。

フェルディナンド3世　Ferdinando III　6.17没、55歳。1769生。トスカナ大公。

ホルニー　Horny, Franz　6.23没、25歳。1798生。ドイツの画家。

イトゥルビデ、アグスティン・デ　Iturbide, Agustín de　7.19没、40歳。1783生。メキシコの軍人、皇帝（在位1822〜23）。

メーヌ・ド・ビラン　Maine de Biran　7.20没、57歳。1766生。フランスの哲学者、政治家。

ラーマ2世　Phrabaatsomdetphraphutthaloetlaanaphaalai　7.21没、57歳。1767生。タイのバンコク王朝第2代王（在位1809〜24）。

シャープ　Sharp, William　7.25没、75歳。1749生。イギリスの素描家、版画家。

ヴォルフ、F.　Wolf, Friedrich August　8.8没、65歳。1759生。ドイツの古典学者。

コルトゥム　Kortum, Karl Arnold　8.15没、79歳。1745生。ドイツの詩人。

トリット　Tritto, Giacomo　9.16？没、91歳。1733生。イタリアの作曲家。

ルイ18世　Louis XVIII　9.16没、68歳。1755（㊞1758）生。フランス国王（在位1814〜15、15〜24）。

カートライト、ジョン　Cartwright, John　9.23没、84歳。1740生。イギリスの議会改革主義者。

ピンクニー　Pinckney, Charles　10.29没、67歳。1757生。アメリカの政治家。

プレギツァー、クリスティアン・ゴットロープ　Pregizer, Christian Gottlob　10.30没、73歳。1751生。ドイツの敬虔主義神学者。

マチューリン、チャールズ・ロバート　Maturin, Charles Robert　10.30没、42歳。1782生。アイルランド生れの小説家。

アレクセーエフ、フョードル・ヤコヴレヴィチ　Alexjev, Fëdor Iakovlevich　11.11？没、71歳。1753生。ロシアの画家。

ジロデ・トリオゾン　Girodet de Roucy-Trioson, Anne Louis　12.8没、57歳。1767生。フランスの画家。

パーキンソン、ジェイムズ　Parkinson, James　12.21没、69歳。1755生。イギリスの医者。

クリューデネル、ワルワーラ・ユーリヤ　Krüdener, Barbara Juliane Freifrau von　12.25没、60歳。1764生。ロシアの伯爵夫人、敬虔主義者。

この年　アグスティン1世　Agustin I　41歳。1783生。メキシコ皇帝（在位1822〜23）。

アマート、フェリクス　Amat, Felix　65歳。1759生。スペインの聖職者、歴史家。

アレティン　Aretin, Johann Christoph von　51？歳。1773生。バイエルンの貴族、法律家。

ウェザーフォード　Weatherford, William　44？歳。1780生。クリーク・インディアンの酋長。

オードネー　Oudney, Walter　34歳。1790生。イギリスのアフリカ探検家、海軍軍医。

オールバニー、ルイーザ・マクシミリアン・キャロライン、伯爵夫人　Albany, Louisa Maximilienne Caroline, Countess of　72歳。1752生。イギリスの伯爵夫人。

クルムフォルツ、アンネ-マリー　Krumpholtz, Anne-Marie　69？歳。1755生。チェコのハープ奏者。

コックス　Coxe, Tench　69歳。1755生。アメリカの政治家、経済思想家、貿易商。

シュタディオン　Stadion, Johann Philipp Karl Josef, Graf von　61歳。1763生。オーストリアの外相。

成親王　72歳。1752生。中国、清朝中・後期の皇族、書家。

ツィンメル　Zimmer, Samuel　73歳。1751生。ドイツの画家。

ティールマン　Thielmann, Johann Adolf　59歳。1765生。ドイツの軍人。

鉄保　72歳。1752生。中国、清朝中期の官僚、書家。

デートン　Dayton, Jonathan　64歳。1760生。アメリカの法律家、政治家。

テーラー　Taylor, John　71歳。1753生。アメリカの政治哲学者、政治家。

トムソン　Thomson, Charles　95歳。1729生。アメリカの政治家。

ブッシュネル、デイヴィド　Bushnell, David　82？歳。1742生。アメリカの発明家、医者。

マックォーリー、ラハラン　Macquarie, Lachlan　63歳。1761（㊞1762）生。イギリスの軍人、植民地行政官。

マルヴーリア、ベナンツィオ　Marvuglia, Venanzio　㊞1814没、95歳。1729生。イタリアの建築家。

マレスカ、フランチェスコ　Maresca, Francesco　67歳。1757生。イタリアの建築家。

19世紀　1825

ムスハフィー　Mushafī　74？歳。1750生。インドのウルドゥー語詩人。

リュポー　Lupot, Nicolas　66歳。1758生。ドイツ出身のフランスのヴァイオリン製作者。

1825年

- 1.05　ボリビアがスペインからの独立を宣言する
- 1.18　モスクワにボリショイ劇場が完成する
- 4.06　幕府が諸大名に異国船打ち払い令を出す
- 4.27　オーエンがニューハモニー村を建設する
- 9.27　イギリスで世界初の蒸気機関車鉄道が開通
- 12.14　ロシアでデカブリストの乱が起こる

* * *

フェルディナンド1世　Ferdinando I　1.3没、73歳。1751生。両シチリア国王（1816～25）。

ウィットニー、イーライ　Whitney, Eli　1.8没、59歳。1765生。アメリカの発明家。

ダンス・ザ・ヤンガー、ジョージ　Dance, George, the Younger　1.14没、83歳。1741生。イギリスの建築家。

シチェドリン、フェオドーシイ　Shchedrin, Feodosij Fedorovich　1.19？没、74？歳。1751生。ロシアの彫刻家。

カルパーニ、ジュゼッペ　Carpani, Giuseppe　1.21？没、72歳。1752生。イタリアの作家、台本作者、詩人。

リヴィングストン、ジョン・ヘンリ　Livingston, John Henry　1.25？没、78歳。1746生。アメリカのオランダ改革派教会牧師。

モンテアグード、ベルナルド　Monteagudo, Bernardo　1.28没、36歳。1789生。アルゼンチンの政治家、ジャーナリスト。

シャルタウ、ヘンリーク　Schartau, Henrik　2.2没、67歳。1757生。スウェーデン国教会牧師。

カウスレル　Kaussler, Christoph Friedrich　2.12没、64歳。1760生。ドイツの数学者。

バウドラー、トマス　Bowdler, Thomas　2.24没、70歳。1754生。イギリスのシェークスピア学者。

エルムズリー　Elmsley, Peter　3.8没、52歳。1773生。イギリスの古典学者。

バーボールド、アナ・レティシア　Barbauld, Anna Laetitia　3.9没、81歳。1743生。イギリスの女流詩人。

モルワイデ　Mollweide, Karl Brandan　3.10没、51歳。1774生。ドイツの数学者で天文学者。

ピール、ラファエル　Peale, Raphaelle　3.25没、51歳。1774生。アメリカの画家。

ブルガー、マティーアス　Burger, Matthias　4.2没、75歳。1750生。ドイツの製パン職人、ニュルンベルクにおける「ドイツ・キリスト教協会」の指導者のひとり。

ボロヴィコフスキー、ウラジミール　Borovikovsky, Vladimir Lukitch　4.6？没、67歳。1757生。ロシアの画家。

クーリエ、ポール・ルイ　Courier, Paul Louis　4.10没、53歳。1772生。フランスの政治諷刺作家、ギリシア研究者。

フューゼリ、ヘンリー　Füssli, Johann Heinrich　4.16没、84歳。1741生。スイスの画家。

デーゲン　Degen, Carl Ferdinand　4.18没、58歳。1766生。デンマークの数学者。

プファッフ、フリードリヒ　Pfaff, Johann Friedrich　4.21没、59歳。1765生。ドイツの数学者、天文学者。

ミュラー、フリードリヒ　Müller, Friedrich　4.23没、76歳。1749生。ドイツの詩人。

ドノン、ドミニック・ヴィヴァン・ド　Denon, Dominique Vivant de　4.25没、78歳。1747生。フランスの画家、版画家、考古学者、外交官。

サリエリ、アントニオ　Salieri, Antonio　5.7没、74歳。1750生。イタリアの作曲家、オペラ指揮者。

マッテーイ　Mattei, Stanislao　5.12没、75歳。1750生。イタリアの作曲家。

サン-シモン、クロード・アンリ・ド・ルーヴロワ、伯爵　Saint-Simon, Claude Henri de Rouvroy, Comte de　5.19没、64歳。1760生。フランスの哲学者、経済学者。

チャマーズ　Chalmers, George　5.31没、83歳。1742生。イギリスの歴史家。

ブブナ・フォン・リティツ　Bubna von Littiz, Graf Ferdinand von　6.6没、56歳。1768生。オーストリアの軍人、外交官。

ボナパルト、マリー・ポーリーヌ　Bonaparte, Marie Pauline　6.9没、45歳。1780生。ナポレオン1世の妹。

リース、エイブラハム　Rees, Abraham　6.9没、82歳。1743生。イギリスの百科事典編集者。

ロドリゲス・デ・メンドーサ、トリービオ　Rodríguez de Mendoza, Toribio　6.10没、75歳。1750生。ペルーの司祭、教育者、政治家。

トンプキンズ　Tompkins, Daniel D.　6.11没、50歳。1774生。アメリカの政治家。

メルヒオル　Melchior, Johann Peter　6.13没、82歳。1742生。ドイツの彫刻家、陶器原型製作者。

ランファン、ピエール・シャルル　L'Enfant, Pierre Charles　6.14没、70歳。1754生。フランス生れのアメリカの建築家、工学者。

マウンテン、ジェイコブ　Mountain, Jacob　6.16没、75歳。1749生。カナダ人として初の聖公会ケベック教区初代主教。

人物物故大年表 外国人編　595

1825　19世紀

ナレージヌイ，ワシーリー・トロフィモヴィチ　Narezhnyi, Vasilii Trofimovich　6.21没、45歳。1780生。ロシアの小説家。

ブルクハルト　Burkhardt, Johann Karl　6.21没、92歳。1733生。フランスの天文学者、数学者。

フィッシャー　Fischer, Johann Ignaz Ludwig　7.10没、79歳。1745生。ドイツのバス歌手。

ピンクニー，チャールズ(・コーツワース)　Pinckney, Charles Cotesworth　8.16没、79歳。1746生。アメリカの法律家、軍人、政治家、外交官。

エンペシナド　El Empecinado　8.19没、50歳。1775生。スペインの愛国者。

ファーマン，リチャード　Furman, Richard　8.25没、49歳。1775生。アメリカのバプテスト派牧師、教育家。

ボース，マルティーン　Boos, Martin　8.29没、62歳。1762生。ドイツのカトリック覚醒運動に活躍した司祭。

ムアクロフト　Moorcroft, William　8.?没、60?歳。1765生。イギリスの獣医、中央アジア旅行家。

バッシ　Bassi, Luigi　9.13没、59歳。1766生。イタリアのバリトン歌手。

カルピンスキー　Karpinskii, Franciszek　9.25没、83歳。1741生。ポーランドの抒情詩人。

シェイズ，ダニエル　Shays, Daniel　9.29没、78歳。1747生。アメリカの軍人。

ラセペード，ベルナール・ド・ラヴィル，伯爵　Lacépède, Bernard Germain Etienne de Laville, Comte de　10.6没、68歳。1756生。フランスの自然科学者。

モーラルト，ヨハン・バプティスト　Moralt, Johann Baptist　10.7没、48歳。1777生。ドイツのヴァイオリン奏者、作曲家。

ボルトニャンスキー，ドミートリー・スチェパーノヴィチ　Bortnianskii, Dmitrii Stepanovich　10.10没、74歳。1751生。ロシアの音楽家。

ミュラー，フランツ・ヨーゼフ(ライヘンシュタイン男爵)　Müller, Franz Joseph, Baron von Reichenstein　10.12没、85歳。1740生。オーストリアの鉱物学者。

ヴィンター　Winter, Peter von　10.17没、71歳。1754生。ドイツのオペラ作曲家。

シューベルト，フョードル　Shubert, Fëdor Ivanovich (Friedrich Theodor)　10.22没、66歳。1758生。ロシアの数学者で天文学者。

マクドナー　Macdonough, Thomas　11.10没、41歳。1783生。アメリカの海軍軍人。

ジャン・パウル　Jean Paul　11.14没、62歳。1763生。ドイツの作家。

ヴォルジーシェク，ヤン・ヴァーツラフ　Voříšek, Jan Václav　11.19没、34歳。1791生。ボヘミアの作曲家、ピアニスト。

ヘンケル，ポール　Henkel, Paul　11.27没、70歳。1754生。アメリカのルター派教会牧師。

フォワ，マクシミリアン・セバスティアン　Foy, Maximilien Sébastien　11.28没、50歳。1775生。フランスの将軍、政治家。

ハル，W.　Hull, William　11.29没、72歳。1753生。アメリカの軍人。

アレクサンドル1世　Aleksandr I, Pavlovich Romanov　12.1没、47歳。1777(㊚1778)生。ロシア皇帝(在位1801～25)。

プレシー，ジョゼフ・オクターヴ　Plessis, Joseph Octave　12.4没、62歳。1763生。カナダのカトリック司教。

ギャラガー，サイモン・フェリクス　Gallagher, Simon Felix　12.13没、69歳。1756生。アイルランドのローマ・カトリック教会司祭、宣教師。

ミロラードヴィチ　Miloradovich, Mikhail Andrevich　12.27没、54歳。1771生。ロシアの将軍、伯爵。

カンビーニ，ジュゼッペ・マリア　Cambini, Giuseppe Maria Gioacchino　12.29没、79歳。1746生。イタリアの作曲家、ヴァイオリン奏者。

ダヴィド，ジャック・ルイ　David, Jacques Louis　12.29没、77歳。1748生。フランスの画家。

[この年]　アレクサンドル1世　Pavlovich Aleksandr I　48歳。1777生。ロシアの皇帝、パヴェル1世の長子。

ウィームズ，メイソン・ロック　Weems, Mason Locke　75歳。1750生。アメリカの聖職者、書籍販売者、作家。

ウィルキンソン　Wilkinson, James　68歳。1757生。アメリカの軍人、探険家、政治家。

ヴォルケ　Wolke, Christian Heinrich　84歳。1741生。ドイツの教育家。

エンリーケス，カミーロ　Henríquez, Camilo　66歳。1759生。チリのジャーナリスト。

ガヴォー，ピエール　Gaveaux, Pierre　64歳。1761生。フランスの歌手、作曲家。

郝懿行　㊚1823没、68歳。1757(㊚1758)生。中国、清の学者、文学者。

カナル，ジャンバッティスタ　Canal, Giambattista　80歳。1745生。イタリアの画家。

カーライル　Carlisle, Frederick Howard, 5th Earl of　77歳。1748生。イギリスの政治家。

クナップ，ゲオルク・クリスティアン　Knapp, Georg Christian　72歳。1753生。ドイツの福音派神学者、敬虔主義者。

クロッツ，ゼバスティアン　Klotz(Kloz), Sebastian　63歳。1762生。ドイツのヴァイオリン製作者。

黄丕烈　62歳。1763生。中国、清代の蔵書家。

サンタローザ　Santarosa, Conte Santorre di　42歳。1783生。イタリアの政治家。

シャル，ジャン-フレデリック　Schall, Jean-Frédéric　73歳。1752生。フランスの画家、版画家。

596　人物物故大年表 外国人編

デ・ブリセー，セーオフィラス　Des Brisay, Theophilus　70歳。1755生。プリンス・エドワード島最初のプロテスタント（聖公会）聖職者。

ドブリー　Dobree, Peter Paul　43歳。1782生。イギリスの古典学者。

トロイ，フィリップ・ヤーコプ　Treu, Philipp Jacob　64歳。1761生。スイスの彫刻家。

バーナード　Barnard, *Lady* Anne　75歳。1750生。スコットランドの女流詩人。

ヒギンズ，ウィリアム　Higgins, William　62歳。1763（㊟1762頃）生。アイルランド生れの化学者。

ファーブル・ドリヴェ，アントワーヌ　Fabre d'Olivet, Antoine　58歳。1767生。フランスの作家，言語学者，音楽家，神智学者。

ブレヴァル，ジャン-バティスト　Bréval, Jean-Baptiste Sébastien　㊟1823没、69歳。1756（㊟1753）生。フランスの作曲家，チェロ奏者。

パー　Parr, Samuel　78歳。1747生。イギリスの評論家，ラテン学者。

ピクテ　Pictet, Marc-Auguste　73歳。1752生。スイスの物理学者。

ピゴット　Pigott, Edward　72歳。1753生。イギリスの天文学者。

ピュイゼギュール　Puységur, Amand-Marie-Jaques de Chastenet, marquis de　74歳。1751生。フランスの貴族。

マキントッシュ　McIntosh, William　50?歳。1775生。アメリカのクリーク族インディアンの族長。

マハーバンドゥラ　Mahabandula　42歳。1783（㊟1782）生。ビルマ，コンバウン朝の軍人。

モラエス・エ・シルバ　Moraes e Silva, Antonio de　㊟1824没、68?歳。1757（㊟1756）生。ブラジルの編集者。

ラインホルト，ハインリヒ　Reinhold, Heinrich　37歳。1788生。ドイツの画家，版画家。

ラッルーラール　Lallūlāl　62歳。1763生。インドのヒンディー語の翻訳家。

ラームニディ・グプタ　Rāmnidhi Gupta　87歳。1738生。インドのベンガルの詩人，歌人。

リヒター，ヨハン・パウル（・フリードリヒ）　Richter, Johann Paul (Friedrich)　62歳。1763生。ドイツの小説家。

ルク，ジャン-ジャック　Lequeu, Jean-Jacques　㊟1815以降没、68歳。1757生。フランスの建築家。

この頃 ジャバルティー　al-Jabartī, 'Abdu'r-Raḥmān　71?歳。1754（㊟1753）生。エジプトの歴史家。

ホール　Hall, Charles　80?歳。1745生。イギリスの社会改革者，医者。

ムハンマド・アフバーリー　Muḥammad Akhbārī Bahrainī, Mīrzā　イランのイスラム教アハバーリー派（伝承派）の学者。

ラフィット，ジャン　Laffite, Jean　45?歳。1780生。アメリカの海賊。

1826年

2.04　クーパー「モヒカン族の最後の者」が発表
＊＊＊

フス，ニコライ　Fuss, Nikolai Ivanovich　1.4没、70歳。1755生。ロシアの数学者で教育家。

ルミャーンツェフ　Rumyantsev, Nikolai Petrovich　1.15没、72歳。1754生。ロシアの政治家。

アリアガ，フアン・クリソストモ　Arriaga, Juan Crisóstomo de　1.17没、19歳。1806生。スペインの作曲家。

スタシッツ　Staszic, Stanisław　1.20没、70歳。1755生。ポーランド啓蒙主義の代表的思想家。

ロストプチーン　Rostopchin, Fyodor Vasilievich　1.30没、62歳。1763生。ロシアの政治家，伯爵。

ブリヤ-サヴァラン，ジャン-アンテルム　Brillat-Savarin, Anthelme　2.2没、70歳。1755（㊟1775）生。フランスの司法官，文人。

ファルク，ヨハン・ダニエル　Falk, Johannes Daniel　2.14没、57歳。1768生。ドイツの博愛家，著述家。

マリー，リンドリー　Murray, Lindley　2.16没、80歳。1745生。アメリカ（スコットランド系）の文法家。

ガーブラー，ヨーハン・フィーリプ　Gabler, Johann Philipp　2.17没、72歳。1753生。ドイツの神学者。

デイル，リチャード　Dale, Richard　2.26没、69歳。1756生。アメリカの海軍軍人。

ヴァインブレンナー，ヨハン・ヤーコブ・フリードリヒ　Weinbrenner, Friedrich　3.1没、64歳。1761（㊟1766）生。ドイツの建築家。

ジョアン6世　João VI　3.10没、58歳。1767（㊟1769）生。ポルトガル王（在位1816〜26）。

クープラン，ジェルヴェ・フランソワ　Couperin, Gervais François　3.11没、66歳。1759生。フランスの作曲家。

ファーター，ヨーハン・ゼヴェリーン　Vater, Johann Severin　3.15没、54歳。1771生。ドイツの旧約学者，オリエント学者。

ニッセン　Nissen, Georg Nikolaus von　3.24没、65歳。1761生。デンマークの政治家，伝記作家。

バリントン，シュート　Barrington, Shute　3.25没、91歳。1734生。英国教会のダラム主教。

ベンゲル，エルンスト・ゴットリープ　Bengel, Ernst Gottlieb　3.28没、56歳。1769生。ドイツの神学者，歴史学者。

フォス，ヨハン・ハインリヒ　Voß, Johann Heinrich　3.29没、75歳。1751生。ドイツの詩人，翻訳家。

1826 19世紀

ヒーバー，レジナルド　Heber, Reginald　4.3没、42歳。1783生。英国教会のカルカッタ主教。

ダンツィ，フランツ　Danzi, Franz Ignaz　4.13没、62歳。1763生。ドイツの作曲家。

ブルース　Bruce, John　4.16没、81歳。1745生。イギリスのインド史家，政治家。

ミルナー，ジョン　Milner, John　4.19没、73歳。1752生。イギリスの聖職者，尚古学者。

マルチェフスキー　Malczewski, Antoni　5.2没、32歳。1793生。ポーランドの詩人。

クランプ　Kramp, Christian　5.13没、65歳。1760生。フランスの数学者。

ライヘンバッハ，ゲオルク・(フリードリヒ・)フォン　Reichenbach, Georg von　5.21没、53歳。1772(㊞1771)生。ドイツの土木技師，光学機械製作者。

カラムジン，ニコライ・ミハイロヴィチ　Karamzin, Nikolai Mikhailovich　5.22没、59？歳。1766生。ロシアの作家，歴史家，ジャーナリスト。

フェスカ，フィリードリヒ　Fesca, Friedrich Ernst　5.24没、37歳。1789生。ドイツのヴァイオリン奏者、作曲家。

オベルラン，ジャン・フレデリク　Oberlin, Jean Frédéric　6.1没、85歳。1740生。ドイツの汎愛主義教育家。

ヴェーバー，カール・マリーア・フォン　Weber, Carl Maria Friedrich Ernst von　6.5没、39歳。1786生。ドイツロマン派の作曲家。

フラウンホーファー，ヨーゼフ・フォン　Fraunhofer, Joseph von　6.7没、39歳。1787生。ドイツの物理学者，光学機器技術者。

モース，ジェディディア　Morse, Jedidiah　6.9没、64歳。1761生。アメリカの組合教会派牧師，地理学者。

リベック，コンラート・ゴットリープ　Ribbeck, Konrad Gottlieb　6.26没、67歳。1759生。ドイツの牧師。

アダムズ，ジョン　Adams, John　7.4没、90歳。1735生。アメリカの政治家，法律家。

ジェファソン，トマス　Jefferson, Thomas　7.4没、83歳。1743生。アメリカの政治家。

シュトイドリーン，カール・フリードリヒ　Stäudlin, Karl Friedrich　7.5没、64歳。1761生。ドイツの神学者，道徳哲学者。

プルースト，ジョゼフ・ルイ　Proust, Joseph Louis　7.5没、71歳。1754生。フランスの化学者。

ラッフルズ，トマス・スタンフォード　Raffles, Sir Thomas Stamford　7.5没、65歳。1781生。イギリスの植民地統治者。

マーティン　Martin, Luther　7.10没、78？歳。1748生。アメリカの法律家。

ルイレーエフ，コンドラーチー・フョードロヴィチ　Ryleev, Kondratii Fëdorovich　7.13没、30歳。1795生。ロシアの詩人。

シェルビー　Shelby, Isaac　7.18没、75歳。1750生。アメリカの軍人。

ピアッツィ，ジュゼッペ　Piazzi, Giuseppe　7.22没、80歳。1746生。イタリアの天文学者。

カホーフスキィ　Kakhovskii, Pëtr Grigorievich　7.25没、29歳。1797生。ロシアの革命家。

ベストゥージェフ・リューミン　Bestuzhev-Ryumin, Mikhail Pavlovich　7.25没、23歳。1803生。ロシアの革命家。

ペステリ　Pestel', Pavel Ivanovich　7.25没、33歳。1793生。ロシアの軍人，デカブリストの一人。

ムラヴィヨーフ・アポーストル　Muraviyov-Apostol, Sergei Ivanovich　7.25没、29歳。1796生。ロシアのデカブリスト(十二月党員)の一人。

ラエンネック，ルネ・テオフィル・イアサント　Laënnec, René Théophile Hyacinthe　8.13没、45歳。1781生。フランスの医師。

タイラー，ロイヤル　Tyler, Royall　8.26没、69歳。1757生。アメリカの法律家，劇作家，小説家。

ヘーベル，ヨハン・ペーター　Hebel, Johann Peter　9.22没、66歳。1760生。ドイツの詩人，小説家。

バッゲセン，イェンス　Baggesen, Jens Immanuel　10.3没、62歳。1764生。デンマークの詩人。

ベーニグセン　Bennigsen, Levin August Theophil, Graf von　10.3没、81歳。1745生。ロシアの将軍。

クルップ，フリードリヒ　Krupp, Friedrich　10.8(㊞1871)没、39歳。1787生。ドイツの製鋼業者。

ケリー　Kelly, Michael　10.9没、63歳。1762生。アイルランドのテノール歌手。

オウケリ，ジェイムズ　O'Kelly, James　10.16没、91？歳。1735生。アメリカの「クリスチャン・チャーチ」創立者。

タルマ，フランソワ・ジョゼフ　Talma, François Joseph　10.19没、63歳。1763生。フランスの俳優。

ボアシ・ダングラース　Boissy d'Anglas, François Antoine de　10.20没、69歳。1756生。フランスの政治家。

ピネル，フィリープ　Pinel, Philippe　10.26没、81歳。1745(㊞1749)生。フランスの精神病医。

オーヴァベルク，ベルンハルト・ハインリヒ　Overberg, Bernhard Heinrich　11.9没、72歳。1754生。ドイツの教育家。

ボーデ，ヨハン・エラート　Bode, Johann Elert　11.23没、79歳。1747生。ドイツの天文学者。

ニコルズ　Nichols, John　11.26没、81歳。1745生。イギリスの文筆家，出版者。

ヘイスティングズ，フランシス・ロードン - ヘイスティングズ，初代侯爵　Hastings, Francis Rawdon-Hastings, 1st Marquess of　11.28没、71歳。1754生。イギリスの軍人，植民地行政官。

フラクスマン，ジョン　Flaxman, John　12.7没、71歳。1755生。イギリスの彫刻家。

598　人物物故大年表 外国人編

マルトブラン Malte-Brun, Cunrad 12.14没、51歳。1775生。デンマークの地理学者。

シュラッター, アンナ Schlatter, Anna 12.25没、53歳。1773生。スイスの詩人。

ギフォード, ウィリアム Gifford, William 12.31没、70歳。1756生。イギリスの批評家。

[この年] **ウィリアムズ, エドワード** Williams, Edward 79歳。1747生。イギリスの詩人, 考古学者。

オケリー, マイケル O'Kelly, Michael 64歳。1762生。アイルランドの歌手, 作曲家。

オソリンスキ Ossoliński, Jôzef Maksymilian 78歳。1748生。ポーランドの愛国者, 学者。

ガラード, ジョージ Garrard, George 66歳。1760生。イギリスの画家, 彫刻家。

クリュシー, マチュラン Crucy, Mathurin 77歳。1749生。フランスの建築家。

シュシェ, ルイ・ガブリエル, アルブフェラ・ダ・バレンシア公爵 Suchet, Louis Gabriel, duc d'Albufera da Valencia 56歳。1770生。フランスのナポレオン1世時代の将軍。

セヴェルギーン Severgin, Vasilii Mikhailovich 61歳。1765生。ロシアの鉱物学者, 化学者。

テイッソ Tissot, Clement Joseph 66歳。1760生。パリの医師。

展翎 朝鮮の僧。

トゥーレ Thouret, Jeanne-Antide 61歳。1765生。フランスの聖女。

ニコライ, ヨーハン・ダーフィト Nicolai, Johann David 84歳。1742生。ドイツのルター派牧師。

ファレイ Farey, John 60歳。1766生。イギリスの数学者。

ブレイディ, マシュー Brady, Matthew 27歳。1799生。イギリスの脱獄犯。

パチェッティ, カミッロ Pacetti, Camillo 68歳。1758生。イタリアの彫刻家。

マリー, マシュー Murray, Matthew 61歳。1765生。イギリスの発明家, 機械技師。

ラング, アレグザンダー・ゴードン Laing, Alexander Gordon 33歳。1793生。イギリスの陸軍士官。

ロスチャイルド, ゾロモン Rothschild, Solomon [異]1855没、52歳。1774生。ユダヤ系の国際的金融資本家。

1827年

10.20 英仏露連合艦隊がナバリノの海戦で勝つ

* * *

フレデリック(・オーガスタス), ヨーク公爵 York, Frederick Augustus, Duke of 1.5没、63歳。1763生。イギリスの軍人。

シュタイン, シャルロッテ・フォン Stein, Charlott von 1.6没、84歳。1742生。ワイマール大公国の公妃侍女。

ペスタロッチ, ヨハン・ハインリヒ Pestalozzi, Johann Heinrich 2.17没、81歳。1746生。スイスの教育家。

コランクール Caulaincourt, Marquis Armand Augustin Louis de 2.19没、54歳。1772生。フランスの軍人, 外交官。

ピール, チャールズ・ウィルソン Peale, Charles Willson 2.22没、85歳。1741生。アメリカの画家。

アブドゥル・マシ Abdul Masih 3.4没、62？歳。1765生。英国教会最初のインド人司祭。

ヴォルタ, アレッサンドロ(・ジュゼッペ・アントニオ・アナスタシオ) Volta, Alessandro Giuseppe Antonio Anastasio 3.5没、82歳。1745生。イタリアの物理学者。

シューベルト Schubert, Franz Anton 3.5没、58歳。1768生。ドイツのコントラバス奏者, 作曲家。

ラプラス, ピエール・シモン, 侯爵 Laplace, Pierre Simon, Marquis de 3.5没、77歳。1749生。フランスの数学者。

ジョンスン, リチャード Johnson, Richard 3.13没、74歳。1753生。英国教会聖職者, オーストラリアで最初の牧師。

ヴェネヴィーチノフ, ドミートリー・ウラジーミロヴィチ Venevitinov, Dmitrii Vladimilovich 3.15没、21歳。1805生。ロシアの詩人, 批評家。

ラ・ロシュフコー・リアンクール La Rochefoucauld-Liancourt, François Alexandre Frederic, Duc de 3.24没、80歳。1747生。フランスの政治家。

ベートーヴェン, ルートヴィヒ・ヴァン Beethoven, Ludwig van 3.26没、56歳。1770生。ドイツの作曲家。

クラドニ, エルンスト・フロレンス・フリードリヒ Chladni, Ernst Florens Friedrich 4.3没、70歳。1756生。ドイツの物理学者。

クラッパートン, ヒュー Clapperton, Hugh 4.13没、38歳。1788生。イギリスのアフリカ探検家。

ローランドソン, トマス Rowlandson, Thomas 4.22没、70歳。1756生。イギリスの画家, 諷刺画家。

ビハリ, ヤーノシュ Bihari, János 4.26没、62歳。1764生。ジプシー出身のハンガリーの作曲家, ヴァイオリン奏者。

キング King, Rufus 4.29没、72歳。1755生。アメリカ合衆国の上院議員, 外交官。

ビューフォー Beaufoy, Mark 5.4没、63歳。1764生。イギリスの造船学者, 天文学者, 物理学者。

1827　19世紀

フリードリヒ・アウグスト1世　Friedrich August I　5.5没、76歳。1750生。ザクセン王(在位1806〜27)。

デレーザー，ヨハネス・アントーン(タデウス・ア・サンクト・アダモ)　Dereser, Johannes Anton (Thaddäus a Sancto Adamo)　6.16没、70歳。1757生。ドイツのカトリック啓蒙主義神学者。

コンツ　Conz, Karl Philipp　6.20没、64歳。1762生。ドイツの詩人。

フェルナンデス-デ-リサルディ，ホセ・ホアキン　Fernández de Lizardi, José Joaquín　6.21(㋲1872)没、50歳。1776生。メキシコのジャーナリスト，小説家。

ヴルピウス，クリスティアン・アウグスト　Vulpius, Christian August　6.26没、65歳。1762生。ドイツの小説家。

クロンプトン，サミュエル　Crompton, Samuel　6.26没、73歳。1753生。イギリスの発明家。

アイヒホルン，ヨーハン・ゴットフリート　Eichhorn, Johann Gottfried　6.27没、74歳。1752生。ドイツのプロテスタント神学者。

ロスミーニ　Rosmini, Carlo de　7.9没、68歳。1758生。イタリアの歴史家，伝記作家。

フレネル，オーギュスタン・ジャン　Fresnel, Augustin Jean　7.14没、39歳。1788(㋲1785)生。フランスの物理学者。

イェーニケ，ヨハネス　Jänicke, Johannes　7.21没、79歳。1748生。ドイツのプロテスタント神学者。

コンスタブル，アーチボルド　Constable, Archibald　7.21没、53歳。1774生。スコットランドの出版業者。

ヴァリク，ジェイムズ　Varick, James　7.22没、77?歳。1750生。アメリカのアフリカ・メソジスト監督シオン教会創立者，初代監督。

ヒューイット，ジェームズ　Hewitt, James　8.1没、57歳。1770生。アメリカのヴァイオリン奏者，作曲家，出版業者。

キャニング，ジョージ　Canning, George　8.8没、57歳。1770生。イギリスの政治家，外交官。

ブレイク，ウィリアム　Blake, William　8.12没、69歳。1757生。イギリスの詩人，画家，神秘思想家。

フォスコロ，ウーゴ　Foscolo, Ugo　9.10没、49歳。1778生。イタリアの詩人，小説家。

ギャレットスン，フリーボーン　Garrettson, Freeborn　9.26没、75歳。1752生。アメリカのメソジスト教会説教者。

ミュラー，ヴィルヘルム　Müller, Wilhelm　9.30没、32歳。1794生。ドイツの詩人。

レーベントロウ　Reventlow, Christian Ditlev Frederik, Greve af　10.11没、79歳。1748生。デンマークの政治家。

ハマーショルド　Hammarskjöld, Lorenzo　10.15没、42歳。1785生。スウェーデンの文学史家。

カンパニョーリ　Campagnoli, Bartolomeo　11.6没、76歳。1751生。イタリアのヴァイオリン奏者。

エメット　Emmet, Thomas Addis　11.14没、63歳。1764生。アイルランドの法律家。

トムリン　Tomline, *Sir* George Pretyman　11.14没、77歳。1750生。イギリスの主教。

ハウフ，ヴィルヘルム　Hauff, Wilhelm　11.18没、24歳。1802生。ドイツの詩人，小説家。

アルバレス，ホセ　Álvarez de Pereira y Cubero, José　11.26没、59歳。1768生。スペインの彫刻家。

ミエル，セルバンド・テレサ・デ　Mier, Servando Teresa de　12.3没、62歳。1765生。メキシコのドミニコ会修道士，独立運動家。

ベルトラン，ルイス　Beltrán, Luis　12.8没、43歳。1784生。アルゼンチンのフランシスコ会修道士。

この年　ウィルマー，ウィリアム・ホランド　Wilmer, William Holland　45歳。1782生。アメリカの聖公会聖職者。

カライスカキス　Karaiskákis, Geórgios　47歳。1780生。ギリシア解放戦争の将軍。

カランドレリ　Calandrelli, Giuseppe　78歳。1749生。イタリアの天文学者。

ギゾー　Guizot, Elizabeth Charlotte Pauline　54歳。1773生。フランスの作家。

グライム　Gleim, Betty　46歳。1781生。ドイツの女子教育者。

コカレル，サミュエル・ピープス　Cockerell, Samuel Pepys　73歳。1754生。イギリスの建築家。

スポード，ジョサイア　Spode, Josiah　72歳。1755生。イギリスの陶工。

ゾンターク，カール・ゴットロープ　Sonntag, Karl Gottlob　62歳。1765生。ロシアで活躍したドイツ人ルター派牧師。

デュ・ポン・ド・ヌムール　Du Pont de Nemours, Victor Marie　60歳。1767生。アメリカの実業家，外交家。

デュシェーヌ　Duchesne, Antoine Nicolas　80歳。1747生。フランスの植物学者。

フィールターレル　Vierthaler, Franz Michael　69歳。1758生。オーストリアの教育改革者。

フック，ジェイムズ　Hook, James　81歳。1746生。イギリスの作曲家，オルガン奏者。

ポロック　Pollok, Robert　29歳。1798生。スコットランドの詩人。

マンロー　Munro, *Sir* Thomas　㋲1826没、66歳。1761生。イギリスの軍人，政治家。

ムンティング　Muntinghe, Herman Warner　54歳。1773生。オランダの植民地政治家。

ルッフォ　Ruffo, Fabrizio　83歳。1744生。イタリアの枢機卿。

ルモ，フランソワ-フレデリック　Lemot, François-Frédéric　55歳。1772生。フランスの彫刻家。

レッセル，ヴィンツェンティ・フェルディナンド　Lessel, Wincenty Ferdynand　77？歳。1750生。チェコ系のポーランドの作曲家。

[この頃] アフサーイー　al-Aḥsā'ī, Shaikh Aḥmad ㊗1826没，74？歳。1753生。イランのゼンド朝，カージャール朝期の神学者。

1828年

2.22　トルコマンチャーイ条約が締結される
8.20　モーハン・ローイがブラフマ・サバー創設
9.18　シーボルト事件が起こる
12.03　アンドルー・ジャクソンが米大統領に選出
　　　　　＊　＊　＊

ジョーヤ　Gioia, Melchiorre　1.2（㊗1829）没、60歳。1767生。イタリアの哲学者，経済学者。

エルシュ　Ersch, Johann Samuel　1.16没，61歳。1766生。ドイツの書誌学者。

デュラス夫人　Duras, Claire Louise Rose Bonne Lechat de Kersaint, duchesse de Durfort　1.16没，49歳。1778生。フランスの女性小説家。

ブフ　Buff, Charlotte　1.20没，75歳。1753生。ドイツの婦人。

ラム，キャロライン　Lamb, Caroline　1.26没、42歳。1785生。イギリスの女流作家。

マレシャル，アンブロワーズ　Maréchal, Ambroise　1.29没、63歳。1764生。フランスからアメリカに渡ったカトリック聖職者。

イプシランディス　Ypsilanti, Alexander　1.31没，35歳。1792生。ギリシア独立戦争の指導者。

リーズネル，アンリ・フランソワ　Riesener, Henri François　2.7没、60歳。1767生。フランスの画家。

プロコフィエフ，イワン　Prokof'ev, Ivan Prokof'evich　2.10？没，70歳。1758生。ロシアの彫刻家。

クリントン，デ・ウィット　Clinton, De Witt　2.11没，58歳。1769生。アメリカの政治家。

チルナー，ハインリヒ・ゴットリープ　Tzschirner, Heinrich Gottlieb　2.17没，49歳。1778生。ドイツのルター派神学者。

ファゼカシュ・ミハーイ　Fazekas, Mihály　2.23没，62歳。1766生。ハンガリーの詩人，植物学者。

ソーントン，ウィリアム　Thornton, William　3.28没，68歳。1759生。アメリカの建築家，発明家。

ゲッシェン　Göschen, Georg Joachim　4.5没，75歳。1752生。ドイツの出版業者。

ゴヤ・イ・ルシエンテス，フランシスコ・ホセ・デ　Goya y Lucientes, Francisco José de　4.16没，82歳。1746生。スペインの画家，版画家。

ヴィニョン，ピエール・アレクサンドル　Vignon, Pierre Alexandre　5.1没，64歳。1763生。フランスの建築家。

デナム，ディクソン　Denham, Dixon　5.8没，42歳。1786生。イギリスの旅行家。

コングリーヴ，サー・ウィリアム　Congreve, Sir William Bart　5.16没，55歳。1772生。イギリスの技術者。

ヘス，ヨーハン・ヤーコプ　Heß, Johann Jakob　5.27没，86歳。1741生。スイスの牧師。

スチュワート，ドゥーガルド　Stewart, Dugald　6.11没，74歳。1753生。イギリスの哲学者。

カール-アウグスト　Karl August, Herzog von Sachen-Weimar-Eisenach　6.14（㊗1838）没，70歳。1757生。ザクセン＝ワイマール＝アイゼナハ公、ウィーン会議後大公。

ニーマイアー，アウグスト・ヘルマン　Niemeyer, August Hermann　7.7没，73歳。1754生。ドイツのプロテスタント神学者。

ラニガン，ジョン　Lanigan, John　7.7没，70歳。1758生。アイルランドの教会史家。

アインジーデル　Einsiedel, Friedrich Hildebrand von　7.9没，78歳。1750生。ドイツの作家。

ウドン，ジャン・アントワーヌ　Houdon, Jean Antoine　7.15没，87歳。1741生。フランスの彫刻家。

マナーズ-サットン，チャールズ　Manners-Sutton, Charles　7.21没，73歳。1755生。英国教会のカンタベリ大主教。

モラティン，レアンドロ・フェルナンデス・デ　Moratín, Leandro Fernández de　7.21没，68歳。1760生。スペインの劇作家。

スチュアート，ギルバート　Stuart, Gilbert Charles　7.27没，72歳。1755生。アメリカの画家。

トゥーンベリ，カール・ペール　Thunberg, Carl Peter　8.8（㊗1822）没，84歳。1743生。スウェーデンの医師，植物学者。

ブーテルヴェク　Bouterwek, Friedrich　8.9没，62歳。1766生。ドイツの哲学者，美学者。

ガル，フランツ・ヨーゼフ　Gall, Franz Joseph　8.22没，70歳。1758生。ドイツの解剖学者，生理学者。

ザルトーリウス　Sartorius von Waltershausen, Freiherr von W. Georg　8.24没，62歳。1765生。ドイツの経済学者。

アシュマン，ジェヒューディ　Ashmun, Jehudi　8.25没，34歳。1794生。アメリカの会衆派牧師。

ヤーコプソン　Jacobson, Israel　9.13没，59歳。1768生。ドイツの博愛家。

チェザーリ　Cesari, Antonio　10.1没，68歳。1760生。イタリアの著述家。

モンティ，ヴィンチェンツォ　Monti, Vincenzo　10.13没，74歳。1754生。イタリアの詩人，劇作家。

テーア Thaer, Albrecht Daniel 10.26没、76歳。1752生。ドイツの農学者。

ピンクニー, トマス Pinckney, Thomas 11.2没、78歳。1750生。アメリカの政治家, 外交官。

ビューイック, トマス Bewick, Thomas 11.8没、75歳。1753([異]1755)生。イギリスの版画家。

ホーフアカー, ルートヴィヒ Hofacker, Ludwig 11.8没、30歳。1798生。ドイツのプロテスタント神学者。

ピンデモンテ, イッポーリト Pindemonte, Ippolito 11.18([異]1823)没、75歳。1753生。イタリアの詩人, 悲劇作家。

シューベルト, フランツ Schubert, Franz Peter 11.19没、31歳。1797生。ドイツ・ロマン派の代表的作曲家の一人。

リヴァプール, ロバート・バンクス・ジェンキンソン, 2代伯爵 Liverpool, Robert Banks Jenkinson, 2nd Earl of 12.4([異]1820)没、58歳。1770生。イギリスの政治家。

ウォラストン, ウィリアム・ハイド Wollaston, William Hyde 12.22没、62歳。1766生。イギリスの化学者, 物理学者。

[この年] **ウェスト** West, *Sir* Edward 46歳。1782生。イギリスの経済学者。

オクスリー Oxley, John 43?歳。1785生。イギリスの探検家。

カチャッリ, ジュゼッペ Cacialli, Giuseppe 58歳。1770生。イタリアの建築家。

カリェハ・デル・レイ Calleja del Rey, Félix María, Conde de Calderon 78歳。1750生。スペインの軍人。

クアーリオ, ジュゼッペ Quaglio, Giuseppe 81歳。1747生。イタリア出身のドイツの舞台美術家, 建築家, 画家。

ジゾール, ジャック・ピエール Gisors 73歳。1755生。フランスの建築家。

シャカ Shaka 40?歳。1788([異]1787)生。アフリカのズールー族首長。

ショシエ Chaussier, François 82歳。1746生。パリの外科医, 解剖学者。

ダンカン, アンドルー Duncan, Andrew 84歳。1744生。イギリスの医者。

屠倬 47歳。1781生。中国, 清代後期の画家, 詩人。

ハンサード, ルーク Hansard, Luke 76歳。1752生。イギリスの印刷業者。

フィンリー, ジェイムズ Finley, James 66歳。1762生。アメリカの土木技師。

ブラウン Brown, Jacob Jennings 53歳。1775生。アメリカの軍人。

ピカール, ルイ・ブノワ Picard, Louis Benoît 59歳。1769生。フランスの作家, 俳優。

ホンギ, ヒーカ Hongi, Hika 56歳。1772生。ニュージーランドのマリオ族の指揮者。

レヴァーティ, ジュゼッペ Levati, Giuseppe 89歳。1739生。イタリアの画家, 装飾家。

レベル, ヨーゼフ Rebell, Joseph 41歳。1787生。オーストリアの画家。

[この頃] **ナシャート** Nashāt イランの詩人, 書家。

ニラーキー Nirāqī, Mullā Aḥmad イランのカージャール朝期の神学者, 詩人。

1829年

3.22	英仏露がギリシアの安全保障拡大を決定
4.13	英議会がカトリック教徒解放法を制定する
6.10	イギリスで初の大学対抗ボートレース開催
9.14	オスマンとロシアがエディルネ条約を締結
12.04	インドで寡婦殉死の慣習を禁止する

＊＊＊

ドブロフスキー, ヨゼフ Dobrovský, Josef 1.6没、75歳。1753生。チェコの言語学者。

アルトー, モーリス Artôt, Maurice 1.8没、56歳。1772生。ベルギーのホルン奏者, ベギン会修道院楽長・声楽教師。

フネス, グレゴリオ Funes, Gregorio 1.10没、79歳。1749生。アルゼンチンの司祭, 独立運動の指導者。

シュレーゲル, カール・ヴィルヘルム・フリードリヒ・フォン Schlegel, Friedrich von 1.12没、56歳。1772生。ドイツ・ロマン主義芸術運動の指導者。

フィッシャー Fischer, Michael Gotthard 1.12没、55歳。1773生。ドイツのオルガン奏者, 作曲家。

オージェ, ルイ - シモン Auger, Louis-Simon 1.17没、56歳。1772生。フランスの文芸批評家。

ミュラー, アーダム・ハインリヒ Müller, Adam Heinrich 1.17没、49歳。1779生。ドイツの保守的国家学者, 経済学者。

シールド, ウィリアム Shield, William 1.25没、80歳。1748生。イギリスの音楽家。

バーク, ウィリアム Burke, William 1.28没、37歳。1792生。アイルランド出身の凶悪殺人犯。

バラス, ポール・フランソワ・ジャン・ニコラ, 伯爵 Barras, Paul François Jean Nicolas, Vicomte de 1.29没、73歳。1755生。フランスの政治家, テルミドール派の指導者。

グリボエードフ, アレクサンドル・セルゲーヴィチ Griboedov, Aleksandr Sergeevich 1.30没、34?歳。1795生。ロシアの劇作家, 外交官。

タスカン, パスカル・ジョゼフ Taskin, Pascal Joseph 2.5没、78歳。1750生。ベルギー出身のフランスの王室楽器製造家。

レオ12世 Leo XII 2.10没、68歳。1760生。教皇(在位1823～29)。

19世紀　1829

エジャートン, フラーンシス・ヘンリ（ブリッジウォーター）　Egerton, Francis Henry (Bridgewater)　2.11没、72歳。1756生。イギリスの伯爵、聖職者。

ネレジンスキー - メレツキー, ユーリー・アレクサンドロヴィチ　Neledinskii-Meletskii, Iurii Aleksandrovich　2.13没、76歳。1752生。ロシアの詩人。

ゴセック, フランソワ・ジョゼフ　Gossec, François Joseph　2.16没、95歳。1734生。ベルギー生れのフランスの作曲家、教育家。

ナイペルク　Neipperg, Adam Adalbert, Graf von　2.22没、54歳。1774生。オーストリアの将軍。

チャオ・アヌ　Anu　2.?没、62歳。1767生。ラオス、ヴィエンティアン国王（在位1804～29）。

ロイド, チャールズ　Lloyd, Charles　4.2没、44歳。1784生。英国教会のオックスフォード教区主教。

アーベル, ニルス・ヘンリック　Abel, Niels Henrik　4.6没、26歳。1802生。ノルウェーの数学者。

パディージャ, ディエゴ・フランシスコ　Padilla, Diego Francisco　4.9没、75?歳。1754生。コロンビアの司祭、独立運動指導者、パンフレット作者。

ネフ, フェリクス　Neff, Félix　4.12没、30歳。1798(㊟1797頃)生。フランスの宗教家。

ビュッシング　Büsching, Johann Gustav Gottlieb　5.4没、45歳。1783生。ドイツの古代学者。

ジュリアーニ, マウロ　Giuliani, Mauro　5.8没、47歳。1781生。イタリアのギター奏者、作曲家。

ヤング, トマス　Young, Thomas　5.10没、55歳。1773生。イギリスの医師、物理学者、考古学者。

ジェイ, ジョン　Jay, John　5.17没、83歳。1745生。アメリカの政治家、外交官、裁判官。

デイヴィー, サー・ハンフリー　Davy, Humphry　5.29没、50歳。1778生。イギリスの化学者。

ミュルナー, アードルフ　Müllner, Amadeus Gottfried Adolf　6.11没、54歳。1774生。ドイツの劇作家、小説家。

フーバー, テレーゼ　Huber, Therese　6.15没、65歳。1764生。ドイツの女性小説家。

ブットマン　Buttmann, Philipp Karl　6.21没、64歳。1764生。ドイツの古典学者、ギリシア語学者。

ティシュバイン, ハインリヒ・ヴィルヘルム　Tischbein, Johann Heinrich, der Jüngere　6.26没、78歳。1751生。ドイツ、ヘッセンの画家。

スミスソン, ジェイムズ・ルイス・メイシー　Smithson, James Macie　6.27没、64歳。1765(㊟1754頃)生。イギリスの科学者。

ボグスワフスキ, ヴォイチェフ　Bogusławski, Wojciech　7.23没、72歳。1757生。ポーランドの演劇人。

ジェーコブ　Jacob, Benjamin　8.24没、51歳。1778生。イギリスのオルガン奏者。

ダリュ, ピエール・アントワーヌ（・ノエル・マテュー・ブルーノ), 伯爵　Daru, Pierre Antoine, Comte　9.5没、62歳。1767生。フランスの軍事行政官。

モリナ, ホアン・イグナシオ　Molina, Juan Ignacio　9.12没、89歳。1740生。チリの司祭、博物学者、歴史家。

デュモン　Dumont, Pierre Étienne Louis　9.29没、70歳。1759生。スイスの政治家、著作家。

レオポルド　Leopold, Carl Gustaf af　11.9没、73歳。1756生。スウェーデンの詩人。

ベルシャム, トマス　Belsham, Thomas　11.11没、78歳。1751(㊟1750)生。イギリスのユニテリアン派牧師。

ジュースキント, フリードリヒ・ゴットリープ　Süsskind, Friedrich Gottlob　11.12没、62歳。1767生。ドイツのプロテスタント神学者。

ルニョー, ジャン - バティスト　Regnault, Jean Baptiste, Baron　11.12没、75歳。1754生。フランスの画家。

ヴォクラン, ニコラ・ルイ　Vauquelin, Louis-Nicholas　11.14没、66歳。1763生。フランスの化学者。

ワシントン　Washington, Bushrod　11.26没、67歳。1762生。アメリカの軍人、法律家。

セアン・ベルムデス　Ceán-Bermúdez, Juan Augustín　12.3没、80歳。1749生。スペインの美術史家、画家。

クリントン　Clinton, Sir Henry　12.11没、58歳。1771生。イギリスの軍人。

マルケージ　Marchesi, Luigi Lodovico　12.14没、75歳。1754生。イタリアのカストラート。

ラマルク, ジャン・バティスト・ピエール・アントワーヌ・ド・モネ, シュヴァリエ・ド　Lamarck, Jean-Baptiste Pierre Antoine de Monet, Chevalie de　12.28没、85歳。1744生。フランスの博物学者。

ラッブ, アルフォンス　Rabbe, Alphonse　12.30?(㊟1830)没、45歳。1784(㊟1786)生。フランスの作家。

この年　アダムズ, ジョン　Adams, John　69?歳。1760生。イギリスの船員、1789年のバウンティー号のウィリアム・ブライ船長に対する反乱の首謀者。

イゼット・モッラー, ケチェジザーデ　İzzet Mollâ, Keçecizâde　44歳。1785生。オスマン朝トルコの詩人。

改琦　㊟1828没、55歳。1774生。中国、清中期の人物画家。

クリストフ, アンリ　Christophe, Henry　㊟1820没、62歳。1767生。北部ハイチの王（在位1806～20）。

コルドバ　Córdoba, José María　30歳。1799生。コロンビア独立の英雄。

人物物故大年表 外国人編　*603*

ゴンサーレス・ベラスケス，イシドロ González Velázquez, Isidro 64歳。1765生。スペインの建築家。

サッケッティ，ロレンツォ Sacchetti, Lorenzo 70歳。1759生。イタリアの舞台美術家，装飾家，画家。

ザルフェルト，ヨーハン・クリストフ Salfeld, Johann Christoph 79歳。1750生。ドイツのルター派神学者。

ジュフェルン Süvern, Johann Wilhelm 54歳。1775生。ドイツの言語学者，教育行政家。

スコアズビー Scoresby, William 69歳。1760生。イギリスの捕鯨船船長。

スピーラー，ジェームズ Spiller, James 49？歳。1780生。イギリスの建築家。

ダゴホイ Dagohoy, Francisco 85歳。1744生。フィリピンの反スペイン闘争指導者。

張金吾 42歳。1787生。中国，清代の蔵書家。

トルケリン Thorkelin 77歳。1752生。デンマークの学者，考古家。

トレッドゴールド，トマス Tredgold, Thomas 41歳。1788生。イギリスのエンジニア，家具師。

ハイゼ Heyse, Johann Christian August 65歳。1764生。ドイツの言語学者。

バトラー，レイディ・エレナー Butler, Lady Eleanor 84歳。1745生。アイルランドの隠者。

ハリソン，トーマス Harrison, Thomas 85歳。1744生。イギリスの建築家。

ブラジウス，マチュー・フレデリク Blasius, Matthieu Frédéric 71歳。1758生。フランスの作曲家，指揮者。

ピッカリング Pickering, Timothy 84歳。1745生。アメリカの政治家。

ボニントン，リチャード・パークス Bonington, Richard Parkes ㊙1828没、27歳。1802（㊙1801）生。イギリスの画家。

マイアー Meyer, Johann Heinrich 74歳。1755生。スイスの画家。

マフムード・シャー Mahmūd Shāh アフガニスタンのドゥッラーニー朝第4代・第6代君主(在位1800～03、09～18)。

ライジヒ Reisig, Karl 37歳。1792生。ドイツの古典学者。

ラエーフスキィ Raevskii, Nikolai Nikolaevich 58歳。1771生。ロシアの軍人，騎兵大将。

ラメット伯 Lameth, Alexandre Theodore Victor, Comte de 69歳。1760生。フランスの政治家。

劉逢禄 53歳。1776生。中国，清の学者。

凌曙 54歳。1775生。中国，清代の学者。

ロンドレ，ジャン・バティスト Rondelet, Jean Baptiste 86歳。1743(㊙1734)生。フランスの建築家。

1830年

7.05　フランスがアルジェを占領する
7.29　パリで民衆が実権を握る(7月革命)
9.15　リバプール・マンチェスター間に鉄道開通
10.04　ベルギーが独立を宣言する
11.29　ポーランドで11月蜂起が起こる

＊＊＊

カルロタ Carlota Joaquina de Borbón 1.7没、54歳。1775生。ポルトガル王ジョアン6世の妃。

ローレンス，サー・トマス Lawrence, Sir Thomas 1.7没、60歳。1769生。イギリスの肖像画家。

レプソルト Repsold, Johann Georg 1.14没、59歳。1770(㊙1771)生。ハンブルクに精密機械と光学機械会社を設立した人。

ヴァイプリンガー，フリードリヒ・ヴィルヘルム Waiblinger, Friedrich Wilhelm 1.17没、25歳。1804生。ドイツの作家。

ポルトゥガル，マルコス・アントニオ・ダ・フォンセカ Portugal, Marcos Antônio da Fonseca 2.7没、67歳。1762生。ポルトガルの作曲家。

ランピ Lampi, Johann Baptist 2.11没、78歳。1751生。オーストリアの画家。

ヒックス，イライアス Hicks, Elias 2.27没、81歳。1748生。アメリカの自由主義クエーカー説教師，奴隷廃止論者。

シュパンツィヒ，イグナーツ Schuppanzigh, Ignaz 3.2没、53歳。1776生。オーストリアのヴァイオリン奏者，指揮者。

ゼンメリング Sömmering, Samuel Thomas von 3.2没、75歳。1755生。ドイツの解剖学者。

ラリー・トランダル Lally-Tollendal, Trophime Gérard, Marquis de 3.11没、79歳。1751生。フランスの政治家。

ヴィース，ヨハン・ルドルフ Wyss, Johann Rudolf 3.21没、49歳。1781(㊙1782)生。スイスの著作家。

レネル Rennell, James 3.29没、87歳。1742生。イギリスの地理学者。

ダルリンプル Dalrymple, Sir Hew 4.9没、79歳。1750生。イギリスの将軍。

ミュンター，フリードリク・クリスティアン・K.H. Münter, Friedrich Christian K. H. 4.9没、68歳。1761生。デンマークで活躍したドイツの神学者，教会史家。

カトナ・ヨージェフ Katona, József 4.16没、38歳。1791生。ハンガリーの劇作家。

ラーベック，クヌ・リューネ Rahbek, Knud Lyne 4.22没、69歳。1760生。デンマークの文学者。

19世紀　　　　　　　　　　　　　　　　　　　　　1830

フーリエ，J. B. J.　Fourier, Jean Baptiste Joseph, Baron de　5.16没、62歳。1768生。フランスの数学者，物理学者。

スクレ，アントニオ・ホセ・デ　Sucre, Antonio José de　6.4没、37歳。1793(㊥1795)生。ラテンアメリカ独立運動の指導者。

マクダウエル　MacDowell, Ephraim　6.25没、58歳。1771生。アメリカの外科医。

ジョージ4世　George IV　6.26没、67歳。1762生。イギリス，ハノーバー朝第4代国王(在位1820～30)。

モーツ　Motz, Friedrich Christian Adolf von　6.30没、54歳。1775生。プロイセンの政治家。

ヴァンダム　Vandamme, Dominique René, Comte d'Unebourg　7.15没、59歳。1770生。フランスの将軍。

ホーン，カール・フリードリヒ　Horn, Karl Friedrich　8.5没、68歳。1762生。ドイツ系のイギリスの作曲家，オルガン奏者。

ナズィール　Nazīr　8.16没、95？歳。1735(㊥1740)生。インドのウルドゥー語詩人。

プーシキン，ワシーリー・リヴォヴィチ　Pushkin, Vasilii Livovich　8.20没、64歳。1766生。ロシアの詩人。

セギュール，ルイ・フィリップ　Ségur, Louis Philippe, Comte de　8.27没、76歳。1753生。フランスの外交官，政治家。

ホウバート，ジョン・ヘンリー　Hobart, John Henry　9.12没、54歳。1775生。アメリカの聖公会の司祭。

ハスキッソン，ウィリアム　Huskisson, William　9.15没、60歳。1770生。イギリスの政治家，財政家。

ハズリット，ウィリアム　Hazlitt, William　9.18没、52歳。1778生。イギリスの批評家，随筆家。

ヨルク・フォン・ヴァルテンブルク　Yorck von Wartenburg, Johann Hans David Ludwig, Graf　10.4没、71歳。1759生。プロシアの軍人。

ニェゴシュ，ペタル1世・ペトロヴィチ　Njegoš, Petar I Petrović　10.18？没、83歳。1747生。ツルナ・ゴーラ(モンテネグロ)の府主教また君主。

シチェドリーン，シリヴェストル・フェオドシエヴィチ　Shchedrin, Silvestr Fedosievich　10.27？没、39歳。1791生。ロシアの画家。

ベル，ヘンリー　Bell, Henry　11.14没、63歳。1767生。スコットランドの技術家。

レジェモルテル　Regemorter, Petrus Johann van　11.17没、75歳。1755生。ベルギーの画家。

ヴァイスハウプト，アーダム　Weishaupt, Adam　11.18没、82歳。1748生。ドイツの哲学者。

キシュファルディ・カーロイ　Kisfaludy, Károly　11.21没、42歳。1788生。ハンガリーの劇作家，小説家。

スニャデッキー　Śniadecki, Jan　11.21没、74歳。1756生。ポーランドの数学者，天文学者，哲学者。

ロード，ピエール　Rode, Jacques Pierre Joseph　11.26没、56歳。1774生。フランスのヴァイオリン奏者。

カテル，シャルル‐シモン　Catel, Charles Simon　11.29没、57歳。1773生。フランスの作曲家。

ハウケ　Hauke, Maurycy　11.29没、55歳。1775生。ポーランドの将軍。

ピウス8世　Pius VIII　11.30没、69歳。1761生。教皇(在位1829～30)。

コンスタン，バンジャマン　Constant de Rebecque, Henri Benjamin　12.8没、63歳。1767(㊥1769)生。フランスの小説家，政治家。

ボリーバル，シモン　Bolívar, Simón　12.17(㊥1831)没、47歳。1783生。ラテンアメリカ独立運動の指導者。

ジャンリス夫人　Genlis, Stéphanie Félicité Du Crest de Saint-Aubin, Comtesse de　12.31没、84歳。1746生。フランスの女流小説家。

この年 ウィンザー　Winsor, Frederick Albert　67歳。1763生。ドイツ生れの工業家。

エーベル　Ebel, Johann Gottfried　66歳。1764生。ドイツ系スイスの作家，医者。

グアッターニ，ジュゼッペ・アントーニオ　Guattani, Giuseppe Antonio　82歳。1748生。イタリアの考古学者。

グービオン・サン・シール　Gouvion Saint-Cyr, Laurent de　66歳。1764生。フランス，ナポレオン時代の元帥。

コモッリ，ジョヴァン・バッティスタ　Comolli, Giovan Battista　55歳。1775生。イタリアの彫刻家。

コンスブルック　Consbruch, Georg Wilhelm Christoph　66歳。1764生。ドイツの医学者。

コンデ，ルイ・アンリ・ジョゼフ　Condé, Louis Henri Joseph　74歳。1756生。フランスの貴族。

ジャルマティ　Gyarmathi, Sámuel　79歳。1751生。ハンガリーにおける比較言語学の先駆者。

ストラット　Strutt, William　74歳。1756生。イギリスの木綿織物事業者，発明家。

曾燠　71歳。1759生。中国，清代中期の政治家，文人。

ドリビエ　Dolivier, Pierre　84歳。1746生。フランス革命期の民衆運動の理論的代弁者。

ハヴァーガル，ウィリアム・ヘンリー　Havergal, William Henry　(㊥1870没、37歳。1793生。イギリスの作曲家，讃美歌作詞者。

ファルセン　Falsen, Christian Magnus　48歳。1782生。ノルウェーの政治家。

メルズリャコーフ，アレクセイ・フョードロヴィチ　Merzlyakov, Aleksei Fëdrovich　52歳。1778生。ロシアの詩人，評論家，翻訳者。

ラトガーズ　Rutgers, Henry　85歳。1745生。アメリカの大土地所有者，慈善家。

人物物故大年表 外国人編　*605*

ランディ, ガスパレ　Landi, Gaspare　74歳。1756生。イタリアの画家。

[この頃] 顧鶴慶　64？歳。1766生。中国, 清代後期の文人画家。

李汝珍　㋕1828頃没、67？歳。1763生。中国, 清の小説家, 学者。

1831年

8.21　サウス・ハンプトンで奴隷解放の反乱発生
10.29　イブラーヒーム・パシャがシリア侵攻開始
12.05　リヨンの暴動が軍隊に鎮圧される

＊＊＊

ニーブア, バルトルト・ゲオルク　Niebuhr, Barthold Georg　1.2没、54歳。1776生。ドイツの歴史家。

ロンギ, ジュゼッペ　Longhi, Giuseppe　1.2没、64歳。1766生。イタリアの画家, 銅版画家。

クロイツェル, ロドルフ　Kreutzer, Rodolphe　1.6没、64歳。1766生。フランス(ドイツ系)のヴァイオリン奏者, 教師。

クラマールシュ, フランティシェク　Kramář, František　1.8没、71歳。1759生。チェコの作曲家。

デーリヴィグ, アントン・アントノヴィチ　Del'vig, Anton Antonovich　1.14没、32歳。1798生。ロシアの詩人。

マッケンジー, ヘンリー　Mackenzie, Henry　1.14没、85歳。1745生。スコットランド生れの小説家。

イズマイロフ　Izmajlov, Aleksandr Efimovich　1.16没、51歳。1779生。ロシアの寓話作家, ジャーナリスト。

アルニム, アヒム・フォン　Arnim, Achim von　1.21没、49歳。1781生。ドイツの詩人, 小説家, 劇作家。

ゲレーロ　Guerrero, Vicente　2.14没、49歳。1782(㋕1783)生。メキシコ独立運動の指導者。

モーズリー, ヘンリー　Maudslay, Henry　2.14没、59歳。1771生。イギリスの機械技術者。

シュロイスナー, ヨーハン・フリードリヒ　Schleusner, Johann Friedrich　2.21没、72歳。1759生。ドイツの神学者。

ホール, ロバート　Hall, Robert　2.21没、66歳。1764生。イギリスのバプテスト派説教者。

リンリー, オジアス・サーストン　Linley, Ozias Thurston　3.6没、65歳。1765生。イギリスのオルガン奏者。

クリンガー, フリードリヒ・マクシミーリアン　Klinger, Friedrich Maximilian von　3.9没、79歳。1752生。ドイツの小説家, 劇作家。

マティソン, フリードリヒ　Matthisson, Friedrich von　3.12没、70歳。1761生。ドイツの詩人。

サイミントン, ウィリアム　Symington, William　3.22没、68歳。1763生。スコットランドの機械技師, 発明家。

アレン, リチャード　Allen, Richard　3.26没、71歳。1760生。アメリカの「アフリカ・メソジスト監督教会」創立者。

ロッシ, ジョヴァンニ・ベルナルド・デ　Rossi, Giovanni Bernardo de　3.？没、88歳。1742生。イタリアのオリエント学者, 聖書批評学の先駆者。

アバネシー, ジョン　Abernethy, John　4.20没、67歳。1764生。イギリスの外科学者, 解剖学者。

ラフォンテーヌ, アウグスト　Lafontaine, August Heinrich Julius　4.20没、72歳。1758生。ドイツの小説家。

トランブル, ジョン　Trumbull, John　5.11没、81歳。1750生。アメリカの詩人, 法律家。

ケルナー, クリスティアン・ゴットフリート　Körner, Christian Gottfried　5.13没、74歳。1756生。ドイツの官吏。

エッシショルツ　Eschscholtz, Johann Friedrich　5.19没、37歳。1793生。ドイツの博物学者, 旅行家。

ピール, ジェームズ　Peale, James　5.24没、82歳。1749生。アメリカの画家。

ヘルメス, ゲオルグ　Hermes, Georg　5.26没、56歳。1775生。ドイツのカトリック神学者。

グレゴワール, アンリ　Grégoire, Henri Baptiste　5.28没、80歳。1750生。フランスの聖職者。

ディンター, グスタフ・フリードリヒ　Dinter, Gustav Friedrich　5.29没、71歳。1760生。ドイツの牧師, 教育家。

メンケン, ゴットフリート　Menken, Gottfried　6.1没、63歳。1768生。ドイツの改革派神学者。

シドンズ, セアラ　Siddons, Sarah　6.8没、75歳。1755生。イギリスの女優。

ディービチ・ザバルカーンスキィ　Diebitsch, Hans Karl Friedrich Anton, Count　6.10没、46歳。1785生。ロシアの軍人。

メイラン　Meijlan, Germain Felix　6.12没、46歳。1785(㋕1775)生。オランダの長崎出島商館長。

シュナーベル　Schnabel, Joseph Ignaz　6.16没、64歳。1767生。ドイツのオルガン奏者, ヴァイオリン奏者, 作曲家。

ジェルマン, ソフィ・マリ　Germain, Sophie Marie　6.17没、55歳。1776生。フランスの婦人数学者。

ノックス, アレグザーンダ　Knox, Alexander　6.17没、74歳。1757生。英国教会の神学者, 著作家。

コンスタンチーン　Konstantin Pavlovich　6.27没、52歳。1779生。ロシアの大公。

ゴロヴニーン, ワシーリー・ミハイロヴィチ　Golovnin, Vasilii Mikhailovich　6.29没、55歳。1776生。ロシアの海軍将官。

19世紀　1831

シュタイン, カール・ライヒスフライヘル・フォム・ウント・ツム　Stein, Karl, Freiherr vom und zum　6.29没、73歳。1757生。プロシアの政治家。

モンロー, ジェイムズ　Monroe, James　7.4没、73歳。1758生。アメリカの政治家, 外交官, 第5代大統領（1816～25）。

ルドルフ　Rudolph, Johann Joseph Rainer　7.23没、43歳。1788生。オーストリアの大公, 音楽の保護者, 作曲家。

シマノフスカ, マリア・アガータ　Szymanowska, Maria Agata　7.24没、41歳。1789生。ポーランドの女性ピアニスト, 作曲家。

エラール, セバスティアン　Erard, Sébastien　8.5没、79歳。1752生。フランスの楽器製作者。

カジンツィ・フェレンツ　Kazinczy, Ferenc　8.22没、71歳。1759生。ハンガリーの作家。

グナイゼナウ, アウグスト（・ヴィルヘルム・アントン）, ナイトハルト伯爵　Gneisenau, August Wilhelm Anton Graf Neidhardt von　8.23没、70歳。1760生。プロシアの軍人。

デュモン　Dumont, François　8.27没、80歳。1751生。フランスのミニアチュール画家。

オーバテューア, フランツ　Oberthür, Franz　8.30没、86歳。1745生。ドイツのカトリック教義学者。

ライス, ジョン・ホウルト　Rice, John Holt　9.3没、53歳。1777生。アメリカの長老派教会牧師, 神学者。

シンメルマン　Schimmelmann, Heinrich Ernst Graf von　9.22没、84歳。1747生。デンマークの政治家, 文学者。

カポ-ディストリアス　Capo d'Istrias　10.9没、55歳。1776生。ギリシアとロシアの外交官, 政治家。

ザフール, ラファエル　Zaḥur, Raphael　10.13没、72歳。1759生。エジプトのカトリック司祭, 演説家, 著述家, 行政官。

ポン, ジャン・ルイ　Pons, Jean Louis　10.14没、69歳。1761生。フランスの天文学者。

ボロウスキ, エルンスト・ルートヴィヒ・フォン　Borowski, Ernst Ludwig von　11.10没、91歳。1740生。東プロイセンの牧師, 教会行政家。

ターナー, ナット　Turner, Nat　11.11没、31歳。1800生。アメリカの黒人奴隷。

ヘーゲル, ゲオルク・ヴィルヘルム・フリードリヒ　Hegel, Georg Wilhelm Friedrich　11.14没、61歳。1770生。ドイツの哲学者。

プレイエル, イグナーツ　Pleyel, Ignaz　11.14没、74歳。1757生。オーストリアの作曲家, ピアノ製作者。

クラウゼウィッツ, カルル・フォン　Clausewitz, Karl von　11.16没、51歳。1780生。プロシアの軍人, 戦史家。

エーベルヴァイン　Eberwein, Traugott Maximilian　12.2没、56歳。1775生。ドイツの音楽家。

ニッチュ, カール・ルートヴィヒ　Nitzsch, Karl Ludwig　12.5没、80歳。1751生。ドイツの啓蒙期の神学者。

アルベルティーニ, ヨーハン・バプティスト・フォン　Albertini, Johann Baptist von　12.6没、62歳。1769生。ドイツのヘルンフート兄弟団の説教者, 讃美歌作者。

ホーバン, ジェームズ　Hoban, James　12.8没、73歳。1758（®1762頃）生。アイルランド生れのアメリカの建築家。

ゼーベック, トマス・ヨハン　Seebeck, Thomas Johann　12.10没、61歳。1770生。ドイツの物理学者。

アダムズ, ハナ　Adams, Hannah　12.15没、76歳。1755（®1775）生。アメリカの編集者, 小説家。

ビルデルデイク, ウィレム　Bilderdijk, Willem　12.18没、75歳。1756生。オランダの詩人, 弁護士。

ユーベル　Huber, François　12.21没、81歳。1750生。スイスの博物学者。

デロウジオ, ヘンリ　Derozio, Henry Louis Vivian　12.26没、22歳。1809生。インド人政治家。

ティットマン, ヨーハン・アウグスト・ハインリヒ　Tittmann, Johann August Heinrich　12.30没、58歳。1773生。ドイツのルター派神学者。

この年　アスパーリ, ドメーニコ　Aspari, Domenico　86歳。1745生。イタリアの画家, 版画家。

アルベニス, マテオ・ペレス　Albéniz, Mateo Perez　76？歳。1755生。スペインのチェンバロ奏者, 作曲家。

ヴィルムゼン　Wilmsen, Friedrich　61歳。1770生。ドイツの福音派牧師, 説教者。

王清任　63歳。1768生。中国の清時代のすぐれた医家。

ガウ　Gow, Nathaniel　68歳。1763生。スコットランドの作曲家。

郭麐　64歳。1767生。中国, 清の詩詞人。

カルテリエ, ピエール　Cartellier, Pierre　74歳。1757生。フランスの彫刻家。

カンポレージ, フランチェスコ　Camporesi, Francesco　84歳。1747生。イタリアの建築家。

金祖淳　66歳。1765生。朝鮮王朝後期, 正祖（在位1777～1800）, 純祖（在位1801～34）王代の官僚政治家。

クロンマー, フランツ・ヴィンツェンツ　Krommer, Franz Vincenz　72歳。1759生。チェコの作曲家。

江藩　70歳。1761生。中国, 清中期の学者。

コズローフスキー, オーシプ・アントーノヴィチ　Kozlovskii, Osip Antonovich　74歳。1757生。ロシアの作曲家。

コルレッタ　Colletta, Pietro　56歳。1775生。イタリアの軍人, 歴史家。

ゴンザーガ, ピエトロ　Gonzaga, Pietro　80歳。1751生。イタリアの舞台美術家, 建築家, 画家。

人物物故大年表 外国人編　*607*

1831

サイイド - アフマド - バレールビー　Sayyid Ahmad Barēlvī　45歳。1786生。北インドのムジャーヒディーン運動指導者。

サネ　Sané, Jacques Noël, Baron　77歳。1754生。フランスの造船家。

シュペート, ペーター　Speeth, Peter　59歳。1772生。ドイツの建築家。

シュマルツ　Schmulz, Theodor Anton Heinrich　71歳。1760生。ドイツの法学者。

ジラール, ステファン　Girard, Stephen　81歳。1750生。アメリカ貿易商, 銀行家, 博愛主義者。

スミス, ジェデイダイア (・ストロング)　Smith, Jededlah Strong　32歳。1799生。アメリカの探検家。

スミス, ジョン　Smith, John　82歳。1749生。イギリスの画家。

ツィガノーフ　Tsiganov, Naikolay Grigor'evich　34歳。1797生。ロシアの詩人。

デニーナ　Denina, Carlo Giacomo Maria　100歳。1731生。イタリアの歴史家。

トスト, ヨーハン　Tost, Johann　76？歳。1755生。オーストリアのヴァイオリン奏者, 商人。

ドーナ　Dohna-Schlobitten, Friedrich Ferdinand Alexander, Graf von　60歳。1771生。プロシアの政治家。

ネイスミス, パトリック　Nasmyth, Patrick　44歳。1787生。イギリスの画家。

ノースコート, ジェイムズ　Northcote, James　85歳。1746生。イギリスの画家。

ハフナー, イザーク　Haffner, Isaak　80歳？1751生。アルザスのドイツ人ルター派神学者。

ハミルトン　Hamilton, James　㊇1829没、62歳。1769生。イギリスの語学教育者。

フォルタン　Fortin, Jean Nicholas　81歳。1750生。フランスの計器製作者。

フォンタネージ, フランチェスコ　Fontanesi, Francesco　80歳。1751生。イタリアの画家, 舞台美術家。

ベンサム, サー・サミュエル　Bentham, Sir Samuel　74歳。1757生。イギリスの発明家, 造船技師。

ボードマン, ジョージ・ダナ　Boardman, George Dana　30歳。1801生。アメリカのバプテスト教会牧師、ビルマへの宣教師。

ホープ, トマス　Hope, Thomas　62歳。1769 (㊇1770) 生。イギリスの美術鑑識家。

マッテイーニ, テオドーロ　Matteini, Teodoro　77歳。1754生。イタリアの画家。

マンノ, アントーニオ　Manno, Antonio　92歳。1739生。イタリアの画家。

ラ・モット　La Motte, Marc Antoine Nicola, Comte de　77歳。1754生。フランスの詐欺師。

ラスー, ギヨーム　Lasceux, Guillaume　91歳。1740生。フランスのオルガン奏者, 作曲家。

ラブルール, フランチェスコ・マッシミリアーノ　Laboureur, Francesco Massimiliano　64歳。1767生。イタリアの彫刻家。

李宗瀚　62歳。1769生。中国, 清代後期の政治家, 書家, 鑑蔵家。

ルイス, リチャード　Lewis, Richard　24？歳。1807生。イギリスの民衆の英雄。

ルフェビュール - ウェリ, イサク - フランソワ　Lefébure-Wély, Issac-François　85歳。1746生。フランスのオルガン奏者。

ロスコー　Roscoe, William　78歳。1753生。イギリスの文学者。

ロペス・アグアート, アントニオ　López Aguado, Antonio　67歳。1764生。スペインの建築家。

1832年

3.12　オペラ座で「ラ・シルフィード」が初演
6.07　英議会が第1次選挙法改正法案を可決する
8.08　ギリシア王にバイエルン王子オットー選出
* * *

サムター, トマス　Sumter, Thomas　1.1没、97歳。1734生。アメリカ独立戦争期の軍人。

イプシランティ　Ypsilanti, Demetrios　1.3没、38歳。1793生。ギリシア独立運動の志士。

エルイヤール (・デ・スビセ), ファウスト・デ　Elhuyart, Fausto de　1.6 (㊇1833) 没、76歳。1755生。スペインの化学者, 鉱山学者。

ベル, アンドルー　Bell, Andrew　1.27 (㊇1838) 没、78歳。1753生。イギリス, スコットランド生れの牧師, 教育家。

クラッブ, ジョージ　Crabbe, George　2.3没、77歳。1754生。イギリスの詩人。

ボンステッテン, シャルル - ヴィクトール・ド　Bonstetten, Karl Viktor von　2.3没、86歳。1745生。スイスの著述家。

ハウクウィッツ　Haugwitz, Christian, Graf von　2.9没、79歳。1752生。プロシアの政治家。

シャンポリヨン, ジャン - フランソワ　Champollion, Jean François　3.4 (㊇1830) 没、41歳。1790生。フランスの考古学者。

クレメンティ, ムジオ　Clementi, Muzio　3.10没、80歳。1752 (㊇1746) 生。イタリアのピアニスト, 教育家, 作曲家。

クーラウ, ダニエル・フリーズリク　Kuhlau, Daniel Friedrich Rudolph　3.12 (㊇1833) 没、45歳。1786生。ドイツの作曲家。

ゲーテ, ヨーハン・ヴォルフガング　Goethe, Johann Wolfgang von　3.22没、82歳。1749生。ドイツ最大の詩人。

1832

マルティニャック　Martignac, Jean-Baptiste Sylvère Gaye, Vicomte de　4.3没、53歳。1778生。フランスの政治家。

アンボー　Imbault, Jean Jérôme　4.15没、79歳。1753生。フランスのヴァイオリン奏者、音楽出版者。

カスタニェダ、フランシスコ・デ・パウラ　Castañeda, Francisco de Paula　5.12没、56歳。1776生。アルゼンチンのフランシスコ会ジャーナリスト。

キュヴィエ、ジョルジュ（・レオポルド・クレティアン・フレデリック・ダゴベール），男爵　Cuvier, Georges Léopold Chrétien Frédéric Dagobert　5.13没、62歳。1769生。フランスの博物学者。

ツェルター、カール・フリードリヒ　Zelter, Karl Friedrich　5.15没、73歳。1758生。ドイツの音楽教師、作曲家。

ペリエ　Périer, Casimir Pierre　5.16没、54歳。1777生。フランスの政治家。

アジオーリ、ボニファッツィオ　Asioli, Bonifazio　5.18没、62歳。1769生。イタリアの作曲家、理論家。

ザイラー、ヨーハン・ミヒャエル　Sailer, Johann Michael　5.20没、80歳。1751生。レーゲンスブルクの司教（在位1829～32）。

マッキントッシュ　Mackintosh, Sir James　5.30没、66歳。1765生。スコットランドの評論家、政治家。

ガロワ、エヴァリスト　Galois, Évariste　5.31没、20歳。1811生。フランスの数学者。

ラマルク　Lamarque, Jean Maximilien, Comte　6.1没、61歳。1770生。フランスの軍人、政治家。

バトラー、チャールズ　Butler, Charles　6.2没、81歳。1750生。イギリスのカトリック信徒指導者。

レミューザ　Rémusat, Jean Pierre Abel　6.3没、43歳。1788生。フランスの中国学者。

ベンタム、ジェレミー　Bentham, Jeremy　6.6没、84歳。1748生。イギリスの法学者、倫理学者、経済学者。

ガルシア、マヌエル　García, Manuel del Popolo Vicente　6.9没、57歳。1775生。スペインの歌手、作曲家。

ゲンツ、フリードリヒ　Gentz, Friedrich von　6.9没、68歳。1764生。ドイツの政治評論家、政治家。

ホール、サー・ジェイムズ　Hall, Sir James　6.23没、71歳。1761生。スコットランドの地質学者。

オシポフスキー　Osipovskii, Timofei Fëdorovich　6.24没、67歳。1765生。ロシアの数学者で思想家、唯物論者。

ツィママン、エルンスト　Zimmermann, Ernst　6.24没、45歳。1786生。ドイツのルター派牧師。

ジュフロア・ダバン　Jouffroy d'Abbans, Claude François Dorothée, Marquis de　7.18没、80歳。1751生。フランスの発明家。

ナポレオン2世　Napoléon II, François Charles Joseph Bonaparte duc de　7.22没、21歳。1811生。フランス皇帝ナポレオン（1世）の息子。

シュライフォーゲル、ヨーゼフ・フォン　Schreyvogel, Joseph　7.28没、64歳。1768生。オーストリアの演出家。

バザール　Bazard, Saint-Amand　7.29没、40歳。1791生。フランス、炭焼党の創立者。

シャプタル、ジャン・アントワーヌ・クロード　Chaptal, Jean Antoine, Comte de Chanteloup　7.30（㊥1833)没、76歳。1756生。フランスの化学者、政治家。

プリュール・デュヴェルノア　Prieur-Duvernois, Claude Antoine　8.11没、68歳。1763生。フランスの政治家。

ディアス・デ・エスパーダ・イ・ランダ、ホアン・ホセ　Díaz de Espada y Landa, Juan José　8.13没、76歳。1756生。ハバナのスペイン人司教、教会改革者。

クラーク、アダム　Clarke, Adam　8.16没、70？歳。1762生。アイルランドの神学者。

カルノー、ニコラ・レオナール・サディ　Carnot, Nicolas Léonard Sadi　8.24没、36歳。1796生。フランスの物理学者。

ホーム　Home, Sir Everard　8.31没、76歳。1756生。イギリスの外科医。

クライン　Klein, Bernhard Joseph　9.9没、39歳。1793生。ドイツの作曲家、指揮者。

リチャード、ゲイブリエル（リシャール、ガブリエル）　Richard, Gabriel　9.13没、64歳。1767生。アメリカのカトリック司祭。

スコット、ウォルター　Scott, Sir Walter　9.21（㊥1831）没、61歳。1771（㊥1774)生。スコットランド生れの詩人、小説家。

ポーター　Porter, Anna Maria　9.21没、52歳。1780生。イギリスの女流作家。

ドビュクール、フィリベール-ルイ　Debucourt, Philibert Louis　9.22没、77歳。1755生。フランスの風俗画家、版画家。

フェンウィク、エドワード・ドミニク　Fenwick, Edward Dominic　9.26没、64歳。1768生。アメリカのドミニコ会士、司教。

クラウゼ、カール・クリスティアン・フリードリヒ　Krause, Karl Christian Friedrich　9.27没、51歳。1781生。ドイツの哲学者。

ハーディ　Hardy, Thomas　10.11没、80歳。1752生。イギリスの急進的政治家。

サルフィ、フランチェスコ・サヴェーリオ　Salfi, Francesco Saverio　10.12没、73歳。1759生。イタリアの文学者。

デルペシュ　Delpech, Jacques Mathieu　10.29没、55歳。1777生。フランスの形成外科学の開拓者。

人物物故大年表 外国人編　*609*

1832　19世紀

スカルパ　Scarpa, Antonio　10.31没、80歳。1752生。イタリアの解剖学者, 外科学者。
レズリー, サー・ジョン　Leslie, Sir John　11.3(㊙1834)没、66歳。1766生。イギリスの数学物理学者。
ラスク, ラスムス(・クリスティアン)　Rask, Rasmus Christian　11.14没、44歳。1787生。デンマークの言語学者。
セー, ジャン・バティスト　Say, Jean Baptiste　11.15没、65歳。1767生。フランスの経済学者。
ジャクモン　Jacquemont, Victor　12.7没、31歳。1801生。フランスの植物学者, 探検家。
フリノー, フィリップ　Freneau, Philip Morin　12.18没、80歳。1752生。アメリカの詩人。
コッタ, ヨハン・フリードリヒ　Cotta, Johann Friedrich, Freiherr, von Cottendorf　12.29没、68歳。1764生。ドイツの出版業者。
ドヴリアン, ルートヴィヒ　Devrient, Ludwig　12.30没、48歳。1784生。ドイツの俳優。
この年　ヴォロンツォフ, セミョン　Vorontsov, Semyon Romanovich　88歳。1744生。ロシアの外交官。
王学浩　78歳。1754生。中国, 清代中期の文人画家。
王念孫　88歳。1744生。中国, 清の語学者, 書誌学者。
オーギュスタン, ジャン-バティスト　Augustin, Jean-Baptiste　73歳。1759生。フランスの細密画家。
郭尚先　47歳。1785生。中国, 清代後期の学者, 書家。
カッシニ　Cassini, Alexandre Henri Gabriel de (Vicomte)　48歳。1784生。フランスの植物学者。
キャロル, チャールズ　Carroll, Charles　95歳。1737生。アメリカの独立革命の指導者。
ケーニヒ, フランツ・ニクラウス　König, Franz Niklaus　67歳。1765生。スイスの画家。
ケラー, ハインリヒ　Keller, Heinrich　61歳。1771生。スイスの彫刻家。
コッカリル, ウィラム　Cockerill, Wilham　73歳。1759生。イギリスの技術者。
ジェネラーリ, ピエトロ　Generali, Pietro　59歳。1773生。イタリアの作曲家。
シュプルツハイム　Spurzheim, Johann Christoph　56歳。1776生。ドイツの骨相学者。
趙金竜　中国, 清代の猺族の酋長。
ツァハ　Zach, Franz Xaver von　78歳。1754生。ハンガリー生れの天文学者。
テングストレム, ヤーコブ　Tengström, Jakob　77歳。1755生。フィンランドの総監督。
ドゥーリトル　Doolittle, Amos　78歳。1754生。アメリカの版画家。
ドッドウェル, エドワード　Dodwell, Edward　65歳。1767生。イギリスの考古学者。

ノックス　Knox, Samuel　76歳。1756生。メリーランドの教育開拓者。
ピュジャン, オーギュステュス-シャルル　Pugin, Augustus-Charles　70歳。1762生。フランスの建築家, 画家。
ボルゲーゼ, カミロ　Borghese, Camillo Filippo Lodovico　57歳。1775生。ローマの貴族, ボルゲーゼ侯。
マイヤー, ハンス・ハインリヒ　Meyer, Hans Heinrich　72歳。1760生。スイスの画家, 考古学者。
ラージャスィンハ　Rājasimha, Srī Vikrama　セイロンのキャンディ王国最後の王。
ラメット伯　Lameth, Charles Malo François, Comte de　75歳。1757生。フランスの政治家。
レ・バン・ズエト　Le Van Duyet　69歳。1763生。ヴェトナムのグエン朝創始の功労者。
レイソム, フランシス　Lathom, Francis　55歳。1777生。イギリスのゴシック・ロマンス作家。
ロード, トマス　Lord, Thomas　77歳。1755生。イギリスのスポーツマン。
ロドリゲス・ソリージャ, ホセ・サンティアゴ　Rodríguez Zorrilla, José Santiago　80歳。1752生。チリの司教, 政治家。

1833年

4.08　オスマンとエジプトがキュタヒア和約結ぶ
8.25　イギリスで一般工場法が制定される
10.01　スペインでカルロス5世が王位就任を宣言
＊＊＊
セラフィーム・サローフスキー　Serafim Sarovskii　1.2没、73歳。1759生。ロシアの司祭。
ラッシュ　Rush, William　1.7没、76歳。1756生。アメリカの彫刻家。
ウォトスン, リチャード　Watson, Richard　1.8没、51歳。1781生。イギリスのメソジスト派牧師。
ルジャンドル, アドリアン-マリー　Le Gendre, Adrien Marie　1.10没、80歳。1752生。フランスの数学者。
シュルツェ　Schulze, Gottlob Ernst　1.14没、71歳。1761生。ドイツの哲学者。
ケーニッヒ　König, Friedrich　1.17没、58歳。1774生。ドイツの印刷技術者。
エロール, ルイ・ジョゼフ・フェルディナン　Hérold, Louis Joseph Ferdinand　1.19没、41歳。1791生。フランスの作曲家。
マーラ, ゲルトルート　Mara, Gertrud Elisabeth　1.20没、83歳。1749生。ドイツのソプラノ歌手。

エクスマウス Exmouth, Edward Pellew, 1st Viscount of 1.23没、75歳。1757生。イギリスの海軍提督。

タールトン，サー・バナスター Tarleton, *Sir* Banastre 1.25没、78歳。1754生。イギリスの軍人。

グネージチ，ニコライ・イワノヴィチ Gnedich, Nikolai Ivanovich 2.3没、49歳。1784生。ロシアの詩人，翻訳家。

オキーフ，ジョン O'keeffe, John 2.4没、85歳。1747生。アイルランドの俳優，劇作家。

ラトレーユ，ピエール・アンドレ Latreille, Pierre Andre 2.6没、70歳。1762生。フランスの博物学者。

フィッツウィリアム Fitzwilliam, William Wentworth, 2nd Earl 2.8([異]1838)没、84歳。1748生。イギリスの政治家。

ケルン，ダーニエル・フォン Cölln, Daniel von 2.17没、44歳。1788生。ドイツの神学者。

ベルガー Berger, Johann Erich 2.22没、60歳。1772生。ドイツの哲学者。

ファルンハーゲン・フォン・エンゼ，ラヘル Varnhagen von Ense, Rahel 3.7没、61歳。1771生。ドイツの婦人。

ラーヘル Rahel Antonie Friederike Varnhagen von Ense 3.7没、61歳。1771生。ドイツのユダヤ婦人。

パッソー Passow, Franz Ludwig Karl Friedrich 3.11没、46歳。1786生。ドイツの古典学者。

シュプレンゲル，クルト Sprengel, Kurt Polykarp Joachim 3.15没、66歳。1766生。ドイツの植物学者，医学者。

トムソン Thompson, William 3.28没、48歳。1785([異]1775)生。アイルランドの経済学者。

コライス，アザマンディオス Korais, Adamantios 4.6没、84歳。1748生。ギリシアの文学者。

ラジヴィウ Radziwiłł, Antoni Henryk 4.7没、57歳。1775生。ポーランドのアマチュア作曲家。

モルゲン，ラッファエッロ Morghen, Raffaello 4.8没、74歳。1758生。イタリアの版画家。

ヒル，ローランド Hill, Rowland 4.11没、88歳。1744生。イギリスの説教者。

トレヴィシック，リチャード Trevithick, Richard 4.22([異]1837)没、62歳。1771([異]1776)生。イギリスの技術家，発明家。

レン Werner, Heinrich 5.3没、32歳。1800生。ドイツの音楽家。

アンドリュー，フランソワ・ギヨーム Andrieux, François Guillaume Jean Stanislas 5.10没、74歳。1759生。フランスの小説家，劇作家。

キーン，エドマンド Kean, Edmund 5.15没、44?歳。1789([異]1787)生。イギリスの俳優。

マンロー，トマス Monro, *Dr.* Thomas 5.15没、74歳。1759生。イギリスの医師，画家。

ランドルフ，ジョン Randolph, John 5.24没、59歳。1773生。アメリカの政治家。

フォイエルバッハ Feuerbach, Paul Johann Anselm von 5.29没、57歳。1775生。ドイツの刑法学者。

マルカム Malcolm, *Sir* John 5.30没、64歳。1769生。イギリスのインド行政官。

サヴァリ Savary, Anne Jean Marie René, Duc de Rovigo 6.2没、59歳。1774生。フランスの軍人，行政官。

ズメスカル Zmeskall, Nikolaus(Zmeskál, Miklós) 6.23没、73歳。1759生。ハンガリーの音楽愛好家。

ニエプス，ジョゼフ・ニセフォア Niépce, Joseph-Nicéphore 7.5没、68歳。1765生。フランスの写真発明家。

ウナヌエ，ホセ・イポリト Unanue, José Hipólito 7.15没、77歳。1755生。ペルーの独立運動指導者。

ゲラン，ピエール・ナルシス，男爵 Guérin, Pierre Narcisse, Baron 7.16没、59歳。1774生。フランスの画家。

コックス，メルヴィル・ベヴァリジ Cox, Melville Beveridge 7.21没、34歳。1799生。アメリカ出身のリベリアへの宣教師。

ベインブリッジ Bainbridge, William 7.27没、59歳。1774生。アメリカの海軍軍人。

ウィルバーフォース，ウィリアム Wilberforce, William 7.29没、73歳。1759生。イギリスの政治家，社会事業家。

カニョーラ，ルイージ Cagnola, Luigi 8.14没、71歳。1762生。イタリアの建築家。

プランク，ゴットリープ・ヤーコプ Planck, Gottlieb Jakob 8.31没、81歳。1751生。ドイツのプロテスタント神学者，教会史家。

モア，ハンナ More, Hannah 9.7没、88歳。1745生。イギリスの女流劇作家，小説家，社会運動家。

メルラン Merlin, Antoine Christophe 9.13没、89歳。1762生。フランスの政治家。

ハラム Hallam, Arthur Henry 9.15没、22歳。1811生。イギリスの詩人，随筆家。

トレスカウ Treschow, Niels 9.22没、82歳。1751生。ノルウェーの哲学者。

ラム・モハン・ロイ Rām Mōhan Rōy 9.27没、59歳。1774([異]1772)生。近代インドの先駆的な社会改革運動の指導者。

フェルナンド7世 Fernando VII 9.29([異]1832)没、48歳。1784生。スペイン王(在位1808, 14〜33)。

トーディ Todi, Luísa Rosa d'Aguiar 10.1没、80歳。1753生。ポルトガルのメッゾソプラノ歌手。

フリース Fries, Ernst 10.11没、32歳。1801生。ドイツの風景画家。

オギニスキ Ogiński, MichałKleofas 10.15没、68歳。1765生。ポーランドの政治家。

1833

フレンツル，フェルディナント　Fränzl, Ferdinand Ignaz Joseph　10.27没，66歳。1767生。ドイツのヴァイオリン奏者，作曲家。

メッケル　Meckel, Johann Friedrich　10.31没，52歳。1781生。ドイツの解剖学者。

ジュルダン，ジャン-バティスト，伯爵　Jourdan, Jean Baptiste, Comte de　11.3没，71歳。1762生。フランスの軍人。

シュタードラー，マクシミーリアーン　Stadler, Maximilian　11.8没，85歳。1748生。オーストリアの作曲家，オルガン奏者。

デフォンテーヌ　Desfontaines, René Louiche　11.16没，83歳。1750生。フランスの植物学者。

エステルハージ，ニコラウス2世　Esterházy, Nikolaus, Fürst von　11.25没，68歳。1765生。オーストリアの元帥。

シェーヌドレ，シャルル-ジュリヤン・リウー・ド　Chênedollé, Charles-Julien Lioult de　12.2没，64歳。1769生。フランスの詩人。

ジェブ，ジョン　Jebb, John　12.9（㊥1786）没，58歳。1775（㊥1736）生。イギリスの神学者，医者，大学教育の改革家。

ハウザー，カスパー　Hauser, Kaspar　12.17没，21歳。1812生。ドイツ人の捨て子，"野生児"。

この年　アッバース・ミールザー　'Abbās Mīrzā　50歳。1783（㊥1789）生。イランの皇太子。

ウォルコット　Wolcott, Oliver　73歳。1760生。アメリカの法律家。

カピターニオ，バルトロメーア　Capitanio, Bartholomea　26歳。1807生。イタリアの「ロヴェーレの愛徳姉妹会」創立者，聖人。

カム，ヨーゼフ　Kam, Joseph　64歳。1769生。オランダの改革派宣教会牧師。

ガンビア，ジェイムズ・ガンビア，男爵　Gambier, James, 1st Baron　77歳。1756生。イギリスの提督。

桂涵　中国，清後期の郷勇出身の典型的な武将。

呉熊光　83歳。1750生。中国，清中期の地方官。

コルバーン　Colburn, Warren　94歳。1739生。アメリカの数学教科書編集者。

シュタイン，マリア・アンナ　Stein, Maria Anna　64歳。1769生。ドイツ-オーストリアのピアニスト。

ゾルトナー　Soldner, Johann Georg von　57歳。1776生。ドイツの天文学者，測地学者。

ダールベルク　Dalberg, Emmerich Joseph von　60歳。1773生。ドイツの貴族。

チルシュキー-ベーゲンドルフ，カール・フォン　Tschirschky-Boegendorff, Carl von　31歳。1802生。ドイツのクェーカー教徒。

デルガード　Delgado, Jose Matías　65歳。1768生。エル・サルバドルの牧師，政治家。

トレスゲーラス，フランシスコ・エドゥアルド　Tresguerras, Francisco Eduard　88歳。1745生。メキシコの建築家，彫刻家，画家，著作家。

那彦成　69歳。1764生。中国，清中期の官僚。

バランタイン，ジェイムズ　Ballantyne, James　61歳。1772生。イギリスの出版業。

ハンサード　Hansard, Thomas Curson　57歳。1776生。イギリスの印刷業者。

ビジャルーティア，ハコボ・デ　Villarrutia, Jacobo de　76歳。1757生。メキシコの啓蒙主義的法律家，著述家。

ヒルツェル　Hirzel, Melchior　40歳。1793生。スイスの国民教育運動の先駆者。

フィッチ　Fitch, Ebenezer　77歳。1756生。アメリカの牧師，教育家。

ブレーズ，アンリ　Blaze, Henri　70歳。1763生。フランスの作曲家，音楽評論家。

ロディ，ファウスティーノ　Rodi, Faustino　㊥1835没，82歳。1751生。イタリアの建築家。

1834年

1.01　ドイツ関税同盟が発足する
6.21　マコーミックが小麦自動刈取機を発明する
7.15　イギリスが中国貿易監督官をマカオに派遣
8.01　イギリスで奴隷廃止法が施行される

＊＊＊

グレンヴィル，ウィリアム・（ウィンダム・）グレンヴィル，男爵　Grenville, William Wyndham Grenville, Baron of　1.12没，74歳。1759生。イギリスの政治家。

アシェット　Hachette, Jean Nicola Pierre　1.16没，64歳。1769生。フランスの数学者。

ブリエンヌ　Bourrienne, Louis Antoine Fauvelet de　2.7没，64歳。1769生。フランスの政治家，外交官。

フンデスハーゲン　Hundeshagen, Johan Christian　2.10没，50歳。1783生。ドイツの林学者。

シュライアーマッハー，フリードリヒ・ダーニエル・エルンスト　Schleiermacher, Friedrich Ernst Daniel　2.12没，65歳。1768生。ドイツのプロテスタントの牧師，神学者，哲学者。

テーンマス　Teignmouth, John Shore, 1st Baron　2.14没，82歳。1751生。イギリスの政治家。

クネーベル　Knebel, Karl Ludwig von　2.23没，89歳。1744生。ドイツの詩人，翻訳家。

ゼーネフェルダー，アロイス　Senefelder, Aloys　2.26没，62歳。1771生。チェコスロバキア生れの石版画の発明者（1796頃）。

612　人物物故大年表 外国人編

バジェ，ホセ・セシリオ・デル　Valle, José Cecilio del　3.2没、53歳。1780生。ホンデュラスの政治家，ジャーナリスト，著述家。

フォイエルバハ　Feuerbach, Karl Wilhelm　3.12没、33歳。1800生。ドイツの数学者。

レセプス　Lesseps, Jean Baptiste Barthélemy, Baron de　4.6没、68歳。1766生。フランス人外交官，旅行家。

マッカーサー，ジョン　MacArthur, John　4.11没、66歳。1767生。オーストラリアの牧羊の創始者。

アラクチェーエフ　Arakcheev, Aleksei Andreevich　4.21没、64歳。1769生。ロシアの軍人，政治家。

ストザード，トマス　Stothard, Thomas　4.27没、78歳。1755生。イギリスの画家，デザイナー。

ラ・ファイエット侯，マリ・ジョゼフ・ポール・イブ・ロック・ジルベール・デュ・モティエ　La Fayette, Marie Joseph Paul Yves Roch Gilbert du Mot　5.20没、76歳。1757生。フランスの軍人，政治家。

カータカンプ，ヨーハン・テーオドーア・ヘルマン　Katerkamp, Johann Theodor Hermann　6.9没、70歳。1764生。ドイツのカトリック神学者，教会史家。

ケアリー，ウィリアム　Carey, William　6.9没、72歳。1761生。イギリスのバプテスト教会の牧師，東洋学者。

ブレイン，サー・ギルバート　Blane, *Sir* Gilbert　6.26没、84歳。1749生。イギリスの外科医。

ショロン，アレクサンドル・エティエンヌ　Choron, Alexandre Étienne　6.29没、62歳。1771生。フランスの作曲家，音楽学者。

朱鶴年　6.？没、74歳。1760生。中国，清代後期の画家。

ジュネ，E.　Genêt, Edmond Charles　7.14没、71歳。1763生。フランスの外交官。

コールリッジ，サミュエル・テイラー　Coleridge, Samuel Taylor　7.25没、61歳。1772生。イギリスの詩人，批評家。

モリスン，ロバート　Morrison, Robert　8.1没、52歳。1782生。イギリスの宣教師，中国学者。

ジャカール，ジョゼフ・マリー　Jacquard, Joseph Marie　8.7没、82歳。1752生。フランスの発明家，ジャカード織機の発明者。

アードラー，ヤーコプ・ゲオルク・クリスティアン　Adler, Jakob Georg Christian　8.22没、77歳。1756生。ドイツの神学者，東洋学者。

テルフォード，トマス　Telford, Thomas　9.2没、77歳。1757生。スコットランドの建築，土木技術者。

ミュラー，ペーダー・エラスムス　Müller, Peter Erasmus　9.4没、58歳。1776生。啓蒙思想に揺れる19世紀のデンマーク教会を指導した神学者。

アルノー，アントワーヌ・ヴァンサン　Arnault, Antoine Vincent　9.16没、68歳。1766生。フランスの作家。

ブラックウッド，ウィリアム　Blackwood, William　9.16没、57歳。1776生。イギリスの出版業者。

イルゲン，カール・ダーフィト　Ilgen, Karl David　9.17没、71歳。1763生。ドイツの旧約学者。

ペドロ1世　Pedro I　9.24没、35歳。1798生。ブラジル初代皇帝（在位1822〜31）。

ボワエルデュー，フランソワ・アドリアン　Boieldieu, François-Adrien　10.8（㊇1824）没、58歳。1775生。フランスの作曲家。

ネイピア，W. J.　Napier, William John, 8th Baron of　10.10没、47歳。1786生。イギリスの海軍軍人。

ジラウド　Giraud, Giovanni　10.31没、58歳。1776生。イタリアの喜劇作家。

スペンサー　Spencer, George John, 2nd Earl　11.10没、76歳。1758生。イギリスの政治家。

エメー，アンリエット・ド・ラ・シュヴァルリー　Aymer, Henriette de la Chevalerie　11.23没、67歳。1767生。フランスの修道女，ピクプス女子修道会創立者。

プリングル　Pringle, Thomas　12.5没、45歳。1789生。スコットランドの詩人。

リュッツォー　Lützow, Adolf, Freiherr von　12.6没、52歳。1782生。プロシアの軍人，ナポレオン軍に対するゲリラ戦の指導者として知られる。

アーヴィング，エドワード　Irving, Aman Edward　12.7没、42歳。1792生。スコットランド教会の牧師，説教者。

シュンケ　Schunke, Christian Ludwig　12.7没、23歳。1810生。ドイツのピアニスト，作曲家。

チャマーズ　Chalmers, Alexander　12.10没、75歳。1759生。スコットランドの著作家，辞典編集者。

マルサス，トマス・ロバート　Malthus, Thomas Robert　12.13没、68歳。1766生。イギリスの経済学者。

パピーニ・タルターニ，ニッコロ　Papini Tartagni, Niccolò　12.16没、83歳。1751生。イタリアの歴史家。

モフナツキ　Mochnacki, Maurycy　12.20没、31？歳。1803生。ポーランドの政治活動家，作家，評論家。

フリートレンダー　Friedländer, David　12.25没、84歳。1750生。ドイツ生れのユダヤ人著作家。

ラム，チャールズ　Lamb, Charles　12.27没、59歳。1775生。イギリスの随筆家。

デュラン，ジャン・ニコラ・ルイ　Durand, Jean Nicolas Louis　12.31没、74歳。1760生。フランスの建築家，理論家，教育者。

[この年] **アッカーマン，ルドルフ**　Ackermann, Rudolph　70歳。1764生。ドイツの美術出版業者。

ヴァルター，ユーリウス　Walter, Julius　40歳。1794生。ドイツのプロテスタント実践神学者。

ヴィカール，ジャン - バティスト　Wicar, Jean-Baptiste　72歳。1762生。フランスの画家，粗描家，版画家。

ウェスリー，チャールズ　Wesley, Charles　77歳。1757生。イギリスの作曲家。

ウェッデル，ジェイムズ　Weddell, James　47歳。1787生。イギリスの航海者。

王引之　68歳。1766生。中国，清の学者。

王鳳生　59歳。1775生。中国，清末期の官僚。

ガンドルフィ，マウロ　Gandolfi, Mauro　70歳。1764生。イタリアの画家，版画家。

クロフォード　Crawford, William Harris　62歳。1772生。アメリカの政治家。

コアンデー　Coindet, Jean François　60歳。1774生。スイスの医師。

サーティーズ，ロバート　Surtees, Robert　55歳。1779生。イギリスの古物研究家，地誌学者。

ザーリス・ゼービス　Salis-Seewis, Johann Gaudenz, Freiherr von　72歳。1762生。スイスの抒情詩人。

セイ，トマス　Say, Thomas　47歳。1787生。アメリカの博物学者，昆虫学者。

ダグラス，デイヴィト　Douglas, David　36歳。1798生。イギリスの植物学者。

チコニャーラ，レオポルド　Cicognara, Leopoldo　67歳。1767生。イタリアの美術史家。

陳寿祺　63歳。1771生。中国清末の学者。

デュポン　Du Pont de Nemours, Eleuthère Irénée　63歳。1771生。アメリカの実業家。

バリントン，サー・ジョーナ　Barrington, Sir Jonah　74歳。1760生。イギリスの判事，政治家。

ハールディング　Harding, Carl Ludwig (Karl Ludwig)　69歳。1765生。ドイツの天文学者。

バレンスエラ，エロイ　Valenzuela Eloy　78歳。1756生。コロンビアの博物学者。

ビックフォード，ウィリアム　Bickford, William　60歳。1774生。イギリスの発明家，鉱山技術者。

ビュルグ　Bürg, Johann Tobias　68歳。1766生。オーストリアの天文学者。

ブラウン　Brown, Alexander　70歳。1764生。アイルランド生れのアメリカの財政家。

ブランデス　Brandes, Heinrich Wilhelm　57歳。1777生。ドイツの気象学者，物理学者。

フルネー，アンドレ・ユベール　Fournet, André Hubert　82歳。1752生。フランスの司教，聖人。

ホーヘンドルプ　Hogendorp, Gijsbert Karel van　72歳。1762生。オランダの政治家。

ホーム，ロバート　Home, Robert　82歳。1752生。イギリスの画家。

プラーマン　Plamann, Johann Ernst　63歳。1771生。ドイツの教育家。

ボーン，ヘンリー　Bone, Henry　79歳。1755生。イギリスのエナメル画家。

マーセン　Maassen, Karl Georg　65歳。1769生。プロイセンの政治家。

マーティン，リチャード　Martin, Richard　80歳。1754生。イギリスの弁護士，博愛主義者。

マラン，ジョゼフ - シャルル　Marin, Joseph-Charles　75歳。1759生。フランスの彫刻家。

ラ・リーブ　La Rive, Gaspard de　64歳。1770生。スイスの物理学者，化学者。

ラジヴィウ，エリーザ　Radziwiłł, Elisa　31歳。1803生。ポーランドのプロテスタント信徒。

ランダー，リチャード　Lander, Richard　30歳。1804生。イギリスの探検家。

1835年

2.28　民族叙事詩「古カレワラ」が出版される
＊＊＊

メルクール，エリザ　Mercœur, Élisa　1.7没、25歳。1809生。フランスの女性詩人。

ゲナン，マリー・アレクサンドル　Guénin, Marie-Alexandre　1.22没、90歳。1744生。フランスのヴァイオリン奏者，作曲家。

デュピュイトラン，ギョーム，男爵　Dupuytren, Guillaume, Baron　2.8没、57歳。1777生。フランスの外科医。

ハインツ，フィーリプ・カージミーア　Heintz, Philipp Casimir　2.8没、63歳。1771生。ドイツの牧師，プファルツ地方史家。

フランツ2世　Franz II　3.2没、67歳。1768生。神聖ローマ帝国の最後の皇帝（在位1792～1806）。

マケンドリ，ウィリアム　McKendree, William　3.5没、77歳。1757生。メソジスト監督教会（MEC）最初のアメリカ人監督。

ロベール，レオポルド　Robert, Louis Léopold　3.20没、40歳。1794生。スイスの画家。

ベルンシュトルフ　Bernstorff, Christian Günther, Graf von　3.28没、65歳。1769生。デンマークの外交官，政治家。

ナデルマン，フランソワ・ジョゼフ　Naderman, François-Joseph　4.3没、54歳。1781生。フランスのハープ奏者，作曲家。

マールトス，イヴァン・ペトロヴィチ　Martos, Ivan Petrovich　4.5？没、81歳。1754生。ロシアの彫刻家。

フンボルト，ヴィルヘルム・フォン　Humboldt, Karl Wilhelm Freiherr von　4.8没、67歳。1767生。ドイツの言語学者，外交官。

アイアランド，ウィリアム・ヘンリー　Ireland, Samuel William Henry　4.17没、58歳。1777生。シェークスピアの筆跡，原稿の偽造者。

19世紀　1835

スレイター，サミュエル　Slater, Samuel　4.21没、66歳。1768生。アメリカ紡績業の父。

ケイター　Kater, Henry　4.26没、58歳。1777生。イギリスの物理学者。

トゥールト　Tourte, François　4.26没、88歳。1747生。フランスの弦楽器の弓製作家。

リンリー，ウィリアム　Linley, William　5.6没、64歳。1771生。イギリスの作曲家。

ナッシュ，ジョン　Nash, John　5.13没、82歳。1752生。イギリスの建築家。

ヘマンズ，フェリシア　Hemans, Felicia Dorothea　5.16没、41歳。1793生。イギリスの女流詩人。

ロマニョージ　Romagnosi, Giovanni Domenico　6.8没、73歳。1761生。イタリアの哲学者。

コベット，ウィリアム　Cobbett, William　6.18没、72歳。1763（㋺1762）生。イギリスの文筆家、政治家。

ミアウリス　Miaulis, Andreas Vokos　6.23没、67歳。1768生。ギリシアの提督。

スマラカレギ　Zumalacárregui y de Imaz, Tomás de　6.25没、46歳。1788生。スペインの軍人。

カーエム・マカーム　Qā'im-Maqām　6.26没、56歳。1779生。カージャール朝期のイランの政治家、散文作者、詩人。

グロ，アントワーヌ・ジャン，男爵　Gros, Antoine Jean, Baron　6.26没、64歳。1771生。フランスの画家。

プファフ，ヴィルヘルム　Pfaff, Johann Wilhelm Andreas　6.26没、60歳。1774生。ドイツの数学者で天文学者。

マーシャル，ジョン　Marshall, John　7.6没、79歳。1755生。アメリカの法学者、政治家。

ピゴー・ルブラン　Pigault-Lebrun　7.24没、82歳。1753生。フランスの小説家、劇作家。

モルティエ　Mortier, Edouard Adolphe Casimir Joseph, Duc de Trévise　7.28没、67歳。1768生。フランスの軍人。

サドラー，マイケル・トマス　Sadler, Michael Thomas　7.29没、55歳。1780生。イギリスの政治家。

シュピーゲル，フェルディナント・アウグスト・グラーフ・フォン　Spiegel, Ferdinand August Graf von　8.2没、70歳。1764生。ドイツのカトリック聖職者。

ミュラー　Müller, Wenzel　8.3没、67歳。1767生。オーストリアの作曲家。

ノビリ，レオポルド　Nobili, Leopoldo　8.5没、51歳。1784生。イタリアの物理学者。

シュトローマイヤー，フリードリヒ　Stromeyer, Friedrich　8.18没、59歳。1776生。ドイツの化学者、薬学者、鉱物分析家。

クラプロート　Klaproth, Heinrich Julius　8.28没、51歳。1783生。ドイツの東洋学者、中国学者。

ローゼンミュラー，エルンスト・フリードリヒ・カール　Rosenmüller, Ernst Friedrich Karl　9.17没、66歳。1768生。ドイツのオリエント学者、聖書学者。

ベッリーニ，ヴィンチェンツォ　Bellini, Vincenzo　9.23没、33歳。1801生。イタリアのオペラ作曲家。

ブリュギエール，バルテルミー　Bruguière, Barthélémy　10.7没、43歳。1792生。パリ外国宣教会所属カトリック司祭。

ヅーフ　Doeff, Hendrik, Jr.　10.19没、57歳。1777（㋺1772）生。オランダの長崎出島商館長。

ディークシタール　Dīkṣitar, Muttusvāmī　10.21没、59歳。1776生。南インドの作曲家。

フヴォストーフ，ドミートリー・イワノヴィチ　Khvostov, Dmitrii Ivanovich　10.22没、78歳。1757生。ロシア。

テーラー　Taylor, Thomas　11.1没、77歳。1758生。イギリスの古典学者。

フリーマン，ジェイムズ　Freeman, James　11.4没、76歳。1759生。アメリカのユニテリアン派の牧師。

トッド　Tod, James　11.17没、53歳。1782生。イギリスのインド行政官。

ベッティガー，カール・アウグスト　Böttiger, Karl August　11.17没、75歳。1760生。ドイツの文献学者、考古学者、劇評家。

ホッグ，ジェイムズ　Hogg, James　11.21没、64歳。1770生。イギリスの詩人、小説家。

ユングステッド　Ljungstedt, Sir Andrew J.　11.？没、75歳。1760生。スウェーデンの澳門（マカオ）商館長。

プラーテン，アウグスト・フォン　Platen, August, Graf von Platen-Hallermund　12.5没、39歳。1796生。ドイツの詩人。

レドレル　Roederer, Pierre Louis, Comte de　12.7没、80歳。1754生。フランスの政治家。

シンクレア　Sinclair, Sir John　12.21没、81歳。1754生。イギリス（スコットランド）の財政家、農業改良家。

ゾンライトナー，ヨーゼフ　Sonnleithner, Joseph　12.26没、69歳。1766生。オーストリアの音楽研究家。

トルベック，シャルル・ジョゼフ　Tolbecque, Charles Joseph　12.29没、29歳。1806生。ベルギーのヴァイオリン奏者、指揮者、作曲家。

この年　キローガ，J.　Quiroga, Juan Facundo　45歳。1790（㋺1793）生。アルゼンチンの独裁者。

ケアリー，ジョン　Cary, John　81？歳。1754生。イギリスの地図製作者。

顧広圻　69歳。1766生。中国、清の文献学者。

ゴドシャルル，ジル-ランベール　Godecharle, Gille-Lambert　85歳。1750生。ベルギーの彫刻家。

人物物故大年表 外国人編　*615*

サーラ，ヴィターレ　Sala, Vitale　32歳。1803生。イタリアの画家。
ジゾール，アレクサンドル・ジャン・バティスト　Gisors　73歳。1762生。フランスの建築家。
シトルフ　Shtorkh, Genrikh　69歳。1766生。ロシアの経済学者。
松筠　83歳。1752生。中国，清代中期の政治家。
ステーネルセン，ステーネル・ユハンネス　Stenersen, Stener Johannes　46歳。1789生。ノルウェーの神学者。
タリアン夫人　Mme Tallien, Thérésia Cabarus　60歳。1775生。フランス革命期の名流婦人。
デイン，ネイサン　Dane, Nathan　83歳。1752生。アメリカの弁護士，政治家。
トゥリエ　Toullier, Charles Bonaventure Marie　83歳。1752生。フランスの法学者。
バラディーノ，カルロ　Baradino, Carlo　67歳。1768生。イタリアの建築家。
ハント，ヘンリー　Hunt, Henry　62歳。1773生。イギリスの急進的政治家。
ファテ・アリー・シャー　Fath 'Alī Shāh　㊙1834没、73？歳。1762(㊙1771)生。イランのカージャール朝第2代の王(1797〜1835)。
ブリンクリー　Brinkley, John　72歳。1763生。イギリスの天文学者，数学者。
ピクシ　Pixii, Antoine-Hippolyte　27歳。1808生。フランスの物理機械器具製造家。
ピネッリ，バルトロメーオ　Pinelli, Bartolomeo　54歳。1781生。イタリアの素描家，版画家。
マカロック　MacCulloch, John　58歳。1777生。スコットランドの地質学者，鉱物学者。
マーシャル　Marshall, Benjamin　68歳。1767生。イギリスの画家。
マレ，ジャン・バティスト　Mallet, Jean-Baptiste　76歳。1759生。フランスの画家，版画家。
レイノルズ　Reynolds, Samuel William　62歳。1773生。イギリスの版画家。
[この頃] 盛大士　64？歳。1771生。中国，清代後期の画家。
ナデルマン，アンリ　Naderman, Henri　55？歳。1780生。フランスの楽器製作者。

スコット　Scott, William, Baron Stowell　1.28没、90歳。1745生。イギリスの裁判官，法学者。
ロス　Ross, Betsy Elizabeth Griscom　1.30没、84歳。1752生。アメリカ国旗をつくった人物。
チェーン　Cheyne, John　1.31没、58歳。1777生。スコットランドの医者。
レティーツィア・ラモリーノ　Letizia Ramolino, Maria　2.2没、85歳。1750生。ナポレオン1世の母。
フィエスキ，ジュゼッペ・マリア　Fieschi, Giuseppe Maria　2.16没、45歳。1790生。イタリアの無政府主義者。
丁若鏞　2.22没、73歳。1762生。朝鮮，李朝後期の実学者。
ベルジェニ・ダーニエル　Berzsenyi, Dániel　2.24没、59歳。1776生。ハンガリーのロマン派詩人。
フルード，リチャード・ハレル　Froude, Richard Hurrell　2.28没、32歳。1803生。イギリスの牧師。
ケッセルス　Kessels, Matthieu　3.3没、51歳。1784生。ベルギーの彫刻家。
クロケット，デイヴィー　Crockett, David　3.6没、49歳。1786生。アメリカの辺境開拓者，政治家。
ボーイ　Bowie, James　3.6没、37歳。1799(㊙1796)生。テキサス独立運動の英雄。
デステュット・ド・トラシー，アントワーヌ・ルイ・クロード　Destutt de Tracy, Antoine Louis Claude　3.9没、81歳。1754生。フランスの哲学者。
シュティーラー　Stieler, Adolf　3.13没、61歳。1775生。ドイツの地図学者。
ゴドウィン，ウィリアム　Godwin, William　4.7(㊙1839)没、80歳。1756生。イギリスの思想家。
コールマン，アントニ　Kohlmann, Anthony　4.11没、64歳。1771生。アメリカで信仰の自由のために活躍した司祭。
リーヒテンシュタイン　Liechtenstein, Johann I Joseph, Fürst von und zu　4.20没、75歳。1760生。オーストリアの軍人。
ブルクミュラー，ノルベルト　Burgmüller, Norbert　5.7没、26歳。1810生。ドイツの作曲家。
ウィルキンズ　Wilkins, Sir Charles　5.13没、87？歳。1749生。イギリスの東洋学者。
リヴィングストン　Livingston, Edward　5.23没、71歳。1764生。アメリカの法律家，政治家。
レイハ，アントニーン　Reicha, Anton　5.28没、66歳。1770生。フランスの音楽理論家，作曲家。
オーミアラ　O'Meara, Barry Edward　6.3没、50歳。1786生。アイルランドの軍医(外科)。
アンペール，アンドレ-マリー　Ampère, André Marie　6.10没、61歳。1775生。フランスの数学者，物理学者。
シエース，エマニュエル・ジョゼフ，伯爵　Sieyès, Emmanuel Joseph　6.20没、88歳。1748生。フランスの政治家。

1836年

3.02　メキシコ領テキサスが独立宣言を採択する
10.02　ダーウィンを乗せたビーグル号が帰港する

＊　＊　＊

バートン，エドワード　Burton, Edward　1.19没、41歳。1794生。イギリスの教父学者，教会史家。

19世紀　　　　　　　　　　　　1836

ミル，ジェイムズ　Mill, James　6.23没、63歳。1773生。イギリスの歴史家，経済学者，心理学者。

トリエスト，ペーデル・ヨーゼフ　Triest, Peter Joseph　6.24没、75歳。1760生。ベルギーの4つの修道会の創設者。

ルジェ・ド・リール，クロード・ジョゼフ　Rouget de Lisle, Claude Joseph　6.26？没、76歳。1760（Ⓡ1762）生。フランスの軍人，詩人。

マディソン，ジェイムズ　Madison, James　6.28没、85歳。1751生。アメリカの第4代大統領。

ホワイト，ウィリアム　White, William　7.17没、88歳。1748生。アメリカ聖公会主教。

シュヴリュ，ジャン・ルイ・ルフェーヴル・ド　Cheverus, Jean Louis Lefebvre de　7.19没、68歳。1768生。フランスの宗教家，枢機卿。

ロスチャイルド，ネーサン・マイヤー　Rothschild, Nathan Meyer　7.28没、58歳。1777生。ユダヤ系の国際的金融資本家。

レーベルク　Rehberg, August Wilhelm　8.10没、79歳。1757生。ドイツの政治評論家。

ロペス‐ソレル，ラモン　López Soler, Ramón　8.21没、30歳。1806生。スペインの小説家，ジャーナリスト。

ナヴィエ，クロード（・ルイ・マリー・アンリ）　Navier, Louis Marie Henri　8.23没、51歳。1785生。フランスの工学者。

フーフェラント　Hufeland, Christoph Wilhelm　8.25没、74歳。1762生。ドイツの医師。

ヘンリー，ウィリアム　Henry, William　9.2没、61歳。1774（Ⓡ1775）生。イギリスの化学者。

ライモント，フェルディナント　Raimund, Ferdinand　9.5没、46歳。1790生。オーストリアの劇作家，演出家。

ポンド，ジョン　Pond, John　9.7没、69？歳。1767生。イギリスの天文学者。

グラッベ，クリスティアン・ディートリヒ　Grabbe, Christian Dietrich　9.12没、34歳。1801生。ドイツの劇作家。

ヘルスレブ，スヴェン・ボルクマン　Hersleb, Svend Borkman　9.12没、52歳。1784生。ノルウェーの聖書学者。

バー，エアロン　Burr, Aaron　9.14没、80歳。1756生。アメリカの政治家。

パーセヴァル　Parseval, Marc Antoine　9.16没、81歳。1755生。フランスの数学者。

ジュシュー，アントワーヌ‐ローラン・ド　Jussieu, Antoine Laurent de　9.17没、88歳。1748生。フランスの植物学者。

マリブラン，マリー　Malibran, Marie　9.23没、28歳。1808生。フランス（スペイン生れ）のアルト歌劇歌手。

ラズモフスキー，アンドレイ・キリロヴィチ　Razumovsky, Andrey Kyrillovich　9.23没、83歳。1752生。ロシアの貴族，政治家，美術収集家，パトロン。

ライス，ルーサー　Rice, Luther　9.25没、53歳。1783生。アメリカのバプテスト派牧師，宣教師。

マースデン　Marsden, William　10.6没、81歳。1754生。イギリスの東洋学者。

キプレンスキー，オレスト・アダモヴィチ　Kiprensky, Orest Adamovich　10.17没、54歳。1782（Ⓡ1783）生。ロシアの画家。

コールマン，ジョージ　Colman, George　10.17没、73歳。1762生。イギリスの劇作家。

レーヌワール，フランソワ　Raynouard, François-Juste-Marie　10.27没、75歳。1761生。フランスの劇作家，ロマンス語学者。

シャルル10世　Charles X　11.6没、78歳。1757生。フランス王。

マーハ，カレル・ヒネック　Mácha, Karel Hynek　11.6没、25歳。1810生。チェコスロバキアのチェコの詩人。

シメオン，チャールズ　Simeon, Charles　11.13没、77歳。1759生。イギリス国教会聖職者。

ロマニェー，ジャーク・ルネー　Romagné, Jacques René　11.19没、74歳。1762生。フランスのローマ・カトリック教会司祭，アメリカへの宣教師。

ダウプ，カール　Daub, Karl　11.22没、71歳。1765生。ドイツのプロテスタント神学者。

マカダム，ジョン・ラウドン　McAdam, John Loudon　11.26没、80歳。1756生。スコットランドの発明家。

ヴェルネ，カルル　Vernet, Antoine Charles Horace　11.27没、78歳。1758生。フランスの画家。

ファリネッリ　Farinelli, Giuseppe　12.12没、67歳。1769生。イタリアの作曲家。

バルテルス　Bartels, Johann Martin Christian　12.19没、67歳。1769生。ロシアの数学者。

ネーゲリ，ハンス・ゲオルク　Nägeli, Hans Georg　12.26没、63歳。1773生。スイスの音楽教育家，作曲家。

ミナ　Mina, Francisco Espos y　12.26没、50歳。1786生。スペインの軍人。

オースティン，スティーヴン・フラー　Austin, Stephen Fuller　12.27没、43歳。1793生。テキサス開拓の指導者。

ブファーロ，ガスパロ・デル　Bufalo, Gasparo del　12.28没、50？歳。1786生。イタリアの司祭，「聖血宣教会」の創立者，聖人。

シェンク，ヨーハン・バプティスト　Schenk, Johann Baptist　12.29没、83歳。1753生。オーストリアの作曲家，教育者。

[この年] イェルハーハイス，ヨハネス　Jelgerhuis, Johannes　66歳。1770生。オランダの画家。

人物物故大年表 外国人編　*617*

ヴァン・ミルダート・ウィリアム Van Mildert, William 71歳。1765生。イギリスのダラムの主教。

ヴィット，フリードリヒ Witt, Friedrich 66歳。1770生。ドイツのチェロ奏者，作曲家。

ウェストール，リチャード Westall, Richard 71歳。1765生。イギリスの画家。

オットリー，ウィリアム・ヤング Ottley, William Young 65歳。1771生。イギリスの画家，著述家，収集家。

ギリズ Gillies, John 89歳。1747生。スコットランドの歴史家。

クラーク，ジョン Clarke, John 66歳。1770生。イギリスのオルガン奏者，作曲家。

シュトラック，ルートヴィヒ・フィリップ Strack, Ludwig Philipp 75歳。1761生。ドイツの画家。

ジョンソン Johnson, Samuel, J. R. 79歳。1757生。アメリカの辞書編纂者。

スーザ夫人 Souza Botelho, Adèle Marie Emilie Filleul, Marquise de 75歳。1761生。フランスの女流小説家。

スミス，ジョン・スタフォード Smith, John Stafford 86歳。1750生。イギリスの作曲家，オルガン奏者。

ディドー，フィルマン Didot, Firmin 72歳。1764生。フランスの印刷業者。

トロートン Troughton, Edward 83歳。1753生。イギリスの光学器械製作者。

ハイン Hain, Ludwig Friedrich Theodor 55歳。1781生。ドイツの書誌学者。

バラン・デュシャトレ Parent-Duchatelet, Alexandre-Jean-Baptiste 46歳。1790生。フランスの医学者。

フィート Vieth, Gerhard Ulrich Anton 73歳。1763生。ドイツの教育家。

フェーア，カルロ Fea, Carlo 83歳。1753生。イタリアの考古学者。

フェティズ，サー・ウィリアム Fettes, *Sir* William 86歳。1750生。スコットランドの商人，慈善家。

フレーリヒ，フリードリヒ・テーオドール Fröhlich, Friedrich Theodor 33歳。1803生。スイスの作曲家。

ベンダ，カール・ヘルマン・ハインリヒ Benda, Karl Hermann Heinrich 88歳。1748生。ボヘミアのヴァイオリン奏者。

ポゴレーリスキイ，アントニイ Pogorelskii, Antonii 49歳。1787生。ロシアの作家。

ペルテヴ・パシャ Pertev Pasha [異]1837没。オスマン・トルコ帝国の政治家，詩人。

ミントン，トマス Minton, Thomas 71歳。1765生。イギリスの陶芸家，ミントン社の創始者。

ラヴォアジェ，マリー・アン・ポールズ Lavoisier, Marie Anne Paulze 78歳。1758生。フランスの化学者。

1837年

3.25 大塩平八郎の乱が起こる
6.20 イギリスでヴィクトリア女王が即位する
9.04 サミュエル・モースが電信装置を発明する
11.23 ケベックでフランス系カナダ人が反乱

＊ ＊ ＊

ジェラール，フランソワ Gérard, François Pascal Simon, Baron 1.11没、66歳。1770生。フランスの画家。

フィールド，ジョン Field, John 1.11没、54歳。1782生。アイルランドのピアニスト，作曲家。

ソーン，サー・ジョン Soane, *Sir* John 1.20没、83歳。1753([異]1752)生。イギリスの建築家。

プーシキン，アレクサンドル・セルゲーヴィチ Pushkin, Aleksandr Sergeevich 1.29没、37歳。1799生。ロシアの詩人。

プリマー Plimer, Andrew 1.29没、73歳。1763生。イギリスの画家。

クルーマハー，ゴットフリート・ダーニエル Krummacher, Gottfried Daniel 1.30没、62歳。1774生。ドイツの改革派神学者。

ハルティヒ Hartig, Georg Ludwig 2.2没、72歳。1764生。ドイツの林学者。

グスタフ4世 Gustav IV Adolf 2.7([異]1832)没、58歳。1778生。スウェーデン王(1792～1809)。

ターナー Turner, Edward 2.12没、40歳。1796生。イギリスの化学者。

ベルネ，ルートヴィヒ Börne, Ludwig 2.12([異]1838)没、50歳。1786生。ユダヤ系ドイツのジャーナリスト，自由主義的革命思想家。

ララ，マリアノ・ホセ・デ Larra, Mariano José de 2.13没、27歳。1809生。スペインのジャーナリスト，劇作家。

トレヴィラーヌス Treviranus, Gottfried Reinhold 2.16没、61歳。1776生。ドイツの医師，博物学者。

ピアード Peard, George 2.17没、53歳。1783生。イギリスの探検家。

ビューヒナー，ゲオルク Büchner, Georg 2.19没、23歳。1813生。ドイツの劇作家，医者。

トロムスドルフ Trommsdorff, Johann Bartholomäus 3.8没、66歳。1770生。ドイツの化学者，薬学者。

コールブルック Colebrooke, Henry Thomas 3.10没、71歳。1765生。イギリスのインド学者。

パーニン Panin, Nikita Petrovich 3.13没、66歳。1770生。ロシアの政治家。

19世紀　　1837

クドラン，ピエール・マリー・ジョゼフ　Coudrin, Pierre Marie Joseph　3.27没、69歳。1768生。フランスのピクプス修道会の創立者。

シュワルツ　Schwarz, Friedrich Heinrich Christian　4.3没、71歳。1766（㊥1776）生。ドイツの神学者，教育学者。

クアーリョ　Quaglio, Domenico　4.9没、50歳。1787生。イタリアの画家。

アンツィロン，ヨーハン・ペータ・フリードリヒ　Ancillon, Johann Peter Friedrich　4.19没、68歳。1769（㊥1767）生。プロシアの政治家，歴史家。

ツィンガレッリ，ニコラ・アントニオ　Zingarelli, Nicola Antonio　5.5没、85歳。1752生。イタリアの作曲家。

コンスタブル，ジョン　Constable, John　5.30没、60歳。1776生。イギリスの風景画家。

ポルタレス　Portales, Diego Jose Victor　6.6没、44歳。1793生。チリの政治家。

シリンスキー・シフマートフ，セルゲイ・アレクサンドロヴィチ　Shirinskii-Shikhmatov, Sergei Aleksandrovich　6.7没、54歳。1783生。ロシアの詩人。

ベストゥージェフ，アレクサンドル・アレクサンドロヴィチ　Bestuzhev, Aleksandr Aleksandrovich　6.7没、39歳。1797（㊥1791）生。ロシアの作家，デカブリストの一人。

タイギ，アンナ・マリーア　Taigi, Anna Maria　6.9没、68歳。1769生。イタリアの主婦，三位一体修道会の第三会員，神秘家。

フォンタネー，アントワーヌ　Fontaney, Antoine-Étienne　6.11没、34歳。1803生。フランスの詩人，批評家。

レオパルディ，ジャーコモ　Leopardi, Giacomo　6.14没、38歳。1798生。イタリアの詩人。

フィオラヴァンティ，ヴァレンティーノ　Fioravanti, Valentino　6.16没、72歳。1764生。イタリアの作曲家。

ウィリアム4世　William IV　6.20没、71歳。1765生。イギリスのハノーバー朝第5代目の王（在位1830～37）。

メーコン　Macon, Nathaniel　6.29没、78歳。1758生。アメリカの法律家，政治家。

ヴァンサン，（ジャーク・ルイ・）サミュエル　Vincent, Samuel　7.10没、49歳。1787生。フランスの改革派神学者。

シェルブレ　Schelble, Johann Nepomuk　8.6没、48歳。1789生。ドイツの歌手・指揮者，声楽教師。

ボッタ　Botta, Carlo Giuseppe Guglielmo　8.10没、70歳。1766生。イタリアの歴史家，政治家，医師。

ラロミギエール　Laromiguière, Pierre　8.12没、80歳。1756生。フランスの哲学者。

ヴァン・クイッケンボルネ，カール・フェリックス　Van Quickenborne, Karl Felix　8.17没、49歳。1788生。ベルギーのイエズス会士，アメリカ・インディアンへの宣教師。

シガロン，グザヴィエ　Sigalon, Xavier　8.18没、49歳。1787生。フランスの画家。

ブリッジズ　Brydges, Sir Samuel Egerton　9.8没、74歳。1762生。イギリスの書誌学者，系譜学者。

ファン　Fain, Agathon Jean François　9.16没、59歳。1778生。フランスの歴史家。

ブオナロッティ　Buonarroti, Filippo Michele　9.17没、75歳。1761生。イタリア生れのフランスの革命家。

ホーナー　Horner, William George　9.22没、51歳。1786生。イギリスの数学者。

ドミートリエフ，イワン・イワノヴィチ　Dmitriev, Ivan Ivanovich　10.3没、77歳。1760生。ロシアの詩人。

ボアルネ，オルタンス・ユージェニー・セシル　Beauharnais, Hortense Eugénie Cécile　10.5没、54歳。1783生。オランダ王妃（1806～10）。

ル・シュウール，ジャン-フランソワ　Le Sueur, Jean François　10.6没、77歳。1760生。フランスの作曲家。

ティーフトゥルンク，ヨーハン・ハインリヒ　Tieftrunk, Johann Heinrich　10.7没、77歳。1760（㊥1759）生。ドイツの哲学者。

フーリエ，シャルル　Fourier, François Marie Charles　10.10（㊥1835）没、65歳。1772生。フランスの空想的社会主義者。

ウェスリー，サミュエル　Wesley, Samuel　10.11没、71歳。1766生。イギリスのオルガン奏者，作曲家。

フンメル，ヨーハン・ネーポムク　Hummel, Johann Nepomuk　10.17没、58歳。1778生。オーストリアのピアニスト，作曲家。

シュトイデル，ヨーハン・クリスティアン・フリードリヒ　Steudel, Johann Christian Friedrich　10.24没、57歳。1779生。ドイツの神学者。

アリベール　Alibert, Jean Louis Marc　11.6没、71歳。1766生。フランスの皮膚科医。

ディドロ　Didelot, Charles Louis　11.7没、70歳。1767生。フランスの舞踊家，振付師。

ラヴジョイ，エライジャ・パリシュ　Lovejoy, Elijah Parish　11.7没、34歳。1802（㊥1803）生。アメリカの奴隷制廃止論者。

テンスクワタワ　Tenskwatawa　11.?没（㊥1834頃）没、66?歳。1771（㊥1768頃）生。アメリカインディアンの酋長。

マーシュマン，ジョシュア　Marshman, Joshua　12.5没、69歳。1768生。イギリスのバプテスト派宣教師。

マールヴィッツ　Marwitz, Friedrich August Ludwig von der　12.6没、60歳。1777生。プロシアの軍人、政治家。
フィジク　Physick, Philip Syng　12.15没、69歳。1768生。アメリカの外科医。
[この年] アル・カネミ　al-Kanemi　アフリカ、ボルヌ地方のカヌリ国支配者。
ウルフ、アーサー　Woolf, Arthur　71歳。1766生。イギリスの機械技術者。
グリマルディ、ジョゼフ　Grimaldi, Joseph　58歳。1779(㊥1778)生。イギリスの喜劇役者、歌手、軽業師。
グリモー・ド・ラ・レニエール　Grimod de la Reynière, Alexandre-Barthazar-Laurent　79歳。1758生。フランスの美食家。
グリーンウェイ、フランシス・ハワード　Greenway, Francis Howard　60歳。1777生。イギリスの建築家。
コックス、ウィリアム　Cox, William　73歳。1764生。オーストラリアの道路設計の草分け。
ダン、クリスティアン・アーダム　Dann, Christian Adam　79歳。1758生。ドイツのルター派牧師、讃美歌作詞者。
ファーブル、フランソワ・グザヴィエ・パスカル　Fabre, François-Xavier-Pascal　71歳。1766生。フランスの画家。
フィッツハーバート、マリア・アン　Fitzherbert, Maria Anne Weld　81歳。1756生。イギリス王ジョージ4世の内縁の妻。
ベロ、M.　Bello, Muhammadu　57歳。1780生。ソコトのスルタン。
ホイジンガー　Heusinger, Johann Heinrich Gottlieb　71歳。1766生。ドイツの哲学者、教育学者。
ペシュル、トーマス　Pöschl, Thomas　68歳。1769生。ボヘミア出身のカトリック神秘主義者、千年王国論者。
ピットロー、アントン・スミンク　Pitloo, Anton Sminck　47歳。1790生。オランダの画家。
ミリアーラ、ジョヴァンニ　Migliara, Giovanni　52歳。1785生。イタリアの画家、舞台美術家、細密画家。
楊遇春　77歳。1760生。中国、清後期の武将。
リーヴィ、バーネット　Levey, Barnett　39歳。1798生。オーストラリアの開拓者。
レームス、テーオドーア　Lehmus, Theodor　60歳。1777生。ドイツのルター派神学者。
[この頃] 顧洛　74？歳。1763生。中国、清代後期の画家。

1838年

4.23　グレート・ウェスタン号が大西洋を横断
5.08　ロンドンでチャーチスト運動が始まる
10.01　英軍がアフガニスタンに宣戦布告する
12.16　ブラッドリヴァーの戦いでボーア人が勝利
12.31　清の道光帝がアヘン厳禁を決定する
＊＊＊
エルドン　Eldon, John Scott, 1st Earl of　1.13没、86歳。1751生。イギリスの政治家、大法官(1801～6, 7～27)。
リース、フェルディナント　Ries, Ferdinand　1.13(㊥1839)没、53歳。1784生。ドイツのピアニスト、作曲家、ベートーヴェンの伝記(1838刊)作者。
ポレジャーエフ、アレクサンドル・イワノヴィチ　Polezhaev, Aleksandr Ivanovich　1.16没、33？歳。1804(㊥1805)生。ロシアの詩人。
ベファラ　Beffara, Louis-François　2.2没、86歳。1751生。フランスの音楽学者。
レティーフ　Retief, Piet　2.6没、57歳。1780生。南アフリカのブール人移民のリーダー。
サシー　Sacy, Antoine Isaac Silvestre de　2.21没、79歳。1758生。フランスの東洋学者。
スティーヴンズ、J.　Stevens, John　3.6没、89歳。1749生。アメリカの技術家、発明家。
ミュラー、ポウル・マーチン　Moller, Poul Martin　3.13没、43歳。1794生。デンマークの詩人。
アトウッド、トマス　Atwood, Thomas　3.24没、72歳。1765生。イギリスのオルガン奏者、作曲家。
アシレイ　Ashley, William Henry　3.26没、60歳。1778生。アメリカの毛皮商人、西部探検家。
モートン、トマス　Morton, Thomas　3.28没、74？歳。1764生。イギリスの劇作家。
ラ・アルプ　La Harpe, Frédéric César de　3.30没、83歳。1754生。スイスの政治家。
アントンマルキ　Antommarchi, Francesco　4.3没、58？歳。1780生。コルシカの医者。
アンドラーダ・エ・シルヴァ　Andrada e Silva, José Bonifácio de　4.6没、72歳。1765(㊥1763)生。ブラジルの政治家、地理学者。
メーラー、ヨーハン・アーダム　Möhler, Johann Adam　4.12没、41歳。1796生。ドイツのローマ・カトリック神学者。
ショーペンハウアー　Schopenhauer, Johanna　4.18没、71歳。1766生。ドイツの女流作家。
ナイト　Knight, Thomas Andrew　5.11没、79歳。1758(㊥1759)生。イギリスの植物学者、園芸学者。
マーズデン、サミュエル　Marsden, Samuel　5.12没、73歳。1764生。英国教会のオーストララシア(南洋州)宣教師。

19世紀　1838

マコーリ，ザカリ　Macaulay, Zachary　5.13没、70歳。1768生。イギリスの博愛主義者、奴隷制廃止運動家。

カイエ　Caillié, René Auguste　5.17没、38歳。1799生。フランスの探検家。

タレラン-ペリゴール，シャルル・モーリス・ド　Talleyrand-Périgord, Charles Maurice de, Prince Duc de Bénévent　5.17没、84歳。1754生。フランスの政治家。

バスビー　Busby, Thomas　5.28没、82歳。1755生。イギリスの音楽評論家、作曲家、オルガン奏者。

ミルダー-ハウプトマン　Milder-Hauptmann, Pauline Anna　5.29没、52歳。1785生。オーストリアのソプラノ歌手。

レーニウス，カール・ゴットリープ・エーヴァルト　Rhenius, Karl　6.5没、47歳。1790生。ドイツのプロテスタント伝道者。

ジェイミスン(ジェミスン)，ジョン　Jamieson, John　7.12没、79歳。1759生。イギリスの牧師、辞典編集者。

デュロン，ピエール・ルイ　Dulong, Pierre Louis　7.18没、53歳。1785生。フランスの化学者、物理学者。

エヴァンズ，クリスマス　Evans, Christmas　7.19没、71歳。1766生。ウェールズのバプテスト派説教者。

デュヴェルノワ　Duvernoy, Frédéric Nicolas　7.19没、72歳。1765生。フランスのホルン奏者、作曲家。

メルツェル，ヨーハン・ネーポムク　Maelzel, Johann Nepomuk　7.21没、65歳。1772生。ドイツの音楽教師、楽器の考案者。

ナースィフ　Nāsikh　8.15没、51歳。1787生。インドのウルドゥー語詩人。

ダ・ポンテ，ロレンツォ　Da Ponte, Lorenzo　8.17没、89歳。1749生。イタリアの歌劇台本作者。

シャミッソー，アーデルベルト・フォン　Chamisso, Adelbert von　8.21没、57歳。1781生。ドイツの詩人，植物学者。

ブラックバーン，ギデオン　Blackburn, Gideon　8.23没、65歳。1772生。アメリカの長老派教会牧師、説教家、教育者。

ケルチェイ・フェレンツ　Kölcsey, Ferencz　8.24没、48歳。1790生。ハンガリーの詩人、評論家。

エリザベート・ビシエ・デザージュ　Elisabeth Bichier des Âges　8.26没、65歳。1773生。フランスの聖人。

クラーク，ウィリアム　Clark, William　9.1没、68歳。1770生。アメリカ開拓時の軍人、探検家、行政官。

ペルシエ，シャルル　Percier, Charles　9.5没、74歳。1764生。フランスの建築家、家具デザイナー。

クールトワ，ベルナール　Courtois, Bernard　9.27(㊗1836)没、61歳。1777生。フランスの化学者。

バゼーヌ　Bazaine, Pierre Dominique　9.29没、52歳。1786生。フランスの数学者、力学者、技術者。

ブラック・ホーク　Black Hawk　10.3没、71歳。1767(㊗1768)生。アメリカ・インディアンの戦闘指導者。

テナント，チャールズ　Tennant, Charles　10.10没、70歳。1768生。イギリスの化学工業家。

シュレジンガー，アドルフ・マルティン　Schlesinger, Adolph Martin　10.11没、69歳。1769生。ドイツの出版者。

ランドン，レティシア・エリザベス　Landon, Letitia Elizabeth　10.15没、36歳。1802生。イギリスの女性詩人。

ランカスター，ジョゼフ　Lancaster, Joseph　10.24没、59歳。1778生。イギリスの教育者。

コトリャレフスキー，イワン・ペトローヴィチ　Kotliarevskii, Ivan Petrovich　10.29没、69歳。1769生。ウクライナの作家。

スピーナ，ジュゼッペ　Spina, Giuseppe　11.12没、82歳。1756生。イタリア出身の枢機卿、外交官。

ロッツ　Lotz, Johann Friedrich Eusebius　11.13没、68歳。1770生。ドイツの自由主義経済学者。

ブルーセ　Broussais, François Joseph Victor　11.17没、65歳。1772生。フランスの医師。

ヴレーデ　Wrede, Karl Philipp, Fürst von　12.12没、71歳。1767生。バイエルンの元帥。

モロー，エジェジップ　Moreau, Hégésippe　12.20没、28歳。1810生。フランスの詩人。

ロウズ，ヒュー・ジェイムズ　Rose, Hugh James　12.22没、43歳。1795生。イギリスのプロテスタント神学者。

メルラン　Merlin, Philippe Antoine, Comte　12.26没、84歳。1754生。フランスの政治家。

この年　アックム，フリードリヒ　Accum, Friedrich　69歳。1769生。ドイツの化学者。

アパリシオ，ホセ　Aparicio, José　65歳。1773生。スペインの画家。

アール　Earle, Augustus　45歳。1793生。ロンドン生れの放浪画家。

イタール　Itard, Jean Marie Gaspard　63歳。1775(㊗1774)生。フランスの医学者。

ヴァークニツ，ハインリヒ・バルタザル　Wagnitz, Heinrich Balthasar　83歳。1755生。ドイツの実践神学者。

エレーロ，アンドレス　Herrero, Andrés　56歳。1782生。スペイン生れのフランシスコ会宣教師。

オスケオラ　Osceola　38？歳。1800生。アメリカのセミノール・インディアンの首領。

オールソップ，サミュエル　Allsopp, Samuel　58歳。1780生。イギリスの慈善家。

人物物故大年表 外国人編　*621*

グラント　Grant, Anne　83歳。1755生。スコットランドの女流作家。

クリーヴィー, トマス　Creevey, Thomas　70歳。1768生。イギリスの政治家, 日記記録者。

クルセル, ベルンハルド・ヘンリク　Crusell, Bernhardt Henrik　63歳。1775生。フィンランドの作曲家, クラリネット奏者, 指揮者。

シニァデツキ　Sniadecki, Jedrzej　70歳。1768生。ポーランドの医学者, 化学者。

ジュノー　Junot, Laure, Duchesse d'Abrantès　54歳。1784生。ジュノー将軍の妻。

ダライラマ10世, ツルティム・ギャムツォ　Dalai Lama X, Tshul-khrims rgya-mtsho　21歳。1817生。チベット - ラマ教の法王。

長齢　80歳。1758生。中国, 清後期の官僚。

デンツェル　Denzel, Bernhard Gottlied　65歳。1773生。ドイツの教育者。

ノヴォシーリツェフ　Novosiltsev, Nikolai Nikolaevich　70歳。1768生。ロシアの政治家。

バウディッチ, ナサニエル　Bowditch, Nathaniel　65歳。1773生。アメリカの数学者, 天文学者。

フサイン・パシャ　Ḥusayn Pasha　65?歳。1773生。アルジェリアの最後のベイ(大守)(在位1818~30)。

ヘッチュ, フィリップ・フリードリヒ　Hetsch, Philipp Friedrich　80歳。1758生。ドイツの画家。

ボニファシオ　Bonifácio de Andrada e Silva, José　75歳。1763生。ブラジルの政治家, 作家, 科学者。

ペーリツ, カール　Pölitz, Karl Heinrich Ludwig　66歳。1772生。「カントの哲学的宗教論」の著者。

モントゲラス伯　Montgelas, Maximilian Joseph, Graf von　79歳。1759生。バイエルンの政治家。

ランピ, ジョヴァンニ・バッティスタ　Lampi, Giovanni Battista　87歳。1751生。イタリアの画家。

レッセル, フランツィシェク　Lessel, Franciszek　58?歳。1780生。チェコ系のポーランドのピアニスト, 作曲家。

ロジャーズ　Rodgers, John　65歳。1773生。アメリカ海軍軍人。

ロブレニィオ・イ・トル, ジョゼプ　Robrenyo i Tort, Josep　55?歳。1783生。スペイン, カタルーニャの劇作家, 詩人, 俳優。

[この頃] **ウー・チン・ウ**　Ū Kyin U　[異]1850?没、65?歳。1773([異]1780?)生。ビルマのコンバウン王朝第2期に活躍した劇作家, 詩人。

王寅　中国, 清末の画家。

1839年

1.-　イギリスがイエメンのアデンを占領する

6.03　林則徐が広東の英商館からアヘンを没収

6.24　蛮社の獄で渡辺華山らが逮捕される

8.19　ルイ・ダゲールが銀板写真法を発明する

11.03　オスマン朝でギュルハネ勅令が公布される

＊　＊　＊

コッホ, ヨーゼフ・アントン　Koch, Joseph Anton　1.12没、70歳。1768生。ドイツ浪漫派の風景画家。

ビーチ, ウィリアム　Beechey, *Sir* William　1.28没、85歳。1753生。イギリスの肖像画家。

ヴァラディエール, ジュゼッペ　Valadier, Giuseppe　2.1没、76歳。1762生。イタリアの建築家, 考古学者。

フィスク, ウィルバー　Fisk, Wilbur　2.22没、46歳。1792生。アメリカの牧師, 教育家。

スペランスキー, ミハイル・ミハイロヴィチ, 伯爵　Speranskii, Mikhail Mikhailovich　2.23没、67歳。1772生。ロシアの政治家。

ヌリ, アドルフ　Nourrit, Adolphe　3.8没、37歳。1802生。フランスのテノール歌手。

ゴールト, ジョン　Galt, John　4.11没、59歳。1779生。スコットランドの小説家。

プレヴォ, ピエール　Prévost, Pierre　4.18没、88歳。1751生。スイスの物理学者, 哲学者。

ダヴィドフ, デニス・ワシリエヴィチ　Davydov, Denis Vasil'evich　4.22没、54歳。1784生。ロシアの詩人, 軍人。

ヴィンディッシュマン　Windischmann, Carl Joseph Hieronymus　4.23没、63歳。1775生。ドイツの医者, 哲学者。

ヴィロトー　Villoteau, Guillaume André　4.27没、79歳。1759生。フランスの音楽理論家。

マーシュ, ハーバート　Marsh, Herbert　5.1没、81歳。1757生。イギリスの新約学者。

パエール, フェルディナンド　Paër, Ferdinando　5.3没、67歳。1771生。イタリアの作曲家。

リング　Ling, Pehr Henrik　5.3没、62歳。1776生。スウェーデンの近代体育の先駆者。

ガンス　Gans, Eduard　5.5没、41歳。1798生。ドイツの法学者, 法哲学者。

エレディア, ホセ・マリア　Heredia, José María　5.7没、35歳。1803([異]1842)生。キューバの詩人。

クーパー, トマス　Cooper, Thomas　5.11([異]1840頃)没、79歳。1759生。アメリカの教育者, 化学者, 法律家, 政治哲学者。

フェシュ, ジョゼフ　Fesch, Joseph　5.13没、76歳。1763生。フランスの枢機卿。

マレ　Maret, Hugues Bernard, Duc de Bassano　5.13没、76歳。1763生。フランスの政治家。

ボナパルト, カロリーヌ　Bonaparte, Marie Anunciade Caroline　5.18没、57歳。1782生。ナポレオン1世の妹。

グーツムーツ　Guts Muths, Johann Christoph Friedrich　5.21没、79歳。1759生。ドイツの教育家。

デヴレー　Develey, Isaac Emmanuel Louis　5.22没、74歳。1764生。スイスの数学者、物理学者で天文学者。

ベンティンク、ロード・ウィリアム(・ヘンリー・キャヴェンディッシュ)　Bentinck, *Lord* William Cavendish　6.17没、64歳。1774生。イギリスの軍人。

ブーディノ、エライアス　Boudinot, Elias　6.22没、37?歳。1802生。アメリカ・インディアン、チェロキー民族の指導者、新聞編集長。

ブルート・ディ・リマー、サイモン・ウィリアム・ゲイブリエル　Bruté de Rémur, Simon William Gabriel　6.26没、60歳。1779生。フランス出身のカトリック宣教師、アメリカで活動。

ランジート・シング　Ranjīt Singh　6.27没、58歳。1780生。インド、シク教徒王国の王。

ヴァリーン、ユーハン・ウーロヴ　Wallin, Johan Olof　6.30没、59歳。1779生。スウェーデンの詩人、聖職者。

マフムト2世　Maḥmut II　7.1没、54歳。1784(㊟1785)生。オスマン・トルコ帝国の第31代スルタン(在位1808～39)。

ソル、フェルナンド　Sor, Fernando　7.10没、61歳。1778生。スペインの作曲家、ギター奏者。

プレイド、ウィンスロップ・マクワース　Praed, Winthrop Mackworth　7.15没、36歳。1802生。イギリスの詩人。

ゲラン、モーリス・ド　Guérin, Georges Maurice de　7.19没、28歳。1810生。フランスの詩人。

ロハス、ホセ・ラモン　Rojas, José Ramón　7.23没、63歳。1775生。グアテマラのフランシスコ会宣教師。

プロニ、ガスパール・フランソワ・クレール・マリー・リッシュ、男爵　Prony, Gaspard Clair François Marie Riche, Baron de　7.28没、84歳。1755生。フランスの土木および機械技術者。

シュレーゲル、ドロテーア　Schlegel, Dorothea　8.3没、75歳。1763生。ドイツの女流作家。

ランディ、ベンジャミン　Lundy, Benjamin　8.22没、50歳。1789生。アメリカの博愛主義者。

スミス、ウィリアム　Smith, William　8.28没、70歳。1769生。イギリスの地質学者。

メンデス、ラモン・イグナシオ　Méndez, Ramón Ignacio　8.?没、64歳。1775生。ベネズエラの大司教、独立運動家、政府に対する教会の権利の擁護者。

オルスハウゼン、ヘルマン　Olshausen, Hermann　9.4没、43歳。1796生。ドイツの神学者。

ゴドフロア　Godefroy, Jean　9.5没、68歳。1771生。フランスの銅版画家。

ローダデール　Lauderdale, James Maitland, 8th Earl of　9.13没、80歳。1759生。スコットランドの政治家、経済学者。

ケアリ、マシュー　Carey, Mathew　9.16没、79歳。1760生。アメリカの出版者、政治評論家。

ゴメス、ホセ・バレンティン　Gómez, José Valentín　9.20没、64歳。1774生。アルゼンチンの聖職者、政治家。

ハーディ、サー・トマス(・マスターマン)　Hardy, *Sir* Thomas Masterman　9.20没、70歳。1769生。イギリスの軍人。

アンベール、ロラン・ジョゼフ・マリー　Imbert, Laurent Joseph Marie　9.21没、42歳。1797(㊟1799)生。フランスの宣教師。

ヴェーバー　Weber, Jacob Gottfried　9.21没、60歳。1779生。ドイツの音楽学者。

シャスタン、ジャーク-オノレー　Chastan, Jacques-Honoré　9.21没、35歳。1803生。フランスの朝鮮へのカトリック宣教師、韓国殉教103聖人の一人。

丁夏祥　9.22没、44歳。1795生。朝鮮のカトリック信者。

ヘーン　Hayne, Robert Young　9.24没、47歳。1791生。アメリカの政治家。

ダンラップ、ウィリアム　Dunlap, William　9.28没、73歳。1766生。アメリカの画家、劇作家、歴史家。

モース、フリードリヒ　Mohs, Friedrich　9.29没、66歳。1773生。ドイツの鉱物学者。

ミショー、ジョゼフ・フランソワ　Michaud, Joseph François　9.30没、72歳。1767生。フランスのジャーナリスト、歴史家。

オドエフスキー、アレクサンドル・イワノヴィチ　Odoevskii, Aleksandr Ivanovich　10.10?没、36歳。1802生。ロシアの詩人。

ニコロヴィウス、ゲオルク・ハインリヒ・ルートヴィヒ　Nicolovius, Georg Heinrich Ludwig　11.2没、72歳。1767生。ドイツの教育行政家。

マードック、ウィリアム　Murdock, William　11.15没、85歳。1754生。イギリスの発明家。

ウィリアムズ、ジョン　Williams, John　11.20没、43歳。1796生。イギリスの英国教会の宣教師。

フレデリク6世　Frederik VI　12.3没、71歳。1768生。デンマーク王(在位1808～39)、ノルウェー王(在位1808～14)。

フェスラー、イグナッツ・アウレーリウス　Feßler, Ignaz Aurelius　12.15没、83歳。1756生。ハンガリー出身のルター派牧師。

この年 アルベルトッリ、ジョコンド　Albertolli, Giocondo　97歳。1742生。イタリアの装飾家、建築家。

ヴァン・レンスラー、スティーヴン　Van Rensselaer, Stephen　74歳。1765生。アメリカの軍人。

1839

ウィルキンズ，ウィリアム　Wilkins, William　61歳。1778生。イギリスの建築家。
エンゲルマン，ゴッドフロワ　Engelmann, Godfroy　51歳。1788生。フランス初期の石版刷師。
オルデン　Alden, Timothy　68歳。1771生。アメリカの組合教会の牧師，教育者。
カニンガム，アラン　Cunningham, Allan　㊟1842没、48歳。1791(㊟1784)生。イギリスの詩人。
カラベッリ，ドナート　Carabelli, Donato　79歳。1760生。イタリアの美術家，彫刻家。
許乃済　62歳。1777生。中国，清末期の官僚。
ゴッツィ，マルコ　Gozzi, Marco　80歳。1759生。イタリアの画家。
サラン，ニコラ-アレクサンドル・ド　Salins, Nicolas-Alexandre de　86歳。1753生。フランスの建築家。
サンティ，ロレンツォ　Santi, Lorenzo　56歳。1783生。イタリアの建築家。
スタナップ，レイディ・ヘスター・ルーシー　Stanhope, Lady Hester　63歳。1776生。イギリスの女性貴族，旅行家。
ストリナザッキ　Strinasacchi, Regina　75歳。1764生。イタリアのヴァイオリン奏者，ギター奏者。
陶澍　61歳。1778生。中国，清後期の政治家。
惇親王綿愷　44歳。1795生。中国，清後期の皇族。
バトマン　Batman, John　38歳。1801生。イギリスの探検家。
潘德輿　54歳。1785生。中国，清代の学者。
フォーコニエ，ジャック-アンリ　Fauconnier, Jacques-Henri　63歳。1776生。フランスの金銀細工師。
フロンマン　Frommann, Karl Friedrich Ernst　74歳。1765生。ドイツの出版業者。
ベイリー，トマス・ヘインズ　Bayly, Thomas Haynes　42歳。1797生。イギリスのソング・ライター，小説家，劇作家。
ベネーリン　Venelin, Iurii Ivanovich　37歳。1802生。ロシアのスラブ学者。
ベーリ　Bailey, Ebenezer　44歳。1795生。アメリカの教育者。
ベルガー，ルートヴィヒ　Berger, Ludwig　62歳。1777生。ドイツの作曲家。
ヘルダー　Herder, Bartholomä　65歳。1774生。ドイツの出版業者。
ホー・スアン・フォン　Ho Xuân Hương　71歳。1768生。ヴェトナムの女流詩人。
パウンズ，ジョン　Pounds, John　73歳。1766生。イギリスの社会事業家，貧民学校の創始者。
ボノミーニ，パーオロ・ヴィンチェンツォ　Bonomini, Paolo Vincenzo　82歳。1757生。イタリアの画家。
モバン，ピエール・フィリベール　Maubant, Pierre Philibert　36歳。1803生。パリ外国宣教会(MEP)宣教師，朝鮮最初の西洋人宣教師。
ランドリアーニ，パーオロ　Landriani, Paolo　84歳。1755生。イタリアの舞台美術家，建築家。
リシャール　Richard, François　74歳。1765生。フランスの工業家。
レノルマン　Lenormand, Louis Sébastien　82歳。1757生。フランスの化学者。

1840年

5.01　イギリスで世界最初の切手が発行される
6.05　ヴィクトリア女王が動物愛護運動を後援
6.28　英軍が広州を封鎖、アヘン戦争が勃発する
11.27　第2次エジプト・トルコ戦争が終結する
　　　　＊＊＊
バーニー，ファニー　Burney, Frances D'Arblay　1.6没、87歳。1752生。イギリスの女流小説家，日記作者。
フォレン，カール・テーオドーア・クリスティアン　Follen, Karl　1.13没、44歳。1795(㊟1796)生。ドイツの詩人，政治家。
ブルーメンバッハ，ヨハン・フリードリヒ　Blumenbach, Johann Friedrich　1.22没、87歳。1752生。ドイツの生理学者，比較解剖学者。
コズローフ，イワン・イワノヴィチ　Kozlov, Ivan Ivanovich　1.30没、60歳。1779生。ロシアの詩人。
ブレ・ド・ラ・ムルト　Boulay de la Meurthe, Antoine Jacques Claude Joseph　2.4没、78歳。1761生。フランスの政治家，著述家。
クラウセン，ヘンリク・ゲーオウ　Clausen, Henrik Georg　2.25没、80歳。1759生。デンマークの副監督。
オルバース，ハインリヒ　Olbers, Heinrich Wilhelm Matthias　3.2没、81歳。1758生。ドイツの天文学者，医者。
デュポン・ド・レタン　Dupont de l'Etang, Pierre Antoine, Comte　3.7没、74歳。1765生。フランスの将軍。
ウィリアムズ，ウィリアム　Williams, William　3.17没、59歳。1781生。ウェールズの説教者。
ツェラー，カール・アウグスト　Zeller, Karl August　3.23(㊟1846)没、65歳。1774生。ドイツの教育家，ペスタロッチーの弟子。
マクルーア，ウィリアム　Maclure, William　3.23没、77歳。1763生。アメリカの鉱物学者。
シュタップファー，フィーリプ・アルベルト　Stapfer, Philipp Albert　3.27没、73歳。1766生。スイスの神学者，政治家。
ティボー　Thibaut, Anton Friedrich Justus　3.28没、68歳。1772生。ドイツの法学者。
リューリェ　L'Huiller, Simon Antoine Jean　3.28没、89歳。1750生。スイスの数学教育者。

19世紀　　　　　　　　　　　1840

ブラメル，ジョージ・ブライアン　Brummell, George Bryan　3.29没、61歳。1778生。イギリスの代表的ダンディ。

カーペンター，ラント　Carpenter, Lant　4.5?没、59歳。1780生。イギリスのユリテリアン派の牧師。

ネーズミス　Nasmyth, Alexander　4.10没、81歳。1758生。イギリスの画家。

ホワイト　White, Hugh Lawson　4.10没、66歳。1773生。アメリカの法律家、政治家。

ドラモンド，トマス　Drummond, Thomas　4.15没、42歳。1797生。イギリスの技術者、政治家。

フォスター，ハナ (・ウェブスター)　Foster, Hannah (Webster)　4.17没、81歳。1758生。アメリカの作家。

アルテン　Alten, Karl August von　4.20没、75歳。1764生。イギリス(ドイツ出身)の将軍。

タッカマン，ジョウゼフ　Tuckerman, Joseph　4.20没、62歳。1778生。アメリカのユニテリアン教会牧師、福祉運動家。

プリンセプ　Prinsep, James　4.22没、40歳。1800(⑲1799)生。イギリスの東洋学者、インド考古学者。

ポワソン，シメオン・ドニ　Poisson, Siméon Denis　4.25没、58歳。1781生。フランスの数学者、物理学者。

ロビケ　Robiquet, Pierre Jean　4.29没、60歳。1780生。フランスの化学者。

グリージ，ジュディッタ　Grisi, Giuditta　5.1没、34歳。1805生。イタリアのメッゾソプラノ歌手。

ダーブレー　D'Arblay, Mme　5.3没、87歳。1752生。イギリスの女流作家。

ガリツィン，ディミートリアス・オーガスティン　Gallitzin, Demetrius Augustine　5.6没、69歳。1770生。アメリカのカトリック司祭、宣教師。

サンタンデル，フランシスコ・デ・パウラ　Santander, Francisco de Paula　5.6(⑲1842)没、48歳。1792生。コロンビアの政治家、南米独立運動の指導者。

フリードリヒ，カスパル・ダーヴィト　Friedrich, Caspar David　5.7(⑲1810)没、65歳。1774生。ドイツの画家。

アルテンシュタイン，カール　Altenstein, Karl, Freiherr von Stein zum　5.14没、69歳。1770生。プロイセンの行政家。

エンゲル，カール・ルートヴィヒ　Engel, Johann Carl Ludwig　5.14没、61歳。1778生。フィンランドの建築家。

パガニーニ，ニッコロ　Paganini, Niccolò　5.27没、57歳。1782生。イタリアのヴァイオリン奏者、作曲家。

シャンパーニャ，マルスラン・ジョゼフ・ブノワ　Champagnat, Marcellin Joseph Benoît　6.6没、51歳。1789生。フランスのカトリック神父、マリスト修士会創立者。

フリードリヒ・ウィルヘルム3世　Friedrich Wilhelm III　6.7没、69歳。1770生。プロシア王 (在位1797〜1840)。

ルメルシエ，ネポミュセーヌ　Lemercier, Népomucène　6.7没、69歳。1771生。フランスの劇作家。

ドヌー　Daunou, Pierre Claude François　6.20没、78歳。1761生。フランスの政治家、歴史家。

スタンケーヴィチ，ニコライ・ウラジーミロヴィチ　Stankevich, Nikolai Vladimirovich　6.25没、26歳。1813生。ロシアの詩人、思想家。

ボナパルト，リュシアン　Bonaparte, Lucien　6.29没、65歳。1775生。ナポレオン1世の弟。

グレーフェ　Graefe, Karl Ferdinand von　7.4没、53歳。1787生。ポーランド生れのドイツの外科医、軍医。

ランベルク，ヨハン・ハインリヒ　Ramberg, Johann Heinrich　7.6没、76歳。1763生。ドイツの画家。

ブレッヒェン，カール　Blechen, Karl Eduard Ferdinand　7.23没、41歳。1798生。ドイツの画家。

クレー，ハインリヒ　Klee, Heinrich　7.28没、40歳。1800生。ドイツのカトリック神学者。

ダラム，ジョン，ジョージ・ラムトン，伯爵　Durham, John George Lambton, 1st Earl of　7.28没、48歳。1792生。イギリスの政治家。

クロッホマール　Krochmal, Nachman　7.31没、55歳。1785生。ポーランド出身のユダヤ教の哲学者、歴史家。

ジャコトー　Jacotot, Jean Joseph　7.31没、70歳。1770生。フランスの教育家。

ミュラー　Müller, Karl Otfried　8.1没、42歳。1797生。ドイツの古代学者。

コリンス　Kollins, Eduard Davydovich　8.16没、49歳。1791生。ロシアの数学者。

フリント　Flint, Timothy　8.16没、60歳。1780生。アメリカの牧師、小説家、歴史家。

インマーマン，カール・レーベレヒト　Immermann, Karl Leberecht　8.25没、44歳。1796生。ドイツの作家。

ベック　Beck, Jakob Sigismund　8.29没、79歳。1761生。ドイツの哲学者。

ペルボワール，ジャン・ガブリエル　Perboyer, Jean Gabriel　9.11没、38歳。1802生。フランス出身のラザリスト会士、中国宣教師、殉教者。

フランシア，ホセ・ガスパール・ロドリゲス　Francia, José Gaspar Rodríguez　9.20没、74歳。1766生。パラグアイの独裁者。

ロドリゲス・デ・フランシア，ホセ・ガスパール　Rodríguez de Francia, José Gaspar　9.20没、74歳。1766生。独立直後のパラグアイの独裁者。

人物物故大年表　外国人編　625

1840

エモンズ, ナサナエル（ナサニエル） Emmons, Nathanael（Nathaniel） 9.23没、95歳。1745生。アメリカ会衆派の牧師、神学者。

マクドナル Macdonald, Jacques Etienne Joseph Alexandre, Duc de Tarente 9.25没、74歳。1765生。フランス（スコットランド系）の軍人。

フォン・リトローフ von Littrov, Joseph Jogann 9.30没、59歳。1781生。オーストリアの天文学者で数学者。

ホランド（フォックスリとホランドの）, ヘンリー・リチャード・ヴァッサル・フォックス, 3代男爵 Holland, Henry Richard Vassall Fox, 3rd Baron 10.22没、66歳。1773生。イギリスの政治家。

カーライル Carlisle, Sir Anthony 11.2没、72歳。1768生。イギリスの医師。

フォーグル Vogl, Johann Michael 11.20没、72歳。1768生。オーストリアのバリトン歌手。

ボナルド, ルイ・ガブリエル・アンブロワーズ・ド Bonald, Louis Gabriel Ambroise, Vicomte de 11.23没、86歳。1754生。フランスの哲学者、政治家。

ロテック Rotteck, Karl Wenzeslaus Rodecker von 11.26没、65歳。1775生。ドイツの歴史家、政治家。

エスキロール Esquirol, Jean Étienne Dominique 12.12没、68歳。1772生。フランスの精神科医。

ガルニエ, ジャン Garnier, Jean G. 12.20没、74歳。1766生。ベルギーの数学者。

この年 英和 69歳。1771生。中国、清代後期の政治家、書家。

カヴォス, カッテリーノ Cavos, Catterino 64歳。1776生。イタリアの作曲家、指揮者。

ガッセ, エティエンヌ Gasse, Étienne 62歳。1778生。イタリアの建築家。

ガマラ Gamarra, Agustin 55歳。1785生。ペルーの軍人、政治家。

グスマン・イ・レカーロス, ホセ・ハビエール Guzmán y Lecaros, José Javier 90歳。1750生。チリのフランシスコ会宣教師。

クラーエ, ペーター・ヨーゼフ Krahe, Peter Joseph 82歳。1758生。ドイツの建築家。

グリフィン, ジェラルド Griffin, Gerald 37歳。1803生。アイルランドの小説家。

阮福晈 ㊟1842没、49歳。1791生。ヴェトナム、阮朝の第2代皇帝。

コウ・ター・ビュー Ko Tha Byu 62歳。1778生。ビルマのカレン人バプテスト教会信徒伝道者。

ジャービス Jarvis, John Wesley 60歳。1780生。アメリカの肖像画家。

スタリング Staring, Anthone Christiaan Wynand 73歳。1767生。オランダの詩人。

タウン, チャールズ Towne, Charles 77歳。1763生。イギリスの画家。

チョウンシー Chauncey, Issac 68歳。1772生。アメリカ海軍軍人。

ドーズ, ソフィ, フーシェール男爵夫人 Dawes, Sophie, baronne de Feuchères 50歳。1790生。フランスの女冒険家。

ノルマン, シャルル・ピエール・ジョゼフ Normand, Charles-Pierre-Joseph 75歳。1765生。フランスの建築家。

ハルベック, ハーンス・ペーテル Hallbeck, Hans Peter 56歳。1784生。スウェーデンのモラヴィア兄弟団宣教師。

潘輝注 58歳。1782生。ヴェトナム阮朝の官吏、学者。

フォーレン Follen, Charles 45歳。1795生。ドイツ体操の指導者。

フレーシネー Freycinet, Louis Henri de Saulces, Baron de 63歳。1777生。フランスの軍人。

ホウィーラー, ダニエル Wheeler, Daniel 69歳。1771生。イギリスのロシアへのクェーカー（フレンド派）宣教師。

ペッレグリーニ, ドメーニコ Pellegrini, Domenico 81歳。1759生。イタリアの画家。

マニング Manning, Thomas 68歳。1772生。イギリスの旅行家。

ムヤカ・ビン・ハジ・アル・ガッサニイ Muyaka bin Haji al-Ghassaniy 64歳。1776生。ケニアのスワヒリ語の詩人。

兪正燮 65歳。1775（㊟1755）生。中国、清の学者。

羅思挙 76歳。1764生。中国、清中期の郷勇。

ラウシェンブシュ, アウグスト・クリスティアン・エルンスト Rauschenbusch, August Christian Ernst 63歳。1777生。ドイツの神学者。

ルドゥーテ, ピエール・ジョゼフ Redoute, Pierre Joseph 81歳。1759生。植物研究家。

1841年

5.10 清で英軍が平英団の武装民兵に攻撃される
7.03 老中水野忠邦が天保の改革を行う
7.05 クックが禁酒大会のための団体列車を運行
7.13 欧州列強とオスマンがロンドン協定を結ぶ

＊＊＊

ブルック Broke, Sir Philip Bowes Vere, 1st Baronet 1.2没、64歳。1776生。イギリスの海軍人。

リックマン, トマス Rickman, Thomas 1.4没、64歳。1776生。イギリスの建築家。

デリンガー, イグナツ・クリストフ・フォン Döllinger, Ignaz Christph von 1.14没、70歳。1770生。ドイツの生物学者。

19世紀　1841

バレール（・ド・ヴュザック），ベルトラン　Barère de Vieuzac, Bertrand　1.14没、85歳。1755生。フランスの政治家。

リーランド，ジョン　Leland, John　1.14没、86歳。1754生。アメリカのバプテスト教会牧師，巡回伝道者，市民権運動家。

オリヴィエ，フェルディナント　Olivier, Ferdinand von　2.11没、55歳。1785生。ドイツの画家。

クーパー，サー・アストリー　Cooper, Sir Astley Paston　2.12没、72歳。1768生。イギリスの外科医，解剖学者。

ヒメネス・デ・エンシーソ，サルバドール　Jiménez de Enciso, Salvador　2.13没、76歳。1765生。コロンビアの司教。

カルッリ，フェルディナンド　Carulli, Ferdinando　2.17没、71歳。1770生。イタリアのギター奏者，作曲家，教師。

ゼルチュルナー，フリードリヒ・ヴィルヘルム・アダム・フェルディナント　Sertürner, Friedrich Wilhelm Adam　2.20没、57歳、1783生。ドイツの薬剤師。

ダイアー　Dyer, George　3.2没、85歳。1755生。イギリスの著述家。

ティートゲ，クリストフ・アウグスト　Tietge, Christoph August　3.8没、88歳。1752生。ドイツの詩人。

サヴァール，フェリックス　Savart, Félix　3.16没、49歳。1791（㊥1797）生。フランスの物理学者。

グリーン，ジョージ　Green, George　3.31没、47歳。1793生。イギリスの数学者。

ゴメンソーロ，トマス・ハビエル・デ　Gomensoro, Tomás Xavier de　4.2没、70歳。1770生。アルゼンチンの司祭，ウルグアイ独立の支援者。

ハリソン，ウィリアム・ヘンリー　Harrison, William Henry　4.4没、68歳。1773生。第9代アメリカ大統領。

シシコーフ，アレクサンドル・セミョーノヴィチ　Shishkov, Aleksandr Semyonovich　4.9没、87歳。1754生。ロシアの政治家，提督，作家。

ネッケール・ド・ソシュール夫人　Necker de Saussure, Albertine Adrienne, Madame de　4.13没、75歳。1766生。スイス・フランス語圏の女性作家。

アウグスティ，ヨーハン・クリスティアン・ヴィルヘルム　Augusti, Johann Christian Wilhelm　4.28没、69歳。1771生。ドイツの神学者。

シャネル，ピエール・マリー　Chanel, Pierre Marie　4.28没、37歳。1803生。フランスのマリスト会宣教師，オセアニアの最初の殉教者。

ベルトラン，アロイジウス　Bertrand, Aloysius　4.29没、34歳。1807生。フランスの詩人。

ハイベア，ピーター・アンドレアス　Heiberg, Peter Andreas　4.30没、82歳。1758生。デンマークの著作家。

ジョウンズ，デイヴィド　Jones, David　5.1没、43歳。1797生。ロンドン宣教会宣教師。

ホープ，ジェイムズ　Hope, James　5.12没、40歳。1801生。イギリスの心臓病学者。

ブランコ-ホワイト，ホセ・マリア　Blanco White, Jośe María　5.20没、65歳。1775生。スペインの詩人，ジャーナリスト。

ホワイト，ジョウゼフ・ブランコ　White, Joseph Blanco　5.20没、65歳。1775生。イギリスの神学者。

ニェムツェーヴィチ　Niemcewicz, Julian Ursyn　5.21没、84？歳。1757（㊥1758）生。ポーランドの詩人，劇作家，社会活動家。

バーダー，フランツ・クサーヴァー・フォン　Baader, Benedikt Franz Xaver von　5.23没、76歳。1765生。ドイツの哲学者，神学者。

ウィルキー，サー・デイヴィド　Wilkie, Sir David　6.1没、55歳。1785生。スコットランドの風俗画家。

アペール，ニコラ・フランソワ　Appert, Nicolas François　6.3（㊥1840頃）没、92歳。1749（㊥1750頃）生。パリの料理人。

イライアス，ジョン　Elias, John　6.8没、67歳。1774生。ウェールズの説教者。

ガルヴェ，カール・ベルンハルト　Garve, Karl Bernhard　6.21没、78歳。1763生。ドイツ敬虔派の神学者。

ガルニエ・パジェス　Garnier-Pagès, Etienne Joseph Louis　6.23没、39歳。1801生。フランスの政治家，弁護士。

マコーム　Macomb, Alexander　6.25没、59歳。1782生。アメリカの陸軍軍人。

ポカゴン，レオポルド　Pokagon, Leopold　7.8没、66？歳。1775生。アメリカ・インディアンのポタワトミの指導者。

レールモントフ，ミハイル・ユーリエヴィチ　Lermontov, Mikhail Iurievich　7.15(㊥1871)没、26歳。1814生。ロシアの詩人、小説家。

ヘルバルト，ヨハン・フリードリヒ　Herbart, Johann Friedrich　8.4没、65歳。1776生。ドイツの哲学者，心理学者。

モンプー　Monpou, Hippolyte　8.10没、37歳。1804生。フランスのオルガン奏者，作曲家。

ロンベルク，ベルンハルト・ハインリヒ　Romberg, Bernhard Heinrich　8.13没、73歳。1767生。ドイツのチェロ奏者，作曲家。

トーラレンセン，ビャルニ・ヴィグフースソン　Thorarensen, Bjarni Vigfússon　8.24没、54歳。1786生。アイスランドのロマン派詩人，法律家。

フック，シオドア・エドワード　Hook, Theodore Edward　8.24没、52歳。1788生。イギリスの小説家。

人物物故大年表 外国人編　*627*

1841　19世紀

ザイフリート　Seyfried, Ignaz (Xaver) von　8.27没、65歳。1776生。オーストリアの作曲家、指揮者、著述家。

カンドル、オーギュスタン・ピラム・ド　Candolle, Augustin Pyrame de　9.9没、63歳。1778生。スイスの植物学者。

ロッラ　Rolla, Alessandro　9.15没、84歳。1757生。イタリアのヴァイオリン奏者、指揮者、作曲家。

シンケル、カール・フリードリヒ　Schinkel, Karl Friedrich　10.9没、60歳。1781生。ドイツの建築家。

アフェドソン　Arfvedson, Johann August　10.28没、49歳。1792生。スウェーデンの化学者。

モルラッキ、フランチェスコ　Morlacchi, Francesco　10.28没、57歳。1784生。イタリアの作曲家。

バーンズ　Burnes, *Sir* Alexander　11.2没、36歳。1805生。イギリスの探検家、行政官。

オードワン、ジャン・ヴィクトール　Audouin, Jean Victor　11.9没、44歳。1797生。フランスの昆虫学者。

マコーリー、キャサリン　McAuley, Catherine Elizabeth　11.10没、54歳。1787（㊥1778）生。アイルランドの宗教活動家。

ヴァーグナー　Wagner, Johann Jakob　11.22没、66歳。1775生。ドイツの哲学者。

チャントリー、フランシス・レガット　Chantrey, *Sir* Francis Legatt　11.25没、60歳。1781生。イギリスの彫刻家。

バークベック、ジョージ　Birkbeck, George　12.1没、65歳。1776生。イギリスの医師。

ダンネッカー、ヨハン・ハインリヒ・フォン　Dannecker, Johann Heinrich von　12.8没、83歳。1758生。ドイツ新古典主義の彫刻家。

フレシヌス、ドニー・ド　Frayssinous, Denis Antoine Luc, Comte de　12.12没、76歳。1765生。フランスの宗教家、政治家。

ブランジーニ　Blangini, Giuseppe Marco Maria Felice　12.18没、60歳。1781生。イタリア生れの作曲家、テノール。

アスト、ゲオルク・アントーン・フリードリヒ　Ast, Georg Anton Friedrich　12.30没、63歳。1778生。ドイツの文献学者、哲学者。

この года 慧彦　58歳。1783生。朝鮮の僧。

エラウト　Elout, Cornelis Theodorus　74歳。1767生。オランダの植民地政治家。

エルギン、トマス・ブルース、7代エルギン伯爵兼11代キンカーディン伯爵　Elgin, Thomas Bruce, 7th Earl of Elgin and 11th Earl of Kincardine　75歳。1766生。イギリス外交官、美術鑑定家。

オービュイソン　Aubuisson de Voisan, Jean François de　72歳。1769生。フランスの鉱物学者。

カルティエ、ジャン・バティスト　Cartier, Jean-Baptiste　76歳。1765生。フランスのヴァイオリン奏者、作曲家。

関天培　60歳。1781生。中国、清末期の武将。

龔自珍　49歳。1792生。中国、清の文学者、学者。

グラフ　Graff, Eberhard Gottlieb　61歳。1780生。ドイツのゲルマン語学者。

黄鉞　91歳。1750生。中国、清代後期の画家。

ゴーダン　Gaudin, Martin Michel Charles, duc de Gaëte　85歳。1756生。フランスの財政家。

ジーゴラ、ジョヴァンニ・バッティスタ　Gigola, Giovanni Battista　72歳。1769生。イタリアの細密画家、エマイユ画家。

シュピレケ　Spilleke, August Gottlieb　63歳。1778生。ドイツの教育家。

スキナー、ジェイムズ　Skinner, James　63歳。1778生。インドのユーラシア系血筋をひくインド兵士。

デ・ラ・クルス、アポリナリオ　De La Cruz, Apolinario　26歳。1815生。フィリピンの宗教指導者。

バーンズ、トマス　Barnes, Thomas　56歳。1785生。イギリスのジャーナリスト。

ブレスドルフ　Bredsdorff, Jacob Hornemann　51歳。1790生。デンマークの音声学者。

ベーデカー　Baedeker, Gottschalk　63歳。1778生。ドイツの出版業者。

マクルホーズ、アグネス　Maclehose, Agnes　82歳。1759生。イギリスの文人。

ミオード・メリト　Miot de Melito André François, Comte de　81歳。1760生。フランスの政治家、文学者。

ミンマン　Minh Mang　㊥1840没、50歳。1791（㊥1790）生。ヴェトナム、阮王朝の第2代皇帝（在位1820～41）。

裕謙　48歳。1793生。中国、清後期の政治家。

李止淵　64歳。1777生。朝鮮、李朝の政治家。

李兆洛　72歳。1769生。中国、清の学者、文学者。

劉衡　66歳。1775生。中国、清末期の官僚。

ロザスピーナ、フランチェスコ　Rosaspina, Francesco　79歳。1762生。イタリアの版画家。

1842年

1.06	英軍がアフガニスタン軍の奇襲で全滅する
8.01	イギリスで鉱山法が制定される
8.14	第2次セミノール戦争が終結する
8.29	アヘン戦争で清が降伏し、南京条約が締結

＊　＊　＊

19世紀　1842

クルーク　Krug, Wilhelm Traugott　1.13没、71歳。1770生。ドイツの哲学者。

ファーンリ、トマス　Fearnley, Thomas　1.16没、39歳。1802生。ノルウェイの画家。

ポッツォ・ディ・ボルゴ　Pozzo di Borgo, Carlo Andrea　2.15没、77歳。1764生。ロシアの外交官、伯爵。

ジュフロワ、テオドール　Jouffroy, Théodore Simon　3.1没、45歳。1796生。フランスの哲学者。

ヘーレン　Heeren, Arnold Hermann Ludwig　3.6没、81歳。1760生。ドイツの歴史家。

ヴァインリヒ　Weinlig, Christian Theodor　3.7没、61歳。1780生。ドイツのオルガン奏者、作曲家。

モウラ、アントニオ・マリア・デ　Moura, Antônio Maria de　3.12没、48歳。1794生。ブラジルの君主教権主義者。

ケルビーニ、ルイージ・カルロ・ザノービオ・サルヴァトーレ・マリーア　Cherubini, Luigi Carlo Zanobio Salvatore Maria　3.13没、81歳。1760生。イタリアの作曲家。

ハンセン、モーリッツ　Hansen, Maurits Christoffer　3.16没、47歳。1794生。ノルウェーの詩人、小説家。

スタンダール　Stendhal　3.23没、59歳。1783生。フランスの小説家。

ヴィジェ-ルブラン、エリザベト　Vigée-Lebrun, Marie Louise Elisabeth　3.30没、86歳。1755生。フランスの女流画家。

アンドレ、ヨーハン・アントン　André, Johann Anton　4.6没、66歳。1775生。ドイツの作曲家、音楽出版人。

チョマ　Kőrösi, Csoma Sándor　4.6(㊥1836)没、44歳。1798(㊥1784)生。ハンガリーの旅行家、言語学者、チベット学者。

イングランド、ジョン　England, John　4.11没、55歳。1786生。アメリカのカトリック教会司祭。

ヴィレム　Wilhem, Guillaume Louis　4.26没、60歳。1781生。フランスの作曲家、教育家。

モンセー　Moncey, Bon Adrien Jeannot de, Duc de Conegliano　4.26没、87歳。1754生。フランスの軍人。

ベル、サー・チャールズ　Bell, *Sir* Charles　4.27没、67歳。1774(㊥1744)生。イギリスの医師、解剖学者。

コットレンゴ、ジュゼッペ・ベネデット　Gottolengo, Giuseppe Benedetto　4.30没、55歳。1786生。イタリアのカトリック聖職者、社会事業家、聖人。

デュモン・デュルヴィル、ジュール・セバスティアン・セザール　Dumont d'Urville, Jules Sébastien César　5.8没、51歳。1790生。フランスの航海者。

ラス・カーズ、エマニュエル・ド　Las Cases, Emmanuel Augustin Dieudonné Joseph, Comte de　5.15没、75歳。1766生。フランスの歴史家。

エスプロンセダ、ホセ・デ　Espronceda, José de　5.23没、34歳。1808生。スペインロマン主義の詩人。

アーノルド、トマス　Arnold, Thomas　6.12没、46歳。1795生。イギリスの教育家。

ハスリンガー、トビアス　Haslinger, Tobias　6.18没、55歳。1787生。オーストリアの音楽家、音楽出版業者。

ガン、エレーナ・アンドレーヴナ　Gan, Elena Andreevna　6.24没、28歳。1814生。ロシアの女性作家。

シスモンディ　Sismondi, Jean Charles Léonard Simonde de　6.25没、69歳。1773生。スイスの歴史家、経済学者。

コーク　Coke, Thomas William, Earl of Leicester of Holkham　6.30没、88歳。1754(㊥1752)生。イギリスの農業改良家。

マーシュ、ジェイムズ　Marsh, James　7.3没、47歳。1794生。アメリカの会衆派教会牧師、教育者。

ペルティエ、ピエール・ジョゼフ　Pelletier, Pierre Joseph　7.20没、54歳。1788生。フランスの化学者。

コットマン、ジョン・セル　Cotman, John Sell　7.24没、60歳。1782生。イギリスの風景画家。

ブレンターノ、クレーメンス　Brentano, Clemens　7.28没、63歳。1778生。ドイツ後期ロマン派の詩人、小説家。

ラレー　Larrey, Dominique Jean, Baron　8.1没、76歳。1766生。フランスの軍医。

フレシネ　Freycinet, Louis Claude de Saulces de　8.18没、63歳。1779生。フランスの海軍軍人、探検家。

ボンテンポ、ジョアン・ドミンゴス　Bomtempo, João Domingos　8.18没、66歳。1775生。ポルトガルの作曲家、指揮者、ピアニスト。

デュ・ソムラール　Du Sommerard, Alexandre　8.19没、63歳。1779生。フランスの美術研究家、蒐集家。

ド・モミニ、ジョゼフ　de Momigny, Joseph　8.25没、80歳。1762生。フランスの音楽理論家、作曲家。

デュヴァル　Duval　9.1没、75歳。1767生。フランスの劇作家、俳優。

アイアランド、ジョン　Ireland, John　9.2没、80歳。1761生。イギリスの古典学者、聖書学者、ウエストミンスター主教座聖堂主席司祭。

バイヨ、ピエール　Baillot, Pierre Marie François de Sales　9.15没、70歳。1771生。フランスのヴァイオリン奏者、作曲家。

モラサーン、フランシスコ　Morazán, Francisco　9.15没、42歳。1799(㊥1792)生。中央アメリカ連邦大統領(1830〜40)。

アイヴォリ　Ivory, *Sir* James　9.21没、77歳。1765生。スコットランドの数学者。

ウェルズリー、リチャード(・コリー)、初代侯爵　Wellesley, Richard Colley, 1st Marquis　9.26没、82歳。1760生。イギリスの政治家。

ウーズリ　Ouseley, *Sir* William　9.?没、75歳。1767生。イギリスの東洋学者。

チャニング、ウィリアム・エラリー　Channing, William Ellery　10.2没、62歳。1780生。アメリカの牧師、著述家。

ヴァイセ、クリストフ・エアンスト・フリーズリク　Weyse, Christoph Ernst Friedrich　10.8没、68歳。1774生。デンマークの作曲家、オルガン奏者。

オヒギンス、ベルナルド　O'Higgins, Bernardo　10.23没、64歳。1778(®1776)生。チリの軍人、政治家。

ゲゼーニウス、ハインリヒ・フリードリヒ・ヴィルヘルム　Gesenius, Heinrich Friedrich Wilhelm　10.23没、56歳。1786生。ドイツのプロテスタント神学者、ヘブライ語学者。

コリツォーフ、アレクセイ・ワシリエヴィチ　Koltsov, Aleksei Vasilievich　10.29没、33歳。1809生。ロシアの詩人。

クレメント、フランツ　Clement, Franz　11.3没、61歳。1780生。オーストリアのヴァイオリン奏者、指揮者、作曲家。

ジェランドー　Gérando, Baron Joseph Marie de　11.12没、70歳。1772生。フランスの政治家、哲学者。

ヴェストリス、オーギュスト　Vestris, Auguste　12.5没、82歳。1760生。イタリアの舞踊家、舞踊教師。

ヒル　Hill, Rowland Hill, 1st Viscount　12.10没、70歳。1772生。イギリスの軍人。

ホールディン、ロバート　Haldane, Robert　12.12没、78歳。1764生。スコットランドの会衆派教会信徒伝道者。

ロッホリツ、ヨーハン・フリードリヒ　Rochlitz, Johann Friedrich　12.16没、73歳。1769生。ドイツの音楽評論家。

デュボイス、ジョン　Dubois, John　12.20没、78歳。1764生。アメリカのローマ・カトリック教会司教。

ドゥニン、マルティン・フォン　Dunin, Martin von　12.26没、68歳。1774生。ポーランドのカトリック聖職者、対プロイセン教会闘争の担い手。

フェッラーリ　Ferrari, Giacomo Gotifredo　12.?没、79歳。1763生。イタリアの作曲家。

この年　アントリーニ、ジョヴァンニ・アントーニオ　Antolini, Giovanni Antonio　88歳。1754生。イタリアの建築家、理論家。

ヴァーリー、ジョン　Varley, John　64歳。1778生。イギリスの画家。

ウェルステッド　Wellsted, James　37歳。1805生。イギリスの海軍士官。

ウォトソン　Watson, Elkanah　84歳。1758生。アメリカの農業改良家。

ウムラウフ、ミヒャエル　Umlauf, Michael　61歳。1781生。オーストリアの作曲家、ヴァイオリン奏者、指揮者。

エドワーズ　Edwards, William Frédéric　66歳。1776生。フランスの生理学、生態学者。

キッド　Kidd, Samuel　43歳。1799生。イギリスの中国学者。

クストーディ　Custodi, Pietro　71歳。1771生。イタリアの経済学者。

クレマン　Clément-Desormes, Nicolas　®1841没、72歳。1770(®1779初期)生。フランスの化学者、物理学者。

クロッツ、ヨーゼフ・アントン　Klotz(Kloz), Josef Anton　81歳。1761生。ドイツのヴァイオリン製作者。

黄承吉　71歳。1771生。中国、清の学者、文学者。

ゴリーティ、ホアン・イグナシオ・デ　Gorriti, Juan Ignacio de　76歳。1766生。アルゼンチンの司祭、政治家。

シャー・シュジャー　Shāh Shujā'　®1841没、62?歳。1780生。アフガニスタンのドゥッラーニー朝第4代の王(1801, 03〜10, 39〜42)。

シャバノー、フランソワ　Chabaneau, François　88歳。1754生。フランスの科学者。

シャラー、ヨハン・ネポムーク　Schaller, Johann Nepomuk　65歳。1777生。オーストリアの彫刻家。

シュタイン、マテーウス・アンドレアス　Stein, Matthäus Andreas　66歳。1776生。ドイツ・オーストリアのオルガン、ピアノ製造業者。

シュテルン、アブラハム　Stern, Abraham　73歳。1769生。ポーランドの数学者、力学者でコンピューターの発明者。

シュラプネル、ヘンリー　Shrapnel, Henry　81歳。1761生。イギリスの砲兵将校。

銭杜　®1844没、81歳。1761(®1763)生。中国、清中期の画家。

ダクレ、シャーロット　Dacre, Charlotte　60歳。1782生。イギリスの女流作家。

ダーリング、グレイス　Darling, Grace　27歳。1815生。イギリスの英雄。

ダルジャンソン、マルク・ルネ　Argenson, Marc René, Marquis d'　71歳。1771生。フランスの貴族。

テケリア　Tekelija, Sava　81歳。1761生。ユーゴスラビアの社会事業家、法律家。

ハント　Hunt, Wilson Price　60歳。1782生。アメリカの毛皮商会の雇い人。

19世紀　1843

フリーデリケ・フリードナー　Fliedner, Friedeike Münster　42歳。1800生。ドイツの看護教育者。
ベイニム、ジョン　Banim, John　44歳。1798生。イギリスの小説家。
ベルナルド・クリストフ・ファウスト　Faust, Bernard Christoph　87歳。1755生。ドイツのビスマルク時代の社会改良家。
ベーロ、カール・フォン　Below, Karl von　60歳。1782生。ドイツの信仰覚醒運動家。
ライト、ベンジャミン　Wright, Benjamin　72歳。1770生。アメリカの土木技師。
ラボルド、アレクサンドル-ルイ-ジョゼフ　Laborde, Alexandre-Louis-Joseph　68歳。1774生。フランスの考古学者、政治家、伯爵。
ランパジウス　Lampadius, Wilhelm August　70歳。1772生。ドイツの化学者。
レスター・オヴ・ホルカム、トマス・ウィリアム・コーク、伯爵　Leicester of Holkham, Thomas William Coke, Earl of　90歳。1752生。イギリスの農学者。

マクチェイン、ロバート・マリ　McCheyne, Robert Murray　3.25没、29歳。1813生。スコットランド教会牧師。
ツァハリーエ　Zachariä von Lingenthal, Karl Salomo　3.27没、73歳。1769生。ドイツの法学者。
ランナー、ヨーゼフ　Lanner, Joseph Franz Karl　4.14没、42歳。1801生。オーストリアの作曲家。
ニーバーガル、エルンスト・エリーアス　Niebergall, Ernst Elias　4.19没、28歳。1815生。ドイツの劇作家。
ムラヴィヨーフ　Muraviyov, Nikita Mikhailovich　5.10没、46歳。1796生。ロシアの軍人、近衛大尉、デカブリスト。
カルプ　Kalb, Charlotte von　5.12没、81歳。1761生。ドイツの婦人。
コットヴィツ、ハンス・エルンスト　Kottwitz, Hans Ernst　5.13没、85歳。1757生。ドイツのプロテスタント信仰復興運動指導者。
ペルテス、フリードリヒ・クリストフ　Perthes, Friedrich Christoph　5.18没、71歳。1772生。ドイツの出版業者。
ラクロア　Lacroix, Sylvester François　5.25没、78歳。1765生。フランスの数学者。
ウェブスター、ノア　Webster, Noah　5.28没、84歳。1758生。アメリカの辞典編集者。
バウムガルテン-クルージウス、ルートヴィヒ・フリードリヒ・オットー　Baumgarten-Crusius, Ludwig Friedrich Otto　5.31没、54歳。1788生。ドイツのプロテスタント神学者。
ロゼッリーニ、イッポーリト　Rosellini, Ippolito　6.4没、42歳。1800生。イタリアのエジプト学者。
ヘルダーリン、ヨハン・クリスティアン・フリードリヒ　Hölderlin, Johann Christian Friedrich　6.7没、73歳。1770生。ドイツ最大の詩人の一人。
ミシェル、ジョルジュ　Michel, Georges　6.7没、80歳。1763生。フランスの風景画家。
ヴィトゲンシテイン　Vitgenshtein, Pëtr Khristianovich　6.11没、75歳。1768（㋟1769）生。ロシアの将軍。
フォーサイス、アレグザーンダ・ジョン　Forsyth, Alexander John　6.11没、73歳。1769生。スコットランドの聖職者、発明家。
レグリー　Legaré, Hugh Swinton　6.20没、46歳。1797生。アメリカの法律家、外交官。
ハーネマン、（クリスティアン・フリードリヒ・）サムエル　Hahnemann, Samuel Friedrich Christian　7.2没、88歳。1755（㋟1775）生。ドイツの医師。
オールストン、ワシントン　Allston, Washington　7.9没、63歳。1779生。アメリカの画家、作家。
ラサイイ、シャルル　Lassailly, Charles　7.14没、36歳。1806生。フランスの詩人。

1843年

1.03　魏源の世界情勢解説書「海国図志」が完成
7.07　洪秀全が宗教結社拝上帝会を創設する
10.08　アイルランド分離大決起集会が断念する

＊＊＊

スカルヴィーニ、ジョヴィータ　Scalvini, Giovita　1.1没、51歳。1791生。イタリアの小説家。
キー、フランシス・スコット　Key, Francis Scott　1.11没、63歳。1779生。アメリカの法律家、弁護士。
フケー、フリードリヒ・ド・ラ・モット　Fouqué, Friedrich Heinrich Karl de la Motte　1.23没、65歳。1777生。フランス系ドイツの作家。
ハル　Hull, Isaac　2.13没、69歳。1773生。アメリカの軍人。
グリズウォウルド、アレグザーンダ・ヴィーツ　Griswold, Alexander Viets　2.15没、76歳。1766生。アメリカの聖公会司祭。
ポーター　Porter, David　3.3没、63歳。1780生。アメリカの軍人。
コロコトロニス　Kolokotronis, Theodor　3.15没、72歳。1770生。ギリシアの愛国者。
サウジー、ロバート　Southey, Robert　3.21没、68歳。1774生。イギリスの詩人、伝記作家。
シャイベル、ヨーハン・ゴットフリート　Scheibel, Johann Gottfried　3.21没、59歳。1783生。ドイツの古ルター派神学者、説教家。

人物物故大年表 外国人編　*631*

1843　19世紀

ルーモーア，カール・フリードリヒ・フォン　Rumohr, Karl Friedrich von　7.25没、58歳。1785生。ドイツの美術史家。

クヴィトカ-オスノヴァネンコ，フリホリイ・フェドロヴィチ　Kvitka-Osnov'ianenko, Grigorii　8.8没、64歳。1778生。ウクライナの作家。

フリース，ヤーコプ・フリードリヒ　Fries, Jakob Friedrich　8.10没、69歳。1773生。ドイツの新カント派に属する哲学者。

モリスン，ジョン・ロバート　Morrison, John Robert　8.29没、29歳。1814生。イギリスの通訳官。

ヤコブソン　Jakobson, Ludvig Levin　8.29没、60歳。1783生。デンマークの比較解剖学者。

セクオイア　Sequoyah　8.?没、73?歳。1770生。アメリカ・インディアン、チェロキー族の学者。

グロールマン　Grolman, Karl Wilhelm Georg von　9.15没、66歳。1777生。ドイツ(プロイセン)の軍人。

コリオリ，ギュスターヴ-ガスパール　Coriolis, Gaspard Gustave de　9.19没、51歳。1792生。フランスの物理学者。

ダイアー，サミュエル　Dyer, Samuel　10.21没、39歳。1804生。イギリスの宣教師。

トランブル，ジョン　Trumbull, John　11.10没、87歳。1756生。アメリカの画家。

フェイジョ　Feijó, Diogo Antônio　11.10没、59歳。1784生。ブラジルの聖職者、政治家。

ドンバール　Dombasle, Christophe Joseph Alexandre Mathieu de　11.27没、66歳。1777生。フランスの農学者。

サントゥッチ　Santucci, Marco　11.29没、81歳。1762生。イタリアの作曲家。

ドラヴィーニュ，カジミール　Delavigne, Casimir Jean François　12.11没、50歳。1793生。フランスの詩人、劇作家。

ウィレム1世　Willem I, Frederik　12.12(㊨1841)没、71歳。1772生。ネーデルラント国王(在位1814～40)。

グレーアム　Graham, Thomas, 1st Baron Lynedoch　12.18没、95歳。1748生。イギリスの軍人。

この年　アラバ　Alava, Miguel Ricardo de　72歳。1771生。スペインの政治家。

伊里布　71歳。1772(㊨1771頃)生。中国、清末の官僚。

インウッド，ヘンリー・ウィリアム　Inwood, Henry William　49歳。1794生。イギリスの建築家。

カーライル，リチャード　Carlile, Richard　53歳。1790生。イギリスの自由思想家。

カンガ・アルグェリェス　Canga Argüelles, José　73歳。1770生。スペインの政治家、経済学者。

ガンディ，ジョーゼフ・マイケル　Gandy, Joseph Michall　72歳。1771生。イギリスの画家、建築家。

厳可均　81歳。1762生。中国、清の学者。

呉栄光　70歳。1773生。中国、清の学者、政治家。

伍秉鑑　75歳。1768(㊨1769)生。中国、清末期の行商。

コリス　Colles, Abraham　70歳。1773生。アイルランドの外科医。

シャシュケヴィチ，マルキヤン　Šaškevyč, Markijan　32歳。1811生。ウクライナの聖職者、詩人、言語学者。

ジャーディン　Jardine, Doctor William　59歳。1784生。イギリスの貿易商。

ターナー　Turnour, George, Earl of Winterton　44歳。1799生。イギリスの植民政治家、パーリ語学者。

陳文述　㊨1845没、72歳。1771(㊨1775)生。中国、清の詩人。

ディンガーン　Dingaan　㊨1840没、48?歳。1795生。南アフリカのズールー族の首長。

トープラー　Tobler, Johann Georg Gustav　74歳。1769生。スイスの教育者。

トミール，ピエール・フィリップ　Thomire, Pierre-Philippe　92歳。1751生。フランスのブロンズ制作家、金工家。

トンプソン　Thompson, Smith　75歳。1768生。アメリカの法律家。

ニーデラー　Niderer, Johannes　65歳。1778生。スイスの教育家。

ハスラー　Hassler, Ferdinand Rudolph　73歳。1770生。スイス生れのアメリカの測地学者、数学者。

ビアンコ　Bianco, Carlo　48歳。1795生。イタリアの革命家。

ビクーニャ・ラライーン，マヌエル　Vicuña Larraín, Manuel　65歳。1778生。チリの大司教。

ブヴァール　Bouvard, Alexis　76歳。1767生。フランスの天文学者。

フラット，カール・クリスティアン　Flatt, Karl Christian　71歳。1772生。ドイツの神学者、牧師。

フランドラン　Flandrin, Auguste　39歳。1804生。フランスの画家。

ヘドリー，ウィリアム　Hedley, William　64歳。1779生。イギリスの発明家。

ベーロ，グスタフ・フォン　Below, Gustav von　ドイツの信仰覚醒運動家。

ホブソン　Hobson, William　イギリス海軍軍人、ニュージーランド初代総督(1840～43)。

ペール　Peyre, Antoine Marie　73歳。1770生。フランスの建築家。

ボンシニョーリ，フェルディナンド　Bonsignore, Ferdinando　83歳。1760生。イタリアの建築家。

632　人物物故大年表 外国人編

マカラク，トマス　McCulloch, Thomas　66歳。1777生。カナダの長老派教会牧師，教育者。

マッキントッシュ，チャールズ　Macintosh, Charles　㊟1834没、77歳。1766生。イギリスの製造化学者。

マーリ　Murray, John　65歳。1778生。イギリスの出版業者。

モーリー，サミュエル　Morey, Samuel　81歳。1762生。アメリカの発明家。

ラウドン，ジョン・クローディアス　Loudon, John Claudius　60歳。1783生。イギリスの園芸評論家，建築家。

1844年

5.24　世界初の長距離通信が電信回線で行われる
8.14　イスリ川の戦いで仏軍がモロッコ軍破る
10.24　清仏間で修好通商条約（黄埔条約）が締結
12.21　ジョージ・ウィリアムズがYMCAを創始
　　　　　＊＊＊

テーラー　Taylor, John Edward　1.6没、52歳。1791生。イギリスの文筆家。

ロー　Lowe, Sir Hudson　1.10没、74歳。1769生。イギリスの軍人。

マッツィンギ　Mazzinghi, Joseph　1.15没、78歳。1765生。イギリスの作曲家。

ヘーデン　Hayden, Horace H.　1.26没、74歳。1769生。アメリカの歯科医。

ノディエ，シャルル　Nodier, Charles　1.27没、63歳。1780生。フランスの小説家。

ボス　Van den Bosch, Johannes　1.28没、63歳。1780生。オランダ東インド総督（在任1830～33）。

アディソン　Addison, John　1.30没、78？歳。1766生。イギリスのコントラバス奏者、作曲家。

ベルトラン，アンリ・グラティアン，伯爵　Bertrand, Henri Gratien, comte　1.31没、70歳。1773生。フランスの軍人、軍事技師。

カノニカ，ルイジ　Canonica, Luigi　2.7没、82歳。1762生。スイスの建築家。

フェレイラ・デ・メロ，ジョゼ・ベント・レイテ　Ferreira de Melo, José Bento Leite　2.8没、59歳。1785生。ブラジルの司祭、自由主義政治家。

シドマス（シドマスの），ヘンリー・アディントン，初代子爵　Sidmouth, Henry Addington, 1st Viscount　2.15没、86歳。1757生。イギリスの政治家。

グレゴリー，ダンカン　Gregory, Duncan Farvarson　2.23没、30歳。1813生。スコットランドの数学者。

ビドル　Biddle, Nicholas　2.27没、58歳。1786生。アメリカの銀行家。

ニコルソン　Nicholson, Francis　3.6没、90歳。1753生。イギリスの水彩画家。

カルル14世　Karl XIV　3.8没、81歳。1763（㊟1764）生。スウェーデン，ノルウェー王（在位1818～44）。

アルグエリェス　Argüelles, Agustín　3.23没、67歳。1776生。スペインの政治家。

トルヴァルセン，ベアテル　Thorvaldsen, Albert Bertel　3.24没、75歳。1768（㊟1770）生。デンマークの彫刻家。

モーゼル　Mosel, Ignaz Franz von　4.8没、72歳。1772生。オーストリアの指揮者，作曲家，評論家。

フォッサムブローニ　Fossombroni, Vittorio　4.13没、89歳。1754生。イタリア，トスカナ大公国の政治家。

ブルフィンチ，チャールズ　Bulfinch, Charles　4.15没、80歳。1763生。アメリカの建築家。

パッカ，バルトロンメオ　Pacca, Bartolommeo　4.19没、87歳。1756生。ローマ教皇庁の聖職者，政治家。

ベルトン，アンリ・モンタン　Berton, Henri Montan　4.22没、76歳。1767生。フランスの作曲家。

ベイリー，フランシス　Baily, Francis　4.30没、70歳。1774生。イギリスの天文学者。

ダールグレン，カール・フレーデリク　Dahlgren, Carl Frederik　5.2没、52歳。1791生。ノルウェーの詩人，作家。

ベックフォード，ウィリアム　Beckford, William Thomas　5.2没、84歳。1760（㊟1759）生。イギリスの小説家。

エヒテルマイヤー　Echtermeyer, Ernst Theodor　5.6没、39歳。1805生。ドイツの著述家。

バイーニ，ジュゼッペ　Baini, Giuseppe　5.21没、68歳。1775生。イタリアの聖職者，作曲家，音楽理論家。

ラフィット　Laffitte, Jacques　5.26没、76歳。1767生。フランスの銀行家，政治家。

アングレーム，ルイ・アントワーヌ・ド・ブルボン，公爵　Angoulême, Louis Antoine de Bourbon, Duc d'　6.3没、68歳。1775生。フランスの最後の王太子。

ジョフロワ・サン-ティレール，エティエンヌ　Geoffroy Saint-Hilaire, Étienne　6.12没、72歳。1772生。フランスの動物学者、奇形学者。

ホープ，トーマス・チャールズ　Hope, Thomas Charles　6.13没、78歳。1766生。イギリスの化学者。

キャンベル，トマス　Campbell, Thomas　6.15没、66歳。1777生。イギリスの詩人。

ヴァイベツァーン，カール・フリードリヒ・アウグスト　Weibezahn, Carl Friedrich August　6.20没、39歳。1804生。ドイツのルター派説教者。

スミス，ジョゼフ　Smith, Joseph　6.27没、38歳。1805生。アメリカのモルモン教教祖。

バラトゥインスキー，エヴゲーニー・アブラモヴィチ　Baratynskii, Evgenii Abramovich　6.29没、44歳。1800(㋺1816)生。ロシアの詩人。
フォリエル，クロード-シャルル　Fauriel, Claude Charles　7.17没、71歳。1772生。フランスの歴史家。
バンディエラ，アッテリオ　Bandiera, Attilio　7.23没、34歳。1810生。イタリアの軍人。
バンディエラ，エミリオ　Bandiera, Emilio　7.23没、25歳。1819生。イタリアの軍人。
ドールトン，ジョン　Dalton, John　7.27没、77歳。1766生。イギリスの化学者、物理学者。
ピクセレクール，ルネ-シャルル・ギルベール・ド　Pixérécourt, René Charles Guilbert de　7.27没、71歳。1773生。フランスの劇作家。
ボナパルト，ジョセフ　Bonaparte, Joseph　7.28没、76歳。1768生。ナポレオン1世の兄。
コピタル，イェルネイ　Kopitar, Jernej Bartel　8.11没、63歳。1780生。スロヴェニアの言語学者。
ベネケ　Benecke, George Friedrich　8.16没、82歳。1762生。ドイツのゲルマン学者。
セーン　Sen, Rāmkamal　8.?没、61歳。1783生。インドの知識人、実業家。
ホール　Hall, J. Basil　9.11没、55歳。1788生。イギリスの航海士。
フーゴー　Hugo, Gustav　9.15没、79歳。1764生。ドイツの法学者。
ボウデン，ジョン・ウィリアム　Bowden, John William　9.15没、46歳。1798生。英国教会の信徒、オックスフォード運動の支援者。
ベンケンドルフ　Benkendorf, Aleksandr Khristoforovich　9.23没、61歳。1783生。ロシアのドイツ系軍人、政治家。
ゴンサルヴェス，ジョアキン・アフォンス　Gonçalves, Joaquim Afonso　10.3没、64歳。1780(㋺1781)生。ポルトガルのラザルス会宣教師、中国学者。
ナバレテ　Navarrete, Martín Fernández de　10.8没、78歳。1765生。スペインの海軍軍人、歴史家。
チリエ，クロード　Tillier, Claude　10.18没、43歳。1801生。フランスの作家。
キールマイアー　Kielmeyer, Karl Friedrich　10.24没、79歳。1765生。ドイツの比較解剖学者。
コッタ　Cotta, Heinrich von　10.25没、80歳。1763生。ドイツの林学者。
キシュファルディ・シャーンドル　Kisfaludy, Sándor　10.28没、72歳。1772生。ハンガリーの詩人。
クルイローフ，イワン・アンドレーヴィチ　Krylov, Ivan Andreevich　11.9没、75?歳。1769(㋺1768)生。ロシアの寓話作家、劇作家。
ストウン，バートン・ウォレン　Stone, Barton Warren　11.9没、71歳。1772生。アメリカのプロテスタントの牧師。

リーバマン，ブルーノ・フランツ・レーオポルト　Liebermann, Bruno Franz Leopold　11.11没、85歳。1759生。アルザス出身のカトリック神学者。
フェレンベルク　Fellenberg, Philipp Emanuel von　11.21没、73歳。1771生。スイスの教育家。
ヘンダーソン，トーマス　Henderson, Thomas　11.23没、45歳。1798生。スコットランドの天文学者。
コールコット，オーガスタス・ウォール　Callcott, Sir Augustus Wall　11.25没、65歳。1779生。イギリスの肖像画家、風景画家。
シュヴェルツ　Schwerz, Johann Nepomuk von　12.11没、85歳。1759生。ドイツの農業地理学者、農業改良家。
ムルゲ　Mourguet, Laurent　12.30没、99?歳。1745生。フランスの興行師。
この年　アフマド　Aḥmad, Lobo　69歳。1775生。西スーダン(現ナイジェリア)のフラー族首長。
アルベルトッリ，フェルディナンド　Albertolli, Ferdinando　63歳。1781生。イタリアの装飾家、版画家、建築家。
イムホフ，ペーター・ヨーゼフ　Imhoff, Peter Joseph　76歳。1768生。ドイツの彫刻家。
ヴァイグル，タデーウス　Weigl, Thaddäus　68歳。1776生。オーストリアの作曲家、指揮者、出版者。
オットー　Otto, John Conrad　70歳。1774生。アメリカの医師。
カムッチーニ，ヴィンチェンツォ　Camuccini, Vincenzo　73歳。1771生。イタリアの画家。
クリュージ　Krüsi, Hermann　69歳。1775生。スイスの教育者。
グルーナー　Gruner, Gottlied Anton　66歳。1778生。ドイツ、ペスタロッチー派の教育者。
クロックフォード，ウィリアム　Crockford, William　69歳。1775生。イギリス、ロンドンの有名な賭博場の創始者(1827)。
ケアリ　Cary, Henry Francis　72歳。1772生。イギリスの牧師、翻訳家。
ゴリーツィン，アレクサンドル　Golitsyn, Aleksandr Nikolaevich　71歳。1773生。ロシアの政治家、公爵。
ジクヴァルト　Sigwart, Christoph Wilhelm von　55歳。1789生。ドイツの哲学者。
銭泳　85歳。1759生。中国、清代後期の書家。
トリスタン　Tristan, Flora　41歳。1803生。フランスの婦人運動の先駆者。
ドルーエ　Drouet d'Erlon, Comte Jean Baptiste　79歳。1765生。フランスの軍人。
ナスィーム，パンディット・ダヤー・シャンカル　Nasīm, Pandit Dayā Shankar　33歳。1811生。インドのウルドゥー語の詩人。
バーデット　Burdett, Sir Francis　74歳。1770生。イギリスの政治家。

ビゾン、ジュゼッペ・ベルナルディーノ　Bison, Giuseppe Bernardino　82歳。1762生。イタリアの画家。
ヘッジ　Hedge, Levi　78歳。1766生。アメリカの哲学者、教師。
ベンヴェヌーティ、ピエトロ　Benvenuti, Pietro　75歳。1769生。イタリアの画家。
パーカー、ダニエル　Parker, Daniel　63歳。1781生。アメリカのバプテスト教会牧師。
ライス、(エドマンド・)イグネイシャス　Rice, (Edmund) Ignatius　82歳。1762生。アイルランドの慈善家、修道会の設立者。
レプシウス、カール・リヒャルト　Lepsius, Karl Richard　⑭1884没、34歳。1810(⑭1813)生。ドイツのエジプト学者、近代考古学確立者の一人。
ロドリーゲス　Rodríguez, Martín　73歳。1771生。アルゼンチンの将軍。

1845年

3.11　マオリ族がイギリス人入植者を虐殺する
11.29　「上海土地章程」が締結、租界が形成する
12.13　第1次シク戦争が始まる

＊＊＊

ボワリー、ルイ-レオポルド　Boilly, Louis-Léopold　1.4没、83歳。1761生。フランスの画家、版画家。
フーヴァルト、クリストフ・エルンスト・フォン　Houwalt, Christoph Ernst Freiherr von　1.28没、66歳。1778生。ドイツの劇作家、小説家。
シュテフェンス、ヘンリク　Steffens, Henrik　2.13没、71歳。1773生。ノルウェー生れの哲学者、ルター派の宗教哲学者、詩人。
ラカナル　Lakanal, Joseph　2.14没、82歳。1762生。フランスの教育家、政治家。
スミス、シドニー　Smith, Sydney　2.22没、73歳。1771生。イギリスの著述家、聖職者。
エチエンヌ、シャルル-ギヨーム　Étienne, Charles-Guillaume　3.13没、68?歳。1777生。フランスの劇作家、ジャーナリスト、政治家。
ダニエル、ジョン・フレデリック　Daniell, John Frederic　3.13没、55歳。1790生。イギリスの化学者、物理学者。
チャップマン、ジョン　Chapman, John　3.17没、70歳。1774生。アメリカの苗木種頒布者。
リー、ジェイスン　Lee, Jason　3.25没、41歳。1803生。アメリカのメソジスト派牧師、オレゴン地方開拓者。
クルーマハー、フリードリヒ・アードルフ　Krummacher, Friedrich Adolf　4.4没、77歳。1767生。ドイツの説教者。

ソシュール　Saussure, Nicolas Théodore de　4.18没、77歳。1767生。スイスの植物学者。
パウリ、アウグスト　Pauly, August　5.2没、48歳。1796生。ドイツの古典文献学者。
フッド、トマス　Hood, Thomas　5.3没、45歳。1799生。イギリスの詩人、ジャーナリスト。
ダンハウザー、ヨーゼフ　Danhauser, Joseph　5.4没、39歳。1805生。オーストリアの画家。
カベニャック　Cavaignac, Eléonore-Louis-Godefroy　5.5没、44歳。1801生。フランスの政治家。
シュレーゲル、アウグスト・ヴィルヘルム　Schlegel, August Wilhelm von　5.12没、77歳。1767生。ドイツ・ロマン主義芸術運動の指導者。
エーベルハルト　Eberhard, Christian August Gottlob　5.13没、76歳。1769生。ヴュルッテンベルク伯。
クラフト、クリスティアン　Krafft, Christian　5.15没、60歳。1784生。ドイツの改革派神学者。
ハットルグリームソン、ヨウナス　Hallgrímsson, Jónas　5.26没、37歳。1807生。アイスランドの詩人。
ジャクソン、アンドリュー　Jackson, Andrew　6.8没、78歳。1767生。アメリカの第7代大統領(1829～37)。
バラム、リチャード・ハリス　Barham, Richard Harris　6.17没、56歳。1788生。イギリスの牧師、ユーモア作家。
ハンセン、クリスティアン・フレデリック　Hansen, Christian Frederik　7.10没、89歳。1756生。デンマークの建築家。
ウェア、ヘンリ　Ware, Henry　7.12没、81歳。1764生。アメリカのユニテリアン派の牧師、ハーヴァード大学神学部教授。
ヴェルゲラン、ヘンリック　Wergeland, Henrik Arnold　7.12没(⑭1875)没、37歳。1808生。ノルウェーの詩人。
アドルファス　Adolphus, John　7.16没、76歳。1768生。イギリスの歴史家。
グレイ、チャールズ・グレイ、2代伯爵　Grey, Charles Grey, 2nd Earl of　7.17没、81歳。1764生。イギリスの政治家。
アルトー、アレクサンドル・ジョゼフ　Artôt, Alexandre Joseph　7.20没、30歳。1815生。ベルギーのヴァイオリン奏者。
カンタベリー　Canterbury, Charles Manners-Sutton, 1st Viscount　7.21没、65歳。1780生。イギリスの法律家。
サブレット　Sublette, William Lewis　7.23没、46?歳。1799生。アメリカの軍人、毛皮取引商人。
ジラール　Girard, Philippe Henri de　8.26没、70歳。1775生。フランスの発明家。
ベッカー　Becker, Nikolaus　8.28没、35歳。1809生。ドイツの詩人。

1845　19世紀

リバダビア，ベルナルディーノ　Rivadavia, Bernardino　9.2没、65歳。1780生。アルゼンチンの政治家。

ロワイエ・コラール　Royer-Collard, Pierre Paul　9.4没、82歳。1763生。フランスの政治家，哲学者。

ミュラー　Müller, William John　9.8没、33歳。1812生。ドイツ生れのイギリスの風景画家。

ストーリー，ジョゼフ　Story, Joseph　9.10没、65歳。1779生。アメリカの法律家。

スペンサー　Spencer, John Charles Spencer, 3rd Earl of　10.1没、63歳。1782生。イギリスの政治家。

バラタシヴィリ，ニコロズ・メリトニスゼ　Baraṭashvili, Niḳoloz Melitonis dze　10.9没、27歳。1817生。グルジアの詩人。

フライ，エリザベス　Fry, Elizabeth　10.12没、65歳。1780生。イギリスの女性博愛家。

カッシニ(4代)，ジャック　Cassini, Jacques Dominique　10.18没、97歳。1748生。イタリア出身のフランスの有名な天文家。

ドロステ・ツー・フィッシャリング，クレーメンス・アウグスト　Droste zu Vischering, Klemens August　10.19没、72歳。1773生。ドイツのカトリック聖職者。

ペルティエ，ジャン・シャルル・アタナーズ　Peltier, Jean Charles Athanase　10.27没、60歳。1785生。フランスの物理学者，気象学者。

リンドル，イグナーツ　Lindl, Ignaz　10.31没、71歳。1774生。カトリックからプロテスタントに移ったドイツの神学者。

アレグザーンダ，マイケル・ソロモン　Alexander, Michael Solomon　11.23没、46歳。1799生。イェルサレム最初の聖公会主教。

マイア，ヨーハン・ジーモン　Mayr, Johann Simon　12.2没、82歳。1763生。ドイツ生れの歌劇作曲家。

ツルゲーネフ，アレクサンドル・イワノヴィチ　Turgenev, Aleksandr Ivanovich　12.3没、61歳。1784生。ロシアの社会活動家，作家，評論家。

リーマー，フリードリヒ・ヴィルヘルム　Riemer, Friedrich Wilhelm　12.19没、71歳。1774生。ドイツの言語学者，文学者。

シャルレ，ニコラ・トゥサン　Charlet, Nicolas Toussaint　12.30没、53歳。1792生。フランスの画家，石版画家。

|この年|　イェーツ　Yates, William　53歳。1792生。イギリスのバプテスト派の宣教師，東洋学者。

ヴァルーエフ　Valuev, Dmitrii Aleksandrovich　25歳。1820生。ロシアの歴史家。

ウェスト，ジョン　West, John　70?歳。1775生。英国教会司祭，伝道者。

ヴルスト　Wurst, Raimund Jakob　45歳。1800生。ドイツの教育家。

エリオット　Elliott, Jesse Duncan　63歳。1782生。アメリカ海軍士官。

カンクリーン　Kankrin, Egor Frantsevich　71歳。1774生。ロシアの財政家，政治家。

グリージンガー，ゲオルク・アウグスト　Griesinger, Georg August　76歳。1769生。ドイツの作家，外交官。

グリフィス　Griffith, William　35歳。1810生。イギリスの植物学者。

クレッチュマー，フィリップ・ヤーコプ　Cretzschmar, Philipp Jakob　59歳。1786生。ドイツの博物学者，医師。

ゴダッド　Goddard, William Stanley　88歳。1757生。イギリスの教育者。

コルブラン，イサベラ　Colbran, Isabella　60歳。1785生。スペインのソプラノ歌手。

シエンフエゴス，ホセ・イグナシオ　Cienfuegos, José Ignacio　83歳。1762生。チリの司教，啓蒙主義的改革者。

ジャクソン，ジョン　Jackson, John　76歳。1769生。イギリスのボクサー。

ジュボエ，フランソワ・ルネ　Gebauer, François René　72歳。1773生。サクソン系フランスのバスーン奏者，作曲家。

徐有榘　81歳。1764生。李氏朝鮮の農政学者。

ジラルディ，ドメーニコ　Gilardi, Domenico　57歳。1788生。スイスの建築家。

スーメ，アレクサンドル　Soumet, Alexandre　57歳。1788生。フランスの詩人，劇作家。

ディーツ　Dietz, Johann Christian　67歳。1778生。ドイツの楽器製造家。

デデ・エフェンディ，ハマーミーザーデ・イスマイール　Dede Efendî, Hamâmîzâde Isma'il　68歳。1777生。オスマン帝国の音楽家。

ナウンドルフ　Naundorff, Karl Wilhelm　58歳。1787生。ドイツの時計工。

ニブ，ウィリアム　Knibb, William　42歳。1803生。イギリスのバプテスト派宣教師。

バクストン　Buxton, Sir Thomas Fowell　59歳。1786生。イギリスの政治家。

バジドー　Bagyidaw　㊨1848没、60歳。1785(㊨1784)生。ビルマ，コンバウン朝の王(在位1819〜37)。

バーセイヴィ，ジョージ　Basevi, George　51歳。1794生。イギリスの建築家。

ビクトーリア　Victoria, Guadalupe　㊨1843没、54歳。1791(㊨1789)生。メキシコ独立運動の指導者，大統領(1824〜29)。

フィリップス，トマス　Phillips, Thomas　75歳。1770生。イギリスの画家。

ブリーデル　Bridel, Philipp Sirice　88歳。1757生。スイスの著述家。

636　人物物故大年表　外国人編

19世紀　1846

ボジオ，フランソワ・ジョゼフ　Bosio, François Joseph　77歳。1768生。モナコの彫刻家。

レー　Lay, George Tradescant　イギリスの外交官。

ロック，レジナ・マリア　Roche, Regina Maria　72歳。1773生。イギリスの女流小説家。

[この頃] フェヒーム・スュレイマン・エフェンディ　Fehīm Suleiman Efendi　58？歳。1787生。オスマン・トルコ帝国の詩人，学者。

1846年

2.14　クラクフ共和国でポーランド貴族が蜂起
3.09　第1次シク戦争が英軍の勝利で終結する
5.13　メキシコ戦争が勃発する
5.26　穀物法の廃止でイギリスが自由貿易へ移行
9.23　ヨハン・ガレが海王星を発見する
* * *

フリア，ジョン・フッカム　Frere, John Hookham　1.7没，76歳。1769生。イギリスの外交官，著作家。

プフタ　Puchta, Georg Friedrich　1.8没，47歳。1798生。ドイツの法学者。

セナンクール，エチエンヌ・ピヴェール・ド　Sénancour, Etienne Pivert de　1.10没，75歳。1770生。フランスの小説家，思想家。

アーティシュ，ハイダル・アリー　Ātish, Ḥaidar Alī　1.14没，68？歳。1778生。インドのウルドゥー語詩人。

シャホフスコーイ，アレクサンドル・アレクサンドロヴィチ　Shakhovskoi, Aleksandr Aleksandrovich　1.22没，68歳。1777生。ロシアの劇作家。

ホフマン，ゴットリーブ・ヴィルヘルム　Hoffmann, Gottlieb Wilhelm　1.29没，74歳。1771生。ドイツの政治家。

ヴァイグル，ヨーゼフ　Weigl, Joseph　2.3没，79歳。1766生。オーストリアの作曲家，指揮者。

コッツェブー，オットー　Kotzebue, Otto von　2.5没，58歳。1787生。ドイツの探検家。

シュテファン，マルティーン　Stephan, Martin　2.22没，68歳。1777生。アメリカのミズーリ・ルター派教会創始者。

ヒル・イ・カラスコ，エンリケ　Gil y Carrasco, Enrique　2.22没，30歳。1815生。スペインの小説家，詩人。

ポレヴォーイ，ニコライ・アレクセーヴィチ　Polevoi, Nikolai Alekseevich　2.22没，49歳。1796（㋿1776）生。ロシアの評論家，作家。

デンボフスキ　Dembowski, Edward　2.27没，23歳。1822生。ポーランドの革命家，哲学者。

フーク，ヨーハン・レーオンハルト　Hug, Johann Leonhard　3.11没，80歳。1765生。ドイツのカトリック聖書釈義学者，新約学者。

ベッセル，フリードリヒ・ヴィルヘルム　Bessel, Friedrich Wilhelm　3.17没，61歳。1784生。ドイツの天文学者，数学者。

ドラゴネッティ，ドメーニコ　Dragonetti, Domenico　4.16没，83歳。1763生。イタリアのコントラバス奏者，作曲家。

クレシェンティーニ　Crescentini, Girolamo　4.24没，84歳。1762生。イタリアの歌手・作曲家。

モートン，セラ・ウェントワース　Morton, Sarah Wentworth　5.14没，87歳。1759生。アメリカの女性詩人。

マルハイネケ，フィーリプ・コンラート　Marheineke, Philipp Konrad　5.31没，66歳。1780生。ドイツのプロテスタント神学者。

グレゴリウス16世　Gregorius XVI　6.1没，80歳。1765生。教皇（在位1831～46）。

トゥプフェール，ロドルフ　Toepffer, Rodolphe　6.8没，47歳。1799生。スイスの小説家，挿絵画家。

ドワイト，シオドア　Dwight, Theodore　6.12没，81歳。1764生。アメリカの法律家，新聞編集者，詩人。

ドビューロー，ジャン-バチスト-ガスパール　Deburau, Jean-Batiste Gaspard　6.17没，49歳。1796生。フランスのパントマイムの俳優。

マコイ，アイザク　McCoy, Isaac　6.21没，62歳。1784生。アメリカのバプテスト派宣教師。

マーシュ，ジェイムズ　Marsh, James　6.21没，56歳。1789（㋿1794）生。イギリスの化学者。

ヘイドン，ベンジャミン・ロバート　Hayden, Benjamin Robert　6.22没，60歳。1786生。イギリスの画家。

ヴィレムス　Willems, Jan Frans　6.24没，53歳。1793生。オランダの言語学者，歴史家。

ポステル，マリー・マドレーヌ　Postel, Marie-Madelaine, St.　7.16没，89歳。1756生。フランスの修道女。

アイブラー，ヨーゼフ・レーオポルト　Eybler, Josef Leopold　7.24没，81歳。1765生。オーストリアの作曲家。

ボナパルト，ルイ　Bonaparte, Louis　7.25没，67歳。1778生。ナポレオン1世の弟。

マロンチェッリ，ピエートロ　Maroncelli, Pietro　8.1没，50歳。1795生。イタリアの著述家，愛国者。

リンク　Rinck, Johann Christian Heinrich　8.7没，76歳。1770生。ドイツのオルガン奏者，作曲家。

キュヘリベーケル，ヴィリゲリム・カルロヴィチ　Kiukhelbeker, Vilgelm Karlovich　8.11（㋿1864）没，49歳。1797生。ロシアの詩人。

アイゼレン　Eiselen, Ernst Wilhelm Bernhard　8.22没，52歳。1793（㋿1792）生。ドイツの体育家。

クルーゼンシュテルン　Kruzenshtern, Ivan Fëdorovich　8.24（㋿1840）没，75歳。1770生。ロシアの探検家，海軍士官。

人物物故大年表 外国人編　*637*

フィンク　Fink, Gottfried Wilhelm　8.27没、63歳。1783生。ドイツの音楽批評家、作曲家。

アビール、デイヴィド　Abeel, David　9.4没、42歳。1804生。アメリカ最初の中国派遣プロテスタント宣教師。

ジュイ、エチエンヌ・ド　Jouy, Étienne de　9.4没、81歳。1764生。フランスの作家。

メトカーフ　Metcalfe, Charles Theophilus Metcalfe, Baron　9.5没、61歳。1785生。イギリスの植民地行政官。

トム　Thom, Robert　9.14没、39歳。1807生。イギリスの外交官。

金大建　9.16没、25歳。1821（㊞1822）生。朝鮮、李朝、憲宗朝のカトリック司祭。

クラークスン、トマス　Clarkson, Thomas　9.26没、86歳。1760生。イギリスの奴隷廃止論者。

テレミン、フランツ　Theremin, Franz　9.26没、66歳。1780生。ドイツの改革派説教者、説教学者。

ドロネ　Derosne, Louis Charles　9.?没、66歳。1780生。フランスの化学者。

ブルモン　Bourmont, Louis Auguste Victor, Comte de Ghaisnes de　10.27没、73歳。1773生。フランスの元帥。

ウヴラール　Ouvrard, Gabriel Julien　10.?没、76歳。1770生。フランスの企業家、金融業者。

リース、フランツ・アントン　Ries, Franz Anton　11.1没、90歳。1755生。ドイツのヴァイオリン奏者。

テングネール、エサイアス　Tegnér, Esaias　11.2没、63歳。1782生。スウェーデンの詩人。

ダーリー、ジョージ　Darley, George　11.23没、51歳。1795生。アイルランドの詩人、批評家、数学者。

リスト　List, Friedrich　11.30没、57歳。1789生。ドイツの経済学者。

コンファロニエーリ　Confalonieri, Federico　12.10没、61歳。1785生。イタリアの愛国者。

ガルッピ、パスクァーレ　Galluppi, Pasquale　12.13没、76歳。1770生。イタリアの哲学者。

スワティ・ティルナール　Swati Tirunal　12.25没、33歳。1813生。インドの作曲家。

ヤズィーコフ、ニコライ・ミハイロヴィチ　Iazykov, Nikolai Mikhailovich　12.26（㊞1847）没、43歳。1803生。ロシアの詩人。

この年　インギラーミ、フランチェスコ　Inghirami, Francesco　74歳。1772生。イタリアのエトルリア学者、古代研究家。

ヴィサール　Wiṣāl　イランのカージャール朝前期の詩人。

エヴァンズ、ジェイムズ　Evans, James　45歳。1801生。イギリスのメソジスト教会宣教師、言語学者。

章嘉呼図克図（第三代）　59歳。1787生。内モンゴルの宗教的な権威。

スミス、エライアス　Smith, Elias　77歳。1769生。アメリカのバプテスト派牧師。

チャブ、チャールズ　Chubb, Charles　74歳。1772生。イギリスの錠前工。

ディオッティ、ジュゼッペ　Diotti, Giuseppe　67歳。1779生。イタリアの画家。

デーヴィス　Davis, Thomas Osborne　㊞1845没、32歳。1814生。アイルランドの詩人、政治家。

テュルク　Türk, Karl Christian Wilhelm von　72歳。1774生。ドイツの教育家。

鄧廷楨　70歳。1776生。中国、清の官僚。

ナトルプ　Natorp, Bernhard Christoph Ludwig　72歳。1774生。ドイツ（プロイセン）の神学者、教育学者。

ニコライ　Nicolai, Friedrich Berhard Gottfried　53歳。1793生。ドイツの天文学者。

ハリス　Harris, John　90歳。1756生。イギリスの出版業者。

バルタール、ルイ-ピエール　Baltard, Louis-Pierre　82歳。1764生。フランスの建築家、画家、版画家。

ビサール　Visāl, Mīrzā Muḥammad Shafi'　67歳。1779生。ペルシアの詩人。

ベンツェンベルク　Benzenberg, Johann Friedrich　69歳。1777生。ドイツの天文学者、物理学者。

ボードワイエ　Vaudoyer, Antoine Leaurent Thomas　90歳。1756生。フランスの建築家。

ポリーティ、オドリーコ　Politi, Odorico　61歳。1785生。イタリアの画家。

メーヨー　Mayo, Charles　54歳。1792生。イギリスの教育家。

楊芳　76歳。1770生。中国、清後期の武将。

1847年

1.04　中国初の留学生3人が渡米する
3.14　ヴェルディのオペラ「マクベス」が上演
7.28　ヘルムホルツがエネルギー保存の法則提示

＊＊＊

ガーニ、ジョウゼフ・ジョン　Gurney, Joseph John　1.4没、58歳。1788生。イギリスの福音派クエイカー信徒、銀行家。

ベント、チャールズ　Bent, Charles　1.19没、47歳。1799生。アメリカの開拓者、商人。

ジョーベール　Jaubert, Pierre Amédée Emilien Probe　1.27没、72歳。1774生。フランスの東洋学者。

19世紀　1847

デュトロシェ，ルネ・ジョアキム・アンリ　Dutrochet, René Joachim Henri　2.4没、70歳。1776生。フランスの生理学者，生物学者。

ハチェット，チャールズ　Hatchett, Charles　2.10没、82歳。1765生。イギリスの化学者。

ダンデリン　Dandelin, Germinal Pierre　2.15没、52歳。1794生。ベルギーの物理学者で数学者。

オルメド，ホセ・ホアキン　Olmedo, José Joaquín　2.19没、66歳。1780（㊗1782）生。エクアドルの詩人。

ギロー，アレクサンドル　Guiraud, Pierre-Marie-Thérèse-Alexandre　2.24没、58歳。1788生。フランスの詩人，劇作家。

ライツェンシュタイン　Reitzenstein, Sigismund von　3.5没、81歳。1766生。ドイツ，バーデン大公国の政治家。

グランヴィル，J. J.　Grandville　3.17（㊗1846）没、43歳。1803生。フランスの版画家。

ポリニャック，オーギュスト・ジュール・アルマン・マリー，公爵　Polignac, Auguste Jules Armand Marie, Prince de　3.22没、66歳。1780生。フランス，復古王政期の政治家。

ポリニャック　Polignac, Armand Jules Marie Héraclius, Duc de　3.30没、76歳。1771生。フランスの政治家。

ヤーコプス　Jacobs, Christian Friedrich Wilhelm　3.30没、82歳。1764生。ドイツの古典学者。

パースンズ，ジェイムズ　Parsons, James　4.6没、85歳。1762生。イギリスの聖書学者。

ゲルトナー，フリードリヒ・フォン　Gärtner, Friedrich von　4.21没、54歳。1792生。ドイツの建築家。

イェイイェル，エーリック・グスタヴ　Geijer, Erik Gustaf　4.23没、64歳。1783生。スウェーデンの詩人，歴史家。

カルル　Karl Ludwig Johann, Erzherzog von Österreich　4.30没、75歳。1771生。オーストリアの将軍。

ヴィネ，アレクサンドル　Vinet, Alexandre Rodolphe　5.10没、49歳。1797生。スイスの新教神学者，文芸批評家。

リスフラン・ド・サン・マルタン　Lisfranc de Saint Martin, Jacques　5.13没、57歳。1790生。フランスの外科医。

オコンネル，ダニエル　O'Connell, Daniel　5.15没、71歳。1775（㊗1755）生。アイルランドの政治家。

エット，カスパル　Ett, Kaspar (Caspar)　5.16没、59歳。1788生。ドイツのカトリック教会音楽家。

ロカフエルテ，ビセンテ　Rocafuerte, Vicente　5.16没、64歳。1783生。エクアドルの政治家。

セルヴォア　Servois, François Joseph　5.17没、79歳。1767生。フランスの数学者，砲兵士官。

ラム　Lamb, Mary Ann　5.20（㊗1849）没、82歳。1764生。イギリスの文筆家。

ルーデン　Luden, Heinrich　5.23（㊗1845）没、67歳。1780生。ドイツの歴史家。

グルーシ，エマニュエル，侯爵　Grouchy, Emmanuel, Marquis de　5.29没、80歳。1766生。フランスの将軍。

チャーマーズ，トマス　Chalmers, Thomas　5.30没、67歳。1780生。イギリスの神学者。

ゲーペル　Göpel, Gustav Adolph　6.7没、34歳。1812生。ドイツの数学者。

ラインハルト，ヨーハン・クリスティアン　Reinhart, Johann Christian　6.8没、86歳。1761生。ドイツの画家，銅版画家。

フランクリン，サー・ジョン　Franklin, Sir John　6.11没、61歳。1786生。イギリスの北極探検家。

ベルマン，ハインリヒ　Baermann, Heinrich Joseph　6.11没、63歳。1784生。ドイツのクラリネット奏者。

バランシュ，ピエール-シモン　Ballanche, Pierre Simon　6.12没、70歳。1776生。フランスの宗教，社会思想家。

エヴァレット　Everett, Alexander Hill　6.29没、57歳。1790生。アメリカの著述家，外交官。

マイコフ，ワレリアン・ニコラエヴィチ　Maikov, Valeriian Nikolaevich　7.15没、23歳。1823生。ロシアの批評家。

ブールダッハ　Burdach, Karl Friedrich　7.16没、71歳。1776生。ドイツの生理学者。

ウォルター　Walter, John　7.28没、71歳。1776生。イギリスの印刷業者。

スコット，オレンジ　Scott, Orange　7.31没、47歳。1800生。アメリカのメソジスト派牧師，奴隷制廃止運動家。

ラップ，ジョージ　Rapp, George　8.7没、89歳。1757生。アメリカの宗教指導者，アメリカ・ハーモニー会創設者。

クーム，Combe, Andrew　8.9没、49歳。1797生。イギリスの内科医，保健教育家，骨相学者。

フランセーン，フランス・ミーカエル　Franzén, Frans Michael　8.14没、75歳。1772生。スウェーデンの詩人，宗教家。

ラウアリ，ウォルター・メイカン　Lowrie, Walter Macon　8.19没、28歳。1819生。アメリカの長老教会宣教師。

コレッキー　Collecchi, Ottavio　8.25没、73歳。1773生。イタリアの数学者で哲学者。

ライト　Wright, Silas　8.27没、52歳。1795生。アメリカの法律家，政治家。

シュミット，イーザーク・ヤーコプ　Shmidt, Isak Iakovlevich　9.8没、67歳。1779生。ドイツ系ロシアの東洋学者。

1847　19世紀

コレッティス　Kolettis, Joannis　9.12没、59歳。1788生。ギリシアの政治家。

ウーディノ　Oudinot, Nicolas Charles, Duc de Reggio　9.13没、80歳。1767生。レギオ公。

アルセ　Arce, Manuel José　9.14没、64？歳。1783（㊸1787）生。中央アメリカ連邦初代大統領（1825～29）。

スーリエ、フレデリック　Soulié, Frédéric　9.23没、46歳。1800生。フランスの作家。

バスケス、パブロ　Vázquez, Pablo　10.7没、78歳。1769生。メキシコの司教、外交官。

ブロンニャール、アレクサンドル　Brongniart, Alexandre　10.7没、77歳。1770生。フランスの地質学者、鉱物学者。

レオネリ　Leonelli, Giuseppe Zecchini　10.12没、71歳。1776生。イタリアの物理学者で数学者。

ヘルツ、ヘンリエッテ　Herz, Henriette Julie　10.22没、83歳。1764生。ドイツのM. ヘルツの妻。

メンデルスゾーン-バルトルディ、ヤーコプ・ルートヴィヒ・フェーリクス　Mendelssohn-Bartholdy, Jakob Ludwig Felix　11.4没、38歳。1809生。ドイツの作曲家、指揮者、ピアニスト。

ディーフェンバッハ　Dieffenbach, Johann Friedrich　11.11没、55歳。1792生。ドイツの外科医。

ユングマン、ヨゼフ　Jungmann, Josef　11.14没、74歳。1773生。チェコスロヴァキアの言語学者、文学者。

ライト、ヘンリ・フランシス　Lyte, Henry Francis　11.20没、54歳。1793生。イギリスの牧師、讃美歌作者。

ホウィットマン、ナーシッサ・プレンティス　Whitman, Narcissa Prentiss　11.29没、39歳。1808生。アメリカのインディアンへの長老派教会宣教師。

ホウィットマン、マーカス　Whitman, Marcus　11.29没、45歳。1802生。アメリカの医師兼宣教師、オレゴン地方の開拓者。

ヴェネツィアーノフ、アレクセイ　Venetsianov, Aleksei Gavrilovich　12.4？没、67歳。1780生。ロシアの画家。

リストン　Liston, Robert　12.7没、53歳。1794生。スコットランドの外科医。

ケント　Kent, James　12.12没、84歳。1763生。アメリカの法学者。

マリー・ルイーズ　Marie Louise　12.18没、56歳。1791生。フランス皇帝ナポレオン1世の第2皇后。

クロッチ　Crotch, William　12.29没、72歳。1775生。イギリスのオルガン奏者、作曲家。

トレス・イ・アマート、フェリクス　Torres y Amat, Felix　12.29没、75歳。1772生。スペインの学者、司教。

この年　アンデルローニ、ファウスティーノ　Anderloni, Faustino　81歳。1766生。イタリアの版画家。

エス、レアンダー・ヴァン　Ess, Leander van　75歳。1772生。ドイツのカトリックの聖書翻訳家。

カネラ、ジュゼッペ　Canella, Giuseppe　59歳。1788生。イタリアの画家。

ギプス、サー・ジョージ　Gipps, Sir George　56歳。1791生。イギリスの植民地行政官。

クリースビー　Cleasby, Richard　50歳。1797生。イギリスのA. クリースビー卿の兄。

クローズ、ウィリアム　Clowes, William　68歳。1779生。イギリスの印刷業者。

ケルスティング、ゲオルク・フリードリヒ　Kersting, Georg Friedrich　62歳。1785生。ドイツの画家。

コリンズ、ウィリアム　Collins, William　59歳。1788生。イギリスの画家。

コレッティス　Koléttis, Ioánnis　73歳。1774生。ギリシアの軍人、政治家。

申緯　78歳。1769生。朝鮮、李朝末期の詩人。

ティヤーガラージャ　Tyāgarāja　㊸1848没、80歳。1767生。インド、テルグ語の詩人。

デュシ、ジャン-ルイ　Ducis, Jean-Louis　74歳。1773生。フランスの画家。

ナハテガル　Nachtegall, Franz　70歳。1777生。デンマークの体操家。

バーカー　Barker, Thomas　78歳。1769生。イギリスの画家。

ボイマンス、フランス・ヤーコプ・オット　Boymans, Frans Jacog Otto　80歳。1767生。オランダの美術収集家。

パップワース、ジョン・ブオナロッティ　Papworth, John Buonarroti　72歳。1775生。イギリスの建築家。

マシェット、デイヴィド　Mushet, David　75歳。1772生。イギリスの製鉄業者。

マリ・デュプレシス　Marie Duplessis　23歳。1824生。フランスの小説家デュマ（子）の『椿姫』モデルとなった高級娼婦。

マリヤ　Marilhat, Prosper　36歳。1811生。フランスの画家。

マルス嬢　Mademoiselle Mars　68歳。1779生。フランスの女優。

リンデ　Linde, Samuel Bogumil　76歳。1771生。ポーランドの言語学者。

この頃　ムハンマド・タキー・カズヴィーニー　Muḥammad Taqī Qazwīnī, Ḥājjī Mullā　イランにおけるイスラム教シーア派正統派の最高僧職の一人。

1848年

- 2.19　マルクスが「共産党宣言」発表する
- 2.22　フランスで二月革命が発生する
- 2.25　フランスで共和国宣言が出される
- 3.13　ウィーンで暴動、メッテルニヒが退陣する
- 3.15　ハンガリーのペシュトで市民の反乱起こる
- 3.18　ミラノで革命が起こる(ミラノの五日間)
- 3.19　ベルリンで市街戦が発生、国王が降伏する
- 5.18　フランクフルト国民議会が開会する
- 8.26　マルメー条約が締結される
- 12.02　オーストリアでフランツ・ヨーゼフ1世即位

＊＊＊

ホウガン, ウィリアム　Hogan, William　1.3没、60歳。1788生。アメリカのカトリック教会司祭、弁護士、教会政治批判者。

ハーシェル, キャロライン・ルクリーシア　Herschel, Caroline Lucretia　1.9没、97歳。1750生。ドイツ生れのイギリスの女流天文学者。

クリスティアン8世　Christian VIII　1.20没、61歳。1786生。デンマーク王(1839~48)。

ブレトシュナイダー, カール・ゴットロープ(ゴットリープ)　Bretschneider, Karl Gottlieb　1.22没、71歳。1776生。ドイツの神学者。

ギャンブル, ジョサイアス・クリストファー　Gamble, Josias Christopher　1.27没、72歳。1776生。イギリスの産業経営者。

ウェルズ, ホレイス　Wells, Horace　1.28没、33歳。1815生。アメリカの歯科医。

ゲレス, ヨーゼフ　Görres, Joseph von　1.29没、72歳。1776生。ドイツの学者、思想家。

ララニャーガ, ダマソ・アントニオ　Larrañaga, Dámaso Antonio　2.6没、76歳。1771生。ウルグアイの独立運動家、学者、カトリック司祭。

ケブケ, クリステン・シェラールプ　Købke, Christen Schellerup　2.7没、37歳。1810生。デンマークの画家。

コール, トマス　Cole, Thomas　2.11没、47歳。1801生。アメリカの風景画家。

ハウリ, ウィリアム　Howley, William　2.11没、81歳。1766生。英国教会のカンタベリ大主教。

クノリング, ソフィ・フォン　Knorring, Sophie Margareta von　2.13没、50歳。1797生。スウェーデンの女性小説家。

ボイエン, ヘルマン・フォン　Boyen, Hermann von　2.15没、76歳。1771生。プロシアの軍人。

デュボア　Dubois, Jean Antoine　2.17没、83歳。1765生。フランスのローマ・カトリック宣教師。

アダムズ, ジョン・クインシー　Adams, John Quincy　2.23没、80歳。1767生。アメリカの政治家。

ルジュヌ　Lejeune, Louis François, Baron　2.29没、73歳。1775生。フランスの軍人、画家、石版画家。

ウィートン, ヘンリー　Wheaton, Henry　3.11没、62歳。1785生。アメリカの法律家、外交官。

コルニース　Cornies, Johann　3.13没、58歳。1789生。ドイツのロシア開拓者。

モチャーロフ　Mochalov, Pavel Stepanovich　3.16没、47歳。1800生。ロシアの悲劇俳優。

ブリッカ, スティーン・スティーンセン　Blicher, Steen Steensen　3.26没、65歳。1782生。デンマークのロマン派詩人、小説家。

アスター, ジョン・ジェイコブ　Astor, John Jacob　3.29没、84歳。1763生。アメリカの毛皮業者。

ニートハマー, フリードリヒ・イマーヌエル　Niethammer, Friedrich Immanuel　4.1没、72歳。1776(㊥1766)生。ドイツの哲学者。

アダン, ルイ　Adam, Louis(Johann Ludwig)　4.8没、89歳。1758生。フランスの作曲家、ピアニスト。

ドニゼッティ, ガエターノ　Donizetti, Gaetano　4.8没、50歳。1797生。イタリアの作曲家。

ルンドビー, ヨハン・トマス　Lundbye, Johan Thomas　4.26没、29歳。1818生。デンマークの画家。

ヴェーゲラー　Wegeler, Franz Gerhard　5.7没、82歳。1765生。ドイツの医師。

アシュバートン　Ashburton, Alexander Baring, 1st Baron　5.13没、73歳。1774生。イギリスの財政家、政治家。

ドロステ-ヒュルスホフ, アンネッテ・フォン　Droste-Hülshoff, Annette Elisabeth, Freiin von　5.24(㊥1843)没、51歳。1797(㊥1789)生。ドイツの女流詩人。

ベリンスキー, ヴィサリオン・グリゴリエヴィチ　Belinskii, Vissarion Grigor'evich　5.26没、36歳。1811生。ロシアの評論家。

ゲラン, ウージェニー・ド　Guérin, Engénie de　5.31没、43歳。1805生。フランスの女流文学者。

シュネッケンブルガー, マティーアス　Schneckenburger, Matthias　6.13没、44歳。1804生。ドイツの神学者。

レーア, ヨーハン・フリードリヒ　Röhr, Johann Friedrich　6.15没、70歳。1777生。ドイツのプロテスタント神学者。

アフル, ドニ・オギュスト　Affre, Denis Auguste　6.27没、54歳。1793生。フランスの聖職者。

チョッケ, ハインリヒ・ダーニエル　Zschokke, Heinrich Daniel　6.27没、77歳。1771生。ドイツ系スイスの小説家、劇作家。

1848　19世紀

アドネ　Adnet, Mathieu　7.1没、34歳。1813生。フランスのパリ外国宣教会宣教師。

シャトーブリヤン、フランソワ-ルネ・ド　Chateaubriand, François-René, Vicomte de　7.4没、79歳。1768生。フランスの小説家、政治家。

バルメス、ハイメ・ルシアノ　Balmes, Jaime Luciano　7.9没、37歳。1810生。スペインの哲学者、政治評論家。

ヤーゲマン　Jagemann, Karoline　7.10没、71歳。1777生。ドイツの女優、歌手。

クラーマー、フランツ　Cramer, Franz　8.1没、76歳。1772生。ドイツのヴァイオリン奏者、指揮者。

ヴァッカーイ　Vaccai(Vaccaj), Nicola　8.6没、58歳。1790生。イタリアの作曲家、教師。

ベルセーリウス、ヨンス・ヤーコブ、男爵　Berzelius, Jöns Jacob, Baron　8.7没、68歳。1779生。スウェーデンの化学者。

マリアット、フレデリック　Marryat, Frederick　8.9没、56歳。1792(㋄1772)生。イギリスの海軍軍人、海洋小説家。

ホーフアカー、ヴィルヘルム　Hofacker, Wilhelm　8.10没、43歳。1805生。ドイツの説教者。

スティーヴンソン、ジョージ　Stephenson, George　8.12没、67歳。1781生。イギリスの技術者。

クレイマー、ジョン・アントニ　Cramer, John Antony　8.24没、55歳。1793生。イギリスの歴史家。

ロールビー、マルティヌス　Roerbye, Martinus C. W.　8.29没、45歳。1803生。デンマークの画家。

ムハンマド・シャー　Muḥammad Shāh　9.5没、38歳。1810生。イランにおけるカージャール朝第3代の王(1835～48)。

ジョルダーニ、ピエートロ　Giordani, Pietro　9.14没、74歳。1774生。イタリアの評論家。

リヒノヴスキー　Lichnowsky, Felix, Fürst　9.18没、34歳。1814生。ドイツの政治家。

ベンティンク、ロード・(ウィリアム・)ジョージ(フレデリック・キャヴェンディッシュ)　Bentinck, Lord William George Frederick Cavendish　9.21没、46歳。1802生。イギリスの政治家。

ビッドル　Biddle, James　10.1没、65歳。1783生。アメリカの海軍軍人。

ハント、ジョン　Hunt, John　10.4没、36歳。1812生。イギリスのメソジスト派宣教師。

ガスリー、サミュエル　Guthrie, Samuel　10.19没、66歳。1782生。アメリカの化学者、医者。

フィッセル　Fisscher, Johan Frederik Overmeer　10.23没、49歳。1799(㋄1800)生。オランダ出身の長崎商館筆者頭。

ヴァルラーモフ　Varlamov, Aleksandr Egorovich　10.27没、46歳。1801生。ロシアの作曲家。

マユーロフ　Maiurov(Mairov), Aleksei Ivanovich　10.28没、68歳。1780生。ロシアの数学者、技師。

ケアニー　Kearny, Stephen Watts　10.31没、54歳。1794生。アメリカの軍人。

マント、リチャード　Mant, Richard　11.2没、72歳。1776生。アイルランドの聖公会主教。

ポエリョ　Poerio, Alessandro　11.3没、46歳。1802生。イタリアのリソルジメント運動家。

ホールマイル　Hormayr, Joseph von　11.5没、66歳。1782生。オーストリアの歴史家。

ブルム　Blum, Robert　11.9没、43歳。1804(㋄1807)生。ドイツの政治家。

イブラヒム-パシャ　İbrahim Pasha　11.10没、62?歳。1786(㋄1789)生。エジプトの将軍。

シュヴァンターラー、ルートヴィヒ・フォン　Schwanthaler, Ludwig von　11.14没、46歳。1802生。ドイツの彫刻家。

ロッシ、ペルレグリーノ　Rossi, Pellegrino Luigi Odoardo　11.15(㋄1849)没、61歳。1787生。イタリアの政治家、法学者、経済学者。

バロー、サー・ジョン　Barrow, Sir John　11.23没、84歳。1764生。イギリスの地理学者、政治家。

メルバーン、ウィリアム・ラム、2代子爵　Melbourne, William Lamb, 2nd Viscount　11.24没、69歳。1779生。イギリスの政治家。

ブラー　Buller, Charles　11.29没、42歳。1806生。イギリスの政治家。

フレビンカ、エヴヘン・パヴロヴィチ　Grebenka, Evgenii Pavlovich　12.3没、36歳。1812生。ウクライナの作家。

ペーナ、マルティンス　Pena, Luís Carlos Martins　12.7没、33歳。1815生。ブラジルの劇作家。

ボルツァーノ、ベルナルト　Bolzano, Bernhard　12.18没、67歳。1781生。オーストリアの哲学者、論理学者、数学者。

ブロンテ、エミリー　Brontë, Emily Jane　12.19没、30歳。1818生。イギリスの女流小説家。

プリチャード　Prichard, James Cowles　12.22没、62歳。1786生。イギリスの人類学者、医者。

ヘルマン　Hermann, Gottfried Jakob　12.31没、76歳。1772生。ドイツの古典学者。

この年　アダマ　Adama, Modibo　77歳。1771生。ナイジェリアのフラニ族の指導者。

アダムズ　Adams, Sarah　43歳。1805生。イギリスの女流詩人。

アダムソン、ロバート　Adamson, Robert　27歳。1821生。イギリスの化学者、写真術の先駆者。

アボヴァン、ハチャトゥル　Abovyan, Khachatur Avetikʻi　39歳。1809(㋄1805)生。アルメニアの作家、教育家・人種誌学者。

アモロース　Amoros, Francis　79歳。1769生。スペインの陸軍大佐。

賀長齢　63歳。1785生。中国、清の官僚。

642　人物物故大年表 外国人編

19世紀　　　　　　　　　　　　　　　　　　　　　　　　　　　　　　1849

ガベルスベルガー，フランツ・クサーファー　Gabelsberger, Franz Xaver　㊨1849没、59歳。1789生。ドイツの速記術考案者。

クライン　Klein, Johann Wilhelm　83歳。1765生。オーストリアの盲教育者。

クリッブ，トム　Cribb, Tom　67歳。1781生。イギリスの賞金付きボクシングの選手、素手ボクシング世界チャンピオン。

グリーン　Green, Ashbel　86歳。1762生。アメリカ長老教会の牧師。

敬和　62歳。1786生。朝鮮末期の僧。

ケオカク　Keokuk　58歳。1790生。アメリカ・インディアン、サク族の族長。

ケネディ　Kennedy, Edmund　30歳。1818生。ガンジー島出身の探検家。

徐松　67歳。1781生。中国、清中期の学者。

スターソフ，ヴァシーリー・ペトロヴィッチ　Stasov, Vasilij Petrovich　79歳。1769生。ロシアの建築家。

ソープ　Sorp, John　64歳。1784生。アメリカの発明家。

張廷済　80歳。1768生。中国、清代後期の学者、書家。

ツッカリニ　Zuccarini, Joseph Gerhard　50歳。1798生。ドイツの植物学者。

ディズレーリ　D'israeli, Isaac　82歳。1766生。イギリスの文筆家。

バーク，ジョン　Burke, John　61歳。1787生。アイルランドの系譜学者。

バーゾリ，アントーニオ　Basoli, Antonio　74歳。1774生。イタリアの画家、舞台美術家。

ビュストレーム，ユーハン・ニクラス　Byström, Johan Niklas　65歳。1783生。スウェーデンの彫刻家。

ファン・カンパンウト，フランソワ　Van Campenhout, François　69歳。1779生。ベルギーの作曲家。

ファン・デン・フーフェン　Van den Hoeven, Abraham des Amorie　27歳。1821生。オランダの説教者。

フォルベルク，フリードリヒ・カール　Forberg, Friedrich Karl　78歳。1770生。ドイツの哲学者。

ブカナン　Buchanan, David　69歳。1779生。イギリスの経済学者、ジャーナリスト。

ベアリング，アレクサンダー　Baring, Alexander　54歳。1794生。イギリスの金融業者。

ペイジ　Page, David Perkins　38歳。1810生。アメリカの教育者。

マソノー，ルイ　Massonneau, Louis　82歳。1766生。フランス系のドイツの作曲家、ヴァイオリン奏者、指揮者。

ヤニェヴィチ，フェリクス　Janiewicz, Felix　86歳。1762生。ポーランドの作曲家、ヴァイオリン奏者、指揮者。

ラムザウアー　Ramsauer, Johannes　58歳。1790生。ドイツの教育者。

ル・ポワトヴァン，アルフレッド　Le Poittevin, Alfred　32歳。1816生。フランスの詩人、小説家。

ワンツェル　Wantzel, Pierre Laurent　34歳。1814生。フランスの数学者。

この頃　ライヒハルト，（フリードリヒ・ヴィルヘルム・）ルートヴィヒ　Leichhardt,（Friedrich Wilhelm）Ludwig　35？歳。1813生。ドイツの探検家。

1849年

3.30　イギリスがパンジャーブ地方を併合する
8.01　リビングストンがカラハリでヌガミ湖発見
8.13　ハンガリー軍がオーストリアに無条件降伏
＊＊＊

オークランド伯　Auckland, George Eden, 1st Earl of　1.1没、64歳。1784生。イギリスの政治家。

オレリ　Orelli, Johann Caspar von　1.6没、61歳。1787生。スイスの古典学者。

コールリッジ，（デイヴィド・）ハートリー　Coleridge, Hartley　1.6没、52歳。1796生。イギリスの詩人。

ベドーズ，トマス・ラヴェル　Beddoes, Thomas Lovell　1.26没、45歳。1803生。イギリスの詩人、劇作家、医師。

ヴェークシャイダー，ユーリウス・アウグスト・ルートヴィヒ　Wegscheider, Julius August Ludwig　1.27没、77歳。1771生。ドイツのプロテスタント神学者。

アブネック，フランソワ・アントワーヌ　Habeneck, François Antoine　2.8没、68歳。1781生。フランスの指揮者、ヴァイオリン奏者、作曲家。

プレシェルン，フランツェ　Prešeren, Francè　2.8没、48歳。1800生。ユーゴスラビアのスロベニアの詩人。

ヴェルハースト　Verhulst, Pierre-François　2.15没、44歳。1804生。ベルギーの数学者。

フェスカ，アレクサンダー　Fesca, Alexander Ernst　2.22没、28歳。1820生。ドイツのピアニスト、作曲家。

アプルトン　Appleton, Daniel　2.27没、63歳。1785生。アメリカの出版業者。

ライアン　Lyon, Mary　3.5没、52歳。1797生。アメリカの教育家。

ウィレム2世　Willem II, Frederik George Lodewijk　3.17没、56歳。1792生。ネーデルラント国王（在位1840～49）。

人物物故大年表 外国人編　*643*

1849　19世紀

メッツォファンティ, ジュゼッペ　Mezzofanti, Giuseppe　3.17没、74歳。1774生。イタリアのカトリック聖職者, 語学者。
モーリア　Morier, James Justinian　3.19没、69歳。1780生。イギリスの文学者, 外交官。
デル・リオ, アンドレス・マヌエル　Del Rio, Andrés Manuel　3.23没、84歳。1764生。スペインの化学者。
デーベライナー, ヨハン・ヴォルフガング　Döbereiner, Johann Wolfgang　3.24没、68歳。1780生。ドイツの化学者, 薬学者。
エントリヒャー, シュテファン(・ラディスラウス)　Endlicher, Stephan Ladislaus　3.28没、44歳。1804生。オーストリアの植物分類学者。
スウォヴァツキ, ユリウシュ　Słowacki, Juliusz　4.3没、39歳。1809生。ポーランドの詩人。
グリーペンカール　Griepenkerl, Friedrich Conrad　4.6没、66歳。1782生。ドイツの音楽学者。
ホリー, ヤーン　Holly, Ján　4.14没、64歳。1785生。スロヴァキアの詩人。
タウシュ, フリードリヒ・ヴィルヘルム　Tausch, Friedrich Wilhelm　4.29没。ドイツのクラリネット奏者。
シュネッケンブルガー　Schneckenburger, Max　5.3没、30歳。1819生。ドイツの詩人。
ニコライ, オットー　Nicolai, Otto Carl Ehrenfried　5.11没、38歳。1810生。ドイツの作曲家。
レカミエ, (ジャンヌ・フランソワーズ・)ジュリー(・アデレード)　Récamier, Jeanne Françoise Julie Adélaïde　5.11没、71歳。1777生。フランスのサロン主催者。
ロート, シュテファン・ルートヴィヒ　Roth, Stephan Ludwig　5.11没、52歳。1796生。ドイツの教育家, 著作家。
ドルヴァル, マリ　Dorval, Marie Delaunay, Madame　5.20没、51歳。1798生。フランスの女優。
エッジワース, マライア　Edgeworth, Maria　5.22没、82歳。1767(㊏1768)生。イギリスの女流作家。
ヴェントゥリーニ, カール・ハインリヒ・ゲオルク　Venturini, Karl Heinrich Georg　5.25没、81歳。1768生。ドイツの牧師, 神学者, 歴史的著述家。
ブロンテ, アン　Brontë, Anne　5.28没、29歳。1820生。イギリスの女流小説家。
カルクブレンナー, フレデリク　Kalkbrenner, Frédéric　6.10没、63歳。1785(㊏1784)生。ドイツ生れのフランスのピアニスト, ピアノ教育家, 作曲家。
ビュジョ・ド・ラ・ピコヌリ　Bugeaud de la Piconnerie, Thomas Robert, Duc d'Isly　6.10没、64歳。1784生。フランスの軍人。
カタラーニ, アンジェリカ　Catalani, Angelica　6.12没、69歳。1780生。イタリアのソプラノ歌手。

ポーク, ジェイムズ・K(ノックス)　Polk, James Knox　6.15没、53歳。1795生。第11代アメリカ大統領。
デ・ヴェッテ, ヴィルヘルム・マルティーン・レーベレヒト　De Wette, Wilhelm Martin Leberecht　6.16没、69歳。1780生。ドイツの神学者, 聖書学者。
マンガン, ジェイムズ・クラレンス　Mangan, James Clarence　6.20没、46歳。1803生。アイルランドの詩人。
ウィント, ピーター・デ　Wint, Peter de　6.30没、65歳。1784生。イギリスの水彩画家。
マメーリ, ゴッフレード　Mameli, Goffredo　7.6没、21歳。1827生。イタリアの詩人, 愛国者。
カルロ-アルベルト　Carlo Alberto　7.28没、60歳。1789(㊏1798)生。サルジニア国王(在位1831～49)。
パーキンズ, ジェイコブ　Perkins, Jacob　7.30没、83歳。1766生。アメリカの発明家, 物理学者。
ペテーフィ・シャーンドル　Petőfi, Sándor　7.31没、26歳。1823生。ハンガリーの詩人。
ムハンマド・アリー　Muḥammad 'Alī　8.2没、80？歳。1769生。オスマン・トルコ帝国のエジプト太守(1805～48)。
ガラティン, (エイブラハム・アルフォンス・)アルバート　Gallatin, Abraham Alfonse Albert　8.12没、88歳。1761生。アメリカの政治家, 外交官。
アマラル　Amaral, João Maria Ferreira do　8.22没。ポルトガルの澳門(マカオ)総督。
ダッフィンガー　Daffinger, Moritz Michael　8.22没、59歳。1790生。オーストリアの画家。
ヘザリントン　Hetherington, Henry　8.24没、57歳。1792生。イギリスの印刷業者, チャーティスト。
マザース　Mazas, Jacques Féréol　8.25没、66歳。1782生。フランスのヴァイオリン奏者, 作曲家。
バルベーリ, ドメーニコ　Barberi, Domenico　8.27没、57歳。1792生。イタリアのカトリック聖職者。
フォイヒタースレーベン, エルンスト・フォン　Feuchtersleben, Ernst, Freiherr von　9.3没、43歳。1806生。オーストリアの医師。
マケークン, エヴァン　MacEachen, Evan　9.4没、80歳。1769生。スコットランド生れのローマ・カトリック教会司祭, ゲール語翻訳家。
スタンリ, エドワード　Stanley, Edward　9.6(㊏1848)没、70歳。1779生。イギリスの聖職者。
ヒバート, ロバート　Hibbert, Robert　9.23没、79歳。1770生。ジャマイカ生れのイギリスの事業家, 慈善家。
シュトラウス, ヨハン　Strauss, Johann　9.25没、45歳。1804生。オーストリアの作曲家, 指揮者, ヴァイオリン奏者。
ボーディオ　Baudiot, Charles Nicolas　9.26没、76歳。1773生。フランスのチェロ奏者, 作曲家。
バッチャーニュ　Batthyány, Lajos　10.6没、43歳。1806生。ハンガリーの政治家。

19世紀　1850

ポー，エドガー・アラン　Poe, Edgar Allan　10.7没，40歳。1809生。アメリカの詩人，評論家，小説家。

阮元　10.13(㊗1846)没，85歳。1764生。中国，清の学者，書家，文学者。

コプルストン，エドワード　Copleston, Edward　10.14没，73歳。1776生。ウェールズ聖公会のランダフ教区主教。

ショパン，フレデリク・フランソワ　Chopin, Frédéric François　10.17没，39歳。1810生。ポーランドの作曲家。

ホーン，チャールズ・エドワード　Horn, Charles Edward　10.21没，63歳。1786生。ドイツ系のイギリスの作曲家。

ゲルラハ，オットー・フォン　Gerlach, Otto von　10.24没，48歳。1801生。ドイツの牧師。

グラツ，ペーター　Gratz, Peter　11.1没，80歳。1769生。ドイツの聖書学者。

エティー，ウィリアム　Etty, William　11.13没，62歳。1787生。イギリスの画家。

グラネ，フランソワ・マリユス　Granet, François Marius　11.21没，73歳。1775生。フランスの画家。

エリオット　Elliott, Ebenezer　12.1没，68歳。1781生。イギリスの詩人。

ドレーゼケ，ヨーハン・ハインリヒ・ベルンハルト　Dräseke, Johann Heinrich Bernhard　12.8没，75歳。1774生。ドイツの説教者。

ブルーネル，サー・マーク・イザンバード　Brunel, Sir Marc Isambard　12.12没，80歳。1769生。イギリス(フランス生れ)の技術者，発明家。

クロイツァー，コンラディン　Kreutzer, Conradin　12.14没，69歳。1780生。ドイツの作曲家，指揮者。

ミラー，ウィリアム　Miller, William　12.20没，68歳。1781(㊗1782)生。アメリカの熱狂的宗教家。

カトルメール・ド・カンシー，アントワーヌ・クリゾストーム　Quatremère de Quincy, Antoine Chrysostome　12.28没，94歳。1755生。フランスの考古学者，美術史家，政治家。

この年　アガッス，ジャック-ロラン　Agasse, Jacques-Laurent　82歳。1767生。スイスの画家。

アグアード，ディオニシオ　Aguado, Dionisio　65歳。1784生。スペインのギター奏者，作曲家。

アクバル・ハーン　Akbar Khān　アフガニスタンの反英指導者。

アデモッロ，ルイージ　Ademollo, Luigi　85歳。1764生。イタリアの画家，版画家。

アデレード王妃　Adelaide, Queen　57歳。1792生。イギリスのウィリアム4世の妃，ザクセン・コーブルク・マイニンゲン公爵ゲオルクの長女。

イーガン　Egan, Pierce　77歳。1772生。イギリスの作家。

ヴァーノン，ロバート　Vernon, Robert　75歳。1774生。イギリスの馬の飼育家。

翁雒　59歳。1790生。中国，清代後期の画家。

カーター　Carter, James G.　54歳。1795生。アメリカの教育改革の指導者。

胡培翬　67歳。1782生。中国，清の学者。

ザイトリツ・クルツバハ　Seydlitz-Kurtzbach, Ernst von　65歳。1784生。ドイツの地理教育学者。

サンクイーリコ，アレッサンドロ　Sanquirico, Alessandro　72歳。1777生。イタリアの舞台美術家，装飾家。

シルベイラ　Silveira, José Xavier Mouzinho da　69歳。1780生。ポルトガルの政治家。

スコット，デイヴィッド　Scott, David　43歳。1806生。イギリスの画家。

張穆　44歳。1805生。中国，清代の学者。

趙秀三　87歳。1762生。朝鮮，李朝後期の文人。

ニーメチェク，フランツ・クサーヴァー　Niemetschek, Franz Xaver　83歳。1766生。チェコの音楽批評家，教育者。

バッキンガムシャー5世，ジョージ・ロバート・ホバート　Buckinghamshire, George Robert Hobart, Earl of　60歳。1789生。イギリスの貴族。

ビスコー　Biscoe, John　55歳。1794生。イギリス人のアザラシ猟船船長。

ヒックス，エドワード　Hicks, Edward　69歳。1780生。アメリカの大衆画家。

ブ・ズィアン　Bu Zian　アルジェリアの反仏闘争の指導者。

フィールデン　Fielden, John　65歳。1784生。イギリスの政治家。

フラートン　Fularton, John　69歳。1780生。イギリスの経済学者。

ブレシントン，マーガリート，伯爵夫人　Blessington, Marguerite, Countess of　60歳。1789生。アイルランドの作家，社交界の名士。

マディソン，ドリー　Madison, Dorothea　81歳。1768生。アメリカ第4代大統領J.マジソンの夫人。

ムツィ，ジョバンニ　Muzi, Giovanni　77歳。1772生。イタリアのカトリック聖職者。

リイ・ヴァン・フック　Ly Van Phuc　64歳。1785生。ヴェトナム阮朝の詩人。

梁章鉅　74歳。1775生。中国，清末期の官僚。

ロッシ，カルル・イヴァノヴィチ　Rossi, Karl Ivanovich　74歳。1775生。ロシアの建築家。

1850年

5.28　ドーヴァー・カレー間に海底ケーブル敷設

1850　19世紀

11.29　オルミッツ協約締結でドイツ統一が挫折
11.-　洪秀全が挙兵し、太平天国の乱が勃発する

＊＊＊

キーゼヴェッター、ラファエル・ゲオルク　Kiesewetter, Raphael Georg　1.1没、76歳。1773生。オーストリアの音楽学者。

ミラー、サミュエル　Miller, Samuel　1.7没、80歳。1769生。アメリカの長老派牧師、教育家。

道光帝　1.14没、68歳。1782生。中国、清朝の第8代皇帝(在位1820〜50)。

エーレンシュレーヤー、アーダム　Oehlenschläger, Adam Gottlob　1.20没、70歳。1779生。デンマークの詩人。

バルトリーニ、ロレンツォ　Bartolini, Lorenzo　1.20没、73歳。1777生。イタリアの彫刻家。

シャミナード、ギヨーム・ジョゼフ　Chaminade, Guillaume Joseph　1.22没、88歳。1761生。フランスの司祭。

パルロッティ、ヴィンチェンツォ　Pallotti, Vincenzo, St.　1.22没、54歳。1795生。ローマ・カトリックの聖職者。

ジェフリ　Jeffrey, Francis　1.26没、76歳。1773生。スコットランド生れの裁判官、文芸批評家。

シャドウ、ヨハン・ゴットフリート　Schadow, Johann Gottfried　1.28没、85歳。1764生。ドイツの彫刻家。

ラーデマッハー　Rademacher, Johann Gottfried　2.9没、77歳。1772生。ドイツの医師。

フラジット、ベネディクト・ジョウゼフ　Flaget, Benedict Joseph　2.11没、86歳。1763生。アメリカのカトリック教会司教、シュルピス会士。

ビカーステス、エドワード　Bickersteth, Edward　2.28没、63歳。1786生。英国教会福音派の司祭。

ジラール、ジャン・バプティスト　Girard, Jean Baptiste　3.6没、84歳。1765生。フランス系スイス人の教育家。

ビオ　Biot, Edouard Constant　3.12没、46歳。1803生。フランスの中国学者。

ギロヴェツ、アーダルベルト　Gyrowetz, Adalbert　3.19没、87歳。1763生。ボヘミアの作曲家、指揮者。

ボテ・ド・トゥルモン　Bottée de Toulmon Auguste　3.22没、52歳。1797生。フランスの音楽学者。

バジーリ　Basili, Francesco　3.25没、83歳。1767生。イタリアの作曲家。

ベーア、ヴィルヘルム　Beer, Wilhelm　3.27没、53歳。1797生。ドイツの天文学者。

ホルンボエ　Holmboë, Bernt Michael　3.28没、55歳。1795生。ノルウェーの数学者。

カルフーン、ジョン・C(コールドウェル)　Calhoun, John Caldwell　3.31没、68歳。1782生。アメリカの政治家。

ジュスティ、ジュゼッペ　Giusti, Giuseppe　3.31没、40歳。1809生。イタリアの詩人。

トマーシェク、ヴァーツラフ・ヤン・クルシティテル　Tomášek, Václav Jan　4.3没、75歳。1774生。ボヘミアの作曲家、教師。

ボールズ、ウィリアム・ライル　Bowles, William Lisle　4.7没、87歳。1762生。イギリスの詩人、聖職者。

プラウト、ウィリアム　Prout, William　4.9没、65歳。1785(㊟1786)生。イギリスの医者、化学者。

ジャドソン、アドナイラム　Judson, Adoniram　4.12没、61歳。1788生。アメリカのバプテスト派の宣教師。

オーギュスト、ジュール・ロベール　Auguste, Jules Robert　4.15没、61歳。1789生。フランスの画家。

タッソー、マリー　Tussaud, Marie　4.16没、88歳。1761(㊟1760)生。フランスの女流蠟人形作家。

ヴァラン・ダンヴィル、ジョゼフ・デジレ　Varin d'Ainville, Joseph Désiré　4.19没、81歳。1769生。フランスの聖職者。

ワーズワス、ウィリアム　Wordsworth, William　4.23没、80歳。1770生。イギリスの詩人。

バスコンセロス、ベルナルド・ペレイラ・デ　Vasconcelos, Bernardo Pereira de　5.1没、54歳。1795生。ブラジルの政治家。

ブレーンビル　Blainville, Henri Marie Ducrotày de　5.1没、72歳。1777生。フランスの博物学者。

ゲー-リュサック、ジョゼフ・ルイ　Gay-Lussac, Joseph Louis　5.9没、71歳。1778生。フランスの化学者、物理学者。

メルケル　Merkel, Garlieb　5.9没、80歳。1769生。ロシア、ラトビアの作家、ジャーナリスト。

アモン、クリストフ・フリードリヒ・フォン　Ammon, Christoph Friedrich von　5.21没、84歳。1766生。ドイツの福音主義神学者、啓蒙思想を採り入れた神学者。

ポーター、ジェイン　Porter, Jane　5.24没、74歳。1776生。イギリスの小説家。

ヴィルヌーヴ・バルジュモン、ジャン・ポル・アルバン・ド　Villeneuve-Bargemont, Jean Paul Alban de　6.8没、65歳。1784生。フランスのカトリック社会運動の先駆者。

アルティガス、ホセ・ヘルバシオ　Artigas, José Gervasio　6.19没、83歳。1764(㊟1774)生。ウルグアイ建国の父。

ロペス・イ・ポルターニャ、ビセンテ　López y Portaña, Vicente　6.22没、77歳。1772生。スペインの画家。

ピール、サー・ロバート　Peel, Sir Robert　7.2没、62歳。1788生。イギリスの政治家。

ロットマン、カール　Rottmann, Karl　7.7没、53歳。1797生。ドイツの画家。

テイラー、ザカリー　Taylor, Zachary　7.9没、69歳。1781(㊟1784)生。アメリカ第12代大統領。

19世紀　1850

バーブ・アッ・ディーン　Bāb, Sayyid Mīrzā ‘Alī Muḥammad　7.9没、31歳。1819（㊥1820）生。バーブ教の開祖。

ボワイエ、ジャン・ピエール　Boyer, Jean Pierre　7.9没、74歳。1776生。ハイティの政治家。

ネアンダー、ヨーハン・アウグスト・ヴィルヘルム　Neander, Johann August Wilhelm　7.14没、61歳。1789生。ドイツのプロテスタント神学者。

モラ、ホセ・マリア・ルイス　Mora, José María Luis　7.14没、57歳。1793生。メキシコの自由主義思想家。

フラー、マーガレット　Fuller, Sarah Margaret　7.19没、40歳。1810生。アメリカの女流評論家、女権論者。

エイサギーレ、ホセ・アレーホ　Eyzaguirre, José Alejo　8.4没、67歳。1783生。チリの大司教、政治指導者。

サン・マルティン、ホセ・デ　San Martín, José de　8.17没、72歳。1778生。アルゼンチンの軍人、政治家。

バルザック、オノレ・ド　Balzac, Honoré de　8.18没、51歳。1799生。フランスの小説家。

レーナウ、ニコラウス　Lenau, Nikolaus　8.22没、48歳。1802生。オーストリアの詩人。

ルイ-フィリップ　Louis Philippe　8.26没、76歳。1773生。フランス国王（在位1830～48）。

マーデルスペルガー　Madersperger, Joseph　9.3没、81歳。1768生。オーストリアの裁縫師。

テューネン　Thünen, Johann Heinrich von　9.22没、67歳。1783生。ドイツの農業経済学者。

シュヴァープ、グスタフ　Schwab, Gustav　11.4没、58歳。1792生。ドイツの作家。

アルヴェール、アレクシー-フェリックス　Arvers, Alexis-Félix　11.7没、44歳。1806生。フランスの劇作家、詩人。

フラゴナール、アレッサンドル-エヴァリスト　Fragonard, Alexandre-Evariste　11.10没、70歳。1780生。フランスの画家、版画家。

ジョンソン、リチャード・M（メンター）　Johnson, Richard Mentor　11.19没、70歳。1780生。アメリカ合衆国第9代副大統領。

ドワイト　Dwight, Sereno Edwards　11.30没、64歳。1786生。アメリカの教育家、法律家、牧師。

ヘス、ジェルマン・アンリ　Hess, Germain Henri　11.30（㊥1855）没、48歳。1802生。スイスの化学者。

林則徐　11.?没、65歳。1785生。中国、清後期の官僚。

スタージョン、ウィリアム　Sturgeon, William　12.4没、67歳。1783生。イギリスの電気学者。

ベウダン　Beudant, François　12.9没、63歳。1787生。フランスの鉱物学者、物理学者。

ベム　Bem, Jósef　12.10没、56歳。1794生。ポーランドの軍人。

カレル　Carrer, Luigi　12.23没、49歳。1801生。イタリア（ヴェネツィア）の詩人。

バスティア　Bastiat, Claude Frédéric　12.24没、49歳。1801生。フランスの経済学者、自由貿易論者。

この年　アラン、サー・ウィリアム　Allan, Sir William　68歳。1782生。イギリスの画家。

オディオ、ジャン-バティスト-クロード　Odiot, Jean-Baptiste-Claude　87歳。1763生。フランスの金工家。

カイアン、ジョン・ハワード　Kyan, John Howard　76歳。1774生。アイルランドの発明家。

ガンディ、ピーター　Gandy, Peter　63歳。1787生。イギリスの建築家。

グラッシーニ、ジュゼッピーナ　Grassini, Giuseppina　77歳。1773生。イタリアの女性歌手。

グレー　Gray, John　（㊥1883没）、51歳。1799（㊥1798）生。イギリスの空想的社会主義者。

ゲルトナー　Gärtner, Karl Friedrich von　78歳。1772生。ドイツの植物学者。

黄均　75歳。1775生。中国、清代後期の画家。

サバテッリ、ルイージ　Sabatelli, Luigi　78歳。1772生。イタリアの画家、版画家。

シー　Shee, Sir Martin Archer　81歳。1769生。イギリスの画家。

朱珔　82歳。1768生。中国、清中期の官僚、学者。

シュテファニ　Stephani, Heinrich　89歳。1761生。ドイツの教育家、国語教授の改革者。

シューマッハー　Schumacher, Heinrich Christian　70歳。1780生。ドイツの天文学者、測地学者。

ジョーンズ　Jones, Jacob　82歳。1768生。アメリカの海軍軍人。

趙寅永　68歳。1782生。朝鮮王朝末期、憲宗王代（在位1835～49）の政治家。

デザミー　Dézamy, Théodore　47歳。1803（㊥1808）生。フランスの革命家。

デルンベルク　Dörnberg, Wilhelm, Freiherr von　82歳。1768生。プロイセンの軍人。

ドーアティ　Doherty, John　67歳。1783生。アイルランドの弁護士、政治家。

ニッコリーニ、アントニオ　Niccolini, Antonio　78歳。1772生。イタリアの建築家、舞台美術家。

ニーマン　Niemann, Johannes Erdewin　53歳。1797（㊥1796）生。オランダの東インド会社員。

ハックワース、ティモシー　Hackworth, Timothy　64歳。1786生。イギリスの蒸気機関車技師。

潘維城　中国、清代の学者。

費丹旭　49歳。1801（㊥1802）生。中国、清末期の画家。

ブランデンブルク　Brandenburg, Friedrich Wilhelm, Graf von　58歳。1792生。プロシアの軍人、政治家。

ブレマー　Bremer, James John Gordon　64歳。1786生。イギリスの軍人。

人物物故大年表 外国人編　647

プエレドン　Pueyrredón, Juan Martín de　74歳。1776(㊥1777)生。アルゼンチンの軍人。
プルーマー　Plumer, William　91歳。1759生。アメリカの政治家。
マッカーサー，エリザベス　Macarthur, Elizabeth　84歳。1766生。オーストラリアの開拓者。
マンク，マライア　Monk, Maria　33？歳。1817生。カナダの詐欺師。
ムラルト　Muralt, Johannes von　70歳。1780生。ペスタロッチーの協力者。

1851年

1.11　洪秀全が太平天国の建国を宣明する
5.01　世界最初の万国博覧会がロンドンで開会
6.02　メイン州で禁酒法が可決される
8.12　シンガーが実用ミシンの特許を取得する
9.18　ニューヨークタイムズが創刊される

＊＊＊

リンク　Link, Heinrich Friedrich　1.1没、83歳。1767生。ドイツの化学者。
エチェベリア，エステバン　Echeverría, Esteban　1.19没、45歳。1805生。アルゼンチンの作家、詩人。
ロルツィング，アルベルト　Lortzing, Albert　1.21没、49歳。1801生。ドイツの作曲家。
スポンティーニ，ガスパーレ　Spontini, Gasparo Luigi Pacifico　1.24没、76歳。1774生。イタリアの作曲家。
オーデュボン，ジョン・ジェイムズ　Audubon, John James Laforest　1.27没、65歳。1785(㊥1780頃)生。アメリカの動物画家。
クローズ，ウィリアム　Clowes, William　1.30没、70歳。1780生。イギリスのメソジスト派指導者。
シェリー，メアリー　Shelley, Mary Wollstonecraft　2.1没、53歳。1797生。イギリスの小説家。
ホールディン，ジェイムズ・アレグザーンダ　Haldane, James Alexander　2.8没、82歳。1768生。イギリス（スコットランド）の牧師。
ヤコービ，カール・グスタフ・ヤーコプ　Jacobi, Karl Gustav Jacob　2.18没、46歳。1804生。ドイツの数学者。
ベーリー　Baillie, Joanna　2.23没、88歳。1762生。スコットランドの女流詩人、劇作家。
ラトゥーシュ，アンリ・ド　Latouche, Henri de　2.27没、66歳。1785生。フランスの詩人、ジャーナリスト。
アリャービエフ，アレクサンドル・アレクサンドロヴィチ　Aliabyev, Alexander Alexandovich　3.6没、63歳。1787生。ロシアの作曲家。

エルステッド，ハンス・クリスティアン　Oersted, Hans Christian　3.9没、73歳。1777生。デンマークの物理学者。
ラッハマン，カール　Lachmann, Karl Konrad Friedrich Wilhelm　3.13没、58歳。1793生。ドイツの言語学者、評論家。
ペーペ　Pepe, Florestano　4.3没、70歳。1780生。ナポリ（イタリア）の将軍。
メドラーノ，マリアーノ　Medrano, Mariano　4.7没、84歳。1767生。アルゼンチンのカトリック聖職者、哲学者。
パリー　Parry, John　4.8没、75歳。1776生。イギリスの奏者、作曲家、著述家。
コドリントン　Codrington, Sir Edward　4.28没、81歳。1770生。イギリスの提督。
ホーン　Hone, Philip　5.5没、70歳。1780生。アメリカの実業家。
ティーク，クリスティアン・フリードリヒ　Tieck, Christian Friedrich　5.13没、74歳。1776生。ドイツの彫刻家。
ボアスレ　Boisserée, Melchior　5.14没、65歳。1786生。ドイツの美術学者。
モートン　Morton, Samuel George　5.15没、52歳。1799生。アメリカの解剖学者、人類学者。
ヴラズ，スタンコ　Vraz, Stanko　5.24没、40歳。1810生。スロヴェニアの詩人、評論家。
オリファント　Olyphant, Davin Washington Cincinnatus　6.10没、62歳。1789生。アメリカの商人。
ラスヴルム　Russwurm, John Brown　6.17没、51歳。1799生。アメリカの黒人ジャーナリスト。
レーデブール　Ledebour, Karl Friedrich von　7.4没、65歳。1785生。ドイツの植物学者。
ダゲール，ルイ・ジャック・マンデ　Daguerre, Louis Jacques Mandé　7.10没、61歳。1789(㊥1787)生。フランスの画家。
ジャヴエ，アンヌ-マリー　Javouhey, Anne-Marie　7.15没、71歳。1779生。クリュニーの聖ヨゼフ女子修道会の創立者。
リンガード，ジョン　Lingard, John　7.17没、80歳。1771生。イギリスの歴史家。
グルーバー　Gruber, Johann Gottfried　8.7没、76歳。1774生。ドイツの美学者、文学史家。
ギュツラフ，カール・フリードリヒ・アウグスト　Gützlaff, Karl Friedrich August　8.9没、48歳。1803生。ドイツのルター派の牧師。
パウルス，ハインリヒ・エーバハルト・ゴットロープ　Paulus, Heinrich Eberhard Gottlob　8.10没、89歳。1761生。ドイツのプロテスタント神学者。
オーケン，ローレンツ　Oken, Lorenz　8.11没、72歳。1779生。ドイツの生理学者、哲学者。
フィリップ，ジョン　Philip, John　8.27没、76歳。1775生。南アフリカの牧師、作家。

648　人物物故大年表　外国人編

19世紀　　　　　　　　　　　　　　　　　　　　　　　　　　　　　1851

ロペス　López, Narciso　9.1没、52歳。1798（㋺1797）生。キューバの軍人。
ニコル，ウィリアム　Nicol, William　9.2(㋺1852)没、83歳。1768生。イギリスの物理学者。
ガードナー，アレン・フラーンシス　Gardiner, Allen Francis　9.6没、57歳。1794生。イギリスの宣教師。
ラームバハ，アウグスト・ヤーコプ　Rambach, August Jakob　9.7没、74歳。1777生。ドイツの讃美歌学者。
ギャラデット，トマス（・ホプキンズ）　Gallaudet, Thomas Hopkins　9.9没、63歳。1787生。アメリカの聾啞学校創設者。
クーパー，ジェイムズ・フェニモア　Cooper, James Fenimore　9.14没、61歳。1789生。アメリカの小説家。
キッド，ジョン　Kidd, John　9.17没、76歳。1775生。イギリスの化学者、医者。
シャーウッド，メアリー・M.　Sherwood, Mary Martha　9.22没、76歳。1775生。イギリスの女流作家。
ゴドイ，マヌエル・デ　Godoy y Álvarez de Faria, Manuel de　10.7没、84歳。1767生。スペインの政治家。
アレグザーンダ，アーチバルド　Alexander, Archibald　10.22没、79歳。1772生。アメリカ長老派の牧師。
ニェゴシュ，ペタル・ペトロヴィチ　Njegoš, Petar Petrović　10.31没、37歳。1813生。モンテネグロ（ユーゴスラビア）の作家、国王（在位1830～51）。
エルンスト・アウグスト　Ernst August　11.18没、80歳。1771生。ハノーバー王（在位1837～51）。
スルト，ニコラ・ジャン・ド・デュー　Soult, Nicolas Jean de Dieu, Duc de Dalmatie　11.26没、82歳。1769生。フランスの軍人。
プリースニッツ　Priessnitz, Vincenz　11.28没、52歳。1799生。旧オーストリアの水治療師。
ボーダン　Baudin, Jean-Baptiste Alphonse Victor　12.3没、40歳。1811生。フランスの政治家。
フレーレ　Freire, Ramon　12.9没、64歳。1787生。チリの軍人、政治家。
ドライス　Drais, Karl, Freiherr von Sauerbronn　12.10没、66歳。1785生。ドイツの山林官。
ポインセット　Poinsett, Joel Roberts　12.12没、72歳。1779生。アメリカの政治家。
ターナー，J. M. W.　Turner, Joseph Mallord William　12.19没、76歳。1775生。イギリスの風景画家。
ルンゲンハーゲン　Rungenhagen, Carl Friedrich　12.21没、73歳。1778生。ドイツの指揮者、作曲家。
ベルシェ，ジョヴァンニ　Berchet, Giovanni　12.23没、57歳。1783生。イタリアの詩人。

ロドリーグ　Rodrigues, Olinde　12.26没、57歳。1794生。フランスのサン・シモン主義者。
この年　アダムズ，ニュートン　Adams, Newton　47歳。1804生。南アフリカで活動したアメリカの宣教師。
ヴィルヘルム　Wilhelm, Friedrich, Karl　68歳。1783生。プロイセンの王子。
ウッドベリー　Woodbury, Levi　62歳。1789生。アメリカの法律家、政治家。
エゴーロフ，アレクセイ・エゴロヴィチ　Egorov, Aleksei Egorovich　75歳。1776生。ロシアの画家、素描家。
オールケン，ヘンリー　Alken, Henry　66歳。1785生。イギリスの画家、版画家。
クロッツ，アントン　Klotz(Kloz), Anton　49歳。1802生。ドイツのヴァイオリン製作者。
江有詰　78歳。1773生。中国、清代の古音学者（音韻学者）。
シュミット　Schmid, Joseph　64歳。1787生。オーストリアの教育者。
ジロメッティ，ジュゼッペ　Girometti, Giuseppe　72歳。1779生。イタリアのメダル彫刻家。
スキンナー　Skinner, John Stuart　63歳。1788生。アメリカの農業雑誌記者。
セバスティアニ　Sébastiani, Horace François Bastien, Comte de　79歳。1772生。フランスの元帥。
ツェレンナー　Zerrenner, Carl Christoph Gottlieb　71歳。1780生。ドイツの教育者。
デービー　Davy, Edmund William　66歳。1785生。イギリスの化学者。
ノットリーニ，ロレンツォ　Nottolini, Lorenzo　64歳。1787生。イタリアの建築家。
バシール2世　Bashīr II　84歳。1767生。レバノンの政治指導者。
バロン，ジェイムズ　Barron, James　83歳。1768生。アメリカの海軍士官。
ヒル　Hill, Thomas Wright　88歳。1763生。イギリスの教育者。
ボイド，ベンジャミン　Boyd, Benjamin　55？歳。1796生。オーストラリアの植民地開拓者。
方東樹　79歳。1772生。中国、清の学者、文学者。
ボグスラフスキー　Boguslavsky, Palm Heinrich Ludwig von　62歳。1789生。ドイツの天文学者。
ペタル2世　Petar II, Petrović Njegoš　38歳。1813生。ツルナ・ゴーラ（モンテネグロ）の聖職支配者（在位1830～51）。
ボールズ　Bowles, Samuel　54歳。1797生。アメリカの新聞編集者。
ボルネマン　Bornemann, Joh.Jak.Wilhelm　84歳。1767生。ドイツ人　主著『ハーゼンハイデの体操場』。

人物物故大年表 外国人編　*649*

1852

マインホルト，ヴィルヘルム　Meinhold, Wilhelm　54歳。1797生。ドイツの作家。
ムーミン　Mūmin　51歳。1800生。インドのウルドゥー語詩人。
ラーザレフ　Lazarev, Mikhail Petrovich　63歳。1788生。ロシアの探検家。
李星沅　54歳。1797生。中国，清末期の官僚。
リチャードソン　Richardson, James　45歳。1806生。イギリスのアフリカ探検家。

1852年

3.20　「アンクル・トムの小屋」が出版される
11.04　カミッロ・カヴール伯が伊首相に就任する
12.01　フランスでナポレオン3世が即位する
12.20　イギリスがビルマのペグー地方合併を宣言
* * *
ステュアート，モウゼス　Stuart, Moses　1.4没、71歳。1780生。アメリカの会衆派教会牧師，旧約神学者。
タキー・ハーン　Taqī Khan, Mīrzā　1.9(㊨1851)没、46？歳。1806生。イランの政治家。
ロート，カール・ヨーハン・フリードリヒ　Roth, Karl Johann Friedrich　1.21没、71歳。1780生。ドイツの法律家，教会政治家。
ルオツァライネン，パーヴォ　Ruotsalainen, Paavo　1.23没、74歳。1777生。フィンランドの信仰覚醒運動指導者。
コラール，ヤーン　Kollár, Jan　1.24没、58歳。1793生。チェコスロバキアの詩人，スラブ古代史家。
ベリングスハウゼン，ファビアン・ゴットリープ・ベンヤミン・フォン　Bellinsgauzen, Faddei Faddeevich　1.25没、73歳。1778(㊨1779)生。ロシアの海将，探検家。
ブライユ，ルイ　Braille, Louis　1.6没、43歳。1809(㊨1806)生。フランスの盲目教育家，オルガン奏者。
リベルマン，フランソワ・マリー・ポル　Libermann, François Marie Paul　2.2没、49歳。1802生。フランスの宣教修道会の創立者。
ジョークール　Jaucourt, Arnuil François, Marquis de　2.5没、94歳。1757生。フランスの政治家。
ライニク　Reinick, Robert　2.7没、46歳。1805生。ドイツの詩人，画家。
アイラート，ルーレマン・フリードリヒ　Eylert, Ruhlemann Friedrich　2.8没、81歳。1770生。ドイツの宮廷に仕えた牧師。
ダヤーラーム　Dayārām　2.9没、76歳。1776(㊨1767)生。インドのグジャラート語詩人。

プラウト，サミュエル　Prout, Samuel　2.10没、68歳。1783生。イギリスの画家。
シャーリコフ，ピョートル・イワノヴィチ　Shalikov, Pëtr Ivanovich　2.16没、85？歳。1767生。ロシアの小説家，詩人，雑誌編集者。
レベンゾン，ミカ・ヨセフ　Lebensohn, Micah Joseph　2.17没、23歳。1828生。ロシアのヘブライ詩人。
ヴィンターフェルト，カール・ゲオルク・アウグスト・フォン　Winterfeld, Carl Georg August Vivigens von　2.19没、68歳。1784生。ドイツの音楽学者。
アコスタ　Acosta, Joaquín　2.21没、57？歳。1795(㊨1800)生。コロンビアの軍人，政治家，地理学者。
ゴーゴリ，ニコライ・ワシリエヴィチ　Gogol, Nikolai Vasilievich　2.21(㊨1854)没、42歳。1809生。ロシアの小説家，劇作家。
ムア，トマス　Moore, Thomas　2.25没、72歳。1779生。アイルランド生れの詩人。
マリ，ダニエル　Murray, Daniel　2.26没、83歳。1768生。アイルランドのローマ・カトリック教会大司教。
ドレクスラー　Drechsler, Joseph　2.27没、69歳。1782生。ボヘミア出身の作曲家，指揮者。
ラウパッハ，エルンスト　Raupach, Ernst　3.18没、67歳。1784生。ドイツの劇作家。
マルモン　Marmont, Auguste Frédéric Louis Viesse de, Raguse　3.22没、77歳。1774生。フランスの軍人。
シュヴァルツェンベルク，フェリックス・フリートリッヒ　Schwarzenberg, Felix, Fürst zu　4.5没、51歳。1800生。オーストリアの軍人，政治家。
ペイン，ジョン・ハワード　Payne, John Howard　4.9没、60歳。1791生。アメリカの俳優，劇作家。
ジュコフスキー，ワシーリー・アンドレーヴィチ　Zhukovskii, Vasilii Andreevich　4.12没、69歳。1783生。ロシア・ロマン主義の代表的詩人。
ジェラール　Gérard, Etienne Maurice, Comte　4.17没、79歳。1773生。フランスの軍人。
タスカン，アンリ・ジョゼフ　Taskin, Henry Joseph　5.4没、74歳。1778(㊨1779)生。ベルギー出身のフランスのクラウサン奏者，音楽教師，楽譜出版者。
カストレン，マッティアス・アレクサンテリ　Castrén, Mattias Aleksanteli　5.7没、38歳。1813生。フィンランドの言語学者。
リチャードソン，ジョン　Richardson, John　5.12没、55歳。1796生。イギリス植民地時代のカナダの小説家。
ビュルヌーフ　Burnouf, Eugène　5.28没、50歳。1801生。フランスの言語学者，東洋学者。
プラディエ，ジェイムズ　Pradier, Jean Jacques　6.5没、60歳。1792生。フランスの彫刻家。
バルー，ホジーア　Ballou, Hosea　6.7没、81歳。1771生。アメリカの聖職者。

650　人物物故大年表　外国人編

1852

ブリュローフ，カルル・パヴロヴィチ　Bryullov, Karl Pavlovich　6.11？没、52歳。1799生。ロシアの画家。

メーストル，グザヴィエ・ド　Maistre, Xavier de　6.12没、88歳。1763生。フランスの小説家。

フレーベル，フリードリヒ　Fröbel, Friedrich Wilhelm August　6.21没、70歳。1782生。ドイツの教育家，幼稚園の創立者。

エグゼルマンス　Exelmans, Remi Joseph Isidore, Comte　6.22没、76歳。1775生。フランスの軍人。

ザゴースキン，ミハイル・ニコラエヴィチ　Zagoskin, Mikhail Nikolaevich　6.23没、62歳。1789生。ロシアの小説家。

ヒージンガー，ウィルヘルム　Hisinger, Wilhelm　6.28没、85歳。1766生。スウェーデンの鉱物学者。

クレイ，ヘンリー　Clay, Henry　6.29没、75歳。1777生。アメリカの政治家。

ラングスドルフ　Langsdorf, Georg Heinrich von　6.29没、79歳。1773生。ドイツの博物学者，医者。

トムソン　Thomson, Thomas　7.2没、79歳。1773生。スコットランドの化学者。

チェラコフスキー，フランチシェク・ラジスラフ　Čelakovský, František Ladislav　8.5没、53歳。1799生。チェコの詩人，スラブ文献学者。

ガドリン，ヨハン　Gadolin, Johan　8.15没、92歳。1760生。フィンランドの化学者。

エイィルソン，スヴェインビョルトン　Egilsson, Sveinbjörn　8.17没、61歳。1791生。アイスランドの言語学者，詩人。

パルムブラード　Palmblad, Wilhelm Frederik　9.2没、63歳。1788生。スウェーデンの著述家。

ウェリントン，アーサー・ウェルズリー，初代公爵　Wellington, Arthur Wellesley, 1st Duke of　9.14没、83歳。1769生。イギリスの軍人，政治家。

ピュージン，オーガスタス・ウェルビー・ノースモア　Pugin, Augustus Welby Northmore　9.14没、40歳。1812生。イギリスの建築家，著述家。

グリーノー，ホレイシオ　Greenough, Horatio　9.18没、47歳。1805生。アメリカの彫刻家。

ノートン，アンドルーズ　Norton, Andrews　9.18（㋱1853）没、65歳。1786生。アメリカのプロテスタント神学者。

エミリ・ド・ロダ　Emilie de Rodat　9.19没、65歳。1787生。フランスの「聖家族の姉妹会」の創立者，聖人。

チェイス，フィランダー　Chase, Philander　9.20没、76歳。1775生。アメリカの聖職者。

バンダリン　Vanderlyn, John　9.23没、76歳。1775生。アメリカの画家。

グーデルマン　Gudermann, Christoph　9.25没、54歳。1798生。ドイツの数学者。

ジョベルティ，ヴィンチェンツォ　Gioberti, Vincenzo　9.26没、51歳。1801生。イタリアの哲学者，政治家。

モーミン，ムハンマド・モーミン・ハーン　Mōmin, Muḥammad Mōmin Khān　9.30没、52歳。1800生。インドのウルドゥー語の詩人。

スティーヴンズ，ジョン・ロイド　Stephens, John Lloyd　10.5没、46歳。1805生。アメリカの旅行家，インディアン研究家。

アイゼンシュタイン　Eisenstein, Ferdinand Gotthold Max　10.11没、29歳。1823生。ドイツの数学者。

ボーン，ヒュー　Bourne, Hugh　10.11没、80歳。1772生。イギリスのプリミティブ・メソジスト派の創立者。

ヤーン，フリードリヒ・ルートヴィヒ　Jahn, Friedrich Ludwig　10.15没、74歳。1778生。ドイツの教育家，愛国者。

デュシェーヌ，ロウズ・フィリピン　Duchesne, Rose Philippine　10.18没、83歳。1769生。フランスの修道女，福者。

ショルツ，ヨーハン・マルティーン　Scholz, Johann Martin　10.20没、58歳。1794生。ドイツの聖書釈義家。

ガーゲルン　Gagern, Hans Christoph, Freiherr von　10.22没、86歳。1766生。ドイツの政治家。

ウェブスター，ダニエル　Webster, Daniel　10.24没、70歳。1782生。アメリカの法律家。

ヘルメスベルガー，ゲオルク　Hellmesberger, Georg　11.2没、22歳。1830生。オーストリアのヴァイオリン奏者，作曲家。

ドレーク　Drake, Daniel　11.6没、67歳。1785生。アメリカの医者。

フェドトフ，パーヴェル・アンドレエヴィチ　Fedotov, Pavel Andreevich　11.14？没、37歳。1815（㋱1816）生。ロシアの画家。

レーノルズ　Reynolds, John Hamilton　11.15没、56歳。1796生。イギリスの詩人。

エッシェンマイアー　Eschenmayer, Adam Karl August　11.17没、84歳。1768生。ドイツの哲学者。

フュルステナウ，アントン・ベルンハルト　Fürstenau, Anton Bernhard　11.18没、60歳。1792生。ドイツのフルート奏者，作曲家。

クレンゲル　Klengel, August Stephan Alexander　11.22没、69歳。1783生。ドイツのピアニスト，オルガン奏者，作曲家。

バイロン（ラヴレース伯爵夫人），オーガスタ・エイダ　Byron, Augusta Ada, Countess of Lovelace　11.29没、36歳。1815生。イギリスのコンピュータの開拓者。

バルチェスク，ニコラエ　Bălcescu, Nicolae　11.29没、33歳。1819生。ルーマニアの政治家，歴史家。

ブース，ジューニアス・ブルータス　Booth, Junius Brutus　11.30没、56歳。1796生。イギリス生れのアメリカの俳優。

ファヨール　Fayolle, François Joseph Marie　12.2没、78歳。1774生。フランスの著述家，音楽評論家。

エーレンベルク，フリードリヒ　Ehrenberg, Friedrich　12.7没、76歳。1776生。ドイツの改革派の牧師。

マンテル，ギデオン・アルジャーノン　Mantell, Gideon Algernon　12.10没、62歳。1790生。イギリスの地質学者。

リー，サミュエル　Lee, Samuel　12.16没、69歳。1783生。イギリスの東洋学者。

バージー・ラーオ2世　Bājī Rāo II　12.?没。インド，マラータ王国最後の宰相(在職1796〜1818)。

この年　アダムズ，ルイーザ(・キャサリン)　Adams, Louisa (Catherine)　77歳。1775生。アメリカのファーストレディー(1825〜29)。

アマーティ，カルロ　Amati, Carlo　76歳。1776生。イタリアの建築家。

ヴェヒター，エーベルハルト　Wächter, Eberhard　90歳。1762生。ドイツの画家。

オーフェルヴェーク　Overweg, Adolf　30歳。1822生。ドイツのアフリカ探検家。

ガリャルド，バルトロメ・ホセ　Gallardo y Blanco, Baltolomé José　76歳。1776生。スペインの書誌学者，批評家。

カンマラーノ，サルヴァトーレ　Cammarano, Salvatore　51歳。1801生。イタリアの音楽家。

グリスコム　Griscom, John　78歳。1774生。アメリカのペスタロッチー学者。

クリントン　Clinton, Henry Fynes　71歳。1781生。イギリスの古典学者。

グールゴー　Gourgaud, Gaspard　69歳。1783生。フランスの将軍。

亘璇　85歳。1767生。朝鮮の僧。

コッラトル・エイン　Qurrat al-'Ayn　35?歳。1817(㊥1814)生。イランのバーブ教団史上のヒロイン。

コールリッジ，セアラ　Coleridge, Sara　50歳。1802生。イギリスの作家。

ジョアノ，トニー　Johannot, Tony　49歳。1803生。ドイツ出身のフランスの画家，版画家。

蕭朝貴　中国，太平天国の指導者の一人。

セランジェリ，ジョアッキーノ　Serangeli, Gioacchino　84歳。1768生。イタリアの画家。

ダウニング，アンドリュー・ジャクソン　Downing, Andrew Jackson　37歳。1815生。アメリカの庭園設計家，建築批評家。

テリー，イーライ　Terry, Eli　80歳。1772生。アメリカの発明家，時計製造業者。

杜受田　65歳。1787生。中国，清後期の官僚。

ドゥケーヌ　Decaisne, Henri　53歳。1799生。ベルギー出身のパリで活躍した画家。

ドロヴェッティ，ベルナルディーノ　Drovetti, Bernardino　76歳。1776生。イタリアの考古学者，政治家。

ハジ・ムラート　Khadzi Murad　コーカサス住居の反乱の首領の1人。

ハンセンス，シャルル・ルイ　Hanssens, Charles Louis　75歳。1777生。ベルギーの作曲家，指揮者。

ヒッチコック，ランバート　Hitchcock, Lambert　57歳。1795生。アメリカの家具デザイナー。

馮雲山　37?歳。1815(㊥1822)生。中国，太平天国の最高指導者の一人。

ブランスフィールド　Bransfield, Edward　57歳。1795生。イギリスの海軍士官。

フレーベル，フリードリッヒ　Froebel, Friedrich Wilhelm August　70歳。1782生。音楽家。

ポトギーター　Potgieter, Andries Hendrik　60歳。1792生。南アフリカのブーア人入植者の指導者。

マラスト　Marrast, Armand　51歳。1801生。フランスの政論家。

ミールザー・タキー・ハーン　Mīrzā Taqī Khān　イランのカージャール朝中期の改革的政治家。

モラー，ゲオルク　Moller, Georg　68歳。1784生。ドイツの建築家。

ヤッペッリ，ジュゼッペ　Japelli, Giuseppe　69歳。1783生。イタリアの建築家。

姚元之　79歳。1773生。中国，清代後期の書画家。

ライト，ファニー　Wright, Fanny　57歳。1795生。アメリカの改革者，奴隷制度廃止論者。

ラヴレイス，オーガスタ・エイダ・キング，伯爵夫人　Lovelace, Augusta Ada King, Countess of　37歳。1815生。イギリスの作家，数学者，社交界の名士。

ラートル，アントン　Radl, Anton　78歳。1774生。オーストリアの画家，版画家，舞台美術家。

ランゲ，ローレンツ・フリードリヒ　Lange, Lorenz Friedrich　53歳。1799生。ドイツのプロテスタントの牧師，神学者。

ランドシーア　Landseer, John　91?歳。1761生。イギリスの版画家，著作家。

リーゲル，アンリ-ジャン　Rigel, Henri-Jean　80歳。1772生。ドイツ系フランスの音楽家。

ワーナム　Wornum, Robert　72歳。1780生。イギリスのピアノ製造業者。

1853年

3.06　ヴェルディの歌劇「椿姫」が初演される
3.29　太平天国軍が南京に入城し天京と改名する

19世紀　1853

7.08　ペリーが浦賀に来航する（黒船来航）
10.16　クリミア戦争が始まる
　　　　　　　＊＊＊

ウーリヒ　Uhlig, Theodor　1.3没、30歳。1822生。ドイツのヴァイオリン奏者、評論家、作曲家。

カイリス，テオフィロス　Kaïrēs, Theóphilos　1.12没、68歳。1784生。ギリシア正教会の修道士、啓蒙主義的宗教家。

カルカッシ，マッテオ　Carcassi, Matteo　1.16没、61歳。1792生。イタリアのギター奏者、作曲家。

ディーペンブロク，メルヒオル・フォン　Diepenbrock, Melchior von　1.20没、55歳。1798（㋿1789）生。ドイツのカトリック司教。

ホーナー　Horner, William Edmonds　1.23没、59歳。1793生。アメリカの解剖学者。

コーピッシュ　Kopisch, August　2.3没、53歳。1799生。ドイツの画家、詩人。

ドライ，ヨーハン・セバスティアン・フォン　Drey, Johann Sebastian von　2.19没、75歳。1777生。ドイツのカトリック神学者、テュービンゲン学派の理論家。

ブロートン，ウィリアム・グラント　Broughton, William Grant　2.20没、64歳。1788生。オーストラリアのシドニーの初代イギリス国教会主教。

湯貽汾　2.?没、75歳。1778生。中国、清の文人画家。

ガベー，ジョゼフ　Gabet, Joseph　3.3没、44歳。1808生。フランスの宣教師、旅行家。

フォン・ブッフ，クリスティアン・レオポルト　Buch, Baron Christian Leopold von　3.4没、78歳。1774生。ドイツの地質学者、地理学者。

カラトゥイーギン　Karatygin, Vasilii Andreevich　3.13没、51歳。1802生。ロシアの悲劇俳優。

ハイナウ　Haynau, Julius Jacob, Freiherr von　3.14没、66歳。1786生。オーストリアの軍人。

ミルデ，ヴィンツェンツ・エードゥアルト　Milde, Vinzenz Eduard　3.14没、75歳。1777生。オーストリアの教育学者。

リコルディ，ジョヴァンニ　Ricordi, Giovanni　3.15没、68歳。1785生。イタリアの音楽出版社リコルディの創立者。

ドップラー，クリスティアン・ヨハン　Doppler, Johann Christian　3.17没（㋿1858）没、49歳。1803生。オーストリアの物理学者。

グレイヴズ，ロバート・ジェイムズ　Graves, Robert James　3.20没、57歳。1796（㋿1797）生。アイルランドの医者。

フックス，アーロイス　Fuchs, Aloys　3.20没、53歳。1799生。オーストリアの音楽学者、収集家。

バルボ，チェーザレ　Balbo, Cesare, conte　4.3没、63歳。1789生。イタリアの政治家、歴史家、文芸評論家。

ヘーフリング，ヨーハン・ヴィルヘルム・フリードリヒ　Höfling, Johann Wilhelm Friedrich　4.5没、50歳。1802生。ドイツ・ルター派の実践神学者。

ジャダン，ルイ・エマニュエル　Jadin, Louis Emmanuel　4.11没、84歳。1768生。フランスのピアニスト、教師、作曲家。

グメリン，レオポルト　Gmelin, Leopold　4.13没、64歳。1788生。ドイツの化学者。

ローラン，オーギュスト　Laurent, Auguste　4.15没、45歳。1807（㋿1801）生。フランスの化学者。

キング，ウィリアム・ルーファス　King, William Rufus de Vane　4.18没、67歳。1786生。アメリカの政治家、外交官。

バディン，スティーヴン・セオドア　Badin, Stephen Theodore　4.19没、84歳。1768生。アメリカのカトリック宣教師。

ボーモント，ウィリアム　Beaumont, William　4.25没、58歳。1795（㋿1785）生。アメリカの軍医。

ティーク，ルードヴィヒ　Tieck, Johann Ludwig　4.28没、79歳。1773生。ドイツ、前期ロマン派の小説家、劇作家。

ドノーソ - コルテス，フアン　Donoso Cortés, Juan, Marquis de Valdegamas　5.3（㋿1856）没、43歳。1809生。スペインの外交官、哲学者。

ローターン，ヨハネス・フィーリプ　Roothaan, Johannes Philipp　5.8没、67歳。1785生。オランダの聖職者。

クラフト，ニコラウス　Kraft, Nikolaus（Mikuláš）　5.18没、74歳。1778生。オーストリアのチェロ奏者、作曲家。

グロウヴズ，アンソニ・ノリス　Groves, Anthony Norris　5.20没、58歳。1795生。イギリスのプリマス・ブレズレンの指導者、歯科医、宣教師。

アラマン，ルーカス　Alamán y Escalade, Lucas　6.2没、60歳。1792生。メキシコの政治家、歴史家。

プロヴァンシェ，ジョゼフ・ノルベール　Provencher, Joseph Norbert　6.7没、66歳。1787生。カナダのカトリック司教。

パーシヴァル，アーサー・フィリップ　Perceval, Arthur Philip　6.11没、53歳。1799生。イギリスの神学者。

コーコレフ，イワン・チモフェーヴィチ　Kokorev, Ivan Timofeevich　6.14没、27歳。1825生。ロシアの作家。

エクスナー，フランツ　Exner, Franz　6.21（㋿1859）没、50歳。1802生。オーストリアの哲学者。

ジュシュー，アドリアン　Jussieu, Adrien Laurent Henri de　6.29没、55歳。1797生。フランスの植物学者。

ラディチェヴィチ，ブランコ　Radičević, Branko　6.30没、29歳。1824生。セルビアの抒情詩人。

1853　19世紀

エッカースベア，クリストファー・ヴィルヘルム　Eckersberg, Kristoffer Vilhelm　7.22没、70歳。1783生。デンマークの画家。

プレトリウス，アンドリース（・ヴィルヘルムス・ヤコブス）　Pretorius, Andries Wilhelmus Jacobus　7.23没、54歳。1799（㊥1798）生。オランダの植民地開発者，軍人。

ガイベル，ヨハネス　Geibel, Johannes　7.25没、77歳。1776生。ドイツの神学者，信仰覚醒運動説教者。

ミャワディ・ミンヂー・ウー・サ　Myawaddy Wungyi U Sa　8.5（㊥1852）没、86歳。1766生。ビルマ，コンバウン朝の政治家，文人。

ロンスキ　Wronski, Höené Joseph Maria　8.9没、76歳。1776生。ポーランドの数学者で神秘論的哲学者。

ロバートスン，フレドリク・ウィリアム　Robertson, Frederick William　8.15没、37歳。1816生。イギリス国教会の説教者。

リヒテンタール　Lichtenthal, Peter（Pietro）　8.18没、73歳。1780生。オーストリアの音楽批評家。

カルステン　Karsten, Karl Johann Bernhard　8.22没、70歳。1782生。ドイツの冶金学者。

モントロン，シャルル・トリスタン，侯爵　Montholon, Charles Tristan, Comte de　8.24没、70歳。1783生。フランスの軍人。

オザナン，アントワーヌ・フレデリク　Ozanam, Antoine Frédéric　9.8没、40歳。1813生。フランスの文学史家，カトリック運動主導者。

ガブラー　Gabler, Georg Andreas　9.13没、67歳。1786生。ドイツの哲学者。

アラゴ，ドミニク・フランソワ・ジャン　Arago, Dominique François Jean　10.2没、67歳。1786生。フランスの天文学者，物理学者。

オンスロー，ジョルジュ　Onslow, Georges　10.3没、69歳。1784生。イギリス系のフランスの作曲家。

グロッシ，トンマーゾ　Grossi, Tommaso　10.10没、63歳。1790生。イタリアの詩人，小説家。

フォンテーヌ，ピエール - フランソワ - レオナール　Fontaine, Pierre François Léonard　10.10没、91歳。1762生。フランスの建築家。

ブロムホフ　Blomhoff, Jan Cock　10.13没、74歳。1779生。オランダの長崎出島オランダ商館長。

ヴァルトハイム　Waldheim, Gotthelf Fischer von　10.18没、82歳。1771生。ドイツの博物学者。

ラバジェーハ　Lavalleja, Juan Antonio　10.22没、67?歳。1786（㊥1778）生。ウルグアイの独立戦争指導者。

ライモンディ，ピエートロ　Raimondi, Pietro　10.30没、66歳。1786生。イタリアの作曲家。

ヴェツァー，ハインリヒ・ヨーゼフ　Wetzer, Heinrich Joseph　11.5没、52歳。1801生。ドイツのカトリック神学者。

マリア2世　Maria II da Gloria　11.15没、34歳。1819生。ポルトガル女王（在位1826〜53）。

シュナイダー　Schneider, Johann Christian Friedrich　11.23没、67歳。1786生。ドイツの作曲家，指揮者，オルガン奏者。

グローテフェント　Grotefend, Georg Friedrich　12.15没、78歳。1775生。ドイツの言語学者。

ウォードロー，ラルフ　Wardlaw, Ralph　12.17没、73歳。1779生。スコットランドの会衆派教会牧師。

エリオット　Elliot, Sir Henry Miers　12.20没、45歳。1808生。イギリスのインド行政官，インド研究家。

ミル，ウィリアム・ホッジ　Mill, William Hodge　12.25没、61歳。1792生。イギリスの高教会派聖職者，オリエント学者。

ラードヴィツ，ヨーゼフ・マリーア・フォン　Radowitz, Joseph Maria von　12.25没、56歳。1797生。プロシアの軍人，政治家。

ヴィスコンティ，ルドヴィーコ　Visconti, Lodovico Tullio Gioacchino　12.29没、62歳。1791生。ローマ生れのフランスの建築家。

ガウ，フランツ・クリスティアン　Gau, Franz Christian　12.31没、63歳。1790生。フランスの建築家，考古学者。

この年　アルベアル　Alvear, Carlos María de　64歳。1789生。アルゼンチンの将軍，政治家。

アルマンスペルク　Armansperg, Josef Ludwig, Graf von　66歳。1787生。バイエルンの貴族政治家。

アンジェリーニ，コスタンツオ　Angelini, Costanzo　93歳。1760生。イタリアの画家。

アンドレビ，フランシスコ　Andrevi, Francisco　67歳。1786生。イタリア系のスペインの作曲家。

アンパイタ（アンペイタ），アンリ・ルイ　Empaytaz（Empeytaz）, Henri Louis　63歳。1790生。ジュネーヴの「ヘルンフート兄弟団」の主導者。

ウォーカー，シアーズ・クック　Walker, Sears Cook　48歳。1805生。アメリカの天文学者。

オルフィーラ，マティエウ（・ジョゼフ・ボナベントゥーレ）　Orfila, Mathieu（Joseph Bonaventure）　66歳。1787生。スペインの化学者，毒物学の創始者。

カテーニン，パーヴェル・アレクサンドロヴィチ　Katenin, Pavel Aleksandrovich　61歳。1792生。ロシアの詩人。

クエレーナ，ラッタンツィオ　Querena, Lattanzio　85歳。1768生。イタリアの画家。

黄爵滋　60歳。1793生。中国，清末の政治家。

コクラン　Coquelin, Charles　50歳。1803生。フランスの経済学者。

654　人物物故大年表　外国人編

19世紀　1854

コックバーン　Cockburn, Sir George　81歳。1772生。イギリス海軍軍人。

コーピッシュ，アウグスト　Kopisch, August　54歳。1799生。「ケルンのお手伝いこびとハインツたち」の著者。

コリンズ，ウィリアム　Collins, William　64歳。1789生。イギリスの出版者。

鄧漢鼎　48歳。1805生。中国、清後期の学者。

ストリックランド　Strickland, Hugh Edwin　42歳。1811生。イギリスの地質学者。

チャーマーズ，ジェイムズ　Chalmers, James　71歳。1782生。イギリスの本屋、発明家。

トゥーサン，ピエール　Toussaint, Pierre　87歳。1766生。アメリカの慈善家。

ネイピア，サー・チャールズ・ジェイムズ　Napier, Sir Charles James　71歳。1782生。イギリスの軍人、シンド（現在のパキスタンの一部）の征服者。

バレーラ，フェリス　Varela Félix　65歳。1788生。キューバの哲学者、司祭、政治家。

ビチューリン　Bichurin, Nikita Iakovlevich　76歳。1777（㊥1775）生。ロシアの神父、東洋学者。

ブスタマンテ　Bustamante, Anastasio　73歳。1780生。メキシコの将軍、大統領（1830～32, 37～41）。

ブラックスランド　Blaxland, Gregory　75歳。1778生。オーストラリアの牧場主。

ブラッドショー，ジョージ　Bradshaw, George　52歳。1801生。イギリスの印刷家、版画家。

パルドゥシュ　Pardessus, Jean-Marie　81歳。1772生。フランスの法学者、法実務家。

ペレイラ　Pereira, Jonathan　49歳。1804生。「結麗阿曹多」の著者。

ミッデンドルフ　Middendorh, Wilhelm　60歳。1793生。ドイツの教育家。

メンディサバル　Mendizábal, Juan Álvarez　63歳。1790生。スペインの政治家。

モスケーラ，マヌエル・ホセ　Mosquera, Manuel José　53歳。1800生。コロンビアのボゴタ大司教。

羅士琳　㊥1858没、75歳。1778（㊥1789）生。中国、清の学者。

ローリンザー　Lorinser, Karl Ignatius　57歳。1796生。ドイツの医師。

[この頃]　ザルガル　Zargar　イランの詩人。

ブッダン　Budan, Ferdinand François Dezire　53？歳。1800生。フランスの数学者、医者。

7.06　ミシガン州で共和党が結成される
10.14　曾国藩の湘軍が太平天国軍から武漢を奪取
11.04　ナイチンゲールが看護活動を開始する
*　*　*

ペロネ　Peyronet, Charles Ignace, Comte de　1.2（㊥1853）没、75歳。1778（㊥1775）生。フランスの政治家。

キャンベル，トマス　Campbell, Thomas　1.4没、90歳。1763生。アメリカのディサイプル教会創設者のひとり。

ベリズフォード，ウィリアム・カー・ベリズフォード，初代子爵　Beresford, William Carr, Viscount Beresford　1.8没、85歳。1768生。イギリスの軍人。

リース，アンドレーアス　Riis, Andreas　1.20没、50歳。1804生。ガーナで活動したデンマークの宣教師。

バード，ロバート・モンゴメリー　Bird, Robert Montgomery　1.23没、47歳。1806生。アメリカの劇作家、小説家、医師。

ブランキ　Blanqui, Adolphe Jérôme　1.28没、55歳。1798生。フランスの経済学者。

ミュンスター，ヤコブ・ペーダー　Mynster, Jakob Peter　1.30没、78歳。1775生。19世紀デンマーク教会史を飾る人物、監督。

ペッリコ，シルヴィオ　Pellico, Silvio　1.31（㊥1845）没、64歳。1789生。イタリアの作家、愛国者。

リベラ，J. F.　Rivera, José Fructuoso　1.？没、64？歳。1790（㊥1788頃）生。ウルグアイの政治家、軍人。

シュルツ，ダーフィト　Schulz, David　2.17没、74歳。1779生。ドイツの神学者。

マーティン，ジョン　Martin, John　2.17没、64歳。1789生。イギリスの画家、版画家。

ラムネー，フェリシテ-ロベール・ド　Lamennais, Hugo Félicité Robert de　2.27没、71歳。1782生。フランスの哲学者、宗教思想家。

ベネケ，フリードリヒ・エドゥアルト　Beneke, Friedrich Eduard　3.1没、56歳。1798生。ドイツの哲学者、教育学者。

ルビーニ，ジャンバッティスタ　Rubini, Giambattista　3.3没、59歳。1794生。イタリアのテノール歌手。

ロンドンデリ　Londonderry, Charles William Stewart, 3rd Marquis of　3.6没、75歳。1778生。イギリスの軍人、外交官。

ヴィレール　Villèle, Jean Baptiste Guillaume Joseph, Comte de　3.13没、80歳。1773生。フランスの政治家。

ハンバーグ，セオドア　Hamberg, Theodore　3.13没、34歳。1819生。スウェーデンのバーゼル福音教会の中国宣教師。

1854年

2.23　オレンジ自由国の独立が承認される
3.31　日米和親条約が締結される

1854　19世紀

ノース，クリストファー　North, Christopher　4.3没、68歳。1785生。イギリスの批評家。

ストリックランド，ウィリアム　Strickland, William　4.6没、66歳。1788（㉟1787頃）生。アメリカの建築家。

バセドー　Basedow, Karl Adolf von　4.11没、55歳。1799生。ドイツの医者。

エルスネル，ユゼフ・クサヴェリ　Elsner, Jozef Anton Franciszek　4.18没、84歳。1769生。ポーランドの作曲家，教育者。

ペクサン　Paixhans, Henri Joseph　4.20没、71歳。1783生。フランスの軍人，技術家。

ブラボー　Bravo, Nicolás　4.22没、68？歳。1786生。メキシコの軍人，政治家。

ロセッティ，ゲイブリエル　Rossetti, Gabriele　4.26没、71歳。1783生。イタリアの詩人。

ヴァリック　Wallich, Nathaniel　4.28没、67歳。1787生。デンマークの植物学者。

アングルシー，ヘンリー・ウィリアム・パジェット，初代侯爵　Anglesey, Henry William Paget, 1st Marquis of　4.29没、85歳。1768生。イギリスの軍人。

モントゴメリ（モンゴメリ，マントゴメリ），ジェイムズ　Montgomery, James　4.30没、82歳。1771生。イギリスの讃美歌作詞者。

カーアーニー　Qāānī　5.1？（㉟1853頃）没、45歳。1808（㉟1807頃）生。ペルシアの頌詩，抒情詩人。

コラリ　Coralli, Jean　5.1没、75歳。1779生。フランスの舞踊家，振付師。

ボワスレー，ズルピッツ　Boisserée, Johann Sulpiz Melchior Dominikus　5.2没、70歳。1783生。ドイツの美術学者。

ランブルスキーニ，ルイージ　Lambruschini, Luigi　5.12没、77歳。1776生。イタリアのカトリック聖職者，枢機卿，神学者。

ケリ，トマス　Kelly, Thomas　5.14没、84歳。1769生。アイルランドの牧師，讃美歌作詞者。

バゴット，リチャード　Bagot, Richard　5.15没、72歳。1782生。英国教会の聖職者。

ハラー，カール・ルートヴィヒ　Haller, Karl Ludwig von　5.21没、85歳。1768生。スイスの政治学者。

リシンスキ，ヴァトロスラヴ　Lisinski, Vatroslav　5.31没、34歳。1819生。クロアティアの作曲家。

ゾンターク，ヘンリエッテ　Sontag, Henriette Gertrude Walpurgis　6.17没、48歳。1806生。ドイツのソプラノ歌手。

アイヒホルン，カール・フリードリヒ　Eichhorn, Karl Friedrich　7.4没、72歳。1781（㉟1784）生。ドイツの法学者。

スーヴェストル，エミール　Souvestre, Emile　7.5没、48歳。1806生。フランスの著述家，ジャーナリスト。

ボルジヒ　Borsig, August　7.6没、50歳。1804生。ドイツの機械製造業者。

オーム，ゲオルク・ジーモン　Ohm, Georg Simon　7.7没、67歳。1787（㉟1789）生。ドイツの物理学者。

ギーゼラー，ヨーハン・カール・ルートヴィヒ　Gieseler, Johann Karl Ludwig　7.8没、62歳。1792生。ドイツの教会史家。

フリードリヒ・アウグスト2世　Friedrich August II　8.9没、57歳。1797生。ザクセン王（在位1836～54）。

メローニ，マチェドーニオ　Melloni, Macedonio　8.11没、56歳。1798生。イタリアの物理学者。

ファイフ，ダンカン　Phyfe, Duncan　8.16没、86歳。1768生。アメリカの家具作家。

シェリング，フリードリヒ・ヴィルヘルム・ヨーゼフ・フォン　Schelling, Friedrich Wilhelm Joseph von　8.20（㉟1851）没、79歳。1775生。ドイツの哲学者。

ウッズ，レナード・ジューン　Woods, Leonard June　8.24没、80歳。1774生。アメリカの会衆派牧師，神学者。

ベドゥルナ，ホアキナ・デ　Vedruna, Joaquina de　8.28没、71歳。1783生。スペインの「愛徳カルメル修道女会」の創立者、聖人。

ローラン　Laurent, Pierre Alphonse　9.2没、41歳。1813生。フランスの数学者で軍事技術者。

シュミート，クリストフ・ダーニエル・フォン　Schmid, Christoph von　9.3没、86歳。1768生。ドイツの青少年読物作家。

ヴァッケンローデル　Wackenroder, Heinrich Wilhelm Ferdinand　9.4没、56歳。1798生。ドイツの薬学者。

アンスロ，ジャック　Ancelot, Jacques　9.7没、60歳。1794生。フランスの劇作家。

マイ，アンジェロ　Mai, Angelo　9.8没、72歳。1782生。イタリアの古典学者。

バロン，エドワード　Barron, Edward　9.12没、53歳。1801生。アイルランド出身のカトリック宣教師。

ミルベル　Mirbel, Charles François Brisseau de　9.12没、78歳。1776生。フランスの植物学者。

オグデン　Ogden, Peter Skene　9.27没、64歳。1790（㉟1794）生。イギリスの毛皮貿易商，探検家。

フウォピツキ　Chlopicki, Józef　9.30没、82歳。1772（㉟1771）生。ポーランドの軍人。

ゴットヘルフ，イェレミーアス　Gotthelf, Jeremias　10.22没、57歳。1797生。スイスの小説家。

ゾウク，シェイフ・ムハンマド・イブラーヒーム　Dhauq　10.26没、65歳。1789生。インドのウルドゥー語詩人。

アブドゥッラー　Abdullah bin Abdul Kadir Munshi　10.？没、57歳。1797（㉟1796）生。マライの文学者、歴史編纂者。

フェリアー，スーザン　Ferrier, Susan Edmonstone　11.5没、72歳。1782生。イギリスの女性作家。

19世紀

マルボー　Marbot, Jean-Baptiste Antoine Marcelin, Baron de　11.16没、72歳。1782生。フランスの軍人。

フォーブズ、エドワード　Forbes, Edward　11.18没、39歳。1815生。スコットランドの博物学者。

プリエート　Prieto, Joaquin　11.22没、68歳。1786生。チリの軍人、政治家。

ベガス、カール（父）　Begas, Karl　11.24没、60歳。1794生。ドイツの画家。

キットウ、ジョン　Kitto, John　11.25没、49歳。1804生。イギリスの聖書物語作家。

ロックハート、ジョン　Lockhart, John Gibson　11.25没、60歳。1794生。スコットランド生れの伝記作者。

エッカーマン、ヨハン・ペーター　Eckermann, Johann Peter　12.3没、62歳。1792生。ゲーテの晩年10年間の秘書。

アルメイダ・ガレート、ジョアン・バプティスタ・ダ・シルヴァ・レイタン　Almeida Garret, João Baptista da Silva Leitão, Visconde de　12.9没、55歳。1799生。ポルトガルの作家、政治家。

ガレット、アルメイダ　Garrett, João Baptista da Silva Leitão de Almeida　12.9没、55歳。1799(㊥1779)生。ポルトガルの小説家、詩人、劇作家、政治家。

ラウス、マーティン・ジョウゼフ　Routh, Martin Joseph　12.22没、99歳。1755生。イギリスの教父学者。

ドア　Dorr, Thomas Wilson　12.27没、49歳。1805生。アメリカの法律家、政治家。

バウール-ロルミヤン、ピエール　Baour-Lormian, Pierre-Marie-François　12.28没、84歳。1770生。フランスの詩人、翻訳家、劇作家、小説家。

この年 アーサー、サー・ジョージ　Arthur, *Sir* George　70歳。1784生。イギリスの外交官。

アッバース1世　'Abbās I　41歳。1813生。エジプトのパシャ（在位1848～54）。

エレラ　Herrera, José Joaquín　62歳。1792生。メキシコの政治家。

エンダー、ヨハン　Ender, Johann　61歳。1793生。オーストリアの画家。

王筠　70歳。1784生。中国、清代の学者。

カスカート　Cathcart, *Sir* George　60歳。1794生。イギリスの軍人。

カメハメハ3世　Kamehameha III　40歳。1814生。ハワイの国王（在位1825～54）。

カルロ3世　Carlo III　31歳。1823生。パルマ公（1849）。

琦善　64？歳。1790生。中国、清末の政治家。

キャサウッド、フレデリク　Catherwood, Frederick　55歳。1799生。イギリスの素描家。

ギルフォード　Guilford, Nathan　68歳。1786生。アメリカの教育行政官。

クリアス　Clias, P. H.　72歳。1782生。スイスの体育指導者。

クローカー、トマス・クロフトン　Croker, Thomas Crofton　56歳。1798生。アイルランドの古物研究家、民俗学者。

ゲラール　Guerard, Charles-Benjamin　57歳。1797生。フランス史家、文献学者。

ケンブル、チャールズ　Kemble, Charles　79歳。1775生。イギリスの俳優。

江忠源　42歳。1812生。中国、清末の武将。

コルニーロフ　Kornilov, Vladimir Alekseevich　48歳。1806生。ロシアの提督。

ジェームソン　Jameson, Robert　80歳。1774生。スコットランドの地質学者。

シュプライス、ダーフィト　Spleiß, David　68歳。1786生。スイスの覚醒運動の指導者。

ゼフストリョーム、ニルス・ガブリエル　Sefström, Nils Gabriel　㊥1845没、67歳。1787生。スウェーデンの化学者、鉱物学者。

デヴェレル、ウォルター・ハウエル　Deverell, Walter Howell　27歳。1827生。アメリカ出身のイギリスの画家。

田琦　29歳。1825生。朝鮮、李朝後期の詩人、文人画家。

トスキ、パーオロ　Toschi, Paolo　66歳。1788生。イタリアの版画家、画家。

トムスン、ジェイムズ（ディエゴ）　Thomson, James (Diego)　66歳。1788生。イギリスの宣教師。

ニーフ　Neef, Joseph　84歳。1770生。フランスの教育者。

ノービレ、ピエトロ　Nobile, Pietro　80歳。1774生。スイスの建築家。

バークリー-アラダイス、ロバート　Barclay-Allardice, Robert　75歳。1779生。イギリスの軍人、スポーツ選手。

潘世恩　84歳。1770生。中国、清の政治家。

フィッツパトリック　Fitzpatrick, Thomas　55歳。1799生。アメリカの毛皮業者。

フォードリニア、ヘンリー　Fourdrinier, Henry　88歳。1766生。イギリスの事業家。

ベットーリ、ニコーラ　Bettoli, Nicola　74歳。1780生。イタリアの建築家。

パジェット　Paget, Henry William, 1st Marquis of Anglesey　86歳。1768生。イギリスの将軍、政治家。

プレース　Place, Francis　83歳。1771生。イギリスの急進的改革運動者。

劉文淇　65歳。1789生。中国、清後期の学者。

レーデン、フリーデリケ・フォン　Reden, Friederike von　80歳。1774生。シュレージエン地方の敬虔派信徒。

人物物故大年表 外国人編　*657*

ロス，ヴィルヘルム・ヨーハン・ゴットフリート Roß, Wilhelm Johann Gottfried 82歳。1772生。ドイツの牧師，神学者。

1855年

4.18 イギリスとシャムがバウリング条約を締結
5.15 パリ万国博覧会が開催される
5.31 清の僧格林沁が太平天国の北伐軍を壊滅

＊＊＊

スカッダー，ジョン Scudder, John 1.3没、61歳。1793生。アメリカのオランダ改革派宣教師。

モイラト Mailáth, János 1.3没、68歳。1786生。ハンガリーの文学者。

ミットフォード，メアリー・ラッセル Mitford, Mary Russell 1.10没、67歳。1787生。イギリスの女流文学者。

ブラコノ，アンリ Braconnot, Henry 1.13没、73歳。1781(異1780)生。フランスの化学者。

フス，パーヴェル Fuss, Pavel Nikolaevich 1.22没、56歳。1798生。ロシアの数学者。

ヘア，ジューリアス・チャールズ Hare, Julius Charles 1.23没、59歳。1795生。イギリスの神学者，ルーイスの大執事。

エルンスト，クリストフ・フリードリヒ・ヴィルヘルム Ernst, Christoph Friedrich Wilhelm 1.24没、89歳。1765生。ドイツの改革派教会指導者，説教者。

ワーズワス，ドロシー Wordsworth, Dorothy 1.25没、83歳。1771生。イギリスの日記作者。

ジョーンズ Jones, Richard 1.26没、65歳。1790生。イギリスの経済学者。

ネルヴァル，ジェラール・ド Nerval, Gérard de 1.26没、46歳。1808生。フランスの詩人，小説家。

ハルムス，クラウス Harms, Claus 2.1没、76歳。1778生。ドイツのプロテスタント聖職者。

ルナ・ピサーロ，フランシスコ・ハビエル・デ Luna Pizarro, Francisco Javier de 2.9没、74歳。1780生。ペルーのカトリック聖職者，政治的指導者。

リュッケ，ゴットフリート・クリスティアン・フリードリヒ Lücke, Gottfried Christian Friedrich 2.14没、63歳。1791生。ドイツの神学者。

ヒューム Hume, Joseph 2.20没、78歳。1777生。イギリスの政治家，社会改革家。

ランビヨット，ルイ Lambillotte, Lois 2.22没、58歳。1796生。ベルギーのカトリック聖職者，グレゴリオ聖歌の研究家。

ガウス，カール・フリードリヒ Gauss, Karl Friedrich 2.23没、77歳。1777生。ドイツの数学者。

デュポン・ド・ルール Dupont de l'Eure, Jacques Charles 3.2没、88歳。1767生。フランスの法律家，政治家。

ニコライ1世 Nikolai I Pavlovich 3.2没、58歳。1796生。ロシアの皇帝(在位1825～55)。

フィールディング，コープリー Fielding, Anthony Vandyke Copley 3.3没、68歳。1787(異1782)生。イギリスの水彩画家。

ミルズ，ロバート Mills, Robert 3.3没、73歳。1781生。アメリカの建築家。

ドン・カルロス Don Carlos 3.10没、66歳。1788生。スペイン王フェルナンド7世の弟。

ヴェールリ Wehrli, Johan Jakob 3.15没、64歳。1790生。スイスの教育学者。

ラスベルク Lassberg, Josef von 3.15没、84歳。1770生。ドイツのゲルマン学者。

アスプディン，ジョゼフ Aspdin, Joseph 3.20(異1885)没、76歳。1779生。イギリスのレンガ積み職人，発明家。

ファベル・デュ・フォール Faber du Faur, Friedrich von 3.22没、68歳。1786生。ドイツの鉱山技師。

ラクルテル Lacretelle, Jean Charles Dominique de 3.26没、88歳。1766生。フランスの歴史家，ジャーナリスト。

ブロンテ，シャーロット Brontë, Charlotte 3.31没、38歳。1816生。イギリスの女流小説家。

ビク Bik, Pieter Albert 4.10没、56歳。1798生。オランダの出島商館長。

デ・ラ・ベーシュ，サー・ヘンリー・トーマス De la Beche, *Sir* Henry Thomas 4.13没、59歳。1796生。イギリスの地質学者。

ジューコワ，マリヤ・セミョーノヴナ Zhukova, Mariia Semënovna 4.14没、50歳。1805生。ロシアの女性小説家。

イザベイ，ジャン・バティスト Isabey, Jean Baptiste 4.18没、88歳。1767生。フランスの画家，細密画家，石版画家。

ルスト，ヴィルヘルム・カール Rust, Wilhelm Karl 4.18没、67歳。1787生。ドイツのピアニスト，オルガン奏者，教育者。

ビショップ，サー・ヘンリー・ローリー Bishop, *Sir* Henry Rowley 4.30没、68歳。1786生。イギリスの作曲家，指揮者。

プレイエル，カミーユ Pleyel, Camille Josephe Stephen 5.4没、66歳。1788生。オーストリア出身のフランスの作曲家，ピアニスト，実業家。

ゲイスフォード，トマス Gaisford, Thomas 6.2没、75歳。1780(異1779)生。イギリスの古典学者。

ミハウォフスキ，ピョトル Michałowski, Piotr 6.9没、54歳。1800生。ポーランドの画家。

ブラック Black, John 6.15没、72歳。1783生。イギリスのジャーナリスト，翻訳家。

19世紀

ビンテリム，アントーン・ヨーゼフ　Binterim, Anton Josef　6.17没、75歳。1779生。ドイツのカトリック神学者。

アルンスヴァルト，アウグスト・フォン　Arnswaldt, August von　6.27没、56歳。1798生。ドイツの教師。

ラグラン（ラグランの），ロード・フィッツロイ・ジェイムズ・ヘンリー・サマーセット，男爵　Raglan, Fitzroy James Henry Somerset, 1st Baron　6.28没、66歳。1788生。イギリスの軍人。

ジラルダン夫人　Girardin, Delphine de　6.29没、51歳。1804生。フランスの文学者。

ロスミーニ-セルバーティ，アントーニオ　Rosmini-Serbati, Antonio　7.1没、58歳。1797生。イタリアの哲学者、司祭。

カンペニー，ダミアン　Campeny, Damián　7.7没、84歳。1771生。スペインの彫刻家。

バーチュシコフ，コンスタンチン・ニコラエヴィチ　Batiushkov, Konstantin Nikolaevich　7.7没、68歳。1787生。ロシアの詩人。

パリー，サー・ウィリアム・エドワード　Parry, Sir William Edward　7.8没、64歳。1790生。イギリスの海軍軍人、北極探険家。

ナヒモフ　Nakhimov, Pavel Stepanovich　7.12没、52歳。1803（㋹1802）生。ロシアの海軍提督。

コーブル，ヴィルヘルム・フォン　Kobell, Wilhelm Alexander Wolfgang von　7.15（㋹1853）没、89歳。1766生。ドイツの画家。

アッテルボム，ペール・ダニエル・アマデウス　Atterbom, Per Daniel Amadeus　7.21没、65歳。1790生。スウェーデンの作家。

シュタール，フリードリヒ・ユーリウス　Stahl, Friedrich Julius　8.3（㋹1861）没、53歳。1802生。ドイツの政治学者、ロマン的国家観の代表者。

アリスタ　Arista, Mariano　8.7没、53歳。1802生。メキシコの軍人、政治家。

ペーペ　Pepe, Guglielmo　8.9没、72歳。1783生。イタリアの軍人。

ゲブレ・ミカエル　Ghebre Michael　8.28没、65？歳。1790生。エチオピアの神学者、殉教者。

ヴォロビヨフ，マクシム　Vorob'ev, Maksim Nikiforovich　8.30？没、68？歳。1787？生。ロシアの画家。

オコンナー　O'Connor, Feargus Edward　8.30没、61歳。1794（㋹1796）生。アイルランドのチャーティスト運動指導者。

ミュラー，グスタフ　Müller, Theodor Heinrich Gustav　9.7没、55歳。1799生。ドイツのヴィオラ奏者、指揮者。

エンゲルハルト，ヨーハン・ゲオルク・ファイト　Engelhardt, Johann Georg Veit　9.13没、63歳。1791生。ドイツの教会史家。

グラノフスキー，チモフェイ・ニコラエヴィチ　Granovskii, Timofei Nikolaevich　10.4没、42歳。1813生。ロシアの歴史学者。

クレレ　Crelle, August Leopold　10.6没、75歳。1780生。ドイツの数学者。

マジャンディ，フランソワ　Magendie, François　10.7没、72歳。1783生。フランスの実験生理学者。

モールズワース　Molesworth, Sir William, Baronet　10.22没、45歳。1810生。イギリスの政治家。

ラーイチ，セミョーン・エゴーロヴィチ　Raich, Semën Egorovich　10.28没、63歳。1792生。ロシアの詩人、批評家、翻訳家。

リュード，フランソワ　Rude, François　11.3没、71歳。1784生。フランスの彫刻家。

キアケゴー，セーレン　Kierkegaard, Sören Aabye　11.11没、42歳。1813生。デンマークの哲学者、神学者。

ベーギチェフ，ドミートリー・ニキーチチ　Begichev, Dmitrii Nikitich　11.12没、69歳。1786生。ロシアの小説家。

モーラルト，ヨーゼフ　Moralt, Joseph　11.13没、80歳。1775生。ドイツのヴァイオリン奏者。

ヴェレシュマルティ・ミハーイ　Vörösmarty, Mihály　11.19没、54歳。1800生。ハンガリーの詩人。

モレ　Molé, Louis Mathieu, Comte　11.23没、74歳。1781生。フランスの政治家。

ミツキエヴィッチ，アダム　Mickiewicz, Adam Bernard　11.26没、56歳。1798生。ポーランドの詩人。

アボット　Abbot, Joel　12.14没、62歳。1793生。アメリカの海軍士官。

マリーア・ディ・ローザ　Maria di Rosa　12.15没、42歳。1813生。イタリアの修道女、修道会創立者、聖人。

ストゥルム，（ジャック・）シャルル・フランソワ　Sturm, Jacques Charles François　12.18没、52歳。1803生。フランス（スイス系）の数学者。

ロジャーズ，サミュエル　Rogers, Samuel　12.18没、92歳。1763生。イギリスの詩人。

この年　ウヴァーロフ　Uvarov, Sergei Semyonovich　69歳。1786生。ロシアの政治家、伯爵(1846)、文相(33～49)、科学アカデミー総裁。

ウェッブ　Webb, Thomas William　48歳。1807生。イギリスの素人天文家、英国教会の司祭。

ヴロンチェンコ　Vronchenko, Mikhail Pavlovich　54歳。1801生。ロシアの小アジア研究者、文学者、軍人。

カルニセル，ラモン　Carnicer, Ramón　66歳。1789生。スペインの作曲家、教育者。

キュービット，トマス　Cubitt, Thomas　67歳。1788生。イギリスの建築業者。

人物物故大年表 外国人編　*659*

1855

クルーシーシュコフスキー，パヴェル
　Křížkovský, Pavel　㊟1885没、35歳。1820生。チェコの作曲家，合唱指揮者。
グルレー，エティエンヌ・ド　Grellet, Etienne de　82歳。1773生。フランス出身のクエイカー派宣教師。
スウェインソン，ウィリアム　Swainson, William　66歳。1789生。イギリスの博物学者，鳥の挿絵画家。
ダヴィドフ　Davydov, Vasili L'vovich　63歳。1792生。ロシアのデカブリスト。
タコン　Tacón, Miguel de　78歳。1777生。スペインの軍人、キューバ総督(1834〜38)。
ダライラマ11世，ケイドゥプ・ギャムツォ　Dalai Lama XI, Mkhas-grub rgya-mtsho　17歳。1838生。チベット・ラマ教の法王。
ディポ・ネゴロ　Dipo Negoro　70歳。1785生。ジャワ戦争の指導者。
デュヴェルノア　Duvernoy, Georges Louis　78歳。1777生。フランスの解剖学者，動物学者。
塔斉布　38歳。1817生。中国，清後期の武将。
ドーソン　D'Ohsson, Abraham Constantine Mouradgea　㊟1851没、75歳。1780(㊟1779)生。スウェーデンの外交官、歴史家。
ドンキン，ブライアン　Donkin, Bryan　87歳。1768生。イギリスの発明家。
バンザロフ　Banzarov, Dorzh　32歳。1823(㊟1822)生。ロシアのモンゴル学者，ブリヤート人。
ファン・デン・フーフェン　Van den Hoeven, Abraham des Amorie　57歳。1798生。オランダの神学者。
フォレン　Follen, August　61歳。1794生。ドイツの作家，政治家。
ブッシュ　Busch, August Ludwig　51歳。1804生。ドイツの天文学者。
ブロッホマン　Blochmann, Karl　69歳。1786生。ドイツの教育者。
フロマン-ムーリス，フランソワ-デジレ　Froment-Meurice, François-Désiré　53歳。1802生。フランスの金工家。
ベストゥージェフ　Bestuzhev, Nikolai Aleksandrovich　64歳。1791生。ロシアの革命家。
ベッツオーリ，ジュゼッペ　Bezzuoli, Giuseppe　71歳。1784生。イタリアの画家。
ベーロ，ハインリヒ・フォン　Below, Heinrich von　63歳。1792生。ドイツの信仰覚醒運動家。
包世臣　80歳。1775生。中国，清の学者，書家。
ピストルッチ，ベネデット　Pistrucci, Benedetto　71歳。1784生。イタリアの宝石細工師，メダル制作家。

ポラック，ミヒャエル・ヨハン　Pollack, Michael Johann　82歳。1773生。オーストリアの建築家の一族。
ミッチェル，サー・トマス・リヴィングストン　Mitchell, Sir Thomas Livingstone　63歳。1792生。スコットランドの探検家。
楊以増　68歳。1787生。中国，清後期の官僚，蔵書家。
梁阿発　66歳。1789生。中国のプロテスタント伝道における最初の中国人受洗者。
劉宝楠　64歳。1791生。中国，清の考証学者。
劉麗川　35歳。1820生。中国，清末期の上海小刀会蜂起の首領。
林鳳祥　中国，太平天国の武将。
ルタルイイ，ポール-マリー　Letarouilly, Paul-Marie　60歳。1795生。フランスの建築家，建築史家。
ロスチャイルド，アムシェル　Rothschild, Amschel M.　82歳。1773生。ユダヤ系の国際的金融資本家。
ロスチャイルド，カール　Rothschild, Karl　75歳。1780(㊟1788)生。ユダヤ系の国際的金融資本家。
ロッシ，ガエターノ　Rossi, Gaetano　81歳。1774生。音楽家。
[この頃] 羅大綱　51？歳。1804生。中国の太平天国の指導者の一人。

1856年

3.30　パリ講和条約でクリミア戦争が終結する
5.24　カンザス州で奴隷制度支持派5人が殺害
9.01　太平天国の内部抗争が勃発する
10.08　アロー号事件が発生する
＊＊＊
ダヴィド，ピエール・ジャン　David, Pierre Jean　1.5没、67歳。1789(㊟1788)生。フランスの彫刻家。
ボクサ，ニコラ・シャルル　Bochsa, Robert Nicolas Charles　1.6没、66歳。1789生。フランスのハープ奏者，作曲家。
シュナイデヴィン　Schneidewin, Friedrich Wilhelm　1.11没、45歳。1810生。ドイツの古典学者。
ナデージジン，ニコライ・イワノヴィチ　Nadezhdin, Nikolai Ivanovich　1.11没、51歳。1804生。ロシアの評論家，歴史家，民俗学者。
シトゥール，リュドヴィート　Štúr, L'udovít　1.12没、40歳。1815生。スロバキアの啓蒙家。
ロールバシェ，ルネー・フランソワ　Rohrbacher, René François　1.17没、66歳。1789生。フランスの教会史家。

19世紀　1856

シュタウデンマイアー，フランツ・アントーン　Staudenmaier, Franz Anton　1.19没、55歳。1800生。ドイツのカトリック神学者。

トイプナー　Teubner, Benediktus Gotthelf　1.21没、71歳。1784生。ドイツの出版業者。

アルランクール，シャルル-ヴィクトール・プレヴォー　Arlincourt, Charles-Victor Prévost　1.22没、66歳。1789生。フランスの小説家，詩人，劇作家。

パスケーヴィチ　Paskevich, Ivan Fëdorovich　2.1没、73歳。1782生。ロシアの将軍。

バッシ，アゴスティーノ・マリア　Bassi, Agostino Maria　2.8没、82歳。1773生。イタリアの医学者。

スリーマン　Sleeman, Sir William Henry　2.10没、67歳。1788生。イギリスの軍人。

ハイネ，ハインリヒ　Heine, Heinrich　2.17（㊥1858）没、58歳。1797生。ドイツの詩人。

ブレーアム　Braham, John　2.17没、81歳。1774生。イギリスのテノール・作曲家。

ビーラ，ヴィルヘルム・フォン　Biela, Wilhelm von　2.18没、73歳。1782（㊥1784）生。ドイツの天文学者。

ロバチェフスキー，ニコライ・イヴァノヴィッチ　Lobachevskii, Nikolai Ivanovich　2.24没、63歳。1792（㊥1793）生。ロシアの数学者。

ポポヴィチ，ヨヴァン・ステリヤ　Popović, Jovan Sterija　2.26没、50歳。1806生。セルビアの文学者。

シェジー　Chézy, Wilhelmine Christiane von　2.28没、73歳。1783生。ドイツの女流作家。

シャプドレーヌ，オギュスト　Chapdelaine, Auguste　2.29没、42歳。1814生。フランスのカトリック宣教師。

アトウッド　Attwood, Thomas　3.6没、72歳。1783生。イギリスの政治改革運動家，貨幣理論家。

ポティンジャー　Pottinger, Sir Henry　3.18没、66歳。1789生。イギリスの植民地行政官。

トゥルチャニノフ　Turchaninov, Pëtr Ivanovich　3.28没、76歳。1779生。ロシアの作曲家。

モノー，アドルフ　Monod, Adolphe Théodore　4.6没、54歳。1802生。スイス市民階級出身のフランスの牧師。

チャアダーエフ，ピョートル・ヤーコヴレヴィチ　Chaadaev, Pëtr Iakovlevich　4.14没、61歳。1794（㊥1793）生。ロシアの思想家。

ウィルバー，ジョン　Wilbur, John　5.1没、81歳。1774生。アメリカのクェーカー派伝道者。

アダン，アドルフ・シャルル　Adam, Adolphe Charles　5.3没、52歳。1803生。フランスの作曲家。

ガルーラ，ベルンハルト　Galura, Bernhard　5.4没、91歳。1764生。ドイツのカトリック神学者，司教。

ハミルトン，サー・ウィリアム　Hamilton, Sir William　5.6没、68歳。1788生。イギリスの哲学者。

ビネ　Binet, Jacques Philippe Marie　5.12没、70歳。1786生。フランスの数学者，天文学者。

ゲラン，テオドール　Guérin, Theodore　5.14没、57歳。1798生。フランスの女子修道会創立者。

チエリー，オーギュスタン　Thierry, Jacques-Nicolas Augustin　5.22没、61歳。1795生。フランスの歴史家。

キレーエフスキー，イワン・ワシリエヴィチ　Kireevskii, Ivan Vasilievich　6.11没、50歳。1806生。ロシアの哲学者，ジャーナリスト。

ハーゲン，フリードリヒ・ハインリヒ・フォン・デア　Hagen, Friedrich Heinrich von der　6.11没、76歳。1780生。ドイツのゲルマン学者。

アイヒホルン，ヨーハン・アルブレヒト・フリードリヒ　Eichhorn, Johann Albrecht Friedrich　6.16（㊥1859）没、77歳。1779生。ドイツ（プロイセン）の政治家。

レカミエ　Récamier, Joseph Claude Anthelme　6.22（㊥1852）没、81歳。1774生。フランスの産婦人科医。

シュティルナー，マックス　Stirner, Max　6.26没、49歳。1806生。ドイツの哲学者。

マイアー　Meyer, Joseph　6.27没、60歳。1796生。ドイツの出版業者，実業家。

ギューレンブーウ，トマシーネ　Gyllembourg, Thomasine Christine　7.1没、82歳。1773生。デンマークの女性作家。

アヴォガドロ，アメデオ　Avogadro, Amedeo, Conte di Quaregna e Ceretto　7.9没、79歳。1776生。イタリアの物理学者、化学者。

ティル，ヨゼフ・カエターン　Tyl, Josef Kajetan　7.11没、52歳。1804（㊥1808）生。チェコスロバキアの劇作家。

ダウティ　Doughty, Thomas　7.22没、63歳。1793生。アメリカの風景画家。

シェーン　Schön, Heinrich Theodor von　7.23没、84歳。1772（㊥1773）生。プロシアの政治家。

シューマン，ローベルト　Schumann, Robert Alexander　7.29没、46歳。1810生。ドイツ・ロマン派の作曲家。

ハヴリーチェク-ボロフスキー，カレル　Havlíček Borovskii, Karel　7.29没、34歳。1821生。チェコスロヴァキアのジャーナリスト。

ヴェールト，ゲオルク　Weerth, Georg　7.30没、34歳。1822生。ドイツの詩人，ジャーナリスト。

ピアサル　Pearsall, Robert Lucas　8.5没、61歳。1795生。イギリスの作曲家。

ヴェストリス，マダム　Vestris, Madame　8.8没、59歳。1797生。イギリスの舞踊家。

人物物故大年表　外国人編　*661*

1856　19世紀

ヴィルダ　Wilda, Wilhelm Eduard　8.9没、55歳。1800生。ドイツの法制史家。

バックランド、ウィリアム　Buckland, William　8.14没、72歳。1784生。イギリスの地質学者。

ジェラール、シャルル・フレデリック　Gerhardt, Charles Frédéric　8.19（⑲1858）没、39歳。1816生。フランスの化学者。

ヴィアラール、エミリ・ド　Vialar, Émilie de　8.24没、59歳。1797生。フランスの「聖ヨセフの姉妹会」創設者、聖人。

ロス、サー・ジョン　Ross, Sir John　8.30没、79歳。1777生。スコットランド海軍軍人、北極探検家。

楊秀清　8.?（⑲1854）没、46歳。1810（⑲1820）生。中国、清末の太平天国の指導者の一人。

ウェストマコット、リチャード　Westmacott, Sir Richard　9.1没、81歳。1775生。イギリスの彫刻家。

フィンリ、ジェイムズ・ブラッドリ　Finley, James Bradley　9.6没、75歳。1781生。アメリカのメソジスト教会牧師。

ヴィエリゴルスキー　Viel'gorskii, Mikhail Iur'evich　9.9没、67歳。1788生。ロシアの貴族（伯爵）、芸術のパトロン。

ハーディング（ラホールの）、ヘンリー・ハーディング、初代子爵　Hardinge, Sir Henry, 1st Viscount H. of Lahore　9.24没、71歳。1785生。イギリスの将軍、政治家。

ヴァイス　Weiss, Christian Samuel　10.1没、76歳。1780生。ドイツの鉱物学者。

シャセリオー、テオドール　Chassériau, Théodore　10.8没、37歳。1819生。フランスの画家。

金正喜　10.10没、70歳。1786生。朝鮮の思想家、考古学者、書家、画家。

ガイヨン　Guyon, Richard Debaufre　10.12没、53歳。1803生。イギリス人でハンガリー革命軍・トルコ軍の軍人。

カニーナ、ルイージ　Canina, Luigi　10.17没、60歳。1795生。イタリアの建築家、考古学者。

トッレンス、ヘンドリック　Tollens, Hendrik　10.21没、76歳。1780生。オランダの詩人。

キレーエフスキー、ピョートル・ワシリエヴィチ　Kireevskii, Pëtr Vasilievich　10.25没、48歳。1808生。ロシアの哲学者、歴史家。

ドラローシュ、ポール　Delaroche, Paul　11.4没、59歳。1797生。フランスの歴史画家。

カベ、エチエンヌ　Cabet, Étienne　11.8没、68歳。1788生。フランスの空想的社会主義者。

クレイトン、ジョン（・ミドルトン）　Clayton, John Middleton　11.9没、60歳。1796生。アメリカの政治家。

ツォイス、ヨハン・カスパー　Zeuss, Johann Kaspar　11.10没、50歳。1806生。ドイツの言語学者。

ヴォロンツォフ、ミハイル　Vorontsov, Mikhail Semyonovich　11.18没、74歳。1782生。ロシアの将軍、政治家。

ボーヤイ　Bolyai, Farkas Wolfgang　11.20没、81歳。1775生。ハンガリーの数学者。

ハンマー - プルクシュタル、ヨーゼフ　Hammer-Purgstall, Joseph Freiherr von　11.23没、82歳。1774生。オーストリアの東洋学者、外交官。

ブトコフ、ヤーコフ・ペトローヴィチ　Butkov, Iakov Petrovich　11.28没、35?歳。1821生。ロシアの小説家。

ビーチィ　Beechey, Frederick William　11.29没、60歳。1796生。イギリスの海軍軍人、地理学者。

マシュー、セオボールド　Mathew, Theobald　12.8没、66歳。1790生。アイルランドのカプチン会士、「禁酒運動の使徒」。

ミラー、ヒュー　Miller, Hugh　12.24没、54歳。1802生。イギリスの地質学者。

この年 アミュサ　Amussat, Jean Zuléma　60歳。1796生。フランスの外科医。

韋昌輝　⑲1857没、33?歳。1823生。中国、太平天国の指導者の一人。

エヴァンズ　Evans, George Henry　51歳。1805生。アメリカの労働評論家、土地改革論者。

カテル、フランツ・ルートヴィヒ　Catel, Franz Ludwig　78歳。1778生。ドイツの画家。

呉式芬　60歳。1796生。中国、清代の金石学者。

サイイド・イブン・サイード　Sayyid Said bin Sultan　65歳。1791（⑲1790）生。アラビア半島南部オマンの皇帝（在位1806～56）。

サルヴァンディ　Salvandy, Narcisse Achille　61歳。1795生。フランスの歴史家、政治家。

ジュノー　Juneau, Solomon Laurent　63歳。1793生。アメリカの毛皮取引商人。

スティーヴンズ、ロバート・リヴィングストン　Stevens, Robert Livingston　69歳。1787生。アメリカのエンジニア、発明家。

ストラング、ジェイムズ・ジシ　Strang, James Jesse　43歳。1813生。アメリカのモルモン教の指導者。

スントーン・プー　Sunthon Phu　⑲1855没、70歳。1786（⑲1785）生。タイの近世詩人。

湯金釗　84歳。1772生。中国、清後期の官僚。

ドフォントネー、シャルルマーニュ・イシール　Defontenay, Charlemagne-Ischir　37歳。1819生。医師、著作家。

バックリー、ウィリアム　Buckley, William　76歳。1780生。イギリスの犯罪者。

ビルクナー・ビンデソル、ミッカエル・ゴットリーブ　Birkner Bindesøll, Michael Gottlieb　56歳。1800生。デンマークの建築家。

フェレンツィ・イシュトヴァーン　Ferenczy, István　64歳。1792生。ハンガリーの彫刻家。

19世紀　　　　　　　　　　　　　　　　　　1857

フォーゲル　Vogel, Eduard　27歳。1829生。ドイツの天体分光学者。
フォルトゥール　Fortoul, Hippolyte　45歳。1811生。フランスの文学者, 政治家。
文慶　60歳。1796生。中国, 清の官僚。
ホアー　Hoar, Samuel　78歳。1778生。アメリカの法律家, 政治家。
ラストリック, ジョン(・アーペス)　Rastrick, John(Urpeth)　76歳。1780生。イギリスの土木技師, 機械技師。

1857年

5.10　インドでセポイの反乱が起こる
6.17　日本とアメリカが下田協約を締結する
6.25　ボードレールの詩集「悪の華」が刊行
8.28　ニューヨークで株価が暴落する
　　　　　＊　＊　＊
ユーア, アンドリュー　Ure, Andrew　1.2没, 78歳。1778生。スコットランドの化学者, 経済学者。
シュヴェーグラー, アルベルト　Schwegler, Friedrich Karl Albert　1.5没, 37歳。1819生。ドイツの哲学者, 哲学史家。
クリューガー, フランツ　Krüger, Franz　1.21没, 59歳。1797生。ドイツの画家。
ボーネケンパー, ヨハネス　Bonekemper, Johannes　1.24没, 61歳。1796生。ドイツの敬虔派伝道者。
メドハースト, ウォルター・ヘンリ　Medhurst, Walter Henry　1.24没, 60歳。1796生。イギリスの組合教会伝道師。
スミス, イーライ　Smith, Eli　1.11没, 55歳。1801生。アメリカの宣教師。
ウィルバフォース, ロバート・アイザク　Wilberforce, Robert Isaac　2.3没, 54歳。1802生。英国教会の聖職。
グリンカ, ミハイル・イワノヴィチ　Glinka, Mikhail Ivanovich　2.3没, 52歳。1804生。ロシアの作曲家。
ソロモス, ジオニシオス　Solomos, Dionysios　2.9没, 58歳。1798生。ギリシアの詩人。
トンプソン, デイヴィド　Thompson, David　2.10没, 86歳。1770生。カナダの探検家, 地理学者, 毛皮商人。
レッドフィールド　Redfield, William　2.12没, 67歳。1789生。アメリカの気象研究家。
シャテル, フェルディナン・トゥサン・フランソワ　Châtel, Ferdinand Toussaint François　2.13没, 62歳。1795生。フランスのカトリック分離派創導者。

ケイン, イライシャ(・ケント)　Kane, Elisha Kent　2.16没, 37歳。1820生。アメリカの北極探検家, 医者。
デノアイエ　Desnoyers, Auguste Gaspard Louis Boucher　2.16没, 77歳。1779生。フランスの版画家。
サヴィオ, ドメーニコ　Savio, Domenico　3.9没, 14歳。1842生。イタリアの少年聖人。
キンタナ, マヌエル・ホセ　Quintana, Manuel José　3.11没, 84歳。1772生。スペインの詩人, 政治家。
アマースト(アラカンの), ウィリアム・ピット, 初代伯爵　Amherst, William Pitt　3.13(㊥1858)没, 84歳。1773生。イギリスの政治家, 外交官。
デュフレノア　Dufrénoy, Ours Pierre Armand Petit　3.20没, 64歳。1792生。フランスの地質学者。
スコアズビー, ウィリアム　Scoresby, William　3.21没, 67歳。1789生。イギリスの北極探検家。
ケンブル　Kemble, John Mitchell　3.26没, 49歳。1807生。イギリスの言語学者, 歴史家。
エスキベール, アントニオ・マリーア　Esquivel, Antonio María y Suárez de Urbina　4.9没, 51歳。1806生。スペインの画家。
ミュッセ, アルフレッド・ド　Musset, Louis Charles Alfred de　5.2没, 46歳。1810生。フランスの詩人, 劇作家。
トロピーニン, ヴァシーリイ　Tropinin, Vasilii Andreevich　5.3? 没, 81歳。1776生。ロシアの画家。
ビドック　Vidocq, François Eugène　5.11没, 81歳。1775生。フランスの警察長官, 回想記作者。
プラット, パーリ・パーカー　Pratt, Parley Parker　5.13没, 50歳。1807生。アメリカの「末日聖徒イエス・キリスト教会」(モルモン教)長老。
コーシー, オーギュスタン・ルイ, 男爵　Cauchy, Augustin Louis, Baron　5.23没, 67歳。1789生。フランスの数学者。
ジェラルド　Jerrold, Douglas William　6.8没, 54歳。1803生。イギリスの軽文学作者, 劇作家。
ネベニウス　Nebenius, Karl Friedrich　6.8没, 72歳。1784生。ドイツの経済学者, 政治家。
ゴーラム, ジョージ・コーネリアス　Gorham, George Cornelius　6.19没, 68歳。1788生。聖公会司祭。
テナール, ルイ・ジャック　Thénard, Louis Jacques, Baron　6.21没, 80歳。1777生。フランスの化学者。
マクミラン, ダニエル　Macmillan, Daniel　6.27(㊥1859)没, 43歳。1813生。スコットランドの出版業者。
グロースマン, クリスティアン・ゴットロープ・レーベレヒト　Großmann, Christian Gottlob

人物故大年表 外国人編　*663*

Leberecht　6.29没、73歳。1783生。ドイツのルター派神学者，牧師。

ドービニー　D'Orbigny，Alcide Dessalines　6.30没、54歳。1802生。フランスの古生物学者，層序学者。

ピサカーネ，カルロ　Pisacane，Carlo　7.1没、38歳。1818生。イタリアのリソルジメントの指導者。

ローレンス　Lawrence，*Sir* Henry Montgomery　7.4没、51歳。1806生。イギリスの軍人，インド行政官。

チェルニー，カール　Czerny，Karl　7.15没、66歳。1791生。オーストリアのピアニスト，教育家，作曲家。

ベランジェ，ピエール-ジャン・ド　Béranger，Pierre Jean de　7.16没、76歳。1780生。フランスのシャンソン作者。

ボナパルト　Bonaparte，Charles Lucien Jules Laurent　7.29没、54歳。1803生。リュシアン・ボナパルトの子。

シュー，ウージェーヌ　Sue，Eugène　8.3没、53歳。1804生。フランスの小説家。

ブロムフィールド（ブルームフィールド），チャールズ・ジェイムズ　Blomfield，Charles James　8.5没、71歳。1786生。英国教会ロンドン主教。

クローカー　Croker，John Wilson　8.10没、76歳。1780生。イギリスの政治家，文芸評論家。

ホール，マーシャル　Hall，Marshall　8.11没、67歳。1790生。イギリスの生理学者。

コニーベア，ウィリアム・ダニエル　Conybeare，William Daniel　8.12没、70歳。1787生。イギリスの地質学者。

ナウマン　Naumann，Johann Friedrich　8.15没、77歳。1780生。ドイツの鳥類学者。

シュヴァイカルト　Schweikart，Ferdinand Karl　8.17没、77歳。1780生。ドイツの法律家で数学者。

コント，オーギュスト　Comte，Isidore Auguste Marie François Xavier　9.5（[異]1858）没、59歳。1798生。フランスの実証派哲学者。

シュヴァイガー，ヨハン・ザロモ・クリストフ　Schweigger，Johann Salomo Christoph　9.6没、78歳。1779生。ドイツの物理学者。

ボアソナード　Boissonade，Jean François　9.8没、83歳。1774生。フランスの古典学者。

コルヴィン　Colvin，John Russell　9.9没、50歳。1807生。イギリスのインド行政官。

カトルメール　Quatremère，Etienne Marc　9.18没、75歳。1782生。フランスの東洋学者。

クルピニスキ，カロル　Kurpiński，Karol　9.18没、72歳。1785生。ポーランドの作曲家，指揮者。

プランシュ，ギュスターヴ　Planche，Jean-Baptiste-Gustave　9.18没、49歳。1808生。フランスの批評家。

マニン　Manin，Daniele　9.22没、53歳。1804生。イタリア，ベネチアの愛国的政治家。

任熊　10.8（[異]1856頃）没、34歳。1823（[異]1820）生。中国，清末期の画家。

クローフォド，トマス　Crawford，Thomas　10.10没、43歳。1814（[異]1813）生。アメリカの彫刻家。

クウォータマン，ジョン・ウィン　Quarterman，John Winn　10.13没、36歳。1821生。アメリカのプロテスタントの中国宣教師。

ダール，ユーハン・クリスティアン・クラウセン　Dahl，Johan Christian Clausen　10.14没、69歳。1788生。ノルウェーの画家。

カヴェニャック　Cavaignac，Louis Eugène　10.28没、55歳。1802生。フランスの将軍。

ハヴロック（・アラン），サー・ヘンリー　Havelock，*Sir* Henry　11.24没、62歳。1795生。イギリスの将軍。

アイヒェンドルフ，ヨーゼフ・フォン　Eichendorff，Joseph，Freiherr von　11.26没、69歳。1788生。ドイツの詩人，小説家。

ラウホ，クリスティアン・ダニエル　Rauch，Christian Daniel　12.3没、80歳。1777生。ドイツの彫刻家。

リンベヤー，ヤコブ・クリスティアン　Linberg，Jacob Christian　12.10没、60歳。1797生。デンマークの牧師。

カスティル-ブラーズ　Castil-Blaze，François Henri Joseph　12.11没、73歳。1784生。フランスの著述家，作曲家。

ケイリー，サー・ジョージ　Cayley，*Sir* George　12.15没、83歳。1773生。イギリスの航空科学者。

ボーフォート，サー・フランシス　Beaufort，*Sir* Francis　12.17没、83歳。1774生。イギリスの海軍軍人，気象学者，海洋学者。

ドヴェリア，ジャック-ジャン-マリー-アシル　Deveria，Achille Jacques Jean Marie　12.23没、57歳。1800生。フランスの画家。

[この年] **アグリーコラ，フィリッポ**　Agricola，Filippo　81歳。1776生。イタリアの画家。

アーチャー　Archer，Frederick Scott　44歳。1813生。イギリスの彫刻家，写真研究家。

アーリオ，アゴスティーノ　Aglio，Agostino　80歳。1777生。イタリアの画家，版画家。

オイコノモス，コンスタンティーノス　Oikonómos，Kōnstantînos　77歳。1780生。ギリシアの神学者。

オーベール，ジャン-ジャック-オーギュスタン-レイモン　Aubert，Jean-Jacques-Augustin-Raymond　76歳。1781生。フランスの画家。

オリベ　Oribe，Manuel　61？歳。1796生。ウルグアイの政治家。

魏源　[異]1856没、63歳。1794生。中国，清の公羊学者。

ゲーベル，マックス　Goebel, Max　46歳。1811生。ドイツの改革派牧師，歴史家。

コニビア，ウィリアム・ジョン　Conybeare, William John　42歳。1815生。イギリスの新約学者。

コルゲート　Colgate, William　74歳。1783生。アメリカの実業家，慈善家。

シュラーギントヴァイト，アドルフ　Schlagintweit, Adolf von　28歳。1829生。ドイツの探検登山家兄弟の一人。

スチーブンソン　Stevenson, Andrew　73歳。1784生。アメリカの政治家，外交官。

ダーシャラティ・ラーイ　Dāśarathī Rāy　53歳。1804生。インドのベンガルの大衆詩人，歌手。

チヴス　Cheves, Langdon　81歳。1776生。アメリカの政治家。

チェルヌイショーフ　Chernyshyov, Aleksandr Ivanovich　71歳。1786生。ロシアの軍人，政治家。

テューク，サミュエル　Tuke, Samuel　73歳。1784生。イギリスの精神医学の改革者。

トゥーヌスィー　at-Tūnisī　68歳。1789生。アラブ系の学者。

馬国翰　63歳。1794生。中国，清の学者。

ハヴェル，ウィリアム　Havell, William　75歳。1782生。イギリスの画家。

バーニー，ジェイムズ（・ギレスピー）　Birney, James (Gillespie)　65歳。1792生。アメリカの奴隷反対運動の指導者。

ビボー，ミシェル　Bibaud, Michel　75歳。1782生。フランス系カナダの詩人，ジャーナリスト，歴史家。

フランソワ，アレッサンドロ　François, Alessandro　61歳。1796生。イタリアの考古学者。

ブリトン　Britton, John　86歳。1771生。イギリスの古物，地誌研究家。

ブリフォー，シャルル　Brifaut, Charles　76歳。1781生。フランスの劇作家。

ブルークス　Brooks, Preston Smith　38歳。1819生。アメリカ，サウスカロライナ州の政治家。

フレミング　Fleming, John　72歳。1785生。イギリスの動物学者，地質学者。

ポラック，ヨーゼフ　Pollack, Joseph　78歳。1779生。オーストリアの建築家の一族。

プレイフェア，ウィリアム・ヘンリー　Playfair, William Henry　68歳。1789生。イギリスの建築家。

ペロフスキー　Perovskii, Vasilii Alekscseevich　63歳。1794生。ロシアの将軍。

マックレーン　McLane, Louis　71歳。1786生。アメリカの政治家。

ミュッセ，アルフレッド・ド　Musset, Alfred de　47歳。1810生。「この世でいちばん美しい愛の手紙」の著者。

モリソン　Morrison, James　67歳。1790生。イギリスの商人，政治家。

ヤクーシキン　Iakushkin, Ivan Dmitrievich　64歳。1793生。ロシアの革命家，軍人。

ラ・ロシュジャクラン，マリー・ルイズ・ヴィクトア　La Rochejacquelein, Marie Louise Victoire　85歳。1772生。フランスの貴族。

ラシュー，ジャン-バティスト-アントワーヌ　Lassus, Jean Baptiste Antoine　50歳。1807生。フランスの建築家，考古学者。

1858年

2.11　南仏のルルドの洞窟に聖母マリアが出現
5.28　ロシアと清がアイグン条約を締結する
7.20　カヴールとナポレオン3世が会談する
11.01　ムガル帝国が滅亡し，イギリス領となる
＊＊＊

ウィルソン，ダニエル　Wilson, Daniel　1.2没，79歳。1778生。英国教会カルカッタ主教。

ダルシー　Darcy, Henri Philibert Gaspard　1.3没，49歳。1808生。フランスの土木技師。

ラシェル　Rachel　1.3没，36歳。1821（❀1820）生。フランスの女優。

ラデツキー，ヨーゼフ，伯爵　Radetzky, Joseph Wenzel, Graf von　1.5没，91歳。1766生。オーストリアの軍人。

ムスタファ・レシト・パシャ　Reshit Mustafa Pasha　1.7没，57歳。1800生。オスマン・トルコ帝国の政治家。

ジョーンズ　Jones, Anson　1.9没，59歳。1798生。テキサス共和国最後の大統領。

ハースピンガー，ヨーアヒム　Haspinger, Joachim　1.12没，81歳。1776生。オーストリアの聖職者，愛国者。

クドリャーフツェフ，ピョートル・ニコラエヴィチ　Kudriavtsev, Pëtr Nikolaevich　1.18没，41歳。1816生。ロシアの作家，歴史家。

ラブラーシュ，ルイジ　Lablache, Luigi　1.23没，63歳。1794生。フランス系のイタリアのバス歌手。

ウルイブイシェフ　Ulybyshev, Aleksandr Dmitrievich　2.8没，64歳。1794生。ロシアの外交官・音楽評論家。

ゴッセン　Gossen, Hermann Heinrich　2.13没，47歳。1810生。ドイツの経済学者。

ヴィーヒェルハウス，ヨハネス　Wichelhaus, Johannes　2.14没，39歳。1819生。ドイツの改革派神学者。

クーム　Combe, George　2.14没，69歳。1788生。スコットランドの骨相学者。

1858　19世紀

クロイツァー，ゲオルク・フリードリヒ　Creuzer, Georg Friedrich　2.16没、86歳。1771生。ドイツの文献学者。

トゥーク　Tooke, Thomas　2.26没、84歳。1774生。イギリスの経済学者，実業家。

ラヴィニャン，ギュスターヴ・フランソワ・グザヴィエ・ド　Ravignan, Gustave François Xavier de　2.26没、62歳。1795生。フランスのイエズス会説教者。

バイザ・ヨージェフ　Bajza, József　3.3没、54歳。1804生。ハンガリーの文芸批評家，詩人。

センコフスキー，オーシプ・イワノヴィチ　Senkovskii, Osip Ivanovich　3.4没、57歳。1800生。ロシアの作家，批評家，ジャーナリスト，東洋学者。

ペリー，マシュー・ガルブレイス　Perry, Matthew Calbraith　3.4没、63歳。1794生。アメリカ海軍軍人。

テイラー，ナサニエル・ウィリアム　Taylor, Nathaniel William　3.10没、71歳。1786生。アメリカの神学者。

オルシーニ，フェリーチェ　Orsini, Felice　3.13没、38歳。1819生。イタリアの愛国者。

ペック，ジョン・メイスン　Peck, John Mason　3.14没、68歳。1789生。アメリカのミズーリ，イリノイ，インディアナの3州で最初の開拓伝道を試みたバプテスト派の宣教師。

ネース・フォン・エーゼンベック　Nees von Esenbeck, Christian Gottfried　3.16没、82歳。1776生。ドイツの植物学者。

ミュラー，クリストフ・ゴットロープ　Müller, Christoph Gottlob　3.17没、72歳。1785生。ドイツの信徒伝道者。

クーグラー，フランツ・テーオドア　Kugler, Franz Theodor　3.18没、50歳。1808生。ドイツの美術史家，詩人。

ゴスナー，ヨハネス・エヴァンゲリスタ　Gossner, Johannes Evangelista　3.20没、84歳。1773生。ドイツのプロテスタント神学者。

アンガー　Anger, Carl Theodor　3.25没、54歳。1803生。ドイツの天文学者で数学者。

ノイコム，ジーギスムント　Neukomm, Sigismund von　4.3没、79歳。1778生。オーストリアの作曲家，ピアニスト，指揮者。

ディアベッリ，アントン　Diabelli, Anton　4.8没、76歳。1781生。オーストリアの作曲家，出版業者。

ベントン，トマス・ハート　Benton, Thomas Hart　4.10没、76歳。1782生。アメリカの政治家，文筆家。

デーン　Dehn, Siegfried Wilhelm　4.12没、59歳。1799生。ドイツの音楽理論家，教師。

サレット，ベルナール　Sarrette, Bernard　4.13没、92歳。1765生。フランスの官僚，行政官でパリ音楽院の創設者。

クラーマー，ヨーハン・バプティスト　Cramer, Johann Baptist　4.16没、87歳。1771生。イギリスのピアニスト，教育家。

ミュラー，ヨハネス・ペーター　Müller, Johannes Peter　4.28没、56歳。1801生。ドイツの生理学者，比較解剖学者。

オーブリ・ルコント　Aubry-Lecomte, Jean Baptiste　5.2没、70歳。1787生。フランスの石版画家。

ボンプラン　Bonpland, Aimé Jacques Alexandre　5.4没、84歳。1773生。フランスの博物学者。

シュピース　Spiess, Adolf　5.9没、47歳。1810生。ドイツの体操家，体育学者。

バーカー，ジェイムズ・ネルソン　Barker, James Nelson　5.9没、73歳。1784生。アメリカの劇作家，政治家。

ヴィーナー，ヨーハン・ゲオルク・ベーネディクト　Winer, Johann Georg Benedikt　5.12没、69歳。1789生。ドイツのプロテスタント神学者，聖書学者。

タイラー，ベネット　Tyler, Bennet　5.14没、74歳。1783生。アメリカの会衆派神学者。

ヘア，ロバート　Hare, Robert　5.15没、77歳。1781生。アメリカの化学者。

ヘンダスン，エビニーザー　Henderson, Ebenezer　5.16没、73歳。1784生。スコットランドの会衆派教会牧師。

ビュルゲル　Bürger, Heinrich　5.25没、52？歳。1806生。ドイツの化学者。

モクソン　Moxon, Edward　6.3没、56歳。1801生。イギリスの出版業者。

ブラウン，ロバート　Brown, Robert　6.10（㋹1853）没、84歳。1773生。スコットランドの植物学者。

シェフェール，アリ　Scheffer, Ary　6.15没、63歳。1795生。フランス（オランダ生れ）の画家。

スノー，ジョン　Snow, John　6.16没、45歳。1813生。イギリスの麻酔医，疫学者。

バンティング，ジェイブズ　Bunting, Jabez　6.16没、79歳。1779生。イギリスのメソジスト教会監督。

ラクシュミーバーイー　Lakṣmī Bāī　6.18没、23歳。1835生。インドのジャーンスィーの女王。

リシャール・ド・モンフェラン，オーギュスト　Ricard de Montferrand, Auguste　6.28（㋹1859）没、72歳。1786生。フランスの建築家。

イヴァーノフ，アレクサンドル・アンドレエヴィチ　Ivanov, Aleksandr Andreevich　7.3没、51歳。1806生。ロシアの画家。

19世紀　1858

ゴメス・ファリアス，バレンティン　Gómez Farías, Valentín　7.4没、77歳。1781生。独立直後のメキシコにおける自由主義者，大統領。

エイケンヘッド，メアリ　Aikenhead, Mary　7.22没、71歳。1787生。イギリスのカトリック教徒。

ヴァーグナー　Wagner, Johann Martin von　8.8没、81歳。1777生。ドイツの彫刻家，考古学者。

スティーヴンソン　Stevenson, John　8.11没、59歳。1798生。イギリスの宣教師，インド研究家。

レグイ　Reguly, Antal　8.21没、40歳。1818生。ハンガリーの言語学者，民俗学者。

ベーチ，フランシス・エドワード　Bache, Francis Edward　8.24没、24歳。1833生。イギリスのピアニスト，作曲家。

ケッペン　Köppen, Friedrich　9.4?没、83歳。1775生。ドイツの哲学者。

マリオット，チャールズ　Marriott, Charles　9.15没、46歳。1811生。英国教会の聖職者，高教会運動の指導者のひとり。

モゼヴィウス　Mosewius, Johann Theodor　9.15没、69歳。1788生。ドイツの指揮者。

スコット，ドレッド　Scott, Dred　9.17没、63?歳。1795生。アメリカの黒人奴隷。

ダフ　Duff, James Grant　9.23没、69歳。1789生。イギリスのインド史家。

メッテンライター，ヨハン　Mettenleiter, Johann Georg　10.6没、46歳。1812生。ドイツのオルガン奏者，作曲家。

ファルンハーゲン・フォン・エンゼ　Varnhagen von Ense, Karl August　10.10没、73歳。1785生。ドイツの作家。

ブラウン，ジョン（エディンバラの）　Brown, John of Edinburgh　10.13没、74歳。1784生。スコットランドの牧師、神学者。

ムーサンデル，カール・グスタフ　Mosander, Carl Gustav　10.15没、61歳。1797生。スウェーデンの化学者，鉱物学者，医師。

プファイファー　Pfeiffer, Ida Laura　10.27没、61歳。1797生。オーストリアの婦人旅行家。

ピーコック　Peacock, George　11.8没、67歳。1791生。イギリスの数学者。

オーウェン，ロバート　Owen, Robert　11.17没、87歳。1771生。イギリスの社会思想家。

ハラー，アルブレヒト　Haller, Albrecht　11.28没、55歳。1803生。スイスのカトリック聖職者，補佐司教。

ロストプチナー，エヴドキヤ・ペトローヴナ　Rostopchina, Evdokiia Petrovna　12.3没、46歳。1811生。ロシアの女性詩人，伯爵夫人。

ボールドウィン，ロバート　Baldwin, Robert　12.9没、54歳。1804生。カナダの政治家，弁護士。

チヴァーズ，トマス・ホリー　Chivers, Thomas Holley　12.18没、49歳。1809生。アメリカの詩人。

ブライト，リチャード　Bright, Richard　12.18没、69歳。1789生。イギリスの医師。

ブランシャール　Blanchard, Henri Louis　12.18没、80歳。1778生。フランスの作曲家，評論家，劇作家。

ガズデン，ジェイムズ　Gadsden, James　12.26没、70歳。1788生。アメリカの政治家。

ボエリ，アクレサンドル・ピエール・フランソワ　Boëly, Alexandre Pierre François　12.27没、73歳。1785生。フランスのオルガン奏者，作曲家。

この年　アポルティ　Aporti, Frante　67歳。1791生。イタリアの教育家。

アルビドソン　Arvidson, Adolf Ivar　67歳。1791生。フィンランドの詩人，民俗学者。

イェレスマ，イェレ・エールチェス　Jellesma, Jelle Eeltjes　42歳。1816生。オランダの改革派教会牧師，ジャワへの宣教師。

耆英　71歳。1787(㊥1790)生。中国，清末の政治家。

ゲゾ　Gezo　ベニンのアジャ王国の支配者。

コールラウシュ　Kohlrausch, Rudolph Herrmann Arndt　49歳。1809生。ドイツの物理学者。

朱駿声　70歳。1788生。中国，清末期の学者。

テミンク，クーンラート・ヤーコプ　Temminck, Coenraad Jacob　80歳。1778生。オランダの鳥類学者。

デュア　Duer, William Alexander　78歳。1780生。アメリカの法律家，教育者。

トマジーニ，ルイージ（子）　Tomasini, Luigi (Aloysius, Aloys)　78?歳。1780生。イタリアのヴァイオリン奏者。

ハイデンライヒ，アウグスト・ルートヴィヒ・クリスティアン　Heydenreich, August Ludwig Christian　85歳。1773生。ドイツの神学者。

バクスター，ジョン　Baxter, John　77歳。1781生。イギリスの印刷業者。

ハミルトン，トマス　Hamilton, Thomas　74歳。1784生。イギリス（スコットランド）の建築家。

フィッツロイ，サー・チャールズ・オーガスタス　FitzRoy, Sir Charles Augustus　62歳。1796生。イギリスの行政官。

ブリズー，オーギュスト　Brizeux, Auguste　52歳。1806(㊥1803)生。フランスの詩人。

フルーギー　Furūghī　イランの詩人。

ベッケドルフ　Beckedorff, Ludolf von　80歳。1778生。ドイツの教育者。

ポッチャンティ，パスクアーレ　Poccianti, Pasquale　84歳。1774生。イタリアの建築家。

ポルタリス　Portalis, Joseph Marie, Comte　80歳。1778生。フランスの政治家，外交家。

マーガー　Mager, Karl Wilhelm　48歳。1810生。ドイツの教育者。

マルケージ，ポンペオ　Marchesi, Pompeo　69歳。1789生。イタリアの彫刻家。

メーサーロシュ　Mészáros, Lázár　62歳。1796生。ハンガリーの軍人，政治家。

リード　Reid, William　67歳。1791生。イギリスの気象学者，陸軍工兵中佐。

レプトン，ジョージ・スタンリー　Repton, George Stanley　72歳。1786生。イギリスの建築家。

1859年

2.18　フランス艦隊がサイゴンを占領する
4.25　スエズ運河の建設が始まる
6.24　ソルフェリノの戦いでオーストリア軍退却
8.28　ペンシルバニア州で石油の汲み出しに成功
11.24　ダーウィンの「種の起源」の初版が出版

＊＊＊

ラーベ　Raabe, Joseph Ludwig　1.12没、57歳。1801生。スイスの数学者，物理学者。

アルニム，ベッティーナ・フォン　Arnim, Bettina von　1.20没、73?歳。1785生。ドイツの女流作家。

ハラム　Hallam, Henry　1.21没、81歳。1777生。イギリスの歴史家。

イッショルチョンドロ・グプト　Ishvar-chandra Gupta　1.23([異]1858)没、46歳。1812([異]1811)生。インドの詩人。

アガード　Agardh, Karl Adolf　1.28没、74歳。1785生。スウェーデンの植物学者。

プレスコット，ウィリアム・ヒックリング　Prescott, William Hickling　1.28没、62歳。1796生。アメリカの歴史家。

ボンド，ウィリアム・クランチ　Bond, William Cranch　1.29([異]1858)没、69歳。1789生。アメリカの天文学者。

クラシンスキ，ジグムント　Krasiński, Zygmunt　2.23没、47歳。1812生。ポーランドのロマン主義文学者。

ナヴローツキー　Navrotskii, Nikolai Nikanorovich　2.26没、56歳。1803生。ロシアの数学者。

ブレーク，フリードリヒ　Bleek, Friedrich　2.27没、65歳。1793生。ドイツの聖書学者。

モンロー，アレクサンダー　Monro, Alexander, Tertius　3.10没、85歳。1773生。スコットランドの医師。

ジーヴェキング，アマーリエ　Sieveking, Amalie　4.1没、64歳。1794生。ドイツの社会活動家。

モルガン　Morgan, *Lady* Sidney Owenson　4.14没、76歳。1783生。アイルランドの女流作家。

トックヴィル，アレクシス・ド　Tocqueville, Charles Alexis Henri Maurice Clérel de　4.16([異]1856)没、53歳。1805生。フランスの歴史家，政治家。

ターンティア・トーピー　Tantia Topī　4.18没、40？歳。1819([異]1813)生。インドの対英反乱(1857)の指導者。

ウースター，サミュエル・オースティン　Worcester, Samuel Austin　4.20没、61歳。1798生。アメリカの会衆派宣教師。

アクサーコフ，セルゲイ・チモフェーヴィチ　Aksakov, Sergei Timofeevich　4.30没、67歳。1791生。ロシアの作家。

ウォーカー，ジョン　Walker, John　5.1没、78？歳。1781生。イギリスの薬剤師。

ジェルゴンヌ　Gergonne, Joseph Diez　5.4没、87歳。1771生。フランスの数学者。

ディリクレ，ペーター・グスタフ・ルジューヌ　Dirichlet, Peter Gustav Lejeune　5.5([異]1895)没、54歳。1805生。ドイツの数学者。

レズリー，チャールズ・ロバート　Leslie, Charles Robert　5.5没、64歳。1794生。イギリスの画家。

フンボルト，アレクサンダー・フォン　Humboldt, Alexander, Freiherr von　5.6([異]1858)没、89歳。1769生。ドイツの博物学者，旅行家，地理学者。

マドラーソ・イ・アグード，ホセ・デ　Madrazo y Agudo, José de　5.8没、78歳。1781生。スペインの画家。

ヨハン　Johann Baptist Joseph Fabian Sebastian, Erzherzog von Österreich　5.11没、77歳。1782生。オーストリア大公，オーストリアの軍人。

フェルディナンド2世　Ferdinando II　5.22没、49歳。1810生。両シチリア国王(在位1830～59)。

シュタインコップフ，カール・フリードリヒ，アードルフ　Steinkopf, Karl Friedrich, Adolf　5.29没、85歳。1773生。ドイツの福音派系牧師。

ベーリー　Bailey, Gamaliel　6.5没、51歳。1807生。アメリカの奴隷制度廃止論者，ジャーナリスト。

コックス，デイヴィド　Cox, David　6.7没、76歳。1783生。イギリスの風景画家。

メッタニヒ，クレーメンス・ヴェンツェル・フォン　Metternich, Klemens Wenzel Nepomuk Lothar, Fürst von　6.11没、86歳。1773生。オーストリアの政治家，外交官。

マリオン‐ブレジラック，メルキヨール・マリー・ジョゼフ・ド　Marion-Brésillac, Melchior Marie Joseph de　6.28没、45歳。1813生。フランスのリヨン・アフリカ宣教会創立者。

ザルトーリウス，エルンスト　Sartorius, Ernst　6.?没、62歳。1797生。ドイツの反合理主義神学者。

カニャール・ド・ラ・トゥール，シャルル　Cagniard de la Tour, Charles　7.5没、82歳。1777生。フランスの物理学者，技術者。

オスカル1世　Oskar I　7.8没、60歳。1799生。スウェーデンおよびノルウェー王(1844～59)。

チョート　Choate, Rufus　7.13没、59歳。1799生。アメリカの法律家，政治家。

1859

ボレル，ペトリュス　Borel d'Hauterive, Pétrus　7.14没、50歳。1809生。フランスの詩人、小説家。

デボルド‐ヴァルモール，マルスリーヌ　Desbordes-Valmore, Marceline　7.23没、73歳。1786（㋿1785）生。フランスのロマン派女流詩人。

マン，ホラス　Mann, Horace　8.2没、63歳。1796生。アメリカの教育家。

ヴィアネー，聖ジャン‐バティスト‐マリー　Vianney, Jean Baptiste Marie, St.　8.4没、73歳。1786生。フランスのアルス村の主任司祭、聖人。

ロス，ルートヴィヒ　Ross, Ludwig　8.6没、53歳。1806生。ドイツの考古学者。

ストーントン　Staunton, Sir George Thomas　8.10没、78歳。1781生。イギリスの東インド会社員。

ハント，リー　Hunt, James Henry Leigh　8.28没、74歳。1784生。イギリスの詩人、批評家、ジャーナリスト。

ホームズ　Holmes, Edward　8.28?没、62歳。1797生。イギリスの述作家。

ブルガーリン，ファジェイ・ヴェネジクトヴィチ　Bulgarin, Faddei Venediktovich　9.1没、70歳。1789生。ロシアのジャーナリスト、作家。

クリツペラ，ヴァーツラフ・クリメント　Klicpera, Václav Kliment　9.15没、66歳。1792生。チェコの劇作家、小説家。

ブルーネル，イザンバード・キングダム　Brunel, Isambard Kingdom　9.15没、53歳。1806生。イギリスの造船、土木技術者。

ボイエルレ，アードルフ　Bäuerle, Adolf　9.20没、73歳。1786生。オーストリアの劇作家。

シュピッタ，カール・ヨーハン・フィーリプ　Spitta, Karl Johann Philipp　9.28没、58歳。1801生。ドイツのプロテスタント神学者。

リッター，カール　Ritter, Karl　9.28（㋿1856）没、80歳。1779生。ドイツの地理学者。

ベーデカー，カール　Baedeker, Karl　10.4没、57歳。1801生。ドイツの出版業者。

スティーヴンソン，ロバート　Stephenson, Robert　10.12没、55歳。1803生。イギリスの技術学者。

シュポア，ルイス　Spohr, Louis　10.22没、75歳。1784生。ドイツ・ロマン派初期の作曲家。

アーペルト　Apelt, Ernst Friedrich　10.27没、47歳。1812生。ドイツの哲学者。

ラウントリー，ジョウゼフ　Rowntree, Joseph　11.4没、58歳。1801生。イギリスのクェーカー（フレンド）派社会改革家、学校創立者、ヨーク市長。

ライシガー　Reissiger, Carl Gottlieb　11.7没、61歳。1798生。ドイツの指揮者、作曲家。

エルフィンストン　Elphinstone, Mountstuart　11.20没、80歳。1779生。イギリスのインド行政官、歴史家。

ウォード，ジェイムズ　Ward, James　11.23没、90歳。1769生。イギリスの画家、版画家。

アーヴィング，ワシントン　Irving, Washington　11.28没、76歳。1783生。アメリカの作家。

オースティン，ジョン　Austin, John　12.1没、69歳。1790生。イギリスの法学者。

レーテル，アルフレート　Rethel, Alfred　12.1没、43歳。1816生。ドイツの画家。

ブラウン，ジョン　Brown, John　12.2没、59歳。1800生。アメリカの奴隷制廃止論者。

ポアンソー　Poinsot, Louis　12.5没、82歳。1777生。フランスの数学者。

ド・クインシー，トマス　De Quincey, Thomas　12.8没、74歳。1785生。イギリスの批評家、随筆家。

グリム，ヴィルヘルム・カール　Grimm, Wilhelm Carl　12.16没、73歳。1786生。ドイツの言語学者。

ラマー　Lamar, Mirabeau Buonaparte　12.19没、61歳。1798生。アメリカの政治家。

マコーリー，トマス・バビントン　Macaulay, Thomas Babington　12.28没、59歳。1800生。イギリスの歴史家、政治家。

リッチ，ルイージ　Ricci, Luigi　12.31没、54歳。1805生。イタリアの作曲家。

この年　アブド・アッラフマーン　'Abd al-Raḥmān　81歳。1778生。モロッコのスルタン（在位1822～59）。

アン・ドゥオン　Ang Duon　63歳。1796生。カンボジアの君主（在位1847～59）。

イェラチッチ　Jelačić, Josip　58歳。1801生。ユーゴスラビア北部、クロアティアの総督。

ヴァレンテ，ピエトロ　Valente, Pietro　63歳。1796生。イタリアの建築家。

エムデ，ヨハネス　Emde, Johannes　85歳。1774生。ドイツの敬虔主義教会信徒。

オリヴィエ，ヴォルデマル・フリードリヒ　Olivier, Woldemar Friedrich　68歳。1791生。ドイツの画家、彫刻家。

オルコット　Alcott, William Andrus　61歳。1798生。アメリカの教育家、著述家。

グールド　Gould, Benjamin Apthorp　72歳。1787生。アメリカの教育家、商人。

サヌースィー　al-Sanusi, Muḥammad bn ʿAli　68歳。1791生。イスラム教サヌースィーヤ派の創始者。

ジョンソン　Johnson, Manuel John　54歳。1805生。イギリスの天文学者。

ジンテニス，ヴィルヘルム・フランツ　Sintenis, Wilhelm Franz　65歳。1794生。ドイツの牧師。

スタージ，ジョゼフ　Sturge, Joseph　65歳。1794生。イギリスのクェーカー教徒の博愛主義者、改革者。

張維屏　79歳。1780生。中国、清後期の詩人。

トマス，セス Thomas, Seth 74歳。1785生。アメリカの時計製造者。

バジレッティ，ルイージ Basiletti, Luigi 79歳。1780生。イタリアの考古学者，画家。

プーシチン Pushchin, Ivan Ivanovich 61歳。1798生。ロシアの軍人，革命家。

ポロンソー Polonceau, Jean Barthélemy Camille 46歳。1813生。フランスの鉄道技師，建築家。

メーソン Mason, John Young 60歳。1799生。アメリカの政治家，外交官。

ヤグマー Yaghmā, Jandaqī 77？歳。1782生。イランの詩人。

葉名琛 52歳。1807生。中国，清末期の官僚。

ヨーナス，ルートヴィヒ Jonas, Ludwig 62歳。1797生。ドイツの神学者。

ラウマー Raumer, Karl Otto von 54歳。1805生。プロシアの文相。

ラッシュ，リチャード Rush, Richard 79歳。1780生。アメリカの政治家。

ラードナー，ダイアニーシアス Lardner, Dionysius 66歳。1793生。イギリスの自然科学者。

ルノルマン，シャルル Lenormant, Charles 57歳。1802生。フランスの考古学者，古銭学者。

[この頃] **程庭鷺** 62？歳。1797生。中国，清代後期の画家。

ナーナー・サーヒブ Nānā Sāhib [異]1860頃没、39？歳。1820([異]1825頃)生。インド，マラータ王国最後の宰相バージー・ラーオ2世の養子。

1860年

3.24 井伊直弼が桜田門外の変で暗殺される
5.11 ガリバルディの千人隊がシチリアに上陸
6.14 ナポレオン3世がニースに入城する
10.18 北京の英軍が離宮円明園を焼失させる
11.06 共和党のリンカーンが米大統領に当選する

＊＊＊

ニューマン，ジョン・ネポマシーン Neumann, John Nepomucene 1.5没、48歳。1811生。アメリカのレデンプトール会士，フィラデルフィア司教。

リーク Leake, William Martin 1.6没、82歳。1777生。イギリスの考古学者。

エスピー，ジェイムズ・ポラード Espy, James Pollard 1.24没、74歳。1785生。アメリカの気象学者。

シュレーダー‐ドヴリアン，ヴィルヘルミーネ Schröder-Devrient, Wilhelmine 1.26没、55歳。1804生。ドイツのソプラノ歌手。

ブリズベーン，サー・トマス・マクドゥーガル Brisbane, *Sir* Thomas Makdougall 1.27没、86歳。1773生。イギリスの軍人，天文学者。

ボヤイ，ヤーノシュ Bolyai, Janos Johann 1.27没、57歳。1802生。ハンガリーの数学者。

アレグザーンダ，ジョウゼフ・アディスン Alexander, Joseph Addison 1.28没、50歳。1809生。アメリカの言語学者，聖書学者。

アルント，エルンスト・モーリッツ Arndt, Ernst Moritz 1.29没、90歳。1769生。ドイツの愛国詩人。

ネーピア Napier, *Sir* William Francis Patrick 2.10没、74歳。1785生。イギリスの軍人，歴史家。

バートン Burton, William Evans 2.10没、56歳。1804生。イギリス出身の俳優，劇場経営者。

マルキ，ジュゼッペ Marchi, Giuseppe 2.10没、64歳。1795生。イタリアの考古学者，イエズス会士。

クープラン，セレスト・テレーズ Couperin, Céleste 2.14没、67歳。1793生。フランスの音楽家。

ドラモンド，ヘンリー Drummond, Henry 2.20没、73歳。1786生。イギリスの銀行家，政治家，著作家。

グッドリチ，チョーンシ・アレン Goodrich, Chauncy Allen 2.25没、69歳。1790生。アメリカの辞典編集者。

ブリッジタワー，ジョージ・ポルグリーン Bridgetower, George Polgreen 2.29没、82歳。1778([異]1779頃)生。イギリスのヴァイオリン奏者。

戴熙 3.3没、59歳。1801生。中国，清末の武将，文人画家。

戴煦 3.3没、54歳。1806生。中国，清代後期の画家。

モリトル Molitor, Joseph Franz 3.23没、80歳。1779生。ドイツの哲学者。

ローゼン，エゴール・フョードロヴィチ Rozen, Egor Fëdorovich 3.23没、59歳。1800生。ロシアの詩人，劇作家。

ヒュク(ユク)，レジス・エヴァリスト Huc, Evariste Régis 3.25没、46歳。1813生。フランスの宣教師，旅行家。

ブレイド，ジェイムズ Braid, James 3.25没、65？歳。1795生。イギリスの外科医。

ポールディング，ジェイムズ・カーク Paulding, James Kirke 4.6没、81歳。1778生。アメリカの小説家，歴史家，官吏。

セーチェーニー Széchenyi, István 4.8没、68歳。1791生。ハンガリーの政治家。

デュジャルダン，フェリクス Dujardin, Félix 4.8没、59歳。1801([異]1802)生。フランスの生物学者。

レツィウス，アンデルス・アドルフ Retzius, Anders Adolf 4.18没、63歳。1796生。スウェーデンの解剖学者，人類学者。

19世紀　1860

ファルマキディス，セオクリトス　Pharmakidis, Theoklitos　4.21没、76歳。1784生。ギリシア正教の神学者。

ウンブライト，フリードリヒ・ヴィルヘルム・カール　Umbreit, Friedrich Wilhelm Karl　4.26没、65歳。1795生。ドイツの神学者、旧約学者。

コスタ，イサーク・ダ　Costa, Isaäc da　4.28没、62歳。1798生。オランダの文学者。

ウィルソン　Wilson, Horace Hayman　5.8没、73歳。1786生。イギリスの東洋学者、インド学者。

パーレー，ピーター　Parley, Peter　5.9没、66歳。1793生。アメリカの出版業者、児童文学者。

パーカー，シオドア　Parker, Theodore　5.10没、49歳。1810生。アメリカのユニテリアン派牧師、説教家、神学者、社会改良家。

バリー，サー・チャールズ　Barry, Sir Charles　5.12没、64歳。1795生。イギリスの建築家。

ベヒシュタイン，ルートヴィヒ　Bechstein, Ludwig　5.14没、58歳。1801生。ドイツの小説家、愛国詩人。

タイナー，ヨーハン・アントーン　Theiner, Johann Anton　5.15没、60歳。1799生。ドイツのカトリック神学者。

ツェラー，クリスティアン・ハインリヒ　Zeller, Christian Heinrich　5.18没、81歳。1779生。ドイツの教育家。

ジェイムズ，G. P. R.　James, George Payne Rainsford　6.9没、60歳。1799生。イギリスのゴシック・ロマンスの作家。

ボナパルト，ジェローム　Bonaparte, Jérôme　6.24没、75歳。1784生。ナポレオン1世の弟。

アディソン，トマス　Addison, Thomas　6.29没、67歳。1793生。イギリスの医師。

グッドイヤー，チャールズ　Goodyear, Charles　7.1没、59歳。1800生。アメリカの発明家。

シューベルト，ゴットヒルフ・ハインリヒ　Schubert, Gotthilf Heinrich von　7.1没、80歳。1780生。ドイツの哲学者。

シュルツェ・ゲヴェルニッツ　Schulze-Gävernitz, Friedrich Gottlob　7.3没、65歳。1795生。ドイツの農学者。

ヤーコビス，ジュスティーノ・デ　Jacobis, Giustino de (Justinus de)　7.31没、59歳。1800生。エチオピアへのカトリック宣教師。

デュメリル　Duméril, André Marie Constant　8.2没、86歳。1774生。フランスの博物学者、医学者。

ウェッセンベルク，イグナーツ・ハインリヒ・カール・フォン　Wessenberg, Ignaz Freiherr von　8.9没、85歳。1774生。ドイツの聖職者。

ウィルソン　Wilson, James　8.11没、55歳。1805生。イギリスの経済学者。

ダーニーロ1世　Danilo I, Petrović Njegoš　8.13没、34歳。1826生。モンテネグロの君主（在位1851～60）。

ドカン，アレクサンドル・ガブリエル　Decamps, Alexandre Gabriel　8.22没、57歳。1803生。フランスの画家。

ハイベア，ヨハン・ルドヴィ　Heiberg, Johan Ludvig　8.25没、68歳。1791生。デンマークの評論家、劇作家。

ローベック　Lobeck, Christian August　8.25没、79歳。1781生。ドイツの古典学者。

ジルヒャー，フィーリップ・フリードリヒ　Silcher, Friedrich　8.26没、71歳。1789生。ドイツの作曲家。

ラトケ，マルティン・H（ハインリヒ）　Rathke, Martin Heinrich　9.3没、67歳。1793生。ドイツの動物学者。

ワインブレナー，ジョン　Winebrenner, John　9.12没、63歳。1797生。アメリカの「神の教会」創立者、牧師。

ショーペンハウアー，アルトゥーア　Schopenhauer, Arthur　9.21没、72歳。1788生。ドイツの哲学者。

ホミャコーフ，アレクセイ・ステパノヴィチ　Khomiakov, Aleksei Stepanovich　9.23没、56歳。1804生。帝政ロシアの哲学者、神学者、スラブ主義者。

ツェルナー　Zöllner, Carl Friedrich　9.25没、60歳。1800生。ドイツの作曲家。

ミロス・オブレノビチ　Miloš Obrenović　9.26没、80歳。1780（殁1770）生。セルビア公（1815～39、58～60）。

ピール，レンブラント　Peale, Rembrant　10.4没、82歳。1778生。アメリカの画家。

エルヴィ，スティーヴン　Elvey, Stephan　10.6没、55歳。1805生。イギリスのオルガン奏者。

ドカズ　Decazes, Élie Duc　10.25没、80歳。1780生。フランスの政治家。

コクラン　Cochrane, Thomas, 10th Earl of Dundonald　10.30没、84歳。1775生。イギリスの海軍大将。

ネイピア，サー・チャールズ　Napier, Sir Charles　11.6没、74歳。1786生。イギリスの海軍軍人。

マルコー，カーロイ　Markó, Károly　11.19没、69歳。1791生。ハンガリーの画家。

ヨースト　Jost, Isaak Marcus　11.22没、67歳。1793生。ユダヤ人の歴史家。

レルシュタープ，ルートヴィヒ　Rellstab, Heinrich Friedrich Ludwig　11.27没、61歳。1799生。ドイツの詩人・批評家。

ブンゼン（バンスン），クリスティアン・カール・ヨージアス・フォン　Bunsen, Christian Karl Josias, Freiherr von　11.28没、69歳。1791生。ドイツの外交官、神学者、言語学者。

人物物故大年表 外国人編　*671*

1860

バウル，フェルディナント・クリスティアン Baur, Ferdinand Christian 12.2没、68歳。1792生。ドイツの神学者。

ダールマン Dahlmann, Friedrich Christoph 12.5没、75歳。1785生。ドイツの歴史家，政治家。

ヴィレマー Willemer, Marianne von 12.6没、76歳。1784生。ゲーテの女友達。

アクサーコフ，コンスタンチン・セルゲーヴィチ Aksakov, Konstantin Sergeevich 12.7没、43歳。1817生。ロシアの思想家，歴史家，文学者。

アバディーン，ジョージ・ハミルトン・ゴードン，4代伯爵 Aberdeen, George Hamilton Gordon, 4th Earl of 12.14没、76歳。1784生。イギリスの政治家。

デジレ Désirée 12.17没、83歳。1777生。スウェーデン王カルル14世の妃。

ダルハウジー，ジェイムズ・アンドリュー・ブラウン・ラムジー，初代侯爵 Dalhousie, James Andrew Broun Ramsay, 1st Marquess of, and 10th Earl of 12.19没、48歳。1812生。イギリスの政治家。

ラ・ムネー，ジャン・マリー・ロベール・ド Lamennais, Jean Marie Robert de 12.26没、80歳。1780生。フランスの聖職者。

セイシャス，ロムアルド・アントニオ・デ Seixas, Romualdo Antônio de 12.29没、73歳。1787生。ブラジル帝国時代の教会指導者。

<u>この年</u> ウォーカー，ウィリアム Walker, William 36歳。1824生。アメリカの冒険家。

カノー Canot, Theodore 56歳。1804生。イタリアのアレッサンドリア出身の冒険家，奴隷商人。

グッドリッチ，サミュエル・グリズウォルド Goodrich, Samuel Griswold 67歳。1793生。アメリカの出版業者。

クローリー Croly, George 80歳。1780生。アイルランド生れの詩人，小説家。

黄鞠 60？歳。1800生。中国，清代後期の画家。

コルニエンティ，ケルビーノ Cornienti, Cherubino 44歳。1816生。イタリアの画家。

コンコーニ，マウロ Conconi, Mauro 45歳。1815生。イタリアの画家。

ジェノヴェーゼ，ガエターノ Genovese, Gaetano 65歳。1795生。イタリアの建築家。

ショー Shaw, Joshua E. 84歳。1776生。アメリカの発明家。

徐有壬 60歳。1800生。中国，清後期の数学者。

蒋光煦 47歳。1813生。中国，清代の蔵書家。

ジョーンズ Jones, Ebenezer 40歳。1820生。イギリスの詩人。

シンプソン，サー・ジョージ Simpson, *Sir* George 73？歳。1787生。イギリスの探検家，行政官。

スミス Smith, *Sir* Harry George Wakelyn, Bart 73歳。1787生。イギリスの軍人。

宋翔鳳 84歳。1776生。中国，清代の学者。

ダールマン Friedrich Chris-topf Dahlmann 75歳。1785生。ドイツの政治家，歴史家。

ティールシュ Thiersch, Friedrich Wilhelm 76歳。1784生。ドイツの教育学者，言語学者。

テスタ Testa, Alfonso 76歳。1784生。イタリアの哲学者。

テ・フェロフェロ Te Whero Whero 60歳。1800生。初代のマオリ国王。

トルベツコーイ Trubetskoi, Sergei Petrovich 70歳。1790生。ロシアのデカブリスト。

ハインドマーシュ，サー・ジョン Hindmarsh, *Sir* John 78？歳。1782生。イギリス海軍士官，行政官。

ハシー，オーベド Hussey, Obed 68歳。1792生。アメリカの発明家。

ハリス Harris, Chapin Aaron 54歳。1806生。アメリカ歯科医学教育の発展に功労ある歯科医学者。

ファブリス，ジュゼッペ Fabris, Giuseppe 70歳。1790生。イタリアの彫刻家。

ブルック Bruck, Karl Ludwig, Freiherr von 62歳。1798生。オーストリアの政治家。

パース Peirce, Cyrus 70歳。1790生。アメリカの教育者。

パラージ，ペラージョ Palagi, Pelagio 85歳。1775生。イタリアの画家，建築家。

ボルゲーシ Borghesi, Bartolommeo 79歳。1781生。イタリアの考古学者。

ホルトハイム Holdheim, Samuel 54歳。1806生。ドイツ人神学者。

ライス Rice, Thomas Dartmouth 54歳。1806生。アメリカのボードビル芸人。

ランデュ Rendu, Ambroise-Marie-Modeste 82歳。1778生。フランスの教育家。

ランデルズ，エビニーザー Landells, Ebenezer 52歳。1808生。イギリスの木版画家。

リーデル，ヨーハン・フリードリヒ Riedel, Johann Friedrich 62歳。1798生。オランダの宣教師。

レプトン，ジョン・エイディ Repton, John Adey 85歳。1775生。イギリスの建築家。

ロック，ジョゼフ Locke, Joseph 55歳。1805生。イギリスの土木技師。

<u>この頃</u> ロスト Rost, Johann Gottlieb ドイツの画家，銅版画家。

1861年

3.03 アレクサンドル2世が農奴解放令に署名
3.17 イタリア王国の成立が宣言される
4.12 アメリカで南北戦争が勃発する

19世紀　1861

11.11　清で同治帝が即位する
　　　　＊　＊　＊

ゲルラハ, レーオポルト・フォン　Gerlach, Leopold von　1.10没、70歳。1790生。ドイツの政治家。

ドン・カルロス　Don Carlos　1.13没、42歳。1818生。スペインの王位継承者。

ヒュースケン　Heusken, Henry C. J.　1.16没、28歳。1832生。オランダ人の駐日アメリカ公使館通訳官。

モンテズ, ローラ　Montez, Lola　1.16没、43歳。1818生。スコットランドの舞姫。

ミュルジェール, アンリ　Murger, Henri　1.28没、38歳。1822生。フランスの小説家。

ゴア夫人　Gore, Mrs Catherine Grace Frances　1.29没、62歳。1799生。イギリスの女性作家。

フリードリヒ・ウィルヘルム4世　Friedrich Wilhelm IV　2.1没、65歳。1795生。プロシア王（在位1840〜61）。

ヴェナール, ジャン・テオファーヌ　Vénard Jean Théophane　2.2没、31歳。1829生。フランス出身のカトリック宣教師、ヴェトナムで殉教。

スクリーブ, ウージェーヌ　Scribe, Augustin Eugène　2.20没、69歳。1791生。フランスの劇作家。

リーチェル　Rietschel, Ernst　2.21没、56歳。1804生。ドイツの彫刻家。

ニエーヴォ, イッポーリト　Nievo, Ippolito　3.4?没、29歳。1831生。イタリアの小説家。

シェフチェンコ, タラス・フリホロヴィチ　Shevchenko, Taras Grigor'evich　3.10没、47歳。1814生。ロシア、ウクライナの詩人、画家。

ニデルメイエール, ルイ　Niedermeyer, Abraham Louis　3.15没、58歳。1802生。スイスの作曲家。

レルド・デ・テハーダ, ミゲル　Lerdo de Tejada, Miguel　3.22没、48歳。1812（㊟1814頃）生。メキシコの政治家。

ハンフリ, ヒーマン　Humphrey, Heman　4.3没、82歳。1779生。アメリカの組合教会牧師、教育家。

マクリーン　MacLean, John　4.4没、76歳。1785生。アメリカの政治家、法律家。

メラー, ヨーハン・フリードリヒ　Möller, Johann Friedrich　4.20没、71歳。1789生。ドイツのルター派神学者。

スコット, ウォールター　Scott, *Sir* Walter　4.23没、64歳。1796生。アメリカのディサイプル教会牧師。

ファルメライアー　Fallmerayer, Jakob Philipp　4.25没、70歳。1790生。ドイツの歴史家。

ハインリヒ　Heinrich, Anthony Philip（Anton Philipp）　5.3没、80歳。1781生。ボヘミア出身の作曲家。

ド・クルシー, アンリ　De Courcy, Henri　5.14没、40歳。1820生。フランス出身のアメリカ・カトリック教会史家。

ダービー, ジョージ・ホレイショー　Derby, George Horatio　5.15没、38歳。1823生。アメリカのユーモア作家。

ヘンズロー　Henslow, John Stevens　5.16没、65歳。1796生。イギリスの植物学者、地質学者。

ボール, フランシス・メアリ・テレサ　Ball, Frances Mary Teresa　5.19没、67歳。1794生。ロレットの聖母マリア修道会アイルランド支部の創立者。

オルロフ, アレクセイ公　Orlov, Aleksei Fëdorovich　5.21（㊟1862）没、74歳。1786（㊟1787）生。ロシアの軍人、外交官、政治家。

マズノー, シャルル・ジョゼフ・ユジェーヌ・ド　Mazenod, Charles Joseph Eugène de　5.21没、78歳。1782生。フランスの無原罪聖母献身会創立者。

カードウェル, エドワード　Cardwell, Edward　5.23没、74歳。1787生。イギリスの教会史家。

レレヴェル　Lelewel, Joachim　5.29没、75歳。1786生。ポーランドの歴史家、政治家。

ゴルチャコフ, ミハイル公爵　Gorchakov, Mikhail Dmitrievich　5.30没、66歳。1795（㊟1793）生。ロシアの貴族、軍人。

コンコーネ, ジュゼッペ　Concone, Giuseppe　6.1没、59歳。1801（㊟1810）生。イタリアの作曲家、声楽教師。

オカンポ, メルチョール　Ocampo, Melchor　6.3没、49?歳。1812生。メキシコの政治家、著述家。

ダグラス, S. A.　Douglas, Stephen Arnold　6.3没、48歳。1813生。アメリカの政治家。

カヴール, カミーロ・ベンソ, 伯爵　Cavour, Camillo Benso, conte di　6.6没、50歳。1810生。イタリアの政治家。

グフレーラー, アウグスト・フリードリヒ　Gfrörer, August Friedrich　6.6没、58歳。1803生。ドイツの神学者、歴史家。

ソラー, アントニオ　Solá, Antonio　6.7没、79?歳。1782生。スペインの彫刻家。

ステーファニ　Stefani, Guglielmo　6.11没、41歳。1819生。イタリアのジャーナリスト。

クノル　Knorr, Julius　6.17没、53歳。1807生。ドイツのピアニスト、教師。

ホジキンソン, イートン　Hodgkinson, Eaton　6.18没、72歳。1789生。イギリスの機械学者。

プレラー　Preller, Ludwig　6.21没、51歳。1809生。ドイツの古典学者。

ゴールドスミス, オリヴァー　Goldsmith, Oliver　6.23没、66歳。1794生。カナダの詩人。

アブドゥル・マジド1世　'Abd al-Majīd I　6.25没、38歳。1823生。オスマントルコ帝国の第31代スルタン（在位1839〜61）。

シャファーリク，パヴォル・ヨゼフ Šafařík，Pavel Josef 6.26没、66歳。1795生。チェコスロバキアのスラブ文献学者，歴史家。

バーク，ロバート・オハラ Burke，Robert O'Hara 6.28没、41歳。1820([異]1821)生。アイルランドの探検家。

ブラウニング，エリザベス・バレット Browning，Elizabeth Barrett 6.29没、55歳。1806生。イギリスの女流詩人。

パルグレーヴ Palgrave，*Sir* Francis 7.6没、73歳。1788生。イギリスの歴史家。

アプルトン Appleton，Nathan 7.14没、81歳。1779生。アメリカの実業家。

チャルトルィスキ Czartoryski，Adam Jerzy 7.15没、91歳。1770生。ポーランドの政治家。

ル・テュルデュ Le Turdu，Pierre Julien 7.15没、39歳。1821生。フランスの外国伝道協会宣教師。

ペリュー Pellew，*Sir* Fleetwood Broughton Reynolds 7.28没、71歳。1789生。イギリスの海軍軍人。

ヴェントゥーラ・ディ・ラウリカ，ジョアッキーノ Ventura di Raulica，Gioacchino 8.2没、68歳。1792生。イタリアのテアティヌス会士，伝統主義哲学者，著述家。

ハーバート・オブ・リー Herbert of Lea，Sidney Herbert，1st Baron 8.2没、50歳。1810生。イギリスの政治家。

ノヴェロ，ヴィンセント Novello，Vincent 8.9没、79歳。1781生。イギリスの音楽家。

リヨン Lyon，Nathaniel 8.10没、43歳。1818生。アメリカの軍人。

パサヴァン Passavant，Johann David 8.12没、73歳。1787生。ドイツの画家，美術史家。

レミントン Remington，Eliphalet 8.12没、67歳。1793生。アメリカの兵器製造業者，兵器の改良考案家。

アトキンソン，トマス・ウィットラム Atkinson，Thomas Witlam 8.13没、62歳。1799生。イギリスの建築家，旅行家。

オーストラー Oastler，Richard 8.22没、71歳。1789生。イギリスの工場制度改革家。

マッケンジー，ウィリアム・ライアン Mackenzie，William Lyon 8.28没、66歳。1795生。スコットランド出身のカナダのジャーナリスト，政治家，反乱指導者。

胡林翼 8.？没、49歳。1812生。中国，清末の官僚，武将。

ダーゼ Daze，Zaharias 9.11没、37歳。1824生。ドイツの計算数学者。

サンティーニ Santini，Fortuno 9.14没、83歳。1778生。イタリアの作曲家，聖職者。

ヒンリヒス Hinrichs，Hermann Friedrich Wilhelm 9.17没、67歳。1794生。ドイツの哲学者。

ニッコリーニ，ジョヴァンニ・バッティスタ Niccolini，Giovanni Battista 9.20没、78歳。1782生。イタリアの悲劇作家。

ゲシェル，カール・フリードリヒ Göschel，Karl Friedrich 9.22没、79歳。1781([異]1784)生。ドイツの法学者，哲学者，神学者。

シュロッサー Schlosser，Friedrich Christoph 9.23没、84歳。1776生。ドイツの歴史家。

ボンダジェフスカ，テクラ Badarzewska，Tekla 9.29没、27歳。1834生。ポーランドの女流ピアニスト，作曲家。

ニキーチン，イワン・サヴィチ Nikitin，Ivan Savvich 10.16没、37歳。1824生。ロシアの詩人。

グレアム，サー・ジェイムズ・ロバート・ジョージ，准男爵 Graham，*Sir* James Robert George，Bart 10.25没、69歳。1792生。イギリスの政治家。

ザヴィニー，フリードリヒ・カール・フォン Savigny，Friedrich Karl von 10.25没、82歳。1779生。ドイツの歴史法学派の創始者。

ブリッジマン，イライジャ・コウルマン Bridgman，Elijah Coleman 11.2没、60歳。1801生。プロテスタント会衆派宣教師。

シュレーバー Schreber，Daniel Gottlob Moritz 11.10没、53歳。1808生。ドイツの医者，教育者。

ジョフロア・サンティレール Geoffroy Saint-Hilaire，Isidore 11.10没、55歳。1805([異]1804)生。フランスの動物学者。

ペドロ5世 Pedro V 11.11没、24歳。1837生。ポルトガル王(在位1853～61)。

クラフ，アーサー・ヒュー Clough，Arthur Hugh 11.13没、42歳。1819生。イギリスの詩人。

フライターク Freitag，Georg Wilhelm 11.16没、73歳。1788生。ドイツのアラビア学者。

ドブロリューボフ，ニコライ・アレクサンドロヴィチ Dobroliubov，Nikolai Aleksandrovich 11.17没、25歳。1836生。ロシアの評論家。

ラコルデール，アンリ・ドミニーク Lacordaire，Jean Baptiste Henri 11.22没、59歳。1802生。フランスの聖職者，説教家。

ヘンゼル Hensel，Wilhelm 11.26没、67歳。1794生。ドイツの画家。

アルメイダ，マヌエル・アントニオ・デ Almeida，Manuel Antônio de 11.28没、30歳。1831生。ブラジルの小説家。

ムント，テーオドア Mundt，Theodor 11.30没、53歳。1808生。ドイツの哲学者。

アルバート公 Albert，Francis Charles Augustus Emmanuel of Saxe-Coburg-Gotha，Prince-Consort of England 12.14没、42歳。1819生。イギリス女王ヴィクトリアの夫。

カニンガム，ウィリアム Cunningham，William 12.14没、56歳。1805生。スコットランドの神学者。

19世紀　　　　　　　　　　　　　　　　　　　1862

マルシュナー，ハインリヒ　Marschner, Heinrich August　12.14没、66歳。1795生。ドイツの作曲家。
リピニスキ　Lipiński, Karol Józef　12.16没、71歳。1790生。ポーランドのヴァイオリン奏者，作曲家。
プロスケ　Proske, Carl　12.20没、67歳。1794生。ドイツの音楽学者。
ブーシェ　Boucher, Alexandre Jean　12.29没、83歳。1778生。フランスのヴァイオリン奏者。
[この年] アベル・ド・ピュジョル，アレクサンドル-ドニ　Abel de Pujol, Alexandre-Denis　74歳。1787生。フランスの画家。
怡親王載垣　中国，清末の宗室出身の政治家。
ヴィカ，ルイ-ジョゼ　Vicat, Louis Joseph　75歳。1786生。フランスの土木技術者。
ウィルズ，ウィリアム・ジョン　Wills, William John　27歳。1834生。イギリスの探険家。
エドゥアール，オーギュスタン-アマン-コンスタン-フィデル　Edouart, Augustin-Amant-Constant-Fidèle　72歳。1789生。フランスの画家，素描家。
エーベル，ヨーハン・ヴィルヘルム　Ebel, Johann Wilhelm　78歳。1784生。ドイツの説教者。
オーティス，E.　Otis, Elisha Graves　50歳。1811生。アメリカの発明家。
オバンド　Obando, José Maria　66歳。1795生。コロンビアの軍人，政治家。
咸豊帝　30歳。1831生。中国，清朝第9代皇帝。
キュービット，サー・ウィリアム　Cubitt, *Sir* William　76歳。1785生。イギリスの土木技術者。
グレイ　Gray, Henry　34歳。1827生。イギリスの解剖学者。
クレオパス，ディオニュシオス　Kleopâs, Dionýsios　45歳。1816生。ギリシア正教会の神学者。
クレッグ，サミュエル　Clegg, Samuel　80歳。1781生。イギリスの化学技術者。
コールリッジ　Coleridge, Herbert　31歳。1830生。イギリスの法律家，言語学者。
コロヴラート伯　Kolowrat-Liebsteinsky, Franz Anton, Graf　83歳。1778生。ベーメンの政治家。
粛順　45歳。1816生。中国，清の皇族 (宗室)。
邵懿辰　52歳。1809生。中国，清後期の官師，学者。
ダンビー，フランシス　Danby, Francis　68歳。1793生。イギリスの画家。
崔良業　41？歳。1820生。朝鮮で2人目のカトリック司祭。
テレキ　Teleki, László　50歳。1811生。ハンガリーの政治家，劇作家。
唐鑑　83歳。1778生。中国，清後期の学者。
ドナルドソン　Donaldson, John William　50歳。1811生。イギリスの古典学者。
ニッチュ　Nitzsch, Gregor Wilhelm　71歳。1790生。ドイツの古典学者。

ネルソン，トマス　Nelson, Thomas　81歳。1780生。イギリスの出版業者。
ヒースコート，ジョン　Heathcoat, John　78歳。1783生。イギリスの発明家。
ホーマン　Hohmann, Christian Heinrich　50歳。1811生。ドイツの音楽教育家。
ムオ，アンリ　Mouhot, Henri　35歳。1826生。「インドシナ王国遍歴記」の著者。
モンタネリ　Montanelli, Giuseppe　48歳。1813生。イタリアの政治家，著作家。
ラナバロナ1世　Ranavalona I　マダガスカル，メリナ国の女王 (在位1828～61)。
リナレス　Linares, Jose Maria　51歳。1810生。ボリビアの政治家。
梁廷枏　65歳。1796生。中国，清末期の学者。
レアード，マッグレガー　Laird, Macgregor　53歳。1808生。イギリスの探検家，商人。
レスターディウス，ラールス・レーヴィ　Laestadius, Lars Levi　61歳。1800生。スウェーデンの覚醒運動家，牧師，植物学者。
ロレン　Lorain, Paul　62歳。1799生。フランスの教育家。

1862年

4.26　北軍がニューオーリンズを占領する
5.05　メキシコ軍が仏軍をプエブラで撃退する
5.22　漢族の民兵が陝西省のイスラム教徒を虐殺
6.30　ユゴーの「レ・ミゼラブル」が出版される
9.24　ビスマルクがプロイセン首相に就任する
　　　　　　　＊＊＊
オストログラツキー　Ostrogradskii, Mikhail Vasilievich　1.1没、60歳。1801生。ロシアの数理物理学者，数学者。
コルト，サミュエル　Colt, Samuel　1.10没、47歳。1814生。アメリカの兵器発明家。
タイラー，ジョン　Tyler, John　1.18没、71歳。1790生。アメリカの第10代大統領 (1841～45)。
ミラディノフ，コンスタンティン　Miladinov, Konstantin　1.18没、32歳。1830生。ユーゴスラビアの詩人。
ニェムツォヴァー，ボジェナ　Němcová, Božena　1.21没、41歳。1820生。チェコスロバキアの女流作家。
レオンハルト　Leonhard, Karl Cäsar von　1.23没、82歳。1779生。ドイツの地質学者，岩石学者。
フィリポン　Philipon, Charles　1.25没、55歳。1806生。フランスの銅版画家，ジャーナリスト。
ホーン，トマス・ハートウェル　Horne, Thomas Hartwell　1.27没、81歳。1780生。イギリスの聖書学者，書誌学者。

人物物故大年表 外国人編　*675*

1862　19世紀

マケンジ, チャールズ・フレデリク　MacKenzie, Charles Frederick　1.31没、36歳。1825生。南部アフリカで活動したスコットランド出身の宣教師、英国教会主教。

ダンクラ, アルノー　Dancla, Arnaud Philippe　2.1没、43歳。1819生。フランスのチェロ奏者。

ビオ, ジャン・バティスト　Biot, Jean Baptiste　2.3没、87歳。1774生。フランスの物理学者。

カステリ　Castelli, Ignaz Franz　2.5没、80歳。1781生。オーストリアの詩人、劇作家。

シュクロウプ　Skroup, František Jan　2.7没、60歳。1801生。チェコの作曲家、指揮者。

マルティネス-デ-ラ-ロサ, フランシスコ　Martínez de la Rosa, Francisco　2.7没、74歳。1787(㊙1789)生。スペインの劇作家、政治家。

メニエール　Ménière, Prosper　2.7没、63歳。1799生。フランスの耳科医。

ルキエ　Lequier, Joseph Louis Jules　2.13没、48歳。1814生。フランスの哲学者。

シェーファー　Schefer, Leopold　2.16没、77歳。1784生。ドイツの詩人、作家。

ブレトノー, ピエール・フィデール　Bretonneau, Pierre Fidele　2.18没、83歳。1778生。フランスの伝染病学者。

パナーエフ, イワン・イワノヴィチ　Panaev, Ivan Ivanovich　2.19没、49歳。1812生。ロシアの作家、ジャーナリスト。

バルタサール, フランシスコ　Baltazar, Francisco　2.20没、73歳。1788生。フィリピンのタガログ語による詩人、劇作家。

ケルナー, ユスティーヌス　Kerner, Justinus Andreas Christian　2.21没、75歳。1786生。ドイツの詩人、医者。

インゲマン, ベアンハート・セヴェリン　Ingemann, Bernhard Severin　2.24没、72歳。1789生。デンマークの詩人。

ポッセンティ, フランチェスコ (ガブリエル)　Possenti, Francesco (Gabriel)　2.27没、23歳。1838生。イタリアの御受難会の神学生、聖人。

ルーデルバック, アンドレアス・ゴットロプ　Rudelbach, Andreas Gottlob　3.3没、69歳。1792生。デンマークの牧師、神学的著作家。

バーロー, ピーター　Barlow, Peter　3.5没、85歳。1776生。イギリスの物理学者、数学者。

ラ・ファージュ, ジュスト・アドリアン・ルノワール・ド　La Fage, Juste Adrien Lenoir de　3.8没、56歳。1805生。フランスの作曲家、著述家。

ミード, ウィリアム　Meade, William　3.14没、72歳。1789生。アメリカの聖公会主教。

ツェードリッツ, ヨーゼフ・クリスティアン・フォン　Zedlitz, Joseph Christian Freiherr von　3.16没、72歳。1790生。オーストリアの詩人、劇作家。

アレヴィ, ジャック・フロマンタル　Halévy, Jacques François Fromental Élie　3.17没、62歳。1799生。フランスの作曲家。

シャドウ, ヴィルヘルム・フォン　Schadow, Wilhelm von　3.19没、73歳。1788(㊙1789)生。ドイツの画家。

ヴィンディシュ・グレーツ　Windisch-Graetz, Alfred, Fürst zu　3.21没、74歳。1787生。オーストリアの将軍。

ネッセリローデ, カルル・(ロベルト・) ヴァシリエヴィチ, 伯爵　Nesselrode, Karl Robert, Count　3.23没、81歳。1780生。ロシアの外交官、政治家、伯爵。

ソラーノ, ビセンテ　Solano, Vicente　4.2没、70歳。1791生。エクアドルの学者、フランシスコ会士。

ロス, サー・ジェイムズ・クラーク　Ross, Sir James Clark　4.3没、61歳。1800生。イギリスの海軍軍人、北極、南極探検家。

オブライエン, フィッツ-ジェイムズ　O'Brien, Fitz-James　4.6没、34?歳。1828生。アイルランド生れのアメリカの作家。

ジョンストン, アルバート・シドニー　Johnston, Albert Sidney　4.6没、59歳。1803生。アメリカ南北戦争時代の南部連合の将軍。

ラグルネ　Lagrené, Théodose Marie Melchior Joseph de　4.27没、62歳。1800生。フランスの外交官、政治家。

バングズ, ネイサン　Bangs, Nathan　5.3没、84歳。1778生。アメリカのメソジスト教会牧師、宣教師、出版編集者。

ソロー, ヘンリー・デイヴィド　Thoreau, Henry David　5.6没、44歳。1817生。アメリカの随筆家、詩人、思想家。

ペーテルセン　Petersen, Niels Matthias　5.11没、70歳。1791生。デンマークの歴史家、言語学者、考古学者。

ウェイクフィールド, エドワード・ギボン　Wakefield, Edward Gibbon　5.16没、66歳。1796生。イギリスの政治家。

メーイ, レフ・アレクサンドロヴィチ　Mei, Lev Aleksandrovich　5.16没、40歳。1822生。ロシアの詩人。

クリスティ, エドウィン・P.　Christy, Edwin Pearce　5.21没、47歳。1815生。アメリカのエンターテイナー。

ネストロイ, ヨハン・ネーポムク　Nestroy, Johann Nepomuk Eduard Ambrosius　5.25没、60歳。1801生。オーストリアの俳優、劇作家。

バビット, アイザック　Babbitt, Isaac　5.26没、62歳。1799生。アメリカの技術者。

バックル　Buckle, Henry Thomas　5.29没、40歳。1821生。イギリスの歴史家。

676　人物物故大年表 外国人編

19世紀　1862

カヴァイエ-コル，ドミニク　Cavaillé-Coll, Dominique　6.1没、91歳。1771生。フランスのオルガン製作者。

フーパー，ジョンソン・ジョーンズ　Hooper, Johnson Jones　6.7没、46歳。1815生。アメリカのユーモリスト，ジャーナリスト，法律家。

スプロストン　Sproston, John Glendy　6.8没、33歳。1828生。アメリカの軍人。

グリフィス，パトリク・レイモンド　Griffith, Patrick Raymond　6.18没、63歳。1798生。アイルランド出身の南アフリカへの宣教師。

エレット，チャールズ　Ellet, Charles　6.21没、52歳。1810生。アメリカの技術者。

カニング　Canning, Charles John, Earl of　6.27没、49歳。1812生。イギリスの政治家。

ブロン　Bronn, Heinrich Georg　7.5没、62歳。1800生。ドイツの動物学者，古生物学者。

パキエ　Pasquier, Étienne Denis, Duc de　7.5没、95歳。1767生。フランスの政治家。

ヴァン・ビューレン，マーティン　Van Buren, Martin　7.24没、79歳。1782生。第8代アメリカ大統領。

ソーンウェル，ジェイムズ・ヘンリ　Thornwell, James Henley　8.1没、49歳。1812生。アメリカの南部長老派神学者。

フレイザー，サイモン　Fraser, Simon　8.18没、86歳。1776生。カナダの探検家，毛皮商人。

カルバトソン，マイケル・シンプソン　Culbertson, Michael Simpson　8.25没、43歳。1819生。アメリカのプロテスタント中国宣教師。

アダム　Adam, Albrecht　8.28没、76歳。1786生。ドイツの画家。

デゾルム，シャルル・ベルナール　Désormes, Charles Bernard　8.30没、85歳。1777生。フランスの化学者。

サムナー，ジョン・バード　Sumner, John Bird　9.6没、82歳。1780生。英国教会のカンタベリ大主教。

トルーデル，ドロテーア　Trudel, Dorothea　9.6没、48歳。1813生。スイスの神癒運動家。

レセギエ，ジュール・ド　Rességuier, Bernard Marie Jules comte de　9.7没、74歳。1788生。フランスの詩人。

ロペス，カルロス・アントニオ　López, Carlos Antonio　9.10没、71歳。1790(㊙1792)生。パラグアイの政治家，独裁者。

リチャードソン　Richardson, Charles Lenox　9.14没、35歳。1827生。イギリスの商人，生麦事件被害者。

タパレルリ，ダゼリオ，ルイージ　Taparelli d'Azeglio, Luigi　9.20没、68歳。1793生。イタリアのイエズス会哲学者，社会学の先駆者。

ウォード，フレデリック・タウンセンド　Ward, Frederick Townsend　9.21没、30歳。1831生。アメリカの軍人。

ジョマール　Jomard, Edme François　9.23没、84歳。1777生。フランスの東洋学者，地理学者，考古学者。

スロムシェク，アントン・マルティン　Slomšek, Anton Martin　9.24没、61歳。1800生。スロヴェニアの大司教，教育家，作家，詩人。

ハッセンプフルーク　Hassenpflug, Hans Daniel　10.10没、68歳。1794生。ドイツ(ヘッセン)の政治家。

ブロディー，サー・ベンジャミン・コリンズ　Brodie, Sir Benjamin Collins　10.21没、79歳。1783生。イギリスの外科医。

バハードゥル・シャー2世　Bahādur Shāh II　11.7没、87歳。1775生。インドのムガル王朝最後の王(1837〜58)。

バルト，クリスティアン・ゴットロープ　Barth, Christian Gottlob　11.12没、63歳。1799生。ドイツの敬虔派の牧師，著作家。

ウーラント，ルートヴィヒ　Uhland, Johann Ludwig　11.13没、75歳。1787生。ドイツロマン派の詩人。

ノールズ，ジェイムズ・シェリダン　Knowles, James Sheridan　11.30没、78歳。1784生。アイルランド出身の劇作家，俳優。

ドゥラン，アグスティン　Durán, Agustín　12.1没、73歳。1789生。スペインの批評家。

デュノアイエ　Dunoyer, Barthélemy Charles Pierre Joseph　12.4没、76歳。1786生。フランスの経済学者。

ゼルノーフ　Zernov, Nikolai Efimovich　12.5没、58歳。1804生。ロシアの数学者。

ヘンヘーファー，アーロイス(アロイジウス)　Henhöfer, Alois(Aloysius)　12.5没、73歳。1789生。ドイツの神学者。

ルスト，イーザーク　Rust, Isaak　12.14没、66歳。1796生。ドイツの牧師，神学者。

シュティーア，ルードルフ・エーヴァルト　Stier, Rudolf Ewald　12.16没、62歳。1800生。ドイツのルター派神学者。

クッラク，アドルフ　Kullak, Adolf　12.25没、39歳。1823生。ドイツの音楽評論家。

この年　アクーニャ・デ・フィゲロア　Acuña de Figueroa, Francisco　71歳。1791生。ウルグアイの詩人。

アデマー，アルフォンス・ジョゼフ　Adhemar, Alphonse Joseph　65歳。1797生。フランスの数学者。

アポストリデス，ミカエル　Apostolides, Michael　73歳。1789生。ギリシアの神学者。

アリバウ，ボナベントゥラ・カルレス　Aribau, Bonaventura Carles　64歳。1798生。スペインの経済学者，作家。

アルボレダ　Arboleda, Julio　45歳。1817生。コロンビアの詩人，政治家。
ウェイクリー，トマス　Wakeley, Thomas　67歳。1795生。イギリスの外科医，編集者。
エチャフン　Etchahun　76歳。1786生。フランス・バスクの詩人。
王慶雲　73歳。1789生。中国，清代の官吏。
翁心存　71歳。1791生。中国，清の官僚。
何秋濤　39歳。1823（㊥1824）生。中国，清代の学者，詩人。
ガスパラン　Gasparin, Etienne Pierre, Comte de　79歳。1783生。フランスの農学者，経済学者。
カーニー，フィリップ　Kearny, Philip　48歳。1814生。アメリカの軍人。
カレリ　Callery, Joseph G. P. Marie　52歳。1810生。イタリアのイエズス会士。
ガンディ，マイケル　Gandy, Michael　84歳。1778生。イギリスの建築家。
グァルディオラ　Guardiola, Santos　50？歳。1812生。ホンジュラスの政治家，軍人。
桂良　㊥1872没，77歳。1785生。中国，清末の政治家。
朱嶟　中国，清代の官吏。
徐広縉　52歳。1810生。中国，清の官僚。
徐鼒　52歳。1810生。中国，清の官僚，学者。
セレリエ，ジャコブ・エリゼー　Cellerier, Jacob Elisée　77歳。1785生。スイスのヘブル語学者，神学者。
張祥河　77歳。1785生。中国，清代後期の画家，画論家。
陳玉成　25歳。1837生。中国，清末期の太平天国軍の武将。
ドゥルー，ジョン　Drew, John　35歳。1827生。アイルランドの俳優。
ドミニク・イアサント・カヴァイエ・コル　Dominique-Hyacinthe Cavaillé-Coll　91歳。1771生。フランスのオルガン製作者。
バラグタス　Balagtas, Francisco　74歳。1788生。フィリピンのタガログ語詩文学の父。
ハリボイス　Chalybaeus, Heinrich Moritz　66歳。1796生。ドイツの哲学者。
フェルトン　Felton, Cornelius Conway　55歳。1807生。アメリカの古典学者。
フォーゲル　Vogel, Joh.Karl Christoph　67歳。1795生。ドイツの教育者。
フォンタネ，ルイ・フェルディナン　Fontanès, Louis-Ferdinand　65歳。1797生。フランスのプロテスタント神学者。
フリッチェ，バーバラ　Fritchie, Barbara　96歳。1766生。アメリカの女性。
ベックウィス　Beckwith, John Charles　73歳。1789生。イギリスの軍人，宗教家。

彭藴章　70歳。1792生。中国，清末期の官僚，学者。
ホッグ　Hogg, Thomas Jefferson　70歳。1792生。イギリスの弁護士，文筆家。
モロゾフ　Morozov　ロシアの工業家。
モントウバン　Montauban, Cousin　66歳。1796生。フランスの軍司令官。

1863年

1.01　アメリカで反乱諸州の奴隷解放を宣言する
1.10　ロンドンに世界初の地下鉄が開業する
2.17　ジュネーブで傷病兵救護の国際会議が開催
7.03　ゲティスバーグの戦いで南部連合軍が惨敗
8.11　カンボジアがフランスと保護条約を締結
　　　　　＊＊＊
ビーチャー，ライマン　Beecher, Lyman　1.10没，87歳。1775生。アメリカの長老派教会の牧師。
ヴェルネ，オラース　Vernet, Emile Jean Horace　1.17没，73歳。1789生。フランスの画家。
サイード・パシャ　Sa'īd Pasha　1.17没，41歳。1822生。エジプト最後の王朝第4代の君主（1854～63）。
ロビンソン，エドワード　Robinson, Edward　1.27没，68歳。1794生。アメリカの聖書学者。
ランズダウン，ヘンリー・ペティ・フィッツモーリス，3代侯爵　Lansdowne, Henry Petty-Fitzmaurice, 3rd Marquess of　1.31没，82歳。1780生。イギリスの政治家。
ロビンソン，J. B.　Robinson, John Beverley　1.31没，71歳。1791生。カナダの法律家，政治家。
バザン　Bazin, Antoine Pierre Louis　1.？没，63歳。1799生。フランスの中国学者。
ギュンター，アントーン　Günther, Anton　2.24没，79歳。1783生。オーストリアの哲学者，カトリック神学者，司祭。
ウートラム　Outram, *Sir* James　3.11没，60歳。1803生。イギリスの将軍，インド参事会軍事委員（1858～60）。
ベアード，ロバート　Baird, Robert　3.15没，64歳。1798生。アメリカの長老派牧師。
サムナー　Sumner, Edwin Vose　3.21没，66歳。1797生。アメリカの陸軍軍人。
ブラヴェ　Bravais, Auguste　3.30没，51歳。1811生。フランスの物理学者。
シュタイナー，ヤーコプ　Steiner, Jakob　4.1没，67歳。1796生。スイスの数学者。
ガジョ，アンドレス・マリア　Gallo, Andrés María　4.14没，72歳。1791生。コロンビアの愛国者，独立の闘士。
レーテンバッハー　Redtenbacher, Ferdinand　4.16没，53歳。1809生。ドイツの機械学者，技術家。

ジャクソン，トマス・ジョナサン Jackson, Thomas Jonathan 5.10没、39歳。1824生。アメリカの陸軍軍人。

ハーン，アウグスト Hahn, August 5.13没、71歳。1792生。ドイツのルター派神学者。

バイヤー，フェルディナント Beyer, Ferdinand 5.14没、59歳。1803生。ドイツのピアニスト，作曲家。

ミシェル・ガリコイ Michael Garicoïts 5.14没、66歳。1797生。フランスのカトリック聖職者。

ミルン，ウィリアム・チャールズ Milne, William Charles 5.15没、48歳。1815生。イギリスのロンドン伝道会宣教師。

ムンク，ペーテル・アンドレアス Munch, Peter Andreas 5.25没、52歳。1810生。ノルウェーの言語学者。

ドレクセル Drexel, Francis Martin 6.5没、71歳。1792生。アメリカの銀行家。

グルーバー，フランツ・クサーヴァー Gruber, Franz Xaver 6.7没、75歳。1787([異]1784)生。オーストリアの作曲家。

アルフィエーリ Alfieri, Pietro 6.12没、61歳。1801生。イタリアの音楽学者，修道士。

フェルスター，ルートヴィヒ・フォン Förster, Ludwig von 6.16没、65歳。1797生。ドイツの建築家。

ゴサン，フランソワ・サミュエル・ルイ Gaussen, François Samuel Louis 6.18没、72歳。1790生。スイスの改革派教会牧師。

エリオット Elliot, *Sir* George 6.24没、78歳。1784生。イギリスの提督。

レノー Reynaud, Jean 6.26没、57歳。1806生。フランスの哲学者，政治家。

ドースト・ムハンマド Dōst Muhammad, Amir 6.?没、70歳。1793([異]1789)生。アフガニスタンのバーラクザーイ朝の創始者(在位1826〜63)。

レイノルズ Reynolds, John Fulton 7.1没、42歳。1820生。アメリカの軍人。

マルリーディ，ウィリアム Mulready, William 7.7没、77歳。1786生。イギリスの画家。

ケンリク，フランシス・パトリク Kenrick, Francis Patrick 7.8没、66歳。1796生。アメリカの大司教，著述家。

ムア，クレメント・クラーク Moore, Clement Clarke 7.10没、83歳。1779生。アメリカの教育者，ヘブライ学者，詩人。

ドレクリューズ，エチエンヌ-ジャン Delécluze, Étienne-Jean 7.12没、82歳。1781生。フランスの文筆家，画家。

ショー Shaw, Robert Gould 7.18没、25歳。1837生。アメリカの陸軍軍人。

ケッペン Köppen, Karl Friedrich 7.19没、55歳。1808生。ドイツの学者。

シュトラウス，ゲーアハルト・フリードリヒ・アーブラハム Strauß, Gerhard Friedrich Abraham 7.19没、76歳。1786生。ドイツのルター派牧師，実践神学者。

クリテンドン Crittenden, John Jordan 7.26没、75歳。1787生。アメリカの政治家。

ヒューストン，サム(サミュエル) Houston, Samuel 7.26没、70歳。1793生。アメリカの軍人，政治家，テキサス独立運動の指導者。

ヤンシー Yancey, William Lowndes 7.27没、48歳。1814生。アメリカ南部の政治家。

グーレイ Gourlay, Robert 8.1没、85歳。1778生。イギリス出身のカナダの改革運動家。

ヘッセ Hesse, Adolf Friedrich 8.5没、53歳。1809生。ドイツのオルガン奏者，作曲家。

ギルバート Gilbert, James William 8.8没、69歳。1794生。イギリスの銀行家，銀行問題の著述家。

シチェープキン，ミハイル・セミョーノヴィチ Shchepkin, Mikhail Semyonovich 8.11没、74歳。1788生。ロシアの俳優。

ドラクロワ，ウージェーヌ Delacroix, Ferdinand Victor Eugène 8.13没、65歳。1798生。フランス，ロマン派の画家。

キャンベル，サー・コリン，クライド男爵 Campbell, *Sir* Colin, Baron Clyde 8.14没、70歳。1792生。イギリスの軍人。

ミッチェルリッヒ，アイルハルト Mitscherlich, Eilhard 8.28没、69歳。1794生。ドイツの化学者。

ラ・ファリーナ La Farina, Giuseppe 9.5没、48歳。1815生。イタリアの政治家，歴史家。

ヴィニー，アルフレッド・ド Vigny, Alfred Victor, Comte de 9.17没、66歳。1797生。フランスの詩人，小説家。

コカレル，チャールズ・ロバート Cockerell, Charles Robert 9.17没、75歳。1788生。イギリスの建築家，考古学者。

グリム，ヤーコプ・ルートヴィヒ・カール Grimm, Jacob Ludwig Karl 9.20([異]1859)没、78歳。1785([異]1786)生。ドイツの言語学者。

フェイバー，フレデリック・ウィリアム Faber, Frederick William 9.26没、49歳。1814生。イギリスのカトリック聖職者，著述家。

ブラウン，ヨーハン・ヴィルヘルム・ヨーゼフ Braun, Johann Wilhelm Josef 9.30没、62歳。1801生。ドイツのカトリック神学者。

エモンズ Emmons, Ebenezer 10.1没、63歳。1800生。アメリカの地質学者。

ホウェイトリ，リチャード Whateley, Richard 10.1没、76歳。1787生。アイルランド聖公会のダブリン大主教。

1863

ポミャロフスキー，ニコライ・ゲラシモヴィチ　Pomialovskii, Nikolai Gerasimovich　10.5没、28歳。1835生。ロシアの作家。

カミュ　Camus, J. J. Henri　10.10没、21歳。1842生。フランスの陸軍少尉。

シャック，ジェーヒュー・ルーイス　Shuck, Jehu Lewis　10.？没、51歳。1812生。アメリカのバプテスト教会中国宣教師。

フレデリク7世　Frederik VII　11.15没、55歳。1808生。デンマーク王（1848〜63）。

エルギン　Elgin, James Bruce, 8th Earl of, and 12th Earl of Kincardine　11.20没、52歳。1811生。イギリスの外交官。

マイゼーダー　Mayseder, Joseph　11.21没、74歳。1789生。オーストリアのヴァイオリン奏者、作曲家。

コモンフォルト　Comonfort, Ignacio　11.13没、51歳。1812生。メキシコ大統領（1855〜58）。

ヘッベル，フリードリヒ　Hebbel, Christian Friedrich　12.13没、50歳。1813生。ドイツの詩人、劇作家。

ベッリ，ジュゼッペ・ジョアッキーノ　Belli, Giuseppe Gioacchino　12.21没、72歳。1791生。イタリアの詩人。

ボーリュー　Beaulieu, Marie-Désiré　12.21没、72歳。1791生。フランスの作曲家、著述家。

サッカリー，ウィリアム・メイクピース　Thackeray, William Makepeace　12.24没、52歳。1811生。イギリスの小説家。

ムラヴィヨーフ　Muraviyov, Aleksandr Nikolaevich　12.30没、71歳。1792生。ロシアの軍人、デカブリスト（十二月党員）の一人。

モノー，フレデリク　Monod, Frédéric　12.31没、69歳。1794生。フランスのプロテスタント神学者。

この年 アダムズ　Adams, John　91歳。1772生。アメリカの教育者。

アルメリーニ　Armellini, Carlo　83？歳。1780生。イタリアの愛国者、法律家。

ヴィュッシュー　Vieusseux, Gian Pietro　84歳。1779生。イタリアの著述家。

ヴォルコーンスカヤ　Volkonskaia, Mariya Nikolaevna　58歳。1805生。ロシアの政治犯（ボルコーンスキー）の妻。

袁甲三　57歳。1806生。中国、清の官僚。

オルナーノ　Ornano, Comte Philippe Antoine d'　79歳。1784生。フランスの軍人。

ガル　Gall, Heinrich Ludwig Lambert　72歳。1791生。ドイツの社会主義者、発明家。

金笠　56歳。1807生。朝鮮、李朝の放浪詩人。

グッゲンビュール　Guggenbühl, Johann Jakob　47歳。1816生。精神薄弱児保護救済家。

クールマン，フィーリプ・テーオドーア　Culmann, Philipp Theodor　39歳。1824生。ドイツの牧師、神学者。

伍崇曜　53歳。1810生。中国、清後期の代表的行商。

ゴンボーエフ　Gomboev, Galsan　41歳。1822生。ロシアの蒙古学者。

スーツォス　Soutsos, Alexandros　60歳。1803生。ギリシアの詩人。

石達開　32歳。1831（⑳1829）生。中国、太平天国の指導者。

銭泰吉　72歳。1791生。中国、清後期の学者。

ダイテルス　Deiters, Otto Friedrich Karl　29歳。1834生。ドイツの医者、解剖学者。

ダモロー‐サンティ，ロール　Damoreau-Cinti, Laure　62歳。1801生。フランスのソプラノ歌手。

ダーリントン，ウィリアム　Darlington, William　81歳。1782生。アメリカの植物学者。

張洛行　53歳。1810生。中国、清末期の捻軍反乱の指導者の一人。

哲宗（李昪）　32歳。1831生。朝鮮、李朝の第25代王（在位1849〜63）。

ドラクロワ，ウジェーヌ　Delacroix, Eugene　65歳。1798生。フランスの画家。

バルト　Barthe, Félix　68歳。1795生。フランスの法曹家、政治家、公教育大臣（1830〜31）。

ビュフォード　Buford, John　37歳。1826生。アメリカ南北戦争時の北軍軍人。

ビレルメ　Villermé, Louis-René　81歳。1782生。フランスの医学者。

フット，アンドリュー（・ハル）　Foote, Andrew Hull　57歳。1806生。アメリカの海軍軍人。

ベネデッティ，トンマーゾ　Benedetti, Tommaso　67歳。1796生。イタリアの版画家。

ボナム　Bonham, Sir Samuel George　60歳。1803生。イギリスの香港総督、駐中国貿易監督官。

モデナ　Modena, Gustavo　60歳。1803生。イタリアの俳優。

ラダマ2世　Radama II　マダガスカル、メリナ国王（在位1861〜63）。

ロートシュタイン　Rothostein, Hugo　53歳。1810生。ドイツの軍人。

1864年

2.01　シュレスヴィヒ問題が紛糾する
4.01　マクシミリアン大公がメキシコ皇帝に即位
7.19　清の湘軍が南京を陥落させ、太平天国滅亡
9.05　英米仏蘭の連合艦隊が下関を攻撃する

1864

10.05　ロンドンで国際労働者協会が創立される
　　　　　　　　＊＊＊

ヒューズ，ジョン・ジョウゼフ　Hughes, John Joseph　1.3没、66歳。1797生。アメリカのカトリック大司教。

フォスター，スティーヴン・コリンズ　Foster, Stephen Collins　1.13没、37歳。1826生。アメリカの作曲家，作詞家。

シンドラー，アントン・フェーリクス　Schindler, Anton Felix　1.16没、68歳。1795（㊟1798）生。オーストリアのヴァイオリン奏者。

ドルジーニン，アレクサンドル・ワシリエヴィチ　Druzhinin, Aleksandr Vasil'evich　1.19没、39歳。1824生。ロシアの小説家，批評家，ジャーナリスト。

シェーンライン　Schönlein, Johann Lucas　1.23没、他793生。ドイツの医師，現代臨床医学の創始者。

クレンツェ，レオ・フォン　Klenze, Leo von　1.27没、79歳。1784生。ドイツの建築家，考古学者。

ローゼ　Rose, Heinrich　1.27没、68歳。1795生。ドイツの化学者。

クラペイロン，ブノワ・ポール・エミール　Clapeyron, Benoit Pierre Émile　1.28没、64歳。1799生。フランスの物理学者。

カラジッチ，ヴーク・ステファノヴィチ　Karadžić, Vuk Stefanović　2.7没、76歳。1787生。セルビアの文学者，民俗学者。

ヴォストコフ，アレクサンドル　Vostokov, Aleksandr Khristoforovich　2.10没、82歳。1781生。ロシアの言語学者。

ダイス，ウィリアム　Dyce, William　2.15没、57歳。1806生。イギリスの画家，美術教育家。

ウィルヘルミ　Wilhelmj, Ludwig Ferdinand　2.18没、51歳。1812生。ドイツの物理化学者。

マッツケリ，サミュエル・チャールズ　Mazzuchelli, Samuel Charles　2.23没、57歳。1806生。アメリカで活躍したドミニコ会宣教師。

ラ・フォンテーヌ　Lafontaine, *Sir* Louis Hippolyte　2.26没、56歳。1807生。カナダの政治家。

ヒッチコク，エドワード　Hitchcock, Edward　2.27没、70歳。1793生。アメリカの地質学者。

サーティーズ，ロバート　Surtees, Robert Smith　3.16没、60歳。1803（㊟1805）生。イギリスのユーモア作家。

ロバーツ，リチャード　Roberts, Richard　3.16（㊟1857）没、74歳。1789生。イギリスの発明家。

カラーム，アレクサンドル　Calame, Alexandre　3.17没、53歳。1810生。スイスの画家，彫刻家。

ヴァイツ，テオドル　Waitz, Theodor　3.21没、43歳。1821生。ドイツの民族学者，哲学者。

ハワード　Howard, Luke　3.21没、91歳。1772生。イギリスの気象学者。

フランドラン，イポリット　Flandrin, Hippolyte　3.21没、54歳。1809生。フランスの画家。

バーケ　Bake, Jan　3.26没、76歳。1787生。オランダの古典学者。

アンペール，ジャン-ジャック　Ampère, Jean-Jacques Antoine　3.27没、63歳。1800生。フランスの歴史家。

パーヴロフ，ニコライ・フィリッポヴィチ　Pavlov, Nikolai Filippovich　3.29没、60歳。1803生。ロシアの作家，ジャーナリスト。

崔済愚　3.?没、39歳。1824生。朝鮮，東学の創始者。

ファンティ　Fanti, Manfredo　4.5（㊟1865）没、56歳。1808（㊟1806）生。イタリアの軍人。

ユングフーン　Junghuhn, Franz Wilhelm　4.24没、54歳。1809生。ドイツの探検家。

ゲスナー　Gesner, Abraham　4.29没、66歳。1797生。カナダの地質学者，発明家。

ブリアンション　Brianchon, Charles Julien　4.29没、78歳。1785（㊟1783）生。フランスの数学者。

アウバレン，カール・アウグスト　Auberlen, Karl August　5.2没、39歳。1824生。ドイツの神学者，のちスイスのバーゼルで活躍。

マイアーベーア，ジャコモ　Meyerbeer, Giacomo　5.2没、72歳。1791生。ドイツのオペラ作曲家。

トレヴィラーヌス　Treviranus, Ludolf Christian　5.6没、84歳。1779生。ドイツの博物学者。

シェヴィリョーフ，ステパン・ペトローヴィチ　Shevyryov, Stepan Petrovich　5.8没、57歳。1806生。ロシアの文学史家，批評家。

リヒター，アエミーリウス・ルートヴィヒ　Richter, Aemilius Ludwig　5.8没、56歳。1808生。ドイツの教会法学者。

ミュラー　Müller, Heinrich　5.10没、43歳。1820生。ドイツの解剖学者。

スチュアート，ジェブ　Stuart, James Ewell Brown　5.12没、31歳。1833生。アメリカ南北戦争時代の南部連合の騎兵士官。

ワグナー　Wagner, Rudolf　5.13没、58歳。1805生。ドイツの生理学者，解剖学者。

ホーソーン，ナサニエル　Hawthorne, Nathaniel　5.18?没、59歳。1804（㊟1808）生。アメリカの小説家。

マラン，アンリ・アブラアム・セザール　Malan, Henri Abraham César　5.18没、76歳。1787生。スイスの説教者，讃美歌作者。

クレア，ジョン　Clare, John　5.20没、70歳。1793生。イギリスの詩人。

ペリシエ　Pélissier, Aimable Jean Jacques, Duc de Malakof　5.22没、69歳。1794（㊟1792）生。フランスの軍人。

セリ，ジョン・ジョウゼフ　Therry, John Joseph　5.25没、74歳。1790生。アイルランドのローマ・カトリック教会司祭，オーストラリアへの宣教師。

1864　19世紀

シールズフィールド，チャールズ　Sealsfield, Charles　5.26没、71歳。1793(ⓦ1783)生。オーストリアの作家。

ギディングス　Giddings, Joshua Reed　5.27没、68歳。1795生。アメリカの奴隷制反対論者。

トレンズ　Torrens, Robert　5.27没、84歳。1780生。アイルランド生れのイギリスの軍人，政治家，経済学者。

シーニアー　Senior, Nassau William　6.4没、73歳。1790生。イギリスの経済学者。

ブーレー-パチ，エヴァリスト-シプリヤン　Boulay-Paty, Évariste-Félix-Cyprien　6.7没、59歳。1804生。フランスの詩人。

デムビンスキ　Dembinski, Henryk　6.13没、73歳。1791生。ポーランドの将軍。

サンタナ　Santana, Pedro　6.14没、62歳。1801生。ドミニカ共和国大統領(1844～48、53～57、58～61)。

ポーク，リオニダス　Polk, Leonidas　6.14没、58歳。1806生。アメリカ南部連合の指揮官。

キュアトン，ウィリアム　Cureton, William　6.17没、56歳。1808生。イギリスのシリア語学者。

オブライエン，ウィリアム・スミス　O'Brien, William Smith　6.18没、60歳。1803生。アイルランドの民族運動家。

クナップ，アルベルト　Knapp, Albert　6.18没、65歳。1798生。ドイツの牧師，讃美歌作詞者。

洪秀全　6.1没、50歳。1814(ⓦ1813)生。中国，太平天国の最高指導者。

クインシー，ジョサイア　Quincy, Josiah　7.1没、92歳。1772生。アメリカの政治家，教育者。

モリス，ジョージ・ポープ　Morris, George Pope　7.6没、61歳。1802生。アメリカのジャーナリスト，詩人。

グリンフィールド，エドワード・ウィリアム　Grinfield, Edward William　7.9没、79歳。1785生。イギリスの聖書学者。

ドストエフスキー，ミハイル・ミハイロヴィチ　Dostoevskii, Mikhail Mikhailovich　7.10没、43歳。1820生。ロシアの作家。

ブーン，ウィリアム・ジョウンズ　Boone, William Jones　7.17没、53歳。1811生。アメリカ聖公会宣教師。

フィスク，フィデーリア　Fiske, Fidelia　7.26没、48歳。1816生。アメリカの婦人宣教師。

クッフェラート，ヨハン　Kufferath, Johann Hermann　7.28没、67歳。1797生。ドイツ系のヴァイオリン奏者。

ハンゼマン　Hansemann, David　8.4没、74歳。1790生。ドイツの政治家。

ゲネール，フェルディナント　Genahr, Ferdinand　8.6没。ドイツの宣教師。

ジェルベー，オリュンプ・フィリップ　Gerbet, Olympe Philippe　8.8没、66歳。1798生。フランスのカトリック哲学者，神学者。

ハルニッシュ，クリスティアン・ヴィルヘルム　Harnisch, Christian Wilhelm　8.15没(ⓦ1857)没、76歳。1787生。ドイツの教育家。

ロルバー，ヤーコプ　Lorber, Jakob　8.24没、64歳。1800生。ドイツの神秘家。

ラサール，フェルディナント　Lassalle, Ferdinand Johann Gottlieb　8.31没、39歳。1825生。ドイツの初期労働運動の指導者。

アンファンタン，バルテルミ-プロスペル　Enfantin, Barthélemy Prosper　9.1没、68歳。1796生。フランスの社会主義者。

モーガン，ジョン・ハント　Morgan, John Hunt　9.4没、39歳。1825生。アメリカの軍人。

ロング　Long, Stephen Harriman　9.4没、80歳。1784生。アメリカの軍人。

ガイセル，ヨハネス　Geissel, Johannes　9.8没、68歳。1796生。ドイツのカトリック神学者，枢機卿。

ドイティンガー，マルティーン　Deutinger, Martin von　9.9没、49歳。1815生。ドイツの哲学者。

スピーク，ジョン・ハニング　Speke, John Hanning　9.15没、37歳。1827生。イギリスのアフリカ探検家。

ランドー，ウォルター・サヴェッジ　Landor, Walter Savage　9.17没、89歳。1775生。イギリスの詩人。

フライ　Fry, William Henry　9.21没、51歳。1813生。アメリカの作曲家，批評家。

グリゴーリエフ，アポロン・アレクサンドロヴィチ　Grigoriev, Apollon Aleksandrovich　9.25没、42歳。1822(ⓦ1823)生。ロシアの評論家，詩人。

フローレス　Flores, Juan José　10.1没、64歳。1800(ⓦ1801)生。ベネズエラ生れの軍人，エクアドルの政治家。

ジャスマン　Jasmin, Jacques　10.4没、66歳。1798生。フランスの詩人。

フリードナー，テーオドーア　Fliedner, Theodor　10.4(ⓦ1869)没、64歳。1800生。ドイツのプロテスタントの牧師。

マダーチ，イムレ　Madách, Imre　10.5没、41歳。1823生。ハンガリーの詩人，劇作家。

ウンゲヴィッター　Ungewitter, Georg Gottlob　10.6没、44歳。1820生。ドイツの建築家。

トーニー，ロジャー・ブルック　Taney, Roger Brooke　10.12没、87歳。1777生。アメリカの第5代連邦最高裁判所長官。

スキュド　Scudo, Paul　10.14没、58歳。1806生。フランスの音楽批評家。

リーチ，ジョン　Leech, John　10.14没、47歳。1817生。イギリスの諷刺漫画家。

ラウン　Rafn, Carl Christian　10.20没、69歳。1795生。デンマークの言語学者，古代学者。

19世紀　1864

ディアス，ゴンサルヴェス　Dias, António Gonçalves　11.3没、41歳。1823生。ブラジルの詩人。

イマム・ボンジョール　Imam Bondjol　11.6没、68歳。1796生。インドネシアの宗教家。

ストウ，デイヴィド　Stow, David　11.6没、71歳。1793生。イギリスの教育家。

グラウル，カール　Graul, Karl　11.10没、50歳。1814生。ドイツのルター派神学者、ドラヴィダ学者。

マカロック　MacCulloch, John Ramsay　11.11没、75歳。1789生。イギリスの経済学者。

バード　Bird, Robert Nicholas　11.21没、23歳。1841生。イギリスの陸軍将校、鎌倉事件被害者。

ボールドウィン　Baldwin, George Walter　11.21没、34歳。1830生。イギリスの軍人、鎌倉事件被害者。

ストルーヴェ，フリードリヒ・ゲオルク・ヴィルヘルム　Struve, Friedrich Georg Wilhelm von　11.23没、71歳。1793生。ドイツ生れのロシアの天文学者。

シリマン，ベンジャミン　Silliman, Benjamin, Sr.　11.24没、85歳。1779生。アメリカの化学者、地質学者。

ロバーツ　Roberts, David　11.25没、68歳。1796生。イギリス（スコットランド）の画家、製図家。

ファウラー　Fowler, John　12.4没、38歳。1826生。イギリスの技術者。

ブール，ジョージ　Boole, George　12.8没、49歳。1815生。イギリスの数学者、論理学者。

スクールクラフト，ヘンリー・ロー　Schoolcraft, Henry Rowe　12.10没、71歳。1793生。アメリカの文化人類学の先駆者。

オブライエン　O'Brien, James Bronterre　12.23没、59歳。1805生。アイルランドの社会運動家、雑誌編集者。

ウォラック，ジェームズ・ウィリアム　Wallack, James William　12.25没、69歳。1795生。イギリス出身のアメリカの俳優。

この年　アシェット　Hachette, Louis Christophe François　64歳。1800生。フランスの出版業者。

ウォルフ　Wolff, Friedrich Wilhelm　55歳。1809生。ドイツ労働運動の闘士。

ガルニエ　Garnier, Adolphe　63歳。1801生。フランスの心理学者。

キップ，ペトルス・ヤコブス　Kipp, Petrus Jacobus　56歳。1808生。オランダの化学者。

金正浩　朝鮮、李朝の地理学者。

クラウス　Klaus, Karl Karlovich　68歳。1796生。ロシアの化学者。

洪仁玕　42歳。1822生。中国、太平天国後期の指導者。

洪福　15歳。1849生。中国、太平天国の后王。

サッスーン　Sassoon, David　72歳。1792生。スペイン・ユダヤ系の商人。

ジャラギエ，プロスペール・フレデリク　Jalaguier, Prosper Frédéric　69歳。1795生。フランスの改革派組織神学者。

シュミット　Schmidt, Karl　45歳。1819生。ドイツの教育史家。

シンクレア，キャサリン　Sinclair, Catherine　64歳。1800生。イギリスの作家。

ソンマ，アントーニオ　Somma, Antonio　55歳。1809生。イタリアの音楽家。

ダラス，ジョージ・ミフリン　Dallas, George Mifflin　72歳。1792生。アメリカの弁護士、政治家。

程学啓　34歳。1830生。中国、清後期の武将。

鄭珍　58歳。1806生。中国、清後期の学者。

テイト，ウィリアム　Tait, William　72歳。1792生。イギリスの出版業者。

トラウグート　Traugutt, Romuald　39歳。1825生。ポーランドの軍人。

ネイサン，アイザック　Nathan, Isaac　74歳。1790生。イギリスの作曲家、音楽教師。

バガッティ・ヴァルセッキ，ピエトロ　Bagatti Valsecchi, Pietro　62歳。1802生。イタリアの画家、ステンドグラス画家、エマイユ画家。

ハジ‐ウマル　Omar al-Ḥājjī b.Said Tal　Ⓡ1863没、67？歳。1797（Ⓡ1794）生。西アフリカのイスラム教の指導者、族長、フラー国王。

ハント，ウィリアム・ヘンリー　Hunt, William Henry　74歳。1790生。イギリスの水彩画家。

フェアバンクス　Fairbanks, Erastus　72歳。1792生。アメリカの工業家。

フェリアー　Ferrier, James Frederick　56歳。1808生。スコットランドの哲学者。

ブランチャード　Blanchard, Thomas　76歳。1788生。アメリカの機械技術者。

ベイキー，ウィリアム・バルフォア　Baikie, William Balfour　39歳。1825生。イギリスのアフリカ探検家。

ヘッチュ，グスタフ・フリードリヒ　Hetsch, Gustav Friedrich　76歳。1788生。ドイツの建築家。

ベルナー　Werner, Johhann Adolf Ludwig　70歳。1794生。ドイツの体育指導者。

ボードマー，ヨハン・ゲオルク　Bodmer, Johann Georg　78歳。1786生。スイスの機械技術者。

ボードロック　Baudelocque, Louis Auguste　64歳。1800生。フランスの産科医。

プラーナ　Plana, Giovanni　83歳。1781生。イタリアの天文学者、数学者。

ピランズ　Pillans, James　86歳。1778生。スコットランドの教育人。

プロクター　Procter, Adelaide Ann　39歳。1825生。イギリスの女流詩人。

人物物故大年表 外国人編　*683*

1865

ボンジョル　Bondjor, Imam　68歳。1796生。スマトラのイスラム教師、パドリ戦争の指導者。
マクシミリアン2世　Maximilian II　53歳。1811生。バイエルン王(在位48〜64)。
マクリヤニス　Makriyánnes, Ioánnes　67歳。1797生。ギリシアの将軍。
姚燮　59歳。1805生。中国、清代の文人。
李秀成　41歳。1823(㊥1825?)生。中国、太平天国の指導者。
リントナー　Lindner, Friedrich Wilhelm　85歳。1779生。ドイツの教育家。
この頃 ギロー, ジャン-バティスト　Guiraud, Jean-Baptiste　61?歳。1803生。フランスの作曲家。

1865年

3.08　メンデルが遺伝の法則を紹介する
4.09　南軍のリー将軍が降伏し南北戦争終結する
6.10　「トリスタンとイゾルデ」が初演される
7.14　ウィンパーらがマッターホルンに初登頂
* * *
ヴィンケルブレッヒ　Winkelblech, Karl Georg　1.10没、54歳。1810生。ドイツの経済学者、社会主義者。
ウルマン, カール　Ullmann, Karl　1.12没、68歳。1796生。ドイツのプロテスタント神学者。
エヴァレット, エドワード　Everett, Edward　1.15没、70歳。1794生。アメリカのユニテリアン派の牧師、教育者。
ニールソン　Neilson, James Beaumont　1.18没、72歳。1792生。イギリスの技術者。
プルードン, ピエール-ジョゼフ　Proudhon, Pierre Joseph　1.19(㊥1864)没、56歳。1809(㊥1806)生。フランスの社会哲学者、社会改革論者。
クリスチ　Christie, Samuel Hunter　1.24没、80歳。1784生。イギリスの数学者。
ロマーニ, フェリーチェ　Romani, Felice　1.28没、76歳。1788生。イタリアの詩人、脚本家。
ファラン　Farrenc, Jacques Hippolyte Aristide　1.31没、70歳。1794生。フランスのフルート奏者、音楽史家。
ドヴェリア, ウージェーヌ-フランソワ-マリー-ジョゼフ　Deveria, Eugène François Marie Joseph　2.3没、59歳。1805生。フランスの画家。
レオポルド1世　Leopold I　2.10没、74歳。1790生。ベルギーの初代国王(在位1831〜65)。
レンツ, ハインリヒ・フリードリヒ・エミール　Lenz, Heinrich Friedrich Emil　2.10没、60歳。1804生。ドイツの物理学者。
ヒックス　Hicks, Thomas Holliday　2.13没、66歳。1798生。アメリカの政治家。

フロレンティーニ, テオドーシウス　Florentini, Theodosius　2.15没、56歳。1808生。スイスのカトリック聖職者。
ワイズマン, ニコラス・パトリク・スティーヴン　Wiseman, Nicolas　2.15没、62歳。1802生。イギリスのカトリックの枢機卿。
グラシオレ　Gratiolet, Louis Pierre　2.16没、49歳。1815生。フランスの解剖学者、動物学者。
ボンド, ジョージ・フィリップス　Bond, George Phillips　2.17没、39歳。1825生。アメリカの天文学者。
ルートヴィヒ, オットー　Ludwig, Otto　2.25没、52歳。1813生。ドイツの小説家、劇作家。
ヨーシカ・ミクローシュ　Jósika, Miklós　2.27没、70歳。1794生。ハンガリーの小説家。
ラウテンベルク, ヨーハン・ヴィルヘルム　Rautenberg, Johann Wilhelm　3.1没、78歳。1791生。ドイツのルター派神学者。
コラン　Colin, Jean Jacques　3.9没、80歳。1784生。フランスの化学者。
オボレンスキー　Obolenskii, Evgenii Petrovich　3.10没、68歳。1796(㊥1798)生。ロシアの公爵。
モルニ, シャルル・オーギュスト・ルイ・ジョゼフ, 公爵　Morny, Charles Auguste Louis Joseph, Duc de　3.10没、53歳。1811生。フランスの政治家。
ションブルク, サー・ロバート・ハーマン　Schomburgk, Sir Robert Hermann　3.11没、60歳。1804生。ドイツ生れのイギリスの探検家。
シュテューラー, フリードリヒ・アウグスト　Stüler, Friedrich August　3.18没、65歳。1800生。ドイツの建築家。
トロワイヨン, コンスタン　Troyon, Constant　3.20没、54歳。1810生。フランスの画家。
パスタ, ジュディッタ　Pasta, Giuditta　4.1没、67歳。1798(㊥1797)生。イタリアのソプラノ歌手。
キャッセル, ジョン　Cassel, John　4.2没、48歳。1817生。イギリスの出版業者。
コブデン, リチャード　Cobden, Richard　4.2没、60歳。1804生。イギリスの政治家。
ヒル　Hill, Ambrose Powell　4.2没、39歳。1825生。アメリカの軍人。
カレーラ, ラファエル　Carrera, Rafael　4.14没、50歳。1814生。グアテマラの独裁者、大統領(1847〜65)。
リンカーン, エイブラハム　Lincoln, Abraham　4.15没、56歳。1809生。アメリカ合衆国第16代大統領。
スターリング　Stirling, Sir James　4.22没、74歳。1791生。イギリスの海軍東インド艦隊司令長官。
サックス, シャルル-ジョゼフ　Sax, Charles-Joseph　4.26没、74歳。1791生。ベルギーの管楽器製作者。
ブース, ジョン・ウィルクス　Booth, John Wilkes　4.26没、26歳、1839(㊥1838)生。アメリカの俳優。

19世紀　　　　　　　　　　　　　　　　　　　　　1865

モット　Mott, Valentine　4.26没、79歳。1785生。アメリカの外科医。

キュナード、サー・サミュエル　Cunard, *Sir* Samuel　4.28没、77歳。1787生。イギリスの船主。

フィッツロイ、ロバート　Fitzroy, Robert　4.30没、59歳。1805生。イギリスの海軍将校、気象学者。

ウィリアムズ、アイザク　Williams, Isaac　5.1没、62歳。1802生。イギリスの詩人、神学者。

トムセン、クリスティアン・イェアゲンセン　Thomsen, Christian Jürgensen　5.21没、76歳。1788生。デンマークの考古学者。

バラー、マドレーヌ・ソフィー　Barat, Madeleine Sophie, St.　5.25没、85歳。1779生。フランスの聖女。

マニャン　Magnan, Bernard-Pierre　5.29没、73歳。1791生。フランスの軍人。

クオントリル、ウィリアム（・クラーク）　Quantrill, William Clarke　5.?没、28歳。1837生。アメリカの南軍ゲリラ部隊指令官。

ラウマー、カール・フォン　Raumer, Karl Georg von　6.2没、82歳。1783生。ドイツの鉱物学者、教育史学者。

パクストン、サー・ジョゼフ　Paxton, *Sir* Joseph　6.8没、63歳。1801（㊥1803）生。イギリスの造園家、建築家。

エルヴァート、エードゥアルト　Elwert, Eduard　6.9没、60歳。1805生。ドイツの教会史・教理史家。

ヴィールツ、アントン・ヨーゼフ　Wiertz, Antoine Joseph　6.18没、59歳。1806生。ベルギーの画家、彫刻家。

ラボック、ジョン・ウィリアム　Lubbock, *Sir* John William　6.20没、62歳。1803生。イギリスの数学者、天文学者。

リバス公爵　Rivas, Ángel de Saavedra, Duque de　6.22没、74歳。1791生。スペインの劇作家、詩人。

デュポン、サミュエル・フランシス　Dupont, Samuel Francis　6.23没、61歳。1803生。アメリカの海軍人。

ファン・デン・ブルック　Broek, Jan Karel van den　6.23没、51歳。1814生。オランダの長崎出島商館医。

ペレーヴ、アンリ　Perreyve, Henri　6.24没、34歳。1831生。フランスの著作家、オラトリオ会士。

バージェヴィン　Burgevine, Henry Andrea　6.26没、29歳。1836生。アメリカの冒険家。

フォークナー　Falconer, Hugh　7.3没、57歳。1808生。スコットランドの古生物学者、植物学者。

ポッター、アロンゾ　Potter, Alonzo　7.4没、64歳。1800生。アメリカの聖公会主教。

トゥマンデル、ユーハン・ヘンリーク　Thomander, Johan Henrik　7.9没、67歳。1798生。スウェーデンの神学者、教会改革者。

ラール　Rahl, Karl　7.9没、52歳。1812生。オーストリアの画家。

ヘルツリープ　Herzlieb, Minna　7.10没、76歳。1789生。ドイツの婦人。

バクホイゼン・ファン・デン・ブリンク　Bakhuizen van den Brink, Reinier Cornelius　7.15没、55歳。1810生。オランダの歴史家、随筆家。

ピリア　Piria, Rafaele　7.18没、49歳。1815生。イタリアの化学者。

タッパン、アーサー　Tappan, Arthur　7.23没、79歳。1786生。アメリカの絹商人。

ミハイロフ、ミハイル・ラリオノヴィチ　Mikhailov, Mikhail Larionovich　8.2没、36歳。1829生。ロシアの詩人、革命家。

エイトゥーン、ウィリアム・エドモンストン　Aytoun, William Edmonstoune　8.4没、52歳。1813生。スコットランドの詩人。

ビュシェ　Buchez, Philippe Joseph Benjamin　8.12没、69歳。1796生。フランスの哲学者、政治家。

ゼンメルヴァイス、イグナーツ・フィリップ　Semmelweis, Ignaz Philipp　8.13（㊥1868）没、47歳。1818生。ハンガリーの産科医。

ニートナー、クリスティアン・ヴィルヘルム　Niedner, Christian Wilhelm　8.13没、68歳。1797生。ドイツの教会史学者。

マブロコルダトス　Mavrokordatos, Alexandros　8.18没、74歳。1791生。ギリシアの政治家。

ショイヤー　Schoyer, Raphael　8.21没、65歳。1800生。アメリカの実業家。

ヴァルトミュラー、フェルディナント・ゲオルク　Waldmüller, Ferdinand Georg　8.23没、72歳。1793生。オーストリアの画家。

エンケ、ヨハン・フランツ　Encke, Johann Franz　8.26没、73歳。1791生。ドイツの天文学者。

ハリバートン、T. C.　Haliburton, Thomas Chandler　8.27没、68歳。1796生。カナダの諷刺作家。

フルター、フリードリヒ・フォン　Hurter, Friedrich von　8.27没、78歳。1787生。ドイツ出身のカトリック神学者、歴史家。

レマーク、ロベルト　Remak, Robert　8.29没、50歳。1815生。ドイツ（ユダヤ系）生理学者、神経病学者。

ハミルトン、サー・ウィリアム・ローワン　Hamilton, *Sir* William Rowan　9.2没、60歳。1805生。イギリスの数学者、物理学者、天文学者。

ヒルシャー、ヨーハン・バプティスト・フォン　Hirscher, Johann Baptist von　9.4没、77歳。1788生。ドイツにおけるカトリックの倫理神学・実践神学者。

ラモルシエール　Lamorcière, Louis Christophe Léon Juchault de　9.10没、59歳。1806生。フランスの軍人。

人物物故大年表 外国人編　*685*

1865　19世紀

パンデル，フリスチアン・ゲンリヒ　Pander, Christian Heinrich　9.22没、71歳。1794生。ロシア（ドイツ生れ）の動物学者。

サンタ・クルース，アンドレス　Santa Cruz, Andrés　9.25没、72歳。1792生。ボリビアの軍人，政治家。

ウェイランド，フラーンシス　Wayland, Francis　9.30没、69歳。1796生。アメリカのバプテスト教会牧師，教育者，道徳哲学者。

ルザット，サムエル・ダヴィド　Luzzatto, Samuel David　9.30没、65歳。1800生。イタリア系ユダヤの詩人，哲学者。

エルンスト　Ernst, Heinrich Wilhelm　10.8没、51歳。1814生。モラヴィア出身のヴァイオリン奏者。

ホジソン　Hodgson, Christopher Pemberton　10.11没、44歳。1821生。イギリスの外交官。

ウォレス　Wallace, William Vincent　10.12没、53歳。1812生。アイルランドのピアニスト，ヴァイオリン奏者，作曲家。

ベリョ，アンドレス　Bello, Andrés　10.16（㊕1864）没、83歳。1781生。ベネズエラの詩人，法学者，文法学者。

マルゲーニュ　Malgaigne, Joseph François　10.17没、59歳。1806生。フランスの外科医。

パーマストン（パーマストンの），ヘンリー・ジョン・テンプル，3代子爵　Palmerston, Henry John Temple, 3rd Viscount　10.18没、80歳。1784生。イギリスの政治家。

ヴァリハーノフ，チョカン・チンギソヴィチ　Valikhánov, Chókan Chingísovich　10.？没、30歳。1835生。カザフスタンの探検家，歴史家，民俗学者，画家。

ランドリ　Landry, Jean Baptiste Octave　11.1没、39歳。1826生。フランスの医者。

デュパン　Dupin, André Marie Jean Jacques　11.10没、82歳。1783生。フランスの政治家，法律家。

ギャスケル，エリザベス　Gaskell, Elizabeth Cleghorn　11.12没、55歳。1810生。イギリスの女流作家。

トンジョルジ，サルヴァトーレ　Tongiorgi, Salvatore　11.12没、44歳。1820生。イタリアのイエズス会の哲学者。

ハルムス，ルートヴィヒ　Harms, Ludwig　11.14没、57歳。1808生。ドイツの説教者，ヘルマンスブルク宣教会創設者。

サンセヴェリーノ，ガエターノ　Sanseverino, Gaetano　11.16没、54歳。1811生。イタリアの新スコラ哲学者。

バルト，ハインリヒ　Barth, Heinrich　11.25没、44歳。1821生。ドイツの地理学者，歴史家，言語学者，アフリカ探検家。

ベアンハート，カール　Bernhard, Karl　11.25没、67歳。1798生。デンマークの小説家。

ベガ，ベントゥラ・デ・ラ　Vega, Ventura de la　11.28没、58歳。1807生。スペインの劇作家。

ラッペンベルク　Lappenberg, Johann Martin　11.28没、71歳。1794生。ドイツの歴史家。

プファンデル，カール・ゴットリーブ　Pfander, Karl Gottlieb　12.1没、62歳。1803生。イスラム教徒と論争したドイツの宣教師。

コルピング，アードルフ　Kolping, Adolf　12.4没、51歳。1813生。ドイツの徒弟組合創設者。

イラディエル，セバスティアン　Yradier, Sebastiàn　12.6没、56歳。1809生。スペインの作曲家。

モロー　Morrow, James　12.11没、45歳。1820生。アメリカの農学者。

オッペル　Oppel, Albert　12.22没、34歳。1831生。ドイツの地質学者，古生物学者。

イーストレイク，サー・チャールズ・ロック　Eastlake, Sir Charles Lock　12.24没、72歳。1793生。イギリスの画家。

アンシュッツ　Anschütz, Heinrich　12.29没、80歳。1785生。ドイツの俳優。

プレトニョーフ，ピョートル・アレクサンドロヴィチ　Pletněv, Pëtr Aleksandrovich　12.29没、73歳。1792生。ロシアの詩人，文芸評論家。

デービス　Davis, Henry Winter　12.30没、48歳。1817生。アメリカの政治家。

ブレーメル，フレドリーカ　Bremer, Fredrika　12.31没、64歳。1801生。スウェーデンの女流作家。

[この年] アリナーリ，レオポルド　Alinari, Leopoldo　33歳。1832生。イタリアの写真家，美術書出版者。

アーン　Ahn, Johann Franz　69歳。1796生。ドイツの教育家，教科書編纂者。

ヴォルコーンスキィ　Volkonskii, Sergei Grigorievich　77歳。1788生。ロシアの革命家。

ウースター，ジョゼフ（・エマソン）　Worcester, Joseph（Emerson）　81歳。1784生。アメリカの辞書編集者。

エラール，ピエール　Érard, Pierre　71歳。1794生。フランスのピアノ，ハープ，オルガンの製作者。

エルキントン，ジョージ・リチャーズ　Elkington, George Richards　64歳。1801生。イギリスの発明家，製造業者。

クェーン　Quain, Jones　69歳。1796生。イギリスの解剖学者，外科医。

グレビル　Greville, Charles Cavendish Fulke　71歳。1794生。イギリスの官吏。

グロッシュ　クリスティアン・ヘンリック　Grosch, Christian Heinrik　64歳。1801生。北欧で活躍した建築家。

サラザン　Sarazin, Louis-Charles　68歳。1797生。フランスの教育家。

ジャックミノー　Jacqueminot, Jean François, Vicomte　78歳。1787生。フランスの軍人。

19世紀　1866

シュノーア・フォン・カルロスフェルト，ルートヴィヒ　Schnorr von Carolsfeld, Ludwig　29歳。1836生。ドイツのテノール歌手。
徐棟　73歳。1792生。中国，清後期の学者。
スミス　Smyth, Admiral William Henry　77歳。1788生。イギリスの海軍軍人で水路測量家。
セアーズ，トム　Sayers, Tom　39歳。1826生。イギリスのボクサー。
バーナム　Barnum, Zenus　55歳。1810生。アメリカの実業家。
ハンコック　Hancock Thomas　79歳。1786生。イギリスの発明家。
ヒグナー　Fügner, Jindrich　43歳。1822生。チェコスロバキアの体操指導者。
ビートン，イザベラ・メアリ　Beeton, Isabella Mary　29歳。1836生。イギリスの料理本の著者。
ビルバオ，フランシスコ　Bilbao, Francisco　42歳。1823生。チリの急進的自由主義思想家。
フィリモン　Filimon, Nicolae　46歳。1819生。ルーマニアの小説家。
フォーク，フランシス　Fowke, Francis　42歳。1823生。イギリスのエンジニア，建築家。
フッカー，サー・ウィリアム・ジャクソン　Hooker, Sir William Jackson　80歳。1785生。イギリスの植物学者。
ブル，ジョージ・ストリンガー　Bull, George Stringer　66歳。1799生。イギリスの牧師，社会運動家。
ベックネル　Becknell, William　69歳。1796生。アメリカの探検家，交易商。
ヘリング　Herring, John Frederick　70歳。1795生。イギリスの動物画家。
ベルス　Belzu, Manuel Isidoro　57歳。1808生。ボリビアの軍人，政治家。
ボーニン　Bonin, Eduard von　72歳。1793生。プロイセンの将軍。
ホール，ベン (ベンジャミン)　Hall, Ben (jamin)　28歳。1837生。オーストラリアの山賊。
マレット，フリードリヒ・ルートヴィヒ　Mallet, Friedrich Ludwig　72歳。1793生。ドイツの改革派の牧師。
メリー，ジョゼフ　Méry, Joseph　67歳。1798生。フランスの詩人，小説家。
楊坊　中国，清末期の実業家。
羅沢南　㋚1856没、58歳。1807(㋚1808)生。中国，清末の武将。
ラッフィン　Ruffin, Edmund　71歳。1794生。アメリカの農業改良家。
リチャードソン，サー・ジョン　Richardson, Sir John　78歳。1787生。イギリスの博物学者，探検家。
リンドリー，ジョン　Lindley, John　66歳。1799生。イギリスの植物学者，園芸学者。
ロートシュタイン　Rothstein, Hugo　55歳。1810生。ドイツの体育家。

1866年

7.27　英米間に新たな大西洋海底ケーブルが敷設
8.23　プラハ条約締結で普墺戦争が終結する
10.31　オペレッタ「パリの生活」がパリで初演
＊　＊　＊

カミングズ，ジェレマイア・ウィリアムズ　Cummings, Jeremiah Williams　1.4没、51歳。1814生。アメリカのローマ・カトリック教会司祭，典礼学者。
スミス，ジェイムズ　Smith, James　1.5没、75歳。1790生。イギリスのジャーナリスト。
ダゼッリオ，マッシモ・タパレッリ　D'Azeglio, Massimo Taparelli　1.15没、67歳。1798生。イタリアの小説家，政治家。
クウィンビ，フィニアス・パークハースト　Quimby, Phineas Parkhurst　1.16没、63歳。1802生。アメリカの精神治療家。
メイトランド，サミュエル・ロフィ　Maitland, Samuel Roffey　1.19没、137歳。1729生。英国教会の聖職，教会史家。
南鐘三　1.20没、49歳。1817生。朝鮮，近世末期のカトリック教徒。
ピーコック，トマス・ラヴ　Peacock, Thomas Love　1.23没、80歳。1785生。イギリスの小説家，詩人。
ギブソン，ジョン　Gibson, John　1.27没、75歳。1790生。イギリスの彫刻家。
ノット，エリファレット　Nott, Eliphalet　1.29没、92歳。1773生。アメリカの教育家。
リュッケルト，フリードリヒ　Rückert, Friedrich　1.31没、77歳。1788生。ドイツの詩人。
ガルノー，フランソワ・グザヴィエ　Garneau, François Xavier　2.3没、56歳。1809生。フランス系カナダ人の歴史家。
エステバネス-カルデロン，セラフィン　Estébanez Calderón, Serafín　2.5 (㋚1867)没、66歳。1799生。スペインの抒情詩人，作家，学者。
カッテンディーケ　Kattendijke, Willem Johan Cornelis, Ridder Huijssen van　2.6没、50歳。1816生。オランダの海軍士官，海軍大臣。
ロバットー　Lobátto, Rehuel　2.9没、68歳。1797生。オランダの数学者。
ジェヴースキー　Rzewuski, Henryk　2.28没、74歳。1791生。ポーランドの作家。
キャンベル，アレグザンダー　Campbell, Alexander　3.4没、77歳。1788(㋚1786)生。アメリカの宗教指導者。

人物物故大年表　外国人編　687

1866　19世紀

ダンジュー　Danjou, Jean Louis Félix　3.4没、53歳。1812生。フランスの宗教音楽研究家、オルガン奏者。

デュセニュール、ジャン・ベルナール　Duseigneur, Jean Bernard　3.6没、57歳。1808生。フランスの彫刻家。

トロクスラー　Troxler, Ignaz Paul Vital　3.6没、85歳。1780生。スイスの哲学者、医者。

ヒューエル、ウィリアム　Whewell, William　3.6没、71歳。1794生。イギリスの哲学者。

ブルトニエール　Bretenières, Simon-Marie-Antoine Just, Ranfer de　3.8没、28歳。1838生。パリ外国宣教会所属カトリック司祭。

ベルヌー、シメオン・フランソワ　Berneux, Siméon François　3.8没、51歳。1814生。フランスのパリ外国伝道協会宣教師。

スパークス、ジャレッド　Sparks, Jared　3.14没、76歳。1789生。アメリカの歴史家、伝記作家、教育家。

ノールローク、リカルド　Nordraak, Rikard　3.20没、23歳。1842生。ノルウェーの作曲家。

ブーストレム、クリストッフェル・ヤーコプ　Boström, Christoffer Jakob　3.22没、69歳。1797生。スウェーデンの哲学者。

モルデンハウアー　Moldenhauer, Friedrich　3.27没、69歳。1797生。ドイツの化学者。

キーブル、ジョン　Keble, John　3.29没、73歳。1792生。イギリスの説教者、神学者、詩人。

ドゥーロワ、ナデージダ・アンドレーヴナ　Durova, Nadezhda Andreevna　3.29没、82歳。1783生。ロシアの女性作家。

ダヴリュイ、マリー・ニコラ・アントワーヌ　Daveluy, Marie Nicolas Antoine　3.30没、48歳。1818生。フランスの宣教師。

張周基　3.30没、64歳。1802生。朝鮮の殉教者、韓国103聖人の一人。

ナルバンジャン、ミカエル・ガザリ　Nalbandyan, Mikael Lazarevich　3.31没、36歳。1829生。アルメニアの詩人、思想家、評論家。

ホジキン、トマス　Hodgkin, Thomas　4.5没、67歳。1798生。イギリスの医師。

ギュリ、ジャン-ピエール　Gury, Jean Pierre　4.18没、65歳。1801生。フランスのカトリック神学者。

フープフェルト、ヘルマン　Hupfeld, Hermann　4.24没、70歳。1796生。ドイツの旧約学者。

ストックフレト、ニールス　Stockfleth, Niels　4.26没、79歳。1787生。ノルウェーのサーメ（ラップ）人への宣教師。

マクドナルド　MacDonald, John　4.?没、35?歳。1831生。イギリスの外交官。

マルクス、アードルフ・ベルンハルト　Marx, Adolf Bernhard　5.17没、71歳。1795生。ドイツの音楽学者、作曲家。

エステルハージ　Esterházy, E. Pál Antal　5.21没、80歳。1786生。ハンガリーの外交官。

ブロフェーリョ　Brofferio, Angelo　5.24没、63歳。1802生。イタリアの詩人、政治家。

ブラッシマン　Brashman, Nikolai Dmitrievich　5.25没、69歳。1796生。ロシアの数学者。

パイズ、チャールズ・コンスタンタイン　Pise, Charles Constantine　5.26没、64歳。1801生。アメリカのローマ・カトリック教会司祭、編集者、歴史家。

スコット、ウィンフィールド　Scott, Winfield　5.29没、79歳。1786生。アメリカの陸軍軍人。

明緒　5.?没。中国、清の武将。

ヴェルデ　Verdet, Marcel Emile　6.3没、42歳。1824生。フランスの物理学者。

キャス、ルイス　Cass, Lewis　6.17没、83歳。1782生。アメリカの軍司令官、政治家、外交官。

ディースタヴェーク、フリードリヒ・アードルフ・ヴィルヘルム　Diesterweg, Friedrich Adolf Wilhelm　7.7没、75歳。1790生。ドイツの教育家。

リーマン、ゲオルク・フリードリヒ・ベルンハルト　Riemann, Georg Friedrich Bernhard　7.20没、39歳。1826生。ドイツの数学者。

シュミット、アロイス　Schmitt, Aloys　7.25没、77歳。1788生。ドイツのピアニスト、オルガン奏者、作曲家。

マタモロス、マヌエル　Matamoros, Manuel　7.31没、30歳。1835生。スペインにおける現代プロテスタント運動の創始者のひとり。

ファリーニ　Farini, Luigi Carlo　8.1没、53歳。1812生。イタリアの政治家、歴史家、医師。

ロス　Ross, John　8.1没、75歳。1790生。アメリカのチェロキーインディアンの酋長。

ニール、ジョン・メイソン　Neale, John Mason　8.6没、48歳。1818生。イギリスの讃美歌学者。

ゴズラン、レオン　Gozlan, Léon　9.1没、88歳。1803生。フランスの小説家、劇作家、バルザックの秘書。

トマス、ロバート・ジャーメイン　Thomas, Robert Jermain　9.3没、25歳。1840生。イギリスの宣教師。

ボールドウィン、マサイアス（・ウィリアム）　Baldwin, Mathias William　9.7没、70歳。1795生。アメリカの工業家。

ムラヴィヨフ　Muraviyov, Mikhail Nikolaevich　9.10没、69歳。1796生。ロシアの政治家、伯爵。

カラコーゾフ　Karakozov, Dmitrii Vladimirovich　9.15没、25歳。1840生。ロシアのテロリスト、革命家。

ディロン　Dillon, John Blake　9.15没、52歳。1814生。アイルランドの政治家。

688　人物物故大年表　外国人編

19世紀　　　　　　　　　　　　　　　　　　　　　　　　　　　　　　　　**1866**

ヘッケルト，ヨハン・フレドリク　Höckert, Johan Fredrik　9.16没、40歳。1826生。スウェーデンの画家。

フランチェスコ・マリーア（カンポロッソの）Francesco Maria（Camporosso）9.17没、61歳。1804生。イタリアのカプチン会修道士，聖人。

ヴァイセ，クリスティアン・ヘルマン　Weisse, Christian Hermann　9.19没、65歳。1801生。ドイツの哲学者。

アルムクヴィスト，カール，ユーナス，ルーヴェ　Almqvist, Carl Jonas Love　9.26没、72歳。1793生。スウェーデンの作家。

ストックトン　Stockton, Robert Field　10.7没、71歳。1795生。アメリカの海軍提督。

ガスチニスキー　Gaszyński, Konstanty　10.8没、57歳。1809生。ポーランドの詩人。

ジーボルト，フィリップ・フランツ・フォン　Siebold, Philipp Franz Jonkheer Balthasar von　10.18没、70歳。1796（㊟1798）生。ドイツの医者。

コップ　Kopp, Joseph Eutych　10.25没、73歳。1793生。スイスの歴史家。

ムラヴィヨフ　Muraviyov, Nikolai Nikolaevich　10.30没、72歳。1794生。ロシアの軍人。

レーンクヴィスト，ヘンリーク　Renqvist, Henrik　11.5没、77歳。1789生。フィンランド敬虔派の牧師。

バルフィ，ガエターノ　Baluffi, Gaetano　11.11没、78歳。1788生。イタリア出身の最初の南アメリカ駐在教皇庁大使。

ミゲル　Miguel, Maria Evaristo de Bragança　11.14没、64歳。1802生。ポルトガル王位要求者。

フォーグル，ヨハン・ネーポムク　Vogl, Johann Nepomuk　11.16没、64歳。1802生。オーストリアの詩人，劇作家。

ドルティーグ，ジョゼフ・ルイ　d'Ortigue, Joseph Louis　11.20没、64歳。1802生。フランスの音楽理論家，批評家。

バラント，ギヨーム・プロスペール・ブリュジエール　Barante, Amable Guillaume Prosper Brugière, Baron de　11.21没、84歳。1782生。フランスの歴史家，外交官。

ロッホ　Roch, Gustave　11.21没、26歳。1839生。ドイツの数学者。

ガヴァルニ，ポール　Gavarni, Paul　11.24（㊟1864）没、62歳。1804生。フランスの版画家，水彩画家。

セルヴェ，アドリアン-フランソワ　Servais, Adrien-François　11.26没、59歳。1807生。ベルギーのチェロ奏者。

マーサー，ジョン　Mercer, John　11.30没、75歳。1791生。イギリスの染色化学者。

エヴェレスト，サー・ジョージ　Everest, Sir George　12.1（㊟1886）没、76歳。1790（㊟1779）生。イギリスの数学者、測地学者。

シュトラウス　Straus, Joseph　12.2没、73歳。1793生。オーストリアのヴァイオリン奏者，作曲家。

カリヴォダ，ヤン・クルシティテル　Kalliwoda, Johann Wenzel　12.3没、65歳。1801生。チェコの作曲家，ヴァイオリン奏者。

ブタシェーヴィチ-ペトラシェフスキー，ミハイル・ワシリエヴィチ　Petrashevskii, Mikhail Vasil'evich　12.8没、45歳。1821生。ロシアの革命家。

ニール　Neale, Edward St.John　12.11没。イギリスの外交官。

パーカー　Parker, Sir William　12.13没、85歳。1781生。イギリスの軍人。

グセー，トマ・マリー・ジョゼフ　Gousset, Thomas Marie Joseph　12.22没、74歳。1792生。フランスのランス大司教，枢機卿，倫理神学者。

ブルティール，ヘンリ・ベレンドン　Bulteel, Henry Bellenden　12.28没、66歳。1800生。イギリスの反国教会的論争家。

ハクストハウゼン　Haxthausen, August von　12.31没、74歳。1792生。ドイツの経済学者。

[この年] アゼーリオ，マッシモ・タパレリ，侯爵　Azeglio, Massimo Taparelli, marchese d'　68歳。1798生。イタリアの政治家，画家，作家。

意恂　80歳。1786生。朝鮮の僧。

ヴィディ　Vidi, Lucien　61歳。1805生。フランスの科学者。

ウィルダースピン　Wilderspin, Samuel　74歳。1792生。イギリスの教育者。

ヴェクセルス，ヴィルヘルム・アンドレーアス　Wexels, Wilhelm Andreas　69歳。1797生。ノルウェーのルター派神学者。

ウェデマイアー　Weydemeyer, Joseph　48歳。1818生。アメリカにおける先駆的共産主義者。

カッフィ，イッポーリト　Caffi, Ippolito　57歳。1809生。イタリアの画家。

カーライル，ジェイン・ベイリー　Carlyle, Jane Baillie　65歳。1801生。イギリスの日記作家。

カランドレリ　Calandrelli, Ignatzio　74歳。1792生。イタリアの天文学者。

祁寯藻　74歳。1792生。中国，清の官僚，学者。

ギュタンゲール，ユルリク　Guttinguer, Ulric　81歳。1785生。フランスの詩人，小説家。

クラピソン，アントナン・ルイ　Clapisson, Antonin Louis　58歳。1808生。フランスの作曲家。

グールド　Gould, Augustus Addison　61歳。1805生。アメリカの動物学者。

グレネルグ　Glenelg, Charles Grant, Baron　88歳。1778生。イギリスの政治家。

コットン　Cotton, William　80歳。1786生。イギリスの発明家，財務専門家，博愛主義者。

人物物故大年表　外国人編　*689*

1866

シアトル, チーフ　Seattle, Chief　76歳。1790生。
「父は空、母は大地」の著者。

ジゾール, アンリ・アルフォンス　Gisors　70歳。
1796生。フランスの建築家。

シリビーア, ジョージ　Shillibeer, George　69歳。
1797生。イギリスのロンドンの乗合馬車の草分け。

スチュアート, ジョン・マクドウアル　Stuart, John McDouall　51歳。1815生。オーストラリアの探検家。

スナイダー　Snider, Jacob　アメリカの発明家。

セルネージ, ラッファエッロ　Sernesi, Raffaello　28歳。1838生。イタリアの画家。

セールノ・ソロヴィエーヴィチ　Serno-Soloviewich, Nikolai Aleksandrovich　32歳。1834生。ロシアの革命家。

ツツオル　Czuczor, Gergely　66歳。1800生。ハンガリー科学アカデミー会員。

デュピュイ　Dupuit, Jule Juvénal　62歳。1804生。フランスの経済学者。

トルロニア　Torlonia, Alessandro, Principe　66歳。1800生。ローマの貴族。

バニャーラ, フランチェスコ　Bagnara, Francesco　82歳。1784生。イタリアの舞台美術家。

フィラレート・グミレーフスキイ　Filaret Gumilevskii　61歳。1805生。ロシア正教会の大主教。

フェアホルト　Fairholt, Frederick William　52歳。1814生。イギリスの木版画家、好古研究家。

ブッセ, ニコライ　Busse, N. V.　「サハリン島占領日記1853-54」の著者。

ブルネス　Bulnes, Manuel　67歳。1799生。チリの政治家。

ベアリング, フランシス・ソーンヒル　Baring, Francis Thornhill　70歳。1796生。イギリスの金融業者。

ベック　Beck, Karl　68歳。1798生。ドイツのヤーンの共鳴者。

ベックワース　Beckwourth, Jim　66?歳。1800生。アフリカ系アメリカ人の毛皮猟師・毛皮取引業者。

ホークス　Hawks, Francis Lister　68歳。1798生。アメリカ監督派の牧師、歴史学者。

マホニー, フランシス・シルヴェスター　Mahony, Francis Sylvester　62歳。1804生。イギリスの聖職者、ユーモア作家。

レニ　Rennie, George　75歳。1791生。イギリスの土木技師。

この頃　メッツ, クリスティアン　Metz, Christian　72?歳。1794生。アメリカの「アマナ・キリスト教共産村」の創立者。

1867年

3.15　オーストリア=ハンガリー二重帝国が成立
3.30　アメリカがアラスカを購入する条約に調印
7.01　英領北アメリカ法発効、カナダ自治領発足
9.14　マルクスの「資本論」第1巻が刊行される
11.09　徳川慶喜が大政奉還を上奏し、翌日勅許

＊＊＊

ウィリス, N. P.　Willis, Nathaniel Parker　1.2没、60歳。1806生。アメリカの随筆家。

スミス　Smith, Alexander　1.5没、36歳。1830生。スコットランドの詩人、随筆家。

グレーチ, ニコライ・イワノヴィチ　Grech, Nikolai Ivanovich　1.12没、79歳。1787生。ロシアの作家、ジャーナリスト。

アングル, ジャン・オーギュスト・ドミニク　Ingres, Jean Auguste Dominique　1.14没、86歳。1780生。フランスの画家。

クーザン, ヴィクトール　Cousin, Victor　1.14没、74歳。1792生。フランスの哲学者。

ロビンソン, ヘンリー・クラップ　Robinson, Henry Crabb　2.5没、91歳。1775生。イギリスのジャーナリスト、日記作者。

バチェ, アレグザンダー・ダラス　Bache, Alexander Dallas　2.17没、60歳。1806生。アメリカの教育家。

グッデル, ウィリアム　Goodell, William　2.18没、75歳。1792生。アメリカ会衆派の宣教師、中近東伝道の開拓者。

スマート, ジョージ　Smart, George Thomas　2.23没、90歳。1776生。イギリスの音楽家。

ウォード, アーティマス　Ward, Artemus　3.6没、32歳。1834生。アメリカのユーモア作家。

コルネリウス, ペーター・フォン　Cornelius, Peter von　3.6没、83歳。1783(㊟1784)生。ドイツの画家。

バウムガルトナー　Baumgartner, Wilhelm　3.17(㊟1905)没、46歳。1820(㊟1842)生。スイスのピアニスト、作曲家、教育家。

ヒットルフ, ヤーコプ・イグナーツ　Hittorff, Jacques Ignace　3.25没、74歳。1792生。フランスの建築家、考古学者。

ルンゲ, フリードリープ・フェルディナント　Runge, Friedlieb Ferdinand　3.25没、72歳。1795(㊟1794)生。ドイツの有機化学者。

フォルレンダー　Vorländer, Franz　3.31没、60歳。1806生。ドイツの哲学者。

スマーク, サー・ロバート　Smirke, Sir Robert　4.18没、85歳。1781(㊟1780)生。イギリスの建築家。

19世紀　1867

ポエリオ　Poerio, Carlo　4.28没、63歳。1803生。イタリアのリソルジメント運動家。

アイブリンガー、ヨハン・カスパル　Aiblinger, Johann Kaspar　5.6没、88歳。1779生。ドイツの作曲家。

シャンポリオン　Champollion, Jean Jacques　5.9没、88歳。1778生。フランスの古代学、古文書学者。

ゲルハルト、エドゥアルト　Gerhard, Eduard　5.12没、71歳。1795生。ドイツの考古学者。

レイノー　Reinaud, Joseph Toussain　5.14没、71歳。1795生。フランスの東洋学者。

アリソン　Alison, Sir Archibald　5.23没、74歳。1792生。スコットランドの歴史家。

キューゲルゲン、ヴィルヘルム・フォン　Kügelgen, Wilhelm von　5.25没、64歳。1802生。ドイツの後期ロマン派画家。

ブルフィンチ、トマス　Bulfinch, Thomas　5.27没、70歳。1796生。アメリカの文筆家。

カスティージャ、ラモン　Castilla y Marquesado, Ramón　5.30没、69歳。1797(㊥1787)生。ペルーの軍人、政治家。

シュタウト　Staudt, Karl Georg Christian von　6.1没、69歳。1798生。ドイツの数学者。

マクシミリアン、フェルディナント‐ヨーゼフ　Maximilian Joseph, Ferdinand　6.19没、34歳。1832生。メキシコ皇帝(在位1864〜67)。

ジェロビ、ホセ・マリア　Yerovi, José María　6.20没、48歳。1819生。エクアドルのフランシスコ会司教。

マアー　Meagher, Thomas Francis　7.1没、43歳。1823生。アメリカの法律家、政治家。

フルネロン、ブノワ　Fourneyron, Benoît　7.8(㊥1837)没、64歳。1802(㊥1837)生。フランスの技術者、発明家。

ポンサール、フランソワ　Ponsard, François　7.13没、53歳。1814生。フランスの劇作家。

ファン・タイン・ザン　Phan Tan-Gian　7.16没、70歳。1796生。ヴェトナム、阮朝の政治家。

ブランディス　Brandis, Christian August　7.24没、77歳。1790生。ドイツの哲学史家。

オットー1世　Otto Friedrich Ludwig　7.26没、52歳。1815生。ギリシア王(1832〜62)。

トルソー　Trousseau, Armand　7.27没、65歳。1801生。フランスの医者。

エッピンジエ、エリザベート　Eppinger, Elisabeth　7.31没、52歳。1814生。フランスの「御救主の娘女子修道会」の創立者。

セジウィック、キャサリン・マリア　Sedgwick, Catharine Maria　7.31没、77歳。1789生。アメリカの小説家。

ベック　Böckh, Philipp August　8.3没、81歳。1785(㊥1795)生。ドイツの古代学者。

カウアー　Cauer, Emil　8.4没、66歳。1800生。ドイツの彫刻家。

ヴェルポー　Velpeau, Alfred Louis Armand Marie　8.18没、72歳。1795生。フランスの医者。

ローテ、リヒャルト　Rothe, Richard　8.20没、68歳。1799生。ルター派の神学者。

ファラデイ、マイケル　Faraday, Michael　8.25没、75歳。1791生。イギリスの化学者、物理学者。

ボードレール、シャルル　Baudelaire, Charles Pierre　8.31没、46歳。1821生。フランスの詩人、評論家。

ゼヒター、ジーモン　Sechter, Simon　9.10没、78歳。1788生。オーストリアの理論家、作曲家、オルガン奏者、指揮者。

ブルース　Bruce, Sir Frederick William Adolphus　9.19没、53歳。1814生。イギリスの外交官。

ファウラー　Fowler, Charles　9.26没、75歳。1792生。イギリスの建築家。

ハウ、イライアス　Howe, Elias　10.3没、48歳。1819生。アメリカの発明家。

ティムロッド、ヘンリー　Timrod, Henry　10.7没、38歳。1828生。アメリカの詩人。

マプ、アブラハム　Mapu, Abraham　10.9没、59歳。1808生。ロシア系ユダヤの小説家。

モーゼン、ユーリウス　Mosen, Julius　10.10没、64歳。1803生。ドイツの作家。

メイエール、ルイ‐ジョルジュ‐フレデリク　Meyer, Louis-George-Fredéric　10.11没、58歳。1809生。フランスのルター派牧師。

ラコフスキ、ゲオルギ　Rakovskii, Georgi Sava　10.12没、46歳。1821生。ブルガリアの作家、革命家。

アイヴズ、リーヴァイ・シリマン　Ives, Levi Silliman　10.13没、70歳。1797生。アメリカの元聖公会司祭、カトリック教会慈善運動家。

フィランジェーリ　Filangieri, Carlo　10.14没、83歳。1784生。ナポリの軍人、政治家。

ボテン、ルイ‐ウジェーヌ‐マリー　Bautain, Louis-Eugène-Marie　10.15没、71歳。1796生。フランスの司祭、哲学者、神学者。

ボップ、フランツ　Bopp, Franz　10.23没、76歳。1791生。ドイツの言語学者。

ロス、ウィリアム・パーソンズ(ロス伯爵三代公)　Rosse, William Parsons, 3rd Earl of　10.31(㊥1869)没、67歳。1800生。イギリスの天文学者。

ストローン、ジョン　Strachan, John　11.1没、89歳。1778生。カナダのイギリス国教会司教、教育家。

オドンネル　O'Donnell y Jorris, Leopold　11.5没、59歳。1808(㊥1809)生。スペインの軍人、政治家。

フールド　Fould, Achille　11.5没、66歳。1800生。フランスの政治家。

1867　19世紀

クロット，ピョートル　Klodt, Peter Kanlovich　11.8？没、62歳。1805生。ロシアの彫刻家。

ブリュネ，ジャック-シャルル　Brunet, Jacques Charles　11.14没、87歳。1780生。フランスの書誌学者。

ハレック　Halleck, Fitz-Greene　11.19没、77歳。1790生。アメリカの詩人。

ペルテス，クレーメンス・テーオドーア　Perthes, Clemens Theodor　11.25没、58歳。1809生。ドイツ国法学の教授。

スロート　Sloat, John Drake　11.28没、86歳。1781生。アメリカの海軍軍人。

フィラレート　Filaret　12.1没、84歳。1783（㋷1782）生。ロシアの聖職者。

ステルクス，エンヘルベルト　Sterckx, Engelbert　12.4没、75歳。1792生。ベルギーのメヘレンの大司教。

フルーラン，ジャン・ピエール・マリー　Flourens, Marie Jean Pierre　12.5没、73歳。1794生。フランスの生理学者。

パチーニ，ジョヴァンニ　Pacini, Giovanni　12.6没、71歳。1796生。イタリアの作曲家。

シュピットラー，クリスティアン・フリードリヒ　Spittler, Christian Friedrich　12.8没、85歳。1782生。ドイツ伝道界を風靡した敬虔派信徒指導者、宣教会の創設者。

ジラール，プリュダンス・セラファン・バルテルミー　Girard, Prudence Séraphin Barthélemy　12.9没、46歳。1821生。フランスのパリ外国宣教会宣教師。

ドライゼ　Dreyse, Johann Nikolaus von　12.9没、80歳。1787生。ドイツの小銃製作者。

グロットゲル，アルトゥル　Grottger, Artur　12.13没、30歳。1837生。ポーランド，ロマン派の代表的な画家。

カストネル，ジャン・ジョルジュ　Kastner, Jean Georges　12.19没、57歳。1810生。アルザスの作曲家，理論家。

シンパー　Schimper, Karl Friedrich　12.21没、64歳。1803生。ドイツの植物学者。

ルソー，テオドール　Rousseau, Pierre Étienne Théodore　12.22没、55歳。1812（㋷1821）生。フランスの画家、版画家。

ポンスレ，ジャン-ヴィクトール　Poncelet, Jean Victor　12.23没、79歳。1788生。フランスの数学者、機械工学者。

この年　アルバレス　Álvarez, Juan　77歳。1790生。メキシコの将軍、政治家。

アンソン　Anthon, Charles　70歳。1797生。アメリカの教育者。

アンダーソン　Anderssson, Carl Johan　40歳。1827生。スウェーデンの猟師、探検家。

怡良　76歳。1791生。中国、清末期の満人官僚。

ウー・ポンニャ　U Ponnya　㋷1875頃没、55歳。1812（㋷1807頃）生。ビルマの戯曲家。

オールドリッジ　Aldridge, Ira Frederick　63歳。1804生。アフリカの黒人悲劇俳優。

キング　King, John Alsop　79歳。1788生。アメリカの政治家。

クレム　Klemm, Gustav Friedrich　65歳。1802生。ドイツの民族学者。

サウス　South, James　82歳。1785生。イギリスの天文学者。

シモントン，アシュベル・グリーン　Simonton, Ashbel Green　34歳。1833生。アメリカの宣教師。

シュテファン大公　Stephan, Erzherzog von Österreich　50歳。1817生。オーストリア大公、将軍。

ジョンソン，アレグザンダー・ブライアン　Johnson, Alexander Bryan　81歳。1786生。イギリスの哲学者。

スールーク　Souloque, Faustin Élie　82歳。1785生。ハイチの大統領、皇帝。

タウントン　Taunton, Lord　69歳。1798生。イギリスの政治家。

チュオン・ディン　Truong Dinh　㋷1864没、47歳。1820生。ヴェトナムのグエン王朝の官吏、抗仏ゲリラ戦指導者。

チュルクチー，エドワール　Turquety, Édouard　60歳。1807生。フランスの詩人。

デ・ボウ　De Bow, James Dunwood Brownson　47歳。1820生。アメリカのジャーナリスト、統計専門家。

デーヴ　Dev, Rādhākānt　84歳。1783生。インドのベンガル人改革者。

徳興阿　中国、清の武人。

ドッジ，ヘンリー　Dodge, Henry　85歳。1782生。アメリカの政治家。

ドレスラー　Dressler, Johan Gottlieb　68歳。1799生。ドイツの教育家。

バクスター，ジョージ　Baxter, George　63歳。1804生。イギリスの彫刻家、版画家。

バッカーニ，ガエターノ　Baccani, Gaetano　75歳。1792生。イタリアの建築家。

ブラウン，チャールズ・ファラー　Browne, Charles Farrar　33歳。1834生。アメリカのユーモア作家。

ブーランジェ，ルイ　Boulanger, Louis　61歳。1806生。フランスの画家、石版画家。

ブリャンチャニーノフ，イグナーチイ　Brjančaninov, Ignatij　60歳。1807生。ロシア正教会聖職者。

ベイリー，エドワード・ホッジズ　Baily, Edward Hodges　79歳。1788生。イギリスの彫刻家。

プフィッツァー　Pfizer, Paul　66歳。1801生。ヴュルテンベルクの政治家。

692　人物物故大年表 外国人編

ペルーズ　Pelouze, Théophiles　60歳。1807生。フランスの化学者。
マーニ、ピエトロ　Magni, Pietro　51歳。1816生。イタリアの彫刻家。
マロッケッティ、カルロ　Marocchetti, Carlo　62歳。1805生。イタリアの彫刻家。
モム・ラーチョータイ　Mom Raachoothai　48歳。1819生。タイの詩人。
モーリア、ドメーニコ　Moglia, Domenico　85歳。1782生。イタリアの建築家、装飾家。
モルテーニ、ジュゼッペ　Molteni, Giuseppe　67歳。1800生。イタリアの画家、修復家。
ラポポルト、ザーロモ・ユーダ・レープ　Rapoport, Salomo Juda Löb　77歳。1790生。ユダヤ教の啓蒙運動家、ユダヤ教学の創始者。
ルバ、イポリート　Le Bas, Louis Hippolyte　85歳。1782生。フランスの建築家。
ロスメッスラー　Rossmässler, Emil Adolf　61歳。1806生。ドイツの政治家、教育改革家。

1868年

1.27	鳥羽・伏見の戦いで戊辰戦争が始まる
8.22	江蘇省楊州で宣教師テイラーが襲撃される
9.30	スペイン9月革命発生、イサベル2世脱出
12.03	イギリスでグラッドストンが首相となる

＊ ＊ ＊

ドイル　Doyle, John　1.2没、71歳。1797生。イギリスの挿絵画家。
フラッシネッティ、ジュゼッペ　Frassinetti, Giuseppe　1.2没、64歳。1804生。イタリアの司牧者、著述家、「無原罪のマリアの息子修道会」の創立者。
ハウプトマン、モーリツ　Hauptmann, Moritz　1.3没、75歳。1792生。ドイツの作曲家、音楽理論家。
ブラッドベリ、ウィリアム・バチェルダー　Bradbury, William Batchelder　1.7没、51歳。1816生。アメリカの作曲家、出版者。
タッタム、ヘンリ　Tattam, Henry　1.8没、79歳。1789生。イギリスのコプト学者。
コクレル、アタナーズ-ロラン・シャルル　Coquerel, Athanase Laurent Charles　1.10没、72歳。1795生。フランスの改革派神学者。
バラガ、フレデリク　Baraga, Frederic　1.19没、70歳。1797生。アメリカ・インディアンへのローマ・カトリック宣教師。
マイバラー　Myburgh, Fredrick Gerhard　1.21没、30歳。1838生。イギリスの外交官。
キーン、チャールズ　Kean, Charles John　1.22没、57歳。1811生。イギリスの俳優。

セール　Serres, Antoine Etienne Renaud Augustin　1.22没、80歳。1787生。フランスの解剖学者。
エルデーイ・ヤーノシュ　Erdélyi, János　1.23没、53歳。1814生。ハンガリーの詩人、批評家、民話採集者。
デーヴィ　Davy, John　1.24没、77歳。1790生。イギリスの化学者。
シュティフター、アーダルベルト　Stifter, Adalbert　1.28没、62歳。1805（®1850)生。オーストリアの作家。
リーサー、アイザク　Leeser, Isaac　2.1没、61歳。1806生。アメリカのユダヤ教ラビ。
マティ　Mathy, Karl　2.3没、61歳。1806（®1807)生。ドイツ（バーデン）の政治家。
ブルースター、サー・デイヴィド　Brewster, Sir David　2.10没、86歳。1781生。イギリスの物理学者。
フーコー、ジャン・ベルナール・レオン　Foucault, Jean Bernard Léon　2.11没、48歳。1819生。フランスの物理学者。
ヴァイスゲルバー、ヨーハン・ハインリヒ　Weisgerber, Johann Heinrich　2.12没、69歳。1798生。ドイツの覚醒運動指導者。
メリヨン、シャルル　Méryon, Charles　2.14没、46歳。1821生。フランスの版画家、画家。
ドーズ、ウィリアム・ラター　Dawes, William Rutter　2.15没、68歳。1799生。イギリスの天文学者。
フロレス　Flores, Venancio　2.19没、59歳。1809生。ウルグアイの政治家、軍人。
アッバーティ、ジュゼッペ　Abbati, Giuseppe　2.20没、32歳。1836生。イタリアの画家。
ルセーニウス、カール・ウーロフ　Rosenius, Carl Olof　2.24没、51歳。1816生。スウェーデンの伝道者。
テュルク　Türck, Ludwig　2.25没、57歳。1810生。オーストリアの神経病医、咽喉科医。
ルートウィヒ1世　Ludwig I　2.29没、81歳。1786生。バイエルン王（在位1825～48）。
エーベルヴァイン　Eberwein, Karl　3.2没、81歳。1786生。ドイツの音楽家。
ベツォルト　Bezold, Albert von　3.2没、32歳。1836生。ドイツの生理学者。
トーロッドセン、ヨウン・ソウルザルソン　Thoroddsen, Jón　3.8没、49歳。1818生。アイスランドの小説家。
ファン・デル・フーフェン　Van der Hoeven, Jan　3.10没、67歳。1801生。オランダの動物学者、人類学者。
ウィルモット　Wilmot, David　3.16没、54歳。1814生。アメリカの法律家、政治家。
ゴルチャコーフ　Gorchakov, Pëtr Dmitrievich　3.18没、78歳。1790生。ロシアの軍人。

人物物故大年表 外国人編　**693**

1868　19世紀

ランゲ　Lange, Ludwig　3.31没、60歳。1808生。ドイツの建築家，画家。

ベールヴァルト，フランス・アードルフ　Berwald, Franz Adolf　4.3没、71歳。1796生。スウェーデンの音楽家。

バーンズ，ウィリアム・チャーマズ　Burns, William Chalmers　4.4没、53歳。1815生。イギリスの長老教会宣教師。

マッギー，トマス・ダーシー　MacGee, Thomas D'Arcy　4.7没、42歳。1825生。アイルランド，カナダの政治家，文筆家。

アミーチ，ジョヴァンニ・バッティスタ　Amici, Giovanni Battista　4.10（㊟1863）没、82歳。1786生。イタリアの天文学者，光学者。

テオドール2世　Theodore II　4.10没、50歳。1818（㊟1820）生。エチオピアの皇帝（在位55〜68）。

ヴィカーリ，ヘルマン・フォン　Vicari, Hermann von　4.14没、94歳。1773生。ドイツのカトリック教会指導者。

リー，ロバート　Lee, Robert　4.14没、63歳。1804生。スコットランドのプロテスタント神学者。

ナルバエス　Narváez, Ramón María, Duque de Valencia　4.23没、67歳。1800生。スペインの軍人政治家。

ハンプデン，レン・ディクスン　Hampden, Renn Dickson　4.23没、75歳。1793生。イギリスの神学者，ヘリフォードの主教。

ペルティエ，（マリー）ユフラジー　Peletier (Pelletier), (Marie) Euphrasie　4.24没、71歳。1796生。フランスの「よき牧者の修道女会」創始者。

メッテンライター，ドミニクス　Mettenleiter, Dominicus　5.2没、45歳。1822生。ドイツの音楽学者。

ページ　Page, Charles Grafton　5.5没、56歳。1812生。アメリカの物理学者。

ブルーム，ヘンリー・ピーター，ブルーム・アンド・ヴォクス男爵　Brougham, Henry Peter, Baron Brougham and Vaux　5.7没、89歳。1778生。イギリスの政治家。

クロファード　Crawfurd, John　5.11没、84歳。1783生。イギリスの医者，東洋学者。

ヘービヒ，ザームエル　Hebich, Samuel　5.21没、65歳。1803生。インドで伝道したドイツの宣教師。

プリュッカー，ユリウス　Plücker, Julius　5.22没、66歳。1801生。ドイツの物理学者，数学者。

カーソン，キット　Carson, Christopher　5.23没、58歳。1809生。アメリカ人のガイド。

ブレイ，ウィリアム　Bray, William　5.25没、73歳。1794生。イギリスのメソジスト教会牧師。

ヘングステンベルク，エルンスト・ヴィルヘルム　Hengstenberg, Ernst Wilhelm　5.28（㊟1869）没、65歳。1802生。ドイツのルター派神学者。

ブキャナン，ジェイムズ　Buchanan, James　6.1（㊟1870）没、77歳。1791（㊟1804）生。アメリカの政治家。

ヒュッテンブレンナー　Hüttenbrenner, Anselm　6.5没、73歳。1794生。オーストリアの作曲家。

トンプソン　Thompson, Daniel Pierce　6.6没、72歳。1795生。アメリカの小説家，法律家。

ブルック，ジェームズ　Brooke, *Sir* James　6.11没、65歳。1803生。イギリスの軍人，探検家。

プイエ　Pouillet, Claude Servais Mathias　6.14没、78歳。1790生。フランスの物理学者。

ハーパー，チャールズ　Harpur, Charles　6.19没、55歳。1813生。オーストラリアの詩人。

シャラー　Schaller, Julius　6.21没、60歳。1807生。ドイツの哲学者。

ピーサレフ，ドミートリー・イワノヴィチ　Pisarev, Dmitrii Ivanovich　7.4没、27歳。1840生。ロシアの社会評論家，革命的民主主義者。

ホール　Hall, James　7.5没、74歳。1793生。アメリカの法律家，編集者，歴史家，短篇作家。

ヴィエネ，ジャン-ポンス-ギヨーム　Viennet, Jean-Pons-Guillaume　7.10没、90歳。1777生。フランスの軍人，政治家，作家。

ヴァーゲン　Waagen, Gustav Friedrich　7.15没、74歳。1794生。ドイツの美術史家。

モートン，ウィリアム・トマス・グリーン　Morton, William Thomas Green　7.15没、48歳。1819生。アメリカの歯科外科医。

ロイツェ，エマニュエル（・ゴットリーブ）　Leutze, Emmanuel　7.18没、52歳。1816生。ドイツ生れのアメリカの画家。

スミス，シーバ　Smith, Seba　7.28没、75歳。1792生。アメリカのジャーナリスト，政治諷刺作家，編集者。

トンパ・ミハーイ　Tompa, Mihály　7.30没、50歳。1817生。ハンガリーの詩人。

フィルマール，アウグスト・フリードリヒ・クリスティアン　Vilmar, August Friedrich Christian　7.30没、67歳。1800生。ドイツのプロテスタント神学者。

エマール，ピエール・ジュリアン　Eymard, Pierre Julien　8.1没、57歳。1811生。フランスの司祭,,聖人。

ブーシェ・ド・クレヴェケール・ド・ペルテ，ジャック　Boucher de Crèvecoeur de Perthes, Jacques　8.5没、79歳。1788生。フランスの考古学者，地質学者。

メンケン，エイダ・アイザックス　Menken, Adah Isaacs　8.10没、33歳。1835生。アメリカの女優。

スティーヴンズ，サディアス　Stevens, Thaddeus　8.11没、76歳。1792生。アメリカの政治家。

694　人物物故大年表 外国人編

19世紀　　　　　　　　　　　　　　　1868

ヒェールルフ，ハルフダン　Kjerulf, Halfdan Charles　8.11没、52歳。1815生。ノルウェーの作曲家。
ニッチュ，カール・イマーヌエル　Nitzsch, Karl Immanuel　8.21没、80歳。1787生。ドイツのプロテスタント神学者。
ビルヒ-プファイファー　Birch-Pfeiffer, Charlotte Karoline　8.25没、68歳。1800生。ドイツの女優、劇作家。
レンネップ，ヤーコプ・ファン　Lennep, Jacob van　8.25没、66歳。1802生。オランダの詩人、小説家。
シェーンバイン，クリスティアン・フリードリヒ　Schönbein, Christian Friedrich　8.29(㊥1866)没、68歳。1799生。スイスの化学者。
ミルマン，ヘンリ・ハート　Milman, Henry Hart　9.24没、76歳。1791生。イギリスの教会史家、詩人。
メビウス，アウグスト・フェルディナント　Möbius, August Ferdinand　9.26(㊥1866)没、77歳。1790生。ドイツの天文学者、数学者。
ヴァレフスキ，アレクサンドル・フロリアン・ジョゼフ・コロナ，伯爵　Walewski, Alexandre Florian Joseph Colonna　9.27没、58歳。1810生。ナポレオン1世の私生児。
バーヌバクタ-アーチャーリヤ　bhānubhaktācārya　9.?没、54歳。1814生。ネパールの詩人。
ラーマ4世　Rama IV　10.1没、63歳。1804生。タイ、チャクリ朝の第4代王(在位1851~68)。
ロングリ，チャールズ・トマス　Longley, Charles Thomas　10.27没、74歳。1794生。英国教会のカンタベリ大主教。
コーテ，アロイス　Kothe, Aloys　11.13没、40歳。1828生。ドイツの音楽教師。
ジェネリ，ボナヴェントゥーラ　Genelli, Giovanni Bonaventura　11.13没、70歳。1798生。ドイツの画家、素描家、版画家。
ロッシーニ，ジョアッキーノ　Rossini, Gioacchino Antonio　11.13没、76歳。1792生。イタリアの作曲家。
モナーガス　Monagas, José Tadeo　11.18没、84歳。1784生。ベネズエラの軍人、政治家。
マウント，ウィリアム・シドニー　Mount, William Sidney　11.19没、60歳。1807生。アメリカの画家。
ヘルマン　Hermann, Friedrich Benedikt Wilhelm von　11.23没、72歳。1795生。ドイツの経済学者。
ブレンデル　Brendel, Karl Franz　11.25没、56歳。1811生。ドイツの音楽学者、批評家。
ブランシュ，アウグスト　Blanche, August Theodor　11.30没、57歳。1811生。スウェーデンの劇作家、小説家。
ムリ，ジョゼフ・マルシャル　Mouly, Joseph Martial　12.4没、61歳。1807生。フランスのラザロ会宣教師。

シュライヒャー，アウグスト　Schleicher, August　12.6没、47歳。1821生。ドイツの言語学者。
クーコリニク，ネストル・ワシリエヴィチ　Kukol'nik, Nestor Vasil'evich　12.8没、59歳。1809生。ロシアの作家。
クルーマハー，フリードリヒ・ヴィルヘルム　Krummacher, Friedrich Wilhelm　12.10没、72歳。1796生。ドイツの説教者。
マルティウス　Martius, Karl Friedrich Philipp von　12.13没、74歳。1794生。ドイツの植物学者。
ムンギーア，クレメンテ・デ・ヘスス　Munguía, Clemente de Jesús　12.14没、58歳。1810生。メキシコのカトリック聖職者、学者。
ヴェルカー　Welcker, Friedrich Gottlieb　12.17没、84歳。1784生。ドイツの古代言語学者。
エドワーズ　Edwardes, *Sir* Herbert Benjamin　12.23没、49歳。1819生。イギリスの軍人。
ハスリンガー，カール　Haslinger, Carl　12.26没、52歳。1816生。オーストリアの音楽家、音楽出版業者。
フォーブズ　Forbes, James David　12.31没、59歳。1809生。スコットランドの科学者、物理学者。
［この年］アチャ　Achá, José Maria de　ボリビアの軍人、政治家。
イェール，ライナス　Yale, Linus　47歳。1821生。アメリカの鍵職人、イェール錠の発明者。
エリオットソン　Elliotson, John　77歳。1791生。イギリスの生理学者、医師。
オブライアン，ウィリアム　O'Bryan, William　90歳。1778生。イギリスのメソジスト派説教者、「バイブル・クリスチャン派」の創始者。
カターモール，ジョージ　Cattermole, George　68歳。1800生。イギリスの水彩画家、挿絵画家。
カーディガン，ジェイムズ・トマス・ブルードネル，7代伯爵　Cardigan, James Thomas Brudenell, 7th Earl of　71歳。1797生。イギリスの将軍。
ギネス，サー・ベンジャミン・リー　Guinness, *Sir* Benjamin Lee　70歳。1798生。アイルランドの醸造業者。
グリゴーリエフ，アファナシー・グリゴリエヴィチ　Grigoriev, Afanasy Grigorievich　86歳。1782生。ロシアの建築家。
グリージンガー　Griesinger, Wilhelm　51歳。1817生。ドイツの精神医学者。
クルンプ　Klumpf, Friedrich Wilhelm von　78歳。1790生。ドイツのビュルッテンベルク州体育の功労者。
グレーフェ　Gräfe, Heinrich　66歳。1802生。ドイツの教育家。
コブ　Cobb, Howell　53歳。1815生。アメリカの弁護士、政治家。

人物物故大年表 外国人編　*695*

コープランド，ウィリアム・テイラー　Copeland, William Taylor　71歳。1797生。イギリスの陶器製造業者。
シュニーダー・フォン・ヴァルテンゼー，クサーヴァー　Schnyder von Wartensee, Xaver　82歳。1786生。スイスの作曲家，音楽教育者。
スレイド，フェリックス　Slade, Felix　78歳。1790生。イギリスの古物研究家，美術品収集家。
タドリーニ，アダーモ　Tadolini, Adamo　80歳。1788生。イタリアの彫刻家。
ティパルドス，ヤコバトス・コンスタンティン　Typaldos, Jakobatos Konstantin　73歳。1795生。ギリシア正教会の神学者。
デノワイエ，ルイ　Desnoyers, Louis　66歳。1802生。フランスのジャーナリスト，作家。
デリンジャー，ヘンリー　Deringer, Henry　㊥1869没、82歳。1786生。アメリカの武器製造業者。
トレヴィラーヌス，ゲオルク・ゴットフリート　Treviranus, Georg Gottfried　80歳。1788生。ドイツのブレーメンの覚醒運動指導者。
ネグルジジ　Negruzzi, Costache　60歳。1808生。ルーマニアの詩人，小説家。
フェラー，ヘンリエッタ　Feller, Henrietta　68歳。1800生。スイス出身のプロテスタント宣教師，教育者。
フォーゲル・フォン・フォーゲルシュタイン，カール・クリスティアン　Vogel von Vogelstein, Carl Christian　80歳。1788生。ドイツの画家。
フラカッシーニ，チェーザレ　Fracassini, Cesare　30歳。1838生。イタリアの画家。
ペルソー　Persoz, Jean François　63歳。1805生。フランスの化学者。
マジリエ　Mazilier　71歳。1797生。イタリア（シチリア）出身の舞踊家。
ムジリカジ　Mzilikazi　73?歳。1795生。南アフリカ，ヌグニ族のクマロ氏族の首長。
ムスワジ　Mswaji　48歳。1820生。スワジランド王。
モゼレーカチェ　Moselekatse　73歳。1795生。南アフリカのマタベレ族の初代国王。
ラ・ロシュジャクラン，オーギュスト　La Rochejacquelein, Auguste Du Vergier, Comte de　84歳。1784生。フランスの貴族。
頼文光　41歳。1827生。中国，太平天国の武将。
駱秉章　75歳。1793生。中国，清末期の官僚。
李恒老　76歳。1792生。朝鮮の朱子学者。
リーブス　Rives, William Cabell　75歳。1793生。アメリカ，バージニアの政治指導家。
ロスチャイルド，ジェームズ　Rothschild, James　76歳。1792生。ユダヤ系の国際的金融資本家。
ローデン　Rohden, Johann Martin　90歳。1778生。ドイツの風景画家。

1869年

5.10　アメリカで最初の大陸横断鉄道が完成する
9.24　上海の共同租界が正式に成立する
11.17　スエズ運河が開通する
　　＊　＊　＊
ユエ，ポール　Huet, Paul　1.9没、65歳。1803生。フランスの画家。
ダルゴムイシスキー，アレクサンドル・セルゲエヴィチ　Dargomyzhski, Aleksandr Sergeevich　1.17没、55歳。1813（㊥1814）生。ロシアの作曲家，ピアニスト。
セメレ　Szemere, Bertalan　1.18没、56歳。1812生。ハンガリーの政治家。
ヴェルチェルローネ，カルロ　Vercellone, Carlo　1.19没、55歳。1814生。イタリアの聖書学者。
ライヘンバッハ，カール，男爵　Reichenbach, Karl, Freiherr von　1.19没、80歳。1788生。ドイツの工業家。
ジョーンズ　Jones, Ernest Charles　1.26没、83歳。1819生。イギリスのチャーティスト運動の指導者，詩人，小説家。
カールトン，ウィリアム　Carleton, William　1.30没、74歳。1794生。アイルランドの作家。
リッター，ハインリヒ　Ritter, Heinrich　2.3没、77歳。1791生。ドイツのキリスト教哲学者，哲学史家，ツェルプストに生れる。
カッターネオ，カルロ　Cattaneo, Carlo　2.5没、67歳。1801生。イタリアの文学者，数学者，法律学者，言語学者，民族学者。
ドライショック，ライモント　Dreyschock, Felix Raimund　2.6没、44歳。1824生。ボヘミアのヴァイオリン奏者。
ウォードロップ　Wardrop, James　2.13没、86歳。1782生。イギリスの外科医。
ガーリブ，アサドゥッラー・ハーン　Ghālib, Mīrzā Asadullāh Khān　2.15没、71歳。1797（㊥1796）生。インドのウルドゥー語，ペルシア語詩人。
オドエフスキー，ウラジーミル・フョードロヴィチ　Odoevskii, Vladimir Fëdorovich　2.27没、65?歳。1803（㊥1804）生。ロシアの小説家，音楽評論家。
ラマルチーヌ，アルフォンス・ド　Lamartine, Alphonse Marie Louis de Prat de　2.28没、78歳。1790生。フランスの詩人，政治家。
ゴフ　Gough, Hugh, 1st Viscount　3.2没、89歳。1779生。イギリスの軍人。
テネント　Tennent, Sir James Emerson　3.6没、64歳。1804生。アイルランドのセイロン行政官，旅行家。

19世紀　1869

ベルリオーズ，エクトール・ルイ　Berlioz, Louis Hector　3.8没、65歳。1803生。フランス・ロマン主義の作曲家。

ヴェルカー　Welcker, Karl Theodor　3.10（㊗1861）没、78歳。1790生。ドイツの法学者。

クアーリョ　Quaglio, Lorenzo　3.15没、75歳。1793生。イタリアの画家。

ジョミニ，アントアーヌ・アンリ　Jomini, Antoine Henri, Baron de　3.23（㊗1863）没、90歳。1779生。フランス、のちにロシアの将軍、軍事作家。

ツッカルマリオ　Zuccalmaglio, Anton Wilhelm Florentin von　3.23没、65歳。1803生。ドイツの民謡収集家。

タルケッティ，イジーニオ・ウーゴ　Tarchetti, Iginio Ugo　3.25没、29歳。1839生。イタリアの後期ロマン主義運動、スカピリアトゥーラを代表する作家。

ベーツ　Bates, Edward　3.25没、75歳。1793生。アメリカの法律家、政治家。

ドライショック，アレクサンダー　Dreyschock, Alexander　4.1没、50歳。1818生。ボヘミアのピアニスト、作曲家。

シチェルビーナ，ニコライ・フョードロヴィチ　Shcherbina, Nikolai Fyodorovich　4.10没、47歳。1821生。ロシアの詩人。

スティルベイ　Stirbey, Barbo Demetrius　4.13没、68?歳。1801生。ワラキア（ルーマニア）の政治家。

レーヴェ，カール　Loewe, Johann Carl Gottfried　4.20没、72歳。1796生。ドイツの作曲家。

カイヨー　Cailliaud, Frédéric　5.1没、81歳。1787生。フランスのアフリカ探検家。

シルヴィス　Sylvis, William　5.1没、40歳。1828生。アメリカの労働運動家。

メンシコフ　Menshikov, Aleksandr Sergeevich　5.1没、81歳。1787生。ロシアの将軍。

モリック　Molique, Wilhelm Bernhard　5.10没、66歳。1802生。ドイツのヴァイオリン奏者、作曲家。

キング，ジョナス　King, Jonas　5.22没、76歳。1792生。アメリカの会衆派宣教師、「ギリシア・プロテスタント教会」の創立者。

ドゥランド　Durando, Giovanni　5.27没、64歳。1804生。イタリアの軍人。

トルベック，オーギュスト・ジョゼフ　Tolbecque, Auguste Joseph　5.27没、68歳。1801生。ベルギーのヴァイオリン奏者。

ホブハウス　Hobhouse, John Cam, Baron Broughton de Gyfford　6.3没、82歳。1786生。イギリスの政治家。

グリザール　Grisar, Albert　6.15没、60歳。1808生。ベルギー生れのフランスのオペラ作曲家。

レイモンド　Raymond, Henry Jarvis　6.18没、49歳。1820生。アメリカのジャーナリスト。

ブーイエ，ルイ-イヤサント　Bouilhet, Louis-Hyacinthe　6.19没、47歳。1822生。フランスの詩人、劇作家。

ラジェーチニコフ，イワン・イワノヴィチ　Lazhechnikov, Ivan Ivanovich　6.26没、76歳。1792生。ロシアの小説家。

フレッチャー　Fletcher, Lachlan　7.7没、36歳。1833生。イギリスの横浜イギリス領事。

イエースレイ　Yearsley, James　7.9没、64歳。1805生。イギリスの外科医。

ドゥンカー　Duncker, Karl　7.15没、88歳。1781生。ドイツの出版業者。

グラーフ，カール・ハインリヒ　Graf, Karl Heinrich　7.16没、54歳。1815生。ドイツの旧約学者。

フーバー，ヴィクトール・エメー　Huber, Victor Aimé　7.19没、69歳。1800生。ドイツの協同組合運動者。

ロープリング，ジョン・オーガスタス　Roebling, John Augustus　7.22没、63歳。1806生。ドイツ生れのアメリカの橋梁技術者。

カールス，カール・グスタフ　Carus, Karl Gustav　7.28没、80歳。1789生。ドイツの比較解剖学者、自然科学者、哲学者、画家。

プルキニエ，ヨハネス・エヴァンゲリスタ　Pukyně, Jan Evangelista　7.28没、81歳。1787生。チェコスロバキアの生理学、組織学、発生学の先覚者。

ジュークス　Jukes, Joseph Beete　7.29没、57歳。1811生。イギリスの地学者。

ハミルトン，ウォールター・カー　Hamilton, Walter Kerr　8.1没、60歳。1808生。英国教会ソールズベリ教区主教。

ニエル　Niel, Adolphe　8.13没、66歳。1802生。フランスの軍人。

エルショーフ，ピョートル・パーヴロヴィチ　Ershov, Pëtr Pavlovich　8.18没、54歳。1815生。ロシアの作家。

ホジスキン　Hodgskin, Thomas　8.21没、81歳。1787生。イギリスの社会思想家、評論家。

レイス，ヘンドリック　Leys, Hendrik　8.26没、54歳。1815生。ベルギーの画家。

ハント　Hunt, James　8.29没、36歳。1833生。イギリスの人類学者。

ヤーン，オットー　Jahn, Otto　9.9没、56歳。1813生。ドイツの考古学、古典学者。

ベル　Bell, John　9.10没、72歳。1797生。アメリカの政治家。

グレアム，トマス　Graham, Thomas　9.11没、63歳。1805生。イギリスの化学者。

ロジェ，ピーター・マーク　Roget, Peter Mark　9.12没、90歳。1779（㊗1799）生。イギリスの医師、辞書編集者。

フィルポッツ，ヘンリ　Phillpotts, Henry　9.18没、91歳。1778生。英国教会のエクセター教区主教。

人物物故大年表 外国人編　*697*

1869　19世紀

ピアース，フランクリン　Pierce, Franklin　10.8没、64歳。1804生。第14代アメリカ大統領。

エルトマン　Erdmann, Otto Linné　10.9没、65歳。1804生。ドイツの化学者。

ボトキン，ワシーリー・ペトローヴィチ　Botkin, Vasilii Petrovich　10.10没、57歳。1811（㊚1812）生。ロシアの自由主義作家，評論家。

サンス・デル・リオ　Sanz del Rio, Julian　10.12没、55歳。1814生。スペインの哲学者。

ナヴェス，フランソワ-ジョゼフ　Naves, François-Joseph　10.12没、81歳。1787生。ベルギーの画家。

サント-ブーヴ，シャルル-オーギュスタン　Sainte-Beuve, Charles Augustin　10.13没、64歳。1804生。フランスの評論家，詩人，小説家。

サルス　Sars, Michael　10.22没、64歳。1805生。ノルウェーの動物学者。

ダービー，エドワード・ジェフリー・スミス・スタンリー，14代伯爵　Derby, Edward Geoffrey Smith Stanley, 14th Earl of　10.23没、70歳。1799生。イギリスの保守党政治家。

トルベック，ジャン-バティスト　Tolbecque, Jean-Baptiste　10.23没、72歳。1797生。ベルギーのヴァイオリン奏者，指揮者，作曲家。

リスター，ジョゼフ・ジャクソン　Lister, Joseph Jackson　10.24没、83歳。1786生。イギリスのワイン商人，アマチュア顕微鏡制作者。

ポアゼイユ　Poiseuille, Jean Léonard Marie　10.26？没、70歳。1799（㊚1797）生。フランスの医師。

ピーボディ，ジョージ　Peabody, George　11.4没、74歳。1795生。アメリカの実業家，慈善家。

スチュアート　Stewart, Charles　11.6没、91歳。1778生。アメリカの海軍軍人。

ウォーカー　Walker, Robert John　11.11没、68歳。1801生。アメリカの法律家，政治家，土地投機家。

ビンガム，ハイラム（父）　Bingham, Hiram, Sr.　11.11没、80歳。1789生。ハワイに最初に伝道したアメリカの宣教師。

オーヴェルベック，ヨハン・フリードリヒ　Overbeck, Johann Friedrich　11.12没、80歳。1789生。ドイツの画家。

ラングハンス　Langhans, Carl Ferdinand　11.22没、87歳。1782生。ドイツの建築家。

グラーフェ，ヘルマン・ハインリヒ　Grafe, Hermann Heinrich　11.25没、51歳。1818生。ドイツの自由福音教会創立者。

グリージ，ジューリア　Grisi, Giulia　11.29没、58歳。1811生。イタリアのソプラノ歌手。

カルヴォス，アンドレアス　Kalvos, Andreas Ioannidis　11.3没、77？歳。1792生。ギリシアの詩人。

ハリス　Harris, George Washington　12.11没、55歳。1814生。アメリカのユーモア作家。

テネラーニ，ピエトロ　Tenerani, Pietro　12.14没、80歳。1789生。イタリアの彫刻家。

ライザハ，カール・アウグスト　Reisach, Karl August　12.16没、69歳。1800生。ドイツのミュンヒェン大司教，枢機卿。

ゴットショーク，ルイス・モロー　Gottschalk, Louis Moreau　12.18没、40歳。1829生。アメリカのピアニスト，作曲家。

ヴァッカナーゲル，ヴィルヘルム　Wackernagel, Wilhelm　12.21没、63歳。1806生。ドイツのゲルマン語学者。

スタントン，エドウィン（・マクマスターズ）　Stanton, Edwin McMasters　12.24没、55歳。1814生。アメリカの法律家，政治家。

サンクティス，ルイージ・デ　Sanctis, Luigi de　12.31没、65歳。1808生。イタリアのカトリック教区司祭，のちプロテスタント牧師，神学者。

パーキンズ，ジャスティン　Perkins, Justin　12.31没、64歳。1805生。アメリカの会衆派宣教師。

この年　アサキ　Asachi, Gheorghe　81歳。1788生。ルーマニア東部モルダビアの近代教育創始者。

カラマッタ，ルイージ　Calamatta, Luigi　68歳。1801生。イタリアの版画家。

グリーナー　Greener, William　63歳。1806生。イギリスの発明家，銃砲製造業者。

ケンダル　Kendall, Amos　80歳。1789生。アメリカのジャーナリスト，政治家。

コニントン　Conington, John　44歳。1825生。イギリスの古典学者。

ゴルツ伯　Goltz, Robert, Graf von der　52歳。1817生。プロイセンの外交官。

ジーゲル　Siegel, Carl F. W.　ドイツの出版者。

シュスター，イグナーツ　Schuster, Ignaz　56歳。1813生。ドイツのカトリック司祭，公教要理作者。

シュルツェ　Schulze, Johannes　83歳。1786生。プロイセンの教育行政官。

鄒伯奇　50歳。1819生。中国，清の天文学者，数学者。

スクロザーティ，ルイージ　Scrosati, Luigi　54歳。1815生。イタリアの画家。

スタート，チャールズ　Sturt, Charles　74歳。1795生。オーストラリア内陸部を探検したイギリス人。

スルール，ラジャブ・アリー・ベーグ　Surūr, Rajab Alī Bēg　84歳。1785生。インドのウルドゥー語の作家。

ダンタン，ジャン-ピエール　Dantan, Jean-Pierre　69歳。1800生。フランスの彫刻家。

陳立　60歳。1809生。中国，清代の学者。

ティネ　Tinne, Alexandrine　34歳。1835（㊚1839）生。オランダの女性アフリカ探検家。

ドゥーロフ　Durov, Sergei Fëdorovich　53歳。1816生。ロシアの詩人。

トレ，テオフィル　Thoré, Etienne Joseph Théophile　62歳。1807生。フランスの政治家，美術批評家。

南秉吉　49歳。1820生。朝鮮の天文学者。

ハーパー，ジェイムズ　Harper, James　[異]1867没、74歳。1795生。アメリカの出版者。

ビージ，ジュゼッペ　Bisi, Giuseppe　82歳。1787生。イタリアの画家。

フアト・パシャ　Fu'ād Pasha, Mehmet　54歳。1815([異]1814)生。オスマン・トルコ帝国の政治家。

ファルッフィーニ，フェデリーコ　Faruffini, Federico　38歳。1831生。イタリアの画家。

フェッセンデン，ウィリアム・ピット　Fessenden, William Pitt　63歳。1806生。アメリカの政治家。

フェントン，ロジャー　Fenton, Roger　50歳。1819生。イギリスの写真家。

フォークナー，ジョン・パスコー　Fawkner, John Pascoe　77歳。1792生。オーストラリアのジャーナリスト。

フランケンハイム　Frankenheim, Moritz Ludwig　68歳。1801生。ドイツの物理学者。

フルネ　Fournet, Joseph Jean Baptiste Xavier　68歳。1801生。フランスの鉱床学者。

ベル，パトリック　Bell, Patric　70歳。1799生。イギリスの聖職者，発明家。

ポレッティ，ルイジ　Poletti, Luigi　77歳。1792生。イタリアの建築家。

ユーアート，ウィリアム　Ewart, William　71歳。1798生。イギリスの政治家，改革論者。

ラングロア　Langlois, Victor　40歳。1829生。フランスの東洋学者。

ルフェビュール - ウェリ，ルイ・ジャム・アルフレッド　Lefébure-Wély, Louis James Alfred　52歳。1817生。フランスのオルガン奏者。

1870年

7.18　ピウス9世が「教皇無謬説」を宣言させる
9.02　ナポレオン3世がセダンで降伏する
9.20　伊軍がローマを占領し、イタリアが統一
11.01　ヤークーブ・ベク軍がトゥルファンを陥落
12.20　カルカッタ・ボンベイ間に鉄道が開通する

＊＊＊

エヴァンズ　Evans, *Sir* George de Lacy　1.9没、83歳。1787生。イギリスの軍人。

ゲルツェン，アレクサンドル・イワノヴィチ　Gertsen, Aleksandr Ivanovich　1.9没、57歳。1812生。ロシアの思想家，作家。

ノアール　Noir, Yvan Salman　1.10没、21歳。1848生。フランスのジャーナリスト。

ヴェリトマン，アレクサンドル・フォミチ　Vel'tman, Aleksandr Fomich　1.11没、69歳。1800生。ロシアの小説家。

ウィリアムズ，ロウランド　Williams, Rowland　1.18没、52歳。1817生。英国教会の神学者。

ベーリ　Bailey, Samuel　1.18没、79歳。1791生。イギリスの哲学者，経済学者。

ジョウンズ　Jones, George　1.22没、69歳。1800生。アメリカの聖公会宣教師。

ブロイ，アシル・シャルル　Broglie, Achille Charles Léonce Victor, Duc de　1.25没、84歳。1785生。フランスの政治家。

レオポルト2世　Leopold II　1.29没、72歳。1797生。最後のトスカナ大公。

モシェシュ1世　Moshesh I　2.3([異]1868)没、74?歳。1796([異]1786)生。バストランド(現レソト)のバクワナ首長，バスト国創設者。

グロ　Gros, Jean Baptiste Louis, Baron　2.8没、64歳。1793生。フランスの外交官。

ベッテルハイム，バーナド・ジーン　Bettelheim, Bernard Jean　2.9没、58歳。1811生。プロテスタント宣教師，医者。

ホガース　Hogarth, George　2.12没、87歳。1783生。イギリスの音楽評論家。

バーリンゲーム　Burlingame, Anson　2.23没、49歳。1820生。アメリカの政治家，外交官。

ヘルツ，ヘンリック　Hertz, Henrik　2.25没、71?歳。1798([異]1797頃)生。ユダヤ系デンマークの詩人，劇作家，小説家。

ヴーヴ　Weuve, Henri W.　2.26没。フランスの教育家。

ロペス　López, Francisco Solano　3.1没、43歳。1826([異]1827)生。パラグアイの軍人，政治家，独裁者。

ヨールベルク，ユーリエ・レギーネ　Jolberg, Julie Regine　3.5没、69歳。1800生。ドイツの幼児教育開拓者。

モシェレス，イグナーツ　Moscheles, Ignaz　3.10没、75歳。1794生。オーストリアのピアニスト，指揮者，作曲家。

モンタランベール，シャルル・ド　Montalembert, Charles Forbes, Comte de　3.13没、59歳。1810生。フランスの政治家，ジャーナリスト。

エステン，テーオドル　Oesten, Theodor　3.16没、56歳。1813生。ドイツの作曲家。

ノイマン　Neumann, Karl Friedrich　3.17没、76歳。1793生。ドイツの中国学者，歴史家。

ラウ　Rau, Karl Heinrich　3.18没、77歳。1792生。ドイツの経済学者。

アースキン，トマス　Erskine, Thomas of Linlathen　3.20没、81歳。1788生。スコットランドの法学者，神学者。

ラングロア　Langlois, Jean Charles　3.24没、80歳。1789生。フランスの画家。

スーレ　Soule, Pierre　3.26没、68歳。1801生。アメリカの政治家，外交官。

ホジャ，ミハル・ミロスラウ　Hodža, Michal Miloslav　3.26没、58歳。1811生。スロヴァキアの民族覚醒運動の指導者の一人。

トマス，ジョージ・H(ヘンリー)　Thomas, George Henry　3.28没、53歳。1816生。アメリカの軍人。

ボッタ，ポール-エミール　Botta, Paul Emile　3.29没、67歳。1802生。フランス(イタリア生れ)の考古学者。

ニエプス・ド・サン・ヴィクトル　Niepce de Saint-Victor, Claude Félix Abel　4.5没、64歳。1805生。フランスの写真工学者。

ベリオ，シャルル・オーギュスト・ド　Bériot, Charles Auguste de　4.8没、68歳。1802生。ベルギーのヴァイオリン奏者，作曲家。

ウルキーサ　Ürquiza, Justo José de　4.11没、69歳。1801([異]1800)生。アルゼンチンの軍人，政治家。

ドゥーロン，ルードルフ　Dulon, Rudolf　4.13没、62歳。1807生。ドイツ改革派の牧師。

ウィラード，エマ　Willard, Emma Hart　4.15没、83歳。1787生。アメリカの女流教育家。

ウッド　Wood, John　4.19没、68歳。1801生。イギリスの歴史画家。

マクリーズ，ダニエル　Maclise, Daniel　4.25没、64歳。1806生。アイルランドの画家，諷刺画家。

ラメ　Lamé, Gabriel　5.1没、74歳。1795生。フランスの数学者。

シンプスン，ジェイムズ・ヤング　Simpson, *Sir* James Young　5.6没、58歳。1811生。スコットランドの自然科学者。

ヴィルマン，アベル-フランソワ　Villemain, Abel François　5.8没、79歳。1790([異]1791)生。フランスの評論家，政治家。

ワルデック　Waldeck, Franz Leo Benedikt　5.12没、67歳。1802生。プロシアの政治家，法律家。

ヒル，デイヴィド・オクテイヴィアス　Hill, David Octavius　5.17没、68歳。1802生。イギリスの風景画家，写真家。

ボイデン　Boyden, Seth　5.31没、81歳。1788生。アメリカの発明家。

ウランゲリ，フェルジナンド・ペトロヴィチ，男爵　Vrangel, Ferdinand Petrovich　6.6没、76歳。1794([異]1796)生。ロシアの軍人，航海者。

ディケンズ，チャールズ　Dickens, Charles John Huffam　6.9([異]1879)没、58歳。1812生。イギリスの小説家。

シムズ，ウィリアム・ギルモア　Simms, William Gilmore　6.11没、64歳。1806生。アメリカの小説家。

ゴンクール，ジュール　Goncourt, Jules Alfred Huot de　6.20没、39歳。1830生。フランスの作家。

ゴードン，アダム・リンジー　Gordon, Adam Lindsay　6.24没、36歳。1833生。オーストラリアの詩人。

サイム　Syme, James　6.26没、70歳。1799生。イギリス(スコットランド)の外科医。

クラレンドン，ジョージ・ウィリアム・フレデリック・ヴィラーズ，4代伯爵　Clarendon, George William Frederick Villiers, 4th Earl of　6.27没、70歳。1800生。イギリスの政治家。

ロイテルダール，ヘンリーク　Reuterdahl, Henrik　6.28没、74歳。1795生。スウェーデンの教会行政家，教会史家。

エスビョーン，ラーシュ・パウル　Esbjörn, Lars Paul　7.2没、61歳。1808生。スウェーデンのルター派教会牧師，アメリカへの宣教師。

フリューゲル　Flügel, Gustav Lebrecht　7.5没、68歳。1802生。ドイツの東洋学者。

ロングストリート，オーガスタス・ボールドウィン　Longstreet, Augustus Baldwin　7.9没、79歳。1790生。アメリカの裁判官，牧師，小説家。

イェンセン，クリスティアン・アルベール　Jensen, Kristian Albert　7.13没、78歳。1792生。デンマークの画家。

グレーフェ　Graefe, Friedrich Wilhelm Ernst Albrecht von　7.20没、42歳。1828生。ドイツの眼科学者。

シュトラウス，ヨーゼフ　Strauss, Josef　7.21没、42歳。1827生。オーストリアの作曲家，指揮者。

モワット，アナ・コーラ　Mowatt, Anna Cora　7.21没、50歳。1819生。アメリカの劇作家，女優。

クナーク，グスタフ・フリードリヒ・ルートヴィヒ　Knak, Gustav Friedrich Ludwig　7.27没、64歳。1806生。ドイツのルター派牧師，讃美歌作詞者。

ヴィニェ，オスムン・オラフスソン　Vinje, Aasmund Olafsson　7.30没、52歳。1818生。ノルウェーの作家。

コルンズ　Cornes, Edward　8.1没、28歳。1842生。アメリカの長老派教会宣教師。

ファラガット，デイヴィド(・グラスゴー)　Farragut, David Glasgow　8.14没、69歳。1801生。アメリカの海軍軍人。

ケネディ，ジョン・ペンドルトン　Kennedy, John Pendleton　8.18没、74歳。1795生。アメリカの小説家，政治家。

シュトルーベ　Struve, Gustav Wilhelm Ludwig von　8.21没、64歳。1805生。ドイツの急進的民主主義者。

19世紀　　1870

エリクソン　Ericsson, Nils　9.8没、68歳。1802生。スウェーデンの技術者。

ルーカス・パディーリャ, エウヘニオ　Lucas Padilla, Eugenio　9.11没、46歳。1824生。スペインの画家。

シュタインハイル　Steinheil, Carl August von　9.12没、68歳。1801生。ドイツの物理学者。

ウォラー, オーガスタス(・ヴォルニー)　Waller, Augustus Volney　9.18没、53歳。1816生。イギリスの生理学者。

メリメ, プロスペール　Mérimée, Prosper　9.23没、66歳。1803生。フランスの小説家。

デュバン　Duban, Félix Louis Jacques　10.8没、72歳。1797生。フランスの建築家。

リー, ロバート・E(エドワード)　Lee, Robert Edward　10.12没、63歳。1807生。アメリカの軍人、教育者。

バルフ, マイケル・ウィリアム　Balfe, Michael-William　10.20没、62歳。1808生。アイルランドの歌手、オペラ作曲家。

クラレット・イ・クララ, アントニオ・マリア　Claret y Clara, Antonio María　10.24没、62歳。1807生。スペインのカトリック聖職者。

ファルレ　Falret, Jean Pierre　10.28没、76歳。1794生。フランスの精神病学者。

モショニ, ミハーイ　Mihály, Mosonyi　10.31没、55歳。1815生。ハンガリーの作曲家。

エルベン, カレル・ヤロミール　Erben, Karel Jaromir　11.21没、59歳。1811生。チェコスロバキアのチェコの詩人、民俗学者、歴史学者。

ロートレアモン, 伯爵　Lautréamont, Comte de　11.24没、24歳。1846(戯1847)生。フランスの詩人。

バジール, ジャン-フレデリック　Bazille, Jean-Frédéric　11.28没、28歳。1841生。フランスの画家。

ビショーフ　Bischof, Karl Gustav Christoph　11.30没、78歳。1792生。ドイツの地質学者、化学者。

プリム・イ・プラツ　Prim y Prats, Juan　11.30没、55歳。1814生。スペインの軍人、政治家。

デュマ, アレクサンドル　Dumas père, Alexandre　12.5没、68歳。1802(戯1803)生。フランスの小説家、劇作家。

アインミラー, マックス・エマーヌエル　Ainmiller, Max Emanuel　12.8没、63歳。1807生。ドイツのガラス絵画家。

ブラッシー, トマス　Brassey, Thomas　12.8没、65歳。1805生。イギリスの鉄道建設請負人。

マイネケ　Meineke, August　12.12没、80歳。1790生。ドイツの古典学者。

ジェンキンス　Jenkins, Griffith Richard　12.13没、36歳。1834生。イギリスの医師。

メルカダンテ, サヴェリオ　Mercadante, Saverio　12.17没、75歳。1795生。イタリアの作曲家。

ベッケル, グスタボ・アドルフォ　Bécquer, Gustavo Adolfo　12.22没、34歳。1836生。スペインの詩人。

バーンズ, アルバート　Barnes, Albert　12.24没、72歳。1798生。アメリカの長老派牧師。

ユエット　Huet, Pierre　12.29没、30歳。1840生。フランスの製鉄技師。

[この年] アウグスト　August, Ernst Ferdinand　75歳。1795生。ドイツの物理学者。

イージャーズ・フサイン　Iʻjāz Husain, Sayyid　45歳。1825生。イスラム教シーア派関係著書目録編纂者。

ウォラック, ヘンリー・ジョン　Wallack, Henry John　80歳。1790生。イギリス出身のアメリカの俳優。

ヴットケ, カール・フリードリヒ・アードルフ　Wuttke, Karl Friedrich Adolf　51歳。1819生。ドイツの神学者。

カゼンベク　Kazembek, Aleksandr Kasimovich　ロシアの東洋学者。

カムストック, ヘンリー(・トンプキンズ・ペイジ)　Comstock, Henry (Tompkins Paige)　50歳。1820生。カナダの鉱山の開発者。

金大鉉　朝鮮の貢使。

グリーア　Grier, Robert Cooper　76歳。1794生。アメリカの裁判官。

グリゴレッティ, ミケランジェロ　Grigoletti, Michelangelo　69歳。1801生。イタリアの画家。

グルー, シャルル・ド　Groux, Charles de　45歳。1825生。ベルギーの画家。

ケンパー, ジャクスン　Kemper, Jackson　81歳。1789生。アメリカの聖公会主教。

呉熙載　71歳。1799(戯1788)生。中国、清の書家、画家、篆刻家。

コル　Kold, Christen　54歳。1816生。デンマークの国民教育者。

コールブルック　Colebrooke, Sir William Macbean George　83歳。1787生。イギリスの軍人、植民地行政官。

シャルボノー　Charbonneau, Michel　53歳。1817生。フランスの教育家。

ショーヴネ　Chauvenet, William　50歳。1820生。アメリカの数学者、天文学者。

スミス, ソファイア　Smith, Sophia　74歳。1796生。アメリカの慈善家。

スミス, マライア・アン　Smith, Maria Ann　69?歳。1801生。オーストラリアの果樹栽培者。

ダルグレン, ジョン(・アドルファス・バーナード)　Dahlgren, John Adolphus Bernard　61歳。1809生。アメリカの軍人。

デニソン　Denison, Edward　30歳。1840生。イギリスの慈善事業家。

人物物故大年表 外国人編　*701*

ハウスクネヒト，ヨーハン・ペーター
　　Hausknecht, Johann Peter　71歳。1799生。ドイツの熱狂的分派指導者。
ハードウィック，フィリップ　Hardwick, Philip　78歳。1792生。イギリスの建築家。
バルベス　Barbes, Armand　61歳。1809生。フランスの政治家。
バーン，ウィリアム　Burn, William　81歳。1789生。スコットランドの建築家。
ビュキャナン，ジェイムズ　Buchanan, James　66歳。スコットランドの神学者。
ファルコン　Falcón, Juan Crisóstomo　50歳。1820生。ベネズエラの軍人，大統領（1863〜68）。
フリック　Frick, George　77歳。1793生。アメリカの眼科医。
フリューゲル　Flügel, Gustav Leberecht　50歳。1820生。ドイツの東洋語学者。
フロシンガム，ナサニエル・ランドン
　　Frothingham, Nathaniel Langdon　77歳。1793生。アメリカのユニテリアン派牧師，讃美歌作者。
ヘス　Hess, Heinrich Hermann Josef, Freiherr von　82歳。1788生。オーストリアの将軍。
ベッケラート　Beckerath, Hermann von　69歳。1801生。プロイセンの政治家。
パリッツィ，ニコラ　Palizzi, Nicola　50歳。1820生。イタリアの画家。
ホルツマン　Holzmann, Johann Philipp　65歳。1805生。ドイツの建築業者。
プレヴォ・パラドル　Prévost-Paradol, Lucien Anatole　41歳。1829生。フランスの文学批評家，ジャーナリスト。
マグヌス，ハインリヒ・グスタフ　Magnus, Heinrich Gustav　68歳。1802生。ドイツの物理学者，化学者。
ミラー　Miller, William Allen　53歳。1817生。イギリスの天文学者，化学者。
リーマン　Lehman, Orla　60歳。1810生。デンマークの政治家。
劉松山　37歳。1833生。中国，清代の武将。
レモン，マーク　Lemon, Mark　61歳。1809生。イギリスの作家，ジャーナリスト。
[この頃] アルブレヒト　Albrecht, Michael P.　49？歳。1821生。ロシアの海軍軍医，動植物学者。
ムハンマド・アリー　Muḥammad 'Alī, Mīrzā　イランの著述家。

1871年

1.18　ドイツ帝国が発足，ウィルヘルム1世即位
3.28　パリ・コミューンの成立が宣言される

6.29　イギリスが世界初の労働組合法を制定する
10.11　シュリーマンがトロイアの発掘を開始する
11.13　行方不明中のリビングストンが発見される
12.24　ヴェルディの「アイーダ」が初演される
　　　　　　　＊　＊　＊
ウシンスキー　Ushinskii, Konstantin Dmitrievich　1.3（㊟1870）没、46歳。1824生。革命前ロシアの教育思想家。
オールフォード，ヘンリ　Alford, Henry　1.7没、60歳。1810生。英国教会の聖職，カンタベリ主教座聖堂参事会長。
プライスヴェルク，ザームエル　Preiswerk, Samuel　1.13没、71歳。1799生。スイスの牧師，讃美歌作者。
コーサン・ド・ペルスヴァル　Caussin de Perceval, Armand Pierre　1.15没、76歳。1795生。フランスの東洋学者。
ルニョー，アレクサンドル-ジョルジュ-アンリ
　　Regnault, Henri　1.19没、27歳。1843生。フランスの画家。
ヴァイトリング，ヴィルヘルム　Weitling, Wilhelm　1.22没、62歳。1808生。ドイツの共産主義者。
ヒレブラント　Hillebrand, Joseph　1.25没、83歳。1788生。ドイツの哲学者，文学史家。
ティクナー　Ticknor, George　1.26没、79歳。1791生。アメリカの文学史家，教育家。
ラルテ，エドゥアール・アルマン・イジドール・イッポリート　Lartet, Édouard Armand Isidore Hippolyte　1.26没、69歳。1801生。フランスの地質学者，考古学者。
セローフ，アレクサンドル・ニコラーエヴィチ
　　Serov, Aleksandr Nikolaevich　2.1没、51歳。1820生。ロシアの作曲家，音楽批評家。
エトヴェシュ・ヨージェフ　Eötvös, József　2.2没、57歳。1813生。ハンガリーの作家。
ロバートソン　Robertson, Thomas William　2.3没、42歳。1829生。イギリスの劇作家。
ピュクラー・ムスカウ　Pückler-Muskau, Fürst Hermann von　2.4没、85歳。1785生。ドイツの著述家，造園家。
ナーシーフ-アルヤージジー　Nāṣīf al-Yāzijī　2.5没、71歳。1800生。近代アラブの文学者。
スタインウェイ，ヘンリー（・エンゲルハード）
　　Steinway, Henry Engelhard　2.7没、73歳。1797生。アメリカのピアノ製造家。
シュヴィント，モーリッツ・フォン　Schwind, Moritz von　2.8没、67歳。1804生。オーストリア生れのドイツの画家，版画家。
ケイン　Kane, Paul　2.20没、60歳。1810生。カナダの画家。
シュレジンガー，モーリツ・アドルフ　Schlesinger, Moritz Adolph　2.25没、72歳。1798生。ドイツの出版者。

19世紀　1871

アンドルー，ジェイムズ・オズグッド　Andrew, James Osgood　3.2没、76歳。1794生。アメリカのメソジスト監督教会監督。

アンドラウ，ハインリヒ・ベルンハルト・フォン　Andlaw (Andlau), Heinrich Bernhard von　3.3没、68歳。1802生。ドイツのカトリック政治家。

トーネット，ミヒャエル　Tohnet, Michael　3.3没、74歳。1796生。ドイツ出身のオーストリアの木材技術者，家具デザイナー。

トネット，ミヒャエル　Thonet, Michael　3.3没、74歳。1796生。オーストリアの家具デザイナー，制作者。

レシェートニコフ，フョードル・ミハイロヴィチ　Reshetnikov, Fëdor Mikhailovich　3.9(㋮1872)没、29歳。1841生。ロシアの小説家。

モーネ，フランツ・ヨーゼフ　Mone, Franz Joseph　3.12没、74歳。1796生。ドイツのカトリック歴史家。

ボナパルト　Bonaparte, Laetitia　3.15没、66歳。1804生。リュシアン・ボナパルトの娘。

チェインバーズ，ロバート　Chambers, Robert　3.17没、68歳。1802生。スコットランドの出版者，著述家。

ゲルヴィーヌス，ゲオルク・ゴットフリート　Gervinus, Georg Gottfried　3.18没、65歳。1805生。ドイツの歴史家。

ド・モーガン，オーガスタス　De Morgan, Augustus　3.18没、64歳。1806生。イギリスの数学者，論理学者，書誌学者。

ハイディンガー　Haidinger, Wilhelm Karl, Ritter von　3.19没、76歳。1795生。オーストリアの地学者。

ゼードルニツキ，レーオポルト・フォン　Sedlnitzky, Leopold von　3.25没、83歳。1787生。ドイツの神学者，教育者。

フェティス，フランソワ-ジョゼフ　Fétis, François Joseph　3.26没、87歳。1784生。ベルギーの作曲家，音楽学者。

シャミール　Shamil　3.？没、74歳。1797(㋮1798頃)生。ダゲスタンとチェチェンのコーカサス山岳民の解放運動の指導者。

ハーコート，サー・ウィリアム・ヴィネーブルズ・ヴァーノン　Harcourt, William Vernon　4.1没、81歳。1789生。ブリティッシュ協会の創立者。

フルーランス　Flourens, Gustave　4.3没、32歳。1838生。フランスの革命家。

テゲットホフ　Tegetthoff, Wilhelm von　4.7没、43歳。1827生。オーストリアの提督。

ハルデス　Hardes, Hendrik　4.10没、56歳。1815生。オランダの海軍士官。

ルルー　Leroux, Pierre　4.11没、73歳。1797生。フランスの哲学者。

タールベルク，ジーギスムント　Thalberg, Sigismund　4.27没、59歳。1812生。オーストリアのピアニスト，作曲家。

メーソン　Mason, James Murray　4.28没、72歳。1798生。アメリカの政治家。

トルベック，イジドール・ジョゼフ　Tolbecque, Isidore Joseph　5.10没、77歳。1794生。ベルギーの指揮者，作曲家。

ハーシェル，サー・ジョン・フレデリック・ウィリアム　Herschel, Sir John Frederick William　5.11没、79歳。1792生。イギリスの天文学者。

ペイアン，アンセルム　Payen, Anselme　5.12没、76歳。1795生。フランスの化学者。

オベール，ダニエル-フランソワ-エスプリ　Auber, Daniel François Esprit　5.13没、89歳。1782生。フランスの作曲家。

グリン　Glynn, James　5.13没、69歳。1801生。アメリカの軍人。

ウェーバー　Weber, Eduardo Friedrich Wilhelm　5.18没、65歳。1806生。ドイツの生理学者。

ハルム　Halm, Friedrich　5.22没、65歳。1806生。オーストリアの劇作家。

サルヴァドール-ダニエル　Salvador-Daniel, Francesco　5.24没、40？歳。1831生。フランスの音楽学者，作曲家。

ダルボワ，ジョルジュ　Darboy, Georges　5.24没、58歳。1813生。フランスのカトリック聖職者，著作家。

オリヴァン，ピエール　Olivaint, Pierre　5.26没、55歳。1816生。フランスのイエズス会司祭。

マイヤール，ルイ・エメ　Maillart, Louis Aimé　5.26没、54歳。1817生。フランスの作曲家。

バルラン　Varlin, Eugène　5.28没、32歳。1839生。フランス，第二帝政期の革命家。

ベッカー　Bekker, August Immanuel　6.7没、86歳。1785(㋮1786)生。ドイツの古典学者。

ロッドマン　Rodman, Thomas Jackson　6.7没、55歳。1815生。アメリカの陸軍軍人，大将。

ユーバーヴェーク　Ueberweg, Friedrich　6.9没、45歳。1826生。ドイツの哲学者。

タットナル，ジョサイア　Tattnall, Josiah　6.14没、75歳。1795生。アメリカの提督。

カリンチヤク，ヤーン　Kalinčiak, Ján　6.16没、48歳。1822生。スロヴァキアの作家。

グロート　Grote, George　6.18没、76歳。1794生。イギリスの歴史家。

フリッチュ　Fritzsche, Carl Julius　6.20没、62歳。1808生。ドイツの化学者。

テクシエ　Texier, Charles Felix Marie　7.1没、68歳。1802生。フランスの旅行家，考古学者。

アルヴェス，カストロ　Castro Alves, Antônio Frederico de　7.6没、24歳。1847生。ブラジルのロマン派の詩人。

1871　19世紀

ニュートン　Newton, George Bruce　7.11没、41歳。1830生。イギリスの医師。

タウジヒ、カロル　Tausig, Karl　7.17没、29歳。1841生。ポーランドのピアニスト。

デルサルト　Delsarte, François　7.19没、59歳。1811生。フランスの教育者。

マンスル、ヘンリ・ロングヴィル　Mansel, Henry Longueville　7.31没、50歳。1820生。イギリスの哲学者、聖職者。

マルモル、ホセ・ペドロ・クリソロゴ　Mármol, José　8.9没、53歳。1817(㊅1818)生。アルゼンチンの詩人、小説家。

ブロマールト　Blommaert, Jonkheer Philip Marie　8.14没、61歳。1809生。ベルギー(フランドル)の学者。

スクリブナー、チャールズ　Scribner, Charles　8.26没、50歳。1821生。アメリカの実業家。

コック、シャルル-ポール・ド　Kock, Charles-Paul de　8.29没、77歳。1794生。フランスの作家。

ゴンサレス・ブラボ　González Bravo, Luis　9.2没、60歳。1811生。スペインの政治家。

アリ・パシャ　Âlî Pasha, Mehmet Emin　9.5没、56歳。1815生。オスマントルコ帝国の指導的政治家。

ディニス、ジュリオ　Dinis, Júlio　9.12没、32歳。1838(㊅1839)生。ポルトガルの小説家。

シナースィ、イブラヒム　Sinasi, Ibrahim　9.13没、45歳。1826(㊅1824)生。トルコのジャーナリスト、詩人。

ジェルフ、リチャード・ウィリアム　Jelf, Richard William　9.19没、73歳。1798生。英国教会の聖職。

パピノー、ルイ・ジョゼフ　Papineau, Louis Joseph　9.24没、84歳。1786生。カナダの政治家。

モレル　Morel, Edmund　9.24没、29歳。1841生。イギリスの鉄道技師。

ムニクー、ピエール　Mounicou, Pierre　10.16没、46歳。1825生。フランスのパリ外国宣教会宣教師。

バベッジ、チャールズ　Babbage, Charles　10.20没、80歳。1791(㊅1792)生。イギリスの数学者。

マーチソン、サー・ロデリック・インピー　Murchison, Sir Roderick Impey　10.22没、79歳。1792生。イギリスの地質学者。

アファナーシエフ、アレクサンドル・ニコラエヴィチ　Afanasiev, Aleksandr Nikolaevich　10.23没、45歳。1826生。ロシアの民族学者。

フェリス、ギヨーム-アダン・ド　Félice, Guillaume-Adam de　10.23没、68歳。1803生。フランスのプロテスタント神学者。

ツルゲーネフ、ニコライ・イワノヴィチ　Turgenev, Nikolai Ivanovich　10.29没、82歳。1789生。ロシアの経済学者、評論家。

デハルベ、ヨーゼフ　Deharbe, Josef　11.8没、71歳。1800生。ドイツのカトリック実践神学者、公教要理著者。

ホール、チャールズ・フランシス　Hall, Charles Francis　11.8没、50歳。1821生。アメリカの探検家。

ロンズデール　Lonsdale, William　11.11没、77歳。1794生。イギリスの地質学者。

ウッド　Wood, John　11.13没、60歳。1811生。イギリスの地理学者。

メルガレホ　Melgarejo, Mariano　11.23没、51歳。1820(㊅1818)生。ボリビアの軍人、政治家。

ロック、ダニエル　Rock, Daniel　11.28没、72歳。1799生。イギリスのカトリックの教会史家、聖職者。

マーネス　Mánes, Josef　12.9没、51歳。1820生。チェコの画家。

アレクシス、ヴィリバルト　Alexis, Willibald　12.16没、73歳。1798生。ドイツの作家、歴史小説家。

ギグー、ポール　Guigou, Paul-Camille　12.21没、37歳。1834生。フランスの風景画家。

ポンパリエ、ジャン・バティスト・フランソワ　Pompallier, Jean Baptiste François　12.21没、70歳。1801生。フランス出身のカトリック宣教師。

ロー　Law, Edward, Earl of Ellenborough　12.22没、81歳。1790生。イギリスの政治家。

プラット、ジョン・ヘンリー　Pratt, John Henry　12.26没、62歳。1809(㊅1811)生。イギリスの地球物理学者。

ハケット　Hackett, James Henry　12.28没、71歳。1800生。アメリカの俳優。

[この年] アンダーソン　Anderson, Robert　66歳。1805生。アメリカ南北戦争開始時のサムター要塞の守備隊長。

ウーダン、(ジャン・ユージェーヌ・)ロベール　Houdin, (Jean Eugène)Robert　66歳。1805生。フランスの奇術師。

オメル・パシャ　Ömer Pasha Lütfî　65歳。1806生。オスマン帝国の軍人。

ガスペ、フィリップ-オーベール・ド　Gaspé, Philippe Aubert de　85歳。1786生。フランス系カナダの作家、法律家。

ガスパラン、アジェノル・ド　Gasparin, Agénor de　61歳。1810生。フランスの政治家、宗教的著述家。

カッチャトーリ、ベネデット　Cacciatori, Benedetto　77歳。1794生。イタリアの彫刻家。

官文　73歳。1798生。中国、清の武将。

ケアリー　Cary, Alice　51歳。1820生。アメリカの女流詩人。

ケアリー　Cary, Phoebe　47歳。1824生。アメリカの女流詩人。

19世紀　　　　　　　　　　　　　　　　　　　　1872

サーヴィ，パオロ　Savi, Paolo　73歳。1798生。イタリアの博物学者，動物学者。

サン・レオン，（シャルル・ヴィクトール・）アルテュール　Saint-Léon, Arthur Michel　㊟1870没、50？歳。1821（㊟1815？）生。フランスの舞踊家。

ジェルラシュ　Gerlache, Étienne Constantin, Baron de　86歳。1785生。ベルギーの政治家，法律家。

スミス，ジョージ　Smith, George　56歳。1815生。「琉球と琉球の人々─琉球王国訪問記 1850年10月」の著者。

スライデル　Slidell, John　78歳。1793生。アメリカの法律家，政治家，外交官。

セガーダ，エスコラスティコ　Zegada, Escolástico　58歳。1813生。アルゼンチンの司祭，教育者。

宋景詩　47歳。1824生。中国，清末の農民叛乱の指導者。

ソガ，ティヨ　Soga, Tiyo　42？歳。1829生。南アフリカで最初のアフリカ人牧師。

デシャン　Deschamps, Emile　80歳。1791生。フランスの詩人。

ドネルソン　Donelson, Andrew Jackson　72歳。1799生。アメリカの軍人，法律家，政治家，外交官。

ドレクリューズ，（ルイ・）シャルル　Delescluze, Louis Charles　62歳。1809生。フランスの共和派ジャーナリスト，政治家。

ドンブロフスキ　Dombrowski, Jarosław　35歳。1836生。ポーランドの革命家，軍人。

莫友芝　60歳。1811生。中国，清末の学者。

ハドソン，ジョージ　Hudson, George　71歳。1800生。イギリスの財政家。

ハンセンス，シャルル・ルイ　Hanssens, Charles Louis　69歳。1802生。ベルギーの作曲家，ベルギー，オランダ，フランスの指揮者。

フェネダイ　Venedey, Jakob　66歳。1805生。ドイツの民主主義者。

ブラッケンリッジ　Brackenridge, Henry Marie　85歳。1786生。アメリカの旅行記作家。

フリーデリヒス，カール　Friederichs, Karl　40歳。1831生。ドイツの考古学者。

パティスン，ジョン・コウルリジ　Patteson, John Coleridge　44歳。1827生。イギリスのニュージーランド宣教師。

ペネソーン，ジェイムズ　Pennethorne, James　70歳。1801生。イギリスの建築家，都市計画家。

パリッツィ，フランチェスコ・パーオロ　Palizzi, Francesco Paolo　46歳。1825生。イタリアの画家。

ミナルディ，トンマーゾ　Minardi, Tommaso　84歳。1787生。イタリアの画家。

モクラーニー　al-Mukhānī, Muḥammad　アルジェリアの反仏蜂起の指導者。

李弼済　45歳。1826（㊟1825）生。朝鮮の東学異端運動の先駆的指導者。

リープナー，カール・テーオドーア・アルベルト　Liebner, Karl Theodor Albert　65歳。1806生。ドイツの神学者。

レザー・ゴリー・ハーン・ヘダーヤト　Rezā Gholī Khān Hedāyat　71歳。1800生。イランの詩人，文学者。

倭仁　67歳。1804生。中国，清後期の学者。

この頃 カション，メルメー・ド　Cachon, l'Abbé Mermet de　㊟1870没、43？歳。1828生。フランスのイエズス会宣教師。

1872年

4.06　ガーナのエルミナ城がイギリスに譲渡
5.14　ビスマルクが文化闘争展開の演説を行う
7.25　ロイターがペルシャでの広範な利権を獲得
7.31　オスマンでミドハト・パシャが大宰相就任
9.06　ベルリンで三帝会談が行われる
＊＊＊

ヴィーンバルク，ルードルフ　Wienbarg, Ludolf　1.2没、69歳。1802生。ドイツの評論家。

レーエ，ヨーハン・コンラート・ヴィルヘルム　Löhe, Johann Konrad Wilhelm　1.2没、63歳。1808生。ドイツのプロテスタント神学者。

フィスク　Fisk, James　1.7没、37歳。1834生。アメリカの金融業者，投機業者。

ハレック，ヘンリー・W（ウェイジャー）　Halleck, Henry Wager　1.9没、56歳。1815生。アメリカの軍人，法律家。

シュタルケ　Starke, Johann Friedrich　1.10没、69歳。1802生。ドイツの画家。

ペルシニ　Persigny, Jean Gilbert Victor Fialin, Duc de　1.13没、64歳。1808生。フランスの政治家。

グリルパルツァー，フランツ　Grillparzer, Franz　1.21没、81歳。1791生。オーストリアの劇作家。

トレンデレンブルク，フリードリヒ・アードルフ　Trendelenburg, Friedrich Adolf　1.24没、69歳。1802生。ドイツの哲学者。

ユーエル，リチャード・ストッダート　Ewell, Richard Stoddert　1.25没、54歳。1817生。アメリカ南部連合軍人。

チェズニー，フランシス・ロードン　Chesney, Francis Rawdon　1.30没、82歳。1789生。イギリスの将軍，探検家。

曾国藩　2.4没、60歳。1811生。中国，清末の政治家。

フィリプス，トマス　Phillips, Thomas　2.6没、79歳。1792生。イギリスの古物収集家。

1872　19世紀

グラトリ, オギュスト・アルフォンス　Gratry, Auguste Alphonse　2.7没、66歳。1805生。フランスの哲学者。

スポールディング, マーティン・ジョン　Spalding, Martin John　2.7没、61歳。1810生。アメリカのカトリック神学者, 教会史家, 大司教。

ミリューチン　Milyutin, Nikolai Alekseevich　2.7没、53歳。1818生。ロシアの政治家, 伯爵。

メーヨー　Mayo, Richard Southwell Bourke, 6th Earl of　2.8没、49歳。1822生。イギリスのインド総督(69〜72)。

ゴジェネチェ・イ・バレーダ, ホセ・セバスティアン・デ　Goyeneche y Barreda, José Sebastián de　2.19没、88歳。1784生。ペルーのカトリック聖職。

ハウク　Hauch, Johannes Carsten　3.4没、81歳。1790生。デンマークの詩人, 劇作家, 小説家。

ゴルトシュテュッカー　Goldstücker, Theodor　3.6没、51歳。1821生。イギリス(ドイツ生れ)のサンスクリット学者。

マッツィーニ, ジュゼッペ　Mazzini, Giuseppe　3.10没、66歳。1805(㊥1804)生。イタリアの革命家。

ウェントワース, ウィリアム・チャールズ　Wentworth, William Charles　3.20没、82歳。1790(㊥1793)生。オーストラリアの政治家。

ウーリヒ, レーベレヒト　Uhlich, Leberecht　3.23没、73歳。1799生。ドイツのルター派の牧師, 自由教会創設者。

マーシャル　Marshall, Humphrey　3.28没、60歳。1812生。アメリカの軍人, 外交官。

オーム　Ohm, Martin　4.1没、79歳。1792生。ドイツの数学者。

モリス, ジョン・フレドリク・デニスン　Maurice, John Frederick Denison　4.1没、66歳。1805生。イギリスの神学者。

モール, フーゴー・フォン　Mohl, Hugo von　4.1没、66歳。1805(㊥1804)生。ドイツの植物学者。

モールス, サミュエル　Morse, Samuel Finley Breese　4.2没、80歳。1791生。アメリカの画家, 発明家。

バンフォード　Bamford, Samuel　4.13没、84歳。1788生。イギリスの文筆家。

ワイマン, アディソン　Wyman, Addison　4.15没、39歳。1832生。アメリカのヴァイオリン教師。

レスコルネル　Lescornel, Joseph-Stanislas　4.18没、72歳。1799生。フランスの彫刻家。

ウェストマコット, リチャード　Westmacott, Richard　4.19没、73歳。1799生。イギリスの彫刻家。

ガイ, リュウデヴィト　Gaj, Ljudevit　4.20没、62歳。1809生。クロアチア(ユーゴスラビア)の民族詩人。

スラートコヴィチ, アンドレイ　Sládkovič, Andrej　4.20没、52歳。1820生。スロヴァキアの詩人。

フェスラー, ヨーゼフ　Fessler, Joseph　4.25没、58歳。1813生。オーストリアの神学者, 教父学者。

エリアーデ-ラドゥレスク, イオン　Heliade-Rădulescu, Ion　4.27没、70歳。1802生。ルーマニアの詩人, 政治家。

デュアメル　Duhamel, Jean Marie Constant　4.29没、75歳。1797生。フランスの数学者。

マウラー　Maurer, Georg Ludwig, Ritter von　5.9(㊥1871)没、81歳。1790生。ドイツの法制史家, 政治家。

ハルトマン, モーリッツ　Hartmann, Moritz　5.13没、50歳。1821生。オーストリアの詩人。

ヘースティングズ　Hastings, Thomas　5.15没、87歳。1784生。アメリカの作曲家, 教育家。

ダリング・アンド・ブルワー　Dalling and Bulwer, William Henry Lytton Earle Bulwer, Baron　5.23没、71歳。1801生。イギリスの外交官。

シュノル・フォン・カロルスフェルト, ユリウス　Schnorr von Carolsfeld, Julius　5.24没、78歳。1794(㊥1795)生。ドイツの画家。

ゲルシュテッカー, フリードリヒ　Gerstäcker, Friedrich　5.31没、56歳。1816生。ドイツの小説家。

ベネット, ジェイムズ・ゴードン　Bennett, James Gordon　6.1没、76歳。1795生。アメリカの新聞編集者。

マクドナルド　MacDonald, John Sandfield　6.1没、59歳。1812生。カナダの政治家。

リーヴァー, チャールズ　Lever, Charles James　6.1没、65歳。1806生。アイルランドの小説家。

フンデスハーゲン, カール・ベルンハルト　Hundeshagen, Karl Bernhard　6.2没、62歳。1810生。ドイツの神学者。

トルベッケ　Thorbecke, Johan Rudolf　6.4没、74歳。1798生。オランダの法学者, 政治家。

モニュシコ, スタニスワフ　Moniuszko, Stanislaw　6.4没、53歳。1819生。ポーランドの作曲家。

フォレー　Forey, Louis Elie Frédéric　6.10没、68歳。1804生。フランスの軍人。

エリス, ウィリアム　Ellis, William　6.16没、77歳。1794生。イギリス出身の宣教師。

マクラウド, ノーマン　MacLeod, Norman　6.16没、60歳。1812生。スコットランド教会牧師。

ギリフェルジング, アレクサンドル・フョドロヴィチ　Giliferding, Aleksandr Fëdorovich　6.20没、40歳。1831生。ロシアの歴史家, 言語学者, 民俗学者。

プルッツ, ローベルト・エードゥアルト　Prutz, Robert Eduard　6.21没、56歳。1816生。ドイツの著述家。

19世紀　1872

スネラルト　Snellaert, Ferdinand Augustin　7.3没、62歳。1809生。オランダの言語学者。

エッシャー・フォン・デル・リント　Escher von der Linth, Arnold　7.12没、65歳。1807生。スイスの地質学者。

サドフスキー　Sadovsky, Prov Mikhailovich　7.16？没、53歳。1818生。ロシアの俳優。

フアレス、ベニト・パブロ　Juárez, Benito Pablo　7.18没、66歳。1806生。メキシコの政治家。

コダッツィ　Codazzi, Delfino　7.21没、48歳。1824生。イタリアの数学者。

バルタ　Balta, José　7.26没、56歳。1816生。ペルーの政治家、軍人。

ドローネー　Delaunay, Charles-Eugène　8.5没、56歳。1816生。フランスの天文学者。

ドゥブリアン、グスタフ・エミール　Devrient, Gustav Emil　8.7没、68歳。1803生。ドイツの俳優。

メーソン、ローウェル　Mason, Lowell　8.11没、80歳。1792生。アメリカの音楽教育の開拓者。

プレラドヴィチ　Preradović, Petar　8.18没、54歳。1818生。クロアティアの詩人。

ルイ、ピエール・シャルル・アレクサンドル　Louis, Pierre Charles Alexandre　8.22没、85歳。1787生。フランスの医師、病理解剖学者、医用統計学の開拓者。

グレイ、ロバート　Gray, Robert　9.1没、62歳。1809生。イングランド出身のケイプ・タウン主教。

グルントヴィ、ニコライ・フレデリック・セヴェリン　Grundtvig, Nikolai Frederik Severin　9.2没、88歳。1783生。デンマークの宗教家、詩人。

フィーリプス、ゲオルク　Phillips, Georg　9.6没、68歳。1804生。ドイツ（オーストリア）の教会法学者、法律史家。

フォイアバハ、ルートヴィヒ・アンドレアス　Feuerbach, Ludwig Andreas　9.13没、68歳。1804生。ドイツの唯物論哲学者。

カルル15世　Karl XV　9.18没、46歳。1826生。スウェーデン、ノルウェー王（在位1859～72）。

ダーリ、ウラジーミル・イワノヴィチ　Dal, Vladimir Ivanovich　9.22没、70歳。1801（㊙1802）生。ロシアの作家、辞書編纂者。

カートライト、ピーター　Cartwright, Peter　9.25没、87歳。1785生。アメリカのフロンティアのメソジスト派牧師。

ヴァルカー、エーベルハルト・フリードリヒ　Walcker, Eberhard Friedrich　10.2没、78歳。1794生。ドイツのオルガン製作者。

リーバー、フランシス　Lieber, Francis　10.2没、72歳。1800生。アメリカ（ドイツ生れ）の政治思想家。

シーワド、ウィリアム・H（ヘンリー）　Seward, William Henry　10.10没、71歳。1801生。アメリカの政治家。

バビネ、ジャック　Babinet, Jacques　10.21没、78歳。1794生。フランスの物理学者、気象学者。

メルル・ドビニェ、ジャン・アンリ　Merle d'Aubigné, Jean Henri　10.21没、78歳。1794生。スイスの教会史家。

ゴーチエ、テオフィル　Gautier, Théophile　10.23没、61歳。1811生。フランスの詩人、小説家。

サリー、トマス　Sully, Thomas　11.5没、89歳。1783生。イギリス生れのアメリカの画家。

クレブシュ　Clebsch, Rudolf Friedrich Alfred　11.7没、39歳。1833生。ドイツの数学者、数理物理学者。

アパリシ・イ・ギハーロ、アントニオ　Aparisi y Guijarro, Antonio　11.8没、57歳。1815生。スペインの詩人、ジャーナリスト。

バウアリング、ジョン　Bowring, Sir John　11.23没、80歳。1792生。イギリスの外交官、言語学者、著作家。

キセリョーフ　Kiselyov, Pavel Dmitrievich　11.26没、84歳。1788生。ロシアの軍人、外交官、政治家。

グリーリー、ホラス　Greeley, Horace　11.29没、61歳。1811生。アメリカの新聞編集者、政治指導者。

サマヴィル、メアリ　Somerville, Mary　11.29没、91歳。1780生。イギリスの科学著作家。

ショー、ウィリアム　Shaw, William　12.4没、73歳。1798生。スコットランド出身のウェスリ派メソジスト教会宣教師、南アフリカ・メソジスト教会の父。

フォレスト、エドウィン　Forrest, Edwin　12.12没、66歳。1806生。アメリカの俳優。

ゲディ、ジョン　Geddie, John　12.14没、57歳。1815生。スコットランド出身の長老派宣教師。

シバーン、フレデリック・クリスティアン　Sibbern, Frederik Christian　12.16没、87歳。1785生。デンマークの哲学者。

キャトリン、ジョージ　Catlin, George　12.23没、76歳。1796生。アメリカの画家、旅行家、作家。

ジャンノーネ　Giannone, Pietro　12.24没、80歳。1792生。イタリアの詩人。

ランキン、ウィリアム・ジョン・マッコーン　Rankine, William John Macquorn　12.24没、52歳。1820生。イギリスの工学者、物理学者。

キヴィ、アレクシス　Kivi, Aleksis　12.31没、38歳。1834生。フィンランドの小説家、劇作家。

リッティンガー　Rittinger, Franz, Ritter von　12.？没、61歳。1811生。オーストリアの鉱山技術者。

この年　アダムズ、ウィリアム（・ブリッジズ）　Adams, William (Bridges)　75歳。1797生。イギリスの技師、発明家。

アリニー、テオドール　Aligny, Théodore　74歳。1798生。フランスの画家。

アルヴィーノ, エンリーコ Alvino, Enrico 63歳。1809生。イタリアの建築家。
アルト, ヤーコブ Alt, Jacob 83歳。1789生。オーストリアの画家、版画家。
ヴァイヤン Vaillant, Jean Baptiste Philibert 82歳。1790生。フランスの軍人。
エリス, ウィリアム・ウェブ Ellis, William Webb 67歳。1805(⑧1807)生。イギリスのスポーツマン、ラグビーの創始者。
オルニ Olney, Jesse 74歳。1798生。アメリカの教育者、教科書執筆者。
オロー, ヴィクトール Horeau, Hector 71歳。1801生。フランスの建築家。
カイザー Kaiser, Frederik 64歳。1808生。オランダの天文学者。
カメハメハ5世 Kamehameha V, Lot Kamehameha 42歳。1830生。ハワイ諸島国王(在位1863~72)。
カラーファ・ディ・コロブラーノ, ミケーレ Carafa di Colobrano, Michele 85歳。1787生。フランスに帰化したイタリアの作曲家。
ガーリー Gurley, Ralph Randolph 75歳。1797生。アメリカの慈善家。
ギャロウェイ Galloway, Samuel 61歳。1811生。アメリカの教育者。
キング, ジョン King, John 34歳。1838生。オーストラリアの旅行家。
クリーゴフ Krieghoff, Cornelius 57歳。1815生。オランダ生れのカナダの画家。
グレイ, ジョージ・ロバート Gray, George Robert 64歳。1808生。イギリスの鳥類学者、昆虫学者。
クロウ, キャサリン・スティーヴンス Crowe, Catharine Stevens 82歳。1790生。イギリスの女流文筆家、超自然現象の研究家。
クロウクィル, アルフレッド Crowquill, Alfred 68歳。1804生。「喫煙者のスクラップブック」の著者。
クロスリー, サー・フランシス Crossley, Sir Francis 55歳。1817生。イギリスの絨毯製造業者、慈善家。
ケンセット, ジョン(・フレデリック) Kensett, John (Frederick) 56歳。1817生。アメリカの画家。
コッホ Koch, C. Friedrich 59歳。1813生。ドイツの英語学者。
シュヴァープ, ヨーハン・バプティスト Schwab, Johann Baptist 61歳。1811生。ドイツのカトリック神学者(教会史・教会法)。
セア Thayer, Sylvanus 87歳。1785生。アメリカの軍人、軍隊教育の父。
セヴァーン, ジョーゼフ Severn, Joseph 79歳。1793生。イギリスの画家。
ダランベール Daremberg, Charles Victor 55歳。1817生。フランスの古典学者。

鄭南湖 52歳。1820生。朝鮮の僧。
杜文秀 44歳。1828生。中国、清末期の雲南イスラム教徒の反乱(回民起義)指導者。
ドゥブリアン, カール・アウグスト Devrient, Karl August 75歳。1797生。ドイツの俳優。
ドゥメッツ Demetz, Frédéric August 76歳。1796生。フランスの慈善家、獄舎改良家。
ブルゴス, ホセ Burgos, José A. 35歳。1837生。フィリピン生れのスペイン人聖職者、マニラ大聖堂の神学教師。
ヘダーヤト Hidāyat ⑧1871頃没、72歳。1800生。イランの政治家、詩人、詩人伝作者。
ピザローニ, ベネデッタ Pisaroni, Benedetta 79歳。1793生。イタリアのソプラノ歌手、コントラルト歌手。
プーシェ Pouchet, Félix Archimède 72歳。1800生。フランスの博物学者。
パトナム, ジョージ・パーマー Putnam, George Palmer 58歳。1814生。アメリカの出版業者。
ポラック, アゴストン Pollack, Agoston 65歳。1807生。オーストリアの建築家の一族。
プロミス, カルロ Promis, Carlo 64歳。1808生。イタリアの建築家、建築史家、考古学者。
マータス, ニッコロ Matas, Niccolò 74歳。1798生。イタリアの建築家。
ミード, ジョージ・ゴードン Meade, George Gordon 57歳。1815生。アメリカの陸軍将校。
ラソー, アマーリエ・フォン Lasaulx, Amalie von 57歳。1815生。ドイツの修道女。

1873年

2.11 スペイン国王アマデオ1世が退位する
10.28 ベルリン証券取引所が株価が大暴落する
11.20 フランス艦隊がハノイ城を陥落させる
11.24 朝鮮で大院君が失脚、閔氏が実権握る
12.09 スマトラ島のアチェ王国にオランダ軍侵攻
* * *
ペートリ, ルートヴィヒ・アードルフ Petri, Ludwig Adolf 1.8没、69歳。1803生。ドイツの新ルター主義指導者。
ナポレオン3世 Napoléon III, Charles Louis Napoléon Bonaparte 1.9没、70歳。1803(⑧1808)生。フランス第二帝政の皇帝(在位1852~70)。
ダッロンガロ, フランチェスコ Dall'Ongaro, Francesco 1.10没、64歳。1808生。イタリアの詩人、劇作家。
ブラボ・ムリリョ Bravo-Murillo, Juan González 1.11没、69歳。1803生。スペインの政治家、弁護士。

19世紀　1873

ヴェン，ヘンリ　Venn, Henry　1.13没、76歳。1796生。英国教会の聖職者，教会宣教会（CMS）の総主事。

デュパン　Dupin, Charles Pierre Françcois　1.18没、88歳。1784生。フランスの幾何学者で天文学者。

ブルワー・リットン，エドワード　Lytton, Edward George Earle Lytton, Bulwer-Lytton, lst Baron　1.18没、69歳。1803生。イギリスの小説家，劇作家。

リットン，エドワード・ジョージ・ブルワー　Lytton, Edward George Earle Lytton, Bulwer-Lytton, lst Baron　1.18没、69歳。1803生。イギリスの小説家，政治家。

リカール　Ricard, Louis Gustave　1.24没、49歳。1823生。フランスの画家。

セジウィック，アダム　Sedgwick, Adam　1.27没、87歳。1785生。イギリスの地質学者。

ゴメス - デ - アベリャネダ，ヘルトルディス　Gómez de Avellaneda, Gertrudis　2.1没、58歳。1814生。スペインの女性詩人，劇作家，小説家。

モーリー，マシュー・フォンテイン　Maury, Matthew Fontaine　2.1没、67歳。1806生。アメリカの海軍軍人，海洋学者，地理学者。

レ・ファニュ，シェリダン　Le Fanu, Joseph Sheridan　2.7没、58歳。1814生。アイルランドの小説家，ジャーナリスト。

ジュリアン　Julien, Stanislas Aignan　2.14没、73歳。1799生。フランスの東洋学者。

ホブスン，ベンジャミン　Hobson, Benjamin　2.16(㊞1893)没、57歳。1816生。イギリスの医療宣教師。

レフスキ　Levski, Vasil　2.18没、35歳。1837生。ブルガリアの革命家。

ショルベ　Czolbe, Heinrich　2.19没、53歳。1819生。ドイツの哲学者。

ガスリ，トマス　Guthrie, Thomas　2.24没、69歳。1803生。スコットランドの牧師，社会福祉事業家。

トリクーピス　Trikoupis, Spyridion　2.24没、84歳。1788生。ギリシアの政治家，歴史家。

セギュール，フィリップ・ポール　Ségur, Philippe Paul, Comte de　2.25没、92歳。1780生。フランスの軍人，外交官。

ヴァン・リード　Van Reed, Eugene Miller　2.?没、38歳。1835生。アメリカの外交官。

ゾンライトナー，レオポルト・フォン　Sonnleithner, Leopold von　3.4没、75歳。1797生。オーストリアの音楽研究家，法学者。

カスティヨン・ド・サン - ヴィクトル　Castillon de Saint-Victor, Marie-Alexis　3.5没、34歳。1838生。フランスの作曲家。

サベージ　Savage, James　3.8没、88歳。1784生。アメリカの銀行家，好古家。

ランブルスキーニ，ラッファエルロ　Lambruschini, Raffaello　3.8没、84歳。1788生。イタリアのカトリック教育者，イタリア近代主義の先駆者。

ナイト　Knight, Charles　3.9没、82歳。1791生。イギリスの出版業者，著述家。

トリー，ジョン　Torrey, John　3.10没、76歳。1796生。アメリカの植物学者。

マッキルヴェイン，チャールズ・ペティット　McIlvaine, Charles Pettit　3.13没、74歳。1799生。アメリカの聖公会主教。

マールストラン，ヴィルヘルム・ニコライ　Marstrand, Vilhelm Nicolai　3.25没、62歳。1810生。デンマークの画家。

モレル　Morel, Bénédict Auguste　3.30没、63歳。1809生。フランスの精神病学者。

ミュラー，カール　Müller, Karl Friedrich　4.4没、75歳。1797生。ドイツのヴァイオリン奏者。

ベネジークトフ，ウラジーミル・グリゴリエヴィチ　Benediktov, Vradimir Grigor'evich　4.14没、65歳。1807生。ロシアの詩人。

ハーンステイン　Hansteen, Christopher　4.15没、88歳。1784生。ノルウェーの天文学者。

グラチニー，アルベール　Glatigny, Joseph Albert Alexandre　4.16没、33歳。1839生。フランスの詩人，劇作家。

リービヒ，ユストゥス，男爵　Liebig, Justus, Freiherr von　4.18没、69歳。1803生。ドイツの化学者。

ウィルバフォース，ヘンリ・ウィリアム　Wilberforce, Henry William　4.23没、65歳。1807生。イギリスのローマ・カトリック教会信徒，編集者，歴史家。

メンツェル，ヴォルフガング　Menzel, Wolfgang　4.23没、74歳。1798生。ドイツの評論家，文学史家。

マクリーディ，ウィリアム・チャールズ　Macready, William Charles　4.27没、80歳。1793生。イギリスの悲劇俳優。

マッガフィー，ウィリアム（・ホームズ）　McGuffy, William Holmes　5.4没、72歳。1800生。アメリカの教育家。

チェイス，S. P.　Chase, Salmon Portland　5.7没、65歳。1808生。アメリカの法律家，政治家。

パエス，ホセ・アントニオ　Páez, José Antonio　5.7没、82歳。1790生。ベネズエラの政治家。

ミル，ジョン・ステュアート　Mill, John Stuart　5.8(㊞1876)没、66歳。1806生。イギリスの思想家，経済学者。

タッカーマン，フレデリック・ゴダード　Tuckerman, Frederick Goddard　5.9没、52歳。1821生。アメリカの詩人。

クーザ　Cuza, Alexandru Ion　5.15没、53歳。1820生。ルーマニア公（1859〜66）。

人物物故大年表 外国人編　709

カルティエ, サー・ジョルジュ・エティエンヌ Cartier, *Sir* Georges Etienne, Bart. 5.20没、58歳。1814生。フランス系カナダの政治家。

アリオリ, ヨーゼフ・フランツ・フォン Allioli, Joseph Franz von 5.22没、79歳。1793生。ドイツの神学者。

マンゾーニ, アレッサンドロ Manzoni, Alessandro Francesco Tommaso Antonio 5.22没、88歳。1785（㋐1784）生。イタリアの詩人、小説家、劇作家。

ド・スメット, ピエール・ジャン De Smet, Pierre Jean 5.23没、72歳。1801生。アメリカのイエズス会宣教師。

ウォラック, ジェームズ・ウィリアム2世 Wallack, James William, Jr. 5.24没、55歳。1818生。イギリス出身のアメリカの俳優。

コンラーディ Conradi, August 5.26没、51歳。1821生。ドイツの指揮者、作曲家。

ルブラン, ピエール・アントワーヌ Lebrun, Pierre-Antoine 5.27没、87歳。1785生。フランスの詩人、劇作家。

ビベスク Bibescu, Gheorghe Dimitrie 6.1没、69歳。1804生。現在のルーマニア南部バラヒア侯国太守（在位1842～48）。

リヴィングストン, デイヴィド Livingstone, David 6.1没、60歳。1813（㋐1833）生。イギリスの探検家、伝道師。

ラッタッツィ Rattazzi, Urbano 6.5没、62歳。1810（㋐1808）生。イタリアの政治家。

ラウマー Raumer, Friedrich von 6.14没、92歳。1781生。ドイツの歴史家。

ロンベルク Romberg, Moritz Heinrich 6.17没、77歳。1795生。ドイツの医者、神経病学者。

タッパン, ルーイス Tapan, Lewis 6.21没、85歳。1788生。アメリカの長老派教会会員、実業家、博愛事業家。

マイアー, ハインリヒ・アウグスト・ヴィルヘルム Meyer, Heinrich August Wilhelm 6.21没、73歳。1800生。ドイツのプロテスタント神学者。

パワーズ Powers, Hiram 6.27没、68歳。1805生。アメリカの彫刻家。

ダット, マイケル・マドゥー・スダン Datt, Michael Madhusūdan 6.29没、49歳。1824生。インドのベンガル語詩人。

ポニャトフスキ Poniatowski, Józef MichałKsawery 7.3没、57歳。1816生。ポーランドの作曲家、テノール歌手。

ヴィンターハルター, フランツ・クサーファー Winterhalter, Franz Xaver 7.8没、67歳。1806（㋐1805）生。ドイツの画家、版画家。

チュッチェフ, フョードル・イワノヴィチ Tiutchev, Fëdor Ivanovich 7.15没、69歳。1803生。ロシアの詩人。

ローゼ Rose, Gustav 7.15没、75歳。1798生。ドイツの鉱物学者。

ダーヴィト, フェルディナント David, Ferdinand 7.18没、63歳。1810生。ドイツのヴァイオリン奏者、ライプチヒ音楽院主任教授。

ウィルバーフォース, サミュエル Wilberforce, Samuel 7.19没、67歳。1805生。英国教会の主教。

シュマッカー, サミュエル・サイモン Schmucker, Samuel Simon 7.26没、74歳。1799生。アメリカのルター派牧師、神学者。

バロー Barrot, Camille Hyacinthe Odilon 8.6没、82歳。1791生。フランスの政治家。

ヘルメスベルガー, ゲオルク Hellmesberger, Georg 8.16没、73歳。1800生。オーストリアのヴァイオリン奏者。

スプリング, ガードナー Spring, Gardiner 8.18没、88歳。1785生。アメリカの長老派教会牧師。

ホフマン, ヴィルヘルム Hoffmann, Wilhelm 8.28没、66歳。1806生。ドイツの牧師。

ハンケル Hankel, Hermann 8.29没、34歳。1839生。ドイツの数学者。

ナントゥイユ, セレスタン-フランソワ Nanteuil, Célestin François 9.4没、60歳。1813生。フランスの画家、挿絵画家。

ロサーレス・マルティーネス, エドゥアルド Rosales Martínez, Eduardo 9.13没、36歳。1836生。スペインの画家。

フェードチェンコ Fedchenko, Aleksei Pavlovich 9.15没、29歳。1844生。ロシアの動物学者、探検家。

ドナーティ, ジョヴァンニ・バッティスタ Donati, Giovanni Battista 9.20没、46歳。1826生。イタリアの天文学者。

ネラトン Nélaton, Auguste 9.21没、66歳。1807生。フランスの外科医。

ブライトハウプト Breithaupt, August 9.22没、82歳。1791生。ドイツの鉱物学者。

グェッラッツィ, フランチェスコ・ドメーニコ Guerrazzi, Francesco Domenico 9.23没、69歳。1804生。イタリアの小説家。

ベーネディクト, ユーリウス・ローデリヒ Benedix, Julius Roderich 9.26没、62歳。1811生。ドイツの喜劇作家。

ホイールライト Wheelwright, William 9.26没、75歳。1798生。イギリスの実業家。

ガボリョ, エミール Gaboriau, Émile 9.28没、38？歳。1835（㋐1832）生。フランス推理小説の先駆的作家。

ランドシア, エドウィン・ヘンリー Landseer, *Sir* Edwin Henry 10.1没、71歳。1802生。イギリスの動物画家。

ヴィーク, フリードリヒ Wieck, Friedrich 10.6没、88歳。1785生。ドイツのピアノ教育者。

19世紀　　1873

クルツ，ヘルマン　Kurz, Hermann　10.10没、59歳。1813生。ドイツの小説家。

ジドー　Sydow, Theodor Emil von　10.13没、61歳。1812生。ドイツの軍人，地図学者。

キャンドリシュ，ロバート・スミス　Candlish, Robert Smith　10.19没、67歳。1806生。スコットランド自由教会設立者のひとり。

ヴェルハーヴェン，ヨーハン・セバスチアン　Welhaven, Johan Sebastian Cammermeyer　10.21没、65歳。1807生。ノルウェーの詩人。

フェドー　Feydeau, Ernest Aimé　10.29没、52歳。1821生。フランスの小説家。

ヨハン　Johann Nepomuk Maria Joseph　10.29没、71歳。1801生。ザクセン王（在位1854～73）。

キーン　Keene, Laura　11.4没、53歳。1820生。イギリスの女優，アメリカ最初の女性劇場経営者。

ハーディー　Hardee, William Joseph　11.6没、58歳。1815生。アメリカの軍人。

オーアウスコウ，トーマス　Overskov, Thomas　11.7没、75歳。1798生。デンマークの劇作家。

セシール　Cécille, Jean Baptiste Thomas Médée　11.8没、86歳。1787生。フランスの海将。

ブレトン-デ-ロス-エレロス，マヌエル　Bretón de los Herreros, Manuel　11.8没、76歳。1796生。スペインの劇作家，詩人。

クラッベ，オットー・カルステン　Krabbe, Otto Karsten　11.14没、67歳。1805生。ドイツのルター派神学者。

ビクシオ　Bixio, Nino　11.24没、52歳。1821生。イタリアの軍人。

ナウマン　Naumann, Karl Friedrich　11.26没、76歳。1797生。ドイツの鉱物学者，地質学者。

グレッフェ　Gräffe, Carl Heinrich　12.2没、74歳。1799生。スイスの数学者。

アガシ，ルイ　Agassiz, Jean Louis Rodolphe　12.14没、66歳。1807生。アメリカの地質学者，動物学者。

ガルニエ，フランシス　Garnier, Marie Joseph François　12.21没、34歳。1839生。フランスの海軍士官，探検家。

グリムケ，セアラ・ムーア　Grimké, Sarah Moore　12.23（㊂1837）没、81歳。1792生。アメリカの奴隷廃止運動家。

ホート　Hotho, Heinrich Gustav　12.24没、71歳。1802生。ドイツの美術史家。

ウンフェルドルベン，オットー　Unverdorben, Otto　12.28没、67歳。1806生。ドイツの化学者。

この年　アグラモンテ　Agramonte y Loynaz, Ignacio　32歳。1841生。キューバの革命家。

アリエンティ，カルロ　Arienti, Carlo　72歳。1801生。イタリアの画家。

アロースミス　Arrowsmith, John　83歳。1790生。イギリスの地理学者，地図製作者。

何紹基　74歳。1799生。中国，清代の書家，詩人。

ガリニャーニ，ジョン・アントニー　Galignani, John Anthony　77歳。1796生。イギリスの出版業者。

カルヴァート，フレデリック・クレイス　Calvert, Frederick Crace　54歳。1819生。イギリスの化学者。

キャンベル，ジョン・マクラウド　Campbell, John Mcleod　㊂1872没、73歳。1800生。スコットランドの神学者。

コッチャ，カルロ　Coccia, Carlo　91歳。1782生。イタリアの作曲家。

サクストン　Saxton, Joseph　74歳。1799生。アメリカの発明家。

ジェームズ　James, Sir Henry Evan Murchison　27歳。1846生。イギリスの官吏。

シュバリエ　Chevallier, Temple　79歳。1794生。イギリスの天文学者。

徐継畬　78歳。1795生。中国，清の官吏，地理学者。

シラー　Schiller, Karl　62歳。1811生。ドイツの辞典編纂者。

スミス，ロバート　Smith, Robert　86歳。1787生。イギリスのエンジニア。

戴望　36歳。1837生。中国，清代の学者。

ダヴ　Dove, Patrick Edward　58歳。1815生。イギリスの土地改革論者。

タフターウィー　Rifā'a Bey, aṭ-Ṭahṭāwī　72歳。1801生。エジプトの著作家。

チャーチ，サー・リチャード　Church, Sir Richard　88歳。1785生。アイルランドの兵士。

ネルソン　Nelson, Samuel　81歳。1792生。アメリカの法律家。

ハウ，ジョゼフ　Howe, Joseph　69歳。1804生。カナダの政治家。

ヒューム，（アンドリュー・）ハミルトン　Hume, Alexander Hamilton　76歳。1797生。オーストラリアの探検家。

ビュルダン　Burdin, Claude　83歳。1790生。フランスの工学者。

フェリス　Ferris, Isaac　75歳。1798生。アメリカのオランダ改革派教会外国伝道局総主事。

フーク　Hoek, Martinus　39歳。1834生。オランダの天文学者。

ブライス，エドワード　Blyth, Edward　63歳。1810生。イギリスの博物学者，動物学者。

フランシース・マッラーシュ　Fransīs Marrāsh　47？歳。1826生。シリアの著作家。

ピッチョ　Piccio　69歳。1804生。イタリアの画家。

ポティエ　Pauthier, Jean Pierre Guillaume　72歳。1801生。フランスの中国学者。

ホプキンズ，ジョンズ　Hopkins, Johns　78歳。1795生。アメリカ，ボルティモアの実業家。

人物物故大年表 外国人編　*711*

マックルーア，サー・ロバート（・ジョン・ル・メジャラー） MaClure, Robert John Le Mesurier 66歳。1807生。イギリスの海軍軍人，北極探検家。
ムハンマド2世 Sīdī Muḥammad II 70歳。1803生。モロッコのスルタン（在位1859〜73）。
ラッセル Russell, William 75歳。1798生。アメリカの教育者。
ラプトン Lupton, Thomas Goff 82歳。1791生。イギリスの版画家。
レッツ，トマス Letts, Thomas 70歳。1803生。イギリスの製本業者。
ロナルズ Ronalds, Francis 85歳。1788生。イギリスの通信・気象技術者。
[この頃] タヌカーブーニー Tanukābūnī, Muḥammad b.Sulaimān 54？歳。1819生。イランのイスラム教シーア派の神学者，伝記作者。

1874年

2.20 イギリスで保守党のディズレーリ首相就任
5.22 西郷従道の軍が台湾に上陸する
10.09 第1回万国郵便会議で万国郵便連合が発足
　　　　＊＊＊
ボーデン Borden, Gail 1.11没、72歳。1801生。アメリカの発明家，食物学者。
バルタール，ヴィクトール Baltard, Victor 1.13没、68歳。1805生。フランスの建築家。
ライス Reis, Johann Philipp 1.14没、40歳。1834生。ドイツの物理学者。
シュルツェ，マックス・ヨーハン・ジギスムント Schultze, Max Johann Sigisnumd 1.16没、48歳。1825生。ドイツの医学者，組織学者。
ホフマン・フォン・ファラースレーベン，アウグスト・ハインリヒ Hoffmann von Fallersleben, August Heinrich 1.19没、75歳。1798生。ドイツの詩人，文学者。
ベルヒマン Bergmann, Anton 1.21没、38歳。1835生。フランドルの作家。
ロヴァーニ，ジュゼッペ Rovani, Giuseppe 1.26没、56歳。1818生。イタリアの小説家，愛国者。
サルトフ Sartov, Vissarion Luvovich 1.29没、36歳。1838生。ロシアのロシア正教修道士。
セギュール，ソフィ・ド Ségur, Sophie Rostopchine, comtesse de 1.31没、74歳。1799（㊞1789）生。ロシア生れのフランスの女流小説家。
プリンス・スミス Prince-Smith, John 2.3没、65歳。1809生。ドイツの経済学者。
ハウプト Haupt, Moritz 2.5没、65歳。1808生。ドイツの古典語学者，ゲルマン学者。

ベラーマン，フリードリヒ Bellermann, Johann Friedrich 2.5没、78歳。1795生。ドイツの音楽理論家。
ヒルガース，ベルンハルト・ヨーゼフ Hilgers, Bernhard Joseph 2.7没、70歳。1803生。ドイツのカトリック教会史家。
シュトラウス，ダーフィト・フリードリヒ Strauss, David Friedrich 2.8没、66歳。1808生。ドイツの神学者，哲学者，伝記作家。
ミシュレ，ジュール Michelet, Jules 2.9（㊞1876）没、75歳。1798生。フランスの歴史家。
スミス Smith, Sir Francis Pettit 2.12没、66歳。1808生。イギリスの発明家。
タウリーヌス Taurinus, Franz Adolf 2.13没、79歳。1794生。ドイツの数学者。
ブルクミュラー，ヨハン・フリードリヒ・フランツ Burgmüller, Johann Friedrich Franz 2.13没、67歳。1806生。ドイツの作曲家。
ケトレ，ランベール・アドルフ・ジャック Quetelet, Lambert Adolphe Jacques 2.17没、77歳。1796生。ベルギーの統計学者，天文学者，気象学者。
ジャナン，ジュール-ガブリエル Janin, Jules Gabriel 2.19没、69歳。1804生。フランスのジャーナリスト，評論家。
マルツァーン Maltzan, Heinrich von 2.22没、47歳。1826生。ドイツの探検家。
ビニ，トマス Binney, Thomas 2.24没、76歳。1798生。イギリス会衆派の牧師。
クリュヴィエ，ジャン Cruveilhier, Jean 3.6没、83歳。1791生。フランスの病理学者。
フィルモア，ミラード Fillmore, Millard 3.8（㊞1884）没、74歳。1800生。アメリカ合衆国第13代大統領。
ヤコービ Jacobi, Moritz Hermann 3.10没、72歳。1801生。ロシアの物理学，電気工学者。
サムナー，チャールズ Sumner, Charles 3.11没、63歳。1811生。アメリカの政治家。
リッチオーニ Liccioni, Antoine 3.20没、32歳。1842生。フランスの航海士。
カーク，エドワード・ノリス Kirk, Edward Norris 3.27没、71歳。1802生。アメリカの会衆派教会牧師，奴隷解放運動家。
ハンセン Hansen, Peter Andreas 3.28没、78歳。1795生。デンマークの天文学者。
カウルバッハ，ヴィルヘルム・フォン Kaulbach, Wilhelm von 4.7没、68歳。1805生。ドイツの画家。
サヴォーリ Savory, Nathaniel 4.10没、79歳。1794生。アメリカの小笠原諸島最初の移住者。
ボガーダス，ジェームズ Bogardus, James 4.13没、74歳。1800（㊞1808）生。アメリカの発明家。
レーマン Lehmann, Carl Wilhelm Heinrich 4.21没、42歳。1831生。ドイツ出身の技師，貿易商。

19世紀　1874

フィリップス　Phillips, John　4.24没、73歳。1800生。イギリスの地質学者。

トンマゼーオ，ニッコロ　Tommaseo, Niccolò　5.1没、71歳。1802生。イタリアの文学者。

グレール，シャルル　Gleyre, Charles Gabriel　5.5没、68歳。1806(㊟1805)生。フランスの歴史画家。

コローディ　Corrodi, Arnold　5.7没、28歳。1846生。スイスの画家。

ブキャナン　Buchanan, Franklin　5.11没、73歳。1800生。アメリカ海軍軍人。

チェインバーズ，ジョン・チャールズ　Chambers, John Charles　5.21没、56歳。1817生。英国教会の司祭、宗教的著述家。

リズリー　Risley, Richard　5.25没、60？歳。1814生。アメリカの興業師。

マリーンクロット，ヘルマン・フォン　Mallinckrodt, Hermann von　5.26没、53歳。1821生。ドイツのカトリック政治家。

ツァレンバ(ザレンバ)，フェリーツィアン・フォン・カリノーヴァ　Zaremba, Felizian von Kalinowa　5.31没、80歳。1794生。ポーランド出身の伝道者。

ハーゲンバハ，カール・ルードルフ　Hagenbach, Karl Rudolf　6.7没、73歳。1801生。スイスのプロテスタント神学者。

ヤコービ，ルートヴィヒ・ジギスムント　Jacoby, Ludwig Sigismund　6.20没、60歳。1813生。ドイツのメソジスト教会創始者。

オングストレーム，アンデルス・ヨンス　Ångström, Anders Jonas　6.21没、59歳。1814生。スウェーデンの物理学者。

ガラシャニン　Garaschanin, Ilija　6.22(㊟1876)没、62歳。1812生。セルビアの政治家。

グリネル，ヘンリー　Grinnell, Henry　6.30没、75歳。1799生。アメリカの商人、海運業者。

ロイター，フリッツ　Reuter, Fritz　7.12没、63歳。1810生。ドイツの小説家。

アーレンス　Ahrens, Heinrich　8.2没、66歳。1808生。ドイツの法哲学者。

ヘッセ　Hesse, Ludwig Otto　8.4没、63歳。1811生。ドイツの数学者。

ヘルター，フランツ　Härter, Franz　8.5没、77歳。1797生。ストラスブールの覚醒運動の牧師。

タイナー，アウグスティーン　Theiner, Augustin　8.8没、70歳。1804生。ポーランド出身の教会史家、教会法学者。

ハーバー　Haber, Ludwig　8.11没、31歳。1843生。ドイツの外交官。

マイヨ　Maillot, H. X.　8.14没、43歳。1831生。フランスの教育家。

サムナー，チャールズ・リチャード　Sumner, Charles Richard　8.15没、83歳。1790生。英国教会のウィンチェスター教区主教。

フェアベアン，サー・ウィリアム　Fairbairn, Sir William　8.18没、85歳。1789生。イギリスの技術家。

ドベル，シドニー　Dobell, Sydney Thompson　8.22没、50歳。1824生。イギリスの詩人、批評家。

ベティ　Betty, William Henry West　8.24没、82歳。1791生。イギリスの俳優。

バシリアジス　Vasiliadis, Spyridon　8.？没、28歳。1845生。ギリシアの詩人，劇作家。

レニ　Rennie, Sir John　9.3没、80歳。1794生。イギリスの土木技師。

ギェルイムスキ，マクシミリアン(マクス)　Gierymski, Maksymilian(Maks)　9.16没、27歳。1846生。ポーランドの画家。

ボーモン，(ジャン・バティスト・アルマン・レオンス・)エリー・ド　Beaumont, Jean Baptiste Armand Louis Léonce Elie de　9.21没、75歳。1798生。フランスの地質学者。

ローゼンクランツ　Rosenkrantz, Wilhelm　9.27没、53歳。1821生。ドイツの哲学者。

ヒルデブラント　Hildebrand, Ferdinand Theodor　9.29没、70歳。1804生。ドイツの画家。

ガベレンツ，ハンス・コノン・フォン・デア　Gabelentz, Hans Conon von der　10.3没、66歳。1807生。ドイツの言語学者，民族学者。

プロクター　Procter, Bryan Waller　10.5没、87歳。1787(㊟1789)生。イギリスの詩人。

ハーレック，ヴィーチェスラフ　Hálek, Vitězslav　10.8没、39歳。1835生。チェコの詩人。

ギゾー，フランソワ　Guizot, François Pierre Guillaume　10.12没、87歳。1787生。フランスの政治家，歴史家。

ガイガー，アーブラハム　Geiger, Abraham　10.23没、64歳。1810生。ドイツのユダヤ神学者。

コルネリウス，ペーター　Cornelius, Peter　10.26没、49歳。1824生。ドイツの作曲家，詩人，著述家。

アンダーソン，トマス　Anderson, Thomas　11.2没、55歳。1819生。スコットランドの化学者。

パーマー，フィービ・ウォラル　Palmer, Phoebe Worrall　11.2没、66歳。1807生。アメリカのメソジスト教会信徒伝道者。

ラ・リーブ，オーギュスト　la Rive, Auguste Arthur de　11.3(㊟1873)没、73歳。1801生。スイスの物理学者。

フォルトゥニー・イ・マルサル，マリアーノ　Fortuny y Carbó, Mariano　11.12没、36歳。1838生。スペインの画家。

シューエル，ウィリアム　Sewell, William　11.14没、70歳。1804生。英国教会の神学者。

プラート　Plath, Johann Heinrich　11.16没、67歳。1807生。ドイツの東洋学者。

人物物故大年表 外国人編　*713*

1874　19世紀

ヴァン・アッセルト，アンドレ　Van Hasselt, André-Marie　12.1没、68歳。1806生。ベルギーの詩人。
ワッペルス，ギュスターフ　Wappers, Gustav　12.6没、71歳。1803生。ベルギーの画家。
ティッシェンドルフ，コンスタンティーン・フォン　Tischendorf, Konstantin von　12.7没、59歳。1815生。ドイツの聖書文献学者。
アニース，ミール・ババル・アリー　Anīs, Mīr Babar Alī　12.9没、72歳。1802生。インドの詩人。
スミス，ゲリット　Smith, Gerrit　12.28没、77歳。1797生。アメリカの政治家、奴隷解放論者。
カップ　Kapp, Christian　12.31没、76歳。1798生。ドイツの哲学者。
ルドリュ・ローラン　Ledru-Rollin, Alexandre Auguste　12.31没、67歳。1807生。フランスの政治家。
リッター　Ritter, Helman　12.?没、47歳。1827（㊗1828）生。ドイツの理化学者。
[この年] アニェッリ　Agnelli (Agnello), Salvatore　57歳。1817生。イタリア生れの作曲家。
ウォーカー　Walker, James　80歳。1794生。アメリカの牧師、教育家。
カッシング　Cushing, William Barker　32歳。1842生。アメリカの陸軍士官。
ガッリーナ，ガッロ　Gallina, Gallo　78歳。1796生。ストア哲学者セネカの兄、ギリシアのアカヤの総督(新約)。
カブレンツ　Gablenz, Ludwig, Freiherr von　60歳。1814生。オーストリアの将軍。
カパドーセ，アーブラハム　Capadose, Abraham　79歳。1795生。オランダで活躍したユダヤ人キリスト者。
カリシャー　Kalischer, Zevi Hirsch　79歳。1795生。東プロイセンのタルムード学者。
魏秀仁　55歳。1819生。中国、清代の作家。
クラベ，ホセ・アンセルモ　Clavé, José Anselmo　50歳。1824生。スペインの作曲家、合唱隊指揮者。
グラント　Grant, Robert Edmund　81歳。1793生。イギリスの動物学者。
グリーン　Green, Beriah　79歳。1795生。アメリカ組合教会牧師。
コーチーズ　Cochise　62?歳。1812(㊗1825頃)生。アメリカ・インディアン、チリカファ・アパッチ族の酋長。
コーネル，エズラ　Cornell, Ezra　67歳。1807生。アメリカの教育家。
ザドキール　Zadkiel　80歳。1794生。イギリスの占星家。
ザモイスキ　Zamoyski, Andrzej　74歳。1800生。ポーランドの貴族、政治家。
ジョーンズ，オーウェン　Jones, Owen　65歳。1809(㊗1807)生。イギリスのデザイナー、建築家。

ストリックランド　Strickland, Agnes　78歳。1796生。イギリスの女性歴史家。
セスペデス　Céspedes, Carlos Manuel de　55歳。1819生。キューバ独立運動の先駆者。
ソーニ，ジュゼッペ　Sogni, Giuseppe　79歳。1795生。イタリアの画家。
湯禄名　70歳。1804生。中国、清末の画家。
ドフレシュー　Defrêcheux, Nicolas　49歳。1825生。ベルギーの詩人。
トリスト　Trist, Nicholas Philip　74歳。1800生。アメリカの法律家、外交官。
ハイト　Heydt, August, Freiherr von der　73歳。1801生。プロイセンの政治家。
バックマン，ジョン　Bachman, John　84歳。1790生。アメリカの聖職者、博物学者。
バニスター　Banister, Zilpah Polly　80歳。1794生。アメリカの女子教育の開拓者。
バリビアン　Ballivián, Adolfo　43歳。1831生。ボリビアの軍人、政治家。
バルツァレット，ジュゼッペ　Balzaretto, Giuseppe　73歳。1801生。イタリアの折衷主義の建築家。
ビーク，チャールズ・ティルストン　Beke, Charles Tilstone　74歳。1800生。イギリスの探検家、聖書文献学者。
ビージ，ミケーレ　Bisi, Michele　86歳。1788生。イタリアの画家、版画家。
ヒル　Hill, Friedrich Moritz　69歳。1805生。ドイツの聾教育者。
閔升鎬　44歳。1830生。朝鮮王朝末期の文臣。
馮桂芬　65歳。1809生。中国、清末の思想家。
フェルレッティ，フランチェスコ　Ferretti, Francesco　57歳。1817生。イギリスの牧師。
フェアベアン，パトリク　Fairbairn, Patrick　69歳。1805生。スコットランドの神学者。
フォリー，ジョン・ヘンリー　Foley, John Henry　56歳。1818生。イギリスの彫刻家。
ブラッスール・ド・ブルブール，シャルル・エティエンヌ　Brasseur de Bourbourg, Charles Étienne　60歳。1814生。フランスの宣教師、人類学者。
ブーランジェ，イポリト-エマニュエル　Boulenger, Hippolyte-Emmanuel　37歳。1837生。ベルギーの画家。
ブーレ，シャルル-エルネスト　Beulé, Charles-Ernest　48歳。1826生。フランスの考古学者。
ベイニム，マイケル　Banim, Michael　78歳。1796生。イギリスの小説家。
ボスト，ダヴィッド・アミ・イザーク　Bost, David Ami Isaac　84歳。1790生。スイス(フランス)の牧師、信仰覚醒運動家、讃美歌作者。
マスマン　Massmann, Hans Ferdinand　77歳。1797生。ドイツ体操の指導者。
ミューラー，ハインリヒ・フォン　Mühler, Heinrich von　61歳。1813生。プロイセンの文相。

714　人物物故大年表　外国人編

メドラー　Mädler, Johann Heinrich　80歳。1794生。ドイツの天文学者。
メリヴェール　Merivale, Herman　68歳。1806生。イギリスの法律家，歴史家。
ラーディ，ロレンツォ　Radi, Lorenzo　71歳。1803生。イタリアのガラス職人。
リオ，アレクシス-フランソワ　Rio, Alexis François　76歳。1798生。フランスの芸術評論家。
リューベン　Lüben, August　70歳。1804生。ドイツの教授改革者。

1875年

1.05　ガルニエ設計のパリのオペラ座が完成する
1.30　フランス国民議会が共和政を承認する
5.22　ドイツ社会主義労働党が結成される
8.26　ウェッブがドーバー海峡初横断に成功する
11.25　ディズレーリがスエズ運河の株を買収する

＊＊＊

ラルース，ピエール-アタナーズ　Larousse, Pierre Athanase　1.3没，57歳。1817生。フランスの文法学者，辞書編纂者。
ペレール，エミール　Pereire, Jacob Emile　1.6没，74歳。1800生。フランスの銀行家。
アダムズ　Adams, Robert　1.13没，84歳。1791生。アイルランドの医師。
ベーツ　Bates, Albert G.　1.13没，21歳。1854生。アメリカの教育家。
トマージウス，ゴットフリート　Thomasius, Gottfried　1.14没，72歳。1802生。ドイツのプロテスタント聖職者。
ミレー，ジャン・フランソワ　Millet, Jean François　1.20没，60歳。1814(㊥1815)生。フランスの画家。
ヒッツィヒ，フェルディナント　Hitzig, Ferdinand　1.22没，67歳。1807生。スイスとドイツの旧約学者。
キングズリー，チャールズ　Kingsley, Charles　1.23没，55歳。1819生。イギリスの牧師，小説家。
フィンレー　Finlay, George　1.26没，75歳。1799生。イギリスの歴史家。
ゲランジェ，プロスペール　Guéranger, Prosper Louis Pascal　1.30没，69歳。1805(㊥1809)生。フランスの典礼学者。
ベネット，サー・ウィリアム・スターンデイル　Bennett, Sir William Sterndale　2.1没，58歳。1816生。イギリスのピアニスト，指揮者，作曲家。
ポトヒーテル，E. J.　Potgieter, Everhardus Johannes　2.3没，66歳。1808生。オランダの文学者。

ユバフス，ヘーラルト・カシミール　Ubaghs, Gerhard Kasimir　2.15没，74歳。1800生。ベルギーのカトリック哲学者。
アルゲランダー，フリードリヒ・ヴィルヘルム・アウグスト　Argelander, Friedrich Wilhelm August　2.17没，75歳。1799生。ドイツの天文学者。
オネディー，フィロテ　O'Neddy, Philothée　2.19没，64歳。1811生。フランス小ロマン派の詩人，小説家。
マーガリー　Margary, Augustus Raymond　2.21没，28歳。1846生。インド生れのイギリス駐華領事館員。
コロー，ジャン-バティスト-カミーユ　Corot, Jean-Baptiste Camille　2.22没，78歳。1796生。フランスの画家。
ライエル，サー・チャールズ　Lyell, Sir Charles　2.22没，77歳。1797(㊥1787)生。イギリスの地質学者。
シュラーダー，クレーメンス　Schrader, Klemens　2.23没，54歳。1820生。ドイツのカトリック神学者。
セガン，マルク　Seguin, Marc　2.24没，88歳。1786生。フランスの機械および土木エンジニア。
マルコヴィチ，スヴェトザル　Marković, Svetozar　2.26(㊥1876)没，28歳。1846生。ユーゴスラビアのセルビアの文学評論家，思想家。
コルビエール，トリスタン　Corbière, Tristan　3.1没，29歳。1845生。フランスの詩人。
コールブリュッヘ，ヘルマン・フリードリヒ　Kohlbrügge, Hermann Friedrich　3.5没，71歳。1803生。オランダの牧師。
ダビール，ミルザー・サラーマット・アリー　Dabīr, Mirzā Salāmat Alī　3.6没，71歳。1803生。インドのウルドゥー詩人。
グラント　Grant, Sir James Hope　3.7没，66歳。1808生。イギリスの軍人。
ヴュイヨーム　Vuillaume, Jean-Baptiste　3.19没，76歳。1798生。フランスの弦楽器製造家。
アンスロ，ヴィルジニー　Ancelot, Virginie　3.22没，83歳。1792生。フランスの劇作家。
ベートマン　Bateman, Hezekiah Linthicum　3.22没，62歳。1812生。アメリカの俳優，劇場支配人。
キネ，エドガール　Quinet, Edgar　3.27没，72歳。1803生。フランスの詩人，歴史家，哲学者，政治家。
ドンナー　Donner, Johann Jakob Christian　3.29没，75歳。1799生。ドイツの古典学者。
プレイエル，マリ　Pleyel, Marie Denise Moke　3.30没，63歳。1811生。オーストリア出身のフランスの女性ピアニスト，教師，作曲家。
ヘス　Hess, Moses　4.6没，63歳。1812生。ユダヤ系ドイツ人の社会主義者。

ヘルヴェーク, ゲオルク　Herwegh, Georg　4.7没、57歳。1817生。ドイツの詩人。

シュヴァーベ, ハインリヒ・ザムエル　Schwabe, Heinrich Samuel　4.11没、85歳。1789生。ドイツの天文学者。

スコウゴール, ペーテル　Skovgaard, Peter Christian Thamsen　4.13没、58歳。1817生。デンマークの画家。

シュレッター, アントン　Schrötter, Anton　4.15没、72歳。1802生。オーストリアの化学者。

トレゲルズ, サミュエル・プリドー　Tregelles, Samuel Prideaux　4.24没、62歳。1813生。イギリスの新約聖書文献学者。

ブルンノフ　Brunnov, Filipp Ivanovich　4.24没、77歳。1797生。ロシアの外交官。

マンソ・デ・ノローナ, ホアナ・パウラ　Manson de Noronha, Juana Paula　4.24没、55歳。1819生。アルゼンチンの作家、教育者。

スティーヴンズ, アルフレッド　Stevens, Alfred George　5.1没、57歳。1818(㋻1817)生。イギリス新古典主義の代表的彫刻家。

エーヴァルト, ハインリヒ・ゲオルク・アウグスト　Ewald, Heinrich Georg August　5.4没、71歳。1803生。ドイツのプロテスタント神学者, 東洋学者。

バブコク, ルーファス　Babcock, Rufus　5.4没、76歳。1798生。アメリカのバプテスト教会牧師, 指導者。

オズボーン　Osborn, Sherard　5.6没、53歳。1822生。イギリスの提督。

ホーフシュテッター, ハインリヒ　Hofstätter, Henrich　5.12没、70歳。1805生。ドイツのカトリック教会政治家, 司教。

ブレッキンリッジ, ジョン・C(カベル)　Breckinridge, John Cabell　5.17没、54歳。1821生。アメリカの法律家, 政治家, 軍人。

シュナーゼ　Schnaase, Karl　5.20没、76歳。1798生。ドイツの美術史家。

デエー　Deshayes, Gérard Paul　5.24没、80歳。1795生。フランスの古生物学者, 貝化石研究者。

プランティエ, クロード・アンリ　Plantier, Claude Henri　5.25没、62歳。1813生。フランスの司教。

イジョー・ミクローシュ　Izsó, Miklós　5.29没、43歳。1831生。ハンガリーの彫刻家。

パルマー, クリスティアン・ダーヴィト・フリードリヒ　Palmer, Christian David Friedrich　5.29没、64歳。1811生。ドイツの実践神学者。

クレメル　Kremer, Józef　6.2没、69歳。1806生。ポーランドの哲学者。

ビゼー, ジョルジュ　Bizet, Georges　6.3没、36歳。1838生。フランスの作曲家。

メーリケ, エードゥアルト　Mörike, Eduard　6.4没、70歳。1804生。ドイツの詩人。

レミュザ　Rémusat, Charles François Marie, Comte de　6.6没、78歳。1797生。フランスの政治家, 哲学史家。

ゴンサーレス・ビヒル, フランシスコ・デ・パウラ　González Vigil, Francisco de Paula　6.9没、82歳。1792生。ペルーの司祭, 政治家, 反教会的著述家。

カスティーリョ, フェリシアーノ・デ　Castilho, António Feliciano, Visconde　6.18没、75歳。1800生。ポルトガルの詩人, 小説家。

コルセン　Corssen, Wilhelm Paul　6.18没、55歳。1820生。ドイツの言語学者。

ラブルースト, アンリ　Labrouste, Pierre François Henri　6.24没、74歳。1801生。フランスの建築家。

バリー, アントワーヌ - ルイ　Barye, Antoine Louis　6.25没、78歳。1796(㋻1795)生。フランスの彫刻家。

フェルディナント1世　Ferdinand I　6.29没、82歳。1793生。オーストリア皇帝(在位3〜48)。

ケアンズ　Cairnes, John Elliott　7.8没、51歳。1823生。イギリスの経済学者。

デュフール　Dufour, Guillaume Henri　7.14没、87歳。1787生。スイスの軍人。

シンガー, アイザック(・メリット)　Singer, Isaac Merrit　7.23没、63歳。1811生。アメリカの発明家, 企業家。

シュヴァイツァー　Schweitzer, Johann Baptist von　7.28没、42歳。1833(㋻1834)生。ドイツの労働運動指導者。

ジョンソン, アンドリュー　Johnson, Andrew　7.31没、66歳。1808生。アメリカの政治家。

アナセン, ハンス・クリスチャン　Andersen, Hans Christian　8.4没、70歳。1805生。デンマークの作家。

バーナード, ウィリアム・ベイル　Bernard, William Bayle　8.5没、67歳。1807生。アメリカ生れのイギリスの劇作家, 劇評家。

ガルシア・モレーノ, ガブリエル　García Moreno, Gabriel　8.6没、53歳。1821生。エクアドルの政治家。

アンドレー　Andree, Karl Theodor　8.10没、66歳。1808生。ドイツの地理学者。

クーロチキン, ワシーリー・ステパノヴィチ　Kurochkin, Vasilii Stepanovich　8.15没、44歳。1831生。ロシアの詩人, ジャーナリスト。

ホーカー, ロバート・スティーヴン　Hawker, Robert Stephen　8.15没、71歳。1803生。イギリスの詩人, 牧師。

フィニ, チャールズ・グランディスン　Finney, Charles Grandison　8.16没、82歳。1792生。アメリカの神学者, 教育家。

シェパード　Shepherd, Charles　8.23没。イギリスの技師。

19世紀　1875

ペッシェル　Peschel, Oskar　8.31没、49歳。1826生。ドイツの地理学者。

エリオット　Elliot, *Sir* Charles　9.9没、74歳。1801（㊥1810）生。イギリスの外交官。

ジーベル，ティルマン　Siebel, Tillmann　9.15没、71歳。1804生。ドイツの敬虔派指導者。

デュシェンヌ・ド・ブーローニュ　Duchenne de Boulogne　9.15没、68歳。1806生。フランスの神経病学者。

ベーク，クリスティアン・フリードリヒ　Boeckh, Christian Friedrich　9.27没、80歳。1795生。ドイツの牧師、典礼学者。

トルストイ，アレクセイ・コンスタンチノヴィチ　Tolstoi, Aleksei Konstantinovich　9.28没、58歳。1817生。ロシアの小説家、劇作家、詩人。

ゴシュケーヴィチ，イオーシフ・アントーノヴィチ　Goskevich, Iosif Antonovich　10.5没、61歳。1814生。ロシアの外交官。

フォーブズ，アレグザーンダ・ペンロウズ　Forbes, Alexander Penrose　10.8没、58歳。1817生。スコットランドのブリーカン教区主教。

カルポー，ジャン‐バティスト　Carpeaux, Jean Baptiste　10.11没、48歳。1827生。フランスの彫刻家。

ヴィスリツェーヌス，グスタフ・アードルフ　Wislicenus, Gustav Adolf　10.14没、71歳。1803生。ドイツの牧師。

ザック，カール・ハインリヒ　Sack, Karl Heinrich　10.16没、85歳。1789生。ドイツの神学者。

ウィートストン，サー・チャールズ　Wheatstone, *Sir* Charles　10.19没、73歳。1802生。イギリスの物理学者。

フック，ウォールター・ファーカー　Hook, Walter Farquhar　10.20没、77歳。1798生。英国教会司祭、神学者。

ミーニュ，ジャーク・ポル　Migne, Jacques-Paul　10.24没、74歳。1800生。フランスのカトリック司祭、神学書の出版者。

モール　Mohl, Robert von　11.4?没、76歳。1799生。ドイツの公法学者、政治家。

コラン，ジャン・クロード・マリー　Colin, Jean Claude Marie　11.15没、85歳。1790生。フランスのマリスト会創立者。

アスカスビ，イラリオ　Ascasubi, Hilario　11.17没、68歳。1807生。アルゼンチンの詩人、ジャーナリスト。

ギヌリヤク，ジャーク・マリー・アシル　Ginoulhiac, Jacques Marie Achille　11.17没、68歳。1806生。フランスの司教、神学者、教理史家。

ランゲ，フリードリヒ・アルベルト　Lange, Friedrich Albert　11.21没、47歳。1828生。ドイツの哲学者、哲学史家。

コラン　Colin, Alexandre Marie　11.23没、76歳。1798生。フランスの画家、石版画家。

ラウシャー，ヨーゼフ・オットマル　Rauscher, Joseph Othmar　11.24没、78歳。1797生。オーストリアのカトリック神学者、枢機卿。

キャリントン，リチャード・クリストファー　Carrington, Richard Christopher　11.27没、49歳。1826生。イギリスの天文学者。

シュネデル　Schneider, Joseph Eugène　11.27没、70歳。1805生。フランスの政治家、産業家。

キー　Key, Thomas Hewitt　11.29没、76歳。1799生。イギリスの文法学者。

ウィルソン　Wilson, John　12.1没、70歳。1804生。イギリスのキリスト教伝道家、インド研究家。

デジャゼ　Déjazet, Pauline Virginie　12.1没、77歳。1798生。フランスの女優。

ロトベルトゥス，ヨハン・カール　Rodbertus, Johann Karl　12.6没、70歳。1805生。ドイツの経済学者、社会主義者。

ポゴージン，ミハイル・ペトローヴィチ　Pogodin, Mikhail Petrovich　12.8没、75歳。1800生。ロシアの歴史家。

トルディ　Toldy, Ferenc　12.10没、70歳。1805生。ハンガリーの文学史家、医者。

ダウマー，ゲオルク・フリードリヒ　Daumer, Georg Friedrich　12.13没、75歳。1800生。ドイツの宗教哲学者、詩人。

ブレクナー，ハンス　Brøchner, Hans　12.17没、55歳。1820生。デンマークの哲学者。

レイ　Ley, Hans Christian Clausen　12.19没、47歳。1828生。デンマークの画家。

ケメーニュ・ジグモンド　Kemény, Zsigmond　12.22没、61歳。1814生。ハンガリーの小説家。

ティトフ　Titov, Nikolai Alekseevich　12.22没、75歳。1800生。ロシアの作曲家。

プラーガ，エミーリオ　Praga, Emilio　12.26没、36歳。1839生。イタリアの詩人、画家。

レヴェスク　Lévesque, Adélaide　12.27没、41歳。1834生。フランスのサンモール修道会修道女。

[この年]アスピンウォール　Aspinwall, William Henry　68歳。1807生。アメリカの商人。

アーノット，ウィリアム　Arnot, William　67歳。1808生。スコットランドの牧師。

アレスト　Arrest, Heinrich Louis de　53歳。1822生。天文学者。

ウィルソン，ヘンリー　Wilson, Henry　63歳。1812生。アメリカの法律家。

ウィンロック　Winlock, Joseph　49歳。1826生。アメリカの天文学者。

ウォーカー　Walker, Amasa　76歳。1799生。アメリカの経済学者。

ウォーカー　Walker, Frederick　35歳。1840生。イギリスの画家。

ガーニ, サー・ゴールズワージー　Gurney, Sir Goldsworthy　82歳。1793生。イギリスの発明家。
カミンズ, ジョージ・デイヴィド　Cummins, George David　53歳。1822生。アメリカの改革派聖公会の創始者。
ギル　Gill, Robert　イギリスのインド考古学者。
コクレル, アタナーズ - ジョジュエ　Coquerel, Athanase-Josué　55歳。1820生。フランスの改革派神学者。
コゲッティ, フランチェスコ　Coghetti, Francesco　71歳。1804生。イタリアの画家。
賽尚阿　中国, 清の政治家, 武将。
サールウォール, コナップ　Thirlwall, Connop　78歳。1797生。ローマの軍人。
章嘉呼図克図（第四代）　26歳。1849生。内モンゴルの宗教的な権威。
セディヨー　Sédillot, Louis Pierre Eugène Amélie　67歳。1808生。フランスの東洋学者。
銭鼎銘　51歳。1824生。中国, 清の官僚。
ソーントン　Thornton, Edward　76歳。1799生。イギリスのインド研究家。
ダライラマ12世, ティンレイ・ギャムツォ　Dalai Lama XII, Ḣphrin-las rgya-mtsho　19歳。1856生。チベット - ラマ教の法王。
ダリストン　Dalliston, James J. R.　54歳。1821生。イギリスの医師。
ダレ　Dallet, Heinrich Ludwig　53歳。1822生。ドイツの天文学者。
チムコーフスキー　Timkovskii, Egor Fëdorovich　85歳。1790生。ロシアの外交官。
デ・グレゴーリオ, マルコ　De Gregorio, Marco　46歳。1829生。イタリアの画家。
デグベル　Aiguebelle, Paul Alexandre Neveue d'　44歳。1831生。フランスの軍人。
デューラント　Durant, Henry　73歳。1802生。アメリカの組合派教会牧師, カリフォルニア大学総長（1870〜72）。
ド・モミニ, ジョルジュ・ジョゼフ　de Momigny, Georges Joseph　63歳。1812生。フランスのオルガン奏者, 作曲家。
同治帝　㊗1874没, 19歳。1856生。中国, 清朝の第10代皇帝（在位1861〜74）咸豊帝のただ一人の男子。
トムソン, アレクサンダー　Thomson, Alexander　58歳。1817生。イギリスの建築家。
ヒントン　Hinton, James　53歳。1822生。イギリスの哲学者, 医者。
フィンケ　Vincke, Ernst Friedrich Georg, Freiherr von　64歳。1811生。プロイセンの自由主義的政治家。
フォーブズ, ジョージ・ヘイ　Forbes, George Hay　54歳。1821生。イギリスの教父学者。
フライン・テイッ・カウン・ティン　Hlaing Hteik Hkaung Tin　42歳。1833生。ビルマの女流詩人。

ブルーニ　Bruni, Fëdor Antonovich　76歳。1799生。ロシアの画家。
ベルンハルディ　Bernhardy, Gottfried　75歳。1800生。ドイツの古典文学者。
ヘンチェル　Hentschel, Ernst　71歳。1804生。ドイツの数学教育者。
ピケット, ジョージ・エドワード　Pickett, George Edward　50歳。1825生。アメリカの軍人。
ホーゼマン　Hosemann, Theodor　68歳。1807生。ドイツの画家。
ペトローフ　Petrov, Pavel Iakovlevich　61歳。1814生。ロシアの東洋学者。
ペルディギエ　Perdiguier, Agricol　70歳。1805生。フランスの指物師, 組合運動家。
マウフ　Mauch, Karl　38歳。1837生。ドイツのアフリカ学者。
マルボ　Marbeau, Jean-Baptiste-Firmin　77歳。1798生。フランスの法曹家。
ムスタファー・ファズル　Muṣṭafā Faḍl　45歳。1830生。エジプトの皇太子。
リベルト　Libelt, Karol　68歳。1807生。ポーランドの哲学者, 民主主義者。
レイランダー　Rejlander, Oscar Gustave　62歳。1813生。イギリス, ビクトリア朝時代の写真家。
レヴィ, エリファス　Lévi, Eliphas　65歳。1810生。フランスの魔術理論家。
ローガン, Sir　Logan, Sir William Edmond　77歳。1798生。カナダの地質学者。
この頃　ヴェルニー　Verny, François Léone　㊗1893没, 38？歳。1837（㊗1834）生。フランスの海軍技師。
プルトコーフ, コジマー　Prutkov, Kozima　58？歳。1817生。3人の共同のペンネーム。

1876年

2.14　ベルが初めて電話で声を伝える
2.26　日朝修好条約（江華条約）が調印される
6.25　アメリカでカスターの騎兵第7連隊が全滅
8.13　ワーグナー「ニーベルングの指環」が初演
12.23　オスマン朝でアジア初の憲法が公布される
＊＊＊
モール　Mohl, Julius von　1.4（㊗1878）没, 75歳。1800生。ドイツの東洋学者。
グルッペ　Gruppe, Otto Friedrich　1.7没, 71歳。1804生。ドイツの哲学者, 古代研究家, 詩人。
トヴェステン, アウグスト・デトレフ・クリスティアン　Twesten, August Detlev　1.8没, 86歳。1789生。ドイツの哲学者, 神学者。

ハウ，サミュエル（・グリドリー） Howe, Samuel Gridley 1.9没、74歳。1801生。アメリカの教育家。

クスマケール，シャルル・エドモン・アンリ・ド Coussemaker, Charles Edmond Henri de 1.10没、70歳。1805生。フランスの音楽評論家，音楽学者。

ラング，ハインリヒ Lang, Heinrich 1.13没、49歳。1826生。スイスの神学者，牧師。

シアーズ，エドマンド・ハミルトン Sears, Edmund Hamilton 1.14没、65歳。1810生。アメリカのユニテリアン派牧師，讚美歌作詞者。

ルメートル，フレデリック Lemaître, Frédérick 1.16没、75歳。1800生。フランスの俳優。

ダイクス，ジョン・バッカス Dykes, John Bacchus 1.22没、52歳。1823生。英国教会の聖職者，作曲家。

デアーク，フェレンツ Deák, Ferencz 1.29（㊚1867）没、72歳。1803生。ハンガリーの政治家。

セーデルマン Söderman, Johan August 2.10没、43歳。1832生。スウェーデンの作曲家。

アンドラル Andral, Gabriel 2.13没、78歳。1797生。フランスの医学者。

ブッシュネル，ホラス Bushnell, Horace 2.17没、73歳。1802生。アメリカの神学者。

リード Reed, William Bradford 2.18没、69歳。1806生。アメリカの法律家，外交官。

ブロニャール Brongniart, Adolphe Théodre 2.19没、75歳。1801生。フランスの古植物学者。

ゴーントレット，ヘンリ・ジョン Gauntlett, Henry John 2.21没、70歳。1805生。イギリスのオルガン奏者，作曲家。

フォースター，ジョン Forster, John 2.21没、63歳。1812生。イギリスの伝記作家。

ダグー，マリ d'Agoult, Marie de Flavigny, comtesse 3.5没、70歳。1805生。ドイツの著述家。

ピアーヴェ，フランチェスコ・マリーア Piave, Francesco Maria 3.5没、65歳。1810生。イタリアの脚本家。

コレ，ルイーズ Colet, Louise 3.9没、65歳。1810生。フランスの女流詩人，小説家。

フューリヒ，ヨゼフ・フォン Führich, Josef von 3.13没、76歳。1800生。オーストリアの画家，版画家。

フライリヒラート，フェルディナント Freiligrath, Ferdinand 3.18没、65歳。1810生。ドイツの詩人。

ベーム Böhm, Joseph (József) 3.28没、81歳。1795生。ハンガリー生れのヴァイオリン奏者，教師。

ブレック，ジェイムズ・ロイド Breck, James Lloyd 3.30没、57歳。1818生。アメリカの聖公会国内宣教師。

サマーリン Samarin, Iurii Fyodorovich 3.31没、58歳。1818（㊚1819）生。ロシアの思想家。

マインレンダー Mainländer, Philipp 4.1没、34歳。1841生。ドイツの哲学者。

シンプスン，リチャード Simpson, Richard 4.5没、56歳。1820生。イギリスのローマ・カトリック信徒，著述家。

ダルゲアンズ，ジョン・ドブリー Dalgairns, John Dobree 4.6没、57歳。1818生。イギリスのオラトリオ会神学者。

トラウベ Traube, Ludwig 4.11没、58歳。1818生。ドイツの医師。

ブラウンソン，オレスティーズ・オーガスタス Brownson, Orestes Augustus 4.17没、72歳。1803（㊚1802）生。アメリカの聖職者，文筆家。

ウェスリー，サミュエル・セバスチャン Wesley, Samuel Sebastian 4.19没、65歳。1810生。イギリスのオルガン奏者，作曲家。

ツァイジング Zeising, Adolf 4.27没、65歳。1810生。ドイツの美学者。

バラール，アントワーヌ・ジェローム Balard, Antoine Jérôm 4.30没、73歳。1802生。フランスの化学者。

ポッツィ Pocci, Franz von 5.7没、69歳。1807生。ドイツの詩人，音楽家，画家。

ソーモフ Somov, Osip (Iosif) Ivanovich 5.8没、60歳。1815生。ロシアの数学者で力学者。

ラッセン Lassen, Christian 5.8没、75歳。1800生。ドイツの東洋学者，インド学者。

エスキロス，アンリ-アルフォンス Esquiros, Henri Alphonse 5.12没、63歳。1812生。フランスの政治家，小説家。

フルーン・ヴァン・プリンステレル，ギヨーム Groen van Prinsterer, Guillaume 5.19没、74歳。1801生。オランダの歴史家，政治家。

ボテフ，フリスト Botev, Christo 5.20没、27歳。1848（㊚1849）生。ブルガリアの詩人，革命家。

クラーリ，ヤンコ Kráľ, Janko 5.23没、54歳。1822生。チェコスロバキア，スロバキアのロマン詩人。

キングズリー，ヘンリー Kingsley, Henry 5.24没、46歳。1830生。イギリスの小説家。

パラッキー Palacký, František 5.26没、77歳。1798生。チェコスロバキア，チェコの歴史家，政治家。

ディーツ Diez, Friedrich Christian 5.29没、82歳。1794生。ドイツの言語学者。

ハーネベルク，ダニエル・ボニファーティウス・フォン Haneberg, Daniel Bonifatius von 5.31没、59歳。1816生。ドイツのカトリック聖書学者，オリエント学者，修道院長，司教。

イーディ，ジョン Eadie, John 6.3没、66歳。1810生。スコットランドの神学者。

1876　19世紀

アブデュル-アジズ　'Abd al-'Azīz　6.4没、46歳。1830生。オスマン・トルコ帝国第32代スルタン（在位1861～76）。

サンド, ジョルジュ　Sand, George　6.8（㉞1906）没、71歳。1804生。フランスの女流小説家。

ヴェロー, ジャン-ピエール・オギュスタン・マルセラン　Verot, Jean-Pierre Augustin Marcellin　6.10没、71歳。1805生。アメリカのカトリック教会司教、シュルピス会士。

シュトロマイヤー　Stromeyer, Georg Friedrich Louis　6.15没、72歳。1804生。ドイツの外科医。

ヒュセイン・アヴニ・パシャ　Ḥusein Avni Pasha　6.16没、57歳。1819生。トルコの将軍、政治家。

バウアー　Bauer, Wilhelm Sebastian Valentin　6.18没、53歳。1822生。ドイツの発明家。

サンタ・アナ, アントニオ・ロペス・デ　Santa Anna, Antonio López de　6.20没、79歳。1797（㉞1795）生。メキシコの軍人、政治家。

ニール, ジョン　Neal, John　6.20没、82歳。1793生。アメリカの作家。

カスター, ジョージ・アームストロング　Custer, George Armstrong　6.25没、36歳。1839生。アメリカの軍人。

エーレンベルク, クリスティアン・ゴットフリート　Ehrenberg, Christian Gottfried　6.27没、81歳。1795生。ドイツの生物学者。

マーティノー, ハリエット　Martineau, Harriet　6.27没、74歳。1802生。イギリスの女流文学者。

アンブロス, アウグスト・ヴィルヘルム　Ambros, August Wilhelm　6.28没、59歳。1816生。オーストリアの音楽史家、音楽批評家、作曲家。

バクーニン, ミハイル・アレクサンドロヴィチ　Bakunin, Mikhail Aleksandrovich　7.1没、62歳。1814生。ロシア生れの無政府主義思想家。

フェラーリ　Ferrari, Giuseppe　7.1没、64歳。1812（㉞1811）生。イタリアの哲学者、政治家。

ペリエ　Périer, Auguste Casimir　7.6没、64歳。1811生。フランスの政治家。

ヘルドリング, オットー・ヘルハールト　Heldring, Otto Gerhard　7.11没、72歳。1804生。オランダの牧師。

フレドロ, アレクサンデル　Fredro, Aleksander　7.15没、83歳。1793生。ポーランドの劇作家、詩人。

ジムロック, カール　Simrock, Karl　7.18没、73歳。1802生。ドイツの文学史家、詩人。

ディーコン, ヘンリー　Deacon, Henry　7.23（㉞1878）没、53歳。1822生。イギリスのアルカリ工業技術者。

ケー　Kaye, Sir John William　7.24没、62歳。1814生。イギリスの歴史家。

チルダーズ　Childers, Robert Caesar　7.25没、38歳。1838生。イギリスのインド学者。

チャニング　Channing, Walter　7.27没、90歳。1786生。アメリカの産科医。

ヒコック　Hickok, James Butler　8.2没、39歳。1837生。アメリカの軍人。

レイン, エドワード　Lane, Edward William　8.10没、74歳。1801生。イギリスのアラビア学者。

スミス　Smith, George　8.19没、36歳。1840生。イギリスのアッシリア研究家。

ティーデマン, アドルフ　Tidemand, Adolph　8.25没、62歳。1814生。ノルウェイの画家。

フロマンタン, ウージェーヌ　Fromentin, Eugène　8.27没、55歳。1820生。フランスの画家、小説家、美術批評家。

ジーモン　Simon, Gustav　8.28没、52歳。1824生。ドイツの外科医。

ペルローネ, ジョヴァンニ　Perrone, Giovanni　8.28没、82歳。1794生。イタリアのカトリック神学者。

ダヴィド, フェリシアン　David, Félecien César　8.29（㉞1873）没、66歳。1810生。フランスの作曲家。

ランケ, フリードリヒ・ハインリヒ　Ranke, Friedrich Heinrich　9.2没、77歳。1798生。ドイツの神学者。

ディーリンガー, フランツ・クサーヴァー　Dieringer, Franz Xaver　9.8没、65歳。1811生。ドイツのカトリック神学者。

アウエルスペルク　Auersperg, Anton Alexander, Graf von　9.12没、70歳。1806生。オーストリアの詩人。

グリューン, アナスタージウス　Grün, Anastasius　9.12没、70歳。1806生。オーストリアの詩人。

ブラッグ, ブラクストン　Bragg, Braxton　9.27没、59歳。1817生。アメリカ軍人。

ベルティーニ　Bertini, Henri Jérôme　10.1没、77歳。1798生。フランスのピアニスト、作曲家。

レープマン, ヨハネス　Rebmann, Johannes　10.4没、56歳。1820生。ドイツ出身のルター派宣教師。

カッポーニ, ジーノ　Capponi, Marchese Gino　11.3没、84歳。1792生。イタリアの歴史家、政治家。

セッテンブリーニ, ルイージ　Settembrini, Luigi　11.4（㉞1877）没、63歳。1813生。イタリアの評論家、文学史家。

アントネリ, ジャコモ　Antonelli, Giacomo　11.6没、70歳。1806生。イタリアの聖職者。

ペルツ　Pertz, Georg Heinrich　11.7没、81歳。1795生。ドイツの歴史家。

リッチュル　Ritschl, Friedrich Wilhelm　11.9没、70歳。1806生。ドイツの大学教授。

ディアズ・ド・ラ・ペーニャ, ナルシス・ヴィルジル　Diaz de la Peña, Narcisse Virgile　11.18没、69歳。1807生。フランスの画家。

720　人物物故大年表 外国人編

セロン，プリシラ・リディア Sellon, Priscilla Lydia 11.20没、55？歳。1821生。英国教会修女。
サルダニャ Saldanha, João Carlos de Oliveira e Daun, Duque de 11.21没、86歳。1790(異1791)生。ポルトガルの軍人，政治家。
ポールケ Pohlke, Karl Wilhelm 11.27没、66歳。1810生。ドイツの数学者で技術者。
ベーア，カール・エルンスト・フォン Baer, Karl Ernst von 11.28没、84歳。1792生。ドイツの動物学者。
ゲッツ，ヘルマン Goetz, Hermann 12.3没、35歳。1840生。ドイツの作曲家，オルガン奏者。
ゴラール Goulart, João Belchior Marques 12.6没、58歳。1818生。ブラジルの政治家。
シェルヴィーア，フランツィスカ Schervier, Franziska 12.14没、57歳。1819生。ドイツの修道女，貧しき人々のフランシスコ女子修道会の創立者。
ヘンゼル，ルイーゼ・マリーア Hensel, Louise Maria 12.18没、78歳。1798生。ドイツの女流詩人。
パルダン‐ミューラー，フレデリック Paludan-Müller, Frederik 12.28没、67歳。1809生。デンマークの詩人。
ヴィンター，クリスチャン Winther, Christian 12.30没、80歳。1796生。デンマークの自然詩人。
ブリス，フィリップ・ポール Bliss, Philip Paul 12.30没、38歳。1838(異1872)生。アメリカのオルガン奏者，作曲家，楽譜編集者。
ラブレー，カトリーヌ Labouré, Catherine 12.31没、70歳。1806生。フランスの神秘家，「不思議なメダイ」の信心の開始者，聖人。
[この年] **ウォーカー** Walker, Joseph Reddeford 78歳。1798生。アメリカの毛皮取引業者。
クッシュマン，シャーロット(・ソーンダーズ) Cushman, Charlotte Saunders 60歳。1816生。アメリカの女優。
グラースブレンナー Glassbrenner, Adolf 66歳。1810生。ドイツの詩人，ジャーナリスト。
ケーラー Köhler, Carl 51歳。1825生。ドイツの画家。
コウルリジ，ジョン・テイラー Coleridge, John Taylor 86歳。1790生。イギリスの法曹家。
サムナー Sumner, Thomas 69歳。1807生。アメリカの船長。
サンチェス・イ・ルイス，パブロ Sánchez y Ruiz, Pablo 67歳。1809生。スペインの最初のプロテスタント説教者。
ジガンテ，ジャチント Gigante, Giacinto 70歳。1806生。イタリアの画家。
シチャポフ Shchapov, Afanasii Prokofievich 46歳。1830生。ロシアの歴史家，思想家。
スクロープ Scrope, George Julius Poulett 79歳。1797生。イギリスの地質学者，政治家。
セルダ・イ・スニェール，イルデフォンソ Cerdà i Sunyer, Ildefonso 60歳。1816生。スペインのエンジニア，都市計画プランナー。
ソルト，サー・タイタス Salt, *Sir* Titus 73歳。1803生。イギリスの工場主，慈善家。
ダービン Durbin, John Price 76歳。1800生。アメリカのメソジスト派教会牧師。
タンブリーニ，アントニオ Tamburini, Antonio 76歳。1800生。イタリアのバリトン歌手。
チェカノーフスキィ Chekanovskii, Aleksandr Lavrentievich 43歳。1833生。ロシアの探検家。
デイヴィース Davies, Charles 78歳。1798生。アメリカの数学者。
ディド Didot, Ambroise Firmin 86歳。1790生。フランスの学者，印刷出版者。
ドゥアルテ Duarte, Juan Pablo 58歳。1818(異1813)生。ドミニカ独立運動の指導者。
ネベリスコイ Nevel'ski, Gennadi Ivanovich 62歳。1814(異1813)生。ロシアの探検家，提督。
バンデル，エルンスト・フォン Bandel, Ernst von 76歳。1800生。ドイツの彫刻家。
フォーブズ Forbes, David 48歳。1828生。スコットランドの地質学者。
ブラウン Brown, Joseph Rogers 66歳。1810生。アメリカの発明家，工場主。
ブレア Blair, Francis Preston 85歳。1791生。アメリカのジャーナリスト，政治家。
文祥 58歳。1818生。中国，清の官僚。
ベアード，ジェイムズ Baird, James 74歳。1802生。スコットランドの実業家。
ヘヴィシージ Heavysege, Charles 60歳。1816生。イギリス生れのカナダの詩人，劇作家。
ベンコフスキー Benkovski, Georgi 32歳。1844生。ブルガリアの革命家。
ペイン Payne, Joseph 68歳。1808生。イギリスの教育家。
ボウエン，トマス・ジェファスン Bowen, Thomas Jefferson 62歳。1814生。西アフリカで活動したアメリカの宣教師。
パークス Parkes, Edmund Alexander 57歳。1819生。イギリスの衛生学者。
ボズワース，ジョゼフ Bosworth, Joseph 87歳。1789生。イギリスの言語学者，文献学者。
ボテフ，フリスト Botev, Khristo 28歳。1848生。詩人。
マルセル Marcel, Claud 83歳。1793生。フランスの教育学者。
リック，ジェイムズ Lick, James 80歳。1796生。アメリカの実業家，慈善家。
ルイス，ジョン・フレデリック Lewis, John Frederick 71歳。1805生。イギリスの画家。

1877　19世紀

レデンティ，フランチェスコ　Redenti, Francesco　57歳。1819生。イタリアの版画家，カリカチュア画家。

レーデンバハー，ヴィルヘルム　Redenbacher, Wilhelm　76歳。1800生。ドイツの牧師，神学者，バイエルンの大衆作家。

ロセッティ，マリア・フランチェスカ　Rossetti, Maria Francesca　49歳。1827生。英国教会の修道女。

ワイルド，サー・ウィリアム（・ロバート・ウィルズ）　Wilde, Sir William (Robert Wills)　61歳。1815生。イギリスの内科医。

ワイルド・ビル・ヒコック　Wild Bill Hickok　39歳。1837生。アメリカ西部のガンマン。

1877年

- 1.01　ヴィクトリア女王がインド皇帝に即位する
- 2.05　オスマンでミドハト・パシャが罷免される
- 3.04　「白鳥の湖」がボリショイ劇場で初演
- 4.24　ロシアがオスマン帝国に宣戦布告する
- 11.06　エジソンが蓄音機の設計に成功する

* * *

ベーン　Bain, Alexander　1.2没、67歳。1810生。イギリスの電気学者。

モニエ，アンリ-ボナヴァンテュール　Monnier, Henri Bonaventure　1.3没、77歳。1799(㊟1805)生。フランスの漫画家，劇作家。

ヴァンダービルト，コーニーリアス　Vanderbilt, Cornelius　1.4没、82歳。1794生。アメリカの実業家。

レヴィートフ，アレクサンドル・イワノヴィチ　Levitov, Aleksandr Ivanovich　1.4没、41歳。1835生。ロシアの小説家。

ホフマイスター，ヴィルヘルム・フリードリヒ・ベネディクト　Hofmeister, Wilhelm Friedrich Benedikt　1.12没、52歳。1824生。ドイツの植物学者。

フォルクマン　Volkmann, Wilhelm Fridolin, Ritter von Volkmar　1.13没、56歳。1821生。オーストリアの心理学者，哲学者。

ポッゲンドルフ，ヨハン・クリスティアン　Poggendorff, Johann Christian　1.24没、80歳。1796生。ドイツの物理学者，科学史家。

ウィルクス，チャールズ　Wilkes, Charles　2.8没、79歳。1798(㊟1794)生。アメリカ海軍士官。

ファーガソン　Fergusson, Sir William　2.10没、68歳。1808生。スコットランドの解剖学者，外科医。

ベイカー，ヘンリ・ウィリアムズ　Baker, Henry Williams　2.12没、55歳。1821生。イギリスの聖職者，讃美歌編集者。

シャンガルニエ　Changarnier, Nicolas　2.14没、83歳。1793生。フランスの将軍，政治家。

トゥーハー，クリストフ・カール・ゴットリープ・フォン　Tucher, Christoph Carl Gottlieb von　2.17没、78歳。1798生。ドイツの宗教音楽家，法学者。

ゲルラハ，ルートヴィヒ・フォン　Gerlach, Ernst Ludwig von　2.18没、81歳。1795生。ドイツの法律家，政治家。

デービス　Davis, Charles Henry　2.18没、70歳。1807生。アメリカ海軍軍人，海洋学者。

オットー　Otto, Ernst Julius　3.5没、72歳。1804生。ドイツの作曲家，指揮者。

バック　Buck, Gurdon　3.6没、69歳。1807生。アメリカの外科医。

ヤコービー　Jacoby, Johann　3.6没、71歳。1805生。プロイセンの政治家。

クラーク，チャールズ・カウデン　Clarke, Charles Cowden　3.13没、89歳。1787生。イギリスの文学者。

ロサス，ホアン・マヌエル　Rosas, Juan Manuel de　3.14没、83歳。1793生。アルゼンチンの政治家。

ベルチャー，サー・エドワード　Belcher, Sir Edward　3.18没、78歳。1799生。イギリスの海軍士官。

ウンガー，カロリーネ　Unger, Karoline　3.23没、73歳。1803生。オーストリアのコントラルト歌手。

バジョット，ウォルター　Bagehot, Walter　3.24没、51歳。1826生。イギリスのジャーナリスト，経済学者。

チザム，キャロライン（ジョウンズ）　Chisholm, Carolyne (Jones)　3.25没、69歳。1808生。イギリスのオーストラリア自由移民援護事業家。

ブレミカー　Bremiker, Carl　3.26没、73歳。1804生。ドイツの天文学者，測地学者で数学者。

クラウセン，ヘンリク・ニコライ　Clausen, Henrik Nikolai　3.28没、83歳。1793生。デンマークのプロテスタント神学者。

フィオラヴァンティ，ヴィンチェンツォ　Fioravanti, Vincenzo　3.28没、77歳。1799生。イタリアの作曲家。

チェカ・イ・バルバ，ホセ・イグナシオ　Checa y Barba, José Ignacio　3.30没、47歳。1829生。エクアドルのカトリック聖職，キト(Quito)の大司教。

クールノー　Cournot, Antoine Augustin　3.31没、75歳。1801生。フランスの数学者，経済学者，哲学者。

ガバリェロ，フェルナン　Caballero, Fernán　4.7没、80歳。1796生。スペインの女流作家。

ミューレンバーグ，ウィリアム・オーガスタス　Muhlenberg, William Augustus　4.8没、80歳。1796生。アメリカの聖公会神学者，讃美歌作者。

ゴッセージ，ウィリアム　Gossage, William　4.9没、78歳。1799生。イギリスの化学者。

722　人物物故大年表　外国人編

バタイヨーン，ピエール・マリー Bataillon, Pierre Marie 4.10没、67歳。1810生。フランスのマリスト会士，オセアニアへの宣教師。

カヴァントゥー，ジャン・ビアンエイム Caventou, Joseph Bienaimé 5.5([異]1878)没、81歳。1795生。フランスの薬学者。

ルーネベリ，ヨハン・ルードヴィグ Runeberg, Johan Ludvig 5.6没、73歳。1804生。フィンランドのロマン派詩人。

モイラー，モーリツ Meurer, Moritz 5.10没、70歳。1806生。ドイツのルター派教会史家。

アヒタフェルト，ヨーハン・ハインリヒ Achterfeld, Johann Heinrich 5.11没、88歳。1788生。ドイツのカトリック神学者。

ワイアット Wyatt, *Sir* Mathew Digby 5.21没、56歳。1820生。イギリスの建築家。

カブレラ Cabrera, Ramón 5.24没、70歳。1806生。スペインの軍人。

モトリー Motley, John Lothrop 5.27没、63歳。1814生。アメリカの外交官，歴史家。

ブラウン Braun, Alexander 5.29没、72歳。1805生。ドイツの植物学者。

オガリョーフ，ニコライ・プラトノヴィチ Ogarëv, Nikolai Platonovich 5.31没、63歳。1813生。ロシアの詩人，評論家，革命運動家。

ケッヘル，ルートヴィヒ・リッター・フォン Köchel, Ludwig von 6.3没、77歳。1800生。オーストリアの音楽史家。

ツィママン，カール Zimmermann, Karl 6.12没、73歳。1803生。ドイツのルター派牧師。

カーペンター，メアリ Carpenter, Mary 6.14没、70歳。1807生。イギリスの女性社会事業家。

ノートン，キャロライン(・エリザベス・セアラ) Norton, Caroline Elizabeth Sarah 6.15没、69歳。1808生。イギリスの女流詩人，文学者。

オーウェン，ロバート・デイル Owen, Robert Dale 6.17没、75歳。1801生。スコットランド生れのアメリカの社会運動家，作家。

ヴァッカナーゲル，フィーリプ Wackernagel, Philipp 6.20没、76歳。1800生。ドイツの教師，讃美歌作成者。

ゴールズボロー Goldsborough, Louis Malesherbes 6.22没、68歳。1808([異]1805)生。アメリカの海軍軍人。

マイ，ヨーハン・グスタフ Mey, Johann Gustav 6.22没、54歳。1822生。ドイツのカトリック司祭，牧会神学者。

ムラン，アルマン・ド Melun, Armand de 6.24没、69歳。1807生。フランスのカトリック社会運動家。

ハックレンダー Hackländer, Friedrich Wilhelm, Ritter von 7.6没、60歳。1816生。ドイツの作家。

ヴィルデルムート Wildermuth, Ottilie 7.12没、60歳。1817生。ドイツの女流作家。

ケッテラー，ヴィルヘルム・エマーヌエル・フォン Ketteler, Wilhelm Emmanuel Freiherr von 7.13没、65歳。1811生。ドイツのマインツの司教。

ベートマン-ホルヴェーク，アウグスト・モーリツ・フォン Bethmann Hollweg, Moritz August von 7.13没、82歳。1795生。ドイツの法律家，政治家。

シュタインメッツ Steinmetz, Karl Friedrich von 8.2没、80歳。1796生。プロシアの軍人，元帥。

ラヴェット Lovett, William 8.8没、77歳。1800生。イギリスのチャーティスト。

パーセル Purcell, Theobald Andrew 8.20没、36歳。1841生。イギリスの医者。

アルント Arnd, Karl 8.21没、88歳。1788生。ドイツの経済学者。

ゲルラハ Gerlach, Andreas Christian 8.29没、66歳。1811生。ドイツの獣医。

ヤング，ブリガム Young, Brigham 8.29没、76歳。1801生。アメリカのモルモン教会指導者。

セムズ，ラフェアル Semmes, Raphael 8.30没、67歳。1809生。アメリカ海軍軍人。

ダット，トールー Dutt, Toru 8.30没、21歳。1856生。インドの詩人。

ダベンポート Davenport, Edward Loomis 9.1没、61歳。1815生。アメリカの俳優。

チエール，アドルフ Thiers, Louis Adolphe 9.3没、80歳。1797生。フランスの政治家，歴史家。

クレイジー・ホース Crazy Horse 9.5没、35?歳。1842生。アメリカ・インディアン，オグララ・スー族の酋長。

ファロウ Fallou, Friedrich Albert 9.6没、82歳。1794生。ドイツ(プロイセン)の土壌学者。

リーツ Rietz, Julius 9.12没、64歳。1812生。ドイツのチェロ奏者，作曲家，指揮者。

エルクラーノ，アレシャンドレ Herculano de Carvalho e Araújo, Alexandre 9.13没、67歳。1810生。ポルトガルの小説家，詩人，歴史家。

イングランド England, John 9.14没、53歳。1824生。イギリスの鉄道技師。

カナリス Kanaris, Konstantinos 9.15没、87歳。1790生。ギリシアの提督，政治家。

コフィン，リーヴァイ Coffin, Levi 9.16没、87歳。1789生。アメリカのクエイカー派の商人，奴隷解放運動家。

トールボット，ウィリアム・ヘンリー・フォックス Talbot, William Henry Fox 9.17没、77歳。1800生。イギリスの科学者，写真の発明者，言語学者。

ルヴェリエ，ユルバン・ジャン・ジョゼフ Leverrier, Urbain Jean Joseph 9.23没、66歳。1811生。フランスの天文学者。

ヴンダーリヒ，カール・アウグスト Wunderlich, Karl Reinhold August 9.25没、62歳。1815生。ドイツの医者。

1877 19世紀

グラスマン,ヘルマン(・ギュンター) Grassmann, Hermann Günther 9.26(㊥1876)没、68歳。1809(㊥1810)生。ドイツの数学者、言語学者。

ベイリ,ジェイムズ・ロウズヴェルト Bayley, James Roosevelt 10.3没、63歳。1814生。アメリカのカトリック教会の大司教。

ドゥブリアン,フィリップ・エドワルド Devrient, Philip Eduard 10.4没、76歳。1801生。ドイツの俳優。

マッセ Massais, Emile 10.9没、41歳。1836生。フランスの医師。

ヴィーセルグレン,ペーテル・ユーナソン Wieselgren, Peter Jonasson 10.10没、77歳。1800生。スウェーデンのルター派牧師、文学史家。

リュールマン Lühlmann, Adolf Julius 10.27没、61歳。1816生。ドイツのトロンボーン奏者。

スウィンホー,ロバート Swinhoe, Robert 10.28没、41歳。1836生。イギリスの博物学者。

ヘルベック Herbeck, Johann 10.28没、45歳。1831生。オーストリアの指揮者、作曲家。

フォレスト,ネイサン・ベッドフォード Forrest, Nathan Bedford 10.29没、56歳。1821生。アメリカの軍人。

モートン Morton, Oliver Hazard Perry Throck 11.1没、54歳。1823生。アメリカの政治家。

ヴランゲル Wrangel, Friedrich Heinrich Ernst, Graf von 11.2没、93歳。1784生。プロシアの元帥。

コッポラ Coppola, Pietro Antonio 11.13没、83歳。1793生。イタリアの作曲家。

マーヴィン,イーノク・マザー Marvin, Enoch Mather 11.25没、54歳。1823生。アメリカのメソジスト監督教会(MEC)、のち南部メソジスト監督教会牧師。

シェミエニスキー Siemieński, Lucjan 11.27没、68歳。1809生。ポーランドの詩人。

ビューヒナー,ルイーゼ Büchner, Luise 11.28没、56歳。1821生。ドイツの文筆家、女性解放運動家。

アーサー Arthur, James Hope 12.9没、35歳。1842生。アメリカのバプテスト派教会宣教師。

リッチ,フェデリーコ Ricci, Federico 12.10没、68歳。1809生。イタリアの作曲家。

ファイト,フィーリプ Veit, Philipp 12.11没、84歳。1793生。ドイツ(ユダヤ系)の宗教画家。

アレンカール,ジョゼ・デ Alencar, José Martiniano de 12.12没、48歳。1829生。ブラジルの小説家、ジャーナリスト、政治家、法曹家。

ホーフマン,ヨーハン・クリスティアン・コンラート・フォン Hofmann, Johann Christian Konrad von 12.20没、66歳。1810生。ドイツのルター派神学者、歴史家。

ルームコルフ Ruhmkorff, Heinrich Daniel 12.20没、74歳。1803生。ドイツの物理学者。

ネクラーソフ,ニコライ・アレクセーヴィチ Nekrasov, Nikolai Alekseevich 12.27(㊥1878)没、56歳。1821生。ロシアの詩人。

クールベ,ギュスターヴ Courbet, Gustave 12.31没、58歳。1819生。フランスの画家。

[この年] 印性 83歳。1794生。朝鮮の僧。

ヴィエロポルスキ Vel'opol'ski, Aleksander 74歳。1803生。ポーランドの政治家。

エラスリス・サナルトゥ Errázuriz Zañartu, Federico 52歳。1825生。チリの政治家、大統領 (1871〜77)。

エルマン Erman, Georg Adolph 71歳。1806生。ドイツの理学博士。

キャッシュ,マーティン Cash, Martin 67歳。1810生。イギリスの犯罪者。

ケイ-シャトルワース,サー・ジェイムズ(・フィリップス) Kay-Shuttleworth, James 73歳。1804生。イギリスの教育行政家。

ゲルトナー,エドゥアルト Gärtner, Eduard 76歳。1801生。ドイツの画家。

コネスタービレ・デッラ・スタッファ,ジャン・カルロ Conestabile della Staffa, Gian Carlo 53歳。1824生。イタリアの考古学者。

コボルド,リチャード Cobbold, Richard 80歳。1797生。イギリスの作家。

シャウマン,フランス・ルドヴィーグ Schaumanm, Frans Ludvig 66歳。1811生。フィンランドのルター派実践神学者。

ジャンロン,フィリップ-オーギュスト Jeanron, Philippe-Auguste 68歳。1809生。フランスの画家。

ジョーンズ Jones, Joseph Stevens 68歳。1809生。アメリカの俳優、劇作家。

ディデー,フランソワ Diday, François 75歳。1802生。スイスの画家。

ハイス Heis, Edward 71歳。1806生。ミュンスター学院の数学・天文学教授。

フェアファックス,ジョン Fairfax, John 73歳。1804生。オーストラリアの新聞社社主。

フォルケニング,ヨーハン・ハインリヒ Volkening, Johann Heinrich 81歳。1796生。ドイツの信仰覚醒運動の指導的説教師。

ブーシコー Boucicaut, Aristide 67歳。1810生。フランスの実業家。

ブラウンロー Brownlow, William Gannaway 72歳。1805生。アメリカの牧師、ジャーナリスト、政治家。

ブリュローフ,アレクサンドル・パヴロヴィチ Bryullov, Aleksandr Pavlovich 79歳。1798生。ロシアの建築家、画家。

724 人物物故大年表 外国人編

19世紀　　　　　　　　　　　　　　　　　　1878

フロスト，ジョン　Frost, John　93歳。1784生。イギリスのチャーティスト。
ヘッケル，ヨハン・アダム　Heckel, Johann Adam　65？歳。1812生。ドイツの木管楽器製作者。
ピカール　Picard, Ernest　56歳。1821生。フランスの政治家。
朴珪寿　㊟1876没、70歳。1807生。朝鮮の思想家，政治家。
ボースウィク，ジェイン・ローリ　Borthwick, Jane Laurie　64歳。1813生。スコットランドの讃美歌作者，訳詞者。
ホール　Hall, Samuel Read　82歳。1795生。アメリカの教育者。
ポールディング，ジョン・ビード　Polding, John Bede　83歳。1794生。オーストラリアの初代ローマ・カトリック司教。
パロット　Parrot, Robert Parker　73歳。1804生。アメリカの陸軍軍人，発明家。
メンゴーニ，ジュゼッペ　Mengoni, Giuseppe　48歳。1829生。イタリアの建築家。
ヤクブ・ベク　Ya'qūb Beg, Muḥammad　57？歳。1820生。東トルキスタンの支配者。
ライト　Wright, Thomas　67歳。1810生。イギリスの古文書研究家。
ラッハナー，テーオドール　Lachner, Theodor　89歳。1788生。ドイツの作曲家，オルガン奏者。
ロー　Rau, Frédéric Charles　74歳。1803生。フランスの法学者。
[この頃]崔漢綺　㊟1879没、74？歳。1803生。朝鮮、李朝末期の実学者。

1878年

1.23　ナロードニキの公開裁判がモスクワで開廷
7.13　ベルリン条約締結でロシアの南下政策頓挫
10.12　イギリス軍がアフガニスタン侵攻を開始
10.21　ビスマルクが社会主義者鎮圧法を制定する
＊＊＊

キャズウォール，エドワード　Caswall, Edward　1.2没、63歳。1814生。イギリスの聖職者，讃美歌作詞者。
モズリ，ジェイムズ・ボウリング　Mozley, James Bowling　1.4没、64歳。1813生。英国教会の聖職。
ラマルモラ　La Marmora, Alfonso Ferrero, Marchese　1.5没、73歳。1804生。イタリアの軍人，政治家。
ストークス　Stokes, William　1.7没、74歳。1804生。アイルランドの医者。
ラスパイユ　Raspail, François Vincent　1.8没、83歳。1794生。フランスの化学者，政治家。

ビットリオ・エマヌエレ2世　Vittorio Emanuele II　1.9没、57歳。1820生。イタリア，サルジニア国王（在位1849～61），イタリア国王（在位61～78）。
ボールズ　Bowles, Samuel　1.16没、51歳。1826生。アメリカの新聞経営者。
ベクレル　Becquerel, Antoine-César　1.18没、89歳。1788生。フランスの物理学者。
スィグリゲティ・エデ　Szigligeti, Ede　1.19没、63歳。1814生。ハンガリーの劇作家。
ルニョー，アンリ・ヴィクトル　Regnault, Henri Victor　1.19没、67歳。1810（㊟1800）生。フランスの化学者，物理学者。
ホフマン　Hoffmann, Johann Joseph　1.23没、72歳。1805生。ドイツの日本学者。
ヴェーバー，エルンスト・ハインリヒ　Weber, Ernst Heinrich　1.26没、82歳。1795生。ドイツの解剖学者，生理学者。
ヒルデブラント　Hildebrand, Bruno　1.29没、65歳。1812生。ドイツの経済学者，統計学者。
ブス，フランツ・ヨーゼフ・フォン　Buss, Franz Joseph von　1.31没、74歳。1803生。ドイツのカトリック社会運動先駆者。
クルックシャンク，ジョージ　Cruikshank, George　2.1没、85歳。1792生。イギリスの諷刺画家，挿絵画家。
ゲーリケ，ハインリヒ・エルンスト・フェルディナント　Guericke, Heinrich Ernst Ferdinand　2.4没、74歳。1803生。ドイツのルター派神学者。
ピウス9世　Pius IX　2.7没、85歳。1792生。教皇。
フリース，エリアス・マグヌス　Fries, Elias Magnus　2.8没、83歳。1794生。スウェーデンの植物学者。
ホートン　Houghton, Henry　2.9没、38歳。1840生。イギリスの鉄道技師。
ベルナール，クロード　Bernard, Claude　2.10（㊟1879）没、64歳。1813生。フランスの生理学者。
プリンセプ　Prinsep, Henry Thoby　2.11没、84歳。1793生。イギリスのインド行政官。
ドービニー，シャルル・フランソワ　Daubigny, Charles François　2.21没、61歳。1817生。フランスの画家，版画家。
ハリス，タウンセンド　Harris, Townsend　2.25没、73歳。1804生。アメリカの外交家。
アフンドフ，ミルザ・ファタリ　Akhúndov, Mírza Fátali　2.26没、65歳。1812生。アゼルバイジャンの作家，思想家。
セッキ，ピエトロ・アンジェロ　Secchi, Pietro Angelo　2.26没、59歳。1818生。イタリアの天文学者。
アルツォク，ヨーハン・バプティスト　Alzog, Johannes Baptist　3.1没、69歳。1808生。ドイツのカトリック教会史家。
アルンツ　Arndts, Ludwig, Ritter von Arnesberg　3.1没、74歳。1803生。ドイツの法学者。

人物故大年表 外国人編　725

1878 19世紀

ダ・ライル, アンブロウズ・ライル・マーチ・フィリプス　De Lisle, Ambrose Lisle March Phillips 3.5没、68歳。1809生。イギリスの著述家。

クアーリオ, シモン　Quaglio, Simon　3.8没、82歳。1795生。イタリアの画家。

アマドル-デ-ロス-リオス, ホセ　Amador de los Rios, José　3.19没、59歳。1818生。スペインの歴史家。

エーレンフォイヒター, フリードリヒ　Ehrenfeuchter, Friedrich　3.20没、63歳。1814生。ドイツのプロテスタント実践神学者。

マイヤー, ユリウス・ロバート・フォン　Mayer, Julius Robert von　3.20没、63歳。1814生。ドイツの医師、物理学者。

ラミイ　Lamy, Claude Auguste　3.20没、57歳。1820生。フランスの化学者。

スレプツォフ, ワシーリー・アレクセーヴィチ　Sleptzov, Vasilii Alekseevich　3.23没、41歳。1836生。ロシアの作家。

スコット, サー・ジョージ・ギルバート　Scott, Sir George Gilbert　3.27没、67歳。1811生。イギリスの建築家。

マイヤース　Mayers, William Frederick　3.？没、39歳。1839(㊥1831)生。イギリスの外交官、中国研究家。

バウディッシーン　Baudissin, Wolf Heinrich, Graf von　4.4没、89歳。1789生。ドイツの小説家、翻訳家。

ベルグラン　Belgrand, Marie François Eugène　4.8没、67歳。1810生。フランスの土木技術者。

セルウィン, ジョージ・オーガスタス　Selwyn, George Augustus　4.11没、69歳。1809生。アングリカン・チャーチの神学者、宣教師。

キューナー　Kühner, Raphael　4.16没、76歳。1802(㊥1822)生。ドイツの古典学者。

プレラー, フリードリヒ　Preller, Friedrich　4.23没、73歳。1804生。ドイツの画家。

クーパー　Cooper, Thomas Thorniville　4.24没、39歳。1839生。イギリスの探検家。

レーオ, ハインリヒ　Leo, Heinrich　4.24(㊥1875)没、79歳。1799生。ドイツの歴史家。

シューエル, アナ　Sewell, Anna　4.25没、58歳。1820生。イギリスの女流作家。

ヴェロル, エマニュエル・ジャン・フランソワ　Verrolles, Emmanuel Jean François　4.29没。フランスの来中国カトリック宣教師。

グロート, ホセ・マヌエル　Groot, José Manuel　5.3没、77歳。1800生。コロンビアのカトリックの歴史家。

ブノワ　Benoist, François　5.6没、83歳。1794生。フランスのオルガン奏者、作曲家。

ダンフェール・ロシュロー　Denfert-Rochereau, Pierre Marie Philippe Aristide　5.11没、55歳。1823生。フランスの軍人。

トヴァニスキ, アンジェイ　Towiański, Andrzej　5.13没、79歳。1799生。ポーランドの神秘思想家。

ヘンリー, ジョセフ　Henry, Joseph　5.13没、80歳。1797生。アメリカの物理学者。

ホルシュタイン　Holstein, Franz von　5.22没、52歳。1826生。ドイツの作曲家。

ラッセル, J.　Russell, John Russell, 1st Earl of　5.28没、85歳。1792生。イギリスの政治家。

スターリング, ロバート　Stirling, Robert　6.6没、87歳。1790生。イギリスの牧師、発明家。

バラゲー・ディリエ　Baraguay-d'Hilliers, Achille, Comte　6.6没、82歳。1795生。フランスの軍人。

ゲオルク5世　Georg V　6.12没、59歳。1819生。ハノーバー国王(在位1851～66)。

ブライアント, ウィリアム・カレン　Bryant, William Cullen　6.12没、83歳。1794生。アメリカの詩人、ジャーナリスト。

ボンヌビル　Bonneville, Benjamin Louis Eulalie de　6.12没、82歳。1796生。アメリカの軍人。

ロング, クローフォード・ウィリアムソン　Long, Crawford Williamson　6.16没、62歳。1815生。アメリカの医師。

ホッジ, チャールズ　Hodge, Charles　6.19没、80歳。1797生。アメリカの長老派神学者。

マシューズ　Mathews, Charles James　6.24没、74歳。1803生。イギリスの俳優。

ゼッケンドルフ, ヘンリエッテ・フォン　Seckendorff, Henritte von　6.25没、59歳。1819生。ドイツの牧会者。

ランゲ　Lange, Julius　6.25没、60歳。1817生。ドイツの画家。

アルベーリ　Alberi, Eugenio　6.？没、68歳。1809生。イタリアの歴史家。

バザン, フランソワ　Bazin, François　7.2没、61歳。1816生。フランスの作曲家。

ゴンサルヴィス・デ・オロヴェイラ, ヴィタル・マリア　Gonçalves de Oliveira, Vital María　7.4没、33歳。1844生。ブラジルのオリンダとレシーフェのカプチン会司教。

アレアルディ, アレアルド　Aleardi, Aleardo　7.17没、65歳。1812生。イタリアの詩人。

ゾロタリョーフ　Zolotarëv, Egor Ivanovich　7.19没、31歳。1847生。ロシアの数学者。

エスラーバ, ミゲル・イラリオン　Eslava, Miguel Hilarión　7.23没、70歳。1807生。スペインの作曲家、音楽学者。

バック, サー・ジョージ　Back, Sir George　7.23没、81歳。1796生。イギリスの探検家、海軍軍人。

726　人物物故大年表 外国人編

ロキタンスキ，カール，男爵 Rokitansky, Karl, Freiherr von 7.23没、74歳。1804生。オーストリアの病理学者。

ウィンクワース，キャサリン Winkworth, Catherine 7.？没、48歳。1829生。イギリスの讃美歌学者，讃美歌翻訳者。

パラヴィチーノ・トリヴルツィオ Pallavicino-Trivulzio, Giorgio Guido 8.4没、82歳。1796生。イタリアの愛国者。

ダイキンク，エヴァート・オーガスタス Duyckinck, Evert Augustus 8.13没、61歳。1816生。アメリカの編集者。

アップジョン，リチャード Upjohn, Richard 8.17没、76歳。1802生。アメリカの建築家。

ホルヴァート Horváth, Mihály 8.19没、68歳。1809生。ハンガリーの歴史学者，政治家，宗教家。

マリア・クリスティナ María Cristina de Borbón 8.22没、72歳。1806生。スペイン王フェルナンド7世の妃。

リンドブラード，アドルフ・フレドリク Lindblad, Adolf Fredrik 8.23没、77歳。1801生。スウェーデンの作曲家。

アールブルグ Ahlburg, Hermann 8.29没、28歳。1850生。ドイツの教育家。

ガルサン・ド・タシー Garcin de Tassy, Joseph Héliodore Sagesse Vertu 9.2没、84歳。1794生。フランスの東洋学者。

メフメット・アリー・パシャ Meḥmet ʻAlī Pasha 9.6没、50歳。1827生。オスマン・トルコ帝国の軍人。

ヴェステルゴール Westergaard, Niels Ludwig 9.10没、62歳。1815生。デンマークの東洋学者。

シュティール，フェルディナント Stiehl, Anton Wilhelm Ferdinand 9.16没、66歳。1812([異]1819)生。ドイツ・プロイセンの学校条例制定者。

ソープ，トマス・バングス Thorpe, Thomas Bangs 9.20没、63歳。1815生。アメリカのユーモア作家。

パルド Pardo, Manuel 9.22没、44歳。1834生。ペルーの政治家。

ペーテルマン Petermann, August Heinrich 9.25没、56歳。1822生。ドイツの地理学者，地図作製家。

ミュラー，ユーリウス Müller, Julius 9.27没、77歳。1801生。ドイツのプロテスタント神学者。

モスケラ Mosquera, Tomás Cipriano de 10.7没、80歳。1798生。コロンビアの軍人，大統領(1845～49，61～64，66～67)。

デュパンルー，フェリックス Dupanloup, Félix Antoine Philibert 10.11没、76歳。1802生。フランスの聖職者。

ビエナメ Bienaymé, Irenée Jules 10.19没、82歳。1796生。フランスの数学者，工学者。

カレン，ポール Cullen, Paul 10.24没、75歳。1803生。アイルランドのローマ・カトリック教会枢機卿，ダブリン大司教。

バウム，ヨーハン・ヴィルヘルム Baum, Johann Wilhelm 10.29没、68歳。1809生。ドイツのプロテスタント教会史家。

ガルニエ・パジェス Garnier-Pagès, Louis Antoine 10.31没、75歳。1803生。フランスの政治家。

ミンドン Mindon 10.？没、64歳。1814生。ビルマ，コンバウン朝の王(在位1853～78)。

アインホーン，デイヴィド Einhorn, David 11.2([異]1879)没、68歳。1809生。アメリカのユダヤ律法学者。

ファジー Fazy, Jean Jacques 11.5没、84歳。1794生。スイス，政治家，ジャーナリスト。

フェルプス，サミュエル Phelps, Samuel 11.6没、74歳。1804生。イギリスの俳優。

ヴャーゼムスキー，ピョートル・アンドレーヴィチ Viazemskii, Pëtr Andreevich 11.10没、86歳。1792生。ロシアの詩人，批評家。

レッケ-フォルマルシュタイン，アーダルベルト・グラーフ・フォン・デア Recke-Volmarstein, Adalbert, Graf von der 11.10没、87歳。1791生。ドイツの社会奉仕に専念した貴族。

ダフ，アレグザーンダ Duff, Alexander 11.12没、72歳。1806生。スコットランド国教会の外国宣教師。

カイム，カール・テーオドーア Keim, Karl Theodor 11.17没、52歳。1825生。ドイツのプロテスタント神学者。

ルーエト，フランシスコ・デ・パウラ Ruët, Francisco de Paula 11.18没、52歳。1826生。スペインの宗教改革者，プロテスタントの説教者。

レベンゾン，アブラハム・ドヴ Lebensohn, Abraham Dob 11.19没、84歳。1794生。ロシア系ユダヤ人のヘブライ文学者，詩人，文法学者。

ミエロスワフスキ Mieroslawski, Ludwik 11.22没、64歳。1814生。ポーランドの革命家。

ブラッハフォーゲル Brachvogel, Albert Emil 11.27没、54歳。1824生。ドイツの作家。

シャン Shann, Theodore 11.28没、28歳。1850生。イギリスの鉄道技師。

ルイス，ジョージ・ヘンリー Lewes, George Henry 11.28没、61歳。1817生。イギリスの著作家，評論家。

グツコー，カール Gutzkow, Karl Ferdinand 12.16没、67歳。1811生。ドイツの小説家，劇作家。

テイラー，ベイヤード Taylor, James Bayard 12.17没、53歳。1825生。アメリカの旅行記作家，詩人，小説家，外交官。

ベック，ヨーハン・トビーアス Beck, Johann Tobias 12.28没、74歳。1804生。ドイツのプロテスタント神学者。

1878　19世紀

ポポフ，アレクサンドル　Popov, Aleksandr Fëdorovich　12.31没、63歳。1815生。ロシアの数学者。

[この年]アリス・モード・メアリ、王女　Alice Maud Mary, Princess　35歳。1843生。イギリスの王女。

アルベルティ　Alberti, F. A. von　83歳。1795生。ドイツの鉱山地質学者。

アンジェリーニ，ティート　Angelini, Tito　72歳。1806生。イタリアの彫刻家。

インドゥーノ，ドメーニコ　Induno, Domenico　63歳。1815生。イタリアの画家。

ヴァルンハーゲン，フランシスコ・アドルフォ・デ　Varnhagen, Francisco Adolfo de　62歳。1816生。ブラジルの歴史家。

ウェード　Wade, Benjamin Franklin　78歳。1800生。アメリカの法律家、政治家。

ウェルズ，ギディアン　Welles, Gideon　76歳。1802生。アメリカのジャーナリスト。

ウェルズ，ヘンリー　Welles, Henry　73歳。1805生。アメリカン・エクスプレス会社社長（1850〜68）。

ウッズ　Woods, Leonard　71歳。1807生。アメリカの教育者。

奕山　88歳。1790生。中国、清末の宗室出身の官僚。

エルナンデス　Hernández, Juan María　69歳。1809生。アルゼンチンの詩人。

オニール　O'Neill, John　44歳。1834生。フィニア会指導者。

カイミ，アントーニオ　Caimi, Antonio　64歳。1814生。イタリアの画家、美術史家。

カヴァレフスキー　Kovalevskii, Osip Mikhailovich　78歳。1800生。ロシアのモンゴル学者。

グティエレス　Gutiérrez, Juan María　69歳。1809生。アルゼンチンの詩人、学者。

グラント　Grant, Sir Francis　68歳。1810生。イギリスの画家。

クリージー　Creasy, Sir Edward Shepherd　66歳。1812生。イギリスの歴史家。

グリフィス，サー・リチャード・ジョン　Griffith, Sir Richard John　94歳。1784生。アイルランドの地質学者、土木技師。

グリューネイゼン，カール　Grüneisen, Karl　76歳。1802生。ドイツの教会政治家。

クレモーナ，トランクイッロ　Cremona, Tranquillo　41歳。1837生。イタリアの画家。

クローネンベルク　Kronenberg, Leopold　66歳。1812生。ポーランドのユダヤ系ブルジョアジー。

ゴーディ，ルイ・アントワーヌ　Godey, Louis Antoine　74歳。1804生。アメリカの出版業者。

コール　Kohl, Johann Georg　70歳。1808生。ドイツの地理学者。

テリ　Théry, Augustin-François　82歳。1796生。フランスの教育学者。

トイフェル　Teuffel, Wilhelm Sigismund　58歳。1820生。ドイツの古典学者。

トウィード，ウィリアム・マーシー　Tweed, William Marcy　55歳。1823生。アメリカの政治家。

ハーディー・サブザワーリー　Hādī Sabzawārī, Ḥājjī Mulla　81？歳。1797生。イランにおけるカージャール朝期の哲学者。

ビダー，ジョージ・パーカー　Bidder, George Parker　72歳。1806生。イギリスのエンジニア、数学者。

ビーチャー，キャサリン・エスター　Beecher, Catharine Esther　78歳。1800生。アメリカの教育家、文筆家。

ヒルトン　Hilton, John　74歳。1804生。イギリスの外科医。

フェイ，リディア・メアリ　Fay, Lydia Mary　アメリカの婦人宣教師。

フェルンコルン，アントン・ドミニク・フォン　Fernkorn, Anton Dominik von　65歳。1813生。ドイツの彫刻家。

フォガラシ　Fogarasi, János　77歳。1801生。ハンガリーの科学アカデミー会員。

ブラシス，カルロ　Blasis, Carlo　81歳。1797（㊙1795）生。イタリアの舞踊家。

パティソン，ドロシー（・ウィンドロー）　Pattison, Dorothy (Wyndlow)　46歳。1832生。イギリスの慈善家、看護婦。

ペトロフ，オーシプ・アファナーシエヴィチ　Petrov, Osip Afanasievich　71歳。1807生。ロシアのバス歌手。

パプ・カルパンシェ　Pape-Carpantier, Mme.Marie　63歳。1815生。フランスの女流教育家。

パラージイ　Palladii　61歳。1817生。ロシアの中国学者。

マクミラン，カークパトリック　Macmillan, Kirkpatrick　65歳。1813生。イギリスの鍛冶屋。

マシソン　Matheson, James　82歳。1796生。イギリスの商人。

マーテンズ，コンラド　Martens, Conrad　77歳。1801生。イギリスの風景画家。

メゼンツォフ　Mezentsov, Nikolai Vladimilovich　ロシアの憲兵司令官。

モーガン，チャールズ　Morgan, Charles　83歳。1795生。アメリカの船舶・鉄道経営者。

モート，トマス・サトクリフ　Mort, Thomas Sutcliffe　62歳。1816生。イギリスのビジネスマン、冷凍設備の発明者。

ラング，ジョン・ダンモア　Lang, John Dunmore　79歳。1799生。オーストラリアの政治家、聖職者。

ランデラー，マクシミーリアーン・アルベルト　Landerer, Maximilian Albert　68歳。1810生。ドイツの神学者。

リヒター　Richter, Herman Eberhard　70歳。1808生。ドイツの生理学者。

728　人物物故大年表 外国人編

19世紀　　　　　　　　　　　　　　　　　　1879

ルヌーアル　Renouard, Augustin Charles　84歳。1794生。フランスの法律家。
ルーラン　Rouland, Gustave　72歳。1806生。フランスの司法官, 政治家。
レイモンド　Raymond, John Howard　64歳。1814生。アメリカの教育家。
レールス　Lehrs, Karl　76歳。1802生。ドイツの古典学者。

1879年

1.22　ズールー王国に侵入した英軍が撃退される
4.05　チリがペルーとボリビアに宣戦布告する
10.21　アイルランド土地同盟が結成される
12.28　イプセンの劇「人形の家」が初演される
　　　　　　　　＊　＊　＊
ビンガム, ケイレヴ・ジョージ　Bingham, Caleb George　1.1没、67歳。1811生。アメリカの画家。
クッシング, ケイレブ　Cushing, Caleb　1.2没、78歳。1800生。アメリカの法律家, 政治家。
クザン・モントーバン　Cousin-Montauban, Charles Guillaume Marie Apollinaire Antoine, Comte de Palikao　1.8(㊥1878)没、82歳。1796生。フランスの軍人。
エスパルテロ　Espartero, Baldomero　1.9没、86歳。1792(㊥1793)生。スペインの軍人, 政治家。
プレオー, オーギュスト　Préault, Auguste　1.11没、69歳。1809生。フランスの彫刻家。
フラウエンシュテット　Frauenstädt, Julius　1.13没、65歳。1813生。ドイツの哲学者。
ウォード　Ward, Edward Matthew　1.15没、62歳。1816生。イギリスの歴史画家。
クレマジー, オクターヴ　Crémazie, Joseph Octave　1.16没、51歳。1827生。フランス系カナダの愛国詩人。
カラヴェロフ, リュベン　Karavelov, Liuben　1.21没、45？歳。1834(㊥1837)生。ブルガリアの作家, 革命家。
イェンゼン, アドルフ　Jensen, Adolf　1.23没、42歳。1837生。ドイツのピアニスト, 作曲家。
ガイスラー, ハインリヒ　Geissler, Heinrich　1.24没、64歳。1814(㊥1815)生。ドイツの機械技師。
シュティリング　Stilling, Benedikt　1.28没、68歳。1810生。ドイツの解剖学者。
ジェルベー　Gervais, François Louis Paul　2.10没、62歳。1816生。フランスの古生物学者, 動物学者。
ドーミエ, オノレ　Daumier, Honoré Victorin　2.10(㊥1897)没、70歳。1808生。フランスの画家, 版画家。
ホエーフェル　Hoëvell, Wolter Robert, Baron van　2.10没、66歳。1812生。オランダの宣教師。

ジュフラール　Geffrard, Nicholas Fabre　2.11没、72歳。1806生。ハイチの軍人, 政治家, 大統領。
ブルーアー　Brewer, John Sherren　2.16没、68歳。1810生。イギリスの歴史家。
ウェルズ　Wells, Charles Jeremiah　2.17没、79？歳。1800生。イギリスの詩人。
シェール・アリー　Sher 'Ali　2.21没、54歳。1825生。アフガニスタンのバーラクザーイー朝第2代の王(在位1863〜79)。
ローン, アルブレヒト(・テオドール・エーミール), 伯爵　Roon, Albrecht Theodor Emil, Graf von　2.23没、75歳。1803生。プロシア, ドイツの軍人, 政治家。
キャメロン, ジュリア・マーガレット　Cameron, Julia Margaret　2.26没、63歳。1815生。イギリスの女流写真家。
クリフォード, ウイリアム　Clifford, William Kingdon　3.3没、33歳。1845生。イギリスの哲学者, 数学者。
フレーリヒ　Fröhlich, Katharina　3.3没、78歳。1800生。ドイツの婦人。
バリャチンスキー　Baryatinski, Aleksandr Ivanovich　3.9没、63歳。1815生。ロシアの将軍。
マイナルデ　Mainardi, Gaspare　3.9没、79歳。1800生。イタリアの数学者。
ライヘンバハ　Reichenbach, Heinrich Gottlieb Ludwig　3.17没、86歳。1793生。ドイツの植物学者, 動物学者。
フーバー, ヨーハン・ネーポムク　Huber, Johann Nepomuk　3.20没、48歳。1830生。ドイツのカトリック神学者, 哲学者, 歴史家。
ティレル, ウィリアム　Tyrell, William　3.24没、72歳。1807生。オーストラリアの聖公会最初の主教。
ボネッティ, オギュスタン　Bonnetty, Augustin　3.26没、80歳。1798生。フランスの哲学者, 歴史家。
クレーヴン　Craven, Alfred Wingate　3.29没、68歳。1810生。アメリカの土木技術者。
クーチュール, トマ　Couture, Thomas　3.30没、63歳。1815生。フランスの歴史, 風俗画家。
ドーフェ　Dove, Heinrich Wilhelm　4.4没、75歳。1803生。ドイツの物理学者, 気象学者。
パーマー, ウィリアム　Palmer, William　4.5没、67歳。1811生。英国教会の神学者。
パニッツィ, サー・アントニー　Panizzi, Sir Antonio　4.8没、81歳。1797生。イギリス(イタリア生れ)の文学史家, 司書官。
リヒター　Richter, Ernst Friedrich Eduard　4.9没、70歳。1808生。ドイツの理論家, 作曲家, 教師。
ベルナデット・スビルー　Bernadette Soubirous　4.16没、35歳。1844(㊥1858)生。フランスの聖女。

コネリ，コーネリア　Connelly, Cornelia　4.18没、70歳。1809生。アメリカの幼子イエズス修道女会創立者。

フルード，ウィリアム　Froude, William　5.4没、68歳。1810生。イギリスの造船技術者。

バット　Butt, Isaac　5.5没、65歳。1813生。アイルランドの政治家。

ド・コステール，シャルル　De Coster, Charles　5.7没、51歳。1827生。ベルギーの作家。

グリーゼバハ　Grisebach, August Heinrich Rudolf　5.9没、65歳。1814生。ドイツの植物学者。

ド・コステル　Coster, Charles de　5.9没、51歳。1827生。ベルギーの小説家。

ゴバー，サミュエル　Gobat, Samuel　5.11没、80歳。1799生。スイスの宣教師。

ゼンパー，ゴットフリート　Semper, Gottfried　5.15没、75歳。1803生。ドイツの建築家、建築理論家。

ギャリソン，ウィリアム・ロイド　Garrison, William Lloyd　5.24没、73歳。1805(㊟1804)生。アメリカの奴隷制廃止論者。

グラバウ，ヨハネス・アンドレーアス・アウグスト　Grabau, Johannes Andreas August　6.2没、75歳。1804生。アメリカに移住したドイツ・ルター派教会の牧師。

ハヴァガル，フラーンシス・リドリ　Havergal, Frances Ridley　6.3没、42歳。1836生。イギリスの讃美歌作詞者。

ローゼンクランツ，カール　Rosenkranz, Karl　6.14没、74歳。1805生。ドイツの哲学者。

ショー　Shaw, Robert Barkley　6.15没、39歳。1839生。イギリスの近東研究家。

バルビ　Balbi, Melchiorre　6.22没、83歳。1796生。イタリアの音楽評論家、作曲家。

クック，サー・ウィリアム・フォザギル　Cooke, Sir William Fothergill　6.25没、73歳。1806生。イギリスの電気技術者。

ローレンス　Lawrence, John Laird Mair, 1st Baron　6.27没、68歳。1811生。イギリスのインド行政官。

ロイトホルト，ハインリヒ　Leuthold, Heinrich　7.1没、51歳。1827生。スイスの抒情詩人。

ヒギンス　Higgins, Susan B.　7.3没、36歳。1842生。アメリカの教育家。

スマート，ヘンリ・トマス　Smart, Henry Thomas　7.6没、65歳。1813生。イギリスの音楽家、作曲家。

マルティーン，コンラート　Martin, Konrad　7.16没、67歳。1812生。ドイツのカトリック司教、神学者。

ランドシーア　Landseer, Charles　7.22没、79歳。1799生。イギリスの歴史画家、風俗画家。

ヴァラオリティス，アリストテリス　Valaoritis, Aristotelis　7.24没、54歳。1824生。ギリシアの詩人。

ヘッペ，ハインリヒ・ルートヴィヒ・ユーリウス　Heppe, Heinrich Ludwig Julius　7.25没、59歳。1820生。ドイツの神学者。

フェクター　Fechter, Charles Albert　8.5没、54歳。1824生。イギリスの俳優。

ラモント，ヨハン・フォン　Lamont, Johann von　8.6没、73歳。1805生。ドイツ(スコットランド生れ)の天文学者、地磁気学者。

フィヒテ，イマーヌエル・ヘルマン　Fichte, Immanuel Hermann　8.8没、83歳。1796生。ドイツの哲学者。

モル，ウィレム　Moll, Willem　8.16没、67歳。1812生。オランダの改革派神学者。

ヒル，サー・ローランド　Hill, Sir Rowland　8.27没、83歳。1795生。イギリスの教育家、改革者。

ジュガン，ジャンヌ　Jugan, Jeanne　8.29没、86歳。1792生。フランスの修道会総長。

フッド，ジョン・B(ベル)　Hood, John Bell　8.30没、48歳。1831生。アメリカ南部連合国軍の将軍。

カプフ，ジクスト・カール・フォン　Kapff, Sixt Karl von　9.1没、73歳。1805生。ドイツのプロテスタント神学者。

ハルレス，アードルフ・ゴットリーブ・クリストフ・フォン　Harless, Adolf Gottlieb Christoph von　9.5没、72歳。1806生。ドイツのプロテスタント神学者。

テロール　Taylor, Isidore Justin Séverin, Baron　9.6没、90歳。1789生。フランス(イギリス系)の画家、著作家。

ハント　Hunt, William Morris　9.8没、55歳。1824生。アメリカの画家。

ハイセ，ペタ・アーノルト　Heise, Peter Arnold　9.12没、49歳。1830生。デンマークの作曲家。

コッタ　Cotta, Bernhard von　9.14没、70歳。1808生。ドイツの地質学者、岩石学者、鉱床学者。

ヴィオレ-ル-デューク，ウージェーヌ・エマニュエル　Viollet-le-Duc, Eugène Emmanuel　9.17没、65歳。1814生。フランスの建築家。

ドルー　Drew, Daniel　9.18没、82歳。1797生。アメリカの実業家、証券投機業者。

モーア　Mohr, Karl Friedrich　9.27没、72歳。1806生。ドイツの化学者、薬学者。

ソロヴィヨフ，セルゲイ・ミハイロヴィチ　Soloviyov, Sergei Mikhailovich　10.4没、59歳。1820生。ロシアの歴史学者。

ケアリー，H. C.　Carey, Henry Charles　10.13没、85歳。1793生。アメリカの経済学者、社会学者。

グリムケ，アンジェリーナ・エミリー　Grimke, Angelina Emily　10.26没、74歳。1805生。アメリカの奴隷解放論者。
アボット，ジェイコブ　Abbott, Jacob　10.31没、75歳。1803生。アメリカの牧師，児童文学者。
フッカー，ジョゼフ　Hooker, Joseph　10.31没、64歳。1814生。アメリカ，南北戦争の北軍将軍。
チャンドラー　Chandler, Zachariah　11.1没、65歳。1813生。アメリカの政治家。
プラルト，ヨセフ　Poelaert, Joseph　11.3没、62歳。1817生。ベルギーの建築家。
マクスウェル，ジェイムズ・クラーク　Maxwell, James Clerk　11.5没、48歳。1831生。イギリスの物理学者。
スコット　Scott, Mathew　11.15没、41歳。1838生。アメリカの財政家。
シーフナー　Schiefner, Franz Anton von　11.16没、61歳。1818（[異]1817）生。ドイツ生れのロシアの東洋学者。
ゴム，ジャン・ジョゼフ　Gaume, Jean Joseph　11.19没、77歳。1802生。フランスのカトリック神学者。
ディレーン　Delane, John Thadeus　11.22没、62歳。1817生。イギリスの新聞人。
アダムス　Adams, Arthur Hyman　11.23没、32歳。1847生。アメリカの海外伝道会宣教医師。
クルティウス　Curtius, Jan Hendrik Donker　11.27没、66歳。1813生。オランダの外交官。
ブルノンヴィル，オーギュスト　Bournonville, August　11.30没、74歳。1805生。デンマークの舞踊家，振付師。
ローバック　Roebuck, John Arthur　11.30没、77歳。1801生。イギリスの政治家。
ヒューブナー　Hübner, Karl Wilhelm　12.5没、65歳。1814生。ドイツの風俗画家。
シギュルドソン，ヨウン　Sigurdsson, Jón　12.7没、68歳。1811生。アイスランド独立運動の指揮者。
ワインズ，イーノク・コッブ　Wines, Enoch Cobb　12.10没、73歳。1806生。アメリカの宗教家，組合派の牧師。
ヴァルター，フェルディナント　Walter, Ferdinand　12.13没、85歳。1794生。ドイツの法律家，教会権擁護者。
ミニエ　Minié, Claude Étienne　12.14没、65歳。1814生。フランスの軍人，兵器発明家。
ロペス・デ・アヤラ　López de Ayala, Adelardo　12.30没、51歳。1828生。スペインの劇作家，政治家。
[この年] アンガス，ジョージ・ファイフ　Angas, George Fife　90歳。1789生。オーストラリアの船主。
アンダーソン　Anderson, Richard Heron　58歳。1821生。アメリカ南北戦争時の南軍の将軍。
イシューチン　Ishutin, Nikolai Andreevich　39歳。1840生。ロシアの革命家。
イートン　Eaton, Margaret O'Neale　83歳。1796生。アメリカの婦人。
インノケーンチイ　Innokentij　82歳。1797生。ロシア正教会の聖人。
ヴァンダー　Wander, Karl Friedrich Wilhelm　76歳。1803生。ドイツの教育家。
ヴェステルマン　Westermann, Georg　69歳。1810生。ドイツの出版者。
ヴェニアミーノフ　Veniaminov, Ivan Evseevich　82歳。1797生。ロシアの民族学者。
カデル　Cadell, Francis　57歳。1822生。イギリスの探検家。
カールマルシュ　Karmarsch, Karl　76歳。1803生。ドイツの技術教育家。
奇正鎮　81歳。1798生。朝鮮の朱子学者。
キルヴァート，（ロバート・）フランシス　Kilvert, (Robert) Francis　39歳。1840生。イギリスの聖職者，日記作者。
クレーニッヒ　Krönig, Karl August　57歳。1822生。ドイツの物理学者。
ゲーリング　Göring, Carl　38歳。1841生。ドイツの哲学者。
呉可読　67歳。1812生。中国，清の官僚。
呉慶錫　48歳。1831生。朝鮮の開化派思想家，政治家。
サーラ，エリゼーオ　Sala, Eliseo　66歳。1813生。イタリアの画家。
サンジョルジョ，アッボンディオ　Sangiorgio, Abbondio　81歳。1798生。イタリアの彫刻家。
シュバリエ　Chevalier, Michel　73歳。1806生。フランスの経済学者，政治家。
シールズ　Shields, James　73？歳。1806生。アメリカの陸軍軍人，政治家。
タンタルディーニ，アントーニオ　Tantardini, Antonio　50歳。1829生。イタリアの彫刻家。
陳葆楨　59歳。1820生。中国，清の官僚。
ディーステル，ルートヴィヒ・フォン　Diestel, Ludwig von　54歳。1825生。ドイツの旧約学者。
デュレ　Durre, Eduard　83歳。1796生。ドイツの体操家。
ドルヴォー　Dorvault, François　64歳。1815生。フランスの薬剤師。
ナトゥージウス　Nathusius, Hermann Engelhard von　70歳。1809生。ドイツの畜産改良家。
バーカー，チャールズ・スパックマン　Barker, Charles Spackmann　75歳。1804生。イギリスのオルガン製造者。
バリット，イライヒュー　Burritt, Elihu　69歳。1810生。アメリカの平和主義者。
ハールーン　Hārūn al-Rashīd　スーダンのダルフルのスルタン。

ビゲロー，イラスタス（・ブリガム）　Bigelow, Erastus Brigham　65歳。1814生。アメリカの発明家。

ヘイル，セアラ（・ジョジーファ）　Hale, Sarah (Josepha)　91歳。1788生。アメリカの著述家，最初の女性編集者。

ベック　Beck, Karl Isidor　62歳。1817生。ドイツの青年ドイツ派詩人。

ベルモンテ，ルイ　Belmontet, Louis　81歳。1798生。イタリアの音楽家。

プレスト，トマス・ペケット　Prest, Thomas Peckett　69？歳。1810生。イギリスの小説家。

ポレンダー　Pollender, Aloys　79歳。1800生。ドイツの細菌学者。

マクレア　Maclear, Thomas　85歳。1794生。イギリスの天文学者。

マスターズ　Musters, George Chaworth　38歳。1841生。イギリスの海軍士官。

レイノルズ，ジョージ・ウィリアム・マカーサー　Reynolds, George William MacArthur　65歳。1814生。イギリスの大衆小説家，社会改革家。

ロスチャイルド，ライオネル　Rothschild, Lionel Nathan　71歳。1808生。ユダヤ系の国際的金融資本家。

ロング　Long, George　79歳。1800生。イギリスの古典学者。

1880年

7.07　フランスが7月14日を革命記念日とする
8.01　イギリスとアフガニスタンの戦争が終結
8.29　タヒチがフランスへ主権を譲渡される
10.15　ケルン大聖堂が完成し献堂式典が行われる
12.16　第1次ボーア戦争が始まる

* * *

ヘイヴン，ギルバート　Haven, Gilbert　1.3没、58歳。1821生。アメリカのメソジスト教会監督。

フォイエルバッハ，アンゼルム・フォン　Feuerbach, Anselm Friedrich　1.4没、50歳。1829生。ドイツの画家。

バッド，ウィリアム　Budd, William　1.9没、68歳。1811生。イギリスの医師。

ハーン-ハーン，イーダ・フォン　Hahn-Hahn, Ida, Gräfin von　1.12没、74歳。1805生。ドイツの女流作家。

ヴェヒター　Wächter, Karl Georg von　1.15没、82歳。1797生。ドイツの私法，刑法学者。

ピュージ，フィリプ・エドワード　Pusey, Philip Edward　1.15没、50歳。1830生。イギリスの教父学者。

グラモン　Gramont, Antoine Agénor Alfred, Duc de　1.18没、60歳。1819生。フランスの政治家。

ファーヴル　Favre, Jules Gabriel Claude　1.19没、70歳。1809生。フランスの政治家，弁護士。

スタニヒ　Stanig, Giovanni　1.20没。オーストリアの外交官。

ヴレルス　Vullers, Johann August　1.21没、76歳。1803生。ドイツの東洋学者。

オウクリ，フレドリク　Oakeley, Frederick　1.31没、77歳。1802生。イギリスのオックスフォード（トラクト）運動先駆者，のちカトリックに転会。

カサニャック　Cassagnac, Adolphe Bernarde Granier de　1.31没、73歳。1806生。フランスのジャーナリスト。

ジーニン　Zinin, Nikolai Nikolaevich　2.6没、67歳。1812生。ロシアの有機化学者。

エルメリンス　Ermerins, Christian Jacob　2.11没、38歳。1841生。オランダの医学者。

グリンカ，フョードル・ニコラエヴィチ　Glinka, Fëdor Nikolaevich　2.11没、93歳。1786生。ロシアの詩人。

ホルタイ，カール・フォン　Holtei, Karl von　2.12没、82歳。1798生。ドイツの詩人，劇作家，小説家，俳優。

レノックス　Lenox, James　2.17没、79歳。1800生。アメリカの書籍収集家，編集者。

イーストマン，メリー　Eastman, Mary Henderson　2.24没、62歳。1818生。アメリカの女性作家，歴史家。

ブルームハルト，ヨーハン・クリストフ　Blumhardt, Johann Christoph　2.25没、74歳。1805生。ドイツの宗教家。

フレーリヒ　Fröhlich, Maria Anna　3.11没、86歳。1793生。オーストリアのピアニスト，ソプラノ歌手。

ヴェーバー　Weber, Johan Jakob　3.16没、76歳。1803生。ドイツの出版業者。

ヴィエニャフスキ，ヘンリク　Wieniawski, Henryk　3.19没、44歳。1835生。ポーランドのヴァイオリン奏者，作曲家。

マーフィ，ジョン・ジョウゼフ　Murphy, John Joseph　3.27没、68歳。1812生。アメリカの出版業者。

シリング　Schilling, Friedrich Gustav　3.？没、74歳。1805生。ドイツの音楽学者。

ゴーダン　Gaudin, Marc Antoine Augustin　4.2没、75歳。1804生。フランスの化学者。

デュランティ，ルイ・エドモン　Duranty, Louis Emile Edmond　4.10没、46歳。1833生。フランスの小説家，美術評論家。

シャーピ　Sharpey, William　4.11没、78歳。1802生。スコットランドの生理学者。

19世紀　　　　　　　　　　　　　　　　　　　　　　　　1880

フォーチュン　Fortune, Robert　4.13没、66歳。1813生。イギリスの園芸家。

エスキュディエ, マリ　Escudier, Marie　4.18没、70歳。1809生。フランスの著述家。

ムルダー　Mulder, Gerard Johann　4.18没、77歳。1802生。オランダの化学者。

スーリコフ, イワン・ザハーロヴィチ　Surikov, Ivan Zaharovich　4.24没、39歳。1841生。ロシアの詩人。

デュボワ, ルイ　Dubois, Louis　4.27没、50歳。1830生。ベルギーの歴史画家, 肖像画家。

カシアス公　Caxias, Luiz Alves de Lima e Silva, Duque de　5.7没、76歳。1803生。ブラジルの政治家, 軍人。

ヴェリー, ジョーンズ　Very, Jones　5.8没、66歳。1813生。アメリカの詩人。

フロベール, ギュスターヴ　Flaubert, Gustave　5.8没、58歳。1821生。フランスの小説家。

ブラウン, G.　Brown, George　5.9没、61歳。1818生。カナダの政治家, 新聞編集者。

ミュッセ, ポール・ド　Musset, Paul de　5.14没、75歳。1804生。フランスの作家。

ズィヤ・パシャ　Ziya Pasha　5.17(㊟1888)没、55?歳。1825(㊟1829)生。オスマン・トルコ帝国の政治家, 文学者。

ミラー　Miller, William Hallowes　5.20没、79歳。1801生。イギリスの結晶学者, 鉱物学者。

ガーゲルン　Gagern, Heinrich Wilhelm, Freiherr von　5.22没、80歳。1799生。ドイツの政治家。

カーウェン, ジョン　Curwen, John　5.26没、63歳。1816生。イギリスの音楽教育家, 出版者。

オウキャラハン, エドマンド・ベイリ　O'Callaghan, Edmund Bailey　5.29没、83歳。1797生。アメリカの歴史家。

プランシェ, ジェイムズ　Planché, James Robinson　5.30没、84歳。1796生。イギリスの劇作家, 考古研究家。

レッシング　Lessing, Karl Friedrich　6.5没、72歳。1808生。ドイツの画家。

ブローム, ジョン　Brougham, John　6.7?没、70?歳。1810(㊟1814)生。アイルランドの俳優。

プランク, カール・クリスティアン　Planck, Karl Christian　6.7没、61歳。1819生。ドイツの哲学者。

ブラック　Black, John Reddie　6.11没、64歳。1816(㊟1827)生。イギリスのジャーナリスト。

ドゥーリトル, ジャスタス　Doolittle, Justus　6.15没、55歳。1824生。アメリカの宣教師。

ソーントン　Thornton, William Thomas　6.17没、67歳。1813生。イギリスの経済学者。

サッター, ジョン・オーガスタス　Sutter, John Augustus　6.18没、77歳。1803生。アメリカの開拓者。

リサジュー, ジュール・アントワーヌ　Lissajous, Jules Antoine　6.24没、58歳。1822生。フランスの物理学者。

ローデンバハ　Rodenbach, Albrecht　6.24没、23歳。1856生。フランドルの詩人。

ボルヒャルト　Borchardt, Carl Wilhelm　6.27没、63歳。1817生。ドイツの数学者。

ディーペンブロク, アポローニア・フォン　Diepenbrock, Apollonia von　7.4没、80歳。1799生。ドイツの社会福祉事業家。

リプリー, ジョージ　Ripley, George　7.4没、77歳。1802生。アメリカの文学者。

シアーズ, バーナス　Sears, Barnas　7.6没、76歳。1803(㊟1802)生。アメリカの浸礼教派の牧師, 教育者。

ブローカ, ピエール・ポール　Broca, Paul　7.8没、56歳。1824生。フランスの医者, 自然人類学者。

ペレール, イザク　Pereire, Isaac　7.13没、73歳。1806生。フランスの銀行家。

プルタレース　Pourtalès, Louis François de　7.17没、57歳。1823生。スイスの動物学者。

ブラウン, サミュエル・ロビンズ　Brown, Samuel Robbins　7.20没、70歳。1810生。アメリカのアメリカン・オランダ改革派教会宣教師。

ハルツェンブッシュ, フアン・エウヘニオ　Hartzenbusch, Juan Eugenio　8.2没、73歳。1806生。スペインの劇作家。

キングストン, ウィリアム・ヘンリ・ギルス　Kingston, William Henry Giles　8.5没、66歳。1814生。イギリスの作家。

ヘブラ　Hebra, Ferdinand, Ritter von　8.5没、63歳。1816生。オーストリアの皮膚科医。

ブル, オーレ・ボーネマン　Bull, Ole Bornemann　8.17没、70歳。1810生。ノルウェーのヴァイオリン奏者。

ハンシュタイン　Hanstein, Johannes von　8.27没、58歳。1822生。ドイツの植物学者。

ジャクソン, チャールズ・トーマス　Jackson, Charles Thomas　8.28没、75歳。1805生。アメリカの化学者。

プリット, グスタフ・レーオポルト　Plitt, Gustav Leopold　9.10没、44歳。1836生。ドイツの教会史家。

ヨンゲ　Jonge, Jan Karel Jacob de　9.11没、52歳。1828生。オランダの歴史家。

ペレヴォーシコフ　Perevoshikov, Dmitrii Matveevich　9.15没、92歳。1788生。ドイツの天文学者で数学者。

シェツラー, コンスタンティーン・フォン　Schäzler, Konstantin von　9.19没、53歳。1827生。ドイツのカトリック神学者。

モント　Montt, Manuel　9.20没、71歳。1809生。チリの政治家, 法学者。

人物物故大年表 外国人編　*733*

1880 19世紀

ベリ　Bergh, Johan Edvard　9.23没、52歳。1828生。スウェーデンの画家。

コックス、サミュエル・ハンスン　Cox, Samuel Hanson　10.2没、87歳。1793生。アメリカの長老派牧師、教育者。

オフェンバック、ジャック　Offenbach, Jacques　10.5没、61歳。1819生。フランスのオペラ・ブッファの作曲家。

ラッセル、ウィリアム　Lassell, William　10.5没、81歳。1799生。イギリスの天文学者。

パース、ベンジャミン　Peirce, Benjamin　10.6没、71歳。1809生。アメリカの数学者、天文学者。

ランスタ、マーグヌス・ブロストルプ　Landstad, Magnus Brostrup　10.9没、78歳。1802生。ノルウェーの牧師、讃美歌学者。

チャイルド　Child, Lydia Maria　10.20没、78歳。1802生。アメリカの女流小説家、社会改革家。

リカーソリ、ベッティーノ　Ricasoli, Bettino　10.23没、71歳。1809生。イタリアの政治家。

カンポ、エスタニスラオ・デル　Campo, Estanislao del　11.6没、46歳。1834生。アルゼンチンの詩人。

ブリュック　Brück, Karl Anton　11.9没、41歳。1839生。ドイツの印刷技師。

モット、ルクリーシア　Mott, Lucretia Coffin　11.11没、87歳。1793生。アメリカの社会改革運動家、女権運動家。

アルゾン、エマニュエル(・マリー・ジョゼフ・モリース)・ド　Alzon, Emmanuel(Marie Joseph Maurice)d'　11.21没、70歳。1810生。フランスの修道会創立者。

ワトソン　Watson, James Craig　11.24没、42歳。1838生。アメリカの天文学者。

モラン、アルチュール・ジュール　Morin, Arthur Jules　12.7没、85歳。1795生。フランスの数学者、工学者。

ロッセルロ、マリーア・ジュゼッパ　Rossello, Maria Giuseppa　12.7没、69歳。1811生。イタリアの修道女。

ブルンス　Bruns, Karl Georg　12.10没、64歳。1816生。ドイツの法学者。

シャール、ミシェル　Charles, Michel　12.18没、87歳。1793生。フランスの数学者、数学史家。

バックランド、フランシス・トレヴェリアン　Buckland, Francis Trevelyan　12.19没、54歳。1826生。イギリスの外科医、自然主義者。

ファン・ゲント　Van Gendt, Johann Godart　12.21没、47歳。1833生。オランダの土木技師。

エリオット、ジョージ　Eliot, George　12.22没、61歳。1819生。イギリスの女流作家。

ルーゲ、アルノルト　Ruge, Arnold　12.31没、78歳。1802(㊥1803)生。ドイツの思想家、ジャーナリスト。

この年　インガンニ、アンジェロ　Inganni, Angelo　73歳。1807生。イタリアの画家。

ウィンチェスター、オリヴァー(・フィッシャー)　Winchester, Oliver(Fisher)　70歳。1810生。アメリカの銃器製造業者。

ヴォスクレセーンスキィ　Voskresenskii, Aleksandr Abramovich　71歳。1809生。ロシアの有機化学者。

オプダイク　Opdyke, George　75歳。1805生。アメリカの経済学者。

カステルノー　Castelnau, Francis de la Porte, Comte de　68歳。1812生。フランスの貴族。

カルス、アドルフ-フェリックス　Cals, Adolphe-Félix　70歳。1810生。フランスの画家。

カンパーナ、ジャンピエトロ　Campana, Giampietro　72歳。1808生。イタリアの美術収集家。

キーン　Kean, Ellen　75歳。1805生。イギリスの女優。

クレミュー　Crémieux, Isaac Adolphe　84歳。1796生。フランスの法学者、政治家。

ゲーベン　Goeben, August Karl von　64歳。1816生。プロシアの軍人。

ケリー、ネッド　Kelly, Ned　25歳。1855生。オーストラリアのギャング。

コアン、アンリ　Cohen, Henri　74歳。1806(㊥1808)生。フランスの古銭学者。

コリガン　Corrigan, Dominic John　78歳。1802生。イギリスの医者。

シャピュー、アンリ　Chapu, Henri Michel Antoine　㊥1891没、47歳。1833生。フランスの彫刻家。

スィピヒ　Sipihr　イランの歴史家、詩人。

ストラトフォード(・ド・レッドクリフ)、ストラトフォード・キャニング、子爵　Stratford(de Redcliffe), Stratford Canning, Viscount　94歳。1786生。イギリスの外交官。

スレズネーフスキィ　Sreznevskij, Izmail Ivanovich　68歳。1812生。ロシアの言語学者。

セイカー、アルフレッド　Saker, Alfred　66歳。1814生。イギリスのバプテスト派宣教師。

セガン、エドゥアル　Séguin, Edouard Onesimus　68歳。1812生。フランスの精神薄弱児教育者。

セルヴァーティコ・エステンセ、ピエトロ　Selvatico Estense, Pietro　77歳。1803生。イタリアの建築家、美術批評家。

鄭書海　54歳。1826生。中国、清代の僧。

ニッチュ　Nitzsch, Karl Wilhelm　62歳。1818生。ドイツの歴史家。

バイヤー　Bayer, Friedrich　55歳。1825生。ドイツの実業家。

ファース、マーク　Firth, Mark　61歳。1819生。イギリスの会社経営者、慈善家。

ベル、トマス　Bell, Thomas　88歳。1792生。イギリスの博物学者。

ベルトロ, サバン　Berthelot, Sabin　86歳。1794生。フランスの博物学者。

ピー, ルイ・フランソワ・デジレ　Pie, Louis François Désiré　65歳。1815生。フランスのカトリック聖職者, 枢機卿。

パッラヴィチーニ, ルイージ・アレッサンドロ　Parravicini, Luisi Alessandro　80歳。1800生。イタリアの児童文学作家。

ペーテルス　Peters, Christian August Friedrich　74歳。1806生。ドイツの天文学者。

ボルダーリョ-ピネイロ, マノエル・マリス　Bordallo-Pinheiro, Manoel Maris　65歳。1815生。ポルトガルの芸術家の一族。

マンハルト, ヨーハン・ヴィルヘルム・エマーヌエル　Mannhardt, Johann Wilhelm Emanuel　49歳。1831生。ドイツの神話・民話学者。

妙空　54歳。1826生。中国, 清の学僧。

メージュ・ムリエス, イポリット　Mège Mouriés, Hippolyte　63歳。1817生。フランスの化学者, 発明家。

ラウダー, チャールズ・フュージ　Lowder, Charles Fuge　60歳。1820生。イギリスの聖職者, アングロ・カトリックの司祭。

ランドシーア　Landseer, Thomas　85歳。1795生。イギリスの版画家。

リンドリ, ダニエル　Lindley, Daniel　79歳。1801生。アメリカ出身の南アフリカへの宣教師。

ワーシントン　Worthington, Henry Rossiter　63歳。1817生。アメリカの発明家, 機械技術者。

1881年

2.24　清露間でサンクト・ペテルブルク条約調印
5.12　フランスがチュニジアの保護権を獲得する
6.29　スーダンがエジプトに対して反乱を起こす
9.09　エジプトのアラービー大佐が武装蜂起する
　　　　　　　＊＊＊

ブランキ, (ルイ・)オーギュスト　Blanqui, Louis Auguste　1.1没、75歳。1805(㋺1850)生。フランスの社会主義者, 革命家。

ツィンゲルレ, ピウス　Zingerle, Pius　1.10没、79歳。1801生。オーストリアのオリエント学者。

ロイド　Lloyd, Humphrey　1.17没、80歳。1800生。アイルランドの科学者。

マリエット, オーギュスト　Mariette, August Édouard　1.19没、59歳。1821生。フランスのエジプト学者。

ピーセムスキー, アレクセイ・フェオフィラクトヴィチ　Pisemskii, Aleksei Feofilaktovich　1.21没、59歳。1821(㋺1820)生。ロシアの小説家。

ドストエフスキー, フョードル・ミハイロヴィチ　Dostoevskii, Fëdor Mikhailovich　1.28没、59歳。1821生。ロシアの作家。

オショーネシー, アーサー　O'Shaughnessy, Arthur William Edgar　1.30没、36歳。1844生。イギリスの詩人, 爬虫類学者。

レメンス, ヤーク・ニーコラース　Lemmens, Jaak Nicolaas　1.30没、58歳。1823生。ベルギーのオルガン奏者, 作曲家。

カーライル, トマス　Carlyle, Thomas　2.5没、85歳。1795生。イギリスの著述家, 歴史家。

ポアリエ　Poirier, Jean Baptiste François Marie　2.5没、37歳。1843生。フランスのパリ外国宣教会宣教師。

マクドネル　Macdonnell, Sir Richard Graves　2.5没、66歳。1814生。イギリスの政治家。

パリス　Paris, Alexis Paulin　2.13没、80歳。1800生。フランスの言語学者, 文学史家。

レーヴェース, イムレ　Révész, Imre　2.13没、55歳。1826生。ハンガリーの改革派牧師, 教会史家。

ドルアン・ド・リュイ　Drouyn de Lhuys, Edouard　3.1没、75歳。1805生。フランスの政治家。

ケスラー　Kessler, Karl Fëdorovich　3.3没、65歳。1815生。ドイツ生まれのロシアの動物学者。

アレクサンドル2世　Aleksandr II, Nikolaevich Romanov　3.13没、62歳。1818生。ロシア皇帝(在位1855～81)。

アレクセーエフ　Alekseev, Nikolai Nikolaevich　3.15没、53歳。1827生。ロシアの数学者。

ムソルグスキー, モデスト・ペトローヴィチ　Musorgskii, Modest Petrovich　3.16没、42歳。1839生。ロシアの作曲家。

ルビンシテイン, ニコラーイ・グリゴリエヴィチ　Rubinshtein, Nikolai Grigorievich　3.23没、45歳。1835生。ロシアの音楽家。

ドレス　Delesse, Achille Ernest　3.24没、64歳。1817生。フランスの鉱物学者, 地質学者。

ヘッカー　Hecker, Friedrich　3.24没、69歳。1811生。ドイツの政治家。

ヴァイプレヒト　Weyprecht, Karl　3.29没、42歳。1838生。ドイツの北極探検家。

ガスパーリ　Gaspari, Gaetano　3.31没、74歳。1807生。イタリアの音楽学者, 作曲家。

イパラギレ, ホセ・マリア・デ　Iparraguirre y Balerdi, José María de　4.6没、60歳。1820生。スペイン・バスクの詩人。

ダヴィウ　Davioud, Gabriel Jean Antoine　4.6没、57歳。1823生。フランスの建築家。

ヴィーヒャーン, ヨーハン・ヒンリヒ　Wichern, Johann Heinrich　4.7没、72歳。1808生。ドイツの宗教家。

ボナパルト　Bonaparte, Pierre Napoléon　4.7没、65歳。1815生。フランスの政治家。

1881　19世紀

エルステル　Elster, Kristian Mandrup　4.11没、40歳。1841生。ノルウェーの文学者、小説家。

ジェリャーボフ　Zhelyabov, Andrei Ivanovich　4.15没、30歳。1851（㊛1850）生。ロシアの革命家、人民主義者。

ディズレイリ、ベンジャミン　Disraeli, Benjamin, 1st Earl of Beaconsfield　4.19没、76歳。1804生。イギリスの政治家。

バージェズ、ウィリアム　Burges, William　4.20没、53歳。1827生。イギリスの建築家。

フィールズ　Fields, James Thomas　4.24没、63歳。1817生。アメリカの出版業者、伝記作家、詩人。

ポールフリ、ジョン・ゴーラム　Palfrey, John Gorham　4.26没、84歳。1796生。アメリカの歴史家、ユニテリアン派牧師。

ジラルダン、エミール・ド　Girardin, Émile de　4.27没、74歳。1806（㊛1808）生。フランスの新聞経営者、政治家。

ベネデク、ルートヴィヒ・フォン　Benedek, Ludwig August, Ritter von　4.27没、76歳。1804生。オーストリアの軍人。

ボト、ヤーン　Botto, Ján　4.28没、52歳。1829生。スロヴァキアの詩人。

マイアル、エドワード　Miall, Edward　4.29没、71歳。1809生。イギリスの会衆派牧師、政治家。

ジェッシ　Gessi, Romolo　4.30没、61歳。1831生。イタリアのアフリカ探検家、スーダン行政官。

ペーテルソン、カール　Peterson, Karl Mikhailovich　5.1没、52歳。1828生。ロシアの数学者。

クーン　Kuhn, Adalbert　5.5没、68歳。1812生。ドイツのインド・ゲルマン語学者、神話学者。

ベラ、ハシント　Vera, Jacinto　5.6没、67歳。1813生。ウルグアイの初代司教。

アルント、ヨーハン・フリードリヒ・ヴィルヘルム　Arndt, Johann Friedrich Wilhelm　5.8没、78歳。1802生。ドイツの敬虔派説教者。

アミエル、アンリ-フレデリック　Amiel, Henri Frédéric　5.11没、59歳。1821生。フランス系スイスの文学者、哲学者。

マッザレルロ、マリーア・ドメーニカ　Mazzarello, Maria Domenica, St.　5.14没、44歳。1837生。扶助者聖母会の創立者の一人。

ディンゲルシュテット、フランツ　Dingelstedt, Franz Freiherr von　5.15没、66歳。1814生。ドイツの詩人、小説家。

アルニム-ズコ、ハリ・クルト・エドゥアルト・カール・フォン　Arnim, Harry, Graf von　5.19没、56歳。1824生。プロシアの外交官。

パーマー、サミュエル　Palmer, Samuel　5.24没、76歳。1805生。イギリスの画家、版画家。

ベルナイス　Bernays, Jakob　5.26没、56歳。1824生。ドイツの古典語学者。

ドルン　Dorn, Boris Andreevich　5.31没、76歳。1805生。ロシアの東洋学者。

オイレンブルク　Eulenburg, Friedrich Albert　6.2没、65歳。1815生。プロイセン（ドイツ）の政治家。

リトレ、エミール　Littré, Maximilien Paul Émile　6.2（㊛1888）没、80歳。1801生。フランスの文献学者、哲学者。

ヴュータン、アンリ　Vieuxtemps, Henri Joseph François　6.6（㊛1889）没、61歳。1820生。ベルギーのヴァイオリン奏者。

セギュール、ルイ・ガストン・ド　Ségur, Louis Gaston de　6.9没、61歳。1820生。フランスの説教家、霊性著作家。

ホープ　Hope, Sir James　6.9没、73歳。1808生。イギリスの提督。

マクレナン　MacLennan, John Ferguson　6.16没、53歳。1827生。スコットランドの社会人類学者。

スターリー、ジェイムズ　Starley, James　6.17没、51歳。1830生。イギリスの発明家。

エスキュディエ、レオン　Escudier, Léon　6.22没、64歳。1816生。フランスの著述家。

シュライデン、マティアス・ヤコプ　Schleiden, Matthias Jakob　6.23没、77歳。1804生。ドイツの植物学者。

ベンファイ、テオドール　Benfey, Theodor　6.26没、72歳。1809生。ドイツの言語学者、サンスクリット語学者。

デュフォール　Dufaure, Armand Jules Stanislas　6.28没、82歳。1798生。フランスの政治家、弁護士。

アギレラ　Aguilera, Ventura Ruiz　7.1没、60歳。1820生。スペインの抒情詩人。

サント-クレール・ドヴィル、アンリ・エティエンヌ　Sainte-Claire Deville, Henri Etiennes　7.1没、63歳。1818生。フランスの化学者。

ドゥヴィル　Deville, Henri Étienne Ste.-Claire　7.1没、63歳。1818生。フランスの化学者。

ロッツェ、ルドルフ・ヘルマン　Lotze, Rudolf Hermann　7.1没、64歳。1817生。ドイツの哲学者、医学者。

スネルマン、ユーハン　Snellmann, Johann Wilhelm　7.4没、75歳。1806生。フィンランドの哲学者。

コックス　Coxe, Henry Octavius　7.8没、69歳。1811生。イギリスの古文書学者、司書。

シュコダ、ヨーゼフ　Skoda, Joseph　7.13没、75歳。1805生。チェコスロバキアの医師。

スタンリ、アーサー・ペンリン　Stanley, Arthur Penrhyn　7.18没、65歳。1815生。イギリスの聖職者、初代教会史の研究者。

ベルク　Bergk, Theodor　7.20没、69歳。1812生。ドイツの古典学者。

19世紀　　　　　　　　　　　　　　　　　　　　　　　1881

ボロー, ジョージ　Borrow, George Henry　7.26没、78歳。1803生。イギリスの旅行家、文献学者、文筆家。

クラーク, マーカス(・アンドリュー・ヒスロップ)　Clarke, Marcus Andrew Hislop　8.2没、35歳。1846生。オーストラリアの小説家。

ファーゴ, ウィリアム(・ジョージ)　Fargo, William George　8.3没、63歳。1818生。アメリカ通運業界の先駆者。

バートン　Burton, John Hill　8.10没、71歳。1809生。スコットランドの歴史家。

ギル　Gill, William John　8.11(㊟1882)没、38歳。1843生。イギリスの探検家。

トリローニー, エドワード　Trelawny, Edward John　8.13没、88歳。1792生。イギリスの冒険家。

ラニアー, シドニー　Lanier, Sidney　9.7没、39歳。1842生。アメリカの詩人。

バーンサイド, アンブローズ・エヴァレット　Burnside, Ambrose Everett　9.13没、57歳。1824生。アメリカの軍人、南北戦争時代の北軍指揮官。

ヴェルナー　Werner, Franz von　9.14没、45歳。1836生。オーストリアの詩人。

ノトーム　Nothomb, Jean-Baptiste　9.16没、76歳。1805生。ベルギーの政治家、外交官。

オールター, デイヴィド　Alter, David　9.18没、73歳。1807生。アメリカの物理学者。

ガーフィールド, ジェイムズ・A(エイブラム)　Garfield, James Abram　9.19没、49歳。1831生。第20代アメリカ大統領。

アーレンス　Ahrens, Franz Heinrich Ludolf　9.25没、72歳。1809生。ドイツの古典学者。

プラット, オースン　Pratt, Orson　10.3没、70歳。1811生。アメリカのモルモン教指導者。

コンボーニ, ダニエーレ　Comboni, Daniele　10.10没、50歳。1831生。アフリカで活動したイタリア出身のカトリック宣教師。

ヒツィヒ　Hitzig, Georg Heinrich Friedrich　10.11没、70歳。1811生。ドイツの建築家。

ホーランド　Holland, Josiah Gilbert　10.12没、62歳。1819生。アメリカの編集者、小説家、詩人。

ハイネ　Heine, Heinrich Eduard　10.21没、60歳。1821(㊟1812)生。ドイツの数学者。

ブルンチュリ, ヨハネス・カスパル　Bluntschli, Johann Kaspar　10.21没、73歳。1808生。スイスの法学者、政治家。

ブイヨー　Bouillaud, Jean Baptiste　10.29没、85歳。1796生。フランスの医師。

ド・ロング, ジョージ・ワシントン　De Long, George Washington　10.30没、37歳。1844生。アメリカの北極探検家。

ペルク　Perk, Jacques　11.1没、22歳。1859生。オランダの詩人。

ルッフィーニ　Ruffini, Giovanni　11.3没、74歳。1807生。イタリアの作家。

マクヘイル, ジョン　MacHale, John　11.4没、90歳。1791生。アイルランドのローマ・カトリック大司教、アイルランド独立運動家。

マレット, ロバート　Mallet, Rodert　11.5没、71歳。1810生。アイルランドの実業家、地震学者。

フォルトラーゲ　Fortlage, Carl　11.8没、75歳。1806生。ドイツの哲学者。

グロース　Gross, Prosper Gambert　11.18没、61歳。1820生。フランスの法律家。

ドレーク　Drake, Edwin Laurentine　11.18(㊟1880)没、62歳。1819生。アメリカの石油掘鑿者。

エンゲルハルト, モーリツ・フォン　Engelhardt, Moritz von　11.23没、53歳。1828生。ドイツの教会史家、教理史家。

ベーム, テオバルト　Böhm, Theobald　11.25没、87歳。1794生。ドイツのフルート奏者、作曲家。

クラプフ, ヨーハン・ルートヴィヒ　Krapf, Johann Ludwig　11.26没、71歳。1810生。ドイツの探検家。

バルレリーニ, アントーニオ　Ballerini, Antonio　11.27没、76歳。1805生。イタリアのイエズス会倫理学者。

ムラヴィヨフ　Muraviyov, Nikolai Nikolaevich, Amurskii　11.30(㊟1891)没、72歳。1809生。ロシアの将軍、政治家、伯爵。

ピロゴーフ　Pirogov, Nikolai Ivanovich　12.5没、71歳。1810生。ロシアの外科医。

クランプ, ジョン・モケット　Cramp, John Mockett　12.6没、90歳。1791生。イギリスのバプテスト教会牧師。

ベルラーゲ, アントーン　Berlage, Anton　12.6没、75歳。1805生。ドイツのカトリック神学者。

バーンゼン　Bahnsen, Julius　12.7没、51歳。1830生。ドイツの哲学者。

ブラムセン　Bramsen, William　12.8没、31歳。1850生。デンマークの日本暦・日本貨幣研究家。

クールマン, カール　Culmann, Karl　12.9没、60歳。1821生。ドイツの橋梁技術者、力学者。

シェノア, アウグスト　Šenoa, August　12.13没、43歳。1838生。クロアチア(ユーゴスラビア)の小説家。

モーガン, L. H.　Morgan, Lewis Henry　12.17没、63歳。1818生。アメリカの法律家、民族学者。

ストリート, ジョージ・エドマンド　Street, George Edmond　12.18没、57歳。1824生。イギリスの建築家。

ベイコン, レナード　Bacon, Leonard　12.24没、79歳。1802生。アメリカの会衆派牧師、教育家。

この年　アガ・ハーン1世　Āghā Khān I　81歳。1800生。インドのイスラム教イスマーイール派教長。

人物物故大年表 外国人編　737

1881 19世紀

アザンチェーフスキィ　Azanchevskii, Mikhail Pavlovich　43歳。1838生。ロシアの音楽学者。

ウッド　Wood, Fernando　69歳。1812生。アメリカの実業家。

エストランデル　Estlander, Jacob August　50歳。1831生。フィンランドの外科医。

エマーソン　Emerson, George Barrell　84歳。1797生。アメリカの教育家，教育著述家。

カッケンボス　Quackenbos, George Payn　55歳。1826生。アメリカの中等教育者。

キドール　Quidor, John　81歳。1800生。アメリカの画家。

キバーリチチ　Kibalchich, Nikolai Ivanovich　28歳。1853生。ロシアの革命家，ナロードニキ。

クヴェービッカー　Quäbicker, Richard　ドイツの哲学者。

グリゴーリエフ　Grigoriev, Vasilii Vasilievich　65歳。1816生。ロシアの東洋学者。

クリフォード　Cliford, Nathan　78歳。1803生。アメリカの裁判官。

グールド，ジョン　Gould, John　77歳。1804生。イギリスの鳥類学者。

クールマン　Kuhlmann, Charles Fréderic　78歳。1803生。フランスの化学工業家。

クロッス　Kloss, Moritz　63歳。1818生。ドイツザクセン州体操師範学校の初代校長。

ゲオルギー　Georgii, Carl Augst　73歳。1808生。スウェーデン出身の軍人。

ケラー　Keller, Ferdinand　81歳。1800生。スイスの考古学者。

洪在鶴　33歳。1848生。朝鮮の儒生。

洪基　59歳。1822生。朝鮮の僧。

ゴス，ウィリアム・クリスティー　Gosse, William Christie　39歳。1842生。イギリスの探検家。

コッサ　Cossa, Pietro　47歳。1834生。イタリアの戯曲作家。

コリー　Colley, Sir George Pomeroy　46歳。1835生。イギリスの軍人。

朱次琦　74歳。1807生。中国，清の学者。

タッパン　Tappan, Henry Philip　76歳。1805生。アメリカの教育者。

デュブランフォー　Dubrunfaut, Auguste Pierre　84歳。1797生。フランスの工業化学者。

デュローリエ　Dulaurier, Jean Paul Louis François Edouard　74歳。1807生。フランスの東洋学者。

デンボウスキー　Dembowski, Ercole　69歳。1812生。イタリアの観測天文学者。

東太后　44歳。1837生。中国，清朝第9代咸豊帝の皇后。

バート　Birt, William Radcliff　77歳。1804生。イギリスの天文学者。

バートン，デシマス　Burton, Decimus　81歳。1800生。イギリスの建築家。

ビリー・ザ・キッド　Billy the Kid　22歳。1859生。アメリカの無法者。

ビールズ　Beales, Edmond　78歳。1803生。イギリスの法律家，政治運動家。

フィッシュ，ジョルジュ　Fisch, Georges　67歳。1814生。フランスの改革派牧師，神学者。

フィッツヒュー　Fitzhugh, George　75歳。1806（⑰1807）生。アメリカの弁護士，政治評論家。

フラタース　Flatters, Paul-Xavier　49歳。1832生。フランスの陸軍士官。

ブランティング　Branting, Lars Gabrill　82歳。1799生。スウェーデン王立中央体操学校のリングの後継者。

フリーアス，フェリス　Frías, Félix　65歳。1816生。アルゼンチンの学者。

ブリッジャー，ジェイムズ　Bridger, James　77歳。1804生。アメリカの毛皮商人の案内人。

ブルーンス　Bruhns, Karl Christian　51歳。1830生。ドイツの天文学者。

ヘイズ，アイザック・イズレイアル　Hayes, Isaac Israel　49歳。1832生。アメリカの医者，北極探検家。

ベルクール　Bellecourt, P. Dushesne de　64歳。1817生。幕末の駐日フランス外交官。

ボスト，ジャン（ジョン）　Bost, Jean（John）　64歳。1817生。フランスの牧師，福祉事業家。

ボニー，ウィリアム・H，ジュニア　Bonney, William H, Jr　22歳。1859生。アメリカの強盗，拳銃使い。

ペローフスカヤ　Perovskaia, Sofya Lvovna　28歳。1853生。ロシアの女性革命家。

ポワルキー　Powalky, Karl Rudolph　64歳。1817生。ドイツの天文学者。

ペンバートン　Pemberton, John Clifford　67歳。1814生。アメリカの軍人，南部連合将軍。

マクノート，ウィリアム　McNaught, William　68歳。1813生。イギリスのエンジニア，発明家。

ユルチッチ　Jurčič, Josip　37歳。1844生。ユーゴスラビアの文学者。

楊沂孫　69歳。1812（⑰1813）生。中国，清の書家。

ランガリバレレ　Langalibalele　63？歳。1818生。南アフリカの反英闘争指導者。

李載先　朝鮮国王高宗の異母兄。

劉熙載　68歳。1813生。中国，清代末期の学者。

ルフュエル，エクトール・マルタン　Lefuel, Hector Martin　⑰1880没、71歳。1810生。フランスの建築家。

レーノー　Raynaud, Maurice　47歳。1834生。フランスの医者。

レーン　Lane, Henry Smith　70歳。1811生。アメリカの法律家，政治家。

[この頃] 李東仁　朝鮮の開化派。

1882年

- 1.02　スタンダード・オイル・トラスト が結成
- 3.24　コッホが結核菌が伝染病であることを報告
- 5.20　三国同盟条約がウィーンで調印される
- 7.23　朝鮮で壬午の軍乱が起こる
- 8.03　アーサー米大統領が移民制限法に署名する

＊ ＊ ＊

エインズワース,ウィリアム・ハリソン　Ainsworth, William Harrison　1.3没、76歳。1805生。イギリスの作家。

ドレイパー,ジョン・ウィリアム　Draper, John William　1.4没、70歳。1811生。イギリス生れの化学者,生理学者。

ザイツェフ,ワルフォロメイ・アレクサンドロヴィチ　Zaitsev, Varfolomei Aleksandrovich　1.6没、39歳。1842生。ロシアの評論家。

デイナ,リチャード・ヘンリー,2世　Dana, Richard Henry, Jr.　1.6没、66歳。1815生。アメリカの小説家,弁護士。

ドゥプレ,ジョヴァンニ　Dupre, Giovanni　1.10没、64歳。1817生。イタリアの彫刻家。

シュヴァン,テオドール　Schwann, Theodor　1.11没、71歳。1810生。ドイツの生理学,解剖学者。

ブラン,シャルル　Blanc, Auguste Alexandre Philippe Charles　1.17没、68歳。1813生。フランスの美術史家,批評家。

シュラーギントヴァイト,ヘルマン　Schlagintweit, Hermann von　1.19没、55歳。1826生。ドイツの探検家。

リネル,ジョン　Linnell, John　1.20没、89歳。1792生。イギリスの画家。

ホルニング,フリードリヒ・テーオードア　Horning, Friedrich Theodor　1.21没、72歳。1809生。ドイツの新ルター派正統主義の神学者,牧師。

シュレーデル,ハンス・パルーダン・スミット　Schreuder, Hans Paludan Smith　1.27没、64歳。1817生。南部アフリカで活動したノルウェーのルター派宣教師。

レスリ　Leslie, Thomas Edward Cliffe　1.27没、55歳。1827生。アイルランドの経済学者,哲学者。

ベロウズ,ヘンリー・ホウィットニ　Bellows, Henry Whitney　1.30没、67歳。1814生。アメリカのユニテリアン派牧師。

ビュッシ　Bussy, Antoine-Alexandre Brutus　2.1没、87歳。1794生。フランスの化学者。

アウアーバッハ,ベルトルト　Auerbach, Berthold　2.8没、69歳。1812生。ドイツの作家。

ドケーヌ　Decaisne, Joseph　2.8没、74歳。1807生。フランスの植物学者。

ホーゲリ,マーガレット(ギャフニ)　Haughery, Margaret(Gaffney)　2.9没、69？歳。1813生。アメリカの慈善事業家。

ガーネット　Garnet, Henry Highland　2.13没、67歳。1815生。アメリカ長老教会の牧師。

バルビエ,アンリ-オーギュスト　Barbier, Henri Auguste　2.13没、76歳。1805生。フランスの詩人。

ライアスン,アドルファス・エジャトン　Ryerson, Egerton　2.19没、78歳。1803生。カナダの教育行政家。

レーマン,ゴットフリート・ヴィルヘルム　Lehmann, Gottfried Wilhelm　2.21没、82歳。1799生。ドイツのバプテスト派伝道者。

バランシュ　Balanche, Honeste Sylvain　2.23没、28歳。1853生。フランスのパリ外国宣教会宣教師。

プリュイン　Pruyn, Robert Heuson　2.26(㊥1886)没、67歳。1815生。幕末の駐日アメリカ公使。

クッラク,テオドール　Kullak, Theodor　3.1没、63歳。1818生。ドイツのピアニスト,教師。

クッフェラート,ルイ　Kufferath, Louis　3.2没、70歳。1811生。ドイツ系のピアニスト,作曲家。

プステト　Pustet, Friedrich　3.6没、84歳。1798生。ドイツの出版業者。

ランツァ　Lanza, Giovanni　3.9没、72歳。1810生。イタリアの政治家。

トムソン,サー・チャールズ・ワイヴィル　Thomson, Sir Charles Wyville　3.10没、52歳。1830生。イギリスの博物学者,海洋学者。

ライヒ,フェルディナンド　Reich, Ferdinand　3.22(㊥1883)没、83歳。1799生。ドイツの化学者,物理学者。

ノイロイター　Neureuther, Eugen Napoleon　3.23没、74歳。1808生。ドイツの画家。

ロングフェロー,ヘンリー・ワッズワス　Longfellow, Henry Wadsworth　3.24没、75歳。1807生。アメリカの詩人。

グリーン,トマス・ヒル　Green, Thomas Hill　3.26没、45歳。1836(㊥1832)生。イギリスの哲学者。

モー,イェルゲン　Moe, Jørgen Engebretsen　3.27没、68歳。1813生。ノルウェーの詩人,民俗学者。

ジェームズ, J.　James, Jesse Woodson　4.3没、34歳。1847生。アメリカの犯罪者。

ドラーケ　Drake, Friedrich Johann Heinrich　4.6没、76歳。1805生。ドイツの彫刻家。

バーカー,フレデリク　Barker, Frederic　4.6没、74歳。1808生。オーストラリア聖公会の主教。

ロセッティ,ダンテ・ゲイブリエル　Rossetti, Dante Gabriel　4.9没、53歳。1828(㊥1824)生。イギリスの詩人,画家。

マンシー　Mounsey, August Henry　4.10没。イギリスの外交官。

1882　19世紀

マセード，ジョアキン・マヌエル・デ　Macedo, Joaquim Manuel de　4.11没、61歳。1820生。ブラジルの小説家。

バウアー，ブルーノ　Bauer, Bruno　4.13没、72歳。1809生。ドイツの神学者、哲学者、歴史学者。

ル・プレー，フレデリク・ピエール・ギヨーム　Le Play, Pierre Guillaume Frédéric　4.13没、76歳。1806生。フランスの社会学者、採鉱技師。

ジファール，アンリ　Giffard, Henri Jacques　4.14没、57歳。1825生。フランスの技術者。

ノボドボールスキー　Novodvorskii, Andrei Osipovich　4.14没、29歳。1853生。ロシアのナロードニキ作家。

フォンタネージ，アントーニオ　Fontanesi, Antonio　4.17没、64歳。1818生。イタリアの風景画家。

コール，サー・ヘンリー　Cole, Sir Henry　4.18没、73歳。1808生。イギリスの公官史、産業美術運動の推進者。

ダーウィン，チャールズ　Darwin, Charles Robert　4.19没、73歳。1809生。イギリスの博物学者。

ファトケ，ヴィルヘルム　Vatke, Wilhelm　4.19没、76歳。1806生。ドイツの神学者、哲学者。

ツィラー　Ziller, Tuiskon　4.20没、64歳。1817生。ドイツの教育学者。

ツェルナー　Zöllner, Johann Karl Friedrich　4.25没、47歳。1834生。ドイツの天文学者、物理学者。

エマソン，ラルフ・ウォルドー　Emerson, Ralph Waldo　4.27没、78歳。1803生。アメリカの詩人、哲学者。

ダービー，ジョン・ネルソン　Darby, John Nelson　4.28没、81歳。1800生。イギリスの神学者。

メソネロ-ロマノス，ラモン・デ　Mesonero Romanos, Ramón de　4.30没、78歳。1803生。スペインの風俗写生作家。

ロジャーズ　Rodgers, John　5.5没、69歳。1812生。アメリカの海軍士官。

キャベンディッシュ　Cavendish, Lord Frederick Charles　5.6没、45歳。1836生。イギリスの政治家。

ブラウン　Brown, John　5.11没、71歳。1810生。イギリスの文学者。

カウフマン　Kaufmann, Konstantin Petrovich　5.16没、64歳。1818生。ロシアの軍人。

ヘットナー，ヘルマン　Hettner, Hermann　5.29没、61歳。1821生。ドイツの文学史家、美術史家。

ペローフ，ヴァシーリー・グリゴリエヴィチ　Perov, Vasili Grigorievich　5.29？没、48歳。1833(Ⓦ1832)生。ロシアの画家。

ガリバルディ，ジュゼッペ　Garibaldi, Giuseppe　6.2没、74歳。1807生。イタリアの愛国者、ゲリラ戦指導者。

トムソン，ジェイムズ　Thomson, James　6.3没、47歳。1834生。イギリスの詩人。

ソログープ，ウラジーミル・アレクサンドロヴィチ　Sollogub, Vladimir Aleksandrovich　6.5没、68歳。1813生。ロシアの小説家。

フリードライヒ　Friedreich, Nikolaus　6.6没、56歳。1825(Ⓦ1826)生。ドイツの神経病学者。

グァルディア　Guardia, Tomás　6.7没、49歳。1832生。コスタリカの軍人、政治家。

ブラウン，ハブロット・ナイト　Browne, Hablot Knight　6.8没、66歳。1815生。イギリスの挿絵画家。

ラッセル，ジョン・スコット　Russell, John Scott　6.8没、74歳。1808生。スコットランドの造船家、造船学者。

デュ・ブスケ　Bousquet, Albert Charles du　6.18没、45歳。1837生。フランス出身の軍人。

ラフ，ヨアヒム　Raff, Joseph Joachim　6.24没、60歳。1822生。ドイツ（スイス生れ）の作曲家、ピアニスト、教師。

ウォード，ウィリアム・ジョージ　Ward, William George　7.6没、70歳。1812生。イギリスのカトリック神学者。

スコベレフ　Skobelev, Mikhail Dimitrievich　7.7没、38歳。1843生。ロシアの将軍。

ルツ，ヨーハン・エヴァンゲリスト・ゲオルク　Lutz, Johann Evangelist Georg　7.9没、81歳。1801生。ドイツの牧師。

ロバートスン，ジェイムズ・クレイギ　Robertson, James Craigie　7.9没、68歳。1813生。英国教会の聖職、教会史家。

リンカーン　Lincoln, Mary Todd　7.16没、63歳。1818生。アメリカ第16代大統領A．リンカーンの夫人。

ガガーリン，イヴァーン・セルゲーエヴィチ　Gagarin, Ivan Sergeevič　7.19没、67歳。1814生。ロシアの著作家。

バルフォア，フランシス・メイトランド　Balfour, Francis Maitland　7.19没、30歳。1851生。イギリスの動物形態学者。

マーシュ　Marsh, George Perkins　7.23没、81歳。1801生。アメリカの外交官、言語学者、環境論者。

オーステルゼー，ヨーハンネス・ヤーコービュス・ヴァン　Oosterzee, Johannes Jacobus van　7.29没、65歳。1817生。オランダのプロテスタント神学者。

ケンドル，ヘンリー　Kendall, Henry　8.1没、43歳。1839生。オーストラリアの詩人。

ゲラン・ラジョア　Gérin-Lajoie, Antoine　8.4没、32歳。1824生。フランス系カナダの文学者。

ダレスト・ド・ラ・シャバンヌ　Dareste de la Chavanne, Antoine Elisabeth Cléophas　8.6没、61歳。1820生。フランスの歴史家、古文書学者。

パーマー　Palmer, Edward Henry　8.11没、42歳。1840生。イギリスの東洋学者。

19世紀　1882

ジェヴォンズ，ウィリアム・スタンリー　Jevons, William Stanley　8.13（㊗1883）没、46歳。1835生。イギリスの経済学者，論理学者。

デュクロ　Ducrot, Auguste Alexandre　8.16没、65歳。1817生。フランスの軍人。

クロイツヴァルト，フリードリヒ・レインホルト　Kreutzwald, Friedrich Reinhold　8.25没、78歳。1803生。エストニアの作家，啓蒙運動家。

フィリッピ，フリードリヒ・アードルフ　Philippi, Friedrich Adolf　8.29没、72歳。1809生。ドイツのプロテスタント神学者。

ホイットニー　Whitney, William Cogswell　8.29没、57歳。1825生。アメリカの薄記教師。

ジャコメッティ，パーオロ　Giacometti, Paolo　8.31没、66歳。1816生。イタリアの劇作家。

リュヴィル，ジョゼフ　Liouville, Joseph　9.8没、73歳。1809生。フランスの数学者。

ルクランシェ，ジョルジュ　Leclanché, George　9.14没、43歳。1839生。フランスの化学者。

ピュージ，エドワード・ブーヴェリ　Pusey, Edward Bouverie　9.16没、82歳。1800生。イギリスの神学者，オックスフォード運動の指導者。

スハープマン　Schaepman, Hermanus Johannes Aloysins Maria　9.19没、67歳。1815生。オランダの政治家，著作家。

ブリオ　Briot, Charles Auguste Albert　9.20没、65歳。1817生。フランスの数学者。

ヴェーラー，フリードリヒ　Wöhler, Friedrich　9.23（㊗1884）没、82歳。1800生。ドイツの化学者。

ヘルツォーク，ヨーハン・ヤーコブ　Herzog, Johann Jakob　9.30没、77歳。1805生。スイスの神学者。

プティジャン，ベルナール・タデー　Petitjean, Bernard Thadée　10.7（㊗1884）没、53歳。1829生。フランス人宣教師。

クラマー，カール　Kramer, Carl　10.8没、39歳。1843生。ドイツのプラントハンター，庭師。

ゴビノー，ジョゼフ‐アルチュール・ド　Gobineau, Joseph Arthur, Comte de　10.13没、66歳。1816生。フランスの東洋学者，人類学者，外交官，小説家。

ダヴァン，カシミール・ジョゼフ　Davaine, Casimir Joseph　10.14没、70歳。1812生。フランスの微生物学者，医者。

リトケ　Litke, Fëdor Petrovich　10.20没、85歳。1797生。イギリスの探検家，地理学者，海軍軍人。

スミス　Smith, Erasmus Peshine　10.21没、68歳。1814生。アメリカの法律学者。

アラニュ，ヤーノシュ　Arany, János　10.22没、65歳。1817生。ハンガリーの詩人。

ジード，カール・レーオポルト・アードルフ　Sydow, Karl Leopold Adolf　10.23没、81歳。1800生。ドイツの牧師。

プレグラン　Pelegrin, Henri Auguste　10.25没、40歳。1841生。フランスの技師。

ノッテボーム，マルティン・グスタフ　Nottebohm, Martin Gustav　10.29没、64歳。1817生。ドイツの音楽学者。

ヒューブナー　Hübner, Rudolf Julius Benno　11.7没、76歳。1806生。ドイツの画家。

ミュンヒマイアー，アウグスト・フリードリヒ・オットー　Münchmeyer, August Friedrich Otto　11.7没、74歳。1807生。ドイツのルター派神学者。

キンケル　Kinkel, Gottfried Johann　11.13没、67歳。1815生。ドイツの詩人。

マリ，パトリク　Murray, Patrick　11.15没、70歳。1811生。アイルランドのローマ・カトリック教会神学者。

エンゲル　Engel, Karl　11.17没、64歳。1818生。ドイツの楽器学者。

ダニチチ，ジューロ　Daničič, Djuro　11.17没、57歳。1825生。セルビアの言語学者。

ホーキンズ，エドワード　Hawkins, Edward　11.18没、93歳。1789生。オックスフォード大学オーリエル・コレッジ学長。

ケーレル，ベーラ　Kéler, Béla　11.20没、62歳。1820生。ハンガリーの作曲家，指揮者，ヴァイオリン奏者。

ドレイパー，ヘンリー　Draper, Henry　11.20没、45歳。1837生。アメリカの天体写真家。

ネチャーエフ，セルゲイ・ゲンナジエヴィチ　Nechaev, Sergei Gennadievich　11.21没、35歳。1847生。ロシアの陰謀的革命家。

タデン・トリーグラフ，アードルフ・フォン　Thadden-Trieglaff, Adolf von　11.23没、86歳。1796生。ドイツの覚醒運動家。

マントイフェル　Manteuffel, Otto Theodor, Freiherr von　11.26没、77歳。1805生。プロシア，ドイツの政治家。

テイト，アーチボルド・キャンベル　Tait, Archibald Campbell　12.1没、70歳。1811生。イギリスのカンタベリ大主教。

レーウエン　Leeuwen van Duivenbode, Willem Karl Maurits　12.2没、45歳。1837生。オランダの軍人。

トロロップ，アントニー　Trollope, Anthony　12.6没、67歳。1815生。イギリスの小説家。

ブラン，（ジャン・ジョゼフ・シャルル・）ルイ　Blanc, Jean Joseph Charles Louis　12.6没、71歳。1811生。フランスの政治家，歴史家。

クロウズ，フランシス　Close, Francis　12.18没、85歳。1797生。英国教会の説教者。

ジェイムズ，ヘンリー　James, Henry, Sr.　12.18没、71歳。1811生。アメリカの哲学者，著述家。

アレンツ　Arends, Leopold Alexander Friedrich　12.22没、65歳。1817生。ドイツの言語学者。

人物物故大年表 外国人編　*741*

リスティング Listing, Johann Benedikt 12.24没、74歳。1808生。ドイツの数学者で物理学者。

ガンベッタ, レオン(・ミシェル) Gambetta, Léon 12.31没、44歳。1838生。フランスの政治家。

[この年] **アイエツ, フランチェスコ** Hayez, Francesco 91歳。1791生。イタリアの画家。

アラン, サー・ヒュー Allan, *Sir* Hugh 72歳。1810生。カナダの資本家。

アレン Allen, William Henry 74歳。1808生。アメリカの教育家。

アンドレエスク, ヨーン Andreescu, Ion 32歳。1850生。ルーマニアの画家。

ウィード Weed, Thurlow 85歳。1797生。アメリカのジャーナリスト, 政治家。

ウィルソン Wilson, Robert 79歳。1803生。イギリスの技術者, 発明家。

ヴェスピニャーニ, ヴィルジーリオ Vespignani, Virgilio 74歳。1808生。イタリアの建築家。

ウォーレン Warren, Gouverneur Kemble 52歳。1830生。アメリカ陸軍の技術者。

カエターニ, ミケランジェロ Caetani, Michelangero 78歳。1804生。ローマの貴族。

ガードナー Gardner, Alexander 61歳。1821生。アメリカの写真家。

キシュラ Quicherat, Jules Étienne Joseph 68歳。1814生。フランスの考古学者, 歴史家。

クルーゲ Kluge, Herm Otto 69歳。1813生。ドイツの体育指導者。

グレイ, サー・ジョージ Grey, *Sir* George 83歳。1799生。イギリスの政治家。

ゲールツ Geerts, Anton Johannes Cornelis [異]1883没、40歳。1842([異]1843)生。オランダの理化学教師。

シェルボノー Cherbonneau, Jacques Auguste 69歳。1813生。フランスの東洋学者。

ジューエット Jewett, Milo Parker 74歳。1808生。アメリカの教育家, 女子高等教育の先覚者。

シュティプ, ゲーアハルト Stip, Gerhard 73歳。1809生。ドイツのルター派牧師, 讃美歌作者。

シュナイダー, カール・ザームエル Schneider, Carl Samuel 81歳。1801生。オーストリアのプロテスタント牧師, 政治家。

スティーヴンズ Stephens, Uriah Smith 61歳。1821生。アメリカの労働運動家。

スペーシネフ Speshnev, Nikolai Aleksandrovich 61歳。1821生。ロシアの革命家。

ズマルジャッシ, ガブリエーレ Smargiassi, Gabriele 84歳。1798生。イタリアの画家。

チプルーンカル Ciplūnkar, Vishnusāstrī 32歳。1850生。インドの思想家。

チャマーズ Chalmers, James 79歳。1803生。イギリスの牧師, 天文学者。

チャリス Challis, James 79歳。1803生。イギリス天文学者。

チューマ Chuma, James 32？歳。1850生。アフリカ・ヤオ族の解放奴隷。

陳澧 72歳。1810生。中国, 清の儒者。

丁日昌 59歳。1823生。中国, 清代の地方官。

トレクール, ジャーコモ Trecourt, Giacomo 70歳。1812生。イタリアの画家。

トンプソン Thompson, William Tappan 70歳。1812生。アメリカのユーモア作家, 編集者。

バーカー Barker, Thomas Jones 67歳。1815生。イギリスの画家。

バーク, トマス・ヘンリー Burke, Thomas Henry 53歳。1829生。イギリスの政治家。

ハルトゥーリン Khalturin, Stepan Nikolaevich 26歳。1856([異]1857)生。ロシアの革命家。

ハンサム, ジョゼフ・アロイシアス Hansom, Joseph Aloysius 79歳。1803生。イギリスの発明家, 建築家。

ビツィウス, アルベルト Bitzius, Albert 47歳。1835生。スイスの牧師。

ブールドレー, ルイ-オーギュスト-アルフレッド Beurdeley, Louis-Auguste-Alfred 74歳。1808生。フランスの家具制作家, 家具商。

ブレーム, アンドレーアス Bräm, Andreas 85歳。1797生。ドイツの福音主義教会牧師。

マカーリイ Makarij 66歳。1816生。ロシア正教会モスクヴァ府主教, 神学者, 教会史家。

マッザレルラ, ボナヴェントゥーラ Mazzarella, Bonaventura 64歳。1818生。イタリアのプロテスタント思想家, 政治家。

マルクヴァルト Marquardt, Joachim 70歳。1812生。ドイツの古典文学者。

李最応 朝鮮の政治家。

李善蘭 71歳。1811([異]1810)生。中国, 清末期の数学者。

リュドゴーフスキー Lyudogovskii, Aleksei Petrovich 42歳。1840生。ロシアの農業経済学者。

レイン, リチャード・ジェイムズ Lane, Richard James 82歳。1800生。イギリスの彫刻家。

[この頃] **シング** Singh, Nain 52？歳。1830生。インドの密偵。

程長庚 [異]1880没、70？歳。1812([異]1811)生。中国の京劇俳優。

1883年

8.25 フランスがベトナム全土を支配下に置く
8.26 スンダ海峡内のクラカタワ火山が大噴火

10.04　オリエント急行が営業を開始する
11.28　西洋風社交場の鹿鳴館の開館式が行われる

＊＊＊

クロース，チャールズ・ポータフィールド Krauth, Charles Porterfield　1.2没、59歳。1823生。アメリカ・ルター派の牧師，神学者。

クロイトゲン，ヨーゼフ Kleutgen, Joseph　1.13没、71歳。1811生。ドイツのカトリック神学者。

レンツ Lenz, Wilhelm von　1.19没、73歳。1809生。ロシアの音楽批評家。

ドレ，ギュスターヴ Doré, Paul Gustave　1.23没、51歳。1832生。フランスの版画家，画家。

フロトー，フリードリヒ，男爵 Flotow, Friedrich von　1.24没、70歳。1812生。ドイツのオペラ作曲家。

ニールゼン，ニーコラウス・ヨーハン・エルンスト Nielsen, Nicolaus Johann Ernst　1.26没、76歳。1806生。ドイツのルター派牧師。

メーリニコフ，パーヴェル・イワノヴィチ Melinikov, Pavel Ivanovich　2.1没、64歳。1818（[異]1819）生。ロシアの小説家。

フォック Fock, Cornelius Hendricus Matheus　2.4没、37歳。1845生。オランダの医師。

スミス，ヘンリー・ジョン Smith, Henry John Stephen　2.9没、56歳。1826生。イギリスの数学者。

ジュウェル Jewell, Marshall　2.10没、57歳。1825生。アメリカの工業経営者，政治家。

ヴァーグナー，ヴィルヘルム・リヒャルト Wagner, Wilhelm Richard　2.13没、69歳。1813生。ドイツの作曲家，音楽理論家。

スパウェンタ Spaventa, Bertrando　2.20没、65歳。1817生。イタリアのヘーゲル左派哲学者，哲学史家。

シュテルン Stern, Julius　2.27没、62歳。1820生。ドイツの指揮者，教育家。

スティーヴンズ，アレグザンダー・H（ハミルトン） Stephens, Alexander Hamilton　3.4没、71歳。1812生。アメリカの政治家。

ヴイヨ，ルイ Veuillot, Louis François　3.7没、69歳。1813生。フランスのジャーナリスト。

グリーン Green, John Richard　3.7没、45歳。1837生。イギリスの歴史家。

トインビー，アーノルド Toynbee, Arnold　3.9没、30歳。1852生。イギリスの経済学者，社会改良家。

ゴルチャコフ，アレクサンドル・ミハイロヴィチ公爵 Gorchakov, Aleksandr Mikhailovich　3.11没、84歳。1798生。ロシアの政治家。

マルクス，カール Marx, Karl Heinrich　3.14没、64歳。1818生。ドイツの経済学者，哲学者，革命指導者。

アブデュルケリム・ナーディル・パシャ 'Abdu'l-Kerim Pasha　3.？没、76？歳。1807生。オスマン・トルコ帝国の武将。

クーパー，ピーター Cooper, Peter　4.4没、92歳。1791生。アメリカの工業家，発明家，慈善家。

ファー Farr, William　4.14没、75歳。1807生。イギリスの医学統計家。

ロシュ，エドゥワール・アルベール Roche, Édouard Albert　4.18没、62歳。1820生。フランスの数学者。

サンドー，ジュール Sandeau, Jules　4.24没、72歳。1811生。フランスの小説家，劇作家。

クレッカー Krecker, Frederic C.　4.26没、40歳。1843生。アメリカの宣教医。

コワレフスキー Kovalevskii, Vladimir Onufrievich　4.28没、40歳。1843（[異]1842）生。ロシアの動物学者。

シュルツェ・デリッチ Schulze-Delitzsch, Franz Hermann　4.29没、74歳。1808生。ドイツの政治家，経済学者。

ドージ Dozy, Reinhart Pieter Anne　4.29没、63歳。1820生。オランダのアラビア学者。

マネ，エドゥアール Manet, Édouard　4.30没、51歳。1832生。フランスの画家。

ブトルス・アルブスターニー *al*-Bustānī, Butrus　5.1没、64歳。1819生。アラブの文筆家。

ピルメス Pirmez, Octave　5.1没、51歳。1832生。ベルギーの小説家。

ハンセン Hansen, Hans Christian　5.2没、80歳。1803生。デンマークの建築家。

ヤング，ジェイムズ Young, James　5.3没、71歳。1811生。イギリスの化学技術者，パラフィン工業の創立者。

ゴンザレス，エヴァ Gonzalès, Eva　5.5没、34歳。1849生。フランスの女流画家。

カルロ2世 Carlo II　5.17没、83歳。1799生。エトルリア王（在位1803～07）。

ハルプカ，サモ Chalupka, Samo　5.19没、71歳。1812生。チェコスロバキアの詩人。

リヴィエール Rivière, Henri　5.19没、56歳。1827生。フランスの海軍将校，作家。

チェンバーズ，ウィリアム Chambers, William　5.20没、83歳。1800生。イギリスの出版業者，著述家。

ドル，ルートヴィヒ Doll, Ludwig　5.23没、36歳。1846生。ドイツの牧師。

ノルヴィト，ツィプリアン・カミル Norwid, Cyprian Kamil　5.23没、61歳。1821生。ポーランドの詩人，作家。

ヴァレンティン Valentin, Gabriel Gustay　5.24没、72歳。1810生。ドイツの医学者。

1883　19世紀

アブド・アル‐カーディル 'Abd al-Qādir 5.26没、76歳。1807（㊙1808）生。アルジェリアの反仏民族運動の指導者。

クレスポ，ゴンサルヴェス Crespo, António Cândido Gonçalves 6.11没、37歳。1846生。ポルトガルの詩人。

フィッツジェラルド，エドワード Fitzgerald, Edward 6.14没、74歳。1809生。イギリスの詩人，翻訳家。

ウォーターソン，ジョン・ジェイムズ Waterson, John James 6.18没、72歳。1811生。イギリスの物理学者。

ブランシェ，フランシス・ノルベール Blanchet, Francis Norbert 6.18没、87歳。1795生。カナダのローマ・カトリック教会司教，アメリカ・インディアンへの宣教師。

デンツィンガー，ハインリヒ・ヨーゼフ Denzinger, Heinrich Joseph 6.19没、63歳。1819生。ドイツのカトリック教理神学者。

コレンゾー，ジョン・ウィリアム Colenso, John William 6.20没、69歳。1814（㊙1834）生。英国教会の南アフリカのナタール主教。

セイビン，サー・エドワード Sabine, *Sir* Edward 6.26没、94歳。1788生。イギリスの陸軍軍人，物理学者。

スポティスウッド，ウィリアム Spottiswoode, William 6.27没、58歳。1825生。イギリスの数学者，物理学者，出版業者。

パーセル，ジョン・バプティスト Purcell, John Baptist 7.4没、83歳。1800生。アメリカのカトリック教会司教。

スペンス，ピーター Spence, Peter 7.5没、77歳。1806生。イギリスの工業化学者。

フェルステル，ハインリヒ・フォン Ferstel, Heinrich von 7.14没、55歳。1828生。オーストラリアの建築家。

イーストウィック，エドワード・バックハウス Eastwick, Edward Backhouse 7.16没、69歳。1814生。イギリスの外交官，東洋学者。

ウィンチェスター Winchester, Charles Alexander 7.18没、63？歳。1820生。イギリスの外交官。

ウェッブ，マシュー Webb, Mathew 7.24没、35歳。1848生。イギリスの冒険家。

ドップラー，アルベルト・フランツ Doppler, Albert Franz 7.27没、61歳。1821生。ポーランド出身のフルート奏者，指揮者，作曲家。

ペルサーノ，カルロ Persano, Carlo, Conte Pellione di 7.28没、ев？歳。1806生。イタリアの提督。

ディンドルフ Dindorf, Karl Wilhelm 8.1没、81歳。1802生。ドイツの古典学者。

モファット，ロバート Moffat, Robert 8.9没、87歳。1795生。スコットランドのアフリカ伝道者。

ブラック Black, Jeremiah Sullivan 8.19没、73歳。1810生。アメリカの法律家，政治家。

ツルゲーネフ，イワン・セルゲーヴィチ Turgenev, Ivan Sergeevich 8.22没、64歳。1818生。ロシアの小説家。

シャンボール Chambord, Henri Charles Ferdinand Marie Dieudonné d'Artois, Comte de 8.24没、62歳。1820生。フランス，ブルボン家最後の王位相続人。

リッグズ，スティーヴン・リターン Riggs, Stephen Return 8.24没、71歳。1812生。アメリカの宣教師，長老派教会牧師。

ラトー，ルイーズ Lateau, Louise 8.25没、33歳。1850生。ベルギーの聖痕を与えられた女性。

シュッキング Schücking, Levin 8.31没、68歳。1814生。ドイツの作家。

テンカ Tenca, Carlo 9.4没、66歳。1816生。イタリアの文芸評論家。

ピュイズー Puiseux, Victor Alexandre 9.9没、63歳。1820生。フランスの数学者で天文学者。

コンシェンス，ヘンドリック Conscience, Hendrick 9.10没、70歳。1812生。ベルギーの小説家。

トラウトワイン Trautwine, John Cresson 9.14没、73歳。1810生。アメリカの土木技術者。

プラトー，ジョゼフ・アントワーヌ・フェルディナン Plateau, Joseph Antoine Ferdinand 9.15没、82歳。1801生。ベルギーの物理学者。

コリアー Collier, John Payne 9.17没、94歳。1789生。イギリスの批評家，古文書研究家。

ブルジアン，コンラート Bursian, Konrad 9.21没、52歳。1830生。ドイツの古典学者。

フローテン Vloten, Jan van 9.21没、65歳。1818生。オランダの哲学者。

イェシュケ，ハインリヒ・アウグスト Jäschke, Heinrich August 9.24没、66歳。1817生。ドイツの宣教師，チベット語学者。

ヘール Heer, Oswald 9.27没、74歳。1809生。スイスの古植物学者。

ドシャン，ヴィクトル・オギュスト Dechamps, Victor Auguste 9.29没、72歳。1810生。ベルギーのカトリック神学者，枢機卿，救世主会士。

ショート，オーガスタス Short, Augustus 10.5没、81歳。1802生。オーストラリアのアデレイドの最初の英国教会主教。

バランド Barrande, Joachim 10.5没、84歳。1799生。フランスの地質学者。

テレク，パール Török, Pál 10.7没、75歳。1808生。ハンガリーの改革派教会指導者。

コーツ Coats, Thomas 10.15没、73歳。1809生。イギリスの製造業者。

シュトルツ，アルバーン・イージドーア Stolz, Alban Isidor 10.16没、75歳。1808生。ドイツのカトリック著述家。

プチャーチン　Putyatin, Evfimii Vasilievich 10.16（㊙1886）没、79歳。1803（㊙1804）生。帝政ロシアの海軍将官、幕末の日露和親・通商条約の締結使節。

リード,（トマス・）メイン, 大尉　Reid, Thomas Mayne, Captain　10.22没、65歳。1818生。北アイルランド出身のイギリスの小説家。

フォルクマン, フリードリヒ・ローベルト　Volkmann, Robert　10.29没、68歳。1815生。ドイツの作曲家。

ベーガス　Begas, Oskar　11.10没、55歳。1828生。ドイツの画家。

ドイル, リチャード　Doyle, Richard　11.11没、59歳。1824生。イギリスの挿絵画家。

ウージェル, ジャック・レオポル　Heugel, Jacques Léopold　11.12没、68歳。1815生。フランスの出版人。

シムズ　Sims, James Marion　11.13没、70歳。1813生。アメリカの外科医、婦人科医。

リース, ウィリアム　Rees, William　11.13没、81歳。1802生。ウェールズの会衆派牧師、著述家、社会運動指導者。

オーヴァストン　Overstone, Samuel Jones Loyd, Baron　11.17没、87歳。1796生。イギリスの銀行家。

サフェット・パシャ　Safvet Pasha, Meḥmet　11.17没、68歳。1815生。オスマン・トルコ帝国の政治家。

シーメンズ, チャールズ・ウィリアム　Siemens, Sir William　11.19没、60歳。1823生。ドイツ生れのイギリス人。

ベローズ　Bellows, Albert Fitch　11.24没、53歳。1829生。アメリカの画家。

エルク　Erk, Ludwig Christian　11.25没、76歳。1807生。ドイツの民謡収集家、合唱指揮者、教師。

トルース, ソジャーナー　Truth, Sojourner　11.26没、86？歳。1797生。アメリカの福音伝道者、奴隷制度廃止論者、フェミニスト、改革者。

カービー　Kirby, Edward Charles　12.8没、47歳。1836生。イギリスの貿易商。

ラプラード, ヴィクトール・リシャール・ド　Laprade, Pierre Marin Victor Richard de　12.13没、71歳。1812生。フランスの詩人。

マルタン　Martin, Bon Louis Henri　12.14没、73歳。1810生。フランスの歴史家。

ロンゴワルシト, ラデン・ンガベヒ　Ronggawarsita, Raden Ngabehi　12.24（㊙1873）没、81歳。1802生。インドネシア、ジャワのスラカルタ王朝の宮廷詩人。

ホロウェー　Holloway, Thomas　12.26没、83歳。1800生。イギリスの売薬業者、慈善家。

デ・サンクティス, フランチェスコ　De Sanctis, Francesco　12.29没、66歳。1817生。イタリアの文学史家、評論家。

ブルゲルマイスター　Burgermeister, Eugen　12.30没、37歳。1846生。スイスの御雇い教師。

この年　アブレウ・リマ　Abreu Lima, Jose Ignacio　86歳。1797生。ブラジルの歴史家。

アレビ　Halévy, Léon　81歳。1802生。フランスの歴史家。

ウーチン　Utin, Nikolai Isaakovich　43？歳。1840生。ロシアの革命家。

エスキウー, マメルト　Esquiú, Mamerto　57歳。1826生。スペインのフランシスコ会司教、神学者。

エマール　Aimard, Gustave　65歳。1818生。フランスの冒険小説作家。

オーブリ　Aubry, Charles　80歳。1803生。フランスの法学者、裁判官。

カルヴァート, エドワード　Calvert, Edward　84歳。1799生。イギリスの画家、版画家。

ガンバ, エンリーコ　Gamba, Enrico　52歳。1831生。イタリアの画家。

グルントヴィ　Grundtvig, Svend Hersleb　59歳。1824生。デンマークの民謡研究家、軍人。

クレザンジェ　Clésinger, Jean Baptiste　69歳。1814生。フランスの彫刻家。

クレボー　Crevaux, Jules　36歳。1847生。フランスの医師。

ケアリ　Carey, James　38歳。1845生。アイルランドの独立運動者。

敬淳　朝鮮末期の僧。

呉雲　72歳。1811生。中国、清代の金石学者。

コスト, ナポレオン　Coste, Napoléon　77歳。1806生。フランスのギター奏者、作曲家。

コリンソン　Collinson, Sir Richard　72歳。1811生。イギリスの海将。

サンクティス, デ　Sanctis, Francesco de　65歳。1818生。「イタリア文学史」の著者。

ジェセル, サー・ジョージ　Jessel, Sir George　59歳。1824生。イギリスの裁判官。

ジャヴェル　Javelle, Emile　36歳。1847生。フランスの登山家。

シャウフラー　Schauffler, William Gottlieb　85歳。1798生。ドイツ生れのアメリカの宣教師。

スカチコーフ　Skachkov, Konstantin Adrianovich　63？歳。1820生。ロシアの中国学者。

ストラットン, チャールズ（・シャーウッド）　Stratton, Charles (Sherwood)　45歳。1838生。アメリカのショーマン。

ダヤーナニダ・サラスワティー　Dayānanda Sarasvatī　59歳。1824（㊙1827）生。インドの宗教改革者。

タルコット　Talcott, Andrew　86歳。1797生。アメリカの軍人で機械技師。

チェンバーズ, ジョン・グレアム　Chambers, John Graham　40歳。1843生。イギリスのスポーツ選手、ジャーナリスト。

1884

19世紀

テーラング　Telang, Kāsīnāth Tryambak　33歳。1850生。インドの政治家。

トゥドゥク　Tu'Du'c　53歳。1830生。ヴェトナム、阮朝第4代皇帝(在位1845〜83)。

ドフレメリ　Defrémery, Charles　61歳。1822生。フランスの東洋学者。

ドレ、ギュスターブ　Dore, Louis Auguste Gustave　51歳。1832生。フランスの画家。

ニルソソン　Nilsson, Sven　96歳。1787生。スウェーデンの学者。

ネディム・パシャ　Nedim Pasha, Maḥmūt　65歳。1818生。オスマン・トルコ帝国の政治家。

バールジナ　Bardina, Sofya Illarionovna　31歳。1852生。ロシアの女性革命家。

ビアード　Beard, George Miller　㋑1893没、44歳。1839生。アメリカの医者。

フェルナンデス・デ・コルドバ　Fernández de Córdoba y Valcárcel, Fernando　74歳。1809生。スペインの軍人、政治家。

ブース、ジュニアス・ブルタス2世　Booth, Junius Brutus, Jr.　62歳。1821生。アメリカのプロデューサー、劇場経営者。

ブラケット、エドマンド・トマス　Blacket, Edmund Thomas　66歳。1817生。オーストラリアの建築家。

ベッグ、ジェイムズ　Begg, James　75歳。1808生。スコットランド自由教会の牧師。

ピエートロコーラ-ロセッティ、テオドリーコ　Pietrocola-Rossetti, Teodorico　58歳。1825生。イタリアの詩人、愛国者、伝道者。

パドケー　Phadke, Vāsudēv Balwant　38歳。1845生。インドの反英抵抗闘争の指導者。

ピンクハム、リディア・エステス　Pinkham, Lydia Estes　64歳。1819生。アメリカの製造業者。

マリオ、ジョヴァンニ・マッテーオ　Mario, Giovanni Matteo　73歳。1810生。イタリアのテノール歌手。

ライヘルト　Reichert, Karl Bogislaus　72歳。1811生。ドイツの解剖学者。

ラッセル、ジャック　Russell, Jack　88歳。1795生。イギリスの牧師。

ルノルマン、フランソワ　Lenormant, François　46歳。1837生。フランスのアッシリア学者。

12.04　朝鮮の漢城で甲申事変が発生する

＊＊＊

オンケン、ヨーハン・ゲーアハルト　Oncken, Johann Gerhard　1.2没、83歳。1800生。ドイツにおけるバプテスト教会創始者。

ラスカー　Lasker, Eduard　1.5没、54歳。1829生。ドイツの政治家。

メンデル、グレゴール・ヨハン　Mendel, Gregor Johann　1.6没、61歳。1822生。オーストリアの遺伝学者。

ケーシャブ・チャンドラ・セーン　Keshab Chandra Sen　1.8没、46歳。1838生。インドの宗教改革家。

ラティスボンヌ、マリー・テオドール　Ratisbonne, Marie Théodore　1.10没、81歳。1802生。フランスの「シオン女子修道会」および「シオン童貞会」の共同創立者。

ウルリツィ　Ulrici, Hermann　1.11没、77歳。1806生。ドイツの哲学者。

フランショム、オーギュスト　Franchomme, Auguste Joseph　1.21没、75歳。1808生。フランスのチェロ奏者、作曲家。

ムンク、アンドレアス　Munch, Andreas　1.27没、72歳。1811生。ノルウェーの短編作家、劇作家、詩人。

ル・マルシャン　Le Marchand, Fordinandus Johannes　2.1没、46歳。1837生。オランダの靴職人。

フィリプス　Phillips, Wendell　2.2没、72歳。1811生。アメリカの法律家、社会改革家。

ハーゲン　Hagen, Gotthilf　2.3没、86歳。1797生。ドイツの河川工学者。

ルエル　Rouher, Eugène　2.3没、69歳。1814生。フランスの政治家。

エンゲルマン、ジョージ　Engelmann, George　2.4没、75歳。1809生。アメリカの植物学者。

マルデンセン、ハンス・ラッセン　Martensen, Hans Lassen　2.4没、75歳。1808生。デンマークのプロテスタント神学者。

シュミット　Schmidt, Johann Friedrich Julius　2.7没、58歳。1825生。ドイツの天文学者。

ギヨー、アーノルド・ヘンリー　Guyot, Arnold Henry　2.8没、76歳。1807生。スイスの地理、地質学者。

バルフォア　Balfour, John Hutton　2.11没、75歳。1808生。スコットランドの植物学者。

ウィリアムズ、サミュエル・ウェルズ　Williams, Samuel Wells　2.17没、71歳。1812(㋑1814)生。アメリカの宣教師。

ミュレンホフ　Müllenhoff, Karl　2.19没、65歳。1818生。ドイツのゲルマン学者。

ハラー　Hullah, John Pyke　2.21没、71歳。1812生。イギリスの教育家、作曲家。

1884年

6.23　ハノイ北部で清仏戦争が勃発する
8.07　ドイツが南西アフリカを統合する
10.13　グリニッジの世界標準時を定める
11.15　14ヵ国が参加するベルリン会議が開催

ギブソン Gibson, Thomas Milner 2.25没、77歳。1806生。イギリスの政治家。

ヴィンプフェン Wimpffen, Emmanuel Félix de 2.26没、72歳。1811生。フランスの軍人。

セテワヨ Ketshewayo 2.？没、58？歳。1826生。ズールー族の大首長。

トドハンター Todhunter, Isaac 3.1没、63歳。1820生。イギリスの数学史家。

アールフェルト，フリードリヒ Ahlfeld, Friedrich 3.4没、73歳。1810生。ドイツのルター派教会改革に尽力した牧師，神学者。

アロンホルド Aronhold, Siegfried Heinrich 3.13没、64歳。1819生。ドイツの数学者。

バルビ Balbi, Adriano 3.13没、102歳。1782生。イタリアの地理学者，統計学者。

ヘーレマンス Heremans, Jacob Frans Johan 3.13没、59歳。1825生。ベルギーのオランダ語学者。

ホーン Horne, Richard Henry 3.13没、81歳。1803生。イギリスの詩人，批評家。

ベーム Behm, Ernst 3.15没、54歳。1830生。ドイツの地理，統計学者。

ロンルート，エリアス Lönnrot, Elias 3.19没、81歳。1802生。フィンランドの民俗学者。

アボット，エズラ Abbot, Ezra 3.21没、64歳。1819生。アメリカのユニテリアンの新約学者。

フラー Fuller, George 3.21没、62歳。1822生。アメリカの画家。

ミニエ Mignet, François Auguste Marie 3.24没、87歳。1796生。フランスの歴史家。

ガイベル，エマーヌエル Geibel, Franz Emanuel 4.6没、68歳。1815生。ドイツの詩人，評論家。

デュマ，ジャン・バティスト・アンドレ Dumas, Jean Baptiste André 4.11没、83歳。1800生。フランスの化学者。

リード，チャールズ Reade, Charles 4.11没、69歳。1814生。イギリスの小説家。

パーカー Parker, Willard 4.25没、83歳。1800生。アメリカの外科医。

タリオーニ Taglioni, Maria 4.27没、80歳。1804生。ロマンチック・バレエ期を代表するバレリーナ。

コスタ Costa, *Sir* Michael Andrew Agnus 4.29没、76歳。1808生。イタリアの作曲家，指揮者。

ベンジャミン，ジューダ・P（フィリップ） Benjamin, Judah Philip 5.6没、72歳。1811生。イギリス生れのアメリカの法律家，政治家。

ラティスボンヌ，マリー・アルフォンス Ratisbonne, Marie Alphonse 5.6没、70歳。1814生。ユダヤ人布教に尽力したフランスのカトリック司教。

プラーティ，ジョヴァンニ Prati, Giovanni 5.9没、70歳。1814生。イタリアの詩人。

ヴュルツ，シャルル・アドルフ Wurtz, Charles Adolphe 5.10没、66歳。1817生。フランスの有機化学者。

オコナー O'Conor, Charles 5.12没、80歳。1804生。アメリカの弁護士。

スメタナ，ベドジヒ Smetana, Bedřich 5.12没、60歳。1824([異]1827)生。チェコスロバキアの作曲家。

マッコーミック，サイラス（・ホール） McCormick, Cyrus Hall 5.13没、75歳。1809生。アメリカの発明家，実業家。

テール Thöl, Johann Heinrich 5.16没、76歳。1807生。ドイツの法学者。

フレアー Frere, *Sir* Henry Bartle Edward 5.29([異]1885)没、69歳。1815生。イギリスの植民地行政官。

マフムト・ネディム・パシャ Maḥmut Nedim Pasha 5.？没、74歳。1810生。オスマン・トルコ帝国の政治家。

マレー，アンリ・ルイ・シャルル Maret, Henri Louis Charles 6.16没、79歳。1805生。フランスのカトリック司教，神学者。

アルベルディ，フアン・バウティスタ Alberdi, Juan Bautista 6.19没、73歳。1810生。アルゼンチンの法律学者。

ドロイゼン Droysen, Johann Gustav 6.19没、75歳。1808生。ドイツの歴史家。

リヒター，アドリアン・ルートヴィヒ Richter, Adrian Ludwig 6.19没、80歳。1803生。ドイツの画家，版画家。

リデル，フェリークス・クレール Ridel, Félix-Clair 6.20没、53歳。1830生。パリ外国宣教会所属のフランス人カトリック司祭，朝鮮代牧。

トートレーベン Totleben, Frants Eduard Ivanovich, Count 7.1没、66歳。1818生。ロシアの将軍，貴族。

ピンカートン，アラン Pinkerton, Allan 7.1没、64歳。1819生。アメリカの探偵。

マセ，ヴィクトル Massé, Victor 7.5没、62歳。1822生。フランスの作曲家。

ドルナー，イーザーク・アウグスト Dorner, Isaak August 7.8没、75歳。1809生。ドイツのルター派の神学者。

ランゲ，ヨーハン・ペーター Lange, Johann Peter 7.8没、82歳。1802生。ドイツの教義学者，神学者。

ブルガー，カール・ハインリヒ・アウグスト・フォン Burger, Karl Heinrich August von 7.14没、79歳。1805生。ドイツの牧師，聖書学者。

ミラ・イ・フォンタナルス，マヌエル Milá y Fontanals, Manuel 7.15没、66歳。1818生。スペインの文芸評論家。

ユベール Huber, Charles 7.29没、47歳。1837生。フランスの旅行家。

パティスン，マーク Pattison, Mark 7.30没、70歳。1813生。イギリスの人文学者。

ラウベ，ハインリヒ Laube, Heinrich 8.1没、77歳。1806生。ドイツの作家。

アバディ，ポール Abadie, Paul 8.3没、71歳。1812生。フランスの建築家。

コーンハイム，ユリウス・フリードリヒ Cohnheim, Julius Friedrich 8.15没、45歳。1839生。ドイツの病理学者。

デ・ニッティス，ジュゼッペ De Nittis, Giuseppe 8.24没、38歳。1846生。イタリアの画家。

アンプティル(アムティル) Ampthill, Odo William Leopld Russell, 1st Baron 8.25没、55歳。1829生。イギリスの外交官。

ガルシア-グティエレス，アントニオ García Gutiérrez, Antonio 8.26没、71歳。1813生。スペインの劇作家。

カルカーノ Carcano, Giulio 8.30没、72歳。1812生。イタリアの作家。

トレンズ，サー・ロバート・リチャード Torrens, *Sir* Robert Richard 8.31没、70歳。1814生。オーストラリアの政治家。

キンドル Kinder, Thomas William 9.2没、66歳。1817([異]1816頃)生。イギリスの技師。

エンゲルト Engerth, Wilhelm, Freiherr von 9.4没、70歳。1814生。オーストリアの技術者。

ベンサム，ジョージ Bentham, George 9.10没、83歳。1800生。イギリスの植物学者。

ウォード，フラーンシス Warde, Frances 9.17没、74歳。1810生。アメリカにおける慈悲の聖母修道女会(Our Lady of Mercy)創設者。

ブルドン，ユージェーヌ Bourdon, Eugène 9.29没、76歳。1808生。フランスの機械技術者。

ラコンブ Lacombe, Louis 9.30没、65歳。1818生。フランスのピアニスト，作曲家。

ラクロワ，ポール Lacroix, Paul 10.16没、78歳。1806生。フランス中世・16世紀文化の紹介者。

キルヒマン Kirchmann, Julius Hermann von 10.20没、81歳。1802生。ドイツの法律家，哲学者，政治家。

カスティリャーノ，(カルロ・)アルベルト Castigliano, Carlo Alberto 10.25没、36歳。1847生。イタリアの技術者。

バシキールツェワ，マリヤ・コンスタンチノヴナ Bashkirtseva, Mariia Konstantinovna 10.31没、23歳。1860生。ロシアの女流画家，音楽家，作家。

申在孝 11.6没、56歳。1812生。朝鮮，李朝のパンソリ作家。

フォーセット Fawcett, Henry 11.6没、51歳。1833生。イギリスの経済学者，政治家。

ブラウン，ウィリアム・ウェルズ Brown, William wells 11.6没、71歳。1813生。アメリカの作家。

ブレーム Brehm, Alfred Edmund 11.11没、55歳。1829生。ドイツの動物学者。

マホメッド，フレデリック・ヘンリー・ホレイショウ・アクバル Mahomed, Frederick Henry Horatio Akbar 11.22没、35歳。1849生。イギリスの医師。

ジョイネル Joyner, Henry Batson 11.23没、45歳。1839生。イギリスの土木技師。

コルベ，アドルフ・ヴィルヘルム・ヘルマン Kolbe, Adolf Wilhelm Hermann 11.25没、66歳。1818生。ドイツの有機化学者。

エルスラー Elssler, Fanny 11.27没、74歳。1810生。オーストリアのバレリーナ。

クーロチキン，ニコライ・ステパノヴィチ Kurochkin, Nikolai Stepanovich 12.2没、54歳。1830生。ロシアの詩人，ジャーナリスト，社会活動家。

バスティアン-ルパージュ，ジュール Bastien-Lepage, Jules 12.10没、36歳。1848生。フランスの画家。

チャニング，ウィリアム・ヘンリー Channing, William Henry 12.23没、74歳。1810生。アメリカのユニテリアンの牧師，社会運動派。

ヨリー Jolly, Philipp Gustav von 12.24没、75歳。1809生。ドイツの物理学者。

ヨーゼンハンス，フリードリヒ・ヨーゼフ Josenhans, Friedrich Joseph 12.25没、72歳。1812生。ドイツの海外伝道指導者。

ウヴァーロフ Uvarov, Aleksei Sergeivich 12.29没、59歳。1825([異]1828)生。ロシアの考古学者。

[この年] **アンユー，ラーシュ・アントーン** Anjou, Lars Anton 81歳。1803生。スウェーデンの教会史家。

エリム，マルカム・J Errym, Malcolm J. 70歳。1814生。イギリスの小説家。

カップ Kapp, Friedrich 60歳。1824生。ドイツの自由主義政治家。

カルヴィ，ポンペーオ Calvi, Pompeo 78歳。1806生。イタリアの画家。

カルバリー Calverley, Charles Stuart 53歳。1831生。イギリスの詩人。

キシュラ Quicherat, Louis Marie 85歳。1799生。フランスの古典学者。

姜瑋 64歳。1820生。朝鮮王朝末期の詩人，開化思想家。

グルーベ Grube, Augst Wilhelm 68歳。1816生。ドイツの教育的著述家。

クルマッハー Krummacher, Cornelius Friedrich Adolf 60歳。1824生。ドイツの牧師。

クレー，バーサ・M. Clay, M. Bertha 48歳。1836生。アメリカの小説家。

呉長慶 51歳。1833([異]1834)生。中国，清末期の武将。

洪英植 29歳。1855生。朝鮮の政治家。

ジェイコブスン，ウィリアム　Jacobson，William　81歳。1803生。英国教会のチェスター主教。

ジャコブ　Jacob，Bibliophile　78歳。1806生。フランスの小説家。

徐寿　66歳。1818生。中国，清末の西洋科学の紹介者。

申櫶　73歳。1811生。朝鮮の武臣。

スタング　Stang，Frederik　76歳。1808生。ノルウェーの政治家。

セラ　Sella，Quintino　57歳。1827生。イタリアの政治家。

ダンコーナ，ヴィート　D'Ancona，Vito　59歳。1825生。イタリアの画家。

ターンチッチ　Táncsics，Mihály　85歳。1799生。ハンガリーの社会運動家。

チザム，ジョン・シンプソン　Chisum，John Simpson　60歳。1824生。アメリカの牧畜業者。

趙之謙　[異]1888没、55歳。1829生。中国，清末の文人画家。

張樹声　60歳。1824生。中国，清末期の軍人，官僚。

趙寧夏　39歳。1845生。朝鮮王朝末期の文臣。

陳介祺　71歳。1813生。中国，清代の金石学者。

ティルシュ　Tyrsh，Miroslav　52歳。1832生。チェコスロバキアの出身。

テュラーヌ，シャルル　Tulasne　68歳。1816生。フランスの菌学者。

ナーゲル，ユーリウス　Nagel，Julius　75歳。1809生。ドイツのルター派牧師。

バイロン，ヘンリー　Byron，Henry James　50歳。1834生。イギリスの俳優，劇作家。

バエス　Báez，Buenaventura　74歳。1810生。ドミニカ大統領(1849〜53，56〜58，65〜66，68〜73，76〜78)。

バス，マイケル・トマス　Bass，Michael Thomas　85歳。1799生。イギリスの醸造業者。

バーミンガム　Birmingham，John　68歳。1816生。アイルランドのアマチュア天文家。

ビューヒマン　Büchmann，Georg　62歳。1822生。ドイツの言語学者。

フェルカー，アウグストゥス　Voelcker，Augustus　62歳。1822生。ドイツの農芸化学者。

フォルヌレ，グザヴィエ　Forneret，Xavier　75歳。1809生。フランスの詩人。

ブリング，エッベ・グスターヴ　Bring，Ebbe Gustaf　70歳。1814生。スウェーデンの神学者。

ブレイス　Brace，Julia　78歳。1806生。アメリカの盲聾唖者。

ボッソリ，カルロ　Bossoli，Carlo　69歳。1815生。イタリアの画家。

ピント　Pinto，Aníbal　59歳。1825生。チリの政治家，法学者。

マクラーレン　Maclaren，Archibald　64歳。1820生。イギリスの体育学者。

マッキー　Mackey，George Leslie　カナダの宣教師。

ミドハト・パシャ　Mithat Pasha　[異]1883没、62歳。1822生。オスマン・トルコ帝国末期の政治家。

ミランボ　Mirambo　44？歳。1840生。ウガンダの族長。

ムテサ1世　Mutesa I　46？歳。1838生。ウガンダのブガンダ国王(在位1858〜84)。

モーフィ，ポール(・チャールズ)　Morphy，Paul (Charles)　47歳。1837生。アメリカのチェス・プレーヤー。

劉大致　53歳。1831生。朝鮮の開化派思想家，政治家。

リュッペル，(ヴィルヘルム・ペーター・)エドゥアルト(・ジーモン)　Rüppell，(Wilhelm Peter) Eduard (Simon)　90歳。1794生。ドイツの動物学者，探検家。

リューベン　Lübben，Heinrich August　66歳。1818生。ドイツの言語学者，教師。

ローレッツ　Roretz，Albrecht von　36歳。1848生。オーストリアの医師。

1885年

4.18　伊藤博文が清と天津条約を締結する
6.09　清仏天津条約が締結される
11.28　第3次ビルマ戦争が勃発する
12.22　伊藤博文が初代総理大臣に任命される
12.28　ボンベイで国民会議の第1回年次大会開催

＊＊＊

アスビョルンセン，ペーテル・クリステン　Asbjørnsen，Peter Christen　1.6没、72歳。1812生。ノルウェーの民話研究家。

バーラテーンドゥ・ハリシュチャンドル　Bhāratendu Hariścandr　1.6没、34歳。1850生。インドのヒンディー語の詩人，劇作家，随筆家。

コルファクス　Colfax，Schuyler　1.13没、61歳。1823生。アメリカの政治家。

ブレスダン，ロドルフ　Bresdin，Rodolphe　1.14没、59歳。1825([異]1822)生。フランスの版画家。

アブー，エドモン　About，Edmond François Valentin　1.16没、56歳。1828生。フランスの作家。

バーナビー　Burnaby，Frederick Gustavus　1.17没、42歳。1842生。イギリスの軍人，旅行家。

ロケーニュ，ジョゼフ・マリー　Laucaigne，Joseph Marie　1.18没、46歳。1838生。フランスのパリ外国伝道会宣教師。

クレマン，フェリクス　Clément，Félix　1.22没、63歳。1822生。フランスのオルガン奏者，音楽理論家。

シュトイ　Stoy, Karl Volkmar　1.23没、70歳。1815生。ドイツの教育者。

ビーダマン、アーロイス・エマーヌエル　Biedermann, Alois Emanuel　1.25没、65歳。1819生。スイスのプロテスタント神学者。

ゴードン、チャールズ・ジョージ　Gordon, Charles George　1.26没、51歳。1833生。イギリスの軍人。

スモレンスキン　Smolenskin, Perez　2.1没、42歳。1842生。ロシア系ユダヤ人の小説家、随筆家。

トーマス、シドニー・ギルクリスト　Thomas, Sidney Gilchrist　2.1没、34歳。1850生。イギリスの製鋼技術者、発明家。

フィリモア、ロバート・ジョウゼフ　Phillimore, Robert Joseph　2.4没、74歳。1810生。イギリスの裁判官。

セベルツォフ　Severtsov, Nikolai Alekseevich　2.9没、60歳。1825（㊥1827）生。ロシアの動物学者。

ゴドフロア　Godeffroy, Johan Cesar　2.10没、71歳。1813生。ドイツの商人。

ヴァレス、ジュール　Vallès, Jules　2.14没、52歳。1832生。フランスの小説家、ジャーナリスト。

ホッチキス、ベンジャミン（・バークリー）　Hotchkiss, Benjamin Berkeley　2.14没、58歳。1826生。アメリカの兵器発明家、製造家。

ダムロッシュ、レオポルト　Damrosch, Leopold　2.15没、52歳。1832生。ドイツの指揮者、ヴァイオリン奏者。

ハルムス、テーオドーア　Harms, Theodor　2.16没、65歳。1819生。ドイツの神学者。

ケプロン　Capron, Horace　2.22（㊥1883）没、80歳。1804生。アメリカの農政家。

フィッシャー　Fischer, Karl Philipp　2.25没、77歳。1807生。ドイツの哲学者。

セレー　Serret, Joseph Alfred　3.2没、65歳。1819生。フランスの数学者。

アーサー、ティモシー・シェイ　Arthur, Timothy Shay　3.6没、75歳。1809生。アメリカの作家。

フレリヒス　Frerichs, Friedrich Theodor von　3.14（㊥1884）没、65歳。1819生。ドイツの病理学者。

ウォーナー、スーザン　Warner, Susan Bogart　3.17没、65歳。1819生。アメリカの女流小説家。

パークス、ハリー・スミス　Parkes, Sir Harry Smith　3.21没、57歳。1828生。駐日イギリス全権公使。

ワーズワース、クリストファー　Wordsworth, Christopher　3.21？没、77歳。1807生。英国教会のリンカン教区主教。

エネッパー　Enneper, Alfred　3.24没、54歳。1830生。ドイツの数学者。

デーヴィソン　Davison, James William　3.24没、71歳。1813生。イギリスの音楽評論家。

シュヴァルツ、カール・ハインリヒ　Schwarz, Karl Heinrich　3.25没、72歳。1812生。ドイツの神学者。

シュヴァルツェンベルク、フリードリヒ・ヨーゼフ・フォン　Schwarzenberg, Friedrich, Fürst zu　3.27没、75歳。1809生。オーストリアの聖職者。

ラムゼー　Ramsey, George E. O.　3.27没、46歳。1839生。イギリスの航海士。

アプト、フランツ　Abt, Franz　3.31没、65歳。1819生。ドイツの作曲家。

バリオス、フスト・ルフィーノ　Barrios, Justo Rufino　4.2没、49歳。1835生。グアテマラの政治家。

コストマーロフ、ニコライ・イワノヴィチ　Kostomarov, Nikolai Ivanovich　4.7没、67歳。1817生。ロシアの歴史家。

ジーボルト、カール・テオドール・エルンスト・フォン　Siebold, Karl Theodor Ernst von　4.7没、81歳。1804（㊥1805）生。ドイツの動物学者。

ホワイト　White, Richard Grant　4.8没、63歳。1821生。アメリカの文献学者、著述家。

ムーディ、スザンナ　Moodie, Susanna　4.8没、81歳。1803生。カナダの詩人、作家、随筆家。

スホルテン、ヤン・ヘンドリク　Scholten, Jan Hendrik　4.10没、73歳。1811生。オランダの近代神学者。

エロ、エルネスト　Hello, Ernest　4.15（㊥1887）没、56歳。1828生。フランスのカトリック作家。

ブレル　Bourelle, Auguste Florentin　4.16没、37歳。1847生。フランスのパリ外国宣教会宣教師。

ヘルマン、エーミール　Herrmann, Emil　4.16没、73歳。1812生。ドイツの教会法学者。

ペチェーリン、ウラジーミル・セルゲーヴィチ　Pecherin, Vladimir Sergeevich　4.17没、77歳。1807生。ロシアの詩人、思想家。

ナハティガル　Nachtigal, Gustav　4.20没、51歳。1834生。ドイツのサハラ探検家、医者。

リース、トマス　Rees, Thomas　4.29没、69歳。1815生。ウェールズの宗教史家。

ヤコブセン、J. P.　Jacobsen, Jens Peter　4.30没、38歳。1847生。デンマークの小説家。

ガルッチ、ラッファエーレ　Garucci, Raffaele　5.5没、73歳。1812生。イタリアのカトリック学者、キリスト教美術史家。

グロス　Gross, Samuel David　5.6没、79歳。1805生。アメリカの外科医、病理学者。

アンドレーエフ・ブルラーク　Andreev-Burlak, Vasilii Nikolaevich　5.10没、42歳。1843生。ロシアの俳優。

ヒラー、フェルディナント・フォン　Hiller, Ferdinand von　5.10没、73歳。1811生。ドイツのピアニスト、指揮者、作曲家。

スターン、ヘンリ・エアロン　Stern, Henry Aaron　5.13没、65歳。1820生。英国教会の聖職、ユダヤ人への宣教師。

19世紀　1885

ヘンレ，フリードリヒ・グスタフ・ヤーコプ　Henle, Friedrich Gustav Jakob　5.13没、75歳。1809生。ドイツの解剖学者、病理学者。

ミンジング　Minding, Ferdinand Gotlibovich　5.13没、79歳。1806生。ロシアの数学者。

ユーイング，ジュリアーナ　Ewing, Juliana Horatia　5.13没、43歳。1841生。イギリスの女流児童文学者。

カヴェーリン　Kavelin, Konstantin Dmitrievich　5.15没、66歳。1818生。ロシアの歴史家、哲学者、ジャーナリスト。

シェンケル，ダーニエル　Schenkel, Daniel　5.19没、71歳。1813生。ドイツのプロテスタント神学者。

マミアーニ　Mamiani della Rovere, Terenzio　5.21没、85歳。1799生。イタリアの哲学者、政治家。

ユゴー，ヴィクトール　Hugo, Victor-Marie　5.22没、83歳。1802生。フランスの詩人、小説家、劇作家。

クラウゼン　Klausen, Thomas　5.23没、84歳。1801生。デンマークの天文学者で数学者。

ベルマン，カール　Baermann, Carl　5.24没、74歳。1810生。ドイツのクラリネット奏者、バセットホルン奏者。

ヴェルテ，ベーネディクト　Welte, Benedikt　5.27没、79歳。1805生。ドイツのカトリック聖書釈義学者、辞典編集者。

ロジエ　Rogier, Charles Latour　5.27没、84歳。1800生。ベルギーの政治家。

ノアイユ　Noailles, Paul, Duc de　5.30没、83歳。1802生。フランスの貴族、著述家。

マクラッチ，トマス　McClatchie, Thomas　6.4没。イギリスの宣教師。

ベネディクト，ジュリアス　Benedict, Sir Julius　6.5没、80歳。1804生。イギリス（ドイツ生れ）の作曲家、指揮者。

ボードイン　Bauduin, Anthonius Franciscus　6.7没、64歳。1820（㊟1822）生。オランダの軍医。

クールベ　Courbet, Amédée Anatole Prosper　6.11没、57歳。1827生。フランスの提督。

フリードリヒ・カール　Friedrich Karl, Prince　6.15没、57歳。1828生。プロシアの軍人。

カンプハウゼン　Camphausen, Wilhelm　6.16没、67歳。1818生。ドイツの画家。

マントイフェル　Manteuffel, Edwin, Freiherr von　6.17没、76歳。1809生。プロシア、ドイツの軍人、外交官。

ムハンマド・アフマド（マフディー，救世主）　Muḥammad Aḥmad　6.22没、40歳。1844（㊟1848）生。スーダンの宗教運動の指導者。

フェーリング，ヘルマン・フォン　Fehling, Hermann Christian von　7.1没、73歳。1812（㊟1811）生。ドイツの化学者。

シェグ，ペーター・ヨーハン　Schegg, Peter Johann　7.9没、70歳。1815生。ドイツの聖書釈義家。

ヴェラ　Vera, Augusto　7.13没、72歳。1813生。イタリアの哲学者。

プール，アーサー・ウィリアム　Poole, Arthur William　7.14没、33歳。1852生。イギリスの聖公会宣教師。

カストロ，ロサリア・デ　Castro, Rosalía de　7.15没、48歳。1837生。スペインの女流詩人。

プライム，サミュエル・アイリーニアス　Prime, Samuel Irenaeus　7.18没、72歳。1812生。アメリカの長老派牧師、編集者。

グラント，ユリシーズ・S（シンプソン）　Grant, Ulysses Simpson　7.23没、63歳。1822生。アメリカの南北戦争時の連邦軍総司令官、第18代大統領（1869～77）。

モンテフィオーレ，サー・モーゼス（・ハイム）　Montefiore, Sir Moses Haim　7.25没、100歳。1784生。イギリスのユダヤ人博愛主義者。

ラース　Laas, Ernst　7.25没、48歳。1837生。ドイツの哲学者、教育家。

ミルヌ・エドワール　Milne-Edwards, Henri　7.28没、84歳。1800生。フランスの動物学者。

ハンベルガー，ユーリウス　Hamberger, Julius　8.5没、84歳。1801生。ドイツの神秘主義研究家、神知学的著作家。

ハリファックス　Halifax, Sir Charles Wood, 1st Viscount　8.8没、84歳。1800生。イギリスの政治家。

マーシャル　Marshall, James Wilson　8.10没、74歳。1810生。アメリカ、カリフォルニアの開拓者。

ミルンズ，モンクトン　Milnes, Richard Monckton, Lord Houghton　8.11没、76歳。1809生。イギリスの政治家、詩人。

ライト　Wright, Charles　8.11没、73歳。1811生。アメリカの植物学者。

クルティウス，ゲオルク　Curtius, Georg　8.12没、65歳。1820生。ドイツの言語学者。

ジャクソン，ヘレン・ハント　Jackson, Helen Maria Hunt　8.12没、54歳。1830生。アメリカの詩人、小説家。

ヴォルソー，イエンス・ヤコブ・アスムッセン　Worsaae, Jen Jacob Asmussen　8.15没、64歳。1821生。デンマークの考古学者。

ブルークス　Brooks, Charles Wolcott　8.16没、51歳。1833生。アメリカの外交官。

リッター　Ritter, August Gottfried　8.26没、74歳。1811生。ドイツのオルガン奏者、作曲家、音楽学者。

セルヴェ，ジョゼフ　Sevais, Joseph　8.29没、34歳。1850生。ベルギーのチェロ奏者。

マンロー　Munro, Hugh Andrew Johnstone　8.30没、65歳。1819生。イギリスの古典学者。

人物物故大年表 外国人編　751

1885　19世紀

エグジェール　Egger, Emile　8.31没、72歳。1813生。フランスの古典学者。
王静明　9.4没。中国人のプロテスタント伝道者。
左宗棠　9.5没、73歳。1812生。中国、清末の軍人、政治家。
ブーケ　Bouquet, Jean-Claude　9.9没、66歳。1819生。フランスの数学者。
シャルパンティエ、ジャン・ド　Charpentier, Jean de　9.12没、98歳。1786生。スイスの地質学者、氷河学者。
フォルカード、テオドール・オギュスタン　Forcade, Théodore Augustin　9.12没、69歳。1816生。フランスのカトリック司祭、司教。
キール　Kiel, Friedrich　9.13没、63歳。1821生。ドイツの作曲家、教育家。
ヘーザー　Häser, Heinrich　9.13没、73歳。1811生。ドイツの医学史家。
ウェルドン、ウォルター　Weldon, Walter　9.20没、52歳。1832生。イギリスの化学工業家。
シュピッツヴェーク、カール　Spitzweg, Carl　9.23没、77歳。1808生。ドイツの画家。
シャフツベリー、アントニー・アシュリー・クーパー、7代伯爵　Shaftesbury, Anthony Ashley Cooper, 7th Earl of　10.1没、84歳。1801生。イギリスの政治家。
ページ　Page, William　10.1没、73歳。1811生。アメリカの画家。
シェルク、ハインリヒ　Scherk, Heinrich Ferdinand　10.4没、86歳。1798生。ドイツの数学者。
ハイネ　Heine, Wilhelm Peter Bernhard　10.5没、58歳。1827生。ペリー艦隊の乗り組み画家。
ショー　Shaw, Henry Wheeler　10.14没、67歳。1818生。アメリカのユーモア作家。
ビリングズ、ジョッシュ　Billings, Josh　10.14没、67歳。1818生。アメリカのユーモア作家。
ドプシンスキー、パヴォル　Dobšinský, Pavol　10.22没、57歳。1828生。スロヴァキアの民俗学者。
バーチ　Birch, Samuel　10.27没、71歳。1813生。イギリスのエジプト学者、中国学者。
クーパー　Kuper, Sir Augustus Leopold　10.29没、76歳。1809生。イギリスの提督。
ハニントン、ジェイムズ　Hannington, James　10.29没、38歳。1847生。英国教会の宣教師。
マックレラン、ジョージ・B (ブリントン)　McClellan, George Brinton　10.29没、58歳。1826生。アメリカの陸軍人。
ダニレフスキー、ニコライ・ヤーコヴレヴィチ　Danilevskii, Nikolai Iakovlevich　11.7没、62歳。1822生。ロシアの思想家、社会学者。
リエル、ルイ　Riel, Louis　11.16没、41歳。1844生。カナダの反乱指導者。

シュミート、ハインリヒ・フリードリヒ・フェルディナント　Schmid, Heinrich Friedrich Ferdinand　11.17没、74歳。1811生。ドイツのルター派神学者。
ルイブニコフ、パーヴェル・ニコラエヴィチ　Rybnikov, Pavel Nikolaevich　11.17没、53歳。1831生。ロシアの民俗学者。
カーペンター、ウィリアム・ベンジャミン　Carpenter, William Benjamin　11.19没、72歳。1813生。イギリスの生理学者。
シュネーマン、ゲーアハルト　Schneemarn, Gerhard　11.20没、56歳。1829生。ドイツのカトリック神学者。
ライト　Wright, Elizur　11.21没、81歳。1804生。アメリカの保険改革者、保険数理士。
アルフォンソ12世　Alfonso XII　11.25没、27歳。1857生。スペイン王(在位1874～85)。
アレクサンドレスク、グリゴレ　Alexandrescu, Grigore　11.25没、75歳。1810生。ルーマニアの詩人。
ヘンドリックス　Hendricks, Thomas Andrews　11.25没、66歳。1819生。アメリカの政治家。
アンドリューズ、トマス　Andrews, Thomas　11.26没、71歳。1813生。アイルランドの化学者。
セラノ・イ・ドミンゲス　Serrano y Domínguez, Francisco　11.26没、75歳。1810生。スペインの軍人、政治家。
ウェッブ、ベンジャミン　Webb, Benjamin　11.27没、65歳。1819生。英国教会の聖職者。
ブレー　Bouley, Henri Marie　11.30没、71歳。1814生。フランスの獣医。
ティーアシュ、ハインリヒ・ヴィルヘルム・ヨージアス　Thiersch, Heinrich Wilhelm Josias　12.3没、68歳。1817生。ドイツのルター派神学者(歴史神学)。
ヴァンダビルト　Vanderbilt, William Henry　12.8没、64歳。1821生。アメリカの実業家。
ホフマン、クリストフ　Hoffmann, Christoph　12.8没、70歳。1815生。ドイツの独立伝道者。
フェイヤー　Phayre, Sir Arthur Purves　12.14没、73歳。1812生。イギリスのビルマ行政官、研究家。
ノール　Nohl, Karl Friedrich Ludwig　12.15没、54歳。1831生。ドイツの音楽学者。
ハウスン、ジョン・ソール　Howson, John Saul　12.15没、69歳。1816生。イギリスの新約学者。
テボー、オギュスト　Thébaud, Auguste　12.17没、78歳。1807生。フランスのイエズス会士、アメリカへの宣教師、教育者。
テュラーヌ　Tulasne, Louis René　12.22没、70歳。1815生。フランスの菌学の改革者。
トカチョーフ、ピョートル・ニキーチチ　Tkachëv, Pëtr Nikitich　12.23(㋱1886)没、41歳。1844生。ロシアの革命家、ナロードニキの理論家。
ガシャール　Gachard, Louis Prosper　12.24没、85歳。1800生。ベルギーの歴史家、建築家。

752　人物物故大年表 外国人編

19世紀　　　　　　　　　1886

アベジャネーダ　Avellaneda, Nicolás　12.26没、48歳。1837生。アルゼンチンの政治家、大統領(1874～80)。

この年 アガ・ハーン2世　Āghā Khān II, 'Ali Shah　インドにおけるシーア派イスマーイール派のイマーム(教主)。

アディーブ・イスハーク　Adīb Isḥāq　29歳。1856生。アラブの啓蒙家。

アモーリ-デュヴァル、ウージェーヌ-エマニュエル　Amaury-Duval, Eugène-Emmanuel　77歳。1808生。フランスの画家。

アレアンドリ、イレーネオ　Aleandri, Ireneo　90歳。1795生。イタリアの建築家。

アレクサンドル　Aleksandar Karadjordjević　79歳。1806生。セルビア王(在位1842～58)。

ウェザレル、エリザベス　Wetherell, Elizabeth　66歳。1819生。アメリカの女流作家。

オルロフ、ニコライ　Orlov, Nikolai Alekseevich　58歳。1827生。ロシアの外交官。

金和　67歳。1818生。中国、清末の詩人。

ケアンズ　Cairns, Hugh McCalmont, 1st Earl　66歳。1819生。アイルランドの司法官、政治家。

ケール　Kehr, Karl　55歳。1830生。ドイツの教育家。

ザハロフ　Zakharov, Ivan Iliich　71歳。1814生。ロシアの中国学者。

シュラーギントヴァイト、ロバート　Schlagintweit, Robert von　52歳。1833生。ドイツの探検登山家兄弟の一人。

スターンズ、オリヴァー　Stearns, Oliver　78歳。1807生。アメリカのユニテリアン派牧師。

セルヴィ、ジョヴァンニ　Servi, Giovanni　85？歳。1800生。イタリアの画家。

チクモンディ　Zsigmondy, Emil　24歳。1861生。オーストリアの登山家。

デイヴィー、エドワード　Davy, Edward　79歳。1806生。イギリスの医者、科学者。

トペテ・イ・カルバリヨ　Topete y Carballo, Juan Bautista　64歳。1821生。スペインの海軍軍人、政治家。

ノアク　Noack, Ludwig　66歳。1819生。ドイツの哲学者。

ハリシチャンドラ　Harishchandra　35歳。1850生。ヒンディー語文学の作家。

バリュ、テオドール　Ballu, Théodore　68歳。1817生。フランスの建築家。

ヒンクス　Hincks, Sir Francis　78歳。1807生。イギリスの政治家。

フィールド、フレドリク　Field, Frederick　84歳。1801生。イギリスの教父学者、聖書学者。

ブラウン　Brown, Benjamin Gratz　59歳。1826生。アメリカの政治家。

フリリングヒューゼン　Frelinghuysen, Frederick Theodore　68歳。1817生。アメリカの政治家。

ヘーゼル　Haeser, Heinrich　74歳。1811生。ドイツの医学者、医学史家。

パーマー、ウィリアム　Palmer, William　82歳。1803生。イギリスの神学者。

ボンベイ　Bombay, Sidi Mubarak　65？歳。1820生。アフリカの解放奴隷。

ムイシキン　Myshkin, Ippolit Nikitich　37歳。1848生。ロシアの革命家。

メダースト　Medhurst, Sir Walter Henry　63歳。1822生。イギリスの外交官。

モイア、フェデリーコ　Moja, Federico　83歳。1802生。イタリアの画家。

ヤップ・ア・ロイ　Yap Ah Loy　48歳。1837生。マレーの華僑指導者。

ラブルスト　Labrouste, François Marie Théodore　86歳。1799生。フランスの建築家。

ラーム・シング　Rām Singh　69歳。1816生。インドのシク教哲学者、改革者。

リッグズ　Riggs, John Mankey　75歳。1810生。アメリカの歯科医。

ローズ　Rose, Hugh Henry, Baron Strathnairn　84歳。1801生。イギリスの軍人。

ロセッティ　Rossetti, Francesco　52歳。1833生。イタリアの物理学者。

1886年

3.27　アパッチ族のジェロニモが降伏後に逃亡
6.08　英議会下院がアイルランド自治法案を否決
7.04　カナダ太平洋鉄道で一番列車が終点に到着
9.20　南アフリカで世界最大の金鉱が発見される
10.28　アメリカで自由の女神の除幕式が行われる

＊＊＊

インブリアーニ、ヴィットーリオ　Imbriani, Vittorio　1.1没、45歳。1840生。イタリアの小説家。

ブラウン、ネイサン　Brown, Nathan　1.1没、78歳。1807生。アメリカのバプテスト派教会宣教師。

ダヴィードフ　Davidov, Avgust Iulievich　1.3没、62歳。1823生。ロシアの力学者で数学教育家。

リピンコット、ジョシュア(・バリンジャー)　Lippincott, Joshua Ballinger　1.5没、72歳。1813生。アメリカの出版業者。

サン・ヴェナン、(バレ・ドゥ・セント・ヴェナン)　Saint-Venant, Adhémar Jean Claude Barré de　1.6没、88歳。1797生。フランスの物理学者。

ファーガスン、ジェームズ　Fergusson, James　1.9没、77歳。1808生。スコットランドの建築史家。

人物物故大年表 外国人編　753

1886　19世紀

コルディコット，ランドルフ　Caldecott, Randolph　1.12没、39歳。1846生。イギリスの挿絵画家。

ファルー・デュ・クドレー，フレデリク・アルベール・ピエール　Falloux, Frédéric Alfred Pierre, Comte de　1.16没、74歳。1811生。フランスの政治家。

ポンキエッリ，アミルカレ　Ponchielli, Amilcare　1.16没、51歳。1834生。イタリアの作曲家。

ボドリー，ポール・ジャック・エメ　Baudry, Paul Jacques Aimé　1.17没、57歳。1828生。フランスの画家。

ティハーチェク　Ticháček (Tichatschek), Josef Aloys　1.18没、78歳。1807生。ボヘミア出身のテノール歌手。

アーリントン，ジョージ　Errington, George　1.19没、81歳。1804生。イギリスのローマ・カトリック大司教。

アクサーコフ，イワン・セルゲーヴィチ　Aksakov, Ivan Sergeevich　1.27没、62歳。1823生。ロシアの思想家、詩人、社会活動家。

ウリヤーノフ，イリヤー　Ulianov, Ilia Nikolaevich　1.27没、54歳。1831生。ロシアの教育者。

アビッヒ　Abich, Otto Wilhelm Harmann　2.1没、79歳。1806生。ドイツの地質学者。

フシュケ，フィーリプ・エードゥアルト　Huschke, Philipp Eduard　2.7没、84歳。1801生。ドイツの法律家、教会行政家。

エドワーズ　Edwards, Edward　2.10没、74歳。1812生。イギリスの図書館司書。

トマス　Thomas, Edward　2.10没、72歳。1813生。イギリスの古銭学者。

ブラッドショー，ヘンリ　Bradshaw, Henry　2.10没、55歳。1831生。イギリスの写本学者、図書館司書、著作家。

ジャマン　Jamin, Jules Célestin　2.12没、67歳。1818生。フランスの物理学者。

タラク，ジョン　Tulloch, John　2.13没、62歳。1823生。スコットランド教会の牧師、神学者。

ロイトル　Ruijter, Franciscus Johannes Antonius de　2.13没、44歳。1841生。オランダの医師。

カードウェル　Cardwell, Edward, Viscount　2.15没、72歳。1813生。イギリスの政治家。

ケーラー，ルイス　Köhler, Louis Heinrich　2.16没、65歳。1820生。ドイツのピアノ教師、作曲家。

ナルマダーシャンカル　Narmadāśaṅkar　2.25没、52歳。1833生。インドのグジャラートの文学者、社会改革者。

ベネッケ　Benecke, Bertold　2.27没、74歳。1843生。ドイツの解剖学者、水産学者。

クラーク，ウィリアム・スミス　Clark, William Smith　3.9没、59歳。1826生。アメリカの教育家、化学鉱物学者。

ハウスマン　Hausmann, Karl Friedrich　3.11没、61歳。1825生。ドイツの画家。

ツンツ　Zunz, Leopold　3.17没、91歳。1794生。ユダヤ人の学者。

カニャス・イ・カルボ，ブラス　Cañas y Calvo, Blas　3.23没、59歳。1827生。チリの養育院創設者、カトリック司祭。

トレンチ，リチャード・シェネヴィクス　Trench, Richard Chenevix　3.29没、78歳。1807生。イギリスの詩人、神学者。

フリント　Flint, Austin　3.13没、73歳。1812生。アメリカの医師。

フォースター，ウィリアム・エドワード　Forster, William Edward　4.5没、67歳。1818生。イギリスの政治家。

シェッフェル，ヨーゼフ・ヴィクトーア　Scheffel, Joseph Viktor von　4.9没、60歳。1826生。ドイツの詩人、小説家。

ノイズ，ジョン・ハンフリ　Noyes, John Humphrey　4.13没、74歳。1811生。アメリカの宗教家、弁護士。

ボズボーム・トゥーサン　Bosboom-Toussaint, Anna Louise Geertruida　4.13没、73歳。1812生。オランダの女流小説家。

ライアン，エイブラム・ジョウゼフ　Ryan, Abram Joseph　4.22没、48歳。1838生。アメリカのラザリスト会士、詩人、新聞編集者。

イザベイ，ウージェーヌ　Isabey, Eugène　4.25没、82歳。1803(㊥1804)生。フランスの画家、石版画家。

リチャードソン，ヘンリー・ホブソン　Richardson, Henry Hobson　4.27没、47歳。1838生。アメリカの建築家。

ビュスケン・ヒュト，コンラット　Busken Huet, Conrad　5.1没、59歳。1826生。オランダの評論家、随筆家、小説家。

マスプラット，ジェイムズ　Muspratt, James　5.4没、92歳。1793生。イギリスの化学工業家。

アルベルト　Albert, Joseph　5.5没、61歳。1825生。ドイツの写真師。

ミッデルトゥーン，ユリウス　Middelthun, Julius Olavus　5.5没、65歳。1820生。ノルウェイの彫刻家。

ヒッコク，ローレンス・パーシュース　Hickok, Laurens Perseus　5.6(㊥1888)没、87歳。1798(㊥1799)生。アメリカの哲学者。

ギールケ　Gierke, Hans Paul Bernard　5.8没、38歳。1847生。ドイツの医学者。

ワスマン　Wasmann, Friedrich　5.10没、80歳。1805生。ドイツの肖像画家。

ディキンソン，エミリー　Dickinson, Emily Elizabeth　5.15没、55歳。1830生。アメリカの女流詩人。

754　人物物故大年表　外国人編

19世紀　　　　　　　　　　　　　　　　　　　　1886

メー　May, *Sir* Thomas Erskine, 1st Baron Farnborough　5.17没、71歳。1815生。イギリスの法律家, 歴史家。

ランケ, レーオポルト　Ranke, Leopold von　5.23没、90歳。1795生。ドイツの歴史家。

ヴァイツ, ゲオルク　Waitz, Georg　5.24没、72歳。1813生。ドイツの歴史家。

バートレット　Bartlett, John Russell　5.28没、80歳。1805生。アメリカの書誌学者。

シュテックハルト　Stöckhardt, Julius Adolf　6.1没、77歳。1809生。ドイツの農芸化学者。

オストロフスキー, アレクサンドル・ニコラエヴィチ　Ostrovskii, Aleksandr Nikolaevich　6.2没、63歳。1823生。ロシアの劇作家。

ルワンガ, チャールズ　Lwanga, Charles　6.3没、26？歳。1860生。ウガンダの22人の殉教者の一人, 聖人。

ウエル　Hoüel, Guillaume Julues　6.4没、63歳。1823生。フランスの数学者で力学者。

ネヴィン, ジョン・ウィリアムスン　Nevin, John Williamson　6.6没、83歳。1803生。アメリカのドイツ改革派教会神学者。

グッデン　Gudden, Bernhard Aloys von　6.13没、62歳。1824生。ドイツの神経病学者。

ルートウィヒ2世　Ludwig II　6.13没、40歳。1845生。バイエルン王（在位1864～86）。

ホーバート・パシャ　Hobart Pasha　6.19没、64歳。1822生。イギリスの海軍軍人。

ホーム　Home, Daniel Dunglas　6.21没、53歳。1833生。イギリス（スコットランド）の霊媒者。

ハンス　Hance, Henry Fletcher　6.22没、58歳。1827生。イギリスの外交官, 植物学者。

モンティセリ, アドルフ　Monticelli, Adolphe Joseph Thomas　6.26没、61歳。1824生。イタリア系のフランスの画家。

李樹廷　6.？没、44歳。1842生。朝鮮の聖書翻訳者。

ヘイン, ポール・ハミルトン　Hayne, Paul Hamilton　7.6没、56歳。1830生。アメリカの詩人。

ブラウン　Brown, Henri Kirke　7.10没、72歳。1814生。アメリカの彫刻家。

ジャドソン　Judson, Edward Zane Carroll　7.16没、63歳。1823生。アメリカの小説家。

ヴェルデ, セザリオ　Verde, José Joaquim Cesário　7.19没、31歳。1855生。ポルトガルの詩人。

ツェツシュヴィツ, カール・アードルフ・ゲーアハルト・フォン　Zezschwitz, Karl Adolf Gerhard von　7.20没、61歳。1825生。ドイツのルター派の実践神学者。

ドゥンカー　Duncker, Maximilian Wolfgang　7.21没、74歳。1811生。ドイツの歴史家, 政治家。

ピロティ　Piloty, Karl Theodor von　7.21没、59歳。1826生。ドイツの画家。

リスト, フランツ　Liszt, Franz von　7.31没、74歳。1811生。オーストリアのピアニスト, 作曲家。

ティルデン, サミュエル・ジョーンズ　Tilden, Samuel Jones　8.4没、72歳。1814生。アメリカの政治家。

シェーラー　Scherer, Wilhelm　8.6没、45歳。1841生。ドイツの言語学者, 文学者。

ファーガソン, サミュエル　Ferguson, Samuel　8.9没、76歳。1810生。アイルランドの詩人。

グレル　Grell, August Eduard　8.10没、85歳。1800生。ドイツのオルガン奏者, 作曲家。

コイトゥラ, リーディア　Koidula, Lydia　8.11没、42歳。1843生。エストニア人の女性詩人, 劇作家。

ラーマクリシュナ　Rāmakṛṣṇa Paramahaṃsa　8.15没、50歳。1836（㊥1834）生。インドの宗教家。

ブトレロフ, アレクサンドル・ミハイロヴィチ　Butlerov, Aleksandr Mikhailovich　8.17没、57歳。1828生。ロシアの有機化学者。

ベネット, ウィリアム・ジェイムズ・アーリ　Bennett, William James Early　8.17没、81歳。1804生。英国教会司教, オックスフォード運動の影響を受けた高教会派の儀式主義者。

ラゲール　Laguerre, Edmond　8.18没、51歳。1834生。フランスの数学者。

ビクーニャ・マケーナ　Vicuña Mackenna, Benjamín　8.25没、65歳。1831生。チリの歴史家, 政治家。

キング　King, Archbald　8.28没、38歳。1848生。イギリスの技師。

デュランド, アッシャー・ブラウン　Durand, Asher Brown　9.17没、90歳。1796生。アメリカの画家, 版画家。

シュタインレ, エトヴァルト・フォン　Steinle, Eduard von　9.18没、76歳。1810生。オーストリアの画家。

メンガリーニ, グレゴーリオ　Mengarini, Gregorio　9.23没、75歳。1811生。イタリア出身の宣教師, 言語学者。

クック, ジョン・エステン　Cooke, John Esten　9.27没、55歳。1830生。アメリカの長編作家, 伝記作家, 歴史家。

ゴドウィン, エドワード・ウィリアム　Godwin, Edward William　10.6没、53歳。1833生。イギリスの建築家。

バーンズ, ウィリアム　Barnes, William　10.7没、85歳。1801生。イギリスの詩人, 語学者, 聖職者。

エルナンデス, ホセ　Hernández, José　10.21没、51歳。1834生。アルゼンチンの詩人, 政治家。

ヤッハマン　Yachmann, Edward Karl Emanuel　10.23没、64歳。1822生。ドイツの海軍士官。

ボイスト, フリードリヒ・フェルディナント, 伯爵　Beust, Friedrich Ferdinand, Graf von　10.24没、77歳。1809生。オーストリアの政治家。

人物物故大年表 外国人編　755

オーバネル，テオドール　Aubanel, Théodore　10.31没、57歳。1829生。フランスの詩人。

リューデリッツ　Lüderitz, Adolf　10.？没、52歳。1834生。ドイツの商人。

ベール，ポール　Bert, Paul　11.11没、53歳。1833生。フランスの生理学者，政治家。

ホッジ，アーチバルド・アレグザンダ　Hodge, Archibald Alexander　11.11没、63歳。1823生。アメリカの長老派神学者。

ベギュイエ・ド・シャンクールトワ，アレクサンドル・エミール　Chancourtois, Alexandre Emile Beguyer de　11.14没、66歳。1820生。パリの鉱山学校の地質学教授。

マクドゥーガル，フランシス・トマス　McDougall, Francis Thomas　11.16没、69歳。1817生。英国教会主教，医師，ボルネオへの宣教師。

アーサー，チェスター・A(アラン)　Arthur, Chester Alan　11.18没、56歳。1830(㊥1831)生。アメリカ第21代大統領(1881～85)。

アダムズ，チャールズ・フランシス　Adams, Charles Francis　11.21没、79歳。1807生。アメリカの外交官。

シェル　Scherr, Johannes　11.21没、69歳。1817生。ドイツの文学史家，小説家。

ランベール　Rambert, Eugène　11.21没、56歳。1830生。スイスの文学者。

セヘルス，シャルル・ジャン　Seghers, Charles Jean　11.27？没、46歳。1839生。ベルギーのローマ・カトリック教会大司教，アラスカ宣教師。

ホフステーデ・デ・フロート，ペトリュス　Hofstede de Groot, Petrus　11.27没、84歳。1802生。オランダの神学者。

ミンゲッティ　Minghetti, Marco　12.10没、68歳。1818生。イタリアの政治家。

フランツェリン，ヨハネス・バプティスタ　Franzelin, Johannes Baptista　12.11没、70歳。1816生。ティロール出身のカトリック神学者，枢機卿。

マズヴィグ　Madvig, Jens Nikolai　12.12没、82歳。1804生。デンマークの古典学者，政治家。

カリンカ　Kalinka, Walerian　12.16没、60歳。1826生。ポーランドの歴史家。

フォーサイス　Forsyth, Sir Thomas Douglas　12.17没、59歳。1827生。イギリスのインド行政官。

オッポルツァー　Oppolzer, Theodor Ritter von　12.26没、45歳。1841生。オーストリアの理論天文学者。

マクマスター　ジェイムズ・アルフォンサス　McMaster, James Alphonsus　12.29没、66歳。1820生。アメリカのローマ・カトリック教会新聞発行人，編集長。

この年　アーチャー，フレッド(フレデリック・ジェイムズ)　Archer, Fred(erick James)　29歳。1857生。イギリスの競馬の騎手。

エッツェル，ピエール-ジュール　Hetzel, Pierre-Jules　72歳。1814生。フランスの児童文学指導者。

ギーキー　Geekie, James P.　イギリスの技師。

ギャンブル(ガンブル)，ウィリアム　Gamble, William　アメリカの長老派教会宣教師。

グィッチャルディーニ，ピエーロ　Guicciardini, Piero　80歳。1806生。イタリアのプロテスタント指導者。

クルマッハー　Krummacher, Emil Wilhelm　88歳。1798生。ドイツの牧師。

胡遠　63歳。1823生。中国、清末の画家。

コボルド　Cobbold, Thomas Spencer　60歳。1826生。イギリスの生物学者。

ジケル　Giquel, Prosper Marie　51歳。1835生。フランスの提督。

シーモア　Seymour, Horatio　76歳。1810生。アメリカの政治家。

シュミット　Schmidt, Julian　68歳。1818生。ドイツのジャーナリスト，文学史家。

シュミット　Schmidt, Oskar　63歳。1823生。ドイツの動物学者。

ショート　Short, Charles　65歳。1821生。アメリカの古典学者。

ストウ　Stowe, Calvin Ellis　84歳。1802生。アメリカの教育者。

タウンゼンド，ヘンリ　Townsend, Henry　71歳。1815生。西アフリカで活動したイングランド出身の宣教師。

チェスナット，メアリ・ボイキン　Chesnut, Mary Boykin　63歳。1823生。アメリカの日記作家。

チェチョーニ，アドリアーノ　Cecioni, Adriano　50歳。1836生。イタリアの彫刻家。

張熊　83歳。1803生。中国、清末の画家。

丁宝楨　66歳。1820生。中国、清後期の官僚。

ディア，ジョン　Deere, John　82歳。1804生。アメリカの鋼鉄プラウ(鋤)の完成者，製造家。

デュテュイ，ウージェーヌ　Dutuit, Eugène　79歳。1807生。フランスの美術収集家，美術批評家。

ドット　Datt, Aksaykumār　56歳。1830生。インドのジャーナリスト，評論家。

トレヴェリアン　Trevelyan, Sir Charles Edward　79歳。1807生。イギリスの政治家。

バウアー　Bauer, Edgar　66歳。1820生。ドイツの急進的な神学者。

ハルトビヒ　Hartwig, Emil　43歳。1843生。ドイツの市長。

ハンコック，ウィンフィールド・スコット　Hancock, Winfield Scott　62歳。1824生。アメリカの将軍。

ハンター　Hunter, David　84歳。1802生。アメリカの軍人。

ビージ，ルイージ　Bisi, Luigi　72歳。1814生。イタリアの画家，建築家。

ベルターニ　Bertani, Agostino　74歳。1812生。イタリアの医師，政治家。
ホー，リチャード（・マーチ）　Hoe, Richard March　74歳。1812生。アメリカの発明家，産業資本家。
鮑超　58歳。1828生。中国，清の武人。
パジェス　Pagès, Léon　72歳。1814生。フランスの日本学者。
プリット，テーオドーア　Plitt, Theodor　71歳。1815生。ドイツ福音主義の神学者，牧師。
マルー　Malou, Jules　76歳。1810生。ベルギーの政治家。
ラト・ディオール　Lat Dior　44？歳。1842生。セネカル北西部のカヨール王国の国王。
ラピザルディ，ミケーレ　Rapisardi, Michele　64歳。1822生。イタリアの画家。
ラランヌ，マキシーヌ　Lalanne, Maxine　59歳。1827生。フランスのエッチング制作者，石版工。
リング　Ling, Hjalmar　66歳。1820生。スウェーデン体操の指導者。
ルイス　Lewis, Dioclesian　63歳。1823生。アメリカの体育学者。
ローガン，ジョン・アレグザンダー　Logan, John Alexander　60歳。1826生。アメリカの軍人，国会議員。

1887年

6.18　ドイツとロシアが再保障条約を締結する
10.17　フランス領インドシナ連邦が成立する
　　　　＊＊＊

イッデスリー　Northcote, Sir Stafford Henry, 1st Earl of Iddesleigh　1.12没、68歳。1818生。イギリスの保守党政治家。
ドンデレス，ペーテル　Donders, Peter　1.14没、77歳。1809生。オランダのレデンプトール会宣教師。
フォスター，A. K.　Foster, Abigail Kelley　1.14没、76歳。1810生。アメリカの改革運動家。
ケイン　Cain, Richard Harvey　1.18没、61歳。1825生。アメリカの黒人牧師，政治運動指導家。
ナドソン，セミョーン・ヤーコヴレヴィチ　Nadson, Semën Iakovlevich　1.19没、24歳。1862生。ロシアの詩人。
ギフォード（ギフォード），アダム　Gifford, Adam　1.20没、66歳。1820生。スコットランドの判事，「ギフォード講演」基金の創設者。
ウィットワース，サー・ジョゼフ　Whitworth, Sir Joseph, Baronet　1.22没、83歳。1803（㊗1802）生。イギリスの機械技師。
モーニッケ　Mohnike, Otto Gottlieb Johann　1.26没、72歳。1814生。ドイツのオランダ陸軍軍医。

カーペンター，チャピン・ハワード　Carpenter, Chapin Howard　2.2没、51歳。1835生。アメリカのバプテスト派教会自給宣教師。
ワイリ，アレグザーンダ　Wylie, Alexander　2.6（㊗1889）没、71歳。1815生。イギリスの宣教師，中国学者。
ミラー（父）　Miller, Ferdinand von　2.11没、73歳。1813生。ドイツの鋳金家。
クロフォード，イザベラ・ヴァランシー　Crawford, Isabella Valancy　2.12没、36歳。1850生。イギリス系カナダの女流小説家，詩人。
ベルンハルディ　Bernhardi, Theodor von　2.12（㊗1885）没、84歳。1802生。ドイツの歴史家，外交官。
アンドレ，カール・アウグスト　André, Karl August　2.15没、80歳。1806生。ドイツの音楽出版人，楽器製造業者。
グリューン　Grün, Karl Theodor Ferdinand　2.18没、73歳。1813生。ドイツのジャーナリスト，哲学者。
ムルタトゥリ　Multatuli　2.19没、66歳。1820生。オランダの小説家。
シーモア　Seymour, Sir Michael　2.23没、84歳。1802生。イギリスの提督。
イーストレーキ　Eastlake, William Clarke　2.26没、52歳。1834生。アメリカの歯医者。
シュテンツラー　Stenzler, Adolf Friedrich　2.27没、79歳。1807生。ドイツのサンスクリット学者。
ボロディン，アレクサンドル・ボルフィリエヴィチ　Borodin, Aleksandr Porfirevich　2.27没、53歳。1833（㊗1834）生。ロシアの作曲家。
ヤコビーニ，ルドヴィーコ　Jacobini, Ludovico　2.28没、55歳。1832生。イタリアのローマ教皇庁外交官，枢機卿。
アイヒラー，アウグスト・ヴィルヘルム　Eichler, August Wilhelm　3.2没、47歳。1839生。ドイツの植物分類学者。
グートシュミット　Gutschmid, Alfred von　3.2没、51歳。1835生。ドイツの東洋学者。
ベック，ピエール・ジャン　Beckx, Pierre Jean　3.4没、91歳。1796（㊗1795）生。ベルギーの聖職者。
ハルコルト　Harkort, Friedrich Wilhelm　3.6（㊗1880）没、94歳。1793生。ドイツの事業家，政治家。
アンネンコフ，パーヴェル・ワシリエヴィチ　Annenkov, Pavel Vasilevich　3.8没、73歳。1813（㊗1812頃）生。ロシアの批評家。
ビーチャー，ヘンリー・ウォード　Beecher, Henry Ward　3.8没、73歳。1813生。アメリカの会衆派の牧師。
パッサリア，カルロ　Passaglia, Carlo　3.12没、74歳。1812生。イタリアの神学者。

デニ　Denny, William　3.17没、39歳。1847生。イギリスの造船家。

カールソン　Carlson, Fredrik Ferdinand　3.18没、75歳。1811生。スェーデンの歴史家、政治家。

クラシェフスキ、ユゼフ・イグナツィ　Kraszewski, Jozef Ignacy　3.19没、74歳。1812生。ポーランドの小説家、文芸評論家、歴史家、社会活動家。

クラムスコーイ、イヴァン・ニコラエヴィチ　Kramskoi, Ivan Nikolaevich　3.24？没、49歳。1837生。ロシアの画家。

アルトー、ジャン・デジレ　Artôt, Jean Désiré　3.25没、83歳。1803生。ベルギーのホルン奏者。

モンラート、ディトレフ・ゴッタル　Monrad, Ditle Gothard　3.28没、75歳。1811生。デンマークの聖職者、政治家。

シェリフ・パシャ　Sherif Pasha　4.20没、69歳。1818生。エジプトの政治家。

ダレー、クロード・シャルル　Dallet, Claude Charles　4.25(㊟1878)没、57歳。1829生。パリ外国宣教会所属のフランス人宣教師。

ルーモン　Reumont, Alfred von　4.27没、78歳。1808生。ドイツの歴史家。

ポール、カール・フェルディナント　Pohl, Carl Ferdinand　4.28没、67歳。1819生。ドイツの音楽学者、オルガン奏者、作曲家。

ヴァルター、カール・フェルディナント・ヴィルヘルム　Walther, Carl Ferdinand Wilhelm　5.7没、75歳。1811生。ドイツ出身のアメリカの新ルター主義神学者、ミズーリ教区の創設者。

クーザン　Cousins, Samuel　5.7没、85歳。1801生。イギリスの銅版画家。

クーン、ヨーハン・エヴァンゲリスト　Kuhn, Johann Evangelist　5.8没、81歳。1806生。ドイツのカトリック神学者、哲学者。

キース・フォークナー、アイオン・グラント　Keith-Falconer, Ion Grant　5.11没、30歳。1856生。イギリスの宣教師、アラビア語学者。

ランギェウィチ　Langiewicz, Marian　5.11没、59歳。1827生。ポーランドの軍人、政治家。

ブサンゴー、ジャン・バティスト　Boussingault, Jean Baptiste Joseph Dieudonné　5.12没、85歳。1802生。フランスの農芸化学者。

プフィッツマイアー　Pfizmaier, August　5.18没、79歳。1808生。オーストリアの東洋学者。

シュトッベ　Stobbe, Johann Ernst Otto　5.19没、55歳。1831生。ドイツの法律学者。

リンネマン　Lindeman, Ludvig Mathias　5.23没、74歳。1812生。ノルウェーの作曲家、オルガン奏者。

ベーンズ　Baynes, Thomas Spencer　5.30没、64歳。1823生。イギリスの論理学者。

ワグナー　Wagner, Moritz Friedrich　5.30没、73歳。1813生。ドイツの生物学者。

カリエ-ベルーズ、アルベール-エルネスト　Carrier-Belleuse, Albert-Ernest　6.3没、62歳。1824生。フランスの彫刻家。

クラム・マルティニッチ　Clam-Martinič, Heinrich Jaroslaw　6.5没、60歳。1826生。ベーメン(ボヘミア)の政治家。

マレース、ハンス・フォン　Marées, Hans von　6.5没、49歳。1837生。ドイツの画家。

ファヴレット、ジャーコモ　Favretto, Giacomo　6.12没、37歳。1849生。イタリアの画家。

シュタイン　Stein, Heinrich von　6.15没、30歳。1857生。ドイツの哲学者。

ハザン　Hazen, William Babcock　6.16没、56歳。1830生。アメリカの陸軍准将。

ホプキンズ、マーク　Hopkins, Mark　6.17(㊟1888)没、85歳。1802生。アメリカの教育家、道徳哲学者。

バルツァー、エードゥアルト・ヴィルヘルム　Baltzer, Eduard Wilhelm　6.24没、72歳。1814生。ドイツの自由プロテスタント教会運動の指導者。

フィリッピ　Filippi, Filippo　6.24没、57歳。1830生。イタリアの批評家。

デプレーティス　Depretis, Agostino　6.29没、74歳。1813生。イタリアの政治家。

ポット　Pott, August Friedrich　7.5没、84歳。1802生。ドイツの言語学者。

クルップ、アルフレート　Krupp, Alfred　7.14没、75歳。1812生。ドイツの製鋼業者、兵器工場の経営者。

アンドルーズ、ジェイン　Andrews, Jane　7.15没、53歳。1833生。アメリカの女性教師、文筆家。

ルーケット、エイドリアン・エマニュエル　Rouquett, Adrien Emmanuel　7.15没、74歳。1813生。アメリカのローマ・カトリック教会司祭、著述家。

ディクス、ドロシ・リンド　Dix, Dorothea Lynde　7.17没、85歳。1802生。アメリカの女流慈善家、社会改革者。

ハンター　Hunter, Robert Mercer Taliaferro　7.18没、78歳。1809生。アメリカの法律家、政治家。

エドワーズ、ルーイス　Edwards, Lewis　7.19没、77歳。1809生。ウェールズのカルヴァン主義メソジスト教会牧師。

カトコーフ、ミハイル・ニキフォロヴィチ　Katkov, Mikhail Nikiforovich　7.20没、68歳。1818生。ロシアの政治評論家。

ヴェルナー、グスタフ　Werner, Gustav　8.2没、78歳。1809生。ドイツのキリスト教社会事業家。

アールト　Arlt, Ferdinand　8.7没、75歳。1812生。オーストリアの眼科学者。

マーシャル　Marshall, John　8.7没、54歳。1833生。イギリスの港湾技師。

パドルー、ジュール　Pasdeloup, Jules Etienne　8.13没、67歳。1819生。フランスの指揮者。

1887

ジェフリーズ，リチャード　Jefferies, John Richard　8.14没、38歳。1848生。イギリスの小説家，随筆家。

ペルコート，カテリーナ　Percoto, Caterina　8.14没、75歳。1812生。イタリアの女性作家。

ゴルスメット，メイア・アーロン　Goldschmidt, Meïr Aron　8.15没、67歳。1819生。ユダヤ系デンマークの作家。

コンマー　Commer, Franz Aloys Theodor　8.17没、74歳。1813生。ドイツの音楽学者，作曲家。

クラーク　Clark, Alvan　8.19没、83歳。1804生。アメリカの天文機械製造家。

ベアード，スペンサー・フラートン　Baird, Spencer Fullerton　8.19没、64歳。1823(㊚1832)生。アメリカの博物学者。

ラフォルグ，ジュール　Laforgue, Jules　8.20没、27歳。1860生。フランスの詩人。

ブリンツ　Brinz, Aloys von　9.13没、67歳。1820生。ドイツの法学者，政治家。

フィッシャー，フリードリヒ・テーオドア　Vischer, Friedrich Theodor　9.14没、80歳。1807生。ドイツの美学者。

ニンク，カール・ヴィルヘルム・テーオドーア　Ninck, Karl Wilhelm Theodor　9.17没、53歳。1834生。ドイツのルター派牧師。

ランゲンベック　Langenbeck, Bernhard Rudolf Konrad von　9.29没、76歳。1810生。ドイツの外科医。

クレイク夫人　Craik, Mrs　10.12没、61歳。1826生。イギリスの女性童話作家，小説家。

ミュロック　Mulock, Dinah Maria　10.12没、61歳。1826生。イギリスの女流作家。

リントナー　Lindner, Gustav Adolf　10.15没、59歳。1828生。オーストリアの教育学者。

キルヒホッフ，グスタフ・ロベルト　Kirchhoff, Gustav Robert　10.17(㊚1877)没、63歳。1824生。ドイツの物理学者。

スリング　Thring, Edward　10.22没、65歳。1821生。イギリスの教育家。

ロンゲ，ヨハネス(ヨーハン)　Ronge, Johannes　10.26没、74歳。1813生。ドイツの聖職者，社会改革家。

ゲーデケ　Goedeke, Karl　10.27没、73歳。1814生。ドイツの文学史家。

アンドレ，アウグスト　André, Johann August　10.29没、70歳。1817生。ドイツの音楽出版人。

ウォルター，トーマス・アーステック　Walter, Thomas Ustick　10.30没、83歳。1804生。アメリカの建築家。

マクファレン，ジョージ　Macfarren, George Alexander　10.31没、74歳。1813生。イギリスの作曲家，教育者。

リンド，ジェニー　Lind, Jenny　11.2没、67歳。1820生。イギリス(スウェーデン生れ)のソプラノ歌手。

バルツェル　Baltzer, Heinrich Richard　11.7没、69歳。1818生。ドイツの数学教育学者。

レフスティク，フラン　Levstik, Fran　11.16没、56歳。1831生。スロヴェニアの文学者。

ミヒャエリス，テーオドル　Michaelis, Theodor　11.17没、56歳。1831生。ドイツの作曲家。

マルクスセン　Marxsen, Eduard　11.18没、81歳。1806生。ドイツのピアニスト，教師・作曲家。

ラザラス，エマ　Lazarus, Emma　11.19没、38歳。1849生。アメリカの女流詩人。

ガレー，ルイ　Gallait, Louis　11.20没、77歳。1810生。ベルギーの画家。

バッハオーフェン，ヨハン・ヤーコブ　Bachofen, Johann Jakob　11.25(㊚1877)没、71歳。1815生。スイスの法律家，民族学者。

フェヒナー，グスタフ・テオドール　Fechner, Gustav Theodor　11.18没、86歳。1801生。ドイツの科学者，哲学者，心理学者。

スコット，ロバート　Scott, Robert　12.2(㊚1877)没、76歳。1811生。イギリスの宗教家，古典学者。

クラーク，メアリ・フラーンシス　Clarke, Mary Frances　12.4没、84歳。1803生。アメリカの愛徳女子修道会設立者，クラーク・カレッジ創立者。

スチュワート，バルフォア　Stewart, Balfour　12.18没、59歳。1828生。スコットランドの物理学者，気象学者。

ボンヴァン，フランソワ　Bonvin, François　12.19没、70歳。1817生。フランスの画家。

ペクール　Pecqueur, Constantin　12.27没、86歳。1801生。フランスの社会主義者，経済学者。

ヴィーデマン　Wiedemann, Ferdinand Johann　12.29没、82歳。1805生。ロシア(ドイツ系)の言語学者。

マコノキー，アレグザーンダ・ヘリオット　Mackonochie, Alexander Heriot　12.?没、62歳。1825生。イギリスのアングロ・カトリック指導者。

[この年] アメルリング，フリードリヒ・フォン　Amerling, Friedrich von　84歳。1803生。オーストリアの画家。

アメンドラ，ジョヴァンニ・バッティスタ　Amendola, Giovanni Battista　39歳。1848生。イタリアの彫刻家。

イーズ，ジェイムズ・B(ブキャナン)　Eads, James Buchanan　67歳。1820生。アメリカの建設技術家。

ウィーラー，ウィリアム(・アーモン)　Wheeler, William Almon　68歳。1819生。アメリカの政治家。

ウィリ　Wiley, Calvin　68歳。1819生。アメリカの政治家。

1887

19世紀

ウェッブ　Webb, John Russel　63歳。1824生。アメリカの教科書の著述者。

ウッド, エレン　Wood, Henry　73歳。1814生。イギリスの女流小説家。

ウリヤーノフ　Ulyanov, Aleksandr Iliich　21歳。1866生。ロシアの革命家、ナロードニキ。

カッペレッティ, ジョヴァンニ・ヴィンチェンツォ　Cappelletti, Giovanni Vincenzo　イタリアの建築家。

ガノー　Ganot, Adolphe　83歳。1804生。フランスの物理学教師。

クェーン　Quain, Richard　87歳。1800生。イギリスの解剖学者、外科学者。

クルシェフスキ　Kruszewski, Mikolaj　36歳。1851生。ポーランドの言語学者。

ゴッツァディーニ, ジョヴァンニ　Gozzadini, Giovanni　77歳。1810生。イタリアの考古学者、歴史学者。

コンバー, トマス・ジェイムズ　Comber, Thomas James　35歳。1852生。イギリスのバプテスト派の初期の宣教師。

ジェフリーズ, リチャード　Jefferies, Richard　39歳。1848生。「森の中で」の著者。

シェレルプ　Schjellerup, Hans Carl Frederik Christian　60歳。1827生。デンマークの天文学者。

シドヤーク　al-Shidyāq, Aḥmad Fāris　83歳。1804生。レバノンの啓蒙家。

シャリーフ　Sharīf Pasha　64歳。1823生。エジプトの政治家。

シュミット　Schmid, Karl Adolf　86歳。1801生。ドイツの教育家。

シュミット　Schmidt, Alexander　71歳。1816生。ドイツの英語学者。

シル　Sill, Edward Rowland　46歳。1841生。アメリカの詩人、教師。

スウェインソン, チャールズ・アンソニー　Swainson, Charles Anthony　67歳。1820生。英国教会の神学者。

ダッド, リチャード　Dadd, Richard　⊛1886没、68歳。1819生。イギリスの画家。

ダンサー　Dancer, John Benjamin　75歳。1812生。イギリスの光学器械製作者。

デッケル　Dekker, Eduard Douwes　67歳。1820生。オランダの文学者。

トット, ルードルフ　Todt, Rudolf　48歳。1839生。社会主義的思想を教会に導入したドイツの牧師。

トヨン　Thollon, Jouis　58歳。1829生。フランスの太陽物理学者。

フォンテス　Fontes Pereira de Melo, António Maria de　68歳。1819生。ポルトガルの政治家。

ヘイデン, ファーディナンド（・ヴァンデヴィア）　Hayden, Ferdinand (Vandeveer)　58歳。1829生。アメリカの地質学者。

ホープ, アレグザンダー・ジェイムズ・ベレスドーフ　Hope, Alexander James Beresdorf　67歳。1820生。イギリスの建築家、随筆家。

パリサー　Palliser, John　70歳。1817（⊛1807）生。カナダの探検家、地理学者。

ホリデイ, ドック　Holliday, Doc　35歳。1852生。アメリカの賭博師、射撃の名手、歯医者。

ママドゥ　Mamadou Lamine　52?歳。1835生。西アフリカ、サラコレ族の指導者。

メイヒュー, ヘンリー　Mayhew, Henry　75歳。1812生。イギリスの作家。

ユーマンズ　Youmans, Edward Livingston　66歳。1821生。アメリカの科学評論家。

ライアンズ　Lyons, Richard Bickerton Pemell Lyons, Viscount　70歳。1817生。イギリスの外交官。

李元度　66歳。1821生。中国、清末期の政治家。

1888年

10.06　ドイツがアナトリア鉄道の敷設権を獲得
12.13　ゴッホが耳を切り落とす

* * *

エルツ, アンリ　Herz, Henri　1.5没、84歳。1803生。オーストリア生れの作曲家、ピアニスト、ピアノ製作者。

パーカー, ピーター　Parker, Peter　1.10（⊛1884）没、83歳。1804生。アメリカの長老派教会宣教師。

ヘラー, シュテフェン　Heller, Stephen　1.14没、74歳。1813生。ハンガリーのピアニスト、音楽理論家、作曲家。

ゴダン　Godin, Jean Baptiste André　1.15没、70歳。1817生。フランスの工業家、社会改革家。

カイザー　Kayser, Heinrich Ernst　1.17没、72歳。1815生。ドイツのヴァイオリン奏者、教師。

ニコラ, ジャン・ジャーク・オギュスト　Nicolas, Jean Jacques Auguste　1.17没、81歳。1807生。フランスのカトリック護教家。

ド・バリー, ハインリヒ・アントン　De Bary, Heinrich Anton　1.19没、56歳。1831生。ドイツの植物学者。

ハラタマ　Gratama, Koenraad Wouter　1.19没、56歳。1831生。オランダの化学者、陸軍軍医。

ベーガス　Begas, Adalbert　1.21没、51歳。1836生。ドイツの画家。

ラニェーリ　Ranieri, Antonio　1.22没、81歳。1806生。イタリアの文学者。

ラビッシュ, ウージェーヌ　Labiche, Eugène Marin　1.23没、72歳。1815生。フランスの劇作家。

リア, エドワード　Lear, Edward　1.29没、75歳。1812生。イギリスの詩人、画家。

19世紀　1888

グレイ，エイサ　Gray, Asa　1.30没、77歳。1810生。アメリカの植物分類学者。

コーリス，ジョージ・ヘンリー　Corliss, George Henry　2.2没、70歳。1817生。アメリカの機械技術者。

メイン　Maine, *Sir* Henry James Sumner　2.3没、65歳。1822生。イギリスの法学者、歴史学者。

ボウエン，ジョージ　Bowen, George　2.5没、71歳。1816生。アメリカのメソジスト派宣教師、インドで活躍。

マウヴェ，アントン　Mauve, Anton　2.5没、49歳。1838生。オランダの画家。

フライシャー　Fleischer, Heinrich Leberecht　2.10没、86歳。1801生。ドイツの東洋学者。

レイミ，ジョン・バプティスト　Lamy, John Baptist　2.13没、73？歳。1814生。アメリカで活躍したフランス人聖職者。

ナズビー　Nasby, Petroleum V.　2.15没、54歳。1833生。アメリカのジャーナリスト、諷刺作家。

プライアー　Pryer, Henry James Stovin　2.17没、37歳。1850生。イギリスの昆虫採集家。

バルチュ　Bartsch, Karl　2.19没、55歳。1832生。ドイツの言語学者。

フルバン，ヨゼフ・ミロスラウ　Hurban, Jozef Miloslav　2.21没、70歳。1817生。スロヴァキアの民族覚醒運動指導者。

アラール，ジャン-デルファン　Alard, Jean Delphin　2.22没、72歳。1815生。フランスのヴァイオリン奏者、作曲家。

キェルケゴール，ペーダー・クリスティアン　Kierkegaard, Peter Christian　2.24没、82歳。1805生。デンマークの監督。

ニザール　Nisard, Théodore　2.29没、76歳。1812生。ベルギーの聖職者、オルガン奏者、音楽学者。

ブランケンブルク　Blanckenburg, Moritz von　3.3没、72歳。1815生。ドイツの政治家。

オールコット，エイモス・ブロンソン　Alcott, Amos Bronson　3.4没、88歳。1799生。アメリカの教育家、社会改革論者、哲学者。

トレシ，ジェレマイア　Trecy, Jeremiah　3.5没、64？歳。1824生。アメリカのローマ・カトリック教会司祭。

オールコット，ルイーザ・メイ　Alcott, Louisa May　3.6没、55歳。1832生。アメリカの女流作家。

ウィルヘルム1世　Wilhelm I, Friedrich Ludwig　3.9没、90歳。1797生。ドイツ帝国の初代皇帝（1871～88）、プロシア王（1861～88）。

レートニコフ　Letnikov, Aleksei Vasilievich　3.10没、51歳。1837生。ロシアの数学者で教育家。

ライフアイゼン　Raiffeisen, Friedrich Wilhelm　3.11没、69歳。1818生。ドイツの農業協同組合の創始者。

ホイップル　Whipple, Squire　3.15没、83歳。1804生。アメリカの土木技術者。

カルノー　Carnot, Lazare Hippolyte　3.17没、86歳。1801生。フランスの政治家。

クランプトン，トマス・ラッセル　Crampton, Thomas Russell　3.19没、71歳。1816生。イギリスの技術者。

ガルシン，フセヴォロド・ミハイロヴィチ　Garshin, Vsevolod Mikhailovich　3.24没、33歳。1855生。ロシアの小説家。

ファビアス　Fabius, Gerhardes　3.24没、81歳。1806生。オランダの海軍軍人。

ベーチ，ウォルター　Bache, Walter　3.26没、45歳。1842生。イギリスのピアニスト。

メフメット・リュシュディ・パシャ　Mehmet Rüshdi Pasha　3.26没、79歳。1809生。オスマン・トルコ帝国の軍人、政治家。

ニザール，デジル　Nisard, Désiré　3.27没、82歳。1806生。フランスの批評家、ジャーナリスト。

アルカン，ヴァランタン　Alkan, Charles Henri Valentin　3.29没、74歳。1813生。フランスのピアニスト、作曲家。

ハンセン，コンスタンティン　Hansen, Constantin　3.29没、83歳。1804生。デンマークの画家。

ギュイヨー，ジャン-マリ　Guyau, Marie Jean　3.31没、33歳。1854生。フランスの道徳宗教哲学者、詩人。

ブッシュ　Busch, Emil　4.1没、67歳。1820生。ドイツの光学器械製作者。

ハルナック　Harnack, Carl Gustav Axel　4.3没、36歳。1851生。ドイツの数学者。

ミクルーハ・マクライ　Miklukho-Maklai, Nikolai Nikolaevich　4.4（㊞1887）没、41歳。1846（㊞1847）生。ロシアの旅行家。

ビアード，チャールズ　Beard, Charles　4.9没、60歳。1827生。イギリスのユニテリアン派牧師。

ロバートソン　Robertson, Russell Brook　4.10没、48歳。1840生。イギリスの領事官。

アレマニー，ホセ・サドック　Alemany, José Sadoc　4.14没、73歳。1814生。スペインのドミニコ会宣教師。

アーノルド，マシュー　Arnold, Matthew　4.15没、65歳。1822生。イギリスの詩人、評論家。

ディーツゲン　Dietzgen, Joseph　4.15（㊞1880）没、59歳。1828生。ドイツの社会主義者。

ウロブレフスキ，ジーグムント・フロレンティ・フォン　Wróblewski, Zygmunt Florenty von　4.16没、42歳。1845生。ポーランドの物理学者。

コンクリング，ロスコー　Conkling, Roscoe　4.18没、58歳。1829生。アメリカの法律家、政治家。

ハサード，ジョン・ロウズ・グリーン　Hassard, John Rose Greene　4.18没、51歳。1836生。アメリカのジャーナリスト、評論家。

人物物故大年表 外国人編　*761*

1888　19世紀

キューネ　Kühne, Gustav　4.22没、81歳。1806生。ドイツの作家。

ラフィ　Raffi　4.25没、53歳。1835生。アルメニアの作家、評論家、社会活動家。

カイル、ヨーハン・カール・フリードリヒ　Keil, Johann Friedrich Karl　5.5没、81歳。1807生。ドイツの旧約学者。

ザネッラ、ジャーコモ　Zanella, Giacomo　5.17没、67歳。1820生。イタリアの詩人、聖職者。

タイヒミュラー　Teichmüller, Gustav　5.22没、55歳。1832生。ドイツの哲学者。

ソブレロ、アスカーニオ　Sobrero, Ascanio　5.26没、75歳。1812生。イタリアの化学者。

ルブーフ　Leboeuf, Edmond　6.7没、78歳。1809生。フランスの軍人。

クラーク、ジェイムズ・フリーマン　Clarke, James Freeman　6.8没、78歳。1810生。アメリカのユニテリアン牧師、超絶主義者(Transcendentalist)。

フリードリヒ3世　Friedrich III　6.15没、56歳。1831生。プロシア王、ドイツ皇帝(在位1888)。

メチニコフ　Metchnikov, Lev Il'ich　6.18没、50歳。1838生。ロシアの教育家、日本歴史研究家。

モーパ　Maupas, Charlemagne Émile de　6.19没、69歳。1818生。フランスの政治家。

カーニス、カール・フリードリヒ・アウグスト　Kahnis, Karl Friedrich August　6.20没、73歳。1814生。ドイツのプロテスタント神学者。

ナウマン、エミール　Naumann, Emil　6.23没、60歳。1827生。ドイツの作曲家、音楽批評家。

シュヴァイツァー、アレクサンダー　Schweizer, Alexander　7.3没、80歳。1808生。スイスのプロテスタント神学者。

シュトルム、テーオドア　Storm, Theodor Woldsen　7.4没、70歳。1817生。ドイツの詩人、小説家。

エテクス　Etex, Antoine　7.14没、80歳。1808生。フランスの彫刻家、画家、建築家。

エンヌカン、エミール　Hennequin, Émile　7.14没、30歳。1858生。フランスの文芸学者、批評家。

ブランド　Brand, *Sir* Johannes Hendricus　7.14没、64歳。1823生。南アフリカの政治家。

ランゲルハンス　Langerhans, Paul　7.20没、40歳。1847生。ドイツの病理学者。

シェーベン、マティーアス・ヨーゼフ　Scheeben, Mathias Joseph　7.21没、53歳。1835生。ドイツの神学者。

ベネディクトソン、ヴィクトーリア　Benedictsson, Victoria Maria　7.21没、38歳。1850生。スウェーデンの女流小説家。

エーブラルト、ヨーハン・ハインリヒ・アウグスト　Ebrard, Johann Heinrich August　7.23没、70歳。1818生。ドイツの改革派神学者。

ランケ、エルンスト・コンスタンティーン　Ranke, Ernst Konstantin　7.30没、73歳。1814生。ドイツのルター派神学者。

ヴァン・ファルケンブルグ　Van Valkenburgh, Robert Bruce　8.1没、66歳。1821生。幕末、維新期のアメリカ駐日弁理公使、法律家。

バーゴン、ジョン・ウィリアム　Burgon, John William　8.4没、74歳。1813生。英国教会チチェスター主教座聖堂の参事会長。

シェリダン、フィリップ・H(ヘンリー)　Sheridan, Philip Henry　8.5没、57歳。1831生。アメリカの陸軍軍人。

ベルゲーニュ　Bergaigne, Abel Henri Joseph　8.6没、49歳。1838生。フランスのインド学者、言語学者。

クロ、シャルル　Cros, Emile Hortensius Charles　8.9没、45歳。1842生。フランスの詩人、科学者。

ウェーバー　Weber, Georg　8.10没、80歳。1808生。ドイツの歴史家。

クラウジウス、ルドルフ・ユリウス・エンマヌエル　Clausius, Rudolf Julius Emanuel　8.24(㊺1880)没、66歳。1822(㊺1828)生。ドイツの物理学者。

ベーゼラー　Beseler, Georg　8.28没、78歳。1809生。ドイツの法学者、政治家。

グリース、ペーター・ヨハン　Griess, Johann Peter　8.30没、58歳。1829生。ドイツの有機化学者。

アウトナソン、ヨウン　Árnason, Jón　9.4没、69歳。1819生。アイスランドの民話収集家、民俗学者。

ウォラック、ジョン・ジョンストン　Wallack, John Johnston　9.6没、68歳。1820生。アメリカの俳優。

リコルディ、ティート1世　Ricordi, Tito I　9.7没、76歳。1811生。イタリアの音楽出版業者。

バスチャン　Bastien, Edmond Auguste　9.9没、49歳。1839生。フランスの建築家。

サルミエント、ドミンゴ・ファウスティノ　Sarmiento, Domingo Faustino　9.11没、77歳。1811生。アルゼンチンの政治家、作家、教育者。

プロクター、リチャード・アントニー　Proctor, Richard Anthony　9.12没、51歳。1837生。イギリスの天文学者。

プラントル　Prantl, Karl von　9.14没、68歳。1820生。ドイツの哲学者。

バゼーヌ、アシル(・フランソワ)　Bazaine, Achille François　9.23没、77歳。1811生。フランスの将軍。

マカルト、ハンス　Makart, Hans　10.3(㊺1884)没、48歳。1840生。オーストリアの画家。

ヤング、ロバート　Young, Robert　10.14没、66歳。1822生。イギリス(スコットランド)のオリエント学者。

762 人物物故大年表 外国人編

19世紀　1888

プルジェヴァリスキー，ニコライ・ミハイロヴィチ　Przheval'skii, Nikolai Mikhailovich　11.1没、49歳。1839生。ロシアの探検家、帝政ロシアの将校。

ダルメストテール　Darmesteter, Arsène　11.16没、42歳。1846生。フランスの言語学者。

クレー　Clay, Frederic　11.24没、50歳。1838生。イギリスの作曲家。

ヴィット，フランツ・クサーヴァ　Witt, Franz Xaver　12.2没、54歳。1834生。ドイツのカトリック教会音楽家，評論家。

ケマル，ナームク　Kemal, Namik　12.2没、47歳。1840生。トルコの民族主義思想家，詩人，小説家。

ツァイス，カール　Zeiss, Carl　12.3没、72歳。1816生。ドイツの光学機械製作者。

フェルナンデス-イ-ゴンサレス，マヌエル　Fernández y González, Manuel　12.5？没、66歳。1821生。スペインの小説家。

フンファルヴィ　Hunfalvy, János　12.6没、68歳。1820生。ハンガリーの地理学者，歴史家。

シュテッフェンゼン　Steffensen, Karl Christian　12.11没、72歳。1816生。ドイツの哲学者。

ライランズ，ジョン　Rylands, John　12.11没、87歳。1801生。イギリス・マンチェスタの綿業資本家。

ラウトリッジ，ジョージ　Routledge, George　12.13没、76歳。1812生。イギリスの出版業者。

トゥーン・ウント・ホーエンシュタイン　Thun und Hohenstein, Leo, Graf von　12.17没、77歳。1811生。オーストリアの政治家。

カスパリ　Caspari, Jane　12.18没、50歳。1838生。イギリスのCMS宣教師。

フローリモ　Florimo, Francesco　12.18没、88歳。1800生。イタリアの音楽学者，声楽家。

ヘッカー，アイザック・トマス　Hecker, Isaac Thomas　12.22没、69歳。1819生。アメリカのカトリック司祭。

オリファント　Oliphant, Laurence　12.23没、59歳。1829生。イギリスの旅行家。

ロリース・メーリコフ　Loris-Melikov, Mikhail Tarielovich　12.24没、63歳。1825（㊟1826）生。ロシアの政治家，伯爵。

マンチーニ　Mancini, Pasquale Stanislao　12.26没、17歳。1817生。イタリアの政治家，法学者。

レヒラー，ゴットハルト・ヴィクトル　Lechler, Gottfried Viktor　12.26没、77歳。1811生。ドイツのプロテスタント神学者。

ヒルシュ，サムソン・ラーファエル　Hirsch, Samson Raphael　12.31没、80歳。1808生。ドイツのユダヤ教ラビ。

この年　アントネッリ，アレッサンドロ　Antonelli, Alessandro　90歳。1798生。イタリアの建築家。

李裕元　74歳。1814生。朝鮮、李朝末期の文臣。

ヴィンクラー　Winkler, Georg　19歳。1869没。ドイツの登山家。

ウェート　Waite, Morrison Remick　72歳。1816生。アメリカ合衆国最高裁判所長官（1874～88）。

カスタニャリ　Castagnary, Jules-Antoine　58歳。1830生。フランスの美術批評家，ジャーナリスト。

ガーニー，エドマンド　Gurney, Edmund　41歳。1847生。イギリスの心霊研究家。

カリアー　Currier, Nathaniel　75歳。1813生。アメリカの石版工。

カンバセレス，エウヘニオ　Cambaceres, Eugenio　45歳。1843生。アルゼンチンの小説家。

キネアード，メアリ・ジェイン　Kinnaird, Mary Jane　72歳。1816生。イギリスのYWCA創始者。

金平黙　69歳。1819生。朝鮮，鎖国攘夷を主張した朱子学者。

グエン・ディン・チエウ　Nguyên Dinh Chiêu　66歳。1822生。ヴェトナム阮朝中期の詩人。

グッドリッチ　Goodrich, Benjamin Franklin　47歳。1841生。アメリカのゴム製造業者，医者。

ケリー，ウィリアム　Kelly, William　77歳。1811生。アメリカの発明家。

ゴス，フィリップ・ヘンリ　Gosse, Philip Henry　78歳。1810生。イギリスのブレズレン派牧師。

ジーベル　Ziber, Nikolai Ivanovich　44歳。1844生。ロシアの経済学者。

章嘉呼図克図（第五代）　10歳。1878生。内モンゴルの宗教的な権威。

シュトラウス，フリードリヒ・アードルフ　Strauß, Friedrich Adolf　71歳。1817生。ドイツの牧師。

ジョホノット　Johonnot, James　65歳。1823生。アメリカの教育者。

スクワイア，イーフレイム・ジョージ　Squier, Ephraim George　67歳。1821生。アメリカの考古学者。

ストロウナク，ジョン　Stronach, John　78歳。1810生。イギリスの宣教師。

セッラ，ルイージ　Serra, Luigi　42歳。1846生。イタリアの画家。

チャペル，ウィリアム　Chappell, William　79歳。1809生。イギリスの音楽研究家。

ツィンメルマン　Zimmermann, Wilhelm　81歳。1807生。ドイツの学者。

デ・ブラーケレール，アンリ　de Braekeleer, Henri　48歳。1840生。ベルギーの画家。

徳真　朝鮮末期の僧。

トリュブナー，ニコラス　Trübner, Nicholas　71歳。1817生。イギリスの出版業者。

ドン・ボスコ　Don Giovanni Bosco　73歳。1815生。イタリア生れのカトリック司祭。

ドント　Dont, Jakob　73歳。1815生。オーストリアのヴァイオリン奏者，作曲家。

ネスフィールド，ウィリアム・イーデン　Nesfield, William Eden　53歳。1835生。イギリスの建築家。

ハークネス　Harkness, Stephen Vanderburg　70歳。1818生。アメリカの実業家、石油業者。
ハムギー　Ham-nghi　16歳。1872生。ヴェトナム、阮朝の第8代皇帝（在位1884〜88）。
バルクリ　Bulkley, John Williams　86歳。1802生。アメリカの教育家。
フィセリング　Vissering, Simon　70歳。1818生。オランダの経済学者。
ブシリ　Bushiri　ドイツ領の東アフリカのアラブの族長。
ブラーズ，アンリ　Blaze, Henri　75歳。1813生。フランスの音楽評論家。
ボーニツ　Bonitz, Hermann　74歳。1814生。ドイツの古典文献学者。
パリッツィ，ジュゼッペ　Palizzi, Giuseppe　76歳。1812生。イタリアの画家。
マッケンジー　Mackenzie, John Kenneth　38歳。1850生。イギリスの医療伝道者。
ムシャーカ　Mushāqa (Mesaqa, Meschakah) al-Lubnānī, Mikhā'il ibn Jurjīs　88歳。1800生。アラブの音楽理論家、医者、作家。
ムッシーニ，ルイージ　Mussini, Luigi　75歳。1813生。イタリアの画家。
ラスターリア，ホセ・ビクトリーノ　Lastarria, José Victorino　71歳。1817生。チリの作家、政治家。
リンカン，ウィリアム　Lincoln, William　63歳。1825生。イギリスの説教家。
ルーカン，ジョージ・チャールズ・ビンガム，伯爵　Lucan, George Charles Bingham, Earl of　88歳。1800生。イギリスの軍人。
ルンドストレーム　Lundström, Johan Edvard　73歳。1815生。スウェーデンの工業家。
レッドグレイヴ，リチャード　Redgrave, Richard　84歳。1804生。イギリスの風景・風俗画家。
ローズ，サー・ジョン　Rose, Sir John　68歳。1820生。カナダの外交官。
この項　李瀚章　中国、清末期の官僚。

1889年

1.27　ブーランジェがパリの補欠選挙で圧勝
2.11　大日本帝国憲法が発布される
3.31　パリでエッフェル塔が完成する
4.22　オクラホマのインディアン領有地が開放
10.02　第1回パン・アメリカ会議が開催される
＊　＊　＊
ガヴァッツィ，アレッサンドロ　Gavazzi, Alessandro　1.9没、79歳。1809生。イタリアの愛国主義的宗教改革者。

モンタルボ，フアン　Montalvo, Juan　1.17（㊥1899）没、56歳。1832（㊥1833）生。エクアドルの作家。
エルツェ　Elze, Karl　1.21没、67歳、1821生。ドイツの文学史家。
ショット　Schott, Wilhelm　1.21没、86歳。1802生。ドイツの東洋学者。
カバネル，アレクサンドル　Cabanel, Alexandre　1.23没、65歳。1823生。フランスの画家。
クノート，フランツ・ペーター　Knoodt (Knodt), Franz Peter　1.27没、77歳。1811生。ドイツのカトリック神学者。
グングル，ヨーゼフ　Gungl, Joseph　2.1没、78歳。1810 (㊥1809) 生。オーストリアの作曲家。
ホルツェンドルフ　Holtzendorff, Franz von　2.4没、59歳。1829生。ドイツの法学者。
ピトラ，ジャン・バティスト・フランソワ　Pitra, Jean Baptist François　2.9没、76歳。1812生。フランスの聖職者。
ワンダレイ，ジョアン・マウリシオ　Wanderley, João Maurício　2.13没、73歳。1815生。ブラジルの政治家、カトリック教徒。
ダヴィドフ，カルル・ユーリエヴィチ　Davydov, Karl Yulievich　2.14没、50歳。1838生。ロシアのチェロ奏者。
ソアレス・ドス・レイス，アントニオ　Soares dos Reis, António　2.16没、41歳。1847生。ポルトガルの彫刻家。
リューデマン，カール　Lüdemann, Karl　2.18没、83歳。1805生。ドイツの神学者。
セメンズ　Simmons, Duane B.　2.19没、55歳。1834生。アメリカの医療宣教師。
ガス，ヴィルヘルム　Gaß, Wilhelm　2.21没、75歳。1813生。ドイツの神学者。
ルイス，ティモシー・リチャード　Lewis, Timothy Richard　3.7没、47歳。1841生。イギリスの医師。
エリクソン，ジョン　Ericsson, John　3.8没、86歳。1803生。アメリカの造船家、発明家。
トルエバ　Trueba, Antonio de　3.10没、69歳。1819生。スペインの詩人、作家。
ヨハネス4世　Johannes IV　3.10没、53歳。1836生。エチオピアの皇帝（在位1872〜89）。
シェレール，エドモン　Schérer, Edmund Henri Adolphe　3.16没、73歳。1815生。スイス系フランスの文学史家。
アルベルディンク・ティーム　Alberdingk Thijm, Josephus Albertus　3.17没、68歳。1820生。オランダの詩人、評論家。
マンク，ウィリアム・ヘンリ　Monk, William Hanry　3.18没、66歳。1823生。イギリスの教会音楽家、作曲家、オルガン奏者、讃美歌集編集者。

19世紀　1889

リッチュル，アルブレヒト・ベンヤミン　Ritschl, Albrecht Benjamin　3.20没、66歳。1822生。ドイツの福音主義神学者。

アラソーン，ウィリアム・バーナード　Ullathorne, William Bernard　3.21没、82歳。1806生。イギリスのカトリック聖職者。

ペッテンコーフェン　Pettenkofen, August Xaver von　3.21没、66歳。1822生。オーストリアの画家、石版画家。

シュヴァーロフ　Shuvalov, Pëtr Andreevich　3.22没、61歳。1827生。ロシアの政治家。

マシューズ　Matthews, Stanley　3.22没、64歳。1824生。アメリカの法律家。

ドンデルス　Donders, Frans Cornelis　3.24没、70歳。1818生。オランダの眼科医。

ノアレ　Noiré, Ludwig　3.27没、60歳。1829生。ドイツの哲学者。

フュルステナウ，モーリツ　Fürstenau, Moritz　3.27没、64歳。1824生。ドイツのフルート奏者、作曲家。

ブライト，ジョン　Bright, John　3.27没、77歳。1811生。イギリスの下院議員、演説家。

レミントン，ファイロ　Remington, Philo　4.5没、72歳。1816生。アメリカの発明家。

ウーズリ，フレドリク・アーサー・ゴア　Ouseley, Sir Frederic Arthur　4.6没、63歳。1825生。イギリスの音楽家。

ケネディ　Kennedy, Benjamin Hall　4.6没、84歳。1804生。イギリスの古典学者。

デュース　Duus, John Henry　4.7没、54歳。1834生。デンマークの外交官。

デュボア・レイモン　duBois-Reymond, Paul David Gustave　4.7没、57歳。1831生。ドイツの数学者。

シュヴルール，ミシェル・ユージェーヌ　Chevreul, Michel Eugène　4.9没、102歳。1786生。フランスの化学者。

ダミアン，ジョゼフ神父　Damien de Veuster　4.15（㊛1888）没、49歳。1840生。ハワイへ渡ったベルギー人カトリック宣教師。

バーボー　Babo, Clemens Heinrich Lambert von　4.15（㊛1899）没、70歳。1818生。ドイツの化学者。

デ・ラ・ルー，ウォレン　De La Rue, Warren　4.19没、74歳。1815生。イギリスの天文学者。

レルド・デ・テハーダ　Lerdo de Tejada, Sebastián　4.21没、61歳。1827（㊛1823）生。メキシコの政治家。

バルベー・ドールヴィイ，ジュール‐アメデ　Barbey d'Aurevilly, Jules Amédée　4.23没、80歳。1808生。フランスの小説家。

サルトゥイコフ‐シチェドリン，ミハイル・エヴグラフォヴィチ　Shchedrin, Nikolai　4.28没、63歳。1826生。ロシアの諷刺作家。

ローザ　Rosa, Carl　4.30没、47歳。1842生。ドイツの興行主、ヴァイオリン奏者。

ウェアー　Weir, Robert Walter　5.1没、85歳。1803生。アメリカの画家。

ペレス・ライケン　Ricken, G. C. C. Pels　5.2没、79歳。1810生。オランダの海軍軍人。

ライヘンバハ　Reichenbach, Heinrich Gustav　5.6没、65歳。1824生。ドイツの植物学者。

トルストイ　Tolstoi, Dmitrii Andreevich　5.7没、66歳。1823生。ロシアの政治家。

マームズベリー伯3世　Malmesbury　5.17没、82歳。1807生。イギリスの政治家。

ミルレル，オレスト・フョードロヴィチ　Miller, Orest Fëdorovich　5.20没、55歳。1833生。ロシアの文学史家、批評家、民俗学者。

プランテ，ガストン　Planté, Raimond Louis Gaston　5.21没、55歳。1834生。フランスの電気学者。

アルファン　Halphen, Georges Henri　5.23没、44歳。1844生。フランスの数学者。

キャルヴァート，ジョージ　Calvert, George Henry　5.24没、85歳。1803生。アメリカの随筆家、詩人、劇作家、伝記作者。

ブリッジマン，ローラ（・デューイ）　Bridgman, Laura Dewey　5.24没、59歳。1829生。盲、聾、唖三重苦の女性。

クレストフスキー，V.　Krestovskii, V.　6.8没、65歳。1824生。ロシアの女性作家。

ホプキンズ，ジェラード・マンリー　Hopkins, Gerard Manley　6.8没、44歳。1844生。イギリスの聖職者、詩人。

ビショッフ　Bischoff, Hans　6.12没、37歳。1852生。ドイツのピアニスト、教育家。

エミネスク，ミハイ　Eminescu, Mihail　6.15没、39歳。1850（㊛1849）生。ルーマニアの詩人。

ベッティヒャー　Bötticher, Karl　6.21没、83歳。1806生。ドイツの考古学者。

ミッチェル，マリア　Mitchell, Maria　6.28没、70歳。1818生。アメリカの天文学者。

ウルジ，セアドア・ドワイト　Woolsey, Theodore Dwight　7.1没、87歳。1801生。アメリカの教育者、著述家。

ハーゼンクレーファー　Hasenclever, Wilhelm　7.3没、52歳。1837生。ドイツの政治家。

ストレンジ　Strange, Frederick William　7.5没、35歳。1854（㊛1853）生。近代スポーツを日本に伝えたイギリス人。

ボッテジーニ，ジョヴァンニ　Bottesini, Giovanni　7.7没、67歳。1821生。イタリアのコントラバス奏者、作曲家、指揮者。

マシュベーフ，ジョウゼフ・プロジェクタス　Machebeuf, Joseph Projectus　7.10没、76歳。1812生。アメリカのカトリック宣教師。

1889　19世紀

ミナーエフ，ドミートリー・ドミトリエヴィチ　Minaev, Dmitrii Dmitrievich　7.10（Ⓡ1899）没、53歳。1835生。ロシアの社会派詩人。

レヴィツキー　Reviczky, Gyula　7.11没、34歳。1855生。ハンガリーの詩人。

アダムズ　Adams, Francis Ottiswell　7.12没、62歳。1826生。イギリス人の日本歴史研究家。

ハーメルリング　Hamerling, Robert　7.13没、59歳。1830生。オーストリアの詩人。

アマーリ　Amari, Michele　7.16没、83歳。1806生。イタリアの政治家，東方学者，歴史家。

コーコラン，ジェイムズ・アンドルー　Corcoran, James Andrew　7.16没、69歳。1820生。アメリカのローマ・カトリック教会神学者。

サンタ・マリア　Santa Maria, Domingo　7.18没、63歳。1825生。チリ大統領（1881～86）。

ランゲ，グスターフ　Lange, Gustav　7.19没、58歳。1830生。ドイツの作曲家。

バウムガルテン，ミヒャエル　Baumgarten, Michael　7.21没、77歳。1812生。ドイツのプロテスタント神学者。

ピア　Pyat, Felix　8.3没、78歳。1810生。フランスのジャーナリスト，政治家。

レーヴァルト，ファニー　Lewald, Fanny　8.5没、78歳。1811生。ドイツの女流小説家。

フィリッポヴィッチ　Philippović, Joseph, Freiherr von Philippsberg　8.6没、71歳。1818生。オーストリアの将軍。

マッサヤ，グイエルモ　Massaja, Guglielmo　8.6没、80歳。1809生。イタリアのカプチン会士，枢機卿，エチオピアへの宣教師。

カイローリ　Cairoli, Benedetto　8.8没、64歳。1825生。イタリアの政治家。

デュポン・ド・ヌムール　Du Pont de Nemours, Henry　8.8没、63歳。1812生。アメリカの製造業者。

ルーミス，エライアス　Loomis, Elias　8.14没、78歳。1811生。アメリカの数学者，天文学者。

クリストリープ，テーオドーア　Christlieb, Theodor　8.15没、56歳。1833生。ドイツの実践神学者。

ヘルム　Helm, Adolf Edward Theodor　8.16没、46歳。1843生。ドイツの教育家。

ヴィリエ・ド・リラダン，オーギュスト・ド　Villiers de L'Isle-Adam, Jean Mathias Philippe Auguste　8.18（Ⓡ1899）没、49歳。1840（Ⓡ1838）生。フランスの小説家，劇作家。

ビール　Beal, Samuel　8.20没、63歳。1825生。イギリスの中国仏教学者。

ヴァイル　Weil, Gustav　8.29没、81歳。1808生。ドイツの東洋学者。

コシュタ・カブラル　Costa Cabral, Antônio Bernardo da　9.1没、86歳。1803生。ポルトガルの政治家。

アリボーン　Allibone, Samuel Austin　9.2没、73歳。1816生。アメリカの辞典編集者，書誌学者。

トルベック，ジャン　Tolbecque, Jean　9.6没、31歳。1857生。ベルギーのチェロ奏者，オルガン奏者。

フュステル・ド・クーランジュ，ニュマ-ドニ　Fustel de Coulanges, Numa Denis　9.12没、59歳。1830生。フランスの歴史家。

ロイター，ヘルマン・フェルディナント　Reuter, Hermann Ferdinand　9.17没、72歳。1817生。ドイツのプロテスタント教会史家。

コリンズ，ウィルキー　Collins, William Wilkie　9.23没、65歳。1824生。イギリスの小説家。

ハルナック，テオドージウス　Harnack, Theodosius　9.23没、72歳。1817生。ドイツのプロテスタント神学者。

ヒル　Hill, Daniel Harvey　9.24没、68歳。1821生。アメリカ南部連合の軍人，教育者。

フェデルブ，ルイ・レオン・セザール　Faidherbe, Louis Léon César　9.28没、71歳。1818（Ⓡ1816）生。フランスの軍人。

デュプレ，ジュール　Dupré, Jules　10.6没、78歳。1811（Ⓡ1812）生。フランスの風景画家。

ヘンゼルト，アードルフ　Henselt, Adolf von　10.10没、75歳。1814生。ドイツのピアニスト，作曲家。

ジュール，ジェイムズ・プレスコット　Joule, James Prescott　10.11没、70歳。1818生。イギリスの物理学者。

パヴェ・ド・クールチーユ　Pavet de Courteille, Abel Jean Baptiste　10.13没、68歳。1821生。フランスの東洋学者。

チェルヌイシェフスキー，ニコライ・ガブリーロヴィチ　Chernyshevskii, Nikolai Gavrilovich　10.17没、61歳。1828生。ロシアの小説家，哲学者。

ルイシュ1世　Luis I, Felippe Maria Fernando　10.19没、51歳。1838生。ポルトガル王。

ウスペンスキー，ニコライ・ワシリエヴィチ　Uspenskii, Nikolai Vasil'evich　10.21没、52歳。1837生。ロシアの作家。

リコール　Ricord, Philippe　10.22没、88歳。1800生。フランス（アメリカ生れ）の皮膚泌尿器科医。

マクブライド　MacBride, John Adams　10.23没、46歳。1843生。イギリスの獣医学者。

オージエ，エミール　Augier, Guillaume Victor Emile　10.25没、69歳。1820生。フランスの劇作家。

コベット　Cobet, Carel Gabriel　10.26没、75歳。1813生。オランダの古典学者。

766　人物物故大年表　外国人編

19世紀　1889

リューメリン　Rümelin, Gustav von　10.28没、74歳。1815生。ドイツの政治家、統計学者。
ストヤノフ、ザハリ　Stoianov, Zakhari　39歳。1850生。ブルガリアの作家、民族解放運動家。
ハッチ、エドウィン　Hatch, Edwin　11.10没、54歳。1835生。イギリスの神学者。
アリンガム、ウィリアム　Allingham, William　11.18没、65歳。1824生。アイルランドの詩人。
ベルジエ、ユジェーヌ・アルトゥル・フランソワ　Bersier, Eugène Artur François　11.19没、58歳。1831生。フランスの改革派教会牧師。
ペンドルトン　Pendleton, George Hunt　11.24没、64歳。1825生。アメリカの法律家、政治家。
レアンダー、リヒャルト　Leander, Richard　11.28没、59歳。1830生。ドイツの外科医、作家。
サルドーニ　Saldoni, Baltasar　12.3没、82歳。1807生。スペインの作曲家、音楽学者。
シャンフルーリ　Champfleury　12.6没、68歳。1821生。フランスの大衆小説家。
デイヴィス、ジェファソン　Davis, Jefferson　12.6没、81歳。1808生。アメリカの政治家。
アンツェングルーバー、ルートヴィヒ　Anzengruber, Ludwig　12.10没、50歳。1839生。オーストリアの劇作家、小説家。
ブニャコフスキー　Buniakovskii, Viktor Iakovlevich　12.12没、84歳。1804生。ロシアの数学者。
ブラウニング、ロバート　Browning, Robert　12.12没、77歳。1812生。イギリスの詩人。
ギーゼブレヒト　Giesebrecht, Wilhelm von　12.17没、75歳。1814生。ドイツの歴史家。
クヴェンシュテット　Quenstedt, Friedrich August　12.21没、80歳。1809生。ドイツの古生物学者、地質学者。
デー　Day, Benjamin Henry　12.21没、79歳。1810生。アメリカのジャーナリスト。
ライトフット、ジョウゼフ・バーバー　Lightfoot, Joseph Barber　12.21没、61歳。1828生。イギリスの神学者。
フエンテ、ビンセンテ・デ・ラ　Fuente, Vincente de la　12.25没、72歳。1817生。スペインの歴史家、教会法学者。
ユール　Yule, Sir Henry　12.30没、69歳。1820生。イギリスの歴史地理学者。
クリャンガ、イオン　Creangă, Ion　12.31没、50歳。1839(㊥1837)生。ルーマニアの作家。
この года アッファンニ、イニャーツィオ　Affanni, Ignazio　61歳。1828生。イタリアの画家。
イーダシャイム、アルフレッド　Edersheim, Alfred　64歳。1825生。イギリスのユダヤ系聖書学者。
ヴァリンスキ　Varynski, Ludwik　33歳。1856生。ポーランドの革命家。

ワレル　Waller, Max　29歳。1860生。ベルギーの詩人。
ヴィグフーソン　Vigfússon, Guthbrandur　61歳。1828生。アイスランドの言語学者。
ウォーバートン、ピーター・エジャトン　Warburton, Peter Egerton　76歳。1813生。オーストラリアの探検家。
エドモンズ　Edmonds, Thomas Rowe　86歳。1803生。イギリスのリカード派社会主義者。
汪士鐸　87歳。1802生。中国、清末の学者。
ガスタルディ、アンドレーア　Gastaldi, Andrea　63歳。1826生。イタリアの画家。
カッターネオ、ラッファエーレ　Cattaneo, Raffaele　28歳。1861生。イタリアの建築家、建築史家。
キャドベリー、ジョン　Cadbury, John　88歳。1801生。イギリスのクエーカー教徒のビジネスマン。
キャンベル　Campbell, John Archibald　78歳。1811生。アメリカの司法官。
グーチ　Gooch, Daniel　73歳。1816生。イギリスの機関車技術者・設計者。
クック、イライザ　Cook, Eliza　71歳。1818生。イギリスの詩人。
クレマー　Kremer, Alfred Freiherr von　61歳。1828生。オーストリアの東洋学者。
コスタ・アレグレ、カエタノ・ダ　Costa Alegre, Caetano da　45歳。1844生。サントメ・プリンシペの詩人。
ゴナン、フランチェスコ　Gonin, Francesco　81歳。1808生。イタリアの画家、石版画家。
ジョン4世　John IV　50歳。1839生。エチオピアの皇帝(在位72〜89)。
岑毓英　60歳。1829生。中国、清末期の官僚、武人。
スター、(マイラ・)ベル　Starr, (Myra) Belle　41歳。1848生。アメリカの女盗賊。
タッパー　Tupper, Martin Farquhar　79歳。1810生。イギリスの著作家。
タルラ　Tarra, Jurio　57歳。1832生。イタリアの司祭にして聾教育者。
チェルヌィシェーフスキー　Tchernyshevsky, Nikolai Gavrilovitch　61歳。1828生。ロシアの批評家、作家、経済学者。
デー　Day, Francis　60歳。1829生。イギリスの水産学者、魚類学者。
テウク・ウマル　Teuku Umar　インドネシア、アチェ王国の貴族。
テンペル　Tempel, Ernst Wilhelm Leberecht　68歳。1821生。ドイツの天文学者。
トゥム、ヴィルヘルム　Thumm, Wilhelm　71歳。1818生。ドイツのシュヴァーベン敬虔派の指導者の一人。
トランブル、デイヴィド　Trumbull, David　70歳。1819生。アメリカ合州国生れの宣教師。

人物物故大年表 外国人編　767

ナジューミー *al*-Najūmī, ‘Abd al-Raḥmān スーダンのマフディー反乱軍司令官。

ハイル‐アッディーン Ḵhayru'd-Dīn at-Tūnīsī [異]1890没、69歳。1820生。チュニジアの改革主義者。

バウル Baur, Gustav 73歳。1816生。ドイツの教育学者，福音主義派神学者。

バーナード Barnard, Frederick Augustus Porter 80歳。1809生。アメリカの教育家，コロンビア大学総長。

ビッセル，メルヴィル(・ルーベン) Bissell, Melville (Reuben) 46歳。1843生。アメリカの発明家。

フォン・クレーマー von Kremer, Alfred 61歳。1828生。オーストリアの東洋学者，文化史家。

ベロン Véron, Eugène 64歳。1825生。フランスのジャーナリスト。

ピゴット Pigott, Richard 61？歳。1828生。アイルランドのジャーナリスト。

ピッライ Pillai, Vedanāyakam 65歳。1824生。インドのタミル語の小説家。

ボートキン Botkin, Sergei Petrovich 57歳。1832生。ロシアの医学者。

ボナー，ホレイシャス Bonar, Horatius 81歳。1808生。スコットランドの牧師，讃美歌作詞者。

ボール，ジョン Ball, John 71歳。1818生。イギリスの政治家，科学者，旅行家。

ペレス Perez, José Joaquín 89歳。1800生。チリの政治家。

マッツェリガー，ヤン・アーンスト Matzeliger, Jan Earnst 37歳。1852生。アメリカの発明家。

メウッチ Meucci, Antonio 81歳。1808生。イタリア生れの発明家。

メルジャニ，シハブッディン Merjani, Shihabuddin 74歳。1815生。ロシアのカザン・タタール出身の歴史家，思想家。

有炯 65歳。1824生。朝鮮の僧。

ランツォーニ，ダニエーレ Ranzoni, Daniele 46歳。1843生。イタリアの画家。

ルッタロート，アスカニウス・ハインリヒ・テーオドーア Lutteroth, Askanius Heinrich Theodor 87歳。1802生。プロテスタントの著述家，讃美歌作者。

ルブラン Lebrun, Barthélemy Louis Joseph 80歳。1809生。フランスの将軍。

レスピーギ Respighi, Lorenzo 65歳。1824生。イタリアの天文学者。

1890年

1.25 ネリー・ブライが世界一周を達成する
3.17 清英間でシッキム条約が締結される
3.20 ドイツでヴィルヘルム2世の親政が始まる
5.01 欧米各地で世界初のメーデーが開かれる
12.29 ウーンデッド・ニーでスー族が虐殺される

＊ ＊ ＊

ペルテス Perthes, Friedrich Andreas 1.1没、76歳。1813生。ドイツの出版業者。

ボーカー，ジョージ・ヘンリー Boker, George Henry 1.2没、66歳。1823生。アメリカの詩人，劇作家，外交官。

ハーゼ，カール・アウグスト Hase, Karl August von 1.3没、89歳。1800生。ドイツのプロテスタント神学者。

マルタン，ポラン Martin, Paulin 1.4没、49歳。1840生。フランスのオリエント学者，聖書学者。

アウグスタ Augusta, Marie Luise Katharina 1.7没、78歳。1811生。プロシア王，ドイツ皇帝ウィルヘルム1世の皇后。

デリンガー，ヨハン・ヨーゼフ・イグナーツ・フォン Döllinger, Johann Joseph Ignaz von 1.10没、90歳。1799生。ドイツの教会史学者，司祭。

リトルデイル，リチャード・フレドリク Littledale, Richard Frederick 1.11没、56歳。1833生。イギリスの典礼学者，アングロ・カトリック弁論家。

アマデオ1世 Amedeo Ferdinando Maria di Savoia 1.13没、44歳。1845生。アオスタ公，スペイン王(在位1870～73)。

ゲーロク，カール Gerok, Karl 1.14没、74歳。1815生。ドイツ敬虔派の説教者。

ズルツァー Sulzer, Salomon 1.17没、85歳。1804生。オーストリアのシナゴーグ音楽の研究者。

ムーア，オーブリ・ラッキントン Moore, Aubrey Lackington 1.17没、42歳。1848生。英国教会の神学者。

ラッハナー，フランツ・パウル Lachner, Franz Paul 1.20没、86歳。1803生。ドイツの作曲家。

アドラー Adler, Nathan, Marcus 1.21没、87歳。1803生。イギリスの首席ラビ。

ガヤック，ピエール・ジャン・アントワーヌ Gailhac, Pierre Jean Antoine 1.25没、87歳。1802生。フランスの「マリアの聖心女子修道会」の創立者。

サルヴィアーティ Salviati, Antonio 1.25没、73歳。1816生。イタリアの美術ガラス細工師。

ヘッティンガー，フランツ Hettinger, Franz 1.26没、71歳。1819生。ドイツのカトリック神学者。

ヴェストファール Westphal, Karl Friedrich Otto 1.27没、56歳。1833生。ドイツの神経学者。

クランドール，プルーデンス Crandall, Prudence 1.28没、86歳。1803生。アメリカの女流教育家。

ガル Gull, *Sir* William Withey 1.29没、73歳。1816生。イギリスの医師。

ノイマイル Neumayr, Melchior 1.29没、44歳。1845生。ドイツの古生物学者，地質学者。

1890

ハルテンシュタイン　Hartenstein, Gustav　2.2没、81歳。1808生。ドイツの哲学者。

ボイス・バロット，クリストフ・ヘンドリック・ディーデリック　Buys-Ballot, Christoph Hendrik Didericus　2.3没、72歳。1817生。オランダの気象学者。

モンパンシエ　Montpensier, Antoine Marie Philippe d'Orléans, Duc de　2.4没、65歳。1824生。フランスの軍人。

ロリマー　Lorimer, James　2.13没、81歳。1808(㊥1818)生。イギリスの法学者。

ケイン，サー・ロバート・ジョン　Kane, *Sir* Robert John　2.16没、80歳。1809生。アイルランドの化学者。

マカルピン　McAlpine, William Jarvis　2.16没、77歳。1812生。アメリカの土木技術者。

ショールズ，クリストファー・レイサム　Sholes, Christopher Latham　2.17没、71歳。1819生。アメリカのジャーナリスト、発明家。

アンドラーシ，ジュラ，伯爵　Andrássy, Gyula, Gróf　2.18没、66歳。1823生。ハンガリーの政治家、外交官。

ブラン　Blanc, Marie Jean Gustave　2.21没、45歳。1844生。フランスの聖職者。

デーリッチュ，フランツ・ユーリウス　Delitzsch, Franz Julius　3.4没、77歳。1813生。ドイツの旧約聖書学者，ユダヤ学者。

コルガノフ　Korganov, Genarii (Yanuarii) Osipovich　3.7没、31歳。1858生。アルメニアの作曲家、ピアニスト。

コンラーディ，ヘルマン　Conradi, Hermann　3.8没、27歳。1862生。ドイツの自然主義詩人、小説家。

ハルスケ　Halske, Georg　3.18没、75歳。1814生。ドイツの機械学者。

クルック，ジョージ　Crook, George　3.21没、60歳。1829生。アメリカの陸軍軍人。

ヘーン　Hehn, Victor Amadeus　3.21没、76歳。1813生。ロシアの文化史家。

キャラウェイ，ヘンリ　Callaway, Henry　3.26没、73歳。1817生。南アフリカで活動したイギリスの宣教師。

スピール　Spir, Afrikan　3.26没、52歳。1837生。ロシアの哲学者。

レーヴィッヒ　Löwig, Karl Jakob　3.27没、87歳。1803生。ドイツの化学者。

ミュラー　Müller, Andreas Johann Jakob Heinrich　3.29没、79歳。1811生。ドイツの画家。

ラージ　Large, T. Alfred　4.4没。カナダのメソジスト教会宣教師。

モーガン，J. S.　Morgan, Junius S.　4.8没、76歳。1813生。アメリカのモーガン財閥の創始者。

ステユアート，ジョージ・ヘイ　Stuart, George Hay　4.11没、74歳。1816生。アメリカの改革派長老教会会員、実業家、博愛事業家。

マスケル，ウィリアム　Maskell, William　4.12没、76？歳。1814生。イギリスの典礼学者。

ランダル　Randall, Samuel Jackson　4.13没、61歳。1828生。アメリカの実業家、政治家。

ペリゴー，ウジェーヌ・メルキオール　Péligot, Eugène Melchior　4.15没、78歳。1812(㊥1811)生。フランスの化学者。

マッカイ(マッケイ)，アレグザーンダ・マードク　Mackay, Alexander Murdoch　4.22没、40歳。1849生。スコットランドの宣教師。

クルツ，ヨーハン・ハインリヒ　Kurtz, Johann Heinrich　4.26没、80歳。1809生。ドイツのルター派神学者。

トラーネ　Thrane, Marcus　4.30没、72歳。1817生。ノルウェーの社会主義者。

ブリズベーン，アルバート　Brisbane, Albert　5.1没、80歳。1809生。アメリカの社会思想家。

ミカエル，エフライーム　Mikhaël, Éphraïm　5.5没、23歳。1866生。フランスの詩人、劇作家。

ネイスミス，ジェイムズ　Nasmyth, James　5.7没、81歳。1808生。スコットランドの技術者。

ネスラー　Nessler, Victor Ernst　5.28没、49歳。1841生。ドイツの指揮者、作曲家。

カステーロ・ブランコ，カミーロ　Castelo Branco, Camilo, visconde de Correia Botelho　6.1没、65歳。1825(㊥1826)生。ポルトガルの小説家。

コルベルク　Kolberg, (Henryk) Oskar　6.3没、76歳。1814生。ポーランドの作曲家、民族音楽学者。

バーバー　Barber, Edward Colborne　6.16没、47歳。1843生。イギリスの外交官。

カーナーヴォン　Carnarvon, Henry Howard Molyneux Herbert, 4th Earl of　6.29没、59歳。1831生。イギリスの政治家。

パークス，アレグザンダー　Parkes, Alexander　6.29没、76歳。1813生。イギリスの化学技術者、ゴムの冷加硫法のちのセルロイドの前身を発明。

ミナーエフ　Minaev, Ivan Pavlovich　7.1没、49歳。1840生。ロシアの東洋学者。

チャドウィック，E.　Chadwick, *Sir* Edwin　7.6没、90歳。1800生。イギリスの公衆衛生医。

ヴォルター，マウルス(ルードルフ)　Wolter, Maurus (Rudolf)　7.8没、65歳。1825生。ドイツのベネディクト会士。

フリーモント，ジョン・C(チャールズ)　Fremont, John Charles　7.13没、77歳。1813生。アメリカの探検家、軍人、政治家。

ケラー，ゴットフリート　Keller, Gottfried　7.15没、70歳。1819生。ドイツ系スイスの小説家。

人物物故大年表 外国人編　769

ゴッホ，フィンセント・ファン　Gogh, Vincent Willem van　7.29没、37歳。1853生。オランダの画家。

アボット　Abbott, Edgar　7.?没、40?歳。1850生。イギリスの実業家。

アケルマン，ルイーズ-ヴィクトリーヌ　Ackermann, Louise Victorine　8.3没、76歳。1813生。フランスの女流詩人。

マジュラニッチ，イヴァン　Mažuranić, Ivan　8.4没、75歳。1814生。ユーゴスラビア，クロアチアの詩人，政治家。

バウエルンフェルト，エードゥアルト・フォン　Bauernfeld, Eduard von　8.9没、88歳。1802生。オーストリアの劇作家。

オライリ　O'Reilly, John Boyle　8.10没、46歳。1844生。アメリカ（アイルランド生れ）の詩人，ジャーナリスト，カトリック著述家。

ニューマン，ジョン・ヘンリー　Newman, John Henry　8.11没、89歳。1801生。アングリカン・チャーチのオックスフォード運動指導者。

ブレイス，チャールズ・ローリング　Brace, Charles Loring　8.11没、64歳。1826生。アメリカの博愛家，旅行家。

ヘッジ，フレドリク・ヘンリ　Hedge, Frederic Henry　8.21没、84歳。1805生。アメリカのユニテリアン派の牧師，神学者。

アレクサンドリ，ヴァシーレ　Alecsandri, Vasile　8.22没、72?歳。1818（㋓1821）生。ルーマニアの劇作家，詩人。

ウィリアムスン，アレグザーンダ　Williamson, Alexander　8.28没、60歳。1829生。イギリス人宣教師。

ロング　Long, Carroll Summerfield　9.4没、40歳。1850生。アメリカのメソジスト派教会宣教師。

デッペ　Deppe, Ludwig　9.5没、61歳。1828生。ドイツのピアニスト，教師。

リッゲンバハ，クリストフ・ヨハネス　Riggenbach, Christoph Johannes　9.5没、71歳。1818生。スイスの改革派神学者。

リドン，ヘンリー・パリー　Liddon, Henry Parry　9.9没、61歳。1829生。英国教会の聖職，聖書学者。

ブーシコー，ダイオニシアス　Boucicault, Dionysius Lardner　9.18没、69?歳。1820（㋓1822）生。アイルランドの劇作家，俳優。

シュタイン　Stein, Lorenz von　9.23没、74歳。1815生。ドイツの国家学者，社会学者。

カール，ジャン-バチスト-アルフォンス　Karr, Jean Baptiste Alphonse　9.30（㋓1899）没、81歳。1808生。フランスの作家。

ヘルゲンレーター，ヨーゼフ・アーダム・グスタフ　Hergenröther, Joseph Adam Gustav　10.3没、66歳。1824生。ドイツのカトリック神学者，教会史家。

ブース，キャサリン　Booth, Catherine　10.4没、61歳。1829生。「救世軍の母」といわれる伝道者。

サイル，エドワード・W.　Syle, Edward W.　10.5没、73歳。1817生。アメリカの聖公会宣教師。

メーザー　Mather, Samuel Livingston　10.8没、73歳。1817生。アメリカの実業家。

ロージャーズ　Rogers, James Edwin Thorold　10.12没、67歳。1823生。イギリスの経済学者。

チハチョーフ　Chikhachov, Pëtr Aleksandrovich　10.13没、82歳。1808生。ロシアの旅行家，地理学者，地質学者。

ミラー　Miller, Samuel Freeman　10.13没、74歳。1816生。アメリカの法律家。

マチウ　Mathieu, Émile Léonard　10.19没、55歳。1835生。フランスの数学者で天文学者。

バートン，リチャード　Burton, Sir Richard Francis　10.20没、69歳。1821生。イギリスの探検家，外交官，東洋学者。

コッローディ，カルロ　Collodi, Carlo　10.26没、63歳。1826生。イタリアの児童文学者。

エリス，アレグザンダー・ジョン　Ellis, Alexander John　10.28没、76歳。1814生。イギリスの数学者，音響学者，音楽理論家。

曾国荃　10.?没、66歳。1824（㋓1829）生。中国，清末の武将。

フォーゲルザング，カール・フォン　Vogelsang, Karl Freiherr von　11.8没、72歳。1818生。ドイツのカトリック的社会改革者。

フランク，セザール-オーギュスト　Franck, César Auguste Jean Guillaume Hubert　11.8没、67歳。1822生。フランスのベルギー生れの作曲家，オルガン奏者。

デーヴィス　Davis, Sir John Francis　11.13没、95歳。1795生。イギリスの外交官，植民地政治家。

ウィレム3世　Willem III, Alexander Paul Frederik Lodewijk　11.23没、73歳。1817生。ネーデルラント国王（在位1849〜90）。

ベルモント　Belmont, August　11.24没、73歳。1816生。アメリカの金融業者。

カンプハウゼン　Camphausen, Gottfried Ludolf　12.3没、87歳。1803生。ドイツの政治家。

チャーチ，リチャード・ウィリアム　Church, Richard William　12.9没、75歳。1815生。イギリスの神学者。

クロール，ジェイムズ　Croll, James　12.15没、69歳。1821生。イギリスの地質学者。

シッティング・ブル　Sitting Bull　12.15没、56歳。1834（㋓1835頃）生。アメリカインディアン部族の族長。

ラミ，ウージェーヌ-ルイ　Lami, Eugène Louis　12.19没、90歳。1800生。フランスの画家。

19世紀　1890

ゲーゼ，ニルス・ヴィルヘルム　Gade, Niels Wilhelm　12.21没。73歳。1817生。デンマークの作曲家。

シュリーマン，ハインリヒ　Schliemann, Heinrich　12.26没。68歳。1822生。ドイツの考古学者。

フイエ，オクターヴ　Feuillet, Octave　12.29（㊟1891）没。69歳。1821生。フランスの小説家，劇作家。

スピンナー　Spinner, Francis Elias　12.31没。88歳。1802生。アメリカの銀行家，政治家。

この年 アーミティージ　Armitage, Thomas Rhodes　66歳。1824生。イギリスの盲教育家，社会事業家。

アルツ，ダヴィッド・アドルフ・コンスタン　Artz, David Adolphe Constant　53歳。1837生。オランダの画家。

アルノルト　Arnold, Friedrich　87歳。1803生。ドイツの解剖学者，生理学者。

インドゥーノ，ジローラモ　Induno, Girolamo　63歳。1827生。イタリアの画家。

ヴァルーエフ　Valuev, Pëtr Aleksandrovich　75歳。1815生。ロシアの政治家。

ウォー　Waugh, Edwin　73歳。1817生。イギリスの詩人。

ウォーコップ　Wauchope, George　イギリスの御雇い外国人。

ウォレス，サー・リチャード　Wallace, Sir Richard　72歳。1818生。イギリスの美術収集家。

オスマン・パシャ　Osman Pasha　55歳。1835生。オスマン帝国の軍人。

ガヤーレ，フリアン　Gayarre, Julián　46歳。1844生。スペインのテノール歌手。

カリミーニ，ルーカ　Carimini, Luca　60歳。1830生。イタリアの建築家。

クアーリオ，アンジェロ2世　Quaglio, Angelo II　61歳。1829生。イタリア出身のドイツの舞台美術家，建築家，画家。

グアル，ペドロ　Gual, Pedro　77歳。1813生。スペイン生れのフランシスコ会宣教師。

コープ，チャールズ・ウェスト　Cope, Charles West　79歳。1811生。イギリスの画家。

ジャコリヨ，ルイ　Jacolliot, Louis　53歳。1837生。フランスの小説家。

シュヴェツ，ヨーハン・バプティスト　Schwetz, Johann Baptist　87歳。1803生。オーストリアのカトリック神学者。

シュトゥーダー　Studer, Gottlieb　86歳。1804生。スイスの山岳家。

徐三庚　64歳。1826生。中国，清末の書家，篆刻家。

スカイラー　Schuyler, Eugene　50歳。1840生。アメリカの外交官，中央アジア探検家。

曾紀沢　51歳。1839生。中国，清末期の政治家，外交官。

ダニレーフスキィ　Danilevskii, Grigorii Petrovich　61歳。1829生。ロシアの作家。

ディンダー，ユーリウス　Dinder, Julius　60歳。1830生。ポーランドのドイツ人，カトリックの聖職者。

デュボワ-ピエ，アルベール　Dubois-Pillet, Albert　45歳。1845生。フランスの画家。

ネイピア（マグダラの），ロバート・（コーニーリアス・）ネイピア，初代男爵　Napier, Sir Robert　72歳。1818（㊟1810）生。イギリスの軍人。

ノース，マリアン　North, Marianne　60歳。1830生。イギリスの草花画家。

バエホー　Vallejo, Mariano Guadalupe　82歳。1808生。アメリカの政治家。

バルー　Ballou, Adin　87歳。1803生。アメリカの牧師，改革者。

潘祖蔭　60歳。1830生。中国，清末期の政治家，金石学者。

ビゲロウ　Bigelow, Henry Jacob　72歳。1818生。アメリカの外科医。

ビュルティ　Burty, Philippe　60歳。1830生。フランスの美術評論家。

ヒンデラー，ダーフィト　Hinderer, David　71歳。1819生。ドイツ生れの英国教会宣教師。

フランケンシュタイン　Franckenstein, Georg Arbogast, Freiherr von und zu　65歳。1825生。ドイツの政治家。

フリーマン，トマス・バーチ　Freeman, Thomas Birch　81歳。1809生。ガーナへの最初のウェスリ派メソジスト教会宣教師。

ブレーズ　Blades, William　66歳。1824生。イギリスの印刷者，書誌学者。

フロメル，マックス　Frommel, Max　60歳。1830生。ドイツの牧師，神学者。

ベルナップ　Belknap, William Worth　61歳。1829生。アメリカの政治家，軍人。

彭玉麟　74歳。1816生。中国，清末期の武人。

ピータース　Peters, Christian Hendrich Friedrich　77歳。1813生。アメリカの天文学者。

ピッターラ，カルロ　Pittara, Carlo　54歳。1836生。イタリアの画家。

ペップ　Paepe, Cesar de　48歳。1842生。ベルギーの社会主義者。

ボディション，バーバラ　Bodichon, Barbara Leigh Smith　㊟1891没。63歳。1827生。イギリスの女子教育拡張運動，女子参政権運動の指導者。

マーストン　Marston, John Westland　71歳。1819生。イギリスの劇詩人。

ミューディ　Mudie, Charles Edward　72歳。1818生。イギリスの書店主。

ミュラー　Müller, Wilhelm　78歳。1812生。ドイツのゲルマン語学者。

人物物故大年表 外国人編　*771*

モジャーイスキィ　Mozhaiskii, Aleksandr Fëdorovich　65歳。1825生。ロシアの発明家。

ライスキ　Rayski, Ferdinand von　84歳。1806生。ドイツの画家。

ライマン　Lyman, Chester Smith　76歳。1814生。アメリカの天文学者, 地質学者。

ライモンディ　Raimondi, Antonio　64歳。1826生。イタリアの博物学者。

ラデーツキィ　Radetskii, Fyodor Fyodorovich　70歳。1820生。ロシアの軍人, 大将。

ローゼンベルガー　Rosenberger, Otto August　90歳。1800生。ドイツの天文学者。

ロンコーニ, ジョルジョ　Ronconi, Giorgio　80歳。1810生。イタリアのバリトン歌手。

1891年

5.11　ロシア皇太子ニコライが大津で傷を負う
5.31　シベリア鉄道の建設工事が始まる
6.08　江蘇省でカトリック教会が焼き討ちされる
10.14　ドイツ社会民主党がエルフルト綱領を採択
*　*　*

キングレーク　Kinglake, Alexander William　1.2没, 81歳。1809生。イギリスの紀行作家。

キーン　Keene, Charles Samuel　1.4没, 67歳。1823生。イギリスの画家, イラストレーター, 版画家, カリカチュアリスト。

タウベルト, ヴィルヘルム　Taubert, Wilhelm　1.7没, 79歳。1811生。ドイツの指揮者, 作曲家。

マストリアーニ, フランチェスコ　Mastriani, Francesco　1.7没, 71歳。1819生。イタリアの小説家。

パキウス　Pacius, Fredrik　1.8没, 81歳。1809生。フィンランド（ドイツ生れ）のヴァイオリン奏者, 作曲家。

ラザレヴィチ, ラーザ　Lazarević, Laza　1.10(㊧1890)没, 39歳。1851生。ユーゴスラビアの小説家。

オスマン, ジョルジュ・ユージェーヌ, 男爵　Haussmann, Georges Eugéne　1.12没, 81歳。1809生。フランスの政治家。

ルート, ジョン・ウェルボーン　Root, John Wellborn　1.15没, 41歳。1850生。アメリカの建築家。

ドリーブ, クレマン・フィリベール・レオ　Delibes, Clément Philibert Léo　1.16没, 54歳。1836生。フランスの作曲家。

バンクロフト, ジョージ　Bancroft, George　1.17没, 90歳。1800生。アメリカの歴史家, 政治家, 外交官。

フェルハルスト　Verhulst, Johannes Joseph Herman　1.17没, 74歳。1816生。オランダの作曲家, 指揮者。

シャプラン　Chaplin, Charles Josuah　1.20没, 65歳。1825生。フランスの画家, 版画家。

ブロクサム, ジョン・ラウス　Bloxam, John Rouse　1.21没, 83歳。1807生。英国教会司祭, 儀式尊重主義者, 歴史家。

シモル, ヤーノシュ　Simor, János　1.23没, 77歳。1813生。ハンガリーの首座大司教, 枢機卿。

シュミット, フリードリヒ・フォン　Schmidt, Friedrich, Freiherr von　1.23没, 65歳。1825生。オーストリアの建築家。

ゴッホ　Gogh, Theodor van　1.25没, 33歳。1857生。オランダの画商。

オットー, ニコラウス　Otto, Nikolaus August　1.26没, 58歳。1832生。ドイツの技術者。

コワレフスカヤ, ソフィヤ・ワシリエヴナ　Kovalevskaia, Sofiia Vasilievna　1.29没, 41歳。1850生。ロシアの女性数学者, 作家。

ブラッドロー, チャールズ　Bradlaugh, Charles　1.30没, 57歳。1833生。イギリスの社会改革家。

メッソニエ, ジャン-ルイ-エルネスト　Meissonier, Jean Louis Ernest　1.31没, 75歳。1815生。フランスの画家。

プランプトリ, エドワード・ヘイズ　Plumptre, Edward Hayes　2.1没, 69歳。1821生。英国教会聖職, 神学者, 古典学者。

ハインリヒ, ヨーハン・バプティスト　Heinrich, Johann Baptist　2.9没, 74歳。1816生。ドイツのカトリック神学者。

ヨンキント, ヨハン・バルトルト　Jongkind, Johan Barthold　2.9没, 71歳。1819生。オランダの画家, 銅板画家。

シャーマン, ウィリアム・テカムサ　Sherman, William Tecumseh　2.14没, 71歳。1820生。アメリカの陸軍軍人。

マキシモヴィッチ　Maksimovich, Karl Ivanovich　2.16没, 63歳。1827生。ロシアの植物学者。

ハンセン, テオフィル・フォン　Hansen, Theophilus Edvard　2.17没, 77歳。1813生。デンマークの建築家。

レシュケ, ジョゼフィヌ　Reszke, Josephine de (Jósefina)　2.22没, 35歳。1855生。ポーランドのソプラノ歌手。

スーラリー, ジョゼファン　Soulary, Joséphin　2.23没, 67歳。1815生。フランスの詩人。

スヴェール　Swert, Jules de　2.24没, 47歳。1843生。ベルギーのチェロ奏者, 作曲家。

ハースト, G.　Hearst, George　2.28没, 70歳。1820生。アメリカ西部の鉱山主, 上院議員。

モレリ, ジョヴァンニ　Morelli, Giovanni　2.28没, 75歳。1816生。イタリアの政治家, 美術評論家。

1891

ワーグマン，チャールズ　Wirgman, Charles　2.8没、57歳。1834（⑧1832）生。イギリスの新聞記者，漫画家。

シェリュエル　Chéruel, Pierre Adolphe　3.1没、82歳。1809生。フランスの歴史家。

ミークロシチ　Miklošić, Franz Xaver von　3.7没、77歳。1813生。スロベニア（現ユーゴスラビア）の言語学者。

カザリス，ユジェーヌ　Casalis, Eugène　3.9没、78歳。1812生。パリ福音宣教会宣教師。

スウィフト　Swift, John Franklin　3.10没、62歳。1829生。アメリカの外交官。

バンヴィル，テオドール・ド　Banville, Théodore Faullain de　3.13没、67歳。1823生。フランスの詩人，劇作家。

ヴィントホルスト，ルートヴィヒ　Windthorst, Ludwig　3.14没、79歳。1812生。ドイツの政治家。

カウール，オーギュスト・アンドレ・トマ　Cahours, Auguste　3.17没、77歳。1813生。フランスの化学者。

ボナパルト，ナポレオン・ジョゼフ・シャルル・ポール　Bonaparte, Napoléon Joseph Charles Paul, Prince de Napoléon　3.17没、68歳。1822生。ナポレオン1世の甥。

バレット　Barrett, Lawrence　3.20没、52歳。1838生。アメリカの俳優。

ジョンストン，ジョゼフ・E（エグルストン）　Johnston, Joseph Eggleston　3.21没、84歳。1807生。アメリカ南北戦争時代の南部連合の将軍。

マセード・コスタ，アントニオ・デ　Macedo Costa, Antônio de　3.21没、60歳。1830生。ブラジルの司教，君主教権主義への積極的反対者。

シュレヒト，ライムント　Schlecht, Raymund　3.24没、80歳。1811生。ドイツのカトリック教会音楽家。

クロズビ，ハワード　Crosby, Howard　3.29没、65歳。1826生。アメリカの長老派神学者。

スーラ，ジョルジュ-ピエール　Seurat, George Pierre　3.29没、31歳。1859生。フランスの画家。

グランヴィル　Granville, George Leveson-Gower, 2nd Earl of　3.31没、75歳。1815生。イギリスの政治家。

グリンネル　Grinnell, Josiah Bushnell　3.31没、69歳。1821生。アメリカの組合教会牧師。

ケルヴィン・ド・レッテンホーヴェ　Kervyn de Lettenhove, Joseph Marie Constantin Bruno　4.2没、73歳。1817生。ベルギーの政治家，歴史家。

サフィーア，アドルフ　Saphir, Adolph　4.3没、60歳。1831生。スコットランドの長老派牧師。

バーナム，P. T.　Barnum, Phineas Taylor　4.7没、80歳。1810生。アメリカの興行師。

ギューリック　Gulick, Luther Halsey　4.8没、62歳。1828生。アメリカの宣教師。

プレサンセ，エドモン・ド　Pressensé, Edmond de　4.8没、67歳。1824生。フランスの神学者，政治家。

シェルグノーフ，ニコライ・ワシリエヴィチ　Shelgunov, Nikolai Vasilievich　4.12没、66歳。1824生。ロシアの評論家。

ギルマー，リチャード　Gilmour, Richard　4.13没、66歳。1824生。アメリカのローマ・カトリック教会司教。

ロイス，エデュワール（エードゥアルト）　Reuss, Édouard Guillaume Eugène　4.15没、86歳。1804生。ドイツのプロテスタント聖書学者。

モルトケ伯，ヘルムート・カルル・ベルンハルト　Moltke, Helmuth Karl Bernhard, Graf von　4.24没、90歳。1800生。プロシア，ドイツの軍人。

ウッダード，ナサニエル　Woodard, Nathaniel　4.25没、80歳。1811生。英国教会司祭、＜ウッダード・スクールズ＞と称する一群の学校を創立した教育家。

グレゴローヴィウス，フェルディナント　Gregorovius, Ferdinand　5.1没、70歳。1821生。ドイツの歴史家。

フランツ　Frantz, Konstantin　5.3？没、73歳。1817生。ドイツの国家学者，政治評論家。

ボワ，シャルル　Bois, Charles　5.7没、64歳。1826生。フランスの牧師，神学者。

ブラヴァツキー，ヘレナ・ペトロヴナ　Blavatsky, Elena Petrovna　5.8没、59歳。1831生。ロシア生れの女流神智学者。

ネーゲリ，カール・ヴィルヘルム・フォン　Nägeli, Karl Wilhelm von　5.10没、74歳。1817生。スイスの植物学者。

ベクレル　Becquerel, Alexandre-Edmond　5.11没、71歳。1820生。フランスの実験物理学者。

ブラチアヌ，イオン・コンスタンチン　Bratianu, Ion　5.16没、69歳。1821生。ルーマニアの政治家。

ライディ　Leidy, Joseph　5.20没、67歳。1823生。アメリカの動物学者。

ギルマー（ギルモア），ジェイムズ　Gilmour, James　5.21没、47歳。1843生。イギリスの宣教師。

ルーマニーユ　Roumanille, Joseph　5.24没、72歳。1818生。フランス（プロヴァンス）の詩人。

カルニング　Kalning, Otto Ivanovich　5.25没、35歳。1856生。ロシアの獣医。

シュプリンガー，アントーン　Springer, Anton　5.31没、65歳。1825生。ドイツの美術史学者。

ゲス，ヴォルフガング・フリードリヒ　Gess, Wolfgang Friedrich　6.1没、71歳。1819生。ドイツの神学者。

ホークショー，サー・ジョン　Hawkshaw, Sir John　6.2没、80歳。1811生。イギリスの鉄道技術者。

マクドナルド，J. A.　Macdonald, Sir John Alexander　6.6没、76歳。1815生。カナダ（スコットランド生れ）の政治家。

人物物故大年表 外国人編　773

1891　19世紀

レドヴィッツ, オスカル・フォン　Redwitz, Oskar Freiherr von　6.6没、67歳。1823生。ドイツの劇作家, 小説家, 詩人, 法律家。

ブリジェンス　Bridgens, R. P.　6.9没、72歳。1819生。アメリカの建築家。

ローレンス　Lorenz, Ludwig Valentin　6.9没、62歳。1829生。デンマークの物理学者。

ティッシュラー　Tischler, Otto　6.18没、47歳。1843生。ドイツのゲルマン古代学者。

クルチ, カルロ・マリーア　Curci, Carlo Maria　6.19没、80歳。1810生。イタリアの作家。

ヴェーバー, ヴィルヘルム・エドゥアルト　Weber, Wilhelm Eduard　6.23没、86歳。1804生。ドイツの物理学者。

ポグソン, ノーマン・ロバート　Pogsnn, Norman Robert　6.？没、62歳。1829生。イギリスの天文学者。

ハウプト　Haupt, Karl August　7.4没、80歳。1810生。ドイツのオルガン奏者。

ファブリ, フリードリヒ　Fabri, Friedrich　7.18没、67歳。1824生。ドイツのルター派牧師, 神学者。

アラルコン‐イ‐アリーサ, ペドロ・アントニオ・デ　Alarcón y Ariza, Pedro Antonio de　7.19没、58歳。1833生。スペインの作家。

ラージェーンドラララーラ・ミトラ　Rājendralāla Mitra　7.26没、66歳。1824生。インドの東洋学者, 仏教学者, サンスクリット学者, 歴史学者。

イッショルチョンドロ・ビッタシャゴル　Iśbarcandra Bidyāsāgar　7.29没、70歳。1820生。インド, ベンガルの文学者。

ヴィディヤーサーガル　Vidyāsāgar, Iśvar Chandra　7.30没、71歳。1820生。インドの文学者, 教育家, 社会改良家。

テストヴュイデ, ジェルマン‐レジェー　Testevuide, Germain-Leger　8.3没、41歳。1849生。フランスのパリ外国宣教会宣教師社会福祉（救癩事業, 静岡御殿場市神山復生病院創立）。

リトルフ, アンリ　Litolff, Henry Charles　8.6没、73歳。1818生。ドイツ（イギリス生れ）のピアニスト, 作曲家, 音楽書出版業者。

アフメト‐ウェフィク‐パシャ　Ahmet Vefik Pasha　8.12没、72歳。1819生。オスマン・トルコ帝国の政治家。

ローウェル, ジェイムズ・ラッセル　Lowell, James Russell　8.12没、72歳。1819生。アメリカの詩人, 評論家。

アマン, テオドール　Aman, Theodor　8.19没、60歳。1831生。ルーマニアの画家。

パウルソン, ギェストゥル　Pálsson, Gestur　8.19没、33歳。1852生。アイスランドの小説家, ジャーナリスト。

ネルダ, ヤン　Neruda, Jan　8.22没、57歳。1834生。チェコの詩人, 小説家。

ドレーパー　Draper, Lyman Copeland　8.26没、75歳。1815生。アメリカ, ウィスコンシン州歴史協会の創設者。

サヴァチエ　Savatier, Louis　8.27没、60歳。1831（㊧1830）生。フランスの医師。

ヴィルケン　Wilken, George Alexander　8.28没、44歳。1847生。オランダのインドネシア民族学者。

クラッセン　Classen, Johannes　8.31没、85歳。1805生。ドイツの古典学者。

カニエテ　Cañete, Manuel　9.4没、69歳。1822生。スペインの作家, 評論家。

ドローネー, ジュール‐エリー　Delaunay, Jules Elie　9.5没、63歳。1828生。フランスの画家。

グレーツ　Graetz, Heinrich　9.7没、73歳。1817生。ユダヤ系ドイツの歴史家。

グレヴィ,（フランソワ・ポール・）ジュール　Grévy, François Paul Jules　9.9没、84歳。1807生。フランスの政治家。

ケンタル, アンテーロ・デ　Quental, Antero Tarquínio de　9.11没、49歳。1842生。ポルトガルの詩人。

リボ, テオデュル・オーギュスタン　Ribot, Théodule Augustin　9.11没、68歳。1823生。フランスの画家。

ゴンチャロフ, イワン・アレクサンドロヴィチ　Goncharov, Ivan Aleksandrovich　9.15没、79歳。1812生。ロシアの小説家。

タールホーファー, ヴァーレンティーン　Thalhofer, Valentin　9.17没、66歳。1825生。ドイツのカトリック典礼学者。

フェレル, ウィリアム　Ferrel, William　9.18没、74歳。1817生。アメリカの気象学者。

バルマセダ, ホセ・マヌエル　Balmaceda, José Manuel　9.19没、53歳。1838（㊧1840）生。チリの政治家。

メルヴィル, ハーマン　Melville, Herman　9.28没、72歳。1819生。アメリカの小説家。

ブーランジェ, ジョルジュ（・エルネスト・ジャン・マリー）　Boulanger, Georges Ernest Jean Marie　9.30没、54歳。1837生。フランスの将軍, 政治家。

パーネル, チャールズ・スチュワート　Parnell, Charles Stewart　10.6没、45歳。1846生。アイルランドの政治家。

ツァルンケ　Zarncke, Friedrich　10.15没、66歳。1825生。ドイツのゲルマン学者。

ブラキストン　Blakiston, Thomas Wright　10.15没、58歳。1832生。イギリスの軍人, 動物学者。

ゼーバッハ　Seebach, Hans Kurt von　10.21没、32歳。1859生。ドイツの監獄官。

デュリー　Dury, Léon　10.24没、69歳。1822生。フランスの長崎駐在フランス領事。

サマーズ　Summers, James　10.26没、63歳。1828生。イギリスの日本・中国研究家。

774　人物物故大年表 外国人編

1891

ブリュナッシュ　Brunache, Nicola Simon　10.27没、57歳。1834生。フランスの陸軍教師。

ハーグレイヴズ　Hargraves, Edward Hammond　10.29没、75歳。1816生。オーストラリア最初の金発見者とされた人物。

スクリヴナー，フレドリク・ヘンリ・アンブロウズ　Scrivener, Frederick Henry Ambrose　10.30没、78歳。1813生。イギリスの神学者。

ボナパルト　Bonaparte, Louis Lucien　11.3没、78歳。1813生。リュシアン・ボナパルトの子。

ランボー，アルチュール　Rimbaud, Jean Nicolas Arthur　11.10没、37歳。1854生。フランスの詩人。

レオンチエフ，コンスタンチン・ニコラエヴィチ　Leontiev, Konstantin Nikolaevich　11.12没、60歳。1831生。ロシアの宗教思想家、文学者。

ポーター　Porter, Alexandre Pope　11.18没、68歳。1823生。イギリスの貿易商。

フローレンス　Florence, William Jermyn　11.19没、60歳。1831生。アメリカの俳優。

リットン，（エドワード・）ロバート・ブルワー・リットン，初代伯爵　Lytton, Edward Robert Bulwer-Lytton, 1st Earl of　11.24没、60歳。1831生。イギリスの外交官、詩人。

ポテブニャー，アレクサンドル・アファナシエヴィチ　Potebnia, Aleksandr Afanasievich　11.29没、56歳。1835生。ロシアの言語学、文芸学者、ハリコフ大学教授。

フンファルヴィ　Hunfalvy, Pál　11.30没、81歳。1810生。ハンガリーの言語学者。

醇親王奕譞　11.?没、51歳。1840生。中国、清末の宗室。

ペリ，チャールズ　Perry, Charles　12.1没、84歳。1807生。オーストラリアの英国教会初代メルボルン主教。

ペドロ2世　Pedro II　12.5没、66歳。1825生。ブラジル第2代皇帝（在位1831～89）。

ブラウン，エドワード・ハロルド　Browne, Edward Harold　12.8没、80歳。1811生。英国教会聖職、ウィンチェスター主教。

ラムジ　Ramsay, Sir Andrew Crombie　12.9没、77歳。1814生。スコットランドの地質学者。

スタース，ジャン・セルヴェ　Stas, Jean Servais　12.13没、78歳。1813生。ベルギーの化学者。

ゴメス・デ・アモリン　Gomes de Amorim, Francisco　12.14没、64歳。1827生。ポルトガルの抒情詩人、劇作家。

キューネン，アーブラハム　Kuenen, Abraham　12.16没、63歳。1828生。オランダのプロテスタント神学者。

コズコ　Chodźko, Alexander　12.20没、87歳。1804生。ポーランドの言語学者。

フレッペル，シャルル・エミール　Freppel, Charles Emile　12.22没、64歳。1827生。フランスのカトリック神学者、聖徒伝研究家。

ラガルド，ポル・アントーン・ド　Lagarde, Paul Anton de　12.22没、64歳。1827生。ドイツの聖書学者、東洋学者。

ゲルバー　Gerber, Karl Friedrich Wilhelm von　12.23（㊙1912）没、68歳。1823生。ドイツの法学者、政治家。

ヤンセン，ヨハネス　Janssen, Johannes　12.24没、62歳。1829生。ドイツの歴史家。

セリアー　Cellier, Alfred　12.28没、47歳。1844生。イギリスの作曲家、指揮者。

クロネッカー，レオポルト　Kronecker, Leopold　12.29没、68歳。1823生。ドイツの数学者。

クロウザー，サミュエル・アジャイ　Crowther, Samuel Adjai　12.31（㊙1892）没、82?歳。1809（㊙1811）生。ナイジェリアの黒人宣教師。

[この年] アリアーヌ　Ariane　49歳。1842生。最後のタヒチ王（在位1877～80）。

アレクセーエフ　Alekseev, Pëtr Alekseevich　42歳。1849生。ロシアの革命家。

アングリン　Anglin, James Raymond　イギリス人のジャーナリスト。

イブル，ニコラス　Ybl, Niklos　77歳。1814生。ハンガリーの建築家。

ウィッカーシャム　Wickersham, James Pyle　66歳。1825生。アメリカの教育者。

ウィンチェル　Winchell, Alexander　67歳。1824生。アメリカの地質学者。

ヴェーラ，ヴィンチェンツォ　Vela, Vincenzo　71歳。1820生。スイス出身のイタリアの彫刻家。

何如璋　53歳。1838生。中国、清末期の外交官。

郭崇燾　73歳。1818生。中国、清の官僚、学者。

カラカウア1世　Kalakaua I, David　55歳。1836生。ハワイ諸島国王（在位1874～91）。

クイック　Quick, Robert Herbert　60歳。1831生。イギリスの教育家。

グリム，カール・ルートヴィヒ・ヴィリバルト　Grimm, Karl Ludwig Wilibald　84歳。1807生。ドイツの神学者、聖書学者。

黄彭年　68歳。1823生。中国、清末期の政治家。

コガルニチャヌ　Kogălniceanu, Mihail　74歳。1817生。ルーマニアの政治家、歴史家。

コック　Kock, Theodor　71歳。1820生。ドイツの古典学者。

コンスタン　Constant, Benjamin Botelho de Magalhães　58歳。1833（㊙1838）生。ブラジルの政治家、思想家。

シェーンフェルト　Schönfeld, Eduard　63歳。1828生。ドイツの天文学者。

スチュードベイカー，クレメント Studebaker, Clement ⓐ1901没、60歳。1831生。アメリカの車両製造業者。

スミス，ウィリアム・ヘンリー Smith, William Henry 66歳。1825生。イギリスの新聞雑誌小売業者、書籍販売人、政治家。

チキー Csiky, Gregor 49歳。1842生。ハンガリーの劇作家。

チーゼリ，アントーニオ Ciseri, Antonio 70歳。1821生。イタリアの画家。

ツュンデル，フリードリヒ Zündel, Friedrich 64歳。1827生。ドイツの牧師。

陶煦 70歳。1821生。中国、清末期の減租論者。

トマス，ヒュー・オーウェン Thomas, Hugh Owen 58歳。1833(ⓐ1834)生。イギリスの医者。

ドリオン Dorion, Sir Antoine Aimé 75歳。1816生。カナダの政治家、法律家。

トレンクナー Trenckner, V. 67歳。1824生。デンマーク(ドイツ系)の東洋学者、パーリ語学者。

ドロンケ Dronke, Ernst 69歳。1822生。ドイツの社会小説家。

バルラギ，モール Ballagi, Mór 76歳。1815生。ハンガリーの改革派神学者、言語学者。

バイヤルジェ Baillarger, Jules Gabriel François 85歳。1806生。フランスの精神医学者。

バザルジェット，サー・ジョゼフ・ウィリアム Bazalgette, Sir Joseph William 72歳。1819生。イギリスの土木技師。

バジーレ，ジョヴァンニ・バッティスタ・フィリッポ Basile, Giovanni Battista Filippo 66歳。1825生。イタリアの建築家。

ハムリン，ハニバル Hamlin, Hannibal 82歳。1809生。アメリカの政治家、アメリカ副大統領(1861～65)。

バラビーノ，ニッコロ Barabino, Niccolò 59歳。1832生。イタリアの画家。

ハーンドン Herndon, William Henry 73歳。1818生。アメリカの法律家。

フーシェ・ド・カレイユ Foucher de Careil, Louis Alexander, Comte de 65歳。1826生。フランスの外交官、哲学史家。

ホイップル Whipple, John Adams 69歳。1822生。アメリカの天文学者。

ポーター，デイヴィド・ディクソン Porter, David Dixon 78歳。1813生。アメリカ海軍将校。

ピンスカー Pinsker, Leon 70歳。1821生。南ロシアのオデッサの医師、著述家。

マケンティー McEntee, Jervis 63歳。1828生。アメリカの風景画家。

マシェット，ロバート・フォレスター Mushet, Robert Forester 80歳。1811生。イギリスの冶金学者。

マラテスタ，アデオダート Malatesta, Adeodato 85歳。1806生。イタリアの画家、彫刻家。

モレル Morell, John Daniel 75歳。1816生。イギリスの哲学者。

ヤチーニ Jacini, Stefano 64歳。1827生。イタリアの政治家。

ラヴァレー，カリクサ Lavalée, Calixa 49歳。1842生。カナダの作曲家。

李桓 64歳。1827生。中国、清末の学者。

リヒター Richter, Victor von 50歳。1841生。ドイツの化学者。

レーベ Löbe, William 76歳。1815生。「牧羊説」の著者。

1892年

7.02　ホセ・リサールがフィリピン民族同盟結成
8.17　ロシアとフランスが軍事協定に調印する
11.10　パリでポーランド社会党が結成される
11.20　カーネギー製鋼会社のストライキが終息
＊＊＊

ラヴレー Laveleye, Emile Louis Victor de 1.3没、69歳。1822生。ベルギーの法学者、経済学者。

エアリー，サー・ジョージ・ビッデル Airy, Sir George Biddell 1.4没、90歳。1801生。イギリスの天文学者。

タウフィーク・パシャ，ムハンマド Tawfiq Pasha 1.7没、39歳。1852生。エジプトのヘディーヴ(副王)(在位79～92)。

ブリュッケ Brücke, Ernst Wilhelm von 1.7没、72歳。1819生。ドイツの生理学者。

メラー，ヴィルヘルム・エルンスト Möller, Wilhelm Ernst 1.8没、64歳。1827生。ドイツの神学者。

ドルン Dorn, Heinrich Ludwig Egmont 1.10没、91歳。1800生。ドイツの指揮者、作曲家。

カトルファージュ Quatrefages de Bréau, Jean Louis Armand de 1.12没、81歳。1810生。フランスの博物学者、人類学者。

プッチ，アントーニオ・マリーア Pucci, Antonio Maria 1.12没、72歳。1819生。イタリアの司祭、「マリアのしもべ会」修道士、聖人。

マニング，ヘンリー・エドワード，枢機卿 Manning, Henry Edward 1.14没、83歳。1808生。イギリスの枢機卿。

ランガヴィス，アレクサンドロス・リゾス Rangavis, Aleksandros Rizos 1.16没、82歳。1809生。ギリシアの詩人、文人。

アンデルレディ，アントーン・マリーア Anderledy, Anton Maria 1.18没、72歳。1819生。スイス出身のイエズス会第23代総会長。

1892

ゲー, シャルル・ルイ　Gay, Charles Louis　1.19没、76歳。1815生。フランスの司祭。

アダムズ, ジョン・クーチ　Adams, John Couch　1.21没、72歳。1819生。イギリスの天文学者。

コンスタンチン　Konstantin, Nikolaevich　1.25没、64歳。1827生。ロシアの大公。

ランガヴィース　Rhangaves, Alexandros Rizos　1.28没、81歳。1810生。ギリシアの歴史家, 文学者, 政治家。

スパージョン, チャールズ・ハッドン　Spurgeon, Charles Haddon　1.31没、57歳。1834生。イギリスのバプテスト派説教師。

アイヒロート　Eichrodt, Ludwig　2.2没、56歳。1827生。ドイツの詩人。

マッケンジー　Mackenzie, Sir Morell　2.3没、54歳。1837生。イギリスの医師。

フリィガレ-カレーン, エミリエ　Flygare-Carlén, Emilie　2.5没、84歳。1807生。スウェーデンの女性小説家。

スターンズ, ルーイス・フレンチ　Stearns, Lewis (Louis) French　2.9没、44歳。1847生。アメリカの会衆派教会神学者。

マサール　Massart, Joseph Lambert　2.13没、80歳。1811生。ベルギーのヴァイオリン奏者, 教師。

ベイツ, ヘンリー・ウォルター　Bates, Henry Walter　2.16没、66歳。1825生。イギリスの昆虫学者。

カンベル　Campbell, Sir George　2.18没、68歳。1824生。イギリスのインド行政官。

コップ, ヘルマン・フランツ・モリッツ　Kopp, Hermann Franz Moritz　2.20没、74歳。1817生。ドイツの化学者。

シー, ジョン・ドースン・ギルマリ　Shea, John Dawson Gilmary　2.22没、67歳。1824生。アメリカのカトリック史家。

マイーフスキー　Maievskii, Nikolai Vladimirovich　2.23没、68歳。1823生。ロシアの砲術技術者。

メルミヨー, ガスパル　Mermillod, Gaspard　2.23没、67歳。1824生。スイスのカトリック聖職者, 枢機卿, カトリック社会運動の先駆者。

ロシュコヴァーニ, アウグストゥス　Roskoványi, Augustus　2.24没、84歳。1807生。ハンガリー出身の司教。

クラフ, アン・ジェマイマ　Clough, Anne Jemima　2.27没、72歳。1820生。イギリスの女子高等教育の推進者。

カラム　Cullum, George Washington　2.28没、83歳。1809生。アメリカの軍人, 著述家。

ポーター　Porter, Noah　3.4没、80歳。1811生。アメリカの哲学者, 教育学者。

クーパー, アーチボルド・スコット　Couper, Archibald Scott　3.11没、60歳。1831生。イギリスの化学者。

ケアンズ, ジョン　Cairns, John　3.12没、73歳。1818生。スコットランドの牧師, 神学者。

ギース, コンスタンタン　Guys, Ernest Adolphe Hyacinthe Constantin　3.13没、86歳。1805(㊥1802)生。フランスの画家。

クレーデ　Credé, Karl Siegmund Franz　3.14没、72歳。1819生。ドイツの産婦人科医。

トゥール, エヴゲーニヤ　Tur, Evgeniia　3.15没、76歳。1815生。ロシアの女性作家。

フリーマン　Freeman, Edward Augustus　3.16没、68歳。1823生。イギリスの歴史学者。

ホイットマン, ウォルト　Whitman, Walt　3.26没、72歳。1819生。アメリカの詩人。

ボーマン, サー・ウィリアム　Bowman, Sir William　3.29没、75歳。1816生。イギリスの解剖学者, 生理学者, 眼科医。

カスパリ, カール・パウル　Caspari, Carl Paul　4.11没、78歳。1814生。ドイツ・ノルウェー系の神学者。

ブデンツ　Budenz, József　4.15没、55歳。1836生。ハンガリーの言語学者。

レクサー　Lexer, Mathias von　4.16没、61歳。1830生。ドイツのゲルマン学者。

マケンジー, A.　Mackenzie, Alexander　4.17没、70歳。1822生。カナダの政治家。

ボーデンシュテット, フリードリヒ　Bodenstedt, Friedrich Martin von　4.18没、72歳。1819生。ドイツの作家, 翻訳家。

デイル　Dale, Thomas Pelham　4.19没、71歳。1821生。イギリスの化学者。

カラソフスキ　Karasowski, Maurycy　4.20没、68歳。1823生。ポーランドの評論家, チェロ奏者。

ラロ, エドゥアール　Lalo, Victor Antoine Edouard　4.22没、69歳。1823生。フランス(スペイン系)の作曲家。

ヴァインガルテン, ヘルマン　Weingarten, Hermann　4.25没、58歳。1834生。ドイツの教会史家。

ブラッドフォード　Bradford, William　4.25没、65歳。1827生。アメリカの海洋画家。

ランバス, ジェイムズ・ウィリアム　Lambuth, James William　4.28没、62歳。1830生。アメリカの南メソジスト監督派教会宣教師。

ホベリャル・イ・ソレル　Jovellar y Soler, Joaquín　4.?没、73歳。1819生。スペインの軍人。

ルスト, ヴィルヘルム　Rust, Wilhelm　5.2没、69歳。1822生。ドイツのオルガン奏者, ピアニスト, 作曲家, 出版者。

トムソン　Thomson, James　5.3没、70歳。1822生。イギリスの物理学者。

ホフマン, アウグスト・ヴィルヘルム・フォン　Hofmann, August Wilhelm von　5.5没、74歳。1818生。ドイツの有機化学者。

人物物故大年表 外国人編　777

ギロー, エルネスト　Guiraud, Ernest　5.6没、54歳。1837生。フランスの作曲家。

ガムス, ピーウス (ボニファーツィウス)　Gams, Pius (Bonifatius)　5.11没、76歳。1816生。ドイツのカトリック教会史家。

カローニン, S.　Karonin, Nikolai Elpidiforovich　5.12没、38歳。1853 (㊥1857) 生。ロシアの作家。

クラプカ　Klapka, György　5.17没、72歳。1820生。ハンガリーの将軍。

クライスト‐レッツオ, ハンス・フーゴ・フォン　Kleist-Retzow, Hans Hugo von　5.20没、77歳。1814生。プロイセンのユンカー的, 保守主義的政治家。

バハー・アッラー　Bahā'u'llāh　5.29没、74歳。1817生。イランの宗教家, バハーイー教の始祖。

フェディ　Fedi, Pio　6.1没、76歳。1816生。イタリアの彫刻家。

イムシェニェーツキー　Imshenetskii, Vasilii Grigorievich　6.5没、60歳。1832生。ロシアの数学者で力学者。

シュヴァーネ, ヨーゼフ　Schwane, Joseph　6.6没、68歳。1824生。ドイツのカトリック神学者, 教理史家。

ラングハンス　Langhans, Friedrich Wilhelm　6.9没、59歳。1832生。ドイツの作曲家, ヴァイオリン奏者, 評論家。

エルトマン　Erdmann, Johann Eduard　6.12没、86歳。1805 (㊥1850) 生。ドイツの哲学者, 哲学史家。

ボネ　Bonnet, Pierre-Ossian　6.22没、72歳。1819生。フランスの数学者。

ショルレンマー　Schorlemmer, Carl　6.27没、57歳。1834生。ドイツ系イギリスの化学者。

ドワイト　Dwight, Theodore William　6.29没、69歳。1822生。アメリカの法学者, 教育家。

コローディ　Corrodi, Salomon　7.4没、82歳。1810生。スイスの風景画家。

ヴェストファール　Westphal, Rudolf Georg Hermann　7.10没、66歳。1826生。ドイツの音楽学者。

フィールド, サイラス・W (ウェスト)　Field, Cyrus West　7.12没、72歳。1819生。アメリカの技術者。

クラデル, レオン　Cladel, Léon　7.21没、57歳。1835生。フランスの小説家。

ビヤケダール, (シェッレア・ペレリウス), ヴィルヘルム　Birkedal, (Schøller Parelius), Vilhelm　7.26没、82歳。1809生。デンマークの牧師, 著作家。

ロー　Lowe, Robert, 1st Viscount Sherbrooke　7.27没、80歳。1811生。イギリスの政治家。

レピーヌ, スタニスラス　Lepine, Stanislas　7.28没、56歳。1835生。フランスの画家。

トマス, オーウェン　Thomas, Owen　8.2没、79歳。1812生。ウェールズのカルヴァン主義メソジスト教会牧師。

ナウク　Nauck, Johann August　8.3没、69歳。1822生。ドイツの古典学者。

ベッティ　Betti, Enrico　8.11没、68歳。1823生。イタリアの数学者。

ケーラー　Köhler, Reinhold　8.15没、62歳。1830生。ドイツの文学史家。

リプシウス, リヒャルト・アーデルベルト　Lipsius, Richard Adelbert　8.19没、62歳。1830生。ドイツ人プロテスタント神学者。

ライゼリング　Leisering, August Gottlob Theodor　8.20没、71歳。1820生。ドイツの獣医。

オプゾーメル, コルネーリス・ウィレム　Opzoomer, Cornelis Willem　8.23没、70歳。1821生。オランダの哲学者。

フォンセカ, マヌエル・デオドロ・ダ　Fonseca, Manuel Deodoro da　8.23没、65歳。1827生。ブラジルの軍人, 政治家。

ペロー　Perrot, Jules Joseph　8.24没、82歳。1810生。フランスの舞踊家。

スキーン　Skene, William Forbes　8.29没、83歳。1809生。イギリス (スコットランド) の歴史家。

パルドー　Pardoe, Mary E. V.　8.31没、48歳。1844生。アメリカのメソジスト監督派教会宣教師。

ホイッティア, ジョン　Whittier, John Greenleaf　9.7没、84歳。1807生。アメリカの詩人, 奴隷廃止論者。

チャルディーニ　Cialdini, Enrico　9.8没、81歳。1811生。イタリアの軍人。

ゴルドン, イェフダ・レイブ　Gordon, Leon　9.16没、61歳。1830生。ロシア系ヘブライ文学作家, 詩人。

ニール　Neale, Edward Vansittart　9.16没、82歳。1810生。イギリスのキリスト教社会主義者, 協同組合運動の指導者。

イェーリング, ルドルフ・フォン　Jhering, Rudolf von　9.17没、74歳。1818生。ドイツの法学者。

フランシス, ジェイムズ (・ビシェノ)　Francis, James Bicheno　9.18没、77歳。1815生。アメリカ (イギリス生れ) の土木技術者。

ヴァンス　Vance, Mary A.　9.27没、34歳。1858生。アメリカのメソジスト監督派教会宣教師。

ルナン, ジョゼフ‐エルネスト　Renan, Joseph Ernest　10.2没、69歳。1823生。フランスの思想家, 宗教学者。

ヴィルマン, ジャン・アントワーヌ　Villemain, Jean Antoine　10.6没、65歳。1827生。フランスの外科医。

テニソン, アルフレッド　Tennyson, Alfred, 1st Baron Tennyson　10.6 (㊥1896) 没、83歳。1809生。イギリスの詩人。

19世紀　　　　　　　　　　　　　　　　　　　　　　1892

ウールナー，トーマス　Woolner, Thomas　10.7没、66歳。1825生。イギリスの詩人，彫刻家。

マルミエ，グザヴィエ　Marmier, Xavier　10.11没、83歳。1809生。フランスの作家，旅行家。

ブーハー　Bucher, Lothar　10.12没、74歳。1817生。ドイツの新聞記者，外交官。

アルボ，ペーター・ニコライ　Arbo, Peter Nicolai　10.14没、61歳。1831生。ノルウェイの画家。

ブライプトロイ　Bleibtreu, Georg　10.16没、64歳。1828生。ドイツの画家。

リベラトーレ，マッテーオ　Liberatore, Matteo　10.18没、82歳。1810生。イタリアのイエズス会哲学者，神学者。

エミン・パシャ　Emin Pasha, Meḥmet　10.20没、52歳。1840生。ドイツのアフリカ探検家。

レフレル，アン・シャロッテ　Leffler, Anne Charlotte Gustava　10.21没、43歳。1849生。スウェーデンの女性小説家，劇作家。

ゼートベール　Soetbeer, Georg Adolf　10.22没、77歳。1814生。ドイツの経済学者，統計学者。

フランツ，ローベルト　Franz, Robert　10.24没、77歳。1815生。ドイツの作曲家。

ヴィントシャイト　Windscheid, Bernhard　10.26没、75歳。1817生。ドイツの民法学者。

ハーネット，ウィリアム・マイケル　Harnett, William Michael　10.29没、44歳。1848生。アイルランド生れのアメリカの画家。

シュウォトカ　Schwatka, Frederick　11.2没、43歳。1849生。アメリカの探検家。

ウェスト，メアリー・アレン　West, Mary Allen　11.3没、56歳。1836生。アメリカの世界婦人矯風会書記。

エルヴェ　Hervé　11.3没、67歳。1825生。フランスのオペレッタの作曲家，歌手，指揮者。

クリューシニコフ，ヴィクトル・ペトローヴィチ　Kliushnikov, Viktor Petrovich　11.7没、51歳。1841生。ロシアの作家。

ワグネル　Wagner, Gottfried　11.8没、61歳。1831(㊟1830)生。ドイツの化学者，工芸家。

フェト，アファナシー・アファナシエヴィチ　Fet, Afanasii Afanas'evich　11.21没、72歳。1820生。ロシアの詩人。

ラヴィジェリ，シャルル・マルシャル・アルマン　Lavigerie, Charles Marcial Allemand　11.25没、67歳。1825生。フランスのカトリック聖職者。

ホート，フェントン・ジョン・アンソニ　Hort, Fenton John Anthony　11.30没、64歳。1828生。イギリスの聖書学者。

グールド，ジェイ　Gould, Jay　12.2没、56歳。1836生。アメリカの企業家。

ジーメンス，エルンスト・ヴェルナー・フォン　Siemens, Werner von　12.6没、75歳。1816生。ドイツの電気技術者，電信事業経営者。

オーウェン，サー・リチャード　Owen, Sir Richard　12.18没、88歳。1804生。イギリスの動物学者，古生物学者。

クラーラ，ヘロニモ・エミリアーノ　Clara, Jerónimo Emiliano　12.29没、65歳。1827生。アルゼンチンのカトリック聖職。

ヘーン　Hoehn, Heinrich Friedrich Wilhelm　12.30没、53歳。1839生。ドイツの陸軍士官。

ボナー，アンドールー・アレグザーンダ　Bonar, Andrew Alexander　12.31没、82歳。1810生。スコットランドの説教者，著述家。

ライヒェンスペルガー，ペーター　Reichensperger, Peter　12.31没、82歳。1810生。ドイツのカトリック政治家，法律家。

この年 アグニュー　Agnew, David Hayes　74歳。1818生。アメリカの外科医。

アトキンソン　Atkinson, Sir Harry Albert　61歳。1831生。ニュージーランドの政治家。

ヴァンデプール　Van Depoele, Charles Joseph　46歳。1846生。アメリカの電気技術者。

ウィルソン　Wilson, Sir Daniel　76歳。1816生。イギリスの考古学者。

エドワーズ，アメリア・アン・ブランフォード　Edwards, Amelia Ann Blanford　61歳。1831生。イギリスの女流文学者，ジャーナリスト，エジプト学者。

カズネーディ，ラッファエーレ　Casnedi, Raffaele　70歳。1822生。イタリアの画家。

カーティス　Curtis, George William　68歳。1824生。アメリカの編集者，小説家。

カフィエーロ　Cafiero, Carlo　46歳。1846生。イタリアの社会主義者。

キャルヴァート（コールヴァート），ジェイムズ　Calvert, James　79歳。1813生。イングランド出身のフィージー諸島で働いたウェスリ派宣教師。

ギンデリー　Gindely, Anton　63歳。1829生。オーストリアの歴史家。

クック　Cooke, Rose　65歳。1827生。アメリカの女流小説家，詩人。

クック，トマス　Cook, Thomas　84歳。1808生。イギリスの旅行事務代理業者。

グラント　Grant, Robert　78歳。1814生。イギリスの天文学者。

グラント，ジェイムズ・オーガスタス　Grant, James Augustus　65歳。1827生。イギリスの軍人，アフリカ探検家。

グラーンフェルト，アクセル・フレードリク　Granfelt, Axel Fredrik　77歳。1815生。フィンランドの神学者。

グレヴァン，アルフレッド　Grévin, Alfred　65歳。1827生。フランスの素描家。

ケアド　Caird, Sir James　76歳。1816生。イギリスの経済学者。

1892 19世紀

ケルナー　Kellner, Lorenz　81歳。1811生。ドイツの教育学者。
コーリー　Cory, William Johnson　69歳。1823生。イギリスの詩人，教育者。
サッスーン　Sassoon, Sir Albert Abdullah David　74歳。1818生。イギリスに帰化したユダヤ人の豪商。
ジャッド　Judd, Orange　70歳。1822生。アメリカの農業雑誌刊行者。
シャーブルック（シャープルックの），ロバート・ロー，子爵　Sherbrooke, Robert Lowe, Viscount　81歳。1811生。イギリスの政治家。
スツールテンベルグ・レルケ，ヴィンセント　Stoltenberg Lerche, Vincent　55歳。1837生。ノルウェーの画家。
ストーリー　Storie, Frank Robert　48歳。1844生。スコットランドの機械技師。
スレイマン・パシャ　Süleyman Pasha　52歳。1840生。オスマン・トルコ帝国の将軍。
ゼーヴェリング，ハインリヒ　Severing, Heinrich　60歳。1832生。ドイツの巡回伝道者。
セールェストリョーム　Siljeström, Per Adam　77歳。1815生。スウェーデンの教育者。
チェーピン　Chapin, Aaron Lucius　75歳。1817生。アメリカの経済学者。
チェールスキィ　Cherskii, Ivan Dementievich　47歳。1845生。ロシアの地理学者。
デ・ティーヴォリ，セラフィーノ　De Tivoli, Serafino　66歳。1826生。イタリアの画家。
デイヴィス，アレクサンダー・ジャクソン　Davis, Alexander Jackson　89歳。1803生。アメリカの建築家。
デュベリエ　Duveyrier, Henri　52歳。1840生。フランスの旅行家。
デルヴェ・ド・サン・ドニ　D'Hervey de Saint-Denys, Marie Jean Léon, Marquis　69歳。1823生。フランスの中国学者。
唐廷枢　60歳。1832生。中国，清末期の買弁・資本家。
バルツァーギ，フランチェスコ　Barzaghi, Francesco　53歳。1839生。イタリアの彫刻家。
潘存　中国，清代後期の学者，書家。
ハント　Hunt, Thomas Sterry　66歳。1826生。アメリカの化学者，地質学者。
フォルケンベック　Forckenbeck, Max von　71歳。1821生。ドイツの政治家。
ブラチアヌ，ディミトリー　Bratianu　74歳。1818生。ルーマニアの政治家。
フリック　Frick, Otto Paul Martin　60歳。1832生。ドイツの教育者。
ブリンク　Brink, Bernhard ten　51歳。1841生。ドイツの英文学者，英語学者。
ブロイニング, G.　Breuning, Gerhard von　79歳。1813生。「ベートーヴェンの思い出」の著者。

ポープ，ジョン　Pope, John　70歳。1822生。アメリカの軍人。
ボルゲーロ，フランチェスコ　Borghero, Francesco　62歳。1830生。イタリアの西アフリカへの宣教師。
マイネルト，テオドール・ヘルマン　Meynert, Theodor Hermann　59歳。1833生。オーストリアの精神神経学者。
ミールザー・ホセイン・アリー　Mīrzā Ḥoseyn 'Alī　75歳。1817生。イランのハーイー教開祖者。
ムーシェ　Moucheg, Ernst Barthélémy　71歳。1821生。フランスの天文学者，海図製作者。
メグズ，モンゴメリー・カニングハム　Meigs, Montgomery Cunningham　76歳。1816生。アメリカのエンジニア。
モーリー　Maury, Alfred　75歳。1817生。フランスの学者。
ユンケル　Yunker, Vasilii Vasilievich　52歳。1840生。ロシアのアフリカ探検家，博物学者。
ラザフォード　Rutherford, Lewis Morris　㋱1862没，76歳。1816生。アメリカの天体物理学者。
ラバショル　Ravachol　33歳。1859生。フランスのアナーキスト。
レッドハウス　Redhouse, Sir James William　81歳。1811生。イギリスの外交官，東洋学者。
ロジャーズ，ランドルフ　Rogers, Randolph　67歳。1825生。アメリカの彫刻家。

1893年

1.13　イギリスで独立労働党が結成される
1.17　ハワイの女王リリウオカラニが退位
3.20　パナマ運河会社の疑獄事件で有罪判決下る
9.19　ニュージーランドで女性投票権法が発効
10.03　ラオスがフランスの保護領となる
*　*　*
シュテファン，ヨーゼフ　Stefan, Josef　1.7没、57歳。1835生。オーストリアの物理学者。
パドゥーラ，ヴィンチェンツォ　Padula, Vincenzo　1.8没、73歳。1819生。イタリアの文学者。
フォルクマル，グスタフ　Volkmar (Volckmar), Gustav　1.9没、83歳。1809生。ドイツの新約学者，初代教会史家。
バトラー，ベンジャミン・F（フランクリン）　Butler, Benjamin Franklin　1.11没、74歳。1818生。アメリカの弁護士，軍人，政治家。
ヘイズ，ラザフォード・B（バーチャード）　Hayes, Rutherford Birchard　1.17没、70歳。1822生。アメリカ第19代大統領。
ラッハナー，ヴィンツェンツ　Lachner, Vincenz　1.22没、81歳。1811生。ドイツの指揮者。
ソリーリャ，ホセ　Zorrilla y Moral, José　1.23没、75歳。1817(㋱1818)生。スペインの劇作家，詩人。

19世紀　1893

ブランフォード　Blanford, Henry Francis　1.23没、58歳。1834生。イギリスの気象学者, 地質学者。

ブルックス、フィリップス　Brooks, Phillips　1.23没、57歳。1835生。アメリカ監督教会の牧師。

ラマー　Lamar, Lucius Quintus Cincinnatus　1.23没、67歳。1825生。アメリカの政治家, 法律家。

ダブルデイ、アブナー　Doubleday, Abner　1.26没、73歳。1819生。アメリカの軍人。

ブレイン、ジェイムズ・G（ギレスピー）　Blaine, James Gillespie　1.27没、62歳。1830生。アメリカの政治家。

ゲント、フレデリック・オーガスタス　Genth, Frederick Augustus　2.2没、72歳。1820生。アメリカの鉱物学者。

ライト、ウィリアム・V.　Wright, William V.　2.9没。カナダのクェーカー（フレンド派）の宣教師。

アルタミラノ、イグナシオ・マヌエル　Altamirano, Ignacio Manuel　2.13没、58歳。1834生。メキシコの文芸家。

イールズ、クッシング　Eells, Cushing　2.17没、83歳。1810生。アメリカの会衆派教会国内宣教師。

ボーレガード、ピエール・ギュスターヴ・トゥターン　Beauregard, Pierre Gustave Toutant　2.20没、74歳。1818生。アメリカの軍人。

ツィルマー　Zillmer, August　2.22没、62歳。1831生。ドイツの数学者。

エッゲルト　Eggert, Udo　2.28没、44歳。1848（㊟1846）生。ドイツの経済学者。

テーヌ、イポリット - アドルフ　Taine, Hippolyte Adolphe　3.5没、64歳。1828生。フランスの評論家, 歴史家, 哲学者。

カンドル　Candolle, Alphonse Louis Pierre Pyrame de　3.9没、86歳。1806生。スイスの植物学者。

ピーボディ、アンドルー・プレストン　Peabody, Andrew Preston　3.10没、81歳。1811生。アメリカの神学者, 倫理学者。

フェリ　Ferry, Jules François Camille　3.17没、60歳。1832生。フランスの政治家, 弁護士。

パナーエワ、アヴドーチャ・ヤーコヴレヴナ　Panaev, Avdotiia Iakovlevna　3.30没、73？歳。1819生。ロシアの女性作家。

リュプケ　Lübke, Wilhelm　4.5没、67歳。1826生。ドイツの美術史家。

シモンズ、ジョン・アディントン　Symonds, John Addington　4.9没、52歳。1840生。イギリスの作家。

ミドン　Midon, Félix-Nicolas Joseph　4.12没、52歳。1840生。フランスのパリ外国宣教会宣教師。

コウルリジ、ヘンリ・ジェイムズ　Coleridge, Henry James　4.13没、70歳。1822生。イングランドのイエズス会士, 神学者, 編集者。

ナジ、ムアッリム　Naci, Muallim　4.13没、43歳。1850生。トルコの詩人。

ダービー　Derby, Edward Henry Stanley, 15th Earl of　4.21没、66歳。1826生。イギリスの政治家。

グンデルト、ヘルマン　Gundert, Hermann　4.25没、79歳。1814生。ドイツの伝道者。

バランス　Ballance, John　4.27没、54歳。1839生。ニュージーランドの政治家, 首相（1891〜93）。

カルボ　Calvo, Carlos　5.4（㊟1906）没、69歳。1824生。アルゼンチンの法学者, 外交官。

ゴンサレス　González, Manuel　5.8没、59歳。1833生。メキシコの軍人, 大統領（1880〜84）。

ヅィリアラ、トマーゾ（マリーア）　Zigliara, Tommaso（Maria）　5.10没、59歳。1833生。イタリアのドミニコ会の哲学者, 神学者。

アームストロング、サミュエル・チャップマン　Armstrong, Samuel Chapman　5.11没、54歳。1839生。アメリカの教育者。

クンマー、エルンスト・エドゥアルト　Kummer, Ernst Eduard　5.14（㊟1890）没、83歳。1810生。ドイツの数学者。

マードック　Murdoch, James Edward　5.19没、82歳。1811生。アメリカの俳優。

モレスコット　Moleschott, Jacob　5.20没、70歳。1822生。オランダ生れのドイツの生理学者, 哲学者。

シュメルリング　Schmerling, Anton von　5.23没、87歳。1805生。オーストリアの政治家。

プリチャード、チャールズ　Prichard, Charles　5.28没、85歳。1808生。イギリスの天文学者。

ゼンパー　Semper, Karl　5.30没、60歳。1832生。ドイツの動物学者。

ヘーフェレ、カール・ヨーゼフ・フォン　Hefele, Karl Joseph von　6.3没、90歳。1803（㊟1809）生。ドイツのカトリック神学者, 教会史家。

ブース、エドウィン・トーマス　Booth, Edwin Thomas　6.7没、59歳。1833生。アメリカの俳優。

フローシャマー、ヤーコプ　Froschammer, Jakob　6.14没、72歳。1821生。ドイツの哲学者。

エラートン、ジョン　Ellerton, John　6.15没、66歳。英国教会の司祭, 讃美歌詞作者。

エルケル、フェレンツ　Erkel, Franz　6.15没、82歳。1810生。ハンガリーの作曲家, 指揮者。

モズリ、トマス　Mozley, Thomas　6.17没、87歳。1806生。英国教会の聖職, ジャーナリスト。

ベックウィス　Beckwith, Frank T.　6.20没、35歳。1857生。アメリカのメソジスト監督派教会宣教師。

スタンフォード、（アマサ・）リーランド　Stanford, Amasa Leland　6.21没、69歳。1824生。アメリカの政治家, 鉄道建設者。

フォックス　Fox, Sir William　6.23没、81歳。1812生。ニュージーランドの政治家, 歴史家。

グレイヴズ, ジェイムズ・ロビンスン　Graves, James Robinson　6.26没、73歳。1820生。アメリカのバプテスト派説教者, 雑誌編集者。

ドレクセル　Drexel, Anthony Joseph　6.30没、66歳。1826生。アメリカの財政家。

トイチュ, ゲオルク・ダーニエル　Teutsch, Georg Daniel　7.2没、75歳。1817生。トランシルバニア（現ルーマニア領）のドイツ人教会指導者, 歴史家。

モーパッサン, ギー・ド　Maupassant, Henry René Albert Guy de　7.6没、42歳。1850生。フランスの作家。

ギズランツォーニ, アントーニオ　Ghislanzoni, Antonio　7.16没、69歳。1824生。イタリアの脚本家, ジャーナリスト。

マガウアン, ダニエル・ジェロウム　Macgowan, Daniel Jerome　7.20没、79歳。1814生。アメリカのバプテスト派教会中国宣教師。

フォウルク　Foulk, George Clayton　8.6没、36歳。1856生。アメリカの教育者。

カタラーニ, アルフレード　Catalani, Alfredo　8.7没、39歳。1854生。イタリアの歌劇作曲家。

リヴォルタ　Rivolta, Sebastiano　8.14没、60歳。1832生。イタリアの獣医。

シャルコー, ジャン・マルタン　Charcot, Jean Martin　8.16没、67歳。1825生。フランスの精神医学者。

アプーフチン, アレクセイ・ニコラエヴィチ　Apuhtin, Aleksei Nikolaevich　8.17没、52歳。1840生。ロシアの詩人。

マラニ, パトリク・フランシス　Mullany, Patrick Francis　8.20没、46歳。1847生。アメリカのラ・サール修道会士, 教育者。

モリソン　Morrison, George Staunton　8.20没。イギリスの外交官。

エルンスト2世　Ernst II　8.22没、75歳。1818生。ドイツのザクセン・コーブルク・ゴータ公。

フィッシュ, ハミルトン　Fish, Hamilton　9.8没、85歳。1808生。アメリカの政治家。

ゴールト, サー・アレグザンダー・ティロッホ　Galt, Sir Alexander Tilloch　9.19没、76歳。1817生。カナダの政治家。

フランソワ　François, Luise von　9.25没、76歳。1817生。ドイツの女流作家。

ムア, ジョセフ・アルバート　Moore, Albert Joseph　9.25没、52歳。1841生。イギリスの画家。

プレシチェーエフ, アレクセイ・ニコラエヴィチ　Pleshcheev, Aleksei Nikolaevich　9.26没、67歳。1825生。ロシアの詩人。

パーマー　Parmer, Henry Spencer　9.?没、55歳。1838生。イギリスの技術者。

ジョーエット, ベンジャミン　Jowett, Benjamin　10.1没、76歳。1817生。イギリスの古典学者, 神学者, 教育者。

スミス, ウィリアム　Smith, Sir William　10.7没、80歳。1813生。イギリスの古典学者, 聖書学者。

ブラウン, フォード・マドックス　Brown, Ford Madox　10.11没、72歳。1821生。イギリスの画家。

ミュラー, レーオポルト・ベンヤミン・カール　Müller, Leopold Benjamin Carl　10.13没、69歳。1824生。ドイツの陸軍軍医。

グノー, シャルル・フランソワ　Gounod, Charles François　10.17没、75歳。1818（㊟1813）生。フランスの作曲家。

マクマオン, マリー・エドム・パトリス・モーリス・ド, マジェンタ公爵　MacMahon, Marie Edme Patrice Maurice, Comte de, Duc de Magenta　10.17没、85歳。1808（㊟1803）生。フランスの軍人, 政治家。

ストーン, ルーシー　Stone, Lucy　10.18没、75歳。1818生。アメリカの婦人参政権論者。

ネヴィアス, ジョン・リヴィングストン　Nevius, John Livingstone　10.19没、64歳。1829生。アメリカの長老派教会宣教師。

カサル, フリアン・デル　Casal, Julián del　10.21没、29歳。1863生。キューバの詩人。

シャッフ, フィリプ　Schaff, Philip　10.23没、74歳。1819生。スイス生れのアメリカの神学者, 教会史学者。

ヘルメスベルガー, ヨーゼフ　Hellmesberger, Joseph　10.24没、64歳。1828生。オーストリアのヴァイオリン奏者。

チャイコフスキー, ピョートル・イリイチ　Chaikovski, Pëtr Ilich　10.25没、53歳。1840生。ロシアの作曲家。

デルプフェルト, フリードリヒ・ヴィルヘルム　Dörpfeld, Friedrich Wilhelm　10.27没、69歳。1824生。ドイツの教育家。

ソウリン（ソラン）, エドワード・フレドリク　Sorin, Edward Frederick　10.31没、79歳。1814生。アメリカのカトリック司教。

マテイコ, ヤン　Matejko, Jan　11.1没、55歳。1838生。ポーランドの画家。

クーツヴェルト, コルネーリス・エリザ・ヴァン　Koetsveld, Cornelis Eliza van　11.4没、86歳。1807生。オランダ改革派教会牧師。

フレーベル　Fröbel, Julius　11.6没、88歳。1805生。ドイツの政治家。

リーヴェンス, コンスタンティン　Lievens, Constantin　11.7没、37歳。1856生。インドで活動したベルギー出身のイエズス会の宣教師。

パークマン, フランシス　Parkman, Francis　11.8没、70歳。1823生。アメリカの歴史家。

バッハ　Bach, Alexander, Freiherr von　11.12没、80歳。1813生。オーストリアの政治家。

19世紀　1893

アバディー　Abbadie, Arnaud d'　11.13没、78歳。1815生。フランスの探検家。

マルデヘム　Maldeghem, Robert Julien van　11.13没、83歳。1810生。ベルギーのオルガン奏者、作曲家。

モリソン、ジェイムズ　Morison, James　11.13没、77歳。1816生。スコットランドの「福音同盟」創立者。

エルツェン、ヤスパー・フォン　Oertzen, Jasper von　11.14没、60歳。1833生。ドイツのルター派系敬虔派指導者。

アレクサンドル1世　Aleksandr I, von Battenberg　11.17没、36歳。1857生。ブルガリア公(1879～86)。

チホヌラーヴォフ、ニコライ・サヴィチ　Tikhonravov, Nikolai Savvich　11.27没、61歳。1832生。ロシア文学史・古文書学研究者。

アナトリー　Anatoly, Aleksandr Dimitrivich　11.28没、55歳。1838生。ロシア正教宣教師。

カニンガム、アレグザンダー　Cunningham, Sir Alexander　11.28没、79歳。㊥1816)生。イギリスの軍人、インド史研究家。

ペイン、ダニエル・アレグザーンダ　Payne, Daniel Alexander　11.29没、82歳。1811生。アメリカのアフリカ・メソジスト監督(AME)教会監督。

ブラウンス　Brauns, David　12.1没。ドイツの御雇い教師。

パーヴロワ、カロリーナ・カールロヴナ　Pavlova, Karolina Karlovna　12.2没、86歳。1807生。ロシアの女流作家。

ティンダル、ジョン　Tyndall, John　12.4没、73歳。1820生。アイルランドの物理学者。

ヴォルフ、ヨハン・ルドルフ　Wolff, Johann Rudolf　12.6没、77歳。1816生。スイスの天文学者。

エルヴィ　Elvey, George Job　12.9没、77歳。1816生。イギリスのオルガン奏者、作曲家。

ガーベレンツ　Gabelentz, Hans Georg Conon von der　12.11没、53歳。1840生。ドイツの言語学者。

ミリガン、ウィリアム　Milligan, William　12.11没、72歳。1821生。スコットランドの新約学者。

ミシュレ　Michelet, Karl Ludwig　12.16没、92歳。1801生。ドイツの哲学者。

シュプレンガー　Sprenger, Aloys　12.19没、80歳。1813生。オーストリア生れのイギリスの東洋学者。

チェルスキー、ヨハネス　Czerski, Johannes　12.22没、80歳。1813生。ドイツのカトリック分派の指導者。

マイアー、オットー　Mejer, Otto　12.25没、75歳。1818生。ドイツの教会法学者。

シェルシェル　Schoelcher, Victor　12.26没、89歳。1804生。フランスの政治家。

コンシデラン、ヴィクトール　Considérant, Victor Prosper　12.27没、85歳。1808(㊥1809)生。フランスの社会主義者。

メリヴェール　Merivale, Charles　12.27没、85歳。1808生。イギリスの歴史家、聖職者。

ベイカー、サー・サミュエル(・ホワイト)　Baker, Sir Samuel White　12.30没、72歳。1821生。イギリスの探検家。

バジェルタ、イグナシオ　Vallarta, Ignacio　12.31没、63歳。1830生。メキシコの自由主義的改革者、政治家。

[この年]　アボット　Abbott, John Joseph Caldwell　72歳。1821生。カナダの政治家。

アリー・ムバーラク　'Alī Mubārak　70歳。1823生。近代エジプトの技術・行政官僚。

アンチセル　Antisell, Thomas　㊥1892没、76歳。1817生。日本渡来のアメリカ人。

ウィルコックス　Wilcox, Stephen　63歳。1830生。アメリカの機械技術者。

ヴンダリング、テーオバルト　Wunderling, Theobald　67歳。1826生。ドイツのヘルンフート派牧師。

オルト、シャルル　Orth, Charles　『時計屋の店で』の作曲者。

カービー・スミス　Kirby-Smith, Edmund　69歳。1824生。アメリカ南北戦争時の南部の将軍。

カーラー　Kahler, Otto　44歳。1849生。オーストリアの医師。

ケンブル、ファニー　Kemble, Frances Anne　84歳。1809生。イギリスの女優。

呉友如　中国、清後期の画家。

コアス　Corse, John Murray　58歳。1835生。アメリカ陸軍士官。

洪鈞　53歳。1840(㊥1839)生。中国、清末の政治家、学者。

コラドン　Colladon, Daniel　91歳。1802生。スイスの技術者。

コンタマン、ヴィクトール　Contamin, Victor　53歳。1840生。フランスの土木技術者。

シェプストン　Shepstone, Sir Theophilus　76歳。1817生。イギリス領南アフリカ植民地の行政官。

シャーフハウゼン　Schaaffhausen, Hermann　77歳。1816生。ドイツの人類学者。

ジャメ、マリー　Jamet, Marie　73歳。1820生。フランスの修道女。

ショイル、クリストフ・ゴットリープ・アードルフ・フライヘル・フォン　Scheurl, Christoph Gottlieb Adolf Frhr.von　82歳。1811生。ドイツのルター派教会法学者。

ジョージ・トゥバウ1世　George Tubou I　96歳。1797生。トンガ王(在位1845～93)。

崇厚　76歳。1817(㊥1826)生。中国、清末の満人官僚。

スティヴンソン　Stephenson, John　84歳。1809生。アメリカの技術者。

人物物故大年表 外国人編　783

1893

スプルース　Spruce, Richard　76歳。1817生。イギリスの植物学者。

スミス, ウイリアム　Smith, William　80歳。1813生。「聖書動物大事典」の著者。

ゼーゲル　Seger, Hermann August　54歳。1839生。ドイツの窯業学者。

タウファアハウ　Taufa'ahau　96歳。1797（㋭1798頃）生。トンガ王、トンガ自由教会創設者。

ティラール　Tirard, Pierre Emmanuel　66歳。1827生。フランスの政治家。

デュ・カス　Du Casse, Pierre Emmanuel Albert, Baron　80歳。1813生。フランスの軍人。

バッテンベルク, アレクサンダー大公　Battenberg, Prinz Alexander von　73歳。1820生。ブルガリアの初代ブルガリア大公。

バブコック　Babcock, George Herman　61歳。1832生。アメリカの技術者、製造業者。

バリモア, ジョージアナ・ドルー　Barrymore, Georgiana Drew　37歳。1856生。イギリスの喜劇女優。

フォイクト　Voigt, Ferdinand　69歳。1824生。ドイツの体操家マスマンの弟子。

ブライヒレーダー　Bleichroeder, Gerson　71歳。1822生。ドイツの金融業者。

フリッツネル　Fritzner, Johan　81歳。1812生。ノルウェーの文献学者。

ブルンナー　Brunner, Sebastian　79歳。1814生。オーストリアの僧侶、著作家。

ヘードベリー, フレードリク・ガーブリエル　Hedberg, Fredrik Gabriel　82歳。1811生。フィンランドの牧師、「福音運動」創始者。

ポッター　Potter, George　61歳。1832生。イギリスの労働運動指導者。

マーレンホルツ・ビューロー　Marenholtz-Bülow, Bertha Freifrau von　77歳。1816生。ドイツの教育家。

メルツ, ハインリヒ　Merz, Heinrich　77歳。1816生。ドイツのルター派神学者、キリスト教美術研究者。

メン, バルテレミー　Menn, Barthélemy　78歳。1815生。スイスの画家。

モンブラン　Montblanc, Comte des Cantons de ㋭1894没、61歳。1832（㋭1833）生。フランス、ベルギー両国籍をもつ貴族。

ラシネ　Racinet, Albert Charles Auguste　68歳。1825生。フランスの石版画家。

リード, トールボット・ベインズ　Reed, Talbot Baines　41歳。1852生。イギリスの少年文学作家。

レイ, ジョン　Rae, John　80歳。1813生。イギリスの北極旅行者。

ローザ, エルコレ　Rosa, Ercole　47歳。1846生。イタリアの彫刻家。

ロサ, ラモン　Rosa, Ramón　45歳。1848生。ホンデュラスの自由主義的知識人、実証主義者、政治家。

この頃　ソブフ・イ・アザル　Subḥ-i Azal, Mīrzā Yaḥyā　㋭1912没。イランのバーブ教創始者バーブの後継者。

1894年

3.29　朝鮮の全羅道で甲午農民戦争が勃発する
8.01　日本が清に宣戦布告し、日清戦争始まる
11.24　孫文がハワイで革命団体興中会を創設する
12.22　ドレフュスがスパイ罪で終身流刑となる
　　　＊＊＊

ヘルツ, ハインリヒ・ルドルフ　Hertz, Heinrich Rudolph　1.1没、36歳。1857生。ドイツの物理学者。

ピーボディ　Peabody, Elizabeth Palmar　1.3没、89歳。1804生。アメリカの女流教育家。

フェオファーン・ザトヴォールニク　Feofan Zatvornik　1.6没、78歳。1815生。ロシアの主教、神学者。

シュレンク　Shrenk, Leopold Ivanovich　1.8没、64歳。1830（㋭1826）生。ロシアの動物学者。

ベネーデン　Beneden, Pierre Joseph van　1.8没、84歳。1809生。ベルギーの動物学者。

ウォディントン, ウィリアム・ヘンリ　Waddington, William Henry　1.13没、67歳。1826生。フランスの考古学者、政治家。

バトラー, ウィリアム・ジョン　Butler, William John　1.14没、75歳。1818生。英国教会の聖職、リンカン主教座聖堂参事会長。

ルクー, ギヨーム　Lekeu, Guillaume　1.21没、24歳。1870生。ベルギーの作曲家。

ウールソン, コンスタンス・フェニモア　Woolson, Constance Fenimore　1.24没、53歳。1840生。アメリカの作家。

メック　Meck, Nadezhda Filaretovna von　1.26没、62歳。1831生。ロシアの芸術保護者。

ヒルシュ　Hirsch, August　1.28没、76歳。1817生。ドイツの伝染病学者、医学史家。

ミッデンドルフ　Middendorf, Aleksandr Fëdorovich　1.28没、78歳。1815生。ロシアの探検家、博物学者。

ウルフ, ジョージ・デリング　Wolff, George Dering　1.29没、71歳。1822生。アメリカのローマ・カトリック教会信徒、編集者。

シュテルン, モーリッツ　Stern, Moritz Abraham　1.30没、86歳。1807生。ドイツの数学者。

フレミー　Frémy, Edmond　2.3没、79歳。1814生。フランスの化学者。

サックス，アントワーヌ・ジョゼフ Sax, Adolphe 2.4没、79歳。1814生。ベルギーの楽器製作者。

ビルロート，クリスティアン・アルベルト・テオドール Billroth, Albert Christian Theodor 2.6没、64歳。1829生。オーストリアの外科医。

フランク，フランツ・ヘルマン・ラインホルト Frank, Franz Hermann Reinhold 2.7没、66歳。1827生。ドイツのルター派神学者。

デュ・カン，マクシム Du Camp, Maxime 2.8没、77歳。1822生。フランスのジャーナリスト，小説家。

バランタイン，R. M. Ballantyne, Robert Michael 2.8没、68歳。1825生。イギリスの小説家。

ビューロー，ハンス・グイード・フォン Bülow, Hans Guido, Freiherr von 2.12没、64歳。1830生。ドイツの指揮者，ピアニスト。

ラチュキ Rački, Franjo 2.13没、65歳。1828生。ユーゴスラヴィアの歴史家，政治家。

ウイリス Willis, William 2.14没、56歳。1837([異]1836)生。イギリスの外科医。

カタラン Catalan, Eugéne Charles 2.14没、79歳。1814生。ベルギーの数学者。

デンツィンガー，フランツ・ヨーゼフ Denzinger, Franz Joseph 2.14没、72歳。1821生。ドイツの建築家。

バルビエーリ，フランシスコ・アセンホ Barbieri, Francisco Asenjo 2.19没、70歳。1823生。スペインの作曲家，音楽学者。

カイユボット，ギュスターヴ Caillebotte, Gustave 2.21没、45歳。1848生。フランスの画家，印象派絵画の蒐集家。

マッケイ，スティール MacKaye, James Marrison Steele 2.25没、51歳。1842生。アメリカの俳優，劇作家，演出家。

プール Poole, William Frederick 3.1没、72歳。1821生。アメリカの書誌学者，歴史家。

スティーヴン Stephen, *Sir* James Fitzjames 3.11没、65歳。1829生。イギリスの法律家。

チェスコーフスキー Cieszkowski, August 3.12没、79歳。1814生。ポーランドの哲学者。

バルフォア Balfour, *Sir* George 3.12没、85歳。1809生。イギリスの軍人，外交官。

ビガンデ，ポル・アンブローズ Bigandet, Paul Ambrose 3.19没、80歳。1813生。フランス生れのカトリック僧。

ブレイディ，ウィリアム・マジーア Brady, William Maziere 3.19没、69歳。1825生。アイルランドの教会史家。

ヤブロチコフ Iablochkov, Pavel Nikolaevich 3.19没、46歳。1847生。ロシアの電気技術者。

コシュート，ラヨシュ Kossuth, Lajos 3.20没、91歳。1802生。ハンガリーの政治家。

キャメロン，ヴァーニー・ラヴィット Cameron, Verney Lovett 3.27没、49歳。1844生。イギリスの探検家。

金玉均 3.28没、43歳。1851生。李氏朝鮮末期の開明的政治家。

ユーダイヒ Judeich, Johann Friedrich 3.28没、66歳。1828生。ドイツの林学者。

スミス，ウィリアム・ロバートスン Smith, William Robertson 3.31没、47歳。1846生。スコットランドの自由教会派牧師。

ホフマン Hoffmann, Theodor Eduard 4.1没、56歳。1837生。ドイツの海軍軍医。

ブラウン-セカール，シャルル-エドゥアール Brown-Séquard, Charles Edouard 4.2没、76歳。1817生。イギリスの生理学者。

ヴェーバー Weber, Friedrich Wilhelm 4.5没、80歳。1813生。ドイツの詩人。

ボンキムチョンドロ・チョットパッダエ Chatterji, Bankim Chandra 4.8没、55歳。1838生。インドの小説家。

シュピッタ，フィーリップ Spitta, Johann August Philipp 4.13没、52歳。1841生。ドイツの音楽史学家。

マリニャック，ジャン・シャルル・ガリッサール・ド Marignac, Jean Charles Galissard de 4.16没、76歳。1817生。スイスの化学者。

コンラート(パルツハムの) Konrad von Parzham 4.21没、75歳。1818生。ドイツのカプチン会助修士，聖人。

スリンゲナイヤー Slingeneyer, Ernest 4.27没、73歳。1820生。ベルギーの画家。

カークランド，ジョゼフ Kirkland, Joseph 4.28没、64歳。1830生。アメリカの小説家，ジャーナリスト，法律家。

ジャック，シャルル Jacque, Charles 5.7没、80歳。1813生。フランスの画家，エッチング彫版家。

ファイ，クラーラ Fey, Klara 5.8没、79歳。1815生。ドイツの「貧しき子イエス女子修道会」の創設者。

モーリー Morley, Henry 5.14没、71歳。1822生。イギリスの文学者。

ダラス Dallas, Charles Henry 5.15没、53歳。1841生。イギリスの教育家。

バルトリ Bartoli, Adolfo 5.16没、60歳。1833生。イタリアの言語学者。

クント，アウグスト・エドゥアルト・エーベルハルト・アドルフ Kundt, August Adolph Eduard Eberhard 5.21没、54歳。1839([異]1838)生。ドイツの物理学者。

ヘクト Hegt, Marinus Johannes Benjamin Noordhoek 5.21没、72歳。1821生。オランダの貿易商。

1894　19世紀

ホジソン　Hodgson, Brian Houghton　5.23没、94歳。1800生。イギリスの東洋学者、外交官。

ロウマーニズ、ジョージ・ジョン　Romanes, George John　5.23没、46歳。1848生。カナダ生れのイギリスの生物学者。

ビハリラル・チョックロボルティ　Bihārīlāl Cakrabartī　5.24没、59歳。1835生。インド、ベンガルの詩人。

トワナン　Thoinan　5.26没、67歳。1827生。フランスの音楽愛好家、著述家。

ゲー、ニコラーイ、ニコラーエヴィチ　Ge, Nikolai Nikolaevich　6.1?没、63歳。1831生。ロシア移動派の画家、肖像彫刻家。

パサヴァント、ウィリアム・アルフレッド　Passavant, William Alfred　6.3没、72歳。1821生。アメリカのルター派牧師、慈善家。

フレイザー　Fraser, Hugh　6.4没、57歳。1837生。イギリスの外交官。

ロッシャー　Roscher, Wilhelm Georg Friedrich　6.4没、76歳。1817生。ドイツの経済学者。

デュトルイユ・ド・ランズ　Dutreuil de Rhins, Jules Léon　6.5没、48歳。1846生。フランスの探検家。

ウィットニー、ウィリアム・ドワイト　Whitney, William Dwight　6.7没、67歳。1827生。アメリカの言語学者。

シュヴェードラー　Schwedler, Johann Wilhelm　6.9没、70歳。1823生。ドイツの土木技術者。

マドラーソ　Madrazo y Kuntz, Federico de　6.10没、79歳。1815生。スペインの画家。

ボルネ　Borne, Max von dem　6.14没、68歳。1826生。ドイツの水産学者。

ヴァンゲマン、ヘルマン・テーオドーア　Wangemann, Hermann Theodor　6.18没、76歳。1818生。ドイツの海外伝道指導者。

タシェー、アレクサンドル・アントナン　Taché, Alexandre Antonin　6.22没、70歳。1823生。カナダのカトリック宣教師、司教。

アルボーニ、マリエッタ　Alboni, Marietta　6.23没、71歳。1823生。イタリアの歌劇歌手（コントラアルト）。

トラウベ、モリッツ　Traube, Moritz　6.28没、68歳。1826生。ドイツの化学者。

バンディ、ジュゼッペ　Bandi, Giuseppe　7.1没、59歳。1834生。イタリアの作家、愛国者。

ディルマン、クリスティアン・フリードリヒ・アウグスト　Dillmann, Christian Friedrich August　7.4没、71歳。1823生。ドイツの旧約聖書学者、東洋学者。

レヤード、オースティン・ヘンリー　Layard, Sir Austen Henry　7.5没、77歳。1817生。イギリスの考古学者、外交官。

ローサス、フベンティーノ　Rosas, Juventino　7.13没、26歳。1868生。メキシコの作曲家。

ヒルトル　Hyrtl, Joseph　7.17(㋓1897)没、83歳。1810生。オーストリアの解剖学者。

ヨンソン、イスレ　Johnson, Gisle　7.17没、71歳。1822生。ノルウェーの神学者。

ルコント・ド・リール、シャルル-マリ-ルネ　Leconte de Lisle, Charles Marie René　7.17没、75歳。1818生。フランスの詩人。

ロー　Low, Frederick Ferdinand　7.21没、66歳。1828生。アメリカの銀行家、外交官。

ブルン、ハインリヒ・フォン　Brunn, Heinrich von　7.23没、72歳。1822生。ドイツの考古学者。

ペイター、ウォルター　Pater, Walter Horatio　7.30没、54歳。1839生。イギリスの批評家、随筆家。

イネス、ジョージ　Inness, George　8.3没、69歳。1825生。アメリカの風景画家。

バウエルンファイント　Bauernfeind, Karl Maximilian von　8.3没、75歳。1818生。ドイツの技術者、測量学者。

マクドナルド　MacDonald, Ranald　8.5没、70歳。1824生。インディアンの血をひいたアメリカの探検家。

カン　Cain, Auguste Nicolas　8.6没、71歳。1822生。フランスの彫刻家。

アンダーウッド　Underwood, Francis Henry　8.7没、69歳。1825生。アメリカの小説家、法律家。

ボイマー、ズーイトベルト（ズイートベルト）　Bäumer, Suitbert　8.12没、49歳。1845生。ドイツのカトリック典礼学者。

クランポン、ジョゼフ・テオドル　Crampon, Joseph Théodore　8.16没、68歳。1826生。フランスの聖書学者、カプチン会士。

エッピング、ヨーゼフ　Epping, Joseph　8.22没、58歳。1835生。ドイツの数学者、天文学者。

オリベイラ・マルティンス、ジョアン・ペドロ・デ　Oliveira Martins, Joaquim Pedro de　8.24没、49歳。1845生。ポルトガルの歴史家、出版事業家、政治家。

カルノー　Carnot, Marie François Sadi　8.24没、57歳。1837生。フランスの政治家。

マルチンス　Martins, Joaquim Pedro de Oliveira　8.24没、49歳。1845生。ポルトガル写実主義を代表する文学者、歴史家。

ヘッサー、メアリ・K.　Hesser, Mary Kathrina　9.1没、36歳。1858(㋓1853)生。アメリカの北部長老派教会宣教師。

アネイロス、レオン・フェデリーコ　Aneiros, León Federico　9.4没、66歳。1828生。アルゼンチンの第18代司教、ブエノス・アイレスの第2代大司教。

パリ　Paris, Louis Philippe Albert d'Orleans, Comte de　9.4没、56歳。1838生。オルレアン公フェルディナンの長子、フランス王ルイ・フィリップの孫。

19世紀　1894

ヘルムホルツ，ヘルマン・ルートヴィヒ・フェルディナンド・フォン　Helmholtz, Hermann Ludwig Ferdinand von　9.8没、73歳。1821生。ドイツの生理学者，物理学者。

ブルークシュ，ハインリヒ・カール　Brugsch, Heinrich Karl　9.9没、67歳。1827生。ドイツのエジプト学者。

クック　Cooke, Josia Parsons　9.12没、66歳。1827生。アメリカの科学者。

ディークホフ，アウグスト・ヴィルヘルム　Dieckhoff, August Wilhelm　9.12没、71歳。1823生。ドイツのルター派神学者。

シャブリエ，エマニュエル　Chabrier, Alexis Emmanuel　9.13没、53歳。1841生。フランスの作曲家。

ヌニェス，ラファエル　Núñez, Rafael　9.18没、68歳。1825生。コロンビアの政治家，ジャーナリスト。

ホフマン，ハインリヒ　Hoffmann, Heinrich　9.20没、85歳。1809生。ドイツの精神病医，作家。

ロッシ，ジョヴァンニ・バッティスタ・デ　Rossi, Giovanni Battista de　9.20没、72歳。1822生。イタリアの考古学者，碑文研究者。

プリングスハイム，ナタナエル　Pringsheim, Nathanael　10.6没、70歳。1823生。ドイツの植物学者。

ホームズ，オリヴァー・ウェンデル　Holmes, Oliver Wendell　10.7没、85歳。1809生。アメリカの医師，詩人，ユーモア作家。

グレイ，ヘンリー・ジョージ・グレイ，3代伯爵　Grey, Henry George Grey, 3rd Earl of　10.9没、91歳。1802生。イギリスの政治家。

ヴァーグナー　Wagner, Johanna Julia Pauline　10.16没、68歳。1826生。ドイツのソプラノ歌手。

フルード，ジェイムズ　Froude, James Anthony　10.20没、76歳。1818生。イギリスの歴史家。

ハッパー，アンドルー・パットン　Happer, Andrew Patton　10.27没、76歳。1818生。アメリカの長老派宣教師。

フレミング，ジョン　Fleming, John　10.27没、87歳。1807生。アメリカの長老派牧師，宣教師。

ヒルデブラント　Hildebrand, Rudolf　10.28没、70歳。1824生。ドイツのゲルマン語学者。

アレクサンドル3世　Aleksandr III, Aleksandrovich Romanov　11.1(Ⓜ1895)没、49歳。1845生。ロマノフ朝最後の皇帝(在位1881～94)。

マコッシュ，ジェイムズ　McCosh, James　11.16没、83歳。1811生。イギリスの哲学者，教育家。

シェッド，ウィリアム・グリーノウ・セイアー　Shedd, William Greenough Thayer　11.17没、74歳。1820生。アメリカの長老派神学者。

ルビンシテイン，アントン・グリゴリエヴィチ　Rubinshtein, Anton Grigorievich　11.20没、64歳。1829生。ロシアの作曲家，ピアニスト。

カルクロイト　Kalckreuth, Stanislaus, Graf von　11.25没、73歳。1820生。ドイツの画家。

デュリュイ　Duruy, Victor　11.25没、83歳。1811生。フランスの歴史家。

ガルシア-イカスバルセタ，ホアキン　García Icazbalceta, Joaquín　11.26没、69歳。1825(Ⓜ1824)生。メキシコの文献学者，歴史家。

チェブイショフ，パフヌチー・リヴォヴィチ　Chebychev, Pafnutiy Lvovich　11.26没、73歳。1821生。ロシアの数学者。

ニュートン　Newton, Sir Charles Thomas　11.28没、78歳。1816生。イギリスの考古学者。

ゴンサーレス・イ・ディアス・トゥニョン，セフェリーノ　González y Díaz Tuñón, Ceferino　11.29没、63歳。1831生。スペインのドミニコ会枢機卿，哲学者。

ロエスレル　Roesler, Karl Friedrich Hermann　12.2没、59歳。1834生。ドイツの法学者，経済学者。

スティーヴンソン，ロバート・ルイス　Stevenson, Robert Louiss Balfour　12.3没、44歳。1850生。イギリスの小説家，詩人，随筆家。

キューベル，ローベルト・ベンヤミーン　Kübel, Robert Benjamin　12.4没、56歳。1838生。ドイツの神学者。

ゴール　Gall　12.5没、54？歳。1840生。アメリカインディアン，スー族の族長。

レセップス，フェルディナン(・マリー)，子爵　Lesseps, Ferdinand Marie, Vicomte de　12.7没、89歳。1805生。フランスの外交官。

ジグー，ジャン-フランソワ　Gigoux, Jean-François　12.12没、88歳。1806生。フランスの画家，挿絵画家，石版画家。

フリュキガー　Flückiger, Friedrich August　12.13没、66歳。1828生。スイスの薬学者。

レオン-デ-メラ，フアン　León de Mera, Juan　12.13没、62歳。1832生。エクアドルの詩人，小説家，政治家。

バス，フランシス・メアリ　Buss, Frances Mary　12.24没、67歳。1827生。イギリスの女流教育家。

フランチェスコ2世　Francesco II　12.27没、58歳。1836生。両シチリア国王，最後のナポリ王(在位1859～61)。

ロダコフスキ，ヘンリク　Rodakowski, Henrik　12.28没、71歳。1823生。ポーランドの画家。

ロセッティ，クリスティーナ　Rossetti, Christina Georgina　12.29没、64歳。1830生。イギリスの女流詩人。

人物物故大年表 外国人編　787

スティールチェス Stieltjes, Thomas Johannes 12.31没、38歳。1856生。オランダ系フランスの数学者。
ブルーマー, アミーリア Bloomer, Amelia Jenks 12.31没、76歳。1818生。アメリカの女性解放運動家。
[この年] **アッバ-コルナッリャ, ピエトロ** Abba-Cornaglia, Pietro 43歳。1851生。イタリアの作曲家。
アーリー, ジューバル・A(アンダーソン) Early, Jubal Anderson 78歳。1816生。アメリカの南部連合将軍。
アリエータ, エミリオ Arrieta, Emilio 71歳。1823生。スペインの作曲家。
ヴァンヌテッリ, シピオーネ Vannutelli, Scipione 60歳。1834生。イタリアの画家。
ヴィーチ Veitch, John 65歳。1829生。イギリスの哲学者。
ウォルター, ジョン Walter, John 76歳。1818生。イギリスの新聞経営者。
カーティス Curtis, George Ticknor 82歳。1812生。アメリカの法律家。
韓邦慶 38歳。1856生。中国の小説家。
グランディ, ジュゼッペ・ドメーニコ Grandi, Giuseppe Domenico 51歳。1843生。イタリアの彫刻家。
ケストリン Köstlin, Karl Reinhold 75歳。1819生。ドイツの哲学者, 美学者。
シュペート, ヘルマン Spaeth, Hermann 68歳。1826生。ドイツのルター派神学者。
シュモラー, オットー Schmoller, Otto 68歳。1826生。ドイツのプロテスタントの牧師, 新約聖書学者。
スローカム Slocum, Henry Warner 67歳。1827生。アメリカの陸軍軍人。
薛福成 56歳。1838生。中国, 清末の外交官。
ダーサ Daza, Hilarión 54歳。1840生。ボリビアの軍人, 大統領(1876~80)。
ダルガス Dalgas, Enrico Mylius 66歳。1828生。デンマークの軍人。
坦鐘 64歳。1830生。朝鮮高宗時の僧。
チャッテルジー, バンキム・チャンドラ Chatterjee, Bankim Chandra 56歳。1838生。インドの作家。
張裕釗 71歳。1823(異1824)生。中国, 清代末の学者, 書家。
デ・ロッシ, ジョヴァンニ・バッティスタ De Rossi, Giovanni Battista 72歳。1822生。イタリアの考古学者。
ディーツェル Dietzel, Karl August 65歳。1829生。ドイツの経済学者。
ドゥブリアン, オットー Devrient, Otto 56歳。1838生。ドイツの俳優。
トンプソン Thompson, John Sparrow David 50歳。1844生。カナダの政治家。
ニコーテラ Nicotera, Giovanni 66歳。1828生。イタリアの政治家。
バンクス, ナサニエル・P(プレンティス) Banks, Nathaniel Prentiss 78歳。1816生。アメリカの政治家, 軍人。
フィールド, デイヴィド・ダドリー Field, David Dudley 89歳。1805生。アメリカの法律家。
フォイン Foyn, Svend 85歳。1809生。ノルウェーの発明家。
フォーマン, チャールズ・ウィリアム Forman, Charles William 73歳。1821生。アメリカの長老派教会のインドへの宣教師, 教育者。
フォルヒハンマー, ペーター・ヴィルヘルム Forchhammer, Peter Wilhelm 93歳。1801生。ドイツの考古学者。
フーコー Foucaux, Philippe Edouard 83歳。1811生。フランスのインド学者, チベット学者。
ベイヤール, アンリ-ジョゼフ-フランソワ Beyaert, Henri-Joseph-François 71歳。1823生。ベルギーの建築家。
ベッカー, ベルンハルト Becker, Bernhard 51歳。1843生。ドイツ敬虔派の神学者。
ピオ Pio, Louis 53歳。1841生。デンマークの社会運動家。
ボッタ Botta, Vincezo 76歳。1818生。アメリカの教育者。
ペーテルス Peters, Carl F. W. 50歳。1844生。ドイツの天文学者。
プリャニシニコフ Pryanishnikov, Illarion Mikhailovich 54歳。1840生。ロシアの画家。
ペール・タンギー Père Tanguy, Le 69歳。1825生。パリの雑貨商人。
マセ Macé, Jean 79歳。1815生。フランスの教育家。
マビーユ, アドルフ Mabille, Adolphe 58歳。1836生。スイス出身のアフリカ宣教師。
ムーン, ウィリアム Moon, William 76歳。1818生。イギリスの発明家。
ヤドリーンツェフ Iadrintsev, Nikolai Mikhailovich 70歳。1824(異1842)生。ロシアの蒙古探検家, 民俗学者。
ラヴィエ, フランソワ-オーギュスト Ravier, François-Auguste 80歳。1814生。フランスの画家。
ラクペリー Lacoupérie, Albert Etienne Jean Baptiste Terrien de 49歳。1845生。イギリス(フランス生れ)の東洋学者。
ラニョー, ジュール Lagneau, Jules 43歳。1851生。フランスの哲学者。
ランヤード Ranyard, Arthur Cowper 49歳。1845生。イギリスの天体物理学者。

19世紀　　　　　　　　　　　　　　1895

李慈銘　65歳。1829（㊟1830）生。中国,清末の学者,文学者。
陸心源　60歳。1834生。中国,清末期の蔵書家。
リットル　Little, William John　84歳。1810生。イギリスの医師。
リリュー　Rillieux, Norbert　88歳。1806生。アメリカの化学技術者。
ロベングラ　Lobengula　61歳。1833（㊟1836頃）生。南アフリカのマタベレ族の王（在位1868～94）。

1895年

2.10　世界初のガソリンエンジントラックが走行
2.24　キューバのバレイで反スペイン反乱が勃発
4.17　日清講和条約が調印,日清戦争が終結する
11.08　物理学者レントゲンがX線を発見する
12.28　リュミエール兄弟がシネマトグラフを上映
12.29　ジェームソンがトランスヴァール侵入失敗
　　　　　　＊　＊　＊
パビア　Pavia y Rodríguez de Alburquerque, Manuel　1.4没、67？歳。1828（㊟1827）生。スペインの軍人,政治家。
ゴダール、バンジャマン　Godard, Benjamin Louis Paul　1.10没、45歳。1849生。フランスのビオラ奏者,作曲家。
シーリ、ジョン・ロバート　Seeley, Sir John Robert　1.13没、60歳。1834生。イギリスの歴史学者。
クレストフスキー、フセヴォロド・ウラジーミロヴィチ　Krestovskii, Vsevolod Vladimirovich　1.18没、55歳。1839生。ロシアの作家。
カリエール　Carrière, Moritz　1.19没、77歳。1817生。ドイツの哲学者,美学者。
セクレタン、シャルル　Secrétan, Charles　1.21没、80歳。1815生。スイスの哲学者。
チャーチル、ロード・ランドルフ・ヘンリー・スペンサー）Churchill, Lord Randolph Henry Spencer　1.24没、45歳。1849生。イギリスの政治家。
ギールス　Giers, Nikolai Karlovich　1.26没、74歳。1820生。スウェーデン系ロシアの政治家。
クリーフォート、テーオドーア　Kliefoth, Theodor　1.26没、85歳。1810生。ドイツのプロテスタント神学者。
ケイリー、アーサー　Cayley, Arthur　1.26没、73歳。1821生。イギリスの数学者。
パラスホス　Paraschos, Achilles　1.26没、56歳。1838生。ギリシアの詩人。
カンロベール　Canrobert, François Certain de　1.28没、85歳。1809生。フランスの軍人。
グルーゾン　Gruson, Hermann August Jacques　1.30没、73歳。1821生。ドイツの発明家,企業家。

ゴードン、アドニラム・ジャドスン　Gordon, Adoniram Judson　2.2没、58歳。1836生。アメリカのバプテスト派牧師,教育者。
ウェルド、セアドア・ドワイト　Weld, Theodore Dwight　2.3没、91歳。1803生。アメリカの奴隷制廃止運動家。
カークマン　Kirkman, Thomas Penyngton　2.3没、88歳。1806生。イギリスの数学者。
グティエレス-ナヘラ、マヌエル　Gutiérrez Nájera, Manuel　2.3没、35歳。1859生。メキシコの詩人。
スティーヴンスン、ジョウゼフ　Stevenson, Joseph　2.8没、88歳。1806生。イギリスのイエズス会士,歴史家。
丁汝昌　2.12没、59歳。1836生。中国,清末の海軍軍人。
ダールグレン　Dahlgren, Fredrik August　2.16没、78歳。1816生。スウェーデンの詩人,劇作家。
ツァーン、ヨハネス　Zahn, Johannes　2.17没、77歳。1817生。ドイツの讃美歌学者。
アルブレヒト　Albrecht, Friedrich Rudolf　2.18没、77歳。1817生。オーストリア大公。
ダグラス、フレデリック　Douglas, Frederick　2.20没、78歳。1817（㊟1818）生。アメリカの奴隷解放論者。
レスコフ、ニコライ・セミョーノヴィチ　Leskov, Nikolai Semyonovich　2.21没、64歳。1831（㊟1836）生。ロシアの小説家。
ラッハナー、イグナーツ　Lachner, Ignaz　2.24没、87歳。1807生。ドイツの作曲家,指揮者。
シュテルツナー　Stelzner, Alfred Wilhelm　2.25没、54歳。1840生。ドイツの鉱床地質学者。
イスマーイール・パシャ　Ismā'īl Pasha　3.2没、64歳。1830生。ムハンマド・アリー朝第4代の王（在位1836～79）。
カントゥ、チェーザレ　Cantù, Cesare　3.2没、90歳。1804（㊟1807）生。イタリアの歴史家,文芸評論家,小説家。
ブラッキー　Blackie, John Stuart　3.2没、85歳。1809生。イギリスの翻訳家,古典学者。
モリゾ、ベルト　Morisot, Berthe　3.2没、54歳。1841生。フランスの女流画家。
ローリンソン、サー・ヘンリー・クレジック　Rowlinson, Sir Henry Creswicke　3.5没、84歳。1810生。イギリスの軍人,東洋学者。
コレット、カミッラ　Collett, Jacobine Camilla　3.6没、82歳。1813生。ノルウェーの女流作家。
ザッハー-マゾッホ、レーオポルト・フォン　Sacher-Masoch, Leopold von　3.9没、59歳。1836生。オーストリアの小説家。
ボリヒ、ヨーハン　Bollig, Johann　3.9没、73歳。1821生。ドイツ出身のオリエント学者,神学者,イエズス会士。

人物物故大年表 外国人編　789

シュミット，シャルル　Schmidt, Charles　3.11没、82歳。1812生。アルザスの神学者。

デイル，ロバート・ウィリアム　Dale, Robert William　3.13没、65歳。1829生。イギリスのプロテスタント神学者、牧師。

ブローダス，ジョン・アルバート　Broadus, John Albert　3.16没、68歳。1827生。アメリカのバプテスト派牧師、新約学者、神学教育者。

フェリ　Ferri, Luigi　3.17没、68歳。1826生。イタリアの哲学者。

シュレーフリ　Schläfli, Ludwig　3.20没、81歳。1814生。スイスの数学者、物理学者で天文学者。

グローガウ　Grogau, Gustav　3.22没、50歳。1844生。ドイツの宗教哲学者。

全琫準　3.?没、40歳。1855（㊟1854）生。朝鮮、李朝末期の東学党の乱（甲午農民戦争）の指導者。

シュナヴァール，ポール-マルク-ジョゼフ　Chenavard, Paul-Marc-Josephe　4.12没、87歳。1807生。フランスの画家。

マイヤー，ユリウス・ロタール　Meyer, Julius Lothar　4.12没、64歳。1830生。ドイツの化学者。

カセンブロート　Casembroot, François de　4.14没、77歳。1817生。オランダの海軍士官。

ディナ，ジェイムズ・ドワイト　Dana, James Dwight　4.15没、82歳。1813生。アメリカの鉱物学者、地質学者。

イサアクス，ホルヘ　Isaacs, Jorge　4.17没、58歳。1837生。コロンビアの詩人、小説家。

ハイゼ　Heise, Wilhelm　4.23没、48歳。1846生。ドイツの機械技師。

ルードヴィヒ，カール・フリードリヒ・ヴィルヘルム　Ludwig, Carl Friedrich Wilhelm　4.24（㊟1887）没、78歳。1816生。ドイツの生理学者。

ティールシュ　Thiersch, Karl　4.28没、73歳。1822生。ドイツの外科医。

ダンクラ，レオポール　Dancla, Jean-Pierre Léopold　4.29没、72歳。1822生。フランスのヴァイオリン奏者、ビューグル奏者。

フライターク，グスタフ　Freytag, Gustav　4.30没、78歳。1816生。ドイツの批評家、劇作家。

セルボーン　Selborne, Roundell Palmer, Earl of　5.4没、82歳。1812生。イギリスの法律家、政治家。

パーマー，ラウンデル　Palmer, Roundell　5.4没、82歳。1812生。イギリスの貴族（セルボーン伯）、大法官。

フォークト　Vogt, Karl　5.5没、77歳。1817生。ドイツの自然科学者。

シーリ，ジュリアス・ホーリ　Seely, Julius Hamley　5.12没、70歳。1824生。アメリカの教育学者。

マルティ，ホセ　Martí, José Julián　5.19没、42歳。1853生。キューバの詩人、独立運動の指導者。

ズッペ，フランツ・フォン　Suppé, Franz von　5.21没、76歳。1819生。オーストリアのオペレッタ作曲家。

ノイマン，フランツ　Neumann, Franz Ernst　5.23没、96歳。1798生。ドイツの物理学者。

アフメト・ジェヴデト・パシャ　Ahmet Jevdet Pasha　5.24?没、73歳。1822生。オスマン・トルコ帝国の歴史家、政治家。

グレシャム　Gresham, Walter Quintin　5.28没、63歳。1832生。アメリカの政治家、裁判官。

フィードラー，コンラート　Fiedler, Konrad Adolf　6.3没、53歳。1841生。ドイツの芸術学者。

カークウッド，ダニエル　Kirkwood, Daniel　6.11没、80歳。1814生。アメリカの天文学者。

ソリリャ　Zorrilla, Manuel Ruiz　6.13没、62歳。1833生。スペインの政治家。

テルピゴーレフ，セルゲイ・ニコラエヴィチ　Terpigorev, Sergei Nikolaevich　6.13没、54歳。1841生。ロシアの作家。

ジュネ，フランツ　Genée, Franz Friedrich Richard　6.15没、72歳。1823生。ドイツのオペレッタ作曲家、台本作者。

ブーンゲ　Bunge, Nikolai Khristianovich　6.15没、71歳。1823生。ロシアの経済学者、政治家。

ウィリアムソン，ウィリアム・クロフォード　Williamson, William, Crawford　6.23没、78歳。1816生。イギリスの古生物学者。

レンウィック　Renwick, James　6.23没、76歳。1818生。アメリカの建築家。

ロート　Roth, Walter Rudolf von　6.23没、74歳。1821生。ドイツのサンスクリット学者。

ハックスリー，T. H.　Huxley, Thomas Henry　6.29没、70歳。1825生。イギリスの生物学者、哲学者。

ペイショート　Peixoto, Floriano　6.29没、53?歳。1842（㊟1839）生。ブラジルの軍人、政治家。

ショーネー　Schone, Frederic Henri　6.?没、58歳。1837生。スイスの横浜外商。

スラヴェイコフ，ペトコ　Slaveykov, Petko Rachov　7.1没、67歳。1827生。ブルガリアの詩人、啓蒙家。

ドラゴマーノフ　Dragomanov, Mikhail Petrovich　7.2没、53歳。1841生。ウクライナの政論家。

シュペーラー，グスタフ・フリードリヒ・ヴィルヘルム　Spoerer, Gustav Friedrich Wilhelm　7.7没、72歳。1822生。ドイツの天文学者。

ロシュミット，ヨハン・ヨゼフ　Loschmidt, Johann Joseph　7.8没、74歳。1821生。オーストリアの物理学者。

メーラー　Mehler, Ferdinand Gustav　7.13没、59歳。1835生。ドイツの数学者。

ライヒェンスペルガー，アウグスト　Reichensperger, August　7.16没、87歳。1808生。ドイツのカトリック政治家、法律家。

19世紀　1895

スタンボロフ　Stambulov, Stefan Nikolov　7.18没、41歳。1854生。ブルガリアの政治家。

グナイスト　Gneist, Rudolf von　7.22没、78歳。1816生。ドイツの法学者，政治家。

アルテ　Altès, Joseph-Henri　7.24没、69歳。1826生。フランスのフルート奏者。

ビーチャー, エドワード　Beecher, Edward　7.28没、91歳。1803生。アメリカの会衆派教会牧師。

トームズ　Tomes, Sir John　7.29没、80歳。1815生。イギリスの歯科医。

ウェイド, サー・トマス（・フランシス）　Wade, Sir Thomas Francis　7.31没、76歳。1818生。イギリスの外交官，中国語学者。

ハント, リチャード・モリス　Hunt, Richard Morris　7.31没、67歳。1827(㊟1828)生。アメリカの建築家。

ジーベル　Sybel, Heinrich von　8.1没、77歳。1817生。ドイツの歴史家。

トムソン, ジョゼフ　Thomson, Joseph　8.2(㊟1894)没、37歳。1858生。イギリスの探検家。

エンゲルス, フリードリヒ　Engels, Friedrich　8.5没、74歳。1820生。ドイツの経済学者，哲学者，社会主義者。

ウェイ, リチャード・クォータマン　Way, Richard Quarterman　8.6没、75歳。1819生。アメリカの長老教会宣教医師。

ルート, ジョージ・フレデリク　Root, George Frederick　8.6没、74歳。1820生。アメリカの作曲家。

ホッペ-ザイラー, エルンスト・フェリックス（・イマヌエル）　Hoppe-Seyler, Ernst Felix　8.11没、69歳。1825生。ドイツの医師，生化学者。

ミーシャー, ヨハン・フリードリヒ　Miescher, Johann Friedrich　8.11没、50歳。1844生。スイスの生化学者。

レンナー　Renner, Joseph　8.11没、63歳。1832生。ドイツの合唱指揮者，作曲家。

ビーレンス・デ・ハーン　Bierens de Haan, David　8.12没、73歳。1822生。オランダの数学者。

タウフニッツ, クリスチャン・ベルンハルト・フォン　Tauchnitz, Christian Bernhard von　8.14没、78歳。1816生。ドイツの出版社主。

ストロング　Strong, William　8.19没、87歳。1808生。アメリカの法律家。

ママリー　Mummery, Albert Frederick　8.23？没、39歳。1855生。イギリスの登山家。

ゲオルゲス　Georges, Karl Ernst　8.25没、88歳。1806生。ドイツの辞典編集者。

ロヴェーン　Lovén, Sven Ludvig　9.4没、86歳。1809生。スウェーデンの動物学者。

テイシェ　Tisser, Félix-Dominique　9.6没、39歳。1856生。フランスのパリ外国宣教会司祭。

シュッケルト　Schuckert, Johann Sigismund　9.17没、48歳。1846生。ドイツの工業家。

リュードベリ, ヴィクトル　Rydberg, Abraham Viktor　9.21没、66歳。1828生。スウェーデンの小説家，詩人。

レーガ, シルヴェストロ　Léga, Silvestro　9.21没、68歳。1826生。イタリアの画家。

ヘルリーゲル　Hellriegel, Hermann　9.24没、63歳。1831生。ドイツの農芸化学者。

パストゥール, ルイ　Pasteur, Louis　9.28没、72歳。1822生。フランスの化学者，細菌学者。

ボイエセン, ヤルマール・ヨルト　Boyesen, Hjalmar Hjorth　10.2没、47歳。1848生。アメリカの小説家。

ストーリー　Story, William Wetmore　10.7没、76歳。1819生。アメリカの詩人，彫刻家，法律家。

閔妃　10.8(㊟1896)没、44歳。1851(㊟1852)生。朝鮮，李朝末期，高宗の妃。

ボンギ　Bonghi, Ruggiero　10.22没、68歳。1827(㊟1826)生。イタリアの評論家，歴史家，政治家。

ハレー, チャールズ　Hallé, Charles　10.25没、76歳。1819生。イギリスのピアニスト，指揮者。

ギャレットソン　Garretson, James Edmund　10.26没、67歳。1828生。アメリカの歯科医，外科医。

フィールド, ユージン　Field, Eugene　11.4没、45歳。1850生。アメリカのジャーナリスト，詩人。

オーヴァーベック, ヨハンネス　Overbeck, Johannes Adolph　11.8没、69歳。1826生。ドイツの考古学者，美術史家。

ランゲンシャイト　Langenscheidt, Gustav　11.11没、63歳。1832生。ドイツの語学教師，出版業者。

シュテックル, アルベルト　Stöckl, Albert　11.15没、72歳。1823生。ドイツの神学者，哲学者。

スミス, サミュエル・フランシス　Smith, Samuel Francis　11.16没、87歳。1808生。アメリカのバプテスト派牧師，詩人，讃美歌作者。

バルテルミ・サンティレール, ジュール　Barthélemy Saint-Hilaire, Jules　11.24没、90歳。1805生。フランスの哲学者，政治家。

ハーン, カール・フーゴ　Hahn, Carl Hugo　11.24没、77歳。1818生。ドイツの宣教師。

リューティマイアー　Rütimeyer, Ludwig　11.26没、70歳。1825生。スイスの動物学者，考古学者。

デュマ, アレクサンドル　Dumas Fils, Alexandre　11.27(㊟1893)没、71歳。1824生。フランスの劇作家，小説家。

フロシンガム, オクティヴィアス・ブルックス　Frothingham, Octavius Brooks　11.27没、73歳。1822生。アメリカのユニテリアン派牧師。

ターフェ　Taaffe, Eduard, Graf von　11.29没、62歳。1833生。オーストリアの政治家。

ムーシェ　Mouchet, Emile Theophile　12.3没、50歳。1845生。フランスの鉱業技師。

人物物故大年表 外国人編　*791*

1895　19世紀

クラフチンスキー，セルゲイ・ミハイロヴィチ　Kravchinskii, Sergei Mikhailovich　12.11没、43歳。1852（㊥1851）生。ロシアの作家，革命家。

サーマン　Thurman, Allen Granbery　12.12没、82歳。1813生。アメリカの政治家。

メルヒャス，パウルス　Melchers, Paulus　12.14没、82歳。1813生。ドイツのカトリック神学者。

ガレンガ　Gallenga, Antonio　12.16没、85歳。1810生。イタリアの文学者。

任頤　12.19（㊥1896）没、55歳。1840生。中国，清末期の画家。

ピローティ　Piloty, Ferdinand　12.21没、67歳。1828生。ドイツの画家。

ポンペイア，ラウル　Pompéia, Raul d'Ávila　12.25没、32歳。1863生。ブラジルの小説家。

この年　アイヴズ　Ives, James Merritt　71歳。1824生。アメリカの石版工。

アトウド，チャールズ・ボーラー　Atwood, Charles Bowler　46歳。1849生。アメリカの建築家。

アトキンソン　Atkinson, John　60歳。1835生。アメリカの牧師。

アバデア，ヘンリー・オースティン・ブルース，男爵　Aberdare, Henry Austin Bruce, Baron　80歳。1815生。イギリスの政治家。

アルベール　Albert, Alexandre Martin　80歳。1815生。フランスの社会主義者。

アレグザンダー，セシル・フランシス　Alexander, Cecil Frances　77歳。1818生。イギリスの讃美歌作詞者。

イラディエル，セバスティアン　Iradier, Sebastiàn　86歳。1809生。スペインの作曲家。

ヴァクリー，オーギュスト　Vacquerie, Auguste　76歳。1819生。フランスの詩人，劇作家，ジャーナリスト。

ウィッテカー，ジョゼフ　Whitaker, Joseph　75歳。1820生。イギリスの書籍販売業者，出版業者。

ヴォー，キャルヴァート　Vaux, Calvert　71歳。1824生。アメリカの建築家。

ウォデル，ホウプ・マスタートン　Waddell, Hope Masterton　91歳。1804生。ジャマイカ、西アフリカで活躍したアイルランド出身の宣教師。

オーサリヴァン　O'Sullivan, John L.　アメリカのジャーナリスト。

オドベスク，アレクサンドル　Odobescu, Alexandru　61歳。1834生。ルーマニアの考古学者，著述家。

カルキンズ　Calkins, Norman Allison　73歳。1822生。アメリカの学校教師。

金開南　㊥1894没、42歳。1853生。朝鮮の甲午農民戦争指導者。

クリストフォリジ　Kristoforidhi, Konstandin　65歳。1830生。アルバニアの文学者，政治家。

ケラー　Keller, Friedrich Gottlob　79歳。1816生。ドイツの製紙技術者。

洪啓薫　中国，高宗のときの武官，甲午農民戦争のときの政府軍指揮官。

コヴァーチュ，エデン　Kovács, Ödön　51歳。1844生。ハンガリーの改革派神学者，自由主義神学者。

ゴレー，ネヘミア・ニラカンス　Goreh, Nehemiah Nilakanth　67？歳。1828生。インドの英国教会司祭。

サルヴァシュ　Szarvas, Gábor　63歳。1832生。ハンガリーの言語学者。

シヴプラサード　Śivprasād, Rājā　72歳。1823生。インドの語学者。

シューフェルト　Shufeldt, Robert Wilson　73歳。1822生。アメリカの軍人，外交官。

シュライバー，レイディ・シャーロット・エリザベス　Schreiber, *Lady* Charlotte Elizabeth　83歳。1812生。イギリスの文学者，収集家。

スターリング，パトリック　Stirling, Patrick　75歳。1820生。イギリスのエンジニア。

孫化中　34歳。1861生。朝鮮，甲午農民戦争の指導者。

ダグラス，フレデリク　Douglass, Frederick　78歳。1817生。「数奇なる奴隷の半生」の著者。

ドーシ　Dorsey, James Owen　47歳。1848生。アメリカの人類学者。

ドランブール　Derenbourg, Joseph　84歳。1811生。フランスの東洋学者。

トローベロー　Trouvelot, Étienne Léopold　68歳。1827生。フランスの自然史および天文学者。

ナワル・キショール　Nawal Kishōr, Munshī　59歳。1836生。インドの出版業者。

ニッセン　Nissen, Hartrig　40歳。1855生。ノールウェーの体育家。

ニュートン　Newton, John　72歳。1823生。アメリカの軍人，工学者。

ハインド　Hind, John Russell　72歳。1823生。イギリスの天文学者。

バラ，アルフォンス　Balat, Alphonse　76歳。1819生。ベルギーの建築家。

フェイスフル，エミリー　Faithfull, Emily　60歳。1835生。イギリスの出版業者，フェミニスト。

ブレー　Bray, John Francis　㊥1897没、86歳。1809生。イギリス（アメリカ生れ）の社会主義者，労働運動家。

ブロイ，オギュスト・テオドール・ポル・ド　Broglie, Auguste Theodore Paul de　61歳。1834生。フランスのカトリック神学者，哲学者。

ベル，ジョン　Bell, John　84歳。1811生。イギリスの彫刻家。

ベルントソン，グンナール・フレデリク　Berndtson, Gunnar Frederik　41歳。1854生。フィンランドの画家。

792　人物物故大年表 外国人編

ホアー　Hoar, Ebenezer Rockwood　79歳。1816生。アメリカの法律家，政治家。

ポスト　Post, Albert Hermann　56歳。1839生。ドイツの法学者，民族学者。

ポセプニ　Pošepný, Ferencz　59歳。1836生。オーストリア（ベーメン）の地質学者，鉱山技師。

ポッセ　Posse, Nils　33歳。1862生。スウェーデンの体育家。

ポデスティ，フランチェスコ　Podesti, France-sco　97？歳。1798生。イタリアの画家。

ピール　Peel, *Sir* Robert, 3rd Baronet　73歳。1822生。イギリスの政治家。

ホルターマン　Holterman, Atrian　オランダの医師。

マイリ，ジョン　Miley, John　82歳。1813生。アメリカのメソジスト派神学者。

ミオラン・カルヴァロ，マリー　Miolan Carvalho, Marie　68歳。1827生。フランスのソプラノ歌手。

ミラネージ，ガエターノ　Milanesi, Gaetano　82歳。1813生。イタリアの美術史家。

ミールザー・ハサン・シーラージー　Mīrzā Hasan Shīrāzī　80歳。1815生。イラン，カージャール朝のシーア派十二イマーム派の最高権威。

ライリ　Riley, Charles Valentine　52歳。1843生。アメリカの昆虫学者。

李文田　61歳。1834生。中国，清末期の官僚。

陸皓東　28歳。1867生。中国，清末期の革命家。

劉銘伝　㊙1896没，59歳。1836生。中国，清末の軍人，洋務派官僚。

ワース，チャールズ・フレデリック　Worth, Charles Frederick　70歳。1825（㊙1826）生。イギリスのデザイナー。

この頃　ベーマー　Boehmer, Louis　52？歳。1843生。アメリカの園芸家。

ミーチャム，フランク　Meacham, Frank　45？歳。1850生。アメリカの作曲家，編曲家。

* * *

1896年

1.03　独皇帝がトランスヴァール大統領に祝電
1.15　シャム王国独立を定めた英仏条約が調印
2.11　朝鮮の高宗らがロシア公使館に脱出する
3.01　エチオピア軍がアドワでイタリア軍を壊滅
4.06　アテネで第1回オリンピックが開催される

* * *

ビダール　Vidal, Jean Paul Isidore　1.1没、65歳。1830。フランスの医師。

フレール・オルバン　Frère-Orban, Hubert Joseph Walther　1.2没、83歳。1812生。ベルギーの自由主義的政治家。

ラインケンス，ヨーゼフ・フーベルト　Reinkens, Joseph Hubert　1.4没、74歳。1821生。ドイツの聖職者，神学者。

レクラム　Reclam, Anton Philipp　1.5没、88歳。1807生。ドイツの出版業者。

ヴェルレーヌ，ポール‐マリ　Verlaine, Paul Marie　1.8没、51歳。1844生。フランスの詩人。

デウス，ジョアン・デ　Deus, João de　1.11没、65歳。1830生。ポルトガルの詩人。

ブレイディ，マシュー　Brady, Mathew B.　1.15没、73歳。1823生。アメリカの写真家。

フロケ　Floquet, Charles Thomas　1.18没、67歳。1828生。フランスの政治家，弁護士。

チェルヴェニ　Červený, Václav František　1.19没、77歳。1819生。チェコの楽器製作者。

ヘイグッド，アッティカス・グリーン　Haygood, Atticus Greene　1.19没、56歳。1839生。アメリカの南部メソジスト教会監督。

シハウ　Schichau, Ferdinand　1.23没、81歳。1814生。ドイツの技術家，造船業者。

ストラーホフ，ニコライ・ニコラエヴィチ　Strakhov, Nikolai Nikolaevich　1.24没、67歳。1828生。ロシアの思想家，批評家。

レイトン，フレデリック　Leighton of Stretton, Frederic Leighton, Baron　1.25没、65歳。1830生。イギリスの画家，彫刻家。

アムブルステ　Armbruster, Henri　1.26没、53歳。1842生。フランスのパリ外国宣教会宣教師。

バーンビ，ジョウゼフ　Barnby, Joseph　1.28没、57歳。1838生。イギリスのオルガン奏者、作曲家，指揮者。

プレーガー，ヨーハン・ヴィルヘルム　Preger, Johann Wilhelm　1.30没、69歳。1827生。ドイツ神秘主義を研究したルター派神学者。

トマ，アンブロワーズ　Thomas, Charles Louis Ambroise　2.12没、84歳。1811生。フランスの作曲家。

エイチソン　Aitchison, *Sir* Charles Umpherston　2.18没、63歳。1832生。イギリスのインド行政官。

オヴラク　Hovelaque, Alexandre Abel　2.22没、52歳。1843生。フランスの言語学者，人類学者。

ナイ　Nye, Edgar Wilson　2.22没、45歳。1850生。アメリカのジャーナリスト，ユーモア作家。

アルメッリーニ，マリアーノ　Armellini, Mariano　2.24没、44歳。1852生。ローマのキリスト教考古学者。

ウーセー，アルセーヌ　Houssaye, Arsène　2.26没、80歳。1815生。フランスの詩人，批評家，小説家。

金弘集　2.？（㊙1895）没、54歳。1842（㊙1835）生。朝鮮，李朝末期の政治家。

ケンリク，ピーター・リチャード　Kenrick, Peter Richard　3.4没、89歳。1806生。アメリカのローマ・カトリック教会大司教。

1896 19世紀

ワスロン　Vasselon, Henri-Caprais　3.7没、41歳。1854生。フランスのパリ外国宣教会宣教師。

デニスン，ジョージ・アンソニ　Denison, George Anthony　3.21没、90歳。1805生。英国教会の聖職者。

ヒューズ，トマス　Hughes, Thomas　3.22没、73歳。1822(㊟1823)生。イギリスの小説家、思想家。

シュマッケル　Schmacker, Philipp Bernhard　3.26没、43歳。1852生。ドイツの横浜外商。

メルケル　Merkel, Adolf　3.30没、60歳。1836生。ドイツの刑法学者。

トリクーピス　Trikoupis, Kharilaos　4.11没、63歳。1832生。ギリシアの政治家。

フーマン，カール　Humann, Carl　4.12没、57歳。1839生。ドイツの考古学者。

リッター，アレクサンダー　Ritter, Alexander　4.12没、62歳。1833生。ドイツの作曲家、ヴァイオリン奏者。

トルー夫人　True, Maria T. Pitcher　4.18没、55歳。1840生。アメリカの教育家。

ヒル，デイヴィド　Hill, David　4.18没、55歳。1840生。イギリスの宣教師。

ショット，アンゼルム・フリードリヒ・アウグスト　Schott, Anselm Friedrich August　4.23没、52歳。1843生。ドイツのカトリック典礼学者。

パークス，サー・ヘンリー　Parkes, Sir Henry　4.27没、80歳。1815生。オーストラリアの政治家。

トライチュケ，ハインリヒ・フォン　Treitschke, Heinrich von　4.28没、61歳。1834生。ドイツの歴史家。

オーレオー　Hauréau, Jean Barthélemy　4.29没、83歳。1812生。フランスの評論家、歴史家。

ロカート（ロックハート），ウィリアム　Lockhart, William　4.29(㊟1869)没、84歳。1811生。イギリスの中国医療伝道の開拓者。

ナーシル・ウッディーン　Nāṣir al-Dīn Shāh　5.1没、64歳。1831生。イランのカージャール朝第4代の王(在位1848〜96)。

リープシャー　Liebscher, Georg　5.6没、43歳。1853生。ドイツの地質学者。

バナー　Bunner, Henry Cuyler　5.11没、40歳。1855生。アメリカの作家、詩人、ジャーナリスト。

チェルヌスキ　Cernuschi, Enrico　5.12没、75歳。1821生。イタリアの政治家、経済学者、美術蒐集家。

カンプハウゼン　Camphausen, Otto von　5.18没、83歳。1812生。ドイツの政治家。

ウェルニヒ　Wernich, Albrecht Ludwig Agathon　5.19没、52歳。1843生。ドイツの医学者。

シューマン，クララ　Schumann, Clara Josephine　5.20没、76歳。1819生。ドイツの女流ピアニスト。

シルバ，ホセ・アスンシオン　Silva, José Asunción　5.24没、30歳。1865(㊟1861)生。コロンビアの詩人。

ロジャーズ，ウィリアム　Rogers, William　5.24没、76歳。1819生。英国教会の教育者。

メナブレア　Menabrea, Luigi Federico, Conte　5.26没、86歳。1809生。イタリアの政治家、数学者。

ドブレ，ガブリエル・オーギュスト　Daubrée, Gabriel Auguste　5.29没、81歳。1814生。フランスの地質学者、鉱物学者。

ロールフス，（フリードリヒ・）ゲルハルト　Rohlfs, Gerhard Friedrich　6.2没、65歳。1831生。ドイツのアフリカ探検家。

ロッシ　Rossi, Ernesto Fortunato Giovanni Maria　6.4没、67歳。1829(㊟1827)生。イタリアの悲劇俳優。

ボールドウィン　Baldwin, Charles Henry　6.5没、62歳。1834生。アメリカの航海士、教育家。

シモン　Simon, Jules　6.8没、81歳。1814生。フランスの政治家、哲学者。

ダノゼール　Danhauser, Adolphe Léopold　6.9没、61歳。1835生。フランスの作曲家、教師。

トランベヤー，ペーダー・クリスティアン　Trandberg, Peter Christian　6.18没、63歳。1832生。デンマークの牧師。

ベッヘル　Becher, Karl　6.20没、72歳。1823生。ドイツの統計学者。

クッフェラート，フーベルト　Kufferath, Hubert Ferdinand　6.23没、78歳。1818生。ドイツ系の作曲家。

プレストウィッチ，サー・ジョゼフ　Prestvich, Sir Joseph　6.23没、84歳。1812生。イギリスの地質学者。

ティリー　Tilley, Sir Samuel Leonard　6.25没、78歳。1818生。カナダの政治家。

ヌムール　Nemours, Louis Charles Philippe Raphaël d'Orléans, Duc de　6.26没、81歳。1814生。フランスの軍人。

ストー，ハリエット・ビーチャー　Stowe, Harriet Elizabeth Beecher　7.1没、85歳。1811生。アメリカの女流小説家。

ケーゲル，ヨハネス・テオドーア・ルードルフ　Kögel, Johannes Theodor Rudolf　7.2没、67歳。1829生。ドイツのプロテスタント牧師。

ピラール，マルセーロ・H. デル　Del Pilar, Marcelo Hilario　7.4没、45歳。1850生。フィリピンの改革運動および反教団運動の指導者。

ポーゼック，ユリウス・アントーン・オイゲン・ヴィルヘルム・フォン　Poseck, Julius Anton Eugen Wilhelm von　7.6没、79歳。1816生。ドイツの福音派信徒活動家。

794 人物物故大年表 外国人編

19世紀　1896

ペンダー　Pender, *Sir* John　7.7没、79歳。1816生。スコットランドの海底電信の開拓者。

マイナルドゥス　Meinardus, Ludwig Siegfried　7.10没、68歳。1827生。ドイツの作曲家、批評家。

クルティウス、エルンスト　Curtius, Ernst　7.11没、81歳。1814生。ドイツの考古学者、歴史家。

アスコリ　Ascoli, Giulio　7.12没、52歳。1843生。イタリアの数学者。

ケクレ・フォン・シュトラドニッツ、フリードリヒ・アウグスト　Kekulé von Stradonitz, Friedrich August　7.13没、66歳。1829生。ドイツの化学者。

メーソン、ルーサー・ホワイティング　Mason, Luther Whiting　7.14没、68歳。1828(㊟1818)生。アメリカの音楽教育家。

ゴンクール、エドモン　Goncourt, Edmond Louis Antoine Huot de　7.16(㊟1897)没、74歳。1822生。フランスの作家。

ノヴェロ、アルフレッド　Novello, Joseph Alfred　7.16没、85歳。1810生。イギリスの出版者。

グローヴ、サー・ウィリアム・ロバート　Grove, *Sir* William Robert　8.2没、85歳。1811(㊟1817)生。イギリスの法律家、物理学者。

ヘイト　Haight, Milton　8.4没、41歳。1855没。カナダの教育家。

リリエンタール、オットー　Lilienthal, Otto　8.10没、48歳。1848生。ドイツ航空のパイオニア。

ヴィーダー　Veeder, Peter Vrooman　8.11没、71歳。1825生。アメリカの数学者、神学者。

ザイデル　Seidel, Ludwig Philipp von　8.13没、74歳。1821生。ドイツの数学者、天文学者。

ミレイ、ジョン・エヴァレット　Millais, *Sir* John Everett　8.13没、67歳。1829生。イギリスの画家。

デルブーフ　Delboeuf, Joseph Rémy Léopold　8.14没、64歳。1831生。ベルギーの哲学者、心理学者。

アヴェナーリウス、リヒャルト　Avenarius, Richard　8.18没、52歳。1843(㊟1834)生。ドイツの哲学者。

ロバーノフ・ロストーフスキイ　Lobanov-Rostovskii, Aleksei Borisovich　8.30没、71歳。1824生。ロシアの政治家、外交官。

クロー、ジョーゼフ・アーチャー　Crowe, *Sir* Joseph Archer　9.6没、70歳。1825生。イギリスの美術史家、ジャーナリスト。

カチコフスキー　Kaczkowski, Zygmunt　9.7没、71歳。1825生。ポーランドの小説家。

パルミエリ、ルイジ　Palmieri, Luigi　9.9没、89歳。1807生。イタリアの地球物理学者、気象学者。

チャイルド、フランシス・ジェイムズ　Child, Francis James　9.11没、71歳。1825生。アメリカの英文学者、教育家。

ゴメス、カルロス・アントニオ　Gomes, Antônio Carlos　9.16没、57歳。1839(㊟1836)生。ブラジルの作曲家。

フィゾー、アルマン・イポリット・ルイ　Fizeau, Armand Hippolyte Louis　9.18没、76歳。1819生。フランスの物理学者。

マーティ、マーティン　Marty, Martin　9.19没、62歳。1834生。スイス出身のベネディクト会士、司教、アメリカ・インディアンへの宣教師。

オーセン、イーヴァル　Aasen, Ivar Andreas　9.23没、83歳。1813生。ノルウェーの言語学者、詩人。

イェール　Geer, Louis Gerard De　9.24没、78歳。1818生。スウェーデンの政治家。

シモン　Simon, G. Eugène　9.29没。フランスの中国駐在領事。

ドロービッシュ　Drobisch, Moritz Wilhelm　9.30没、94歳。1802生。ドイツの哲学者、数学者。

モーティラム・バッタ　motīrām bhaṭṭa　9.?没、30歳。1866生。ネパールの詩人、劇作家、評論家。

モリス、ウィリアム　Morris, William　10.3没、62歳。1834生。イギリスの詩人、画家、社会主義者。

シフ、モリッツ　Schiff, Moritz　10.6没、73歳。1823生。ドイツの生理学者。

デュ・モーリエ、ジョージ　Du Maurier, George Louis Palmella Busson　10.6没、62歳。1834生。イギリスの画家、小説家。

トロシュ　Trochu, Louis Jules　10.7没、81歳。1815生。フランスの将軍。

ミュラー、サー・フェルディナント・(ヤーコプ・ハインリヒ・)フォン、男爵　Mueller, *Sir* Ferdinand (Jakob Heinrich) von, Baron　10.9没、71歳。1825生。オーストラリアの探検家、植物学者。

ブルックナー、アントン　Bruckner, Josef Anton　10.11没、72歳。1824生。オーストリアの作曲家、オルガン奏者。

ベンソン、エドワード・ホワイト　Benson, Edward White　10.11没、67歳。1829(㊟1820)生。イギリスのカンタベリー大主教。

セヴォス　Sevoz, Denis　10.14没、60歳。1836生。フランスの鉱業技師。

シュネラー、ヨーハン・ルートヴィヒ　Schneller, Johann Ludwig　10.18没、76歳。1820生。ドイツの宣教師。

ティスラン　Tisserand, François　10.20没、51歳。1845生。フランスの天文学者。

フィリップス　Philips, George　10.25没、60歳。1836生。イギリスの外交官。

シャルムル・ラクール　Challemel-Lacour, Paul Armand　10.26没、69歳。1827生。フランスの政治家、学者。

ホーエンローエ、グスタフ・アードルフ　Hohenlohe-Schillingsfürst, Gustav Adolf, Furst zu　10.30没、73歳。1823生。ドイツの枢機卿。

モンドレル、ハーバート　Maundrell, Herbert　11.3没、57歳。1839生。イギリスの英国教会宣教会宣教師。

1896　19世紀

ヴェルネル　Verner, Karl Adolf　11.5没、50歳。1846生。デンマークの言語学者。

ユルスト，モリース・ド　Hulst, Maurice de　11.6没、55歳。1841生。フランスのカトリック神学者。

フロメル，エーミール　Frommel, Emil　11.9没、68歳。1828生。ドイツのプロテスタント牧師。

ステーヴリ　Stavely, Charles William Dumbar　11.23没、78歳。1817生。イギリスの軍人。

ヴォルフ　Wolff, Emil von　11.26没、78歳。1818生。ドイツの農芸化学者。

パトモア，コヴェントリー　Patmore, Coventry Kersey Dighton　11.26没、73歳。1823生。イギリスの詩人。

マセオ・イ・グラハレス　Maceo y Grajales, Antonio　12.7没、51歳。1845（⑬1848）生。キューバの独立運動家。

エンゲル　Engel, Christian Lorenz Ernst　12.8没、75歳。1821生。ドイツの統計学者。

ノーベル，アルフレッド・ベルンハルト　Nobel, Alfred Bernhard　12.10没、63歳。1833生。スウェーデンの化学者, 事業家。

ヴァジーレフスキー　Wasielewski, Wilhelm Joseph von　12.13没、74歳。1822生。ドイツのヴァイオリン奏者, 指揮者, 著述家。

アレーヌ，ポール　Arène, Paul Auguste　12.17没、53歳。1843生。フランスの詩人, 物語作家。

ポール　Pohl, Richard　12.17没、70歳。1826生。ドイツの評論家。

ジョードン　Jaudon, Peyton　12.23没、65歳。1831生。アメリカ人の岩倉視察団随行員。

デュ・ボワ-レモン，エーミール　Du Bois-Reymond, Emil Heinrich　12.26没、78歳。1818生。ドイツの動物生理学者。

リサール，ホセ　Rizal y Mercado, José　12.30没、35歳。1861生。フィリピンの愛国者, 医者, 著作家。

スコット，ピーター・キャメロン　Scott, Peter Cameron.　12.?没、29歳。1867生。スコットランド出身の宣教師, アフリカ内陸宣教会の創設者。

この年　アーガーハーン-ケルマーニー　Mīrzā Āgā Khān Kermānī　43歳。1853生。イランのカージャール朝期の聖職者, 汎イスラミスト。

アブド・アッラーフ・アンナディーム　'Abd Allāh al-Nadīm　63?歳。1833（⑬1843）生。エジプトの啓蒙家, 詩人。

アフマド・ルーヒー　Aḥmad Rūḥī　イランのカージャール朝期の聖職者。

アーミテジ，エドワード　Armitage, Edward　79歳。1817生。イギリスの画家。

アラゴ　Arago, Emmanuel　84歳。1812生。フランスの政治家。

ウィットニー，ジョサイア・ドワイト　Whitney, Josiah Dwight　77歳。1819生。アメリカの地質学者。

エリクセン　Erichsen, Sir John Eric　78歳。1818生。イギリスの外科医。

エンゲル，E.　Engel, Ernst　75歳。1821生。「労働の価格, 人間の価値」の著者。

覚岸　76歳。1820生。朝鮮末期の僧。

カップ　Kapp, Ernst　88歳。1808生。ドイツの技術哲学者。

ギブソン　Gibson, William Hamilton　46歳。1850生。アメリカの挿絵画家, 文筆家。

魚允中　48歳。1848生。朝鮮の政治家。

虚谷　72歳。1824生。中国, 清末の僧。

クラウス　Kraus, John　81歳。1815生。アメリカの教育家。

クラジョ　Courajod, Louis　55歳。1841生。フランスの美術史家。

グールド，ベンジャミン・アプソープ　Gould, Benjamin Apthorp　72歳。1824生。アメリカの天文学者。

グレイトヘッド，ジェイムズ・ヘンリー　Greathead, James Henry　52歳。1844生。イギリスの土木技師。

顧澐　61歳。1835生。中国, 清末の画家。

ザイチネーフスキィ　Zaichnevskii, Pëtr Grigorievich　54歳。1842生。ロシアの革命家。

スタルチェヴィチ　Starčević, Ante　73歳。1823生。クロアティアの政治家。

セー　Say, Jean Baptiste Léon　70歳。1826生。フランスの財政家。

ディッテス　Dittes, Friedrich　67歳。1829生。ドイツの教育者。

デュプレ，ジルベール　Duprez, Gilbert　90歳。1806生。フランスのテノール歌手。

デルヴィシュ・パシャ　Dervish Pasha, Ibrāhīm　79歳。1817生。オスマン・トルコ帝国の軍人。

ドリュ-グラ，ジュリー　Dorus-Gras, Julie　91歳。1805生。ベルギーのソプラノ歌手。

ニュートン　Newton, Hubert Anson　66歳。1830生。アメリカの天文学者, 数学者。

ハーズウェル　Haswell, John　84歳。1812生。イギリスの機械技術者。

ハーランド，サー・エドワード・ジェイムズ　Harland, Sir Edward James　65歳。1831生。イギリスの造船家。

ハルテリウス　Hartelius, Truls Johan　78歳。1818生。スウェーデン王立中央体操学校教授。

ヒルシュ　Hirsch, Baron Maurice de　83歳。1813生。ユダヤ人の銀行家。

武訓　58歳。1838生。中国, 清の民間教育家。

ファン・ディン・フン　Phan Dinh Phung　49歳。1847生。ヴェトナムの反仏勤王運動の指導者。

796　人物物故大年表 外国人編

19世紀

フィオレリ, ジュゼッペ　Fiorelli, Giuseppe　73歳。1823生。イタリアの考古学者。

フェリス, ジョージ(・ワシントン・ゲイル)　Ferris, George (Washington Gale)　37歳。1859生。アメリカのエンジニア。

フランケル　Frankel, Leó　52歳。1844生。ハンガリーの国際労働運動活動家。

ブリークネル　Brikner, Aleksandr Gustanovich　62歳。1834生。ロシアの歴史家。

ヘール　Hale, Horatio Emmons　79歳。1817生。アメリカの民族学者, 言語学者。

ベレジン　Berezin, Iliya Nikolaevich　78歳。1818生。ロシアの東洋学者。

ボアマン, アーサー・I(イングラム)　Boreman, Arthur I (ngram)　73歳。1823生。アメリカの州知事, 上院議員。

ボグダーノフ　Bogdanov, Anatolii Petrovich　62歳。1834生。ロシアの人類学者, 動物学者。

パジョー　Pajot, Charles　80歳。1816生。フランスの産科医。

ホッピン　Hoppin, Augustus　68歳。1828生。アメリカの挿絵画家。

プラット　Pratt, Enoch　88歳。1808生。アメリカの実業家, 慈善家。

ボワロー, ルイ‐オーギュスト　Boileau, Louis-Auguste　84歳。1812生。フランスの建築家。

マクミラン, アレグザンダー　Macmillan, Alexander　78歳。1818生。イギリスの書籍商, 出版業者。

マリオン　Marion, François-Henri　50歳。1846生。フランスの哲学者, 教育学者。

マルテッリ, ディエーゴ　Martelli, Diego　58歳。1838生。イタリアの美術批評家。

ムハンマド・ハサン・ハーン　Muḥammad Ḥasan Khān　イランの地理学者, 歴史家。

メーラー　Möller, Didrik Magnus Axel　66歳。1830生。スウェーデンの天文学者。

モハンマド・ハサン・ハーン　Moḥammad Ḥasan Khān　53歳。1843生。カージャール朝の官僚, 歴史家。

楊峴　77歳。1819生。中国, 清の書家。

リサール, ホセ　Rizal y Alonso, Jose　35歳。1861生。「見果てぬ祖国」の著者。

ワイルド, ジェイン・フランセスカ, レイディ　Wilde, Jane Francesca, Lady　70歳。1826生。イギリスの詩人, ジャーナリスト。

1897年

2.06　クレタ島のキリスト教勢力が反乱を再開

8.29　第1回シオニスト会議が開かれる
10.12　朝鮮が国号を大韓帝国とする
11.14　ドイツ極東艦隊が山東省膠州湾を占領する

＊ ＊ ＊

サン・マルタン　Saint-Martin, Vivien de Louis　1.3没、94歳。1802生。フランスの地理学者。

ウォーカー　Walker, Fracis Amasa　1.5没、56歳。1840生。アメリカの経済学者。

オットー, ヨーハン・カール・テーオドーア・フォン　Otto, Johann Karl Theodor von　1.11没、80歳。1816生。ドイツの神学者。

ホイーラー　Wheeler, James Talboys　1.13没、72歳。1824生。イギリスのインド史家。

ヴァイダ・ヤーノシュ　Vajda, János　1.17没、69歳。1827生。ハンガリーの抒情詩人。

ピットマン, サー・アイザック　Pitman, *Sir* Isaac　1.22没、84歳。1813生。イギリスの教育家, ピットマン式速記法の発明者。

ハーガー　Hager, Hermann　1.25没、81歳。1816生。ドイツの薬学書著者。

ホルステン, カール・クリスティアン・ヨーハン　Holsten, Carl Christian Johann　1.26没、71歳。1825生。ドイツの新約学者。

マルコフ, ウラディーミル　Markov, Vladimir Andreevich　1.30没、25歳。1871生。ロシアの数学者。

ウェルズ　Wells, *Sir* Thomas Spencer　1.31没、78歳。1818生。イギリスの婦人科医。

クリシュ, パンテレイモン・アレクサンドロヴィチ　Kuliš, Pantelejmon Aleksandrovič　2.2没、77歳。1819生。ウクライナの歴史家, 民族誌家, 文芸批評家。

マーティン　Martin, Homer Dodge　2.2没、60歳。1836生。アメリカの画家。

カドルナ　Cadorna, Raffaele　2.6没、81歳。1815生。イタリアの軍人。

スミス, ヘンリ・ボイントン　Smith, Henry Boynton　2.7 (㊟1876頃)没、81歳。1815生。アメリカの長老派神学者。

フェルラータ, ドメーニコ　Ferraris, Galileo　2.7 (㊟1914)没、49歳。1847生。イタリアの電気技術者。

バッジーニ, アントーニオ　Bazzini, Antonio　2.10没、78歳。1818 (㊟1813)生。イタリアのヴァイオリン奏者, 作曲家。

ハーツホーン　Hartshorne, Henry　2.10没、73歳。1823生。アメリカ人の医師。

マコーリ(マコーレー), ジェイムズ・ミッチェル　McCauley, James Mitchell　2.10没、48歳。1849 (㊟1847)生。アメリカの長老派教会宣教師。

エンゲルス, ヤーコプ・ゲーアハルト　Engels, Jacob Gerhard　2.16没、70歳。1826生。ドイツの覚醒運動指導者。

ヴァイエルシュトラス，カール・ヴィルヘルム・テオドール Weierstrass, Karl Theodor Wilhelm 2.19没、81歳。1815生。ドイツの数学者。

ブロンダン，シャルル Blondin, Charles 2.19没、72歳。1824生。フランスの曲芸師。

バルギール Bargiel, Woldemar 2.23没、68歳。1828生。ドイツのピアニスト，作曲家，教師。

ベルナイス Bernays, Michael 2.25没、62歳。1834生。ドイツの文学史家。

マイコフ，アポロン・ニコラエヴィチ Maikov, Apollon Nikolaevich 3.8没、75歳。1821生。ロシアの詩人。

アフガーニー *al*-Afghani, Jamal al-Din 3.9 ([異]1896)没、59歳。1838生。イスラムの思想家，政治運動家。

マベッリーニ Mabellini, Teodulo 3.10没、79歳。1817生。イタリアの作曲家，指揮者。

ザンデルス Sanders, Daniel 3.11没、77歳。1819生。ドイツの語学者。

ドラモンド，ヘンリ Drummond, Henry 3.11没、45歳。1851生。スコットランド出身の福音教会派の文筆家，説教者，地質学者，探検家。

シルヴェスター，ジェイムズ・ジョゼフ Sylvester, James Joseph 3.15没、82歳。1814生。イギリスの数学者。

アバディー Abbadie, Antoine Thompson d' 3.19没、87歳。1810生。フランスの探検家。

アダムズ Adams, William Taylor 3.27没、74歳。1822生。アメリカの児童文学者。

ブラームス，ヨハネス Brahms, Johannes 4.3没、63歳。1833生。ドイツの作曲家。

シュテファン Stephan, Heinrich von 4.8没、66歳。1831生。ドイツの郵政家。

コープ，エドワード・ドリンカー Cope, Edward Drinker 4.12没、56歳。1840生。アメリカの脊椎動物化石の研究家。

バウア，ヴィルヘルム Baur, Wilhelm 4.18没、71歳。1826生。ドイツの牧師，ライン地方の総地区長。

ブリテン，ハリエット・ガートルード Brittan, Harriet Gertrude 4.30没、74歳。1822生。アメリカのアメリカン・メソジスト監督派教会宣教師。

グールバーン，エドワード・メリク Goulburn, Edward Meyrick 5.3没、79歳。1818生。イギリスの神学者。

ベント Bent, James Theodore 5.5没、45歳。1852生。イギリスの探検家，考古学者。

デ・クロアゾー Des Cloizeaux, Alfred Louis Oliver Legrand 5.8没、79歳。1817生。フランスの鉱物学者。

ベスト Best, W. T. 5.10没、70歳。1826生。イギリスのオルガン奏者。

コンスタンティノフ，アレコ Konstantinov, Aleko 5.11没、34歳。1863生。ブルガリアの小説家，評論家。

カント，ミンナ Canth, Minna Ulrika Wilhelmina 5.12没、53歳。1844生。フィンランドの女流小説家，劇作家。

ヴィツェル，ユーリウス Witzel, Julius 5.17没、69歳。1828生。ドイツのルター派牧師。

ミクリ Mikuli, Karol 5.21没、77歳。1819生。ポーランドのピアニスト，作曲家。

ミュラー Müller, Fritz 5.21没、76歳。1821生。ドイツの動物学者。

ザクス，ユリウス・フォン Sachs, Julius von 5.29没、64歳。1832生。ドイツの植物学者。

イライアス Elias, Ney 5.31没、53歳。1844生。イギリスのアジア研究家，旅行家。

ボニファシオ Bonifacio, Andres 5.10没、33歳。1863生。フィリピンの民族運動家。

カーント Kahnt, Christian Friedrich 6.5没、74歳。1823生。ドイツの音楽出版者。

ウエルタ，ホアン・アンブロシオ Huerta, Juan Ambrosio 6.9没、73歳。1823生。ペルーのプーノとアレキーパの司教。

クラーク，アルヴァン・グレアム Clark, Alvan Graham 6.9没、64歳。1832生。アメリカの天文学者。

トールク，フリードリヒ・アウグスト・ゴットロイ Tholuck, Friedrich August Gottreu 6.10 ([異]1877)没、98歳。1799生。ドイツのプロテスタント神学者，ハレ大学教授(1826)。

フレゼーニウス Fresenius, Carl Remigius 6.11 ([異]1879)没、78歳。1818生。ドイツの化学者。

クナイプ，ゼバスティアン Kneipp, Sebastian 6.17没、76歳。1821生。ドイツの聖職者，水治療法の組織者。

ステーンストルプ，ヨハネス・イェペトゥス・スミット Steenstrup, Johann Japetus Smith 6.20没、84歳。1813生。デンマークの動物学者，考古学者。

アバクロンビ Abercromby, *Sir* Ralph 6.21没、55歳。1842生。イギリスの気象学者。

ボイコット，チャールズ・カニンガム Boycott, Charles Cunningham 6.21没、65歳。1832生。イギリスの貴族領地管理人。

ルジーハ Ržiha, Franz von 6.23没、66歳。1831生。オーストリアの鉄道技術者。

オリファント，マーガレット Oliphant, Margaret 6.25没、69歳。1828生。スコットランドの女流作家。

シュッチェンベルジュ Schutzenberger, Paul 6.26没、67歳。1829生。ドイツ生れのフランスの生化学者。

プラッハ Plugge, Pieter Cornelius 6.29没、50歳。1847生。オランダの医師。

メイヤック，アンリ　Meilhac, Henri　7.6没、66歳。1831生。フランスの劇作家。

セーヤー，アレグザンダー・ウィーロック　Thayer, Alexander Wheelock　7.15没、79歳。1817生。アメリカの音楽学者，外交官。

プライヤー　Preyer, Wilhelm Thierry　7.15没、56歳。1841生。ドイツの生理学者，心理学者。

ゴルトシュミット　Goldschmidt, Levin　7.16没、68歳。1829生。ドイツの商法学者。

インジロー，ジーン　Ingelow, Jean　7.20没、77歳。1820生。イギリスの女流詩人。

コーテ，ベルンハルト　Kothe, Bernhard　7.25没、76歳。1821生。ドイツのカトリック教会音楽振興者，教会音楽研究者。

ヴァシュロ　Vacherot, Etienne　7.28没、87歳。1809生。フランスの哲学者。

アルネト　Arneth, Alfred von　7.30没、78歳。1819生。オーストリアの歴史家。

ブスラーエフ，フョードル・イワノヴィチ　Buslaev, Fëdor Ivanovich　7.31没、79歳。1818生。ロシアの言語学者。

アスニク　Asnyk, Adam　8.2没、58歳。1838生。ポーランドの詩人，劇作家。

ウェブ，ベネディクト・ジョウゼフ　Webb, Benedict Joseph　8.2没、83歳。1814生。アメリカのローマ・カトリック教会信徒，新聞社主。

ビカーステス，エドワード　Bickersteth, Bishop Edward　8.5没、47歳。1850生。英国国教会宣教師。

カノバス-デル-カスティリョ　Cánovas del Castillo, Antonio　8.8没、69歳。1828生。スペインの政治家。

ブルクハルト，ヤーコプ　Burckhardt, Jacob Christopher　8.8没、79歳。1818生。スイスの歴史家，美術研究家。

マイアー，ヴィクトール　Meyer, Viktor　8.8没、48歳。1848生。ドイツの化学者。

ハウ，ウィリアム・ウォルシャム　How, William Walsham　8.10没、73歳。1823生。英国教会の主教，讃美歌作詩家。

ヒックス　Hicks, John Braxton　8.28没、72歳。1825生。イギリスの産科医。

ハットン，リチャード・ホウルト　Hutton, Richard Holt　9.9没、71歳。1826生。イギリスのジャーナリスト，信徒神学者。

プルスキ　Pulszky, Ferenc　9.9没、82歳。1814生。ハンガリーの政治家，考古学者。

ヨルク・フォン・ヴァルテンブルク　Yorck von Wartenburg, Paul, Graf　9.12没、62歳。1835生。ドイツの哲学者。

エストラーダ，ホセ・マヌエル　Estrada, José Manuel　9.17没、55歳。1842生。アルゼンチンの政治思想家，教育者。

ヴァッテンバハ　Wattenbach, Wilhelm　9.20没、77歳。1819生。ドイツの歴史家。

ウイェースキー　Ujejski, Kornel　9.20没、74歳。1823生。ポーランドの詩人。

ルボウスキー　Lubowski, Adolph　9.22没、64歳。1833生。ドイツの靴職人。

ブルバキ　Bourbaki, Charles Denis Sauter　9.23没、81歳。1816生。フランスの軍人。

サヴラーソフ，アレクセイ　Savrasov, Aleksei Kondrat'evich　9.26？没、67歳。1830生。ロシアの画家。

ララィーン・ガンダリージャス，ホアキン　Larraín Gandarillas, Joaquín　9.26没、74歳。1822生。チリの司教，教育者。

テレーズ　Thérèse de Lisieux, St.　9.30没、24歳。1873生。フランスの修道女。

ミュラー，ヴィルヘルム　Müller, Wilhelm　9.？没、63歳。1834生。ドイツのチェロ奏者。

ニューマン，フランシス・ウィリアム　Newman, Francis William　10.4没、92歳。1805生。イギリスの文学者，神学者。

ギルバート，サー・ジョン　Gilbert, Sir John　10.5没、80歳。1817生。イギリスの歴史画家。

タスカン，アレクサンドル　Taskin, Alexandre　10.5没、44歳。1853生。ベルギー出身のフランスのバリトン歌手。

ニース　Nies, François Xavier　10.7没、38歳。1859生。ドイツの宣教師。

ボエルマン，レオン　Boëllmann, Léon　10.11没、35歳。1862生。フランスのオルガン奏者，作曲家。

リノーフ　Renouf, Sir Peter Le Page　10.14没、75歳。1822生。イギリスの東洋学者，エジプト学者。

ヴォーン，チャールズ・ジョン　Vaughan, Charles John　10.15没、81歳。1816生。英国教会のランダフ主教座聖堂参事会長。

ヴェーゲレ　Wegele, Franz Xaver　10.16没、73歳。1823生。ドイツの歴史家。

デイナ，チャールズ・A（アンダーソン）　Dana, Charles Anderson　10.17没、78歳。1819生。アメリカの新聞編集者，社会改革者。

ワーデン　Worden, John Lorimer　10.18没、79歳。1818生。アメリカ海軍軍人。

プルマン，ジョージ（・モーティマー）　Pullman, George Mortimer　10.19没、66歳。1831生。アメリカの発明家，企業家。

パルグレイヴ，フランシス・ターナー　Palgrave, Francis Turner　10.24没、73歳。1824生。イギリスの詩人。

ジョージ，ヘンリー　George, Henry　10.29没、58歳。1839生。アメリカの社会改革論者。

カヴァルカセッレ，ジョヴァンニ・バッティスタ　Cavalcaselle, Giovanni Battista　10.31没、77歳。1820（㋿1819）生。イタリアの美術史学者。

1897　19世紀

オールコック，サー・ジョン・ラザフォード　Alcock, *Sir* Rutherford　11.2没、88歳。1809生。イギリスの外交官。

ラングストン　Langston, John Mercer　11.5没、67歳。1829生。アメリカの法律家，政治家。

カーパ・イ・マネスカウ，リカルド　Cappa y Manescau, Ricardo　11.8没、58歳。1839生。スペインのイエズス会司祭，歴史家。

モライス，サバト　Morais, Sabato　11.11没、74歳。1823生。アメリカのユダヤ教ラビ，聖書学者。

ジャイルズ，ウィリアム(・アーネスト・パウエル)　Giles, Ernest　11.13没、62歳。1835生。オーストラリアの探検家。

ヘス　Hess, Carl Jakob　11.13没、59歳。1838生。スイス出身のパン製造指導者。

リール，ヴィルヘルム・ハインリヒ　Riehl, Wilhelm Heinrich von　11.16没、74歳。1823生。ドイツの文化史家，民俗学者，小説家。

コールダウッド，ヘンリ　Calderwood, Henry　11.19没、67歳。1830生。スコットランドの神学者，哲学者。

レッグ，ジェイムズ　Legge, James　11.29没、81歳。1815生。イギリスの宣教師，中国学者。

オウコンネル，アンソニ　O'Connell, Anthony　12.8没、83歳。1814生。アメリカの愛徳修道女会修道女。

ピアソン，ジョン・ローボーロー　Pearson, John Loughborough　12.11？没、80歳。1817生。イギリスの建築家。

レントヘン，エンゲルベルト　Röntgen, Engelbert　12.12没、68歳。1829生。オランダのヴァイオリン奏者。

ブリオスキ　Brioschi, Francesco　12.14没、72歳。1824生。イタリアの数学者。

テリス　Terriss, William　12.16没、50歳。1847生。イギリスの俳優。

ドーデ，アルフォンス　Daudet, Alphonse　12.16没、57歳。1840生。フランスの小説家，劇作家。

ガイタ，スタニスラス・ド　Guaita, Stanislas de　12.17没、36歳。1861生。フランスの隠秘学者。

ラヴォワ　Lavoix, Henri Marie François　12.27没、51歳。1846生。フランスの音楽学者，評論家。

コーテ，ヴィルヘルム　Kothe, Wilhelm　12.31没、66歳。1831生。ドイツの音楽教師。

この年　アーノルド　Arnold, Thomas　81歳。1816生。イギリスの聾教育者。

アミーチ，ルイージ　Amici, Luigi　80歳。1817生。イタリアの彫刻家。

アルタムーラ，フランチェスコ・サヴェーリオ　Altamura, Francesco Saverio　71歳。1826生。イタリアの画家。

アンソニ　Anthony, Sister　83歳。1814生。アイルランド生れの修道女。

アンドレー　Andrée, Salomon August　43歳。1854生。スウェーデンの技師，北極探検家。

ヴィカーズ　Vickers, Edward　93歳。1804生。イギリスの製鋼業者。

ヴィスヴェッサー，アーダム　Wißwässer, Adam　77歳。1820生。ドイツの社会福祉事業家，ヴィスヴェッサー派の創始者。

ウィンザー　Winsor, Justin　66歳。1831生。アメリカの歴史家，図書館学者。

ウォルシュ　Walsh, John Glia　68歳。1829生。アメリカの貿易商，初代アメリカ長崎領事。

ウォレス　Wallace, William　54歳。1843生。イギリスの哲学者。

エアズ，サー・ヘンリー　Ayers, *Sir* Henry　76歳。1821生。オーストラリアの政治家。

エルガー　Elger, Thomas Gwyn　59歳。1838生。イギリスのアマチュア天文学者。

エルダー，サー・トマス　Elder, *Sir* Thomas　79歳。1818生。オーストラリアの事業家。

王韜　69歳。1828生。中国，清末の改革派思想家。

オプティック，オリバー　Optic, Oliver　75歳。1822生。アメリカの児童文学作家，編集者。

オーマル，アンリ-ユージェーヌ-フィリップ-ルイ・ドルレアン，公爵　Aumale, Henri Eugène Philippe Louis d'Orléans, Duc d'　®1895没、75歳。1822生。フランスの将軍，歴史家。

クロフトン　Crofton, Walter　82歳。1815生。イギリスの監獄改良家。

コーソン，ジュリエット　Corson, Juliet　56歳。1841生。アメリカの料理法教師。

コックス，フランシス・エリーザベス　Cox, Frances Elizabeth　85歳。1812生。イギリスの讃美歌翻訳者。

ゴトフロワ　Godefroy, Frédéric Eugène　71歳。1826生。フランスの文献学者。

ザハーリン　Zakhariin, Grigorii Antonovich　68歳。1829生。ロシアの医学者。

ジェニン　Jenin, Alexis　アメリカ出身の技師，鉱山技術研究家。

シェルドン　Sheldon, Edward Austin　74歳。1823生。アメリカの教育家。

シュテーリン，アードルフ・フォン　Stählin, Adolf von　74歳。1823生。ドイツの説教者，教会政治家。

徐光範　38歳。1859生。朝鮮の開化派政治家。

ジョルダン　Jordan, Alexis　83歳。1814生。フランスの植物学者。

シレフ，エミリー・アン・イライザ　Shirreff, Emily Anne Eliza　83歳。1814生。イギリスの女子教育の先駆者。

スコット，ジョージ・ギルバート(子)　Scott, George Gilbert, Jr.　60歳。1837生。イギリスの建築家。

800　人物物故大年表 外国人編

19世紀　　　　　　　　　　　　　　　　　　1898

ストーン　Stone, Edward James　66歳。1831生。イギリスの天文学者。

タルニエ　Tarnier, Étienne Stéphene　69歳。1828生。フランスの産科医。

張之万　86歳。1811生。中国, 清末期の政治家。

張承業　54歳。1843生。朝鮮, 李朝末期の画家。

デ・アルベルティス, セバスティアーノ　De Albertis, Sebastiano　69歳。1828生。イタリアの画家。

ドゥルー, ルイザ・レイン　Drew, Louisa Lane　77歳。1820生。アメリカの女優。

ドニーシ, アフマド‐マフドゥム・イブン・ノシル　Donísh, Akhmad-Makhdúm ibn Nosír　70歳。1827生。タジキスタンの作家, 思想家。

トラン　Tolain, Henri-Louis　69歳。1828生。フランスの労働運動指導者。

トルトン, オーガスティン　Tolton, Augustine　43歳。1854生。アメリカのカトリック神父。

ドールトン, サー・ヘンリー　Doulton, Sir Henry　77歳。1820生。イギリスの陶器製造業者。

バーナート, バーニー　Barnato, Barney　45歳。1852生。南アフリカの資本家, 投機家。

ハーニー　Harney, George Julian　80歳。1817生。イギリスのチャーチスト運動指導者。

ファルケ　Falke, Jacob von　72歳。1825生。ドイツの文明・芸術史家。

ファルコン, コルネリー　Falcon, Cornélie　83歳。1814年。フランスのソプラノ歌手。

フィンク, アルバート　Fink, Albert　70歳。1827生。アメリカの建築技師。

ブラシャイ　Brassai, Sámuel　97歳。1800生。ハンガリーの哲学者。

ブルーワー, エビニーザー・コバム　Brewer, Ebenezer Cobham　87歳。1810生。イギリスの聖職者, 作家。

ベイトマン　Bateman, Newton　75歳。1822生。アメリカの教育家。

ベストゥージェフ・リューミン　Bestuzhev-Ryumin, Konstantin Nikolaevich　68歳。1829生。ロシアの歴史家。

プッチネッリ, アントーニオ　Puccinelli, Antonio　75歳。1822生。イタリアの画家。

ピルキントン, ジョージ・ローレンス　Pilkington, George Lawrence　32歳。1865生。アイルランド出身のアフリカ宣教師。

ユアール　Huart, Camille Clément Imbault-　40歳。1857生。フランスの中国学者。

ラスク　Lusk, William Thompson　59歳。1838生。アメリカの産科医。

李鴻藻　77歳。1820生。中国, 清末期の政治家。

リスコ, エーミール・グスタフ　Lisco, Emil Gustav　78歳。1819生。ドイツのプロテスタントの牧師。

リントン　Linton, William James　®1898没、85歳。1812生。イギリスの木版画家, 著述家, 社会改良家。

ルードヴィヒ　Ludwig, Heinrich　68歳。1829生。ドイツの画家。

黎庶昌　60歳。1837生。中国, 清末期の外交官, 文学者。

ロージェント・アマット, エリアス　Rogent Amat, Elíes　76歳。1821生。スペインの建築家。

ロバン　Robin, Gystave　42歳。1855生。フランスの数学者。

ロビンソン　Robinson, Sir Hercules George Robert, 1st Baron Rosmead　73歳。1824生。イギリスの植民地行政官。

1898年

1.13　ゾラがドレフュス事件で軍部を告発する
2.15　ハバナ港で米軍艦メイン号が爆発し沈没
3.27　ロシアが旅順と大連を占領、翌年租借する
3.28　ドイツで第1次艦隊法が成立する
5.01　米艦隊がマニラ湾でスペイン艦隊を撃滅
9.02　イギリス・エジプト連合軍がスーダン侵入
9.21　西太后が光緒帝にクーデターを起こす
12.10　パリ条約で第2次キューバ独立戦争終結
12.26　キュリー夫妻が放射性元素ラジウムを発見

＊＊＊

ボンド　Bond, Sir Edward Augustus　1.2没、82歳。1815生。イギリスの古文書学者。

ダブニ, ロバート・ルーイス　Dabney, Robert Lewis　1.3没、77歳。1820生。アメリカの南部長老派神学者。

ローデ, エルヴィン　Rohde, Erwin　1.11没、52歳。1845生。ドイツの古典学者, 文献学者。

キャロル, ルイス　Carroll, Lewis　1.14没、65歳。1832生。イギリスの文学者, 数学者。

ドジソン　Dodgson, Charles Lutwidge　1.14没、65歳。1832生。イギリスの数学者。

マルモンテル, アントワーヌ　Marmontel, Antoine François　1.16没、81歳。1816生。フランスのピアニスト, 教育者。

リデル, ヘンリー・ジョージ　Liddell, Henry George　1.18没、86歳。1811生。イギリスのギリシア語学者。

カスパー, カタリーナ　Kasper, Katharina　2.2没、77歳。1820生。ドイツの修道会設立者。

大院君　2.2没、77歳。1820生。朝鮮, 李朝末期の執政者。

ペアン　Péan, Jules Emile　2.5没、67歳。1830生。フランスの外科医。

人物故大年表　外国人編　*801*

モウルトン，ウィリアム・フィディアン Moulton, William Fiddian 2.5没、62歳。1835生。イギリスの神学者，聖書学者。

ロイカルト，カール・ゲオルク・フリードリヒ・ルドルフ Leuckart, Karl Georg Friedrich Rudolf 2.6没、75歳。1822([異]1823)生。ドイツの動物学者。

ファーブル，フェルディナン Fabre, Ferdinand 2.11没、68歳。1830([異]1827)生。フランスの小説家。

オレ-ラプリュン，レオン Ollé-Laprune, Léon 2.13没、58歳。1839生。フランスのカトリック哲学者。

ポットハスト，アウグスト Potthast, August 2.13没、73歳。1824生。ドイツのカトリック中世史家。

クウィンタード，チャールズ・トッド Quintard, Charles Todd 2.15没、73歳。1824生。アメリカの聖公会主教。

ウィラード，フラーンシス・エリーザベス・キャロライン Willard, Frances Elizabeth Caroline 2.18没、58歳。1839生。アメリカの女流社会改革者，禁酒運動の先駆者。

マレソン Malleson, George Bruce 3.1没、72歳。1825生。イギリスの軍人，インド近世史家。

シェフェル Schefer, Charles Henri Auguste 3.3没、77歳。1820生。フランスの東洋学者。

フルター，フェルディナント Hurter, Ferdinand 3.5没、53歳。1844生。スイスの化学者。

カバロッティ Cavallotti, Felice Carlo Emmanuele 3.6没、55歳。1842生。イタリアのジャーナリスト，政治家。

シーシキン，イワン Shishkin, Ivan Ivanovich 3.8？没、66歳。1832生。ロシアの風景画家。

ヴァーベック(フルベッキ)，ギード・ヘルマン・フリードリーン Verbeck, Guido Fridolin 3.10([異]1897)没、68歳。1830生。オランダ人宣教師，教育家。

ローズクランズ，ウィリアム・S(スターク) Rosecrans, William Starke 3.11没、78歳。1819生。アメリカの軍人，政治家。

トペリウス，サカリアス Topelius, Sakari 3.12没、80歳。1818生。フィンランドの歴史学者，詩人，小説家，児童文学者。

バルマー，ヨハン・ヤーコプ Balmer, Johann Jakob 3.12没、72歳。1825生。スイスの物理学者。

シュールホフ Schulhoff(Šulhov), Julius 3.13没、72歳。1825生。チェコのピアニスト，作曲家。

ベッセマー，サー・ヘンリー Bessemer, *Sir* Henry 3.15没、85歳。1813生。イギリスの発明家。

ビアズリー，オーブリー・ヴィンセント Beadsley, Aubrey Vincent 3.16没、25歳。1872生。イギリスの画家。

クルス・イ・ソウザ，ジョアン・ダ Cruz e Sousa, João da 3.19没、36歳。1861生。ブラジルの詩人。

アレン，ジョウゼフ・ヘンリ Allen, Joseph Henry 3.20没、77歳。1820生。アメリカのユニテリアン派牧師，教会史家。

タヴァストシェルナ Tavaststjerna, Karl August 3.20没、37歳。1860生。フィンランドのスウェーデン系詩人，小説家。

ダルパトラーム Dalpatrām Ḍāhyābhāī Travāḍī 3.25没、78歳。1820生。インドの近代グジャラーティー文学初頭の詩人。

アフマド・ハーン，サル・サイイッド Sayyid Aḥmad Ḵẖān, Sir 3.28([異]1897)没、80歳。1817生。インドのイスラム教徒の学者，教育者，アリガール=イスラム大学の創設者。

ザイドル Seidl, Anton 3.28没、47歳。1850生。ハンガリーの音楽家，指揮者。

ウェストコット Westcott, Edward Noyes 3.31没、51歳。1846生。アメリカの銀行家，小説家。

デイヴィドスン，サミュエル Davidson, Samuel 4.1没、91歳。1806生。イギリス(アイルランド)の聖書学者。

ビューラー Bühler, Johann Georg 4.8没、60歳。1837生。オーストリアの東洋学者，インド学者。

ミュラー，ジョージ Müller, George 4.10没、92歳。1805生。イギリス(ドイツ生れ)のプロテスタント牧師，博愛家。

キオッソーネ，エドアルド Chiossone, Edoardo 4.11([異]1892)没、66歳。1832([異]1833)生。イタリアの銅版彫刻家。

ザントベルガー Sandberger, Fridoli von 4.11没、71歳。1826生。ドイツの鉱床研究者。

スミス，ロバート・ピアソル Smith, Robert Peasall 4.17没、71歳。1827生。リヴァイヴァル運動を推進したアメリカの伝道者。

パウル Paul, Oscar 4.18没、62歳。1836生。ドイツの音楽評論家。

モロー，ギュスターヴ Moreau, Gustave 4.18没、72歳。1826生。フランスの画家。

ミュラー Müller, Lucian 4.24没、62歳。1836生。ドイツの古典学者。

ノースロップ Northrop, Birdsey Grant 4.27没、80歳。1817生。アメリカの教育制度功労者。

トレスコット Trescot, William Henry 5.4没、75歳。1822生。アメリカの歴史家，政治家，外交官。

ボルン Born, Stephan 5.4没、73歳。1824生。ドイツの社会主義者。

レイ Lay, Horatio Nelson 5.4没、65歳。1832([異]1840)生。イギリスの清国総税務司，対日事業家。

レメーニイ Reményi, Ede 5.15没、70歳。1828生。ハンガリーのヴァイオリン奏者。

19世紀　1898

グラッドストン，ウィリアム・ユーアート　Gladstone, William Ewart　5.19没、88歳。1809生。イギリスの政治家，自由党内閣首相。

ベラミー，エドワード　Bellamy, Edward　5.22没、48歳。1850生。アメリカの小説家。

プレイフェア（男爵），ライアン1世　Playfair, Lyon, first Baron　5.29没、79歳。1819（㊥1818）生。イギリスの化学者。

アイマー　Eimer, Theodor　5.30没、54歳。1843生。ドイツの動物学者。

マンジョ　Mangeot, Edouard Joseph　5.31没、63歳。1835生。フランスのピアノ製作者。

ゴウブル（ゴーブル），ジョナサン　Goble, Jonathan　5.?（㊥1896）没、71歳。1827生。アメリカのバプテスト派宣教師。

プリムソル，サムュエル　Plimsoll, Samuel　6.3没、74歳。1824生。イギリスの船積改良家，政治家。

フークストラ，シツエ　Hoekstra, Sytze　6.12没、75歳。1822生。オランダの神学者。

ツェンカー　Zenker, Friedrich Albert　6.13没、73歳。1825生。ドイツの病理学者。

フラヴァーチェク，カレル　Hlaváček, Karel　6.15没、23歳。1874生。チェコの詩人，美術評論家，画家。

バーン-ジョーンズ，エドワード　Burne-Jones, Sir Edward Coley　6.17没、65歳。1833生。イギリスの画家，デザイナー。

タマーヨ-イ-バウス，マヌエル　Tamayo y Baus, Manuel　6.20（㊥1889）没、68歳。1829生。スペインの劇作家。

コーン，フェルディナント・ユーリウス　Cohn, Ferdinand Julius　6.25没、70歳。1828生。ドイツの植物学者。

ヤロシェンコ，ニコライ　Iaroshenko, Nikolai Alexandrovich　6.25?没、51歳。1846生。ロシアの画家。

リントン，イライザ・リン　Linton, Eliza Lynn　7.14没、76歳。1822生。イギリスの女性作家，ジャーナリスト。

アルノリド　Arnol'd, Iurii Karlovich　7.20没、86歳。1811生。ロシアの音楽学者，作曲家。

シモンズ　Simons, Maude D.　7.29没、33歳。1865生。アメリカの婦人外国伝道協会宣教師。

ニューランズ，ジョン・アレグザンダー・レイナ　Newlands, John Alexander Reina　7.29没、60歳。1837(㊥1838)生。イギリスの化学者。

ケアド，ジョン　Caird, John　7.30没、77歳。1820生。イギリスの神学者。

ビスマルク，オットー・エドゥアルト・レオポルト，公爵　Bismarck-Schönhausen, Otto Eduard Leopold, Fürst von　7.30（㊥1899）没、83歳。1815生。プロシア，ドイツの政治家。

ガルニエ，シャルル　Garnier, Jean Louis Charles　8.3没、72歳。1825生。フランスの建築家。

クニース　Knies, Karl Gustav Adolf　8.3没、77歳。1821生。ドイツの経済学者。

ペドリー，エセル　Pedley, Ethel Charlotte　8.6没、39歳。1859生。オーストラリアの女性児童文学者。

エーベルス　Ebers, Georg Moritz　8.7(㊥1897)没、61歳。1837生。ドイツのエジプト研究家，小説家。

ホール，ジェイムズ　Hall, James　8.7没、86歳。1811生。アメリカの地質学者。

ブーダン，ウージェーヌ　Boudin, Eugène Louis　8.8没、74歳。1824生。フランスの画家。

チェルニャエフ　Cherniaev, Mikhail Grigorievich　8.16没、69歳。1828生。ロシアの軍人。

ツェラー，カルル　Zeller, Carl　8.17没、56歳。1842生。オーストリアのオペレッタ作曲家。

シュテントループ，フェルディナント　Stentrup, Ferdinand　8.18没、67歳。1831生。ドイツのカトリック神学者。

ロップス，フェリシアン　Rops, Félicien Joseph Victor　8.22没、65歳。1833生。ベルギーの画家，銅版画家。

ホプキンソン　Hopkinson, John　8.27没、49歳。1849生。イギリスの電気技術者。

ツィンメルマン　Zimmermann, Robert von　9.1没、73歳。1824生。プラハ生れのオーストリアの美学者，哲学者。

マラルメ，ステファーヌ　Mallarmé, Stéphane　9.9没、56歳。1842生。フランスの詩人。

エリーザベト　Elisabeth Amalie Eugenie　9.10没、60歳。1837生。オーストリア皇后，ハンガリー王妃。

クランメル，アレグザーンダ　Crummell, Alexander　9.12没、79歳。1819生。アメリカの聖公会司祭，西アフリカへの宣教師。

クーリ　Cooley, Thomas McIntyre　9.12没、74歳。1824生。アメリカの法学者，弁護士。

フォンターネ，テーオドア　Fontane, Theodor　9.20没、78歳。1819生。ドイツの詩人，小説家，劇評家。

リンゼンマン，フランツ・クサーヴァ・フォン　Linsenmann, Franz Xaver von　9.21没、62歳。1835生。ドイツのカトリック神学者。

モルティエ　Mortillet, Gabriel de　9.25没、77歳。1821生。フランスの考古学者。

リヒター，ヒエロニムス・テオドール　Richter, Hieronymus Theodor　9.25没、73歳。1824生。ドイツの化学者。

ポロンスキー，ヤーコフ・ペトローヴィチ　Polonskii, Iakov Petrovich　10.18没、78歳。1819（㊥1818）生。ロシアの詩人。

人物物故大年表 外国人編　*803*

フレデリック，ハロルド Frederic, Harold 10.19没、42歳。1856生。アメリカの小説家，新聞記者。
ピュヴィス・ド・シャヴァンヌ，ピエール Puvis de Chavannes, Pierre Cécile 10.24没、73歳。1824生。フランスの画家。
クラーク，ジョサイア・ラティマー Clark, Josiah Latimor 10.30没、76歳。1822生。イギリスの電気技術者。
チナン，ジャン・ド Tinan, Jean Le Barbier de 11.18没、24歳。1874生。フランスの作家。
ビューエル Buell, Don Carlos 11.19没、80歳。1818生。アメリカの軍人。
ファウラー，サー・ジョン Fowler, *Sir* John 11.19没、81歳。1817生。イギリスの土木技術者。
フーバー Huber, Alfons 11.22没、64歳。1834生。オーストリアの歴史家。
サベッティ，ルイージ Sabetti, Luigi 11.26没、59歳。1839生。イタリア出身のイエズス会士，倫理神学者。
マイアー，コンラート・フェルディナント Meyer, Conrad Ferdinand 11.28没、73歳。1825生。スイスの小説家，詩人。
ガニベー，アンヘル Ganivet Garcia, Ángel 11.29没、32歳。1865(異1862)生。スペインの小説家，随筆家。
ブラック Black, William 12.10没、57歳。1841生。スコットランドの小説家，ジャーナリスト。
ジェンナー，サー・ウィリアム Jenner, *Sir* William Bart 12.11没、83歳。1815生。イギリスの内科医，解剖学者。
ヒンシウス，フランツ・カール・パウル Hinschius, Paul 12.13没、62歳。1835生。ドイツの法学者。
ブリストー Bristow, George Frederick 12.13没、72歳。1825生。アメリカの作曲家。
ブライス Brice, Calvin Stewart 12.15没、53歳。1845生。アメリカの鉄道建設業者。
フォーゲル Vogel, Hermann Wilhelm 12.17没、64歳。1834生。ドイツの写真化学者。
ニッチュ，フリードリヒ Nitzsch, Friedrich 12.21没、66歳。1832生。ドイツのプロテスタント神学者。
ロデンバック，ジョルジュ Rodenbach, Georges 12.25没、43歳。1855生。ベルギーの詩人。
ガースト（ガルスト），チャールズ・エライアス Garst, Charles Elias 12.28没、45歳。1853生。アメリカのデサイプル派教会宣教師。
モリル Morrill, Justin Smith 12.28没、88歳。1810生。アメリカの政治家。
エーギディ，モーリツ・フォン Egidy, Moritz von 12.29没、51歳。1847生。ドイツの教会改革者，軍人。
ゴルターマン Goltermann, Georg Eduard 12.29没、74歳。1824生。ドイツのチェロ奏者，作曲家。

[この年] **アラバスター** Alabaster, Chaloner 59歳。1839生。イギリスの外交官。
ヴィラーズ，チャールズ・ペラム Villiers, Charles Pelham 96歳。1802生。イギリスの政治家。
エーヴリング Aveling, Edward Bibbins 49歳。1849(異1851)生。イギリスの社会主義者，マルクス主義の解説者。
エメテリオ・ベタンセス Emeterio Betances, Ramón 68歳。1830生。プエルト・リコの政治家，医師，作家。
オスマン・パシャ Osman Pasha, Nuri 58歳。1840生。オスマン帝国末期の将軍。
オドワイアー O'Dwyer, Joseph 57歳。1841生。アメリカの耳鼻咽喉科医。
ガルシーア・イニーゲス García y Íñigues, Calixto 59歳。1839(異1836頃)生。キューバの革命家。
カールノキ Kalnoky, Gustav Siegmund, Graf 66歳。1832生。オーストリア=ハンガリー帝国の政治家。
恭親王 65歳。1833(異1832)生。中国，清末の皇族。
クアドローネ，ジョヴァンニ・バッティスタ Quadrone, Giovanni Battista 54歳。1844生。イタリアの画家。
グーヴィ，ルイ・テオドール Gouvy, Louis Théodore 79歳。1819生。フランスの作曲家。
クエーン Quain, *Sir* Richard 82歳。1816生。イギリスの医者。
グリュビー Gruby, David 88歳。1810生。フランスの皮膚科学者。
グレイ，サー・ジョージ Grey, George 86歳。1812生。イギリスの探検家，行政官。
クレスポ Crespo, Joaquín 57歳。1841生。ベネズエラの軍人，政治家。
クワワ Kwawa, Muhinji 旧ドイツ領東アフリカのヘヘ族首長（在位1878～98）。
康広仁 31歳。1867生。中国，清末期の政治家。
コメタン，ジャン・ピエール・オスカル Comettant, Jean-Pierre Oscar 79歳。1819生。フランスの作曲家，音楽評論家。
コルトン Colton, Gardner Quiney 84歳。1814生。アメリカの化学者。
崔時亨 71歳。1827(異1829)生。朝鮮，東学の第2代教主。
ジョンストン Johnston, Richard Malcolm 76歳。1822生。アメリカの教育家，ユーモア作家。
ダブリ・ド・ティエルサン Dabry de Thiersant, Claude Philibert 72歳。1826生。フランスの軍人，外交官。
譚嗣同 33歳。1865(異1866)生。中国，清末の思想家。
デニス，ジョージ Dennis, George 84歳。1814生。イギリスの考古学者。

19世紀　　　　　　　　　　　　　　　　　　　　　　1899

トレチャコーフ　Tretyakov, Pavel Mikhailovich 66歳。1832生。ロシアの美術収集家。
バローズ，ウィリアム・シーワド　Burroughs, William Seward　43歳。1855生。アメリカの発明家。
バーンズ　Barnes, Mary Downing　48歳。1850生。アメリカの教育家。
ビアズレー，オーブリー　Beardsley, Aubrey Vincent　26歳。1872生。イギリスの画家。
ビュフノアール　Bufnoir, Claude　66歳。1832生。フランスの民法学者。
フェドセーエフ　Fedoseev, Nikolai Evgrafovich 27歳。1871生。ロシアの革命的マルクス主義者。
ブラシェ　Brachet, Auguste　54歳。1844生。フランスの言語学者。
ブラッケン，トマス　Bracken, Thomas　55歳。1843生。ニュージーランドの詩人，ジャーナリスト。
フリス，フランシス　Frith, Francis　76歳。1822生。イギリスの写真家。
ベタンセス　Betances, Ramón Emeterio　68歳。1830生。プエルト・リコの独立運動指導者。
ベーメ　Böhme, Franz Magnus　81歳。1817生。ドイツのフランクフルト・アム・マイン音楽学校の教授。
ベーヤード　Bayard, Thomas Francis　70歳。1828生。アメリカの政治家，外交家。
ベルティーニ，ジュゼッペ　Bertini, Giuseppe　73歳。1825生。イタリアの画家。
ペコー　Pécaut, Félix　70歳。1828生。フランスの牧師，著述家，教育家。
マックレーン　McLane, Robert Milligan　83歳。1815生。アメリカの法律家，外交官。
マルクス　Marx, Eleanor　43歳。1855生。カール・マルクスの末娘。
ムジュグンバ　Mujugumba　旧ドイツ領東アフリカ（現タンザニア）のへへ族首長。
楊鋭　41歳。1857生。中国，清末期の改良派政治家。
楊深秀　49歳。1849生。中国，清末期の変法派の政治家。
李建昌　46歳。1852生。朝鮮文臣，文章家。
劉光第　39歳。1859生。中国，清末期の政治家。
林旭　23歳。1875生。中国，清末期の政治家。

1899年

1.21　フィリピン独立派がマロロス憲法を制定
1.23　サバーフ朝がイギリスに保護を求める
5.18　第1回万国平和会議がハーグで開催される
10.12　第2次ボーア戦争が勃発する

12.23　ドイツがバグダード鉄道の敷設権を獲得
＊　＊　＊
リシュタンベルジエ，フレデリック・オギュスト　Lichtenberger, Frédéric Auguste　1.7没、66歳。1832生。フランスのプロテスタント神学者。
シラージ　Sziláqyi, Sándor　1.12没、71歳。1827生。ハンガリーの歴史家。
ヌバル・パシャ　Nubar Pasha　1.14没、74歳。1825生。エジプトの政治家。
シニキー，シャルル・パスカル　Chiniquy, Charles Pascal　1.16没、89歳。1809生。カナダの長老派教会牧師，禁酒運動家，反ローマ教会著述家。
マイアー　Meyer, Rudolf Hermann　1.16没、59歳。1839生。ドイツの経済学者。
クラウス　Claus, Karl Friedrich Wilhelm　1.18没、64歳。1835生。ドイツの動物学者。
アレキサンダー夫人　Alexander, Mary Christian Vroom　1.19没、31歳。1867生。カナダのメソジスト監督派教会宣教師。
トネ子爵　Taunay, Alfredo d'Escragnolle　1.25没、55歳。1843生。ブラジルの小説家，政治家。
ポカゴン，サイモン　Pokagon, Simon　1.28没、69? 歳。1830生。アメリカ・インディアンのローマ・カトリック教会信徒，著述家。
シスレー，アルフレッド　Sisley, Alfred　1.29没、59歳。1839生。イギリスの画家。
エゲディウス，ハルフダン　Egedius, Halfdan Johnsen　2.2没、21歳。1877生。ノルウェイの画家。
ヨアヒム，アマーリエ　Joachim, Amalie　2.3没、59歳。1839生。ドイツのアルト歌手。
カプリーヴィ，ゲオルク・レオ，伯爵　Caprivi, Georg Leo, Graf von　2.6没、67歳。1831生。ドイツの政治家，軍人。
ヴュステンフェルト　Wüstenfeld, Ferdinand　2.8没、90歳。1808生。ドイツのアラビア学者。
ランプマン，アーチボルド　Lampman, Archibald　2.10没、37歳。1861生。イギリス系カナダの詩人。
フォール　Faure, Felix　2.16没、58歳。1841生。フランス第3共和制の第6代大統領。
ブリジェット，トマス・エドワード　Bridgett, Thomas Edward　2.17没、70歳。1829生。イギリスのレデンプトール会士，著述家。
リー，（マリウス・)ソフス　Lie, Marius Sophus　2.18没、56歳。1842生。ノルウェーの数学者。
デヴィス　Davis, Robert Henry　2.20没、54歳。1844生。アメリカのアメリカン・ボード宣教師。
ニュイテル　Nuitter, Charles Louis Étienne　2.23没、70歳。1828生。フランスの著述家，台本作者。
ハウゼッガー，フリードリヒ・フォン　Hausegger, Friedrich von　2.23没、61歳。1837生。オーストリアの音楽理論家，法律家。

人物物故大年表 外国人編　*805*

1899　19世紀

ロイター，パウル・ユリウス，男爵　Reuter, Paul Julius, Freiherr von　2.25没、82歳。1816（㊟1821）生。イギリス(ドイツ生れ)の通信事業家。

ボイド，アンドルー・ケネディ・ハッチスン　Boyd, Andrew Kennedy Hutchinson　3.1没、73歳。1825生。スコットランドの聖職者。

ヴァイス　Weiss, Johann Baptist　3.8没、78歳。1820生。ドイツの歴史家。

ヴィルマース，ヴィルヘルム　Wilmers, Wilhelm　3.9没、81歳。1817生。ドイツの哲学者，神学者，イエズス会士。

ヴォーゲル，サー・ジュリアス　Vogel, *Sir* Julius　3.12没、64歳。1835生。ニュージーランドで活躍したイギリスの植民政治家。

シュタインタール　Steinthal, Heymann　3.14没、75歳。1823生。ドイツの言語学者。

バンベルガー　Bamberger, Ludwig　3.14没、75歳。1823生。ドイツの財政家。

メディル　Medill, Joseph　3.16没、75歳。1823生。アメリカのジャーナリスト。

マーシュ，オスニエル・チャールズ　Marsh, Othniel Charles　3.18没、67歳。1831生。アメリカの古生物学者。

ランコビチ　Ranković, Svetolik　3.18没、35歳。1863生。ユーゴスラビアのセルビアの小説家。

ノーダン，シャルル　Naudin, Charles Victor　3.19没、83歳。1815生。フランスの植物学者。

ヴィーデマン　Wiedemann, Gustav Heinrich　3.23没、72歳。1826生。ドイツの物理学者。

フォスター　Foster, Myles Birket　3.27没、74歳。1825生。イギリスの挿絵画家、木版画家。

シュトラウス・ウント・トルナイ，ヴィクトール・フォン　Straußund Torney, Viktor von　4.1没、89歳。1809生。ドイツの詩人、讃美歌作者、法律家、宗教学者。

カタルジュウ　Catargiu, Lascar　4.11没、75歳。1823生。ルーマニアの政治家。

モニエル・ウィリアムズ　Monier-Williams, *Sir* Monier　4.11没、79歳。1819生。イギリスの東洋学者、サンスクリット学者。

ドレーパー夫人　Draper, Charlotte Prinkney　4.13没、67歳。1832生。アメリカの盲人教育者。

カールバウム　Kahlbaum, Karl Ludwig　4.15没、70歳。1828生。ドイツの精神病学者。

ハシント，エミリオ　Jacinto, Emilio　4.16没、23歳。1875生。フィリピンのタガログ語の政治・社会評論家。

フリーデル，シャルル　Friedel, Charles　4.20没、67歳。1832生。フランスの化学者、鉱物学者。

パイユロン，エドワール　Pailleron, Édouard Jules Henri　4.20没、64歳。1834生。フランスの劇作家。

キーペルト　Kiepert, Heinrich　4.21没、80歳。1818生。ドイツの地理学者、地図学者。

ビューヒナー，(フリードリヒ・カール・クリスティアン・)ルートヴィヒ　Büchner, Ludwig　4.30没、75歳。1824生。ドイツの医師、唯物論哲学者。

パテルノストロ　Paternostro, Alessandro　4.?没、46歳。1852生。イタリアの法律家、政治家。

クレメンツ，フィーリプ　Krementz, Philipp　5.6没、79歳。1819生。ドイツのカトリック教会政治家、枢機卿。

リース　Rhees, Henry Holcombe　5.10没、70歳。1828生。アメリカのバプテスト派教会宣教師。

ベック，アンリ　Becque, Henry François　5.12没、62歳。1837生。フランスの劇作家。

ニルソン，ラルス・フレデリック　Nilson, Lars Frederik　5.14没、58歳。1840生。スウェーデンの化学者。

サルセー，フランシスク　Sarcey, Francisque　5.16没、71歳。1827生。フランスの劇評家。

シュトリュンペル　Strümpell, Ludwig Adolf　5.18没、86歳。1812生。ドイツの哲学者、教育学者。

ドラボルド　Delaborde, Henri, Vicomte de　5.18没、88歳。1811生。フランスの画家。

グリジ　Grisi, Carlotta　5.20没、79歳。1819生。イタリアのバレリーナ。

ホフマン，ハインリヒ　Hoffmann, Heinrich　5.20没、78歳。1821生。ドイツの説教者。

マユンケ，パウル　Majunke, Paul　5.21没、56歳。1842生。ドイツのカトリック神学者。

カステラル，エミリオ　Castelar y Ripoll, Emilio　5.25没、66歳。1832生。スペインの政治家、歴史家。

ボヌール，ローザ　Bonheur, Rosa　5.25没、77歳。1822生。フランスの女流画家、彫刻家。

グロート，クラウス　Groth, Klaus　6.1没、80歳。1819生。ドイツの詩人。

シュトラウス，ヨーハン　Strauss, Johann　6.3没、73歳。1825生。オーストリアの作曲家、指揮者、ヴァイオリン奏者。

ディリー，オーガスティン　Daly, John Augustin　6.7没、60歳。1838生。アメリカの劇作家、劇場支配人。

ゲプハルト，エルンスト　Gebhardt, Ernst　6.9没、66歳。1832生。ドイツのメソジスト教会説教者、教会音楽家。

ショーソン，アメデ-エルネスト　Chausson, Ernest Amadée　6.10没、44歳。1855生。フランス近代の作曲家。

エンデマン　Endemann, Wilhelm　6.13没、74歳。1825生。ドイツの法学者。

テート　Tait, Robert Lawson　6.13没、54歳。1845生。スコットランドの外科医、婦人科医。

ゴルスツンスキー　Golstunskii, Konstantin Fëdorovich　6.22没、68歳。1831生。ロシアの東洋学者、蒙古語学者。

19世紀　1899

ゾーチン　Sozin, Albert　6.25没、54歳。1844生。ドイツの近東学者。

シェルビュリエ, ヴィクトール　Cherbuliez, Victor　7.2没、69歳。1829生。スイスの作家。

コングリーヴ　Congreve, Richard　7.5没、80歳。1818生。イギリスの哲学者。

ジュリアン　Julian, George Washington　7.5没、82歳。1817生。アメリカの奴隷制廃止論者、連邦下院議員。

ウォリン, チャールズ・フレドリク　Warren, Charles Fredrick　7.8没、58歳。1841生。イギリスのCMS宣教師。

テナント　Tennant, Henry　7.11没、35歳。1864生。イギリスのジャーナリスト。

ドヴェリア　Deveria, Jean Gabriel　7.12没、55歳。1844生。フランスの外交官。

アルレー, シャルル・ジョゼフ・ド　Harlez, Charles Joseph de　7.14没、66歳。1832生。ベルギーの宣教師、東洋学者。

アルジャー, ホレイショー　Alger, Horatio, Jr.　7.18没、67歳。1832(㊗1834)生。アメリカの児童文学者、牧師。

アイゼン　Eysen, Louis　7.21没、55歳。1843生。ドイツの画家、木版画家。

インガソル, ロバート・グリーン　Ingersoll, Robert Green　7.21没、65歳。1833生。アメリカの法律家、不可知論者。

ベーリー　Baillie, Charles William　7.24没、55歳。1844生。イギリスの軍人。

グスマン・ブランコ, アントニオ　Guzman Blanco, Antonio　7.28没、70歳。1829生。ベネズエラの大統領。

バルトン　Burton, William Kinninmond　8.5没、43歳。1856生。イギリスの衛生工学者。

プレル　Prel, Karl du　8.5没、60歳。1839生。ドイツの心霊学者。

ブルース, アレグザーンダ・ボールメイン　Bruce, Alexander Balmain　8.7没、68歳。1831生。スコットランドの新約学者、牧師。

マーリス, ヤーコプ・ヘンリクス　Maris, Jacob　8.7没、61歳。1837生。オランダの画家。

フランクランド, サー・エドワード　Frankland, Sir Edward　8.9没、74歳。1825生。イギリスの化学者。

ヴァイツゼカー, カール・ハインリヒ・フォン　Weizsäcker, Karl Heinrich von　8.13没、76歳。1822生。ドイツのプロテスタント神学者。

メヴィッセン　Mevissen, Gustav von　8.13没、84歳。1815生。ドイツの実業家、政治家。

ブンゼン, ロベルト・ヴィルヘルム　Bunsen, Robert Wilhelm Eberard　8.16没、88歳。1811生。ドイツの化学者。

トレイル, キャサリン・パール　Traill, Catharine Parr　8.29没、97歳。1802生。カナダの女性作家、植物学者。

ル・ジャンドル　Le Gendre, Charles William　9.1没、69歳。1830生。フランス生れのアメリカの外交官。

ヤーン　Jan, Karl von　9.4没、63歳。1836生。スイスの音楽学者。

リスティチ　Ristić, Jovan　9.4没、67歳。1831生。セルビアの歴史家、政治家。

スヴェトラー, カロリナ　Světlá, Karolina　9.7没、69歳。1830生。チェコスロヴァキアの女流小説家。

シュレル・ケストネル　Scheurer-Kestner, Auguste　9.19没、66歳。1833生。フランスの化学者、政治家。

ファーバー, エルンスト　Faber, Ernst　9.26没、60歳。1839生。ドイツの宣教師、植物学者。

セガンティーニ, ジョヴァンニ　Segantini, Giovanni　9.29没、41歳。1858生。イタリアの画家。

グリグスビー　Grigsby, William Ebenzer　9.?没、52歳。1847生。イギリスの法律家。

ジャネ　Janet, Paul　10.4没、76歳。1823生。フランスの哲学者。

フックス　Fuchs, Johann Nepomuk　10.5没、57歳。1842生。オーストリアの作曲家、指揮者。

ウッドハル　Woodhull, G. E.　10.11没、35歳。1864生。アメリカのゴスペル・オブ・クライスト派教会宣教師。

カヴァイェ-コール, アリスティド　Cavaillé-Coll, Aristide　10.13没、88歳。1811生。フランスのオルガン製作者。

ペシュ, ティルマン　Pesch, Tilmann　10.18没、63歳。1836生。ドイツのイエズス会士、哲学者。

グロンルンド　Gronlund, Laurence　10.19没、53歳。1846生。アメリカの社会主義思想家。

ビュシーヌ　Bussine, Romain　10.20没、68歳。1830生。フランスの音楽教育者。

アレン, グラント　Allen, Charles Grant Blairfindie　10.28没、51歳。1848生。イギリス(カナダ生れ)の自然科学者、小説家。

メルゲンターラー, オトマー　Mergenthaler, Ottmar　10.28没、45歳。1854生。ドイツの印刷機械発明者。

グレインジャー, ウィリアム・C.　Grainger, William C.　10.31没、55歳。1844生。アメリカの教会宣教師。

レーヴェツォー　Levetzow, Ulrike von　11.13没、95歳。1804生。ドイツの婦人。

ティーマン, ヨハン・カール・ヴィルヘルム・フェルディナント　Tiemann, Johann Karl Ferdinand　11.14没、51歳。1848生。ドイツの有機化学者。

クディルカ　Kudirka, Vincas　11.16没、40歳。1858生。リトアニアの作家、編集者、独立運動家。

人物物故大年表 外国人編　*807*

ブッシュ　Busch, Julius Hermann Moritz　11.16没、78歳。1821生。ドイツのジャーナリスト、著述家。

ヘゼッレ、ヒド　Gezelle, Guido　11.27没、69歳。1830生。ベルギーの詩人。

ピアスン（ピアソン），ルイーズ・ヘンリエッタ　Pierson, Louise Henrietta　11.28没、67歳。1832生。アメリカの婦人連合外国伝道協会宣教師。

クォーリッチュ　Quaritch, Bernard　12.17没、80歳。1819生。イギリスの書籍商、出版業者。

グリゴローヴィチ，ドミートリー・ワシリエヴィチ　Grigorovich, Dmitrii Vasil'evich　12.22（㋺1900）没、77歳。1822生。ロシアの作家。

ムーディ，ドワイト・ライマン　Moody, Dwight Lyman　12.22没、62歳。1837生。アメリカの福音伝道者。

プロープスト，フェルディナント　Probst, Ferdinand　12.26没、83歳。1816生。ドイツのカトリック典礼学者。

ラムルー，シャルル　Lamoureux, Charles　12.26没、65歳。1834生。フランスの音楽家。

パジェット，サー・ジェイムズ　Paget, Sir James　12.30没、85歳。1814生。イギリスの外科医、生理学者。

ミレッカー，カール　Millöcker, Karl　12.31没、57歳。1842生。オーストリアの作曲家。

この年　アブド・アッラーフ　'Abd Allāh bn Muḥammad Khalīfa　53？没。1846生。スーダンのマフディー運動の指導者。

イートン　Eaton, Dorman Bridgman　76歳。1823生。アメリカの法律家。

ヴァシリエフスキー　Vasilievskii, Vasilii　61歳。1838生。ロシアのビザンチン学者。

ウィリアムズ，ジョン　Williams, John　82歳。1817生。アメリカの聖公会主教。

ヴェスピニャーニ，フランチェスコ　Vespignani, Francesco　57歳。1842生。イタリアの建築家。

ウロー　Heureaux, Ulises　54歳。1845生。ドミニカの独裁者、大統領（1882～84，87～99）。

エヴァンプール，アンリ‐ジャック‐エドゥアール　Evenepoel, Henri-Jacques-Édouard　27歳。1872生。ベルギーの画家。

カストナー，ハミルトン・ヤング　Castner, Hamilton Young　㋺1898没、40歳。1859（㋺1858）生。アメリカの化学技術者。

カラン，ルイ‐イレール　Carrand, Louis-Hilaire　78歳。1821生。フランスの画家。

クーズ　Coues, Elliott　57歳。1842生。アメリカの鳥類学者。

クルーマハー，カール・エーミール・クリスティアン　Krummacher, Karl Emil Christian　68歳。1831生。ドイツの牧師。

胡鉄梅　51歳。1848生。中国、清末の画家。

黄以周　71歳。1828生。中国、清末の浙東派の考証学者。

コルネリウス　Cornelius, Carl Sebastian　80歳。1819生。ドイツの哲学者。

コロンブ　Colomb, Philip Howard　68歳。1831生。イギリスの海軍軍人、歴史家。

ジムゾン　Simson, Martin Eduard von　89歳。1810生。ドイツの政治家、法律家。

朱紅燈　中国の義和団運動指導者。

シュライアー　Schreyer, Adolf　71歳。1828生。ドイツの画家。

ジョーンズ，ヘンリー　Jones, Henry　68歳。1831生。イギリスの医師、作家。

ジョンソン　Johnson, Ellen Cheney　80歳。1819生。アメリカの女流教育改革者。

ジリー　Giry, Jean Marie Joseph Arthur　51歳。1848生。フランスの歴史学者。

盛昱　49歳。1850生。中国、清末の満人官僚。

チャンドゥ・メーノーン　O. Candu Mēnōn　52歳。1847生。インドのマラヤーラム文学での、最初の本格小説『インドゥレーカ』の作者。

陳熾　中国、清末の官僚。

テイト，サー・ヘンリー　Tate, Sir Henry　80歳。1819生。イギリスの砂糖精製業者、芸術の後援者、慈善家。

ディングリー　Dingley, Nelson　67歳。1832生。アメリカの政治家。

ナスト，ヴィルヘルム（ウィリアム）　Nast, Wilhelm（William）　92歳。1807生。アメリカで伝道したドイツのメソジスト教会指導者。

ニュートン，ベンジャミン・ウィルス　Newton, Benjamin Wills　92歳。1807生。イギリスのプリマス・ブレズレンの指導者。

バルタルス，イシュトヴァーン　Bartalus, István　78歳。1821生。ハンガリーの作曲家、音楽学者。

ハンナック　Hannak, Emanuel　58歳。1841生。オーストリアの教育者。

ファヴァ，アルマン・ジョゼフ　Fava, Armand Joseph　73歳。1826生。フランスのカトリック聖職者。

ブイエ　Bouillier, Francisque　86歳。1813生。フランスの哲学者。

フィールド　Field, Stephen Johnson　83歳。1816生。アメリカの法律家。

ブランド　Bland, Richard Parks　64歳。1835生。アメリカの政治家。

ブロックハウス，カール　Brockhaus, Carl　77歳。1822生。ドイツにおける「プリマス・ブレズレン」の最初の指導者。

ベルティーニ，ポンペーオ　Bertini, Pompeo　71歳。1828生。イタリアの画家。

パジーニ，アルベルト　Pasini, Alberto　73歳。1826生。イタリアの画家、版画家。

ホーバート　Hobart, Garret Augustus　55歳。1844生。アメリカの法律家，政治家。
ペラギッチ　Pelagić, Vasa　61歳。1838生。セルビアの社会主義者，政治活動家。
パリッツィ，フィリッポ　Palizzi, Filippo　81歳。1818生。イタリアの画家。
プリンス，ヘンリ・ジェイムズ　Prince, Henry James　88歳。1811生。イギリスの「アガペモニズム」の創始者，指導者。
ピルズベリー，チャールズ・アルフレッド　Pillsbury, Charles Alfred　57歳。1842生。アメリカの製粉業者。
ボンウィル　Bonwill, W. G. A.　66歳。1833生。アメリカの歯科用エンジン考案者。
ボンヌタン，ポール　Bonnetain, Paul　41歳。1858生。フランスの作家。
マケンジ，ジョン　Mackenzie, John　64歳。1835生。スコットランド出身の南アフリカ宣教師。
マチャキーニ，カルロ　Maciachini, Carlo　81歳。1818生。イタリアの建築家。
メトフォード，ウィリアム・エリス　Metford, William Ellis　75歳。1824生。イギリスのエンジニア。
モルフ　Morf, Heinrich　81歳。1818生。スイスの教育家。
ルナ　Luna, Juan　42歳。1857生。フィリピンの画家。
レヒベルク・ローテンレーウェン　Rechberg-Rothenlöwen, Johann Bernhard von　93歳。1806生。オーストリアの政治家。
ロンメル　Lommel, Eugen Corne-lius Joseph von　62歳。1837生。ドイツの数学者。

1900年

3.30　スウェン・ヘディンが楼蘭の遺跡を発見
5.01　ヒジャーズ鉄道建設の勅令が発せられる
6.10　8ヵ国連合軍が義和団鎮圧のため出兵する
6.21　清が8ヵ国連合宣戦布告（義和団事件）
7.02　飛行船ツェッペリン号が試験飛行を行う
9.03　イギリスがトランスヴァール共和国を併合
10.14　精神科医フロイトが「夢判断」を出版する
＊　＊　＊
コクスウェル　Coxwell, Henry Tracey　1.5没、80歳。1819生。イギリスの気球飛行家。
マグリン，エドワード　McGlynn, Edward　1.7没，62歳。1837生。アメリカのカトリック司祭，社会改良家。
マーティノー，ジェイムズ　Martineau, James　1.11没，94歳。1805生。イギリスの哲学者，ユニテリアン派牧師。

ウォーゲ，ペーター　Waage, Peter　1.13没、66歳。1833生。ノルウェーの化学者。
フュレー，ルイ-テオドール　Furet, Louis-Théodore　1.15没、83歳。1816生。フランスのパリ外国宣教会宣教師。
ブスラー　Bussler, Ludwig　1.18没、61歳。1838生。ドイツの音楽理論家。
ブラックモア，R. D.　Blackmore, Richard Doddridge　1.20没、74歳。1825生。イギリスの小説家，詩人。
ラスキン，ジョン　Ruskin, John　1.20没、80歳。1819生。イギリスの評論家，画家。
ヒューズ，デイヴィド（・エドワード）　Hughes, David Edward　1.22没、68歳。1831生。イギリス生れのアメリカの発明家，物理学者。
ディクソン　Dixon, Richard Watson　1.23没、66歳。1833生。イギリスの聖職者，詩人。
ラヴローフ，ピョートル・ラヴロヴィチ　Lavrov, Pëtr Lavrovich　1.25没、76歳。1823生。ロシアの革命家，哲学者。
ダンバー　Dunbar, Charles Franklin　1.29没、69歳。1830生。アメリカの経済学者。
デュフレーヌ，シャルル　Dufraine, Charles　2.2没、72歳。1827生。フランスの彫刻家。
ノヴァーチェック　Nováček, Ottkar Eugen　2.3没、33歳。1866生。ハンガリーのヴァイオリン奏者，作曲家。
モルゴット，フランツ（・フォン・パウラ）　Morgott, Franz von Paula　2.3没、70歳。1829生。ドイツの哲学者，神学者。
ハンター　Hunter, *Sir* William Wilson　2.6没、59歳。1840生。イギリスのインド史家。
クレー　Clays, Paul Jean　2.9没、80歳。1819生。ベルギーの海洋画家。
ベルトラミ　Beltrami, Eugenio　2.18没、64歳。1835生。イタリアの数学者。
キーリー　Keeley, Leslie E.　2.21没、67歳。1832生。アメリカの内科医。
ジェニコット，エドゥアール　Génicot, Édouard　2.21没、44歳。1856生。ベルギーのカトリック倫理神学者。
スミス，チャールズ・ピアッツィ　Smyth, Charles Piazzi　2.21没、81歳。1819生。イギリスの天文学者。
ダウソン，アーネスト　Dowson, Ernest Christopher　2.23没、32歳。1867（㊟1868）生。イギリスの詩人，短篇小説家。
バタフィールド，ウィリアム　Butterfield, William　2.23没、85歳。1814生。イギリスの建築家。
ホヴィ，リチャード　Hovey, Richard　2.24没、35歳。1864生。アメリカの詩人。

人物物故大年表 外国人編　*809*

ロイシュ，フランツ・ハインリヒ Reusch, Franz Heinrich 3.3没、74歳。1825生。ドイツのカトリックの旧約学者，古カトリック教会の指導者。

キルヒナー Kirchner, Friedrich 3.5没、51歳。1848生。ドイツの哲学者。

ダイムラー，ゴットリープ・ヴィルヘルム Daimler, Gottlieb Wilhelm 3.6没、65歳。1834生。ドイツの機械技術者，発明家。

ベヒシュタイン，フリードリヒ・ヴィルヘルム・カール Bechstein, Friedrich Wilhelm Carl 3.6没、73歳。1826生。ドイツのピアノ製作者。

ドップラー，カール Doppler, Karl 3.10没、74歳。1825([異]1829)生。ポーランド出身の音楽家。

ハルトマン，ヨハン・ペータ・エミリウス Hartmann, Johann Peter Emilius 3.10没、94歳。1805生。デンマークの作曲家，オルガン奏者。

シュテーリン，ルードルフ Stähelin, Rudolf 3.13没、58歳。1841生。スイスの教会史家。

クリストッフェル Christoffel, Elwin Bruno 3.15没、70歳。1829生。ドイツの数学者。

プットカーマー Puttkamer, Robert von 3.15没、71歳。1828生。ドイツ(プロイセン)の政治家。

ノブレ，アントニオ Nobre, António Pereira 3.18([異]1903)没、32歳。1867生。ポルトガルの詩人。

アノン，シャルル・ルイ Hanon, Charles Louis 3.19没、80歳。1819([異]1820)生。フランスのピアニスト，オルガン奏者，教育家。

ビンガム Bingham, John Armor 3.19没、85歳。1815生。アメリカの法律家，外交官。

エドワーズ，トマス・チャールズ Edwards, Thomas Charles 3.22没、62歳。1837生。ウェールズのカルヴァン主義メソジスト教会牧師，聖書学者。

イェンゼン，クリスティアン Jensen, Christian 3.23没、61歳。1839生。ドイツのルター派敬虔派の牧師。

ステュアート Stewart, *Sir* Donald Martin, Baronet 3.26没、76歳。1824生。イギリスの軍人。

ジュベール，ピート(・ペトルス・ヤコブス) Joubert, Petrus Jacobus 3.27没、69歳。1831([異]1834)生。南アフリカの軍人，政治家。

ベネデッティ Benedetti, Vincent, Comte de 3.28没、82歳。1817生。フランスの外交官。

マイヴァート，ジョージ・ジャクスン Mivart, St.George Jackson 4.1没、72歳。1827生。イギリスの生物学者。

ベルトラン Bertrand, Joseph Louis François 4.3没、78歳。1822生。フランスの数学者。

オスマン・パシャ 'Othman Nuri Pasha 4.5([異]1897)没、63歳。1837([異]1832)生。オスマン・トルコ帝国の将軍。

チャーチ，フレデリック - エドウィン Church, Frederick Edwin 4.7没、73歳。1826生。アメリカの風景画家。

マーセン，フリードリヒ Maassen, Friedrich 4.9没、76歳。1823生。ドイツ(オーストリア)の教会法史学者。

ファルギエール，ジャン・アレクサンドル・ジョゼフ Falguière, Jean Alexandre Joseph 4.20没、68歳。1831生。フランスの彫刻家。

ミルヌ・エドワール Milne-Edwards, Alphonse 4.21没、64歳。1835生。フランスの動物学者，考古学者。

ラバー Rabah 4.21？没。スーダン西部ダルフール出身の奴隷あがりの傭兵隊長。

ハイトケンペル Heidkämper, George Friedrich Hermann 4.26没、56歳。1843生。ドイツの靴職人。

ムンカーチ，ミハーイ Munkácsy, Mihály 5.1没、56歳。1844生。ハンガリーの画家。

クラウス Claus, Adolf Carl Ludwig 5.4没、61歳。1838生。ドイツの化学者。

ピット - リヴァーズ，オーガスタス(・ヘンリー・レイン - フォックス) Pitt-Rivers, Augustus Henry Lane-Fox 5.4没、73歳。1827([異]1820)生。イギリスの軍人，考古学者。

ヴァシーリエフ，ヴァシーリイ・パーヴロヴィチ Vasiliev, Vasilii Pavlovich 5.10没、82歳。1818生。ロシア正教会の宣教師，中国学者。

レヴィ，ヘルマン Levi, Hermann 5.13没、60歳。1839生。ドイツの指揮者。

コルサコフ Korsakov, Sergei Sergeevich 5.14没、46歳。1854生。ロシアの精神病理学者。

ラヴェッソン・モリアン Ravaisson-Mollien, Jean Gaspard Félix 5.18没、86歳。1813生。フランスの哲学者。

アイヴァゾーフスキー，イヴァン・コンスタンティノヴィチ Aivasovskii, Ivan Konstantinovich 5.19没、82歳。1817生。ロシアの海洋画家。

ブラツィイェフスキ，カール・フェルディナント Blazejewski, Carl Ferdinand 5.24没、38歳。1862生。ドイツの敬虔派指導者。

マッツェルラ，カミルロ Mazzella, Camillo 5.26没、67歳。1833生。イタリアのイエズス会神学者，枢機卿。

グローヴ，ジョージ Grove, *Sir* George 5.28没、79歳。1820生。イギリスの音楽学者。

ランゲ Lange, Carl Georg 5.29没、65歳。1834生。デンマークの生理学者。

パーク，エドワーズ・アマサ Park, Edwards Amasa 6.4没、91歳。1808生。アメリカのプロテスタント神学者。

クレイン，スティーヴン Crane, Stephen 6.5没、28歳。1871生。アメリカの小説家。

キューネ，ヴィルヘルム・フリードリヒ Kühne, Wilhelm Friedrich 6.10没、63歳。1837生。ドイツの生理学者，組織学者。

ライル，ジョン・チャールズ Ryle, John Charles 6.10没、84歳。1816生。英国教会リヴァプール教区主教。

フルネ Frenet, Jean-Frédéric 6.12没、84歳。1816生。フランスの数学者。

ジョアンヴィル Joinville, François Ferdinand d'Orléans, Prince de 6.16没、81歳。1818生。フランスの軍人。

ケッテラー Ketteler, Clement August von 6.20没、46歳。1853生。ドイツの外交官。

ムラヴィヨフ Muraviyov, Mikhail Nikolaevich 6.21没、55歳。1845生。ロシアの政治家。

トゥーレ，S. Touré, Samory 7.2没、70？歳。1830生。アフリカの支配者，国家建設者。

オールブライト，アーサー Albright, Arthur 7.3没、89歳。1811生。イギリスの化学者，工業家。

バーナード Barnard, Henry 7.5没、89歳。1811生。アメリカの教育改革者。

ファルク，アーダルベルト Falk, Adalbert 7.7没、72歳。1827生。ドイツの政治家。

ベルジェー，サミュエル Berger, Samuel 7.13没、57歳。1843生。フランスの聖書学者，釈義学者。

マカーティ，ダイヴィ・ベスン McCartee, Divie Bethune 7.17没、80歳。1820生。アメリカの長老派教会宣教師。

ヴィルト Wirth, Max 7.18没、78歳。1822生。ドイツの経済学者。

キェルダール，ヨハン・グスタフ・クリストフェル Kjeldahl, Johan Gustav Christoffer Thorsager 7.18没、50歳。1849生。デンマークの化学者。

カーデ Kade, Otto 7.19没、81歳。1819生。ドイツの音楽学者。

レヴィタン，イサク Levitan, Isaak Iliich 7.22？没、39？歳。1860生。ロシアの風景画家。

ウンベルト1世 Umberto I 7.29没、56歳。1844生。イタリア国王(在位1878～1900)。

オプストフェルデル，シーグビョルン Obstfelder, Sigbjørn 7.29没、33歳。1866生。ノルウェーの詩人。

アルフレッド Alfred, Ernest Albert 7.30没、55歳。1844生。イギリス，ビクトリア女王の2男。

ソロヴィヨフ，ウラジーミル・セルゲーヴィチ Soloviëv, Vladimir Sergeevich 7.31没、47歳。1853生。ロシアの哲学者。

ルノワール，ジャン・ジョゼフ・エティエンヌ Lenoir, Jean Joseph Etienne 8.4没、78歳。1822生。フランスの技術者。

リープクネヒト Liebknecht, Wilhelm 8.7没、74歳。1826生。ドイツ社会主義運動の指導者。

コックス Cox, Jacob Dolson 8.8没、71歳。1828生。アメリカの陸軍士官，政治指導者，教育家。

スコーダ Skoda, Emil von 8.8没、60歳。1839生。チェコスロヴァキアの工業家。

ハムリン，サイラス Hamlin, Cyrus 8.8没、89歳。1811生。アメリカの組合教会派宣教師。

ラッセル Russell of Killowen, Charles Russell, Baron 8.10没、67歳。1832生。イギリスの法律家。

キーラー，ジェイムズ・エドワード Keeler, James Edward 8.12没、42歳。1857生。アメリカの天文学者。

ハンティントン，コリス・P(ポーター) Huntington, Collis Potter 8.13没、78歳。1821生。アメリカの実業家。

アンダソン Anderson, John 8.15没、66歳。1833生。イギリスの考古学者。

ケイロース，エッサ・デ Eça de Queiroz, José Maria 8.16没、54歳。1845([異]1846)生。ポルトガルの小説家。

サマン，アルベール Samain, Albert Victor 8.18没、42歳。1858生。フランス象徴派の詩人。

クリュズレ Cluseret, Gustave Paul 8.21没、77歳。1823生。フランスの軍人。

フローラン Florent, Louis-Felix 8.24没、70歳。1830生。フランスの土木技師。

ニーチェ，フリードリヒ・ヴィルヘルム Nietzsche, Friedrich Wilhelm 8.25没、55歳。1844生。ドイツの哲学者。

シジウィック，ヘンリー Sidgwick, Henry 8.28没、62歳。1838生。イギリスの倫理学者。

アブダンク・アバカノヴィチ Abdank-Abakanowicz, Bruno 8.29没、47歳。1852生。ポーランドの数学者，技師。

ローズ，サー・ジョン・ベネット Lawes, *Sir* John Bennet 8.31([異]1899)没、85歳。1814生。イギリスの農学者。

ダイアック Diack, John 9.7没、72歳。1828生。イギリスの鉄道技師。

ダ・コスタ Da Costa, Jacob Mendes 9.12没、67歳。1833生。アメリカの外科医。

アンベール Humbert, Aimé 9.19没、81歳。1819生。スイスの外交官。

ウォールワース，クラレンス・オーガスタス Walworth, Clarence Augustus 9.19没、80歳。1820生。アメリカのパウリスト会士。

マルティネス・デ・カンポス Martínez de Campos, Arsenio 9.23没、68歳。1831([異]1834)生。スペインの政治家，軍人。

ラゼール，ジェシー・ウィリアムズ Lazear, Jesse William 9.25没、34歳。1866生。アメリカの医師。

1900 19世紀

ミュアヘッド，ウィリアム　Muirhead, William　10.3没、78歳。1822生。イギリスのロンドン伝道会宣教師。

ヘルツォーゲンベルク，ハインリヒ　Herzogenberg, Heinrich von　10.9没、57歳。1843生。オーストリアの作曲家。

アミール・ミーナーイー　Amīr Aḥmad Mīnāī, Munshī　10.13没、74歳。1826（㊌1829）生。インドにおけるウルドゥー語詩人，学者。

フィビフ，ズデニェク　Fibich, Zdĕnek　10.15没、49歳。1850生。チェコスロヴァキアの作曲家。

エヴァレット，チャールズ・キャロル　Everett, Charles Carroll　10.16没、71歳。1829生。アメリカの哲学者，神学者，宗教史家。

ウォーナー，チャールズ・ダドリー　Warner, Charles Dudley　10.20没、71歳。1829生。アメリカの随筆家，小説家。

フラシャリ，ナイム　Frashëri, Naim　10.20没、54歳。1846生。アルバニアの詩人。

シャーマン　Sherman, John　10.22没、77歳。1823生。アメリカの政治家。

アンダーソン　Anderson, William Edwin　10.27没、57歳。1842生。イギリスの医師。

ミュラー，フリードリヒ・マックス　Müller, Friedrich Max　10.28没、76歳。1823生。ドイツ生れ，イギリスに帰化した東洋学者，比較言語学者。

ゴデー，フレデリック・ルイ　Godet, Frédéric　10.29没、88歳。1812生。スイスのプロテスタント神学者。

ゴードン，マークウィス・ラフェイエット　Gordon, Marquis Lafayette　11.4没、57歳。1843生。アメリカのアメリカン・ボード宣教師。

タヴィッド，アルマン　David, Armand　11.10没、74歳。1826生。フランスのラザルス派宣教師，植物学者。

ヴィラード　Villard, Henry　11.12没、65歳。1835生。ドイツ生れのアメリカのジャーナリスト，実業家。

ピヒラー　Pichler, Adolf, Ritter von Rautenkar　11.15没、81歳。1819生。オーストリアの詩人。

エックシュタイン　Eckstein, Ernst　11.18没、55歳。1845生。ドイツの小説家。

サリヴァン，アーサー　Sullivan, Sir Arthur Seymour　11.22（㊌1890）没、58歳。1842生。イギリスの作曲家。

バイシュラーク，ヴィリバルト　Beyschlag, Willibald　11.25没、77歳。1823生。ドイツのプロテスタント神学者。

シム　Sim, Alexander Cameron　11.28没、60歳。1840生。イギリスの貿易商。

ワイルド，オスカー　Wilde, Oscar Fingal O'Flahertie Wills　11.30没、46歳。1854（㊌1856）生。イギリスの文学者。

ライブル，ヴィルヘルム　Leibl, Wilhelm　12.4没、56歳。1844生。ドイツの画家。

ブルーメンタール　Blumenthal, Leonhard, Graf von　12.22没、90歳。1810生。プロシアの軍人。

アームストロング，ウィリアム・ジョージ，男爵　Armstrong, Sir William George　12.27没、90歳。1810生。イギリスの発明家，企業家。

タイラー，モーゼズ・コイト　Tyler, Moses Coit　12.28没、65歳。1835生。アメリカの歴史家。

［この年］アイワゾフスキー　Ivan, Konstantinovich Aivazovskiy　83歳。1817生。ロシアの画家。

アツフェルド　Hatzfeld, Adolphe　76歳。1824生。フランスの文学者，修辞学者。

アドラー，ダンクマー　Adler, Dankmar　56歳。1844生。アメリカの建築家。

アルトマン　Altmann, Richard　48歳。1852生。ドイツの組織学者。

ヴィケール，ガブリエル　Vicaire, Gabriel　52歳。1848生。フランスの詩人。

ヴィーゼ　Wiese, Ludwig　94歳。1806生。ドイツの教育家，教育行政家。

ヴェーリング，アンネ・フォン　Weling, Anne von　63歳。1837生。ドイツの伝道者。

ウォルシュ　Walsh, Thomas　73歳。1827生。アメリカの貿易商。

エルトン　Elton, Charles Isaac　61歳。1839生。イギリスの法学者，民俗学者。

袁昶　中国，庚子死節の五忠臣の一人。

王懿栄　55歳。1845生。中国，清末の学者，官僚。

オリエ　Ollier, Léopold Louis Xavier Edouard　75歳。1825生。フランスの外科医。

ガッリ，ルイージ　Galli, Luigi　80歳。1820生。イタリアの画家。

許景澄　55歳。1845生。中国，清の外交官，政治家。

キングズリー，メアリ・ヘンリエッタ　Kingsley, Mary Henrietta　38歳。1862生。イギリスの女性探検家。

クイーンズベリー，サー・ジョン・ショルト・ダグラス，8代侯爵　Queensberry, Sir John Sholto Douglas, 8th Marquis of　56歳。1844生。イギリスの貴族，ボクシングの後援者。

クリシュナ・ピライ，H. A.　Krishna Pillai, H. A.　73歳。1827生。インドのキリスト者詩人。

グリーン　Green, William Henry　75歳。1825生。アメリカの旧約学者，ヘブライ語学者，長老教会派牧師。

クロプシー，ジャスパー（・フランシス）　Cropsey, Jasper(Francis)　77歳。1823生。アメリカの画家。

ケイ　Key, David Mckendree　76歳。1824生。アメリカの政治家。

剛毅　63歳。1837（㊌1834頃）生。中国，清末の政治家。

812 人物物故大年表 外国人編

19世紀　1900

サックス - コーバーグ - ゴーサ，アルフレッド・アーネスト・アルバート，王子　Saxe-Coburg-Gotha, Alfred Ernest Albert, Prince of　56歳。1844生。イギリスのヴィクトリア女王の第2王子。

サッロッキ，ティート　Sarrocchi, Tito　76歳。1824生。イタリアの彫刻家。

サレー　Salleh, Mat　イギリス領北ボルネオの反乱指導者。

史堅如　21歳。1879生。中国の革命家。

シモンズ，ジョージ・ジェイムズ　Symons, George James　62歳。1838生。イギリスの気象学者。

シュタインマイアー，フランツ・カール・ルートヴィヒ　Steinmeyer, Franz Karl Ludwig　89歳。1811生。ドイツのルター派実践神学者。

徐璋玉　朝鮮の教祖伸寃運動指導者。

徐桐　81歳。1819生。中国，清末期の保守排外派の重臣。

徐用儀　79歳。1821生。中国，清の官僚。

聶士成　中国，清末期の軍人。

崇綺　71歳。1829生。中国，清末期のモンゴル人官僚。

スキーン　Skene, Alexander Johnston Chalmers　62歳。1838生。アメリカの婦人科医。

スタイニッツ，ウィリアム　Steinitz, William　64歳。1836生。チェコのチェス・プレーヤー。

セア　Sayre, Lewis Albert　80歳。1820生。アメリカの外科医。

ソロビヨフ，ウラヂミル　Solov'ev, Vladimir Sergeevich　47歳。1853生。「現代黙示録」の著者。

チャーマズ，ジョン　Chalmers, John　75歳。1825生。イギリスの宣教師。

張蔭桓　63歳。1837生。中国，清末の外交官。

陳宝箴　69歳。1831生。中国，清末期，変法派の政治家。

ツァーン，アードルフ　Zahn, Adolf　66歳。1834生。ドイツの改革派牧師。

デイヴィドソン　Davidson, Thomas　60歳。1840生。アメリカの教育学者，哲学者。

デニー　Denny, Owen Nickerson　62歳。1838生。朝鮮，閔氏政権下のアメリカ人外交顧問。

デュラン・ド・グロ　Durand de Gros　74歳。1826生。フランスの生理学者，哲学者。

デーリー　Daly, Marcus　59歳。1841生。アメリカの鉱山資本家。

唐才常　33歳。1867生。中国，清末の革命家。

馬建忠　Ⓦ1899没，56歳。1844(Ⓦ1845)生。中国，清末期の洋務派官僚。

プチ・ド・ジュルヴィル，ルイ　Petit de Julleville, Louis　59歳。1841生。フランスのフランス文学研究者。

ホフマン　Hoffmann, Friedrich　82歳。1818生。ドイツの窯業技術者。

プリット，ヘルマン　Plitt, Hermann　79歳。1821生。ドイツの福音主義神学者。

ボーロトフ，ヴァシーリイ・ヴァシーリエヴィチ　Bolotov, Vasilij Vasil'evič　46歳。1854生。ロシアの教会史家。

マイヤー　Meyer, Georg　59歳。1841生。ドイツの公法学者。

マクラーナンド　McLernand, John Alexander　88歳。1812生。アメリカの法律家，軍人。

裕禄　56？歳。1844生。中国，清末期の守旧派官僚。

ヨーン　John, Vincenz　62歳。1838生。オーストリアの統計学者，行政学者。

ラービフ　Rabīḥ Zubayr　60歳。1840(Ⓦ1845)生。スーダンの奴隷商人。

李済馬　63歳。1837生。朝鮮の医学者。

李秉衡　70歳。1830生。中国，清末期の官僚。

レベック　Lévêque, Jean-Charles　82歳。1818生。フランスの美学者。

人物物故大年表　外国人編　*813*

人名索引

【 ア 】

アアシャー　629（この頃）
アアフ・メス1世　前1537（この年）
アアフ・メス2世　前526（この年）
ア・アンニ・パッダ　前2470（この年）
アイアデル　1799（この年）
アイアトン、ヘンリー　1651（11.26）
アイアランド、ウィリアム・ヘンリー　1835（4.17）
アイアランド、ジョン　1842（9.2）
アイ、ピエール・ド　1420（8.9）
アイヴァゾーフスキー、イヴァン・コンスタンティノヴィチ　1900（5.19）
アイヴォリ　1842（9.21）
アイヴズ　1895（この年）
アイヴズ、リーヴァイ・シリマン　1867（10.13）
アイエツ、フランチェスコ　1882（この年）
アイク、ファン　1426（この年）
アイケ・フォン・レプゴー　1233（この頃）
哀公（秦）　前501（この年）
哀公（魯）　前468（この年）
アーイシャ　678（7.13）
アイスキネス　前322（この頃）
アイスキュロス　前456（この頃）
アイストゥルフ　756（この年）
アイストン、チャールズ　1721（11.5）
愛薛　1308（この年）
アイゼレン　1846（8.22）
アイゼン　1899（7.21）
アイゼングライン、ヴィルヘルム　1584（この年）
アイゼングライン、マルティーン　1578（5.4？）
アイゼンシュタイン　1852（10.11）
アイゼンバルト　1727（11.11）
アイゼンメンガー、ヨーハン・アンドレーアス　1704（12.30）
哀宗　1234（この年）
聖アイダン　651（8.31）
アイツェン、パウル・フォン　1598（この年）
哀帝（前漢）　前1（この年）

哀帝（唐）　908（この年）
哀帝（東晋）　365（3.？）
アイデシオス　355？（この頃）
アイバク　1210（11.？）
アイバク　1257（この年）
アイヒェル、ヨーハン・ザンティーン　1723（12.7）
アイヒェンドルフ、ヨーゼフ・フォン　1857（11.26）
アイヒホルン、カール・フリードリヒ　1854（7.4）
アイヒホルン、ヨーハン・アルブレヒト・フリードリヒ　1856（6.16）
アイヒホルン、ヨーハン・ゴットフリート　1827（6.27）
アイヒラー、アウグスト・ヴィルヘルム　1887（3.2）
アイヒロート　1892（2.2）
アイヒンガー、グレーゴル　1628（2.21）
アイブ　1475（7.24）
アイブラー、ヨーゼフ・レーオポルト　1846（7.24）
アイブリンガー、ヨハン・カスパル　1867（5.6）
アイベシュッツ　1764（この年）
アイベル、ヨーハン・ヴァーレンティーン　1805（6.30）
アイマー　1898（5.30）
アイム、ニコロ・フランチェスコ　1729（この年）
アイラー、ヤーコブ　1605（3.26）
アイラート、ルーレマン・フリードリヒ　1852（2.8）
アイリアノス、クラウディオス　235（この頃）
アイリョン　1526（この頃）
アイルランガ　1049（この年）
アイルレッド　1166（この年）
アイレンホフ、コルネーリウス・フォン　1819（8.15）
愛魯　1288（この年）
アイワゾスキー　1900（この年）
アインジーデル　1828（7.9）
アインハルト　840（3.14）
アインホーン、デイヴィド　1878（11.2）
アインミラー、マックス・エマヌエル　1870（12.8）
アヴァクーム、ペトローヴィチ　1682（4.14）
アウアーバッハ、ベルトルト　1882（2.8）

アヴァンチーニ、ニコラウス　1686（12.6）
アヴァンツィーニ、バルトロメーオ　1658（この年）
アヴァンツィーニ、ピエル・アントーニオ　1733（この年）
アヴィケブロン　1070（この頃）
アウィソトル　1503（この年）
アウィディウス・ニグリヌス　118（この年）
アウィートゥス、アルキムス・エクディキウス　525（この年）
アウィートゥス、マールクス・マエキリウス・エパルキウス　456（この年）
アーヴィング、エドワード　1834（12.7）
アーヴィング、ワシントン　1859（11.28）
アヴェド、ジャック・アンドレ－ジョゼフ　1766（3.4）
アヴェナーリウス、リヒャルト　1896（8.18）
アウエルスペルク　1876（9.12）
アウエルバハ　1542（この年）
アヴェルリーノ、アンドレーア　1608（11.10）
アヴェロエス　1198（2.10）
アヴェンティーヌス、ヨハネス　1534（1.9）
アウエンブルッガー、レオポルト　1809（5.17）
アヴォガドロ、アメデオ　1856（7.9）
アウグスタ　1890（1.7）
アウグスタ、ヤン（ヨーハン）　1572（この頃）
アウグスティ、ヨーハン・クリスティアン・ヴィルヘルム　1841（4.28）
アウグスティヌス、アウレリウス　430（8.28）
アウグスティヌス（カンタベリーの、聖）　604（5.26）
アウグスティーヌス・トリウムフス（アンコーナの）　1328（4.2）
アウグスト　1870（この年）
アウグスト1世　1586（2.11）
アウグストゥス、ガイユス・ユリウス・カエサル・オクタウィアヌス　14（8.19）
アウクセンティウス　374（この頃）

アウソニウス, デキムス・マグヌス　392（この頃）
アウトナソン, ヨウン　1888（9.4）
アウハディー　1338（この年）
アウハディー・マラーギー　1337（この頃）
アウハドゥッ・ディーン　1297（この頃）
アウバレン, カール・アウグスト　1864（5.2）
アヴラアーミイ（スモレーンスクの）　1221（この年）
アウラングゼーブ, ムヒー・ウッディーン・ムハンマド　1707（3.3）
アウリスパ, ジョヴァンニ　1459（5.？）
アウリチェク, ドミニク　1804（この年）
アウリファーバー, ヨハネス（ヴァイマルの）　1575（11.18）
アウリファーバー, ヨハネス（ブレスラウの）　1568（10.19）
アウリファーバー（ゴルトシュミット）, アンドレーアス　1559（12.12）
アウリヤー　1325（この年）
アヴリヨン, ジャン・バティスト・エリー　1729（この年）
アウレーリアーヌス, ルーキウス・ドミティウス　275（9.？）
アウレーリアーヌス（アルルの）　551（6.16）
アウレーリウス　430（7.21）
アウレーリウス　852（この年）
アウロガルス, マテーウス　1543（11.10）
アウワーテル, イサーク　1793（この年）
アエギディウス（アッシージの）　1262（4.18）
アエギディウス（ヴィテルボの）　1532（この年）
アエギディウス（ジル）　720（この頃）
アエギディウス（レシーヌの）　1304（この年）
アエギル　822（6.15？）
アエティウス, フラウィウス　454（この年）
アエティオス　370（この頃）
アエティオス（アミダの）　575（この年）

アエネーアス（パリの）　870（12.27）
アエピヌス, ヨハネス　1553（5.13）
アエミリウス・パウルス　前160（この年）
アエミリウス・マケル　前16（この年）
アエリアヌス　235（この頃）
アーガイル, アーチボルド・キャンベル, 5代伯爵　1573（この年）
アーガイル, アーチボルド・キャンベル, 9代伯爵　1685（6.30）
アーガイル, アーチボルド・キャンベル, 侯爵兼8代伯爵　1661（5.27）
アーガイル, ジョン・キャンベル, 2代公爵　1743（10.4）
アカキオス　366（この頃）
アカキオス　489（この年）
アカキオス（ベレアの）　433？（この頃）
アカキオス（メリテネの）　438（この頃）
アガシ, ルイ　1873（12.14）
アガッス, ジャック・ロラン　1849（この頃）
アガッツァーリ, アゴスティーノ　1640（4.10）
アカツワク　828（この年）
アガティアス　582（この年）
アガード　1859（1.28）
アガト　681（1.10）
アーカート, トマス　1660（8.9）
アガトクレス　前289（この年）
アガトクレス（リュシマコスの子）　前282？（この頃）
アガトニケー　170（この頃）
アガトン　1797（この年）
アガトン　前401？（この頃）
アガ・ハーン1世　1881（この年）
アガ・ハーン2世　1885（この年）
アーガーハーン・ケルマーニー　1896（この年）
アガピオス　307（11.20）
アガービティ, ピエトロ・パーオロ　1540（この頃）
アガピトゥス　258（この年）
アガペッス2世　955（12.？）
アガペー（テッサロニーキの）　304（4.1）
アーガー・ムハマンド・ハーン　1797（6.17）

アカリー, バルブ　1618（4.18）
アーガー・リザー　1573（この年）
アカルドゥス（クレルヴォーの）　1170（この年）
アカルドゥス（サン・ヴィクトールの）　1171（2.？）
アギアル, アレクサンドル・デ　1600（この年）
阿義屈達干　757（この年）
アギス4世　前241（この年）
アキッリーニ, クラウディオ　1640（10.1）
アキバ, ベン・ヨセフ　135（この頃）
アキリニ　1512（8.2）
アギーレ　1561（この年）
アギレラ　1881（7.1）
アギレーラ・デ・エレディア, セバスティアン　1627（この年）
アギロルフス（ケルンの）　750（この頃）
アキンデューノス, グレゴリオス　1349（この年）
アクアヴィーヴァ, クラウディウス　1615（1.31）
アクアヴィーヴァ, ロドルフォ　1583（この年）
アグアード, ディオニシオ　1849（この年）
アクィナス, フィリップス　1650（この年）
アークイラ, ピエトロ　1692（この年）
アクィラーノ・セラフィーノ　1500（8.10）
アクィリーヌス　1015（この頃）
アークヴィラ（アドラー）, カスパル　1560（11.12）
アクサーコフ, イワン・セルゲーヴィチ　1886（1.27）
アクサーコフ, コンスタンチン・セルゲーヴィチ　1860（12.7）
アクサーコフ, セルゲイ・チモフェーヴィチ　1859（4.30）
アグスティン1世　1824（この年）
アグッキ, ジョヴァンニ・バッティスタ　1632（この年）
アクトン, サー・ジョン（・フランシス・エドワード）　1811（8.12）
アク・ナザル・ハーン　1580（この年）
アクニャ　1606（6.24）
アクーニャ, エルナンド・デ　1580（この頃）

人名索引　アシ

アクーニャ，クリストバル・デ　1670(1.4)
アクーニャ・デ・フィゲロア　1862(この年)
アグニュー　1892(この年)
アグネス(アッシジの)　1253(8.27)
アグネス・フォン・ポアトゥー　1077(12.14)
アグネス(ボヘミアの)　1282(3.2)
アグネス(ポワティエの)　589(この頃)
アグネス(モンテプルチャーノの)　1317(4.24)
アグネルス(アニェルロ)，アンドレアス　846(この頃)
アグネルス(アニェルロ)(ピーサの)　1232(3.3)
アクバル，ジャラール・ウッディーン・ムハンマド　1605(10.17)
アクバル・ハーン　1849(この年)
アグヤーリ，ルクレツィア　1783(5.18)
アークライト，サー・リチャード　1792(8.3)
アグラモンテ　1873(この年)
アクランド　1753(この年)
アグリコラ　1676(2.20)
アグリコラ，アレクサンダー　1506(8.?)
アグリコラ，グナエウス・ユリウス　93(この年)
アグリコラ，ゲオルギウス　1555(11.21)
アグリーコラ，シュテファン　1547(4.10?)
アグリーコラ，フィリッポ　1857(この年)
アグリコラ，マルティン　1556(6.10)
アグリコラ，ミーカエル・オラヴィ　1557(4.9)
アグリーコラ，ヨハネス　1566(9.22)
アグリコラ，ヨーハン・フリードリヒ　1774(12.2)
アグリコラ，ルドルフス　1485(10.27)
アグリッパ，マルクス・ウィプサニウス　前12(この年)
アグリッパ・フォン・ネッテスハイム，ヘンリクス・コルネリウス　1535(2.18)

アグリッパ・ポストゥムス　14(この年)
アグリッピナ　20(この年)
アグリッピナ　33(この年)
アグリッピナ　59(3.?)
アグレスティ，リーヴィオ　1580(この年)
アクレーリウス，イースラエル　1800(4.25)
アクロポリテース，ゲオールギオス　1282(この頃)
アクロポリテース，コンスタンティノス　1321(この年)
アグン　1645(この年)
アゲシラオス　前360(この年)
アゲソー，アンリ・フランソワ・ド　1751(2.9)
アケルマン，ルイーズ・ヴィクトリーヌ　1890(8.3)
アコスタ　1852(2.21)
アコスタ，ガブリエル　1640(4.?)
アコスタ，ホセ・デ　1600(2.11?)
アゴスティーニ　1590(9.20)
アゴスティーニ，パオロ　1629(10.3)
アゴスティーノ・ヴェネツィアーノ　1536(この頃)
アゴスティーノ・ディ・ジョヴァンニ　1350(この年)
アゴスティーノ・ディ・ドゥッチオ　1481(この年)
アゴバール　840(この年)
アコミナトス　1215(この年)
アコンチオ，ジャーコモ　1566(この年)
アーサー　1877(12.9)
アーサー，サー・ジョージ　1854(この年)
アーサー，チェスター・A(アラン)　1886(11.18)
アーサー，ティモシー・シェイ　1885(3.6)
アーサー王子　1203(この頃)
アーサー王子　1502(4.2)
アサキ　1869(この年)
アサディー，アブー・マンスール・アリー・ブン・アフマド　1072(この頃)
アサフ　600(この年)
アサフ・ジャー　1748(この年)
アザム，エーギット・クヴィリン　1750(4.29)

アザム，コスマス・ダミアン　1739(5.10)
アーザリー・イスファラーイニー　1461(この頃)
アーザル　1781(この年)
アサンガ　390(この頃)
アザンチェーフスキィ　1881(この年)
アシ　427(この頃)
アシエ，ミシェル・ヴィクトール　1799(この頃)
アシェット　1834(1.16)
アシェット　1864(この年)
アシェリー，ジャン・リュク・ド　1685(4.29)
アシェル・ベン・イェヒェル　1327(この頃)
アジオーリ，ボニファッツィオ　1832(5.18)
阿倍真那　721(この年)
阿史那賀魯　659(この年)
阿史那骨咄禄　691(この年)
阿史那社爾　655(この年)
阿史那忠節　708(この年)
阿史那弥射　662(この年)
阿史那歩真　666(この年)
アジャータシャトル　前458?(この頃)
阿沙羅　431(この年)
アシャール，フランツ(・カール)　1821(4.20)
アジャンクール，ジャン-バティスト-ルイ-ジョルジュ　1814(9.24)
アシュアリー　935(この頃)
アシュヴァゴーシャ　160(この頃)
アーシュク・パシャ，アリ　1332(この年)
アーシュクパシャザーデ，アフメト　1481(この頃)
アシュケナジ　1628(この年)
アシュケナジ　1776(この年)
アシュバートン　1848(5.13)
アシュマン，ジェヒューディ　1828(8.25)
アシュモール，イライアス　1692(5.18)
アシュラル，ピエール・ド　1644(4.8)
アシュール・ナシル・パル2世　前858(この年)
アショーカ　前236(この頃)
アショット　890(この年)

人物物故大年表 外国人編　*819*

アシ	人名索引	
アシレイ 1838(3.26)	アスピンウォール 1875(この年)	アダマ 1848(この年)
阿茲王 405(この年)	アスブディン，ジョゼフ 1855(3.20)	アダーミ 1633(10.26)
アズィーズ 996(この年)		アダム 1085?(この頃)
アスカスビ，イラリオ 1875(11.17)	アスブルッチ，アントーニオ 1808(この年)	アダム 1862(8.28)
アスカム，ロジャー 1568(12.30?)	アスペッティ，ティツィアーノ 1607(この年)	アダム，ウィリアム 1748(この年)
アスキュー，アン 1546(7.16)	アズベリー，フランシス 1816(3.31)	アダム，ジェイムズ 1794(10.20)
アースキン 1817(この年)	アスペルティーニ，アミーコ 1552(この年)	アダム，ジョン 1792(この年)
アースキン，エベニーザー 1754(6.2)	アスペルマイアー，フランツ 1786(7.29)	アダム，ランベール・シジスベール 1759(5.13)
アースキン，ジョン(ダンの) 1591(3.12?)	アズラキー，アブー・バクル・ゼイノッディーン 1072(この頃)	アダム，ロバート 1792(3.3)
アースキン，トマス 1870(3.20)		アダム・イーストン 1397(9.20)
アースキン，トマス・アースキン，男爵 1823(11.17)	アズララ 1474(この年)	アダム・ゴッダームス(ウォダム) 1358(この年)
アスク，ロバート 1537(7.?)	アゼバード 1660(この年)	アダムス 1879(11.23)
アスグリムソン 1361(この年)	アセベード，イグナシオ・デ 1570(この年)	アダムズ 1848(この年)
アスクレピアデス 前40(この頃)	アゼーリオ，マッシモ・タパレリ，侯爵 1866(この年)	アダムズ 1863(この年)
アスコニウス・ペディアヌス，クゥイントゥス 76(この年)		アダムズ 1875(1.13)
アスコリ 1896(7.12)	アゼルスタン 939(この年)	アダムズ 1889(7.12)
アスジャディー，アブー・ナザル・アブドル・アズィーズ・ブン・マンスール 1040(この頃)	アセルリ，ガスパーレ 1626(この年)	アダムズ 1897(3.27)
	アセレイン 1701(この年)	アダムズ，アビゲイル 1818(この年)
アスター，ジョン・ジェイコブ 1848(3.29)	アセレイン，ヤン 1652(この年)	アダムズ，ウィリアム 1620(5.16?)
アスタラーバーディー 1623(この頃)	アセン 1197(この年)	アダムズ，ウィリアム(・ブリッジズ) 1872(この年)
アステリオス(アマシアの) 410(この頃)	アセン 1277(この年)	
アステリオス(ソフィストの) 341(この頃)	アセン1世 1196(この年)	アダムズ，サミュエル 1803(10.2)
アステル 1731(この年)	アーゾ 1230(この頃)	アダムズ，ジョン 1826(7.4)
アスト，ゲオルク・アントーン・フリードリヒ 1841(12.30)	アゾ(モンティエラン・デルの) 922(この年)	アダムズ，ジョン 1829(この年)
	アターイ，ネヴィザーデ 1635(この年)	アダムズ，ジョン・クインシー 1848(2.23)
アズド・ウッダラウラ 982(この年)	アタウルフ 415(この年)	アダムズ，ジョン・クーチ 1892(1.21)
アストベリー，ジョン 1743(この年)	アダーシエフ 1561(この年)	アダムズ，チャールズ・フランシス 1886(11.21)
アストリ 1652(2.?)	アタックス 1770(この年)	アダムズ，トマス 1653(この頃)
アストリー，フィリップ 1814(この年)	アダドニラーリ1世 前1277(この年)	アダムズ，ニュートン 1851(この年)
アストリュク，ジャン 1766(5.5)	アダドニラーリ2世 前891(この年)	アダムズ，ハナ 1831(12.15)
アストルガ，エマヌエーレ，男爵 1757(この年)	アダドニラーリ3世 前784(この年)	アダムズ，ルイーザ(・キャサリン) 1852(この年)
アストン，ヒュー 1522(12.?)	アタナギルド 547(この年)	アダム・スコトゥス 1212(この頃)
アスニク 1897(8.2)	聖アタナシウス 373(5.2)	アダムス(ペルセーニュの) 1221(この年)
アスパーリ，ドメーニコ 1831(この年)	アタナシウス(ナーポリの) 872(7.15)	アダムス・マリスクス 1257(この頃)
アスビョルンセン，ペーテル・クリステン 1885(1.6)	アタナシオス1世 1310(10.28)	アダムスン・パトリク 1592(2.19)
アスピルクエタ，マルティン 1586(6.21)	アタナシオス(アトス山の) 1000(この頃)	アダムソン，ロバート 1848(この年)
	アタナリック 381(この年)	
	アタベリー，フランシス 1732(2.15)	

820 人物物故大年表 外国人編

アダムナン(イオナの) 704(この年)
アーダム・フォン・フルダ 1505(この年)
アダムベルガー 1804(8.24)
アダム・マーシュ 1258(11.18)
アダム(リューリの) 1410(この年)
アタラリクス 534(10.2)
アダラール 754(6.5)
アタリア 前839(この年)
アーダルダーク 988(4.28?)
アーダルハルト 826(1.2)
アダルベルト 1072(3.16)
アーダルベルト(助祭) 705(6.25)
聖アダルベルト 997(4.23)
アーダルベルト(マクデブルクの) 981(6.20)
アダルベロ1世(メスの) 962(4.26)
アダルベロ2世(メスの) 1005(12.14)
アタワルパ 1533(8.29)
アタワルパ 1755(この頃)
アダン, アドルフ-シャルル 1856(5.3)
アダン, ジャコブ-シジスベール 1747(この年)
アダン, ニコラ-セバスティアン 1778(この年)
アダン, フランソワ-ガスパール-バルタザール 1761(この年)
アダン, ルイ 1848(4.8)
アダンソン, ミシェル 1806(8.3)
アダン・ド・サン・ヴィクトル 1192(この年)
アダン・ド・ジヴァンシー 1270(この頃)
アダン・ド・ラ・アール 1306(この頃)
アーチャー 1857(この年)
アチャ 1868(この年)
アーチャー, トマス 1743(5.23)
アーチャー, フレッド(フレデリック・ジェイムズ) 1886(この年)
アチュタデーヴァ・ラーヤ 1542(この年)
アッカーマン, コンラート・エルンスト 1771(10.13)
アッカーマン, ルドルフ 1834(この年)
アッキウス, ルキウス 前86(この頃)

アックイスティ, ルイージ 1823(この年)
アックム, フリードリヒ 1838(この年)
アックルシウス, フランシスクス(アッコルシオ, フランチェスコ) 1263(この年)
アッケルマン, シャーロッテ 1774(この年)
アッケルマン, ソフィア 1792(この年)
アッケルマン, ドロテア 1821(この年)
アッコラムボニ 1585(12.22)
アッサー, ジョン(メネヴィアの) 909(この頃)
アッ・サアーリビー 1038(この年)
アッ・サイイッド・アル・ヒムヤリー 789(この年)
アッシャー, ジェイムズ 1656(5.20)
アッ・シャリーフル・ムルタザー 1044(この年)
アッシュール・ウバルリト1世 前1330(この頃)
アッシュール・ウバルリト2世 前609(この年)
アッシュルバニパル 前630(この頃)
アッ・シーラージー 1311(この年)
アッ・スッカリー 888(この年)
アッ・スフラワルディー 1168(3.?)
アッセブルク, ロザムンデ・ユリアーネ・フォン 1708(この頃)
アッセマーニ, シモーネ 1821(4.8)
アッセマーニ, ジュゼッペ・アロイージオ 1782(2.9)
アッセマーニ, ジュゼッペ・シモーネ 1768(1.14)
アッセマーニ, ステーファノ・エヴォーディオ 1782(11.24)
アッセレート, ジョアッキーノ 1649(この年)
アッセンシオン 1597(2.5)
アッタ, ティトゥス・クゥインクティウス 前77(この年)
アッタヴァンティ, アッタヴァンテ・デッリ 1517(この頃)
アッ・タヌーヒー 1245(この年)

アッ・ダミーリー 1405(10.28)
アッ・ダーラーニー 830(この頃)
アッタール, ファリードッディーン・モハンマド 1221(この頃)
アッタロス 前336(この年)
アッタロス1世 前197(この年)
アッタロス2世 前138(この年)
アッタロス3世 前133(この年)
アッタロス(ペルガモンの) 177(この年)
アッティクス, ティトゥス・ポンポニウス 前32(3.31)
アッティコス 425(10.10)
アッティラ 453(この年)
アッテルボム, ペール・ダニエル・アマデウス 1855(7.21)
アットー(ヴェルチェルリの) 961(12.31)
アッ・トゥティーリー 1126(この年)
アットー(ミラーノの) 1085(この頃)
アッバ・アリカ 247(この年)
アッバ・コルナッリャ, ピエトロ 1894(この年)
アッバース 652(この頃)
アッバース 653(この頃)
アッバース1世 1629(1.27)
アッバース1世 1854(この年)
アッバース2世 1666(この年)
アッバース・ブン・アフナフ 808(この年)
アッバース・マルヴァズィー 815(この年)
アッバース・ミールザー 1833(この年)
アッバーテ, ニッコロ・デル 1571(この年)
アッバーティ, ジュゼッペ 1868(2.20)
アッバティーニ, アントニオ・マリア 1679(この年)
アッバヤディークシタ 1624(この頃)
アッピアーティ, フィリッポ 1715(この年)
アッピアーニ 1732(8.29)
アッピアーニ, アンドレーア 1817(11.8)
アッピアーニ, ジュゼッペ 1785(この年)
アッピアノス 165(この頃)
遏必隆 1673(この年)

人物物故大年表 外国人編 *821*

アッファンニ, イニャーツィオ 1889(この頃)
アツフェルド 1900(この年)
アップジョン, リチャード 1878(8.17)
アッフネル, アントン・マリーア 1732(この年)
アッフネル, エンリーコ 1702(この年)
アッヘンヴァール 1772(5.1)
アッボー 1004(11.13)
アッポローニオ・ディ・ジョヴァンニ 1465(この年)
アッリアノス, フラウィオス 175(この年)
アッリオ, ドナート・フェリーチェ 1761(この年)
アッ・リヤーシー 871(この頃)
アッレーグリ, グレゴリオ 1652(2.17)
アッレーグリ, ポンポーニオ 1593(この年)
アッローリ, クリストーファノ 1621(この年)
アデア 前317(この年)
アデア, ジョン 1722(この頃)
アティエンサ, ホアン・デ 1592(この年)
アティーシャ 1054(この年)
アーティシュ, ハイダル・アリー 1846(1.14)
アディソン 1844(1.30)
アディソン, ジョーゼフ 1719(6.17)
アディソン, トマス 1860(6.29)
アディーブ・イスハーク 1885(この年)
アディーブ・サーベル 1147(この頃)
アディー・ブン・ザイド 604(この年)
アティレ, ジャン-ドニ 1768(10.8)
アテナイスエウドクシア 460(この年)
アテナゴラス 190(この頃)
アテニオン 前101(この年)
アテニャン, ピエール 1552(この年)
アデマー, アルフォンス・ジョゼフ 1862(この年)
アデマール(ル・ピュイの, モンテーユの) 1098(8.1)

アデモッロ, ルイージ 1849(この年)
アデラ 1137(この年)
アデラード 1160(この年)
アデール 1783(この年)
アデルグンデ 695(この頃)
聖アーデルハイト 999(12.6)
アーデルマン, ベルンハルト 1523(12.16)
アーデルマンヌス(リエージュの) 1061(この頃)
アーデルング 1806(9.10)
アデレード王妃 1849(この年)
アドー 875(12.16)
アドゥアルデ, ディエゴ・フランシスコ 1630(8.?)
アトウッド 1807(7.7)
アトウッド 1856(3.6)
アトウッド, チャールズ・ボーラー 1895(この年)
アトウッド, トマス 1838(3.24)
アトキンソン 1892(この年)
アトキンソン 1895(この年)
アトキンソン, トマス・ウィットラム 1861(8.13)
アトスィーズ 1156(この年)
アドニヤ 前1000(この頃)
アドネ 1848(7.1)
アドネ・ル・ロワ 1300(この頃)
アドラー 1890(1.21)
アドラー, ダンクマー 1900(この年)
アードラー, ヤーコプ・ゲオルク・クリスティアン 1834(8.22)
アトラーソフ 1711(この年)
アードルガッサー, アントン・カイェタン 1777(12.22)
アードルフ4世 1261(7.8)
アドルファス 1845(7.16)
アドルフ・フォン・ナッサウ 1298(7.2)
アードルング, ヤーコプ 1762(7.5)
アドレト 1310(この頃)
阿那壊 552(この年)
アナクサゴラス(クラゾメナイの) 前428(この年)
アナクシマンドロス(ミレトスの) 前547(この年)
アナクシメネス(ミレトスの) 前500(この頃)
アナクシメネス(ランプサコスの) 前320(この頃)

アナクレオン 前475(この頃)
アナクレートゥス2世 1138(1.25)
アナスタシア 304(この頃)
アナスターシア・ロマーノブナ 1560(この年)
アナスタシウス1世 518(7.9)
アナスタシウス2世 498(11.19)
アナスタシウス2世 721(この年)
アナスタシウス3世 880(この頃)
アナスタシオス1世(アンティオキアの) 599(この頃)
アナスタシオス2世(アンティオキアの) 609(この頃)
アナスタシオス・シナイテース 700(この頃)
アナスタシオス(ペルシアの) 628(この年)
アナセン, ハンス・クリスチャン 1875(8.4)
アナ・デ・サン・バルトロメー 1626(6.7)
アナ・デ・ヘスース 1621(3.4)
アナトリー 1893(11.28)
アナトリオス 282(この年)
アナトリオス 458(7.3)
阿那摩低 493(この頃)
アニェシ, マリア(・ガエターナ) 1799(1.9)
アニェッリ 1874(この年)
阿尼哥 1306(この年)
アニース, ミール・ババル・アリー 1874(12.9)
アニムッチャ, ジョヴァンニ 1571(3.25)
アーニョロ・ディ・ヴェントゥーラ 1348(この年)
アヌシティギーン 1097(この年)
アネ, ジャン・ジャック-バティスト 1755(この年)
アネイロス, レオン・フェデリーコ 1894(9.4)
アネージ, パーオロ 1766(この年)
アネット 1769(この年)
アネーリオ, ジョヴァンニ・フランチェスコ 1630(6.11)
アネーリオ, フェリーチェ 1614(9.27)
アノー, バルテルミー 1561(この年)

人名索引　　　　　　　　　　　　　　　　アフ

アーノット，ウィリアム　1875（この年）
アノーラータ　1077（この年）
アーノールド　1311（この年）
アーノールド　1897（この年）
アーノールド，サミュエル　1802（10.22）
アーノールド，ジョゼフ　1818（この年）
アーノールド，トマス　1842（6.12）
アーノールド，ベネディクト　1801（6.14）
アーノールド，マシュー　1888（4.15）
アノン，シャルル・ルイ　1900（3.19）
アバ1世（大）　552（この年）
アバーカー　1282（4.1）
アバクロンビ　1897（6.21）
アバクロンビー，サー・ラルフ　1801（3.28）
アバクロンビ，ロバート　1613（4.27）
アハズ　前718（この年）
アーバスノット，ジョン　1735（2.17）
アパーツァイ・チェレ，ヤーノシュ　1659（12.31）
アバデア，ヘンリー・オースティン・ブルース，男爵　1895（この年）
アバディー　1893（11.13）
アバディー　1897（3.19）
アバディ，ジャック　1727（9.25？）
アバディ，ポール　1884（8.3）
アバディーン，ジョージ・ハミルトン・ゴードン，4代伯爵　1860（12.14）
アバネシ，ジョン　1740（12.？）
アバネシー，ジョン　1831（4.20）
アハブ　前853（この頃）
アバフィ・ミハーイー1世　1690（4.15）
アバヤーカラグプタ　1125（この頃）
アパリシ・イ・ギハーロ，アントニオ　1872（11.5）
アパリシオ，ホセ　1838（この年）
アバルバネル，イザーク・ベン・ジェウーダ　1508（この年）
アバルバネル，ユダ　1521（この頃）
アピアヌス　1552（4.21）

アヒタフェルト，ヨーハン・ハインリヒ　1877（5.11）
アビッチ　1886（2.1）
アビード・ビン・シャルヤ　685（この頃）
アビラ，フランシスコ・デ　1647（9.17）
アビラ・イ・スニガ，ルイス・デ　1564（この年）
アビール，デイヴィド　1846（9.4）
アビルゴー，ニコライ・アブラハム　1809（6.4）
アビルゴール　1801（1.11）
アビントン，ファニー　1815（3.4）
アブー，エドモン　1885（1.16）
アブー・アイユーブ・アル・アンサーリー　669（この頃）
アファナーシエフ，アレクサンドル・ニコラエヴィチ　1871（10.23）
アブー・アブドゥッラー・アル・アブラ　1183（この年）
アブー・アムル・ブン・アルアラー　770（この年）
アブー・アルアスワド　688（この年）
アブー・アル・アターヒヤ　826（この頃）
アブー・アルアラーイ　1057（5.10）
アブー・アルハイル・ハーン　1468（この年）
アブー・アル・ファラジ・アル・イスファハーニー　967（11.21）
アブー・アル・ファラジュ　1286（この年）
アブー・アル・フィダー　1331（10.27）
アブー・イスハーク・インジュー　1357（この年）
アブー・イスハーク・シーラーズィー　1416（この頃）
アブー・ウスマーン・サイード　854（この頃）
アブーウッ・サージ・ディーヴダード　879（この年）
アブー・ウバイダ　641（この年）
アブー・ウバイダ　825（この年）
アブー・ウバイド・アルカースィム　837（この年）
アフェドソン　1841（10.28）
アフェル，ドミティウス　59（この年）

アーフェルカンプ，ヘンドリック　1636（この頃）
アフォンソ1世　1185（12.6）
アフォンソ2世　1223（この年）
アフォンソ3世　1279（2.16）
アフォンソ4世　1357（5.？）
アフォンソ5世　1481（8.28）
アフォンソ，ムヴェンバ・ンジンガ　1543（この年）
アフガーニー　1897（3.9）
アブー・カーミル　930（この年）
アブガル5世　50（この年）
アブガル9世　214（この年）
アブー・クッラ，テオドゥールス　825（この頃）
アブー・サアイード・ブン・アビ・ハイル　1049（1.12）
アフサーイー　1827（この頃）
アブー・サイード　1469（この年）
アブー・ザイド　950（この頃）
アブー・サイード　1335（この年）
アブー・ザイド・アル・アンサーリー　830（この年）
アブー・ザイド・アルバルヒー　934（10.1）
アブサロン　1201（3.21）
アブー・シャーマ　1268（6.13）
アフシーン　841（この年）
アブー・ズアイブ　648（この頃）
アブー・スライマーン・ダーウード　884（3.？）
アブー・ダーウード　889（2.22）
アブー・ターヒル　944（この年）
アブダンク・アバカノヴィチ　1900（8.29）
アブー・タンマーム，ハビーブ・ブン・アウス　850（この年）
アブーツ・シース・ムハンマド　811（この年）
アブデュル・アジズ　1876（6.4）
アブデュルケリム・ナーディル・パシャ　1883（3.？）
アプト　1766（この年）
アプト，ウルリヒ1世　1532（この年）
アプト，フランツ　1885（3.31）
アブド・アッラーフ　1899（この年）
アブド・アッラーフ・アンナディーム　1896（この年）
アブド・アッラーフ・ブン・マスウード　652（この頃）
アブド・アッラフマーン　1859（この年）

人物物故大年表　外国人編　*823*

アブ　　　　　　　　　人名索引

アブド・アル‐カーディル　1883(5.26)
アブド・アルカーディル‐アルジーラーニー　1167(7.9?)
アブド・アルカーディル・ブン・トゥジュヤビ　1435(この年)
アブド・アル‐ハミード・アル‐カーティブ　750(この頃)
アブド・アルムウミン　1163(5.?)
アブド・アル‐ラティーフ・アル‐バグダーディー　1231(この年)
アブドゥッラー　1854(10.?)
アブドゥッラー・アル‐バッタール　740(この年)
アブドゥッラー・イブヌッ‐ズバイル　692(10.4)
アブドゥッラー・イブヌル‐アッバース　668(この頃)
アブドゥッラー・イブン・ヤースィーン　1059(この年)
アブドゥッラー・ビン・アルズバイル　692(10.?)
アブー・ドゥラーマ　777(この年)
アブドゥル・アズィーム　861(この頃)
アブドゥル・カーディル　1434(この頃)
アブドゥル・ガフール・ラーリー　1506(12.21)
アブドゥル・ハミト1世　1789(4.7)
アブドゥル・マシ　1827(3.4)
アブドゥル・マジド1世　1861(6.25)
アブドゥル・マリク　705(10.?)
アブドゥル・ラッザーク　1482(この年)
アブドゥル・ラティーフ　1750(この年)
アブドゥル・ラフマーン1世　788(9.30)
アブドゥル・ラフマーン2世　852(この年)
アブドゥル・ラフマーン3世　961(10.16)
アブドル・ヴァーセ・ジャバリー　1160(この年)
アブー‐ヌワース　815(この頃)
アブネック, フランソワ・アントワーヌ　1849(2.8)
アブー・バクル　634(8.23)
アブー・バクル・アッ‐ズバイディー　989(9.6)

アブー・バクル・アルバイタール　1340(この年)
アブー・バクル・ムハンマド　1198(この頃)
アブー・バクルル・フワーリズミー　993(この頃)
アブー‐ハニーファ　767(この頃)
アブー‐ハーミド・アル・ガルナーティー　1169(この頃)
アブー・フィラース　968(この年)
アブーフチン, アレクセイ・ニコラエヴィチ　1893(8.17)
アブー・マーシャル　886(3.8)
アフマッド・シャー　1436(2.?)
アフマド　1844(この年)
アフマド・アルバダウィー　1276(8.25)
アフマド・シャー・ドゥッラーニー　1773(この年)
アフマド・シルヒンディー　1624(この年)
アフマド・ハーン, サル・サイイッド　1898(3.28)
アフマド・ルーヒー　1896(この年)
アブー・ミフナフ　774(この頃)
アブー‐ムスリム　755(1.?)
アブー・ムハマッド　934(この年)
アフメディー, タジェッディン・イブラヒム　1413(この年)
アフメト1世　1617(この年)
アフメト3世　1736(この年)
アフメト‐ウェフィク・パシャ　1891(8.12)
アフメト・ジェヴデト・パシャ　1895(5.24?)
アフメト・パシャ, ブルサル　1496(この頃)
アブー・ユースフ　798(4.21)
アフラ　133(この頃)
アフラ　304(この年)
アブラヴァネール　1535(この年)
アブラークシン, フョードル・マトヴェエヴィチ, 伯爵　1728(この年)
アブラハム, エッケレンシス　1664(7.15)
アブラハム・ア・ザンクタ・クラーラ　1709(12.1)
アブラハム・イブン・ダウド　1180(この年)
アブラハム(エフェソスの)　542(この頃)

アブラハム(クラティアの)　558?(この頃)
アブラハム(クレルモンの)　474(この頃)
アブラハムソン, ヴェアナー　1812(9.22)
アブラハム(ナルボンヌの)　1179(この年)
アブラフィア　1291(この頃)
アフリカヌス, セクストゥス・ユリウス　240(この頃)
アフル, ドニー・オギュスト　1848(6.27)
アブル‐アッバース　754(6.?)
アブルガーズィー‐バハードゥル‐ハーン　1663(この頃)
アブルトン　1849(2.27)
アブルトン　1861(7.14)
アブール・ファズル　1602(この年)
アブー・ル‐ファライ・アブダラー・イブン・アッタイイーブ　1043(この年)
アブール・フサイン・ビン・マトゥルーフ　1251(10.19)
アブ・ル‐ワファー　998(7.1)
アブール・ワリード　837(この頃)
アブレウ・リマ　1883(この年)
アブレーシモフ, アレクサンドル・オニシモヴィチ　1783(この年)
アフンドフ, ミルザ・ファタリ　1878(2.26)
アベジャネーダ　1885(12.26)
アベラール, ピエール　1142(4.21)
アーベリ, ウィリアム　1654(この頃)
アベリ, ルイ　1691(10.4)
アベリャネダ　1628(この頃)
アーベリン　1634(この頃)
アベル　284(この年)
アーベル, カール・フリードリヒ　1787(6.20)
アベール, ジェルマン　1654(この年)
アベル, ジョン　1724(この年)
アベール, ニコラ・フランソワ　1841(6.3)
アーベル, ニルス・ヘンリック　1829(4.6)
アーベルト　1859(10.27)
アベル・ド・ピュジョル, アレクサンドル・ドニ　1861(この年)

824 人物物故大年表 外国人編

アベルリ, ヨハン・ルートヴィヒ 1786(この年)
アーヘン, ハンス・フォン 1615(この年)
アボヴャン, ハチャトゥル 1848(この年)
アボジ, フィルマン 1767(3.20)
アポストリス, アルセニオス 1535(この年)
アポストリス, ミカエル 1486(この頃)
アポストリデス, ミカエル 1862(この年)
アボット 1855(12.14)
アボット 1890(7.?)
アボット 1893(この年)
アボット, エズラ 1884(3.21)
アボット, ジェイコブ 1879(10.31)
アボット, ジョージ 1633(8.4)
アボット, ジョージ 1648(2.2)
アボ(トビリシの) 786(1.6)
アポリナリオス 390(この頃)
アポリナリス 76(この頃)
アボルターヌス, ゲオルギウス 1530(この年)
アボルティ 1858(この年)
アボル・ファラジ・ルーニー 1098(この頃)
アポロドロス(ペルガモンの) 前22(この年)
アポロニア 248(この年)
アポロニウス 184(9.21)
アポロニウス, ペルガ 前190(この頃)
アポロニオス 97(この頃)
アポロニオス 前215(この頃)
アポロニス(キュジコスの) 前184?(この頃)
アボンディオ, アレッサンドロ 1648(この年)
アボンディオ, アントーニオ 1595(この年)
アマージア 前780(この頃)
アマシス 前525(この年)
アマースト, ジェフリー・アマースト, 男爵 1797(8.3)
アマースト(アラカンの), ウィリアム・ピット, 初代伯爵 1857(3.13)
アマダス 1618(この年)
アマーティ, アントニオ 1600(この年)

アマーティ, アンドレア 1580(この年)
アマーティ, カルロ 1852(この年)
アマーティ, ジロラーモ 1630(11.2)
アマーティ, ジロラーモ2世 1740(2.21)
アマーティ, ニコラ 1684(4.12)
アマデウス5世 1323(10.16)
アマデウス(ロザンヌの) 1159(8.27)
アマデオ1世 1890(1.13)
アマデオ, ジョヴァンニ・アントニオ 1522(8.27)
アマート, ジャーコモ 1732(この年)
アマート, フェリクス 1824(この年)
アマドル・デ・ロス・リオス, ホセ 1878(3.19)
アマバハ, ファイト 1557(9.13)
アマバハ, ボニファーティウス 1562(4.24)
アマバハ, ヨハネス 1514(12.25)
アマーマ, シクスティヌス 1629(11.9)
アマラスンタ 535(4.30)
アマラーリウス, シンフォーシウス(メスの) 850(この頃)
アマラリック 531(この年)
アマラル 1849(8.22)
アマランテ, カルロス・ルイス・フェレイラ・ダ・クルス 1815(この年)
アマーリ 1889(7.16)
アマル, ジャン・ノエル 1778(この年)
アマルテーオ, ポンポーニオ 1588(この年)
アマルリック 1206(この頃)
アマルリック1世 1174(この年)
アマン, テオドール 1891(8.19)
アマン, ヤーコブ 1730(この頃)
アマン, ヨースト 1591(5.17)
アマンドゥス 679(2.6)
アマンドゥス, ヨハネス 1530(この頃)
アミアーヌス, マリケリーヌス 390(この年)
アミエル, アンリ・フレデリック 1881(5.11)

アミオ, ジャン・ジョゼフ・マリー 1793(10.9)
アミゴーニ, ヤーコポ 1752(この年)
アミダーノ, ジューリオ・チェーザレ 1630(この年)
アミーチ, ジョヴァンニ・バッティスタ 1868(4.10)
アミーチ, ルイージ 1897(この年)
アーミティージ 1890(この年)
アーミテジ, エドワード 1896(この年)
アミュサ 1856(この年)
アミュンタス 前25(この年)
アミュンタス1世 前498(この年)
アミュンタス4世 前336(この年)
アミヨ, ジャック 1593(2.7)
アミール・フスロウ 1325(この年)
アミール・ミーナーイー 1900(10.13)
アミロー, モイーズ 1664(1.8?)
アーミン, ロバート 1608(この年)
アムアク, シェハーブ・オッディーン 1148(この頃)
アムスドルフ, ニーコラウス・フォン 1565(5.14)
アームストロング 1672(この年)
アームストロング 1779(この年)
アームストロング, ウィリアム・ジョージ, 男爵 1900(12.27)
アームストロング, サミュエル・チャップマン 1893(5.11)
アームストロング, ジョニー 1529(この頃)
アムブルステ 1896(1.26)
アムリング, ヴォルフガング 1606(5.18)
アムルサナ 1757(この年)
アムル・ブン・アル・アース 664(この年)
アムル・ブン・クルスーム 584(この頃)
アムル・ブン・ライス 903(この年)
アメ・チャンチュプ・チュンネ 1078(この年)
アーメッド 1507(この年)
アメルリング, フリードリヒ・フォン 1887(この年)

アメンエムヘト1世　前1962（この頃）
アメンエムヘト2世　前1895（この年）
アメンエムヘト3世　前1797（この年）
アメンドラ、ジョヴァンニ・バッティスタ　1887（この年）
アメンホテップ1世　前1507（この頃）
アメンホテップ2世　前1412（この頃）
アメンホテップ3世　前1379（この年）
アメンホテップ4世　前1362（この年）
アメンホテップ（アメノーテス）　前1370（この年）
アモス　前765（この年）
アモーリ・デュヴァル、ウージェーヌ・エマニュエル　1885（この年）
アモルト、オイゼービウス　1775（2.5）
アモロージ、アントーニオ　1736（この頃）
アモロース　1848（この年）
アモン、クリストフ・フリードリヒ・フォン　1850（5.21）
アモン、ブラジウス　1590（この年）
アモーン（アムン）　350（この頃）
アモントン、ギヨーム　1705（10.11）
アヤス・パシャ　1539（この年）
アヤーズ・ビン・アイマク　1057（この頃）
アヤラ　1584（この年）
アユイ　1822（3.18）
アユイ、ルネ・ジュスト　1822（6.3）
アライン、ヘンリ　1784（この年）
アラウージョ、アントニオ・デ　1632（この年）
アラウジョ、ペドロ　1684（この年）
アラウジョ・ド・アゼヴェドロ　1817（この年）
アラー・ウッディーン　1300（この頃）
アラー・ウッディーン・ジュワイニー　1283（3.6）
アラーウッ・ディーン・バフマン・シャー　1358（2.11）

アラー・ウッディーン・ハルジー　1316（1.2）
アラー・ウッディーン・ムハンマド　1220（この年）
アラウンパヤー　1760（この年）
アラーエッ・ディン・パシャ　1333（この年）
阿羅憾　710（この年）
アラクチェーエフ　1834（4.21）
アラゴ　1896（この年）
アラゴ、ドミニク・フランソワ・ジャン　1853（10.2）
アラコク、聖マルグリート・マリー　1690（10.17）
アラーストン、リチャード　1423（この年）
アラソーン、ウィリアム・バーナード　1889（3.21）
アラソン、ヨウン　1550（この年）
アラッチ　1669（この年）
アトトス　前213（この頃）
アトトス　前240（この頃）
アラートル　550（この頃）
アラトン、アイザク　1658（この頃）
アラニュ、ヤーノシュ　1882（10.22）
アラーヌス（オセールの、フランドルの）　1185（10.14）
アラーヌス（ルベの）　1475（9.8）
アラバ　1843（この年）
アラバ、ファン・デ　1537（この年）
アラバスター　1898（この年）
アラバスター、ウィリアム　1640（4.?）
アラマン、ルーカス　1853（6.2）
アラマンニ、コスモ　1634（5.?）
アラマンニ、ルイージ　1556（4.18）
アラム、ユージン　1759（この年）
アラヤ　1770（この頃）
アラリック1世　410（この年）
アラリック2世　507（この年）
アラール、ジャン・デルファン　1888（2.22）
アルコン・イ・アリーサ、ペドロ・アントニオ・デ　1891（7.19）
アラルディ、アレッサンドロ　1528（この年）
アラン、サー・ウィリアム　1850（この年）
アラン、サー・ヒュー　1882（この年）

アラン、デイヴィド　1796（この年）
アランダ、ペドロ・パブロ・アバルカ・イ・ボレア、伯爵　1799（1.9）
アランティウス　1589（この年）
アランデル、トマス　1414（2.19）
アランデル伯トマス・ハワード　1646（10.4）
アランド、ミシェル・ド　1539（この年）
アラン・ド・リール　1203（この年）
アリー　661（1.24）
アーリー、ジューバル・A（アンダーソン）　1894（この年）
アーリ、ソルギルソン　1148（この年）
アリアーガ、パブロ・ホセ・デ　1622（9.6）
アリアガ、フアン・クリソストモ　1826（1.17）
アリアーガ、ロドリーゴ・デ　1667（6.7）
アリアス、フランシス　1605（5.15）
アリアス・フェルナンデス、アントニオ　1684（この年）
アリアッテス　前560（この年）
アリー・アーディル・シャー　1580（4.9）
アリアドネー　515（この年）
アリアーヌ　1891（この年）
アリアルドゥス　1066（6.27）
アリー・イブン・ジャハム・アッ・サーミー　863（この年）
アリー・ヴァルディー・カーン　1756（4.9）
アリウス　336（この年）
アリエータ、エミリオ　1894（この年）
アリエータ、ペドロ・デ　1738（この年）
アリエンセ　1629（この年）
アリェンデ　1811（この年）
アリエンティ、カルロ　1873（この年）
アリエンティ、ジョヴァンニ・サバディーノ・デッリ　1510（6.3）
アーリオ、アゴスティーノ　1857（この年）
アリオスティ、アッティリオ　1740（この頃）
アリオスト、ルドヴィーコ　1533（7.6）

アリオバルザネス 前362?(こ
の頃)
アリオリ, ヨーゼフ・フランツ・
フォン 1873(5.22)
アリー・クシチュ 1474(この年)
アリクス, ピエール 1717(3.3)
アリク・デーン・イル 前1308
(この頃)
アリスタ 1855(8.7)
アリスタゴラス 前497(この年)
アリスタルコス 前145(この年)
アリスタルコス(サモスの) 前
230(この頃)
アリスティッポス 1162(この年)
アリスティッポス(キュレネの,
大と小の) 前355(この頃)
アリステイデス 前468(この頃)
アリステイデス, アイリオス
180?(この頃)
アリステイデース, プブリオス・
アイリオス 181(この頃)
アリステウス(アリステアス)
前430(この年)
アリストゲイトン 前514(こ
の年)
アリストテレス 前322(この年)
アリストニコス 前128(この年)
アリストパネス 前388(この頃)
アリストファネス 前180?(こ
の頃)
アリストフォン 前330?(この頃)
アリストブロス3世 前35(こ
の年)
アリストーン(ペラの) 140(こ
の頃)
アリス・モード・メアリ, 王女
1878(この年)
アリスン, フランシス 1779(こ
の年)
アーリ・ソルギルソン 1148(こ
の年)
アリソン 1867(5.23)
アリックス, ピエール・ミシェル
1817(この年)
アリナーリ, レオポルド 1865
(この年)
アリニー, テオドール 1872(こ
の年)
アリバウ, ボナベントゥラ・カル
レス 1862(この年)
アリ・パシャ 1871(9.5)
アリー・パシャ 1822(2.5)
アリピウス 430(この頃)

アリー・ビン・イーサー 946
(この年)
アーリフィー・ヘラーティー
1449(この年)
アリブランディ, ジローラモ
1523(この頃)
アリー・ブン・ブワイフ 949
(この年)
アリー・ブン・ムハンマド 883
(この年)
アリー・ベイ 1773(4.20)
アリベール 1837(11.6)
アリベルティ, カルロ・フィリッ
ポ 1770(この年)
アリベルティ, ジュゼッペ・ア
メーデオ 1772(この年)
アリベルティ, ジョヴァンニ・カ
ルロ 1740(この年)
アリボ(マインツの) 1031(4.6)
アリボーン 1889(9.2)
アリー・ムバーラク 1893(こ
の年)
アリー・ムーライ 1655(この年)
アリヤス・デ・サーベドラ
1634(この年)
アリヤービエフ, アレクサンド
ル・アレクサンドロヴィチ
1851(3.6)
アリーン, ジョゥゼフ 1668
(11.17)
アリーン, リチャード 1681
(12.22)
アリンガム, ウィリアム 1889
(11.18)
アーリントン, ジョージ 1886
(1.19)
アーリントン, ヘンリー・ベネッ
ト, 初代伯爵 1685(7.28)
アール 1801(この年)
アール 1838(この年)
(アル・)アスマイー 828(この頃)
(アル・)ハリール 791(この年)
(アル・)ファトフ・イブン・
ハーカーン 1134(この年)
アール, ジョン 1665(11.17)
アル・アクタル, ギヤート・ブ・
ハーリト 710(この頃)
アル・アズハリー 980(10.?)
アル・アスマイー 831(この年)
アル・アハファシュ 835(この年)
アル・アビーワルディー 1113
(この年)
アル・アミーン 813(9.?)

アル・アルカム 674(この頃)
アル・アンバーリー 940(10.?)
アル・イマーム・アン・ナーティク・
ビル・ハック 1033(この年)
アルヴァラード, ディエゴ・デ
1643(この年)
アルヴィーノ, エンリーコ 1872
(この年)
アルヴィンチ, ペーテル 1634
(この年)
アルヴェス, カストロ 1871(7.6)
アルヴェール, アレクシー・フェ
リックス 1850(11.7)
アル・ウザイリー 941(この年)
アル・カーシー 1429(6.22)
アルカセヴァ 1585(この頃)
アルカディウス, フラーウィウ
ス 408(5.1)
アルカデルト, ジャック 1568
(10.14)
アル・カネミ 1837(この年)
アル・ガーフィキー 1165(こ
の頃)
アル・カラサディー 1486(こ
の年)
アルガルディ, アレッサンドロ
1654(6.10)
アルガロッティ, フランチェスコ
1764(5.3)
アルカン, ヴァランタン 1888
(3.29)
アルガン, エメ 1803(10.24)
アルガン, ジャン・ロベール
1822(8.13)
アルキアス, アウルス・リキニ
ウス 前45?(この頃)
アルギージ, ガラッソ 1573(こ
の年)
アルギシュティ1世 前766(こ
の頃)
アルキダモス2世 前427(こ
の頃)
アルキダモス3世 前338(こ
の年)
アルキダモス5世 前227(こ
の年)
アルキビアデス 前404(この年)
アルキムス 前160(この年)
アルキメデス 前212(この年)
アルキュタス 前365(この頃)
アルキュロス, イサアク 1375
(この頃)
アルギュロス, マリアーノス
1068(この頃)

アルギュロプロス, ヨーアンネース　1486(この年)
アルギルダス　1377(この年)
アルキレーイ, ヴィットーリア　1620(この年)
アルクイン　804(5.19)
アルグエリェス　1844(3.23)
アルグノーフ, イヴァン・ペトロヴィチ　1802(この年)
アル・クーヒー　1000(この年)
アルグラン, クリストフ - ガブリエル　1795(この年)
アルグン - ハン　1291(3.9)
アルケシラオス　前241(この頃)
アルケシラス1世　前575(この頃)
アルケシラス4世　前440(この頃)
アルケラオス　前399(この頃)
アルゲランダー, フリードリヒ・ヴィルヘルム・アウグスト　1875(2.17)
アルコフォラド　1723(この年)
アルサケス1世　前209?(この頃)
アルジェー(リエージュの)　1131(この頃)
アルジェンタ(ラルジェンタ)　1573(この年)
アルシノエ1世　前281?(この年)
アルシノエ2世　前270(この年)
アルシノエ3世　前204(この年)
アルシノエ4世　前41(この年)
アルジャー, ホレイショー　1899(7.18)
アル・ジャウハリー　1002(この頃)
アル・ジャグミーニー　1345(この頃)
アル・ジャルミー　839(この年)
アルジャンヴィーユ　1765(この年)
アルジャーンス　1771(1.11)
アルジャンソン, ルネ・ド・ヴォアイエ伯　1651(この年)
アルジャントル　1590(この年)
アルジャントレー, シャルル・デュ・プレシ・ド　1740(11.27)
アルージュ　1518(この年)
アルシュテット, ヨーハン・ハインリヒ　1638(11.8)
アル・ジョルジャーニー　1413(この年)
アルスロート, デニス・ヴァン　1628(この年)

アルセ　1847(9.14)
アルセード, アントニオ・デ　1812(この年)
アルセニウス　412(この頃)
アルセニオス・アウトレイアノス　1273(この年)
アルゾン, エマニュエル(・マリー・ジョゼフ・モリース)・ド　1880(11.21)
アルダー, コスマス　1550(この年)
アルーダ, ディエゴ・デ　1527(この年)
アルタウァスデス　前20(この年)
アルタクセルクセス1世　前424(この年)
アルタクセルクセス2世　前358(この年)
アルダシール1世　242(この年)
アルタバゾス　前325(この頃)
アルタバノス1世　前124(この頃)
アルタバノス2世　40(この年)
アルタバノス5世　227(この年)
アルタミラノ, イグナシオ・マヌエル　1893(2.13)
アルタムーラ, フランチェスコ・サヴェーリオ　1897(この年)
アルターレ, ジュゼッペ　1679(2.11)
アルチャート, アンドレア　1550(この年)
アルチンボルド, ジュゼッペ　1593(7.11)
アルツ, ダヴィッド・アドルフ・コンスタン　1890(この年)
アールツェン, ピーテル　1579(この年)
アルツォク, ヨーハン・バプティスト　1878(3.1)
アルテ　1895(7.24)
アルテアガ　1799(10.30)
アルディ, アレクサントル　1632(この年)
アルティガス, ホセ・ヘルバシオ　1850(6.19)
アルティキエーロ・ダ・ゼヴィオ　1395(この頃)
アルティング, メンソー　1612(10.7)
アルティング, ヤーコプ　1676(8.20)
アルティング, ヨーハン・ハインリヒ　1644(8.25)

アルデグレーファー, ハインリヒ　1555(この年)
アルテディ, ペーテル　1735(この年)
アルテフェルデ　1382(11.27)
アルテフェルデ, ヤーコプ・ファン　1345(この年)
アルデマンス, テオドロ　1726(この年)
アルテミシア2世　前350(この頃)
アルテモン(アルテマス)　270(この頃)
アルデュイノ　1795(3.21)
アルテン　1840(4.20)
アルテンシュタイク, ヨハネス　1525(この頃)
アルテンシュタイン, カール　1840(5.14)
アルデンティ, アレッサンドロ　1595(この年)
アルテンブルク　1801(5.14)
アルテンブルク, ミヒャエル　1640(2.12)
アールト　1887(8.7)
アルト　770(この頃)
アルトー, アレクサンドル・ジョゼフ　1845(7.20)
アルトー, ジャン・デジレ　1887(3.25)
アルトー, モーリス　1829(1.8)
アルト, ヤーコプ　1872(この年)
アルドイン　1016(この年)
阿魯図　1351(この年)
アルトゥージ, ジョヴァンニ・マリア　1613(8.18)
アルドゥワン, ジャン　1729(9.3)
アルトドルファー　1562(この年)
アルトドルファー, アルブレヒト　1538(2.12)
アルトニコル, ヨーハン・クリストフ　1759(この年)
アルトハマー, アンドレーアス　1538(この年)
アルトフージウス, ヨハネス　1638(8.12)
聖アルドヘルム　709(5.25)
アルトマン　1900(この年)
アルトマン(パッサウの)　1091(8.8)
アルトモンテ, バルトロメーオ　1783(この年)
アルトモンテ, マルティーノ　1745(9.14)

アル

アルドリクス（ル・マンの） 856（3.24）
アルトリンゲン 1634（この年）
アルドレッド（エアルドレッド）（ヨークの） 1069（9.11）
アルドロヴァンディ，ウリッセ 1605（5.1）
アルドロヴァンディーニ，ジュゼッペ・アントニオ・ヴィンチェンツォ 1707（この年）
アルナルドゥス・アマルリキ 1225（この年）
アルナルド・ダ・ブレシア 1155（この年）
アルニム，アヒム・フォン 1831（1.21）
アルニム，ベッティーナ・フォン 1859（1.20）
アルニム‐ズコ，ハリ・クルト・エドュアルト・カール・フォン 1881（5.19）
アルヌール 1021（この年）
アルヌルフ 937（この年）
アルヌルフ・フォン・ケルンテン 899（12.8）
アルヌルフ（ミラーノの） 1077（この年）
アルヌルフ（メスの） 640（この頃）
アルヌワンダシュ4世 前1190（この頃）
アルネト 1897（7.30）
アルノー 1784（12.2）
アルノー，アンジェリーク・ド・サン‐ジャン 1684（1.29）
アルノー，アントワーヌ 1619（この年）
アルノー，アントワーヌ 1694（8.7）
アルノー，アントワーヌ・ヴァンサン 1834（9.16）
アルノー，アンリ 1692（6.8）
アルノー，アンリ 1721（9.8）
アルノー，ジャクリーヌ・マリー・アンジェリーク 1661（8.6）
アルノー（ザルツブルクの） 821（1.24）
アルノー・ダンディイ，ロベール 1674（9.27）
アルノー・ド・ズヴォル，アンリ 1466（この年）
アルノビウス 330（この頃）
アルノビウス（小） 455（この頃）

アルノー（ライヒャスベルクの） 1175（1.30）
アルノリド 1898（7.20）
アルノルディ，バルトロメーウス（ウージンゲンの） 1532（9.9）
アルノルト 1890（この年）
アルノルト，ゴットフリート 1714（5.20）
アルノルト・フォン・ヴェストファーレン（アルノルト・フォン・ヴェストファーリア） 1480（この年）
アルノルフォ・ディ・カンビオ 1302（3.8）
アルバ，フェルナンド・アルバレス・デ・トレド，公爵 1582（1.12）
アルバー，マテーウス 1570（12.2）
アル・ハイヤート 1123（この年）
アル・ハカム2世 976（この年）
アル・ハージン 970（この頃）
アル・ハーゼン 1039（この年）
アル・バッターニー 929（この年）
アールパード 907（この頃）
アルバート公 1861（12.14）
アル・バトリーク 800（この年）
アルバーニ 1779（この年）
アルバーニ，フランチェスコ 1660（10.4）
アルバーヌス 209（この頃）
アルバネーゼ，ジャンバッティスタ 1630（この年）
アル・バーハルズィー 1075（7.?）
アル・ハマザーニー 932（この年）
アルバラード，ペドロ・デ 1541（7.4）
アルバレス 1867（この年）
アルバレス，ディエゴ（ディダクス） 1635（この頃）
アルバレス，ディエゴ（ハコボ） 1620（1.17）
アルバレス，バルタザール 1580（7.25）
アルバレス，フアン 1510（この頃）
アルバレス，フランシスコ 1540（この年）
アルバレス，ホセ 1827（11.26）
アルバレス，マヌエル 1797（この年）
アルバレス‐デ‐ビリャサンディノ，アルフォンソ 1424（この年）

アルバン，マティアス 1712（この年）
アルバン，ミハエル 1722（この年）
アルバン，ヨゼフ 1722（この年）
アル・ヒッリー 1277（この年）
アルビドソン 1858（この年）
アルビーニ，プロスペロ 1616（11.23）
アルビヌス 197（この年）
アルビーヌス，ベルンハルト・ジークフリート 1770（9.9）
アルビノーニ，トマゾ 1751（1.17）
アルビン，エリエイザー 1759（この年）
アルビンツィー 1810（この年）
アルファーシー 1103（この年）
アルファーニ，ドメーニコ 1553（この頃）
アル・ファラズダク 732（この頃）
アルファラーノ，ティベーリオ 1596（この年）
アルプ・アルスラーン 1072（11.24）
アルファン 1889（5.23）
アルフィエーリ 1863（6.12）
アルフィエーリ，ヴィットーリオ 1803（10.8）
アルフィエリ，ベネデット 1767（この年）
アルフェ，アントニオ 1578（この年）
アルフェ，エンリーケ 1545（この頃）
アルフェ，フアン 1603（4.1）
アルフェジ（カンタベリの） 1012（4.19）
アルブエス，ペドロ 1485（9.17）
アールフェルト，アウグスティーン・フォン 1535（この頃）
アールフェルト，フリードリヒ 1884（3.4）
アルフェン 1803（4.2）
アルフォンス1世 1148（この年）
アルフォンソ1世 1134（9.?）
アルフォンソ1世 757（この年）
アルフォンソ1世（エステ家の） 1534（この年）
アルフォンソ2世 1196（この年）
アルフォンソ2世 1597（10.27）
アルフォンソ2世 842（この年）
アルフォンソ3世 1291（この年）

人物物故大年表 外国人編 829

アルフォンソ3世　910(12.20)	アルベリクス(トロワ・フォンテーヌの)　1251(この頃)	アルボ　1444(この年)
アルフォンソ4世　1336(この年)	アルベリック1世　917(この頃)	アルボー, トワノ　1588(この年)
アルフォンソ4世　933(この年)	アルベール　1180(この頃)	アルボ, ペーター・ニコライ　1892(10.14)
アルフォンソ5世　1027(この年)	アルベール　1895(この年)	アルボイン　574(この年)
アルフォンソ5世　1458(6.27)	アルベルガーティ, ピッロ・カパチェッリ　1735(この年)	アルボガステス　394(この年)
アルフォンソ6世　1109(6.30)	アルベルス, エラスムス　1553(5.5)	アルボガスト　1803(4.3)
アルフォンソ6世　1683(9.12)	アルベルティ　1878(この年)	アルボーニ, マリエッタ　1894(6.23)
アルフォンソ7世　1157(8.?)	アルベルティ, アントーニオ　1449(この年)	アルボルノス, ヒル・アルバレス・カリリョ・デ　1367(8.23)
アルフォンソ8世　1214(この年)	アルベルティ, ヴァーレンティーン　1697(9.19)	アルボレダ　1862(この年)
アルフォンソ9世　1230(この年)	アルベルティ, ケルビーノ　1615(この年)	アル・マイダーニー　1124(10.27)
アルフォンソ10世　1284(4.4)	アルベルティ, ジュゼッペ　1716(この年)	アル・マウスィリー, イスハーク　850(この年)
アルフォンソ11世　1350(この年)	アルベルティ, ドメニコ　1740(10.14)	アルマグロ, ディエゴ・デ　1538(4.26)
アルフォンソ12世　1885(11.25)	アルベルディ, フアン・バウティスタ　1884(6.19)	アル・マッカリー　1632(1.?)
アルブケルケ, アフォンソ・デ　1515(12.16)	アルベルティ, レオン・バッティスタ　1472(4.25)	アルマン, ジャーク　1515(この年)
アル・ブスティー　1010(この年)	アルベルティーニ, ヨーハン・バプティスト・フォン　1831(12.6)	アルマンスベルク　1853(この年)
アル・フタイア　650(この年)	アルベルティネッリ, マリオット　1515(11.5)	アルミニウス　19(この年)
アルプ-ティギーン　976(この年)	アルベルディンク・ティーム　1889(3.17)	アルミニウス, ヤコブス　1609(10.19)
アル・ブフトリー　897(この年)	アルベルト　1412(この年)	アル・ムカンナ　785(この頃)
アルブマザル　885(この年)	アルベルト　1886(5.5)	アルムクヴィスト, カール, ユーナス, ルーヴェ　1866(9.26)
アールブルグ　1878(8.29)	アルベルト, ハインリヒ　1651(10.6)	アル・ムタッリズ　956(この年)
アルフレッド　1900(7.30)	アルベルトゥス1世(リガの)　1229(1.17)	アル・ムバッラド　898(11.?)
アルフレッド大王　899(10.26)	聖アルベルトゥス・マグヌス, ボルシュテット伯爵　1280(11.15)	アル・ムファッダル・アッ=ダッビー　780(この頃)
アルブレヒツベルガー, ヨハン・ゲオルグ　1809(3.7)	アルベルトッリ, ジョコンド　1839(この年)	アルムフェルト, グスタフ・マウリッツ　1814(8.19)
アルブレヒト　1568(3.20)	アルベルトッリ, フェルディナンド　1844(この年)	アルメイダ　1584(この頃)
アルブレヒト　1870(この年)	アルベルトッリ, ラッファエーレ　1812(この年)	アルメイダ, アントーニオ・デ　1591(10.17)
アルブレヒト　1895(2.18)	アルベルト・フォン・ザクセン　1390(この年)	アルメイダ, フランシスコ・デ　1510(3.1)
アルブレヒト1世　1170(11.18)	アルベローニ, ジュリオ　1752(6.26)	アルメイダ, マヌエル・アントニオ・デ　1861(11.28)
アルブレヒト1世　1308(5.1)	アルヘンソーラ, バルトロメ・レオナルド・デ　1631(2.4)	アルメイダ, ルイス・デ　1583(10.?)
アルブレヒト2世　1439(10.27)	アルヘンソーラ, ルペルシオ・デ　1613(2.28)	アルメイダ-ガレート, ジョアン・バプティスタ・ダ・シルヴァ・レイタン　1854(12.9)
アルブレヒト2世(ブランデンブルク, またはマインツの)　1545(9.24)	アルヘンホルツ　1812(2.28)	アルーメーウス, ドミニクス　1673(2.24)
アルブレヒト3世　1486(この年)		アルメッリーニ, マリアーノ　1896(2.24)
アルブレヒト3世(ザクセンの)　1500(この年)		アルメニーニ, ジョヴァンニ・バッティスタ　1609(この年)
アルブレヒト4世(バイエルンの)　1503(この年)		アルメリーニ　1863(この年)
アルブレヒト5世　1579(10.24)		
アルブレヒト・アルキビアデス　1557(この年)		
アルブレヒト・フォン・ヨーハンスドルフ　1210(この頃)		
アル・フワリズミ, アブー・ジャファル・ムハンマド・イブン・ムサ　850(この頃)		
アルベアル　1853(この年)		
アルベニス, マテオ・ペレス　1831(この年)		
アルベーリ　1878(6.?)		
アルベリク(アルベリクス)　1108(1.16)		

アルメルリーニ、マリアーノ　1737(5.4)
アル・ヤズィーディー、イブラーヒーム　839(この年)
アル・ヤズィーディー、ムハンマド・イブヌル・アッバース　922(この年)
アールヤ・デーヴァ　270？(この頃)
アールヤバタ1世　550(この頃)
アルランクール、シャルル・ヴィクトール・プレヴォー　1856(1.22)
アルレー、シャルル・ジョゼフ・ド　1899(7.14)
アルンスヴァルト、アウグスト・フォン　1855(6.27)
アルンツ　1878(3.1)
アルント　1877(8.21)
アルント、エルンスト・モーリッツ　1860(1.29)
アルント、ヨーハン　1621(5.11)
アルント、ヨーハン・フリードリヒ・ヴィルヘルム　1881(5.8)
アルンノ(ラルンノ)　1502(この年)
アーレ、ヨハン・ゲオルク　1706(12.2)
アーレ、ヨーハン・ルードルフ　1673(7.9)
アレアルディ、アレアルド　1878(7.17)
アレアンドリ、イレーネオ　1885(この年)
アレアンドロ、ジローラモ　1542(1.31)
アレイジャディーニョ、アントニオ・フランシスコ・リスボア(オ・アレイジャディーニョ(通称))　1814(この年)
アレヴィ、ジャック・フロマンタル　1862(3.17)
アレウス1世　前265(この年)
アレオッティ、ジョヴァンニ・バッティスタ　1636(12.9)
アレキサンダー　605(この年)
アレキサンダー夫人　1899(1.19)
アレクサンダー　1270(この頃)
アレグザンダー　1635(この年)
アレグザンダー1世　1124(この年)
アレクサンダー2世　1249(この年)
アレクサンダー3世　1286(この年)
アレグザーンダ、アーチバルド　1851(10.22)
アレグザンダー、ウィリアム　1816(この年)
アレグザーンダ、ジョウゼフ・アディスン　1860(1.28)
アレグザンダー、セシル・フランシス　1895(この年)
アレクサンダー、デア・ヴィルデ　1295(この頃)
アレグザーンダ、マイケル・ソロモン　1845(11.23)
アレクサンデル1世　116(この頃)
アレクサンデル2世　1073(4.21)
アレクサンデル3世　1181(8.30)
アレクサンデル4世　1261(5.25)
アレクサンデル5世　1410(5.3)
アレクサンデル6世　1503(8.18)
アレクサンデル7世　1667(5.22)
アレクサンデル8世　1691(2.1)
アレクサンデル(コマーナの)　275(この頃)
アレクサンデル・セウェールス、マールクス・アウレーリウス　235(5.18)
アレクサンデル・ハレシウス　1245(8.21)
アレクサンドリ、ヴァシーレ　1890(8.22)
アレクサンドル　1885(この年)
アレクサンドル1世　1825(12.1)
アレクサンドル1世　1825(この年)
アレクサンドル1世　1893(11.17)
アレクサンドル2世　1881(3.13)
アレクサンドル3世　1894(11.1)
アレクサンドル・ネフスキー　1263(11.14)
アレクサンドレスク、グリゴレ　1885(11.25)
アレクサンドロス　328(4.17？)
アレクサンドロス3世　前323(6.13)
アレクサンドロス4世　前310(この頃)
アレクサンドロス(アコイメータイ創始者の)　430(この頃)
アレクサンドロス(イェルサレムの)　250(この年)
アレクサンドロス(コリントスの)　前245？(この頃)

アレクサンドロス・バラス　前145(この年)
アレクサンドロス(ビザンティオンの)　337(この年)
アレクサンドロス(モンタノス主義者の)　180(この頃)
アレクサンドロス(リュンケスティスの)　前330(この年)
アレクサンドロス(リヨンの)　177(この年)
アレクシーイ　1378(この年)
アレクシウス　417(この年)
アレクシウス1世　1118(8.15)
アレクシウス2世　1183(この年)
アレクシウス3世　1210(この年)
アレクシウス4世　1204(この年)
アレクシウス5世　1204(この年)
アレクシス　前270？(この頃)
アレクシス、ヴィリバルト　1871(12.16)
アレクセイ1世　1676(1.30)
アレクセイ2世　1718(6.26)
アレクセーエフ　1881(3.15)
アレクセーエフ　1891(この年)
アレクセーエフ、フョードル・ヤコヴレヴィチ　1824(11.11？)
アレグレ、フランシスコ・ハビエル　1788(8.16)
アレシウス(アレス、アレイン)、アレクサンデル　1565(3.17)
アレスト　1875(この年)
アレストリー、リチャード　1681(1.28)
アレソン、ヨン　1550(この年)
アレタイオス　200(この頃)
アレタス　932(この頃)
アレッサンドリ、フェリーチェ　1798(この年)
アレッシ、アンドレーア　1504(この頃)
アレッシ、ガレアッツォ　1572(12.30)
アレーティウス、ベネディクトゥス　1574(3.22？)
アレティーノ、ピエートロ　1556(10.21)
アレティン　1824(この年)
アレーニ、ジューリオ　1649(8.3)
アレーヌ、ポール　1896(12.17)
アレビ　1883(この年)
アレマニー、ホセ・サドック　1888(4.14)
アレマン、マテーオ　1610(この頃)

アレムダル・ムスタファ・パシャ 1808(11.17)
アレリャーノ, フアン・デ 1676(この年)
アレン 1882(この年)
アレン, イーサン 1789(2.21)
アレン, ウィリアム 1594(10.16)
アレン, エドワード 1626(11.25)
アレン, グラント 1899(10.28)
アレン, ジョゼフ・ヘンリ 1898(3.20)
アレン, ラルフ 1764(この年)
アレン, リチャード 1831(3.26)
アレンカール, ジョゼ・デ 1877(12.12)
アーレンス 1874(8.2)
アーレンス 1881(9.25)
アレンツ 1882(12.22)
アーレンツゾーン, アーレント 1631(この年)
アロイージ・ガラニーニ, バルダッサッレ 1638(この年)
アロースミス 1873(この年)
アロースミス, エアロン 1823(この年)
アーロム 1822(10.9)
アローリ, アレッサンドロ 1607(この年)
アーロン 304(この頃)
アーロン, ピエトロ 1550(この頃)
アロンソ(アルフォンソ)・デ・カストロ 1558(2.3)
アロンソ(アルフォンソ)・デ・マドリード 1521(この頃)
アロンホルド 1884(3.13)
アーン 1865(この年)
アン 1714(8.12)
晏嬰 前500(この年)
晏幾道 1106(この頃)
安珦 1297(この年)
安慶緒 759(この年)
晏堅 1494(この年)
晏殊 1055(この年)
安軸 1348(この年)
安調遹 647(この年)
安鼎福 1791(この年)
アーン, トマス・オーガスティン 1778(3.5)
安如宝 815(この年)
アーン, マイケル 1786(この年)

安禄山 757(1.2)
アンヴァリー, オウハドッディーン・モハンマド 1189(この頃)
アンヴィル, ジャン・バティスト・ブルギニョン・ド 1782(1.28)
アンガー 1858(3.25)
安化王朱寘鐇 1510(この年)
アンカス 1683(この頃)
アンガス, ジョージ・ファイフ 1879(この年)
安含 640(この年)
アンギアン 1804(3.21)
アンギエ, フランソワ 1669(この年)
アンギエ, ミシェル 1686(この年)
アンギエーラ 1526(10.?)
アンギルベルト 814(2.18)
アングィッソーラ, ソフォニズバ 1626(この年)
アンクティル-デュペロン, アブラアム・ヤサント 1805(1.17)
アングリン 1891(この年)
アングル, ジャン・オーギュスト・ドミニク 1867(1.14)
アンクル, リュシニ男爵, 侯爵 1617(4.24)
アングルシー, ヘンリー・ウィリアム・パジェット, 初代侯爵 1854(4.29)
アン(クレーヴズの) 1557(7.28)
アングレーム 1650(9.24)
アングレーム, ルイ・アントワーヌ・ド・ブルボン, 公爵 1844(6.3)
アンゲルス 1512(この年)
アンゲルス・ジレージウス 1677(7.9)
アンコントル, ダニエル 1818(9.11)
アンサーリー, アブドゥッラー 1089(この年)
アンサルド, ジョヴァンニ・アンドレーア 1638(この年)
アンジェラ 1309(1.4)
アンジェリ, ジュゼッペ 1798(この年)
アンジェリス, ジローラモ・デ 1623(12.4)
アンジェリーニ, コスタンツォ 1853(この年)
アンジェリーニ, ティート 1878(この年)

アンジェルス・クラレーヌス 1337(6.15)
アンシュッツ 1865(12.29)
アンジョリエーリ, チェッコ 1312(この頃)
アンジョリーニ 1796(この年)
アンション 1692(9.3)
アンション 1715(7.5)
アンション 1719(11.4)
アンジルラム(サーンスの, メスの) 791(この年)
聖アンスガール 865(2.3)
アンスティ, クリストファー 1805(この年)
アンスロ, ヴィルジニー 1875(3.22)
アンスロ, ジャック 1854(9.7)
アンセギス(フォントネルの) 833(7.20)
アンセルミ, ジョルジュ 1797(この年)
アンセルミ, ミケランジェロ 1555(この年)
聖アンセルム 1109(4.21)
アンセルムス2世(ルッカの) 1086(3.18)
アンセルムス(ハーフェルベルクの) 1158(8.12)
アンセルムス(リエージュの) 1056(3.3)
アンセルム・ド・ラン 1117(この年)
アンソニ 1897(この年)
アンソン 1867(この年)
アンソン, ジョージ・アンソン, 男爵 1762(6.6)
アンダーウッド 1894(8.7)
アンダーソン 1808(10.15)
アンダーソン 1867(この年)
アンダーソン 1871(この年)
アンダーソン 1879(この年)
アンダーソン 1900(10.27)
アンダソン 1900(8.15)
アンダーソン, アレクサンダー 1619(この年)
アンダーソン, ジョン 1796(この年)
アンダーソン, トマス 1874(11.2)
アンダーヒル 1672(この年)
アンドラ 615(この年)
アンタルキダス 前367(この年)
アンドレディ, アントーン・マリーア 1892(1.18)

アン

アンチエタ, フアン・デ 1523 (7.30)
アンチエタ, ホセ 1597(6.9)
アンチセル 1893(この年)
アン・チャン1世 1555(この年)
アンツィロン, ヨーハン・ペータ・フリードリヒ 1837(4.19)
アンツェングルーバー, ルートヴィヒ 1889(12.10)
安帝 125(この年)
アンティオコス 前68(この頃)
アンティオコス1世 前261(この年)
アンティオコス2世 前247(この年)
アンティオコス3世 前187(この年)
アンティオコス4世 前163(この年)
アンティオコス5世 前162(この年)
アンティオコス6世 前138(この年)
アンティオコス7世 前129(この年)
アンティオコス・ヒエラクス 前226(この年)
アンティーコ 1528(この年)
アンティゴノス1世 前104(この年)
アンティゴノス1世 前301(この年)
アンティゴノス2世, ゴナタス 前239(この年)
アンティゴノス2世, マタティアス 前37(この年)
アンティゴノス3世, ドソン 前221(この年)
アンティステネス 前370(この頃)
アンティノウス 130(この年)
アンティノーリ, ジョヴァンニ 1792(この年)
アンティパトロス 前319(この年)
アンティパトロス 前4(この年)
アンティパトロス 前43(この年)
アンティパネス 前334(この頃)
アンティポン 前411(この年)
アンティモス 303(この年)
アンティモス1世(トレビゾンドの) 548(この頃)
アンテス, ジョン 1811(この年)
アンテミウス 414(この頃)
アンテミウス 472(この年)
アンテミウス・オブ・トラーレス 534(この頃)
アンテーラミ, ベネデット 1230(この頃)
アンテルス 235(この頃)
アンテルミ, ジョゼフ 1697(6.21)
アンテルム 1178(この年)
アンテルム 1683(この年)
アンデルローニ, ファウスティーノ 1847(この年)
アンドレ, ロマン 1744(8.26)
アン(デンマークの) 1619(3.2)
アン・ドゥオン 1859(この年)
アントゥネス, ジョアン 1734(この年)
アンドキデス 前390(この頃)
アントニア 37(この年)
アントニアッツォ・ロマーノ 1526(この頃)
アントーニイ・ペチェールスキイ 1073(5.7)
アントニウス 42(この年)
アントニウス, マルクス 前30(8.1)
聖アントニウス 356(この年)
アントニウス・アンドレアス 1320(この頃)
アントニウス・トマス 1709(この年)
アントニウス(パードヴァの, 聖) 1231(6.13)
アントーニオ・ヴェネツィアーノ 1387(この頃)
アントーニオ・ダ・トレント 1550(この頃)
アントーニオ・ディ・ヴィンチェンツォ 1401(この頃)
アントーニオ・デル・マッサーロ 1516(この頃)
アントニス, コルネリス 1554(この頃)
アントニヌス 1459(5.2)
アントーニーヌス・ピウス, ティトゥス(・アエリウス・ハドリアーヌス) 161(3.7)
アントニョ・デ・サン・ボナベントゥラ 1628(9.8)
アントネッリ, アレッサンドロ 1888(この年)
アントネッロ・ダ・サリーバ 1535(この年)
アントネリ, ジャコモ 1876(11.6)
アントネロ・ダ・メッシナ 1479(2.14?)
アンドラウ, ハインリヒ・ベルンハルト・フォン 1871(3.3)
アンドラーシ, ジュラ, 伯爵 1890(2.18)
アンドラーシュ2世 1235(この年)
アンドラーダ・エ・シルバ 1838(4.6)
アンドラデ, アントニオ・デ 1634(3.19)
アンドラーデ, ドミンゴ・アントニオ・デ 1712(この年)
アンドラル 1876(2.13)
アンドリスコス 前148(この年)
アントリーニ, ジョヴァンニ・アントーニオ 1842(この年)
アントリーネス, ホセー 1675(5.30)
アンドリュー, フランソワ・ギヨーム 1833(5.10)
アンドリューズ, トマス 1885(11.26)
アンドルー, ジェイムズ・オズグッド 1871(3.2)
アントルコル, フランソワ・グザヴィエ・ド 1741(7.2)
アンドルーズ, ジェイン 1887(7.15)
アンドルーズ, ランスロット 1626(9.25)
アンドレ 1764(2.27)
アンドレ 1821(この年)
アンドレー 1875(8.10)
アンドレー 1897(この年)
アンドレ, アウグスト 1887(10.29)
アンドレ, カール・アウグスト 1887(2.15)
アンドレ, ジョン 1780(この年)
アンドレ, ヨーハン 1799(6.18)
アンドレ, ヨーハン・アントン 1842(4.6)
アンドレーア・ヴィチェンティーノ 1617(この頃)
アンドレアージ, イッポーリト 1608(この年)
アンドレアス1世 1060(この年)
聖アンドレアス 60(この頃)
アンドレアス(クレタの) 740(7.4)

アンドレーアス（サン・ヴィクトールの） 1175（10.19）
アンドレアス・デ・フロレンティア 1415（この年）
アンドレーア・ダ・バルベリーノ 1431（この頃）
アンドレーア・ダ・フィレンツェ 1459（この頃）
アンドレーア・ディ・ニッコロ 1512（この頃）
アンドレーア・ディ・リオーネ 1675（この年）
アンドレーア・ドッティ 1315（8.31）
アンドレーイ 1174（6.29）
アンドレイス 1820（この年）
アンドレイーニ 1654（この年）
アンドレイニ 1624（8.20）
アンドレーエ、ヤーコプ 1590（1.7）
アンドレーエ、ヨハン・ヴァレンティン 1654（6.27）
アンドレエスク、ヨーン 1882（この年）
アンドレーエフ・ブルラーク 1885（5.10）
アンドレオーリ、ジョルジョ 1553（この頃）
アントレカストー 1793（この年）
アンドレビ、フランシスコ 1853（この年）
アンドレー（ロンジュモーの） 1270（この年）
アンドロス 1714（この年）
アンドロティオン 前340（この年）
アンドロニクス1世 1185（この年）
アンドロニクス2世 1332（この年）
アンドロニクス3世 1341（6.15）
アントワーヌ、ジャック・ドニ 1801（この年）
アントーン、パウル 1730（10.20）
アントン・ウルリヒ 1714（3.27）
アントンマルキ 1838（4.3）
アンナ 1652（この年）
アンナ・アマリア 1807（8.10）
アンナ・イヴァノヴナ 1740（10.17）
アン・ナイリージー 922（この頃）

アンナ・コムネナ 1148（この頃）
アンナス 15（この年）
アン・ナズル・ビン・シュマイル 818（この年）
アンナ・レオポリドブナ 1746（この年）
アンニウス、ヨアネス（ナンニ） 1502（11.13）
アンニバーレ・パドヴァーノ 1575（3.15）
アンヌ・ドートリシュ 1666（1.20）
アンヌ・ド・フランス 1522（11.14）
アンヌ・ド・ブルターニュ 1514（1.9）
アンネンコフ、パーヴェル・ワシリエヴィチ 1887（3.8）
アンノー2世 1075（12.4）
アンノーニ、ヒエローニムス 1770（この年）
アンパイタ（アンペイタ）、アンリ・ルイ 1853（この年）
アンハルト・デッソウ 1747（この年）
アンファンタン、バルテルミ・プロスペル 1864（9.1）
アンフィロキオス（イコニオンの） 394（この頃）
アンフォッシ、パスクアーレ 1797（2.?）
アンプティル（アムティル） 1884（8.25）
アン・ブーリン 1536（5.19）
アンブロウズ、アイザック 1664（この年）
アンブロシウス、アウレリウス 397（4.4）
アンブロージョ・ディ・バルデーゼ 1429（この年）
アンブロス、アウグスト・ヴィルヘルム 1876（6.28）
アンベール 1900（9.19）
アンベール、アンドレ・マリー 1836（6.10）
アンベール、ジャン・ジャック 1864（3.27）
アンベール、ロラン・ジョゼフ・マリー 1839（9.21）
アンベルガー、クリストフ 1561（この頃）
アンヘレス、ホアン・デ・ロス 1626（この年）

アンボー 1832（4.15）
アン（ボヘミアの） 1394（この年）
アンボワーズ、ジョルジュ・ド 1510（この年）
アンマナーティ、バルトロメーオ 1592（4.22）
アンマーバッハ、エリーアス・ニコラウス 1597（1.29）
アンマン 1730（この年）
アンモーニウス、アンドレーアス 1517（8.16）
アンモニオス 242（この年）
アンユー、ラーシュ・アントーン 1884（この年）
安楽公主 710（この年）
アンリ1世 1060（この年）
アンリ1世 1820（この年）
アンリ1世（ナバル王国の） 1274（この年）
アンリ2世 1559（7.10）
アンリ3世 1589（8.1）
アンリ4世 1610（5.14）
アンリエッタ・アン、オルレアン公爵夫人 1670（6.30）
アンリエッタ・マリア 1669（8.31）
アンリ・ド・ガン 1293（6.29）
アンリ（モンドヴィユの） 1320（この頃）
アンリ（ロザンヌの） 1145（この頃）
安慶 583（この年）
アンロック 1227（この頃）

【イ】

韋安石 714（この年）
韋応物 792（この頃）
韋渠牟 801（この年）
韋堅 747（この年）
韋玄成 前36（この年）
韋皐 805（この年）
李穀 1351（この年）
李済臣 1584（この年）
異次頓 527（この年）
韋昭 273（この年）
韋昌輝 1856（この年）
韋承慶 706（この年）
李廷煥 1673（この年）
李樹廷 1886（6.?）
李承休 1301（この年）

韋荘　910（この年）
李達　1618（この年）
李誕　253（この年）
李德懋　1793（この年）
李蘗　1786（この年）
李賢輔　1555（この年）
伊墨卿　1815（この年）
李明漢　1645（この年）
李裕元　1888（この年）
李用休　1782（この年）
イアソン　前370（この年）
イアンブリコス　325（この頃）
イヴァイロ　1280（この年）
イヴァーノフ，アレクサンドル・アンドレエヴィチ　1858（7.3）
イヴァン1世　1340（3.31）
イヴァン2世　1359（11.13）
イヴァン3世　1505（10.27）
イヴァン・アセン2世　1241（この年）
イヴェール，ジャック　1571（この頃）
イーヴ・エロリ（ケルマルタンの）　1303（5.19）
イーヴォ・ド・シャルトル　1117（12.23）
イヴォン，クロード　1791（この年）
イヴォーン，ピエール　1707（この年）
イーヴリン，ジョン　1706（2.27）
イェイェル，エーリック・グスタヴ　1847（4.23）
イェーヴェル，ヘンリー　1400（この年）
イェーガー，ヨーハン・ヴォルフガング　1720（この年）
イェクノ・アムラク　1283（この年）
イェシュケ，ハインリヒ・アウグスト　1883（9.24）
イエス・キリスト　30？（この頃）
イエースレイ　1869（7.9）
イェセーリウス，ヨハンネス　1718（この年）
イェセーリウス，ヨーハン（ヨハンネス）　1690（この年）
イェーツ　1845（この年）
イェーニケ，ヨハネス　1827（7.21）
イェフダ・ハレヴィ　1141（この頃）
イェラチッチ　1859（この年）

イェリッチ，ヴィンコ　1636（この年）
イェーリング，ルドルフ・フォン　1892（9.17）
イェール　1778（3.8）
イェール　1896（9.24）
イェール，イライヒュー　1721（7.8）
イェール，ライナス　1868（この年）
イェルザレム　1772（10.30）
イェルーザレム，ヨーハン・フリードリヒ・ヴィルヘルム　1789（9.2）
イェルハーハイス，ヨハネス　1836（この年）
イェルマーク　1585（8.6）
イェルマク　1585（この頃）
イェルム，ペーター・ヤコプ　1813（10.7）
イェレスマ，イェレ・エールチェス　1858（この年）
イェレツキー，ヨハネス　1568（12.28）
イェレミアス2世　1595（この年）
イェンゼン，アドルフ　1879（1.23）
イェンゼン，クリスティアン　1900（3.23）
イェンセン，クリスティアン・アルベール　1870（7.13）
イオーアンネース・クリューソストモス　407（この年）
イオーアンネース・ダマスケーネス　749（この頃）
イオーヴ　1607（6.19）
イオーナ　1461（この年）
イオン　前420？（この頃）
イーガン　1849（この年）
イグナチウス　877（10.23）
イグナティウス・デ・ロヨラ（聖）　1556（7.31）
イグナティウス（ラコーニの）　1781（5.11）
イグナティオス　107（この頃）
惟儼　834（この年）
イーゴリ1世　945（この年）
イーゴリ2世　1202（この年）
イサアクス，ホルヘ　1895（4.17）
イサイオス　前350（この年）
イサキウス1世　1061（この年）
イサキウス2世　1204（この年）
イサク　460（この頃）

イーザーク，シュテファン　1597（この年）
イザーク，ヘンリクス　1517（3.26）
イサーク（サハク）　440（この年）
イサーク（ステラの，エトワールの）　1169（この頃）
イサーク（ニネヴェの）　700（この頃）
イーサー・ブン・ウマル　766（この年）
イザベイ，ウージェーヌ　1886（4.25）
イザベイ，ジャン・バティスト　1855（4.18）
イザベッロ，ピエトロ　1555（この頃）
イザベラ（アングレームの）　1246（この年）
イザベラ（フランスの）　1358（この年）
イサベル1世　1504（11.26）
イサベル・デ・ファルネジオ　1766（7.11）
イザベル・ド・エノー　1190（この年）
イザベル（フランスの）　1270（2.23）
イサベラ・デステ　1539（この年）
イザボー　1435（9.24）
潙山霊祐　853（この年）
韋氏　710（この年）
イジー・ス・ポジェブラド　1471（3.22）
イシドール　1463（この頃）
イシドルス　636（4.4）
イシドーロス（ペルーシウムの）　435（この年）
イシドロ（農夫）　1130（5.15）
イシバル・テレス・カガン　639（この年）
イージャーズ・フサイン　1870（この年）
イーシャーナヴァルマン1世　635（この年）
イーシュヴァラクリシュナ　450？（この頃）
イシューチン　1879（この年）
イシュトヴァン1世　1038（8.15）
イシュトバン・バトリ　1586（12.12）
イシュトリショチトル2世　1550（この年）

イシュトリルショチトトル 1650
（この頃）
イシュ・ヤーブ3世 658（この年）
意恂 1866（この年）
イジョー・ミクローシュ 1875
（5.29）
怡親王載垣 1861（この年）
イーズ, ジェイムズ・B（ブキャナン） 1887（この年）
イステミ - カガン 575（この頃）
イースト, トマス 1608（この年）
イースト, マイケル 1648（この年）
イーストウィック, エドワード・バックハウス 1883（7.16）
イーストマン, メリー 1880（2.24）
イストーミン, カリオン 1717
（この年）
イーストレイク, サー・チャールズ・ロック 1865（12.24）
イーストレーキ 1887（2.26）
イスハーク・アル・イスラーイーリー 955？（この頃）
イスハーク・イブン・フナイン 910（この頃）
イスハーク・ビン・ハッサーン・アル・フッラミー 815（この頃）
イスペリヒ 701（この年）
イスマイル 1274
イスマーイール1世 1524（5.23）
イスマーイール2世 1577（この年）
イスマーイール・パシャ 1895
（3.2）
イスマーイール・ブン・アフマド 907（この年）
イズマイロフ 1831（1.16）
イスメニアス 前382（この年）
イスラ, ホセ・フランシスコ・デ 1781（11.2）
イスラエリ 950？（この頃）
イスラエール, ゲオルク 1588
イスラエル・ベン・エリエゼル 1760（この年）
惟政 1610（この年）
イゼット・モッラー, ケチェジザーデ 1829（この年）
イゼベル 前843（この頃）
イーゼリーン, イーザーク 1782（6.15）
イーゼンブラント, アドリアーン 1551（7.？）

イーゼンマン, カスパル 1472
（1.18）
イーゼンマン, ヨーハン 1574
（2.18）
懿宗 873（この年）
イソクラテス 前338（この年）
イダ 559（この年）
イタ（イデ） 570（この頃）
イーダシャイム, アルフレッド 1889（この年）
イダティウス（ヒュダティウス） 468（この頃）
イダ（ニヴェルの） 1231（12.11）
イタール 1838（この年）
イダ（ルーヴェンの） 1300（4.13）
イダルゴ, バルトロメー 1822
（この年）
イダルゴ・イ・コスティージャ, ミゲル 1811（7.31）
イタルス, フランシスクス 1516（この年）
イダ（レオーの, レーウの） 1260（この頃）
一行 727（10.？）
一玉 1633（この年）
伊稚斜単于 前114（この年）
一禅 1568（この年）
一禅 1608（この年）
一然 1289（この年）
惟忠 782（この年）
イッケルザーマー 1537（この頃）
イツコアトル 1440（この年）
一山一寧 1317（10.25）
イッショルチョンドロ・グプト 1859（1.23）
イッショルチョンドロ・ビッタシャゴル 1891（7.29）
イッデスリー 1887（1.12）
逸然 1668（7.14）
イツハク・ベン・サロモー・イスラエリ 950？（この頃）
イーディ, ジョン 1876（6.3）
イデス 1704（この頃）
イーデン 1809（この年）
イトゥルビデ, アグスティン・デ 1824（7.19）
懿徳太子 701（この年）
イドリーシー 1166（この年）
イドリス2世 828（この年）
イートン 1658（この年）
イートン 1811（この年）
イートン 1879（この年）
イートン 1899（この年）

イナロス 前454？（この頃）
イニス, トマス 1744（1.28）
イネ 726（この年）
イネス, ジョージ 1894（8.3）
イノケンティウス2世 1143（9.24）
イノケンティウス7世 1406（11.6）
イーバス（エデッサの） 457（10.28）
イバニェス, ホアン・ブエナベントゥラ 1691（10.11）
イパラギレ, ホセ・マリア・デ 1881（4.6）
イビ・スィン 前2003（この頃）
イフィクラテス 前353（この年）
イプシランティ 1832（1.3）
イプシランディス 1828（1.31）
イブヌッ・サーアーティー 1207
（この年）
イブヌッ・スィッキート 857
（11.18）
イブヌッ・タアーウィージー 1187（12.7）
イブヌル・アッワーム 1250（この頃）
イブヌル・アハナフ 806（この年）
イブヌル・アラビー 1148（8.？）
イブヌル・アラビー 844（この頃）
イブヌル・クーティーヤ 977
（11.3）
イブヌル・バイタール 1248（この年）
イブヌル・ハッジャージュ 1001（4.25）
イブヌル・ハッバーリーヤ 1115（この頃）
イブヌル・ムアルリム 1195（この年）
イブヌン・ナビー 1287（この年）
イブラーヒーム 1419（この年）
イブラヒム1世 1648（この年）
イブラーヒーム・アル・ファザーリー 777（この年）
イブラーヒーム・アル - マウスィリー 804（この年）
イブラーヒーム・イブン・アル - マハディー 839（この年）
イブラヒム・イブン・シナン 946（この年）
イブラヒム・パシャ 1536（この年）
イブラヒム・パシャ 1730（この年）

人名索引　　　　　　　　　　　　　イフ

イブラヒム・パシャ　1848(11.10)
イブラーヒーム・ビン・ヒラール・アッ・サービー　982(この年)
イブラーヒーム・ベイ　1817(この年)
イブラヒム・ミュテフェツリカ　1745(この年)
イブラーヒーム・ミールザー　1577(2.24)
イフラント, アウグスト・ヴィルヘルム　1814(9.22)
イブル, ニコラス　1891(この年)
イブン・アサーキル　1176(1.25)
イブン・アッズバイル　692(この年)
イブン・アッターシュ　1107(この年)
イブン・アッ・ルーミー　896(この年)
イブン・アビー・ウサイビア　1270(1.?)
イブン・アビー・ザイド　996(この頃)
イブン・アビー・ランダカ　1126(この頃)
イブン・アブド・アル・ハカム　871(この年)
イブン・アブド・ラッビヒ　940(3.3)
イブン・アラブシャー　1450(8.?)
イブン・アル・アシール　1234(5.4)
イブン・アルアッバール　1260(1.2)
イブン・アル・アラビー　1240(11.16)
イブン・アル・カルビー　819(この年)
イブン・アル・シャーティル　1375(この頃)
イブン・アル・バグダーディ　1100(この頃)
イブン・アルバッワーブ　1022(この頃)
イブン・アル・ハティーブ　1374(この年)
イブン・アル・バンナ　1321(この年)
イブン・アルファラディー　1012(4.22)
イブン・アル・ファーリド　1234(この頃)
イブン・アルフラート　1405(この年)

イブン・アル・ムゥタッズ　980(12.?)
イブン・アル・ムカッファア　759(この頃)
イブン・アルムータッズ　908(12.29)
イブン・アルワルディー　1349(この年)
イブン・アン・ナディーム　995(この頃)
イブン・アンナフィース　1288(この頃)
イブン・イスハーク　767(この年)
イブン・イヤース　1524(この年)
イブン・エズラ, アブラハム　1164(この頃)
イブン・エズラ, モーシェ・ベン・ヤーコブ　1135(この頃)
イブン・カイイム　1350(この年)
イブン・カイス・アッルカイヤート　694(この年)
イブン・カースィム　806(この頃)
イブン・カラーキス　1171(この年)
イブン・クズマーン　1160(この年)
イブン・クタイバ　889(10.30?)
イブン・コルラ(サービト・イブン・クッラ)　901(12.18)
イブン・サアド　845(2.17)
イブン・サイード　1286(この頃)
イブン・ザイドゥーン　1070(この頃)
イブン・サッラーム　837(この年)
イブン・サッラーム　846(この年)
イブン・ザディク　1149(この年)
イブン・サナール・ムルク　1211(この年)
イブン・サハル・ラッバン　855(この頃)
イブン・ザファル　1169(この頃)
イブン・サブイーン　1270(この年)
イブン・サンジャル・アル・ハージリー　1235(この年)
イブン・シハーブ　742(この年)
イブン・ジャズラ　1100(6.?)
イブン・ジャマーア　1333(この年)
イブン・シュハイド　1035(この年)
イブン・ジュバイル　1217(11.13?)

イブン・ジュルジュル　994(この頃)
イブン・ジンニー　1002(1.15?)
イブン・スィーナー, アブー・アリー　1037(6.18)
イブン・ズフル, アブー・バクル　1198(この頃)
イブン・ズフル, アブー・マルワーン　1078(この年)
イブン・ズフル, アブー・マルワーン　1162(この年)
イブン・ズフル, アブー・ムハンマド　1205(この頃)
イブン・ズフル, アブル・アラー　1130(この頃)
イブン・スライジュ　714(この年)
イブン・スライジュ　726(この年)
イブン・タイミーヤ　1328(9.29)
イブン・タグリービルディー　1469(この年)
イブン・ターシフィーン　1106(この頃)
イブン・ダーニヤール　1310(11.7)
イブン・トゥファイル　1185(この年)
イブン・トゥーマルト　1130(この頃)
イブン・ドゥライド　934(8.12)
イブン・トゥールーン　884(5.?)
イブン・ナウバフト　815(この頃)
イブン・ヌバータ　984(この年)
イブン・ハイヤーン　1076(10.?)
イブン・ハウカル　990(この頃)
イブン・バシュクワール　1183(1.5)
イブン・ハズム　1064(8.16)
イブン・バーッジャ　1138(この年)
イブン・バットゥータ, ムハンマド・イブン・アブドゥッラー　1368(この年)
イブン・ハッバーリーヤ　1110(この頃)
イブン・ハッリカーン　1282(10.30)
イブン・ハーニー　973(この年)
イブン・バーバワイヒ　991(この頃)
イブン・ハビーブ　854(4.5)
イブン・ハファージャ　1138(この年)
イブン・ハムディース　1132(この年)

人物物故大年表 外国人編　　837

イブン・ハルドゥーン, アブドゥル・ラフマーン 1406(3.16)
イブン-ハンバル 855(8.1)
イブン・ヒシャーム 834(この年)
イブン・ビービー 1272(この年)
イブン・ファラクェラ 1295(この頃)
イブン・ファーリス・アッ・ラーズィー 1005(この頃)
イブン・フィルナース 888(この年)
イブン・ブトラーン 1068(この頃)
イブン・フルダーズビフ 900(この頃)
イブン・マーサワイフ 857(この年)
イブン・マージャ 886(この年)
イブン・マンズール 1311(この年)
イブン・ミスジャフ 715(この頃)
イブン・ムクラ 940(この頃)
イブン・ムニール・アッ・タラーブルスィー 1153(9.?)
イブン・ムフリズ 715(この頃)
イブン・ユーヌス 1009(この年)
イブン・リドワーン 1061(この頃)
イブン・ロステー 903(この年)
イブン・ワフブ 813(この年)
イベイ 1820(この年)
イベルヴィル 1706(7.9)
イマード・アッディーン 1201(この年)
イマード・キルマーニー 1371(この頃)
イマヌエル・ベン・ソロモン 1328(この頃)
イマーミー・ヘラーティー 1268(この頃)
イマーム-アルハラマイン 1085(8.10)
イマム・ボンジョール 1864(11.6)
イマーム-レザー 818(この年)
林悌 1587(この年)
イムシェニェーツキー 1892(6.5)
異牟尋 808(この年)
イムホフ 1750(11.6)
イムホフ, ペーター・ヨーゼフ 1844(この年)
イムルウ・アル・カイス 540(この頃)

イムレ(ハンガリーの) 1031(9.2)
イュレンボリ, グスタヴ・フレドリック 1808(3.30)
イライアス 1897(5.31)
イライアス, ジョン 1841(6.8)
イラーキー-ハマダーニー 1289(11.23)
イラディエル, セバスティアン 1865(12.6)
イラディエル, セバスティアン 1895(この年)
イーリー, レジナルド 1471(この年)
イリアルテ, トマス・デ 1791(9.17)
イリ-カガン 553(この年)
伊里布 1843(この年)
怡良 1867(この年)
イール, フィリップ・ド・ラ 1718(4.21)
イルゲン, カール・ダーフィト 1834(9.17)
イールズ, クッシング 1893(2.17)
イルデギズ 1172(この年)
イルデフォンスス 664(この年)
イルネリウス 1130(この頃)
イルミーナ 708(この年)
威烈王 前402(この年)
イレートミシュ 1236(4.2)
イレーニクス, フランツィスクス 1559(この頃)
イレーネ 803(8.9)
イレネーウス, クリストフ 1595(この年)
イワン4世 1584(3.18)
イワン5世 1696(1.29)
イワン6世 1764(7.15)
殷芸 529(この年)
尹瓘 1111(この年)
尹鑴 1680(この年)
尹元衡 1565(この年)
陰鏗 570(この頃)
陰識 58(この年)
陰寿 585(この年)
尹拙 971(この年)
尹善道 1671(6.?)
殷仲堪 399(この年)
殷仲文 407(この年)
尹文 前285(この頃)
尹文操 695(この年)
殷侑 838(この年)

尹和靖 1142(この年)
インウッド, ヘンリー・ウィリアム 1843(この年)
インガソル 1781(この年)
インガソル, ロバート・グリーン 1899(7.21)
允堪 1061(この年)
印簡 1257(この年)
インガンニ, アンジェロ 1880(この年)
インギラーミ, フランチェスコ 1846(この年)
イングラシア 1580(11.6)
イングランド 1877(9.14)
イングランド, ジョン 1842(4.11)
イングルズ(イングリス), チャールズ 1816(この年)
インゲマン, ベアンハート・セヴェリン 1862(2.24)
隠元隆琦 1663(4.3)
印悟 1623(この年)
陰皇后 64(この年)
インジェニェーリ, マルカントニオ 1592(7.1)
インシャー 1817(この年)
インシャー・アッラー・ハーン 1818(この年)
尹洙 1046(この年)
印性 1877(この年)
インジロー, ジーン 1897(7.20)
允多 945(この年)
インダイク 1664(5.4)
インチボールド, エリザベス 1821(8.1)
インディア, ベルナルディーノ 1590(この年)
インドゥーノ, ジローラモ 1890(この年)
インドゥーノ, ドメーニコ 1878(この年)
インドラヴァルマン1世 889(この年)
イントルチェッタ, プロスペロ 1696(10.3)
インノケーンチイ 1879(この年)
インノケンチウス6世 1362(12.18)
インノケンチウス10世 1655(1.7)
インノケンチウス11世 1689(8.11)

人名索引　　　　　　　　　　　　　　　　ウア

インノケンチウス12世　1700(9.27)
インノケンチウス13世　1724(3.7)
インノケンティウス1世　417(3.12)
インノケンティウス3世　1216(7.16)
インノケンティウス4世　1254(12.7)
インノケンティウス5世　1276(6.22)
インノケンティウス8世　1492(7.25)
インノチェンツォ・ダ・イーモラ　1545(この頃)
インパラート, ジローラモ　1620(この頃)
インピ　1809(10.1)
インフェッスーラ, ステーファノ　1500(この頃)
インブリアーニ, ヴィットーリオ　1886(1.1)
インヘンホウス, ヤン　1799(9.7)
インマーマン, カール・レーベレヒト　1840(8.25)

【ウ】

烏爾臣　1727(8.?)
ウー, オバータ　1798(この頃)
于謙　1457(この年)
禹之鼎　1709(この頃)
于志寧　665(この年)
烏重胤　827(この年)
于成竜　1684(この年)
于定国　前40(この頃)
于頔　818(この年)
于敏中　1779(この年)
宇文貴　567(この年)
ヴァアー, マテス　1560(この年)
ヴァイアー(ウィア), ヨハネス　1588(2.19)
ヴァイエルシュトラス, カール・ヴィルヘルム・テオドール　1897(2.19)
ヴァイグル, タデーウス　1844(この年)

ヴァイグル, ヨーゼフ　1820(この年)
ヴァイグル, ヨーゼフ　1846(2.3)
ヴァイゲル, ヴァーレンティーン　1588(6.10)
ヴァイス　1856(10.1)
ヴァイス　1899(3.8)
ヴァイス, アーダム　1534(9.25)
ヴァイス, ジルヴィウス・レーオポルト　1750(10.15)
ヴァイス, リベラート　1716(3.3)
ヴァイスヴァイラー, アダム　1810(この頃)
ヴァイスゲルバー, ヨーハン・ハインリヒ　1868(2.12)
ヴァイスハウプト, アーダム　1830(11.18)
ヴァイスマン, クリスティアン・エーバハルト　1747(5.22)
ヴァイゼ, クリスティアン　1708(10.21)
ヴァイセ, クリスティアン・フェーリクス　1804(12.16)
ヴァイセ, クリスティアン・ヘルマン　1866(9.19)
ヴァイセ, クリストフ・エアンスト・フリーズリク　1842(10.8)
ヴァイセ, ミヒャエル　1534(この年)
ヴァイセル, ゲオルク　1635(8.1)
ヴァイダ・ヤーノシュ　1897(1.17)
ヴァイツ　1864(3.21)
ヴァイツ, ゲオルク　1886(5.24)
ヴァイツゼカー, カール・ハインリヒ・フォン　1899(8.13)
ヴァイディツ, ハンス　1536(この頃)
ヴァイデン, ロヒール・ファン・デル　1464(6.18)
ヴァイトリング, ヴィルヘルム　1871(1.22)
ヴァイナー, チャールズ　1756(この年)
ヴァイブリンガー, フリードリヒ・ヴィルヘルム　1830(1.17)
ヴァイブレヒト　1881(3.29)
ヴァイベツァーン, カール・フリードリヒ・アウグスト　1844(6.20)
ヴァイヤン　1872(この年)
ヴァイヤン, ヴァルラン　1677(この年)
ヴァイル　1889(8.29)

ヴァインガルテン, ヘルマン　1892(4.25)
ヴァインズ, リチャード　1656(2.2)
ヴァインブレンナー, ヨハン・ヤーコプ・フリードリヒ　1826(3.1)
ヴァインリヒ　1842(3.7)
ヴァウヴェルマン, フィリップス　1668(5.19)
ヴァカリウス　1200(この頃)
ヴァギフ, モラ-パナフ　1797(この年)
ヴァーグナー　1809(1.7)
ヴァーグナー　1841(11.22)
ヴァーグナー　1858(8.8)
ヴァーグナー　1894(10.16)
ヴァーグナー, ヴァーレンティーン　1557(9.2)
ヴァーグナー, ヴィルヘルム・リヒャルト　1883(2.13)
ヴァーグナー, ハインリヒ・レーオポルト　1779(3.4)
ヴァークニツ, ハインリヒ・バルタザル　1838(この年)
ヴァクリー, オーギュスト　1895(2.5)
ヴァーゲン　1868(7.15)
ヴァーゲンザイル, ゲオルク・クリストフ　1777(3.1)
ヴァーゲンザイル, ヨーハン・クリストフ　1705(この頃)
ヴァザーリ, ジョルジョ　1574(6.27)
ヴァシアーン・コソーイ　1545(この頃)
ヴァシュコンセルシュ　1640(この年)
ヴァシュロ　1897(7.28)
ヴァション, ピエール　1803(10.7)
ヴァシーリィ4世　1612(9.12)
ヴァシーリイ・ブラジェーンヌイ　1557(この年)
ヴァシーリエフ, ヴァシーリイ・パーヴロヴィチ　1900(5.10)
ヴァシリエフスキー　1899(この年)
ヴァージル, ポリドア　1555(4.18)
ヴァジーレフスキー　1896(12.13)
ヴァズ, ジョゼフ　1711(1.16)

人物物故大年表 外国人編　839

ウアスキ(ラスキ), ヤン 1560 (1.8)
ヴァスコンセーロス, フェレイラ・デ 1563(この頃)
ヴァーステガン, リチャード(ロウランズ) 1640(この年)
ヴァゾン(リエージュの) 1048 (7.14)
ヴァターブル, フランソワ 1547(3.15)
ヴァッカーイ 1848(8.6)
ヴァッカナーゲル, ヴィルヘルム 1869(12.21)
ヴァッカナーゲル, フィーリプ 1877(6.20)
ヴァッカリーニ, ジョヴァンニ・バッティスタ 1769(この年)
ヴァッカーロ, アンドレーア 1670(この年)
ヴァッカーロ, ドメーニコ・アントーニオ 1750(この年)
ヴァッカーロ, ロレンツォ 1706 (この年)
ヴァッケンローダー, ヴィルヘルム・ハインリヒ 1798(2.13)
ヴァッケンローデル 1854(9.4)
ヴァッサッレット, ピエトロ 1226(この頃)
ヴァッテンバハ 1897(9.20)
ヴァットムッレル, アドルフ・ユルリク 1811(この年)
ヴァッラ, ロレンツォ 1457(8.1)
ヴァッラバ 1531(この年)
ヴァーツラフ 929(9.28？)
ヴァッレ, アンドレーア・ダ 1577(この年)
ヴァッロルサ, チプリアーノ 1604(この年)
ヴァディアーン(ヴァディアーヌス), ヨーアヒム 1551(4.6)
ヴァーディル, ジョン 1811(この年)
ヴァトー, ジャン・アントワーヌ 1721(7.18)
ヴァーニー 1642(この年)
ヴァニーニ, ルチーリオ 1619 (2.9)
ヴァニョーニ, アルフォンソ 1640(4.19)
ヴァーノン, エドワード 1757 (この年)
ヴァーノン, ロバート 1849(この年)

ヴァーベック(フルベッキ), ギード・ヘルマン・フリードリーン 1898(3.10)
ウアマン・ポーマ・デ・アジャーラ, フェリーペ 1615(この頃)
ヴァラ 836(この年)
ウァラエウス, アントニウス 1639(7.9)
ヴァラオリティス, アリストテリス 1879(7.24)
ヴァラディエル, アンドレーア 1759(この年)
ヴァラディエール, ジュゼッペ 1839(2.1)
ヴァラディエル, ジョヴァンニ 1803(この年)
ヴァラディエル, ルイージ 1785(この年)
ヴァラーハミヒラ 587(この年)
ヴァラレッジョ 1580(1.11)
ヴァランシエンヌ, ピエール・アンリ・ド 1819(2.16)
ヴァラン・ダンヴィル, ジョゼフ・デジレ 1850(4.19)
ヴァラン・ド・ラ・モット, ジャン・バティスト・ミシェル 1800(この年)
ヴァラン夫人 1762(この年)
ヴァーリー, ジョン 1842(この年)
ウァリウス・ルフス, ルキウス 前15(この頃)
ヴァリク, ジェイムズ 1827(7.22)
ヴァリスニエリ, アントニオ 1730(1.18)
ヴァリック 1854(4.28)
ヴァリニャーノ, アレッサンドロ 1606(1.20)
ヴァリニョン 1722(12.22)
ヴァリハーノフ, チョカン・チンギソヴィチ 1865(10.？)
ヴァリーン, ユーハン・ウーロヴ 1839(6.30)
ヴァルインスキ 1889(この年)
ヴァルヴァッソーリ, ガブリエーレ 1761(この年)
ヴァルーエフ 1845(この年)
ヴァルーエフ 1890(この年)
ヴァルカー, エーベルハルト・フリードリヒ 1872(10.2)
ヴァルキ, ベネデット 1565 (12.18)

ヴァルケナル 1785(この年)
ヴァルサルヴァ 1723(2.1)
ウァルス, ププリウス・クインティリウス 9(この年)
ヴァルター, カール・フェルディナント・ヴィルヘルム 1887(5.7)
ヴァルター, フェルディナント 1879(12.13)
ヴァルター, ミヒャエル 1662 (2.9)
ヴァルター, ユーリウス 1834 (この年)
ヴァルター, ヨーハン 1570(3.25)
ヴァルター, ヨーハン・ゴットフリート 1748(3.23)
ヴァルター, ヨーハン・ヤーコプ 1717(この年)
ヴァルター・フォン・デア・フォーゲルヴァイデ 1230(この年)
ヴァルディス, ブルクハルト 1556(この頃)
ヴァルデス, ペトルス 1217(この頃)
ウアルテ・デ・サン・フアン, フアン 1588(この頃)
ヴァルデトルーディス 688(4.9)
ヴァルテーマ, ルドヴィコ・ディ 1517(この頃)
ヴァルデマール 1319(8.14)
ヴァルデマール1世 1182(12.5)
ヴァルデマール2世 1241(3.21)
ヴァルデマール4世 1375(10.24)
ヴァルテル(サン・ヴィクトールの) 1190(この頃)
ヴァルテル(ブリュッへの) 1307(1.21)
ウァルテル(モルターニュの) 1176(7.14？)
ヴァルドー 814(3.29)
ヴァルトシュタイン, フェルディナント・フォン 1823(この年)
ヴァルトゼーミュラー, マルティン 1521(この頃)
ヴァルトハイム 1853(10.18)
ヴァルトマン 1489(4.6)
ヴァルトミュラー, フェルディナント・ゲオルク 1865(8.23)
ヴァルヒ, クリスティアン・ヴィルヘルム・フランツ 1784(3.10)
ヴァルヒ, ヨーハン・ゲオルク 1775(1.13)
聖ヴァルブルガ 777(この頃)

ヴァルポット，ペーテル・シェーラー 1578（この年）
ヴァルラーフ 1824（3.18）
ヴァルラム（ナウムベルクの） 1111（4.12）
ヴァルラーモフ 1848（10.27）
ヴァルラルシ，ドメーニコ 1771（8.14）
ヴァルンハーゲン，フランシスコ・アドルフォ・デ 1878（この年）
ヴァレ 1652（4.20）
ヴァレス，ジュール 1885（2.14）
ヴァレニウス，ベルンハルト 1650（この頃）
ヴァレニウス，ベルンハルドゥス 1650（この年）
ヴァレフスカ，マリア，伯爵夫人 1817（この年）
ヴァレフスキ，アレクサンドル・フロリアン・ジョゼフ・コロナ，伯爵 1868（9.27）
ウァレリア 311（この年）
ウァレリア 312（この頃）
ヴァレリアーニ，ジュゼッペ 1596（この年）
ウァレリアーヌス 460（この頃）
ウァレリアヌス，ププリウス・リキニウス 260（この年）
ヴァレーリウス，アードリアーニウス 1625（この年）
ウァレリウス・ソラヌス，クゥイントゥス 前82（この年）
ウァレリウス・フラックス，ガイユス 93（この年）
ヴァレリオ 1618（1.17）
ヴァレリオ（ビエルソの） 695（この頃）
ウァレル 1889（この年）
ヴァレンシュタイン，アルブレヒト・ヴェンツェル・オイゼービウス・フォン 1634（2.25）
ウァレンス，フラーウィウス 378（8.9）
ヴァレンタイン 1652（この頃）
ヴァレンテ，ピエトロ 1859（この年）
ヴァレンティーニ 1649（4.29？）
ヴァレンティーニ，ジュゼッペ 1759（この頃）
ヴァレンティーニ，ピエル・フランチェスコ 1654（この年）
ウァレンティニアヌス1世 375（11.17）

ウァレンティニアヌス2世 392（5.15）
ウァレンティニアヌス3世 455（3.1）
ウァレンティーヌス 827（9.？）
ウァレンティヌス 165（この頃）
聖ウァレンティヌス 269（この頃）
ヴァレンティン 1883（5.24）
ヴァーレンブルフ，アードリアーン（ハドリアーン）・ヴァン 1669（この年）
ヴァーレンブルフ，ペーター・ヴァン 1675（この年）
ヴァロ，マールクス・テレンティウス 前27（この年）
ヴァロリオ，コンスタンツォ 1575（この年）
ヴァロワ，アンリ・ド 1676（5.7）
ヴァン・アッセルト，アンドレ 1874（12.1）
ヴァンヴィテッリ，ルイジ 1773（3.1）
ウァン（オドワン） 684（8.24）
ヴァン・クイッケンボルネ，カール・フェリックス 1837（8.17）
ヴァンクーヴァー，ジョージ 1798（5.10）
ヴァンゲマン，ヘルマン・テーオドーア 1894（6.18）
ヴァンサン，（ジャーク・ルイ・）サミュエル 1837（7.10）
ヴァンサン，フランソワ・アンドレ 1816（この年）
ヴァンサン・ド・ボーヴェ 1264（この頃）
聖ヴァンサン・ド・ポール 1660（9.27）
ヴァンス 1892（9.27）
ヴァンダー 1879（この年）
ヴァン・ダイク，アントニー 1641（12.9）
ヴァンダビルト 1885（12.8）
ヴァンダービルト，コーニーリアス 1877（1.4）
ヴァンダム 1830（7.15）
ヴァンダーリント 1740（この年）
ヴァンデプール 1892（この年）
ヴァンデルモンド 1796（1.1）
ヴァンドヴィル，ジャン 1592（10.15）
ヴァンドーム，セザール・ド・ブルボン 1665（10.22）

ヴァンドーム，フィリップ 1727（1.24）
ヴァンドーム，ルイ 1669（8.9）
ヴァンドーム，ルイ・ジョゼフ，公爵 1712（6.11）
ヴァンニ，アンドレーア 1414（この頃）
ヴァンニ，フランチェスコ 1610（この年）
ヴァンニーニ，オッターヴィオ 1643（この年）
ヴァンヌテッリ，シピオーネ 1894（この年）
ヴァンハル，ヨーハン・バプティスト 1813（8.20）
ヴァン・ビューレン，マーティン 1862（7.24）
ヴァン・ファルケンブルグ 1888（5.7）
ヴァンブラ，ジョン 1726（3.26）
ヴァン・ミルダート・ウィリアム 1836（この年）
ヴァン・リード 1873（2.？）
ヴァン・ルーメン 1615（5.4）
ヴァン・レンスラー，スティーヴン 1839（この年）
ヴァン・ロー 1670（11.26）
ヴァン・ロー 1713（この年）
ヴァン・ロー 1795（11.15）
ヴァンロー，シャルル・アンドレ 1765（7.15）
ヴァンロー，ジャン・バティスト 1745（9.19）
ヴァン・ロー，ジュール・セザール・ドニ 1821（この年）
ヴァン・ロー，ルイ・ミシェル 1771（3.20）
ヴィアー 1609（この年）
ヴィアダーナ，ロドヴィーコ 1627（5.2）
ヴィアトール 1524（2.1）
ヴィアネー，聖ジャン・バティスト・マリー 1859（8.4）
ヴィアラール，エミリ・ド 1856（8.24）
ヴィアール，シャルル 1537（この頃）
ヴィアン，ジョゼフ・マリー 1809（3.27）
ヴィヴァリウス，ラーシュ 1669（4.5）
ヴィヴァリーニ，アルヴィーゼ 1505（この頃）

ヴィヴァリーニ，アントニオ　1480（この頃）
ヴィヴァリーニ，バルトロメオ　1499（この頃）
ヴィヴァルディ，アントーニオ　1741（7.28）
ヴィヴィアーニ，ヴィンチェンツォ　1703（9.22）
ヴィヴィアン，ジョセフ　1735（12.5）
ヴィエイラ　1634（6.6）
ヴィエイラ，アントニオ　1697（7.18）
ヴィエク，ヤクブ　1597（この年）
ウイェースキー　1897（9.20）
ヴィエト，フランソワ（フランシスクス・ヴィエタ）　1603（12.13）
ヴィエニャフスキ，ヘンリク　1880（3.19）
ヴィエネ，ジャン・ポンス・ギヨーム　1868（7.10）
ヴィエリゴルスキー　1856（9.9）
ヴィエロポルスキ　1877（この年）
ヴィオッティ，ジョヴァンニ・バッティスタ　1824（3.3）
ヴィオレ・レ・デュック，ウージェーヌ・エマニュエル　1879（9.17）
ヴィカ，ルイ・ジョゼ　1861（この年）
ヴィカーズ　1897（この年）
ヴィガーノ　1821（8.18）
ウイカム　1404（9.24）
ヴィガラーニ，ガスパレ　1663（この年）
ヴィガラーニ，カルロ　1713（この年）
ヴィカーリ，ヘルマン・フォン　1868（4.14）
ヴィカール，ジャン・バティスト　1834（この年）
ヴィーガント，ヨーハン　1587（10.21）
ヴィギリウス　555（6.7）
ヴィギリウス（オセールの）　684（この頃）
ヴィーク，フリードリヒ　1873（10.6）
ヴィク・ダジール　1795（6.20）
ウィクトゥリウス（ルマンの）　490（9.1）
ウィクトリウス　1585（この年）
ウィクトリキウス（ルアンの）　409（この頃）

ウィクトーリヌス（ペッタウの）　303（この頃）
ヴィクトル2世　1057（7.28）
ヴィクトル3世　1087（9.16）
ヴィクトル4世　1164（4.20）
ウィクトル（ウィタの）　485（この頃）
ヴィクトル（カプアの）　554（この年）
ウィクトル（マルセイユの）　290（この頃）
ヴィグフーソン　1889（この年）
ウィグベルト　738（この年）
ヴィクマンソン，ユーハン　1800（この年）
ウィクリフ，ジョン　1384（12.28）
ウィグルズワース，エドワード　1765（1.16）
ウィグルズワース，マイケル　1705（6.10）
ヴィケール，ガブリエル　1900（この年）
ヴィーコ，ジャンバッティスタ　1744（1.22？）
ウィザー，ジョージ　1667（5.2）
ヴィザジエ，ジャン　1542（この年）
ウィザスプーン，ジョン　1794（11.15）
ウィザリング，ウィリアム　1799（10.6）
ヴィサール　1846（この年）
ヴィジェ・ルブラン，エリザベト　1842（3.30）
ヴィーシェンスキイ，イオアーン（イヴァン）　1621（この頃）
ヴィジュネール，ブレーズ・ド　1596（2.19）
ウィス　1806（6.8）
ヴィース，ヨハン・ダーフィト　1818（1.11）
ヴィース，ヨハン・ルドルフ　1830（3.21）
ヴィスヴェッサー，アーダム　1897（この年）
ヴィスカイノ　1615（この年）
ヴィスカル，ジョヴァンニ・アントニオ　1713（この年）
ヴィスコヴァートフ　1812（10.20）
ヴィスコンティ　1784（この年）
ヴィスコンティ，エンニオ・クイリーノ　1818（この年）

ヴィスコンティ，ジャン・ガレアッツォ　1402（9.3）
ヴィスコンティ，ジョヴァンニ　1354（この年）
ヴィスコンティ，ルッキーノ　1349（この年）
ヴィスコンティ，ルドヴィーコ　1853（12.29）
ヴィスラフ3世　1325（11.8）
ヴィスリツェーヌス，グスタフ・アードルフ　1875（10.14）
ヴィーゼ　1900（この年）
ヴィゼ，ローラン・ローベル・ド　1725（この頃）
ヴィーセルグレン，ペーテル・ユーナソン　1877（10.10）
ヴィセンテ，ジル　1537（この頃）
ヴィゼンティーニ，アントーニオ　1782（この年）
ヴィーダー　1896（8.11）
ヴィーダ，マルコ・ジローラモ　1566（9.27）
ヴィタリ，ジョヴァンニ・バッティスタ　1692（10.12）
ヴィタリ，トンマーゾ・アントニオ　1745（5.9）
ヴィタリ，フィリッポ　1653（この年）
ヴィタリアーヌス　672（1.27）
ウィターリス　304（この頃）
ウィタリス　62（この頃）
ウィタリス　725（この頃）
ヴィーチ　1894（この年）
ヴィチェンティーノ，ニコラ　1576（この頃）
ウィチャリー，ウィリアム　1716（1.1）
ウィツィーウス，ヘルマニュス　1708（10.22）
ヴィッツェリーン（オルデンブルクの）　1154（12.12）
ヴィツェル，ユーリウス　1897（5.17）
ヴィーツェンマン，トーマス　1787（2.22）
ウィッカーシャム　1891（この年）
ヴィックラム，イェルク　1562（この頃）
ウィッシャート，ジョージ　1546（3.1）
ウィツス　303（この頃）
ヴィッター，ヘニング・ベルンハルト　1715（この年）

ウ

ウィッチコート，ベンジャミン　1683（この年）
ウィッツ，コンラート　1445（この頃）
ヴィッツェル，ゲオルク　1573（2.16）
ウィッテ，エマヌエル・デ　1692（この年）
ヴィッティヒ，クリストフ　1687（この年）
ウィッテカー，ジョゼフ　1895（この年）
ウィッテントン，ディック　1423（3.?）
ウィッテンバッハ　1820（1.17）
ヴィッテンバハ，ダーニエル　1779（この年）
ヴィッテンバハ，トーマス　1526（この年）
ヴィット，フランツ・クサーヴァ　1888（12.2）
ヴィット，フリードリヒ　1836（この年）
ウィット，ヤン・デ　1672（8.20）
ウィットギフト，ジョン　1604（2.29）
ヴィットッツィ，アスカーニオ　1615（この年）
ウィットニー，イーライ　1825（1.8）
ウィットニー，ウィリアム・ドワイト　1894（6.7）
ウィットニー，ジョサイア・ドワイト　1896（この年）
ヴィットーネ，ベルナルド・アントニオ　1770（10.25）
ウィットフィールド，ジョージ　1770（9.30）
ウィットブレッド，サミュエル　1815（この年）
ヴィットーリア，アレッサンドロ　1608（5.27）
ヴィットリーノ・ダ・フェルトレ　1446（2.2）
ウィットワース，サー・ジョゼフ　1887（1.22）
ヴィッラーニ，ジョヴァンニ　1348（この年）
ヴィディ　1866（この年）
ヴィーティ，ティモテオ　1525（この年）
ヴィティゲス　542（この年）
ヴィディヤーサガル　1891（7.30）

ウィテヴァール，ヨアヒム　1638（8.13）
ヴィデブラム，フリードリヒ・W　1585（5.2）
ヴィーデマン　1887（12.29）
ヴィーデマン　1899（3.23）
ウィテリウス，アウルス　69（12.20）
ヴィデルー，クロード・ド　1737（11.11）
ヴィーテロ　1275（この頃）
ヴィーデンゼー，エーバハルト　1547（この年）
ウィード　1882（この年）
ウィドー2世　894（この年）
ヴィドゥキント　812（この頃）
ヴィドゥキント・フォン・コルヴァイ　1004（この頃）
ヴィートゲンシテイン　1843（6.11）
ウィートストン，サー・チャールズ　1875（10.19）
ヴィトーニ，ヴェントゥーラ　1522（この年）
ヴィトヌス（ヴァンヌの）　529（この頃）
ヴィドマン　1498（この頃）
ヴィトリンハ，カンペヒーユス　1722（3.31）
ウィトルーウィウス・ポリオ，マルクス　前25（この頃）
ウィートン，ヘンリー　1848（3.11）
ヴィーナー，パウル　1554（4.16）
ヴィーナー，ヨーハン・ゲオルク・ベーネディクト　1858（5.12）
ヴィナンツ　1682（8.18）
ヴィニー，アルフレッド・ド　1863（9.17）
ヴィニエ，オスムン・オラフスソン　1870（7.30）
ヴィニエ，ジェローム　1661（11.14）
ウィニキアヌス　66（この年）
ウィニバルド（ウィネバルド）　761（12.18）
ウィニフレッド　650（この頃）
ヴィニュール，フィリップ・ド　1528（この年）
ヴィニョーラ，ジャチント・バロッツィ・ダ　1573（7.7）
ヴィニョン，クロード　1670（この年）

ヴィニョン，ピエール・アレクサンドル　1828（5.1）
ヴィネ，アレクサンドル　1847（5.10）
ウィーバー　1760（9.24）
ヴィーヒェルハウス，ヨハネス　1858（2.14）
ヴィビツキー　1822（この年）
ヴィーヒマン　1192（8.25）
ヴィーヒャーン，ヨーハン・ヒンリヒ　1881（4.7）
ヴィボ　1050（この頃）
ウィームズ，メイソン・ロック　1825（この年）
ヴィモン，バルテルミー　1667（この年）
ヴィユサンス　1716（この年）
ヴィユッシュー　1863（この年）
ヴィヨー，テオフィル・ド　1626（9.25）
ヴイヨ，ルイ　1883（3.7）
ヴィヨン，フランソワ　1463（1.5?）
ウィーラー，ウィリアム（・アーモン）　1887（この年）
ヴィラーズ，チャールズ・ペラム　1898（この年）
ウィラード　1804（この年）
ヴィラード　1900（11.12）
ウィラード，エマ　1870（4.15）
ウィラード，サミュエル　1707（9.12）
ウィラード，フランシス・エリザベス・キャロライン　1898（2.18）
ヴィラール，クロード・ルイ・エクトール，公爵　1734（6.17）
ヴィラール，ニコラ・ド・モンフォーコン・ド　1673（この年）
ヴィラールト，アドリアン　1562（12.7）
ヴィラール・ド・オンヌクール　1260（この年）
ウィラン　1812（4.17）
ヴィーラント，クリストフ・マルティン　1813（1.20）
ウィリ　1887（この年）
ウィリアトゥス　前139（この年）
ウィリアム1世　1087（9.9）
ウィリアム2世　1100（8.2）
ウィリアム3世　1702（3.8）
ウィリアム4世　1837（6.20）
ウィリアム（アルンウィックの）　1333（3.?）

ウイ　　　　　　　　人名索引

ウィリアム（ウィッカムの）　1404（8.16）
ウィリアム（ウェインフリートの）　1486（この年）
ウィリアム・オヴ・マームズベリ　1143（この頃）
ウィリアム・オブ・ウインフォード　1411（この頃）
ウィリアム・オブ・ラムセイ　1349（この年）
ウィリアムズ　1755（この年）
ウィリアムズ　1811（この年）
ウィリアムズ，アイザク　1865（5.1）
ウィリアムズ，ウィリアム　1840（3.17）
ウィリアムズ，ウィリアム（バンティスリンの）　1791（1.11）
ウィリアムズ，エドワード　1826（この年）
ウィリアムズ，サミュエル・ウェルズ　1884（2.17）
ウィリアムズ，ジョン　1650（3.25）
ウィリアムズ，ジョン　1729（6.12）
ウィリアムズ，ジョン　1839（11.20）
ウィリアムズ，ジョン　1899（この年）
ウィリアムズ，ダニエル　1716（1.26）
ウィリアムズ，ロウランド　1870（1.18）
ウィリアムズ，ロジャー　1683（3.？）
ウィリアムズ，ロバート　1775（この年）
ウィリアムスン，アレグザーンダ　1890（8.28）
ウィリアムスン，ウィリアム・クロフォード　1895（6.23）
ウィリアム（ニューベリの）　1198（この頃）
ウィリアム（ノーリジの）　1144（3.22）
ウィリアム（ヨークの）　1154（6.8）
ヴィリエ・ド・リラダン，オーギュスト・ド　1889（8.18）
ヴィリギス（マインツの）　1011（2.13）
ウィリス　1894（2.14）

ウィリス，N. P.　1867（1.2）
ウィリス，トマス　1675（11.11）
ウィリバルド（アイヒシュテットの，エアフルトの）　786（この年）
聖ウィリブロード　739（11.7）
ヴィリラム・フォン・エーバースベルク　1085（1.5）
ヴィルアルドゥワン，ジョフロワ・ド　1213（この頃）
ウィルキー，サー・デイヴィド　1841（6.1）
ヴィルギリウス　784（この年）
ヴィルギリウス（アルルの）　610（この頃）
ヴィルギリウス（ザルツブルクの）　784（11.27）
ウィルキンズ　1836（5.13）
ウィルキンズ，ウィリアム　1839（この年）
ウィルキンズ，ジョン　1672（11.16）
ウィルキンズ，デイヴィド　1745（9.6）
ウィルキンスン，ジェマイマ　1819（7.1）
ウィルキンソン　1825（この年）
ウィルキンソン，ジョン　1808（7.14）
ウィルクス，ジョン　1797（12.26）
ウィルクス，チャールズ　1877（2.8）
ウィールクス，トマス　1623（12.1）
ウィルケ，ヨハン・カール　1796（4.18）
ヴィルゲニョン，ニコラ・デュラン・ド　1572（この年）
ヴィルケン　1891（8.28）
ウィルコックス　1893（この年）
ウィルズ，ウィリアム・ジョン　1861（この年）
ウィルスン，ダニエル　1858（1.2）
ウィルスン，トマス　1755（3.7）
ウィルソン　1581（この年）
ウィルソン　1696（この年）
ウィルソン　1786（この年）
ウィルソン　1788（この年）
ウィルソン　1793（10.18）
ウィルソン　1860（5.8）
ウィルソン　1860（8.11）
ウィルソン　1875（12.1）
ウィルソン　1882（この年）

ウィルソン　1892（この年）
ウィルソン，アレグザンダー　1813（8.23）
ウィルソン，ジェイムズ　1798（8.28）
ウィルソン，ヘンリー　1875（この年）
ウィルソン，リチャード　1782（5.15）
ヴィルダ　1856（8.9）
ウィルダースピン　1866（この年）
ヴィールツ，アントン・ヨーゼフ　1865（6.18）
ヴィルデュ夫人　1683（10.20）
ヴィルデルムート　1877（7.12）
ヴィルト　1900（7.18）
ヴィルト，ヴィーガント　1519（6.30）
ウィルトン，ジョーゼフ　1803（11.25）
ヴィルヌーヴ，ピエール・（シャルル・ジャン・バティスト・シルヴェストル）ド　1806（4.22）
ヴィルヌーヴ・バルジュモン，ジャン・ポル・アルバン・ド　1850（6.8）
ウィルバー，ジョン　1856（5.1）
ウィルバーフォース，ウィリアム　1833（7.29）
ウィルバーフォース，サミュエル　1873（7.19）
ウィルバフォース，ヘンリー・ウィリアム　1873（4.23）
ウィルバフォース，ロバート・アイザク　1857（2.3）
ウィルビー，ジョン　1638（9.？）
聖ウィルフリド　709（4.24）
ウィルブロルド（ウィリブロルド）　739（11.7）
ウィルヘルミ　1864（2.18）
ヴィルヘルム　1256（1.28）
ヴィルヘルム　1378（この年）
ヴィルヘルム　1851（この年）
ヴィルヘルム1世　1888（3.9）
ヴィルヘルム4世　1550（3.7）
ヴィルヘルム4世　1592（この年）
ヴィルヘルム5世（バイエルンの）　1626（2.7）
ヴィルヘルム（エーベルホルトの）　1203（4.8）
ヴィルヘルム（ヒルザウの）　1091（7.4？）
ウィルマー，ウィリアム・ホランド　1827（この年）

844　人物物故大年表 外国人編

ウエ

ヴィルマース，ヴィルヘルム 1899(3.9)
ヴィルマン 1673(この年)
ヴィルマン，アベル‐フランソワ 1870(5.8)
ヴィルマン，ジャン・アントワーヌ 1892(10.6)
ヴィルマン，ミヒャエル・ルーカス・レーオポルト 1706(8.26)
ウィルミントン 1743(7.2)
ヴィルムゼン 1831(この年)
ウィルモット 1868(3.16)
ウィルモット，ジョン 1680(7.26)
ヴィルロア 1730(7.18)
ヴィレ，ピエール 1571(5.4)
ウィレハッド(ブレーメンの) 789(11.8)
ヴィレマー 1860(12.6)
ウィレム 1270(この頃)
ウィレム 1842(4.26)
ウィレム1世 1584(7.10)
ウィレム1世 1843(12.12)
ウィレム2世 1650(この年)
ウィレム2世 1849(3.17)
ウィレム3世 1890(11.23)
ウィレム4世 1751(この年)
ウィレム5世 1806(4.9)
ウィレムス 1846(6.24)
ヴィレラ，ガスパル 1572(この年)
ヴィレール 1815(2.26)
ヴィレール 1854(3.13)
ヴィロアゾン 1805(4.26)
ヴィロトー 1839(4.27)
ウィロビー 1554(この年)
ウィンウッド 1617(10.27)
ウィング 1668(この年)
ヴィンクラー 1888(この年)
ヴィンクラー，ヨハネス 1705(4.5)
ヴィンクラー，ヨーハン・ヨーゼフ 1722(この年)
ウィンクワース，キャサリン 1878(7.?)
ウインゲート 1656(この年)
ヴィンケルブレッヒ 1865(1.10)
ヴィンケルマン，ヨハネス 1626(この年)
ヴィンケルマン，ヨハン・ヨアヒム 1768(6.8)
ヴィンケルリート，アルノルト・フォン 1386(この年)

ヴィンケンティウス 450(この頃)
ヴィンケンティウス(サラゴサの) 304(この頃)
ヴィンケンティウス・ヒスパヌス 1234(この頃)
ヴィンケンティウス・フェレリウス 1419(4.5)
ウィンザー 1830(この年)
ウィンザー 1897(この年)
ウィンスタンリ，ジェラード 1652(この年)
ウィンスラップ 1779(この年)
ウィンズロー，エドワード 1655(5.8)
ウィンスロップ，ジョン 1649(3.26)
ウィンスロップ，ジョン 1676(4.5)
ウィンスロップ，ジョン 1707(この年)
ヴィンセント，ウィリアム 1815(12.21)
ヴィンター 1825(10.17)
ヴィンター，クリスチャン 1876(12.30)
ヴィンター，ファイト・アントン 1814(この年)
ヴィンターハルター，フランツ・クサーファー 1873(7.8)
ヴィンターフェルト，カール・ゲオルク・アウグスト・フォン 1852(2.19)
ウィンダム 1810(6.4)
ヴィンチ 1584(この年)
ヴィンチ，レオナルド 1730(5.27?)
ウィンチェスター 1883(7.18)
ウィンチェスター，エルハナン 1797(4.18)
ウィンチェスター，オリヴァー(・フィッシャー) 1880(この年)
ウィンチェル 1891(この年)
ウィンチェルシー 1313(5.11)
ウィンチコム 1520(この年)
ヴィンチドル，トンマーゾ 1536(この頃)
ウィンチルシー，アン・フィンチ，伯爵夫人 1721(この年)
ヴィンディッシュ・グレーツ 1862(3.21)
ヴィンディッシュマン 1839(4.23)

ウィンデクス 68(5.?)
ウィント，ピーター・デ 1849(6.30)
ウィントシャイト 1892(10.26)
ヴィントホルスト，ルートヴィヒ 1891(3.14)
ウィントン，アンドルー 1423(2.3)
ウィノク 715(11.6)
ヴィーンバルク，ルードルフ 1872(1.2)
ヴィンピナ，コンラート・コッホ 1531(6.16)
ウィンフィールド 1650(この頃)
ヴィンプフェリング，ヤーコプ 1528(11.17)
ヴィンプフェン 1884(2.26)
ウィンロック 1875(この年)
ウィンワロー(ランデヴァネクの) 532(3.3)
ヴーヴ 1870(2.26)
ウヴァーロフ 1855(この年)
ウヴァーロフ 1884(12.29)
ウーウェルマン 1682(この年)
ウヴラール 1846(10.?)
ヴーエ，シモン 1649(6.30)
ウェアー 1766(1.3)
ウェアー 1889(5.1)
ウェア，ヘンリ 1845(7.12)
ウェアリング 1798(8.15)
ウェイ，リチャード・クォータマン 1895(8.6)
ヴェイヴァノフスキー，パヴェル・ヨセフ 1693(6.24)
ヴェイガ 1590(この頃)
ウェイク，ウィリアム 1737(1.24)
ウェイクフィールド，エドワード・ギボン 1862(5.16)
ウェイクリー，トマス 1862(この年)
ウェイド，サー・トマス(・フランシス) 1895(7.31)
ウェイド，ジョージ 1748(この年)
ウェイナンツ，ヤン 1684(この年)
ウェイランド，フラーンシス 1865(9.30)
ウェイン，アンソニー 1796(12.15)
ヴェイン，サー・ヘンリー 1662(6.14)

ヴェーガ　1802(9.26)
ヴェギウス，マフェーウス　1458(6.29)
ヴェークシャイダー，ユーリウス・アウグスト・ルートヴィヒ　1849(1.27)
ヴェクセルス，ヴィルヘルム・アンドレーアス　1866(この年)
ウェークフィールド　1801(9.9)
ヴェーゲラー　1848(5.7)
ヴェーゲリン，ヨーズア　1640(この年)
ヴェーゲレ　1897(10.16)
ウェザーフォード　1824(この年)
ヴェサリウス，アンドレアス　1564(10.15)
ウェザレル，エリザベス　1885(この年)
ヴェステルゴール　1878(9.10)
ヴェステルブルク，ゲーアハルト　1558(この年)
ヴェステルマン　1879(この年)
ウェスト　1634(この年)
ウェスト　1828(この年)
ウェスト　1892(11.3)
ウェスト，サミュエル　1807(9.24)
ウェスト，ジョン　1845(この年)
ウェスト，ベンジャミン　1820(3.11)
ウェストコット　1898(3.31)
ヴェストハイマー，バルトロメーウス(バルトロマエウス)　1570(この年)
ヴェストファール　1890(1.27)
ヴェストファール　1892(7.10)
ヴェストファール，ヨーアヒム　1574(1.16)
ウェストマコット，リチャード　1856(9.1)
ウェストマコット，リチャード　1872(4.19)
ヴェストリス　1808(9.27)
ヴェストリス，オーギュスト　1842(12.5)
ヴェストリス，マダム　1856(8.8)
ウェストール，リチャード　1836(この年)
ウェストン　1760(この年)
ウェスパシアーヌス，ティトゥス・フラーウィウス　79(6.23)
ヴェスパン，ジャン　1615(この頃)

ヴェスピニャーニ，ヴィルジーリオ　1882(この年)
ヴェスピニャーニ，フランチェスコ　1899(この年)
ヴェスプッチ，アメリゴ　1512(2.22)
ウェスリ，サミュエル　1735(8.25)
ウェスリー，サミュエル　1837(10.11)
ウェスリー，サミュエル・セバスチャン　1876(4.19)
ウェズリー，ジョン　1791(3.2)
ウェスリー，チャールズ　1834(この年)
ウェズリー，チャールズ　1788(3.29)
ヴェーゼル　1480(この頃)
ヴェダストゥス(ヴァースト)　539(この頃)
ヴェチェッリオ，オラーツィオ　1576(この年)
ヴェチェッリオ，チェーザレ　1601(この年)
ヴェチェッリオ，ティツィアネッロ　1650(この年)
ヴェチェッリオ，フランチェスコ　1560(この年)
ヴェチェッリオ，マルコ　1611(この年)
ヴェツァー，ハインリヒ・ヨーゼフ　1853(11.5)
ヴェッカー，ゲオルク・カスパル　1695(4.20)
ヴェッカーリン　1653(2.13)
ヴェッキ，オラツィオ　1605(2.19)
ヴェッキ，ジョヴァンニ・デ　1615(この年)
ヴェッキエッタ　1480(6.6)
ヴェックマン，マティーアス　1674(2.24)
ウェッジウッド，ジョサイア　1795(1.3)
ウェッセル　1818(3.25)
ウェッセル，ガンスフォルト　1489(10.4)
ヴェッセル，ヨハン・ヘアマン　1785(12.29)
ウェッセンベルク，イグナツ・ハインリヒ・カール・フォン　1860(8.9)
ヴェッツェル，ヨーハン・カスパル　1755(8.4)

ウェッデル，ジェイムズ　1834(この年)
ヴェットシュタイン，ヨーハン・ヤーコプ　1754(3.9)
ヴェットシュタイン，ヨーハン・ルードルフ　1684(12.11)
ウェットストーン　1587(この年)
ウェッブ　1855(この年)
ウェッブ　1887(この年)
ウェッブ，サミュエル　1816(5.25)
ウェッブ，ジョン　1672(10.30)
ウェッブ，ベンジャミン　1885(11.27)
ウェッブ，マシュー　1883(7.24)
ヴェッリ，アレッサンドロ　1816(9.23)
ヴェッリ，ピエートロ　1797(6.28)
ウェッレイユス・パテルクルス，ガイユス　31(この頃)
ウェディウス・ポリオ　前19(この年)
ウェデマイアー　1866(この年)
ウェート　1888(この年)
ウェード　1878(この年)
ヴェナー，トマス　1661(この年)
ヴェナーリウス，トーマス　1551(2.4)
ヴェナール・ジャン・テオファーヌ　1861(2.2)
ヴェナンティウス，フォルトゥナートゥス　610(この頃)
ヴェニアミーノフ　1879(この年)
ヴェーニクス，ヤン　1719(この年)
ヴェーニクス，ヤン・バプティスト　1660(11.19？)
ヴェネヴィーチノフ，ドミートリー・ウラジーミロヴィチ　1827(3.15)
ヴェネツィアーノ，ガエターノ　1716(7.？)
ヴェネツィアーノ，ジョヴァンニ　1742(4.13)
ヴェネツィアーノ，ニコラ　1744(1.9)
ヴェネツィアーノフ，アレクセイ　1847(12.4？)
ヴェネマ，ヘルマン(ハルム)　1787(5.25)
ウェーバー　1871(5.18)
ウェーバー　1888(8.10)

ヴェーバー　1839（9.21）
ヴェーバー　1880（3.16）
ヴェーバー　1894（4.5）
ヴェーバー，ヴィルヘルム・エドゥアルト　1891（6.23）
ヴェーバー，エルンスト・ハインリヒ　1878（1.26）
ヴェーバー，カール・マリーア・フォン　1826（6.5）
ヴェヒター　1880（1.15）
ヴェヒター，エーベルハルト　1852（この年）
ウェブ，ベネディクト・ジョウゼフ　1897（8.2）
ウェーファー　1705（この頃）
ウェブスター，アレグザーンダ　1784（1.25）
ウェブスター，ジョン　1625（この頃）
ウェブスター，ダニエル　1852（10.24）
ウェブスター，ノア　1843（5.28）
ヴェフビー，スュンビュルザーデ　1809（この年）
ヴェーへ（テン・ルー），ヨハネス　1504（9.21）
ヴェーヨ　1662（この年）
ヴェラ　1885（7.13）
ヴェーラ，ヴィンチェンツォ　1891（この年）
ヴェーラー，フリードリヒ　1882（9.23）
ヴェラチーニ，アントニオ　1733（10.26）
ヴェラチーニ，フランチェスコ・マリア　1768（10.31）
ヴェラッツァーノ，ジョヴァンニ・ダ　1528（この年）
ヴェラヌス（カヴァヨンの）　589（11.11）
ヴェランドリー，ピエール・ゴルティエ・ド・ヴァレンヌ，卿　1749（12.5）
ヴェリー，シャルル・ド　1798（この年）
ヴェリー，ジョーンズ　1880（5.8）
ヴェリオ，アントニオ　1707（この年）
ヴェリチコーフスキイ，パイーシイ　1794（この年）
ヴェリトマン，アレクサンドル・フォミチ　1870（1.11）
ヴェーリング，アンネ・フォン　1900（この年）

ウェリントン，アーサー・ウェルズリー，初代公爵　1852（9.14）
ウエル　1886（6.4）
ヴェルカー　1868（12.17）
ヴェルカー　1869（3.10）
ウェルギニウス・ルフス　97（この年）
ウェルギリウス・マロ，プブリウス　前19（9.21）
ウェルキンゲトリクス　前46（この年）
ヴェルクマイスター，アンドレーアス　1706（10.26）
ヴェルクマイスター，ベーネディクト・マリーア・フォン　1823（7.16）
ヴェルゲラン，ヘンリック　1845（7.12）
ヴェルザー，バルトロメウス　1561（この年）
ヴェルザー，マルクス　1614（この年）
ヴェルジェーリオ，ピエートロ・パーオロ　1565（10.4）
ヴェルジェーリオ，ピエール・パーオロ　1444（7.8）
ヴェルジェンヌ　1787（2.13）
ヴェルシュ，マキシミリアン・フォン　1745（この年）
ヴェルショール，ヤーコブ　1700（この年）
ウェルズ　1879（2.17）
ウェルズ　1897（1.31）
ウェルズ，エドワード　1727（7.11）
ウェルズ，ギディアン　1878（この年）
ウェルズ，スウィザン　1591（12.10）
ウェルズ，ヘンリー　1878（この年）
ウェルズ，ホレイス　1848（1.28）
ウェルズ，ルキウス　169（この年）
ウェルステッド　1842（この年）
ヴェルステーへ，ヤン・ヘリッツ　1570（この年）
ウェルズリー，リチャード（・コリー），初代侯爵　1842（9.26）
ウエルタ，ホアン・アンブロシオ　1897（6.9）
ヴェルチェルローネ，カルロ　1869（1.19）

ヴェルツ，ユスティニアン・エルンスト・フォン　1688（この年）
ヴェルデ　1866（6.3）
ヴェルデ，アドリエン　1672（1.21）
ヴェルデ，セザリオ　1886（7.19）
ヴェルテ，ベーネディクト　1885（5.27）
ヴェルデンハーゲン，ヨーハン・アンゲリーウス・フォン　1652（この年）
ヴェールト，ゲオルク　1856（7.30）
ヴェルト，ジャッシュ・ド　1596（5.6）
ウェルド，セアドア・ドワイト　1895（2.3）
ヴェルトー，ルネー・オベール（アベー・ド）　1735（6.15）
ウェルド（ウェルズ），トマス　1660（この頃）
ヴェルドロ，フィリップ・デルージュ　1552（この年）
ウェルドン　1736（5.7）
ウェルドン，ウォルター　1885（9.20）
ヴェルナー　1528（この年）
ヴェルナー　1766（3.3）
ヴェルナー　1881（9.14）
ヴェルナー，アブラハム・ゴットロープ　1817（6.30）
ヴェルナー，グスタフ　1887（8.2）
ヴェルナー，ツァハリーアス　1823（1.17）
ヴェルナー，ヨハネス　1659（この頃）
ヴェルナー，ヨーハン・クリストフ・フォン　1800（9.10）
ヴェルナッツァ，バッティスタ　1587（この年）
ヴェルナー（テーゲルンゼーの）　1195（この頃）
ヴェルニー　1875（この頃）
ヴェルニエ，ピエール　1637（9.14）
ヴェルニケ，クリスティアン　1725（9.5）
ウェルニヒ　1896（5.19）
ヴェルニョー，ピエール・ヴィクテュルニアン　1793（10.31）
ヴェルネ，オラース　1863（1.17）
ヴェルネ，カルル　1836（11.27）
ヴェルネ，クロード・ジョゼフ　1789（12.3）

人物物故大年表 外国人編　*847*

ウエ

ヴェルネイ, ルイス・アントニオ 1792(3.20)
ヴェルネレ 1896(11.5)
ヴェルハーヴェン, ヨーハン・セバスチアン 1873(10.21)
ヴェルハースト 1849(2.15)
ヴェルビースト, フェルディナント 1688(1.28)
ウェルフ4世 1101(この年)
ヴェルフル, ヨーゼフ 1812(5.21)
ウェルブルグ(ウェルブルガ, ワーバラ, ヴァーバラ) 699(この頃)
ヴェルポー 1867(8.18)
ヴェルミーリ, ピエートロ・マルティーレ 1562(12.12)
ヴェルメーシオ, ジョヴァンニ 1648(この年)
ヴェルメール, ヤン 1675(12.15)
ヴェールリ 1855(3.15)
ヴェルレーヌ, ポール・マリ 1896(1.8)
ヴェルンスドルフ, ゴットリーブ 1729(この年)
ヴェルンヘル・フォン・ホーエンベルク 1320(この年)
ヴェレークンドゥス 552(この年)
ヴェレシュマルティ・ミハーイ 1855(11.19)
ウェレス, ガイウス 前43(この年)
ヴェーレンフェルス, ザムエル 1740(6.1)
ヴェーレンフェルス, ペーター 1703(この年)
ヴェロー, ジャン・ピエール・オギュスタン・マルセラン 1876(6.10)
ヴェロッキオ, アンドレア・デル 1488(10.7)
ヴェロック 1817(この年)
ヴェロネーゼ, パオロ 1588(4.19)
ヴェロル, エマニュエル・ジャン・フランソワ 1878(4.29)
ヴェン, ジョン 1813(7.1)
ヴェン, ヘンリ 1797(6.24)
ヴェン, ヘンリ 1873(1.13)
ヴェンツィンガー, クリスティアン 1797(7.1)

聖ヴェンツェスラウス 935(この年)
ヴェンツェル, カール・フリードリヒ 1793(2.26)
ウェンデリヌス 617(この頃)
ヴェンデリン, ゴットフリート 1667(この年)
ヴェンデリーン, マルクス・フリードリヒ 1652(8.7)
ヴェント, ヨーハン 1541(この年)
ヴェントゥーラ・ディ・ラウリカ, ジョアッキーノ 1861(8.2)
ヴェントゥーリ, ジョヴァンニ・バッティスタ 1822(この年)
ヴェントゥーリーニ, カール・ハインリヒ・ゲオルク 1849(5.25)
ヴェントゥリーノ(ベルガモの) 1346(この年)
ヴェンドリング 1797(11.27)
ウェントワース 1593(この年)
ウェントワース, ウィリアム・チャールズ 1872(3.20)
ウェントワース, ピーター 1596(11.10)
ウォー 1890(この年)
ヴォー, キャルヴァート 1895(この年)
ヴォーヴナルグ, リュック・ド・クラピエ・ド 1747(5.28)
ウォーカー 1656(この頃)
ウォーカー 1853(この年)
ウォーカー 1869(11.11)
ウォーカー 1874(この年)
ウォーカー 1875(この年)
ウォーカー 1875(この年)
ウォーカー 1876(この年)
ウォーカー 1897(1.5)
ウォーカー, ウィリアム 1860(この年)
ウォーカー, ジョージ 1690(この年)
ウォーカー, ジョン 1807(この年)
ウォーカー, ジョン 1859(5.1)
ヴォカンソン, ジャック・ド 1782(この年)
ヴォクラン, ニコラ・ルイ 1829(11.14)
ヴォクラン・ド・ラ・フレネー, ジャン 1607(この年)
ウォーゲ, ペーター 1900(1.13)
ヴォーゲル, サー・ジュリアス 1899(3.12)

ウォーコップ 1890(この年)
ヴォージュラ, クロード・ファーヴル・ド 1650(2.27)
ヴォス, コルネリス・デ 1651(5.9)
ヴォス, パウル・デ 1678(6.30)
ヴォス, ヘリット・ヤンス 1649(3.17)
ヴォス, マルテン・デ 1603(12.4)
ヴォスクレセーンスキィ 1880(この年)
ヴォストーコフ 1864(2.10)
ウォーターソン, ジョン・ジェイムズ 1883(6.18)
ウォータランド, ダニエル 1740(12.23)
ウォッダム 1358(この年)
ウォッツ, アイザック 1748(11.25)
ウォットン 1555(この年)
ウォットン, ヘンリー 1639(12.?)
ウォディング, ルーク 1657(11.18)
ウォディントン, ウィリアム・ヘンリ 1894(1.13)
ウォデル, ホープ・マスタートン 1895(この年)
ウォード 1800(この年)
ウォード 1862(9.21)
ウォード 1879(1.15)
ウォード, アーティマス 1867(3.6)
ウォード, ウィリアム・ジョージ 1882(7.6)
ウォード, ジェイムズ 1859(11.23)
ウォード, ジョシュア 1761(11.21)
ウォード, ジョン 1638(この年)
ウォード, セス 1689(1.6)
ウォード, ナサニエル 1652(この年)
ウォード, フランシス 1884(9.17)
ウォード, メアリ 1645(1.20)
ウォトスン, トマス 1686(この年)
ウォトスン, リチャード 1816(この年)
ウォトスン, リチャード 1833(1.8)
ウォトソン 1842(この年)

848 人物物故大年表 外国人編

ウォトソン, サー・ウィリアム 1787(5.10)
ウォトソン, トマス 1592(9.26)
ヴォドルイユ 1778(この年)
ウォードロー, ラルフ 1853(12.17)
ウォードロップ 1869(2.13)
ウォートン 1681(この年)
ウォートン, ジョーゼフ 1800(2.23)
ウォートン, トマス 1790(5.20)
ウォートン, フィリップ 1696(2.4)
ウォートン, ヘンリ 1695(3.5)
ウォーナー, スーザン 1885(3.17)
ウォーナー, チャールズ・ダドリー 1900(10.20)
ウォーバトン, ウィリアム 1779(6.7)
ウォーバートン, ピーター・エジャトン 1889(この年)
ヴォーバン, セバスティアン・ル・プレトル・ド 1707(3.30)
ウォフィングトン 1760(3.26)
ウォーベック, パーキン 1499(この年)
ヴォペリウス 1715(2.3)
ウォラー, エドマンド 1687(10.21)
ウォラー, オーガスタス(・ヴォルニー) 1870(9.18)
ウォラー, サー・ウィリアム 1688(この年)
ヴォラジネ, ヤコブス・デ 1298(この年)
ウォラストン, ウィリアム・ハイド 1828(12.22)
ウォラック, ジェームズ・ウィリアム 1864(12.25)
ウォラック, ジェームズ・ウィリアム2世 1873(5.24)
ウォラック, ジョン・ジョンストン 1888(9.26)
ウォラック, ヘンリー・ジョン 1870(この年)
ウォーラム, ウィリアム 1532(8.23)
ウォリス, サミュエル 1795(この年)
ウォリス, ジョン 1703(10.28)
ヴォリック 1541(この年)

ウォリック, ジョン・ダドリー, ノーサンバーランド伯爵, 公爵 1553(この年)
ウォリック, ジョン・リッチ, 2代伯爵 1658(4.19)
ウォリック, リチャード 1439(この年)
ウォリック, リチャード・ネヴィル, 伯爵 1471(4.14)
ウォリン, チャールズ・フレドリク 1899(7.8)
ウォリングフォード, ウィリアム 1492(5.19)
ウォール, ウィリアム 1728(1.13)
ウォルウィン, ウィリアム 1680(この年)
ヴォルケ 1825(この年)
ヴォルゲムート, ミヒェル 1519(11.30)
ウォルコット 1819(1.14)
ウォルコット 1833(この年)
ヴォルコーンスカヤ 1863(この年)
ヴォルコーンスキィ 1865(この年)
ウォルシアーヌス(トゥールの) 498(この頃)
ヴォルジーシェク, ヤン・ヴァーツラフ 1825(11.19)
ウォルシュ 1897(この年)
ウォルシュ 1900(この年)
ウォルシュ, ウィリアム 1577(1.4)
ウォルシュ, ジョン 1736(3.13)
ウォールシュ, ピーター 1688(3.15)
ウォルシンガム, サー・フランシス 1590(4.6)
ウォルシンガム, トマス 1422(この頃)
ヴォルスティウス, コンラードゥス 1622(9.29)
ヴォルセヌス, フロレンティウス 1557(この頃)
ヴォルソー, イェンス・ヤコブ・アスムッセン 1885(8.15)
ウォルター 1205(この年)
ウォルター 1847(7.28)
ウォルタ, アレッサンドロ(・ジュゼッペ・アントニオ・アナスタシオ) 1827(3.5)
ウォルター, ジョン 1812(11.16)

ウォルター, ジョン 1894(この年)
ウォルター, トマス・アースティック 1887(10.30)
ウォルター, ヒューバート 1205(7.13)
ヴォルター, マウルス(ルードルフ) 1890(7.8)
ウォルター, ルーシー 1658(この年)
ウォルター・オブ・ヘリフォード 1309(この年)
ヴォルタースドルフ, エルンスト・ゴットリーブ 1761(この年)
ヴォルツォゲン, ルドヴィクス 1690(この年)
ヴォルテッラーノ 1689(この年)
ヴォルテール 1778(5.30)
ウォールデン, ロジャー 1406(1.6)
ヴォルドマール 1815(12.19)
ウォルトン, アイザック 1683(12.15)
ウォールトン, ブライアン 1661(11.29)
ヴォルネー 1820(4.25)
ヴォルパート, ジョヴァンニ 1803(この年)
ヴォルフ 1580(この年)
ヴォルフ 1864(この年)
ヴォルフ 1896(11.26)
ヴォルフ, F. 1824(8.8)
ヴォルフ, カスパール・フリードリヒ 1794(2.22)
ヴォルフ, クリスティアン 1754(4.9)
ヴォルフ, ヨハン・ルドルフ 1893(12.6)
ヴォルフガング(レーゲンスブルクの, ラティスボナの) 994(10.31)
ウォルフ(子) 1620(この年)
ウォルフ(父) 1612(この年)
ヴォルフ・ベッケル 1804(この年)
ヴォルフラム・フォン・エッシェンバッハ 1220(この頃)
ウォールポウル, ヘンリ 1595(4.7)
ウォルポール, サー・ロバート, オーフォード伯爵 1745(3.18)
ウォルポール, ホラス 1797(3.2)
ヴォルマール, メルキョル 1561(この年)

人物物故大年表 外国人編 *849*

ウォルワース　1385（この年）
ウォールワース、クラレンス・オーガスタス　1900(9.19)
ウォレス　1771(この年)
ウォレス　1865(10.12)
ウォレス　1897(この年)
ウォレス、サー・ウィリアム　1305(8.23)
ウォレス、サー・リチャード　1890(この年)
ヴォレブ、ヨハネス　1629(11.24)
ウォーレン　1775(この年)
ウォーレン　1882(この年)
ウォレン、マーシー・オーティス　1814(この年)
ヴォロニーヒン、アンドレイ・ニキフォロヴィッチ　1814(この年)
ヴォロビヨフ、マクシム　1855(8.30？)
ヴォロンツォフ、アレクサンドル　1805(12.2)
ヴォロンツォフ、セミョン　1832(この年)
ヴォロンツォフ、ミハイル　1767(この年)
ヴォロンツォフ、ミハイル　1856(11.18)
ヴォワズノン、クロード・アンリ・ド・フュゼ・ド　1775(11.22)
ヴォワチュール、ヴァンサン　1648(5.24？)
ヴォーン、チャールズ・ジョン　1897(10.15)
ヴォーン、ヘンリー　1695(4.23)
ヴォンデル、ヨースト・ヴァン・デン　1679(2.5)
烏介特勤　845(この年)
ウー・カラー　1738(この頃)
ウクバ・ブン・ナーフィー　683(この年)
ウゲット、ハイメ　1492(この年)
ウーゲンパ・リンチェン・ペル　1309(この年)
ウーゴ・ダ・カルピ　1532(この年)
ウゴリーニ　1638(5.6)
ウゴリーノ・ダ・オルヴィエート　1457(この頃)
ウゴリーノ・ダ・シエーナ　1339(この年)
ウゴリーノ・ディ・ヴィエーリ　1380(この頃)
ウサーマ・イブン・ムンキズ　1188(10.25？)

ウージェル、ジャック・レオポル　1883(11.12)
ウジヤ　前740(この年)
ウシャコーフ　1817(この年)
ウシャコーフ、シモン・フォードロヴィチ　1686(この年)
ウシャール　1793(この年)
ウジョーア、アントニオ・デ　1795(7.5)
ウシンスキー　1871(1.3)
ウーズー　1691(この年)
ヴース(ヴォス)、ヘンドリク　1523(7.1)
ウースター、ウィリアム(ボトナー)　1482(この頃)
ウースター、エドワード・サマーセット、2代侯爵　1667(この年)
ウースター、サミュエル・オースティン　1859(4.20)
ウースター、ジョセフ(・エマソン)　1865(この年)
ウスターズスィース　768(この年)
ウスタッド・イサ・カーン　1649(この年)
ウスタード・マリク・ムハンマッド・カースィム　1540(この年)
ウスタリス　1732(2.1)
ウズベク・ハン　1340(この年)
ウスペンスキー、ニコライ・ワシリエヴィチ　1889(10.21)
ウスマーン　656(6.17)
ウスマーン・ダン・フォデイオ　1817(この年)
ウーズリ　1842(9.？)
ウーズリ、フレドリク・アーサー・ゴア　1889(4.6)
ウズン・ハサン　1478(1.？)
ウーセー、アルセーヌ　1896(2.26)
ウダール・ド・ラ・モット、アントワーヌ　1731(12.26)
ウーダン、(ジャン・ユージェーヌ・)ロベール　1871(この年)
ウーチン　1883(この年)
ウー・チン・ウ　1838(この頃)
ウーツ、ヨハン・ペーター　1796(5.12)
鬱于　723(この年)
ウッズ　1878(この年)
ウッズ、レナード・ジューン　1854(8.24)

ウッダード、ナサニエル　1891(4.25)
尉遅恭　658(この年)
ウッチェッリーニ　1680(9.10)
ウッチェロ、パオロ　1475(12.10)
尉遅伏闍雄　692(この年)
ウッディヨタカラ　600(この頃)
ウッド　1870(4.19)
ウッド　1871(11.13)
ウッド　1881(この年)
ウッド、アンソニ　1695(11.29)
ウッド、エレン　1887(この年)
ウッド、ジョン　1754(5.23)
ウッド、ジョン2世　1781(6.18)
ヴットケ、カール・フリードリヒ・アードルフ　1870(この年)
ウッドハウ、ウィリアム　1821(この年)
ウッドハウス、トマス　1573(6.19)
ウッドハル　1899(10.11)
ウッドフォール　1805(12.12)
ウッドベリー　1851(この年)
ウッドロウ、ロバート　1734(この年)
ウッドワード　1675(この年)
ウッドワード、ジョン　1728(4.25)
ウーティエ　1774(この年)
ウディネ、ジョヴァンニ・ダ　1564(この年)
ウーディノ　1847(9.13)
ウーデン、ルカス・ヴァン　1672(この頃)
ウーテンハイム、クリストフ・フォン　1527(3.16)
ウーテンボーハルト(アイテンボハールト)、ヤン　1644(9.4)
ヴート(ヴォエーティウス)、ヒスベルト　1676(11.1)
ウード・ド・モントルイユ　1289(この年)
ウトバ・ブン・ガズワーン　638(この頃)
ウトビー　1036(この年)
ウートラム　1863(3.11)
ウードリー、ジャン・バティスト　1755(4.30)
ウートレイン、ヤン・ド　1722(2.24)
ウドン、ジャン・アントワーヌ　1828(7.15)
ウートン、ジョン　1756(この年)

ウ

ウナヌエ，ホセ・イポリト　1833（7.15）
ウバイドゥッラー・アルマフディー　934（この年）
ウバイドゥッラー・イブン・ムザッファル　1154（この年）
ウバイド・ザーカーニー　1371（この年）
ウバイド・ブン・アルアブラス　554（この頃）
ウパヴァルシャ　500（この頃）
ウバルド　1607（この年）
ウバルド（グッビオの）　1160（5.16）
宇文愷　612（この年）
宇文化及　619（この年）
宇文虚中　1146（この年）
宇文護　572（この年）
宇文泰　556（この年）
宇文融　729（この年）
ウベルティ，ファツィオ・デッリ　1367（この年）
ウベルティーノ（カサーレの）　1329（この頃）
ウー・ボンニャ　1867（この年）
ウマイヤ・イブン・アビー・サルト　630（この年）
ウマースヴァーティ　600（この頃）
ウマラ　1174（この年）
ウマリー　1349（この年）
ウマル　644（11.？）
ウマル2世　720（2.？）
ウマル・イブン・アビー・ラビーア　711（この頃）
ウムラウフ，イグナーツ　1796（6.8）
ウムラウフ，ミヒャエル　1842（この年）
ヴャーゼムスキー，ピョートル・アンドレーヴィチ　1878（11.31）
ヴュイヨーム　1875（3.19）
ヴュステンフェルト　1899（2.8）
ヴュータン，アンリ　1881（6.6）
ヴュルツ，シャルル・アドルフ　1884（5.10）
ウラカ　1126（この年）
ヴラジスラーヴィチ・ラグジンスキー　1738（この年）
ウラジーミル　1216（この年）
ウラジーミル　1410（この年）
ウラジーミル1世　1015（7.15）
ウラジーミル2世　1125（5.19）

ウラジミレスク　1821（5.27）
ヴラズ，スタンコ　1851（5.24）
ウラストン　1724（10.29）
ウラストン　1815（この年）
ウラック　1667（この年）
ヴラディスラフ1世　1333（3.2）
ヴラディスラフ1世　1516（この年）
ヴラディスラフ2世　1434（5.31）
ヴラディスラフ3世　1444（11.10）
ヴラディスラフ4世　1648（この年）
ヴラド3世，ツェペシュ　1476（この年）
ヴラニツキー，アントン　1820（8.6）
ヴラニツキー，パヴェル　1808（9.26）
ウランゲリ，フェルジナンド・ペトロヴィチ，男爵　1870（6.6）
ヴランゲル　1676（6.24）
ヴランゲル　1877（11.2）
ウーラント，ルートヴィヒ　1862（11.13）
ヴリース，ハンス・ヴレーデマン・デ　1606（この頃）
ウーリヒ　1853（1.3）
ウーリヒ，レーベレヒト　1872（3.23）
ウリヤーノフ　1887（この年）
ウリヤーノフ，イリヤー　1886（1.27）
ウルイブイシェフ　1858（2.8）
ヴルガリス，エヴゲニオス　1806（1.10）
ウルキーサ　1870（4.11）
ウルグ・ベグ　1449（10.27）
ウルサキオス　371（この年）
ウルジ，セアドア・ドワイト　1889（7.1）
ウルジー，トマス，枢機卿　1530（11.29）
ウルシス，サッバティーノ・デ　1620（5.3）
ウルジーヌス，ツァハリーアス　1583（3.6）
ウルジーヌス，ヨーハン・ハインリヒ　1667（5.14）
ウルジャーイトゥー　1316（12.16）
ヴルスト　1845（この年）
ウルストン，トマス　1731（1.21）
ウルストンクラーフト，メアリー　1797（9.10）

聖ウルスラ　238（この頃）
ウールソン，コンスタンス・フェニモア　1894（1.24）
ウルタード，フランシスコ　1725（この年）
ウルタド‐デ‐メンドサ，ディエゴ　1575（8.14）
ウルダネータ，アンドレス・デ　1568（6.3）
ウールナー，トマス　1892（10.7）
ウルナンム　前2094（この頃）
ウルバヌス2世　1099（7.29）
ウルバヌス3世　1187（10.20）
ウルバヌス4世　1264（10.2）
ウルバヌス5世　1370（12.19）
ウルバヌス6世　1389（10.15）
ウルバーヌス7世　1590（9.27）
ウルバヌス8世　1644（7.29）
ウルピアヌス，ドミティウス　223（この年）
ヴルピウス　1816（6.6）
ヴルピウス，クリスティアン・アウグスト　1827（6.26）
ヴールピウス，メルヒオル　1615（8.7？）
ウルフ，アーサー　1837（この年）
ウルフ，ジェイムズ　1759（9.13）
ウルフ，ジョージ・デリング　1894（1.29）
ウルフ，チャールズ　1823（2.21）
ウルフィー，ジャマールッディーン・ムハンマド　1591（8.？）
ウルフィー・シーラーズィー　1590（この頃）
ウルフィラス　383（この年）
ヴルフェン，フランツ・クサーヴァ・フォン　1805（3.17）
ウルフスタン　1023（5.28）
ウルフスタン（ウースターの）　1095（1.18）
ウルフリク　1154（この年）
ヴルペス，アンジェロ　1647（4.19）
ウルマー，ヨーハン・コンラート　1600（この年）
ウルマン，カール　1865（1.12）
ウルマン，ジョン　1772（10.7）
ウルリーカ・エレオノーラ　1741（この年）
ウルリツィ　1884（1.11）
ウルリヒ　1480（11.1）
ウルリヒ　1550（11.6）

ウルリヒ, ヘルツォーク・フォン・ヴュルテンベルク　1550(11.3)
ウルリヒ(アウクスブルクの)　973(7.4)
ウルリヒ(シュトラースブルクの)　1277(この頃)
ウルリヒ(ツェルの)　1093(7.14)
ウルリヒ・フォン・ヴィンターシュテッテン　1280(この頃)
ウルリヒ・フォン・グーテンブルク　1220(この頃)
ウルリヒ・フォン・リヒテンシュタイン　1276(この頃)
ウルルシュペルガー, ザームエル　1772(4.20)
ウルルシュペルガー, ヨーハン・アウグスト　1806(12.1)
ウルワ・ブン・アルワルド　596(この頃)
ウレット　1785(5.23)
ヴレーデ　1838(12.12)
ウレモン, ヤン・ウレマン　1621(4.22)
ヴェルス　1880(1.21)
ヴレンヴェーヴァ　1537(9.29)
ウーレンベルク, カスパル　1617(2.16)
ウロー　1899(この年)
ウロブレフスキ, ジーグムント・フロレンティ・フォン　1888(4.16)
ヴロンチェンコ　1855(この年)
ウワイス　1374(10.9)
惲敬　1817(この年)
惲向　1655(この年)
惲寿平　1690(この年)
ウンガー　1804(12.26)
ウンガー, カロリーネ　1877(3.23)
ウングライヒ, ルーカス　1600(この年)
ウンゲヴィッター　1864(10.6)
雲居　902(この年)
ウンスリー　1040(この年)
ウンダアイク, テーオドーア　1693(1.1)
ヴンダーリヒ, カール・アウグスト　1877(9.25)
ヴンダリング, テーオバルト　1893(この年)
ウンテルベルゲル, クリストーフォロ　1798(この年)
ウンテルベルゲル, フランチェスコ　1776(この年)

ウンテルベルゲル, ミケランジェロ　1758(この年)
ヴント, ダーニエル・ルートヴィヒ　1805(この年)
ヴント, フリードリヒ・ペーター　1805(この年)
ヴント, ヨーハン・ヤーコプ　1771(この年)
ウンフェルドルベン, オットー　1873(12.28)
ウンブライト, フリードリヒ・ヴィルヘルム・カール　1860(4.26)
ウンベルト1世　1900(7.29)
雲門禅師　949(この年)

【 エ 】

エアズ, サー・ヘンリー　1897(この年)
エアドギス(ウィルトンの)　984(この年)
エーアハルト, グレーゴル　1540(この頃)
エアリー, サー・ジョージ・ビッデル　1892(1.4)
衛瑾　291(この年)
衛恒　291(この年)
衛青　前106(この年)
衛伯玉　776(この年)
英廉　1783(この年)
英和　1840(この年)
エイイットル・スカットラグリームソン　990(この年)
エイイルソン, スヴェインビョルトン　1852(8.17)
エイヴィソン, チャールズ　1770(5.9?)
エイキンサイド, マーク　1770(6.23)
エイク, ヒューベルト・ヴァン　1426(9.18)
エイク, ヤン・ヴァン　1440(この年)
エイク, ヤン・ヴァン　1441(6.9)
エイクマン　1731(この年)
エイケンヘッド, メアリ　1858(7.22)
エイギーレ, ホセ・アレーホ　1850(8.4)
衛紹王　1213(この年)
睿親王　1650(この年)

エイステイン・エルレンソン　1188(1.26)
英祖(李朝)　1776(この年)
英宗(元)　1323(8.?)
英宗(宋)　1067(1.?)
睿宗　716(6.?)
永泰公主　701(この年)
エイチソン　1896(2.18)
エイトヴェド, ニルス　1754(6.7)
エイトゥーン, ウィリアム・エドモンストン　1865(8.4)
エイトン, サー・ロバート　1638(この年)
エイトン, ジョン　1350(この年)
エイナルソン　1548(この年)
英布　前195(10.?)
衛夫人　349(この年)
エイムズ, ウィリアム　1633(11.?)
エイムズ, ジョゼフ　1759(この年)
永明王　1662(4.?)
エイモリー, トマス　1788(11.25)
永楽帝　1424(この年)
エイリフ, ジョン　1732(11.5)
エイルマー, ジョン　1594(6.3)
聖エイレナイオス　200(この頃)
エイレーナイオス(イレーネオス)(テュロスの)　450(この頃)
エインズワース, ウィリアム・ハリソン　1882(1.3)
エインズワース, ヘンリ　1622(この年)
エヴァグリウス　600(この頃)
エウアグリオス　594(8.?)
エウアグリオス・ポンティコス　399(この年)
エウアゴラス1世　前374(この頃)
エーヴァル, ヨハネス　1781(3.17)
エーヴァルト, ハインリヒ・ゲオルク・アウグスト　1875(5.4)
エーヴァルト, ヨーハン・ルートヴィヒ　1822(3.19)
エウァルド(ヘワルド)　690(10.3)
エヴァレット　1847(6.29)
エヴァレット, エドワード　1865(1.15)
エヴァレット, チャールズ・キャロル　1900(10.16)

エヴァンジェリスタ・ディ・ピアン・ディ・メレート 1549(この年)
エヴァンズ 1856(この年)
エヴァンズ 1870(1.9)
エヴァンズ, オリヴァー 1819(4.15)
エヴァンズ, クリスマス 1838(7.19)
エヴァンズ, ジェイムズ 1846(この年)
エヴァンスン, エドワード 1805(9.21)
エヴァンプール, アンリ-ジャック-エドゥアール 1899(この年)
エヴェーニウス, ジーキスムント 1639(この年)
エヴェラード, ジョン 1650(この頃)
エヴェレスト, サー・ジョージ 1866(12.1)
エウオディオス(アンティオキアの) 64(この頃)
エヴォルト, ハンス 1573(この頃)
エウギッピウス 533(この頃)
エウクラティデス1世 前129(この頃)
エウクレイデス 前260(この頃)
エウクレイデス 前365(この頃)
エウゲニウス1世 657(この年)
エウゲニウス2世 827(8.27)
エウゲニウス3世 1153(7.8)
エウゲニウス4世 1447(2.23)
エウゲニウス, フラーウィウス 394(この年)
エウゲニウス(カルタゴの) 505(この年)
エウゲニコス, マルコス 1445(6.23)
エウケリウス(リヨンの) 449(この頃)
エウスタキウス 118(この年)
エウスタキオ, バルトロメオ 1574(8.27)
エウスタシウス 629(4.2)
エウスタティオス 1194(この頃)
エウスタティオス 359(この頃)
エウスタティオス 377?(この頃)
エウストキウム, ユーリア 419?(この頃)
エウセビウス(ヴェルチェルリの) 371(8.1)
エウセビオス 340(この年)

エウセビオス(エメサの) 359(この頃)
エウセビオス(サモサタの) 380(6.22)
エウセビオス(ドリュライオン, ドリュラエウムの) 452(この年)
エウセビオス(ニコメディアの) 342(この頃)
エウゼービオ・ダ・サン・ジョルジョ 1540(この頃)
エウチデモス1世 前200(この頃)
エウデモス(キュプロスの) 前354(この頃)
エウテュキオス 940(5.11)
エウテュケス 454(この頃)
エウテュミオス1世 917(8.5)
エウテュミオス(大) 473(1.20)
エウテュミオス(小) 898(この年)
エウドキア 1096(この年)
エウドキア 441?(この頃)
エウドキア 465(この年)
エウドキヤ 1731(9.7)
エウドクシア 404(10.6)
エウドクシオス 370(この年)
エウドクソス(クニドスの) 前353(この頃)
エウナピオス 420?(この頃)
エウヌス 前133(この頃)
エウノミオス 394(この頃)
エウバリヌス 前522(この頃)
エウフェーミア 303(この頃)
エウフラシア(エウプラクシア) 412(この頃)
エウブロス 前335(この頃)
エウフロニオス 前470(この年)
エウヘニオ(トレードの) 657(11.13?)
エウヘメロス 前260(この頃)
エウポリス 前411(この頃)
エウポレモス 前80(この頃)
エウメネス 前316(この年)
エウメネス2世 前159(この頃)
エウラリア(バルセローナの) 304(12.10)
エウラリア(メリダの) 304(12.10)
エヴラール・ドルレアン 1357(この頃)
エヴラール(ベテュンヌの) 1212(この頃)

エウリクレス 前2(この頃)
エウリピデス 前406(この年)
エヴリヤ・チェレビィ 1684(この頃)
エーヴリング 1898(この年)
エウロギウス(コルドバの) 859(3.11)
エウロギウス(アレクサンドリアの) 609(この頃)
エオザンダー, ヨーハン・フリードリヒ・フォン 1729(この年)
エオバ(エアバ, エオバン) 754(6.5)
慧苑 743(この頃)
慧遠(浄影寺の) 592(この年)
慧遠(廬山の) 416(8.6)
エオン(ステラ) 1148(この頃)
エオン・ド・ボーモン 1810(5.21)
慧可 593(この年)
慧憎 568(この年)
エガス, アネキン 1494(この頃)
エガス, エンリッケ・デ 1534(この頃)
エカテリーナ1世 1727(5.17)
エカテリーナ2世 1796(11.17)
エカート, アンセルム・フォン 1809(6.29)
エカトーツァロト 1610(この年)
慧基 496(この年)
易元吉 1064(この頃)
エギアーラ・イ・エグーレン, ホアン・ホセ・デ 1763(1.29)
奕山 1878(この年)
エーギディ, モーリツ・フォン 1898(12.29)
エギディウス(ローマの) 1316(12.22)
慧休 645(この頃)
恵勤 1376(この年)
エグェール 1885(8.31)
エクスナー 1853(6.21)
エクスナー, クリスチアン・フリードリヒ 1798(この頃)
エクスマウス 1833(1.23)
エクセキアス 前525(この年)
エグゼルマンス 1852(6.22)
エグゾーデ, アンドレ・ジョゼフ 1762(この年)
エークナート 1599(この頃)
エグバート 839(この年)
エグフリース 685(この年)
エクベルト 993(3.9?)
エグベルト 673(この年)

人物物故大年表 外国人編 853

エグベルト（イオナの） 729（4.24）
エグベルトゥス（ヨークの） 766（11.19）
エークホフ, コンラート 1778（6.16）
エグモント伯 1568（6.5）
エーグリ（エーグリーン, エグリヌース）, ラーファエル 1622（8.20）
エクルズ, ソロモン 1682（この年）
エクルズ, ヘンリー 1735（この頃）
エーゲダッハー, イグナーツ 1744（この年）
エーゲダッハー, ヨハン・クリストフ 1706（4.5）
エーゲデ, パウル 1789（6.6）
エーゲデ, ハンス 1758（11.15）
エゲディウス, ハルフダン 1899（2.2）
エーケベリ, アンデルス・グスタフ 1813（2.11）
エーゲル, パウル 1752（1.10）
恵現 630（この頃）
慧彦 1841（この年）
慧咀 589（この年）
慧光 537（この年）
慧洪 1128（この年）
慧皎 544（この年）
エコランパディウス, ヨハネス 1531（11.23）
エゴーロフ, アレクセイ・エゴロヴィチ 1851（この年）
慧厳 443（この年）
エーザー, アーダム・フリードリヒ 1793（3.18）
エサット・エフェンディ 1753（8.22）
エサリッジ, ジョージ 1692（この年）
エサルハッドン 前669（この年）
エザン, シャルル 1778（1.4）
慧思 577（この年）
慧慈 623（この年）
慧持 412（この年）
慧次 490（この年）
エジディウス 1400（この頃）
エジディウス 725（この年）
エジャトン 1617（この年）
エジャトン, フランシス, 3代ブリッジウォーター公爵 1803（この年）

エジャートン, フラーンシス・ヘンリ（ブリッジウォーター） 1829（2.11）
慧昭 850（この年）
慧沼 714（この年）
慧浄 645（この年）
慧諶 1234（この年）
エス, レアンダー・ヴァン 1847（この年）
恵崇 1017（この年）
慧崇 444（この年）
エスカランテ, ホアン・アントニオ・デ・フリアス・イ 1670（この年）
エスキウー, マメルト 1883（この年）
エスキベール, アントニオ・マリーア 1857（4.9）
エスキベル・デ・バラオーナ, フアン 1613（この頃）
エスキュディエ, マリ 1880（4.18）
エスキュディエ, レオン 1881（6.22）
エスキル 1181（9.6）
エスキロス, アンリ・アルフォンス 1876（5.12）
エスキロール 1840（12.12）
エスクリバーノ, フアン 1557（この年）
エスコバル 1513（この頃）
エスコバル, アンドレス・デ 1439（この頃）
エスコバル, マリーナ・ド 1633（6.9）
エスコバル・イ・メンドーサ, アントニオ・デ 1669（7.4）
エスコベド 1563（11.?）
エスタン 1794（4.28）
エステ, イッポリト1世 1520（この年）
エステ, ニッコーリ3世 1441（この年）
エステ, フォルコ1世 1135（この年）
エステ, フランチェスコ2世 1694（この年）
エスティウス（ウィレム・ヘッセルス・ヴァン・エスト） 1613（9.20）
エステバーニコ 1539（この年）
エステバネス・カルデロン, セラフィン 1866（2.5）

エステーベ, パブロ 1794（この年）
エステーベ・イ・マルケース, アグスティン 1820（この年）
エステルハージ 1645（この年）
エステルハージ 1866（5.21）
エステルハージ, ニコラウス 1790（9.28）
エステルハージ, ニコラウス2世 1833（11.25）
エステルハージ, パウル・アントン 1762（この年）
エステン, テーオドル 1870（3.16）
エストウトビル 1483（この年）
エストラーダ, ホセ・マヌエル 1897（9.17）
エストラード 1686（2.26）
エストランデル 1881（この年）
エストレ, ヴィクトル・マリー 1737（この年）
エストレ, ガブリエル 1599（4.10）
エストレ, ジャン 1571（この年）
エストレ, フランソア 1670（この年）
エスパーニャ 1799（この年）
エスパルテロ 1879（1.9）
エスピー, ジェイムズ・ポラード 1860（1.24）
エスピナール, アロンソ・デ 1513（この年）
エスピネル, ビセンテ・マルティネス・デ 1624（2.4）
エスピノサ 1537（この年）
エスピノーサ, イシドロ・フェリス・デ 1755（2.?）
エスピノサ, ペドロ・デ 1650（この年）
エスビョーン, ラーシュ・パウル 1870（7.2）
エスプロンセダ, ホセ・デ 1842（5.23）
エスペーホ 1796（この年）
エスペン, ゼーヘル・ベルナルト・ヴァン 1728（10.2）
エズラ, モイセス・イブン 1138（この頃）
エスラーバ, ミゲル・イラリオン 1878（7.23）
エゼキア 前692（この頃）
エゼキエル 前578（この年）
エセックス, ロバート・デヴルー, 2代伯爵 1601（2.25）

エト

エセックス, ロバート・デヴルー, 3代伯爵　1646（9.14）
エセックス（初代伯）　1576（9.22）
エセニウス, アンドレーアス　1677（この年）
エセルウェルド　998（この頃）
エゼルウォルド　984（8.1）
エゼルウルフ　858（この年）
エゼルドレーダ　679（6.23）
エゼルノス（カンタベリの）　1038（10.29）
エゼルバート　616（2.24）
エゼルハルド　805（5.2）
エゼルフラッド　918（この年）
エゼルブルガ（アエディブルガ）（バーキングの）　676（この頃）
エゼルベルト　865（この年）
エゼルベルト　794（この年）
エゼルベルト（ヨークの）　781（11.8）
エゼルレッド1世　871（4.23）
エゼルレッド2世　1016（4.23）
エセン　1454（この年）
エタンプ　1580（この年）
エチェベリア, エステバン　1851（1.19）
エチエンヌ, シャルル-ギヨーム　1845（3.13）
エチャフン　1862（この年）
慧忠　775（この年）
慧超　624（この年）
慧超　787（この年）
エツァルドゥス, エスドラ　1708（1.1）
エッカースベア, クリストファー・ヴィルヘルム　1853（7.22）
エッカーマン, ヨハン・ペーター　1854（12.3）
エッカルツハウゼン　1803（この年）
エッカルト　1809（7.24）
エッカルト, ヨハネス　1611（この年）
エック, ヨーハン・フォン　1543（2.10）
エックシュタイン　1900（11.18）
エックハルト　1730（2.9）
エックハルト, ヨハネス　1327（この頃）
エックヘル, ヨーゼフ・ヒラリウス　1798（5.16）
エックベルト（シェーナウの）　1184（3.28）

エックルズ, ジョン　1735（1.12）
エックレス, ソロモン　1710（この年）
エックレス, トマス　1745（この年）
エックレス, ヘンリー　1711（この年）
エッケハルト1世　973（1.14）
エッケハルト2世　990（4.23）
エッケハルト4世　1060（10.21?）
エッゲルト　1893（2.28）
エッシェンブルク　1820（2.29）
エッシェンマイアー　1852（11.17）
エッシャー・フォン・デル・リント　1823（3.9）
エッシャー・フォン・デル・リント　1872（7.12）
エッシュ, ニコラス・ヴァン　1578（7.19）
エッシュ（エッシェン, エッセン）, ヨーハン・ヴァン　1523（7.1）
エッシュショルツ　1831（5.19）
エッジワース　1817（この年）
エッジワース, マライア　1849（5.22）
エッセラー, ニクラウス（老エッセラー（通称）　1482（この年）
エッセンブカ　1316（この頃）
エッツェリーノ・ダ・ロマーノ　1259（9.27）
エッツェル, ピエール・ジュール　1886（この年）
エット, カスパル　1847（5.16）
エットヴァイン, ジョン　1801（1.2）
エッバ（大）　683（8.15）
エッバ（小）　870（この年）
エッピング, ヨーゼフ　1894（8.22）
エッピンジエ, エリザベート　1867（7.31）
エッフェン, ユストゥス・ファン　1735（9.18）
エッヘルス, バルトロメウス　1692（この年）
エッボ（ラーンスの）　851（3.20）
エディ　720（この頃）
エティー, ウィリアム　1849（11.13）
エティエンヌ, アンリ　1598（3.?）
エティエンヌ, ロベール　1559（9.?）

エーティンガー, フリードリヒ・クリストフ　1782（2.10）
エテクス　1888（7.14）
恵哲　861（この年）
慧哲　597（この年）
エーデルマン, ヨーハン・クリスティアン　1767（2.15）
エーデン　1684（この年）
エドゥアール, オーギュスタン-アマン-コンスタン-フィデル　1861（この年）
エドウィ　959（この年）
聖エドウィン　633（10.12）
エトヴェシュ・ヨージェフ　1871（2.2）
エドガー　975（7.8）
エドガー・ザ・アザリング　1125（この頃）
エトバルド　640（この年）
エドマー　1128（この頃）
エドマンド1世　946（この年）
エドマンド2世　1016（11.30）
聖エドマンド　870（この年）
エドムンド（エドマンド）, リッチ　1240（11.16）
エドモンズ　1889（この年）
エドランク, ジェラール　1707（4.2）
エドリック・ストレイナ　1017（この年）
エドワーズ　1566（この年）
エドワーズ　1842（この年）
エドワーズ　1868（12.23）
エドワーズ　1886（2.10）
エドワーズ, アメリア・アン・ブランフォード　1892（この年）
エドワーズ, ジョナサン　1758（3.22）
エドワーズ, ジョナサン　1801（8.1）
エドワーズ, ジョン　1716（4.16）
エドワーズ, トマス　1647（この年）
エドワーズ, トマス・チャールズ　1900（3.22）
エドワーズ, ルーイス　1887（7.19）
エドワード1世　1307（7.7）
エドワード2世　1327（9.21）
エドワード3世　1377（6.21）
エドワード4世　1483（4.9）
エドワード5世　1483（7.6）
エドワード6世　1553（7.6）

人物物故大年表 外国人編　*855*

エドワード（イギリス皇太子） 1471（この年）
エドワード黒太子 1376（6.8）
エドワード（告解王，証聖者） 1066（1.5）
エドワード・ザ・アザリング 1057（この年）
エドワード（殉教者） 978（3.18）
エドワード長兄王 924（この年）
慧南 1069（この年）
慧日 748（この年）
エネッパー 1885（3.24）
エネバン，ルイ 1701（この頃）
慧能 713（8.3）
エノク，エティエンヌ 1682（この年）
エーバー，パウル 1569（12.10）
エパゴラス 前374（この年）
エーバハルト，ヨーハン・ハインリヒ・アウグスト 1809（1.6）
エパフロディツス 95（この年）
エパメイノンダス 前362（この年）
エーバリーン，ヨーハン 1533（10.13）
エバン，ジャン-フランソワ 1763（この年）
エバンヘリスタ，マリア 1649（この年）
エヒウ 前816（この年）
エピカルモス 前460？（この頃）
エピクテトス 130（この頃）
エピクロス 前270（この頃）
エピスコピウス，シモン 1643（4.4）
エヒター・フォン・メスペルブルン 1617（9.13）
エヒテルマイヤー 1844（5.6）
エピヌス 1802（この年）
エピネ 1783（4.15）
エピファーニイ・スラヴィネーツキイ 1675（11.26）
エピファニウス 496（この頃）
聖エピファニオス 403（5.12）
エピファニオス（コンスタンティノポリスの） 535（6.25）
エヒメノ 1808（6.9）
エビュスウド・エフェンディ 1574（この年）
慧布 587（この年）
エフィアルテス 前462?（この頃）
エフェルディンヘン，アラルト・ファン 1675（11.8）

エーブナー，クリスティーナ 1356（12.27）
エーブナー，マルガレータ 1351（6.20）
エフナー，ヨーゼフ 1745（2.23）
エブネ・ヤミーン，マフムード・ブン・アミール・ヤミーノッディーン・トグラーイー 1368（この年）
エフラエム 378（2.1）
エーブラルト，ヨーハン・ハインリヒ・アウグスト 1888（7.23）
エブル・ド・ヴァンタドゥール 1149（この年）
エフレーモフ 1811（この頃）
エペ，シャルル・ミシェル，アベ・ド・ラ 1789（12.23）
エベド・イエス 1318（11.？）
エーベリング，ヨーハン・ゲオルク 1676（12.4）
エーベル 1830（この年）
エベール，ジャック・ルネ 1794（3.24）
エーベル，ヨーハン・ヴィルヘルム 1861（この年）
エーベルヴァイン 1831（12.2）
エーベルヴァイン 1868（3.2）
エーベルス 1898（8.7）
エーベルハルト 1845（5.13）
エーベルハルト2世 1392（3.15）
エーベルハルト3世 1674（この年）
エーベルハルト5世 1496（2.24）
エーベルハルト（ロールドルフ） 1245（6.10）
エーベルリン，ダニエル 1713（12.？）
エーベルリン，ヨーハン・エルンスト 1762（6.19）
エホヤキム 前597（この頃）
エホヤキン 前560（この頃）
エボリ 1592（2.2）
エボロス 前330（この年）
エマーソン 1881（この年）
エマソン，ラルフ・ウォルドー 1882（4.27）
エマール 1883（この年）
エマール，ピエール・ジュリアン 1868（8.1）
エマネスク，ミハイ 1889（6.15）
慧命 568（この年）
エミー・ド・ロダ 1852（9.19）
エミール・クテイバ 715（この年）

エミン，フョードル・アレクサンドロヴィチ 1770（4.18）
エミン・パシャ 1892（10.20）
エムザー，ヒエローニュムス 1527（11.8）
エームズ 1808（この年）
エムデ，ヨハネス 1859（この年）
エムリ，ジャーク-アンドレー 1811（4.28）
エメー，アンリエット・ド・ラ・シュヴァルリー 1834（11.23）
エメケン，ゲルト 1562（3.25）
エメット 1827（11.14）
エメット，ロバート 1803（9.20）
エメテリオ・ベタンセス 1898（この年）
エメリゴン 1784（この年）
エメリック・ド・ベギラン 1220（この頃）
エメリヒ，アンナ・カタリナ 1824（2.9）
エモンズ 1863（10.1）
エモンズ，ナサナエル（ナサニエル） 1840（9.23）
慧勇 583（この年）
エラー，エリーアス 1750（5.16）
エラウト 1841（この年）
エラーキー，ファフロッディーン・エブラーヒーム 1289（11.23）
エラーギン，イワン・ペルフィリエヴィチ 1794（9.22）
エラストゥス，トマス 1583（1.1）
エラスムス 301（この年）
エラスムス，デシデリウス 1536（7.11？）
エラスムス（エルモ） 303（この頃）
エラスリス・サナルトゥ 1877（この年）
エラトステネス（キュレネの） 前194（この頃）
エラートン，ジョン 1893（6.15）
エラリー，ウィリアム 1820（この年）
エラール，シャルル（老エラール（通称）） 1635（この年）
エラール，セバスティアン 1831（8.5）
エラール，ピエール 1865（この年）
慧覧 464（この頃）
エリアス 1484（この年）
エリアス，ニコラース 1653（この頃）

エリーアス, レヴィータ (エリヤ・ベン・アシェル・ハ・レーヴィ)　1549(1.28)
エリーアス (コルトーナの)　1253(4.22)
エリアス (・バル・シナーヤー)　1049(この頃)
エリアーデ-ラドゥレスク, イオン　1872(4.27)
エリウゲナ, ヨハネス・スコトゥス　877(この頃)
エリオ　1822(この年)
エリオット　1790(7.6)
エリオット　1845(この年)
エリオット　1849(12.1)
エリオット　1853(12.20)
エリオット　1863(6.24)
エリオット　1875(9.9)
エリオット, サー・ジョン　1632(11.27)
エリオット, ジョージ　1880(12.22)
エリオット, ジョン　1690(5.21)
エリオット, トマス　1546(3.26)
エリオットソン　1868(この年)
エリギウス　660(12.1)
エリクセン　1896(この年)
エリクソン　1020(この頃)
エリクソン　1020(この頃)
エリクソン　1870(9.8)
エーリクソン, イォルゲン　1604(6.5)
エリクソン, ジョン　1889(3.8)
エリコット　1820(この年)
エリザヴェータ・ペトロヴナ　1762(1.5)
エリザベス　1336(この年)
エリザベス1世　1603(3.24)
エリザベス・ウッドヴィル　1492(6.7?)
エリザベス・ヨーク　1503(この年)
エリーザベト　1898(9.10)
エリザベト　1662(この年)
エリーザベト (シェーナウの)　1164(6.18)
エリザベト・ド・バロア　1568(10.3)
エリーザベト (ハンガリーの, テューリンゲンの)　1231(11.17)
エリザベート・ビシエ・デザージュ　1838(8.26)
エリーザベト (プファルツの)　1680(10.8)

エリーザベト (ブラウンシュヴァイク・リューネブルクの)　1558(この年)
エリサルデ, ミゲール・デ　1678(11.18)
エリジオ, フィリント　1819(2.25)
エリス, アレグザンダー・ジョン　1890(10.28)
エリス, ウィリアム　1872(6.16)
エリス, ウィリアム・ウェブ　1872(この年)
エリセウス　480(この頃)
エーリック　1329(この年)
エーリック1世　1103(この年)
エーリック7世　1459(6.16)
エーリック9世　1160(5.18)
エーリック11世　1250(この年)
エーリック14世　1577(2.26)
エーリック (血斧王)　954(この年)
エリック・ローエ　1004?(この頃)
エリパンドゥス (トレードの)　800(この頃)
エリム, マルカム・J　1884(この年)
エリヤ・ベン・ソロモン　1797(この年)
慧琳　820(この年)
エルイヤール (・デ・スビセ), ファウスト・デ　1832(1.6)
エルヴァート, エードゥアルト　1865(6.9)
エルヴィ　1893(12.9)
エルヴィ, スティーヴン　1860(10.6)
エルヴィン・フォン・シュタインバッハ　1318(この年)
エルヴェ　1892(11.3)
エルヴェシウス, クロード-アドリヤン　1771(12.26)
エルウッド　1713(5.1)
エルヴュー, ジュリアン-プラシッド　1746(この年)
エルガー　1897(この年)
エルカー, ラザルス　1593(この頃)
エルキシア　1633(9.1)
エルギン　1863(11.20)
エルギン, トマス・ブルース, 7代エルギン伯爵兼11代キンカーディン伯爵　1841(この年)
エルキントン, ジョージ・リチャーズ　1865(この年)

エルク　1883(11.25)
エルクスレーベン　1762(6.13)
エルクラーノ, アレシャンドレ　1877(9.13)
エル・グレコ　1614(4.7)
エルケル, フェレンツ　1893(6.15)
エルコ　1787(この年)
エルコレ1世　1505(1.25)
エルコレ2世　1559(10.5)
エルコレ3世　1803(10.5)
エルコンワルド (ロンドンの)　693(4.30)
エルシュ　1828(1.16)
エルショーフ, ピョートル・パーヴロヴィチ　1869(8.18)
エルシリャ, アロンソ・デ　1595(この頃)
エルステッド, ハンス・クリスティアン　1851(3.9)
エルステル　1881(4.11)
エルスネル, ユゼフ・クサヴェリ　1854(4.18)
エルスハイマー, アダム　1610(12.11)
エルズミーア　1617(3.15)
エルスラー　1884(11.27)
エルズワース, オリヴァー　1807(11.26)
エルゼアル (サブランの)　1323(9.27)
エルセヴィル, アブラハム　1652(この年)
エルセヴィル, ボナヴェントゥラ　1652(この年)
エルゼヴィール, ローデウェイク　1617(この年)
エルダー, サー・トマス　1897(この年)
エルタール, フランツ・ルートヴィヒ　1795(2.14)
エルツ, アンリ　1888(1.5)
エルツェ　1889(1.21)
エルツェン, ヤスパー・フォン　1893(11.14)
エルデーイ・ヤーノシュ　1868(1.23)
エルデシ, ヨーハン・ジルヴェスター　1552(この頃)
エルトゥウル・ベイ　1287(この頃)
エルトマン　1869(10.9)
エルトマン　1892(6.12)

エールトマンスドルフ，フリードリヒ・ヴィルヘルム・フォン 1800(3.9)
エルトン 1900(この年)
エルドン 1838(1.13)
エルナンデス 1878(この年)
エルナンデス，ホセ 1886(10.21)
エルナンデス・デ・コルドバ 1526(この年)
エルナンデス・ヒロン 1554(この年)
エルナンド・デ・サン・ホセ 1617(6.1)
エルネスティ，ヨーハン・アウグスト 1781(9.11)
エルプ，(エルベ)，マティーアス 1571(この年)
エルフィンストーン 1649(この年)
エルフィンストーン 1823(この年)
エルフィンストン 1859(11.20)
エルフィンストン，ウィリアム 1514(10.25)
エルフリック 1020(この頃)
エルフレッド 714(2.8)
エルブレー・デ・ゼッサール，ニコラ・ド 1552(この年)
エルペニウス(ヴァン・エルペ)，トマス 1624(この年)
エルベルフェルト 1722(4.22)
エルベロ・ド・モランヴィユ 1695(2.8)
エルベン，カレル・ヤロミール 1870(11.21)
エルマナリヒ 376(この年)
エルマン 1877(この年)
エルムズリー 1825(3.8)
エルメネヒルド 585(4.13)
エルメリンス 1880(2.11)
エルメンリヒ(パッサウの) 874(12.26)
エルモ 1246(この頃)
エルヨー，ピエール(イポリート) 1716(2.5)
エルンスト 1865(10.8)
エルンスト1世 1675(3.26)
エルンスト2世 1030(8.17)
エルンスト2世 1804(この年)
エルンスト2世 1893(8.22)
エルンスト，クリストフ・フリードリヒ・ヴィルヘルム 1855(1.24)

エルンスト・アウグスト 1698(この年)
エルンスト・アウグスト 1851(11.18)
エルンスト(告白公) 1546(1.11)
エルンスト(バイエルンの) 1612(2.17)
エルンスト(ヘッセン-ラインフェルスの) 1693(この年)
エレアザール(ウォルムスの) 1238(この年)
エレイ，ヘンリ 1616(10.6)
エレオノーラ(アルボレアの) 1404(この年)
エレオノール(アキテーヌの，ギュイエンヌの) 1204(4.1)
エレット，チャールズ 1862(6.21)
エレディア，ホセ・マリア 1839(5.7)
エレ・ド・コルニ，エマニュエル 1763(この年)
エレナー(カスティリャの) 1290(11.28)
エレナー(プロヴァンスの) 1291(6.25)
エレミヤ 前586?(この頃)
エレラ 1854(この年)
エレーラ，フェルナンド・デ 1597(この年)
エレーラ，フランシスコ 1656(この年)
エレーラ，フランシスコ 1685(8.25)
エレーラ・イ・グティエレス・デ・ラ・ベーガ，ファン・デ 1597(1.15)
エレーラ・イ・トルデシーリャス，アントニオ・デ 1625(3.29)
エレーロ，アンドレス 1838(この年)
エーレンシュトラール，ダーヴィト・クレッカー・フォン 1698(10.23)
エーレンシュレーヤー，アーダム 1850(1.20)
エーレンフォイヒター，フリードリヒ 1878(3.20)
エーレンプライス，アンドレアス 1662(この年)
エーレンベルク，クリスティアン・ゴットフリート 1876(6.27)
エーレンベルク，フリードリヒ 1852(12.7)

エレンボーク，ニーコラウス 1543(6.6)
エロ，エルネスト 1885(4.15)
エロイーザ 1164(5.14)
エロイーズ 1164(この年)
慧朗 725(この年)
エロエ，アントワーヌ 1568(この年)
エロー・ド・セシェル，マリ-ジャン 1794(4.5)
エロール，ルイ・ジョゼフ・フェルディナン 1833(1.19)
袁于令 1664(この年)
袁盎 前148(この年)
袁桷 1327(この年)
轅固 前139(この頃)
袁黄 1606(この年)
袁宏 376(この年)
袁高 786(この年)
袁甲三 1863(この年)
袁宏道 1610(9.6)
閻若璩 1704(6.?)
袁術 199(この年)
袁紹 202(5.?)
袁振 730(この年)
袁樞 1205(この年)
袁崇煥 1630(この年)
袁宗道 1600(この年)
袁忠徹 1458(この年)
袁中道 1623(この年)
袁昶 1900(この年)
袁晃 763(この年)
袁天綱 634(この年)
袁枚 1797(この年)
閻立徳 656(この年)
閻立本 673(10.?)
袁朗 627(この頃)
エンケ，ヨハン・フランツ 1865(8.26)
エンゲブレヒツ，コルネリス 1533(この年)
エンゲル 1882(11.17)
エンゲル 1896(12.8)
エンゲル，E. 1896(この年)
エンゲル，カール・ルートヴィヒ 1840(5.14)
エンゲルス，フリードリヒ 1895(8.5)
エンゲルス，ヤーコプ・ゲーアハルト 1897(2.16)
エンゲルト 1884(9.4)
エンゲルハルト，モーリツ・フォン 1881(11.23)

オウ

エンゲルハルト, ヨーハン・ゲオルク・ファイト　1855(9.13)
エンゲルハルト・フォン・アーデルンブルク　1230(この頃)
エンゲルブレクト　1436(4.27)
エンゲルブレヒト, ハンス　1642(2.20)
エンゲルベルト1世　1225(11.7)
エンゲルベルト(アドモントの)　1331(5.12)
エンゲルマン, ゴッドフロワ　1839(この年)
エンゲルマン, ジョージ　1884(2.4)
円光　630(この年)
燕山君　1506(この年)
円測　696(この年)
エンシナ, ファン・デル　1529(8.29?)
エンシナス, フランシスコ・デ　1570(この年)
延寿　975(この年)
エンジンガ・エンクウ　1505(この年)
エンジンゲン, ウルリヒ・フォン　1419(2.10)
エンセナダ　1781(この年)
エンダー, ヨハン　1854(この年)
エンツィオ　1272(3.14)
エンディコット, ジョン　1665(3.15)
エンデマン　1899(6.13)
エンデマン, ザームエル　1789(5.31)
エントリヒャー, シュテファン(・ラディスラウス)　1849(3.28)
エンニウス, クゥイントゥス　前169(この年)
エンヌカン, エミール　1888(7.14)
エンノディウス　521(7.17)
エンプソン　1510(8.17?)
エンペシナド　1825(8.19)
エンペドクレス(アクラガスの)　前430(この頃)
エンベリ, フィリプ　1775(8.?)
エンベル, パール　1710(この年)
エンポリ　1640(この年)
エンマ　1052(3.6)
エンリークエス, クリスティアン　1684(この年)
エンリケ　1460(11.13)
エンリーケ1世　1580(この年)

エンリケ1世　1217(この年)
エンリケ2世　1379(この年)
エンリケ3世　1406(この年)
エンリケ4世　1474(この年)
エンリケス, エンリケ　1608(1.28)
エンリーケス, カミーロ　1825(この年)
エンリケ・ド・ボルゴーニャ　1114(この年)
エンリッケ, マエストロ　1277(この年)

【オ】

オーアウスコウ, トーマス　1873(11.7)
オイギンス　1801(3.18)
オイゲン, サヴォワ公爵　1736(4.21)
オイコノモス, コンスタンティーノス　1857(この年)
オイラー, ヨハン　1800(9.17)
オイラー, レオンハルト　1783(9.7)
オイレンシュピーゲル　1350(この頃)
オイレンブルク　1881(6.2)
王安石　1086(この年)
王禕　1372(この年)
王廣　322(この年)
王維　761(7.?)
王懿栄　1900(この年)
王昱　1729(この頃)
王逸　145(この頃)
王筠　1854(この年)
王筠　549(この年)
王允　192(この年)
王寅　1838(この頃)
王引之　1834(この年)
王禹偁　1001(この年)
王惲　1304(この年)
王衍　311(この年)
王衍　926(この年)
汪琬　1691(この年)
王遠知　635(この年)
王延徳　1006(この年)
王応麟　1296(この年)
王嘉　390(この頃)
王涯　835(この年)
王嘉胤　1631(この年)

王鍔　815(この年)
王学浩　1832(この年)
王翰　726(この年)
王鑑　1677(この年)
翁巻　1211(この頃)
王巖叟　1093(この年)
王翬　1717(10.13)
王畿　1583(この年)
王起　847(この年)
王熙　1703(この年)
王驥　1459(この年)
王徽之　388(この頃)
王義之　365(この頃)
汪輝祖　1807(この年)
王沂孫　1290(この頃)
王驤徳　1632(この年)
王九思　1551(この年)
応璩　252(この年)
王凝　399(この年)
王拱辰　1085(この年)
王欽若　1025(この年)
王君奭　727(この年)
王珪　1085(5.?)
王珪　639(この年)
王慶　581(この頃)
王敬　152(この年)
王慶雲　1862(この年)
汪景琪　1725(この年)
王啓淑　1799(この年)
王俊　489(この年)
王建　830(この頃)
王建　918(この年)
王源　1710(この年)
王原祁　1715(10.8)
王獻之　386(この年)
王翊　802(この年)
王翺　1467(この年)
王鋗　752(この年)
王洽　358(この年)
王孝傑　696(この年)
王鴻緒　1723(この年)
王行瑜　895(この年)
王孝廉　815(この年)
王艮　1540(この年)
王粲　217(この年)
王三槐　1798(この年)
王次回　1642(この年)
王之渙　742(この年)
汪士鋐　1723(この年)
王思任　1646(この年)
汪士慎　1759(この年)
王士誠　1362(この年)
汪士鐸　1889(この年)

人物物故大年表 外国人編　*859*

オウ 人名索引

王士禎　1711（5.11）
王時敏　1680（6.7）
王若虚　1233（この年）
王錫闡　1682（この年）
王澍　1739（この頃）
王充　100（この頃）
王戎　305（この年）
王重栄　887（この年）
王十朋　1171（この年）
王重陽　1170（1.4）
王粛　256（この年）
王叔和　250（この頃）
王守澄　835（この年）
王恂　1281（この年）
王恕　1508（この年）
王升　1150（この頃）
王劭　608（この頃）
王韶　1081（この年）
王昇基　815（この頃）
王小波　993（この年）
王昌齢　756（この年）
王振　1449（この年）
王宸　1797（この年）
王縉　781（この年）
王審琦　974（この年）
翁心存　1862（この年）
王審知　925（この年）
王慎中　1559（この年）
王崇古　1589（この年）
王世充　621（この年）
王清任　1831（この年）
王世貞　1590（この年）
王嶷　644（この年）
王積翁　1284（この年）
王仙芝　878（この年）
王曾　1038（この年）
汪藻　1154（この年）
王僧虔　485（この年）
王僧孺　522（この年）
王僧達　458（この年）
王僧弁　555（この年）
王則　1048（この年）
王存　1101（この年）
王侁与　1658（この頃）
王鐸　1652（この年）
王旦　1017（この年）
王智興　836（この年）
王輝登　1612（この年）
汪中　1794（この年）
王仲舒　823（この年）
応場　217（この年）
王寵　1533（この年）
王潮　897（この年）

王昶　1806（この年）
王昶　939（この年）
王直　1462（この年）
王直　1559（この年）
王通　617（この年）
応貞　269（この年）
王庭筠　1202（この年）
王廷相　1544（この年）
王導　339（この年）
王韜　1897（この年）
王敦　324（この年）
王念孫　1832（この年）
汪伯彦　1141（この年）
王微　443（この年）
王弼　1394（この年）
王弼　249（この年）
王武　1690（この年）
王溥　977（この年）
王黼　1126（この年）
王夫之　1692（この年）
王紱　1416（2.6）
王文治　1802（この年）
王冕　1359（この年）
王冕　1409（この年）
王襃　576（この頃）
王襃　前61（この年）
王鳳　前22（この年）
翁方綱　1818（この年）
王鳳生　1834（この年）
王保保　1375（この年）
王墨　804（この頃）
王輔臣　1681（この年）
王勃　676（この年）
王梵志　670（この頃）
王鳴盛　1797（この年）
王猛　375（7.？）
王蒙　1385（9.10）
王莽　23（この年）
王問　1576（この年）
王融　494（この年）
王陽明　1529（11.29）
翁雄　1849（この年）
王履　1383（この頃）
王倫　1144（この年）
王倫　1774（この年）
王淮　1189（この年）
王和卿　1320（この年）
王湾　751（この年）
オーヴァストン　1883（11.17）
オーヴァーベック，ヨハンネス　1895（11.8）
オーヴァベリー，トマス　1613（9.15）

オーヴァベルク，ベルンハルト・ハインリヒ　1826（11.9）
オウィディウス・ナソ，ププリウス　17（この年）
オウヴァオール，ジョン　1619（5.12）
オウヴァトン，リチャード　1664（この年）
オーヴェルベック，ヨハン・フリードリヒ　1869（11.12）
オーウェン　1622（この年）
オーウェン，サー・リチャード　1892（12.18）
オウエン，ジェイムス　1706（4.8）
オウエン，ジョン　1683（8.24）
オウエン，ニコラス　1606（3.2）
オーウェン，ロバート　1858（11.17）
オーウェン，ロバート・デイル　1877（6.17）
オウキャラハン，エドマンド・ベイリ　1880（5.29）
オウクリ，フレドリク　1880（1.31）
オウクレアリ，マイケル　1643（この年）
オウケリ，ジェイムズ　1826（10.16）
王杲　1575（この年）
王皇后　655（この年）
王皇后　724（この年）
オウコンネル，アンソニ　1897（12.8）
オウサリヴァン・ビーア・フィリップ　1660（この頃）
応俊　1672（この年）
応祥　1645（この年）
応天皇后　953（この年）
オウドンネル，エドマンド　1572（10.25）
オウドンネル，ヒュー・ロウ　1602（9.10）
オウニール，オウエン・ロウ　1649（11.6）
黄檗希運　850（この頃）
オウハディー　1338（この年）
オウファイリ，モリス　1513（3.25）
オウフィー，モハンマド　1232（この頃）
欧陽烱　971（この年）
欧陽建　300（この年）
欧陽玄　1357（この年）

860　人物物故大年表　外国人編

欧陽修　1072（8.？）
欧陽詢　641（この年）
欧陽通　691（この年）
欧陽南野　1554（この年）
オウライリ，エドマンド　1669（3.？）
オヴラク　1896（2.22）
オウルダム，ヒュー　1519（6.25）
オガリョーフ，ニコライ・プラトノヴィチ　1877（5.31）
オカンポ，メルチョール　1861（6.3）
オギニスキ　1833（10.15）
オギニスキー　1799（5.3）
オキーノ，ベルナルディーノ　1564（この年）
オキーフ，ジョン　1833（2.4）
オーギュスタン，ジャン・バティスト　1832（この年）
オーギュスト，アンリ　1816（この年）
オーギュスト，ジュール・ロベール　1850（4.15）
オーギュスト，ロベール・ジョゼフ　1805（この年）
オクスリー　1828（この年）
オクセンシェルナ，アクセル・グスタフソン，伯爵　1654（9.7）
オクセンシャーナ，ユーハン・ガーブリエル　1817（7.29）
オクタウィア　62（この年）
オクタウィア　前11（この年）
オクタウィウス　前58（この年）
オグデン　1854（9.27）
オークランド　1814（5.28）
オークランド伯　1849（1.1）
オクリー　1720（この年）
オーグルヴィ　1819（この年）
オーグルヴィー，聖ジョン　1615（この年）
オーグルソープ，ジェイムズ・エドワード　1785（7.1）
オーグルビー，ジョン　1676（この年）
オケヘム，ジャン・ド　1495（この頃）
オケリー，マイケル　1826（この年）
オーケン，ローレンツ　1851（8.11）
オーゲン・リンバ　1360（この年）
オゴタイ　1241（この年）
オコナー　1156（この年）

オコナー　1198（この年）
オコナー　1884（5.12）
オコンナー　1855（8.30）
オコンネル，ダニエル　1847（5.15）
オザナム　1717（この年）
オザナン，アントワーヌ・フレデリク　1853（9.8）
オーサリヴァン　1895（この年）
オジアンダー，アンドレーアス　1552（10.17）
オジアンダー，ルーカス（子）　1638（8.10）
オジアンダー，ルーカス（父）　1604（9.17）
オージェ，エミール　1889（10.25）
オージェ，ルイ・シモン　1829（1.17）
オシポフスキー　1832（6.24）
オシュ　1797（9.19）
オジュロー，ピエール・フランソワ・シャルル，カスティリオーネ公爵　1816（6.11）
オショーネシー，アーサー　1881（1.30）
オスヴァルト・フォン・ヴォルケンシュタイン　1445（8.2）
オスウィ　670（この年）
オスウィン　651（8.20）
オスカル1世　1859（7.8）
オスケオラ　1838（この年）
オスターデ，アドリアーン・ファン　1685（5.2）
オスターデ，イサーク・ファン　1649（10.16）
オースティン，ジェイン　1817（7.18）
オースティン，ジョン　1669（この年）
オースティン，ジョン　1859（12.1）
オースティン，スティーヴン・フラー　1836（12.27）
オステルヴァルド，ジャン・フレデリク　1747（4.14）
オーステルゼー，ヨーハネス・ヤーコービュス・ヴァン　1882（7.29）
オステルマン　1747（5.31）
オーストラー　1861（8.22）
オストログラツキー　1862（1.1）

オストローシュスキイ，コンスタンチーン・コンスタンチーノヴィチ　1608（この年）
オストロフスキー，アレクサンドル・ニコラエヴィチ　1886（6.2）
オスナ，フランシスコ・デ　1540（この頃）
オズボーン　1875（5.6）
オズボーン，ドロシー　1695（2.？）
オスマン1世　1324（この年）
オスマン2世　1622（5.20）
オスマン，ジョルジュ・ユージェーヌ，男爵　1891（1.12）
オスマン・パシャ　1890（この年）
オスマン・パシャ　1898（この年）
オスマン・パシャ　1900（4.5）
オスムンド　1099（12.3？）
オズワルド　992（2.29）
オズワルド　1793（この年）
聖オズワルド　642（8.5）
オセイ　1717（この年）
オーゼロフ，ウラジスラフ・アレクサンドロヴィチ　1816（9.5）
オーセン，イーヴァル　1896（9.23）
オソリンスキ　1826（この年）
オダエナトゥス　267（この年）
オタカル1世　1230（12.13）
オタカル2世　1278（8.26）
オダッツィ，ジョヴァンニ　1731（この年）
オーツ，タイタス　1705（7.12？）
オッカム，ウィリアム　1349（この頃）
オッカム，サムスン　1792（7.14）
オックスフォード（伯）　1392（この年）
オッター，ヤーコブ　1547（3.？）
オッタバイン，フィーリプ・ヴィルヘルム（フィリプ・ウィリアム）　1813（11.17）
オッディ，ムーツィオ　1639（この年）
オッティーノ，パスクアーレ　1630（この年）
オット　1546（この年）
オットー　1139（この年）
オットー　1656（10.2（埋葬））
オットー　1844（この年）
オットー　1877（3.5）
オットー1世　1867（7.26）
オットー1世　973（5.7）

オツ　　　　　　　　　　　人名索引

オットー2世　983（12.7）
オットー3世　1002（1.23）
オットー4世　1218（5.19）
オットー，ニコラウス　1891（1.26）
オットー，ヨーハン・カール・テーオドーア・フォン　1897（1.11）
オットテール，ジャン　1669（この年）
オットー・フォン・ノルトハイム　1083（この年）
オットー・フォン・フライジング　1158（9.22）
オットー・フォン・ボーテンラウベン　1244（この年）
オットマン，フランソワ　1590（2.12）
オットリー，ウィリアム・ヤング　1836（この年）
オットロー　1070（11.23）
オッファ2世　796（この年）
オッペル　1865（12.22）
オッポルツァー　1886（12.26）
オディオ，ジャン-バティスト-クロード　1850（この年）
オーティス，E.　1861（この年）
オーティス，ジェイムズ　1783（5.23）
オーディーリア　720（この頃）
オーディロ　1048（12.31）
オーデュボン，ジョン・ジェイムズ　1851（1.27）
オデリコ　1331（この頃）
オド　1097（2.？）
オド　942（11.18）
オトー，マルクス・サルウィウス　69（4.15）
オドアケル　493（3.15）
オトウェイ，トマス　1685（4.14）
オドエフスキー，アレクサンドル・イワノヴィチ　1839（10.10？）
オドエフスキー，ウラジーミル・フョードロヴィチ　1869（2.27）
オド（カンタベリの）　959（6.2）
オド（カンブレーの）　1113（6.19）
オド（シャトルーの）　1273（1.26）
オトテール，ジャック　1763（7.16）
オトテール，ジャン　1691（この頃）
オトテール，ジャン　1720（この年）

オトテール，ジャン　1732（この年）
オトテール，ニコラ　1694（この年）
オトテール，ニコラ　1727（この年）
オトテール，マルタン　1712（この年）
オトテール，ルイ　1716（この年）
オードネー　1824（この年）
オトフリート・フォン・ヴァイセンブルク　875（この頃）
オドベスク，アレクサンドル　1895（この年）
オトマイアー，カスパル　1553（2.4）
オードラン　1677（11.18）
オードラン，クロード2世　1684（1.4）
オードラン，クロード3世　1734（5.27）
オードラン，ジェラール1世　1703（7.26）
オードラン，シャルル　1674（この年）
オードラン，ジャン　1756（5.17）
オードラン，ブノワ1世　1721（この年）
オードラン，ブノワ2世　1772（この年）
オードリー（ウォルデンの），トマス・オードリー，男爵　1544（4.30）
オド・リガルドゥス　1275（7.2）
オドリック　1331（1.14）
オートレッド，ウィリアム　1660（6.30）
オド（ロニの，ロニアコの）　1272（この頃）
オドワイアー　1898（この年）
オードワン，ジャン・ヴィクトール　1841（11.9）
オドン・ド・クリュニー　942（11.18）
オドンネル　1563（この年）
オドンネル　1566（この年）
オドンネル　1867（11.5）
オニアス1世　前290（この頃）
オニャーテ　1624（この年）
オニール　1559（この年）
オニール　1595（この年）
オニール　1878（この年）

オニール，ヒュー，3代ダンガノ男爵，2代ティローン伯爵　1616（7.20）
オネディー，フィロテ　1875（2.19）
オノマルコス　前352（この年）
オバージェ，アロンソ・デ　1651（3.16）
オーバテューア，フランツ　1831（8.30）
オーバネル，テオドール　1886（10.31）
オバンド　1861（この年）
オバンドー　1518（この頃）
オーピー，ジョン　1807（4.9）
オビエド，フランシスコ・デ　1651（2.9）
オビエド・イ・バルデス　1557（この年）
オヒギンス，ベルナルド　1842（10.23）
オピチーノ・デ・カニストリス　1334（この頃）
オーピッツ，マルティン　1639（8.20）
オヒテルフェルト，ヤコブ　1700（この頃）
オビニェー，テオドール・アグリッパ・ド　1630（5.9）
オービュソン　1841（この年）
オービュソン，ピエール・ド　1503（7.13）
オフェラス　前310？（この頃）
オーフェルヴェーケ　1852（この年）
オーフェルワーテル　1682（4.27）
オーフェンス　1678（12.9）
オフェンバック，ジャック　1880（10.5）
オブカイア（オプカハイア），ヘンリ　1818（この年）
オプステルフェルデル，シーグビョルン　1900（7.29）
オプゾーメル，コルネーリス・ウィレム　1892（8.23）
オプダイク　1880（この年）
オプタティアヌス・ポルフリウス，プブリリウス　335？（この頃）
オプティック，オリバー　1897（この年）
オフテルフェルト，ヤーコプ　1682（この年）

オブノール，ジル・マリー　1742(3.13)
オブライアン，ウィリアム　1868(この年)
オブライエン　1551(この年)
オブライエン　1624(この年)
オブライエン　1864(12.23)
オブライエン，ウィリアム・スミス　1864(6.18)
オブライエン，ジェレマイア　1818(この年)
オブライエン，フィッツ・ジェイムズ　1862(4.6)
オブラドヴィチ，ドシテイ　1811(4.7)
オーブリ　1883(この年)
オーブリー，ジョン　1697(6.?)
オーブリオ・ユーグ　1383(この年)
オーブリ・ルコント　1858(5.2)
オーフルマズド4世　590(この年)
オーブレー，ジャン・バティスト(・クリストフ・フュゼ)　1778(この年)
オブレヒト，ヤコプ　1505(この年)
オベイド・ザーカーニ，ネザーモッディーン・オベイドゥッラー　1371(この年)
オヘダ　1515(この年)
オーベライト　1798(2.2)
オーベール，ジャック　1753(5.17?)
オベール，ジャン　1741(この年)
オーベール，ジャン・ジャック・オーギュスタン・レイモン　1857(この年)
オベール，ダニエル・フランソワ・エスプリ　1871(5.13)
オーベール，ルイ　1800(この頃)
オベール(アヴランーシュの)　725(この頃)
オーベルカンプフ，クリストフ・フィリップ　1815(この年)
オベルラン，ジャン・フレデリク　1826(6.1)
オポリヌス　1568(7.6)
オボレンスキー　1865(3.10)
オーマル，アンリ・ユージェーヌ・フィリップ・ルイ・ドルレアン，公爵　1897(この年)
オマル・ハイヤーム　1122(この頃)

オーミアラ　1836(6.3)
オーム　1801(1.13)
オーム　1872(4.1)
オーム，ゲオルク・ジーモン　1854(7.7)
オメール(テルアンヌの)　670(11.1)
オメル・パシャ　1871(この年)
オーモンド　1688(7.21)
オーモンド　1745(11.16)
オヤングーレン　1747(1.?)
オーライリ　1794(この年)
オライリ　1890(8.10)
オラウス・マグヌス　1557(8.1)
オラー(オラーフス)，ミクローシュ　1568(1.14)
オラニエ公ウィレム　1584(この年)
オラビーデ・イ・ハウレギ，パブロ・デ　1803(この年)
オーラフ　1115(この年)
オーラフ1世　1000(9.9?)
オーラフ2世　1030(7.29)
オーラフ3世　1093(この年)
オーラフ4世　1387(この年)
オーラフソン　1768(この年)
オランダ，フランシスコ・デ　1584(この頃)
オリヴァー，アイザック　1617(10.2)
オリヴァン，ピエール　1871(5.26)
オリーヴィ，ペトルス・ヨアニス　1298(3.14)
オリヴィエ　1815(この年)
オリヴィエ，ヴォルデマル・フリードリヒ　1859(この年)
オリヴィエ，フェルディナント　1841(2.11)
オリヴェタン(オリヴェターヌス)，ピエール・ロベール　1538(この年)
オリエ　1900(この年)
オリエ，ジャン・ジャーク　1657(4.2)
聖オリガ　969(7.11)
オリゲネス　254(この頃)
オリバ　1046(この年)
オリバシオス　400(この頃)
オリバレス，ガスパル・デ・グスマン・イ・ピメンタル，伯公爵　1645(7.22)
オリファント　1851(6.10)

オリファント　1888(12.23)
オリファント，マーガレット　1897(6.25)
オリベ　1857(この年)
オリベイラ・マルティンス，ジョアン・ペドロ・デ　1894(8.24)
オリュンピアス　408(7.25)
オリュンピアス　前316(この年)
オリュンピウス　412(この頃)
オルカーニャ，アンドレーア　1368(8.25)
オルガンティーノ，ニェッキ・ソルディ　1609(4.22)
オルギエルド　1377(この年)
オールケン，ヘンリー　1851(この年)
オルコック　1806(2.23)
オールコック，サー・ジョン・ラザフォード　1897(11.2)
オールコック，ジョン　1500(10.1)
オルコット　1859(この年)
オールコット，エイモス・ブロンソン　1888(3.4)
オールコット，ルイーザ・メイ　1888(3.6)
オールサム，ジョン　1640(11.5)
オルシ，ジュゼッペ・アゴスティーノ　1761(6.12)
オルシ，レリオ　1587(この年)
オルシシオス　380(この頃)
オルシーニ，ジョルジョ　1475(11.10)
オルシーニ，フェリーチェ　1858(3.13)
オルジーン・ナシチョーキン　1680(この年)
オルスッチ　1622(9.10)
オールストン，ワシントン　1843(7.9)
オルスハウゼン，ヘルマン　1839(9.4)
オルセオーロ，ペトルス　987(1.10)
オールソップ，サミュエル　1838(この年)
オールター，デイヴィド　1881(9.18)
オルダス　1532(この年)
オールダム　1636(この年)
オールダム，ジョン　1683(12.9)
オールディス　1761(この年)
オルティス，ディエゴ　1570(この頃)

人物物故大年表 外国人編　*863*

オルティス・デ・サラテ, ペドロ　1683(10.27)
オルディニ, ピエトロ・デッリ　1484(この年)
オルデガール　1137(3.1)
オルテス　1790(この年)
オルテリウス, アブラハム　1598(6.28)
オルデリークス・ヴィターリス　1143(2.3)
オールデン　1687(この年)
オルデン　1839(この年)
オルデンドルプ, ヨハネス　1567(この年)
オルデンバルネヴェルト　1619(5.13)
オルデンブルク　1677(この年)
オルト, シャルル　1893(この年)
オールドカッスル, サー・ジョン　1417(12.14)
オルドーニェス, バルトロメ　1520(この年)
オルドニョ1世　866(この年)
オルドニョ2世　923(この頃)
オルドニョ3世　955(この頃)
オールドフィールド　1730(この年)
オルトラーナ(ホルトゥラーナ)(アッシージの)　1238(この頃)
オルトラーノ　1527(この年)
オールドリチ, ヘンリ　1710(12.14)
オールドリッジ　1867(この年)
オルナーノ　1863(この年)
オルニ　1872(この年)
オルバース, ハインリヒ　1840(3.2)
オールバニー, ルイーザ・マクシミリアン・キャロライン, 伯爵夫人　1824(この年)
オルハン　1359(この年)
オルビリウス・プピッルス, ルキウス　前14?(この頃)
オルファネール, ヤシント　1622(9.10)
オルフィーラ, マティエウ(・ジョゼフ・ボナベントゥーレ)　1853(この年)
オールフォード, ヘンリ　1871(1.7)
オールブライト, アーサー　1900(7.3)
オールブライト(アルブレヒト), ジェイコブ　1808(5.18)

オルベリアン　1304(この年)
オールマック, ウィリアム　1781(この年)
オルメド, ホセ・ホアキン　1847(2.19)
オルモス, アンドレス・デ　1570(8.?)
オルランディ, ペッレグリーノ・アントーニオ　1727(この年)
オルレアン, ガストン　1666(この年)
オルレアン, フィリップ1世　1701(この年)
オルレアン, フィリップ2世　1723(12.2)
オルレアン, ルイ　1407(この年)
オルレアン, ルイ・フィリップ・ジョゼフ, 公爵　1793(11.6)
オルロフ　1790(この年)
オルロフ, アレクセイ　1807(12.24)
オルロフ, アレクセイ公　1861(5.21)
オルロフ, グリゴーリ伯　1783(4.24)
オルロフ, ニコライ　1885(この年)
オレー, ルイス・ヘロニモ・デ　1630(4.10)
オレアリウス　1671(この年)
オレアーリウス, ヨハネス　1623(1.26)
オレアーリウス, ヨハネス　1684(4.24)
オレアーリウス, ヨハネス　1713(8.6)
オレアーリウス, ヨーハン・ゴットフリート　1711(5.21)
オレヴィアーヌス(オレヴィアーン), カスパル　1587(3.15)
オーレオー　1896(4.29)
オレーグ　912(この年)
オレシニツキ　1455(この年)
オレーム, ニコル　1382(7.11)
オレ・ラブリュン, レオン　1898(2.13)
オレリ　1849(1.6)
オレリー　1679(10.16)
オレリー　1731(この年)
オレリャーナ, フランシスコ・デ　1546(この頃)
オレンテ, ペドロ　1645(1.19)
オロー, ヴィクトール　1872(この年)

オロシウス, パウルス　418(この頃)
オロデス2世　38(この頃)
オロビオ・デ・カストロ　1687(11.?)
温嶠　329(この年)
温子昇　547(この年)
温体仁　1638(この年)
温庭筠　870(この年)
オングストレーム, アンデルス・ヨンス　1874(6.21)
オンケン, ヨーハン・ゲーハルト　1884(1.2)
オーンジャーヴィル, リチャード　1345(この年)
オンスロー, ジョルジュ　1853(10.3)
オンソリー, アボル・カーセム・ハサン　1039(この年)

【カ】

カー　1645(この年)
何晏　249(1.?)
華喦　1756(この年)
賈誼　前168(この年)
賈逵　101(この年)
賈逵　228(この年)
何休　182(この年)
柯九思　1365(この年)
何継筠　971(この年)
何景明　1521(この年)
夏言　1548(この年)
賈至　772(この年)
何執中　1116(この年)
賈似道　1275(10.?)
何悼　1722(この年)
賀若誼　596(この年)
賈充　282(この年)
何秋濤　1862(この年)
何勘　301(この年)
夏昶　1470(8.16)
夏竦　1051(この年)
何紹基　1873(この年)
何承天　447(この年)
何如璋　1891(この年)
カー, ジョン　1807(この年)
何進　189(この年)
何遜　518(この頃)
賈耽　805(この年)
賀知章　744(この年)

カウ

賀鋳　1125（この年）
賀長齢　1848（この年）
賈島　843（この年）
何騰蛟　1649（この年）
賈謐　300（この年）
何武　3（この年）
賈復　55（この年）
賈魯　1353（この年）
カーアーニー　1854（5.1？）
カアブ・アルアフバール　652（この頃）
カアブ・ブン・ズハイル　662（この頃）
解琬　718（この年）
改琦　1829（この年）
隗囂　33（この年）
嗣祥　1481（この年）
解縉　1415（この年）
海瑞　1587（この年）
ガイ，トマス　1724（この年）
艾南英　1646（この年）
階伯　660（この年）
ガイ，リュウデヴィト　1872（4.20）
ガイアー，フロリアン　1525（6.10）
カイアン，ジョン・ハワード　1850（この年）
ガイウス　180（この頃）
カイエ　1358（この年）
カイエ　1838（5.17）
カイエターヌス，ティエネ　1547（8.7）
カイエターヌス，ヤコーブス　1534（8.9）
海円　1340（この年）
ガイガー，アーブラハム　1874（10.23）
カイ・カーウース　1098（この頃）
カイ・クバード1世　1237（この年）
会稽王道子　402（この年）
戒賢　645（この年）
海源　1770（この年）
カイザー　1872（この年）
カイザー　1888（1.17）
カイザー，フィーリップ・クリストフ　1823（この年）
カイザー，ラインハルト　1739（9.12）
カイザー（シュロッサー），ヤーコブ　1529（5.29）
カイサリオス（ナジアンゾスの）　369（この年）

カイサル・イブン・アビル・カースィム　1251（この年）
懐信可汗　808（この年）
契嵩　1072（この年）
カイス・ビン・ザリーヒ　687（この年）
ガイスマイアー　1532（この年）
ガイスラー，ハインリヒ　1879（1.24）
開清　930（この年）
ガイセリック　477（1.25）
カイセル　1665（この年）
カイセル　1692（この年）
ガイセル，ヨハネス　1864（9.8）
懐素　707（この頃）
懐素　785（この年）
ガイタ，スタニスラス・ド　1897（12.17）
懐帝　313（1.？）
カーイト・ベイ　1495（この年）
カイドモン（カエドモン，ケドモン，カドモン）　675（この頃）
ガイナス　400（この年）
海日　1609（この年）
ガイハトゥー　1295（この年）
カイブ，ベンヤミン・ヘリッツゾーン　1652（この年）
カイブ，ヤコブ・ヘリットゾーン　1651（この年）
ガイベル，エマーヌエル　1884（4.6）
ガイベル，ヨハネス　1853（7.25）
カイミ，アントーニオ　1878（この年）
カーイム　1075（この年）
カーイム　945（この頃）
カイム，カール・テーオドーア　1878（11.17）
解憂　前49（この年）
カイユボット，ギュスターヴ　1894（2.21）
カイヨー　1869（5.1）
ガイヨン　1856（10.12）
ガイラー・フォン・カイザースベルク，ヨハネス　1510（3.10）
カイリス，テオフィロス　1853（1.12）
カイリーナ，パーオロ（年少）　1545（この年）
海陵王　1161（この年）
海麟　1070（この年）
カイル，ヨーハン・カール・フリードリヒ　1888（5.5）

カイロ，フランチェスコ・デル　1665（この年）
蓋鹵王　475（この年）
カイローリ　1889（8.8）
ガインサ，マルティン・デ　1555（この頃）
ガウ　1831（この年）
カーヴ，トマス　1672（この頃）
ガウ，ニール　1807（この年）
ガウ，フランツ・クリスティアン　1853（12.31）
カウアー　1867（8.4）
カーヴァー，ジョン　1621（4.5）
カーヴァー，ロバート　1567（この頃）
カヴァイエ，ジャン・ピエール　1809（3.13）
カヴァイエ・コール，アリスティド　1899（10.13）
カヴァイエ・コル，ドミニク　1862（6.1）
ガヴァッツィ，アレッサンドロ　1889（1.9）
カヴァッツォーニ，ジロラモ　1577（この頃）
カヴァッツォーニ，マルコ・アントニオ　1560（この頃）
カヴァッツォーラ　1522（この年）
カヴァッリ，ピエル・フランチェスコ　1676（1.14）
カヴァッリーノ，ベルナルド　1654（この年）
カヴァデイル，マイルズ　1568（2.19）
カヴァーニャ，ジョヴァンニ・パーオロ　1627（この年）
カヴァリエリ，エミリオ・デ　1602（3.11）
カヴァリエーリ，カタリーナ　1801（この年）
カヴァリエリ，フランチェスコ・ボナヴェンチュラ　1647（11.30）
カヴァリエーレ・ダルピーノ，イル　1640（7.3）
カヴァリーニ，ピエトロ　1330（この年）
カヴァルカセッレ，ジョヴァンニ・バッティスタ　1897（10.31）
カヴァルカンティ，アンドレーア・ディ・ラッザーロ　1462（この年）
カヴァルカンティ，グィード　1300（8.29）

ガヴァルニ, ポール 1866(11.24)
カヴァレフスキー 1878(この年)
カヴァーロ, ピエトロ 1537(この頃)
カヴァロッツィ, バルトロメーオ 1625(この頃)
ガヴァローリ, ミラベッロ 1572(この年)
ガヴァンティ, バルトロメーオ 1638(この年)
カヴァントゥー, ジャン・ビアンエイム 1877(5.5)
ガヴィニエス, ピエール 1800(9.8)
カヴェドーニ, ジャーコモ 1660(この年)
カヴェニャック 1857(10.28)
カヴェーリン 1885(5.15)
カーウェン, ジョン 1880(5.26)
カヴェンディッシュ, マイケル 1628(この年)
ガヴォー, ピエール 1825(この年)
カヴォス, カッテリーノ 1840(この年)
ガウジ, ウィリアム 1653(12.12)
ガウス, カール・フリードリヒ 1855(2.23)
カウスレル 1825(2.12)
ガウダパーダ 690(この頃)
ガウタマ 前483頃?(この頃)
カウツ(クツィウス), ヤーコブ 1532(この頃)
ガウデリクス(ヴェルレートリの) 897(この頃)
ガウデンティウス(グニェズノの) 1006(この頃)
カウニッツ(・リートベルク), ヴェンツェル・アントン, 公爵 1794(6.24)
ガウニロ 1083(この頃)
カウパー 1723(10.10)
カウフマン 1882(5.16)
カウフマン, アンゲリカ 1807(11.5)
ガウフリドゥス(クレルヴォーの, オセールの) 1188(この年)
ガウリー 1516(この年)
カウリー, エイブラハム 1667(7.28)
カウール, オーギュスト・アンドレ・トマ 1891(3.17)

カヴール, カミーロ・ベンソ, 伯爵 1861(6.6)
カウルバッハ, ヴィルヘルム・フォン 1874(4.7)
カウン 1486(この年)
カウンディンヤ 514(この年)
カエキリアーヌス 342(この年)
カエキリウス・スタティウス 前168(この年)
カエサリウス(アルルの) 542(8.27)
カエサリウス(ハイスタバハの) 1240(この頃)
カエサリオン 前30(この年)
カエサル 87(この年)
カエサル 前46(この年)
カエサル 前87(この年)
カエサル, ガイウス 4(この年)
カエサル, ガイユス・ユリウス 前44(3.15)
カエサル, ルキウス 2(この年)
カエターニ, ミケランジェロ 1882(この年)
カエピオ 前90(この年)
カーエム・マカーム 1835(6.26)
カエリウス・ルフス, マルクス 前48(3.?)
ガガーリン, イヴァーン・セルゲーエヴィチ 1882(7.19)
ガガン, ロベール 1501(5.22)
河間献王 前130(この年)
カーギル, ドナルド(ダニエル) 1681(7.27)
カーク 1691(この年)
郭威 954(1.17)
郝懿行 1825(この年)
カーク, エドワード・ノリス 1874(3.27)
岳珂 1243(この年)
霍去病 前117(9.?)
郭詡 1532(この年)
郝経 1275(この年)
霍彦威 928(この年)
霍光 前68(3.?)
郭再佑 1617(この年)
郭子儀 781(この年)
郭子興 1355(この年)
郭璞 1715(この年)
郭守敬 1316(この年)
郭象 312(この年)
岳鍾琪 1754(3.?)
郭尚先 1832(この年)
郭崇燾 1891(この年)

岳正 1472(この年)
郭忠恕 977(この年)
霍韜 1540(この年)
郭璞 324(この年)
郭界 1335(この年)
岳飛 1141(12.?)
郭鋒 801(この年)
郭麐 1831(この年)
学一 1144(この年)
カークウッド, ダニエル 1895(6.11)
覚岸 1896(この年)
楽史 1007(この年)
覚性 1660(この年)
カークパトリク 1812(8.22)
カークマン 1895(2.3)
閣羅鳳 779(この年)
カークランド 1808(この年)
カークランド, ジョゼフ 1894(4.28)
赫連勃勃 425(この年)
ガクワン・ナムギェル 1626(この年)
ガクワン・ナムギェル 1651(この年)
ガクワン・ロブサン・ギャムツォ 1682(この年)
嘉慶帝 1820(この年)
ガーゲルン 1852(10.22)
ガーゲルン 1880(5.22)
ガゴ, バルタザール 1583(1.9)
夏侯嬰 前172(この年)
夏侯淵 219(この年)
夏侯玄 254(この年)
夏侯湛 291(この年)
夏侯惇 220(この年)
何皇后 189(この年)
賈皇后 300(この年)
カーコディ, ウィリアム(グレインジの) 1573(8.3)
ガザ 1475(この年)
ガザーエリー 1034(この年)
カザコフ, マトヴェイ・フェオドロヴィチ 1812(この頃)
カサス 1597(2.5)
カーサス・イ・ノボア, フェルナンド 1749(この年)
カサニャック 1880(1.31)
カサノーヴァ, ジョヴァンニ・ジャーコモ 1798(6.4)
カサノーヴァ, フランチェスコ・ジュゼッペ 1802(6.8)
カサノバス, ナルシソ 1799(この年)

人名索引　カス

カザビアンカ　1798（この年）
ガザーリー，アブー・ハーミド　1111（12.18）
カザリス，ユジェーヌ　1891（3.9）
カサリャ，アウグスティン・デ　1559（5.21）
カサル，フリアン・デル　1893（10.21）
カザレス　1805（11.24）
カーザーン　1346（この年）
ガザン・ハン　1304（5.17）
カシアス公　1880（5.7）
カシウス　前47（この年）
カジー・ザディ　1436（この年）
ガジーニ，アントネッロ　1536（この年）
ガジーニ，ヴィンチェンツォ　1595（この年）
ガジーニ，エーリア　1511（この頃）
ガジーニ，ジョヴァンニ　1517（この年）
カジーニ，ジョヴァンニ・マリア　1719（この年）
ガジーニ，ドメーニコ　1492（この年）
カジーミエシュ1世　1058（10.?）
カジーミエシュ2世（公正王）　1194（5.5）
カジーミエシュ3世　1370（11.5）
カジーミエシュ4世，ヤギェロニチク　1492（6.7）
カシミルス　1484（この年）
賀若弼　607（この年）
カーシャーニー　1587（この年）
ガジャ・マダ　1364（この年）
ガシャール　1885（12.24）
カシュガリー　1087（この頃）
ガジョ，アンドレス・マリア　1863（4.14）
哥舒翰　756（この年）
嘉祥大師　624（この年）
カション，メルメー・ド　1871（この頃）
カジンツィ・フェレンツ　1831（8.22）
ガス，ヴィルヘルム　1889（2.21）
ガーズィーウッ・ディーン・カーン2世　1800（この頃）
カースィムル・アンワール　1433（この頃）
カズウィーニー　1283（この年）
ガスカ　1567（この年）

カスカート　1854（この年）
ガスコイン　1419（この年）
ガスコイン　1644（この年）
ガスコイン，トマス　1458（3.13）
カスター，ジョージ・アームストロング　1876（6.25）
カスタニェダ　1559（3.23）
カスタニェーダ，フランシスコ・デ・パウラ　1832（5.12）
カスタニャリ　1888（この年）
カスターニョ，アンドレア・デル　1457（8.19）
カスタルディ　1474（この頃）
ガスタルディ，アンドレーア　1889（この年）
ガスチニスキー　1866（10.8）
カーステアズ，ウィリアム　1715（12.28）
カスティ　1803（2.5）
カスティージャ，ラモン　1867（5.30）
カスティージョ・アンドラーカ・イ・タマージョ，フランシスコ・デル　1770（12.?）
カスティヨン・ド・サン・ヴィクトル　1873（3.5）
カスティリェホ，クリストバル・デ　1550（6.12）
カスティリオーネ，ジョヴァンニ・ベネデット　1670（この年）
カスティリオン　1791（10.11）
カスティリャーノ，（カルロ・）アルベルト　1884（10.25）
カスティーリョ，ジョアン・デ　1553（この年）
カスティーリョ，フェリシアーノ・デ　1875（6.18）
カスティーリョ・イ・サーベドラ，アントニオ・デル　1668（この年）
カスティリョ・ソロルサノ，アロンソ・デ　1648（この年）
カスティリョーネ，ジュゼッペ　1766（7.16）
カスティーリョーネ，バルダッサーレ，ノヴィラーラ伯爵　1529（1.17）
カスティル・ブラーズ　1857（12.11）
カステラモンテ，アメデーオ　1680（この年）
カステッラモンテ，カルロ　1641（この年）

カステッリ　1643（この年）
カステッロ，ヴァレーリオ　1659（この年）
カステッロ，ジャンバッティスタ　1569（この年）
カステッロ，ベルナルド　1629（この年）
カステラル，エミリオ　1899（5.25）
カステリ　1862（2.5）
カステリャーノス，ホアン・デ　1607（11.27）
カステリヨン，セバスチヤン　1563（12.29）
カステルヴェートロ，ルドヴィーコ（ロドヴィーコ）　1571（2.21）
カステルノー　1880（この年）
カステレト　1628（9.8）
カステロ　1600（この頃）
カステーロ・ブランコ，カミーロ　1890（6.1）
ガズデン，クリストファー　1805（8.28）
ガズデン，ジェイムズ　1858（12.26）
ガースト（ガルスト），チャールズ・エライアス　1898（12.28）
カストナー　1709（この年）
カストナー，ハミルトン・ヤング　1899（この年）
カストネル，ジャン・ジョルジュ　1867（12.19）
ガストルディ，ジョヴァンニ・ジャコモ　1622（この年）
カストレン　1852（5.7）
カストロ　1355（この年）
カストロ　1548（6.6）
カストロ　1592（6.9）
カストロ　1626（5.7）
カストロ，アグスティン・パブロ　1790（11.23）
カストロ，イグナシオ・デ　1792（この年）
カストロ，ギリェン・デ　1631（7.28）
カストロ，ジァン・ド　1600（この頃）
カストロ，フェリーペ・デ　1775（この年）
カストロ，フェルナンド　1633（12.1）
カストロ，ホセ・デ・サン・ペドロ・デ・アルカンタラ　1792（3.8）

人物物故大年表 外国人編　867

カストロ, マッテーオ・ダ 1668（この頃）
カストロ, ロサリア・デ 1885（7.15）
ガスナー, ヨーハン・ヨーゼフ 1779（4.4）
カズネーディ, ラッファエーレ 1892（この年）
カスパー, カタリーナ 1898（2.2）
聖カスパート 687（3.20）
ガスパラン 1862（この年）
ガスパラン, アジェノル・ド 1871（この年）
カスパリ 1888（12.18）
ガスパーリ 1881（3.31）
カスパーリ, アントーニオ 1738（この頃）
カスパーリ, カール・パウル 1892（4.11）
ガスパリ, ジョヴァンニ・パーオロ 1775（この年）
ガスパリ, ピエトロ 1785（この頃）
ガスパリーニ, フランチェスコ 1727（3.22）
ガスパル・デ・サン・アウグスティン 1724（この年）
ガスパル・ド・ラ・クロア 1570（この年）
ガスパール・ファン・ヴェールベケ 1518（この頃）
ガース・ブリュレ 1213（この頃）
ガスペ, フィリップ - オーベール・ド 1871（この年）
ガスマン, フロリアン 1774（1.20）
ガスリー, サミュエル 1848（10.19）
ガスリ, ジェイムズ 1661（6.1）
ガスリ, トマス 1873（2.24）
カースルレイ, ロバート・スチュワート, 子爵 1822（8.12）
カズロン, ウィリアム 1766（1.23）
カズン, ジョン 1672（1.15）
カズンズ, アレグザンダー 1786（4.23）
カズンズ, ジョン・ロバート 1797（12.？）
カセグレン 1712（この年）
カゼック, クリストーフォロ 1521（この年）

カゼーリウス, ヨハネス 1613（4.9）
カセンブロート 1895（4.14）
カゼンベク 1870（この年）
カゾット, ジャック 1792（9.25）
カゾーボン, イザーク 1614（7.12）
カーソン, キット 1868（5.23）
カーター 1732（この年）
カーター 1806（2.19）
カーター 1849（この年）
カータカンプ, ヨーハン・テーオドーア・ヘルマン 1834（6.9）
荷沢神会 762（この頃）
カ・ダ・モスト, アルヴィーゼ 1488（7.18）
カターモール, ジョージ 1868（この年）
カタラーニ, アルフレード 1893（8.7）
カタラーニ, アンジェリカ 1849（6.12）
カタラン 1894（2.14）
カタリナ（アレクサンドリアの, 聖） 307（この年）
カタリナ（シエーナの, 聖） 1380（4.29）
カタリーナ（ジェーノヴァの） 1510（9.15）
カタリーナ（スウェーデンの, ヴァステーナの） 1381（3.24）
カタリナ（聖）（シエナの） 1378（この頃）
カタリーナ・フォン・ボーラ 1552（12.20）
カタリーナ（ボローニャの） 1463（3.9）
カタリーナ（リッチの） 1590（2.2）
カタルジュウ 1899（4.11）
カダルソ, ホセ 1782（2.27）
カタルディ 1626（2.11）
カータレット 1682（この年）
カータレット, ジョン, 初代グランヴィル伯爵 1763（この年）
カータレット, フィリップ 1769（この年）
カータレト 1680（1.？）
カチコフスキー 1896（9.7）
カチッチ - ミオシッチ, アンドリヤ 1760（12.15）
カチャリ, ジュゼッペ 1828（この年）

葛玄 244（この頃）
葛洪 363（この年）
ガツイ 1623（この年）
カッカヴェッロ, アンニーバレ 1570（この頃）
カッケンボス 1881（この年）
ガッザニーガ, ジュゼッペ 1818（2.1）
カッサンダー, ゲオルク 1566（2.3）
ガッサンディ, ピエール 1655（10.24）
カッサンドロス 前297（この頃）
カッシアーヌス 298（この年）
カッシアヌス, 聖ヨハネス 435（この頃）
カッシウス 前42（この年）
カッシウス・カエレア 41（この年）
カッシオドルス・セナトル, フラウィウス・マグヌス・アウレリウス 580（この頃）
カッシニ 1832（この年）
カッシニ（2代）, ジャック 1756（4.15）
カッシニ（3代）, セザール 1784（9.4）
カッシニ（4代）, ジャック 1845（10.18）
カッシーニ, ジョヴァンニ・ドメニコ 1712（9.14）
カッシャウアー, ヤーコプ 1463（この頃）
カッシング 1874（この年）
ガッセ, エティエンヌ 1840（この年）
カッセリオ 1616（この年）
カッソーラ 1650（この頃）
カッターネオ, カルロ 1869（2.5）
カッターネオ, ダネーゼ 1573（この年）
カッターネオ, ラッザロ（ラザルス） 1640（1.19）
カッターネオ, ラッファエーレ 1889（この年）
ガッタメラータ 1443（1.16）
カッチーニ, ジューリオ 1618（12.10）
カッチーニ, ジョヴァンニ・バッティスタ 1612（この頃）
カッチーニ, フランチェスカ 1640（この年）
カッチャトーリ, ベネデット 1871（この年）

カッツ, ヤーコプ　1660(9.12)
カッツァーリ, マウリツィオ　1677(この年)
ガッツァニーガ, ピエートロ・マリーア　1799(12.11)
カッテ　1730(11.6)
ガッティ, アニョロ　1396(10.16)
ガッディ, ガッド・ディ・ゼノービ　1332(この年)
ガッティ, タッデオ　1366(この年)
ガッティ, テオバルド・ディ　1727(この年)
ガッティ, ベルナルディーノ　1575(この年)
ガッティナラ　1530(この年)
ガッテラー　1799(4.4)
カッテンディーケ　1866(2.6)
カッピ, ジョヴァンニ　1815(1.23)
ガッビアーニ, アントン・ドメーニコ　1726(この年)
カップ　1874(12.31)
カップ　1884(この年)
カップ　1896(この年)
カッファ, メルキオッレ　1667(この年)
カッファレッリ　1783(1.31)
カッフィ, イッポーリト　1866(この年)
カッフィ, マルゲリータ　1700(この頃)
カッフィエーリ, ジャーコモ　1755(この年)
カッフィエーリ, ジャン・ジャコモ　1792(5.21)
カッフィエーリ, ダニエーレ　1639(この年)
カッフィエーリ, フィリッポ　1716(この年)
カッペレッティ, ジョヴァンニ・ヴィンチェンツォ　1887(この年)
カッポーニ　1496(この年)
カッポーニ, ジーノ　1876(11.3)
カッラッチ, アントーニオ　1618(この年)
カッラーニ, ガエターノ　1809(この年)
カッラーリ, バルダッサッレ　1519(この年)
ガッリ, ルイージ　1900(この年)
ガッリアーリ, ガスパレ　1818(この年)

ガッリアーリ, ジュゼッペ　1817(この年)
ガッリアーリ, ジョヴァンニ　1722(この年)
ガッリアーリ, ジョヴァンニ・アントーニオ　1783(この年)
ガッリアーリ, ジョヴァンニーノ　1818(この年)
ガッリアーリ, ファブリーツィオ　1790(この年)
ガッリアーリ, ベルナルディーノ　1794(この年)
ガッリーナ, ガッロ　1874(この年)
カッリマコス　前240(この頃)
ガッルス, ガイユス・コルネリウス　前26(この年)
ガッロ, フランチェスコ　1750(この年)
葛勒可汗　759(この年)
ガッワースィー　1639(この頃)
カーデ　1900(7.19)
カーティ, パスクアーレ　1620(この年)
ガディエ　1531(この年)
ガーディオ, バルトロメーオ　1484(この年)
カーディガン, ジェイムズ・トマス・ブルードネル, 7代伯爵　1868(この年)
カーティス　1892(この年)
カーティス　1894(この年)
カティナ　1712(2.23)
カーティビー・ニーシャープーリー　1434(この頃)
カディヤック, アントワーヌ・ロメ・ド・ラ・モート, 卿　1730(この年)
カーティヤーヤナ　前200(この頃)
カティリナ　前62(2.?)
カーディル　1031(この年)
ガーティン, トマス　1802(11.9)
カーデス, ジュゼッペ　1799(この年)
カテーナ, ヴィンチェンツォ　1531(9.?)
カテーニン, パーヴェル・アレクサンドロヴィチ　1853(この年)
カデル　1879(この年)
カテル, シャルル-シモン　1830(11.29)
カテル, フランツ・ルートヴィヒ　1856(この年)

カート　1754(この年)
カトー, マルクス・ポルキウス　前149(この年)
カトー, マルクス・ポルキウス　前46(4.?)
カドゥベク, ヴィンツェンティ　1223(3.8)
カードウェル　1886(2.15)
カードウェル, エドワード　1861(5.23)
カドゥダル　1804(6.25)
カトゥッルス, ガイユス・ウァレリウス　前54(この頃)
カトゥルス, クイントゥス・ルタティウス　前87(この年)
カドガン　1726(この年)
カトコフ, ミハイル・ニキフォロヴィチ　1887(7.20)
ガードナー　1882(この年)
ガードナー, アレン・フランシス　1851(9.6)
カトナ, イシュトヴァーン　1649(この年)
ガードナー, スティーヴン　1555(11.12)
カトナ・ヨージェフ　1830(4.16)
カドフィセース1世　91(この頃)
カートヤーヤニーブトラ　1(この年)
カトラー, ティモシ　1765(8.17)
カトラー, マナセ　1823(7.28)
カートライト, エドマンド　1823(10.30)
カートライト, ジョン　1824(9.23)
カートライト, トマス　1603(12.27)
カートライト, ピーター　1872(9.25)
カトラーン, アブー・マンスール　1072(この年)
カトリーヌ・ド・ヴァロワ　1437(1.3)
カトリーヌ・ド・メディシス　1589(1.5)
カトリノー　1793(7.11)
ガドリン, ヨハン　1852(8.15)
カドルナ　1897(2.6)
カトルファージュ　1892(1.12)
カトルメル　1857(9.18)
カトルメール・ド・カンシー, アントワーヌ-クリゾストーム　1849(12.28)

カドワース, ラルフ　1688(7.26)
カーナーヴォン　1890(6.29)
カナーダ　前50?(この頃)
カナリス　1877(9.15)
カナル, ジャンバッティスタ　1825(この年)
カナレット　1768(4.20)
カナレット　1768(この年)
カナレット　1780(10.17)
カーニー　1791(この年)
ガーニー, エドマンド　1888(この年)
ガーニ, サー・ゴールズワージー　1875(この年)
ガーニ, ジョウゼフ・ジョン　1847(1.4)
カーニー, フィリップ　1862(この年)
カニアーナ, ジャーコモ　1790(この頃)
カニアーナ, ジャン・バッティスタ　1754(この年)
カーニーイ・トゥースィー　1273(この頃)
カニェテ　1891(9.4)
カニザレス　1750(9.4)
カニーシウス, ペトルス　1597(12.21)
カニシカ　170(この頃)
カニース, カール・フリードリヒ・アウグスト　1888(6.20)
カニス・デ・ホント, コルネリウス　1561(この年)
カニッツ　1699(この年)
カニディウス・クラッスス　前31(この年)
カニーナ, ルイージ　1856(10.17)
ガニベー, アンヘル　1898(11.29)
カニャス・イ・カルボ, ブラス　1886(3.23)
カニャッチ, グイード　1663(この年)
カニヤール・ド・ラ・トゥール, シャルル　1859(7.5)
ガニュロー, ベニーニュ　1795(この年)
カニョーラ, ルイージ　1833(8.14)
カニンガム, アラン　1839(この年)
カニンガム, アレグザンダー　1893(11.28)

カニンガム, ウィリアム　1861(12.14)
カニング　1862(6.27)
ガニング, ピーター　1684(7.6)
カヌーティ, ドメーニコ・マリーア　1684(この年)
カネヴァーリ, アントニオ　1750(この頃)
ガーネット　1882(2.13)
ガーネット, ヘンリ　1606(5.3)
カネラ, ジュゼッペ　1847(この年)
カノー　1860(この年)
ガノー　1887(この年)
カノ, アロンソ　1667(9.3)
カノ, ファン・セバスティアン・デル　1526(8.4)
カノ, メルチョル　1560(9.30)
カノーヴァ, アントニオ　1822(10.13)
カノーツィ・ダ・レンディナーラ, ロレンツォ　1477(この年)
カノニカ, ルイジ　1844(2.7)
カノニカス　1647(この年)
カノバス・デル・カスティリョ　1897(8.8)
カーバー　1780(この年)
カーバ・イ・マネスカウ, リカルド　1897(11.8)
カバシラス, ニコラオス　1363(この頃)
カバシラス, ネイロス　1363(この頃)
賀抜岳　534(この年)
カバドーセ, アーブラハム　1874(この年)
カバニス, ジョルジュ　1808(5.5)
カバニリェス, フアン・バウティスタ　1712(4.29)
カバネル, アレクサンドル　1889(1.23)
ガバリェロ, フェルナン　1877(4.7)
カバルス　1810(この年)
カバロッティ　1898(3.6)
カービー　1883(12.8)
カービー, ルーク　1582(5.30)
ガービア, バルサザール　1667(この年)
カビアンカ, フランチェスコ・ペンソ　1737(この年)
カピストラヌス　1456(11.23)
カービー・スミス　1893(この年)

カピターニオ, バルトロメーア　1833(この年)
カピト, ヴォルフガング・ファブリツィウス　1541(11.?)
軻比能　235(この年)
カピラ　前250?(この頃)
カピラル　600?(この頃)
カーヒル　950(この年)
カビール　1448(この年)
カフィエリ, ジャック　1755(この年)
カフィエーロ　1892(この年)
ガーフィールド, ジェイムズ・A(エイブラム)　1881(9.19)
ガフォーリ, フランキーノ　1522(6.24)
カーブース　1012(この年)
カプスベルガー, ヨハネス・ヒエロニムス　1651(この年)
カプニスト, ワシーリー・ワシリエヴィチ　1823(10.28)
カーフヒル, ジェイムズ　1570(この年)
カプマニ　1813(11.14)
カプラ　1626(この年)
ガブラー　1853(9.13)
ガブラー, ヨーゼフ　1771(11.8)
ガーブラー, ヨーハン・フィーリプ　1826(2.17)
カブラーニカ, アンジェロ　1478(7.3)
カブラーニカ, ドメーニコ　1458(8.14)
カブララ　1810(この年)
カブラル　1669(この年)
カブラル, フランシスコ　1609(この年)
カブラル, ペドロ・アルヴァレス　1520(この頃)
カプリアス　前357(この頃)
カプリーヴィ, ゲオルク・レオ, 伯爵　1899(2.6)
ガブリエッリ, カテリーナ　1796(この年)
ガブリエッリ, ドメーニコ　1690(7.10)
ガブリエーリ, アンドレーア　1586(この年)
ガブリエリ, ジョヴァンニ　1612(8.25)
ガブリエル　1632(9.3)
ガブリエル　1800(この年)
ガブリエル, ジャック1世　1628(この頃)

ガブリエル，ジャック4世　1686（この年）
ガブリエル，ジャック5世　1742（この年）
ガブリエル，ジャック・アンジュ　1782(1.4)
ガブリエール・セウェーロス　1616（この年）
カプリオーロ，ドメーニコ　1528（この年）
カプリコルヌス　1665(11.10)
カプリリョ　1543(1.3)
カーフール　968（この年）
カフレ　前2495（この年）
カプレーオルス　437（この頃）
カプレオルス，ヨアネス　1444(4.7)
カブレラ　1877(5.24)
カブレラ・ド・コルドバ　1623（この年）
カブレンツ　1874（この年）
カプローリ，カルロ　1692（この頃）
カプロン，ニコラ　1784（この年）
カプウ，ジクスト・カール・フォン　1879(9.1)
カベ，エチエンヌ　1856(11.8)
ガベー，ジョゼフ　1853(3.3)
カベサ-デ-バーカ　1557（この頃）
カベソン，アントニオ・デ　1566(3.26)
カベソン，エルナンド　1602（この年）
カペッラ，フランチェスコ　1774（この年）
カベニャック　1845(5.5)
カベル，ジャーク　1624(9.7)
カベル，ルイ　1586(1.6)
カペルス，ルイ　1658(6.18)
ガベルスベルガー，フランツ・クサーファー　1848（この年）
ガーベレンツ　1893(12.11)
ガベレンツ，ハンス・コノン・フォン・デア　1874(10.3)
カペロ　1587(10.20)
カーペンター　1628（この頃）
カーペンター，ウィリアム・ベンジャミン　1885(11.19)
カーペンター，チャピン・ハワード　1887(2.2)
カーペンター，メアリ　1877(6.14)
カーペンター，ラント　1840(4.5?)

カボ，アンドレス　1794（この頃）
カボット　1823（この年）
カポ-ディストリアス　1831(10.9)
カポディフェッロ，ジャンフランチェスコ　1534（この年）
カボート，ジョヴァンニ　1500（この頃）
カボート，セバスティアーノ　1557（この年）
カホーフスキィ　1826(7.25)
カポラーリ，ジョヴァン・バッティスタ　1560（この頃）
カポラーリ，バルトロメーオ　1505（この頃）
ガボリヨ，エミール　1873(9.28)
ガーマ　1795（この年）
ガマ　1555（この頃）
ガマ，ヴァスコ・ダ　1525（この年）
カマッセイ，アンドレーア　1649（この年）
カマパ・シェラブ・オェ　1131（この年）
ガマラ　1840（この年）
カマラシーラ　800（この頃）
ガマリエル　115（この頃）
ガマリエル　50（この頃）
ガマリエル2世・ラバーン　110（この頃）
カマール・ウッディーン　1237（この年）
カマルゴ，マリア・アンナ・ド　1770(4.25)
カマールッ・ディーン・フサイン・ビン・ハサン・フワーリズミー　1432（この頃）
カミェニスキ，マチェイ　1821(1.25)
カミッリアーニ，フランチェスコ　1586（この年）
カミュ　1768（この年）
カミュ　1863(10.10)
カミュ，ジャン-ピエール　1652(4.25)
カミルス　1614(7.14)
カミルス，マルクス・フリウス　前365（この年）
カミン　1306（この年）
カミングズ，ジェレマイア・ウィリアムズ　1866(1.4)
カミンズ，ジョージ・デイヴィド　1875（この年）
カム，ヨーゼフ　1833（この年）

ガムス，ピーウス（ボニファツィウス）　1892(5.11)
カムストック，ヘンリー（・トンプキンズ・ペイジ）　1870（この年）
カムッチーニ，ヴィンチェンツォ　1844（この年）
カムパーニ　1715（この年）
カムパ・ルンバ・ガン・シャキャ・ヨンテン　1115（この年）
カメハメハ1世　1819（この年）
カメハメハ3世　1854（この年）
カメハメハ5世　1872（この年）
カメラリウス，ヨアヒム　1574(4.17)
カメラリウス，ルドルフ・ヤーコプ　1721(9.11)
カメーリオ，ヴィットーレ　1537（この年）
カメロ，ジョン　1625(5.15)
カメロン・オブ・ロキール　1748（この年）
カモンイス，ルイース・ヴァズ・デ　1580(6.10)
ガヤック，ピエール・ジャン・アントワーヌ　1890(1.25)
ガヤーレ，フリアン　1890（この年）
カユザック，ルイ・ド　1759（この年）
カーヨニ，ヤーノシュ　1698（この年）
カーラー　1893（この年）
カーラ，マルコ　1527（この年）
ガライ　1583(3.20?)
カライスカキス　1827（この年）
カーライル　1825（この年）
カーライル　1840(11.2)
カーライル，アレグザーンダ　1805(8.25)
カーライル，ジェイン・ベイリー　1866（この年）
カーライル，トマス　1881(2.5)
カーライル，リチャード　1843（この年）
カラヴァッジョ，ポリドーロ・カルダーラ・ダ　1543（この年）
カラヴァッジョ，ミケランジェロ　1610(7.18)
カラヴェロフ，リュベン　1879(1.21)
カラウシウス，マルクス・アウレリウス　293（この年）
カラー・ウスマーン　1434（この頃）

カラーウーン 1290（この年）
カラカウア1世 1891（この年）
カラカラ，マールクス・アウレーリウス・セウェールス・アントーニーヌス 217（4.6）
カラコーゾフ 1866（9.25）
カラサンチョー 1648（この年）
カラジッチ，ヴーク・ステファノヴィチ 1864（2.7）
ガラシャニン 1874（6.22）
カラジョルジェ 1817（7.25）
ガラス 1647（この年）
カラス，ジャン 1762（3.10）
ガラス，フランソワ 1631（この年）
カラソフスキ 1892（4.20）
ガラッシ，ガラッソ 1473（この年）
カラッチ，アゴスティノ 1602（3.22）
カラッチ，アンニバル 1609（7.15）
カラッチ，ルドヴィコ 1619（11.13）
カラッチョリ，ガレアッツォ・マルケーゼ・ディ・ヴィーコ 1586（7.5）
カラッチョリ，フランチェスコ 1608（6.4）
カラッチョーロ 1431（この年）
カラッチョロ 1799（6.29）
カラッチョロ，ジョヴァンニ・バッティスタ 1637（この年）
カラッチョロ，ランドゥルフス 1351（この年）
カラッティ，フランチェスコ 1675（この頃）
ガラティン，（エイブラハム・アルフォンス・）アルバート 1849（8.12）
ガラテーオ，フラ・ジローラモ 1541（この年）
ガラード，ジョージ 1826（この年）
カラトゥイーギン 1853（3.13）
カラドッソ 1526（この年）
カラーファ・ディ・コロブラーノ，ミケーレ 1872（この年）
カラベッリ，アントーニオ 1694（この年）
カラベッリ，ドナート 1839（この年）
カラベッリ，フランチェスコ 1798（この年）

カラマッタ，ルイージ 1869（この年）
カラミス 前450（この頃）
カラム 1892（2.28）
カラーム，アレクサンドル 1864（3.17）
カラムエル，ホアン（ロブコヴィツの）1682（9.8）
カラムジン，ニコライ・ミハイロヴィチ 1826（5.22）
カラ・ムスタファ・パシャ 1683（12.25）
カラメッカ，アンドレーア 1589（この年）
ガラモン 1561（この年）
カラ・ヤズジュ 1602（この年）
カラー・ユースフ 1420（この年）
カラーリオ，ジャン・ヤーコポ 1565（この年）
ガラン 1821（8.31）
ガラン，アントワーヌ 1715（2.17）
カラン，ジョン・フィルポット 1817（この年）
カラン，ルイ・イレール 1899（この年）
カランサ，バルトロメ・デ 1576（5.2）
カランチャ，アントニオ・デ・ラ 1654（3.1）
ガランティーニ，ヒッポリトゥス 1619（3.20）
カランドレリ 1827（この年）
カランドレリ 1866（この年）
ガランピ，ジュゼッペ・コンテ 1792（5.4）
カーリー 967（この年）
ガーリー 1872（この年）
カリ，ピエール 1709（12.31）
カリアー 1888（この年）
カリアス（カリアデスの子） 前432（この年）
カリアス（ヒッポニコスの子） 前367？（この頃）
カリアーニ，ジョヴァンニ 1547（この頃）
ガリアーニ，フェルディナンド 1787（10.30）
カリアーノ 1725（この年）
ガリアーノ，ジョヴァンニ・バッティスタ 1651（この年）
ガリアーノ，マルコ・ザノービ 1643（この年）

カリアーリ，カルロ 1596（この年）
カリアーリ，ベネデット 1598（この年）
ガリアルディ，アキッレ 1607（7.6）
カリヴォダ，ヤン・クルシティテル 1866（12.3）
カリエ，ジャン・バティスト 1794（12.16）
ガリェーゴ，フェルナンド 1506（この頃）
カーリー・エズディー 1585（この年）
ガリエヌス，プブリウス・リキニウス・エグナティウス 268（この年）
カリエハ・デル・レイ 1828（この年）
カリエ‐ベルーズ，アルベール‐エルネスト 1887（6.3）
カリエーラ，ロザルバ 1757（4.15）
カリエール 1895（1.19）
カリエルギス，ザカリアス 1524（この頃）
カリオストロ，アレッサンドロ，伯爵 1795（8.26）
カリクスツス1世 222（この年）
カリクスツス2世 1124（12.14）
カリクスツス3世 1458（8.6）
カリクスト，フリードリヒ・ウルリヒ 1701（この年）
カリクストゥス（カリクスト），ゲオルク 1656（3.19）
カリグラ，ガーイウス・ユーリウス・カエサル・ゲルマーニクス 41（1.24）
カリクラテス（レオンティオンの） 前149（この年）
カリシャー 1874（この年）
カリステネス 前327（この年）
カリストス1世 1363（この年）
カリストラトス 前355（この年）
カーリダーサ 450？（この年）
ガリーツィア，フェーデ 1630（この年）
ガリツィン，アマーリア・フォン 1806（4.27）
ガリツィン，ディミートリアス・オーガスティン 1840（5.6）
カリッシミ，ジャーコモ 1674（1.12）
ガリード 716（この頃）

ガリニャーニ, ジョン・アントニー　1873(この年)
カリーヌス, マールクス・アウレーリウス　285(この年)
ガリバルディ, ジュゼッペ　1882(6.2)
ガーリブ, アサドゥッラー・ハーン　1869(2.15)
ガーリブ・デデ　1799(この年)
カリポス　前300(この頃)
カリマコス　前396(この年)
カリマコス　前490(この年)
カリミーニ, ルーカ　1890(この年)
カリーム, ミールザー・アブー・ターレブ　1651(11.29)
カリーム・ハーン　1779(この年)
ガリャルド, バルトロメ・ホセ　1852(この年)
カリーリョ・イ・ソトマヨル, ルイス・デ　1610(この年)
ガリレイ, アレッサンドロ　1736(この年)
ガリレイ, ヴィンチェンツォ　1591(7.2)
ガリレーイ, ガリレーオ　1642(1.8)
カリンカ　1886(12.16)
カリンチヤク, ヤーン　1871(6.16)
カール　1358(6.?)
カルー　1575(この年)
ガル　1863(この年)
ガル　1890(1.29)
カール8世　1470(この年)
カール, ジャン-バチスト・アルフォンス　1890(9.30)
カルー, トマス　1639(3.22)
ガル, フランツ・ヨーゼフ　1828(8.22)
カール-アウグスト　1828(6.14)
カルヴァート, エドワード　1883(この年)
カルヴァート, フレデリック・クレイス　1873(この年)
ガルヴァーニ, ルイジ　1796(この年)
ガルヴァノ　1557(この年)
カルヴァリョ　1624(8.25)
カルヴァリョ　1646(この年)
カルヴァーリョ, ディエゴ・デ　1624(2.22)
カルヴァールト, デニス　1619(3.17)

カルヴァン, ジャン　1564(5.27)
カルヴィ, ポンペーオ　1884(この年)
カルヴィ, ヤーコポ・アレッサンドロ　1815(この年)
カルヴィ, ラッザーロ　1607(この年)
カルヴィエール, アントワーヌ　1755(この年)
カルヴィシウス, ゼトゥス　1615(11.24)
ガルヴェ　1798(12.1)
ガルヴェ, カール・ベルンハルト　1841(6.21)
カルヴォス, アンドレアス　1869(11.3)
カルカヴィ　1684(この年)
カルカシャンディー　1418(7.16)
カルカッシ, マッテオ　1853(1.16)
カルカーニ, アントーニオ　1593(この年)
カルカーニ, ティベーリオ　1565(この年)
カルカーノ　1884(8.30)
ガルガーリオ, フラ　1743(この年)
カルキンズ　1895(この年)
カルク, ゲオルク　1576(この年)
カルクブレンナー, フレデリク　1849(6.10)
ガル(クレルモンの)　551(この年)
カルクロイト　1894(11.25)
カルケス, ヴィルヘルム　1699(11.27)
カルケール, ヤン　1559(この年)
カルケール, ルイ　1580(この年)
カルココンデュレス, ラオニコス　1490(この頃)
カルコンディレス　1490(この頃)
カルコンデュレス, デーメートリウス　1511(この年)
ガルサウン　1772(11.10)
ガルサン・ド・タシー　1878(9.2)
ガルシア　1597(2.5)
ガルシア1世　860(この頃)
ガルシア4世　1054(この年)
ガルシア, マヌエル　1832(6.9)
ガルシア-イカスバルセタ, ホアキン　1894(11.26)
ガルシーア・イニーゲス　1898(この年)

ガルシア-グティエレス, アントニオ　1884(8.26)
ガルシア-デ-ラ-ウエルタ, ビセンテ　1787(3.12)
ガルシア-モレーノ, ガブリエル　1875(8.6)
カルシュ　1791(10.12)
カールシュタット　1541(12.25)
カールシュタット　1541(この年)
カルシュテン　1787(4.17)
ガルジューロ, ドメーニコ　1675(この年)
ガルシラーソ・デ・ラ・ベガ　1616(4.?)
ガルシラソ-デ-ラ-ベガ　1536(10.11)
ガルシン, フセヴォロド・ミハイロヴィチ　1888(3.24)
ガルス　253(この年)
ガルス　33(この年)
ガルス　645(10.16)
カルス, アドルフ-フェリックス　1880(この年)
カールス, カール・グスタフ　1869(7.28)
ガルス, ニーコラウス　1570(6.14)
カールス, マールクス・アウレーリウス　283(この年)
ガルス, ヤコブ　1591(7.18)
ガルス・カエサル, フラーウィウス・クラウディウス・コンスタンティウス　354(この年)
カルステン　1853(8.22)
カルステンス, アスムス・ヤーコプ　1798(5.25)
ガルセス　1628(この年)
ガルセス, フランシスコ・トマス・ヘルメネヒルド　1781(7.19)
ガルセース, フリアン　1542(この年)
カールソン　1887(3.18)
ガルタク　637(この年)
ガルダーノ, アントニオ　1569(10.28)
カルダーノ, ジロラモ　1576(9.21)
カルダーラ, アントニオ　1736(12.26)
ガルダン　1697(この年)
カルチエ, ジャック　1557(9.1)
カルツァビージ, ラニエリ・デ　1795(7.?)

ガルッチ, ラッファエーレ 1885(5.5)
ガルッピ, パスクァーレ 1846(12.13)
ガルッピ, バルダッサーロ 1785(1.3)
カルッリ, フェルディナンド 1841(2.17)
カールディ, ジェルジ 1634(この年)
カルティエ, サー・ジョルジュ・エティエンヌ 1873(5.20)
カルティエ, ジャン-バティスト 1841(この年)
カルディエル, ホセ 1781(12.6)
カルディム 1659(4.30)
カール・テオドール 1799(この年)
カルデナス, ベルナルディーノ・デ 1668(10.20)
カルデナス, ホアン・デ 1684(6.6)
カルテリエ, ピエール 1831(この年)
ガルデル 1787(この年)
カルデロン-デ-ラ-バルカ, ペドロ 1681(5.25)
カルドゥーチョ, バルトロメ 1608(この年)
カルドゥーチョ, ビセンテ 1638(この年)
カルドーズ 1650(11.24)
カルトン, アンゲラン 1466(この頃)
カールトン, ウィリアム 1869(1.30)
カールトン, ガイ, ドーチェスター男爵 1808(この年)
カルドン, ジャン-ギラン 1788(この年)
カルドン, ジャン-バティスト 1803(この年)
カルドンヌ, フィリベール 1792(この頃)
ガルニエ 1821(10.4)
ガルニエ 1864(この年)
ガルニエ, シャルル 1649(12.7)
ガルニエ, シャルル 1898(8.3)
ガルニエ, ジャン 1681(この年)
ガルニエ, ジャン 1840(12.20)
ガルニエ, ピエール 1800(この年)
ガルニエ, フランシス 1873(12.21)

ガルニエ, ロベール 1590(9.20)
ガルニエ・パジェス 1841(6.23)
ガルニエ・パジェス 1878(10.31)
カルニセル, ラモン 1855(この年)
カルニング 1891(5.25)
ガルヌラン, アンドレ・ジャック 1823(この年)
カルネアデス 前129(この年)
カルネオ, アントーニオ 1692(この年)
カルネセッキ, ピエートロ 1567(この年)
ガルネリウス(ロシュフォールの) 1225(この頃)
カルノー 1888(3.17)
カルノー 1894(8.24)
カルノー, ニコラ・レオナール・サディ 1832(8.24)
カルノー, フランソワ-グザヴィエ 1866(2.3)
カルノー, ラザール 1823(8.2)
カールノキ 1898(この年)
ガルバ, セルウィウス・スルピキウス 69(1.15)
カールバウム 1899(4.15)
ガルバウン 1517(この年)
カルパッチョ, ヴィットーレ 1525(この頃)
カルパトスン, マイケル・シンプスン 1862(8.25)
カルパーニ, ジュゼッペ 1825(1.21?)
カルバハル, ガスパル・デ 1584(この年)
カルパリー 1884(この年)
カルパリョ 1631(この年)
カルパントラ 1548(6.14)
カルヒー 1029(この頃)
カルピオーニ, ジューリオ 1679(この年)
カルピーニ, ジョヴァンニ・ダ・ピアン・デル 1253(この頃)
カルピンスキー 1825(9.25)
カルプ 1780(この年)
カルプ 1843(5.12)
カルフ, ウィレム 1693(7.31)
カルプス 170(この頃)
カルプツォフ 1624(この年)
カルプツォフ, ザームエル・ベーネディクト 1707(8.31)
カルプツォフ, ベーネディクト 1666(8.30)

カルプツォフ, ヨーハン・ゴットロープ 1767(4.7)
カルプツォフ, ヨーハン・ベーネディクト 1657(10.22)
カルプツォフ, ヨーハン・ベーネディクト 1699(3.23)
カルプツォフ, ヨーハン・ベーネディクト 1803(4.28)
カール・フリードリッヒ 1811(この年)
カルフーン, ジョン・C(コールドウェル) 1850(3.31)
ガルベス 1623(12.4)
ガルベス 1787(この年)
ガルベス-デ-モンタルボ, ルイス 1591(この頃)
カルペパー 1689(この年)
カルペパー, ジョン, 男爵 1660(この年)
カルペパー, ニコラス 1654(1.10)
カルボ 1893(5.4)
カルボ 前119(この年)
カルボ 前81(この年)
カルボー, ジャン-バティスト 1875(10.11)
カルボーネ, ジョヴァンニ・ベルナルド 1683(この年)
カルボネル, アルフォンソ 1660(この年)
カルポフ, ヤーコプ 1768(6.9)
カルマ・テンキョン 1642(この年)
カルマ・トゥスム・ケンパ 1193(この年)
カルマニョーラ 1432(4.5)
カルマ・パクシ 1283(この年)
カールマルシュ 1879(この年)
カールマーンチェヒ・シャーンタ, マールトン 1557(この年)
カルミデス 前404(この年)
カルメー, オギュスタン 1757(10.25)
カルモ, アンドレーア 1571(この年)
カルモンテル 1806(12.26)
ガルーラ, ベルンハルト 1856(5.7)
カルラン, マルタン 1785(この年)
ガルランディ, アンドレーア 1779(1.2)
カルリ 1795(2.22)

カル　1847(4.30)
カルル1世　814(1.28)
カルル2世　1806(この年)
カルル2世　877(10.6)
カルル3世　888(1.13)
カルル4世　1378(11.29)
カルル5世　1558(9.21)
カルル6世　1740(10.20)
カルル7世　1745(1.20)
カルル9世　1611(10.30)
カルル10世　1660(2.13)
カルル11世　1697(4.15)
カルル12世　1718(12.11)
カルル13世　1818(2.5)
カルル14世　1844(3.8)
カルル15世　1872(9.18)
カール・ルートウィヒ　1680(この年)
カルル・フリードリヒ　1739(この年)
カルレヴァーリス, ルーカ　1729(この年)
カルロ2世　1883(5.17)
カルロ3世　1854(この年)
カルロ3世(ナポリ王)　1386(この年)
カルロ-アルベルト　1849(7.28)
カルロヴィツ, クリストフ・フォン　1578(2.18)
カルロ・エマヌエレ1世　1630(7.26)
カルロ・エマヌエレ2世　1675(この年)
カルロ・エマヌエレ3世　1773(この年)
カルロ・エマヌエレ4世　1819(この年)
カルロス　1568(7.24)
カルロス2世　1700(11.1)
カルロス3世　1788(12.14)
カルロス4世　1819(1.19)
カルロス, フレイ　1553(この頃)
カルロ(セッツェの)　1670(1.6)
カルロタ　1830(1.7)
カルローネ, アンドレーア　1697(この年)
カルローネ, カルロ・アントーニオ　1708(この年)
カルローネ, カルロ・インノチェンツォ　1775(この年)
カルローネ, ジョヴァンニ　1630(この年)
カルローネ, ジョヴァンニ・バッティスタ　1677(この年)

カルローネ, タッデーオ　1613(この年)
カルローネ, ディエーゴ　1750(この年)
カルローネ, ニコロ　1714(この年)
カルロマン　771(この年)
カルロマン　880(この年)
ガレー, ルイ　1887(11.20)
ガレオッティ, セバスティアーノ　1746(この頃)
カレガーリ, アントーニオ　1777(この年)
カレガーリ, サント(年少)　1780(この年)
カレガーリ, サント(年長)　1717(この年)
ガレー(ガレティウス), ジャン　1571(1.21)
カレッティ, ジュゼッペ　1660(この頃)
ガレット, アルメイダ　1854(12.9)
カレニュ, アンリ　1653(2.1)
カレーニョ・デ・ミランダ, フアン　1685(10.3)
ガレノス　201(この年)
カレピーノ, アンブロージョ　1511(11.30)
カレーラ, J. M.　1821(9.4)
カレーラ, ラファエル　1865(4.14)
カレリ　1862(この年)
ガレリウス, ウァレリウス・マクシミアーヌス　311(5.5)
カレル　1850(12.23)
カレン, ウィリアム　1790(2.5)
ガーレン, クリストフ・ベルンハルト・フォン　1678(9.19)
カレン, ポール　1878(10.24)
ガレンガ　1895(12.16)
カレンダーリオ, フィリッポ　1355(この年)
カロ　1647(8.10)
カーロ, アンニーバレ　1566(11.20)
カロ, ジャック　1635(3.24)
カロ, ヨセフ・ベン・イーフレイム　1575(この年)
カーロイ, ガーシュパール　1591(この年)
カーロ・イドローゴ, ペドロ　1732(この年)

カローヴィウス(カーラウ), アーブラハム　1686(2.28)
ガローヴェ, ミケランジェロ　1713(この年)
カロゼッリ, アンジェロ　1652(この年)
カロート, ジョヴァンニ　1562(この頃)
カロート, ジョヴァン・フランチェスコ　1555(この頃)
カローニン, S.　1892(5.12)
ガロファロ, ベンヴェヌート・ダ　1559(9.6)
カロプス　前160(この年)
カロヤン　1207(この年)
カロラン, トゥーロッホ　1738(この年)
カロリ, ピエール　1545(この頃)
カロリーネ(ヘッセン・ダルムシュタットの)　1774(3.30)
カロル(クールランド公の)　1796(6.16)
ガロワ, エヴァリスト　1832(5.31)
カロン　1673(4.5)
カロン, アントワーヌ　1599(この年)
カロン, ジョゼフ・ル　1632(この年)
カロン(小)　1705(この年)
カロンデレト　1807(この年)
カロンヌ　1802(11.30)
ガワー, ジョン　1408(10.?)
カワード1世　531(この年)
カーワン, リチャード　1812(6.1)
カン　1894(8.6)
韓偓　923(この年)
韓維　1098(この年)
関羽　219(10.1)
貫雲石　1324(この年)
ガン, エレーナ・アンドレーヴナ　1842(6.24)
顔延之　456(12.?)
桓温　373(7.?)
韓華　647(この年)
顔回　前481(この年)
韓幹　761(この年)
関漢卿　1280(この年)
韓琦　1075(6.?)
韓熙載　970(この年)
韓休　739(この年)
韓駒　1136(この年)
桓玄　404(この年)

人物物故大年表 外国人編　875

顔元　1704（この年）
韓元震　1751（この年）
桓彦範　706（この年）
韓濩　1605（この年）
韓滉　787（この年）
韓絳　1088（この年）
顔杲卿　756（この年）
韓山童　1351（この年）
顔師古　645（この年）
顔之推　590（この頃）
韓信　前196（この年）
顔真卿　784（8.？）
韓世忠　1151（8.5）
韓侂冑　1207（この年）
桓譚　56（この年）
管仲　前645（この年）
関天培　1841（この年）
管道昇　1319（5.10）
管東溟　1606（この年）
韓非　前233（この年）
姜希孟　1483（この年）
韓百謙　1615（この年）
韓邦慶　1894（この年）
甘茂　前266（この年）
韓愈　824（12.2）
韓雍　1479（この年）
ガーン，ヨハン・ゴットリープ　1818（12.8）
韓林児　1366（12.？）
姜完淑　1801（この年）
咸安公主　808（この年）
桓彝　328（この年）
漢王朱高煦　1426（この年）
カンガ・アルグェリェス　1843（この年）
完顔阿骨打　1123（7.1）
完顔希尹　1140（この年）
貫休　912（12.？）
毌丘倹　255（この年）
元暁　686（この年）
カンクリーン　1845（この年）
桓公　前643（10.？）
寒山　740（この年）
管叔　前1110（この頃）
カンシュタイン，カール・ヒルデブラント・フォン　1719（8.19）
元照　1116（この年）
灌頂　632（この年）
鑑真　763（5.6）
ガンス　1839（5.5）
ガンター，エドマンド　1626（12.10）
カンタガッリーナ，レミージョ　1635（この頃）

カンタクジーノ　1716（この年）
カンタベリー　1845（7.21）
カンタリーニ，シモーネ　1678（この年）
カンタルーピ，ジョヴァンニ・バッティスタ　1780（この年）
ガンダルフ　1108（この年）
カンタン，フィリップ　1636（この年）
カンチェネ　1727（この年）
カンツラー，デア　1323（この頃）
桓帝　167（この年）
ガンディ，ジョーゼフ・マイケル　1843（この年）
ガンディ，ピーター　1850（この年）
ガンディ，マイケル　1862（この年）
カンディダ，ジョヴァンニ　1504（この頃）
カンディディウス，ゲオルギウス　1647（4.30）
カンディド，ピエトロ　1628（この年）
カンディドゥス，パンターレオン　1608（2.3）
カンディドゥス（フルダの）　845（この年）
ガンディーニ，ジョルジュ　1538（この年）
カンテイヨン　1734（5.15）
カンテミール，アンチオフ・ドミトリエヴィチ　1744（3.31）
カンテミール，ディミトリエ　1723（8.21）
カンテループ　1266（2.12）
カーント　1897（6.5）
カント，イマーヌエル　1804（2.12）
カント，ミンナ　1897（5.12）
カントゥ，チェーザレ　1895（3.2）
ガンドゥルフス（ボローニャの）　1185（この年）
カントーネ，シモーネ　1818（この年）
カンドル　1893（3.9）
カンドル，オーギュスタン・ピラム・ド　1841（9.9）
ガンドルフィ，ウバルド　1781（この年）
ガンドルフィ，ガエターノ　1802（この年）
ガンドルフィ，ピーター　1821（7.9）

ガンドルフィ，マウロ　1834（この年）
ガンドン，ジェイムズ　1823（この年）
カントン，ジョン　1772（3.22）
カンナビヒ，カール　1806（3.3）
カンナビヒ，マルティン・フリードリヒ　1773（この年）
カンナビヒ，ヨーハン・クリスティアン　1798（1.20）
ガンバ，エンリーコ　1883（この年）
カンバセレス，エウヘニオ　1888（この年）
カンバセレス，ジャン・ジャック・レジ・ド　1824（3.5）
カンパーナ，ジャンピエトロ　1880（この年）
カンパーニャ，ジェローラモ　1626（この年）
カンパニョーラ，ジュリオ　1515（この年）
カンパニョーラ，ドメニコ　1564（この年）
カンパニョーリ　1827（11.6）
カンパヌス　1296（この年）
カンパーヌス，ヨハネス　1575（この頃）
カンパネッラ，トンマーゾ　1639（5.21）
カンパーノ，ジョヴァントーニオ　1477（この年）
ガンバラ，ヴェローニカ　1550（6.13）
ガンバラ，ラッタンツィオ　1574（この頃）
カンバーランド，ウィリアム・オーガスタス，公爵　1765（10.31）
カンバーランド，リチャード　1718（10.9）
カンバランド，リチャード　1811（5.7）
カンパン　1822（この年）
カンパン，ロベール　1444（4.26）
カンピ，アントーニオ　1587（この年）
カンピ，ガレアッツォ　1536（この頃）
カンピ，ジュリオ　1572（この年）
カンピ，ジョヴァンニ・バッティスタ　1582（この年）
カンピ，ベルナルディーノ　1592（この頃）

ガンビア，ジェイムズ・ガンビア，男爵　1833（この年）
カンビアーゾ，ルーカ　1585（9.6）
カンピオーニ，カルロ・アントニオ　1788（この年）
カンピオン，フランソワ　1748（この年）
カンピストロン，ジャン・ガルベール・ド　1723（5.11）
カンビーニ，ジュゼッペ・マリア　1825（12.29）
カンビュセス2世　前522（この年）
カンファイス　1695（7.18）
カンプス　1623（11.21）
カンプハイゼン，ホーフェルト　1672（この年）
カンプハウゼン　1885（6.16）
カンプハウゼン　1890（12.3）
カンプハウゼン　1896（5.18）
カンプフォール，ジャン・ド　1661（5.4）
カンプヘイゼン，ディルク・ラーファエルスゾーン　1627（7.19）
カンブラ，アンドレ　1744（6.14）
官文　1871（この年）
簡文帝　551（この年）
カンベ，ヨアヒム・ハインリヒ　1818（10.22）
カンペッジョ，トマーゾ　1564（1.21）
カンペッジョ，ロレンツォ　1539（7.25）
ガンベッタ，レオン（・ミシェル）　1882（12.31）
カンペニー，ダミアン　1855（7.7）
カンベル　1892（2.18）
カンベル　1789（4.7）
カンベール，ロベール　1677（2.?）
カンペン，ヤーコプ・ファン　1657（9.13）
カンボ，エスタニスラオ・デル　1880（11.6）
ガンボア　1619（この年）
咸豊帝　1861（この年）
カンポマネス　1803（2.3）
カンポレージ，フランチェスコ　1831（この年）
カンポレーゼ，ジュゼッペ　1822（9.13）
カンボン，ジョゼフ　1820（2.15）

カンマラーノ，サルヴァトーレ　1852（この年）
カンロベール　1895（1.28）

【　キ　】

キー　1875（11.29）
基　682（この年）
紀昀　1805（2.?）
祁韻士　1815（この年）
魏裔介　1686（この年）
魏禧　1680（この年）
魏源　1857（この年）
魏玄同　689（この年）
季札　前515（この頃）
義縦　前118（この年）
魏収　572（この年）
魏秀仁　1874（この年）
祁寯藻　1866（この年）
魏象枢　1687（この年）
帰崇敬　799（この年）
奇正鎮　1879（この年）
危素　1372（この年）
帰荘　1673（この年）
紀僧真　498（この年）
祁彪佳　1682（この頃）
魏知古　715（この年）
魏忠賢　1627（この年）
魏徴　643（1.?）
帰登　820（この年）
キー，フランシス・スコット　1843（1.11）
金鑢　1821（この年）
金仁謙　1772（この年）
魏野　1019（この年）
帰有光　1571（この年）
魏了翁　1237（この年）
魏良輔　1572（この頃）
キアヴィステッリ，ヤーコポ　1698（この年）
キアヴェリ，ガエターノ　1770（3.5）
キアケゴー，セーレン　1855（11.11）
キアブレーラ，ガブリエッロ　1638（10.14）
キアーラ，ジュゼッペ　1685（7.?）
キアラン（クロンマクノイズの）　549（この頃）
キアーリ，ジュゼッペ・バルトロメーオ　1727（この年）

キアーリ，ピエートロ　1785（8.31）
ギアール　1316（この頃）
ギー（アンデルレヒトの）　1012（9.12）
キヴィ，アレクシス　1872（12.31）
耆英　1858（この年）
ギェルイムスキ，マクシミリアン（マクス）　1874（9.16）
キェルケゴール，ペーダー・クリスティアン　1888（2.24）
キェルダール，ヨハン・グスタフ・クリストフェル　1900（7.18）
キオッソーネ，エドアルド　1898（4.11）
ギオルギ5世　1346（この年）
ギーキー　1886（この年）
窺基　682（この年）
麹嘉　520（この年）
ギグー，ポール　1871（12.21）
キケロ　前43（この年）
キケロ，マルクス・トゥッリウス　前13（この年）
熙彦　1647（この年）
キサーイー　1002（この頃）
キサーイー　805（この頃）
ギージ，ジョルジョ　1582（この年）
義慈王　660（この年）
鬼室福信　664（この年）
義寂　987（この年）
キシュファルディ・カーロイ　1830（11.21）
キシュファルディ・シャーンドル　1844（10.28）
キシュラ　1882（この年）
キシュラ　1884（この年）
帰嶼　936（この年）
義浄　713（この年）
義湘　702（この年）
キース　1781（7.29）
ギーズ，アンリ，3代公爵　1588（12.25）
ギーズ，クロード・ド・ロレーヌ，初代公爵　1550（4.12）
ギーズ，コンスタンタン　1892（3.13）
ギーズ，シャルル・ド・ロレーヌ　1574（12.26）
キーズ，ジョージ　1716（3.27）
キーズ，ジョン　1573（7.29）
ギーズ，フランソワ，2代公爵　1563（2.24）

キス

キース, ロバート　1756(この年)
キース・フォークナー, アイオン・グラント　1887(5.11)
ギズランツォーニ, アントーニオ　1893(7.16)
ギスランディ, ジュゼッペ　1743(12.3)
キースリング, ヨーハン・トビーアス　1820(2.15)
義生公主　630(この年)
キーゼヴェッター, ラファエル・ゲオルク　1850(1.1)
ギーゼブレヒト　1889(12.17)
ギーゼラー, ヨーハン・カール・ルートヴィヒ　1854(7.8)
キセリョーフ　1872(11.26)
琦善　1854(この年)
義沽　1796(この年)
ギゾー　1827(この年)
ギゾー, フランソワ　1874(10.12)
毅宗(高麗)　1173(10.1)
徽宗　1135(4.21)
僖宗　888(3.?)
熙宗(金)　1149(この年)
義存　908(この年)
キタイベル　1817(この年)
義諶　1665(この年)
キーチ, ベンジャミン　1704(7.18)
吉再　1419(この年)
キーツ, ジョン　1821(2.23)
吉中孚　785(この頃)
義通　988(この年)
キッテル　1809(4.17)
キッド　1842(この年)
キッド, ウィリアム　1701(5.23)
キッド, ジョン　1851(9.17)
キッド, トマス　1594(12.30)
キットウ, ジョン　1854(11.25)
キップ, ペトルス・ヤコブス　1864(この年)
キッフィン, ウィリアム　1701(この年)
ギッフォード(ギフォード), アダム　1887(1.20)
キーティング, ジョフリ　1644(この頃)
ギディングス　1864(5.27)
奇轍　1357(この年)
義天　1101(10.5)

虚堂智愚　1269(10.7)
ギー・ド・リュジニャン　1194(この年)
キドール　1881(この年)
ギトン・ド・モルヴォー(男爵), ルイ・ベルナール　1816(1.2)
キナストン　1706(この年)
キナドン　前399(この年)
キニウルフ(シニウルフ)　783(この年)
キニョーネス, フランシスコ・デ　1540(10.27)
キニョーネス-デ-ベナベンテ, ルイス　1651(8.25)
ギニョン, ジャン・ピエール　1774(この年)
ギヌリヤク, ジャーク・マリー・アシル　1875(11.17)
キネ, エドガール　1875(3.27)
キネアス　前270(この年)
キネアード, メアリ・ジェイン　1888(この年)
キネウルフ　785(この年)
キネシアス　前390(この頃)
ギネス, サー・ベンジャミン・リー　1868(この年)
キネブルグ　680(この頃)
キノ, フィリップ　1688(11.26)
キーノ(キーニ), エウセビオ・フランシスコ　1711(3.15)
キバーリチチ　1881(この年)
ギヒテル, ヨーハン・ゲオルク　1710(1.21)
ギフォード, ウィリアム　1826(12.31)
義福　732(この頃)
ギプス, サー・ジョージ　1847(この年)
ギブズ, ジェイムズ　1754(8.5)
ギブソン　1884(2.25)
ギブソン　1896(この年)
ギブソン, エドマンド　1748(9.6)
ギブソン, ジョン　1866(1.27)
ギブソン, リチャード　1690(この年)
キフティー　1248(12.30)
ギフトハイル, ルートヴィヒ・フリードリヒ　1661(この年)
キブリアーン　1406(9.16)
キーブル　1866(3.29)
キプレンスキー, オレスト・アダモヴィチ　1836(10.17)

ギベルティ, ヴィットーリオ　1496(この年)
ギベルティ, ロレンツォ　1455(12.1)
キーペルト　1899(4.21)
ギベルトゥス(ジャンブルーの)　1213(2.22)
ギベルトゥス(トゥルネーの)　1284(10.7?)
ギベール・ド・ノジャン　1125(この頃)
ギボン, エドワード　1794(1.16)
ギボンズ, ウィリアム　1595(10.?)
ギボンズ, エドワード　1650(この頃)
ギボンズ, エリス　1603(5.?)
ギボンズ, オーランドー　1625(6.5)
ギボンズ, クリストファー　1676(10.20)
ギボンズ, グリンリング　1721(8.3)
ギマール　1816(この年)
金綎　1534(この年)
金尚憲　1652(この年)
金誠一　1593(この年)
金昌業　1721(この年)
金春沢　1717(この年)
キムチ, ジョゼフ・ベンイザーク　1170(この頃)
キムチ, ダヴィード　1235(この年)
キムチ, モーゼス　1190(この年)
キメンティ　1640(この年)
キモン　前449(この年)
キャヴェンディッシュ, ウィリアム, ニューカッスル公爵　1676(12.25)
キャヴェンディッシュ, サー・トマス　1592(この頃)
キャヴェンディッシュ, ヘンリー　1810(2.28)
キャヴェンディッシュ, マーガレット(ニューカッスル公爵夫人)　1673(12.15)
キャクサレス　前584(この年)
キャクサレス　前585(この年)
キャクストン, ウィリアム　1491(この頃)
キャサウッド, フレデリック　1854(この年)
キャサリン　1536(1.7)

キユ

キャサリン 1705（12.31）
キャサリン・パー 1548（9.17）
キャサリン・ハワード 1542（2.13）
キャス, ルイス 1866（6.17）
キャズウォール, エドワード 1878（1.2）
ギャスケル, エリザベス 1865（11.12）
ギャスコイン, ジョージ 1577（10.7）
ギヤースッ・ディーン 1336（この年）
ギヤースッ・ディーン・トゥグルク1世 1325（2.?）
キャッシュ, マーティン 1877（この年）
キャッセル, ジョン 1865（4.2）
キャッチポール, マーガレット 1819（この年）
キャップグレイヴ, ジョン 1464（8.12）
キャーティブ・チェレビィ 1657（この年）
キャドウォラダー 1172（この年）
キャドベリー, ジョン 1889（この年）
キャトリン, ジョージ 1872（12.23）
キャドワロン 634（この年）
キャニング, ジョージ 1827（8.8）
ギャーネーシヴァル 1296（この年）
キャプテン・キッド 1701（この年）
キャベンディッシュ 1561（この頃）
キャベンディッシュ 1882（5.6）
キャマール・ホジャンディー 1400（この頃）
キャマーロッディーン・エスマイール 1237（この年）
キャムデン, ウィリアム 1623（11.9）
キャメロン, ヴァーニー・ラヴィット 1894（3.27）
キャメロン, ジュリア・マーガレット 1879（2.26）
キャメロン, チャールズ 1812（この年）
キャメロン, リチャード 1680（7.22）
ギャラウェー 1803（8.29）

キャラウェイ, ヘンリ 1890（3.26）
ギャラガー, サイモン・フェリクス 1825（12.13）
ギャラデット, トマス（・ホプキンズ） 1851（9.9）
キャラミ, エドマンド 1666（10.29）
キャラミ, エドマンド 1685（5.?）
キャラミ, エドマンド 1732（6.3）
キャラミ, ベンジャミン 1686（1.7（埋葬））
ギャリソン, ウィリアム・ロイド 1879（5.24）
ギャリック, デイヴィッド 1779（1.20）
キャリントン, リチャード・クリストファー 1875（11.27）
キャルヴァート, ジョージ 1889（5.24）
キャルヴァート, セシル 1675（11.30）
キャルヴァート, レナード 1647（6.9）
キャルヴァート（コールヴァート）, ジェイムズ 1892（この年）
ギャレットスン, フリーボーン 1827（9.26）
ギャレットソン 1895（10.26）
ギャロウェイ 1872（この年）
キャロライン（アンスバッハの）, ヴィルヘルミーナ 1737（11.20）
キャロライン（ブラウンシュヴァイクの）, アメリア・エリザベス 1821（8.7）
キャロル, ジョン 1815（12.3）
キャロル, ダニエル 1796（5.7）
キャロル, チャールズ 1832（この年）
キャロル, ルイス 1898（1.14）
キャロン, レッドマンド 1666（5.?）
ギヤン, シモン 1658（この年）
キャン, ジョン 1667（この頃）
キャンドリシュ, ロバート・スミス 1873（10.19）
キャンパニアス, ジョン（カンパーニウス, ヨーハン） 1683（9.17）
キャンピオン, 聖エドマンド 1581（12.1）
キャンピオン, トマス 1620（3.1?）

ギャンブル, ジョサイアス・クリストファー 1848（1.27）
ギャンブル（ガンブル）, ウィリアム 1886（この年）
キャンベル 1811（6.22）
キャンベル 1889（この年）
キャンベル, アレグザンダー 1866（3.4）
キャンベル, コレン 1729（この年）
キャンベル, サー・コリン, クライド男爵 1863（8.14）
キャンベル, ジョン・マクラウド 1873（この年）
キャンベル, トマス 1844（6.15）
キャンベル, トマス 1854（1.4）
ギャンボウルド, ジョン 1771（この年）
均如 973（この年）
キュアトン, ウィリアム 1864（6.17）
ギュイヤール, マリ 1672（4.30）
ギュイヨー, ジャン・マリ 1888（3.31）
ギュイヨン, ジャンヌ・マリー・ド・ラ・モット 1717（6.9）
汲黯 前112（この年）
丘為 789（この頃）
仇英 1561（この年）
弓裔 918（この年）
牛弘 610（この年）
牛皐 1147（この年）
丘行恭 665（この年）
邱濬 1495（この年）
仇士良 843（この年）
丘神勣 691（この年）
牛仙客 742（この年）
牛僧孺 848（この年）
丘遅 508（この年）
丘福 1409（この年）
弓福 841（この年）
裵甫 860（この年）
仇鸞 1552（この年）
キュヴィエ, ジャン-フランソワ・ド 1768（4.14）
キュヴィエ, ジョルジュ（・レオポルド・クレティアン・フレデリック・ダゴベール）, 男爵 1832（5.13）
休静 1604（この年）
仇那跋摩 431（この年）
休密駄 385（この頃）
ギュゲース 前654（この年）

キユ

キューゲルゲン，ヴィルヘルム・フォン　1867(5.25)
キューゲルゲン，ゲーアハルト・フォン　1820(3.27)
キュスティーヌ　1793(8.28)
ギュタンゲール，ユルリック　1866(この年)
ギュツラフ，カール・フリードリヒ・アウグスト　1851(8.9)
キュドーネス，プロコロス　1368(この頃)
キューナー　1878(4.16)
キュナード，サー・サミュエル　1865(4.28)
キュニョー，ニコラ・ジョゼフ　1804(10.2)
キューネ　1888(4.22)
キューネ，ヴィルヘルム・フリードリヒ　1900(6.10)
キューネン，アーブラハム　1891(12.16)
キュービット，サー・ウィリアム　1861(この年)
キュービット，トマス　1855(この年)
キュプセロス　前625(この年)
キュプリアヌス，タスキウス・カエキリウス　258(9.14)
キュプリアーヌス(トゥロンの)　549(この年)
キュヘリベーケル，ヴィリゲリム・カルロヴィチ　1846(8.11)
キューベル，ローベルト・ベンヤミーン　1894(12.4)
ギュラーグ，ガブリエル・ジョゼフ・ド・ラヴェルニュ・ド　1685(3.4)
ギュリ，ジャン‐ピエール　1866(4.18)
キュリアコス(隠者の)　557(この年)
ギューリック　1891(4.8)
キュリッロス　869(2.14)
キュリロス　386(3.18)
キュリロス　444(6.27)
キュリロス(カルメル会の)　1234(この年)
キュリロス(スキュトポリスの)　556(この頃)
ギュルダン　1643(11.3)
キュル‐テギン　731(この年)
ギュルトラー，ニーコラウス　1711(9.28)

ギュルメ・ナムギエル　1750(この年)
ギューレンブーウ，トマシーネ　1856(7.1)
キュロス　前401(この頃)
キュロス2世　前529(この年)
キュロス(小)　前401(この年)
ギュンター，アントーン　1863(2.24)
ギュンター，イグナーツ　1775(6.26)
ギュンター，マトイス　1788(この年)
ギュンター，ヨハン・クリスティアン　1723(3.15)
ギュンデローデ，カロリーネ・フォン　1806(7.26)
キュンポ・ネンジョル　1139(この年)
ギヨー，アーノルド・ヘンリー　1884(2.8)
魚允中　1896(この年)
許遠　757(この年)
許筠　1618(8.24)
許敬宗　672(この年)
許景澄　1900(この年)
許謙　1337(この年)
魚玄機　866(この年)
許行　前320(この頃)
許衡　1281(この年)
許渾　854(この頃)
許詢　352(この頃)
許浚　1615(この年)
許慎　148(この年)
居節　1586(この年)
許乃済　1839(この年)
魚朝恩　770(この年)
許有壬　1364(この年)
許蘭雪軒　1589(3.19)
姜維　264(この年)
姜璋　1884(この年)
龔開　1307(この年)
姜確　646(この年)
姜邯賛　1031(この年)
姜夔　1221(この頃)
姜希顔　1464(10.19)
喬吉　1345(この年)
龔景瀚　1802(この年)
姜沆　1689(この年)
姜沆　1618(この年)
龔自珍　1841(この年)
姜実節　1709(この年)
彊首　692(この年)

人名索引

況鐘　1442(この年)
姜宸英　1699(この年)
姜世晃　1791(1.23)
龔鼎孳　1673(この年)
京房　前34(この年)
仰山慧寂　883(この年)
行寂　916(この年)
恭譲王　1394(この年)
恭親王　1898(この年)
恭帝(隋)　619(この年)
恭帝(隋)　619(この年)
鏡堂覚円　1306(この年)
恭愍王　1374(9.22)
教雄　1142(この年)
教雄　1153(この年)
竟陵王劉誕　459(この年)
彊良耶舎　442(この年)
虚谷　1896(この年)
キョセム・スルタン　1651(この年)
ギヨタン，ジョゼフ・イニャス　1814(3.26)
キョプパ・ジクテン・ゴンポ　1217(この年)
キョプリュリュ・ザデ・ヌーマーン・パシャ　1719(1.21)
キョプリュリュ・ザデ・ムスタファ・パシャ　1691(9.19)
キョプリュリュ・フセイン　1702(この年)
キョプリュリュ・メフメト・パシャ　1661(11.1)
ギヨーム(アキテーヌの)　812(5.28)
ギヨーム(ヴォリヨンの)　1463(1.22)
ギヨーム・ダキテーヌ　1127(2.10)
ギヨーム(ティルスの)　1190(この頃)
ギヨーム・ドーヴェルニュ　1249(3.30)
ギヨーム・ド・コンシュ　1154(この頃)
ギヨーム・ド・サンス　1180(この年)
ギヨーム・ド・サン・タムール　1272(9.13)
ギヨーム・ド・サン・ティエリ　1149(9.8)
ギヨーム・ド・サン・ベニーニュ(ディジョンの)　1031(1.1)
ギヨーム・ド・シャンポー　1121(1.18?)

880　人物物故大年表 外国人編

人名索引　キン

ギヨーム・ドーセール　1231 (11.3)
ギヨーム・ド・ピエール・ド・ゴダン　1326(6.14)
ギヨーム・ド・マショー　1377 (4.13)
ギヨーム・ド・モルベカ　1286 (この頃)
ギヨーム・ド・ラ・マール　1285 (この頃)
ギヨーム・ドランジュ　812(この年)
ギヨーム・ド・ロリス　1377(4.13)
ギヨーム・ル・ブルトン　1227 (この年)
キーラー, ジェイムズ・エドワード　1900(8.12)
キラコス　1272(この年)
キラム, アレグザーンダ　1798 (12.20)
キーリー　1900(2.21)
キリアクス(アンコーナの)　1449(この頃)
キリアヌス　689(7.8)
キリアン, ルーカス　1637(この年)
キリグルー, トマス　1683(3.19)
キリジュ・アルスラーン　1107 (この頃)
ギリズ　1836(この年)
ギリフェルジング, アレクサンドル・フョドロヴィチ　1872(6.20)
キリール(トゥーロフの)　1182 (この頃)
キール　1885(9.13)
ギル　1875(この年)
ギル　1881(8.11)
ギル, ジョン　1771(10.14)
キルヴァート, (ロバート・)フランシス　1879(この年)
キルヴィツァー, ヴェンツェスラス・パンタレオン　1626(5.22)
キルウォードビ, ロバート　1279(9.12)
ギールケ　1886(5.8)
ギールス　1895(1.26)
聖ギルダス　570(この頃)
ギルバート　1863(8.8)
ギルバート, ウィリアム　1603 (11.30)
ギルバート, サー・ジョン　1897 (10.5)
ギルバート, サー・ハンフリー　1583(9.9)

ギルバート, ロバート　1448(6.22)
ギルバート・オヴ・センプリンガム　1189(2.4)
ギルバート・クリスピン　1117 (この頃)
キルヒ　1710(この年)
キルヒ　1740(この年)
キルヒナー　1900(3.5)
キルヒナー, ティモーテウス　1587(9.14)
キルヒホッフ, グスタフ・ロベルト　1887(10.17)
キルヒマン　1884(10.20)
キルヒャー, アタナージウス　1680(11.27)
ギルピン, ウィリアム　1804(4.5)
ギルピン, ソウレイ　1807(3.8)
ギルピン, バーナード　1583(5.4)
ギルフォード　1854(この年)
ギルフォード卿　1554(この年)
ギルベルトゥス(ホイランドの, ホランドの)　1172(この年)
ギルベルトゥス・マグヌス　1168(10.17)
ギルマー, リチャード　1891(4.13)
キールマイアー　1844(10.24)
ギルマー(ギルモア), ジェイムズ　1891(5.21)
ギルマン, ルイ・ガブリエル　1770(この年)
ギルランダイオ　1497(7.17)
ギルランダイオ, ダーヴィド　1525(4.14)
ギルランダイオ, ドメニコ　1494(1.11)
ギルランダイオ, ミケーレ・ディ・リドルフォ　1577(この年)
ギルランダイオ, リドルフォ　1561(1.6)
ギルレイ, ジェイムズ　1815(6.1)
キルンベルガー, ヨハン・フィリップ　1783(7.26?)
キレーエフスキー, イワン・ワシリエヴィチ　1856(6.11)
キレーエフスキー, ピョートル・ワシリエヴィチ　1856(10.25)
ギレスピ, ジョージ　1648(12.17)
ギレスピ, トマス　1774(1.19)
ギレスピ, パトリク　1675(この年)

ギレンボリー　1746(この年)
ギロー, アレクサンドル　1847 (2.24)
ギロー, エルネスト　1892(5.6)
ギロー, ジャン-バティスト　1864(この頃)
ギロヴェツ, アーダルベルト　1850(3.19)
キローガ, J.　1835(この年)
キローガ, バスコ・デ　1565(3.14)
キロッシュ, ペドロ・フェルナンデス・デ　1615(この頃)
ギロー・ド・ボルネーユ　1215 (この頃)
ギロー・リキエ　1292(この頃)
己和　1433(この年)
キワーム・ウッディーン　1440 (この年)
キーン　1873(11.4)
キーン　1880(この年)
キーン　1891(1.4)
金埴　1658(この年)
金殷傅　1017(この年)
金栄　735(この年)
キーン, エドマンド　1833(5.15)
金開南　1895(この年)
金侃　1703(この年)
金義忠　739(この年)
金玉均　1894(3.28)
金憲昌　822(この年)
金彦昇　826(この年)
金孝元　1590(この年)
金弘集　1896(2.?)
金弘道　1815(この頃)
金宏弼　1504(この年)
金時習　1493(この年)
金日磾　前86(この年)
金守温　1481(この年)
金叔滋　1456(この年)
金俊　1268(この年)
金俊明　1675(この年)
金俊邕　800(この年)
金浄　1520(この年)
金所毛　701(この年)
金仁山　1303(この年)
金仁問　694(この年)
金正喜　1856(10.10)
金正浩　1864(この年)
金聖嘆　1661(この年)
金相　735(この年)
金宗瑞　1453(この年)
金宗直　1492(この年)
金祖淳　1831(この年)

人物物故大年表 外国人編　*881*

金大建　1846（9.16）
金大鉉　1870（この年）
金大城　774（この年）
金大成　774（この年）
キーン，チャールズ　1868（1.22）
金長生　1631（この年）
金馴孫　1498（この年）
金農　1763（この年）
金富軾　1151（この年）
金平黙　1888（この年）
新輔　1693（この年）
金方慶　1300（この年）
金法敏　681（この年）
金万重　1692（この年）
金庾信　673（7.1）
金笠　1863（この年）
金麟厚　1560（この年）
金和　1885（この年）
キン・キッラ　1722（この頃）
キング　1712（8.29）
キング　1827（4.29）
キング　1867（この年）
キング　1886（8.28）
キング，ウィリアム　1729（5.8）
キング，ウィリアム・ルーファス　1853（4.18）
キング，エドワード　1807（4.16）
キング，ジョナス　1869（5.22）
キング，ジョン　1872（この年）
キング，ヘンリー　1669（9.30）
キングストン，ウィリアム・ヘンリ・ギルス　1880（8.5）
キングズリー，チャールズ　1875（1.23）
キングズリー，ヘンリー　1876（5.24）
キングズリー，メアリ・ヘンリエッタ　1900（この年）
キングレーク　1891（1.2）
キンケル　1882（11.13）
キンゴ，トーマス　1703（10.14）
金城公主　739（この年）
近肖古王　375（この年）
欽宗　1161（この年）
キンタナ，マヌエル・ホセ　1857（3.11）
キンダーマン　1801（この年）
キンドマン，ヨーハン・エラスムス　1655（4.21）
ギンデリー　1892（この年）
キンドル　1884（9.2）
キンナ，ガイユス・ヘルウィウス　前44（3.20）

キンナ，ルキウス・コルネリウス　前84（この年）
キンナモス　1203（この頃）

【ク】

虞允文　1174（2.？）
孔穎達　648（この年）
虞玩之　485（この年）
虞喜　356（この年）
瞿式耜　1650（この年）
虞集　1348（この年）
虞世南　638（5.？）
虞翻　233（この年）
瞿佑　1427（この年）
クアウテモク　1525（2.26）
グアス，ファン　1496（この年）
グァダーニ，ガエターノ　1792（この年）
グァダニーニ，ジュゼッペ　1805（この頃）
グァダニーニ，ジョヴァンニ・バッティスタ　1786（9.18）
クアッケルナック　1606（10.22）
グアッターニ，ジュゼッペ・アントーニオ　1830（この年）
クァドリオ，ジョヴァンニ・バッティスタ　1590（この頃）
クアドリオ，ジョヴァンニ・バッティスタ　1723（この年）
クアドリオ，ジローラモ　1679（この年）
クァドルバーニ，カルロ・ジュゼッピ　1806（7.14）
クアドローネ，ジョヴァンニ・バッティスタ　1898（この年）
グアーミ，ジョゼッフォ　1611（この年）
グアーミ，フランチェスコ　1602（この年）
グアーラ，ピエル・フランチェスコ　1757（この年）
グアラーナ，ヤーコポ　1808（この年）
クァリアーティ　1628（11.16）
グアリエント・ディ・アルポ　1370（この年）
クアーリオ，アンジェロ1世　1815（この年）
クアーリオ，アンジェロ2世　1890（この年）

クアーリオ，シモン　1878（3.8）
クアーリオ，ジュゼッペ　1828（この年）
クアーリオ，ジューリオ1世　1658（この年）
クアーリオ，ジューリオ2世　1751（この年）
クアーリオ，ジョヴァンニ・マリーア1世　1765（この年）
クアーリオ，ロレンツォ1世　1804（この年）
グアリーニ，グアリーノ　1683（3.6）
グァリーニ，バッティスタ　1612（10.7）
グァリーニ，マリオ・ルドヴィコ　1800（この頃）
グァリーノ・デ・グァリーニ　1460（12.4）
クアーリョ　1837（4.9）
クアーリョ　1869（3.15）
グアール　1801（この年）
グアル，ペドロ　1890（この年）
グァルディ，ジョヴァンニ・アントーニオ　1760（この年）
グァルディ，フランチェスコ　1793（1.1）
グァルディア　1882（6.7）
グァルディオラ　1862（この年）
グアルナッチ，マーリオ　1785（この年）
グアルニエリ，ジュゼッペ　1745（この年）
グァルネリ，アンドレア　1698（この年）
グアルネーリ，ジュゼッペ・ジョヴァンニ　1740（この年）
グァルネリ，ピエトロ　1762（この年）
グァルネリ，ピエトロ・ジョヴァンニ　1720（この年）
グアルベルトゥス，ヨアネス　1073（7.12）
クァレスミオ（クァレスミ），フランチェスコ　1656（10.25）
クァレンギ，ジャコモ　1817（2.18）
グイゴ　1136（7.27）
グイゴ　1188（この頃）
グイゴ（カストロの）　1137（7.27）
グイゴ・デ・ポンテ　1297（10.29）
クイック　1891（この年）
グィッチャルディーニ，ピエーロ　1886（この年）

グィッチャルディーニ, フランチェスコ 1540(5.22)
グィットーネ・ダレッツォ 1294(8.21)
グイーディ, ドネーニコ 1701(この年)
グイデッティ, グイデット 1564(この年)
グイード・ダレッツォ 1050(5.17)
グィード・デッレ・コロンネ 1287(この頃)
グイドボーノ, ジョヴァンニ・アントーニオ 1685(この年)
グイドボーノ, ドメーニコ 1746(この年)
グイドボーノ, バルトロメーオ 1709(この年)
グイトムンドゥス(アヴェルサの) 1090(この頃)
グィニツェッリ, グィード 1276(11.14?)
クイン 1766(1.21)
クィンシー 1775(4.26)
クインシー, ジョサイア 1864(7.1)
クイーンズベリー, サー・ジョン・ショルト・ダグラス, 8代侯爵 1900(この年)
グインネット 1777(5.19)
クヴァイス, エーアハルト・フォン 1529(この年)
グヴァルター, ルードルフ 1586(12.25)
クヴァンツ, ヨーハン・ヨーアヒム 1773(7.12)
クヴァント, ヨーハン・ヤーコプ 1772(この年)
グーヴィ, ルイ・テオドール 1898(この年)
クヴィストルプ, ヨーハン 1648(5.2)
クヴィストルプ, ヨーハン 1669(12.24)
クヴィトカ-オスノヴャネンコ, フリホリイ・フェドロヴィチ 1843(8.8)
グウィン, ネル 1687(11.14)
グウィン, リチャード(ホワイト) 1584(10.17)
クウィンタード, チャールズ・トッド 1898(2.15)
クゥインティリアヌス, マルクス・ファビウス 100(この頃)

クウィンビ, フィニアス・パークハースト 1866(1.16)
グヴェア, アレクサンドル・デ 1808(この年)
グヴェア, アントワーヌ・ド 1677(この年)
クヴェービッカー 1881(この年)
グヴェリクス(イニーの) 1157(8.19)
クヴェンシュテット 1889(12.21)
クヴェンシュテット, ヨーハン・アンドレーアス 1688(5.22)
権好文 1587(この年)
クウォータマン, ジョン・ウィン 1857(10.13)
権韠 1612(この年)
クエイローロ, フランチェスコ 1762(この年)
グェッラ, ジョヴァンニ 1618(この年)
グェッラッツィ, フランチェスコ・ドメーニコ 1873(9.23)
クエバ 1541(この年)
クエバ, ファン・デ・ラ 1607(この頃)
クェリヌス, アルテュス1世 1668(8.23)
クェリヌス, アルトゥス2世 1700(この年)
クェリヌス, エラスムス1世 1639(この頃)
クェリヌス, エラスムス2世 1678(この年)
クェリヌス, ヤン・エラスムス 1715(この年)
クエルチャ, ヤコポ・デラ 1438(10.20)
クエレーナ, ラッタンツィオ 1853(この年)
クェーン 1865(この年)
クェーン 1887(この年)
クェーン 1887(この年)
グエン・ズー 1820(この年)
グエン・チャイ 1442(この年)
グエン・ディン・チエウ 1888(この年)
グエン・フウ・カウ 1751(この年)
グエン・フエ 1792(9.29)
クォーコ, ヴィンチェンツォ 1823(12.13)
クォドゥルトデウス 455?(この頃)
クォーリッチ 1899(12.17)

クォールズ, フランシス 1644(9.8)
権日身 1791(この年)
権哲身 1801(この年)
クオントリル, ウィリアム(・クラーク) 1865(5.?)
クーグラー, フランツ・テーオドア 1858(3.18)
クーコリニク, ネストル・ワシリエヴィチ 1868(12.8)
クーザ 1873(5.15)
クーザン 1887(5.7)
クーザン, ヴィクトール 1867(1.14)
クーザン, ジャン 1560(この頃)
クーザン, ジャン(子) 1594(この頃)
クザントンジュ, アンヌ・ド 1621(6.8)
クザン・モントーバン 1879(1.8)
クシ・ハン 1656(この年)
クシフィリヌス 1075(この年)
グージュ 1793(この年)
グージョン, ジャン 1568(この頃)
クーズ 1899(この年)
クスター・イブン・ルーカー 912(この年)
グスタフ1世 1560(9.20)
グスタフ2世 1632(11.16)
グスタフ3世 1792(3.29)
グスタフ4世 1837(2.7)
クスタン, ピエール 1721(10.18)
クストゥー, ギヨーム 1746(2.20)
クストゥー, ギヨーム(子) 1777(7.13)
クストゥー, ニコラ 1733(5.1)
クストーディ 1842(この年)
クスベルト(カンタベリの) 758(この年)
クスマケール, シャルル・エドモン・アンリ・ド 1876(1.10)
グスマン 1550(この頃)
グスマン 1603(4.?)
グスマン 1605(1.10)
グスマン・イ・レカーロス, ホセ・ハビエール 1840(この年)
グスマン・ブランコ, アントニオ 1899(7.28)
グスラック 714(4.11)
グセー, トマ・マリー・ジョゼフ 1866(12.22)

クセノクラテス　前314（この年）
クセノファネス（コロフォンの）　前480（この頃）
クセノフォン　263（この頃）
クセノポン　前354（この年）
クセルクセス1世　前465（この年）
クセルクセス2世　前424（この年）
クセルクセス3世　前336（この年）
クタイバ-ブン-ムスリム　715（8.?）
クダーマ　958（この頃）
百済王昌成　674（この年）
百済王善光　693（この年）
グーチ　1751（この年）
グーチ　1889（この年）
クーチュール、トマ　1879（3.30）
屈原　前278（この頃）
屈大均　1695（この年）
クーツ、トマス　1822（この年）
クーツヴェルト、コルネーリス・エリザ・ヴァン　1893（11.4）
グッキン　1687（3.19）
クック　1812（9.26）
クック　1892（この年）
クック　1894（9.12）
クック、イライザ　1889（この年）
クック、エベニーザー　1732（この頃）
クック、サー・ウィリアム・フォザギル　1879（6.25）
クック、ジェイムズ　1779（2.14）
クック、ジョン・エステン　1886（9.27）
クック、トマス　1892（この年）
クック、ベンジャミン　1793（9.14）
クック、ヘンリー　1672（7.13）
クックワージー、ウィリアム　1780（この年）
グッゲンビヒラー、ヨハン・マインラート　1723（この年）
グッゲンビュール　1863（この年）
グツコー、カール　1878（12.16）
クッサー、ヨーハン・ジーギスムント　1727（11.?）
クッシュマン、シャーロット（・ソーンダーズ）　1876（この年）
クッシング、ケイレブ　1879（1.2）
クッゾーニ、フランチェスカ　1770（この年）

グッチ、サンティ　1600（この頃）
グッデル、ウィリアム　1867（2.18）
グッデン　1886（6.13）
グッドイヤー、チャールズ　1860（7.1）
グッドウィン、ジョン　1665（8.?）
グッドウィン、トマス　1680（2.23）
屈突通　628（この年）
グッドマン、クリストファー　1603（6.?）
グッドマン、ゴドフリ　1656（1.19）
グットーム　890（この年）
グッドリチ、チョーンシ・アレン　1860（2.25）
グッドリック、ジョン　1786（4.20）
グッドリッチ　1888（この年）
グッドリッチ、サミュエル・グリズウォルド　1860（この年）
クッフェラート、フーベルト　1896（6.23）
クッフェラート、ヨハン　1864（7.28）
クッフェラート、ルイ　1882（3.2）
グーツムーツ　1839（5.21）
クッラク、アドルフ　1862（12.25）
クッラク、テオドール　1882（3.1）
掘羅勿　839（この頃）
グーティエール、ピエール-ジョゼフ-デジレ　1813（この頃）
グティエレス　1632（9.12）
グティエレス　1878（この年）
グティエレス、フランシスコ　1782（この年）
グティエレス・デ・サン・マルティン、ペドロ・ルイス　1792（この年）
グティエレス-ナヘラ、マヌエル　1895（2.3）
グディメル、クロード　1572（8.27?）
クデイルカ　1899（11.16）
グーデルマン　1852（9.25）
グーテンベルク、ヨハネス　1468（2.3）
クート、サー・エア　1783（4.28）
クトゥーゾフ、ミハイル・イラリオノヴィチ、公爵　1813（4.28）
クトゥブ・シャー、ムハンマド・クリー　1611（12.10）
グドゥラ（グディラ）　712（この頃）

クトゥルブ　821（この年）
グートシュミット　1887（3.2）
クドラン、ピエール・マリー・ジョゼフ　1837（3.27）
クドリャーフツェフ、ピョートル・ニコラエヴィチ　1858（1.18）
クトルク-ボイラ　747（この年）
クートン、ジョルジュ　1794（7.28）
グナイスト　1895（7.22）
グナイゼナウ、アウグスト（・ヴィルヘルム・アントン）、ナイトハルト伯爵　1831（8.23）
クナイプ、ゼバスティアン　1897（6.17）
クーナウ、ヨーハン　1722（6.5）
クナーク、グスタフ・フリードリヒ・ルートヴィヒ　1870（7.27）
クナップ、アルベルト　1864（6.18）
クナップ、ゲオルク・クリスティアン　1825（この年）
求那跋陀羅　468（この年）
求那跋摩　431（この年）
求那毘地　502（この年）
グナフェーウス、ウィレム　1568（この年）
クニグンデ　1033（3.3）
クニグンディス　1292（この年）
クニグンディス　1344（この年）
クニース　1898（8.3）
クニッゲ、アードルフ・フォン　1796（5.6）
クニッパドリンク、ベルント　1536（1.23）
クニプストロ、ヨーハン（ヨハネス）　1556（10.4）
クニプハウゼン　1800（12.7）
クーニャ　1540（この頃）
クーニャ、アナスタシオ・ダ　1787（この年）
クニア、シモン・デ　1660（この年）
クニャジニーン、ヤーコフ・ボリソヴィチ　1791（1.14）
クニュッファー　1676（10.10）
クヌッツェン　1751（1.29）
クヌート1世　1035（11.12）
クヌード4世　1086（7.10）
クヌート6世　1202（11.12）
グネージチ、ニコライ・イワノヴィチ　1833（2.3）
クネヒト　1817（12.1）

クネーベル　1834(2.23)
クネラー，サー・ゴドフリー　1723(10.19)
グノー，シャルル・フランソワ　1893(10.17)
クノート，フランツ・ペーター　1889(1.27)
クノプケン(クネプケン，クノービウス)，アンドレーアス　1539(2.18)
クノベリヌス　41?(この頃)
クノーベルスドルフ，ゲオルク・ヴェンツェスラウス・フォン　1753(9.16)
クノラー，マルティン　1804(この年)
クノリング，ソフィ・フォン　1848(2.13)
クノル　1861(6.17)
クノール・フォン・ローゼンロート，クリスティアン　1689(5.4)
クーパー　1878(4.24)
クーパー　1660(この年)
クーパー　1885(10.29)
クーパー，アーチボルド・スコット　1892(3.11)
クーパー，ウィリアム　1709(この年)
クーパー，ウィリアム　1800(4.25)
クーパー，サー・アストリー　1841(2.12)
クーパー，サミュエル　1672(5.5)
クーパー，ジェイムズ・フェニモア　1851(9.14)
クーパー，トマス　1594(4.29)
クーパー，トマス　1839(5.11)
クーパー，ピーター　1883(4.4)
グービオン・サン・シール　1830(この年)
虞美人　前202(この年)
クビリヤン　1545(この頃)
グビル，ルネー　1642(9.29)
クープラン，アルマン・ルイ　1789(2.2)
クープラン，アントワネット・ヴィクトワール　1812(この年)
クープラン，ジェルヴェ・フランソワ　1826(3.11)
クープラン，シャルル2世　1679(この年)
クープラン，セレスト・テレーズ　1860(2.14)

クープラン，ニコラ　1748(7.25)
クープラン，ピエール・ルイ　1789(10.10)
クープラン，フランソワ　1733(9.11)
クープラン，フランソワ1世　1708(この頃)
クープラン，マリー・マドレーヌ・セシル　1742(この年)
クープラン，マルグリット・アントワネット　1778(この年)
クープラン，マルグリット・ルイーズ　1728(5.30)
クープラン，ルイ　1661(8.29)
クブレー，フィリップ　1692(5.15)
グフレーラー，アウグスト・フリードリヒ　1861(6.6)
クベツキ，ヨハン　1740(この年)
クーホールン，メンノー　1704(3.17)
クマイト　743(この年)
鳩摩羅什　409(この年)
クマーリラ　750?(この頃)
クーム　1847(8.9)
クーム　1858(2.14)
クーム，ウィリアム　1823(この年)
グメリン　1755(5.20)
グメリン，レオポルト　1853(4.13)
クーヤキウス　1590(10.4)
クライ　1656(この頃)
クライアー　1710(この年)
クライエ，ピエール・フランソワ・ル　1776(10.16)
クライスト　1748(12.11)
クライスト，エーヴァルト・クリスティアン・ファン　1759(8.24)
クライスト，ハインリヒ・フォン　1811(11.21)
クライスト-レッツォ，ハンス・フーゴ・フォン　1892(5.20)
グライター，マテーウス　1552(12.10)
クライトン，ジェイムズ　1582(7.?)
クライニー　941(この年)
クライブ　1785(12.6)
クライブ，ロバート　1774(11.22)
クライマー　1813(この年)
グライム　1827(この年)

グライム，ヨハン・ヴィルヘルム・ルートヴィヒ　1803(2.18)
クライン　1820(この年)
クライン　1832(9.9)
クライン　1848(この年)
クライン，フランツ　1658(この年)
クーラウ，ダニエル・フリーズリク　1832(3.12)
クラウアー，マルティン・ゴットリープ　1801(この年)
クラヴァル，パウル　1433(この年)
グラヴィウス　1681(3.?)
クラーヴィウス，クリストーフォロス(クリストファー)　1612(2.6)
クラヴィエール　1793(この年)
グラヴィーナ，ジェローニモ(ヒエローニュムス)・デ　1662(9.4)
グラヴィーナ，ジャン・ヴィンチェンツォ　1718(1.6)
クラウジウス，ルドルフ・ユリウス・エンマヌエル　1888(8.24)
クラウス　1807(この年)
クラウス　1864(この年)
クラウス　1896(この年)
クラウス　1899(1.18)
クラウス　1900(5.4)
クラウス，ヨーゼフ・マルティン　1792(この年)
クラウスニッツァー，トビーアス　1684(5.7)
クラウゼ　1770(5.4)
クラウゼ，カール・クリスティアン・フリードリヒ　1832(9.27)
クラウゼヴィッツ，カルル・フォン　1831(11.16)
クラウゼン　1885(5.23)
クラウセン，ヘンリク・ゲーオウ　1840(2.25)
クラウセン，ヘンリク・ニコライ　1877(3.28)
クラウディアーヌス，クラウディウス　404(この年)
クラウディアーヌス・マメルトゥス　474(この頃)
クラウディウス　285(この年)
クラウディウス　92(この年)
クラウディウス　前130(この年)
クラウディウス　前167(この年)
クラウディウス　前76(この年)
クラウディウス2世　270(この年)

ク ラ

クラウディウス, ネロ・ゲルマーニクス・ティベリウス 54 (10.13)
クラウディウス, マティーアス 1815(1.21)
クラウディウス(テュリンの) 827(この年)
クラウバー, ハンス・フーゴー 1578(この年)
グラウバー, ヨハン・ルドルフ 1668(3.10)
グラウプナー, ヨーハン・クリストフ 1760(5.10)
クラウベルク, ヨーハン・クリストフ 1665(1.31)
グラウル, カール 1864(11.10)
グラウロ 1773(この年)
グラウン, アウグスト・フリードリヒ 1765(この年)
グラウン, カール・ハインリヒ 1759(8.8)
クラウン, ジョン 1703(この頃)
グラウン, ヨーハン・ゴットリープ 1771(10.27)
クラーエ, ペーター・ヨーゼフ 1840(この年)
クラカンソープ, リチャード 1624(11.?)
クラーキン 1727(10.28)
クラーク 1794(9.15)
クラーク 1822(3.9)
クラーク 1887(8.19)
クラーク, アダム 1832(8.16)
クラーク, アルヴァン・グレアム 1897(6.9)
クラーク, ウィリアム 1838(9.1)
クラーク, ウィリアム・スミス 1886(3.9)
クラーク, サミュエル 1729(5.17)
クラーク, ジェイムズ・フリーマン 1888(6.8)
クラーク, ジェレマイア 1707 (12.1)
クラーク, ジョサイア・ラティマー 1898(10.30)
クラーク, ジョージ・ロジャーズ 1818(2.13)
クラーク, ジョン 1676(4.28)
クラーク, ジョン 1836(この年)
クラーク, チャールズ・カウデン 1877(3.13)
クラーク, マーカス(・アンドリュー・ヒスロップ) 1881(8.2)

クラーク, メアリ・フラーンシス 1887(12.4)
クラークスン, トマス 1846(9.26)
クラクソン, ローレンス 1667(この年)
クラーケヴィツ, アルブレヒト・ヨーアヒム・フォン 1732(5.2)
クラーコ, ゲオルク 1575(3.17)
グラシアン, バルタサル 1658 (12.6)
グラシアン, ヘロニモ 1614(9.21)
グラシウス, ゾロモン(サロモ) 1656(7.27)
クラシェニンニコフ 1755(この年)
クラシェフスキ, ユゼフ・イグナツィ 1887(3.19)
グラシオレ 1865(2.16)
クラシツキ, イグナツィ 1801 (3.14)
クラジョ 1896(この年)
クラショー, リチャード 1649 (8.21)
クラシンスキ, ジグムント 1859(2.23)
グラス 1788(1.11)
グラス, ジョン 1773(11.2)
クラースゾーン, ピーテル 1661(この年)
グラースブレンナー 1876(この年)
グラスマン, ヘルマン(・ギュンター) 1877(9.26)
グラスラン 1790(この年)
クラソニツキー, ラウレンティウス 1532(この年)
グラタン, ヘンリー 1820(6.4)
クラタンダー・アンドレーアス 1540(8.?)
グラチニー, アルベール 1873 (4.16)
グラツ, ペーター 1849(11.1)
グラツィアーニ, トマゾ 1634 (この年)
グラツィアーニ, ボニファーチョ 1664(この年)
グラックス, ガイウス・センプロニウス 前121(この年)
グラックス, ティベリウス・センプロニウス 前133(この年)
グラッサー 1518(この年)

グラッシ, オラーツィオ 1654 (この年)
グラッシ, ジョヴァンニ・バッティスタ 1578(この年)
グラッシ, ニコーラ 1748(この年)
グラッシーニ, ジュゼッピーナ 1850(この年)
クラッスス 前130(この年)
クラッスス 前53(この年)
クラッスス 前87(この年)
クラッスス, マルクス・リキニウス 前53(6.9)
クラッスス, ルキウス・リキニウス 前91(この年)
クラッセ, ジャン 1692(1.4)
クラッセリウス, バルトロメーウス 1724(11.10)
クラッセン 1891(8.31)
クラッツァー, ニコラス 1550 (この年)
グラッツィーニ, アントン・フランチェスコ 1584(2.18)
グラッドウィン 1813(この頃)
グラッドストン, ウィリアム・ユーアート 1898(5.19)
クラッパートン, ヒュー 1827 (4.13)
クラップ 1767(この年)
グラッフ, アントン 1813(6.22)
クラップ, ジョージ 1832(2.3)
クラッペ, オットー・カルステン 1873(11.14)
クラッペ, クリスティアン・ディートリヒ 1836(9.12)
グラティアヌス 1158(この年)
グラティアーヌス, フラーウィウス・アウグストゥス 383(8.25)
グラーティウス, オルトヴィーン 1542(5.22)
クラティノス 前423(この年)
クラテス 前285(この年)
クラデル, レオン 1892(7.21)
クラテロス 前321(この年)
クラテロス(小) 前255?(この頃)
クラート(クラフトハイムの) 1585(10.19)
クラドニ, エルンスト・フロレンス・フリードリヒ 1827(4.3)
グラトリ, オギュスト・アルフォンス 1872(2.7)
グラナダ, ルイス・デ 1588(12.31)

クラ

グラナッチ, フランチェスコ 1543(11.30)
クラーナハ, ハンス 1537(この年)
クラーナハ, ルーカス 1553(10.16)
クラーナハ, ルーカス(子) 1586(1.25)
グラネ, フランソワ・マリユス 1849(11.21)
グラノフスキー, チモフェイ・ニコラエヴィチ 1855(10.4)
グラバウ, ヨハネス・アンドレーアス・アウグスト 1879(6.2)
クラビゾン, アントナン・ルイ 1866(この年)
グラビーナ 1806(この年)
クラビヘーロ, フランシスコ・ハビエル 1789(この年)
クラビホ 1412(この年)
グラフ 1841(この年)
クラフ, アーサー・ヒュー 1861(11.13)
クラフ, アン・ジェマイマ 1892(2.27)
グラーフ, ウルス 1527(この頃)
グラーフ, カール・ハインリヒ 1869(7.16)
グラフィニー夫人 1758(12.12)
グラーフェ, ヘルマン・ハインリヒ 1869(11.25)
グラフェウス, コルネーリウス 1558(この年)
クラブカ 1892(5.17)
クラフチンスキー, セルゲイ・ミハイロヴィチ 1895(12.11)
クラフト, アーダム 1558(9.9)
クラフト, アダム 1508(12.13?)
クラフト, アントン 1820(8.28)
クラフト, クリスティアン 1845(5.15)
クラフト, ゲオルグ 1754(7.6)
クラフト, ニコラウス 1853(5.18)
クラフト, リュドヴィク 1814(12.2)
クラブトリー 1644(この頃)
グラフトン, オーガスタス・ヘンリー・フィッツロイ, 3代公爵 1811(3.14)
グラフトン, リチャード 1572(この頃)
クラブフ, ヨーハン・ルートヴィヒ 1881(11.26)

グラブリオ, マーニウス・アキーリウス 95(この頃)
クラブロート 1835(8.28)
クラプロート, マルティン・ハインリヒ 1817(1.1)
クラベ, ホセ・アンセルモ 1874(この年)
グラーベ, ヨハネス・エルンスト 1711(11.3)
クラペイロン, ブノワ・ポール・エミール 1864(1.28)
クラベト, アドリアーン・ピーテルス 1553(この頃)
クラベト, ディルク・ピーテルス 1574(この年)
クラベト, ワウテル・ピーテルス 1世 1589(この年)
クラベト, ワウテル・ピーテルス 2世 1644(この年)
グラベル 1047(この頃)
クラベル, ペドロ 1654(9.8)
グラーボ, マテーウス 1421(この頃)
クラポンヌ, アダン・ド 1576(この年)
クラーマー 1807(12.8)
クラーマー, ヴィルヘルム 1799(10.5)
クラーマー, カール 1882(10.8)
クラーマー, カール・ゴットロープ 1817(6.7)
クラーマー, フランツ 1848(8.1)
クラーマー, ヨハン・アンドレーアス 1788(6.12)
クラーマー, ヨーハン・バプティスト 1858(4.16)
クラマールシュ, フランティシェク 1831(1.8)
グラミシヴィーリ 1792(この年)
クラムスコーイ, イヴァン・ニコラエヴィチ 1887(3.24?)
グラムマテウス 1525(この年)
クラム・マルティニッチ 1887(6.5)
クラメール, ガブリエル 1752(1.4)
グラモン 1707(この年)
グラモン 1880(1.18)
クラーユス(クライ), ヨハネス 1592(4.11)
クラーラ, ヘロニモ・エミリアーノ 1892(12.29)

クララ(アッシージの, 聖) 1253(8.11)
クラーラ(モンテファルコの) 1308(8.17)
クラーリ 1754(5.16)
クラーリ, ヤンコ 1876(5.23)
グラル, シモン 1628(2.3)
クラルク 1818(10.28)
グラレアーヌス, ヘンリクス 1563(3.28)
クラレット・イ・クララ, アントニオ・マリア 1870(10.24)
クラレンス, ジョージ, 公爵 1478(この年)
クラレンドン, エドワード・ハイド, 初代伯爵 1674(12.9)
クラレンドン, ジョージ・ウィリアム・フレデリック・ヴィラーズ, 4代伯爵 1870(6.27)
クラーレンバハ, アードルフ 1529(9.28)
グラン, ダニエル 1757(この年)
グランヴィル 1763(1.22)
グランヴィル 1891(3.31)
グランヴィル, J. J. 1847(3.17)
グランヴィル, ジョゼフ 1680(11.4)
グランヴィル, ラナルフ・ド 1190(この年)
グランヴェル, アントワーヌ・ペルノー・ド 1586(9.21)
グランヴェル(グランヴェラ), ニコラ・ペルノー・ド 1550(8.28)
グランゴール, ピエール 1538(この頃)
グランディ 1742(7.4)
グランディ, アレッサンドロ 1630(この年)
グランディ, ジュゼッペ・ドメーニコ 1894(この年)
グラント 1674(4.18)
グラント 1838(この年)
グラント 1874(この年)
グラント 1875(3.7)
グラント 1878(この年)
グラント 1892(この年)
グラント, ジェイムズ・オーガスタス 1892(この年)
グラント, ユリシーズ・S(シンプソン) 1885(7.23)
クラントル 前275(この頃)
クランドール, プルーデンス 1890(1.28)

グランビー, ジョン・マナーズ, 侯爵 1770(10.18)
クランプ 1826(5.13)
クランプ, ジョン・モケット 1881(12.6)
グラーンフェルト, アクセル・フレードリク 1892(この年)
クランプトン, トマス・ラッセル 1888(3.19)
クランペ, ヘンリ 1401(この頃)
クランポン, ジョゼフ・テオドル 1894(8.16)
クランマー, トマス 1556(3.21)
グランマーティカ, アンティヴェドゥート 1626(この年)
クランメル, アレグザーンダ 1898(9.12)
クランリカード 1657(この頃)
クーリ 1898(9.12)
グリーア 1870(この年)
クリアス 1854(この年)
クリーヴィー, トマス 1838(この年)
クリヴェッリ, アンジェロ・マリーア 1760(この年)
クリヴェッリ, ヴィットーレ 1502(この頃)
クリヴェッリ, タッデーオ 1478(この頃)
クリヴェリ, カルロ 1495(この頃)
クリーヴランド, ジョン 1658(4.29)
クーリエ, ポール-ルイ 1825(4.10)
グーリエフ 1813(12.23)
グリエルミ, グレゴーリオ 1773(この年)
グリエルミ, ピエトロ 1804(11.19)
グリエルミ, ピエトロ・カルロ 1817(2.28)
グリエルムス(テュロスの) 1186(この年)
グリエルモ, フラ 1310(この頃)
クリオ 前49(この年)
クリオ 前53(この年)
クーリオ, セリウス・セクンドゥス 1569(11.24)
クリーガー, アーダム 1666(6.30)
クリーガー, ヨーハン 1735(7.18)

クリーガー, ヨーハン・フィーリップ 1725(2.6)
グリグスビー 1899(9.?)
クリクソス 前72(この年)
クリー・クトゥブ・シャー 1543(9.3)
クリコ, フランソワ・アンリ 1790(この年)
クリコ, ロベール 1719(この頃)
クリーゴフ 1872(この年)
グリゴーリエフ 1881(この年)
グリゴーリエフ, アファナシー・グリゴリエヴィチ 1868(この年)
グリゴーリエフ, アポロン・アレクサンドロヴィチ 1864(9.25)
グリゴル・ナレカツィ 1003(この年)
グリゴレッティ, ミケランジェロ 1870(この年)
グリゴローヴィチ, ドミートリー・ワシリエヴィチ 1899(12.22)
グリザール 1869(6.15)
クリザロウ, マーガレット 1586(3.25)
クリージー 1878(この年)
グリジ 1899(5.20)
グリージ, ジュディッタ 1840(5.1)
グリージ, ジューリア 1869(11.29)
クリジャニチ, ユライ 1683(9.12)
クリシュ, パンテレイモン・アレクサンドロヴィチ 1897(2.2)
クリシュナデーヴァ・ラーヤ 1529(この頃)
クリシュナ・ピライ, H. A. 1900(この年)
クリシュナミシュラ 1116(この年)
グリージンガー 1868(この年)
グリージンガー, ゲオルク・アウグスト 1845(この年)
グリース, ペーター・ヨハン 1888(8.30)
グリズウォウルド, アレグザーンダ・ヴィーツ 1843(2.15)
クリスクオーロ, ジョヴァンニ・フィリッポ 1584(この年)
グリスコム 1852(この年)
クリスタン・フォン・ハムレ 1225(この頃)

クリスチ 1865(1.24)
クリスチーヌ・ド・ピザン 1431(この頃)
クリスチャン1世 1481(5.21)
クリスチャン, フレッチャー 1794(この頃)
クリスティ, エドウィン・P. 1862(5.21)
クリスティー, ジェイムズ 1803(この年)
クリスティアン2世 1559(1.25)
クリスティアン3世 1559(1.1)
クリスティアン4世 1648(2.28)
クリスティアン5世 1699(この年)
クリスティアン6世 1746(この年)
クリスティアン7世 1808(この年)
クリスティアン8世 1848(1.20)
クリスティアン, ヨーゼフ 1777(この年)
クリスティアン・フォン・ブラウンシュバイク 1626(この年)
クリスティアン(プロイセンの) 1245(12.4)
クリスティナ 1689(4.19)
クリスト 1756(9.3)
クリストゥス, ペトルス 1473(この頃)
クリストッフェル 1900(3.15)
クリストフ 1568(12.28)
クリストフ, アンリ 1829(この年)
クリストファースン, ジョン 1558(12.28(埋葬))
クリストファー(ババリアの) 1448(この年)
クリストフォリ, バルトロメーオ 1731(1.27)
クリストフォリジ 1895(この年)
クリストフォルス 904(この年)
聖クリストフォルス 250(この頃)
クリストーフォロ・ディ・ジェレーミア 1476(この頃)
クリストリープ, テオドーア 1889(8.15)
グリースバハ, ヨーハン・ヤーコプ 1812(3.24)
クリースビー 1847(この年)
クリスピーナ(タゴラの) 304(12.5)

クリスピニアヌス　287（この頃）
クリスプ，トバイアス　1643（2.27）
グリーゼバハ　1879（5.9）
グリソン，フランシス　1677（10.14）
クリッソン　1407（この年）
クリップ，トム　1848（この年）
グリッフィエル，ヤン　1718（この年）
クリッペラ，ヴァーツラフ・クリメント　1859（9.15）
クリティアス　前403（この年）
クリテンドン　1863（7.26）
クリトブーロス　1467（この頃）
グリーナー　1869（この年）
クリナゴラス　前15？（この頃）
グリニー，ニコラ・ド　1703（11.30）
グリニョン・ド・モンフォール　1716（4.28）
グリネル，ヘンリー　1874（6.30）
グリーノー，ホレイショ　1852（9.18）
グリバルディ，マッテーオ　1564（9.？）
グリハルバ　1527（1.27）
グリハルバ，ホアン・デ　1638（11.4）
クリヒトヴェーウス，ヨドークス　1543（9.22？）
クリービン　1818（この年）
グリフィス　1845（この年）
グリフィス，アン　1805（8.？）
グリフィス，サー・リチャード・ジョン　1878（この年）
グリフィス，パトリク・レイモンド　1862（6.18）
グリフィン，ジェラルド　1840（この年）
グリフェンフェルト　1699（12.？）
クリフォード　1673（9.？）
クリフォード　1881（この年）
クリフォード，ウイリアム　1879（3.3）
クリーフォート，テーオドーア　1895（1.26）
クリーブランド　1806（この年）
グリーペンカール　1849（4.6）
グリボエードフ，アレクサンドル・セルゲーヴィチ　1829（1.30）
グリマルディ　1712（11.8）

グリマルディ，ジョヴァンニ・フランチェスコ　1680（11.28）
グリマルディ，ジョゼフ　1837（この年）
グリマルディ，ファブリツィオ　1613（この頃）
グリマルディ，フランチェスコ　1630（この年）
グリマルディ，フランチェスコ・マリーア　1663（12.28）
グリマルド，ニコラス　1562（この年）
グリム　1637（7.10）
グリムー，アレクシス　1733（この年）
グリム，ヴィルヘルム・カール　1859（12.16）
グリム，カール・ルートヴィヒ・ヴィリバルト　1891（この年）
グリム，フリードリヒ・メルヒオール　1807（12.19）
グリム，ヤーコプ・ルートヴィヒ・カール　1863（9.20）
グリムケ，アンジェリーナ・エミリー　1879（10.26）
グリムケ，セアラ・ムーア　1873（12.23）
グリムショー，ウィリアム　1763（8.7）
クリメント，ホセ　1781（11.28）
クリメント（オフリドの）　916（7.27）
グリモー・ド・ラ・レニエール　1837（この年）
クリャンガ，イオン　1889（12.31）
クリュヴィエ，ジャン　1874（3.6）
クリューガー，フランツ　1857（1.21）
クリューガー，ヨーハン　1663（2.23）
グリュカス・ミカエル　1200（この頃）
クリューゲル　1812（8.4）
クリュサフィウス　450（この年）
クリュサントス・ノタラス　1731（2.7）
クリュージ　1844（この年）
クリュシー，マチュラン　1826（この年）
クリュシッポス　479（この年）
クリュシッポス　前206（この頃）
クリューシニコフ，ヴィクトル・ペトローヴィチ　1892（11.7）

クリュズレ　1900（8.21）
クリュソゴノス　304（この頃）
クリュソストモス，聖ヨアンネス　407（9.14）
クリュソベルゲス，アンドレアス　1451（この年）
クリュソロラス，マヌエル　1415（4.15）
グリュック，エルンスト　1705（この年）
クリューデネル，ワルワーラ・ユーリヤ　1824（12.25）
グリュナエウス，ジーモン　1541（8.1）
グリューネヴァルト，マティアス　1528（8.27？）
グリュネーウス，トーマス　1564（この年）
グリュネーウス，ヨーハン・ヤーコプ　1617（8.13）
グリューバー，ヨハネス　1680（9.30）
グリュビー　1898（この年）
グリューフィウス，アンドレーアス　1664（7.16）
クリュプフェル，エンゲルベルト・アンドレーアス　1811（7.8）
グリューン　1887（2.18）
グリューン，アナスタージウス　1876（9.12）
グリューンアイゼン，カール　1878（この年）
クリヨン　1615（この年）
グリーリー，ホラス　1872（11.29）
グリルパルツァー，フランツ　1872（1.21）
グリーン　1813（この年）
グリーン　1848（この年）
グリーン　1874（この年）
グリーン　1883（3.7）
グリーン　1900（この年）
グリン　1871（5.13）
グリーン，ジョージ　1841（3.31）
グリーン，トマス・ヒル　1882（3.26）
グリーン，ナサニエル　1786（6.19）
グリーン，モーリス　1755（12.1）
グリーン，ロバート　1592（9.3）
グリーンウェイ，フランシス・ハワード　1837（この年）
グリーンウッド，ジョン　1593（4.6）

グリンカ、フォードル・ニコラエ
　ヴィチ　1880(2.11)
クリンガー、フリードリヒ・マ
　クシミーリアン　1831(3.9)
グリンカ、ミハイル・イワノヴィ
　チ　1857(2.3)
クリンゲマン　1813(この年)
クリンゲンスティエルナ、サム
　エル　1765(10.26)
グリンダル、エドマンド　1583
　(7.6)
クリントン　1829(12.11)
クリントン　1852(この年)
クリントン、サー・ヘンリー
　1795(12.23)
クリントン、ジェイムズ　1812
　(この年)
クリントン、ジョージ　1812(4.
　20)
クリントン、デ・ウィット　1828
　(2.11)
グリンネル　1891(3.31)
グリーンヒル、ウィリアム
　1671(9.27)
グリーンヒル、ジョン　1676(こ
　の年)
グリンフィールド、エドワード・
　ウィリアム　1864(7.9)
グリンメル、アーベル　1619(こ
　の頃)
グリンメル、ヤーコブ　1590(こ
　の頃)
グリンメルスハウゼン、ヨハン・
　ヤーコブ・クリストフ・フォン
　1676(8.17)
クール　1456(11.25)
(グル・)アルジャン　1606(5.30)
クール、アントワーヌ　1760(6.
　13)
グルー、シャルル・ド　1870(こ
　の年)
グルー、ジャン・ニコラ　1803
　(12.13)
グルー、ニーマイア　1712(3.25)
クルイローフ、イワン・アンド
　レーヴィチ　1844(11.9)
クールヴィル、ジョアシャン・
　ティボー・ド　1581(この年)
クルヴェリウス、フィリップ
　1622(12.31)
グルーエ、カラントーニオ
　1723(この年)
グルーエ、サヴェーリオ　1806
　(この年)

グルエ、ジャーク　1547(7.26)
クルエ、ジャン　1540(この頃)
クルエ、フランソワ　1572(9.22)
グルーエ、フランチェスコ・アン
　トーニオ　1673(この年)
グルーエ、フランチェスコ・アン
　トーニオ・サヴェーリオ
　1746(この年)
グルーエ、リボーリオ　1776(こ
　の年)
グルガーニー、ファフル・ウッ
　ディーン　1073(この頃)
グルーク　1842(1.13)
グルグ　1593(この年)
クルクシャンク　1800(6.27)
クルーゲ　1882(この年)
グールゴー　1852(この年)
クルーザ　1750(この年)
グルーシ、エマニュエル、侯爵
　1847(5.29)
クルージウス、クリスティアン・
　アウグスト　1775(10.18)
クルージウス、マルティーン
　1607(2.14)
クルシェフスキ　1887(この年)
クルーシーシュコフスキー、パ
　ヴェル　1855(この年)
クルース、アンリ・ジャック・ド
　1786(この年)
グルーズ、ジャン・バティスト
　1805(3.21)
クルス、聖フアン・デ・ラ
　1591(12.14)
クルス、フアナ・イネス・デ・ラ
　1695(4.17)
クルス、ラモン・デ・ラ　1794(3.5)
クルス・イ・ソウザ、ジョアン・
　ダ　1898(3.19)
クルセラエウス、ステファヌス
　1659(この年)
クルセル、ベルンハルド・ヘン
　リク　1838(この年)
クルーゼンシュテルン　1846(8.
　24)
グルーゾン　1895(1.30)
クルタナガラ　1292(この年)
クルチ、カルロ・マリーア
　1891(6.19)
クールチル・ド・サンドラス、ガ
　シヤン・ド　1712(5.8)
クルツ、ヘルマン　1873(10.10)
クルツ、ヨーハン・ハインリヒ
　1890(4.26)

クルツィウス、ヴァーレン
　ティーン　1567(11.27)
クルーツィガー、カスパル
　1548(11.16)
クルーツィガー、カスパル
　1597(4.16)
クルーツィガー(クロイツィガー)
　、エリーザベト　1535(5.2)
グルック、クリストフ・ヴィリバ
　ルト　1787(11.15)
クルック、ジョージ　1890(3.21)
クルックシャンク、ジョージ
　1878(2.1)
クルップ、アルフレート　1887
　(7.14)
クルップ、フリードリヒ　1826
　(10.8)
グルッペ　1876(1.7)
クールテ　1637(9.13)
クルティ、ジローラモ　1632(こ
　の年)
クルティウス　1879(11.27)
クルティウス、エルンスト
　1896(7.11)
クルティウス、ゲオルク　1885
　(8.12)
クルーデン、アレグザンダー
　1770(11.1)
グールド　1859(この年)
グールド　1866(この年)
グールド、ジェイ　1892(12.2)
グールド、ジョン　1881(この年)
グールド、ベンジャミン・アプ
　ソープ　1896(この年)
クルトワ、ジャック　1676(11.4)
クールトワ、ベルナール　1838
　(9.27)
クルトンヌ、ジャン　1739(1.17)
グルーナー　1844(この年)
グルーナー、ヨーハン・フリー
　ドリヒ　1778(この年)
グルニエ、パスキエ　1493(こ
　の年)
グールネ　1759(この年)
グールネ、マリ・ル・ジャー
　ル・ド　1645(7.13)
クールノ　1877(3.31)
グルーバー　1851(8.7)
グルーバー、フランツ・クサー
　ヴァー　1863(6.7)
グールバーン、エドワード・メ
　リク　1897(5.3)

クレ

クルピニスキ, カロル 1857(9.18)
クールブスキィ 1583(この年)
クールベ 1885(6.11)
グルーベ 1884(この年)
クールベ, ギュスターヴ 1877(12.31)
グルベア 1808(この年)
グルペッロ, ガブリエル 1730(この年)
クルマッハー 1884(この年)
クルマッハー 1886(この年)
クルーマハー, カール・エーミール・クリスティアン 1899(この年)
クルーマハー, ゴットフリート・ダーニエル 1837(1.30)
クルーマハー, フリードリヒ・アードルフ 1845(4.4)
クルーマハー, フリードリヒ・ヴィルヘルム 1868(12.10)
クールマン 1881(この年)
クールマン, カール 1881(12.9)
クールマン, クヴィリーヌス 1689(10.4)
クールマン, フィーリプ・テーオドーア 1863(この年)
クールマン, ヤーコービュス 1695(2.6)
グルムコウ 1739(この年)
クルムス 1745(5.29)
クルムバッハ, ハンス・ジュース・フォン 1522(11.29?)
グルムバハ, アルグーラ・フォン 1554(この頃)
クルムフォルツ, アンネ‐マリー 1824(この年)
クルムフォルツ, ヴェンツェル 1817(この年)
クルムフォルツ, ヨーハン・バプティスト 1790(2.19)
グルレー, エティエンヌ・ド 1855(この年)
グルント, ノルベルト 1767(この年)
グルントヴィ 1883(この年)
グルントヴィ, ニコライ・フレデリック・セヴェリン 1872(9.2)
クルンパー, ハンス 1634(5.?)
クルンプ 1868(この年)
クレー 1888(11.24)
クレー 1900(2.9)
グレー 1806(この年)

グレー 1850(この年)
クレー, ハインリヒ 1840(7.28)
クレー, バーサ・M. 1884(この年)
クレア, ジョン 1864(5.20)
グレーアム 1843(12.18)
グレアム, サー・ジェイムズ・ロバート・ジョージ, 准男爵 1861(10.25)
グレアム, トマス 1869(9.11)
クレアルコス 前401(この年)
クレアンテス 前232(この頃)
グーレイ 1863(8.1)
グレイ 1861(この年)
グレイ, エイサ 1888(1.30)
グレイ, サー・ジョージ 1882(この年)
グレイ, サー・ジョージ 1898(この年)
グレイ, ジョージ・ロバート 1872(この年)
グレイ, スティーヴン 1736(2.25)
グレイ, チャールズ・グレイ, 2代伯爵 1845(7.17)
グレイ, トマス 1771(7.30)
グレイ, ヘンリー 1852(6.29)
グレイ, ヘンリー・ジョージ・グレイ, 3代伯爵 1894(10.9)
グレイ, レイディ・ジェイン 1554(2.12)
グレイ, ロバート 1872(9.1)
グレイアム 1751(この年)
グレイヴズ, ジェイムズ・ロビンスン 1893(6.26)
グレイヴズ, ロバート・ジェイムズ 1853(3.20)
クレイグ 1813(この年)
クレイグ, サー・ジェイムズ(・ヘンリー) 1812(この年)
クレイグ, ジョン 1600(12.12)
クレイク夫人 1887(10.12)
クレイジー・ホース 1877(9.5)
クレイタルコス 前300?(この頃)
クレイティアス 前550(この年)
クレイトス 前318(この年)
クレイトス 前328(この頃)
グレイトヘッド, ジェイムズ・ヘンリー 1896(この年)
クレイトマコス 前110?(この頃)
クレイトン, ジョン 1773(9.25)

クレイトン, ジョン(・ミドルトン) 1856(11.9)
クレイマー, ジョン・アントニ 1848(8.24)
クレイモンド, ジョン 1537(11.19)
クレイロー, アレクシ・クロード 1765(5.17)
クレイン, スティーヴン 1900(6.5)
グレインジャー, ウィリアム・C. 1899(10.31)
グレヴァン, アルフレッド 1892(この年)
グレヴァン, ジャック 1570(11.5)
グレヴィ, (フランソワ・ポール・)ジュール 1891(9.9)
グレヴィウス 1703(1.11)
グレヴィル, フルク 1628(9.30)
クレーヴェ, コルネリス 1567(この年)
クレーヴェ, ヨース・ファン・デル・ベーケ 1540(この年)
クレーヴェ, ヨハネス・デ 1582(7.14)
クレヴクール, セント・ジョン・ド 1813(11.12)
クレーウス, ヨーアヒム 1573(1.21)
クレーヴン 1879(3.29)
クレオパス, ディオニュシオス 1861(この年)
クレオパトラ 前309(この年)
クレオパトラ1世 前176(この年)
クレオパトラ2世 前116(この頃)
クレオパトラ3世 前155(この頃)
クレオパトラ7世 前30(8.12)
クレオパトラ・テア 前121(この頃)
クレオフォン 前404(この年)
クレオメデス 200(この頃)
クレオメネス 前322(この年)
クレオメネス1世 前487(この年)
クレオメネス3世 前219(この年)
クレオン 前422(この年)
グレゴー, ウィリアム 1817(7.11)

クレキヨン, トーマ 1557(この年)
グレゴラス, ニケフォロス 1359(この頃)
グレゴリ 1708(10.10)
グレゴリー, ジェイムズ 1675(10.?)
グレゴリー, ダンカン 1844(2.23)
グレゴリウス 1474(8.12)
グレゴリウス 390(この年)
グレゴリウス 395(この年)
グレゴリウス1世 604(3.12)
グレゴリウス2世 731(2.11)
グレゴリウス3世 741(12.10)
グレゴリウス4世 844(1.25)
グレゴリウス5世 999(2.18)
グレゴリウス6世 1047(11.?)
グレゴリウス7世 1085(5.25)
グレゴリウス8世 1137(8.?)
グレゴリウス9世 1241(8.22)
グレゴリウス10世 1276(1.10)
グレゴリウス11世 1378(3.27)
グレゴリウス12世 1417(10.18)
グレゴリウス13世 1585(4.10)
グレゴリウス14世 1591(10.15)
グレゴリウス15世 1623(7.8)
グレゴリウス16世 1846(6.1)
聖グレゴリウス 332(この年)
グレゴリウス(アグリゲントゥムの) 603(この頃)
グレゴリウス(エルビラの) 392(この頃)
グレゴリウス(聖ヴァンサンの) 1667(1.27)
グレゴリウス・タウマトゥルグス 270?(この頃)
グレゴリウス(トゥールの) 594(この年)
グレゴリウス(ハイムブルクの) 1472(この年)
グレゴリウス(バレンシアの) 1603(4.25)
グレゴリウス(ユートレヒトの) 776(8.25)
グレゴリウス(リーミニの) 1357(11.20)
グレゴリオス2世・キュプリオス 1290(この年)
グレゴリオス(シナイの) 1346(11.27)
グレゴリーニ, ドメーニコ 1777(この年)

グレーゴル, クリスティアン・フリードリヒ 1801(11.6)
グレゴローヴィウス, フェルディナント 1891(5.1)
グレゴワール, アンリ 1831(5.28)
グレゴワール・ド・トゥール 594(11.17)
クレサン, シャルル 1768(1.10)
クレザンジェ 1883(この年)
クレシェンツィ, ジョヴァンニ・バッティスタ 1660(この年)
クレシェンティーニ 1846(4.24)
グレシャム 1895(5.28)
グレシャム, サー・トマス 1579(11.21)
クレスカス, ハスダイ・ベン・アブラハム 1410(この年)
クレストフスキー, V. 1889(6.8)
クレストフスキー, フセヴォロド・ウラジーミロヴィチ 1895(1.18)
クレスピ, ジュゼッペ・マリーア 1747(7.16)
クレスピ, ジョヴァンニ・バッティスタ 1632(この年)
クレスピ, ダニエーレ 1630(この年)
クレスポ 1898(この年)
クレスポ, ゴンサルヴェス 1883(6.11)
クレースル, メルヒオル 1630(9.18)
グレーチ, ニコライ・イワノヴィチ 1867(1.12)
クレチヤン・ド・トロワ 1183(この頃)
グレーツ 1891(9.7)
クレッカー 1883(4.26)
クレッグ, サミュエル 1861(この年)
クレッシンベーニ, ジョヴァンニ・マリーア 1728(3.8)
グレッセ, ジャン・バチスト・ルイ 1777(6.16)
クレッチュマー, フィリップ・ヤーコプ 1845(この年)
クレッテンベルク, ズザンナ・カタリーナ・フォン 1777(12.13)
グレッフェ 1873(12.2)
クレーデ 1892(3.14)
クレーティ, ドナート 1749(この年)

クレーディ, ロレンツォ・ディ 1537(1.12)
グレトリー, アンドレ・エルネスト・モデスト 1813(9.24)
クレーニッヒ 1879(この年)
グレニンガー, ゲルハルト 1652(この年)
グレニンガー, ハインリヒ 1631(この年)
グレニンガー, ヨハン・マウリッツ 1707(この年)
グレネルグ 1866(この年)
クレノフスキー, ヤン 1498(この頃)
クレーバーン 1677(この頃)
クレーバーン 1817(11.23)
グレバン, アルヌール 1465(この頃)
グレバン, シモン 1473(この頃)
クレビヨン, クロード・プロスペール・ジョリヨ・ド 1777(4.12)
クレビヨン, プロスペール・ジョリヨ・ド 1762(6.13)
グレビル 1865(この年)
グレーブ 1015(この年)
グレーフェ 1787(2.5)
グレーフェ 1840(7.4)
グレーフェ 1868(この年)
グレーフェ 1870(7.20)
クレプシュ 1872(11.7)
グレーブズ 1802(この年)
クレープス, ヨーハン・トビアス(子) 1782(この年)
クレープス, ヨーハン・トビアス(父) 1762(この年)
クレープス, ヨーハン・ルートヴィヒ 1780(1.1)
グレーベル, コンラート 1526(8.?)
クレーベル, ジャン・バチスト 1800(6.14)
クレボー 1883(この年)
クレマー 1889(この年)
クレマジー, オクターヴ 1879(1.16)
クレマン 1589(この年)
クレマン 1842(この年)
クレマン, フェリクス 1885(1.22)
クレマンセー, シャルル 1778(4.4)
クレミュー 1880(この年)
クレム 1867(この年)

クロ

クレムチウス・コルドゥス 25
　(この年)
クレメル 1875(6.2)
クレメンス2世 1047(10.9)
クレーメンス3世 1100(9.8)
クレメンス3世 1191(3.20)
クレメンス4世 1268(11.29)
クレメンス5世 1314(4.20)
クレメンス6世 1352(12.6)
クレメンス7世 1394(9.16)
クレメンス7世 1534(9.25)
クレメンス8世 1605(3.5)
クレーメンス9世 1669(12.9)
クレーメンス10世 1676(7.22)
クレメンス11世 1721(3.19)
クレメンス12世 1740(2.6)
クレメンス13世 1769(2.2)
クレメンス14世 1774(9.22)
クレーメンス, ティトゥス・フラーウィウス(アレクサンドリアの) 215(この頃)
クレーメンス(アイルランドの) 828(この頃)
クレーメンス・ノン・パパ, ヤコブス 1556(この頃)
クレメンツ, フィーリプ 1899(5.6)
クレメンテ, ステーファノ 1794(この年)
クレメンティ, ムジオ 1832(3.10)
クレメント, フランツ 1842(11.3)
クレモーナ, トランクイッロ 1878(この年)
クレモニーニ 1631(この年)
クレランド, ジョン 1789(1.23)
クレランボー, エヴラール・ドミニク 1790(この年)
クレランボー, セザール・フランソワ・ニコラ 1760(この年)
クレランボー, ドミニク 1704(この年)
クレランボー, ルイ・ニコラ 1749(10.26)
クレリウス(クレル), パウル 1579(5.24)
クレリクス, ヨーハン(ジャン・ルクレール) 1736(1.8)
クレリソー, シャルル・ルイ 1820(1.20)
クレーリチ, フェリーチェ 1774(この年)

グレル 1886(8.10)
クレル, ザームエル 1747(5.12)
グレール, シャルル 1874(5.5)
クレル, ニーコラウス 1601(10.9)
クレルスリエ 1684(この年)
クレルモン・トネール 1792(8.10)
クレレ 1855(10.6)
グレロン, アドリアン(アンドリアーヌス) 1695(この年)
クレロン嬢 1803(1.29)
グレンヴィル, ウィリアム・(ウィンダム・)グレンヴィル, 男爵 1834(1.12)
グレンヴィル, サー・リチャード 1591(9.?)
グレンヴィル, ジョージ 1770(11.13)
クレンゲル 1852(11.22)
グレンジャー 1776(この年)
グレンダウアー, オーウェン 1416(この年)
クレンツェ, レオ・フォン 1864(1.27)
クレンメ, パンクラーティウス 1547(この年)
グロ 1870(2.8)
グロ, アントワーヌ・ジャン, 男爵 1835(6.26)
クロ, シャルル 1888(8.9)
クロー, ジョーゼフ・アーチャー 1896(9.6)
クロアシー 1696(7.28)
クロイソス 前546(この頃)
クロイツ, グスタヴ・フィリップ 1785(10.30)
クロイツァー, ゲオルク・フリードリヒ 1858(2.16)
クロイツァー, コンラディン 1849(12.14)
クロイツヴァルト, フリードリヒ・レインホルト 1882(8.25)
クロイツェル, ロドルフ 1831(1.6)
クロイトゲン, ヨーゼフ 1883(1.13)
クロウ, キャサリン・スティーヴンス 1872(この年)
グローヴ, サー・ウィリアム・ロバート 1896(8.2)
グローヴ, ジョージ 1900(5.28)
クロヴィオ, ジューリオ 1578(1.4?)

クローヴィス1世 511(11.27)
グロウヴズ, アンソニ・ノリス 1853(5.20)
クロウクィル, アルフレッド 1872(この年)
クロウザー, サミュエル・アジャイ 1891(12.31)
グロウシン, ウィリアム 1519(10.?)
クロウズ, フランシス 1882(12.18)
クロウリ, ロバート 1588(6.18)
クローカー 1857(8.10)
クローカー, トマス・クロフトン 1854(この年)
グローガウ 1895(3.22)
グロ-ギヨーム 1634(この年)
クロケット, デイヴィー 1836(3.6)
クロザ, ピエール 1740(この年)
クロザート, ジャンバッティスタ 1758(この年)
グロース 1881(11.18)
グロス 1885(5.6)
クローズ, ウィリアム 1847(この年)
クローズ, ウィリアム 1851(1.30)
クロース, チャールズ・ポータフィールド 1883(1.2)
グロース, フランシス 1791(この年)
グロースゲバウアー, テオフィール 1661(7.8)
グロスター 1147(10.31)
グロスター 1295(12.7)
グロスター 1397(9.9)
グロスター, ハンフリー, 公爵 1447(2.27)
グローステスト, ロバート 1253(10.9)
クロズビ, ハワード 1891(3.29)
グロースマン, クリスティアン・ゴットロープ・レーベレヒト 1857(6.29)
クロスリー, サー・フランシス 1872(この年)
グロセイエ 1696(この頃)
クロタール1世 561(この年)
クロタール2世 629(この年)
クローチェ, ジューリオ・チェーザレ 1609(この年)
クローチェ, ジョヴァンニ 1609(5.15)

人物物故大年表 外国人編　893

クローチェ，バルダッサッレ 1628（この年）
クローチェ，フランチェスコ 1773（この年）
クーロチキン，ニコライ・ステパノヴィチ 1884（12.2）
クーロチキン，ワシーリー・ステパノヴィチ 1875（8.15）
クローツ 1794（3.24）
クローツィウス，ヨーハン 1659（7.1）
クローツィウス，ルートヴィヒ 1655（この年）
クロックフォード，ウィリアム 1844（この年）
グロッシ，トンマーゾ 1853（10.10）
グロッシュ，クリスティアン・ヘンリック 1865（この年）
クロッス 1881（この年）
クロッチ 1847（12.29）
クロッツ 1771（12.31）
クロッツ，アントン 1851（この年）
クロッツ，エギディウス・ゼバスティアン 1805（この年）
クロッツ，ゲオルク 1737（この年）
クロッツ，シュテファン 1668（5.13）
クロッツ，ゼバスティアン 1775（この年）
クロッツ，ゼバスティアン 1825（この年）
クロッツ，マティアス 1745（8.16）
クロッツ，ヨーゼフ・アントン 1842（この年）
クロッツ，ヨーゼフ・トーマス 1809（この年）
クロッツ，ヨハン・カール 1790（この年）
クロット，ピョートル 1867（11.8？）
グロットゲル，アルトゥル 1867（12.13）
グロッパー，ヨーハン 1559（3.13）
クロップシュトク，フリードリヒ・ゴットリープ 1803（3.14）
クロッペンビュルフ，ヨハネス 1652（この年）
クロッホマール 1840（7.31）

クロディア 前45（この頃）
クロディウス 68（この年）
クロディウス 前52（1.18）
グロティウス，フーゴ 1645（8.28）
クロディオン 1814（3.28）
聖クロティルド 545（6.3）
クローデガング 766（3.6）
グローテフェント 1853（12.15）
グロート 1871（6.18）
グロート，クラウス 1899（6.1）
クロード，ジャン 1687（1.13）
グロート，ホセ・マヌエル 1878（5.3）
クロードヴァルド 560（この頃）
クロトゥス 1822（3.26）
クロートゥス，ルベアーヌス 1539（この頃）
クローナカ 1508（9.27）
クローネ，ゴットフリート・ハインリヒ 1756（この年）
クロネッカー，レオポルト 1891（12.29）
クローネック 1759（1.1）
クローネンベルク 1878（この年）
グロノビウス 1671（9.28）
グロノフ 1716（10.21）
クロファード 1868（5.11）
クローフォード 1795（7.？）
クロフォード 1834（この年）
クロフォード，イザベラ・ヴァランシー 1887（2.12）
クロフォド，トマス 1857（10.10）
クロプシー，ジャスパー（・フランシス） 1900（この年）
クロフト，ウィリアム 1727（8.14）
クロフトン 1897（この年）
クロプトン，サー・ヒュー 1497（この年）
クロプファー，バルタザール・クリストフ 1703（この年）
クロプリス，ヨーハン 1535（2.1）
クローマイアー，ヒエローニムス 1670（7.3）
クローマイアー，ヨハネス 1643（この年）
クロマティウス 407（この年）
クローム，ジョン 1821（4.21）
クロムウェル 1674（3.23）

クロムウェル，オリヴァー 1659（この年）
クロムウェル，トマス，エセックス伯爵 1540（7.28）
クロムウェル，リチャード 1712（7.12）
クローメル，ジョヴァンニ・バッティスタ 1745（この年）
クロメル，マルチン 1589（3.23）
クローリー 1860（この年）
グローリア，ジョヴァンニ 1753（この年）
グロリエ（・ド・セルヴィエール），ジャン，アギジ子爵 1565（10.22）
クロール，ジェイムズ 1890（12.15）
グロールマン 1843（9.15）
クーロン，シャルル・オーギュスタン・ド 1806（8.23）
クローンステット，アクセル・フレドリック，男爵 1765（8.19）
クロンプトン，サミュエル 1827（6.26）
クローンベルク，ハルトムート・フォン 1549（この年）
クロンマー，フランツ・ヴィンツェンツ 1831（この年）
グロンルンド 1899（10.19）
クワスト 1641（10.5）
クワワ 1898（この年）
クーン 1769（10.8）
クーン 1881（5.5）
黄台吉 1585（この年）
クーン，ヤン・ピーテルスゾーン 1629（9.21）
クーン，ヨーハン・エヴァンゲリスト 1887（5.8）
クンガ・サンポ 1456（この年）
クンガ・トンドゥプ 1486（この年）
クンガ・レクパ 1529（この年）
グングル，ヨーゼフ 1889（2.1）
クンケル 1703（3.20）
軍臣単于 126（この年）
グンダハル 436（この年）
グンダフォルス 前15（この頃）
クンツェーヴィチ，イオサファート 1623（11.23）
クンツェン 1817（1.28）
グンテルス（ペリの） 1220（この頃）
グンデルト，ヘルマン 1893（4.25）

人名索引　　　　　　　　　　ケオ

クンデン・レーパ　1217（この年）
クント，アウグスト・エドゥアルト・エーベルハルト・アドルフ　1894（5.21）
グンドゥリッチ，イヴァン　1638（12.8）
グンドバッド　516（この年）
グントラム　593（この年）
クンバラジュ・アフメト・パシャ　1747（5.23）
クンパン・トゥクジェ・ツォンドゥ　1313（この年）
グンペルツハイマー　1625（11.3）
クンマー，エルンスト・エドゥアルト　1893（5.14）
グンレイグル・オルムストゥンガ　1009（この年）

【ケ】

ケー　1876（7.24）
ゲー，シャルル・ルイ　1892（1.19）
ゲー，ニコラーイ，ニコラーエヴィチ　1894（6.1？）
ケアド　1892（この年）
ケアド，ジョン　1898（7.30）
ケアニー　1848（10.31）
ゲーアハルト，パウル　1676（5.27）
ゲーアハルト，ヨーハン　1637（8.17）
ケアリ　1743（10.4）
ケアリ　1844（この年）
ケアリ　1883（この年）
ケアリー　1720（この頃）
ケアリー　1871（この年）
ケアリー　1871（この年）
ケアリー，H. C.　1879（10.13）
ケアリー，ウィリアム　1834（6.9）
ケアリー，ジョン　1835（この年）
ケアリ，マシュー　1839（9.16）
ケアンズ　1875（7.8）
ケアンズ　1885（この年）
ケアンズ，ジョン　1892（3.12）
ケイ　1900（この年）
ケイ，アドリアーン・トーマス・ゾーン　1590（この年）
ケイ，ウィレム　1568（この年）
邂雲路　1620（この年）
嵆永仁　1676（この年）
荊軻　前227（この年）

桂萼　1531（この年）
髻含　308（この年）
桂涵　1833（この年）
揭傒斯　1344（7.11）
倪元璐　1644（3.17）
嵆康　262（この年）
奚岡　1803（10.24）
倪瓚　1374（11.11）
惠施　前310（この年）
嵆紹　304（この年）
ケイ，ジョン　1764（この頃）
ゲイ，ジョン　1732（12.4）
慶大升　1183（この年）
邢侗　1612（この年）
惠棟　1758（5.22）
桂馥　1802（この頃）
倪文俊　1357（この年）
刑昺　1010（この年）
ケイ，リーヴェン・デ　1627（7.17）
ケイア，ジェイムズ　1820（10.11）
ケイヴ，ウィリアム　1713（8.4）
惠永　1294（この年）
惠王　前335（この頃）
惠果　805（この年）
景閑　1374（この年）
繼顗　973（この年）
惠恭王　780（この年）
敬軒　1632（この年）
景公　前581（この年）
ゲイジ，トマス　1656（この年）
ゲイジ，トマス　1787（4.2）
ケイ・シャトルワース，サー・ジェイムズ（・フィリップス）　1877（この年）
敬淳　1883（この年）
敬順王　978（この年）
慶昭　1017（この年）
警韶　583（この年）
ゲイスフォード，トマス　1855（6.2）
ケイセル，トーマス・デ　1667（6.7）
ケイゼル，ヘンドリック・デ　1621（5.15）
ケイゼルリング　1736（11.？）
敬宗　826（この年）
景宗　982（この年）
ケイタ　1260（この頃）
ケイター　1835（4.26）
景泰帝　1457（この年）
ゲイツ，ホレイシオ　1806（4.10）
ケイツビー，ロバート　1605（11.8）

惠帝（晋）　306（この年）
惠帝（前漢）　前188（この年）
景帝（前漢）　前141（この年）
ケイド，ジャック　1450（この年）
景德王　765（この頃）
ケイトン，ウィリアム　1665（この頃）
迥微　917（この年）
ケイブ　1754（この年）
ケイベル，エドワード　1781（2.24）
慶甫　947（この年）
民可汗　609（この年）
慶獻　921（この年）
ケイリー，アーサー　1895（1.26）
ケイリー，サー・ジョージ　1857（12.15）
桂良　1862（この年）
ケイリンクス，アレクサンデル　1657（この年）
ゲイル，トマス　1702（この年）
ケイロース，エッサ・デ　1900（8.16）
敬和　1848（この年）
ケイン　1871（2.20）
ケイン　1887（1.18）
ケイン，イライシャ（・ケント）　1857（2.16）
ケイン，サー・ロバート・ジョン　1890（2.16）
ゲインズバラ，トマス　1788（8.2）
ゲヴィン　618（この年）
ケーヴェンヒュラー　1650（この年）
ケーヴェンヒュラー　1776（この年）
ケオカク　1848（この年）
ゲオルギー　1881（この年）
ゲオールギオス　724（この年）
ゲオールギオス（カッパドキアの）　361（12.24）
ゲオールギオス・シュンケロス　810（この頃）
ゲオールギオス・トラペズーンティオス　1484（8.12）
ゲオールギオス（ラオディキアの）　361（この頃）
ゲオルギー・フセヴォロドヴィチ　1238（この年）
ゲオルク3世（敬虔公）　1553（10.17）
ゲオルク5世　1878（6.12）

人物物故大年表 外国人編　895

ゲオルク（敬虔候）　1543（12.27）
ゲオルク（髭公）　1539（4.17）
ゲオルゲス　1895（8.25）
ケーグラー，イグナーツェ（イグナティウス）　1746（3.30）
ゲクラン，ベルトラン・デュ　1380（7.13）
ケクレ・フォン・シュトラドニッツ，フリードリヒ・アウグスト　1896（7.13）
ケーゲル，ヨハネス・テーオドーア・ルードルフ　1896（7.2）
ゲザ　997（この年）
ゲザ1世　1077（この年）
ゲザ2世　1162（この年）
ケサダ　1634（6.7）
ケサーダ，ゴンサロ・ヒメネス・デ　1579（この頃）
ケーザル　1657（10.5）
ケーザル　1679（11.29）
ゲージウス，バルトロメーウス　1613（8.？）
ゲシェル，カール・フリードリヒ　1861（9.22）
ゲジミーン　1341（この年）
ケーシャヴダース　1617（この頃）
ケーシャブ・チャンドラ・セーン　1884（1.8）
ゲス，ヴォルフガング・フリードリヒ　1891（6.1）
ケスチウス　67（この年）
ケスティウス　前12（この年）
ゲスト，エドマンド　1577（2.28）
ケストナー，アーブラハム・ゴットヘルフ　1800（6.20）
ケストリン　1894（この年）
ゲスナー　1761（8.3）
ゲスナー　1864（4.29）
ゲスナー，コンラート・フォン　1565（3.13）
ゲスナー，ザーロモン　1788（3.2）
ケスラー　1881（3.3）
ケスラー，ヨハネス　1574（2.24）
ゲーゼ，ニルス・ヴィルヘルム　1890（12.21）
ゲゼーニウス，ハインリヒ・フリードリヒ・ヴィルヘルム　1842（10.23）
ゲゼーニウス，ユストゥス　1673（9.18）
ゲゾ　1858（この年）
ゲタ　212（この年）

ケダマイスター，リチャード　1531（この年）
ゲタール，ジャン・エティエンヌ　1786（1.7）
ゲタールディ　1627（4.11）
ケツウン・ションヌドゥプ　1319（この年）
ケッカマン，バルトロメーウス　1609（8.25）
決凝　1053（この年）
月江正印　1295（12.1）
ゲッシェン　1828（4.5）
ケッセルス　1836（3.3）
ケッチ，ジャック　1686（この年）
ゲッツ　1781（この年）
ゲッツ，ヘルマン　1876（12.3）
ゲッツィ，ピエル・レオーネ　1755（この年）
ゲッツェ，ヨハン・メルヒオーア　1786（5.19）
ゲッツ・フォン・ベルリヒンゲン　1562（7.23）
ゲッディス，アレグザーンダ　1802（2.26）
ケッテラー　1900（6.20）
ケッテラー，ヴィルヘルム・エマーヌエル・フォン　1877（7.13）
ケッテンバハ，ハインリヒ・フォン　1524（この頃）
ケット　1549（12.7）
ケッド（ケッダ）　664（10.26）
ケットラー，ゴットハルト　1587（5.17）
ケットルウェル，ジョン　1695（4.12）
ケッヘル，ルートヴィヒ・リッター・フォン　1877（6.3）
ケッペン　1858（9.4？）
ケッペン　1863（7.19）
ゲッリウス，アウルス　170？（この頃）
頡利可汗　634（この年）
ゲーテ，ヨーハン・ヴォルフガング　1832（3.22）
ゲディ，ジョン　1872（12.14）
ゲディク・アフメット・パシャ　1482（12.18）
ゲディス　1803（この年）
ゲディス，ジェニー　1660（この頃）
ゲディッケ，ランベルト　1736（2.21）
ケティーフ，ジャーク　1698（3.2）

ケテグス　前63（この年）
ゲーデケ　1887（10.27）
ケテル，コルネリス　1616（8.8）
ケ・デルヴロワ，ルイ・ド　1760（この年）
ケード　1450（7.12）
ケードゥプ・ゲーレク・ペルサンポ　1438（この年）
ケトル，ティリー　1786（この年）
ケトレ，ランベール・アドルフ・ジャック　1874（2.17）
ゲドロン，ピエール　1620（この頃）
ゲナン，マリー・アレクサンドル　1835（1.22）
ケナーン・パシャ　1659（2.17）
ケニコット，ベンジャミン　1783（9.18）
ケニス（デリの）　599（この頃）
ケーニッヒ　1833（1.17）
ケーニヒ　1757（8.21）
ケーニヒ，ザームエル　1750（5.31）
ケーニヒ，フランツ・ニクラウス　1832（この年）
ケーニヒ，ヨーハン・フリードリヒ　1664（9.15）
ケーニヒスマルク　1694（7.1）
ケーニヒスマルク　1728（2.16）
ケネー，フランソワ　1774（12.16）
ゲネシウス（アルルの）　250（この頃）
ケネス1世　858（この年）
ケネット，ホワイト　1728（12.19）
ケネディ　1848（この年）
ケネディ　1889（4.6）
ケネディ，ジョン・ペンドルトン　1870（8.18）
ケネル，ニコラ　1632（この年）
ケネル，パーキエ　1719（12.2）
ケネル，ピエール　1557（この頃）
ケネル，フェルディナント　1864（8.6）
ケネル，フランソワ　1616（この年）
ゲバラ　1621（この年）
ゲバーラ，アントニオ・デ　1545（4.3）
ゲヒハウゼン　1807（9.7）
ケプケ，クリステン・シェラープ　1848（2.7）
ゲプハルディ，ブランダーヌス・ヘンリクス　1729（12.1）

ケル

ゲプハルト, エルンスト 1899 (6.9)
ゲプハルト, トルフゼス・フォン・ヴァルトブルク 1601 (5.31)
ケプラー, ヨハネス 1630 (11.15)
ケーブル 1649 (この年)
ゲブレ・ミカエル 1855 (8.28)
ケプロン 1885 (2.22)
ケベード, フランシスコ・ゴメス・デ 1645 (9.8)
ケーベル 1533 (1.31)
ゲーベル 815 (3.?)
ゲーベル 1847 (6.7)
ゲーベル, マックス 1857 (この年)
ゲーベン 1880 (この年)
ケマル, ナームク 1888 (12.2)
ケマル・パシャ・ザーデ 1535 (4.6)
ケームズ 1782 (12.27)
ケムニッツ 1678 (この年)
ケムニッツ, マルティン 1586 (4.8)
ケメナー 1535 (この年)
ケメーニュ・ジグモンド 1875 (12.22)
ケーラー 1565 (この年)
ケーラー 1876 (この年)
ケーラー 1892 (8.15)
ケラー 1881 (この年)
ケラー 1895 (この年)
ケラー, ゴットフリート 1890 (7.15)
ケラー, ハインリヒ 1832 (この年)
ケーラー, ルイス 1886 (2.16)
ゲラシウス1世 496 (11.21)
ゲラシオス 395 (この頃)
ゲラシモス 475 (3.5)
ゲラート, クリスティアン・フュルヒテゴット 1769 (12.13)
ゲラール 1854 (この年)
ゲラルディ, アントーニオ 1702 (この年)
ゲラルディ, フィリッポ 1704 (この年)
ゲラルディーニ, アレッサンドロ 1723 (この年)
ゲラルディーニ, メルキオッレ 1675 (この年)
ゲラルデスカ 1289 (この年)
ゲラルデッロ・ダ・フィレンツェ 1362 (この頃)

ゲラルド 1187 (この年)
ゲラルドゥス (アブヴィルの) 1272 (11.8)
ゲラルドゥス (オリアクの) 909 (10.13)
ゲラルドゥス (ソヴ・マジュールの) 1095 (4.5)
ゲラルドゥス (ボローニャの) 1317 (4.17)
ゲラルド・ディ・ジョヴァンニ・デル・フォーラ 1497 (この年)
ゲラン, ウージェニー・ド 1848 (5.31)
ゲラン, テオドール 1856 (5.14)
ゲラン, ピエール・ナルシス, 男爵 1833 (7.16)
ゲラン, モーリス・ド 1839 (7.19)
ゲランジェ, プロスペール 1875 (1.30)
ゲラン・ラジョア 1882 (8.4)
ケリー 1826 (10.9)
ケリー, ウィリアム 1888 (この年)
ゲリー, エルブリッジ 1814 (11.23)
ケリ, トマス 1854 (5.14)
ケリー, ネッド 1880 (この年)
ケリアリス 74 (この頃)
ゲーリケ, オットー・フォン 1686 (5.11)
ゲーリケ, ハインリヒ・エルンスト・フェルディナント 1878 (2.4)
ゲリブランド, ヘンリー 1636 (2.16)
ゲー・リュサック, ジョゼフ・ルイ 1850 (5.9)
ケリュス, アンヌ-クロード-フィリップ・ド・チュビエール・ド 1765 (9.5)
ゲーリング 1879 (この年)
ゲーリンクス, アルノルド 1669 (11.?)
ケール 1721 (9.1)
ケール 1885 (この年)
ケルアル 1734 (11.17)
ゲルヴァシウス (カンタベリの) 1210 (この頃)
ゲルヴァシウス (ティルベリの) 1220 (この頃)
ゲルヴィーヌス, ゲオルク・ゴットフリート 1871 (3.18)

ケルヴィン・ド・レッテンホーヴェ 1891 (4.2)
ケルキダス 前220 (この頃)
ケルゲラン-トレマレク, イヴ・ジョゼフ・ド 1797 (この年)
ケルシー 1724 (この年)
ゲルシュテッカー, フリードリヒ 1872 (5.31)
ゲルショム・ベン・イェフーダ 1028 (この年)
ケルスス, アウルス・コルネリウス 45 (この年)
ケルスティング, ゲオルク・フリードリヒ 1847 (この年)
ゲルステンベルク, ハインリヒ・ヴィルヘルム・フォン 1823 (11.1)
ゲルソニデス 1344 (4.20)
ケルチェイ・フェレンツ 1838 (8.24)
ゲルチーノ, イル 1666 (12.22)
ゲールツ 1882 (この年)
ゲルツェン, アレクサンドル・イワノヴィチ 1870 (1.9)
ケルデルマンス, アンドリース 1481 (この年)
ケルデルマンス, アントーン 1512 (この年)
ケルデルマンス, ヤン 1425 (この頃)
ケルデルマンス, ロンバウト2世 1531 (この年)
ゲルトナー 1791 (6.14)
ゲルトナー 1850 (この年)
ゲルトナー, エドゥアルト 1877 (この年)
ゲルトナー, フリードリヒ・フォン 1847 (4.21)
ゲルトルーディス (ニヴェルの) 659 (この年)
ゲルトルーディス (ハッケボルンの) 1292 (この年)
ゲルトルーディス・マグナ 1302 (この年)
ケルナー 1892 (この年)
ケルナー, クリスティアン・ゴットフリート 1831 (5.13)
ケルナー, テーオドア 1813 (8.26)
ケルナー, ユスティーヌス 1862 (2.21)
ケルナー, ヨーハン・クリストフ 1803 (この年)

ケルナー，ヨーハン・ペーター　1772（この年）
ゲルバー　1891（12.23）
ゲルバー，エルンスト・ルートヴィヒ　1819（6.30）
ゲルバー，ハインリヒ　1775（8.6）
ゲルハルト，エドゥアルト　1867（5.12）
ゲルハールト，ニコラウス　1473（11.22？）
ケルビーニ，ルイージ・カルロ・ザノービオ・サルヴァトーレ・マリーア　1842（3.13）
ゲルベルト，マルティン　1793（5.13）
ゲルベロン，ガブリエル　1711（この年）
ゲルホー（ライヒャスベルクの）　1169（6.27）
ゲルマニクス・ユリウス・カエサル　19（10.10）
ゲルマーヌス（オセールの）　448（この年）
ゲルマーヌス（パリの）　576（5.28）
ゲルマノス　733（この頃）
ゲルマノス2世　1240（この年）
ゲルモゲーン　1612（2.17）
ゲルラハ　1748（この年）
ゲルラハ　1877（8.29）
ゲルラハ，オットー・フォン　1849（10.24）
ゲルラハ，ペーテルス　1411（11.18）
ゲルラハ，ルートヴィヒ・フォン　1877（2.18）
ゲルラハ，レーオポルト・フォン　1861（1.10）
ケラリオス，ミカエル　1058（この年）
ケルル，ヨーハン・カスパル　1693（2.13）
ゲルレ，ハンス　1570（この年）
ゲルレ，ヤコプス・デ　1591（1.7）
ケルロイター　1806（11.25）
ケルン，アントン　1747（この年）
ケルン，ダーニエル・フォン　1833（2.17）
ゲルンラー，ルーカス　1675（2.9）
ゲレー，ガブリエル　1688（この年）

ゲレイロ　1617（9.28）
ゲレス，ヨーゼフ　1848（1.29）
ケレスチヌス1世　432（7.27）
ケレスチヌス3世　1198（1.8）
ケレスチヌス5世　1296（5.19）
ケレスティーヌス2世　1144（3.8）
ケレスティーヌス4世　1241（11.10）
ケーレル，ベーラ　1882（11.20）
ゲレールト　1046（9.24）
ケレルマン　1820（9.23）
ゲレーロ　1776（この年）
ゲレーロ　1831（2.14）
ゲレーロ，フランシスコ　1599（11.8）
ケーレン，ルドルフ・ファン　1610（12.31）
ゲロー　965（この年）
ゲーロク，カール　1890（1.14）
ゲロン　前478（この年）
ゲロンティオス　485（この年）
ゲワ・ラブセル　975（この年）
賢　61（この年）
阮瑀　212（この年）
厳可均　1843（この年）
阮淦　1545（この年）
元結　772（この年）
原傑　1476（この年）
甄萱　936（この年）
阮元　1849（10.13）
阮孝緒　536（この年）
元好問　1257（この年）
厳縄孫　1702（1.?）
元稹　831（7.23）
厳嵩　1568（この年）
阮籍　263（この年）
阮大鋮　1646（この年）
権徳輿　818（この年）
ケン，トマス　1711（3.11）
厳武　765（この年）
阮福映　1820（8.?）
阮福晈　1840（この年）
阮文岳　1793（この年）
玄昱　868（この年）
玄覚　713（この年）
玄暉　941（この年）
彦機　1644（この年）
彦暉　911（この年）
玄儀　742（この年）
ゲンゲンバハ，パンフィルス　1525（この年）
玄高　444（この年）

玄奘　664（2.5）
元聖王　798（この年）
ケンセット，ジョン（・フレデリック）　1872（この年）
玄素　752（この年）
憲宗（唐）　820（この年）
顕宗（高麗）　1031（この年）
元宗（高麗）　1274（6.?）
玄宗（唐）　761（この年）
彦琮　610（この年）
ケンタル　1698（12.20）
ケンダル　1869（この年）
ケンタル，アンテーロ・デ　1891（9.11）
玄暢　484（この年）
ゲンツ，ハインリヒ　1811（10.3）
ゲンツ，フリードリヒ　1832（6.9）
献帝（後漢）　234（この年）
元帝（前漢）　前33（この年）
元帝（梁）　554（この年）
元帝（魏）　302（この年）
聖ケンティガン　603（1.13）
ケント　1820（1.23）
ケント　1847（12.12）
ケント，ウィリアム　1748（4.12）
ゲント，フレデリック・オーガスタス　1893（2.2）
ケンドラー，ヨハン・ヨアヒム　1775（5.18）
ケンドル，ヘンリー　1882（8.1）
ゲンナージイ（ノーヴゴロトの）　1504（12.4）
ゲンナーディウス（マルセイユの）　492（この頃）
ゲンナディオス1世　471（この年）
ケンパー，ジャクスン　1870（この年）
ケンプ，ウィリアム　1603（この頃）
ケンプ，ジョン　1454（3.22）
ケンプ，マージャリー　1440（この頃）
ケンプ，ヨハネス・テオドールス・ヴァン・デル　1811（この年）
ケンブル　1857（3.26）
ケンブル，ジョン・フィリップ　1823（2.26）
ケンブル，スティーヴン　1822（この年）
ケンブル，チャールズ　1854（この年）
ケンブル，ファニー　1893（この年）

ケンプレン　1804（この年）
建文帝（明）　1402（この年）
ケンペ，シュテファン　1540（10.23）
ケンペル　1716（11.2）
ケンペル，エンゲルベルト　1714（この年）
ケンペンフェルト　1782（この年）
ゲンマ・フリシウス　1555（この年）
ケンリク，ピーター・リチャード　1896（3.4）
ケンリク，フランシス・パトリク　1863（7.8）
乾隆帝　1799（1.3）
玄朗　753（この年）
玄琬　636（この年）

【 コ 】

顧安　1373（この頃）
胡安国　1138（この年）
胡安定　1059（この年）
胡渭　1714（この年）
呉偉　1508（6.13）
呉偉業　1671（この年）
胡惟庸　1380（この年）
胡寅　1156（この年）
呉筠　778（この年）
顧允成　1607（この年）
顧澐　1896（この年）
呉雲　1883（この年）
呉栄光　1843（この年）
胡遠　1886（この年）
顧炎武　1682（1.9）
顧応祥　1565（この年）
胡応麟　1602（この年）
顧愷之　405（この頃）
呉嘉紀　1684（この年）
顧鶴慶　1830（この年）
呉可読　1879（この年）
顧歓　484（この頃）
呉寛　1504（この年）
呉漢　44（この年）
呉起　前381（この年）
呉曦　1207（この年）
呉綺　1694（この年）
呉熙載　1870（この年）
顧況　815（この頃）
呉兢　749（この年）
胡居仁　1484（この年）

胡季犛　1407（この年）
呉均　520（この年）
呉敬梓　1754（この年）
呉慶錫　1879（この年）
呉激　1142（この年）
呉権　944（この年）
顧憲成　1621（この年）
呉元済　817（この年）
胡広　1418（この年）
呉広　前208（この年）
顧広圻　1835（この年）
胡五峰　1155（この年）
呉三桂　1678（8.？）
胡三省　1302（この年）
胡祇遹　1293（この年）
呉式芬　1856（この年）
伍子胥　前485（この年）
呉質　230（この年）
呉充　1080（この年）
顧従義　1588（この年）
胡昭　250（この年）
呉承恩　1582（この年）
胡承諾　1687（この年）
呉昌文　965（この年）
顧嗣立　1722（この年）
胡震亨　1645（この年）
伍崇曜　1863（この年）
呉世璠　1681（この年）
呉錫麒　1818（この年）
胡銓　1180（この年）
顧祖禹　1680（この年）
胡宗憲　1565（この年）
呉損　773（この頃）
顧大典　1596（この年）
呉澄　1333（この年）
呉長慶　1884（この年）
呉鎮　1354（この年）
胡鉄梅　1899（この年）
胡天游　1758（この年）
顧棟高　1759（この年）
呉道子　750（この頃）
顧徳輝　1369（3.14）
胡培翬　1849（この年）
呉文英　1270（この頃）
伍秉鑑　1843（この年）
呉邁遠　474（この年）
顧野王　581（この年）
呉融　905（この頃）
呉熊光　1833（この年）
呉友如　1893（この年）
呉与弼　1469（この年）
呉萊　1343（この年）
顧洛　1837（この頃）

呉璘　1167（この年）
胡林翼　1861（8.？）
呉歴　1718（この年）
コアス　1893（この年）
ゴア夫人　1861（1.29）
ゴアル　575（この年）
ゴアール，ジャーク　1653（9.23）
コアン，アンリ　1880（この年）
コアンデー　1834（この年）
コイエット　1678（この頃）
ゴイス，ダミアン・デ　1574（この年）
コイター　1576（この頃）
コイテル　1590（この頃）
コイトゥラ，リーティア　1886（8.11）
コイプ，アルベルト　1691（11.15）
コイリロス（サモスの）　前400？（この頃）
黄易　1802（この年）
黄以周　1899（この年）
高允　487（この年）
項羽　前202（12.？）
江永　1762（この年）
洪英植　1884（この年）
黄鉞　1841（この年）
江淹　505（この年）
耿弇　58（この年）
康海　1540（この年）
高開道　624（この年）
黄榦　1221（この年）
皇侃　545（この年）
高歓　547（この年）
黄鞠　1860（この年）
高季興　928（12.15）
黄姫水　1574（この年）
高其佩　1734（9.？）
高拱　1578（この年）
耿恭　78（この年）
黄居寀　993（この頃）
黄均　1850（この年）
洪鈞　1893（この年）
侯君集　643（この年）
侯景　552（この年）
高熲　607（この年）
高啓　1374（この年）
洪啓薫　1895（この年）
高迎祥　1636（この年）
黄景仁　1783（この年）
耿継茂　1671（5.？）
洪景来　1812（4.19）
寇謙之　448（この年）

人物物故大年表 外国人編　*899*

項元汴　1590（この年）
弘昕　1811（この年）
洪皓　1155（この年）
黄向堅　1673（この年）
孔広森　1786（この年）
康広仁　1898（この年）
黄公望　1354（この頃）
高克恭　1310（この年）
黄佐　1560（この年）
洪在鶴　1881（この年）
黄嗣永　1801（11.？）
高士奇　1704（この年）
黄子澄　1402（この年）
黄爵滋　1853（この年）
向秀　300（この頃）
洪秀全　1864（6.1）
洪遵　1174（11.？）
寇準　1023（この年）
寇恂　36（この年）
洪昇　1704（この年）
洪鐘　1524（この年）
黄承吉　1842（この年）
孔尚任　1718（この年）
洪承疇　1665（この年）
黄溍　1357（この年）
黄慎　1768（この頃）
黄真伊　1544（この年）
洪仁玕　1864（この年）
高仁義　727（この年）
江声　1799（この年）
杭世駿　1773（この年）
耿精忠　1682（この年）
項聖謨　1658（この年）
高適　765（この年）
黄筌　965（9.2）
高仙芝　755（この年）
黄巣　884（6.？）
江総　594（この年）
黄宗羲　1695（この年）
洪大容　1783（この年）
孔稚珪　501（この年）
洪茶丘　1291（この年）
江忠源　1854（この年）
耿仲明　1649（11.？）
康兆　1010（この年）
黄鼎　1730（4.25）
黄庭堅　1105（9.30）
江統　310（この年）
黄道周　1646（この年）
黄伯思　1118（この年）
江藩　1831（この年）
高攀竜　1626（この年）
黄丕烈　1825（この年）

江彬　1521（この年）
向敏中　1020（この年）
孔鮒　前208（この年）
洪福　1864（この年）
高稼　1423（この年）
耿秉　91（この年）
高駢　887（9.21）
侯方域　1654（この年）
高鳳翰　1748（この頃）
黄彭年　1891（この年）
洪邁　1202（この年）
高明　1380（この頃）
康茂才　1370（この年）
孔融　208（この年）
江有誥　1851（この年）
孔有徳　1652（この年）
高力士　762（この年）
項梁　前208（この年）
洪亮吉　1809（この年）
孔琳之　423（この年）
コヴァーチュ，エデン　1895（この年）
ゴーヴィンド・シング　1708（この年）
コウヴェル，ジョン　1722（この年）
洪偓　564（この年）
皇甫惟明　748（この年）
康王　前989（この年）
コウォンタイ　1812（2.28）
ゴウォンベク，ヤクブ　1789（この年）
光海君　1641（この年）
広開土王　412（この年）
洪适　1184（この年）
洪基　1881（この年）
剛毅　1900（この年）
康煕帝　1722（11.13）
恒景　712（この年）
孝公（秦）　前338（この年）
孔子　前479（10.？）
更始帝　25（この年）
洪遵　608（この年）
孝成王　742（この年）
勾践　前465（この年）
亘璇　1852（この年）
高泉性潡　1695（この年）
高祖（唐）　635（5.6）
興宗（金）　1113（この年）
興宗（遼）　1055（この年）
光宗（高麗）　975（この年）
光宗（南宋）　1200（この年）
孝宗（宋）　1194（6.9）

高宗（高麗）　1259（この年）
高宗（宋）　1187（10.8）
高宗（唐）　683（12.4）
康僧会　280（この年）
孝荘帝　530（この年）
公孫淵　238（この年）
公孫弘　前120（この年）
公孫瓚　199（この年）
公孫述　36（この年）
公孫度　204（この年）
公孫竜　前250（この頃）
コウ・ター・ビュー　1840（この年）
弘治帝　1505（この年）
恒超　949（この年）
康帝　344（この年）
興徳王　836（この年）
弘仁　1663（12.12）
弘忍　674（この年）
皎然　790（この頃）
孝閔帝　577（この年）
光武帝（後漢）　57（2.？）
孝武帝（北魏）　534（この年）
洪武帝（明）　1398（閏5.？）
ゴウブル（ゴーブル），ジョナサン　1898（5.？）
孝文帝（北魏）　499（4.？）
皇甫規　174（この年）
皇甫嵩　195（この年）
皇甫冉　767（この頃）
皇甫曽　785（この年）
皇甫誕　604（この年）
皇甫謐　281（この年）
ゴウマータ　前521（この年）
泓宥　1774（この年）
ゴウリー　1600（この年）
康里巙巙　1345（この年）
閭闓　前492（この年）
コウル，ヘンリ　1580（2.？）
コウルマン，エドワード　1678（12.3）
コウルリジ，ジョン・テイラー　1876（この年）
コウルリジ，ヘンリ・ジェイムス　1893（4.13）
コウロス　1633（10.29）
ゴエス（ゴイシュ），ベント・デ　1607（4.11）
ゴェツァンパ・ゴンポ・ドルジェ　1258（この年）
コエフトー，ニコラ　1623（この年）
コェリョ，ガスパル　1590（5.7）
コエーリョ，クラウディオ　1693（4.20）

コエーリョ・イ・オチョーア，アントニオ 1652(10.20)
コエリョ・ペレイラ 1555(この年)
コーエル(カウエル) 1611(10.11)
ゴェ・ロツァワ・ションヌベル 1481(この年)
呉王劉濞 前154(この年)
晤恩 986(この年)
コーカー，ジェイムズ・モーラス 1715(12.?)
コガルニチャヌ 1891(この年)
コカレル，サミュエル・ピープス 1827(この年)
コカレル，チャールズ・ロバート 1863(9.17)
呼韓邪単于 前31(この年)
コギシャル，ラルフ・ド 1227(この頃)
コギドゥプヌス 75(この年)
コキヤール，ギヨーム 1510(この年)
コーク 1643(この年)
コーク 1842(6.30)
谷永 前8(この年)
コーク，サー・エドワード 1634(9.3)
コーク，トマス 1814(5.2)
克勤 1135(8.5)
コクシー，ミヒール 1592(この年)
黒歯常之 689(この年)
呴厲囉 1065(この年)
コクスウェル 1900(1.5)
コクツェーイ 1755(10.4)
コクツェーユス(コッホ)，ヨハネス 1669(11.4)
ゴクトン・チョエドル 1102(この年)
コクラン 1853(この年)
コクラン 1860(10.30)
コクリコ，アドリアン・プティ 1563(2.9?)
斛律金 567(この年)
斛律孝卿 600(この頃)
ゴクレニウス 1628(この年)
コクレル，アタナーズ・ジョジュエ 1875(この年)
コクレル，アタナーズ・ロラン・シャルル 1868(1.10)
ゴク・ロデン・シェラプ 1110(この頃)

コゲッティ，フランチェスコ 1875(この年)
コケーン 1626(この年)
故国原王 371(この年)
コーコラン，ジェイムズ・アンドルー 1889(7.16)
ゴーゴリ，ニコライ・ワシリエヴィチ 1852(2.21)
コーコレフ，イワン・チモフェーヴィチ 1853(6.14)
コサ 1510(2.28)
ゴザー(ゴター)，ジョン 1704(10.2)
コサード，ジャン・ピエール・ド 1751(12.8)
ゴサン，フランソワ・サミュエル・ルイ 1863(6.18)
コーサン・ド・ペルスヴァル 1871(1.15)
コーシー，オーギュスタイン・ルイ，男爵 1857(5.23)
ゴジェネチェ・イ・バレダ，ホセ・セバスティアン・デ 1872(2.19)
コジェルフ，ヤン・アントニーン 1814(2.3)
コジェルフ，ヤン・アントニーン 1818(5.7)
ゴージズ，サー・ファーディナンド 1647(この年)
コシチューシコ，タデウシュ・(アンジェイ・)ボナヴェントゥラ 1817(10.15)
コジーニ，シルヴィオ 1549(この頃)
コシャン，シャルル・ニコラ 1790(4.29)
コシャン，シャルル・ニコラ(父) 1754(この年)
コシャン，ニコラ 1686(この年)
ゴシュケーヴィチ，イオーシフ・アントーノヴィチ 1875(10.5)
コシュタ・カブラル 1889(9.1)
コシュート，ラヨシュ 1894(3.20)
コーション 1442(12.18)
コシーンスキィ 1593(この年)
ゴス，ウィリアム・クリスティー 1881(この年)
ゴス，フィリップ・ヘンリ 1888(1.17)
牛頭法融 657(この年)
コズウェイ，リチャード 1821(6.4)

ゴスケリーヌス 1107(この頃)
コズコ 1891(12.20)
コスタ 1633(10.8)
コスタ 1884(4.29)
コスタ，イサーク・ダ 1860(4.28)
コスタ，イッポーリト 1561(この年)
コスタ，イニャシウ・ダ 1666(5.11)
コスタ，ロレンツォ 1535(5.3)
コスタ・アレグレ，カエタノ・ダ 1889(この年)
コスタンツォ 1622(9.15)
コスティン 1691(この年)
コステル 1440(この年)
コスト，ナポレオン 1883(この年)
コストカ，スタニスウァフ 1568(8.15?)
コストマーロフ，ニコライ・イワノヴィチ 1885(4.7)
コストレ，ギヨーム 1606(2.1?)
コストローフ，エルミール・イワノヴィチ 1796(12.9)
ゴスナー，ヨハネス・エヴァンゲリスタ 1858(3.20)
ゴスノールド 1607(8.22)
コスマス(プラハの) 1125(10.25)
コスマス・メロードス 787(この頃)
ゴズラン，レオン 1866(9.1)
コズローフ，イワン・イワノヴィチ 1840(1.30)
コズローフスキー，オーシプ・アントーノヴィチ 1831(この年)
コズローフスキー，ミハイル・イヴァノヴィチ 1802(9.30)
コセ，フランソワ 1664(この年)
コーゼガルテン，ゴットハルト・ルートヴィヒ 1818(10.26)
ゴセック，フランソワ・ジョゼフ 1829(2.16)
コゼット，ピエール 1801(この年)
ゴーセルム・フェディト 1215(この頃)
コーソン，ジュリエット 1897(この年)
コタ，ロドリゴ・デ 1504(この頃)
ゴダイヴァ，レイディ 1080(この頃)

胡太后　490(この年)
コダッツ　1872(7.21)
コダッツィ, ヴィヴィアーノ　1672(この年)
ゴダッド　1845(この年)
ゴダール, バンジャマン　1895(1.10)
ゴーダン　1841(この年)
ゴーダン　1880(4.2)
ゴダン　1760(この年)
ゴダン　1888(1.15)
ゴダン・デ・オドネ　1792(この年)
コタン夫人　1807(8.25)
ゴーチエ, テオフィル　1872(10.23)
ゴーチエ - ガルギーユ　1633(12.?)
ゴーチエ(シャチヨンの)　1200(この頃)
ゴーチエ・ダラス　1185(この頃)
ゴーチエ・ド・コワンシー　1236(9.25)
コーチーズ　1874(この年)
コチュベーイ　1708(この年)
コーツ　1770(この年)
コーツ　1883(10.15)
コーツ, ロジャー　1716(6.5)
コッカー, エドワード　1675(この年)
コッカパーニ, シジスモンド　1642(この年)
コッカリル　1832(この年)
コック　1891(この年)
コック, ゴンザレス　1684(4.18)
コック, シャルル・ポール・ド　1871(8.29)
コック, ヒエロニムス　1570(この年)
コックス　1624(3.27)
コックス　1824(この年)
コックス　1881(7.8)
コックス　1900(8.8)
コックス, ウィリアム　1837(この年)
コックス, サミュエル・ハンスン　1880(10.2)
コックス, デイヴィド　1859(6.3)
コックス, フランシス・エリーザベス　1897(この年)
コックス, メルヴィル・ベヴァリジ　1833(7.21)
コックス, リチャード　1581(7.22)

コックバーン　1853(この年)
コッサ　1881(この年)
競譲　956(この年)
ゴッツィ, ガスパロ　1786(12.26)
ゴッツィ, カルロ　1806(4.14)
ゴッセージ, ウィリアム　1877(4.9)
ゴッセン　1858(2.13)
ゴッソン　1624(2.13)
コッタ　1844(10.25)
コッタ　1879(9.14)
ゴッター　1797(この年)
コッター, ハンス(ヨハネス)　1541(この年)
コッタ, ヨハン　1692(この年)
コッタ, ヨハン・フリードリヒ　1832(12.29)
ゴッター, ルートヴィヒ・アンドレーアス　1735(9.19)
兀庵普寧　1276(この年)
コッチャ, カルロ　1873(この年)
ゴッツァディーニ, ジョヴァンニ　1887(この年)
コッツァレッリ, グイドッチョ　1517(この年)
コッツァレッリ, ジャコモ　1515(3.23)
ゴッツィ, マルコ　1839(この年)
コッツェイ　1719(8.18)
コッツェブー, アウグスト　1819(3.23)
コッツェブー, オットー　1846(2.4)
ゴッツォリ, ベノッツォ　1497(10.4)
ゴッティ, ヴィンチェンツォ・ロドヴィーコ　1742(9.18)
コット, ロベール・ド　1735(7.15)
コットヴィツ, ハンス・エルンスト　1843(5.13)
ゴットシェート, ヨハン・クリストフ　1766(12.12)
ゴットシャルク　868(10.13)
ゴットショーク, ルイス・モロー　1869(12.18)
ゴットスカルクソン, オドゥール　1556(この年)
ゴットフリート　1453(この年)
ゴットフリート・フォン・シュトラースブルク　1210?(この頃)
ゴットフリート・フォン・ナイフェン　1255(この頃)
ゴットフリート・フォン・ビテルボ　1191(この頃)

ゴッドフレッド　810(この年)
ゴッドフロワ・ド・ユイ　1174(この年)
ゴットヘルフ, イェレミーアス　1854(10.22)
コットマン, ジョン・セル　1842(7.24)
ゴッドリク　1170(この年)
コットレンゴ, ジュゼッペ・ベネデット　1842(4.30)
コットン　1866(この年)
コットン, サー・ロバート・ブルース　1631(5.6)
コットン, ジョン　1652(12.23)
コップ　1866(10.25)
コップ, アビーザー　1672(8.?)
コップ, ヘルマン・フランツ・モリッツ　1892(2.20)
コッホ　1775(1.3)
コッホ　1872(この年)
コッホ　1891(1.25)
コッホ, ハインリヒ・クリストフ　1816(3.19)
ゴッホ, フィンセント・ファン　1890(7.29)
コッホ, ヨーゼフ・アントン　1839(1.12)
コッポ・ディ・マルコヴァルド　1280(この頃)
コッポラ　1877(11.13)
コッホレーウス(コッホラエウス), ヨハネス　1552(1.11)
コッラディーニ, アントーニオ　1752(この年)
コッラトル・エイン　1852(この年)
コッリーノ, イニャーツィオ・セコンド　1793(この年)
コッレヌッチョ, パンドルフォ　1504(6.11)
コッローディ, カルロ　1890(10.26)
ゴーデー　1794(この年)
コーテ, アロイス　1868(11.13)
コーテ, ヴィルヘルム　1897(12.31)
ゴデー, フレデリック・ルイ　1900(10.29)
コーテ, ベルンハルト　1897(7.25)
ゴーディー, ルイ・アントワーヌ　1878(この年)
ゴーティエ, エヌモン　1651(12.11)

ゴーティエ, ドゥニ 1672(この年)
ゴティエ(オセエの) 1235(1.19)
ゴーティエ・ド・ダルジー 1236(この頃)
コーティーン 1636(この年)
コディントン 1678(この年)
ゴデスカールクス(オルベの) 867(10.13)
ゴーデハルト 1038(5.5)
コテリニコフ, セミョーン 1806(4.13)
ゴドー, アントワーヌ 1672(4.21)
コート, ディオーゴ・ド 1616(この年)
コート, ヘンリー 1800(この年)
ゴドイ, ペドロ・デ 1677(11.2)
ゴドイ, マヌエル・デ 1851(10.7)
ゴドウィン 1053(この年)
ゴドウィン, ウィリアム 1836(4.7)
ゴドウィン, エドワード・ウィリアム 1886(10.6)
ゴドウィン, フランシス 1633(4.?)
コドゥッチ, マウロ 1504(4.?)
コトゥーニョ 1822(10.6)
コトゥノフ, ボリース・フョードロヴィチ 1605(4.13)
ゴドゥプ・ギェルツェン 1409(この年)
ゴードゥロー, アントワーヌ・ロベール 1751(この年)
コトグレーヴ 1634(この頃)
コトシーヒン 1667(この年)
ゴドシャル, ジル-ランベール 1835(この年)
コートネイ, ウィリアム 1396(7.31)
ゴドフリー, トマス 1763(8.3)
ゴドフレー 1678(10.?)
ゴドフロア 1621(この年)
ゴドフロア 1649(この年)
ゴドフロア 1652(この年)
ゴドフロア 1819(4.28)
ゴドフロア 1839(9.5)
ゴドフロア 1885(2.10)
ゴドフロア 1897(この年)
ゴドフロワ(アミアンの) 1115(11.8)
ゴドフロワ(サン・ヴィクトールの) 1190(この頃)

ゴドフロワ・ド・ブイヨン 1100(7.18)
ゴドフロワ・ド・ユイ 1173(この年)
ゴドフロワ(フォンテーヌの) 1306(10.29)
コトリエ, ジャン-バティスト 1686(8.12)
コトリャレフスキー, イワン・ペトローヴィチ 1838(10.29)
コドリントン 1851(4.28)
コドリントン, クリストファー 1710(4.7)
ゴドルフィン, シドニー 1712(9.15)
ゴードン, アダム・リンジー 1870(6.24)
ゴードン, アドニラム・ジャドスン 1895(2.2)
ゴードン, アンドルー 1751(8.22)
ゴートン, サミュエル 1677(11.?)
ゴードン, ジョン 1662(9.20)
コトン, チャールズ 1687(2.16)
ゴードン, チャールズ・ジョージ 1885(1.26)
コトン, ピエール 1626(3.19)
ゴードン, マークウィス・ラフェイエット 1900(11.4)
ゴードン, ロード・ジョージ 1793(11.1)
コナルスキー 1773(8.3)
ゴナン, フランチェスコ 1889(この年)
コナント 1679(この年)
コニアテス, ニケタス 1215(この頃)
コニアテス, ミカエル 1222(この頃)
コニエツポルスキ 1646(この年)
コーニッシュ, ウィリアム 1523(この年)
コニビア, ウィリアム・ジョン 1857(この年)
コニーベア, ウィリアム・ダニエル 1857(8.12)
コーニンク, サロモン 1656(8.8)
コニンク, ジル・ド 1633(5.31)
コーニンク, フィリップス・デ 1688(10.4)

コニンクスロー, ヒリス・ヴァン 1607(1.4)
コニントン 1869(この年)
ゴネシウス, ペトルス 1581(9.15)
コネスタービレ・デッラ・スタッファ, ジャン・カルロ 1877(この年)
コネリ, コーネリア 1879(4.18)
コネリアーノ 1517(9.3)
コーネル, エズラ 1874(この年)
コノン 前392(この年)
コノン・ド・ベチューヌ 1220?(この頃)
ゴバー, サミュエル 1879(5.11)
コバー, ライナー 1693(12.18)
コハノフスキ, ヤン 1584(8.22)
コバルビアス, アロンソ・デ 1570(この年)
コバルビアス・イ・オロスコ 1613(この年)
コピタル, イェルネイ 1844(8.11)
古弼 452(この頃)
コーピッシュ 1853(2.3)
コーピッシュ, アウグスト 1853(この年)
ゴビノー, ジョゼフ-アルチュール・ド 1882(10.13)
ゴビル, アントワーヌ 1759(7.24)
コービン, マーガレット 1800(この頃)
ゴービンダ 720(この頃)
コブ 1778(この年)
コブ 1868(この年)
ゴフ 1869(3.2)
コープ, エドワード・ドリンカー 1897(4.12)
コープ, チャールズ・ウェスト 1890(この年)
コファン, シャルル 1749(6.20)
ゴーフィエ, ルイ 1801(この年)
コフィネー, レーオンハルト 1719(8.11)
コフィン, リーヴァイ 1877(9.16)
コブデン, リチャード 1865(4.2)
コープランド, ウィリアム・テイラー 1868(この年)
コプリー, サー・ゴドフリー 1709(この年)
コプリー, ジョン・シングルトン 1815(9.9)

ゴフリドゥス（ヴァンドームの） 1132（3.26）
ゴブリヌス 1386（この年）
コーブル、ヴィルヘルム・フォン 1855（7.15）
コーブル、フェルディナント 1799（2.1）
コプルストン、エドワード 1849（10.14）
コベット 1889（10.26）
コベット、ウィリアム 1835（6.18）
コペラーリオ 1626（この年）
コペラリオ、ジョヴァンニ 1626（この年）
コベル 1822（1.14）
ゴベル、ジャン・バティスト 1794（この年）
コーベルガー 1513（10.3）
コベルゲール 1634（11.24）
コペルニクス、ニコラウス 1543（5.24）
コペンツル 1809（2.22）
コペンツル 1810（8.30）
コベントリ 1759（この頃）
コボ 1657（この年）
コボ、ホアン 1592（11.？）
巨方 727（この年）
コボルド 1886（この年）
コボルド、リチャード 1877（この年）
ゴマルス、フランシスクス 1641（1.11）
コマローフ、マトヴェイ 1812（この頃）
コマンス、マルク 1643（この頃）
コマンダー、ヨーハン 1557（この年）
コマンディーノ 1575（この年）
コミーヌ、フィリップ・ド 1511（10.18）
ゴム、ジャン・ジョゼフ 1879（11.19）
ゴムウカ、ミコワイ 1591（3.5？）
コムガル 601（この年）
ゴメス 1600（この年）
ゴメス、カルロス・アントニオ 1896（9.16）
ゴメス、フアン・バウティスタ 1643（この年）
ゴメス、ホセ・バレンティン 1839（9.20）
ゴメス、ルイス 1634（6.6）

ゴメス‐デ‐アベリャネダ、ヘルトルディス 1873（2.1）
ゴメス‐デ‐アモリン 1891（12.14）
ゴメス・デ・モーラ、ファン 1648（この年）
ゴメス・ファリアス、バレンティン 1858（7.4）
コメタン、ジャン‐ピエール・オスカル 1898（この年）
コメンスキー、ヤン・アモス 1670（11.15）
ゴメンソーロ、トマス・ハビエル・デ 1841（4.2）
コメンドーネ、ジョヴァンニ・フランチェスコ 1584（12.25）
コモッリ、ジョヴァン・バッティスタ 1830（この年）
コモンフォルト 1863（11.13）
ゴヤ・イ・ルシエンテス、フランシスコ・ホセ・デ 1828（4.16）
コライス、アザマンディオス 1833（4.6）
コラス、パスカル 1709（7.17）
ゴラズド 890（この頃）
コーラ・ディ・リエンツォ 1354（10.8）
コーラ・デッラマトリーチェ 1559（この頃）
コラドン 1893（この年）
ゴーラム、ジョージ・コーネリアス 1857（6.19）
コーラム、トマス 1751（この年）
コラリ 1854（5.1）
ゴラール 1876（12.6）
コラール、ヤーン 1852（1.24）
コラン 1865（3.9）
コラン 1875（11.23）
コラン、ジャン・クロード・マリ 1875（11.15）
コランクール 1827（2.19）
コラン・ダルルヴィル、ジャン‐フランソワ 1806（2.24）
コラン・ド・プラモン、フランソワ 1760（2.14）
コーリー 1892（この年）
コリー 1881（この年）
ゴーリ、アントン・フランチェスコ 1757（この年）
コリアー 1732（この年）
コリアー 1883（9.17）
コリア、ジェレミー 1726（4.26）
コリアー、トマス 1691（この年）

コリアット、トマス 1617（この年）
ゴリウス 1667（この年）
コリオリ、ギュスターヴ‐ガスパール 1843（9.19）
コリガン 1880（この年）
ゴーリコフ 1801（この年）
コリス 1843（この年）
コーリス、ジョージ・ヘンリー 1888（2.2）
ゴリーツィン、アレクサンドル 1783（この年）
ゴリーツィン、アレクサンドル 1844（この年）
ゴリーツィン、ヴァシーリ 1714（この年）
ゴリーツィン、ドミートリイ 1737（4.25）
ゴリーツィン、ボリス 1714（この年）
ゴリーツィン、ミハイル 1730（この年）
コリツォーフ、アレクセイ・ワシリエヴィチ 1842（10.29）
ゴリーティ、ホアン・イグナシオ・デ 1842（この年）
コリニー、オデー・ド 1571（この年）
コリニー、ガスパール2世、シャティヨン卿 1572（8.24）
コリャード、ディエゴ 1638（この年）
コリャンテス、フランシスコ 1656（この年）
コリン 1660（5.6）
コリン、アレクサンデル 1612（この年）
コリーン、ハインリヒ・ヨーゼフ 1811（7.28）
コリンウッド、カスバート、男爵 1810（3.7）
ゴーリング 1663（この年）
コリンス 1840（8.16）
コリンズ、ウィリアム 1759（6.12）
コリンズ、ウィリアム 1847（この年）
コリンズ、ウィリアム 1853（この年）
コリンズ、ウィルキー 1889（9.23）
コリンズ、ジョン・アンソニ 1729（12.13）

古林清茂　1329（この年）
コリンソン　1883（この年）
コール　1782（この年）
コール　1878（この年）
コル　1870（この年）
ゴール　1894（12.5）
コル，ゴンチエ　1418（この年）
コール，サー・ヘンリー　1882（4.18）
コール，トマス　1848（2.11）
聖ゴール　645（この年）
コル・イ・プラット，ナルシソ　1822（12.28）
コルヴィ，ドメーニコ　1803（この年）
コルヴィサール，ジャン・ニコラ　1821（9.18）
コルヴィーヌス，アントーニウス　1553（4.5）
コルヴィン　1857（9.9）
コルガノフ　1890（3.7）
コルガン，ジョン　1658（1.15）
ゴルギアス　前380？（この頃）
コルゲート　1857（この年）
コールコット，オーガスタス・ウォール　1844（11.25）
ゴルゴニア　370（この頃）
ゴルゴニオス　303（この年）
コルサコフ　1900（5.14）
コルシ，ヤコポ　1602（12.29）
コルシーニ，アンドレーア　1373（この年）
コルシーニ，ネーリ　1770（この年）
ゴルスツンスキー　1899（6.22）
ゴールズボロー　1877（6.22）
ゴルスメット，メイア・アーロン　1887（8.15）
コルセン　1875（6.18）
コルター　1813（この年）
コルダー　1818（この年）
コールダウッド，デイヴィド　1650（10.25）
コールダウッド，ヘンリ　1897（11.19）
ゴルダスト，メルヒオル　1635（この頃）
コルダートゥス，コンラート　1547（3.25）
ゴルダーマン　1898（12.29）
ゴルチツキ，グジェゴシ・ゲルヴァツィ　1734（この年）
ゴルチャコーフ　1868（3.18）

ゴルチャコフ，アレクサンドル・ミハイロヴィチ公爵　1883（3.11）
ゴルチャコフ，ミハイル公爵　1861（5.30）
ゴルッチョ　1406（この年）
ゴルツ伯　1869（この年）
コルテ，ギヨーム　1659（2.10）
コルテ，ニッコロ・ダ　1552（この年）
ゴルディアヌス1世　238（3.？）
ゴルディアヌス2世　238（この年）
ゴルディアヌス3世　244（この年）
コルディエ，ニコラ　1612（この年）
コルディエ，マチュラン　1564（この年）
コルディコット，ランドルフ　1886（1.12）
ゴールディング，アーサー　1605（この頃）
コルデス　1599（11.？）
コルテス，M.　1589（8.13）
コルテス，エルナン　1547（12.2）
コルテーゼ，グレゴーリオ　1548（9.21）
コルデ（・ダルモン），（マリー・）シャルロット　1793（7.17）
コルデツキ　1673（この年）
コルテッチャ，フランチェスコ　1571（この年）
コルテッリーニ，ミケーレ・ディ・ルーカ・デイ　1542（この頃）
コルデリウス　1564（この年）
コールデン　1776（9.28）
コルト，コルネリス　1578（この年）
ゴールト，サー・アレグザンダー・ティロッホ　1893（9.19）
コルト，サミュエル　1862（1.10）
ゴールト，ジョン　1839（4.11）
コルドヴェロ　1570（この年）
コルドゥス　1544（この年）
コルドゥス，エウリキウス　1535（12.24）
コルトゥム　1824（8.15）
ゴルトシュテッカー　1872（3.6）
ゴルトシュミット　1897（7.16）
コルトス　339（この頃）
ゴールドスミス，オリヴァー　1774（4.4）
ゴールドスミス，オリヴァー　1861（6.23）
コルトーナ，ピエトロ・（ベレッティーニ・）ダ　1669（5.16）

ゴルドーニ，カルロ　1793（1.6）
コルドバ　1829（この年）
コルドバ・イ・サリーナス，ディエゴ・デ　1654（この年）
ゴールドバッハ　1764（12.1）
ゴルトベルク，ヨーハン・ゴットリープ　1756（4.13）
コルトホルト，クリスティアン　1694（3.31？）
コルドモア　1684（10.8）
コルト・レアル　1501（この年）
コルト・レアル　1502（この年）
コルトン　1898（この年）
ゴルドン　1699（12.9）
ゴルドン，イェフダ・レイブ　1892（9.16）
コルナッキーニ，アゴスティーノ　1740（この頃）
コルナーロ　1510（7.10）
コルナロス，ヴィツェンツォス　1613（この年）
コルニエンティ，ケルビーノ　1860（この年）
コルニース　1848（3.13）
コルニフィキウス，クゥイントゥス　前42（この年）
コルニーロフ　1854（この年）
コルネイユ，トマ　1709（10.8）
コルネイユ，ピエール　1684（10.1）
コルネット，ペーテル　1633（この頃）
コルネーユ・ド・リヨン　1574（この頃）
コルネリウス　1899（この年）
コルネリウス　253（この年）
コルネリウス，ププリウス　37（この年）
コルネリウス，ペーター　1874（10.26）
コルネリウス，ペーター・フォン　1867（3.6）
コルネリウス・ア・ラピーデ　1637（3.12？）
コルネーリス　1532（この頃）
コルネリスゾーン，ヤコブ　1533（この頃）
コルネリス・ファン・ハールレム　1638（11.11）
コールハース，カスパル・ヨーハンソン（ヤンスゾーン）　1615（1.15）
コールハーゼ　1540（3.22）
コルバーン　1833（この年）

コルビエール, トリスタン　1875(3.1)
コルビニアーヌス(フライジングの)　725(9.8?)
コルビノー, ジャック　1634(この頃)
コルビノー, ピエール　1678(この年)
コルピング, アードルフ　1865(12.4)
コルファクス　1885(1.13)
コルブラン, イサベラ　1845(この年)
コールブリュッヘ, ヘルマン・フリードリヒ　1875(3.5)
コールブルック　1837(3.10)
コールブルック　1870(この年)
コルブロ　67(この年)
コルベ, アドルフ・ヴィルヘルム・ヘルマン　1884(11.25)
コルベ, シャルル-ルイ　1808(この年)
コルベッタ, フランチェスコ　1681(この年)
コルベール, ジャン・バティスト　1683(7.6)
コルベルク　1890(6.3)
コールマン, アントニ　1836(4.11)
コールマン, ジョージ　1794(8.14)
コールマン, ジョージ　1836(10.17)
聖コールマン　676(8.8)
コルムブス, サムエル　1679(7.8)
ゴルム(老王)　940(この頃)
コールラウシュ　1858(この年)
コールリッジ　1861(この年)
コールリッジ, サミュエル・テイラー　1834(7.25)
コールリッジ, セアラ　1852(この年)
コールリッジ,(デイヴィド・)ハートリー　1849(1.6)
コルレ　1566(11.17)
コルレッジョ, アントーニオ　1534(3.5)
コルレッタ　1831(この年)
コルンズ　1870(8.1)
聖コルンバ　597(6.9)
コルンバ(コルドバの)　853(9.17)

コルンバーヌス　615(11.23)
コールンヘルト, ディルク・ヴォルケルツゾーン(ディリク・ヴォルカーツ)　1590(10.29)
コレ, シャルル　1783(11.3)
ゴレー, ネヘミア・ニラカンス　1895(この年)
コレ, ルイーズ　1876(3.9)
コレア　1639(8.?)
コレア・デ・アラウホ, フランシスコ　1663(この頃)
コレイア, ガスパール　1563(この頃)
コレオーニ　1475(11.4)
コレッキー　1847(8.25)
コレッティス　1847(9.12)
コレッティス　1847(この年)
コレット, カミッラ　1895(3.6)
コレット, ジョン　1519(9.16)
コレット, ミシェル　1795(1.22)
コレット(コレッタ), ニコレット・ボワレ　1447(3.6)
コレリ, アルカンジェロ　1713(1.8)
コレンゾー, ジョン・ウィリアム　1883(6.20)
コレンツィオ, ベリザーリオ　1640(この頃)
コレンブシュ, ザームエル　1803(9.1)
コロー, ジャン-バティスト・カミーユ　1875(2.22)
コロ, マリー-アンヌ　1821(この年)
ゴロヴィーン　1706(この年)
ゴロヴィーン　1790(6.19)
ゴロヴニーン, ワシーリー・ミハイロヴィチ　1831(6.29)
コロヴラート伯　1861(この年)
コロコトロニス　1843(3.15)
コロゼ, ジル　1568(この年)
コローディ　1874(5.7)
コローディ　1892(7.4)
コローディ, ハインリヒ　1793(9.14)
コロー・デルボワ, ジャン・マリー　1796(1.8)
コローナ, ジョヴァンニ・アントーニオ　1528(この年)
コローナ, レオナルド　1605(この年)
コロナド, フランシスコ・バスケス・デ　1554(9.22)

コロネリ　1718(この年)
コロマン　1116(この年)
コロレード, ヒエローニムス　1812(5.20)
コロンナ　1316(12.22)
コロンナ　1329(この年)
コロンナ　1348(この頃)
コロンナ, アンジェロ・ミケーレ　1687(この年)
コロンナ, ヴィットーリア　1547(2.25)
コロンナ, ジョヴァンニ　1216(この頃)
コロンナ, ジョヴァンニ・パオロ　1695(11.28)
コロンナ, フランチェスコ　1529(この年)
コロンビーニ, ジョヴァンニ　1367(この年)
コロンブ　1899(この年)
コロンブ, ジャン　1493(この頃)
コロンブ, ミシェル　1512(この年)
コロンブス　1526(2.24)
コロンブス, クリストファー　1506(5.20)
コロンボ, マッテオ・レアルド　1559(この年)
ゴワ, エティエンヌ-ピエール-アドリアン　1823(この年)
コワズヴォックス, アントワーヌ　1720(10.10)
コワペル, アントワーヌ　1722(1.7)
コワペル, シャルル-アントワーヌ　1752(6.14)
コワペル, ノエル　1707(12.24)
コワレフスカヤ, ソフィヤ・ワシリエヴナ　1891(1.29)
コワレフスキー　1883(4.28)
渾瑊　799(この年)
権近　1409(この年)
コーン, フェルディナント・ユーリウス　1898(6.25)
権文海　1591(この年)
コンウェー　1800(この頃)
コーンウォリス　1819(7.5)
コーンウォリス, チャールズ・コーンウォリス, 初代侯爵　1805(10.5)
コンカ, セバスティアーノ　1761(この年)
混丘　1322(この年)

コングリーヴ 1899(7.5)
コングリーヴ, ウィリアム 1729(1.19)
コングリーヴ, サー・ウィリアム 1828(5.16)
コンクリング, ロスコー 1888(4.18)
ゴンクール, エドモン 1896(7.16)
ゴンクール, ジュール 1870(6.20)
混元 1271(この年)
金剛智 741(8.15)
コンコーニ, マウロ 1860(この年)
コンコーネ, ジュゼッペ 1861(6.1)
ゴンゴラ, ルイス・デ 1627(5.29)
ゴンザーガ 1810(この年)
ゴンザーガ, エルコーレ 1563(3.3?)
ゴンザーガ, ジューリア 1566(4.16)
ゴンザーガ, ピエトロ 1831(この年)
ゴンザーガ, ビンチェンツォ1世 1612(この年)
ゴンザーガ, フェデリゴ2世 1540(この年)
ゴンザーガ, フランチェスコ1世 1407(この年)
ゴンザーガ, フランチェスコ2世 1519(この年)
ゴンザーガ, ルイジ 1360(この年)
ゴンザーガ, ルイジ(聖) 1591(6.21)
コンサルヴィ, エルコレ 1824(1.24)
ゴンサルヴィス・デ・オロヴェイラ, ヴィタル・マリア 1878(7.4)
ゴンサルヴェス 1598(この年)
ゴンサルヴェス, ジョアキン・アフォンス 1844(10.3)
ゴンサルヴス・ヒスパーヌス 1313(4.13)
ゴンサルボ・デ・コルドバ 1515(12.2)
ゴンサレス 1601(2.23)
ゴンサレス 1893(5.8)
ゴンザレス, エヴァ 1883(5.5)
ゴンサーレス, ローケ 1628(11.15)

ゴンサーレス・イ・ディアス・トゥニョン, セフェリーノ 1894(11.29)
ゴンザーレス・ダビラ, ヒル 1658(4.25)
ゴンサレス・デ・アビラ 1543(この頃)
ゴンサレス・デ・クラビホ, ルイ 1412(4.2)
ゴンサーレス・デ・サンターリャ, ティルソ 1705(10.27)
ゴンサーレス・デ・メンドーサ, ペドロ 1495(1.11)
ゴンサーレス・ビヒル, フランシスコ・デ・パウラ 1875(6.9)
ゴンサレス・ブラボ 1871(9.2)
ゴンサレス・ベラスケス, イシドロ 1829(この年)
ゴンザロ・デ・ベルセオ 1246(この頃)
コンシェンス, ヘンドリック 1883(9.10)
コンシデラン, ヴィクトール 1893(12.27)
混修 1392(この年)
コンスタブル, アーチボルド 1827(7.21)
コンスタブル, ジョン 1837(5.30)
コンスタブル, ヘンリー 1613(10.9)
コンスタン 1891(この年)
コンスタン, バンジャマン 1830(12.8)
コンスタンス2世 668(9.15)
コンスタンス, フラーウィウス・ユーリウス 350(1.18)
コンスタンタン・ド・バルバンソン 1631(11.25?)
コンスタンチウス3世 421(9.2)
コンスタンチーン 1218(この年)
コンスタンチーン 1831(6.27)
コンスタンチーン 869(この年)
コンスタンチン 1892(1.25)
コンスタンティア 324(この年)
コンスタンティウス1世 306(7.20)
コンスタンティウス2世 361(9.3)
コンスタンティーヌス1世 715(4.9)
コンスタンティヌス1世 337(5.22)

コンスタンティヌス2世 340(4.?)
コンスタンティヌス4世 685(9.?)
コンスタンティヌス5世 775(9.14)
コンスタンティヌス7世 959(11.9)
コンスタンティヌス9世 1055(1.11)
コンスタンティヌス10世 1067(この年)
コンスタンティヌス11世 1453(5.29)
コンスタンティヌス・アフリカヌス 1087(この頃)
コンスタンティノス 869(この年)
コンスタンティノス6世 797(この年)
コンスタンティノス8世 1028(この年)
コンスタンティノス・マナセス 1187(この年)
コンスタンティノフ, アレコ 1897(5.11)
コンスブルック 1830(この年)
コンセイソン, アポリナリオ・ダ 1759(この頃)
コンセプシオン 1787(3.?)
コンセーユ 1535(この年)
コンタマン, ヴィクトール 1893(この年)
コンタリーニ, ガスパーロ 1542(8.24)
コンタリーニ, ジョヴァンニ 1604(この頃)
ゴンタルト, カール・フォン 1791(9.23)
コンタン・ディヴィリー 1777(この年)
コンチ親王 1666(この年)
ゴンチャローフ, イワン・アレクサンドロヴィチ 1891(9.15)
コンチョク・ギェルポ 1102(この年)
コンチョク・ジクメ・ワンポ 1817(この年)
コンツ 1827(6.20)
コンデ, アンリ1世 1588(この年)
コンデ, ブルボンのルイ1世, 親王 1569(3.13)

コンデ, ブルボンのルイ2世, 親王　1686(11.11)
コンデ, ルイ3世　1710(この年)
コンデ, ルイ・アンリ・ジョゼフ　1830(この年)
コンデ, ルイ・ジョゼフ　1818(5.13)
コンティ　1469(この年)
コンティ, ジョヴァンニ・マリーア　1670(この年)
コンティ, フランチェスコ・バルトロメオ　1732(7.20)
コンティ, ベルナルディーノ・デ　1525(この頃)
コンディーヴィ, アスカーニオ　1574(12.10)
コンティーニ, ジャンバッティスタ　1723(この年)
コンディヤック, エチエンヌ・ボノ・ド　1780(8.3)
コンデル, ヘンリー　1627(12.?)
コント, オーギュスト　1857(9.5)
ゴンドゥアン, ジャック　1818(この年)
コンドラン, シャルル・ド　1641(1.7)
コンドルカンキ　1781(この年)
コンドルセ　1822(この年)
コンドルセ, マリ・ジャン・アントワーヌ・ニコラ・ド・カリタ・ド　1794(4.7)
ゴーントレット, ヘンリー・ジョン　1876(2.21)
コンバー, トマス　1699(11.25)
コンバー, トマス・ジェイムズ　1887(この年)
コーンハイム, ユリウス・フリードリヒ　1884(8.15)
コンパーニ, ディーノ　1324(この年)
コンパニョン, バルタサール・ハイメ・マルティネス・デ　1797(この年)
ゴンパパ　1082(この年)
ゴンビル　1351(この年)
コンファロニエーリ　1846(12.10)
コンフォルト, ジャン・ジャーコモ　1631(この年)
コンフォルト, ニコロ　1788(この頃)
コンプトン, ヘンリー　1713(この年)

コンプフィス, フランソワ　1679(3.23)
ゴンペ, ニーコラウス　1595(この年)
ゴンペール, ニコラ　1556(この頃)
コンペール, ロワゼ　1518(8.16)
ゴンベルヴィル, マラン・ル・ロワ・ド　1674(6.14)
ゴンボー, ジャン・オジェ(オジエ)・ド　1666(この年)
ゴンボーエフ　1863(この年)
コンボーニ, ダニエーレ　1881(10.10)
コンマー　1887(8.17)
コンモドゥス, ルキウス・アウレリウス　192(12.31)
コンラーディ　1873(5.26)
コンラーディ, ヘルマン　1890(3.8)
コンラディーン　1268(10.29)
コンラート1世　918(12.13)
コンラート2世　1039(6.4)
コンラート3世　1152(この年)
コンラート4世　1254(5.21)
コンラート(ヴァルトハウゼンの)　1369(12.8)
コンラドゥス(ウラシュの)　1227(9.29)
コンラート(ゲルンハウゼンの)　1390(4.13)
コンラート(パルツハムの)　1894(4.21)
コンラート・フォン・ウェッチン　1157(この年)
コンラート・フォン・ヴルツブルク　1287(8.31)
コンラート・フォン・メーゲンベルク　1374(4.14)
コンラート(ヘレスバハの)　1576(10.14)
コンラート(マゾフシェの)　1247(8.31)
コンラート(マールブルクの)　1233(7.30)
コンラール, ヴァランタン　1675(9.29)
コンリング, ヘルマン　1681(12.12)

【サ】

サ, E.　1567(2.20)
サ, M. de　1572(3.12)
左光斗　1625(この年)
左思　305(この頃)
査嗣庭　1727(この年)
査士標　1698(この年)
査昇　1707(この年)
査慎行　1727(この年)
左宗棠　1885(9.5)
左芬　300(この年)
サ, マヌエル・デ　1596(12.30)
左良玉　1645(4.?)
サアカーゼ　1629(この年)
サアグン, ベルナルディーノ・デ　1590(この年)
サアディー　1292?(この頃)
サアディー　1656(この年)
サアディア・ガオン　942(この年)
サアドゥッ・ディーン・ハマヴィー　1253(この年)
サアベドラ-ファハルド, ディエゴ・デ　1648(8.24)
サアラブ　904(4.8)
崔駰　92(この年)
崔胤　904(この年)
崔瑀　1249(この年)
柴栄　959(6.19)
崔瑩　1388(この年)
崔瑗　142(この年)
蔡琰　239(この頃)
蔡温　1761(この年)
蔡確　1090(この年)
崔瀚　799(この年)
崔漢綺　1877(この頃)
崔漢衡　795(この年)
蔡京　1126(7.21)
蔡珪　1174(この年)
崔鉉　868(この年)
蔡牽　1809(この年)
蔡元定　1198(この年)
崔顥　754(この年)
崔浩　450(この年)
崔光遠　761(この年)
崔国輔　755(この頃)
蔡済恭　1799(この年)
崔時亨　1898(この年)
崔子忠　1644(この年)
崔日用　722(この年)
崔述　1816(この年)

908　人物物故大年表 外国人編

サシ

柴紹　638（この年）
崔縦　791（この年）
蔡襄　1067（この年）
賽尚阿　1875（この年）
崔承老　989（この年）
崔寔　170（この頃）
崔済愚　1864（3.?）
崔世珍　1547（この年）
崔造　787（この年）
崔冲　1068（この年）
崔忠献　1219（この年）
蔡沈　1230（この年）
蔡道憲　1643（この年）
崔敦礼　656（この年）
蔡卞　1117（この年）
崔鳴吉　1647（5.?）
崔茂宣　1395（この年）
崔融　706（この年）
蔡邕　192（この年）
蔡倫　118（この頃）
サイイド・アブダラ・ビン・アリ・ビン・ナシール　1810（この年）
サイイド・アフマド・バレールビー　1831（この年）
サイイド・イブン・サイード　1856（この年）
サイイド・ムルタダー　1791（この年）
采永　1776（この年）
サイ・オン・フエ　1767（この頃）
サイシサムート　1737（この年）
ザイス、ジュゼッペ　1784（この年）
ザイスト、ジョヴァンニ・バッティスタ　1757（この年）
ザイスバーガー、デイヴィド（ツァイスベルガー、ダーフィト）　1808（11.17）
ザイチネーフスキィ　1896（この年）
ザイツ、ヨハネス　1779（この年）
ザイツェフ、ワルフォロメイ・アレクサンドロヴィチ　1882（1.6）
ザイデル　1896（8.13）
サイード・イブン・ミスジャハ　714（この頃）
サイド・エジェル　1279（この年）
最訥　1790（この年）
サイード・パシャ　1863（1.17）
ザイド・ブン・アムル　605（この頃）
ザイド・ブン・サービト　674（この年）

ザイトリッツ・クルツバハ　1849（この年）
ザイドリッツ　1773（11.8）
ザイドル　1898（3.28）
ザイヌル・アービディーン　712（この頃）
ザイヌル・アービディーン（シャーヒー・カーン）　1470（11.?）
ザイファー　1509（この年）
サイフ-アッダウラ　967（この年）
サーイブ・タブリーズィー　1677（この頃）
ザイフリート　1841（8.27）
サイミントン、ウィリアム　1831（3.22）
サイム　1870（6.26）
サイムンドル・シグフースソン　1133（この年）
サイモン・ブレドン　1372（この年）
ザイラー、ゲオルク・フリードリヒ　1804（この年）
ザイラー、ヨーハン・ミヒャエル　1832（5.20）
サイル、エドワード・W.　1890（10.5）
サヴァチエ　1891（8.27）
サヴァリ　1690（この年）
サヴァリ　1833（6.2）
サヴァール、フェリックス　1841（3.16）
サーヴィ、パオロ　1871（この年）
サヴィオ、ドメニコ　1857（3.9）
サヴィオーリ・フォンターナ・カステッリ、ルドヴィーコ・ヴィットーリオ　1804（9.1）
ザヴィニー、フリードリヒ・カール・フォン　1861（10.25）
サヴィル、サー・ヘンリー　1622（2.19）
サヴェッジ、リチャード　1743（8.1）
サヴェリー、ルーラント　1639（この年）
サヴォナローラ、ジローラモ　1498（5.23）
サヴォーリ　1874（4.10）
サヴォルド、ジャン・ジローラモ　1548（この頃）
サウサンプトン、ヘンリー・ライアスリー、3代伯爵　1624（この年）
サウジー、ロバート　1843（3.21）

サウス　1867（この年）
サウス、ロバート　1716（7.8）
サウスウェル、ロバート　1595（2.21）
サウスコット、ジョアナ　1814（12.27）
サウダーイー・アビーワルディー　1449（この頃）
ザウベルト、ヨーハン　1646（この年）
サヴラーソフ、アレクセイ　1897（9.26?）
サウリ、アレッサンドロ　1592（10.11）
サウル　前1010（この頃）
サカガウィーヤ　1812（この年）
ザガネッリ、フランチェスコ　1531（この年）
ザガネッリ、ベルナルディーノ　1510（この頃）
ザカリーアス　631（2.21）
聖ザカリアス　752（3.15?）
ザカリーアス・スコラスティコス　536（この頃）
ザギタリウス、カスパル　1694（この年）
サキャ・パンチェン・クンガ・ギェルツェン　1251（この年）
索靖　303（この年）
索班　120（この年）
笮融　195（この年）
ザクス、ユリウス・フォン　1897（5.29）
サクストン　1873（この年）
サクストン、クリストファー　1611（この頃）
ザクセン公フリードリヒ　1525（5.5）
サクソ・グラマティクス　1206（この年）
サクラーティ　1650（5.20）
サクリング、ジョン　1642（5.?）
サグレーラ、ギジェン　1456（この年）
サクロボスコ　1256（この頃）
ザゴースキン、ミハイル・ニコラエヴィチ　1852（6.23）
サザビー、ジョン　1807（この年）
サザン、トマス　1746（5.26）
サシ　1838（2.21）
サシ、ル・メートル・ド　1684（1.4）
サシェヴァレル、ウィリアム　1691（この年）

人物物故大年表 外国人編　909

サシェヴァレル，ヘンリー　1724(6.5)
サージェント，ジョン　1707(この頃)
サースフィールド，パトリック　1693(7.19)
沙宅紹明　673(この年)
ザッカーニ，ジョヴァン・フランチェスコ　1543(この年)
ザッカーニ，ベネデット　1558(この年)
ザッカーニ，ベルナルディーノ（年長）　1529(この頃)
サッカリー，ウィリアム・メイクピース　1863(12.24)
サッキ，アンドレア　1661(6.21)
サッキ，ピエル・フランチェスコ　1528(この年)
サッキーニ，アントニオ　1786(10.7)
ザック，アウグスト・フリードリヒ・ヴィルヘルム　1786(4.23)
ザック，カール・ハインリヒ　1875(10.16)
ザック，フリードリヒ・ザームエル・ゴットフリート　1817(10.2)
サックヴィル，トマス　1608(4.19)
サックス，アントワーヌ・ジョゼフ　1894(2.4)
サックス，シャルル・ジョゼフ　1865(4.26)
ザックス，ハンス　1576(1.19)
サックス，（ヘルマン・）モーリス，伯爵　1750(11.30)
サックス-コーバーグ-ゴーサ，アルフレッド・アーネスト・アルバート，王子　1900(この年)
サックビル　1566(4.21)
サックビル　1706(1.29)
ザックマン，ヤコーブス（ヨプスト）　1718(この年)
サッケッティ，ジョヴァンニ・バッティスタ　1764(12.3)
サッケッティ，フランコ　1400(この頃)
サッケッティ，ロレンツォ　1829(この年)
サッケリ　1733(10.25)
ザッコーニ　1627(3.23)
サッスーン　1864(この年)
サッスーン　1892(この年)

サッセッタ　1450(この頃)
サッセッティ，フィリッポ　1588(9.3)
ザッセラート，ライナー　1771(2.?)
サッソフェラート　1685(8.8)
サッソフェラート　1685(4.8)
サッター，ジョン・オーガスタス　1880(6.18)
薩都剌　1340(この頃)
ザットラー，ミヒャエル　1527(5.18)
サットン，クリストファー　1629(5.?)
サッバティーニ　1545(この年)
サッバティーニ　1576(8.2)
サッバティーニ，ニッコロ　1654(この年)
ザッハー・マゾッホ，レーオポルト・フォン　1895(3.9)
サッポー　前580(この頃)
サッルスティウス・クリスプス，ガイユス　前34(この年)
サッロッキ，ティート　1900(この年)
サーティーズ，ロバート　1834(この年)
サーティーズ，ロバート　1864(3.16)
サティパルバザネス　前330?(この年)
サーデッディン，ホジャ　1599(この年)
サテュルス　375(2.?)
サーデレル，ヤン1世　1600(この年)
サーデレル，ラファエル1世　1628(この年)
サド，ドナシヤン・アルフォンス-フランソワ・ド　1814(12.2)
サトゥク・ボグラ・ハーン　955(この年)
サトゥルニヌス，アントニウス　89(この年)
サートゥルニーヌス（トゥルーズの）　250(この頃)
ザドキール　1874(この年)
サドフスキー　1872(7.16?)
サード・ブン・アビーワッカース　670(この頃)
サドベリー　1381(7.14)
サドラー　1587(3.30)
サドラー，マイケル・トマス　1835(7.29)

サドレート，ジャーコポ（ヤーコポ）　1547(10.18)
サナーイー，アボル・マジド・マジドゥード　1130(この頃)
サナントニオ（サン・アントニオ），ホアン・フランシスカノ・デ　1744(5.29)
ザニケッリ，プロスペロ　1772(この年)
サヌースィー　1859(この年)
サヌード（大サヌード）　1343(この年)
サヌード（小サヌード）　1536(この年)
サネ　1831(この年)
ザネッティ，アントーニオ・マリーア　1778(この年)
ザネラ，ジャーコモ　1888(5.17)
ザノイア，ジュゼッペ　1817(この年)
ザノッティ　1782(この年)
サノ・ディ・ピエトロ　1481(この年)
サバー　1822(この頃)
サハーウィー　1497(この年)
サバス　532(12.5)
サバス（ゴート人の）　372(4.12)
サバ（セルビアの）　1235(1.14)
サバータ・イ・サンドバール，ホアン　1630(1.9)
サバタイ・ツビ　1676(9.30)
サバータ・デ・カルデナス，ルイ　1590(1.24)
サバチエ　1817(この年)
サバティエ　1811(この年)
サバティエ，ピエール　1742(3.24)
サバティーニ，アンドレーア　1530(この年)
サバティーニ，フランチェスコ　1797(この年)
サバテッリ，ルイージ　1850(この年)
サハヌーン　854(12.1?)
サバービー　1791(この頃)
ザハビー　1348(2.5)
サハービー・アスタラーバーディー　1601(この頃)
サハーブ　1807(この頃)
ザハーリン　1902(この年)
サバレッラ　1589(10.15)
ザハロフ　1885(この年)

ザハロフ, アンドレイ・ドミトリエヴィッチ　1811(8.27?)
サービイー　994(この年)
サービト, アラウッディーン　1712(この年)
サビドゥス　1561(この年)
サービト・ビン・クッラ　901(2.18)
サビーナ　126(この頃)
サビナ　136?(この頃)
サビーニアーヌス　606(2.22)
サビヌス　64(この頃)
サビヌス, フラウィウス　69(この年)
サビル　1695(4.5)
ザービヒル・アルウマル　1775(この年)
ザヒーレ・ファールヤービー　1201(この年)
ザフ, ヤン　1773(5.24)
ザファル・ハーン　1358(この年)
サフィーア, アドルフ　1891(4.3)
サフィー・アッディーン　1294(この年)
サフェト・パシャ　1883(11.17)
サフォーク伯　1626(5.28)
サフダル・ジャング　1754(10.5)
ザフラーウィー　1013(この頃)
サブラン, ルイ・ド　1732(この年)
ザフール, ラファエル　1831(10.13)
サフル・アットゥスタリー　886(この年)
サブレット　1845(7.23)
サブレ夫人　1678(1.16)
サベージ　1873(3.8)
サベッティ, ルイージ　1898(11.26)
サーベドラ・イ・セロン　1529(この年)
サベリウス　260(この頃)
サボヤイ　1540(7.22)
サマヴィル, メアリ　1872(11.29)
サマーズ　1891(10.26)
サマーセット　1667(この年)
サマセット　1748(12.2)
サマーセット, エドワード・シーモア, 公爵　1552(1.22)
サマッキーニ, オラーツィオ　1577(この年)
サマニエゴ, フェリス・マリア　1801(8.11)

サマービル　1742(7.17)
ザマフシェリー　1144(6.14)
サマーリン　1876(3.31)
サーマン　1895(12.12)
サマン, アルベール　1900(8.18)
サムアーニー　1167(1.5)
サムイル　1014(10.6)
サムエル・ハ・ナギド　1056(この年)
サムソエ　1796(1.24)
ザーム(ゾーム, ザウム), コンラート　1533(6.20)
サムソン　565(この頃)
ザムゾン, ヘルマン　1643(この年)
サムソン(アルビルの)　123(この年)
サムター, トマス　1832(1.1)
サムドラグプタ　380(この頃)
サムナー　1863(3.21)
サムナー　1876(この年)
サムナー, ジョン・バード　1862(9.6)
サムナー, チャールズ　1874(3.11)
サムナー, チャールズ・リチャード　1874(8.15)
サーム・ミールザー　1576(この頃)
ザモイスキ　1605(6.3)
ザモイスキ　1792(この年)
ザモイスキ　1874(この年)
サモセット　1653(この頃)
サモラ　1722(この頃)
サモラ, アルフォンソ・デ　1531(この年)
サモラ, アロンソ・デ　1717(この頃)
サヤス・イ・ソトマヨル, マリア・デ　1660(この頃)
サヤト・ノヴァ　1795(この年)
サーヤナ　1387(この年)
サーラ, ヴィターレ　1835(この年)
サーラ, エリゼーオ　1879(この年)
サライ, アンドレーア　1524(この年)
サラサル, ビセンテ・デ　1734(6.19)
サラサテ, フランシスコ・ドミンゴ・デ　1594(12.4)
サラザン　1865(この年)

サラザン, ジャック　1660(12.3)
サラザン, ジャン・フランソワ　1654(12.5)
サラス-バルバディリョ, アロンソ・ヘロニモ・デ　1635(この年)
サラチェーニ, カルロ　1620(6.16)
サラディン　1193(3.4)
サラビア, ハドリアン・ア　1613(1.15)
サーラマティ　500(この頃)
サラン, ニコラ・アレクサンドル・ド　1839(この年)
サランビエ, アンリ　1820(この年)
サリー, ジャック・フランソワ・ジョセフ　1776(この年)
サリー, トマス　1872(11.5)
サリー, ヘンリー・ハワード, 伯爵　1547(1.21)
サリヴァン, アーサー　1900(11.22)
サリヴァン, ジョン　1795(この年)
サリエリ, アントニオ　1825(5.7)
ザーリス・ゼービス　1834(この年)
サリセタス　1277(この年)
サリーナス, フランシスコ・デ　1590(1.13)
サリーナス・イ・コルドバ, ブエナベントゥーラ・デ　1653(11.15)
サリーニ, トンマーゾ　1625(この年)
ザーリヒ, クリスティアン・アウグスト　1738(10.3)
サーリフ　1249(この年)
サーリフ・イブン・アブドゥルクッドゥース　783(この年)
サリーム・チシティー　1572(この年)
サリンベーニ, ヴェントゥーラ　1613(この年)
サリンベーニ, ロレンツォ　1420(この年)
サリンベーネ・ダ・パルマ　1288(この年)
サル　1599(7.15)
サル, サン・フランソワ・ド　1622(12.28)
サルヴァシュ　1895(この年)
サルヴァドール, ヴィセンテ・ド　1639(この頃)

サルヴァドール・ダニエル　1871（5.24）
サルヴァンディ　1856（この年）
サルヴィ、ニッコロ　1751（2.8）
サルヴィアーティ　1890（1.25）
サルヴィアーティ、チェッキーノ　1563（11.11）
サルヴィアーティ、レオナルド　1589（9.19）
サルウィアヌス　470（この頃）
サールウォール、コナップ　1875（この年）
ザルカーリー　1100（10.15）
ザルガル　1853（この頃）
サルカンデル、ヤン　1620（3.17）
サルケリウス、エラスムス　1559（11.28）
サルゴン　前2695?（この頃）
サルゴン1世　前2320（この年）
サルゴン2世　前706（この年）
ザルザル　791（この年）
サルス　1869（10.22）
サルスティウス・クリスプス　21（この年）
サルセー、フランシスク　1899（5.16）
サルセード　1576（この年）
サルターティ、リーノ・コルッチョ　1406（5.4）
サルダニャ　1876（11.21）
ザルーツキィ　1614（この年）
ザルツマン、クリスチャン・ゴットヒルフ　1811（10.31）
サルティ、ジュゼッペ　1802（7.28）
サルディ、ジュゼッペ　1699（この年）
サルディ、ジュゼッペ　1753（この年）
サルティコーフ　1772（この年）
サルディーニャ、ペドロ・フェルナンデス　1556（この年）
サルデーヌス、グイリエルムス・アントニウス　1694（この年）
サルト、アンドレア・デル　1531（1.22?）
サルトゥイコフ・シチェドリン、ミハイル・エウグラフォヴィチ　1889（4.28）
サルドゥリス1世　前825（この年）
サルドゥリス2世　前733（この頃）
サルドーニ　1889（12.3）
サルトフ　1874（1.29）

サルトーリ、ジュゼッペ・アントーニオ　1792（この年）
ザルトーリウス　1828（8.24）
ザルトーリウス、エルンスト　1859（6.?）
ザルトーリウス、ヤーコブ　1626（この年）
サルバティエラ、ホアン・マリア　1717（7.17）
サルバトル・アブ・ホルタ　1567（3.18）
サールビ、トマス　1570（8.26）
サルピ、パーオロ　1623（1.7）
サルビェフスキ、マチェイ・ガジミェシュ　1649（4.2）
サルフィ、フランチェスコ・サヴェーリオ　1832（10.12）
ザルフェルト、ヨーハン・クリストフ　1829（この年）
サルマシウス、クラウディウス　1653（9.3）
サルマナザール、ジョージ　1763（5.3）
サルマワイフ　839（この頃）
サルマーン、マスウード・サアド　1121（この頃）
サルマーン・サーヴァジー、ジャマーロッディーン　1376（7.1）
サルミエント、ドミンゴ・ファウスティノ　1888（9.11）
サルミエント・デ・ガンボア　1592（この頃）
サルメロン、アルフォンソ　1585（2.13）
サルモン、ジャン　1557（この年）
ザルリーノ、ジョゼッフォ　1590（2.14）
サレー　1900（この年）
サレ、マリー　1756（7.27）
サレット、ベルナール　1858（4.13）
サレル、ユーグ　1553（この年）
サーロー　1668（2.21）
サロニナ　268（この年）
サロメ　10（この年）
サロメ　62（この年）
サロメ・アレクサンドラ　前67（この年）
サロモン　1785（1.6）
ザロモン、ヨーハン・ペーター　1815（11.28）
山濤　283（この年）
サン・アルベルト、ホセ・アントニオ・デ　1804（3.25）

サン・ヴァリエ、ジャン・バティスト・ド・ラ・クロワ・ド・シュヴィエール　1727（12.26）
サン・ヴァンサン　1667（この年）
サンヴィトレス　1672（この年）
サン・ヴェナン、（バレ・ドゥ・セント・ヴェナン）　1886（1.6）
粂英　1390（この年）
山翁道忞　1674（この年）
サンガッロ、アントニオ・ダ　1534（この年）
サンガッロ、ジャン・バッティスタ　1552（この年）
サンガッロ、ジュリアーノ・ダ　1516（10.20）
サンガッロ、バスティアーノ・ダ　1551（この年）
サンガッロ、フランチェスコ　1576（この年）
サンガッロ・イル・ジョーヴァネ、アントーニオ・ダ　1546（8.3）
サンガバドラ　450?（この頃）
ザンギー　1146（この年）
ザンキウス、ヒエローニムス　1590（11.19）
サンギェ・ギャツォー　1705（この年）
サンクイーリコ、アレッサンドロ　1849（この年）
サンクティス、デ　1883（この年）
サンクティス、ディオニシオ・デ　1577（この年）
サンクティス、ルイージ・デ　1869（12.31）
サンクトリウス　1636（2.22）
サンクロフト、ウィリアム　1693（11.24）
サンゲ・リンパ　1396（この年）
サンゲ・ワンポ・タクパベル・オェセル・サンポ　1296（この年）
サンシア　1229（3.13）
サン・ジェルマン伯　1784（この年）
サン・シモン、クロード・アンリ・ド・ルーヴロワ, 伯爵　1825（5.19）
サン・シモン、ルイ・ド・ルーヴロワド　1755（3.2）
サンジャール　1157（5.8）
サンシュ1世　1211（この年）
サン・ジュスト、ルイ（アントワーヌ・レオン・フロレル・ド　1794（7.28）

サン・ジュール，ジャン・バティスト 1657(4.30)
サン・ジュレ，オクトヴィヤン・ド 1502(この年)
サン・ジュレ，メラン・ド 1558(10.？)
サン・ジョルジュ，ジョゼフ・ブーローニュ・ド 1799(6.9？)
サンジョルジョ，アッポンディオ 1879(この年)
サン・ジョルディ，ジョルディ・デ 1423(この頃)
サン・シラン，アベー・ド 1643(10.11)
サンズ，エドウィン 1588(7.10)
サンズ，ガスパール 1710(この年)
サンズ，ジョージ 1664(この年)
サンス，ペドロ 1747(3.26)
サンス・デル・リオ 1869(10.12)
サンセヴェリーノ，ガエターノ 1865(11.16)
サンソヴィーノ，アンドレア・コントゥッチ 1529(この年)
サンソヴィーノ，ヤコポ 1570(11.27)
サンソン 1667(7.7)
サンタ・アナ，アントニオ・ロペス・デ 1876(6.20)
サンタ・イネス 1713(8.4)
サンタ・クルス 1699(1.12)
サンタ・クルース，アンドレス 1865(9.25)
サンタクローチェ，フランチェスコ・ディ・シモーネ 1508(この年)
サンタクローチェ，フランチェスコ・ディ・ジローラモ 1584(この年)
サンダーズ，ニコラス 1581(この年)
サンダスン，ロバート 1663(1.29)
サンダーソン 1739(4.19)
サンタナ 1864(6.14)
サンタ・マリア 1570(この年)
サンタ・マリア 1669(5.13)
サンタ・マリア 1889(7.18)
サン・タマン，アントワーヌ・ジラール・ド 1661(12.29)
サンタランド 1702(9.28)
サンタローザ 1825(この年)
サンタンデル，フランシスコ・デ・パウラ 1840(5.6)

サンタンドレー，ジャン・ボン 1813(12.10)
サンチェシュ 1590(この年)
サンチェス，トマス 1610(5.19)
サンチェス，フランシスコ 1623(11.26)
サンチェス・イ・ルイス，パブロ 1876(この年)
サンチェス・コエーリョ，アロソン 1588(8.8)
サンチェス・コターン，フアン 1627(9.5)
サンチェス・デ・アレバロ，ロドリーゴ 1470(10.4)
サンチェス・デ・ラス・ブロサス，フランシスコ 1601(この年)
サンチョ1世 925(この年)
サンチョ1世 965(この年)
サンチョ2世 1248(この年)
サンチョ2世 994(この頃)
サンチョ2世（強力王） 1072(10.7)
サンチョ3世 1035(10.18)
サンチョ3世 1158(この頃)
サンチョ4世 1076(この年)
サンチョ4世（勇猛王） 1295(4.25)
サンチョ5世 1094(この年)
サンチョ6世 1194(1.27)
サンチョ7世 1234(4.7)
サンデ，ドゥアルテ・デ 1600(6.22)
サンティ，ジョヴァンニ 1494(8.1)
サンティ，ロレンツォ 1839(この年)
サンティ・ディ・ティート 1603(7.24)
サンティーニ 1861(9.14)
サンティーニ・アイチェル，ジョヴァンニ 1723(この年)
サンティリャナ侯爵 1458(3.25)
サン・テヴルモン，シャルル・ド 1703(9.20)
サンデマン，ロバート 1771(8.2)
サンテール 1809(2.6)
ザンデルス 1897(3.11)
ザント 1820(この年)
サンドー，ジュール 1883(4.24)
サンド，ジョルジュ 1876(6.8)
サンドウィッチ，エドワード・モンタギュー，初代伯爵 1672(5.28)

サンドウィッチ，ジョン・モンタギュー，4代伯爵 1792(4.30)
サントゥッチ 1843(11.29)
サン・トゥール，ジャン・ピエール 1809(この年)
サント・クレール・ドヴィル，アンリ・エティエンヌ 1881(7.1)
サンドズ 1629(10.？)
サントス，ジュアン・ドス 1622(この年)
サン・トーバン，オーギュスタン・ド 1807(11.9)
サン・トーバン，ガブリエル・ジャック・ド 1780(2.14)
サンドビー，トマス 1798(この年)
サンドビー，ポール 1809(11.9)
サント・ブーヴ，シャルル・オーギュスタン 1869(10.13)
ザントベルガー 1898(4.11)
サント・マルト，セヴォル・ド 1623(この年)
ザントラルト，ヨアヒム・フォン 1688(10.14)
サンドラン，ピエール 1561(この頃)
サントリオ 1636(2.24)
サントリーニ 1737(この年)
サンナザーロ，ヤーコポ 1530(4.27)
賛寧 1002(この年)
サンバン，ユーグ 1601(この頃)
サンビアーゾ，フランチェスコ 1649(1.？)
サン・ピエトロ 64(この頃)
サン・ピエール，シャルル・イレネ・カステル・ド 1743(4.29)
サン・ピエール，ジョゼフ 1754(この年)
サン・ピエール，ベルナルダン・ド 1814(この年)
サンフェリーチェ，フェルディナンド 1748(この年)
サンプスン，トマス 1589(4.9)
サン・ペドロ，ディエゴ・デ 1498(この頃)
三昧寂光 1645(この年)
サン・マール 1642(9.12)
サン・マルタン 1897(1.3)
サン・マルタン，ルイ・クロード 1803(10.14)
サンマルティーニ，ジュゼッペ 1751(6.24？)

サンマルティーニ, ジョヴァンニ・バッティスタ 1775(1.15)
サンマルティーノ, ジュゼッペ 1793(この年)
サン・マルティン, トマース・デ 1554(この年)
サン・マルティン, ホセ・デ 1850(8.17)
サンミケーレ 1559(9.？)
璨幽 958(この年)
サン-ランベール, ジャン・フランソワ・ド 1803(2.9)
サン・レアル, セザール・ヴィシャール・ド 1692(9.13)
サン・レオン,（シャルル・ヴィクトール・）アルテュール 1871(この年)
サーンレダム 1607(4.6)
サーンレダム, ピーテル 1665(8.16)

【 シ 】

シー 1850(この年)
史可法 1645(4.20)
挚虞 311(この年)
史堅如 1900(この年)
史浩 1194(この年)
史思明 761(3.3)
施閏章 1683(この年)
士燮 226(この年)
施紹莘 1640(この年)
シー, ジョン・ドースン・ギルマリ 1892(2.22)
思任発 1445(この年)
史震林 1778(この年)
史嵩之 1256(この年)
施世綸 1722(この年)
史達祖 1220(この頃)
師丹 3(この年)
史朝義 763(この年)
史天沢 1275(2.？)
申緯 1847(この年)
史弥遠 1233(10.4)
史弼 1318(この年)
石宏基 1645(この頃)
思倫発 1399(この年)
施琅 1693(この年)
シアグリウス 486(この年)
シアーズ 1786(10.28)

シアーズ, エドマンド・ハミルトン 1876(1.14)
ジアス, エンリーケ 1662(この年)
シアーズ, バーナス 1880(7.6)
シアトル, チーフ 1866(この年)
志安 1729(この年)
シイー 901(この年)
之印 1158(この年)
シィン・マハーティラウンタ 1518(この年)
シィン・マハーラッターラ 1530(この年)
シヴァージー 1680(4.14)
ジーヴェキング, アマーリエ 1859(4.1)
シヴプラサード 1895(この年)
子嬰 前206(この年)
ジェイ, ジョン 1829(5.17)
シェイクスピア, ウィリアム 1616(4.23)
シェイクスピア, ジョン 1601(この年)
ジェイコブ, ヘンリ 1626(4.？)
ジェイコブスン, ウィリアム 1884(この年)
シェイズ, ダニエル 1825(9.29)
シェイヒー 1429(この頃)
ジェイミスン（ジェミスン）, ジョン 1838(7.12)
ジェイムズ2世（スコットランドの）1460(この年)
ジェイムズ, G. P. R. 1860(6.9)
ジェイムズ, ジョン 1746(この年)
ジェイムズ, ヘンリー 1882(12.18)
ジェイン・シーモア 1537(10.24)
シェヴィリョーフ, ステパン・ペトローヴィチ 1864(5.8)
ジェヴォンズ, ウィリアム・スタンリー 1882(8.13)
ジェヴースキー 1866(2.28)
シェーカリー 1655(この年)
シェグ, ペーター・ヨーハン 1885(7.9)
ジェーコブ 1829(8.24)
シエサ・デ・レオン, ペドロ・デ 1554(この年)
シェジー 1856(2.28)
ジェシ, ヘンリ 1663(この年)
シェションク1世 前924(この年)
シェションク2世 前877(この頃)

シエース, エマニュエル・ジョゼフ, 伯爵 1836(6.20)
ジェズアルド, ドン・カルロ, ヴェノーザ公爵 1613(9.8)
ジェズス 1582(4.？)
ジェセル, サー・ジョージ 1883(この年)
シェゾー 1751(この年)
ジェソップ, ウィリアム 1814(この年)
ジェッシ 1881(4.30)
ジェッシ, ジョヴァンニ・フランチェスコ 1649(この年)
シェッド, ウィリアム・グリーノウ・セイアー 1894(11.17)
シェッファー 1547(この年)
シェッファー, ペーター 1502(12.20.？)
シェッフェル, ヨーゼフ・ヴィクトーア 1886(4.9)
シェツラー, コンスタンティーン・フォン 1880(9.19)
ジェッリ, ジャンバッティスタ 1563(7.14)
シェーデル, ゴットフリート 1752(この年)
シェーデル, ハルトマン 1514(11.28)
シェドヴィル, エスプリ・フィリップ 1762(3.9)
シェドヴィル, ニコラ 1782(8.6)
シェドヴィル, ピエール 1725(この年)
シェーナー 1547(1.16)
シェニエ, アンドレ-マリ 1794(7.25)
シェニエ, マリ-ジョゼフ 1811(1.10)
ジェニコット, エドゥアール 1900(2.21)
ジェニン 1897(この年)
ジェニンズ 1787(12.18)
シェヌーテ 466(この年)
シェーヌドレ, シャルル-ジュリヤン・リウード 1833(12.2)
シェーネマン 1782(3.16)
シェーネマン 1817(5.6)
ジェネラーリ, ピエトロ 1832(この年)
ジェネリ, ボナヴェントゥーラ 1868(11.13)
シェノア, アウグスト 1881(12.13)

ジェノヴェーシ 1769(9.22)
ジェノヴェーゼ, ガエターノ 1860(この年)
シェパード 1875(8.23)
シェパード, ジャック 1724(11.16)
シェパード, ジョン 1560(この頃)
シェパード, トマス 1649(8.25)
シェビ, ジョン・デ 1412(この年)
ジェブ, ジョン 1833(12.9)
シェーファー 1862(2.16)
ジェファソン, トマス 1826(7.4)
シェフェル 1898(3.3)
シェフェール, アリ 1858(6.15)
シェフォンテーヌ, クリストフ・ド 1595(5.26)
シェブストン 1893(この年)
シェフチェンコ, タラス・フリホロヴィチ 1861(3.10)
シェプフ, ヨーゼフ 1822(9.15)
ジェフリ 1850(1.26)
ジェフリー・オブ・モンマス 1154(この年)
ジェフリーズ, ジョン 1819(この年)
ジェフリーズ, リチャード 1887(8.14)
ジェフリーズ, リチャード 1887(この年)
ジェフリーズ(ウェムの), ジョージ・ジェフリーズ, 男爵 1689(4.18)
ジェフリ・ハーデビ 1385(3.21)
ジェフリ(ヨークの) 1212(12.18)
シェーベン, マティーアス・ヨーゼフ 1888(7.21)
シェーマーケルス 1781(この年)
シェミエニスキー 1877(11.27)
ジェミニアーニ, フランチェスコ 1762(9.17)
シェミャーカ 1453(この年)
ジェームズ 1635(この年)
ジェームズ 1873(この年)
ジェームズ1世 1437(2.20)
ジェームズ1世 1625(3.27)
ジェームズ2世 1701(9.17)
ジェームズ3世(スコットランド王) 1488(6.11)
ジェームズ4世(スコットランド王) 1513(9.9)
ジェームズ5世 1542(12.14)

ジェームズ, J. 1882(4.3)
ジェム・スルタン 1495(2.24)
ジェームソン 1644(2.8)
ジェームソン 1854(この年)
シェーラー 1886(8.6)
ジェラード 1795(2.22)
ジェラード, ジョン 1612(2.?)
ジェラード, ジョン 1637(6.27)
ジェラード(ヨークの) 1108(3.21)
シェラトン, トマス 1806(10.22)
シェラブ・センゲ 1445(この年)
ジェラール 1519(この年)
ジェラール 1852(4.17)
ジェラール, シャルル・フレデリック 1856(8.19)
ジェラール, フランソワ 1837(1.11)
ジェラルディーニ, アレハンドロ 1524(3.8)
ジェラルド 1796(この年)
ジェラルド 1857(6.8)
ジェラルド(クレモナの) 1187(この年)
ジェラール(ブローニュの) 959(この年)
ジェランドー 1842(11.12)
シェリー, パーシー・ビッシュ 1822(7.8)
シェリー, メアリー 1851(2.1)
ジェリコー, テオドール 1824(1.18)
シェリダン, フィリップ・H(ヘンリー) 1888(8.5)
シェリダン, リチャード・ブリンズリー 1816(7.7)
シェリフ, ローレンス 1567(10.20)
ジェリフスキー 1422(この年)
シェリフ・パシャ 1887(4.20)
シェリホフ 1795(この年)
ジェリャーボフ 1881(4.15)
シェリュエル 1891(3.1)
ジェリヨット, ピエール・ド 1797(この年)
シェリング, フリードリヒ・ヴィルヘルム・ヨーゼフ・フォン 1854(8.20)
シェル 1886(11.21)
ジェール 1652(この年)
シェール・アリー 1879(2.21)
シェルヴィーア, フランツィスカ 1876(12.14)

シェルヴィヒ, ザームエール 1715(1.18)
ジェルヴェ, シャルル・ユベール 1744(1.15)
ジェルヴェーズ, フランソワ・アルマン 1751(この年)
シェルク, ハインリヒ 1885(10.4)
シェルグノフ, ニコライ・ワシリエヴィチ 1891(4.12)
シェルグレン, ユーハン・ヘンリック 1795(4.20)
ジェルゴンヌ 1859(5.4)
シェルシェル 1893(12.26)
シェール・シャー 1545(この年)
ジェルソン, ジャン 1429(7.12)
シェルツァー, ヨーハン・アーダム 1683(12.23)
シェルドン 1897(この年)
シェルドン, ギルバート 1677(11.9)
シェルバーン, ウィリアム・ペティ・フィッツモーリス, 2代伯爵 1805(5.7)
シェルビー 1826(7.18)
シェルビュリエ, ヴィクトール 1899(7.2)
ジェルビヨン, ジャン・フランソワ 1703(3.22)
ジェルフ, リチャード・ウィリアム 1871(9.19)
シェルファー 1783(7.25)
シェルブレ 1837(8.6)
ジェルベー 1879(2.10)
ジェルベー, オリュンプ・フィリップ 1864(8.8)
ジェルベール 1003(5.12)
シェルボノー 1882(この年)
ジェルマン, ソフィ・マリ 1831(6.17)
ジェルマン, トマ 1748(この年)
ジェルメーヌ(ビブラクの) 1601(この年)
ジェルラシュ 1871(この年)
シェレ 1701(3.10)
シェーレ, カール・ヴィルヘルム 1786(5.21)
シェレメーチェフ 1719(2.28)
シェレール, エドモン 1889(3.16)
シェレルプ 1887(この年)
ジェロビ, ホセ・マリア 1867(6.20)

シェロン, シャルル‐ジャン‐フランソワ　1698(この年)
シェーン　1856(7.23)
シェーン, エーアハルト　1542(この年)
ジェンガ, ジローラモ　1551(この年)
ジェンキンス　1870(12.13)
ジェンキンズ, ジョン　1678(10.27)
ジェンキンソン　1611(この頃)
シェンク　1712(この頃)
シェンク, ハインリヒ‐テーオバルト　1727(4.11)
シェンク, ヤーコプ　1546(この年)
シェンク, ヨーハン・バプティスト　1836(12.29)
シェンケル, ダーニエル　1885(5.19)
シェンケンドルフ, マックス・フォン　1817(12.11)
ジェンジェシ　1704(7.24)
シェンストーン, ウィリアム　1763(2.11)
ジェンティーリ　1608(6.19)
ジェンティーレ, カルミネ　1763(この年)
ジェンティーレ, ジャーコモ1世　1713(この年)
ジェンティーレ, ジャーコモ2世　1765(この年)
ジェンティーレ, ジョヴァンニ・ヴァレンティーノ　1566(9.10)
ジェンティーレ, ベルナルディーノ2世　1683(この年)
ジェンティーレ, ベルナルディーノ(年少)　1813(この年)
ジェンティレスキ, アルテミジア　1651(この頃)
ジェンティレスキ, オラツィオ　1647(この年)
ジェンティーレ・ダ・ファブリアーノ　1427(この頃)
ジェンナー, エドワード　1823(1.26?)
ジェンナー, サー・ウィリアム　1898(12.11)
ジェンナーリ, ベネデット　1715(この年)
シェーンパイン, クリスティアン・フリードリヒ　1868(8.29)
シエンフエゴス, アルバロ　1739(8.19)

シエンフエゴス, ホセ・イグナシオ　1845(この年)
シェーンフェルト　1891(この年)
シェーンフェルト, ヨハン・ハインリヒ　1682(この頃)
シェーンライン　1864(1.23)
ジオニーシイ　1632(この頃)
シーオボールド　1744(9.18)
志遠　844(この年)
鐘巴相　1622(この年)
鐘鳴禮　1620(この年)
子夏　前420(この年)
シカネーダー, エマーヌエル　1812(9.21)
シカール　1822(この年)
シカルドゥス(クレモーナの)　1215(6.8)
シガロン, グザヴィエ　1837(8.18)
シカンダル・ローディー　1517(11.21)
ジガンテ, ジャチント　1876(この年)
ジギスムント　1437(12.9)
ジギスムント(ブルグンドの)　524(この年)
シグルドソン, ヨウン　1879(12.7)
ジグー, ジャン‐フランソワ　1894(12.12)
竺道生　434(この年)
竺法義　380(この年)
竺法護　316(この年)
竺法汰　387(この年)
司空曙　790(この頃)
司空図　908(この年)
ジクヴァルト　1844(この年)
シゲエンサ・イ・ゴンゴラ, カルロス・デ　1700(この年)
シクスツス2世　258(この年)
シクスツス3世　440(8.18)
シクスツス4世　1484(8.12)
シクストゥス5世　1590(8.12)
シクストゥス(シエーナの)　1569(この年)
竺僧梵僧　1348(この年)
竺道潜　374(この年)
シーグバト　1045(この年)
シーグフリード　1045(この年)
ジグムント1世　1548(4.1)
ジグムント2世　1572(7.6)
ジグムント3世　1632(4.30)
シーグル1世　1130(この年)

シケイラ・デ・ソサ　1648(この年)
ジゲベルト　655(この年)
ジゲベルト1世　575(この年)
ジゲベルト2世　613(この年)
ジゲベルト3世　656(この年)
シゲベルトゥス　1112(10.5)
ジーゲル　1869(この年)
ジケル　1886(この年)
子元　1166(この年)
志謙　1229(この年)
支謙　254(この年)
ジーゲン, ルートヴィヒ・フォン　1675(この頃)
ジゴー, ニコラ　1707(この年)
子貢　前456(この年)
始皇帝　前210(7.?)
シゴーニョ　1584(8.12)
ジーゴラ, ジョヴァンニ・バッティスタ　1841(この年)
シサット　1657(この年)
子産　前522(この年)
子思　前431(この年)
シジウィック, ヘンリー　1900(8.28)
シジェ・ド・クルトレ　1333(この年)
シジェ・ド・ブラバン　1281(この頃)
シーシキン, イワン　1898(3.8?)
シシコーフ, アレクサンドル・セミョーノヴィチ　1841(4.9)
シシニオス1世　427(12.24)
シシニオス2世　998(8.24)
爾朱栄　530(9.?)
ジシュカ, ヤン　1424(10.11)
ジスト　1759(この年)
シスト, フラ　1290(この年)
シスネーロス, ガルシア・デ　1510(11.27)
シスモンディ　1842(6.25)
シスルウッド, アーサー　1820(5.1)
シスレー, アルフレッド　1899(1.29)
子瑨　1038(この年)
シセンナ, ルキウス・コルネリウス　前67(この年)
地蔵　803(この年)
ジゾール, アレクサンドル・ジャン・バティスト　1835(この年)
ジゾール, アンリ・アルフォンス　1866(この年)
ジゾール, ジャック・ピエール　1828(この年)

ジータ　1272（4.27）
ジタール, ダニエル　1686（この年）
シタルケス　前424（この年）
シチェドリーン　1804（この年）
シチェドリーン, シリヴェストル・フェオドシエヴィチ　1830（10.27？）
シチェドリン, フェオドーシイ　1825（1.19？）
シチェープキン, ミハイル・セミョーノヴィチ　1863（8.11）
シチェルバートフ　1790（この年）
シチェルビーナ, ニコライ・フョードロヴィチ　1869（4.10）
シチャポフ　1876（この年）
シチョランテ, ジローラモ　1580（この年）
シッカルト, ヴィルヘルム　1635（10.24）
ジッキンゲン, フランツ・フォン　1523（5.7）
シック, ゴットリープ　1812（4.11）
実賢　1734（この年）
郅支単于　前36（この年）
実叉難陀　710（この年）
シッティング・ブル　1890（12.15）
シッド, エル　1099（7.10）
シットウ, ミヒール　1525（この年）
シップズ, リチャード　1635（7.5）
ジッヘルバルト　1780（この年）
シデナム, トマス　1689（12.29）
ジドー　1873（10.13）
ジード, カール・レーオポルト・アードルフ　1882（10.23）
シトゥ・チョエキ・ニンチェ　1448（この年）
シトゥール, リュドヴィート　1856（1.12）
シドッティ, ジョヴァンニ・バッティスタ　1715（12.15）
シドニ　1800（6.30）
シドニー　1586（5.5）
シドニー, アルジャーノン　1683（12.7）
シドニー, フィリップ　1586（10.17）
シドニウス・アポッリナリス, ガイユス・ソッリウス・モデストゥス　486（この頃）

シドマス（シドマスの）, ヘンリー・アディントン, 初代子爵　1844（2.15）
シドヤーク　1887（この年）
シトルフ　1835（この年）
支遁　366（この年）
シートン, 聖エリザベス・アン　1821（1.4）
シドンズ, セアラ　1831（6.8）
シーナー, マテーウス　1522（この年）
シナイ, ミクローシュ　1808（この年）
シナースィ, イブラヒム　1871（9.13）
シナール, ジョゼフ　1813（6.20）
シナン　1578（7.1）
シーニアー　1864（6.4）
シニアデツキ　1838（この年）
シーニェブ　226（この年）
シニキー, シャルル・パスカル　1899（1.16）
シニキウス, ヨアネス　1666（5.8）
シニバルディ　1336（この頃）
シニョレリ, ルカ　1523（10.16）
ジーニン　1880（2.6）
申欽　1628（この年）
志念　608（この年）
司馬懿　251（8.？）
司馬睿　322（この年）
シバー, カイ・ガブリエル　1700（この年）
司馬光　1086（9.？）
シバー, コリー　1757（12.12）
司馬昭　265（8.？）
司馬相如　前117（この年）
司馬承禎　735（この年）
司馬遷　前87（この頃）
司馬彪　306（この年）
シハウ　1896（1.23）
地婆訶羅　687（この年）
シバー夫人　1766（この年）
シハーブッディーン・ムハンマド・グーリー　1206（この年）
シーバワイヒ　793（この年）
シバーン, フレデリク・クリスティアン　1872（12.16）
始畢可汗　619（この年）
シヒト　1823（2.16）
ジビューフ, ギヨーム　1650（6.6）
シフ, モリッツ　1896（10.6）
シファーイー　1627（この年）

ジファド, ゴドフリ　1302（1.26）
ジファール, アンリ　1882（4.14）
ジーフェルト　1666（5.6）
シプトン, マザー　1560（この頃）
シーフナー　1879（11.16）
シーブラート　1683（この頃）
ジブリール・イブン・ブフティーシューア　827（この頃）
シーベリ, サミュエル　1796（2.25）
ジーベル　1888（この年）
ジーベル　1895（8.1）
ジーベル, カスパル　1658（1.1）
ジーベル, ティルマン　1875（9.15）
ジベルティ, ジャン・マッテーオ　1543（12.29）
ジベルトゥス（ベーカの）　1332（12.29）
シベレヒツ, ヤン　1703（この頃）
シボー　1780（この年）
ジーボルト, カール・テオドール・エルンスト・フォン　1885（4.7）
ジーボルト, フィリップ・フランツ・フォン　1866（10.18）
シーマー, レーオンハルト（リーエンハルト）　1528（1.14）
シマノフスカ, マリア・アガータ　1831（7.24）
シム　1900（11.28）
シムコー　1806（この年）
シムズ　1883（11.13）
シムズ, ウィリアム・ギルモア　1870（6.11）
シムソン　1768（10.1）
ジムゾン　1899（この年）
シムネル, ランバート　1535（この頃）
ジムラー, ヨージアス　1576（この年）
ジムリリム　前1759（この頃）
ジムロック, カール　1876（7.18）
シメオン　1022（3.12）
シメオン　107（この頃）
シメオン　592（この年）
シメオン1世　927（この年）
シメオン, チャールズ　1836（11.13）
シメオン・サルス　590（この頃）
シメオン（シュメオーン）（テサロニキの）　1429（9.？）
聖シメオン・ステュリテス　459（7.24？）

人物物故大年表 外国人編　*917*

シメオン（ダラムの） 1130(10.
14)
シメオン・バル・サバエ 341(4.
17?)
シメオーン・ポーロツキイ
1680(8.25)
シメオン・メタフラステイ 984
（この頃）
ジーメンス，エルンスト・ヴェル
ナー・フォン 1892(12.6)
シーメンズ，チャールズ・ウィリ
アム 1883(11.19)
シーモア 1886（この年）
シーモア 1887(2.23)
シーモア（シュードリーの），ト
マス・シーモア，男爵 1549
(3.20)
シモカット 630（この頃）
シモニデス 前468?（この頃）
シモニーニ，フランチェスコ
1753（この年）
シモネッタ・ヴェスプッチ
1476（この頃）
シモネッティ，ミケランジェロ
1787（この年）
シモーネ・デル・ティントーレ
1708(?)
シモノーヴィチ 1629(5.5)
シモル，ヤーノシュ 1891(1.23)
シモン 1265(5.16)
シモン 1896(6.8)
シモン 1896(9.29)
シモン 前134(1.27?)
ジーモン 1876(8.28)
シモン4世 1218（この年）
シモン，リシャール 1712(4.11)
シモン（クラモーの） 1422(12.
14)
シモンズ 1898(7.29)
シモンズ，ジョージ・ジェイムズ
1900（この年）
シモンズ，ジョン・アディントン
1893(4.9)
シモン（トゥルネーの） 1201
（この頃）
シモン・ドミンゲス，ペドロ
1627（この頃）
シモン（トレントの） 1475(3.23)
シモントン，アシュベル・グリー
ン 1867（この頃）
謝安 385(8.?)
車胤 397（この頃）
謝啓昆 1802（この年）

謝恵蓮 433（この年）
謝玄 388（この年）
謝翺 1295（この年）
謝混 412（この年）
謝鯤 324（この年）
謝時臣 1557（この頃）
謝榛 1575（この年）
奢崇明 1629（この年）
謝清高 1821（この年）
謝石 388（この年）
謝瞻 421（この年）
謝荘 466（この年）
謝朓 499（この年）
謝方叔 1272（この年）
謝枋得 1289（この年）
謝良佐 1103（この年）
謝霊運 433(11.?)
シャアビー 728（この年）
ジャアファル・アッ＝サーディク
765（この年）
ジャアファル・アルバルマキー
803(1.27)
シャー・アーラム2世 1806(11.
19)
ジャイ・シング1世 1667（この年）
ジャイ・シング2世 1743（この年）
シャーイスタ・ハーン 1694（こ
の年）
シャー・イスマーイール 1542
（この年）
ジャイチャンド 1194（この年）
シャイデマン，ハインリヒ
1663（この年）
シャイト 1565（この年）
シャイト，クリスティアン・ルー
トヴィヒ 1761(10.25)
シャイト，ザームエール 1654
(3.24)
シャイトベルガー，ヨーゼフ
1733(10.2)
シャイナー，クリストフ 1650
(6.18)
シャイノヴィチ 1785（この年）
シャイバーニー 1510(12.2)
シャイフ・サフィー 1334(9.12)
シャイブラー，クリストフ
1653（この年）
シャイベ，ヨーハン・アードルフ
1776(4.22)
シャイベル，ヨーハン・ゴットフ
リート 1843(3.21)
ジャイルズ，ウィリアム（・アーネ
スト・パウエル） 1897(11.19)

シャイン，ヨーハン・ヘルマン
1630(11.19)
シャヴァニャク，エムリク・ド
1717（この年）
ジャヴエ，アンヌ＝マリー
1851(7.15)
ジャヴェル 1883（この年）
シャウカット・ボハーリー
1695（この頃）
シャーウッド，ジョン 1493(1.
14)
シャーウッド，メアリー・M.
1851(9.22)
ジャウハル・アッ＝スィキッリー
992（この年）
シャウフラー 1883（この年）
シャウマン，フランス・ルド
ヴィーグ 1877（この年）
ジャーエスイー，マリク・ムハン
マド 1542（この頃）
シャカ 1828（この年）
ジャカール，ジョゼフ・マリー
1834(8.7)
ジャクイント，コッラード
1765（この年）
シャクストン，ニコラス 1556
(8.?)
ジャクスン，ウィリアム 1663
(6.4)
ジャクスン，ウィリアム 1803
(7.5)
ジャクスン，トマス 1640(9.21)
ジャクソン 1816（この年）
ジャクソン，アンドリュー
1845(6.8)
ジャクソン，ジョン 1845（こ
の年）
ジャクソン，チャールズ・トーマ
ス 1880(8.28)
ジャクソン，トマス・ジョナサン
1863(5.10)
ジャクソン，ヘレン・ハント
1885(8.12)
ジャーク・ド・モレー 1314(3.
18?)
ジャク・ドローズ 1790（この年）
ジャクモン 1832(12.7)
シャークヤシュリーバドラ
1225（この年）
シャクラーディトヤ王（クマーラ
グプタ1世） 455（この年）
ジャクロー，イザアク 1708（こ
の年）

シャ

ジャケ・ド・ラ・ゲール, エリザベト 1729(6.27)
舎航 727(この年)
ジャコトー 1840(7.31)
ジャコブ 1884(この年)
ジャコブ, ジョルジュ 1814(7.5)
ジャコメッティ, パーオロ 1882(8.31)
ジャコメッリ 1740(1.25)
ジャーコモ(ラ・マルカの) 1476(11.28)
ジャコリヨ, ルイ 1890(この年)
シャコン(キアコニオ), ペドロ 1581(10.26)
シャー・ジャハーン 1666(2.1)
シャジャル・アッドゥル 1257(この年)
シャシュケヴィチ, マルキヤン 1843(この年)
シャー・シュジャー 1842(この年)
シャスィニェ, ジャン・バチスト 1635(この頃)
シャーズィリー 1258(この年)
シャスタン, ジャーク・オノレー 1839(9.21)
シャスティヨン, クロード 1616(この年)
ジャスマン 1864(10.4)
ジャスワント・スィンフ 1678(12.20)
シャセリオー, テオドール 1856(10.8)
ジャダン, ジャン・B(バティスト?) 1789(この年)
ジャダン, ヤサント 1802(この年)
ジャダン, ルイ・エマニュエル 1853(4.11)
シャック, ジェーヒュー・ルーイス 1863(10.?)
ジャック, シャルル 1894(5.3)
ジャック・ド・リエージュ 1340(この頃)
ジャックミノー 1865(この年)
ジャッザール 1804(この年)
シャッツガイアー, カスパル 1527(9.18)
ジャッド 1892(この年)
シャップ, クロード 1805(1.23)
シャップ, フィリプ 1893(10.23)
シャップ・ドテロシュ 1799(この年)
シャッペラー, クリストフ 1551(8.15)

シャーデ, ヨーハン・カスパル 1698(7.25)
ジャーディン 1843(この年)
シャテル, フェルディナン・トゥサン・フランソワ 1857(2.13)
シャドウ, ヴィルヘルム・フォン 1862(3.19)
シャドウ, ヨハン・ゴットフリート 1850(1.28)
シャドウェル, トマス 1692(11.19)
シャードスト(サドト) 342(この年)
ジャドソン 1886(7.16)
ジャドソン, アドナイラム 1850(4.12)
シャトーブリヤン, フランソワ・ルネ・ド 1848(7.4)
シャトラン, ジョルジュ 1475(この年)
シャトラン・ド・クーシ 1203(この年)
シャトールー 1744(12.8)
シャトー・ルノー 1716(11.15)
シャトレ・ロモン, ガブリエル・エミリー・ル・トヌリエ・ド・ブルトイユ, 侯爵夫人 1749(9.10)
闍那崛多 604(この年)
シャナート(シャナ), ヨーハン・フリードリヒ 1739(3.6)
シャナン, ジュール・ガブリエル 1874(2.19)
ジャーニ, フェリーチェ 1823(この年)
ジャニベク 1357(この年)
ジャヌカン, クレマン 1558(この年)
ジャネ 1899(10.4)
ジャネッティーニ 1721(7.12 埋葬)
シャネル, ピエール・マリー 1841(4.28)
ジャノネ 1633(8.28)
シャバカ 前696(この頃)
ジャーバス 1739(この年)
シャバネル, ノエル 1649(12.?)
シャバノー, フランソワ 1842(この年)
シャバノン, ミシェル・ポール・ギー・ド 1792(7.10)
シャバラスパーミン 600(この頃)
シャバリバー 1050?(この頃)

シャー・ハリールッラー 1817(この年)
ジャバルティー 1825(この頃)
ジャハンギール 1627(11.7)
ジャハーン・シャー 1467(この年)
シャーピ 1880(4.11)
シャーヒー・サブザワーリー 1453(この年)
ジャービス 1840(この年)
ジャーヒズ, アブー・ウスマーン・アムル・イブン・バハル・アルキナーニー・アッ 868(この頃)
シャヒード・バルヒー, アボルハサン 937(この年)
シャピュー, アンリ 1880(この年)
シャピュゾー, サミュエル 1701(この年)
ジャービル・ブン・ハイヤーン 804(この年)
シャーフー 1749(12.15)
シャープ 1742(この年)
シャープ 1813(7.6)
シャープ 1824(7.25)
シャープ, ジェイムズ 1679(5.3)
シャープ, ジョン 1714(2.2)
シャファーリク, パヴォル・ヨゼフ 1861(6.26)
シャーフィイー 820(1.20)
シャー・フサイン 1729(この年)
ジャフシヤーリー 942(この年)
シャプタル, ジャン・アントワーヌ・クロード 1832(7.30)
シャフツベリー, アントニー・アシュリー・クーパー, 3代伯爵 1713(2.15)
シャフツベリー, アントニー・アシュリー・クーパー, 7代伯爵 1885(10.1)
シャフツベリー, アントニー・アシュリー・クーパー, 初代伯爵 1683(1.21)
シャブドレーヌ, オギュスト 1856(2.29)
シャフナー, マルティン 1546(この頃)
シャーフハウゼン 1893(この年)
シャフラスターニー 1153(11.?)
シャプラン 1891(1.20)
シャプラン, ジャン 1674(2.22)
シャブリエ, エマニュエル 1894(9.13)

人物物故大年表 外国人編 919

シャープール1世　272（この年）
シャープール2世　379（この年）
シャーブルック（シャーブルックの），ロバート・ロー，子爵　1892（この年）
シャベスタリー，サアドッディーン・マフムード・ブン・アブドル・キャリーム　1320（この年）
シャボー　1794（4.5）
シャボーヴィル，ジャン　1617（5.11）
シャホフスコイ，アレクサンドル・アレクサンドロヴィチ　1846（1.22）
シャボーン　1801（この年）
シャマシ・アダド1世　前1782（この頃）
シャマシ・アダド5世　前810（この年）
シャマシュ・シュム・ウキーン　前648（この年）
ジャマール・アッディーン　1301（この頃）
シャーマン　1900（10.22）
ジャーマン　1785（この年）
ジャマン　1886（2.12）
ジャマン，アマディス　1593（この年）
シャーマン，ウィリアム・テカムサ　1891（2.14）
シャーマン，ロジャー　1793（7.23）
ジャーミー，ヌーロッディーン・アブドゥラフマーン　1492（11.9）
シャミエ，ダニエル　1621（10.17）
シャミッソー，アーデルベルト・フォン　1838（8.21）
シャミナード，ギヨーム・ジョゼフ　1850（1.22）
ジャミーラ　720（この頃）
シャミーリ　1871（3.?）
ジャミール　701（この年）
シャムス・イ・カイス　1220（この年）
シャムス・イ・タブリーズ　1246（3.?）
シャムスッ・ディーン　1278（1.?）
ジャムヤン・シェパ・ガクワン・ツォンドゥ　1721（この年）
ジャムヤン・チョエジェ・タシペルデン　1449（この年）
ジャムヤン・レクパ・チョエジョル　1503（この頃）

ジャメ，マリー　1893（この年）
ジャヤバルマン2世　850（この年）
ジャヤバルマン7世　1220（この頃）
シラー　1868（6.21）
シラー，ヨハン・ネポムーク　1842（この年）
ジャラギエ，プロスペール・フレデリク　1864（この年）
ジャラット，デヴァルクス（デヴァルー）　1801（1.29）
シャラフ・ウッディーン　1454（この年）
ジャラール・ウッディーン　1231（8.15）
ジャラールッ・ディーン・ダワーニー　1502（この頃）
シャーリー　1771（3.24）
シャーリー，ジェイムズ　1666（10.29）
シャリエール夫人　1805（12.27）
シャーリコフ，ピョートル・イワノヴィチ　1852（2.16）
シャリーフ　1887（この年）
シャリーフ・アルムルタダー　1044（この年）
ジャリール　728（この年）
シャリング，マルティーン　1608（12.29？）
シャル，シャルル・ミケランジュ　1778（この年）
シャル，ジャン・フレデリック　1825（この年）
シャール，ミシェル　1880（12.18）
シャル，ロベール　1721（1.27）
シャルグラン，ジャン・フランソワ・テレーズ　1811（11.6）
シャルコー，ジャン・マルタン　1893（8.16）
シャルタウ，ヘンリーク　1825（2.2）
シャルダヴォワーヌ，ジャン　1580（この年）
シャルダン，ジャン　1713（1.26）
シャルダン，ジャン・バティスト・シメオン　1779（12.6）
ジャルダン，ニコラ・アンリ　1799（8.31）
シャルチエ，アラン　1435（この年）
ジャルディーニ，フェリーチェ・デ　1796（6.8）
ジャルトゥー，ピエール（ペトルス）　1720（11.30）

シャルドン，ルイ　1651（8.17）
シャルニゼー　1650（この年）
シャルパンティエ，ジャン・ド　1885（9.12）
シャルパンティエ，マルカントワーヌ　1704（2.24）
シャルピ　1784（この年）
シャー・ルフ　1447（3.12）
シャルフ，ヨーハン　1660（1.7）
シャル・フォン・ベル，ヨーハン・アーダム　1666（8.15）
シャルボノー　1870（この年）
ジャルマティ　1830（この年）
シャルマネセル1世　前1245（この頃）
シャルマネセル3世　前824（この年）
シャルマネセル5世　前722（この年）
シャルム，アレクサーンドル・ド・ラ　1767（7.28）
シャルメル・ラクール　1896（10.26）
シャルル1世　1285（1.7）
シャルル1世　877（この年）
シャルル3世　929（10.7）
シャルル4世　1328（1.31）
シャルル5世　1380（9.16）
シャルル6世　1422（10.21）
シャルル7世　1461（7.22）
シャルル8世　1498（4.7）
シャルル9世　1574（5.30）
シャルル10世　1836（11.6）
シャルル，ジャック・アレクサンドル・セザール　1823（4.7）
シャルルヴォワ，ピエール・フランソワ・グザヴィエ・ド　1761（2.1）
シャルル豪胆公　1477（1.5）
シャルル（善良公）　1127（この年）
シャルル・ド・バロア　1325（12.16）
シャルル・ド・ブリアス　1686（2.23）
シャルル・ドルレアン，公爵　1465（1.5）
シャルル・マルテル　741（10.22）
シャルレ，ニコラ・トゥサン　1845（12.30）
シャルロッテ・エリザベト　1722（12.8）
シャルワパ・ヨンテン・タク　1141（この年）

シャールンガデーヴァ　1247（この年）
シャルンシュラーガー，レーオポルト　1563（この年）
シャルンホルスト，ゲルハルト・ヨハン・ダーフィト・フォン　1813（6.28）
シャレット・ド・ラ・コントリー　1796（この年）
シャーロク，ウィリアム　1707（6.19）
シャーロク，トマス　1761（7.15）
シャーロット（・オーガスタ），王女　1817（この年）
シャーロット・ソフィア（メクレンブルク‐シュトレリッツの）1818（この年）
社畜　410（5.？）
シャロン，ピエール　1603（11.16）
シャー・ワリー・ウッラー　1762（この年）
シャン　1878（11.28）
ジャン　1419（9.10）
ジャン2世　1364（4.8）
シャーンイェルム，イェオリ　1672（4.22）
シャンカラ　750（この頃）
シャンカラスヴァーミン　583（この頃）
シャンカラデーヴァ　1569（この年）
シャンガルニエ　1877（2.14）
ジャングネ，ピエール‐ルイ　1816（11.11）
ジャンクリストーフォロ・ロマーノ　1512（この年）
シャンシー，フランソワ・ド　1656（この年）
章嘉呼図克図（第一代）　1715（この年）
章嘉呼図克図（第五代）　1888（この年）
章嘉呼図克図（第三代）　1846（この年）
章嘉呼図克図（第四代）　1875（この年）
章嘉呼図克図（第二代）　1786（この年）
ジャンソン　1480（この年）
シャーンタラクシタ　783（この年）
シャンタル，ジャンヌ・フランソワ・フレミオー　1641（12.13）

シャーンティデーヴァ　750？（この頃）
シャーンティラクシタ　740（この頃）
シャンデュ，アントワーヌ・ド・ラ・ロシュ　1591（2.23）
ジャン・ド・カンブレー　1438（この年）
ジャン・ド・サン‐サンソン　1636（9.14）
ジャン・ド・シェル　1270（この頃）
ジャン・ド・バユー　1398（この年）
ジャン・ド・パリ　1306（9.22）
ジャン・ド・マン　1305（この年）
ジャン・ド・ルーアン　1580（この頃）
ジャン・ドルベ　1231（この年）
ジャンドロン，フランソワ　1564（この年）
シャントン　1309（この年）
ジャンニコーラ・ディ・パーオロ　1544（この年）
聖ジャンヌ・ダルク　1431（5.30）
ジャンヌ・ダルブレー　1572（6.9）
ジャンヌ・ド・ナバル　1305（この年）
ジャンヌ（フランスの，ヴァロワの）　1505（2.4）
ジャンヌ・マリー・ド・メイエ　1414（3.28）
ジャンノッティ　1573（12.27）
ジャンノーネ　1872（12.24）
ジャンノーネ，ピエートロ　1748（3.7）
ジャン・パウル　1825（11.14）
シャンパーニャ，マルスラン・ジョゼフ・ブノワ　1840（6.6）
シャンピエ，サンフォリヤン　1537（この年）
シャンピオネ　1800（1.9）
シャンピオン，ジャック　1638（この年）
シャンピオン，トマ　1561（この頃）
シャンピオン・ド・シャンボニエール，ジャック　1672（5.4？）
シャンビージュ　1615（この年）
シャンビージュ，ピエール1世　1544（1.19）
シャンビージュ，マルタン　1532（8.29）
シャンビージュ，ルイ　1619（この年）

シャンファラー　525（この頃）
シャンフォール，セバスティアン・ロシュ・ニコラ　1794（4.13）
シャンブージー　1689（この年）
ジャンブ・ド・フェール，フィリベール　1566（この頃）
シャンプラン，サミュエル・ド　1635（12.25）
ジャンフランチェスコ・ダ・トルメッツ　1510（この年）
シャンフルーリ　1889（12.6）
シャンブレット，ジャック　1758（この年）
シャンペーニュ，フィリップ・ド　1674（8.12）
ジャン・ボデル　1210（この年）
ジャンボーノ，ミケーレ　1462（この年）
シャンポリオン　1867（5.9）
シャンポリヨン，ジャン‐フランソワ　1832（3.4）
シャンボール　1883（8.24）
シャンマイ　20（この頃）
シャンメレ，マリ　1698（5.15）
シャン・ユダクパ　1193（この年）
ジャンリス夫人　1830（12.31）
ジャンロン，フィリップ・オーギュスト　1877（この年）
朱彝尊　1709（10.？）
朱一貴　1721（この年）
朱筠　1781（この年）
シュー，ウージェーヌ　1857（8.3）
朱鶴年　1834（6.？）
朱鶴齢　1683（この年）
朱紈　1549（3.？）
朱珪　1806（この年）
喩皓　989（この年）
朱光卿　1338（この年）
朱紅燈　1899（この年）
朱国禎　1632（この年）
朱載堉　1610（この年）
朱泚　784（この年）
朱次琦　1881（この年）
朱思本　1333（この頃）
朱舜水　1682（4.17）
朱駿声　1858（この年）
朱松　1143（この年）
朱軾　1736（この年）
寿神　825（この年）
朱清　1303（この年）
朱琦　1850（この年）
朱全忠　912（6.2）
朱崎　1862（この年）

シユ

朱存理　1513(7.25)
朱丹渓　1358(この年)
朱長文　1100(この年)
朱徳潤　1365(6.17)
朱買臣　前109(この年)
朱勔　1126(9.8)
朱祐(右)　1376(この年)
朱友珪　913(この年)
朱用純　1688(この年)
朱倫瀚　1760(この年)
シューアル, サミュエル　1730(1.1)
ジュイ, エチエンヌ・ド　1846(9.4)
子游　前445(この頃)
周亜夫　前148(この年)
周顗　490(この頃)
周弘正(政)　574(この年)
周忱　1453(10.?)
周続之　423(この年)
周天球　1595(この年)
周徳清　1365(この年)
周敦頤　1073(6.7)
周伯琦　1369(この年)
周必大　1204(この年)
周文謨　1801(この年)
周昉　820(この年)
周邦彦　1121(この年)
周勃　前169(この年)
周密　1298(この年)
周瑜　210(12.?)
周用　1547(この年)
酋竜　874(この年)
周亮工　1672(この年)
シュヴァイガー, ヨハン・ザロモ・クリストフ　1857(9.6)
シュヴァイカルト　1857(8.17)
シュヴァイツァー　1875(7.28)
シュヴァイツァー, アレクサンダー　1888(7.23)
シュヴァーネ, ヨーゼフ　1892(6.1)
シュヴァープ, グスタフ　1850(11.4)
シュヴァープ, ヨーハン・バプティスト　1872(この年)
シュヴァーベ, ハインリヒ・ザムエル　1875(4.11)
シュヴァリエ(カヴァリエ), ジャン　1740(5.18)
シュヴァルツ, カール・ハインリヒ　1885(3.25)
シュヴァルツ, クリスティアン・フリードリヒ　1798(2.13)
シュヴァルツ, ヨーズア　1709(この年)
シュヴァルツェンベルク, カール・フィリップ, 公爵　1820(10.15)
シュヴァルツェンベルク, フェリックス・フリートリッヒ　1852(4.5)
シュヴァルツェンベルク, フリードリヒ・ヨーゼフ・フォン　1885(3.27)
シュヴァーロフ　1889(3.22)
シュヴァン, テオドール　1882(1.11)
シュヴァンターラー, ルートヴィヒ・フォン　1848(11.14)
シュヴァンドネル, ヨハン・ゲオルク　1791(この年)
シュヴィント, モーリッツ・フォン　1871(2.8)
シュヴェーグラー, アルベルト　1857(1.5)
シュヴェツ, ヨーハン・バプティスト　1890(この年)
シュヴェードラー　1894(6.9)
シュヴェーベル, ヨハネス　1540(5.19)
ジュウェル　1883(2.10)
シュヴェルツ　1844(12.11)
秀演　1719(この年)
シュヴェンクフェルト, カスパル・フォン　1561(12.10)
シュヴェンディ, ラーツァルス・フォン, フライヘル・フォン・ホーエンランデスベルク　1584(5.28)
シュヴォテ, ジャン・ミシェル　1772(この年)
シュウォトカ　1892(11.2)
宗暁　1214(この年)
重顕　1052(この年)
周憲王　1439(この年)
周公　前1105(この頃)
ジューヌ, ジャン・バティスト　1717(この年)
秋鵬　1706(この年)・
宗密　841(この年)
シュヴリュ, ジャン・ルイ・ルフェーヴル・ド　1836(7.19)
シュヴルール, ミシェル・ユージェーヌ　1889(4.9)
ジューエット　1882(この年)
シューエル, アナ　1878(4.25)
シューエル, ウィリアム　1874(11.14)
ジューエル, ジョン　1571(9.23)
ジュガン, ジャンヌ　1879(8.29)
祝允明　1526(この年)
粛順　1861(この年)
祝昌　1651(この頃)
叔梁紇　前549(この年)
ジュークス　1869(7.29)
粛宗(唐)　762(4.?)
シュクロウプ　1862(2.7)
シューケー　1500(この頃)
株宏　1612(この年)
シュコダ, ヨーゼフ　1881(7.13)
ジュコフスキー, ワシーリー・アンドレーヴィチ　1852(4.12)
ジュコワ, マリヤ・セミョーノヴナ　1855(4.14)
朱子　1200(3.9)
孺子嬰　25(この年)
シュシェ, ルイ・ガブリエル, アルブフェラ・ダ・バレンシア公爵　1826(この年)
シュジェル　1151(1.12)
ジュシュー　1758(4.22)
ジュシュー　1779(この年)
ジュシュー, アドリアン　1853(6.29)
ジュシュー, アントワーヌ・ローラン・ド　1836(9.17)
ジュシュー, ベルナール・ド　1777(11.6)
守初　1668(この年)
ジュース・オッペンハイマー　1738(2.4)
ジュースキント, フリードリヒ・ゴットリーブ　1829(11.12)
シュスター, イグナーツ　1869(この年)
シュースター, ヨーゼフ　1812(この年)
シュスタリー　1610(この頃)
ジュスティ, ジュゼッペ　1850(3.31)
ジュスティーニ, ルイージ　1743(この年)
シュステルマンス, ユストゥス　1681(この年)
ジュスト, アントニオ　1393(この年)
ジュスト, アンドレア　1536(この頃)

ジュスト，ジョバンニ 1549(この年)
ジュスト・デ・メナブオイ 1387(この頃)
シュストリス，ランベルト 1568(この頃)
ジュースマイヤー，フランツ・クサーヴァー 1803(9.17)
ジュースミル 1767(3.22)
ジュゼッペ・ダ・コペルティーノ 1663(9.18)
シュタイナー 1683(この年)
シュタイナー，ヤーコプ 1863(4.1)
シュタイベルト，ダニエル 1823(9.20)
シュタイン 1887(6.15)
シュタイン 1890(9.23)
シュタイン，アンドレーアス・フリードリヒ 1809(この年)
シュタイン，カール・ライヒスフライヘル・フォム・ウント・ツム 1831(6.29)
シュタイン，シャルロッテ・フォン 1827(1.6)
シュタイン，マテウス・アンドレーアス 1842(この年)
シュタイン，マリア・アンナ 1833(この年)
シュタイン，ヨーハン・アンドレーアス 1792(この年)
シュタインコップフ，カール・フリードリヒ，アードルフ 1859(5.29)
シュタインタール 1899(3.14)
シュタインハイル 1870(9.12)
シュタインバルト，ゴットヘルフ・ザームエル 1809(この年)
シュタインホーファー，マクシミーリアーン・フリードリヒ・クリストフ 1761(2.11)
シュタインマイアー，フランツ・カール・ルートヴィヒ 1900(この年)
シュタインマル・フォン・クリングナウ 1293(この頃)
シュタインメツ，ヨーハン・アーダム 1762(7.10)
シュタインメッツ 1877(8.2)
シュタインレ，エトヴァルト・フォン 1886(9.18)
シュタウデンマイアー，フランツ・アントーン 1856(1.19)

シュタウト 1867(6.1)
シュタウピツ，ヨハネス(ヨーハン)・フォン 1524(12.28)
シュターゲル，エルスベト(エルベト) 1360(この年)
シュタットラー，ベーネディクト 1797(8.21)
シュタップファー，フィーリプ・アルベルト 1840(3.27)
シュタディオン 1824(この年)
シュターディオン，クリストフ・フォン 1543(4.15)
シュターデン，ジークムント・テオフィール 1655(7.30)
シュターデン，ヨハン 1634(11.15)
シュタードラー 1812(6.15)
シュタードラー，ウルリヒ 1540(この年)
シュタードラー，マクシミーリアーン 1833(11.8)
シュタードルマイヤー 1648(7.12)
シュタハ，マテウス 1787(12.21)
シュタフィルス，フリードリヒ 1564(3.5)
シュターミツ，アントン 1789(この頃)
シュターミツ，カール 1801(11.9)
シュターミツ，ヨハン・ヴェンツェル・アントン 1757(3.27)
シュタール，ゲオルク・エルンスト 1734(5.14)
シュタール，フリードリヒ・ユーリウス 1855(8.3)
シュタルク，ヨーハン・アウグスト 1816(3.3)
シュタルク，ヨーハン・フリードリヒ 1756(7.17)
シュタルケ 1872(1.10)
シュタルケ，クリストフ 1744(この年)
シュチェバーン 1797(4.12)
シュッキング 1883(8.31)
シュッケルト 1895(9.17)
シュッチェンベルジュ 1897(6.26)
シュッツ，ハインリヒ 1672(11.6)
シュッツ，ヨーハン・ヤーコプ 1690(5.21)

ジュッバーイー 915(この年)
シュッピルリウマ1世 前1340(この頃)
シュップ，ヨーハン・バルタザール 1661(10.26)
シュッペン，ヤーコプ・ファン 1751(この年)
シュティーア，ルードルフ・エーヴァルト 1862(12.16)
シュティーゲル，ヨーハン 1562(この年)
シュティヒ，ヨーハン・ヴェンツェル 1803(2.16)
シュティプ，ゲーアハルト 1882(この年)
シュティーフェル，エザーヤス 1627(この年)
シュティーフェル，ミヒャエル 1567(4.19)
シュティフター，アーダルベルト 1868(1.28)
シュティーラー 1836(3.13)
シュティリング 1879(1.28)
シュティール，フェルディナント 1878(9.16)
シュティルナー，マックス 1856(6.26)
シュティンマー，トビアス 1584(1.4)
シュテークマン，ヨーズア 1632(8.3)
シュテックハルト 1886(6.1)
シュテックライン，ヨーゼフ 1733(12.28)
シュテックル，アルベルト 1895(11.15)
シュテッケル，レオンハルト 1560(この年)
シュテッセル，ヨーハン 1576(3.18)
シュテッフェンゼン 1888(12.11)
シュテトハイマー，ハンス 1432(8.10)
シュテファニ 1850(この年)
シュテファン 1504(8.2)
シュテファン 1897(4.8)
シュテファン，マルティーン 1846(2.22)
シュテファン，ヨーゼフ 1893(1.7)
シュテファン大公 1867(この年)
シュテフェンス，ヘンリク 1845(2.13)

シユ 人名索引

シュテューラー，フリードリヒ・アウグスト　1865(3.18)
シュテラー，ゲオルク・ヴィルヘルム　1746(11.12)
シュテーリン，アードルフ・フォン　1897(この年)
シュテーリン，ルードルフ　1900(3.13)
シュテルケル　1817(10.12)
シュテルツィンガー，フェルディナント　1786(3.18)
シュテルツェル，ゴットフリート・ハインリヒ　1749(11.27)
シュテルツナー　1895(2.25)
シュテルン　1883(2.27)
シュテルン，アブラハム　1842(この年)
シュテルン，モーリッツ　1894(1.30)
シュテンツラー　1887(2.27)
シュテントループ，フェルディナント　1898(8.18)
シュート　1563(この年)
ジュド，クロード　1735(3.11)
シュトイ　1885(1.23)
シュトイアライン，ヨーハン　1613(5.5)
シュトイデル，ヨーハン・クリスティアン・フリードリヒ　1837(10.24)
シュトイドリーン，カール・フリードリヒ　1826(7.5)
シュトイバー，ヨハネス　1643(この年)
シュトゥーダー　1890(この年)
シュトゥルム，ヤーコプ　1553(10.30)
シュトゥルム，ヨハネス　1589(3.3)
シュトゥンプ　1578(この頃)
シュトース，ファイト　1533(この年)
シュトッシュ，バルトロメーウス　1686(3.5？)
シュトッペ　1887(5.19)
シュトベーウス，ヨーハン　1646(9.11)
シュトーラー，ヨハン・クリストフォルス　1671(この年)
シュトラウス　1866(12.2)
シュトラウス，ゲーアハルト・フリードリヒ・アーブラハム　1863(7.19)

シュトラウス，ダーフィト・フリードリヒ　1874(2.8)
シュトラウス，フリードリヒ・アードルフ　1888(この年)
シュトラウス，ヨーゼフ　1870(7.21)
シュトラウス，ヨーハン　1899(6.3)
シュトラウス，ヨハン　1849(9.25)
シュトラウス・ウント・トルナイ，ヴィクトール・フォン　1899(4.1)
シュトラウプ，ヨハン・バプティスト　1784(7.15)
シュトラック，ルートヴィヒ・フィリップ　1836(この年)
シュトラニツキー，ヨーゼフ・アントン　1726(5.19)
シュトリーゲル，ヴィクトリーヌス　1569(6.26)
シュトリーゲル，ベルンハルト　1528(5.4？)
シュトリメジウス，ザームエル　1730(1.28)
シュトリュンペル　1899(5.18)
シュトル，ゴットロープ・クリスティアン　1805(1.17)
シュトル，ヨーハン・クリスティアン　1773(5.8)
シュトルエンゼー，アーダム　1791(この年)
シュトルツ，アルバーン・イージドーア　1883(10.16)
シュトルツ，ヨーハン　1556(この年)
シュトルツ，ヨーハン・ヤーコプ　1821(この年)
シュトルツァー，トーマス　1526(この頃)
シュトルヒ，ニーコラウス　1530(この年)
シュトルヒェナウ，ジークムント・フォン　1797(4.13)
シュトルーベ　1870(8.21)
シュトルベルク・シュトルベルク，フリードリヒ・レーオポルト・ツー　1819(12.5)
シュトルム　1703(12.25)
シュトルム，テーオドア　1888(7.4)
シュトルンク　1700(9.23)
シュトロマイヤー　1876(6.15)

シュトローマイヤー，フリードリヒ　1835(8.18)
シュナイダー　1680(この年)
シュナイダー　1853(11.23)
シュナイダー，オイロギウス　1794(この年)
シュナイダー，カール・ザームエル　1882(この年)
シュナイデヴィン　1856(1.11)
ジュナイド　910(この年)
シュナヴァール，ポール‐マルク‐ジョゼフ　1895(4.12)
シュナーゼ　1875(5.20)
シュナーベル　1831(6.16)
シュナーベル，ティレマン　1559(この年)
シュナーベル，ヨハン・ゴットフリート　1750(この頃)
ジュナヤーナガルバ　760(この頃)
シュニーダー・フォン・ヴァルテンゼー，クサーヴァー　1868(この年)
シュニットガー，アルプ　1719(7.24)
ジュニャーナシュリーミトラ　1030(この頃)
ジュニャーナパーダ　800(この頃)
ジュニャーネーシュワル　1296(この頃)
聖ジュヌヴィエーヴ　512(この年)
ジュネ，E.　1834(7.14)
ジュネ，フランツ　1895(6.15)
シュネシオス　413(この年)
シュネッケンブルガー　1849(5.3)
シュネッケンブルガー，マティーアス　1848(6.13)
シュネップフ，エーアハルト　1558(11.1)
シュネデル　1875(11.27)
シュネーマン，ゲーアハルト　1885(11.20)
シュネラー，ヨーハン・ルートヴィヒ　1896(10.18)
ジュノー　1813(7.29)
ジュノー　1838(この年)
ジュノー　1856(この年)
シュノーア・フォン・カルロスフェルト，ルートヴィヒ　1865(この年)

シユ

シュノル・フォン・カロルスフェルト, ユリウス 1872(5.24)
シュパーラティーン, ゲオルク 1545(1.16)
シュバリエ 1873(この年)
シュバリエ 1879(この年)
シュパルディング, ヨーハン・ヨーアヒム 1804(5.22)
シューバルト 1787(4.23?)
シューバルト, クリスティアン・フリードリヒ・ダーニエル 1791(10.10)
シュパンゲンベルク, アウグスト・ゴットリーブ 1792(9.18)
シュパンゲンベルク, ツィーリアクス 1604(2.10)
シュパンゲンベルク, ヨーハン 1550(6.13)
シュパンツィヒ, イグナーツ 1830(3.2)
シュパンハイム, エツェーヒエール 1710(11.7)
シュパンハイム, フリードリヒ 1649(5.14)
シュパンハイム, フリードリヒ 1701(5.18)
シュピーゲル, フェルディナント・アウグスト・グラーフ・フォン 1835(8.2)
シュピース 1858(5.9)
シュピース, クリスティアン・ハインリヒ 1799(8.17)
シュピッタ, カール・ヨーハン・フィーリプ 1859(9.28)
シュピッタ, フィーリプ 1894(4.13)
シュピッツヴェーク, カール 1885(9.23)
シュピッテルマイアー, アンブロージウス 1528(2.6)
シュピットラー, クリスティアン・フリードリヒ 1867(12.8)
シュピットラー, ルートヴィヒ・ティモーテウス・フライヘル・フォン 1810(3.14)
シュヒリン, ハンス 1505(この年)
シュピレケ 1841(この年)
シューピン 1805(この年)
シューフェルト 1895(この年)
シュフェルン 1829(この年)
シュプライス, ダーフィト 1854(この年)

ジュフラール 1879(2.11)
シュプリンガー, アントーン 1891(5.31)
シュプリングリ, ニクラウス 1802(この年)
シュブルーズ 1679(8.12)
シュプルツハイム 1832(この年)
シュプレイラス, ピエール 1749(5.28)
シュプレーン 1788(12.8)
シュプレンガー 1495(この年)
シュプレンガー 1893(12.19)
シュプレンゲル 1816(4.7)
シュプレンゲル, クルト 1833(3.15)
ジュフロア・ダバン 1832(7.18)
ジュフロワ, テオドール 1842(3.1)
シュペーア 1707(10.5)
シュベックバッハー 1820(3.28)
シュペート, ペーター 1831(この年)
シュペート, ヘルマン 1894(この年)
シュペーナー, フィーリップ・ヤーコプ 1705(2.5)
シュペー・フォン・ランゲンフェルト, フリードリヒ 1635(8.7)
シュペーラー, グスタフ・フリードリヒ・ヴィルヘルム 1895(7.7)
ジュベール 1799(8.15)
ジュベール, ジョゼフ 1824(5.4)
ジュベール, ピート(・ベトルス・ヤコブス) 1900(3.27)
シューベルト 1827(3.5)
シューベルト, ゴットヒルフ・ハインリヒ 1860(7.1)
シューベルト, フョードル 1825(10.22)
シューベルト, フランツ 1828(11.19)
シュペングラー, ラザルス 1534(9.7)
主父偃 前127(この年)
シュボア, ルイス 1859(10.22)
ジュボエ, エティエンヌ・フランソワ 1823(この年)
ジュボエ, フランソワ・ルネ 1845(この年)
ジュボエ, ミシェル・ジョゼフ 1812(この年)
シュマッカー, サムエル・サイモン 1873(7.26)

シュマッケル 1896(3.26)
シューマッハー 1850(この年)
シュマルツ 1831(この年)
シュマルツグリューバー, フランツ 1735(11.7)
シューマン, クララ 1896(5.20)
シューマン, ローベルト 1856(7.29)
シュミット 1812(4.10)
シュミット 1851(この年)
シュミット 1864(この年)
シュミット 1884(2.7)
シュミット 1886(この年)
シュミット 1886(この年)
シュミット 1887(この年)
シュミット 1887(この年)
シュミット, アロイス 1866(7.25)
シュミット, イーザーク・ヤーコプ 1847(9.8)
シュミット, ゲオルク 1785(8.2)
シュミット, シャルル 1895(3.11)
シュミット, フリードリヒ・フォン 1891(1.23)
シュミット, ベルンハルト 1625(この頃)
シュミット, マルティン・ヨーハン 1801(6.28)
シュミット, ミヒャエル・イグナーツ 1794(この年)
シュミット, ヨーハン・オイゼービウス 1745(12.25)
シュミット, ヨーハン・ローレンツ 1749(12.20)
シュミート, クリストフ・ダーニエル・フォン 1854(9.3)
シュミート, ハインリヒ・フリードリヒ・フェルディナント 1885(11.17)
シュミート, ヨーハン 1658(この年)
ジュミヤック 1682(3.22)
シュメルツァー, ヨハン・ハインリヒ 1680(3.?)
シュメルツル 1561(この頃)
シュメルリング 1893(5.23)
シュモラー, オットー 1894(この年)
シュモルク, ベンヤミン 1737(2.12)
朱邪赤心 887(この年)
シュライアー 1899(この年)

シュライアーマッハー，フリードリヒ・ダーニエル・エルンスト　1834(2.12)
シュライデン，マティアス・ヤコブ　1881(6.23)
シュライバー，レイディ・シャーロット・エリザベス　1895(この年)
シュライヒャー，アウグスト　1868(12.6)
シュライフォーゲル，ヨーゼフ・フォン　1832(7.28)
シュラウテンバハ，ルートヴィヒ・カール・フライヘル・フォン　1783(この年)
シュラウン，ヨハン・コンラート　1773(10.21)
シュラーギントヴァイト，アドルフ　1857(この年)
シュラーギントヴァイト，ヘルマン　1882(1.19)
シュラーギントヴァイト，ロバート　1885(この年)
シュラーダー，クレーメンス　1875(2.23)
シュラッター，アンナ　1826(12.25)
シュラッター，ミヒャエル　1790(10.31)
シュラッファー，ヨーハン　1527(12.?)
シュラプネル，ヘンリー　1842(この年)
シュランドル(シェランドル)，ジャン・ド　1635(この年)
シュリー，マクシミリアン・ド・ベテューン，公爵　1641(12.22)
ジュリアーナ・デイ・ファルコニエーリ　1341(6.19)
ジュリアナ(ノリッジの)　1413(この頃)
ジュリアーニ，ヴェローニカ　1727(7.9)
ジュリアーニ，ジョヴァンニ　1744(この年)
ジュリアーニ，マウロ　1829(5.8)
シュリアノス(アレクサンドレイアの)　450(この頃)
ジュリアーノ・ダ・マイアーノ　1490(10.17)
ジュリアーノ・ダ・リーミニ　1346(この年)
ジュリアン　1873(2.14)

ジュリアン　1899(7.5)
ジュリアン，ジル　1703(この年)
ジュリアン，ピエール　1804(この年)
シュリック，アルノルト　1525(この頃)
シュリーマン，ハインリヒ　1890(12.26)
ジュリュー，ピエール　1713(1.11)
シュリューター，アンドレアス　1714(6.23)
シュリュッセルブルク，コンラート　1619(この年)
ジュール，ジェイムズ・プレスコット　1889(10.11)
ジュルアト，シェイフ・カランダル・バフシュ　1810(この年)
シュルギ　前2046(この頃)
ジュルジース・イブン・ジブリール　768(この頃)
ジュルジャーニー　1136(この年)
シュルーズベリ　1718(2.1)
シュルーズベリー伯　1453(7.17)
ジュルダン，ジャン‐バティスト，伯爵　1833(11.3)
ジュルツ　1805(この年)
シュルツ，ダーフィト　1854(2.17)
シュルツ，フランツ・アルベルト　1763(この年)
シュルツ，ヨハン・アブラハム・ペーター　1800(6.10)
シュルツェ　1833(1.14)
シュルツェ　1869(この年)
シュルツェ，エルンスト　1817(6.29)
シュルツェ，マックス・ヨーハン・ジギスムント　1874(1.16)
シュルツェ・ゲヴェルニッツ　1860(7.3)
シュルツェ・デリッチ　1883(4.29)
シュルテス　1818(4.12)
ジュールデン　1619(7.17)
シュルテンス　1750(1.26)
シュルテンス　1793(8.12)
シュール・ド・モン(ピエール・デュガー・ド・モン)　1611(この頃)
シュールホフ　1898(3.13)
シュールマン，アンナ・マリーア・ヴァン　1678(この年)
ジュルリン，イェルク(父)　1491(この年)

シュレーゲル，アウグスト・ヴィルヘルム　1845(5.12)
シュレーゲル，カール・ヴィルヘルム・フリードリヒ・フォン　1829(1.12)
シュレーゲル，カロリーネ　1809(9.7)
シュレーゲル，ドロテーア　1839(8.3)
シュレーゲル，ヨハン・エリーアス　1749(8.13)
シュレジンガー，アドルフ・マルティン　1838(10.11)
シュレジンガー，モーリツ・アドルフ　1871(2.25)
シュレーダー　1816(9.3)
シュレーター，クリストフ・ゴットリープ　1782(5.20)
シュレーター，コロナ・エリーザベト・ヴィルヘルミーネ　1802(8.23)
シュレーダー，ヨーアヒム　1677(6.1)
シュレーター，ヨハン・ザームエル　1788(11.2)
シュレーター，ヨハン・ハインリヒ　1699(6.30)
シュレーター，レーオンハルト　1601(この頃)
シュレーダー‐ドゥリアン，ヴィルヘルミーネ　1860(1.26)
シュレーツァー　1809(9.9)
シュレック，ヨーハン・マティーアス　1808(8.2)
シュレッター　1815(この年)
シュレッター，アントン　1875(4.15)
シュレーデル，ハンス・バルーダン・スミット　1882(1.27)
シュレーバー　1861(11.10)
シュレヒト，ライムント　1891(3.24)
シュレーフリ　1895(3.20)
シュレル・ケストネル　1899(9.19)
シュレンク　1894(1.8)
シュロイスナー，ヨーハン・フリードリヒ　1831(2.21)
シュロッサー　1799(10.17)
シュロツァー　1861(9.23)
ジュワイニー　1279(この年)
ジュワイニー　1284(10.16?)
ジュワイニー　1284(この年)

シヨ

シュワルツ　1837(4.3)
シュワルツェンベルク　1528(この年)
荀悦　209(この年)
荀勗　289(この年)
淳于髡　前305(この年)
シュンケ　1834(12.7)
荀子　前238(この年)
遵式　1032(この年)
醇親王奕譞　1891(11.?)
春申君　前238(この年)
順宗(唐)　806(この年)
ジュンタ・ピサーノ　1258(この年)
順治帝(清)　1661(1.?)
順帝(元)　1350(この年)
順帝(後漢)　144(この年)
ジュンティ,ドメーニコ　1560(この年)
シュンマクス,クゥイントゥス・アウレリウス　402(この年)
ショー　1860(この年)
ショー　1863(7.18)
ショー　1879(6.15)
ショー　1885(10.14)
徐渭　1593(この年)
ショー,ウィリアム　1872(12.4)
徐円朗　623(この年)
徐鍇　974(この頃)
徐階　1574(この年)
徐霞客　1641(この年)
徐幹　217(この年)
徐瑰　1214(この年)
徐熙　998(この年)
徐釚　1708(この年)
徐兢　1153(この年)
徐敬徳　1546(この年)
徐継畬　1873(この年)
徐堅　729(この年)
徐鉉　991(この年)
徐乾学　1694(この年)
徐元文　1691(この年)
舒元輿　835(この年)
徐浩　782(この年)
徐光啓　1633(1.?)
徐鴻儒　1622(この年)
徐広縉　1862(この年)
徐光範　1897(この年)
徐鼒　1862(この年)
徐三庚　1890(この年)
徐寿　1884(この年)
徐寿輝　1360(この年)
徐遵明　529(この年)

諸昇　1690(この頃)
徐松　1848(この年)
徐照　1211(この年)
徐璋玉　1900(この年)
徐大椿　1771(この年)
徐達　1385(この年)
徐摛　551(この年)
徐禎卿　1511(この年)
徐桐　1900(この年)
徐棟　1865(この年)
徐俳　524(この年)
徐復祚　1630(この年)
徐枋　1694(9.?)
徐賁　1393(この年)
徐有榘　1845(この年)
徐有壬　1860(この年)
徐有貞　1472(この年)
徐用儀　1900(この年)
徐陵　583(この年)
徐霖　1538(7.2)
ショア,ジェイン　1527(この頃)
ショアズール　1675(この年)
ジョアッキーノ・ダ・フィオーレ　1202(3.30)
ジョアナ・アンジェリカ・デ・ジェズス　1822(2.20)
ジョアノ,トニー　1852(この年)
ジョアン1世　1433(8.14)
ジョアン2世　1495(10.25)
ジョアン3世　1557(6.1)
ジョアン4世　1656(11.6)
ジョアン5世　1750(7.31)
ジョアン6世　1826(3.10)
ジョアンヴィル　1900(6.16)
ジョイネル　1884(11.23)
ショイフェライン,ハンス・レオンハルト　1538(この頃)
ショイヤー　1865(8.21)
ショイル,クリストフ・ゴットリープ・アードルフ・フライヘル・フォン　1893(この年)
邵懿辰　1861(この年)
蕭雲従　1673(この年)
鍾嶸　518(この頃)
蕭穎士　768(この年)
蒋英実　1450(この頃)
蕭衍　549(この年)
蕭何　前193(7.5)
鍾会　264(この年)
饒介　1367(この年)
尚可喜　1677(この年)
章学誠　1801(この年)
章邯　前205(この年)

尚恐熱　866(この年)
常遇春　1369(7.?)
常恵　前47(この年)
葉桂　1746(この年)
尚結賛　796(この年)
常建　765(この頃)
葉憲祖　1641(この年)
焦竑　1620(この年)
蒋光煦　1860(この年)
章孝標　835(この頃)
蕭子雲　549(この年)
蕭嗣業　679(この年)
蕭子顕　537(この年)
尚之信　1680(この年)
聶士成　1900(この年)
蒋士銓　1785(この年)
譙周　270(この年)
焦循　1820(この年)
省常　1020(この年)
蕭子良　494(この年)
蕭思話　455(この年)
邵晋涵　1796(この年)
鍾惺　1624(この年)
蕭銑　621(この年)
鐘相　1135(この年)
蕭朝貴　1852(この年)
蒋廷錫　1732(この年)
葉天寥　1648(この年)
蕭統　531(この年)
蕭望之　前47(この年)
蕭抱珍　1166(この年)
鍾繇　230(この年)
邵雍　1077(9.?)
常倫　1525(この年)
商輅　1486(この年)
聖ジョヴァンニ(カピストラーノ)　1456(この年)
ジョヴァンニ・ダ・ヴェローナ　1525(この年)
ジョヴァンニ・ダゴスティーノ　1348(この年)
ジョヴァンニ・ダ・サン・ジョヴァンニ　1636(この年)
ジョヴァンニ・ダ・ノーラ　1558(この年)
ジョヴァンニ・ダ・プロチダ　1298(この年)
ジョヴァンニ・ダルマタ　1509(この年)
ジョヴァンニ・ダレマーニャ　1450(この年)
ジョヴァンニ・ディ・トゥリーノ　1455(この年)

人物物故大年表 外国人編　*927*

ジョヴァンニ・ディ・パオロ　1483(この頃)
ジョヴァンニ・デッローベラ　1598(この年)
ジョヴァンニ(パルマの)　1289(3.19)
ジョヴァンニ・フランチェスコ・ダ・リーミニ　1470(この頃)
ジョヴァンネッティ, マッテーオ　1370(この頃)
ジョヴァンネッリ, ルッジェロ　1625(1.7)
ジョーヴィオ, パーオロ　1552(12.10)
松筠　1835(この年)
定慧　1741(この年)
ジョヴェノーネ, ジローラモ　1555(この年)
商鞅　前338(この年)
静琬　639(この年)
章懐太子　684(この年)
上官儀　664(この年)
上官周　1749(この頃)
上官昭容　710(この年)
承週　1221(この年)
尚彦　1791(この年)
浄源　1088(この年)
韶顕　1096(この年)
少康　805(この年)
昭公　前510(この年)
浄業　616(この年)
襄公(宋)　前637(5. ?)
小獣林王　384(この年)
昭襄王　前251(この年)
少正卯　前496(この年)
昭宗(唐)　904(この年)
昭帝(北元)　1378(この年)
章宗(金)　1208(11. ?)
性聡　1666(この年)
向太后　1101(1.13)
少帝(後晋)　964(この年)
昭帝(前漢)　前74(4. ?)
章帝(後漢)　88(この年)
承天皇太后　1009(この年)
性珆　1684(1.20)
章惇　1105(この年)
ショーヴネ　1870(この年)
小寧国公主　791(この頃)
昭明太子　531(4. ?)
ジョウンズ　1870(1.22)
ジョウンズ, ウィリアム　1800(1.6)
ジョウンズ, グリフィス　1761(4.8)

ジョウンズ, ジョン(バックリ)　1598(7.12)
ジョウンズ, デイヴィド　1841(5.1)
ジョウンズ, トマス　1820(6.16)
ジョーエット, ベンジャミン　1893(10.1)
諸葛瞻　263(この年)
諸葛亮　234(8. ?)
ジョーグ, イザアク　1646(10.18)
ジョークール　1852(2.5)
ジョクール, ルイ・ド　1779(2.3)
徐皇后　1407(この年)
ジョコンド, フラ・ジョバンニ　1515(7.1)
ジョージ1世　1727(6.11)
ジョージ2世　1760(10.25)
ジョージ3世　1820(1.29)
ジョージ4世　1830(6.26)
ジョージ, ヘンリー　1897(10.29)
聖ジョージ　303(4.23)
ショシェ　1828(この年)
ジョージ・トゥバウ1世　1893(この年)
ジョスカン・デプレ　1521(8.27)
ジョスリン(ウェルズの)　1242(11.19)
ジョゼ1世　1777(2.24)
ジョゼフ, 神父　1638(この年)
ジョゼフィーヌ・ド・ボアルネ　1814(5.29)
ジョゼフ・カヴァイエ　1767(この年)
ショーソン, アメデ・エルネスト　1899(6.10)
ジョーダン, ドロシア　1816(この年)
ショッテル, ユウトゥス・ゲオルク　1676(10.25)
ショット　1889(1.21)
ショット, アンゼルム・フリードリヒ・アウグスト　1896(4.23)
ショット, カスパル　1666(5.22)
ジョット・ディ・ボンドーネ　1337(1.8)
ショップ, ヨーハン　1667(この年)
ジョッフレード, マーリオ　1785
ショーデ, アントワーヌ・ドニ　1810(この年)
ジョデル, エチエンヌ　1573(7. ?)

ショート　1768(この年)
ショート　1886(この年)
ショート, オーガスタス　1883(10.5)
ジョドレ　1660(3.27)
ジョードン　1896(12.23)
ショーネー　1895(6. ?)
処能　1680(この年)
ショ・バル　1231(1.6)
ショパン, フレデリク・フランソワ　1849(10.17)
ジョフラン　1777(10.6)
ジョフル　1519(この年)
ジョフレ・リュデル・ド・ブライユ　1147(この年)
ジョフロア　1731(1.6)
ジョフロア・サンティレール　1861(11.10)
ジョフロア・プランタジュネ　1151(9.7)
ジョフロワ・サン-ティレール, エティエンヌ　1844(6.12)
ショベル　1707(この年)
ジョーベル　1847(1.27)
ジョベルティ, ヴィンチェンツォ　1852(9.26)
ショーベルト, ヨーハン　1767(8.28)
ショーペンハウアー　1838(4.18)
ショーペンハウアー, アルトゥーア　1860(9.21)
ジョホノット　1888(この年)
ジョマール　1862(9.23)
ジョミニ, アントアーヌ・アンリ　1869(3.23)
ショーメット　1794(4.13)
ショーモン　1712(この年)
ジョーヤ　1828(1.2)
胥要徳　738(この年)
ジョーラ, エティエンヌ　1789(この年)
ジョリー　1673(この頃)
ショーリアック, ギー・ド　1368(7.25)
ジョリエ　1700(この年)
ショーリュー, ギヨーム・アンフリー・ド　1720(6.27)
ジョルジョーネ　1510(10. ?)
ショールズ, クリストファー・レイサム　1890(2.17)
ジョルダーニ, ジュゼッペ　1798(この年)
ジョルダーニ, トンマーゾ　1806(2. ?)

ジョルダーニ, ピエートロ 1848(9.14)
ジョルダヌス 1354(この年)
ジョルダーノ, ルカ 1705(1.12)
ジョルダン 1897(この年)
ショルツ, ヨーハン・マルティーン 1852(10.20)
ジョルフィーノ, ニッコロ 1555(この年)
ショルベ 1873(2.19)
ショルレンマー 1892(6.27)
ショロン, アレクサンドル・エティエンヌ 1834(6.29)
ショワジー, フランソワ・チモレオン・ド 1724(この年)
ショワズル(-アンボワーズ), エティエンヌ・フランソワ, 公爵 1785(5.8)
ジョワユーズ, ジャン・ド 1698(この年)
ジョワンヴィル, ジャン・ド 1317(12.24)
ジョン 1216(10.17)
ジョン4世 1889(この年)
ジョン・ウェルズ 1388(この年)
ジョン・オヴ・ゴーント 1399(2.3)
ジョン・オヴ・ソールズベリー 1180(10.25)
ジョン・オヴ・トレヴィサ 1412(この年)
ジョン・オヴ・ブリエンヌ 1237(この年)
聖ジョン・オヴ・ベヴァリー 721(この年)
ジョン(オックスフォードの) 1200(6.2)
ジョン・オブ・グローチェスター 1260(この年)
ショーンガウアー, マルティン 1491(2.2)
ジョン(ガーランドの) 1272(この頃)
ジョーンズ 1824(4.18)
ジョーンズ 1850(この年)
ジョーンズ 1855(1.26)
ジョーンズ 1858(1.9)
ジョーンズ 1860(この年)
ジョーンズ 1869(1.26)
ジョーンズ 1877(この年)
ジョンズ 1749(7.3)
ジョーンズ, イニゴー 1652(6.21)
ジョーンズ, オーウェン 1874(この年)

ジョーンズ, サー・ウィリアム 1794(4.27)
ジョーンズ, ジョン・ポール 1792(7.18)
ジョーンズ, トマス 1803(この年)
ジョーンズ, ヘンリー 1899(この年)
ジョーンズ, ロバート 1615(この頃)
ジョンストン 1898(この年)
ジョンストン, アーチバルド(ウォリストンの) 1663(7.23)
ジョンストン, アルバート・シドニー 1862(4.6)
ジョンストン, ジョゼフ・E(エグルストン) 1891(3.21)
ジョンスン, サミュエル 1772(1.6)
ジョンスン, ジョン 1725(12.15)
ジョンスン, リチャード 1827(3.13)
ジョンソン 1836(この年)
ジョンソン 1859(この年)
ジョンソン 1899(この年)
ジョンソン, アレグザンダー・ブライアン 1867(この年)
ジョンソン, アンドリュー 1875(7.31)
ジョンソン, コーネリアス 1661(この年)
ジョンソン, サー・ウィリアム 1774(7.11)
ジョンソン, サミュエル 1784(12.20)
ジョンソン, ベン 1637(8.6)
ジョンソン, リチャード・M(メンター) 1850(11.19)
ジョンソン, ロバート 1633(この年)
ジョン・ド・グレイ 1214(10.18)
ジョーン(ナヴァールの) 1437(7.9)
ジョン・ブランド 1248(この年)
ションブルク, サー・ロバート・ハーマン 1865(3.11)
ションベルク, フレデリック・ヘルマン, 公爵 1690(7.1)
ジョン(ホヴドゥンの) 1275(この年)
ジョン・ラッテレル 1335(7.17)
ジョン(ロウディントンの) 1348(この頃)

シラー 1873(この年)
シラー, フリードリヒ 1805(5.9)
ジラウド 1834(10.31)
シラカツィ 685(この頃)
シラージ 1899(1.12)
シーラージ・ウッ・ダウラー 1757(7.2)
シラーニ, エリザベッタ 1665(この年)
シラノ・ド・ベルジュラック, サヴィニヤン・ド 1655(7.28)
ジラール 1632(12.8?)
ジラール 1845(8.26)
ジラール 1850(3.6)
ジラール, ステファン 1831(この年)
ジラール, プリュダンス・セラファン・バルテルミー 1867(12.9)
ジラルダス・カンブレンシス 1223(この年)
ジラルダン, エミール・ド 1881(4.27)
ジラルダン夫人 1855(6.29)
ジラルディ, ドメニコ 1845(この年)
ジラルディ・チンツィオ, ジャンバッティスタ 1573(12.30)
ジラルドン, フランソワ 1715(9.1)
シラング 1763(この年)
ジリー 1899(この年)
シーリ, ジュリアス・ホーリ 1895(5.12)
シーリ, ジョン・ロバート 1895(1.13)
ジリー, ダヴィト 1808(5.5)
ジリー, フィリッポ・サルヴァトーレ 1789(この年)
ジリー, フリードリヒ 1800(8.3)
シリヴェーストル 1566(この頃)
シリウス・イタリクス, ティベリウス・カティウス・アスコニウス 101(この年)
シリキウス 399(11.26)
ジーリクセー, コルネーリーユス 1470(この頃)
シリビーア, ジョージ 1866(この年)
シリマン, ベンジャミン 1864(11.24)
シリング 1880(3.?)

シリンスキー・シフマートフ, セルゲイ・アレクサンドロヴィチ 1837(6.7)
シル 1809(5.31)
シル 1887(この年)
ジル, ジャン 1705(2.5)
ジルー, フランソワ 1799(8.28)
聖ジル 700(この頃)
シルヴァ 1563(この頃)
シルヴァ, クルース・イ 1799(10.5)
シルヴァ, フェリシアーノ・ダ 1614(5.9)
シルヴァ・シャビエル 1792(この年)
シルヴァーニ, ゲラルド 1675(この年)
ジルヴァン, ヨハネス 1572(12.23)
シルヴィウス 1555(1.3)
シルヴィウス, フランシス 1649(2.17)
シルヴィウス, フランシスクス 1672(11.14)
シルヴィス 1869(5.1)
シルヴェイラ 1640(この年)
シルヴェスター, ジェイムズ・ジョゼフ 1897(3.15)
シルヴェステル1世 335(12.31)
シルヴェステル3世 1056(この年)
シルヴェステル・ゴッツォリーニ 1267(11.26)
シルヴェリウス 537(12.2)
シルエット, エティエンヌ・ド 1767(1.20)
シルジブールハン 576(この年)
シールズ 1879(この年)
シールズ, アレグザーンダ 1700(6.14)
シールズフィールド, チャールズ 1864(5.26)
シルデリク1世 482(この頃)
シルト 1667(5.18)
シールド, ウィリアム 1829(1.25)
シルバ 1616(4.19)
シルバ 1739(10.18)
シルバ, ホセ・アスンシオン 1896(5.24)
ジルバーマン, アンドレアス 1743(3.16)
ジルバーマン, ゴットフリート 1753(8.4)

ジルバーマン, ヨハン・アンドレアス 1783(2.11)
ジルバーマン, ヨハン・ダニエル 1766(この年)
ジルバーマン, ヨハン・ハインリヒ 1799(この年)
ジルヒャー, フィーリップ・フリードリヒ 1860(8.26)
シルベイラ 1849(この年)
シルベスター 1618(9.28)
ジルベール, ニコラ-ジョゼフ-ローラン 1780(11.16)
シルマー, ミヒャエル 1673(5.4)
シルモン, ジャーク 1651(10.7)
シレフ, エミリー・アン・イライザ 1897(この年)
子路 前480(この年)
ジロー, クロード 1722(5.4)
シロエ, ディエゴ・デ 1563(10.22)
ジロデ-トリオゾン 1824(12.8)
ジロメッティ, ジュゼッペ 1851(この年)
ジローラモ・エミリアーニ(ミアーニ) 1537(この年)
ジローラモ・ダイ・リブリ 1555(7.2)
ジローラモ・ダ・カルピ 1556(この年)
ジローラモ・ダ・トレヴィーゾ(年少) 1544(この年)
ジローラモ・ダ・トレヴィーゾ(年長) 1497(この年)
ジローラモ・ディ・ベンヴェヌート 1542(この年)
ジローラモ・デル・サント 1550(この年)
シーワド, アナ 1809(この年)
シーワド, ウィリアム・H(ヘンリー) 1872(10.10)
岑毓英 1889(この年)
秦檜 1155(10.22)
秦観 1101(この年)
辛棄疾 1207(9.?)
秦九韶 1261(この頃)
秦瓊 638(この年)
秦蕙田 1764(この年)
申檣 1884(この年)
申在孝 1884(11.6)
申師任堂 1551(5.17)
申叔舟 1475(6.21)
任尚 118(この年)
岑参 770(この年)

沈荃 1684(この年)
沈宗騫 1817(この頃)
沈伝師 827(この年)
沈度 1434(この年)
真徳秀 1235(この年)
沈徳符 1642(この年)
辛旽 1371(この年)
申培 前145(この頃)
申不害 前337(この年)
岑彭 35(この年)
シン・アラハン 1115(この頃)
神会 794(この年)
真可 1603(この年)
シンガー, アイザック(・メリット) 1875(7.23)
シンカイ 1816(この年)
審希 923(この年)
信行 594(この年)
シング 1882(この頃)
シンクレア 1835(12.21)
シンクレア, キャサリン 1864(この年)
シンケル, カール・フリードリヒ 1841(10.9)
神行 779(この年)
宸濠(寧王) 1520(この年)
真興王 576(この年)
慎子 前315(この年)
神秀 706(この年)
審祥 742(この年)
親勝 480(この頃)
真聖女王 897(この年)
仁祖 1649(5.8)
仁宗(宋) 1022(2.19)
神宗(宋) 1085(3.5)
仁宗(元) 1320(1.?)
仁宗(高句麗) 1146(この年)
仁宗(宋) 1063(3.30)
仁宗(明) 1425(5.?)
真諦 569(この年)
真智王 579(7.17)
ジンテニス, ヴィルヘルム・フランツ 1859(この年)
真徳女王 654(この年)
シンドラー, アントン・フェーリクス 1864(1.16)
秦2世皇帝 前207(この年)
シンバー 1867(12.21)
ジンバロ, ジュゼッペ 1710(この年)
シンフォローサ 135(この頃)
シンプスン, ジェイムズ・ヤング 1870(5.6)

シンプスン, リチャード 1876(4.5)
シンプソン 1625(この頃)
シンプソン 1669(この年)
シンプソン, サー・ジョージ 1860(この年)
シンプソン, トマス 1761(5.14)
シンプリキアーヌス 400(この年)
シンプリキウス 483(3.2?)
シンプリキオス 549(この年)
真平王 632(この年)
シンベリン 43(この頃)
シンマー 1763(この年)
シンマクス 514(7.19)
シンメルマン 1831(9.22)
神邑 788(この年)
信陵君 前244(この年)

【ス】

蘇爾金 1727(11.13)
ヅァッカリーア, アントーニオ・マリーア 1539(7.5)
ズー・アッルンマ 719(この頃)
ヅァバレルラ, フランチェスコ 1417(9.26)
スアレス, フランシスコ 1617(9.25)
ズー・アンヌーン 861(1.19)
スィグリゲティ・エデ 1878(1.19)
スィジスターニー 864(この年)
ズイーツァー, ヨーハン・カスパル 1684(12.29)
ズイートベルト 713(3.1)
スィナーン・イブン・サービト 943(この年)
スィナン・パシャ 1486(3.1)
スィピヒル 1880(この年)
ヅィマラ, マルコ・アントーニオ 1532(この年)
スィヤート 785(この年)
ズィヤ・パシャ 1880(5.17)
スィラージ・オウランガーバーディー, スィラージュッディーン 1763(4.2)
スィラーフタル・フンドゥクル 1723(この年)
ヅィリアラ, トマーゾ(マリーア) 1893(5.10)
スィンディア 1794(2.?)

スィンバーズ 755(この頃)
スィンフ 1708(この年)
鄒一桂 1772(3.27)
鄒衍 前280(この頃)
鄒漢勛 1853(この年)
鄒元標 1624(この年)
鄒守益 1562(この年)
鄒喆 1708(この頃)
鄒伯奇 1869(この年)
ズゥ・アッ・ルンマ 735(この頃)
スヴァンメルダム, ヤン 1680(2.15)
聖スウィジン 862(7.2)
スヴィーテン, ゴットフリート・ヴァン 1803(3.29)
スウィフト 1891(3.10)
スウィフト, ジョナサン 1745(10.19)
スウィンホー, ロバート 1877(10.28)
スウェイン1世 1014(2.3)
スウェイン2世 1074(4.28)
スウェイン, ジョウゼフ 1796(4.16)
スウェインスン, チャールズ・アンソニ 1887(この年)
スウェインソン, ウィリアム 1855(この年)
スーヴェストル, エミール 1854(7.5)
スヴェーデンボリ, エマヌエル 1772(3.29)
スヴェードベリ, イェスペル 1735(この年)
スヴェトラー, カロリナ 1899(9.7)
スヴェリル・シーグルソン 1202(3.9)
スヴェーリンク, ヤン・ピーテルスゾーン 1621(10.16)
スヴェール 1891(2.24)
スウェルツ, ミヒール 1664(この年)
スウォヴァツキ, ユリウシュ 1849(4.3)
スヴォーロフ, アレクサンドル・ヴァシリエヴィチ 1800(5.18)
崇綺 1900(この年)
崇厚 1893(この年)
崇禎帝 1644(この年)
スヴャトスラーフ・イーゴレヴィチ 972(この年)
スヴラン 1700(この頃)

スエトニウス・トランクゥイッルス, ガイユス 160(この年)
スカイナ 735(この年)
スカイラー 1890(この年)
スカイラー, フィリップ・ジョン 1804(11.18)
スカエボラ, クインツス・ムキウス 前88(この年)
スカエボラ, ププリウス・ムキウス 前115(この頃)
スカチコーフ 1883(この年)
スカッダー, ジョン 1855(1.3)
スカモッツィ, ヴィンチェンツォ 1616(8.7)
スカラ, カーン・グランデ 1329(この年)
スカラメルリ, ジョヴァンニ・バッティスタ 1752(1.11)
スカランピ, ピエル・フランチェスコ 1656(10.14)
スカリジェ, ユリウス・カエサル 1558(10.21)
スカリジェール, ジョゼフ・ジュスト 1609(1.21)
スカルヴィーニ, ジョヴィータ 1843(1.1)
スカルガ, ピョトル 1612(9.27)
スカルセッラ, イッポーリト 1620(この年)
スカルチョーネ, フランチェスコ 1468(この頃)
スカルツァ, イッポーリト 1617(この年)
スカルパ 1832(10.31)
スカルパニーノ 1549(この年)
スカルファロット, ジョヴァンニ・アントーニオ 1764(この年)
スカルラッティ, アレッサンドロ 1725(10.24)
スカルラッティ, ジュゼッペ 1777(この年)
スカルラッティ, ドメーニコ 1757(7.23)
スカロン, ポール 1660(10.7)
スカンダグプタ 470(この年)
スカンデルベグ 1468(この年)
スカンデロ, アントーニオ 1580(1.18)
スカンネッリ, フランチェスコ 1663(この年)
ズガンバーティ, アンドレアス 1805(7.17)
スキアヴォーネ, アンドレア・メルドラ 1563(この年)

スキアヴォーネ, ジョルジョ 1504 (12.6)
スキアッフィーノ, フランチェスコ・マリーア 1765 (この年)
スキアッフィーノ, ベルナルド 1725 (この年)
スキオピウス, カスパル 1649 (この年)
スキナー, ジェイムズ 1841 (この年)
スキピオ, 大アフリカヌス 前183 (この年)
スキピオ, 小アフリカヌス 前129 (この年)
スキュデリー, ジョルジュ・ド 1667 (5.14)
スキュデリー, マドレーヌ・ド 1701 (6.2)
スキュド 1864 (10.14)
スキーン 1892 (8.29)
スキーン 1900 (この年)
スキンナー 1851 (この年)
スクアルチャルーピ, アントーニオ 1480 (7.6)
スクーガル, ヘンリ 1678 (6.13)
スクポリ, ロレンツォ 1610 (11.28)
スクラートフ 1573 (この年)
スクリヴァー, クリスティアン 1693 (4.5)
スクリヴナー, フレドリク・ヘンリ・アンブロウズ 1891 (10.30)
スクリーブ, ウージェーヌ 1861 (2.20)
スクリプトーリス, パウル 1505 (10.21)
スクリブナー, チャールズ 1871 (8.26)
スクリボニア 16 (この頃)
スクリボニアヌス 42 (この年)
スクリボニウス 50 (この年)
スクリボニウス 前21 (この頃)
スクールクラフト, ヘンリー・ロー 1864 (12.10)
スクルテートゥス, アーブラハム 1629 (10.24)
スクルテートゥス, ヨーハン 1614 (この年)
スクループ (スクロウプ), リチャード・リ 1405 (6.8)
スクレ, アントニオ・ホセ・デ 1830 (6.4)
スグレ, ジャン・ルニョー・ド 1701 (3.15)

スクロザーティ, ルイージ 1869 (この年)
スクロープ 1876 (この年)
スクワイア, イーフレイム・ジョージ 1888 (この年)
スクワント 1622 (12.?)
スケドーニ, バルトロメーオ 1615 (この年)
スケル 1823 (2.24)
スケルトン, ジョン 1529 (6.21)
スコアズビー 1829 (この年)
スコアズビー, ウィリアム 1857 (3.21)
スコヴォロダー, フリホリイ・サヴィチ 1794 (10.29)
スコウゴール, ペーテル 1875 (4.13)
スコーダ 1900 (8.8)
スコット 1236 (この頃)
スコット 1572 (9.3)
スコット 1836 (1.28)
スコット 1879 (11.15)
スコット, アレグザンダー 1584 (この頃)
スコット, ウィンフィールド 1866 (5.29)
スコット, ウォールター 1861 (4.23)
スコット, ウォルター 1832 (9.21)
スコット, オレンジ 1847 (7.31)
スコット, サー・ジョージ・ギルバート 1878 (3.27)
スコット, サミュエル 1772 (10.12)
スコット, ジョージ・ギルバート (子) 1897 (この年)
スコット, デイヴィッド 1849 (この年)
スコット, トマス 1500 (5.29)
スコット, トマス 1821 (4.16)
スコット, ドレッド 1858 (9.17)
スコット, ピーター・キャメロン 1896 (12.?)
スコット, レジナルド 1599 (この年)
スコット, ロバート 1887 (12.2)
スコパス 前340 (この頃)
スコベレフ 1882 (7.7)
スコプチカ 542 (この頃)
スコーリ, ジョン 1585 (6.26)
スコルツァ, シニバルド 1631 (この年)

スゴン, ジャン 1536 (9.24)
スザート, ティルマン 1561 (この頃)
スーザニー 1173 (この年)
スーザニー, モハンマド・ブン・アリー 1166 (この年)
スサーニン 1613 (この年)
スーザ夫人 1836 (この年)
ズストリス, フリードリヒ 1599 (この年)
スター, (マイラ・) ベル 1889 (この年)
スタイニッツ, ウィリアム 1900 (この年)
スタイルズ, エズラ 1795 (5.12)
スタインウェイ, ヘンリー (・エンゲルハード) 1871 (2.7)
スターク, ジョン 1822 (5.8)
スタクリー 1578 (この年)
スタージ, ジョゼフ 1859 (この年)
スタシッツ 1826 (1.20)
スタージョン, ウィリアム 1850 (12.4)
スタース, ジャン・セルヴェ 1891 (12.13)
スターソフ, ヴァシーリー・ペトロヴィッチ 1848 (この年)
スタッフォード, アンソニ 1645 (この年)
スタッフォード, ジョン 1452 (5.25)
スタッブズ, ジョージ 1806 (7.10)
スタッブズ, ジョン 1591 (この年)
スターティ, クリストーフォロ 1619 (この年)
スタティウス, ププリウス・パピニウス 96 (この年)
スタテイラ 前323 (この年)
スタート, チャールズ 1869 (この年)
スタナップ, ジェイムズ・スタナップ, 初代伯爵 1721 (2.5)
スタナップ, チャールズ・スタナップ, 3代伯爵 1816 (12.15)
スタナップ, レイディ・ヘスター・ルーシー 1839 (この年)
スタニスワフ 1079 (5.8)
スタニスワフ1世 1766 (2.23)
スタニスワフ2世 1798 (2.12)
スタニハースト, リチャード 1618 (この年)

ステ

スタニヒ　1880（1.20）
スターライ，ミハーイ　1575（この年）
スターリー，ジェイムズ　1881（6.17）
スターリング　1640（2.12）
スターリング　1865（4.22）
スタリング　1840（この年）
スターリング，ジェイムズ　1770（12.5）
スターリング，パトリック　1895（この年）
スターリング，ロバート　1878（6.6）
スタール，マルグリット・ジャンヌ，男爵夫人　1750（7.15）
スタルチェヴィチ　1896（この年）
スタルニーナ，ゲラルド　1409（この頃）
スタール夫人　1817（7.14）
スタロフ，イヴァン・エゴロヴィッチ　1808（この年）
スターン，ヘンリ・エアロン　1885（5.13）
スターン，ロレンス　1768（3.18）
スタンカーロ，フランチェスコ　1574（11.2）
スタング　1884（この年）
スタングネーリウス，エーリック・ユーハン　1823（4.3）
スタンケーヴィチ，ニコライ・ウラジーミロヴィチ　1840（6.25）
スターンズ，オリヴァー　1885（この年）
スターンズ，シュバル　1771（11.20）
スターンズ，ルーイス・フレンチ　1892（2.9）
スタンダール　1842（3.23）
スタンツィオーネ，マッシモ　1656（この年）
スタンディッシュ，マイルズ　1656（この年）
スタントン，エドウィン（・マクマスターズ）　1869（12.24）
スタンパ，ガスパラ　1554（4.23）
スタンフォード，（アマサ・）リーランド　1893（6.21）
スタンブリジ，ジョン　1510（9.?）
スタンホールド，トマス　1549（8.23）
スタンボロフ　1895（7.18）
スタンリー　1678（この年）
スタンリ，アーサー・ペンリン　1881（7.18）
スタンリ，エドワード　1849（9.6）
スタンリー，ジョン　1786（5.19）
ズーチ　1661（3.1）
スチーブンズ　1800（1.22）
スチーブンソン　1857（この年）
スチュアート　1869（11.6）
スチュアート，アラベラ　1615（9.25？）
スチュアート，ウォルター　1177（この年）
スチュアート，ギルバート　1828（7.27）
スチュアート，ジェイムズ（・フランシス・エドワード），王子　1766（1.2）
スチュアート，ジェブ　1864（5.12）
スチュアート，ジェームズ　1788（2.2）
スチュアート，ジョン・マクダウアル　1866（この年）
スチュードベイカー，クレメント　1891（この年）
スチュワート　1785（1.23）
スチュワート，ドゥーガルド　1828（6.11）
スチュワート，バルフォア　1887（12.18）
スーツォス　1863（この年）
ズッカレリ，フランチェスコ　1788（10.30？）
ズッキ　1670（この年）
ズッペ，フランツ・フォン　1895（5.21）
スツールテンベルグ・レルケ，ヴィンセント　1892（この年）
スティーヴン　1154（10.25）
スティーヴン　1894（3.11）
スティーヴンズ　1882（この年）
スティーヴンズ，J.　1838（3.6）
スティーヴンズ，アルフレッド　1875（5.1）
スティーヴンズ，アレグザンダー・H（ハミルトン）　1883（3.4）
スティーヴンズ，ウィリアム　1807（2.7）
スティーヴンズ，サディアス　1868（8.11）
スティーヴンズ，ジョン・ロイド　1852（10.5）
スティーヴンズ，トマス　1619（この年）
スティーヴンズ，ロバート・リヴィングストン　1856（この年）
スティーヴンスン，ジョウゼフ　1895（2.8）
スティーヴンソン　1858（8.11）
スティヴンソン　1893（この年）
スティーヴンソン，ウィリアム　1575（この年）
スティーヴンソン，ジョージ　1848（8.12）
スティーヴンソン，ロバート　1859（10.12）
スティーヴンソン，ロバート・ルイス　1894（12.3）
スティガンド　1072（2.22）
スティーゲル　1785（1.10）
スティス，ウィリアム　1755（9.27）
スティトニ　1401（この頃）
ステイプルドン，ウォルター・ド　1326（10.15）
ステイプルトン，トマス　1598（10.12）
スティラマティ　550（この頃）
スティリアーニ，トンマーゾ　1651（この年）
スティリコ，フラウィウス　408（8.22）
スティリングフリート，エドワード　1699（3.28）
スティリントン，ロバート　1491（4.?）
スティル，リチャード　1729（9.1）
スティールチェス　1894（12.31）
スティルベイ　1869（4.13）
スティルポン　前300（この年）
スティロ，ルキウス・アエリウス・プラエコニウス　前90（この頃）
ステヴィーン，シモン　1620（5.?）
ステウクス（ステウコ），アウグスティーン　1548（この年）
ステーヴリ　1896（11.23）
ステッファーニ，アゴスティーノ　1728（2.12）
スデーヌ，ミシェル・ジャン　1797（5.17）
ステーネルセン，ステーネル・ユハンネス　1835（この年）
ステノ，ニコラウス　1686（12.6）

人物物故大年表 外国人編　933

ステ　　　　　　　　　　　人名索引

ステパノ（聖）　35（この頃）
ステパーノフ　1658（この年）
ステーファニ　1861（6.11）
ステファヌス　1559（この年）
ステファヌス1世　252（8.2）
ステファヌス2世（3世）　757（4.26）
ステファヌス2世　752（この年）
ステファヌス3世（4世）　772（1.24）
ステファヌス8世（9世）　942（この年）
ステファヌス9世（10世）　1058（3.29）
ステファノス（小）　765（この年）
ステーファノ・ダ・ゼーヴィオ　1438（この頃）
ステファン・ネマーニャ　1200（この年）
ステファーン（ペールミの）　1396（この年）
ステファーン・ヤヴォールスキイ　1722（11.27）
ステュアート　1780（11.20）
ステュアート　1900（3.26）
ステュアート，エスメ　1583（5.26）
ステュアート，ジェイムズ　1570（1.23）
ステュアート，ジョージ・ヘイ　1890（4.11）
ステュアート，モウゼズ　1852（1.4）
ステリ，ピーター　1672（11.19）
ズーテル，ヨーハン　1575（この年）
ステルクス，エンヘルベルト　1867（12.4）
ステルン，ラッファエッロ　1820（この年）
ステーン，ハンス・クリステンセン　1610（この年）
ステーン，ヤン　1679（2.3）
ステーンウェイク，ヘルマン・ファン　1656（この頃）
ステンキル　1066（この年）
ステーンストルプ，ヨハネス・イェペトゥス・スミット　1897（6.20）
ストー，ジョン　1605（2.6）
ストー，ハリエット・ビーチャー　1896（7.1）
ストイコヴィチ，イヴァン　1443（この頃）

ストイフェサント，ペーテル　1672（この年）
ストウ　1886（この年）
ストウ，デイヴィド　1864（11.6）
ストウニカ，ディエゴ・ロペス・デ　1530（この年）
ストゥーベン，フレデリック・ウィリアム（・オーガスタス），男爵　1794（11.28）
ストゥルミウス　779（12.17）
ストゥルム，（ジャック・）シャル・フランソワ　1855（12.18）
ストゥーレ，ステン（大）　1503（12.14）
ストゥーレ，ステン（小）　1520（この年）
ストウン，バートン・ウォレン　1844（11.9）
ストークス　1878（1.7）
ストザード，トマス　1834（4.27）
ストスコップフ，セバスティアン　1657（この年）
ストダート　1813（12.18）
ストダード　1813（この年）
ストックトン　1866（10.7）
ストックフレト，ニールス　1866（4.26）
ストッダード，ソロモン　1728（2.11）
ストープ，ディルク　1686（この頃）
ストーメル，マティアス　1650（この頃）
ストヤノフ，ザハリ　1889（11.2）
ストライプ，ジョン　1737（12.11）
ストーラス，アン　1817（8.24）
ストーラス，スティーヴン　1781（この頃）
ストーラス，スティーヴン　1796（3.19）
ストラット　1797（この年）
ストラット　1830（この年）
ストラットフォード，ジョン・ド　1348（8.23）
ストラットン，チャールズ（・シャーウッド）　1883（この年）
ストラディヴァリ，アントニオ　1737（12.18）
ストラデラ，アレッサンドロ　1682（2.25）
ストラート，ヤン・ヴァン・デル　1605（11.2）
ストラトクレス　前293？（この頃）

ストラトフォード（・ド・レッドクリフ），ストラトフォード・キャニング，子爵　1880（この年）
ストラトン　前270？（この頃）
ストラパローラ，ジョヴァン・フランチェスコ　1557（この年）
ストラフォード，トマス・ウェントワース，初代伯爵　1641（5.12）
ストラーホフ，ニコライ・ニコラエヴィチ　1896（1.24）
ストラボン　21（この頃）
ストラボン　23（この頃）
ストラレンベルグ　1747（この年）
ストラング，ジェイムズ・ジシ　1856（この年）
ストランビ，ヴィンチェンツォ・マリーア　1824（1.1）
ストーリー　1892（この年）
ストーリー　1895（10.7）
ストーリー，ジョゼフ　1845（9.10）
ストーリ，ジョン　1571（6.1）
ストリーター　1679（この年）
ストリックランド　1853（この年）
ストリックランド　1874（この年）
ストリックランド，ウィリアム　1854（4.6）
ストリッジョ，アレッサンドロ　1592（この年）
ストリート　1689（この年）
ストリート，ジョージ・エドマンド　1881（12.18）
ストリナザッキ　1839（この年）
ストルーヴェ，フリードリヒ・ゲオルク・ヴィルヘルム　1864（11.23）
ストルーエンセ　1772（4.28）
ストルム　1794（この年）
ストレーマー　1770（この年）
ストレンジ　1792（6.5）
ストレンジ　1889（7.5）
ストロウナク，ジョン　1888（この年）
ストロガノフ　1576（この頃）
ストロッツィ，ザノービ　1471（この頃）
ストロッツィ，ジャンバッティスタ　1538（この年）
ストロッツィ，ジューリオ　1652（3.31）
ストロッツィ，ティート・ヴェスパジアーノ　1505（この年）

934　人物物故大年表　外国人編

人名索引 スへ

ストロッツィ, バルバラ 1664 (この頃)
ストロッツィ, ベルナルド 1644(8.2)
ストロード 1645(9.9)
ストローン, ジョン 1867(11.1)
ストロング 1895(8.19)
ストーン 1663(この年)
ストーン 1897(この年)
ストーン, ニコラス 1647(8.24)
ストーン, ルーシー 1893(10.18)
ストーントン 1801(1.14)
ストーントン 1859(8.10)
スナイエ, ジャン・バティスト 1730(10.15)
スナイダー 1866(この年)
スニガ, ペドロ・デ 1622(8.19)
スニャデッキー 1830(11.21)
ズニンガ 1818(3.7)
スヌビエ, ジャン 1809(7.22)
スネイデルス, フランス 1657(8.19)
スネフル 前2553(この頃)
スネラルト 1872(7.3)
スネル, ヴィレブロルト・ファン・ローエン 1626(10.31)
スネルマン, ユーハン 1881(7.4)
スノー, ジョン 1858(6.16)
スノッリ・ストゥルルソン 1241(9.22?)
ズバイダ 831(6.?)
スパイデル 1647(この年)
ズハイル 627(この年)
スパウェンタ 1883(2.20)
スパヴェント, ジョルジョ 1509(この頃)
スハウテン 1644(7.?)
スハウテン, ヴィレム・コルネリスゾーン 1625(この年)
スパークス, ジャレッド 1866(3.14)
スパーサリ 1709(この頃)
スパージョン, チャールズ・ハッドン 1892(1.31)
スパーダ, リオネッロ 1622(この年)
スパダリーノ 1650(この頃)
スパーニャ 1528(この年)
スパーニャ 1532(この頃)
スパニョーリ, バッティスタ 1516(この年)

スハープマン 1882(9.19)
スパランツァーニ, ラザロ 1799(2.11)
スハルケン, ホットフリート 1706(この年)
スパルタクス 前71(この年)
スパロウ, アンソニ 1685(5.19)
スパンツォッティ, ジャン・マルティーノ 1526(この頃)
スピエーラ, フランチェスコ 1548(12.27)
スピーク, ジョン・ハニング 1864(9.15)
スピーゲル 1625(この年)
スピーズ 1787(7.4)
スピタメネス 前328(この年)
スピード, ジョン 1629(7.28)
スピーナ, アルフォンソ・デ 1491(この年)
スピーナ, ジュゼッペ 1838(11.12)
スピーナ, バルトロメーオ・デ 1546(この年)
スピナッツィ, インノチェンツォ 1798(この年)
スピネリ 1514(この年)
スピネロ・アレティーノ 1410(3.14)
スピノザ, バルフ・デ 1677(2.21)
スピノラ, アンブロージョ・ディ・フィリッポ, ロス・バルバセス侯爵 1630(9.25)
スピノーラ, カルロ 1622(9.10)
スピノラ, クリストバル(クリストフ)・ロハス・デ 1695(3.12)
スピファム, ジャーク・ポル 1566(3.23)
スビヤトプルク 894(この年)
スピュリディオン 348(この頃)
スピーラー, ジェームズ 1829(この年)
スピラ(スピール), ピエール・ヴァン 1628(12.20)
スピーリンク, フランス 1630(この年)
スピール 1890(3.26)
スピルズベリ, ジョン 1668(この頃)
スピンクス, ナサニエル 1727(7.28)
スピンナー 1890(12.31)
ズーフ 1835(10.19)

スーフィー 986(5.?)
スフォドリアス 前371(この年)
スフォルツァ, ガレアッツォ・マリア 1476(12.26)
スフォルツァ, ジャコムッツォ・アッテンドロ 1424(1.4)
スフォルツァ, ジャンガレアッツォ 1494(この年)
スフォルツァ, フランチェスコ 1466(この年)
スフォルツァ, フランチェスコ2世 1553(この年)
スフォルツァ, マッシミリアーノ 1530(この年)
スフォルツァ, ルドヴィーコ 1508(5.27)
スブキー 1370(この年)
スプラット 1713(この年)
スフラワルディー 1191(7.29)
スフラワルディー 1234(この頃)
スプランゲル, バルトロメウス 1611(この年)
スフランツェス, ゲオールギオス(ゲオールゲス) 1478(この頃)
ズーブリ, ジョン・ジョアキム 1781(7.23)
ズフーリ・トゥルシーズィー 1615(この年)
ズフリー・ブン・シハーブ 741(この年)
スプリング, ガードナー 1873(8.18)
スプリング, サミュエル 1819(この年)
スプルース 1893(この年)
スフロ, ジャック・ジェルマン 1780(8.29)
スプロストン 1862(6.8)
スペウシッポス 前339(この年)
スペーシネフ 1882(この年)
スペッキ, アレッサンドロ 1729(この年)
スペーラートゥス 180(この年)
スペーラートゥス, パウルス 1551(8.12)
スペランスキー, ミハイル・ミハイロヴィチ, 伯爵 1839(2.23)
スペランディーオ・ダ・マントヴァ 1504(この年)
スベルケル 1156(この年)
スヘルストラート, エマニュエル・ヴァン 1692(4.6)
スペルマン 1641(この年)

人物物故大年表 外国人編 *935*

スペローニ, スペローネ 1588
（この年）
スペロンテス 1750(9.30(埋葬))
スベン1世 1014（この年）
スペンサー 1834(11.10)
スペンサー 1845(10.1)
スペンサー, エドマンド 1599
（1.13）
スペンサー, ジョン 1693（この年）
スペンス 1814（この年）
スペンス, ピーター 1883(7.5)
スポッティスウッド, ジョン 1639(11.26)
スポティスウッド, ウィリアム 1883(6.27)
スホーテン 1661（この年）
スホーテン(大) 1646(12.11)
スポード, ジョサイア 1827（この年）
ズーボフ 1822（この年）
スホラリオス 1470（この頃）
スポルヴェリーニ, ピエル・イラーリオ 1734（この年）
スポールディング, マーティン・ジョン 1872(2.7)
スホルティングイス, ウィレム 1750(11.20)
スホルテン, ヤン・ヘンドリク 1885(4.10)
スホーレル, ヤン・ヴァン 1562(12.5)
スポンティーニ, ガスパーレ 1851(1.24)
スポンド, ジャン・ド 1595(3.18)
スマイズソン, ロバート 1614（この年）
スマイバート, ジョン 1751(3.2)
スマーク, サー・ロバート 1867(4.18)
スマート 1811(5.1)
スマート, クリストファー 1771(5.21)
スマート, ジョージ 1867(2.23)
スマート, ピーター 1652（この頃）
スマート, ヘンリ・トマス 1879(7.6)
スマラガ 1622(9.16)
スマラガ, ホアン・デ 1548(3.3)
スマラカレギ 1835(6.25)
スマラグドゥス（サン・ミイェルの） 825（この頃）

スマルキウス(シュマルツ), ヴァレンティーン 1622(12.8)
ズマルジャッシ, ガブリエーレ 1882（この年）
スマローコフ, アレクサンドル・ペトローヴィチ 1777(10.1)
スミス 1577（この年）
スミス 1795(10.3)
スミス 1806（この年）
スミス 1812(3.2)
スミス 1860（この年）
スミス 1865（この年）
スミス 1867(1.5)
スミス 1874(2.12)
スミス 1876(8.19)
スミス 1882(10.21)
スミス, アダム 1790(9.17)
スミス, イーライ 1857(1.11)
スミス, ウィリアム 1803(5.14)
スミス, ウィリアム 1839(8.28)
スミス, ウィリアム 1893(10.7)
スミス, ウィリアム 1893（この年）
スミス, ウィリアム・ヘンリー 1891（この年）
スミス, ウィリアム・ロバートス ン 1894(3.31)
スミス, エライアス 1846（この年）
スミス, ゲリット 1874(12.28)
スミス, サミュエル・スタンホウプ 1819(8.21)
スミス, サミュエル・フラーンシス 1895(11.16)
スミス, ジェイムズ 1866(1.5)
スミス, ジェディダイア（・ストロング） 1831（この年）
スミス, シドニー 1845(2.22)
スミス, シーバ 1868(7.28)
スミス, シャーロット 1806(10.28)
スミス, ジョージ 1871（この年）
スミス, ジョゼフ 1844(6.27)
スミス, ジョン 1631(6.21)
スミス, ジョン 1652(8.7)
スミス, ジョン 1831（この年）
スミス, ジョン・スタフォード 1836（この年）
スミス, ソファイア 1870（この年）
スミス, チャールズ・ピアッツィ 1900(2.21)
スミス, バーナード 1708(2.20)

スミス, ヘンリー・ジョン 1883(2.9)
スミス, ヘンリ・ボイントン 1897(2.7)
スミス, マライア・アン 1870（この年）
スミス, リチャード 1563(7.9)
スミス, ロバート 1873（この年）
スミス, ロバート・ピアソル 1898(4.17)
スミス(スマイス), ジョン 1612(8.?)
スミスソン, ジェイムズ・ルイス・メイシー 1829(6.27)
スミスソン, ジョン 1634（この年）
スミスソン, ハンティドン 1678（この年）
スミートン, ジョン 1794（この年）
スム・アブム 前1881（この頃）
スム・ラ・イル 前1845（この頃）
スーメ, アレクサンドル 1845（この年）
ズメスカル 1833(6.23)
スメタナ, ベドジヒ 1884(5.12)
スメリー, ウィリアム 1763(3.5)
スメリー, ウィリアム 1795（この年）
スモゴレニスキ, ミコウァイ(ニコラス) 1656(9.17)
スモトリツキー, マクシム 1633(12.27)
スモレット, トバイアス 1771(9.17)
スモレンスキン 1885(2.1)
スユーティ 1505(10.17)
スュラン, シャン・ジョゼフ 1665(4.22)
スュレイマン・パシャ 1359（この年）
スュレイマン・パシャ 1687（この年）
スーラ, ジョルジュ・ピエール 1891(3.29)
スラ, ルキウス・コルネリウス 前78（この年）
スライダーヌス, ヨハネス 1556(10.31)
スライデル 1871（この年）
スライマーン・アルマフリー 1554（この年）
スライマーン・ブン・クトゥルミシ 1086（この年）

スラヴェイコフ, ペトコ 1895
(7.1)
スラートコヴィチ, アンドレイ
1872 (4.20)
スーラパティ 1706 (この年)
スラミー 1262 (4.2)
スーラリー, ジョゼファン
1891 (2.23)
ズラーリー・フワーンサーリー
1615 (この頃)
スリアーノ 1621 (7.19)
スーリウス, ラウレンティウス
1578 (5.23)
スーリエ, フレデリック 1847
(9.23)
スーリコフ, イワン・ザハーロ
ヴィチ 1880 (4.24)
ズリーニ・ミクローシュ 1664
(11.18)
スリーマン 1856 (2.10)
スーリヤバルマン1世 1050 (こ
の年)
スーリヤバルマン2世 1152 (こ
の頃)
スリュス 1685 (3.29)
スリューター, ヨーアヒム
1532 (5.19)
スリューテル, クラウス 1405
(9.24?)
スリング 1887 (10.22)
スリンゲナイヤー 1894 (4.27)
ズルガント, ヨーハン・ウルリヒ
1503 (この年)
スールーク 1867 (この年)
スールダース 1563 (この頃)
スルタン・アグン 1645 (この年)
スルターン・ヴェレド 1312 (こ
の年)
スルターン・ムハンマド 1555
(この頃)
スルターン・ワラド 1301 (こ
の頃)
スルチュン・シェラプ・タクパ
1074 (この年)
ズルツァー 1890 (1.17)
ズルツァー, ジーモン 1585 (6.
22)
ズルツァー, ヨハン・ゲオルク
1779 (2.27)
スルト, ニコラ・ジャン・ド・
デュー 1851 (11.26)
スルバラン, フランシスコ・デ
1664 (8.27)

スルピキウス1世 (ブルジュの)
591 (この年)
スルピキウス2世・ピウス 647
(この頃)
スルピキウス・セウェルス 420
(この頃)
スルピキウス・ルフス, セルウィ
ウス 前43 (この年)
スルール, ラジャブ・アリー・
ベーグ 1869 (この年)
スルルドゥルル 1073 (この年)
スーレ 1870 (3.26)
スレイター, サミュエル 1835
(4.21)
スレイド, フェリックス 1868
(この年)
スレイマン1世 1566 (9.6?)
スレイマン2世 1691 (7.23)
スレイマン・チェレビー 1411
(2.27)
スレイマン・チェレビィ, デデ
1422 (この年)
スレイマン・パシャ 1892 (こ
の年)
スレーシュバラ 770 (この年)
スレズネーフスキィ 1880 (こ
の年)
スレプツォーフ, ワシーリー・ア
レクセーヴィチ 1878 (3.23)
スローカム 1894 (この年)
スロックモートン, フランシス
1584 (7.10)
スロッツ, セバスティアン
1726 (この年)
スロッツ, セバスティアン-アン
トワーヌ 1754 (この年)
スロッツ, ポール-アンブロワー
ズ 1758 (この年)
スロッツ, ルネ-ミシェル 1764
(この年)
スロート 1867 (11.28)
スロムシェク, アントン・マル
ティン 1862 (9.24)
スローン, サー・ハンス 1753
(1.11)
スワティ・ティルナール 1846
(12.25)
ズワレツ 1798 (5.14)
スントーン・プー 1856 (この年)
スンニ 1492 (この年)

【セ】

セー 1896 (この年)
セー, ジャン・バティスト
1832 (11.15)
セア 1872 (この年)
セア 1900 (この年)
セアーズ, トム 1865 (この年)
セー・アンド・シール 1662 (4.14)
セアン・ベルムデス 1829 (12.3)
成伣 1504 (この年)
成三問 1456 (この年)
斉召南 1794 (この頃)
斉泰 1402 (この年)
盛大士 1835 (この頃)
セイ, トマス 1834 (この年)
セイアヌス 31 (この年)
盛昱 1899 (この年)
セイヴァリー, トマス 1715 (5.?)
セイエ, ルミ 1761 (5.26)
成王 (周) 前1079 (この年)
成王 (楚) 前626 (この年)
聖王 554 (この年)
セイカー, アルフレッド 1880
(この年)
成化帝 1487 (この年)
西礀子曇 1306 (10.28)
青原行思 738 (この頃)
成公綏 273 (この年)
セイシャス, カルロス 1742 (8.
25)
セイシャス, ロムアルド・アント
ニオ・デ 1860 (12.29)
成親王 1824 (この年)
靖蒿 614 (この年)
清拙正澄 1339 (1.17)
世祖 (遼) 1092 (この年)
世祖 (李朝) 1468 (この年)
正祖 (李朝) 1800 (この年)
世宗 (金) 1189 (この年)
世宗 (明) 1566 (この年)
世宗 (遼) 951 (この年)
性聡 1700 (この年)
成宗 (元) 1307 (2.?)
成宗 (高麗) 997 (この年)
成宗 (李朝) 1494 (この年)
聖宗 (遼) 1031 (6.?)
聖宗 (黎朝) 1497 (この年)
世宗 (李朝) 1450 (この年)
成帝 (前漢) 7 (この年)
成帝 (東晋) 342 (この年)

人物物故大年表 外国人編 *937*

静帝（北周）　581（この年）
正統帝（明）　1464（1.？）
聖徳王　737（この年）
正徳帝（明）　1521（この年）
聖訥　1763（この年）
セイビン, サー・エドワード　1883（6.26）
セイヤー, ロバート・グレゴリ（シア）　1602（10.30）
静楽公主　745（この年）
セーヴ, モーリス　1560（この頃）
セヴァーン, ジョーゼフ　1872（この年）
セヴィニェ, マリー・ド・ラビュタン・シャンタル, 侯爵夫人　1696（4.17）
セウェーリアーヌス　408（この頃）
セウェリヌス　482（1.8）
セヴェリーヌス　640（8.2）
セヴェリヌス　1656（この年）
ゼーヴェリング, ハインリヒ　1892（この年）
セヴェルギーン　1826（この年）
セウェールス　304（この年）
セウェルス　538（この年）
セウェルス, ルキウス・セプティミウス　211（2.4）
セウェーロス（セウェロス, アンティオキアの）　538（2.8）
セヴォス　1896（10.14）
セーガ, ゲオウ　1809（2.10）
セガーダ, エスコラスティコ　1871（この年）
セガーラ, ジョヴァンニ　1720（この年）
セガン　1880（この年）
セガン, マルク　1875（2.24）
セガンティーニ, ジョヴァンニ　1899（9.29）
石介　1045（この年）
戚継光　1587（この年）
石敬瑭　942（6.13）
石虎　349（この年）
石亨　1460（この年）
石守信　984（この年）
石崇　300（この年）
石星　1597（この年）
石達開　1863（この年）
石勒　333（この年）
セギエ, ピエール　1672（1.28）
石谿　1674（この年）
石濤　1710（この頃）

石頭希遷　790（この年）
セギュール, アンリ・フランソア　1751（6.18）
セギュール, ソフィ・ド　1874（1.31）
セギュール, フィリップ・アンリ　1801（10.3）
セギュール, フィリップ・ポール　1873（2.25）
セギュール, ルイ・ガストン・ド　1881（6.9）
セギュール, ルイ・フィリップ　1830（8.27）
セクオイア　1843（8.？）
セクストス, エンペイリコス　220（この頃）
セクスビー　1658（この年）
セグナー　1777（10.5）
セクレタン, シャルル　1895（1.21）
セケイラ　1530（この年）
ゼーゲサ, フィーリプ　1761（9.28）
ゼーゲル　1893（この年）
ゼゲル　1782（4.22）
セゴビア, ホアン・デ　1456（この頃）
セジウィック, アダム　1873（1.27）
セジウィック, キャサリン・マリア　1867（7.31）
セシール　1873（11.5）
セシル　1612（5.24）
セシル, ウィリアム, 初代バーリー男爵　1598（8.4）
世親　400（この頃）
セスト　1524（この頃）
セスペデス　1611（この年）
セスペデス　1638（この年）
セスペデス　1874（この年）
セスペデス, パブロ・デ　1608（7.26）
ゼゼル　前2641（この頃）
セーセル, クロード・ド　1520（5.31）
セソストリス1世　前1935（この頃）
セソストリス2世　前1887（この頃）
セソストリス3世　前1849（この頃）
セーターティラート　1571（この年）

セーチェーニー　1860（4.8）
薛懐義　695（この年）
薛挙　618（この年）
薛居正　981（この年）
薛稷　713（7.？）
薛仁貴　683（この年）
薛仁杲　618（この年）
薛瑄　1464（この年）
薛綜　243（この年）
薛調　872（この年）
薛濤　831（この年）
薛道光　1191（この年）
薛道衡　609（この年）
薛能　880（この年）
薛懐　813（この年）
薛福成　1894（この年）
薛鳳祚　1680（この年）
セッカー, トマス　1768（8.3）
セッキ, ピエトロ・アンジェロ　1878（2.26）
ゼッケンドルフ　1763（11.23）
ゼッケンドルフ, ファイト・ルートヴィヒ・フォン　1692（12.18）
ゼッケンドルフ, ヘンリエッテ・フォン　1878（6.25）
雪岑　1493（この年）
拙庵徳光　1203（3.20）
折中　900（この年）
セッテンブリーニ, ルイージ　1876（11.4）
セッラ, ルイージ　1888（この年）
セティ1世　前1290（この頃）
セティ2世　前1194（この頃）
セティーナ, グティエレ・デ　1557（この頃）
セディヨー　1875（この年）
ゼーテフライシュ, ヨーハン　1620（この年）
セーデルマン　1876（2.10）
セテワヨ　1884（2.？）
セドゥリウス　450（この頃）
ゼートベール　1892（10.22）
セドリー, チャールズ　1701（8.20）
セトル, エルカーナー　1724（2.12）
ゼードルニツキ, レーオポルト・フォン　1871（3.25）
セナック・ド・メイヤン, ガブリエル　1803（8.16）
セーナーバティ　1649（この頃）
セーナパティ　1601（この年）
ゼナーレ, ベルナルディーノ　1526（この年）

セナンクール, エチエンヌ・ピヴェール・ド　1846(1.10)
セニェーリ, パーオロ　1694(12.9)
セニェーリ, パーオロ(小)　1713(6.25)
セニック, ジョン　1755(7.4)
セネカ, ルキウス・アンナエウス　65(この年)
セネカ, ルキウス・アンナエウス　前40(この頃)
セネシーノ　1750(この頃)
ゼーネフェルダー, アロイス　1834(2.26)
ゼネルト, アンドレーアス　1689(この年)
ゼーノ　1418(この年)
ゼーノ, アポストロ　1750(11.11)
ゼーノー(ヴェローナの)　371(4.12)
ゼノドトス　前260(この頃)
ゼノビア　274(この頃)
ゼノン　491(4.9)
ゼノン　前265(この頃)
ゼノン　前79(この年)
ゼノン・ヴェロネーゼ　1552(この頃)
セバスティアニ　1851(この年)
セバスティアーニ　1683(この年)
聖セバスティアヌス　288(この年)
セバスティアーノ・デル・ピオンボ　1547(6.21)
セバスティアン　1578(8.4)
セバストス・トラペズンティオス　1702(この年)
ゼーバッハ　1891(10.21)
セバリョス, フランシスコ　1571(この年)
セバリョス, ロドリーゴ　1581(この年)
セバルドゥス　1072(この頃)
セビア　1815(9.24)
セビエ, トマ　1589(この年)
ゼヒター, ジーモン　1867(9.10)
ゼフストリョーム, ニルス・ガブリエル　1854(この年)
セプティミウス・セウェールス　211(2.4)
ゼフュリーヌス　217(この年)
ゼーベック, トマス・ヨハン　1831(12.10)

セベリン　1647(この年)
セヘルス, シャルル・ジャン　1886(11.27？)
セーヘルス, ダニエル　1661(11.2)
セーヘルス, ヘラルト　1651(3.18)
セーヘルス, ヘルキューレス　1635(この年)
セベルツォフ　1885(2.9)
ゼーホーファー, アルザーキウス　1545(この頃)
セミーノ, アントーニオ　1554(この頃)
セミーノ, アンドレーア　1594(この年)
セミーノ, オッターヴィオ　1604(この年)
セムズ, ラフェール　1877(8.30)
セム‐トブ　1369(この頃)
ゼムラー　1740(この年)
ゼムラー, ヨーハン・ザーロモ　1791(3.14)
セメード, アルヴァレス・デ　1658(7.18)
セメレ　1869(1.18)
セメンズ　1889(2.19)
セーヤー, アレグザンダー・ウィーロック　1897(7.15)
セラ　1884(この年)
セラ, フニペロ　1784(8.28)
セラノ　1629(6.4)
セラノ・イ・ドミンゲス　1885(11.26)
セラピオーン　1275(この年)
セラピオーン　211(この年)
セラピオン　362(この頃)
セラフィーノ(モンテグラナーロの)　1604(10.12)
セラフィーム・サローフスキー　1833(1.2)
セランジェリ, ジョアッキーノ　1852(この年)
セリ, ジョン・ジョウゼフ　1864(5.25)
セリアー　1891(12.28)
セーリス　1643(12.11)
セリバンド, ジローラモ　1563(3.17)
セリム1世　1520(9.22)
セリム2世　1574(この年)
セリム3世　1808(7.28)
セリング, ウィリアム　1494(12.29)

セール　1868(1.22)
セール, オリヴィエ・ド　1619(7.2)
セルヴァ, ジョヴァンニ・アントニオ　1819(この年)
セルヴァティウス　384(5.13)
セルヴァーティコ・エステンセ, ピエトロ　1880(この年)
セルヴァートゥス・ルプス　862(この頃)
セルヴァンテス, ミゲール・デ　1616(4.22)
セルヴァンドーニ, ジョヴァンニ・ニコロ　1766(1.19)
セルヴィ, ジョヴァンニ　1885(この年)
セルウィウス・トゥリウス　前535(この頃)
セルウィン, ジョージ・オーガスタス　1878(4.11)
セルヴェ, アドリアン・フランソワ　1866(11.26)
セルヴェ, ジョゼフ　1885(8.29)
セルヴェトゥス, ミカエル　1553(10.27)
セルヴォア　1847(5.17)
セールェストリョーム　1892(この年)
セルカーク5代伯　1820(4.8)
セルカーク, アレグザンダー　1721(12.12)
セルカモン　1145(この頃)
セルカンビ, ジョヴァンニ　1424(5.27)
セルギウス　303(この頃)
セルギウス　638(12.9)
セルギウス1世　701(9.9)
セルギウス2世　847(1.27)
セルギウス3世　911(4.14)
セルギウス4世　1012(5.12)
セルギオス・レシャイナ　536(この年)
セルギー・ラドネーシスキー　1392(9.25)
セルキラハティ, ピエタリ　1529(この年)
セルケイラ, ルイス・デ　1614(2.16)
セルゲル, ユーハン・トビアス　1814(2.26)
セルシウス, アンデシュ　1744(4.25)
セルダ・イ・スニェール, イルデフォンソ　1876(この年)

ゼルチュルナー、フリードリヒ・ヴィルヘルム・アダム・フェルディナント 1841(2.20)
セルデン、ジョン 1657(この年)
セルトン、ピエール 1572(2.22?)
セルネージ、ラッファエロ 1866(この年)
ゼルネッカー、ニーコラウス 1592(5.24)
セールノ・ソロヴィエーヴィチ 1866(この年)
ゼルノーフ 1862(12.5)
セルベラ、ギリィエム・デ 1285(この年)
セルポッタ、ジャーコモ 1732(この年)
ゼルボルト、ヘーラルト(ヘールト)(ジュトフェンの) 1398(12.4)
セルボーン 1895(5.4)
セルミジ、クロダン・ド 1562(10.13)
セルリオ、セバスティアーノ 1554(この年)
セルロ(ウィルトンの) 1181(この年)
セレー 1885(3.2)
ゼレ、トーマス 1663(7.2)
セレウコス1世 前281(この年)
セレウコス2世 前225(この年)
セレウコス3世 前223(この年)
セレウコス4世 前175(この年)
セレーソ、マテオ 1685(この頃)
セレーニ、ヴィンチェンツォ 1594(この年)
セレリエ、ジャコブ・エリゼー 1862(この年)
セレロールス、ホアン 1680(8.27)
ゼレンカ、ヤン・ディスマス 1745(12.22)
ゼロッティ、ジャンバッティスタ 1578(この年)
セローディネ、ジョヴァンニ 1630(この年)
ゼロニモ・デ・ゼズス 1601(10.6)
セローフ、アレクサンドル・ニコラーエヴィチ 1871(2.1)
セロロン 1759(4.12)
セロン、プリシラ・リディア 1876(11.20)
セーン 1844(8.?)

銭惟演 1034(この頃)
銭維城 1772(10.?)
銭泳 1844(この年)
泉蓋蘇文 665(この年)
銭起 780(この頃)
詹景全 877(この年)
銭謙益 1664(この年)
銭穀 1578(この頃)
銭載 1793(この年)
銭選 1301(この年)
全祖望 1755(この年)
銭泰吉 1863(この年)
銭大昕 1804(10.20)
銭大昭 1813(この年)
単超 160(この年)
銭鼎銘 1875(この年)
銭坫 1806(この年)
銭杜 1842(この年)
銭徳洪 1574(この年)
銭伯坰 1812(この年)
冉閔 352(この年)
全棒準 1895(3.?)
銭鏐 932(3.28)
鮮于枢 1301(この年)
セン・ウセルト1世 前1928(この年)
セン・ウセルト2世 前1879(この頃)
セン・ウセルト3世 前1843(この年)
宣王(周) 前782(この年)
宣王(斉) 前324(この年)
ゼンガー 1746(7.28)
千熙 1382(この年)
ゼンギー、イマードゥッ・ディーン 1146(この年)
千金公主 593(この年)
善月 1241(この年)
センコフスキー、オーシプ・イワノヴィチ 1858(3.4)
善修 1615(この年)
潜真 788(この年)
ゼンゼリヌス・ド・カッサニス 1334(この年)
宣祖(李朝) 1608(この年)
宣宗(金) 1223(この年)
宣宗(唐) 859(この年)
センツィ・モルナール、アルベルト 1634(1.17?)
宣帝(前漢) 前49(この年)
善導 681(この年)
セント・ヴィンセント、ジョン・ジャーヴィス、伯爵 1823(3.20)

宣徳王 785(この年)
善徳女王 647(この年)
宣徳帝(明) 1435(この年)
セントジョージ、ジュディス 1784(この頃)
セント・ジョン、ヘンリー 1751(12.12)
セントリーヴァー、スザナ 1723(12.1)
セント・レジャー、バリー 1789(この年)
センナケリブ 前681(1.?)
ゼンナート 1637(7.21)
宣仁太后 1093(9.?)
ゼンパー 1893(5.30)
ゼンパー、ゴットフリート 1879(5.15)
センバッド 1276(この年)
センピル 1595(この年)
ゼンフル、ルートヴィヒ 1542(12.2?)
センプロニウス・アセッリオ 前90(この頃)
ゼンメリング 1830(3.2)
ゼンメルヴァイス、イグナーツ・フィリップ 1865(8.13)

【ソ】

祖詠 746(この頃)
蘇過 1123(この年)
祖孝孫 628(この頃)
徐居正 1488(この年)
蘇四十三 1781(この年)
蘇綽 546(この年)
蘇洵 1066(この年)
蘇舜欽 1048(この年)
蘇舜元 1054(この年)
蘇頌 1101(この年)
蘇軾 1101(7.28)
蘇秦 前317(この年)
祖沖之 500(この頃)
祖珽 574(この頃)
蘇頲 727(この年)
蘇定方 667(この年)
祖逖 321(この年)
蘇轍 1112(10.3)
蘇天爵 1352(この年)
蘇武 前60(この年)
蘇味道 705(この年)
祖無沢 1082(この年)

蘇鳴尚　1644（この年）
ソアーヴェ, フェリーチェ　1803（この年）
ソアレス・ドス・レイス, アントニオ　1889（2.16）
ゾイゼ, ハインリヒ　1366（1.25）
ゾイメ, ヨハン・ゴットフリート　1810（6.13）
ゾイロ　1592（6.30）
ゾイロス　前330?（この頃）
曾燠　1830（この年）
宋璟　737（この年）
宋琬　1673（この年）
宋応星　1661（この頃）
曹娥　143（この年）
宋珏　1632（10.4）
曹学佺　1646（この年）
曾幾　1166（この年）
宋祁　1061（この年）
曾紀沢　1890（この年）
曹吉祥　1461（7.?）
曾鞏　1083（4.?）
宋旭　1606（この年）
宋玉　前223（この年）
曾鯨　1650（この年）
宋鈃　前290（この頃）
宋景詩　1871（この年）
桑弘羊　前80（この年）
曾公亮　1078（この年）
宋克　1387（この年）
曾国荃　1890（10.?）
曾国藩　1872（2.4）
宋金剛　620（この年）
曹参　前190（この年）
宋慈　1249（この年）
宋紫岩　1760（7.?）
臧思言　707（この年）
宋之清　1793（この年）
宋之問　712（この年）
荘周　前286（この年）
荘述祖　1818（この年）
宋浚吉　1672（この年）
曹松　901（この年）
宋翔鳳　1860（この年）
曹植　232（11.28）
宋時烈　1689（6.8）
臧晉叔　1621（この年）
宋璲　1380（この年）
曾静　1735（この年）
曹雪芹　1763（この年）
曾銑　1548（この年）
曾慥　1155（この頃）
曹爽　249（この年）

曹操　220（1.?）
宋素卿　1525（この年）
荘存与　1788（この年）
宗沢　1128（7.1）
曹知白　1355（この年）
宋徳方　1247（この年）
曹丕　226（5.17）
曹彬　999（6.7）
宋敏求　1079（この年）
曹敏修　1390（この年）
曹布　1107（この年）
曹髦　260（この年）
宋旡　1340（この年）
荘有可　1822（この年）
宗懍　563（この頃）
宋濂　1381（この年）
僧叡　444（この年）
荘王（楚）　前591（この年）
宗翰　1136（この年）
宗幹　1141（この年）
僧伽　710（この年）
僧伽羅多　450（この年）
ゾウク, シェイフ・ムハンマド・イブラーヒーム　1854（10.26）
荘公　前731（この年）
僧粲　606（この年）
僧桀　613（この年）
曾子　前436（この年）
僧柔　494（この年）
僧渉　380（この年）
僧肇　414（この年）
ソウダー, ミルザー・ムハンマド・ラフィー　1781（6.27）
僧稠　560（この年）
僧範　555（この年）
宗弼　1148（この年）
僧弼　442（この年）
僧旻　527（2.?）
宗炳　443（この年）
僧弁　642（この年）
宗望　1127（この年）
僧祐　518（この年）
宗璘　1179（この年）
ソウリン（ソラン）, エドワード・フレドリク　1893（10.31）
ソーヴール　1716（7.9）
ゾエ　1050（この年）
ソエリオ, ジョアン・デ　1607（8.?）
楚王劉英　71（この年）
ソガ, ティヨ　1871（この年）
祖丘　1395（この年）
沮渠氏　439（この年）

沮渠牧犍　447（この年）
沮渠蒙遜　433（この年）
束皙　303（この頃）
則天武后　705（11.26）
即非如一　1671（1.20）
続法　1728（この年）
ソクラテス　前399（この年）
ソグラーフィ　1818（この年）
ソコルル・メフメット・パシャ　1579（10.11）
ソーザ　1564（7.21）
ソザ　1561（この年）
ソザ　1632（5.?）
ソザ　1633（10.20）
ソーザ, ガブリエル・ソアレス・デ　1591（この年）
ソーザ, トメー・デ　1579（この年）
ゾシーマ　1478（この年）
ゾーシムス　418（12.26）
ソシュール　1845（4.18）
ソシュール, オラス・ベネディクト・ド　1799（1.22）
ソーズ, ムハンマド・ミール　1798（この年）
楚石梵琦　1370（この年）
ソーゾメノス, サラマネス・ヘルミアス　447（この頃）
ゾーチン　1899（6.25）
ソツィーニ, ファウスト・パオロ　1604（3.3）
ソツィーニ, レリオ（・フランチェスコ・マリア）　1562（5.16）
ゾッポ, マルコ　1478（この年）
ソッリ, ピエトロ　1621（この頃）
ソテロ, ルイス　1624（8.25）
ソト　1541（この年）
ソト, ドミンゴ・デ　1560（11.15）
ソト, ペドロ・デ　1563（4.20?）
ソト・デ・ランガ　1619（9.25）
ソト・デ・ロハス, ペドロ　1658（この年）
ソドマ, イル　1549（2.15）
ソートリ, ウィリアム　1401（この年）
ゾーナー, エルンスト　1612（この年）
ソナム・ギャムツォ　1588（この年）
ソナム・ツェモ　1182（この年）
ゾナラス, ヨアンネス　1160（この頃）
ソーニ, ジュゼッペ　1874（この年）

ソーバージュ　1767（この年）
ソープ　1848（この年）
ソープ，トマス・バングス　1878（9.20）
ゾファニー，ヨハン　1810（11.11）
ゾフィー　1705（この年）
ソフィア　1714（6.8？）
ソフィア・アレクセーエヴナ　1704（7.14）
ソフィア・マグダレーナ　1770（この年）
ソーフィヤ・パレオローグ　1503（4.7）
ソフィヤ・パレオロク　1538（この年）
ソフォニスバ　前204（この頃）
ソブフ・イ・アザル　1893（この年）
ソブル，ジャン・ニコラ　1805（この年）
ソブレビエラ，マヌエル　1803（この年）
ソブレロ，アスカーニオ　1888（5.26）
ソフロニー　1813（この年）
ソーフロニオス　638（3.11）
ソフローノフ　1760（2.10）
ソブロン　前400（この頃）
ソポクレス　前406（この年）
ソマーズ，サー・ジョージ　1610（この年）
ソマーズ（イーヴシャムの），ジョン・ソマーズ，男爵　1716（4.26）
ソミ　1592（この年）
ソミス，ジョヴァンニ・バッティスタ　1763（8.14）
ソメーズ，クロード　1653（9.3）
ソーモフ　1876（5.8）
ゾーラ　1626（6.20）
ソラー，アントニオ　1861（6.7）
ソラティーニ，パーオロ　1762（この年）
ソラーノ，ビセンテ　1862（4.2）
ソラーノ，フランシスコ　1610（7.14）
ソラーリ，グイニフォルテ　1481（1.？）
ソラーリ，サンティーノ　1646（4.10）
ソラーリ，ジョヴァンニ　1480（この頃）
ソラーリ，ピエトロ・アントーニオ　1493（この年）

ソラリオ，アントニオ　1455（この年）
ソラーリオ，アンドレーア　1520（この年）
ソラーリオ，クリストーフォロ　1527（この年）
ソラン，エーリアス　1703（この年）
ソラン，ジャーク　1730（12.20）
ソリ，ジュゼッペ・マリア　1823（この年）
ソリーア，ジョヴァンニ・バッティスタ　1651（この年）
ソリアーニ，ジョヴァンニ・アントーニオ　1544（この年）
ソリアーノ（スリアーノ），フランチェスコ　1621（この年）
ソリエ　1628（10.16）
ソリス，アントニオ・デ　1686（4.19）
ゾーリス，ヴィルギール　1562（8.1）
ソリース，フワン・ディアス・デ　1516（9.4）
ソリタ　1585（この頃）
ソリメーナ，フランチェスコ　1747（4.5）
ソリリャ　1895（6.13）
ソリーリャ，ホセ　1893（1.23）
ソル，フェルナンド　1839（7.10）
ゾルガー，カール・ヴィルヘルム・フェルディナント　1819（10.25）
ゾルゲ　1778（4.4）
ソールズベリ，ウィリアム　1584（この頃）
ソルデッコ・ダ・ゴイト　1270（この頃）
ソルト，サー・タイタス　1876（この年）
ゾルトナー　1833（この年）
ソールトマーシュ，ジョン　1647（12.11）
ソールトンストール，ガードン　1724（9.20）
ソルフ，ヘンドリック　1670（この年）
ソルボン，ロベール・ド　1274（8.1）
ソーレ，ジョヴァン・ジョゼッフォ・ダル　1719（この年）
ソレスビ，ジョン　1374（11.6）
ソレット，ヨアネス　1471（7.15）

ソレル　1450（この年）
ソレル，アントニオ　1783（12.20）
ソレル，シャルル　1674（3.7）
ソロー，ヘンリー・デイヴィッド　1862（5.6）
ゾロアスター　前580（この年）
ソロヴィヨフ，ウラジーミル・セルゲーヴィチ　1900（7.31）
ソロヴィヨフ，セルゲイ・ミハイロヴィチ　1879（10.4）
ソログープ，ウラジミル・アレクサンドロヴィチ　1882（6.5）
ゾロタリョーフ　1878（7.19）
ソロビヨフ，ウラヂミル　1900（この年）
ソロモス，ジオニシオス　1857（2.6）
ソロモン　前933（この頃）
ソロモン・ビン・ガビーロール　1055（この頃）
ソロルサノ・ペレイラ，ホアン・デ　1655（この年）
ソロン　前560（この頃）
孫恩　402（この年）
孫化中　1895（この年）
孫覚　1090（この年）
孫過庭　703（この頃）
孫可望　1658（この年）
孫奇逢　1675（この年）
ゾーン，ゲオルク　1589（4.23）
孫堅　192（この年）
孫権　252（この年）
孫皓　284（この年）
孫光憲　968（この年）
孫克恭　1611（この年）
孫策　200（この年）
ソーン，サー・ジョン　1837（1.20）
孫士毅　1796（この年）
孫思邈　682（この年）
孫綽　385（この頃）
孫承宗　1638（11.9）
孫承沢　1676（この年）
宋純　1583（この年）
孫星衍　1818（この年）
孫奭　1033（この年）
孫楚　293（この年）
孫泰山　1057（この年）
孫逖　761（この年）
孫万栄　697（この年）
ソーンウェル，ジェイムズ・ヘンリ　1862（8.1）
ソンク　1625（9.？）

タウ

ソングターム　1628（この年）
孫子　前500？（この頃）
ソーンダイク，ハーバート　1672（7.11）
ゾンターク，カール・ゴットロープ　1827（この年）
ゾンターク，ヘンリエッテ　1854（6.17）
ソーンダソン　1712（この年）
ソンツェン・ガンポ　649（この年）
ソーントン　1803（この年）
ソーントン　1875（この年）
ソーントン　1880（6.17）
ソーントン，ウィリアム　1828（3.28）
ソーントン，ヘンリ　1815（この年）
ゾンネンフェルス　1817（4.25）
ソーンヒル，サー・ジェイムズ　1734（5.13）
ソンマ，アントーニオ　1864（この年）
ゾンライトナー，ヨーゼフ　1835（12.26）
ゾンライトナー，レオポルト・フォン　1873（3.4）

【タ】

タアッバタ・シャッラン　530（この頃）
ターイ　1003（この年）
戴熙　1860（3.3）
戴逵　395（この頃）
戴顒　441（この年）
大欽茂　794（この年）
戴煕　1860（3.3）
タイ，クリストファー　1573（この年）
戴叔倫　789（この年）
戴進　1462（この年）
戴震　1777（7.1）
大祚栄　719（この年）
戴表元　1310（この年）
戴復古　1248（この頃）
大武芸　737（この年）
戴望　1873（この年）
戴本孝　1693（この年）
戴曼公　1672（11.6）
戴明説　1666（この頃）
戴名世　1713（この年）

大利行　728（この年）
戴良　1383（この年）
ダイアー　1582（3.24）
ダイアー　1841（3.2）
ダイアー，サー・エドワード　1607（5.？）
ダイアー，サミュエル　1843（10.21）
ダイアー，ジョン　1758（12.15）
ダイアー，メアリ　1660（6.1）
ダイアック　1900（9.7）
大院君　1898（2.2）
ダイエ，ジャン　1670（4.15）
大慧宗杲　1163（8.10）
諦観　971（この年）
タイギ，アンナ・マリーア　1837（6.9）
大蟻元来　1630（この年）
大休正念　1289（11.？）
大曉実徹　1757（この年）
ダイキンク，エヴァート・オーガスタス　1878（8.13）
ダイク，ヴァン　1641（この年）
ダイク，ジェレマイア　1620（この年）
ダイクス，ジョン・バッカス　1876（1.22）
第五琦　799（この年）
泰昌帝　1620（この年）
大仁秀　830（この年）
タイス　348（この年）
ダイス，ウィリアム　1864（2.15）
ダイステル，ウィレム・コルネリスゾーン　1635（この年）
太祖（高麗）　943（5.？）
太祖（斉）　482（この年）
太祖（宋）　976（10.20）
太宗（ヴェトナム陳朝）　1277（この年）
太宗（金）　1135（この年）
太宗（清）　1643（8.8）
太宗（宋）　997（3.29）
太宗（唐）　649（5.26）
太宗（李朝）　1422（この年）
太宗（遼）　947（4.？）
代宗（唐）　779（5.20）
タイソン　1708（この年）
大檀　429（この年）
体澄　880（この年）
泰定帝　1328（この年）
ダイテルス　1863（この年）
タイトラー，ジェイムズ　1804（この年）

タイナー，アウグスティーン　1874（8.8）
タイナー，ヨーハン・アントーン　1860（5.15）
太能　1649（この年）
タイヒミュラー　1888（5.22）
太武帝　452（3.？）
太平公主　713（この年）
大鵬正鯤　1774（10.13）
ダイムラー，ゴットリープ・ヴィルヘルム　1900（3.6）
タイユフェール　1066（この年）
タイユモン，クロード・ド　1558（この頃）
タイラー，ジョン　1862（1.18）
タイラー，ベネット　1858（5.14）
タイラー，モーゼズ・コイト　1900（12.28）
タイラー，ロイヤル　1826（8.26）
タイラー，ワット　1381（6.15）
タイリ，ジェイムズ　1597（この年）
タイレ，ヨーハン　1724（6.24）
ダウ　1873（この年）
ダウ，ヘラルド　1675（2.9）
ダヴー，ルイ・ニコラ　1823（6.1）
タヴァストシェルナ　1898（3.20）
タヴァナー，ジョン　1545（10.18）
タヴァナー，リチャード　1575（7.14）
ダヴァーニー　1502（この頃）
タヴァローネ，ラッザーロ　1641（この年）
ダヴァン，カシミール・ジョゼフ　1882（10.14）
ダヴァンツァーティ，キアーロ　1280（この頃）
ダヴァンテス　1561（8.31）
タヴァンヌ　1573（4.？）
ダヴィウ　1881（4.6）
ダヴィエル　1762（9.30）
ダヴィズ・アプ・グウィリム　1380（この頃）
ダヴィズ・アプ・グリフィズ　1283（この年）
タヴィッド，アルマン　1900（11.10）
ダーヴィッド，クリスティアン　1751（2.3）
ダヴィド，ジャック・ルイ　1825（12.29）
ダヴィド，ピエール・ジャン　1856（1.5）

人物故大年表 外国人編　*943*

タウ　人名索引

ダヴィド，フェリシアン　1876（8.29）
ダーヴィト，フェルディナント　1873（7.18）
ダーヴィト，ヘーラルト　1523（8.13）
聖ダヴィト　601（この年）
ダーヴィト（アウクスブルクの）　1272（11.19？）
ダヴィドゥス（ヒンメロートの）　1179（12.11）
ダヴィードフ　1886（1.3）
ダヴィドフ　1855（この年）
ダヴィドフ，カルル・ユーリエヴィチ　1889（2.14）
ダヴィドフ，デニス・ワシリエヴィチ　1839（4.22）
ダヴィナント，ウィリアム　1668（4.7）
ダヴィラ　1631（8.2）
ダヴィレ，シャルル・オーギュスタン　1700（この年）
ダーウィン，エラズマス　1802（4.18）
ダーウィン，チャールズ　1882（4.19）
タヴェッラ，カルロ・アントーニオ　1738（この年）
ダヴェナント　1714（11.6）
タヴェルニエ　1689（この頃）
ダーウェントウォーター　1716（この年）
ダヴォー，ジャン・バティスト　1822（この年）
タウジヒ，カロル　1871（7.17）
タウシュ，フランツ　1817（9.2）
タウシュ，フリードリヒ・ヴィルヘルム　1849（4.29）
ダウジング，ウィリアム　1679（この年）
タウセン，ハンス　1561（11.11）
ダウソン，アーネスト　1900（2.23）
ダウット，アガ　1599（この年）
ダウティ　1856（7.22）
ダウト，ヨーハン・マクシミリアーン　1736（この頃）
ダーウード・アッザーヒリー　883（この年）
ダウナント，ジョン　1641（4.20）
ダウニング，アンドリュー・ジャクソン　1852（この年）
ダウニング，サー・ジョージ　1749（この年）

ダウハー，アドルフ　1523（この頃）
ダウハー，ハンス　1538（この年）
タウヒーディー　1023（この年）
ダウプ，カール　1836（11.22）
タウファアハウ　1893（この年）
タウフィーク・パシャ，ムハンマド　1892（1.7）
タウフニッツ，クリスチャン・ベルンハルト・フォン　1895（8.14）
ダウベ　1797（9.19）
タウベルト，ヴィルヘルム　1891（1.7）
タウマー，ゲオルク・フリードリヒ　1875（12.13）
タウラー，ヨハネス　1361（6.16）
タウラトシャー　1490（この頃）
ダウランド，ジョン　1626（2.20）
ダウランド，ロバート　1641（この年）
タウリーヌス　1874（2.13）
ダヴリュイ，マリー・ニコラ・アントワーヌ　1866（3.30）
タウレルス，ニコラウス　1606（9.28）
タウン　1766（2.5）
タウン，チャールズ　1840（この年）
タウン，フランシス　1816（7.7）
タウンゼント，C.　1738（6.21）
タウンゼント，チャールズ　1767（9.4）
タウンゼント，ヘンリ　1886（この年）
タウントン　1867（この年）
ダヴンポート，ジェイムズ　1757（11.10）
ダヴンポート，ジョン　1669（3.15）
タカシュ　1200（この年）
ダカン，ルイ・クロード　1772（6.15）
ダキーキー，アブー・マンスール・モハンマド・ブン・アフマド　978（この頃）
タキトゥス，コルネリウス　120（この年）
タキトゥス，マルクス・クラウディウス　276（この年）
タキー・ハーン　1852（1.9）
拓俊京　1144（この年）
ダグー，マリ　1876（3.5）
タクシス　1517（この年）

度宗　1274（この年）
ダグデイル，ウィリアム　1686（2.10）
タクパ・ギェルツェン　1216（この年）
タクパ・センゲ　1349（この年）
拓跋猗㐌　305（この年）
拓跋猗盧　316（この年）
拓跋鬱律　321（この年）
拓跋翳槐　338（この年）
拓跋思恭　895（この年）
拓跋什翼犍　376（この年）
拓跋力微　277（この年）
タクポ・ラジェ　1153（この年）
ダグラス　1330（8.25）
ダグラス，S. A.　1861（6.3）
ダグラス，ギャヴィン　1522（9.？）
ダグラス，デイヴィト　1834（この年）
ダグラス，フレデリック　1895（2.20）
ダグラス，フレデリック　1895（この年）
ダグラーテ，アントーニオ・フェッレーリ　1514（この年）
ダグラーテ，ジャン・フランチェスコ・フェッレーリ　1547（この頃）
ダグラーテ，マルコ・フェッレーリ　1571（この頃）
タクラ・ハイマーノト　1313（この年）
タクルン・タンパ・チェンポ　1210（この年）
ダクレ，シャーロット　1842（この年）
タゲール，ルイ・ジャック・マンデ　1851（7.10）
タケロット1世　前874（この年）
タケロット2世　前834（この年）
ダ・コスタ　1900（9.12）
ダ・コスタ，ウリエル　1640（この年）
ダゴベルト1世　639（1.9）
ダゴベルト2世　679（この年）
ダゴベルト3世　715（この年）
ダゴホイ　1829（この年）
タコン　1855（この年）
ダーサ　1894（この年）
ダーザー　1589（3.27）
ダシエ　1722（この年）
タシェー，アレクサンドル・アントナン　1894（6.22）
ダシエ夫人　1720（8.17）

944　人物物故大年表 外国人編

ダシコヴァ, エカテリーナ・ロマノヴナ　1810(1.16)
タシ・ドルジェ　1167(この年)
ダーシャラティ・ラーイ　1857(この年)
タシャール　1712(10.21)
ダジャンクール, フランソワ　1758(4.30)
タージュ・アルムルーク　1131(この年)
タシュキョプリザーデ・アフメト　1561(この年)
ダス, ペッテル　1707(8.?)
タスカン, アレクサンドル　1897(10.5)
タスカン, アンリ・ジョゼフ　1852(5.4)
タスカン, パスカル・ジョゼフ　1829(2.5)
ダスーキー　1278(この年)
ダスーシー, シャルル・コワポー　1677(10.29)
タスト, ヘルマン　1551(5.11)
ダスマリニャス　1593(10.25)
タスマン, アーベル・ヤンスゾーン　1659(この頃)
ダーゼ　1861(9.11)
ダゼッリオ, マッシモ・タパレッリ　1866(2.18)
タタールソル, リチャード　1795(この年)
ダタメス　前362?(この頃)
ダダン　747(この頃)
タチーシチェフ, ワシーリー・ニキーチチ　1750(この年)
苣重光　1692(この年)
タッカー　1774(11.20)
タッカー　1799(11.4)
タッカ, ピエトロ　1640(この年)
タッカ, フェルディナンド　1686(この年)
タッカマン, ジョウゼフ　1840(4.20)
タッカーマン, フレデリック・ゴダード　1873(5.9)
タックニ, アンソニ(アントニ)　1670(2.?)
タッケ　1660(12.22)
タッシ, アゴスティーノ　1644(この年)
タッシー, ジェイムズ　1799(この年)
タッシ, フランチェスコ・マリーア　1782(この年)

タッシロ3世　788(この頃)
タッセル, リシャール　1666(この年)
タッソ, トルクァート　1595(4.25)
タッソ, ベルナルド　1569(9.5)
タッソー, マリー　1850(4.16)
タッソーニ, アレッサンドロ　1635(4.25)
タッタム, ヘンリ　1868(1.8)
タッティ, ベルナルド　1355(この年)
タッデオ・ディ・アルデロット―　1350(この年)
タッデオ・ディ・バルトリ　1422(この頃)
ダット, トール―　1877(8.30)
ダット, マイケル・マドゥー・スダン　1873(6.29)
ダッド, リチャード　1887(この年)
タットナル, ジョサイア　1871(6.14)
ダッドリ　1510(8.17?)
ダッドリー　1553(8.22)
ダッドリー　1649(9.6)
ダッドリー　1684(10.25)
タッパー　1889(この年)
タッパー　1689(12.?)
ダッハ, ジーモン　1659(4.15)
ダッパ, ブライアン　1662(3.26)
ダッハシュタイン, ヴォルフガング　1553(3.7)
タッパン　1881(この年)
タッパン, アーサー　1865(7.23)
タッパン, ルーイス　1873(6.21)
ダッビー　1203(この年)
ダッフィンガー　1849(8.22)
ダッラーパコ, ジュゼッペ　1805(8.31)
撻懶　1139(この年)
ダッリオ, ドナート・フェリーチェ　1718(この年)
ダッロンガロ, フランチェスコ　1873(1.10)
ダテーヌス, ペトルス　1590(2.16?)
タデン・トリーグラフ, アードルフ・フォン　1882(11.23)
ダードゥー　1603(この年)
タドウィン(カンタベリの)　734(7.30)
タドウェー　1726(11.23)

タドミンビャ　1368(この年)
ダドリー　1653(この年)
ダドリー, ロード・ギルドフォード　1554(この年)
タドリーニ, アダーモ　1868(この年)
ターナー　1740(1.13)
ターナー　1802(1.2)
ターナー　1837(2.12)
ターナー　1843(この年)
ターナー, J. M. W.　1851(12.19)
タナー, アーダム・フォン　1632(5.25)
ターナー, ウィリアム　1568(7.9)
ターナー, シリル　1626(2.28)
タナー, トマス　1735(12.14)
ターナー, ナット　1831(11.11)
ダニエール・バロームニク　1122(9.9)
ダニエル, アントワーヌ　1648(この年)
ダニエル, ガブリエル　1728(6.23)
ダニエル, サミュエル　1619(10.14)
ダニエル, ジョン　1630(この頃)
ダニエル, ジョン・フレデリック　1845(3.13)
ダニエル, トーマス　1810(この年)
ダニエル(柱頭の)　493(この年)
ダニエーレ(ベルヴェデーレの)　1227(10.10)
ダニエロ　1565(この年)
ダニカン・フィリドール, アンドレ　1730(8.11)
ダニチチ, ジューロ　1882(11.17)
ダニレフスキー, ニコライ・ヤーコヴレヴィチ　1885(11.7)
ダニレーフスキィ　1890(この年)
ダーニーロ1世　1860(8.13)
タヌカーブーニー　1873(この頃)
タヌービー　994(この年)
ダネンマイアー, マティーアス　1805(7.8)
ダノゼール　1896(6.9)
タノー(ダナエウス), ランベール　1595(11.11)
タパ・ゴンシェチェン　1091(この年)
ダパーノ, ピエトロ　1315(この年)

ターバービル　1597(この頃)
タバラン　1626(11.29)
タバリー　923(2.16)
タバルスィー　1153(この年)
タバレルリ・ダゼリオ, ルイージ　1862(9.20)
ダービー　1893(4.21)
ダービー1世　1717(3.8)
ダービー2世　1763(3.31)
ダービー3世　1789(この年)
ダービー, エドワード・ジェフリー・スミス・スタンリー, 14代伯爵　1869(10.23)
ダービー, ジェイムズ・スタンリー, 7代伯爵　1651(この年)
ダービー, ジョージ・ホレイショー　1861(5.15)
ダービー, ジョン・ネルソン　1882(4.28)
タピア, ゴンサロ・デ　1594(7.10)
ダビデ　前962?(この頃)
ダビト4世　1125(この年)
ダビラ・イ・パディージャ, アグスティン　1604(この年)
ターヒル1世　822(この年)
ダビール, ミルザー・サラーマット・アリー　1875(3.6)
ダービン　1876(この年)
タービン, ディック　1739(4.7)
タビンシュウェティ　1550(この年)
ダフ　1858(9.23)
ダフ, アレグザンダ　1878(11.12)
タファン, ジャン　1602(7.15)
ダーフィー, トマス　1723(2.?)
ダーフィト, フランツ　1579(この年)
ターフェ　1895(11.29)
タフターウィー　1873(この年)
ダブニ, ロバート・ルーイス　1898(2.15)
タフマースプ1世　1576(5.14)
ダブリ・ド・ティエルサン　1898(この年)
ダブルデイ, アブナー　1893(1.26)
タブレー　1819(この年)
ダーブレー　1840(5.3)
ダベンポート　1877(9.1)
ダ・ポンテ, アントニオ　1579(この年)

ダ・ポンテ, ロレンツォ　1838(8.17)
ターマー, テーオバルト　1569(この年)
ダマスス1世　384(12.11)
ダーマット・マクマロー　1171(5.1)
ダーマード　1631(この頃)
タマーニ, ヴィンチェンツォ・ディ・ベネデット・ディ・キエーレ　1530(この頃)
タマーヨ・イ・バウス, マヌエル　1898(6.20)
タマーラ　1213(この年)
タマロン・イ・ロメラル, ペドロ　1768(12.21)
ダミアーニ, ピエール　1072(2.22)
ダミアン　1757(この年)
ダミアン, ジョゼフ神父　1889(4.15)
ダミーニ, ピエトロ　1631(この年)
タミーム　984(この年)
タム　1171(この年)
タムマラジャ　1590(この年)
ダムロッシュ, レオポルト　1885(2.15)
ダモロー-サンティ, ロール　1863(この年)
タヤーズーク　714(この年)
ダヤーナニダ・サラスワティー　1883(この年)
ダヤーラーム　1852(2.9)
タユロー, ジャック　1555(この年)
ダライラマ1世, ゲドゥン・ドゥプ　1476(この年)
ダライラマ2世, ゲドゥン・ギャムツォ　1542(この年)
ダライラマ3世, ソナム・ギャムツォ　1588(この年)
ダライラマ4世, ユンテン・ギャムツォ　1616(この年)
ダライラマ5世, ロサン・ギャムツォ　1682(この年)
ダライラマ6世, ツァンヤン・ギャムツォ　1707(この年)
ダライラマ7世, ケサン・ギャムツォ　1757(この年)
ダライラマ8世, ジャンペル・ギャムツォ　1803(この年)
ダライラマ9世, ルントク・ギャムツォ　1815(この年)

ダライラマ10世, ツルティム・ギャムツォ　1838(この年)
ダライラマ11世, ケイドゥプ・ギャムツォ　1855(この年)
ダライラマ12世, ティンレイ・ギャムツォ　1875(この年)
ダ・ライル, アンブロウズ・ライル・マーチ・フィリップス　1878(3.5)
タラク, ジョン　1886(2.13)
タラシオス　457(この頃)
タラシオス　806(2.18)
ダーラー・シコー　1659(9.9)
ダラス　1817(1.16)
ダラス　1894(5.15)
ダラス, ジョージ・ミフリン　1864(この年)
ダラズィー　1019(この年)
ターラナータ　1615(この頃)
ダラーバコ, エヴァリスト・フェリーチェ　1742(7.12)
タラファ　569(この頃)
タラベラ, エルナンド・デ　1507(5.14)
ダーラム, ウィリアム　1735(4.5)
ダラム, ジョン, ジョージ・ラムトン, 伯爵　1840(7.28)
タラール　1728(3.20)
ダランベール　1872(この年)
ダランベール, ジャン-バチスト-ル・ロン　1783(10.29)
ダーリ, ウラジーミル・イワノヴィチ　1872(9.22)
ダーリー, ジョージ　1846(11.23)
タリアン, ジャン・ランベール　1820(11.16)
タリアン夫人　1835(この年)
ダリウス1世(大王)　前486(この年)
ダーリオ・ダ・トレヴィーソ　1474(この頃)
タリオーニ　1884(4.27)
ターリク・ブン・ジャード　720(この年)
タリス, トマス　1585(11.23)
ダリストン　1875(この年)
ターリブ・アームリー　1626(この頃)
タリヤコッツィ　1599(11.7)
ダリュ, ピエール・アントワーヌ(・ノエル・マテュー・ブルーノ), 伯爵　1829(9.5)

ダリーン，ウーロヴ・フォン　1763(8.12)
ダーリング，グレイス　1842(この年)
ダリング・アンド・ブルワー　1872(5.23)
ダーリントン，ウィリアム　1863(この年)
タル，ジェスロ　1741(2.21)
ダール，ミカエル　1743(10.20)
ダール，ユーハン・クリスティアン・クラウセン　1857(10.14)
ダルガス　1894(この年)
ダルガーノ，ジョージ　1687(この年)
タルクイニウス・スペルブス，ルキウス　前495(この年)
ダールグレン　1895(2.16)
ダールグレン，カール・フレデリク　1844(5.2)
ダルグレン，ジョン(・アドルファス・バーナード)　1870(この年)
ダルゲアンズ，ジョン・ドブリー　1876(4.6)
タルケッティ，イジーニオ・ウーゴ　1869(3.25)
タルコット　1883(この年)
ダルゴムイシスキー，アレクサンドル・セルゲエヴィチ　1869(1.17)
ダルシー　1858(1.3)
ダールシャーナ，グンノ　1709(7.19)
ダルジャンス，ジャン-バチスト・ド・ボワイエ　1771(1.11)
ダルジャンソン，マルク・アントアーヌ・ルネ　1787(8.13)
ダルジャンソン，マルク・ピエール　1764(8.27)
ダルジャンソン，マルク・ルネ　1721(5.8)
ダルジャンソン，マルク・ルネ　1782(この年)
ダルジャンソン，マルク・ルネ　1842(この年)
ダルジャンソン，ルネ-ルイ・ド・ヴォワイエ　1757(1.26)
ダルセー　1801(2.12)
タルタリヤ，ニッコロ　1557(12.14)
タルティーニ，ジュゼッペ　1770(2.26)
タルド　1636(この年)

ダルド，ハワージャ・ミール　1785(1.6)
ダルトワ，ジャック　1686(この頃)
タールトン，サー・バナスター　1833(1.25)
タールトン，リチャード　1588(9.3)
タルニエ　1897(この年)
タルノ，パウル　1633(3.6)
タルノ，ヨーハン　1629(1.22)
ダルハウジー，ジェイムズ・アンドリュー・ブラウン・ラムジー，初代侯爵　1860(12.19)
ダルバトラーム　1898(3.25)
タルピーノ，エネーア　1626(この年)
タルフォーン(トリュフォーン？)　123(この頃)
ダールベルク　1812(7.26)
ダールベルク　1817(2.10)
ダールベルク　1833(この年)
ダールベルク，ヴォルフガング・ヘーリベルト・フォン　1806(9.27)
ダールベルク，エリック　1703(この年)
ダールベルク，ジーギスムント　1871(4.27)
ダールベルク，ヨハネス・フォン　1503(7.27)
タールホーファー，ヴァーレンティーン　1891(9.17)
ダルボワ，ジョルジュ　1871(5.24)
タルマ，フランソワ・ジョゼフ　1826(10.19)
ダルマウ，ルイス　1481(この年)
達摩笈多　619(この年)
達摩戦涅羅　743(この年)
ダルマパーラ　560(この頃)
ダルマ・リンチェン　1432(この年)
ダールマン　1860(12.5)
ダールマン　1860(この年)
タルマン，ウィリアム　1720(この年)
タルマン・デ・レオー，ジェデオン　1692(11.10)
ダルメストール　1888(11.16)
ダルモーッタラ　810(この頃)
タルラ　1889(この年)
ダルリンプル　1737(この年)

ダルリンプル　1808(この年)
ダルリンプル　1830(4.9)
ダルリンプル，ジェイムズ　1695(11.25)
ダル・レ，ヴィンチェンツォ　1762(この年)
ダレ　1875(この年)
ダレー，クロード・シャルル　1887(4.25)
ダレー，ジャック　1470(この頃)
ダレイオス1世　前486(この年)
ダレイオス2世　前405(この年)
ダレイオス3世　前330(この年)
タレス　前555(この頃)
ダレスト・ド・ラ・シャバンヌ　1882(8.6)
ダレーラク，ニコラ-マリー　1809(11.26？)
タレラン，アレクサーンドル・アンジェリーク　1821(11.20)
タレラン-ペリゴール，シャル ル・モーリス・ド　1838(5.17)
タレンティ，シモーネ　1381(この年)
タレンティ，フランチェスコ　1369(この年)
タロン，ジャン・バティスト　1694(11.24)
タロン，ニコラ　1691(3.29)
譚延美　1003(この年)
段会宗　前10(この年)
段玉裁　1815(9.？)
ダン，クリスチアン・アーダム　1837(この年)
譚元春　1631(この年)
譚嗣同　1898(この年)
段思平　944(この年)
湛若水　1560(この年)
ダン，ジョン　1631(3.31)
段成式　863(この年)
檀和之　456(この年)
ダンカン　1804(8.4)
ダンカン1世　1040(この年)
ダンカン，アンドルー　1828(この年)
段業　401(この年)
タングマル(ヒルデスハイムの)　1003(5.25)
ダンクラ，アルノー　1862(2.1)
ダンクラ，レオポール　1895(4.29)
ダンクール，フロラン・カルトン　1725(2.6)

ダングルベール, ジャン・アンリ　1691 (4.23)
ダングルベール, ジャン・バティスト・アンリ　1747 (3.9)
タンクレアウス　1112 (この年)
タンクレッド　1112 (12.12)
タンクレッド　1194 (この年)
タンクレッド　1234 (この頃)
ダンケルマン　1722 (この年)
ダンコーナ, ヴィート　1884 (この年)
ダンコフスキ, ヴォイチェフ　1800 (この頃)
ダンサー　1887 (この年)
タンサン, ピエール・ゲラン・ド　1758 (3.2)
タンサン夫人　1749 (12.4)
タンシッロ, ルイージ　1568 (12.1)
ダンジュー　1866 (3.4)
ダンジョー　1720 (この年)
啖助　770 (この年)
坦鐘　1894 (この年)
ダンス, ジョージ　1768 (この年)
ダンス, ナザニエル　1811 (この年)
ダンス・ザ・ヤンガー, ジョージ　1825 (1.14)
ダンスター, ヘンリ　1659 (2.27)
ダンスタブル, ジョン　1453 (12.24)
タンスタル, カスバート　1559 (11.18)
聖ダンスタン　988 (5.19)
タンステッド　1369 (この頃)
檀石槐　181 (この頃)
ターン・セン　1610 (この頃)
坦然　1159 (この年)
端宗　1278 (この年)
端宗　1457 (この年)
ダンダス　1811 (5.28)
タンタルディーニ, アントニオ　1879 (この年)
ダンタン, ジャン・ピエール　1869 (この年)
ターンチッチ　1884 (この年)
ダンツィ, インノチェンツォ　1798 (4.17)
ダンツィ, フランツ　1826 (4.13)
タンツィオ・ダ・ヴァラッロ　1635 (この年)
ダンテ・アリギエーリ　1321 (9.14)

ダンティ, ヴィンチェンツォ　1576 (5.26)
ダンティ, ジューリオ　1575 (この年)
ダンディー, ジョン・グレアム・オブ・クレイヴァーハウス, 初代子爵　1689 (この年)
ターンティア・トーピー　1859 (4.18)
ダンティシェク, ヤン　1548 (10.27)
ダンディン　775 (この頃)
ダンデリン　1847 (2.15)
ダーンデルス　1818 (5.2)
ダンドリュー, ジャン・フランソワ　1738 (1.17)
ダンドリュー, ピエール　1733 (10.?)
ダンドロ, エリンコ　1205 (6.14)
ダントン, ジョルジュ・ジャック　1794 (4.5)
タントン・ギェルポ　1510? (この頃)
ダンナ, ヴィート　1769 (この年)
ダンネッカー, ヨハン・ハインリヒ・フォン　1841 (12.8)
湛然　782 (この年)
ダンバー　1367 (5.24?)
ダンバー　1900 (1.29)
ダンバー, ウィリアム　1520 (この頃)
ダンバー, ウィリアム　1810 (この年)
ダンハウアー, ヨーハン・コンラート　1666 (11.7)
ダンハウザー, ヨーゼフ　1845 (5.4)
タンバ・デシェク　1192 (この年)
ダンビー, フランシス　1861 (この年)
ダンピア, ウィリアム　1715 (3.?)
タンピエ　1279 (9.3)
ダンビー伯　1712 (この年)
ダンフェール・ロシュロー　1878 (5.11)
タンブリーニ, アントニオ　1876 (この年)
タンブリーニ, トマーゾ　1675 (10.10)
タンブリーニ, ミケランジェロ　1730 (2.28)
坦文　975 (この年)
タンヘルムス (タンヘリーヌス, タンヘルム)　1115 (この年)

タンホイザー　1267 (この頃)
ダンマゼーディー　1492 (この年)
タンマティベート王子　1755 (この年)
ダンマルタン, ギー　1398 (この頃)
ダンマルタン, ジャン　1454 (この年)
ダンマルタン, ドルーエ　1415 (この年)
ダンモア　1809 (この年)
ダンラップ, ウィリアム　1839 (9.28)
ダーンリー, ヘンリー・スチュワート, 卿　1567 (2.10)

【チ】

郗愔　384 (この年)
郗鑒　339 (この年)
智威　680 (この年)
智威　722 (この年)
チルプパ・チョエキ・ギェルツェン　1189 (この年)
チーヴァ　1708 (この年)
チヴァーズ, トマス・ホリー　1858 (12.18)
チヴィターリ, ニコローオ　1560 (この年)
チヴィターリ, マッテオ　1510 (この年)
チヴェルキオ, ヴィンチェンツォ　1544 (この年)
チヴス　1857 (この年)
崔良業　1861 (この年)
チェアディック　534 (この年)
チェイス, S. P.　1873 (5.7)
チェイス, サミュエル　1811 (6.19)
チェイス, フィランダー　1852 (9.20)
チェインバーズ, ジョン・チャールズ　1874 (5.21)
チェインバーズ, ロバート　1871 (3.7)
チェヴァ, トマス　1734 (12.13)
チェウ・アウ (趙嫗)　248 (この年)
チェカ・イ・バルバ, ホセ・イグナシオ　1877 (3.30)

チェカノーフスキィ 1876(この年)
崔慶昌 1583(この年)
チェザーリ 1828(10.1)
チェザーリ, ジュゼッペ 1640(7.3)
チェザリアーノ, チェーザレ 1543(この年)
チェザリーニ, ジュリアーノ 1444(11.10)
チェザルピーノ, アンドレア 1603(2.23)
チェザロッティ, メルキオッレ 1808(11.4)
チェージ 1630(8.1)
チェージ, バルトロメーオ 1629(この年)
チェージオ(チェージ), カルロ 1686(この年)
崔滋 1260(この年)
チェシュ, ヨーハン・テーオドーア(ディートリヒ)・フォン 1649(この年)
チェスコフスキー 1894(3.12)
チェスターフィールド, フィリップ・ドーマー・スタナップ, 4代伯爵 1773(3.24)
チェスティ, ピエトロ 1669(10.14)
チェスナット, メアリ・ボイキン 1886(この年)
チェズニー, フランシス・ロード 1872(1.30)
チェセルデン 1752(4.10)
チェタム, ハンフリー 1653(この年)
チェチョーニ, アドリアーノ 1886(この年)
チェチリア(聖) 230(この頃)
チェッキ 1587(10.28)
チェッコ・ダスコリ 1327(9.16)
チェッコ・ブラーヴォ 1661(この年)
チェッティ, フランチェスコ 1778(この年)
チェッリーニ, ジョヴァンニ・ドメーニコ 1681(この年)
チェッリーニ, ベンヴェヌート 1571(2.13)
チェッレート, シピオーネ 1633(この頃)
チェトル, ヘンリー 1607(この頃)

チェーピン 1892(この年)
チェブイショフ, パフヌチー・リヴォヴィチ 1894(11.26)
チェプコ, ダーニエル(ライガスフェルトの) 1660(この年)
チェラコフスキー, フランチシェク・ラジスラフ 1852(8.5)
チェラッキ, ジュゼッペ 1802(この年)
チェラーノ 1256(この年)
チェラーノ 1632(この年)
チエリー, オーギュスタン 1856(5.22)
チエール, アドルフ 1877(9.3)
チェルヴェニ 1896(1.19)
チェルクオッツィ, ミケランジェロ 1660(4.6)
チェルスキー, ヨハネス 1893(12.22)
チェールスキィ 1892(この年)
チェルニー, カール 1857(7.15)
チェルニ・ジョルジェ 1817(7.24)
チェルニャエフ 1898(8.16)
チェルヌィシェーフスキー 1889(この年)
チェルヌイシェフスキー, ニコライ・ガブリーロヴィチ 1889(10.17)
チェルヌイショーフ 1857(この年)
チェルヌスキ 1896(5.12)
チェルネンブル, ゲオルク・エラスムス・フライヘル・フォン 1626(この年)
チェルノホルスキー, ボフスラフ・マチェイ 1742(7.1?)
チェレーザ, カルロ 1679(この年)
チェレスティ, アンドレーア 1712(この年)
チェレティ 1808(3.4)
チェレビ・ザデ 1758(この年)
チェレブラーノ, フランチェスコ 1814(この年)
チェローネ 1625(この年)
チェーン 1836(1.31)
智円 1022(この年)
チェンガワ・ツゥルティム・バル 1103(この年)
チェンチ, ベアトリーチェ 1599(この年)
チェンニーニ, チェンニーノ 1440(この頃)

チェンニーニ, ベルナルド 1498(この頃)
チェンバーズ, イーフレイム 1740(5.15)
チェンバーズ, ウィリアム 1883(5.20)
チェンバーズ, サー・ウィリアム 1796(3.8)
チェンバーズ, ジョン・グレアム 1883(この年)
チェンバレン, ピーター 1683(この年)
智越 616(この年)
チカラ・パシャ 1598(この頃)
チキー 1891(この年)
智顗 597(11.24)
智旭 1655(この年)
チーク, サー・ジョン 1557(9.3)
チクモンディ 1885(この年)
知玄 883(この年)
知矩 606(この年)
チコニア, ヨハンネス 1411(12.?)
チコニーニ 1660(この年)
チコニャーラ, レオポルド 1834(この年)
チーゴリ, ロドヴィーコ・カルディ・ダ 1613(6.8)
知巌 654(この年)
智厳 1534(この年)
智儼 668(10.29)
チザム, キャロライン(ジョウンズ) 1877(3.25)
チザム, ジョン・シンプソン 1884(この年)
智首 635(この年)
智周 723(この年)
智証王 514(この年)
智正 639(この年)
チーゼリ, アントーニオ 1891(この年)
智泉 1395(この年)
智宗 1018(この年)
智蔵 522(この年)
智蔵 814(この年)
チソンデツェン 797(この年)
智脱 607(この年)
チチウス 1796(この年)
チチェスター 1623(2.19)
チチェリ, ヘンリー 1443(4.12)
智通 611(この年)
チックデツェン 841(この年)
チッソ・ド・バト, シモン 1738(9.19?)

人物物故大年表 外国人編 *949*

チツ　人名索引

チッタディーニ, ピエル・フランチェスコ　1681(この年)
チッペンデイル, トマス　1779(9.11)
知訥　1210(この年)
チドリ, キャサリン　1653(この年)
チナン, ジャン・ド　1898(11.18)
チニャーニ, カルロ　1719(9.6)
チニャローリ, ヴィットーリオ・アメデーオ　1800(この年)
チニャローリ, シピオーネ　1766(この年)
チニャローリ, ジャンドメーニコ　1793(この年)
チニャローリ, ジャンベッティーノ　1770(この年)
チニャローリ, ジュゼッペ　1796(この年)
チニャローリ, マルティーノ　1726(この年)
チーノ, ジュゼッペ　1722(この年)
チーノ・ダ・ピストイア　1337(この年)
チハチョーフ　1890(10.13)
智跂　640(この年)
チフラ, アントニオ　1629(10.2)
チプリアーニ, ジョヴァンニ・バッティスタ　1785(12.14)
チプルーンカル　1882(この年)
チフロンディ, アントーニオ　1730(この年)
チベリウス　38(この頃)
チボー・ド・シャンパーニュ　1253(7.7)
チホヌラーヴォフ, ニコライ・サヴィチ　1893(11.27)
チーホン・ザドンスキー　1783(8.13)
チーマ, ジョヴァンニ・パオロ　1622(この頃)
チマブーエ, ジョヴァンニ　1302(7.4)
チマルパイン, ドミンゴ　1660(この年)
チマローザ, ドメーニコ　1801(1.11)
チマローリ, ジョヴァンニ・バッティスタ　1753(この頃)
チムコーフスキー　1875(この年)
智猛　453(この頃)

チャアダーエフ, ピョートル・ヤーコヴレヴィチ　1856(4.14)
チャイコフスキー, ピョートル・イリイチ　1893(10.25)
チャイルド　1699(6.22)
チャイルド　1880(10.20)
チャイルド, ウィリアム　1697(3.23)
チャイルド, フランシス・ジェイムズ　1896(9.11)
チャオ・アヌ　1829(2.?)
チャオ・ピャ・チャクリ　1806(この年)
チャオプラヤー・ブラクラン　1805(この年)
チャガダイ　1242(この年)
チャタートン, トマス　1770(8.24)
チャダトン, ローレンス　1640(11.3)
チャーチ, サー・リチャード　1873(この年)
チャーチ, フレデリック・エドウィン　1900(4.7)
チャーチ, リチャード・ウィリアム　1890(12.9)
チャチェカバ・イェーシェ・ドルジェ　1175(この年)
車天輅　1615(この年)
チャーチル, アラベラ　1730(この年)
チャーチル, セアラ　1744(この年)
チャーチル, チャールズ　1764(11.4)
チャーチル, ロード・ランドルフ(・ヘンリー・スペンサー)　1895(1.24)
チャッテルジー, バンキム・チャンドラ　1894(この年)
チャップ, トマス　1747(2.8)
チャップマン, ジョージ　1634(5.12)
チャップマン, ジョン　1845(3.17)
聖チャド　672(3.2)
チャドウィック, E.　1890(7.6)
チャニング　1876(7.27)
チャニング, ウィリアム・エラリー　1842(10.2)
チャニング, ウィリアム・ヘンリー　1884(12.23)
チャーノック, スティーヴン　1680(7.27)

チャーノック　1693(この年)
チャプ, チャールズ　1846(この年)
チャペル, ウィリアム　1888(この年)
チャマーズ　1825(5.31)
チャマーズ　1834(12.10)
チャマーズ　1882(この年)
チャマーズ, ウィリアム　1678(この年)
チャマーズ, ジェイムズ　1853(この年)
チャマーズ, ジョン　1900(この年)
チャマーズ, トマス　1847(5.30)
チャムチェン・チョエジェ・シャキャ・イェーシェ　1435(この年)
チャムチェン・ラブジャムパ・サンギェ・ペル　1485(この年)
チャユルワ・ションヌオェ　1138(この年)
チャラカ　150(この頃)
チャリス　1882(この年)
チヤール, ポンチュス・ド　1605(9.23)
チャールズ1世　1649(1.30)
チャールズ2世　1685(2.6)
チャールズ, トマス　1814(10.20)
チャールズ・エドワード・ステュアート　1788(1.31)
チャルディーニ　1892(9.8)
チャルトルイスキ　1823(3.19)
チャルトルイスキ　1861(7.15)
チャロナー, リチャード　1781(1.12)
張周基　1866(3.30)
チャン・カイン　1277(この年)
チャンジッタ　1112(この年)
チャンセラー, リチャード　1556(11.10)
チャンチュブギェンツェン　1364(この年)
チャンディーダース　1420(この年)
チャンドゥ・メーノーン　1899(この年)
チャンド・バルダーイー　1192(この頃)
チャーンド・ビービー　1599(この年)
チャンドラー　1879(11.1)

950　人物物故大年表 外国人編

チヨ

チャンドラキールティ　650（この頃）
チャンドラグプタ　前297（この年）
チャンドラグプタ1世　335（この年）
チャンドラグプタ2世　414（この頃）
チャンドラゴーミン　680（この頃）
チャントリー，フランシス・レガット　1841（11.25）
チャンピ，ヴィンチェンツォ　1762（3.30）
張維　1638（この年）
邱良厚　1640（7.26）
邱良稟　1632（この頃）
智融　1193（この年）
紂王　前1050（この年）
忠鑑　1338（この年）
中山靖王　前113（この年）
冲止　1292（この年）
仲仁　1119（この年）
中宗（唐）　710（この年）
中宗（李朝）　1544（この年）
忠湛　940（この年）
仲長統　220（この年）
种放　1015（この年）
中峰明本　1323（8.14）
忠烈王　1308（7.?）
チュオン・ディン　1867（この年）
周世鵬　1554（この年）
チューダー　1456（この年）
チュッチェフ，フョードル・イワノヴィチ　1873（7.15）
チュッファーニ，ベルナルド　1457（この年）
チューディ　1572（2.28）
チュート，ジョン　1776（この年）
チューマ　1882（この年）
チュリゲーラ，ドン・ホセ　1725（3.2）
チュリゲーラ・アルベルト　1750（この年）
チュリゲーラ・ホアキン　1720（この年）
チュルクチー，エドワール　1867（この年）
チュルコーフ，ミハイル・ドミトリエヴィチ　1792（10.24）
チュルネーブ，オデ・ド　1581（この年）
チュルリュバン　1637（この年）

チュルン，イョルク　1635（この頃）
チュン・ニ　43（この年）
褚淵　484（この年）
儲光羲　759（この頃）
褚遂良　658（この年）
チョイトンノ　1533（この年）
趙位寵　1176（この年）
趙一清　1764（この年）
張維屏　1859（この年）
趙寅永　1850（この年）
張蔭桓　1900（この年）
張羽　1385（6.?）
張雨　1350（7.?）
張禹　前5（この年）
張宇初　1410（この年）
張英　1708（この年）
趙栄祏　1761（3.27）
張易之　705（この年）
張説　730（この年）
晁説之　1129（この年）
張炎　1320（この頃）
趙延寿　948（この年）
張華　300（この年）
張海鵬　1816（この年）
張可久　1348（この頃）
張角　184（この年）
張翰　318（この頃）
張東之　706（この年）
張帆　314（この年）
張儀　前310（この年）
趙岐　201（この年）
趙帰真　846（4.?）
張議潮　872（この年）
張九齢　740（この年）
張協　310（この頃）
張玉書　1711（この年）
張居正　1582（6.20）
張金吾　1829（この年）
張金称　616（この年）
趙金竜　1832（この年）
張恵言　1802（この年）
張謇　前114（この年）
張彦遠　874（この頃）
趙元傑　1003（この年）
張献忠　1646（12.?）
張祜　852（この年）
張敞　1803（この年）
張宏　1668（この頃）
張庚　1760（この年）
張衡　139（この年）
張洽　1237（この年）
張洽　1799（この年）

趙高　前207（この年）
趙広漢　前65（この年）
張公謹　632（この年）
張煌言　1664（この年）
張孝祥　1170（この頃）
趙光祖　1519（12.20）
張弘範　1279（この年）
張載　1077（この年）
張鷟　741（この頃）
張耳　前202（この年）
趙爾巽　1677（この年）
趙之謙　1884（この年）
趙師秀　1219（この年）
張士誠　1367（この年）
趙執信　1744（この年）
張錫寧　1817（この頃）
張之万　1897（この年）
張若靄　1746（この年）
張柔　1268（この年）
張重華　353（この年）
趙充国　前52（この年）
張従正　1228（この頃）
張樹声　1884（この年）
張俊　1154（7.2）
張駿　346（この年）
張巡　757（この年）
張浚　1164（8.28）
趙浚　1405（この年）
張紫陽　1082（この年）
張照　1745（この年）
張燮　1640（この年）
張商英　1121（この年）
張祥河　1862（この年）
張承業　1897（この年）
張栻　1180（この年）
張寔　320（この年）
趙汝愚　1196（この年）
趙汝談　1237（この年）
張志和　775（この頃）
張瑞図　1641（この年）
張世傑　1279（2.?）
張正見　575（この年）
張斉賢　1014（この年）
張籍　830（この頃）
張先　1078（この年）
張薦　805（この年）
晁錯　前154（この年）
張璁　1539（この年）
張蒼　前152（この年）
張宗演　1291（この年）
張宗蒼　1756（この頃）
徴側　43（この年）
趙㻞　1668（8.5）

張即之　1263（この年）	趙良弼　1286（この年）	チルナー，ハインリヒ・ゴットリープ　1828（2.17）
張率　527（この年）	趙令畤　1134（この年）	チルンハウゼン　1708（10.11）
趙佗　前137（この年）	張魯　216（この年）	知礼　1028（この年）
張岱　1689（この年）	張路　1538（この頃）	チン　1759（4.6）
張丑　1643（この年）	曹偉　1503（この年）	沈亜之　831（この頃）
張仲景　210（この頃）	澄観　839（この年）	沈惟敬　1597（7.27）
趙鼎　1147（この年）	澄厳　1141（この年）	陳維崧　1682（この年）
趙貞吉　1576（この年）	長寿王　491（この年）	沈一貫　1616（この頃）
張廷玉　1755（この年）	長春真人　1227（この年）	陳奕禧　1709（この年）
張廷済　1848（この年）	長孫晟　609（この年）	陳苑　1330（この年）
張湯　前115（この年）	長孫無忌　659（7.?）	陳介祺　1884（この年）
趙南星　1627（この年）	長齢　1838（この年）	沈括　1095（この年）
趙寧夏　1884（この年）	チョウンシー　1840（この年）	陳瓘　1124（この年）
趙伯駒　1162（この頃）	チョエキ・ギェルツェン（セラジェツンパ）　1544（この年）	陳希夷　989（この年）
張伯行　1725（この年）	チョエキ・ワンチュク　1270（この頃）	沈義謙　1587（この年）
趙伯驌　1181（この年）	チョコナイ・ヴィテーズ，ミハーイ　1805（1.28）	陳季拡　1414（この年）
趙破奴　前91（この年）	チョーサー，ジェフリー　1400（10.25）	沈既済　800（この頃）
張飛　221（この年）	曹植　1572（この年）	陳堯佐　1044（この年）
趙飛燕　前1（この年）	趙秀三　1849（この年）	陳玉成　1862（この年）
張弼　1487（この年）	チョッケ，ハインリヒ・ダーニエル　1848（6.27）	陳遇　1384（この年）
張溥　1641（この年）	チョマ　1842（4.6）	陳群　236（この年）
趙普　992（7.18）	チョーリ，ヴァレーリオ　1599（この年）	沈環　1610（この年）
張復　1490（この年）	丁夏祥　1839（9.22）	陳継儒　1639（この年）
張復　1631（この年）	丁克仁　1481（この年）	陳建　1567（この年）
張文収　670（この年）	チョーンシ，チャールズ　1787（2.10）	陳献章　1500（この年）
趙秉文　1232（この年）	鄭知常　1135（この年）	陳元贇　1671（6.9）
張輔　1449（この年）	チョーンシ（チャーンシ），チャールズ　1672（2.19）	陳珊　1675（この年）
趙宝英　778（この年）	チョーンドラー，トマス　1490（11.2）	陳行焉　680（この頃）
張鵬翮　1725（この年）	チラコー，アンドレ　1558（この年）	陳後主　604（この年）
張邦昌　1127（この年）	チリーアコ・ダンコーナ　1452（この年）	陳洪綬　1652（この年）
張鵬翀　1745（4.14）	チリエ，クロード　1844（10.18）	陳鴻寿　1822（この年）
趙卯発　1275（この年）	チーリコフ　1748（この年）	陳宏謀　1771（この年）
張方平　1091（この年）	チリダテス3世　314（この年）	陳国峻　1300（8.20）
張鳳翼　1613（この年）	チリーノ　1635（9.16）	陳熾　1899（この年）
張穆　1849（この年）	智林　487（この年）	沈師正　1769（この年）
晁補之　1110（この年）	チリングワース，ウィリアム　1644（1.30）	陳師道　1101（この年）
張名振　1655（この年）	チルク　1212（この年）	陳寿　297（この年）
趙明誠　1129（この年）	チルシュキー・ベーゲンドルフ，カール・フォン　1833（この年）	沈周　1509（8.2）
張猛　前40（この年）	チルダーズ　1876（7.25）	沈重　584（この年）
趙孟堅　1295（この年）		陳寿祺　1834（この年）
趙孟頫　1322（6.15）		陳守度　1264（この年）
張問陶　1814（この年）		陳淳　1223（この年）
張熊　1886（この年）		陳淳　1544（10.2）
張裕釗　1894（この年）		陳書　1736（3.7）
張養浩　1329（この年）		陳舒　1687（この頃）
趙翼　1655（この年）		陳勝　前208（この年）
趙翼　1814（この年）		陳升之　1079（この年）
張耒　1114（この年）		陳寔　187（この年）
張洛行　1863（この年）		陳汝言　1371（8.?）
張履祥　1674（この年）		陳汝秩　1385（4.1）
趙隆眉　880（この頃）		陳子竜　1647（この年）
張良　前168（この年）		陳子昂　702（この年）
趙良棟　1697（この年）		

人名索引　　　　　　　　　　　　　　　　　　ツオ

陳瑄　1433（この年）
陳暹　1496（この年）
沈佺期　714（この頃）
沈宗敬　1735（この年）
陳第　1617（この年）
陳仲子　前280（この頃）
沈彤　1752（この年）
陳東　1127（8.25）
陳湯　前6（この頃）
沈徳潜　1769（9.？）
沈徳符　1401（この年）
陳蕃　168（9.？）
沈復　1808（この年）
陳傅良　1203（この年）
陳文述　1843（この年）
陳平　前178（この年）
沈法興　620（この年）
陳宝箴　1900（この年）
陳鵬年　1723（この年）
陳彭年　1017（この年）
陳牧　23（この年）
陳葆楨　1879（この年）
沈約　513（この年）
陳友諒　1363（この年）
陳与義　1138（11.29）
陳与郊　1610（この年）
陳立　1869（この年）
陳亮　1194（この年）
陳琳　1320（この頃）
陳琳　217（この年）
陳澧　1882（この年）
真金　1285（この年）
チンチョン　1647（この年）

【ツ】

ツァイジング　1876（4.27）
ツァイス、カール　1888（12.3）
ツァイトブローム、バルトロメーウス　1518（この年）
ツァウナー、フランツ・アントン　1822（3.3）
ツァージウス、ウルリヒ　1535（11.24）
ツァハ　1832（この年）
ツァハウ、フリードリヒ・ヴィルヘルム　1712（8.14）
ツァハリーエ　1843（3.27）
ツァハリーエ、ゴットヒルフ・トラウゴット　1777（2.8）

ツァハリーエ、フリードリヒ・ヴィルヘルム　1777（1.30）
ツァハリーエ、ヨーハン　1428（7.25）
ツァルチェン・ロセル・ギャムツォ　1567（この年）
ツァルンケ　1891（10.15）
ツァレンバ（ザレンバ）、フェリーツィアン・フォン・カリノーヴァ　1874（5.31）
ツァーン、アードルフ　1900（この年）
ツァーン、ヨハネス　1895（2.17）
ツァンパ・ギャレパ　1211（この年）
ツァンパ・リンポチェ・ドルジェ・ミキョエ　1161（この年）
ツィアーニ、ピエトロ・アンドレア　1684（2.12）
ツィアーニ、マルカントニオ　1715（1.22）
ツィガノーフ　1831（この年）
ツィーグラー、ヤーコプ　1549（この年）
ツィーゲルバウアー、マグノアルト　1750（1.14）
ツィーゲンバルク、バルトロメーウス　1719（2.23）
ツィック　1762（この年）
ツィック、ヤヌアリウス　1797（11.14）
ツィーテン　1786（1.27）
ツィプリアーン、エルンスト・ザーロモン　1745（9.19）
ツィポリ、ドメーニコ　1726（1.2）
ツィマー、パトリーツ・ベネディクト　1820（この年）
ツィママン、エルンスト　1832（6.24）
ツィママン、カール　1877（6.12）
ツィママン、ヨーハン・ヤーコプ　1756（この年）
ツィラー　1882（4.20）
ツィルマー　1893（2.22）
ツィンガレッリ、ニコラ・アントニオ　1837（5.5）
ツィンク　1474（この年）
ツィンクグレーフ、ユーリウス・ヴィルヘルム　1635（11.12）
ツィンゲルレ、ピウス　1881（1.10）
ツィンツェンドルフ、クリスティアン・レナートゥス　1752（5.28）

ツィンツェンドルフ、ニコラス・ルートヴィヒ・フォン　1760（5.9）
ツィンマーマン、ドミニクス　1766（11.16）
ツィンマーマン、ヨハン・バプティスト　1758（3.2）
ツィンメル　1824（この年）
ツィンメルマン　1795（10.7）
ツィンメルマン　1888（この年）
ツィンメルマン　1898（9.1）
ツヴィック、コンラート　1557（この年）
ツヴィック、ヨハネス　1542（10.23）
ツヴィリング、ガーブリエル　1558（5.1）
ツウィングリ、フルドライヒ　1531（10.11）
通琇　1675（この年）
ツェーゼン、フィーリップ　1689（11.13）
ツェスェス、ヨアンネス　1180（この頃）
ツェツシュヴィツ、カール・アードルフ・ゲーアハルト・フォン　1886（7.20）
ツェッパー、ヴィルヘルム　1607（8.20）
ツェードリッツ　1793（3.18）
ツェードリッツ、ヨーゼフ・クリスティアン・フォン　1862（3.16）
ツェラー、カール・アウグスト　1840（3.23）
ツェラー、カルル　1898（8.17）
ツェラー、クリスティアン・ハインリヒ　1860（5.18）
ツェリン　1750（2.？）
ツェル、カタリーナ　1562（9.5）
ツェル、マテーウス　1548（1.9）
ツェルター、カール・フリードリヒ　1832（5.15）
ツェルティス（ツェルテス）、コンラート　1508（2.4）
ツェルナー　1860（9.25）
ツェルナー　1882（4.25）
ツェルナー、ハインリヒ・ゴットリープ　1811（11.10）
ツェレンナー　1851（この年）
ツェワン・アラプタン　1727（この年）
ツェンカー　1898（6.13）
ツォイス、ヨハン・カスパー　1856（11.10）

人物物故大年表 外国人編　*953*

ツォリコーファー, ゲオルク・ヨーアヒム　1788(1.22)
ツォンカパ　1419(この年)
ツタンカーメン　前1352(この頃)
ツツオル　1866(この年)
ツッカーリ, タッデオ　1566(9.2)
ツッカリ, フェデリーコ　1609(7.20)
ツッカリニ　1848(この年)
ツッカルマリオ　1869(3.23)
ツッキ, ヤーコポ　1589(この頃)
ツーニョ, フランチェスコ　1787(この年)
ツムシュテーク, ヨーハン・ルードルフ　1802(1.27)
ツュンデル, フリードリヒ　1891(この年)
ツルカン・カトン　1233(この年)
ツールキンデン, ニーコラウス　1588(この年)
ツルゲーネフ, アレクサンドル・イワノヴィチ　1845(12.3)
ツルゲーネフ, アンドレイ・イワノヴィチ　1803(7.8)
ツルゲーネフ, イワン・セルゲーヴィチ　1883(8.22)
ツルゲーネフ, ニコライ・イワノヴィチ　1871(10.29)
ツルシダース　1623(この年)
ツンツ　1886(3.17)

【テ】

デー　1889(12.21)
デー　1889(この年)
テーア　1828(10.26)
テアイテトス　前369(この頃)
デアーク, フェレンツ　1876(1.29)
デ・アルベルティス, セバスティアーノ　1897(この年)
丁廣　220(この年)
丁謂　1033(この年)
程頤　1107(9.?)
丁雲鵬　1628(この年)
程学啓　1864(この年)
丁鶴年　1424(この年)
程嘉燧　1643(12.?)
丁儀　220(この年)
鄭吉　前49(この年)

程珦　1090(この年)
鄭俠　1119(この年)
鄭曉　1566(この年)
鄭玉　1358(この年)
程鉅夫　1319(この年)
鄭経　1681(1.28)
鄭檢　1569(この年)
鄭玄　200(この年)
程顥　1085(この年)
褚衡　198(この年)
鄭剛中　1154(この年)
鄭谷　910(この頃)
鄭克塽　1707(この年)
鄭思肖　1318(この年)
丁日昌　1882(この年)
丁若鍾　1801(この年)
丁若鏞　1836(2.22)
鄭衆　114(この年)
鄭叔矩　810(この頃)
テイショウ　1782(この年)
鄭招　1436(この年)
鄭松　1623(この年)
鄭樵　1162(この年)
鄭燮　1765(この年)
鄭書海　1880(この年)
丁汝昌　1895(2.12)
丁汝昌　1504(この年)
ディー, ジョン　1608(12.?)
デイ, ジョン　1584(この年)
デイ, ジョン　1640(この頃)
鄭芝龍　1661(4.?)
鄭森　1782(この年)
程晋芳　1784(この年)
程邃　1691(この年)
程正揆　1676(5.?)
鄭成功　1662(5.2)
鄭斉斗　1736(この年)
鄭毅　1759(この年)
程大位　1592(この頃)
程大昌　1195(この年)
程知節　665(この年)
鄭注　835(この年)
鄭仲夫　1179(この年)
程長庚　1882(この年)
鄭陟　1475(この年)
鄭珍　1864(この年)
程庭鷺　1859(この頃)
鄭澈　1593(11.?)
丁度　1053(この年)
鄭道昭　516(この年)
鄭道伝　1398(8.26)
デイ, トマス　1789(9.28)
鄭文宝　1013(この年)

鄭簠　1693(この年)
鄭鳳寿　1645(この年)
丁宝楨　1886(この年)
鄭夢周　1392(この年)
程瑤田　1814(この年)
鄭麟趾　1478(11.26)
鄭和　1433(この年)
ディア, ジョン　1886(この年)
ディアシュ, エマヌエル　1659(3.1)
ティーアシュ, ハインリヒ・ヴィルヘルム・ヨージアス　1885(12.3)
ディアス, ゴンサルヴェス　1864(11.3)
ディアス, バルトロメウ　1500(5.29)
ディアス, ホアン　1546(この年)
ディアス・デ・エスパーダ・イ・ランダ, ホアン・ホセ　1832(8.13)
ディアス-デル-カスティリョ, ベルナル　1581(この年)
ディアズ・ド・ラ・ペーニャ, ナルシス・ヴィルジル　1876(11.18)
ディアーナ　1525(この頃)
ディアーナ, アントニーノ　1663(7.20)
ディアーヌ・ド・フランス　1619(この年)
ディアーヌ・ド・ポワティエ　1566(この年)
ディアベッリ, アントン　1858(4.8)
ディアマンテ, フラ　1498(この頃)
ティアリーニ, アレッサンドロ　1668(この年)
ディアリング, リチャード　1630(3.22)
デイヴィー, エドワード　1885(この年)
デイヴィー, サー・ハンフリー　1829(5.29)
デイヴィース　1876(この年)
デイヴィス, アレクサンダー・ジャクソン　1892(この年)
デイヴィス, クリスチャン　1739(この年)
デイヴィス, サミュエル　1761(2.7)
デイヴィス, ジェファソン　1889(12.6)
デイヴィス, ジョン　1605(12.29?)

デイヴィス，ジョン　1626(12.8)
デイヴィス，リチャード　1581 (11.7)
ディヴィティス，アントニウス　1515(この頃)
デイヴィドソン，サミュエル　1898(4.1)
デイヴィドソン　1812(この年)
デイヴィドソン　1900(この年)
ディヴィーニ　1685(この年)
ディウビル　860(この年)
ディエゴ(アルカラの)　1463 (11.12?)
ディエゴ・デ・エステリア　1578 (8.1)
ディエゴ・デ・サンタ・カタリナ　1636(この年)
ティエトマール　1018(12.1)
ティエーポロ，ジャンドメーニコ　1804(3.3)
ティエポロ，ジョヴァンニ・バッティスタ　1770(3.27)
ティエポロ，ロレンツォ　1776 (8.8)
ティエリー・ド・シャルトル　1150(この頃)
ディオ・カッシウス，コッケイアーヌス　235(この年)
ディオクレティアーヌス，ガーイウス・アウレーリウス・ヴァレリウス　316(12.3)
ディオゲネス　前323(この年)
ディオスコロス　454(この年)
ディオスコロス　530(この年)
ディオダーティ，ジョヴァンニ　1649(11.3)
ディオタロス　前40(この年)
ディオッティ，ジュゼッペ　1846(この年)
ディオドロス・シクロス　前21(この頃)
ディオドーロス(タルソスの)　390(この頃)
ディオニシウス　1502(この年)
ディオニシウス　268(12.26)
ディオニシウス・カルトゥシアヌス　1471(3.12)
ディオニジ・ダ・ピアチェンツァ　1695(この年)
ディオニュシウス・エクシグウス　556(この年)
ディオニューシウス(パリの)　250(この頃)

ディオニューシウス・バル・サリビ　1171(この年)
ディオニュシオス　264(この年)
ディオニュシオス1世　前367(この頃)
ディオニュシオス(コリントスの)　190(この頃)
ディオニューシオス・ハリカルナッセウス　前8(この頃)
ディオニュシオス(ヘラクレイアの)　前250(この頃)
ディオファントス(アレクサンドリアの)　299(この年)
ディオン　前354(この頃)
ディオン・クリュソストモス　112(この頃)
ディカイアルコス　前285(この頃)
ディキンスン，ジョナサン　1747(10.7)
ディキンソン，J.　1808(2.14)
ディキンソン，エミリー　1886 (5.15)
ティーク，クリスティアン・フリードリヒ　1851(5.13)
ティーク，ルードヴィヒ　1853 (4.28)
ディーク・アルジン　849(この年)
ディークシタール　1835(10.21)
ディグズ　1639(この年)
ディクス，ドロシ・リンド　1887(7.17)
ディグズ，レナード　1599(この頃)
ディクスナール，ピエール・ミシェル　1795(この年)
ディクスナール，ミシェル　1795(この年)
ディクソン　1779(この年)
ディクソン　1900(1.23)
ティクナー　1821(この年)
ティクナー　1871(1.26)
ディグナーガ　480(この頃)
ディグビ，エヴェラード　1606 (1.30)
ディグビー，サー・ケネルム　1665(6.11)
ディークホフ，アウグスト・ヴィルヘルム　1894(9.12)
ティグラト・ピレセル1世　前1077(この頃)
ティグラト・ピレセル3世　前727(この年)

ティグラネス1世　前55(この年)
ティグラネス3世　前6(この年)
ディケイター，スティーヴン　1820(3.22)
ティゲリーヌス，ガーイウス・オフォニウス　69(この年)
鼎賢　1054(この年)
ディケンズ，チャールズ　1870 (6.9)
ティコーニウス　400(この頃)
ティコ・ブラーヘ　1601(10.24)
ディーコン，ヘンリー　1876(7.23)
ティシウス，アントーニウス　1640(11.7)
テイシェ　1895(9.6)
テイシェイラ，ペドロ　1640(この年)
ティシュバイン，ハインリヒ・ヴィルヘルム　1829(6.26)
ディース，アルベルト・クリストフ　1822(この年)
ディースタヴェーク，フリードリヒ・アードルフ・ヴィルヘルム　1866(7.7)
ディーステル，ルートヴィヒ・フォン　1879(この年)
ディースト，サームエル・ヴァン　1694(この年)
ディースト，ハインリヒ・ヴァン　1673(この年)
ティスラン　1896(10.20)
ディズレイリ，ベンジャミン　1881(4.19)
ディズレーリ　1848(この年)
ディーター(イーゼンブルクの)　1482(5.7?)
ティーチ　1718(11.22)
ディーツ　1777(6.17)
ディーツ　1845(この年)
ディーツ　1876(5.29)
ディツィアーニ，ガスパレ　1767(この年)
ティツィアーノ・ヴェチェッリオ　1576(8.27)
ティツイング　1812(2.9)
ディーツェル　1894(この年)
ディッグズ　1595(この年)
ディーツゲン　1888(4.15)
ティッサフェルネス　前395(この年)
ティッシェンドルフ，コンスタンティーン・フォン　1874(12.7)

ティッシュバイン, ヤコプ 1791（この年）
ティッシュバイン, ヨハン・ヴァレンティン 1767（この年）
ティッシュバイン, ヨハン・ハインリヒ 1789（8.22）
ティッシュバイン, ヨハン・フリードリヒ・アウグスト 1812（6.?）
ティッシュラー 1891（6.18）
テイツソ 1797（この年）
テイツソ 1826（この年）
ディッタースドルフ, カール・ディッタース・フォン 1799（10.24）
ディッターリン, ヴェンデル 1599（この年）
ディッテス 1896（この年）
ティットマン, ヨーハン・アウグスト・ハインリヒ 1831（12.30）
ディッペル, ヨハン・コンラート 1734（4.25）
ディデー, フランソワ 1877（この年）
ディディウス・ユリアヌス, マルクス 193（この年）
ティデ・ソンツェン 815（この年）
ティデ・ツクツェン 754（この年）
泥涅師 708（この頃）
ティーデマン 1803（5.24）
ティーデマン, アドルフ 1876（8.25）
ディデュモス 395（この頃）
ディーテリヒ, ヨーハン・ザームエル 1797（この年）
ディーテンベルガー, ヨーハン 1537（9.4）
ディド 1804（この年）
ディド 1876（この年）
ディドー 1757（この頃）
テイト, アーチボルド・キャンベル 1882（12.1）
テイト, ウィリアム 1864（この年）
テイト, サー・ヘンリー 1899（この年）
テイト, ネイアム 1715（7.30）
ディドー, フィルマン 1836（この年）
ティトゥス, フラーウィウス・ウェスパシアーヌス 81（12.13）
ティートゲ, クリストフ・アウグスト 1841（3.8）
ティトス 378（この頃）
ティトフ 1875（12.22）

ディートマル・フォン・アイスト 1171（この頃）
ディートリック 1793（この年）
ディートリヒ 1548（10.21）
ディートリヒ 1774（この年）
ディートリヒ, ファイト 1549（3.25）
ディートリヒ, ヨーアヒム 1753（6.4）
ディートリヒ（ニーハイムの, ニームの）1418（3.?）
ディートリヒ（フライベルクの）1310（この頃）
テイトルーズ, ジャン 1633（10.24）
ディドロ 1837（11.7）
ディドロ, ドニ 1784（7.31）
ディトン・デュ・ティエ, エヴラール 1762（この年）
ディナ, ジェイムズ・ドワイト 1895（4.15）
ディナ, チャールズ・A（アンダーソン）1897（10.17）
ディナ, リチャード・ヘンリー, 2世 1882（1.6）
デイナルコス 前290（この頃）
ディーナワリー 895（この年）
鄭南湖 1872（この年）
ディニス 1325（1.7）
ディニス, ジュリオ 1871（9.12）
デイニョル 584（この頃）
ティネ 1869（この年）
ディノクラテス 前278（この頃）
ティノ・ディ・カマイノ 1337（この頃）
ティハーチェク 1886（1.18）
ティバルディ, ペッレグリーノ 1596（5.27）
ティバルドス, ヤコバトス・コンスタンティン 1868（この年）
ディービチ・ザバルカーンスキィ 1831（6.10）
ティーファーシー 1253（この年）
ティーフェンタラー, ヨーゼフ 1785（7.5）
ディーフェンバッハ 1847（11.11）
ティーブー・スルターン 1799（5.4）
ティブッルス, アルビウス 前19?（この頃）
ディブディン, チャールズ 1814（7.25）
ティーフトゥルンク, ヨーハン・ハインリヒ 1837（10.7）

ディーブルク, ペーテル 1494（この頃）
ティブロン 前322?（この頃）
ティブロン 前391（この頃）
帝昺 1279（2.?）
ティベリウス, ユーリウス・カエサル・アウグストゥス 37（3.16）
ティベリオス・コンスタンティノス 582（この年）
ディーペンブロク, アポローニア・フォン 767.4）
ディーペンブロク, メルヒオル・フォン 1853（1.20）
ディーペンベーク 1675（この年）
ティボー 1840（3.28）
ディポ・ネゴロ 1855（この年）
ティマイオス 前260（この頃）
ディマシュキー 1327（この年）
ティマン, ヨハネス 1557（2.17）
ティーマン, ヨハン・カール・ヴィルヘルム・フェルディナント 1899（11.14）
ディミートリィ・ドンスコーイ 1389（5.19）
ティムール 1405（2.18）
ティムール・シャー 1793（この年）
ティムロッド, ヘンリー 1867（10.7）
ディーメン 1645（この年）
ティモテオス 517（この年）
ティモテオス 前354（この年）
ティモテオス 前360（この年）
ティモテオス1世 823（この年）
ティモテオス・アイルロス 477（この年）
ティモレオン 前337?（この頃）
ティモン 前230（この頃）
ティヤーガラージャ 1847（この年）
ティヤール, ジャン・バチスト 1766（この年）
ディユ, ルドヴィークス・デ 1642（11.13）
テイラー, エドワード 1729（6.24）
テイラー, ザカリー 1850（7.9）
テイラー, ジェレミー 1667（8.13）
テイラー, ジョン 1761（3.5）
テイラー, ナサニエル・ウィリアム 1858（3.10）
テイラー, ブルック 1731（12.29）

テイラー，ベイヤード 1878（12.17）
ディラー，ミヒャエル 1570（この年）
テイラー，ロバート 1788（この年）
ティラデンテス 1792（4.21）
ティラボスキ，ジローラモ 1794（6.3）
ティラーリ，アンドレーア 1737（この年）
ティラール 1893（この年）
ティリー 1896（6.25）
ディリー，オーガスティン 1899（6.7）
ティリ，ヨハン・ツェルクラエス，伯爵 1632（4.30）
ディリクレ，ペーター・グスタフ・ルジューヌ 1859（5.5）
ティリダテス1世 73（この年）
ティリダテス1世 前221（この年）
ティリバゾス 前360？（この頃）
ディーリンガー，フランツ・クサーヴァー 1876（9.8）
ティリンマーフ 723（この年）
デイル 1892（4.19）
ティル，サロモ（ン）・ヴァン 1713（この年）
ティル，ヨゼフ・カエターン 1856（7.11）
デイル，リチャード 1826（2.26）
デイル，ロバート・ウィリアム 1895（3.13）
ディルクス，ウィレム 1525（7.10？）
ティールシュ 1860（この年）
ティールシュ 1895（4.28）
ティルシュ 1884（この年）
ティルソ・デ・モリーナ 1648（2.24）
ディルータ，ジロラモ 1610（この頃）
ティルデン，サミュエル・ジョーンズ 1886（8.4）
ディルヘル，ヨーハン・ミヒャエル 1669（4.8）
ティールマン 1824（この年）
ディルマン，クリスティアン・フリードリヒ・アウグスト 1894（7.4）
ティルミジー 892（この年）
ティルミーズ・アルキンディー 899（この年）

ティルリッヒ 1807（この年）
ディレーツキー，ニコラーイ・パーヴロヴィチ 1680（この頃）
ディレニウス，ヨハン・ヤーコプ 1747（この年）
ティレーヌス，ダニエル 1633（この年）
ティレマンス，ピーター 1734（この年）
ティレル 1502（5.6）
ティレル，ウィリアム 1879（3.24）
ディレーン 1879（11.22）
ティロ，マルクス・トゥッリウス 前4（この頃）
ティロットスン，ジョン 1694（11.22）
ディローニー，トマス 1600（この頃）
ディロン 1866（9.15）
ディーン 1653（6.2）
ディーン，サイラス 1789（9.23）
ティン，サー・ジョン 1580（この年）
デイン，ネイサン 1835（この年）
ディンウィディー，ロバート 1770（6.27）
ディンガーン 1843（この年）
ディンギスワヨ 1820（この年）
ティンクトリス，ヨハンネス 1511（11.2）
ディングリー 1899（この年）
ディングリンガー，ヨーハン・メルヒオール 1731（3.6）
ディンゲルシュテット，フランツ 1881（5.15）
ディンター，グスタフ・フリードリヒ 1831（5.29）
ディンダー，ユーリウス 1890（この年）
ティンダル，ウィリアム 1536（10.6）
ティンダル，ジョン 1893（12.4）
ティンダル，マシュー 1733（8.16）
ディーンツェンホーファー，キリアーン・イグナーツ 1751（12.18）
ディーンツェンホーファー，クリストフ 1722（6.20）
ディーンツェンホーファー，ゲオルク 1689（この年）
ディーンツェンホーファー，ヨハン 1726（6.20）

ディーンツェンホーファー，ヨハン・レオンハルト 1707（この年）
ティンティ，ジャンバッティスタ 1604（この年）
ディンディア，シジズモンド 1629（この年）
ディンドルフ 1883（8.1）
ティントレット 1594（5.31）
ティントレット，ドメーニコ 1635（この年）
ディン・ボ・リン 979（この年）
デーヴ 1745（この頃）
デーヴ 1867（この年）
デーヴァイ 1545（6.?）
デーヴィ 1868（1.24）
デーヴィ，リチャード 1516（この年）
デーヴィス 1846（この年）
デーヴィス 1890（11.13）
デヴィス 1899（2.20）
デーヴィス，アーサー 1787（この年）
デーヴィソン 1885（3.24）
デ・ウィッテ，エマニュエル 1692（この年）
デーヴィド1世 1153（5.24）
デーヴィド2世 1371（2.22）
デ・ヴィンテル 1812（この年）
テヴェ，アンドレ 1592（この頃）
デ・ヴェッテ，ヴィルヘルム・マルティーン・レーベレヒト 1849（6.16）
デヴェレル，ウォルター・ハウエル 1854（この年）
デーヴェーンドラブッディ 690（この年）
デヴォンシャー 1707（8.18）
テウク・ウマル 1889（この年）
デウス，ジョアン・デ 1896（1.11）
デウスデーディトゥス 1097（この頃）
デウスデーディトゥス 664（7.14）
デウスデーディトゥス1世 618（この年）
デウスデーディトゥス（モンテ・カッシーノの） 834（この年）
テヴノ，ジャン 1667（11.28）
デヴレー 1839（5.22）
デエー 1875（5.24）
テオグノーストス 282（この頃）
テオクリトス 前250（この頃）

テオダハト　536(6.12)
テオデクテス　前334(この年)
テオテクヌス　313(この頃)
テオドゥルフ　821(この年)
テオトキス，ニキフォロス　1800(この年)
テオドシア　308(この年)
テオドシウス1世　395(1.17)
テオドシウス2世　450(7.28)
テオドシオス　566(6.19？)
テオドシオス(パレスティナの)　529(1.11)
テオドトス　445(この頃)
テオドトス(アンキュラの)　304(この頃)
テオトニウス　1162(2.18)
テオドーラ　862(この年)
テオドラ　547(この年)
テオドリクス　526(8.30)
テオドリクス1世　451(この年)
テオドリクス2世　466(この年)
テオドリヒ(プラハの)　1381(3.11)
テオドール　1756(この年)
テオドール2世　1868(4.10)
テオドルス　428(この年)
テオドルス1世　1222(この年)
テオドルス2世　649(5.13)
テオドールス(アマセアの，エウカイタの)　303(この頃)
テオドレトス(キュロスの)　458(この頃)
テオドーロス・アスキダス　558(この年)
テオドーロス(カンタベリの，タルソスの)　690(9.19)
テオドロス(キュレネの)　前399(この頃)
テオドーロス(シュケオンの)　613(4.22)
テオドロス(ストゥディオスの)　826(11.11)
テオドーロス・プロドロモス　1166(この頃)
テオドロス(モプスエスティアの)　428(この年)
テオドロス・ラスカリス　1258(この年)
テオバルド　1161(4.18)
テオバルドゥス(ヴォド・セルの)　1247(12.7)
テオファネス　818(この年)
テオファネス　前44？(この頃)

テオファネース3世(ニカイアの)　1381(この頃)
テオファネース・グラプトス　845(10.11)
テオフィラクックス・シモコッタ　630(この年)
テオフィルス　842(1.20)
テオフィロス　180(この年)
テオフィロス　412(この年)
テオフュラクトゥス　926(この年)
テオフュラクトス(オフリドの)　1108(この頃)
テオプラストス　前286(この年)
テオン(アレクサンドリアの，年下のテオン)　400(この年)
テカクウィサ，聖カテリ　1680(4.17)
テカムサ　1813(10.5)
デ・ガメッラ，ジョヴァンニ　1803(8.29)
デカルト，ルネ　1650(2.11)
デカン　1791(7.30)
翟譲　617(11.11)
狄仁傑　700(9.26)
狄青　1057(この年)
デキウス，ガーイウス・メシウス・クゥイントゥス・トラヤーヌス　251(この年)
テクシエ　1871(7.1)
デクシオス，テオドーロス　1360(この頃)
デクシッポス　270？(この頃)
デクチャリョフ，スチェファン・アニキエヴィチ　1813(この頃)
テーグ・バハードゥル　1675(この年)
デグベル　1875(この年)
デグラー，ハンス　1637(この頃)
デ・クライエル，カスパール　1669(この年)
デ・グレゴーリオ，マルコ　1875(この年)
デ・グレッベル，ピーテル・フランスゾーン　1652(この頃)
デ・クロアゾー　1897(5.8)
デ・グロフ，ウィレム　1742(この年)
デ・ケイセル，トマス　1667(この年)
デ・ケイセル，ヘンドリック　1621(この年)
テゲットホフ　1871(4.7)

デケバレス　106(この年)
テケリ　1705(9.13)
テケリア　1842(5.22)
デーゲン　1825(4.18)
デケン　1804(11.14)
デ・ケンペネル，ピーテル　1580(この年)
デ・コルテ，ヨセ　1679(この年)
テザウロ，エマヌエーレ　1675(2.26)
デザギュリエ，ジョン・シオフィラス　1744(2.29)
デザミー　1850(この年)
デサリーヌ，ジャン・ジャック　1806(10.17)
デザルグ，ジラール　1661(9.？)
デ・サンクティス，フランチェスコ　1740(この年)
デ・サンクティス，フランチェスコ　1883(12.29)
デ・サンティ，アンドリオーロ　1375(この年)
テージ，マウロ・アントーニオ　1766(この年)
テシェマハー，ヴェルナー　1638(この年)
デシデーリ　1733(4.14)
デーシーデリウス(ヴィエンヌの)　607(この頃)
デジデリオ・ダ・セッティニャーノ　1461(この年)
デージネフ　1673(この頃)
デジャゼ　1875(12.1)
デシャン　1871(この年)
デシャン，ウスターシュ　1406(この頃)
デシャン，ジャン　1295(この年)
デシャン，レジェ・マリ　1774(4.19)
デジレ　1860(12.17)
テシン・シェクパ　1415(この年)
デーズ　1804(この年)
テスタ　1860(この年)
テスタ，ピエトロ　1650(この年)
デスチュット・ド・トラシー，アントワーヌ・ルイ・クロード　1836(3.9)
テスティ　1646(この年)
テストヴィド，ジェルマン・レジェー　1891(8.3)
デスニーツキィ　1789(この年)
デスパード　1803(2.21)
デズバラ　1680(この年)

デスペンサー, ヒュー　1326（この年）
デズモンド, ジェラルド・フィッツジェラルド, 15代伯爵　1583（この年）
デズリエール夫人　1694（2.17）
テソソモク　1610（この頃）
デ・ゾーテル, ギヨーム　1581（この年）
デ・ソート, エルナンド　1542（5.21）
デゾトレ　1795（2.9）
デズルム, シャルル・ベルナール　1862（8.30）
データライン, クリスティアン・アルブレヒト　1789（11.4）
データライン, ヨーハン・クリストフ　1792（12.2）
テチョ, ニコラス・デル　1685（8.20）
デーツィウス, ニーコラウス　1546（この頃）
デッカー, トマス　1641（この頃）
デッカー, パウル　1713（11.18？）
デッケル　1887（この年）
テッサリーニ, カルロ　1766（12.？）
テッシーン, カール・グスタフ, 伯爵　1770（この年）
テッシーン, ニコデムス　1681（この年）
テッシーン, ニコデムス　1728（5.10）
哲宗（北宋）　1100（1.12）
哲宗（李朝）　1863（この年）
テッツェル, ヨハン　1519（8.11）
デッペ　1890（9.5）
デッベリン　1793（12.10）
鉄保　1824（この年）
デッラ・ヴァッレ, フィリッポ　1768（この年）
デッラ・ヴァッレ, フェデリーゴ　1628（この頃）
デッラ・ヴェッキア　1678（この年）
デッラ・カーサ, ジョヴァンニ　1556（11.14）
デッラ・グレーカ, フェリーチェ　1677（この年）
デッラバーテ, ニコロ　1571（この年）
デッラ・ベッラ, ステーファノ　1664（この年）
デッラ・ポルタ, グリエルモ　1577（この年）

デッラ・ポルタ, ジャンバッティスタ　1615（2.4）
デッラ・ポルタ, ジョヴァンニ・ジャーコモ　1555（この年）
デッラ・ロッビア, アンドレーア　1525（8.4）
デッラ・ロッビア, ジョヴァンニ　1529（この頃）
デッリ, デッロ　1471（この頃）
デ・ティーヴォリ, セラフィーノ　1892（この年）
デデ・エフェンディ, ハマーミーザーデ・イスマイール　1845（この年）
テデスキ（テデスキーニ）, バルトロメオ　1609（7.25）
テーテンス　1807（8.15）
テーデンス　1748（3.19）
テート　1899（6.13）
デトゥーシュ　1754（7.4）
デトゥシュ, アンドレ・カルディナル　1749（2.7）
デ・ドナーティ, ルイージ　1534（この頃）
デ・ドミニース, マルコ・アントニーオ　1624（8.9）
デ・ドミーニチ, ベルナルド　1750（この年）
デ・ドミーニチス, カルロ　1758（この年）
デートン　1824（この年）
デーナ　1811（4.25）
デナム, ジョン　1669（3.10）
デナム, ディクソン　1828（5.8）
テナール, ルイ・ジャック　1857（6.21）
テナント　1899（7.11）
テナント, ウィリアム　1745（この年）
テナント, ギルバート　1764（7.23）
テナント, スミスソン　1815（2.22）
テナント, チャールズ　1838（10.10）
デニ　1887（3.17）
デニー　1900（この年）
デニス　1800（9.29）
デニス, ジョージ　1898（この年）
デニス, ジョン　1734（1.6）
デニスン, ジョージ・アンソニ　1896（3.21）
テニスン, トマス　1715（12.14）

デニソン　1870（この年）
テニソン, アルフレッド　1892（10.6）
デ・ニッティス, ジュゼッペ　1884（8.24）
デニーナ　1831（この年）
テニールス, ダヴィッド　1690（4.25）
テニールス, ダーフィト　1649（7.29）
テーヌ, イポリット・アドルフ　1893（3.5）
テネラーニ, ピエトロ　1869（12.14）
テネント　1869（3.6）
デノアイエ　1857（2.16）
テノーリオ, ゴンサーロ　1682（この頃）
デノワイエ, ルイ　1868（この年）
デパイスター　1726（この年）
デ・ハエン　1776（この年）
デハルベ, ヨーゼフ　1871（11.8）
デ・バロー, ジャック・ヴァレ　1673（この年）
ダービー　1820（この年）
ダービー　1851（この年）
デービス　1618（この年）
デービス　1865（12.30）
デービス　1877（2.18）
デービソン　1608（12.24）
デビネー夫人　1783（4.15）
デファン夫人, マリー・ド・ヴィシー - シャンロン　1780（9.24）
デ・フェッラーリ, グレゴーリオ　1726（この年）
デ・フェッラーリ, ジョヴァンニ・アンドレーア　1669（この年）
デ・フェッラーリ, ロレンツォ　1744（この年）
テ・フェロフェロ　1860（この年）
デフェンテル　1724（12.12）
デ・フェント　1575（この年）
デフォー, ダニエル　1731（4.24）
デ・フォス, マールテン　1603（この年）
デフォンテーヌ　1833（11.16）
デフォンテーヌ, ピエール・フランソワ・ギュイヨー　1745（12.16）
デ・ブラーイ, サロモン　1664（この年）
デ・ブラーイ, ヤン　1697（この年）

デ・ブラーケレール，アンリ 1888（この年）
デ・フリース，アドリアーン 1626（この年）
デ・ブリセー，セーオフィラス 1825（この年）
デ・フリーヘル，シモン 1653（3.？）
デプレ，ジャン-ルイ 1804（この年）
デブレット，ジョン 1822（この年）
デプレーティス 1887（6.29）
デ・プレーディス，クリストフォロ 1486（この年）
デ・プレーディス，ジョヴァンニ・アンブロージョ 1520（この年）
デ・ヘイン，ヤーコプ2世 1629（この年）
テベジウス，アーダム 1652（この年）
デ・ヘースト，ウェイブラント・シモンスゾーン 1660（この頃）
デ・ヘーム，コルネリス 1695（この年）
デ・ヘーム，ヤン-ダーフィツゾーン 1684（この年）
デーベライナー，ヨハン・ヴォルフガング 1849（3.24）
デ・ペリエ，ボナヴァンチュール 1544（この頃）
デ・ヘルデル，アールト 1727（この年）
デ・ヘーレ，リューカス 1584（この年）
テボー，オギュスト 1885（12.17）
デ・ボウ 1867（この年）
デボルト，アレクサンドル-フランソワ 1743（4.20）
デボルト，フィリップ 1606（10.5）
デボルド-ヴァルモール，マルスリーヌ 1859（7.23）
デ・マジュール，ルイ 1574（6.17）
デ・マッティス，パーオロ 1728（この年）
デマデス 前319（この年）
デ・マルキ，フランチェスコ 1576（この年）
デマレ 1721（5.4）
デマレ，アンリ 1741（9.7）
デマレ，ニコラ 1815（9.20）

デマレ・ド・サン-ソルラン，ジャン 1676（10.28）
デ・マン，コルネリス 1706（この年）
テマンツァ，トンマーゾ 1789（この年）
デマンティウス，クリストフ 1643（4.20）
テミスティオス 388（この頃）
テミストクレス 前458（この頃）
テミンク，クーンラート・ヤーコブ 1858（この年）
デ・ムーシュロン，フレデリック 1686（この年）
デムビンスキ 1864（6.13）
デ・ムーラ，フランチェスコ 1784（この年）
デムーラン，カミーユ 1794（4.5）
デメトリオス 前167（この年）
デメトリオス 前180（この年）
デメトリオス 前283（この年）
デメトリオス1世 前150（この年）
デメトリオス1世 前283（この年）
デメトリオス2世 前126（この年）
デメトリオス2世 前229（この年）
デメトリオス・キュドネス 1397（この頃）
デーメートリオス（デメトリオス） 231（この頃）
デーメートリオス・トリクリニオス 1340（この頃）
デメトリオス美公 前248？（この頃）
デモカレス 前275（この年）
デモクリトス，アブデラの 前370（この年）
デモステネス 前322（この年）
デモステネス 前413（この年）
デ・モッティス，クリストーフォロ 1493（この年）
デモナクス 180？（この頃）
デ・モンペル，フランス 1660（この年）
デ・モンペル，ヨース 1635（この年）
デュア 1858（この年）
デュ・アイヤン，ベルナール・ド・ジラール 1610（この年）

デュアメル 1872（4.29）
デュアメル，ジャン-バティスト 1706（8.6）
デュアメル・デュ・モンソー，アンリ-ルイ 1782（8.23）
デュアルテ，ジョウアン 1751（この頃）
デュ・アルド，ジャン-バティスト 1743（8.18）
デュイフォブリュカール，ガスパール 1571（12.16）
デュイフォブリュカール，マーニョ 1621（この年）
デュイフヘイス，ヘイベルト 1581（この年）
デュヴァル 1842（9.1）
デュヴァル，クロード 1670（1.21）
デュヴェ，ジャン 1561（この頃）
デュ・ヴェール，ギヨーム 1621（8.3）
デュヴェルノア 1855（この年）
デュヴェルノワ 1838（7.19）
デュエーン 1797（この年）
デュ・カス 1893（この年）
デュガゾン，ルイーズ 1821（この年）
デュカート，ヨセフ・レオポルド・ヴァーツラフ 1717（この年）
デュ・カン，マクシム 1894（2.8）
デュ・カンジュ，シャルル 1688（10.23）
デュ・ギエ，ペルネット 1545（7.17）
テューク，ウィリアム 1822（この年）
テューク，サミュエル 1857（この年）
デュクレー-デュミニル，フランソワ-ギヨーム 1819（10.29）
デュクロ 1882（8.16）
デュクロ，シャルル 1772（3.26）
デュゲ，ガスパール 1675（5.25）
デュケーヌ，アブラアム，侯爵 1688（2.2）
デュケノワ，ヒエロニムス1世 1641（この頃）
デュケノワ，ヒエロニムス2世 1654（9.28）
デュケノワ，フランソワ 1643（7.12）
デュコ 1816（3.16）
デュ・コロワ，フランソワ-ユスタシュ 1609（8.7）

デュサルト，コルネリス 1704（この年）
デュシ，ジャン‐ルイ 1847（この年）
デュシェーヌ 1827（この年）
デュシェーヌ，アンドレ 1640（5.30）
デュシェーヌ，ロウズ・フィリピン 1852（10.18）
デュシェンヌ・ド・ブーローニュ 1875（9.15）
デュシス，ジャン・フランソワ 1816（3.30）
デュジャルダン，カーレル 1678（11.20）
デュジャルダン，フェリクス 1860（4.8）
デュシャンジュ 1757（1.6）
デュ・シュマン，ニコラ 1576（この年）
デュース 1889（4.7）
デュセニュール，ジャン・ベルナール 1866（3.6）
デュ・セルソー，ジャック・アンドルーエ1世 1584（この頃）
デュ・セルソー，ジャン・アンドルーエ 1649（この頃）
デュ・セルソー，バティスト・アンドルーエ 1602（この頃）
デュ・ソムラール 1842（8.19）
テューダー・アレッド 1526（この年）
デュテュイ，ウージェーヌ 1886（この年）
デュトルイユ・ド・ランズ 1894（6.5）
デュトロシェ，ルネ・ジョアキム・アンリ 1847（2.4）
デュトワ‐マンブリーニ，ジャン・フィリップ 1793（1.21）
テューネン 1850（9.22）
デュノアイエ 1862（12.4）
デュノワ，ジャン・ドルレアン，伯爵 1468（11.24）
デュ・バキエ，クラウディウス・インノケンティウス 1751（この年）
デュ・バリー，マリー・ジャンヌ・ゴマール・ド・ヴォーベルニエ，伯爵夫人 1793（12.8）
デュバール，シャルル 1740（この頃）
デュ・バルタス，ギヨーム 1590（7.?）

デュパン 1870（10.8）
デュパン 1865（11.10）
デュパン 1873（1.18）
デュパン，ルイ・エリエ 1719（6.6）
デュパンルー，フェリックス 1878（10.11）
デュピュイ 1651（この年）
デュピュイ 1866（この年）
デュ・ピュイ，エドゥアール・ジャン‐バティスト・カミーユ 1822（この年）
デュピュイトラン，ギョーム，男爵 1835（2.8）
デュビュク 1810（この年）
デュファイ，ギヨーム 1474（11.27）
デュ・フェイ，シャルル・フランソワ・ド・システルニ 1739（7.16）
デュフォ 1682（この頃）
デュフォール 1881（6.28）
デュ・ブスケ 1882（6.18）
デュブランフォー 1881（この年）
デュフリ，ジャック 1789（7.15）
デュフール 1875（7.14）
デュブール，アーン 1559（12.23）
デュブルイユ，トゥーサン 1602（この年）
デュブレ，ジュール 1889（10.6）
デュブレ，ジルベール 1896（この年）
デュブレクス 1763（11.10）
デュブレシス，ジョゼフ・シフレッド 1802（4.1）
デュブレシ・ベルトー 1819（この年）
デュ・プレッシ・モルネー，フィリップ 1623（11.11）
デュフレニー，シャルル・ド・ラ・リヴィエール 1724（10.6）
デュフレーヌ，シャルル 1900（2.2）
デュフレノア 1857（3.20）
デュフレノワ，シャルル・アルフォンス 1668（1.16）
デュペラック，エティエンヌ 1604（この年）
デュベリエ 1892（この年）
デュ・ベレー，ギヨーム 1543（1.9）

デュ・ベレー，ジャン 1560（2.15）
デュ・ベレー，ジョアシャン 1560（1.1）
デュ・ペロン，ジャック・ダヴィ 1618（9.5）
デューベン，アンドレーアス1世 1625（この年）
デューベン，アンドレーアス2世 1662（この年）
デューベン，グスターヴ1世 1690（この年）
デュボア 1320（この頃）
デュボア 1555（1.13）
デュボア 1848（2.17）
デュボア・クランセ 1814（この年）
デュボア・レイモン 1889（4.7）
デュボイス，ジョン 1842（12.20）
デュボス，ジャン‐バチスト 1742（3.23）
デュポール 1798（この年）
デュポール，ジャン‐ルイ 1819（9.7）
デュボワ，アンブロワーズ 1614（この年）
デュボワ，ギヨーム 1723（8.10）
デュボワ，ジャック 1763（この年）
デュボワ，ルイ 1880（4.27）
デュボワ‐ピエ，アルベール 1890（この年）
デュ・ボワ‐レモン，エーミール 1896（12.26）
デュポン 1834（この年）
デュポン，サミュエル・フランシス 1865（6.23）
デュポン，ピエール 1640（この年）
デュ・ポン・ド・ヌムール 1827（この年）
デュポン・ド・ヌムール 1889（8.8）
デュポン・ド・ルール 1855（3.2）
デュポン・ド・レタン 1840（3.7）
デュマ，アレクサンドル 1870（12.5）
デュマ，アレクサンドル 1895（11.27）
デュマ，ジャン・バティスト・アンドレ 1884（4.11）
デュ・マージュ，ピエール 1751（この年）
デュ・マルセ，セザール・シェノー 1756（この年）
テュミヒ 1728（4.15）

デュムラン, シャルル(カロルス・モリナエウス) 1566(12.28)
デュ・ムラン, ピエール 1658(5.10)
デュムーリエ, シャルル・フランソワ(・デュ・ペリエ) 1823(3.14)
デュメニル 1803(2.20)
デュメリル 1860(8.2)
デュ・モーリエ, ジョージ 1896(10.6)
デュモン 1726(この年)
デュモン 1829(9.29)
デュモン 1831(8.27)
デュ・モン, アンリ 1684(5.8)
デュモン・デュルヴィル, ジュール・セバスティアン・セザール 1842(5.8)
デューラー 1538(この頃)
デューラー, アルブレヒト 1528(4.6)
デュラス夫人 1828(1.16)
デュラニー 1797(この年)
テュラーヌ 1885(12.22)
テュラーヌ, シャルル 1884(この年)
デュラン, ジャン・ニコラ・ルイ 1834(12.31)
デュランチー, ルイ・エドモン 1880(4.10)
デューラント 1875(この年)
デュランド, アッシャー・ブラウン 1886(9.17)
デュラン・ド・グロ 1900(この年)
デュラン・ド・サン・プルサン 1334(9.10)
デュリー 1891(10.24)
デュリ, ジョン 1680(9.26)
デュ・リエ, ピエール 1658(この年)
デュリュイ 1894(11.25)
デュリュット 1710(この年)
テュルク 1846(この年)
テュルク 1868(2.25)
テュルク, ダニエル・ゴットロープ 1813(8.26)
デュルゴー, アンヌ・ロベール・ジャック 1781(3.20)
デュルコープ 1778(7.28)
デュルフェ, オノレ 1625(6.1)
デュレ 1879(この年)
デュレンヌ, アンリ・ド・ラ・トゥール・ドーヴェルニュ, 子爵 1675(6.27)

デュロック 1813(5.22)
デュローリエ 1881(この年)
デュロン, ピエール・ルイ 1838(7.18)
デ・ヨング, ルドルフ 1679(この年)
テーラー 1652(11.4)
テーラー 1653(この年)
テーラー 1781(この年)
テーラー 1824(4.13)
テーラー 1824(この年)
テーラー 1835(11.1)
テーラー 1844(1.6)
テラー, ヴィルヘルム・アーブラハム 1804(12.9)
テラー, ロマーヌス 1750(4.5)
デ・ライレッセ, ヘラルト 1711(この年)
デ・ラ・ウォー, トマト・ウェスト, 12代男爵 1618(この年)
デ・ラ・クルス, アポリナリオ 1841(この年)
テラデリャス, ドミンゴ 1751(5.20)
デ・ラ・バレ 1693(3.9)
デ・ラ・ベーシュ, サー・ヘンリー・トーマス 1855(4.13)
テラメネス 前403?(この頃)
デ・ラ・ルー, ウォレン 1889(4.19)
テーラング 1883(この年)
デランシー 1804(この年)
テリ 1878(この年)
テリー 1900(この年)
テリー, イーライ 1852(この年)
テリアッチ, ニコロ・ディ・セル・ソッツォ 1363(この年)
デーリヴィグ, アントン・アントノヴィチ 1831(1.14)
デリカド, フランシスコ 1533(この頃)
テリス 1897(12.16)
デーリッチュ, フランツ・ユーリウス 1890(3.4)
テリピヌシュ 前1500(この頃)
デリール 1768(9.11)
テリル, アンソニ(ボンヴィル) 1676(10.11)
デリンガー, イグナツ・クリストフ・フォン 1841(1.14)
デリンガー, ヨハン・ヨーゼフ・イグナツ・フォン 1890(1.10)
テーリンク, ウィレム 1629(4.8)

テーリンク, エドワール(エーウォウト) 1629(この年)
テーリンク, マクシミリアーン 1653(11.26)
テーリンク, ヤン 1674(5.7)
デリンジャー, ヘンリー 1868(この年)
テール 1884(5.16)
デール 1806(この年)
デル, ウィリアム 1669(この年)
デル, フリードリヒ・ヴィルヘルム・オイゲン 1816(この年)
デルヴィシュ・パシャ 1896(この年)
デルヴェ・ド・サン・ドニ 1892(この年)
デルヴォー, ローラン 1778(この年)
デルガード 1833(この年)
デルガド 1755(3.24)
デル・キエーリコ, フランチェスコ・ダントーニオ 1484(この年)
デル・グランデ, アントーニオ 1672(この年)
デルクール, ジャン 1707(この年)
デルクール, ジャン・ジル 1695(この年)
デル・コッサ, フランチェスコ 1477(この年)
デルサルト 1871(7.19)
デルジャーヴィン, ガヴリーラ・ロマノヴィチ 1816(7.8)
テルステーゲン, ゲーアハルト 1769(4.3)
テルダク・リンパ 1714(この年)
デル・タッソ, クレメンテ 1516(この年)
デル・タッソ, ジョヴァン・バッティスタ 1555(この年)
デル・タッソ, ドメーニコ 1508(この年)
テルツィ, フィリッポ 1597(この年)
デル・ドゥーカ, ヤーコポ 1604(この頃)
テルトゥッリアヌス, クゥイントゥス・セプティミウス・フロレンス 220(この年)
テルナー, ヨーハン・ゴットリープ 1774(1.26)
テルハカ 前663(この年)

962 人物物故大年表 外国人編

デル・パッキア, ジローラモ 1535(この頃)
デル・バルビエーレ, ドメーニコ 1565(この頃)
デルバン, シュヴァリエ 1769(この年)
テルピゴーレフ, セルゲイ・ニコラエヴィチ 1895(6.13)
デルフィーノ, ピエートロ 1525(1.16)
デルフェル 1688(この年)
テルフォード, トマス 1834(9.2)
デルブーフ 1896(8.14)
デルプフェルト, フリードリヒ・ヴィルヘルム 1893(10.27)
テルブルッヘン, ヘンドリック 1629(11.1)
デルペシュ 1832(10.29)
デルボー 1675(1.31)
テルボルフ, ヘラルド 1681(12.8)
デル・ポンテ, ジョヴァンニ 1437(この頃)
デル・リオ, アンドレス・マヌエル 1849(3.23)
デル・リオ, マルタン・アントワーヌ 1608(10.19)
デルンベルク 1850(この年)
デレイニー 1788(4.15)
テレウティアス 前381(この年)
テレキ 1861(この年)
テレク, パール 1883(10.7)
デレーザー, ヨハネス・アントーン(タデウス・ア・サンクト・アダモ) 1827(6.16)
テレーサ・デ・ヘスス, サンタ 1582(10.4)
テレーザ・マルゲリータ・レーディ(イエズスの聖心の) 1770(3.7)
テレジア(ポルトガルの) 1250(6.17)
テレジオ, ベルナルディーノ 1588(10.2)
テレーズ 1897(9.30)
テレスフォロス 136(この年)
テーレマコス 391(この年)
テレマン, ゲオルク・フィリップ 1767(6.25)
テレミン, フランツ 1846(9.26)
テレンツ, ジャン 1630(5.11)
テレンティウス・アーフェル, プブリウス 前159(この年)

テロアニュ・ド・メリクール 1817(6.9)
デロウジオ, ヘンリ 1831(12.26)
デ・ロッシ, ヴィンチェンツォ 1587(この年)
デ・ロッシ, ジョヴァンニ・アントーニオ 1695(この年)
デ・ロッシ, ジョヴァンニ・バッティスタ 1894(この年)
デ・ロッシ, マッティア 1695(この年)
デ・ロッシュ, カトリーヌ 1587(この年)
デ・ロッシュ, マドレーヌ 1587(この年)
テロール 1879(9.6)
デーン 1858(4.12)
田悦 784(この年)
田琦 1854(この年)
田錫 1003(この年)
田承嗣 779(この年)
田僧 前208(この年)
田文鏡 1732(この年)
田駢 前275(この頃)
田豊 1362(この年)
天因 1248(この年)
天英 1286(この年)
テンカ 1883(9.4)
デンク, ハンス 1527(11.15？)
テングストレム, ヤーコブ 1832(この年)
テングネール, エサイアス 1846(11.2)
天啓帝 1627(この年)
デンゲル 1540(この年)
田五 1783(この年)
デンジャーフィールド, トマス 1685(この年)
天順帝 1328(この年)
天親可汗 789(この年)
テンスクワタワ 1837(11.？)
天祚帝 1125(この年)
デンツィンガー, ハインリヒ・ヨーゼフ 1883(6.19)
デンツィンガー, フランツ・ヨーゼフ 1894(2.14)
デンツェル 1838(この年)
デンテ, マルコ 1527(この年)
天童正覚 1157(この年)
天童如浄 1228(この年)
テンドゥッチ 1790(1.25)
デンナー, バルタザール 1749(4.14)

テンハルト, ヨハネス 1720(9.12)
デンプスター, トマス 1625(9.6)
テンプル 1799(9.12)
テンプル, サー・ウィリアム 1699(1.27)
テンペスティ, アントーニオ 1630(この年)
テンペル 1889(この年)
デンボウスキー 1881(この年)
デンボフスキ 1846(2.27)
テーンマス 1834(2.14)
テン・ライネ 1700(6.1)
展翎 1826(この年)

【ト】

杜衍 1057(この年)
杜瓊 1474(10.26)
杜光庭 933(この年)
杜受田 1852(この年)
杜順 640(11.？)
杜荀鶴 907(この頃)
杜恕 252(この年)
杜如晦 630(3.19)
杜審言 708(この年)
杜世忠 1275(この年)
屠倬 1828(この年)
杜伏威 624(この年)
杜文秀 1872(この年)
杜甫 770(3.？)
杜牧 852(この年)
杜佑 812(11.？)
杜預 284(この年)
図理琛 1740(この年)
屠隆 1605(この年)
豆盧寛 650(この年)
ドア 1854(12.27)
ドーアティ 1850(この年)
ドアン・ティ・ディエム 1748(この年)
トイチュ, ゲオルク・ダーニエル 1893(7.2)
ドイッチュマン, ヨハネス(ヨーハン) 1706(8.12)
ドイティンガー, マルティーン 1864(9.9)
トイフェル 1878(この年)
トイプナー 1856(1.21)
ドイル 1868(1.2)

ドイル, リチャード　1883(11.11)
トインビー, アーノルド　1883(3.9)
トゥー　1582(この年)
トゥー　1598(この年)
湯貽汾　1853(2.?)
唐寅　1523(12.2)
鄧禹　58(5.?)
陶淵明　427(11.?)
鄧艾　264(この年)
唐介　1069(この年)
到漑　548(この年)
党懐英　1211(この年)
唐鑑　1861(この年)
陶侃　332(この年)
童貫　1126(7.25)
竇毅　582(この年)
董其昌　1636(11.11)
湯金釗　1856(この年)
陶煦　1891(この年)
唐俊　656(この年)
唐甄　1704(この年)
董源　962(この年)
竇憲　92(6.?)
湯顕祖　1616(この年)
竇建徳　621(この年)
竇固　88(この年)
唐庚　1121(この年)
陶弘景　536(3.?)
唐才常　1900(この年)
童山　1467(この年)
鄧隲　121(この年)
トゥー, ジャック・オーギュスト・ド　1617(5.7)
陶澍　1839(この年)
唐順之　1560(この年)
鄧石如　1805(10.?)
陶宗儀　1369(この年)
唐岱　1752(この頃)
董卓　192(4.23)
董仲舒　前104(この頃)
陶仲文　1560(この年)
唐廷枢　1892(この年)
鄧廷楨　1846(この年)
湯斌　1687(この年)
竇武　168(この年)
鄧文原　1328(この年)
董文炳　1278(この年)
董邦達　1769(7.?)
鄧牧　1306(この年)
鄧茂七　1449(この年)
竇融　66(この年)

湯禄名　1874(この年)
湯和　1395(8.?)
ドゥアルテ　1438(この年)
ドゥアルテ　1876(この年)
道安　1715(この年)
道安　385(この年)
ドヴィエンヌ, フランソワ　1803(9.5)
道育　938(この年)
トウィス, ウィリアム　1646(この年)
トウィード, ウィリアム・マーシー　1878(この年)
道允　868(この年)
道因　658(この年)
道氤　740(この年)
ドゥヴィル　1881(7.1)
ドゥーヴィル, アントワーヌ・ル・メテル　1656(この頃)
ドゥウゴシュ, ヤン　1480(5.19)
トゥヴルトコ1世　1391(この年)
ドヴェ, ローラン-ブノワ　1812(この年)
トヴェステン, アウグスト・デトレフ・クリスティアン　1876(1.8)
ドヴェリア　1899(7.12)
ドヴェリア, ウージェーヌ-フランソワ-マリー-ジョゼフ　1865(2.3)
ドヴェリア, ジャック-ジャン-マリー-アシル　1857(12.23)
ドーヴェルニュ　1797(2.23)
唐王朱聿鍵　1646(この年)
トゥオティロ　912(この年)
ドゥカエウス, フロント(フロントン・デュ・デュク)　1624(9.25)
道岳　636(この年)
ドゥカス, デーメートリオス　1527(この頃)
トゥカーラーム　1650(この年)
道岸　717(この年)
道基　637(この年)
トゥキュディデス　前400(この頃)
トゥーク　1858(2.26)
トゥグート　1818(5.28)
トゥグラーイー　1121(この年)
トゥグリル・ベク　1063(12.4)
トゥグルク・ティームール　1363(この年)
トゥクルティ・ニヌルタ1世　前1208(この年)
トゥクルティ・ニヌルタ2世　前884(この年)

ドゥケティオス　前440(この年)
ドゥケーヌ　1852(この年)
道憲　882(この年)
道悟　807(この年)
道恒　417(この年)
道洪　649(この年)
悼皇后　540(この年)
道光帝　1850(1.14)
ドゥゴニッチ　1818(7.25)
ドゥゴライ, アダルベルト・ヴォイチェフ　1619(この頃)
ドゥーサ　1604(この年)
道璨　1271(この年)
トゥーサン, ピエール　1853(この年)
トゥーサン, ポル　1634(この年)
洞山良价　869(この年)
トゥーサン(トサーヌス), ダニエル　1602(1.10)
トゥーサン(トサーヌス), ピエール　1573(10.5)
トゥーサン・ルヴェルテュール　1803(7.27)
ドゥシェク, フランティシェク・クサヴェル　1799(2.12)
ドゥシーク, フランティシェク・ヨゼフ・ベネディクト　1817(この年)
ドゥシーク, ヤン・ヨセフ　1818(この年)
ドゥシーク, ヤン・ラジスラフ　1812(3.20)
道綽　645(4.27)
ドゥシャン　1355(12.20)
トゥシュムラン, ジョゼフ　1801(この年)
トゥシュラッタ　前1350(この頃)
道信　651(この年)
ドゥーズ　1650(4.8)
トゥースィー　1067(この年)
トゥースィー, ナスィーロッディーン　1274(6.25)
道世　683(この年)
塔斉布　1855(この年)
ドゥゼ・ド・ヴェグー　1800(6.14)
ドゥセリーヌ(ミディの)　1274(9.1)
道璿　760(この年)
道誠　898(この年)
道宣　667(10.3)
道潜　1106(この頃)
道禅　557(この年)
道宗　1101(この年)

トウ

道荘　605（この頃）
東太后　1881（この年）
竇太后　97（閏8.？）
東丹王　934（この年）
ドゥーチス　1544（この年）
同治帝　1875（この年）
トゥック, ジョン・ホーン　1812（3.18）
トゥッサン, フランソワ・ヴァンサン　1772（この年）
ドゥッチョ・ディ・ブオニンセーニャ　1320（この頃）
ドゥッフェ, ジェラール　1660（この頃）
ドゥッベルス, ヘンドリック・ヤーコブスゾーン　1676（この年）
ドゥディチュ, アンドレアス　1589（この年）
トゥーティロ　912（この頃）
トゥデスキーニ, アウグストゥス　1643（この年）
道哲　635（この年）
トゥーテル, ヒュー（チャールズ・ドッド）　1743（この年）
道登　496（この年）
トゥトゥ　1731（この頃）
トゥドゥク　1883（この年）
トゥドハリヤシュ1世　前1710（この頃）
トゥドハリヤシュ2世　前1440（この頃）
トゥドハリヤシュ3世　前1380（この頃）
トゥドハリヤシュ4世　前1220（この頃）
トゥトメス1世　前1494（この頃）
トゥトメス2世　前1490（この頃）
トゥトメス3世　前1450（この頃）
トゥトメス4世　前1402（この頃）
躑頓　207（この年）
トゥトン・クンガ・ナムギェル　1496（この年）
ドゥーニ, アントニオ　1768（この頃）
ドゥーニ, エジディオ・ロムアルド　1775（6.11）
トゥーニスィー　1857（この年）
ドゥニャーネーシュワル　1296（この年）
ドゥニン, マルティン・フォン　1842（12.26）
トゥーハー, クリストフ・カール・ゴットリープ・フォン　1877（2.17）
道霈　1702（この年）
トゥパク・アマル1世　1572（9.24）
トゥパク・アマル2世　1781（5.18）
トゥーパク・ユーパンキ　1493（この頃）
道判　615（この年）
トゥービ, ジョヴァンニ・バッティスタ　1700（この年）
道憑　559（この年）
道武帝　409（この年）
トゥプフェール, ロドルフ　1846（6.8）
ドゥブリアン, オットー　1894（この年）
ドゥブリアン, カール・アウグスト　1872（この年）
ドゥブリアン, グスタフ・エミール　1872（8.7）
ドゥブリアン, フィリップ・エドワルド　1877（10.4）
ドゥプレ, ジョヴァンニ　1882（1.10）
東方朔　前93（この年）
トゥーマ, フランティシェク・イグナーツ・アントニーン　1774（1.30）
頭曼単于　前109（この年）
トゥマンデル, ユーハン・ヘンリーク　1865（7.9）
トゥム, ヴィルヘルム　1889（この年）
トゥム（トゥミウス）, テオドーア　1630（この年）
トゥムトン・ロドェタクパ　1166（この年）
東明慧日　1340（この年）
東明王　前19（この年）
ドゥメッツ　1872（この年）
トヴァニスキ, アンジェイ　1878（5.13）
道融　445（この年）
統葉護可汗　628（この頃）
トゥーラ, コズマ　1495（4.？）
トゥライハ　641（この頃）
ドゥラウン　1784（1.24）
ドゥラッツォ, ジャコモ　1794（10.15）
ドゥラトシャー　1494（この年）
トゥーラ・ラウリッツ, ラウリーセン　1759（この年）
ドゥラン, アグスティン　1862（12.1）
ドゥラン, ディエゴ　1588（この年）
ドゥランテ, フランチェスコ　1755（9.30）
ドゥランド　1869（5.27）
ドゥランドゥス　1296（11.1）
ドゥランドゥス（トロアルンの）　1088（2.11）
ドヴリアン, ルートヴィッヒ　1832（12.30）
トゥリエ　1835（この年）
登利可汗　741（この年）
ドゥーリス　前260（この頃）
ドゥリス　前260（この頃）
ドゥリス　前465（この頃）
ドゥーリトル　1832（この年）
ドゥーリトル, ジャスタス　1880（6.15）
東陵永璵　1365（この年）
トゥーリルド, トゥーマス　1808（10.1）
トゥリン　1765（この年）
ドゥリンゲンベルク　1490（この年）
トゥール, エヴゲーニヤ　1892（3.15）
ドゥルー, ジョン　1862（この年）
ドゥルー, ルイザ・レイン　1897（この年）
トゥルヴィル, アンヌ・イラリオン・ド・コンタンタン, 伯爵　1701（5.28）
トゥルキ, アレッサンドロ　1649（この頃）
ドゥルジッチ, マリン　1567（この年）
トゥルスィーダース　1623（この頃）
トゥルチャニノフ　1856（3.28）
トゥールト　1835（4.26）
トゥールニエール, ロベール　1752（この年）
トゥルヌフォール, ジョゼフ・ピトン・ド　1708（12.28）
トゥルネブス, アドリアーヌス　1565（6.12）
トゥルネリ, オノレ・ド　1729（12.26）
トゥルノン, シャルル・トマ・マヤール・ド　1710（6.8）
トゥルバル, プリモジュ　1586（6.29）
トゥルピヌス（ランスの）　794（この年）
トゥルピリウス, セクストゥス　前104（この年）

トゥルレッティーニ, ジャン・アルフォンス　1737(5.1)
トゥルレッティーニ, フランソワ　1687(9.28)
トゥルレッティーニ, ベネデット（ベネディクト）　1631(3.4)
トゥルン　1640(1.28)
トゥーレ　1826(この年)
トゥーレ, S.　1900(7.2)
ドゥーロワ　1869(この年)
ドゥーロワ, ナデージダ・アンドレーヴナ　1866(3.29)
トゥロン, アントワーヌ　1775(9.2)
ドゥーロン, ルードルフ　1870(4.13)
トゥワイス　710(この年)
トゥーン・ウント・ホーエンシュタイン　1888(12.17)
ドゥンカー　1869(7.15)
ドゥンカー　1886(7.21)
ドゥンガルス（サン‐ドニーの）　827(この頃)
ドゥンゲルスハイム, ヒエローニムス　1540(3.2)
ドゥンス・スコトゥス, ジョン　1308(11.8)
トゥンダー, フランツ　1667(11.5)
トゥンプ, クリスティアン　1726(6.4)
トゥンプ, ペーター　1766(3.4)
トゥンプ, ミヒャエル　1690(この年)
トゥーンベリ, カール・ペール　1828(8.8)
トエスキ　1788(4.12)
ドカズ　1860(10.25)
トカチョーフ, ピョートル・ニキーチチ　1885(12.23)
ドカル・ツェリン・ワンギェル　1763(この年)
ドカン, アレクサンドル・ガブリエル　1860(8.22)
ド・ギーニュ　1800(この年)
ド・クインシー, トマス　1859(12.8)
独孤及　777(この年)
德興阿　1867(この年)
德山宣鑑　865(この年)
德　727(この年)
德真　1888(この年)
德清　1574(この年)

德素　1174(この年)
德宗（西遼）　1143(この年)
德宗（唐）　805(この年)
トクタミシュ　1406(この年)
禿髪烏孤　399(この年)
ドクミ・ロツアワ・シャキャ・イェーシェ　1064(この頃)
独立　1672(11.6)
ド・クルシー, アンリ　1861(5.14)
ドゲット　1721(この年)
ドケーヌ　1882(2.8)
ド・コー　1626(この年)
ド・コステル　1879(5.9)
ド・コステール, シャルル　1879(5.7)
トゴリル・ハン　1203(この年)
トゴン　1439(この年)
トージ　1732(この年)
トーシ　1895(この年)
ドージ　1883(4.29)
ドージオ, ジョヴァンニ・アントーニオ　1609(この頃)
ドジソン　1898(1.14)
ドシテオス　1707(2.7)
ドージャ　1514(この年)
ドシャン, ヴィクトル・オギュスト　1883(9.29)
ドーズ　1766(この年)
ドーズ　1799(この年)
ドーズ, ウィリアム・ラター　1868(2.15)
ドーズ, ソフィ, フーシェール男爵夫人　1840(この年)
トスカネリ, パオロ　1482(5.15)
トスキ, パーオロ　1854(この年)
トスタード, アロンソ　1455(9.3)
トスティグ　1066(9.25)
トスト, ヨーハン　1831(この年)
ドストエフスキー, フョードル・ミハイロヴィチ　1881(1.28)
ドストエフスキー, ミハイル・ミハイロヴィチ　1864(7.10)
ドースト・ムハンマド　1863(6.?)
ド・スメット, ピエール・ジャン　1873(5.23)
ドズリー, ロバート　1764(9.23)
ドゾー　1795(1.1)
ド・ソシュール, ホラース・ベネディクト　1799(1.22)
ドーソン　1807(8.27)
ドーソン　1855(この年)

トーダル・マル　1589(11.20)
ドーチェスター　1808(11.10)
訥祇王　458(この年)
トックヴィル, アレクシス・ド　1859(4.16)
ドックラ　1716(この年)
トッケ, ルイ　1772(2.10)
ドッシ, バッティスタ　1548(この年)
ドッジ, ヘンリー　1867(この年)
ドッソ, ドッシ　1542(8.27?)
ドッテル, カルロ・フランチェスコ　1759(この頃)
トッテル, リチャード　1594(この年)
トッド　1835(11.17)
ドット　1886(この年)
トット, ルードルフ　1887(この年)
ドッドウェル, エドワード　1832(この年)
ドッドウェル, ヘンリ　1711(6.7)
ドッドウェル, ヘンリ　1784(この年)
ドットーリ, カルロ・デ　1685(7.23)
ドッドリジ, フィリプ　1751(10.26)
ドッブズ　1765(この年)
ドップラー, アルベルト・フランツ　1883(7.27)
ドップラー, カール　1900(3.10)
ドップラー, クリスティアン・ヨハン　1853(3.17)
トップレイディ, オーガスタス・モンタギュー　1778(8.11)
ドッペルマイアー　1750(12.1)
トッリ　1737(7.6)
突利可汗　631(この年)
トッレッジャーニ, アルフォンソ　1764(この年)
トーレンス, ヘンドリック　1856(10.21)
ドーデ, アルフォンス　1897(12.16)
トーディ　1833(10.1)
トーティラ　552(この年)
ドドネウス　1585(この年)
トトネス伯　1629(3.27)
トドハンター　1884(3.1)
トートレーベン　1884(7.1)
ドーナ　1831(この年)
ドナーティ　1638(1.21)

ドナーティ, ジョヴァンニ・バッティスタ 1873（9.20）
ドナテーロ 1466（12.13）
ドナート, バルダッサーレ 1603（この年）
ドナトゥス 355（この頃）
ドナトゥス, アエリウス 399（この頃）
ドナートゥス（ブザンソンの） 660（この頃）
ドナルドソン 1861（この年）
ドーニ 1647（12.1）
ドニ 1704（この年）
ドーニ, アントン・フランチェスコ 1574（9.?）
トーニー, ロジャー・ブルック 1864（10.12）
ドニーシ, アフマド・マフドゥム・イブン・ノシル 1897（この年）
ドニゼッティ, ガエターノ 1848（4.8）
ドヌー 1840（6.20）
トネ子爵 1899（1.25）
トーネット, ミヒャエル 1871（3.3）
トネット, ミヒャエル 1871（3.3）
ドネライティス, クリスティヤノス 1780（2.18）
ドネルソン 1871（この年）
ドノ 1591（この年）
ドノーソ・コルテス, フアン 1853（5.3）
ドノー・ド・ヴィセ, ジャン 1710（7.8）
ドーノワ夫人, マリー・カトリーヌ・ル・ジュメル・ド・バルヌヴィル 1705（1.13?）
ドノン, ドミニック・ヴィヴァン・ド 1825（4.25）
ドーバー, ヨーハン・レーオンハルト 1766（この年）
ド・バリー, ハインリヒ・アントン 1888（1.19）
ドーバントン 1800（1.1?）
ドービニー 1857（6.30）
ドービニー, シャルル・フランソワ 1878（2.21）
ドービニェ, アグリッパ 1630（5.9）
ドービニャック, フランソワ・エドラン 1676（7.25）
ドビュクール, フィリベール・ルイ 1832（9.22）

ドビュロー, ジャン - バチスト - ガスパール 1846（6.17）
ドーフェ 1879（4.4）
ドフォントネー, シャルルマーニュ・イシール 1856（この年）
ドプシンスキー, パヴォル 1885（10.22）
ドプソン, ウィリアム 1646（10.28）
ドフトゥローフ 1816（この年）
トープラー 1843（この年）
ドブリー 1825（この年）
ドブレ, ガブリエル・オーギュスト 1896（5.29）
ドフレシュー 1874（この年）
ドフレメリ 1883（この年）
ドブ・ロツアワ・チャンパ・ペル 1225（この年）
ドブロフスキー, ヨゼフ 1829（1.6）
ドブロリューボフ, ニコライ・アレクサンドロヴィチ 1861（11.17）
トペテ・イ・カルバリヨ 1885（この年）
トベリウス, サカリアス 1898（3.12）
ドベル, シドニー 1874（8.22）
ドーベルヴァル 1806（2.14）
ド・ボーヌ 1652（3.18）
トマ 1246（12.5）
ドーマ 1696（この年）
トマ, アンブロワーズ 1896（2.12）
トマサン 1695（12.24）
トマージ, ジュゼッペ・マリーア 1713（1.1）
トマージウス, クリスティアン 1728（9.23）
トマージウス, ゴットフリート 1875（1.14）
トマージウス, ヤーコプ 1684（9.9）
トマーシェク, ヴァーツラフ・ヤン・クルシティテル 1850（4.3）
トマジーニ, アロイス・ルイージ 1808（4.25）
トマジーニ, アントニオ 1824（6.12）
トマジーニ, ルイージ（子） 1858（この年）
トーマス 823（この年）
トーマス 1673（この年）

トマス 1886（2.10）
トマス, オーウェン 1892（8.2）
トーマス, シドニー・ギルクリスト 1885（2.1）
トマス, ジョージ・H（ヘンリー） 1870（3.28）
トマス, セス 1859（この年）
トマス, ヒュー・オーウェン 1891（この年）
トマス, ロバート・ジャーメイン 1866（9.3）
トマス・アクィナス 1274（3.7）
トマス・ア・ケンピス 1471（7.25）
トマス（イエスの） 1627（5.24）
トマス（カンタンプレーの, シャンタンプレーの） 1270（この頃）
トマス・ザ・ライマー 1290（この頃）
トマス（ストラスブールの） 1357（この頃）
トマス・デ・アルゲンティナ 1357（この年）
トマス・ド・カンテループ 1282（8.25）
トマス（ビリャヌエバの） 1555（9.8）
トマス（ヨークの） 1268（この頃）
トマーソ・ダ・モーデナ 1379（この頃）
ドマンジュ, ジャン 1735（この年）
ドーミエ, オノレ 1879（2.10）
ドミチウス・アヘノバルブス 25（この年）
ドミチウス・アヘノバルブス 前92（この頃）
ドミティアーヌス, ティートゥス・フラーウィウス 96（9.18）
ドミティア・ロンギナ 96（この年）
ドミティウス 前31（この年）
ドミティラ, フラーウィア 100（この頃）
ドミトリー 1591（この年）
ドミトリー1世 1606（5.27）
ドミトリー2世 1610（12.21）
ドミートリイ・ロストーフスキイ 1709（10.28）
ドミートリエフ, イワン・イワノヴィチ 1837（10.3）
ドミトレフスキー 1821（10.27）
ドミニク・イアサント・カヴァイエ・コル 1862（この年）

聖ドミニクス　1221(8.6)
ドミニクス・プルーテヌス(ルテーヌス)　1460(この年)
ドミニク(フランドルの)　1479(7.16)
ドミニチ, ジョヴァンニ　1419(6.10)
トミール, ピエール-フィリップ　1843(この年)
ドミンゴ(シロスの)　1073(この年)
ドミンゴ・デ・ラ・アヌンシアシオン　1591(この年)
トム　1846(9.14)
トムキンズ, トマス　1656(6.9)
トムキンズ, トマス(父)　1627(この年)
ドムシェル・チェンボ　1170(この年)
トームズ　1895(7.29)
トムスン, ジェイムズ(ディエゴ)　1854(この年)
トムスン(トンプスン), トマス　1773(この年)
トムセン, クリスティアン・イェアゲンセン　1865(5.21)
トムセン, ハンス　1573(9.22)
トムソン　1824(この年)
トムソン　1833(3.28)
トムソン　1852(7.2)
トムソン　1892(5.3)
トムソン, アレクサンダー　1875(この年)
トムソン, サー・チャールズ・ワイヴィル　1882(3.10)
トムソン, ジェイムズ　1748(8.27)
トムソン, ジェイムズ　1882(6.3)
トムソン, ジョゼフ　1895(8.2)
ドムトン　1064(この年)
トムリン　1827(11.24)
トメ, ナルシソ　1742(この頃)
トーメ, ニーコラウス　1546(この年)
吐迷度　648(この年)
ドメーニカ・ダ・パラディーゾ　1553(8.5)
ドメニキーノ　1641(4.25)
ドメニコ・ヴェネツィアーノ　1461(5.19)
ドメーニコ・ダ・コルトーナ　1549(この年)
ドメーニコ・ダ・トルメッツォ　1507(この頃)

ドメーニコ・ディ・ニッコロ・デ・コーリ　1453(この頃)
ドメーニコ・ディ・バルトロ　1445(この頃)
ドメーニコ・ディ・ミケリーノ　1491(この年)
ドーメル, ランベルト　1700(この年)
ド・モーガン, オーガスタス　1871(3.18)
ド・モミニ, ジョゼフ　1842(8.25)
ド・モミニ, ジョルジュ・ジョゼフ　1875(この年)
ド・モワヴル, アブラアム　1754(11.27)
トモン, トマ・ド　1813(この年)
トヨン　1887(この年)
ドラ, クロード-ジョゼフ　1780(4.29)
ドラ, ジャン　1588(11.1)
ドライ, ヨーハン・セバスティアン・フォン　1853(2.19)
ドライアー　1555(この頃)
ドライアー, クリスティアン　1688(この年)
トライアン　1788(この年)
ドライショック, アレクサンダー　1869(4.1)
ドライショック, ライムント　1869(2.6)
ドライス　1851(12.10)
ドライゼ　1867(12.9)
トライチュケ, ハインリヒ・フォン　1896(4.28)
ドライデン, ジョン　1700(5.1)
トライーニ, フランチェスコ　1346(この年)
トライローカナート　1488(この年)
トラヴァーズ, ウォールター　1635(この年)
トラーヴィ, アントーニオ　1665(この年)
ドラヴィーニュ, カジミール　1843(12.11)
トラヴェルサーリ, アンブロージョ　1439(10.21)
トラヴェルシ, ガスパレ　1769(この年)
トラヴェルソ, ニコロ・ステーファノ　1823(この年)
トラウゲート　1864(この年)
トラウト, ヴォルフ　1520(この年)

トラウトマンスドルフ　1650(6.8)
トラウトワイン　1883(9.14)
トラウベ　1876(4.11)
トラウベ, モリッツ　1894(6.28)
トラエッタ, トンマーゾ　1779(4.6)
ドラーギ, アントニオ　1700(1.16)
ドラーギ, カルロ・ドメーニコ　1711(この年)
ドラーギ, ジョヴァンニ・バッティスタ　1708(この年)
トラクスタン, トマス　1822(この年)
ドラクロワ, ウージェーヌ　1863(8.13)
ドラクロワ, ウジェーヌ　1863(この年)
ドラーケ　1882(4.6)
ドラコニテス, ヨハネス　1566(4.18)
ドラゴネッティ, ドメーニコ　1846(4.16)
ドラゴマーノフ　1895(7.2)
ドラコンティウス, ブロッシウス・アエミリウス　496(この頃)
ドラシュコヴィチ, ユライ　1587(1.31)
トラシュブロス　前388(この年)
トラシュロス　前406(この年)
トラップ　1818(4.18)
トラップ, ジョン　1669(10.16)
トラディスカント, ジョン　1638(この年)
トラディスカント, ジョン　1662(この年)
トラデニウス　1643(この年)
トラーネ　1890(4.30)
トラバーチ, ジョヴァンニ・マリーア　1647(12.31)
トラバッレージ, ジュリアーノ　1812(この年)
トラハーン, トマス　1674(9.27?)
ドラビーク(ドラビキウス), ニコラウス　1671(7.16)
ド・ラ・プランシュ・フランソワ　1627(この年)
ドラベラ, ププリウス・コルネリウス　前43(7.?)
ドラボルド　1899(5.18)
トラムブレイ　1811(9.18)

トラメッロ、アレッシオ 1535（この頃）
ドラメル、ピエール‐アレクシス 1745（この年）
ドラモンド、ジョージ 1766（この年）
ドラモンド、トマス 1840（4.15）
ドラモンド、ヘンリ 1897（3.11）
ドラモンド、ヘンリー 1860（2.20）
ドラモンド（ホーソーンデンの）、ウィリアム 1649（12.4）
トラヤヌス、マルクス・ウルピウス 117（8.10）
ドラランド、ミシェル・リシャール 1726（6.18）
トラルバ、ディエゴ・デ 1566（この頃）
トーラレンセン、ビャルニ・ヴィグフースソン 1841（8.24）
ド・ラ・ロシュ、ジャン‐バティスト 1784（この年）
ドラローシュ、ポール 1856（11.4）
トラン 1897（この年）
都藍可汗 600（この年）
ド・ランシー 1785（この年）
ド・ランシー 1800（この年）
トーランド、ジョン 1722（3.11）
ドランブール 1895（この年）
ドランブル、ジャン‐バティスト・ジョゼフ 1822（8.19）
トランブル、ジョン 1831（5.11）
トランブル、ジョン 1843（11.10）
トランブル、デイヴィド 1889（この年）
トランブレー、バルテルミー 1629（この年）
トランベヤー、ペーダー・クリスティアン 1896（6.18）
トリー、ジョフロワ 1533（この年）
トリー、ジョン 1873（3.10）
ドリア、アンドレア 1560（11.25）
トリウェトゥス 1330（この頃）
ドリエウス（ロドスの） 前395（この年）
トリエスト、ペーデル・ヨーゼフ 1836（6.24）
ドリオン 1891（この年）
トリクーピス 1873（2.24）

トリクーピス 1896（4.11）
トリグラント、ヤーコービュス 1654（4.5）
トリゴー、ニコラ 1628（11.14）
トリジャーノ、ピエトロ 1528（この年）
トリスタン 1844（この年）
トリスタン、ルイス 1624（この年）
トリスタン・レルミット 1655（9.7）
トリスト 1874（この年）
ドリスラス 1649（5.12）
トリチェリ、エヴァンジェリスタ 1647（10.25）
トリッシノ、ジャン・ジョルジョ 1550（12.8）
トリット 1824（9.16？）
トリッペル、アレクサンダー 1793（9.24）
トリテミウス（トリタイム）、ヨハネス 1516（12.13）
トリトニウス 1525（この頃）
ドリニー、ミシェル 1665（この年）
ドリニー、ルイ 1742（この年）
トリニー、ロベール（ロベール・デュ・モン） 1186（この年）
ドリビエ 1830（この年）
トリビオ・アルフォンソ（リマの、モグロベホの） 1606（3.23）
ドリーブ、クレマン・フィリベール・レオ 1891（1.16）
トリベット 1328（この頃）
トリボニアヌス 546（この年）
トリーボロ 1558（この年）
トリマー、セアラ 1810（12.15）
ドリュエ、クロード 1660（この年）
ドリュ・グラ、ジュリー 1896（この年）
ドリューシウス、ヨーハネス 1616（2.12）
トリュブナー、ニコラス 1888（この年）
ドリール 1741（この年）
ドリル 1726（1.25）
ドリール、ジャック 1813（5.1）
ドリール・ド・ラ・ドレヴチエール、ルイ‐フランソワ 1756（この年）
トリローニー、エドワード 1881（8.13）

トリントン 1716（4.14）
トル 1817（この年）
ドルー 1879（9.18）
ドル、ルートヴィヒ 1883（5.23）
ドルアン・ド・リュイ 1881（3.1）
ドルヴァル、マリ 1849（5.20）
トルヴァルセン、ベアテル 1844（3.24）
ドルヴォー 1879（この年）
ドルーエ 1844（この年）
ドルーエ、ジャン‐ジェルマン 1788（この年）
ドルーエ、フランソワ‐ユベール 1775（10.21）
トルエバ 1889（3.10）
トールク、フリードリヒ・アウグスト・ゴットロイ 1897（6.10）
トルクセス・フォン・ヴァルトブルク、オットー 1573（4.2）
トルケマダ、トマス・デ 1498（9.16）
トルケマダ、ホアン・デ 1468（9.26）
トルケマダ、ホアン・デ 1624（1.1）
トルケリン 1829（この年）
ドルゴルーキー 1739（11.19）
トルサ、マヌエル 1816（この年）
ドルジーニン、アレクサンドル・ワシリエヴィチ 1864（1.19）
ドルシラ 38（この年）
トルース、ソジャーナー 1883（11.26）
ドルスス・ゲルマニクス、ネロ・クラウディウス 前9（この年）
ドルスス・ユリウス・カエサル 33（この年）
ドルスチウス、パウルス 1589（3.9）
トルステンソン 1651（4.7）
トルストイ 1889（5.7）
トルストイ、アレクセイ・コンスタンチノヴィチ 1875（9.28）
トルソー 1867（7.27）
ドルチ、カルロ 1686（1.17）
ドルチ、ジョヴァンニ・デイ・ピエートロ・デ 1486（2.26）
ドルチェ、ルドヴィーコ 1568（この年）
ドルチェブオーノ、ジャン‐ジャーコモ 1506（この年）
ドルチーノ、フラ 1307（6.1）
ド・ルック、ジャン‐アンドレ 1817（11.7）

トルディ　1875(12.10)
ドルティーグ, ジョゼフ・ルイ　1866(11.20)
トルーデル, ドロテーア　1862(9.6)
トルデンスギョル　1720(この年)
ドルドニェス, カルロス　1786(この年)
トルートフェッター, ヨドークス　1519(この年)
トルトン, オーガスティン　1897(この年)
ドールトン, サー・ヘンリー　1897(この年)
ドールトン, ジョン　1844(7.27)
ドルナー, イーザーク・アウグスト　1884(7.8)
トルーナジャヤ　1678(この頃)
ドルネル, アントワーヌ　1765(この年)
トルノジョヨ　1680(この年)
ドルバック, ポール-アンリ・チリ　1789(1.21)
トールバット, ジョン　1727(11.29)
トールバット, ピーター　1680(11.?)
トールバット, リチャード　1691(8.12)
トルービア, ホセ　1761(この年)
トルビド, フランチェスコ　1562(この年)
トールフィン　1285(この年)
トルー夫人　1896(4.18)
ドルベ, フランソワ　1697(この年)
トルベック, イジドール・ジョゼフ　1871(5.10)
トルベック, オーギュスト・ジョゼフ　1869(5.27)
トルベック, シャルル・ジョゼフ　1835(12.29)
トルベック, ジャン　1889(9.6)
トルベック, ジャン-バティスト　1869(10.23)
トルベッケ　1872(6.4)
トルベツコーイ　1860(この年)
トールボット, ウィリアム・ヘンリー・フォックス　1877(9.17)
トルポパ・シェラブ・ギェルツェン　1361(この年)
トルミデス　前466(この年)
トールラク・トールハルソン　1193(12.23)

トルロニア　1866(この年)
ドルン　1881(5.31)
ドルン　1892(1.10)
ドレ, エチエンヌ　1546(8.3)
ドレ, ギュスターヴ　1883(1.23)
ドレ, ギュスターブ　1883(この年)
トレ, テオフィル　1869(この年)
ドレイク, サー・フランシス　1596(1.28)
ドレイトン, マイケル　1631(12.23)
ドレイパー, ジョン・ウィリアム　1882(1.4)
ドレイパー, ヘンリー　1882(11.20)
トレイル, キャサリン・パール　1899(8.29)
トレヴィーザ, ジョン　1402(この年)
トレヴィザーニ, フランチェスコ　1746(この年)
トレヴィシック, リチャード　1833(4.22)
トレヴィラーヌス　1837(2.16)
トレヴィラーヌス　1864(5.6)
トレヴィラーヌス, ゲオルク・ゴットフリート　1868(この年)
トレヴェリアン　1886(この年)
トレヴォー, ジョン　1410(4.10?)
ドレーク　1852(11.6)
ドレーク　1881(11.18)
ドレクスラー　1852(2.27)
ドレクセーリウス(ドレクセル), イェレミーアス　1638(4.19)
ドレクセル　1863(6.5)
ドレクセル　1893(6.30)
ドレクリューズ, エチエンヌ-ジャン　1863(7.12)
ドレクリューズ, (ルイ・)シャルル　1871(この年)
トレクール, ジャーコモ　1882(この年)
トレゲルズ, サミュエル・プリドー　1875(4.24)
トレザゲ　1796(この年)
トレシ, ジェレマイア　1888(3.5)
トレジアコフスキー, ワシーリー・キリロヴィチ　1768(8.6)
トーレス　1613(この頃)
ドレス　1881(3.24)
トレス, コスメ・デ　1570(10.10)
ドーレス, ヨハン・フリードリヒ　1797(2.8)

トレス, ルイス・デ　1655(この年)
トレス-イ-アマート, フェリス　1847(12.29)
トレスカウ　1833(9.22)
トレスゲーラス, フランシスコ・エドゥアルド　1833(この年)
トレスコット　1898(5.4)
トレス(トゥリアーヌス), フランシスコ　1584(11.21)
トレス-ナアーロ, バルトロメ　1531(この頃)
トレス-ビリャロエル, ディエゴ・デ　1770(6.19)
ドレースホウト　1650(この頃)
トレス-ボジョ, ディエゴ・デ　1638(8.8)
ドレスラー　1867(この年)
ドレーゼケ, ヨーハン・ハインリヒ・ベルンハルト　1849(12.8)
トレチャコーフ　1898(この年)
トレッサン, ルイ-エリザベート・ド・ラ・ヴェルニュ・ド　1783(11.2)
トレッツィ, アウレーリオ　1625(この年)
トレッツィーニ, ドメーニコ　1734(この年)
トレッドゴールド, トマス　1829(この年)
ドレッベル, コルネリス(・ヤコブスゾーン)　1633(この年)
トレッホ-イ-サナブリア, フェルナンド・デ　1614(この年)
トレッリ, ジャーコモ　1678(6.17)
トレッリ, ジュゼッペ　1709(2.8)
トレド, F.　1584(この年)
トレド, ファン・バウティスタ・デ　1567(この年)
トレード(トレート), フランシスコ・デ　1596(この年)
ドレーバー　1891(8.26)
ドレーバー夫人　1899(4.13)
トレボニウス　前43(この年)
トレメルリオ(トレメーリウス), インマヌエル(エマーヌエール)　1580(10.9)
トレヤール　1810(12.1)
トレルカティウス, ルーカス(子)　1607(この年)
トレルカティウス, ルーカス(父)　1602(この年)
トレンク　1749(10.4)

人名索引　　トン

トレンク　1794(7.25)
トレンクナー　1891(この年)
トレンズ　1864(5.27)
トレンズ、サー・ロバート・リチャード　1884(8.31)
トレンチ、リチャード・シェネヴィクス　1886(3.29)
トレンティーノ、ニコラウ　1811(6.22)
トレンデレンブルク、フリードリヒ・アードルフ　1872(1.24)
トレンブリー、アブラハム　1784(5.12)
トロア　1730(5.1)
トロイ、ジョン・トマス　1823(5.10)
トロイ、フィリップ・ヤーコプ　1825(この年)
ドロイゼン　1884(6.19)
ドロヴェッティ、ベルナルディーノ　1852(この年)
トローガー、パウル　1762(7.20)
トロクスラー　1866(3.6)
ドローゴ(メスの)　855(12.8)
トロシュ　1896(10.7)
ドロステ・ツー・フィッシリング、クレーメンス・アウグスト　1845(10.19)
ドロステ・ヒュルスホフ、アンネッテ・フォン　1848(5.24)
ドロスト、ウィレム　1680(この頃)
トロースト、コルネリス　1750(3.7)
トロッツェンドルフ、ヴァーレンティーン　1556(4.26)
トロッティ、ジョヴァンニ・バッティスタ　1619(この年)
トーロッドセン、ヨウン・ソウザルソン　1868(3.8)
ドロテア　313(この年)
ドーロテ・エンゲルブレッツダッテル　1716(2.19)
ドーロテオス　303(この年)
トロトレル、ピエール　1620(この頃)
トロートン　1836(3.12)
ドローヌ、エティエンヌ　1595(この年)
ドローネー　1872(8.5)
ドローネ　1846(9.?)
ドローネー、ジュール・エリー　1891(9.5)

ドロービッシュ　1896(9.30)
ドロビーニン、ヴァシーリイ　1857(5.3?)
ドローベロー　1895(この年)
ドロミュ、デオダ・ギー・グラテ・ド　1801(11.26)
トロムスドルフ　1837(3.8)
トロムリツ　1805(2.4)
トロメイ　1555(3.23)
トロメーオ(ルッカの)　1326(この頃)
ド・ロルム　1806(この年)
ドロルム、フィリベール　1570(1.8)
ドロルム、マリオン　1650(7.2)
トロロップ、アントニー　1882(12.6)
トロワ、ジャン・フランソワ・ド　1752(1.26)
トロワイヨン、コンスタン　1865(3.20)
ド・ロング、ジョージ・ワシントン　1881(10.30)
ドロンケ　1891(この年)
トロンシャン、テオドール　1657(この年)
トロンシャン、ルイ　1705(この年)
ドロンド、ジョン　1761(11.30)
トロンプ、コルネリス(・マールテンスゾーン)　1691(5.29)
トロンプ、マールテン(・ハルペルスゾーン)　1653(8.7)
トロンペッタ(トゥベタ)、アントーニオ　1517(この年)
トロンベルリ、ジョン・クリソストム　1784(1.7)
トロンボンチーノ、バルトロメオ　1535(この頃)
ドワイト　1850(11.30)
ドワイト　1892(6.29)
ドワイト、シオドア　1846(6.12)
ドワイト、ジョン　1703(この年)
ドワイト、ティモシー　1817(1.11)
トワナン　1894(5.26)
トーン、(シオボルド・)ウルフ　1798(11.19)
曇一　771(この年)
曇延　588(この年)
ドン・カルロス　1855(3.10)
ドン・カルロス　1861(1.13)
ドンガン、トマス　1715(12.14)

ドンキン、ブライアン　1855(この年)
トンジョルジ、サルヴァトーレ　1865(11.12)
惇親王綿愷　1839(この年)
曇遷　607(この年)
トンソン　1736(この年)
曇徴　631(この年)
トンティ　1704(この年)
ドンディ、ジョヴァンニ・デ　1389(この年)
トンティ、ロレンツォ　1690(この年)
ドンデクーテル、メルキオール　1695(4.3)
ドンデルス　1889(3.24)
ドンデレス、ペーテル　1887(1.14)
ドント　1888(この年)
ドンナー　1875(3.29)
ドンナー、ゲオルク・ラファエル　1741(2.15)
トンパ・ミハーイ　1868(7.30)
ドンバール　1843(11.27)
トンピオン、トマス　1713(この年)
曇斌　476(この頃)
ドン・ファン・デ・アウストリア　1578(11.1)
ドン・フアン・デ・アウストリア　1679(9.17)
トンプキンズ　1825(6.11)
トンプソン　1843(この年)
トンプソン　1868(6.6)
トンプソン　1882(この年)
トンプソン　1894(この年)
トンプソン、サー・ベンジャミン、ランフォード伯爵　1814(8.21)
トンプソン、デイヴィド　1857(2.10)
ドンブロフスキ　1818(6.6)
ドンブロフスキ　1871(この年)
ドン・ボスコ　1888(この年)
トンマゼーオ、ニッコロ　1874(5.1)
トンマーゾ・ダ・モーデナ　1379(この年)
トンマーゾ・デ・ヴィジーリア　1494(この年)
曇摩密多　442(この年)
トン・ヤブグ・ハガン　628(この年)
曇鸞　542(この年)

人物物故大年表 外国人編　971

【ナ】

ナイ　1896（2.22）
ナイ, フィリプ　1672（9.？）
ナイエンローデ　1633（1.31）
ナイジェル・ワイアカー　1207（この頃）
ナイト　1838（5.11）
ナイト　1873（3.9）
ナイトハルト・フォン・ロイエンタール　1240（この頃）
ナイベルク　1829（2.22）
ナイーマー　1716（1.？）
ナヴァーイー, アリー・シール　1501（1.3）
ナヴァロ　1622（11.1）
ナヴィエ, クロード（・ルイ・マリー・アンリ）　1836（8.23）
ナウアッハ　1630（この頃）
ナウエス, フランソワ・ジョゼフ　1869（10.12）
ナウク　1892（8.3）
ナウクレールス, ヨハネス　1510（1.5）
ナウゼア（グラウ）, フリードリヒ　1552（2.6）
ナウマン　1857（8.15）
ナウマン　1873（11.26）
ナウマン, エミール　1888（6.23）
ナウマン, ヨーハン・ゴットリープ　1801（10.23）
ナヴローツキー　1859（2.26）
ナウンドルフ　1845（この年）
ナエウィウス, グナエウス　前194（この頃）
ナエウィウス, グナエウス　前201（この頃）
ナオゲオルク, トーマス　1563（12.29）
ナーガールジュナ　250?（この頃）
ナーキド　1188（この年）
ナーゲル, ユーリウス　1884（この年）
那彦成　1833（この年）
ナサーイー　915（8.29）
ナシ　1579（この年）
ナジ, ムアッリム　1893（4.13）
ナジ・ジェルジ　1562（この年）
ナジーブ　1222（この年）
ナーシーフ・アルヤージジー　1871（2.5）

ナシャート　1828（この頃）
ナジャラ　1599（この頃）
ナジューミー　1889（この年）
ナシュワーン　1178（6.14）
ナーシル　1225（この年）
ナーシル　1346（この年）
ナーシル・ウッディーン　1896（5.1）
ナーシフ　1838（8.15）
ナスィーミー・バーグダーディー　1417（この頃）
ナスィーム, パンディット・ダヤーシャンカル　1844（この年）
ナズィーリー・ニーシャープーリー　1612（この頃）
ナズィール　1830（8.16）
ナスト, ヴィルヘルム（ウィリアム）　1899（この年）
ナズビー　1888（2.15）
ナスル2世　942（この年）
ナーセル・ホスロウ, アブー・モイーン　1088（この年）
ナターリア　304（この年）
ナターリア　852（この年）
ナターリス, アレクサンデル　1724（8.21）
ナダル, ヘロニモ　1580（4.3）
ナータン（ガザの）　1680（この年）
ナータン・ベン・イェキエル　1106（この年）
ナッケリーノ, ミケランジェロ　1622（この年）
ナッザーム　835（この頃）
ナッシンナウン　1613（この年）
ナッシュ, ジョン　1835（5.13）
ナッシュ, トマス　1601（この年）
ナッシュ, リチャード　1762（2.3）
ナッソーニ, ニッコロ　1773（この年）
ナップトン, ジョージ　1778（この年）
ナディ, ジュゼッペ　1814（この年）
ナディーム　990（この年）
ナーディル・シャー　1747（6.8）
ナデージジン, ニコライ・イワノヴィチ　1856（1.11）
ナデルマン, アンリ　1835（この頃）
ナデルマン, ジャン・アンリ　1799（2.4）

ナデルマン, フランソワ・ジョゼフ　1835（4.3）
ナトゥージウス　1879（この年）
ナドソン, セミョーン・ヤーコヴレヴィチ　1887（1.19）
ナトルプ　1846（この年）
ナドル・ブン・ハーリス　623（この頃）
ナトワール, シャルル-ジョゼフ　1777（8.29）
ナーナク　1538（この年）
ナーナー・サーヒブ　1859（この頃）
ナーナー・パドナヴィース　1800（3.？）
ナニーノ, ジョヴァンニ・ベルナルディーノ　1623（この年）
ナニーノ, ジョヴァンニ・マリア　1607（3.11）
ナハティガル　1885（4.20）
ナハテガル　1847（この年）
ナバレテ　1597（11.30）
ナバレテ　1617（5.22）
ナバレテ　1844（10.8）
ナバレーテ, フアン・フェルナンデス・デ　1579（3.28）
ナバロ　1528（この年）
ナバーロ, ホアン　1580（9.25）
ナービー, ユースフ　1712（4.12）
ナービガ　604（この頃）
ナヒモフ　1855（7.12）
ナボナッサル　前734（この年）
ナボニドス　前539（この年）
ナボポラッサル　前605（この年）
ナポレオン1世　1821（5.5）
ナポレオン2世　1832（7.22）
ナポレオン3世　1873（1.9）
南孝温　1492（この年）
ナームデーヴ　1350（この年）
奈勿王　402（この頃）
ナライ　1688（この年）
ナーラーイ王　1688（7.11）
ナラスィンハ・メヘター　1580（この頃）
ナラーム・シン　前2218（この年）
ナーラーヤナ　900?（この頃）
ナリヴァーイコ　1597（この年）
ナリーニョ　1823（12.13）
ナルキッソス　54（この年）
ナルサイ　502?（この頃）
ナルシェヴィチ, アダム・スタニスウァフ　1796（7.8）
ナルシャヒー　959（この年）

人名索引　　　　　　ニコ

ナルシンフ・メヘター　1480（この頃）
ナルセス　303（この年）
ナルセス　573（この年）
ナルディ、ヤーコポ　1563（3.?）
ナルディーニ、バーオロ　1691（この年）
ナルディーニ、バッティスタ　1591（この年）
ナルディーニ、ピエトロ　1793（5.7）
ナルド・ディ・チョーネ　1366（この年）
ナルバエス　1528（11.?）
ナルバエス　1868（4.23）
ナルバエス、ルイス・デ　1555（この頃）
ナルバンジャン、ミカエル・ガザリ　1866（3.31）
ナルマダーシャンカル　1886（2.25）
ナレージヌイ、ワシーリー・トロフィモヴィチ　1825（6.21）
ナレスワン　1605（この年）
那連提耶舎　589（この年）
ナワル・キショール　1895（この年）
南鐘三　1866（1.20）
南霽雲　757（10.?）
南秉吉　1869（この年）
南岳懐譲　744（8.11）
ナンダクマール　1775（この年）
ナントゥイユ、セレスタン・フランソワ　1873（9.4）
ナントゥイユ、ロベール　1678（12.9）
ナンニ・ディ・バルトロ　1451（この年）
ナンニ・ディ・バンコ　1421（この年）.
ナンビ　1050（この頃）

【 ニ 】

ニヴェール、ギヨーム・ガブリエル　1714（11.30）
ニエーヴォ、イッポーリト　1861（3.4?）
ニェウスルパ・イェーシェ・バルワ　1118（この年）
ニェゴシュ、ペタル1世・ペトロヴィチ　1830（10.18?）
ニェゴシュ、ペタル・ペトロヴィチ　1851（10.31）
ニエプス、ジョゼフ・ニセフォア　1833（7.5）
ニエプス・ド・サン・ヴィクトル　1870（4.5）
ニェムツェーヴィチ　1841（5.21）
ニェムツォヴァー、ボジェナ　1862（1.21）
ニエリウス、カール（カロールス）（子）　1652（この年）
ニエル　1869（8.13）
ニエール、ピエール・ド　1682（この年）
ニキアス　前413（この年）
ニキーチン、イワン・サヴィチ　1861（10.16）
ニギディウス・フィグルス、プブリウス　前45（この年）
ニクラエス（ニコラエウス）、ヘンドリク　1580（この年）
ニケータス・コーニアテース　1213（この年）
ニケータス・ステタトス　1080（この頃）
ニケータス・ダヴィド　960（この頃）
ニケタス（レメシアーナの）　414（この頃）
ニケーティウス（トリーアの）　566（12.5）
ニケフォルス1世　811（この年）
ニケフォルス2世　969（12.10）
ニケフォロス　829（この年）
ニケーフォロス・カリストス・クサントプロス　1335（この頃）
ニケーフォロス・クームノス　1327（1.16）
ニゲル　194（この年）
ニコ、ジャン　1600（5.5）
ニコデーモス（ナクソスの）　1809（7.14）
ニコデーモス（モモラの、ツィロの）　990（3.25）
ニコーテラ　1894（この年）
ニコマコス　110（この頃）
ニコメデス4世　前74（この年）
ニコラ　1807（この年）
ニコラ、ジャン・ジャーク・オギュスト　1888（1.17）
ニコーラ、バリア　1255（2.11）

ニコライ　1846（この年）
ニコライ1世　1855（3.2）
ニコライ、オットー　1849（5.11）
ニコライ、クリストフ・フリードリヒ　1811（1.8）
ニコライ、フィーリプ　1608（10.26）
ニコライ、ヨーハン・ダーフィト　1826（この年）
ニコラウス　1349（10.?）
ニコラウス1世　867（11.13）
ニコラウス2世　1061（7.19?）
ニコラウス3世　1280（8.22）
ニコラウス4世　1292（4.4）
ニコラウス5世　1333（10.16）
ニコラウス5世　1455（3.24）
ニコラウス（オトルクールの）　1350（この頃）
ニコラウス・クザーヌス、C.　1464（この年）
ニコラウス（クレマンジュの）　1437（この年）
ニコラウス（ディンケルスビュールの）　1433（3.7）
ニコラウス（トレンティーノの）　1305（9.10）
ニコラウス（バーゼルの）　1395（この頃）
ニコラウス・フォン・ハーゲナウ　1538（この頃）
ニコラウス（フリューエの）　1487（3.21）
ニコラエ・アレクサンドル・バサラブ　1364（この年）
ニコラオス1世・ミュスティコス　925（5.15）
聖ニコラオス　350（この頃）
ニコラオス（メトーネの）　1165（この頃）
ニコラ（ゴランの）　1295（この頃）
ニコラス（クザの）　1464（8.21）
ニコラス・トレヴェット　1334（この頃）
ニコラス（ヘリフォードの）　1420（この頃）
ニコーラ・ダ・グアルディアグレーレ　1462（この年）
ニコラ・ド・ヴェルダン　1205（この頃）
ニコル　1758（1.17）
ニコル、ウィリアム　1851（9.2）
ニコル、ピエール　1695（11.16）
ニコルズ　1672（5.28）

人物物故大年表 外国人編　*973*

ニコルズ 1826(11.26)
ニコルソン 1844(3.6)
ニコルソン, ウィリアム 1815 (5.21)
ニコレ 1642(この年)
ニーコレフ, ニコライ・ペトローヴィチ 1815(1.24)
ニコロ 1818(この年)
ニコロヴィウス, ゲオルク・ハインリヒ・ルートヴィヒ 1839 (11.2)
ニコロ・ダ・ヴァラッロ 1489 (この頃)
ニコン 1681(8.17)
ニザ, マルコス・デ 1558(3.25)
ニザーミー 1160(この頃)
ニザーム・ウッディーン・アフマド 1594(この年)
ニザーム・ウッディーン・オーリーヤー 1325(この年)
ニザームル・ムルク 1748(6.1)
ニザール 1888(2.29)
ニザール, デジル 1888(3.27)
ニジェッティ, マッテーオ 1649 (この年)
ニース 1897(10.7)
ニゾリウス 1566(この頃)
ニーダー, ヨーハン 1438(8.13)
ニーダム, ジョン・ターバヴィル 1781(12.30)
ニタルト 843(5.15)
ニーチェ, フリードリヒ・ヴィルヘルム 1900(8.25)
日羅 583(この年)
ニッカーボッカー, ハルメン・ヤンセン 1716(この頃)
日観子温 1293?(この頃)
ニッコリーニ, アントニオ 1850(この年)
ニッコリーニ, ジョヴァンニ・バッティスタ 1861(9.20)
ニッコロ・ダ・ヴォルトリ 1417 (この年)
ニッコロ・ダ・バーリ 1494(この年)
ニッコロ・デッラルカ 1494(この年)
ニッコロ・デ・ニッコリ 1437 (この年)
ニッセン 1826(3.24)
ニッセン 1895(この年)
日逐王比 55(この年)
ニッチュ 1861(この年)

ニッチュ 1880(この年)
ニッチュ, カール・イマーヌエル 1868(8.21)
ニッチュ, カール・ルートヴィヒ 1831(12.5)
ニッチュ, フリードリヒ 1898 (12.21)
ニッチュマン, ダーフィト 1758(この年)
ニッチュマン, ダーフィト 1772(この年)
ニッチュマン, ダーフィト(デア・シンディクス) 1779(この年)
ニーデラー 1843(この年)
ニデルメイエール, ルイ 1861 (3.15)
ニートナー, クリスティアン・ヴィルヘルム 1865(8.13)
ニートハマー, フリードリヒ・イマーヌエル 1848(4.1)
ニーノ 340(この頃)
ニーバーガル, エルンスト・エリーアス 1843(4.19)
ニーフ 1854(この年)
ニブ, ウィリアム 1845(この年)
ニーブア, バルトルト・ゲオルク 1831(1.2)
ニーフォ, アゴスティーノ 1538(この頃)
ニーブール 1815(4.26)
ニブン 1213(この年)
ニヘルマン 1762(7.20)
ニーマイアー, アウグスト・ヘルマン 1828(7.7)
ニーマン 1850(この年)
ニーメチェク, フランツ・クサーヴァー 1849(この年)
ニャンレ・ニンマ・オェセル 1192(この年)
ニュイテル 1899(2.23)
ニューカースル公爵夫人 1673 (この年)
ニューカメン, トマス 1729(8.5)
ニュージェント, フラーンシス 1635(5.18)
ニューディゲイト, サー・ロジャー 1806(この年)
ニュートン 1871(7.11)
ニュートン 1894(11.28)
ニュートン 1895(この年)
ニュートン 1896(この年)
ニュートン, アイザック 1727 (3.20)

ニュートン, ジョン 1807(12.31)
ニュートン, ベンジャミン・ウィルズ 1899(この年)
ニューベリー, ジョン 1767 (12.22)
ニューポート 1617(10.?)
ニューマン, ジョン・ネポマシーン 1860(1.5)
ニューマン, ジョン・ヘンリー 1890(8.11)
ニューマン, フランシス・ウィリアム 1897(10.4)
ニューランズ, ジョン・アレグザンダー・レイナ 1898(7.29)
ニュンピス 前246(この頃)
ニョ・ギェルワ・ラナンパ 1224 (この年)
ニーラカンタ 1501(この頃)
ニラーキー 1828(この年)
ニール 1866(12.11)
ニール 1892(9.16)
ニール(9人の人質の) 405(この年)
ニール, ジョン 1876(6.20)
ニール, ジョン・メイソン 1866(8.6)
ニール, ダニエル 1743(4.4)
ニルソン 1883(この年)
ニルセン, イェンス 1600(この年)
ニールゼン, ニーコラウス・ヨーハン・エルンスト 1883(1.26)
ニールセン, ラウレンティウス 1622(5.5)
ニル・ソルスキー 1508(この年)
ニールソン 1865(1.18)
ニルソン, ラルス・フレデリック 1899(5.14)
ニーレンベルク, ホアン・エウセビオ 1658(この年)
ニーロス(ニールス) 430(この頃)
ニーロス(ニールス)(ロッサーノの) 1005(12.29)
任頤 1895(12.19)
任仁発 1327(この年)
任大椿 1789(この年)
任昉 508(この年)
任熊 1857(10.8)
仁岳 1064(この年)
ニンク, カール・ヴィルヘルム・テーオドーア 1887(9.17)
ニンバールカ 1162(この年)

人名索引　　　　　　　　　　　　　　　　　ネラ

【ヌ】

ヌアマーン・アブー・カーブース　602（この年）
ヌイツ　1655（この年）
ヌヴォローネ，カルロ・フランチェスコ　1661（この年）
ヌヴォローネ，パンフィーロ　1651（この年）
ヌキウス　1620（3.25）
ヌスラティー　1683（この年）
ヌーツィ，アッレグレット　1373（この年）
ヌーデンフリュクト，ヘドヴィグ・シャロッタ　1763（6.29）
ヌニェス，ラファエル　1894（9.18）
ヌネシュ　1578（8.11）
ヌネシュ・バレト　1571（8.10）
ヌバル・パシャ　1899（1.14）
ヌプチェン・サンゲ・イェーシェ　962（この年）
ヌムール　1817（8.6）
ヌムール　1896（6.26）
ヌリ，アドルフ　1839（3.8）
ヌール・ウッディーン　1174（5.15）
ヌール・ジャハーン　1645（12.17）
ヌワイリー　1332（6.17）

【ネ】

ネー，ミシェル，エルヒンゲン公爵　1815（12.7）
ネアルコス　前312（この頃）
ネアンダー，ミヒャエル　1595（4.26）
ネアンダー，ヨーアヒム　1680（この年）
ネアンダー，ヨーハン・アウグスト・ヴィルヘルム　1850（7.14）
寧完我　1665（この年）
寧王朱権　1448（この年）
ネイグル，ナノ（ホノラ）　1784（4.20）
ネイサン，アイザック　1864（この年）
ネイスミス，ジェイムズ　1890（5.7）

ネイスミス，パトリック　1831（この年）
寧宗（元）　1332（この年）
寧宗（南宋）　1224（この年）
ネイピア，W. J.　1834（10.10）
ネイピア，サー・チャールズ　1860（11.6）
ネイピア，サー・チャールズ・ジェイムズ　1853（この年）
ネイピア，ジョン　1617（4.4）
ネイピア（マグダラの），ロバート・（コーニーリアス・）ネイピア，初代男爵　1890（この年）
ネイラー，ジェイムズ　1660（10.？）
ネイル　1670（8.24）
ネヴィアス，ジョン・リヴィングストン　1893（10.19）
ネヴィル，ジョージ　1476（6.8）
ネヴィン，ジョン・ウィリアムソン　1886（6.6）
ネオト　877（この年）
ネオプロン　前327（この頃）
ネクタリオス　1680（この頃）
ネクタリオス（コンスタンティノポリスの）　397（9.27）
ネクラーソフ，ニコライ・アレクセーヴィチ　1877（12.27）
ネグルジ　1868（この年）
ネーゲリ，カール・ヴィルヘルム・フォン　1891（5.10）
ネーゲリ，ハンス・ゲオルク　1836（12.26）
ネコ2世　前595（この年）
ネザーミー・ガンジャ　1203（この頃）
ネザーモル・モルク　1092（10.16）
ネサワルコヨトル　1472（この年）
ネジャーティー・ベイ　1509（この年）
ネシュリー，メフメト　1490（この年）
ネージョン　1810（この年）
ネストリウス　451（この頃）
ネーストル　1113（この頃）
ネストロイ，ヨハン・ネーポムク　1862（5.25）
ネスフィールド，ウィリアム・イーデン　1888（この年）
ネース・フォン・エーゼンベック　1858（3.16）
ネーズミス　1840（4.10）

ネスラー　1890（5.28）
ネチャーエフ，セルゲイ・ゲンナジエヴィチ　1882（11.21）
ネッカム　1217（この年）
ネッケル，ジャック　1804（4.9）
ネッケール・ド・ソシュール夫人　1841（4.13）
ネッセリローデ，カルル・（ロベルト・）ヴァシリエヴィチ，伯爵　1862（3.23）
ネッセルト，ヨーハン・アウグスト　1807（3.11）
ネッター，トマス（ウォールデンの）　1430（11.2）
ネッチャー，カスパル　1684（1.15）
ネッテルベック　1824（1.29）
ネッビア，チェーザレ　1614（この頃）
ネッリ　1767（この年）
ネッリ，オッタヴィアーノ・ディ・マルティーノ　1445（この頃）
ネディム，アフメト　1730（この年）
ネディム・パシャ　1883（この年）
ネテーニュス，ザームエル　1700（この頃）
ネテーニュス，マティーアス　1686（10.9）
ネーデルブルフ　1811（この年）
ネーピア　1860（2.10）
ネフ，フェリクス　1829（4.12）
ネフィー　1635（この年）
ネープヴォー，ピエール　1538（この年）
ネーフェ，クリスティアン・ゴットロープ　1798（1.26）
ネブカドネザル1世　前1103（この年）
ネブカドネザル2世　前562（この年）
ネーフス，ピーテル1世　1660（この頃）
ネブリハ，エリオ・アントニオ・デ　1522（この年）
ネベニウス　1857（6.8）
ネヘミア　前412（この年）
ネベリスコイ　1876（この年）
ネポス，コルネリウス　前25（この年）
ネポス，ユリウス　480（5.9）
ネモラリウス　1236（2.13）
ネラトン　1873（9.21）

人物物故大年表 外国人編　*975*

ネーリ　1666（この頃）
ネリ，アントニオ　1614（この年）
ネーリ，聖フィリッポ　1595（5.26）
ネリグリッサロス　前556（この年）
ネーリ・ディ・ビッチ　1491（この頃）
ネーリング，ヨハン・アルノルト　1695（この年）
ネール，アールナウト・ファン・デル　1677（11.9）
ネルウァ，マルクス・コッケイウス　98（1.25）
ネルヴァル，ジェラール・ド　1855（1.26）
ネールカッセル，ヨアネス・ヴァン　1686（6.6）
ネルスン，ロバート　1715（1.31）
ネルセース　373（この年）
ネルセス，シュノルハリ　1173（この年）
ネルソン　1789（この年）
ネルソン　1873（この年）
ネルソン，トマス　1861（この年）
ネルソン，ホレイシオ　1805（10.21）
ネルダ，ヤン　1891（8.22）
ネレジンスキー＝メレツキー，ユーリー・アレクサンドロヴィチ　1829（2.13）
ネロ　前33（この頃）
ネロ，クラウディウス・カエサル・アウグストゥス・ゲルマニクス　68（6.9）
ネローニ，バルトロメーオ　1571（この年）
ネローノフ，イヴァーン　1670（この年）
ネロ・ユリウス・カエサル　31（この年）
年羹堯　1726（この年）
念常　1341（この年）
ネンナ　1618（この頃）

【ノ】

ノアイユ　1885（5.30）
ノアイユ，アントヌ　1562（この年）

ノアイユ，ルイ・マリー・アントアヌ　1804（1.9）
ノアク　1885（この年）
ノアーユ，ルイ・アントワーヌ・ド　1729（5.4）
ノアール　1870（1.10）
ノアレ　1889（3.27）
ノイキルヒ，ベンヤミン　1729（8.15）
ノイゲボーレン，ダーニエル・ゲオルク　1822（2.11）
ノイコム，ジーギスムント　1858（4.3）
ノイザー，アーダム　1576（この年）
ノイジードラー，コンラート　1604（この頃）
ノイジードラー，ハンス　1563（2.2）
ノイジードラー，メルヒオル　1590（この年）
ノイズ，ジョン・ハンフリ　1886（4.13）
ノイバー，フリデリーケ・カロリーネ　1760（11.30）
ノイホフ　1756（12.11）
ノイマイスター，エーアトマン　1756（8.18）
ノイマイル　1890（1.29）
ノイマルク，ゲオルク　1681（7.8）
ノイマン　1870（3.17）
ノイマン，カスパル　1715（1.27）
ノイマン，フランツ　1895（5.23）
ノイマン，ヨハン・バルタザール　1753（7.18）
ノイロイター　1882（3.23）
儂智高　1055（この年）
ノヴァーチェック　1900（2.3）
ノウァティアヌス　258（この頃）
ノヴァーラ　1504（この年）
ノヴァーリス　1801（3.25）
ノヴィコフ，ニコライ・イワノヴィチ　1818（7.31）
ノヴェッリ，ピエトロ　1647（この年）
ノウエル，アレグザンダ　1602（2.13）
ノヴェール，ジャン・ジョルジュ　1810（10.19）
ノヴェロ，アルフレッド　1896（7.16）
ノヴェロ，ヴィンセント　1861（8.9）

ノヴォシーリツェフ　1838（この年）
ノーウッド　1665（この年）
納蘭性徳　1685（この年）
ノウルズ，ハンサード　1691（この年）
ノエラ，フランソワ＝ジャン　1724（この頃）
ノエル，フランソワ　1729（9.17）
ノガーリ，ジュゼッペ　1763（この年）
ノガレー，ギヨーム・ド　1313（4.?）
ノケオ　1596（この年）
ノザデッラ　1571（この年）
ノーサンバーランド伯　1471（4.14）
ノース　1691（12.31）
ノース，クリストファー　1854（4.3）
ノース，トマス　1601（この頃）
ノース，フレデリック，8代ノース男爵　1792（8.5）
ノース，マリアン　1890（この年）
ノースコート，ジェイムズ　1831（この年）
ノストラダムス　1566（7.2）
ノストラダムス，ミカエル　1566（この年）
ノースロップ　1898（4.27）
ノーダン，シャルル　1899（3.19）
ノックス　1700（この頃）
ノックス　1821（この年）
ノックス　1832（この年）
ノックス，H.　1806（10.6）
ノックス，アレグザーンダ　1831（6.17）
ノックス，ジョン　1572（11.24）
ノッテボーム，マルティン・グスタフ　1882（10.29）
ノット，エリファレット　1866（1.29）
ノットリーニ，ロレンツォ　1851（この年）
ノーデ，ガブリエル　1653（7.29）
ノディエ，シャルル　1844（1.27）
ノデ（ナウダエウス），フィリプ　1729（3.7）
ノド　1762（11.25）
ノートカー・ラーベオ　1022（6.29）
ノートケ，ベルント　1509（5.12?）

人名索引　　　　　　　　　　　　　　　　ハイ

ノートケル　1008（4.10）
ノトケル・バルブルス　912（4.6）
ノートブルガ　1313（9.14）
ノトーム　1881（9.16）
ノートン，アンドルーズ　1852（9.18）
ノートン，キャロライン（・エリザベス・セアラ）　1877（6.15）
ノートン，ジョン　1663（4.5）
ノートン，トーマス　1514（この頃）
ノートン，トマス　1584（3.10）
ノビリ，レオポルド　1835（8.5）
ノービリ，ロベルト・デ　1651（1.16）
ノービレ，ピエトロ　1854（この年）
ノーフォーク公　1572（6.2）
ノブレ，アントニオ　1900（3.18）
ノブレガ，マヌエル・ダ　1570（10.18）
ノーベル，アルフレッド・ベルンハルト　1896（12.10）
ノボドボールスキー　1882（4.14）
ノリス　1597（この年）
ノリス，ジョン　1711（この年）
ノリス，ヘンリ（エンリコ）　1704（2.22？）
ノール　1885（12.15）
ノルヴィト，ツィプリアン・カミル　1883（5.23）
ノールズ　1407（この年）
ノールズ　1610（この年）
ノールズ，ジェイムズ・シェリダン　1862（11.30）
ノールト　1627（2.22）
ノルベルト　1134（6.6）
ノルマン，シャルル‐ピエール‐ジョゼフ　1840（この年）
ノールロック，リカルド　1866（3.20）
ノレ，ジャン・アントワーヌ　1770（4.19）
ノレケンズ，ジョゼフ　1823（4.23）
ノンナ　374（この年）
ノンノス（パノポリスの）　450（この頃）

【ハ】

バー　1825（この年）
馬殷　930（11.10）
バー，エアロン　1836（9.14）
馬援　49（この年）
馬鈺　1183（12.？）
朴仁老　1642（12.6）
繁欽　218（この年）
朴寅亮　1096（この年）
馬元馭　1722（この頃）
馬建忠　1900（この年）
馬国翰　1857（この年）
馬士英　1645（この年）
馬驌　1673（この年）
馬謖　228（この年）
馬成　82（この頃）
馬祖常　1338（この年）
馬端臨　1323（この年）
馬致遠　1320（この頃）
馬注　1711（この年）
馬超　222（この年）
バー，トマス　1635（この年）
バー，ヒューバート・ド　1243（この年）
馬文升　1510（この年）
馬明心　1781（この年）
馬融　166（この年）
馬璘　777（この年）
バーア，フロリアーヌス　1771（この年）
バーアト，カール・フリードリヒ　1792（4.23）
（バーイー・）グルダース　1637（この年）
裴延齢　796（この年）
裴頠　300（この年）
裴休　870（この頃）
梅堯臣　1060（4.25）
裴矩　627（8.19）
貝瓊　1379（この年）
裴行倹　682（4.28）
梅毅成　1763（この年）
裴子野　530（この年）
裴秀　271（この年）
枚乗　前140（この年）
裴松之　451（この年）
梅清　1697（この年）
裵仲孫　1271（この年）
梅鼎祚　1615（この年）
裴度　839（この年）

梅文鼎　1721（この年）
貝琳　1490（この年）
バイアー　1712（2.29）
バイアー，ハルトマン　1577（8.11）
バイアー，ヨーハン・ヴィルヘルム　1695（10.19）
バイアラム，ジョン　1763（9.26）
バイイ，ジャン・シルヴァン　1793（11.12）
バイエ　1706（この年）
バイェウ・イ・スビアス，フランシスコ　1795（8.4）
バイク　1663（この頃）
バイク，ゼビュロン（・モンゴメリー）　1813（4.27）
バイクス　1623（この頃）
バイコーフ　1663（この年）
バイザ・ヨージェフ　1858（3.3）
バイジェッロ，ジョヴァンニ　1816（6.5）
バイシュラーク，ヴィリバルト　1900（11.25）
ハイス　1877（この年）
バイス，コルネリス1世　1524（この年）
バイズ，チャールズ・コンスタイン　1866（5.26）
バイスィー　1772（この頃）
バイステル，フィリップ・ド　1688（この年）
ハイスマンス，コルネリス　1727（6.1）
ハイスマンス，ヤーコプ　1696（この年）
ハイゼ　1829（この年）
ハイゼ　1895（4.23）
ハイセ，ペータ・アーノルト　1879（9.12）
バイソンゴル　1433（この年）
バイダーウィー　1316（この頃）
ハイダル・アリー　1782（12.7）
ハイダル・ミールザー　1551（この年）
廃帝（金）　1213（この年）
廃帝（後漢）　190（この年）
廃帝（後唐）　936（この年）
廃帝亮　260（この年）
ハイディンガー　1871（3.19）
バイテウェフ，ウィレム　1624（この年）
ハイデガー，ヨーハン・ハインリヒ　1698（1.18）

人物物故大年表　外国人編　　977

ハイデン，ゼーバルト　1561(7.9)
ハイデン，ハンス　1613(10.22(埋葬))
ハイデンライヒ，アウグスト・ルートヴィヒ・クリスティアン　1858(この年)
ハイト　1874(この年)
ハイド　1703(2.18)
ハイドゥ　1301(この年)
ハイトケンペル　1900(4.26)
ハイドン，フランツ・ヨーゼフ　1809(5.31)
ハイドン，ミヒャエル　1806(8.10)
ハイナウ　1853(3.14)
ハイーニ，ジュゼッペ　1844(5.21)
バイニアス　前300(この頃)
ハイニッケ　1790(4.30)
ハイニヘン，ヨハン・ダーヴィト　1729(7.16)
ハイネ　1881(10.21)
ハイネ　1885(10.5)
ハイネ，クリスチアン・ゴットロープ　1812(7.14)
ハイネ，ハインリヒ　1856(2.17)
バイバルス1世　1277(この年)
バイバルス2世　1310(この年)
バイフ，ジャン－アントワーヌ・ド　1589(10.?)
バイフ，ラザール・ド　1547(この年)
ハイベア，ピーター・アンドレアス　1841(4.30)
ハイベア，ヨハン・ルドヴィ　1860(8.25)
ハイ・ベン・シェリラ　1038(この年)
ハイヘンス，コンスタンテイン　1687(3.28)
ハイメ1世　1276(7.27)
ハイメ2世　1327(11.2)
ハイモア　1685(3.21)
ハイモア，ジョーゼフ　1780(3.?)
ハイモ(オセールの)　855(この頃)
ハイモ(ハルバシュタットの)　853(3.28)
ハイモ(ファヴァシャムの)　1244(この年)
バイヤー　1880(この年)
バイヤー，ヴィルヘルム　1806(3.23)

バイヤー，フェルディナント　1863(5.14)
バイヤー，ヨハン　1625(3.7)
バイヤルジェ　1891(この年)
バイユロン，エドワール　1899(4.20)
バイヨー　1616(この年)
バイヨ，ピエール　1842(9.15)
バイラム・ハーン　1561(1.?)
ハイリング，ペーター　1652(この年)
ハイル－アッディーン　1889(この年)
ハイルブロンナー　1747(この頃)
ハイルブロンナー(ハイルブルンナー)，ヤーコプ　1618(11.6)
ハイレッディン・パシャ　1546(この年)
バイロン　1786(4.10)
バイロン，ジョージ・ゴードン　1824(4.19)
バイロン，ヘンリー　1884(この年)
バイロン(ラヴレース伯爵夫人)，オーガスタ・エイダ　1852(11.29)
ハイン　1836(この年)
バインケルスフーク　1743(4.16)
ハインシウス　1655(この年)
ハインゼ，ヴィルヘルム　1803(6.22)
ハインツ　1555(この頃)
ハインツ，フィーリプ・カージミーア　1835(2.8)
ハインツ，ヨーゼフ(父)　1609(この年)
ハインド　1895(この年)
ハインドマーシュ，サー・ジョン　1860(この年)
バインナウン　1581(この年)
ハインリッヒ(傲慢公)　1139(この年)
ハインリヒ　1195(8.6)
ハインリヒ　1379(この頃)
ハインリヒ　1861(5.3)
ハインリヒ1世　936(7.2)
ハインリヒ2世　1024(7.13)
ハインリヒ3世　1056(10.5)
ハインリヒ4世　1106(8.7)
ハインリヒ5世　1125(5.23)
ハインリヒ6世　1197(9.28)
ハインリヒ7世　1313(8.24)

ハインリヒ，ヨーハン・バプティスト　1891(2.9)
ハインリヒ(アーハウスの)　1439(2.14)
ハインリヒ(ヴュルベンの)　1319(この年)
ハインリヒ(カルカルの)　1408(12.20)
ハインリヒ(敬虔公)(フライベルクの)　1541(この年)
ハインリヒ(チュトフェンの)　1524(12.10)
ハインリヒ・ハインブーヘ(ランゲンシュタインの)　1397(2.11)
ハインリヒ・フォン・フェルデケ　1190(この頃)
ハインリヒ・フォン・メルク　1160(この頃)
ハインリヒ・フォン・モールンゲン　1222(この年)
ハインリヒ・フォン・ルッゲ　1191(この頃)
ハインリヒ・フラウエンロープ　1318(11.29)
ハインリヒ(フリーマールの)　1340(10.18)
ハインリヒ・ユーリウス　1613(7.20)
ハインリヒ(ラウフェンベルクの)　1458(この頃)
ハインリーン，ヨハネス(シュタインの，ラピーデの)　1496(3.12)
ハウ，イライアス　1867(10.3)
ハウ，ウィリアム・ウォルシャム　1897(8.10)
ハウ，ウィリアム・ハウ，5代子爵　1814(7.12)
ハウ，サミュエル　1640(この年)
ハウ，サミュエル(・グリドリー)　1876(1.9)
ハウ，ジョゼフ　1873(この年)
ハウ，ジョン　1705(4.2)
ハウ，リチャード・ハウ，初代伯爵　1799(8.5)
バウアー　1876(6.18)
バウアー　1886(この年)
バウア，ヴィルヘルム　1897(4.18)
バウアー，ゲオルク・ローレンツ　1806(1.13)
バウアー，ブルーノ　1882(4.13)
ハヴァーガル，ウィリアム・ヘンリー　1830(この年)

ハヴァガル，フラーンシス・リドリ　1879(6.3)
ハーヴァード，ジョン　1638(9.14)
バウアリング，ジョン　1872(11.23)
ハーヴィー，ウィリアム　1657(6.3)
バーヴィ，ジョン　1428(この頃)
バヴィヤ　570(この頃)
バヴィヨン，ニコラ　1677(12.8)
バウェウ，グジェゴシェ　1591(この年)
バヴェ・ド・クールチユ　1889(10.13)
ハウエル　1666(この年)
ハヴェル，ウィリアム　1857(この年)
パウエル(ポウエル)，ヴァヴァサー　1670(この頃)
バウエルンファイント　1894(8.3)
バウエルンフェルト，エードゥアルト・フォン　1890(8.9)
ハーヴェン，ランベルト・ヴァン　1695(この年)
バーヴォ　660(10.1)
ハウク　1872(3.4)
ハウク，ヨーハン・ハインリヒ　1753(この年)
ハウクウィッツ　1832(2.9)
ハウクヴィッツ伯　1765(この年)
ハウケ　1830(11.29)
ハウゲ，ハーンス・ニルセン　1824(3.29)
ハウザー，カスパー　1833(12.17)
ハウサニアス　前336(この年)
ハウサニアス　前480(この年)
ハウスクネヒト，ヨーハン・ペーター　1870(この年)
ハウスマン　1886(3.11)
ハウスマン，ヴァーレンティーン　1614(この年)
ハウスマン，ニーコラウス　1538(11.3)
ハウスン，ジョン・ソール　1885(12.15)
ハウゼッガー，フリードリヒ・フォン　1899(2.23)
バウチャー　1804(4.27)
バウツ，アルベルト　1549(この年)

バウツ，ディーリック　1475(5.6)
バウティスタ　1597(この年)
バウティスタ，フランシスコ　1679(この年)
バウディッシーン　1878(4.4)
バウディッチ，ナサニエル　1838(この年)
バウト　388(この頃)
バウド，ルーカ　1509(この頃)
ハウトマン　1599(9.1)
バウドラー，トマス　1825(2.24)
ハウフ，ヴィルヘルム　1827(11.18)
ハウプト　1874(2.5)
ハウプト　1891(7.4)
ハウプトマン，モーリツ　1868(1.3)
ハウブラーケン，アルノルト　1719(10.18)
バウマイスター　1785(この年)
バウマン，コンラート　1473(1.24)
バウム，ヨーハン・ヴィルヘルム　1878(10.29)
バウムガルテン，アレクサンダー・ゴットリープ　1762(5.26)
バウムガルテン，ジークムント・ヤーコプ　1757(7.4)
バウムガルテン，ミヒャエル　1889(7.21)
バウムガルテン・クルージウス，ルートヴィヒ・フリードリヒ・オットー　1843(5.31)
バウムガルトナー　1867(3.17)
バウムガルトナー，ウルリヒ　1652(この頃)
バウムガルトナー，ヨハン・ヴォルフガング　1761(この年)
バウラ　404(1.26)
バウリ，アウグスト　1845(5.2)
バウリ，ウィリアム　1848(2.11)
ハヴリーチェク-ボロフスキー，カレル　1856(7.29)
パウリヌス　431(6.22)
パウリヌス　644(10.10)
パウリーヌス(アクィレイアの)　802(この頃)
パウリーヌス(ヴェネツィアの)　1344(6.?)
パウリーヌス(トリーアの)　358(この年)
パウリーヌス(ペラの)　460(この頃)

パウリーヌス(ミラーノの)　400(この頃)
パウリーノス(アンティオキアの)　388(この年)
パウル　1889(この年)
パウル　1898(4.18)
パウル，フェルディナント・クリスティアン　1860(12.2)
パウルス　前160(この年)
パウルス1世　767(この年)
パウルス2世　1471(7.26)
パウルス3世　1549(11.10)
パウルス4世　1559(8.18)
パウルス5世　1621(1.28)
パウルス，ハインリヒ・エーバハルト・ゴットローブ　1851(8.10)
パウルス・アエギネタ　690(この年)
パウルス・ディアコヌス　799(この頃)
パウルス(テーベの)　342(この頃)
パウルス(ブルゴスの)　1435(8.29)
パウルソン，ギェストゥル　1891(8.19)
パウル(ミデルビュルフの)　1534(12.15)
パウール-ロルミヤン，ピエール　1854(12.28)
ハウレギ，フアン・デ　1641(この年)
聖パウロ　65(この頃)
パウロス・カリニコス　520(この頃)
パウロス(コンスタンティノポリスの)　351(この頃)
パウロス・シレンティアリオス　575(この頃)
パウロ(聖)　67(この頃)
ハヴロック(・アラン)，サー・ヘンリー　1857(11.24)
パーヴロフ，ニコライ・フィリッポヴィチ　1864(3.29)
パーヴロワ，カロリーナ・カールロヴナ　1893(12.2)
ハウン　1801(この年)
バウンズ，ジョン　1839(この年)
バエザ　1626(5.7)
バエス　1884(この年)
バエス　1622(この年)
バエス，ホセ・アントニオ　1873(5.7)

バエドルス，ガイユス・ユリウス　55（この頃）
バエホー　1890（この年）
バエール，フェルディナンド　1839（5.3）
バオリ　1807（2.5）
バオロ・アレティーノ　1584（7.10）
パーオロ・ヴェネツィアーノ　1358（この頃）
パーオロ（十字架の）　1775（10.18）
パーオロ・スキアーヴォ　1478（この年）
パオロ・ダ・フィレンツェ　1419（9.？）
ハーガー　1897（1.25）
バーカー　1847（この年）
バーカー　1882（この年）
バーガ　1547（10.19）
バーカー　1652（この年）
バーカー　1688（この年）
バーカー　1811（この年）
バーカー　1866（12.13）
バーカー　1884（4.25）
バーカー，ジェイムズ・ネルソン　1858（5.9）
バーカー，シオドア　1860（5.10）
バーカー，ダニエル　1844（この年）
バーカー，チャールズ・スパックマン　1879（この年）
バーカー，ピーター　1888（1.10）
バーカー，フレドリク　1882（4.6）
バーカー，マシュー　1575（5.17）
バガッティ・ヴァルセッキ，ピエトロ　1864（この年）
ハーカーニー，アフザロッディーン・バディール・ブン・アリー　1199（この年）
パガーニ，パーオロ　1716（この年）
パガニーニ，ニッコロ　1840（5.27）
パガネッリ　1763（この頃）
パガーノ　1799（この年）
ハカム1世　822（この年）
バーキー　1600（4.7）
バキアーヌス（バルセローナの）　392（この頃）
バキウス　1891（1.8）
バキエ　1862（7.5）

バーキエ，エチエンヌ　1615（8.30）
ハーキマー　1777（この年）
ハーキム　1021（2.13）
バキュメレス　1310（この頃）
バキュラール・ダルノー，フランソワ・トマ・マリ・ド　1805（11.8）
パーキンズ，ウィリアム　1602（12.18）
パーキンズ，ジェイコブ　1849（7.30）
パーキンズ，ジャスティン　1869（12.31）
パーキンスン　1650（8.6）
パーキンソン，ジェイムズ　1824（12.21）
パーク，ウィリアム　1829（1.28）
バーク，エドマンド　1797（7.9）
バーク，エドワーズ・アマサ　1900（6.4）
白起　前256（この年）
白居易　846（この年）
白玉蟾　1229（この頃）
白行簡　826（この年）
バーク，ジョン　1848（この年）
バーク，ジョン・デイリー　1808（4.11）
莫是竜　1587（この頃）
白仁甫　1285（この年）
莫登庸　1541（この年）
パーク，トマス・ヘンリー　1882（この年）
パーク，マンゴ　1806（1.？）
莫友芝　1871（この年）
バーク，ロバート・オハラ　1861（6.28）
パクウィウス，マルクス　前130（この頃）
博爾都　1708（この年）
パークス　1876（この年）
パークス，アレグザンダー　1890（6.29）
パークス，サー・ヘンリー　1896（4.27）
パークス，ハリー・スミス　1885（3.21）
バクスター，ジョージ　1867（この年）
バクスター，ジョン　1858（この年）
バクスター，リチャード　1691（12.8）

ハクストハウゼン　1866（12.31）
バクストン　1845（この年）
バクストン，サー・ジョゼフ　1865（6.8）
バグニヌス（バニーノ），サンテ（サンクテス）　1541（8.24）
バクーニン，ミハイル・アレクサンドロヴィチ　1876（7.1）
ハークネス　1888（この年）
バクファルク，バーリント　1576（8.13？）
バークベック，ジョージ　1841（12.1）
バクホイゼン・ファン・デン・ブリンク　1865（7.15）
パークマン，フランシス　1893（11.8）
パクモ・ドゥパ・ドルジェ・ギェルポ　1170（この年）
バグラチオーン　1812（9.24）
バークリー　1677（この年）
バークリー　1094（11.？）
バークリー，アレグザンダー　1552（6.10）
バークリー，ジョージ　1753（1.14）
バークリ，ジョン　1798（7.29）
バークリー，ジョン　1621（8.12）
バークリー，ロバート　1690（10.3）
バークリー・アラダイス，ロバート　1854（この年）
ハーグリーヴズ，ジェイムズ　1778（4.22）
バークレー　1608（この年）
ハーグレイヴズ　1891（10.29）
バーケ　1864（3.26）
バケス　前427（この年）
ハケット　1871（12.28）
ハーゲドルン，フリードリヒ・フォン　1754（10.28）
ハーゲナウアー，ヴォルフガング　1801（この年）
バケナム　1815（この年）
バケール，ブノワ・ド　1678（6.28）
ハーゲン　1884（2.3）
ハーゲン，フリードリヒ・ハインリヒ・フォン・デア　1856（6.11）
ハーゲンバハ，カール・ルードルフ　1874（6.7）
バゴアス　前336？（この頃）
バーゴイン，ジョン　1792（6.3）

馬皇后　1382（この年）
バゴット，リチャード　1854（5.15）
ハーコート　1727（7.23）
ハーコート，サー・ウィリアム・ヴィネーブルズ・ヴァーノン　1871（4.1）
聖パコミウス　346（5.14）
パコーミオス・ルサーノス　1553（この頃）
パコルス　115（この年）
パコルス　前38（この年）
バーゴン，ジョン・ウィリアム　1888（8.4）
バサイア，アイザク　1676（10.12）
バザイティ，マルコ　1530（この頃）
パサヴァン　1861（8.12）
パサヴァント，ウィリアム・アルフレッド　1894（6.3）
ハサウェー　1623（この年）
ハサード，ジョン・ロウズ・グリーン　1888（4.18）
バザール　1832（7.29）
バザルジェット，サー・ジョゼフ・ウィリアム　1891（この年）
バサレンケ，ディエゴ　1651（12.11）
ハザン　1887（6.16）
バザン　1491（12.3）
バザン　1863（1.?）
バザン，フランソワ　1878（7.2）
ハサン‐アルバスリー　728（10.10）
バサンカ，カクペル　1726（この年）
ハサン・サッバーフ　1124（5.23）
バサンダイン，トマス　1577（10.3）
ハサン・パシャ　1748（この年）
ハサン・ビン・アリー　669（この頃）
ハサン・ビン・ザイド　883（この年）
ハサン・ベイ・ザデ　1636（この頃）
ハサンワイ　959（この年）
パーシー　1403（7.?）
バジ，アントワーヌ　1699（この年）
ハシー，オーベド　1860（この年）
パーシ，トマス　1572（8.22）
パーシー，トマス　1811（9.30）

バシアノス（エフェソスの）　451（この頃）
バシイ，ベニニュ・ド　1690（この年）
パーシヴァル，アーサー・フィリップ　1853（6.11）
パーシヴァル，スペンサー　1812（5.11）
ハジ・ウマル　1864（この年）
バジェ，ホセ・セシリオ・デル　1834（3.2）
バージェヴィン　1865（6.26）
バジェス　1886（この年）
バージェズ，ウィリアム　1881（4.20）
パジェット　1854（この年）
パジェット，サー・ジェイムズ　1899（12.30）
バシェ・ド・メジリアク　1632（2.25）
バジェノフ，ヴァシーリー・イヴァノヴィッチ　1799（この年）
ハーシェル，ウィリアム　1822（8.25）
ハーシェル，キャロライン・ルクリーシア　1848（1.9）
ハーシェル，サー・ジョン・フレデリック・ウィリアム　1871（5.11）
バジオ，フランチェスコ　1612（8.30）
パシオン　前370?（この頃）
バシキールツェワ，マリヤ・コンスタンチノヴナ　1884（10.31）
パシケヴィチ　1797（3.20）
パジドー　1845（この年）
バジーニ，アルベルト　1899（この年）
バジネッリ，ロレンツォ　1700（この年）
ハジ・バクタシュ　1337（この頃）
ハージブ・アルマンスール　1002（この年）
ハジ・ムラート　1852（この年）
バジャルタ，イグナシオ　1893（12.31）
バジュー，オーギュスト　1809（5.8）
ハージュー，キャマーロッディーン・アボル・アター・マフムード・モルシェディー　1352（この年）
バシュリエ，ニコラ　1556（この年）

バジョー　1896（この年）
バジョット，ウォルター　1877（3.24）
バショモン　1702（この年）
バショーモン，ルイ・プチ・ド　1771（4.29）
バージー・ラーオ1世　1740（5.9）
バージー・ラーオ2世　1852（12.?）
バジーリ　1850（3.25）
バシリアジス　1874（8.?）
バシリウス1世　886（8.29）
バシリウス2世　1025（12.15）
バシリスクス　477（この年）
バシール2世　1851（この年）
バジール，ジャン‐フレデリック　1870（11.28）
バジーレ，ジャンバッティスタ　1632（2.23）
バジーレ，ジョヴァンニ・バッティスタ・フィリッポ　1891（この年）
バシレイオス　379（この年）
バシレイオス（セレウキアの）　468（この頃）
バシレイデス　140（この頃）
バジレッティ，ルイージ　1859（この年）
ハシント，エミリオ　1899（4.16）
バース　1860（この年）
パース，ウィリアム　1782（この年）
バス，ジョージ　1803（この年）
バス，フランシス・メアリ　1894（12.24）
パース，ベンジャミン　1880（10.6）
バス，マイケル・トマス　1884（この年）
ハズィーン　1779（この年）
ハーズウェル　1896（この年）
バスカヴィル，ジョン　1775（1.8）
パスカーシウス，ラドベルトゥス　860（4.26）
バスカラ　800（この頃）
バースカラ2世　1185（この年）
バスカリス1世　824（この年）
バスカリス2世　1118（1.21）
バスカリス3世　1168（この年）
パスカル，エティエンヌ　1651（9.24）
パスカル，ジャクリーヌ　1661（10.4）
パスカル，ブレーズ　1662（8.19）

ハズガン　1357（この年）
ハスキッソン，ウィリアム　1830（9.15）
パスクアーリ　1757（10.13）
パスクアル・バイロン　1592（5.15）
パスクイーニ　1608（この頃）
パスクイーニ，ベルナルド　1710（11.21）
パスケーヴィチ　1856（2.1）
パスケス　1560（この頃）
パスケス　1569（この頃）
パスケス　1624（8.25）
パスケス，ガブリエル　1604（9.30）
パスケス，パブロ　1847（10.7）
パスケス，フランシスコ・ハビエル　1785（2.2）
パスケス・デ・エスピノーサ，アントニオ　1630（この頃）
パスケス・デ・エレーラ，フランシスコ　1712（この頃）
パスケーニス，エヴァリスト　1677（この年）
パスケーニス，クリストーフォロ　1626（この年）
パスケーニス，シモーネ2世　1547（この年）
パスコ・イ・バルガス　1805（この年）
パスコリ，リオーネ　1744（この年）
パスコンセロス，ベルナルド・ペレイラ・デ　1850（5.1）
パスタ，ジュディッタ　1865（4.1）
ハスダーイ　970（この頃）
パスターヴィツ，ゲオルク・フォン　1803（1.26）
パスチャン　1888（9.9）
バスティア　1850（12.24）
バスティアーニ，ラッザーロ　1512（この年）
バスティアン・ルパージュ，ジュール　1884（12.10）
バスティダス　1526（この年）
ハースト，G.　1891（2.28）
パストーア，アーダム　1560（この頃）
パストゥール，ルイ　1895（9.28）
バストホルム，クリスティアン　1819（1.25）
バストーリアス，フラーンシス・ダニエル　1720（この頃）

ハスドルバル　前146（この年）
ハスドルバル　前203（この年）
ハスドルバル　前207（この年）
ハスドルバル　前221（この年）
パスパ　1280（この年）
パスビー　1838（5.28）
パスビー　1695（4.6）
パスビル　1793（1.13）
ハースピンガー，ヨーアヒム　1858（1.12）
パズマーニ，ペーテル　1637（3.19）
ハスラー　1843（この年）
パスラ　1602（この年）
ハスラー，ハンス・レーオ　1612（6.8）
パスラン　1450（この頃）
ハズリット，ウィリアム　1830（9.18）
ハスリンガー，カール　1868（12.26）
ハスリンガー，トビアス　1842（6.18）
パズワンドオウル　1807（この年）
パースンズ，ジェイムズ　1847（4.6）
ハーゼ，カール・アウグスト　1890（1.3）
パセー，ジャン　1707（12.?）
バーセイヴィ，ジョージ　1845（この年）
パーセヴァル　1836（9.16）
パセドー　1854（4.11）
バーゼドー，ヨハン・ベルンハルト　1790（7.25）
バゼーヌ　1838（9.29）
バゼーヌ，アシル（・フランソワ）　1888（9.23）
パーセル　1877（8.20）
パーセル，ジョン・バプティスト　1883（7.4）
パーセル，ダニエル　1717（この年）
パーセル，ヘンリー　1695（11.21）
ハーゼンカンプ，ヨーハン・ゲーアハルト　1777（6.10）
ハーゼンクレーファー　1889（7.3）
馬祖道一　788（2.4）
パーソ，ハイメ　1461（7.16）
パソ・チョエキ・ギェルツェン　1473（この年）

バーソッグ　1703（この頃）
バーゾリ，アントーニオ　1848（この年）
パーソンズ　1570（1.25）
パーソンズ，ロバート　1610（4.18）
バーダー，アウグスティーン　1530（3.30）
バーダー，フランツ・クサーヴァー・フォン　1841（5.23）
バーダー，ヨハネス　1545（8.10?）
バタイユ，ガブリエル　1630（12.17）
バタイユ，ニコラ　1405（この頃）
バタイヨーン，ピエール・マリー　1877（4.10）
バダーウーニー　1615（この頃）
パターソン　1806（9.9）
パターソン，ウィリアム　1719（1.22）
バタフィールド，ウィリアム　1900（2.23）
ハーダマル・フォン・ラーバー　1354（この頃）
バーダラーヤナ　前1（この頃）
バダロッキオ，シスト　1647（この年）
パタン，ギー　1672（この年）
バーチ　1766（1.9）
バーチ　1885（10.27）
バチェ　1622（4.15）
バチェ，アレグザンダー・ダラス　1867（2.17）
パチェコ　1626（6.20）
パチェコ　1640（8.3）
パチェーコ・デル・リオ，フランシスコ　1654（この年）
パチェッティ，カミッロ　1826（この年）
ハチェット，チャールズ　1847（2.10）
ハチソン，フランシス　1746（8.8）
八大山人　1705（この年）
バチッチア，イル　1709（4.2）
バチーニ，ジョヴァンニ　1867（12.6）
パチャクーテク　1473（この頃）
パーチャス，サミュエル　1626（10.21）
パーチャスパティ・ミシュラ　870（この頃）

バーチュシコフ，コンスタンチン・ニコラエヴィチ　1855(7.7)
パチョーリ　1514(この頃)
パチョーリ，フラ・ルーカ　1520(この頃)
ハチンソン，アン　1643(8.?)
バツ　1822(この年)
パカ　1844(4.19)
パッカーシ，ニコラウス・フォン　1790(この頃)
バッカス，アイザク　1806(11.20)
バッカーニ，ガエターノ　1867(この年)
ハッカールト，ヤン　1699(この年)
バッキアッカ　1557(この年)
バッキアロッティ，ジャーコモ　1540(この頃)
バッキオキ，マリア・アンナ・エリザ　1820(この年)
バッキュリデス　前450(この頃)
バッキンガム，ジョージ・ヴィラーズ，2代公爵　1687(4.16)
バッキンガム，ジョージ・ヴィラーズ，初代公爵　1628(8.23)
バッキンガム公　1483(この年)
バッキンガムシャー1世，ジョン・ホバート　1756(この年)
バッキンガムシャー2世，ジョン・ホバート　1793(この年)
バッキンガムシャー4世，ロバート・ホバート　1816(この年)
バッキンガムシャー5世，ジョージ・ロバート・ホバート　1849(この年)
バック　1877(3.6)
バック，サー・ジョージ　1878(7.23)
バックオッフェン，ハンス　1519(9.21)
バックス　303(この頃)
ハックスリー，T. H.　1895(6.29)
バッグフォード，ジョン　1716(この年)
バックホイセン，ルドルフ　1708(11.17)
バックマン，ジョン　1874(この年)
バックランド，ウィリアム　1856(8.14)
バックランド，フランシス・トレヴェリアン　1880(12.19)

バックリー，ウィリアム　1856(この年)
バックル　1862(5.29)
バックル(公)，ヘンリー　1812(この年)
ハックレンダー　1877(7.6)
ハックワース，ティモシー　1850(この年)
バッゲセン，イェンス　1826(10.3)
ハッケル，ヤーコプ・アドリアーンスゾーン　1651(この年)
ハッケルト，ヤーコプ・フィリップ　1807(4.28)
バッサ，フェレーレ　1348(この年)
パッサヴァンティ，ヤーコポ　1357(6.15)
バッサーニ，ジョヴァンニ・バッティスタ　1716(10.1)
バッサーノ　1617(この年)
バッサーノ，小フランチェスコ　1592(この年)
バッサーノ，ジェローラモ　1621(この年)
バッサーノ，ジョヴァンバッティスタ　1613(この年)
バッサーノ，フランチェスコ(年長)　1540(この年)
バッサーノ，ヤコポ・ダ　1592(2.13)
バッサーノ，レアンドロ　1622(この年)
パッサリア，カルロ　1887(3.12)
パッサロッティ，ティブルツィオ　1612(この頃)
パッサロッティ，バルトロメーオ　1592(この年)
ハッサーン・イブン・サービト　674?(この頃)
ハッサーン・ブン・アルヌウマーン　699(この年)
バッシ　1825(9.13)
バッシ，アゴスティーノ・マリア　1856(2.8)
バッジ，ジョヴァンニ・バッティスタ　1627(この年)
バッシ，マルティーノ　1591(この年)
バッジェル　1737(5.4)
パッシオーネイ，ドメーニコ　1761(7.5)
バッジーニ，アントーニオ　1897(2.10)

パッシニャーノ　1636(この年)
ハッジャージュ・ブン・ユースフ　714(6.?)
バッシャール・イブン・ブルド　784(この年)
バッシャール・ブヌ・ブルド　783(この年)
バッシュ，ロレンス　1805(この年)
ハッセ，ヨーハン・アードルフ　1783(12.16)
バッセッティ，マルカントーニオ　1630(この年)
バッセリ，アンドレーア　1518(この年)
バッセリ，ジョヴァンニ・バッティスタ　1780(この年)
ハッセンプフルーク　1862(10.10)
パッソー　1833(3.11)
バッソンピエール，フランソワ・ド　1646(12.12)
バッタリア，カルメロ　1799(この年)
ハッチ，エドウィン　1889(11.10)
バッチ，トマス　1782(この年)
バッチャーニ，ヨージェフ　1799(10.23)
バッチャーニュ　1849(10.6)
バッチャレッリ，マルチェッロ　1818(この年)
バッチョ・ダーニョロ　1543(この年)
バッチョ・ダ・モンテルーポ　1535(この年)
ハッチンスン，ジョン　1664(9.11)
ハッチンスン，ジョン　1737(8.28)
ハッチンソン　1680(この頃)
ハッチンソン，T.　1780(6.3)
バッツァーニ，ジュゼッペ　1769(この年)
バッティシル　1801(12.10)
ハッテム，ポンティアーン・ヴァン　1706(この年)
バッテル　1767(12.28)
バッテンベルク，アレクサンダー大公　1893(この年)
バット　1879(5.5)
ハットー1世　913(5.15)
ハットー2世　970(1.18)
バッド，ウィリアム　1880(1.9)
バット，ピエール　1816(この年)

ハツ　　　　　　　　　人名索引

ハットゥシリシュ1世　前1620（この頃）
ハットゥシリシュ2世　前1400（この頃）
ハットゥシリシュ3世　前1250（この頃）
パットナム，ジョージ　1591（この年）
ハット（ライヒェナウの）　836（3.17）
ハットルグリームソン，ヨウナス　1845（5.26）
ハットン　1591（11.20）
パットン　1634（この年）
ハットン，ジェイムズ　1797（3.26）
ハットン，リチャード・ホウルト　1897（9.9）
ハッパー，アンドルー・パットン　1894（10.27）
バッハ，ヴィルヘルム・フリーデマン　1784（7.1）
バッハ，カール・フィーリプ・エマーヌエル　1788（12.14）
バッハ，ゲオルク・クリストフ　1697（4.21）
バッハ，ハインリヒ　1692（この年）
バッハー，ミヒャエル　1498（7.7.?）
バッハ，ヨーハン・エルンスト　1777（この年）
バッハ，ヨーハン・クリスティアン　1782（1.1）
バッハ，ヨーハン・クリストフ　1703（4.2）
バッハ，ヨーハン・クリストフ・フリードリヒ　1795（1.26）
バッハ，ヨハン・ゴットフリート・ベルンハルト　1739（5.27）
バッハ，ヨーハン・ゼバスティアン　1750（7.28）
バッハ，ヨーハン・ニーコラウス　1753（この年）
バッハ，ヨーハン・ベルンハルト　1749（6.11）
バッハ，ヨーハン・ミヒャエル　1694（この年）
バッハ，ヨーハン・ルートヴィヒ　1731（この年）
バッハオーフェン，ヨハン・ヤーコブ　1887（11.25）

バッハシュトローム，ヨーハン・フリードリヒ　1742（この年）
ハッパート　1653（8.8）
パッフ　1766（この年）
バッフィン，ウィリアム　1622（1.23）
パップス，ヨハネス　1610（この年）
パップワース，ジョン・ブオナロッティ　1847（この年）
パッヘルベル，ヨハン　1706（3.9（埋葬））
パッペンハイム　1632（11.17）
ハーツホーン　1897（2.10）
パッラヴィチーニ　1756（この頃）
パッラヴィチーニ，ルイージ・アレッサンドロ　1880（この年）
パッラヴィチーノ　1601（11.26）
パッラヴィチーノ，ピエートロ・スフォルツァ　1667（6.5）
パッラヴィチーノ，フェッランテ　1644（3.5）
パッラージオ，アンジョロ　1456（この年）
ハッラージュ　922（この年）
パッリ・ディ・スピネッロ・スピネッリ　1453（この年）
パーテ，ハインリヒ（メーヘレンの）　1310（この頃）
ハーディ　1832（10.11）
ハーディー　1873（11.6）
ハーディ，サー・トマス（・マスターマン）　1839（9.20）
パディア・イ・レブリク　1818（この年）
ハーディー・サブザワーリー　1878（この年）
パティジ，アンドラーシュ　1546（この頃）
ハディージャ　619（この頃）
パディージャ，ディエゴ・フランシスコ　1829（4.9）
パティスン，ジョン・コウルリジ　1871（この年）
パティスン，マーク　1884（7.30）
パティソン，ドロシー（・ウィンドロー）　1878（この年）
パティニョ　1736（この年）
パティニール，ヨアヒム　1524（10.5）
ハーティーブ・アルバグダーディー　1071（9.5）
ハーティフィー　1520（12.?）

ハーティフ・エスファハーニー　1782（この年）
ハーティム，シェイフ・ズフールッディーン　1783（7.?）
パディリャ，フアン・デ　1521（4.24）
パディーリャ，ホアン・デ　1542（この頃）
バティルデ　630（この年）
バディーレ，ジョヴァンニ　1451（この頃）
バディーレ，ジョヴァンニ・アントーニオ　1580（この頃）
バディン，スティーヴン・セオドア　1853（4.19）
ハーディング，聖スティーヴン　1134（3.28）
ハーディング，トマス　1572（この年）
ハーディング（ラホールの），ヘンリー・ハーディング，初代子爵　1856（9.24）
バーデット　1844（この年）
パテル，ジャン・バティスト　1736（7.25）
パテル，ピエール　1676（この年）
パテルノストラ　1899（4.?）
ハーデンバーグ　1790（この年）
ハート　1683（8.?）
ハート　1779（この年）
ハード　1808（5.28）
バート　1881（この年）
バード　1776（この年）
バード　1864（11.21）
バード2世　1744（8.26）
バード，W.　1704（この年）
バード，ウィリアム　1623（7.4）
バード，ロバート・モンゴメリー　1854（1.23）
パドアーロ，ジャコモ　1654（この年）
パトゥ　1256（この年）
バトゥー，シャルル　1780（7.14）
バドヴァニーノ　1648（この年）
ハードウィック，フィリップ　1870（この年）
バトゥッツイ，ジョヴァンニ・ヴィンチェンツォ　1769（5.26）
パドゥーラ，ヴィンチェンツォ　1893（1.8）
バトクル　1707（10.21）
パドケー　1883（この年）
ハトシェプスト　前1481（この頃）

ハドソン, ジョージ 1871(こ
 の年)
ハドソン, トマス 1779(この年)
ハドソン, ヘンリー 1611(6.22)
パトナム, イズレイアル 1790
 (5.19)
パトナム, ジョージ・パーマー
 1872(この年)
パトナム, ルーファス 1824(5.4)
バトーニ, ポンペオ・ジロラモ
 1787(2.4)
バドビ, ジョン 1410(3.1)
バトマン 1839(この年)
パトモア, コヴェントリー
 1896(11.26)
バトラー 1781(この年)
バトラー, ウィリアム・ジョン
 1894(1.14)
バトラー, オールバン 1773(5.
 15)
バトラー, サミュエル 1680(9.
 25)
バトラー, ジョゼフ 1752(6.16)
バトラー, チャールズ 1832(6.2)
バトラー, ベンジャミン・F(フ
 ランクリン) 1893(1.11)
バトラー, レイディ・エレナー
 1829(この年)
ハートラウプ, ヨハネス 1340
 (3.16)
バートラム, ウィリアム 1823
 (7.22)
バートラム, ジョン 1777(9.22)
パトリ 1613(3.27)
パトリ 1614(この年)
パトリ 1613(この年)
バドリー 1794(この年)
ハドリー, ジョン 1744(2.14)
ハートリー, デイヴィド 1757
 (8.28)
ハートリー, デイヴィド 1813
 (この年)
ハドリアーヌス 304(この頃)
ハドリアヌス1世 795(12.25)
ハドリアヌス2世 872(11.?)
ハドリアヌス3世 885(9.?)
ハドリアヌス4世 1159(9.1)
ハドリアヌス5世 1276(8.18)
ハドリアヌス6世 1523(9.14)
ハドリアヌス, プブリウス・ア
 エリウス 138(7.10)
ハドリアーヌス(カンタベリの)
 709(1.9)

パトリキウス, マゴヌス・スカ
 トゥス 461(3.17)
パトリク, サイモン 1707(5.31)
パトリジ 1715(この年)
パトリッツィ 1597(この年)
パトリュ, オリヴィエ 1681(こ
 の年)
パドルー, アントワーヌ・ミシェ
 ル(子) 1758(この年)
パドルー, ジュール 1887(8.13)
ハドレー, ジョージ 1768(6.28)
バートレット 1886(5.28)
バートレット, ジョサイア
 1795(この年)
パトロクレス 前275?(この頃)
パトロナ・ハリル 1730(この年)
バートン 1860(2.10)
バートン 1881(8.10)
バートン, エドワード 1836(1.
 19)
バートン, エリザベス 1534(4.
 20)
バートン, デシマス 1881(こ
 の年)
バートン, リチャード 1890
 (10.20)
バートン, ロバート 1640(1.25)
バナー 1896(5.11)
ハーナー, ゲオルク 1740(12.
 14)
ハーナー, ゲオルク・イェレミー
 アス 1777(3.9)
ハーナー, ヨーハン 1549(こ
 の頃)
パナイティオス 前110(この頃)
バナーエフ, イワン・イワノヴィ
 チ 1862(2.19)
バナーエワ, アヴドーチヤ・ヤー
 コヴレヴナ 1893(3.30)
バナカー, ベンジャミン 1806
 (この年)
バナーカティー 1329(この頃)
バナージュ, アンリ 1695(10.
 20)
バナージュ, サミュエル 1721
 (この年)
バナージュ, ジャーク(ド・ボ
 ヴァール) 1723(12.22)
バナージュ, バンジャマン
 1652(この年)
バーナーズ, ジョン・バウチャー,
 2代男爵 1533(この年)
バナタイン, ジョージ 1608(こ

バーナード 1825(この年)
バーナード 1889(この年)
バーナード 1900(7.5)
バーナード, ウィリアム・ベイル
 1875(8.5)
バーナートー, バーニー 1897
 (この年)
バーナビー 1885(1.17)
バーナム 1789(1.10)
バーナム 1865(この年)
バーナム, P. T. 1891(4.7)
ハーニー 1897(この年)
バーニー, ジェイムズ(・ギレス
 ピー) 1857(この年)
バーニー, チャールズ 1814(4.
 12)
バーニー, ファニー 1840(1.6)
バニェス, ドミンゴ 1604(10.
 22)
パニガローラ, フランチェスコ
 1594(5.31)
バニスター 1874(この年)
バニスター, ジョン 1679(10.3)
バニスター, ジョン 1725(こ
 の頃)
パニッツィ, サー・アントニー
 1879(4.8)
波若 613(この年)
バニャカヴァッロ 1542(8.?)
バニャーラ, フランチェスコ
 1866(この年)
バニヤン, ジョン 1688(8.31)
パニュアッシス(パニュアシス)
 前460?(この頃)
バーニン 1783(4.11)
バーニン 1789(4.26)
バーニン 1837(3.13)
ハニントン, ジェイムズ 1885
 (10.29)
パヌッチョ・デル・バーニョ
 1276(この年)
バーヌバクタ・アーチャーリヤ
 1868(9.?)
ハーネット, ウィリアム・マイケ
 ル 1892(10.29)
バーネット, ギルバート 1715
 (3.17)
バーネット, トマス 1715(9.27)
ハーネベルク, ダニエル・ボニ
 ファーティウス・フォン
 1876(5.31)
ハーネマン, (クリスティアン・
 フリードリヒ・)サムエル
 1843(7.2)

バーネル 1292(10.25)
バネール 1641(5.10)
バーネル 1718(この年)
バーネル, チャールズ・スチュワート 1891(10.6)
パノルミターヌス 1445(この年)
ハーバー 1874(8.11)
バーバー 1890(6.16)
(バーバー・)ファリード・シャカルガンジュ 1266(この年)
バーバー, エドワード 1649(この年)
ハーバー, ジェイムズ 1869(この年)
バーバー, ジョン 1395(3.13)
ハーバー, チャールズ 1868(6.19)
バハー・アッディーン 1234(この年)
バハー・アッディーン・ズハイル 1258(この年)
バーバー・アッラー 1892(5.29)
バーバイ・マグニ 628(この年)
バハーウッ・ディーン・アル・アーミリー 1622(8.20)
バーバク・ホッラミー 837(この年)
ハーバコルン, ペーター 1676(4.5)
ハバシュ・アル・ハースィブ 870(この年)
ハバーズ 1702(この年)
バーバー・ターヘル・オルヤーン 1055(この頃)
ハーバート, ウィリアム, 3代ペンブルック伯爵 1630(この年)
ハーバート, エドワード 1648(8.20)
ハーバート, ジョージ 1633(3.1)
バハードゥル・シャー 1537(2.14)
バハードゥル・シャー1世 1712(2.14)
バハードゥル・シャー2世 1862(11.7)
ハーバート・オブ・リー 1861(8.2)
ハーバマン(アヴェナーリウス), ヨーハン 1590(12.5)
ハバロフ 1667(この年)
バハロール・ローディー 1489(7.?)
バハン, エルスペス 1791(この年)

パパン, ドニ 1712(この頃)
パピア 1895(1.4)
パピアス(パピアース) 130(この年)
ハビエル, フランシスコ 1552(12.3)
バビット, アイザック 1862(5.26)
パピニアヌス, アエミリウス 212(この年)
パピーニ・タルターニ, ニッコロ 1834(12.16)
バビネ, ジャック 1872(10.21)
パピノー, ルイ・ジョゼフ 1871(9.24)
バビュラス 250(この頃)
バピュルス 170(この頃)
ハビントン 1654(11.30)
バビントン, アントニー 1586(9.20)
バーブ・アッ・ディーン 1850(7.9)
ハーフィズ・アーブルー 1429(この頃)
ハーフェンレファー, マティアス 1619(10.22)
パブ・カルバンシェ 1878(この年)
バブコク, ルーファス 1875(5.4)
バブコック 1893(この年)
ハーブスフィールド, ニコラス 1575(12.18)
バブチニスキ, スタニスウァフ 1701(9.17)
バプテスマのヨハネ 30(この頃)
ハーフナー 1764(この年)
ハフナー, イザーク 1831(この年)
パフヌティウス 360(この頃)
バブーフ, フランソワ-ノエル 1797(5.27)
ハーフペニー, ウィリアム 1755(この年)
バフラム5世 438(この年)
バーブル 1530(この年)
バーブル, ザヒールッディーン・ムハンマド 1530(12.26)
ハーベー 1630(この年)
ハーベー 1758(この年)
バーベージ, カスパート 1636(この年)
バーベージ, ジェームズ 1597(この年)
バベッジ, チャールズ 1871(10.20)

バーベッジ, リチャード 1619(3.13)
バーベブロホ, ダーニエル 1714(6.28)
バーベル1世 1801(3.24)
バーボー 1889(4.15)
バーボ・ツクラク・テンワ 1566(この年)
バボッチョ, アントーニオ 1435(この年)
バーボールド, アナ・レティシア 1825(3.9)
バーボン 1698(この年)
バーボン, ブレイズゴッド 1679(1.5(埋葬))
パーマー 1705(この年)
パーマー 1802(この年)
パーマー 1882(8.11)
パーマー 1893(9.?)
パーマー, ウィリアム 1879(4.5)
パーマー, ウィリアム 1885(この年)
パーマー, エライヒュー 1806(4.7)
パーマー, サミュエル 1881(5.24)
パーマー, ジョン 1817(この年)
パーマー, フィービ・ウォラル 1874(11.2)
パーマー, ラウンデル 1895(5.4)
ハマザーニー 1007(この年)
ハマーショルド 1827(10.15)
パーマストン(パーマストンの), ヘンリー・ジョン・テンプル, 3代子爵 1865(10.18)
ハーマン, ヨハン・ゲオルク 1788(6.21)
パーマンティエ 1813(12.13)
ハミードッディーン, オマル・ブン・マフムード 1180(この年)
ハミルカル 前228(この年)
ハミルカル 前480(この年)
ハミルトン 1741(この年)
ハミルトン 1751(5.24)
ハミルトン 1796(7.16)
ハミルトン 1831(この年)
ハミルトン, アレグザンダー 1804(7.12)
ハミルトン, アントワーヌ(アントニー) 1720(この年)
ハミルトン, ウォルター・カー 1869(8.1)

人名索引　ハラ

ハミルトン, エマ, レイディ　1815(1.15)
ハミルトン, ゲイヴィン　1798(この年)
ハミルトン, サー・ウィリアム　1803(4.6)
ハミルトン, サー・ウィリアム　1856(5.6)
ハミルトン, サー・ウィリアム・ローワン　1865(9.2)
ハミルトン, ジェイムズ　1649(2.9)
ハミルトン, ジョン　1571(4.7)
ハミルトン, トマス　1858(この年)
ハミルトン, パトリック　1528(2.29)
バーミンガー　1567(5.3)
バーミンガム　1884(この年)
ハムギー　1888(この年)
ハムザ・アル・イスファハーニー　961(この頃)
ハムザ・ビン・アブドゥル・ムッタリブ　625(3.23)
ハムザ・ビン・アリー　1020(この頃)
ハムステーデ, アードリアン・コルネーリス・ヴァン　1562(この頃)
ハムダーニー　945(この年)
ハムダーン・カルマト　899(この頃)
ハムディー　1503(この年)
ハムリン, サイラス　1900(8.8)
ハムリン, ハニバル　1891(この年)
ハーメル　1692(2.12)
ハメール, アラート・ドゥ　1509(この年)
ハーメルマン, ヘルマン　1595(6.26)
ハーメルリング　1889(7.13)
ハーメルン, グルッケル　1724(この年)
ハモンド, ヘンリ　1660(4.25)
バヤジット1世　1403(3.8)
バヤズィト2世　1512(この年)
ハヤム・ウルク　1389(この年)
バヤール, ピエール・デュ・テライユ, 騎士　1524(4.30)
バーユス, ミシェル　1589(9.16)
ハラー　1755(7.9)
ハラー　1884(2.21)

バラ, アルフォンス　1895(この年)
ハラー, アルブレヒト　1777(12.12)
ハラー, アルブレヒト　1858(11.28)
ハラー, カール・ルートヴィヒ　1854(5.21)
ハラー, ベルヒトルト　1536(2.25)
バラー, マドレーヌ・ソフィー　1865(5.25)
ハラー, ヨハネス　1575(9.1)
バライ　460(この頃)
パラヴィチーノ, カルロ　1688(1.29)
パラヴィチーノ・トリヴルツィオ　1878(8.4)
パラエオローグス(パライオロゴス), ヤーコブ　1585(この年)
バラガ, フレドリク　1868(1.19)
バラグタス　1862(この年)
バラゲー・ディリエ　1812(1.6)
バラゲー・ディリエ　1878(6.6)
バラージ, ベラージョ　1860(この年)
バラージイ　1878(この年)
バーラージー・ヴィシュワナート　1720(4.?)
バーラージー・バージー・ラーオ　1761(6.23)
バーラージー・ビシュワナート　1720(この年)
バラス　62(この年)
バラス, ペドロ・ホセ　1784(9.7)
バラス, ポール・フランソワ・ジャン・ニコラ, 伯爵　1829(1.29)
バラスホス　1895(1.26)
バラーズリー　892(この年)
バラタシヴィリ, ニコロズ・メリトニスゼ　1845(10.9)
ハラタマ　1888(1.19)
パラツェルズス, フィリプス・アウレオールス　1541(9.24)
バラッカマバーフ1世　1186(この年)
バラッキー　1876(5.26)
バラッシャ, バーリント　1594(5.30)
バラッタ, アントーニオ　1787(この年)
バラッタ, ジョヴァンニ　1747(この年)

バラッタ, フランチェスコ　1656(この年)
パラディウス　432(この頃)
パラディウス, ペーダー・エスベアンセン　1560(この年)
パラーディオ, アンドレア　1580(8.19)
パラディース　1824(2.1)
パラディース, ピエトロ・ドメニコ　1791(8.25)
パラディーノ, カルロ　1835(この年)
パラディーノ, フィリッポ　1614(この年)
パラデス, ディエゴ　1579(この頃)
バーラテーンドゥ・ハリシュチャンドル　1885(1.6)
バラード　1586(この年)
バラトゥインスキー, エヴゲーニー・アブラモヴィチ　1844(6.29)
バラニー　1357(この頃)
バラーノフ　1819(この年)
バラハス　1639(この年)
バラビシーノ・イ・アルテアガ, オルテンシオ・フェリックス　1633(この年)
バラビーノ, ニッコロ　1891(この年)
波羅頗迦羅蜜多羅　633(この年)
バラフォックス・イ・メンドーサ, ホアン　1659(この年)
パラブラ, ジャン　1721(この年)
パラマス, グレゴリオス　1359(11.14)
パラミシュワラ　1413(この頃)
ハラム　1756(この年)
ハラム　1808(この年)
ハラム　1833(9.15)
ハラム　1859(1.21)
バラム, リチャード・ハリス　1845(6.17)
パラメデス　1673(11.27)
ハーラル　852(この年)
ハーラル1世　985(11.1)
ハーラル2世　976(この頃)
ハーラル4世　1136(この年)
バラール, アントワーヌ・ジェローム　1876(4.30)
バラール, クリストフ　1715(5.28?)
バラール, クリストフ・ジャン-フランソワ　1765(9.5)

人物物故大年表 外国人編　*987*

ハラ

バラール，ジャン・バティスト・クリストフ 1750(5.?)
バラール，ピエール 1639(10.4)
バラール，ロベール 1588(この年)
バラール，ロベール 1650(この頃)
バラール，ロベール 1673(この年)
バラワ・ギェルツェン・ペルサン 1391(この年)
バラン 1716(9.26)
バランシュ 1882(2.23)
バランシュ，ピエール-シモン 1847(6.12)
バランス 1893(4.27)
バランタイン，R. M. 1894(2.8)
バランタイン，ジェイムズ 1833(この年)
バランタイン，ジョン 1821(この年)
バランタン・ド・ブーローニュ 1632(この年)
バラン・デュシャトレ 1836(この年)
バランド 1883(10.5)
バラント，ギヨーム・プロスペール・ブリュジエール 1866(11.21)
ハラント，クリストフ 1621(6.21)
ハーランド，サー・エドワード・ジェイムズ 1896(この年)
ハーランド，ヒュー(ハーロンド，ヒュー) 1405(この年)
パリ 1894(9.4)
バリー 1851(4.8)
バリー，アントワーヌ-ルイ 1875(6.25)
ハリー，エドモンド 1742(1.14)
バリー，サー・ウィリアム・エドワード 1855(7.2)
バリー，サー・チャールズ 1860(5.12)
バリー，ジェイムズ 1806(2.22)
バリー，ジョン 1803(9.13)
ハーリー，ロバート，初代オックスフォード伯爵 1724(この年)
ハリヴァルマン 350?(この頃)
バリーヴィ 1707(この年)
バリオス，ファスト・ルフィーノ 1885(4.2)
ハリオット，トマス 1621(7.3)

バリオーニ，ジュリアーノ 1555(この年)
バリオーネ，ジョヴァンニ 1644(この年)
バーリー卿 1598(8.4)
バリサー 1887(この年)
ハリージ 1235(この頃)
バリージ，アルフォンソ 1590(この年)
バリージ，アルフォンソ 1656(この年)
バリージ，ジューリオ 1635(この年)
バリシー，ベルナール 1590(この年)
ハリシチャンドラ 1885(この年)
バリジョーニ，フィリッポ 1753(この年)
ハリス 1716(この年)
ハリス 1719(9.7)
ハリス 1764(この年)
ハリス 1860(この年)
ハリス 1869(12.11)
ハリス 1881(2.13)
ハリス，ジョン 1846(この年)
ハリス，タウンセンド 1878(2.25)
ハリス，ハウエル 1773(7.21)
パリス，フランソワ・ド 1727(5.1)
ハリス，マシュー 1259(この年)
ハーリス・ブン・カルダ 634(この頃)
パリソ・ド・モントノワ，シャル 1814(6.15)
ハリソン 1593(この年)
ハリソン，ウィリアム・ヘンリー 1841(4.4)
ハリソン，ジョン 1776(3.24)
ハリソン，トマス 1829(この年)
ハリソン，トマス 1660(10.13)
ハリソン，ピーター 1775(この年)
パーリツィン，アヴラアーミイ 1626(9.13)
パリッツィ，ジュゼッペ 1888(この年)
パリッツィ，ニコーラ 1870(この年)
パリッツィ，フィリッポ 1899(この年)
パリッツィ，フランチェスコ・パーオロ 1871(この年)

バリット，イライヒュー 1879(この年)
ハーリド・ブン・アルワリード 642(この年)
ハーリド・ブン・ヤズィード 704(この年)
ハリナルドゥス(リヨンの) 1052(7.29)
バリーニ，ジュゼッペ 1799(8.15)
ハリバドラ 775(この頃)
ハリバートン，T. C. 1865(8.27)
ハリバートン，トマス 1712(9.23)
バリビアン 1874(この年)
ハリファックス 1695(4.5)
ハリファックス 1885(8.8)
ハリファックス，チャールズ・モンタギュー，初代伯爵 1715(5.19)
ハリボイス 1862(この年)
バリモア，ジョージアナ・ドルー 1893(この年)
バリャチンスキー 1879(3.9)
バリュ，テオドール 1885(この年)
バリュ，フランソワ 1684(10.29)
バリューズ(バリュシウス)，エティエンヌ 1718(7.28)
ハリーリー 1122(11.9)
バリーリ，アントーニオ・ディ・ネーリ 1517(この年)
バリリヤ 1597(2.5)
ハリル・ハミト・パシャ 1785(この年)
ハリール・ブン・アフマド 791(この頃)
バーリンゲーム 1870(2.23)
ハリントン 1677(9.11)
バリントン，サー・ジョーナ 1834(この年)
ハリントン，サー・ジョン 1612(11.20)
ハリントン，シュート 1826(3.25)
ハリントン，ジョージ 1804(この年)
ハリントン，ジョン・シュート 1734(12.14)
バーリントン，リチャード・ボイル，3代伯爵 1753(12.4)

ハル　1843（2.13）
バール　1702（4.27）
バルー　1890（この年）
ハル, W.　1825（11.29）
バル, クリシュナ　1822（この年）
バルー, ホジーア　1852（6.7）
バルアミー　996（この年）
ハルヴァルド・ヴェーブヨルンソン　1043（この年）
バルガス　1568（この年）
バルギール　1897（2.23）
バルクーク　1398（この年）
バルクライ・ド・トーリー, ミハイル・ボグダノヴィチ, 公爵　1818（5.14）
バルクリ　1888（この年）
バルグレイヴ, フランシス・ターナー　1897（10.24）
バルグレーヴ　1861（7.6）
ハル・ゴーヴィンド　1645（この年）
バル・コクバ, シメオン　135（この年）
バルコフ, イワン・セミョーノヴィチ　1768（この年）
ハルコルト　1887（3.6）
バルゴルネーラ, トマース・デ　1665（9.15）
バル・サウマー　490（この頃）
バルザック, オノレ・ド　1850（8.18）
バルザック, ジャン-ルイ-ゲド　1654（2.18）
バルサヌフィオス　540（この頃）
バルサモーン, テオドーロス　1195（この頃）
バルサンティ, フランチェスコ　1772（この年）
バール・シェム・トフ　1760（この年）
バールジナ　1883（この年）
バルシネ　前309（この年）
ハルシャ　647（この年）
バルシャム　1286（この年）
バールシュバナータ　前850?（この頃）
ハルス, ディルク（ティエリ）　1656（5.?）
ハルス, フランス　1666（8.24）
バルスグレーヴ, ジョン　1554（この年）
ハルスケ　1890（3.18）
ハルスデルファー, ゲオルク・フィーリップ　1658（9.17?）

バルスマス（バル・サウマ）（シリアの）　458（この年）
バルスマス（バル・サウマ）（ニシビスの）　490（この頃）
バール・ソーマ　1294（この年）
バルタ　1872（7.26）
バル・ダイサン　222（この年）
バルタサール, フランシスコ　1862（2.20）
バルダス, カイサル　865（4.21）
バルダッサーレ・デステ　1504（この頃）
バルダッサーレ（シエーナの聖カタリーナの）　1673（8.23）
バルタール, ヴィクトール　1874（1.13）
バルタール, ルイ・ピエール　1846（この年）
バルタルス, イシュトヴァーン　1899（この年）
バルダン・ミューラー, フレデリック　1876（12.28）
バルチェスク, ニコラエ　1852（11.29）
バルチュ　1888（2.19）
バルチュ, アダム・ベルナルト・フォン　1821（8.21）
ハルチンク　1667（9.24）
バルツ, ヨーハン・フォン　1511（3.13）
バルツァー, エードゥアルト・ヴィルヘルム　1887（6.24）
バルツァーギ, フランチェスコ　1892（この年）
バルツァレット, ジュゼッペ　1874（この年）
バルツェル　1887（11.7）
ハルツェンブッシュ, フアン・エウヘニオ　1880（8.2）
バルツフィ, ガエターノ　1866（11.11）
バルデ, ヤーコブ　1666（8.9）
バルディ　1617（10.10）
バルディ, ジョヴァンニ・デ　1612（9.?）
バルディ, ラッザーロ　1703（この年）
バルティクス, マルティーヌス　1600（この年）
バルディヌッチ, フィリッポ　1696（6.3）
ハルティヒ　1837（2.2）
バルディビア, ペドロ・デ　1559（この年）

バルディビア, ルイス・デ　1642（11.5）
バルディーリ　1808（6.5）
ハールディング　1834（この年）
ハルデクヌート　1042（この年）
バルデサネス　222（この年）
ハルデス　1871（4.10）
バルテス　1806（10.15）
バルデス, アルフォンソ・デ　1532（10.3?）
バルデス, フアン・デ　1541（5.?）
バルデース, フェルナンド・デ　1568（12.9）
バルデス・レアール, フアン・デ　1690（10.15）
バルデッツリーノ, ピエトロ　1806（この年）
バルデラバノ, エンリケス・デ　1570（この頃）
ハルテリウス　1896（この年）
バルテルス　1836（12.19）
バルテルミー, ジャン・ジャック　1795（1.30）
バルテルミ・サンティレール, ジュール　1895（11.24）
バルテレモン, フランソワ・イポリット　1808（7.20）
ハルテンシュタイン　1890（2.2）
バルテンシュタイン　1767（8.6）
ハルデンベルク, アルベルト　1574（5.18）
ハルデンベルク, カール・アウグスト, 公爵　1822（11.26）
バルト　1863（この年）
バルド　1878（9.22）
バルドー　1892（8.31）
バルト, クリスティアン・ゴットロープ　1862（11.12）
バルト, ジャン　1702（この年）
バルト, ハインリヒ　1865（11.25）
バルドゥヌス1世　1206（この頃）
バルドゥイヌス2世　1273（この年）
バルドヴィネッティ, アレッソ　1499（8.29）
ハルトヴィン　1015（この頃）
バルドゥイーン　1354（1.21）
バルドゥイン（バルドゥイーヌス）, フリードリヒ　1653（この年）
バルドゥシュ　1853（この年）
バルドゥス　1400（4.28）
バルドゥッチ　1347（この年）

ハルトゥーリン　1882（この年）
バルドゥング, ハンス　1545（9.?）
バルトック, ロバート　1767（この年）
ハルトビヒ　1886（この年）
バルドヒルド　680（この頃）
ハルトマン, モーリッツ　1872（5.13）
ハルトマン, ヨハン・エアンスト　1793（この年）
ハルトマン, ヨハン・ペータ・エミリウス　1900（3.10）
ハルトマン・フォン・アウエ　1210（この頃）
バルトリ　1894（5.16）
バルトリ, ダニエッロ　1685（1.12）
バルトリーニ, ロレンツォ　1850（1.20）
バルトリハリ　500?（この頃）
ハルトリープ, ザームエル　1670（この頃）
バルトリン　1680（12.14）
バルトリン　1738（6.11）
バルトリン, エラスムス　1698（1.14）
バルトルス　1357（7.13）
バルトロッツィ, フランチェスコ　1815（3.7）
バルトロ・ディ・フレディ　1410（この年）
バルトロマエウス（エクセターの）　1184（12.15）
バルトロマエウス（ピーサの）　1347（6.11）
バルトロメオ, フェルナンデス（ブラーガの）　1590（7.16）
バルトロメオ, フラ　1517（10.31）
バルトロメーオ・デッラ・ガッタ　1502（この年）
バルトン　1899（8.5）
バルナーヴ, アントワーヌ（・ピエール・ジョゼフ・マリー）　1793（11.29）
バルナヴィス, ヘンリー　1579（この年）
ハルナック　1888（4.3）
ハルナック, テオドージウス　1889（9.23）
バルナバ・ダ・モーデナ　1383（この年）
バルナン, ドミニーク　1741（9.27）

バルニー, エヴァリスト - デジレ - ド・フォルジュ・ド　1814（12.5）
ハルニッシュ, クリスティアン・ヴィルヘルム　1864（8.15）
バルネフェルト, ヤン・ファン・オルデン　1619（この年）
バルバトル, クロード　1799（5.9）
聖バルバラ　306?（この頃）
バルバーリ, ヤコポ・デ　1516（この頃）
バルバロ　1494（この年）
バルバロ, エルモーラオ（大）　1471（3.12）
バルバロ, エルモーラオ（小）　1493（5.21）
バルバロ, ダニエーレ　1570（4.12）
バルバロ, フランチェスコ　1454（1.?）
バルバロ, フランチェスコ　1616（4.27）
ハルバロス　前323（この年）
バルバロス　1546（この年）
バルバロス - ハイレッディン - パシャ　1546（この年）
バルバロッサ　1546（この年）
バルバン　1287（この年）
バルビ　1604（12.?）
バルビ　1879（6.22）
バルビ　1884（3.13）
ハルビウス・ヴァン・エルプ　1477（2.22）
バルビエ, アンリ - オーギュスト　1882（2.13）
バルビエーリ, パーオロ・アントーニオ　1649（この年）
バルビエーリ, フランシスコ・アセンホ　1894（2.19）
バルビヌス　238（この年）
バルビロー, ジャック　1491（8.8）
バルビン, ボフスラフ　1688（11.29）
バルフ, マイケル・ウィリアム　1870（10.20）
バルファン　1730（4.21）
バルフェ, クロード　1777（この年）
バルフェ, フランソワ　1753（この年）
バルブエナ, ベルナルド・デ　1627（この年）
バルフォア　1625（この頃）

バルフォア　1884（2.11）
バルフォア　1894（3.12）
バルフォア, フランシス・メイトランド　1882（7.19）
ハルプカ, サモ　1883（5.19）
バルベス　1870（この年）
ハルベック, ハーンス・ペーテル　1840（この年）
バルベー・ドールヴィリ, ジュール - アメデ　1889（4.23）
バルヘブラエウス　1286（7.30）
バルベーラック, ジャン　1744（この年）
バルベーリ, ドメーニコ　1849（8.27）
バルベリーニ　1348（この年）
バルベリーニ, アントーニオ　1646（9.11）
バルベリーニ, フランチェスコ　1679（この年）
バルベルデ, ビセンテ・デ　1541（11.?）
バルボ, チェーザレ　1853（4.3）
バルボ, ルドヴィーコ　1443（9.19）
バルボア, バスコ・ヌニェス・デ　1519（1.?）
バルボン　1521（5.1）
ハルマ　1722（1.13）
パルマー, クリスティアン・ダーヴィト・フリードリヒ　1875（5.29）
パルマー, ヨハン・ヤーコプ　1898（3.12）
パルマ・イル・ジョーヴァネ　1628（この年）
パルマ・ヴェッキオ　1528（7.30）
パルマセダ, ホセ・マヌエル　1891（9.19）
パルミエーリ, マッテーオ　1475（4.13）
パルミエリ, ルイジ　1896（9.9）
パルミジャニーノ　1540（8.24）
ハルム　1871（5.22）
ハルム　1806（8.26）
ハルム, ロバート　1417（9.4）
ハルムシュテット, エリック　1803（この年）
ハルムス, クラウス　1855（2.1）
ハルムス, テーオドーア　1885（2.16）
ハルムス, ルートヴィヒ　1865（11.14）

ハルムハブ 前1315（この年）
バルムブラード 1852（9.2）
バルメス、ハイメ・ルシアノ 1848（7.9）
バルメッツァーノ、マルコ 1539（この年）
バルメニアーヌス 391（この頃）
バルメニオン 前330（この年）
バルメニデス（エレアの） 前450（この頃）
バルメリノ 1612（この年）
バルメリノ 1746（この年）
ハルモディオス 前514（この年）
バルラー、ペーター 1399（7.13）
バルラアム 1348（この頃）
バルラギ、モール 1891（この年）
バルラース、ペーター・ジーモン 1811（9.8）
バルラン 1871（5.28）
バルラン・ルコント 1613（この年）
ハルレス、アードルフ・ゴットリープ・クリストフ・フォン 1879（9.5）
バルレッタ、ガブリエル 1438（この頃）
バルレッティ 1809（この年）
バルレリーニ、アントーニオ 1881（11.27）
バルレリーニ、ピエートロ 1769（3.28）
バルロッティ、ヴィンチェンツォ 1850（1.22）
ハールーン 1879（この年）
ハールーン・アッ・ラシード 809（3.24）
バレ 1686（この年）
バレ、アンブロワーズ 1590（12.20）
ハレー、チャールズ 1895（10.25）
パーレー、ピーター 1860（5.9）
バレアーリオ、アオーニオ 1570（7.3）
バレアーロ、ジャーコモ 1587（この年）
バレアーロ、ジョルジョ 1593（この年）
バレアーロ、フランチェスコ 1638（この年）
バーレウス（ヴェングラー）、ダーフィト 1622（7.15）
バレストラ、アントーニオ 1740（この年）

バレストリエーリ、ドメーニコ 1780（6.11）
バレストリーナ、ジョヴァンニ・ピエールルイージ・ダ 1594（2.2）
ハレック 1867（11.19）
ハーレック、ヴィーチェスラフ 1874（10.8）
ハレック、ヘンリー・W（ウェイジャー） 1872（1.9）
バレッティ、ジュゼッペ 1789（5.5）
バレット 1620（3.11）
バレット 1891（3.20）
バレッツィ、アゴスティーノ 1687（この頃）
バレート・イ・アルカーサル、ルイス 1799（2.14）
バレハ 1670（この頃）
バレーム 1703（この年）
バレーラ、シプリアーノ・デ 1602（この頃）
バレーラ、フェリス 1853（この年）
バレール（・ド・ヴュザック）、ベルトラン 1841（1.14）
ハレン 1768（この年）
バレンシア、マルティン・デ 1534（3.21）
バレンス 1296（1.13）
バレンスエラ、エロイ 1834（この年）
バレンツ、ヴィレム 1597（6.30）
バーレンツ、ディルク 1592（この年）
バレンツァーノ、ベルナルド 1531（この年）
バロ 1584（この年）
バロー 1873（8.6）
バロー、アイザック 1677（5.4）
バロー、サー・ジョン 1848（11.23）
バーロー、ジョーエル 1812（12.24）
バーロー、ピーター 1862（3.5）
バーロウ、ウィリアム 1568（8.13）
バーロウ、ウィリアム 1613（9.7）
バーロウ、エドワード 1662（2.14）
バーロウ、トマス 1691（10.8）
バーロウ、ピーター 1599（4.?）
バーロウ、フランシスコ 1789（4.6）
バーロウ、ヘンリ 1593（4.6）

バロヴィエル、アンジェロ 1460（この年）
バロヴィエル、バルトロメーオ 1405（この頃）
バローズ、ジェレミ 1646（11.14？）
バローズ、ウィリアム（・ウォード） 1805（この年）
バローズ、ウィリアム・シーワド 1898（この年）
バーロス、ジョアン・デ 1570（10.20）
パロセル、イニシャス・ジャック 1722（この年）
パロセル、エティエンヌ 1776（この年）
パロセル、シャルル 1752（この年）
パロセル、ジョセフ 1704（3.1）
バロッチ、フェデリーゴ 1612（9.30）
パロット 1877（この年）
バローディ、ジャーコモ・フィリッポ 1702（この年）
バローニ、レオノーラ 1670（この年）
バロニウス、カエサル 1607（6.30）
パロミーノ・デ・カストロ・イ・ベラスコ、アントニオ・アシスクロ 1726（この年）
ハロルド1世 1040（3.17）
ハロルド1世 940（この頃）
ハロルド2世 1066（10.14）
ハロルド3世 1066（9.25）
バロン 1729（12.22）
バロン、エドワード 1854（9.12）
バロン、ジェイムズ 1851（この年）
バロンチェッリ、ニッコロ 1453（この年）
パワー、ライオネル 1445（6.5）
パワーズ 1873（6.27）
ハワード 1698（9.3）
ハワード 1864（3.21）
ハワード、ジョン 1790（1.20）
ハワード、チャールズ、初代ノッティンガム伯爵 1624（12.14）
ハワード、フィリップ 1595（10.19）
ハワード、フィリップ・トマス 1694（6.17）
ハワード（カーライル伯） 1685（2.24）

ハワード（ノーフォークの）　1485（この年）
ハワード（ノーフォークの）　1524（この年）
ハワード（ノーフォークの）　1554（8.25）
ハーン　1478（この頃）
ハーン，アウグスト　1863（5.13）
潘維城　1850（この年）
バーン，ウィリアム　1870（この年）
范雲　503（この年）
樊噲　前189（この年）
潘岳　300（この年）
ハーン，カール・フーゴ　1895（11.24）
范寛　1026（この頃）
樊圻　1694（この頃）
潘季馴　1595（この年）
潘輝注　1840（この年）
潘恭寿　1794（この年）
班固　92（この年）
樊宏　51（この年）
范公著　1677（この年）
ハーン，サミュエル　1792（この年）
潘尼　311（この頃）
万斯大　1683（この年）
万斯同　1720（この年）
万寿祺　1652（この年）
范純仁　1101（この年）
班昭　117（この年）
班婕妤　前6（この頃）
范縝　510（この年）
潘振承　1788（この年）
樊崇　27（この年）
潘世恩　1854（この年）
范成大　1193（この年）
潘祖蔭　1890（この年）
范祖禹　1098（この年）
范増　前204（4.?）
潘存　1892（この年）
樊沢　796（この年）
范仲淹　1052（5.20）
班超　102（9.?）
范鎮　1088（この年）
潘檉章　1662（この年）
范道生　1670（この年）
潘徳輿　1839（この年）
ハーン，トマス　1735（6.10）
范寗　401（この年）
潘美　987（この年）
班彪　54（この年）

ハーン，フィーリプ・マテーウス　1790（5.2）
范文程　1666（この年）
范梈　1330（この年）
范懋柱　1780（この年）
班勇　92（この年）
バン，ヨアン・アルベルト　1644（この年）
范曄　445（この年）
ハーン，ヨーハン・ミヒャエル　1819（1.20）
潘閬　1009（この年）
バンヴィーニオ，オノフリオ　1568（4.7）
バンヴィル，テオドール・ド　1891（3.13）
バンキエーリ，アドリアーノ　1634（この年）
バンクス，サー・ジョセフ　1820（6.19）
バンクス，ジョン　1700（この年）
バンクス，ナサニエル・P（プレンティス）　1894（この年）
バングズ，ネイサン　1862（5.3）
パンクラーティウス　304（この年）
バンクロフト，エドワード　1821（この年）
バンクロフト，ジョージ　1891（1.17）
バンクロフト，リチャード　1610（11.2）
ハンケル　1873（8.29）
ハンコック　1865（この年）
ハンコック，ウィンフィールド・スコット　1886（この年）
ハンコック，ジョン　1793（10.8）
ハンサー　645（この頃）
バーンサイド，アンブローズ・エヴァレット　1881（9.13）
ハンサード　1833（この年）
ハンサード，ルーク　1828（この年）
ハンサム，ジョゼフ・アロイシアス　1882（この年）
ハンサム・レイク　1815（8.10）
ハンザレ・バードギースィー　835（この頃）
バンザロフ　1855（この年）
ハンシュタイン　1880（8.27）
ハンシュタイン，ゴットフリート・アウグスト・ルートヴィヒ　1821（2.25）

万松行秀　1246（4.?）
范諸農　498（この年）
パンショワ，ジル　1460（9.20）
バーン・ジョーンズ，エドワード　1898（6.17）
ハンス　1886（6.22）
バーンズ　1841（11.2）
バーンズ　1898（この年）
バーンズ，アルバート　1870（12.24）
バーンズ，ウィリアム　1886（10.7）
バーンズ，ウィリアム・チャーマズ　1868（4.4）
バーンズ，トマス　1841（この年）
バーンズ，バーナビー　1609（この年）
バーンズ，ロバート　1540（この年）
バーンズ，ロバート　1796（7.21）
ハーンステイン　1873（4.15）
ハンスフォルト　1489（この年）
ハンス・フォン・テュービンゲン　1462（この年）
バンスラード，イザーク・ド　1691（この年）
バンセス-カンダモ，フランシスコ・アントニオ・デ　1704（9.8）
ハンゼマン　1864（8.4）
ハンセン　1874（3.28）
ハンセン　1883（5.2）
バーンゼン　1881（12.7）
ハンセン，クリスティアン・フレデリック　1845（7.10）
ハンセン，コンスタンティン　1888（3.29）
ハンゼン，テオフィル・フォン　1891（2.17）
ハンセン，モーリッツ　1842（3.16）
ハンセンス，シャルル・ルイ　1852（この年）
ハンセンス，シャルル・ルイ　1871（この年）
ハンソン　1783（11.22）
ハンター　1734（この年）
ハンター　1886（この年）
ハンター　1887（7.18）
ハンター　1900（2.6）
ハンター，ウィリアム　1783（3.30）
ハンター，ジョン　1793（10.16）
パンタイノス　190?（この頃）

パンタイノス 194（この頃）
パンダリン 1852（9.23）
パンダルフ 1226（9.16）
パンタレオーン 305（この頃）
パンチ, ジョン 1661（この年）
パンチェン・ソナム・タクパ 1554（この年）
パンチェン・ラマ（初代） 1662（この年）
パンチャシカ 前50？（この頃）
パンツァーニ, グレゴーリオ 1662（この年）
ハンツマン, ベンジャミン 1776（この年）
バンディ, ジュゼッペ 1894（7.1）
バンティ, ブリジーダ 1806（この年）
バンディエラ, アッテリオ 1844（7.23）
バンディエラ, エミリオ 1844（7.23）
バンディネリ, バッチョ 1560（2.7）
バンティング, ジェイムズ 1858（6.16）
ハンティントン 1796（この年）
ハンティントン, コリス・P（ポーター） 1900（8.13）
ハンティンドン, セリーナ・ヘイスティングズ, 伯爵夫人 1791（6.17）
バンデッロ, マッテーオ 1561（9.13）
バンデル, エルンスト・フォン 1876（この年）
バンデル, フリシチアン・ゲンリヒ 1865（9.22）
バンデルビーラ, アンドレス・デ 1575（この年）
ハント 1842（この年）
ハント 1869（8.29）
ハント 1879（9.8）
ハント 1892（この年）
ハント, ウィリアム・ヘンリー 1864（この年）
ハント, ジョン 1848（10.4）
ハント, ヘンリー 1835（この年）
ハント, リー 1859（8.28）
ハント, リチャード・モリス 1895（7.31）
ハンドスキン 1804（3.30）
バントーハ, ディダコ・デ 1618（1.？）

バントーハ・デ・ラ・クルス, フアン 1608（この年）
ハーンドン 1891（この年）
ハンナック 1899（この年）
パンニーニ, ジョヴァンニ・パオロ 1765（10.21）
ハンニバリアヌス 337（この年）
ハンニバル 前182（この年）
ハンニバル 前406（この年）
ハンネケン, フィーリプ・ルートヴィヒ 1706（1.16）
パンノニウス, ヤヌス 1472（この年）
ハンノング, パウル・アントン 1760（この年）
バンバイア 1548（この年）
ハンバーグ, セオドア 1854（3.13）
ハーン・ハーナーン 1627（この年）
ハーン・ハーン, イーダ・フォン 1880（1.12）
バーンビ, ジョウゼフ 1896（1.28）
バンビーニ, ニッコロ 1736（この年）
ハンフ, ヨーハン・ニーコラウス 1711（この頃）
バーンフィールド 1627（この年）
パンフィロス 309（この年）
バンフォード 1872（4.13）
ハンプデン, ジョン 1643（6.24）
ハンプデン, レン・ディクスン 1868（4.23）
バンプトン, ジョン 1751（6.2）
ハンフリ, ヒーマン 1861（4.3）
ハンフリー, ペラム 1674（7.14）
ハンフリ, ローレンス 1591（2.1）
ハンフリーズ, デイヴィッド 1818（2.21）
ハンブルーヒ, アントーニオ 1661（10.？）
バンベルガー 1899（3.14）
ハンベルガー, ユーリウス 1885（8.5）
バーン（ボーン, ブアーン）, ギルバート 1569（9.10）
バンマキウス 409（この頃）
ハンマーシュミット, アンドレアス 1675（10.29）
ハンマード・アッラーウィア 771（この頃）

ハンマー・プルクシュタル, ヨーゼフ 1856（11.23）
ハンムラビ 前1750（この頃）
万暦帝 1620（7.？）

【ヒ】

皮日休 883（この頃）
費丹旭 1850（この年）
邳彤 30（この年）
毗曇 647（この年）
ビー, ルイ・フランソワ・デジレ 1880（この年）
ピア 1889（8.3）
ピアーヴェ, フランチェスコ・マリーア 1876（3.5）
ヒアキントゥス 1257（8.15）
ピアサル 1856（8.5）
ピアース, フランクリン 1869（10.8）
ビアズリー, オーブリー・ヴィンセント 1898（3.16）
ヒアスル 1771（この年）
ビアズレー, オーブリー 1898（この年）
ピアスン, エイブラハム 1678（8.9）
ピアスン, ジョン 1686（7.16）
ピアスン（ピアソン）, ルイーズ・ヘンリエッタ 1899（11.28）
ピアソン, ジョン・ローボロー 1897（12.11？）
ピアッツァ, アルベルティーノ 1529（この年）
ピアッツァ, カッリスト 1562（この年）
ピアッツィ, ジュゼッペ 1826（7.22）
ピアッツェッタ, ジャーコモ 1705（この年）
ピアッツェッタ, ジョヴァンニ・バッティスタ 1754（4.28）
ビアード 1883（この年）
ビアード 1837（2.17）
ビアード, チャールズ 1888（4.9）
ピアーニ 1605（9.25）
ビ・アファリーズ 749（この年）
ビアンヴィル, ジャン・バティスト・ル・モワン, 卿 1768（この年）

ビアンカ, ジュゼッペ・アントーニオ　1755 (この年)
ビアンキ　1810 (11.27)
ビアンキ1世　前712 (この頃)
ビアンキ, アンドレーア　1630 (この頃)
ビアンキ, イジドーロ　1662 (この年)
ビアンキ, ピエトロ　1740 (この年)
ビアンキ・フェッラーリ, フランチェスコ　1510 (2.8)
ビアンコ　1843 (この年)
ビアンコ, バルトロメーオ　1651 (この頃)
ビイー, ジャーク・ド　1581 (12.25)
ピウス2世　1464 (8.14)
ピウス3世　1503 (10.18)
ピウス4世　1565 (12.9)
ピウス5世　1572 (5.1)
ピウス6世　1799 (8.29)
ピウス7世　1823 (8.20)
ピウス8世　1830 (11.30)
ピウス9世　1878 (2.7)
ビエーヴル, フランソワ・ジョルジュ・ド　1789 (10.24)
ピエトルソン, ハットルグリームル　1674 (10.27)
ピエトロ2世　1268 (この年)
ピエートロコーラ・ロセッティ, テオドリーコ　1883 (この年)
ピエトロ・ダ・サロ　1561 (この頃)
ピエトロ・ディ・ジョヴァンニ・ダンブロージョ　1449 (この年)
ピエートロ (ベルガモの)　1482 (10.15)
ピエナメ　1878 (10.19)
ヒエラカス　360 (この頃)
ピエリオス　300 (この頃)
ピエリーノ・ダ・ヴィンチ　1553 (この年)
ピエリン・デル・ヴァーガ　1547 (この年)
ピエール　1205 (この年)
ピエール (隠通者)　1115 (7.7)
ピエール・デッラ・ヴィーニャ　1249 (この年)
ピエール・ド・クルトネ　1217 (この年)
ピエール・ド・モントルイユ　1266 (3.17)
ピエール・ド・ラ・バリュ (バルダーヌス)　1342 (1.31)

ピエルマリーニ, ジュゼッペ　1808 (この年)
ピエル・ルイジ (ファルネーゼの)　1547 (9.10)
ヒェールルフ, ハルフダン　1868 (8.11)
ヒエロクレス　431 (この頃)
ピエロ・ディ・コジモ　1521 (この頃)
ピエロ・デラ・フランチェスカ　1492 (10.12)
ヒエロニュムス, エウセビウス　420 (9.30)
ヒエロニュムス (プラハの)　1416 (5.30)
ヒエロン1世　前467 (この頃)
ヒエロン2世　前215 (この年)
ヒエンプサル1世　前117 (この頃)
ヒエンプサル2世　前60 (この年)
ピオ　1850 (3.12)
ピオ　1894 (この年)
ピーア, アンジェロ・ガブリエッロ　1770 (この年)
ビオー, ジャン・バチスト　1862 (2.3)
ピオッツィ, ヘスター・リンチ　1821 (5.2)
ピオニオス　250 (この年)
ピオーラ, ドメーニコ　1703 (この頃)
ピガージュ, ニコラ・ド　1796 (この年)
ビカーステス, エドワード　1850 (2.28)
ビカーステス, エドワード　1897 (8.5)
ピガフェッタ　1534 (この頃)
ピガフェッタ, フィリッポ　1604 (10.26)
ビガーリ, ヴィットーリオ・マリーア　1776 (この年)
ピカール　1877 (この年)
ピカール, B.　1733 (この年)
ピカール, ジャン　1682 (10.12)
ビガル, ジャン・バチスト　1785 (8.21)
ピカール, ルイ・ブノワ　1828 (この年)
ピカンデル　1764 (この年)
ビガンデ, ポル・アンブローズ　1894 (3.19)
ビギウス, アルベルトゥス　1542 (12.26)

ヒギンス　1879 (7.3)
ヒギンズ, ウィリアム　1825 (この年)
ヒギンスン, フランシス　1630 (8.6)
ヒギンソン　1708 (この年)
ピク　1855 (4.10)
ビーク, チャールズ・ティルストン　1874 (この年)
ピクシ　1835 (この年)
ピクシオ　1873 (11.24)
ピクセレクール, ルネ・シャルル・ギルベール・ド　1844 (7.27)
ピクテ　1825 (この年)
ピクテー, ベネディクト　1724 (6.10)
ヒグデン, ラナルフ　1364 (3.12)
ビクトーリア　1845 (この年)
ビクトリア, トマス・ルイス・デ　1611 (8.27)
ヒグナー　1865 (この年)
ピグナテーリィ, ホセ・マリア　1811 (11.11)
ビクーニャ・マケーナ　1886 (8.25)
ビクーニャ・ラライーン, マヌエル　1843 (この年)
ピケット, ジョージ・エドワード　1875 (この年)
ビゲロー, イラスタス (・ブリガム)　1879 (この年)
ビゲロウ　1890 (この年)
ヒコック　1876 (8.2)
ピーコック　1858 (11.8)
ピーコック, トマス・ラヴ　1866 (1.23)
ピーコック, レジナルド　1460 (この年)
ピゴット　1804 (この年)
ピゴット　1825 (この年)
ピゴット　1889 (この年)
ピゴット, ヒュー　1177 (この年)
ピゴット, ロジャー　1221 (この年)
ピゴット, ロジャー　1270 (この年)
ピゴット, ロジャー　1306 (この年)
ピゴット, ロジャー・ゼゴッド　1107 (この年)
ピーコ・デッラ・ミランドラ, ジョヴァンニ　1494 (11.17)
ビゴー・ルブラン　1835 (7.24)
ビーコン, トマス　1567 (6.10)

ピサカーネ，カルロ　1857(7.1)
ピサネロ，アントニオ　1455(9.?)
ピサーノ　1368(この年)
ピサーノ，アンドレア　1349(この年)
ピサーノ，ジョヴァンニ　1320(この頃)
ピサーノ，ニコロ　1278(この頃)
ピザーリ　1778(3.27)
ピサール　1846(この年)
ピーサレフ，ドミートリー・イワノヴィチ　1868(7.4)
ピサロ　1578(この頃)
ピサロ，ゴンサロ　1548(4.10)
ピサロ，フランシスコ　1541(6.26)
ピザローニ，ベネデッタ　1872(この年)
ビージ，ジュゼッペ　1869(この年)
ビージ，ミケーレ　1874(この年)
ビージ，ルイージ　1886(この年)
ビシャ，マリー・フランソワ・クサヴィエ　1802(7.21)
ビジャヌエバ，ファン・デ　1811(8.22)
ヒシャーム　743(この年)
ヒシャーム1世　796(この年)
ビジャヤ　1309(この年)
ビジャルーティア，ハコボ・デ　1833(この年)
ビジャロエル，ガスパール・デ　1665(10.12)
ピシュー　1631(この年)
ピシュグリュ　1804(4.5)
ビショップ　1889(6.12)
ビショップ，サー・ヘンリー・ローリー　1855(4.30)
ビショップ，ジョージ　1668(11.7)
ビショーフ　1870(11.30)
ヒージンガー，ウィルヘルム　1852(6.28)
ヒース，ニコラス　1578(12.?)
ビスカイーノ，バルトロメーオ　1657(この年)
ビスカートル，ヨハネス　1625(7.26)
ビスカルドー，ホアン・パブロ　1798(2.?)
ビスコー　1849(この年)
ヒースコート，ジョン　1861(この年)

ビスコンチ，オットーネ　1295(この年)
ビスコンチ，マッテーオ　1322(この年)
ビスターミー　874(この年)
ヒスティアイオス　前493(この年)
ビスティッチ，ヴェスパシアーノ・ダ　1498(この年)
ピストッキ　1726(5.13)
ピストッキ，ジュゼッペ　1814(この年)
ビストーリウス，ヨハネス　1525(9.25)
ビストーリウス，ヨハネス　1583(この年)
ビストーリウス，ヨーハン　1608(7.18)
ピストルッチ，ベネデット　1855(この年)
ビーストン　1638(10.15?)
ビスマルク，オットー・エドゥアルト・レオポルト，公爵　1898(7.30)
ビゼ，シャルル・エマニュエル　1691(この頃)
ビゼー，ジョルジュ　1875(6.3)
ピーセムスキー，アレクセイ・フェオフィラクトヴィチ　1881(1.21)
ビーセル(バイセル)，ジョン・コンラド(ヨーハン・コンラート)　1768(7.6)
美川王　331(この年)
ビセンテ・フェレール　1419(この年)
ピゼンデル，ヨハン・ゲオルク　1755(11.25)
ピソ　32(この年)
ピソ　65(この年)
ピソ　69(この年)
ピソ　70(この年)
ピソ　前64(この年)
ビゾン，ジュゼッペ・ベルナルディーノ　1844(この年)
ビダー，ジョージ・パーカー　1878(この年)
ビータウタス　1430(10.27)
ビータース　1890(この年)
ピーター・デ・ロシュ　1238(6.9)
ピータバロ　1735(10.25)
ピーター・ヒュー　1660(10.16)
ピーター(プロアの)　1212(この頃)

ビーダマン，アーロイス・エマーヌエル　1885(1.25)
ビーダマン，ヤーコブ　1639(8.20)
ピダール　1896(1.1)
ビーチ，ウィリアム　1839(1.28)
ビーチャム　1643(この年)
ビーチィ　1856(11.29)
ビーチャー，エドワード　1895(7.28)
ビーチャー，キャサリン・エスター　1878(この年)
ビーチャー，ヘンリー・ウォード　1887(3.8)
ビーチャー，ライマン　1863(1.10)
ピチャルド，ホセ・アントニオ　1812(11.11)
ピチューリン　1853(この年)
畢沅　1797(この年)
畢士安　1005(この年)
ビツィウス，アルベルト　1882(この年)
ビッカースタフ，アイザック　1808(この頃)
ピッカリング　1829(この年)
ヒックス　1865(2.13)
ヒックス　1897(8.28)
ヒックス，イライアス　1830(2.27)
ヒックス，エドワード　1849(この年)
ヒックス，ジョージ　1715(12.15)
ビックフォード，ウィリアム　1834(この年)
ヒッコク，ローレンス・パーシュース　1886(5.6)
ピッコローミニ　1656(8.11)
ピッコローミニ，エネーア・シルヴィオ　1464(8.15)
ピッコロミニ，フランチェスコ　1604(この年)
ビッセル，メルヴィル(・ルーベン)　1889(この年)
ビッソーロ，フランチェスコ　1554(この年)
ピッタコス　前570(この年)
ピッターラ，カルロ　1890(この年)
ヒッチコク，エドワード　1864(2.27)
ヒッチコック，ランバート　1852(この年)

ビッチ・ディ・ロレンツォ 1452（この年）
ビッチーニ、ニッコロ 1800（5.7）
ビッチョ 1873（この年）
ピッツ、ジョン 1616（10.17）
ヒッツィヒ 1881（10.11）
ヒッツィヒ、フェルディナント 1875（1.22）
ピッツォロ、ニッコロ 1453（この年）
ビッティーノ・ダ・ファエンツァ 1427（この年）
ピッテーリ、マルコ・アルヴィーゼ 1786（この年）
ピット、ウィリアム 1806（1.23）
ピット、ウィリアム、初代チャタム伯爵 1778（5.11）
ピット、トマス 1726（4.28）
ピットーニ、ジョヴァンニ・バッティスタ 1767（この年）
ピットマン、サー・アイザック 1897（1.22）
ピット・リヴァーズ、オーガスタス（・ヘンリー・レイン・フォックス） 1900（5.4）
ビットリオ・アマデオ2世 1732（10.31）
ビットリオ・アマデオ3世 1796（10.16）
ビットリオ・エマヌエレ1世 1824（1.10）
ビットリオ・エマヌエレ2世 1878（1.9）
ビッドル 1848（10.1）
ヒットルフ、ヤーコプ・イグナーツ 1867（3.25）
ピットロー、アントン・スミンク 1837（この年）
ヒッパルコス 前125（この頃）
ヒッパルコス 前514（この年）
ヒッピアス 前411？（この頃）
ヒッピアス 前490（この年）
ピッピエーナ 1520（11.9）
ビッフィ、アンドレーア 1686（この年）
ヒッペル、テーオドア・ゴットリーブ・フォン 1796（4.23）
ヒッポクラテス 前400（この頃）
ヒッポリュトス 235（この年）
ピッライ 1889（この年）
ビッラーニ 1363（この年）
ビッラーニ 1410（この頃）
ビッラーニ 1636（この年）

ヒッリー 1325（12.？）
ビーティ、ジェイムズ 1803（8.18）
ピティスクス 1613（7.3）
ビディヤーパティ 1424（この頃）
ピデリト、ヨーハン・ルードルフ・アントーン 1791（この年）
ビーデル、ミールザー・アブドル・カーデル 1720（12.4）
ピーテルスゾーン、アールト 1612（6.？）
ピーテルズゾーン、ピーテル 1603（この年）
ピトー、アンリ 1771（この年）
ビートウ、ウィリアム 1558（この年）
ピトゥー、ピエール 1596（11.11）
ピトケアン 1713（この年）
ピトケアン、ロバート 1770（この年）
ビドック 1857（5.11）
ピトーニ、ジュゼッペ・オッタヴィオ 1743（2.1）
ピトラ、ジャン・バティスト・フランソワ 1889（2.9）
ピトリア、フランシスコ・デ 1546（8.12）
ビドル 1844（2.27）
ビドル、ジョン 1662（9.22）
ビドル、ニコラス 1778（この年）
ピトルージー 1204（この頃）
ビートン、イザベラ・メアリ 1865（この年）
ビートン、ジェイムズ 1539（この年）
ビートン、ジェイムズ（ベスン） 1603（4.24）
ビートン、デイヴィド 1546（5.29）
ビーナ 1523（この頃）
ビナーゴ、ロレンツォ 1629（この年）
ピナス、ヤン 1631（この年）
ビニ、トマス 1874（2.24）
ピニョー・ド・ベエヌ、ジョゼフ・ジョルジュ・ピエール 1779（11.？）
ビネ 1856（5.12）
ビネー、エティエンヌ 1639（7.4）
ピネーダ、ニコラ1世 1606（この年）
ピネグリエ、ルイ 1627（この年）

ピネグリエ、ロベール1世 1550（この頃）
ヒネース、ホセー 1823（2.14）
ヒネス・ペレス、フアン 1612（この頃）
ビネッリ、バルトロメーオ 1835（この年）
ピネル、フィリープ 1826（10.26）
ピノー 1754（4.24）
ピノー、パーオロ 1564（この年）
ピーノ、マルコ・ダル 1587（この頃）
ビーバー、ハインリヒ・イグナーツ・フランツ・フォン 1704（5.3）
ヒーバー、レジナルド 1826（4.3）
ヒバート、ロバート 1849（9.23）
ビハリ、ヤーノシュ 1827（4.26）
ビハーリーラール 1663（この頃）
ビハリラル・チョックロボルティ 1894（5.24）
ビビエーナ、アレッサンドロ 1769（この頃）
ビビエーナ、アントーニオ 1774（この年）
ビビエーナ、カルロ 1787（この年）
ビビエーナ、ジュゼッペ 1756（この年）
ビビエーナ、ジョヴァンニ・カルロ・シチーニオ 1760（この年）
ビビエーナ、ジョヴァンニ・マリーア 1665（この年）
ビビエーナ、フェルディナンド 1743（1.3）
ビビエーナ、フランチェスコ 1739（この年）
ビービコフ 1774（この年）
ビヒラー 1900（11.15）
ピピン1世 639（この年）
ピピン2世 714（12.16）
ピピン3世 768（9.24）
ピフェッティ、ピエトロ 1777（この年）
ビフザード 1534（この年）
ビーブス、サミュエル 1703（5.26）
ビブラー 1526（この年）
ビブラック、ギー・デュ・フォール・ド 1584（この年）

ビブリアンダー（ブーフマン），テーオドーア　1564(9.?)
ビブリス（ビュブリス）　177(この年)
ビフル，ヴァーツラフ　1805(1.23)
ビブルス　前32(この頃)
ビフレド　898(この年)
ビーベス，フアン・ルイス　1540(5.6)
ビベス，ホアン・バウティスタ　1632(2.22)
ビベスク　1873(6.1)
ビペラーレ　1515(この頃)
ヒペーリウス，アンドレーアス　1564(2.1)
ビボー，ミシェル　1857(この年)
ヒポクラテス（コスの）　前370?(この頃)
ピーボディ　1894(1.3)
ピーボディ，アンドルー・プレストン　1893(3.10)
ピーボディ，ジョージ　1869(11.4)
ヒミルコン　前396(この年)
ヒームー　1556(この年)
ピム，ジョン　1643(12.8)
ヒメネス・デ・エンシーソ，サルバドール　1841(2.13)
ヒメーネス－デ－ケサダ　1579(2.16)
ヒメネス・デ・シズネロ，フランシスコ　1517(11.8)
ヒメネス・デ・ラダ，ロドリーゴ　1247(6.10)
ヒメネス・ドノソ，ホセ　1690(9.14)
ヒメリオス　390(この頃)
百丈懐海　814(この年)
ビヤケダール，（シェッレア・ペレリウス），ヴィルヘルム　1892(7.26)
ビヤール，ピエール　1622(11.17)
ヒュー　1200(11.6)
ピュイズー　1883(9.9)
ピュイゼギュール　1825(この年)
ビューイック，トマス　1828(11.8)
ヒューイット，ジェームズ　1827(8.1)
繆襲　245(この年)
ピュヴィス・ド・シャヴァンヌ，ピエール　1898(10.24)

ヒューエットソン，クリストファー　1798(この年)
ビューエル　1898(11.19)
ヒューエル，ウィリアム　1866(3.6)
ヒュギヌス　140(この頃)
ヒュギヌス，ガイユス・ユリウス　17(この頃)
ビュキャナン，クローディアス　1815(この年)
ビュキャナン，ジェイムズ　1870(この年)
ヒュク（ユク），レジス・エヴァリスト　1860(3.25)
ピュクラー・ムスカウ　1871(2.4)
ピュージ，エドワード・ブーヴェリ　1882(9.16)
ピュージ，フィリップ・エドワード　1880(1.15)
ビュシェ　1865(8.12)
ピュジェ，ピエール　1694(12.2)
ビュシ・カステルノー　1785(この年)
ビュシーヌ　1899(10.20)
ピュジャン，オーギュステュス・シャルル　1832(この年)
ビュジョ・ド・ラ・ピコヌリ　1849(6.10)
ピュージン，オーガスタス・ウェルビー・ノースモアー　1852(9.14)
ヒューズ　1779(この年)
ヒューズ，ジョン・ジョウゼフ　1864(1.3)
ヒューズ，スティーヴン　1688(この年)
ビュス，セザール・ド　1607(4.15)
ヒューズ，デイヴィド（・エドワード）　1900(1.22)
ヒューズ，トマス　1896(3.22)
ヒュースケン　1861(1.16)
ビュスケン・ヒュト，コンラット　1886(5.1)
ビュストレーム，ユーハン・ニクラス　1848(この年)
ヒューストン，サム（サミュエル）　1863(7.26)
ビュスベク　1592(10.28)
ヒュセイン・アヴニ・パシャ　1876(6.16)
ヒュセイン・パシャ　1803(12.23)
ピュセロ，ジョアン　1355(この頃)

ヒューソン　1774(5.1)
ピュタゴラス　前452(この頃)
ピュタゴラス　前497(この頃)
ヒュダティウス　470?(この頃)
ビュッシ　1882(2.1)
ビュッシー・ラビュタン　1693(4.9)
ビュッシング　1793(5.28)
ビュッシング　1829(5.4)
ピュッター　1807(8.12)
ヒュッター（フッテルス），レーオンハルト　1616(10.23)
ヒュッテンブレンナー　1868(6.5)
ピュッロン　前270(この頃)
ビュデ，ギヨーム　1540(8.20)
ピュティアス（マッサリアの）　前300(この頃)
ビュート，ジョン・スチュアート，3代伯爵　1792(3.10)
ヒュトレーウス，ダーフィト　1600(6.25)
ビュノワ，アントワーヌ　1492(11.6)
ヒュパティア　415(この年)
ヒュパティオス（エフェソスの）　537(この頃)
ビューヒナー，ゲオルク　1837(2.19)
ビューヒナー，（フリードリヒ・カール・クリスティアン・）ルートヴィヒ　1899(4.30)
ビューヒナー，ルイーゼ　1877(11.28)
ビューヒマン　1884(この年)
ビュフィエ　1737(5.17)
ビューフォー　1827(5.4)
ビューフォード　1863(この年)
ビュフォン，ジョルジュ・ルイ・ド　1788(4.16)
ヒューブナー　1731(この年)
ヒューブナー　1879(12.5)
ヒューブナー　1882(11.7)
ビュフノアール　1898(この年)
ヒュベルボロス　前411(この年)
ヒュペレイデス　前322(この年)
ヒューム　1721(この年)
ヒューム　1782(12.27)
ヒューム　1855(2.20)
ヒューム，（アンドリュー・）ハミルトン　1873(この年)
ヒューム，ジョン　1808(9.5)
ヒューム，デイヴィド　1776(8.25)

ヒューム，トバイアス 1645（この年）
ビューラー 1898（4.8）
ビューラ，イマーヌエル・ヤーコブ 1744（7.14）
ビュラン，ジャン 1578（10.13？）
ビュリダン，ジャン 1358（この頃）
ヒュー（リンカンの） 1255（8.27）
ビュエル，イドレット・ド 1549（3.29）
ピュール，ミシェル・ド 1680（4.？）
ビュルガー，ゴットフリート・アウグスト 1794（6.8）
ヒュルカノス2世 前30（この年）
ビュルギ 1632（1.31）
ビュルグ 1834（この年）
ビュルゲル 1858（5.25）
ビュルジャ 1816（2.16）
ヒュルゼマン，ヨーハン 1661（6.11）
ビュルダン 1873（この年）
ヒュルツ，ヨハン 1449（この年）
ビュルティ 1890（この年）
ビュルヌフ 1852（5.28）
ビュルマン，フランス 1679（11.12）
ビュルラマキ 1784（4.3）
ビュレ，ピエール 1716（この年）
ビュレット 1747（5.19）
ビュレ・ド・シャンブラン，ジャン・バティスト 1737（この年）
ビューロー 1808（この年）
ビューロー 1816（2.25）
ビューロー，ハンス・グイード・フォン 1894（2.12）
ピュロス 前272（この年）
ビュンダリーン（ヴンダール），ヨーハン 1533（5.？）
ビヨー・ヴァレンヌ 1819（6.3）
ピョートル 1326（12.21）
ピョートル1世 1725（2.8）
ピョートル2世 1730（1.29）
ピョートル3世 1762（7.18）
卞季良 1430（この年）
ビーラ，ヴィルヘルム・フォン 1856（2.18）
ヒラー，フィーリプ・フリードリヒ 1769（4.24）
ヒラー，フェルディナント・フォン 1885（5.10）
ヒラー，ヨハン・アダム 1804（6.16）

皮羅閣 748（この年）
ピラトゥス，ポンティウス 38頃
ピラトル・ド・ロージエ 1785（6.15）
ピラネージ，ジョヴァンニ・バッティスタ 1778（11.9）
ビラノバ，アルナウ・デ 1311（9.？）
ヒラム 前943（この年）
ビララス 1823（12.28）
ヒラーリー・アスタラーバーディー 1528（この頃）
ヒラリウス 368（この頃）
ヒラリウス 468（2.29）
聖ヒラリウス（アルルの） 449（この年）
ヒラリオン（ガザの） 371（この年）
ヒラリ（チチェスターの） 1169（7.13）
ヒラール 883（この頃）
ビラール 641（この頃）
ピラール，マルセーロ・H．デル 1896（7.4）
ヒラール・アッサービー 1056（この年）
ビランズ 1864（この年）
ピリア 1865（7.18）
ヒリアード 1640（この年）
ヒリアード，ニコラス 1619（1.7）
ビリヴェルト，ジョヴァンニ 1644（この年）
ビリェーナ，エンリケ・デ 1434（この年）
ビリカーヌス，テーオバルト 1554（8.8）
ビリク，エーバハルト 1557（1.12）
ビリー・ザ・キッド 1881（この年）
ビリストス 前356（この年）
ビリヌス 648（この年）
ビリャルパンド，クリストバル・デ 1714（この年）
ピーリー・レイス 1550（この年）
ビリングズ，ウィリアム 1800（9.26）
ビリングズ，ジョッシュ 1885（10.14）
ビリングッチョ，ヴァンノッチョ（・ヴィンチェンツィオ・アグスティーノ・ルカ） 1539（この年）

ビリントン，エリザベス 1818（この年）
ヒル 1842（12.10）
ヒル 1851（この年）
ヒル 1865（4.2）
ヒル 1874（この年）
ヒル 1889（9.24）
ピール 1889（8.20）
ピール 1895（この年）
ピール，ガーブリエール 1495（12.7）
ピール，サー・ロバート 1850（7.2）
ヒル，サー・ローランド 1879（8.27）
ピール，ジェームズ 1831（5.24）
ピール，ジョージ 1596（この年）
ピール，チャールズ・ウィルソン 1827（2.22）
ヒル，デイヴィド 1896（4.18）
ヒル，デイヴィド・オクテイヴィアス 1870（5.17）
ピール，メアリ 1699（この年）
ピール，ラファエル 1825（3.25）
ピール，レンブラント 1860（10.4）
ピル，ロジェ・ド 1709（4.5）
ヒル，ローランド 1833（4.11）
ビルアール，シャルル・ルネー 1757（1.20）
ビルイェル 1266（この年）
ヒル・イ・カラスコ，エンリケ 1846（2.22）
ビルイッタ（スウェーデンの） 1370（この年）
ビルエス 1610（この年）
ヒルガース，ベルンハルト・ヨーゼフ 1874（2.7）
ビルギッタ 1373（7.23）
ピルキントン，ジェイムズ 1576（1.23）
ピルキントン，ジョージ・ローレンス 1897（この年）
ピルキントン，フランシス 1638（この年）
ビルクナー・ビンデソル，ミッカエル・ゴットリーブ 1856（この年）
ピルクハイマー，ヴィリバルト 1530（12.22）
ピルクハイマー，カリタス 1532（8.19）
ピルグラム，アントン2世 1515（この頃）

ピルグリム（パッサウの） 991 (5.20？)
ビルゲ・カガン 734(この年)
ビルゲル 1331(この年)
ヒルシャー，ヨーハン・バプティスト・フォン 1865(9.4)
ヒルシュ 1894(1.28)
ヒルシュ 1896(この年)
ヒルシュ，サムソン・ラーファエル 1888(12.31)
ヒルシュフォーゲル，アウグスティン 1553(2.？)
ビールズ 1881(この年)
ビルズベリー，チャールズ・アルフレッド 1899(この年)
聖ヒルダ 680(11.17)
ヒルツェル 1833(この年)
ヒルティウス，アウルス 前43(4.21)
ヒル・デ・オンタニョーン，ホアン 1526(この年)
ヒル・デ・オンタニョーン，ロドリーゴ 1577(この年)
ヒルデガルト・フォン・ビンゲン 1179(この年)
ヒルデブラント 1874(9.29)
ヒルデブラント 1878(1.29)
ヒルデブラント 1894(10.28)
ヒルデブラント，ヨハン・ルーカス・フォン 1745(11.16)
ヒルデベルト(ラヴァルダンの) 1133(12.18)
ヒルデリヒ3世 754(この年)
ビルデルデイク，ウィレム 1831(12.18)
ヒルテン，ヨーハン 1500(この年)
ヒルドゥイヌス(サン・ドニーの) 844(11.22)
ヒルトボルト・フォン・シュヴァンガウ 1256(この頃)
ヒルトル 1894(7.17)
ヒルトン 1878(この年)
ヒルトン，ウォールター 1395(3.24)
ヒルトン，ジョン1世 1608(3.8？)
ヒルトン，ジョン2世 1657(3.21(埋葬))
ビールーニー，アブー・アル・ライハーン 1051(この頃)
ビルニ，トマス 1531(8.19)
ビルバオ，フランシスコ 1865(この年)

ビールバル 1586(この年)
ビルヒ・ブファイファー 1868(8.25)
ビルフィンガー，ゲオルク・ベルンハルト 1750(2.18)
ヒルペリヒ1世 584(9.？)
ヒルペリヒ2世 721(この年)
ヒル・ポロ 1585(この年)
ビルマン，ジャン 1808(この年)
ビルミーニウス 753(11.3)
ビルメス 1883(5.1)
ビルロート，クリスティアン・アルベルト・テオドール 1894(2.6)
ビレス 1524(5.？)
ビレス 1540(この頃)
ヒレブラント 1871(1.25)
ヒレル 20(この頃)
ヒレル2世 365(この年)
ビレルメ 1863(この年)
ビーレンス・デ・ハーン 1895(8.4)
ピーロ，カール・グスタヴ 1792(この年)
ピロクセノス 前380(この頃)
ピロゴーフ 1881(12.5)
ピロコロス 前260？(この頃)
卑路斯 674(この頃)
ピロストラトス，フラウィオス 245(この年)
ビロップ 1726(この年)
ピローティ 1886(7.21)
ピローティ 1895(12.21)
ピロデモス 前40(この頃)
ピロト，アンドレアス 1763(この年)
ビローン 1772(12.28)
ビロン 1592(7.26)
ビロン 1602(7.31)
ビロン，アレクシー 1773(1.21)
ビロン，ジェルマン 1590(2.3)
関升鐏 1874(この年)
ピンカートン，アラン 1884(7.1)
ビンガム 1900(3.19)
ビンガム，ケイレヴ・ジョージ 1879(1.1)
ビンガム，ジョウゼフ 1723(8.17)
ビンガム，ハイラム（父） 1869(11.4)
ビング 1757(3.14)
ビング，ジョージ，初代トリント ン子爵 1733(1.17)

ヒンクス 1885(この年)
ピンクニー 1793(この年)
ピンクニー 1824(10.29)
ピンクニー，チャールズ(・コーツワース) 1825(8.16)
ピンクニー，トマス 1828(11.2)
ピンクハム，リディア・エステス 1883(この年)
ヒンクマル 882(12.21)
ヒンクマールス(ランの) 879(この年)
ピングレー 1796(この年)
ヒンケル，ホーデルト・デ 1703(この年)
ヒンシウス，フランツ・カール・パウル 1898(12.13)
ピンスカー 1891(この年)
ピンソン 1493(この年)
ピンソン 1515(この年)
ピンソン，ビセンテ・ヤニェス 1524(この頃)
ピンソン，リシャール 1530(この年)
ピンダール(プンダール) 1010(この年)
ピンダロス 前440(この頃)
ピンチベック，クリストファー 1732(この年)
ピンチョン 1662(この年)
愍帝 1793(この年)
愍帝 317(この年)
関帝 934(この年)
ピンデモンテ，イッポーリト 1828(11.18)
ピンデモンテ，ジョヴァンニ 1812(1.23)
ヒンデラー，ダーフィト 1890(この年)
ビンテリム，アントーン・ヨーゼフ 1855(6.17)
ヒンデンブルク 1808(3.17)
ピント 1584(この頃)
ピント 1884(この年)
ピント，メンデス 1583(6.？)
ピントリッキオ 1513(12.11)
ヒントン 1875(この年)
関妃 1895(10.8)
ビンビサーラ 前491(この頃)
ヒンメル，フリードリヒ・ハインリヒ 1814(6.8)
ヒンリヒス 1861(9.17)

【 フ 】

傅安　1429（この年）
傅奕　639（この年）
傅毅　89（この頃）
武訓　1896（この年）
傅玄　278（この年）
苻健　355（この年）
苻堅　385（この年）
傅山　1684（この年）
武三思　707（7.6）
武承嗣　698（この年）
傅㬢　1811（この年）
富弼　1083（6.22）
傅友徳　1397（この年）
傅亮　426（この年）
ファー　1883（4.14）
プア，リチャード　1237（4.15）
ファイ，クララ　1894（5.8）
ファイズィー　1595（10.15）
ファイズィー，アブル・ファズル　1595（10.15）
ファイステンベルガー，アンドレアス　1735（この年）
ファイステンベルガー，アントン　1708（この年）
ファイステンベルガー，ジーモン・ベネディクト　1759（この年）
ファイステンベルガー，ヨーゼフ　1724（この年）
ファイト，フィーリプ　1877（12.11）
ファイトヘルブ，ルック　1697（この年）
ファイフ，ダンカン　1854（8.16）
ファインズ　1669（12.16）
ファヴァ，アルマン・ジョゼフ　1899（この年）
ファヴァール，シャルル・シモン　1792（5.12）
ファヴァール，マリー　1772（この年）
ファウォリヌス　143（この頃）
ファウスタ　326（この年）
ファウスツス　395（この頃）
ファウスティナ2世　176（この頃）
ファウスト　1540（この頃）
ファウストゥス　490（この頃）
ファウストゥス（ミレウェ，ミレウムまたはミレウィの）　400（この年）

ファウラー　1864（12.4）
ファウラー　1867（9.26）
ファウラー，サー・ジョン　1898（11.19）
ファーヴル　1880（1.19）
ファウルハーバー　1635（この年）
ファウレ，ジョヴァンニ・バッティスタ　1779（4.5）
ファヴレット，ジャーコモ　1887（6.12）
ファウロス　前351（この年）
ファーカー，ジョージ　1707（4.29）
ファーガスン，ウィリアム・ゴウ　1695（この頃）
ファーガスン，ジェイムズ　1667（3.13）
ファーガスン，ジェームズ　1886（1.9）
ファーガスン，デイヴィド　1598（8.13）
ファーカーソン　1739（12.9）
ファーガソン　1877（2.10）
ファーガソン，アダム　1816（2.22）
ファーガソン，サミュエル　1886（8.9）
ファーガソン，パトリック　1780（この年）
ファーガソン，ロバート　1714（この年）
ファーガソン，ロバート　1774（10.17）
ファーギウス（ビューヒライン），パウル　1549（11.13）
ファ・グム　1373（この頃）
ファクンドゥス　571（この年）
ファーゴ　1745（2.18）
ファーゴ，ウィリアム（・ジョージ）　1881（8.3）
ファザーリー　796（この頃）
ファジー　1878（11.5）
ファジョーリ　1742（この年）
ファース，マーク　1880（この年）
ファスィーヒー　1442（この年）
ファストルフ，サー・ジョン　1459（11.15）
ファズル　873（この年）
ファーズル・アフメト・パシャ　1676（10.30）
ファズルッラー・アスタラーバーディー　1402（この年）
ファゼカシュ・ミハーイ　1828（2.23）

ファゾーロ，ジョヴァンニ・アントーニオ　1572（この年）
ファーター，ヨーハン・ゼヴェリーン　1826（3.15）
ファッシュ，クリスティアン・フリードリヒ・カール　1800（8.3）
ファッシュ，ヨハン・フリードリヒ　1758（12.5）
ファッチーニ，ピエトロ　1602（この年）
ファップ・ロア　1330（この年）
ファッラー　822（この年）
ファッロヒー，アボル・ハサン・アリー・ブン・ジュールーグ　1037（この年）
ファテ・アリー・シャー　1835（この年）
ファーティマ　633（この年）
ファーティマ　817（この頃）
ファート　1567（1.8）
ファトケ，ヴィルヘルム　1882（4.19）
フアト・パシャ　1869（この年）
フアナ　1555（4.11）
フアナ・デ・ポルトガル　1475（この年）
ファーナビー，ジャイルズ　1640（11.25）
ファーナビィ　1647（この年）
ファニエル，ピーター　1743（この年）
ファニャーニ，プロスペロ　1678（8.17）
ファニャーノ，ジャンフランシスコ　1797（5.14）
ファニャーノ，ジュリョ　1766（9.26）
ファーバ　1243（この頃）
ファーバー，エルンスト　1899（9.26）
ファーバー，ヨーハン・アウグスタヌス　1530（この年）
ファーバー（ファブリ），ヨハネス　1541（5.21）
ファビアス　1888（3.24）
ファビウス・マクシムス，クイントゥス　前203（この年）
ファビウス・マクシムス・アエミリアヌス，クインツス　前130（この年）
ファビオラ　399（この頃）
ファブリ　1688（この年）
ファブリ，ピエール　1535（この頃）

フア

ファブリ，フェーリクス　1502（3.14）
ファブリ，フリードリヒ　1891（7.18）
ファブリキウス，ヒエロニュムス　1619（5.20）
ファブリキウス・ヒルダヌス　1634（2.14）
ファブリシウス，ヨハン・クリスティアン　1808（3.3）
ファブリス，ジュゼッペ　1860（この年）
ファブリツィウス　1615（この年）
ファブリツィウス　1679（1.9）
ファブリツィウス，ダーヴィト　1617（5.7）
ファブリツィウス，バーレント　1673（この年）
ファブリーツィウス，ヨーハン・アルベルト　1736（4.30）
ファブリーツィウス，ヨーハン・フィーリプ　1791（1.23）
ファブリーツィウス，ヨーハン（ヨハネス）　1729（2.16）
ファブリティウス，カレル　1654（10.12）
ファーブリ（ファベール），フィリッポ　1630（8.27）
ファーブル，フェルディナン　1898（2.11）
ファーブル，フランソワ-グザヴィエ・パスカル　1837（この年）
ファブル・ウッディーン2世　1635（この年）
ファーブル・デグランチーヌ　1794（4.5）
ファーブル・ドリヴェ，アントワーヌ　1825（この年）
ファブレッティ，ラッファエーレ　1700（この年）
ファーベル，ペトルス　1546（8.1）
ファベル・デュ・フォール　1855（3.22）
ファーマー，ジョン　1605（この頃）
ファーマン，リチャード　1825（8.25）
ファヨール　1852（12.2）
ファライコス　前342？（この頃）
ファラガット，デイヴィド（・グラスコー）　1870（8.14）
ファラキー，アボン・ネザーム・モハンマド　1155（この頃）

ファラクス　前370？（この頃）
ファラデイ，マイケル　1867（8.25）
ファラテハン　1552（この年）
ファーラービー，ムハンマド　950（この年）
ファラリス　前554（この年）
ファラン　1865（1.31）
ファラント，リチャード　1580（11.30）
ファリエーロ　1355（4.17）
ファリーナ，カルロ　1640（この頃）
ファリナーティ，パーオロ　1606（この年）
ファリーニ　1866（8.1）
ファリネッリ　1782（7.15）
ファリネッリ　1836（12.12）
ファリネル，ジャン・バティスト　1720（この年）
ファーリントン，ジョゼフ　1821（12.30）
ファルガーニー　861（この頃）
ファルカン　1553（この年）
ファルギエール，ジャン・アレクサンドル・ジョゼフ　1900（4.20）
ファルク，アーダルベルト　1900（7.7）
ファルク，ウィリアム　1589（8.28）
ファルク，ヨハン・ダニエル　1826（2.14）
ファルケ　1897（この年）
ファルケンボルヒ，ルカス・ファン　1597（2.2）
ファルコニエーリ，アレッシオ　1310（この年）
ファルコニエーリ，アンドレア　1656（7.29）
ファルコーネ，アニエッロ　1656（この年）
ファルコネ，エティエンヌ・モーリス　1791（1.24）
ファルコーネ，シルヴィオ　1535（この年）
ファルコネット，ジョヴァンニ・マリア　1534（この年）
ファルコーヤ，トマーゾ　1743（4.20）
ファルコン　1870（この年）
ファルコン，コルネリー　1897（この年）
ファルセン　1830（この年）

ファルダ，ジョヴァンニ・バッティスタ　1678（この年）
ファルッフィーニ，フェデリーコ　1869（この年）
ファルー・デュ・クドレー，フレデリク・アルベール・ピエール　1886（1.16）
ファルナケス2世　前47（この頃）
ファルナバゾス　前370？（この頃）
ファルネーゼ，アレッサンドロ　1549（この年）
ファルネーゼ，アレッサンドロ　1592（12.3）
ファルネーゼ，エリザベッタ　1766（7.11）
ファルマキディス，セオクリトス　1860（4.21）
ファルメライアー　1861（4.25）
ファルラーティ，ダニエーレ　1773（4.25）
ファルレ　1870（10.28）
ファルンハーゲン・フォン・エンゼ　1858（10.10）
ファルンハーゲン・フォン・エンゼ，ラヘル　1833（3.7）
ファレ，ニコラ　1646（この年）
ファレイ　1826（この年）
ファレーズ，ピエール　1573（この頃）
ファレス，ベニト・パブロ　1872（7.18）
ファレル，ギヨーム　1565（9.13）
ファレンタイン　1727（8.6）
ファーレンハイト，ガブリエル・ダニエル　1736（9.16）
ファロウ　1877（9.6）
ファロピウス，ガブリエル　1562（10.9）
ファン　1837（9.16）
普庵　1169（この年）
ファン2世　1454（この年）
ファン2世　1479（この年）
ファン・アウデナールデ，ロベルト　1743（この年）
ファン・アールスト，ウィレム　1683（この頃）
ファン・アールスト，ピーテル　1550（12.6）
ファン・ウィッテル，ガスパール　1736（この年）
ファン・エフモント，ユストゥス　1674（この年）
ファン・エーンホルン，ランベルトゥス　1721（この年）

ファン・オースト, ヤーコブ1世 1671(この年)
ファン・オースト, ヤーコブ2世 1713(この年)
ファン・オルレイ, バレント 1542(1.6)
ファン・カルカル, ヤン・ステーフェン 1545(この頃)
ファン・カンパンアウト, フランソワ 1848(この頃)
ファン・ケッセル, ヤン 1679(この年)
ファン・ゲント 1880(12.21)
ファン・ゴイエン, ヤン 1656(4.30)
ファン・コーニンクスロー, コルネリス 1558(この年)
ファン・コルトラント 1684(この年)
ファン・サンテン, ヤン 1621(この年)
ファン・スウィーテン 1772(6.18)
ファン・ステーンウィンケル, ハンス1世 1601(この年)
ファン・ステーンウィンケル, ハンス2世 1639(この年)
ファン・ステーンウィンケル, ハンス3世 1700(この年)
ファン・ステーンウィンケル, ロレンス 1619(この年)
ファン・ステーンウェイク, ヘンドリック(子) 1649(この頃)
ファン・ステーンウェイク, ヘンドリック(父) 1603(この年)
ファン・スハルト, ヨーハン・グレゴール 1581(この頃)
ファン・ス-フラーフェサンデ, アーレント 1742(2.28)
ファン・スワーネンビュルフ, ヤーコブ・イサークゾーン 1638(この年)
ファン・ソーメル, パウル 1621(この年)
ファン・タイン・ザン 1867(7.16)
ファンチェッリ, コージモ 1688(この年)
ファンチェッリ, ジャーコモ・アントーニオ 1671(この年)
ファンチェッリ, ドメーニコ 1519(この年)
ファンチェッリ, ルーカ 1495(この年)
ファンツァーゴ, コージモ 1678(2.13)

ファン・デ-アビラ 1569(5.10)
ファンティ 1759(この年)
ファンティ 1864(4.5)
ファン・ディーメン 1645(4.19)
ファン・ディン・フン 1896(この年)
ファン・デ・カペレ, ヤン 1679(12.?)
ファン・デ・フェルデ, エサイアス 1630(11.18)
ファン・デ・フェンネ, アドリアーン 1662(この年)
ファン・テュルデン, テオドール 1669(この年)
ファン・デル・アスト, バルタサール 1657(この年)
ファン・デル・ウェルフ, アドリアーン 1722(この年)
ファン・デル・ネール, エグロン・ヘンドリック 1703(5.3)
ファン・デル・ハーヘン, ヨーリス 1669(この年)
ファン・デル・ハーメン・イ・レオン, フアン 1631(この年)
ファン・デル・フーフェン 1868(3.10)
ファン・デル・メーレン, アダム・フランス 1690(この年)
ファン・デン・エークハウト, ヘルブラント 1674(9.29)
ファン・デン・フーフェン 1848(この年)
ファン・デン・フーフェン 1855(この年)
ファン・デン・ブルック 1865(6.23)
ファン・デン・ヘイン 1785(6.22)
ファン・デン・ヘッケ, ペーテル 1752(この年)
ファン・デン・ボハールト, マルティン 1694(5.4)
ファントゥッツィ, アントーニオ 1550(この頃)
ファントーニ 1807(この年)
ファントーニ, アンドレーア 1734(この年)
ファントーニ, グラツィオーソ(年少) 1798(この年)
ファントーニ, グラツィオーソ(年長) 1693(この年)
ファントーニ, ジョヴァンニ 1745(この年)
ファントーニ, ジョヴァン・ベッティーノ 1750(この年)

ファントーニ, ドナート 1724(この年)
ファントーニ, ドナート・アンドレーア 1817(この年)
ファントーニ, ルイージ 1788(この年)
ファン・トローストウェイク, ワウテル・ヨハネス 1810(この年)
ファン・ネック 1638(この年)
ファン・バビューレン, ディルク 1624(この年)
ファン・バーレン, ヘンドリック 1632(7.17)
ファン・フェーン, オットー 1634(この年)
ファン・ブラーム・フックヘースト 1801(7.8)
ファン・フリート 1663(2.?)
ファン・ブルーメン, ピーテル 1720(この年)
ファン・ブルーメン, ヤン・フランス 1749(この年)
ファン・ブレーケレンカム, クヴィリング 1668(この年)
ファン・プーレンブルフ, コルネリス 1667(8.12)
ファン・ベイエレン, アブラハム 1690(この年)
ファン・ヘース, ヘリット 1670(この年)
ファン・ヘメッセン, ヤン・サンデルス 1566(この頃)
ファン・ヘルト, ニコラース 1669(この年)
ファン・ボーデヘム, ルイ 1540(この年)
ファン・ホーホストラーテン, サミュエル 1678(10.19)
ファン・マヌエル, ドン 1348(6.13?)
ファン・マルデレ, ピエール 1768(11.1)
ファン・ミーリス, フランス(父) 1681(3.12)
ファン・ミーレフェルト, ミヒール 1641(6.27)
ファン・ユテンブルック, モイセス 1646(この頃)
ファン・ライスダール, サロモン 1670(11.1)
ファン・ラーフェスタイン, ヤン・アントーニスゾーン 1657(この年)

ファン・ラール, ピーテル 1642（この頃）
ファーンリ, トマス 1842(1.16)
ファン・レンセラール 1644（この年）
聖フィアクル 670（この頃）
フィアゼッラ, ドメーニコ 1669（この年）
フィアラ, ヨーゼフ 1816（この年）
フィアレッティ, オドアルド 1638（この年）
フィアンメンギーニ, ジョヴァンニ・バッティスタ 1627（この頃）
フィアンメンギーニ, ジョヴァンニ・マウロ 1640（この年）
ブイエ 1553（この頃）
ブイエ 1899（この年）
ブイエ 1868(6.14)
フイエ, オクターヴ 1890(12.29)
ブーイエ, ルイ・イヤサント 1869(6.19)
フィエスキ, ジュゼッペ・マリア 1836(2.16)
フィエスキ, ジョヴァンニ・ルイジ, 伯爵 1547（この年）
フィエスコ 1547(1.2)
フィエルストレム, ペール 1764（この年）
フィオッコ, ジャン・ジョゼフ 1746(3.30)
フィオッコ, ジョゼフ・エクトル 1741(6.22)
フィオッコ, ピエール・アントワーヌ 1714(9.3)
フィオラヴァンティ, アリストティレ 1485（この年）
フィオラヴァンティ, ヴァレンティーノ 1837(6.16)
フィオラヴァンティ, ヴィンチェンツォ 1877(3.28)
フィオリッツォ, イグナーツィオ 1787(6.?)
フィオリッロ, フェデリゴ 1822（この年）
フィオリロ 1694（この年）
フィオリロ, ヨーハン・ドーミニク 1821(9.19)
フィオレリ, ジュゼッペ 1896（この年）
フィオレンティーノ, ジャコボ（インダゴ（通称）） 1526（この年）

フィガーニー・シーラーズィー 1519（この年）
フィーク, クリストファー 1683（この年）
フィゲレド 1597(7.3)
フィゲレード, ロドリゲス・デ 1642(10.9)
フィゲロア, レオナルド・デ 1730（この年）
フィコローニ, フランチェスコ・デ 1747（この年）
フィジク 1837(12.15)
フィジーノ, アンブロージョ 1608（この年）
フィスキエッティ 1810（この頃）
フィスク 1872(1.7)
フィスク, ウィルバー 1839(2.22)
フィスク, フィデーリア 1864(7.26)
フィセリング 1888（この年）
フィゾー, アルマン・イポリット・ルイ 1896(9.18)
フィダーニ, オラーツィオ 1656（この頃）
フィチーノ, マルシーリオ 1499(10.1)
フィッグ, ジェイムズ 1734（この年）
フィッシャー 1800(4.29)
フィッシャー 1825(7.10)
フィッシャー 1829(1.12)
フィッシャー 1885(2.25)
フィッシャー, エドワード 1655（この頃）
フィッシャー, ゲオルク 1592（この年）
フィッシャー, ジョン 1641(12.3)
フィッシャー, 聖ジョン 1535(6.22)
フィッシャー, ハンス 1550（この年）
フィッシャー, フォン・エルラッハ, ヨハン・ベルナルト 1723(4.5)
フィッシャー, フリードリヒ・テーオドア 1887(9.14)
フィッシャー, ペーター 1528（この年）
フィッシャー, ペーター 1529(1.7)
フィッシャー, ヘルマン 1488(1.13?)
フィッシャー, ヘルマン 1517(2.11?)

フィッシャー, ヨハネス 1705(5.17)
フィッシャー, ヨーハン・カスパル・フェルディナント 1746(3.27)
フィッシャー, ヨハン・マルティン 1820（この年）
フィッシャー, ヨハン・ミヒャエル 1766(5.6)
フィッシャー, ラインハルト 1813（この年）
フィッシャー・フォン・エルラッハ, ヨーゼフ・エマヌエル 1742(6.29)
フィッシャルト, ヨハン 1590（この頃）
フィッシュ, ジョルジュ 1881（この年）
フィッシュ, ハミルトン 1893(9.8)
フィッセル 1848(10.23)
フィッチ 1606（この年）
フィッチ 1833（この年）
フィッチ, ジョン 1798(7.2)
フィッツァー 1867（この年）
フィッツウィリアム 1816(2.4)
フィッツウィリアム 1833(2.8)
フィッツウォルター 1235(11.9)
フィッツオズバーン 1071(2.20)
フィッツギボン 1802（この年）
フィッツジェラルド 1537(2.3)
フィッツジェラルド 1579(8.18)
フィッツジェラルド, エドワード 1883(6.14)
フィッツジェラルド, ロード・エドワード 1798(6.4)
フィッツパトリック 1854（この年）
フィッツハーバート 1531（この年）
フィッツハーバート 1538（この年）
フィッツハーバート, マリア・アン 1837（この年）
フィッツピーター 1213(10.14)
フィッツヒュー 1881（この年）
フィッツヒュー, ロバート 1436(1.15)
フィッツラルフ, リチャード 1360(11.16)
フィッツロイ, サー・チャールズ・オーガスタス 1858（この年）
フィッツロイ, ロバート 1865(4.30)

フィットン，メアリ 1647（この年）
フィップス，サー・ウィリアム 1695（2.18）
フィップル 1785（この年）
フィデース 287（この頃）
フィデーリス（ジークマリンゲンの） 1622（4.24）
フィート 1836（この年）
フィードラー，コンラート 1895（6.3）
フィートリ，ダニエル 1645（4.17）
フィナン 661（8.31）
フィニ，チャールズ・グランディスン 1875（8.16）
フィニアン（クロナードの） 549（この頃）
聖フィニアン（モーヴィルの） 579（この年）
フィングエッラ，マーゾ 1464（8.?）
フィネッリ，ジュリアーノ 1657（この年）
フィヒテ，イマーヌエル・ヘルマン 1879（8.8）
フィヒテ，ヨハン・ゴットリープ 1814（1.29）
フィビフ，ズデニェク 1900（10.15）
フィボナッチ，レオナルド 1250（この頃）
ブイユ，ジャン・ド 1477（この年）
ブイヨ 1881（10.29）
ブーイヨン，アンリ・ド・ラ・トゥール・ドーヴェル 1623（この年）
ブイヨン，フレデリック・モーリス 1652（この年）
フィラ1世 前288（この年）
フィラストリウス 397（この年）
フィラートル，ギヨーム 1428（11.6）
フィラートル，ギヨーム 1473（8.21）
フィラレテ，アントニオ 1469（この頃）
フィラレート 1633（10.11）
フィラレート 1867（12.1）
フィラレート・グミレーフスキイ 1866（この年）
フィランジェーリ 1788（7.21）
フィランジェーリ 1867（10.14）
フィリシタ 1623？（この頃）

フィリッパ・オヴ・エノー 1369（8.15）
フィリッピ 1887（6.24）
フィリッピ，フリードリヒ・アードルフ 1882（8.29）
フィリッピ（ベーデラー），ヤコーブス 1516（この頃）
フィリップ 1676（この年）
フィリップ 34（この年）
フィリップ1世 1108（6.29）
フィリップ1世 1567（3.31）
フィリップ2世 1223（7.14）
フィリップ2世 1404（4.27）
フィリップ3世 1285（10.5）
フィリップ3世 1467（7.15）
フィリップ4世 1314（11.29）
フィリップ5世 1322（1.3）
フィリップ6世 1350（8.22）
フィリップ，アーサー 1814（8.31）
フィリップ，ジョン 1851（8.27）
フィリップ（オルレアン家の） 1375（この年）
フィリップス 1702（この年）
フィリップス 1874（4.24）
フィリップス，キャサリン 1664（6.22）
フィリップス，トマス 1845（この年）
フィリップス，ピーター 1628（この年）
フィリップス・アラブス，マールクス・ユーリウス・ウェールス 249（この年）
フィリップス（聖三位一体の） 1671（2.28）
フィリップ・ド・ヴィトリ 1361（この年）
フィリップ・フォン・シュワーベン 1208（6.21）
フィリッポヴィッチ 1889（8.6）
フィリッポス2世 前336（この年）
フィリッポス3世 前317（この年）
フィリッポス5世 前179（この年）
フィリッポス（ヘーラクレイアの） 304（この年）
フィリドール 1728（10.8）
フィリドール，フランソワ・アンドレ 1795（8.24）
フィリープ 1728（12.23）
フィリプス 1696（この年）
フィリプス 1709（この年）
フィリプス 1749（この年）

フィリプス 1884（2.2）
フィリプス 1896（10.25）
フィーリプス，オッベ 1568（この年）
フィーリプス，ゲオルク 1872（9.6）
フィーリプス，ディルク（ディートリヒ） 1568（1.13）
フィリプス，トマス 1872（2.6）
フィリベルトゥス（ルベーの） 684（8.20）
フィリポン 1862（1.25）
フィリモア，ロバート・ジョウゼフ 1885（2.4）
フィリモン 1865（この年）
フィールーザーバーディー 1414（この年）
フィールズ 1881（4.24）
フィルダウシー 1020（この頃）
フィールターレル 1827（この年）
フィールダンク 1646（4.1（埋葬））
フィルツ，ヨーハン・アントン 1760（3.14）
フィールディング，コーブリー 1855（3.3）
フィールディング，セアラ 1768（4.9）
フィールディング，ヘンリー 1754（10.8）
フィールデン 1849（この年）
フィールド 1899（この年）
フィールド，サイラス・W（ウェスト） 1892（7.12）
フィールド，ジョン 1588（3.?）
フィールド，ジョン 1837（1.11）
フィールド，デイヴィド・ダドリー 1894（この年）
フィールド，ネイサン 1619（この頃）
フィールド，フレドリク 1885（この年）
フィールド，ユージン 1895（11.4）
フィールド，リチャード 1616（11.21）
フィルポッツ，ヘンリ 1869（9.18）
フィルポット，ジョン 1555（12.8）
フィルマー 1653（5.26）
フィルマール，アウグスト・フリードリヒ・クリスティアン 1868（7.30）

フィルミアーン，レーオポルト・アントーン・エリュウテリウス・フォン　1744(10.22)
フィルミリアーヌス　310(この年)
フィルミリアーヌス(フィルミリアノス)　268(この年)
フィルモア，ミラード　1874(3.8)
フィレアス(トゥムイスの)　306(2.4)
フィレス　1345(この頃)
フィレタイロス　前263(この年)
フィレモン　前267?(この頃)
フィレルフォ，フランチェスコ　1481(7.31)
フィレンツォーラ，アーニョロ　1543(6.27)
フィロクセノス(マッブークの)　523(12.10)
フィローズ・シャー・トゥグルク　1388(9.20)
フィーローズ・シャー・ヒルジー　1295(この年)
フィロタス　前330(この年)
フィロテオス・コッキノス　1379(この年)
フィロポイメン　前182(この年)
フィロメロス　前354(この年)
フィロロームス　304(この頃)
フィロン　45(この頃)
フィロン　前80(この年)
フィローン(ビュブロスの)　140(この頃)
フィロン・ユダイオス　40(この頃)
フィンク　1822(この頃)
フィンク　1846(8.27)
フィンク，アルバート　1897(この年)
フィンク，ハインリヒ　1527(6.3)
フィンク，ヘルマン　1558(12.29)
フィンク・フォン・フィンケンシュタイン伯　1800(この年)
フィンケ　1875(この年)
フィンソン，ルイ　1617(この頃)
フィンダリスキー　1640(この頃)
フィンタン(クロネーナグの)　603(この年)
フィンバル　633(この年)
フィンリ，サミュエル　1766(7.17)
フィンリー，ジェイムズ　1828(この年)

フィンリ，ジェイムズ・ブラッドリ　1856(9.6)
フィンリ，ロバート　1817(10.3)
フィンレー　1875(1.26)
普雨　1565(この年)
馮惟敏　1580(この頃)
馮雲山　1852(この年)
馮衍　76(この頃)
馮延巳　960(この年)
馮応京　1606(この年)
馮京　1094(この年)
馮桂芬　1874(この年)
馮子振　1327(この年)
馮勝　1395(この年)
馮銓　1672(この年)
馮道　954(4.17)
馮班　1671(この年)
馮奉世　前39(この頃)
馮夢竜　1646(この年)
ブヴァール　1843(この年)
フーヴァルト，クリストフ・エルンスト・フォン　1845(1.28)
ブヴェー，ジョアシャン　1730(6.28)
フヴォストーフ，ドミートリー・イワノヴィチ　1835(10.22)
フウォピツキ　1854(9.30)
ブッキェ　1810(この年)
ブーウール，ドミニク　1702(5.27)
フェーア，カルロ　1836(この年)
フェアバンクス　1864(この年)
フェアファクス，ロバート　1521(10.24)
フェアファックス，ジョン　1877(この年)
フェアファックス(キャメロンの)，トマス・フェアファックス，3代男爵　1671(11.12)
フェアベアン，サー・ウィリアム　1874(8.18)
フェアベアン，パトリク　1874(この年)
フェアホルト　1866(この年)
フェイ，アレッサンドロ　1592(この年)
フェイ，リディア・メアリ　1878(この年)
フェイガン，ロバート　1816(この年)
フェイジョ　1843(11.10)
フェイスフル，エミリー　1895

フェイソーン，ウィリアム　1691(この年)
フェイディアス　前430(この頃)
フェイデルブ　1697(この年)
フェイト　1781(この年)
フェイト　1824(2.8)
フェイト，ヤン　1661(9.11)
フェイバー，フレデリック・ウィリアム　1863(9.26)
フェイホー，ベニート・ヘロニモ　1764(9.26)
フェイホ・イ・モンテネグロ　1764(9.26)
フェイヤー　1885(12.14)
フェイルケ　1814(7.28)
フェヴァン，アントワーヌ・ド　1511(この頃)
フェーヴル(ファーベル)，エティエンヌ・ル　1659(この年)
フェーオ　1761(1.28)
フェオドーシイ・ペチェールスキイ　1074(5.3)
フェオファン・グレク　1410?(この頃)
フェオファーン・ザトヴォールニク　1894(1.6)
フェクター　1879(8.5)
フェクナム，ジョン　1584(10.16)
フェケ　1750(この頃)
フェシュ，ジョゼフ　1839(5.13)
フェスカ，アレクサンダー　1849(2.22)
フェスカ，フィリードリヒ　1826(5.24)
フェスタ，コスタンツォ　1545(4.10)
フェスティング　1752(7.24)
フェストゥス　380(この年)
フェスラー，イグナーツ・アウレーリウス　1839(12.15)
フェスラー，ヨーゼフ　1872(4.25)
フェーダー　1821(5.22)
フェッシュ，ヴィレム・ド　1757(この年)
フェッセンデン，ウィリアム・ピット　1869(この年)
フェッティ，ドメーニコ　1624(4.16)
フェッラータ，エルコレ　1686(この年)
フェッラボスコ，ジローラモ　1679(この年)

フェッラボスコ，ドメーニコ・マリア　1574（この年）
フェッラモーラ，フロリアーノ　1528（この年）
フェッラーリ　1681（10.22）
フェッラーリ　1780（この年）
フェッラーリ　1842（12.？）
フェッラーリ，ガウデンツィオ　1546（1.31）
フェッラーリ，ルーカ　1654（この年）
フェッリ　1680（11.18）
フェッリ，チーロ　1689（9.13）
フェッルッチ，アンドレーア　1526（この年）
フェッルッチ，フランチェスコ・ディ・シモーネ　1493（この年）
フェッルッチ，フランチェスコ・デル・タッダ　1585（この年）
フェッロ　1526（11.16）
フェディ　1892（6.1）
フェティズ，サー・ウィリアム　1836（この年）
フェティス，フランソワ・ジョゼフ　1871（3.26）
フェデリーギ，アントニオ　1490（この年）
フェデリコ3世　1337（6.25）
フェデリコ・ダ・モンテフェルトロ　1482（この年）
フェデルブ，ルイ・レオン・セザール　1889（9.28）
フェーデルマン　1542（この頃）
フェドー　1873（10.29）
フェート，アファナシー・アファナシエヴィチ　1892（11.21）
フェドセーエフ　1898（この年）
フェドチェンコ　1873（9.15）
フェドートフ，パーヴェル・アンドレエヴィチ　1852（11.14？）
フェニアン，ノエ　1598（この年）
フェヌロン，フランソワ・ド・サリニャック・ド・ラ・モット　1715（1.7）
フェネステッラ　19（この頃）
フェネダイ　1871（この年）
フェーネベルク，ヨーハン・ミヒャエル　1812（10.25）
フェノー　1798（この年）
フェヒト，ヨーハン　1716（5.5）
フェヒナー，グスタフ・テオドール　1887（11.18）
フェヒーム・スュレイマン・エフェンディ　1845（この頃）

フェブロニウス　1790（9.2）
フェラー，ニコラス　1637（12.4）
フェラー，ヘンリエッタ　1868（この年）
フェラー，ロバート　1555（3.30）
フェラーズ　1760（5.5）
フェラボスコ，アルフォンソ　1588（8.12）
フェラボスコ，アルフォンソ2世　1628（3.11）
フェラボスコ，ジョン　1682（10.15？）
フェラーリ　1876（7.1）
フェラリ　1565（10.5）
フェラン　1769（2.28）
フェリ　1893（3.17）
フェリ　1895（3.17）
フェリー，ポル　1669（12.28）
フェリアー　1864（この年）
フェリアー，スーザン　1854（11.5）
フェリーキタース　203（この年）
フェリキッシムス　258（この年）
フェーリクス　648（この年）
フェリクス　1212（11.4）
フェリクス1世　274（この年）
フェリクス3世　492（3.1）
フェリクス4世　530（7.22）
フェリクス5世　1451（1.7）
フェーリクス（ウルヘルン）　818（この年）
フェーリクス（ノラの）　260（この頃）
フェリス　1873（この年）
フェリス，ギヨーム・アダン・ド　1871（10.23）
フェリス，ジョージ（・ワシントン・ゲイル）　1896（この年）
フェリーチェ（カンタリーチェの）　1587（5.18）
フェリビアン，アンドレ　1695（この年）
フェリペ1世　1506（9.25）
フェリペ2世　1598（9.13）
フェリペ3世　1621（3.31）
フェリペ4世　1665（9.17）
フェリペ5世　1746（7.9）
フェリーペ・デ・ヘスース・カサス・マルティネス　1597（2.5）
フェーリング，ヘルマン・フォン　1885（7.1）
フェル，ジョン　1686（7.10）
フェルカー，アウグストゥス　1884（この年）

フェルゲンハウアー，パウル　1677（この頃）
フェルシティン，セバスティアン・ズ　1544（この頃）
フェルスター，ヨハン・ラインホルト　1798（この年）
フェルスター，ルートヴィヒ・フォン　1863（6.16）
フェルステーヘン　1662（この頃）
フェルステル，ハインリヒ・フォン　1883（7.14）
フェルスブロンク，ヤン・コルネリスゾーン　1662（この年）
フェルセン　1794（この年）
フェルセン　1810（6.20）
フェルデ　1641（11.4？）
フェルデ，ヴィレム・ファン・デ　1693（12.25）
フェルデ，ヴィレム・ファン・デ　1707（4.6）
フェルディナント1世　1564（7.25）
フェルディナント1世　1875（6.29）
フェルディナンド1世　1494（1.25）
フェルディナンド1世　1609（この年）
フェルディナンド1世　1825（1.3）
フェルディナント2世　1637（2.15）
フェルディナンド2世　1496（10.7）
フェルディナンド2世　1670（この年）
フェルディナンド2世　1859（5.22）
フェルディナント3世　1657（4.2）
フェルディナンド3世　1824（6.17）
ブエルト，ニコラース・デル　1681（この頃）
フェルドウスィー，アボル・カーセム・マンスール　1025（この頃）
フェルトン　1628（この年）
フェルトン　1862（この年）
フェルトン，ジョン　1570（8.8）
フェルナン・ゴンザレス　970（この年）
フェルナンデス，アレーホ　1546（この年）
フェルナンデス，ヴァスコ　1542（この頃）

フェルナンデス，グレゴリオ 1636(1.22)
フェルナンデス，ジョアン 1567(6.26)
フェルナンデス，フアン 1604(この年)
フェルナンデス，ベント(ベニート) 1633(10.2)
フェルナンデス，ホルヘ 1533(この頃)
フェルナンデス，マテウス 1515(この年)
フェルナンデス-イ-ゴンサレス，マヌエル 1888(12.5?)
フェルナンデス-デ-オビエド，ゴンサロ 1557(この年)
フェルナンデス-デ-コルドバ 1515(この年)
フェルナンデス-デ-コルドバ 1883(この年)
フェルナンデス-デ-ピエドライータ，ルカス 1688(この年)
フェルナンデス-デ-リサルディ，ホセ・ホアキン 1827(6.21)
フェルナンデス-ナバレーテ，ドミンゴ 1686(2.16)
フェルナンド1世 1065(12.27)
フェルナンド1世 1416(4.2)
フェルナンド2世 1483(この年)
フェルナンド3世 1252(5.30)
フェルナンド4世 1312(9.?)
フェルナンド5世 1516(1.23)
フェルナンド6世 1759(8.10)
フェルナンド7世 1833(9.29)
フェルネル，ジャン・フランソワ 1558(4.26)
フェルノー 1808(12.4)
フェルハルスト 1891(1.17)
フェルビガー，ヨーハン・イグナーツ・フォン 1788(5.17)
フェルヒュルスト，ロンボウト 1698(この年)
フェルプス，サミュエル 1878(11.6)
フェルプルフ 1678(この頃)
フェルマ，ピエール・ド 1665(1.12)
フェルメイエン，ヤン・コルネリス 1559(この年)
フェルメール，ヨハネス 1675(この年)
フェルラータ，ドメニコ 1897(2.7)

フェルラリエンシス 1528(9.19)
フェルレッティ，フランチェスコ 1874(この年)
フェルレーリ，ザッカリーア 1524(この年)
フェルレンディス 1802(この年)
フェルンコルン，アントン・ドミニク・フォン 1878(この年)
フェレイラ，アントニオ 1569(11.29)
フェレイラ，ガスパル 1649(12.27)
フェレイラ，クリストヴァン 1652(この年)
フェレイラ・デ・メロ，ジョゼ・ベント・レイテ 1844(2.8)
フェレオルス(ユゼの) 584(1.4)
プエレドン 1850(この年)
フェレル，ウィリアム 1891(9.18)
フェレンツィ・イシュトヴァーン 1856(この年)
フェレンベルク 1844(11.21)
フェンウィク，エドワード・ドミニク 1832(9.26)
フェンウィック 1683(この年)
フェンツォーニ，フェッラウー 1645(この年)
フエンテ，ビンセンテ・デ・ラ 1889(12.25)
フエンテ，ミゲル・デ・ラ 1625(11.27?)
フェントン 1608(10.19)
フェントン 1760(この年)
フェントン，ロジャー 1869(この年)
フエンリャーナ，ミゲル・デ 1579(この頃)
フォイアバハ，ルートヴィヒ・アンドレーアス 1872(9.13)
フォイアボルン，ユストゥス 1656(この年)
フォイエルアーベント 1590(この年)
フォイエルバッハ 1833(5.29)
フォイエルバッハ，アンゼルム・フォン 1880(1.4)
フォイエルバハ 1834(3.12)
フォイクト 1821(この年)
フォイクト 1893(この年)
フォイビダス 前378?(この頃)
フォイヒタースレーベン，エルンスト・フォン 1849(9.3)

フォイヒトマイヤー，ヨーゼフ・アントン 1770(1.2)
フォイヒトマイヤー，ヨハン・ミヒャエル 1772(この年)
フォイン 1894(この年)
武王(楚) 前690(この年)
フォウルク 1893(8.6)
フォエバディウス 392(この頃)
フォーカス 117(この年)
フォーカス 610(10.5)
フォガラシ 1878(この年)
フォキオン 前318(この年)
フォーキュリデース(偽) 150(この頃)
フォーク，フランシス 1865(この年)
フォークス，ガイ 1606(1.31)
フォークト 1895(5.5)
フォークトヘル，ゲオルク 1539(1.18)
フォークトヘル，ハインリヒ 1542(この頃)
フォークトレンダー 1643(1.22?)
フォークナー 1865(7.3)
フォークナー，ジョン・パスコー 1869(この年)
フォーグラー，ゲオルク・ヨーゼフ 1814(5.6)
フォークランド 1643(9.20)
フォーグル 1840(11.20)
フォーグル，ヨハン・ネーポムク 1866(11.16)
フォーゲル 1788(6.27)
フォーゲル 1816(4.11)
フォーゲル 1856(この年)
フォーゲル 1862(この年)
フォーゲル 1898(12.17)
フォーゲルザング，カール・フォン 1890(11.8)
フォーゲル・フォン・フォーゲルシュタイン，カール・クリスティアン 1868(この年)
フォーコニエ，ジャック・アンリ 1839(この年)
フォゴリーノ，マルチェッロ 1548(この頃)
フォーサイス 1886(12.17)
フォーサイス，アレグザーンダ・ジョン 1843(6.11)
フォザギル 1780(12.26)
フォシウス 1649(3.19)
フォーシェ，クロード 1602(この年)

人物故大年表 外国人編 1007

フォシエ, ロラン　1672(この年)
フォーシャル　1761(この年)
フォス　1649(3.27)
フォス　1689(2.21)
フォス, ヨハン・ハインリヒ　1826(3.29)
フォスカラーリ(フスカラリウス), エギディオ　1564(12.23)
フォスカリ　1457(11.1)
フォスカリーニ, パーオロ・アントーニオ　1616(6.10)
フォスコロ, ウーゴ　1827(9.10)
フォスコロス, マルコス・アンリニオス　1662(この年)
フォスター　1899(3.27)
フォスター, A.K.　1887(1.14)
フォースター, ウィリアム・エドワード　1886(4.5)
フォスター, ジョン　1876(2.21)
フォスター, スティーヴン・コリンズ　1864(1.13)
フォスター, ハナ(・ウェブスター)　1840(4.17)
フォーセット　1884(11.6)
フォーセット, ジョン　1817(7.25)
フォーチュン　1880(4.13)
フォック　1883(2.4)
フォックス　1635(この年)
フォックス　1893(6.23)
フォックス, ジョージ　1691(1.13)
フォックス, ジョン　1587(4.15)
フォックス, チャールズ・ジェイムズ　1806(9.13)
フォックス, リチャード　1528(10.5)
フォッケロート　1717(10.10)
フォッサーティ, ドメーニコ　1784(この年)
フォッサムブローニ　1844(4.13)
フォッジア　1688(1.8)
フォッジアーニ, ジョヴァンニ・バッティスタ　1725(この年)
フォッパ, ヴィンチェンツォ　1515(この頃)
フォティアディス　1807(この年)
フォーティノス　376(この年)
フォーテスキュ　1476(この頃)
フォーテスキュ　1531(この年)
フォーテスキュー, アドリアン　1539(7.8)

フォード, ジョン　1640(この頃)
フォード, トマス　1648(11.17)(埋葬)
フォードリニア, ヘンリー　1854(この年)
ブオナッコルシ, フィリッポ　1496(11.?)
ブオナミーチ, ジョヴァン・フランチェスコ　1759(この年)
ブオナメンテ　1642(8.29)
ブオナロッティ　1837(9.17)
フォーブズ　1747(この年)
フォーブズ　1759(この年)
フォーブズ　1868(12.31)
フォーブズ　1876(この年)
フォーブズ, アレグザーンダ・ベンロウズ　1875(10.8)
フォーブズ, ウィリアム　1634(4.12)
フォーブズ, エドワード　1854(11.18)
フォーブズ, ジョージ・ヘイ　1875(この年)
フォーブズ(フォービス), ジョン　1648(4.29)
フォーマン, チャールズ・ウィリアム　1894(この年)
フォミン, エフスチグネイ・イパトヴィチ　1800(この年)
フォラール　1752(この年)
フォリー, ジョン・ヘンリー　1874(この年)
フォリエル, クロード・シャルル　1844(7.17)
フォリオット, ギルベルト　1187(2.18)
フォール　1899(2.16)
フォール, カール・フィリップ　1818(6.29)
フォルカード, テオドール・オギュスタン　1885(9.12)
フォルクイヌス(マルセイユの)　1231(この年)
フォルクマル, グスタフ　1893(1.9)
フォルクマン　1877(1.13)
フォルクマン, フリードリヒ・ローベルト　1883(10.29)
フォルクレー, アントワーヌ　1745(6.28)
フォルクレー, ジャン・バティスト・アントワーヌ　1782(8.15)
フォルクレー, ニコラ・ジル　1761(この年)

フォルクレー, ミシェル　1757(この年)
フォルケニング, ヨーハン・ハインリヒ　1877(この年)
フォルケル, ヨーハン・ニーコラウス　1818(3.20)
フォルケンベック　1892(この年)
フォールコナー　1769(この年)
フォルゴーレ・ダ・サン・ジミニャーノ　1330(この頃)
フォールコン　1688(6.5)
フォルスター, ゲオルク　1568(11.12)
フォルスター, ゲオルク　1794(1.10)
フォルスター, フロベーニウス　1791(10.11)
フォルスター, ヨーハン　1558(この年)
フォルタン　1831(この年)
フォルチェルリーニ, エジディオ　1768(4.4)
フォルツ, パウル　1544(この年)
フォルツ, ハンス　1513(この年)
フォルティーニ　1562(この年)
フォルテグエッリ　1735(2.17)
フォルトゥナトゥス, ヴェナンティウス　609(この年)
フォルトゥニー・イ・マルサル, マリアーノ　1874(11.12)
フォルトゥール　1856(この年)
フォルトラーゲ　1881(11.8)
フォルヌレ, グザヴィエ　1884(この年)
フォルネル, フアン・パブロ　1797(3.17)
フォルノーヴォ, ジョヴァンニ・バッティスタ　1573(この年)
フォルヒハンマー, ペーター・ヴィルヘルム　1894(この年)
フォルベルク, フリードリヒ・カール　1848(この年)
フォルマイ　1797(この年)
フォルマル　1181(4.13)
フォルミオン　前428?(この頃)
フォルメ, ニコラ　1638(5.27)
フォルメント, ダミアン　1541(この頃)
フォルモッス　896(4.4)
フォルレンダー　1867(3.31)
フォレー　1872(6.10)
フォレスト, エドウィン　1872(12.12)

人名索引　フサ

フォレスト, ネイサン・ベッドフォード　1877(10.29)
フォーレン　1840(この年)
フォレン　1855(この年)
フォレン, カール・テオドーア・クリスティアン　1840(1.13)
フォレンゴ, テオーフィロ　1544(12.9)
フォワ, ガストン　1512(この年)
フォワ, マクシミリアン・セバスティアン　1825(11.28)
ブオン, バルトロメーオ　1467(この頃)
フォンヴィージン, デニス・イワノヴィチ　1792(12.1)
ブオンヴィチーノ, アンブロージョ　1622(この年)
フォン・クレーマー　1889(この年)
ブオンコンシーリオ, ジョヴァンニ　1536(この頃)
フォンセーカ, ペテール・ダ　1599(11.4)
フォンセカ, マヌエル・デオドロ・ダ　1892(8.23)
フォンターナ　1656(この年)
フォンターナ　1805(3.19)
フォンタナ　1557(この年)
フォンターナ, アンニーバレ　1587(この年)
フォンターナ, カルロ　1714(2.5)
フォンターナ, ジョヴァンニ・バッティスタ　1630(この頃)
フォンターナ, ドメニコ　1607(この年)
フォンターナ, プロスペロ　1597(この年)
フォンターナ, ラヴィーニア　1614(この年)
フォンターヌ, ルイ・ド　1821(3.17)
フォンタネー, アントワーヌ　1837(6.11)
フォンタネー, ジャン・ド　1710(1.16)
フォンターネ, テーオドア　1898(9.20)
フォンタネ, ルイ・フェルディナン　1862(この年)
フォンタネージ, アントーニオ　1882(4.17)
フォンタネージ, フランチェスコ　1831(この年)

フォンタネッリ　1622(2.11)
フォンタレンティ, ベルナルド　1608(6.6)
フォンテス　1887(この年)
フォンテーヌ, シャルル　1570(この頃)
フォンテーヌ, ピエール　1450(この頃)
フォンテーヌ, ピエール・フランソワ・レオナール　1853(10.10)
フォンテバッソ, フランチェスコ　1769(この年)
フォントネル, ベルナール・ル・ボヴィエ・ド　1757(1.9)
フォン・ブッフ, クリスティアン・レオポルト　1853(3.4)
フォン・リトローフ　1840(9.30)
普荷　1683(この年)
フーガ, フェルディナンド　1781(この年)
ブガチョフ, エメリヤン・イヴァノヴィチ　1775(1.21)
ブカナン　1848(この年)
ブカレリ・イ・ウルスア　1779(4.9)
普願　834(この年)
ブーガンヴィル, ルイ・アントワーヌ・ド　1811(8.20)
ブカーン(ブカヌス, ブクの), ギヨーム　1603(この年)
フキエ・タンヴィル　1795(5.7)
ブキャナン　1874(5.11)
ブキャナン, ジェイムズ　1868(6.1)
ブキャナン, ジョージ　1582(9.29)
傅毅　569(この年)
フーク　1873(この年)
普愚　1382(この年)
服慶　188(この頃)
フーク, ヨーハン・レーオンハルト　1846(3.11)
福王朱常洵　1641(この年)
福王朱由崧　1646(この年)
復丘　1355(この年)
ブクステフーデ, ディデリック　1707(5.9)
フークストラ, シツエ　1898(6.12)
フグッチョ(ピーサの)　1210(4.30)
フーケ　1740?(この頃)
フケ　1774(5.3)

ブーケ　1885(9.9)
普化　860(この年)
フーケ, ジャン　1480(この頃)
フーケ, ニコラ, ムラン・エ・ド・ヴォー子爵, ベリール侯爵　1680(3.23)
フケー, フリードリヒ・ド・ラ・モット　1843(1.23)
フーケ・マルセイユ　1231(12.25)
ブーゲール, ピエール　1758(8.15)
ブーゲンハーゲン, ヨーハン　1558(4.20)
フーコー　1894(この年)
フーゴー　1141(2.11)
フーゴー　1844(9.15)
フーコー, ジャン・ベルナール・レオン　1868(2.11)
フーゴ(アミアンの)　1164(11.11)
傅恒　1770(この年)
フーゴ・カンディドゥス(ルミルモンの)　1098(この頃)
フーゴ(クリュニーの)　1109(4.28?)
フーゴ(グルノーブルの)　1132(4.1)
フーゴ(サン・シェルの)　1263(3.19)
フーゴ(ストラスブールの)　1270(この頃)
フーゴ(ディの)　1106(10.7)
フーゴ(ニューカスルの)　1322(この頃)
フーゴ(バルゼルの)　1220(この頃)
フーゴー・フォン・トリンベルク　1313(この頃)
フーゴー・フォン・モンフォール　1423(4.5)
フーゴ(フルリーの)　1120(この年)
フーゴ(ルアンの)　730(4.8)
夫差　前473(11.?)
フサイン　680(10.10)
フサインシャー　1518(この年)
フサイン・ニザーム・シャー1世　1565(6.8)
フサイン・パシャ　1838(この年)
プサメティコス2世　前588(この年)
プサメティコス3世　前525(この年)

人物物故大年表 外国人編　1009

ブザール, ジャン・バティスト 1625 (この頃)
プーサン, ガスパール 1675 (5.25)
プーサン, ニコラ 1665 (11.19)
ブサンゴー, ジャン・バティスト 1887 (5.12)
フーシー 1788 (この年)
プージ, サンティーノ 1736 (この年)
フーシェ 1696 (4.27)
フーシェ 1861 (12.29)
フーシェ 1872 (この年)
フーシェ, ギヨーム 1594 (この頃)
フーシェ, ジョゼフ, オトラント公爵 1820 (12.25)
フーシェ, フランソワ 1770 (5.30)
ブジェー, フランソワ・エメー 1723 (4.4)
フーシェイ, トマス 1486 (3.10)
フーシェ・ド・カレイユ 1891 (この年)
ブーシェ・ド・クレヴェクール・ド・ペルテ, ジャック 1868 (8.5)
フーシェ・ド・シャルトル 1127 (この頃)
ブシェート (ブシェット) 1080 (この頃)
ブーシキン, アレクサンドル・セルゲーヴィチ 1837 (1.29)
ブーシキン, ワシーリー・リヴォヴィチ 1830 (8.20)
ブーシコー 1877 (この年)
ブシコー 1421 (この年)
ブーシコー, ダイオニシアス 1890 (9.18)
ブーシチン 1859 (この年)
フジーナ, アンドレーア 1526 (この年)
ブジニャック, ギヨーム 1641 (この頃)
普寂 739 (この年)
ブシャミトラ 前148 (この頃)
ブジャルディーニ, ジュリアーノ 1554 (この年)
ブーシャルドン, エドム 1762 (7.27)
ブーシャン・トリバーティー 1715? (この頃)
フシュケ, フィーリプ・エードゥアルト 1886 (2.7)

ブシリ 1888 (この年)
傅清 1750 (この年)
ブース, エドウィン・トーマス 1893 (6.7)
ブース, キャサリン 1890 (10.4)
ブース, ジューニアス・ブルータス 1852 (11.30)
ブース, ジュニアス・ブルタス2世 1883 (この年)
ブース, ジョン・ウィルクス 1865 (4.26)
フス, ニコライ 1826 (1.4)
フス, パーヴェル 1855 (1.22)
フース, ヒューホー・ヴァン・デル 1482 (この年)
ブス, フランツ・ヨーゼフ・フォン 1878 (1.31)
ブース, ヤーコブ 1565 (8.?)
フス, ヤン 1415 (7.6)
ブ・ズィアン 1849 (この年)
ブースィーリー 1296 (この頃)
ブスカ, アントーニオ 1686 (この年)
ブスタマンテ 1853 (この年)
ブスタマンテ, バルトロメ・デ 1570 (この年)
ブスティ, アゴスティーノ 1548 (この年)
ブステッリ, フランツ・アントン 1763 (4.18)
ブステト 1882 (3.6)
フスト, ヨハン 1466 (この年)
ブーストレム, クリストッフェル・ヤーコブ 1866 (3.22)
ブスラー 1900 (1.18)
ブスラーエフ, フョードル・イワノヴィチ 1897 (7.31)
フズーリー, メフメト・ビン・スレイマン 1556 (この頃)
ブセ 1725 (10.3)
武成皇后 582 (この年)
ブセッロ, ジョヴァンニ・フランチェスコ 1659 (この年)
ブセロス, ミカエル 1096 (この頃)
ブーゼンバウム, ヘルマン 1668 (1.31)
武宗 (元) 1311 (この年)
武宗 (唐) 846 (この年)
ブゾヴィウス (ブゾフスキ), アブラハム 1637 (1.31)
武宗元 1050 (この年)
ブソーム, ニコラ 1575 (8.10)

ブダエウス, ググリエルムス 1540 (この年)
ブタシェーヴィチ-ペトラシェフスキー, ミハイル・ワシリエヴィチ 1866 (12.8)
ブーダン, ウージェーヌ 1898 (8.8)
ブーダン, レオナール 1804 (この年)
プチ・ド・ジュルヴィル, ルイ 1900 (この年)
プチャーチン 1883 (10.16)
プチュンワ・ションヌ・ギェルツェン 1106 (この頃)
ブーツァー, マルティン 1551 (2.28)
フッガー, アントン 1560 (この年)
フッカー, サー・ウィリアム・ジャクソン 1865 (この年)
フッカー, ジョセフ 1879 (10.31)
フッカー, トマス 1647 (7.7)
フッガー, ハンス 1409 (この年)
フッガー, ハンス・ヤコブ 1575 (この年)
フッガー, ヤコブ1世 1469 (この年)
フッガー, ヤーコプ2世 1525 (12.30)
フッカー, リチャード 1600 (11.2)
フック, ウォルター・ファーカー 1875 (10.20)
フック, ジェイムズ 1827 (この年)
フック, シオドア・エドワード 1841 (8.24)
フック, ロバート 1703 (3.3)
フックス 1899 (10.5)
フックス, アーロイス 1853 (3.20)
フックス, ヨハン・グレゴル 1715 (この年)
フックス, ヨーハン・ヨーゼフ 1741 (2.13)
フックス, レオンハルト 1566 (5.10)
ブックストルフ, ヨハネス・ヤーコプ 1704 (4.1)
ブックストルフ, ヨーハン 1629 (9.13)
ブックストルフ, ヨーハン 1664 (8.16)

ブックストルフ, ヨーハン　1732(6.19)
フックバルト　930(6.25？)
ブッシェ, ヘルマン・フォン・デム　1534(4.？)
ブッシュ　1855(この年)
ブッシュ　1888(4.1)
ブッシュ　1899(11.16)
ブッシュ, ヴァランタン　1541(この年)
ブッシュ, ペーター　1744(この年)
ブッシュ, ヨハネス(ヤン)　1480(この頃)
ブッシュネル, ジョン　1701(この年)
ブッシュネル, デイヴィド　1824(この年)
ブッシュネル, ホラス　1876(2.17)
ブッシュマン　1600(4.4)
ブッセ, ニコライ　1866(この年)
フッセン, ティレマン・ヴァン　1551(この年)
フッソヴィアーヌス, ニコラウス　1550(この頃)
ブッダ　前483(この頃)
フッター, エリーアス　1605(この頃)
フッター, ヤーコプ　1536(2.25)
仏駄跋陀羅　429(この年)
ブッダパーリタ　540(この頃)
ブッダン　1853(この頃)
ブッチ, アントーニオ　1388(この年)
ブッチ, アントーニオ・マリーア　1892(1.12)
ブッチネッリ, アントーニオ　1897(この年)
ブッツィ, イッポーリト　1634(この年)
フッデ　1704(4.15)
ブッデウス(ブッデ), ヨーハン・フランツ　1729(11.19)
ブッテリ, ジョヴァンニ・マリーア　1606(この年)
フッテン　1546(この年)
フッテン, ウルリヒ・フォン　1523(8.29)
フッド　1814(12.24)
フッド, アレグザンダー, 初代ブリッドポート子爵　1814(この年)

フット, アンドリュー(・ハル)　1863(この年)
フット, サミュエル　1777(10.21)
フッド, ジョン・B(ベル)　1879(8.30)
フッド, トマス　1845(5.3)
フッド(ウィトリーの), サミュエル・フッド, 初代子爵　1816(1.27)
ブットカーマー　1900(3.15)
ブットシュテット, フランツ・フォルラート　1814(5.7)
ブットシュテット, ヨーハン・ハインリヒ　1727(12.1)
仏図澄　348(この年)
ブットマン　1829(6.21)
ブーツバハ, ヨハネス　1516(12.29)
プフェンドルフ, サムエル, 男爵　1694(10.26)
ブッペル, ヨーハン(ゴッホの)　1475(3.28)
ブッリーニ, ジョヴァンニ・アントーニオ　1727(この年)
ブッレー・シャー　1758(この年)
プティ　1677(この年)
武帝(西晋)　290(4.？)
武帝(前漢)　前86(この年)
武帝(南斉)　493(この年)
武帝(南朝宋)　422(この年)
武帝(南朝陳)　559(6.？)
武帝(北周)　578(6.？)
プティ, アレクシ・テレーズ　1820(6.21)
プティ, ジャン・ルイ　1750(4.20)
プティー, フランチェスコ　1682(この年)
プティジャン, ベルナール・タデー　1882(10.7)
ブーディッカ　62(この年)
プティト, アンヌモン・アレクサンドル　1801(この年)
プティト, ジャン　1691(この年)
ブーディノ　1821(10.24)
ブーディノ, エライアス　1839(6.22)
ブーテルヴェク　1828(8.9)
ブデンツ　1892(4.15)
フート, ハンス　1527(12.？)
ブトコーフ, ヤーコフ・ペトロヴィチ　1856(11.28)
ブトルス・アルブスターニー　1883(5.1)

プトレマイオス1世　前283(この頃)
プトレマイオス2世　前246(この年)
プトレマイオス3世　前221(この年)
プトレマイオス4世　前203(この年)
プトレマイオス5世　前181(この年)
プトレマイオス6世　前145(この年)
プトレマイオス8世　前116(この年)
プトレマイオス9世　前81(この年)
プトレマイオス10世　前88(この年)
プトレマイオス12世　前51(この年)
プトレマイオス13世　前47(この年)
プトレマイオス14世　前44(この年)
プトレマイオス15世　前30(この年)
プトレマイオス, クラウディオス　178(この年)
プトレマイオス・アピオン　前96(この年)
ブトレロフ, アレクサンドル・ミハイロヴィチ　1886(8.17)
ブトン　1364(この年)
ブドン, アンリ・マリー　1702(8.5)
フナイン・ブン・イスハーク　873(11.30)
フニー, ホアン・デ　1577(4.？)
フニウス, エギーディウス　1603(4.4)
フニウス, ニーコラウス　1643(4.12)
弗若多羅　404(この年)
ブニャコフスキー　1889(12.12)
フニャディ, ヤーノシュ　1456(8.11)
ブニャーニ, ガエターノ　1798(7.15)
ブニン, イワン・ペトローヴィチ　1805(9.17)
武寧王　523(この年)
フネス, グレゴリオ　1829(1.12)
フネリック　484(この年)

ブノワ　1878(5.6)
ブノワ，ミシェル　1774(10.23)
フーバー　1898(11.22)
フーバー　1790(この年)
ブーハー　1892(10.12)
フーバー，ヴィクトール・エメー　1869(7.19)
フーバー，ヴォルフ　1553(6.3)
フーバー，ザームエル　1624(3.23)
フーバー，ジョン　1555(2.9)
フーバー，ジョンソン・ジョーンズ　1862(6.7)
フーバー，テレーゼ　1829(6.15)
フーバー，ヨーハン・ネーポムク　1879(3.20)
フーバー，ルートヴィヒ・フェルディナント　1804(12.24)
フーバー（フベリーヌス），カスパル　1553(12.21)
ブハーリー　870(8.31)
ブピエヌス　238(この年)
ブフ　1828(1.20)
ブファイファー　1858(10.27)
ブファイル，クリスティアン・カール・ルートヴィヒ　1784(2.14)
ブファッフ，ヴィルヘルム　1835(6.26)
ブファッフ，フリードリヒ　1825(4.21)
ブファフ，クリストフ・マテーウス　1761(11.19)
ブファーロ，ガスパロ・デル　1836(12.28)
ブファンダー，カール・ゴットリーブ　1802(12.1)
ブフィッツマイアー　1887(5.18)
ブフェニンガー，ヨーハン・コンラート　1792(9.11)
ブフェファコルン，ヨーハン(ヨハネス)　1523(この年)
ブフェフィンガー，ヨーハン　1573(1.1)
フーフェラント　1836(8.25)
フボストフ　1809(10.5)
ブフォル，フランツ　1812(6.16)
ブフスバウム，ハンス　1454(この頃)
ブフタ　1846(1.8)
ブーフナー，アウグスト　1661(2.12)
ブーフナー，ハンス　1538(この年)

ブブナ・フォン・リティツ　1825(6.6)
フープフェルト，ヘルマン　1866(4.24)
ブーフホルツァー，ゲオルク　1566(この年)
フープマイアー，バルターザル　1528(3.10)
ブラヒャー，モーゼス　1589(この年)
ブフルーク，ユーリウス・フォン　1564(9.3)
ブフレール　1711(この年)
ブフレール　1815(この年)
フーベル　1694(11.8)
フーベルト，コンラート　1577(4.23)
ブホル，ホアン　1626(5.?)
ブーホルツ，アンドレアス・ハインリヒ　1701(この年)
フマーユーン　1556(1.24)
フーマン，カール　1896(4.12)
フミアーニ，ジョヴァンニ・アントーニオ　1710(この年)
フメリニーツキィ　1657(8.16)
フュアルダン，フランソワ　1610(1.1)
フエトラー　1492(この年)
フューガー，ハインリヒ　1818(この年)
フュステル・ド・クーランジュ，ニュマ・ドニ　1889(9.12)
フューゼリ，ヘンリー　1825(4.16)
フューセンス，ピーテル　1637(この年)
フューリヒ，ヨゼフ・フォン　1876(3.13)
フュルステナウ，アントン・ベルンハルト　1852(11.18)
フュルステナウ，カスパー　1819(5.11)
フュルステナウ，モーリツ　1889(3.27)
フュルステンベルク，フランツ・フリードリヒ・ヴィルヘルム・フライヘル・フォン　1810(9.16)
フュルチエール，アントワーヌ　1688(5.14)
フュルベール　1028(4.10)
フュレー，ルイ・テオドール　1900(1.15)

フョードル1世　1598(1.17)
フョードル2世　1605(6.20)
フョードル3世　1682(5.7)
フラー　1884(3.21)
ブラー　1848(11.29)
フラー，アイザック　1672(この年)
フラー，アンドルー　1815(5.7)
フラー，トマス　1661(8.12)
フラー，マーガレット　1850(7.19)
フラ・アンジェリコ　1455(3.18?)
フライ　1864(9.21)
ブライ，ウィリアム　1817(この年)
フライ，エリザベス　1845(10.12)
フライ，ジョゼフ　1787(この年)
ブライアー　1888(2.17)
ブライアー，マシュー　1721(9.18)
ブライアン　1550(この年)
ブライアント，アレグザンダ　1581(12.1)
ブライアント，ウィリアム・カレン　1878(6.12)
フライシャー　1888(2.10)
ブライス　1666(6.21)
ブライス　1898(12.15)
ブライス，エドワード　1873(この年)
ブライス，リチャード　1791(4.19)
ブライスヴェルク，ザームエル　1871(1.13)
ブライズマン　1591(5.23)
ブライズマン　1591(この年)
ブライスラー，ゲオルク・マルティン　1754(この年)
ブライスラー，ダニエル　1665(この年)
ブライスラー，ヨハン・ダニエル　1737(この年)
ブライスラー，ヨハン・マルティン　1794(この年)
ブライスラー，ヨハン・ユスティン　1771(この年)
フライターク　1861(11.16)
フライターク，グスタフ　1895(4.30)
フライダンク　1233(この年)
ブライティンガー，ヨーハン・ヤーコプ　1645(4.1)

人名索引　フラ

ブライティンガー, ヨハン・ヤーコプ　1776(12.13？)
ブライデンヴルフ, ハンス　1472(この年)
ブライド, サー・トマス　1658(10.23)
ブライト, ジョン　1889(3.27)
ブライト, リチャード　1858(12.18)
ブライトコプフ　1794(1.29)
ブライトハウプト　1799(4.1)
ブライトハウプト　1873(9.22)
ブライトハウプト, ヨーアヒム・ユストゥス　1732(3.16)
ブライトミヒェル, カスパル　1573(この年)
ブライヒレーダー　1893(この年)
ブライプトロイ　1892(10.16)
ブライム, サミュエル・アイリーニアス　1885(7.18)
ブライヤー　1897(7.15)
ブライユ, ルイ　1852(1.6)
フライリヒラート, フェルディナント　1876(3.18)
フライリングハウゼン, ヨーハン・アナスタージウス　1739(2.12)
フライン・テイッ・カウン・ティン　1875(この年)
ブラウ, ウィレム・ヤンソン　1638(10.18)
ブラウ, フェーリクス・アントーン　1798(12.23)
フラヴァーチェク, カレル　1898(6.15)
ブラヴァツキー, ヘレナ・ペトロヴナ　1891(5.8)
フラウィアノス　449(この年)
フラーヴィオ・ブロンド　1463(6.4)
ブラヴィーリシチコフ, ピョートル・アレクセーヴィチ　1812(10.18)
ブラーヴィン　1708(この年)
ブラヴェ　1863(3.30)
ブラヴェ, ミシェル　1768(10.28)
ブラーヴェ, ヨーアヒム・ヴィルヘルム・フォン　1758(4.7)
フラヴェル, ジョン　1691(6.26)
フラウエンシュテット　1879(1.13)
フラウエンロープ　1318(11.29)

ブラウデン, エドマンド　1585(2.6)
ブラウデン, チャールズ　1821(6.13)
ブラウデン, フラーンシス　1819(1.4)
ブラウト, ウィリアム　1850(4.9)
ブラウト, サミュエル　1852(2.10)
ブラウトゥス, ティトゥス・マッキウス　前184(この年)
ブラウニング, エリザベス・バレット　1861(6.29)
ブラウニング, ロバート　1889(12.12)
ブラウリオ　651(この頃)
ブラウロク, ゲオルク　1529(この年)
ブラウン　1645(この頃)
ブラウン　1704(6.16)
ブラウン　1766(9.23)
ブラウン　1792(この年)
ブラウン　1820(この年)
ブラウン　1828(この年)
ブラウン　1834(この年)
ブラウン　1876(この年)
ブラウン　1877(5.29)
ブラウン　1882(5.11)
ブラウン　1885(この年)
ブラウン　1886(7.10)
ブラウン, G.　1880(5.9)
ブラウン, ウィリアム・ウェルズ　1884(11.6)
ブラウン, ウィリアム・ヒル　1793(9.2)
ブラウン, エドワード・ハロルド　1891(12.8)
ブラウン, サミュエル・ロビンス　1880(7.20)
ブラウン, ジョージ　1556(この年)
ブラウン, ジョン　1787(この年)
ブラウン, ジョン　1788(10.17)
ブラウン, ジョン　1859(12.2)
ブラウン, ジョン(ウォンフレイの)　1679(この年)
ブラウン, ジョン(エディンバラの)　1858(10.13)
ブラウン, ジョン(ハディントンの)　1787(6.19)
ブラウン, チャールズ・ファラー　1867(この年)
ブラウン, チャールズ・ブロックデン　1810(2.22)

ブラウン, トマス　1682(10.19)
ブラウン, トマス　1820(8.2)
ブラウン, ネイサン　1886(1.1)
ブラウン, ハブロット・ナイト　1882(6.8)
ブラウン, ピーター　1735(8.25)
ブラウン, フォード・マドックス　1893(10.11)
ブラウン, ヨーハン・ヴィルヘルム・ヨーゼフ　1863(9.30)
ブラウン, ランスロット　1783(2.6)
ブラウン, ロバート　1633(6.2？)
ブラウン, ロバート　1858(6.10)
ブラウンカー　1685(4.5)
ブラウンス　1893(12.1)
ブラウン‐セカール, シャルル‐エドゥアール　1894(4.2)
ブラウンソン, オレスティーズ・オーガスタス　1876(4.17)
ブラウン(ブラウニウス), ヨハネス　1708(この年)
フラウンホーファー, ヨーゼフ・フォン　1826(6.7)
ブラウンロー　1877(この年)
ブラエポジティーヌス(クレモーナの)　1210(2.25)
ブラーガ, エミーリオ　1875(12.26)
フラカストロ, ジロラモ　1553(8.6)
フラカッシーニ, チェーザレ　1868(この年)
ブラガンサ　1602(3.29)
フラカンツァーノ, フランチェスコ　1657(この年)
フラーキウス・イリーリクス, マティーアス　1575(3.11)
ブラキストン　1891(10.15)
ブラキディア, ガラ　450(この年)
フラグ　1265(2.8)
プラクシテレス　前330(この頃)
フラクスマン, ジョン　1826(12.7)
ブラグデン, サー・チャールズ　1820(3.26)
ブラーク‐ハージブ‐クトルグ・カーン　1234(この年)
プラ・クラン　1805(この年)
プラケーシン2世　642(この年)
ブラケット, エドマンド・トマス　1883(この年)
ブラケル, ウィレム(ヴィルヘルムス)　1711(この年)

人物物故大年表 外国人編　*1013*

ブラーケル, ディルク・ヘリッツ 1669(この年)
フラゴナール, アレッサンドル - エヴァリスト 1850(11.10)
フラゴナール, ジャン・オノレ 1806(8.22)
ブラコノ, アンリ 1855(1.13)
ブラザーズ, リチャード 1824(1.25)
ブラサット・トーング王 1656(この年)
ブラーサートーン 1655(この年)
ブラジウス, マチュー・フレデリク 1829(この年)
ブラジウス(パルマの) 1416(この年)
ブラシェ 1898(この年)
聖ブラシオス 316(この頃)
ブラシス, カルロ 1878(この年)
ブラシダス 前422(この年)
フラジット, ベネディクト・ジョウゼフ 1850(2.11)
ブラシャイ 1897(この年)
ブラシャスタバーダ 550?(この頃)
フラシャリ, ナイム 1900(10.20)
プラジュニャーカラマティ 1000(この頃)
ブラーズ, アンリ 1833(この年)
ブラーズ, アンリ 1888(この年)
ブラストベルガー, イマーヌエル・ゴットロープ 1764(7.13)
ブラス(プラセウス), ジョスア・ド・ラ 1655(8.17)
プラセンシア 1590(この年)
フラタース 1881(この年)
ブラターブ・スィンフ 1597(この年)
ブラチアヌ, イオン・コンスタンチン 1891(5.26)
ブラチアヌ, ディミトリー 1892(7.4)
ブラツィイェフスキ, カール・フェルディナント 1900(5.24)
ブラッキー 1895(3.2)
ブラック 1855(6.15)
ブラック 1880(6.11)
ブラック 1883(8.19)
ブラック 1898(12.10)
ブラック, ジョゼフ 1799(12.6)
ブラッグ, ブラクストン 1876(9.27)

ブラックウェル, ジョージ 1613(1.25?)
ブラックウッド, ウィリアム 1834(9.16)
ブラックストン, サー・ウィリアム 1780(2.14)
ブラックスランド 1853(この年)
ブラックトン 1268(この年)
ブラックバーン 1774(この年)
ブラックバーン, ギデオン 1838(8.23)
ブラック・ホーク 1838(10.3)
ブラックモア 1729(10.9)
ブラックモア, R. D. 1900(1.20)
ブラッケン, トマス 1898(この年)
ブラッケンリッジ 1871(この年)
ブラッケンリッジ, ヒュー・ヘンリー 1816(6.25)
ブラッシー, トマス 1870(12.8)
フラッシネッティ, ジュゼッペ 1868(1.2)
ブラッシュマン 1866(5.25)
ブラッスール・ド・ブルブール, シャルル・エティエンヌ 1874(この年)
ブラッセ 1814(1.21)
フラッセン, クロード 1711(2.26)
ブラッター 1614(7.28)
ブラッター(ブラーター), トマス 1582(1.26)
ブラッチ, ピエトロ 1773(この年)
ブラッチオ・ダ・モントーネ 1424(6.5)
ブラッツァー, イグナツ・フランティシェク 1787(この年)
ブラッツァー, ヨゼフ 1806(この年)
ブラッティ, ジョヴァンニ・ベネデット 1763(1.11)
フラッティヒ, ヨーハン・フリードリヒ 1797(6.1)
ブラット 1896(この年)
ブラット, オースン 1881(10.3)
フラット, カール・クリスティアン 1843(この年)
ブラット, ジョン・ヘンリー 1871(12.26)
ブラッド, トマス 1680(この年)
ブラット, パーリ・パーカー 1857(5.13)

フラッド, ヘンリー 1791(12.?)
ブラット, マッシュウ 1805(1.9)
フラット, ヨーハン・フリードリヒ 1821(11.24)
ブラット, ロージャー 1684(この年)
フラッド, ロバート 1637(9.8)
ブラッドショー, ジョージ 1853(この年)
ブラッドショー, ジョン 1659(10.31)
ブラッドショー, ヘンリ 1886(2.10)
ブラッドストリート, アン 1672(9.16)
ブラッドフォード 1742(11.24)
ブラッドフォード 1892(4.25)
ブラッドフォード, W. 1752(5.23)
ブラッドフォード, W. 1791(9.25)
ブラッドフォード, ウィリアム 1657(5.9)
ブラッドフォード, ジョン 1555(6.30?)
ブラッドベリ, ウィリアム・バチェルダー 1868(1.7)
フラットマン 1688(12.8)
ブラッドリー, ジェイムズ 1762(7.13)
ブラッドロー, チャールズ 1891(1.30)
ブラッドワディーン, トマス 1349(8.26)
ブラッハ 1897(6.29)
ブラッハト, ティーレマン・ヤンツ・ヴァン 1664(10.7)
ブラッハフォーゲル 1878(11.27)
ブラーツマン 1786(12.26)
プラーティ, ジョヴァンニ 1884(5.9)
フラ・ディアヴォロ(悪魔の兄弟) 1806(この年)
ブラディエ, ジェイムズ 1852(6.5)
ブラディスラフ1世 1125(この頃)
ブラディスラフ2世 1174(1.?)
ブラーティナ, バルトロメーテ・デ・サッキ 1481(この年)
プラティナス 前467(この頃)
フラーテス2世 前128(この年)

プラーテン, アウグスト・フォン　1835 (12.5)
プラーテンシス, フェーリクス　1558 (11.5)
プラート　1874 (11.16)
プラード, ジャン‐マルタン・ド　1782 (この年)
プラトー, ジョゼフ・アントワーヌ・フェルディナン　1883 (9.15)
ブラドック, エドワード　1755 (7.13)
プラートナー　1818 (12.27)
プラートフ　1818 (1.15)
プラートン　1849 (この年)
プラトーン　1812 (11.11)
プラトン　前347 (この年)
プラドン, ニコラ　1698 (1.14)
プラーナ　1864 (この年)
ブラヌーデース・マクシモス　1305 (この頃)
プラバーカラ　750? (この頃)
フラビアヌス1世 (アンチオキアの)　404 (この年)
フラビアヌス2世 (アンチオキアの)　518 (この頃)
フラビウス　93 (この頃)
フラーフ, レイニール・デ　1673 (8.17)
ブラボー　1854 (4.22)
ブラーボ, ニコラス　1647 (この年)
ブラホスラフ, ヤン　1571 (11.24)
ブラボ・ムリリョ　1873 (1.11)
ブラマ, ジョゼフ　1814 (12.9)
ブラーマグプタ　660 (この頃)
ブラーマン　1834 (この年)
ブラマンテ, ドナート　1514 (3.11)
ブラマンティーノ　1530 (この頃)
フラミニウス, ガイウス　前217 (この年)
フラミニヌス　前174 (この年)
ブラムウェル, ウィリアム　1818 (この年)
ブラームス, ヨハネス　1897 (4.3)
フラムスティード, ジョン　1719 (12.31)
ブラムセン　1881 (12.8)
ブラムホール, ジョン　1663 (6.25)
フラムリ　1810 (11.26)

フラメル　1418 (この年)
ブラメル, ジョージ・ブライアン　1840 (3.29)
ブラーメル, レオナルト　1674 (この年)
ブラーラー (ブラウラー), アンブロシウス　1564 (12.6)
ブラーラ (ブラウラー), トーマス　1567 (3.19)
ブラーラー (ブラウラー), マルガレーテ　1542 (この年)
プラルト, ヨセフ　1879 (11.3)
ブーラーン　884 (9.?)
ブラン　1636 (この年)
ブラン　1890 (2.21)
ブラーン, ヴァレラン　1557 (この年)
ブラン, シャルル　1882 (1.17)
ブラン, (ジャン・ジョゼフ・シャルル・) ルイ　1882 (12.6)
ブラン, ニコラ　1569 (この年)
ブーランヴィリエ, アンリ・ド　1722 (1.23)
ブランヴィル, シャルル‐アンリ・ド　1777 (この頃)
ブランカ　1645 (この頃)
フランカヴィッラ, ピエトロ　1615 (この頃)
ブランカーティ, フランチェスコ (フランシスクス)　1671 (4.25)
フランカル, ジャック　1651 (この年)
ブランキ　1854 (1.28)
ブランキ, ジュゼッペ　1806 (この年)
ブランキ, (ルイ・) オーギュスト　1881 (1.1)
フランキ, ロッセッロ・ディ・ヤーコポ　1457 (この年)
フランク　1696 (この頃)
フランク　1821 (4.22)
フランク　1805 (6.12)
フランク, カール・クリスティアン　1880 (6.7)
フランク, ゴットリーブ・ヤーコプ　1833 (8.31)
フランク, セザール‐オーギュスト　1890 (11.8)
フランク, ゼバスティアン　1543 (この頃)
フランク, パウエルス　1596 (この年)
フランク, フランツ・ヘルマン・ラインホルト　1894 (2.7)

フランク, ミヒャエル　1687 (9.24)
フランク, メルヒオル　1639 (6.1)
フランク, ヤーコプ　1791 (12.10)
フランク, ヨーハン　1677 (6.18)
フランクランド, サー・エドワード　1899 (8.9)
フランクリン　1735 (この年)
フランクリン　1813 (この年)
フランクリン, サー・ジョン　1847 (6.11)
フランクリン, ベンジャミン　1790 (4.17)
フランクール, ジョゼフ　1741 (この頃)
フランクール, フランソワ　1787 (8.5)
フランクール, ルイ　1745 (この年)
フランクール, ルイ‐ジョゼフ　1804 (この年)
フランケ, アウグスト・ヘルマン　1727 (6.8)
フランケ, ゴットヒルフ・アウグスト　1769 (9.2)
フランケ, パウル　1615 (この年)
ブランケット, オリヴァー　1681 (7.11)
フランケル　1896 (この年)
フランケン, アンブロシウス1世　1618 (この年)
フランケン, ヒエロニムス1世　1610 (この年)
フランケン, フランス1世　1616 (この年)
フランケン, フランス2世　1642 (この年)
フランケンシュタイン　1890 (この年)
フランケンハイム　1869 (この年)
ブランケンブルク　1888 (3.3)
ブランケンブルク, クリスティアン・フリードリヒ・フォン　1796 (5.4)
フランケンベルク, アーブラハム・フォン　1652 (6.25)
フランケンベルク, ヨーハン・ハインリヒ・フェルディナント・フォン　1804 (6.11)
ブランコ　1597 (2.5)

フランコ，ヴェローニカ 1591（この年）
フランコ，バッティスタ 1561（この年）
ブランコヴィチ 1456（この年）
ブランコ・ホワイト，ホセ・マリア 1841（5.20）
フランシア，ホセ・ガスパール・ロドリゲス 1840（9.20）
ブーランジェ，イポリート－エマニュエル 1874（この年）
ブランシェ，ジェイムズ 1880（5.30）
ブーランジェ，ジョルジュ（・エルネスト・ジャン・マリー）1891（9.30）
ブランシェ，フランシス・ノルベール 1883（6.18）
ブーランジェ，ルイ 1867（この年）
フランシス，サー・フィリップ 1818（12.23）
フランシス，ジェイムズ（・ビシェノ）1892（9.18）
フランシスク，アントワーヌ 1605（この年）
フランシスクス（メロンヌの）1328（この頃）
フランシスクス（ラ・マルカの）1344（この年）
フランシスコ，ジョバンニ 1226（10.4？）
フランシスコ（ソラナの）1610（この年）
フランシスコ・デ・ヘスス 1632（9.3）
フランシスコ（ボルハの）1572（9.30？）
フランシース・マッラーシュ 1873（この年）
ブランジーニ 1841（12.18）
ブランシャール 1858（12.18）
ブランシャール，エスプリ・アントワーヌ 1770（4.19）
ブランシャール，ジャック 1638（11.？）
ブランシャール，ジャン・ピエール・フランソワ 1809（3.7）
ブランシュ，アウグスト 1868（11.30）
ブランシュ，ギュスターヴ 1857（9.18）
フランシュヴィル，ピエール 1616（この年）

ブランシュ・ド・カスティーユ 1252（11.？）
フランショム，オーギュスト 1884（1.21）
ブランスフィールド 1852（この年）
フランセーン，フランス・ミーカエル 1847（8.14）
フランソア 1769（この年）
フランソア 1893（9.25）
フランソア1世 1547（3.31）
フランソア2世 1560（12.5）
フランソア（メイロンヌの）1328（この頃）
フランソワ，アレッサンドロ 1857（この年）
フランソワ，ギー 1650（この年）
ブランタ 1772（この年）
プランタウアー，ヤーコブ 1726（9.18）
ブランダウン 1637（11.27）
ブランダーニ，フェデリーコ 1575（この年）
プランダラダーサ 1564（この年）
ブランタン，クリストフ 1589（7.1）
フランチェスカ・ダ・リミニ 1285（この年）
フランチェスカ（ローマの）1440（3.9）
フランチェスキーニ 1689（1.6）
フランチェスキーニ，マルカントーニオ 1729（12.24）
フランチェスコ1世 1587（この年）
フランチェスコ2世 1894（12.27）
フランチェスコ・ダイ・リブリ 1502（この頃）
フランチェスコ・ダ・ミラノ 1543（4.15？）
フランチェスコ・ディ・ジョルジョ 1502（11.29）
フランチェスコ・ディ・ジローラモ（ジェローニモ）1716（5.11）
聖フランチェスコ（パオラの）1507（4.2）
フランチェスコ・マリーア（カンポロッソの）1866（9.17）
フランチャ 1517（1.5）
ブランチャード 1864（この年）
フランチャビージョ 1525（1.24）
フランチョーネ 1495（この年）

フランツ 1891（5.3？）
フランツ1世 1765（8.18）
フランツ2世 1835（3.2）
フランツ，ヴォルフガング 1628（10.26）
フランツ，ローベルト 1892（10.24）
フランツェリン，ヨハネス・バプティスタ 1886（12.11）
フランツ・フォン・ヴァルデク 1553（7.15）
プランテ，ガストン 1889（5.21）
ブランディ，ジャチント 1691（この年）
プランティエ，クロード・アンリ 1875（5.25）
ブランディス 1867（7.24）
ブランディナ 177（この年）
ブランティング 1881（この年）
ブランデス 1834（この年）
フランデス，ホアン・デ 1519（12.16）
プランテーリ，ジャン・ジャーコモ 1756（この年）
ブランデンブルク 1850（この年）
ブランド 1806（9.11）
ブランド 1888（7.14）
ブランド 1899（この年）
ブラント，ウィリアム 1534（11.8）
ブラント，ゲオルク（イェオリ）1768（4.29）
ブラント，ジョゼフ 1807（11.24）
ブラント，セバスティアン 1521（5.10）
ブラント，チャールズ 1693（8.？）
ブラント，チャールズ，8代マウントジョイ卿，デヴォンシャー伯爵 1606（この年）
ブラント，リチャード 1642（この頃）
ブラントーム，ピエール・ド・ブールデイユ・ド 1614（7.15）
ブランドラータ，ジョルジョ 1588（この年）
ブーラン・ド・ラ・バール 1725（この年）
フランドラン 1843（この年）
フランドラン，イポリット 1864（3.21）
プラント 1888（9.14）
ブランドン 1649（6.20）

ブランビリエ夫人　1676（この年）
ブランフォード　1893（1.23）
ブランプトリ，エドワード・ヘイズ　1891（2.1）
ブリ　1598（3.28）
フリー，ジョン　1465（この頃）
フリア，ジョン・フッカム　1846（1.7）
フリーアス，フェリス　1881（この年）
ブリアーティ，ジュゼッペ　1772（この年）
ブリーアン　1014（この年）
ブリアン，ジャン・オリヴィエ　1794（6.25）
ブリアンション　1864（4.29）
フリイガレ-カレーン，エミリエ　1892（2.5）
フーリエ，J. B. J.　1830（5.16）
フーリエ，シャルル　1837（10.10）
フリエ，ピエール　1640（12.9）
ブリエート　1854（11.22）
ブリエリアス，シルヴェステル　1523（この頃）
ブリエンヌ　1834（2.7）
ブーリオー　1694（この年）
ブリオ　1882（9.20）
ブーリオ，ルドヴィーコ（ルドヴィクス）　1682（10.7）
ブリオスキ　1897（12.14）
ブリオスコ，アンドレーア　1532（この年）
ブリオーニ，サンティ　1576（この年）
ブリオーニ，ベネデット　1521（この年）
ブリオリス　1514（この頃）
ブリクシ，ヴィクトリーン・イグナーツ　1803（この年）
ブリクシ，シモン　1735（11.2）
ブリクシ，フランティシェク・クサヴェル　1771（10.14）
ブリークネル　1896（この年）
ブリーゲル，ヴォルフガング・カール　1712（11.19）
ブリーゴ，ドメーニコ　1527（この年）
ブリジェット，トマス・エドワード　1899（2.17）
ブリジェンス　1891（6.9）
聖ブリジット　523（この年）

フリジメーリカ，ジェローラモ　1732（この年）
フリース　1647（この年）
フリース　1818（この年）
フリース　1833（10.11）
フリース，アドリアーン・デ　1627（6.?）
フリース，エリアス・マグヌス　1878（2.8）
ブリズー，オーガスト　1858（この年）
フリス，ジョン　1533（7.4）
ブリス，ナサニエル　1764（9.2）
フリース，ハンス　1518（この頃）
ブリス，フィリップ・ポール　1876（12.30）
フリス，フランシス　1898（この年）
フリース，ヤーコプ・フリードリヒ　1843（8.10）
フリズイ　1784（11.22）
プリスカ　315（この頃）
プリスキリアヌス　385（この年）
プリスコス　396?（この頃）
プリスコス　472（この頃）
フリーステデン，ペーター　1529（9.28）
ブリストー　1898（12.13）
ブリストウ，リチャード　1581（10.21）
プリーストリー，ジョゼフ　1804（2.6）
ブリストル　1653（1.16）
ブリストル　1677（3.20）
プリースニッツ　1851（11.28）
ブリズベーン，アルバート　1890（5.1）
ブリズベーン，サー・トマス・マクドゥーガル　1860（1.27）
ブリースマン，ヨハネス　1549（10.1）
ブリセーニョ，アロンソ　1668（11.15）
フリーゼン　1814（この年）
ブリソー，ジャック・ピエール　1793（10.31）
フリゾーニ，ドナート・ジュゼッペ　1735（この年）
ブリソンネー，ギヨーム　1534（1.24）
ブーリ・タージュル・ムルーク　1183（6.?）
ブリタニクス　55（この年）

プリチャード　1848（12.22）
プリチャード，チャールズ　1893（5.28）
フリッカ，スティーン・スティーンセン　1848（3.26）
フリッカー，ヨーハン・ルートヴィヒ　1766（この年）
ブリッガー・フォン・シュタイナッハ　1209（この頃）
フリック　1870（この年）
フリック　1892（この年）
ブリッグズ，ヘンリー　1630（1.26）
ブリッジ，ウィリアム　1670（この年）
ブリッジウォーター，ジョン　1596（この頃）
ブリッジウォーター公　1803（3.8）
ブリッジズ　1837（9.8）
ブリッジタワー，ジョージ・ポルグリーン　1860（2.29）
ブリッジマン，イライジャ・コウルマン　1861（11.2）
ブリッジマン，ローラ（・デューイ）　1889（5.24）
ブリッジャー，ジェイムズ　1881（この年）
フリッシュリン，ニコデームス　1590（11.29?）
フリッチー，バーバラ　1862（この年）
フリッチェ，ゴットフリート　1638（この年）
フリッチュ　1871（6.20）
フリッチュ，アハスヴェールス　1701（8.24）
フリッチュ-モジェフスキ，アンジェイ　1572（この年）
フリッツ，サムエル　1724（この頃）
フリッツィ，フランチェスコ　1623（この年）
フリッツネル　1893（この年）
ブリット　1617（11.27）
ブリット，グスタフ・レーオポルト　1880（9.10）
ブリット，テーオドーア　1886（この年）
ブリット，ヘルマン　1900（この年）
ブリット，ヨアネス・デ　1693（2.4）

フリットクロフト，ヘンリー 1769（この年）	フリードリヒ・ヴィルヘルム 1688（5.9）	ブリュアン，ギョーム・ド 1719（この年）
ブリッドポート　1814（5.2）	フリードリヒ・ウィルヘルム1世 1740（5.31）	ブリュアン，リベラル　1697（11.22）
ブリティウス（トゥールの）　444（この年）	フリードリヒ・ウィルヘルム2世 1797（11.16）	ブリュイン　1882（2.26）
フリティゲルン　382（この頃）	フリードリヒ・ウィルヘルム3世 1840（6.7）	ブリュエンニオス　1137（この年）
フリデスウィデ（フライズワイド）　735（10.9）	フリードリヒ・ウィルヘルム4世 1861（2.1）	ブリュエンニオス，ヨセフォス 1438（この頃）
ブリデーヌ，ジャーク　1767（12.22）	フリードリヒ・カール　1885（6.15）	ブリュギエール，バルテルミー 1835（10.7）
フリーデリケ・フリードナー 1842（この年）	フリードリヒ・フォン・ハウゼン 1190（5.6）	フリューゲル　1870（7.5）
フリーデリヒス，カール　1871（この年）	フリートレンダー　1834（12.25）	フリューゲル　1870（この年）
ブリーデル　1845（この年）	ブリトン　1857（この年）	ブリューゲル，ピーテル　1569（9.5）
フリーデル，シャルル　1899（4.20）	フリーニ，フランチェスコ 1646（この年）	ブリューゲル，ピーテル2世 1638（この頃）
ブリテン，ハリエット・ガートルード　1897（4.30）	プリニウス・カエキウス・セクンドゥス，ガイユス（小プリニウス）　114（この頃）	ブリューゲル，ヤン1世　1625（1.13）
フリート，ウィリアム　1382（この頃）	プリニウス・セクンドゥス，ガイユス（大プリニウス）　79（8.29）	ブリューゲル（子）　1678（この年）
ブリドウ，ハンフリ　1724（11.1）	ブリニョン，アントワネット 1680（10.30）	ブリューシュ，ノエル・アントワーヌ　1761（11.19）
ブリトヴィーラージ　1192（この頃）	フリノー，フィリップ　1832（12.18）	ブリスカンビユ　1634（この年）
フリートウッド　1692（10.4）	ブリフォー，シャルル　1857（この年）	ブリュチャウ，ハインリヒ 1747（この年）
フリードナー，テーオドーア 1864（10.4）	プリマー　1837（1.29）	ブリュッカー，ユリウス　1868（5.22）
フリードライヒ　1882（6.6）	プリマヴェーラ　1585（この頃）	フリュッキガー　1894（12.13）
フリードリヒ1世　1190（6.10）	プリマーシウス　553（この頃）	ブリュック　1880（11.9）
フリードリヒ1世　1440（9.21）	プリマティッチオ，フランチェスコ　1570（5.15？）	ブリュック，グレゴール　1557（2.15）
フリードリヒ1世　1713（2.25）	フリーマン　1892（3.16）	ブリュッケ　1892（1.7）
フリードリヒ2世　1147（4.6）	フリーマン，ジェイムズ　1835（11.4）	ブリュッゲマン，ハンス　1540（この頃）
フリードリヒ2世　1250（12.13）	フリーマン，トマス・バーチ 1890（この年）	ブリュッハー，ゲープハルト・レベレヒト・フォン，ヴァールシュタット公爵　1819（9.12）
フリードリヒ2世　1547（この年）	プリム・イ・プラッ　1870（11.30）	ブリュディユ，ジョアン　1591（この年）
フリードリヒ2世　1708（1.24）	プリムソル，サミュエル　1898（6.3）	ブリュドン，ピエール・ポール 1823（2.16）
フリードリヒ2世　1786（8.17）	フリーモント，ジョン・C（チャールズ）　1890（7.13）	ブリュナッシュ　1891（10.27）
フリードリヒ2世　1816（この年）	ブリヤ‐サヴァラン，ジャン‐アンテルム　1826（2.2）	フリュニコス　前411（この年）
フリードリヒ3世　1493（8.19）	ブリャニシニコフ　1894（この年）	ブリュニコス　前470（この頃）
フリードリヒ3世　1576（10.26）	ブリャンチャニーノフ，イグナーチイ　1867（この年）	ブリュヌ　1815（8.2）
フリードリヒ3世　1888（6.15）	フリューアウフ，リューラント（子）　1545（この年）	ブリュネ，ジャック・シャルル 1867（11.14）
フリードリヒ3世（美王）　1330（この年）	フリューアウフ，リューラント（父）　1507（この年）	ブリュメル，アントワーヌ 1515（この頃）
フリードリヒ4世　1610（10.19）		ブリュール　1763（10.28）
フリードリヒ5世　1632（11.29）		ブリュール　1793（1.30）
フリードリヒ，カスパル・ダーヴィト　1840（5.7）		ブリュール・デュヴェルノア 1832（8.11）
フリードリヒ・アウグスト1世 1733（2.1）		ブリュレ　1633（この年）
フリードリヒ・アウグスト1世 1827（5.5）		
フリードリヒ・アウグスト2世 1763（10.5）		
フリードリヒ・アウグスト2世 1854（8.9）		

ブリュローフ, アレクサンドル・パヴロヴィチ　1877（この年）
ブリュローフ, カルル・パヴロヴィチ　1852（6.11？）
ブリューン, ヨハン・ヌールダール　1816（7.26）
フリーリングハイゼン　1804（この年）
フリーリングハイゼン, シーオドア・ジェイコブ　1748（この年）
フリリングヒューゼン　1885（この年）
ブリル, パウル　1626（10.7）
ブリル, マテイス（子）　1583（6.8）
ブリン, ウィリアム　1669（10.24）
ブリンガー, ハインリヒ　1575（9.17）
ブリンク　1892（この年）
ブリング, エッベ・グスターヴ　1884（この年）
フリンク, ホーフェルト　1660（2.2）
ブリングスハイム, ナタナエル　1894（10.6）
ブリンクリー　1835（この年）
ブリングル　1782（1.18）
ブリングル　1834（12.5）
プリンス　1663（この年）
プリンス, トマス　1758（10.22）
プリンス, ヘンリ・ジェイムズ　1899（この年）
プリンス・スミス　1874（2.3）
プリンセプ　1840（4.22）
プリンセプ　1878（2.11）
フリンダーズ, マシュー　1814（7.19）
プリンツ　1887（9.13）
プリンツ, ヴォルフガング・カスパル　1717（10.13）
フリント　1840（8.16）
フリント　1886（3.13）
ブリンドリー, ジェイムズ　1772（9.30）
フール　1667（この年）
プール　1894（3.1）
プール, アーサー・ウィリアム　1885（7.14）
プール, アンドレ・シャルル　1732（2.28）
ブル, オーレ・ボーネマン　1880（8.17）

プール, ジョージ　1864（12.8）
ブル, ジョージ　1710（2.17）
ブル, ジョージ・ストリンガー　1865（この年）
ブル, ジョン　1628（3.12？）
プール, マーガレット　1541（5.27）
プール, マシュー　1679（10.12）
プール, レジナルド, 枢機卿　1558（11.17）
ブルーアー　1879（2.16）
フルウィア　前40（この年）
ブルガー, カール・ハインリヒ・アウグスト・フォン　1884（7.14）
ブルガー, マティーアス　1825（4.2）
ブルガーリン, ファジェイ・ヴェネジクトヴィチ　1859（9.1）
ブルガル, エルナンド・デル　1490（この頃）
ブルガルス　1166（この頃）
ブルカルドゥス（ヴォルムスの）　1025（8.20）
フルーギー　1858（この年）
ブルキエッロ　1449（この年）
ブルキニエ, ヨハネス・エヴァンゲリスタ　1869（7.28）
フルク　900（この年）
フルク5世　1143（この年）
ブルク, フィーリプ・ダーフィト　1770（3.22）
ブルク, ヨーアヒム・ア　1610（5.24）
ブルク, ヨーハン・フリードリヒ　1766（6.4）
ブルークシュ, ハインリヒ・カール　1894（9.9）
ブルークス　1857（この年）
ブルークス　1885（8.16）
フルクトゥオースス（タラゴーナの）　259（この年）
ブルクハルト　1825（6.21）
ブルクハルト, J. L.　1817（10.15）
ブルクハルト, ヤーコブ　1897（8.8）
ブルクマイア, ハンス　1531（この頃）
ブルクミュラー, ノルベルト　1836（5.7）
ブルクミュラー, ヨハン・フリードリヒ・フランツ　1874（2.13）
フールクロワ, アントワーヌ・フランソワ・ド　1809（12.16）

ブルグンディオ（ピーサの）　1193（この年）
ブルグンドファラ　660（この頃）
ブルーケ　1790（9.13）
ブルケリア　453（この年）
ブルケリア, アウグスタ・アエリア　453（この年）
ブルゲルマイスター　1883（12.30）
フルゲンティウス, ファービウス・クラウディウス　533（この年）
フルゲンティウス（エーシハの）　619（この頃）
ブルゴア, フランシスコ・デ　1681（この年）
ブルゴス, ホセ　1872（この年）
フルゴーニ, カルロ・インノチェンツォ　1768（12.20）
フルゴーニ, フランチェスコ・フルヴィオ　1684（この頃）
フルコ（ヌイイの）　1201（3.2）
ブルゴワン, フランソワ　1662（10.28）
フルサ　648（1.16）
ブルザソルチ, ドメニコ　1567（3.30）
ブルザソルチ, フェリーチェ　1605（この年）
ブルシアス2世　前148（この年）
ブルジアン, コンラート　1883（9.21）
ブルジェヴァリスキー, ニコライ・ミハイロヴィチ　1888（11.1）
フルシト・パシャ　1822（この年）
ブルジュラ　1779（1.3）
ブルジョワ　1750（この頃）
ブルジョワ, マルグリート　1700（1.12）
ブルジョワ, ルイ　1561（この頃）
ブルース　1826（4.16）
ブルース　1867（9.19）
ブルース, アレグザーンダ・ボールメイン　1899（8.7）
ブルス, エサイアス　1672（11.16）
ブルース, エドワード　1318（この年）
ブルース, ジェイムズ　1794（この年）
ブルース, ロバート　1631（7.13）
ブルース, ロバート, 4代アナンデイル卿　1245（この年）
ブルスキ　1897（9.9）

ブルースター，ウィリアム 1644 (4.10)
ブルースター，サー・デイヴィド 1868 (2.10)
ブルースト，ジョゼフ・ルイ 1826 (7.5)
ブルストロン，アンドレーア 1732 (10.25)
ブルセ 1838 (11.17)
ブルセル 1654 (この年)
ブルソー，エドム 1701 (9.15)
ブルソン，クロード 1698 (この年)
ブルター，フェルディナント 1898 (3.5)
ブルター，フリードリヒ・フォン 1865 (8.27)
ブールダッハ 1847 (7.16)
フルタード，フランシスコ 1653 (11.21)
ブルダルー，ルイ 1704 (5.13)
ブルタルコス 120 (この頃)
ブルタルコス (アテナイの) 432 (この頃)
ブルターレス 1880 (7.17)
ブルチ，ルイージ 1484 (10.?)
ブルツォーネ，シピオーネ 1598 (この年)
ブルッキング，チャールズ 1759 (この年)
ブルック 1563 (この年)
ブルック 1841 (1.2)
ブルック 1860 (この年)
ブルック，アルノルト・フォン 1554 (この年)
ブルック，ジェームズ 1868 (6.11)
ブルック，ジャック 1584 (この年)
ブルック，フランシス 1789 (1.23)
ブルック，ヘンリー 1783 (10.10)
ブルックス，トマス 1680 (9.27)
ブルックス，フィリップス 1893 (1.23)
ブルックナー，アントン 1896 (10.11)
ブルッツ，ローベルト・エードゥアルト 1872 (6.21)
ブールディション，ジャン 1521 (7.29)
ブルティール，ヘンリ・ベレンド 1866 (12.28)

フルテナーゲル (フォルテナーゲル)，ルーカス 1546 (この頃)
ブルーデルラム，メルキオール 1409 (この頃)
プルーデンティウス (プルゼンシオ) 861 (この年)
フルテンバハ，ヨーゼフ 1667 (1.17)
フールド 1867 (11.5)
フルード，ウィリアム 1879 (5.4)
フルード，ジェイムズ 1894 (10.20)
フルード，リチャード・ハレル 1836 (2.28)
ブルトゥイユ 1807 (この年)
ブルトゥス，マルクス・ユニウス 前42 (10.23)
ブルトコーフ，コジマー 1875 (この頃)
ブルート・ディ・リマー，サイモン・ウィリアム・ゲイブリエル 1839 (6.26)
ブルトニ 1764 (7.7)
ブルトニエール 1866 (3.8)
ブールドレー，ルイ・オーギュスト-アルフレッド 1882 (この年)
ブルドロ，ピエール・ミション 1685 (2.9)
ブルドン，セバスティアン 1671 (5.8)
ブルードン，ピエール・ジョゼフ 1865 (1.19)
ブルドン，ユージェーヌ 1884 (9.29)
フルトン，ロバート 1815 (2.24)
ブルナチーニ，ロドヴィーコ・オッターヴィオ 1707 (この頃)
ブルーニ 1875 (この年)
ブルーニ，レオナルド 1444 (3.9)
フルネ 1869 (この年)
フルネ 1900 (6.12)
フルネー，アンドレー・ユベール 1834 (この年)
フルーネヴェーヘン 1609 (5.22)
ブルネス 1866 (この年)
ブルネッティ，ガエターノ 1808 (この頃)
ブルネッリ 1630 (この頃)
ブルーネル，イザンバード・キングダム 1859 (9.15)
ブルーネル，サー・マーク・イザンバード 1849 (12.12)

ブルネレスキ，フィリッポ 1446 (4.15)
フルネロン，ブノワ 1867 (7.8)
ブルーノ，ジョルダーノ 1600 (2.17)
聖ブルーノ 1009 (2.14)
聖ブルーノ 965 (10.11)
聖ブルーノ (ケルンの) 1101 (10.6)
ブルーノ (セーニの) 1123 (7.18)
ブルノンヴィル，オーギュスト 1879 (11.30)
ブルバキ 1897 (9.23)
ブールバッハ，ゲオルク・フォン 1461 (4.8)
ブルハネッディン，カディ・アフメト 1398 (この年)
ブールハーフェ，ヘルマン 1738 (9.23)
フルバン，ヨゼフ・ミロスラウ 1888 (2.21)
ブルヒャルト (ヴュルツブルクの) 753 (この年)
ブルヒャルト (ブルカルト)，ヨハネス 1506 (5.16)
プールビュス，ピーテル 1584 (1.30)
プールビュス，フランス1世 1581 (9.19)
プールビュス，フランス2世 1622 (2.19?)
ブルフィンチ，チャールズ 1844 (4.15)
ブルフィンチ，トマス 1867 (5.27)
プールヘム 1751 (8.30)
ブルボン，シャルル・ド 1527 (5.6)
ブルボン，ニコラ 1551 (この頃)
ブルボン，ルイ 1341 (この年)
ブルボン公 1740 (1.27)
ブルーマー 1850 (この年)
ブルーマー，アミーリア 1894 (12.31)
ブルマイスター，ヨーアヒム 1629 (3.5)
ブルーマールト，アブラハム 1651 (1.27)
ブルーマールト，コルネリス・アブラハムスゾーン 1684 (この年)
ブルマン 1741 (3.31)
ブルマン 1778 (この年)

フールマン，アウグスティーン　1648(この年)
ブルマン，ジョージ(・モーティマー)　1897(10.19)
ブルム　1848(11.9)
ブルーム，トマス　1704(この年)
ブルーム，ヘンリー・ピーター，ブルーム・アンド・ヴォクス男爵　1868(5.7)
ブルーム，リチャード　1652(この頃)
ブルームハルト，ヨーハン・クリストフ　1880(2.25)
ブルームフィールド，ロバート　1823(8.19)
ブルーメンタール　1900(12.22)
聖フルメンティウス　380(この頃)
ブルーメンバッハ，ヨハン・フリードリヒ　1840(1.22)
フールモン　1745(12.19)
ブルモン　1846(10.27)
フルーラン，ジャン・ピエール・マリー　1867(12.5)
フルーランス　1871(4.3)
フルーリ　1822(3.?)
フルーリー，アンドレ・エルキュール・ド　1743(1.29)
フルーリ，クロード　1723(7.14)
フルレブッシュ，コンラート・フリードリヒ　1765(12.17)
ブルーワー，エビニーザー・コバム　1897(この年)
ブルワー・リットン，エドワード　1873(1.18)
フールン　1742(4.29)
ブルン，ハインリヒ・フォン　1894(7.23)
フルーン・ヴァン・プリンステレル，ギヨーム　1876(5.19)
ブルンシュウィッヒ　1512(この頃)
ブルーンス　1881(この年)
ブルンス　1880(12.10)
ブルーンス，ニコラウス　1697(3.29)
ブルンチュリ，ヨハネス・カスパル　1881(10.21)
フルンツベルク　1528(8.20)
ブルンナー　1727(10.2)
ブルンナー　1893(この年)
ブルンナー，ヨハン・ミヒャエル　1739(この年)

ブルンナー(フォンターヌス)，レーオンハルト　1558(12.20)
ブルンネマン，ヨハネス　1672(12.15)
ブルンノフ　1875(4.24)
ブルンヒルデ　613(この年)
ブルーンフェルス，オットー　1534(11.23)
ブレ　1885(11.30)
ブレー　1895(この年)
ブレー，エティエンヌ・ルイ　1799(2.6)
ブレー，ギー・ド　1567(5.31)
ブーレ，シャルル・エルネスト　1874(この年)
フレアー　1884(5.29)
ブレア　1800(12.27)
ブレア　1800(この年)
ブレア　1876(この年)
ブレア，ジェイムズ　1743(5.18)
ブレア，ロドヴィーコ　1523(この頃)
ブレア，ロバート　1746(2.4)
ブレーアム　1856(2.17)
フレアール・ド・シャンブレー，ロラン　1676(この年)
ブレイ，ウィリアム　1868(5.25)
ブレイ，トマス　1730(2.15)
ブレイエル，イグナーツ　1831(11.14)
ブレイエル，カミーユ　1855(5.4)
ブレイエル，マリ　1875(3.30)
武霊王(趙)　前295(この年)
ブレイク，ウィリアム　1827(8.12)
ブレイク，ロバート　1657(8.17)
ブレイケンリッジ　1762(7.30)
フレイザー　1894(6.4)
フレイザー，サイモン　1862(8.18)
ブレイス　1884(この年)
ブレイス，チャールズ・ローリング　1890(8.11)
ブレイスガードル，アン　1748(9.12)
ブレイディ，ウィリアム・マジャー　1894(3.19)
ブレイディ，ニコラス　1726(5.20)
ブレイディ，マシュー　1826(この年)
ブレイディ，マシュー　1896(1.15)

ブレイド，ウィンスロップ・マクワース　1839(7.15)
ブレイド，ジェイムズ　1860(3.25)
ブレイナード，デイヴィド　1747(10.9)
ブレイバーン，セオフィラス　1661(この頃)
プレイフェア，ウィリアム・ヘンリー　1857(この年)
プレイフェア，ジョン　1819(7.20)
プレイフェア(男爵)，ライアン1世　1898(5.29)
ブレイン，サー・ギルバート　1834(6.26)
ブレイン，ジェイムズ・G(ギレスピー)　1893(1.27)
ブレヴァル，ジャン・バティスト　1825(この年)
プレヴィターリ，アンドレーア　1528(この年)
フレヴィンホーヴェン，ニーコラウス　1632(この年)
プレヴォー，アントワーヌ・フランソワ　1763(11.25)
プレヴォ，ピエール　1839(4.18)
プレヴォ・パラドル　1870(この年)
プレオー，オーギュスト　1879(1.11)
ブレーカー　1798(9.11)
プレーガー，ヨーハン・ヴィルヘルム　1896(1.30)
プレギツァー，クリスティアン・ゴットロープ　1824(10.30)
ブレーク，フリードリヒ　1859(2.27)
ブレクナー，ハンス　1875(12.17)
ブレグムンド(カンタベリの)　914(8.2)
プレグラン　1882(10.25)
プレクリング，フリードリヒ　1711(3.16)
ブレゲ　1823(9.17)
フレーゲル，ゲオルク　1638(この年)
プレサンセ，エドモン・ド　1891(4.8)
プレシー，ジョゼフ・オクターヴ　1825(12.4)
フレシエ，ヴァランタン・エスプリ　1710(2.16)

人物故大年表　外国人編　*1021*

フレ　人名索引

プレシェルン, フランツェ　1849(2.8)
プレシチェーエフ, アレクセイ・ニコラエヴィチ　1893(9.26)
フレシヌス, ドニー・ド　1841(12.12)
フレーシネー　1840(この年)
フレシネ　1842(8.18)
プレシントン, マーガリート, 伯爵夫人　1849(この年)
ブレーズ　1890(この年)
ブレス　1550(この頃)
ブレース　1854(この年)
ブレーズ, ブノワ　1792(この年)
プレスコット, ウィリアム・ヒックリング　1859(1.28)
フレスコバルディ, ジロラモ　1643(3.1)
ブレスダン, ロドルフ　1885(1.14)
プレスト, トマス・ベケット　1879(この年)
プレストウィッチ, サー・ジョゼフ　1896(6.23)
ブレスドルフ　1841(この年)
プレストン, ジョン　1628(7.20)
プレストン, トマス　1640(この年)
フレゼーニウス　1897(6.11)
フレゼーニウス, ヨーハン・フィーリプ　1761(7.4)
フレーダー, ヨハネス　1562(1.25)
プレチスラフ1世　1055(この年)
フレーチャ, フアン・マテオ　1553(この年)
フレーチャ, フライ・マテオ　1604(2.20)
武烈王　661(この年)
ブレッキンリッジ, ジョン・C(カベル)　1875(5.17)
ブレック, ジェイムズ・ロイド　1876(3.30)
フレックノー　1678(この頃)
ブレッシヒ, ジャン・ロラン(ヨーハン・ローレンツ)　1816(2.17)
フレッチャー　1716(9.?)
フレッチャー　1869(7.7)
フレッチャー, ジャイルズ　1623(11.?)
フレッチャー, ジョン　1625(8.29)
フレッチャー, ジョン・ウィリアム　1785(8.14)

フレッチャー, フィニアス　1650(この年)
プレッテンベルク, ヴァルター(ヴォルター)・フォン　1535(2.28)
ブレット, トマス　1743(3.5)
フレットナー, ペーター　1546(10.23)
ブレッヒェン, カール　1840(7.23)
フレッペル, シャルル・エミール　1891(12.22)
プレーティ, フランチェスコ・マリーア　1774(この年)
プレーティ, マッティーア　1699(この年)
プレディス, アンブロージオ　1508(この年)
フレデギッス(フリドゥギス)　834(この年)
フレデゴンド　597(この年)
フレデリク1世　1533(4.10)
フレデリク1世　1751(3.25)
フレデリク2世　1588(4.4)
フレデリク3世　1670(2.9)
フレデリク4世　1730(10.12)
フレデリク5世　1766(1.4)
フレデリク6世　1839(12.3)
フレデリク7世　1863(11.15)
フレデリク・ルイ　1751(3.20)
フレデリック, ハロルド　1898(10.19)
フレデリック(・オーガスタス), ヨーク公爵　1827(1.5)
フレデリック・ヘンドリック　1647(3.14)
ブレーデロー, ヘルブラント・アドリアーンスゾーン　1618(8.23)
ブレデローデ　1568(2.15)
ブレード　1630(2.26)
ブレードウッド　1806(この年)
ブレドルベン　1717(この年)
ブレトシュナイダー, カール・ゴットロープ(ゴットリープ)　1848(1.22)
プレトニョーフ, ピョートル・アレクサンドロヴィチ　1865(12.29)
ブレトノー, ピエール・フィデール　1862(2.18)
ブレ・ド・ラ・ムルト　1840(2.4)
プレトリ, ヨハネス(パニツェル)　1528(この年)

プレトーリウス, アブディーアス　1573(1.9)
プレトリウス, アンドリース(・ヴィルヘルムス・ヤコブス)　1853(7.23)
プレトーリウス, シュテファン　1603(5.5)
プレトリウス, ヒエローニュムス　1629(1.27)
プレトリウス, ミヒャエル　1621(2.15)
プレトーリウス, ヤーコプ　1651(10.21?)
プレトリウス, ヤーコプ　1586(この年)
プレトリウス, ヨハンネス　1660(この年)
フレドロ, アレクサンデル　1876(7.15)
プレトン, ゲオルギオス・ゲミストス　1452(この年)
ブレトン, ニコラス　1626(この頃)
ブレトン・デ・ロス・エレロス, マヌエル　1873(11.8)
ブレーニョ, アンドレーア　1503(この年)
フレネル, オーギュスタン・ジャン　1827(7.14)
ブーレー・バチ, エヴァリスト・シブリヤン　1864(6.7)
フレビスタ　前44(この年)
フレヒト, マルティーン　1556(9.14)
フレビンカ, エヴヘン・パウロヴィチ　1848(12.3)
プレーフォード, ジョン　1686(12.?)
プレーフォード, ヘンリー　1707(この頃)
ブレブーフ, ジャン・ド　1649(3.16)
プレブフ, ジョルジュ・ド　1661(この年)
フレーベル　1893(11.6)
フレーベル, フリードリッヒ　1852(この年)
フレーベル, フリードリヒ　1852(6.21)
プレボ　1816(この年)
ブレマー　1850(この年)
ブレーマーナンド　1700(この頃)

フレマール, ジョゼフ・マリー・ド　1735(この頃)
フレマール, ベルトレー　1675(7.10?)
フレミー　1894(2.3)
フレミカー　1877(3.26)
フレミネ, マルタン　1619(この年)
フレミュデース, ニケーフォロス　1272(この年)
フレミング　1597(この年)
フレミング　1857(この年)
フレミング, ジョン　1894(10.27)
フレミング, トマス　1655(この年)
フレーミング, パウル　1640(4.2)
フレミング, パトリク　1631(11.7)
フレミング, リチャード　1431(1.25)
フレミング, ロバート　1483(8.12)
ブレーム　1884(11.11)
ブレーム, アンドレーアス　1882(この年)
ブレーメル, フレドリーカ　1865(12.31)
プレラー　1861(6.21)
プレラー, フリードリヒ　1878(4.23)
プレラドヴィチ　1872(8.18)
フレーリヒ　1879(3.3)
フレーリヒ　1880(3.11)
フレーリヒ, フリードリヒ・テーオドール　1836(この年)
フレリヒス　1885(3.14)
プレル　1885(4.16)
プレル　1899(8.5)
フレール・オルバン　1896(1.2)
フレール・ロラン　1691(2.12)
フレーレ　1749(この年)
フレーレ　1851(12.9)
フレロン　1802(7.15)
フレロン, エリ・カトリーヌ　1776(3.10)
ブレンク　1807(この年)
ブレンターノ, クレーメンス　1842(7.28)
ブレンターノ, ゾフィー　1806(10.31)
聖ブレンダン　577(5.16)
ブレンツ, ヨハン　1570(9.11)

フレンツル, イグナーツ　1811(9.3)
フレンツル, フェルディナント　1833(10.27)
ブレンデル　1868(11.25)
ブレーンビル　1850(5.1)
ブレーンベルフ, バルトロメウス　1657(この年)
ブレン(ボラーヌス), ロバート　1146(9.?)
ブロー, ジョン　1708(10.1)
プロアイレシオス　367?(この頃)
ブロイ　1794(5.27)
ブロイ, アシル・シャルル　1870(1.25)
ブロイ, イェルク　1537(この年)
ブロイ, ヴィクトル・フランソワ・ド　1804(3.29)
ブロイ, オギュスト・テオドール・ポル・ド　1895(この頃)
ブロイ, モリース・ジャン・ド　1821(7.20)
フロイス, ルイス　1597(7.8)
フロイド　1821(この年)
ブロイニング, G.　1892(この年)
フロイヤー, サー・ジョン　1734(2.1)
ブロイン, バルテル　1555(この年)
プロヴァンシェ, ジョゼフ・ノルベール　1853(6.7)
ブロウウェル, クリストフ　1617(6.2)
ブロウヴォウスト, サミュエル　1815(9.6)
ブローウェル, アドリアーン　1638(1.?)
プロヴェンツァーレ, フランチェスコ　1704(9.6)
フロエス, ジョウアン(ヨアネス)　1638(この年)
ブローエル　1643(8.7)
ブローカ, ピエール・ポール　1880(7.8)
ブロカッチーニ, エルコレ　1595(この年)
ブロカッチーニ, 大エルコール　1591(この頃)
ブロカッチーニ, カミッロ　1629(この年)
ブロカッチーニ, カルロ・アントニオ　1605(この年)

ブロカッチーニ, 小エルコール　1676(この年)
ブロカッチーニ, ジューリオ・チェーザレ　1625(11.14)
ブロカルドゥス　1198(この頃)
ブロクサム, ジョン・ラウス　1891(1.21)
プロクター　1864(この年)
プロクター　1874(10.5)
プロクター, リチャード・アントニー　1888(9.12)
ブロクマンド, イェスベル・ラスムセン　1652(4.19)
プロクロス　446(この頃)
プロクロス　485(4.17)
フロケ　1896(1.18)
フロケ, エティエンヌ - ジョゼフ　1785(この頃)
プロコピウス　303(7.7)
プロコピウス　366(この年)
プロコピオス　565(この年)
プロコピオス(ガザの)　528(この頃)
プロコフ, フェルディナント・マクシミリアン　1731(この年)
プロコフ, ヤン　1718(この年)
プロコフィエフ, イワン　1828(2.10?)
プロコープ(大), アンドレーアス　1434(5.30)
プロコプ(小)　1434(5.30)
プロコポーヴィチ, フェオファーン　1736(9.9)
プロサール, セバスティアン・ド　1730(8.10)
プロシウス　1566(この年)
フロシャウアー, クリストフ　1564(5.1)
フローシャマー, ヤーコブ　1893(6.14)
フロシュ(ラーナ), ヨハネス　1533(この年)
フロシンガム, オクテイヴィアス・ブルックス　1895(11.27)
フロシンガム, ナサニエル・ランドン　1870(この年)
ブロス, サロモン・ド　1626(12.9)
ブロス, シャルル・ド　1777(5.7)
フロスヴィタ　1002(この年)
プロスケ　1861(12.20)
フロスト, ジョン　1877(この年)
プロスペルス(プロスペール), ティロ　463(6.25)

ブローソン, ハンス・エードルフ　1764(6.3)
プロタゴラス　前421(この年)
ブローダス, ジョン・アルバート　1895(3.16)
ブロック　1812(この年)
ブロックハウス, カール　1899(この年)
ブロックハウス, フリードリヒ・アルノルト　1823(8.20)
ブロックラント・ファン・モントフォールト, アントニー　1583(この年)
ブロッケス, バルトルト・ハインリヒ　1747(1.16)
ブロッシウス　前129(この年)
ブロッホマン　1855(この年)
フローテ, ヘールト・デ　1384(8.20)
ブロディー, サー・ベンジャミン・コリンズ　1862(10.21)
ブロディ, レモン　1505(9.5)
プロディコス　前399?(この頃)
プロティナ　122(この年)
プロティノス　270(この年)
プロテリオス1世(アレクサンドリアの)　457(3.28)
フローテン　1883(9.21)
フロトー, フリードリヒ, 男爵　1883(1.24)
フロドアール　966(3.28)
ブロードウッド, ジョン　1812(この年)
フロドベルトゥス　673(12.31)
プロドロムス　1153(この頃)
ブロートン　1821(3.13)
ブロートン, ウィリアム・グラント　1853(2.20)
ブロニ, ガスパール・フランソワ・クレール・マリー・リッシュ, 男爵　1839(7.28)
フローニウス, マルクス　1713(4.14)
ブロニャール　1876(2.19)
ブーローニュ, ボン　1717(この年)
フロビッシャー, サー・マーティン　1594(11.22)
プロフェーリ, ヨハン　1866(5.24)
プロフォスト, ヤン　1529(この年)
プロブス, ペトロニウス　388?(この頃)

プロブス, マールクス・アウレーリウス　282(9.?)
プロープスト, フェルディナント　1899(12.26)
プロープスト, ヤーコプ　1562(6.30)
フロベール, ギュスターヴ　1880(5.8)
フローベルガー, ヨハン・ヤーコプ　1667(5.7)
プロペルティウス, セクストゥス　前15(この頃)
フローベン, ヨーハン　1527(10.26)
ブロマールト　1871(8.14)
フロマン, アントワーヌ　1581(11.6)
フロマン, ニコラ　1484(この年)
フロマンタン, ウージェーヌ　1876(8.27)
フロマン・ムーリス, フランソワ・デジレ　1855(この年)
プロミス, カルロ　1872(この年)
ブローム, ジョン　1880(6.7?)
ブロムフィールド(ブルームフィールド), チャールズ・ジェイムズ　1857(8.5)
ブロムホフ　1853(10.13)
ブロムリ, トマス　1691(この年)
フロメル, エーミール　1896(11.9)
フロメル, マックス　1890(この年)
フローラ　851(この年)
フローラン　1900(8.24)
フローリアーヌス　304(この頃)
フロリアヌス　276(この年)
フローリオ, ジョン　1625(この年)
フロリジェーリオ, セバスティアーノ　1543(この頃)
フローリス5世　1296(この年)
フローリス, コルネリス2世　1575(10.20)
フローリス, フランス　1570(10.1)
フロリダブランカ　1808(11.20)
フロリドール　1671(この頃)
フローリモ　1888(12.18)
フロリヤン, ジャン・ピエール・クラリス・ド　1794(9.13)
フロールス　860(この頃)
フローレス　1864(10.1)

フロレス　1622(8.19)
フロレス　1868(2.19)
フローレス, アンドレーアス　1503(6.5)
フローレス, エンリケ　1773(5.5)
フローレンス　1891(11.19)
フローレンス・オブ・ウースター　1118(7.7)
フローレンティウス・ラーデウェインス　1400(3.24)
フロレンティーニ, テオドーシウス　1865(2.15)
ブロワ, ルイ・ド(ブロシウス)　1566(1.7)
フロワサール, ジャン　1404(この頃)
ブロン　1862(7.5)
ブロン, ピエール　1564(4.?)
ブロンダン, シャルル　1897(2.19)
ブロンツィーノ, イル　1572(11.23)
ブロンテ, アン　1849(5.28)
ブロンテ, エミリー　1848(12.19)
ブロンテ, シャーロット　1855(3.31)
フロンティヌス, セクストゥス・ユリウス　103(この頃)
ブロンデル, ジャック・フランソワ　1774(1.9)
ブロンデル, ダヴィッド　1655(4.6)
ブロンデル, ニコラ・フランソワ　1686(1.21)
ブロンデール, ランセロート　1561(この年)
ブロンデル・ド・ネル　1200(この頃)
フロント, マルクス・コルネリウス　166?(この頃)
フロントナック, ルイ・ド・ビュアド, 伯爵　1698(11.28)
ブロンニアール, アレクサンドル・テオドール　1813(6.6)
ブロンニャール, アレクサンドル　1847(10.7)
フロンマン　1839(この年)
プワスキ, カジミエシュ　1779(10.11.?)
黄慎　1617(この年)
フワーンダミール　1534(この頃)

ヘイ

ブーン，ウィリアム・ジョウンズ　1864(7.17)
文益漸　1398(6.13)
文嘉　1582(この年)
文元善　1589(この年)
文彦博　1097(この年)
文従簡　1648(この年)
文俶　1634(この年)
文震亨　1645(6.?)
文震孟　1636(この年)
文揆　1701(この年)
ブーン，ダニエル　1820(7.26)
文徴明　1559(2.20)
文点　1704(4.?)
文天祥　1282(12.9)
文同　1079(1.21)
文柟　1667(この年)
文伯仁　1575(7.23)
文彭　1573(この年)
文益　958(この年)
フンガイ，ベルナルディーノ　1516(この年)
フンク，ヨハネス　1566(10.28)
ブーンゲ　1895(6.15)
文慶　1856(この年)
文侯(戦国魏)　前396(この年)
文公(晋)　前628(この年)
文周王　477(この年)
文祥　1876(この年)
文信　1707(この年)
文成公主　680(この年)
文成帝(北魏)　465(この年)
ブンゼン，ロベルト・ヴィルヘルム　1899(8.16)
文宣帝(北斉)　559(この年)
ブンゼン(バンセン)，クリスティアン・カール・ヨージアス・フォン　1860(11.28)
文宗(元)　1332(この年)
文宗(高麗)　1083(この年)
文宗(唐)　840(この年)
文帝(西魏)　551(この年)
文帝(前漢)　前157(6.?)
文帝(南朝宋)　435(この年)
文帝(隋)　604(7.13)
フンデスハーゲン　1834(2.10)
フンデスハーゲン，カール・ベルンハルト　1872(6.2)
フンファルヴィ　1888(12.6)
フンファルヴィ　1891(11.30)
文武王　681(7.1)
フンベルトゥス(ローマの)　1277(7.19)

フンベルト(シルヴァ・カンディダの)　1061(5.5)
フーン(ホーニウス)，コルネーリウス(コルネーリス)，ヘンドリク　1524(この年)
フンホーフ，ハインリヒ　1485(この年)
フンボルト，アレクサンダー・フォン　1859(5.6)
フンボルト，ヴィルヘルム・フォン　1835(4.8)
フンメル，ヨーハン・ネーポムク　1837(10.17)

【ヘ】

ヘー　1636(この年)
ヘー　1660(この年)
ヘー　1697(この年)
ベーア，ヴィルヘルム　1850(3.27)
ベーア，カール・エルンスト・フォン　1876(11.28)
ベーア，ゲオルク　1738(3.16)
ヘア，ジューリアス・チャールズ　1855(1.23)
ベーア，ヨハン　1700(8.6)
ベーア，ヨーハン・ミヒャエール　1780(この年)
ヘア，ロバート　1858(5.15)
ベアグル，フィリップ　1705(この年)
ベアード，ジェイムズ　1876(この年)
ベアード，スペンサー・フラートン　1887(8.19)
ベアード，ロバート　1863(3.15)
ベアートゥス(リエバナの)　798(2.19)
ベアトリーチェ　1290(この年)
ベアトリーチェ(エステ家の)　1497(この年)
ヘーアブラント，ヤーコプ　1600(5.22)
ベアリング，アレクサンダー　1848(この年)
ベアリング，フランシス　1810(この年)
ベアリング，フランシス・ソーンヒル　1866(この年)
ベアン　1898(2.5)

ベアンストーフ　1797(6.21)
ベアンハート，カール　1865(11.25)
丙吉　前55(この年)
米芾　1107(この年)
米万鍾　1628(この年)
米友仁　1151(この頃)
ペイアン，アンセルム　1871(5.12)
ヘイウッド，イライザ　1756(2.25)
ヘイウッド，ジョン　1575(この頃)
ヘイウッド，トマス　1641(8.16)
ヘイヴン，ギルバート　1880(1.3)
ベイエル，アブサロン・ペーデルセェン　1575(この年)
平王　前720(この年)
ベイカー，オーガスティン　1641(8.9)
ベイカー，サー・サミュエル(・ホワイト)　1893(12.30)
ベイカー，ヘンリ・ウィリアムズ　1877(2.12)
ベイキー，ウィリアム・バルフォア　1864(この年)
ベイクウェル，ロバート　1795(10.1)
ヘイグッド，アッティカス・グリーン　1896(1.19)
平原君　前251(この年)
ベイコン，フランシス　1626(4.9)
ベイコン，レナード　1881(12.24)
ベイコン，ロジャー　1292(6.11)
ベイコン，ロバート　1248(この年)
ペイジ　1848(この年)
ペイジ，ロバート　1801(9.1)
ペイシストラトス　前527(この年)
ペイショート　1895(6.29)
ヘイズ，アイザック・イズレイル　1881(この年)
ヘイズ，トマス　1761(4.7)
ヘイズ，ラザフォード・B(バーチャード)　1893(1.17)
ペイス，リチャード　1536(7.?)
ヘイスティングズ，ウォレン　1818(8.22)

人物物故大年表 外国人編　*1025*

ヘイ

ヘイスティングズ, フランシス・ロードン - ヘイスティングズ, 初代侯爵　1826(11.28)
ヘイステル　1758(この年)
ヘイズルリグ, サー・アーサー　1661(1.7)
ペイター, ウォルター　1894(7.30)
ヘイダーニュス, アーブラーハム　1678(10.15)
ヘイダーニュス, カスパル　1586(5.7)
ベイツ, ウィリアム　1699(7.14)
ベイツ, ヘンリー・ウォルター　1892(2.16)
ヘイデン, ファーディナンド(・ヴァンデヴィア)　1887(この年)
ヘイデン, ヤン・ファン・デル　1712(9.28)
ヘイト　1896(8.4)
ベイトマン　1897(この年)
ヘイトン　1314(この頃)
ヘイトン1世　1272(この年)
ヘイドン, ベンジャミン・ロバート　1846(6.22)
ペイナッケル, アダム　1673(この年)
ベイニム, ジョン　1842(この年)
ベイニム, マイケル　1874(この年)
ベイム, マーティン　1812(3.23)
ベイヤール, アンリ・ジョゼフ・フランソワ　1894(この年)
ベイリー, ウィリアム　1805(5.25)
ベイリー, エドワード・ホッジズ　1867(この年)
ベイリ, ジェイムズ・ロウズヴェルト　1877(10.3)
ベイリー, トマス・ヘインズ　1839(この年)
ベイリー, ネイサン　1742(この年)
ベイリー, フランシス　1844(4.30)
ベイリー, マシュー　1823(9.23)
ベイリ, ルーイス　1631(10.26)
ベイリー, レイディ・グリゼル　1746(この年)
ベイリー, ロバート　1662(7.?)
ヘイリクス(オセールの)　876(この頃)
ベイリー(ジャーヴィスウッドの), ロバート　1684(この年)

ヘイリン, ピーター　1662(5.8)
ヘイル, サー・マシュー　1676(この年)
ベイル, ジョン　1563(11.15)
ヘイル, セアラ(・ジョジーファ)　1879(この年)
ヘイル, ネイサン　1776(この年)
ヘイルズ, ジョン　1656(5.19)
ヘイルズ, スティーヴン　1761(1.4)
ベイレルト, ヤン・ファン　1671(11.13)
ペイロン, ジャン・フランソワ・ピエール　1814(この年)
ペイン　1629(この年)
ペイン　1876(この年)
ペイン, アフラ　1689(4.16)
ペイン, ジョン・ハワード　1852(4.9)
ペイン, ダニエル・アレグザンダ　1893(11.29)
ペイン, トマス　1809(6.8)
ペイン, ピーター　1455(この頃)
ペイン, フィリップ　1666(この頃)
ヘイン, ポール・ハミルトン　1886(7.6)
ペイン, ロバート・トリート　1814(5.11)
ペインズ, ポール　1617(この年)
ペインター, ウィリアム　1594(2.?)
ベインブリジ, クリストファー　1514(7.13?)
ベインブリッジ　1833(7.27)
ベヴァリジ, ウィリアム　1708(3.5)
ヘヴィシージ　1876(この年)
ヘヴェリウス, ヨハネス　1687(1.28)
ベウダン　1850(12.9)
ベウノ　640(この頃)
ベオルンウルフ　825(この年)
ベーカ　1799(この年)
ベガ, アンドレアス・デ　1549(この年)
ベガ, ベントゥラ・デ・ラ　1865(11.28)
ベガ, ロペ・デ　1635(8.27)
ベガス　1883(11.10)
ベガス　1888(1.21)
ベガス, カール(父)　1854(11.24)

ヘカタイオス　前480(この頃)
ヘカテーオス　前476(この頃)
ベカーヌス, マルティーン　1624(1.24)
ベガレッリ, アントーニオ　1565(この年)
ヘーギウス, アレクサンデル　1498(12.7)
ベーギチェフ, ドミートリー・ニキーチチ　1855(11.12)
ベギュイエ・ド・シャンクールワ, アレクサンドル・エミール　1886(11.14)
ベキントン, トマス　1465(1.14)
ベーク, クリスティアン・フリードリヒ　1875(9.27)
白光勲　1582(この年)
ベグ・アルスラン　1479(この年)
ベクサン　1854(4.20)
ヘクト　1894(5.21)
ベークマン　1637(この年)
ベクール　1729(この年)
ベクール　1887(12.27)
ベクレル　1878(1.18)
ベクレル　1891(5.11)
ベーケ　1803(1.2)
ベケ, ジャン　1674(2.?)
ヘゲシップス　180(この年)
ベケット, トマス　1170(12.29)
ベーケラール, ヨアヒム　1573(この頃)
ヘーゲル, ゲオルク・ヴィルヘルム・フリードリヒ　1831(11.14)
ベーゲルト, デリック　1515(この年)
ヘーゲロン, ペーダー・イェンセン　1614(2.18)
ベコー　1898(この年)
ベコヴィチ・チェルカッスキー　1717(この年)
ベーコリ, ドメーニコ　1527(この年)
ベーコン, サー・ニコラス　1579(2.20)
ベーコン, ジョン　1799(8.4)
ベーコン, ナサニエル　1676(10.26)
ベーコンソープ, ジョン　1346(この頃)
ヘーザー　1885(9.13)
ヘザリントン　1849(8.24)
ページ　1868(5.5)
ページ　1885(10.1)

ヘツ

ヘジウス、ウィレム　1690（この年）
ペシェッテイ　1766（3.20）
ペシェニェイ　1811（2.24）
ペシオン　1818（3.21）
ペシオン・ド・ヴィルヌーヴ　1794（6.20）
ベジャール、アルマンド　1700（11.30）
ベジャール、ジュヌビエーヴ　1675（7.3）
ベジャール、ジョゼフ　1659（5.21）
ベジャール、マドレーヌ　1672（2.17）
ベジャール、ルイ　1678（10.13）
ベシュ、ティルマン　1899（10.18）
ヘシュキオス　330（この年）
ヘシュキオス（イェルサレムの）　450（この頃）
ペシュル、トーマス　1837（この年）
ヘス　1870（この年）
ヘス　1875（4.6）
ヘス　1897（11.13）
ベズー　1783（9.27）
ヘス、ジェルマン・アンリ　1850（11.30）
ベーズ、テオドール・ド　1605（10.13）
ヘス、ヨーハン　1547（1.5）
ヘス、ヨーハン・ヤーコプ　1828（5.27）
ペスカラ　1525（12.2）
ベスキ、コスタンツォ・ジュゼッペ　1747（2.4）
ヘスス、ヘーリウス・エオバーヌス　1540（11.4）
ペスタロッチ、ヨハン・ハインリヒ　1827（2.17）
ヘースティングズ　1872（5.15）
ヘースティングズ、ウィリアム　1483（この年）
ヘースティングズ、ジョン　1313（この年）
ヘースティングズ、ヘンリー・ド　1269（この年）
ペステリ　1826（7.25）
ベスト　1638（この頃）
ベスト　1897（5.10）
ベスト、ポール　1657（この年）
ベストゥージェフ　1855（この年）

ベストゥージェフ、アレクサンドル・アレクサンドロヴィチ　1837（6.7）
ベストゥージェフ・リューミン　1766（4.21）
ベストゥージェフ・リューミン　1826（7.25）
ベストゥージェフ・リューミン　1897（この年）
ベストリス夫人　1804（10.5）
ヘスフス（ヘスフーゼン）、ティレマン　1588（9.25）
ベスラー、バシリウス　1629（この年）
ヘゼッレ、ヒド　1899（11.27）
ベゼナス　1776（この年）
ベーゼラー　1888（8.28）
ベセーラ、ガスパール　1570（この年）
ベセーラ、フランシスコ・デ　1605（この年）
ヘーゼル　1885（この年）
ベセルリーノ、フランチェスコ　1457（7.29）
ベゾッツィ、アレッサンドロ　1793（7.26）
ベゾッツィ、パオロ・ジローラモ　1778（この年）
ベソン、ジャック　1575（この頃）
ヘーダ、ウィレム・クラースゾーン　1680（この頃）
聖ベーダ、尊師　735（5.26）
ベーダ・ヴェネラビリス　735（この年）
ペダーセン、クリスティアーン　1554（1.16）
ペータゼン、ヨーハン・ヴィルヘルム　1727（1.31）
ベータートン、トマス　1710（4.28）
ペーター・フォン・アンドラウ　1505（この頃）
ヘダーヤト　1872（この年）
ペタル2世　1851（この年）
ベタンクール　1406（この頃）
ベタンクール、アグスティン・デ　1700（この年）
ベタンクール、ペドロ・デ・サン・ホセ　1667（4.25）
ベタンセス　1898（この年）
ベタンソス、ドミンゴ・デ　1549（9.？）
ベーチ、ウォルター　1888（3.26）
ベーチ、フランシス・エドワード　1858（8.24）

ベチェヴィー、イブラヒム　1650（この年）
ベチェーリン、ウラジーミル・セルゲーヴィチ　1885（4.17）
ベーツ　1869（3.25）
ベーツ　1875（1.13）
ベツ、ベルンハルト　1735（3.27）
ヘツァー、ルートヴィヒ　1529（2.4）
ペーツェル、クリストフ　1604（2.25）
ペーツェル、ヨーハン・クリストフ　1694（10.13）
ベツォルト　1868（3.2）
ヘッカー　1768（6.24）
ヘッカー　1881（3.24）
ベッカー　1822（この年）
ベッカー　1845（8.28）
ベッカー　1871（6.7）
ヘッカー、アイザック・トマス　1888（12.22）
ベッカー、コルネーリウス　1604（5.25）
ベッカー、ベルンハルト　1894（この年）
ベッカデリ　1471（この年）
ベッカフーミ、ドメニコ　1551（5.？）
ベッカム、ジョン（ヨハネス）　1292（12.8）
ベッカリーア　1781（この年）
ベッカリーア、チェーザレ　1794（11.28）
ベック　1802（この年）
ベック　1840（8.29）
ベック　1866（この年）
ベック　1867（8.3）
ベック　1879（この年）
ベック、アンリ　1899（5.12）
ベッグ、ジェイムズ　1883（この年）
ベック、ジョン・メイスン　1858（3.14）
ヘック、バーバラ　1804（8.17）
ベック、ピエール・ジャン　1887（3.4）
ベック、フランツ　1809（12.31）
ベック、ヨーハン・トビーアス　1878（12.28）
ベックウィズ　1862（この年）
ベックウィズ　1893（6.20）
ベックネル　1865（この年）
ベックフォード、ウィリアム　1844（5.2）

人物物故大年表 外国人編 1027

ベックマン　1811（2.3）
ベックワース　1866（この年）
ヘッケウェルダー, ジョン・ゴットリーブ・アーネスタス　1823（1.31）
ベッケドルフ　1858（この年）
ベッケラート　1870（この年）
ヘッケル　1562（この頃）
ベッケル, グスタボ・アドルフォ　1870（12.22）
ベッケル, バルタザール　1698（6.11）
ヘッケル, ヨハン・アダム　1877（この年）
ヘッケルト, ヨハン・フレドリク　1866（9.16）
ヘッサー, メアリ・K.　1894（9.1）
ベッサリオン, ヨハネス　1472（11.18）
ヘッジ　1844（この年）
ヘッジ, フレドリク・ヘンリ　1890（8.21）
ベッシエール　1813（5.1）
ベッシェル　1875（8.31）
ヘッセ　1863（8.5）
ヘッセ　1874（8.4）
ベッセマー, サー・ヘンリー　1898（3.15）
ベッセル, フリードリヒ・ヴィルヘルム　1846（3.17）
ヘッセルス, ヤン　1566（11.7）
ベッソア　1609（1.9）
ヘッダ（ヘッディ）　705（7.9）
ヘッタ, グスタフ・フリードリヒ　1864（この年）
ヘッチュ, フィリップ・フリードリヒ　1838（この年）
ベッツ, ヨハン・クリストフ　1716（9.25）
ベッツォーリ, ジュゼッペ　1855（この年）
ベッティ　1892（8.11）
ベッティガー, カール・アウグスト　1835（11.17）
ベッティネッリ, サヴェーリオ　1808（9.13）
ベッティハー　1889（6.21）
ヘッティンガー, フランツ　1890（1.26）
ヘッデリヒ, フランツ・アントン　1808（8.20）
ベッテルハイム, バーナド・ジーン　1870（2.9）

ベッテンコーフェン　1889（3.21）
ベッドウェル　1632（この年）
ベットガー, ヨーハン・フリードリヒ　1719（3.13）
ヘットナー, ヘルマン　1882（5.29）
ベッドフォード, ジョン・オヴ・ランカスター, 公爵　1435（この年）
ベットーリ, ニコーラ　1854（この年）
ベッハー　1896（6.20）
ベッパレル　1759（7.6）
ベッヒマン, フリーデマン　1703（3.9）
ベッヒャー, ヨハン・ヨアヒム　1682（10.?）
ベップ　1890（この年）
ヘプルワイト, ジョージ　1786（この年）
ヘッペ, ハインリヒ・ルートヴィヒ・ユーリウス　1879（7.25）
ヘッベル, フリードリヒ　1863（12.13）
ベッペルマン, マテウス・ダニエル　1736（1.17）
ベッラーノ, バルトロメーオ　1497（この年）
ベッリ　1620（この頃）
ベッリ　1621（この頃）
ベッリ, ヴァレーリオ　1546（この年）
ベッリ, ジュゼッペ・ジョアッキーノ　1863（12.21）
ベッリ, ジョヴァンニ　1530（この年）
ベッリコ, シルヴィオ　1854（1.31）
ベッリーニ, ヴィンチェンツォ　1835（9.23）
ベッリニアーノ　1529（この年）
ベッリパーリオ, ニッコロ　1540（この頃）
ベルツツィ, ジョヴァンニ・バッティスタ　1554（この年）
ペッレグリーニ, ジョヴァンニ・アントーニオ　1741（この年）
ペッレグリーニ, ドメニコ　1840（この年）
ペッレグリーノ・ダ・サン・ダニエーレ　1547（この年）
ペッレグリーノ・ダ・モーデナ　1529（この頃）

ベッローリ, ジョヴァンニ・ピエトロ　1696（この年）
ベティ　1874（8.24）
ベティ, サー・ウィリアム　1687（12.16）
ヘーディオ, カスパル　1552（10.17）
ベティ・ド・ラ・クロア　1713（この年）
ヘーディンガー, ヨーハン・ラインハルト　1704（12.28）
ベーデカー　1841（この年）
ベーデカー, カール　1859（10.4）
ペテーフィ・シャーンドル　1849（7.31）
ペーテル, ゲオルク　1634（この年）
ペーテルス　1880（この年）
ペーテルス　1894（この年）
ペーテルセン　1862（5.11）
ペデルセン, イェブル　1557（3.9）
ペーテルソン, カール　1881（5.1）
ペテルツァーノ, シモーネ　1595（この年）
ペーテルマン　1878（9.25）
聖ペテロ　67?（この頃）
ペトー, ドニー　1652（12.11）
ヘートヴィヒ　1243（10.15）
ベートーヴェン, ルートヴィヒ・ヴァン　1827（3.26）
ベドウズ, トーマス　1808（12.24）
ベドゥルナ, ホアキナ・デ　1854（8.28）
ベートケ, ヨーアヒム　1663（12.12）
ベドーズ, トマス・ラヴェル　1849（1.26）
ベドス・ド・セル, フランソワ　1779（この年）
ベートソン, トマス　1630（3.?）
ヘードベリー, フレデリク・ガーブリエル　1893（この年）
ベートマン　1875（3.22）
ベートマン・ホルヴェーク, アウグスト・モーリツ・フォン　1877（7.13）
ベートラーチャー　1703（この年）
ペドラリャス　1531（この年）
ペトラルカ, フランチェスコ　1374（7.19）
ヘドリー, ウィリアム　1843（この年）

ペドリー, エセル 1898(8.6)
ペートリ, オラーヴス 1552(4.19)
ペートリ, ラウレンツィウス 1573(10.26)
ペートリ, ルートヴィヒ・アードルフ 1873(1.8)
ペトリス, フランチェスコ・デ 1593(11.5)
ペトリーニ, アントニオ 1701(この年)
ペドリーニ, テオドリコ 1746(この年)
ペトルス 303(この年)
ペトルス(アイルランドの) 1260(この頃)
ペトルス・アウレオルス 1322(1.?)
ペトルス(アキラの) 1361(3.?)
ペトルス(アルカンタラの) 1562(10.19)
ペトルス・ヴェネラビリス 1156(12.25)
ペトルス(オヴェルニュの) 1304(9.25)
ペトルス(カステルノーの) 1208(1.15)
ペトルス・カントール 1197(9.22)
ペトルス・クリュソログス 450(この頃)
ペトルス・コメストル 1179(この年)
ペトルス(セルの) 1183(2.20)
ペトルス(タラントーズの) 1175(この年)
ペトルス・チャエク(プルカウの) 1425(この年)
ペトルス・ディアコヌス(モンテ・カッシーノの) 1153(この頃)
ペトルス・デ・ダーシア 1289(この年)
ペトルス・トマエ 1340(この頃)
ペトルス・ニグリ 1483(この年)
ペトルス・ノラスクス 1256(12.25)
ペトルス(ピーサの) 799(この頃)
ペトルス(ブリュイの) 1132(この頃)
ペトルス(ブロワの) 1204(この頃)
ペトルス・マルティニ 1252(4.6)

ペトルス・リガ 1209(この年)
ペトルス・ロンバルドゥス 1160(この年)
ペトルッチ, オッタヴィアーノ 1539(5.7)
ペトレイウス 1550(3.18)
ペトレン, ガーボル 1629(11.15)
ペドロ 1449(5.20)
ペドロ1世 1104(この年)
ペドロ1世 1367(1.18)
ペドロ1世 1369(2.23)
ペドロ1世 1834(9.24)
ペドロ2世 1213(9.12)
ペドロ2世 1706(12.9)
ペドロ2世 1891(12.5)
ペドロ3世 1285(この年)
ペドロ3世 1786(この年)
ペドロ4世 1387(1.5)
ペドロ5世 1861(11.11)
ペドロ・アルフォンソ 1140(この頃)
ペトロス 311(この年)
ペトロス(洗い張りの) 488(この年)
ペトロス(イベリア人の) 488(この年)
ペトロス・モンゴス 490(10.29)
ペドロ・デ・アラゴン 1381(11.4)
ペドロ・デ・ガンテ 1572(4.?)
ペドロ・デ・ラ・アスンシオン 1617(5.22)
ペトローニウス 450(この頃)
ペトロニウス, アルビテル 66(この年)
ペドロ・バウチスタ 1630(12.10)
ペドロ・バプチスタ 1597(2.5)
ペトローフ 1875(この年)
ペトローフ, オーシプ・アファナーシエヴィチ 1878(この年)
ペトローフ, ワシーリー・ペトローヴィチ 1799(12.4)
ペドロ・ファン・サラ 1485(この年)
ヘーデン 1844(1.26)
ペーナ, マルティンス 1848(12.7)
ヘナーナ 610(この年)
ペナッリオ, フランチェスコ 1492(この頃)
ベナビデス, ミゲル・デ 1605(7.26)
ベナール, ロラン 1620(4.20)

ベナルカーサル 1551(この年)
ペニー, エドワード 1791(この年)
ベニヴィエーニ, ジローラモ 1542(この年)
ベーニグセン 1826(10.3)
ペニコー, ジャン3世 1585(この頃)
ペニコー, ピエール 1590(この頃)
ペニコー, レオナール 1542(5.3)
ベニーツィ, フィリッポ 1285(8.23)
ペニャルベール・イ・カルデナス, ルイス・イグナシオ 1810(7.17)
ベニョフスキー 1786(5.23)
ベニンカーサ, オルソラ 1618(10.20)
ベニング, アレクサンドル 1519(この年)
ベニング, シモン 1561(この年)
ペニントン, アイザク 1679(10.8)
ベーヌ 1799(この年)
ペーヌ, アントワーヌ 1757(8.5)
ベネーヴォリ, オラツィオ 1672(6.17)
ベネケ 1844(8.16)
ベネケ 1854(3.1)
ベネジークトフ, ウラジーミル・グリゴリエヴィチ 1873(4.14)
ベネゼット, アンソニー 1784(5.3)
ベネソーン, ジェイムズ 1871(この年)
ベネッケ 1886(2.27)
ベネット 1614(この頃)
ベネット, ウィリアム・ジェイムズ・アーリ 1886(8.17)
ベネット, エイブラハム 1799(この年)
ベネット, サー・ウィリアム・スターンデイル 1875(2.1)
ベネット, ジェイムズ・ゴードン 1872(6.1)
ベネディクツス1世 579(この年)
ベネディクツス3世 858(この年)
ベネディクツス5世 965(この頃)
ベネディクツス6世 974(この年)
ベネディクツス7世 983(7.10)

ベネディクツス8世　1024(4.9)
ベネディクツス9世　1055(この頃)
ベネディクツス10世　1080(この頃)
ベネディクツス11世　1304(7.7)
ベネディクツス12世　1342(4.25)
ベネディクツス13世　1423(5.?)
ベネディクツス13世　1730(2.21)
ベネディクツス14世　1758(5.3)
ベネディクト，ジュリアス　1885(6.9)
ベーネディクト，ユーリウス・ローデリヒ　1873(9.26)
ベネディクト，リート・フォン・ピエスティング　1535(この年)
ベネディクトゥス　547(3.21)
ベネディクトゥス(アニアヌの)　821(2.11)
ベネディクトゥス(黒人)　1589(4.4)
ベネディクトソン，ヴィクトリア　1888(7.21)
聖ベネディクト・ビスコプ　689(1.12)
ベネディクト(ピータバラの)　1193(この年)
ベネデク，ルートヴィヒ・フォン　1881(4.27)
ベネデッティ　1900(3.28)
ベネデッテイ　1590(1.20)
ベネデッティ，トンマーゾ　1863(この年)
ベネデッティ，ミケーレ　1810(この年)
ベネデット・ダ・ロヴェッツァーノ　1552(この頃)
ベネーデン　1894(1.8)
ベネフィアル，マルコ　1764(この年)
ベネーリン　1839(この年)
ベノ　1106(この頃)
ベノーニ，ジュゼッペ　1684(この年)
ベーハ，コルネリス　1664(この年)
ベーハイム　1474(この頃)
ベハイム，マルティン　1507(7.29)
ヘバーデン　1801(5.17)
ベーハム，バルテル　1540(この年)
ベーハム，ハンス・ゼーバルト　1550(11.22)

ヘバン，ジョン　1723(この年)
ペピ1世　前2254(この頃)
ペピ2世　前2185(この頃)
ベヒシュタイン，フリードリヒ・ヴィルヘルム・カール　1900(3.6)
ベヒシュタイン，ルートヴィヒ　1860(5.14)
ヘービヒ，ザームエル　1868(5.21)
ヘファイスティオン　前324(この年)
ベファラ　1838(2.2)
ヘーフェレ，カール・ヨーゼフ・フォン　1893(6.3)
ペプーシュ，ヨハン・クリストフ　1752(7.20)
ヘブラ　1880(8.5)
ヘブラー，マティーアス　1571(9.18)
ベープリンガー，ハンス　1482(1.4)
ベープリンガー，マテウス　1505(この年)
ベープリンガー，ルーカス　1502(この年)
ヘーフリング，ヨーハン・ヴィルヘルム・フリードリヒ　1853(4.5)
ペーペ　1851(4.3)
ペーペ　1855(8.9)
ベーベル，ハインリヒ　1518(この年)
ヘーベル，ヨハン・ペーター　1826(9.22)
ベーマー　1895(この頃)
ベーマー，ユストゥス・ヘニング　1749(9.29?)
ベーマ・カルポ　1592(この年)
ヘーマチャンドラ　1172(この年)
ヘマン　1776(この年)
ヘマンズ，フェリシア　1835(5.16)
ヘミングセン，ニールス　1600(5.23)
ヘミング(ヘミングズ)，ジョン　1630(10.10)
ベーム　1876(3.28)
ベーム　1884(3.15)
ベム　1850(12.10)
ベーム，ゲオルク　1733(5.18)
ベーム，ジョン・フィリップ　1749(4.29)

ヘーム，ダビット1世　1632(この頃)
ベーム，テオバルト　1881(11.25)
ベーム，ハンス　1476(7.19)
ベーム，マルティーン　1622(2.5)
ヘーム，ヤン・デ　1683(8.4)
ヘームスケルク　1607(この年)
ヘームスケルク　1656(2.27)
ヘームスケルク，マルテンス・ヤーコブス・ヴァン　1574(10.7)
ヘムステルホイス　1766(4.7)
ヘムステルホイス　1790(9.3)
ヘムニッツェル，イワン・イワノヴィチ　1784(3.19)
ベーメ　1898(この年)
ベーメ，アントーン・ヴィルヘルム　1722(5.27)
ベーメ，ヤーコブ　1624(11.16?)
ベメツリーデール，アントワーヌ　1817(この頃)
ヘメルリ(ヘメルリーン)，フェーリクス　1458(この頃)
ベーヤード　1898(この年)
ベーラ1世　1063(この年)
ベーラ2世　1141(この年)
ベーラ3世　1196(この年)
ベーラ4世　1270(5.3)
ヘラー，シュテフェン　1888(1.14)
ベラ，ステファノ・デラ　1664(7.12)
ベラ，ハシント　1881(5.6)
ベーラー，ペーター　1775(4.27)
ベラギア　311(この頃)
ベラギウス　420(この頃)
ベラギウス1世　561(この年)
ベラギウス2世　590(この年)
ベラギッチ　1899(この年)
ヘーラクラス　248(12.4)
ヘラクリアヌス　413(この年)
ヘラクリウス　641(2.10)
ヘラクリーデス，ヤコーブス・バシリクス　1563(この年)
ベラ・クルース，アロンソ・デ・ラ　1584(この年)
ヘラクレイデス(ポントスの)　前310(この年)
ヘラクレイトス(エフェソスの)　前460(この年)
ヘラクレオナス　641(この年)
ベラーズ，ジョン　1725(2.8)

人名索引　ヘル

ベラスケス、ディエゴ・ロドリゲス・デ・シルバ・イ　1660(8.6)
ベラスケス・デ・クエリャル、ディエゴ　1524(この年)
ベラスコ、L.　1564(7.31)
ベラスコ、ペドロ・デ　1649(8.26)
ベラスコ・イ・ペトローチェ、ホアン・デ　1792(6.29)
ヘラスコフ、ミハイル・マトヴェーヴィチ　1807(9.27)
ヘラニコス　前410?(この頃)
ベラーマン、フリードリヒ　1874(2.5)
ベラミー、エドワード　1898(5.22)
ベラミ、ジョゼフ　1790(3.6)
ベラム・ヘンリー　1754(3.6)
ベラム(-ホリス)、トマス、初代ニューカッスル公爵　1768(この年)
ベラヨ　737(9.18)
ベラヨ、アルバロ　1349(この頃)
ベラール　1513(この頃)
ベラルカサル　1550(この年)
ベラルタ・バルヌエボ、ペドロ・デ　1743(この年)
ベラルディ　1694(4.9)
ヘラルト、ヒューベルト　1620(この年)
ベラルドゥス(ベラルド)　1220(この年)
ベラルミーノ、聖ロベルト・フランチェスコ・ロモロ　1621(9.17)
ベラン　1675(4.26(埋葬))
ベラン、ジャン　1711(1.25)
ベランジェ、ピエール・ジャン・ド　1857(7.16)
ベランジェ、フランソワ・ジョゼフ　1818(この年)
ベランジュ、ジャック　1617(この年)
ベランダ、サンテ　1638(この年)
ベーリ　1839(この年)
ベーリ　1870(1.18)
ベーリー　1851(2.23)
ベーリー　1859(6.5)
ベーリー　1899(7.24)
ベリ　1880(9.23)
ベリ　1345(4.14)
ベリ、アーサー　1713(9.?)
ベリー、オリヴァー・ハザード　1819(8.23)

ベリー、シャルル　1472(この年)
ベリー、シャルル・フェルディナン、公爵　1820(2.13)
ベリー、ジャン・ド・フランス　1416(6.15)
ベリ、チャールズ　1891(12.1)
ベリー、マシュー・ガルブレイス　1858(3.4)
ベリー、マリー・ルイズ・エリザベート・ドルレアン　1719(この年)
ベリ、ヤーコボ　1633(8.12)
ベリアル　1314(この年)
ベリアンドロス　前585(この年)
ベリエ　1832(5.16)
ベリエ　1876(7.6)
ベリエ、フランソワ　1650(この年)
ベリオ、シャルル・オーギュスト・ド　1870(4.8)
ヘリオガバルス　222(3.11)
ヘリオット　1624(この年)
ペリカーヌス(ペリカン)、コンラート　1556(4.6)
ペリクレス　前429(この年)
ペリゴー、ウジェーヌ・メルキオール　1890(4.15)
ベリサリウス　565(3.13)
ベリシエ　1864(5.22)
ベリズフォード、ウィリアム・カー・ベリズフォード、初代子爵　1854(1.8)
ペリソン、ポール　1693(2.7)
ペリチョリ　1819(この年)
ペーリッツ、カール　1838(この年)
ベリック、ジェイムズ・フィッツジェイムズ、初代公爵　1734(6.12)
ヘリック、ロバート　1674(10.15)
ヘリッツ、リュベルト　1612(この年)
ヘリッツス・ポンプ　1608(この年)
ヘリッピダス　前379?(この頃)
ベリドール、ベルナール・フォレ・ド　1761(この年)
ヘリナンドゥス(フロワモンの)　1229(この頃)
ベリーニ　1704(1.8)
ベリーニ、アンニーバレ　1596(この年)
ベリーニ、ジェンティーレ　1507(2.20)

ベリーニ、ジョヴァンニ　1516(11.29)
ベリーニ、ヤコポ　1470(この年)
ヘーリベルト(ケルンの)　1021(3.16)
ベリマン、トルビョルン・オラフ　1784(7.8)
ベリュー　1861(7.28)
ベリュル、ピエール・ド　1629(10.2)
ベーリュロス(ボストラの)　244(この頃)
ベリョ、アンドレス　1865(10.16)
ベリール、シャルル・ルイ・フーケ、公爵　1761(1.26)
ヘリワード　1080(この年)
ベリンガー、ヨハン・バルトロメウス・アダム　1740(1.11)
ヘリング　1865(この年)
ベーリング、ヴィトゥス(・ヨナセン)　1741(12.19)
ヘリング、トマス　1757(3.13)
ヘリンク、ループス　1541(1.14?)
ヘーリング、ロイ　1554(この頃)
ベリングスハウゼン、ファビアン・ゴットリープ・ベンヤミン・フォン　1852(1.25)
ベリンスキー、ヴィサリオン・グリゴリエヴィチ　1848(5.26)
ヘール　1883(9.27)
ヘール　1896(この年)
ヘル　1792(この年)
ベル　1780(4.0)
ベル　1820(4.15)
ベル　1869(9.10)
ペール　1823(3.7)
ペール　1843(この年)
ベル、アンドルー　1832(1.27)
ベル、ゲオルク　1738(3.18)
ベル、サー・チャールズ　1842(4.27)
ペール、ジョセフ　1785(この年)
ベル、ジョン　1895(この年)
ベル、ジョン　1685(12.12)
ベル、トマス　1880(この年)
ベル、パトリック　1869(この年)
ベル、ピエール　1706(12.28)
ベル、ヘンリー　1830(11.14)
ペール、ポール　1886(11.11)
ベール、マーチャーシュ　1749(8.29)

人物物故大年表 外国人編　**1031**

ベールヴァルト, フランス・アードルフ 1868(4.3)
ヘルウィス, トマス 1613(この頃)
ペール・ヴィダル 1210(この頃)
ヘルヴェーウス・ナタールリス 1323(8.7)
ヘルヴェーク, ゲオルク 1875(4.7)
ベルヴェデーレ, アンドレーア 1732(この年)
ヘルヴェトゥス, ゲンティアーヌス 1584(9.12)
ベルガー 1833(2.22)
ベルガー, ルートヴィヒ 1839(この年)
ヘルガー(先のシュペールフォーゲル) 1180(この頃)
ベルカン, アルノー 1791(12.21)
ベルカン, ルイ・ド 1529(4.27)
ベルガンブ, ジャン 1626(この頃)
ベルギウス, ヨーハン 1658(12.19)
ベルク 1535(この頃)
ベルク 1563(8.7)
ベルク 1881(7.20)
ベルク 1881(11.1)
ベルク, フランツ 1821(4.6)
ベルクヘイデ, ヘリット 1698(6.10)
ベルクヘイデ, ヨブ 1693(11.23)
ベルグラーノ 1820(6.20)
ベルグラン 1878(4.8)
ベルグラン 1745(この年)
ベルクール 1778(11.19)
ベルクール 1881(この年)
ヘルゲセン, ポウル 1534(この頃)
ベルゲテ, アロンソ 1561(9.?)
ベルゲテ, ペドロ 1504(1.6?)
ベルゲーニュ 1888(8.6)
ヘルゲンレーター, ヨーゼフ・アーダム・グスタフ 1890(10.3)
ヘルゴット, マルクヴァルト 1762(10.9)
ヘルゴット, ヨハネス 1527(5.20)
ベルコート, カテリーナ 1887(8.14)

ベルゴレージ, ジョヴァンニ・バッティスタ 1736(3.16)
ベルゴンツォーニ, ジョヴァンニ・バッティスタ 1692(この年)
ベルサーノ 1883(7.28)
ベルシウス・フラックス, アウルス 62(11.24)
ベルジェー, サミュエル 1900(7.13)
ベルジェ, ジャック 1756(この年)
ベルシエ, シャルル 1838(9.5)
ベルシェ, ジョヴァンニ 1851(12.23)
ベルジエ, ニコラ・シルヴェストル 1790(4.9)
ベルジエ, ユジェーヌ・アルトゥ・フランソワ 1889(11.19)
ベルジェニ・ダーニエル 1836(2.24)
ベルシニ 1872(1.13)
ベルジーノ, イル 1523(2.?)
ベルシャザル 前539(この年)
ベルシャム, トマス 1829(11.11)
ベルショーズ, アンリ 1440(この頃)
ヘールズ 1571(この年)
ヘールズ 1610(この頃)
ベルス 1865(この年)
ベルーズ 1867(この年)
ベルス 677(この頃)
ベルス, チーロ・ディ 1663(4.3)
ヘルスト, バルトロマーウス・ファン・デル 1670(12.16)
ヘルスレブ, スヴェン・ボルクマン 1836(9.12)
ベルセウス 前158(この頃)
ベルセーリウス, ヨンス・ヤーコブ, 男爵 1848(8.7)
ベルソー 1868(この年)
ヘルダー 1839(この年)
ベルタ 616(この頃)
ヘルター, フランツ 1874(8.5)
ヘルダー, ヨハン・ゴットフリート 1803(12.18)
ヘルタイ・ガーシュパール 1574(この年)
ベルターニ 1886(この年)
ベルターニ, ジョヴァンニ・バッティスタ 1576(この年)
ベルターリ, アントニオ 1669(4.17)

ヘルダーリン, ヨハン・クリスティアン・フリードリヒ 1843(6.7)
ベルタン 1812(この年)
ベルタン 700(9.5)
ベルタン, アントワーヌ・ド 1790(6.30)
ペール・タンギー 1894(この年)
ベルチエ・デュ・マン, ジャック 1582(7.?)
ヘルチツキー, ペトル 1460(この年)
ベルチャー, サー・エドワード 1877(3.18)
ヘルツ 1803(1.19)
ヘルツ 1876(11.7)
ヘルツ, ハインリヒ・ルドルフ 1894(1.1)
ヘルツ, ヘンリエッテ 1847(10.22)
ヘルツ, ヘンリック 1870(2.25)
ヘルツォーク, ヨーハン・ヤーコブ 1882(9.30)
ヘルツォーゲンベルク, ハインリヒ 1900(10.9)
ベルツォーニ, ジョヴァンニ・バッティスタ 1823(12.3)
ベルッチ, バルトロメオ 1537(この年)
ベルツィ, バルダッサーレ 1536(1.6)
ベルツフ 1822(この年)
ヘルツベルク 1795(5.27)
ヘルツリープ 1865(7.10)
ベルティ 1756(4.10)
ヘルティー, ルートヴィヒ・クリストフ・ハインリヒ 1776(9.1)
ベルティエ, ギヨーム・フランソワ 1782(12.15)
ベルティエ, ジャン・シャルル・アタナーズ 1845(10.27)
ベルティエ, ピエール・ジョゼフ 1842(7.20)
ベルティエ, (マリー)ユフラジー 1868(4.24)
ベルティエ, ルイ・アレクサンドル 1815(6.1)
ベルディギエ 1875(この年)
ベルディッカス 前321(この年)
ベルティナクス 193(3.28)
ベルティーニ 1876(10.1)
ベルティーニ, ジュゼッペ 1898(この年)

ヘル

ベルティーニ, ポンペーオ 1899(この年)
ヘルディング, ミヒャエル 1561(9.30)
ベルテヴ・パシャ 1836(この年)
ベルテオーム, ジュリアン 1802(この年)
ベルテス 1816(この年)
ベルテス 1890(1.1)
ベルテス, クレーメンス・テーオドーア 1867(11.25)
ベルテス, フリードリヒ・クリストフ 1843(5.18)
ベルデマンディス 1428(この年)
ベルテリエ, フィリベール 1567(この頃)
ヘルデル, アールト・デ 1727(8.28)
ヘルデンハウアー, ヘルハールト 1542(1.10)
ヘルト, ゲオルク 1545(3.6)
ベルトー, ジャン 1611(6.8)
ベルトイア 1574(この年)
ベルトゥー 1807(この年)
ベルトゥッチ, ジョヴァンニ・バッティスタ 1516(この年)
ベルトッティ・スカモッツィ, オッターヴィオ 1790(10.25)
ベルト・ディ・ジョヴァンニ 1529(この年)
ベルトーニ 1813(3.12)
ヘールトヘン・トット・シント・ヤンス 1490(この頃)
ベルトーラ, アントーニオ 1719(この年)
ベルトーラ・デ・ジョルジ 1798(この年)
ベルトラミ 1900(2.18)
ベルトラン 1900(4.3)
ベルトラン, アロイジウス 1841(4.29)
ベルトラン, アントワーヌ・ド 1581(この年)
ベルトラン, アンリ・グラティアン, 伯爵 1844(1.31)
ベルトラン, ルイス 1581(10.9)
ベルトラン, ルイス 1827(12.8)
ベルトラン・ド・ボルン 1215(この頃)
ヘルドリング, オットー・ヘルハールト 1876(7.11)
ベルトルト1世 1078(11.6)
ベルトルト2世 1111(この年)

ベルトルドゥス(ソリニャックの) 1198(この頃)
ベルトルド・ディ・ジョヴァンニ 1491(12.28)
ベルトルト(ヘンネベルクの) 1504(12.21)
ベルトールト(モースブルクの) 1361(この頃)
ベルトールト(レーゲンスブルクの) 1272(12.14)
ベルトレ, クロード・ルイ, 伯爵 1822(11.6)
ベルトロ, ギヨーム 1648(この年)
ベルトロ, サバン 1880(この年)
ベルトン, アンリ・モンタン 1844(4.22)
ベルトン, ピエール・モンタン 1780(5.14)
ベルナー 1864(この年)
ベルナイス 1881(5.26)
ベルナイス 1897(2.25)
ベルナウアー 1435(10.12)
ベルナスコーニ 1784(1.27?)
ベルナップ 1890(この年)
ベルナデット・スビルー 1879(4.16)
ベルナベーイ, エルコレ 1687(12.5)
ベルナベーイ, ジョゼッペ・アントニオ 1732(3.12)
ベルナベイ, ドメーニコ 1545(この年)
ベルナール, カトリーヌ 1712(9.6)
ベルナール, クロード 1878(2.10)
ベルナルダン・ド・サン・ピエール, ジャック・アンリ 1814(1.21)
ベルナルディ 1732(5.23)
ベルナルディ, ジュゼッペ 1774(この年)
ベルナルディ, ステッファーノ 1635(この頃)
ベルナルディーノ(シエーナの, 聖) 1444(5.20)
ベルナルディーノ・ディ・マリオット 1566(この年)
ベルナルディーノ・デ・ラレード 1540(この年)
ベルナルデス 1710(8.17)
ベルナルト, ダーニエール 1761(この年)

ベルナール・ド・ヴァンタドゥール 1195(この頃)
ベルナルドゥス・ギドーニス 1331(12.30)
ベルナルドゥス(クライブルクの) 1477(10.17)
ベルナルドゥス(クレルヴォーの, 聖) 1153(8.20)
ベルナルドゥス(コンスタンツの) 1088(この頃)
ベルナルドゥス・シルウェストリス 1167(この頃)
ベルナルドゥス(トリリアの) 1292(8.4)
ベルナルドゥス(トレードの) 1125(この頃)
ベルナルドゥス(フォンコードの) 1192(この頃)
ベルナルドゥス(モンジューの, マントンの) 1081(この頃)
ベルナルド・クリストフ・ファウスト 1842(この年)
ベルナール・ド・シャルトル(シャルトルの) 1127(この頃)
ベルナルド・デ・コンポステーラ(弟) 1267(この年)
聖ベルナール(マントンの) 1008(この年)
ベルニ, フランチェスコ 1535(5.26)
ベルニエ, ニコラ 1734(7.6)
ベルニエ, フランソワ 1688(この年)
ベルニエール-ルヴィニ, ジャン・ド 1659(5.3)
ベルニス, フランソワ-ジョアシャン・ド・ピエール・ド 1794(11.1)
ベルニーニ, ジョヴァンニ・ロレンツォ 1680(11.28)
ベルニーニ, ピエトロ 1629(8.29)
ベルヌー, シメオン・フランソワ 1866(3.8)
ベルヌーイ, ダニエル 1782(3.17)
ベルヌイ, ニコラウス 1708(この年)
ベルヌーイ, ニコラス1世 1759(11.29)
ベルヌーイ, ニコラス2世 1726(8.9)
ベルヌーイ, ヤーコブ 1705(8.16)

ベルヌーイ，ヤコブ2世　1789（7.3）
ベルヌーイ，ヨハン　1748（1.1）
ベルヌーイ，ヨハン2世　1790（7.17）
ベルヌーイ，ヨハン3世　1807（7.13）
ベルヌヴァル，アレクサンドル　1440（この年）
ベルネ，ルートヴィヒ　1837（2.12）
ベルネーロ，ジョヴァンニ・バッティスタ　1796（この年）
ベルノ（ボームの）　927（1.13）
ベルノ（ライヒェナウの）　1048（6.7）
ベルノラーク，アントン　1813（1.15）
ベルノルドゥス（コンスタンツの）　1100（9.16）
ベルハーベン・アンド・ステントン　1708（この年）
ヘルバルト，ヨハン・フリードリヒ　1841（8.4）
ベルビック　1822（3.23）
ベルヒマン　1874（1.21）
ベルフォレ，フランソワ・ド　1583（この年）
ヘルプスト　1666（1.24）
ヘルプスト，ハンス　1540（この頃）
ベルフマンス，ヤン　1621（8.13）
ベルベック　1877（10.28）
ベルペトゥア　202（3.7）
ベルペトゥウス（トゥールの）　491（この年）
ベルヘム　1565（この頃）
ベルヘム，ニコラース・ピーテルスゾーン　1683（2.18）
ヘルベルガー，ヴァレーリウス　1627（5.18）
ヘルベルシュタイン　1566（この年）
ヘルベルト，ペーター（ペトルス）　1571（10.1）
ベルボワール，ジャン・ガブリエル　1840（9.11）
ベルマイアー，ヨーハン　1640（この頃）
ヘルマヌス・コントラクトゥス　1054（9.24）
ヘルマン　1088（9.28）
ヘルマン　1733（7.14）

ヘルマン　1848（12.31）
ヘルマン　1868（11.23）
ヘルマン1世　1217（4.25）
ヘルマン，エーミール　1885（4.16）
ヘルマン，カール　1885（5.24）
ヘルマン，カール・ミカエル　1795（2.11）
ヘルマン，ニーコラウス　1561（5.3）
ヘルマン，ハインリヒ　1847（6.11）
ヘールマン，ヨーハン（ヨハネス）　1647（2.17）
ヘルマン・フォン・ヴィート　1552（8.15）
ヘルマン・フォン・ザルツァ　1239（3.20）
ヘルマン・ヨーゼフ　1241（4.7）
ヘルミアス　前341（この年）
ヘルム　1889（8.16）
ヘルムード　1565（この頃）
ヘルムホルツ，ヘルマン・ルートヴィヒ・フェルディナンド・フォン　1894（9.8）
ヘルムホルト，ルートヴィヒ　1598（4.12）
ヘルムント，エギーディウス・ギュンター　1749（この年）
ヘルメス，ゲオルグ　1831（5.26）
ヘルメス，ヘルマン・ダーニエル　1807（11.12）
ヘルメス，ヨーハン・アウグスト　1822（1.6）
ヘルメス，ヨーハン・ティモーテウス　1821（7.24）
ヘルメスベルガー，ゲオルク　1852（11.2）
ヘルメスベルガー，ゲオルク　1873（8.16）
ヘルメスベルガー，ヨーゼフ　1893（10.24）
ベルメーホ，バルトロメ　1498（この頃）
ヘルモクラテス　前407（この年）
ヘルモゲネス　225（この頃）
ヘルモーザー，バルタザル　1732（2.20）
ヘルモルト　1177（この頃）
ヘルモンテ，ルイ　1879（この年）
ヘルモント　1699（この年）
ヘルモント　1890（11.24）
ヘルモント，ヤン・バプティスタ・ヴァン　1644（12.30）

ベルラーゲ，アントーン　1881（12.6）
ヘルラート（ランツベルクの）　1195（7.25）
ベルラン・ル・ヴィアトゥール，ジャン　1524（この年）
ベルリオーズ，エクトール・ルイ　1869（3.8）
ヘルリーゲル　1895（9.24）
ヘルリン，フリードリヒ　1500（この年）
ベルリンギエーリ，ベルリンギエーロ　1243（この頃）
ベルリンターニ，マッティーア・ダ・サロ　1611（7.20）
ベルリンツァーガ，イザベルラ・クリスティーナ（ロマッツィ）　1624（1.26）
ベルローネ，ジョヴァンニ　1876（8.28）
ベルンヴァルト　1022（11.20）
ベルンガー・フォン・ホールハイム　1196（この頃）
ベルンシュトルフ　1772（2.18）
ベルンシュトルフ　1835（3.28）
ヘルンシュミット，ヨーハン・ダーニエル　1723（2.5）
ベルントソン，グンナール・フレデリク　1895（この年）
ベルンハルディ　1820（6.2）
ベルンハルディ　1875（この年）
ベルンハルディ　1887（2.12）
ベルンハルディ，バルトロメーウス　1551（7.21）
ベルンハルト1世　1431（この年）
ベルンハルト，ヴァイマール公爵　1639（7.18）
ベルンハルト，クリストフ　1692（11.14）
ベレー，ジョアシム・デュ　1560（この年）
ベレアル，ジャン　1530（この頃）
ペレイラ　1431（11.1）
ペレイラ　1853（この年）
ペレイラ，アンドレ　1743（この年）
ペレイラ，トマス　1708（12.24）
ペレーヴ，アンリ　1865（6.24）
ペレヴォーシコフ　1880（9.15）
ベレガンブ，ジャン　1534（この年）
ペレキューデース　前499（この頃）

ヘン

ペレグリヌス(・ド・マリクール)，ペトルス　1269(この年)
ベレジン　1896(この年)
ペーレース　1533(この頃)
ペレス　1611(11.3)
ペレス　1778(10.30)
ペレス　1889(この年)
ペレス，ホアン(デ・ピネダ)　1567(この頃)
ペレス，ヤコブス(バレンシアの)　1490(この年)
ペレスク，ニコラ・クロード・ファブリ・ド　1637(6.24)
ペレス‐デ‐イタ，ヒネス　1619(この頃)
ペレス‐デ‐ゲバーラ，ルイス　1644(10.10)
ペレス‐デ‐モンタルバン，フアン　1638(6.25)
ペレス‐デ‐リバス，アンドレース　1655(3.26)
ペレス・ライケン　1889(5.2)
ベレゾーフスキー，マクシーム・ソゾントヴィチ　1777(4.2)
ペレーダ・イ・サルガード，アントニオ　1668(この年)
ペレッタ，ロドヴィーコ　1572(この年)
ヘレナ，フラーウィア・ユーリア　330(この頃)
ベレニケ　前55(この年)
ベレニケ1世　前275？(この頃)
ベレニケ2世エウエルゲテス　前221(この年)
ヘーレマンス　1884(3.13)
ベレムンドゥス　1092(3.8)
ペレーラ　1780(この年)
ペレール，イザク　1880(7.13)
ペレール，エミール　1875(1.6)
ヘーレン　1842(3.6)
ベレンガリア　1230(この頃)
ベレンガリア　1246(この年)
ベレンガリウス　1088(1.6)
ベレンガーリョ1世　924(この年)
ベレンガーリョ2世　966(8.6)
ベレンガーリョ・ダ・カルピ　1530(この年)
ヘレンダール，ピーテル　1799(この年)
ベレンデン，ジョン　1587(この年)
ペロー　1892(8.24)
ベロ，M.　1837(この年)

ベーロ，カール・フォン　1842(この年)
ベーロ，グスタフ・フォン　1843(この年)
ペロー，クロード　1688(10.9)
ペロー，シャルル　1608(この年)
ペロー，シャルル　1703(5.15？)
ベーロ，ハインリヒ・フォン　1855(この年)
ペロー，レミ　1577(3.6)
ベロアルド・ド・ヴェルヴィル　1626(この年)
ベロウズ，ヘンリ・ホウィットニ　1882(1.30)
ベローズ　1883(11.24)
ペーローズ　484(この年)
ペロッテイ　1480(この年)
ペロット，ベルナルド　1780(10.17)
ヘロディアス　40(この頃)
ヘロディアノス　238？(この頃)
ヘロデス　前4(3.？)
ヘロデス・アグリッパ1世　44(この年)
ヘロデス・アグリッパ2世　93(この頃)
ヘローデース・アッティクス，クラウディウス　177(この年)
ヘロデス・アルケラオス　18(この年)
ヘロデス・アンティパス　39(この年)
ヘロドトス　前425(この年)
ベーロニ　1747(この年)
ベロネ　1854(1.2)
ベロネ，ジャン・ロドルフ　1794(2.27)
ペロノー，ジャン・バティスト　1783(11.19)
ペロピダス　前364(この年)
ペローフ，ヴァシーリー・グリゴリエヴィチ　1882(5.29？)
ヘロフィロス(カルケドンの)　前280(この頃)
ペローフスカヤ　1881(この年)
ベロフスキー　1857(この年)
ヘロルト，ヨハン・グレゴール　1775(1.26)
ベロール‐ベルカステル，アントワーヌ‐アンリ‐ジャン・フランソワド　1794(この年)
ベロワ，ドルモン・ド　1775(3.5)
ペロン　1889(この年)

ヘーワード　1627(この年)
ヘーワード　1809(この年)
ヘーン　1789(この年)
ヘーン　1839(9.24)
ヘーン　1890(3.21)
ヘーン　1892(12.30)
ペーン　1877(1.2)
ペン　1670(9.16)
ペン　1795(この年)
ペン，ウィリアム　1718(7.29)
卞永誉　1712(この年)
辺貢　1532(この年)
ペーン，ジェームズ　1789(この年)
ベンヴェヌーティ，ピエトロ　1844(この年)
ベンヴェヌート・ディ・ジョヴァンニ　1518(この年)
ベンヴェヌート・デ・ランバルディ・ダ・イーモラ　1390(6.16)
ヘングステンベルク，エルンスト・ヴィルヘルム　1868(5.28)
ヘンケ，ハインリヒ・フィーリプ・コンラート　1809(5.2)
ベンゲル，エルンスト・ゴットリープ　1826(3.28)
ヘンケル，ポール　1825(11.27)
ベンゲル，ヨーハン・アルブレヒト　1752(11.2)
ベンケンドールフ　1844(9.23)
ベンコヴィッチ，フェデリーコ　1753(この年)
ベンコフスキー　1876(この年)
ベンサム，サー・サミュエル　1831(この年)
ベンサム，ジョージ　1884(9.10)
ベンジャミン　1173(この年)
ベンジャミン，ジューダ・P(フィリップ)　1884(5.6)
ベーンズ　1887(5.30)
ベンズリー　1817(この年)
ヘンズロー　1861(5.16)
ヘンズロー，フィリップ　1616(1.16)
ベンスン，エドワード・ホワイト　1896(10.11)
ヘンゼル　1861(11.26)
ヘンゼル，ルイーゼ・マリア　1876(12.18)
ヘンゼルト，アードルフ　1889(10.10)
ベンソン，アンブロシウス　1550(この年)

人物物故大年表 外国人編　*1035*

ヘ　　　　　　　　　　　人名索引

ベンダ　655（この年）
ベンダー　1896（7.7）
ベンダ，アンナ・フランツィスカ　1781（この年）
ベンダ，イルジー・アントニーン　1795（11.6）
ベンダ，エルンスト・フリードリヒ　1787（この年）
ベンダ，カール・フランツ　1817（この年）
ベンダ，カール・ヘルマン・ハインリヒ　1836（この年）
ベンダ，フランティシェク　1786（3.7）
ベンダ，フリードリヒ・ヴィルヘルム・ハインリヒ　1814（この年）
ベンダ，フリードリヒ・ルートヴィヒ　1792（この年）
ベンダ，ヤン・イルジー　1752（この年）
ベンダ，ユリアーナ　1783（この年）
ベンダ，ヨーゼフ　1804（この年）
ヘンダスン，アレグザーンダ　1646（8.19）
ヘンダスン，エビニーザー　1858（5.16）
ヘンダーソン　1785（この年）
ヘンダーソン，トマス　1844（11.23）
ベンダッツォーリ，ジョヴァンニ・バッティスタ　1812（この年）
ベンタム，ジェレミー　1832（6.6）
ヘンチェル　1875（この年）
ベーン（父）　1655（この年）
ベンツ，ゲオルク　1550（10.11）
ベンツェスラウス1世　1253（9.22）
ベンツェスラウス2世　1305（6.21）
ベンツェスラウス3世　1306（8.4）
ベンツェスラウス4世　1419（8.16）
ベンツェンベルク　1846（この年）
ベンティボリオ　1644（9.7）
ベンティンク，ウィリアム，初代ポートランド伯爵　1709（11.23）
ベンティンク，ウィリアム・ヘンリー・キャヴェンディッシュ，3代ポートランド伯爵　1809（10.30）
ベンティンク，ロード・（ウィリアム・）ジョージ（フレデリック・キャヴェンディッシュ）　1848（9.21）
ベンティンク，ロード・ウィリアム（・ヘンリー・キャヴェンディッシュ）　1839（6.17）
ヘンデル，ゲオルク・フリードリヒ　1759（4.14）
ベント　1847（1.19）
ベント　1897（5.5）
ベントリ，ウィリアム　1819（12.29）
ベントリー，リチャード　1742（7.14）
ヘンドリク（ジュトフェンの）　1524（12.10）
ヘンドリックス　1885（11.25）
ペンドルトン　1803（この年）
ペンドルトン　1889（11.24）
ベントン，トマス・ハート　1858（4.10）
ペンナッキ，ピエル・マリーア　1515（この頃）
ペンニ，ジョヴァンニ・フランチェスコ　1528（この年）
ペンニ，ルーカ　1556（この年）
ベンバート　1881（この年）
ペンバトン，エビニーザー　1779（9.9）
ベンファイ，テオドール　1881（6.26）
ベンファット，ルイージ　1609（この年）
ペンブルク　1219（5.14）
ペンブルック　1621（9.25）
ヘンヘーファー，アーロイス（アロイジウス）　1862（12.5）
ベンボ，ジャンフランチェスコ　1526（この年）
ベンボー，ジョン　1702（この年）
ベンボ，ピエートロ　1547（1.18）
ベンボ，ベネデット　1489（この年）
ベンボ，ボニファーチョ　1482（この頃）
ヘンミ　1798（6.8）
ヘンリー　1612（この年）
ヘンリー1世　1135（12.1）
ヘンリー2世　1189（7.5）
ヘンリー3世　1272（11.16）
ヘンリー4世　1413（3.20）
ヘンリー5世　1422（8.3）
ヘンリー6世　1471（5.21）
ヘンリー7世　1509（4.21）
ヘンリー8世　1547（1.28）
ヘンリー，ウィリアム　1836（9.2）
ヘンリー，ジョセフ　1878（5.13）
ヘンリ，ジョン　1752（この年）
ヘンリ，ジョン　1593（5.29）
ヘンリー，パトリック　1799（6.6）
ヘンリ，フィリップ　1696（6.24）
ヘンリ，マシュー　1714（6.22）
ヘンリー・オヴ・ハンティンダン　1155（この年）
ヘンリー・オブ・レインズ　1253（この年）
ヘンリク　1160（この頃）
ヘンリソン，ロバート　1508（この年）
ヘンリーツィ　1764（5.10）
ヘンリ（ハークレの）　1317（6.25）
ヘンリー（ブロウの）　1171（8.8）
ヘンリ・マーダク　1153（10.14）
ヘンレ，フリードリヒ・グスタフ・ヤーコプ　1885（5.13）

【 ホ 】

ポー，エドガー・アラン　1849（10.7）
輔公祏　624（この年）
蒲寿庚　1284（この頃）
蒲松齢　1715（1.22）
慕昌禄　773（この年）
ホー，リチャード（・マーチ）　1886（この年）
ホア　1675（この年）
ホアー　1856（この年）
ホアー　1895（この年）
ホア，サー・リチャード　1718（この年）
ボアシ・ダングラース　1826（10.20）
ボアスレ　1851（5.14）
ボアゼイユ　1869（10.26？）
ボアソナード　1857（9.8）
ボアヌ・ブローク　1300（この頃）
ホアーネス，ホアン・デ　1579（12.21）
ボアハ，アンドレーアス　1585（この年）
ボアブディル　1533（この頃）
ボアマン，アーサー・I（イングラム）　1896（この年）
ボアリエ　1881（2.5）

ホウ

ボアルネ, アレクサンドル, 子爵　1794(7.23)
ボアルネ, オルタンス・ユージェニー・セシル　1837(10.5)
ボアルネ, ユージェーヌ・ローズ・ド　1824(2.21)
ホアレス, ガスパール　1799(この年)
ボーアン, カスパール　1624(12.5)
黄明沙　1606(3.31)
ホアン(神の)　1550(3.8)
ホアン(サアグンの)　1479(6.11)
ホアン(十字架の)　1591(12.14)
ホアン(聖トマスの)　1644(7.17)
ボアンソー　1859(12.5)
ホアン・デ・ヘスス・マリア　1615(5.29)
ホアン・デ・ロス・アンヘレス　1609(この年)
ホアン・バウティスタ・デ・ラ・コンセプシオン　1613(2.14)
ボーイ　1836(3.2)
ボイアルド, マッテーオ・マリーア　1494(12.19)
ボイエ, ハインリヒ・クリスティアン　1806(3.3)
ボイエセン, ヤルマール・ヨルト　1895(10.2)
ホイエル　1662(この年)
ボイエルル　1625(この頃)
ボイエレ, アードルフ　1859(9.20)
ボイエン　1848(2.15)
ボイコット, チャールズ・カニンガム　1897(6.21)
ホイジンガー　1837(この年)
ボイス, ウィリアム　1779(2.7)
ボイス, ヘクター　1536(この年)
ボイスト, フリードリヒ・フェルディナント, 伯爵　1886(10.24)
ホイストン, ウィリアム　1752(8.12)
ボイス・バロット, クリストフ・ヘンドリック・ディーデリック　1890(2.3)
ホイスマンス, ヤン・バプティスト　1716(この年)
ホイスム, ヤン・ファン　1749(この年)
ホイスム, ユストゥス　1707(この年)
ホイスム, ユストゥス　1716(この年)

ボイチェフ　997(この年)
ボイツァー, カスパル　1602(9.25)
ホイッティア, ジョン　1892(9.7)
ホイット, ロバート　1766(4.15)
ホイットニー　1882(8.29)
ホイットマン, ウォルト　1892(3.26)
ホイップル　1888(3.15)
ホイップル　1891(この年)
ポイティンガー, コンラート　1547(12.28)
ポイデル　1804(12.19)
ポイデン　1870(5.31)
ボイド, アンドルー・ケネディ・ハッチスン　1899(3.1)
ボイド, ザカリ　1653(この年)
ボイド, ベンジャミン　1851(この年)
ホイートリー, フィリス　1785(この年)
ホイートリー, フランシス　1801(この年)
ポイニングズ, サー・エドワード　1521(この年)
ホイヘンス, クリスティアーン　1695(7.8)
ボイマー, ズーイトベルト(ズィートベルト)　1894(8.12)
ホイマン, クリストフ・アウグスト　1764(5.1)
ボイマンス, フランス・ヤーコブ・オット　1847(この年)
ボイム, ミハウ　1659(8.22)
ホイーラー　1897(1.13)
ボイル, エドモンド　1769(この年)
ボイル, リチャード　1643(この年)
ボイル, ロバート　1691(12.30)
ボイルストン　1766(この年)
ホイールライト　1873(9.26)
ボイルリーン, ヤーコプ　1561(10.28)
ポインセット　1851(12.12)
方以智　1671(この年)
彭蘊章　1862(この年)
彭瑩玉　1352(この年)
彭越　前196(この年)
方畹儀　1779(この年)
方回　1306(この年)
方岳　1262(この年)
方観承　1768(この年)

彭亀年　1206(この年)
彭玉麟　1890(この年)
龐勛　869(この年)
方薫　1799(この年)
房玄齢　648(7.24)
方孝孺　1402(この年)
方国珍　1374(この年)
茅坤　1601(この年)
茅子元　1166(この年)
方士庶　1751(この年)
法若真　1693(この年)
彭春　1699(この年)
包拯　1062(この年)
冒襄　1693(この年)
鮑照　466(この年)
彭紹升　1796(この年)
方西園　1789(この年)
包世臣　1855(この年)
龐籍　1063(この年)
鮑超　1886(この年)
龐天寿　1657(この頃)
龐統　214(この年)
方東樹　1851(この年)
方苞　1749(この年)
豊坊　1576(この年)
方臘　1121(8.24)
ボウアー　1449(この年)
ホウィ, リチャード　1900(2.24)
ホーウィス, トマス　1820(2.11)
ホウィータムステッド, ジョン　1465(1.20)
ホウィッティカー, ウィリアム　1595(12.4)
ホウィッティンジャム(ホウィッティンハム), ウィリアム　1579(6.10)
ホウィットチャーチ, エドワード　1561(この年)
ホウィットビ, ダニエル　1726(3.24)
ホウィットフィールド, ヘンリ　1657(この頃)
ホウィットフォード, リチャード　1559(この頃)
ホウィットマン, ナーシッサ・プレンティス　1847(11.29)
ホウィットマン, マーカス　1847(11.29)
ホウィートリ, チャールズ　1742(5.13)
ホウィーラー, ダニエル　1840(この年)
ホウィーラン, チャールズ・モリス　1806(3.21)

ホウ

ホウィールライト，ジョン 1679(11.15)
ホウィーロク，エリエイザー 1779(4.24)
牟羽可汗 779(この年)
宝雲 449(この年)
法雲 1158(この年)
法雲 529(3.?)
法雲 576(この年)
ホウェイトリ，リチャード 1863(10.1)
法瑗 489(この年)
ボウエン，ジョージ 1888(2.5)
ボウエン，トマス・ジェファスン 1876(この年)
鳳迦異 777(この年)
法侃 623(この年)
ホウガン，ウィリアム 1848(1.3)
法欽 792(この年)
宝瓊 584(この年)
法献 498(この年)
法護 1058(この年)
法興王 540(この年)
ボウコク，エドワード 1691(9.10)
龐居士 815(この年)
保誌 514(この年)
法祚 702(この年)
牟子 251(この頃)
宝思惟 721(この年)
法式善 1813(この年)
宝襲 626(この年)
法順 640(この年)
法上 580(この年)
法常 645(この年)
豊璋王 663(この年)
法蔵 1428(この年)
法蔵 1735(この年)
法蔵 712(11.14)
宝蔵王 681(この年)
ホウディ，ハンフリ 1707(1.30)
ボウデン，ジョン・ウィリアム 1844(9.15)
ホウト，ヘンドリック 1648(この年)
ホウドリ，ベンジャミン 1761(4.17)
ホウバート，ジョン・ヘンリ 1830(9.12)
法敏 645(この年)
ホウプ，トマス 1646(10.1)
法明 705(この年)
法亮 509(この年)

法琳 640(この年)
ホウルゲイト，ロバート 1555(5.11)
ホウルコット，ロバート 1349(この年)
ホウルズ，アンドルー 1470(4.1)
ホウルト，ジョン 1504(6.14?)
ボウルトン，エドマンド 1633(この頃)
ボウルトン，ロバート 1631(12.17)
法礪 635(10.?)
法朗 581(9.?)
ボエー 1672(この年)
ボエセ，アントワーヌ 1643(12.8)
ボエット，ジョヴェナーレ 1678(この年)
ボエティウス，アニキウス・マンリウス・セヴェリヌス 524(この年)
ボエーティウス(ダキアの，スウェーデンの) 1284(この頃)
ホエーフェル 1879(2.10)
ホーエ・フォン・ホーエネク，マティーアス 1645(3.14)
ホエーリー 1674(この年)
ボエリ，アクレサンドル・ピエール・フランソワ 1858(12.27)
ボエリ，ジャン-フランソワ 1814(この年)
ボエリオ 1867(4.28)
ボエリョ 1848(11.3)
ボエルマン，レオン 1897(10.11)
ホーエンスタウフェン(スタウフェン)，フリートリッヒ 1105(この年)
ホーエンローエ，グスタフ・アードルフ 1896(10.30)
ホーエンローエ・インゲルフィンゲン 1818(この年)
ボーカー，ジョージ・ヘンリー 1890(1.2)
ボーカー，ロバート・スティーヴン 1875(8.15)
ボカゴン，サイモン 1899(1.28)
ボカゴン，レオポルド 1841(7.8)
ボカージェ，バルボーザ・ドゥ 1805(12.21)
ホガース 1870(2.12)

ホーガース，ウィリアム 1764(10.26)
ボガーダス，ジェームズ 1874(4.13)
ボガツキー，カール・ハインリヒ・フォン 1774(6.15)
ポカホンタス 1617(この年)
ボカン(ボクィヌス)，ペーテル 1582(この年)
保義可汗 821(この年)
ホーキンズ 1613(4.?)
ホーキンズ 1622(4.17)
ホーキンズ，エドワード 1882(11.18)
ホーキンズ，サー・ジョン 1595(11.12)
ホーキンズ，ジョン 1789(5.21)
朴赫居世 4(この年)
朴珪寿 1877(この年)
ポーク，ジェイムズ・K(ノックス) 1849(6.15)
朴趾源 1805(10.20)
穆修 1033(この頃)
朴斉家 1815(この頃)
朴世堂 1703(この年)
朴堧 1458(3.23)
ポーク，リオニダス 1864(6.14)
僕固懐恩 765(9.8)
穆公 前621(この年)
ボクサ，ニコラ・シャルル 1856(1.6)
ホークショー，サー・ジョン 1891(6.2)
ホークス 1866(この年)
ホークス・オブ・ハローデン 1556(この年)
ホークスビー，フランシス 1713(この頃)
ホークスムア，ニコラス 1736(3.25)
ボグスラフスキー 1851(この年)
ホークスワース，ジョン 1773(この年)
ボグスワフスキ，ヴォイチェフ 1829(7.23)
穆宗(金) 1104(この年)
穆宗(高麗) 1009(この年)
穆宗(唐) 824(この年)
穆宗(遼) 969(この年)
ボグソン，ノーマン・ロバート 1891(6.?)
ホーク(タウントの)，エドワード・ホーク，男爵 1781(10.17)

ボグダノーヴィチ, イッポリート・フョードロヴィチ 1803(1.6)
ボグダーノフ 1896(この年)
ボグダーノフ, A. 1766(この年)
墨翟 前390(この頃)
冒頓単于 前174(この年)
ボーグル 1781(この年)
ホーゲリ, マーガレット(ギャフニ) 1882(2.9)
ポゴージン, ミハイル・ペトローヴィチ 1875(12.8)
ポーコック, ニコラス 1821(この年)
ポゴレーリスキイ, アントニイ 1836(この年)
ホーコン1世 961(この年)
ホーコン4世 1263(12.15)
ホーコン5世 1319(この年)
ホーコン6世 1380(この年)
ホサイン・バーイカラー 1506(5.5)
ホシウス 358?(この頃)
ホシウス, スタニスラウス 1579(8.5)
ポージオ, アントーニオ 1629(この年)
ポジオ, フランソワ・ジョゼフ 1845(この年)
ホジキン, トマス 1866(4.5)
ホジキンソン, イートン 1861(6.18)
ホジスキン 1869(8.21)
ホジソン 1865(10.11)
ホジソン 1894(5.23)
ポシディウス 440(この頃)
ボージャ1世 885(この年)
ホジャ, ミハル・ミロスラウ 1870(3.26)
ボシャール 1790(この年)
ボシャール, サミュエル 1667(5.16)
ポジャールスキィ 1642(この年)
ボーシャン, ピエール 1705(この年)
ボージャン, リュバン 1663(7.11)
ボシュ 1814(1.14)
ボシュエ, ジャック・ベニーニュ 1704(4.12)
ボージョワユー, バルタザール・ド 1587(この頃)
ボス 1844(1.28)

ボス, アブラアム 1676(この年)
ホーズ, スティーヴン 1523(この年)
ボース, マルティーン 1825(8.29)
ホー・スアン・フォン 1839(この年)
ボースウィク, ジェイン・ローリ 1877(この年)
ボズウェル, ジェイムズ 1795(5.19)
ボズウェル, ジェイムズ・ヘップバーン, 4代伯爵 1578(4.14)
ボスカン, フアン 1542(9.21)
ボスキーニ, マルコ 1704(この頃)
ホスキンズ 1664(この頃)
ボスク・ベルナート・ベリ 1800(12.2)
ボスコヴィチ, ルッジェーロ・ジュゼッペ 1787(2.13)
ボスコーエン 1761(1.10)
ボスコリ, アンドレーア 1607(この頃)
ボスティウス, アルノルト 1499(4.4)
ホスティエンシス(セグジオの) 1271(10.25)
ポステル, ギヨーム 1581(9.6)
ポステル, マリー・マドレーヌ 1846(7.16)
ポスト 1895(この年)
ポスト, ジャン(ジョン) 1881(この年)
ポスト, ダヴィッド・アミ・イザーク 1874(この年)
ポスト, ピーテル 1669(この年)
ポスト, フランス 1680(この年)
ボストン, トマス 1732(5.20)
ホスビー, ジョン 1487(この年)
ホスピニアン, ルードルフ 1626(3.11)
ボズボーム・トゥーサン 1886(4.13)
ホーズリ, サミュエル 1806(10.4)
ホスロー1世 579(この年)
ホスロー2世 628(この年)
ボズワース, ジョゼフ 1876(この年)
ホセア 前722(この頃)
ホセア 前735(この頃)
ポセイドニオス 前51(この頃)

ホセイン・ブン・アリー・ヴァーエズ・カーシェフィー 1505(この年)
ポーゼック, ユリウス・アントン・オイゲン・ヴィルヘルム・フォン 1896(7.6)
ポセブニ 1895(この年)
ホーゼマン 1875(この年)
蒲鮮万奴 1233(この年)
ポソシコーフ, イワン・チーホノヴィチ 1726(この年)
ボソーブル, イザアク・ド 1738(6.5)
ボーゾ(レーゲンスブルクの) 970(11.1)
ボーソン 1808(9.19)
ホーソーン, ナサニエル 1864(5.18?)
ポーター 1813(この年)
ポーター 1832(9.21)
ポーター 1843(3.3)
ポーター 1891(11.18)
ポーター 1892(3.4)
ポーター, ジェイン 1850(5.24)
ポーター, デイヴィド・ディクソン 1891(この年)
菩提僊那 760(この年)
ポタミアエーナ 202(この頃)
ポタミウス 360(この頃)
ボーダン 1851(12.3)
ボダン, ジャン 1596(この年)
ボチカイ, イシュトヴァーン 1606(12.29)
ポチョムキン, グリゴリー・アレクサンドロヴィチ 1791(10.16)
咩拝 1592(この年)
ボツァリス 1823(この年)
ボッカッチーノ, カミッロ 1546(この年)
ボッカッチーノ, ボッカッチョ 1524(この頃)
ボッカッチョ, ジョヴァンニ 1375(12.21)
ボッカドーロ, ドメニコ・ベルナベイ(ドメニコ・ダ・コルトーナ(通称)) 1549(この頃)
ボッカリーニ, トライアーノ 1613(11.16)
ボッカルディ, ジョヴァンニ 1529(この年)
ボッカルディ, フランチェスコ 1547(この年)
ホッグ 1862(この年)

ホツ　　　　　　　　　　　　　　人名索引

ボック　1554（2.21）
ホッグ，ジェイムズ　1835（11.21）
ホックリーヴ，トマス　1450（この頃）
ボッケリーニ，ルイージ　1805（5.28）
法顕　430（この頃）
ポッゲンドルフ，ヨハン・クリスティアン　1877（1.24）
ホッサールト，ヤン　1536（この年）
ホッジ，アーチバルド・アレグザーンダ　1886（11.29）
ボッシ，ジュゼッペ　1815（この年）
ホッジ，チャールズ　1878（6.19）
ホッジズ，ウィリアム　1797（この年）
ボッシュ，ヒエロニュムス　1516（8.9？）
法照　821（この年）
ポッジョ・ブラッチョリーニ，ジョヴァンニ・フランチェスコ　1459（10.30）
法進　778（この年）
ボッスハールト，アンブロシウス　1621（この年）
ポッセ　1895（この年）
ポッセヴィーノ，アントーニオ　1611（2.26）
ポッセンティ，フランチェスコ（ガブリエル）　1862（2.27）
ボッソリ，カルロ　1884（この年）
ボッタ　1837（8.10）
ボッタ　1894（この年）
ポッター　1893（この年）
ポッター，アロンゾ　1865（7.4）
ポッター，ジョン　1747（10.10）
ポッター，パウル　1654（1.17）
ボッタ，ポール・エミール　1870（3.29）
ボッターリ，ジョヴァンニ・ガエターノ　1775（この年）
ボッチェッティ　1612（この年）
ホッチキス，ベンジャミン（・バークリー）　1885（2.14）
ボッチャンティ，パスクアーレ　1858（この年）
ボッツィ　1876（5.7）
ボッツォ，アンドレア　1709（8.31）
ポッツォセッラート，ロドヴィーコ　1605（この頃）

ボッツォ・ディ・ボルゴ　1842（2.15）
ボッティチェリ，サンドロ　1510（5.17）
ボッティチーニ，フランチェスコ・ディ・ジョヴァンニ　1497（この年）
ホッティンガー，ヨーハン・ハインリヒ　1667（6.5）
ボッテジーニ，ジョヴァンニ　1889（7.7）
ポット　1887（7.5）
ボッド，ジャン・ド　1745（この年）
ポット，パーシヴァル（・パーシヴァル）　1788（12.22）
ポット，ヘンドリック　1657（10.16）
ポットハスト，アウグスト　1898（2.13）
ボットリガーリ，エルコーレ　1612（9.30）
ポッパエア，サビーナ　65（この年）
ホッピン　1896（この年）
ホップ，フランツ　1867（10.23）
ホッブズ，トマス　1679（12.4）
ホップナー，ジョン　1810（1.23）
ホップハウス　1869（6.3）
ホップファー，ダニエル　1536（この年）
ホッペ・ザイラー，エルンスト・フェリックス（・イマヌエル）　1895（8.11）
ホッベマ，メインデルト　1709（12.7）
ポッポ（スタヴロの）　1048（1.25）
ボッホルト，ヨハネス　1487（この年）
ポーツマス　1734（11.17）
ボッラ，ジャンバッティスタ　1786（この年）
ボッライウオーロ，ピエーロ　1496（この年）
ボッラローロ，アントニオ　1746（5.30）
ボッラローロ，カルロ・フランチェスコ　1723（2.7）
ポッリオ，ガイユス・アシニウス　4（この年）
ボーテ　1520（この頃）
ボーデ　1793（この年）
ボーデ，ヨハン・エラート　1826（11.23）

布袋　917（この年）
ポーティアス　1736（9.7）
ボティエ　1772（3.2）
ボティエ　1873（この年）
ボーディオ　1849（9.26）
ポティオス　891（2.6？）
ボーディジ，ジョン　1681（12.11）
ボディション，バーバラ　1890（この年）
ボティノ（ボティノス）　177（この年）
ボティンジャー　1856（3.18）
ポデスティ，フランチェスコ　1895（この年）
ボテトート　1770（10.15）
ボテ・ド・トゥルモン　1850（3.22）
ボテノー　1732（8.31）
ボテフ，フリスト　1876（5.20）
ボテフ，フリスト　1876（この年）
ポテブニャー，アレクサンドル・アファナシエヴィチ　1891（11.29）
ボテーロ，ジョヴァンニ　1617（この年）
ボーデン　1874（1.11）
ボテン，ルイ・ウジェーヌ・マリー　1867（10.15）
ボーデンシャッツ　1636（この年）
ボーデンシュテット，フリードリヒ　1892（4.18）
ホート　1873（12.24）
ボードー　1792（この年）
ボート，アンドリース　1641（この年）
ホート，フェントン・ジョン・アンソニ　1892（11.30）
ボート，ヤン　1652（8.9）
ボト，ヤーン　1881（4.28）
ボードイン　1885（6.7）
ボードゥアン1世　1118（4.2）
ボードゥアン1世　1205（この頃）
ボードゥアン2世　1131（8.21）
ボードゥアン3世　1162（この年）
ボードゥアン4世　1185（この年）
ボドアン，フランソワ　1572（この頃）
ホドヴィエツキ，ダニエル　1801（2.7）
ボトゥリーニ・ベナドゥーチ，ロレンツォ　1755（この年）
ボトギーター　1852（この年）
ボートキン　1889（この年）
ボートキン，ワシーリー・ペトローヴィチ　1869（10.10）

1040　人物物故大年表　外国人編

ホトケーウイチ　1621（9.24）
ポトツキー, イグナツィ　1809（この年）
ポトツキ, ヴァツワフ　1696（7.?）
ポトツキー, スタニスラフ・シチェンスニ　1805（この年）
ポトツキ, スタニスワフ・コストカ　1821（この年）
ポトツキ, ヤン　1815（12.2）
ボドーニ, ジャンバッティスタ　1813（11.30）
ボドーバヤー　1819（この年）
ポトヒーテル, E. J.　1875（2.3）
ボードマー, ヨハン・ゲオルク　1864（この年）
ボードマー, ヨハン・ヤーコプ　1783（1.2）
ボードマン, ジョージ・ダナ　1831（この年）
ボドリー, サー・トマス　1613（1.28）
ボドリー, ポール・ジャック・エメ　1886（1.17）
聖ボトルフ　680（この頃）
ボードレール, シャルル　1867（8.31）
ボードロック　1810（この年）
ボードロック　1864（この年）
ボードワイエ　1846（この年）
ボトワ・リンチェンセル　1105（この年）
ボードワン, ピエール・アントワーヌ　1769（この年）
ホートン　1791（この年）
ホートン　1878（2.9）
ホーナー　1837（9.22）
ホーナー　1853（1.23）
ホーナー　1523（この年）
ボナー, アンドールー・アレグザーンダ　1892（12.31）
ボーナー, ウルリヒ　1349（この年）
ボナー, エドマンド　1569（9.5）
ボナ, ジョヴァンニ（聖カタリナ修道院の）　1674（10.28）
ボナー, ホレイシャス　1889（この年）
ホナウアー　1790（この頃）
ボナヴィーア, ジャーコモ　1759（この年）
ボナヴェントゥーラ　1274（7.15）
ボナーシャ, バルトロメーオ　1527（この年）

ボナッツァ, アントーニオ　1736（この年）
ボナッツァ, ジョヴァンニ　1736（この年）
ボナッツァ, フランチェスコ　1770（この年）
ボナパルト　1857（7.29）
ボナパルト　1871（3.15）
ボナパルト　1881（4.7）
ボナパルト　1891（11.3）
ボナパルト, カロリーヌ　1839（5.18）
ボナパルト, ジェローム　1860（6.24）
ボナパルト, シャルル　1785（2.21）
ボナパルト, ジョセフ　1844（7.28）
ボナパルト, ナポレオン・ジョゼフ・シャルル・ポール　1891（3.17）
ボナパルト, マリー・ポーリーヌ　1825（6.9）
ボナパルト, リュシアン　1840（6.29）
ボナパルト, ルイ　1846（7.25）
ボナム　1863（この年）
ボナルド, ルイ・ガブリエル・アンブロワーズ・ド　1840（11.23）
ボニー, ウィリアム・H, ジュニア　1881（この年）
ボニー, エティエンヌ　1649（12.12）
ボニ, ギヨーム　1594（この年）
ボニアトフスキ　1762（8.3）
ボニアトフスキー　1798（この年）
ボニーヴァール, フランソワ・ド　1570（この年）
ボーニツ　1888（この年）
ボニート, ジュゼッペ　1789（この年）
ボニーノ・ダ・カンピオーネ　1397（この年）
ボニファキウス2世　532（この年）
ボニファキウス3世　607（この年）
ボニファキウス4世　615（この年）
ボニファキウス5世　625（この年）
ボニファキウス7世　985（この年）
ボニファキウス8世　1303（10.11）
聖ボニファキウス　754（6.5）
ボニファシオ　1838（この年）
ボニファシオ　1897（5.20）

ボニファーチョ　1579（この頃）
ボニファーチョ・ヴェロネーゼ　1553（10.19）
ボニファーチョ（大）　1540（この年）
ボニファーティウス9世　1404（10.1）
ボニファーティウス（サヴォワの）　1270（7.14）
ボニャトフスキ　1873（7.3）
ボニャトフスキ, ユゼフ公　1813（10.19）
ボーニン　1865（この年）
ボニントン, リチャード・パークス　1829（この年）
ボーヌヴー, アンドレ　1413（この頃）
ボヌス, ハルメン（ヘルマン）　1548（2.15？）
ボーヌス, ヨハネス　1249（この年）
ホースマン　1801（この年）
ボヌール, ローザ　1899（5.25）
ボネ　1892（6.22）
ボネ, シャルル　1793（5.20）
ホーネク, アンソニ　1697（1.31）
ボーネケンバー, ヨハネス　1857（1.24）
ボネッティ, オギュスタン　1879（3.26）
ボネット, ホアン・パブロ　1620（この年）
ボネト　1629（この年）
ボノース　400（この頃）
ボノーニ, カルロ　1632（この年）
ボノーミ, ジョーゼフ　1808（この年）
ボノミーニ, パーオロ・ヴィンチェンツォ　1839（この年）
ホノーラートゥス（アルルの）　430（この年）
ホノリウス1世　638（10.12）
ホノリウス2世　1071（この頃）
ホノリウス2世　1130（2.13）
ホノリウス3世　1227（3.18）
ホノリウス4世　1287（4.3）
ホノリウス, フラウィウス　423（8.15）
ホノーリウス（オタンの）・アウグストドゥネーンシス　1156（この頃）
ホノーリウス（カンタベリの）　653（9.30）

人物物故大年表 外国人編　*1041*

ホノーリウス・マギステル　1213（この頃）
ボノンチーニ、アントニオ・マリア　1726（7.8）
ボノンチーニ、ジョヴァンニ　1747（7.9）
ボノンチーニ、ジョヴァンニ・マリア　1678（10.19）
ボバジリャ、ニコラウス　1590（9.23）
ポーハタン　1618（4.？）
ボバディリャ　1502（6.？）
ホーバート　1899（この年）
ホーバート・パシャ　1886（6.19）
ホーバン、ジェームズ　1831（12.8）
ホービー　1566（7.13）
ホープ　1881（6.9）
ポープ、アレグザンダー　1744（5.30）
ホープ、アレグザンダー・ジェイムズ・ベレスドーフ　1887（この年）
ホープ、ジェイムズ　1841（5.12）
ポープ、ジョン　1892（この年）
ホープ、トマス　1831（この年）
ホープ、トーマス・チャールズ　1844（6.13）
ホーファー、アンドレアス　1810（2.20）
ホーフアカー、ヴィルヘルム　1848（8.10）
ホーフアカー、ルートヴィヒ　1828（11.8）
ホファールツ、アブラハム　1629（この年）
ボーフォート、サー・フランシス　1857（12.17）
ボーフォート、ジョン　1410（この年）
ボーフォート、ヘンリー　1447（4.11）
ボーフォート、レイディ・マーガレット、リッチモンド伯爵夫人　1509（この年）
ボフォール、ウスターシュ・ド　1709（9.30）
ホプキンズ　1700（この頃）
ホプキンズ　1785（この年）
ホプキンズ　1802（2.26）
ホプキンズ、サミュエル　1803（12.20）
ホプキンズ、ジェラード・マンリ　1889（6.18）

ホプキンズ、ジョンズ　1873（この年）
ホプキンズ、マーク　1887（6.17）
ホプキンソン　1898（8.27）
ホプキンソン、フランシス　1791（5.9）
ホーフシュテッター、ハインリヒ　1875（5.12）
ホフシュテッター、ロマーン　1815（この年）
ホフステーデ・デ・フロート、ペトリュス　1886（11.27）
ホブスン、ベンジャミン　1873（2.16）
ホブソン　1843（この年）
ホブソン、トマス　1631（この年）
ホーフト、P. C.　1647（5.21）
ホプトン　1652（9.？）
ホーフナーゲル、ゲオルク（ヨリス）　1600（この年）
ホーフハイマー、パウル　1537（この年）
ホーフバウアー、クレーメンス・マリーア　1820（3.15）
ホフマイスター、ヴィルヘルム・フリードリヒ・ベネディクト　1877（1.12）
ホフマイスター、フランツ・アントン　1812（2.9）
ホフマイスター、ヨーハン　1547（8.21？）
ホーフマイスター（エコノムス）、ゼバスティアン　1533（9.26）
ホフマン　1878（1.23）
ホフマン　1894（4.1）
ホフマン　1900（この年）
ホフマン、アウグスト・ヴィルヘルム・フォン　1892（5.5）
ホフマン、ヴィルヘルム　1873（8.28）
ホフマン、エルンスト・テーオドア・アマデーウス　1822（6.25）
ホフマン、クリストフ　1885（12.8）
ホフマン、ゴットリープ・ヴィルヘルム　1846（1.29）
ホフマン、ダーニエル　1611（この年）
ホフマン、ハインリヒ　1894（9.20）
ホフマン、ハインリヒ　1899（5.20）
ホフマン、ハンス・ループレヒト　1616（この年）

ホフマン、フリードリヒ　1742（11.12）
ホフマン、メルヒオル　1543（この頃）
ホーフマン、ヨーハン・クリスティアン・コンラート・フォン　1877（12.20）
ホフマン、レーオポルト　1793（3.17）
ホフマン・フォン・ファラースレーベン、アウグスト・ハインリヒ　1874（1.19）
ホフマン・フォン・ホーフマンスヴァルダウ、クリスティアン　1679（4.18）
ボーブラン、アンリ・ド　1677（この年）
ボフラン、ガブリエル - ジェルマン　1754（3.18）
ポプリコラ　前504（この頃）
ホーブルク、クリスティアン　1675（10.29）
ポプローフ、セミョーン・セルゲーヴィチ　1810（3.22）
ボヘムント1世　1111（3.17）
ホベリャノス、ガスパル・メルチョル・デ　1811（11.27）
ホベリャル・イ・ソレル　1892（4.？）
ボーヘルマン、ヤン（ヨーハネス）　1637（9.11）
ホーヘンドルプ　1822（この年）
ホーヘンドルプ　1834（この年）
ホーホ、ピーテル・デ　1684（この頃）
ポポヴィチ、ヨヴァン・ステリヤ　1856（2.26）
ホーホシュテター、アンドレアス・アーダム　1717（4.26）
ホーホシュテター、ヨーハン・アンドレーアス　1720（11.8）
ホーホストラーテン、ヤーコプ・ヴァン　1527（1.27）
ボポフ、アレクサンドル　1878（12.31）
ポポーフ、ミハイル・イワノヴィチ　1790（この年）
ホーホマン・フォン・ホーヒェナウ、エルンスト・クリストフ　1721（この年）
ボラ、アンジェイ　1657（5.10）
ポマノアール　1296（この年）
ポマランチョ　1596（この頃）
ポマランチョ　1626（この年）

ボーマルシェ, ピエール・オーギュスタン・カロン・ド 1799(5.18)
ホーマン 1861(この年)
ボーマン, サー・ウィリアム 1892(3.29)
ホミャコーフ, アレクセイ・ステパノヴィチ 1860(9.23)
ホミャロフスキー, ニコライ・ゲラシモヴィチ 1863(10.5)
ホミユス, フェステュス 1641(6.5)
ホミリウス 1785(6.2)
ホーム 1832(8.31)
ホーム 1886(6.21)
ホーム, ロバート 1834(この年)
ホームズ 1859(8.28?)
ホームズ, オリヴァー・ウェンデル 1894(10.7)
ホムブルク, エルンスト・クリストフ 1681(6.2)
ホームベルク 1715(7.24)
ボーメ, アントワーヌ 1804(10.15)
ボメリウス, ヘンリクス 1570(9.19)
ポメーリウス, ユリアーヌス 498(この頃)
ホメロス 前700(この頃)
ホモボーヌス(クレモーナの) 1197(11.13)
ボーモン, クラウディオ・フランチェスコ 1766(この年)
ボーモン, (ジャン・バティスト・アルマン・レオンス・)エリー・ド 1874(9.21)
ボーモント, ウィリアム 1853(4.25)
ボーモント, フランシス 1616(3.6)
ボーヤー, ウィリアム 1777(この年)
ボヤーイ 1856(11.20)
ボヤイ, ヤーノシュ 1860(1.27)
ボヤルコフ 1668(この年)
慕容廆 333(この年)
慕容皝 348(この年)
慕容儁 360(1.?)
慕容垂 396(4.?)
慕容德 405(この年)
ホラー, ヴェンツェル 1677(3.28)
ボーラ, カテリーネ・フォン 1552(この年)

ボライウオロ, アントニオ 1498(2.4)
ボラサ, ルイス 1426(この年)
ボラック, アゴストン 1872(この年)
ボラック, ミヒャエル・ヨハン 1855(この年)
ボラック, ヤクブ 1605(この頃)
ボラック, ヨーゼフ 1857(この年)
ボラック, レオポルト 1806(この年)
ホラーツ(ホラツィウス), ダーフィト 1713(4.17)
ホラティウス・フラックス, クゥイントゥス 前8(11.27)
ポラーヌス・フォン・ポーランスドルフ, アマンドゥス 1610(この年)
ボラネ 1747(この年)
ホーランド 1881(10.12)
ホランド 1637(2.9)
ホランド, ヘンリー 1806(6.17)
ホランドゥス, ヨハネス 1665(6.12)
ホランド伯 1649(3.9)
ホランド(フォックスリーとホランドの), ヘンリー・リチャード・ヴァッサル・フォックス, 3代男爵 1840(10.22)
ホリー, ヤーン 1849(4.14)
ホリア 1785(2.28)
ポリアンデル・ア・ケルクホーヴェン, ヨハネス 1646(2.4)
ポリエッティ, アレッサンドロ 1683(7.?)
ボリグ, ヨーハン 1895(3.9)
ホリス 1731(この年)
ポリース 1015(この年)
ポリス 前376?(この頃)
ポリス1世 907(5.7)
ポリツィアーノ, アンジェロ 1494(9.29?)
ポリーティ, オドリーコ 1846(この年)
ホリデイ, ドック 1887(この年)
ポリトゥス(ランチェロット・デ・ポリティ) 1553(11.9?)
ポリドリ, ジョン・ウィリアム 1821(この年)
ポリドーロ・ダ・ランチャーノ 1565(この年)
ポリニャク, メルキョール・ド 1741(11.20)

ポリニャック 1793(この年)
ポリニャック 1817(9.21)
ポリニャック 1847(3.30)
ポリニャック, オーギュスト・ジュール・アルマン・マリー, 公爵 1847(3.22)
ボリーバル, シモン 1830(12.17)
ボーリュー 1819(この年)
ボーリュー 1863(12.21)
ポリュカルポス 155?(この頃)
聖ポリュカルポス 155(この年)
ポリュグノトス 前447(この頃)
ポリュクラテース 190(この頃)
ポリュクラテス 前522?(この頃)
ポリュクレイスト 前423(この頃)
ポリュクロニオス 428(この年)
ポリュスペルコン 前317(この頃)
ポリュビウス, ガイユス・ユリュス・サッピオ 47(この頃)
ポリュビオス 前120(この年)
ポリュペルコン 前303?(この頃)
ホリンシェド, ラファエル 1580(この頃)
ホール 1547(この年)
ホール 1790(10.19)
ホール 1825(この頃)
ホール 1844(9.11)
ホール 1868(7.5)
ホール 1877(この年)
ポール 1896(12.17)
ホル, エリアス 1646(1.6)
ポール, カール・フェルディナント 1887(4.28)
ホール, サー・ジェイムズ 1832(6.23)
ホール, ジェイムズ 1898(8.7)
ホール, ジョーゼフ 1656(9.8)
ポール, ジョン 1381(7.15)
ポール, ジョン 1640(10.20)
ポール, ジョン 1889(この年)
ホール, チャールズ・フランシス 1871(11.8)
ホール, トマス 1665(この年)
ポル, パウルス 1669(8.10)
ポル, フェルディナンド 1680(7.24)
ホール, フラーンシス・メアリテレサ 1861(5.19)
ホール, ベン(ベンジャミン) 1865(この年)
ホール, マーシャル 1857(8.11)

ポール, ルイス 1759(4.？)
ホール, ロバート 1831(2.21)
ホルヴァート 1878(8.19)
ボルカーロ, ステーファノ 1453(1.9)
ボルキア 前42(この年)
ボルギーニ 1580(8.15)
ボルギーニ, ラッファエッロ 1588(この年)
ホルクロフト, トマス 1809(3.23)
ポールケ 1876(11.27)
ボルゲーシ 1860(この年)
ボルゲーゼ, カミッロ 1621(この年)
ボルゲーゼ, カミロ 1832(この年)
ボルゲーゼ, シピオーネ 1633(この年)
ボルゲーゼ, マルカントニオ 1658(この年)
ボルゲーロ, フランチェスコ 1892(この年)
ボルゴニョーネ 1524(この頃)
ボルコフ 1763(4.15)
ボルジ, アンドレーア 1656(この年)
ボルジア 1497(この年)
ボルジア, アルフォンソ 1458(この年)
ボルジア, チェーザレ 1507(3.12)
ボルジア, ルクレツィア 1519(6.24)
ボルジア, ロドリーゴ 1503(この年)
ボルジヒ 1854(7.6)
ボルジャ, フランチェスコ(フランシスコ) 1572(9.30)
ボルジャンニ, オラーツィオ 1616(この年)
ホルシュタイン 1878(5.22)
ボルシーレ 1750(5.29)
ポールズ 1851(この年)
ポールズ 1878(1.16)
ポールズ, ウィリアム・ライル 1850(4.7)
ホールズ(アイフィールドの), デンジル・ホールズ, 男爵 1680(2.17)
ボルスヴェルト 1633(この年)
ボルスヴェルト 1659(12.12)
ホルステーニウス, ルーカス 1661(この年)

ホルステン, カール・クリスティアン・ヨーハン 1897(1.26)
ボルスト, ヨーハン 1728(1.10)
ボルセク, ヒエローニムス・ヘルメス(ジェローム・エルメ) 1584(この頃)
ボルセリス, ヤン 1632(この年)
ポルタ 1755(6.21)
ボルダ, アンドレス・デ 1723(この年)
ポルタ, カルロ 1821(1.5)
ポルタ, コスタンツォ 1601(5.19)
ポルタ, ジャコモ・デラ 1604(この年)
ボルダ, ジャン・シャルル・ド 1799(2.20)
ポルタ, ジュゼッペ 1575(この頃)
ホルタイ, カール・フォン 1880(2.12)
ホルターマン 1895(この年)
ボルタリス 1807(8.25)
ボルタリス 1858(この年)
ボルダーリョ・ピネイロ, マノエル・マリス 1880(この年)
ポルタレオーネ・デ・ソンミ 1592(この年)
ポルタレス 1837(6.6)
ボルチン 1792(10.17)
ボルツァーノ, ベルナルト 1848(12.18)
ホルツィウス, ヒューベルト 1583(この年)
ホルツィウス, ヘルドルプ 1618(この年)
ホルツィウス, ヘンドリック 1617(1.1)
ボルツィウス, ヨーハン・マルティーン 1765(11.19)
ボルツィオ 1580(この年)
ホルツェンドルフ 1889(2.4)
ホルツバウアー, イグナーツ 1783(4.7)
ホルツマン 1870(この年)
ホールディマンド 1791(6.5)
ボルティモア 1675(この年)
ボルティモア 1715(2.21)
ボルティモア, ジョージ・カルヴァート, 男爵 1632(4.15)
ホールディン, ジェイムズ・アレグザンダ 1851(2.8)
ホールディン, ロバート 1842(12.12)

ボールディング, ジェイムズ・カーク 1860(4.6)
ボールディング, ジョン・ビード 1877(この年)
ポルテウス(ポーティアス), ベイルビ 1808(この年)
ボルテッラ 1566(4.4)
ボルデノーネ 1539(1.14)
ホルテル 1762(この年)
ホルテンシウス・ホルタルス, クゥイントゥス 前50(この年)
ボルト 1684(1.11)
ボルドゥ 1776(11.23)
ボールドウィン 1190(11.19)
ボールドウィン 1864(11.21)
ボールドウィン 1896(6.5)
ボールドウィン, マサイアス(・ウィリアム) 1866(9.7)
ボールドウィン, ロバート 1858(12.9)
ポルトゥガル 1605(この年)
ポルトゥガル, マルコス・アントニオ・ダ・フォンセカ 1830(2.7)
ボルドーニ, ファウスティーナ 1781(11.4)
ボルトニャンスキー, ドミートリー・スチェパーノヴィチ 1825(10.10)
ボルドーネ, パリス 1571(1.19)
ホルトハイム 1860(この年)
ボルトハン, ヘンリーク・ガーブリエル 1804(3.16)
ホルトマン, ヨハネス 1540(12.1)
ポルトラ 1784(この頃)
ボルトラッフィオ, ジョヴァンニ・アントニーオ 1516(6.15)
ボールトン, マシュー 1809(8.18)
ホルニー 1824(6.23)
ホルニク 1714(10.23)
ホルニング, フリードリヒ・テーオドア 1882(1.21)
ボルネ 1894(6.14)
ホルネック(ホルネケン), メルヒオル・フォン 1540(この年)
ボルネマン 1851(この年)
ホルバイン, アンブロジウス 1519(この頃)
ホルバイン, ハンス 1524(この年)
ホルバイン, ハンス 1543(10.7？)

ボルハウス, マルティーン 1564(この年)
ホルヘ, ハインリヒ 1729(8.5)
ボルヒャルト 1880(6.27)
ポルピュリオス 304(この年)
ボルフ, ヘラルト・テル 1681(12.8)
ホルブ(ホルビウス), ヨハネス・ハインリヒ 1695(1.26)
ポルフュリオス 420(2.26)
ポールフリ, ジョン・ゴーラム 1881(4.26)
ホルベア, ルドヴィ 1754(1.28)
ボルヘス 1633(8.16)
ポルポラ, ニコラ 1768(3.3)
ポルポラ, パーオロ 1673(この年)
ポルポラーティ, カルロ・アントーニオ 1816(この年)
ホルボーン, アントニー 1602(11.29?)
ホールマイル 1848(11.5)
ホルミズ 422(この頃)
ホルミスダス 523(この年)
ボルリ, クリストフォーロ 1632(5.24)
ボルローネ, ジャーコモ 1487(この頃)
ボルロメーオ, フェデリーゴ 1631(9.22)
ホールン 1682(1.17)
ホルン 1568(6.5)
ボルン 1898(5.4)
ホルン, ヨーハン 1547(2.11)
ホールンベーク, ヨハネス 1666(9.1)
ホルンボエ 1850(3.28)
ホルン(ホルネーユス), コンラート 1649(9.26)
ボレ 1154(9.4)
ボレヴォーイ, ニコライ・アレクセーヴィチ 1846(2.22)
ボーレガード, ピエール・ギュスターヴ・トゥターン 1893(2.20)
ボレジャーエフ, アレクサンドル・イワノヴィチ 1838(1.16)
ボレス, マルティン・デ 1639(11.4)
ボレスラフ1世 967(この年)
ボレスラフ2世 999(この年)
ボレスラフ3世 1037(この年)
ボレスワフ1世 1025(6.17)

ボレスワフ2世(大胆王) 1083(この年)
ボレスワフ3世 1138(10.28)
ポレッティ, ルイジ 1869(この年)
ホレボー 1764(この年)
ホレボー 1776(この年)
ポレモン 145?(この頃)
ボレル, ペトリュス 1859(7.14)
ボレルリ, ジョヴァンニ・アルフォンソ 1679(12.31)
ポレンダー 1879(この年)
ポーレンツ, ゲオルク・フォン 1550(4.28)
ホーレンバウト, ヘラルト 1540(この頃)
ポーロ 1300(この頃)
ポーロ 1310(この頃)
ポーロ 1640(この年)
ボロー, ジョージ 1881(7.26)
ボロヴィコフスキー, ウラジミール 1825(4.6?)
ホロウィッツ 1630(この頃)
ホロウェー 1883(12.26)
ボロウスキ, エルンスト・ルートヴィヒ・フォン 1831(11.10)
ボロゲセス1世 79(この年)
ボロス 前317(この年)
ボロック 1827(この年)
ホロックス, ジェレマイア 1641(1.3)
ボロディン, アレクサンドル・ポルフィリエヴィチ 1887(2.27)
ボロートニコフ 1608(この年)
ボロートロフ, ヴァシーリイ・ヴァシーリエヴィチ 1900(この年)
ボローニャ, ジョヴァンニ・ダ 1608(8.13)
ボロミーニ, フランチェスコ 1667(8.2)
ボロムトライロカナート 1488(この年)
ボロムラーチャー2世 1448(この年)
ボロメオ, 聖カルロ 1584(11.3)
ボロモラジャ 1388(この年)
ボロンスキー, ヤーコフ・ペトローヴィチ 1898(10.18)
ボロンソー 1859(この年)
ボワ, シャルル 1891(5.7)
ボワイエ, ジャン・ピエール 1850(7.9)
ホワイト 1645(1.29)

ホワイト 1813(2.13)
ホワイト 1840(4.10)
ホワイト 1885(4.8)
ホワイト, アンドルー 1656(12.27)
ホワイト, ウィリアム 1836(7.17)
ホワイト, ギルバート 1793(6.26)
ホワイト, ジョウゼフ・ブランコ 1841(5.20)
ホワイト, スティーヴン 1647(この頃)
ホワイト, トマス 1676(7.6)
ホワイト, フラーンシス 1638(2.?)
ホワイト, ロバート 1574(11.?)
ホワイトヘッド, ウィリアム 1785(4.14)
ホワイトヘッド, ジョン 1696(この年)
ボワヴァン, ジャック 1706(この年)
ボワエルデュー, フランソワ・アドリアン 1834(10.8)
ボワギルベール, ピエール・ル・ブザン 1714(10.10)
ボワサール, ジャン-ジャック 1602(この年)
ボワジュラン, ジャン・ド・ディユ・レモン 1804(8.22)
ボワスレー, ズルピッツ 1854(5.2)
ボワソン, シメオン・ドニ 1840(4.25)
ボワッソン, レーモン 1690(5.10)
ホワットコート, リチャード 1806(7.5)
ボワトヴァン 1706(1.26)
ボワモルティエ, ジョゼフ・ボダン・ド 1755(10.28)
ボワリー, ルイ・レオポルド 1845(1.4)
ボワルキー 1881(この年)
ボワレー, ピエール 1719(5.21)
ボワロー, ニコラ 1711(3.13)
ボワロー, ルイ・オーギュスト 1896(この年)
ボワロベール, フランソワ・ル・メテル・ド 1662(この年)
ボワント, アルヌール・ド・ラ 1540(この頃)

人物物故大年表 外国人編 *1045*

ホーン　1654（この年）
ホーン　1851（5.5）
ホーン　1884（3.13）
ボーン　1666（2.27）
ホーン，カール・フリードリヒ　1830（8.5）
洪啓英　1705（4.15）
ポン，ジャン・ルイ　1831（10.14）
ポン，ジョヴァンニ　1442（この年）
ホーン，ジョージ　1792（1.17）
洪世泰　1725（この年）
ホーン，チャールズ・エドワード　1849（10.21）
ホーン，トマス・ハートウェル　1862（1.27）
ホーン，ナサニーエル　1784（8.14）
洪良浩　1802（この年）
ボーン，ヒュー　1852（10.11）
ボーン，ヘンリー　1834（この年）
ボンヴァン，フランソワ　1887（12.19）
ボンウィル　1899（この年）
ボンヴェシン・ダ・ラ・リーヴァ　1315（この頃）
ボンギ　1895（10.22）
ホンギ，ヒーカ　1828（この年）
ボンキエッリ，アミルカレ　1886（1.16）
ボンキムチョンドロ・チョットパッダエ　1894（4.8）
ボンサール，フランソワ　1867（7.13）
ボンシ，ピエトロ・パーオロ　1636（この年）
ボンシニョーリ，フェルディナンド　1843（この年）
ボンシニョーレ，フランチェスコ　1519（この年）
ボンシャン　1793（10.20）
ボンジョル　1864（この年）
ボンステッテン，シャルル・ヴィクトール・ド　1832（2.3）
ホーンズビー　1810（この年）
ボンスレ，ジャン・ヴィクトール　1867（12.23）
ポンセ・デ・レオン　1584（この年）
ポンセ・デ・レオン，フアン　1521（この年）
ボンゼン，レーオポルト・エーバハルト　1788（この年）
ボンダジェフスカ，テクラ　1861（9.18）

ポンターノ，ジョヴァンニ　1503（この頃）
ホンター（ホンテールス），ヨハネス　1548（1.23）
ボンタン，ピエール　1562（この年）
ボンツァニーゴ，ジュゼッペ・マリーア　1820（この年）
ボンツィオ，フラミニオ　1613（この年）
ポンティアック　1769（この年）
ポンティウス　260（この年）
ホンディウス，アブラハム　1695（この頃）
ホンディウス，パウルス　1658（この年）
ホンディウス，ヨドクス　1612（この年）
ポンティフ，ギョーム　1497（この頃）
ポンテッリ，バッチョ　1492（この年）
ボンデリ　1778（8.8）
ボンテンピ，ジョヴァンニ・アンドレア　1705（7.1）
ボンテンポ，ジョアン・ドミンゴス　1842（8.18）
ボンド　1898（1.2）
ボンド，ウィリアム・クランチ　1859（1.29）
ボンド，ジョージ・フィリップス　1865（2.17）
ボンド，ジョン　1836（9.7）
ホントハイム，ヨハン・ニコラウス・フォン　1790（9.2）
ポントピダン，エーリク　1764（12.20）
ホントホルスト，ヘリット・ファン　1656（4.27）
ポントルモ，ヤコボ・ダ　1557（1.2）
梵日　889（この年）
本如　1050（この年）
ボンヌタン，ポール　1899（この年）
ボンヌビル　1878（6.12）
ボンネ　1793（この年）
ポンパドゥール，ジャンヌ・アントワネット・ポワソン，侯爵夫人　1764（4.15）
ポンパリエ，ジャン・バティスト・フランソワ　1871（12.21）

ポンバル，セバスティアン・（ジョゼ・）デ・カルヴァリョ（・エ・メロ），侯爵　1782（5.8）
ボンフィーリ，ベネデット　1496（7.8）
ボンプラン　1858（5.4）
ボンフレット　1702（この年）
ボンフレール，ジャーク　1642（5.9）
ホーンブローアー　1780（この年）
ホーンブローアー，ジョナサン・カーター　1815（この年）
ポンペイ　1885（この年）
ポンペイ，アレッサンドロ　1772（この年）
ポンペイア，ラウル　1895（12.25）
ポンペイウス，セクストゥス　前36？（この頃）
ポンペーイウス・マグヌス，グナエウス　前48（9.28）
ポンペイウス・マグヌス，グナエウス　前45（この年）
ポンペイウス・マグヌス，セクスツス　前35（この年）
ポンペッリ，セバスティアーノ　1717（この年）
ボンベリ　1572（5.5）
ボンベルク，ダーニエル　1550（この年）
ポンポナッツィ，ピエートロ　1525（5.18）
ポンポーニウス・ラエトゥス　1497（この年）
ボンボルティ，フランチェスコ・アントニオ　1749（12.19）

【マ】

マー　1732（この年）
マアー　1867（7.1）
マアバド　743（この年）
マアルーフル・カルヒー　815（この年）
マイ，アンジェロ　1854（9.8）
マイ，ヨーハン・グスタフ　1877（6.22）
マイ，ヨーハン・ハインリヒ　1719（9.3）
マイアー　1829（この年）

1046 人物物故大年表 外国人編

マカ

マイアー　1856（6.27）
マイアー　1899（1.16）
マイアー，ヴィクトール　1897（8.8）
マイアー，オットー　1893（12.25）
マイアー，コンラート・フェルディナント　1898（11.28）
マイアー，ハインリヒ・アウグスト・ヴィルヘルム　1873（6.21）
マイアー，フリードリヒ　1729（12.5）
マイアー，ヨハン　1762（2.26）
マイア，ヨーハン・ジーモン　1845（12.2）
マイアー，ヨーハン・フリードリヒ　1712（3.30）
マイアーベーア，ジャコモ　1864（5.2）
マイアル，エドワード　1881（4.29）
マイヴァート，ジョージ・ジャクスン　1900（4.1）
マイエルラ，ジェラルド　1755（10.16）
マイエロットー　1800（この頃）
マイエンヌ公　1611（10.3）
マイコフ，アポロン・ニコラエヴィチ　1897（3.8）
マイコフ，ワシーリー・イワノヴィチ　1778（7.17）
マイコフ，ワレリアン・ニコラエヴィチ　1847（7.15）
マイスターE.S　1467（この頃）
マイスター・フランケ　1430？（この頃）
マイスター・ベルトラム　1415（この年）
マイスナー，バルタザル　1626（12.29）
マイスナー，ヨハネス　1684（この年）
マイゼーダー　1863（11.21）
マイターニ，ロレンツォ　1330（6.?）
マイト，コンラート　1544（この頃）
マイトレーヤ　350（この頃）
マイナルデ　1879（3.9）
マイナルディ，セバスティアーノ　1513（9.?）
マイナルドゥス　1896（7.10）
マイニ，ジョヴァンニ・バッティスタ　1752（この年）

マイネケ　1870（12.12）
マイネーリ，ジャン・フランチェスコ　1505（この頃）
マイネルト　1892（この年）
マイーノ，ファン・バウティスタ　1641（この年）
マイバラー　1868（1.21）
マイファールト，ヨーハン・マテーウス　1642（1.26）
マイーフスキー　1892（2.23）
マイボーム　1700（3.26）
マイマンディー　1033（この年）
マイモニデス，モーセス　1204（12.13）
マイモーン，シュロモー　1800（11.22）
マイヤー　1662（この年）
マイヤー　1783（この年）
マイヤー　1900（この年）
マイヤー，ハンス・ハインリヒ　1832（この年）
マイヤー，ユリウス・ロタール　1895（4.12）
マイヤー，ユリウス・ロバート・フォン　1878（3.20）
マイヤース　1878（3.?）
マイヤーノ，ベネデット・ダ　1497（5.27）
マイヤール　1794（4.15）
マイヤール，ルイ・エメ　1871（5.26）
マイヨ　1874（8.14）
マイラント　1577（12.31）
マイリ，ジョン　1895（この年）
マイル　1810（2.20）
マイルズ，ジョン　1684（2.3）
マインホルト，ヴィルヘルム　1851（この年）
マインラード　861（1.21）
マインレンダー　1876（4.1）
マインロー・フォン・ゼーヴェリンゲン　1180（この頃）
マーウ　1541（この年）
マーヴィン，イーノク・マザー　1877（11.25）
マウヴェ，アントン　1888（2.5）
マウエス　5（この年）
マーヴェル，アンドルー　1678（8.18）
マウソロス　前353？（この頃）
マウフ　1875（この年）
マウブルヌス，ヨアネス（ブリュッセルの）　1501（12.27？）

マウラー　1872（5.9）
マウリキウス　602（1.28）
マウリキウス，プリミケーリウス　287（この頃）
マウリッツ，オラニエ公爵，ナッサウ伯爵　1625（4.23）
マウルス，シルヴェステル　1687（1.13）
マウルベルチュ，フランツ・アントン　1796（8.8）
マウロ，ジローラモ　1766（この年）
マヴロコルダートス　1709（この年）
マウロ（マウラ），フラ　1459（この年）
マウロリーコ（マルルロ），フランチェスコ　1575（7.21）
マウンテン，ジェイコブ　1825（6.16）
マウント，ウィリアム・シドニー　1868（11.19）
マウントジョイ　1606（4.3）
マエキアヌス，ウォルシウス　175（この年）
マエケナス，ガイユス・キルニウス　前8（この年）
マエストリ，ジョヴァンニ・バッティスタ　1680（この年）
マエリウス，スプリウス　前439（この年）
マーガー　1858（この年）
マガウアン，ダニエル・ジェロウム　1893（7.20）
マカダム，ジョン・ラウドン　1836（11.26）
マガッティ，ピエル・アントーニオ　1768（この年）
マカーティ，ダイヴィ・ベスン　1900（7.17）
マカートニー　1806（3.31）
マーカム　1637（2.3）
マカラク，トマス　1843（この年）
マーガリー　1875（2.21）
マカーリイ　1563（この年）
マカーリイ　1882（この年）
マカリオス　391（この年）
マカリオス（アレクサンドリアの）　394（この頃）
マカリオス（イェルサレムの）　334（この年）
マカルト，ハンス　1888（10.3）
マカルピン　1890（2.16）

マーガレット・チューダー 1541(10.18)
マカロック 1835(この年)
マカロック 1864(11.11)
マガロッティ, ロレンツォ 1712(3.2)
マガンツァ, アレッサンドロ 1640(この年)
マガンツァ, ジョヴァン・バッティスタ 1589(この年)
マキアヴェッリ, ザノービ 1479(この年)
マキアヴェッリ, ニッコロ 1527(6.21)
マキシモヴィッチ 1891(2.16)
マキーン 1273(この年)
マキンタイア 1811(2.6)
マキントッシュ 1825(この年)
マクシミアーヌス 556(2.21)
マクシミアーヌス, マールクス・アウレーリウス・ウァレーリウス 310(この年)
マクシミヌス 346(この年)
マクシミーヌス・ダイア(ダザ), ガーユス・ガレーリウス・ウァレーリウス 313(この年)
マクシミラ 179(この頃)
マクシミリアーヌス 295(3.12)
マクシミリアヌス 283(この年)
マクシミリアン1世 1519(1.12)
マクシミリアン1世 1651(9.27)
マクシミリアン2世 1576(10.12)
マクシミリアン2世 1726(2.26)
マクシミリアン2世 1864(この年)
マクシミリアン, フェルディナント・ヨーゼフ 1867(6.19)
マクシム・グレーク 1556(この年)
マクシムス 238(この年)
マクシムス 408(この頃)
マクシムス 422(この年)
マクシムス 455(この年)
マクシムス, ガイウス・ユリウス・ウェルス 238(6.?)
マクシムス, マグヌス 388(8.28)
マクシムス・デ・サラゴーサ 619(この頃)
マクシモス 662(8.31)
マクシモス(エフェソスの) 371(この頃)
マクシモス(カリポリスの) 1637(この年)

マクシモス(テュロスの) 185(この頃)
マクシモス・マルグニオス 1602(この年)
マクスウェル, ジェイムズ・クラーク 1879(11.5)
マクセンティウス, マールクス・アウレーリウス・ウァレーリウス 312(10.28)
マクダウエル 1830(6.25)
マクチェイン, ロバート・マリ 1843(3.25)
マク・ティエン・ティック 1780(この頃)
マク・ディン・チー 1346(この年)
マクデブルク, ヨーアヒム 1587(この頃)
マクドゥーガル, フラーンシス・トマス 1886(11.16)
マクトゥス 640(この頃)
マクドナー 1825(11.10)
マクドナル 1840(9.25)
マクドナルド 1866(4.?)
マクドナルド 1872(6.1)
マクドナルド 1894(8.5)
マクドナルド, J. A. 1891(6.6)
マクドナルド, アレグザーンダ 1770(この頃)
マクドナルド, ジョン 1707(この年)
マクドナルド, フローラ 1790(この年)
マクドネル 1761(この年)
マクドネル 1881(2.5)
マグニツキー 1739(10.30)
マグヌス1世 1047(10.25)
マグヌス1世 1290(この年)
マグヌス2世 1069(この年)
マグヌス2世 1374(12.1)
マグヌス3世 1103(8.24)
マグヌス4世 1139(この年)
マグヌス5世 1184(6.15)
マグヌス6世 1280(5.9)
マグヌス, ハインリヒ・グスタフ 1870(この年)
マグヌス(オークニの) 1116(この頃)
マグヌスソン 1794(この年)
マグヌースソン, アウトニ 1730(1.7)
マグヌス(フュッセンの) 772(9.6)
マグネンティウス, フラーウィウス・マグヌス 353(この年)

マクノート, ウィリアム 1881(この年)
マクファーソン, ジェイムズ 1796(11.17)
マクファレン, ジョージ 1887(10.31)
マクブライド 1889(10.23)
マクヘイル, ジョン 1881(11.4)
マクベス 1057(この年)
マクマオン, マリー・エドム・パトリス・モーリス・ド, マジェンタ公爵 1893(10.17)
マクマスター, ジェイムズ・アルフォンサス 1886(12.29)
マクマホン, エヴァー 1650(9.17)
マクミラン, アレグザンダー 1896(この年)
マクミラン, カークパトリック 1878(この年)
マクミラン, ダニエル 1857(6.27)
マクラウド, ノーマン 1872(6.16)
マクラッチ, トマス 1885(6.4)
マクラーナンド 1900(この年)
マクラーレン 1884(この年)
マクリージー 1442(2.9)
マクリーズ, ダニエル 1870(4.25)
マクリーディ, ウィリアム・チャールズ 1873(4.27)
マクリーナ(マクリネー) 379(この年)
マクリヌス 218(この年)
マクリーノ・ダルバ 1510(この年)
マクリヤニス 1864(この年)
マクリーン 1861(4.4)
マグリン, エドワード 1900(1.7)
マクリン, チャールズ 1797(7.11)
マクルーア, ウィリアム 1840(3.23)
マグルトン, ロドウィック 1698(3.14)
マクルホーズ, アグネス 1841(この年)
マクレア 1879(この年)
マグレガー, ジェイムズ 1820(この年)
マグレディ, ジェイムズ 1817(2.?)

マクレナン　1881(6.16)
マグレビー，モハンマド・シーリーン　1406(この年)
マグローリウス　595(この頃)
マクローリン，コリン　1746(6.14)
マケ，ピエール・ジョゼフ　1784(2.15)
マケークン，エヴァン　1849(9.4)
マケドニオス　362(この頃)
マケドニオス　430(この頃)
マケミ，フラーンシス　1708(この年)
マケル，ガイユス・リキニウス　前66(この頃)
マケンジ，A.　1892(4.17)
マケンジ，ジョン　1899(この年)
マケンジ，チャールズ・フレドリク　1862(1.31)
マケンティー　1891(この年)
マケンドリ，ウィリアム　1835(3.5)
マゴ　前203(この年)
マコイ，アイザク　1846(6.21)
マコーヴィウス(マコフスキ)，ヨーハネス　1644(4.2)
マコッシュ，ジェイムズ　1894(11.16)
マコノキー，アレグザーンダ・ヘリオット　1887(12.?)
マコーム　1841(6.25)
マコーリー，キャサリン　1841(11.10)
マコーリ，ザカリ　1838(5.13)
マコーリー，トマス・バビントン　1859(12.28)
マコーリ(マコーレー)，ジェイムズ・ミッチェル　1897(2.10)
マゴン　前375?(この頃)
マザー，インクリース　1723(8.23)
マザー，コトン　1728(2.13)
マーサー，ジョン　1866(11.30)
マサイス，クエンティン　1530(7.13?)
マサイス，コルネリス　1562(この頃)
マサイス，ヤン　1575(この年)
マザース　1849(8.25)
マサソイト　1661(この年)
マサッチョ　1428(この年)
マサニエロ　1647(7.16)
マザー(メイザー)，リチャード　1669(4.18)

マザラン，ジュール　1661(3.9)
マサール　1892(2.13)
マシウス，アンドレアス(マエス)　1573(4.7)
マシェット，デイヴィド　1847(この年)
マシェット，ロバート・フォレスター　1891(この年)
マシエル，ホアン・バルターサル　1787(1.2)
マジェンタ，ジョヴァンニ・アンブロージョ　1635(この年)
マジソン　1878(この年)
マシップ，ファン・ビセンテ　1550(この頃)
マジーニ，カルロ　1806(この年)
マシニッサ　前149(この年)
マシプ，ビセンテ・ホアン　1579(この年)
マシャド　1617(5.22)
マシャム，レイディ・アビゲイル　1734(12.6)
マーシャル　1818(この年)
マーシャル　1835(この年)
マーシャル　1872(3.28)
マーシャル　1885(8.10)
マーシャル　1887(8.7)
マーシャル，ウィリアム，初代ペンブルック(およびストリグル)伯爵　1219(この年)
マーシャル，ジョン　1597(4.3)
マーシャル，ジョン　1835(7.6)
マーシャル，スティーヴン　1655(11.19)
マーシャル，ダニエル　1784(11.2)
マジャンディ，フランソワ　1855(10.7)
マーシュ　1882(7.23)
マーシュ，オスニエル・チャールズ　1899(3.18)
マーシュ，ジェイムズ　1842(7.3)
マーシュ，ジェイムズ　1846(6.21)
マシュー，セオボールド　1856(12.8)
マーシュ，ハーバート　1839(5.1)
マジューシー　994(この年)
マシューズ　1878(6.24)
マシューズ　1889(3.22)
マシュー・パリス　1259(この年)
マシュベーフ，ジョウゼフ・プロジェクタス　1889(7.10)

マーシュマン，ジョシュア　1837(12.5)
マジュラニッチ，イヴァン　1890(8.4)
マジュリスィー　1659(この頃)
マジュリスィー　1699(この頃)
マショー　1794(7.13)
マシヨン，ジャン・バチスト　1742(9.18)
マジリエ　1868(この年)
マシンジャー，フィリップ　1640(3.18)
マース，ニコラス　1693(11.24)
マース，ボニファティウス　1706(10.3)
マーズィニー　863(この頃)
マズヴィグ　1886(12.12)
マスウーディ　956(この年)
マスウード1世　1041(この年)
マスカロン，ジュール・ド　1703(11.20)
マスケラ　1584(この頃)
マスケリーノ，オッタヴィアーノ　1606(この年)
マスケリン，ネヴィル　1811(2.9)
マスケル，ウィリアム　1890(4.12)
マスケローニ　1800(7.4)
マズダク　528(この頃)
マスターズ　1879(この年)
マズッチョ・サレルニターノ　1475(この年)
マスーディ　956(9.?)
マステッレッタ　1655(この年)
マーズデン　1836(10.6)
マーズデン，サミュエル　1838(5.12)
マストリアーニ，フランチェスコ　1891(1.7)
マストリウス，バルトロマエウス　1673(1.3)
マストリーリ　1637(10.17)
マーストン　1890(この年)
マーストン，ジョン　1634(6.25)
マズノー，シャルル・ジョゼフ・ユジェーヌ・ド　1861(5.21)
マズハル　1780(1.17)
マスプラット，ジェイムズ　1886(5.4)
マスマン　1874(この年)
マスラマ・イブン・アフマド　1004(この年)
マスリエ，アントナン　1706(1.23)

マセ 1894(この年)
マセ, ヴィクトル 1884(7.5)
マセオ・イ・グラハレス 1896(12.7)
マセド 1632(12.?)
マセード, ジョアキン・マヌエル・デ 1882(4.11)
マセード・コスタ, アントニオ・デ 1891(3.21)
マセナ, アンドレ 1817(4.4)
マゼーパ 1709(9.2)
マゼラン, フェルディナンド 1521(4.27)
マーセン 1834(この年)
マーセン, フリードリヒ 1900(4.9)
マーソ, ファン・バウティスタ・マルティネス・デル 1667(この年)
マソノー, ルイ 1848(この年)
マゾリーノ・ダ・パニカーレ 1447(この頃)
マソル, ジョゼフ 1771(この年)
マソン 1700(5.30)
マダーイニー 830(この頃)
マタエウス(アクアスパルタの) 1302(10.29)
マタエウス(アルバーノの) 1135(12.25)
マタエウス(クラクフの) 1410(3.5)
マータス, ニッコロ 1872(この年)
マダーチ, イムレ 1864(10.5)
マーダバ・ラーオ1世 1772(この年)
マタモロス, マヌエル 1866(7.31)
マチイク・ラプドゥンマ 1129(この年)
マチウ 1890(10.19)
マチェイ(ヤノフの) 1393(11.30)
マーチソン, サー・ロデリック・インピー 1871(10.22)
マチャキーニ, カルロ 1899(この年)
マーチャーシュ1世 1490(4.6)
マチューカ, ペドロ 1550(この年)
マチューリン, チャールズ・ロバート 1824(10.30)
マチンギ・ストロッツィ, アレッサンドラ 1471(この年)

マチンスキー, ミハイル・アレクセーヴィチ 1818(この頃)
マツィス, クエンティン 1531(この頃)
マッカイ(マッケイ), アレグザンダ・マードク 1890(4.22)
マッカーサー, エリザベス 1850(この年)
マッカーサー, ジョン 1834(4.11)
マッガフィー, ウィリアム(・ホームズ) 1873(5.4)
マッカリー・ゴーサーラ 前388(この頃)
マッカルッチ, ベルナルディーノ 1798(この年)
マッキー 1884(この年)
マッキー 998(この年)
マッギー, トマス・ダーシー 1868(4.7)
マッキエッティ, ジローラモ 1592(この年)
マッギブレー 1793(この年)
マッギル, ジェイムズ 1813(この年)
マッキルヴェイン, チャールズ・ペティット 1873(3.13)
マッキーン 1817(6.24)
マッキントッシュ 1832(5.30)
マッキントッシュ, チャールズ 1843(この年)
マック 1822(10.22)
マック, アレグザーンダ 1735(この年)
マック, ジョヴァンニ・デ 1614(9.?)
マックイーン 1799(この年)
マックオーリー, ラハラン 1824(この年)
マックルーア, サー・ロバート(・ジョン・ル・メジャラー) 1873(この年)
マックレラン, ジョージ・B(ブリントン) 1885(10.29)
マックレーン 1857(この年)
マックレーン 1898(この年)
マッケイ, スティール 1894(2.25)
マッケンジー 1888(この年)
マッケンジー 1892(2.3)
マッケンジー, ウィリアム・ライアン 1861(8.28)
マッケンジー, サー・アレグザンダー 1820(3.11?)

マッケンジー, ヘンリー 1831(1.14)
マッコーミック, サイラス(・ホール) 1884(5.13)
マッサヤ, グイエルモ 1889(8.6)
マッサーリ, ジョルジョ 1766(この年)
マッザレルラ, ボナヴェントゥーラ 1882(この頃)
マッザレルロ, マリーア・ドメニカ 1881(5.14)
マッシー 1784(この年)
マッジ, カルロ・マリーア 1699(4.22)
マッジーニ, ジョヴァンニ・パオロ 1632(この頃)
マッジョット, ドメニコ 1793(この年)
マッジョリーニ, ジュゼッペ 1814(この年)
マッセ 1877(10.9)
マッソー 1816(この年)
マッソーネ, ジョヴァンニ 1512(この頃)
マッソン, フランソワ 1807(この年)
マッタルノヴィ, ゲオルク・ヨハン 1719(この年)
マッツァ, カミッロ 1672(この年)
マッツァ, ジュゼッペ 1741(この年)
マッツァフェッラータ 1691(2.26)
マッツィーニ, ジュゼッペ 1872(3.10)
マッツィンギ 1844(1.15)
マッツェリガー, ヤン・アーンスト 1889(この年)
マッツェルラ, カミロ 1900(5.26)
マッツォッキ, ヴィルジリオ 1646(10.3)
マッツォッキ, ドメニコ 1665(1.21)
マッツォーニ, グイード 1518(この年)
マッツォーニ, ジューリオ 1618(この頃)
マッツォーニ, セバスティアーノ 1678(この年)
マッツォーラ, フィリッポ 1505(この年)

マッツォーラ・ベドーリ, ジローラモ 1569(この年)
マッツオーリ, ジュゼッペ 1589(この年)
マッツオーリ, ジュゼッペ(年長) 1725(この年)
マッツォリーノ, ルドヴィーコ 1528(この年)
マッツケリ, サミュエル・チャールズ 1864(2.23)
マッテーイ 1825(5.12)
末帝 923(この年)
マッティエッリ, ロレンツォ 1748(この年)
マッテイス 1707(この頃)
マッテイーニ, テオドーロ 1831(この年)
マッテーオ・ダ・カンピオーネ 1396(この年)
マッテーオ・ダ・グアルド 1507(この年)
マッテーオ・ディ・ジョヴァンニ 1495(この年)
マッテーオ・デ・パスティ 1467(この頃)
マッテゾン, ヨーハン 1764(4.17)
マップ 1205(この年)
マッフェイ, シピオーネ 1755(2.11)
マッフェーイ, ジャンピエートロ 1603(この年)
マッフェイ, フランチェスコ 1660(この年)
マッフェーイ, マルカントーニオ 1583(この年)
マッリーナ 1534(この年)
マティ 1868(2.3)
マーティ, マーティン 1896(9.19)
マティアス 1619(3.20)
マティアス(ヤーノーの) 1394(11.30)
マティコ, ヤン 1893(11.1)
マティス, ヤン 1534(4.5)
マディソン, ジェイムズ 1836(6.28)
マディソン, ドリー 1849(この年)
マティソン, フリードリヒ 1831(3.12)
マーティノー, ジェイムズ 1900(1.11)

マーティノー, ハリエット 1876(6.27)
マティラーム・トリパーティー 1716(この頃)
マティルダ 1167(9.10)
マティルデ 1115(7.24)
マティルデ 968(3.14)
マーティン 1768(12.9)
マーティン 1826(7.10)
マーティン 1897(2.2)
マーティン, グレゴリ 1582(10.28)
マーティン, ジョン 1854(2.17)
マーティン, ヘンリ 1812(10.6)
マーティン, リチャード 1834(この年)
マテオ, マエストロ 1217(この年)
マテオ・ダ・パショ 1552(8.6)
マテジウス, ヨハネス 1565(10.8)
マテュー・ダラース 1352(この年)
マテリーフ 1632(10.17)
マデルガリウス 677(この頃)
マーデルスペルガー 1850(9.3)
マデルナ, カルロ 1629(1.30)
マデルノ, ステーファノ 1636(この年)
マーテン, ヘンリー 1680(この年)
マーテンズ, コンラッド 1878(この年)
マトー 1746(3.16)
マドヴァ 1278(この年)
マトヴェーエフ, アンドレイ 1739(この年)
マートゥリーディー 944(この年)
マトス 1633(1.13)
マトス, グレゴリオ・デ 1696(この年)
マードック 1893(5.19)
マードック, ウィリアム 1839(11.15)
マドバ 1317(この年)
マトライーニ, キアーラ 1597(この頃)
マドラーソ 1894(6.10)
マドラーソ・イ・アグード, ホセ・デ 1859(5.8)
マドルッツォ, クリストーフォロ 1578(7.5)

マートン, ウォルター・ド 1277(この年)
マートン, ジョン 1626(この頃)
マナーズ・サットン, チャールズ 1828(7.21)
マナセ・ベン・イスラエル 1657(11.20)
マナリング 1807(4.15)
マニー, オリヴィエ・ド 1561(この年)
マーニ, ピエトロ 1867(この年)
マーニエ 1793(6.17)
マーニー(マニ, マネス) 276(この年)
マニャスコ, アレッサンドロ 1749(3.19)
マニャン 1865(5.29)
マニョカヴァッロ, フランチェスコ・オッターヴィオ 1789(この年)
マニン 1857(9.22)
マニング 1840(この年)
マニング, ジェイムズ 1791(7.29)
マニング, ヘンリー・エドワード, 枢機卿 1892(1.14)
マニング, ロバート 1338(この頃)
マヌエル1世 1180(9.24)
マヌエル1世 1521(12.13)
マヌエル2世 1425(7.21)
マヌエル, ニコラウス 1530(4.28)
マヌエル・カレカス 1410(この年)
マヌーチェフリー, アボン・ナジム・アフマド 1040(この年)
マヌーツィオ, アルド 1515(2.6)
マヌティウス 1597(10.28)
マヌティウス, パウルス 1574(4.6)
マネ, エドゥアール 1883(4.30)
マネゴルト 1103(この年)
マーネス 1871(12.9)
マネッセ, リューディガー 1304(9.5)
マネッティ, アントーニオ・ディ・トゥッチョ 1497(5.26)
マネッティ, ジャンノッツォ 1459(10.27)
マネッティ, ルティーリオ 1639(この年)
マネッリ 1667(7.?)

マハ　　　　　　　　　　　　　人名索引

マーハ，カレル・ヒネック　1836(11.6)
マハーヴィーラ　880(この年)
マーハーニー　874(この頃)
マハーバット・カーン　1634(10.?)
マハーバンドゥラ　1825(この年)
マハビーラ　前376(この年)
マハムード・ガズナヴィー　1030(3.?)
マハムード・シャー・ベーガラー　1511(11.23)
マヒュー　1598(9.24)
マビーユ，アドルフ　1894(この年)
マビューズ，ヤン　1532(この頃)
マビヨン，ジャン　1707(12.27)
マブ，アブラハム　1867(10.9)
マーフィー，アーサー　1805(6.18)
マーフィ，ジョン・ジョウゼフ　1880(3.27)
マフディー　785(この年)
マフトゥムクリ　1780(この頃)
マフムト1世　1754(12.13)
マフムト2世　1839(7.1)
マフムード・ガーワーン　1481(4.5)
マフムード・シャー　1829(この年)
マフムード・ターラービー　1238(この年)
マフムト・ネディム・パシャ　1884(5.?)
マブリー，ガブリエル・ボノ・ド　1785(4.23)
マブロコルダトス　1865(8.18)
マーベック，ジョン　1585(この年)
マベッリーニ　1897(3.10)
マヘンドラヴァルマン　615(この頃)
マヘーンドラヴァルマン1世　625(この年)
マホニー，フランシス・シルヴェスター　1866(この年)
マホメッド，フレデリック・ヘンリー・ホレイショウ・アクバル　1884(11.22)
ママドゥ　1887(この年)
ママリー　1895(8.23?)
マミアーニ　1885(5.21)
マームズベリー伯1世　1820(この年)

マームズベリー伯3世　1889(5.17)
マームーン　833(8.?)
マメーリ，ゴッフレード　1849(7.6)
マメルトゥス　475(この年)
マヤ　前463(この頃)
マヤー，ジョゼフ・アン　1748(6.28)
マユーロフ　1848(10.28)
マユンケ，パウル　1899(5.21)
マーヨ，ジャン・フランチェスコ・デ　1770(11.17)
マヨリアーヌス，フラーウィウス・ユーリウス・ウァレリウス　461(この年)
マーヨル，ゲオルク　1574(11.28)
マヨール，ジョゼフ　1709(9.26)
マヨールス(クリュニーの)　994(5.11)
マーラ，ゲルトルート　1833(1.20)
マラー，ジャン・ポール　1793(7.13)
聖マラキ　1148(11.2)
マラグリーダ，ガブリエル　1761(9.21)
マラスト　1852(この年)
マラッツォーリ　1662(1.26)
マラッティ，カルロ　1713(12.15)
マラテスタ，アデオダート　1891(この年)
マラニ，パトリク・フランシス　1893(8.20)
マラビッティ，イニャーツィオ　1797(この年)
マララス，ヨアンネス　578(この頃)
マラリアーノ，アントン・マリーア　1741(この年)
マラルディ　1729(この年)
マラルメ，ステファーヌ　1898(9.9)
マラン，アンリ・アブラアム・セザール　1864(5.18)
マラン，ジョゼフ・シャルル　1834(この年)
マラン，プルデンティウス　1762(この年)
マーリ　1843(この年)
マリー，ジェイムズ・スチュアート，伯爵　1570(1.21)

マリ，ジョン　1815(9.13)
マリー，ジョン　1793(11.6)
マリ，ダニエル　1852(2.26)
マリ，パトリク　1882(11.15)
マリー，マシュー　1826(この年)
マリー，リンドリー　1826(2.16)
マリア　63(この頃)
マリア　851(この年)
マリア1世　1816(3.20)
マリア2世　1853(11.15)
マリア(アグレダの)　1665(5.24)
マリア(エジプトの)　421(この頃)
マリア・カロリーナ　1814(9.8)
マリア・クリスティナ　1878(8.22)
マリアット，フレデリック　1848(8.9)
マリーア・ディ・ローザ　1855(12.15)
マリア・テレジア　1780(11.29)
マリアナ，フアン・デ　1624(2.16)
マリアーナ・パレーデス・イ・フローレス(キトの)　1645(5.26)
マリアーニ，カミッロ　1611(この年)
マリアヌス・スコトゥス　1083(この頃)
マリア(ブルグントの)　1482(この年)
マリーア・マッダレーナ・デイ・パッツィ　1607(5.25)
マリアムネ　前29(この年)
マリア・ルイザ　1819(1.2)
マリー・アントワネット　1793(10.16)
マリヴォー，ピエール・カルレ・ド・シャンブラン・ド　1763(2.12)
マリウス　1624(12.26)
マリウス，ガイウス　前86(1.13)
マリウス(アヴァーンシュの)　594(12.31)
マリウス・ウィクトーリウス　362(この年)
マリウス・メルカートル　451(この頃)
マリエスキ，ミケーレ　1744(この年)
マリエスキ，ヤーコポ　1794(この年)
マリエット，オーギュスト　1881(1.19)

1052　人物物故大年表　外国人編

マリエット, ピエール・ジャン 1774(この年)
マリオ, ジョヴァンニ・マッテオ 1883(この年)
マリオット, エドム 1684(5.12)
マリオット, チャールズ 1858(9.15)
マーリオ・デ・フィオーリ 1673(この年)
マリオン 1896(この年)
マリオン, フランシス 1795(この年)
マリオン・ブレジラック, メルキヨール・マリー・ジョゼフ・ド 1859(6.28)
マリカンバル 1626(この年)
マリク・シャー 1092(11.19)
マリク・ハサン・バハリー 1486(この年)
マーリク・ビン・アナス 795(この年)
マーリス, ヤーコプ・ヘンリクス 1899(8.7)
マリスピーニ, リコルダーノ 1290(この年)
マリ・デュプレシス 1847(この年)
マリー・テレーズ 1683(7.30)
マリ・ド・シャンパーニュ 1198(この年)
マリナ 1550(この年)
マリナーリ, オラーツィオ 1720(この年)
マリニー 1315(4.11？)
マリーニ, ジョヴァンニ・フィリッポ・デ 1682(7.17)
マリーニ, ビアージョ 1663(この年)
マリニャック, ジャン・シャルル・ガリッサール・ド 1894(4.16)
マリニョリ 1357(この年)
マリーヌス 262(この頃)
マリーヌス 283(この年)
マリーヌス 304(この年)
マリヌス・ファン・レイメルスワーレ 1567(この頃)
マリーノ, ジャンバッティスタ 1625(3.25)
マリブラン, マリー 1836(9.23)
マリー(メディシス, メディチの) 1642(7.3)
マリヤ 1847(この年)
マリヤック 1632(8.7)

マリヤック, ルイーズ(ルドヴィーカ)・ド 1660(3.15)
マリュス, エティエンヌ・ルイ 1812(2.23)
マリー・ルイーズ 1847(12.18)
マリー・レシチンスカ 1768(6.24)
マリーンクロット, ヘルマン・フォン 1874(5.26)
マリンツィン 1530(この年)
マルー 1886(この年)
マルヴァジーア, カルロ・チェーザレ 1693(この年)
マールヴィッツ 1837(12.6)
マルヴェッツィ, クリストファノ 1599(1.22)
マルヴーリア, ベナンツィオ 1824(この年)
マルーエ 1814(9.7)
マルエル, ジャン 1415(この年)
マルカ, ピエール・ド 1662(6.29)
マルカスター, リチャード 1611(4.15)
マルカブリュ 1147(この年)
マルカム 1833(5.30)
マルカム1世 954(この年)
マルカム2世 1034(この年)
マルカム3世 1093(11.13)
マルカム4世 1165(この年)
マルガリトーネ・ダレッツォ 1290(この年)
マルガレータ(アンティオキアの) 303(この頃)
マルガレータ(スコットランドの) 1093(11.16)
マルガレータ・ド・パルマ 1586(1.18)
マルガレータ(ハンガリーの) 1270(1.18)
マルガレーテ・フォン・エステルライヒ 1530(12.1)
マルカントニオ 1534(この年)
マルキ, ジュゼッペ 1860(2.10)
マルキアヌス 457(1.26)
マルキオーリ, ジョヴァンニ 1778(この年)
マルキオン 165(この頃)
マルキオンニ, カルロ 1786(この年)
マルク, アウシアス 1459(3.3)
マルクグラーフ, アンドレアス・ジギスムント 1782(8.5)

マルクス 1898(この年)
マルクス, アードルフ・ベルンハルト 1866(5.17)
マルクス, カール 1883(3.14)
マルクス・アウレリウス・アントニヌス 180(3.17)
マルクスセン 1887(11.18)
マルク・ド・ラ・ナティヴィテー 1696(2.23)
マルグリット 1482(8.25)
マルグリット・ド・ナヴァール 1549(12.21)
マルグリット・ド・フランス 1615(3.27)
マルグレーテ 1412(10.28)
マルクゥルト 1882(この年)
マルケージ 1829(12.14)
マルケージ, アンドレーア・ディ・ピエトロ 1559(この年)
マルケージ, ジローラモ 1540(この頃)
マルケージ, ポンペーオ 1858(この年)
マルケス 1643(3.25)
マルケス 1651(この頃)
マルケット, ジャック 1675(5.18？)
マルゲーニュ 1865(10.17)
マルケラ 410(8.30)
マルゲリータ(コルトーナの) 1297(2.22)
マルゲリータ・コロンナ 1280(12.30)
マルケリーナ 398(この頃)
マルケリーヌス 303(この年)
マルケリーヌス 304(この年)
マルケリーヌス, フラーウィウス 413(この頃)
マルケリーヌス・コメス 534(この頃)
マルケルス 298(7.21)
マルケルス 前148(この年)
マルケルス 前23(この年)
マルケルス 前46(この年)
マルケルス1世 309(この頃)
マルケルス2世 1555(5.1)
マルケロス・アコイメーテース(アキメテス) 469(この頃)
マルケロス(アンキュラの) 374(この年)
マルケロス(アンキュラの) 374？(この頃)
マルコ 1317(11.？)

マルコー, カーロイ 1860(11.19)
マルコヴィチ, スヴェトザル 1875(2.26)
マルコ・クラリエヴィチ 1394(この年)
マルコ・ドッジョーノ 1530(この頃)
マルコフ, ウラディーミル 1897(1.30)
マルコ・ポーロ 1324(2.8)
マルサス, トマス・ロバート 1834(12.13)
マルシヤ, ギヨーム・ド 1529(この年)
マルシャネー, ジャン 1717(6.16)
マルシヤル・ドーヴェルニュ 1508(この年)
マルシャン, ギヨーム 1738(この年)
マルシャン, ジャン 1691(7.20)
マルシャン, ジャン・ノエル(2世) 1740(この頃)
マルシャン, ジャン・ノエル(I) 1710(5.31)
マルシャン, ジャン・バティスト 1751(1.8)
マルシャン, リュック 1799(4.27)
マルシャン, ルイ 1732(2.17)
マルシュナー, ハインリヒ 1861(12.14)
マルシリウス 1396(8.20)
マルシーリオ・ダ・パードヴァ 1342(この頃)
マルス嬢 1847(この年)
マールストラン, ヴィルヘルム・ニコライ 1873(3.25)
マルセー, シャルル・エクトール・ド・サン・ジョルジュ, マルキ・ド 1753(2.3)
マルセウス・ファン・スリーク, オットー 1678(この年)
マルセル 1876(この年)
マルセル・エティエンヌ 1358(7.15)
マルゼルブ, クレチヤン・ギヨーム・ド・ラモワニョン・ド 1794(4.22)
マルソー 1796(9.21)

マルダヴィージ・ブン・ズィヤール 935(この年)
マルータス(マルーター)(タグリットの) 649(5.2)
マルータス(マルテュロポリスの) 420(この頃)
マルタン 1706(12.31)
マルタン 1883(12.14)
マルタン, エティエンヌ・シモン 1770(この年)
マルタン, ギヨーム 1749(この年)
マルタン, ポラン 1890(1.4)
聖マルタン 400(この頃)
マルチ, エステバン 1668(この年)
マルチェッリ, パーオロ 1649(この年)
マルチェッロ, アレッサンドロ 1750(この年)
マルチェフスキー 1826(5.2)
マルチェロ, ベネデット 1739(7.24)
マルチンス 1894(8.24)
マルツァーン 1874(2.22)
マルッロ・タルカニオータ, ミケーレ 1500(4.11)
マルティ, ホセ 1895(5.19)
マルティ, マリアーノ 1792(この年)
マルティアヌス・カペラ 440(この頃)
マルティアリス, マルクス・ウァレリウス 104?(この頃)
マルティニ 1868(12.13)
マルティーニ 1497(この年)
マルティーニ, コルネーリウス 1621(この年)
マルティーニ, シモーネ 1344(7.?)
マルティーニ, ジャン・ポール・エジッド 1816(2.10)
マルティーニ, ジョヴァンニ 1535(この年)
マルティーニ, ジョヴァンニ・バッティスタ 1784(8.3)
マルティーニ, マティーアス 1630(6.21)
マルティーニ, マルティーノ(マルティーヌス) 1661(6.6)
マルティーニ, ヤーコブ 1649(この年)
マルティニャック 1832(4.3)

マルティヌス 1278(6.22?)
マルティヌス 397(11.8)
マルティヌス1世 655(9.16)
マルティヌス4世 1285(3.28)
マルティヌス5世 1431(2.20)
マルティーヌス(ブラーガの) 580(この年)
マルティーヌス(レオンの) 1203(1.12)
マルティネ, ジャン 1672(この年)
マルティネス 1598(2.13)
マルティネス・デ・カンポス 1900(9.23)
マルティネス・デ・トレード, アルフォンソ 1470(この頃)
マルティネス・デ・ラ・ロサ, フランシスコ 1862(2.7)
マルティネス・デ・ロサス 1813(3.3)
マルティネス・ド・パスカリ 1774(この年)
マルティネス・モンタニェース, ファン 1649(6.18)
マルティネッリ, ドメニコ 1718(この年)
マルティノヴィチ 1795(5.20)
マルティーノ・ディ・バルトロメーオ 1434(この頃)
マルティル・デ・アングレリーア, ペドロ 1526(10.?)
マルティーン, コンラート 1879(7.16)
マルティン・イ・ソレル, ビセンテ 1806(1.30)
マルティン・デ・ラダ 1578(7.?)
マルティーン(リニウス)(コヘムの) 1712(9.10)
マルテッリ, ディエーゴ 1896(この年)
マルテッロ, ピエール・ヤーコポ 1727(5.10)
マルテーヌ, エドモン 1739(この年)
マルデヘム 1893(11.13)
マルテランジュ 1661(この年)
マルテンス 1821(2.21)
マルデンセン, ハンス・ラッセン 1884(2.4)
マールトス, イヴァン・ペトロヴィチ 1835(4.5?)
マルドナド, ホアン 1583(5.1)
マルドニオス 前479(この年)

マルトブラン 1826(12.14)
マルトレリィ, ジョアノー 1468(この頃)
マルトレル, ベルナルド 1452(この年)
マルニクス 1598(12.15)
マルニクス, フィーリプ・ヴァン 1598(12.15)
マルパ 1097(この年)
マルハイネケ, フィーリプ・コンラート 1846(5.31)
マールバハ, ヨハネス 1581(3.17)
マールバラ 1744(10.1)
マールバラ, ジョン・チャーチル, 初代公爵 1722(6.16)
マルピーギ, マルチェロ 1694(11.29)
マルヒル, アントニオ 1726(8.6)
マルファッテイ 1807(10.9)
マルフィラトル, ジャック・シャルル・ルイ・ド・クランシャン 1767(3.6)
マルブランシュ, ニコラ 1715(10.13)
マールブルク, フリードリヒ・ヴィルヘルム 1795(5.22)
マールベク, ピルグラム 1556(この年)
マルベンダ, トマス 1628(5.7)
マルベンダ, ペドロ・デ 1560(この年)
マルボ 1875(この年)
マルボー 1854(11.16)
マルボーン 1805(5.7)
マルミエ, グザヴィエ 1892(10.11)
マルミオン, シモン 1489(この年)
マルミッタ, フランチェスコ 1505(この年)
マルモル, ホセ・ペドロ・クリソロゴ 1871(8.9)
マルモン 1852(3.22)
マルモンテル, アントワーヌ 1898(1.16)
マルモンテル, ジャン・フランソワ 1799(12.31)
マルリチ, マルコ 1524(1.6)
マルリーディ, ウィリアム 1863(7.7)
マルロラート, アウグスティーン 1562(10.31)

マルワーン1世 685(この年)
マルワーン2世 750(8.5)
マルワーン・ブン・アビー・ハフサ 797(この年)
マレ 1812(10.29)
マレ 1839(5.13)
マレー 1760(10.11)
マレー 1794(6.18)
マレ, アンリ・ルイ・シャルル 1884(6.16)
マレ, ジャン・バチイスト 1835(この年)
マレ, マラン 1728(8.15)
マレーシウス(デ・マレ), サミュエル 1673(5.18)
マレシャル 1803(この年)
マレシャル, アンブロワーズ 1828(1.29)
マレシュ 1794(5.30)
マレース, ハンス・フォン 1887(6.5)
マレスカ, フランチェスコ 1824(この年)
マレスカルコ, ピエトロ 1589(この年)
マレスピーニ, チェーリオ 1609(この年)
マレソン 1898(3.1)
マレット, フリードリヒ・ルートヴィヒ 1865(この年)
マレット, ロバート 1881(11.5)
マレ・デュ・パン, ジャック 1800(5.10)
マレルブ, フランソワ・ド 1628(10.16)
マレンツィオ, ルカ 1599(8.22)
マーレンホルツ・ビューロー 1893(この年)
マーロー, ウィリアム 1813(この年)
マーロー, クリストファー 1593(5.30)
マロ, クレマン 1544(9.10?)
マロ, ジャン 1526(この年)
マロ, ジャン 1679(2.16)
マロ, ダニエル 1752(6.4)
マロツィア 932(この頃)
マロッケッティ, カルロ 1867(この年)
マロリー, トマス 1471(3.14)
マローン, エドマンド 1812(5.25)
マローン(キュロスの) 423(この頃)

マロンチェッリ, ピエートロ 1846(8.1)
マロン・デ・チャイデ, ペドロ 1589(この年)
マーワルディー 1058(この年)
マン 1641(7.21)
万積 1198(この年)
マン, ホラス 1859(8.2)
マンイシュトゥス 前2260(この年)
マンカダン, ヤコブス・シブランディ 1680(この年)
マンガン, ジェイムズ・クラレンス 1849(6.20)
マンク, ウィリアム・ヘンリ 1889(3.18)
マンク, ジョージ, 初代アルベマール公爵 1670(この年)
マンク, マライア 1850(この年)
万恒 1319(この年)
マンコ・カパク2世 1544(この年)
マンゴーネ, ファービオ 1629(この年)
マンサール, ジュール・アルドゥアン 1708(5.11)
マンサール, フランソワ 1666(9.23)
マンシー 1882(4.10)
マンシ, ジョヴァンニ・ドメーニコ 1769(9.27)
マンシクール, ピエール・ド 1564(10.5)
マンジョ 1898(5.31)
マーンスインフ 1618(この年)
マンズオーリ 1780(この頃)
マンスフィールド(カン・ウッドの), ウィリアム・マリー, 初代伯爵 1793(3.20)
マンスフェルト 1115(この年)
マンスフェルト 1626(11.29)
マンスール 1199(この年)
マンスール 1545(この年)
マンスール 775(10.?)
マンスル, ヘンリ・ロングヴィル 1871(7.31)
マンソ・デ・ノローナ, ホアナ・パウラ 1875(4.24)
マンゾーニ, アレッサンドロ 1873(5.22)
マンゾーリ, ピエール・アンジェロ 1543(この頃)
マンソン 1643(2.?)
マンダナミシュラ 725(この頃)

マンチェスター, エドワード・モンタギュー, 2代伯爵 1671 (5.5)
マンチーニ 1737 (9.22)
マンチーニ 1888 (12.26)
マンチーニ, ジューリオ 1630 (この年)
マンチーニ, ジョヴァンニ・バッティスタ 1800 (この年)
マンチーニ, フランチェスコ 1758 (この年)
マンツ, フェーリクス 1527 (1.5)
マンツィヌス 1611 (この頃)
マンデ, ヘンドリク 1431 (この年)
マンデイ, アントニー 1633 (8.9)
マンデヴィル, ジェフリー・ド, 初代エセックス伯爵 1144 (この年)
マンデヴィル, ジョン 1372 (この年)
マンデヴィル, バーナード・ド 1733 (1.21)
マンテガッツァ, アントーニオ 1495 (この年)
マンテガッツァ, クリストーフォロ 1482 (この年)
マンテーニャ, アンドレア 1506 (9.13)
マンデル, カレル・ヴァン 1606 (9.2)
マンテル, ギデオン・アルジャーノン 1852 (12.10)
マント, リチャード 1848 (11.2)
マントイフェル 1882 (11.26)
マントイフェル 1885 (6.17)
マントノン, フランソワーズ・ドービニェ, 侯爵夫人 1719 (4.15)
マンドラン 1755 (この年)
マントン, トマス 1677 (10.18)
万年 前65 (この年)
マノ, アントーニオ 1831 (この年)
マンハルト, ヨーハン・ヴィルヘルム・エマーヌエル 1880 (この年)
マンブール, ルイ 1686 (8.13)
マンフレーディ 1739 (この年)
マンフレーディ, バルトロメーオ 1620 (この頃)
マンフレディーニ, ヴィンチェンツォ 1799 (8.26)

マンフレディーニ, フランチェスコ 1762 (10.6)
マンフレート 1266 (2.26)
マンフローチェ, ニコラ・アントニオ 1813 (この年)
マンライ 1311 (この年)
マンリー, デラリヴィエ 1724 (この年)
マンリウス 前203 (この年)
マンリウス 前340 (この頃)
マンリケ 1669 (この年)
マンリケ, ゴメス 1490 (この頃)
マンリケ, ホルヘ 1479 (3.27)
マンロー 1827 (この年)
マンロー 1885 (8.30)
マンロー, トマス 1833 (5.15)

【 ミ 】

ミアウリス 1835 (6.23)
ミアズ 1647 (1.29)
ミアントノミ 1643 (この年)
ミェシュコ1世 992 (この年)
ミェシュコ2世 1034 (この年)
ミエル, セルバンド・テレサ・デ 1827 (12.3)
ミエロスワフスキ 1878 (11.22)
ミオード・メリト 1841 (この年)
ミオラン・カルヴァロ, マリー 1895 (この年)
ミカ 前665 (この年)
ミカエル1世 843 (この年)
ミカエル2世 829 (10.?)
ミカエル3世 867 (9.23?)
ミカエル4世 1041 (12.10)
ミカエル7世 1078 (この年)
ミカエル8世 1282 (12.11)
ミカエル, エフライーム 1890 (5.5)
ミカエル (シリア人の) 1199 (この年)
ミカエル (チェゼーナの) 1342 (11.29)
ミキエル, マルカントーニオ 1552 (この年)
ミキブサ 前118 (この年)
ミキョエ・ドルジェ 1554 (この年)
ミーク, リシャール 1794 (この年)
ミクリ 1897 (5.21)

ミークル, アンドリュー 1811 (この年)
ミクルーハ・マクライ 1888 (4.4)
ミークロシチ 1891 (3.7)
ミクロニウス, マルティーニュス 1559 (9.12)
ミケシュ・ケレメン 1761 (10.2)
ミケーラ, コスタンツォ 1754 (この年)
ミケランジェロ・ブオナッローティ 1564 (2.18)
ミゲル 1866 (11.14)
ミケルセン, ハンス 1532 (この年)
ミケーレ・ダ・ヴェローナ 1536 (この頃)
ミケロッツォ・ディ・バルトロメオ 1472 (10.7)
ミコーニウス, オスヴァルト 1552 (10.14)
ミコン (サン・リクイエの) 865 (この年)
ミシェル, ギヨーム 1542 (この頃)
ミシェル, ジョルジュ 1843 (6.7)
ミシェル, ガリコイ 1863 (5.14)
ミーシャー, ヨハン・フリードリヒ 1895 (8.11)
ミシャロン, アシル-エトナ 1822 (この年)
弥授 1327 (この年)
ミシュラン, ジャン 1696 (この頃)
ミシュレ 1893 (12.16)
ミシュレ, ジュール 1874 (2.9)
ミショー, ジョゼフ・フランソワ 1839 (9.30)
ミジョン2世, ピエール 1758 (9.4)
ミーズ 1186 (7.25)
ミスカワイフ 1030 (この年)
ミスリヴェチェク, ヨセフ 1781 (2.4)
ミスレンタ, ケレスティーン 1653 (この年)
ミゼローニ, オッターヴィオ 1624 (この年)
ミゼローニ, ディオニージオ 1661 (この年)
ミソス, デメトリオス 1750 (この年)
ミーチャ, フランティシェク・アダム・ヤン 1811 (この年)

ミーチャ, フランティシェク・ヴァーツラフ 1744（この年）
ミーチャム, フランク 1895（この頃）
ミツキエヴィッチ, アダム 1855（11.26）
ミッチェル, サー・トマス・リヴィングストン 1855（この年）
ミッチェル, ジョン 1793（4.9）
ミッチェル, マリア 1889（6.28）
ミッチェルリッヒ, アイルハルト 1863（8.28）
ミッデルトゥーン, ユリウス 1886（5.5）
ミッデンドルフ 1853（この年）
ミッデンドルフ 1894（1.28）
ミットフォード, メアリー・ラッセル 1855（1.10）
ミツラー, ローレンツ・クリストフ 1778（3.?）
ミテッリ, アゴスティーノ 1660（この年）
ミテッリ, ジュゼッペ・マリーア 1718（この年）
ミード 1754（2.16）
ミード, ウィリアム 1862（3.14）
ミード, ジョウゼフ 1638（10.1）
ミード, ジョージ・ゴードン 1872（この年）
ミドハト・パシャ 1884（この年）
ミトラダテス1世 前138（この頃）
ミトラダテス2世 前88（この頃）
ミトラダテス3世 前54（この年）
ミトリダテス1世 前302（この年）
ミトリダテス2世 前266（この年）
ミトリダテス4世 前150（この頃）
ミトリダテス5世 前121（この頃）
ミトリダテス6世 前63（この年）
ミドルトン 1674（6.?）
ミドルトン 1787（1.1）
ミドルトン, コニヤーズ 1750（7.28）
ミドルトン, トマス 1627（4.?）
ミドルトン, トマス・フランショー 1822（7.8）
ミドン 1893（4.12）
ミナ 1836（12.26）
ミナーエフ 1890（7.1）

ミナーエフ, ドミートリー・ドミトリエヴィチ 1889（7.10）
ミナルディ, トンマーゾ 1871（この年）
ミニェ 1884（3.24）
ミニエ 1879（12.14）
ミーニオ, ティツィアーノ 1552（この年）
ミニャール, ニコラ 1668（この年）
ミニャール, ピエール 1695（5.30）
ミニャール, ポール 1691（この年）
ミーニュ, ジャーク・ポル 1875（10.24）
ミニョン, アブラハム 1679（この年）
ミーニン 1616（この年）
ミネウィット 1638（6.?）
ミーネクモス 前325（この年）
ミーノ・ダ・フィエーゾレ 1484（7.11）
ミノレ 1717（この年）
ミハイ 1601（8.19）
ミハイル・ロマノフ 1645（7.23）
ミハイロフ, ミハイル・ラリオノヴィチ 1865（8.2）
ミハウォフスキ, ピョトル 1855（6.9）
ミヒャエーリウス, ヨーハン・ハインリヒ 1738（3.10）
ミヒャエリス, テーオドル 1887（11.17）
ミヒャエーリス, ヨーハン・ダーフィト 1791（8.22）
ミヒャエル, トビアス 1657（6.26）
ミヒャエル, ロジエ 1619（1.25）
ミヒヤール・ビン・マルズーヤ 1037（3.27）
ミヒラグラ 542（この頃）
ミフナ・ジ・オトラドヴィツ, アダム・ヴァーツラフ 1676（11.2）
ミャワディ・ミンヂー・ウー・サ 1853（8.5）
ミューア 1798（この年）
ミュアヘッド, ウィリアム 1900（10.3）
ミュコーニウス（メクム）, フリードリヒ 1546（4.7）
ミュッセ, アルフレッド・ド 1857（5.2）

ミュッセ, アルフレッド・ド 1857（この年）
ミュッセ, ポール・ド 1880（5.14）
ミュッセンブルーク, ピーター・ファン 1761（9.19）
ミューディ 1890（この年）
ミューテル 1788（7.14）
ミュニヒ 1767（10.27）
ミュラー 1694（10.26）
ミュラー 1749（11.19）
ミュラー 1783（この年）
ミュラー 1817（12.3）
ミュラー 1835（8.3）
ミュラー 1840（8.1）
ミュラー 1845（9.8）
ミュラー 1864（5.10）
ミュラー 1890（3.29）
ミュラー 1890（この年）
ミュラー 1897（5.21）
ミュラー 1898（4.24）
ミュラー, アーダム・ハインリヒ 1829（1.17）
ミュラー, ヴィルヘルム 1827（9.30）
ミュラー, ヴィルヘルム 1897（9.?）
ミュラー, オットー・フリードリヒ 1784（12.26）
ミュラー, カール 1873（4.4）
ミュラー, グスタフ 1855（9.7）
ミュラー, クリストフ・ゴットロープ 1858（3.17）
ミュラー, サー・フェルディナント・（ヤーコプ・ハインリヒ・）フォン, 男爵 1896（10.9）
ミュラ, ジョアシム 1815（11.13）
ミュラー, ジョージ 1898（4.10）
ミュラー, ハインリヒ 1675（9.17）
ミューラー, ハインリヒ・フォン 1874（この年）
ミュラー, フランツ・ヨーゼフ（ライヘンシュタイン男爵）1825（10.12）
ミュラー, フリードリヒ 1825（4.23）
ミュラー, フリードリヒ・マックス 1900（10.28）
ミュラー, ペーダー・エラスムス 1834（9.4）
ミュラー, ポウル・マーチン 1838（3.13）
ミュラー, ヤーコプ・アウレリウス 1806（10.7）

ミユ

ミュラー, ユーリウス　1878(9.27)
ミュラー, ヨハネス・フォン　1809(5.29)
ミュラー, ヨハネス・ペーター　1858(4.28)
ミュラー, ヨーハン・ゲオルク　1819(この年)
ミュラー, レーオポルト・ベニャミン・カール　1893(10.13)
ミューリウス, クリストロープ　1754(3.6？)
ミューリヒ, ハンス　1573(3.10)
ミュリール, ピーテル(子)　1701(この年)
ミュルジェール, アンリ　1861(1.28)
ミュルナー, アードルフ　1829(6.11)
ミューレンバーグ, ウィリアム・オーガスタス　1877(4.8)
ミューレンバーグ, フレデリック・オーガスタス(・コンラッド)　1801(この年)
ミューレンバーグ(ミューレンベルク), ジョン・ピーター・ゲイブリエル　1807(10.1)
ミューレンベルク, ハインリヒ・メルヒオル　1787(10.7)
ミュレンホフ　1884(2.19)
ミュロック　1887(10.12)
ミュロン　前440(この年)
ミュシャー, ヴィルヘルム　1814(7.28)
ミュンスター, ゼバスティアン　1552(5.23)
ミュンスター, ヤコブ・ペーダー　1854(1.30)
ミュンスターマン, ルートヴィヒ　1637(この頃)
ミュンター, フリードリク・クリスティアン・K.H.　1830(4.9)
ミュンツァー, トーマス　1525(5.27)
ミュンヒハウゼン, (カール・フリードリヒ・ヒエロニュムス), 男爵　1797(2.22)
ミュンヒマイアー, アウグスト・フリードリヒ・オットー　1882(11.7)
妙清　1135(この年)
妙空　1880(この年)
明達　516(この年)

ミラー　1801(この年)
ミラー　1870(この年)
ミラー　1880(5.20)
ミラー　1890(10.13)
ミラー, ウィリアム　1849(12.20)
ミラー, サミュエル　1850(1.7)
ミラー, ヒュー　1856(12.24)
ミラー, ヨハン・マルティン　1814(6.21)
ミラ・イ・フォンタナルス, マヌエル　1884(7.15)
ミラエウス, オベール(ル・ミール)　1640(10.19)
ミーラク・ナカーシュ　1507(この年)
ミラー(父)　1887(2.11)
ミラ・デ・アメスクア, アントニオ　1644(9.8)
ミラディノフ, コンスタンティン　1862(1.18)
ミラヌッツィ　1650(この頃)
ミラネージ, ガエターノ　1895(この年)
ミラボー　1789(7.13)
ミラボー, オノレ・ガブリエル・リケティ, 伯爵　1791(4.2)
ミラレーパ　1123(この年)
ミラン, ルイス　1561(この頃)
ミランダ, サ・デ　1558(3.15)
ミランダ, フランシスコ・デ　1816(7.14)
ミーラーン・バーイー　1546(この頃)
ミランボ　1884(この年)
ミリアーラ, ジョヴァンニ　1837(この年)
ミリガン, ウィリアム　1893(12.11)
ミリーチ, ヤン　1374(6.29)
ミリーツィア, フランチェスコ　1798(この年)
ミリューチン　1872(2.7)
ミル, ウィリアム・ホッジ　1853(12.25)
ミル, ジェイムズ　1836(6.23)
ミル, ジョン・スチュアート　1873(5.8)
ミール, ミール・ムハンマド・タキー　1810(この年)
ミール, ヤン　1663(この年)
ミール・アリー・シール　1501(この年)

ミール・アンマン　1806(この年)
ミルヴォワ, シャルル・ユベール　1816(8.12？)
ミールザー・タキー・ハーン　1852(この年)
ミールザー・ハサン・シーラージー　1895(この年)
ミールザー・ホセイン・アリー　1892(この年)
ミールジュムラ　1663(この年)
ミルズ, サミュエル・ジョンJr.　1819(6.16)
ミルズ, ジョン　1707(6.23)
ミルズ, ロバート　1855(3.3)
ミルダー-ハウプトマン　1838(5.29)
ミルチャ1世　1418(この年)
ミルデ, ヴィンツェンツ・エードゥアルト　1853(3.14)
ミルティアデス　前489(この頃)
ミルティツ, カール・フォン　1529(11.20)
ミルトン　1647(3.15(埋葬))
ミルトン, ジョン　1674(11.8)
ミルナー, アイザク　1820(4.1)
ミルナー, ジョウゼフ　1797(12.15)
ミルナー, ジョン　1826(4.19)
ミルヌ・エドワール　1885(7.28)
ミルヌ・エドワール　1900(4.21)
ミール・ハサン, ミール・グラーム・ハサン　1786(11.3)
ミールフワーンド　1498(6.22)
ミルベル　1854(9.12)
ミール・マハムード　1725(4.22)
ミルマン, ヘンリー・ハート　1868(9.24)
ミールレル　1783(この年)
ミルレル, オレスト・フォードロヴィチ　1889(5.20)
ミール・ワイス　1715(この年)
ミルン, ウィリアム　1822(5.27)
ミルン, ウィリアム・チャールズ　1863(5.15)
ミルンズ, モンクトン　1885(8.11)
ミレー, ジャン・フランソワ　1875(1.20)
ミレイ, ジョン・エヴァレット　1896(8.13)
ミレイエ, ジャン　1457(この年)
ミレスク, ニコラエ・スパタール　1708(この年)

ムテ

ミレッカー，カール　1899（12.31）
ミロス・オブレノビチ　1860（9.26）
ミロラードヴィチ　1825（12.27）
ミリオリ，ジャン‐バティスト　1785（この頃）
ミリオリ，ピエール　1763（この頃）
ミンガ，アンドレーア・デル　1596（この年）
明極楚俊　1336（9.27）
ミンゲッティ　1886（12.10）
ミンゴッティ，ピエトロ　1759（4.28）
ミンゴッティ，レジナ　1808（10.1）
ミンジング　1885（5.13）
ミントー　1814（6.21）
ミントゥルノ，アントーニオ　1574（この年）
ミンドーフク　1263（この年）
ミンドン　1878（10.？）
ミントン，トマス　1836（この年）
ミンハージ・スィラージー　1260（この頃）
ミンマン　1841（この年）

【ム】

ムア　1816（この年）
ムーア，エドワード　1757（この年）
ムーア，オーブリ・ラッキントン　1890（1.17）
ムア，クレメント・クラーク　1863（7.10）
ムア，サー・ジョン　1809（1.16）
ムア，ジョセフ・アルバート　1893（9.25）
ムーア，ゼファナイア・スウィフト　1823（6.30）
ムア，トマス　1852（2.25）
ムーア，フランシス　1715（この頃）
ムーア，マイケル　1726（8.22）
ムアーウィヤ1世　680（4.？）
ムアクロフト　1825（8.？）
ムーイアールト，クラース　1655（この年）
ムイシキン　1885（この年）
ムイッズ　975（この年）
ムイッズ・アッダウラ　967（この年）
ムイーヌッ・ディーン　1236（この年）
ムイーヌッ・ディーン　1387（この年）
ムオ，アンリ　1861（この年）
無学　1405（この年）
無学祖元　1286（9.3）
ムカッダシー　988（この年）
ムカンナー　778（この年）
ムクタディル　932（この年）
ムーサ　4（この年）
ムーサー　1352（この年）
ムーサー・アルカージム　799（この年）
ムサイリマ　633（この年）
ムーザ（ヴェシュ，ヴェスト），アントーン　1547（この年）
ムーサー・ビン・ヌサイル　715（この頃）
ムーサー・ブン・ウクバ　758（この年）
ムーサンデル，カール・グスタフ　1858（10.15）
ムーシェ　1892（この年）
ムーシェ　1895（12.3）
ムシャーカ　1888（この年）
ムジュグンバ　1898（この年）
無準師範　1249（3.18）
ムジリカジ　1868（この年）
ムス　前279（この年）
ムス　前295（この年）
ムス　前340（この頃）
ムスクールス，ヴォルフガング　1563（8.30）
ムスクールス（モイゼル），アンドレーアス　1581（9.29）
ムスタクフィー　949（この年）
ムスタースィム　1258（2.？）
ムスタファ2世　1703（12.31）
ムスタファ3世　1774（2.1）
ムスタファー・ファズル　1875（この年）
ムスタファ・レシト・パシャ　1858（1.7）
ムスタンスィル　1094（この年）
ムスタンスィル　1261（この頃）
ムスハフィー　1824（この年）
ムスリム　875（5.6）
ムスリム・イブン・アル・ワリード　823（この年）
ムスルス，マルクス　1517（この年）
ムスワジ　1868（この年）
ムゼーウス，ジーモン　1582（7.11）
ムーゼウス，ペーター　1674（12.20）
ムーゼウス，ヨーハン　1681（5.3）
ムゼーウス，ヨーハン・カール・アウグスト　1787（10.28）
無染　888（この年）
夢想　762（この年）
無相　762（この年）
ムソニウス・ルフス　101（この頃）
ムソルグスキー，モデスト・ペトローヴィチ　1881（3.16）
ムータシム　842（1.5）
ムタズ　869（この年）
ムタナッビー　965（この年）
ムータミド　1095（この年）
ムダラ，アロンソ　1580（4.1）
ムタワッキル　861（12.？）
ムーチェレ，ゼバスティアン　1800（11.28）
ムツィ，ジョバンニ　1849（この年）
ムツィアーノ，ジローラモ　1592（この年）
ムツィオ，ジローラモ　1576（この年）
ムッサート，アルベルティーノ　1329（5.31）
ムッシーニ，ルイージ　1888（この年）
ムッタキー　968（この年）
ムッツァレリ，アルフォンソ　1813（5.25）
ムットーニ，フランチェスコ　1747（この年）
ムッファト，ゲオルク　1704（2.23）
ムッファト，ゴットリープ　1770（12.10）
ムティー　974（この年）
ムーディ，スザンナ　1885（4.8）
ムーディ，ドワイト・ライマン　1899（12.22）
ムティアーヌス・ルーフス，コンラードゥス　1526（3.30）
ムティーウ・ブン・イヤース　787（1.？）
ムティス，ホセ・セレスティーノ　1808（11.28）

ムテサ1世　1884（この年）
ムート，プラキドゥス　1821（3.20）
夢東際醒　1810（この年）
ムートン　1694（この年）
ムトン，シャルル　1699（この頃）
ムトン，ジャン・ド・オルイーグ　1522（10.30）
ムニエ　1806（1.26）
ムニクー，ピエール　1871（10.16）
牟尼室利　806（この年）
ムニョス　1614（この年）
蒙潤　1342（この年）
ムヌー　1810（8.15）
ムハーシビー　857（この年）
ムハーマッド・トゥーレ　1538（この年）
ムハーリク　845（この頃）
ムバーリズ・ウッディーン　1363（12.?）
ムハンマド1世　1377（この頃）
ムハンマド・アッ・シャイバーニー　804（この年）
ムハンマド・アリー　1870（この頃）
ムハンマド・アン・ナディーム　995（この年）
ムハンマド・グーリー，ギヤースッ・ディーン　1202（この頃）
ムハンマド・グーリー，シハーブッ・ディーン　1206（この年）
ムハンマド　632（6.8）
ムハンマド1世　1273（この年）
ムハンマド1世　1789（この年）
ムハンマド2世　1873（この年）
ムハンマド・アフバーリー　1825（この頃）
ムハンマド・アフマド（マフディー，救世主）　1885（6.22）
ムハンマド・アリー　1849（8.2）
ムハンマド・カーシム　1612（この頃）
ムハンマド・シャー　1748（4.27）
ムハンマド・シャー　1848（9.5）
ムハンマド・シャー3世　1482（3.22）
ムハンマド・タキー　1659（この年）
ムハンマド・タキー・カズヴィーニー　1847（この頃）
ムハンマド・ハサン・ハーン　1896（この年）

ムハンマド・ビン・アルカシーム　715（この頃）
ムハンマド・ビン・トゥグルク　1351（3.20）
ムハンマド・ブン・アブド・アルワッハーブ　1787（7.20）
ムハンマド・ブン・アルカーシム　716（この頃）
ムハンマド・ブン・トゥグジュ　946（6.24）
ムヒタル・ゴーシュ　1213（この年）
ムフタシャム・カーシー　1588（この年）
ムフタール　687（この年）
ムーミン　1851（この年）
無門慧開　1260（この年）
ムヤカ・ビン・ハジ・アル・ガッサニイ　1840（この年）
ムラヴィヨーフ　1843（5.10）
ムラヴィヨーフ　1863（12.30）
ムラヴィヨフ　1866（9.10）
ムラヴィヨフ　1866（10.30）
ムラヴィヨフ　1881（11.30）
ムラヴィヨフ　1900（6.21）
ムラヴィヨーフ，ミハイル・ニキーチチ　1807（7.29）
ムラヴィヨーフ・アポーストル　1826（7.25）
ムラト1世　1389（6.15）
ムラト2世　1451（2.5）
ムラト3世　1595（この年）
ムラト4世　1640（2.9）
ムラード・ベイ　1801（この年）
ムラトーリ，ロドヴィーコ・アントーニオ　1750（1.23）
ムラルト　1850（この年）
ムラン，アルマン・ド　1877（6.24）
ムラン，ピエール・デュ　1658（3.10）
ムリ，ジョゼフ・マルシャル　1868（12.4）
ムリエル，ドミンゴ　1795（1.23）
ムリージョ　1809（この年）
ムリス，ヨハンネス・デ　1350（この頃）
ムリナレット　1745（この年）
ムリニエ，アントワーヌ　1655（8.8）
ムリニエ，エティエンヌ　1669（この頃）
ムリュ，ピエール　1550（この頃）

ムリーリョ，バルトロメ・エステバン　1682（4.3）
ムリリョ・ベラルデ　1733（11.30）
ムール，ラモン・デ　1435（この頃）
ムルゲ　1844（12.30）
ムルシウス　1639（この年）
ムルシュハウザー　1738（1.6）
ムルシリシュ2世　前1306（この頃）
ムルシリュ1世　前1590（この頃）
ムルダー　1880（4.18）
ムルタトゥリ　1887（2.19）
ムルチャー，ハンス　1467（3.13?）
ムルナー，トマス　1537（8.23）
ムルメリウス，ヨハネス　1517（10.2）
ムレ，ジャン・ジョゼフ　1738（12.22）
ムレトウス　1585（6.4）
無漏　758（この年）
ムワッタリシュ　前1282（この頃）
ムーン，ウィリアム　1894（この年）
ムンカーチ，ミハーイ　1900（5.1）
ムンギーア，クレメンテ・デ・ヘスス　1868（12.14）
ムンク，アンドレアス　1884（1.27）
ムンク，ペーテル・アンドレアス　1863（5.25）
ムンティング　1827（この年）
ムント，テーオドア　1861（11.30）

【メ】

メー　1650（11.13）
メー　1886（5.17）
メアリー1世　1558（11.17）
メアリー2世　1694（12.28）
メアリ（ギーズの）　1560（6.11）
メアリ・チューダー　1533（この年）
メアリ（モデナの）　1718（5.7）
メイ　1594（7.?）
明玉珍　1366（3.?）
明緒　1866（5.?）

メーイ, レフ・アレクサンドロヴィチ 1862(5.16)
メイエール, ルイ・ジョルジュ - フレデリク 1867(10.11)
メイジャー, ジョン 1550(この年)
明照 1661(この年)
メイス, ダニエル 1753(12.?)
明瑞 1768(この年)
メイスン, フラーンシス 1621(この年)
明宗(元) 1329(8.6)
明宗(後唐) 933(11.26)
メイソン, G. 1792(10.7)
メイソン, チャールズ 1787(この年)
明帝(後漢) 75(8.?)
明帝(魏) 239(1.1)
メイテンス, ダニエル 1660(この頃)
メイテンス, マッティン・ファン 1770(3.23)
メイテンス, ヤン 1670(この年)
メイトランド, サミュエル・ロフィ 1866(1.19)
メイトランド(レシントンの), ウィリアム 1573(6.9?)
メイヒュー, ジョナサン 1766(7.9)
メイヒュー, ヘンリー 1887(この年)
メイボム 1711(2.15)
メイヤック, アンリ 1897(7.6)
メイヨー, ジョン 1679(9.16)
メイラン 1831(6.12)
メイル・ベン・バールーク 1293(4.27)
メイン 1888(2.3)
メイン, カスバート 1577(11.30)
メヴィッセン 1899(8.13)
メウッチ 1889(この年)
メガステネス 前290(この頃)
メガポレンシス, ヨハネス 1670(1.14)
メガンダー(グロースマン), カスパル 1545(8.18)
メギンゴーズ 768(この頃)
メグズ, モンゴメリー・カニングハム 1892(この年)
メグレ, ルイ 1560(この頃)
メグロー, シャルル 1730(この年)

メーコン 1837(6.29)
メーザー 1890(10.8)
メーサ, ホアン・デ 1627(11.26)
メーザー, ユストゥス 1794(1.8)
メーサーロシュ 1858(この年)
メシエ, シャルル 1817(4.11)
メシェン 1804(9.20)
メシノ, ジャン 1491(9.12)
メージュ・ムリエス, イポリット 1880(この年)
メース, トマス 1706(この頃)
メスエン 1706(7.2)
メスキタ 1614(11.4)
メストリン 1631(12.20)
メーストル, グザヴィエ・ド 1852(6.12)
メーストル, ジョゼフ・ド 1821(2.26)
メスマー, フランツ・アントン 1815(3.5)
メズレー, フランソワ・ウード・ド 1683(7.10)
メスロブ 440(この年)
メゼンツォフ 1878(この年)
メゾヌーヴ 1676(この年)
メソネロ - ロマノス, ラモン・デ 1882(4.30)
メーソン 1635(12.?)
メーソン 1859(この年)
メーソン 1871(4.28)
メーソン, ルーサー・ホワイティング 1896(7.14)
メーソン, ローウェル 1872(8.11)
メーダ, ジュゼッペ 1599(この年)
メタスタージョ, ピエートロ 1782(4.12)
メダースト 1885(この年)
メダルドゥス(ノワヨンの) 557(この頃)
メチタール 1749(4.27)
メチニコフ 1888(6.18)
メツ 1620(11.20)
メツー, ハブリエル 1667(10.24)
メック 1894(1.26)
メッケネム, イスラエル・ファン 1503(11.10)
メッケル 1833(10.31)
メッサーシュミット 1735(この年)
メッサーシュミット, フランツ・クサファー 1783(8.19?)

メッザストリス, ピエル・アントーニオ 1506(この年)
メッサリナ, ウァレリア 48?(この頃)
メッジェ, ベルナー 1413(この頃)
メッセーニウス, ユーハネス 1636(11.8)
メッソニエ, ジャン - ルイ・エルネスト 1891(1.31)
メッソニエ, ジュスト - オレール 1750(7.31)
メッタニヒ, ヴォルフ・デ 1731(この年)
メッタニヒ, クレーメンス・ヴェンツェル・フォン 1859(6.11)
メッツ, クリスティアン 1866(この頃)
メッツァバルバ, カルロ・アンブロージョ 1741(12.7)
メッツォファンティ, ジュゼッペ 1849(3.17)
メッテンライター, ドミニクス 1868(5.2)
メッテンライター, ヨハン 1858(10.6)
メット・デ・ブレス, ヘリ 1554(この年)
メティウス, ヤコブス 1628(6.?)
メディチ, コジモ1世 1574(4.21)
メディチ, コジモ・デ 1464(8.1)
メディチ, ジョヴァンニ 1429(この年)
メディチ, ピエロ2世 1503(この年)
メディチ, ピエロ・デ 1469(12.3)
メーディチ, ロレンツィーノ・デ 1548(2.26)
メーディチ, ロレンツォ・デ 1492(4.8?)
メディナ 1635(この年)
メディナ 1711(この年)
メディナ, バルトロメ・デ 1580(1.29)
メディナ - シドニア, アロンソ・ペレス・デ・グスマン, 公爵 1619(この年)
メディル 1899(3.16)
メテルス 前221(この年)
メテルス 前54(この頃)
メテルス 前59(この年)
メテルス・ダルマティクス 前104(この頃)
メトカーフ 1846(9.5)

メトカーフ, ジョン　1810(この年)
メトキテス, テオドロス　1332(3.13)
メトゾー　1600(この年)
メトゾー　1615(この年)
メトゾー(大)　1555(この年)
メトゾー(小)　1652(この年)
メトディオス1世(コンスタンティノポリスの)　847(6.14)
聖メトディオス　885(4.6)
メトディオス(オリュンポスの)　300(この頃)
メドハースト, ウォルター・ヘンリ　1857(1.24)
メトフォード, ウィリアム・エリス　1899(この年)
メドラー　1874(この年)
メドラー, ニーコラウス　1551(8.24)
メドラーノ, マリアーノ　1851(4.7)
メートランド　1595(10.3)
メトロドロス　前278?(この頃)
メトロファネース・クリトプロス　1639(この年)
メナ, ファン・デ　1456(この年)
メーナ・イ・メドラーノ, ペドロ・デ　1688(10.13)
メナージュ, ジル　1692(6.?)
メーナース　552(この年)
メナス　295(この年)
メナブレア　1896(5.26)
メーナール, フランソワ　1646(この年)
メナール, レオン　1767(10.1)
メナンドロス　前130(この頃)
メナンドロス　前291(この年)
メニアテース, エリアス　1714(この年)
メーニウス, ユストゥス　1558(8.11)
メニエール　1862(2.7)
メーヌ公　1736(5.14)
メーヌ公妃　1753(1.23)
メーヌ・ド・ビラン　1824(7.20)
メネデモス(エレトリアの)　前265(この年)
メネニウス・アグリッパ　前493(この年)
メネラオス　前163(この年)
メネンデス・デ・アビレース　1574(9.17)

メノー・シモンズ　1561(1.31)
メビウス, アウグスト・フェルディナント　1868(9.26)
メヒトヒルト(ハッケボルンの)　1299(11.19)
メヒトヒルト(マクデブルクの)　1282(この頃)
メフメット1世　1421(5.4)
メフメット2世　1481(5.3)
メフメット3世　1603(この年)
メフメット4世　1692(12.17)
メフメット・アリー・パシャ　1878(9.6)
メフメット・ナズミー　1588(この年)
メフメット・リュシディ・パシャ　1888(3.26)
メヘター, ナルスィンフ　1480(この頃)
メムノン　前333(この年)
メムリンク, ハンス　1494(8.11)
メユール, エティエンヌ-ニコラ　1817(10.18)
メーヨー　1846(この年)
メーヨー　1872(2.8)
メーラー　1895(7.13)
メーラー　1896(この年)
メラー, ヴィルヘルム・エルンスト　1892(1.8)
メーラー, ヨーハン・アーダム　1838(4.12)
メラー, ヨーハン・フリードリヒ　1861(4.20)
メラーニ　1676(8.19)
メラニア　438?(12.31)
メラニア(大)　409(この頃)
メラニッピデス　前400(この頃)
メラニッピデス　前450?(この頃)
メラン, クロード　1688(この年)
メランヒトン, フィーリップ　1560(4.19)
メリー　1722(11.3)
メーリ, ジョヴァンニ　1815(12.20)
メリー, ジョゼフ　1865(この年)
メーリアン　1717(1.13)
メリアン, マトイス　1650(6.19)
メーリアン(子)　1687(2.15)
メリヴェール　1874(この年)
メリヴェール　1893(12.27)
メーリウス, ペーター　1572(12.15)
メリエ, ジャン　1729(6.27?)

メーリケ, エードゥアルト　1875(6.4)
メーリ・ステュアート　1587(2.8)
メリーチ, アンジェラ　1540(1.27)
メリッソス　前400(この頃)
メリティオス(リュコポリスの)　325(この頃)
メリトゥス　624(4.24)
メリトン　194(この頃)
メーリニコフ, パーヴェル・イワノヴィチ　1883(2.1)
メリマン, ブライアン　1805(この年)
メリメ, プロスペール　1870(9.23)
メリュラ, アンジェルス　1557(7.26)
メリヨン, シャルル　1868(2.14)
メル, コンラート　1733(この年)
メルヴィル, アンドリュー　1622(この頃)
メルヴィル, ハーマン　1891(9.28)
メル・エン・プタハ　前1204(この頃)
メルカダンテ, サヴェリオ　1870(12.17)
メルカディエ　1815(1.14)
メルカード, トマス・デ　1575(この年)
メルカトル, ゲラルドゥス　1594(12.2)
メルカートル, ニコラウス　1687(この年)
メルガレホ　1871(11.23)
メルク, ヨハン・ハインリヒ　1791(6.27)
メルクリアリス　1606(この年)
メルクール　1602(2.19)
メルクール, エリザ　1835(1.7)
メルケル　1850(5.9)
メルケル　1896(3.30)
メルゲンターラー, オトマー　1899(10.28)
メルコム　1762(この年)
メルシエ, フィリップ　1760(この年)
メルシエ, ルイ-セバスチヤン　1814(4.25)
メルシエ・ド・ラ・リヴィエール　1793(10.7)
メルジャニ, シハブッディン　1889(この年)

人名索引　　　　　　　　　　　　　　　モウ

メルスヴィン，ルールマン　1382（7.18）
メルスハイマー，フリードリヒ・ヴァーレンティーン　1814（この年）
メルズリャコーフ，アレクセイ・フョードロヴィチ　1830（この年）
メルセンヌ，マラン　1648（9.1）
メルチィ　1540（この年）
メルツ，ハインリヒ　1893（この年）
メルツィ，フランチェスコ　1570（この年）
メルツェル，ヨーハン・ネーポムク　1838（7.21）
メルデニウス，ルベルトゥス　1651（この年）
メルバーン，ウィリアム・ラム，2代子爵　1848（11.24）
メルヒオル　1825（6.13）
メルヒャス，パウルス　1895（12.14）
メルビル　1617（11.13）
メルビル　1753（この年）
メルミヨー，ガスパル　1892（2.23）
メルラ，タルクイニオ　1665（12.10）
メルラン　1833（9.13）
メルラン　1838（12.26）
メルラン，ジャーク　1541（9.26）
メルリン，マクシミーリアーン　1584（4.20）
メルリン，ヨーアヒム　1571（5.29）
メルル・ドビニェ，ジャン・アンリ　1872（10.21）
メルロ，カルロ・ジュゼッペ　1761（この年）
メルロ，クラウディオ　1604（5.4）
メルン，ロバート　1811（この年）
メレ，アントワーヌ・ゴンボー・ド　1684（12.29）
メーレ，ジャン　1686（1.31）
メレアグロス　前70（この頃）
メレチウス　381（この年）
メレチオス・ペガス　1601（9.14）
メレンデス，ホアン・デ　1684（この年）
メレンデス，ルイス　1780（この年）
メレンデス・バルデス，フアン　1817（この年）

メーロ，マヌエル・デ　1666（8.24）
メロヴェヒ　457（この年）
メロダクバラダン1世　前1164（この年）
メロダク・バラダン2世　前700（この頃）
メロッツォ・ダ・フォルリ　1494（11.8）
メローニ，マチェドーニオ　1854（8.11）
メン，バルテレミー　1893（この年）
メン・カウ・ラー　前2470（この頃）
メンガリーニ，グレゴーリオ　1886（9.23）
メングス，アントン・ラファエル　1779（6.29）
メンゲリング，アルノルト　1647（この年）
メンケン，エイダ・アイザックス　1868（8.10）
メンケン，ゴットフリート　1831（6.1）
メンゴッツィ・コロンナ，ジェローラモ　1772（この頃）
メンゴーニ，ジュゼッペ　1877（この年）
メンゴリ，ピエトロ　1686（6.7）
メンシコフ　1729（11.23）
メンシコフ　1869（5.1）
メンジーニ，ベネデット　1704（9.7）
メンスリウス　307（この頃）
メンダーニャ　1595（10.?）
メンチンスキ　1643（この年）
メンツァー，バルタザル　1627（1.6）
メンツァー，バルタザル　1679（7.28）
メンツェリウス　1701（1.17）
メンツェル，ヴォルフガング　1873（4.23）
メンディエタ，ヘロニモ・デ　1604（5.9）
メンディサバル　1853（この年）
メンデス，ラモン・イグナシオ　1839（8.?）
メンデル，グレゴール・ヨハン　1884（1.6）
メンデルスゾーン，モーゼス　1786（1.4）

メンデルスゾーン・バルトルディ，ヤーコプ・ルートヴィヒ・フェーリクス　1847（11.4）
メンドーサ　1537（この年）
メンドサ　1552（この年）
メンドサ，イニゴ・デ　1492（この頃）
メンドーサ，ホアン・ゴンサレス　1617（この頃）
メント・ホテップ2世　前2010（この頃）
メント・ホテップ5世　前1991（この年）
メントル（ロドスの）　前342？（この頃）
メンミ，リッポ　1356（この年）
メンラーイ　1317（この頃）

【 モ 】

モー，イェルゲン　1882（3.27）
モーア　1879（9.27）
モア，サー・アントニー　1575（この年）
モア，ジェイコブ　1793（この年）
モア，トマス　1535（7.6）
モア，ハンナ　1833（9.7）
モア，ヘレン　1633（8.17）
モア，ヘンリー　1687（9.1）
モイア，フェデリーコ　1885（この年）
モイラー，モーリツ　1877（5.10）
モイラト　1855（1.3）
孟威　536（この年）
毛憕　151（この年）
孟琪　1246（この年）
毛奇齢　1716（この年）
孟郊　814（この年）
孟浩然　740（この年）
毛際可　1708（この年）
孟思誠　1438（この年）
毛晋　1659（この年）
孟知祥　934（7.?）
孟昶　965（この年）
蒙恬　前210（この年）
毛文龍　1629（この年）
孟子　前289（この年）
孟嘗君　前279（この年）
モウブレー，ジョフリー・ド　1093（この年）
モウラ　1616（この年）

人物物故大年表 外国人編　*1063*

モウラ, アントニオ・マリア・デ 1842(3.12)
モウルトン, ウィリアム・フィディアン 1898(2.5)
モエッズィー, アミール・アブドッラー・モハンマド 1125(この頃)
モガール, アンドレ 1645(この年)
モーガン 1688(この年)
モーガン 1789(10.15)
モーガン 1878(この年)
モーガン, D. 1802(7.6)
モーガン, J. S. 1890(4.8)
モーガン, L. H. 1881(12.17)
モーガン, ウィリアム 1604(9.10)
モーガン, ジョン・ハント 1864(9.4)
モーガン, トマス 1743(1.14)
モーガン, モーリス 1802(3.28)
モーキ, フランチェスコ 1654(2.6)
モギーラ, ピョートル 1646(12.22)
沐英 1392(6.?)
モクソン 1858(6.3)
黙啜可汗 716(この年)
モクラーニー 1871(この年)
モーザー, フリードリヒ・カール 1798(11.10)
モーザー, ヨーハン・ヤーコプ 1785(9.30)
モシェシュ1世 1870(2.3)
モーシェ・バル・ケーパー 903(この年)
モーシェ・ベン・シェム・トーブ (レオンの) 1305(この年)
モーシェ・ベン・ナハマン 1270(この頃)
モシェレス, イグナーツ 1870(3.10)
モジャーイスキイ 1890(この年)
モショニ, ミハーイ 1870(10.31)
モース, ジェディディア 1826(6.9)
モース, フリードリヒ 1839(9.29)
モスカ, シモーネ 1553(この年)
モスカ, ジョヴァンニ・マリーア 1573(この頃)
モスクス, ヨハネス 619(この年)

モスケラ 1878(10.7)
モスケーラ, マヌエル・ホセ 1853(この年)
モスコプロス, マヌエル 1316(この頃)
モスタールト, ヤン 1556(この年)
モースハイム, ヨーハン・ローレンツ・フォン 1755(9.9)
モースブルッガー, カスパル 1723(8.26)
モズリ, ジェイムズ・ボウリング 1878(1.4)
モズリ, トマス 1893(6.17)
モーズリー, ヘンリー 1831(2.14)
モゼヴィウス 1858(9.15)
モゼラーヌス, ペトルス 1524(4.19)
モーゼル 1844(4.8)
モゼレーカチェ 1868(この年)
モーゼン, ユーリウス 1867(10.10)
モチェット, ジローラモ 1531(この年)
モチャーロフ 1848(3.16)
モーツ 1830(6.30)
モーツァルト, ヴォルフガング・アマデウス 1791(12.5)
モーツァルト, レーオポルト 1787(5.28)
牧谿 1264(この頃)
モッシェロシュ 1669(4.4)
モット 1865(4.26)
モット, ルクリーシア 1880(11.11)
モットヴィル夫人 1689(12.29)
モッラー・サドラー 1640(この年)
モーティマー, エドモンド 1425(この年)
モーティマー, ジョン・ハミルトン 1779(この年)
モーティマー, ロジャー 1330(11.29)
モーティラム・バッタ 1896(9.?)
モデナ 1863(この年)
モデュイ, ジャック 1627(8.21)
モテル, ジャック(ヤコーブス) 1692(この年)
モデルヌ, ジャック 1562(この頃)

モート, トマス・サトクリフ 1878(この年)
モートリー 1877(5.27)
モトリニーア, トリービオ・デ・ベナベンテ 1565(この頃)
モートン 1647(この頃)
モートン 1851(5.15)
モートン 1877(11.1)
モートン, ウィリアム・トーマス・グリーン 1868(7.15)
モートン, ジェイムズ・ダグラス, 4代伯爵 1581(この年)
モートン, ジョン 1500(10.12)
モートン, セラ・ウェントワース 1846(5.14)
モートン, トマス 1659(9.22)
モートン, トマス 1838(3.28)
モートン, ロバート 1476(この頃)
モナーガス 1868(11.18)
モナーリ, クリストーフォロ 1720(この年)
モニエ, アンリ・ボナヴァンテュール 1877(1.3)
モニエル・ウィリアムズ 1899(4.11)
モニカ 387(この年)
モニス, ジュダ 1764(4.25)
モーニッケ 1887(1.26)
モニュシコ, スタニスワフ 1872(6.4)
モーネ, フランツ・ヨーゼフ 1871(3.12)
モノー, アドルフ 1856(4.6)
モノ, ピエール・エティエンヌ 1733(この年)
モノー, フレデリク 1863(12.31)
モノワイエ, ジャン-バティスト 1699(この年)
モノワール, ジュリアン 1683(1.28)
モーバ 1888(6.19)
モーパッサン, ギー・ド 1893(7.6)
モバン, ピエール・フィリベール 1839(この年)
モハンマド・ハサン・ハーン 1896(この年)
モーブー 1792(7.29)
モファット, ロバート 1883(8.9)
モーフィ, ポール(・チャールズ) 1884(この年)

モフタシャム・カーシャーニー 1587(この頃)
モフターリー, オスマーン・ブン・モハンマド 1159(この頃)
モフナツキ 1834(12.20)
モーペルチュイ, ピエール・ルイ・ド 1759(7.27)
モーミン, ムハンマド・モーミン・ハーン 1852(9.30)
モムターズ・マハール 1631(この年)
モム・ラーチョータイ 1867(この年)
モーラ, ガスパレ 1640(この年)
モラー, ゲオルク 1852(この年)
モーラ, ピエル・フランチェスコ 1666(この年)
モーラ, フランシスコ・デ 1610(この年)
モーラ, ホセー・デ 1724(この年)
モラ, ホセ・マリア・ルイス 1850(7.14)
モラー, マルティーン 1606(3.2)
モライス, サバト 1897(11.11)
モラウン, ジョアン 1726(この年)
モラエス・エ・シルバ 1825(この年)
モラサーン, フランシスコ 1842(9.15)
モラータ, オリンピア.フルヴィア 1555(この年)
モラッツォーネ 1626(この年)
モラティン, ニコラス・フェルナンデス・デ 1780(5.11)
モラティン, レアンドロ・フェルナンデス・デ 1828(7.21)
モラーヌス, ゲーアハルト・ヴァルター 1722(9.7)
モーラルト, ゲオルク 1818(この年)
モーラルト, ヤーコプ 1820(5.21)
モーラルト, ヨーゼフ 1855(11.13)
モーラルト, ヨハン・バプティスト 1825(10.7)
モラレス, クリストバル・デ 1553(9.?)
モラレス, ディエゴ・デ 1643(3.25)
モラレス, フランシスコ・デ 1622(9.21)

モラレス, ホアン・バプティスタ・デ 1664(9.17)
モラーレス, ルイス・デ 1586(5.9)
モラン 1656(この年)
モラン 1880(12.7)
モラン, ジャン・バティスト 1745(この年)
モランディ, アントーニオ 1568(この年)
モランディーニ, フランチェスコ 1597(この年)
モーランド, ジョージ 1804(10.29)
モラン(モリヌス), ジャン 1659(2.28)
モーリー 1892(この年)
モーリー 1894(5.14)
モーリー, サミュエル 1843(この年)
モリー, ジャン・シフラン 1817(5.11)
モーリ, ジョージ 1684(10.29)
モーリー, トマス 1602(10.?)
モーリー, マシュー・フォンテイン 1873(2.1)
モーリア 1849(3.19)
モーリア, ドメーニコ 1867(この年)
モリエール 1673(2.17)
モリージャ, カミッロ 1795(この年)
モリス 1798(この年)
モリス, ウィリアム 1896(10.3)
モリス, ガヴァヌーア 1816(11.6)
モリス, ジョージ・ポープ 1864(7.6)
モリス, ジョン・フレドリク・デニスン 1872(4.1)
モリス, ロバート 1806(5.8)
モリース(マウリーキウス)(シュリ) 1196(9.11)
モリスン, ジョン・ロバート 1843(8.29)
モリスン, ロバート 1834(8.1)
モリゾ, ベルト 1895(3.2)
モリソン 1630(この年)
モリソン 1857(この年)
モリソン 1893(8.20)
モリソン, ジェイムズ 1893(11.13)

モーリッ 1632(3.15)
モーリック 1869(5.10)
モーリッツ 1553(7.11)
モーリッツ 1760(4.11)
モーリッツ, カール・フィーリップ 1793(6.26)
モリトル 1860(3.23)
モリナ, アントニオ・デ 1612(9.21)
モリナ, ホアン・イグナシオ 1829(9.12)
モリナ, ルイス・デ 1600(10.12)
モリヌークス 1698(10.11)
モリヌークス 1728(この年)
モリネ, ジャン 1507(8.23)
モリネーリ, ジョヴァンニ・アントーニオ 1645(この頃)
モリノス, ミゲル・デ 1696(12.28)
モリル 1898(12.28)
モール 1875(11.4?)
モール 1876(1.4)
モル, ウィレム 1879(8.16)
モール, ゲオルク 1697(1.26)
モール, フーゴー・フォン 1872(4.1)
モルガ 1636(7.21)
モルガーニ, ジョヴァンニ・バッティスタ 1771(12.6)
モルガン 1859(4.14)
モルゲン, ラッファエッロ 1833(4.8)
モルコ 1532(この年)
モルゴット, フランツ(・フォン・パウラ) 1900(2.3)
モールス, サミュエル 1872(4.2)
モールス, ザームエル・フリードリヒ・ナターナエール 1792(11.11)
モールズワース 1855(10.22)
モルター 1765(1.12)
モルツァ, フランチェスコ・マリーア 1544(2.28)
モルティエ 1835(7.28)
モルティエ 1898(9.25)
モルテーニ, ジュゼッペ 1867(この年)
モルデンハウアー 1866(3.27)
モルトケ伯, ヘルムート・カール・ベルンハルト 1891(4.24)
モルト・ダ・フェルトレ 1527(この年)
モールトリー 1805(9.27)

モルニ，シャルル・オーギュスト・ルイ・ジョゼフ，公爵 1865(3.10)
モルパ 1781(11.21)
モルフ 1899(この年)
モル・ファン・ダスホルスト 1575(この頃)
モルホーフ 1691(7.30)
モルライテル，ジョヴァンニ・マリーア 1781(この年)
モルライテル，ミケランジェロ 1806(この年)
モルラッキ，フランチェスコ 1841(10.28)
モルレ，アンドレ 1819(1.12)
モルワイド 1825(3.10)
モレ 1656(1.3)
モレ 1855(11.23)
モレー 1332(7.20)
モレイン，ピーテル・デ 1661 (3.?)
モレスコット 1893(5.20)
モレット 1554(12.22)
モレッリ，コジモ 1812(この年)
モレート，アグスティン 1669 (10.28)
モレナール，ヤン・ミーンセ 1668(9.15)
モレーノ，マリアーノ 1811(3.8)
モレホン 1637(この頃)
モレリ 1680(この年)
モレリ 1769(この頃)
モレリ，ジョヴァンニ 1891(2.28)
モレル 1871(9.24)
モレル 1873(3.30)
モレル 1891(この年)
モレールセ，パウルス 1638 (3.?)
モレール・デ・サンタ・クルース，ペドロ・アグスティン 1768(この年)
モレーロス・イ・パボン，ホセ・マリア 1815(12.22)
モロー 1865(12.11)
モロー，エジェジップ 1838 (12.20)
モロー，ギュスターヴ 1898(4.18)
モーロ，ジャーコモ・アントニオ 1624(この年)
モロー，(ジャン・)ヴィクトール(・マリー) 1813(9.2)

モロー，ジャン・バティスト 1733(8.24)
モロー，ジャン・ミシェル 1814(11.30)
モロー，ルイ・ガブリエル 1806(この年)
モロシーニ 1694(1.6)
モロゾフ 1862(この年)
モローニ，アンドレーア 1560 (この年)
モローニ，ジョヴァンニ・バッティスタ 1578(2.5)
モローネ，ジョヴァンニ・デ 1580(12.1)
モローネ，ドメーニコ 1517(この頃)
モローネ，フランチェスコ 1529(この年)
モワット，アナ・コーラ 1870 (7.21)
モワット，ジャン・ギヨーム 1810(この年)
モワロン，ルイーズ 1696(この年)
モン 1630(この頃)
モン，マティーアス・ゲオルク 1750(10.3)
モン，ヨーハン・クリストフ 1782(この年)
モンカルヴォ 1625(この年)
モンカルム(・ド・サン・ヴェラン)，ルイ・ジョゼフ・ド・モンカルム-グロゾン，侯爵 1759(9.14)
モンク 1670(1.3)
モンクレチヤン，アントワーヌ・ド 1621(10.7)
文綱 727(この年)
モンゴメリー，R. 1775(12.31)
モンゴメリー伯 1574(5.27)
モンゴルフィエ，ジャック・エティエンヌ 1799(8.1)
モンゴルフィエ，ジョゼフ・ミシェル 1810(6.26)
モンシニ，ピエール・アレクサンドル 1817(1.14)
モンジュ，ガスパール，ペリューズ伯爵 1818(7.28)
モンスー・デジデーリオ 1644 (この頃)
モンストレ 1453(この頃)
モンスー・ベルナルド 1687(この年)
モンセー 1842(4.26)

モンタギュー，エリザベス 1800(8.25)
モンタギュー，ジョージ 1815 (この年)
モンタギュー，ヘンリー 1642 (この年)
モンタギュー，メアリー 1762 (8.21)
モンタギュー，ラルフ 1709(この年)
モンタギュ，リチャード 1641 (4.13)
モンタナリ 1687(この年)
モンターニャ，バルトロメオ 1523(10.11)
モンターニャ，ベネデット 1558(この頃)
モンタニャーナ，ドメーニコ 1750(この年)
モンターヌス 259(この年)
モンタヌス 1683(この年)
モンターヌス，アリアス 1598 (7.6)
モンターヌス，ヤコーブス 1534(この頃)
モンタネリ 1861(この年)
モンタノス 170(この頃)
モンタランベール 1800(3.29)
モンタランベール，シャルル・ド 1870(3.13)
モンタルボ，フアン 1889(1.17)
モンチニスキ，ヤン 1570(この年)
モンチュクラ 1799(12.18)
モンテ，フィリップ・デ 1603 (7.4)
モンテアグード，ベルナルド 1825(1.28)
モンティ，ヴィンチェンツォ 1828(10.13)
モンティセリ，アドルフ 1886 (6.26)
モンティヨン 1820(12.29)
モンテイル，ジョアン(ヨアネス) 1648(この年)
モンテイロ・ダ・ヴィデ，セバスティアン 1722(9.7)
モンテヴェルディ，クラウディオ 1643(11.29)
モンテクッコリ 1680(11.16)
モンテクレール，ミシェル・ピニョレ・ド 1737(9.27)

モンテ・コルビーノ, ジョバンニ・ディ 1328(この年)
モンテシーノ, アントニオ 1530(この頃)
モンテシノ, アンブロシオ・デ 1512(この頃)
モンテズ, ローラ 1861(1.16)
モンテスキュー, シャルル・ルイ・ド・スゴンダ・ド 1755(2.10)
モンテスパン, フランソワーズ・アテナイース・ド・ロシュシュワール, 侯爵夫人 1707(5.27)
モンテスマ1世 1469(この年)
モンテスマ2世 1520(6.30)
モンテ・ディ・ジョヴァンニ・デル・フォーラ 1532(この頃)
モンテーニュ, ミシェル・ド 1592(9.13)
モンテフィオーレ, サー・モーゼズ(・ハイム) 1885(7.25)
モンテホ 1553(この年)
モンテマヨル, ホアン・フランシスコ 1685(この年)
モンテマヨル, ホルヘ・デ 1561(2.26)
モンテメッツァーノ, フランチェスコ 1602(この頃)
モント 1880(9.20)
モントウバン 1862(この年)
モントゲラス伯 1838(この年)
モントゴメリ(モンゴメリ, マントゴメリ), ジェイムズ 1854(4.30)
モントフォート, サイモン・ド, レスター伯爵 1265(8.4)
モントーヤ, アントニオ・ルイス・デ 1652(この年)
モンドリー 1653(この頃)
モントルソーリ, ジョヴァンニ・アンジェロ・ダ 1563(この年)
モントルファノ, ジョヴァンニ・ドナート・ダ 1504(この年)
モンドレル, ハーバート 1896(11.3)
モントロー 1289(この年)
モントローズ, ジェイムズ・グレアム, 初代侯爵 1650(5.21)
モントロン, シャルル・トリスタン, 侯爵 1853(8.24)
モンドンヴィル, ジャン・ジョゼフ・カサネア・ド 1772(10.8)
モンハイム, ヨハネス 1564(9.9)

モンパンシエ 1890(2.4)
モンパンシエ, アンヌ・マリー・ルイーズ・ドルレアン, 女公爵 1693(3.5)
モンパンシエ, カトリーヌ・マリー・ド・ロレーヌ 1596(この年)
モンプー 1841(8.10)
モンフェラー, ジャンヌ・ド 1640(この年)
モンフォーコン, ベルナール・ド 1741(12.24)
モンブラン 1893(この年)
モンブリーティウス(モンブリツィオ), ボニーヌス 1500(この頃)
モンフルーリ 1667(12.11?)
モンフルーリ 1685(10.11)
モンペッソン, ウィリアム 1709(この年)
モンボドー, ジェイムズ・バーネット, 卿 1799(この年)
モンマ, ヴィルヘルム 1677(9.9)
モンマス, ジェイムズ・スコット, 公爵 1685(7.15)
モンモランシー, アン・リュク・ド 1567(11.11)
モンモール 1719(10.7)
モンラート, ディトレフ・ゴッタル 1887(3.28)
モンラム・ベル 1491(この年)
モンリュック, ブレーズ・ド 1577(8.26)
モンロー, アレクサンダー 1767(7.10)
モンロー, アレクサンダー 1817(10.2)
モンロー, アレクサンダー 1859(3.10)
モンロー, ジェイムズ 1831(7.4)

【ヤ】

ヤアクービー 897(この頃)
ヤイス, ヨーゼフ・エギディウス 1822(12.4)
ヤクエーリオ, ジャーコモ 1453(この年)
ヤクーシキン 1857(この年)
ヤークート 1229(8.20)

ヤークート・アルムスタアスィミー 1298(この年)
ヤクトゥク・サンゲベル 1414(この年)
ヤークーブ・ビン・ライス 878(この年)
ヤクブ・ベク 1877(この年)
ヤクブ(ミースの) 1429(8.9)
ヤグマー 1859(この年)
ヤケット・ダ・マントヴァ 1559(10.2)
ヤーゲマン 1848(7.10)
ヤーゲマン, クリスティアン・ヨーゼフ 1804(2.5)
ヤコビ 1874(3.10)
ヤコービー 1877(3.6)
ヤコービ, カール・グスタフ・ヤーコプ 1851(2.18)
ヤコービ, フリードリヒ・ハインリヒ 1819(3.10)
ヤコービ, ヨハン・ゲオルク 1814(1.4)
ヤコービ, ルートヴィヒ・ジギスムント 1874(6.20)
ヤーコビス, ジュスティーノ・デ 1860(7.31)
ヤコビーニ, ルドヴィーコ 1887(2.28)
ヤコピーノ・デル・コンテ 1598(この頃)
ヤコブ 44(この頃)
ヤコブ 62(この頃)
ヤーコブス 1847(3.30)
ヤーコブス(ヴィテルボの) 1307(この頃)
ヤコーブス(ヴィトリの) 1240(4.30)
ヤコブス(サルグの) 521(この年)
ヤコブス・デ・ウォラギネ 1298(7.13?)
ヤコブス(ユータボクの) 1465(この年)
ヤコブス・レオディエンシス 1330(この年)
ヤコブセン, J. P. 1885(4.30)
ヤーコブソン 1828(9.13)
ヤコブソン 1843(8.29)
ヤコブ・ド・サンルシュ 1410(この頃)
ヤコブ・パラダイオス 578(この年)
ヤーコブ・ベン・アシェル 1343(この頃)

ヤコベッロ・ディ・アントネッロ・ダ・メッシーナ　1490(この年)
ヤコベッロ・デル・フィオーレ　1439(この年)
ヤーコポ・ガエターノ・ステファネスキ　1343(6.23)
ヤコーボス(エデッサの)　708(6.5)
ヤーコポ・ダ・ヴァレンツァ　1509(この年)
ヤーコポ・ダ・ヴェローナ　1442(この年)
ヤーコポ・ダ・トラデーテ　1440(この年)
ヤーコポ・ダ・ピエトラサンタ　1495(この頃)
ヤーコポ・ダ・モンタニャーナ　1499(この頃)
ヤーコポ・ダ・レンティーニ　1260(この頃)
ヤーコポ・ディ・パーオロ　1426(この年)
ヤーコポ・デル・カゼンティーノ　1350(この年)
ヤーコポ・デル・セッライオ　1493(この年)
ヤコポーネ・ダ・トーディ　1306(12.25)
ヤコメッティ、ピエトロ・パーオロ　1655(この年)
ヤーサン・チョエジェ　1233(この年)
ヤジェンブスキ　1649(この頃)
ヤージュニャヴァルキヤ　前700(この頃)
ヤショーバルマン　745(この頃)
ヤショバルマン1世　900(この年)
ヤズィーコフ、ニコライ・ミハイロヴィチ　1846(12.26)
ヤズィジザデ・メフメット・エフェンディ　1451(この年)
ヤズドガルド1世　420(この頃)
ヤズドガルド3世　651(この年)
ヤチーニ　1891(この年)
ヤッハマン　1886(10.23)
ヤップ・ア・ロイ　1885(この年)
ヤッペッリ、ジュゼッペ　1852(この頃)
ヤドヴィガ　1399(7.17)
ヤドリーンツェフ　1894(この年)
ヤニェヴィチ、フェリクス　1848(この年)

ヤーニェス・デ・ラ・アルメディーナ、フェルナンド　1536(この年)
ヤニツキ、クレメンス　1543(この年)
聖ヤヌアリウス　305(この頃)
ヤーノシーク　1713(この年)
ヤーバッハ、エーヴェルハルト　1695(この年)
ヤハヤー・イブン・ヤハヤー　849(この年)
ヤヒヤー・ベイ　1582(この年)
ヤファアー　830(この頃)
ヤフヤー・ビン・アーダム　818(この年)
ヤブロチコフ　1894(3.19)
ヤブロノフスキー　1777(3.1)
ヤブロンスキー、ダーニエル・エルンスト　1741(5.25)
ヤムニッツァー、アルブレヒト　1555(この年)
ヤムニッツァー、ヴェンツェル　1585(12.19)
ヤムニッツァー、クリストフ　1618(この年)
ヤラベアム1世　前912(この頃)
ヤラベアム2世　前744(この頃)
耶律阿保機　926(この年)
耶律乙辛　1083(この年)
耶律休哥　998(この年)
耶律楚材　1243(この年)
耶律鑄　1285(この年)
耶律隆運　1011(この年)
耶律留哥　1218(この年)
ヤロシェンコ、ニコライ　1898(6.25?)
ヤロスラフ1世　1054(2.2)
ヤーン　1899(9.4)
ヤン2世　1672(12.16)
ヤン3世　1696(6.17)
ヤーン、オットー　1869(9.9)
楊士彦　1584(この年)
ヤーン、フリードリヒ・ルートヴィヒ　1852(10.15)
ヤング　1619(10.23)
ヤング　1662(4.23)
ヤング、アーサー　1820(4.20)
ヤング、エドワード　1765(4.5)
ヤング、ジェイムズ　1883(5.3)
ヤング、トマス　1829(5.10)
ヤング、パトリク　1652(9.7)
ヤング、ブリガム　1877(8.29)
ヤング、ロバート　1888(10.14)

ヤンシー　1863(7.27)
ヤンス、ジャン1世　1668(この年)
ヤンスゾーン、ラウレンス　1440(この頃)
ヤン・ズ・ルブリナ　1548(この年)
ヤンセニウス　1576(この年)
ヤンセン　1628(この頃)
ヤンセン、コルネリス　1661(この年)
ヤンセン、コルネーリーユス・オットー　1638(5.6)
ヤンセン、ツァハリアス　1638(この頃)
ヤンセン、ヨハネス　1891(12.24)
ヤンセン(ヴァン・バルネヴェルト、バアレヴェルト)、ハインリヒ　1594(この年)
ヤンセンス、アブラハム　1632(1.25)
ヤンセンス、ヤン　1650(この頃)
ヤンセンス・エリンガ、ピーテル　1682(この頃)
ヤンナコーニ　1816(3.16)
ヤン(ネポムクの)　1393(3.20)
ヤン・ファン・ルーメ　1521(この年)
ヤン・ファン・レイデン　1536(1.22)
ヤン・ヨーステン　1623(10.?)

【ユ】

庚季才　603(この年)
庚肩吾　551(この年)
庚信　581(この年)
俞正燮　1840(この年)
俞大猷　1573(この頃)
柳夢寅　1623(この年)
庚翼　345(この年)
庚亮　340(1.1)
ユア、アンドリュー　1857(1.2)
ユーアート、ウィリアム　1869(この年)
ユアール　1897(この年)
ユーイング、ジュリアーナ　1885(5.13)
熊安生　578(この年)
游酢　1123(この年)
熊廷弼　1625(この年)

尤侗　1704（この年）
熊曇朗　560（この年）
尤袤　1194（この年）
ユヴァーラ, フィリッポ　1736（1.31）
有一　1799（この年）
ユウェナリス, デキムス・ユニウス　130（この頃）
ユウェナリス（エルサレムの）　458（この年）
幽王　前771（この年）
有炯　1889（この年）
裕謙　1841（この年）
優留単于　87（この年）
裕禄　1900（この年）
ユエ, ピエール・ダニエル　1721（1.27）
ユエ, ポール　1869（1.9）
ユエット　1870（12.29）
ユエル　1697（4.8）
ユエル, イェンス　1802（12.27）
ユーエル, リチャード・ストッダート　1872（1.25）
ユーグ　1102（この年）
ユーグ　956（6.16？）
ユーグ（バヤンスの）　1136（この年）
ユーグ（プロヴァンスの）　947（この年）
ユグルタ　前104（この年）
ユゴー, ヴィクトール　1885（5.22）
ユゴー, シャルル・ヤサーント　1739（8.2）
ユーゴ・カペー　996（11.24）
ユスティ　1771（7.20）
ユスティーナ　388？（この頃）
ユスティニアーニ（ジュスティニアーニ）, パーオロ（トマーゾ）　1528（6.28）
ユスティニアヌス1世　565（11.14）
ユスティニアヌス2世　711（12.？）
ユスティヌス1世　527（8.1）
ユスティヌス2世　578（10.5）
ユスティノス　165？（この頃）
ユースデン, ローレンス　1730（この年）
ユストゥス　627（11.10）
ユストゥス（ウルゲルの）　546（この頃）
ユストゥス・ファン・ヘント　1480（この頃）

ユースフ・アーディル・シャー（ユースフ・アーディ・カーン・ザヴァーイー）　1510（この年）
ユースフ・ビン・アハマッド　1773（この頃）
ユセリンクス　1647（この頃）
ユーダイヒ　1894（3.28）
ユダス・マッカバイオス　前160（4.13？）
ユダ（ハシド派の）　1217（この頃）
ユダ・ハ・ナシ　220（この年）
ユーダル, ジョン　1592（3.3）
ユーダル, ニコラス　1556（12.23）
ユッタ（ザンガハウゼンの）　1260（5.12）
ユーデクス, マテーウス（マティーアス）　1564（5.15）
ユーデンキュニヒ, ハンス　1526（3.4）
ユーテンホーフェ, ヤン　1565（この年）
ユード　898（1.1）
ユード, ジャン　1680（8.19）
ユート（ユデー）, レーオ　1542（6.19）
ユーニウス, フランツィスクス　1677（11.19）
ユーニウス, ローベルト　1655（8.28）
ユーニウス・デュ・ヨン, フランツィスクス（フランツ）　1602（10.13）
ユニリウス・アフリカーヌス　550（この頃）
ユーヌス・アルカーティブ　756（この頃）
ユヌス・エムレ　1321（この頃）
ユーヌス・ハン　1487（この年）
ユーヌス・ビン・ハビーブ　798（この年）
ユバ1世　前46（この年）
ユバ2世　23（この年）
ユーバーヴェーク　1871（6.9）
ユバフス, ヘーラルト・カシミール　1875（2.15）
ユーハンソン, ラーシュ　1674（8.13）
ユーベル　1831（12.21）
ユベール　1884（7.29）
聖ユベール　727（5.30）
ユーマンズ　1887（この年）
ユリア　14（この年）

ユリア　28（この年）
ユリア　前54（この年）
ユリア・ドムナ　217（この年）
ユリアヌス, フラウィウス・クラウディウス　363（6.26）
ユリアーヌス（エクラーヌムの）　454（この年）
ユリーアヌス（シュパイアーの）　1250（この頃）
ユリアーヌス（トレードの）　690（この頃）
ユリアーネ（リエージュの）　1258（4.5）
ユリアノス（ハリカルナッソスの）　518（この頃）
ユリア・マンマエア　235（この年）
ユーリウス　304（この頃）
ユリウス1世　352（4.12）
ユリウス2世　1513（2.21）
ユリウス3世　1555（3.23）
ユーリー・ドルゴルーキー　1157（この年）
ユール　1889（12.30）
ユルスト, モリース・ド　1896（11.6）
ユルチッチ　1881（この年）
ユルフェ, オノレ・ド　1625（6.1）
ユルマンデル, ニコラ・ジョゼフ　1823（この年）
ユンギウス　1657（9.17）
ユング・シュティリング, ヨハン・ハインリヒ　1817（4.2）
ユングステッド　1835（11.？）
ユングフーン　1864（4.24）
ユングマン, ヨゼフ　1847（11.14）
ユンケル　1892（この年）

【 ヨ 】

余闕　1358（この年）
余子俊　1489（この年）
予譲　前453（この年）
余蕭客　1777（この年）
ヨアキム・デ・フローリス　1202（3.20）
ヨアキ　前785（この頃）
ヨアシ　前798（この年）
ヨアネス（隠修士）　1180（この年）

ヨアネス(エレンボーゲンの) 1325(この年)
ヨアネス(カンティの) 1473(12.24)
ヨアネス(ゴルズの) 975(この年)
ヨアネス(コーンウォルの) 1200(この頃)
ヨアネス(ジャンダンの) 1328(この年)
ヨアネス(スペインの) 1166(この年)
ヨアネス(セビーリャの) 1157(この年)
ヨアネス・パルヴス 1411(7.15)
ヨアネス(フィクトリングの) 1345(7.30？)
ヨアネス(フェカンの) 1078(2.22)
ヨアネス(フォードの) 1214(4.21)
ヨアネス(フライブルクの) 1314(3.10)
ヨアネス(ベヴァリの) 721(この年)
ヨアネス(マタの) 1213(12.17)
ヨアネス(モンミレーユの) 1217(9.29)
ヨアネス(ラヴェンナの) 863(この頃)
ヨアネス(リモージュの) 1250(この年)
ヨアヒム1世 1535(7.11)
ヨアヒム2世 1571(1.3)
ヨアヒム，アマーリエ 1899(2.3)
ヨアンネス1世 976(1.19)
ヨアンネス2世 1143(4.8)
ヨアンネス3世 1254(11.3)
ヨアンネス5世 1391(この年)
ヨアンネス6世 1383(6.15)
ヨーアンネース7世・グラマティコス 843(この頃)
ヨアンネス8世 1448(10.31)
ヨーアンネース8世・クシフィリノス 1075(8.2)
ヨーアンネース10世・カマテロス 1206(6.？)
ヨーアンネース11世・ベッコス 1293(この頃)
ヨーアンネース13世・グリュカ 1319(この年)
ヨーアンネース14世・カレカス 1347(12.29)

ヨーアンネース(アンティオキアの) 441(この年)
ヨーアンネース(イェルサレムの) 417(この年)
ヨーアンネース(イベリアの) 1002(この頃)
ヨーアンネース(エジプトの，リュコポリスの) 394(この年)
ヨーアンネース(エフェソスの) 586(この年)
ヨアンネス・クリマコス 654(この頃)
ヨーアンネース(スキュトポリスの) 557(この頃)
ヨーアンネース(施与者) 619(11.11)
ヨアンネス・ピロポノス 565(この頃)
ヨアンネス・モスコス 619(この頃)
楊維翰 1351(1.13)
楊以増 1855(この年)
楊一清 1530(この年)
楊維楨 1370(この年)
游文輝 1630(この年)
楊栄 1440(この年)
楊鋭 1898(この年)
楊炎 781(この年)
楊応竜 1600(この年)
楊億 1020(この年)
楊沂孫 1881(この年)
楊凝式 954(この年)
羊欣 442(この年)
煬炬 714(この年)
楊遇春 1837(この年)
楊烱 695(この頃)
楊継盛 1555(この年)
楊峴 1896(この年)
楊玄感 613(8.？)
姚元之 1852(この年)
楊鎬 1629(この年)
姚興 416(この年)
姚合 855(この年)
姚泓 417(この年)
葉向高 1627(この年)
姚広孝 1418(この年)
楊光先 1670(この年)
楊行密 905(11.？)
楊国忠 756(6.？)
楊載 1323(この年)
楊時 1135(この年)
楊士奇 1444(この年)
楊慈湖 1225(この年)

楊朱 前360(この年)
姚綬 1495(4.10)
楊修 219(この年)
楊秀清 1856(8.？)
姚燮 1864(この年)
姚思廉 637(この年)
楊慎 1559(この年)
楊晋 1728(この年)
楊震 124(この年)
楊晋庵 1624(この年)
楊深秀 1898(この年)
姚燧 1311(この年)
姚崇 721(3.？)
姚枢 1280(この年)
楊素 606(7.23)
葉宗留 1448(この年)
姚鼐 1815(この年)
姚萇 393(この年)
楊廷和 1529(この年)
葉適 1223(この年)
楊万里 1206(この年)
楊寅 1722(この頃)
楊溥 1446(この年)
楊文驄 1645(7.？)
楊芳 1846(この年)
楊坊 1865(この年)
葉法善 720(この年)
揚補之 1169(この年)
葉夢得 1148(この年)
葉名琛 1859(この年)
葉茂才 1631(この年)
楊勇 604(この年)
楊雄 18(この年)
楊漣 1625(この年)
ヨウィアーヌス，フラーウィウス 364(2.17)
ヨウィニアーヌス 406(この頃)
楊我支特勒 714(この年)
楊岐方会 1049(この年)
楊貴妃 756(6.16)
雍正帝 1735(この年)
煬帝 618(3.11)
ヨゥン・エグムンズスン 1121(4.23)
ヨウンソン，ギスリ 1587(8.30)
ヨーク 1807(7.13)
ヨーク，エドマンド 1415(10.25)
ヨーク，エドワード・プランタジネット 1415(10.25)
ヨーク，リチャード，3代公爵 1460(12.30)
ヨザファト 1623(この年)

ヨーシカ・ミクローシュ　1865
　　（2.27）
ヨシフ・ヴォロツキー　1515（9.9）
ヨシャバテ　前851（この頃）
ヨースト　1860（11.22）
予成　485（この年）
ヨーゼフ1世　1711（4.17）
ヨセフ1世　1283（3.?）
ヨーゼフ2世　1790（2.20）
ヨーセフォス（賛美歌作者の）
　　886（この年）
ヨゼフ・カラサンクティウス
　　1648（8.25）
ヨセフス，フラウィウス　100
　　（この頃）
ヨーゼンハンス，フリードリヒ・
　　ヨーゼフ　1884（12.25）
ヨタム　前735（この頃）
ヨーナス，ユストゥス　1555
　　（10.9）
ヨーナス，ルートヴィヒ　1859
　　（この年）
ヨーナス（オルレアンの）　842
　　（この頃）
ヨナタン　前1000（この頃）
ヨナタン　前143（この年）
ヨハナン・ベン・ザッカイ　80
　　（この頃）
ヨハニティウス　873（12.1？）
ヨハネス1世　526（5.18）
ヨハネス2世　535（この年）
ヨハネス3世（スコラスティクス）
　　577（8.31）
ヨハネス4世　1889（3.10）
ヨハネス4世　642（この年）
ヨハネス4世（断食者）　595（9.2）
ヨハネス5世　686（この年）
ヨハネス7世　707（この年）
ヨハネス8世　882（12.16）
ヨハネス9世　900（この年）
ヨハネス10世　928（この頃）
ヨハネス11世　935（この頃）
ヨハネス12世　964（5.14）
ヨハネス13世　972（この年）
ヨハネス14世　984（この年）
ヨハネス15世　996（この年）
ヨハネス16世　1013（この頃）
ヨハネス19世　1032（この年）
ヨハネス21世　1277（5.20）
ヨハネス22世　1334（12.4）
ヨハネス23世　1419（11.22）
ヨハネス（アシアの）　586（この頃）

聖ヨハネス（ネポムクの）　1393
　　（この年）
ヨハネス・フォン・テーブル
　　1414（この頃）
ヨハン　1859（5.11）
ヨハン　1873（10.29）
ヨハン3世　1592（11.27）
ヨハン・ゲオルク1世　1656（10.8）
ヨーハン・ゲオルク3世　1691
　　（9.22）
ヨハン（堅忍不抜公）　1532（8.16）
ヨハン（宏量公）　1554（3.3）
ヨーハン・ジギスムント　1619
　　（12.23）
ヨハンネス（グムンデンの）
　　1442（この年）
ヨハンネス・デ・ガルランディア
　　1255（この頃）
ヨハン・フォン・ノイマルクト
　　1380（12.23）
ヨハン・マウリッツ　1679（12.20）
ヨハン（盲目王）　1346（8.26）
ヨラム　前844（この頃）
ヨリー　1884（12.24）
ヨーリ，アントーニオ　1777（この年）
ヨーリス（ヨーリスゾーン），
　　ダーヴィト　1556（8.25）
ヨルク・フォン・ヴァルテンブル
　　ク　1830（10.4）
ヨルク・フォン・ヴァルテンブル
　　ク　1897（9.12）
ヨルダネス　552（この頃）
ヨルダン（クヴェートリンブルク
　　の）　1380（この年）
ヨルダン（ザクセンの）　1237（2.
　　13）
ヨルダン（ジャーノの）　1262
　　（この頃）
ヨルダーンス，ヤーコブ　1678
　　（10.18）
ヨールベルク，ユーリエ・レギー
　　ネ　1870（3.5）
ヨーン　1900（この年）
ヨンキント，ヨハン・バルトルト
　　1891（2.9）
ヨンゲ　1880（9.11）
ヨンストン　1675（この年）
ヨンソン，イスレ　1894（7.17）
ヨンメッリ，ニッコロ　1774（8.25）

【ラ】

羅隠　909（この年）
羅貫中　1400（この年）
羅欽順　1547（この年）
羅洪先　1564（この年）
羅思挙　1840（この年）
羅汝芳　1588（この年）
羅士琳　1853（この年）
羅清　1527（この年）
羅大綱　1855（この頃）
羅沢南　1865（この年）
羅聘　1799（7.3）
羅芳伯　1795（この年）
羅牧　1706（この頃）
羅予章　1135（この年）
ラ・アルプ　1838（3.30）
ラ・アルプ，ジャン・フランソ
　　ワド　1803（2.11）
来俊臣　696（この年）
頼文光　1868（この年）
ライアスン，アドルファス・エ
　　ジャトン　1882（2.19）
ライアン　1849（3.5）
ライアン，エイブラム・ジョウゼ
　　フ　1886（4.22）
ライアン，ジョン　1592（この年）
ライアンズ　1887（この年）
ライイング，ヤーコブ　1628（5.
　　5）
ライエル　1673（この年）
ライエル，サー・チャールズ
　　1875（2.22）
ライエルスゾーン　1625（4.10）
ライコート，ポール　1700（11.
　　16）
ライザー，フリードリヒ　1458
　　（3.6）
ライザー，ポリュカルプ　1610
　　（2.22）
ライザハ，カール・アウグスト
　　1869（12.16）
ライシガー　1859（11.7）
ライジヒ　1829（この年）
ライシュ，グレーゴル　1525（5.9）
ライス　1860（この年）
ライス　1874（1.14）
ライス，（エドマンド・）イグネ
　　イシャス　1844（この年）
ライス，ジョン・ホウルト
　　1831（9.3）

ライス, デイヴィド　1816(6.18)
ライス, ラヘル　1750(10.12)
ライス, ルーサー　1836(9.25)
ライスキ　1890(この年)
ライスケ　1774(8.14)
ライスブラック, ジョン・マイケル　1770(1.8)
ライスラー　1691(5.16)
ライゼヴィッツ, ヨハン・アントン　1806(9.10)
ライゼリング　1892(8.20)
ラーイチ, セミョーン・エゴーロヴィチ　1855(10.28)
ライツ, ヨーハン・ハインリヒ　1720(11.25)
ライツェンシュタイン　1847(3.5)
ライディ　1891(5.20)
ライト　1700(この頃)
ライト　1786(この年)
ライト　1793(この年)
ライト　1794(この年)
ライト　1847(8.27)
ライト　1877(この年)
ライト　1885(8.11)
ライト　1885(11.21)
ライト, ウィリアム・V.　1893(2.9)
ライト, ジョゼフ　1797(8.29)
ライト, ジョン・マイケル　1700(この年)
ライト, ファニー　1852(この年)
ライト, ベンジャミン　1842(この年)
ライト, ヘンリ・フラーンシス　1847(11.20)
ライトフット, ジョウゼフ・バーバー　1889(12.21)
ライトフット, ジョン　1675(12.5)
ライナー　1606(8.21)
ライナ, カッシオドーロ・デ　1594(この年)
ライナルディ, カルロ　1691(2.8)
ライナルディ, ジローラモ　1655(この年)
ライナルト・フォン・ダセル　1167(8.14)
ライニク　1852(2.7)
ライネス, ディエゴ(ハコボ)　1565(1.19)
ライネリオ, サッコーニ　1262(この年)

ライハーニー　834(この年)
ライヒ, フェルディナンド　1882(3.22)
ライヒェンスベルガー, アウグスト　1895(7.16)
ライヒェンスベルガー, ペーター　1892(12.31)
ライヒハルト,(フリードリヒ・ヴィルヘルム・)ルートヴィヒ　1848(この頃)
ライヒャルト, ヨーハン・フリードリヒ　1814(6.17)
ライヒリヒ, マルクス　1520(この頃)
ライヒレ, ハンス　1642(この年)
ライフ, レーオンハルト　1552(この頃)
ライフアイゼン　1888(3.11)
ライフェンシュタイン, ヨーハン・ヴィルヘルム　1575(3.19)
ライフェンシュテュール, アナクレートゥス　1703(5.10)
ライプニッツ, ゴットフリート・ヴィルヘルム　1716(11.14)
ライブル, ヴィルヘルム　1900(12.4)
ライヘルト　1883(この年)
ライヘンバッハ, カール, 男爵　1869(1.19)
ライヘンバッハ, ゲオルク・(フリードリヒ・)フォン　1826(5.21)
ライヘンバハ　1879(3.17)
ライヘンバハ　1889(5.6)
ライマー, トマス　1713(12.14)
ライマールス, ヘルマン・ザームエル　1768(3.1)
ライマン　1890(この年)
ライマン, パウル　1635(この年)
ライムント, フェルディナント　1836(9.5)
ライムンドゥス(カプアの)　1399(10.5)
ライムンドゥス・ノンナートゥス　1240(8.31)
ライムンドゥス(ペニャフォルテの)　1275(1.6)
ライムンドゥス・マルティーニ　1286(この年)
ライムンド・サブンデ　1436(4.2)
ライモンディ　1890(この年)
ライモンディ, ピエートロ　1853(10.30)

ライモンディ, マルカントーニオ　1534(この頃)
ライラト・アルアフヤリーヤ　707(この年)
ライランズ, ジョン　1888(12.11)
ライリ　1895(この年)
ライリー　1691(この年)
ライル　1813(11.22)
ライル, ジョン・チャールズ　1900(6.10)
ラ・イール, ロラン・ド　1656(12.28)
ライン, アン　1601(2.27)
ラインキング, テーオドーア・(ディートリヒ・)フォン　1664(この年)
ラインケン, ヨーハン・アーダム　1722(11.24)
ラインケンス, ヨーゼフ・フーベルト　1896(1.4)
ラインハルト, フランツ・フォルクマル　1812(9.6)
ラインハルト, ヨーハン・クリスティアン　1847(6.8)
ラインベック, ヨーハン・グスタフ　1741(8.21)
ラインベルガー, ハンス　1531(この頃)
ラインホルト, エラスムス　1553(2.19)
ラインホルト, カール・レーオンハルト　1823(4.10)
ラインホルト, ハインリヒ　1825(この年)
ラインマル・フォン・ツヴェーター　1260(この頃)
ラインマル・フォン・ハーゲナウ　1205(この頃)
ラウ　1870(3.18)
ラウ, クリストファー　1651(8.22)
ラウ, ゲオルク　1548(8.6)
ラーヴァター, ヨハン・カスパル　1801(1.2)
ラヴァヤック　1610(5.27)
ラウアリ, ウォールター・メイカン　1847(8.19)
ラ・ヴァリエール, ルイーズ-フランソワーズ・ド・ラ・ボーム・ル・ブラン, 女公爵　1710(6.6)
ラヴァル-モンモランシー, フランソワ・クサヴィエ　1708(5.6)

ラク

ラヴァレー, カリクサ　1891（この年）
ラ・ヴァレー, ジャン・ド　1696（この年）
ラ・ヴァレット, ジャン・パリゾー・ド　1568（8.21）
ラヴィエ, フランソワ・オーギュスト　1894（この年）
ラヴィジェリ, シャルル・マルシャル・アルマン　1892（11.25）
ラヴィニャン, ギュスターヴ・フランソワ・グザヴィエ・ド　1858（2.26）
ラヴィントン, ジョージ　1762（9.13）
ラヴェッソン・モリアン　1900（5.18）
ラヴェット　1877（8.8）
ラヴェルティ, マッテーオ・デ　1436（この年）
ラヴォアジエ, マリー・アン・ポールズ　1836（この年）
ラヴォワ　1897（12.27）
ラヴォワジエ, アントワーヌ・ローラン　1794（5.8）
ラウシェンブシュ, アウグスト・クリスティアン・エルンスト　1840（この年）
ラウシャー, ヨーゼフ・オットマル　1875（11.24）
ラヴジョイ, エライジャ・パリシュ　1837（11.7）
ラウス, フランシス　1659（1.7）
ラウス, マーティン・ジョウゼフ　1854（12.22）
ラウス, ロバート　1787（11.3）
ラ・ウセ　1818（この年）
ラウダー, チャールズ・フュージ　1880（この年）
ラウタロ　1557（この年）
ラウッツィーニ, ヴェナンツィオ　1810（4.8）
ラウテンシュトラオホ, フランツ・シュテファン　1785（9.30）
ラウテンベルク, ヨーハン・ヴィルヘルム　1865（3.1）
ラウトリッジ, ジョージ　1888（12.13）
ラウドン　1790（7.14）
ラウドン, ジョン・クローディアス　1843（この年）
ラウパッハ, エルンスト　1852（3.18）

ラウパッハ, クリストフ　1744（この年）
ラウパッハ, ヘルマン　1778（12.?）
ラウフミラー, マティアス　1686（この年）
ラウベ, ハインリヒ　1884（8.1）
ラウホ, クリスティアン・ダニエル　1857（12.3）
ラウマー　1859（この年）
ラウマー　1873（6.14）
ラウマー, カール・フォン　1865（6.2）
ラウラーナ, フランチェスコ　1502（この年）
ラウラナ, ルチャーノ　1479（この年）
ラウリーア　1305（この年）
ラウール・グラベル　1050（この頃）
ラウル・ド・ウーダン　1230（この頃）
ラウル（ロードルフ・ド・ブルゴーニュ）　936（この年）
ラヴレー　1892（1.3）
ラウレアーティ, ジョヴァンニ　1727（この年）
ラヴレイス, オーガスタ・エイダ・キング, 伯爵夫人　1852（この年）
ラヴレイス, リチャード　1657（この年）
ラウレーティ, トンマーゾ　1602（この年）
聖ラウレンティウス　258（この年）
ラウレンティウス・アンドレー（ラーシュ・アンデション）　1552（4.14）
ラウレンティウス（カンタベリの）　619（2.2）
ラウレンティウス（ダブリンの）　1180（11.14）
ラウレンティウス（ブリンディジの）　1619（7.22）
ラウレンティウス・ユスティニアーニ　1455（1.8）
ラウレンベルク　1658（2.28）
ラヴローフ, ピョートル・ラヴロヴィチ　1900（1.25）
ラヴン　1864（10.20）
ラウントリー, ジョウゼフ　1859（11.4）

ラエーフスキィ　1829（この年）
ラエリウス　前160（この頃）
ラエリウス・サピエンス, ガイユス　前129（この頃）
ラエンネック, ルネ・テオフィル・イアサント　1826（8.13）
ラオホ, クリスティアン・ハインリヒ　1763（この年）
ラオンタン, ルイ・アルマン・ド　1715（この頃）
ラカイユ, ニコラ・ルイ・ド　1762（3.21）
ラカサニュ　1780（この頃）
ラカナル　1845（2.14）
ラガルド, ポル・アントーン・ド　1891（12.22）
ラ・カルプルネード, ゴーチエ・ド・コスト・ド　1663（この年）
ラカン, オノラ・ド　1670（1.21）
ラキュデス　前206（この頃）
駱賓王　684（この頃）
駱乗章　1868（この年）
ラクシュミーバーイー　1858（6.18）
楽真　1119（この年）
ラクスマン　1803（この頃）
ラクタンティウス, ルキウス・カエキリウス・フィルミアヌス　320（この頃）
ラグッツィーニ, フィリッポ　1771（この年）
ラグナート・ラーオ　1782（この年）
ラグネ　1722（この年）
ラーグプ・パシャ　1763（4.8）
ラクベリー　1894（この年）
ラグランジュ, ジョゼフ・ルイ, 帝政伯爵　1813（4.10）
ラグランジュ-シャンセル　1758（この年）
ラグラン（ラグランの）, ロード・フィッツロイ・ジェイムズ・ヘンリー・サマーセット, 男爵　1855（6.28）
ラクルテル　1855（3.26）
ラグルネ　1862（4.27）
ラグルネ, ルイ・ジャン・フランソワ　1805（この年）
ラクレード　1778（6.20）
ラクロ, ピエール・コデルロス・ド　1803（9.5）
ラクロア　1843（5.25）
ラ・クロシェ　1669（この頃）

ラ・グロット, ニコラ・ド 1600 (この頃)
ラクロワ, ポール 1884(10.16)
ラクンサ・イ・ディアス, マヌエル・デ(イマヌエル) 1801(この年)
ラケス 前418(この年)
ラゲール 1886(8.18)
ラゲール, ルイ 1721(4.20)
ラーコーツィ・フェレンツ2世 1735(4.8)
ラコフスキ, ゲオルギ 1867(10.12)
ラコルデール, アンリ・ドミニーク 1861(11.22)
ラコンダミン, シャルル・マリー・ド 1774(2.4)
ラコンブ 1884(9.30)
ラサイイ, シャルル 1843(7.14)
ラザフォード 1892(この年)
ラザフォード, サミュエル 1661(3.?)
ラザフォード, ダニエル 1819(11.15)
ラ・サブリエール 1693(この年)
ラザラス, エマ 1887(11.19)
ラ・サール 1809(7.6)
ラザル 1823(この年)
ラ・サル, アントワーヌ・ド 1460(この頃)
ラ・サール, 聖ジャン・バティスト・ド 1719(4.7)
ラサール, フェルディナント 1864(8.31)
ラ・サール, ルネ・ローベル・カヴリエ, 卿 1687(3.19)
ラザレヴィチ, ラザ 1891(1.10)
ラーザレフ 1851(この年)
ラザロス 1054(11.8)
ラージ 1890(4.4)
ラージー 1209(この年)
ラージー 925(10.27)
ラシ 1105(7.13)
ラシ 1751(5.11)
ラシ 1801(11.24)
ラジヴィウ 1833(4.7)
ラジヴィウ, エリーザ 1834(この年)
ラジヴィウ, ミコウァイ(赤の) 1584(この年)
ラジヴィウ, ミコウァイ・クシシュトフ 1616(この年)

ラジヴィウ, ミコウァイ(黒の) 1565(この年)
ラシェーズ, フランソワ・デクス 1709(1.20)
ラジェーチニコフ, イワン・イワノヴィチ 1869(6.26)
ラシェル 1858(1.3)
ラージェーンドラ・チョーラデーヴァ1世 1044(この年)
ラージェンドラバルマン2世 968(この年)
ラージェーンドララーラ・ミトラ 1891(7.26)
ラジーシチェフ, アレクサンドル・ニコラエヴィチ 1802(9.12)
ラシティウス(ラシツキ), ヨーハン 1600(この年)
ラシード・アッディーン 1318(7.18)
ラシード・イ・ワトワート 1182(この年)
ラシーヌ, ジャン 1699(4.21)
ラシーヌ, ルイ 1763(1.29)
ラシネ 1893(この年)
ラジビル, ミコウァイ1世 1509(この年)
ラジビル, ミコウァイ2世 1522(この年)
ラージャシェーカラ 920(この頃)
ラージャシンハ 1832(この年)
ラジャ・ソリマン 1571(この年)
ラージャラージャ1世 1016(この年)
ラーシャロテー 1785(7.12)
ラシュー, ジャン・バティスト・アントワーヌ 1857(この年)
ラ・シュヴァルディエール 1812(4.5)
ラ・ショッセ, ピエール・クロード・ニヴェル・ド 1754(3.14)
ラージン, ステパン・チモフェエヴィチ 1671(6.16)
ラース 1885(7.25)
ラスー, ギヨーム 1831(この年)
ラーズィー 955(11.1)
ラズィッヤ 1240(10.14)
ラスヴルム 1851(6.17)
ラスカー 1884(1.5)
ラス・カサス, バルトロメ・デ 1566(7.17)

ラス・カーズ, エマニュエル・ド 1842(5.15)
ラスカリス, コンスタンティーヌス 1501(この年)
ラスカリス, ヤノス 1535(この年)
ラスキン, ジョン 1900(1.20)
ラスク 1897(この年)
ラスク, ラスムス(・クリスティアン) 1832(11.14)
ラスターリア, ホセ・ビクトリーノ 1888(この年)
ラステル, ウィリアム 1565(8.27)
ラステル, ジョン 1536(6.25)
ラストマン, ピーテル 1633(4.4)
ラストリック, ジョン(・アーペス) 1856(この年)
ラストレッリ, バルトロメオ・カルロ 1744(この年)
ラストレッリ, バルトロメオ・フランチェスコ 1771(この年)
ラスパイユ 1878(1.8)
ラスペ 1247(2.16)
ラスペ 1794(この年)
ラスベルク 1855(3.15)
ラズモフスキー, アンドレイ・キリロヴィチ 1836(9.23)
ラースロー1世 1095(7.29)
ラースロー4世 1290(7.10)
ラースロー5世 1457(11.23)
ラ・セペード, ジャン・ド 1623(この年)
ラセペード, ベルナール・ド・ラヴィル, 伯爵 1825(10.6)
ラゼーリウス, アンドレーアス 1602(1.6)
ラゼール, ジェシー・ウィリアムズ 1900(9.25)
ラソー, アマーリエ・フォン 1872(この年)
ラソーヌ 1788(12.8)
ラ・タイユ, ジャン・ド 1607(この頃)
ラダット, フランソワ 1787(この年)
ラダマ2世 1863(この年)
ラータマン, ヨーハン 1662(この年)
ラチュキ 1894(2.13)
ラツィオーシ, ペレグリーネ 1345(5.1)

ラツェベルガー，マテーウス 1559(1.3)
ラッザリーニ，グレゴーリオ 1730(この年)
ラッジ，アントーニオ 1686(この年)
ラッシュ 1833(1.7)
ラッシュ，オルランド・ド 1594(6.14)
ラッシュ，ベンジャミン 1813(4.19)
ラッシュ，リチャード 1859(この年)
ラッシュワース 1690(5.12)
ラッセル 1805(この年)
ラッセル 1806(4.20)
ラッセル 1873(この年)
ラッセル 1900(8.10)
ラッセル，J. 1878(5.28)
ラッセル，ウィリアム 1880(10.5)
ラッセル，ウィリアム，卿 1683(7.21)
ラッセル，エドワード 1727(この年)
ラッセル，ジャック 1883(この年)
ラッセル，ジョン 1494(12.30)
ラッセル，ジョン，初代ベッドフォード伯爵 1555(この年)
ラッセル，ジョン・スコット 1882(6.8)
ラッセル(ソーンホーの)，ウィリアム・ラッセル，男爵 1613(この年)
ラッセン 1876(5.8)
ラッタッツィ 1873(6.5)
ラッタンツィオ・ダ・リーミニ 1527(この年)
ラッハナー，イグナーツ 1895(2.24)
ラッハナー，ヴィンツェンツ 1893(1.22)
ラッハナー，テーオドール 1877(この年)
ラッハナー，フランツ・パウル 1890(1.20)
ラッハマン，カール 1851(3.13)
ラップ，アルフォンス 1829(12.30？)
ラップ，ジョージ 1847(8.7)
ラッファエッリーノ・ダ・レッジョ 1578(この年)

ラッファエッリーノ・デル・ガルボ 1525(この頃)
ラッファエッリーノ・デル・コッレ 1566(この年)
ラッファエッロ・ダ・モンテルーポ 1566(この年)
ラッフィヌス 410(この年)
ラッフィン 1865(この年)
ラッフルズ，トマス・スタンフォード 1826(7.5)
ラッペンベルク 1865(11.28)
ラッルーラール 1825(この年)
ラーディー 940(この年)
ラーディ，ロレンツォ 1874(この年)
ラティスボンヌ，マリー・アルフォンス 1884(5.6)
ラティスボンヌ，マリー・テオドール 1884(1.10)
ラディスラオ 1414(8.6)
ラディソン 1710(この年)
ラディチェヴィチ，ブランコ 1853(6.30)
ラティーニ，ブルネット 1294(この年)
ラティーヒウス(ラトケ)，ヴォルフガング・フォン 1635(4.27)
ラティマー，ヒュー 1555(10.16)
ラーデグンデ 587(8.13)
ラデツキー，ヨーゼフ，伯爵 1858(1.5)
ラデーツキィ 1890(この年)
ラーデマッハー 1850(2.9)
ラテュード 1805(1.1)
ラテーリウス(ヴェローナの) 974(4.25)
ラトー，ルイーズ 1883(8.25)
ラードヴィツ，ヨーゼフ・マリーア・フォン 1853(12.25)
ラトゥーシュ，アンリ・ド 1851(2.27)
ラ・トゥール，ジョルジュ・ド 1652(1.30)
ラ・トゥール，モーリス・カンタン・ド 1788(2.17)
ラ・トゥール・ドーヴェルニュ 1800(6.27)
ラトガーズ 1830(この年)
ラドクリフ，アン 1823(2.7)
ラドクリフ，ジョン 1714(この年)
ラトケ，マルティン・H(ハインリヒ) 1860(9.3)

ラートゲーバー 1750(6.2)
ラートゲープ，イェルク 1526(この年)
ラト・ディオール 1886(この年)
ラートドルト 1527(この頃)
ラードナー，ダイアニーシアス 1859(この年)
ラードナー，ナサニエル 1768(7.24)
ラトナキールティ 1050(この頃)
ラートマン，ヘルマン 1628(6.30)
ラトームス，バルトロメーウス 1570(1.3)
ラトームス，ヤコブス 1544(5.29)
ラトラムヌス(コルビーの) 868(この頃)
ラトリジ 1800(7.18)
ラトリッジ 1800(この年)
ラートル，アントン 1852(この年)
ラトレーユ，ピエール・アンドレ 1833(2.6)
ラドロー 1664(この年)
ラドロー，エドマンド 1692(この年)
ラトローブ，ベンジャミン・ヘンリー 1820(9.3)
ラナ 1687(この年)
ラーナ，カルロ・アメデーオ 1804(この年)
ラナバロナ1世 1861(この年)
ラーナー・プラターブ 1597(この年)
ラニアー，シドニー 1881(9.7)
ラニエ，ニコラス 1666(2.24(埋葬))
ラニューリ 1888(1.22)
ラニガン，ジョン 1828(7.7)
ラニーノ，ベルナルディーノ 1582(この頃)
ラニョー，ジュール 1894(この年)
ラ・ヌー，フランソワ・ド 1591(8.4)
ラバー 1900(4.21？)
ラバジェーハ 1853(10.22)
ラバショル 1892(この年)
ラバッコ，アントーニオ 1558(この年)
ラバディ，ジャン・ド 1674(2.13)
ラバヌス・マウルス 856(2.4)

ラハ　　人名索引

ラハマン，ヨーハン　1538(11.6?)
ラ・バール，ミシェル・ド　1743(この頃)
ラ・バール(シャバンソー・ド)，アンヌ　1688(この年)
ラ・バール(シャバンソー・ド)，ジェルマン　1647(この年)
ラ・バール(シャバンソー・ド)，ジョゼフ　1678(この年)
ラ・バール(シャバンソー・ド)，ピエール1世　1600(この頃)
ラ・バール(シャバンソー・ド)，ピエール2世　1626(この年)
ラ・バール(シャバンソー・ド)，ピエール3世　1647(この年)
ラ・バール(シャバンソー・ド)，ピエール4世　1710(この年)
ラバルナシュ1世　前1650(この頃)
ラバン，ルネ　1687(10.27)
ラービア　801(この年)
ラビイー・ブーシャンジー　1302(この年)
ラビザルディ，ミケーレ　1886(この年)
ラビチダ，エラスムス　1547(この年)
ラビッシュ，ウージェーヌ　1888(1.23)
ラビード　661(この年)
ラ・ビーニュ，マルゲラン・ド　1589(この年)
ラービフ　1900(この年)
ラフ，ヨアヒム　1882(6.24)
ラ・ファイ，アントワーヌ　1615(この年)
ラ・ファイエット侯，マリ・ジョゼフ・ポール・イブ・ロック・ジルベール・デュ・モティエ　1834(5.20)
ラ・ファイエット夫人，マリー・マドレーヌ　1693(5.25)
ラファエルロ，サンティ(サンツィオ)　1520(4.6)
ラ・ファージュ，ジュスト・アドリアン・ルノワール・ド　1862(3.8)
ラ・ファリーナ　1863(9.25)
ラフィ　1888(4.25)
ラフィット　1844(5.26)
ラフィット，ジャン　1825(この頃)

ラフィトー　1740(この年)
ラフィット　1746(この年)
ラフィラール，ミシェル　1708(この年)
ラ・フォス，シャルル・ド　1716(12.13)
ラ・フォス，ルイ・レミー・ド　1726(この年)
ラフォルグ，ジュール　1887(8.20)
ラ・フォンテーヌ　1864(2.26)
ラフォンテーヌ，アウグスト　1831(4.20)
ラ・フォンテーヌ，ジャン・ド　1695(4.13)
ラフソン　1715(この年)
ラープチェフ　1763(この年)
ラブトン　1873(この年)
ラ・ププリニエール，ジャン・ジョゼフ・ル・リッシュ・ド　1762(この年)
ラフマ　1612(この頃)
ラブラ　435(8.3)
ラブラーシュ，ルイージ　1858(1.23)
ラブラス　435(8.3)
ラプラス，ピエール・シモン，侯爵　1827(3.5)
ラブラード，ヴィクトール・リシャール・ド　1883(12.13)
ラーフラバドラ　300?(この頃)
ラ・ブリュイエール，ジャン・ド　1696(5.11)
ラブル，ブノワ・ジョゼフ　1783(4.16)
ラブルスト　1885(この年)
ラブルースト，アンリ　1875(6.24)
ラ・ブルドネ　1753(9.9)
ラブルール，フランチェスコ・マッシミリアーノ　1831(この年)
ラブレー，カトリーヌ　1876(12.31)
ラブレー，フランソワ　1553(4.9)
ラフレーリ，アントーニオ　1577(この年)
ラフレンセン，ニクラス　1807(12.6)
ラベ　1859(1.12)
ラベ，ジョゼフ・バルナベ　1803(この年)
ラベ，ピエール　1777(この年)

ラベ，ピエール・フィリップ　1768(この年)
ラベー，フィリップ　1667(3.17)
ラベ，ルイーズ　1566(4.25)
ラーベック，クヌ・リューネ　1830(4.22)
ラーベナー，ゴットリープ・ヴィルヘルム　1771(3.22)
ラ・ベランドリー　1749(この年)
ラベリウス，デキムス　前43(この年)
ラ・ペリューズ，ジャン・バスチエ・ド　1554(この年)
ラーヘル　1833(3.7)
ラ・ペルーズ，ジャン・フランソワ・ド・ガロ，伯爵　1788(12.?)
ラーヘレ　1144(この年)
ラ・ペレール，イザアク・ド　1676(1.30)
ラペロニー　1747(4.25)
ラーベンボルフ　1563(この年)
ラボー，ジャン・ポル・サンティエンヌ　1793(12.5)
ラボー，ポル　1794(9.25)
ラ・ボエシー，エチエンヌ・ド　1563(8.18)
ラポソ・タバーレス　1659(この年)
ラボック，ジョン・ウィリアム　1865(6.20)
ラポポルト，ザーロモ・ユーダ・レーブ　1867(この年)
ラ・ボーメル，ローラン・アングリヴィエル・ド　1773(11.17)
ラボルド，アレクサンドル・ルイ・ジョゼフ　1842(この年)
ラボルド，ジャン・バンジャマン・ド　1794(7.22)
ラ・ポルト，モーリス・ド　1571(4.23)
ラマー　1859(12.19)
ラマー　1893(1.23)
ラーマ1世　1809(9.7)
ラーマ2世　1824(7.21)
ラーマ4世　1868(10.1)
ラーマ・カムヘン　1317(この年)
ラーマクリシュナ　1886(8.15)
ラマコス　前415(この年)
ラマザン・ザーデ　1571(9.12)
ラマッツィーニ，ベルナルディーノ　1714(11.5)
ラーマ・ティボディ1世　1369(この年)

1076　人物物故大年表　外国人編

ラーマ・ティボディ2世　1529（この年）
ラーマーナンダ　1470（この頃）
ラーマーヌジャ　1091（この頃）
ラーマーヌジャ　1137（この年）
ラーマラーヤ・サールヴァ　1565（1.25）
ラマルク　1832（6.1）
ラマルク，ジャン・バティスト・ピエール・アントワーヌ・ド・モネ，シュヴァリエ・ド　1829（12.28）
ラ・マルシュ，オリヴィエ・ド　1502（2.1）
ラマルチーヌ，アルフォンス・ド　1869（2.28）
ラマルモラ　1878（1.5）
ラミ，ウージェーヌ・ルイ　1890（12.19）
ラミー，フランソワ　1711（4.3）
ラミー，ベルナール　1715（1.29）
ラミイ　1878（3.20）
ラミーイー，シェイフ・マフムート　1532（この頃）
ラミロ1世（アラゴン王）　1063（5.8）
ラム　1847（5.20）
ラム，キャロライン　1828（1.26）
ラム，チャールズ　1834（12.27）
ラム，トマス　1673（この年）
ラムザウアー　1848（この年）
ラムジ　1891（12.9）
ラムジー，アラン　1758（1.7）
ラムジー，アラン　1784（8.10）
ラムジ，アンドルー・マイケル　1743（5.6）
ラムジー，ジェイムズ　1792（12.23）
ラムージオ，ジョヴァン・バッティスタ　1557（7.10）
ラーム・シング　1885（この年）
ラムス，ペトルス　1572（8.26）
ラムズデン，ジェス　1800（11.5）
ラムゼー　1885（3.27）
ラムセス1世　前1318（この年）
ラムセス2世　前1233（この年）
ラムセス3世　前1172（この年）
ラームダース　1681（この年）
ラームニディ・グプタ　1825（この年）
ラ・ムネー，ジャン・マリー・ロベール・ド　1860（12.26）
ラムネー，フェリシテ・ロベール・ド　1854（2.27）

ラームバハ，アウグスト・ヤーコプ　1851（9.7）
ラームバハ，ヨーハン・ヤーコブ　1735（4.19）
ラームプラサード・セーン　1775（この年）
ラム・モハン・ロイ　1833（9.27）
ラムラー，カール・ヴィルヘルム　1798（4.11）
ラムルー，シャルル　1899（12.26）
ラムール，ジャン　1771（この年）
ラメ　1870（5.1）
ラメスワン　1395（この年）
ラメット伯　1829（この年）
ラメット伯　1832（この年）
ラメッリ　1590（この頃）
ラ・メトリ，ジュリヤン・オフロワ・ド　1751（11.11）
ラ・メナルディエール，イポリット・ジュール・ピレ・ド　1663（6.4）
ラモー，ジャン・フィリップ　1764（9.12）
ラモス・デ・パレハ　1491（この頃）
ラ・モット　1791（この年）
ラ・モット　1831（この年）
ラモット・ウダール　1731（12.26）
ラ・モット・ル・ヴァイエ，フランソワ・ド　1672（5.9）
ラモルシエール　1865（9.10）
ラモルマイニ，ヴィルヘルム（ラモルマン，ギヨーム）　1648（2.22）
ラモン　1611（この年）
ラモント，ヨハン・フォン　1879（8.6）
ラモン・ベレンゲール1世　1076（この年）
ラモン・ベレンゲール3世　1131（この年）
ラモン・ベレンゲール4世　1162（この年）
ラヨシュ1世　1382（9.11）
ラヨシュ2世　1526（8.29）
ラヨール　1540（この年）
ララ，マリアノ・ホセ・デ　1837（2.13）
ララーイーン・ガンダリージャス，ホアキン　1897（9.26）
ララニャーガ，ダマソ・アントニオ　1848（2.6）
ララメンディ，マヌエル・デ　1766（この年）

ラランド，ジャン・ド　1646（10.19）
ラランド，ジョゼフ・ジェローム・ル・フランセ・ド　1807（4.4）
ラランヌ，マキシーヌ　1886（この年）
ラリ　1766（5.9）
ラリヴェー，ピエール・ド　1619（2.12）
ラリー・トランダル　1830（3.11）
ラ・リーブ　1834（この年）
ラ・リーブ，オーギュスト　1874（11.3）
ラ・リュー，ピエール・ド　1518（11.20）
ラリュエット，ジャン・ルイ　1792（この年）
ラール　1865（7.9）
ラール，ピーテル・ファン　1658（この年）
ラルジリエール，ニコラ・ド　1746（3.20）
ラルース，ピエール-アタナーズ　1875（1.3）
ラルテ，エドゥアール・アルマン・イジドール・イッポリート　1871（1.26）
ラルフ（コッゲスホールの）　1227（この頃）
ラルマン，ガブリエル　1649（3.17）
ラルマン，ジェローム　1673（この年）
ラルーン，マーセラス　1772（この年）
ラレー　1842（8.1）
ラ・レニー　1709（この年）
ラ・レベリエール・レポー　1824（3.27）
ラロ，エドゥアール　1892（4.22）
ラ・ロシュ，ゾフィー・フォン　1807（2.18）
ラ・ロシュジャクラン，アンリ　1794（3.4）
ラ・ロシュジャクラン，オーギュスト　1868（この年）
ラ・ロシュジャクラン，マリー・ルイズ・ヴィクトア　1857（この年）
ラ・ロシュジャクラン，ルイ　1815（この年）
ラ・ロシュフコー，フランソワ・ド　1680（3.17）

ラ・ロシュフコー・リアンクール　1827(3.24)
ラロック，マチュー・ド　1684(1.31)
ラロミギエール　1837(8.12)
ラロンド，リシャール・ド　1797(この年)
ラーン　1676(この年)
藍瑛　1664(この年)
藍玉　1393(この年)
爛円　1066(この年)
ランガヴィース　1892(1.28)
ランガヴィス，アレクサンドロス・リゾス　1892(1.16)
ランカスター　1618(5.？)
ランカスター，ジョゼフ　1838(10.24)
ランカスター伯　1296(6.5)
ランカスター伯　1345(9.22)
ランガム　1376(7.22)
ランガリバレレ　1881(この年)
ランギェウィチ　1887(5.11)
ランキキウス(ウェチッキ)，ニコラウス　1652(3.16)
ランキン，ウィリアム・ジョン・マッコーン　1872(12.24)
ラング，アレグザンダー・ゴードン　1826(この年)
ラング，ジョン・ダンモア　1878(この年)
ラング，ハインリヒ　1876(1.13)
ランク，ヒエロニュムス・ユステセン　1607(12.3)
ラング，マテーウス　1540(3.30)
ラング，ヨーハン　1548(9.14)
ラングスドルフ　1852(6.29)
ラングストン　1897(11.5)
ラングダン　1819(9.18)
ラングトフト　1307(この頃)
ラングトン，スティーヴン　1228(7.9)
ラングハンス　1869(11.22)
ラングハンス　1892(6.9)
ラングハンス，カール・ゴットハート　1808(10.1)
ラングマン，アーデルハイト　1375(11.22)
ラングランド，ウィリアム　1400？(この頃)
ラングレ　1824(1.28)
ラングレン，ニコラ　1745(9.14)
ラングレン　1675(この年)
ラングロ　1706(この年)

ランクロ，ニノン・ド　1705(10.17)
ラングロア　1869(この年)
ラングロア　1870(3.24)
ランゲ　1794(6.27)
ランゲ　1868(3.31)
ランゲ　1878(6.25)
ランゲ　1900(5.29)
ランケ，エルンスト・コンスタンティーン　1888(7.30)
ランゲ，グスターフ　1889(7.19)
ランゲ，ザームエル・ゴットリープ　1823(この年)
ランゲ，フリードリヒ・アルベルト　1875(11.21)
ランゲ，フリードリヒ・ハインリヒ　1876(9.2)
ランゲー，ユベール　1581(9.30)
ランゲ，ヨーアヒム　1744(5.17)
ランゲ，ヨーハン・ペーター　1884(7.8)
ランケ，レーオポルト　1886(5.23)
ランゲ，ローレンツ・フリードリヒ　1852(この年)
蘭渓道隆　1278(7.24)
ランゲルハンス　1888(7.20)
ランゲンシャイト　1895(11.11)
ランゲンベック　1887(9.29)
ランゲン(ランギウス)，ルードルフ・フォン　1519(この年)
ランコビチ　1899(3.18)
ランジェッティ，ジャンバッティスタ　1676(この年)
ランジート・シング　1839(6.27)
ランシマン，アレグザンダー　1785(この年)
ランジャンド，ジャン・ド　1616(この年)
ランスタ，マーグヌス・ブロストルプ　1880(10.5)
ランズダウン，ヘンリー・ペティ - フィッツモーリス，3代侯爵　1863(1.31)
ランスベルグ　1632(この年)
ランスロー，クロード　1695(4.15)
ランセ，アルマン - ジャン・ル・ブチリエ・ド　1700(10.27)
ランダ，ディエゴ・デ　1579(4.29)
ランダー，リチャード　1834(この年)
ランターナ，ジョヴァンニ・バッティスタ　1627(この年)

ランダル　1890(4.13)
ランダルマ　842(この年)
ランチ，バルダッサッレ　1571(この年)
ランチェロッティ，ジョヴァンニ・パーオロ　1590(9.23)
ランチージ，ジョヴァンニ・マリア　1720(1.20)
ランチュン・ドルジェ　1338(この年)
ランツァ　1882(3.9)
ランツァーニ，アンドレーア　1712(この年)
ランツィ，ルイージ　1810(この年)
ランツェッティ　1780(この頃)
ランツォーニ，ダニエーレ　1889(この年)
ランツベルガー，ヨーハン・ユストゥス　1539(8.11)
ランディ，ガスパレ　1830(この年)
ランディ，ステファノ　1639(10.28)
ランディ，ネロッチオ・ディ・バルトロメーオ・デ　1500(この年)
ランディ，ベンジャミン　1839(8.22)
ランディーニ，タッデーオ　1596(この年)
ランディーニ，フランチェスコ　1397(9.2)
ランディーノ，クリストーフォロ　1498(9.24)
ランディーバル，ラファエル　1793(9.27)
ランデュ　1860(この年)
ランデラー，マクシミーリアーン・アルベルト　1878(この年)
ランデルズ，エビニーザー　1860(この年)
ランデン　1790(1.15)
ランド　1382(この年)
ランドー，ウォルター・サヴェッジ　1864(9.17)
ランドシーア　1852(この年)
ランドシーア　1879(7.22)
ランドシーア　1880(この年)
ランドシア，エドウィン・ヘンリー　1873(10.1)
ラントナ　1799(この年)
ランドリ　1865(11.1)
ランドリアーニ，パーオロ　1839(この年)

リ

ランドリアーニ, パーオロ・カンミッロ　1618（この頃）
ランドル, ベンジャミン　1808（10.22）
ランドルフ　1590（6.8）
ランドルフ　1711（この年）
ランドルフ　1775（この年）
ランドルフ, エドマンド（・ジェニングズ）　1813（9.13）
ランドルフ, サー・トマス　1332（この年）
ランドルフ, ジョン　1833（5.24）
ランドルフ, トマス　1635（3.？）
ランドン, レティシア・エリザベス　1838（10.15）
ランナー, ヨーゼフ　1843（4.14）
ランヌ　1809（5.31）
ランパジウス　1842（この年）
ランバス, ジェイムズ・ウィリアム　1892（4.28）
ランバート, ジョージ　1765（この年）
ランバート, ジョン　1684（3.？）
ランバート, ヨハン・ハインリヒ　1777（9.25）
ランバル　1792（9.3）
ランバン, ドニー（ディオニシウス・ランビヌス）　1572（8.？）
ランピ　1830（2.11）
ランピ, ジョヴァンニ・バッティスタ　1838（この年）
ランビヨット, ルイ　1855（2.22）
ランファン　1787（6.26）
ランファン, ピエール・シャルル　1825（6.14）
ランブイエ, カトリーヌ・ド・ヴィヴォンヌ, 侯爵夫人　1665（12.2）
ランブニャーニ, ジョヴァンニ・バッティスタ　1785（この年）
ランプマン, アーチボルド　1899（2.10）
ランフランク　1089（5.24）
ランフランコ, ジョヴァンニ　1647（11.30）
ランブルスキーニ, ラッファエロ　1873（3.8）
ランブルスキーニ, ルイージ　1854（5.12）
ランペ, フリードリヒ・アードルフ　1729（12.18）
ランベール　1886（11.21）
ランベール, フランソワ　1530（4.18）

ランベール, ミシェル　1696（6.29）
ランベルク, ヨハン・ハインリヒ　1840（7.6）
ランベルティ, ニッコロ　1451（この年）
ランベルティ, ピエトロ　1434（この年）
ランベルトゥス（サントメールの）　1125（この年）
ランベルトゥス（ボローニャの）　1308（11.8？）
ランベルト・フォン・ヘルスフェルト　1080（この頃）
ランベール・ド・ラ・モット, ピエール　1679（6.15）
ランベルト（ランデベルトゥス）（マーストリヒトの）　705（9.17）
ランベール夫人　1733（この年）
ランベール・ル・ベーニュ　1170（この頃）
ランボー, アルチュール　1891（11.10）
ランボー・ド・ヴァケラス　1210（この年）
ランヤード　1894（この年）
ラン（リ）タンパ・ドルジェ・センゲ　1123（この年）

【 リ 】

リー　1794（6.19）
リー　1797（この年）
リー, アン　1784（9.8）
李安　1446（この年）
李晏　1197（この年）
李安世　493（この年）
李煜　978（7.7）
李因　1685（この年）
李寅文　1685（この年）
リー, ウィリアム　1610（この年）
李瓔　961（この年）
李衛　1738（この年）
李鋭　1817（この年）
李永芳　1634（この年）
李益　827（この頃）
リー, エドワード　1544（9.13）
李延孝　877（この年）
李延年　前87（この頃）
李応禎　1493（この年）

李華　766（この頃）
李賀　817（この年）
李悝　前395（この頃）
李誡　1110（この年）
李懐光　785（この年）
李懐仙　768（この年）
李開先　1568（この年）
李家煥　1801（この年）
李适　1624（この年）
李嘉祐　781（この年）
李化竜　1611（この年）
李忻　1320（10.24）
李桓　1891（この年）
李巌　1644（この年）
李瀚章　1888（この年）
李頎　751（この頃）
李軌　619（この年）
李揆　784（この年）
李吉甫　814（この年）
李義眅　1196（この年）
李義府　666（この年）
李義方　1174（この年）
李球　1573（この年）
李漁　1680（この年）
李顒　1705（この年）
李堪　1733（この年）
李嶠　714（この年）
李匡師　1777（この年）
李希烈　786（この年）
李訓　835（この年）
李群玉　860（この頃）
李敬業　684（この年）
李継遷　1004（1.2）
李継捧　1004（この年）
李奎報　1241（9.2）
李憲　829（この年）
李謙　1302（この年）
李賢　1466（この年）
李原　1471（この年）
李元吉　626（この年）
李建勲　952（この頃）
李元昊　1048（1.？）
李建昌　1898（この年）
李建成　626（この年）
李元度　1887（この年）
李建中　1013（この年）
李彦迪　1553（この年）
李乾徳　1127（この年）
李元翼　1634（この年）
李昰　417（この年）
李暠　740（この年）
李沆　1004（この頃）
李翺　844（この頃）

李広　　1498（この年）
李広　　前119（この年）
李綱　　1140（1.15）
李杲　　1251（この年）
李覯　　1059（この年）
李滉　　1570（12.4）
李公蘊　1028（この年）
李孝恭　640（この年）
李公佐　850（この頃）
李鴻藻　1897（この年）
李光地　1718（この年）
李光弼　764（7.5）
李広利　前89（この頃）
李公麟　1106（この年）
李恒老　1868（この年）
李克用　908（1.4）
李最応　1882（この年）
李載先　1881（この年）
リー，サミュエル　1852（12.16）
李三才　1623（この年）
李参平　1655（8.11）
李斯　　前208（この年）
李珥　　1584（この年）
李施愛　1467（この年）
リー，ジェイスン　1845（3.25）
リー，ジェシ　1816（9.12）
李子淵　1061（この年）
李止淵　1841（この年）
李思訓　718（8.？）
李資謙　1126（12.？）
李資賢　1125（この年）
李士行　1328（6.1）
李自成　1645（この年）
李之藻　1629（この年）
李時珍　1593（この年）
李子通　622（この年）
李日華　1635（この頃）
李失活　718（この年）
李慈銘　1894（この年）
李若水　1127（この年）
李従昜　836（この年）
李秀成　1864（この年）
李従茂　1425（この年）
李順　　442（この年）
李順　　994（この年）
李純之　1465（この年）
李舜臣　1598（11.19）
李淳風　670（この年）
李常　　1090（この年）
李商隠　858（この頃）
李承薫　1801（この年）
李承宋　758（この年）
李穡　　1396（この年）

李如松　1598（4.？）
李汝珍　1830（この頃）
李紳　　846（この年）
李心伝　1243（この年）
李仁任　1388（この年）
李仁老　1220（この年）
李晬光　1628（この年）
李崇仁　1392（この年）
李勢　　361（この年）
李成　　967（この年）
李靖　　649（5.18）
李晟　　793（この年）
李成桂　1408（5.？）
李星沅　1851（この年）
李斉賢　1367（この年）
李清照　1151（この頃）
李済馬　1900（この年）
李成梁　1615（この年）
李石　　1182（この年）
李勣　　669（12.3）
李鱓　　1762（この頃）
李善　　689（この年）
李全　　1231（この年）
李善長　1390（この年）
李善蘭　1882（この年）
利蒼　　前168（この年）
李宗瀚　1831（この年）
李宗閔　846（この年）
リー，ソファイア　1824（3.13）
李存勗　926（4.1）
李泰　　652（この年）
李大輔　720（この年）
李卓吾　1602（3.15）
李多祚　707（この年）
李璮　　1262（この年）
李旦　　1625（この年）
李端　　782（この年）
李治　　1265（この年）
リー，チャールズ　1782（この年）
李沖　　497（この年）
李長庚　1807（この年）
李兆洛　1841（この年）
李通　　42（この年）
李通玄　730（この頃）
李楨　　1606（2.？）
李禎　　1452（この年）
李定国　1662（この年）
李適之　747（この年）
李蔵　　1451（この年）
李侗　　1158（この年）
李薫　　1184（2.5）
李唐　　1128（この年）
李東仁　1881（この年）

李道宗　653（この年）
李東陽　1516（この年）
李徳明　1032（11.？）
李徳裕　849（この年）
李徳林　591（この年）
リー，ナサニエル　1692（5.6）
李白　　762（11.？）
李万超　975（この年）
李攀竜　1570（この年）
李泌　　789（3.？）
李弼　　557（この年）
李弼済　1871（この年）
李百薬　648（この年）
李文成　1813（この年）
李文忠　1384（この年）
李文田　1895（この年）
李秉衡　1900（この年）
李昇　　943（この年）
李昉　　996（この年）
李方膺　1754（9.3）
李夢陽　1529（この年）
李貫　　548（この年）
リー，（マリウス・）ソフス　1899（2.18）
李満住　1467（この年）
李密　　287（この年）
李密　　618（12.30）
李雄　　334（この年）
李邕　　747（この年）
李瑢　　1453（10.18）
李膺　　169（この年）
李瀷　　1763（この年）
李流芳　1629（1.？）
李陵　　前74（この年）
李麟佐　1728（この年）
李林甫　752（11.？）
リー，ロバート　1868（4.14）
リー，ロバート・E（エドワード）　1870（10.12）
リア，エドワード　1888（1.29）
リアーニョ，ディエゴ・デ　1534（この年）
リイ・ヴァン・フック　1849（この年）
リイ・トゥオン・キエット　1105（この年）
リイ・トゥ・タン　1454（この年）
リーヴ，クララ　1807（この年）
リーヴ，ジョン　1658（3.29）
リーヴァー，チャールズ　1872（6.1）
リヴァプール　1808（12.17）

リシ

リヴァプール，ロバート・バンクス・ジェンキンソン，2代伯爵　1828(12.4)
リヴァル，アントワーヌ　1735(この年)
リヴァル，ジャン・ピエール　1706(この年)
リヴァル，ジャン・ピエール2世　1785(この年)
リヴァロール，アントワーヌ　1801(4.13)
リヴァン，ウィリアム，初代ガウリー伯爵　1584(この年)
リーヴィ，バーネット　1837(この年)
リヴィア，ポール　1818(5.10)
リウィア・ドルシラ　29(この年)
リウィウス，ティトゥス　17(この年)
リウィウス・アンドロニクス，ルキウス　前204(この年)
リヴィエール　1883(5.19)
リヴィヌス　1723(12.30)
リヴィングストン　1790(この年)
リヴィングストン　1836(5.23)
リヴィングストン，R.　1728(10.?)
リヴィングストン，R. R.　1813(2.16)
リヴィングストン，ジョン・ヘンリ　1825(1.25？)
リヴィングストン，デイヴィド　1873(6.1)
リヴェー，アンドレー　1651(1.7)
リーヴェンス，コンスタンティン　1893(11.7)
リヴォフ，ニコライ・アレクサンドロヴィチ　1803(12.22)
リヴォルタ　1893(8.14)
リウドゲルス(リウドゲル，ルートゲル)　809(3.26)
リウドハルド　602(この頃)
リウトプランド　744(この年)
リウトプランド　972(この頃)
リウドルフ(シュワーベン公)　957(この年)
リエゴ・イ・ヌニェス　1823(11.7)
リエップ，カール・ジョゼフ　1775(この年)
リエル，ルイ　1885(11.16)
リエンツォ，コラ・ディ　1354(10.8)
リオ，アレクシス・フランソワ　1874(この年)

リオタール，ジャン・エティエンヌ　1789(6.12)
リオネ　1789(この年)
リオネッリ，ニッコロ　1462(この頃)
リーオバ　782(9.28)
リオラン　1657(2.19)
リオンヌ　1671(9.1)
リーガー，カール・ハインリヒ　1791(1.15)
リーガー，ゲオルク・コンラート　1743(4.16)
リガス・ヴェレスティンリス　1798(6.24)
リカーソリ，ベッティーノ　1880(10.23)
リカード，デイヴィド　1823(9.11)
リガーリ，チェーザレ　1770(この年)
リガーリ，ピエトロ　1752(この年)
リガーリウス，ヨハネス　1596(1.21)
リカール　1873(1.24)
リカルドゥス(サン・ヴィクトールの)　1173(3.10)
リギーニ　1812(8.19)
リギーニ，ピエトロ　1742(この年)
リキーニ，フランチェスコ・マリーア　1658(この年)
リキニウス　前66(この年)
リキーニウス，ウァレリウス・リキニアーヌス　324(この年)
リーキメル，フラーウィルス　472(8.20)
リーク　1860(1.6)
陸嗚　1716(この年)
陸羽　804(この年)
陸雲　303(この年)
陸賈　前179(この頃)
陸機　303(この年)
陸亀蒙　881(この頃)
陸九齢　1180(この年)
陸厥　499(この年)
陸皓東　1895(この年)
陸治　1576(この年)
陸贄　805(この年)
陸修静　477(この年)
陸秀夫　1279(2.6)
陸淳　806(この年)
陸象山　1192(1.10)

陸深　1544(この年)
陸心源　1894(この年)
陸倕　526(この年)
陸世儀　1672(この年)
陸生柟　1729(この年)
陸遜　245(この年)
陸佃　1102(この年)
陸徳明　630(この年)
陸游　1209(この年)
陸隴其　1692(この年)
リグオーリ，聖アルフォンソ・マリア・デ　1787(8.1)
リケー　1680(この年)
リーゲル，アントン　1807(この年)
リーゲル，アンリ・ジャン　1852(この年)
リーゲル，アンリ・ジョゼフ　1799(5.2)
リゴー　1811(この年)
リゴー，イアサント　1743(12.29)
リゴッツィ，ヤーコポ　1626(この年)
リゴリオ，ピッロ　1583(10.13)
リコール　1889(10.22)
リコルディ，ジョヴァンニ　1853(3.15)
リコルディ，ティート1世　1888(9.7)
リコルドゥス(モンテ・クローチェの)　1320(10.31)
利厳　936(この年)
リーザ　1820(8.12)
リーサー，アイザク　1868(2.1)
リザー・イ・アッバーシー　1634(この頃)
リサジュー，ジュール・アントワーヌ　1880(6.24)
リサーニー・シーラーズィー　1533(この頃)
リサーラガ，レヒナルド・デ　1609(11.?)
リサール，ホセ　1896(12.30)
リサール，ホセ　1896(この年)
リージウス，ハインリヒ　1731(10.16)
リシェ，エドモン　1631(11.29)
リシェ，ジャン　1696(この年)
リシエ，リジエ　1567(この頃)
リシャフォール，ジャン　1547(この頃)
リシャール　1839(この年)

人物物故大年表 外国人編　*1081*

リシ　人名索引

リシャール・ド・サント・アンヌ　1622(9.10)
リシャール・ド・モンフェラン，オーギュスト　1858(6.28)
リシュオム，ルイ　1625(この年)
リシュタンベルジエ，フレデリック・オギュスト　1899(1.7)
リシュリュー　1788(8.8)
リシュリュー　1822(この年)
リシュリュー，アルマン・ジャン・デュ・プレシ，枢機卿，公爵　1642(12.4)
リシュレ，セザール－ピエール　1698(この年)
リージング　1672(この年)
リシンスキ，ヴァトロスラフ　1854(5.31)
リース　1899(5.10)
リース，アンドレーアス　1854(1.20)
リース，ウィリアム　1883(11.13)
リース，エイブラハム　1825(6.9)
リース，トマス　1885(4.29)
リーズ，トマス・オズボーン，公爵　1712(7.26)
リース，フェルディナント　1838(1.13)
リース，フランツ・アントン　1846(11.1)
リス，ヨハン　1629(この年)
リスコ，エーミール・グスタフ　1897(この年)
リスコー，クリスティアン・ルートヴィヒ　1760(10.30)
リスコ(リスコヴィウス)，ザーロモ　1689(12.5)
リスター，ジョゼフ・ジャクソン　1869(10.24)
リスティチ　1899(9.4)
リスティング　1882(12.24)
リスト　1846(11.30)
リスト，ヴァレリウス　1737(9.15)
リスト，フランツ　1886(7.31)
リスト，ヨーハン　1667(8.31)
リストーリ　1753(2.7)
リストーロ，フラ　1284(この年)
リストン　1847(12.7)
リーズネル，アンリ・フランソワ　1828(2.7)
リスフラン・ド・サン・マルタン　1847(5.13)

リズボア，アントニオ・フランシスコ　1814(11.18)
リズボア，クリストヴォン・デ　1652(4.19)
リスマニーニ，フランチェスコ(フランツ)　1556(この年)
リズリー　1874(5.25)
リーゼ　1559(3.30)
リーゼネル，ジャン・アンリ　1806(1.16)
リーゼンブルヒ，ベルナルド2世　1765(この頃)
理宗(南宋)　1264(この年)
リタイ　1374(この頃)
リータ(カスキアの)　1447(5.?)
リーチ，ジョン　1864(10.14)
リーチェル　1861(2.21)
リチーニオ，ベルナルディーノ　1550(この頃)
リチャード　1272(4.2)
リチャード　1302(3.30)
リチャード1世　1199(4.6)
リチャード2世　1400(2.14)
リチャード3世　1485(8.22)
リチャード，ゲイブリエル(リシャール，ガブリエル)　1832(9.13)
リチャード(ウォリングフォードの)　1336(5.23)
リチャード・オブ・ファーレイ　1363(この年)
リチャード(カンタベリの)　1184(2.16)
リチャード(クナップウェルの，クラップウェルの)　1288(この頃)
リチャードソン　1851(この年)
リチャードソン　1862(9.14)
リチャードソン，サー・ジョン　1865(この年)
リチャードソン，サミュエル　1761(7.4)
リチャードソン，ジョナサン　1745(5.28)
リチャードソン，ジョン　1852(5.12)
リチャードソン，ヘンリー・ホブソン　1886(4.27)
リチャード(チチェスターの)　1253(4.3)
リチャード・ド・モアズ(モリンズ)　1242(4.9)
リチャード・フィシャカー　1248(この年)

リチャード・ルーファス(コーンウォルの)　1260(この頃)
リーツ　1877(9.12)
リツィウス，パウル　1540(この頃)
リッカティ，ヴィンチェツォ　1775(1.17)
リッカティ，ヤコポ　1754(4.15)
リック，ジェイムズ　1876(この年)
リック，ジョドーコ　1575(この年)
リッグズ　1885(この年)
リッグズ，スティーヴン・リターン　1883(8.24)
リックマン，トマス　1841(1.4)
リッゲ，ロバート　1410(この頃)
リッゲンバハ，クリストフ・ヨハネス　1890(9.5)
リッコボーニ，フランチェスコ　1772(この年)
リッコボーニ，マリー　1792(12.6)
リッコボーニ，ロドヴィコ　1753(この年)
リッシ，フランシスコ　1685(この年)
リッシャー，ヨハン・ヤーコプ　1755(この年)
リッター　1874(12.?)
リッター　1885(8.26)
リッター，アレクサンダー　1896(4.12)
リッター，エラスムス　1546(8.1)
リッター，カール　1859(9.28)
リッター，ハインリヒ　1869(2.3)
リッター，ヨハン・ヴィムヘルム　1810(1.23)
リッチ　1617(11.10)
リッチ　1761(11.26)
リッチ，ヴィクトーリオ　1685(2.17)
リッチ，シピオーネ・デ　1810(1.27)
リッチ，セバスティアーノ　1734(5.15)
リッチ，フェデリーコ　1877(12.10)
リッチ，マッテオ　1610(5.11)
リッチ，マルコ　1730(この年)
リッチ，リチャード・リッチ　1567(6.12)
リッチ，ルイージ　1859(12.31)
リッチ，ロレンツォ　1775(11.24)

1082　人物物故大年表　外国人編

リッチオ　1567（この頃）
リッチォーニ　1874（3.20）
リッチォーリ, ジョヴァンニ・バティスタ　1671（6.26）
リッチュル　1876（11.9）
リッチュル, アルブレヒト・ベンヤミン　1889（3.20）
リッチョ　1532（この年）
リッツィオ, ダヴィド　1566（3.9）
リッツォ, アントニオ　1497（この頃）
リッティンガー　1872（12.?）
リッテンハウス　1796（この年）
リットル　1894（この年）
リットン, （エドワード・）ロバート・ブルワー・リットン, 初代伯爵　1891（11.24）
リットン, エドワード・ジョージ・ブルワー　1873（1.18）
リッパ, マッテーオ　1745（11.22）
リッピ, フィリッピーノ　1504（4.18）
リッピ, フラ・フィリッポ　1469（10.9）
リッピ, ロレンツォ　1665（この年）
リップス　1817（5.5）
リッペルスヘイ, ハンス　1619（この頃）
リッペルダ　1737（この年）
リッポ・ディ・ダルマージオ・スカンナベッキ　1421（この頃）
リッポマーノ, ルイージ　1559（この年）
リーディウス, バルタザール　1629（1.20）
リーディウス, マルティーニュス　1601（6.27）
リーディウス, ヤーコプ　1679（この年）
リーディンガー　1767（4.10）
リーディンガー, ゲオルク　1616（この年）
リーデマン, ペーター　1556（12.?）
リデル, フェリークス・クレール　1884（6.20）
リーデル, フランツ・クサーヴァ　1775（この年）
リーデル, ヘンリー・ジョージ　1898（3.28）
リーデル, ヨーハン・フリードリヒ　1860（この年）

リテレス　1747（1.18）
リーテンブルク城伯　1185（この頃）
リード　1785（3.5）
リード　1798（9.21）
リード　1858（この年）
リード　1876（2.18）
リード, ジェイン　1704（8.19）
リード, チャールズ　1884（4.11）
リード, トマス　1796（10.7）
リード, （トマス・）メイン, 大尉　1883（10.22）
リード, トールボット・ベインズ　1893（この年）
リート, ベネディクト　1534（この頃）
リトケ　1882（10.20）
リドゲイト, ジョン　1451（この頃）
リトソン　1803（9.23）
リードネル, ベンクト　1793（1.14）
リドリー, ニコラス　1555（10.16）
リトルデイル, リチャード・フレドリク　1890（1.11）
リトルトン　1481（8.23）
リトルトン　1773（この年）
リトルフ, アンリ　1891（8.6）
リドルフィ, カルロ　1658（この年）
リドルフォ　1485（この頃）
リドルフォ, ロベルト・ディ　1621（この年）
リトレ, エミール　1881（6.2）
リドン, ヘンリー・パリー　1890（9.9）
リナカー, トマス　1524（10.21）
リナール, ジャック　1645（この年）
リナルディ, アントニオ　1794（この年）
リナルディ, オドリーコ　1671（1.22）
リナルド・ディ・カプア　1780（この年）
リナレス　1861（この年）
リニュ　1814（12.13）
リヌス　76（この頃）
リヌッチーニ　1499（この年）
リヌッチーニ, オッターヴィオ　1621（3.28）
リヌッチーニ, ジョヴァンニ・バティスタ　1653（12.31）

リネル, ジョン　1882（1.20）
リノーフ　1897（10.14）
リーバー, フランシス　1872（10.2）
リーバ, ヤクプ・シモン・ヤン　1815（この年）
リバヴィウス, アンドレアス　1616（7.25）
リーバキューン, ザームエル　1777（2.26）
リバーズ　1469（8.12）
リバーズ　1483（6.25）
リバス公爵　1865（6.22）
リバダビア, ベルナルディーノ　1845（9.2）
リバデネイラ, ペドロ・デ　1611（9.22）
リバデネイロ　1606（この年）
リバニオス　393（この頃）
リーバマン, ブルーノ・フランツ・レーオポルト　1844（11.11）
リバルタ, フアン　1628（この年）
リバルタ, フランシスコ　1628（1.12）
リバルダ, ホアン・マルティネス・デ　1648（4.26）
リバン・ズ・レグニツァ, イェジ　1546（この頃）
リビウス・セウェルス　465（この年）
リヒター　1711（11.3）
リヒター　1807（4.14）
リヒター　1878（この年）
リヒター　1879（4.9）
リヒター　1891（この年）
リヒター, アエミーリウス・ルートヴィヒ　1864（5.8）
リヒター, アドリアン・ルートヴィヒ　1884（6.19）
リヒター, クリスティアン1世　1684（この年）
リヒター, クリスティアン2世　1722（この年）
リヒター, クリスティアン・フリードリヒ　1711（10.5）
リヒター, ヒエロニムス・テオドール　1898（9.25）
リヒター, フランツ・クサーヴァー　1789（9.12）
リヒター, ヨハン・アドルフ　1768（2.26）
リヒター, ヨハン・パウル（・フリードリヒ）　1825（この年）

リヒ　人名索引

リヒター，ヨハン・モーリッツ1世　1667（この年）
リヒター，ヨハン・モーリッツ2世　1705（この年）
リヒター，ヨハン・モーリッツ3世　1735（この年）
リーヒテンシュタイン　1772（2.10）
リーヒテンシュタイン　1836（4.20）
リヒテンタール　1853（8.18）
リヒテンベルク，ゲオルク・クリストフ　1799（2.24）
リピト・イシュタル　前1864（この頃）
リヒトヴァー，マグヌス・ゴットフリート　1783（7.7）
リピニスキ　1861（12.16）
リヒノウスキー　1848（9.18）
リヒノフスキー，カール　1814（5.15）
リービヒ，ユストゥス，男爵　1873（4.18）
リビングストン　1778（6.12）
リピンコット，ジョシュア（・バリンジャー）　1886（1.5）
リーブ　1823（12.13）
リファーイー　1182（この年）
リーフェンス，ヤン　1674（6.4）
リープクネヒト　1900（8.7）
リプシウス，ユストゥス　1606（3.14）
リプシウス，リヒャルト・アーデルベルト　1892（8.19）
リープシャー　1896（5.6）
リーブス　1868（この年）
リーブナー，カール・テーオドーア・アルベルト　1871（この年）
リプリー，ジョージ　1880（7.4）
リプリー，トマス　1758（この頃）
リベイロ，ペドロ　1640（この年）
リベイロ，ベルナルディン　1552（この頃）
リーベック　1677（1.18）
リベック，コンラート・ゴットリープ　1826（6.26）
リベラ，J. F.　1854（1.?）
リベーラ，フランシスコ・デ　1591（11.24）
リベーラ，ペドロ・デ　1742（この年）
リベラ，ホセ・デ　1656（この年）

リベラーティ，アンティーモ　1692（この年）
リベラートゥス　556（この頃）
リベラトーレ，マッテオ　1892（10.18）
リベラーレ・ダ・ヴェローナ　1529（この頃）
リーベリ，ピエトロ　1687（この年）
リベリウス　366（9.24）
リベリウス　554（この頃）
リーベルキューン　1756（10.7）
リベルジェ，ユーグ（レ・ベルジェ，ユーグ）　1263（この年）
リベルト　1875（この年）
リベルマン，フランソワ・マリー・ポル　1852（2.2）
リーベー　1565（10.12）
リボ，テオデュル・オーギュスタン　1891（9.11）
リーマー，フリードリヒ・ヴィルヘルム　1845（12.19）
リマリック　1715（12.14）
リーマン　1870（この年）
リーマン，ゲオルク・フリードリヒ・ベルンハルト　1866（7.20）
リミナルディ，オラーツィオ　1630（この年）
リムザン，レオナール　1577（この頃）
リムシュ　前2275（この頃）
リーメンシュナイダー，ティルマン　1531（7.7）
リャプノーフ　1611（この年）
梁阿発　1855（この年）
リュイナール，ティエリ　1709（9.27）
リュイーヌ　1621（12.15）
劉安　前122（この年）
劉晏　780（この年）
劉安上　1128（この年）
劉安世　1125（この年）
劉安節　1116（この年）
留異　564（この年）
劉筠　1024（この年）
劉因　1293（この年）
劉隠　911（5.10）
劉禹錫　842（この年）
柳永　1053（この頃）
劉綺　23（この年）
劉淵　310（この年）
劉淵然　1432（この年）
柳開　1001（この年）

劉珏　1472（この年）
柳貫　1342（この年）
劉完素　1200（この頃）
劉基　1375（この年）
劉毅　412（この年）
劉熙　238（この頃）
劉希夷　678（この頃）
劉義慶　444（この年）
劉熙載　1881（この年）
劉球　1443（この年）
劉向　前6（この年）
劉騏　520（この頃）
劉歆　23（この年）
劉瑾　1510（この年）
劉昫　946（この年）
柳馨遠　1673（この年）
劉敬叔　465（この頃）
劉敬亨　1670（この年）
劉炫　617（この年）
劉献廷　1695（この年）
劉衡　1841（この年）
劉孝威　549（この年）
柳公権　865（この年）
劉孝綽　539（この年）
劉光第　1898（この年）
劉克荘　1269（この年）
劉黒闥　623（1.?）
劉庫仁　384（この年）
劉琨　318（この年）
劉摯　1097（この年）
劉之協　1800（この頃）
劉焜　608（この年）
劉鑠　453（この年）
柳寿垣　1755（この年）
劉守光　914（この年）
劉峻　521（この年）
劉恕　1077（この年）
劉劭　453（この年）
劉敞　1068（この年）
劉松山　1870（この年）
劉松年　1227（この頃）
劉臻　598（この年）
劉辰翁　1297（この年）
劉仁軌　685（この年）
留正　1206（この年）
柳成竜　1607（5.6）
劉聡　318（この年）
柳宗元　819（10.5）
劉宗周　1645（この年）
劉大夏　1516（この年）
劉大櫆　1779（この年）
劉大致　1884（この年）
劉智　1730（この頃）

1084　人物物故大年表　外国人編

劉知遠　948（1.27）
劉知幾　721（この年）
劉錡　980（この年）
劉昶　497（この年）
劉長卿　785（この頃）
劉通　1466（この年）
劉綎　1619（この年）
劉楨　217（この年）
劉度　1670（この頃）
劉德仁　1180（この年）
劉敞　1089（この年）
劉備　223（4.？）
劉表　208（この年）
劉昊　955（この年）
劉福通　1363（この年）
劉武周　620（この年）
劉文淇　1854（この年）
劉秉忠　1274（8.？）
劉方　605（この年）
劉邦　前195（4.？）
劉宝楠　1855（この年）
劉逢禄　1829（この年）
劉銘伝　1895（この年）
劉予　1143（この年）
劉墉　1804（この年）
劉曜　328（この年）
劉伶　300（この頃）
劉麗川　1855（この年）
リュヴィル，ジョゼフ　1882（9.8）
隆慶帝　1572（5.？）
リュクサンブール，フランソワ・アンリ・ド・モンモランシー・ブートヴィル，公爵　1695（1.4）
リュコルゴス　前325（この頃）
リュコメデス　前366（この年）
リュコルタス　前168（この年）
リュコン　前226（この年）
リュサンドロス　前395（この年）
リュシアス　前161（この年）
リュシアス　前380（この年）
リュシマコス　前281（この年）
リューダー　1819（この年）
リュッケ，ゴットフリート・クリスティアン・フリードリヒ　1855（2.14）
リュッケルス，アンドレーアス1世　1645（この年）
リュッケルス，アンドレーアス2世　1667（この年）
リュッケルス，ハンス　1598（この年）
リュッケルス，ヨアンネス　1643（4.14）
リュッケルト，フリードリヒ　1866（1.31）
リュッツォー　1834（12.6）
リュッペル，（ヴィルヘルム・ペーター・）エドゥアルト（・ジーモン）　1884（この年）
リュッベルトゥス，シブランドゥス　1625（1.11）
リュディアダス　前227（この年）
リューディガー　1731（6.6）
リューティマイアー　1895（11.26）
リューディンガー，エスローム　1590（1.2）
リューデマン，カール　1889（2.18）
リューデリッツ　1886（10.？）
リュード，フランソワ　1855（11.3）
リュートケ，フリードリヒ・ゲルマーヌス　1792（3.8）
リュートケマン，ヨーアヒム　1655（この年）
リュドゴーフスキー　1882（この年）
リュトブフ　1285（この頃）
リュードベック，ユハネス　1646（8.8）
リュードベリ，ヴィクトル　1895（9.21）
リュブケ　1893（4.5）
リュブリュキ，ギヨーム・ド　1293（この年）
リューベック，ヴィンセント　1740（2.9）
リューベン　1874（この年）
リューベン　1884（この年）
リュボー　1824（この年）
リューメリン　1889（10.28）
リュリ，ジャン・バチスト　1687（3.22）
リューリェ　1840（3.28）
リュリエール　1791（この年）
リューリク　879（この年）
リュールマン　1877（10.27）
リュロフス　1768（この年）
リュンフ　1702（6.15）
呂夷簡　1043（この年）
呂頤浩　1139（この年）
呂温　811（この年）
呂恵卿　1111（この年）
呂光　399（この年）
呂公著　1089（この年）
呂坤　1618（この年）
呂才　665（この年）
呂柟　1542（この年）
呂祖謙　1181（この年）
呂岱　256（この年）
呂大鈞　1082（この年）
呂大防　1098（この年）
呂端　1000（この年）
呂布　198（この年）
呂不韋　前235（この年）
呂文德　1269（この年）
呂本中　1145（この年）
呂蒙　219（この年）
呂蒙正　1011（この年）
呂隆　416（この年）
呂留良　1683（この年）
廖燕　1705（この年）
梁楷　1205（この年）
梁冀　159（8.10）
梁熙　385（この年）
梁吉　899（この年）
梁顥　1004（この年）
凌曙　1829（この年）
梁章鉅　1849（この年）
梁汝元　1579（この年）
梁辰魚　1594（この頃）
梁誠之　1482（この年）
梁清標　1691（この年）
凌廷堪　1809（この年）
梁廷柟　1861（この年）
梁同書　1815（この年）
凌濛初　1644（この年）
了菴清欲　1363（8.13）
丁世　1245（この年）
梁武帝　549（この年）
良賈　777（この年）
呂后　前180（7.？）
リョレンテ，ホアン・アントニオ　1823（2.5）
リヨン　1861（8.10）
リーランド，ジョン　1552（4.18）
リーランド，ジョン　1841（1.14）
リリー　1681（この年）
リリー，ウィリアム　1522（2.25）
リーリー，サー・ピーター　1680（12.7）
リリー，ジョン　1606（11.20）
リリエンタール，オットー　1896（8.10）
リーリオ，アンドレーア　1610（この年）
リリュー　1894（この年）
リール　1685（9.8）

リール, ヴィルヘルム・ハインリヒ　1897(11.16)
リルバーン, ジョン　1657(8.29)
リロー, ジョージ　1739(9.3)
林衍　1270(この年)
林旭　1898(この年)
林巨正　1562(この年)
林景熙　1310(この年)
林慶業　1646(この年)
林堅味　1388(この年)
林光朝　1178(この年)
林之奇　1176(この年)
林士弘　622(この年)
林清　1813(この年)
林爽文　1788(この年)
林則徐　1850(11.?)
林兆恩　1598(この年)
林逋　1028(12.7)
林鳳祥　1855(この年)
林良　1480(この頃)
林霊素　1119(この年)
リンガード, ジョン　1851(7.17)
リンカルト, マルティーン　1649(12.8)
リンカーン　1882(7.16)
リンカン, ウィリアム　1888(この年)
リンカーン, エイブラハム　1865(4.15)
リンカーン, ベンジャミン　1810(5.9)
リンク　1846(8.7)
リンク　1851(1.1)
リング　1839(5.3)
リング　1886(この年)
リンク, ヴェンツェル(ヴェンツェスラウス, ヴィンチラウス)　1547(3.12)
リンク, メルヒオル　1540(この頃)
リングヴァルト, バルトロメーウス　1599(この年)
リンゲルタウベ, ヴィルヘルム・トビーアス　1816(この頃)
リンゲルバッハ, ヨハネス　1674(11.?)
臨済　867(この年)
リンジー, サー・デイヴィド　1555(8.18)
リンジ, セオフィラス　1808(この年)
リンスホーテン　1611(2.8)
リンゼンマン, フランツ・クサーヴァ・フォン　1898(9.21)

リンダン・ハン　1634(この年)
リンチ　1779(この年)
リンチ　1796(この年)
リンチェン・サンポ　1055(この年)
リンデ　1847(この年)
リンド, ジェイムズ　1794(7.13)
リンド, ジェニー　1887(11.2)
リンドウッド, ウィリアム　1446(10.21)
リントナー　1864(この年)
リントナー　1887(10.15)
リンドブラード, アドルフ・フレドリク　1878(8.23)
リントマイヤー, ダニエル　1606(この頃)
リンドリー, ジョン　1865(この年)
リンドリ, ダニエル　1880(この年)
リンドル, イグナーツ　1845(10.31)
リントン　1897(この年)
リントン, イライザ・リン　1898(7.14)
リンネ　1783(11.1)
リンネー, カール・フォン　1778(1.10)
リンネマン　1887(5.23)
リンブルク, イェハネキン・デ　1416(この年)
リンブルク, ヘルマン・デ　1416(この年)
リンブルク, ポル・デ　1416(この年)
リンベヤー, ヤコブ・クリスティアン　1857(12.10)
リンポチェ・ギェルツァ　1195(この年)
リンポチェ・ランルンパ　1193(この年)
リンボルヒ, フィリプス・ヴァン　1712(4.30)
リンリー, ウィリアム　1835(5.6)
リンリー, エリザベス・アン　1792(6.28)
リンリー, オジアス・サーストン　1831(3.6)
リンリー, トマス　1778(8.5)
リンリー, トマス　1795(11.19)
リンリー, マリア　1784(9.5)
リンリー, メアリー　1787(7.27)
リンレパ・ペドマ・ドルジェ　1188(この年)

【ル】

ルー　1794(この年)
陸希言　1704(この年)
ルーアルス, マルティーン　1657(この年)
ルイ　1765(この年)
ルイ　1792(5.20)
ルイ1世　840(この年)
ルイ2世　1383(この年)
ルイ2世　879(4.10)
ルイ4世　954(9.10)
ルイ5世　987(5.21?)
ルイ6世　1137(8.1)
ルイ7世　1180(9.18)
ルイ8世　1226(11.8)
ルイ9世　1270(8.25)
ルイ10世　1316(6.5)
ルイ11世　1483(8.30)
ルイ12世　1515(1.1)
ルイ13世　1643(5.14)
ルイ14世　1715(9.1)
ルイ15世　1774(5.10)
ルイ16世　1793(1.21)
ルイ17世　1795(6.8)
ルイ18世　1824(9.16)
ルイ, ヴィクトール　1807(この年)
ルイ, ピエール・シャルル・アレクサンドル　1872(8.22)
ルイエ, ジャック　1748(11.28)
ルイエ, ジャン・バティスト　1720(この頃)
ルイエ, ジャン・バティスト　1730(7.19)
ルイザ・ウルリーカ　1782(この年)
ルイザ・デ・グジュマン　1666(この年)
ルイシュ　1731(2.22)
ルイシュ1世　1889(10.19)
ルイス　1781(9.26)
ルイス　1803(12.30)
ルイス　1808(この年)
ルイス　1886(この年)
ルイス1世　1724(この年)
ルイス, ジョージ・ヘンリー　1878(11.28)
ルイス, ジョン・フレデリック　1876(この年)

ルイス，ティモシー・リチャード 1889(3.7)
ルイス，フアン 1350(この頃)
ルイス，フェルナン1世 1547(この年)
ルイス，フェルナン2世 1569(この年)
ルイス，フェルナン3世 1600(この頃)
ルイス，マシュー・グレゴリー 1818(5.16)
ルイス，メリウェザー 1809(11.11)
ルイス，リチャード 1831(この年)
ルイス-デ-アラルコン，フアン 1639(8.4)
ルイス・デ・モントージャ，アントニオ 1653(4.11)
ルイス・デ・モントヤ，ディエゴ 1632(3.15)
ルイス・デ・ラ・プエンテ 1624(2.16)
ルイーズ・ド・サボア 1531(9.22)
ルイス・フェルディナント 1806(10.10)
ルイス・ブランコ，マティーアス 1708(この頃)
ルイスブルック，ヤン・ヴァン 1485(この頃)
ルイゼ 1810(7.19)
ルイド，エドワード 1709(6.30)
ルイド，モーガン 1659(6.3)
ルイ・ド・フランス 1711(この年)
ルイ・ド・ブルゴーニュ 1712(この年)
ルイーニ，アウレーリオ 1593(この年)
ルイーニ，ベルナルディーノ 1532(7.1)
ルイ・フィリップ 1850(8.26)
ルイブニコフ，パーヴェル・ニコラエヴィチ 1885(11.17)
ルイレーエフ，コンドラーチー・フョードロヴィチ 1826(7.13)
ルーヴェ・ド・クーヴレー，ジャン-バチスト 1797(8.25)
ルヴェリエ，ユルバン・ジャン・ジョゼフ 1877(9.23)
ルウェリン・アプ・イオーワス 1240(この年)
ルウェリン・アプ・グリフィズ 1282(この年)

ル・ヴォー，ルイ 1670(10.11)
ルヴォワ，フランソワ・ミシェル・ル・テリエ，侯爵 1691(7.16)
ルエダ，ロペ・デ 1565(3.21)
ルーエト，フランシスコ・デ・パウラ 1878(11.18)
ルエル 1884(2.3)
ルエル，ギョーム・フランソワ 1770(8.3)
羅文藻 1687(この頃)
ルオツァライネン，パーヴォ 1852(1.23)
ルオッポロ，ジュゼッペ 1710(この頃)
ルオッポロ，ジョヴァン・バッティスタ 1685(この年)
ルガ，フランソワ 1735(この年)
ルカーシュ(プラハの) 1528(11.11)
ルカス 1633(10.19)
ルーカス，ファン・レイデン 1533(この年)
ルーカス・パディーリャ，エウヘニオ 1870(9.11)
ルカヌス，マルクス・アンナエウス 65(4.30)
ル・カミュ，セバスティアン 1677(この年)
ルカリス，キュリロス 1638(6.27)
ルガルザゲシ 前2340(この頃)
ルガロア 1814(2.?)
ルカン 1778(2.8)
ルーカン，ジョージ・チャールズ・ビンガム，伯爵 1888(この年)
聖ルキア 303(この年)
ルキアノス 180(この頃)
ルキアノス 312(1.7)
ルキアノス(アンティオキアの) 311?(この頃)
ル・キアン，ミシェル 1733(3.12)
ルーキウス 259(この年)
ルキウス1世 254(この年)
ルキウス2世 1145(2.15)
ルキウス3世 1185(11.25)
ルキエ 1862(2.13)
ルキリウス，ガイユス 前102(この年)
ルキーン，ウラジーミル・イグナチエヴィチ 1794(7.9)
ルクー，ギョーム 1894(1.21)
ルク，ジャン-ジャック 1825(この年)

ルクヴルール，アドリエンヌ 1730(3.20)
ルクヌッ-ダウラ 976(この年)
ルクランシェ，ジョルジュ 1882(9.14)
ルクルス，ルキウス・リキニウス 前57(この年)
ルクレティア 前510(この頃)
ルクレティウス・カルス，ティトゥス 前55(この頃)
ル・クレール 1736(1.8)
ル・クレール 1802(11.2)
ル・クレール，ジャン 1633(この年)
ルクレール，ジャン-マリー 1764(10.22)
ルクレール，ジャン-マリー 1777(この年)
ルクレール，ピエール 1784(この年)
ルグロ 1793(12.20)
ルグロ，ピエール 1719(この年)
ルーゲ，アルノルト 1880(12.31)
ルーケット，エイドリアン・エマニュエル 1887(7.15)
ルゴ，フランシスコ・デ 1652(12.17)
ル・コック 1368(この年)
ル・ゴディエ，アントワーヌ 1622(4.14)
ル・ゴビヤン，シャルル 1708(3.5)
ルゴ・ホアン・デ 1660(8.20)
ル・コント-アロワシウス，ルイ 1728(4.18)
ルコント・ド・リール，シャルル-マリ-ルネ 1894(7.17)
ルサージュ，アラン-ルネ 1747(11.17)
ルザット，サムエル・ダヴィド 1865(9.30)
ルザット，モーゼス・ハイム 1746(5.16)
ルサン，イグナシオ・デ 1754(5.19)
ルザンテ 1542(3.17)
ルーシー，サー・トマス 1600(この年)
ルジェ・ド・リール，クロード・ジョゼフ 1836(6.26?)
ルジェフスキー，アレクセイ・アンドレーヴィチ 1804(4.23)

ルシドール　1674(8.13)
ルジーハ　1897(6.23)
ルシャ, アブラアム　1750(この年)
ル・シャブリエ　1794(4.22)
ルジャンテル　1792(この年)
ル・ジャンドル　1899(9.1)
ルジャンドル, アドリアン・マリー　1833(1.10)
ルジュアン, アントワーヌ・ド・サン・ピエール　1656(1.11)
ル・シュウール, ウスタッシュ　1655(4.30)
ル・シュウール, ジャン・フランソワ　1837(10.6)
ル・シュウール, ユベール　1670(この年)
ルジュヌ　1848(2.29)
ル・ジュール, クロード　1600(9.26(埋葬))
ルジュヌ, ジャン　1672(8.19)
ルジュモン, フランソワ(フランシスクス)・ド　1676(11.4?)
ルスカ, ルイジ　1822(この年)
ルスキ, フランチェスコ　1670(この頃)
ルスコーニ, カミッロ　1728(この年)
ルスコーニ, ジョヴァンニ・アントーニオ　1587(この年)
ルスタヴェリ, ショタ　1216?(この頃)
ルスティコ・ディ・フィリッポ　1295(この頃)
ルスティチ, ジョヴァンニ・フランチェスコ　1554(この年)
ルスティチ, フランチェスコ　1626(この年)
ルスト, イーザーク　1862(12.14)
ルスト, ヴィルヘルム　1892(5.3)
ルスト, ヴィルヘルム・カール　1855(4.18)
ルスト, フリードリヒ・ヴィルヘルム　1796(2.28)
ルスナーティ, ジュゼッペ　1713(この年)
ルースベン　1651(この年)
ルスマイアー, ミヒャエル・クリスティアン　1745(この年)
ルースリン, アレクサンデル　1793(7.5)
ルセナ　1621(この年)

ルセーニウス, カール・ウーロフ　1868(2.24)
ルセル, ジェラール　1550(この年)
ル・セール・ド・ラ・ヴィエヴィル・ド・フレヌーズ, ジャン-ローラン　1707(11.9)
ルソー　1700(この頃)
ルソー　1782(この年)
ルソー　1822(この年)
ルソー, ジャン・ジャック　1778(7.2)
ルソー, ジャン・バチスト　1741(3.17)
ルソー, テオドール　1867(12.22)
ルター, マルティン　1546(2.18)
ルーダキー, アブー・アブドッラー・ジャアファル・ブン・モハンマド　940(この年)
ルタルイイ, ポール-マリー　1855(この年)
ルチェッラーイ, ジョヴァンニ　1525(4.3)
ルチェライ　1514(10.7)
ルチフェル　370(この頃)
ルツ, ヨーハン・エヴァンゲリスト・ゲオルク　1882(7.9)
ルツァー(アルトツェレの)　1234(この年)
ルック　1709(1.24)
ルッジェーリ, ジョヴァンニ　1745(この頃)
ルッジェーリ, フェルディナンド　1741(この年)
ルッジエーリ, ミケーレ　1607(5.11)
ルッソ　1799(11.19)
ルッソー, ピエール　1810(この年)
ルッタロート, アスカニウス・ハインリヒ・テーオドーラ　1889(この年)
ルッツァスキ, ルッツァスコ　1607(9.11)
ルッフィーニ　1822(5.10)
ルッフィーニ　1881(11.3)
ルッフォ　1827(この年)
ルッフォ, ヴィンチェンツォ　1587(2.9)
ルツ(ルキウス), ザームエル　1750(5.28)
ルーティ, ベネデット　1724(この年)

ルティーニ, ジョヴァンニ・マルコ　1797(12.22)
ルーデクス, マテーウス　1606(12.12)
ル・デュク, オーギュスト　1823(5.25)
ル・デュク, シモン　1777(1.22?)
ル・デュク, ピエール　1816(10.?)
ル・テュルデュ　1861(7.15)
ル・テリエ　1685(10.30)
ルーデルバック, アンドレアス・ゴットロブ　1862(3.3)
ルーテルブール, フィリップ・ジェイムズ・ド　1812(3.11)
ルーデン　1847(5.23)
ルート, ジョージ・フレドリク　1895(8.6)
ルート, ジョン・ウェルボーン　1891(1.15)
ルドゥー, クロード・ニコラ　1806(11.19)
ルドヴィージ, ルドヴィーコ　1632(この頃)
ルートヴィッヒ1世　1382(9.11)
ルートヴィッヒ2世　875(8.12)
ルードヴィヒ　1897(この年)
ルートウィヒ1世　1868(2.29)
ルートウィヒ1世　840(6.20)
ルートウィヒ2世　1886(6.13)
ルートウィヒ2世　876(8.28)
ルードヴィヒ3世(少年王)　882(1.20)
ルートウィヒ4世　1347(10.11)
ルートウィヒ4世　911(9.24)
ルートウィヒ7世　1447(5.1)
ルートウィヒ9世(富裕公)　1479(1.18)
ルートヴィヒ, オットー　1865(2.25)
ルードヴィヒ, カール・フリードリヒ・ヴィルヘルム　1895(4.24)
ルートヴィヒ, ヨハン・フリードリヒ(ルードヴィセ(通称))　1752(この年)
ルートウィヒ・ウィルヘルム1世　1707(この年)
ルードヴィヒ(長子伯)　1361(9.18)
ルドゥーデ, ピエール-ジョゼフ　1840(この年)
ルトゥフ・アリー・ハーン　1794(この年)

ル・トゥルヌール，ピエール　1788(1.24)
ルトガルディス　1246(6.16)
ルートベック，ウーロヴ　1702(12.12)
ルドミナ，アンドレ(アンドレーアス)　1632(この年)
聖ルドミラ　921(9.15)
ルードラウフ，キーリアーン　1690(この年)
ルドリュ・ローラン　1874(12.31)
ルドルフ　1378(この年)
ルドルフ　1831(7.23)
ルドルフ1世　1291(7.25)
ルドルフ1世　912(この年)
ルドルフ2世　1612(1.20)
ルドルフ2世　937(この年)
ルドルフ，クリストッフ　1545(この年)
ルドルフ，コンラート　1732(この年)
ルードルフ，ヒーオプ　1704(この年)
ルードルフ(ザクセンの)　1377(4.10)
ルードルフ・フォン・エムス　1254(この頃)
ルードルフ・フォン・フェーニス　1192(この頃)
ルドルフ・フォン・ラインフェルデン　1080(10.16)
ル・トローヌ　1780(この年)
ルナ　1453(6.2)
ルナ　1899(この年)
ルナ・ピサーロ，フランシスコ・ハビエル・デ　1855(2.9)
ルナール，ジャン　1250(この頃)
ル・ナン，アントワーヌ　1648(5.25)
ルナン，ジョゼフ‐エルネスト　1892(10.2)
ル・ナン，マテュー　1677(4.20)
ル・ナン，ルイ　1648(5.23)
ル・ナン・ド・チユモン，ルイ・セバスチヤン　1698(1.10)
ルーニウス，ユーハン　1713(6.1)
ルニエ・ド・ユイ　1150(この頃)
ルニャール，ジャン‐フランソワ　1709(9.4)
ルニャール，フランツ　1600(この頃)
ルニャール，ヤーコプ　1599(10.16)

ルニョー，アレクサンドル‐ジョルジュ‐アンリ　1871(1.19)
ルニョー，アンリ・ヴィクトル　1878(1.19)
ルニョー，ギヨーム　1531(この頃)
ルニョー，ジャン‐バティスト　1829(11.12)
ルヌーアル　1878(この年)
ル・ヌーリ，ドニー・ニコラ　1724(3.24)
ルネ1世　1480(7.10)
ルーネスラート(リューネシュロス)，カスパル　1613(この年)
ルネ・ド・フランス　1575(6.12)
ルーネベリ，ヨハン・ルードヴィグ　1877(5.6)
ルノード，テオフラスト　1653(10.25)
ルノド，ユゼーブ　1720(9.1)
ル・ノートル，アンドレ　1700(9.15)
ルノルマン，シャルル　1859(この年)
ルノルマン，フランソワ　1883(この年)
ルノワール，ジャン・ジョゼフ・エティエンヌ　1900(8.4)
ル・バ　1794(この年)
ルバ，イポリート　1867(この年)
ルパート，王子　1682(11.29)
ルービ　1539(12.20)
ルビオ，アントニオ　1615(この年)
ルピシェ　1784(9.14)
ルビーニ，ジャンバッティスタ　1854(3.3)
ルビヌス　1621(この年)
ルビーノ　1643(この年)
ルビヤック，ルイ・フランソワ　1762(1.11)
ルビーン　1228(この頃)
ルビンシテイン，アントン・グリゴリエヴィチ　1894(11.20)
ルビンシテイン，ニコライ・グリゴリエヴィチ　1881(3.23)
ルフィーヌス　1192(この頃)
ルフィヌス　410(この頃)
ルフェーヴル　1820(9.14)
ルフェーヴル，ジャン(1世)　1700(この年)
ルフェーヴル，ジャン(2世)　1736(この年)

ルフェーヴル，ピエール　1669(この年)
ルフェーヴル・デタープル，ジャック　1536(1.?)
ルフェビュール・ウェリ，イサク‐フランソワ　1831(この年)
ルフェビュール・ウェリ，ルイ・ジャム・アルフレッド　1869(この年)
ループス　479(この年)
ルフス　前75(この年)
ルフス　前88(この年)
ル・プチ，クロード　1662(9.1)
ル・ブティリエ・ド・ランセー，アルマン‐ジャン　1700(10.27)
ルフト，ハンス　1584(9.2)
ルブーフ　1888(6.7)
ルフュエル，エクトール・マルタン　1881(この年)
ル・ブラン　1640(この年)
ルブラン　1824(6.15)
ルブラン　1889(この年)
ル・ブラン，シャルル　1690(2.12)
ル・ブラン，ニコラ　1806(1.16)
ル・ブラン，ピエール　1729(1.6)
ルブラン，ピエール‐アントワーヌ　1873(5.27)
ル・フラン，マルタン　1461(この年)
ル・プランス，ジャン‐バティスト　1781(9.30)
ルプランス・ド・ボーモン夫人　1780(この年)
ル・フラン・ド・ポンピニャン，ジャン‐ジャック　1784(11.1)
ルブラン・パンダール　1807(9.2)
ルブリョフ，アンドレイ　1430(1.29)
ル・ブルトン，ジル　1553(この年)
ル・プレー，フレデリク・ピエール・ギヨーム　1882(4.13)
ルプレヒト1世　1410(5.18)
ル・ブロン　1741(5.16)
ル・ブロン，ジャン‐バティスト‐アレクサンドル　1719(この年)
ルーベ，ヨーハン・クリストフ　1746(この年)
ルベイス，レオナルド・ダ　1407(3.17?)
ルベーグ，ニコラ　1702(7.6)
ルベリウス・プラウトゥス　62(この年)

ル・ベル 1370（この年）
ルーベル 1807（11.23）
ルベル、アンヌ・ルネ 1722（この年）
ルベル、ジャン 1692（この頃）
ルベル、ジャン・フェリ 1747（1.2）
ルベル、フランソワ 1775（11.5）
ルペルシェ 1793（この年）
ルーペルト（オットーボイレンの）1145（この年）
ルーペルト（ザルツブルクの）718（3.27）
ルーペルト（ドイツの）1129（3.4）
ルーベンス、ペーテル・パウル 1640（5.30）
ルボウスキー 1897（9.22）
ル・ボシュ 1689（この年）
ル・ボトル、アントワーヌ 1691（この年）
ル・ポートル、ジャン 1682（2.2）
ル・ポートル、ピエール 1716（この年）
ル・ポートル、ピエール 1744（この年）
ルーポルト（ベーベンブルクの）1363（10.28）
ル・ポワトヴァン、アルフレッド 1848（この年）
ルボン 1804（この年）
ルーマニーユ 1891（5.24）
ル・マルシャン 1884（2.1）
ルーマン、ユーハン・ヘルミヒ 1758（11.20）
ルーミー、ジャラーロッディーン・モハンマド 1273（12.16）
ルミエール、アントワーヌ・マラン 1793（この年）
ルーミス、エライアス 1889（8.14）
ルミャーンツェフ 1796（12.19）
ルミャーンツェフ 1826（1.15）
ル・ミュエ、ピエール 1669（9.28）
ルームコルフ 1877（12.20）
ル・メートル、アントワーヌ 1658（11.4）
ル・メートル、シモン・ド・セリクール 1658（この年）
ルメートル、フレデリック 1876（1.16）
ル・メートル、マテーウス 1577（4.?）

ルメリ、ニコラ 1715（6.19）
ルメルシェ、ジャック 1654（6.4）
ルメルシエ、ネポミュセーヌ 1840（6.7）
ル・メール・ド・ベルジュ、ジャン 1525（この頃）
ルモ、フランソワ・フレデリック 1827（この年）
ルーモーア、カール・フリードリヒ・フォン 1843（7.25）
ルモニエ、ピエール・シャルル 1799（4.3）
ルモフスキー 1812（7.18）
ル・モワテュリエ、アントワーヌ 1495（この頃）
ルモワーヌ 1796（12.30）
ルモワーヌ、ジャン・バティスト 1778（5.25）
ル・モワーヌ、ピエール 1671（この年）
ルモワーヌ、フランソワ 1737（6.4）
ルーモン 1887（4.27）
リュステム・パシャ 1560（この年）
ルーラー、ヨーハン 1542（この年）
ルラーゴ、アンセルモ・マルティーノ 1765（この年）
ルラーゴ、カルロ 1684（この年）
ルラーゴ、ロッコ 1590（この年）
ルーラン 1878（この年）
ルーリア、イツハーク・ベン・シュロモー 1572（8.5）
ルリアヌス 前280（この頃）
ルリエ 1707（この年）
ル・ルー 1705（この頃）
ルルー 1871（4.11）
ルルー、ジャン・フランソワ 1807（この年）
ルール、ヘルマン・アレクサンデル 1718（7.12）
ル・ルー、ロラン 1526（この頃）
ルルス 786（10.16）
ルルス、ライムンドゥス 1316（6.29）
ルールデ、シモン 1667（この年）
ルロア 1789（この年）
ル・ロワ、アドリアン 1598（この年）
ルワンガ、チャールズ 1886（6.3）
ルンゲ、フィリップ・オットー 1810（12.2）

ルンゲ、フリードリープ・フェルディナント 1867（3.25）
ルンゲ、ヤーコブ 1595（1.11）
ルーンケン 1798（5.14）
ルンゲンハーゲン 1851（12.21）
ルンドストレーム 1888（この年）
ルンドビー、ヨハン・トマス 1848（4.26）

【レ】

レー 1645（この頃）
レー 1845（この年）
レア、アロンソ・デ・ラ 1660（この頃）
レーア、ヨーハン・フリードリヒ 1848（6.15）
レアード、マッグレガー 1861（この年）
レアリーノ、ベルナルディーノ 1616（7.2）
レーアン、マティウ・ド 1483（この年）
レアンダー、リヒャルト 1889（11.28）
レアンドロ 600（この頃）
レイ 1875（12.19）
レイ 1898（5.4）
雷安東 1611（6.10）
厲鶚 1752（この年）
黎桓 1005（この年）
黎簡 1799（この年）
令狐楚 837（この年）
黎庶昌 1897（この年）
レイ、ジョン 1705（1.17）
レイ、ジョン 1893（この年）
レイ、ミコワイ 1569（9.8?）
黎利 1433（閏8.?）
レイヴンズクロフト、ジョージ 1683（この年）
厲王 前828（この年）
霊観 1571（この年）
レイクス、ロバート 1811（4.5）
霊圭 1592（この年）
霊公 前607（この年）
麗厳 930（この年）
レイサラガ、ヨアネス・デ 1601（この頃）
レイシー、ジョン 1681（この年）

レイシャック，フアン　1483（この年）
霊照　947（この年）
レイス，ヘンドリック　1869（8.26）
レイステル，ユディト　1660（この年）
レイズブルーク，ヤン・ヴァン　1381（12.2）
レイセ（レイセニウス），レオナルト・ヴァン　1700（この年）
レイソム，フランシス　1832（この年）
レイタ　1660（この年）
戻太子　前91（この年）
霊帝（後漢）　189（4.11）
レイデン　1473（この年）
レイドラドゥス（リヨンの）　817（12.28）
レイトン，フレデリック　1896（1.25）
レイトン，ロバート　1684（6.25）
レイニールス，アントン　1571（この年）
レイノー　1867（5.14）
レイノルズ　1835（この年）
レイノルズ　1863（7.1）
レイノルズ，ジョージ・ウィリアム・マカーサー　1879（この年）
レイハ，アントニーン　1836（5.28）
レイハ，ヨセフ　1795（この年）
レイバーン，サー・ヘンリ　1823（7.8）
霊弁　522（この年）
レイミ，ジョン・バプティスト　1888（2.13）
レイモン4世　1105（2.28）
レイモン7世　1249（9.27）
レイモン・デュ・タンプル　1405（この頃）
レイモンド　1869（6.18）
レイモンド　1878（この年）
霊裕　605（この年）
レイランダー　1875（この年）
レイン，エドワード　1876（8.10）
レイン，リチャード・ジェイムズ　1882（この年）
レヴァーティ，ジュゼッペ　1828（この年）
レーヴァルト，ファニー　1889（8.15）
レヴィ，エリファス　1875（この年）

レヴィ，ヘルマン　1900（5.13）
レヴィタン，イサク　1900（7.22？）
レヴィツキー　1889（7.11）
レヴィツキー，ドミトリー・グリゴリエヴィチ　1822（4.4）
レーヴィッヒ　1890（3.27）
レヴィートフ，アレクサンドル・イワノヴィチ　1877（1.4）
レーヴィーユス，ヤコービュス　1658（11.15）
レーヴェ　1703（9.？）
レーヴェ，カール　1869（4.20）
レーヴェース，イムレ　1881（2.13）
レヴェスク　1875（12.27）
レーヴェツォー　1899（11.13）
レーヴェン　1882（12.2）
レーヴェンクラーフ　1594（この頃）
レーヴェンシュテルン，マテーウス・アペレス・フォン　1648（4.11）
レーウェンフック，アントニー・ファン　1723（8.27）
レーヴンスクロフト，トマス　1633（この頃）
レーエ，ヨーハン・コンラート・ヴィルヘルム　1872（1.2）
レオ　1550（この頃）
レオ　304（この頃）
レオ1世　461（11.10）
レオ1世，フラヴィウス　474（2.3）
レオ2世　683（7.3）
レオ3世　741（6.18）
レオ3世　816（6.12）
レオ4世　780（9.8）
レオ4世　855（7.17）
レオ5世　820（12.25）
レオ6世　912（5.11）
レオ7世　939（この年）
レオ8世　975（この年）
レオ9世　1054（4.19）
レオ10世　1521（12.1）
レオ11世　1605（4.27）
レオ12世　1829（2.10）
レーオ，ハインリヒ　1878（4.24）
レオ，レオナルド　1744（10.31）
レオ（アッシージの）　1271（11.14？）
レオ・アフリカヌス　1554（この頃）
レオ・アフリカヌス　1555（この頃）

レオステネス　前323？（この頃）
レオデガリウス（オタンの）　678（10.2）
レオテュキダス　前469（この頃）
レオナルドゥス（ポルト・マウリッツィオの）　1751（11.26）
レオナルド・ダ・ヴィンチ　1519（5.2）
レオーニ，ジャコモ　1746（6.8）
レオーニ，ポンペーオ　1608（この年）
レオーニ，レオーネ　1590（7.22）
レオニウス　1163（1.26）
レオニダス1世　前480（この年）
レオニダス2世　前235（この年）
レオニチェノ　1524（この年）
レオーニデース　202（この頃）
レオネリ　1847（10.12）
レオノーラ・クリスティーナ　1698（3.16）
レオパルディ，アレッサンドロ　1522（この頃）
レオパルディ，ジャーコモ　1837（6.14）
レオビヒルド　586（この年）
レオポリタ，マルチン　1589（この年）
レオポルド　1829（11.9）
レオポルド1世　1326（2.28）
レオポルド1世　1705（5.5）
レオポルド1世　1747（4.9）
レオポルド1世　1865（2.10）
レオポルド2世　1792（3.1）
レオポルド2世　1870（1.29）
レオポルド3世　1386（7.9）
レーオポルト3世（オーストリアの）　1136（11.15）
レオポルト6世　1230（7.28）
レオミュール，ルネ・アントワーヌ・フェルショー・ド　1757（10.17）
レオン　1305（この年）
レオン，ルイス・デ　1591（8.23）
レオンチェフ　1712（この年）
レオンチェフ，コンスタンチン・ニコラエヴィチ　1891（11.12）
レオン・ディアコノス　992（この頃）
レオンティアデス　前379？（この頃）
レオンティウス　543（この頃）
レオンティオス（ネアポリスの）　650（この頃）

レオ　　　　　　　　　　　　　　　人名索引

レオン・デ・メラ, フアン　1894（12.13）
レオンナトス　前322（この年）
レオンハルト　1862（1.23）
レオン・ピネーロ, アントニオ　1660（7.21）
レオンブルーノ, ロレンツォ　1537（この頃）
レーガ, シルヴェストロ　1895（9.21）
レガスピ　1572（8.20）
レカミエ　1856（6.22）
レカミエ,（ジャンヌ・フランソワーズ・）ジュリー（・アデレード）　1849（5.11）
レカレド1世　601（この年）
酈道元　527（10.？）
レギウス（リーガー）, ウルバーヌス　1541（5.27）
レギオモンタヌス　1476（7.6）
レギス　1485（この頃）
レギノ　915（この年）
レーク　1808（2.20）
レグイ　1858（8.21）
レ・クイ・ドン　1784（6.2）
レグエラ, エマヌエル・デ・ラ　1747（この年）
レクサー　1892（4.16）
レクラム　1896（1.5）
レグリー　1843（6.20）
レクリューズ　1609（4.4）
レグレンツィ, ジョヴァンニ　1690（5.27）
レクセンス　1576（この年）
レコード, ロバート　1558（この年）
レザー・ゴリー・ハーン・ヘダーヤト　1871（この年）
レサーナ, ホアン・バウティスタ・デ　1659（3.29）
レザノフ, ニコライ・ペトロビッチ　1807（3.1）
レジェー, ジャン　1665（この頃）
レシェートニコフ, フョードル・ミハイロヴィチ　1871（3.9）
レジェモルテル　1830（11.17）
レジース, ジャン・バティスト　1738（11.24）
レジース, ジャン・フランソワ　1640（12.31）
レジナーリウス, バルタザル　1544（4.12）
レジナルドゥス　1220（この年）

レジナルドゥス（ピペルノの）　1290（この頃）
レシャー, ヴァーレンティーン・エルンスト　1749（12.12）
レシュケ, ジョゼフィヌ　1891（2.22）
レシーユス（レイス）, レーオンハルト　1623（1.15）
レス, ゴットフリート　1797（8.28）
レス, ジャン・フランソワ・ポル・ド・ゴンディ　1679（8.24）
レス, ジル・ド・ラヴァル, 男爵　1440（10.26）
レ・ズイ・マト　1770（この年）
レスキュレル　1304（5.23）
レスコー, ピエール　1578（9.10）
レスコフ, ニコライ・セミョーノヴィチ　1895（2.21）
レスコルネル　1872（4.18）
レスタ, セバスティアーノ　1714（この年）
レスター, ロバート・ダドリー, 伯爵　1588（9.4）
レスター・オヴ・ホルカム, トマス・ウィリアム・コーク, 伯爵　1842（6.30）
レスターディウス, ラールス・レーヴィ　1861（この年）
レスター伯　1626（7.13）
レーズデン, ヨハン　1699（9.30）
レストゥー, ウスターシュ　1743（この年）
レストゥー, ジャン　1768（この年）
レストゥー, ジャン・ベルナール　1797（この年）
レストゥー, マルカントワーヌ　1684（この年）
レストカール, パスカル・ド　1584（この頃）
レストック　1767（6.23）
レストレンジ　1704（12.11）
レスピーギ　1889（この年）
レスピナス, ジュリ・ジャンヌ・エレオノール・ド　1776（5.22）
レスラー-ロゼッティ　1792（6.30）
レスリ　1882（1.27）
レズリー　1681（この年）
レズリ, アレグザンダ　1661（4.4）
レズリー, サー・ジョン　1832（11.3）

レズリ, ジョン　1596（5.30）
レズリ, チャールズ　1722（4.13）
レズリー, チャールズ・ロバート　1859（5.5）
レズリ, デイヴィド　1682（この年）
レーゼウィッツ　1805（この年）
レセギエ, ジュール・ド　1862（9.7）
レセスビント　672（この年）
レセップス, フェルディナン（・マリー）, 子爵　1894（12.7）
レセブス　1834（4.6）
レセル　1784（11.30）
レーゼル・フォン・ローゼンホーフ　1759（3.29）
レーセン, ハンス・ポウルセン　1638（9.14）
レゼンデ, アンドレ・デ　1573（この年）
レゼンデ, ガルシア・デ　1536（この年）
レゼンデ, ファルカン・デ　1599（この頃）
レゾン, アンドレ　1719（この年）
レチュンパ　1161（この年）
レツィウス, アンデルス・アドルフ　1860（4.18）
レッグ, ジェイムズ　1897（11.29）
レッケ-フォルマルシュタイン, アーダルベルト・グラーフ・フォン　1878（11.10）
レッコ, ジャーコモ　1653（この頃）
レッコ, ジュゼッペ　1695（この年）
レッコ, ジョヴァン・バッティスタ　1675（この頃）
レッシング　1880（6.5）
レッシング, ゴットホルト・エーフライム　1781（2.15）
レッセル, ヴィンツェンティ・フェルディナンド　1827（この年）
レッセル, フランツィシェク　1838（この年）
レッツ, トマス　1873（この年）
レッドグレイヴ, リチャード　1888（この年）
レットサム, ジョン・コークレイ　1815（この年）
レッドハウス　1892（この年）
レッドフィールド　1857（2.12）
レッドマン, ヘンリー　1528（この年）

1092　人物物故大年表　外国人編

レッヒェンベルク, アーダム 1721(この年)
レーディ, フランチェスコ 1697(3.1)
レティクス 1576(12.4)
レティーツィア・ラモリーノ 1836(2.2)
レティーフ 1838(2.6)
レティフ, ニコラ・エドム 1806(2.3)
レーディング, アウグスティーン 1692(3.13)
レデスマ, ペドロ・デ 1616(この年)
レデスマ, マルティン・デ 1574(この年)
レーデブール 1851(7.4)
レーデラー, ヨルク 1550(12.?)
レーテル, アルフレート 1859(12.1)
レーデン, フリーデリケ・フォン 1854(この年)
レデンティ, フランチェスコ 1876(この年)
レーテンバッハー 1863(4.16)
レーデンバハー, ヴィルヘルム 1876(この年)
レート, ジューリオ・ポンポーニオ 1498(5.21)
レドヴィッツ, オスカル・フォン 1891(6.6)
レートニコフ 1888(3.10)
レドフォード 1547(10.?)
レドレル 1835(12.7)
レトワール, ピエール・ド 1611(10.8)
レドワルド 616(この頃)
レナー 1520(この頃)
レーナウ, ニコラウス 1850(8.22)
レナータ(フェルラーラの) 1575(6.21)
レナート, カミルロ 1570(この頃)
レナーヌス, ベアートゥス 1547(7.20)
レーナル, ギヨーム・トマ・フランソワ 1796(5.6)
レニ 1866(この年)
レニ 1874(9.3)
レーニ, グイード 1642(8.18)
レニ, ジャン 1821(10.4)
レ・ニーヴ, ジョン 1741(この年)

レーニウス, カール・ゴットリープ・エーヴァルト 1838(6.5)
レニエ, ジャン 1468(この頃)
レニエ, マチュラン 1613(10.22)
レニエーリ, ニッコロ 1667(この年)
レニク, ジェイムズ 1688(2.17)
レニャーニ, ステーファノ・マリーア 1715(この頃)
レーヌワール, フランソワ 1836(10.27)
レネーグル 1809(9.21)
レネル 1830(3.29)
レーノー 1881(この年)
レノー 1863(6.26)
レノックス 1880(2.17)
レノックス, シャーロット 1804(1.4)
レノルズ 1852(11.15)
レノルズ, エドワード 1676(7.28)
レノルズ, ジョシュア 1792(2.23)
レノルズ, ジョン 1607(5.21)
レノルマン 1839(この年)
レーバー, パウル 1651(この年)
レ・バン・ズエト 1832(この年)
レビ・イサーク(ベルディチェフの) 1809(10.5)
レピドゥス, マルクス・アエミリウス 前13(この頃)
レヒナー, レーオンハルト 1606(9.9)
レピーヌ, スタニスラス 1892(7.28)
レビベルク・ローテンレーウェン 1899(この年)
レ・ヒュウ・チャック 1791(2.17)
レヒラー, ゴットハルト・ヴィクトル 1888(12.25)
レビリャヒヘド伯 1799(5.12)
レビントン, フィリップ 1424(この年)
レ・ファニュ, シェリダン 1873(2.4)
レビーヌス 780(11.12)
レフォールト 1699(この年)
レプシウス, カール・リヒャルト 1844(この年)
レフスキ 1873(2.18)
レフスティク, フラン 1887(11.16)

レプソルト 1830(1.14)
レプトン, ジョージ・スタンリー 1858(この年)
レプトン, ジョン・エイディ 1860(この年)
レプトン, ハンフリー 1818(3.14)
レプニン 1726(7.14)
レプニン 1801(5.24)
レープマン, ヨハネス 1876(10.4)
レフラー, ヨージアス・フリードリヒ・クリスティアン 1816(2.4)
レフレル, アン・シャロッテ 1892(10.21)
レーベ 1891(この年)
レベック 1900(この年)
レベール 1661(11.16)
レベル, ヨーゼフ 1828(この年)
レーベルク 1836(8.10)
レベンゾン, アブラハム・ドヴ 1878(11.19)
レベンゾン, ミカ・ヨセフ 1852(2.17)
レーベントロウ 1827(10.11)
レポート 1788(12.6)
レホボアム 前917(この年)
レーマー, オーレ・クリステンセン 1710(9.19)
レマーク, ロベルト 1865(8.29)
レーマン 1767(この年)
レーマン 1874(4.21)
レーマン, ゴットフリート・ヴィルヘルム 1882(2.21)
聖レミギウス 533(この頃)
レーミギウス(オセールの) 908(この頃)
レーミギウス(リヨンの) 875(10.28)
レーミギウス(ルアンの) 772(この頃)
レミューザ 1832(6.3)
レミュザ 1821(12.16)
レミュザ 1875(6.6)
レミントン 1861(8.12)
レミントン, ファイロ 1889(4.5)
レームス, テオドーア 1837(この年)
レムニウス, ジーモン 1550(この年)
レームヒルト, ヨーハン・テオドーア 1757(10.26)

レメゾフ　1720(この頃)
レメーニイ　1898(5.15)
レメンス、ヤーク・ニーコラース　1881(1.30)
レーモン6世　1222(この年)
レモン、マーク　1870(この年)
レーモン・デュ・ピュイ　1160(この年)
レヤード、オーステン・ヘンリー　1894(7.5)
レーラー、ゲオルク　1557(4.24)
レラント、ハドリアン　1718(2.5)
レリ　1778(この年)
レリー　1613(この年)
レーリヒ　1804(3.4)
レルシュタープ、フリードリヒ　1813(8.19)
レルシュタープ、ルートヴィヒ　1860(11.27)
レールス　1878(この年)
レルド・デ・テハーダ　1889(4.21)
レルド・デ・テハーダ、ミゲル　1861(3.22)
レルハイマー、アウグスティーン　1602(この年)
レルパチェン　841(この年)
レルマ公爵　1625(5.18)
レールモントフ、ミハイル・ユーリエヴィチ　1841(7.15)
レルリス、カミルロ・デ　1614(7.14)
レレヴェル　1861(5.29)
レーン　1603(この年)
レーン　1881(この年)
レン　1833(5.3)
廉希憲　1280(この年)
レン、クリストファー　1723(2.25)
廉興邦　1388(この年)
レンウィック　1895(6.23)
レンカー、エリアス(年長)　1591(この年)
レンカー、クリストフ　1613(この年)
レンカー、ハンス(年長)　1585(この年)
レンカー、ヨハンネス　1637(この年)
レーンクヴィスト、ヘンリーク　1866(11.5)
レングレン、アンナ・マリーア　1817(3.8)

レンジノー、リチャード　1313(この年)
レンス、アンドレアス・コルネリス　1822(3.30)
レンダワ・ションヌ・ドェ　1412(この年)
レンツ　1883(1.19)
レンツ、ハインリヒ・フリードリヒ・エミール　1865(2.10)
レンツ、ヤーコプ・ミヒャエル・ラインホルト　1792(5.24)
レンツルス　前48(この年)
レンディナラ、クリストーフォロ　1491(この年)
レントゥルス　前48(この年)
レントゥルス　前63(12.3)
レントゲン、ダーヴィト　1807(2.12)
レントヘン、エンゲルベルト　1897(12.12)
レントール　1662(9.3)
レンナー　1895(8.11)
レンネップ、ヤーコプ・ファン　1868(8.25)
レンブラント、ハルメンス・ヴァン・レイン　1669(10.4)
レンベルトゥス　888(この年)
レーンボロー　1648(この年)

【ロ】

ロー　1644(11.6)
ロー　1682(7.11)
ロー　1729(3.21)
ロー　1844(1.10)
ロー　1871(12.22)
ロー　1877(この年)
ロー　1892(7.27)
ロー　1894(7.21)
ロー、ウィリアム　1761(4.9)
盧摯　1300(この年)
盧思道　582(この頃)
ロー、ジャーコモ　1638(4.26)
盧重礼　1452(この年)
盧照鄰　689(この頃)
盧植　192(この年)
盧諶　350(この年)
路粹　214(この年)
盧世栄　1285(11.?)
盧全　835(この年)

ロー、ニコラ・ジョゼフ　1801(11.16)
ロー、ニコラス　1718(12.6)
盧文弨　1795(この年)
ロー、モーリシアス　1793(この年)
呂祐吉　1619(この年)
盧綸　800(この頃)
盧綰　前193(この年)
ロアイサ、ヘロニモ・デ　1575(10.25)
ロアゾー　1627(この年)
ロアン　1638(4.13)
ロアン、ルイ・ルネー・エドゥアール・ド　1803(2.16)
ロイ、ハンス(子)　1531(10.24)
ロイ、ハンス(父)　1507(この年)
ロイカルト、カール・ゲオルク・フリードリヒ・ルドルフ　1898(2.6)
ロイシュ、フランツ・ハインリヒ　1900(3.3)
ロイス、エドゥワール(エードゥアルト)　1891(4.15)
ロイスダール、ヤーコプ・ファン　1682(3.14)
ロイス・デ・コレリア、ジョアン　1497(この年)
ロイスナー、エザイアス　1679(5.1)
ロイスナー(ライスナー)、アーダム　1575(この頃)
ロイター、クヴィリーヌス　1613(3.22)
ロイター、クリスティアン　1712(この頃)
ロイター、ゲオルク・フォン　1738(8.29)
ロイター、ゲオルク(・フォン)　1772(3.11)
ロイター、パウル・ユリウス、男爵　1899(2.25)
ロイター、フリッツ　1874(7.12)
ロイター、ヘルマン・フェルディナント　1889(9.17)
ロイツェ、エマニュエル(・ゴットリーブ)　1868(7.18)
ロイテル、ミヒール・アドリアーンスゾーン・デ　1676(4.29)
ロイテルダール、ヘンリーク　1870(6.28)
ロイド　1881(1.17)
ロイド、エドワード　1730(この頃)

ロイド，チャールズ 1829（4.2）
ロイトホルト，ハインリヒ 1879（7.1）
ロイトル 1886（2.13）
ロイヒター，ハインリヒ 1623（この年）
ロイヒリン，ヨハネス 1522（6.30）
ロイブリーン，ヴィルヘルム 1559（この頃）
ロイポルト 1727（この年）
ローイン 1653（この年）
婁機 1211（この年）
郎士元 780（この年）
楼鑰 1213（この年）
婁諒 1491（この年）
ロヴァーニ，ジュゼッペ 1874（1.26）
ロヴェッタ 1668（10.23）
ロヴェニウス，フィリプス 1651（10.10）
ローウェル，ジェイムズ・ラッセル 1891（8.12）
ローウェル，フランシス・キャボット 1817（この年）
ロヴェーン 1895（9.4）
老子 前400？（この頃）
老上単于 161（この年）
ロウズ，ヒュー・ジェイムズ 1838（12.22）
ロウバー，ウィリアム 1578（1.4）
ロウマーニズ，ジョージ・ジョン 1894（5.23）
ロウメイン，ウィリアム 1795（7.26）
ロウランド，ダニエル 1790（この年）
ローエ 1760（この年）
ロエスレル 1894（12.2）
ロエラス，フアン・デ・ラス 1625（4.23）
ローエンシュタイン，ダーニエル・カスパー 1683（4.28）
魯王朱以海 1662（この年）
潞王朱常淓 1646（この年）
ローガウ，フリードリヒ・フォン 1655（7.24）
ロカテッリ，アンドレーア 1764（3.30）
ロカート（ロックハート），ウィリアム 1896（4.29）
ロカフエルテ，ビセンテ 1847（5.16）

ローガル，ゲオルク・フリードリヒ 1733（この年）
ローガン 1786（12.26）
ローガン 1875（この年）
ローガン，ジェイムズ 1751（10.31）
ローガン，ジェイムズ 1780（この年）
ローガン，ジョン・アレグザンダー 1886（この年）
ロキタンスキ，カール，男爵 1878（7.23）
ロキツァナ，ヤン 1471（2.21）
ロク 1327（この年）
禄東賛 667（この年）
ロク・シェラプ・ギャムツォ 1131（この年）
ロクソラン 1558（この年）
ロケーニュ，ジョゼフ・マリー 1885（1.18）
ロゲベーン 1729（この年）
ローコトフ，フョードル 1808（12.12？）
ローザ 1889（4.30）
ローザ，エルコレ 1893（この年）
ローザ，サルヴァトール 1673（3.15）
ロサ，ラモン 1893（この年）
ローザ（ヴィテルボの） 1252（3.6）
ローサス，フベンティーノ 1894（7.13）
ロサス，ホアン・マヌエル 1877（3.14）
ロザスピナ，フランチェスコ 1841（この年）
ロザーティ，ロザート 1622（この年）
ロサ・デ・リマ 1617（8.24）
ロサーレス・マルティーネス，エドゥアルド 1873（9.13）
ローザン 1723（11.19）
ロジエ 1885（5.27）
ロジェ，ピーター・マーク 1869（9.12）
ロージェ，マルク・アントワーヌ 1769（5.5）
ロジェール1世 1101（7.22）
ロジェール2世 1154（2.26）
ロージェント・アマット，エリアス 1897（この年）
ロシオ，ホアン・ヘルマン 1821（5.10）

ロジーヌス，バルトロメーウス 1586（この年）
ロージャー 1236（5.6）
ローシャ，ジョアン・デ 1623（3.23）
ロージャーズ 1890（10.12）
ロジャーズ 1732（7.16）
ロジャーズ 1838（この年）
ロジャーズ 1882（5.5）
ロジャーズ，ウィリアム 1896（5.24）
ロジャーズ，サミュエル 1855（12.18）
ロジャーズ，ジョン 1555（2.4）
ロジャーズ，ジョン 1665（この頃）
ロジャーズ，ランドルフ 1892（この年）
ロジャー（ソールズベリの） 1139（この年）
ロジャー（ハウデンの） 1201（この頃）
ロジャー（ポン・レベックの） 1181（この年）
ロジャー・マーストン 1303（この頃）
ロシャンボー 1807（5.10）
ロシュ，エドゥワール・アルベール 1883（4.18）
ロシュコヴァーニ，アウグストゥス 1892（2.24）
ロシュミット，ヨハン・ヨゼフ 1895（7.8）
ロージングレーヴ，ダニエル 1727（5.？）
ロージングレーヴ，トマス 1766（6.23）
ロージングレーヴ，ラルフ 1747（この年）
ロース 1685（10.3）
ローズ 1885（この年）
ロス 1779（7.14）
ロス 1836（1.30）
ロス 1866（8.1）
ローズ，ウィリアム 1645（9.24）
ロス，ウィリアム 1642（この年）
ロス，ウィリアム・パーソンズ（ロス伯爵三代公） 1867（10.31）
ロス，ヴィルヘルム・ヨーハン・ゴットフリート 1854（この年）
ロス，コルネーリーユス 1595（2.3）
ロス，サー・ジェイムズ・クラーク 1862（4.3）

ローズ, サー・ジョン　1888（この年）
ロス, サー・ジョン　1856（8.30）
ローズ, サー・ジョン・ベネット　1900（8.31）
ローズ, ヘンリー　1662（10.21）
ロス, マグヌス・フリードリヒ　1803（3.19）
ロス, ルートヴィヒ　1859（8.6）
ロスキウス　前62（この年）
ロスキール, ゲオルク・ハインリヒ　1814（2.23）
ローズクランズ, ウィリアム・S（スターク）　1898（3.11）
ロスケリヌス, ヨハネス　1120（この頃）
ロスコー　1831（この年）
ロスコモン　1685（1.17）
ロスチャイルド, アムシェル　1855（この年）
ロスチャイルド, カール　1855（この年）
ロスチャイルド, ジェームズ　1868（この年）
ロスチャイルド, ゾロモン　1826（この年）
ロスチャイルド, ネーサン・マイヤー　1836（7.28）
ロスチャイルド, ライオネル　1879（この年）
ロスト　1860（この頃）
ロスト, ヤン　1564（この年）
ロストゴー, フレデリク　1745（この年）
ロストプチナー, エヴドキヤ・ペトローヴナ　1858（12.3）
ロストプチーン　1826（1.30）
ロスマン　1600（この頃）
ロスミーニ　1827（7.9）
ロスミーニ・セルバーティ, アントーニオ　1855（7.1）
ロスメッスラー　1867（この年）
ローゼ　1807（8.9）
ローゼ　1864（1.27）
ローゼ　1873（7.15）
ロセター, フィリップ　1623（5.5）
ロセッティ　1885（この年）
ロゼッティ, アントニオ　1792（6.30）
ロセッティ, クリスティーナ　1894（12.29）
ロセッティ, ゲイブリエル　1854（4.26）

ロセッティ, ダンテ・ゲイブリエル　1882（4.9）
ロセッティ, マリア・フランチェスカ　1876（この年）
ロゼッリーニ, イッポーリト　1843（6.4）
ロセル, イサベル　1554（この年）
ロゼルリ, サルヴァトーレ・マリーア　1784（この年）
ローゼン, エゴール・フョードロヴィチ　1860（3.23）
ローゼンクランツ　1874（9.27）
ローゼンクランツ, カール　1879（6.14）
ロセンコ, アントン・パヴロヴィッチ　1777（11.23）
ローゼンバハ, ヨーハン・ゲオルク　1747（この年）
ローゼンブリュート, ハンス　1470（この頃）
ローゼンベルガー　1890（この年）
ローゼンミュラー, エルンスト・フリードリヒ・カール　1835（9.17）
ローゼンミュラー, ヨーハン　1684（9.12（埋葬））
ローゼンミュラー, ヨーハン・ゲオルク　1815（3.14）
ローソン, スーザナ　1824（3.2）
ローダー, ウィリアム　1771（この年）
ロダコフスキ, ヘンリク　1894（12.28）
ローダーデイル, ジョン・メイトランド, 公爵　1682（8.20）
ローダデール　1839（9.13）
ロターリ　652（この年）
ロターリ, ピエトロ・アントーニオ　1762（この年）
ロタール1世　855（9.29）
ロタール2世　869（8.8）
ロタール3世　1137（12.3）
ローターン, ヨハネス・フィーリプ　1853（5.8）
ロチェスター伯　1711（5.2）
ロツァー, ゼバスティアン　1525（この頃）
ロッキンガム, チャールズ・ウォトソン・ウェントワース, 2代侯爵　1782（7.1）
ロック　1662（この年）
ロック, ジョゼフ　1860（この年）

ロック, ジョン　1704（10.28）
ロック, ダニエル　1871（11.28）
ロック, マシュー　1677（8.?）
ロック, ヨーハン・フリードリヒ　1749（この年）
ロック, レジナ・マリア　1845（この年）
ロックスバラ　1815（2.18）
ロックハート, ジョン　1854（11.25）
ロッシ　1656（7.7（埋葬））
ロッシ　1896（6.4）
ロッシ, ガエターノ　1855（この年）
ロッシ, カルル・イヴァノヴィチ　1849（この年）
ロッシ, サロモーネ　1630（この頃）
ロッシ, ジョヴァンニ・バッティスタ・デ　1894（9.20）
ロッシ, ジョヴァンニ・ベルナルド・デ　1831（3.?）
ロッジ, トマス　1625（9.?）
ロッシ, ドメニコ　1742（この年）
ロッシ, ペルレグリーノ　1848（11.15）
ロッシ, ルイージ　1653（2.19）
ロッシウス　1813（この年）
ロッシーニ, ジョアッキーノ　1868（11.13）
ロッシャー　1894（6.4）
ロッシャー, ゼバスティアン　1548（この頃）
ロッセ, フランソワ・ド　1619（この年）
ロッセッティ, ビアジョ　1516（この年）
ロッセッリ, コージモ　1507（1.7）
ロッセッリ, ドメーニコ　1498（この年）
ロッセッリ, マッテオ　1650（この年）
ロッセリーノ, アントニオ　1479（この年）
ロッセリーノ, ベルナルド　1464（9.23）
ロッセルロ, マリーア・ジュゼッパ　1880（12.7）
ロッソ, フィオレンティーノ　1540（11.14）
ロッチ, ジャウメ　1478（4.1?）
ロッツ　1838（11.13）
ロッツェ, ルドルフ・ヘルマン　1881（7.1）

ロッティ，アントニオ 1740(1.5)
ロッティ，ロレンツォ 1541(この年)
ロッテンハンマー，ヨハン 1625(8.14)
ロット，ロレンツォ 1556(9.1)
ロットマイア・フォン・ローゼンブルン，ヨハン・ミヒャエル 1730(10.25)
ロッドマン 1871(6.7)
ロットマン，カール 1850(7.7)
ロッビア，ルカ・デラ 1482(2.10)
ロップス，フェリシアン 1898(8.22)
ロッホ 1866(11.21)
ロッホマン，ルーラント 1686(この頃)
ロッホリツ，ヨーハン・フリードリヒ 1842(12.16)
ロッラ 1841(9.15)
ロッリ，アントーニオ 1619(この年)
ロッリ，アントーニオ 1696(この年)
ロッリ，アントニオ 1802(8.10)
ロッリ，パーオロ 1765(3.20)
ローテ 1617(この年)
ローデ 1797(6.24)
ローデ，エルヴィン 1898(1.11)
ローデ，ヒンネ 1535(この頃)
ローテ，ヨハネス 1702(この年)
ローテ，ヨーハン・アンドレーアス 1758(7.6)
ローテ，リヒャルト 1867(8.20)
ロディー 1526(この年)
ロディ，ファウスティーノ 1833(この年)
ロティキウス 1560(11.7)
ロテック 1840(11.26)
ローデリーク 1198(この年)
ロデリック 711(7.?)
ロテール 986(この年)
ローデン 1868(この年)
ローデン，ヤン 1681(この頃)
ローデンステイン，ヨードクス（ユースト）・ヴァン 1677(8.6)
ローデンバック，ジョルジュ 1898(12.25)
ローデンバハ 1880(6.24)
ローデンブルク 1668(この年)
ロート 1895(2.23)
ロード，アレクサンドル・ド 1660(11.5)

ロード，ウィリアム 1645(1.10)
ロート，カール・ヨーハン・フリードリヒ 1852(1.21)
ロート，シュテファン・ルートヴィヒ 1849(5.11)
ロード，トマス 1832(この年)
ロード，ピエール 1830(11.26)
ロート，ヨハン・カール 1698(この年)
ロドゥルフス・グラベル 1047(この頃)
ロェ・テンパ 1478(この年)
ロートシュタイン 1863(この年)
ロートシュタイン 1865(この年)
ロートシルト，マイアー 1812(9.19)
ロドニー 1784(6.26)
ロドニー，ジョージ・ブリッジズ・ロドニー，男爵 1792(5.24)
ロドニエール 1582(この年)
ロトベルトゥス，ヨハン・カール 1875(12.6)
ロートマン（ロットマン），ベルンハルト（ベルント） 1535(6.25)
ロードリ，カルロ 1761(この年)
ロドリーグ 1851(12.26)
ロドリーゲシュ・クエリュ 1635(この頃)
ロドリーゲス 1844(この年)
ロドリゲス 1633(この年)
ロドリゲス，アルフォンソ 1617(10.31)
ロドリゲス，アロンソ 1616(2.21)
ロドリゲス，アロンソ 1648(この年)
ロドリゲス，アンドレ（アンドレーアス） 1796(12.2)
ロドリゲス，カジェターノ・ホセ 1823(この年)
ロドリゲス，ジェローニモ 1630(この頃)
ロドリゲス，ツヅ・ジョアン 1634(3.20?)
ロードリーゲス，ロレンソ 1774(この年)
ロドリーゲス・ソリージャ，ホセ・サンティアゴ 1832(この年)
ロドリーゲス・ティソン，ベントゥーラ 1785(8.26)
ロドリーゲス・デ・フランシア，ホセ・ガスパール 1840(9.20)
ロドリゲス・デ・メンドーサ，トリービオ 1825(6.10)

ロドリゲス（ルズリギシュ），シモン（アゼヴェドの） 1579
ロドリゴ 1636(この年)
ロトルー，ジャン 1650(6.27)
ロートレアモン，伯爵 1870(11.24)
ロナルズ 1873(この年)
ロハス 1538(この頃)
ロハス，ホセ・ラモン 1839(7.23)
ロハス-ソリーリャ，フランシスコ・デ 1648(1.23)
ロハス-ビリャンドランド，アグスティン・デ 1635(この頃)
ロバチェフスキー，ニコライ・イヴァノヴィッチ 1856(2.24)
ロバーツ 1864(11.25)
ロバーツ，リチャード 1864(3.16)
ローバック 1794(7.17)
ローバック 1879(11.30)
ロバット 1747(4.9)
ロバット 1866(2.9)
ロバート1世 1329(6.7)
ロバート2世 1390(4.19)
ロバート3世 1406(6.6)
ロバートソン，ウィリアム 1793(6.11)
ロバートスン，ジェイムズ・クレイギ 1882(7.9)
ロバートスン，フレドリク・ウィリアム 1853(8.15)
ロバートソン 1871(2.3)
ロバートソン 1888(4.10)
ロバート（チェスターの） 1160(この頃)
ロバーノフ・ロストーフスキィ 1896(8.30)
ロバン 1897(この年)
ロビケ 1840(4.29)
ロピタル，ミシェル・ド 1573(3.13)
ロピタル（侯爵），ギョーム・フランソワ・アントワーヌ・ド 1704(2.2)
ロヒナー，シュテファン 1451(この年)
ロビネ 1820(1.24)
ロビラント，フィリッポ・ジョヴァンニ・バッティスタ・ニコーリス 1783(この年)
ロビンズ，ベンジャミン 1751(7.29)

ロビンソン　1800（この年）
ロビンソン　1897（この年）
ロビンソン，J. B.　1863（1.31）
ロビンソン，エドワード　1863（1.27）
ロビンソン，ジョン　1625（3.1）
ロビンソン，ヘンリー・クラップ　1867（2.5）
ロビン・フッド　1247（この頃）
ロープヴァッサー，アンブロージウス　1585（11.27）
ロプコヴィツ　1510（11.11）
ロプコヴィツ　1816（12.16）
ロブサート　1560（この年）
ロープリング，ジョン・オーガスタス　1869（7.22）
ロブレニィオ・イ・トル，ジョゼブ　1838（この年）
ロブ・ロイ　1734（この年）
ロペス　1605（12.3）
ロペス　1851（9.1）
ロペス　1870（3.1）
ロペス，カピラス・フランシスコ　1673（1.18？）
ロペス，カルロス・アントニオ　1862（9.10）
ロペス，グレゴリオ　1596（7.20）
ロペス，フェルナン　1460（この頃）
ロペス・アグァート，アントニオ　1831（この年）
ロペス・イ・ポルターニャ，ビセンテ　1850（6.22）
ロペス・ソレル，ラモン　1836（8.21）
ロペス・デ・アヤラ　1879（12.30）
ロペス・デ・アヤーラ，ペドロ　1407（この頃）
ロペス・デ・ゴマラ，フランシスコ　1572（この年）
ロペス・デ・メンドーサ，イニーゴ　1458（3.25）
ロベスピエール，マクシミリアン・フランソワ・マリ・イジドール・ド　1794（7.28）
ローベック　1860（8.25）
ロベッタ，クリストーファノ　1522（この頃）
ロベール　1111（4.17）
ロベール　1343（1.19）
ロベール　866（9.15？）
ロベール1世　1035（7.22）
ロベール1世　923（6.15）

ロベール2世　1031（7.20）
ロベール2世（短袴公）　1134（この年）
ロベール，ピエール　1699（この年）
ロベル，マティア・ド　1616（3.2）
ロベール，ユベール　1808（4.15）
ロベール，レオポルド　1835（3.20）
ロベルヴァル　1675（10.27）
ロベール・ギスカール　1085（7.17）
ロベルデー，フランソワ　1680（この年）
ロベルティ，エルコレ・デ　1496（この年）
ロベルトゥス（アルブリッセルの）　1117（2.25）
ロベルトゥス（ジュミエージュの）　1055（5.26？）
ロベルトゥス（ニューミンスターの）　1159（6.7）
ロベルトゥス（ブリュツへの）　1157（4.29）
ロベルトゥス（ムランの）　1167（2.27）
ロベルリ，アンドレーア（アンドレーアス）　1683（この年）
ロベングラ　1894（この年）
ロホー，フリードリヒ・エーバハルト　1805（3.16）
ローボ，ロドリゲス　1622（この頃）
ロボルテロ　1567（この年）
ロマッツォ，ジョヴァンニ・パーオロ　1600（2.13）
ロマーニ，フェリーチェ　1865（1.28）
ロマニェー，ジャーク・ルネー　1836（11.19）
ロマニーノ　1566（この年）
ロマニョージ　1835（6.8）
ロマーヌス　304（この頃）
ロマーヌス　463（この頃）
ロマヌス1世　948（6.8）
ロマヌス2世　963（この年）
ロマヌス3世　1034（この年）
ロマヌス4世　1072（この年）
ロマネッリ，ジョヴァンニ・フランチェスコ　1662（この年）
ロマーノ，ジューリオ　1546（11.1）
ローミ，アウレーリオ　1622（この年）

ロミリー，サー・サミュエル　1818（11.2）
ロムアルド　1027（6.19）
ロムニー，ジョージ　1802（11.15）
ロムルス　前717（この年）
ロメイン　1642（3.12）
ロメニー・ド・ブリエンヌ，エティエンヌ・シャルル・ド　1794（2.16）
ロメーロ，ホアン　1630（3.31）
ロモノーソフ，ミハイル・ワシリエヴィチ　1765（4.4）
ローラン　1854（9.2）
ローラン　778（この年）
ローラン，オーギュスト　1853（4.15）
ラン，クロード　1682（11.23）
ラン，シャルル　1741（9.14）
ラン，フィリップ・ローラン　1816（この年）
ラン・デルスヴィル　1794（この年）
ロランドゥス（クレモーナの）　1259（この年）
ローランドソン，トマス　1827（4.22）
ローランドソン，メリー　1678（この頃）
ラン・ド・ラ・プラティエール，ジャン・マリー　1793（11.15）
ラン夫人　1793（11.9）
ローリー，ウィリアム　1642（この頃）
ローリー，ウォルター　1618（10.28）
ロリキウス，ヨドークス　1613（この年）
ローリース・メーリコフ　1888（12.24）
ロリマー　1890（2.13）
ローリンザー　1853（この年）
ローリンソン，サー・ヘンリー・クレジック　1895（3.5）
ロル　1719（11.8）
ロール，ハインリヒ　1534（この年）
ロール，リチャード（ハンポールの）　1349（9.29）
ロルカ，ペドロ・デ　1612（この年）
ロルダーン，ペドロ　1700（この年）

1098　人物物故大年表　外国人編

ロルツイング，アルベルト 1851(1.21)
ロルニヤ 1796(6.28)
ロルバー，ヤーコプ 1864(8.24)
ロールバッシェ，ルネー・フランソワ 1856(1.17)
ロールビー，マルティヌス 1848(8.29)
ロルフ 1622(この年)
ロールフス，(フリードリヒ・)ゲルハルト 1896(6.2)
ロルペー・ドルジェ 1383(この年)
ローレ，チプリアーノ・デ 1565(9.11)
ローレヴィンク，ヴェルナー 1502(8.26)
ローレッツ 1884(この年)
ロレバ 1250(この年)
ロレン 1861(この年)
ロレンサーナ，フランシスコ・アントニオ・デ 1804(4.17)
ローレンス 1775(1.10)
ローレンス 1857(7.4)
ローレンス 1879(6.27)
ローレンス 1891(6.9)
ロレンス 1782(8.2)
ロレンス 1792(12.8)
ローレンス，サー・トマス 1830(1.7)
ローレンス，ジェイムズ 1813(この年)
ロレンツァーニ 1713(10.28)
ロレンツィ，ストルド 1583(この年)
ロレンツィ，バッティスタ・ディ・ドメーニコ 1594(この年)
ロレンツェッティ，アンブロージョ 1348(この頃)
ロレンツェッティ，ピエトロ 1348(この頃)
ロレンツォ 1525(この年)
ロレンツォ・ダ・ヴィテルボ 1476(この頃)
ロレンツォ・ダ・フィレンツェ 1372(12.？)
ロレンツォ・ディ・アレッサンドロ 1503(この頃)
ロレンツォ・モーナコ 1425(この頃)
ロレンハーゲン 1609(この年)
ロロ 932(この頃)
ロー(ローエ，フォン・ローエ)，ペーター 1581(この年)

ローワー，リチャード 1691(1.17)
ロワイエ 1755(1.11)
ロワイエ・コラール 1845(9.4)
ローン，アルブレヒト(・テオドール・エーミール)，伯爵 1879(2.23)
論介 1593(この年)
ロンギ，アレッサンドロ 1813(この年)
ロンギ，ジュゼッペ 1831(1.2)
ロンギ，ピエトロ 1785(5.8)
ロンギ，マルティーノ(年少) 1660(この年)
ロンギ，マルティーノ(年長) 1591(この年)
ロンギ，ルーカ 1580(この年)
ロンギノス，カッシオス 273(この年)
ロング 1864(9.4)
ロング 1879(この年)
ロング 1890(9.4)
ロング，クローフォード・ウィリアムソン 1878(6.16)
ロングストリート，オーガスタス・ボールドウィン 1870(7.9)
ロングビル夫人 1679(4.15)
ロングフェロー，ヘンリー・ワッズワス 1882(3.24)
ロングマン，トマス 1755(6.18)
ロングランド，ジョン 1547(5.7)
ロングリ，チャールズ・トマス 1868(10.27)
ロングリューヌ，ザカリアス 1748(この年)
ロンゲ，ヨハネス(ヨーハン) 1887(10.26)
ロンゲーナ，バルダッサーレ 1682(2.18)
ロンコーニ，ジョルジョ 1890(この年)
ロンゴバルディ，ニコラウス 1654(12.11)
ロンゴワルシト，ラデン・ンガベヒ 1883(12.24)
ロンサール，ピエール・ド 1585(12.27)
ロンシャン，ウィリアム・ド 1197(1.31)
ロンスキ 1853(8.9)
ロンズデール 1871(11.11)
ロンソム・チョエキ・サンボ 1088(この年)

ロンダーニ，フランチェスコ・マリーア 1550(この頃)
ロンチェン・ラプチャンパ 1363(この年)
ロンディネッリ，ニッコロ 1510(この頃)
ロンドーニオ，フランチェスコ 1783(この年)
ロンドレ 1566(7.30)
ロンドレ，ジャン・バティスト 1829(この年)
ロンドンデリ 1854(3.6)
ロントン・マベ・センゲ 1449(この年)
ロンバウツ，テオドール 1637(9.14)
ロンバウツ，ヒリス 1677(この頃)
ロンバール，ランベール 1566(8.？)
ロンバルディ，アルフォンソ 1537(この年)
ロンバルド，アントーニオ 1516(この頃)
ロンバルド，クリストーフォロ 1555(この頃)
ロンバルド，トゥッリオ 1532(この年)
ロンバルド，ピエトロ 1515(この年)
ロンベルク 1873(6.17)
ロンベルク，アンドレーアス・ヤーコプ 1821(11.10)
ロンベルク，ベルンハルト・ハインリヒ 1841(8.13)
ローンホイゼ 1672(この年)
ロンム 1795(この年)
ロンメル 1899(この年)
ロンルート，エリアス 1884(3.19)

【ワ】

和凝 955(この年)
ワアワー 999(この年)
ワイアット 1766(11.29)
ワイアット 1877(5.21)
ワイアット，サー・トマス 1554(4.11)
ワイアット，ジェイムズ 1813(9.4)

ワ

ワイアット, トマス　1542(10.11)
ワイゲル　1699(3.21)
ワイズ, ジョン　1725(4.8)
ワイズマン　1676(8.20)
ワイズマン, ニコラス・パトリック・スティーヴン　1865(2.15)
ワイナ・カパク　1525(この年)
ワイナンツ　1684(この年)
ワイマン, アディソン　1872(4.15)
ワイリ, アレグザーンダ　1887(2.6)
ワイルド　1725(この年)
ワイルド, オスカー　1900(11.30)
ワイルド, サー・ウィリアム(・ロバート・ウィルズ)　1876(この年)
ワイルド, ジェイン・フランセスカ, レイディ　1896(この年)
ワイルド・ビル・ヒコック　1876(この年)
ワイルドマン　1693(この年)
ワインズ, イーノク・コップ　1879(12.10)
ワインブレナー, ジョン　1860(9.12)
ワーキディー　822(この頃)
ワグナー　1864(5.13)
ワグナー　1887(5.30)
ワグネル　1892(11.2)
ワーグマーケル, ヘンルマン　1503(この年)
ワーグマン, チャールズ　1891(2.8)

ワジヒー　1640(この頃)
ワジヒー, アサドゥッラー　1659(この年)
ワシーリー1世　1425(2.?)
ワシーリー2世　1462(3.27)
ワシーリー3世　1533(12.3)
倭仁　1871(この年)
和珅　1799(この年)
ワーシントン　1880(この年)
ワシントン　1802(5.22)
ワシントン　1829(11.26)
ワシントン, ジョージ　1799(12.14)
ワージントン, ジョン　1671(この年)
ワース, チャールズ・フレデリック　1895(この年)
ワース, ロベール　1175(この頃)
ワースィル・イブン・アター　748(この年)
ワースフ・エフェンディ　1806(この年)
ワスマン　1886(5.10)
ワスロン　1896(3.7)
ワーズワス, ウィリアム　1850(4.23)
ワーズワス, クリストファー　1885(3.21?)
ワーズワス, ドロシー　1855(1.25)
ワッサーフ　1334(この年)
ワット, ジェイムズ　1819(8.19)
ワッペルス, ギュスターフ　1874(12.6)
ワッラーダ　1087(この年)

和帝(後漢)　105(12.22)
ワーデン　1897(10.18)
ワトソン　1880(11.24)
ワートン, トーマス　1673(11.15)
ワーナム　1852(この年)
ワハシー・パーフキー　1583(この年)
ワハブ・ビン・ムナッビヒ　732(この頃)
ワーヒド・カズヴィーニー　1708(この頃)
ワラカ　632(この頃)
ワラジャー　1795(10.13)
ワラフリド・ストラボー　849(8.18)
ワリー, ワリー・ムハンマド　1707(この頃)
ワーリス・シャー　1798(この年)
ワリード1世　715(この年)
ワリード2世　744(この年)
ワルター　1504(この年)
ワルデック　1870(5.12)
ワルヘンティン　1783(この年)
ワレル　1296(この年)
王静明　1885(9.4)
ワンダレイ, ジョアン・マウリシオ　1889(2.13)
ワンチュク・ドルジェ　1603(この年)
ワンツェル　1848(この年)
完顔璹　1232(この年)

人物物故大年表
外国人編　I（古代〜19世紀）

2006年5月25日　第1刷発行

発　行　者／大高利夫
編集・発行／日外アソシエーツ株式会社
　　　　　〒143-8550 東京都大田区大森北1-23-8　第3下川ビル
　　　　　電話(03)3763-5241(代表)　FAX(03)3764-0845
　　　　　URL　http://www.nichigai.co.jp/
発　売　元／株式会社紀伊國屋書店
　　　　　〒163-8636 東京都新宿区新宿3-17-7
　　　　　電話(03)3354-0131(代表)
　　　　　ホールセール部(営業)　電話(03)5469-5918

電算漢字処理／日外アソシエーツ株式会社
印刷・製本／株式会社平河工業社

不許複製・禁無断転載　　　　　《中性紙三菱クリームエレガ使用》
〈落丁・乱丁本はお取り替えいたします〉
ISBN4-8169-1977-5　　　　　Printed in Japan, 2006

本書はディジタルデータでご利用いただくことができます。詳細はお問い合わせください。

好評既刊

人物物故大年表　日本人編
Ⅰ（古代〜1945）　A5・1,310頁　定価16,800円（本体16,000円）
2005.12刊
Ⅱ（1946〜2004）　A5・1,250頁　定価16,800円（本体16,000円）
2006.1刊

武将、軍人、公卿、政治家、学者、作家、芸能人、スポーツ選手など、時代を彩ったさまざまな人物を没年月日順に一覧する、大型人物年表。Ⅰには卑弥呼に始まる古代史の人物から1945年までに亡くなった5.5万人を、Ⅱには戦後の日本を駆け抜けた5.6万人を収録しました。

世界政治家人名事典　20世紀以降
A5・610頁　定価10,290円（本体9,800円）　2006.4刊

孫文・レーニンから現代の各国首脳まで、世界を動かした指導者2,700人を収録。生（没）年、原綴、経歴などの詳細なプロフィールに加え、伝記文献情報を掲載。

世界女性人名事典 ── 歴史の中の女性たち
世界女性人名事典編集委員会編
A5・1,000頁　定価16,800円（本体16,000円）　2004.10刊

ギリシア神話の女神から中世の貴族、近現代の政治家、作家、女優まであらゆるジャンル・時代・国や地域を網羅し6,800人を収録。「原綴索引」付き。

世界スポーツ人名事典
A5・560頁　定価9,240円（本体8,800円）　2004.12刊

世界のトップレベルで活躍する、あらゆる競技の選手・コーチ・監督など2,783人を収録。「往年の名選手200人」「オリンピック金メダリスト一覧」付き。

世界の賞事典
A5・850頁　定価15,750円（本体15,000円）　2005.1刊

ノーベル賞、グラミー賞、アカデミー賞、エドガー賞など海外の主要50賞の概要（由来、主催者、選考方法、賞金など）と第1回からの全受賞者を掲載。

データベースカンパニー
日外アソシエーツ　〒143-8550　東京都大田区大森北1-23-8
TEL.(03)3763-5241　FAX.(03)3764-0845　http://www.nichigai.co.jp/